中華民國史檔案資料滙編

第五輯 第一編 軍事（二）

中國第二歷史檔案館編

鳳凰出版傳媒集團 鳳凰出版社

目　录

（二）蒋冯战争

（三）蒋唐战争

一、唐生智反蒋

（四）蒋张桂战争

(五)蒋阎冯战争

一、陇海路战场

三、平汉路暨陕陇战场

（二）蒋冯战争

1．冯玉祥申述本人与世无争服从中央暨辟谣言通电

（1929年4月13日）

〔衔略〕

大局初定，人心未安，市虎杯蛇，真假莫辨，因而谣言繁兴，闻者惶惑。语云：人言可畏。又云：众口铄金。玉祥不敏，窃惕然摄之，诚以一言可以丧邦，所系匪浅，故不得不将最近经过略为各界同胞告。自湘事发生，中央以宽大为怀，促其反省，当时曾迭电垂询玉祥意见，乃以极恳切之血诚呈复中央，略谓于保全中央威信之中，仍寓息事宁人之意，若万不得已而用兵，亦唯中央之命是从。旋奉蒋主席电令，出兵五师，分路南下，并指定韩复榘为第三路总指挥，玉祥犹恐兵力不足，又请增一师兵力，综共石友三、张维玺、张允荣、万选才、刘茂恩、马鸿宾等六师之众。各师派定后，玉祥即于四月东日通电拥护中央讨伐令。嗣以韩复榘原任豫省主席，仓促受命，职员犹缺，乃驰来华山请示办法，即日返郑，于冬日通电就职，组织总指挥部，如参谋长李树春等皆临时由各处调来者。当即文电纷驰，风令各师分途前进，石友三师由南阳出襄樊，张允荣师由信阳出武胜关，张维玺师由南郑沿汉水东下，后方各师亦陆续运动。初则命令皆由玉祥转达，恐误戎机，乃请蒋主席直接指挥。四月三日，石友三师逼近襄樊，适李纪才率部反正，又奉蒋主席命令改编，石师长遂停止待命。张维玺师于四月四日进至白河，张允荣师于六日到达广水，闻武汉克复，皆奉命停止前进，张允荣师并奉令撤回武胜关。以上经过，自始至终无一时不绝对服从中央命令、拥护中央威信也。乃好事者流造作种种谣言，以淆惑视听，不曰

蒋阎联合倒冯，则曰冯李联合倒蒋，不曰冯阎联合倒蒋，即曰蒋李联合倒冯。言人人殊，闻者不察，传之既广，讹更传讹，无形之中，遂造成一恐怖现象。若更演进，不图国家前途不堪设想，人民困苦尚堪闻问耶？此玉祥尤惑不解者，切望邦人君子万勿迳听谣言，任其挑拨，诚国家之戚于无穷也。现在武汉已定，吾人所应进一步要求者，惟有同心同德，拥护中央，拥护蒋主席，促成早日实行裁兵，以谋国家之利益，人民之幸福。则今日之险象环生，未始非促吾人觉悟之良机，剥极而复，多难兴邦，愿共勉之。至于玉祥个人，因久病之身，艰于酬酢，现来华山静养，稍见痊可，即当赴京。惟玉祥与世无争，是其本性。现在第二集团军总部及开封政治分会早已取消，军权、政权均已奉归中央，而军政部长一职，亦经呈请开去，只愿为一党员，其它又何所争乎？近以谣言过盛，凛既往之戒，睹目见之危，人民痛苦已过地狱生活，至求死不得之地步，万不可再有内乱，况谣言不止，推其极必致促我内乱，亡国灭种而有余，故不殚琐屑，贡之国人，尚希海内贤达进而教之，是所厚幸。冯玉祥叩。元。印。

〔行政院档案〕

2. 何应钦等申讨冯玉祥六大罪状通电

（1929年5月24日）

南京中央党部、国民政府蒋主席钧鉴：各院部、各委员会、太原阎总司令、开滦张边防司令长官勋鉴：各省市党部、各省市政府、各总指挥、各军师旅长、各法团、各报馆、全国同胞均鉴：冯逆玉祥，鲠獍为心，豺狼成性，因缘时会，欺世盗名，当在军阀时代，依附段、黎，则段、黎供其牺牲；效顺曹、吴，则曹、吴受其愚弄。信义沦亡，廉耻尽丧，人格破产，举国咸知，其加入革命只为投机自利。假名号召，盘据西北，巢穴既固，毒焰日张。综厥罪恶，罄竹难书，略举数端，以发其稃。第四期北伐开始，平津一带尚为直鲁军阀之势力范围，时我革命将士冲锋杀贼，血战百旬，形势岌岌。该逆顿兵丰鲁，观望徘徊，居心险恶，出人意表。及敌军溃，是彼则渔利坐收，扩充地盘，据为私有。强委官吏，目无中央。其罪一。该逆在河南及西北诸省，苛捐杂税，敲精吸髓，层层剥削。津平地方凋敝，灾象已成，尤复利用办赈为名，向中央及各方募捐巨款，购械储粮，充实军备，忍令哀鸿遍野，饿殍载途，直接、间接残杀民众。其罪二。赤俄暴行，毒痛四海，稍有人心，宁忍勾结？鲍罗廷破坏中国国民革命，全国民众莫不痛心疾首，以共弃之。该逆竟甘冒不韪，护其安全离华，近更明目张胆，与苏俄订结密约，叛党祸国，逆谋尽露。其罪三。日兵撤退胶济，中央明令接防，该逆暗令孙良诚突然弃职离鲁。欲贻外交口实，藉损国家威信，为便一已之私，不择任何手段，险诈狠毒，小人之尤。其罪四。桂系军阀叛党称兵，该逆阳奉中央，阴实通敌，陈师皖、鲁，乘机观变。不图兵不血刃，武汉既克，处心积虑，逆谋未彰，尤复不知自悛，与李、白诸逆诪张为患，假护党救国之名，此呼彼应，不惜破坏统一，将国家一线之生机，断送无遗。其罪五。奉安大典，国人所崇仰，建设交通，亦属不易，该逆为便私图，竟令所部逆军将平汉、陇海两路桥梁、路轨尽情破坏，所有车辆悉数扣留，致令西北党员不得参加总理之奉安，国家交通机关更蒙莫大之损失，丧心病狂，一至于此。其罪六。综此六端，冯氏叛党祸国，残民以逞，已属罪不容诛。此獠不除，国难靡已。应钦等志切讨贼，敌忾同深，除电请中央早颁明令，更盼全国同胞一致兴起，灭此朝食，以奠国基。参谋总长何应钦，总指挥刘峙，司令官朱绍良、张发奎、贺国光，师长顾祝同、蒋鼎文、方鼎英、曹万顺、夏斗寅、李石樵、石毓灵、鲁涤平、谭道源、程汝怀、邓英、尹承纲，旅长陈耀汉、罗霖、徐庭瑶、樊景越、谢膺白、向超中、甘丽初、高霁、殷祖绳、万耀煌、陶李贤、王道中、戴岳、成光耀、严敬、李凌霄、苏祖馨、胡宗南、黄镇球、杨冰清、李延然、杨务治、朱怀冰、杨泽民、李树荣、王捷俊、李云杰、徐方、唐俊德、李思憩、吴奇、陶峙岳、刘显庭、李亚芬、林蔚、李默庵、卢本棠、蒋重骥、万倚吾、朱耀华、罗寿颐、江声、黄远震、庞傅桢、赵绵雯同叩。敬。印。

〔行政院档案〕

3．阎锡山公布规劝冯玉祥忍耐五点以挽危局往来电

（1929年5月26日）

特急。南京中央党部、国民政府钧鉴：各院部会、各省省市政府、各省省市党部、奉天张司令长官、汉口何总监、刘总指挥、南京唐总指挥、朱总指挥、桂林何总指挥、蚌埠方总指挥、重庆刘总指挥、广州陈总指挥、云南龙总指挥、北平刘总指挥、各卫戍司令、各警备司令、各省各法团、各报馆均鉴：前致冯总司令漾电，文曰：马电诵悉，丁同志枉过，款待多疏，乃辱言谢，弥惭恧恧。承示各节，开诚见心，沁人肺腑，读之心感。溯自辛亥起义，心折英贤，愿随鞭镫，固已久矣。复辟之役，承以彻底两字见商，尤佩英断，民十一年，我兄率部北旋，先总理函嘱兄互相维系，关系愈深，情谊愈笃。洎乎民十三年大军返旆都门，弟亦不顾利害，遵命出兵，以少御众，患难交情，于兹益固。雁北之役，兄适远在异国，两军不幸误会，虽出于万不获已，过承我兄见谅，而私衷愧对，至今犹耿耿也。前岁继诸同志之后，兴师革命，其时正值南中变故迭起，局势日非，革命前途，危如累卵。我兄以为非弟牺牲，无以挽颓势，弟即慨然从命，岂特敌忾同仇、患难与共而已哉。嗣介公再起，经我兄提议，推戴总领师干，致胜之机全在乎此。记当时曾有十二分佩服、十二分赞同之表示，其倾心已可概见。追维往事，历历在心，我两人交谊之厚，关系之切，情感之深，夫岂寻常所能比拟？党国之利害，我辈之休戚，弟固

无时不在意也。此次鲁事发生，弟颇虑引起误会，拟俟朱参谋长由京返晋后，明了真相，共图善后，曾与丁同志言之。乃接贵军将领铣日通电，终夜徬徨，焦急无似，深虑大局之无法挽救也。继思部下所为，我兄未必尽知，容竭鄙怀，为我兄痛切陈之。党国初建，中央用人行政容须有逐渐改进之处，我辈协力同心，不难徐图挽救，似不必诉诸武力，矧至民元以来，国内纷扰近廿载矣，建设大业，事事落后，此次北伐完成，力图建设，已觉缓不济急，岂可再事破裂，陷国家于紊乱，此当忍耐者一。前此军阀此起彼仆，为时无逾一稔，非徒无建设之希望，即求一苟安而不可得，我辈以主义为中心，一扫前此军阀之所为，成功固大，国人之责望亦深，若再覆辙相寻，匪但陷国家于分裂之局，抑何以慰国人属望之殷？此当忍耐者二。本党以主义救国，艰难缔造四十余年，牺牲无数同志，始得今日有为之机，若再破裂，岂徒无以对先烈，又何以慰先总理在天之灵？此当忍耐者三。北省连岁兵事，继以荒旱，流亡载道，人将相食，尽力救济犹恐不瞻，若再加以师旅，民何以堪？此当忍耐者四。客岁在京把晤，历承教言，谓我两人与介公一德一心，则国事必有可为。诚恳之意，溢于言表。弟亦谓非特为党国，我三人应推诚相与，即为我三人历史计，亦当合作到底，如无隔阂则□□幸矣！否则，弟愿负疏解之责，彼此摅诚之言，我兄谅能记忆，若果更变初衷，匪特前功尽弃，将何以见谅于后世？此当忍耐者五。我兄经纶万有，求治情殷，一年以来见到之处，必不在少，此种苦心，弟深知之，他人或不能尽知也。然手握兵符，建言朝政，迹近劫持，天下谁复相谅，似不如解除兵柄，还之中央，同适异国，萦心内政，苟有所见，尽量发言，尤有效力也。曩者刘同志过访，曾略申此意，未审曾否得达，弟忧误会愈深，传闻中央已有用兵之意，倘不幸成为事实，无论胜负谁属，而整个之党变成残破，统一之国形成分裂。保存党国恐不可能，尚何推行主义之可言？弟爱国爱党爱兄始终如一，不自揣量，诚欲解除一切，随兄远游，去则同去，来则同来，南山可移，此志不变，如蒙赞许，弟当急电中央停发命令。古人有云：放下屠刀，立地成佛。我兄明达，谅荷鉴垂，掬诚进言，伫躬复教。比得复电，文曰：限急刻到。太原阎总司令百川仁仲勋鉴：密。顷奉漾电，情意殷挚且感且佩，循诵至再，惘惘然若有所失，继乃彻痛欲裂，竟不知言之何从。嗟乎！吾言之而知者谁欤？吾忍之而谅者谁欤？非我弟兄不足以知之，故且为我弟道，不为俗人言也。自辛亥以来，如复辟之役，班师之役，北伐之役，吾两人莫不左提右挈，敌忾同仇，用能获最后之胜利。是吾两人固息息相依，休戚与共者也。兄幼年从军，转瞬之间忽已三十余载，无一日不在艰难困苦中鲰生，性愚直不谙世务，凛前哲之教，察时势之所趋，睹国本之危，念民生之苦，辄愤不欲生。思古人匹夫有责之义，则不顾成败利钝而求吾心之所安者，又往往与世事忤，群疑交谤，或不久左，又有谅其情而防其行者，兄亦不自知其果有一当否也？然敢于自信者，数十年来，九死一生，与恶环境战，知求国家之自由，人民之幸福，无论何时，不愿见大局之破裂，致贻无穷之患，是故凡人之所不能忍者，苟利于国家、人民，固忍者屡矣。既能忍于前，何伤之于后！此则区区之心，丙取以告慰于我弟者也。兄本武人，不谙政治，自北伐完成以来，本期不再有阋墙之战祸，但得为太平之民，于愿斯足。而介公一再敦促入京，则又不敢违命，因循至今，迄未如志。最近武汉旋平，粤战又起，思乱者造谣生事，野心家又因而乘之，统一之局至此又呈分裂之势，每念及此，窃为焦愁深虑而不能自已。然尚不知愆尤丛集之已久也。吾两人多年生死交，每当患难愈深，则交情益见。非我弟见教，谁肯相为言耶？兄老病侵寻，久思休养，既承指示，极愿即日下野，或息影山中，或翱游海外，则介公之怒可以稍息，我弟苦心亦可稍慰，不仅吾三人之私交可全，倘更自兄下野之日起，中国永无内战，政治日进修明，人民日臻安乐，岂非我弟之赐，而兄亦有荣耶。肺腑之诚，感激之语，不觉语之过切。然回首前途，固不胜其抵触万端矣！此后办法，伫候明教。当复一电，文曰：接诵有电，字字血诚，感入肝肺，非我弟兄两人，孰能为此痛切之言耶？弟为党国计，为人民计，为吾人计，筹虑久矣，故不自揣量，为我兄尽情一吐，荷承采纳，愿即敝屣一切，即日下野，以礼让易干戈，此岂我弟兄之幸，抑亦国家之庥也。弟翱游海外，久具决心，得附骥尾，欣幸何极。已决定即日旋里，将家严奉养事宜稍为安顿，即行挈眷亲赴运城俟迎台从，敢请我兄一面通电，宣布国人，一面偕同嫂夫人命驾晋来，以便早日放洋。所部军队均各交还中央，依照编遣会议办法实行改编。自今以后我弟兄形影相随，逍遥海国，其乐何极。言出肺腑，幸乞鉴垂。何日启行，即请示复，俾便转电中央停止军事行动为盼。各等语。谨电奉闻。阎锡山叩。宥午。印。

〔行政院档案〕

4. 唐生智等胪列冯玉祥十大罪行共张讨代通电

(1929年5月26日)

国急。南京中央党部、国民政府主席、五院院长、太原阎总司令钧鉴：盛京张司令长官、汉口何总参谋长勋鉴：各省党部、各省政府、各总指挥、各军师旅长、各法团、各报馆均鉴：顷奉五院院长马电，翦除奸慝，力振纪纲，循诵再三，至深感愤。谨案冯逆玉祥反复无常，阴险成性，本军阀之余孽，假革命以投机。本党前以速筹统一，宽待来归，赦其已往之辜，与以自新之路。该逆稍有天良，应如何革面洗心，矢勤矢慎。乃自溷迹本党以来，野心难驯，变本加厉，近更嗾使逆党刘郁芬、孙良诚等先后通电全国，仇视中央，诬蔑主席，图谋不轨，逆迹昭彰，不兴问罪之师，将召丧邦之祸。综其大罪，厥有十端，爰告国人，共张挞伐。赤党肆虐，人类所惧。冯逆假借邪说，大为宣传，共产之徒，莫不包庇。窃据西北，求援助于万里苏俄，返自东南，受方略于第三国际东方政治分会之训令，皆其以破坏中国之阴谋，实则惟利是视，不知主义为何物，其结苏俄也，即在利用彼之军火，以扰乱我之安宁。其倾向共产也，则在煽惑一般青年，以充个人鹰犬。最终目的，不外以甲倒乙，以乙倒丙，尽除异己，惟吾独尊。一旦遂首领之欲，虽共产亦在所必除。勾结赤化，其罪一也。华人美德，信义是崇，倘信义之沦胥，实自侪于狗彘，冯氏自握兵权，几经叛变。始则叛黎拥冯，叛冯拥曹，继则联段倒曹，联张倒段。随陈入蜀而遗弃之，则欺袁世凯；与岳同起而驱逐之，则负胡笠僧。前此编遣席上力诋东北，指责山西，并请解散徐源泉、郑俊彦等之兵，近者迭电中央，又力主缴任应岐、岳维峻等之械。迹其生平，无不叛之长官，无不卖之朋友。弃信背义，其罪二也。吾国今日强邻环伺，惟统一方能图存，惟一致乃能御侮。冯逆久蓄异离，主张分裂，所辖之地，不许中央放官吏。所练之兵，则向中央索饷械。利国家之危而不利其安，谋国家之分而不谋其合。私图割据，其罪三也。桂系谋叛已非一日，恐卵石之相悬，终弯弓而不发。冯逆洞察情形，妄生诡计，横加挑拨，亲许应援，退入华山以坚其叛志，辞去部长以促其诡谋。最近犹令赤党郭春涘在香港、上海之间，为联桂倒蒋之举。庚、元二电，桂罪是宣，阳奉阴违，狐埋狐猾。嗾使内乱，其罪四也。以节俭夸示国人，以不欺骗其徒党。考其行为，大为可噱。名餐粗饭，实则饫以糕羹；外著布衣，内则附以狐腋。月薪洋限廿元，多者津贴五百。积极备战，乃云病不可支，布置未完，则曰服从总座。大奸似忠，心劳日拙，藏头露尾，丑态毕宣。作伪欺人，其罪五也。陕、甘诸省，迭受兵灾，继以凶年，人将相食。而乃对人民则任情搜括，以饱私囊。对中央则藉口赈灾，以筹军费。编遣会议报兵二十七万，今日号称五十万矣。西北银行存款八、九千万，人民饿殍，置若罔闻。以中央为可欺，置民命于不顾。藉赈养兵，其罪六也。鸦片流毒，童稚皆知有亡国灭种之痛，为本党禁令所关。冯逆初到甘、陕，勒逼种烟；后据中原，强行销售，农民不肯栽种，则指为抗令。县官不为额销，则窃令撤差。境中皆罂粟之花，治下尽芙蓉之鬼。提倡鸦片，其罪七也。曩在北平逼走让帝，窃据清宫，盗去古物二十八车，车外蒙以旧布，以掩市民耳目。及居西北，蒙胞痛恨共党，则杀蒙胞以媚俄人。今回族反对赤化，则杀回族以雪私愤。五马罹冤，一并含恨。背总理之遗教，伏反动之危机。残害弱小，其罪八也。坐拥五省，岁入甚丰，缴解不闻，贪心未厌。县官苛敛不力，则以兵刃相加，每逢一度移兵，更向百姓恶索，捶楚备至，哀呼无灵，最近，孙逆良诚等经过曹县，犹复肆行敲剥，劫掠一空，比拆白而更毒，视绑票而尤凶。纵容勒索，其罪九也。近半月来，猖狂益甚，遍令徒党撤毁交通，武胜关洞、黄河铁桥炸之撤之不遗余力。毁水柜于各地，弃铁轨于河中，损失在数千万以上，修复非三、四年不能。盖土匪所不肯为，而军阀之所顾虑。是而可忍，孰不可为？破坏交通，其罪十也。凡此十端，不过举其大者言之。其他罪恶，罄竹难书。生智等分属军人，本以服从为天职，关怀党国，又难缄默而不言。伏读我主席庚日致该逆电，沥胆披肝，仁至义尽。而该逆略无悔祸之心，益著谋反之迹。幸我五院院长通电全国，义正词严，凡我国民，莫不愤激。生智等枕戈以待命，爰传檄于同袍，自我革命军兴以来，义旗所指，海内归心，铁骑当前，天下无敌。前者张褚犯顺，不旬日而窜海疆，桂系跳梁，不血刃而为瓦解，事实俱在，寰宇咸知，凡我军人幸勿致虑。彼以狡诈，我以精诚。彼有奸谋，我有主义。为三民、五权而奋斗，义著千秋。清陕、甘、青、豫之版图，期以十日。谨电布臆，诸希鉴察。总指挥唐生智，军长李品仙、何成浚，副军长刘兴、张笃伦，师长刘春荣、魏益三、王金钰，副师长李祖荫、刘凤池，旅长蒋春湖、罗启疆、周维贞、龚浩、颜仁毅、陈良、凌兆世、魏镇藩、郝梦龄、蒋毓滨、苏荫森、申休臣、梁谐忠、郭华宗、梁鸿恩、上官云相同叩。寝。印。

〔行政院档案〕

5．冯玉祥宣布洁身引退入山读书通电

（1929年5月27日）

军急。南京、上海、杭州、南昌、安庆、福州、南宁、广州、云南、桂阳、成都、长沙、武昌、汉口、济南、开封、北平、天津、太原、兰州、西宁、宁夏、归化厅、张家口、承德、沈阳、齐齐哈尔、吉林、库伦、迪化。全国各机关、各团体、各报馆均鉴：玉祥待罪戎行垂三十年，自辛亥革命起义滦州，十八年之间，如推翻洪宪、讨伐复辟、首鄂革命、会师北伐诸役，无不追随诸先进，共同奋斗，区区之志，窃欲求国家之自由、平等，实现三民主义，为大多数贫苦同胞谋幸福，成败利钝皆所弗顾。去岁北伐完成，大局粗定，全国喁喁望治如岁。以为从此长保和平，永绝内乱，先总理之教义将可次第实施，不意入春以来，战端又启，武汉事息，而川、滇、黔、粤、桂继之。玉祥养疴华山，深居简出，尝惴惴焉。以国危民困，万不可再有内战，以自取覆亡。不料区区苦衷，公不见谅于人，私不见谅于友，谣言纷起，岌岌若不可终日。玉祥矢志革命，不计其他，凡有利于国家，有益于人民者，无不隐忍退让，以其良心之所安，决不忍再见大局之分裂也。谨洁身引退，以谢国人。自五月廿七日起，所有各处文电，一概谢绝，从此入山读书，遂我初志，但得为太平之民，于愿足矣。邦人君子，亮察为幸。冯玉祥。感。印。

〔行政院档案〕

6．阎锡山公布与冯玉祥联系赴晋共同出国流洋往来电

（1929年5月28日）

提前。特特急。南京中央党部、国民政府、国军编遣委员会、蒋

总司令钧鉴：行政院各院部会、唐总指挥、朱总指挥、各省省市政府、省市党部、沈阳张司令长官、汉口何总参谋长、刘总指挥、北平何参军长、刘总指挥、商总指挥、桂林何总指挥、济南陈总指挥、蚌埠方总指挥、重庆刘总指挥、广州陈总指挥、云南龙总指挥、各省卫戍司令、警备司令、各法团、各报馆均鉴：宥电谅已达览，顷据冯总司令感电，文曰：宥电敬悉，我弟党国柱石，侪辈所钦，中央倚畀正殷，岂可遽言高蹈，远引何敢梗阻？携手同游，则亦兄之私幸，感佩何似，下野宣言业经拟就，即日公告国人。惟各处电报多已不通，经晋省时尚祈惠赐转拍也。至承邀在运城会面，本应即日启行，以图把晤。惟值此谣言正盛之际贸然赴晋，恐于我弟诸多不便，一宿疾未愈，行旅维艰，俟谣诼稍息，体气略复，即束装就道，远是非之窝，作逍遥之游，亦壮举也。良会在迩，弥往神驰，特电肃复，诸维轮察。当复一电。文曰：感电诵悉，承允携手同游，欣幸何极！党治肇始，建设多贤，遂我初衷，志不可夺。家严年事虽高，精力尚健，久欲扶杖以观太平，绝不愿弟久窃高位。附骥以去，操虑毫无。务请我兄断然决然，即日命驾莅晋，以便及早偕行。悠悠之口，何足挂齿，去则群疑胥灭，不去则谣诼反多，我兄高明，当能鉴及。弟前日返里，已将家事料理就绪，亦即挈眷驰赴运城，恭候尊驾，海天气爽，于摄养病体固甚相宜也。特电奉迓，伫盼高轩。各等语。谨录奉闻。阎锡山叩。勘。印。

〔行政院档案〕

7. 蒋介石颁发对冯玉祥西北军作战命令及计划（附战斗序列）

（1929年6月16日）

命令 6月16日午时
于南京总司令部

一、关于讨冯应取之各项行动，着照讨逆作战第一期作战计划及附图表切实施行(讨逆第一期作战计划及附图表如另册)。

二、各路军兵站与交通及卫生事项由各路军规定办理。

三、予在南京总司令部。

总司令蒋中正

右令:

北路军总司令阎锡山,第五路总指挥唐生智,第六路总指挥方振武,第二路总指挥刘峙。

下达法:

(1) 阎总司令、唐总指挥派专员送达,刘总指挥、方总指挥亲授。

(2) 此项计划除(1)项送达、亲授者及送交何总监外,其他均未颁发,应特加关防。

对西北第一期作战计划

一、总方略

为平定西北之目的,先以主力于豫省东、南两方面,取包围姿势,压迫逆敌至郑州以西地区。北路军主力乘机由晋南出清化、济源、陕州各道渡河,与陇海线各军协取虎牢、泗水、洛阳,务在潼关以东地区将敌包围而歼灭之。

二、指导要领

一、以在河北、山西各军为北路军主力(原第三集团军主力),集结于晋南、晋西地区,一部(原第三集团军之两师、刘镇华部)集结于顺德、邯郸间,沿平汉线压迫逆军至黄河南岸,乘胜占领郑州。

二、以第五路军(唐生智部)及第六路军(方振武部、岳维峻部)为东路军,分两纵队;右纵队(唐部)集结于济宁、曹州间。左纵队(方、徐、岳部)集结于徐州、丰、沛、砀山、涡阳、亳州间,沿陇海线会攻归德、开封,与北路军相呼应,压迫逆军至郑州以西地区。

以上两路攻击奏功后,即联蝉向潼关隘路压迫包围当面之敌而歼灭之。

三、在鄂各军为南路军，分两纵队，右纵队（第一、第二、第九、第十一等师）集结于武胜关以南孝感、花园间。左纵队（第四、第八、第十、第十三等师）集结于安陆、荆门、沙市间，对武胜关以北及襄樊方向侵入鄂境之敌迎头痛击之。

若南路军得利时，即以一部占领信阳，主力即由随县、襄樊方面进出于南阳城，确实占领之，使东、北两路军攻击容易，一部经老河口向紫金〔荆紫〕关压迫。在山西之主力，不避艰险，毅然渡河，直捣洛阳。

四、以第三集团军步兵两师、骑兵三师编为北路挺进军，由包头进取宁夏。以四川之邓锡侯、田颂尧两师编为南路挺进军，由汉中威胁西安，断敌归路。

五、总预备队第三、五、六、七、四七、四九、十八、五十师。

三、集中地及集中日期

一、东、南、北三路军均于本月二十日开始运动，限卅一日集中完毕。但武汉各部应于电到时即速准备。

二、南、北两挺进军限本月底集中完毕。

附记

平津、山东方面之警备由阎总司令与陈调元负责。

四、兵站

各方面军各设一兵站监，专司运输、交通、给养、卫生、补充等事。

战斗序列　六月　日

讨逆军总司令蒋中正

参谋总长何应钦

南路军总司令蒋中正（兼）

总参谋长杨杰

第五路总指挥唐生智：

第八军军长李品仙：第五十一师师长李品仙(兼)，第五十三师师长刘兴。

第九军军长何成浚：第十四师师长刘春荣，第五十四师师长魏益三。

第六路总指挥方振武：

第五军军长方振武(兼)：第四十四师师长阮玄武，第四十五师师长方振武(兼)，骑兵第二师师长张砺生。

第二路总指挥刘峙：

第一军军长顾祝同：第一师师长刘峙(兼)，第二师师长顾祝同(兼)，第九师师长蒋鼎文。

第三军军长曹万顺：第十一师师长曹万顺(兼)，新编第五师师长邓瑛(代)，独立第十一旅旅长万倚吾。

第二军军长朱绍良：第八师师长朱绍良(兼)，第四十八师师长徐源泉，新编第一师师长岳维峻。

预备队指挥张发奎：第四师师长张发奎(兼)，第十师师长方鼎英，第十三师师长夏斗寅，独立第一旅旅长陈耀汉。

第一总预备队总指挥韩复榘：第三师师长毛炳文，第五师师长熊式辉，第六师师长方策，第四十七师师长王金钰(代)，第四十九师师长任应岐，第二十师师长孙桐萱，第二十四师师长石友三，第六十四师师长马鸿奎，第二十九师师长曹福林，骑兵师师长席液池。

第二总预备队总指挥刘文辉：第一师师长刘文辉(兼)，第二师师长向传义，第三师师长夏首勋，第十旅旅长陈岳嵩，第十一旅旅长杨清全，第十二旅旅长苏华洲。

兵站总监黄振兴。

副监陈劲节。

北路军总司令阎锡山。

总参谋长朱绶光。

第十一路总指挥刘镇华。

副指挥孙楚。

第十四军军长孙楚(兼):第三十三师师长孙楚(兼),骑兵第六师师长孙长胜。

第十五军军长刘镇华(兼):暂编第三师师长万选才,暂编第四师师长刘茂恩,新编第十四师师长杨虎城。

第十六路总指挥傅作义。

副指挥杨效欧。

第十六军军长关福安:第三十六师师长李达生,第四十师师长关福安(兼)。

第十七军军长杨效欧(兼):第三十五师师长杨效欧(兼),暂编第十九旅旅长郭宗汾,第四十三师师长傅作义(兼)。

第十七路总指挥赵承绶。

第十八军军长王靖国:第三十七师师长王靖国(兼),第三十九师师长杨耀芳。

第十九军军长赵承绶:骑兵第二师师长郭凤山,骑兵第四师师长王英,骑兵第五师师长原屏藩。

总预备队总指挥阎锡山(兼):第三十二师师长李培基,第三十四师师长徐永昌,第三十八师师长李服膺,第四十一师师长张会诏,第四十二师师长马鹏翥,暂编第二十六旅旅长安锡嘏。

兵站总监周玳。

南路挺进军

第十二路总指挥田颂尧:第一路司令孙震,第二路司令田颂尧(兼),第三路司令王思忠。

第十四路总指挥邓锡侯。

航空军司令姚锡九(兼)：飞机第一队队长，飞机第二队队长，飞机第三队队长，水上飞机队队长田曦(代)，飞机预备队。

附记：

一、第十二路田颂尧部共分三路，每路以三混成旅编成之。

二、第十四路邓锡侯部及马廷勷部、井岳秀部所属部队现均在调查中。

〔国民政府战史编纂委员会档案〕

8. 蒋介石为第一路军行动迟缓请速偕唐生智赴许昌巡视与何应钦往来电

（1929 年 10 月 19 日—20 日）

(1) 蒋介石给何应钦电稿(10月 19 日)

衔略　○密。昨日想已安抵开封，前方情形如何？第十军、第一路行动迟缓，请兄督促之，并望兄与孟潇兄前往许昌、偃城等处巡视一周，为我代劳各将士，且改正其部署之缺点，应使计出万全为盼。应犒奖或补助必需之费时，请兄酌发之。蒋○○。皓申。印。

(2) 何应钦复蒋介石电稿(10月 20 日)

急。南京总司令蒋钧鉴：○密。皓申电敬悉。除电促第一路及第十军迅速行动，务必按期集中完毕外，职拟养日驰赴郑州，会同孟潇兄前往许昌、偃城等处，谨代劳军，兼视察各军部署。详情再行奉闻。谨复。何○○。哿。叩。

(3) 何应钦给方鼎英杨杰电稿(10月 20 日)

急。蚌埠方总指挥伯雄兄，许昌、偃城探投杨军长耿光兄勋鉴：○密。顷奉总座皓申电，以第一路及第十军行动迟缓，颇为焦急。等因。请饬属迅速行动，务必按照预定期间集中完毕，以利戎机。是所至祷。集中状况及到达地点，尤盼随时见示。弟何○○。哿酉。叩。

〔国民政府战史编纂委员会档案〕

9. 开封行营录记唐生智关于该路军各部位置及推进情况电

（1929年10月20日）

唐生智皓日郑州来电：

1.第八军五十一师在巩县、孝义、芝田镇一带任右翼，由黄河南岸裴峪至羽林庄之线防御，师部在巩县；五十三师在郑州、荥阳、汜水、黄河桥一带，其第五团在巩县，协助五十一师作战，师部在郑州。2.第九军五十四师在登封附近任右翼，由羽林庄、堤东至参驾店之线防御，师部在登封；十四师在禹州、告成、大金店一带，任大金沟、蔡沟线之防御，师部在禹州；新编第四师在临汝防御。3.第十军四十七师驻许昌、泉店、楚河镇、禹州、张得一带，师部在许昌；四十八军〔师〕大部到偃城、临颖一带，并向新店、襄城推进，其余正由信阳向偃【城】、临【颖】输送中。4.五十一师、五十四师、十四师占领之阵地，已筑有坚固工事，甚为稳固。5.所有各部位置及前方布置要图，今午已由文主任素秋带汴，想邀察及矣。唐生知〔智〕。号酉。

〔国民政府战史编纂委员会档案〕

10. 何应钦就开封行营主任在欢迎大会上关于消灭叛军讲话

（1929 年10月21日）

各位同志、各位同胞：

兄弟今天承诸位如此热情盛大的欢迎，实愧不敢当。兄弟此次来汴，不但得参观中都在历史上有价值的古迹及近来新的设施，并且得与我革命军中谋勇并备的将领，本党最忠实之同志韩主席多多的晤对，实觉非常荣幸。在此欢迎会中，兄弟先将中央近情向诸位报告一下：

党务方面：中央自第三次全国代表大会以后，一切规划遵照第三次全国代表大会的决议案逐步进行。中央自身方面，不但求组织、宣传、训练方面之统一，并力求各部工作上联络，以使效能增进。对于下级党部，力求其意志统一，行动统一，务使全国的党务能整齐健全起来，不致有无谓的种种幼稚行动。至于最近发生的一种小组织改组派，完全是一部失意的官僚政客的集团，他们夺取为目的，以卖空买空为手段，勾结一切反革命势力，如安福系及吴佩孚及赤色帝国主义等，作种种背叛的行为，中央已澈查清楚，并已分别明令缉拿，这种自私自利的反革命组织，必然趋于消灭。

政治方面：现在军政既告结束，训政自兹开始，目前政治上最迫切需要的要算地方——县自治之实行。训政能否完成，人民四权能否实行，使国民革命的基础，能否巩固，须看地方自治、能否完成。中央方面对于这点异常重视，并于本年双十节颁令各省为县自治施行日，希望各城对于这点切实施行。其次是五院成立，我们实行地方自治，是人民政权的培植，成立五院乃是政府治权之试行，关系于党治前途，亦至关切要。中央除已成立有立法、司法、行政三院外，至于监察、考试两院，决于最近次第成立，关于监察院及考试院中的人选问题，中央非常慎重，在最近将来，定可产生。

军事方面：自编遣实施会议以后，中央已抱有十分的识意与决心。务使关于编遣方面一切决议，一一见诸实施，最近虽有张发奎、俞作柏等欲保存其个人的利益，不惜违反党国的命令，作顽强之叛乱，但不久张发奎部下已在湖南边境内完全肃清；广西俞作柏部下，亦已次第消灭。至于东北方面赤色帝国主义之侵略，连日来战争极为猛烈，我国国民多受残害，幸我国东〔北〕方面的国防军防御极其周密，自卫确有裕如，不过赤色帝国主义较白色帝国主义手段尤为凶诈险恶，将来交涉结果如何，须看我国民之努力与奋斗如何而断定。

实施编遣：中国现在已到了训政开始的时期，国家与人民最迫切的需要约有三点：第一、在谋全国之统一，而致全国统一之唯一的途径，就是实施编遣，编遣实施与否，关系于国家民族的生死存亡甚大。编遣不实施，则军队永远成为个人的军队，内乱必不能消灭，内乱不消除，国家永无统一的可能。

爱护党国：其次，人民须牺牲个人利益，爱护党国，因为本党系代表民众利益的党，本党的主义，是因应人民需要而产生的主义，本党是民众利益为出发点，以民众利益为归宿点。本党离开了民众利益，无所谓革命。而民众利益离开了本党，也就失了保障，所以革命的民众，应很忠实的站在本党旗帜之下，承受本党的指导，牺牲个人的利益，拥护国家的利益，以求完成我们的国民革命。

誓雪国耻：我国自鸦片战争以后，无日不在赤白色帝国主义的铁蹄之下供其侵略；去年济南惨案，今年东北方面赤色帝国主义之屠杀，截至现在，仍为有加无已。我们除非自甘暴弃，坐视民族消亡则已，否则，必须秉坚忍不拔的精神，在三民主义的指导之下，为民族争生存。总理说过，三民主义就是救国主义，我们要想中国得救，只有全国人民忠诚的来信仰三民主义。最近西北石敬亭、孙良诚之叛变，并非出于我们意料之外，事变在我们意料之中，因为他们完全是封建集团的残余势力，只知有个人，不知有党，更不知有国。他们看见反革命分子，白崇禧、李宗仁、张发奎、俞作柏等已次第消灭，不免有兔死狐悲之感，尚欲作最后之一逞。最近且欲率兵东犯，实属胆大妄为。这种反革命的封建残余势力，若能东来，我军必可一举歼灭。现在我们很希望他出来，只要他肯出来，解决就非常容易了。

我们根据过去的事实，可以看得出违反民众利益的反革命军阀,必然趋于消灭。这次叛变的有鄂西的张发奎、广西俞作柏、西北的石敬亭、孙良诚等;张、俞业已次第消灭,现在不过剩了西北一部分残余势力,以中国现有的革命力量对付他们,必可于最短期内,完全肃清。现在中央已臻巩固,大局亦极安定,决非任何反动势力所可动摇,希望全体人民,大家都来拥护统一,拥护中央,能如此,则国耻可雪,而三民主义的新中国亦可见诸实现。

消灭叛军:到会的各位同胞,你们想一想这几年来河南的民众是不是在水深火热之中;苛捐杂税、土匪滥军,处处在蹂躏你们,逼得你们求生不得,求死不能。这种苦处,是谁害你们的,就是西北的叛逆石敬亭等害你们的。河南是中国的一省,中国不好,河南绝不会好,中国不统一,河南人民的痛苦,绝对不会解除。西北的叛将石敬亭、孙良诚等,只知割据地盘,破坏统一,他们是全中国人的生死冤家,也就是西北民众。我们河南的同胞的死对头。河南的同胞们,你们不要救国、不要救自己,那就罢了,如果要救国家、救自己,你们唯有一致起来拥护中央,打倒破坏统一陷害你们的叛逆石敬亭、孙良诚诸逆。今年的事情,你们应该不会忘记罢,今年五月间冯玉祥□□□□□□□欲以河南为战场,河南人看看将陷于刀锯锋镝之下,幸而有我们现在的韩主席向方同志,不顾自己的利益,抱牺牲一切的宗旨,起而主张正义,维持和平,然后河南民众,才得此半年的休息,不致遭妻离子散的惨祸。各位同胞,冯玉祥的残部石敬亭、孙良诚诸逆和河南人不知有什么冤孽,现在他们又来蹂躏你们了。冯玉祥从前搜括你们的米麦,把西北银行的纸币来吸收你们的金钱,害得你们倾家破产,你们还记得吗?

有冯玉祥、孙良诚、石敬亭这一干叛国的军阀,就没有国家,就没有河南人生存的余地,河南人民要生活就要在韩主席领导之下一齐起来帮助中央军扫除西北的叛逆。我们此次要将石敬亭、孙良诚诸叛逆完全肃清,作一劳永逸之计,使河南同胞,将永享安乐。诸位同胞,把诸位欢迎兄弟这番热情,拿去打倒西北叛逆,我相信从今以后，随便那个军队，都不敢到河南来欺你们的。

〔国民政府战史编纂委员会档案〕

11. 何应钦在开封行营举行总理纪念周政治报告

（1929年10月21日）

各位同志：记得三个月前，我们在武汉行营最后一次纪念周曾经说过：希望以后不再在任何地方设立行营。因为行营的设立，是为就便主持军事，军事结束，训政开始，就用不着设立行营。但是不幸武汉行营才于不久的期间宣告撤销。今天我们又奉命来到开封组织行营，主持对西北的军事。我想不专是我个人觉得很痛心，各位同志也一定觉得很痛心。我们要晓得西北将领石敬亭、孙良诚等，今天敢于明目张胆，重蹈故辙地□□搞中央，背叛党国，他们并不是困于陕甘地方赤地千里，衣食无着，才起来挺而走险，图谋生存。他们的背后有冯玉祥在发纵指使，他们唯一的目的是反对实施编遣，不愿中国的和平与统一，是时时刻刻想保存他们封建军阀的势力。因为要想保存他们封建军阀的势力，所以对于以救国建国为职志而正努力于和平统一的建设的革命政府，便无时不想破坏他、离开他，其不择手段与方法，虽至勾引帝国主义者，以造成亡国灭种的惨祸，亦有所不惜。西北的军队，据他们从前报告编遣会的，不过二十余万人，后来如韩总指挥向方、石总指挥汉章及刘总指挥雪亚、马师长鸿逵诸部，均一致拥护中央，服从编遣，所余剩的合陕、甘、宁夏计算，至多不过十二万人，但自编遣实施会议以后，中央宽大为怀，对于西北部队仍予编为九师，几乎一兵一卒完全未加遣散。但是他们野心不死，好乱成性，仍复收容溃军土匪，力谋扩充部队，计自六月以来，中央接济西北的军饷，已在一千万元以上，按月接济粮食面粉十数万袋；最近十天前，又运去棉军服二十万套，现款四十余万元，面粉六万袋，中央对待部属，可谓仁至义尽。不图他们全无一点国家观点，全无一点爱国的思想，饱暖之后，野性复发，必欲使我国家民族，陷于万劫不复的地位。我们今天，奉中央的命令来此主持讨逆军事，我们唯一的任务，就在最短期间以内，打破残余封建军阀的势力，解除西北民众的痛苦，完成裁兵救国的目的，建设个和平统一的新中国。好在西北士兵和民众们，虽然久处在叛将石敬亭、孙良诚等的积威之下，但当着国家存亡、民族生死关头，一定能够毅然决然起来帮助我们革命的军队，增加革命的力量，以促封建军阀势力的灭亡，以促国民革命的成功。广西方面，我们在南京的时候，就接到报告，俞作柏、李明瑞两逆已经逃亡，部队由吕焕炎、杨腾辉分别改编或遣散。广东援桂之师，亦已凯旋回粤；中央派往广东的第三、第八、第五十等师军队，均已班师离粤回京，到达指定的集中地点。广西方面，可说已经不成问题。至于张发奎，孤军窜走，沿途被我截击，仅存三四千人，现在溆浦新化一带，被何主席① 所部团团围住，不久可以解决。以后中央力量集中对付西北。我相信最短期以内，盘据西北反叛中央的封建军阀势力，一定就要归于消灭。在过去这一周间，我们有一半的光阴，是消磨在长途行军中，所以对于政治和党务，没有什么消息可以报告。但是各位都知道，现在的中央政府，自从三全代表大会以后，根基已十分稳固，虽然因为讨伐叛逆关系，军事行动一时未能结束，而训政开始以后，各种切迫重要的工作，仍然遵照三全大会的决议案和总理的遗教，一步一步继续努力在进行。最近如监察院、考试院的限期成立，如新的县组织法的克期实行，都是训政期中政治方面努力进行的一些表现。关于党务，从前各级党部与各级政府常发生误会纠纷，最近两月来，这种现象，已经逐渐减少。各级党部，均能服从中央指导，努力党务

---

① 湖南省主席何健。

进行，与各级政府间意见，亦已日臻融洽。这实是党务前途极好现象。虽然改组派反动分子，到处挑拨离间，颠倒是非；共产党徒，又复勾结苏俄，宣传赤化。意志薄弱的同志，有时不免心旌摇途，莫知所可，甚或误入歧途，形成反动。但是忠实意志坚强的同志，却更因此而信仰愈坚，团结愈固，越更加紧了扎死寨、打硬仗的革命工作。我们观于反革命者一批一批地失败下去，我们就知道三民主义的革命阵线，是此何的坚牢而巩固了。不过在革命的进程中，我们一天天的前进奋斗，反革命者也一天天的不肯善罢干戈。□□□□□□□同志们，就应该战竞惕励，时时准备，刻刻努力，不可稍有疏忽懈怠了，并且各位同志也都知道中华民族目前的现状，内忧外患，交逼而来，苏俄帝国主义者，在东北所给予我们的重大创痕与耻辱，一天一天正在增加。我们要不加倍努力于国内一切反动势力的从早肃清，百尺竿头，更进一步去和帝国主义者作殊死战，则不仅西北东北民众将永远沉沦地狱，不克振拔，就是整个中华民族，也将永远成为次殖民地，一刀一刀的任人宰割以尽了。最后对于行营内服务方面，也有几句话向各位说说，这次我们行营人员出发，十六日才奉着命令，十七日就全体一致如期启程。各官佐奉公守职，动作敏捷，极堪嘉慰。此后务望各尽所能，努力从事，俾能于至短期间，完成我们所负的使命。我一向住在习惯奢侈的南方，今天来到河南，见着地方风俗的醇厚，人民的朴实无华，这种刻苦自励的精神，应该值得我们深深的敬佩和模傚，而且将来凯旋南归，也得将北方俭朴耐劳的美德，一同带到南方去。

〔国民政府战史编纂委员会档案〕

12. 开封行营参谋处转发李承恩关于石敬亭等向鄂北进展及其宣传口号情报

（1929年10月24日）

情报（10月24日）

李承恩自郑州养电：逆军大部似向鄂北进展，东犯者为第一路之石敬亭，第四路之宋哲元，号称四师，其实在洛阳附近者不过两师。分偃师、印岳，黑石关等处不过一师强。其骑兵之一部并有向我方构筑工事模样。又闻逆军宣传，以不打杂派部队，专打基本部队为口号。

〔国民政府战史编纂委员会档案〕

13. 德国顾问克里拜拟订对冯玉祥军作战方案与开封行营往来函

（1929年10月25日—26日）

（1）克里拜致开封行营函（10月25日）①

目前之作战在解决冯氏所部之叛变而永息中国之内争。此项敌人不可轻视，我军之枪枝较敌仅占两万挺之优势，而炮数则相同，敌之野炮数较优于我，此外，敌尚有若干之重炮。依报告，敌人在洛阳附近集合中，彼在洛阳一带向东方设防，以掩护其集合，而将我军逼近于洛河之后，试一看敌人情况，彼之后方连络直向西方，其北方为不易渡过之黄河，叛党之目的在向前进攻，其大概之最近目的为汉口，若非阎方出兵声讨，以转移政治上之局面，彼决不肯中止其攻击而向西退却。敌之进攻有二种可能，一为向东指郑州，一为向东南指许昌。如敌向东时，刻第八、九两军已在便于坚韧守御而令敌不易攻击之地形上作有防御之阵地。假定假〔两〕军皆能屹立不动，则得之矣。彼如取此项攻击方向，则彼决不能得迅速之解决。若彼对于其右翼后方尚留一大部分兵力，以为对于我将次来到第十军之用，则更不能得迅速之解决。假使敌人已知我十军在宝丰、鲁山叶一带集合，则敌东向郑州进攻之攻击，即或

① 此为收文时间。

得逞，亦须顾虑其侧面及后面有易受我攻击之患。此项顾虑，足以迫敌放弃其对第八、九军之攻击。彼如专向第九军攻击，而以登封为其攻击方向，则彼亦立即与一在阵地作守而不易攻击之敌相遇，而第十军亦有攻击其侧面之可能，第八军亦可直接帮助。窃维比较的不利于我方者，为敌人对于我第八、九军仅留一部守势部队相对抗，而以大多数之主力对第十军。在此场合，第八、九军应对于其对方之敌军守势部队出击，而继续取西南方向，作包围之势，以减少第十军之负担。总而言之，敌人在内线作战，且时间及空间上之运动，惟均狭小，实无求胜利之可能。但须假定我被攻之部队能屹然不为所撼动而不破，攻击之部队能不误时机而取包围式之攻击。依从前之报告，在荆紫关、竹溪、白河等处有敌部队，因之，在襄阳、南阳等处构筑工事。如敌果尚有大部队在该处，则我第五路对面之敌有向南移动，与该处部队联合之可能，且依此行进方向，可向其大作战点之汉口推进，而向西取连络。依报告，敌人最喜夜行军，如我之通传、连络或有疏失，敌人即可达其前进之目的。该处地形困难，不易通过，如敌不顾一切而仍由此路攻击，则我第五路可出击敌之背面及侧面，以援助第二路。窃料之大概作战方向多半不由此途。此外，敌方何时终止集中，而何时能开始前进，似此时机问题，对情况之评判亦属紧要。倘彼之集中在第十军集中完结以前，则于第十军未远到之前，彼有击退我第八、九军之可能。设遇此情况，第八、九两军务须极力坚固构筑其阵地，设敌来攻，应将所有全部预备队加入战斗而固守之。最于我不利者，即如前头所述，敌于第十军未集合而一致参加战斗以前，向东南方前进。遇此情况，则第八、九军有向西进攻，以牵制敌人，俾第十军有前来参加战斗余裕之任务。对于此次预想第八、九军之攻击，应先由总指挥部及军师各司令部在命令传达上作充分之准备，对于轻便架桥以渡洛河及修复铁桥之材料亦须预为准备。此外，对炮兵之准备、攻击之援队、炮兵之继续渡河均应细为考虑。兹更言，我方之作战，我方作战之目的，非仅在打破敌军已也，要在能覆没其全军。敌方之状态，殊极困难。如上所言，敌之北面有不易越渡之黄河，如彼向东南方进攻时，则此河适在其背后，彼之唯一后方联络即洛黄河而西，适在彼之右翼，如将洛阳西方之铁路加以破坏，即可断绝其退却路与后方之输送路矣。此种破坏，无论由便衣队或间谍行之，务能于进攻开始时办到为要。就全般之情况而论，我方攻击之最后压力应设左翼，此项最后压力必须力求强盛，并力求向西推进，以我军较优于敌之兵力及对于以全力企图向东南方我第九军左翼及第十军右翼间突破之敌能行掩护之程度所许可为限。必如此，始能达包围敌人之目的也。如敌人将我前线中间突破时，则我已向西方前进之部队即有被断绝归路与被歼灭之危险。此种危险，因不便运动之多山地形与遍地皆匪之故，愈易增大。为预防此种危险起见，则于我中间之前线必控强大之预备队。关于我作战方针，其战略上之危险固极明了，然目前仍可采用之并须依照原有计划注我全力以达决战目的。在此次解决胜负之大会战，须求我人员上及物质上之全力以应付之，此亦大军会战之一普通原则也。我第十军为决战之枢纽，至如何实施以上之攻击计划，则一视可用之道路如何为断。

概言之，已令加入作战各师之侧方运动性必不甚大。因此，各师之行军部署，须以其会战前进之方向为标准也。

补遗：于廿三晚谈话间藉悉，除鄙人所知之部队外，尚有第一路率五师之众已开始向第十军增援，而有一部分已到达该地。等情。如是，则鄙人对所有预备队急应增加之提议关重要，但对作战之根本用意则毫无变更。因为设想之危机似已完全消失，故应更加奋勇对敌作战，而左翼可于将来超越追击之意义范围内更向西推进。苟敌军自觉败势已成，拟向西方退却，则除跟踪至其最后巢穴、期于一鼓荡平西北之叛乱、毋使死灰复燃，别无他法。

(2) 开封行营复克里拜函稿(10月26日)

函克顾问：

承示尊见，极其中肯，于作战指导上裨益匪浅，实深感谢。兹奉战斗序列一纸，敬祈察收密存。嗣后仍盼随时见教，是为至祷。

(3) 开封行营致各路总指挥通知稿(10月26日)

电一、二、五路总指挥。通知：克里拜所具意见摘要：极密。对此次作战，克顾问献议摘要如下：(1)敌以一部对峙陇海正面，大部向十军方面攻击，则八、九军应向前面之敌攻击，更继续向敌左侧背包围，以减少十军担负。(2)第十军集中未完以前，敌先向东南前进，八、九两军应施行牵制，俾十军之参加战斗之余裕。(3)对于八、九军前进之准备，轻便架桥及修复铁路诸材料，均须预为筹备。(4)破坏洛西铁路可断敌归路并后方输送，可由便衣兵行之，务于进攻开始时办到为要。(5)敌如以大队向我九军左翼、十军右翼间行突破攻击，则包围部队退路危险，在此遍地皆匪运动不便之山地更甚。务于前线中央控置强大预备队为要。(6)参加各师之侧方运动性必不甚大，因此，各师行军部署须以会战前进之方向为标准。(7)以上六端，系择其最重要者，特电奉闻，以资参议。

〔国民政府战史编纂委员会档案〕

14. 开封行营参谋处关于唐生智在登封临汝一带与冯军作战情形通报

(1929年10月27日—30日)

通报(10月27日)

唐生智自郑州感电。

(1) (一)我魏师羽林之阵地前之敌系梁冠英部之王渠标及庞炳勋两师与新收编张兆祥、刘世林两部，相战一日，最为激烈。其曹河附近因张团长受伤，稍为动摇，似已由魏师即图恢复矣。(二)我十四师拒约五团兵力之敌，方少林寺至送表之线，敌知进攻不易，现归沈霪中。(三)据刘桂堂寝亥电称：临汝镇不计兵力之敌，刻下已攻至临汝县下，攻击甚猛，已闭门死守待援矣。(四)昨日敌逼近阵地对峙后，今日拂晓敌向我八、九两军全线施行总攻击。

(2) 综合本日经过如下：一、龚师方面拂晓，敌由焦湾强渡洛河，被我击退。二、刘春荣师方面，因丘河过于突出，被敌突破，现该师已增加两旅，坚守大金店前方之阵地，尚属稳固。一旅达小金店。三、魏师方面：本日始终战斗最烈，其中央之张团长因出击，在曹河受伤，兵心摇动，敌即乘势突击，肉搏数次，及至今晚七时，敌由曹河突破，冲至郭店街、十里铺之间，正在猛烈激战中。现魏师长已亲赴前方督战矣。魏师右翼之前方亦受敌一师兵力之猛攻，现仍在阵地与敌激战中。此间敌之死伤在千人以上，我军亦死伤数百人。四、临汝方面：于寝日被宋哲元部围攻。五、现令刘春荣师极力向右，派队援助魏师，固守登封之线。六、令四十七师派一旅速向登封北上增援；令总预备队之五十三师派兵一旅，经密县转向登封，东进援助；令第十军速向临汝前进。七、孝义、登封、临汝前面之敌，系孙良诚、庞炳勋两全部及宋哲元、石敬亭各一大部。特电奉闻。

通报(10月30日)

(3) 唐生智自郑州卅辰电：(1)我八军五十一师正面之敌，于昨夜十二时向我全线攻击，由黑石关之洛河强渡数次，均被击退。至拂晓以后，敌方沉寂。(2)八军五十三师之陈团，于三时即行，接近拂晓，猛力袭击，激战数时，将敌击退。现正向三官庙追击中。(3)职于拂晓前，即由西村督队前进中。我八军五十一师朱团在赵窑遇敌约一团，拂晓时即被我击退，现正向关帝庙追击中。(4)魏师及颜旅仍在卢庙店附近与敌激战中，现将转攻。(5)接刘师长桂堂艳电，围城之敌，闻〔乘〕我十军尚未到临汝前，向我军猛烈攻击，幸我官兵奋勇，城未失守，但我官兵死亡甚多。又艳晨电称：敌日夜围攻，职师子弹缺乏，危急万状。截至陷辰，十军仍未到临。等语。

〔国民政府战史编纂委员会档案〕

15. 何应钦关于第五路军在黑石关等地与冯军交战等情致陈诚密电稿

（1929年10月27日）

襄阳陈副军长勋鉴：〇密。我第五路军昨晨起在黑石关、参驾店与敌接触，至晚尚在战斗中。余亦照预定部署进行就绪。特复。何〇〇。沁。

〔国民政府战史编纂委员会档案〕

16. 蒋介石发布肃清豫西鄂西冯军攻占洛阳的作战电令

（1929 年10月27日）

陆海空军总司令武汉行营

十月二十八日奉总司令感电令条录如下：

（一）逆军孙良诚部主力盘踞洛阳，自二十六日起已向我第五路军阵地进犯。据报，刘逆汝明、田逆金凯等部经荆紫关、白河，亦有犯我襄樊模样。

（二）本军拟于短期内肃清豫西、鄂西叛逆，一举占领潼关、白河之线，即日向该敌开始攻击。

（三）第十一路军以强有力之一部进出孟县附近，渡河击敌侧背，协同第五路军占领洛阳，即沿陇海路西进。其主力沿黄河北岸迅速西进至茅津渡或潼关附近渡河，截击逆军，进占潼关。

（四）第五路军先在原阵地固守正面阵地，相机出击当面之敌，其第十军迅速向汝州及其以西地区挺进，攻取洛阳。占领洛阳后，该路军立即以全力沿陇海线及其以西地区猛烈向灵宝、卢氏方向追击，必须进占潼关、雒南。

（五）第一路军迅将全力集结于鲁山附近，策应双方。先以有力之一部进出伊阳、宜阳附近，向新安威胁，协同第五路军解决洛阳附近之敌。同时对于进出鄂西方面之敌应努力准备，一俟洛阳占领后，该路军即进出南召、南阳以西地区，并将杨司令虎城部编为一军，归入该路，举全力与第二路军解决鄂西之敌，向荆紫关方向追击，务必占领荆紫关。

（六）第二路军在第五路军未占领洛阳之前，除有好机得出击外，应以佯动应敌。俟第五路军占领洛阳后，即转攻势，以主力由襄樊方面截击敌军主力，与第一路军歼灭该敌后，即向白河方向追击前进而占领之。

（七）作战地境：

第十一路军 第五路军	黄河之线，线上属十一路军。
第五路军 第一路军	叶县、鲁山、伊阳之线，线上属一路军，五路军占领洛阳后，改为鲁山、洛河镇、滦川、卢氏之线，线上属五路军。
第一路军 第二路军	南阳、罗山、淅川、石门关、龙驹寨之线，线上属一路军。

〔国民政府战史编纂委员会档案〕

17. 蒋介石宣布督师讨伐冯军通电

（1929年10月28日）

南京中央执行委员会、中央监察委员会钧鉴：各院、部、会，各省、各省政府、各特别市政府、各路讨逆军总指挥、各卫戍司令、各警备司令、各师长、各报馆均鉴：冯逆玉祥所部宋哲元、石敬亭等，当暴俄入寇之时，竟敢悍然作乱于西北，自古未有国贼在内不先去之，而能外御其侮者。中正谨于本日赴汉督师，奉党国之威灵，为主义而奋斗，讨贼戡乱，安内攘乱，皆系于今日之役。在中正奉辞伐罪，誓翦奸凶，尤望我国人并力一心，同仇敌忾，扫除建设之障碍，拟造成永久之和平。虽有狡焉思逞之强邻，我亦不难于樽俎之间，而制胜万里外也。兵行在即，敢贡所怀，惟我国人共鉴之。蒋中正。俭。印。

〔行政院档案〕

18. 开封行营参谋处关于柳大琦等报告冯玉祥军攻占登封密县通报

（1929 年 10 月 28 日—11 月 2 日）

（1）10 月 28 日

柳大琦① 自郑州俭报：

1. 黄河南岸至童田镇西线战况无变化。2. 我魏师因损失过大，左翼已被敌包围，不得已放弃登封，固守板倒并卢店前方一带高地待援。第十四师已退至白沙前方高地。3. 我五十三师颜旅今午已到卢店，其炮兵已进至阵地。4. 何军长已由禹城赴前方督战。5. 今日午后据飞机报告，敌军入登封即出城向东猛进。又登封西北有敌大部继续向登封方向行进，并有敌部队在密县西方大沿向东南行进。我十一路军所部均在清化、济源方面。

（2）10 月 30 日

吕民贵自孝义陷辰电

① 柳大琦系开封行营参谋处联络参谋。

〇密。据探报：登封附近之敌人两次增兵，结果魏师退二十里，其一百六十旅去向不明，右翼受此影响，昨夜猛攻甚烈，军械库各弹如恒，龚师卒尽退之。本日，唐总指挥率援队经西村出双塔，截击该敌中。左两军已令转为攻势矣。

(3) 11月1日

柳大琦自郑州报告①

(1) 顷据飞机报告：敌军与我魏师及颜旅正在卢店附近激战中及敌军由登封方面来增援甚多。(2)敌军自入登封城后即占领登封城东北端高地及小金店东南端高地。我颜旅现占领卢店以北高地，魏师占领卢店以南高地。(3)顷接前线电话：颜旅已获敌械数百支。(4)我安骑兵旅现在涉村镇警戒，并与颜旅连络。(5)我魏师郝旅仍在东侯、羽林庄之线与鲁节敌人对峙中。(6)我第十军已达小屯、赵洛、牛王庄，我新四师仍在临汝。职柳大琦。

(4) 11月1日

柳大琦自郑州东报告

今日午后三时，登封之敌由告成包围我卢店、东店附近魏师左翼，该师因援兵用尽，已形不支，恳速令第七师兼程援助。职查逆敌主力似在我第五路军方面。

(5) 11月2日

柳大琦自郑州冬戌报告

(1) 今日午后，孝义方面情况无变化。(2)魏师今早放弃密县，在观音堂西端收容整顿。(3)我第七师有一团今午由荥阳向密县方向增援，第一师今晚可到新郑，第二师支日可到禹县，第十一路万师所部今、明两日可到黄河南岸。

〔国民政府战史编纂委员会档案〕

---

① 此系收文时间。

19. 唐生智录陈所颁布总攻击命令致开封行营密电①

（1929 年 10月 29 日）

艳戌电。〇密。兹将本日所颁总攻击命令录陈如次：（一）数日来敌向我全线攻击，其主力向黑石关附近与登封、大金店间猛攻，现登封附近犹在激战中，其一部进前于临汝方面与我军对峙中。（二）本路军拟自明卅日全线转取攻势，包围敌人在洛阳东南歼灭之。（三）第八军（缺二旅）挟同魏部郝旅佯攻敌人，将敌系留于阵地之前方，俟第九军出现于参驾店附近，附协同向偃师以北地区进攻为要。（四）第九军何军长须由禹县向登封前进，督令十四师、五十四师及颜旅、郝旅，务于明卅日以前攻击至参驾店、邱河之线，此后即向偃师及其附近地区进攻为要。（五）第十军杨军长除以一部援助九军进攻参驾桥〔店〕附近外，须督饬其主力于明卅日攻至颖杨〔阳〕镇、白沙镇（即自由县）之线，此后即向洛阳、偃师之间，包围敌人为要。（六）各军须严守命令所定时间确实联络。（七）骑兵旅（缺一团）归第八军，于一团归安旅长指挥，于明卅日由应山川经涉村镇向上官庙前进，抄袭唐庄附近之敌，奏攻效后，转向登封追击前进，到双城附近再受后命。不顾牺牲，各向所指目标努力猛攻为要。（八）本总指挥率预备队三团于明卅日由西庄经关帝庙坡向双城前进，包围登封附近之敌。总指挥唐生智。

艳申注意：

（一）我第一路之四十四师，廿八日可到鲁山，廿九日后续向伊阳、洛阳前进。

（二）余到关塔后，如情况许可，即赴登封县城。此令。由孝义

① 录自开封行营参谋处阵中日记。

电郑总部，以有线无线电并发。特电奉闻。

〔国民政府战史编纂委员会档案〕

20. 开封行营参谋处关于冯军拉拢肖之楚并委为讨贼军第五路总指挥通报

（1929年10月30日）

顷奉处长办公所通报内开：为通报事。顷准副官处通报开：为通报事。奉主任交下阮军长玄武俭电开：昨据职师旅长肖之楚面称：本晨由邮局接到酵绫委状一件，上书："兹委任肖之楚为国民讨贼军第五路总指挥"，末署"讨贼军总司令许崇智、副司令居正"字样，并监有国民讨贼军总司令印宥印一颗，特缴请查究等。职除嘉奖该旅长并将伪委状即时面呈方总指挥转呈鉴核外，谨电呈报。

〔国民政府战史编纂委员会档案〕

21. 何应钦奉令护送阎锡山副总司令任状印信致周子良等电稿

（1929年10月30日）

国急。太原。第三编遣区周主任子良兄、辜副主任远岸兄并转文淋、龙泉、天池诸学兄勋鉴：弟奉国府令送百公副司令任状、印信，本日午前由汴起程，约明(世)日晨可抵石家庄。晤教在迩，无任心驰，特此奉闻，余容面罄。弟何〇〇。陷。

〔国民政府战史编纂委员会档案〕

22. 汉口行营参谋处转报唐生智与何成浚分别击退冯军通电

(1929年10月30日—31日)

(1) 10月30日电

南京中央党部、国民政府钧鉴：各院部、各省各级党部、各省政府、各总指挥、各司令官、各军师旅长、各机关、各法团、各报馆勋鉴：顷据第九军军长何成浚艳电节称：我四十八师艳日到达临汝，会合刘桂堂师将敌魏凤楼击退。是役击毙逆部团、营长多员，其师长董振基身受重伤，并俘获步枪五百余支、大炮十余门、迫击炮数十门、弹药及军用品无算。残逆经我猛烈攻击，狼狈北窜，刻正追击中。等语。特电捷闻。汉口。总司令部行营参谋处叩。陷戌。印。

(2) 10月31日电

机急。南京中央党部、国民政府各院部钧鉴：各省各级党部、各省政府、各总指挥、各司令官、各法团、各报馆均鉴：郑州电唐总指挥艳电节开：(1)据龚师长浩俭电称，该师当面之敌屡来袭击，被我第九团及一五一旅击溃，毙敌甚众，并俘获枪炮无算。(2)据安旅长俊才俭电称，逆军刘师长宥晚率一旅向我羽林阵地攻击，被我军猛烈痛击，该师长身受重伤，闻即抬回医治，其它官兵死伤达千余名。等语。特电捷闻。汉口行营参谋处叩。世。印。

〔行政院档案〕

23. 开封行营参谋处关于何成浚在登封临汝一带诱击冯玉祥部战况通电

(1929年10月31日)

何成浚自郑州世申通电

自有辰起，敌人孙良诚、庞炳勋、梁冠英、程心明、张自忠、魏凤楼等以八、九师以上兵力向我登封、临汝、大金店、黑石关等线猛力攻击，双方战事最为激烈。(二)我军为诱敌深入计，遂放弃登封，转移方向进击。(三)陷辰起唐总指挥亲率五一、五三两师全部由西村、双塔抄袭登封附近之敌。傍晚，敌人梁冠英部约两师以上均陷入重围，即可解决。(四)告成前方敌人约一师以上，由浚督率十四师刘春荣部迎头痛击，俘获无算。芦店前方敌人亦被我五四师魏益三部协同五一师颜旅击溃，临汝城原为我新四师刘桂堂部扼守，敌人魏逆凤楼率两师及骑兵二团自有辰起至陷辰至猛力攻城，刘桂堂据城抗御，杀敌无算。我军先后死伤亦数百人。(七)我十军四七、四八两师先头部队于艳午四时逼近临汝县城。陷日下午一时，四八师师长徐源泉亲率部众在临汝城东十里铺附近将敌之骑兵一团击溃后，转向西进，将敌之炮兵团堵获，四时占领临汝城南之地区，并即进占十里头、朱嵩、宋洼之线，另派一部进击临汝镇之敌。同时，四七师王金钰亦督率部旅在临汝城西北靳庄之线、梁旅在马庙镇、范集之线与敌激战二小时，完全将各该线敌人歼灭，临汝城之围遂解。(八)四七、四八两师占领临汝城后，即分道前进。

开封行营参谋处　十月卅一日

〔国民政府战史编纂委员会档案〕

24. 开封行营参谋处关于第五路军与冯军争夺登封密县等地向何应钦报告电稿①

(1929 年10月31日—11月14日)

(1) 10月31日电稿

---

① 何应钦时任训练总监部部长，开封行营主任。奉蒋介石令去山西太原送阎锡山副总司令委任状、印信。这一组资料，系开行参谋处逐日给他报告电稿。

电何总监告五路军事进展。〇密。顷据郑州刘主任秉粹卅未电报，唐总指挥十一时已到窑岭，关帝庙敌人同时已被击退，涉村镇亦同时击退。向三官庙追击前进。安旅及步一团与颜旅已连络。卢店魏师已有进展，十四师已攻至各城，刘桂堂师仍在汝临等语。

(2) 11月2日电稿

电太原何主任报告近情。〇密。世戌电谅达。据柳参谋世午电称：孝义、芝田及登封附近尚在激战中，我五十三师增援部队，世日击退涉村镇方面之敌，即行追击。颜旅已越唐庄向曲八岭攻击前进。魏师已攻至登封东端高地。临汝附近之敌，已被我军击退。新四师今日转向登封方面参加战斗。唐总指挥近日在赵窑附近督战。由京开汴五师陈团，今晨到汴，原车赴郑归唐指挥。冬巳。

(3) 11月3日电稿

电太原传公祠何总监。〇密。冬巳电谅达，至冬酉综合报情如下：一、陇海正面东申以后无激烈战斗。二、增援登封方面之四十七师及新四师，据飞机报告确到大金店附近。三、刘秉粹电：登封、密县间敌人似向西退，我一军先头今日可到新郑。（三日发出）

(4) 11月4日电稿

复何总监电告阎就副总司令电：〇密。顷据郑州刘通信主任电称：我五路军由大小金店克复登封，断敌退路，正面同时出击，俘敌官兵数□，截获辎重驮马数百，敌向西北溃退。截留之敌，正在围缴中。

(5) 11月5日电稿

电太原何总监及南京各处告本日情况。〇密。本晚综合所得情况：一、五路军方面本日无甚进展，敌之主力在大小金店及登封一带，我增援之第一、第二两师，暂编万师及四七师〔据查当为七师〕祝旅尚未到达该处附近。二、鄂西方面，据报敌中右路进犯襄樊，左路直犯南阳，兵力不详，其先遣部队已现于房县、郧阳及淅川以东地区。谨闻。

(6) 11月6日电稿

电太原何总监及南京总部、汉口行营。

〇密。鱼戌综合所得情报：甲、五路军陇海正面仍在八岭村东西侯一带，凌旅鱼申占领三官庙，王师江晚占领大金店。至增援各部队，据顾军长电称：第一师由观音河、双楼之线，第二师一旅在禹县，于支日、微日协同在岳村万师、崔庙祝旅围攻密县之敌。十军徐师攻击败退据临汝镇之敌。支日无进展。微、鱼未得新报。乙、鄂西方面敌军进至淅川、均州、房县后，未前进，主力似在均州方面。

(7) 11月7日电稿

电太原何总监。〇密。阳午综合所得情报：一、据唐总指挥鱼亥电称：(1)我右翼方面凌旅，已占领三官庙，敌向大金店方面退却。中央方面情况无变化。左翼方面之王师，正围击大小金店，日内可下。徐师在临汝镇猛烈攻击中。(2)我飞机本日在登封及回郭镇见敌甚多，纷投炸弹十余枚，毙敌人无算，敌军纷乱异常。特闻。二、据敌方逃回人民声称：敌军在其后方，搜集民间粮食，升斗不遗，逐日运回后方，民不聊生，怨恨已达极点，皆望阎公出兵，早日救民于水火也。我军各路亦均有此热望。余俟奉闻。其二、午电谅到达。本日综合所得情报：甲、陇海正面及登封附近无变化，临汝镇及密县均被我军包围激战中。十军杨军长电令阮师由伊阳参加临汝镇战斗，该师似已到达伊阳，但未据报。十一路万师已向密县，刘师两旅亦到达郑州待命。乙、豫西方向据俘虏敌军王营长供称：自黄河岸至八岭村方面庞炳勋军三师，八岭村至曹河方面张自忠军三师，关帝庙坡至三官庙方面程心明军第三师，对登封、密县攻击者万金标师、戴百周师、程心明师〔军〕张印湘部并三十七师王和民部新编之土匪，每余约万余人。临汝方面魏凤楼军三师、冯治安军三师。计上项兵力，第五路军方面约十六师。此外，炮兵旅有野炮三十六门，手枪师计五团，为总预备队。在前敌总指挥宋哲元掌握中。等语。丙、鄂西方面据蒋军长支、歌电，均州方面之敌大部在城北大庙，其警戒部队在头道沟附近，我十一师现在三官殿、青石铺之线准备抗战。等因。奉闻。

(8) 11月8日电稿

电何总监、葛次长、张主任。

齐戌综合所得情报：一、据刘通信主任齐午电称：密县敌人似愿投降，我万师已占领东、南、西、北各门，监视接洽中。我祝旅及一师向登封方向前进，准备佳日攻击唐庄，同日八军亦由三官庙出击。闻孝义来电话，敌似已准备向洛阳总退却。等因。下午无变化。至临汝方面，前昨日均有激战，伊阳县为敌匪军龙章二千余人所盘踞，被我阮师击退而占领之。二、鄂西方面敌人之兵力，据蒋军长虞、阳两电称：约有十师三团；约五千人出荆紫关者为刘汝明部李金田师、马黑翔师、暂编一师、崔培德混成旅。又唐鼎等匪军三千余人。出白河者为田金凯师、乜玉昆师、赵凤池师、李师及龚师。出平利者为张维玺部赵凤林师、张明良师。其先头步二团及骑兵、便衣兵各六十余，微申到达均城，一部驻城东约二十里之草店，余驻均城。等因。三、奉总座鱼电，委樊钟秀为陕西剿匪司令，李万林为讨逆军先遣司令。并闻。

(9) 11月9日电稿

电南京参谋部总次长、太原何总监报告情况：(一)据刘通信主任佳午电称，我右翼已迫登封总攻击，第一军克唐庄、卢店后，即进攻登封、十四师克告成后，一部攻登封，一部侧击小金店、四十七师、第七师克大小金店后，一部进【攻】登封，大部出参驾店、府店取偃师、四十八师及阮师克临汝镇后，向洛阳挺进。再总参议庚晚偕韩主席赴郑谒总座，接洽孙良诚投降事，总座已允。又闻石主席友三奉命将赴汉接洽张维玺部输诚。庞炳勋亦派人来郑输诚事。密县之敌今日开城。

(10) 11月10日电稿

电太原何主任、南京参谋部总次长。密县之敌，系张仁山部，已投诚我军。于佳午入城，张部移驻岳村整理完毕后，即随万师参加作战。昨夜以来，敌军向我中央五十三师方面虎山坡、十八湾一带激烈反攻，均经我军击退，我第一师及祝旅攻击唐庄附近之敌，至午犹在相持。与第八军战线，尚未取得联络。至鄂西方面，据连络参谋佳电，我十一师因正面过宽，自动放弃老河口，坚守襄樊。等因。

(11) 11月11日电稿

电南京参谋总次长、太原何总监。

一、豫西方面五路军之右翼未得新报。一师已占领卢店，闻梁冠英确在登封附近阵亡。我七师主力现由临汝县增加四七师右翼，攻击大小金店。至临汝方面，敌军增加生力部队共计约四万余人，战斗激烈，我军徐师勇敢异常，毙敌千余人，获枪百余支，我军亦颇有死伤，但敌仍退守二道防线顽抗，现下对峙中。我一路四十四师之一旅及该师直属部队，本日进驻临汝县，以便策应。二、鄂西方面据陈师长佳、蒸两电节称：逆军张维玺部赵凤林及王和民师佳晚可抵保康，有直犯南漳企图，我军决固守老河口、谷城一带。又前新一师叛兵王俊杰、李定五部被敌压迫，正与我接洽收编。等因。

(12) 11月12日电稿

电南京总次长、太原何主任。文午所得情报：一、据唐总指挥蒸酉电所称：陇海正面及登封附近之敌，齐晚由郭店街、参驾店向偃师开始退却。佳、灰两晚，仍继续退却。惟关帝庙之敌并未减少，虎山坡、杨沟之敌，反见增多，且有激战。参驾店附近尤为激烈。我上官旅佳晨已占参驾店南约三里之东大山，该旅同日占领颍阳、余兴。其戌电陈情形相同。据刘通信主任真戌电。关于孙良诚投降事，总座已派何竞五君偕孙良诚代表前往接洽。

二、连络参谋刘云龙由榆林支电。职东日到榆，驻此之井部，竭诚拥护中央，追随我公。刻整部待命出击逆后。前防情况及井、部之动机，再祈电示为盼。惟该部以久处孤立，一切困难万状，我公若筹以接济，则动作倍速。谨闻。文戌。一、豫西方面我五路八军方面攻击稍有进步，庞炳勋投降代表今晨回偃复命，第一师今晨攻克唐庄，与第八军已得连络，至临汝镇方面据连络参谋灰酉电徐师正面沉寂，疑有集结兵力向两翼行动企图。伊阳阮师所派增援临汝之冯旅灰至关庙西之刘庄。二、鄂西方面，淅川有逆步兵一营、骑兵一团向我前进，并有民船数十只向下游行驶。又有敌约二师真申向我谷城猛攻。三官庙、尖角有敌千余，花石街有敌两团，均向老河口。十一师主力在谷城，南漳罗旅亦与敌战斗中。第六师近驻襄樊。

(13) 11月13日电稿

电南京参谋总次长及何总监。

元酉综合所得情报：一、豫西方面。河南岸至堤东一带仍在对峙中。其被我击退之敌及其退却方向如下：虎山坡之敌退占曹河，赵窑及十八湾之敌退关帝湾坡，唐庄、卢店之敌退走登封。告成仅田受谦匪军二千余人，不成问题。至大、小金店一带七师、四七师之攻击如何进展，未得报告。我军位置除五十一师在原阵地外，五三师及五师赵团文日围攻曹河，并占张沟、清岗平、中岳庙、南庄之线，文晚尚在激战。一师及万师击退唐庄、卢店之敌后跟踪追击，直逼登封。亥据飞机报告，登封西南之耿庄楼上文午有敌大部队停止有间。至临汝镇方面，敌占领临汝镇、车坊之线，我师在庙下街、官庄、张寨一带，又据联络参谋及无线电员报告，阮师在伊阳叛变，已无可挽回。但该方战局徐师仍能维持，并调毛炳文师、刘茂恩师增援。二、鄂西方面。我军在老河口、谷城、南漳等处已与敌接触，刘经扶兄准元日赴枣阳督师。又建中兄电称总座令孙良诚退洛就第二路总指挥职，但孙之态度尚莫测。谨闻。

(14) 11月14日电稿

电南京参谋总次长、何主任，报告寒戌所得情报：1.豫西方面，退占曹河之敌元日反攻，被我击退。我军进占杨沟，五十三师三、四两团由清岗平进占老虎洞，攻击嵩阳书院。告成之敌刘师长元电正在招降中。四十七师上官旅由佛光峪退占丁庄、石道以南高地，损失二百余人。第七师在上鲁庄一带取待机姿。至临汝镇附近徐师正面无变化。四十四师一部占领杨楼一带。据联络参谋报称：我二师先头已到临汝，八师亦到达郏县。据飞机报告：有敌兵大部、骑兵数十由泽余沟向登封急进，并有敌步兵二千余由白沙向临汝镇前进。(二)鄂西方面老河口、谷城无重要情报，南漳之罗旅撤退襄河左岸。(三)据文参议素松寒电，孙良诚已就六路总指挥，允将所部撤退洛阳，亲谒主座请罪。正译发间，接连络参谋寒申电，本日午后二时，登封西关五里堡至参驾店间有敌万余人向西北退却。

〔国民政府战史编纂委员会档案〕

25. 蒋介石关于对冯玉祥军作战指导计划

（1929 年10月）

讨逆军作战指导计划案：

一、纲要

为肃清叛逆、解决内政上之纠纷，以求中国真正统一之目的，奉命申讨，誓将逆敌歼灭于潼关——荆紫关——白河以东地区，直驱西安，一鼓而荡平之。

二、集中概要

一、豫西方面

第五路军

1. 第八军集中孝义、巩县、郑州一带，确实固守阵地。

2. 第九军集中登封、汝州一带，确实占领阵地。

3. 第十军集中禹州、郏县附近。

4. 骑兵旅集结于孝义附近，对黄河北岸警戒。

5. 飞机队集中郑州。

第一路军

1. 第三军(缺第五师)、第四军集中叶县、舞阳、西平、郾城一带，其主力应集结于叶县。

2. 第五师一部(欠三团)集中开封。

3. 第六师(欠一团)集中襄樊。

4. 飞机队集中郾城(先开封)。

二、鄂西方面

第二路军

1. 第一军主力集中广水、花园间，一部汉口。

2. 第二军集中樊城、襄阳、老河口一带。

3. 预备队分别集中黄安、麻城、宋埠、仙桃镇、宜昌等处，必要时集结于孝感、武汉待命。

4. 飞机队集中信阳(汉口)。

南阳守备军所属部队固守南阳、新野附近。

三、总预备队暂在原地待命。

四、铁甲车队主力集中郑州，一部份〔分〕别集中开封、信阳。

三、指导要领

甲、豫西方面

敌之主力沿陇海路进攻，一部向我阵地左翼(汝州方面)前进时，应处置如下：

1. 第五路八、九两军在原地竭力对战，以期吸引敌之主力完全展开于我正面，在十月二十四日以前务须固守本阵地，非遇好机，勿行真面目之出击，以便我主力得如期集中。

2. 第十军展开禹州、郏县之线(限廿一日展开完毕)，向我本阵地左翼迅速秘匿前进，向敌右侧背施行猛烈攻击，以期压敌至黄河而歼灭之。是时，第一路军以其若干部队相机加入战斗，务迂回敌之右侧背而攻击之。

3. 当敌人集中及向我前进时，我飞机队务竭力施行轰炸，以妨害其集中及行动，并须搜索敌情及为我各军行绵密之连络(飞机之行动及参战另令规定之)。

4. 黄河桥及其以北地区须派有力部队担任警备。

敌以一部向我阵地攻击，主力向我左侧面前进时，应行处置如下：

1. 第八、九两军痛击当面之敌，使我第十军及第一路军之主力迅速秘匿由禹州、郏县及鲁山间前进，求敌主力而击破之。

2. 我第十军及第一路军主力将近与敌决战，八、九两军应举全力出击，压迫敌至铁道以南山地地区而歼灭之。

3. 我飞机队当敌主力前进时，须竭力施行轰炸，以迟滞其行动，使我第十军及第一路主力有展开之余裕为要。

4．黄河桥及其以北地区须派有力部队担任警备。

乙、鄂西方面

按全般情况及地形上之判断，敌军使用本方面之兵力当系其一部之公算为多。又按敌我之距离计之，敌人尚有若干时日方得与我军接触，斯时豫西方面之敌应有如下之情况：

一、已行歼灭或将近歼灭。

二、正在对峙、激战中。

按上述之情况，兹列其处置如下：

1．如一之情况，则我第五路及第一路军均可参加本方面战斗，对于歼灭敌军已属不成问题。

2．如二之情况，而本方面已与敌接触时，我应以南阳为轴，迄邓州、光化之线为前进阵地，迄新野、樊城之线为本阵地，迄瓦店、枣阳之线为第二阵地，本军主力应集中于花园附近。

A．当敌向我进攻时，我前进阵地须行相当之抵抗，迟滞敌之前进并使其主力完全暴露后即撤退至本阵地，同时第二路军主力即向襄樊方面迅速秘匿推进，当敌攻我本阵地时，即向其右侧攻击，以期一举而歼灭之。

B．若敌军较我颇占优势并施行猛烈之攻击，迫不得已可退守第二阵地，我第二路军主力仍向敌之右侧攻击，同时我第一路军应出有力一部（视豫西方面情况而定）即向南阳方面秘匿前进，对敌之左侧攻击，与第二路军将敌包围而歼灭之。

C．当豫西之敌与我激战，而本方面之敌尚未有积极行动，则我第二路军应以有力一部或全部（视豫西方面情况而定）即由荆紫关、白河方面之敌压迫前进。

丙、作战地境

第五路军与第二路军之作战地境规定：郾城—北舞渡镇—叶县—汝河镇—叶县—鲁山—汝河镇—滦川—卢氏之线，其线上属第五路军。

丁、攻击奏功后之动作

1. 豫西方面。敌之主力必经潼关向西安方向退却，此时本军主力须沿铁道线施行猛烈之追击，使敌无占领潼关与我抵抗之余裕，直驱西安【确】实占领之为要。

2. 鄂西方面。敌之主力必经荆紫关、白河向西安方向退却，此时本军主力应竭力保持接触，猛烈追击，使其无占领荆紫关、白河与我抵抗之余裕，直驱西安而确实占领之。

3. 飞机队须竭力施行轰炸及破坏其退路要点(如桥梁等)以迟滞其行动为要(须另令规定之)。

戊、注意事项

一、为转运部队敏捷，对于豫西、鄂西双方策应便利起见，俟第五师输送完毕后，须在开封集中得以输送一师之列车(约十列车)，在花园集中得以输送二师之列车(约二十四列车)。

二、鄂西方面因有解散之军队及土匪等，易被扰乱。对于阵地之两翼及后方，须行严密警戒。

三、铁道运输司令在陇海、平汉两线应预备必要之修理桥梁及其它补充材料，以备追击时之用。

四、兵站及通信

兵站总监部设于南京，在郑州、汉口各设一分监部，每军设兵站支部，每师设分站一，并以平浦及陇海铁道为第五路军方面主要兵站线，以宁汉航线、平汉铁道及襄花汽车道为第一路及第二路方面主要兵站线，襄河为第二路辅助兵站线。

通讯设置以无线电为主要通信机关，国有电信辅助之。

关于兵站及通信各计划另定之。

注意

一、许昌、禹州、汝州之交通路
二、郾城、叶县、鲁山之交通路 } 均应先为修理，以能通用汽车为度。

26. 开封行营参谋处关于第五路军全线反击进展等情致蒋伯诚电稿

（1929年11月1日）

许昌蒋总参议勋鉴：据郑州联络参谋柳大琦世午报告，我五路军全线攻击均有进步。又据刘主任戌通报，则敌之主力由羽林庄向堤东猛攻，我军仍退守堤东。唐总指挥由窑岭至西村，该方亦在激战中。唐庄之敌仍在顽抗，魏师由卢店南进击，稍有进展，我十四师仍在白沙。又据何军长□□电告，已将临汝之敌击退。命刘桂堂师及王师向登封以西北进中。又据河北连络参谋陈图昭等报：河北有少数之敌，已被我第一路军先头部队击散。该军渡河点以茅津为宜，北岸隐蔽，且可瞰制南岸，惟须经晋边境，似宜与晋省妥商。等情。查连日敌情，其主力似渐向西北移动，我军两翼进展稍迟，恐失包围好机，似宜陈明总司令饬十一路军速西进渡河，直趋洛阳，可否之处，仍候核夺。再第五师陈团今晨已令原车赴郑。并闻。

〔国民政府战史编纂委员会档案〕

27. 开封行营表彰唐生智临阵督战暨各军推进位置复电稿

（1929 年11月3日）

电郑州唐生智。世亥参电，江晨奉悉，我兄亲临阵线督战，官兵奋勇异常，甚为钦慰。据报我一路先头阮师世日到达桃园，向伊阳方向推进。河北十一路刘师在温县、济源间设法渡河，企图侧击。万师集中新郑附近。二路第一、二两师亦陆续到达，与贵路协同作战。独立炮兵第二团今晨赴郑。至鄂西方面，经扶兄东东西电谅已收到。据蒋军长卅电称：该方之敌右路张维玺部由平利赴竹溪，中路田金凯部由蜀河窥老河口，左路刘汝明部由商南犯紫金关，其主力似在左路。等语。知注奉闻。

〔国民政府战史编纂委员会档案〕

28. 汉口行营参谋处转唐生智关于击溃巩县登封等地冯军通电

（1929 年11月3日）

国急。南京中央党部、国民政府各院部钧鉴：各级党部、各省政府、各总指挥、各司令长官、各师旅长、各法团、各报馆均鉴：顷接唐总指挥世电云：(1)涉村镇之敌，昨日以来，陆续增援，我军亦增兵猛攻，战斗至本日拂晓，将该敌击溃，俘获甚多，现正在猛烈向偃师追击中。(2)黑石关、芝田镇方面之敌，今早亦被我方击退，登封东方之敌已被我颜旅击溃。(3)官庙之敌亦同时被我方击破，现向西北之曲扆、郴庄进击中。魏师拟留一部围攻唐庄、卢店之敌外，大部即向登封附近追击前进。我十四师已由白沙向告成追进中。(4)登封、临汝之敌被我分头截击，溃不成军，俘获官兵达二万余人，枪械无算，洛阳日内可下。等语。特电捷闻。汉口。总司令行营参谋处叩。江午。印。

〔行政院档案〕

29. 开封行营参谋处关于冯军在豫西兵力暨布置作战等情复刘峙电稿

（1929 年 11 月 3 日）

电汉口刘峙。□密。东酉电，江辰奉悉。洛阳方面敌兵力约六师以上，在登封附近有四师之众。我五路军阵线现下约在孝义、黑石关、芝田、堤东、赵窑、加津口、涉村镇及密县西北一带。又我十军四七师抄袭至大金店附近。一路阮师，世到桃园，向伊阳推进，击敌右侧。刘师在河北济源、温县间设法渡河，击敌左侧。五路军连日奋斗，不无损害，惟士气紧张，主要阵线始终不为敌所动。现贵部一、二两师及十一路万师已陆续到达新郑、禹县，当可于最短期间歼灭之也。知注奉闻。

〔国民政府战史编纂委员会档案〕

30. 第十军参谋处关于登封临汝等地作战情况通报①

（1929 年 11 月 3 日）

十一月三日午后十时

通报

于郏县第十军参谋处

综合各方最近情况如下：

一、第四十七师王师昨晚击破骆驼岩及大金店之敌，今日拂晓以梁旅一团围攻小金店西北，以郭旅出文村协攻登封。据俘虏供称敌于昨夜已向西撤退。王师长即令上官旅向偃师前进，截击退却之敌。是役毙敌数百，获辎重无算，王师亦微有伤亡。

二、我第四十八师徐师昨晚在姚庄、双渠、寨下水磨之线与

① 第十军军长杨杰。

敌激战，今拂晓继续猛攻，刻已逼近临汝镇三里之地，今日薄暮以前可占领临汝镇。徐师近日攻击，敌（魏凤楼）损失极巨，据土人报称，敌运向临汝镇后方之死伤者计三百余人。我徐师夺获械弹、马匹无算。

三、据我军侦探郑紫晨报称：逆军派便衣队千余名，赴许昌、郑州、漯河、驻马店一带，刺探我军情，请为防查。逆军给养不足，军心涣散。豫西民军到处集合，与逆军反抗，扰敌后方。

四、总司令蒋冬电开：第一、第二两师冬日可到许昌、郑州间。

五、第九军参谋处世电称：艳日在卢店获俘敌通传云：黑石关庞炳勋部，堤东张自忠部，小金店池师一师，大金店游击刁义生部千余，河口万金标之一混成旅张燕申部，计迫击炮一团，大刀队一队，机关枪一营，手枪队一队，工兵营一营。卢店右侧梁冠英部，左侧程心明部，两师由城东绕道攻我侧背。又据俘虏供云：我军因野炮九门因道路不良，不能前运，山炮廿余门可勉运一部来，每兵枪弹二百发，已消耗甚多，每兵发洋一元。我方编制一军二师，一师三团，一团三营，一营四连。等语。

六、我飞机本（三）日在临汝掷下报告，称登封方面之敌正向西纷退。

右六项通报

开封总司令部行营参谋处

讨逆军第十军司令部参谋处（印）

〔国民政府战史编纂委员会档案〕

31. 开封行营参谋处关于围攻登封战绩致朱培德等电稿

（1929 年 11 月 4 日）

南京朱总长、葛次长、汉口张主任、太原何总监勋鉴：□密。五路军陇海正面出击奏效，据刘通信主任电，我军大部已向回郭镇附近前进，登封东南被我截留之敌尚在兜剿中。登封东北加津口附近之敌已被我军缴械，并于此处俘敌团长一员。我十军除一部在登封附近，主力向白沙镇、泽余镇前进，有否到达目的地，未得确报。至密县方面，七师祝旅由荥〔荥〕阳，十一路万师由郑州，第一师由新郑，均向密县前进。我第一路阮师先头今可到伊阳县。开封行营参谋处。支。印。

〔国民政府战史编纂委员会档案〕

32. 第十军参谋处关于豫西各战场战况及何应钦赴晋拉拢阎锡山成功的通报

（1929 年11月4日）

十一月四日午后二时卅分

通报

于临汝第十军参谋处

综合最近各方情报如下：

一、第五路军总指挥部晏参谋长东酉电，其要旨如下：

（1）我第三团在圣水附近与敌激战一昼夜，夺获敌人迫击炮一门，机关枪六架，步枪百余支，俘敌数十名，敌死伤约数百人。我亦伤官五员，士兵百余名，正进击中。

（2）芝田镇、羽林庄之线敌屡次猛攻，第六、第八两团奋勇抵抗，肉搏数次，将敌击退，旋又向□架窝我六团猛攻激战中。

（3）黑石关方面我炮兵及铁甲车与敌铁甲车炮战二小时，敌车中弹全毁。

二、据四十八师徐师长三日上午九时报称：

1. 黄团于今晨六时进至姚庄、周庄、傅岭之线与敌接触，敌困守东庄、社庄、官庄一带顽抗，现在激战中。

2. 官庄之敌有向我左翼运动之样，现由张团之孟营于左翼展开，以压迫该敌，现双方正在激战中。

3．现令金广印旅之赵团在张旅左翼增加，向敌右侧猛进，务将该镇之敌一鼓歼灭。

三、又据徐师长江电称：张冠五旅今早六时已占领庙下街西侧进南进北之线，向临汝镇之敌攻击中。

四、新乡刘指挥世电开：第四师刘茂恩电话报告，卅夜我炮兵在孟县西之野戍镇河岸向敌射击，敌炮约四、五门还射对击约五小时，我军奋勇渡河，但敌在白坡镇增加兵力约一团许，铁镇增加兵力未算。南岸居民纷纷渡河逃避，沁阳县过县长转据由前线逃回者报称：敌军前线极呈紧张，难再支持，预料其不久将溃退。等语。

五、第九军何军长江电内开：顷准方主任本仁由太原来电，谓本仁于昨日偕敬之、伟军两兄同阎百公由河边村归至敬之兄及仁寓所晤谈，表示极愿协助主座讨逆，以求实现统一，名义在所不居，似亦谦让之意。至周玳第十九路总指挥委任状、关防已由百公携去，即可就职。等语。

六、太原何主任敬之东亥电内开：弟本日晤百公接洽完满，百公已嘱周玳先就讨逆第十九路总指挥职，并即计划出兵。等语。

七、第五路总指挥唐冬申电内开：现第七师祝旅自荥阳南下，侧击敌人。刘经扶之一旅到新郑向密县、登封方向增援。等因。

八、据阮师长支酉电内开：本日职师先头部队可进抵龙王沟附近，后续部队分在上红叶、背子街宿营，师部进驻背子街。等语。

右八项通报

开封总司令部行营参谋处

讨逆军第十军司令部参谋处（印）

〔国民政府战史编纂委员会档案〕

33. 刘峙布署阻击刘汝明部由荆紫关攻袭鄂西战斗命令

（1929年11月5日）

十一月五日
命令
于第二路军总指挥部

1. 豫西方面之敌已被我军击溃，正在围剿、追击中。鄂西方面刘逆汝明部约两师由荆紫关方向东犯，其一部已抵淅川、内乡。田逆金凯、张逆维玺部约五师及骑兵一旅由白河、平利东犯，分向郧、房、保前进，其先头部队已过安阳镇及草店、青锋镇。

2. 本路军拟诱致该敌于南阳、新、邓、襄樊一带地区，相机出击，一举而歼灭之。

3. 新十四师固守南阳，应对荆紫关及卢氏方面警戒并向第二军切取连络。

4. 第二军应以独三旅固守邓县，以第九师一部固守新野，主力固守樊城。第十一师固守襄阳，独四旅固守南漳。第六师集结于枣阳双沟附近，为该军总预备队，相机出击。

5. 总预备队第十三师除以一部保护铁路及担任黄、麻剿匪外，应以一旅及直属部队集结信阳，相机推进唐县镇。独十二旅除以两营保护襄花路外，应以主力集结花园，相机推进枣阳。独十四旅除留一部担任鄂西防务外，应以主力集结宜昌待命。

6. 第五师除担任绥靖及保护襄沙路与襄河交通外，应以一团位置荆门，对南、保方面警戒。除电请总司令令第八师派兵两团进驻宜城、武安郾掩护我军左翼外，仰即遵照并具复。

总指挥　刘峙

〔国民政府战史编纂委员会档案〕

34. 何成浚报告豫西冯军状况暨在自由县激战等情致谭延闿电

（1929 年11月8日—12日）

（1）11月8日电

机急。南京谭院长钧鉴：朱参谋总长、沈阳张总司令、广州陈主席、开封韩主席、蚌埠石总指挥、安庆吴代主席、长沙何总指挥、广州陈总指挥、重庆刘总指挥、成都刘主席、南昌鲁主席、汉口行营张主任、北平行营参谋处、上海张市长、天津傅司令勋鉴：(1)百公歌日通电就任陆海空副司令，并出师讨贼各情，计邀惠察。(2)豫西军事自连日分区进攻后，逆军均溃退于登封西方，正在分途包抄中。(3)逆军此次开豫境者约有十五师，连合土匪不下二十万人。自经中央并力击剿后，已溃散半数。据俘虏供称，梁冠英有阵亡之说。(4)我四七师王金钰部占领参驾店后，即与左翼刘春荣师协同，向登封进展，我四八师徐源泉部占领自由县后，即与克复伊阳之阮玄武师兼程推进。(五)综合以上情况，豫西逆部指日定可肃清。知念特闻。何成浚叩。齐。秘。叩。

（2）11月10日电

机急。太原陆海空军副司令阎、南京谭院长钧鉴：辽宁张总司令、济南陈主席、蚌埠石总指挥、开封韩主席、北平行营参谋处徐主席、汉口行营张主任、武昌省政府、安庆吴代主席、上海张市长、长沙何总指挥、广州陈总指挥、重庆刘总指挥、常德刘主席、青岛吴市长、太原方主任、天津傅警备司令勋鉴：（一）据徐师长源泉齐午电称：自由县附近各寨内之敌，经屡次攻击，仍顽强抵抗。本日复分途出击，由弟师肉搏相接，战斗最为剧烈，当场毙敌甚多，俘虏无算，我军亦微有伤亡。据俘虏供称，梁冠英确在登封阵亡。现正督师猛力追击中。（二）阮玄武师已于虞午占领伊阳。（三）四七师上官旅阳午将泽余沟之敌击退后，即将宣厅村、吕家岗等处敌人完全肃清，现正率进〔部〕向登封西方猛进。(四)密县逆军千名经红十字会之请求，业予收编，密县现由万选才师于佳日下午四时入城看守。综计逆军先后开入豫西应战者为五军十五师，现先后被我军击溃及俘虏者，约在三分【之】一以上，刻下留存之残逆指日当可肃清。知念特闻。何成浚叩。蒸午。秘。

(3)11月12日电

机机〔急〕。南京谭院长、太原陆海空军副司令【阎】钧鉴：太原方主任、沈阳张总司令、济南陈主席、蚌埠石总指挥、开封行营何主任、韩主席、郑州刘总指挥、汉口行营张主任、武昌省政府、北平行营参谋处、重庆刘总指挥、长沙何总指挥、成都刘主席、上海张市长、青岛马市长、天津傅警备司令、安庆吴代主席、广州陈总指挥勋鉴：据徐师长源泉蒸申电称：佳夜十时许，敌复以一师之众向观音山、温泉街一带我金、栗两旅之阵地猛攻，经我官兵迎击，激战两小时，毙敌营长一员，士兵千余，获枪数百支，【敌】溃入寨圩，其前线官庙、古城、赵庄一带之大部似向后方移动，但其原占各寨仍有守兵，不时向我射击，究其企图如何，正在侦察中。职部现仍占领神沟、华庄、孙庄、廖庄、傅岭、温泉街、观音山一带原阵地，并加筑工事，拟待敌再攻而逆击之。各等语。特闻。何成浚叩。文。秘。印。

〔行政院档案〕

35. 左翼军指挥部参谋处关于围攻登封及临汝镇激战等情通报

(1929年11月9日)

十一月九日上午十时

通报

于临汝左翼军区指挥部参谋处

综合最近各方面情报如下：

一、第四十七师王师长齐戌电称：据上官旅长报称，在佛光峪扼要死守之敌与我激战达六小时，幸赖我官兵勇猛直前，并经职率第七团绕道侧击，敌始不支，向西北溃退，于午后三时半完全占领佛光峪并饬上团进占佛光峪西北约五里之口子街。此役毙敌甚众，职旅受伤排长一员，士兵十余名。等情。已饬该旅向参驾店攻击前进，截敌归路。等语。

泽余沟之役，上官旅毙敌甚多，并击毙敌团长张英魁一员，获其团营部关防数个及伪团长之徽章、私章、花名册等件。

二、据报第九军第十四师刻围攻告成，在激战中。

三、第四十八师徐师长齐午快邮代电如下：

1. 八日午前四时死守临汝镇之敌忽以主力军约三团分从官庄、五里营出击，并集中炮火向我猛攻，经我张、金两旅迎击，敌对我张旅之吴庄、缪庄阵地及金旅之观音山阵地各要点冲击数次，我官兵肉搏相接，战斗异常激烈，毙敌甚多，至八时敌不支，退入各寨，与我对抗，仍在对战中。

2. 源泉亲见官庄寨外陈敌尸二、三百具，其他各阵地毙敌亦多，俘敌兵二十余名，获枪百余支，我军亦有伤亡。

3. 据俘虏供称：此次增加之敌系特务师全部，并云洛阳现甚空虚，逆敌梁冠英确在登封阵亡。

右通报

开封总司令部行营参谋处

左翼军区指挥部参谋处(印)

中华民国十八年十一月九日

〔国民政府战史编纂委员会档案〕

36. 汉口行营参谋处通报蒋介石到密县一带督师暨冯军有向洛阳退却电

（1929 年11月11日）

机急。南京中央党部、国民政府、各院部钧鉴：各级党部、各省政府、各总指挥、各司令官、各师旅长、各报馆均鉴：(一)总座偕熊参谋长于鱼晨赴郑州转密县一带督师，士气百倍。(二)密县残敌已于虞日十时开城收编，该部原系刘总指挥镇华旧部，向我总座要求极愿效力。(三)第五路军近日进展甚速，已占领郭趾、十八湾之线，仍继续进攻。(四)阮玄武部鱼午占领伊阳，一部出武湾，截击临汝镇之敌，主力已向洛阳挺进。(五)据第十军杨军长电称：临汝之敌虞日拂晓经我徐师击溃，梁冠英确在登封附近阵亡。我上官旅占领佛光峪及其西北之口子街，参驾店之敌已被我侧击中。(六)据郑州唐总指挥佳酉电称：右翼军区八岭村之敌向我反攻，被我击退。左翼军区之敌增加一特务师向我反攻，均被我击退。是役毙敌数百，获械甚多，现仍围攻伊阳。(七)据韩主席电称：敌因受伤无药医治，甚为伤感，极愿投诚。又乘黑夜将粮秣、弹药运往洛阳，预备总退却。等语。谨电奉闻。汉口行营参谋处叩。真。印。

〔行政院档案〕

37. 左翼军指挥部参谋处关于冯玉详军布署计划及在临汝激战等情通报

（1929年11月11日）

通报 十一月十一日上午十时
于临汝左翼军区指挥部参谋处

综合最近各方面情况如下：

（一）许昌总司令部行营参谋处微电要旨如下：

1．俘虏敌营长王荣庆供称：宋哲元为前敌总司令，庞炳勋为前敌副司令。由黄河岸至黑石关、八岭堤附近为庞炳勋三师，由八岭至曹河间为张自忠三师，关帝庙坡至三官庙间为程心明第二军第三师尚德全部，攻豚尤、密县为梁冠英第一军一师万金标、二师戴万聂及程心明之第四师、张印相部第三十七师王和民部，并新编新色队伍。其在临汝方面为魏凤楼军三师、冯治安军三师。以上各师编制为一师三团，一团三营，一营四连，每连枪百余支或八、九十支不等，每团配机关枪六杆，迫击炮六门，每军有一混旅，系炮兵一团编成，每军计二师一混成旅，计万余人。此外有炮兵旅，由两团六营、野炮卅六门编成。

2．敌之计划，以庞炳勋、张自忠、程心明、梁冠英部及卅七师攻取郑州，以魏凤楼、冯治安攻取许昌，原拟对我黑石关、芝田间突破，因〇载功，乃以主力攻曹河、登封，并令程部第三师由西村、加津口、涉村镇一带进攻巩县，并掩护右翼，以便主力直趋密县。

（二）本军区联络参谋由白沙鱼电称：

1．据俘虏供称，在登封、告成间系梁冠英之第一军及梁属之一混旅，在大、小金店间系程心明两师，在大冶、密县间系刘郁芬两师。微日，敌之右翼由界头、会株沟，左翼由刘碑向十四师取包围之势，经四十一旅猛攻，将敌击退。敌约二团退至告成死守寨内，十四师正猛攻告成中。

（三）总司令蒋真电内开：顷截获敌电如下：总指挥孙钧鉴：虞电敬悉。职军奉到宋总指挥虞口命令，于佳日拂晓协同第四军张凌云攻击临汝之敌。谨将职军部署报告如下：(1)第五师以全力协同第六师对临汝正面之敌选择弱点猛烈攻击，敌人溃退后即跟踪猛烈追击。(2)第六师除协同第五师猛攻正面之敌外，须用一部牵制神口、邓庄一带敌人，并派一混成旅团绕攻奄下之敌，敌人溃退后即向临汝猛烈追击。(3)第七师之炮兵团及迫击炮团在官庄附近占领阵地，对当面敌人集中火力猛烈射击，务期歼灭某某之敌。(4)特务团手枪营、骑兵团为总预备队在某〇、玉姜营、王庄附近，候敌人溃退时，骑兵团务须猛烈追击。(5)军部在玉皇营。以上情形谨电奉闻。职魏凤楼叩。虞。印。等语。希速注意。等因。

四、昨十日上午，敌飞机飞至临汝，掷下炸弹二枚，未伤人，并掘下传单多种，捁词荒语，企图煽惑人心。

五、临汝口沟外飞机场已设备完毕，左翼军区□指挥之飞机，昨十日到达二架，开始活动，侦察敌情，并轰击白沙镇、龙门、洛阳一带之线。

六、我第七师及四十七师之部连日围攻大金店、小金店，攻击猛烈，甚为得手，我四十七师之上官旅已进至镇参驾店三里许，东大山、登封逆敌知归路将断，以主力来夺，正与我上官旅血战甚猛，敌我伤亡均重，颍阳镇逆敌亦为我四十七师击溃，并已占领该镇。

七、宋逆哲元前率两师来临汝，八、九两日向我徐师反攻，经徐师奋勇迎击，冲锋数次，死亡枕藉，卒将敌击退，敌方伤亡达一、二千名，徐师亦伤亡二、三百员名，获敌枪二百余支，辎重无算，敌受大创，精锐甚失。我阮师长亲率二旅十日到武湾、小店，夹攻临汝镇之敌，逆敌被我遥攻，已有动摇之势。

八、据报逆敌在龙门及白沙镇(自由县)强迫民伕征发材料，昼夜构筑工事，企图最后抵抗。

九、第四十四师之李旅十日全旅到达临汝。

右通报

开封行营参谋处．

左翼军区指挥部参谋处(印)

中华民国十八年十一月十一日

〔国民政府战史编纂委员会档案〕

38. 何成浚报告徐源泉部攻占临汝镇孙良诚等向郾汝等地溃逃致谭延闿等电

（1929 年11月17日—19日）

（1）11月17日电

机急。南京谭院长、太原阎副司令钧鉴：何总监、方主任、辽宁张总司令、济南陈主席、蚌埠石总指挥、重庆刘总指挥、成都刘主席、长沙何主席、广州陈总指挥、汉口行营张主任、□□刘总指挥、武昌省政府、安庆吴代主席、开封韩主席、北平行营参谋处、天津傅警备司令、上海张市长、青岛马市长、郑州刘总指挥、南昌鲁主席、南京朱总参谋长、葛参谋长勋鉴：（一）据徐师长源泉铣午电称：铣辰时，逆军以四师兵力向我临汝镇阵地猛力攻击，当经迎头痛击，比将逆军击溃，逆军死伤无算，被我俘虏甚多。（二）登封城内之孙良诚部，因被我军严厉威迫，已自铣亥起向洛阳西方溃退。截至本日巳时止，该军俱已退到郭店、卫鹅岭口一带，情形极为狼狈，我军正跟踪驱逐中。知注特闻。何成浚叩。筱。秘。印。

（2）11月18日电

机急。南京谭院长钧鉴：开封行营何总监、济南陈主席、青岛马市长、北平行营参谋处、天津傅司令、上海张市长、汉口行营张主任、□□刘总指挥、安庆吴代主席、蚌埠石总指挥、开封韩主席、郑州刘总指挥、信阳夏师长、广州陈总指挥、重庆刘总指挥、南京朱总参谋长、长沙何总指挥、南昌鲁主任、南阳杨司令勋鉴：孙良诚部现已溃退旐邱河以西，至其它情况：（甲）据由偃师逃回者面称，敌方情形如下：（一）敌方给养极缺乏，每兵子弹不满百粒，手榴弹每人原发六只，现仅余二枝。（二）孙良诚部全系幼年兵，仍着单衣。（三）敌方每日宣传伪通报，扬言我军各师有派人接洽及投降情事。（四）

孙良诚主张撤回偃、洛，梁冠英力主死守登封，言登封不守，偃、洛不保，孙良诚谓死守登封，必将悉数被缴械。二人意见因之分歧。(五)我军前占领佛光峪时，敌惶恐异常，已有退却准备，惟在我军压迫之下，又未敢骤撤，军心极为摇动。(六)敌方士兵传言，该第三师已完全被我军歼灭，逃余无几。(七)敌方此次撤兵，其高级干部假传受冯命令，并云冯在偃师将与士兵训话。(八)敌昨撤退时，部队尚整齐。今日在参驾店附近，秩序紊乱，甚形恐慌。(乙)据徐源泉称：现观音山前方遍地皆尸，尚有一营之敌被我围困于骆庄，余已溃退。又据徐源泉筱酉电称：今早五时开始向当面之敌猛攻，敌仍驻寨顽抗，至午刻，神口方面之敌受我张旅压迫，逐渐溃退，至午后七时，我韩日峻团攻进古城，黄新团攻进官来，介卿团占领堂沟，现正向临汝镇压迫中，并派骑兵以断绝敌之归路。各等语。特闻。何成浚叩。巧。秘。印。

(3) 11月18日电

机急。限即到。勿许片刻停留。太原阎副司令、南京谭院长钧鉴：辽宁张总司令、太原刘总指挥、方主任、开封行营何主任、韩主席、北平石总指挥、汉口行营张主任、上海张市长、广东陈总指挥、重庆刘总指挥、天津傅司令勋鉴：本日据前方电话报告：我四十七师王金钰部、第七师王均部由泽余沟、颍阳镇占领沿线各要隘，向自由县前进。我四十八师徐源泉部本日占领临汝镇后，即协同各部猛力向前进攻，敌因阵地动摇，纷向洛阳退却，我军各部队正兼程追击中。知注特闻。何成浚叩。巧。秘。印。

(4) 11月19日电

机急。限即到。太原副司令阎、南京谭院长钧鉴：辽宁张总司令、济南陈主席、蚌埠石总指挥、南京朱总参谋长、古文官长、太原方主任、刘总指挥、开封行营何总监、韩主席、俞总监、汉口行营张主任、枣阳刘总指挥、武昌省政府、北平行营参谋处、天津傅司令、上海张市长、青岛马市长、重庆刘总指挥、长沙何主席、南阳杨司令、广东陈总指挥、安庆吴代主席、南昌鲁主席、信阳夏师长勋鉴：(一)徐源泉巧寅电称：职师占领官店后，即猛向临汝镇进展，在丁家庄附近缴敌枪械数连，于早一时我骑兵簇团及栗翔旅占领临汝镇，继续向自由县追击，刻下先头已率兵师沿汝洛大道向洛阳追击前进。(二)徐源泉巧酉电称：我骑兵牛乐亭团刻已抵自由县之同村。该团在安荆店击溃敌人后，获迫击炮五门，机枪一架，步枪六百余支，其它军用品甚多，辎重车一百余辆。我栗翔旅韩、徐两团已到自由县，与四十师联合动作。敌大队一到龙门，溃不成军。我四十七师一到平等县，第七师一到口婆。除饬各部继续进追外，谨呈。各等情。特闻。何成浚叩。皓。秘。印。

(5) 11月19日电

机急。限即到。太原副司令阎、南京谭院长钧鉴：辽宁张总司令、济南陈主席、蚌埠石总指挥、南京朱总参谋长、古文官长、太原方主任、刘总指挥、开封行营何总监、韩主席、俞总监、汉口行营张主任、枣阳刘总指挥、武昌省政府、北平行营参谋处、天津傅司令、上海张市长、青岛马市长、重庆刘总指挥、长沙何主席、南阳杨司令、广东陈总指挥、安庆吴代主席、南昌鲁主席、信阳夏师长勋鉴：(1)徐源泉巧午电称：今早六时，我骑兵牛恶亭团附近与步兵约一团之敌接触，【敌】旋被击溃，刻下颜团及栗旅沿汝大道向龙门方面跟进。(2)昨晚由徐团魏秀山营由唐店出击赵店之敌，复以唐克车捕获并在赵店缴敌械九十余支。(3)昨夜黄新团进击至临汝镇时，俘敌兵两连，缴械一百三十余支，又截获其辎重车五十余辆，计辎重迫击炮弹八百余颗，步枪弹十余万，手榴弹二千余，面粉三百余袋。(4)搜检阵地，挖掘得地雷五十余个。(5)据临汝镇士绅云，敌兵鱼、齐、佳、铣等日伤亡最重，据所知者亡团长四员，营长二十余员，士兵共三千余人。敌一部沿洱洛大道向龙门溃退，一部经伊阳向宜阳，并多向土人问陕西之路，似欲藉词以掩护我军之追击。军长魏凤楼、张凌云系昨夜十时许由临汝镇乘汽车向自由县退去。泉现以兵力跟踪追击，直捣洛阳。各等语。特闻。何成浚叩。皓。秘。印。

〔行政院档案〕

39. 汉口行营参谋处关于徐源泉攻占临汝镇暨孙良诚输诚撤军及蒋介石赴临汝县督战通电

（1929 年 11 月 18 日—19日）

(1) 11 月 18 日电

机急。南京中央党部、国民政府各院部钧鉴：各级党级、各省政府、各总指挥、各司令官、各师旅长、各法团、各报馆均鉴：综合近日情况如下：(一)删日以来临汝镇之敌纷纷向左翼移动，似有出击之势。我徐师严阵以待。铣寅敌以兵力约一团向我左翼猛攻，拂晓全线接触，敌我炮火甚形猛烈。激战多时，敌以战车四辆，掩护步兵作战，向我左翼观音山猛冲，企图突破一点。幸已预掘坑井，并设置平小炮、地雷等，敌虽一再冲突，均不得逞，至午正始将敌击退，毙敌无算，并截获战车一辆。徐师亦稍有伤亡。(二)鄂西方面。删日襄陆正面之敌被我军迎头痛击，纷纷溃退，毙敌数百，所获马匹甚多。(三)据顾军长祝同筱(十七)卯电称：孙良诚拥护中央，将侵占登封中山庙、新庄一带阵地之部队，于筱(十七)日拂晓前悉数撤退，表示诚意。我军刻已确实占领该地。似此孙既归来，逆军瓦解，讨逆战事可告解决。等语。谨电捷闻。汉口行营参谋处叩。巧酉。印。

(2) 11 月 19 日电

机急。南京中央党部、国民政府各院部钧鉴：各省省政府、各总指挥、各司令官、各师旅长、各报馆均鉴：综合近日情况如下：

(一)铣日临汝镇之敌猛烈反攻,宋哲元率装甲汽车三辆冲锋,经我徐师击退。我总座铣申到临汝县督战中,士气大振,于筱(十七)日拂晓施行总攻击,逆部溃不成军,临汝镇遂为徐师完全占领,我四十四师亦于筱(十七)未占领茹店,刻正分途追击中。(二)据第十一师陈师长诚筱(十七)电称,敌于铣日攻我左翼,被我霍团击退,毙敌营连各一员,士兵数百名,夺获枪炮无算。等语。谨电捷闻。汉口行营参谋处。皓。印。

〔行政院档案〕

40. 何成浚报告王金钰师攻占自由县致阎锡山等电

(1929 年 11 月 19 日)

机急。限即到。太原副司令阎、南京谭院长钧鉴:辽宁张总司令、开封行营何总监、洛南陈主席、蚌埠石总指挥、南京朱总参谋长、古文官长、太原方主任、刘总指挥、开封韩主席、俞总监、汉口行营张主任、枣阳刘总指挥、武昌省政府、北平行营参谋处、天津傅司令、上海张市长、青岛马市长、重庆刘总指挥、长沙何主席、南阳杨司令、广州陈总指挥、安庆吴代主席、南昌鲁主席、信阳夏师长勋鉴:据四十七师王金钰巧电称:本日拂晓,职师梁旅将自由县城(即白沙镇)三面包围,先用大炮轰击城内,即攻击前进,激战三小时,敌因死伤甚重,全势不支,遂弃城向西进窜。职师已将该县完全占领,获敌人辎重甚多,俟查明再报,并以部向龙门方向戒备。又与我第七师曾旅在宝塔山对战之敌,经职派上官旅苏团之一营绕由敌左侧后,敌即纷纷溃退,遗械无算,曾旅已进占宝塔山。顷据临汝电话云:我四十八师攻克临汝镇后,已进至自由县与四十七师联合动作,我第二师已进占伊阳各等情。浚现到登封布置一切。特闻。何成浚叩。皓。秘。印。

〔行政院档案〕

41. 何成浚报告徐源泉等师攻占龙门致谭延闿等电

（1929 年11月19日—20日）

（1）11月19日电

机急。限即到。南京谭院长、朱总参谋长钧鉴：辽宁张总司令、济南陈主席、蚌埠石总指挥、南京古文官长、太原方主任、刘总指挥、开封行营何总监、韩主席、俞总监、汉口行营张主任、枣阳刘总指挥、武昌省政府、北平行营参谋处、天津傅司令、上海张市长、青岛马市长、重庆刘总指挥、长沙何主席、南阳杨司令、广东陈总指挥、安庆吴代主席、南昌鲁主席、信阳夏师长勋鉴：(1)本日午后三时，四七师王金钰、四八师徐源泉两部已占领龙门，当时夺获敌人之件已清点有数者：(甲)各种炮二百余门。(乙)机枪七十余挺，面粉二百余袋。(丙)步枪五千余支，唐克车两辆，各种炮弹一百余万发。(丁)俘虏五千余人。敌溃不成军，纷向潼关溃退。(2)据刘经扶电告：老河口之逆军已向后溃退，我军各部正在抄击中。(3)徐、王两部效晚可占领洛阳，其余各部亦已猛向潼、洛合力抄击。余续闻。何成浚叩。效。秘。印。

（2）11月20日电

机急。限即到。太原副司令阎、南京谭院长钧鉴：沈阳张总司令、济南陈主席、蚌埠石总指挥、南京朱总参谋长、古文官长、太原刘总指挥、方主任、开封行营何总监、韩主席、俞总监、汉口行营张主任、朝〔枣〕阳刘总指挥、北平徐主席、张市长、李司令、行营参谋处、天津傅警【备】司令、上海张市长、青岛马市长、重庆刘总指挥、贵阳毛主席、李委员、成都刘主席、云南龙主席、长沙何主席、南阳杨司令、广东陈总指挥、安庆吴代主席、南昌鲁主席、武昌省政府、信阳夏司令勋鉴：(一)据王师长金钰效酉电称：据郭旅长报称职旅王团午后四时由龙门山以东经诸葛村、司马街绕袭敌之左侧背后，同时第六团向敌勇猛冲锋，敌即呈摇动之象，第二团【向】后面、正面之敌猛攻，【敌】即全线不支，纷向西北溃退，龙门街已被我军占领。(二)据徐师长皓申电称：职师骑兵及栗翔旅今早由自由县向龙门攻击前进，金广印旅由大安、张冠五旅由临汝镇分路猛力出击，随即协同王【金钰部】将龙门镇完全占领，并向洛阳进击中。敌不成军，洛阳旦夕可下。各等语。特闻。何成浚叩。号。秘。印。

〔行政院档案〕

42. 国民政府嘉奖唐生智等在豫西登封等地击败冯军建立殊勋通电

(1929 年 11 月 20 日)

南京行政、立法、司法、考试、监察各院、各省、各总指挥、各军长、各师长、各省政府、各特别市政府、各机关、各报馆均鉴：奉国民政府令开：此次宋哲元等背叛党国，作乱称兵，政府叛逆，旬日以来，迭据前方电告克复要区，歼灭逆军主力，征清扫荡，指顾可期，实深嘉慰。第五路总指挥唐生智、第八军军长刘兴，于逆军猛攻登封及黑石关之际，督战有方，坚守阵地，俾中央右翼军从容作战，懋建殊勋。第四十八师师长徐源泉，当宋逆以全力六师之众猛扑临汝镇二次，奋勇先驱，摧毁强敌，我左翼军阵况因以发展，克奏肤功。第四十七师师长王金钰、旅长上官云相于逆军严守参驾店之际，挺进作战，以寡胜众，于战守影响甚巨，均属忠勇奋发。唐生智、刘兴、徐源泉、王金钰、上官云相均应传令嘉奖，徐源泉并加陆军上将衔，以励勋绩。其余出力官长、士兵均着查明分别呈请优奖，伤亡官兵并应查明优予抚恤。所冀诸将士本此声威，雷霆奋迅，肃清残逆，奠定邦基，有厚望焉。此令。等因。特达查照。国民政府文官处。

号。印。

〔行政院档案〕

43. 陆海空军总司令部通报攻占洛阳电

(1929 年11月20日)

机急。捷报。南京中央党部、国民政府钧鉴：各院部长、总部朱总长、太原阎副总司令、十一路刘总指挥并转方主任耀庭、开封行营何主任、韩总指挥、汉口行营张主任、各省市政府、郑州唐总指挥、广州陈总指挥、济南陈总指挥、蚌埠石总指挥、长沙何总指挥、枣阳刘总指挥、禹州方总指挥、朱总指挥、左翼军区杨指挥官、登封中央军区何指挥官、十一路万代总指挥、孝义右翼军区刘指挥官、信阳夏司令、南阳杨司令勋鉴并转军师旅长、各报馆均鉴：(一)我军今晨占领洛阳，截获敌之辎重火车二十三列，俘虏一万三千余人，粮弹抛弃狼藉，尚未细检，残敌纷向潼关溃退，沿途【所】经麻屯镇、乾坡等地，大被焚掠，烽火接天。我飞机紧迫轰炸，毙敌不可胜计。(二)襄樊之敌昨夜被我击退，俘虏营长以上卅余员，士兵三千余名，伤亡约五千以上。(三)综观连日战况，敌之主力销散，到处复被民团及土匪袭击，已属溃不成军，除飞饬各路分头穷追，务早肃清逆氛外，合电布闻。陆海空军总司令部。号。参。印。

〔行政院档案〕

44. 何成浚报告王金钰与徐源泉两师攻占洛阳给阎锡山等电

(1929 年11月20日—21日)

(1) 11月20日电

限即刻到。太原阎副司令、南京谭院长钧鉴：辽宁张总司令、济南陈主席、蚌埠石总指挥、南京朱总参谋长、古文官长、太原刘总指挥、方主任、开封行营何总监、韩主席、俞总监、汉口行营张主任、枣阳刘总指挥、北平徐主席、张市长、李司令、行营参谋处、天津傅司令、上海张市长、青岛马市长、重庆刘总指挥、贵阳毛主席、李委员、成都刘主席、云南龙主席、长沙何主席、南阳杨司令、广东陈总指挥、安庆吴代主席、南昌鲁主席、武昌省政府、信阳夏司令勋鉴：我四七师师长王金钰、四八师师长徐源泉今晨率部占领洛阳后，即向新安追击前进，敌已向新安以西崩溃，据飞机报告，敌退却部队极形紊乱，恐怖不堪，今晨我飞机十余架均往新安以西轰炸，又据刘经扶自枣阳来电云，荆紫关敌人业已悉数溃退，情形亦极狼狈，业令各请〔部〕分途抄击。等语。特闻。何成浚叩。号酉。秘。印。

(2) 11月20日电

机。限即到。太原阎副司令、南京谭院长钧鉴：辽宁张总司令、济南陈主席、蚌埠石总指挥、南京朱总参谋长、古文官长、太原刘总指挥、方主任、开封行营何总监、韩主席、俞总监、汉口行营张主任、枣阳刘总指挥、北平徐主席、张市长、李司令、行营参谋处、天津傅司令、上海张市长、青岛马市长、重庆刘总指挥、贵阳毛主席、李委员、成都刘主席、云南龙主席、长沙何主席、南阳杨司令、广州陈总指挥、安庆吴代主席、南昌鲁主席、武昌省政府、信阳夏司令勋鉴：(一)据王师长金钰皓丑电称：昨夜被我在龙门击溃之敌分向洛阳及新安方面狼狈奔窜，当饬各部跟踪急进追，利用暗夜循涉东西车站，即晚十一时占领东西车站，适值敌大部沿铁路西退，经我拦腰痛击，截获小野炮十余门，缴敌械数千支，俘虏无算，逆军于仓卒之间不及入城，四处溃散，我上官旅长率第一团各一部分由东西两门进占洛阳城。(二)据王师长金钰皓未电称：此项逆军由前线撤至洛阳后，原拟集中兵力，以魏凤楼、张凌云之三、四军守龙门，以梁冠英、程心明之一、二军守洛阳城，洛阳附近村落及洛河尤均筑有最坚固之防御工事。嗣经职师及四十八师续部由龙门将魏、张两部击溃后，即跟踪追击，循涉洛河，并以一部利用暗夜，由南门袭进洛阳。城内敌不之备，梁冠英、程心明冒险越城而遁，所有城内防军全体缴械，计获步枪五千余支，山炮数门，机枪三十余架，迫击炮十余门，俘虏约万余人，并由铁路截获火车十余列，满装给养、子弹者三列，其余之军用品无算，敌第一、二、三、四各军受此巨创，已溃不成军。各等情。特闻。何成浚叩。号亥。秘。印。

(3) 11月21日电

机急。限即到。太原副司令阎、南京谭院长钧鉴：辽宁张总司令、济南陈主席、安庆石总指挥、南京朱总参谋长、古文官长、太原刘总指挥、方主任、开封行营何总监、韩主席、俞总监、汉口张主任、枣阳刘总指挥、北平徐主席、张市长、李司令、行营参谋处、天津傅司令、上海张市长、青岛马市长、重庆刘总指挥、贵阳毛主席、李委员、成都刘主席、云南龙主席、长沙何主席、南阳杨司令、广州陈总指挥、安庆吴代主席、南昌鲁主席、武昌省政府、信阳夏司令勋鉴：据徐师长源泉号电称：占领龙门之后，职部饬骑兵团及栗翔旅之韩昌峻团协同七师猛攻，敌于皓晚溃退，我骑兵团及栗翔旅当即追击前进，现已占领洛阳，并饬骑兵团向谷水镇追击。等语。何成浚叩。马。秘。印。

〔行政院档案〕

45. 熊式辉报告豫西军事结束蒋介石凯旋给谭延闿等密电

(1929年11月21日)

机急。南京谭院长、朱总长钧鉴：政密。伊、洛、襄樊之敌已被我军次第击破，总座即日凯旋，此间军事结束，已交唐总指挥办理。特闻。熊式辉叩。马亥。印。

〔行政院档案〕

46. 汉口行营参谋处关于刘峙在襄阳击溃张维玺等部通电

（1929 年 11 月 23 日）

机急。南京中央党部、国民政府、各院部钧鉴：各省各级党部、各省政府、各总指挥、各司令官、各师旅长、各报馆均鉴：顷据刘总指挥马亥电开：张逆维玺部号日复向我襄阳阵地攻击，当被我军痛击，计伤亡敌团长一员，官兵五、六百名，夺获步枪五百余支，迫击炮五门，机关炮六挺，敌已纷向南漳、谷城溃退，几不成军，张逆落荒窜逃。田金凯部在太平店、张家集等处，亦被我军击退，毙敌无算。号午，我飞机在老河口东方高地毙敌师长张汝奎以下百余名。现我军由襄河两岸分途追击中，约养日可占领老河口。等语。谨电奉闻。汉口行营参谋处叩。梗。印。

〔行政院档案〕

47. 汉口行营参谋处关于豫西鄂西两处分别攻至铁门及老河口通电

（1929 年 11 月 24 日）

机急。南京中央党部、国民政府、各院部、葛次长钧鉴：各省各级党部、各省政府、各总指挥、各司令官、各师旅长、各报馆均鉴：综合近日情况如下：(1)据郑州第五路总指挥部参谋处养申电称：阎副司令已派兵在潼关隔河炮击残敌。(2)据飞机报告：铁门以东已无敌踪，我军已进铁门附近，观音堂一带之敌已向西溃退。(3)据樊城刘总指挥养戌电称：养日，敌在谷城南方及老河口东方高地占领阵地，掩护其主力军退却，经第九师猛烈攻击，激战数小时，将其击破，午后四时占领老河口。第六师占领谷城，毙敌甚多，俘虏无算，敌纷向郧县、墨县溃退，已令各师分头跟踪追击，第十一师独立第四旅及范师王团约梗日可占领南漳。祇等语。谨电奉闻。汉口行营参谋处叩。敞午。印。

〔行政院档案〕

48. 何成浚转报万选才部攻占洛宁与义马等地致阎锡山等电

（1929 年 11 月 25 日—26日）

（1）11月 25 日电

机急。限即到。太原阎副总司令、南京谭院长钧鉴：沈阳张总司令、济南陈主席、安庆石主席、南京朱参谋总长、古文官长、太原刘总指挥、方主任、开封行营何总监、韩主席、俞总监、汉口行营张主任、枣阳刘总指挥、北平徐主席、张市长、李司令、行营参谋处、天津傅司令、上海张市长、青岛马市长、重庆刘总指挥、贵阳毛主席、李委员、成都刘主席、云南龙主席、长沙何主席、南阳杨司令、广州陈总指挥、南昌鲁主席、武昌省政府、信阳夏司令、许州九军陈参谋长转刘师长杏村兄勋鉴：万代总指挥选才漾酉电称：李师长香村廿三日下午三时至洛宁、马店、彭庄，与敌接触约有四时之久，获敌步枪一千三百余支、迫击炮十五门、机枪六架、子弹甚多，伪师长王金奎率溃兵向卢氏逃窜。除饬部跟踪追击外，特以呈报。等语。何成浚叩。有未。秘。印。

（2）11月 26 日电

机急。限即到。太原阎副总司令、南京谭院长钧鉴：沈阳张总司令、济南陈主席、安庆石主席、南京朱参谋总长、古文官长、太原方主任、开封行营何总监、韩主席、俞总监、汉口行营张主任、枣阳刘总指挥、北平徐主席、张市长、李司令、行营参谋处、天津傅司令、上海张市长、青岛马市长、重庆刘总指挥、桂〔贵〕阳毛主席、李委员、成都刘主席、云南龙主席、长沙何主席、南阳杨司令、广东陈总指挥、南昌鲁主席、武昌省政府、信阳夏司令勋鉴：顷据万代总指挥选才报告：(1)顷据李司令万如报告，乔旅长在英豪镇、槐树湾一带发见敌人铁甲车行抵该处，即将该处铁路破坏，敌人铁甲车归路已断，现正围攻，即日当可解决。(2)养日李司令万如部赵团、叶旅在义马地方截击敌人，获枪甚多，俟检查清楚后再呈报。又敌人梁冠英部之两连亦被赵团缴械，得枪二百余支。(3)马店、洛宁杨团长维森与敌激战，敌已溃败，获机关枪十余支，迫击炮数十门，俟检查详报。(4)观音堂之敌经我李师苏营长截击，获枪百余支。(5)英豪镇之铁路均被李部便衣破坏。等语。特达。何成浚叩。宥未。秘。印。

〔行政院档案〕

49. 刘峙报告杨虎城部攻占内乡暨鄂西击溃田金凯部等情致谭延闿等电

(1929年11月26日—27日)

(1) 11月26日电

特急。南京谭院长、朱参谋总长、何总监钧鉴：古文官长、郑州唐总指挥、刘总指挥、禹县何军长、洛阳杨军长、开封韩主席、俞总监、长沙何主席、蚌埠石总指挥、济南陈主席、南昌鲁主席、广州陈主席、陈总指挥、安庆吴代主席、武昌肖代主席、汉口刘市长、上海张市长勋鉴：(一)据杨司令虎城敬电称：职部孙及裴旅于本日拂晓向内乡一带逆敌李金田部施行猛攻，指日可将【敌】歼灭，现商州已被职联合之旧部唐天瑾、颜世珍、崔态西咯堤〔？〕，拟将荆紫关攻下后，即星夜向商、雒进展，联合友军直捣西安。(二)据陈副军长敬亥电称：关家坪之敌为赵凤林师及王俊杰部，被我痛击后，今晨纷向赵家店溃退，计伤亡敌官兵约七、八百名，掳获甚多。(三)

据第二军李参谋长有戌电话报称：第六师卅五、卅六两团在石花街与逆敌张维玺部约五团激战甚烈，于今日午前二时将敌击溃，向房县西退。是役伤亡敌官兵约八百余人，缴步枪约五百余支，马百余匹，其余物品甚多。已令该师协同十一师跟踪追击，当不难歼灭之。等语。特电奉达。刘峙叩。宥巳。印。

(2) 11月27日电

特急。南京谭院长、李参谋长、何总监钧鉴：古文官长、郑州唐总指挥、刘总指挥、洛阳何军长、杨军长、开封韩主席、俞总监、长沙何主席、安庆石总指挥、济南陈主席、南昌鲁主席、广东陈主席、陈总指挥、安庆吴代主席、武昌肖代主席、汉口刘市长、上海张市长勋鉴：综合鄂西方面情况奉陈如下：(一)内乡县城宥丑被我新十四师攻克，计俘虏敌官兵五百余名，击毙无算，夺获枪弹、辎重甚多，李逆金田闻已负伤，该敌纷向淅川溃退，闻刘逆汝明仍在淅川。现我杨司令虎城正率所部由内乡跟踪追击，先头一团今晚可抵马蹬铺，我独三旅李旅长云杰部亦由光化经李官桥向淅川并进会攻。(二)田逆金凯部主力已通过郧阳、刻工兵营及特务团及零散一部日前由均县折回至外店天附近，向我投诚。张汝奎师亦有输诚表示。我第六师及十一师正向郧阳追击，并相机收抚。(三)我独四旅罗旅长霖部宥午以来在保康、关峰峪等处追截逆敌。逆部伤亡逃散者甚多。该旅前仍进占平利。敬闻。弟刘峙叩。感戌。参。印。

〔行政院档案〕

50. 汉口行营参谋处关于左翼军杨杰部攻占陕县并向潼关追击通电

(1929年12月3日)

国急。南京中央党部、国民政府各院部钧鉴：各省各级党部、各省政府、各总指挥、各司令官、各师旅长、各报馆均鉴：综合近日情况如下：据右路军杨军长杰俭亥电称：勘日拂晓，我刘师长向陕县之敌猛攻，午前七时遂占领陕县，敌已纷向灵宝、潼关溃退，我军仍跟踪追击。(2)是役获敌"民生"、"民权"、"山东"、"泰山"、"北平"、"河南"等号装甲车六列、步枪数千支、机关枪百余挺、大炮数十门，以及弹药、军用品无算。敌死亡甚多，俘虏数千名。(3)据飞机报称：灵宝之敌已纷纷向潼关退却。等语。谨电奉闻。汉口行营参谋处叩。江。印。

〔行政院档案〕

51. 刘峙关于第二路军在鄂西击溃冯军田金凯与张维玺部并攻占荆紫关报告①

(1930 年1月8日—29日)

1. 十一月八日，均州逆军有急犯我襄樊之势，其先头部队沿襄河两团已过青山岗，向谷城之两团已过泽石铺。我十一师警戒部队由三宫殿、花石街之线于八日晚撤至荡泚口、谷城抵抗后，退归襄阳本阵地固守。逆敌过石花街、三宫殿，即开始向我南漳独四旅攻击。奉总司令电令，以第九师一部主力位置于双沟为预备队，以一部固守新野，第六师专守樊城，我独四旅在石门集、龙门集、南漳，选定关家坪、李家庙、五盘山为第一阵地，桐梧寨、陈家山、龙家湾前方高地、像龙山、磨石岗、双泉东方高地、太洪山、三道河、纱帽寨为第二阵地。该旅占领阵地后，并派一部到关家坪警戒。十一日，敌以六团之众于拂晓向我五盘山、李家庙独四旅易团阵地猛攻，激战半日，敌未得逞。酉刻，敌复以大部包围我两翼，该团以负伤过重，众寡不敌，而南漳又四面临山，城不可守，遂于十二日午前四

① 摘自刘峙第二路军《讨伐西北叛逆战斗详报》。

时放弃南漳，撤至丁家集。十三日，敌进至丁家集及上薛家集一带。敌既占领南漳，恐其由宜城偷渡襄河，向我随、枣方面扰乱，乃令罗旅切实警戒，并由第五师范石生部速派一部攻敌侧背。

为作战便利计，于十四日决定处置如下：

1. 拟暂固守襄樊，待我第一军及后方部队到达，即在襄樊出击，一举而歼灭之。第二军以第六师固守樊城，以第九师一部及十一师大部固守襄阳，以第九师一部位置于双沟为预备队，十一师六十六团调襄花路，任保护该路交通。

2. 独四旅即在老营警戒我左侧背，并任襄河交通线之保护。

3. 独三旅暂在邓县固守，警戒我军右侧背，并准备向老河口方向截击敌后。

4. 新十四师主力守南阳，以有力一混成旅十六日前到新野，向双沟北之三合镇前进策应。

5. 十三师以步兵一旅附炮四门，二十一日前到枣阳为预备队。

6. 范师任鄂南绥靖之一团即日调回，归还建制。除留一营镇摄荆沙外，主力向宜城前进，袭敌侧背。

7. 独十四旅主力仍在宜昌镇摄，并向房、保、两竹方向警戒。

8. 独十二旅除以一团附属第六师守樊城外，余集结枣阳为预备队。

南漳之敌先头于十三日午到丁家集、吴家集，新五师叛部抵武安郾。我独四旅一部在上王家集对武安郾、宜城方向警戒，我襄阳阵地右至万山起至抹旗山、白庙岗、匾山、余家湖之线。我十一师及第九师一部先后进入阵地后，敌于十五日由尹家集向我襄阳阵地猛袭，在马桶山冲锋数次，均被击退。又匾山方面亦接战甚烈，被我击退。乃在欧家庙、丁家集一带构筑工事，时出扰乱。十六日，樊城方面马家集发现敌一团，太平店发现敌二团，分途向我前进，已令独立十二旅之第一团十六日进入阵地，新十四师派一团于十六日到新野转向三合镇前进，十七日，我第五师范师王团到达宜城，敌纷向武安郾、石灰窑退走。当即跟踪追击，在小河湾附近接触。奉总司令筱（十七）代电要旨：登封、临汝之敌已被我击溃，令本路军奋勇出击，击破当面之敌后，即向荆紫关、白河、平利之线分途追击，到达该县后，占领阵地，固守待命。当即遵令于马日开始攻击，各部任务如下：

（1）第二军附新十四师一部应先以主力进击樊城当面之敌，以一部固守襄阳，俟老河口方面敌人击溃后，再集合全力歼灭襄阳前面之敌，然后以主力进占白河，以一部会合范师及独立第十四旅进占平利。

（2）新十四师应将镇平前面之敌击溃，会同第二军之独立第三旅进占荆紫关。

（3）范师及独立第十四旅应急进南漳、宜城以北地区，击敌侧背，与襄阳之我军前后夹击，并截断敌之归路。

（4）新十四师一部及独立第三旅主力俟老河口之敌击溃后，即转向淅川、荆紫关方面追击前进并归还建制。

（5）作战地境如下：

第二军、新十四师｝新野、邓县、李官桥之线，线上属第二军。

（6）总指挥率总预备队第十三师万旅及独十二旅一部由枣阳前进策应。

十八日，田逆金凯部到任家岗、张家集、尚家集、仙人渡之线，有即向我樊城进攻模样。张逆维玺部已展开于襄阳西南欧家庙、丁家集、吴家集之线，准备向我襄阳反攻。荆紫关之敌仍逗留于内乡、淅川一带，一小部向镇平前进。二十一日，截获逆军电报：因洛阳方面战况不利，决放弃洛阳，全线总退却。襄河南岸之敌已向谷城撤退，我第二军主力沿襄河北岸向白家集、太平店、老河口方向猛进截击，以一部沿襄河南岸追击。张逆维玺于二十一日开始向白河、房、竹退却，我十一师即由阵地出动，协同襄河南岸之廿六旅及独四旅分向南漳、谷城跟踪追击，范师王团向双河店方向击敌侧背，新十四师亦相机猛追。二十二日，各部分途追击。截获逆军电报：张逆维玺退汉中，田逆金凯退荆紫关。我军拟乘胜追击，先占荆紫关、白河、平利之线，再协同友军入陕。决定处置如下：

1. 第二军以一部向白河追击前进，独三旅之主力到老河口后转向淅川前进，该旅即归杨司令指挥，独四旅到南漳后归范师长指挥。

2. 杨司令率新十四师及独三旅向荆紫关追击前进。

3. 范师长及独四旅、独十四旅向平利追击前进，到达房县后，应以独四旅确占平利，范师暂在两竹，独十四旅暂驻房县。

二十二日下午七时，敌在谷城、老河口以东高地占领阵地，掩护其主力退却。经我军猛烈攻击三小时之久，敌始不支，向均、郧、房县方向溃退，虏获步枪数十支。我卅一旅二十二日晚到龙门集、石门集一带，卅二旅与独四旅廿三日全部到达南漳、龙门集之线，廿四日可到保康，六师一部追至石花街，与敌激战。二十三日，令十一师到南漳后，即转向郧县、白河前进，独四旅及范师王团廿四日到保康，独十四旅转回宜昌，令独三旅受杨虎城指挥，速向荆紫关追进。田、张两部分向郧、房溃退，状极狼狈。我第九师追击部队在老河口停止，于廿五日开始回汉。第六师仍向郧县追击，俟十一师转到郧县后，即转回老河口附近待命。我第六师于廿二日占领谷城后，由三十五团派一部占领格垒嘴附近，适遇赵逆凤林师之骑兵营正沿襄河、谷城转进，经我第六师之一部迎头痛击，纷向盛家塘镇溃退。复经奋勇冲击，截获逆军第七路总指挥部副官长以下官长卅八员，士兵百余名，军马五十余匹，缴枪数十支。三十六团开到后，即向该敌猛烈攻击，敌约二三千人，激战甚烈。敌终不支，向石花街退，据高地抵抗，屡进屡退，肉搏冲击，经我六师邢旅之一团在石花街、大岭堵截，自二十三日起鏖战两昼夜，异常激烈，敌我伤亡均甚众。六师之一部由老河口正向均县追击，新十四师第三旅廿三日下午在官庄铺与敌接触，敌退向内乡城固守，已将内乡城包围攻击，并以一部向师家岗追击，断敌归路。张逆维玺部被击破后，自二十二日起全部由茨河市、谷城退走，仅有新一师王俊杰叛部连合赵凤林师由石门集向保康撤退，并在石门集以西关家坪、任家沟一带高地抗拒，被我十一师卅一旅猛攻，敌不支，始向保康撤退，该师六十五团增加追击。是役毙敌甚众，我军亦伤亡六七十名。卅一旅追抵保康后，转向石花街、均州追击。卅二旅取道茨河市、谷城向均、郧前进。

二十五日，石花街之敌被我六师奋勇击溃，向房县溃退。关家坪之敌被我十一师李旅击溃，向赵家店溃退。我六十四团向三官殿、卅四团向观音堂追击，敌伤七八百名，缴械数十支。六十一团伤亡官兵百余名。内乡之敌经我新十四师第三旅于二十五日总攻，扶梯登城，肉搏攻击，激战至二十六日上午十一时，敌不支，由城西北隅逃窜，我军完全占领内乡，俘敌官兵百余名，毙敌百二十余名，李逆金田有负伤说。我军亦伤亡官兵百余名，虏获军用品甚多。该师以一部跟踪追击该敌。淅川之敌为刘汝明亲率之部，新十四师第三旅经师蒙岗、炸岗、马蹬铺向淅川进击，先头于二十六日到马蹬铺，新十四师一部与独三旅由光化经李官桥会攻淅川，田逆金凯部工兵一营在均县南方之小店子向我投诚。我十一师、六师各一部向均、郧追击，相机剿抚。十一师二十七日与独四旅将施家庄之敌夹击，敌向开封峪、黄保坪分头窜去。十一师主力二十八日到达保康，二十九日转向石花街，急进一部二十九日到达均县。奉总司令电令，我军右翼须占领荆紫关，左翼占领郧阳，驱逐逆军于鄂省之外，勿入陕境。当令十一师主力占领郧阳，一部至天河口警戒，独四旅主力及范师王团占领房县，一部至竹溪附近警戒。各部奉令向指定地点前进。逆军因受创甚巨，亦决无反攻能力。于是，鄂西讨伐西北逆军战争告一段落。

〔国民政府战史编纂委员会档案〕

52. 蒋介石关于讨伐冯玉祥军事报告

(1930年1月)①

讨冯之役

一、叛变情形：中央于讨伐李、白之前，中正一再电征军政部部长冯玉祥意见，冯始则以已派韩复榘统率石、张、万、刘、马、张各师师协同一、二两路军即日前进之语见复，继则按兵不动，日惟饷械是请，婪索无已，迁延观变，迨国军神速收复武汉，冯知无可假藉，乃通电丑诋李、白以自掩饰，殊不知书衔护党救国军西北军总司令之文告，已昭昭在人耳目矣。冯自知逆谋之不可终掩也，遂于济案解决日兵撤退时，借鲁省府派队接防事，暗嗾孙良诚以所属兵力不敷调遣、所遗胶济地带请由中央派队接防为辞，阴相试探。中央以事关交涉，中外观瞻所系，政府有守土之责，讵容疏容，且以张、褚之乱方由我刘师长珍年剿平，抚辑流亡，尤不容缓，遂如其请，初不虞其别有用意也。冯试探失败，遽令孙良诚及中央服务之人员相率弃职回陕，席卷鲁省现金、民食而去，并将驻军撤往豫鲁边界，破坏归德、马牧集、新乡各地铁路、桥梁，以示反抗。时当五月下旬，距总理奉安之期已近，各友邦特派使领参加此典礼者计有十八国，适对俄交涉严重之际，中央不欲遽加申讨，再三电冯，百端

① 录自蒋介石代表国民政府于1931年5月在国民会议上做的军事报告。

谕解、并劝其部下将领务以国事为重，冀其彻悟。延至五月下旬，冯仍无悔悟意。于是中央颁令通缉。旋韩复榘、石友三、马鸿逵、孙桐萱、曹福林、席液池等各将领均能深明大义，率所部约十万余人先后通电服从中央，于是，冯鉴于所部瓦解，大势已去，即将其驻豫基干部队向潼关、荆紫关两路撤退，只身赴晋，声言出洋游历，顾实未尝作出国之计也。军队则交其总参谋长石敬亭统率，听候编遣。洎八月一日国军编遣会决议，西北军及驻陕、甘各部队均归第二编遣区实施编遣，石敬亭等均来电表示遵从，并推刘郁芬代表来京请示方案。孰料中央所派点验委员甫抵西安，即被拘禁，而石敬亭、孙良诚各部竟编为九路，于国庆节通电背叛，号称三十万众，分犯豫西、鄂北，企图东取徐、蚌，南下武汉，进窥皖、赣，谋危首都。大局和平之曙光，复归黯淡。十月十一日，政府据编遣会议呈请以石敬亭等破坏编遣、背叛中央，即令免职缉办，从事讨伐。

二、收复郑、洛：

（一）准备讨伐：十月中旬，中正令第一路总指挥方鼎英、第二路总指挥刘峙、第五路总指挥唐生智、第十一路总指挥刘镇华、总预备队总指挥陈调元各率所部及飞机队按照指定地点向平汉路及鄂西分别集中，并派何应钦、张治中分任开封、汉口两地行营主任，就近主持各该方面军事。所有讨逆部队指挥系统及集中概况表示如下：

陆海空军总司令蒋中正

参谋总长朱培德

第一路军总指挥方鼎英

第三军军长王均：第五师、第七师（缺第五师）。主力集中叶县，一部集中舞阳、西平、郾城一带。

第四军军长阮玄武：第六师、第四四师、第五师（欠三团）。集中开封。第六师（欠一团）集中襄樊、郾城（先开封）。

飞机第三队，集中襄阳。

第二路军总指挥刘峙

第一军军长顾祝同：第一师、第二师、独三旅。主力集中广水、花园间，一部在汉口。

第二军军长蒋鼎文：第六师、九师、十一师、独四旅。集中樊城、襄阳、老河口一带。

南阳守备司令杨虎城：新编第十四师。固守南阳、新野附近。

预备队司令夏斗寅：第十三师、独十五旅、第十二旅、十四旅、新五师。集中黄安、麻城、宋埠、仙桃、宜昌等处，必要时得集结于孝感、武汉待命。

飞机第一队，集中信阳、汉口。

第五路军总指挥唐生智

第八军军长刘兴：第五一师、五三师、骑一旅。孝义、巩县、郑州一带。

第九军军长何成浚：第十四师、四八师、新四师。登封、临汝一带。

第十军军长杨杰：第四七师、五四师、骑一团。禹州、郜县附近。

飞机第二队。集中开封、郑州。

第六路军军长朱绍良：第三师、第八师。临汝城、许昌。

第十一路总指挥刘镇华

总预备队总指挥陈调元：第四六师、第四九师、第四七师、新一师。

铁甲车队司令蒋锄欧。

（二）指导要领：当时冯军左翼入潼关、沿陇海路东侵者为第一路石敬亭、第二路孙良诚、第三路庞炳勋、第四路宋哲元各部。其中路出荆紫关、窥南阳者为第五路刘汝明、第六路冯治安、第七路孙连仲各部。右翼出自白河、窥襄樊者为第八路张维玺、第九路田金凯各部。我空军侦知其主力确在左翼，中路及右翼均系偏师，于是决计令第五路之八九两军至十月二十四日止固守黑石关、登封一带阵地，以掩护我主力部队之集中；又令第二路军对荆紫关、白河方面暂取攻势防御，集结主力于花园附近待机出击。自十月二十六日起，敌军全线向我攻击，其左翼展开于孝义、登封、临汝以西地区，猛攻我曹河、参驾店一带阵地，复在焦湾洛河渡口试行强渡，激战累日，经我五路军之猛击，均未得逞。其右翼荆紫关、白河方面之刘、田各部亦分向淅川、竹山、竹溪侵犯。据以上情报，于二十七日令第十一路军以一部出孟县，渡河击敌之侧背，以主力沿黄河北岸西进，至茅津渡、潼关附近渡河，截敌归路。又令第五路军以八九两军于原阵地攻势防御，第十军由汉河以西地区向白河镇挺进。第一路军以主力集结鲁山附近，作双方策应，另以一部出伊阳、宜阳，威胁新安之敌。第二路军暂以佯动应战，俟我右翼占领洛阳后，即会合第一军歼灭当面之敌军。

（三）登封会战：前令颁后，中正虑逆势披猖，乃于二十八日由京赴汉，中途得报孙良诚于是日攻破我登封阵地，将我第十四、第五十四两师迫退，有直驱密县、许昌截断平汉路之势。三十日抵汉，乃面授第二路军应付荆紫关方面之方略，同时严申战时连坐法，并勖勉前敌各军将士。翌晨向漯河进发。是日第五路军全线反攻，唐总指挥亲临督战，大获胜利，逆氛顿挫，不敢再进。及抵漯河、许昌，召见各将领并视察战地形势，觉在豫西前线各军有重行区分之必要，爰于十一月四日令各军限六日前确实占领密县、登封、郾师后进击洛阳之敌。其要旨如下：

陆海空军总司令蒋中正

行营参谋长熊式辉

总指挥唐生智

右翼军区。指挥官唐总指挥(兼)。第八军全部。主力占领登封、双塔之线，一部向偃师前进。限期十一月六日。

中央军区。指挥官何成浚。第九军全部、暂第三师(原十一旅)、第七师祝旅(原一路)。展开打虎亭、平陌、告成之线(密县西边)。限期十一月五日。

左翼军区。指挥官杨杰。第十军全部、第十师(欠一旅)、第四四师(原一路)。集中临汝,为左翼总预备队。占领大、小金店、参驾店与临汝镇之线,向伊阳、嵩县方面前进,协同第四十八师占领洛阳、新安。限期十一月五日。

总预备队。第十一路军之一旅。集中郑州。限期十一月四日。

(四)围攻登封:孙良诚自二十八年率四师以上兵力攻登封后,其前锋已冲过密县,东距平汉路仅三五十里。当此时,前敌各军得中正亲征之讯,士气大振,无不奋勇争先,以一当百,我右翼军得唐总指挥生智亲赴孝义、黑石关方面拒战,左翼军刘师长桂堂于临汝方面苦守危城七日,使孙逆左右援兵被我牵制,终不能达其中央突破之战略。及四日,令各军实施包围攻击,而登封之逆尤凭险设守,竭力抵抗,宋哲元更调集重兵于临汝镇,与登封相为犄角。迨至十日,我各军虽逐步进展,而逆方亦节节设防,相持未决。乃令各军自十一日起实施总攻击,以右翼军攻登封之东北,以中央军攻登封之西南,以左翼军攻占临汝、白沙二镇,直取洛阳。当各军攻击前进,时限以十分之八兵力猛进挺攻,余十分之二兵力则用诸围攻城寨,并申明约束,凡临阵退缩与失机违令及畏缩不前者,各该管长官一律治罪不贷。自是,各军奋勇当前,即将登封四围要隘悉行占领。至是,孙逆计穷力竭,遂派员作输诚之表示矣。

(五)克复洛阳及孙部投诚:孙良诚困守登封,进退失据,乃派员陈辞,愿率其残部自登封、洛阳撤退,驱除宋哲元、石敬亭后,再明反正,亲谒主座请罪,并恳派员监临登封会议以证明其非诈。中正明知其别有用意,显欲藉此以作突围之计。惟因西北军之叛变,实冯玉祥一人酿成,其余将领苟愿输诚就范,应予以自新之路。

孙良诚既表示服从，因即委为讨逆军第六路总指挥，令于十三日退出登封，并令各军网开一面，暂停攻击，以观其动静。乃委令发后，孙仍盘踞登封，增筑工事。宋哲元亦在临汝镇集七师以上兵力，且诱我第四十四师阮玄武部在小店附近叛变，作联合反攻之企图。中正当即亲赴告成视察情势，决令各军继续围攻。十六日，亲赴临汝，面授右翼军协攻登封及直攻临汝【镇】之方略。是夜，孙逆经此猛烈压迫，无法抗拒，遂于黑夜中向洛阳逃窜。我左翼军杨总指挥杰亦于十七日将临汝镇逆部击溃，旋令徐源泉率第四十八师、第四十四两师由白沙镇向洛阳追击前进。当晚，赴郑州、巩县一带视察并面授第八军由铁路正面进取洛阳之方略。各军即日会同追击，二十日晨，我徐源泉军长率部首先占领洛阳，逆部分向潼关溃退。乃令徐源泉为前敌司令，限期攻克潼关。其时，侵犯襄樊之逆部亦经我第二路军蒋鼎文等分头击溃。于是，将豫西军事责成唐总指挥生智办理，鄂西逆敌责成刘总指挥峙肃清，河南地方一切善后责成韩主席复渠〔榘〕办理。部署略定，中正即由郑回京，道经汉口，分令开封、汉口各行营克日办理结束，以便撤销。

三、唐逆中途叛变：

豫西残逆既由第五路总指挥唐生智负责肃清，其时协同办理者有十九路总指挥周玳率部进至风陵渡，第二十路总指挥赵承绶率部北趋五原。而逆部则纷由宜阳、商州、兴安溃退，至十二月一日，鄂西境内已无逆部踪迹。正拟分道进攻，会师西安，肃清秦陇，奠定西陲。乃甫经宣誓就任安徽省政府主席之第十三路总指挥石友三，忽于十二月二日在浦口叛变，率奉令援粤之师回据蚌埠，通电就护党救国军第五路总司令之职，并宣言拥护汪精卫复职及其他违反党纪之主张。方以为好乱之徒，藉端生事，不难立时平息。讵意唐生智故态复萌，以为有机可逞，竟于三日通电响应石友三之主张，当党国倚重之时而背叛党国，当中央信任之时而反抗中央，擅将其亲信之第八军撤回郑州，作断绝豫西讨逆各军归路之布置，使千万将士饮刃沥血所得之丰功烈绩堕于半途，吁可慨矣。石、唐既先后叛变，西征各军多被阻抑，滞留豫西、道梗粮绝，亟待应援。于是令刘总指挥峙统率驻鄂部队及冯总指挥轶裴统率所部各于朔风冰雪之中分向平汉、津浦两路进发。中正誓与我忠勇之将士共生死、同患难，以保障国家统一，向彼名曰护党而实叛党、名曰救国而实误国之徒加以惩创，庶使反动分子知党纪国法决无私容若辈假借藏身之所也。

〔国民政府战史编纂委员会档案〕

（三）蒋唐战争

一、唐生智反蒋

1. 唐生智发表反对蒋介石通电

（1929年12月3日）

（衔略）（中缺）东线路问题，始则轻率启衅，欲藉外患，以转移国人之视线。及至赤军入寇，边祸日深，蒋贼乃一意从事内争，置东北于不顾，以致沿边二十余县相继沦陷，杀戮之惨，近代所无，误国丧师，言之发指。至于军事一项，原系蒋贼全神贯注之处，但夷考欠实，自蒋贼主持军事以来，除排除异己以外无政策；除纵横捭阖以外无能事。革命势力初达武汉，蒋贼即挑拨诸军，使之私人战争，将永不复再见于中国，个人势力胜，则维持正义之军人，固无立足之地，即依附各人势力，苟且图存之流，亦必日在危疑震撼之中，各有舐糠及米之患。迨至祸迫眉睫，次第剪除，虽欲挽救于桑榆，必且噬脐而无及，此又事有必至，理有固然。我鄂方各袍泽所宜，特为加意此也。目击神伤，而深愿我武装同志立时憬悟，幡然改图者也。现在粤桂兴师，誓清叛逆，湘淮河洛，一致响应，西北各领袖亦皆同仇敌忾，麾戈东下，倒蒋旗帜已遍布于国中；而原视为革命策源地之武汉，犹为逆党势力汇萃之区。生是用督率所部，克期南下，先取上游建瓴之势，然后移师东指，奠定京畿，规复党权，解除民困，使先烈艰难缔造之革命事业，不致为二三叛逆摧坏无遗。生智所以效忠于党国者在此。所以援照我武装同志脱污泥而置身霄汉者，亦即在此。现驻鄂军中各师或多爱国之青年，深明党义，或系生智袍泽，久共艰难。当兹存亡绝续之交，必有去取从违之识，所冀当机立断，不稍游移，脱蒋贼之羁縻，作民众之武力，左提右挈，戳力中原，则党国之庥，实亦我袍泽无强之福也。抑生智更有进者，此次战事乃民生势力与个人势力最后之争斗，民主势力胜，则共谋建设，各履康庄。十八年以来，循环起伏，互相水火，其后联甲制乙，挟丙制甲，阴谋诡计，层出不穷。数年之间，我武装同志各为傀儡登场，受蒋贼一人之愚弄，玄黄血战，南北奔驰，不知国命之将倾，更不知其本身立场之所在。而蒋贼则安富尊荣，坐享渔人之利，其嫡系军队亦后利居人先，害居人后，战时则保全实力，平时则攘臂争权，取精用宏，俯一切高牙大纛，为所欲为，此诚极可痛心之事。生死胜负之数，判于人心，祸福之机，决于俄倾，生智奉命讨贼，义无反顾。惟念鄂中为曩时驻足之乡，既不忍三镇人民重罹兵祸，尤不愿我昔年出入锋镝久同生死之武装同志，相见于榆林弹雨之场。用特布此悃忱，敬求明教。何去何往，请速自择。唐生智。歌。

〔国民政府战史编纂委员会档案〕

2. 韩复榘等同情唐生智与石友三反蒋通电

（1929年12月5日）

国急。南京。中央党部、国民政府暨各院均鉴：各部各委员会，广东汪精卫先生、张向华先生，武昌顾孟余先生、黄季宽先生，南京蒋介石先生，太原阎总司令、冯焕章先生，辽阳张汉卿先生，西安宋明轩先生、孙少云先生、孙仿鲁先生、张楚玉先生、吉世五先生，郑州唐总指挥，蚌埠石总指挥，各省各级党部、各省政府、各特别市政府、各总指挥、各军长、各司令、各师旅长、各法团、各报馆均鉴：民国成立，越十八年，战乱频仍，师无宁日，复榘泰膺重寄，深愧无补时艰。惟竭诚以维持和平、卫国保民为职志，始终不敢或渝。本年自甘棠督师东进，原冀达到和平目的，乃数月以来，纠纷如故。东北西南内争外患，四面交乘，河南绾毂中原，尤当其冲，军队云集，风鹤频惊，加以匪患灾荒，以致吾民颠沛流离，死亡无日。尤复榘所最疾首痛心者也。自审心余力绌，虽未能使党国转危为安，出斯民于水火，而登诸衽席。然维持和平之职志，绝不因时局警迫而有所移易，此即复榘所以为国效忠，亦所以为民请命，知我罪我在所弗恤。顷读唐、石两总指挥通电，爱党爱国爱民之旨，溢于楮墨，凡属袍泽，宜表同情。复榘惟有督率所属，本斯主张，一致进行，以期达到和平目的而已。区区微枕，谨电奉陈，伏维垂鉴。韩复榘、马鸿逵、孙桐轩、曹福林、张德顺、谷良民等同叩。微。印。

〔行政院档案〕

3. 樊煦遵令改编按新制建团致唐生智密电

（1929年12月9日）

总司令唐钧鉴：国密。职团遵令改编将原有四连改为两营制之一团，每营两连，每连山炮四门，第一营营副李连仲升充第二营营长，刻已组织成立，并恳钧座颁发印信委任，以昭郑重。谨电奉禀。第四路军炮兵第一旅第一团团长樊煦叩。佳。印。

〔国民政府战史编纂委员会档案〕

4. 高桂滋报告遵令联合刘儒席会师济南待机前进致唐生智电

（1929年12月13日）

唐总司令钧鉴：此次公倡正义，主张和平，凡在国人，靡不趋附。桂滋谬承提挈，得以追随，自当努力奋斗，藉全使命。鲁省绾毂南北，关系重要，现在反动盘踞，急待肃清。前承钧座密令，饬将所部集结胶济，静待时机，拟即秉承尊旨，率部前进，联合刘儒席部，会师济垣，届时长驱南下，候公指挥。出发在即，伏恳训示机宜，俾资遵守。前方近况，并祈赐知。职高桂滋叩。元。印。

〔国民政府战史编纂委员会档案〕

5．石友三通报何成浚为蒋军第五路总指挥唐生智答以不足为患往来电稿

（1929年12月14日—15日）

（1）石友三致唐生智密电（12月14日）

特急。限即刻到。唐总司令孟潇大哥勋鉴：渊密。顷获确报：何成浚担任逆方第五路总指挥，定元晚赴汉转赴前方调度部队，务请我兄饬属特别注意为盼。弟石友三叩。寒辰。印。

（2）唐生智复石友三电（12月15日）

蚌埠石总司令汉章兄勋鉴：寒辰电奉悉。渊密。盛意至感。豫西灰色军队些无战斗力，何成浚一政客耳，不足为患也。敝军现正兼程南下，弟今夕进驻许昌，先头在信阳，请兄对浦口方面继续佯攻，以分敌势，并请将尊处情形随时电示。又高军长桂滋来电文曰全录等语①。是山东方面，吾兄已无顾虑，弟已电高军长与贵部取联络矣。弟生〇。叩。

〔国民政府战史编纂委员会档案〕

6．张钫为民呼吁请以和平解决国难致中央党部电

（1929年12月14日）

南京中央党部、国民政府主席蒋、各院院长、各部部长、赈务委员会主席许钧鉴：豫省灾况益惨，灾民日多，春长粮绝，救死不遑。

① 见12月13日已选编电文。

乃者谣啄繁兴，交通梗塞，危机四伏，群情惶惑，同胞之民，不知死所。中原作战，至再至三，劫余孑遗，他复何望。惟冀少息残喘，免罹锋镝，雩终饿死，尚正首邱。凡我同胞，与民何憾，睹兹死亡流离，当早放屠刀。且嗜杀者亡，爱民者兴，历稽往史，可为殷鉴。公等明达，谅共憬然，恳乞轸念。中原兵匪充斥，灾民盈野，死亡载道。牺牲权利，以和平解决国事，以不杀奠定国基。成败得失，不在武力，是非曲直，自有公论。民不可侮，侮民非福。怨气所钟，恐无良果。钫忝司赈务救济乏术，心所谓危，难安缄默，痛切陈词，伏惟鉴察。河南省赈务会张钫叩。寒。印。

〔行政院档案〕

7. 万选才报告遵令将协缉杨虎城等致唐生智密电

（1929年12月16日）

第四路总司令唐钧鉴：才密。元电奉悉，方、杨附逆，已遵令饬属协缉，四十四师反动已露之。某一部亦已派队围剿缴械。谨先电禀，俟缴械完竣，再将办理情形详为电达。谨复。职万选才叩。铣。

〔国民政府战史编纂委员会档案〕

8. 唐生智关于西北军石友三等准备反攻并布署在豫境平汉线作战计划致刘兴等密电

（1929年12月21日）

特急。限即到。漯河刘总指挥、晏参谋长，遂平龚军长勋鉴：星密。本军此次兴师讨贼，大之关系党国之存亡，小之决定全体之生死，同心同德，有进无退。现西北军已到洛阳，石友三准备反攻，樊钟秀已就十五路总司令，我军左右及后方皆无顾虑。王钧、万选才两面军正向新乡、许昌集中，孙殿英、刘桂堂在豫西皆听命令。惟益三叛变后，投韩、投王，皆被拒绝，乃请晋阎收编。晋阎以北洋系为中心，对蒋欲取与非，必能为我害。蒋军在平汉线者，计刘峙、赵观涛、陈诚、夏斗寅四师，共仅二十三团，其中王敬之旅及蔡敦仁团已接受我方委任。除刘峙外，其余皆无斗志。在此种情况下，我军应以最敏捷、最勇猛之动作，击破其一点，便可长驱直入。即比较兵力，我军亦占优势，计我四、八两军共步兵十八团，七军四团、十六军一团、警卫一团、第一军一团共步兵二十五团，骑炮兵各两团在外，已足以抵敌军四师而有余。现七军两团本日可抵达偃城、漯河两处，其在许昌之两团俟王均或万选才先头到达时，即以一团开临颍，一团开偃城，在临颍之徐军、李团于门军到颖时，即推进至偃城，受湘文之指挥，与七军同为总预备队，另由湘文募新兵两团，担任铁道守备。五日内可成立骑兵师。明日自此开赴漯河，已令其于到遂平后，在步兵右侧铁道线二十里以内活动。王亚翘团明日自此开偃，警卫团在漯，均令任守备及卫戍勤务。阮玄武军已令取捷向偃城集中后，即由两方趋随县。王均、杨胜治两军到达许昌后，令其由上蔡、汝南之线前进。万选才军到许昌后，则令以一部进驻偃城。盖在我军未到信阳以前，必须巩固偃防，以掩护前方部队之安全。弟准明日进驻偃城，经临颖时须向徐军李团训话，该团有战斗力，且可靠也。生智叩。马酉。印。

〔国民政府战史编纂委员会档案〕

9. 刘兴发布对蒋介石军作战命令

（1929年12月21日）

命令　十二月廿一日午后十时
　　　于漯河行营

一、据报敌约两师兵力在信阳集中，其一部到明港，并将明港北云铁轨拆去数条。

据上海电：在平汉路方面之敌为第一、第九两师之一部，乃第六、第十一、第十三等师。杨虎城态度不明，闻其一团已到沙河店（驻马店西七十里）。

二、我第十七军李军长石樵所部，早已占领宜昌、宜都一带。第五路石总指挥友三，即日向浦口敌军进攻。

第九路韩总司令复榘部，已接郑州、巩县、孝义一带防务。

第八路李总司令宗仁来电，表示极端合作。

第十一路刘总司令文辉来电，率川军全部与我合作，即日以一部东下，会师武汉。

第三路张总司令发奎寒电称：已迫近广州，敌退广州城北之白云山，敌之谭道源、朱绍良、毛炳文三部，死伤达万余人。

西北军表示与我合作，其前部已到新安、洛阳附近。

苏荫森已连合申体臣脱离刘春荣，该苏、申两师，正由参驾南行，已委苏荫森为第六军军长，申体臣兼副军长，令其集中舞阳。

第十八军军长万选才，率部于十七日自洛阳分两路出发。一路沿铁道，一路经登封向新郑县集中。

第十军杨胜治部，廿二日可到新郑，先头部队廿三日可到许昌。

第二方面军王总指挥均，已到郑州，俟该部到郑后，即开来前方。

暂编第十三师张万信部，已令在汝南集结，整理待命。

三、本方面军所指挥之部队如下：

第四军。

第七军（总司令调任本路军总预备队）。

第八军。

骑兵第一师。

炮兵第一团。

炮兵第二团。

钢甲车队。

航空队。

电雷大队。

第一游击司令贾坦部。

第二游击司令段国障部。

第三游击司令刘培绪部。

第五游击司令沈遇春部。

第六游击司令刘斌成部。

五、第四军附泰山、民权两号钢甲车，应即向驻马店集中，并酌派一部在确山附近占领掩护阵地，对沙河、竹沟、汝南、正阳方向，须严密警戒。其钢甲车，应不时前往明港梭巡，退滞敌之前进。

上蔡戴民权部须派员与之接洽，尔后戴部即归龚军长指挥。

六、第八军第三师到西平后，赓续向驻马店集中。

第一师第一团、第二团着于明(廿二)日上午前，分乘两列车，直开驻马店。其第三团于明晨由偃城出发，经郘庄、西平、焦庄、蔡寨、遂平，关王庙到驻马店。

第二师于明晨由漯河出发，经郭店、西平、罗庄、杨庄、遂平、九刘庄、驻马店，但到西平如遇运送第一师之列车回转时，可酌派某团乘车往驻马店。炮兵、工兵两营于廿三日分乘两列车，直开驻马店。

七、先遣司令周宗濂所部，附炮兵第一团第二营，应候第四军到达驻马店后，即归还原建制。炮兵第二营暂归龚军长指挥。

八、骑兵第一师到达许昌后，应即开赴驻马店。

九、炮兵第一团(欠第二营)暂在漯河停止待命。

炮兵第二团全部乘车开往驻马店。

十、钢甲车队除泰山、民权两号暂归龚军长指挥，民生、平等两号合伪为一列，暂归门军长指挥外，其余北平号着暂偃站待命。

十一、航空队着即在偃城飞行场完成诸准备，候令飞行。

十二、电雷大队着暂在偃城车站待命。

十三、第一游击司令贾坦部，着在偃师以南集结后，即经汝县、鲁山、赊旗镇，向唐县推进。

十四、第三游击司令刘培绪部，着在襄城积极整理，限于廿六日以前到达沙河店集结待命。

十五、第五游击司令沈遇春部，着即集结泌阳待命，对于方城方向，应特加警戒。

十六、第六游击司令着由桐柏，经吴家店袭击信阳之敌。

十七、第二游击司令段国璋部着暂在确山，严密侦察信阳、罗山、平昌关各方面情形，随时具报。

十八、予现在漯河，廿三日进至驻马店。

注意：

1. 敌之第六师赵观涛部，与我方有接洽，刘峙旅长王敬文已接受我中央独立师长、团长，蔡敦仁已接受独立旅旅长职。

夏斗寅所部可设法连络，但前进时仍当猛烈攻击之。

2. 各部队以面粉自制干粮三百份，于出发作战前发交各兵携带，非有命令不得擅食。

3. 各部队应皆轻装，以期运动敏捷，除携带所要弹药、粮食外，余如笨重行李物品，须留存漯河、西平，俟到武汉再派员来取。

4. 各部队无论驻军、行军、作战等时，对于民众及地方团体，务表好感，严禁拉伕，携取民物为要。

5. 各部队集中区域为附图。

上令

总指挥　刘　兴

传达法：油印传令分送。

〔国民政府战史编纂委员会档案〕

10. 唐生智拟订反蒋介石作战计划

（1929年12月　日）

护党救国军第四路军作战计划

第一、敌军及友军情况

甲、敌情

一、据报十六日敌之大部队在信阳集中，其一部到长台关，其兵力不明。十七日敌骑兵一连至明港，将明港北之铁轨拆去数条，随即退去。

乙、友军情况

一、我第十七军李军长石樵所部，早已占领宜昌、宜都一带。

二、第五路石总司令友三部，拟即日向浦口敌军进攻。

三、第九路韩总司令复榘部，已接郑州、巩县、孝义一带防务。

四、第八路李总司令宗仁来电，表示极端合作。

五、第十一路刘总司令文辉来电，率川军全部极力合作，即日以一部东下，会师武汉。

六、第三路张总司令发奎寒电称：已迫近广州，敌退广州城北之白云山。敌之谭道源、朱绍良、毛炳文三部，死伤达万余人。

七、西北军表示与我合作，前部已到新安、洛阳附近。

第二、作战方针

本路军以攻取武汉之目的，先在西平附近占领待机阵地，诱敌深入，设计击破后，分路追击，袭取武汉。

甲、各部队之任务及区分

一、第一纵队王总指挥均所部及附属各部队，于　月　日在西华、商水附近集中后，与第二纵队联络，协同策动，经所指定之作战地区，向团风、黄岗进攻，断敌退路。

二、第二纵队刘总指挥兴所部及附属部队，于　月　日占领西平一带待机阵地，乘机击破敌军后，分路向武汉方面进击。先遣司令周宗濂率所部固守驻马店，俟本路军反攻追击时，乘机出击，与敌以最大之损害。

三、第三纵队万总指挥选才所部，于　月　日在舞阳附近集中后，与第二纵队联络，协同策动，经泌阳、桐柏、随县、京山向天门、岳口攻击前进。

四、第四纵队杨总指挥虎城所部，与第三纵队联络，协同策动，由南阳经新野进占襄樊，并以一部占领老河口。

五、总预备队内第五军酌派两师，警备郑州以南平汉铁路。

六、第十九军孙军长魁元所部，担任豫南剿匪事宜。

七、建国军樊总司令钟秀所部，担任豫西剿匪事宜。

八、河南义勇军杨司令靖所部，担任豫东剿匪事宜。

九、总预备队集结临颖、郾城间待命。

乙、各部队之作战地境

一、第一纵队作战地境：为自上蔡、汝南、正阳、罗山、黄安、中和、司仓、埠司、阳罗之线以东地区，但线上属第二纵队。

二、第二纵队作战地境：为自上蔡、正阳、黄安、阳罗之线右，自吴城、谷水镇、文成镇、竹沟、吴家店（平昌关西南约廿里）、三道河、集马、平岗、兴隆镇、应城、汉川之线之中间地区，线上属第二纵队。

三、第三纵队作战地境：为右由赊旗镇、泚源、枣阳、钟祥之线，及左由吴城、竹沟、马平岗、应城之中间地区。

四、第四纵队作战地境：为自赊旗镇、泚源、枣阳、钟祥之线以西地区，线上属第四纵队。

第三、注意事项

一、各纵队须以无线电、有线电信电话、传骑号哨、连络员等，切取连络，齐头并进。

二、我第十六军夏军长斗寅（敌称第十三师）、第廿六军赵军长观涛(敌称第六师),均有接洽,与我合作。各纵队总指挥须特加注意,亦须防有意外。

三、各纵队所属部队,须以面粉自制干粮三日份,于出发前发交各兵携带,非有命令不得擅食。

四、各纵队所属各部队,改为轻装部队,使之运动迅速。除携带所要弹药、粮食外,余如笨重行李、器物,须留存漯河待命,不准携带。

〔国民政府战史编纂委员会档案〕

11. 唐生智组建护党救国军第四路军战斗序列

(1929年12月　日)

护党救国军第四路军战斗序列

护党救国军第四路军总司令唐生智

参谋长晏勋甫

第一纵队总指挥王　均

参谋长张桂鉴

第三军军长王　均兼

第十军军长杨胜治

暂编第三师师长王乃文

暂编第四师师长刘亚雄

第二纵队总指挥刘　兴

参谋长王　雷

第四军军长龚　浩

副军长周武彝

第一师师长周杨亚

第二师师长魏镇藩

第三师师长蒋春湖

第八军军长刘　兴兼

副军长周维寅
第一师师长颜仁毅
第二师师长凌志尧
第三师师长周维寅
第七军军长门炳岳
第一师师长刘崇武
第二师师长杜恺轩
第三师师长陈　雷
暂编第十三师师长张万信
骑兵第一师师长安俊才
炮兵第一团团长任　调
炮兵第二团团长樊　煦
各路游击司令
第一路游击司令贾　坦
第二路游击司令段国璋
第三路游击司令刘培绪
第五路游击司令沈遇春
第六路游击司令刘斌成
第七路游击司令李万林
第八路游击司令郭升运
钢甲车队司令王恩普
航空队司令刘芳秀
电雷大队大队长霍　骏
第三纵队总指挥万选才
副总指挥刘茂恩
第十八军军长万选才
第□□军军长刘茂恩
第四纵队总指挥杨虎臣

第九军军长杨虎臣
总预备队总指挥徐源泉
副总指挥魏益三
第五军军长魏益三
第二军军长阮玄武
第廿军军长刘桂堂
附第四游击司令夏子明部
第十五军第一旅旅长安荣昌
独立第九旅旅长戴民权
独立第一旅旅长焦文典
汽车大队队长湖　浩
第一分队
第二分队
兵站总监赵崇恺

〔国民政府战史编纂委员会档案〕

附：护党救国军各总司令、军长、师长、旅团长、司令姓名录。
护党救国军第四路军总司令唐生智
护党救国军第四路军参谋长晏勋甫
第一方面军总指挥徐源泉
第二方面军总指挥王　均
第三方面军总指挥何　键
第四方面军总指挥刘　兴
第五方面军总指挥万选才
第五方面军副总指挥刘茂思
第七方面军总指挥杨虎城
豫西豫南剿匪总指挥万选才
义勇军总指挥樊钟秀

第一军军长徐源泉兼
第二军军长阮玄武
第三军军长王　钧兼
第四军军长龚　浩
第四军副军长周　武
第五军军长魏益三
第五军副军长郝梦龄兼
第六军军长刘春荣
第三十军军长余亚农
骑兵第一军军长张砺生
暂编第三军军长李奇峰
暂编第十一军军长张治公
暂编第十二军军长张　藩
暂编第七军军长李镇亚
暂编第五军军长赵　杰
第一军第一师师长张冠五
第一军第二师师长栗　翔
第一军第三师师长金广印
第二军第一师师长萧之楚
第二军第二师师长冯华堂
第二军第三师师长王日新
第四军第一师师长周杨亚
第四军第二师师长魏镇藩
第四军第三师师长蒋春湖
第五军第一师师长闻　捷
第五军第二师师长郝梦龄
第五军第三师师长魏我威
第六军第一师师长苏荫森

第六军副军长苏荫森
第七军军长门炳岳
第八军军长刘　兴
第八军副军长周维寅兼
第九军军长杨虎臣
第十军军长杨胜治
第十一军军长高桂滋
第十二军军长周　烂
第十三军军长刘建绪
第十四军军长陶　广
第十五军军长任应岐
第十六军军长夏斗寅
第十七军军长李石樵
第十八军军长万选才兼
第十九军军长孙魁元
第二十军军长刘桂堂
第二十一军军长范石生
第二十二军军长詹旭初
第二十三军军长王金钰
第二十四军军长叶开鑫
第六军第二师师长吴中敏
第六军第三师师长申体臣
第八军第一师师长颜仁毅
第八军第二师师长凌兆尧
第八军第三师师长周维寅
第七军第一师师长刘崇武
第七军第二师师长杜恺轩
第七军第三师师长陈　雷

第十八军兼第一师师长万选才
第十八军副军长兼第二师师长石振清
独立第一师师长李云杰
独立第二师师长李韫珩
独立第三师师长罗　林
独立第四师师长上官云相
独立第五师师长梁鸿恩
独立第六师师长郭华宗
独立第七师师长蒋锄欧
独立第八师师长刘士毅
独立第九师师长陈文钊
暂编第十三师师长张万信
暂编第四师师长刘亚雄
暂编第三师师长王乃文
新编第一师师长曾士杰
骑兵第一师师长安俊才
独立第一旅旅长焦文典
第十五军步兵第一旅旅长安荣昌
第十五军步兵第二旅旅长戴民权
炮兵第一旅第一团团长任　调
炮兵第二旅第二团团长樊　煦
河南义勇军司令杨　靖
航空司令刘芳秀
运输司令蒋锄欧
本路军战时炮兵指挥王　赓
钢铁甲列车总指挥蒋锄欧
钢甲车队司令王恩普
钢甲车队副司令戴鸿宾

铁甲车队司令沈桂五
第一游击司令贾　坦
第二游击司令段国璋
第三游击司令刘培绪
第四游击司令夏子明
第五游击司令沈遇春
第六游击司令刘斌成
第七游击司令李万林
第八游击司令郭升运

〔国民政府战史编纂委员会档案〕

二、作 战 经 过

1. 蒋介石指挥第二路军刘峙等对唐生智作战要旨电稿

（1929年12月6日—1930年1月14日）

十二月六日，致刘总指挥峙鱼午电（以后简称某日致刘某电）。

（要旨）鱼亚电处置，均与中意相同，唐逆顷亦来电，其大意要求我军让出武汉。刻决心令第十三师固守武胜关，所有车辆与铁甲车皆集中汉口，待我第六、第十一两师由襄花路撤退至相当地点后，再定处置。第九师准留汉援调可也。

又致刘鱼午电。

（要旨）第六、第十一两师每日行程希详告，务催其星夜兼程集中武汉为要。

又致夏师长斗寅鱼申电（以后简称致夏某电）。

（要旨）墨三兄来京，详悉一切。兄部除在襄樊部队外，均应集中信阳，至万不得已时，可退至武胜关扼守原有阵地，掩护襄樊方面我军之集中，余请商同经扶兄保守武汉为要。

又致蒋军长鼎文鱼酉电(以后简称致蒋某电)。

(要旨)九师迅即集中武汉，听候后命，望激励将士奋斗到底，誓除妖孽，以救危亡。

又致刘鱼酉电(并致夏)。

(要旨)第十三师应即集结武胜关布防，以阻唐逆部队之前进，并掩护我襄樊部队，一面则可牵制逆军之攻汉也，刻已任灵炳兄兼军长，以第十三师与彭进之邓英两旅编成之。

又致刘鱼戌电一。

(要旨)预计唐逆部队佳日可集中广水、花园一带，如我军第十三师及另派一小部扼守武胜关，迟滞其行动，则可支持数日。如我军能在武胜关抵抗至删日，则我第六、第十一师皆可集中，然后退守武汉要塞，待机出击。唐逆知我军扼守武胜关，彼或不敢即来进攻，则我在洛阳各部，均可到达平汉线，以袭击其侧背也。否则，彼先集中花园，攻击武汉要塞，则应令第六、第十一两师从速会合，向随州、德安、应城之线前进。如逆军已攻武汉，则该两师即由随县、德安袭击其侧背，并在随县、德安附近之乡间，各置无线电一架，以便随时与武汉联络，此第一案也。否则，令该两师即由襄阳经安陆、京山、皂市、汉川之线，集中武汉，此第二案也。第二案较为稳妥，但未知该两师本日已否过襄樊？究在何处？盼详复。并请兄速决为要。

又致刘鱼戌电二。

(要旨)顷接杨杰由洛阳鱼巳电称：刻与治平、湘汀、克成、伯雄诸兄密商，决先集中兵力，再观逆军行动，乃定进取之道，团结甚坚，可毋顾虑。等语。据此，则前方已有准备，可无其危险也。

十二月九日，致刘佳辰电。

(要旨)齐戌电悉灵炳之见甚妥，必须待第六、第十一两师到后方能实行，此时第六、第十一两师未集中完毕以前，万不可以主力布置于前方，亦不可即取攻势，仍以主力控置于武汉，勿加入武胜关前线。至于黄土、平靖诸关，各派一营兵力警戒之，待其真面目来攻时，则节节抵抗撤退可也。逆军有到信阳否？盼详复。

又致刘佳申电(并致夏)。

(要旨)刻接杨耿光庚电称，接临颍电，唐逆主力仍在许昌、郾城间，尚未南下。而据另报，唐逆铁甲车及其先头昨到明港，尚未到信阳。等语。如此我只毁坏各段铁桥，不必爆破山洞，以免出击时修复为难。然如逆军于此三日内仍猛进不已，则当随时爆破，无足可惜。如至十二日以后，则我军各部集中完毕，出击有期，更不必爆破山洞矣。望即令铁甲车先毁坏各铁桥为要。逆部今到信阳否？盼复。

十二月十日，致刘灰巳电。

(要旨)逆部如昨今两日尚未到信阳，则彼必集中许昌、郾城，以断我洛阳部队之归路。我武汉各部应即向确山、郾城前进，接应洛阳部队来会。昨接杨杰庚电称：各部定灰日可集中洛阳完毕，预计删、铣等日可达襄城、舞阳一带，则我武汉部队应于巧日前集中驻马店附近，即可切实联络。兹决计如下：

(甲)至明真日止，如逆部未到信阳，则我第六、第十一各师可令其直达广水集中，不必再到花园、德安。

(乙)决以第九、第十一、第十三各师为策应，洛阳部队限删日前集中信阳，巧日挺进至驻马店，与我洛阳部队切实连络，以第一、第六两师为守备武汉及警戒铁道之总预备队。

(丙)如逆部主力今明日已到信阳，则我军仍在武胜关以南集中待命可也。

十二月十一日，致刘真午电。

(要旨)刻思追击队以第九、第十一、第十三各师均归夏灵炳指挥为妥，而以第一、第六两师为总预备队，亦加入战斗序列可也。

十二月十二日，致刘文酉电。

(要旨)阎副司令决出兵四师渡河讨唐，我汉口部队应迅速出动，限删日前集中信阳为要。

十二月十三日，致刘元未电(并致夏斗寅蒋鼎文)。

(要旨)刻接豫西部队电，集中日期须延缓数日，如此则我第二路主力仍应控置在武胜关一带，而以一部占领信阳。如唐逆先以主力进击我信阳，则我第二路仍扼守武胜关为妥，故我主力集中与出击时期，必须待豫西部队到达相当地点联络切实，方能再定也。

十二月十四日，致刘寒辰电(并致夏、蒋)。

(要旨)据杨耿光电：唐逆主力集结许昌、郾城间，将进占禹县、襄城，以断我豫西各军与武汉部之连络，且有先图击破我豫西各军之势，请饬武汉各军照预定计划日期速进驻马店，迅占郾城，以便双方夹击唐逆。等语。据此，我豫西各军情势甚急，准照夏军长元辰电部署如期进展长台关出小店一带，第九、第十一各师限删日前集中信阳，第一师除驻鄂南一团外，其余全部即用铁道输送，向信阳前进，务期我第二路军于巧日前占领驻马店，哿日前占领郾城，与我豫西部队切取连络为要。

十二月十五日，致刘删辰电。

(要旨)昨电以第一师除留鄂南一团外，其余全部参战，兹决以第六师以一团调鄂南之防，以两团警备平汉路，以两团服武汉卫戍，而第一师亦留一团控制汉口，其余加入讨唐为妥。

十二月十六日，致刘铣辰电。

(要旨)如逆部果由驻马店转向泌阳、襄樊道路退走，则我军先头部队应即分向驻马店与由明湾西向李汉店、竹沟、泌阳方向追击，而我主力仍应在信阳附近布防，以备逆军袭击我正面为要。

又致刘陈亥电(并致夏斗寅、蒋鼎文、陈诚各军长)。

(要旨)凡限三日内完成三师阵地之工事，其工事当然不能坚强，犹恐未至三日敌已来也，务请照昨言守塞法以待工事，如中山铺、双井店、出山店、游河、新集、七里冲、叶河等处有塞壁，则可先派少数兵力(每塞一连至二连)以守之,彼此互于连络,先定各种连络记号,然后再将其后方之老母寺、傅山、于塘、金牛山、曹冲、刘张店一带之山地构筑工事,从事兵力之配备,而右翼之五里店、青山店亦须派一有力部队警戒,而固守之。至出击方面,以图上视之,当在右翼,未知其地形,究竟如何?至部队配备,由铁道及其西区,则派蒋、陈二师,铁道以东地区则派夏师,而以赵师为东区之预备队控置于右翼,第一师控置于信阳城附近,以为出击部队,如此布置或较稳妥。然阵线太长,虽有工事以补助兵力之不足,而其中有一最要之点,诸兄所应切记者,即每地区之预备队须留总数四分之三以上兵力,以备出击,而此四分之三兵力又须逐渐使用,不可一时用尽也。此在河南作战之要决,希勿忘却。然实地情形未详,请兄等独断专行,相机处置。

十二月十七日,致刘筱(十七)午电(并至夏、蒋)。

(要旨)谏电述信阳阵地配备之旨谅达,顷复研究左翼叶河、七里冲之地形,不如守二即庙、吴家店各据点为紧要,我前进阵地最好在平昌关、新集、长台、小姚湾、黄梅镇一线,而右翼之罗山城与左翼之申阳台,皆应派相当部队警戒,或派驻兵严密监守之。如此,则我本阵地即可改至二即庙、出山店、中山铺之线。以有力之一部置吴家店,则正面更可缩小阵地,亦更坚强。但如刘张店、七里冲、金牛山、于塘、传山一带高地,倘可利用,则本阵地或即在该一带构筑工事更好,请兄等实地侦察,复决之。至部队配备,亦应略为更改,中意本阵地可分三个地区,第六师任左翼地区,第十一师任中央地区,第十三师任右翼地区,而以第一、第九两师为出击部队,置于信阳与肖土门、朱堂一带,相机向明港出击,但左翼地区之预备队,务必更要强大,至少以两团兵力控置于蔡湾、朱畈附近。而全线部队出击时,须用其各地区预备队出击,其在阵地内各部队仍在原有阵地待命,不得亦随各预备队而出击也。各地区务须留强大预备队一语,切勿忽忘。

又致刘筱(十七)酉电(并致何雪竹)。

(要旨)唐逆至明日,如再不来犯信阳,则我第二路军皓日应向郾城急进,而信阳阵地工事,仍派专员雇工照预定计划构筑,前方战事请协商进行。

又致刘筱(十七)戌电(并致何雪竹、夏灵炳)。

(要旨)明(巧)日,逆军如果不来犯信阳,则我军决于皓日向郾城前进,先派第十三师之三团以上兵力,由雪竹率领经平昌关、古城、王冈、毛集、界牌、岭马、古田、高邑道路迂回,至春水镇、牛蹄街附近,即向舞阳转进;一面与我第五路经襄城之各部确取连络,一面与我第二路前进部队随时策应,而截断唐逆由驻马店溃窜南阳与樊枣之道路,务于马日到达牛蹄街、春水镇,策应我正面第二路,预定于马日在确山、驻马店之间作战。如能兼程前进,于马日到达三水镇,尤合机宜。

十二月十八日,致刘巧午电(并致夏斗寅、蒋鼎文、陈诚)。

(要旨)我军前进如遇逆军固守城塞,则切勿攻坚,只派相当兵力监视,一意打通平汉沿路,先期豫西友军连络,再图围剿残逆。惟正面及后方须留强大兵力作纵长之配备,勿供逆军乘隙袭击我侧背也。故前进时,先派一师兵力为前进部队,由钢甲车掩护,并随带铁道队,备随时破坏与修理铁道之用。如此,前进部队一意向郾城、许昌猛进,而主力部队相继跟进,并肃清沿路线残逆,勿使逆计得逞也。北方地形攻击部署须留四分之三以上兵力为总预备队,勿忘。

又致刘巧电。

(要旨)筱(十七)戌电谓:派十三师主力皓日由雪竹岭向春水镇、舞阳前进之计划,请决照此进行。惟我正面主力须展缓一日候令,至哿日再由信阳出发,不宜前进太早,免与第十三师行程参差也。

又致刘巧电。

(要旨)我军前进时,应注重右翼,故正阳、汝南道路应派一部队挺进，并严防其由驻马店经汝南溃窜皖北颍州、寿州一带，故我追击部队应先准备或派第九、第六师追击，而以第一、第十一师暂驻原地，相机进止。如逆军向西溃退，则我追击部队须到泌阳、泚源，期与杨师夹击也。

十二月十九日，致刘皓巳电一。

（要旨）如雪竹昨未来信阳，则第十三师当未向春水镇前进，中意，我军前进时第十三师仍须先一日由左翼向泌阳、春水镇挺进，以侧击驻马店逆军之侧背。如杨虎城师果于养日前可到达春水镇侧击驻马店，则第十三师即可协同各师由正面前进，不必再向春水镇，免致多分兵力也。虎城主力何日可到春水镇？前方敌情如何？构筑工事已至如何程度？盼详复。至我主力出击时期，当待晋军到达郑州时，即行进攻。此刻未得其到郑之电，仍须暂缓也。

又致刘皓巳电二。

（要旨）如夏师不出春水镇，则应派小部队到泌阳及沙河集，谋与杨虎城部切实连络，以期协同动作。如由信阳能速架设有线电话或设递骑哨于泌阳，以资切实联络，则更好。此事由总指挥部从速负责设置。

十二月二十日，致刘智未电。

（要旨）接铭三皓亥电称各师号日推进云，则我昨诸电谅未接阅也，今日如已前进，则明日除夏师长外，其余各师暂在原地停止一二日候令，再进。惟夏师能早达泌阳一日，则战略上必能多胜一着。前电称夏师二十五日到泌阳，再好二十三日，如我正面各部能待夏师到达泌阳后，再行前进，则尤合机势。刻接自效戌电称，已令孙楚师限冬日午后四时到达郑州。如此，则我第二路军亦可提早前进，但总以夏师先到泌阳，而合正面推进为妥。

十二月二十一日，致刘马酉电。

（要旨）顷截获唐致石逆个电，知其主力尚在郾城集中，我第七、第四十四师养到新郑，如此夏师或可仍在正面集结前进，不必往春水，惟令杨师由春水向舞阳、郾城侧击可也，请相机酌定。惟前进不可太早，稍缓一二日则有益无害，各师到处构筑工事，信阳工事仍须继续进行，步步为营，先立于不败之地为要。

十二月二十二日，致刘养子电（并致夏、蒋两军长）。

（要旨）在大槐、明港、蓝唐一线构筑工事，甚合机宜，不知此淮河与前方之沙河可利用为障砖否？前次所嘱河南作战三要决：

（一）即占领寨围，派小数兵力固守之。

（二）到达一地，不必选定阵地构筑工事。

（三）严防逆军夜袭，而我军则利用寒凉，乘敌疲劳，而以相当之部队夜袭敌阵而突破之。然夜战须规定各种符号，严守静肃秩序，免致混乱为最要注意。如占领寨围，则寨围与寨围间之空隙又须筑设中间堡垒，且其前方务多置副防御与狼井，此全在于我各师旅团长亲自督率与严密巡查，方能有效。以现在中下级官程度不齐，且军纪不严，故事事皆须高级将领亲历也。

养日，当可集中明港一线，漾日可进至新安山、宋寺、马山之线，而瓦岗须派有力警戒部队，是线可利用沙河与马山地形赶筑工事，以待逆军之来攻。有日可进至黄山铺、明港、独榆树之线，或迅即进占确山、小乐山、长春山、马鞍山之线，构筑坚固工事。届时如杨师尚未到沙河，则当派有力部队到沙河占领阵地为要。总之，我军对驻马店前进地形皆占优势，故须步步为营，勿急求进攻也。若至宥日、感日以后，我郑州与张汝各友军皆可向逆军迫紧，然后我正面乃可无所顾虑，奋往直进，一举歼灭。故有日以前尚须谨慎，将事先立于不败之地，而不必求速。以图上判断，各线阵地左翼比较强固，则出击部队控置中央及右侧为宜也。

又致刘养辰电。

（要旨）我正面各部既集中明港，则应即派队在新安店、马山、山宋寺一线，构筑坚强之前进阵地，一俟该线工事完成，再推进至黄山坡一带构筑工事。如有良机，即占领确山、马鞍山一带构筑工事，该线是一天然之侧面阵地也。惟逆军铁甲车常在驻马店、黄山陂一带梭巡，如我军欲占领确山，则对逆军铁甲车，应设法尽量破坏铁道，或由教导队乘前方之步兵炮预布阵地，击毁其铁甲车头也。中意，有日以前务在新安、马山之线以南地区布防，有日以后可相机推进至确山、马鞍山一线，或相机先头部队占领驻马店，而主力仍在确山、马鞍山一线构筑工事也。

又致刘养午电。

（要旨）马亥电悉。部署甚妥。惟推进日期可稍改缓，即照养日推进之位置，暂在原地构筑工事，期待敌情之变化与我郑州友军之南下，约至有日以后再推进至毛草店、确山之线。惟第十三师则可先各部一日向水寨、刑庄推进，以期从速占领小乐山、长春山、马鞍山之侧面阵地，先制逆敌第一师主力，应沿铁道线前进。西北逆军决不敢东犯南阳。顷截获其电，令陕南张、刘各部皆向潼关、商州移动，而我杨森部队已集中于万源城口，向安康、洵阳进逼矣，请以此意转告杨虎城也。

十二月二十四日，致刘敬电。

（要旨）我军如已进至确山，欲占领小乐山、长春山、马鞍山侧面阵地，则必须先占领其此地前面之寨围，如朱胡同、新庄、白沙冈、胡庙、张花园等寨，且筑强固之守备，以掩护其本阵地。如此左翼地区之预备队似应控置于蚁蜂店、关庄附近，一面与沙河店杨部切实联络。而沙河店城寨亦必须筑强固之守备，并派员督促之或亲往视察，以鼓励军心则更好。如此，则中央地区之正面为八里义与朱胡同或新庄之间，左翼地区之正面为新庄与张花园之间，而本阵地仍在山地构筑何如。

十二月二十六日，致刘宥未电。

（要旨）第六师位置于刘庄、周庄附近，不如移于确山城附近，直接应援夏师，最好第六师为右翼之预备队，移铁路东侧，而左翼方面地形复杂，且有杨虎城部出击，不须多兵也。

又致杨虎城宥酉电(并致刘)。

(要旨)兄于宥日由赊旗镇前进,约感日可到春水,俭日当可到达槐河镇、沙河之线。如此则我正面与左翼各军可定于三十日向驻马店总攻击。中意左翼军之目标最好选定遂平、西平间、蔡寨、刘家店、焦店一带之车站,或遂平与驻马店间之界牌镇,一面以小部队破坏其铁道沿线与各桥梁,一面以主力攻击其驻马店逆部之侧背,以期一鼓歼灭也。

十九年一月四日,致刘豪酉电(并致蒋、陈)。

(要旨)预料逆部在西北必不能支持,我第一旅应向汝南、上蔡、汾砖桥、张明寨道路星夜挺进,或由汝南、驾道集、塔桥集、东洪桥、北蔡寺、商水城道路挺进,第十一师即在其左侧道路,继续跟进,不失联络,以堵截逆部东窜之路,杨虎城军则由驻马店经索店、仪封集、冷水镇、吴城之线前进,侧击西平、郾城,并与徐克成军由叶县部队联络逆军,决难漏网矣。

又致刘支酉电(并致杨虎城、夏斗寅、蒋鼎文、陈诚、赵观涛)。

(要旨)顷截获唐逆江电称:侵入驻马店之匪军为杨虎城之全部,并以叛变之炮兵等顽强抵抗,敌军正面各师复乘机反攻,困难已极,大雪之中,苦战十日,死伤过半,粮弹不继,势必移动,拟在项城整理后再定方针,二日内当可通电,过此期间恐不可必矣。等语。可知唐逆江日拟退项城,但其又江与支午电称:阮玄武部刻在许昌起运,两旅乘车,一旅徒步,拟令其在西平占领阵地,以图挽救,等语。如此,则其希图在西北附近为最后之一逞。除令正面各军向前猛进外,我郑州各部先派王治平军速向周家口、项城截击,徐克成军速出郾城,夹击逆部侧背为妥。

又致杨虎城支亥电。

(要旨)今夜逆部撤退西平,明(征)晨未必撤尽,请兄速以一部固守驻马店,而以主力在驻马店前后附近,分数段向逆部出击堵截,必能俘获无数也。

一月五日，致何主任应钦征酉电（并致刘）。

（要旨）（一）调范石生部驻襄樊甚妥，请即下令；（二）已令徐部阳日集中叶县，断唐逆西窜之路；（三）调杨部西南阳，当待明后日敌情明了后再定。

一月六日，致何、刘、杨、夏、蒋、陈、王（均）、徐（源泉）等鱼辰电。

（要旨）（一）唐逆致沪征电称，奉支酉电所见相同，决如此办，实力损失颇大，冯华堂部已到一旅，俟孙殿英到再图反攻，等语。是其待孙逆到后再思一逞，如不利，则由周口退沈邱东北方之界首或淮阳也。（二）如此除催令我第三军王治平部，速向商水、周口挺进堵击，并令徐克成军长速向郾城、舞阳、西平进击，工湘汀军向许昌、郾城挺进外，而我第二师应即加入正面第二旅速占领商水后，即派一团守该城，其余仍与本军联络，合同郾城、西平会战。（三）追击部队应整齐前进，勿致散漫。

又致刘鱼酉电。

（要旨）凡归来之炮兵与铁甲车官兵，应重赏之，此时应设法利用铁路，使用铁甲车向逆部猛射，使逆不能在铁道附近停足，并令铁道队全部出动、重颁奖金为要，铁路及机车人员须重赏之。

又致刘鱼戌电（并致蒋陈）。

（要旨）第一旅向商水挺进时，其主力应在蔡集、汾砖桥一带停止，而以一团以上兵力轻装兼程袭取之，但不可攻坚。如其城门闭守时，可以先办交涉，令其开城，否则即在潭庄、老樊店、纷砖桥占领其村寨，以少数部队固守之，并对商水、周口警戒，主力协同第十一师，先攻郾城与西平之逆部可也。

一月七日，致何阳亥电（并致刘）。

（要旨）顷截获唐逆致沪阳电称：现决率有力部队由泌阳、桐柏之线入鄂。其羸弱者，则留于西平、郾城一带，与冯、孙各军合据城寨而守，请告叔祁万勿离开军队，等语。据此，则唐逆窜入鄂北之计已决，我军主力部队从速在泌阳、桐柏与南阳、赊旗镇之线截击，而暂留第六师守驻马店，以第九、第十三师跟踪追击，以第二、第十一及第一各师次第进入泌阳、桐柏，扼要构筑阵地截击为要。

一月八日，致何庚子电(并致刘)。

(要旨)唐逆决退泌阳，但恐其由赊旗镇窜泚源，以出襄樊，故我留汉第二师之一旅，亦应从速运至确山，转进泌阳而至泚源堵截，则逆难漏网，即我第二师布防于泌阳四团、泚源二团，均须构筑工事，并架设电话线，以资策应，泚源与南阳及赊旗镇亦应架设直接电话，与杨虎城部连络。此电话线紧要，应由第二路总指挥部派人架设，以免误事，即由确山起，经泌阳、泚源直架至南阳可也。

又致杨虎城庚巳电。

(要旨)唐逆必由舞阳窜泌阳、桐柏，图入鄂北，约灰日可达春水，请兄速率所部灰前经春水即在羊册、赊旗间集结，待逆部经过春水将向泌阳前进时侧击其腰部，其余各师已令集结泌阳、春水附近围剿，但不可在春水以北地区出击，恐其逃窜西北或南阳也。虑刘总指挥下令迟达，故先知照，仍希候令办理。

又致刘庚电。

(要旨)久不接杨虎城电，恐前进太急，一时不及调回羊册。如此即调第十三师全部限明(佳)晨出发，灰日经春水镇到羊册附近集结后，探确唐逆经过春水镇，到达其以南地区而腰击之。如唐果出泌阳，最迟灰晚必到春水。则我军务于灰午前经过春水而宿羊册，并令夏师轻装出发。若逆部向羊册前进，则夏师可向赊旗镇、南阳方面节节抵抗，到达南阳城后，协同杨军固守，以待九师与十一师西进夹击，并令泌阳、泚源之第二师相机夹击。至飞机通信袋联络极紧要。

一月九日，致何、刘佳电。

(要旨)刻接敬兄复刘兴等电甚妥，可嘱其东由项城退鄂东，西由泌阳退随枣荆沙，令其自选。但孟潇不能离开队伍，则不能信龚、刘之言为真也。

一月十日，致杨虎城灰电。

（要旨）本日想已达北舞渡，右纵队亦可达到西平以北，唐逆以队伍交刘兴，刘来电输诚，闻已由郾城向周口移动。请兄迅向郾城前进，确实占领之。并与铁甲车司令蒋锄欧协同动作，彼甚忠实也。

又致何刘蒸午电。

（要旨）如唐逆果窜周家店，难免出界牌而入皖北，如是我第二师应即准备调安庆，并预备船只，可载一师半量之吨位为要，其余前方部队待占领郾城后，即应陆续撤至信阳以南。暂留第六师或徐源泉部守备郾城至广水之铁路，候第七与第四十四师连接时，一齐回鄂。此时与王、杨、徐各师，应多方设法联络撤兵顺序，希确定详复。夏师应调回汉口，令其担任一部之卫戍也。

一月十一日，致刘何真午电。

（要旨）我军到达郾城后，如逆已远窜，则我军应即留一小部于郾城，杨军回南阳，其余主力迅即向信阳、广水一带撤回，勿延。

一月十二日，致杨虎城文亥电。

（要旨）临汝徐部，明日可到叶县，我第一、九等师，灰日已占郾城。兄部达到北舞渡，则请先向临颍前进，与我徐源泉在临颍部队连络驱逐孙殿英部，将其带逃之铁甲车四列全部截回。迅即南开集中漯河。

一月十三日，致刘元酉电。

（要旨）据雪竹电报：北平、中山等号铁甲车，已于文日到郑，如此我军不必向前追截，一俟郾城附近残逆处置完妥，即照预定计划向南移动可也。

一月十四日，致何、刘、蒋等寒酉电。

（要旨）唐逆既全部解决，我各师应迅即依次南开，其郾城至确

附：唐生智直辖部队营以上主官姓名及兵力统计一览表

唐逆直辖部队营长以上主管姓名及兵力统计一览表

军队番号	总指挥部			第五十一师			第五十三师				骑兵旅			独立十七旅	
职别	总指挥	参谋长	参谋处长	师长	副师长	参谋处长	师长	副师长	参谋长	参谋处长	旅长	副旅长	参谋长	旅长	参谋长
姓名	唐生智	晏勋甫	谭家骏	龚浩	蒋春湖	钱诏士	刘兴	周维寅	王天鸣	谭时	安俊才	周振亚	刘寿长	门炳岳	莫易璋

军队番号	第五十一师			第五十三师		
旅别	151	152	153	157	158	159
旅长、副旅长姓名		魏镇藩、谭崇鄴	蒋春湖、任方斌	颜仁毅、王邦述	凌志尧、郭铮	周维宙、胡德春

军队番号	总指挥部			第五十一师									第五十三师									骑兵旅		独立十七旅	
团别	宪兵营		警卫团	1	2	3	4	5	6	7	8	9	1	2	3	4	5	6	7	8	9	1	2	1	2
团长姓名			宋英仲	周杨亚	张显	王景本	阮正卿	黄本湖	王绍先	曾正炎	曾正炎	周宗濂	郑重	黄少武	刘国桢	张嗣基	陈敦扣	刘汉	郭钟秀	邵溟	钟相毓	张植豫	王铭	刘崇武	杜凯轩
第一营长姓名	周伟龙		张庆武	黄维本	罗少甫	王振朝	王恕怀	李大劲	伍英	何敬文	伍毓元	陈敢初	蒋本嵩	杨荣华	廖成勋	成俊喧	藩仪生	黄元云	汤祖坛	朱玉田	丁云祥	甄占一	韩兴锡	李国权	张万田
第二营长姓名	谢万选		刘宝岁	黎民武	罗超常	张伦琪	张大乾	姚本章	余立言	唐汉宗	曹授时	邓标	曹茂琮	萧晓珊	李仁民	屈景林	刘毓英	廖复骧	周鉴	杨周罄	卢云生	李乐山	刘凤鸣	魏清贤	刘永昌

附记：

一、此表系根据唐前第五路军兵力制成之

二、附表兵力另表举列之

第三营长姓名			梁保全	王受龄	赵能英	卢子英	龙万贵	何之祥	张子翼	白凯	欧阳怆	洪致卿	向臻	蒋劲	陈琳	喻召棠	熊瑞生	谢民	陈钰卿	周勃然	刘焕章	信瑞之	赵振声	张久林	耿建民

独立营营长姓名	卫士大队长 蔡敏永 运送队长 陈景云 特务营 廖钧 炮兵营 赵永华 工兵营 李英俊	工兵营 刘昭林 炮兵营 杨绍波 特务营 贺命云 旅特务营 唐潢宗 旅特务营 阎凯	娄庆春	郭鸿杰	

兵力	人马概数		约 50000 人
	步马枪概数		约 30000 支
	机枪		约 150 挺
	炮数	迫击炮	约 150 门
		山炮	约 34 门
	铁甲车		3 架：民生、泰山、湖广
	飞机		8 架

山间概归徐克成负责警备。杨虎城部准留一部在驻马店驻防连络。如徐部未到郾城、漯河，则我本军可酌留一部驻防，以待徐部之来也。

〔国民政府战史编纂委员会档案〕

2. 蒋介石指挥杨杰等部由豫西速回平汉路反击唐生智要旨电稿

（1929年12月6日—1930年1月12日）

十二月六日，致杨指挥官杰鱼午电（以后简称某日致杨某电）。

（要旨）唐已叛变，要求和平让出武汉，此间决固守武汉，请兄统率各师集中郾城、南阳，以截击唐逆侧背。如何处置，盼复。

十二月九日，致杨青午电（并致徐源泉）。

（要旨）各部到达洛阳后，随到随前进，不必待全部集中也。务希速达平汉线，勿延为要。

又致杨佳戌电（并致豫西各将领）。

（要旨）第七、第四十四、第四十七各师，最好由洛阳、伊阳及新安、宜阳，经鲁山、叶县或方城以至遂平、驻马店道路前进为妥，第十四、第五十四、第四十八各师以及其余各部照原定路线由洛阳、临汝、襄城以至郾城道路进行，则与我武汉北进之部队联络，格外容易也。务望于巧日前到达郾城、驻马店之间为要。盼复。

十二月十一日，致杨真辰电。

（要旨）昨接克成电称：孙殿英在自由县附近，断我军归路，未知此刻情形如何？甚恐唐逆以其主力由巩县攻我洛阳，以孙逆扼我临汝、自由归路。如此则须另定计划，必先歼灭孙部，一面又须派队扼守洛阳前方据点，并破坏其铁桥。门炳岳应从速解决之。如第七、第四四等师能由新安、伊阳而出鲁山，第四七、第四八等师，今已由洛阳出发，而孙逆不致截我归路，则幸矣。

又致杨尤午电。

(要旨)前电谅达，再三思维，第七、第四四各师仍由伊阳经鲁山、驻马店为妥，集中时期稍缓数日，亦可切勿经由登封。如第四七师已开登封，则请其速向襄城转进，千万勿延。

又致杨真午电。

(要旨)蒸亥申电均悉，前进道路既经决定，希即速进。第四四师归王军长均指挥，兄为洛阳行营主任，代行总司令职权，各军指挥系均归兄决定，雪暄部已集中临城矣。刻接汉电称：飞机以连日雨雪，昨又中途折回，中已催其冒险前进，今日当能到洛阳，今日再不能飞到，请兄勿再等，送到临汝转交可也。

又致杨真未电(并致豫西各将领)。

(要旨)兹特任命杨杰为洛阳总司令、行营主任，代行陆海空军总司令职权，凡在河南各军均归其节制指挥可也。

十二月十二日，致杨文辰电。

(要旨)本日想可由洛前进继思，第七、第四四两师如已向登封出发，则可由禹县转进襄城、舞阳，再出驻马店，亦无不可。

十二月十三日，致杨元酉电。

(要旨)唐逆昨已派安骑兵旅到郾城，门旅到驻马店，彼必以阎、韩态度不良，将主力集中于郾城、许昌之间，待机先将我武汉部队集中信阳者，或豫西部队出郾城、驻马店者击破其一，使我彼此不能策应也。兄应迅率王、方各师，速出襄叶、舞阳、泌阳道路，先求与武汉部队切取连络，然后会攻唐逆。倘克成、湘汀能照原定计划进行，则兄亦应照原计进行，会合豫西各部，在许郾之间谋灭逆也。

十二月十三日，致徐军长源泉元酉电。

(要旨)唐逆昨已派安骑兵旅到郾城，门旅到驻马店，彼必已探悉阎、韩对彼态度不佳，将全力集中郾城、明港之间，先击破我武汉出击部队或豫西部队之一点，使我彼此不能策应，而为其各个击破也。故兄部须从速去襄郏，相机占领临颍、郾城，策应汉口部队，俾得双方夹击唐逆为要。

十二月十四日，致杨寒辰电。

(要旨)唐逆主力必集结于许郾之间，或派一部进驻禹县、襄城，以滞我豫西各军行动。我军到登封、临汝后，须详探禹县、襄城之逆情。如果各该处已有逆部，则我军因避战起见，切勿再经禹、襄，应即由浩城、白沙转进于郏县、叶县，以至泌阳附近，与驻马店部队先取连络，然后共同灭逆，方为全军之道。杨虎城可靠，彼已动员其主力，已由南阳出驻马店矣。请连络之。

又致杨寒戌电。

(要旨)唐逆主力集结于许郾之间，我武汉部队决于删日前集中信阳，巧日占领驻马店，恐我预〔豫〕西部队经禹县、襄城，被逆军截击，故王、方各师到登封后，即由大金店转临汝、鲁山，而至驻马店。否则，即由部城、白沙、顺店，经红畅转进郏县，切勿经禹县。能于皓日到达襄城，则向郾城进攻则可。我武汉部队在智、马二日会师郾城也。

又致徐寒亥电。

(要旨)兄部应排除万难，速出襄、郏，方是活着。武汉部队删日集中信阳，巧日可进驻马店。如兄部能于皓日到襄城，则可与武汉部队夹击郾城逆军也。

十二月二十四日，致徐敬巳电。

(要旨)唐逆养抵郾城，其主力已集中郾城、驻马店之间，许昌、临颍皆甚空虚，请相机进取侧击。王、杨各师，定本日由汜水、荥阳，向许昌前进，请设法联络。武汉部队昨已到确山、汝南，日内当可接触，望兄速进，歼灭逆部。

又致王军长均并转杨师长胜治敬巳电。

(要旨)(一)(敌情同上电)我四十八师尚有一团驻守临颍城内，克成来电，请兄部到许即与联络，俾得一致动作。我武汉部队昨已进至确山，日内可接触。

（二）兄部务于俭日前进，抵许昌后，主力即沿平汉路东地区，由洧川、南席、鄢陵、逍遥镇、潭庄道路前进，先截断其窜周家口道路，然后协同武汉部队夹击逆部。

十九年一月四日，致王均支戌电。

（要旨）逆军溃退西平，必难支持，已令第一师长阳日前占领项城，务望兄军由新郑经洧川、鄢陵或不经鄢陵，而绕其东北方之朱曲镇、扶沟、西华，以达周家口、或商水城，则可与我项城部队切取连络，即不孤立矣。甚盼庚日以前到达周家口或商水城也。

又致徐军长源泉支戌电。

（要旨）唐逆本拟退项城后，以阮玄武部由许昌增援，故其退窜西平，尚图最后之一逞，阮部以两旅乘车、一旅徒步到西平增援，其行动必缓，速令我临颍部队截击阮部，请兄率领主力部队速出舞阳，侧击西平、郾城之逆部，并与我杨虎城军在舞阳东方之吴城部队切实连络为要。日程及计划盼复。

一月五日，致徐微酉电。

（要旨）支午电悉，本日想已出发，逆部既退西平，恐其由叶县溃窜南阳，请兄限阳日到达叶县，然后再向西平或漯河进攻，务希照办。

又致徐微戌电（并转樊钟秀）。

（要旨）唐逆败退西平，请兄协同克成军长努力讨逆，务期一鼓歼灭，以奠党基，并希饬所部助理克成兄进行一切为盼。

又致王均杨胜治微亥电。

（要旨）速率所部照预定计划务于庚、佳二日到达商水、周口。如到时逆部已过商水，则请跟追，并与我第一、第六师在项城部队切实连络图。

一月六日，致王均、杨胜治鱼午电。

（要旨）唐逆退至西平，已溃不成军，尚待孙殿英部增援，已被我临颍徐、夏各部截击。如许昌孙部南下，则兄部可先攻克许昌后，再照前定计划向商水、周口前进也。

又致铁甲车司令蒋锄欧鱼酉电。

(要旨)速即协同临颍我军各部猛射漯河逆部，或先解决许昌孙部，与我和尚桥之王、杨部及临汝之徐克成军取连络。

一月八日，致徐军长源泉齐辰电。

(要旨)唐逆已由舞阳、汉阳窜襄樊，务请兄速率所部先到叶县、舞阳，候令进击，万勿转折洛阳，致稽时日，或经再遭无益之险境也。

一月九日，致蒋锄欧佳巳电。

(要旨)齐子电悉。铁夫等尚未来电表示，且孟潇亦尚在漯河，迄未离开队伍，此间未明其真相所在。如铁夫等果有诚意服从中央，则中央对久共患难之同胞，自可成全一切。决不忍以一人之故，而戾及我将士也。

一月十日，致何成浚、王均、徐源泉灰未电。

(要旨)唐逆残部已退周口，兄等应出禹、襄，切实联络，集中郾城，或先击孙逆，攻取许昌。请共同商酌，临机决断。

一月十二日，致王均文戌电。

(要旨)我第一、第九、第十一师灰日到达郾城，现正扫消其附近残部，望兄等迅即率队南下，尚有北平、泰山等铁甲车为孙匪运往许昌、临颍，请兄等设法截获，带之南下，即以中正电令行之，无论何人不得阻碍。由新郑至临颍铁路尚有几段未修，诸事秉承何总指挥，并属其断然南下为要。

又致徐源泉文戌电。

(要旨)杨虎城灰日到北舞渡，第一、第九、第十一各师灰占郾城，唐逆部均缴械，一无漏网，孙逆劫去铁甲车四列，尚在临颍、许昌间，请兄派队截获带南，勿再使其北去，速办勿延。

〔国民政府战史编纂委员会档案〕

3. 蒋介石请阎锡山来豫统一指挥并令张砺生截击皖北唐生智军要旨电稿

(1929年12月12日—25日)

十二月十二日,致阎副司令文酉电。

(要旨)雪竹兄明日经汉乘机往临安指挥豫西各部,并已任为第五路总指挥。至豫西部队孙殿英、万选才两部无把握,刘兴、龚浩两师内部亦必可分化,此外,则全为忠勇之将士,决无为唐逆胁诱之理。汉口部队第一、第六、第九、第十三各师,定删日集中信阳,巧日可到驻马店、确山之间,请兄将河北各部渡河日期及到达地详复。如驾发有期,请即示知,俾便通令各军归兄统一指挥。

十二月十九日,致张师长砺生皓辰电。

(要旨)速率所部即向颍上、新蔡、汝南前进,协同我豫南第二路在确山、驻马店一带,会攻唐逆,务期于二十五日以前到达驻马店附近。我第二路总部现在明港,希与连络。何日由何处出发?行军日程如何?盼详复。

十二月二十二日,致阎马酉电。

(要旨)孙师想已到达郑州,希即日命驾,以慰全军之望,第七、第四四师已达新郑。王、杨均已复电,催兄到郑指挥。第十四、第四七两师亦已到郑。如此,兄到郑必听指挥前进。武汉部队不避寒冻,冒雪前进,今已进抵明港。日内可在驻马店、郾城之间接触。尚望兄速莅郑,令各部向唐逆侧背进击也。

十二月二十二日,致张砺生养电。

(要旨)该部限本月俭日集中周家口、项城一带,专截击唐逆溃窜皖北之道路,勿误。

十二月二十四日,致阎敬辰电。

(要旨)武汉部队昨已推进确山一带,唐逆养晨进抵郾城,其主力集中于郾城、西平之间，许昌、临颍皆甚空虚，务希令催郑州各部南下，并限王均、杨胜治等师俭日前到达许昌，即向郾城前进，以资夹击逆部。

十二月二十五日，致阎有辰电。

（要旨）王钧、杨胜治两部仍请派其从速南下，攻击逆部侧背，并限其俭日前，集中许昌、临颍为盼。

〔国民政府战史编纂委员会档案〕

4．杨虎城攻克驻马店通电

（1930年1月1日—2日）

（1）1月1日通电

军急。南京中央党部、国民政府钧鉴：各院部、各级党部、各省政府、各省各总指挥、各军师旅长、各团体、各报馆均鉴：唐逆叛变，举国侧监。城奉令为左翼军，进击驻马店，幸赖党国威信、各友军协援，于东日已将驻马店完全占领，城亦于是日进驻驻马店。是役城部第一旅旅长冯钦哉率混成一旅及第二支队，于世日由藏阳分向刘岗、大界牌一带前进攻击，敌亦分途还击抵抗。我官兵奋勇争先，激战十二时，敌势不支，纷向东南、西南两路溃窜，夺获大炮多门，枪械军用品无算。除饬部分途追击、以期悉数歼灭外，特电奉闻。讨逆军第七军军长杨虎城叩。东。印。

（2）1月2日通电

军急。南京中央党部、国民政府、各院部、各省政府、各司令、各总指挥、各军长、各师旅长、各报馆均鉴：敝部冯旅长于东晨攻克驻马店，唐、刘、龚各逆仓皇溃走。是役，计毙敌一千余名，俘虏三千余名，获步枪六千余支，大炮、迫击炮二百三十余门，机关枪八千余挺，截获火车三十余列，铁甲车两列，其他军用品无算，残逆分途溃窜，刻正包围缴械中。谨闻。讨逆第七军军长杨虎城叩。冬。印。

〔行政院档案〕

5．何应钦刘峙报告确山阻击唐生智并攻克驻马店等情给蒋介石电

（1930年1月4日）

国急。南京中央党部、国民政府、总司令蒋钧鉴，各院部会勋鉴：此次唐逆在郑被迫南下，约宥日前到达遂平、驻马店一带，其兵力除孙殿英匪兵一部在偃、许与我徐源泉部对峙外，所有刘兴、龚浩、门炳岳及孙匪余部等及安俊才骑兵旅，均南下图抗我军。感日与我前线接触，当被我军击退。俭晨我军一部进击，缴敌枪千余支，俘获甚多。俭午，敌调孙逆匪兵两团由遂平西方向我分进增援，又调原四十九师一部加入康店方面。艳晚，石冈之敌向我右翼阵地猛冲三次，又敌二千余在大小乐道及北泉寺一带与我左翼激战终宵，均被我军各师分头击退，损失颇大。三十日拂晓，敌开始向我反攻，计以主力攻我两翼，约五团攻我吕庄一带，又一师犯我张营，反复冲突，数次肉搏，卒被我各军逐段击退，毙敌共约三四千人，全线已现摇动。世日敌又增援，冀决最后一战，兼选奋勇队，沿道路重叠，向我各阵地攻击，并以手机枪在后方督进，午后被我军逐部迎头痛击，激战数小时，又毙敌二三千人。东日，我军乘其动摇，即令确山北方正面各部队全线进击，同时我杨虎城军冯旅由刘岗攻敌右侧，我第一师一部，由官庄攻敌左侧背，敌全线震动，分向窜逃。我杨部于午后二时完全占领驻马店，唐逆仅以身免。冬日，唐逆以门炳岳两团、龚逆一团增援，反攻驻马店甚猛，仍被我杨部奋勇击溃，分向东南及西北两方退走。确山东北有龚逆两团投降，张营之敌两营被我缴枪，其余纷纷溃退或请求投降，并在小陈

庄、柏林庄各缴约敌枪一营，俘获千余人。江日，确山东北龚逆部第一师之一、二、三团在王庄及冈前面附近，被我军缴械及俘获者有二营，其余亦接洽投诚；该逆第二师之四、五、六团在张营附近，被我军包围，伤亡大半。支日寅刻，敌左翼向东北溃散，其正面亦沿铁道及西北地区溃退，零乱奔窜，已不成军。现令我各军分头跟踪追击，务期根本消灭。谨闻。何应钦、刘峙叩。支。印。

〔行政院档案〕

6．新十四师政训处报告唐生智部经该师包围即可剿灭致中央党部等电

（1930年1月5日）

南京中央党部、国民政府、各院部、各总司令钧鉴：各省政府、各总指挥、各军长、各师旅长、各级党部、各级政训处、各机关、各团体、各报馆均鉴：唐逆生智，好乱性成，此次抗命郑州，倒戈确山，中央为铲除反动，贯彻主义计，提万众之旅，兴挞伐之师。讵意唐逆部众异常顽强，激战旬日，本能歼灭。我军奉命侧击，威胁敌背，遂于世晚进攻驻马店，巷战两日，敌攻数次，卒于冬日将驻马店克复矣。除缴敌械数千，大炮、机关枪各数十门，弹药辎重无算外，只以前后夹攻，敌人腹背受创，遂于支日向北溃退。现在追击部队已达漯河，重叠包围，其即消灭。可见破坏统一者，绝难幸存，脱离中央者，是自求亡也。知注奉闻，统祈垂鉴。新十四师政训处叩。微。印。

〔行政院档案〕

7．何键为唐生智击败请从剿共军队中抽派一部增援致朱培德密电

（1930年1月5日）

慎。南京行政院长谭并恳译转参谋总长朱钧鉴：制密。顷据

段旅长珩支申电节称：唐逆大部已与李可法营在大营市接触，来势甚猛。职已令李营节节抵拚，除撤至泉湖市附近会合傅萧两营，相机冲击，恳即派兵一团来援等语。除令刘师由长沙剿共部队中思派一部，星夜前往增援，务期扑灭。谨电呈闻。职何键叩。微辰。行参。印。

〔行政院档案〕

8．总司令部参谋处关于击败唐生智攻占遂平通电

（1930年1月7日）

南京中央党部、国民政府、各院部钧鉴：各省各级党部、各省政府、各总指挥、各军师旅长、各法团、各报馆均鉴：顷据刘总指挥鱼亥电，我第九师及第一师一部并第七军于本日午后三时占领遂平，俘敌约二、三千余人，缴枪二千余支及军用品无算。逆敌溃不成军，现沿平汉路大王庄、崔庄一带向北退却等语。谨电捷闻。陆海空军总司令部参谋处叩。虞。印。

〔行政院档案〕

9．蒋介石关于对唐生智的处置及其恢复交通等善后事宜给何应钦等要旨电稿

（1930年1月9日—12日）

十九年一月九日，致何应钦、刘峙、刘文岛、蒋锄欧转刘兴、龚浩佳午电。

（要旨）接阅齐电，悲极。中之诚信不孚，致我久共生死之同胞，不幸至此，追悔无已。今事至此，夫复何言。如孟潇果有悔悟诚意，则可令其即日来京，准送出洋；否则，亦应令其速离豫境，中必保其安全。至队伍或东赴项城，再往鄂东、武穴整理，或西出泌

阳、随枣，进驻鄂西、荆沙，亦可请兄等自定之。惟郾城须速请经扶兄派队维持，以免陷于匪手，并属素心兄速率所有铁甲车、火车与飞机等，星夜南开，归还中央，以昭信实。贵处给养，必甚困难，中已令汉站筹备接济也。但期兄等早日团圆一堂，从此始终不渝，共奠党国，则中无他求矣。

又致何应钦、俞飞鹏佳亥戌。

（要旨）速备万人以上粮食七日，用车装往郾城，先到驻马店，候令接济刘兴所部。

一月十日，致阎灰辰电。

（要旨）已饬令前方停止攻击，惟唐逆行踪及其部队行动与处置办法，请详示。

又致阎灰未电。

（要旨）此时恢复平汉线交通，为第一要着，请速饬郑州路局限期修复和尚桥至漯河一带之桥梁，俾兵站接济与车辆运输皆得裕如，弟已严令南段路工与各军限期修复矣。

又电何应钦转李益滋灰未电。

（要旨）路局及总部所有铁道队工人等，应全部出动，至遂平、漯河一带工作，限期修复桥路，恢复交通，并予奖赏为要。何日可修？至漯河运输力量现共若干？盼复。

一月十一日，致何应钦、刘峙真酉电。

（要旨）经扶兄蒸亥电悉。第九、第十一师调驻南湖，第一师将调驻首都，第十三师担任卫戍武汉，余照所拟办理。

一月十二日，致徐庭瑶文亥电。

（要旨）是否准残逆沿铁道南来，请禀承蒋军长决定进行可也。

〔国民政府战史编纂委员会档案〕

10. 何应钦刘峙报告追击唐生智部战况致中央党部等电

（1930年1月11日）

国急。南京中央党部、国民政府总司令蒋钧鉴：各院部会勋鉴：自微、鱼两日唐逆残余，犹恃遂平一带村落城垣，负固顽抗，经我各军痛击，并以一部迳向敌后挺进，乃纷纷乞降，计在铁桥、楚庄铺、通平、大王庙、上蔡一带，截获俘虏万余人，步枪八千余支，机关枪、迫击炮、大炮数百门，铁甲车三列，其他军用品无算。虞、齐等日，唐逆以所部散失不能成队，乃唆使冯华幡逆部扼守西平、偃城，以事收容，并图最后之争扎，但兵无斗志，一触即溃。我军佳日到达西平，蒸日午后完全占领偃城，唐逆无踪，刘龚等部溃散，所有前扣中央之飞机、铁甲车等，现均回队加入追击。查唐部除多数死伤逃散俘虏冻毙外，存者无几，日内即可肃清。谨闻。何应钦、刘峙叩。真。印。

〔行政院档案〕

11. 何应钦关于对唐生智作战经过摘要报告

（1930年1月13日）

讨唐战斗经过摘要

十二月二十四日

一、唐逆生智自称伪总司令，以晏勋甫为伪参谋长，刘兴、龚浩为伪总指挥兼军长，门炳岳、孙殿英、安俊才、戴民权、冯华堂等为伪军师旅长，率领逆部已陆续到达驻马店以南；铁道西侧为刘兴部，共约九团。铁道东侧为龚浩部，共约六团。龚浩似在固城，刘兴似在徐老庄指挥。陆楼有敌一旅，胡庙有敌五十三师，两团构筑工事。驻马店及车站有敌一旅，唐逆似已到此，主持一切，其余除孙殿英率该部主力扼守许昌后路外，正分途南进。

二、我陆海空军总司令蒋，奉命讨伐。为便作战起见，特在汉口设立行营，由训练总监何以行营主任，代行一切职权，指挥我左右两翼军沿平汉路及两侧地区，进讨唐逆。于本日在汉口通电开始办公。

三、我右翼军本日第九师、第十三师(七十六团、七十八团)已抵确山以北铁路及两侧地区，第一师已过茅草店、达樊店附近，第一师之第一旅及第六师之两团已达黄山坡，其余尚在平汉路南段输送中。又第二师正由京向汉开拨，我左翼军新十四师之冯旅及补充第二支队，已到春水镇附近。杨军长率一部正由南阳向春水前进中，第二路总指挥刘峙本晚到黄山坡主持前方军事。

四、本日敌我两军相距约四十里之遥，尚未发生接触。

十二月二十五日

一、逆敌有两团由朱胡同、五道庙进至蔡坡、徐老庄、徐楼一带构筑工事。古城、马庄桥一带有敌约一团向我前进，又有敌千余人向徐老庄以西地区运动，其余敌人并有向我右翼军两翼迂回之样，敌铁甲车湖广号已到达马庄桥附近。

二、我右翼军第十一师已占领王岗、皮庄之线，第九师已占领由十一师左翼至三里店之线，第十三师已占领由第九师左翼至牛林北方高地之线，并由十一师派一部为右翼支队，进至野猪岗上白堰附近。十三师派一部为左翼支队，进至虾蚁蜂店、油湾附近，防遏向我两翼迂回之敌。我铁甲车云贵号已进至八里义附近。我左翼军杨虎城部之先头已过春水到牛蹄附近。我第二路军之总预备队第一师之第一旅，现位置于黄山坡、徐庄、尚楼附近，第六师已到达之两团，现位置于刘庄、油房附近，该一、六两师之其余部队尚在输送中。刘总指挥前进确山视察，本晚仍回黄山坡。

三、由古城、马庄桥一带前进一团之敌，向我第九师阵地发射，似系掩护之样，经我第九师还击，激烈接触。又到达马庄桥之敌铁甲车湖广号，亦向我军发射，经我前进八里义之铁甲车云贵号发炮还击，击毁敌铁甲车之融炉，并击毙其队长而退。

十二月二十六日

一、逆敌本阵地似在驻马店南方沿河之线，烧饼店之河北均筑有工事，阵地前方并设有铁丝网，其警戒部队主力在吴桂桥、马庄桥、朱胡同之线，援吴桂河施行警戒。又有竹元洪沟里、吴桂桥、刘楼、古城、马店桥、崔楼、朱胡同、徐楼、徐老庄、唐老集等处，亦均有逆部队。据确报铁道西侧至胡庙为敌之五十一师，铁道东侧地区至唐桥间为敌之五十二师。敌两翼警戒部队，胡庙约两团，向大小乐山前进警戒，汝南敌兵约两团，其一团向正阳方向前进，又一团向野猪岗前进，闻其辎重日前尚在西平、汝南间之金香铺一带。

二、我右翼军第九师，在十里岗、三里店之线构筑工事，师部在确山车站南方之张庄，警戒部队一团及铁甲车云贵号，仍在八里义、丁庄、安老庄一带。第十三师在大肖庄至老楚山之线占领阵地，师部在确山城，派左翼支队到虾蚁蜂店附近掩护我左侧。第十一师在王岗、十里岗之线占领阵地，主力在形凹、太平凹之间，师部在刘店，六十五团为右翼支队，已到达野猪岗，并派一营至上白堰附近掩护我右侧。我左翼军杨部先头冯旅已到达沙河附近，我总预备队一、六两师仍如昨状。第二路总指挥刘峙仍在黄山坡。

三、我第九师警戒部队及铁甲车云贵号，本日在八里义、丁庄、安老庄一带，仍与敌战斗中。第十三师大肖庄至老楚山一带阵地，与敌相距甚近，可互瞭望。第十一师已构筑阵地，配备就绪，尚未与敌发生接触。

十二月二十七日

一、据捕获敌探供称，敌第一师（原五十一师）在铁路西侧，第二师在铁路以东地区，第三师（原五十三师）在铁路以西，吴桂桥系敌之第三团。云本午敌约二、三团（系刘兴部）已进占我左翼十三师大肖至牛林一带之一部地区。又旁晚敌主力亦进占我右翼十一师六十一团所守之张营阵地。

二、我右翼军前线部队，除十一师六十一团退守李庄，六十四团移向李庄，十三师七十三团、七十七团撤至官庄、十里河之线，九师五十团驰向桃楼，五十一团及五十三并五十四共三团进入阵地外，其余仍在原线。总预备队第一师以第二旅（欠一团又一营）向官庄猛进，又一部进至确山南之张楼，第六师以一团进至官庄，其原在胡沟之部队，推进至小里河附近。我左翼军已令向胡庙、刘岗之线前进。

三、本日敌乘风雪，先后向我全线攻击，来势甚猛。我正面第九师铁路至潘庄之线，于本晨敌以两团兵力向我警戒部队猛攻，激战半日，始被该师四十九团击退，向八里义、丁庄一带溃走，死伤甚众。我军亦伤亡千余人。我左翼第十三师大肖庄、牛林、老楚山一带阵地，敌以二、三团之兵力由北泉寺方面猛攻，该师第七十三团、七十七团所守之阵线，均被敌突破，退至官庄〔原注：（下同）确山城西，与前不同〕、在十里河之线，固守待援。我右翼第十一师王冈、双桥、张营阵地，本午后四时起被敌在吴桂桥、唐桥之主力猛攻，我张营第六十一团所守之阵地，于旁晚被敌攻破，退回李庄，当派六十四团增援，正向逆敌反攻中。

十二月二十八日

一、判断敌人兵力似侧重我左翼，其正面兵力除刘兴、龚浩外，尚有安俊才、门炳岳等部参加作战。今午朱胡同南方发现孙殿英汝南逆兵两团，向我分进，并在康庄亦发现原四十九师之一部。

二、我右翼军正面第九师除五十团已撤回确山西门待命，其余仍在原线。左翼第十三师七十三团、七十七团，得第九师五十团之援助，已恢复老楚山、牛林一带阵地。右翼第十一师已将张营阵地恢复，六十一团仍进守张营。我左翼军杨虎城军长已率新十四师第二旅及手枪、炮兵等营，进至赊旗店，其冯旅及第二游击支队，已到达臧集附近。

三、我右翼军左翼军第十三师之七十三团、七十七团及第九师之五十团，于昨晚与敌激战终宵，已将昨被逆敌突破之大肖庄、牛林、赵庄、老楚庄一带阵地次第恢复，第五团死伤约两百人，敌仍退北泉寺方面。我右翼第十一师，亦将昨晚占领张营附近阵地之敌人，包围猛击，势难退去，可将其解决。我中央区第九师及第十三师一部所守之阵地，本日被逆军连续攻击，均经击退，双方互有死伤。

十二月二十九日

一、敌在铁道西之刘兴部忽然撤回，以孙殿英部加入，北泉寺方面以原四十九师之一部，由汝南前进。综合敌情，敌主力似移用两侧，欲以孙殿英部迂回我左翼，以戴民权部进袭我右翼。又据报唐逆生智及门炳岳之一部尚在驻马店。

二、我右翼军因连日风雪交加，运动极难，令前方暂固守原阵地，待机出击。其阵地区分，右翼第十一师自固守之王岗至皮庄之线，正面第九师固守皮庄至三里店之线，左翼第十三师固守三里店至牛林北方肖山东麓之线，以总预备队第六师加入阵地，固守十三师左翼至老楚山之线，均于艳午占领完毕，构筑工事。第十一师于野猪岗、第六师于独榆树附近，并各派出一部警戒，掩护我右翼军之翼侧。第一师仍为总预备队，主力位置黄山坡附近，一部位置马集、郭庄附近。我左翼军杨虎城部冯旅及第二游击支队本日已到臧集，杨军长率第二旅等已到春水、沙河间之羊册。

三、本晚石岗、肖庄之敌向我五十四团阵地猛冲三次，均经击退，又向我皮庄、三里店阵地攻击，激战数小时，始相继退去，又约兵力二千余人之敌，本晚在大、小乐山及北泉寺南方高地，与我老楚山第六师之第三十四团激战终宵。我右翼战斗本晚亦甚激烈，我总预备队第一师之第六团亦令加入该方右翼战斗，第九师之五十二团亦驰赴该楚山方面，相机增援，以备万一。

十二月三十日

一、昨晚敌又增加步炮混合之部队两列车，其余仍如昨状。

二、我军右翼军各部队仍在原阵地，无大变化。我左翼军冯部因风雪难行，似仍在臧集，杨军长率部似在羊册附近。

三、本日拂晓开始对我总攻击，以主力攻我两翼，约五团向我吕庄，另一师犯我张营。我右翼十一师方面激战尤甚，吕庄六十一团阵地反复冲锋，我军猛烈射击，敌约死伤一团以上。王冈六十三团、双桥六十二团，亦均与敌激战终日，经九师五十二团加入援助，已将小吕庄一带阵地恢复。我左翼老楚山第六师阵地，昨晚与敌激战终宵，本日敌又增兵向之攀登，冲锋数次，经三十二团加入，奋勇战斗，始将该敌击溃，敌死伤甚众。我中央第九师大小庄、三里店阵地前面之敌，今晨及本晚两次来犯，以密集部队向我冲锋，均被击退，现仍在肖庄、徐老庄一带，企图再犯，惟十三师正面本日较为沉寂。

十二月三十一日

一、我右翼十一师前面，本日敌兵增加不少；张营方面约一、二团，唐桥有敌师部及敌兵甚多，俄屯被敌骑兵一团马七八百匹占领。午后，官庄方面敌门炳岳部，步兵约两团，又骑兵四五百名，分向马屯、丁屯进犯。

二、我右翼军各部乃仍在原线。我左翼军冯旅及第二游击支队，已由臧集向刘岗方面前进，拟直趋驻马店，袭敌右侧背。杨军长率第二旅及直属各部，已达沙河店。

三、向马屯、丁屯进犯之敌步骑兵，经十一师莫团及特务营奋勇击溃，纷向大申庄退却，获敌人马甚多。我左翼十三师及第一师之第五团，与本日拂晓与秀山北端高地之敌、北泉寺北端扁头山之敌激战终日，毙敌无算，我军伤亡亦重。迨至黄昏，敌以秀山北端高地，为我彼必争之点，以密集队形，向我秀山阵地反攻，异常猛烈，死亡枕藉。第六师三十二团、三十四团，在老楚山与敌激战，伤亡亦众，惟我第九师正面战斗和缓，阵地亦巩固。

一月一日

一、据确报正面唐逆所部两师又游击队一师，均已加入战线。敌左翼系门炳岳部，右翼有孙殿英之少数匪兵亦加入战线。驻马店有敌步兵一团，宪兵两营，炮四门，唐逆住车站天主堂。

二、我右翼军总预备队第一师之第一旅及第六团，已到达官庄方面，第四团已到达新安店，第六师之三十五团亦已输送到黄山坡，第二师全部正由汉开始输送中。前线六师、九师、十一师、十三师及第一师之第二旅(欠第六团)均在原阵线，与敌激战相持。我左翼军杨部冯旅等已占领驻马店。

三、敌连日向我进攻，均被击破，死伤甚众，现确山以北当面之敌士气颓丧，颇为惊恐，我右翼军正面各部队乘其动摇全线出击。又第一师胡宗南率第一旅及第六团，由官庄袭敌左侧背，敌全线震动，被我各师在大陆庄、赵庄、刘店、朱埠口、秀山、孙庄、小陈庄、五庄一带，将敌分段击破，或被包围，可望解决。我左翼军杨虎城部亦由刘岗攻敌右侧背，本午后二时已占领驻马店，向东北溃退，唐逆仅以身免。

二日

一、唐逆昨被我杨军击溃，退向驻马店东北，当晚即抽调门炳岳两团、龚浩一团增援该处，预备反攻驻马店。其在确山以北之大部逆敌，被我右翼军各师分段猛击，已将分溃。

二、我右翼军于中左右三方面前线之各师，本日均有进展。我第二路总指挥亦亲赴确山以北前线，亲自督战。我左翼军杨军长虎城，亦已到达驻马店督师，击溃反攻之敌。

三、唐逆本日在驻马店方面，督率抽调之门、龚各部，反攻甚猛。我杨军长于本日午率部亲抵该处，奋勇督战，仍将逆敌击退，分向东南及西北两方溃去。确山以北正面之敌，今晨经我右翼军各师又逐段加以猛攻，业已分溃。龚逆部被我右翼十一师包围，已在王冈一带接洽投诚。我左翼第六师协同第十三师之一部，将北泉寺、独榆树之敌，分别歼灭攻溃，向徐老庄、邢庄追击，现十五旅已占领小乐山，十八旅已占领邢庄。我正面第九师、第十三师亦于本日午后，向大肖庄方向增加，刘总指挥亲自督战，与敌猛烈激战，因风雪过大，对面不能相见，未加穷追，只在小陈庄、柏林庄各缴得敌枪一营，俘获千余人。

三日

一、逆敌龚浩部第一师之第二团已被缴械，收容在刘店附近，第一团、第三团在王庄及王冈前面附近，正在接洽投诚，其第二师之四、五、六团仍被围张营附近。门炳岳部有两团抽调至驻马店附近，其余由唐桥退至吴桂桥、野猪冈，现仍有东退模样。安俊才之骑兵已由王和店退走，刘兴部及孙殿英之少数匪兵，亦有一部分已由赵庄、尚庄退却，其余仍在铁道西侧原线倔强顽抗。唐逆率残部仍在驻马店东南附近，希图再振。

二、我右翼军右翼第十一师及第一师之胡旅，已进占张湾、吴庄、官庄、张营、小陈庄、双楼、殷屯、唐桥等处，正面第九师已进占赵庄、尚庄之线。又十三师及左翼第六师仍在大肖庄、张楼、北泉寺、老楚山、大小乐山之线。又第五师陈雷团已脱离羁绊，从敌左翼开到张巳屯，我左翼军杨虎城部仍在驻马店。

三、本日确山以北我右翼十一师及一师胡旅，因前面之敌除龚浩部第二团及第三团之一、三两营被我十一师缴械外，其余或被包围，或已退走，故无大激战。正面第九师本午后协同第一师之第五团，向敌出击，进占赵庄、尚庄后，因敌顽抗，仍努力向前进攻，激战颇烈。十三师及左翼第六师，因当面之敌刘兴部及孙殿英之少数匪兵顽强不退，有待援模样，拟俟十一师等解决右翼之敌，再猛力出击，故仍坚守原阵线，未与激战。我左翼军杨部仍在驻马店与敌激战中。

四日

一、敌于拂晓前全线开始总退却，门炳岳部向汝南方向逃窜，龚浩残部向楚庄铺方向溃退，刘兴部及孙殿英之少数匪兵有沿铁道越过驻马店逃走之企图。驻马店唐逆生智所督率反攻之门、龚各残部，分向东北及西北两方窜溃，均已失却战斗力。

二、我军分左右两纵队，由蒋鼎文、杨虎城两军长指挥。蒋率右纵队第六、第九各师，分三路向谭庄、郾城、新店方面追击；杨率左纵队第七军之第一、第二混成两旅，向北舞渡方面追击；又以第十一师第四旅及十三师为总预备队，向七孙庄、西平庄之线推进。

三、本日敌于拂晓前开始分道退走，我前线各师即跟踪追截。门逆部在康庄、房铺附近，除先头向汝南方向逃窜外，其余概被我第一师胡旅解决，计俘虏五千余人，缴获步枪三千余支，机枪大炮各二十门，军用品无算。第五团李庄附近，亦俘虏千余人，缴获步、机枪甚多。我正面第九师前面之敌，经猛烈痛击，于拂晓向马庄桥方向逃窜。第十三师本夜进至肖竹元附近，我左翼之敌被我十三师、第六师追击后，有越驻马店向逐平逃窜之企图。我正面前线各军共计约俘虏五六千人，缴械千余支。

五日

一、溃敌主力沿铁道退走，先头已达遂平县及遂平车站，杨桥至枣园之铁道上有敌铁甲车一列，掩护其主力退却。又敌一部约三团，似系龚浩部，在张营、王庄、王冈一带被围，脱逃之各团、营，由楚庄铺向黄埠溃退。

二、我左纵队杨虎城部正由界牌向遂平追击。我右纵队第一师已过汝南、高平庄之线，分向上蔡、楚庄铺、黄埠铺猛进。我第九师已过顺河店，第六师已过后许庄之线，正沿铁道及西侧地区分进追击。我总预备队之十一师已过水屯，十三师已达驻马店附近，第四旅仍住确山附近。

三、本日我第九师在驻马店南附近，截获敌铁甲车平等、民生两队，又在丁庄收回中央第一团炮兵一连。我第七军亦在驻马店收回中央第一团炮兵数连，将来可以恢复建制。

六日

一、敌大部由遂平、东大王庄、崔庄、小王庄大道上向北退却，枣园、八里铺间亦有多数敌人向北窜逃。又沙河北岸尚有敌之掩护队。

二、我追击军右纵队分两部追击，一由铁路及西侧地区，分四路向遂平取包围之势前进，一由铁道迤东地区，向黄埠前进。左纵队杨虎城之先头已到达杨凤集。

三、本日我追击军正各向前进，未与溃敌发生战斗，惟门逆余部在上蔡附近，被原四十九师戴民权，率部完全解决，戴已叠来电报，表明反正，归顺中央。铁路以东似已肃清。

七日

一、残敌退过遂平后，据报用火车运输一部，已抵偃城，大部尚在遂平以北，援河思作困兽之斗。

二、我追击军右纵队第一师之第二旅，第六、第九师各部，均已进至遂平以北。左纵队杨虎城部之先头部队，已到达仪封集。总预备队十一师之先头，已进至罗壶、张俑店附近，主力已进至文集。

三、我追击军右纵队，敌在遂平北据河抵抗，以第九师由正面进攻，以第六师迂回敌之右侧背，以第一师之第二旅迂回敌之左侧背。旁晚，我第六师已渡河，占领河湾、张岗、庞庄之线，第九师之五十四团已渡河，占领遂平车站。敌被压迫以后，有刘兴部之凌旅长已率部投诚，余仍向北逃窜。

八日

一、残敌已全部退至偃城。据报偃城车站有火车六列，升火待发，有一列将向北开。又闻敌有西窜意。

二、我追击军左纵队杨虎城部，拟向北舞猛进，今晚已到达吴城。右纵队第一、第六、第九、第十一各师，仍由遂平以北沿铁路及西侧两地区北进，并令第二师向泌阳、泚源，防敌西窜。

三、前线未有战事，旁晚六时有刘兴等派来代表彭熙，同乘飞机携蒋欧手函及代电等，来汉行营报告：唐逆已逃，现刘、龚各部连战损伤，粮弹两尽，愿输诚拥护中央，听候处置。等语。

九日

一、唐逆残部均已集中漯河，孙逆殿英之苏鹿鸣部亦到达该处，与敌相合。惟原四十五师之冯华堂部，亦由小店、平西、南关、三里店之线，进入西平城内。

二、我追击军右纵队第一、第九两师向偃城前进，第六师留西平监视冯华堂。右纵队杨虎城部已过仪封集，向北舞渡前进。总预备队之第十一师令向汾砖桥、谭庄一带挺进，第十三师仍在遂平、驻马店一带停止待命。

三、本冯华堂部据小店、西平、南关、三里店之线，有向我顽抗、掩护溃敌模样，经我右纵队第九师甘旅加以猛攻，该敌不支，遂退入西平城内据守。我军除派第六师将其监视外，其一、九两师仍向偃城追击前进。

十日

一、残敌均追集漯河北岸各村落，惟冯华堂部仍据守西平。

二、我追击军右纵队改以十三师之万旅及第六师十七旅（欠卅一团）监视西平城，其第一、第九及第六之主力，仍向漯河前进。本午后，一师已达漯河东站，六师之主力已达偃城西南王庄、丁庄、丁湾之线，十一师已达汾砖桥、尚造城一带。我左纵队杨虎城部已达北舞渡。

三、昨退入西平之冯华堂部，本日我军改以万耀煌旅及六师之两团围困西平城，占领悦楼、三来湾、小庄、王庄，向敌担任监视，俟机解决，本午后已表示屈服，派员接洽投顺，当饬其移至偃城西北方田店附近，听候命令。漯偃方面见到刘龚两部残敌，共约万余人，亦派代表向第一师徐副师长庭瑶接洽，表示诚意投顺，听候中央处置。惟安俊才之骑兵残部，据报有少数向项城方面窜逃，其余仍由上蔡以北向北溃逃。又在漯河东站之湖广、西平两铁甲车及机车十余辆，车厢二百余，飞机七架，本日均由第一师收回。

十一日

一、残敌刘、龚两部自本晚起陆续由漯河北岸各村落，南移至朱庄、白坡、万庄、丁庄、姚庄一带，表示服从中央，听候处置。冯华堂在漯河寨据守之一部，已移向郾城，在西平城据守之主力亦开始退让。又郾城孙殿英、苏鹿鸣等部，亦均表示服从。

二、我追击军左纵队第一、第十一两师，均在漯河、翟庄、来寨、三坡、西坡、樊店、李许道一带，监视刘龚南移之残部。第六师主力在郾城西南、古城、王庄、丁庄之线，其余及十三师万旅仍在西平城附近，监视冯华堂部。我左纵队杨虎城部已移向新店，与右纵队取联络。

三、本日刘兴、龚浩、晏勋甫及各旅团长等，亲到漯河车站会商投诚办法，已决定明日全部缴械，并遵照总司令蒋命令之规定，官长一律给资遣散，士兵资遣老弱，择精壮补充各师缺额。冯华堂暂予军长名义，令将漯河、西平各部移向舞阳一带。又逃往北舞渡之残敌，已被我左翼纵队杨虎城部将其全部缴械。

十二日

一、残敌刘兴、龚浩两部万余人仍在万庄、姚庄、丁庄、朱庄、白坡一带，冯华堂部主力及安俊才之骑兵残部，仍据西平城。又冯之一部仍在漯河寨，孙殿英、苏鹿鸣部仍在郾城。

二、我讨逆军右纵队第一师仍在漯河，十一队仍占领翟庄、来寨、樊店、王坡、西坡、李许道之线，第六师主力仍在郾城西南、固城、王庄、丁庄之线，十三师万旅及六师之一部仍在西平监视冯部，第九师有一旅在郾城，一旅在郭店附近。左纵队杨虎城部仍在北舞渡、新店一带。总预备队第二师之第六旅已令回汉，第四旅正令向确山，待车中铁甲车长城、云贵两队，已饬回汉，准备运京。

三、本日双方正商缴械及收抚办法，未有接触战斗。

十三日

一、唐逆已早潜逃漯河南各村庄，刘兴、龚浩两残部计共万余人，本日上午十时已在姚庄、万庄等处完全缴械，发给川资，令开到遂平、焦庄，候车运回武汉遣散。

二、冯华堂部已遵令分由漯河寨、西平城向北舞渡、春水镇等处，集合候命改编。又安俊才骑兵残部亦向驻马店集合，听命改编。

三、孙殿英部已遵令离开偃许，让出铁路交通。又苏鹿鸣部已令改为暂编第二十师。

四、我右纵队第一、第二、第九、第十一、第十三各师及炮兵姚、樊两团、铁甲车、王宗尧部，已令陆续班师回汉，第六师已令分驻信阳、正阳、新蔡、桐柏、息县、罗山、潢川、光山八县剿匪。左纵队杨虎城部已令回驻南阳、南召、方城、唐郑、新野、镇平、内乡、淅川九县。又前被逆敌阻留郑州、临颍一带之王均、徐源泉两军，亦均次第南开，令各复原。

五、综合此次讨唐，前后未逾两旬，逆敌完全消亡，战事即于本日告一结束。

〔国民政府战史编纂委员会档案〕

12．阎锡山督师入豫夹击唐生智经过报告

（1930年1月）

北路军讨唐情形

第一节　阎副司令赴郑督师

十八年十二月初旬，西北逆军溃窜之后，我豫北追击部队正拟长驱入陕，骤遭唐逆之变，平汉路中梗，中央指挥不便。阎副司令督师入豫，兼辖豫北各部队，合力为剿，以收夹击之效。十九年元旦之夕，节莅郑州，计率四师及骑兵一旅，陆续南下。旋委韩复榘为

讨逆北路军前敌总指挥，韩于一月五日在郑就职，又委万选才为洛阳警备司令，以防西北逆军。于是日豫局愈固，唐逆势亦益盛。

第二节 北路军攻击部署

我讨逆北路军以五师一旅之兵力南攻，其部署如下：

（1）以王金钰、刘春荣两部为中央军，王为司令，刘副之，以王钧、杨胜治两部为右翼军，王为司令，杨副之，以张德顺骑兵师及谷良民旅为左翼军，张为司令，统归前敌总指挥韩复榘指挥。

（2）右翼军沿平汉路南下，展开于平汉路西侧地区，并与临颍方面徐军切取连络。中央军由平汉路正面南下，左翼军由平汉路东侧地区侧击，以期与我第二路军策应，夹击唐逆。

十九年一月初旬之末，我北路军攻击部队尚未到达攻击预备位置，而唐逆部队已为第二路军消灭殆尽。然阎副司令到郑，方及旬日，逆部即已崩溃，则我北路军声援之力为不少矣。

第三节 北路军兵力之编成

按照前节所记，我北路军前敌总指挥所属之部队，其兵力为五师一旅，此为我北路军兵力之一部，其余尚有随阎副司令南下之四师一旅及魏益三、刘桂堂两部，均控置于郑州附近及其以北一带（此外尚有属于韩复榘原第三路军之孙桐萱、曹福林、马鸿逵三师集中陇海路一带，兹不计入）。

兹将我北路军全部兵力分别于后。

甲、随阎副司令南下各部队：

1．孙楚第三十三师（当时驻郑州汜水孝义）。

2．杨耀芳第三十九师（当时驻黄河南岸至郑州）。

3．张会诏第四十一师（当时驻石家庄）。

4．冯鹏翥第四十二师（当时驻新乡彰德附近）。

5．孙长胜骑兵旅（当时驻河北岸至顺德）。

乙、原第三路各部队：

1．张德顺骑兵第一师（当时在淮阳）。

2．谷良民独立旅(当时在张乱镇)。

丙、新属前敌总指挥之各部队：

1．王均第七师(当时在官亭寨)。

2．刘春荣第十四师(当时在郑州)。

3．杨胜治第四十四师(当时在新郑)。

4．王金钰第四十七师(当时在郑州)。

5．魏益三第五十四师(当时在郑州)。

6．刘桂堂新编第四师(未详)。

〔国民政府战史编纂委员会档案〕

13．文官处关于抚恤讨唐阵亡将士并救济战地人民与行政院往来公函

（1930年1月20日—23日）

（1）文官处致行政院公函(1月20日)

国民政府文官处公函　字第三七六号

迳启者：奉国民政府令开：此次唐逆生智猝谋叛变，踞扰中原，赖我讨逆各军凌寒奋进，并力合围，师未兼旬，即已扫除祸乱。此实忠于主义，勇于牺牲。每诵捷书，良深欣慰。所有是役出力将士，均着各该管长官，先行传令嘉奖，其临阵伤亡者，分别查明，呈候优予抚恤。至于战地人民，以灾歉之余生，经唐逆所蹂躏，闾阎疾苦，至足悯念。今元恶大憝，亦既覆败，应由该省政府迅即抚绥，凡一切善后事宜，尤必悉心筹划。政府深维惩难念功之义，并为救灾恤患之谋，务宜益矢忠贞，力求安辑，一心一德，弘济于艰难，有厚望焉。此令。等因。相应录令函达查照，并转行遵照为荷！此致

行政院

文官长　古应芬

中华民国十九年一月二十日

（2）行政院复文官处公函稿（1月23日）

公函　　　　第一四四号

迳复者：案准贵处第三七六号公函：关于抚恤讨唐将士并抚绥战地人民疾苦一案。除原文有案免叙外，后开：相应录令函达查照，并转行遵照等由。准此。除令军政、内政两部分别转行遵照外，相应函复查照。转陈。此致

国民政府文官处

中华民国十九年一月二十三日封发

〔行政院档案〕

14．蒋介石关于讨伐唐生智军事报告①

（1930年1月）

讨唐之役

（一）叛变时各方情势：十八年九月中旬，张发奎不遵调防之令，心怀疑惧，叛窜湘桂。十一月下旬石友三奉令援粤。十二月二日到浦登轮待运，忽中奸人媒孽，遽尔率部北走。是时，桂逆大举攻粤，广州频危，阎锡山阳示服从中央，暗与改组派及反动将领密契，且数遣信徒散布谣言，说唐附逆，阴嗾袭取武汉。唐为所惑，突于十二月三日发电诬诋政府，自称护党救国军第四路总司令，宣言拥护汪精卫，且通电中央，假借各路军将领名义，混惑视听。一面作军事行动，威胁豫西友军，迫令赞同，企图沿平汉线向武汉进展。逆迹既著，举国愤慨。中央为整饬纲纪、制止反动计，遂调西征之师，还靖逆氛。其时二、五两路军将领，如范石生、徐源泉、王金钰、王均、杨虎城等通电四方，声明被诬，一政〔致〕拥护中央，共歼巨憝。

① 录自蒋介石代表国民政府于1931年5月做军事报告。

同时各省政府、各级党部亦通电伸讨，而刘峙、夏斗寅、万选才、刘茂恩、陈调元、鲁涤平各将领纷纷请缨讨伐。顾唐犹野心不戢，图汉之心迄未少变，指挥所部南向锐进。政府为外饬纪纲，内顺舆情，爰于十二月七日颁布讨伐令。慨自二十五日以后，部队始渐次展开，于遂平、确山附近，大小乐山、老楚山、三里庄、十里岗、张营、马屯、官庄之线，而抑留逆部于遂平、确山间。斯时，阎锡山顿兵河北，佯称讨伐，暗作声援。盖其意乃以唐为前驱，而阴自督促其后也。

（二）肃清平汉路及逆部之消灭：唐逆自绝党国，树立叛帜，统计其基干部队则有第五十一师、第五十三师、门炳岳旅、安俊才旅等约十万众，集结许郾间，其前进部队已占领黄山坡、确山、驻马店一带，有沿铁道线南下，直取武汉之企图。政府为迅速削平叛乱起见，下令讨伐，编组讨伐部队，并策定作战计划如下：

1. 讨逆军指挥系统

<table>
<tr><th colspan="4">区分</th><th>部队号</th><th>备考</th></tr>
<tr><td rowspan="3">第二路军总指挥刘峙</td><td>右翼军</td><td colspan="2">指挥官夏斗寅</td><td>第九师
第十一师
第十三师</td><td></td></tr>
<tr><td>左翼军</td><td colspan="2">指挥官杨虎城</td><td>新编第十四师</td><td>后改为第七军</td></tr>
<tr><td colspan="3">预备队</td><td>第一师
第二师
第六师</td><td></td></tr>
<tr><td rowspan="3">北路军总指挥阎锡山</td><td rowspan="3">前敌总指挥韩复榘</td><td>右翼军</td><td>正司令王均
副司令杨胜治</td><td>第七师
第四十四师</td><td></td></tr>
<tr><td>中央军</td><td>正司令王金钰
副司令刘春荣</td><td>第四十七师
第十四师</td><td></td></tr>
<tr><td>左翼军</td><td>司令张德顺</td><td>骑第一师韩部谷良民旅</td><td></td></tr>
</table>

（续表）

<table>
<tr><th colspan="4">区　　　分</th><th>部 队 号</th><th>备　　考</th></tr>
<tr><td rowspan="3">陆海空军总司令 蒋中正
陆海空军副司令 阎锡山</td><td></td><td>预备队</td><td>总指挥　孙　楚</td><td>第三十三师
第四十师
第四十一师
第四十二师</td><td>未及参加战役而唐逆已平</td></tr>
<tr><td>总预备队</td><td colspan="2">总指挥　陈调元</td><td>陈调元部</td><td>未参加战役</td></tr>
<tr><td colspan="3">第　四　军</td><td>徐源泉部</td><td></td></tr>
</table>

2．作战指导要领　当时密授各部队之作战要领计有七项：(1)第十三师主力集中武胜关、广水一带，在武胜关附近构筑坚固阵地扼守，第二路主力限十二月十四日以前集中花园、孝感，一部控置于武汉，所有鄂北各师限十二日〔月〕十五日以前集中德安附近，与第十三师连〔联〕系，占领阵地。攻击开始后，第十三师即沿平汉线北进攻击敌人，第二路军以一部沿平汉线策应，第十三师攻击当面之敌，主力即由德安出应山，向信阳方面前进，攻击逆军之右侧背，协同第十三师歼灭之。(二)豫西各军统归何成浚指挥，即日开动，经伊洛、新安、鲁山、方城、遂平方向，蹑唐逆之后攻击前进，限十二月十五日以前到达鲁山、遂平附近。攻击开始后，直趋敌之侧背，会同第二路军，务将唐逆歼灭之。(三)若豫西各军中途被唐逆主力袭击时，我第二路军应即以主力进出平汉线策应，并会同豫西各军，以歼灭该敌。(四)杨虎城军分驻南阳、新野、邓县一带，对荆紫关方面警戒，独立第三、第四旅分驻襄樊、南漳一带，对白河警戒。(五)北路军之右翼军沿平汉线南下，展开于平汉路西侧地区，并与临颍方面徐源泉部切取连络，中央军由平汉路正面南下，左翼军由平汉路东侧地区侧击，以期与我第二路军策应，夹击唐逆。(六)海军维持江上交通，并为京汉两方之策应。(七)空军分别集中京汉，担任侦察袭击。

（三）确山会战及各路军作战经过：十二月二十一日后，我第二路军第十一师、第九师主力各进至明港附近，第一、第六师到达信阳，新十四师向羊册、春水集中，铁甲车一列往明港以北梭巡，北路军总预备队阎部四师尚未出动，其他各部正向平汉线左右侧地区运动中，二十三日我九师甘旅已与确山逆部接触，均被击退。

二十五日，第二路各部已展开于确山以北三里店附近，构筑阵地，配备完毕，第六师已挺进至确山西南胡冈、李楼一带，第一师主力位置于罗桥、好庄，一部在北胡庄，策应左翼，新十四师一部到达沙河店。云贵铁甲车在我警戒线八里叉、丁庄、安老庄一带，与敌战斗中。

二十七日，敌军以兵力一旅向我警戒线猛攻，更以一部约三团由北泉寺向我第十三师牛林、老楚山阵地攻击，我十一师与王岗、双桥当面之敌激战，被我六十三团于午后击溃，敌又利用风雪，以两团由铁道正面向我警戒部队猛攻，冲锋肉搏无虑十数次，卒被我四十九团击退。

二十八日，左翼阵地被敌突破，我第一、第九师之三团，协同第十三师于拂晓反攻，第六师之一团增援常庄，始将突入之敌击溃，恢复大萧庄、牛林、老楚山之原阵线。是役，毙敌三百余人，俘敌一千余，掳获步枪四百余支，我方伤亡官兵约二百余人。翌日，敌继续猛攻右翼阵地，我第六十四团伤亡颇众，遂调第六团增援。敌刘兴部复以其精锐之一团，向我三里店猛攻，卒被击退，俘获三百余名，机枪两挺，步枪百余支。是日，敌军主力与我第一、第十三师互攻，我军将士冲寒冒雪，不避艰辛，血战竟日，死伤颇众，敌军伤亡且倍之。第六师第三十二团在独榆村击溃孙殿英部后，已进占刘庄。

三十日，我第十一师方面与敌激战甚烈。凌晨，敌以五团向吕庄阵地冲锋，我军猛烈射击，敌死伤达一团以上，同时敌门炳岳部复向我王岗、双桥阵地猛攻，均击退之。我第六师当面之敌二千人，于二十九日黄昏在大小乐山与我第六师之二团激战以来，迨至本日拂晓，被我击退，同时占领迤西高地。我第一、第十三师之三团联合击溃北泉寺东南高地之敌，占领之。维时，新十四师冯旅已由沙河店向刘岗进攻，另一部直趋驻马店，以主力由尚庄、胡庙攻敌侧背。至是敌军气势益馁矣。

十九年元旦我第一师击破田庄之敌，即向官庄挺进，袭敌左侧。同日，新十四师冯钦哉旅于午后二时占领驻马店，截断联络，毙敌甚多，俘获轻重无算。二日拂晓，我第十一师两翼出击，将敌龚浩部包围缴械一团之众，第九师攻占小陈庄，俘敌一营。侦悉唐逆以大萧店、三里店为有利之攻击点，集其全力，企图中央突破。是日，经刘总指挥峙亲率第一师之一部向大萧庄之敌猛攻，士气丕振，于是阵地益臻巩固。其另一部则由官庄、康店向敌迂回，击其侧背，敌势不支，向确山西北溃退。三日，十一师之一团进占张庄，主力击破唐桥之敌后，跟踪追击，第一、第三师之两团当晚击破尚庄张楼之敌，俘门部一团，并占领其阵地。唐部精锐至此已损失大半，无力再作困兽之斗，不能不作退却之计矣。

（四）追击部署及逆部消灭：四日拂晓，敌军全线准备总退却，我全线各师跟踪追击。第二路军共分三路追击，其部署如下：（一）蒋军长鼎文指挥第一、第六、第九各师与右纵队向谭庄、郾城、新店方面追击。（二）杨军长虎城指挥第七军为左纵队，向北舞渡方面追击。（三）第十一师、第二师之第四旅、第十三师为预备队向七孙寨、西平、焦庄之残敌追击。（四）各追击部队到达谭庄、郾城、北舞渡之线停止待命。部署既定，各部分路追击。第一师当日击溃王和店、吴桂桥之残敌后，向郾城急进，第六师击破北泉寺、大小乐山之敌，向五道庙、吕岗之线追击。十八旅击破独榆树西方之敌，向邢庄、回龙贯之线追击。敌军大部向东屯，一部向西北溃窜，第十一师追击至俄屯。是役也，除收抚两营外，各师俘虏达五千人，枪三千余支，迫击炮四门、机枪十一架，唐部精锐至此歼灭殆尽，所有附逆部队亦纷纷投诚反正矣。中正侦悉唐逆受挫后，企图东窜皖北，联石自固，已先令骑兵第二师集中周口、项城一带待机堵击。五日，我第二路军占领商水、项城与骑兵师切实连系。六日，敌军节节惨败，士无斗志，我左右两纵队主力攻克郾城，第七、第四十四师南下新郑，袭击许昌，第四十七、第四十八师由禹叶分向颍、许侧击，截敌西窜。至是，我军包围奏功，敌部瓦解，唐逆势穷力竭，通电下野，其部队由刘兴、龚浩等环请中央予以编遣。十三日，我第二路军各部在沙河附近将龚刘两残部完全缴械，运汉资遣。中正以平汉线既告肃清，一面责成路局修理破坏桥梁，恢复交通，并令第二路各部队克日回武汉整顿，新七军卫戍南阳，同时令河北军各部队复员回防。

初，中正以豫西部队横被逆阻，即令晋军四师作为北路军之基干，共同讨逆。乃阎屯兵黄河以北，蓄意观望，日向中央婪索饷弹。比唐逆间道赴郑，阎复护逆出洋，其庇逆预谋益可证明矣。

〔国民政府战史编纂委员会档案〕

（四）蒋张桂战争

1. 编遣委员会指责张发奎擅调所部阻挠编遣通电

（1929年9月25日）

国急。南京局投送中央党部、国民政府钧鉴：陆海空军总司令部、各院、部、会，沈阳东北边防司令长官、各省、各路总指挥、各卫戍司令、各警卫司令、各省政府、各市政府、各级党部、各编遣区办事处、各军师旅团长，各县政府、各法团、各报馆均鉴：国人苦兵多久矣。比者统一告成，国基寝固，欲谋建设救国之实效，先惟整理军事之是图。本会秉承中央意旨，举凡全国散处之军事，应如何整齐划一，以创国防之始基，遗剩之军额，应如何分别编遣，以轻人民之负担。职责所在，自当切实规划，期在必行。各军事长官，类皆本党忠实同志，迭次开会筹商，无不推诚相与，各矢决心。盖军队本为国家所有，初非可以属之个人。我军事同志，所负之使命，亦决不能仅以铲除军阀为已，尽革命之能事。际此训政伊始，经纬万端，其最大任务，尤须使国家所养之军队，皆为精兵，国库所有之税收，渐趋统一，以期实现本党以党建国之主张，而慰海内外同胞，望治之殷切。息壤在彼，自应尽力将事，不容丝毫忽视者也。此次第四师师长张发奎，未奉命令，竟敢胁迫所部，擅自调动，等军纪于弁髦，视部伍为私产，阻挠编遣之实施，拂戾全国之公意，此皆由其平日濡染军阀时代之恶习既深，遂不惜自隳其革命历史之人格，倒行逆施，一至于此。所幸该师官佐士兵，深明大义，毫不为动，国府查办之合甬颁，请示机宜之电旋至，于此足见革命武力，即为人民之武力，决非不逞之徒所能从而操纵。而不肖军人，妄欲因袭军阀时代之故技，利用所部，以图侥幸于万一者，亦决无幸免之理。要之实施编遣，为国计民生攸关之唯一大计，全国人同此心，心同此理之唯一要求，中央于此已下莫大之决心；人民于此，更殷严重之监督。现时各区点验委员，业次第点验，各地裁兵协会，已陆续成立，各区奉行实施，进行均甚顺利，依期完成，自可预卜。尚望我军事同志，益矢精诚，励行无懈。总理之灵爽式凭民众之视听具在，愿共凛勉，毋滋罪戾。国军编遣委员会。有。总印。

〔行政院档案〕

2. 陈济棠关于俞作柏指使李明瑞响应张发奎反蒋改由吕焕炎主持桂省通电

（1929年10月4日—7日）

(1) 10月4日电

国急。南京中央党部、国民政府蒋主席、各委员、总司令部、蒋总司令、各院、部长，编遣委员会、古文官长、何总监钧鉴：沈阳东北司令长官、太原西北司令长官、北平何总指挥、各路总指挥勋鉴：各省省市党部、各省省市政府、各编遣分区、各师旅长，各机关、各报馆、各团体均鉴：俞逆作柏，阴险性成，甘心媚共，素为国人所共弃。中央宽其既往，许以自新，付以广西省政，责其后效；乃狼子野心，得机则噬，官桂以后，招纳共产党改组派，分任要职。梧州、南宁各处，遍贴反动标语，谋毁中央，迭经中央诰诫，绝无悔悟。近更反抗编遣，扣留点验委员，逮捕中央任令官员，煽动李明瑞称兵，响应张逆发奎，希图危害党国。所幸广西将士，多属深明大义，不为所动。吕师长焕炎，尤属尽忠党国，受命为广西省政府主席兼讨逆军第八路副总指挥，经于江日宣誓就职，通电讨俞，并将在梧共产党、改组派肃清。济棠奉命讨逆，义无反顾，即日亲率各师进驻梧州，指挥各部，务于最短时间，将俞逆所部及一切共产党、改组派，扫除尽净。以除民害，以伸党纪。查俞逆众叛逃离，势穷力净，当不难一鼓歼灭也。特电奉闻，敬希垂察。国民革命军讨逆军第八路总指挥陈济棠叩。支。印。

(2) 10月7日电

国急。南京中央党部、国民政府主席、各委员、总司令部、蒋总司令、各院、部长，何总监、古文官长钧鉴：沈阳张司令长官、太原阎司令长官、长沙何总指挥芸樵兄、并转刘市长文岛兄、北平何总指挥雪竹兄、上海张市长岳军兄、各省省市党部，省、市政府，各路总指挥、各师旅长勋鉴：各机关、各团体、各报馆均鉴：支电计达。济棠经于鱼日晚到达梧州。并经职吕副总指挥焕炎，商决讨逆计划，我军军心团结，士气壮盛，各界民众团体，对于我军，一致维护援助。现已分途出发，向敌进攻。俞、李两逆所部，纷向我军输诚，底定全桂，指顾间耳。特电奉闻，并乞垂察。国民革命军讨逆军第八路总指挥陈济棠叩。虞。印。

〔行政院档案〕

3. 朱绍良等奉令讨伐张发奎俞作柏通电

(1929年10月9日)

南京中央党部、国民政府、总司令蒋、各部、院均鉴：各省省党部、各省政府、各省、市党部，各省、市政府、各总指挥、各师旅长勋鉴：各社团、各报馆公鉴：党国不幸，祸乱频仍，民困财穷于斯极。此次中央实施编遣，为国百年大计所设，亦为我军人惟一出路。中枢筹划，实费苦心。乃张逆发奎，野性难驯，久藏叵测，竟敢乘此期内，陈师鞠旅，背叛中央，法纪何存，神人共愤。俞逆作柏，投机分子，反复小人，中央付以广西全省省政责任，何等重大，倚畀不谓不隆。讵自绝人群，甘为叛逆，甚至勾结反动派，容纳共产党，种种阴谋，希图扰乱两粤，言之殊堪发指。绍良奉令出师讨逆，祗知拥护党国，苟有所利，生死以之。查逆军经各省堵剿，分途溃窜。现正联络友军，跟踪追击，歼兹丑类，指顾可期。谨布区区。敬希垂鉴。国民革命军讨逆军第六路总指挥朱绍良、第八师师长毛炳文、第三师师长陈继承全体官佐士兵同叩。佳。印。

〔行政院档案〕

4. 韩复榘谴责广西省主席俞作柏破坏编遣扰乱两粤通电

（1929年10月9日）

军急。南京中央党部、国民政府、陆海空军总司令部、行政等五院、国军编遣委员会钧鉴：各部、院，各委员会，太原阎总司令、沈阳张司令长官、北平总司令行营、各省市党部、各省市政府、各路总指挥部、各编遣区暨分区办事处、各司令部、各师旅部，各机关、各法团、各报馆均鉴：顷读国民政府明令讨逆军第八路陈总指挥济棠、吕副总指挥焕炎电，以俞逆作柏，素负衍戾，图谋叛逆，近且拘捕编遣会点验委员，擅调军队，侵犯粤边，破坏编遣，扰乱两粤，应令督率所部，克期歼灭，勿使危害大局，为革命前途之障碍。等因。凡我衾泽，愤恨同深。伏维训政开始，经纬萼端，而编遣实施，实为救国救民唯一之良策。凡属军人，应如何戮力同心，勷助编遣，以求各项计划，分期实现。乃俞逆作柏怙恶不悛，自任桂省主席后，竟甘冒不讳，自堕前功，叛党称兵，破坏编遣，欲效军阀之故智，重蹈张逆之覆辙，倒行逆施，断难幸逃。榘等近闻陈总指挥及吕副总指挥讨逆之师，已抵梧州，大军朝至，妖孽夕清。惟复榘夙以救国护党为职志。闻有祸国叛党者，不禁发指眦裂。誓必一致声讨，与众共弃。刻已秣马厉兵，待命南下矣。披沥陈词，敬祈垂鉴。河南省政府主席兼讨逆军第三路总指挥韩复榘叩。佳。印。

〔行政院档案〕

5. 何键报告于江口等地击溃张发奎后由宝庆回长沙通电

（1929年10月22日）

特急。南京中央党部、国民政府主席兼总司令蒋、编遣委员会、行政院长谭、各院部长钧鉴：太原阎总司令、沈阳张司令长官、北平、开封、汉口总司令行营主任，郑州唐总指挥、何总监、贺司令、何主席、蒋司令、开封韩总指挥、德州石总指挥、广东朱总指挥、陈总指挥、吕副总指挥、毛师长、韶州谭师长、南昌鲁主席、张师长、汉口总指挥刘、夏司令、蚌埠总指挥方、各师旅长，各省、市党部，各省、市政府，各报馆均鉴：顷接属部刘师长建绪、督剿委员曹湘润马未电呈称：张逆发奎，自巧至号，连日在江口、瓦屋塘之线，被我节节痛击，受创甚重。顷据陶旅长、各军长自瓦屋塘报告：昨晚，敌率全力向我阵地猛冲数次，在经击退，最后一次，忽有逆军数百，突入我第一团阵线，肉搏达半小时，死伤枕籍，终被我军截破。晚间子刻，我方派一部，聚出袭击。拂晓，突破敌部阵全线，乘机出击，虏获尤多，敌始溃乱。率部逃匿罗翁山中、大郧绕、大坳、石溪、牛栏冲、向武士方面溃窜。一部犹在隆仕冲、鸩公坊附近顽抗。职已发令追剿。据俘虏供张逆督战受伤，敌已溃不成军。但我军伤亡，亦达六七百名等语。除飞调王东原旅，经高揶市赶赴敘阳堵截，并饬陶旅跟踪追击，李旅分途搜剿外，特此电呈等语。查张逆发奎，背叛党国，突窜湘境，破坏编遣，扰乱清乡。键奉令堵剿，赴宝督师，幸托威福，及各将士之努力，连日已将张主力击破，俘获甚众，所余残部，正在围缴追击中。并令王东原早加入前线，俾收速效。现在前方布置已定，立可解决。键以省会重地之镇摄，及前方军实之补充，因于本日偕刘代表文岛返省。谨电奉闻，伏维垂察。职何键呈。祃。印。

〔行政院档案〕

6. 陈铭枢等谴责李宗仁乘冯玉祥与张发奎反蒋之际回桂兴兵攻粤通电

（1929年11月22日）

南京中央党部、国民政府、海陆空军总司令、副总司令、参谋总长、训练总监、军事参议院长、各院、部均鉴：各省、各总指挥、各军长、各师长、各省、市党部，各省、市政府勋鉴：各团体、各报馆均鉴：中央政府草创年余，夙夜匪懈，对外谋国际之平等，对内谋国家之统一。革命大业，有完成之望。乃共产党徒、残余军阀及一切反动势力，知末日之将至，麕合而图一逞；于是有赤俄之寇边，于是有冯玉祥之称兵，于是有张发奎及桂系余孽之叛变，分途并进，以达其危亡中国民族之目的。天不长乱，冯逆以二十万众，狼奔豕突，于许、洛之郊，命不兼旬，全军覆没。用知危害革命，反叛党国者，决无幸存。张发奎狼子野心，好乱乐祸。李宗仁、黄绍雄幸逃显戮，蹣躄重来，篝火鸣狐，凶德交会，举戈内犯，蹂躏岩疆。此皆数数反叛党国，焚虐百粤人民者，劫灰宛在，声血犹腥，方趾圆颅，思食其肉。济棠受命专征，躬擐甲胄，为拥护统一而战，为完成国民革命而战，为谋两粤永久之安宁幸福而战。奉党国威灵，人民义愤，以扑灭此流寇土匪。广东省政府主席陈铭枢、国民革命军讨逆军第八路总指挥陈济棠、师长谭道源、毛炳文、陈继承、余汉谋、蔡廷锴、蒋光鼐、香翰屏、李扬敬、海军司令陈策、航空署长张惠长、虎门要塞司令陈庆云叩。养。印。

〔行政院档案〕

7. 陈绍宽呈报海军各舰队在鄂西截击张发奎等部经过受行政院嘉奖令

（1929年11月25日—12月2日）

(1) 陈绍宽给行政院呈(11月25日)

呈为呈报海军讨逆颠末情形，恭祈鉴察事：

窃职部于九月初间，闻张逆发奎在宜沙一带，有密谋叛变情事。当于月之三日，调咸宁舰由沪开宁，准备一切，以便荆河行军之用，并于七日，增调威胜舰由沪赶宁，添装煤粮毕，于九日向汉口出发。计咸宁、威胜两舰，于十、十一两日，先后驰抵汉口，以便护运驻汉陆军，前往荆河防备，并派江鲲舰驻防湖口，通济舰驻守南京。此时张逆叛迹，尚未显露。第二舰队主力各舰，适在洋面演习，及至十三日，荆河风声益紧，又加派江犀舰，由沪驰宁增防，并缩短第二舰队演习期间。旋江犀舰于十七日抵宁，靖安舰十九日亦到，以备运输军用品，接济各舰。二十日，探报张发奎全部已集中枝江、白洋一带叛变，负固抗令。立派威胜舰运送新编第一师师部员兵，驰赴宜沙一带制止。并于二十一日，又加派咸宁舰驰入荆河，会同追击。张逆以我两舰驰至，即陆续西遁，及至二十四日，始抵宜昌。因此，数日中在宜都、沿溪一带，帮同中央军队，收容张逆西窜被截逃散之残部。至是宜沙一带，可告肃清。先是第二舰队于十九晚，由外海赶回上海，准备一切，赶入长江接防。二十日，先调海容舰，由南通驰至，会同驻宁之通济、江犀两舰，于二十一日护送第六师，开赴芜湖、安庆，解决皖省叛军，并掩护其登陆。二十二日，长江一带军情，益形吃紧。第二舰队主力各舰及永健等舰，煤粮军火业已足备。遂于二十三日拂晓，驰抵下关。江元、江贞、楚同、楚观四舰，即开向上游，分途增防。永绥、楚有、永健、楚泰四舰，留宁防备。楚观舰于是日至芜湖，楚同舰于二十四日驰抵安庆。江元、江贞两舰遄往汉口填防。绍宽于二十四日躬率永绥舰驰赴上游布防。海容、通济两舰，于二十五、二十六两日，先后回宁。其大通方面，本已派有辰宇雷艇驻防，及至二十七日，绍宽驰抵汉口，防务布置就绪，沿江军事行动，亦暂沉寂。遂于二十九日拂晓，仍率永绥舰下巡，并调咸宁舰开湖口。并于二十八、二十九、三十等日，分派永健、楚同、江犀三舰，轮流到大通，防堵叛军北渡。十月一、二两日，因贺龙残部在宜昌上游巴东一带，尚在骚扰，威胜舰仍须会同当地驻军前往扫清。三日，威胜舰平靖巴东匪氛后，即回抵宜昌。适新编第一师亦告叛变，威胜舰一面弹压，一面用为该师临时师部，以便指挥。至六日，遂将叛兵措置平定。其时，新堤、岳州均有共匪扰乱之警，复加派勇胜舰前往，会同驻在该处之义胜舰轮流巡弋。同日，湖口附近老台山一带，亦告匪警，经咸宁昼夜剿防，其事遂寝。自兹之后，西北逆军叛迹日显，沿江各舰，因须另行调动，扼要分防。至十八日止，此数日间，楚同舰赶至汉口添防，楚观、江鲲两舰，在华阳东流安庆大通间，分途巡弋。江犀舰在芜湖警戒。其中芜湖驻军于十七日，忽复有叛变之迹；十八日上午二时，岸上枪声隆隆，交通断绝，叛变之讯，竟成事实。经江犀舰，在小河口一带弹压，并遣派楚有舰驰往，督同江犀舰扫击。至是晚，叛变之军队，向南溃窜，芜湖秩序，因而恢复。十九日，楚有并在芜湖掩护中央军队登陆，追纵剿击。江贞舰驰往沙市，与威胜舰分防荆沙，互相策应。二十日，叛逆又有向荻港、大通一带逃窜过江之讯，江犀、楚观分途到该等处巡防。楚有回驻南京。二十一日，江鲲舰巡抵新堤，该处人心益见安定。二十二日，江鲲舰赴岳州巡防，义胜舰到汉。二十三日至二十七日，楚泰舰到芜湖驻防。江犀舰赴汉口，备往新堤、岳州一带巡弋。二十八日，以连日西北逆军在豫鄂各方肆扰。绍宽遂于是日午后二时率永绥、楚有两舰送蒋主席由宁出发赴汉。藉到上游指挥各舰，巩固江防。讵绥、有两舰甫经首途，而余亚农部在蕲春、武穴、龙坪、华阳、望江一带活动，或同共匪骚扰地方，或窜各处，劫掠途次。经派江元舰，由汉护送中央军队到蕲春，并掩护登陆后，到武穴龙坪，督同咸宁舰，剿除共匪。楚观游弋华阳一带，截击该残部窜过南岸，防止其与鲍刚残部联合。至二十九日，该各处先后均告平靖。沿江因得通航无阻。三十日，永绥、楚有两舰抵汉，蒋主席即移驻岸上。同日，江犀舰亦由下游赶到。三十一日咸宁舰仍回湖口驻防，江犀舰开赴岳州增防，江元舰留驻武穴镇慑，以安人心。十一月一日，楚观舰在华阳、监视收降余逆残部，运赴安庆。二日，威胜舰由宜昌装运所缴该处叛逆之军用品抵汉。公胜舰亦于是日驰抵湖口防次。三日上午二时，江元舰回汉，咸宁舰同日到武穴接防。楚观舰并到湖口添煤。四日，楚泰舰由芜湖向大通巡弋。楚观舰由湖口巡回安庆。五日，楚泰舰巡回芜湖。咸宁舰由武穴向汉口巡弋。六日拂晓，威胜舰驰返宜昌原防。八日，楚观舰由安庆运余亚农逆部在皖所缴之军械赴宁，并押该残逆数千名往浦口遣散。九日，据报施南之万倚吾部叛变，宜昌反动分子或张贴反动标语，或乘机思逞。因令威胜舰特加警戒。十日，苇源口土匪，肆行劫掠，武穴震动，即派义胜舰驰往扫除，并到武穴驻防镇慑。十二日，据报鲍刚残部叛兵八百余人，在彭泽附近扰乱。当派公胜舰驰往扫平。十三日，加派江贞舰溯江向枝江、宜都一带巡弋。又调勇胜舰来汉拖煤，接济上游各舰。十四日拂晓，新堤对岸之晏江地方土匪，围攻保卫团，江鲲舰即驰往该处弹压。匪见该舰到即散。地方平复安宁。同日，江贞舰巡抵宜昌填防，因是日驻宜威胜舰运该处中央军队赴秭归、巴东一带作战也。楚观舰是晚，亦由宁到芜湖接防。十五日，派楚泰舰由芜湖向安庆巡弋。咸宁舰由汉口赶往簰洲、嘉鱼一带剿匪。勇胜舰拖煤抵新堤，江犀舰由岳州来新堤装煤。十六日江鲲舰开赴岳州、城陵矶一带巡防。十七日，巴东战事已平，威胜舰仍回宜昌驻防。十八日，派江贞舰赴宜都一带巡弋。楚泰舰到东流、华阳一带巡防，阻截由祁门北窜之鲍刚残部，偷渡江北。公胜舰协同湖口县靖卫队弹压土匪。十九、二十两日，上下游各舰均守原防。二十一日，江贞舰巡回沙市，楚泰舰开湖口添煤，楚同舰由汉口向华阳一带下巡。楚观舰由芜湖向大通巡弋。二十二日，宜都、宜昌间之红花套地方，发现护党救国军逆部数百人，经威胜舰前往该处驱扫，该逆随即向内逃窜，地方回复平靖。楚观舰亦于是日午刻抵安庆。楚同舰由湖口下巡至芜湖。二十三日，楚泰、咸宁两舰，先后到汉口。绍宽并于是日午后四时，率永绥、楚有两舰，恭送蒋主席凯旋回京。途次又派公胜舰赴华阳东流，截堵残逆偷渡北岸。二十四日派咸宁舰赴湖口装煤毕，到安庆一带巡防。楚观舰赴湖口添煤毕，开巡汉口。江贞舰赴宜都，会同陆军夹剿土匪。兹以前方军事业告一段落，绍宽本日率永绥、楚有两舰回抵首都。理合综将此次舰队讨逆经过颠末情形，呈报钧鉴。再此次讨逆各舰艇长，均甚贤劳，员兵亦皆努力，合并附陈。伏维察核。谨呈

行政院院长谭

代理部务海军部政务次长陈绍宽[印]

中华民国十八年十一月二十五日

(2) 行政嘉奖海军指令(12月2日)

指令第三五六六号

令代理部务海军部政务次长陈绍宽

呈报讨逆颠末情形由：

呈悉。此次讨逆军兴，该次长派拨舰队，布防长江，并调赴前敌协助陆军作战，用能互相策应，迅扫逆氛，懋著勋勤，良深佩慰。所有出力员兵，希即传谕嘉奖，以励贤劳。此令。

国民政府行政院印

中华民国十八年十二月二日

〔行政院档案〕

8. 国民党广州市执委会暨何应钦等谴责汪精卫回国制造内乱罪状通电

（1929年11月30日—12月8日）

（1）国民党广州市执委会通电(11月30日)

南京中央党部、国民政府、海陆空军总司令、副总司令、各院长、各部长、各总指挥、各军长、各师长、各省市党部、各省市政府、各团体、各报馆、并转全国同志、同胞均鉴：党国不幸，外侮内患，同时并起；苏俄犯边，冯玉祥、张发奎、李宗仁等跳梁桴鼓，相应一致，动员反动势力，全体联合，而其总牵线人汪兆铭，亦适于此际归来。汪兆铭过去历史，为害党国者，本党同志，苟一念及共产党之篡夺，革命势力之分崩，殆无人不知，汪兆铭实为祸首。年来匿居海外，阴谋日亟，自居为国内外反动势力之重心领袖，明目张胆，发纵指使，甘为张邦昌、吴三桂而不辞。彼日日诪张为幻，亦若对党对政治全有主张。不知其所谓主张者，公然与传布共产主义，暴力侵我国土之苏俄为同调矣；公然与军队私有，荼毒关洛，根本否认党的存在之冯玉祥为同调矣；公然与封建余孽、蓄心割据之李宗仁、黄绍雄为同调矣；富于领袖欲之重心书生；沉溺于夺取政权之迷梦。任何手段，在所不恤。任何面目，皆以欺人。自身为一切反动势力之工具，而同时已利用一切反动势力为其工具，一再构成国之内乱，党之破裂。故一切反动势力之罪恶，皆其罪恶，党国之唯一罪人，亦即党国之唯一敌人。今冯逆崩溃于西，张、李穷蹙于南，且次第伏其辜矣。而元恶巨憝，大刑不加，将何以伸党纪、平众愤、瞑先烈之目，寒反侧之胆。同人等痛纪律之不彰，怵危亡之无日，用是揭布罪状，率先声讨。海内外同志，俾一致奋起，吁请中央，削籍严缉，非祗三危之窜，必严两观之诛，庶讨逆之师有名，而祸乱之根核永绝。党国幸甚。中国国民党广州特别市执行委员会同叩。陷。印。

(2) 何应钦等通电(12月8日)

南京中央党部、国民政府主席、各院长、太原阎副司令钧鉴：各部长、省市党部、各省市政府、辽宁张司令长官、各路总指挥、各编遣主任、各师旅长勋鉴：各团体、各报馆均鉴：汪贼兆铭、好乱成性，包庇共匪，勾结军阀，残民以逞，罪恶昭彰，两湖之余痛犹存，羊城之劫灾未尽，谁实为之，至于此极。该逆怙恶不悛，变本加厉，乘赤俄之入寇，而谋乱国家，嫉革命之成功，而破坏统一。近则公然匿居香港，指挥反动，为发展个人领袖之私欲，不恤生灵之涂炭，不顾民族之生存，是诚总理之叛徒，党国之神奸，全民之公敌。应钦等身许党国，誓竭赤诚，讨贼除奸，义无反顾。现在大军出动，万众一心，长围既合，鲸鲵入网，定日之内，扑灭桂系军阀，铲除张逆发奎，决令众丑消亡，叛军尽殄。惟发踪指使祸首犹存，汪贼不除，国难未已。尚望本党同志，全国同胞，一致申讨，共除奸凶，以弭乱源，而安国本。临电不胜待命之至。陆海空军总司令广东行营主任何应钦、第八路总指挥陈济棠、第六路总指挥朱绍良、航空署长张惠长、海军第四舰队司令陈策、鱼雷游击司令曾以鼎、师长谭道源、毛炳文、陈继承、余汉谋、蔡廷锴、蒋光鼐、香翰屏、李扬敬率全体官兵同叩。庚。印。

〔行政院档案〕

9. 陈济棠报告击溃张发奎等部及占领梧州等地通电

(1929年12月16日—19日)

(1) 12月16日通电

南京国民政府蒋主席、各院长、太原阎副总司令钧鉴：沈阳张司令长官汉卿兄、洛阳何总指挥雪竹兄、长沙何总指挥芸樵兄、并转刘市长尘苏兄、云南龙总指志舟兄、武昌刘主任经扶兄、南昌鲁主席咏安兄、上海张市长岳军兄、暨各总指挥勋鉴：各师旅长、各团体、各报馆均鉴：张桂两逆残部，自被我军击溃后，纷纷西退，现据蔡师长、陈司令铣西电称：我舰队及第六十师，迭在广九后沥击破逆封赫鲁旅及黄权之一部，缴获大炮六尊，机枪十数挺，步枪、俘虏数百，辎重无算。铣西克复肇庆城。明晨拂晓，继续西进。等语。谨电奉闻。第八路总指挥陈济棠叩。铣亥于河口军次。印。

(2) 12月17日电

南京国民政府蒋主席、各院、部长，朱总参谋长、太原阎副总司令钧鉴：沈阳张司令长官汉卿兄、洛阳何总指挥雪竹兄、长沙何总指挥芸樵兄，并转刘市长尘苏兄、云南龙总指挥志舟兄，并转王委员茂如兄、武昌刘主任经扶兄、南昌鲁主席咏宸兄、上海张市长岳军兄、各总指挥、各师旅长，各团体、各报馆均鉴：我陆海军筱(十七)日克复德庆，残敌望风披靡。梧州指日可下，谨电奉闻。陈济棠叩。筱(十七)戌。印。

(3) 12月19日电

南京中央党部、国民政府蒋主席、各院长、朱总参谋长、太原阎副司令钧鉴：何总监、辽宁张司令长官汉卿兄、洛阳何总指挥雪竹兄、长沙何总指挥芸樵兄，并转刘市长尘苏兄、云南尤总指挥志舟兄，并转王委员茂如兄、武昌刘主任经扶兄、南昌鲁主席咏宸兄、上海张市长岳军兄、各总指挥勋鉴：各师旅长、各省市党部、各省市政府均鉴：我军皓已占领梧州，残敌溃窜，棠准智午进驻梧州。特闻。陈济棠叩。皓戌。印。

〔行政院档案〕

10. 航空署长张惠长报告空军摧毁张发奎前锋等情通电

(1929年12月14日)

机。南京中央党部、国民政府、国民革命军陆海空军蒋总司令、各院长、各部长、太原阎副总司令钧鉴：沈阳张司令长官、广州何总监、各路总指挥、各舰队司令、各省省党部、省政府、各师长旅长勋鉴：各报馆转各同志、同胞鉴：此次张、桂两逆，煽乱构兵，狼狈为奸，破坏统一，甘为改组派之鹰犬，复作共产党之虎伥。我空军奉命遄征，凌空作战，歼其大部，阻厥前锋。张、桂两逆，受弹立摧，未战先败，残部纷散，溃不成军。唐贼生智，猝然叛变，反抗中央，罪不容诛。空军同人，身许党国，努力奋斗，誓死不渝。现决全力，肃清残敌，候命北发，还靖中原，肃电驰陈，诸维同察。军政部航空署署长张惠长、飞机队队长张有谷、黄光锐、周宝衡、杨官础、副队长田旷、胡锦雅、晏玉琮、崔沧石暨全体飞机师同叩。寒。印。

〔行政院档案〕

11. 毛炳文报告击溃张发奎占领花县等情给蒋介石电

（1929年12月 15 日）

急。南京中央党部、国民政府、各院、部长、蒋总司令钧鉴：职师自灰日与敌激战，元晨占领花县，分途追击。寒午达到琶江口，适张逆发奎率部渡江西窜，职师陶旅截击，鏖战一昼夜，毙敌无算，该逆军完全击散，俘虏官兵五千余人，炮兵全部，枪械辎重甚多。张逆生死莫明。其由横石市渡江者，约残部三千人，向广宁狂窜，已令职师向旅跟踪穷追，务期歼灭，是使我革命策源地，日益巩固，叛逆渐次肃清，实赖总理之灵，钧府威望以致之。惟职师共计伤亡官兵千余人，内伤团长一员，营长一员，营副三员，连副十余员，阵亡营长二员，营副一员，谨闻。职毛炳文呈。删未。印。

〔行政院档案〕

12．总部参谋处转报第六八两路军于花县肇庆击溃张发奎等军并攻占梧州通电

（1929年12月15日—20日）

（1）（12月15日电）

机急。南京中央党部、国民政府、各院部钧鉴：各省各级党部、各省政府、各总指挥、各司令官、各师旅长，各法团、各报馆均鉴：综合近日粤方战况如下：（甲）（1）何主任应钦① 元申电云：张逆发奎，自溃窜花县后，企图斜出银盏坳，会攻军田。我六路各师，于元晨击破花县之敌。午刻通过花县，分踪追击，俘获无算。张逆仅以身免，余多溃乱。等语。（二）元亥电云：毛师本日追至大浦岭、福源水之线。寒日，我第六路军②，拟分途向源谭、军田前进，协同八路追击。（乙）陈总指挥济棠③ 元戌电云：张逆残部，已向鳌头圩方向溃退，有向横石逃窜模样。桂逆部向白泥一带，企图犯我中洞岭至三水阵地，经职路各师出击，均被击退，毙敌五百余人，俘虏枪炮无算。正在清查中。（丙）陈总指挥济棠寒戌电云：张逆实力，已损失过半，决无反攻能力。现该逆部到达鳌头圩后，即向西北方逃窜。我追击部队，已超过源谭银盏坳追击中。又陈总指挥删电云：本晨职率部向大塘追击，申刻在永平附近，与逆黄权部接触，毙敌甚多。追至大塘，俘虏千余人，夺获大炮五门，机枪十余挺，各种马步枪数千支。粤汉路已无敌踪。现敌完全向四会方面溃窜。等语。谨电捷闻。总部参谋处叩。删。印。

---

① 蒋介石于一九二九年十一月下旬特命何应钦为广州行营主任，指挥第六、第八两路军暨在粤之海空军。

② 第六路军总指挥朱绍良率谭道源、毛炳文、陈继承三师。

③ 第八路军总指挥陈济棠统率余汉谋、蔡廷锴、蒋光鼐、香翰屏、李敬扬等师。

(2)（12月17日电）

机急。南京中央党部、国民政府、各院部钧鉴：各省各级党部、各省政府、各总指挥、各军师旅长、各司令、各法团、各报馆均鉴：顷接广州陈主席铭枢筱（十七）午电节开：顷接陈总指挥电话，我海军陈策部及蔡师，铣日克复肇庆，于后历缴敌炮机枪各十余门，步枪八百余支等语。又接朱总指挥绍良电话，毛师追击队在琶江口俘敌千余人。于横石俘敌九百余人。敌一部向铁路溃走，大部由横石方面窜逃。等语。谨电捷闻。总部参谋处。筱（十七）。印。

(3)（12月20日电）

机急。南京中央党部、国民政府、各院部钧鉴：各省、各级党部、各省政府、各总指挥、各军、师旅长，各司令、各法团、各报馆均鉴：顷接广州陈总指挥济棠皓电云：我军本晨已占领梧州。桂逆一部溃退贺县。等语。谨电捷闻。总部参谋处叩。智申。印。

〔行政院档案〕

13. 吕焕炎申述复职讨逆并解释前因政潮养疴等情通电

（1929年12月22日）

万火急。南京中央党部、国府主席蒋、总司令蒋、五院院长、何训练总监、广州、梧州探呈陈总指挥钧鉴：陈主席、海军陈司令、航空陈代处长、蔡师长、香师长、李师长、蒋师长、余师长、戴师长、各省各总指挥、各主席、各师旅长，各司令勋鉴：各报馆、各法团、南宁各厅长、广西各台长、各局长鉴：焕炎月前率师讨逆，军次桂平，感受风寒，触发脑痛旧疾甚剧。又因政潮牵动，夙志莫伸，只得暂返陆川原籍休养①，调摄军务，责令杨旅长义，暂行主持待机。现在

① 一九二九年十一月下旬李宗仁由海防回到南宁，被任为护党救国军第八路总司令，吕焕炎为第一纵队总指挥，杨腾辉为第二纵队总指挥，进攻广州。吕焕炎称肝脑痛剧，回原籍陆川休养。

旧疾稍瘥，复奉何总监、陈总指挥先后电令，继续讨逆。窃念时势严重，党国危重，以中央知遇之隆，何陈两公最励之殷，敢不奋勉效劳，期酬殊遇。爰于本月养日，集合部众，谨随各友军后，一致讨逆。务将广西铲除，然后整师待命，负弩前驱，澄清西北，藉补前衍，以偿夙志。尚乞总座频颁方略，并希袍泽时锡箴言，俾资圭臬，而便率循。谨陈悃臆，乞赐教示。国民革命军讨逆军第八路副总指挥兼广西省政府主席吕焕炎呈叩。养。印。

〔行政院档案〕

14．吕焕炎请求处置李明瑞等在百色组织苏维埃政府暨张发奎等据守平乐等地致蒋介石等密电

（1929年12月28日）

国急。南京中央党部、国府蒋主席、谭院长、胡院长、蔡院长、戴院长、王院长、何总监、古文官长钧鉴：梧密。焕炎前承中央倚畀之重，委主桂政，方期徐图建树，以报知遇。不意李、黄潜回，胁迫旧部，出兵侵粤，破坏统一。焕炎适因肝脑疾剧，养疴里门，制止既惭无力，讨逆致劳中央。往事溯洄，疚心曷极。昨蒙陈总指挥伯南、陈主席真如，迭电敦促复职。遵于前电呈明蒋主席、计荷鉴察。日来并饬集中所部，协同八路各友军出发柳州，务期将逆军根本歼除，以纾中央南顾之忧。惟查张逆残部，尚与李、黄联合一致，负固平乐、八步。而李明瑞、俞作柏等，又在百色、龙州一带，组织苏维埃临时政府，实行宣传共产，焚烧惨杀，日有所闻。窃念桂民水深火热，桂境百孔千疮，焕炎效忠虽殷，亦觉心力俱瘁，究应如何处置，以清余逆，而奠桂疆之处。伏乞钧座迅示方略，俾有遵循。临电不胜迫切待命之至。第八路副总指挥兼广西省政府主席吕焕炎呈。勘。印。

〔行政院档案〕

15．蒋介石关于对张发奎与桂系军作战军事报告

（1930年1月）

会剿窜据桂省各逆

（一）窜据情形：桂系各逆军，自十八年三月至六月间，经中央派兵声讨，先后在武汉、鄂西及桂省各境，分别击溃。编遣后，西南军事本可告一段落，乃李、白等虽当时事急潜逃国外，而好乱性成，仍不悛悔；一面阴遣逆党，联络西北冯玉祥等，组织护党救国军，一面实行新旧桂系之合作，并勾张发奎背叛中央。迨冯玉祥称兵豫陕，张发奎即于同年十月初旬，在鄂西、宜都突然叛变，窜经湘西澧、桃、辰、永一带，辗转月余，而至广西境内，与在桂各逆军，互相结合谋乱。李宗仁乘此机会，遂于同年十一月下旬，从海防潜入南宁，自称护党救国第八路总司令，将所部分为二纵队，吕焕炎为第一纵队总指挥：辖第一师梁朝玑、第二师许宗武部、第三师杨义部、第一独立旅封赫鲁部。杨腾辉为第二纵队总指挥；辖第一师黄权部、第二师梁重熙部、第三师蒙志部，连同张发奎率领窜桂之第四师，共计有二十八团之众。逆焰炽张，遂希图扰粤，一举袭取广州。于是月下旬之中，各军竟取道贺、怀、梧、肇一带，分向西北江猛进。盖桂、粤唇齿，实为西南屏蔽，该逆等不顾两省治安，称兵作乱，是破坏国家统一，罪在不赦，故中央决心大举挞伐之师。

（二）六、八两路之会剿：

（1）会剿决心与方略概定：中央对桂系各逆军之叛变，为整饬纪纲，奠定桂、粤起见，决心派兵会剿。中正因于十八年十一月下旬间，特命训练总监何应钦赴广州组织行营，指挥六、八两路军暨在粤之海空军，实施会剿。其方略约分三期：第一期：诱敌于北江东岸地区，然后以两路军之全力围攻，以期一举而歼灭之。第二

期：以六路军、由太平经广宁向贺县进占。八路军及海军之一部，由四会向梧州进占。第三期：六路由贺县进据桂林，并依情况，以一部助八路军攻柳州。八路由梧州进据马平、贵县，相机会攻南宁。

（2）两龙墟及军田之决战：我军本第一期作战方略之决心，即以六路军推进至新田、象山脚、九传湖、两龙墟和安里之线。八路军固守军田附近各阵地，并以一路以上兵力，集结于毕村庄附近为总预备队，相机协同出击。海军分途防堵西北江各要隘。空军之一部，于十八年十二月七八两日，陆续由琶江口、白庙、石角、大塘渡河东进。九日，张部猛攻我六路军阵线，桂军亦进窥军田。经我六、八两路军暨空军协同动作，向敌迎头痛击，苦战五昼夜，至十三拂晓，张之部队在花县西南两龙墟一带，被我军包围，死伤数千，军心慌乱，不克再支，残部完全向北溃退。桂军在军田、赤泥间，屡经我各路军痛击，伤亡无算，亦于是晨向北窜逃。此诱击逆敌胜利之情形也。

（3）琶江口及大塘之追截：敌军败后，狼狈窜溃。我六路军即以一部向源潭、琶江口、横石追截。一部将沿铁路及以东地区残敌极力肃清。八路军则跟踪桂军分途截击，至十四日午后，张发奎部正由琶江口、横石渡河西遁，其在琶江口渡河者，被我六路军毛师奋力击溃，死伤甚众，并俘获其官兵四千余名，大炮十数门，长短枪一千数百支，辎重无算。桂军则纷由石角、大塘、芦苞渡河溃逃。其在大塘渡河者，经我八路军蔡师截获官兵一千数百名，枪炮辎重甚夥。此截击渡河胜利之概况也。

（4）我军进占贺县及梧州：敌军经两次巨创，胆气俱寒。张发奎率渡河残余部队，昼夜狂奔，经扶落口、赤坑，直向怀集、信都窜走。桂军除一部由清远、四会经广陵向怀集、贺县溃逃。各该残敌逃至贺怀一带，检点所剩，只余官兵一万五千人，未敢久事停留，其大部即退桂林，一部分退柳州。故我军仅八路蔡、蒋两师在后洏

(地名)遇敌,缴得大炮六门,步枪数百余支。八路行营等于十二月二十二日即进驻梧州,所属各路,至十九年一月初旬,已分别进占马江公会一带。六路军毛、谭两师及湘军许师,亦于同月十一日进抵贺县、八步一带。并未剧战,已完成第二期追击之预定方略焉。

(5)会剿未能贯彻到底之概因:半为部队由粤入桂,道路崎岖,千里运粮,士有饥色,即弹药等项,亦接济迟滞,影响所及,坐失机宜。半由中原多故,六路军不克长期会剿,四、十两路军,未能抽出大部队伍,分路侧击。祇八路军既分兵攻桂,又须分兵守粤。此其所以积久未能彻底达成任务,奠桂域于盘石,登桂民于衽席间耳。

〔国民政府战史编纂委员会档案〕

16. 陈济棠报告攻占容县通电

(1930年2月16日)

国急。南京中央党部、国民政府蒋主席、各院部长、总司令部、何总监、古文官长、太原阎副司令钧鉴:辽宁张司令长官、各路总指挥、各军师旅长,张航空署长,各省市党部、各省市政府勋鉴:各机关、各团体、各报馆均鉴:此次我第八路蔡、蒋、香三师及空军,由元日起,与张逆发奎全部、黄逆绍雄所率梁、许、封各部,在容县软流一带,激战三昼夜,战事之烈,为近来所未有。幸赖总理在天之灵,中央威信,以及将士用命,于铣午,将张桂两逆全部,完全击溃。逆众尸体遍野,我军俘虏逆官兵数千人,夺获敌械七八千支,水机关、迫击炮各廿余。逆敌经此挫败,实力尽失,底定桂局,指顾间耳。谨电奉闻。国民革命军讨逆军第八路总指挥陈济棠叩。铣酉。印。

〔行政院档案〕

17. 陈济棠关于在北流击溃张发奎等给古应芬等密电

（1930年2月16日—18日）

（1）陈济棠给古应芬密电 （2月16日）

国民政府古文官长并转胡展堂、孙哲生先生钧鉴：固密。我八路部队自寒（十四日）晨，在北流与逆敌黄绍雄所率梁朝玑、许宗武、封赫鲁等部、张发奎全部接触，激战三昼夜。本早，敌以六团兵力来攻，势极猛烈，战至正午，经将敌全线击溃，夺获步枪约三千杆，俘虏二千余，毙敌尸骸遍野，我军亦伤亡颇多。敌现向大塘、郁林方面窜去，我军仍跟踪追击至高州，虽有张发奎编土匪向信宜移动之说，想不足为虑。并闻。职陈济棠叩。铣戌。印。

（2）蒋介石给陈济棠电稿（2月18日）

梧州第八路陈总指挥、蒋、蔡、余、李、香各师长均鉴：铣戌捷电至慰。此次张桂残部，窜聚北流，凶焰未戢。赖该总指挥调度有方，诸将士坚忍奋斗，卒于数日之间，摧破顽敌，逆氛既靖，粤境亦藉无虞，弥堪嘉尚，所有出力将士，应即先行传令嘉奖，伤亡官兵，查明呈候优恤，仍著克日肃清余孽，早竟全功，是所厚望。蒋中正。巧。印。

〔国民政府档案〕

18. 吕焕炎为浔州失守郁林解围等情与蒋介石往来电

（1930年2月20日—25日）

（1）吕焕炎致蒋介石电（2月20日）

机急。南京国府主席蒋钧鉴：梧密。焕炎前以处置失当，致令浔州①不守，郁林被围，罪戾丛积。自知莫赎。当时绕道香港，驰赴梧州，商承伯南总指挥率队前进；在北流县城附近遇敌。经我军寒、删、铣等日，猛烈攻击，敌遂完全崩溃，郁林乃得解围。现在跟踪追击，前锋已达兴业，一俟第二步计划决定，即行进攻。焕炎无状，惟有勉竭驽骀，扫除逆敌，庶报知遇，用盖前愆，倘乞随时训示，俾有遵行，临电惶悚，伏维钧察。职吕焕炎呈。哿。印。

（2）蒋介石复吕焕炎密电（2月25日）

郁林探送吕副总指挥光奎兄勋鉴：梧密。哿电悉。北流一役，逆焰全摧，指顾廓清，端资奋进，吾兄忠悃不渝，夙昔信赖，任收拾桂局之重，必能副中央之付托也。前方情形，随时电告为盼。中正。有。印。

〔国民政府档案〕

19．何应钦关于击溃张发奎占领花县奉调回汉讨唐致谭延闿电

（1930年4月12日—15日）

（1）4月12日电

急。南京谭院长、胡院长勋鉴：张桂诸逆，经我军连日痛击，伤亡过半。张逆残部退至花县，据城顽抗，复经我军于昨日四面包围，将其全数击溃，即行占领花县。现张逆所部共余不及三千人，向银盏坳、源潭方面溃窜。我军正分头跟踪追击，以期一鼓扑灭。何应钦叩。元。印。

（2）4月15日电

国。即到。南京谭院长、胡院长、戴院长勋鉴：此次奉命来粤，讨伐张、桂叛逆，仰仗总理之灵，中央德威，同胞之努力，民众之协

① 浔州：今广西桂平县。

助，于一周之内，已将张逆所部，完全消灭，桂系残余，无复成军。惟唐逆生智，反复无常，殃民祸国，薄海同愤，应钦奉命回汉，参加讨唐，即日动身，灭此朝食。特电奉闻。何应钦叩。删。印。

〔行政院档案〕

20．鲁涤平关于张发奎与桂军进攻湘赣请派部队援赣致蒋介石等电

（1930年5月12日—6月2日）

（1）5月12日电

特急。南京国民政府主席蒋、行政院院长谭钧鉴：纲密。（一）据王旅长捷俊庚电报告：据确报敌万余人，陷、东、冬三日，先后经修仁、向平乐运动，或窥湘、或入小北江，尚难臆断。等语。（二）又据王旅长灰酉自火鸟电称：顷朱总指挥面告：接沪电，张定璠到沪，张桂军有入赣之企图。又敌之主力，确已向北移动，方向尚不明了，或迳入湘，或经湘入赣，颇难判断。刘建绪师，凭大溶江扼守，来电：日昨陈旅与敌稍有接触，然决难堵截也。等语。（三）如果张、桂逆部，确有扰赣企图。我十八、五十两师留赣各部，现因剿匪分防，兵力过于离散，猝难集中，应提前准备作战。拟请另派相当部队，负镇摄地方之责，并乞指示机宜。（四）赣匪现谋积极破坏交通，庚晚拆毁黄老门铁桥，并割断电线，马回岭德安之间，破坏尤甚。青日拂晓，并有股匪千余，突袭德安，经我十八师王营迎击，斩获甚众。现全路尚称安谧。上四项。职鲁涤平叩。文未。印。

（2）5月15日电

特急。南京总司令蒋、行政院院长谭钧鉴：钢密。顷接何主席键寒酉电告，桂逆三团，于元日抵桃川，进图永明。除令刘指挥官，速率入桂部队，撤至湘、桂边境，侦察敌情，迎头痛击外。谨闻。

又接广州陈主席删午电称：张桂确有窜湘、赣企图，惟行动尚未明了，此间已筹划截击，一俟侦察明了，计划决定后，当立时奉闻各等语。桂逆图犯湘、赣，据情已可完全证明，如逆部经永明、江华、蓝山、宜章、汝城，迳犯赣南。十日左右即可到达。赣省兵力，均被匪兵羁留各地。国军非有一部入赣，无法单独应战，拟恳饬入桂之师，利用珠□及广三广韶交通，迅回赣防。以便大举歼敌如何？敬候示遵。职鲁涤平叩。删未。印。

(3) 5月22日电

机急。南京总司令蒋、行政院院长谭钧鉴：政密。顷接长沙何主席马电，据刘师长建绪由祁阳号午电称：桂张六七团，于筱(十七)日抵宁远，继续向常宁新田方面急进，预料马日可到常宁、柏坊附近，似有袭取衡来之模样。职及陈光中旅，兼程本晚可到祁阳县。马日，以主力集中洪桥。等语。除令集结兵力于衡阳南衡州北岸，择要扼堵，选其弱点，努力突破。等语。谨电奉闻。职涤平叩。养未。印。

(4) 5月23日电

限即刻到。徐州总司令蒋、南京行政院院长谭钧鉴：纲密。(一)据职派赴长沙专员电称：张桂逆军，先头三团，马日已抵常宁，其后续部队七团，马日到宁远。(二)闻何主席应敌计划，决守衡宝一带。(三)接广州王旅长捷俊养电称：该旅尚在广州，待轮运赣。谭师犹未奉有回赣明令。(四)根据各方情况，张桂犯赣企图已明。计程一周内，即可到达赣境。属省现有兵力，均散布各地剿匪，无法集中。职意赣南金师，似应先行集结，吉安只留一团守备。赣州则兵力比较团结。如蒙采纳，即恳迳令金师，于一周内开抵吉安。(五)查张、桂逆军，行动极速，我六、八两路军，宜准时到达作战地区，恳饬朱、陈两总指挥，特加注意。右五项候电示遵。职鲁涤平叩。漾戌。印。

（5）5月30日电

限两小时到。国急。即到。南京总司令蒋，行政院院长钧鉴：顷接长沙何主席俭亥电称：纲密。四路军因剿匪牵制，兵力单薄，敌以三倍于我之众，向我阵地猛攻，连日激战，死伤甚众。查衡、宝间地段，大有被突破之虞。现以集结兵力、缩短防线之目的，转移阵地于渌田、湘潭银田寺、如意亭之线，死守待援。但敌在急迫长岳，以图武汉，若援军迟迟不至，殊不足以定人心，而壮士气。逆敌弃根本重地，失湘粤友援，千里趋战，败止显然。中央若不趁此机会，迅速应援，时机一失，所关不仅湘、鄂已耳。知公眷注，特电奉闻。等语。谨闻。职涤平叩。卅辰。印。

（6）6月1日电

急。南京行政院长谭钧鉴：世电奉悉。纲密。才轻任重，陨越时虞，惟有秉遵钧训，力加奋勉而已。顷接芸樵及黄性一卅世电，知湘军世可进克阵地，钱、夏两师，世已集中长沙、株州。粤军蒋、蔡两师，已过宜章。并云接衡州航业会电称：衡州之敌，因粤军实行援湘，遂仓卒撤去，并闻宝方之敌，除李玄团在城维持外，亦已撤去。其去向未详。等语。谨复。职涤平叩。东。印。

（7）6月2日电

急。南京行政院长谭钧鉴：东电计达。纲密。顷接长沙通信员世申东电称：（一）据报，敌人主力已移湘江东岸，昨夜在渌口小有接触。（二）李宗仁调郴、衡汽车，故衡潭路部队，多循汽车路北犯。（三）桂张欲取长沙，故移东岸。盖在西岸即迫近岳麓，亦属徒劳无益。何芸樵谓：逆如不胜，须防其窜赣，因粤军蹑于后，我拒于前，湘水又在其左。（四）此间拟湘潭株州间搭浮桥，必要时或将西岸部队抽移东岸。（五）戴斗垣部亦抽两团赴湘潭，大战或即在明后日。

(六)咋电航业会报告,绝无事实。(七)东岸敌人,已抵醴陵神福港,现已接触。西岸敌人,已到湘潭。(八)此间计划,注重东岸,殆与九一护宪之局同,现自靖港至长沙,归夏军负责,并于铜官置野炮。自长沙至易家湾,归罗师负责。易家湾至株州归陈光中负责。株醴之线,约配兵三团,醴陵现到张其雄、王东原、彭位仁各旅,约五团之众,惟醴陵左翼稍嫌空虚耳。倘敌绕浏阳,则甚紧迫也。(9)蒋光鼐来电,江可到郴,微可集中完毕等语。谨闻。职涤平叩。冬午。总参。

〔行政院档案〕

21．陈济棠报告第六、第八两路军攻占桂平与贵县通电

(1930年5月15日)

中央党部、国民政府钧鉴：各院长、各部长、辽宁张司令长官、汉口何总监、各路总指挥、各师、旅长，各省各省市党部，各省政府主席勋鉴：各法团、各报馆均鉴：捷报我六路军元已克复桂平，敝路军删已占领贵县，残敌狼狈溃窜，俘获甚多，现向宾阳邕宁追击中。谨闻。第八路总指挥陈济棠叩。删。印。

〔行政院档案〕

22．龙云宣布出兵入桂俟局势底定即移师北指电

(1930年 5 月23日)

国急。南京中央党部、国民政府、蒋总司令、谭代主席、胡、王、戴三院长、朱总参谋长钧鉴：广东陈主席、陈总指挥、朱总指挥、长沙何总指挥、汉口何总监、何总指挥、山东韩总指挥、陈主席、辽阳张司令长官、重庆刘总指挥、贵阳毛主席鉴：奉中央迭令出师讨逆。

等因。窃维频年内战，国脉凋伤，厌乱求安，心同此理。惟弭乱之道，必先维护统一，而统一之法，尤在维护中央。十余年来，离析分崩，各方揭橥不同，莫不以统一为名响。今幸形势渐成九仞之功，为十余年所未有，不加护惜，诚恐此局一破，循还战乱，不知所底。乃张、黄、李、白，既窜扰于南，冯、阎复鸱张于北，隳垂成之功业，而甘心破坏统一，致绝邻益启戒心，人民屡罹兵祸，言念国事，可为痛心。云为爱护统一起见，不得不遵令出师，爰派卢汉、朱旭、张冲各师长，统率三万余人，于五月上旬，由滇出发，长驱入桂。期于迅扫逆氛，一俟桂境肃清，即回戈北指，戮力中原。尤望各方袍泽，同申义愤，早静纠纷，共遵政治轨道，促成真正统一，国家幸甚。龙云叩。漾。印。

〔行政院档案〕

23．何键关于部将唐哲明等勾结张发奎进攻湘南通电

(1930年5月25日)

国急。抄。南京中央党部、国民政府主席蒋、徐州探呈海陆空军总司令蒋、南京谭院长、胡院长、王院长、戴院长钧鉴：各部长，汉口何主任、沈阳张司令长官、各省各级党部、各省市政府、各总指挥、各军长、各师长、各报馆勋鉴：湘民久苦匪共蹂躏，元气凋残，亟应休养，进谋建设。乃者彭、黄、贺龙诸匪分扰边地。职路军呈奉核准，抽调讨逆部队回省兜剿之际，叛将唐哲明、唐生明等，竟勾结桂张残部，乘机进犯湘南，遥为匪共声援。孑遗告民，势将陷于水火，不可救援。职秉承中央保卫地方，誓当整率师旅，迎头痛剿，业饬前方部队分道并进，务于最短期间，扫荡逆氛，肃清匪共，俾垂毙湘民，得登衽席。谨电呈闻，伏乞鉴察。职何键呈。有。印。

〔行政院档案〕

24．何键为张发奎等进攻湘南请速调援军驰助致蒋介石等密电

（1930年5月27日）

特急。南京中央党部、国民政府主席蒋、归德探呈总司令蒋、南京院长谭、院长胡、院长王、院长戴钧鉴：济南探送贺参军长、汉口何主任、刘市长，归德探送刘总指挥、漯湾河何总指挥、南昌鲁主席、张总指挥，亳州叶军长赐鉴：诚密。属省惨遭匪祸，民命垂危，差赖驻湘国军，努力清剿，幸安喘息。近者彭、黄、贺龙、朱、毛诸匪，复窜扰平浏、津、澧边境，令饬我四路军回师剿匪。方期出水火，而登衽席。讵料桂张残逆，密与匪共勾结，乘机进犯湘南，鸱张之势，非仅毁灭我湘人生命财产，且将摇动我讨逆后方。当此逆共夹攻之漩涡，所赖我四路将士，同心同德，竭力捍御。现在衡、宝防务，虽极巩固，终以兵力过单，难期速收扫荡之效。窃念属省为鄂、赣屏蔽，亦即中央藩篱，苟不亟图绥定，影响必巨。我四路将士，即矢拥护中央之赤忱，中央统筹全局，必不令其孤军奋斗。况湘民日望中央之救援，中央尤当不忍令其久处逆共威协之下也。应恳飞调援军，星驰助剿。诸公为党国中坚，或为乡邦重望。伏乞一致转恳，火速施行。岂惟乡民之幸，至属府在中央领导之下，当尽其股肱心膂之力，以为我四路将士后盾也。谨电呈闻，伏祈察核示遵。湖南省政府主席何键暨全体委员呈。感未。印。

〔行政院档案〕

25．何键报告攻克耒阳并认为张发奎等远道来湘缺饷难持致谭延闿等电

（1930年5月28日—30日）

（1）5月28日电

特急。柳河总司令蒋、南京行政院长谭钧鉴：徐州刘总指挥、

驻马店何总指挥、汉口钱主任、刘市长、漯湾河夏军长、徐军长，老河口范师长、南京鲁总指挥、张总指挥，贵阳毛主席，广东陈主席、陈总指挥，上海张市长勋鉴：据刘指挥建绪俭电，我李觉旅，已击破耒阳之敌，于感晨克复耒阳等语。除饬跟追猛击、迅予歼灭外，谨电陈闻。职何键呈叩。俭戌。印。

(2) 5月30日电

特急。南京行政院谭崇鉴：艳电奉悉。制密。桂张逆敌途穷，入寇腹地，扰乱湘、汉，摇动长江，三湘军民，痛心切齿。为策划攻守之便利，业已结集兵力于乡、潭、株、醴之线，严阵固守，俟粤、鄂部队先后到达，即行围攻协击，誓予歼除。查逆部远来，饷弹给养，均告匮乏。外强中干，万难持久。仰蒙仅系奖勉有加，感激之余，弥增惕励。皖豫军事胜利，逆势益见溃崩，庆幸何极。谨电陈复，余续奉闻。职何键谨叩。卅。印

〔行政院档案〕

26. 何键为张发奎与桂军攻陷长沙请予惩处致蒋介石电

(1930年6月4日)

特急。南京中央党部、国民政府主席蒋、归德总司令蒋钧鉴：此次桂张逆敌，全力犯湘，图取武汉。职仰蒙中央付托之殷，兼负全省治安之责。急调回入桂部队，分道严防。以湘南防线之宽，逆敌兵力之厚，明知应付不易，加以湘西及赣边平、浏等处匪共方炽，牵制兵力，不能抽调者至一师以上。而沿途与逆部激战者，仅兹有限之部队，千里转战，处处顾虑，曾无休息整理之暇，以致使用过多，疲劳弥甚。犹冀我八、六两路及武汉各友军，可以及时开到，协同堵击。无如敌进甚速，而我方准备稍迟，遂处处陷于被动之地。往

往部署将定，敌已乘虚而入。如衡、宝之不能固守，实坐以病。最近缩短阵线，集结兵力于湘江东岸及渌水之线，一面请夏军长及教导师兼程来援，并催蒋指挥所部，急进衡、耒，原期扼险固守，相机出击，以歼灭之。惟部队尚未调齐，而敌已先我一日，向我铁河梅筱阵地，猛烈进攻，驻该处部队，苦战力竭，伤亡颇众，敌第七、第十五两军，先后由白逆崇禧、张逆发奎等亲率渡河，突破阵线，牵动全局。职冬日赶赴前方督战，时夏军长开兵二团，甫到长沙，而职部王、罗、张、李、彭各旅，虽士气尚盛，现以敌势猛烈，无大进展，而临时由长、潭、株等处抽兵助战，又限于时间迫促，输送落后，不能应援急之需，以此诸因，艰苦万状，经与刘代表文岛，再四研商，遂决定缩短阵线，于汨罗、平江之线，待援反攻。职总指挥部则暂移岳州，以便策划。藉与武汉部队，切取连络，巩固长江。即于江未，在株发布集中命令，随返长沙，部署一切。支午，率属离长，移驻汨罗，处置防务，其详细计划，另电呈报。窃职拥护中央，不渝始终。况值党国多故，逆寇乘机，湘省安危，实关大局，切肤之痛，誓死难忘。故敌虽压迫频加，甚至诱以伪职，均不敢上负钧座，内疚神明，区区之忱，当蒙洞鉴。惟职才具疏庸，重以上述事实之种种困难，不独未能早摧逆敌，纾中央南顾之忧，且不得已，而放弃长沙。致政治军事受其影响，自维调度乖方，罪戾丛积，敬乞钧座，严加处分，以为溺职者戒。职许身党国，秉命中央，虽苦战之后，处境较艰，而讨逆之心，坚持到底。益当会合友军，督率部曲，努力奋斗，誓于最短时期，歼除逆敌，恢复全湘。来者可追，前愆待补，伏祈训示，俾有遵循。职何键呈。支亥。叩。

〔国民政府档案〕

27. 何键报告所部被张发奎等击败暨湘省府暂移岳阳与常德给蒋介石等电

（1930年6月5日—10日）

（1） 6月5日电

特急。南京中央党部、国民政府主席蒋、行政院长谭、立法院长胡、司法院长王、考试院长戴、监察院长〔蔡〕钧鉴：各院、部、会，各省省政府勋鉴，张桂诸逆，率部侵湘，我四路军拒战于衡、宝、株、渌、醴陵间颇失利。支日，转移平江、汨罗之线，坚守待援，属府随军暂驻岳阳，设临时办公处，执行省政，谨电呈明。伏乞垂察。湖南省政府主席何键暨全体委员呈。微辰。印。

（2） 6月10日电

（未有诚密者，请向总司令部借用。）特急。由津沙线转。南京中央党部、国民政府主席蒋、归德探送总司令蒋、南京谭院长、胡院长、戴院长钧鉴：各院、部、会，汉口何主任、刘师长、归德探送刘总指挥、何总指挥，南昌鲁主席勋鉴：诚密。我四路军奉行营命令，移驻湘河西岸，袭取长沙，属府各委员各厅长因于灰日移抵常德，继续执行省政，谨此电呈。伏维钧察。湖南省政府主席何键呈。灰。印。

〔行政院档案〕

28. 陈绍宽报告率舰队援湘与张发奎等战斗经过致行政院呈

（1930年6月11日）

呈为呈报援湘舰队讨伐张桂逆敌经过颠末情形，恭祈钧鉴事：窃职部于五月下旬，得各方报告，张桂残逆，图窜湖南，窥伺武汉，意在扰乱后方。当即派楚泰、顺胜两舰，驰到长沙、岳州一带游弋，藉张声势，防阻逆敌由水道来犯，并使其不敢在沿江作战，俾我第四路军队，从容西渡。至本月三日，据楚泰舰报告，第四路军队，拟暂弃长、岳等语。绍宽赶将驻宜昌之咸宁、监利之公胜两舰，调至洞庭湖湘江一带，连同楚泰、顺胜等舰，分途掩护第四路队伍，在岳州、城陵矶、临湘等处渡江，并在上游阻截逆敌尾追。绍宽一面于四日晚九时，率楚有舰，由宁驰赴上游布置。并到前线指挥，中途派威胜、江鲲两舰，分守九江、武穴、蕲春、黄石港一带，剿除共匪，以免阻断江面交通。江元、民权、德胜三舰，保卫武汉，以安人心。义胜往来武汉城岳之间，担任运输事宜。绍宽六日晚七时抵汉，与陆海空军总司令部何主任接洽一切。七日，遄抵新提，沿途巡防。查悉逆敌已由长沙窜向岳州、城陵矶前进。绍宽遂于八早拂晓，率楚有舰驰抵岳州，准备临敌迎击。先是公胜舰于七日在湘阴、芦林潭一带游弋，并掩护第四路军队，由鹿角渡过洞庭湖，至八日晚，事毕回岳。同日向晚，派顺胜舰冲入长沙，用大炮向逆扫击，敌见长沙江面，突然发现我舰，大受震动。该舰沿途于铜官、靖港、湘阴等处，将敌痛加扫射，并在江面俘获渡江之逆二十人，班长一人。至九日上午回岳。咸宁舰同时由下游赶到，即向长沙作第二次攻击。讵敌于此时，已至营田沿岸布阵，并安炮位甚多，适该舰巡过此处，即与逆敌激战约一小时，并将其阵地炮位击毁，敌即溃逃。至晚，该舰始巡回岳州。绍宽于午后七时，率楚有舰驰抵新堤布防，并派义胜舰到临湘、诚胜舰到城陵矶，掩护我方军队渡江。公胜舰驻防新堤。十日侵晨，绍宽率楚有舰到嘉鱼、金口等处巡防，趁便到汉，与何主任会商作战计划。同日，第四路军队均已完全渡江，各舰掩护事毕，先后均到新堤、临湘一带，防敌偷渡。并添煤粮。十一日拂晓，绍宽又率楚有舰由汉上巡，及派民权舰扼守金口。咸宁舰开驻肖家洲，顺胜舰驻嘉鱼，防遏逆敌由平江窜渡，过江来汉。义胜舰向城陵矶、岳州一带。竟日向敌猛攻，该舰巡至岳州上游之南津港时，适见逆在铁路桥成队前进，遂开炮扫射，敌仓卒无处逃避，迎头痛击，死伤甚多。至晚，绍宽率楚有舰巡回新堤。十二日楚泰、诚胜两舰，复往城岳一带，继续攻敌。楚有、公胜两舰，仍守临湘、新堤等处。咸宁、顺胜两舰，行在嘉鱼、肖家洲一带，常川巡弋。十三日，绍宽以敌连日顽抗，尚未窜逃，故于拂晓，复率楚有、义胜两舰，到临湘、城岳一带，向敌猛攻。敌虽以枪炮还击，然逆焰已挫，渐形不支。遂于是日夜间，将其城陵矶之逆队移退。及至十四日拂晓，该处遂为我舰占领。并继续向岳州推进。午刻，夺回岳阳。绍宽率楚有、楚泰、义胜各舰，于是晚分驻城岳一带警戒。并维持治安，恢复地方秩序。诚胜舰抵岳州后，即沿洞庭湖向敌追击。顺胜舰亦由嘉鱼星夜上巡。十五日拂晓，绍宽率楚有、顺胜两舰，向长沙推进。沿途遂将营田、芦林、潭湘、阴靖港等处，以次收复。是晚，顺胜、诚胜两舰并赶到长沙附近之三叉矶，观察敌情。绍宽于十六日侵晨，率楚有、顺胜、诚胜三舰，向长沙铁路桥、新河一带猛攻。适遇前驻城岳之敌，甫退至此，即力以痛剿，逆敌经我各舰竟日扫击，大为丧胆。不敢成队前进，遂狼狈溃窜逃伏田野。至晚乘黑远遁。湖隼舰亦于此时赶至。十七日，长沙敌以城岳退回人数骤增，炮位亦加密。绍宽恐其蔓延，遂于是日拂晓，复率楚有、顺胜、诚胜三舰，继续猛攻，逆敌炮弹甚密，顺胜烟筒机件，被其击坏。各舰益加猛攻，向晚，咸宁舰护送教导三师部队到岳州后，亦赶到作战。延至夜间十时，该敌势不能支，长沙遂即攻下，残敌狼狈溃窜，治安秩序以次回复。至十八早，顺胜、诚胜两舰，分赶长沙上下游各港汊，搜索逃逆，并向湘潭追踪扫击。兹以职军在水道方面讨逆作战，已告一段落。理合将此次援湘舰队讨伐张、桂逆敌经过颠末情形，备文呈报。再此次讨逆作战各舰长，均极奋勇勤劳，诸员兵亦甚努力，用命合并禀陈。伏乞垂鉴。谨呈

行政院院长谭

代理部务海军部政务次长陈绍宽[印]

中华民国十九年六月二十一日

〔行政院档案〕

29．陈济棠督师入湘攻讨张发奎与古应芬往来电

（1930年6月14日—16日）

（1）陈济棠给各院部长等电（6月14日）

限即到南京各院部长、朱参谋总长、古文官长，辽宁张司令长官勋鉴：张桂残逆，逃窜入湘，希图牵制我中央讨伐之师，延长战祸。济棠奉命讨逆，义无反顾。现定于删日，首途督师，兼程前进，协同讨逆各军先将张、桂残逆解决，然后再移师所部协剿阎、冯，务于最短时间，将一切叛逆肃清，以安党国。谨电奉闻。陈济棠叩。寒午。印。

（2）古应芬复陈济棠密电稿（6月16日）

广州陈总指挥伯南先生勋鉴：五密。寒午电诵悉。西征讨逆，劳苦功高，今复整军援湘，以迈进之声威，歼顽强之残寇，极钦壮略，亟待捷音，进展情形，盼随时电告。应〇叩。铣。印。

〔行政院档案〕

30．陈绍宽攻下长沙与谭延闿往来电

（1930年6月17日—18日）

（1）陈绍宽致谭延闿电（6月17日）

火急。南京行政院谭院长钧鉴：绍宽本晚率舰队攻下长沙，张桂残逆，纷纷溃窜。除暂维治安，并飞请讨逆各友军迅即前来接防外。谨闻。陈绍宽叩。筱亥。

（2）谭延闿复陈绍宽电（6月18日）

楚有陈司令勋鉴：纲密。筱亥电奉悉。克复长沙，切在大局，欣承捷报，至佩勋勤。乘胜长驱，廓清摧陷穷寇，不足平也。延闿。巧。印。

〔行政院档案〕

31．何键关于攻克长沙经过暨湘省府迁回省会给蒋介石等电

（1930年6月18日—19日）

（1）6月18日电

特急。南京中央党部、国民政府主席蒋、总司令蒋、行政院长谭、立法院长胡、司法院长王、考试院长戴、监察院长钧鉴：各院、部、会，各级党部、各省市政府、各总指挥、各军长、各师长、各报馆勋鉴：张、桂诸逆与叛将唐哲明、唐生明等，窜犯湘境，企图进据武汉，扰乱北伐后方。凡有人心，靡不痛恨。属府秉承中央讨伐叛贼，是其职责。筱日，我四路军克复长沙，即与友军会合围歼残逆。属府于巧日由常移回省会，照常执行政务。谨电呈闻。伏乞钧察。湖南省政府主席何键暨全体委员叩。巧酉。印。

（2）6月19日电

急。南京中央党部、国民政府主席蒋、行政院长谭钧鉴：各院、部长，沈阳张司令长官、归德刘总指挥、漯湾河何总指挥、徐军长，襄阳范师长、黄州郭军长、广州陈主席、济南陈主席、韶州陈总指挥、上海张市长、汉口刘市长、各省政府、各军长、各师旅长，各机关、各报馆勋鉴：桂张逆部全力犯湘，键部作战经过各情，节经电陈，均蒙垂察。支日，转移阵地于汨水、平岳之线，待机反攻。旋奉令集中湘西，于蒸日开始渡河，经华容县集中沅水时，敌因我八路友军已进衡阳，拟窜粤赣。键遵令以一部经益阳驱逐宁乡之敌，进取长沙；以一部经益宁急攻湘潭。我危旅长率侯、田两团，由宁乡挺进，铣晚到达岳麓附近。时敌以李品仙率伪第八军唐哲明、唐生明部留守长沙，希图顽抗。我军强迫渡河，战斗猛烈，斩获甚众。缴敌步枪一千余支，机枪十余尊，迫炮廿门，俘虏五千余人，敌势不

支，溃退潭株。即于筱日完全克复长沙。同时我李旅进占湘潭，击破敌兵一团，夺获枪枝及俘虏甚众。除督饬各部迅向宝庆及株醴方面跟踪追击，毋使漏网，以歼群丑，而安党国外。谨电奉闻。统乞垂鉴。第四路总指挥何呈叩。皓辰。印。

(3) 6月19日电

限三小时到。南京中央党部、国民政府主席蒋、行政院长谭暨各院长、总司令蒋、汉口何主任、刘市长、XK2何总指挥、徐军长，信阳刘总指挥、南昌鲁总指挥、广州陈总指挥、陈主席，贵阳毛主席、Xmy蒋指挥、各总指挥、各军师长、各省市政府勋鉴：查桂逆窜距湘省，蒙我中央大张讨伐，分途围剿，职曾派危副师长率田、侯两团为挺进队，于铣晚进抵水陆洲，与长沙逆军约三团，隔江激战甚烈，即经猛攻，施行强渡，于筱日克复长沙，曾经电呈。职于巧戌抵省，查明情形，计缴获睐复枪千余支，机枪十余挺，迫炮廿门，俘虏三千。(一)据报：桂逆李逆宗仁、白崇禧、杨逆腾辉等，均由株分向茶攸溃退。李逆玄一部，仍窜宝庆，我第十九师李旅，本日在湘潭击破逆敌一团，获枪及俘虏甚众。(二)据报：逆敌退出长沙时，已在湖南测量局索去江西、福建两省地图。(三)职已飞令各部，迅速兼程向逆敌跟踪追击。决不顾一切，协同各友军歼灭此獠，以除后患，而固党国。上三项谨闻。职何键叩。皓晨。印。

〔行政院档案〕

32. 何键报告与张发奎等在湘南作战经过情形给行政院折呈

(1930年6月30日)

折呈

谨将职于六月二十二日自长沙出发督师，追击逆敌各项经过情形，缮具报告，仰祈鉴核。

一、职于养辰离长，所有省府政务，交宋建设厅长鹤庚代行。总指挥部后方事务，派十五师刘参谋长膺古，负责处理。

二、职抵株州时，接刘指挥建绪电告：李觉旅于马日击溃泗汾之敌，毙敌数百，俘获颇多。此即追过新市，克复攸县。刘师全部，继续由醴陵进攸县，罗师及陈光中旅，先后经株醴前进。

三、职养晚宿渌口。漾晚抵衡山。所率侯、田两团，亦由旱路于翌午赶到。关于衡、攸各方敌情军事，渐见明了。旋我刘师击破渌田之敌，敬日克复安仁，当令迅速跟追。又据衡山县长报告：鹤岭方面，到有敌军一部，号称两师，当派探查复，系唐逆哲明、生明之溃兵，人数不足两营。业经窜走。内有愿缴械投诚者，经派员驰往收容，并手书晓以大义。

四、叠接蒋指挥光鼐电告：恐敌企图窜粤。拟即率部南移，以资堵击。职在衡山，即请其俟五十三李师到衡阳后，再行开拔。蒋指挥乃将所部集结衡阳，严阵以待。职于宥未，率侯、田两团，进驻衡阳。与蒋指挥晤商种切。先是敌张发奎于敬晚有日，犯衡甚急，经我蒋部猛烈迎击，毙敌千余。

五、据蒋指挥所派飞机报告，及所得种种情报，均认敌犯衡阳，待敌迎击。职到衡后，遵照何主任电令，饬刘罗陈各部，迅由耒阳大陂市、新市向衡夹击，并电戴部童副旅长，迅克宝庆、出祁阳。本日，张队长有谷、吴队长建文，侦悉敌之主力，已退到洪桥大营市，我八路军蒋师向六堆，蔡师向茅桐桥、李师位沛江铺、李抱冰师向迴龙寺出击。我刘指挥所部之十九师，由耒、常、罗师彭旅及陈旅，由春江铺向祁阳、永州追击。我谭师，由衡山向洪乐庙截击。

六、查敌屡经重创，复处重围，弹绝粮尽，已濒末路。当国军会剿之际，实歼灭绝好之机，惜被敌诡称图犯衡阳，竟将主力偷过洪桥，不免稍有漏网耳。

七、湘南各县，纷告饥荒，故目前军食问题，极为困难。除陆续由长办米数千石，接济八路军日食外，职部伙食及衡地民食，均在设法筹济。

八、接省府电告：攸、醴、浏、平共匪，乘机滋扰。接戴旅长斗垣电告：贺龙匪部，乘虚再犯津、澧。沅江县长报告，南县已被匪陷，正令派队进击。溆浦陈渥旅部下，复发生戕杀团长陈芳甲之变。湘中多事，诚大不幸者矣。

九、逆军节节溃败，遗散枪枝，所在多有，诚恐土匪溃兵，勾结为患。除由职部派员收集散枪外，并令各县挨户团局，设法搜集缴部，一律给价，不准人民私藏，违者重处。并令切实整训缉拿反动，负责剿匪在案。

上九项，除已陆续电呈外，谨再缕陈，用纾仅系。并乞训示祇遵。谨呈

行政院长谭

职何键 [印] 呈

十九年六月三十日于衡阳

〔行政院档案〕

33. 湖南省政府报告李宗仁与张发奎等攻湘经过及其补救办法给国民政府呈

(1930年6月30日)

呈为呈明逆敌犯湘经过情形，并请严加处分暨拟具补救办法，仰祈鉴核事：窃属省比年以来，军事未戢，匪共交乘，民苦流离，政涉烦扰，此实我中央日夕眷念，思所以抚循振刷之者也。自上年四月，属府奉命组织成立，首以绥靖地方，整饬吏治为急务，各地匪共渐就敉平，民财各政，均入轨道，正在进谋建设，以立训政之基。藉副钧府勤求治理之意。叵料本年五月，桂系军阀李宗仁、白崇禧、张发奎等，与属省叛将唐哲明、唐生明等，互相勾结，乘我六、八两路

军凯旋回粤，暨我四路军讨逆剿匪分防之际，突以倾巢之众，由永明间道进犯湘南，且与鄂赣边境共匪彭德怀、黄公略、贺龙等遥相呼应；嗾使窥袭平、浏、津、澧，势将席卷全湘，动摇武汉。其时，我四路军讨逆部队刘建绪师及陈光中旅，尚在全州、兴安、桂林附近，罗藩瀛师一部，进剿津、澧贺匪，一部讨伐芷江李国钧叛部。何健师一部驻防岳、临，一部入赣，属萍乡追剿彭匪。陶广师大部搜剿平江、浏阳间，并追击彭、黄共匪至鄂赣边地。职是兵力分散，征调綦难，且为顾全地方安宁计，尤不得不酌配相当兵力，以资镇慑。虽幸将士用命，兼程集中，然仅得扼守衡州、宝庆，迭与逆敌接战，互有伤亡。旋我军改换阵地，遂全部移守湘东，由渌口、醴陵分道出击，激战两昼夜，毙敌三千余人。卒因敌众我寡，援军迟至。六月三日，我醴陵阵地，为敌所冲动，乃移守平江、汨罗之线，待援反攻。属府暨所辖各厅处，均于四日移驻岳州，设立临时办公处，继续执行省务。未几，我军奉总司令行营何主任之命，渡河西进。属府暨各厅处临时办公处，亦均于六月十日移抵常德。越四日，我军由沅江、益阳分三道向宝庆、湘潭、长沙急速进攻。我何师旅长危宿钟率侯鹏飞团及十六师田应棠团，以十七日强迫渡河，击破逆众，规复长沙。属府暨所辖各厅处，即于十八日移回省会，照常办公，业经先后电呈在案。此次逆敌盘踞省会，日惟以勒筹军饷，扩充军队为事，设战地政务委员会，破坏行政。设党务接收委员会，破坏党务。搜括公私款项至一百余万元，其在各县勒提款项，诱骗团抢劫夺粮食，为数不赀，尚待清查。属省本称瘠苦，经此变乱，元气伤残，抚念疮痍，曷胜痛愤。属府责在守土卫民，既未能制变于先机，复未获弭乱于临事。致使全湘民众惨罹兵革，上贻钧府之忧，抚衷循省，惶恐莫名，拟请严加处分，以伸纲纪。至现在补救之策，略分三项：一曰追剿残逆；职键于本月二十二日出发前方，督同四路军各师旅追击逆敌，先后收复湘东西两岸各地，均虏获甚众。我刘、罗各部，急向安仁、耒阳挺进。我第八路友军及中央五十三师李韫珩部，均在衡、耒间严阵堵截。第九路友军亦由醴陵推进。包围之势已成，务于最短期间，消灭逆众，以除西南之隐患。而固中央讨逆之后方。二曰绥靖地方；逆敌扰乱之后，各地匪共乘机蜂起。属府已严令各县政府督同团队搜剿匪党，并咨商第四路总指挥部酌抽部队，扼要防剿，仍俟讨逆军事略定，即行大举清剿，务使人民得以安居乐业，然后训政丕基，始有建设之望。三曰清查反动；国民革命之成功，首须消灭一切反动分子，此次变乱，甘心附逆者，实繁有徒利欲，是趋人心陷溺，其影响于革命之成功者甚巨。自非彻底清查，依法究治，不足以申正义而正人心。一俟令饬所属机关，清查附逆反动分子，并俟第四路总指挥部查明逆迹，昭著之首要次要各犯，咨行到府，再行呈恳钧府，准予分别究办。其余刷新吏治，整理财政，筹备自治，促进建设，扩张教育各端，仍当随时拟具方案，秉承钧命办理。所有属府于逆敌犯湘经过情形，并请严加处分暨拟具补救方法各缘由，除分呈外，理合具文呈恳钧府俯赐察核，指令祗遵，至深公便。谨呈

国民政府主席蒋

湖南省政府主席　何　键　督师前方

委员　宋鹤庚　代拆代行

中华民国十九年六月三十日

〔国民政府档案〕

34. 陈济棠关于在衡阳击溃张发奎等部致五院长等电

（1930年7月1日）

限即到。南京五院长钧鉴：各部部长、古文官长勋鉴：致密。自艳日午后五时，我蒋、蔡、李三师在衡阳西岸、松柏井、龙汁桥、七塘、亘子桥、东茵与张桂逆军全部开始激战。至卅日夜止，第九旅

已将杨逆腾辉部击破。本晨敌增援队，我军亦全线总攻，与敌反攻肉搏多次，本已敌已不支，全线崩溃，纷向祁阳逃窜。我军俘获甚多，现正追击中。但我军死伤亦多，九旅长张世德阵亡。谨闻。晚陈济棠叩。东酉。印。

〔行政院档案〕

35．何应钦报告在迴龙寺等地与桂军激战情形致谭延闿等电

（1930年7月1日—2日）

（1）7月1日电

机。南京谭院长钧鉴：朱总长勋鉴：诚密。据蒋指挥官陷午电称：盘踞迴龙寺、搜山、弹子山、亘青山一带之敌，自艳申与我李抱冰师及蒋师接触，敌凭险顽抗，战斗猛烈。迄本午十一时，始将该敌完全击破。确实占领迴龙寺、搜山、亘青山之线。各部正在追击中。又据李师长抱冰卅未亥两电节称：本日与职师激战之敌，系逆第七军之梁、雷两师，为桂逆之主力，异常顽强，经我官兵，奋不顾身，先将搜山之敌击退，续攻弹子山，猛烈冲锋，卒将敌该完全击溃。是役，敌之伤亡极伙，我军伤亡亦多，惟士气甚旺，准备明辰续向当面之敌猛力进攻各等语。查梁、雷两师，确系桂逆主力，既经我军予以痛击，敌如再图挣扎，不难将其一鼓歼灭也。谨闻。职应钦叩。东午。印。

（2）7月2日电

南京谭院长钧鉴：朱总长勋鉴：诚密。据陈伯南转李扬敬东申电略称：职师担左翼地区作战，战事甚剧烈。本晨逆乘我全线迫近七塘，派梁瀚崧全部绕袭，战至午后一时，敌始溃退。综计阵亡营长何蒂、陈肇修、黄群，重伤营长何鼎，伤亡连排长二十余员，

士兵约五百余人。夺获水机关五架，迫击炮六门，其他军械俘虏，尚在清查。敌伤尤多。本晚师部至七塘，明早跟踪追击。等语。又据何芸樵冬电略称：据逃回士兵供卅日，与我五三师激战之敌系杨腾辉所部之第十九师、五一、五七、五六团。与我六一师对战之敌，系黄绍雄所部之教导两师，及伪二十一师二十九团等部，第八师师长被我飞机炸毙。等语。谨并闻。职何应钦。冬戌。印。

〔行政院档案〕

36．何键报告占领永州给蒋介石等电

（1930年7月4日—5日）

（1）7月4日电

限即到。归德总司令蒋、南京谭院长、长沙何主任钧鉴：据飞机师吕振先、袁克明支巳报称：支巳，我军先头部队占领永州。逆军大部向全州方面退却。其先头已抵了盆铺。炸弹八枚，均掷于东湘桥、栗山铺及了盆铺一带逆之退却部队中。并用机枪射击，敌部纷纷溃散，击毙甚多，极为狼狈，等语。谨闻。职何键呈。支午。印。

（2）7月5日电

慎。南京、柳河总司令蒋、代主席谭、长沙何主任钧鉴：徐州刘总指挥并转陈总指挥、浦口夏军长、南昌鲁主席、张总指挥、广东陈主席、洛口陈总指挥、驻马店何总指挥、漯湾河徐军长、汉口钱主任、刘市长，贵州毛主席、云南龙总指挥、漯湾河范师长，长沙宋代主席勋鉴：危师长、刘参谋长、沅江陶师长、常德戴副师长、延丰转童副旅长、南京第诗巷二号张主任、汉口两仪街廿七号段胡主任钧鉴：顷据刘总指挥官建绪，由永州支午电称：（一）祁阳逆军，冬日分向冷水滩及永州窜走，职部十九师向祁永大道、十六师向杨宸巷节节截追。支晨，我十九师克永州，先后毙敌数百，缴枪千余支，夺

逆辎重尤多，残逆向黄沙河、全州分窜。已令职部分途穷追。（二）祁阳境潘家镇，有桂逆教导团，约七八百名，经职部陈旅，于江晚分剿解决。（三）现驻文明铺之逆八军蒋春山，率全营投诚。经职权予收抚，正在移调等语。谨电呈闻。职何键呈叩。微午。印。

〔行政院档案〕

37．何键关于击败张发奎等部暨尾追入桂境经过电

（1930年7月7日）

国急。南京中央党部、国民政府主席蒋、柳河总司令蒋、南京谭院长、胡院长、王院长、戴院长钧鉴：各部长、沈阳张司令长官、徐州行营贺主任、汉口行营何主任赐鉴：各省各总指挥、各军长、师长、各级党部、各省市政府、各报馆勋鉴：张、桂诸逆，自长沙南窜攸、醴。职于上月养日督师追剿，迭于泗汾、渌田、安、耒之间，施行痛击，予以重创。逆敌复走常、祁，企图反攻，复经我第八路友军暨李韫珩、谭道源师分途迎剿。我空军掷弹轰炸，激战数昼夜，遂于本月东日，将逆全线击溃，俘斩甚众。同时职部抄出祁、永，截敌归路，俘获尤多。支日，克永州，残逆仓皇遁入桂境。随饬我刘建绪师衔尾紧追，笄〔并〕克黄沙河、全州，向兴安、灵川进逼。其盘踞宝庆之李逆泽民部，溃窜新宁之唐逆生明、张逆发奎部，亦经派队击散，续向桂边追剿。综计逆敌在湘，先后伤亡俘虏达三分之二以上，彻底消灭，翘足可待。此次逆部犯湘之初，势颇鸱张，幸托中央威福，何主任指挥，并赖八、九路军暨李、钱、夏各师，空军、舰队，竭力协助，将士用命，卒于最短时期，奏摧陷廓清之效。藉慰中央眷念之殷，职即于鱼日由衡阳前线，遄返长沙，处理省务，理合电呈，伏乞钧察。职何键呈。虞。省秘书印。

〔国民政府档案〕

38. 蒋介石关于击败张发奎与桂系军克复湖南等地军事报告

（1930年7月　日）

克复长沙，平定湘桂：李宗仁、白崇禧等桂系残余与张发奎部叛军相结抗命，前经第八、第六两路军之会讨，将次就灭，会阎冯乱作，中央注意北征，桂张遂得收拾余烬，再图负隅。综其实力，号称白崇禧、梁朝玑、伍朝栋、杨腾辉、梁重熙、张发奎等各一师与唐生明、黄明远等部叛兵团匪约合五六万人。当五月十三日，我第六路军克复桂平，第八路军围攻贵县甚急，李宗仁等慑于局促一隅，势成束手，遂乘我第四路军分剿赤匪，南防单薄之隙，突以主力弃桂北窜，图窥湘鄂，至五月下旬，我第四路军以主力集中不及，节次退守衡州、宝庆、株州之线待援。

中正自接桂逆北窜之讯，即电令武汉行营何主任与陈济棠、朱绍良、鲁涤平、何键等总指挥为如下处置：

（一）第四路军先以刘建绪师与陈光中旅扼守全永一带，倘逆势剽悍难当，亦应节节抵抗，迟滞其行动，以待援集夹击。

（二）第八路军以一部监视留桂残逆，而以蒋光鼐、蔡廷锴、李敬扬三师编为追击队，由桂转粤赴湘，跟踪追击。

（三）第六路军全部调京候命。

（四）鲁涤平指挥金汉鼎、张辉瓒、邓英各部为第九路军，在湘、赣交界堵击，并相机入湘会剿。

（五）武汉方面，调集李韫珩、钱大钧、夏斗寅等师及海军舰队，由何主任应钦统率，准备入湘迎击。

六月四日，敌从宝庆、衡州分股窜抵湘潭、醴陵，我第四路军由株醴退守汨罗江北岸，长沙失守。斯时，我追击队之蒋师，已经耒阳向衡州北进，蔡、李两师亦由良田、宜章、乐昌之线，急速跟进。我武汉方面部队，正在调集中。李、白等得地不守，一意挺进，势甚剽悍。阎、冯得此声援，其焰愈炽。此为逆军猖獗之时期。

六月十日，我军以围剿准备已毕，利敌深入，乃将第四路军移向洞庭湖西北一带集结，以便击逆侧背。而武汉援军与八、九两路军，亦从南北东三面向逆紧追合围。航空第一、第五两队，更协同陆军海军作战，显其轰炸威力。逆敌至是乃陷于惊惶溃乱之境。

六月十四日，陈司令绍宽指挥海军，克复城陵矶、岳州、湘阴。逆军扫数南遁。第四路军以海军掩护南下追击，李韫珩、谭道源等师相继续进。十七日，第四路危副师长宿钟，率第十五师一部，协同海军克复长沙。李、白等由株、醴回窜攸茶。二十日，第四路军迭克株州、醴陵、攸县，李、白等窜抵安仁、陇海塘一带，与耒阳、常宁之援军会合。二十五日，第四路军克复安仁，李韫珩师进抵衡山，第八路追击队击溃衡阳附近之逆军主力，踪追至回龙寺、芽桐桥之线，激战至七月一日，复将最后抵抗之逆军，完全击溃。残逆得向桂境穷窜者，不足两万人。即令第四、第八两路追剿肃清。将蒋光鼐、蔡廷锴、夏斗寅、钱大钧、李韫珩各师，输送山东战场。金汉鼎、毛炳文、谭道源、许克祥各师，向陇海、平汉转移。我作战方面骤添如许兵力，尤非敌所逆料，故能于山东战场出奇制胜，击破晋军之主力。于宁陵会战，复转危为安。而应付裕如也。

〔国民政府战史编纂委员会档案〕

39．总司令部参谋处关于围歼张发奎与桂系军联合攻湘纪略

（1930年7月　日）

桂系诸逆，上年在武汉谋叛，经我中央军声讨溃败后，其残部窜入桂省延喘经年。迨十九年春，以我第四、第六、第八等路军围攻猛烈，兼之阎、冯两逆又谋叛变，遂乘虚入湘，意欲先取长沙，进

窥武汉，与阎冯联成一气，其计不为不毒也。

第一节　张桂军犯湘与我军之行动

（五月十二日——二十一日）

第一款　敌军之行动

一、据报敌杨腾辉部约七团、唐生明、哲明部约三团，于五月十三日窜抵桃川，经永明分向永州、宁远、白水、铲子坪方向猛进。杨部于是日抵宁远，继向新田、常宁急进。

二、困守灵川之敌杨明远部，于五月十二日连合桂标之逆张发奎、许宗武部，经兴安于十五日晚陷全州，向黄沙河前进。

鉴于以上情况，逆敌似分三路进犯，以唐生明、哲明，由道转向新阳，杨腾辉由宁远向衡州，张发奎由全州向宝庆，李、白、黄在后分运督战，图取横宝，进窥长沙，已无疑义。

第二款　我军之部署与行动

当敌军先头窜抵桃川时，我第四路军，知敌非无计划之行动，遂于五月十四日，命十九师由桂林之大溶江，星夜向永州集中。至十七日，全师集中永州、黄沙河一带完毕。又以固守湘南，屏敝长江之目的，命十九师固守祁、衡，十六师防守宝武。此时敌已进至铲子坪、黄沙河一带。我十九师遂于十九日向祁阳撤退，主力集结于洪桥，扼守湘水沿河北岸之线（为附图第一）。第十六师于廿一日，由洪江、芷江向宝庆集中，我粤东第八路军，以遵命追击该敌之任务，于廿二日午后，下追击队命令如下：

（一）窜湘张、桂、唐逆军，已到达宁远县，过黄沙河，向永推进，似有窜扰祁阳之模样，我四路刘师，现在祁阳布防堵击。

（二）本路军以截击该敌之目的，派三师兵力集中彬州后，搜寻敌人主力而歼灭之。

（三）追击队之编组如下：

前敌指挥官六十一师师长蒋光鼐，部队第六十师、六十一师、六十三师。

以上各师附炮兵两连，工兵一连，空军第二队，电话跟三分之一，前方预备病院，附担架兵一连。

（四）由广州至韶关，以粤汉铁路输送，务于本月廿九日以前，输送完毕。此后经乐昌、坪石、宜章、良田之大道，向郴州前进。务于六月五日以前到达。其输送计划，由蒋指挥官决定之。

（五）兵站监部，务于本月廿六日以前，到达韶关开设。

（六）余在广州。

第二节　衡宝、株醴间之战况与长沙之失守

第一款　衡宝间之战况（廿一日——廿七日）

五月廿二日，敌杨腾辉部之梁重熙师，窜抵新阳属之白水，与我隔河激战。白崇禧率周斓部之唐哲明、生明等师，麇集于永州。我十九师以敌向湘水上游迂回，为缩短防线，集结兵力起见，遂放弃新阳，将右翼阵地撤退于熊罴岭、驷马桥之线，并以固守衡州之目的，预在衡州南方约五六十里之泉湖港、廖田圩、杨柳河、新桥之线，构筑工事。廿四日，敌杨腾辉部约四团，抵常宁之柏坊，与我十九师教导大队接触。白崇禧率张发奎部约五团、许宗武师约六团，在冷水滩渡河，向我前进。周斓部约三团，由新阳向衡州前进，先头抵熊罴岭、枫口铺一带，与我十九师罗旅接触，激战至廿五晨，复以大部，由新阳迂回于白地市地区。我十九师又将阵地撤退于关帝庙、洪桥、归阳之线。归阳以下，仍沿湘水北岸防守。午后，敌以全力向我全线阵地开始攻击。我总司令以该路军三十九师，迭次退却，即电示该师作战之方针如下：

贵部既以集结兵力，扼要堵截，务必与之周旋。稽以时日，以待粤第八路援军逼近，相与乘机夹击，即不难一鼓歼灭之矣。

廿六日拂晓，敌继续向我关帝庙右翼阵地猛攻，我十九师不支，又撤退于古山寺、六塘之线。同日，宝庆方面；十六师李玄团，在桃花坪叛变附逆。仅彭旅两团，在南门外岳家街构筑工事防守。此时敌之大部，约五六团，由新阳过文昭铺，似分向仙槎桥、渡头

桥移动，绕过宝庆左后方，截断潭宝交通之样。我四路军总指挥何键，以情形日迫，一面电请大军应援，一面行固守衡宝，待机出击之处置，饬衡宝方面部队，切实团结兵力，并令调赴前方策应之。汪、杨两团，移至衡宝间六里、田铺集结一处，与宝庆十六师彭旅切取连络(如附图第二)。廿七日，总司令即电令十九师于衡阳附近，占据攻势防御阵地，星夜构筑坚固工事，坚守一星期，以待援军赶到，再行出击。盖敌即乘我调动之际，于是日午前用三师兵力，围攻衡州，我十九师以兵力单薄，兼之宝庆方面十六师尚未集中完毕，勉强支持，至夜又放弃衡宝，分向株醴退却。

第二款　株醴间之战况与长沙之失守

(廿七——三日)

第四路军以衡宝失利，退守株醴。十九师陈旅，于廿七夜十一时，经白果市、易俗河，退到湘潭。罗旅沿汽车路经茶园退到株岗待命。刘师长亲率李旅及五六旅，由衡州、衡山渡河，退到渌河、醴陵。十六师彭旅亦由宝庆经永丰退湘潭，分别布防。此时该路军以援军不到，恐难固守，告急之电，纷至突来。

其一　增援情形与作战计划

甲　增援情形

五月廿七日，得第四路军失守衡、宝之电，知该路军不能固守堵截，遂抽调在汉各部队，入湘应援，并电知第四路军知照。兹分列电令如左：

(一) 命令武汉分校钱教育长大钧之要旨：

(1) 着该教育长速将业已准备之一团，于明(廿九)日由武昌开至岳州，并另行准备两团听候命令开拔，其运输所输车辆，已令湘鄂路局预备，仰迳与接洽可也。此令。(五月廿七日发)

(2) 兹派该校胡科长约翰，为军校武汉分校教导队第一步兵指挥官，该校出发赴湘之教导队第一、第三两团，归其指挥。仰即转饬遵照。此令。(五月卅一日发)

（二）电第四路总指挥何键之要旨：

（1）抽调第十三师四团、分校教导队三团增援。预计六月四日前，当有三万大军来援，残敌无足虑矣。（五月廿八日发）

（2）五十师一部，已于三十日迳抵吴淞口，卅一日即可乘原轮上驶来汉。同日，大部可迳抵吴淞口，原轮转汉。第八师亦已集中广州待运矣。（五月卅日发）

（三）卅一日，据十三师师长夏斗寅报称：遵令率七十五团即刻乘车至长沙，其余卅旅旅部及七十六团、补充一、二两团，现正由平汉南下，继运长沙。

（四）电航空署之要旨：

湘中情势紧张，希迅即派飞机前往，勿延为要。（五月卅一日发）

乙　作战计划

此时我第四路军，以缩短正面，团结兵力，待援反攻为目的，兼之，我援军系由南北两方面进敌之后路，在西，使第八军向郴、耒北进，中央军由汉向南援击，则敌不敢以主力由湘长东岸进犯，受我军前后夹击，自趋绝境。敌如进攻长沙，必以主力由涟水方面姜畲银、田寺之间迳犯，基此判断，其计划如下：

一、敌进占衡、宝后，其主力由湘江两岸犯我湘、长。

二、我军以固守长沙、待机反攻之目的，拟从醴陵、渌口、湘潭易家湾、长沙至湘阴为止堵敌，待机反攻。

三、刘师全部以主力位置，渌口向衡山、朱亭警戒，并构筑阵地。罗师之陈光中、彭位仁两旅主力，位置于湘潭，阻敌渡河，并构筑工事。

四、王东原全团位置，于株州待命。

五、彭团、十五师教导团及田团一营，在长沙附近待命。

六、危宿钟率侯团，任长沙警戒。

七、张其雄旅，以全力位置于醴陵，构筑阵地。

八、各部统限于六月一日，布置完毕。

其二　作战计划之更正与醴陵长沙之失守

依据第四路军之作战计划，对于主力位置，似有变更之必要。于是说明理由，电知更正，并对敌应行种种之注意，兹列其原电如下：

（一）更正计划之理由：退守株醴之作战计划，经研究地形，觉主力似应向东移，盖预料敌人来攻之地带，概在醴陵至渌口之间，因株州至易俗河之间，湘江之方面，向系东西面，敌难于通过。苟敌以主力，自易俗河以西之地区侵入，欲攻长沙时，则又有渡涟水、湘江之难，我方有铁路可利用，能于数时之内，集中兵力于渡河点，乘敌半渡而击破之。敌必不为也。故四路军似应以彭旅位置于姜畲，另以一部控制于湘潭，再以有力之一部，扼守易俗河，所有其余部队，均应集结于易家湾、株州一带。并就渌口及渌江设防御工事，以便与敌决战。夏军长所率第十三师部队，为总预备队，专负协同该总出击之任务。

又桂逆北犯，利在急进，旷日持久，非其所愿。湘江东岸，似较西岸便捷，而易达其企图，故不得不虑及，此似将主力东移为宜。

（二）第四路军对敌应注意之件如下：

（甲）桂张诸逆，倾巢北犯，图出长江，遥应阎、冯，自在意中。贵部节节遏堵，集结兵力，相机出击，办法甚善，飞机已再电催。

（乙）敌到达衡宝，乘休息整顿之际，难保不派人四出运动，一俟成熟，再行急进。希注意严防。

（丙）逆敌攻湘抑入赣，此时固难判定，为求明了其情形起见，除多派干探外，务以小部队与之常保接触，既可滞其前进，又约侦其行动，希酌夺施行。

（丁）现已令赣省集重兵于袁州、吉安等处，敌如攻湘，则由赣省出兵侧击。敌如入赣，贵路亦出兵击其侧背，湘、赣互为援应，而八路军断其后，敌自不难消灭也。

卅一日，据报：敌于廿八日入衡者，有杨腾辉六团、许宗武三团、张发奎三团，以四五团兵力由白果、衡山，分向湘潭前走。一大部由衡山、朱亭渡河，向渌口、神福港前进。已与我军接触。判断敌之主力，在湘江东岸。此时四路军遂下命令于各部，其要旨如下：

一、第十九师及十五师两旅，均移于渌水至醴陵之线。十六师及陈充中旅在姜畲、湘潭接渌水之线，主力位置于株州、易家湾。

二、派探侦察敌之主力行进地点，毋为敌军急进遮断。

同时，十九师长即督饬所部及十六师陈旅，沿渌水北岸、湘江东岸，绵密布防，而以主力集结于株醴。是日总司令电令第四路军之要旨如下：

该路军凭险固守，勿令其越渌水、湘江一步，各方援军，日内必可到达。

六月一日，又令该军，以敌既向渌水神福港前进，主力宜迅行东移，并令赣省速集结相当兵力，于萍乡、袁州，以资防堵，此时第四路军之处置如下：

一、逆二万余人，自犯衡、宝后，即进犯潭、长。现以主力趋湘东攻醴陵，一部趋湘乡、绕宁乡，攻长沙，刻与我军在渌口神福港激战中。

二、职路以待援反攻之目的，拟定作战方针，右翼自醴陵、铁河口、渔潭州、周家铺、渌水北岸，转经株州、易家湾、霞凝港、市港之线，扼要构筑工事，待援军大集，即行反攻。

三、渌水北岸，自醴陵经渌口、株州之线，归十九师全部及张其雄旅担任警戒。

四、自株州至长沙省城以上，归罗师彭旅及陈光中旅、王东原旅一部，担任警戒。

五、自长沙省城至湘阴之线，拟请夏军先头到湘军队，担任警戒。

六、候夏师四团及教导三团全部到湘，与粤军到达彬州，分向常耒挺进时，即行反攻。以收夹击之效。

同日下午，得知敌情如下：

一、敌之一部，由攸县方面，向我前进，午前其先头已到苏家桥、冷水腊树下。又一部于午后二时到中路铺后，即向五十万淦田渡河。

二、湘乡张部约三团，及由衡山向易俗河前进之杨部梁师约六团、黄部许师约四团，均已撤退，折向三门渡河，全部向醴陵方面急进中。

三、马家湾、石亭、苏家桥、檀公桥一带，已有敌约两团，正与我隔河激战中。

四、敌确放弃宝庆、湘乡、湘潭，以全力犯湘东。

此时我株州渌口至铁河口之线，已布置完毕，惟双滂、豆田、泗汾、沈潭、美田桥等处，仅张旅两团，在双五里堂布防，即以本日到醴陵之王旅及汪刘两团，增加沈潭方面。以张潭开驻醴陵，并令罗师长到醴陵指挥张、王、彭三旅，严密堵击。

二日晨七时，敌约三团兵力，向我左翼之龙山桥、老山里阵地进攻，与我王旅对峙，又约三团之敌，由沈潭进至西林。同日午，约四团之敌，向我双滂小溪阵地猛攻，将我小溪姚团第二营击溃，继由转步口渡河，到小边桥附近，与我罗旅祁团激战，当即命彭旅刘济人团及罗师长，由醴陵派队，向该敌反攻。此时何总指挥在株州悬赏鼓励军心，与实行连坐法，决死力抵御，以阻敌进。是日，遂命令第十三师副师长朱恒冰之要旨如下：

一、夏师长率七十五团，已于一日早抵长沙。

二、着该副师长迅率七十六团及补充团，与直属部队等，立即开赴长沙。此令。

又命令钱教育长大钧之要旨如左：

着该教育长迅派教导团一团，限明(三)日上午八时以前，乘湘鄂路火车到汨罗下车，转赴平江接防，切勿稍延。此令。

迄至三日，知敌全部已移至湘东，以主力包我左翼，战极猛烈。且昨日由转步口渡过渌水北岸之敌，尚与我十六师激战未退。除由四路军派陈旅前往增援外，我总司令即电令教导团免开平江，迳开长沙、平浏。至原来驻军，速调前线作战，不必留驻。以免顾此失彼。又令所有入湘增援部队，统归何总指挥键之指挥，并电南昌鲁主席云：桂逆与四路军，如在醴、株一带作战，恐有窜萍乡、袁州入南昌之谋，请注意并希金、张两师，集结于南昌附近，并扼要构筑坚固工事。谭师亦可在九江依敌情之推移，再定行止可也。至是日午刻，敌我战斗，双方伤亡极众，卒以力薄，被敌冲破，放弃株醴与长沙，退守河夹塘，沿汨水至平江之线；以第十三师团部扼守新市至河夹塘。十九师及陈旅向长乐街附近集中。十六师彭旅、卅一师阎旅、十五师金王两旅，向平江附近集中。而该四路军以久战之部队，须略事整理，再图反攻，来请大军援应。

第三节　长沙陷落后我之部署与行动

（四日——十二日）

第一款　敌军之行动

一、敌易维扬旅，于四日晚五时入长沙城。杨腾辉之第七军，全部由宝庆经湘乡、湘潭，于五日抵长沙，分驻大西门一带。七日午前过东屯渡、永安市、湖瑶渡，经崩墈向平江大道之金井方面推进。是晚，其十九师宿营于单心店，廿一师宿营于罗汉庄附近。

二、李宗仁、李品仙、白崇禧与张发奎之第四军，于六日抵长沙，驻旧五十标及福康里，七日，第四路军向湘阴、通岳州之古驿前进，十一日抵南江桥。十二日向浏阳移动。

三、周斌之第八军，于七日由湘潭开抵省城，分驻北门一带。又唐星之廿五师，仍驻湘潭，李泽民部驻宝庆，新编颜仁毅部守衡阳。

四、浏阳西北，由沙堆桥至花桥一带，据飞机八日报告，有步兵三四千人，向平江急进。汨罗附近，于十一日据报有敌约两旅，似向岳州前进，又约一旅，已到岳州、城陵矶一带。

五、黄旭初率教导一、二师约四团，三千余人，于三日过龙虎关、由道州向永州前进。十二日在祁阳活动，两团到常宁，一团在洪桥。

第二款　我军之部署与行动

其一　部署

长沙陷落，武汉吃紧。我军为巩固武汉，仍专力对付陇海路战事，计于六月三日电令：岳州不可放弃，应由第十三师守岳，将火车全数运汉，或爆坏汨罗江桥，如情况紧急，再令第八师直运汉口，并律令鄂赣各部军事行动如下：

一、以第十三师之四团、五十三师五团郭汝栋部等，编为第一梯团，以夏斗寅为指挥官；于十日以前，在武昌南湖集结待命。

二、以第十三师(欠二团)、分校教导师全部、要塞守备兵三团、教一师(缺二团)等，编为第二梯团，以钱大钧为指挥官；控置于武汉，即按筑城计划，开始工作，巩固武汉。

三、在江西第十八师及第十二师主力，编为第三梯团，以金汉鼎为指挥官；于廿五日以前，在袁州、萍乡附近，集结待命。

四、第五十师开至武汉为总预备队。

五、以上各部，暂由行营直接指挥。

六月十二下达各部命令如下：

给 第一梯团指挥官 夏斗寅
　 第二梯团指挥官 钱大钧 命令
　 湘鄂号铁甲车队长 罗显诚

湘鄂号铁甲车应于即日起改归夏指挥官斗寅指挥，仰该指挥官、队长即便遵照。此令。

其二　行动

甲　第一梯团之行动

我第十三师各部，奉命入湘应援，于四日全部开抵长沙，旋以我四路军放弃株、醴，退平江，遂将补充第一团，撤至汨罗布防，师部及七十六团停止黄沙街，七十五团撤至桃林，辎重则退回岳州待命。至十日，其七十五、七十六两团，已撤至贺胜桥东南，上孟锏山以东，构筑阵地。师部之直属部队均驻贺胜桥。补充第一团，则开驻蒲圻，掩护我军集中，其原在平汉路、漯河一带担任警戒之七十三、七十四两团，因此时亦由平汉路向湘鄂路输送。第五十三师之一百五十八旅及一百五十九旅，已由武汉开抵土地堂山坡一带集中，其一百五十七旅，亦向土地堂以南地区输送中。

乙　第四路军之行动

我四路军自失守株醴，向河夹塘、平江之线撤退后，即奉命退湘西整理，其十九师于七日，由岳阳渡河向华容；十五、十六两师；同时由平江经临湘、尺八口、监利、南华、常德分途前进。

丙　第六路军之行动

我六路军之第五十师，于五月二十九日，由广州输运，向武汉集中。至六月十日，全部抵武昌待命，其第八师继五十师之后运汉。

丁　第八路军之行动

我八路军以追击桂逆之任务，命在郴州集中，向该敌展追，其六十一师，自五月二十七日，由韶关经乐昌，向郴州集中。六月二日抵郴州，三日进抵凤渡，五日抵耒阳，六日向衡州前进。至十二日张旅抵东阳渡，华旅抵衡州之四塘。

六十师自五月廿五日，由广州经韶关向郴州集中。六月四日抵郴州，五日抵永兴，六日向耒阳前进。此后，即在耒阳、安仁一带待命。六十三师自五月廿五日由梧州经广州、韶关向郴州集中。六月五日抵郴州，六日向永兴前进。至十二日抵泗塘附近。

戊　第三梯团之行动

赣方此时为防桂逆绕出浏阳，乘虚入赣，并与四八两路军，协同围击该敌之目的。于六月三日，遂行全般部署与实施如下：

一、部署

1．第十二师(除留二团镇设赣南外)主力，限九日以前，移驻吉安。

2．新第十三师现驻樟树之部队，与现驻永平之一营，均限六日以前移驻吉安接防。现驻袁州之王团，应向萍乡方面，严密警戒，掩护各部集中。

3．第五十师第一四八旅(除留一营俟邓师接防后，再行开拔外)，限六日以前集结新喻。

4．第十八师第五十四旅及一百零三团，限七日集中高安。

5．第十八师第五十二旅(百零三团)，限七日集结牛行车站待命，所遗赣东各县防务，由保安处另派警队接防。

6．第十八师五十三旅应即日接替南浔路防务。

7．第五师独立团限六日集结宜丰，所遗铜鼓防务，由警察第一大队担任。

二、实施

1．第十二师于四日开始行动，集结吉安后，旋奉总司令电令，改为集结袁州，遂于十二日出发，取道安福，赴袁州集中。

2．第十八师已集结修水，并在修水两端，构筑工事。

己、海军之行动

当第四路军退守株醴，及株醴失守时，先后派有楚泰、顺胜、威胜、义胜、咸宁、诚胜、江元、民权、得胜诸舰，在湘洞庭湖一带，及长江上游巡弋，以壮声势。迨七日，第四路军在岳渡河时，即派楚泰、公胜、顺胜三舰，停泊岳阳，担任掩护。并派各舰在新堤、金口、肖家洲、嘉鱼、临湘等处，巡防敌军偷渡。

庚　铁甲车

长沙失守，湘鄂路关系更重，特于六月五日，令铁甲车司令，组织湘鄂号铁甲车一列，并调津浦路太平队，装运到湘鄂路，专任该路警备。

辛　飞机

湘中吃紧，即调原派粤省飞机，悉数入湘助战。

第四节　克复长沙

当此张、桂逆军窜回湘南，希图先破我八路军，然后回攻鄂赣，定计狡毒。我军为克服长沙，力求统一指挥，以免被敌各个击破，特派何部长应钦，指挥湘、粤、鄂、赣各军，凡各该省讨逆部队，均归节制调遣，并定讨伐计划，会攻该敌，以扫逆氛。

第一款　讨伐计划与指导方略

其一　讨伐张桂逆军计划

一、敌情判断

敌因我八路军已占衡州，归路已断，拟以四路军、七军、十五军攻我八路军，图扰广东，而以第八军扼守平江、岳州，迟滞我军前进。

二、作战方针

以第八路军扼守衡州、安仁，以四路军袭取长沙，并派一部攻击宝庆、衡山，威胁敌之侧背。而以鄂赣两省军队，同时向湘境前进，先行击破平岳之敌，而后追踪前进，夹击该敌，以期消灭于湘省境内。

三、各军运动概要

一、教导第三师(欠两团)于十六日在贺胜桥蒲圻上车，至路口铺下车(如能前进至云溪或城陵矶下车更好)。准备于十七日攻击岳州，此后沿铁路前进，务于十九日到达汨罗江北岸。廿二日前进入长沙。

到达岳州后，留兵一团，镇守岳州，并剿云溪附近之匪。

二、第十三师之三团，于十四日以在蒲圻之一团，进至路口铺下车，掩护第五十三师集中。其余两团，于十六日于贺胜桥乘车至赵李下车，集中待命。

三、第五十三师于十四日由各宿营地乘车出发，至五里牌下车，即转向桃林前进。驱逐当面之敌人，后即向新墙前进，到达该地附近，视当时情形，派一部截击由岳州溃退之敌人，即转向长乐街前进。务于十九日渡过汨罗江，此后经福林铺前进，限廿二日，到达长沙东端。

四、第五十师于十五日由徐家棚乘车至赵李桥下车，即向通城、南江桥、平江前进。务于十九日攻下平江，此后协同十八师之两旅，向浏阳、醴陵，限廿四日到达醴陵。

五、第十八师之两旅，于十五日由修水出发，经马坳、朱溪厂，务于十七日到达长寿街附近，视当地情形，或经三眼桥，抄袭平江敌人后路，迳由长寿街，经献钟市直向浏阳、醴陵前进。限十九日到达平江，廿四到达醴陵。

六、第十二师集中袁州之两团，十六日即向宣风镇前进，经安原、湘东向醴陵前进。限十九日到达，准备截击由平江方面溃退之敌人。其余一团亦务于廿四日以前，到达醴陵。

七、湘鄂号铁甲车，十四、十五两日，归第十三师指挥。自十六日起，归教导第三师指挥。

八、新编第二十二师，以一部在咸宁附近，担任咸宁至洋楼洞间护路，以一团在阳新，以其余剿金牛之匪后，即专对彭德怀股跟踪追击。

九、要塞司令部，须派保垒守备兵一团，及炮兵若干，守备贺胜桥阵地。

十、航空队须逐日飞行侦察岳州、平江、长沙之敌情，按右列各部队之位置，随时以通信袋投报，并相机轰炸敌人。

十一、海军须于十七日协攻岳州，十九日攻击营田，并相机攻击长沙。

四、作战地境

临时以电令规定之。

五、兵站　通信　卫生

通信主用无线电，及利用国有电线及铁路线。至兵站及卫生机关之设置，另由兵站黄副监及军医处长计画之。

鄂赣两省军队运动概要一览表　十九年六月十三日

日　期	部　　　队	到达地点	注　意　事　项
十四日	53D	羊楼洞　五里牌	
	50D	武昌	
	13D(三团)	路口铺	驻蒲圻之一团开驻路口铺
	教3D(四团)	贺胜桥　余码头	
	18D(四团)	修水	
	12D(三团)	向袁州前进中	
十五日	53D	桃林北方地区	
	50D	羊楼洞	
	13D(三团)	贺胜桥	
	教3D(三团)	贺胜桥　嘉鱼	三团在贺胜桥，夏团在嘉鱼
	18D(四团)	马坳	
	12D(三团)	袁州	
十六日	53D	桃林	攻击桃林
	50D	大沙坪	
	13D	赵李桥	
	教3D	路口铺	如能前进则至云溪或城陵矶下车
	18D	朱溪厂	

（续表）

日期	部队	到达地点	注意事项
	12D	宣风镇	
十七日	53D	新墙	
	50D	灵官寺九岭附近	
	13D	另以命令定之	
	教3D	岳州	
	18D	长寿街	
	12D	安源	
十八日	53D	新墙	派一部向毛家嘴截击由岳州退却之敌
	50D	南江桥大洲间	
	13D	另以命令定之	
	教3D	荣家湾	
	18D	三眼井	
	12D	湘东	
十九日	53D	长乐街	
	50D	平江	
	13D	另以命令定之	
	教3D	汨罗江北岸	
	18D	平江	
	12D	醴陵	

其二、指导方略

一、致各部队长官寒电：

(1) 以后关于作战上之命令及重要通报，收到后，请立刻电复。

(2) 每日须将敌情及我军位置，至少电告一次。

(3) 此后作战应步步为营，战法无论攻守，均应构筑简单工事。

(4) 各部队之联络，须确实保持，并应将所得敌情，随时互相通报，特此电达，希即密饬所属知照。为荷。

二、补充第一团及铁甲车队，务必到达路口铺，掩护我军集中，并设法向岳州探进，以便修复路线。

三、第三梯团，以十八师之两旅，于十五日由修水出发，经马坳、朱溪厂，务于十七日到达长寿街附近，再视当时情形，或经三眼桥，抄袭平江敌人后路，与谭师协同或迳由长寿街经献钟直向浏阳、醴陵前进。限十九日到达平江，廿四日到达醴陵。以十二师集中袁州之两团，于十六日出发，经宣风镇、安源、东向醴陵前进。限十九日到达，准备截击由平江方面溃退之敌人。十二师其余之一团，亦务于廿四日以前，到达醴陵。

四、海军多派浅水舰，不时游弋湘阴、清港一带，协助攻击。

五、第十八师朱部，到达献钟市后，如探悉平江已无敌人，应向浏阳、醴陵急进，以便会合十二师，急追敌人。

第二款　各军之进展与克复长沙

（五月十三日——十九日）

五月十三日，岳州、城陵矶、云溪之敌约一旅，已向株醴方向撤却。

一、我第一梯团之第十二师，仍在贺胜桥、蒲圻一带，第五十师在山坡土地堂一带。

二、我第四路军之第十九师陶、庄两团，十六师田团，十五师侯团,由华容、常德、进抵益阳,继向宁乡前进。其余由华容、南县向沅江推进。其总指挥部,仍在常德。

三、我第八路军之六十一师教导团,已进占衡山,华、张两旅仍驻衡州、四塎、及东阳渡,六十师仍驻于耒阳、武田墟、安仁一带,六十三师抵衡州之四塘。

十四日,

一、我第一梯团之教导第三师夏团,开抵岳州。五十三师进抵五里牌、桃林一带。

二、我第四路军之第十九师陶、庄两团,十六师田团,十五师侯团,由益阳向宁乡前进中。其余正由南县向沅江、益阳推进中。卅一师阎旅,由华容向南县推进中。十六师戴旅之一部,卅一师陈旅两团,正向宝庆移动中。

三、我第八路军六十一师之华张两旅,仍驻衡州、四塘、耒阳一带。毛旅在广饶间输送中。教导团仍驻衡山,六十师仍驻耒阳、武田墟、安仁一带。六十三师黄延旅,移向洪桥,对黄逆旭初部警戒,黄质文旅驻衡州附近。

是日,得知敌黄绍雄率黄旭初、梁翰嵩之教导一、二两师,由永州分向常宁、衡州前进。我第八路军总指挥,遂指导各师,依照如下之处置:

(1) 速筹以一旅兵力,固守衡阳。

(2) 速派高级参谋赴安仁,选择攻势防御阵地,紧要据点,构筑工事,侦察敌之主力,果向南窜,则我以衡阳为左翼据点,以主力移向安仁方面,将南窜之敌,在安仁歼灭之。

(3) 黄旭初部,仍不敢窜至四塘及耒阳。我军对湘东之敌,由浏阳窜至安仁附近时,我后续部队,亦可到达耒阳附近。此时即以后续部队驱逐黄旭初所部,并掩护我军之后方。

四、我第三梯团之第十八师,仍驻修水,十二师由吉安向袁州、萍乡输送集结中。

五、我海军各舰，于午时进岳州，继向长沙推进。

十五日，

一、我第一梯团第十三师之补充团全部，到达路口铺。其余各团及师部仍在贺胜桥原阵地，候车运送至赵李桥。五十三师全部到达五里牌。其一五七旅向桃林前进中。五十师由武昌至赵李桥输送中。

二、我第四路军总指挥部驻常德，十九师李旅驻沧水铺，罗、段两旅抵益阳，十五师侯团、十六师田团，在宁乡附近。十六师彭旅，在沅江途中。张、王两旅在南县。十六师戴旅之一部，卅一师陈旅两团，向宝庆推进中。

三、我第八路军之各师，本以一旅守衡阳，六十、六十一、六十三等师，均占领安仁，取攻势防御。旋因敌黄、梁两部，计四团，与我六十一师，在九眼界附近接触。于是六十一师主力，遂集中衡阳，仍同昨日之位置。

四、我第三梯团之第十一师朱旅长耀华，率易、喻两团及戴旅李团，由修水向朱陂厂推进中。又戴旅长辛黄团，由武宁经修水，在朱旅长后急进中。十二师仍由吉安向袁州、萍乡前进中。

五、我海军仍在岳州洞庭湖附近游弋。

十六日，

一、我第一梯团第十三师在湘鄂路部队，仍驻路口铺及贺胜桥原阵地。五十师最后部队，已过山坡车站。教导三师之第四团，随张师长到达官埠桥，第一、二两团由贺胜桥开岳州，其余正准备输送中。五十三师仍由赵李桥向新墙推进中。

二、我第四路军总指挥部在常德，十九师向宁乡、湘潭推进中。十五师侯团，十六师田团，已抵距长沙域四十里。十六师彭旅，向宁乡前进中。卅一师阎旅，在南沅途中。一部移抵徐湖口、临资口担任警戒。十五师汪团及张王两旅，在沅江。十六师戴旅之一部，卅一师陈旅，向宝庆推进中。

三、我第八路军六十一师，因受黄部牵制，不能预期前进安仁，决以主力集结衡州，相机进击，六十师沈旅，在秋田西龙门溢附近，与敌相持。

此时，敌之先头，已抵黄土岭，有向安仁急进之样。基上情形，逆部将由常宁、安仁、耒扰耒阳，冀断我后路。原拟以一部守衡，主力集安仁，应付南窜之敌。兹因六十师与敌在龙门溢相持，不能移动，遂变更昨日计划，令将主力集结耒阳，并以一部占领永兴，待机而动。

是日，总司令电八路军，注意桂逆用集中兵力，突破我一点之惯技。

四、我第三梯团之第八师朱旅全部暨戴旅之一团，由修水向长寿街前进中。十二师向萍乡集结中。

十七日，

一、我第一梯团五十三师进至长乐街，五十师已过通城，其先头将到南江桥，十三师先头已抵岳州车站，教三师第一团抵荣湾，已与五十师之一团，取得联络；第二、三团在岳州，第四团在城陵矶。

二、我第四路军各部队，已由益阳、宁乡分向长沙、湘潭、宝庆进攻，十六师危旅长率挺进军田、侯两团，先头于十六夜到达长沙水陆洲，敌由株醴撤退。今晨正由海军掩护渡河，午后十一时克服长沙，继向浏阳、株州方面跟追中。十九师李旅长率胡、陶两团，于午后酉刻，向湘潭渡河，向株江追击中。其余罗、段两旅，由宁乡跟进中。前敌指挥官刘建绪，率主力向湘潭急进。

三、我第八路军，照昨日之处置正在集结中。

四、我第三梯团十八师朱、戴两旅，向浏、醴急进。十二师张旅朱团，已过安福续进。师部及直属部队，由清江向分宜前进。

五、我海军各舰进入长沙。

十八日，敌杨腾辉部，向株醴溃退，李逆一部，窜向宝庆。又六七千人，由攸县向安仁前进，其先头午后到渔田。黄旭初部下午到南京桥，一部在旌口塘渡河。

一、我第一梯团五十三师，已进抵福临铺，距长沙约百里，教三师夏团，乘轮开长沙，余两团徒步向长沙前进。

二、我第四路军十九师，在湘潭击破敌一团，获枪械甚多。何键抵长沙，飞令各部队，以一部向宝庆追击。

三、我第八路军六十师，到东阳渡湘东一带。六十师、六十三师在衡阳附近，择要构筑工事，相机进击。

四、我第三梯团十八师之两旅，兼程由献钟直出醴陵。十二师主力到醴陵后，即向攸县、安仁尾摄敌后，均限廿二日到达。

十九日敌由株醴往攸县，向安东、耒阳撤退，其先头部队由安仁向龙海塘、观音阁分进。已与我八路军接触中。

一、我第一梯团五十三师，在福临铺至长沙途中，十三师师部及三十八旅(欠一营)补充一团，直属部队驻岳州。

二、我第四路军十九师李旅挺进队，与张发奎之一部，沿途且战且追，俘虏甚多。于午后完全占领株州。罗、段两旅，午到湘潭，继即渡河、向株醴前进。十六师彭旅及陈光中旅，今日可到湘潭，湘江西岸。已派先遣支队长米渥昭，沿长衡公路向衡州前进。

第五节　衡州附近之战况

第一款　敌我之形势

敌自出桂窜湘，原仅十一团兵力，旋多方勾引，我四路军叛部数团，共约廿一团左右。迨最近受我各路军压迫，由长沙分途经株醴间，被我四路军俘虏，约二千人，击毙约五六百人，缴械千余支。张发奎、杨腾辉、黄绍雄等部，虽未大受打击，而官兵奔窜狼狈已极。刻敌之兵力，仍不过十余团耳。其主力近正向安仁、耒宁窜逃。先头于廿日抵龙海、塘盖、祁阳、常宁一带，尚有黄绍雄所率之黄旭初、颜仁毅等部，未向何方移动。此时我行营已移进至长沙，第四路军刘师长，亲率主力约八团，正由株州、渌口，向醴陵攸县之敌尾追。本(二十一)日,可过醴陵，其一部约二团，正由湘西趋宝庆、祁阳,计本(廿一)日,可到宝庆。又一部约二团，在湘潭待命。第八路军在衡州、廖田圩一带。拟移集于郴永击敌,其后续部队，尚在乐昌、九峰一带。第一梯团之第十三师三团及教三师三团，在长沙、岳州一带。五十三师在长沙、湘潭间。第三梯团之第十二师在安源、萍乡附近。第十八及五十师可到浏阳附近。

第二款　计划与敌况

其一　计划

一、敌情

据报张、桂逆军主力,似退据耒阳附近。又据报告耒阳之敌,已有一部到廖田圩。常宁之敌已有一部到松柏及柏坊、菱源、河口之线。其以后企图，尚不明了。

二、方针

我军第一部,须以第八路军在宜章方面之部队,扼守九峰、坪石,主力仍在衡阳。再以湘、鄂、赣各部,迅速齐进。至衡州、安仁、茶陵之线,以断敌东窜之路。第二步力求逆敌主力,务于最短期间,包围于湘南地区,而歼灭之。

三、军队部署如下：

1．第四路军总指挥何键。

甲、第四路军之主力约十团，先头向安仁前进追击。

乙、其余一部约四团,续向宝庆、祁阳推进。

2．第八路军总指挥陈济棠。

甲、由陈济棠率领之后续部队，由乐昌向宜章前进。廿一日可到宜章。

乙、由蒋光鼐率领第八路之一部，现已到达衡州附近。

3．第五十三师于廿二日,可由长沙全部出发。

4．第十八师、五十师联合部队,指挥官谭道源。

甲、第十八师,约计廿二日,可到醴陵。

乙、第五十师，约计廿四日，可到醴陵。

5．第十三师，约计廿一日，可到袁州。

6．总预备队指挥官夏斗寅。

甲、第十三师之一旅，廿一日到长沙。

乙、教导第三师之三团廿一日到长沙。

四、各陆军部队之行动后任务如另表。

五、航空队须逐日飞行侦察耒阳、永兴之敌情，按另表之位置，随时通报，并相机轰炸敌人。

六、第二步之攻击计划及作战地境，俟敌情明了时，续定之。

七、陆军各部队之运动概要一览表(详实录)。

其二、命令

基于本(廿一)日敌我情况，除定以上之计划外，复下命令如下：

一、令五十三师于明(廿二)日，由现地向衡州兼程前进。

二、令十二师由萍乡、莲花，向茶陵兼程前进。令十八师除留一团向萍乡警备外(因匪陷萍乡)，余由醴陵向攸县前进。并转由谭师长指挥。

三、令五十师向攸县前进，并指挥十八师，协同向敌跟追。

四、令何总指挥饬刘罗等部急进，并令蒋指挥光鼐，就现地侦求敌之主力，联合进击。

其三、战况

六月廿一日，敌周斓部由安仁向耒阳退却，其后尾尚在醴陵之泗汾铺，拒我第四路军李旅之追击。旋经我李旅击溃，俘获人枪各千余及机关枪四挺。原退在耒阳之张发奎部五六百人，已折向衡州，进抵廖田铺。原在常宁方面之梁翰嵩部，亦分由松柏、柏坊、双流口渡河，向衡州前进。是日，我八路军以敌系佯攻，直趋郴州图粤，拟由衡州，分向耒阳、常宁截击。

廿二日，我军鉴于昨日之情况，遂催第三梯团及第五十师速进。第十八师速以一团赴萍乡。第四路军速向攸县、安仁前进。第八路军派一小部，向界牌铺、威力侦察敌之主力，是否在耒阳？待各军达到茶陵、安仁、衡州之线，再合击而歼灭之。盖此时，平汉路、漯河方面第九军，奉命向东挺进。急须兵力填防，遂命我总预备队之第十三师夏师长，率所部三团及直属部队，星夜赴汉，转漯河，归何总指挥成浚指挥。并因赣匪共猖獗，令第十八师在浔之王旅，免开来湘。

同日，得知敌三千余辎重，四百余担，由公车圩、梧桥铺，向耒阳北进。又昨至廖田铺之张发奎，先头约两团，于是夜抵河田市，与我八路军堆子岭前哨接触，原在常宁之敌，继续在柏坊渡河中。

廿三日，我军鉴于以上敌情，遂于午前命令第四、第八路军，及五十三师，其要旨如次：

一、逆敌企图，虽未明了，但其大部，似仍在耒阳一带。

二、我军以速求逆敌主力包围歼灭之。

三、各部动作如次：

1．第八路在衡之部队，于敬晨由衡州向耒阳进击。

2．第四路主力(其先头本日可到安仁)，迅速经安仁向耒阳以东地区进攻，另以陈旅及徐吴团速趋祁阳、白水，断敌归桂之路。

3．五十三师赶赴衡阳，就近归蒋指挥指挥，相机协击。

4．各部动作须迅速，并切取联络。

此时，我第四路军之第十九师李旅，正由攸县向安仁推进，后续罗、段两旅，亦可抵攸县。十六师彭旅，由板沙铺向草市推进，侯、田两团，在昭陵、株亭途中。陈光中旅，由株州推进中。我第八路军集结衡州附近，占领湘江东岸、黄泥嘴亘丁家滩之线。六十三师占领水塘铺亘高岭。六十师一部占领高岭亘何家套之线，构筑工事，准备迎击。其余为预备队。

同日，得知敌之大部约万人，由耒阳向衡州前进，先头已抵观音桥，后续约三千人，尚在耒阳之南端继进。是夜约敌兵一团，仍向堆子岭方面猛攻，已进至东阳渡附近。

廿四日，扼守渌田、龙家湾、抵抗我追击之敌，已被我击溃，向安仁退却。我四路军即可抵安仁。盖耒阳方面，敌仍继续向衡州前进。且昨至东阳渡之敌，今晨向黄字塘前进，与我八路军前哨，相距仅二千米。又由长岑铺前进之敌张发奎部五团，及李宗仁之警卫团，已与我第六十师激战中。松柏、柏坊之敌白崇禧部，已至粟江铺，并截获李宗仁致阎电，知敌全力由耒阳犯我衡州，此时敌之企图，既已明了，遂处置如下：

一、令蒋指挥坚阵以待，俟友军到达时，同时进攻。又指令六十三师到衡，不宜令其进城，位置于城西北，约二十里之处，并注意敌由松柏坊，绕我右列后。

二、令何总指挥，饬部经泽市向冠市街星夜急进。并向衡州与蒋部切取联络，勖其动作迅速，以便围歼敌人。

三、六十三师星夜进赴衡州，协同第八路出击。

四、电陈总指挥，饬后续部队，在九峰、乐昌防堵逆敌窜粤。并询可否派一部迳向耒阳、衡州，扰敌后方。

廿五日，敌张发奎部并李宗仁之警卫团，仍在衡州附近，湘江东岸，与我八路军六十师继续激战湘江两岸、白鹭塘、矮桥、隆兴市一带，敌军仍在原地未进，湘西鸡窝山，已发现敌人尖兵，与我八路军前哨相恃，依本日情况判断，敌之主力当已趋于湘江西岸，即处置如下：

一、电刘指挥以一部由安仁方面追击，以主力移向冠市街击敌右侧，又电知已令十二师向茶陵、安仁，不必顾虑左侧。

二、令五十师师长率十八及五十两师，向衡山急进。

三、令十二师向茶陵安仁速进。

四、令八路蒋指挥，乘夜派小部在正面威力搜索，如敌窜逃，应速将敌之掩护队歼灭，再寻主力猛追，不限于湘江东岸出击。又电令黄泥嘴至丁家滩，为守势地区，集结兵力于湘江西岸，相机会同六十三师出击。

五、令六十三师即开樟木市，协同八路军相机出击。

六、电何总指挥，将衡山之两团，速向泉溪市前进，并催四路军向冠市街猛进。

廿六日，湘江东岸之敌张发奎部及李宗仁警卫团，集结冲锋，被我八路军六十师猛击后，即向耒阳方面撤退。先头已过界牌铺，并获得张发奎命令，知该敌将所部集结于堆子岭，其梁重熙部在前敌掩护，构筑坚固工事。矮桥、隆兴市一带之梁翰嵩部，一部已由松柏渡河，向常宁方面撤退，一部沿河西退。此时我八路军，即分四路向敌追击。

一、由石子岭，向东南，先头已到黄于塘。

二、由衡西汽车道前进，先头已到烟竹埠。

三、由湘江西岸南进，已到车江市。

四、由东阳铺前进。

第四路军之第十九师，已由龙海塘向耒阳前进，十六师及陈旅，已经草市向冠市街前进，段、田两团，已随何总指挥键抵衡州。是日，我军即分令各部，其要旨如下：

一、令八路蒋指挥，以大部由湘江西岸追击，并指挥第五十三师，协同猛追。又为防备逆敌窜扰湘西，已令第四路军，协同第九旅，由湘江东岸追击。

二、令刘指挥向冠市前进之部，协同第六十一师第九旅，截击张逆发奎部，期歼灭于常宁、耒阳之间。

三、令何总指挥派兵接衡州防，并催十九师速进。

四、因赣方土匪猖獗，令十八师张旅在醴陵待命。

第六节　弹子山附近之鏖战与追击

第一款　计划

一、敌情

敌至耒阳后，即拟以全力进犯衡阳，其先头部队已于廿五六日，与我前哨部队，在堆子岭、黄源岭、大石铺之线接触，甫经我军迎击，敌忽向耒阳、常宁方面退窜。

二、方针

我军以主力，由湘江西岸向常宁方面尾追敌人，以有力部队，相机急进。至敌前拦头兜剿，以一部向耒阳追蹑，三方夹击，以期歼灭敌人，于湘南地区。

三、作战部署及各部队之行动

1．蒋指挥官以第八路之主力，即向湘江西岸，向常宁方面，猛烈追击敌人。

以五十三师在主力右翼，协同出击。至茅桐桥附近，相机急趋归阳市、或祁阳渡河，栏头兜击。

以湘江东岸之一部，即由湘江东岸向耒阳，追击敌人，此部务与冠市街附近之第四路部队，协同为要。

2．第四路之主力，将安仁敌人击溃后，迳趋丰阳附近，截击敌人。将耒阳敌人击破后，跟踪追击，期与我第八路主力，夹击敌人。

其一部即由冠市街攻击敌之右侧背，并协同第八路在湘江东岸之部队，向耒阳追击，以与其主力会合，追击敌人。

何总指挥所率之两团，即由现地向衡阳推进，务于二十七日，以一团接衡阳之防，以另一团相机推进，相机策应。徐、吴两团，即由宝庆向祁阳前进，截堵敌人。

3．五十师务于二十九日以前，到达衡山。十八师之两旅，暂在醴陵，相机策应。

4．陈总指挥所率八路之后续部队，即在乐昌附近，以堵敌人南窜之路。

5．十二师俟进至茶陵后，相机策应。

四、航空队每日飞行侦察敌情，于行进方向之桥梁地点，并掷弹轰炸。

第二款　弹子山附近之鏖战

敌自从长沙经株醴南退，并在湘东进攻衡州失利后，现已悉移湘江西岸，其先头在白水町、铁矿铺、古山寺、六塘之线。又常宁之敌，亦向衡州前进。二十七日据飞机报告如下：

1．午前十一时报：敌约一旅，由松柏渡河北进。又廖田铺有敌数百北进。

2．十二时报：敌约一旅，由独石渡河至松柏市，再渡河向西行进，先头到栗江铺，又约一团，由祁阳东北之大营北进。

3．午后一时，敌约二千，由耒阳西进，已到南京桥。又约二千人，到江口塘，将北渡。

4．午后六时，独石之浮桥已撤，似湘东岸已无敌人。又由松柏渡河之敌，系向西经石头滩行进。

鉴于以上敌情，自有在衡南抗战之企图，为急谋解决，以免该敌他窜计，遂决定处置如下：

一、给各部攻击命令如下：

1．综合各方报告，张逆部在黄圩塘附近，经我痛击后，即退至堆子岭、河田市构筑工事。唐逆部约二千，今日由廖田铺渡过湘江西岸，沿北岸西进。桂逆主力，现在兴龙市、矮桥、长岭之线，构筑阵地。似有抵抗我军之企图。

2．我军拟由三方面夹击，求敌主力而歼灭之。

3．蒋指挥应以第八路之主力，即由湘江西岸，向牛头山、长岭、隆兴市、锅子塘之敌人攻击。以五十三师攻击黄洪桥之敌后，应急进相机攻敌左侧背。

4．第四路主力，应由冠市街以南，渡过双江西岸，猛攻敌人右侧背，其侯、田两团，接衡州之防，并相机推进。徐、吴两团，由宝庆向祁阳前进，截堵敌人。

5．五十师于勘日到衡山，相机策应。

6．第八路前线，务于勘晚进东安屯、车江市、东阳铺之线。第四路主力，务于勘晚进至冠市街以南，双江河岸，并乘夜渡河，各部定于艳日拂晓，开始攻击。

7．攻击奏效后，各部应不失时机，相机进击，协同努力，歼此敌人。

二、电陈总指挥，饬后续部队，向郴州挺进，扰敌后方。

三、命十八师朱、戴两旅部队，即经萍乡赴袁州，听鲁总指挥调迁。因赣省抚州、吉安，被共匪进犯吃紧。

二十八日，我第四路军刘指挥所部，抄袭逆敌侧背，已进抵耒阳，正尾敌追击。侯、田两团，已开丁家滩、黄泥咀，接六十师防。第八路军部队已到车江市、东阳铺、竹瓦桥、五厘亭之线。五十三师可到新桥、天光桥之线。并据四塘步哨及飞机报告如下：

1．六塘有许崇武之一部，七塘至洪桥间，到有敌军万余人。

2．逆敌约三四千人，沿粟江铺、石头滩、茅洞桥、洪桥行进。

3．有敌千余人，由祁阳向大营市前进，另约有一连，由祁北进，离祁十余里。

4．祁阳至大营市，有敌零星部队，约四五百人，向大营市行进。大桥湾西南小土山，有敌集合部队，约一团余。

5．祁西通宝庆大道石家铺，有敌十人向西北行。

6．由江口塘至洪桥之山道上，有逆约五千余人，向洪桥前进。

我军即处置如次：

一、电何、蒋各部，照前令进攻，并严防逆敌西窜宝庆。

二、电五三师协同第八路军进击，并特注意右侧。

三、令五十师须于艳日，进驻渣江，并派部警戒红禾庙，以策应前方，并防逆西窜宝庆。

二十九日，敌之主力麇集七塘、八塘，而在探山、弹子山、龙水桥一带，筑有防御工事。其大部向我右侧转移，我八路军即以六十一师向大塘、南乡寺；六十三师向茅洞桥、杨家铺；六十师推进至沛江桥；五十三师向七塘、回龙寺之线。同时，我始出击，敌现在与我六塘、黄坪桥六十师、宋家桥五十三师激战中。我四路军之十九师，已由耒阳向常宁、十六师彭旅及陈旅，由大陀市、新市渡河中。是日，据飞机报告如下：

1．逆部约三千，由茅洞桥、金兰桥向大营市、祁阳行进。

2．我追击队约万人，已过大石铺，先头已到六塘，距敌约三十里。

3．柏坊、江口塘，均有敌之少数部队，分向大营市行进。

4．宝庆至祁阳，未见军队行动。

5．祁阳军队甚多，未见移动。

同时处置如下：

一、攻击部署：

1．第四路到达耒阳之部，应兼程由常宁向祁阳进击。彭、陈两旅，速渡过湘江，沿湘江北岸地区，协同八路部队，击破兴隆市、茅洞桥一带之敌后，即向祁阳、大营市进击。戴旅及徐、吴两旅，本日占领宝庆后，向祁阳方面进击。侯、田两团，仍按置于衡阳附近，为预备队。

2．第八路主力，向洪桥、大营市、祁阳进击，以一部向兴隆市及茅洞桥一带之敌攻击，奏功后，即令主力向祁阳进击，以五十三师经祁阳大道西北地区，绕攻敌之左侧背。

3．第五十师到达红乐庙，对祁宝中间地区，严加警戒，并以一部进至演陂桥。

二、电贵州毛主席派王副军长一师，进驻洪江，防逆西窜。

三、令十二师即开汉口转津浦路作战。因津浦需兵甚急。

三十日，我八路军六十一师，在弹子山、探山之线，击破敌杨腾辉部，现占领七塘。六十三师由古山寺向龙水桥攻击前进，五十三师第一五七旅，晨向回龙寺之敌进攻，第一五九旅由宋家桥向采山之敌进攻，刻均在激战中。四路军之一部为预备队，位置于四塘、五塘。此时获俘虏供称：张发奎向宝庆方面移动，似有迂回我右侧后模样。并由飞机报告敌情如次：

正午报告：大营市路上，有敌千余，向洪桥行进。文明铺及黄杨司至祁阳之道上，均有少数部队，向祁阳行进，似由宝庆退来。

下午二时报告：金兰桥一带山道上，有敌约千人，向汽车道行进，先头已抵东富铺。又牛头桥有敌约千人，向东行进。大营市、祁阳间，有敌约二千人，向祁阳行进。

午后六时报告：洪桥东，我军时有进展。

鉴于以上之敌我情况，即处置如次：

一、令四路军大部，急向祁阳挺进。八路军击破敌之正面，五十三师一部，协动正面，以一部置于紫云峰附近警戒，相机抄敌侧背，并防敌迂回，击我右侧，五十师相机策应五十三师方面。飞机轮次侦察，并协同各部攻击。

二、电八路陈总指挥，饬后续部队，趋永州截击。

三、令教导第三师之二三两团回汉，转津浦路参战。

七月一日晨，敌我仍相持于回龙寺、七塘、亘龙、水桥、扦树井之线，此时敌全部聚于此线，我遂合四、八两路，照前令猛攻。我军右侧，应置一旅之兵力，另以六十师，经金兰桥，向洪桥、大营市间挺进，以断其联络。四路军之十九师，直趋祁阳，断敌退路，并令五十师以主力进于阴陂、西渡附近，以一部进于演陂桥警戒，战至午后，反复肉搏多次，敌始不支，全线崩溃，分向祁阳逃窜，俘敌甚多。我八路军阵亡旅长张世德、营长何蒂、陈肇修、黄群，伤亡连排长二十余员，士兵约五百名。夺获水机关五挺，迫击炮六门。五十三师重伤团长李德清，营、连、排长、士兵，伤亡亦多，敌方阵亡师长梁朝玑，重伤师长梁重熙，其余官兵不知其数。我军又令各部协力急进。

第三款　追击

敌既被我击溃向祁、永窜逃，我军于二日晨，遂分令八路军蒋指挥官，率六十、六十一、六十三及五十三等师，向祁、永跟踪猛追。

又于右侧派遣一部并进，防敌西窜。第四路军刘指挥所部，向祁永截击，务迅速猛进。五十师进至余家桥、唐下桥附近，策应祁宝两方。何总指挥键，于侯、田两团中，抽派一团赴宝庆，并电在桂之龙云部到南宁后，速以主力进向郴州，截敌归路。同日午刻，我八路军追至大营市南端灵宫殿，与在熊罴岭之敌后尾接触激战，卒被我军缴获炮两门，枪千余支。俘二千人。我四路军十九师，以主力由常宁趋白水，向祁阳猛进。其罗旅在五里牌，截获由河洲渡河窜逃之敌，约两团。

三日，敌经永州向全州退却，先头已过永州，最后部队已过黄山岭。我八路军已追抵祁阳，四路军已过白水、大忠桥，向永州继进。是日，再令四、八两路军，追歼逆敌。

是日，敌大部退至黄沙河，其先头已抵全州，我军已抵永州，继向全州追击。此时我津浦路为驱逐晋军计，正需要大兵，湘事既告大捷，则后顾无忧。于是，遂令入湘大部，转趋津浦参战。是日，命令各部之要旨如下：

一、令蒋、刘两指挥，率所部向全州穷追，歼除残敌。

二、令第六十一师及第五十、第五十三等师，兼程开长沙待命。

三、所有湘省绥靖事宜，电何总指挥统筹办理。

〔国民政府战史编纂委员会档案〕

（五）蒋阎冯战争

一、陇海路战场

1. 蒋介石关于制订讨伐阎冯部署与作战计划报告①

（1930年4月）

阎、冯叛变之企图与行动

十九年春，唐生智叛逆既平，石友三亦深表悛悔，令调豫东剿匪，以赎前愆。时黄河以南渐告宁定。惟西北军回据潼、陕，丧师之余，群龙无首；中央仍本编遣救国救民之策，继续履行。爰受阎锡山以陆海空军副司令职权，就近办理西北军编遣善后事宜；一面派兵入粤，协助讨桂，以期早奠西南，俾安大局。讵阎锡山包藏祸心，蓄意谋叛，深惧桂乱荡平，失其犄角之势。遽于二十〔十九〕年二月十日发表蒸电，倡礼让为国谬论，冀要挟中央，鼓惑人心。遂其倾覆政府，破坏统一之野心。举国哗然，争相驳斥。中央镇静自处，犹念其据晋有平，貌似老成，或为群小所误，不惜委曲求全，一再开导，使其反省，无如根性军阀，文电周旋，卒莫挽救。先是冯玉祥惨败豫西，阎则迎之入晋，假幽囚之名，而阴相结纳。三月五日阎锡山通电，诡称偕冯出国，一面资冯军，实纵之入陕，逆谋既成。僭称中华民国军总司令，以冯玉祥、李宗仁副之。乌合匪军，委以各路司令、指挥等职。骚然肆恣，实行背叛，迨四月五日，中央鉴于逆势既张，遂下令缉阎，准备讨伐。

查阎、冯、李联合为逆，实力约五十余万，加之附逆之杂军土匪，约近二十万，为苏俄张目之赤匪，更于湘、鄂、闽、赣各地乘机蠢

① 录自蒋介石代表国民政府1931年5月做的军事报告。

动。当十九年四五月之交，逆军区分为四个方面军，李宗仁领第一方面军约五六万人，由广西分扰湘、粤，冯玉祥领第二方面军约二十万余人；以张维玺一部出陕南，分窥南阳、襄樊。自率孙良诚三路，由潼、陕东犯洛阳、郑州，拟从平汉、陇海两路分窥武汉、徐州。而宋哲元、刘郁芬等分率陕陇部队为第一、第二预备军，倾巢续进，势尤猖獗。阎逆自兼第三方面军约十五万人，分为四路，以徐永昌指挥一、三两路经平汉路向阳武、中牟、延津、开封一带转进至兰封、归德。傅作义指挥第二路由津浦南犯，图与石友三犄角取鲁。石友三领第四方面军，约四五万人，已经渡河，进至东明、临濮附近，图犯曹县、济宁。另有万选才、孙殿英、刘桂棠、樊钟秀、任应歧、王太等部，约十余万人，分据归德、亳州、扶沟、许昌等地，为逆前驱。卢兴邦、高桂滋两部变兵，分据福州、临沂，与逆遥相呼应。以上为逆军兵力及企图行动之大概也。

中央讨伐之准备与部署

三月中旬，阎、冯各部纷纷动员，情况大明。除令六、八两路军及第四路军一部继续讨桂外，其余各军则以待机姿势，于津浦路之黄河南岸及徐州、皖北、豫南、鄂西一带，构成准备阵地，并限期集中如下：

第一路军：（总指挥陈调元，统辖第二十六军、新编第二十六师、山东警备旅。）限三月二十八日以前集中济南附近。

第十五路军：（总指挥马鸿逵，统辖第六十四师及骑兵旅、新编第三师。）限三月二十日以前集中兖州、济宁附近。

第二路军：（总指挥刘峙，统辖第一、第三、第八各军及第十一师、骑兵第二师。）限三月二十二日以前分别集中如下：

第一军之第一、第三两师在徐州附近，第二师暂在兖州。

第三军之第七师在宿县，第十师在涡阳。

第八军之第五十二师在阜阳，新编第二十一师在太和。

第十一师在蚌埠，骑兵第二师一部沈邱、项城间，一部蚌埠、

讨　逆　战

总司令

参谋长

- 第二军团总指挥刘峙
  - 航空第四队及侦察队
  - 铁甲车队
  - 第二炮兵集团
  - 骑兵第二师
  - 教导第二师
  - 教导第一师
  - 第五师
  - 第四十五师
  - 第十一师
  - 第八军军长叶开鑫
    - 新编第二十一师
    - 第五十二师
  - 第三军军长王均
    - 第十师
    - 第七师
  - 第一军军长顾祝同
    - 第三师
    - 第二师
    - 第一师
- 第一军团总指挥韩复榘
  - 航空第二队
  - 铁甲车队
  - 第二十一师
  - 第二十六军军长范熙绩
    - 第五十五师
    - 第四十六师
  - 第十五路总指挥马鸿逵
    - 骑兵旅
    - 第六十师
  - 第三路总指挥韩复榘
    - 第二十二师
    - 第二十九师
    - 第二十师

---

① 樊钟秀原任豫西边防司令。后因附阎反蒋。

斗 序 列

蒋中正
朱培德

- 总预备军团总指挥陈调元
  - 临时指挥各师
  - 山东警备第一第二两旅
  - 新编第二十六师
- 第三军团总指挥何成浚
  - 航空第一第三第五各队
  - 铁甲车队
  - 第一炮兵集团
  - 教导第三师
  - 第五十三师
  - 豫西警备司令
    - 岳维峻部
  - 襄樊警备司令范石生
    - 第四十四师
    - 第五十一师
  - 第十三军军长夏斗寅
    - 第十三师
  - 第二军军长蒋鼎文
    - 第六师
    - 第九师
  - 左翼军司令官徐源泉
    - 新第二旅
    - 第四十八师
  - 中央军司令官杨虎城
    - 补充旅
    - 第十七师
  - 右翼司令官王金钰
    - 新第四师
    - 第五十四师
    - 第四十七师

滁县间。

第五路军：（总指挥何成浚，统辖第二、第九、第十、第十三各军。）限三月二十五日以前分别集中如下：

第二及第十三军在确山、信阳及武胜关一带。

第九军在漯河、西平、驻马店一带。

第十军在枣阳、樊城一带。

南阳守备军：（司令杨虎城，辖第十七师）即在南阳附近集中。

襄樊守备军：（司令范石生，统辖第五十一师、第四十四师）即在襄樊附近集中。

豫西守备军：（司令岳维峻，兼辖公秉藩部）即在舞阳及北舞渡附近集中。

三月下旬第十二军军长万选才，第十四师师长刘春荣，屯兵郑巩，相继附逆，而新乡石友三、亳州孙殿英等部，则图扰鲁西及豫、皖甚亟。时我第三路军驻扎开封附近，孤军应付，情势不易，乃令韩总指挥复榘率部暂退鲁西之郓、曹、济宁一带待命。

四月间，中正次第校阅津浦、平津两路驻军，亲简军实，面申诰诫，同时策定讨逆作战计划如下：

（一）战斗序列：

（二）计划概要：

本军基于先求击破敌之主力，而后乘势解决余逆之目的，决以第二军团由陇海西进，占领归德、开封一带。第三军团同时由平汉方面出击，合力攻取郑州、洛阳。而第一军团除派第二十六军扫除鲁西渡河之逆部外，余对津浦路北段及沿黄河南岸暂取佯攻姿势，相继驱逐鲁北之逆军。俟豫境逆军主力击溃后，即会同各军团分途并进，协同东北边防军肃清河北、陕、甘、晋、察、绥之逆部。

另以陈济棠部第八路军朱绍良部、第六军何健部、第四路一部及刘和鼎、张贞二师，分别解决桂、闽溃军，以靖后方。

何主任应钦主持武汉行营，就近处理武汉方面军事。

陈司令绍宽指挥舰队维护长江之交通。

此次讨逆南北两路战线，绵亘数千里，兵员近百万，对于兵站及交通通信等筹设，尤为艰巨繁杂。但至四五月间，均已次第赶办齐备，无虞缺乏，此为我军作战准备与部署之大概情形也。

〔国民政府战史编纂委员会档案〕

附：蒋冯阎各军兵力位置表

第一款　中央军

一、中央直辖各部队及位置(下表)

队号及职别	主官姓名	兵力	位置	备考
第一师	刘峙	23,342	徐州、双沟、北邳。	
第二师	顾祝同	17,862	蚌埠。	
第三师	陈继承	16,610	徐州、宿迁、海州、盐城等处。	
第五师	熊式辉	15,269	蚌埠、怀远、上海及沪宁线等处。	
第六师	赵观涛	14,014	信阳、广水。	
第七师	王均	13,808	宿州。	
第八师	毛炳文	17,925	封川、江口。	
第九师	蒋鼎文	23,558	汉口。	
第十师	杨胜治	14,600	蚌埠、蒙城。	
第十一师	陈诚	16,626	蚌埠、滁州、浦镇等处。	
第十二师	金汉鼎	15,604	吉水、宁都。	
第十三师	夏斗寅	18,660	汉口、黄麻、武穴等处。	

（续表）

队号及职别	主官姓名	兵力	位置	备考
第十五师	何键	15,597	长沙、衡州、岳阳、平江等处。	
第十六师	罗藩瀛		灌阳、龙虎关一带。	
第十七师	杨虎城	21,298	南阳、内乡、新野、邓县。	
第十八师	张辉赞	15,655	南昌、吉安、乐平等处。	
第十九师	刘建绪	17,035	灌阳、文村、石塘圩一带。	
第二十师	孙桐萱	17,453	道口。	
第二十九师	曹福林	15,405	一旅在开封，余在新乡附近。	
第四十四师	萧之楚	11,346	襄樊。	
第四十五师	卫立煌	5,171	蚌埠。	
第四十六师	范熙绩	13,454	莒县、诸城、济宁、潍县等处。	
第四十七师	王金钰	10,000	漯河。	
第四十八师	徐源泉	19,593	大部在襄樊，一部在广水。	
第五十师	谭道源	15,215	开建。	
第五十一师	范石生	9,498	襄樊、光枣、谷锺等处。	
第五十二师	叶开鑫	13,872	太和。	
第五十三师	李韫珩	9,000	荆门、当阳等处。	
第五十四师	郝梦龄	18,868	漯河、小商桥一带。	
第五十五师	阮肇昌	14,144	兖州、汶上、滕县、济南、诸城等处。	

(续表)

队号及职别	主官姓名	兵　力	位　置	备　考
第五十六师	刘和鼎	15,845	莆田、永泰等处。	
第五十七师	余汉谋		容县。	
第六十师	蔡廷楷		南渡、盘古。	
第六十一师	蒋光鼐	约共55,216	容县。	
第六十二师	香翰屏		西山。	
第六十三师	李敬杨		滕县、戎圩、梧州。	
第六十四师	马鸿逵	15,969	济南。	
第六十六师	刘茂恩	约万余人	焦作附近。	
新三师	刘珍年	26,368	烟台、牟平、蓬莱、黄县一带。	
新五师	公秉藩	5,277	舞阳、北舞渡一带。	
新二十一师	李云杰	7,875	徐州。	
新二十二师	罗霖	4,638	咸宁、阳新、火冶、通山、崇阳等处。	
新二十五师	戴民权		汝南。	
新二十六师	陈耀汉	9,563	郯城、临沂一带。	
暂一师	张贞	9,245	漳州、饶平、平和等处。	
暂四师	秦庆霖	11,655	皖豫夹界三河去南照集、固始一带。	
骑兵第二师	张励生	4,759	蚌埠、明光、临淮、固镇、宿州、凤阳等处。	
独三旅	许克祥		梧州。	

（续表）

队号及职别	主官姓名	兵　　力	位　　　置	备　考
独　七　旅	陈光中	5,442	大溶江、兴安。	
独十二旅	彭敬之	4,497	武昌。	
独十三旅	徐声钰		海州。	
独十四旅	彭启彪	7,381	宜昌、沙市、石首等处。	
独十五旅	唐云山	4,768	新淦、横岸。	
独十六旅	邓　英		新淦、峡江、分宜、九江等处。	
新　五　旅	潘善斋	4,843	三河兴。	
独炮第一团	姚永安	2,015	孝感。	
独炮第二团	金岳卿	1,014	武汉。	
独炮第四团	鲁宗敬	1,071	汉口。	
警　卫　旅	俞济时	6,690	首都。	
陕西抬抚使	岳维峻	约三千余人	天河口、白沙一带。	
陕西讨逆军第一路司令	李云龙	约二千余人	两竹、丰利。	
鄂陕边防司令	张　藩	约二千人	鄂西、均郧一带。	
交通兵第一团	华振麟	4,149	首都。	
交通兵第二团	斯　立	1,319	首都。	

（续表）

队号及职别	主官姓名	兵力	位置	备考
铁甲车司令	蒋锄欧	湖广、北平云贵、长城太平、民生西平、山东泰山、民权各甲车	汉口、徐州、浦口、济南、开封、郑州。	
航空司令	张惠长	航空共分四队及水面飞机一队共五队	南京、汉口、徐州、济南、蚌埠、广州、襄阳。	

二、东北国防军各部队及位置

队号及职别	主官姓名	兵力	位置	备考
步兵第一旅	王以哲	三团	沈阳	东北国防军，平时以旅为最高单位，旅以下为步兵三团、骑兵一连、通信队、迫炮一连。团以下为步兵三营、炮一连（六门编成，平曲各半），重机关枪一连，营以下为步兵四连，连以下为三排，内有轻机关枪一排约二支，每连约一百五十人。总计全旅约六七千人。
步兵第二旅	丁喜春	三团	打虎山	
步兵第三旅	何柱国	三团	朝阳	
步兵第四旅	刘翼飞	三团	兴阳	
步兵第五旅	董英斌	三团	高桥	
步兵第六旅	李振唐	三团	昌黎	
步兵第七旅	赵维桢	三团	双城	
步兵第八旅	李桂林	三团	长春	
步兵第九旅	李杜	三团	依兰、同江、富锦。	
步兵第十旅	张作舟	三团	吉林	

（续表）

队号及职别	主官姓名	兵力	位　　置	备　　考
步兵第十二旅	张廷枢	三团	锦县、双岔子	
步兵第十三旅	吉　兴	三团	珲城延吉	
步兵第十四旅	徐永和	三团	前所	
步兵第十五旅	梁忠甲	三团	满洲里	
步兵第十六旅	董凤祥	三团	通辽	
步兵第十八旅	丁　超	三团	马桥河	
步兵第十九旅	孙德荃	三团	哈尔套街	
步兵第二十旅	黄显声	三团	洮南	
步兵第二十一旅	赵芷香	三团	绥芬河	
步兵第二十二旅	富　春	三团	围场县	
步兵第二十三旅	马廷福	三团	临榆	
步兵第二十四旅	黄师岳	三团	义县	
步兵第二十五旅	孙旭昌	三团	锦西秦皇岛	
步兵第二十六旅	邢占清	三团	马桥河	
步兵第二十七旅	刘乃昌	三团	庐龙	
骑兵第一旅	郭希鹏	三团	开鲁	骑兵训练监设在辽宁，以吴泰来为监长。
骑兵第二旅	陈志远	三团	克山	
骑兵第三旅	张树森	三团	抚宁	
骑兵第四旅	常尧臣	三团	农安	
骑兵卫兵营	张辅升	一营	辽源	

（续表）

队号及职别	主官姓名	兵力	位　　置	备　　考
炮兵第一团	王绍云	一团	山海关	炮兵训练监设在辽宁，以邹作华为监长。
炮兵第二团	黄永安	一团	兆镇	
炮兵第三团	谢绪哲	一团	兆镇	
炮兵第四团	王和华	一团	锦县	
炮兵第五团	张福山	一团	北镇	
炮兵第六团	及绍岚	一团	锦县	
炮兵第七团	刘绪东	一团	锦县	
炮兵第八团	张思恭	一团	北镇	
炮兵第九团	朴炳珊	一团	黑省省城	
炮兵第十团	穆纯昌	一团	长春	
炮兵教导团	吴克仁	一团	辽宁	
工兵第一营	周葆全	一营	义县	工兵训练监设在辽宁，以柏桂林为监长。
工兵第二营	许经纬	一营	大凌河	
工兵第三营	徐增禄	一营	巨流河	
工兵第四营	王世隆	一营	大凌河	
工兵第五营	张质彬	一营	牛头崖	
工兵第六营	袁勋阁	一营	北戴河	
工兵第七营	马龙图	一营	吉林	
工兵第八营	朱煜奎	一营	黑省省城	
辎重第一营	宋岳龄	一营	长春	辎重训练监设在

（续表）

队号及职别	主官姓名	兵力	位　　置	备　　考
辎重第二营	韩殿选	一营	黑省省城	新民，以牛元峰为监长。另设辎重韩部教导队一队。
宪兵司令部	陈兴亚	六队	三四队驻辽宁，三队驻山海关，五队驻吉林，六队驻黑省。	
临榆司令卫队营		一营	山海关	
东边镇守使卫队营	袁文彩	一营	山城镇	
副司令公署卫队营	徐宝珍	一营	沈阳	
海防练军混成营	李振福	一营	营口	
探照灯中队	栾敬孚	一队	辽宁、东塔	
东北航空大队	徐世英	五队	辽宁、东塔	附工厂一间
铁甲车大队	曹耀章	三列	勾帮子	附材料厂
通信大队	杜　振	四队	勾帮子	

第二款　逆方军

一、第一方面军各部队及位置表

	队号及职别	主官姓名	兵　　力	位　　置	备　　考
桂军	总司令	李宗仁		贵县	
	副司令	黄绍雄		贵县	
	教导师长	白崇禧	三团约三千余人	平乐	
	师　长	杨腾辉	三团约三千余人	柳州桂林贺县一带	

（续表）

	队号及职别	主官姓名	兵力	位置	备考
桂军	师长	梁重熙	三团约三千余人	同上	
	师长	许宗武	三团约三千余人	贵县一带	
	师长	梁朝玑	三团约三千余人	一团桂平 二团贵县	
	师长	伍枫桐	未详		
	师长	张贯之	二团约二千余人	贵宁	
张部附逆部队	师长	张发奎	三团	贵县一带	
	副师长	李汉魂	未详	同上	
	旅长	莫雄	未详	高州附近	莫部系民军
	军长	周娴	未详	周本人在南宁	
	师长	唐哲明	未详		
	旅长	唐生明	二团	桂林	
		李森	一千人	平乐附近	
	团长	黄瑞华	二千人	大圩桂林	
附记	张桂去岁由粤退桂时总计兵力约三万余人。				

二、第二方面军各部队及位置表

		队号及职别	主官姓名	兵力	位置	备考
第一路	张维玺	第八师	张维玺	约一万五千余人	白河、竹溪一带。	
		第七师	田金凯	同上	紫荆关、西平镇一带。	

（续表）

		队号及职别	主官姓名	兵力	位置	备考
第二路	孙良诚	第十师	刘汝明	约一万人	淅川附近	
		第二十二师、	程心明	约一万五千余人	潼关、陕州一带。	
		第一师	梁冠英	同上	同上	
		第三师	安树德	约一万人	同上	
第三路	庞炳勋	新十四师	庞炳勋	约一万五千人	铁岭、观音堂、陕州以东。	
			张凌云	约一万人	同上	
		第六师	张自忠	同上	同上	
第四路		第十一师	吉鸿昌	约三万人	巩县、洛阳一带。	吉部一团驻通州、朝邑。
第一预备军		总司令	宋哲元	约六万人	西安	
		第三十一师	孙连仲	约三万人		
		第二十师	石敬亭	约九千人		
第二预备军		总司令	刘郁芬			
			戴清宇	约二万人	咸阳以西	
			赵席聘	同上	同上	
		第二十八师	冯安邦	约一万人	同上	
		新五师	李松昆	约八千人	同上	
			李松轩	约二千人	同上	
		特务师	葛云龙	约五千人	同上	

（续表）

		队号及职别	主官姓名	兵　　力	位　　置	备　考
		第二十三师	魏凤楼	约一万余人		
			冯治安	同上	西安附近	
		骑　兵　师	郑大章	约三千骑		
附记	统计该逆部队约共三十余万人，逆师之编制每师三团，每团三营，每营四连，每连步枪百余支，或七八十支，又每团机关枪六挺，迫击炮六门。					

三、第三方面军各部队及位置（下表）

队号及职别	主官姓名	兵　　力	位　　置	备　考
第三十三师	孙　楚	步兵三旅计八团约一万二千人	顺德、大名一带	
第三十五师	杨效欧	同上	阳泉（正太路）	
第三十六师	李生達	同上	天津附近	
第三十七师	王清国	同上	绥远	
第三十八师	李服膺	同上	北平附近	
第三十九师	杨耀芳	同上	石家庄	
第　四　十　师	关福安	同上	运城附近	
第四十一师	张会诏	同上	元氏、藁城	
第四十二师	冯鹏翥	同上		
第四十三师	傅作义	同上	天津附近	
保安第一队	丰玉玺	步兵三旅六团	北平	

(续表)

队号及职别	主官姓名	兵力	位置	备考
保安第二队	杨澄源	同上	太原	
保安第三队	周士濂	同上	太原	
保安第四队	秦绍观	同上	保定	
卫队旅	杜春沂	三团约四千人		
骑兵司令	赵承绶	六旅计十六团，约七千余骑。	1B 顺大，2B 天镇，3B 4B 张垣，5B玉原，6B 多伦	
炮兵司令	周玳	山炮十团，每团三十六门，野炮一团，重山炮二团。	太原	战时分拨各师
工兵司令	杨澄源	八营每营三连	太原	同上
辎重兵司令	武荩英	六营每营四连	太原	同上
机关枪团	崔秉忠	二营机枪七十二架	太原	同上
晋绥察宪兵司令	李运发	六营	分驻晋绥察	
北平宪兵司令	楚溪春	四营	北平	
天津宪兵司令	袁庆增	六营	天津	
铁甲车司令	沈桂五	三列	津保一带	系唐逆生智部收编
山西铁甲车第一队	朱乾元	一列	太原石家庄	

四、第四方面军与其它各部队及位置表

部别及主官姓名	兵力	位置	备考
石友三部	约四万余人	马牧集、归德、兰封一带	
孙殿英部	约二万五千人	亳州、鹿邑一带	
任应歧部	约一万余人	海州、寿州	
高桂滋部	未详	渚城、莒县	
万选才部	约二万余人	洛阳、集作附近	
刘春荣部	约一万余人	临颍、许昌一带	
樊钟秀部	约一万余人	襄城、郏县	焦文曲部属之
刘桂堂部	约八千人	禹县	
王振部	约一万余人	登封、临汝一带	

〔国民政府战史编纂委员会档案〕

2. 国民政府通缉阎锡山令

(1930年4月5日)

国民政府令

阎逆锡山,素昔狡诈,辛亥革命,遭遇时会,僭窃一省,无所建树,既为袁氏所不容,总理犹扶掖之,使安其位。袁氏叛国,该逆竟怀禄贪势,反颜事仇,始则宣告脱离国民党党籍,继且请求解散国民党,以结纳于袁氏。迄袁氏称帝,该逆率先劝进,并奏请改建立宪帝国,为袁氏所激奖。故当时有一等侯爵之伪封,该逆受之,曾无愧色,其不得厕于中华民国之民久矣。及国会解散,督军团变叛,以至张勋复辟,该逆均依违其间,以为可以臣洪宪者,未尝不可帝溥仪也。当此之时，总理兴师讨贼，凡使命往还于晋地者，均被峻拒。故终总理之世，未闻该逆于革命有所协助，且杌陧之。洎我国民革命军师次淮济，该逆始束身来归，政府含弘光大，舍罪责功，且欲以其鹰犬之才，爪牙可任，迭授以晋、冀、察、绥各省，不惟无所建设，又复诛求无厌。去年，李、白、冯、唐之乱，多为该逆所潜煽，一方密请政府，声罪讨冯，一方密款冯氏，以劫持政府；举凡所有阴险狙诈，悉集于该逆之一身。近且集合各种反革命之军人政客，以图一逞，政府奉总理之遗教，弘训政之建设，际兹该逆于党纪构国难，犹再姑息，遵养时贼，何以为党，何以为国，阎锡山应即免去本兼各职，着京内外各省政府、各军队，一体严拿归案讯办，以儆奸凶，而申法纪。此令。

中华民国十九年四月五日

〔国民政府战史编纂委员会档案〕

3．蒋介石布署陇海、津浦、平汉各路军向阎冯所部进攻时命令

（1930年5月9日）

命令　五月九日午刻
于徐州行营

一、在陇海正面及鲁西归德、马牧集、东明、考城等处，各逆部约十日可集中完毕，有即向我进犯模样。

孙良诚、吉鸿昌、庞炳勋、张维玺等逆部仍在郑州、长葛、许昌、临颍、鲁山、叶县一带，有即与我第三军团各部接触之势。

二、本讨逆军拟于十一日起，各由集中地全线向敌开始出击。

三、第二军团第一军之第一、第三两师并附第十一师，应于十一日开始由陇海路正面前进，将归德①、兰封一带之逆部逐次击破

① 今商丘市。

而占领之。第二师仍由单县经曹县继续向考城附近攻击前进。但须协同右翼第二十六军速将窜入鲁西之逆部压迫于河南岸而尽灭之，再随同本军第三军之第十、第七两师，除以第七师之一部会同第十师全部即围攻亳县，俟逼近城壁后，敌如固守，应取包围势，严密监视，勿令外窜外，第七师主力应令自十一日起，由会亭集向归德攻击前进。

第八军之新二十一师于十一日前攻取鹿邑后，派一部留守，其余主力即向淮阳、太康方面进取，归第二军蒋军长之指挥。第五十二师除以韩副师长暨张旅长所部四团暂归第二军蒋军长指挥调用外，余部仍驻太和附近，以便策应亳州县、鹿邑、太康等处之作战。

四、第三军团之第七、第十各军，于十一日起，各由现地南阳、南召、漯河、舞阳、北舞渡等处分向当面逆敌攻击前进。并极力牵制郑州孙良诚逆部。惟第二军应于十二日起，开始由周家口淮阳附近之集中地，一经太康、杞县向兰封；一经扶沟、通许、陈留向开封，分路挺进，击破该处逆部而占领之。

五、第一军团之第三路撤回黄河南岸，其主力沿河南岸酌备，专以遏止津浦线南犯之敌。另派三旅之众协同第十五路军与第二十六军扫除鲁西之逆敌。

右给

总司令　蒋中正

〔国民政府战史编纂委员会档案〕

4. 骑兵第二师长张砺生关于击破孙殿英部完成亳城封锁给蒋介石电

（1930年5月12日）

前方专送来发。南京总司令蒋、行政院长谭、汉口行营主任何、徐州总指挥刘钧鉴：职部于庚晨由城父寨出发，午后将孙逆前线击溃，先后占领魏蔡园、丁固寺、张信沟、姬横、银横等处，佳日黄昏，进迫雷寨。十九沟附近。民众夹道欢迎，争报敌踪。灰晨，展开于雷寨西北地区，攻击前进。此时我廿八旅之一部，渡河协助攻散逆敌，利用村寨，占领延长坚固阵地顽抗，经我军奋勇猛攻，连夺要地，申前占领十二里庙，任大庄之线，乘势攻散。真晨近迫王大庄、河路口、板桥之线。遵即完成封锁亳城之任务。是役，孙逆以第七、第九两师及岳逆相如、马逆锡仁全部，对我作战。阎逆锡山接济炮弹，自恃无恐，赖我官兵深明主义，踔厉无前，激战一昼夜，将逆部主力击溃，当击毙逆部团长四员，营连排长数十名，士兵无算，横尸满野，血染绿茵。职部官兵伤亡亦达四百余人。实皖北空前之恶战也。谨电奉闻。乞示方略。职张励生叩。文晨。印。

〔行政院档案〕

5．总部行营参谋处关于杨胜治占领亳州通电

（1930年5月12日）

急。南京中央党部、国民政府钧鉴：各院部、各省政府、各级党部、各总指挥、各军、师、旅长，各县政府、各法团、各报馆勋鉴：据王军长报称：我杨胜治部于真日午后四时，确实占领亳州，俘敌万余人，夺获大炮六门，步枪七千余支，正在清查中。刻逆敌已溃不成军，向西窜逃。等语。特电捷闻。总司令列车行营参谋处叩。文。印。

〔行政院档案〕

6．朱绍良陈济棠关于击败张发奎与桂系移师讨伐阎冯通电

（1930年5月16日）

国急。南京中央党部、国民政府钧鉴：各院长、各部长、辽宁

张司令长官、汉口何总监、各路总指挥、各师旅长、各省市党部，各省政府主席勋鉴：各法团、各报馆均鉴：我军于元、删两日，先后克复桂平贵县，已将张、桂两逆残余势力，扫荡尽净。此后西南局面，自可巩固无虞。惟阎、冯诸逆，仍复不知悔祸，集合一切反动，悍然称兵于西北，背叛中央，欲使已经统一之国家，复受破坏，已经实现之和平，复归纷扰，以遂其封建割据之私图，此诚全国之公敌，人人得而诛之。我六、八两路全体将士，久受三民主义之熏陶，效忠党国，拥护中央，早已同具决心。现经呈准中央，移师北指，协助我各友军剿除叛逆，完成统一，保障和平，渴饿不辞，义无反顾。谨电奉闻。尚祈垂鉴。国民革命军第六路总指挥朱绍良、第八路总指挥陈济棠同叩。铣。印。

〔行政院档案〕

7. 刘峙等关于攻占归德[①]俘师长万殿尊并巨创晋军孙楚等部文电

（1930年5月18日—19日）

（1）刘峙通电（5月18日）

捷报。特急。南京中央党部、国民政府、各院部钧鉴：济南陈主席、韩总指挥、运城马总指挥、范军长、徐州俞兵站总监、钱运输司令、南京朱参谋总长、总司部林参谋处长、龙华熊司令、安庆马主席、南昌鲁主席、金总指挥、汉口行营何主任、刘市长、信阳夏军长、驻马店何总指挥、漯湾河王总指挥、舞阳徐总指挥、周家口蒋军长、南阳杨军长、长沙何总指挥、梧州陈总指挥、朱总指挥、广州陈主席、贵阳毛主席、云南龙主席、各总指挥、各军师旅长、各司令、各省市党部、各省市政府、各报馆勋鉴：敝军团自占领归德车站后，逆军万选才之三十五师万殿尊全部，退入归德城内，誓以死守。峙比令

① 今河南省商丘市.

教导第一师及第十一师之三十三旅，施行包围，自铣日起，我包围部队，奋勇攻击，官兵争先攀登，逆军惊惶异常。筱（十七）日，派员要求投诚。峙因本中央宽大为怀之旨，勉允所请，令即于筱（十七）夜，缴械离城。不意逆军伪师长万殿尊，即于是晚，率兵两团，由西门窜出，希图幸脱。峙当令第十一师各部队及骑兵第一旅，分途截击，当将窜出之逆敌击溃，毙敌甚多，并毙其团长一员，俘敌官兵一千余人，获枪约千支，机枪七挺，迫击炮八门。伪师长万殿尊约其卫队冲锋，被我骑兵第一旅击散，当将该伪师长擒获。当该伪师长窜走时，其留在城内之敌，尚有四团。本晨经我教一师及三十三旅勇猛围攻，卒将该敌完全缴械。俘敌五千余人，缴枪四千余支，机枪十二挺，山炮、迫击炮十八门，军用品无数。我第二师亦于铣、筱（十七）两日，击破曹县西南逆敌刘春荣及关福安部，毙三百余人，俘敌六百余人。该逆等已向考城溃退，我第一师自删日起击破谢集、郑村、崔楼一带之敌，毙敌四百余人，俘敌团长刘廷三一员，官兵三百余人。我第三师及第十一师连日在宁陵东北，迭摧逆军，毙敌数百人，获枪数百支。综计是役毙敌无算，万逆选才之三十五师全部消灭。其第三十八师及六十五师并独立第九旅，均被我缴械大半，所存无几。晋逆孙楚部亦受大创，此后逆敌破胆，荡平或不甚难，知注特闻。刘峙叩。巧印。

（2）刘峙通电（5月19日）

特急。南京中央党部、国民政府、各院部，朱参谋总长、汉口行营何主任、济南陈主席、东河韩总指挥、郓城马总指挥、济宁范军长、葛师长、龙华熊司令、南京总司令部、林参谋处长、安庆马主席、汉口刘师长、信阳夏军长、驻马店何总指挥、漯河王总指挥、西平徐总指挥、周家口蒋军长、南阳杨军长、襄阳范司令、长沙何总指挥、贵阳毛主席、云南龙主席、梧州陈总指挥、广州陈主席、各省市党部、各省市政府、各总指挥、各军师旅长、各司令、各报馆勋鉴：巧电计达。归德以西，沿陇海路两侧之逆军为万逆选才部之第六五师宋天才、第三十八师石振清、独立第八旅李万如并晋逆孙楚部之赵延寿师各部共三万余人。盘踞小坝车站南北各村寨，并构筑有最坚固工事，希图死守。我徐师自删日起，向该敌进攻，格斗最烈，激战四昼夜，卒以我官兵奋勇攻击，毙敌约二千余人。巧午我徐师复冒雨冲锋，肉搏相接，敌势不支，纷纷向民权县溃退。我军则正乘胜跟追，柳河指日可下。同时我陈武鸣师击破翁楼、熊楼一带之敌，向小孔集追击前进。我陈辞修师，亦击破观音堂之敌，向宁陵追击前进。综计是役，我徐师俘敌约千余人，获枪约二千余支，机枪、山迫炮各十余门，军用品无算。我陈武鸣及陈辞修各毙敌百人，获枪数百支，万逆仅以身免。逆军经此重创，实力损失大半，当不难短期扫平，完成统一，知注特闻。刘峙叩。效印。

〔行政院档案〕

(3) 蒋介石报告(5月19日)①

克复归德：五月十一日，我陇海路第二军团开始攻击，其主力第一、第二、第三、第十一各师，沿陇海铁路西进；第一师在铁路之北，第二师更在其右，使与鲁西方面之第二十六军相连系，第三师在铁路正面及其南侧，第十一师随后策应，驱逐铁路南北地区敌之前进部队。其第三、第八两军则向亳、鹿进攻，以分敌势。航空侦察敌情，担任连络。十二日，我第一、第三师攻占马牧车站，乘胜直追，占领马楼、平召集、路口集一带，逼近归德，俘万选才部千余人。残败之敌，退守归德及朱集车站，希图顽抗。十四日晨，我一、二两师再接再厉攻克朱集车站及附近各村落，第十一师监视归德。此时侦悉晋军郭宗汾师由兰封、红庙，刘春荣师由考城向曹县前进，万选才全部据守车厢集、谢集、小扒集、水池铺、归德之线，构筑阵

① 录自蒋介石代表国民政府做的军事报告“四、戡定阎冯泊整军剿匪”第二节。

地，企图防御，以待晋军之增援。是夜，我教导第一师、军校教导旅暨第十一师之一旅，围攻归德，以第一军全部（第一、第二、第三师）暨第十一师之主力，继续前进。我攻城部队于十六日晚开始炮击，航空队空际投弹轰击。步兵则渐次逼近城垣，冒死攀登，敌势穷促，于十七日夜十一时，守兵两团冲出西门，希图潜遁。经我第三十三旅堵截痛击，死伤甚多，俘获二百余名，其残部狼狈西奔，及至李观楼附近，被我骑兵第十一旅张乔龄部截获者六十余人。归德城内之敌，亦因主将宵遁，不堪再守，遂于十八日晨开城降服，计俘官兵旅长以下四千五百余人，我正面各师向敌进攻，已苦战三昼夜，至是士气为之一振，乃于十九日拂晓占领高堤圈、青山集、土山集、仲堤圈、车厢集、小扒集、赵村一带敌人阵地，击破万选才部石振青、宋天才、李万如、赵冠英、范龙章等二万余人，我军死伤亦近千数，即向阎集、柳河集、小孔集之线追击前进。

〔国民政府战史编纂委员会档案〕

8．刘茂恩关于摆脱阎冯参加讨逆并述其总指挥刘镇华被迫流海外等情通电

（1930年5月20日）

急。南京中央党部、国民政府主席、各部、院长，陆海空军总司令蒋钧鉴：各省省政府、省党部、各路总指挥、各军师旅长，各特别市政府、各报馆均鉴；阎逆锡山、冯逆玉祥，叛党祸国，民众共弃。敝路官兵，参加革命，义不后人，服从中央，始终一致。去岁讨逆诸役，受命中央，追随主座，牺牲奋斗，弗敢言功，及中央军凯旋以还，敝路地处重围，时受阎、冯诸逆恶势力之压迫与摧残，致使我十一路总指挥刘雪公远适海外。我十一路官兵远离中央，徬徨无主，谁识孤寒。幸我全体官兵，深明大义，含辛茹苦，历久不渝。半月以来，逐渐东移，脱出虎口。幸与我中央军接近，获庆更生，为

返义即，共讨逆贼。从今日起，在中央命令之下，协同友军，一致西进，歼厥巨魁。所望革命先进邦人君子。鉴此苦衷，同伸义愤，则讨逆军奏凯之日，即三民主义实现之时。谨电布达，伫候明教。讨逆军第十一路总指挥刘茂恩、师长阮勋、徐鹏云、汪廷麟率全体官兵同叩。哿。印

〔行政院档案〕

9．刘峙等关于击败晋军杨效欧等及刘茂恩擒万选才通电

（1930年5月21日）

（1）刘峙通电（5月21日）

特急。南京中央党部、国民政府、各院、部，朱参谋总长、汉口行营何主任钧鉴：南京总司令部、林参谋处长：济南陈主席、龙华熊总指挥、郓城韩总指挥、马总指挥、济宁范军长、青岛葛市长、安庆马主席、汉口刘师长、殷要塞司令、信阳夏军长、驻马店何总指挥、漯湾河王总指挥、西平徐总指挥、南阳杨军长、范司令、长沙何总指挥、南昌鲁主席、武昌陈总指挥、朱总指挥、广州陈主席、贵州毛主席、云南龙主席、各省市党部、各省市政府、各总指挥、各军师长、各司令、各报馆勋鉴：效电计达。曹县西南及归德以西小扒车站、谢集一带之逆敌刘春荣、万选才并晋逆一部，被我击溃，多数缴械后，残敌退据阎集、柳河车站。宁陵之线，为晋逆关福安全部，即增援于旧黄河堤以北之逆军。孙逆楚全部，增加陇海铁道正面。杨逆效欧全部，增加于宁陵西北地区。均筑有强固工事，希图与我决战。我军自哿日起，开始向该敌施行攻击。本日拂晓，总攻战斗，异常猛烈。幸我官兵奋不顾身，争先突进，卒于马日酉刻，将逆敌全线击破，纷纷溃退。刻我军正向兰封、陈留分途追击前进。开封指日可下，同时我第十一路军刘总指挥茂恩部，响应我军，于哿夜由

宁陵潜袭逆军侧背，夺获杨逆效欧部枪二千余支，杨逆效欧只身窜逃，万逆选才已被刘总指挥茂恩擒获，即日解京。是役我军毙敌甚多，虏获无算。阎逆经此重创，实力损失大半，不难荡平。特此奉闻。刘峙叩。马印。

〔行政院档案〕

（2）刘茂恩报告（5月21日）

宁陵战役

一、情况：敌第三方面军总指挥杨效欧部约兵力四师，炮百余门，在石桥集、柳河集之线占领阵地，总指挥部在金香寺，预备队分布于金香寺、郭老家、杨驿铺一带。其左翼孙楚部正与我友军第三、第十一及第一、第二各师对峙中。职军在八里井、张破楼一带。

二、任务：五月二十日下午七时，奉令抄袭敌人阵线后方，并歼灭杨驿铺一带之敌。

三、决心：今（廿日）晚十二时取敏捷手段袭击敌人右侧背。

四、处置：（甲）通报左右翼友军，以本军出击之时间并派连络员确取连络。（乙）下午九时，下达作战命令，其要旨如次：

1. 本军奉命抄袭敌人阵地后方及歼灭杨驿铺之敌，拟于今夜十二时开始动作。

2. 六十五师以一团收缴甲庄敌之炮兵，第八团攻击石桥集以北之敌，以一团由左后方向西北方面截击溃退之敌。

3. 六十六师以一团留守宁陵，以一团攻击杨驿铺之敌，以一团为预备队。

4. 六十七师以一团攻击金香寺杨逆效欧总指挥部，以一团截击金香寺向西北方溃退之敌，以一团为预备队，位置于八里井西端。

5. 机炮团特务营、工兵营为总预备队，集结于八里井附近。

6. 攻击部署要图如附图第一。

五、战斗经过：

（甲）各部奉命后，即于是晚十二时分头向该敌攻击，各官兵遵守夜间动作之要领，奋勇直前，计击溃敌军四师之众。

（乙）五月二十一日捷报纷至，六十五师阮师长勋上午六时报告：

1．职师奉命后，于二十日下午十二时向敌攻击。

2．三八五团向甲庄之敌围攻，激战二小时，将敌械完全缴获。

3．三八七团抄袭石桥集以北之敌，敌向西北溃退，缴敌械一营。

4．三八九团在武良集官庄一带与敌激战四小时，敌始向西北溃窜。

六十六师徐师长鹏云上午五时三十分报告：

1．职师奉命后，即饬三九一团于二十日下午十二时向杨驿铺进攻，敌据寨顽抗，我官兵奋勇登寨，肉搏三小时，敌始向西北溃退，俘获甚多。该团遂占领杨驿铺。

六十七师武师长庭麟上午五时报告：

1．职师奉命后，即饬各部向敌攻击。

2．三九七团刻已将郭营之敌击退，并占领该寨。

3．四零一团先后将郭老寺、郭老家、王老家之敌击退而占领之。获敌武器粮秣甚夥。

4．已令三九九团正向溃退之敌跟追中。

骑兵团追击至睢县、东关附近。

（丙）是役、我军人马伤亡及损失各种枪弹器材与消耗弹药品，俘敌人人马武器弹药各数目，如附表第一。

六、赏罚：

1．战斗结局之后，即赴各部唁慰伤亡，并将总司令所发给养代金二十万元，分赏各部官兵。

2．六十五师三八七团二营营副陈宝山，在石桥集以北作战，受伤不退，当传令嘉奖，并赏洋百元。

〔国民政府战史编纂委员会档案〕

10．刘峙第一军关于在曹县附近击溃晋军关福安部作战经过报告

（1930年5月13日—21日）

（子）曹县附近之役

（一）战斗前之情况：刘逆春荣部及晋军孙楚之一部，由考城、红庙一带向曹县附近前进，截止十三日止，曹县之西方魏湾，已发现敌兵约一师，其东八里之小屯，有敌步兵一营，骑兵一连，砖庙集有敌步兵三营。曹县西南之青山集，有敌骑兵百余。我第二师之第四旅，已到达曹县东方之查楼、毛寨关、庙盐、土山、丰楼一带，对敌警戒。第六旅已到达刘窑、侯集、沙楼、张楼一带，对敌警戒。我第二十六军之一百三十六旅，在曹县城，对敌警戒。本军军部，则位置于双铺集。

（二）部队之编成：1．第二师附教导师之野炮一连。2．第二十六军之第一百六十三旅。

（三）战斗经过：

五月十三日，在双铺集奉刘总指挥元寅电令，其要旨如下：

1．万逆所部在兰封附近及归德、宁陵、睢县一带，孙楚之第一军在兰封及杞县、陈留附近，杨效欧之第二军及刘茂恩之第十一军，亦陆续向陈留、杞县等处开拔，太康附近则有孙长胜骑兵师之一部，我第二十六军及第十五路军与第三路军之三旅由郓城及菏泽、定陶、曹县之线，向东明、考城之石逆友三、刘逆春荣两部进攻，我第二师相机策应之。我第二军约十七日可到杞县、兰封之间。

2．本军以占领考城、兰封、杞县之线之目的，拟于十四开始，以一部围攻归德，主力沿陇海路及其南北两侧地区西进。

3．各部任务如下：

a，第二师应于元日集结于侯集、胡楼、楚天集一带，十四日占领曹县、曹老集之线，十五日驱逐李营、旧考城、楚庄寨之敌，而占领之，向考城大营之敌攻击前进。

b，第一师应于十四日占领曹新庄、潘侯集、小扒车站之线，十五日驱逐小符集、李坝集、三皇店之敌，而占领之。即向兰封、古寨之敌进攻前进。

c，第三师应于十四日拂晓，协同第十一师团攻归德，如敌固守，即以教导第一师担任围攻任务，该师即进估韩大楼、李庄、葛庄之线。十五日驱逐赵楼、黄洼集、睢县之敌，而占领之，至向杨固集、杞县攻击前进。

奉电后，即以协同第二十六军，驱逐考城敌人之目的，令第二师准备，以第四旅进占曹县官庄之线，第六旅进占官庄曹老集之线，十日午前，复奉刘总指挥元亥电转奉总司令面谕：改定我军进攻日期及部署如下：

1．第一、二、三各师为第一线，寒日进占楚天集、魏堤头、丁道口、朱集车站、五里阁之线，删日进占大义集、巫家庄、崔楼寨、登滨口集、水池铺之线，铣日进占高提圈、阎集、柳河集、小孔集之线，筱(十七)日进占旧考城、楚庄寨、李坝集、花园、黄洼集之线，巧日在原线上构筑工事，侦察敌情，皓日进占贺村、内黄、尹店集之线，哿日在原线上构筑工事，为攻击准备，马日开始向姜楼集、兰封、古寨、杨堌集之线攻击。

2．第二师主力向姜楼集、兰封进攻，以一部向考城警戒，第一师沿铁道向兰封、王楼进攻，第三师向杨堌集进攻，主力位置于尹店集附近，对杞县之敌，特别注意，并向太康方面之我第二军及第五十二师切取连络。

3．作战地境：第二、第一两师为魏堤头、贺楼、大范集、兰封、东北关之线，线上属第二师。第一、第三两师为朱集车站、小孔集、伯党集、新兴集、王楼之线，线上属第一师。

奉电后，复于十八时据报，曹县西南之孔道口、柿子园有敌约一营，正在构筑工事，万楼、王庄有敌之警戒部队，其大部在高堤圈(即连界图上高坝园)，曹县北方之陆楼，亦有敌部向东运动。据报后因改定第二师之部署如下：

1．第四旅应驻侯集通曹县之大道(不含)以南地区打鱼庄、和冈庄、袁楼、姚万楼一带，对兰封、柳河车站方向，配置警戒，并派出一部到大义集与王堤圈之第一师部队连系。

2．第六旅应驻侯集通曹县之大道以北地区杜庄、查楼、刘王庙、张店、王集一带，对定陶、曹县方向，配置警戒。

3．师部及直属部队仍驻原地。

二十一时，又奉刘总指挥寒酉电令，要旨如下：

1．顷奉总司令电令，石逆友三大部已退过黄河，我军应从速前进，抑留晋军，勿使退走。等因。

2．着第二、第一、第十一、第三各师，按照元亥电先一日(即于删日)进占高堤圈、阎集、柳河、小孔集之线，务于删日即与敌接触，勿使正面晋军逃窜，占领柳河之线后，各师须以主力在原线上构筑工事，以一部佯攻该敌，保持接触。前电奉到后，遂给予第二师命令，其要旨如下：

1．东明附近之石逆友三大部，已渡河向北退却，考城亦只有少数敌人。曹县城南土山集，有敌骑兵一连，仲堤圈有敌骑兵两连，曹县城北之二十里堡，有敌警戒部队，红庙后窑、王庄寨一带，有敌步兵约一团。我第一师明(十五)日，拟进占柳河车站，小孔集之线。

2．第二师以击留晋军之目的，拟于明(十五)日进占李河堤、青山集、界牌集之线。

3．第四旅附大正炮二门、俄炮二门，于明(十五)日午前九时，开始运动；以右翼为轴心，向右旋回，最右翼部队，应经过姚万楼、曹老集。右翼部队应经过唐庄、胡庄，驱逐土山集、仲堤圈一带之敌，占领马庄(不含)、青山集、界牌集之线，对考城、兰封方向，配置警戒。左翼和我第一师部队，切取连系。

4．第六旅(欠第十、第十二两团)，于明(十五)日午前五时，经过曹县之大道前进，限午前九时三十分以前，集结于打鱼庄、核桃园、和岗庄一带，午后十时，与第四旅右翼部队切取连系，进占李河堤、马庄之线，对兰封、考城方向，配置警戒。

5．各旅到达指定地点后，应各以主力构筑工事，以一部佯攻当面之敌，保持接触。

6．骑兵连(缺三班)应于明(十五)日午前六时，作两组出发，分向高堤圈、青山集、土山集、仲堤圈一带，搜索前进。如有敌情，随时派传骑归还报告，并报告附近高级长官。日没后，归至核桃园附近宿营。

7．炮兵营于明(十五)日以大正炮二门、俄炮二门，归第四旅楼旅长指挥，其余随同师部进驻关庄附近。

8．野炮兵连于明(十五)日，随同师部进驻毛寨附近。

9．工兵营于明(十五)日，随同师部进驻盐土山附近。

10．第十二旅于明(十五)日午前十时以前，到达查楼附近，集结待命。

十五日拂晓，第二师各部，先后由现地分向指定地点，攻击前进。十时，第四旅到达唐庄附近，第六旅到达鱼庄、孙庄附近，均与敌遭遇。敌退据李河堤、魏庄戴楼、胡庄、王河寨之线，顽强抵抗，我军死伤官兵约百余员名，俘虏敌官兵亦百余员名，机枪二挺，步枪百余支。据俘虏供称：与我遭遇之敌，为关福安军之郭宗汾师，附骑兵一团、炮十余门，系元日由兰封、红庙来攻曹县者，是晚，我第四旅即位置于王春庄、吕庄、小核桃园及唐庄、王庄、官庄、郭庄之线，第六旅即位置于打鱼庄、核桃园、和岗庄、毛寨、盐土山、五里墩、葛庄、郝庄及邵楼、鱼庄、孙庄、戴楼之线，第二师师部及本军军部，即位置于查楼关，于翌(十六)日对敌之部署，决定如下：

1．第六旅(欠第十、第十二两团)为助攻，于明(十六)日上午五时以前，准备完备候令，向李河堤之敌，施行攻击，相机占领李河堤、魏庄之线。

2．第四旅为主攻，以第七团之一部分，协助第八团猛攻王河寨，而占领之。尔后，即继续攻占胡庄，确实占领王庄、马庄、青山集之线，务于明(十六)日上午五时以前，准备完毕候令，开始攻击。第九团则位置于该旅左翼后，对敌骑之活动，须严加注意。

3．野炮连在核桃园附近，择地放列于明(十六)日拂晓以前，进入阵地，对胡庄、王河寨方向，务能直接射击，并与附属第四旅之炮兵，切取连络。

4．第十二团炮兵营、骑兵连、工兵营(欠三连)为总预备队，于明(十六)日拂晓以前，位置于毛寨附近待命。

5．第十团仍在班庄附近，对曹县以北地区警戒。

十六日晨，李河堤、王河寨之线之敌，向高堤圈、旧考城方向退却。十时，我第四旅已进占胡庄、王河寨之线，向青山集方向搜索前进。第六旅已进占李河堤、王庄、方庄、魏庄之线，向高堤圈方向搜索前进。当即着令该两旅于进占李河堤、王庄、马庄、青山集之线后，即择要构筑工事，并由第六旅派出一部，进占高堤圈，第四旅派出一部，进占阎集，达到目的地后，仍各派出一小部，向前搜索前进，以求敌踪。遇小敌则驱逐之，遇大敌则在原地停止，而向后方连络，是日午后，第四旅即位置于王河寨、王庄、胡庄、马庄、郭庄、十五里井、武庄、汲堂、青山集一带，第六旅即位置于打鱼庄、王老林、李河堤、白楼、方庄、袁庄及高堤圈附近一带。二十时，据第四旅楼旅长报告：昨日被我击溃之郭宗汾师，现退集阎集附近，青山集西南方之王场、李堤头一带，发现刘春荣部约三团，经我第八团猛烈攻击，即向考城方向溃去，我第八团阵亡连长二员，伤排长六员，士兵数十名，该敌伤亡尤众。又据第六旅柏旅长报告，高堤圈西南之青莲寺，发现刘春荣部，向我占领高堤圈之部队射击，当被我击溃。

十七日五时，令第四旅在马庄(不含)青山集、土山集一带占领阵地，构筑工事，对兰封、柳河方向，严密警戒。第六旅(欠第十团)在同道口、王庄、马庄一带占领阵地，构筑工事，对考城、兰封方向，严密警戒。第十团为预备队，即移至王庄、官庄一带待命。骑兵连(欠三班)于日间向柳河、谢集方向，搜索敌情，并努力与第一师右翼部队切取连系。晚间至汪庄(官庄南)附近宿营。炮兵营于午前七时出发，到周庄以南地区，停止待命。七时，军部及第二师师部，由查楼经核桃园移至曹石南一里之常洼。是日，被我击溃之郭宗汾、刘春荣两部，又由楚庄寨向我青山集、高堤圈之线反攻，截至黄昏后，仍在激战中。我第十二、第七、第九各团，伤亡官兵百余人。是时，曹县城西之黄庄，亦发现敌之一部，砖庙集亦发现骑兵一团，郑集亦有敌部队，兵力未详。二十二时，奉总司令由徐州来筱(十七)申电令，要旨如下：

正面战况：晋军大部，昨日已加入谢集、小扒附近。我第二师待当面之敌驱逐后，即以主力速向左移，与第一师切实连络，向李坝集方向猛攻，但以一部留于右侧背，盖冯逆电石有此企图也。

十八日二时三十分，决定本日对敌部署如下：

1. 第六旅于本(十八)日午前四时三十分，驱逐黄庄、高堤圈一带之敌后，即进占烧饼窑、高堤圈、沈庄(不含)一带阵地，尔后敌如来犯，即行出击，并派出一部，猛烈追击至相当距离，即撤回原阵地。

2. 第四旅本(十八)日仍在沈庄、青山集、土山集一带阵地固守。敌来犯时，即行出击，并派一部猛烈追击，至相当距离，即撤回原阵地。

3. 骑兵连于本(十八)日午前五时出发，向柳河车站、谢集方向搜索敌情，并与我第一师右翼部队连系，达到任务后，即归还师部待命。

4．炮兵营(欠三连)于本(十八)日午前五时，到达方楼附近择地放列，须能射击程庄、高堤圈一带。

5．本兵营本(十八)日，仍在曹县东关，协同第一百六十三旅之警戒部队，对曹县东北方向警戒。

6．第十团于本(十八)日午前五时，由原地出发，集结于王庄(胡庄西)附近待命。

7．第一百六十三旅在柿子园附近部队，于本(十八)日午前四时三十分，协同第六旅驱逐黄庄附近之敌。

七时三十分，第六旅之第十二团，将高堤圈复行占领，并派兵一连向该敌追击，至高堤圈西十里处即撤回原地。复以一营驻守高堤圈，构筑工程，主力集结于林庙集附近。第一团主力集结于十埠寺附近，以一部推进至烧饼窑附近，左翼与第十二团连系，右翼与驻孔道口之第一百六十三旅部队连系。当面之敌，系刘春荣部，截至傍晚，仍滞留牛角嘴、青连寺、杨家口一带，与我对峙中。十八时奉刘总指挥筱(十七)申电令如下：

奉总司令铣酉电开：我军明(十七)日到达柳河车站或李坝集之线，应速构筑工事，整顿一日，察看敌情，再行前进。不必急求进展，而对于左侧杞县、睢县、宁陵方面，务须严密戒备，控制预备队，并嘱预备队预择阵地赶筑工事，以防敌袭等因。兹着各师击破当面之敌，到达柳河，阎集之线后，各派一部跟踪追击，主力即于高堤圈、阎集、龙门寨、柳河、小孔集、金香寺之线，构筑阵地。左翼部队对睢县、太康、柘城、宁陵方面，务严密戒备为要。奉电后，当令第二师第六旅即在烧饼窑、连牌坊、高堤圈、沈店(不含)之线，构筑阵地。第四旅即在沈店、王场、青山集、土山集之线构筑阵地。骑兵连向阎集方向搜索敌情，与第一师切取连系，工兵营在原地集结，与第一百六十三旅切实连络，第十团在王庄附近待命，第一百六十三旅在黄庄、柿子园一带部队，连接第二师，右翼部队在原地构筑工事。

十九日。本日部署大概如下：

1．第六旅于本（十九）日正午十二时，全线出击，击破当面之敌后，即跟踪追击，进占二郎庙、刘同集、郑庄之线，对考城、兰封方面，严行警戒。

2．第四旅于本（十九）日正午十二时，全线出击，击破当面敌后，即跟踪追击，进占褚庄、蔡油坊、夏庙之线，对兰封、李坝集方向，严行警戒。

3．骑兵连即向阎集方向搜索前进，并掩护我之左侧背，本（十九）日晚，回至师部附近待命。

4．工兵营本（十九）日正午十二时，由现地到师部附近待命。

5．第十团于本（十九）日正午，在现地集结待命。

6．第一百六十三旅之第三百二十五团于本（十九）日正午十二时，协同第二师出击，击破当面之敌后，即进占郑集、娄集之线。

前项部署决定后，当用命令下达，令各部队开始运动。十六时，第四旅由沈店、冯楼、王场之线出击，当将孙店、宋庄、林店之线之敌击退，而占领之。十八时，复与敌肉搏，而占领朱庄、前后谢园、杨家口之线。第六旅于十七时三十分，由郭庄、高堤圈、谢道口、沈店之线出击。十九时占领董楼、曹庄及其附近之小村落。右翼一百六十三旅之三百二十五团，亦占领倪集、潘庄、刘集、曹道口、萧河、刘庄之线。敌在牛角咀、李胡同、青莲寺、安堂、司娄、尚娄、半里店之线固守。是役，战斗共五小时，我军伤亡官兵二百余人。入夜后，我各部队即在所占领之原阵地严密警戒，并派出小部队向前搜索敌情，准备候令，攻击前进。二十三时，据第六旅柏旅长电话报告，当面之敌，已分向旧考城，阎集溃退，我军已进占李胡同、青莲寺、安堂之线。二十四时，奉刘总指挥皓未电令，要旨如下：

我第一师已占领小扒车站。第三师亦占领翁楼、王烧娄、九村一带。第十一师已过宁陵。我第二军晢日可到榆香铺、西陵之线。此次归德、小扒之敌，约五师之众，均被我击溃。我军拟乘胜先歼灭杨效欧部，然后与第二军夹击兰封、杞县之敌。除令前线各部队进占柳河、黄洼、宁陵之线，抑留逆敌，以待第二军，与我会攻该敌外第二师着即向褚庄、阎集之线移动，侧击逆敌。右与第二十六军左与第一师，切取连络。

二十日八时，以侧击李坝集，威胁敌人侧背，使陇海正面主力军，作战容易之目的，决定对敌，部署如下：

1．第四旅为左纵队，于本（二十）日午前十时三十分出发，经曹庄、孔庄、王集，向阎集附近之敌攻击前进，并设法与第一师部队切取连络。

2．第六旅为右纵队，经曹庄、朱庄、杨家口、半里店、鹿庄，向阎集附近之敌攻击前进。行进时，对旧考城方向，务派警戒部队（右侧卫），并与左纵队切取连络。

3．第一百六十三旅俟第二师部队移动后，即在倪集、朱如庙、王庄、高堤圈之线，对考城、旧考城方向，配备警戒，尔后即归还建制。

4．本军军部及第二师师部，随第四旅行进路前进。

前项部署，用命令下达后，十时三十分，四、六两旅即各由现地出发，遵照指定经路，向阎集行进。军部及第二师师部，亦由现地经王河寨、李堤头向阎集方向前进。十四时五十分，军部到达王集，第四旅之第七团已占领阎集，第六旅之第十团则在孙包楼、孙桥各处，与敌遭遇，即将敌驱逐而占领之。敌在陈庄、郭庄、林七口一带据守，不时以炮火向我射击。第十团伤官长二员，士兵五名，阵亡士兵二名。是晚，军部即在王集，第四旅即在陈小楼、秦大门、秦老家及阎集至陈庄之线，向郭庄之敌警戒。第六旅即在杜庄、红姑庙及杨台、夏庙（实地无杨台、夏庙名称，仅就实地与地图相当之处名之耳）、陈庄之线，向楚庄寨、大范集方向之敌警戒。因应战况之进展，二十三时决定翌日对敌之部署如下：

1．第六旅（欠第十二团）于明（二十一）日午前四时三十 分 以前，展开杨台、夏庙、孙桥之线，对当面之敌，先以一部施行威力侦察，迨敌阵地情形及附近地形明了后，即猛烈攻击，驱逐敌命，占领其阵地。右翼对旧考城方向及通楚庄、寨大道，务严密警戒。并时防敌骑之袭击。

2．第四旅于明(二十一)日午前四时三十分以前，连接第六旅，左翼展开于陈庄、阎集及其迤南之线，对当面之敌，先以一部施行威力侦察，待敌阵地情形及附近地形明了后，即猛烈攻击，驱逐敌人，而占领其阵地，左翼与第一师切取连络。

3．骑兵连明(二十一)日午前四时三十分以前出发，经杨家口向林七口方向努力搜索敌情，并警戒我之右侧背。

4．野炮连归师长直接指挥，明(二十一)日午前四时三十分以前，在赵庄附近，择地放列，务能射击陈庄(夏庙西南)、郭庄一带地域。

5．第十二团为总预备队，于明(二十一)日午前四时三十分以前，在红姑庙附近，集结待命。

6．工兵营于明(二十一)日午前四时三十分以前，在王集附近集结待命。

7．本军军部及第二师师部，明(二十一)日午前四时三十分以前，在陈小楼附近。

二十一日拂晓，野炮兵进入赵庄附近阵地，四、六两旅亦各展开于指定位置。七时，军部由王集向陈小楼推进。七时三十分，第六旅之第十团及第四旅之第七、第八两团，已向郭庄之敌猛烈攻击。第四旅之另一部，亦已向王庄附近之敌攻击。炮兵火力则集中于郭庄方面。八时三十分，敌阵地动摇，第十、第七、第八各团，即占领郭庄。第四旅之另一部，亦即占领王庄、罗庄、敌关福安部之郭宗汾全师，纷纷向李坝集方向溃退，遗弃弹药甚伙。蔡油坊方面之孙楚部孟宪君师之两团，受第六旅右翼之压迫，亦纷纷向兰封方向溃退。是役以郭庄战斗最为激烈，仅第十团即死伤官兵九十余人，七、八两团尚未及统计也。九时，第六旅以第十一团由蔡油坊、杨台经王桥、抵庄向楚庄寨追击前进，第十团由郭庄经林七口向大范集追击前进。第四旅由王庄、罗店过旧黄河，向李坝集追击前进。到达史村铺、赵沙窝一带，见我第一师亦已击破铁路正面之敌，正在跟踪追击中，当即转向大范集，追击前进。是晚，第六旅即集结于马庄、胡集一带。军部及第二师师部，推进至郭庄停止，尔后即与第一、第三两师，齐头与敌成一正面矣。

〔国民政府战史编纂委员会档案〕

11．张钫投靠蒋介石为讨伐阎冯献策奔走报告书①

（1930年5月25日）

第一节　阎冯抗命与张钫离汴

中华民国十九年四月，阎冯通电反抗中央，河南省政府主席韩复榘移军赴鲁，一时省政府委员风流云散。万选才奉阎、冯令统兵入汴，继韩氏为主席。省政府委员兼建设厅厅长张钫，遂通电辞职，退居私邸。张为北方老党员，不直阎、冯所为，西北军及豫省之附和者多忌之。张主张冯经营西北，河南将领连合，保守河南治安，冀免豫省沦为战场，则国事不至纷乱，而全省人民亦可暂安一时，孰意不见容、不见谅，乃于二十二日离汴东走。

第二节　张钫离京后奔走鲁徐及劝孙殿英反正

张钫离汴后，携秘书龚哲甫至商邱。继日，中央派汤执中至，同赴济南，与韩复榘商酌讨逆步骤。奉蒋总司令连次电召，遂赴徐州，晋谒面陈进军方略。总司令以张为北方革命老军人，既有深长历史，且负地方重望，拟委为河南宣抚使，张乃力辞，愿为参赞。时孙殿英受逆方命，占据亳县（即亳州），距津浦线甚近，为国军侧方

① 录自“国民革命军第二十路总指挥部战史编纂稿”．

后顾之忧。孙未露头角时，曾承张钫提携。张商于总司令，派刘显亭、周致祥间道前往，晓以顺逆大义，俾其效力中央，共纾国难。孙要求甚奢，且存观望，久而未决。

第三节　张钫奉召由徐赴商建议破敌

五月二十一日，张钫在徐接总部行营自归德来电谓：国军已攻下归德，进逼兰封，并云漾日（二十三）可到开封，请速赴前防商议一切，意在预为河南善后谋也。遂于二十二日由徐西发，同行者有前河南省政府委员张鸿烈及栗敬六、王广庆、王友梅、龚哲甫、武旭如、汤执中，于二十三日抵民权县（旧名李坝集）。二十四日早，附第二军团总指挥刘峙专车到野鸡岗车站，距火线仅三十里，炮声隆隆，彻夜不止，战事至为猛烈。二十五日早，阎、冯所任命之河南主席兼陆军第六路总指挥万选才，被俘至野鸡岗车站，盖在睢县城外，为国军第十一路总指挥刘茂恩所擒获，押解到此。万之被俘，实予阎、冯方面一重大打击也。二十五日，张钫返商邱，总司令车亦同时到站。总司令询前方战况，张述前方地势及敌方工作情形，建议构坚固之战壕，防左翼之剿袭，减我军之死伤，挫敌人之锐气。总司令采纳，即将战线移后数里，积极布置，而正面持久战之根基自此始。又建议集三万以上兵力，取道杞、太间，向通许、陈留前进。分两路：一袭开封，一袭罗王，以捣其弱点，而攻其不备。颇蒙采纳后，以敌情变化，此项计划，亦因而变更焉。

〔国民政府战史编纂委员会档案〕

12．刘茂恩关于截断冯军西退郑州经过报告

（1930年5月30日）

一、奉第二军团刘总指挥命令要旨如次：

（1）固守兰封、杞县之线敌人，其右翼冯军大部，前日以来，逐向郑州方面西退，我第三军正向郑州猛进中。

（2）我军拟以有力之部迂回敌之右侧背而歼灭之。

（3）着总预备队指挥官张治中指挥军校教导队、第五师、新二十一师各部，经长岗集、瓦岗、沙窝、晁村集，绕攻敌右侧背。

（4）第十一路军（附骑兵第一旅）经龙曲集、高贤集、南岳岗、长智集、陈留向兴隆集、罗王寨一带迂回攻击，先破坏其铁道，断其归路。

二、决心：先集结兵力于范洼集、河阳集附近，准备尔后之进击。

三、处置：（1）电请第二军团刘总指挥饬右翼友军五十二师接替本军防地。（2）命各部将防地让右翼友军五十二师接替后，即集中于范洼集、河阳集一带，准备向敌迂回，并准备五日之干粮。（3）总部即晚移驻马头集。

四、经过：（1）五十二师因兵不敷分配，仅接替六十七师防地。（2）五十二师接六十七师防地时，因敌人乘黑夜来攻，致生误会，双方均有伤亡。

〔国民政府战史编纂委员会档案〕

13．刘峙为布署对付石友三攻击给各军命令

（1930年5月31日）

命令　五月卅一日于
　　　野鸡岗车站

（一）石友三部自昨日以来，由东明方向、向我第二十六军①右翼进攻。

（二）我二十六军已退守傅莱园、大杨庄、单楼、石楼、老君营之线。

---

① 军长范熙绩。

（三）我军拟先巩固原阵地，并以有力之一部协同第二十六军及六十四师① 歼灭石逆所部。

（四）着教二师即到楚庄寨、马王寨附近，归陈总指挥指挥。

（五）我正面第二、第三、第一、第十一、第六、第九、第五十二各师，应固守原阵地，随时准备，待命出发。

（六）着第五师② 即到七寨集附近，归顾军长指挥并向第十一师③ 陈诚连络策应。新编第二十一师④ 即到松公集附近，归蒋军长指挥，为总预备队。

（七）着第十一路附（骑兵第一旅）即在西陵附近，巩固我军左侧背，与第二军切取连络为要。

（八）余在野鸡岗车站。

第二军团总指挥　刘　峙

〔国民政府战史编纂委员会档案〕

14．张钫奉蒋介石令于归德暂设河南省府并委其为代理主席报告书稿⑤

（1930年6月1日）

（一）张钫代理河南主席暂设省府于归德

五月二十五日，野鸡岗、内黄两站间，战事仍极激烈；第一师徐副师长督师猛进，致受重伤，预料最短期间绝不能有锐度进展。张钫乃商于总司令及第二军团总指挥刘峙，设法肃清后防，巩固两翼。总司令以开封省会陷于敌中，豫南各县办理后防事务，维持地

① 师长马鸿逵。
② 师长熊式辉。
③ 师长陈诚。
④ 师长李云杰。
⑤ 录自“国民革命军第二十路总指挥部战史编纂稿”。

方治安，不可漫散，而无统属，乃委张钫以代理河南主席名义，暂于商邱(即旧归德府城)组织省政府。二十八日，张钫同张鸿烈及一切僚友，由车站移至城内，以省立第二中学校为省政府办公地址。六月一日，通电全国，并通令全省各县开始办公。

省政府组织，系临时性质，以秘书厅为总枢，分设总务、政务、财务三处，秘书长为张鸿烈，总务处处长为王广庆。政务处处长为栗敬六，财务处处长为王友梅，机要秘书为龚哲甫，交际主任为汤执中。此外自徐州同来者有武旭如，李诒三，亦均委以要职。

〔国民政府战史编纂委员会档案〕

15．总司令部参谋处转发蒋介石鼓励各将领手书

(1930年6月2日)①

数日以来，敌军昼夜猛攻，终不得逞；此乃诸将士奋勇所致。我军虽牺牲疲乏，而敌必倍之，由此推察，更无可畏。但我军始终听人来攻，而未曾反攻一次，不惟逆焰日张，而为革命军人之羞也。辟如一个人任人来打，而不思还打，则世人必以为无能；而打我者，反以为多力也。我军不能反攻，固在各地区之兵力薄弱，无充分预备队，虽将敌击退，亦难追击，此乃实在情形。但如节约兵力，学敌军方法，各师各团分班分期轮流佯攻，虽不能致敌死命，然必能长我军之气，勿使日夜恐怖，只愁兵力减少，则兵力自多矣。观近日各将士恐怖，惟念兵力不足，使中为之悲愤，何以我革命军之精神，竟至不振如此耶！阎、冯之官兵，日间睡觉，夜间偷营，而且每团内分定班次，规定时间，前后分班攻守，故兵力节省，而不感疲劳，乃能持久。我前日所发组织奋勇队之命令，亦即此意。乃非为官兵真有奋勇与不奋勇之别，实为战场整顿部队，振提精神，休养兵力之一

① 此为参谋处转发时间。

法耳。倘再不照此令行之，则全军官兵疲倦不息，虽不为敌军攻破，亦必劳极致病矣。请兄等详告前线官长，只要值班警戒之官兵能认真服务，不妨抽调兵力多事休养，而值班时间愈短愈好。中正为此言或兄等以为不懂前线情况之谈，不适实用。然兄等须知在后方之想象，必较在前方者精密，而且不至如在前方者之恐怖，则兄等不妨照我在后方的言者试行之何如？倘兄等不敢抽调半数之兵休息，则先抽调三分之一为休息之兵，最好能使三分之二以上兵力休息何如？务望兄等大胆试行之。数日以来，敌军攻击不成，其气必馁。我军虽不能真攻，亦必须分班佯攻，勿使敌军笑我无能也。若敌军反攻时，我各师旅长皆须亲自督战，乘敌军虚弱疲劳之际而突破之，亦非必不可能之事也。近见官兵辛劳与死伤，用是焦灼，而兄等爱惜官兵之心，决不减于中正，尤其是兄等身自辛劳疲困，更为着急。今乃以言相责而不用好言慰藉者，实彼此死生相共，形神一体，毋容客气，想兄等必能体谅此意而实践中正之意肯也。再者，此次阵地战断非数日能结局，故须准备半月、一月之想。此时如不节约兵力，决难持久，请察之。

〔国民政府战史编纂委员会档案〕

16．刘峙报告在杞县南击破庞炳勋部通电

（1930年6月3日）

特急。南京中央党部、国民政府、朱参谋总长、各部院、汉口行营何主任钧鉴：济南韩总指挥、曹县探交陈总指挥、范军长、蚌埠张师长、南京总司令李参谋处长、上海熊总指挥、安庆马主席、南昌鲁主席、汉口刘市长、漯湾河何总指挥、王军长、临颍徐军长、玉山杨军长、襄阳范司令、华阳李师长、长沙何总指挥、广东陈总指挥、陈主席、朱总指挥、贵阳毛主席、云南龙主席、沈阳张司令长官、各报馆勋鉴：迭电计达。上月宥日以来，阎、冯两逆部，迭向我军夜

袭，希图突破我军防线。我军沉勇不惊，待其接近，猛烈射击，继以肉搏。数日之内，毙敌团长刘心镜等四员，官兵不下四千余人，俘获甚多。其在杞县以南之逆敌庞炳勋部，冬日与我左翼军之前进部队相遇，我军俟其不意在长冈集、河阳集一带，击毙逆敌约千余人，获枪约千支，据俘虏供称：逆军屡经重创，损失约五分之三，刻已将各部队归并改编，官兵气馁异常，不愿再战。等语。特此奉闻。刘峙叩。江。印。

〔行政院档案〕

17．刘峙关于在仪封附近与阎冯军激战经过报告

（1930年5月22日—6月7日）

（丑）仪封附近之役

（一）占领阵地时之敌我情况：

阎集、龙门寨、柳河及宁陵西北一带地区之敌，先后被我击退后，其主力沿铁路向西退去，其抵抗线在大毛姑寨、仪封、张寨、徐步口、双塔集一带，由曹县附近溃退之刘春荣部，则在青陵集、红庙、双杨树、五阎庙一带固守，我第二师由胡集、马庄、大范集、小王庄一带，向红庙附近追击。于二十二日午后到达孔庄、金庄、耿寨、二里寨、老君营、三河庄一带，与敌对峙。第一师由李坝集、宋庄、丁庄寨一带，向兰封附近追击，于二十二日午后到达水口、孟寨、野庄、朱寨之线，与敌对峙。第三师亦向兰封附近追击，于二十二日午后到达巴河、马荣桥之线，与敌对峙。第五师则于二十二日由柳河推进至内黄附近，我右翼二十六军之第五十五师，向红庙附近追击，亦于二十二日午后到达杨桥、张庄寨、贺村之线，其先头并已到达白楼。我左翼后之第二军，则于二十二日到达宁陵西南之张水寨、郭屯、谢集一带，准备连接本军左翼作战。

（二）部队之编成：

第一师（附野炮一连），第二师（附野炮一连），第三师（附野炮一连），第五师（欠两团，附野炮一连），炮兵教导第一团第二营，教一师炮兵第一营，教一师重炮营，铁甲车第二大队。

（三）战斗经过：

二十二日十八时，奉刘总指挥五月二十一日午后四时命令，要旨如下：

1．我军拟击破兰封、杞县一带之敌后，以主力进占孟皎集、沟林集、大白邱之线，以有力之一部向开封追击。

2．第二师、第五师为右追击队，归第一军顾军长指挥，第二师由铁道及其以北道路，向开封城及其以北地区，第五师由铁道以南地区，向开封分别追击前进。

3．教导第一师骑兵第一旅为左追击队，归教导第一师冯师长指挥，经刘黑达寨、陈留县，向开封及其以南地区追击前进。

奉令后，即决定部署如下：

1．第二师于明（二十三）日经兰封沿铁道及其以北地区跟踪追击，到达耒田寨（在兰封正西三十里处）、罗王寨之线后，对开封方向及黄河各渡口配置警戒，并时与第五师切取连系。

2．第五师于明（二十三）日沿铁道（不含）及其以南地区跟踪追击，到达西里村、沟林集之线后，对开封及通许方向配置警戒，并随时与左追击队切取连系。

二十三日拂晓，第二师以第六旅附野炮一连，展开于黄河土堤（不含）亘二里寨之线，向红庙附近之敌施行攻击。第四旅展开于二里（不含）及其以南地区，向双杨树、五阎庙附近之敌施行攻击。惟敌守备甚坚，不有进展，第五师因第一、第三两师当面之敌未能击破，亦未实行追击。午后乃变更计划，以第二师主力由五阎庙、胡集向兰封抄袭敌之侧背，以第二十六军监视红庙之敌，俟将正面之敌击破后，再用重炮及多数野炮向红庙集中火力，以期一鼓歼灭。

二十三时，奉刘总指挥由李坝集电话传来命令，要旨如下：

1. 敌现据兰封、杞县、槐冈之线，希图与我决战，其兵力重点似在兰封、杞县附近。我第二十六军正向红庙、考城之敌攻击中。

2. 我军于明（二十四）日全线总攻击，以有力之一部先击破兰封附近之敌，即以主力将敌包围而歼灭之于开封以东地区。

3. 航空队明白拂晓极力向兰封、杞县之敌轰炸，并侦察其以西一带之情形。

4. 第一军于明（二十四）日拂晓以主力对兰封、贵李寨之敌攻击，并以有力之一部，向罗王寨之敌扰乱奏功后，即行左移，向铁道以南之敌压迫，并对开封、考城方向警戒。

5. 第二军附骑兵第一旅，应向杨堌集、柿园集、马头集、杞县、槐冈一带之敌攻击奏功后，即行右转。教导第一师为第二军预备队，归蒋军长指挥。第十一师即归还第二军建制。

6. 第五师、第十一路军为总备队。第五师位置于内黄附近，暂归顾军长指挥。第十一路军位置于榆集、杜公集、西陵集附近。

7. 予在李坝集车站，明（二十四）日进驻野鸡岗车站。

前令奉到后，即决定部署如下：

1. 第二师于明（二十四）日拂晓，以一部协同第二十六军监视红庙附近之敌，主力沿老黄河土堤两岸，连系第一师向兰封挺进，协迫兰封敌之侧背，占领兰封后，即跟踪追击，并对考城、开封方向警戒。

2. 第一师于明（二十四）拂晓，攻破当面之敌后，即跟踪追击而歼灭之。

3. 第三师于明（二十四）拂晓，以主力攻击贵李寨附近之敌而歼灭之，以一部向罗王寨附近挺进，扰乱敌之后路，奏功后，即向左转，压迫铁道以南地区之敌。

4. 第五师为预备队，于明（二十四日）拂晓位置于内黄附近。

二十四日拂晓，第二师以第六旅（欠第十团）附山炮一连、骑兵一班协同第二十六军监视红庙之敌，第四旅附第十团及野炮连、炮兵营(欠一连)、骑兵连(欠两班)沿老黄河土堤两岸，向敌攻击，未能进展。军长率参谋人员于四时亲至崇仁寨督战，第一师自拂晓起，向当面之敌猛烈攻击，敌凭寨固守，顽强异常，截至下午，接近敌阵地，仅二三百米达。我军死伤甚众，仅虏获敌兵四百余名，枪三百余支，仍未十分进展。第三师以第八旅攻击杨楼、玉皇庙之敌，自拂晓后，激战至十五时，先后将杨楼、玉皇庙占领，乘胜向东营、关爷庙之敌猛烈攻击。因敌阵地坚固，为铁丝网所阻，亦未能进展。因杨楼、玉皇庙受敌侧射，不能固守，不得已，复退回原阵地，以第九旅攻击秦马房、王马房之敌，自十时起，激战至十六时，将敌阵地占领，因地势开阔，受敌炮火剧烈，损害伤亡过半，不得已亦退回原阵地，计八九两旅阵亡营长二员，受伤一员，伤亡连排长三十余员，士兵七百余名。十九时乃另行决定对敌部署，其大要如下：

1. 第一、第二(欠二团)、第三各师，于明(二十五)日在现阵线继续其任务，努力攻击当面之敌，本晚在原阵线彻夜。

2. 第五师(欠一团，实欠三团)于本晚集结于范郑寨附近，明(二十五)日拂晓以前，由范郑寨突入敌阵地，在敌阵地后方，尽量扰乱，俾我第一、第三各师，正面攻击，容易奏效。其余一团，集结于内黄附近待命。

二十五日，我各师仍继续向当面之敌施行猛攻。第三师当面之敌，于拂晓时，由小阁寺、关爷庙、王马房等处，向我第八旅阵地猛烈攻击，激战两小时，始将其击退，战况无进展。第一师于午后再行向敌冲锋，敌以炮火向我猛烈射击，第一师徐代师长亲临督战，与团长一员均被炸伤，而徐代师长伤势尤重。奉令以第一旅旅长胡宗南代行第一师师长职务，并将其正面缩小，以野庄、亘范郑寨之线之防务，于二十一时交第五师，派队接替。正交替间，敌又以集团炮火及手榴弹向我全线攻击，隆隆之声，势如爆竹，达旦不绝。

是晚，总司令亲临内黄视察，召集师长以上军官会议，决定以杨堌集附近为主要攻击目标，候令再行总攻。是日十二时，奉到总指挥本日六时命令，要旨如下：

1．第一军附第五师，应在大毛姑寨、仪封、双塔集、周寨之线构筑工事，准备攻击兰封、杨堌集之敌。

2．第二军应在小岗、小集、查楼、陈楼、西陵集之线构筑工事，准备攻击杨堌集、杞县之敌。

3．作战境地：第一军/第二军〉新兴集——七寨集——杨堌集——前寨之线，线上属第二军。

奉令后，用命令给与各师之任务如下：

1．第二师先以主力占领大毛姑寨附近及黄河土堤南北地区，以一部协助第二十六军监视红庙、双杨树一带之敌，并于大毛姑寨、金庄附近构筑工事。其监视红庙附近之部队，俟第二十六军接替后，即移至大毛姑寨、水口、七里岗一带待命。

2．第一师占领代庄、堤头村、李寨、仪封、野庄之地带，构筑工事。并派一部在大毛姑寨，协助第二师。

3．第五师（欠一团）占领野庄以南至范郑寨之地带，构筑工事。

4．第三师占领吴寨、杨楼、双塔集、七岗之地带，构筑工事。

5．作战地境：

第二师/第一师〉大毛姑寨——兰封之线。

第一师/第五师〉野庄——卞庄——邓寨之线。

第五师/第三师〉范郑寨——古寨之线。

线上属右翼师。

6．第五师之一团，为军预备队，位置于内黄附近。

十八时，又奉刘总指挥午后三时三十分命令如下：

1．逆敌孙楚、杨效欧、孙良诚、吉鸿昌各部，盘踞考城、兰封、杨堌集、柿园集、杞县及其以南地区，占领阵地。

2．本军以迅速歼灭此敌之目的，兹区分攻击部署如下：

(1) 以第二、第一、第三、第五(欠两团)各师及军校教导旅(四团)为右翼军，归顾军长祝同指挥，并集结三旅以上之兵力，控置于右后，为军预备队。

(2) 以第十一、教一、第六、第九、新二十一各师及第五十二师之一部为中央军，归蒋军长鼎文指挥，并集结第九师兵力六团、第十一师兵力两旅，控置于两翼，为军预备队。

(3) 以第十一路军各师为左翼军，在西陵集、马头集、河阳集一带，占领阵地。

作战地境：

右翼军、中央军＞杨堌集——七寨——新兴集之线，线上属中央军。

中央军、左翼军＞邢口——西陵集——睢县之线，线上属左翼军。

二十六日，敌自昨(二十五)夜二十一时起，以炮火及手榴弹，向我总攻后，本日一时，复以步炮连合之部队，由东营向我第三师之杨楼阵地猛烈攻击，拂晓，又向我第一师阵地攻击。十时，又由玉皇庙、王马房方面，向我第三师之双塔集阵地攻击，十九时起至二十一时，又由小阁寺、东营、秦马房各处，向我第三师之杨楼、雪寨、双塔集各阵地攻击，并向杨楼阵地冲锋数次，十时，又由小阁寺、东营再向我杨楼阵地攻击。盖自二十一时以后，其炮火手榴弹，向我攻击，其声隆隆，彻夜不绝，一如昨日全线各阵地，莫不受其袭击，惟均未得逞耳。计是日，我官兵之伤亡，以第一师为最多，第三师约百余人，仅第二、第五两师较少而已。我全阵地之划分，自本晚以代庄一段由第一师交第二师接替后，成如左之形势，第二师为黄河南北岸土堤，亘二里寨、金庄及大毛姑寨、仪封(不含)之线。第一师为仪封、野庄(不含)之线。第五师为野庄、范郑寨之线。第三师为范郑寨(不含)、亘杨楼至七岗之线。

二十四时，奉刘总指挥宥酉电令，要旨如下：

1．我军拟于二十八日拂晓，向敌开始总攻，以杨堌集及其以北附近地区为主要攻击方面。

2．以第十一师之五团、教导旅之四团及第五师(欠一团)附野炮一营、重炮六门、战车四辆编为主要出击部队，统归陈副军长诚指挥，胡副师长祖玉副之，务于二十七日午后十二时以前，第十一师到达柳林，第五师到达大黄庄，教导旅到达上柏岗，炮兵及战车到达黄土岗附近，秘密开进，于二十八日拂晓向杨堌集及其以北附近地区突进，突破后，以主力向罗王寨，一部向黄楼方向进出。

3．右翼军及中央军于二十七日下午向兰封及杞县附近佯攻，以牵制敌人。

4．各军于二十八日拂晓，各向当面之敌攻击，奏效后，即猛烈追击。

奉电后，决定部署如下：

1．第二师附野炮一连，占领黄河北岸土堤，亘大毛姑寨、仪封之线。第一师附野炮一连，占领仪封(不含)、野庄、范郑寨之线。第三师附野炮一连，占领吴寨、双塔集、七岗之线。各师按以上防区，于明(二十七)日午后二时以前接替完毕，准备当晚向敌佯攻。二十八日拂晓开始总攻击。

2．铁甲车第二大队，以一列车在仪封附近地区停止，以炮火协助本军攻击，必要时，则以全部在仪封尽力助战。

3．炮兵教导第一团第二营于明(二十七)日拂晓，在孟寨附近，占领阵地，对小毛姑寨、秦庄、羊寨、张寨、朱寨、徐步口一带，完成射击准备。附属各师之炮兵对以上所举各地点并应随时集中射击。

二十七日午后，各师按昨日部署，将防地分别交替完毕。十九时三十分，奉总指挥训令略开：据飞机报告，杨堌集附近之敌约四千余人，本日午后六时半，经孟皎集向西撤退，似郑州吃紧，敌已有动摇模样，我军应按照前令，于明日拂晓，向兰封、杞县一带之敌总攻，等因。奉令后，又给各师命令，其要旨如下：

1．第二师以兰封为攻击目标，即以主力由大毛姑寨沿黄河南岸土堤，向兰封攻击前进。其一团仍占领黄河北岸土堤以南东西二里寨一带，与第二十六军连络，监视红庙、双杨树一带之敌。

2．第一师以贵李寨为攻击目标，即以主力由范郑寨经徐步口、小阁寺、刘寨向贵李寨攻击前进。

3．第三师以古寨为攻击目标，即以主力由双塔集经王马房、陈寨，向古寨攻击前进。

4．各师攻击前进时，在原阵地留置守备兵十分之一或八分之一，以防逆军抄袭我侧背，并可作预备队。

5．铁甲车第二大队北平、胡广两号，于明（二十八）日拂晓，在仪封、李寨附近，以猛烈炮火压倒敌之铁甲车，并对秦庄、羊寨、张寨、徐步口、朱寨各村落射击，协助步兵攻击前进。

关于其他炮兵指挥上之责任及各炮兵，应行射击之区域，另为如下之规定：

1．在汤坟附近，附属第二师之野炮三门，及第二师原有之大正炮二门、俄造炮二门，应射击黄河土堤北岸及小毛姑寨、秦庄各村落及其间诸要点。在孟寨附近之炮兵教导团第二营之野炮八门，应射击小毛姑寨、秦庄、羊寨、朱寨、张寨各村落及其间诸要点。以上各炮兵，统归第二师第四旅楼旅长就近指挥。

2．在兴隆寨附近，附属第一师之野炮三门又教导师之野炮四门，就近归第一师第二旅黄旅长指挥。其射击区域为张寨、羊寨、朱寨、徐步口各村落及其间诸要点。

3．在吴寨附近附属第三师之野炮四门，应射击徐步口、小阁寺、关爷庙、玉皇庙、冯马房各村落及其间诸要点。在瓦房营附属第三师之野炮三门，应射击冯马房、何寨、田庄各村落及其间诸要点。

4．以上各炮兵务在昼间完成射击准备，测定射击诸点，俾夜间可以随时适宜射击。

十九时以后，我各师向敌佯攻，敌亦以炮火及手榴弹向我扰乱，竟夜不止。是夜，决定翌（二十八）晨之攻击部署，又稍加补充如下：

1．第一师之第二、第四两团，先取张寨。

2．晨六时，孟寨、兴隆寨之炮兵，向张寨之敌阵地试射，七时，步兵接近该炮兵，并归第一旅胡旅长指挥。

3．铁甲车制止敌铁甲车之活动，并分向张寨之敌阵地射击。

4．仪封李寨之我军防守部队，为制止敌之步兵增援张寨时，应向之猛烈射击，以歼灭之。

5．在汤坟之野炮，应向小毛姑寨及李寨前方之秦庄附近分火。

二十八日，各部队因昨夜与敌互相扰乱，达旦不息，故本晨未及向敌猛攻。十八时军部移驻内黄寨，决定翌（二十九）日拂晓，向敌施行总攻，其部署如下：

1．第二师仍以一团协同第二十六军监视红庙、双杨树之敌，主力于明（二十九）日拂晓向小毛姑寨之敌攻击，而占领之。并由在仪封之部队派遣一部，协同第一师攻击张寨，奏功后，即继续向东西岗头、兰封之敌攻击前进。

2．第一师于明（二十九）日拂晓，向张寨之敌攻击，而占领之。奏功后，即向朱寨、徐步口与贵李寨方面，继续攻击前进。

3．第三师于明（二十九）日拂晓，向王马房之敌攻击，而占领之。奏功后，即协同左翼第五师，向古寨继续攻击前进。

4．铁甲车第二大队北平、湖广两号，于明（二十九）日拂晓以前，进至李寨、仪封附近，以猛烈炮火压倒敌之铁甲车，并协同第一师攻击张寨之敌。

二十九日，第二师以第四旅附第十团炮兵营野炮连及炮兵教导团第二营之第五、第六两连，又骑兵一连（欠两班），于三时三十分，向小毛姑寨之敌，开始攻击前进。迨迫近敌阵地外壕后，敌之手机关枪、手榴弹、炮兵铁甲车，齐向我军注射，施行反攻。我官兵奋不顾身，向敌阵地冲击数次，至八时许，卒以敌阵地外壕宽深，不能超越，且地势开阔，死伤过众，不能滞留，不得已始退回大毛姑寨原阵地。官兵人人奋勇应战，全身为尘土与残血所染，几不辨形貌。第十团第三营营长何章阵亡，第八团第一营营长高长发、第二营营长胡世贤均负伤。综计第七、第八、第十各团官兵之伤亡者，几及三分之二。第一、第三两师，于拂晓时，各向当面之敌攻击，略有损伤，而亦毫无进展。入夜，敌仍以大炮手榴弹向我扰乱，达旦不息。

三十日，各师固守原阵地，入夜敌仍以大炮、手榴弹向我通宵扰乱。

三十一日，第三师当面之敌，自昨晓二十时，向我双塔集、唐寨一带阵地袭击，至本晨九时，复以大部增加向我第八、第九两旅阵地猛攻。虽经我官兵奋勇突击，屡次冲锋，惟因第八旅之杨楼阵地与第九旅之黄二庄阵地，均形突出，受敌包围，并以猛烈炮火向我集中射击，我伤亡过剧，不得已将杨楼、黄二庄阵地先后放弃。敌乘势更向我吴寨、双塔集、唐寨、七岗诸阵地猛攻。我第八、第九两旅，一面在本阵地抵抗，一面派出部队，将该敌击退。而双塔集、唐寨当面之敌，顽强尤甚。至十九时，始行退去。是役，毙敌二百余人，我官兵之伤亡则在三百人以上。七岗阵地，于十三时交第十一师接替，第二、第一两师当面之敌，自二十一时以后，又连合第三师当面之敌，用炮火及手榴弹向我阵地扰乱，并用步兵分头屡次向我逆袭，但均被击退。

六月一日一时三十分，第二师当面之敌以大部兵力，向我焦庄、王庄、堤头村、李寨一带阵地攻击，而压迫我。李寨阵地之敌，尤为凶猛，我固守李寨之第九团，以众寡悬殊，伤亡过剧，不得已于二时许，始将阵地暂行放弃，敌乘势攻我仪封，按李寨为仪封屏蔽，李寨失，则仪封危，而焦庄、王庄、堤头村、大毛姑寨不能守。于是乃以第八团之一营，归第九团团长指挥，立令反攻。幸官兵用命，奋死激战，遂于四时三十分，将李寨阵地恢复。第九团团王敬久及第一营营长杨少初负伤。第三营营长朱学恒阵亡，其余官兵，伤亡者凡数十人。当李寨失守时，敌一面攻我仪封，一面向我第一师之第五团阵地猛烈攻击，经迎头痛击，激战至七时，始将其击退，并进占张寨北端之独立家屋，因兵力过少，仍撤回原阵地与敌对峙。计第五团官兵之伤亡九十余人。据俘虏供称：攻我李寨、仪封之敌，系杨耀芳① 部之步兵四团、炮兵一团，其在张寨、朱寨、徐步口一带者，为温如玉之第十八师与方克猷之第二十九师，亦隶杨耀芳部。是役，温师伤亡已五分之三云。第五师加入左翼攻击杨堌集，得而复失，始终未能进展。已奉令开回铁路附近，仍归本军指挥。本日，其师部已到达内黄，第二十五团在马荣桥，二十八团二十二时以后抵崇仁寨，二十九、三十两团，本晚到汤坟附近。

二日，以各师作战以来，兵力损失将及半数，为巩固阵地起见，特缩小各师正面部署如下：

1．第五师之步兵三团，于本日午前到达汤坟、水口、毛姑寨、代庄、王庄、焦庄（堤头村代庄间，图上无注记）、堤头村一带，接替第二师，占领之阵地，构筑强固工事，待机出击，并对红庙、双杨树方面之敌警戒。

2．第二师占领李寨、仪封、亘野庄（不含）之阵地，构筑强固工事，待机出击。

---

① 时为阎锡山第三方面军第三十九师杨耀芳为师长。

3．第一师占领野庄、吴寨、双塔集(不含)之阵地，构筑强固工事，待机出击。

4．第三师占领双塔、七岗(不含)之阵地，构筑强固工事，待机出击。

5．军校炮兵教导团唐团长所指挥之野炮兵，在代庄、孟寨、兴隆寨一带，占领阵地，对小毛姑寨、秦庄、羊寨、结寨、张寨、朱寨、徐步口各地，集中射击，并协助我铁甲车，制压敌之铁甲车。

6．铁甲车第二大队，以铁甲车两列，进至李寨、仪封附近，以炮火压制敌之铁甲车，使其不能活动，并协助我步兵射击张寨、结寨、羊寨、秦庄等地敌之步炮兵。

7．各师阵地之交替，于本日黄昏前完毕，并须切取联络。

据报：左翼当面之敌，拟以主力于本(二)日夜，向我田陈寨附近攻击。我第五师除第三十团已到达汤坟附近，暂归第二师指挥外，其余奉命与新二十一师，于本(二)日黄昏后，集结于郭寨、薛寨附近，待命出击。因将前项部署变更如下：

1．第二师附第五师之第三十团，仍占领汤坟、水口及大毛姑寨、代庄、焦庄、王庄、堤头村、李寨、仪封一带阵地。第一师仍占领仪封(不含)、亘野庄、范郑寨之阵地。第三师仍占领范郑寨(不含)、吴寨、双塔集、七岗(不含)之阵地。各师须构筑强固工事，并尽量抽出预备队，准备出击。

2．第五师之三团附野炮兵一连，于本(二)日黄昏以前，到达薛寨、郭寨附近，归李师长云杰指挥，由蒋军长统辖之。其第三十团，即归第二师顾师长指挥。

3．军校炮兵教导团，即抽调在兴隆寨之野炮四门，于本(二)日黄昏前，随第五师开至郭寨、薛寨附近，归胡副师长指挥，其余各部，即在原阵地，遵照前令指示各点，集中射击。铁甲车第二大队，仍遵照前令，以铁甲车两列，进至李寨、仪封附近，制压敌之铁甲车，并对指定各点，协同我部兵作战。

三日，各师仍在原阵地监视，与敌略有接触，敌我均微有伤亡。

四日，第二师当面之敌，于一时后，向我李寨阵地袭击三次，向我焦庄、王庄阵地袭击一次，均被击退。入夜，又向我李寨、仪封阵地袭击数次，第一师当面之敌，亦有同样动作，而战斗尤较激烈。但经我迎头痛击，仍负创而去。第三师当面之敌，因我向彼王马房、玉皇庙、杨楼各阵地袭击，故亦向我激战，自昨夜二十三时起，至今晨拂晓止，我伤亡官兵四十余人。

五日，各师在原阵地固守，并时派小部队向敌扰乱，敌亦不时向我袭击。入夜后尤甚，但均不得逞。

六日零时，占领小毛姑寨。秦庄一带之敌，向我大毛姑寨、堤头村一带阵地扰乱。三时许，以一团兵力，向我第十一团（大毛姑寨）右侧第五师第三十团堤埂阵地突击，第三十团因营长受伤，部队失抵抗力，阵地遂被突破。而第十一团大毛姑寨阵地，受敌侧击，亦相继不守。敌乘势一面向我第三十团及第十一团追击，一面抄袭我第十团堤头村阵地右侧背。我第十团以第二营营长李天成受伤，故阵地亦形动摇，继由第十团预备队及第六旅预备队、第十二团协同反攻，将其击退，并进至小毛姑寨敌阵地前端，因无增援，未便深入，乃复退回原阵地固守。是役，毙敌甚众，缴获机枪六挺，手提机枪数十支，我军伤亡亦众。第一师当面之敌，于一时许，以两团兵力向我第三团之吴岗阵地进犯，冲至阵地前三百米达处，被我守兵猛烈射击，激战三小时，始受创退去。七时，又以一团兵力，向我第二团石凹阵地猛烈攻击，经我守兵坚强拒止，激战三小时，敌死伤甚众，亦纷纷向其原阵地退窜。是役，计第三团夺获步枪三十余支，两团伤亡官兵共约五十员名。第三师当面之敌，于八时亦以一团兵力，向我吴寨阵地猛攻，经我第十四团击退，并缴获其机枪一架，步马枪多支。据俘虏供称：此次向我各阵地袭击之晋军，半系新由兰封开来接防者，其全部兵力，因损失过巨，刻已在缩编中。

七日，各师在原阵地监视，与当面之敌时相扰乱，并准备于翌

(八)日进入崇仁寨、兴隆寨、马荣桥附近一带之新阵地。

〔国民政府战史编纂委员会档案〕

18. 师长秦庆霖关于所部集中沈丘点验遭该县长阻击通电

(1930年6月12日)

南京中央党部、国民政府、总司令蒋钧鉴：汉口行营何主任、何总指挥、徐州刘总指挥、太和叶军长、漯湾河王军长、蚌埠剿匪卫司令既各军长、各师旅长，各报馆均鉴：窃职师叠奉层峰电令集中沈丘、项城听候点验。遵于本月巧日，谨率所部，驰赴沈丘。讵抵该县时，而四关紧闭，深沟固垒，坚拒不纳，如御仇敌。初疑误会，旋即派员冀为疏解，辗转数次，毫无要领。诧异之余，侦查其实。先是冯逆玉祥，此次谋叛中央，曾派羽党韩多峰及改组派青年若干人，在豫南各县，利用冯逆原所训练之民团学生，购诱勾结，乘机思逞，陈沈丘县长胡月侨乃直鲁馀孽，此次受有冯逆密委，在沈丘嗾使青年，购诱氓痞，勾结枪匪，胁裹暴徒，厉精图乱，大施逆计，约期暴动，扰我后方，廉徒实情。旋将部队分驻四郊野外，以防叵测。突于巧日黑夜二时，胡逆竟率反动青年枪匪等数千人，突关来攻，火炮轰烈，凶甚狰狞。我师一以未奉总座明令歼讨，一以救护沈邑民众，恐其惨遭荼毒。除经电请总座明令征剿外，百计筹思，以策沈民之安全。无恶不除，鲁难未已。五中耿耿，寝馈难安。不意此獠未杀，而叶军长竞公电转汉口行营何主任，移调淮阳、鹿邑之电，□然颁下，持电恭诵，难安进退。扑匪除害，应为民众解除痛苦，听命调遣，尤以服从为唯一天职。再四思维，当此前方肉搏，只得忍恸须臾，舍我亲爱之沈丘民众，而赴沙场矣。但该匪恶焰既张，后方隐忧为烈，前敌固应歼灭，后患岂可纵弛。该逆等究应如何往剿或调职师专任，此责总期一鼓荡平，泯我后顾，肘腋之患。谨电吁恳。

敬乞谅察。陆军暂编第四师师长秦庆霖叩。文。印。

〔国民政府档案〕

19．刘茂恩奉蒋介石面谕协助教导师攻击阎冯军遭受重大伤亡报告

（1930年6月19日）

（一）奉总司令面谕：①我迂回各部队，已与范洼集、长岗集之敌接触，现正与敌激战中。②仰左翼军协助教导师限十九日务将当面敌人扑灭等因。

（二）决心：以援助迂回部队歼灭敌人之目的，今（十九）日务将三空桥、袁义楼、段其屯、袁贯庄等处之敌，一举而突破之。

（三）攻击部署：十九日上午一时三十分，发各部命令之要旨如次：

（1）六十六师应挑拨一团之兵力，于十九日午前五时进攻三空桥，俟将三空桥占领后，以一部固守三空桥，以一部协助五十二师① 攻击段其屯（是时五十二师归本军指挥）。

（2）五十二师除留相当部队固守原阵地外，应于十九日午前五时，以一部协助六十七师进攻袁义楼，以主力进攻段其屯。

（3）六十七师应挑拨一团之兵力，于十九日午前五时，由尚屯进攻袁义楼，俟将袁义楼占领后，继续向袁贯庄进攻。

（4）六十五师应以一团协助教一师向当面之敌进攻，其余仍固守原阵地。

（5）教一师陆炮第一连（是时该连归本军指挥）应即刻移至徐莲池，归六十六师徐师长指挥。其第五连之一排及重炮两门，仍在牛王套，协同六十七师之炮兵向袁义楼、段其屯、袁贯庄等处之攻

① 师长叶开鑫兼。

击点射击。

（四）战斗经过：

（1）六月十九日拂晓，各部同时向攻击目标出击，逼近敌军阵地，向敌猛扑，敌势不支，节次溃败。激战历两小时之久，将许田寺、袁义楼、三空桥先后占领。讵敌军退至村外，更复顽抗，而毛岗寺、略庄之敌，约计一营，向我许田寺包围，袁贯庄、段其屯之敌约计两营，向我左侧背抄袭，李吉屯、唐楼之敌，约七八百名，向我三空桥右侧背包围，尔时我军腹背受敌，战斗甚为激烈，而已占领之各村，则失而复得，得而复失；如此突击往复数次，卒以众寡悬殊，伤亡过多，进攻既力有未逮，撤退又为势所不许，遂伏处野地之内。下午八时，方节次退回原阵地。

（2）是日，各部官兵伤亡已达九百余员名，退回原阵地者五百四十员名。

〔国民政府战史编纂委员会档案〕

20．刘茂恩关于陇海路战场各部队后撤幸右翼战况转佳旋停报告

（1930年7月1日）

一、情况：六月三十日，我迂回敌人右翼之部队，已将河坡徐、方窑、草帽、王大庄、凹刘、高贤集、赵楼、清香集一带阵地放弃，而占领孙聚集、于张庙、千岗、顺河集一带新阵地。当时以战略关系，我陇海战场各部队奉命转移新阵地。

二、任务：本军奉命向夏营河岸一带撤退，进入新阵地。

三、处置：命各部于七月一日向夏营河岸撤退，辎重行李于七月一日下午二时先运往夏营归德，炮兵下午七时、步兵下午八时、掩护队七月三日上午五时开始向新阵地移动。

四、经过：(1)七月一日上午，各部辎重行李已运至夏营、归

德。(2)下午七时，步炮兵正准备移动，复奉总司令电话，陇海路各部队着暂在原阵地停止待命。遂饬本军各部，暂在原阵地停止。是时，陇海右翼战况已渐转佳境，士气亦因大振。

〔国民政府战史编纂委员会档案〕

21．刘峙第一军关于陇海路正面阵地遭阎冯军阻击转移战场经过报告

（1930年6月8日—7月7日）

陇海正面阵地之转移

（一）阵地区域守备之编成：

第一师（附野炮一连），第二师（附野炮一连），第三师（附野炮一连），第五师（欠两团），教一师炮兵第一营，教一师重炮兵营，铁甲车第三大队。

（二）崇仁寨、兴隆寨、马荣桥附近一带阵地之转移：

敌据守兰杞一带阵地，我军自五月二十二日占领大毛姑寨、仪封、双塔集之线后，大小凡数十战，猛攻如杨堌集之役，苦战如小毛姑寨之役，皆异常激烈。而刘逆春荣部，在红庙、五阎庙附近一带地区；晋逆孙楚、杨耀芳、杨效欧等部，在小毛姑寨、杨堌集以北一带地区；冯逆宋哲元、吉鸿昌、梁冠英、张印相、庞炳勋等部，在杨堌集、杞县、槐岗一带地区，始终固守。迨三十一日，石逆友三所部，由东明、考城一带，袭击我左翼，我第二十六军受其压迫，向旧考城方向背进，以教二师、第六十四师向楚庄寨、贺村一带增援，迄无进展。于是我阵线突出，将侧背受敌。为巩固正面起见，不得不谋阵线之修整矣。六月一日，在内黄奉总指挥由野鸡岗发来六月一日午前十一时命令，要旨如下：

1．本军以巩固正面之目的，拟在大村杨、崇仁寨、兴隆寨、丁湖洞、雪寨、七寨、白庙、贺现藩庄、曹关庙、西陵集之线，构筑预备

阵地，为必要时之据点。

2．右翼军担任工事区域，为大村杨亘七寨集之线。中央军担任工事区域，为七寨集亘西陵集之线。左翼军担任工事区域，为西陵集亘睢县东南地区之线。

3．作战区域：

右翼军、中央军：朱寨——何寨——七寨集——新兴集之线，线上属右翼军。

中央军、左翼军：和集——贾楼——西陵集——杨拐之线，线上属中央军。

又关于构筑预备阵地之指导如下：（略）

八日十二时，奉总指挥由野鸡岗来六月八日午前十时命令如下：

1．逆敌仍在兰封、杞县一带，凭藉工事，顽强抵抗。我右路军现在吕寨、杨桥、贺村、土山寨、老君营、金庄之线，与敌对峙中。

2．我军拟修整战线，节约兵力，于今八日占领蔡凸、七里岗、兴隆寨、七寨集(即乔集)、王石寨、徐台岗、西陵集、马头集、河阳集之线之新阵地，相机转移攻势。

3．各军主力，于今日午后七时三十分以前，确实占领如左之阵地：右翼军——蔡凸、兴隆寨、七寨集之线；中央军——七寨集南端、蔡寨、徐台岗、西陵集之线；左翼军——西陵集南端、马头集、河阳集之线。各军主力，占领新阵地时，应在原阵地上留必要之部队，施行掩护，其撤回及经路，由各军长详细规划。

4．作战地境：

右翼军、中央军：朱寨、七寨集、新兴集之线。

中央军、左翼军：槐岗、西陵集、常郭屯之线。

5．预备队应集结如下之位置：第五师——黄郎庙、张台附近；

新二十一师——百亩岗附近；教一师——蓼堤岭附近。

奉令后，作如下之部署：

1．第二师（附第卅团）之主力，于本（八）日午后七时卅分以前，占领郭楼、兴隆寨（不含）之线新阵地，以一部在原阵地施行掩护。

2．第一师之主力，于本（八）日午后七时三十分以前，占领兴隆寨、郭堂（不含）之线新阵地，以一部在原阵地施行掩护。

3．第三师之主力，于本（八）日午后七时三十分以前，占领郭堂、七寨集（即乔集）之线新阵地，以一部在原阵地施行掩护。

4．军校炮兵团野炮兵第六连，于本（八）日午后七时以前，进入崇仁寨东南端之新阵地，教导第一师之重炮营及野炮兵第一营，于本（八）日午后七时以前，进入兴隆寨东端及其东南之新阵地，各准备向指定地点施行射击，其进入时，如有被敌察及之顾虑，则改于入黑后，始开始移动。

5．铁甲车队于本（八）日午后六时，在兴隆寨前方附近，掩护本军进入新阵地。

6．在兴寨东端及其东南阵地之教导第一师重炮营及野炮兵第一营，由第一师派队掩护，在崇仁寨东南端阵地之军校炮兵团野炮兵第六连，由第二师派队掩护。

7．各师掩护部队之撤回时刻，由各师长详密规定之。

8．作战地境：

第二师
　　＞兴隆寨北端——仪封南端——东西岗头——兰封之线，线上属第二师。
第一师
　　＞郭堂北端——古寨之线，线上属第一师。
第三师
　　＞新兴集——七寨集——朱寨之线，线上属第三师。
中央军

前项部署，用命令下达后，十九时三十分，各部行李辎重运送完毕，第二师附第三十团由汤坟、水口、大毛姑寨、代庄、焦庄、王庄、堤头村、李寨、仪封一带，第一师由仪封（不含）、亘野庄、范郑寨一带，第三师由范郑寨（不含）、吴寨、双塔集、七岗（不含）一带，各向新阵地移动。同时军部亦由内黄出发，于二十一时到达郭庄。是晚，第五师（欠三团）已由郭寨、雪寨开抵黄郎庙、张台附近，第一、二、三各师占领新阵地后，位置如次：

1. 第一师师部在杜楼。第一旅在人和集、牛牧岗、小新庄一带。第二旅在梁庄、翟寨、鹅寨、内黄一带。第三旅在擂车河、岗河涯、兴隆寨、段岗一带。

2. 第二师师部在郭庄。第四旅在内黄、茉园、崇仁寨一带。第六旅在赵小楼、大杨树、郭楼、七里岗一带。

3. 第三师师部在黄寨。第八旅在邓寨、郭堂、张寨一带。第九旅在后瓦冢、黄寨、小井徐庄、马荣桥一带。

九日拂晓，刘逆春荣以步兵一团进至瓦家寨附近，又一营进至蔡岗附近，经我第二师之第十、第十二两团迎击，遂分向老君营、三河庄（图上三注庄）退却。据俘虏供称：该敌于昨（八）日晚由白楼出发，于今拂晓到达贺寨北堤埂外，始知有我部队。正午十二时，军部由郭庄移往西屯。第五师之第廿八、廿九两团，于十二时以前到达高集，担任李庄与大李庄间空隙之警戒。其师部于十六时五十分到达朱寨，余部则在民权县附近。第一、二、三各师则在原位置。其工兵营与第五师部队，则奉令赶筑楚庄寨、丁庄寨之线预备阵地之工事。入夜后，敌人由贺村进占耿寨，并压迫马庄寨之第一百九十一旅，因派第二十九团即赴马庄寨增援。

（三）胡集、毛李、民权县、杨公祠附近一带阵地之转移：

我军以修整战线之目的，占领崇仁寨、兴隆寨、马荣桥附近一带新阵地后，更拟节约兵力，抽出大部向敌右翼迂回。故决定继续构筑预备阵地，再行转移。六月八日午后六时，奉总司令由野鸡岗列车行营来命令如下：

1．本军拟于旧考城——楚庄寨——民权县——龙塘岗——涧岗集——孙楼——河阳集附近一带之线，构筑预备阵地。

2．派军政部军务司长程泽润为本部筑城本部主任，在李坝集车站设置筑城本部，指导各部队工事之构筑，所有构筑工事各部队，均令受该主任之指导。

3．各部队应担任构筑之工事，区域如下：

（1）考城至楚庄寨北端附近之线，由第二十六军担任。

（2）楚庄寨至民权县东北、黄河旧堤北岸附近之线，由第一、二、三各师工兵营及独立工兵营担任，并统归第一师工兵营营长黄正忠指挥。

（3）民权县东北旧河堤至丁庄寨北端附近之线，由第五师担任。

（4）丁庄寨至杨公祠附近之线，由教导第二师担任。

（5）杨公祠南端、亘龙塘岗、王老家至涧岗集北端附近之线，由第二十三师担任，并附以第十一师工兵营。

（6）涧岗集亘孙楼至唐楼附近之线，由教导第一师担任。

（7）唐楼南端至河阳集附近，由第十一路军担任，并附以第六、第九、第五十二各师工兵营。

4．阵地构成后，各部队之军队区分如下：

右翼军——总指挥陈调元；第二十六军，第十五路军。

左翼军——总指挥刘峙；第一军，第五师，教导第一师，教导第二师，第二十三师，第十一路军。

5．左右翼两军作战地境：

孙土山——旧黄河堤——郑老家——仪封之线，线上属右翼军。

6．担任构筑工事之部队，应立即侦察阵地线，拟定工事构筑计划，从事实施，一面将所派部队通知筑城本部程主任，以便指导。

7．各部队构筑工事时，应互相协同，互相侧防。

8．本阵地带工事，限明九日开始工作，后(十)日正午将第一期完成。

9．在曹县、定陶、菏泽诸城之守备军，由陈总指挥责成范军长负责。

奉令后，将阵地侦察工事计划完毕，令第一、二、三各师工兵营及第五师之一部，即于九日晨，在楚庄寨、丁庄寨间地区开始构筑，彻日夜不息，至十日正午完成。十四时，奉总指挥部由野鸡岗来六月十日午后十一时训令如下：

1．我右路军现在吕楼、杨桥、胡庄、西官路、马庄寨一带，与敌对峙中，约今夜转移于旧考城、楚庄寨之线及旧考城以北地区。

2．我军以变换战场与敌决战之目的，拟于本(十)日占领楚庄寨、民权县、杨公祠、涧岗集、唐楼、河阳集一带，已构成之新阵地，集结兵力，准备转移攻势。

3．本军团军队区分如下：

右翼军——指挥官：第一军军长顾祝同；第一军，第五师，重炮兵营。

中央军——指挥官：第二军军长蒋鼎文；第二军，第二十三师。

左翼军——指挥官：第十五军军长刘茂恩；第十五军，教导第一师，第五十二师，骑兵第一旅。

4．各部队应占领如下之阵地：

右翼军：第二师——楚庄寨——民权县；第五师——民权县——杨公祠。

中央军：第二十三师——杨公祠——曹楼；第六师——曹楼——孙楼。

左翼军：第十五军——孙楼——河阳集。

5．作战地境：

第二十六军
〉回子营——楚庄寨——杜庄之线。
第　二　师
〉仪　封——郑老家——黄河旧堤——孙土山之线。
第　五　师
〉七寨集——新兴集——杨公祠——大周庄之线。
第二十三师
〉贺坑——白云寺——曹楼——曹营之线。
第　六　师
〉落寨——李易寨——孙楼——马光屯之线。
第十五军

线上属右翼部队。

6．其余各师应集结于如下之地区：

第一师——小王庄附近。

第三师——南门岗附近。

第十一师——伯党集附近。

第九师——董店附近。

教导第一师——杨驿铺附近。

第五十二师——石屯附近。

7．前线各部队于本(十)日午后九时，将大部在阵地线后方集结，开始移动。同时留必要部队在原阵地施行掩护部队，于本夜十二时以后，始准撤回。

8．第二师应于新阵地前方程庄寨、赵庄，第十一师应于野鸡岗、郭寨、火烧庙、张堂；第二十三师应于浑子集、张牌坊、黄小楼；第九师应于谢寨、破咀鹅、李易庙；第十五军应于方庄寨、范洼集之线，构筑前进阵地。先行派出前进部队，掩护我军之撤退，并迟滞敌人之行动。

奉令后，即用电话将部署令知各部队如下：

1．第二师占领楚庄寨(不含)、江集、王庄(不含)之线，并派一部占领程庄、小程庄、赵庄之前进阵地，迟滞敌人接近我军阵地，受敌压迫时，即相机撤回原阵地。

2．第一师占领王庄、赵庄至李坝集北方土堤以北地区之阵地，并派一部占领彭店及赵庄（彭庄南方）之前进阵地，迟滞敌人接近我阵地，受敌压迫时，即相机撤回本阵地。

3．第五师（欠两团）占领民权县北方土堤以南，亘民权县、杨公祠之阵地，其前进阵地为野鸡岗、郭寨、火烧庙、张堂一带，已由第十一师派队占领。

4．第三师即集结于南门岗附近一带待命。

5．教一师重炮营即在李坝集附近选择阵地，协同铁甲车压制敌之铁甲车。野炮兵第一营即在江集东南端选择阵地，务能对毕庄、刘明高南北射击。军校炮兵团、野炮兵第六连即在江集东北端占领阵地，务能对程庄寨、大胡庄、史庄射击。

6．作战地境：

右路军
　　＞回子营、楚庄寨、杜庄之线，线上属第二师。
第二师
　　＞汤坟、老杨庄、王庄之线，线上属第一师。
第一师
　　＞仪封、郑老家、黄河旧堤、孙土山之线，线上属第一师。
第五师
　　＞七寨集、新兴集、杨公祠、大周庄之线，线上属第五师。
中央军

十六时，各师主力即由各阵地后方向指定地点移动。军部十七时由西屯出发，经野鸡岗车站及李坝集、睢州坝，于二十四时到达大范集东北二里之张楼宿营。各部队除第五师之第二十五、第三十两团到达李坝集、杨公祠间，占领阵地，并派一营位置于常马口，重炮营到达睢州坝，野炮兵营到达江集外，其余各部均陆续在行进中。铁甲车则在原阵地掩护各部进入新阵地。

十一日晨，教一师炮兵第一营之野炮四门，进入黄堂西方阵地，其余各部均先后到达指定地点，完全占领新阵地。其占领新阵地后之位置，大概如下：

1．第一师师部在大范集附近。第一旅在吴庄、小于庄、甘庄、小楚庄一带。第二旅在王庄、赵庄一带。第三旅在杨官庄、大焦庄、前焦庄一带。

2．第二师师部在张楼。第四旅在楚冈、江集、王庄一带。第六旅在张公庙(即张庄)、江集、楚庄寨一带。

3．第三师师部在蒋老家。第八旅在刘老家南门岗、小刘庄附近。第九旅在戴庄、苏窑、大潘庄(图上大藩庄)附近。

十二日，据报：石逆友三以一部经杜楼、杨桥，一部经贺村、石楼、土山集，均向我旧考城方面进迫，并在我二十六军阵地前数里处，构筑工事。刘逆春荣部出没于程庄寨、杨集附近一带。孙楚、杨耀芳、杨效欧等部，则向程庄附近、铁道南北一带地区活动，并构筑工事。浑子集、张牌坊附近之敌，与我第二十三师接触。张西楼、龙王店以西之敌，亦以步骑炮混合之支队，向我前进中。我军为使敌不易窥测我之情况起见，令第五、第三两师，各以一部向当前之敌攻击前进，以第五师第二十五团，由胡副师长率领，于拂晓时，开始向平岗、秦庄、大孟庄、王窑一带地区攻击前进。敌以步炮一团连合之部队据各寨。九时，始将该敌击退，进占平岗、秦庄、大孟庄、王窑之线。敌复以大部由野鸡岗方面增援，并以乔口集方面之敌，向我左翼侧击，不得已遂退回原阵地。十二时，以第三师第八、第九两旅附山炮一营、野炮一连，分向乔口集、邓庄之敌攻击前进。胡副师长复率第二十五团及第二十八团之第三营，继续向敌攻击。十五时，第三师占领乔口集，胡副师长亦进至敌阵地前百米达处。敌据工事，顽强抵抗。截至二十时，第五师伤亡官兵三百余人，第三师伤亡官兵二百余人，始终无进展。仍复退回原阵地。本晚，军部及第一、第二两师位置无变动。第五、第三两师位置，略如下所列：

1．第三师师部在董庄寨。第八旅在史庄、苏窑附近。第九旅在简庄、苏四、许庄、郝庄一带。

2．第五师师部在袁老家。第二十五、二十九两团在张庄附近。第二十八团在牛刘庄。第三十团在李坝集。

十三日，敌情如昨日，我第二师仍在楚庄寨(不含)、江集、王庄、赵庄一带。炮兵阵地在张庙西方。第二旅在楚冈附近集结，其第六团之一部，在赵庄以南沙河附近，主力在民权县，本军为便利策应旧考城及铁路正面起见，关于第一师各部队之部署变更如下：

1．第三旅集结于胡集附近。

2．第一旅附军校炮兵团第六连之野炮一门，以主力集结于睢州坝附近，并派出一团以上之兵力，协同第五师占领民权县，并于民权县以北至土堤、赵庄(不含)间，构筑工事。右翼与第二师第四旅切取联络。

3．第二旅着即归还建制，集结于楚冈附近，其第六团俟第一旅派队接防后，即行撤回。

4．第一师与第五师之作战地境为睢州坝、民权县、仪封、北关之线，线上属第一师。

十四日，各部队仍在原位置。

十五日，第一师奉令集结于史村铺附近，以第三师附军校野炮第六连之野炮一门及独立工兵营，接替第一师防务。其第八旅之第十四团，则集结于朱老家，归陈总指挥指挥。第十六团控制于马庄，协助第二师构筑工事，其于控制于睢州坝构筑芦庄至杨庄间阵地工事。第九旅(附独立工兵营)之第十五、第十八两团，接替李坝集、赵庄间防务，其余控制于段堤头附近，构筑李坝集、芦庄以西一带阵地工事，师部及直属部队，则集结于睢州坝附近。十二时，奉总指挥本日上午十一时由李坝集车站来命令如下：

1．兰封、杞县线上之残敌，以追击我军姿势，现滞留于我阵地前，孙逆良诚及庞逆炳勋两部中之一部，有向我侧背移动模样。

骑兵第一旅附第五十二师之两营，已令于今(十五)日晚到达吉古城附近警戒。

2．本军拟以一部在原阵地牵制敌人，以主力迂回攻击敌之右侧背，而歼灭之。

3．著第一军(欠一师)及第五师及二十三师、第六师、第五十二师、第十五军，仍在楚庄寨、民权县、龙塘岗、涧岗集、河阳集之线，抑留当面之敌。

4．主力军之军队区分如下：

右纵队——指挥官陈副军长诚；教导第一师，第十一师。

左纵队——指挥官蒋军长鼎文；教导第二师，第九师。

总预备队——指挥官胡宗南：第一师。

5．本日各部队应到达位置如下：

教导第一师于午后三时，占领白庙、马路口之线。第十一师于午后三时到达马官集附近。教导第二师，杨驿铺附近。第九师，瓦其屯附近。第一师，小孔集、金香寺附近。据报，刘逆春荣部之警戒部队，现占领程庄寨、史庄、毕庄、申集一带，与我阎庄、杨庄、谢庄、小程庄、彭庄一带之前进部队对峙中。铁路正面之晋军，已进至李坝集西方一千米达附近之村庄，构筑工事。

又据侦察胡集、常营、余楼、毛李吴庄、卞庄、小楚庄、陈庄、段堤头一带，右翼连第四十六军，左翼接李坝集阵地，地形开阔，面临沙河，大可节省兵力，为极良阵地。故一面着第二师工兵营及第三师控制部队，从事构筑。一面报告总司令，请示占领之。

十六日，军部在张楼，第二、第三师仍在原阵地，第二师以第六旅之步兵枪一百支，附山炮二门及机关枪等，由营长一员指挥之。于十五时向史庄附近之敌，施行佯攻。第四旅之步兵枪二百支、附山炮二门及机关枪等，由第八团团长赵强华指挥之。于十五时向史庄以南及毕庄附近之敌，施行佯攻。先以炮火射击，敌亦以炮火还击，并在毕庄，增加步兵一连，向我抵抗。迨我步兵迫近其阵地，敌始溃退，遂于十七时占领毕庄，二十时又撤回原阵地。仍以迫击炮及机关枪向毕庄之敌射击。十七日，将第三师控制于马庄附近之第十六团，调赴睢州坝附近，另予以任务。所有余楼附近之工事，交由第二师工兵营继续构筑。是晚，第二师复由第十二团派步兵枪一百支，附山炮二门及机关枪等，由营长一员指挥。第四旅派出步兵枪二百支，附山炮四门及机关枪等，由第八团赵团长强华指挥。于十九时由杨庄、谢庄、小程庄一带，再向史庄、毕庄一带之敌，施行佯攻，敌向我发炮数十发，被我炮火压倒后，复受我步兵之压迫，再向后退，却我佯攻部队，亦未追击。至二十二时，留少数警戒部队，在史庄、毕庄一带，不时向敌扰乱，主力仍撤回原阵地。

十八日四时，第二师以第四旅之第九团附山炮二门，第六旅之第十一团附山炮四门由杨集、谢集、小程庄一带，复向史庄、毕庄之敌，施行佯攻。六时，敌向西溃退，我遂占领史庄、毕庄一带敌之前进阵地。十时，毕庄之敌，增加步兵一团，向我第九团反攻，我第九团稍稍后退。十九时三十分，复与第十一团集中火力，向敌猛攻，敌亦集中火力还击。二十一时仍留少数警戒部队，向敌扰乱，主力撤回本阵地。十九日，我右翼之第二十六军，将于本晚由旧考城、楚庄寨之线，转移至胡集以北之线新阵地。我第三师除以第十七团暂归第二师指挥外，其余奉令准备加入迂回部队作战，其第十三团所占领之小楚庄(不含)、陈庄、芦庄一带阵地交由第二师第六旅部队接防。我第二师附第十七团，则于本晚由楚庄寨(不含)、民权县之线移转至胡集(不含)、毛李吴庄、民权县之线新阵地。关于阵地转移之命令要旨如下：

1. 第六旅附第十七团占领胡集(不含)、常营、余楼、赵庄、卞庄、小楚庄、陈庄、芦庄之线，其胡集(不含)、常营、余楼、赵庄、张庄、毛李一带，由第十团占领。吴庄、卞庄、小楚庄一带，由十七团占领。小楚庄(不含)、陈庄、芦庄一带，由第十一团占领。第十二团则集结于睢州坝附近。统于本(十九)日黄昏前，开始由现地移动，其第一线部队，则以少数留置原阵地警戒，主力经胡集、南楚庄、焦庄、集结于睢州坝北方高庄、马庄、刘庄一带。于明(二十)日拂晓，进入吴庄、卞庄、小楚庄、陈庄、芦庄一带新阵地。

2．第四旅附骑兵连占领芦庄(不含)、民权县(不含)之线。于本(十九)日黄昏前，开始由现地移动，其第一线部队，以少数留置原阵地警戒，主力经胡庄(楚庄东方)、小楚庄、集结于假堤头附近。于明(二十)拂晓，进入芦庄(不含)以西，亘民权县(不含)一带新阵地。

3．教导师炮兵团第一营，于本(十九)日黄昏前，在郭庄附近，占领新阵地。对谢庄(胡集西方)、杨庄、胡庄一带，务能射击，并须完成射击准备。

4．炮兵营附野炮连，以山炮二门，留置原阵地，于黄昏后随同第六旅主力撤退到假堤头，归还建制。其余于本日午后五时，即经胡集、楚庄到芦庄及假堤头西方择地放列，对胡庄、尚庄、郑老家、常马口一带，务能射击，并须完成射击准备。

5．工兵营于本(十九)日黄昏时，到睢州坝附近待命。

6．各部队大行李，于本(十九)日午后四时以前，开始运动，运动时须派负责官长管理，以免秩序紊乱。

7．各部队电话线之架设，须预先着手准备。

8．各部队夜间运动，严禁使用马灯、手电等一切灯火。军部于各部队开始运动时，由张楼移驻睢州坝。本晚第四旅旅部在假堤头，第六旅部在刘庄。

二十日拂晓，第二师第四、第六两旅之第一线部队，进入新阵地后，敌大部尚未见前进，仅胡庄附近，发现刘春荣部之少数侦探。九时，晋军第二十师之步兵一排，由赵庄向李坝集前进，经我第八团守兵击退，我第五师当前之敌，系关福安部，其部哨仅距我三百米左右。

二十一日，蒋庄、杨庄附近，于堂西方之三百米达处，发现敌步哨，有步炮连合之敌数百名，于拂晓前，向我右翼第四十师之盖庄阵地攻击，经两小时始行停止。

二十二日，第十七团奉令到龙曲集，归还第三师建制，所遗吴庄、卞庄、小楚庄一带阵地，由第二师第十二团接防。第二师之补充团，于黄昏到达睢州坝待命。我左翼之迂回部队，本日到达方楼、王三楼、赵庄、大吉、草茂、王酒庄、陈何张庄、寨板本、高贤集、刘庄之线。第一师到达陈寨、玉皇阁、戴岗、梅岗、八岩、龙曲集一带。第三师到达王窑、黄草岗附近。我第二、第五两师，则仍在原阵地。

二十三日，敌我情况无变化，我左翼之迂回部队，亦未有进展。

二十四日，铁路正面之敌，于黄昏后，屡以小部向我李坝集阵地扰乱，均被击退。我左翼之迂回部队无进展。各师工兵营，奉令集结于睢县附近，归吴工兵监指挥，准备构筑坚固工事。

二十五日，第二、五两师正面无情况。

二十六日，据报东西黄堂有敌约一连，沿黄河两岸一带村落及江集，各有敌步兵约一营，其大部在程庄寨以西一带，我左翼之迂回部队与冯军张、高、葛、孙、庞① 等部，本日在孤树岗、安桥、许林岗、沙岗、聚台岗、杨桥、常王营、扶乐一带激战中。

二十七日，据报石逆友三部，向我右翼迂回，已逼近高堤圈附近，我第二师之第六旅(欠第十团)附山炮兵一连。大正炮及俄造炮各一门，与第五师之第二十五团，奉命由军长率领，于十时向蔡油坊附近移动，其吴庄、卞庄、小楚庄、芦庄之线防务，即由第二师补充团接替，与第十团炮兵营(欠沪炮一连、大正炮俄炮各一门)，一并归第四旅楼旅长指挥。午后，总司令派来之教二师工兵团到达睢州坝附近，接替吴庄、卞庄、小楚庄、芦庄之线防务，交替完毕后，补充团即由现地向王集转移。本晚各部队所占领阵地区域如下：

1．第十团——胡集、亘余楼毛李之线。

---

① 张自忠、高滋桂、葛云龙、孙连仲、庞炳勋。

2．教二师工兵团——吴庄、亘小楚庄、芦庄之线。

3．第四旅——芦庄以西，亘李坝集之线。

二十八日，第十团、教二师、工兵团、第四旅，继续在胡集、毛、李、芦庄、李坝集之线警戒。

二十九日，敌以大部向我李坝集之第八团袭击，进迫至铁丝网附近，以手榴弹齐向我守兵轰炸。同时城内民团，亦向我城上守兵射击，我守兵仓卒无措，一时阵线因之动摇，敌遂乘机一拥而入，我第八团不得已，由东门退出，在城外土堤及距城一里许之小村庄附近，奋死抵御。当以第七团全部及第九团之一部，协同第八团立即反攻，敌以手榴弹、手机关枪据城顽强抵抗，卒以城高火烈，在敌有效射击之下，不能构筑工事，虽叠次冲锋，迄无进展。是役，第七团团长侯克圣及第九团连长三员均阵亡，排长以下及士兵伤亡无计。八时，总司令派来教一师第三团之第二营，到达假堤头，构筑假堤头、西土堤北南亘张庄之新阵地。正午，总司令派来警卫旅第二团及第四十五师之一团，先后到达李坝集车站。十五时，同向李坝集攻击前进。敌据寨顽抗如故，我占领张庄西南亘鲁庄之线，与敌对峙。黄昏后，将第四旅抵抗线之部队撤回，以教一师第三团之第二营占领土堤、张庄间之新阵地。此时，正面各部所占领之阵线及炮兵阵地大置如下：

1．第十团——胡集（不含）、余楼、亘毛李之线。

2．教二师工兵团——吴庄、小楚庄、亘芦庄之线。

3．第四旅——芦庄（不含）以西、亘假堤头西方土堤之线。

4．教一师第三团第二营——假堤头西方土堤、亘张庄之线。

5．警卫旅第二团——张庄（不含）、韩庄，鲁庄之线。

6．第四十五师之一团——鲁庄（不含）、罗庄、范楼、蒋庄之线。

7．第五师——蒋庄（不含）、张庄、丁庄、寨杨帝庙之线。

8．第二师炮兵营——假堤头北村附近阵地。

9．教一师炮兵第五连
10．军校炮兵第六连
（以上两项）张庄以东之赵沙窝。

三十日，总司令派教导第二师之第二团，接替第四十五师之一团鲁庄（不含）、罗庄、范楼、蒋庄之线之防务。而后，直到七月四日，铁路正面之敌，不时以小部队向我扰乱，但均被击退。

五日，蔡油坊附近之役，已告结束。军部于午后由蔡油坊附近回驻史村铺，第二师之第六旅（欠第十团）附沪炮一连、大正炮、俄炮各一门，骑兵两班及补充团、第五师之第二十五团，各由蔡油坊附近归还建制。因重行区分各部队防地及其任务如下：

1．第十团仍占领胡集（不含）、余楼、毛李之线。

2．教二师工兵团附第二师补充团之营，占领吴庄、卞庄、小楚庄、芦庄之线。

3．第四旅占领芦庄（不含）、假堤头、张庄（不含）之线。

4．警卫旅第二团，占领张庄、韩庄及韩庄以南四百米达处之线。

5．第六旅（欠第十团）占领右翼连接警卫旅杨团防地、亘鲁庄、罗庄、范楼、蒋庄一带阵地。

6．第二师补充团（欠一营）为总预备队，位置于睢州坝附近。

7．铁甲车暂归第二师第六旅柏旅长指挥。

六日午后，各部按昨日区分之防地与任务，先后之交替完毕。当面之敌，毫无动静。

七日，当面之敌，仍未有动静。入夜后，奉总司令命令略开：第一军着开赴曹县附近集结，所有第二师陇海正面防务，着交教导第二师接替，等因。奉令后，对第二师及其他各部队部署，决定如下：

1．第十团于明（八）日，将防务交由教导第二师接替后，即取捷径，移驻阎集北方附近各村落。嗣后，即归还第六旅建制。

2．工兵团附第七团之机关枪四挺，于明（八）日仍占领吴庄、小楚庄、芦庄一带阵地。嗣后，即归还教导第二师建制，其机关枪于明(八)日归还原属部队。

3．第四旅于明(八)日，将防务交由教导第二师接替后，即经林七口移驻阎集西方之郭庄附近各村落。

4．警卫第二团于明(八)日起，改归教导第二师张师长指挥。其防务亦由教导第二师派队接替。

5．第六旅(欠第十团)于明(八)日，将防务交由教导第二师接替后，即经龙门寨移驻阎集南方附近各村落。附属第六旅之野炮二门，到阎集西方于王庄归还建制。卫生队二分之一亦会到阎集附近，归还建制。

6．补充团于明(八)日午前六时出发，取捷径移驻阎集东北方之王集附近。

7．炮兵营附军校野炮兵第六连及教导第一师炮兵团第五连，于明(八)日午前六时出发，经史村铺、龙门寨，移驻阎集东方附近村落。

8．教导第一师炮兵营，于明(八)日午前六时出发，移驻阎集西方于王庄附近。

9．骑兵连于明(八)日午前六时出发，移驻阎集北方之陈小楼附近。

10．卫兵队(欠二分之一)于明(八)日午前六时出发，移驻阎集附近。

〔国民政府战史编纂委员会档案〕

22．刘峙关于第一军在蔡油坊附近击溃石友三部经过报告

(1930年6月26日—7月)

蔡油坊附近之役

(一) 战斗开始时之一般情况：

自陇海正面敌我相持以来，晋逆张荫梧、傅作义等部，袭占济

南。桂逆李宗仁及张逆发奎等部，攻陷长沙。至六月二十六日，我第一军团韩总指挥所部，已退至周村、长山、张店、青州、潍县一带。我第八、第四两路军蒋、何各部，正向敌兜截中。而我陇海左翼之迂回部队，仍与敌相持于孤树岗、安桥、许林岗、沙窝、聚台岗、杨桥、常王营、扶乐一带，亦未进展。于是石逆友三乘我各路危急之际，以全部兵力向我右翼迂回，于二十七日逼近高堤圈附近，有直袭柳河之势，本军奉令由陇海正面抽调一部，附以新二十师及其他各部队前往截击。于是九日之激战从此始矣。

（二）部队之编成：

第一师，第二师第六旅（欠第十团），第二师补充团，第三师，第五师第二十五团，教导第一师第三团（欠一营），第二十三师第三团（欠一部）新编第二十师，第十五军炮兵营，教导第一师炮兵第一营之一连，教导第二师炮兵团之一连。

（三）战斗经过：

六月二十七日九时，奉总司令命令略开：石逆友三部向我右翼迂回，刻已逼至高堤圈附近，着第一军抽调陇海正面之一部，附新编第二十师许克祥部，立即前往兜截。等因。奉令后，以第二师第六旅（欠第十团）附沪造炮一连、大正炮、俄造炮各一门，第五师之第二十五团及教导师之野炮一连，由现地出发，向蔡油坊附近移动。因连日阴雨，道路泥泞，运动困难，至黄昏时，始先后到达蔡油坊附近。军部于十六时三十分由睢州坝出发，二十时亦到达蔡油坊附近。尔时新编第二十师已到达仲堤圈附近，以一部位置于李堤头，对青山集、高堤圈方面警戒。其时，第二十六军之警卫团尚据守曹县。第五十五师之第一百六十五旅张彬部之一部，尚据守崔杨坝南方之土山。第四十六师之两连，尚据守刘同集南方之曹庄。由高堤圈、李胡同、刘同集一带背进之部队，正纷向阎集方面行进。当令第六旅（欠第十团）及第二十五团立取捷径，开至杨家口堵截，防敌南窜。

二十八日一时，敌向我由高堤圈、李胡同方面南退之第五十五师第三百二十六团追击，杨家口附近，已闻枪声。同时敌便衣队，亦在杨家口附近扰乱。我以第二师第十一团在杨家口北端，拒止敌人，以第五师第二十五团之一部，在郑庄附近，向敌警戒，另以新编第二十师向青山集、王场之线推进。其时第二师之补充团，已由睢州坝出发，于拂晓时到达蔡油坊附近。敌复向我后谢园、潘楼、褚庄(图上楚茂店)、吕园、曹庄一带进犯。当令第六旅在杨家口、郑庄附近集结，对高堤圈、李胡同、刘同集方向警戒，右与新编第二十师切取连系，而以第二十五团由郑庄、杨家口附近向褚庄附近开进，补充团由蔡油坊附近向褚庄附进开进，以防褚庄为敌占领，盖褚庄为曹庄、潘楼间之一据点也。讵十时前，敌已占领褚庄，进迫至吕园子附近，即与吕园子之敌接触，战斗颇烈。至正午以后，死伤官兵三百余人。十二时，第二十五团到达赵小楼附近，亦将敌驱逐，占领赵小楼、潘庄、刘园之线。同时新编第二十师，亦到达王场、郑庄之线，以第二团位置于郑庄北端之刘庄(图上无)，并在王场、张庄(图上无)之线，配置警戒。以第一团位置于孔庄东端之张庄(图上无)，并在李坝头、王场之线，配置警戒。当面之敌屡向我攻击，经驱逐后，复在冯楼、林店一带出没。至在小李庄、孙庄、潘楼之线之第六旅(欠第十团)，则竟日与敌用炮火互相轰击。入夜后，敌向潘楼附近之第十二团袭击，战甚烈。其他各部，亦不断与敌接触。

二十九日拂晓前，总司令派来之教导第一师第三团(欠一营)及第十五军之炮兵营先后到达蔡油坊附近，尔时，我山东警备旅曲团之两连，在南吕园警戒，第二师补充团在黄庄以北一带地区与敌对峙中。当令教导第一师之第三团(欠一营)集结于黄庄、赵庄、贺楼一带，向吕园子、泽桑树、杨庄一带之敌警戒。右与曲部切取连络，左与补充团切取连系，并限于十一时以前集结完毕。九时前，第三师之第八旅到达蔡油坊附近，当即令赴朱老家附近集结待命。第二十三师第三团(欠一部)亦于九时以前到达蔡油坊附近，着在朱老家附近集结待命，暂归第八旅李旅长指挥。午后，第三师（欠第八旅）到达仲堤圈附近时，刘同集南方之曹庄东北南三门，均被敌包围，我第四十六师之两连，仍在寨内固守待援。其第四十六师之二百七十五团，则在九奎楼、张井附近与敌对峙，我新编第二十师及第二师之第六旅（欠第十团）、第五师之第二十五团、山东警备旅之曲部、教导第一师之第三团（欠一营）、第二师之补充团，均在原阵地与敌对峙。十七时，遂决定本晚攻击部署如下：

1．以第八旅附第二十三师之第三团及第十五军之炮兵营（山炮七门），编为主要出击部队，于本（廿九）日午后六时，向曹庄、吕园子、泽桑树、李庄一带之敌攻击前进。俟曹庄东南北三门附近之敌肃清后，即以曹庄为据点，以一部协同九奎楼、唐庄、黄庄之友军，消灭吕园子方面之敌，以一部相机歼灭李庄及薛庄东端之敌，奏功后，努力侦察敌之主力所在，一鼓而歼灭之。

2．教导第一师第三团（欠一营）附第二师补充团及野炮四门，于本（二十九）日午后六时，协同第八旅附第二十三师之第三团，向泽桑树、吕园子之敌猛烈攻击。其余新编第二十三师及第二师之第六旅（欠第十团）、第五师之第二十五团，均于本（二十九）日午后六时起，齐向当面之敌攻击，俾我出击部队之攻击易于奏效。

上项部署，用命令下达后，十八时，第二十三师之黄团，占领曹庄寨围，向曹庄附近之敌攻击，第八旅及第二师补充团、教一师第三团，均向吕园子、泽桑树、杨庄一带之敌攻击，其余各部，同时各向当面之敌攻击。七时三十分，第六旅占领司楼，八时十分，又占领范堂，其余各部无进展，直至夜半，敌我犹在相持中。乃于二十四时，复决定明（三十）日攻击部署如下：

（甲）主要攻击部队区分为东西两方面，各纵队其编组及攻击目标如下：

（一）东军方面指挥官，第三师陈师长继承。

1．左纵队第六旅（欠第十团）于明（三十）日午前七时，俟右纵队齐头后，即由现地向燕庄、袁庄、史庄、张庄、陈庄、李庄一带之敌攻击前进。

2．右纵队第九旅(欠一部)于明(三十)日午前四时，由现地向安堂、张楼、韩庄、张老庄、张化庄一带之敌攻击前进。右翼应派有力之侧卫，确实掩护，并须避开大堤方面之侧击。

(乙) 其余各部队之任务如下：

(一) 新编第二十师明(三十)日午前七时以前，占领谢道口、刘辛庄附近，对高堤圈方面之敌，施行攻击，阻止其南犯。

(二) 第二十五团明(三十)日仍占领褚庄附近，封锁当面之敌，勿使南窜，并就近激击而歼灭之。

(三) 第二师补充团及教导第一师第三团(欠一营)于明(卅)日仍占领黄庄、赵庄、贺楼附近，封锁当面之敌，勿使南窜，并就近激击而歼灭之。

(丙) 注意事项：

(一) 各部队每占领一村庄或一地点后，应即利用柴草，举放烟火，表示进展，以明了位置。

(二) 进攻时，应利用速战，与敌相遇，即行歼灭。如敌凭寨固守，则以一部监视之，其余仍继续攻击前进，使敌四面受逼，顿成瓦解。

(三) 东西两军行将会攻时，务切取连络，以免误会。

(四) 各部队务保持纵深配备，确实掌握，并随时注意部队之集结。

(五) 各部队行动时，务必轻装小行李之位置，尤须妥为规定，以免混乱。

(六) 附属各部之炮兵，仍归各部队长指挥。

三十日，我新编第二十师，以第二团由王场两端迄张庄(图上无)之线，向当面之敌攻击前进。以第一团之一营在原阵地固守，另以一营由王场东端，经张庄、李庄，向谢道口之敌攻击前进。自三时三十分开始至十二时后，第二团占领朱店、孙庄，进至谢道口附近。第一团占领张庄、李庄及孙庄之东南部。敌分向曹庄、谢道口方面溃退，据守谢道口、曹庄、朱庄之线，顽强抵抗。而后谢园尚为敌占领。左翼第二团部队，受敌侧击，同时林庙集、白腊园方面之敌，复向我右翼之第一团部队袭击，虽经奋死冲突，卒以众寡悬殊，死伤过剧，不得已乃撤至张庄附近扼守。而沈店之敌，又据强固工事，经第二团迭次冲锋，迄未奏效。仅在林店及其迤东之土堤上，构筑工事，扼要固守而已。是役，官兵伤亡者百余人，其他各部，均向当面之敌攻击，教一师第三团(欠一营)，于午前占领沈庄边沿及泽桑树之敌工事一道。惟敌据寨顽抗，寨坚火烈，卒未能进展。

七月一日五时，奉总司令电令，着手于本晚进入曹老集、仲堤圈、瓦房营、成庄、界牌集、姚庄之线新阵地。十三时又奉电令略开：石逆经我数日之痛击，已大为动摇。兹着第一师本晚集结于青山集附近，于明(二)日，协助胡集东北地区各部队出击，乘机歼灭该敌，等因。同时第一师已由柳河、李坝集，开向青山集附近集结。自黄昏时起，至二十四时止，各部先后到达王集、董楼附近一带，当即决定明(二)日之攻击部署如下：

1．第八旅于明(二)日以一部扼守原阵地外，应将曹庄寨外及吕园子、泽桑树附近之敌消灭，而将吕园子、泽桑树寨内之敌，严密监视。如该敌外窜或他敌来援时，即以全力歼灭之。

2．第二十三师第三团于明(二)日将曹庄确实扼守，以为我军据点。俟第八旅出击时，即不失时机，随时策应，以收协同之效。

3，第二师之补充团及教导第一师之第三团，于明(二)日严密监视泽桑树、吕园子之敌，相机歼灭之。

4．第五师之第二十五团，以一部监视褚庄之敌，相机歼灭之。其余兵力，应集结于适当地点，相机策应第六旅，以收夹击之效。

5．第六旅(欠第十团)，以一部扼守原阵地，监视当前之敌，相机歼灭之。其主力即协同第三师(欠第八旅)出击，俟将当面之敌击破后,即乘机猛追,使敌无占领第二阵地之可能。并即袭取李胡同,得手后,迅觅敌之主力而歼灭之。

6．第三师(欠第八旅)于明(二)日,迅将当面之敌击破，乘机猛追,使敌无占领第二阵地之余暇,即将李胡同占领，而迅觅敌之主力,而歼灭之。

7．第一师于明(二)日午前七时以前,集结于李坝头、程寨附近待命,对万楼、高堤圈方面,严密警戒。

8．新编第二十师于明(二)日,以一部扼守现阵地，主力集结于右后,待机出击。对高堤圈、万楼方面,严密警戒。

9．曹县有我第二十六军之警备旅守备，并有挺进谈司令所部，时向敌之侧背活动。我右翼部队与出击部队，应与之切取连络。

10．各部队于明(二)日午前十时以前，完成攻击准备，其开始时间,临时通知。

本日各部与当前之敌,不时接触。入夜后，教一师第三团当面之敌,向我阵地袭击,激战至三四小时之久,各有死伤,敌遂藉高粱掩护,陆续向沈庄退却。其他各部,亦各有战斗,但不甚激烈。

二日十时三十分,各部队准备完毕,即开始攻击，第三师第九旅之第十五团,由郑庄西端绕攻后，谢园之东南第十八团之一部，由郑庄西南端绕攻后,谢园之西南,并拟乘机袭击小沈庄，以主力由郑庄北端直攻后,谢园之南端,第二师第六旅(欠第十团)附野炮一连、山炮一营,以第十一团协同第九旅之第十五团，会攻前谢园方面之敌,并向孙庄、赵坝、瓦窑一带之敌攻击，以第十二团之一部,协同第五师之第二十五团,会攻褚庄之敌,主力向范堂、孙庄、明台寺一带之敌攻击。第五师之第二十五团,仍附于第六旅,先后向李庄、小石庄、杨庄一带之敌攻击,企图包围褚庄之敌而歼灭之。十六时,第十五、十八各团,逼近敌阵地,敌向后溃退，第十一团占领孙庄、第二十五团占领杨庄、大石庄，敌均增兵反攻，激战极烈，我损伤甚大。加以孙庄突出，受敌夹击，不易固守。于是，于十八时，仍各退回原阵地。以第十一团之一部，固守司楼，第十二团方面，敌兵力甚厚，且地形复杂，不易进展，故亦仍守原阵地，待机出击。附属第六旅之野炮兵，在杨家口西南端之孙庄，对后谢园、孙庄、赵坝及其西南之土窑各点射击。山炮营在潘楼、张庄间，对范堂、孙庄、李庄、褚庄各点射击，命中成绩甚佳。野炮兵毙敌约百名，以土窑被弹为尤重。山炮兵亦毙敌四十余名。是役，我伤亡官兵计第九旅伤营长一员，连长五员，排长九员，士兵一百三十名，阵亡士兵一百零八名，第六旅及第二十五团官兵各数十名，其他各部战斗，不甚激烈，损伤较少。

三日，第一师奉总司令命令，协同第九师归第二军蒋军长指挥，向大堤以北刘同集附近迂回，俾我大堤以南之攻击，容易奏效。其余各部，仍向当前之敌攻击。第三师（欠第八旅）方面，于四时以第九旅之第十五团，由郑庄北端分左右两冀，向后谢园之敌攻击，以第十七团在第十五团左翼，分向小沈庄、土窑之敌攻击，第六旅亦在杨家口、后潘楼、周集之线，不时向当前之敌攻击。黄昏后，各在原阵地与敌对峙。新编第二十师方面，第一团于午后占领李庄及其北端之王新湖庄（图上无）与冯楼北端及其以西土堤之线，与沈店之敌对峙。敌利用土堤，构筑坚固工事，顽强抵抗，进展甚缓。故亦在原阵地赶筑工事，待机出击。其第二团以一部位置于张庄、柳庄西端，而后谢园之敌监视，主力扼守朱店（即图上林店）之线，因朱庄、孙庄之敌，顽强死守，经迭次猛攻，均无进步。

四日八时，教导第一师之第三团（欠一营），奉令开赴阎集，归刘总指挥直接指挥，以警备第二旅第二团曲峥部之一营，协同第八旅之第十三团，接替其防地。十三时，奉总司令命令我向大堤以北刘同集附近迂回之部队，本晚全线出击，我大堤以南各部队，着在原地准备攻击完毕，于黄昏后，亦全线出击。奉令后，以第三师之第八旅、附第二十三师第三团，占领张井、曹庄、汤庄、黄庄、贺楼、赵庄之线。第二师之补充团，占领唐庄、吕庄之线。第二师之第六旅（欠第十团）、附第五师之第二十五团及野炮二门，占领司楼、孙庄前后潘楼及潘庄、张小楼、周集之线。第三师（欠第八旅）占领前谢园、郑庄之线。新编第二十师、附第十一师之第三团，控制于蔡油坊附近为预备队。自开始攻击后，至二十二时，敌以死伤过众，南北受逼，遂开始向西北方面，纷纷撤退。

五日四时，我第六旅（欠第十团）附第卅五团，已占领明台寺、范堂、孙庄、赵坝、杨庄、大小石庄、褚庄一带村落。第三师（欠第八旅）已占领后谢园附近村落。新编第二十师已占领沈店、朱庄、孙庄一带村落。各以主力据守现阵地，以一部肃清当前各村落之残敌，因着新编第二十师，以主力向刘同集追击前进。截止拂晓后，新编第二十师已占领高堤圈、李胡同，并向刘同集搜索前进。据报：与我接触之敌，其在第八旅当面者，系第四方面之第二军。在第六旅、第三师（欠第八旅）新二十师当面者，系第四方面之第一军，死伤甚众。在曹庄附近伤亡，已达四五百人。在吕园子附近伤亡，亦四百余人，石逆之大刀队伤亡殆尽，其他各部当前之敌，伤亡亦重。我第二十三师之第三团，伤亡约二百余人。第八旅之第十四团，伤亡约七十余人。第六旅（欠第十团）伤亡约二百余人。其余各部伤亡数十人或十数人不等。十时，将大堤以南之残敌肃清后，遵奉总司令命令，着第二师之第六旅（欠第十团）及补充团，开回史村铺。第五师之第二十五团及教导第一师之第三团（欠一营），开至李坝集车站。第二十三师之第三团，由现地经柳河开至铁道左侧，各归还原建制，新编第二十师直接归刘总指挥指挥，第三师之第八旅，即在蔡油坊附近归还建制，亦直接归刘总指挥指挥，军部于十六时由蔡油坊附近移驻史村铺。

〔国民政府战史编纂委员会档案〕

23．张钫关于赴亳劝孙殿英反正被扣及多方营救出险报告书稿①

（1930年7月22日）

（一）张钫赴亳劝孙反正被扣

六月二日，张钫奉总司令命同刘显亭、周致祥、龚哲甫、阎熙民等赴亳说孙殿英。因阎、周往返三次，孙有恳切之表示，要张赴亳面商一切，意志极为坚决。张携有总司令致孙函体，仍许予以总指挥名义，每月给饷三十万元。是时，前防战事吃紧，国军围孙者有王均、杨胜治、叶开鑫等部，为众不下数万。倘孙能反戈效命。中央移此数万生力军，加入前线，战祸必可缩短，此行固大有价值也。时第十七军军长王均驻李枣园、距亳甚近。张先至王均司令部，次日入城，孙殿英率属欢迎，礼貌甚恭，谈及反正问题，孙复迟疑不决，意在观望。六月七日，张钫派刘显亭、龚哲甫、自亳回归德谒总司令。商议孙部饷项，据刘、龚言：孙对张钫似暗中监视。同日，接无线电，阎电孙，要张允予二十万元。孙不与，乃电阎、冯谓扣留张钫、可省十万兵力。总司令为营救张钫起见，许孙四十万元，不问合作与否，释张即照数拨给。

（二）各方对张钫被扣之营救

张钫既被扣，总部及私人方面，均有电致孙，责以大义，迄无回电。嗣靳云鹗请于总司令，愿赴亳说孙，省政府派刘显亭、龚哲甫、徐亚屏等偕之行。既至李枣园。王钧劝以事不可为，不可入险。靳乃肝胆照人，救友心切，不谓然，立即发函于孙，次日前往比抵亳城附近，孙不纳靳。睹此情形，始知和平绝望，乃折返归德，总部行营另设救张办法。

---

① 录自"国民革命军第二十路总指挥部战史编纂稿"。

初孙之扣张，意在逼令北走，不助中央，及得鹿钟麟电，谓张为好友，主义不同，不可送来，留兄处，我军胜，给伊三十万出洋，我败，则伊自有办法。唯目下不可令走，为敌方增加十万兵力。务优待之云云。孙得电甚喜，曰：我对老长官可谓妥当极矣。总司令以张仍未脱险，乃下令攻亳，迫孙释张，并许以利禄甚优。

（三）张钫之出险

六月十三日，常志箴由汉绕道来归德，报告豫南各部队联络情形。二十日黄埔军官学生吕道立，自开封化装间道而至，言阎、冯以张钫组织省府，泄其内容建议，不利于该逆，乃下令通缉，查抄家产，并言敌人派款拉夫，民怨沸腾，盼国军之至，如大旱望雨。六月三十日，贺参军长耀组自徐州来电，谓王翰鸣即来归德，嘱为招待。当晚王乘飞机至省府，秘书长张鸿烈、政务处长栗敬六与之接洽，知王之来系贺耀组介绍于总司令，赴亳营救张钫劝告孙殿英者。省府同人议定、仍推龚哲甫随王赴亳，向主席张钫陈述省府状况及战事真相。七月一日，自归德起行，既至李枣园，亦先函知孙。盖孙与王曾同事于直鲁军，且系同乡，与靳不同，乃延之入城。是时，国军以孙之投诚，毫无希望，四面围攻者，已非一日，孙以困守孤城，救援不至，对投诚事又有活动意。王乃乘机说之，孙遂表示容纳，并对张钫再三道歉，仍恳出任周旋。七月十一日，张钫派徐亚屏赴柳河谒总司令，领款十万元，以飞机运亳。十二日，张钫同周志祥、阎熙民出亳州，至李枣园。王均司令部旋赴徐州见贺耀组商议孙事。七月二十日，总司令派张鸿烈持手札赴徐，请张钫早回省府主持一切，并深致慰藉之意。二十二日，省府接归德警备司令部通报，知亳州已被国军攻下矣。通报原文附录如下：

为通报事：顷准兵站俞总监函开：顷接总部行营邱处长电话，以本晨九时许，我军攻占亳州，第七师已有一旅首先入城，我五十四师郝部，向鹿邑追击。十二师全部向柘城追击，飞机亦同时参加追击鹿、柘间逆部，孙殿英、孙连仲、王老五、任应岐各部，损失极大，溃逃情形，尤为狼狈。我军俘获人马弹药及辎重无算，特为转达。即请查照。等由。准此。相应通报，即希查照为荷。此致。河南省政府。

〔国民政府战史编纂委员会档案〕

24．王均① 关于攻占亳城情形给国民政府电

（1930年7月22日）

机急。南京国民政府钧鉴：窃据亳州之孙殿英部队万余人，经我第三军第七、第十两师，迭次摧破，死伤过半。近来凭城困守，弹尽粮绝。七月筱（十七）日，逆敌孙连仲率其伪第五路全部十一、至十六各师及王振、任应岐诸残部，到亳增援，与我攻亳军第七、第十、第十二、第五二、五四各师，激战数昼夜，敌势不支，养日，被我第七师攻入该逆深阔外壕，坚固阵地。逆匪分向柘城、鹿邑，狼狈溃退。第七师于养日将亳城占领，夺获极多。现由我攻亳军各师遵照总司令蒋电令，分数路向柘、郐跟踪追击。孙逆溃败，敌胆俱寒，残余军阀，肃清之期，当在旦暮间也。谨电呈闻。攻亳军总指挥王钧叩。养午。印。

〔国民政府档案〕

25．蒋介石请奖擢在陇海平汉路阵线上奋战有功将领与国民政府往来电

（1930年7月22日—23日）

（1）蒋介石致国民政府电（7月22日）

国。南京中央党部、国民政府钧鉴：此次阎、冯叛乱，中正奉

① 时任蒋介石第三军军长兼第七师师长。

命讨伐，瞬逾两月，犹未竟靖逆之功，深自惭惧，而逆军本处必败之地，其所以恃负嵎者，不外三术：(一)勾结全国反动分子，以牵制我兵力，不得集中。(二)利用各方土匪部队，以扰乱我后方，以阻缓我军之前进。(三)捏造南北畛域之谬谈，以欺蒙其头脑简单之士兵，而驱之死地。然自张、桂解决，无复能牵制我兵力之反动部队，万选才就俘，樊钟秀炸毙，孙殿英被围，土匪亦将次第消灭。而冯、阎寇部，屡次冒死来犯，迄不得逞，徒自伤亡其精锐，最近闻我方增加部队，将到其恐慌愈甚，其为困兽之斗亦愈烈。本月十一日起至二十日止，此十日中，逆军竭全力，以攻我陇海正面，攻我平汉各军，攻我围亳部队，而皆自取覆灭。今其全力，竟皆丧失已尽，解决不难立待也。其攻我陇海正面者，为晋逆之孙楚、杨效欧、关福安等部，自十一日至廿三日，密集重炮火力，向我李坝集第一、第二、第五、第廿三师等阵地，注射者不下二万余发，本以其攻击无效，伤亡殆尽。而其攻我陇海左翼者为冯逆之孙良诚部之三师，与张自忠、吉鸿昌、葛云龙等师，彼自号为铁军者也。十三、十四两日，先攻我第八师、第五十二师之平岗、李铨楼等阵地，未得逞，十五、十六、十七三日，又攻我四十七师之阵地，以百余门重炮与重迫击炮连续发射，至二万余发，使烟雾蔽天，我士兵不能张目，然后以密集部队，持手榴弹大刀等，冲锋肉搏。但我军沉着应战，俟其迫近，然后以机关枪扫射，逆军全队覆没，而仍继续来犯有全日冲出警戒点至十一次之多者。故是役逆军死亡足在二万人以上。孙连仲以三师之众，欲解亳州孙逆之围，而经我第七师、第十师、第十二师、第五十四师等之痛击，殆无一漏网。亳州今已完全克复。平汉路逆军田金凯、张维玺等部，亦自十一日起至十八日止，继续向我第十军、第七军阵地攻击。并于十四日起，严令于三日内攻下偃城，但均经完全击溃。今逆军已溃退至许昌以北矣。逆军历经消耗今又于最后之挣扎，受重大之打击，殆已无复战斗能力。此后我军胜利，益操左券，赖总理在天之灵，将士效命之勇，有以致此，所堪为我中央告慰者也。其各有功将领王均、王金钰、徐源泉、杨虎城、顾祝同、蒋鼎文，已擢任总指挥。上官云相擢任军长。郝梦龄、萧之楚、杨胜治擢任副军长。请准备案，以示奖励。仍当督率各将士，益加奋发，务于最短期内，扫荡逆氛，以仰副我中央戡乱建国之至意。谨此电闻。伏乞垂察。蒋中正叩，养。

（2）国民政府给蒋介石复电

柳河蒋总司令勋鉴：养电欣悉。具见元戎督率有方，将士忠勇效命。用能迭摧顽寇；乘胜长驱，从此提师迈进，肃清残逆，奠定中原，指顾间事。惟念我将士溽暑遄征，艰难转战，益加率励，竞著勋劳，政府嘉赖实深，所有擢任此次战事出力各将领，业经照准备案。希即转行知照。扫除建设之障碍，完成国家之统一。在此一举。有厚望焉。国民政府漾。印。

〔国民政府档案〕

26．刘峙第一军等在陇海路孙楼以北及曹县一带地区与阎冯军对垒守备经过报告

（1930年7月30日）

陇海正面孙楼以北一带地区之守备

（一）陇海正面守备地区及军队区分：

1．守备地区：

第一区——蔡洼、孙集、崔杨坝、旧考城、楚庄寨止。

第二区——楚庄寨、南江集、王庄、睢州坝、张庄、宋庄寨、杨公祠止。

第三区——杨公祠、南褚庙、涧岗集、孙楼、唐楼止。

第四区——唐楼、南袁义、楼河、阳集止。

第五区——河阳集、南柳河、于张庙、平岗止。

第六区——平岗、南白楼、柳河集止。

2．军队区分：

(1) 右翼军总指挥陈调元：

第一守备地区司令范熙绩：第四十六师范熙绩，第五十五师阮肇昌。

第二守备地区司令张治中：教导第二师张治中，第五师胡祖玉。

第三守备地区司令赵观涛：第六师赵观涛，第二十三师李云杰。

右翼总预备队司令顾祝同：第二师顾祝同，第三师陈继承。

(2) 左翼军总指挥朱绍良：

第四守备地区司令刘茂恩：第六十五师阮勋，第六十六师徐鹏云，第六十七师武庭麟。

第五守备地区司令毛炳文：第八师毛炳文，第五十二师韩德勤。

第六守备地区司令 左翼总预备队司令	上官云相：第九军上官云相。

(3) 陇海路总预备队总指挥顾祝同：

第一军顾祝同：第一师胡宗南，第二师顾祝同，第三师陈继承，教导第三师钱大钧。

第十六军金汉鼎：第十二师金汉鼎，第五十师谭道源。

第四军蒋光鼐：第五十三师李韫珩，第六十师蔡廷锴，第六十一师蒋光鼐。

蔡油坊附近之役告终后，奉总司令七月六日午后三时由柳河下达密令，以指挥便利，责任分明，守备确实之目的，颁布上项守备地区及军队区分，并令各部整理阵线，配备工事，构成阵地。本军以右翼军总预备队，奉令守备曹县附近，以陇海线总预备队奉令增加正面之守备，并指挥第二、第三两守备区各部队，尔时陇海线总预备队之教导第三师及第十六、第四两军，均调赴津浦线作战，其在陇海线者，只第二、第三两师及第一师之一部而已。

（二）曹县附近之警戒：

1．部队之编成：

第二师（附野炮一连），第三师（附野炮一连），教一师炮兵团第一营。

2．守备之经过：

七月七日，据报敌有向我曹县附近前进模样，午后，奉总司令限九日集结曹县附近之命。八日拂晓，将陇海正面第二师防务，交教导第二师接替完毕，即于八时，由史村铺附近出发，当晚在阎集附近宿营。九日五时，复由阎集附近向曹县附近开拔。十一时，第四旅到达大成庄、刘辛庄、柿子园、烧饼窑一带集结待命。第六旅到达王平、邵娄、孔道口、潘庄一带集结待命。补充团到达李河堤集结待命。军部及第二师师部进驻万楼，第三师先已集结于高堤圈附近。此时友军方面，第九师在曹县附近，新编第二十师在曹县西南城角、亘孔道口、程庄、曹道口之线。第二十六军仍占领刘同集、旧考城、胡集之线。其警卫团俞逢润部，据守曹城。挺进军徐华亭部（一团）集结于草冢集（图上莘冢集）附近。据报，冯逆郑大章部之骑兵二三百名，已于本日十时，经定陶西北十八里之游集，向巨野前进。东明、考城间已有敌第三方面军约一师，正在渡河，武城集南方之安乐集（图上安麦集）及韩集，各有敌一营。菏泽附近亦已到有敌军千余。十七时决定部署如下：

1．第三师明（十）日占领刘同集（不含）、崔庄、牛角咀、曹道、程庄（不含）之阵地，构筑强固工事，待机出击。

2．第二师明（十一日）占领程庄、孔道口、亘曹县城西南角与曹县城及其北端程庄、朱庄（即朱娄）、芦户寨（即芦庄寨）、红庙（图上红庄）、二十里堡一带，构筑强固工事，待机出击。而于曹县北端程庄、朱庄、芦户寨、红庙、二十里堡一带之守备，仅以一部担任之，其工事则用据点式。

十日拂晓，第二师以第四旅之一部，在二十里堡红庙、程庄一带，构筑据点，主力控制于曹县东南附近，并在曹县城东之打鱼庄、张庄，南方土堤，构筑准备阵地。以第六旅接替新编第二十师曹城西南角、孔道口、程庄一带防务，以补充团接替廿六军警卫团曹县城之防务，炮兵营及军校炮兵第六连与教一师炮兵第五连，在孔道口南方预选阵地，构筑工事。教一师炮兵第一营在牛角咀南方预选阵地，构筑工事。第三师以第八旅（欠第十四团之一营）占领刘同集（不含）、崔庄、牛角咀（不含）之线阵地。并于蒋堂小楼，派出前进部队，向敌警戒，以第九旅占领牛角咀、亘曹道口、程庄（不含）之线阵地，并于刘同集、蔡洼派出前进部队，对敌警戒。第十四团之一营及工兵营特务营，集结于高堤圈附近，为预备队。我第九师本日已向城武开拔。新编第二十师则集结于曹城东南附近一带。据报：菏泽西南之王浩屯附近，发现晋军一师。曹楼附近，发现敌兵千余，曹县附近之韩集、砖庙集，定陶东北之保宁集、城武县东北之郭楼、党集、北方之南鲁集、汶上集、安乐集及魏湾西南之李绾寨、南方之汤水口、西南之任庄、正西之汤湾集、流利寨等处，均发现敌骑兵或步兵约数千或数百不等。十一日，敌有向我活动消息，惟韩集之敌骑一师，传说已向东北方向之马集窜去云。十二日，第二师之第六旅奉令开赴大范集、李坝集、分归教导第二师张师长及第一师胡代师长指挥。以第四旅之第七、第八两团，接替曹县西南角、亘孔道口、程庄之防务，而以第九团移驻曹县城西南地区，归还第四旅建制。以补充团之一营，接替二十里堡至曹县间之警戒。是日，敌情已不如昨日之紧张。十三日，情况沉寂。十四日，奉总司令命令，开赴柳河车站附近待命，惟留第三师在曹县附近，继续向敌警戒。

（三）胡集、张庄、华陀庙、孙楼一带阵地之守备。

1．部队之编成：

第一师（欠第一旅）、附教二师野炮一连。第二师、附教一师炮兵第一营及第五连与军校炮兵第六连。第三师、第九旅。第五师(欠二团)、附警卫第二团及第十五军山炮一连。第六师、附第四十五师第二百六十七团及教导师野炮一连。第九师，第二十六旅。第二十三师、附教二师野炮一连。教导第二师。

2．守备之经过：

七月十四日，第二师(欠第六旅)及军部遵总司令命令，由万楼出发，于黄昏时到达孙六口宿营，奉总司令午后九时，由柳河来命如下：兹将第二守备区各部队所担任正面，重行规定如下，仰即遵照。

1．曹河以南归第二十三师担任，仍属第三守备区。

2．曹河以北至刘庄以南，归第五师担任，并抽出警卫第二团，作预备队。

3．刘庄、王官庙、赵洼至萧庄寨南，归第二师担任。

4．萧庄、寨韩庄、张庄南，归第一师担任。

5．胡集以南至张庄，归教导第二师担任。以上均归顾总指挥指挥，并逐次构成强固工事，其第二师与第四十七师之防务交代，须于明(十五)日拂晓前完毕。

十五日，各师遵照前令，占领阵地，第一师(欠第一旅)以第二旅附山炮一连占领萧庄寨至田庄正面，第三旅附山炮一连，占领田庄(不含)、韩庄至张庄(不含)正面，而以第三旅之一部，控置于马庄、南门岗附近，为预备队野炮兵在南门岗附近阵地放列。第二师原在大范集、李坝集附近，划归教导第二师及第一师指挥之第六旅归还建制后，即占领萧庄寨、赵洼、王官庙、刘庄、周庄(不含)之线。第四旅由刘庄、常庄寨、蒋破楼一带，集结于袁老家附近，其炮兵营与教导第一师炮兵第一团第一营又第五连及军校炮兵第六连等，则在史庄附近村寨，选定阵地。第五师附警卫第二团，以第二十九团附第三十团之一营，占领周庄至小丁庄之线。第二十五团占领小丁庄至柳园之线。第二十八团占领柳园至曹河之线。警卫第二团控制于尹庄、为预备队。其炮兵营则在萧老家、尹庄阵地放列。黄昏前均进入阵地完毕，教导第二师仍在胡集、毛李吴庄、芦庄、段堤头、张庄之线。其师部在史村铺。第二十三师仍在曹河、华陀庙、杨帝庙、申庄、褚庄一带，其师部在花园集。第一师师部在大潘庄。第二师师部在大周庄。第五师师部在三皇店。军部于七时许，由孙六口推进至大周庄。二十三时，奉总司令午后九时由柳河来命令如下：

查陇海正面阵地，除左右翼军各部，仍由朱、陈两总指挥指挥外，所有第一、第二、第五、第六、第二十三师，所担任各守备地区，为中央军。均归顾总指挥指挥。

十六日，各师均在原位置，教导第二师当前之敌，右翼为刘春荣之两团，左翼为关福安之一部。第一师当前之敌，为关福安军，第二十师之第五十八、五十九、六十各团及第二十一师之第六十二团，工事颇为坚固。其各级指挥官之掩蔽部，皆于阵地后方开阔地掘土成之。第二师当前之敌，系孙楚之第三师马延寿部，其阵地工事强固，有宽深之外壕，兵力多寡未详。第五师当前之敌，系孙楚部孟宪君师之三团。第二十三师当面之敌，系杨效欧及杨耀芳部。第六师当面之敌，右翼为杨耀芳之一部，中央及左翼为宋哲元军第二十四师田春芳部、第二十五师赵登禹部，并以第九师冯治安部控制于后方，其阵地构筑强固，其前进阵地之前方，均有外壕。

十七日零时，接第二十三师李师长电话报告，敌人向我申庄、杨帝庙，猛烈攻击，势甚危急。当令第二师补充团立即赴冯口增援，二时又接李师长电话报告，申庄杨帝庙阵地已被敌突破，随即加派第二师第七团续向冯口增援，与补充团协同第二十三师施行反攻。拂晓，我第七团及补充团与第二十三师全部，向申庄、杨帝庙反攻，当将申庄阵地恢复。惟杨帝庙方面二十三师，不能进展。申庄过于突出，不易支撑，仍撤回华陀庙、王庄、东洋庄、李庄之线，协同第二十三师固守阵地，构筑工事，并与敌不断接触。截止黄昏，我第七团之补充团伤亡官兵七八十人，何团长文鼎及其少校团附黄国栋，均负重伤。第二十三师计自昨起，伤亡官兵共五六百人。转移新阵地后，兵力配备如下：

1．第二团及第三团之一部，在华陀庙以东至曹河一带地区。

2．第二师第七团及补充团，在华陀庙至东洋庄以东地区。

3．第一团及第三团之一部，在东洋庄至龙塘岗一带地区。

4．第四团在龙塘岗以北一带地区。

二十三时，奉总司令午后三时由柳河来命令略开：兹着第三师第九旅（欠一团）即由柳河开至大周庄附近，又一团开至史村铺附近，听候该军长指挥等因。同时，第九旅（欠一团）已到大周庄。各师守备地区，各加变更如下：

1．第一师仍占领张庄（不含）、韩庄、萧庄寨一带原阵地。

2．第二师占领萧庄寨（不含）、赵洼、王官庙、刘庄、周庄、柳园一带阵地。

3．第五师占领柳园（不含）、曹河、华陀庙（不含）一带阵地。

4．第二十三师占领华陀庙、东洋庄、龙塘岗、薛庄、褚庙（不含）一带阵地。

5．第六师仍占领褚庙、松柏厂、张楼、涧岗集、杨屯、孙楼一带阵地。

十八日，附属第二十三师之第二师第七团及补充团，归还建制。第二、第五、第二十三各师阵地，于十二时后，接昨日部署，分别交替完毕。并以第三师第九旅接替第一师第二旅防务，归第一师胡代师长指挥。以第一师第二旅之一团，位置于史村铺附近。为教导第二师预备队，其余控置于大刘庄附近，为中央守备区总预备队，各部防务交替后，其位置大要如下：

1．教导第二师师部在史村铺；第一旅在胡集、毛李吴庄、芦庄之线，旅部在孟庄。第二旅在芦庄（不含）、张庄之线，旅部在睢州坝。

2．第一师师部在大潘庄；第二旅在明庄、小店铺、史村铺一带，旅部在大刘庄。第三旅在张庄（不含）、韩庄、田庄（不含）之线，旅部在南门岗。

3. 第三师第九旅在田庄、萧庄寨之线，旅部在蒋老家。

4. 第二师师部在大周庄；第四旅在周庄、柳园之线，旅部在董老寨。第六旅在萧庄寨（不含）、周庄（不含）之线，旅部在董老寨。补充团在苏窑。

5. 第五师师部在三皇店。第二十八团在柳园（不含）、曹河（不含）之线。第二十九团在曹河至以左第二堡垒之线。第二十五团在右翼连第二十九团、左至华陀庙（不含）之线。

6. 第二十三师师部在花园集；第一旅在王庄东北之堡垒至东洋庄、龙塘岗（不含）之线，旅部在冯口。第二旅在华陀庙至其西南之堡垒与龙塘岗、褚庙（不含）之线，旅部在朱庄。

7. 第六师师部在黄洼集；第十七旅在涧岗集（不含）、孙楼之线，旅部在罗楼。第十八旅在褚庙、涧岗集之线，旅部在大王庄。第四十五师之二百六十七团在大王庄、刘店、罗楼附近。

二十一日黄昏后，第一师第二旅接替第三师第九旅防务，以第九旅集结于大刘庄、胡庄、蒋破楼一带；换防之际，敌乘机向我扰乱，当被击退。盖自十七日以后，当面之敌，无日不向我扰乱，我各师亦逐夜更迭，向敌佯攻。

二十二日，命第一师师部及第二旅，集结于柳河附近候车，向津浦路输送，以第三旅归第九旅李旅长指挥。

二十三日，第三旅奉令集结于柳河车站附近候车，向津浦路输送，归还第一师建制。其防务令由第九师第二十六旅接替之，仍归第九旅李旅长指挥。

二十四日，以第九旅之一团开赴高堤圈，归还建制。以第二师之补充团，由苏窑开至刘店（蒋老家西北），归第九旅李旅长指挥。十时，总司令派四路要塞司令部电雷队（缺二分队在汉口，现存第三、四、五、六、四分队），归本军指挥，在中央军阵地前，选择要点，安设地雷。又奉总司令电谕：着在中央军阵地后，构筑预备阵地一道,限期完成。于是选定自睢州坝起,亘赵沙窝南门岗蒋老家、董庄寨、魏庄、杨树岗、董庄、冯口、龙塘岗之线,分配各师工事。区域如下:

1．教导第二师,构筑赵沙窝(不含)以北之线。

2．第九旅及第二十六旅,构筑赵沙窝、南门岗,蒋老家(不含)之线。

3．第二师构筑蒋老家、董庄寨(不含)之线。

4．第五师构筑董庄寨、孙庄、魏庄(不含)之线。

5．第二十三师构筑魏庄、杨树岗、董庄、冯口、龙塘岗之线。

6．第六师在原阵地,现有工事加强。

二十五日,电雷队开始准备装置地雷,各师在睢州坝、龙塘岗之线,经始预备阵地。第六师在褚庄庙、孙楼之线原阵地,加强工事。全阵地之编成,系利用各村落为据点,对敌炮火均有相当设备,中间并插入强固断面之野堡、副防御。仅有铁条网,其大部仍以鹿柴补足之。本晚,第九师到达逻岗附近,准备接替第二师及第九旅防地。

二十六日,第二师将防务交第九师接替完毕后,集结于逻岗,蒋破楼附近一带。惟补充团仍在原地,归第九师指挥,第九旅将防务交第九师接替完毕,即于午前开赴高堤圈,归还第三师建制。

二十七日,改定第五师与第二十三师构筑预备阵地。区域如下:

1．第五师构筑董庄寨、魏庄、邵口俞、新庄之线。

2．第二十三师构筑俞新庄(不含)、冯口、龙塘岗之线。

本晚敌又乘天色昏黑之防,向我各阵地扰乱,但均被击退。

二十八、二十九两日,各部仍在原位置,黄昏后,敌照常以小部队向我扰乱,我各师亦派小部队向敌佯攻。

三十日,奉总司令命令,第一军(欠第二、三两师)即开至柳河附近待命。十二时军部及第二师师部,由大周庄移驻杨菜园,第四旅移驻戴庄、范庄、焦庄、潘庄一带，第六旅移驻孙六口、杨家坪、朱胡同一带，补充团移驻刘庄附近。本晚又奉总司令命令，调第二师之一旅，开赴兖州，归刘总指挥指挥，当令第六旅附山炮一连，卫生兵站各半部，于二十四时，由柳河乘车向兖州开拔，我中央军阵地前之地雷，本日装置完毕，其状况如下：

1．韩庄阵地前，设熟铁茶褐药雷一具，重二百五十磅，生铁茶褐药雷二具，重一百磅。

2．田庄阵地前，对通李坝集要道，设雷二具。对通鲁庄要道，设雷一具，对铁道两侧，设雷二，且皆生铁茶褐药，铁道南之一具，重一百磅。余四具，重各五十磅。

3．萧庄寨阵地前，通罗庄要道，设生铁茶褐药雷三具。重一百磅，余二具重各五十磅。

4．王官庙阵地前，设生铁茶褐药雷二具，重各一百磅。熟铁黑火药雷一具，重五十磅。

5．周庄阵地前，设生铁棉药雷三具，重各一百磅。熟铁黑火药雷一具，重五十磅。

6．柳园阵地前，设生铁棉药雷三具，重各一百磅。

7．黄庄、曹河阵地前，通丁庄寨、乔口集道路，设生铁茶褐药雷五具，一重一百磅，余皆五十磅。

8．华陀庙阵地前，通乔口集道路，设生铁茶褐药雷二具，一重一百磅。熟铁黑火药雷二具，重各五十磅。

〔国民政府战史编纂委员会档案〕

27．蒋介石关于如何对付阎冯军及注意地方民情习俗给第八师军官电

（1930年7月　日）

我第八师师旅团营连长暨本师其他各官长均鉴：国家多难，

逆贼频兴，我八师将士苦战于粤桂两省已半年矣！今兹长征甫还，适值冯阎乱起，中原鼎沸，我各将士未稍休息，即临战线，为国宣劳之处，至深念也。兹将此时须知各事举要而出之，希随时训告部属，各为注意。

（一）逆敌之特性及对付法：

1．冯部官长性急好动，前进时每集多兵，对准一点，行迭次之冲锋，以冀突破。

对此种敌人，应以沉着优势之火力制压之。

2．冯部以子弹武器缺乏，好用大刀手枪，为近距离之冲锋肉搏决战。

对此种敌人，应以火力在远距离压倒或歼灭之，不令及近。

3．冯部常派便衣队潜混各处，为不意之袭击及暗算。

对此敌惟有在驻军所在地，随时严密警戒，凡有形踪可疑者，应严加盘查。

4．冯部多骑兵，好为远距离迂回侧背并袭击等。

对此等敌人，应多派侦探为远距离之侦察，设遇敌袭，则惟有沉着射击。

5．阎部官兵性迟缓，但能沉着射击，非相距极近不轻射击。

对此敌人在远距离时，可以极强烈之火力制压之。一俟近接，可用最速疾之方法向敌冲锋。

6．阎部善于取守势，尤能利用寨圩寨堡为据点而久守。

对此等敌人惟有以猛烈炮火先行威吓之或轰毁其一处，以为进入路或仅派一部严密监视之，而主力依旧向前达成其任务。

7．阎部好随处做工事以为据守（冯部同此）。

对此等人除用火力外，可绕其两翼前进以侧击之，使失其依托。

8．阎部手榴弹甚多，各兵卒抛掷技能尚称熟练。

对此等敌可以枪炮火先行压倒之，至接近时，我有手榴弹者，可对掷之。否则急冲直前，使其措手不及。

（二）地形与战斗上之关系：

1．豫省地形到处平坦开阔，地区地物可以利用者极少，因此作战多取纵深区分，即不论何时何地，第一线兵力必不可过大，预备队至少要留四分之三，尤须注意两翼，均应切记之。

2．在此作战既少地形可以利用，应随处构筑工事，以便据守掩护，好在地质并不甚坚，构筑工事并不甚难，即在攻击前进时，亦应步步构成工事，即与敌相距极近时，仍应构备工事，苟有余暇，必须增强其断面，则愈为有利矣。

3．平原地作战与山地战不同，南方多山之处，作战可不讲连络，人自为战，在此平原作战最要者为确实连系，如士兵侦察，每班不可失连络，无论部队大小，必须协同一致为要。

4．北方较大之村落，外有围廊并濠沟等此在战术上为极有利之据点，应设法利用之，并可减少工事。

5．嗣后高粱繁茂，高粱地亦足以利用为荫蔽，故前进时对于两侧之高粱地应加注意，防有敌人潜伏。但我亦用此以为荫蔽。

（三）注意夜袭：

敌军惯用夜袭，警戒稍忽，易受损害。因在此平原地运动容易，到处通行无阻，即相距二三十里之行程，不需二三小时，即可到达。尤以敌之骑兵来往更为疾速。故在夜间必须严密注意警戒，对于可虞之方面，应派出较远距离之停止侦探或步哨，即入晚应令士兵彻夜警戒，如在风雨之时，夜间警戒更应严密。

在情况有利之时，我部队亦可施行夜袭，但须为选择较有训练与经验之官兵担任之。盖夜间动作比较为不易也。又不可用大部队，因夜袭易混乱，若用大兵力更难维持及连络等，此宜注意也。

（四）地方习俗：

北方民俗甚淳朴，惟稍守旧，应对战地人民，处处加以礼恤待遇，使知怀感并乐为我用，断不可有粗暴恣睢行为对待地方民众，苟非十分不得已不宜占用民房，并禁单独士兵擅入人民家屋及任意携取人民物品等因。因逆军好利用当地人民充作便衣队，与不利于我等之种种宣传，即当地民众易为敌人所蛊惑，又因匪民颇难分辨，故我军到处循循有礼，使人民爱敬而不生憎惡之心，即使地方多匪类或有甘心附逆作爪牙者，苟一般舆情趋向于我，则一切隐患亦可消灭于无形，所谓得民心者无敌，故于此尤宜三致意也。

〔国民政府战史编纂委员会档案〕

28. 蒋介石发布对陇海正面佯攻左右翼小规模出击命令

（1930年8月1日）

命令　八月一日午前九时
于柳河行营

一、陇海方面：敌情无异状。

二、我军以扰乱敌人，诱敌离开其阵地而击破之目的。自明(二)日起，至五日止，连续四日中，于正面行炮击佯攻，于左右翼，行小规模之出击。

三、我攻击之部署如下：

1. 右翼军：第七、第十二两师，各出一团兵力，向东明县城与东明集间之地区出击，第十二师一团，应相机占领东明城，第七师一团，应相机占领东明集。

2. 左翼军：第九军派步兵三团与便衣队及其骑兵团，向马头集及朱口以南之地区出击，并应先占领刘楼、刘城、王集、王菜园、张庄、宿弥寺之线，而骑兵团则进出于朱口西南地区，向王窑、陈集与谢桥、马菜园一带，扰乱敌之侧背，并与我淮阳第十军部队，取得连络。同时，我围攻柘城之部队，须作乘机占领柘城之准备。

3．中央军：中央军及左翼之第八、第五十二各师，对各该正面之敌，行炮击后，即酌派部队，协同出击，乘机摧破敌阵地，而确实占领之。教二师之野炮八门与铁甲车，均归蒋军长指挥，会同第九师所有之炮，应于本晚选定阵地，并进入后，确取鲁庄为目标，用集中炮火，向此猛射，并派步兵一团，乘机前进，确实占领后，再移炮火向铁道南罗庄集射。

四、中央及左右翼军均于明(二)日拂晓，开始向敌炮击及出击。

五、予在柳河。

右令

总司令　蒋中正

〔国民政府战史编纂委员会档案〕

29．徐源泉奉令调陇海路侧背进攻太康与通许等地给所部训令

（1930年8月1日—8月21日）

（1）8月1日训令

训令　八月一日午前八时十分
　　　于周口第十军军部发

一、陇海路敌我两军，仍在原阵地相对峙。孙匪殿英部，自亳州崩溃，损失三分之二，其残部退至太康附近者，狼狈不堪，完全失去战斗能力。

赵承绶部骑兵，原驻清香集附近，唯近日指挥营、郑集、柳林集、清河驿一带，常有该部骑兵出没。

刘桂堂部，现盘踞西华附近，唯该逆曾派员向我输诚，现正在接洽中。

我五十四师之骑兵团，对孙殿英残部追击，已至宿弥寺、谢桥、马莱园一带。

我五十师已安全到达淮阳，向宁陵续进中。淮阳为我岳招抚使部占领。

二、本军奉令，以一师进至淮阳西北之柳林集附近集结。但因战略上关系，暂定部署如下：

1．骑兵团于明(三)日由现驻地出发，向指挥营、郑集、魏老家、柳林集一带搜索前进。并限于最短时间，占领柳林集、魏老家两处，以掩护张、徐两旅之集中。俟张旅到达柳林集后，该骑兵团，全部集结于魏老家附近，向西北警戒。

2．张旅于四日午前二时出发，经十里铺、王烟堆、至柳林集及迤西之郑集附近，集结待命。但于太康、顺母口方向，须警戒之。

附属该旅郑炮营(欠四门)。

3．徐旅于四日午前四时出发，随张旅后，进至指挥营附近，集结待命。但须一部占领板缯口，以与周口间保持连络。

附属该旅李连野炮四门。

4．韩旅暂在原地，监视西华之刘桂堂部，但四日须酌派一部，进屉程楼、平头楼，以与魏老家之骑团遥相连络。

5．补充第一团，派一部于明(二)日进至北寨，接替徐旅北寨城防，余在原地待命。

6．炮兵团除郑营及李连分属张、徐两旅，余在原地待命。

7．工兵营暂在原地，但须补助张、徐两旅，架设电话。

三、第四十四师及新二旅，暂在原防警戒。

四、第四十八分兵站，俟张旅、徐旅前进后，须于板缯口，设派出所，以补给张、徐两旅及骑兵团之给养。

五、第四八师野战病院在周口开设。

注意：

1．各部队之兵力，不可分散，至少以一营为单位，集结一处。

2．派遣警戒部队，须按地形扼要设置，务期节约兵力，以免无谓之疲劳。

(2) 8月5日训令

训令 八月五日午后一时二十分
于周口第十军军部发

一、顷奉

总司令及总指挥命令要旨如下：

1．为津浦路我军攻击容易起见，第十军应即向太康、通许方向佯攻，以牵制陇海方面之敌。

2．岳招抚使部调赴平汉线，为总预备队。所遗周口、淮阳一带防地，统交第十军接替。

二、兹改定部署及部队行动之基准如左：

1．骑兵团于明(六)日由杨寨进驻淮阳，接替淮阳防务。

2．张旅于明(六)日由现地出发东进，向指挥营、魏老家、郑集、柳林集一带攻击前进，将各该处之敌驱逐后，占领柳林集、魏老家、向太康方向警戒。

附该旅郑山炮营(欠四门)。

3．韩旅以王团占领原阵地，董团于明(六)日向赵庄、程楼一带攻击前进，将各该处附近之敌驱逐后，占领程楼，与张旅连络，向太康、西华方向警戒。

4．徐旅及补充第一团、炮兵团、工兵营、特务营、均暂在周口，集结待命。周口各寨城防，均归补充第一团担任。

三、军部在周口。

(3) 8月11日训令

训令 八月十一日午前八时
于周口第十军军部发

一、孙逆连仲、宋逆哲元，率其残部，拟绕袭我陇海左侧背，孙逆连仲部已至勒马集附近，宋逆哲元在孙逆后续进，孙逆良诚部已进至慈圣集附近，孙逆殿英残部，分布太康及其东南地区。

赵逆承绶之骑兵，在太康城西南地区。

我第二、第三、第七各师，已于十日开始由顺河店、青冈寺、十字河之线，向孙、宋逆部包围夹击中。

我五十四师在史集以南与孙逆良诚部接触中。

我五十师已集结于高辛店、娄靳店附近，十日已向胡庄、大作集、慈圣集之敌之侧背，开始夹击中。

陇海正面，我军仍在原阵地与敌对峙中。

我津浦正面，经我第二军团于江、支等日，将南驿、宁阳等处敌之主力击溃。八日占领泰安，现正向济南追击中。

二、本军奉令，以主力经柘城西北，向顺河集挺进，一部进攻太康，以威胁敌之侧背。

部署如下：

1．四四师务于十二日集中淮阳完毕，即经临蔡城、黄路口、田堌堆、谢桥、宿弥寺、坝台冈向顺河集攻击前进，沿途遇敌，应不顾一切，以优势兵力，威胁敌之侧背，现附属徐继武旅之野炮连，拨归该师。

2．四八师之张旅，应于十二日由指挥营，经火神庙、张桥、进至淮阳城西北地区之丁庄、大邓庄、小桥、小陈庄、刘庄、李堂一带集结待命。

3．徐旅应于十二日进至淮阳西北之大虞庄、太昊陵附近待命。该旅之炮兵李连，着拨归四四师指挥。

4．韩旅十三日，由现驻地经指挥营、火神庙、张桥、进至淮阳城以西地区之八里桥、马庄、七里河、袁坟、老付庄一带集结待命。

5．补充李团，着留驻周口，以保护本军后方之安全，其部队除酌派各寨勤务外，应将兵力集结，并酌派便衣队于张寨、赵庄一带，对李方口警戒。

6．骑兵团俟四十四师先头到临蔡城后，即进至邵集、马集，并向张标集、老家铺一带，极力压迫，相机占领之。

7．炮兵王团(含中央各炮营连)，除已将附属各旅之炮兵外，其余应于十二日，随徐旅进至淮阳西北之大虞庄、太昊陵附近待命。

行进间归徐旅掩护，到达淮阳后，俟韩旅到达，归韩旅掩护。

8．工兵王营，除派兵站监护外，余均随同军部前进。

9．特务营随同军部前进。

三、兵站支部，暂在周口待命。

四十八分兵站，于十二日进至淮阳城内。

四、第四十八师野战病院，于十二日到淮阳城内开设。

五、予在周口军部，拟于十二日，进驻淮阳城。

注意：

1．各部到达淮阳后，应一律改用陇海路我军之口令、信号，以资划一，而免误会。

2．各部队前进时，应时时准备遇战，其行军长径，万勿过长，务宜团结。

3．各部前进，应注意侧方，以防敌袭。

(4) 8月14日训令

训令 八月十四日午后十一时
于淮阳第十军军部发

一、据报张逆维玺部，仍在道陵岗、东下亭一带，有袭我之企图。

孙逆长胜(即原属赵承绶)之骑兵，在柳林集及其附近。

我萧师之辛、王两旅，本日向敌进攻，已占领张奶奶庙、黄路口、孔集之线。明(十五)日，继续向涡河南岸进攻，但临蔡城，留有一团。

二、本军对当面之敌，应即准备攻击，特划定位置，其部署如下：

1．张振汉旅，着明(十五)日，占领丁庄以东至孟楼之攻击准备，位置对太康、柳林集、东下亭方向，严密警戒。右翼与骑兵团连络，待命进攻。

2．徐继武旅，着明(十五)日占领丁庄及以西至郑庄之攻击准备，位置对柳林集、东下亭方向，严密警戒，待命进攻。

3．韩昌峻旅，除占领程楼指挥营外，着明(十五)日派一部占领郑集，右翼与徐旅连络，对柳林集、东下亭方向严密警戒，待命进攻。

4．骑兵团着于明(十五)日，由邵集向当面之敌极力威胁前进，以掩护我萧师之侧背。

三、予在淮阳城内军部。

(5) 8月16日训令

训令 八月十六日午后九时
于淮阳第十军军部发

一、保关寨、张奶奶庙、后吴集、马集、柳林集、老吴家、赫营线上之敌，系孙殿英、岳相如、任应岐等部及晋军孙长胜之骑兵师。清水河以西至下口西华城一带之敌，系刘桂堂部。

突过柘城以东毛堌堆、高辛集一带之敌，受我东路军之包围压迫，现已进退失据。

二、本军以协同东路军夹击敌人，予敌以侧背上重大影响之目的，应迅速驱逐当面之敌，进攻太康县城。

三、攻击部署如下：

1．萧师酌留一小部于黄路口，监视柘城方向之敌，迅以主力驱逐张奶奶庙前后吴集、大郑庄一带之敌，尔后向太康县城及其以东地区进攻，并相机进占杨庙、太平冈各点。

2．徐旅应速将马集、双楼一带之敌驱逐，尔后协同萧师向太康城西进攻，并相机进占虎头冈、独居集各点。

3．韩旅应迅速驱逐柳林集、魏老家线上之敌，迅速向顺母口进攻占领之。

4．骑兵团应协同萧师驱逐大郑庄附近之敌，尔后移向程楼、沿清水河东岸、向清河驿西华营一带活动，以掩护本军左侧之安全。

5．张旅及其他直属部队，为总预备队，各在原地待命。

但张旅俟徐旅通过马集后，以一团集结于丁庄附近，一团集结于洪山庙。

四、作战地境如下：

1．萧师徐旅——大郑庄、孙凹、王隆集、太康县城、太平岗之线，线上属萧师。

2．徐旅韩旅——王路口、五路口、店上之线，线上属韩旅。

五、兵站医院，已在周口开设。

第四十八师野战病院，在淮阳开设，但须设输送站于李集。

六、兵站支部在周口。

第四十八分兵站在淮阳。

七、工兵王营即沿淮阳、太康大道，架设电话基线，各部队电话班，即向基线上接线，以便与军部直接通话。

(6) 8月21日训令

训令 八月二十一日午前十时
于淮阳第十军军部发

一、据报，敌高树勋师残部，昨(二十)日到达太康。张维玺残部倪玉声师，到达周寨、五路口一带。赵凤林师亦在其附近，张之指挥部及手枪营，移驻台寨。

孙殿英部现奉庞钟麟命，退至马头集、朱口、马厂集之原阵地，孙之指挥部，在高郎集。

任应岐部第一师安荣昌部，在马厂集以西，六六湾以东；第二师王泰部，在六六湾至前吴集一带；第三师赵文魁部，在刘老家、三关庙一带；任之司令部仍在明光集。

晋军骑兵集团，现退至杀猪李、齐老家、赫营之线及东金营大滩李一带，其在安子岭、双楼、柳林各寨之敌，已被我完全包围，现正压迫缴械中。

西华匪军刘桂堂部，奉冯逆命令，自巧日起，限五日攻克周口，连日以来，向我周口西寨及张寨猛攻，均未得逞。

我第九军，奉命转移平汉线归还建制，于今日由宁陵出发，经金庄、郭奶奶庙、试量集、淮阳、周口、向归村移动。

二、本军以击敌侧背之目的，应以主力向太康西南地区进攻。

三、萧师以一部在黄河口、韩营一带，监视张奶奶庙，前吴集之敌，主力迅速移于李铁庄、大郑庄、徐寨之线，即向太康方向进攻，对明光集须施以奇袭。

徐旅应迅速解决安子岭、双楼两处之敌，尔后向大许寨、五路口之线进攻。

张旅协同韩旅解决柳林集之敌后，即集结于柳林集附近。

骑兵团，俟萧师部队到达李铁庄、大郑庄后，即移向程楼，转向大滩李，清和驿、西华营一带活动，以掩护本军左侧之安全。其余各部，在原驻地待命。

四、作战地境如下：

萧师徐旅——流芳店、大许寨、三冢集、独唐集之线，线上属萧师。

徐旅、韩旅——双楼、朱德甫、顺母口、清香集之线，线上属徐旅。

五、第三兵站医院，仍在周口开设。

第四十八师野战病院在淮阳开设，板缯口须设输送站，以收容韩旅伤兵。

六、兵站支部在周口。

第四十八分兵站，在淮阳城。

〔国民政府战史编纂委员会档案〕

30．参谋处关于蒋介石变更阵地及升赏规格给朱绍良等手谕电稿

（1930年8月7日）

总座致朱总指挥、上官军长之手谕：及叶军长阳电如下：

（一）“手谕”此次逆军大举绕攻我后方，不能轻视以为常事，故中拟决将我左翼阵地，略为变更，即由第十一路之三里庄起，经五里屯、叶祈屯、李范沿、汤庄、张水寨、张楼、观楼以至临河店。如此，则阵地不特缩短，可以节省兵力，且阵地形势，亦较现在为佳也。务请兄等从速着手工作，限明日完成。至任务分配，自三里屯至李范沿，仍由第十一路任之。自李范沿以东至张水寨，由第八师任之。自张水寨至临河店，由五十四师任之。而抽出四十七与五十二两师，为左翼总预备队，则不惟左翼稳固，即全局亦安矣。万望立刻通报各师，迅即实行其工事，可令各师预备队先做，不论为谁部阵地。请令各师预备队，通力合作为要。

（二）“阳电”：谭师长由何路来归德，何时由鹿邑出发，盼电问，鹿邑速复。此次固守鹿邑、太和、阜阳、涡阳、蒙城、夏邑、亳州各城，亟应专指定长官负责固守。以凭升赏。如逆匪来攻，固守不失者，准各升二级，赏洋五万元。希即通令为要。逆匪孙殿英，由高辛集来袭马牧集，孙连仲由勒马集欲来袭归德，此间皆有防备，故其不得逞，现逆匪尚在勒马集、高辛一带，务希令由鹿邑与亳州部队，多派便衣队与骑兵袭击逆匪后方，得有成效者，另予重赏。至鹿邑只派一营守城，亳州只派一团守城，其余均派出逆匪后方袭击，如何布置及计划，盼详复。

〔国民政府战史编纂委员会档案〕

31. 蒋介石指挥属部在河南临河店等地出击阎冯军命令

（1930年8月8日—11日）

(1) 命令 八月八日上午十一时 于柳河行营

一、敌情如贵官所知。

二、本军定于本日午后四时，向谢寨、谢庄之逆军进攻，务于本晚肃清该处附近逆军，而切实占领之。

三、第七师本日午前集结于程家楼、张武林附近，迅即向谢寨前进，协同临河店第四旅，对谢寨攻击。限本晚切实占领谢寨后，即由于帝庙集向勒马集攻击前进。

四、第三师本日集结于王楼、王庄后，即向谢庄攻击，限本晚占领谢庄后，即由刘双楼向问荒店追击前进。

五、警卫第二旅派一部由谢营向刘双楼、谢庄，协同第三师对谢庄助攻，其余各部队，仍在原阵地警戒。一俟谢庄占领后，其主力即由青冈寺经娄靳店，赵方庄，向索堌堆追击前进，并随时连络第五十师，协同向远厢集及戴口之逆军进攻。

六、第五十师到达娄靳店后，肃清其附近匪军，同时以主力由月厢集、大作集向柘城以北之逆军攻击前进。

七、以上第三、第七各师，限八日午后四时，各向指定目标猛攻。第八师务限明九日集中月襄集、大作集一带，协同我第三、第七各师，追击前进为要。

八、第三师与警卫旅等，归顾军长指挥。第七师与第四旅，归王军长指挥。

九、余在柳河车站。

右令。

总司令　蒋中正

（2）命令　八月九日上午十一时
于柳河行营列车

一、当面之敌情，如贵官所知。

二、本军以歼灭当面敌人之目的，以主力由临河店、青冈寺之线，以一部由高辛集、十字河之线，包围敌人于惠济河以东地区，而歼灭之。

三、第七师、第三师第四旅为右翼队，归王总指挥统率，须于十日拂晓以前，将临河店南侧谢寨、谢庄之残敌肃清后，即协同左翼队向远厢集、勒马集、问荒店各处当面之敌进攻。

四、第二师（欠第四旅）、警卫第二旅、第四十五师之蔡、徐两团为左翼队，归顾总指挥统率，编为二个支队，以一支队于十日拂晓肃清李口、邱口、翼家河以东地区，停止警戒。我军左侧以另一支队于十日拂晓前连系右翼队在青冈寺、李口之线，准备完毕。当日即向娄靳店、月襄集、攻击前进。务向西南压迫而歼灭之。

五、左右两翼队之境界：刘老庄、高庄、金庄、铁佛寺、李铁集之线，线上及其以东归左翼队，以西归右翼队。

六、第五十师归顾总指挥之指挥，务于九日夜间集结于高辛集、娄靳店附近，俟十日左翼队开始攻击后，即向胡庄、大作集、李铁集、慈圣集之道挺进，遮断敌之退路。对于柘城之敌，须严密监视之。该师与友军须注意连络。

七、陇海线左翼军，俟右翼队攻击进展后，即相机向戴口、顺河集、柳河集出击，遮断敌之退路。

陇海线中央军、右翼军，同时向当面之敌猛攻。

八、第十军十日，以主力由淮阳经田堌堆、宿弥寺、羁台岗，向顺河集进击，以一部向太康挺进，以威胁敌之侧背。

九、第一师为总预备队，集结于宁陵附近。

十、予在柳河车站。

右令

总司令　蒋中正

(3) 命令　八月十一日午前十一时
于柳河车站

一、我右纵队现在原阵地与敌对峙中。

我中央纵队，现在临河店、郭村集、郭楼之线，围攻谢寨之敌。我左纵队现在青岗寺、李口以南之线向敌进攻中。

我第十军正分向太康、柘城方向前进中。

二、军以歼灭敌人于战场内之目的，亘平岗以东之阵线，同时出击而包围之。

三、左纵队之第五十师，由高辛集附近，向玉皇庙、月襄集、索堌堆、远湘集进攻敌之侧背，须以一部在李铁集、大作集附近监视柘城之敌。左纵队其余各部，协同中央纵队，向勒马集及其以东地区攻击前进。

四、中央纵队将当面之敌击退后，向远湘集、勒马集攻击前进。

五、右纵队向戴口、慈圣集及顺济集、霸台岗各处，攻击前进。

六、中央纵队与右纵队之战斗境界，以沟香集、孟路口、张路口、赵庄、戚庄、丁刘集之线，线上及其以西，归各纵队，线以东归中央纵队。

七、各纵队出击军，须于今(十一)夜准备完毕，明(十二)拂晓，同时开始出击。

八、未列入军队区分内之各部队，将当面之敌肃清后，整顿待命。

九、予在柳河车站。

军队区分

右纵队出击军指挥官上官云相；

第一师(欠一旅)，

第八师二千人，
第四十七师三千人。
中央纵队出击军指挥官王均；
第三师，
第七师。
左纵队出击军指挥官顾祝同；
第五十师，
第六旅，
警卫第二旅。

右令

总司令　蒋中正

〔国民政府战史编纂委员会档案〕

32．蒋介石发布对陇海路冯军出击命令

（1930年8月16日）

命令　八月十六日上午八时
　　　于柳河车站

一、陇海线逆军，迭经我军痛击，死亡过半，士气沮丧，现又震于我军克复济南之余威，已呈溃退之象。

二、我军以歼灭敌人于兰杞以东地区之目的，即向当面之逆军攻击前进。

三、攻击之部署如下：

1．陇海右翼军，务抑留逆军于其阵地之前，一面猛烈压迫，乘其退却，而穷追之。

2．陇海左翼军，须以一部固守睢城，以主力协同右纵队，向白楼、平岗、孙聚集之线，攻击前进。

3．右纵队将姜庄、张楼之敌肃清后，向史集、戴口、顺河集攻

击前进。

4．中央纵队，将谢寨附近之敌解决后，向勒马集、远厢集、慈圣集、李滩店攻击前进。

5．左纵队，须以第二师由青冈寺、李口附近渡河，驱逐当面之敌，占领毛堌堆、娄蕲店之线，第五十师驱逐高辛集、徐庄之敌，确实占领之。然后协同向金庄、月襄集、间荒店、索堌堆、牛斗集、李中口攻击前进。须以一部监视柘城之敌，并相机占领之。第四十四师即集结于柘城西南之沙河集与李原集附近，联络第五十师，协力向朱口，太康方面攻击前进。该师俟十一军军部到达沙河集、李原集附近后，即归还第十军建制。

6．总预备队之第一师，在中央纵队后。第十二师在陇海右翼军左侧。警备第二旅在左纵队后。

四、作战地境，如下所示：

左纵队	安庄、马老家、司集、朱申庄、戚云史、楼田、白玉、赵刘桥、丁刘集、曹庄、毛楼之线。线上归左纵队。
中央纵队	
右纵队	范庄、宋大化、熊楼、周庄、王庄、赵樊庄、赵庄、朱楼、林堂、常菜园、吴楼、张关爷庙、孔庙之线。线上归右纵队。

五、攻击日期不预定，各部队应于每日夜间，行威力侦察，如发见敌人退却，按上开部署出击。

六、出击时，须留少数部队，守备原有阵地。

七、予在柳河车站。

军队区分

陇海右翼军指挥官陈调元；

第二十六军，

教导第二师，

第九师，

第五师，

第二十三师，
第六师。
陇海左翼军指挥官朱绍良；
第十一路军，
第八师，
第五十二师。
左纵队指挥官，上官云相；
第四十七师，
第五十四师。
中央纵队指挥官王均；
第七师，
第三师。
左纵队指挥官顾祝同；
第二师，
第四十四师，
第五十师。
总预备队；
第一师，
第十二师，
警卫第二旅。
右令

总司令　蒋中正

(传达法：先以电话分别传达，再以笔记补送。)

原注：以上命令，除印发外，徐军长源泉及萧师长之楚，各以电话指示，其任务于得萧师长电，而后该师辛、王两旅正与安平集、保关寨、戴良店一带之敌对峙中，准十七日扑灭当面之敌后，即向目的地兼程前进(以后第十军记入陇海方面)。

〔国民政府战史编纂委员会档案〕

33. 蒋介石于济南克服后防备冯军遁逸给各部队训令

（1930年8月18日）

训令　八月十八日于柳河车站

一、向我左翼迂回之冯逆各部，迭经我军痛击，死亡过半，又因天雨道远，后方补给，殆不可能，已陷于弹尽粮绝之惨境。现又震于我军克服济南，已现溃退之象，其忍痛撑持，未敢即退者，皆因我正面各军，抑留甚力，一时不敢脱离。且敌之后方交通，半为水淹，辎重车辆，通过甚难。此皆我前线将士所深知。

二、我军为求全胜计，暂宜尽力抑留全阵线之敌军于正面，使其不能遁逸。

三、全线各师，应于每日夜间，选得力官兵，潜入敌阵，俘获敌人哨兵二三名，详加审问，将重要者，每日摘报。

四、各师所派潜往敌阵之官兵，如能获得重要切实之敌情，为我军追击胜利之主因者，准给予重赏，以奖励之。

右令

总司令　蒋中正

〔国民政府战史编纂委员会档案〕

34. 蒋介石发布追击陇海路阎冯溃军命令

（1930年8月19日）

命令　八月十九日午前十时于柳河车站

一、被我左翼各军击破之逆敌，刻向杞县太康方面溃退中。

二、我军应抽出有力之预备队，集结待命。

三、第十一路军，自睢县及其以北接连第六师之防线，由第五十二师（附属第九师之陈团及第五师之一团）接替移交后，即在睢县附近集结待命。

四、第九军，应在宁陵南方，集结待命。

五、第八师右翼，应与睢县之五十二师连击，向西追击。

六、第七师在第八师之左，应与之连络而行追击。

七、阵地之交替及军队之集结，限于今（十九）夜完毕。

八、予在柳河车站。

右令

总司令　蒋中正

〔国民政府战史编纂委员会档案〕

35. 蒋介石只要阎冯辞职并许所部官兵仍恢复原待遇致国民政府电①

（1930年8月22日）

南京国民政府钧鉴：中正受命讨逆，瞬逾三月。幸托中央威信，得将扰乱陇海、平汉、津浦之逆军，先后击溃。并已克复济南，均经呈报有案。现正部署追击，期收摧陷廓清之功。惟思我中央自北伐完成以来，本以和平统一为职志，实行训政，筹办编遣，皆集合群力，取决众议，初非专制独裁之行，安有黩武穷兵之意。即至冯、阎倡乱，逆迹渐彰，犹复苦口劝导，冀其觉悟，庶免兵戎。不幸若辈冥顽性成，凭恃其积年之武力，妄思横行中原，不惜破坏统一，中央息事宁人之心愈切，若辈弄兵祸国之谋亦愈。亟中央万不得已，始出兵讨伐。然褫职捕缉，仍限于一二渠魁，凡兹经过情形，俱在国人耳目。中正秉承训令，仰体德威，捷报传来，哀矜勿喜。疮痍满目，隐痛尤深。值此冯、阎之力，均已击溃，逆军两部，即将瓦

① 国民政府于1930年8月23日公布此电全文劝告阎冯军反戈归顺令，因内容相同，不另选录。

解之时，尤冀本中央宽大之初衷，予之以自新之机会。阎锡山、冯玉祥倡乱魁首，法无可宥。至其所部将士，皆曾为革命尽力，徒以阎、冯协制，乃致误入歧途，其情实有可原，其遇尤为可悯。现拟重行传檄，明白告诫各该部将士，果能深明大义，擒解祸首，听候中央惩治，自当特予懋赏。但使自拔来归，令阎、冯卸除兵柄，离去其所谓防区，则各部本为中央军队，亦必仍与中央各军享受一律待遇，决不稍有歧视。中央但求完成统一，保持纪纲，打破封建割据之局面，其他自均可和平解决。国贫民困，至今已亟。洪水猛兽之共产党，复乘我国家多事之际，肆行勾结，日事蔓延，寖成燎原之势，且为全国大患。中正每念职责未尽，诚信未孚，致使当年曾共患难之将士，自相屠戮，坐视共产党之日益猖獗，辄自引为奇耻。惟冀各该部将士，激发天良，幡然改图，不复为自趋绝地之阎、冯个人，作无谓之牺牲。不复为替共产党造机会之改组派等所迷惑，而一致团结，以消灭共产党匪与勾结共匪之改组派，不使其为害于武汉者，重演于平、津。中正所求者，惟在巩固统一，保障和平，完成革命之使命。个人去就，绝无问题，更何敢作意气之争，以善战自诩。惟统一之局，万不能任人破坏，倘此次申儆，仍属无效，惟有恪遵前令，继续讨伐，务于最短期间，肃清叛军，以除民困，而安国本。所陈是否有当，敬乞训令祇遵。蒋中正叩。养。印。

〔国民政府档案〕

36. 蒋介石号召第二第三集团军官兵罢战反戈书

（1930年8月24日）

前第二第三集团军将士均鉴：中正与诸将士，皆国民革命军之一分子也。国民革命之目的，在于打破军阀之封建思想，扫除割剧恶习，巩固中央政府，以完成国家之统一，方得进而与帝国主义者奋斗。以求中国之自由与平等。而军人之天职，则尤在捍卫中央，保护人民，服从党国，促成统一，以建设我三民主义之中国。中正所以自勉者，在此所以期望于诸将士者亦在此。百川、焕章率循此旨，以领导诸将士为革命之先驱，则真诸将士之领袖，亦中正之友也。若违背此旨，以诱引诸将士为反革命之工具，则直诸将士之罪人，亦中正之敌也。不幸军阀甫经消灭，效尤者又接踵而起。统一甫经完成，破坏者竟公然无忌。此皆百川、焕章误于割据自私之心理，与无耻政客之挑拨，不惜以国权、民命为牺牲，以诸将士光荣之革命历史、宝贵之政治生命，供其孤注之一掷也。开战以来，喋血千里，死亡枕藉，皆吾袍泽兵祸之烈，古未曾有，昔供患难，今为仇仇，清夜思之，欲哭无泪，亦早哓口喑音，为诸将士屡陈利害，明示出路。徒以百川、焕章方狃于治军之能，拥兵之众，集合各反动势力之庞大，自谓取精用宏，不难为厉，其所以劫持诸将士者甚力，诸将士亦迫于环境，而无可如何。此盖中正所深惜而曲谅者。然顺逆之分，胜败所判，离叛中央，反抗革命者，终无幸胜之理。至于今日成败之势，亦已大明矣。诸将士所以自为计者，亦必思之熟矣。中正爱护诸将士之心，始终未渝。兹更于本月二十二日电陈中央为诸将士请命，原电别行印布，可不赘述。惟于此尤有欲为诸将士告者二端，幸审察之。

（一）诸将士此后，如仍为百川、焕章效死，不仅作无谓之牺牲，且益增百川、焕章之罪戾也。百川、焕章不改其军阀割据之行径，则其败亡，至今日已无问题。使其名正言顺，为维持统一而战，为捍卫国家而战，则虽剩最后之一兵一卒，犹当力战不屈，视死如归，以保持军人无上之荣誉。不幸百川、焕章乃为背叛中央，破坏统一，危害国家之罪人。其举名之口实，仅为中正个人。中正近来迭有表示，但求维持国家统一，巩固中央政府，俾训政建设，与国民革命得以确实进行，随时均可奉身而退。惟既受全国付托之重，若因拥兵者之一怒，遽自放弃职责，则徐世昌、曹锟之所为。将重陷全国于纲纪，凌夷山河破碎之绝境，真革命者，何忍因一己之贪生怕死，贻国家无穷之祸根。乃百川、焕章，因胁迫中正无效，遽兴无名之师，为叛国之举，自取灭亡，实不足惜。然国家元气，人民生命之因，而斫丧戕害者，不知凡几。追原祸首，责有攸归，战事若再延长，罪孽益将增重，诸将士爱人以德，即不为自身计，亦当为百川、焕章计；劝其早日放下屠刀，勉力自忏。若明知其败亡之运，已无可挽回，而仍愿与同尽，且不惜以国家元气、部属生命，为殉葬之品，岂特不智，抑且不仁。如此而死，不特无光荣可言，且将为天下唾骂。而百川、焕章在历史上之罪恶，亦将百世莫赎矣。知诸将士当必不出此也。

（二）诸将士此时如仍不幡然改图，则非为百川、焕章效死．直为万恶之改组派共产党作工具也。诸将士从百川、焕章有年，不忍离去于危难之际，亦为人情之常。惟以国家存亡、民族生死与个人情感相较，孰重孰轻，诸将士必能辨之。就全般战局而言，百川、焕章之败亡，已无疑义。诸将士虽效死勿去，于百川、焕章之军事，无毫发裨益，而适以增重其罪恶，前既言之矣。尤有可危者，则万恶之共产党与勾结共匪之改组派，正乘我战事延长之际，任意窜扰广事，活动粤、湘之间，祸固显而早见；平津与西北诸省，祸尤伏而即发；曩昔改组派曾为共产党造机会于粤汉，今又勾结共产党，挑拨我革命军人，使我自相残贼以广播其毒焰于平津。当此日暮途穷之时，尤必为倒行逆施之举，则共祸得蔓延全国。而诸将士不啻于无形中为其工具。共产党匪杀人放火，与甘为赤色帝国主义作虎伥之罪恶，诸将士均将共尸之矣。此尤非诸将士之所忍出也。诸将士于此必能识时审势，速决大计，总理有言；革命军人之智，在于别顺逆，辨是非，明利害。中正既为诸将士详言之。国民政府尤以中正之言为不谬，而昭示天下，明告诸将士，以自决之途径矣。诸将士勿轻信奸人散播之谣，以离间我革命军人，而中其毒计。试观中正既往之行动，果有如造谣者丝毫之事实乎。国民革命犹未成功，共产党匪亟须扑灭，所待于诸将士之共同努力者，至殷且切，中正决不敢稍有歧视也。中正之电，与国民政府之命令，诸将士必可视为息壤。惟国家危险，人民困苦，均已达于极点。战事无论如何，必须速筹结束，诸将士在此时已无徘徊瞻顾之余地，能劝告百川、焕章即日释兵，远行实为最善。其次，则各谋所以自救之道，去逆效顺，以促进战事之解决。中正当必竭诚爱护。倘不见谅，必迫中正为最后之周旋，则拥护党国，维持统一，实现主义，亦义无可辞。然实非中正之所顾也。谨布腹心。惟希裁察。蒋中正。启。

〔国民政府战史编纂委员会档案〕

37. 刘峙第一军等部为保卫归德与冯军鏖战经过报告

（1930年8月6日—30日）

归德附近之役

（一）战斗开始前之一般情况：

我军自七月五日，将蔡油坊附近之石逆友三部肃清后，即开始转移兵力，以第一、第十一、第十三、第六十、第六十一各部师及教导第一师，先后向津浦线输送，准备歼灭黄河以南一带晋军。于八月四日下南驿，过大汶口，向泰安攻击前进。时陇海正面之教导第二师及第九、第五、第二十、第六各师，与第八、第十五两军。在胡集、睢州坝、河阳集一带，与敌对峙。平汉线各军，亦与敌相持，未有进退。冯逆玉祥乃抽调其孙良诚、庞炳动、宋哲元、孙连仲各部精锐，由睢宁以南，挟孙逆殿英全部，由拓城附近，向我归德方面抄袭，乘我陇海后防空虚，津浦线不能调兵之际，希面一举而袭占归德，以倾覆我军。八月六日，本军在柳河附近，奉命开赴归德，指挥本军第二、第三两师及警卫第二旅、第四十五师之两团与在鹿邑附近之第五十师、在马牧集附近之第九师第二十七旅。各部队应付该敌时，敌部已到勒马集、娄靳店一带，逼近翼家河岸，距归德仅四十里，大雨连绵，水深数尺，田亩道路，悉化为湖沼，作战困难，较蔡油坊附近之役为尤甚。

（二）部队之编成：

第二师、第三师，第九师第二十七旅、第四十五师二百六十七团，第四十五师二百六十八团，第五十师，警卫第二旅。

（三）战斗经过：

八月六日，奉总司令命令略开：远厢城、戴口、柘城各处，均发现敌踪，着即移至归德，指挥各部，应付该敌等因。奉命后，即令第二师（欠第六旅及第九团）由逻冈伯党集附近，向临河店附近移动。第九团开至柳河，由铁道向归德车站输送。军部于午后由柳河乘车向归德车站输送。十八时四十分，到达归德车站。时第五十四师在史集、孟路口一带。第五十师在鹿邑、准备向娄靳店附近开拔。第七师在旧考城附近，正面大孔集附近开拔。第三师由曹县附近，正向归德附近开拔。第九师第二十七旅，在马牧集附近。警卫第二旅，在归德以南赵口附近。第四十五师第二百六十八团在汤山及归德附近。第二师之第六旅，在兖州附近，亦准备向归德附近开拔。二十三时第九团，到达归德车站。据报：柘城附近之敌，有向问荒店及其以东地区前进模样。据报后，当即部署如左：

1. 第四十五师之二百六十八团驻阳山之一营及团本部，即移至阎集，占领阵地，构筑工事，对李史庄、高辛集、邱口焦集子方向，派出游动哨，严密搜索警戒。其驻赵口之一营（附机枪一连迫炮二门），即移至李口，占领阵地，构筑工事。并派出一连步哨至顺河集及大王庄掩护阎集部队，占领阵地。其余部队仍在原地待命。

2. 警卫第二团即派出步兵一营，附机关枪两连、迫击炮四门，至青岗寺，占领阵地，构筑工事。对金庄、娄靳店、问荒店方向，严密搜索警戒。另派步兵两连、附机关枪一连、迫击炮二门至谢庄，对金庄、问荒店警戒，再以步兵一营、附机关枪二连，位置于谢营，为预备队。

3. 第二师之第四旅(欠第九团)到达临河店后，即派一团，位置于谢寨，再由谢寨派出一部，占领关帝庙阵地，对勒马集、问荒店搜索警戒。

4. 第二师之第九团，附骑兵两班，即开至归德城，构筑城防工事。以一营附骑兵两班，进至水池铺，占领阵地，对谢寨方向，严密搜索警戒。俟第四旅之一团到达谢寨后，即与切取连络。

前项部署，用命令下达后，又据报勒马集、问荒店附近，已发现敌踪，当令警卫第二团以在谢庄之一营，立即派出一连，至关帝庙占领阵地，对勒马集、问荒店方向严密警戒，俟第四旅部队到达关帝庙接防后，再行归还建制。

七日零时三十分，第二师之第四旅(欠第九团)到达临河店，以第八团固守临河店，并派出一营占领三胡庄，与熊楼之五十四师骑兵团连络。以第七团向谢寨方向前进，准备占领谢寨。讵敌以五团之众，先我一日，将谢寨完全占领，其先头部队，正向归德方向前进中。我第七团甫到石庄附近，即与该敌接触，激战至十一时，敌复将其向归德方向前进之部队撤回，以优势兵力，向我第七团施行包围。我第七团因众寡不敌，伤亡及半，势渐不支，始撤回临河店固守。是晨，第九团到达归德城后，即以两营守城，一营开赴水池铺，占领阵地。警卫第二旅旅部及警卫第五团之一部到达赵口。原驻赵口之第四十五师二百六十八团之一营，即开赴李口附近，此皆三时以前事也。据报关帝庙附近之敌，约骑步兵三千余人，与我第四十五师部队隔河对峙。谢寨附近之敌一部分，已到谢庄、郭楼。又据报邱集、枣子集、十字河一带之敌，有向亳州前进模样。问荒店附近有敌步骑兵各一师。据报后，当令第九师之第二十七旅由马牧集派出连哨两个，位置于谷熟、韩信店附近，再由连哨派出排哨，位置于柳林集及李楼附近，以防敌向我归德之侧背迂回。入夜，第三师到达水池铺附近，第二师补充团到达归德车站。二十三时决定部署如下：

1．警卫第二旅附二百六十八团（欠一营）本（七）日晚扼守青岗寺、李口、顺河集一带前进阵地。如受敌压迫，可相机撤至谢营、赵口、阎集之阵地而固守之，并相机协同第三师攻击前进。

2．第三师本（七）日晚到达水池铺后，即派步兵两团，占领十里铺、黑平山。明（八）日拂晓后，占领凹张庄、朱庄、马娄之线，向谢寨、谢庄之敌攻击。右与在临河店附近之第四旅，切取连络。

3．第四旅（欠第九团）以第七团于明日拂晓后，协同第三师攻击谢寨之敌。

4．第二师补充团即由归德车站，推进至段店待命。

5．第九师第二十七旅在马牧集构筑城防工事，力求坚固，其位置于谷熟、韩信店及柳林集、李楼之警戒。部队仍对拓城方面严密搜索警戒。

前项部署用命令下达后，又奉总司令电话命令，着第二师于本晚即向谢寨之敌攻击，当即转令各部遵照前令，于本晚部署完毕，并着第二师补充团，即刻移驻十里铺，又据报谢寨之敌，已进至袁店集、谢庄之敌，已向我警卫第二团第三营之安楼阵地压迫，娄蕲店有敌孙连仲部一团，其先头部队已进至邱口，我邱口之民团，无力抵抗，已向三刘庄附近撤退，我第七师本晚已到达大孔集附近，第五十师尚在娄蕲店前进中。

八日三时，第四十五师第二百六十七团到达归德车站，第二师补充团到达十里铺，以一营位置于黑平山，一营位置于夏营，构筑工事。据报邱口发现土匪六七百人及孙殿英先头部队，其后续部队正源源而来，归孙逆连仲指挥，刻已由王桥渡河，有向马牧集进窥模样。同时，奉总司令由柳河列车行营来上午八时命令，要旨如下：

1．第七师本（八）日午前集结于程家楼、张武林附近，迅向谢寨前进，协同临河店之第四旅，对谢寨攻击，限本（八）晚占领谢寨，由关帝庙集向勒马集追击前进。

2. 第三师本日集结于王楼、王庄，向谢庄攻击，限本(八)晚占领谢庄，由刘双楼向问荒店追击前进。

3. 警卫第二旅以一部由谢营向刘双楼、谢庄，协同第三师对谢庄攻击，其余各部仍在原阵地警戒，俟谢庄占领后，主力即由青岗寺经娄靳店、赵方庄向索堌堆追击前进。并随时连络第五十师，协同向远庙城、戴口之敌进攻。

4. 第五十师到达娄靳店后，即肃清其附近匪军，以主力由月襄集、大作集向柘城以北地区之敌攻击。

5. 第三、第七各师限本(八)日午后四时，向指定目标开始攻击。第八师限明(九)日集中月襄集、大作集一带，协同我第三、第七各师，追击前进。

6. 第三师与警卫旅归顾总指挥指挥。第七师与第四旅归王总指挥指挥。

奉到前令并转各部队遵照后，敌以大部队向我临河店及三胡庄猛烈攻击，并向北迂回包围至卷金章，经各部修补寨围，增强工事，并力支持，卒未得逞。十六时，第七师之四十一团到达王谱后，卷金章之敌始行撤退。是日午后，令第四十五师之第二百六十七团移至赵口待命。黄昏后，警卫第二团扼守杨庄、青岗寺、范楼之线。第二百六十七团扼守李楼、田庙路庄之线。第二师补充团扼守阎集附近阵地。拟将曹集、顺河集、李口之线之第二百六十八团撤至阎集北端花园附近为预备队。同时，第六旅到达归德车站，并令集结于段店待命。

九日晨，以第六旅移至赵口附近待命，据报菜杨庄、周桥、赵楼之敌正在构筑工事。菜杨庄并续到敌步兵一团。十八时，奉总司令上午十一时由柳河来命令如下：

1. 本军以歼灭当面敌人之目的，以主力由临河店、青岗寺之线，一部由高辛集、十字河之线，包围敌人于惠济河以东地区，而歼灭之。

2．第七师、第三师及第二师之第四旅为右翼队，归王总指挥统率，于十日拂晓以前，将临河店、谢寨、谢庄之敌肃清，即协同左翼队向远厢集、勒马集、问荒店各处之敌，攻击前进。

3．第二师(欠第四旅)、警卫第二旅及第四十五师之蔡、徐两团为左翼队，归顾总指挥统率，编为二个支队，以一支队于十日拂晓肃清李口、邱口、翼家河以东地区之敌，即停止警戒。我军左侧一支队于十日拂晓以前，连系右翼队，在青岗寺、李口之线，准备完毕。向娄蕲店、月襄集之敌攻击前进，务向西南压迫，而歼灭之。

4．左右两翼队之作战境界，为刘老庄、高庄、金庄、铁佛寺、李铁集之线，线上及其以东属左翼队，以西属右翼队。

5．第五十师归顾总指挥指挥，务于九日夜集结于高辛集、娄蕲店附近，俟左翼队开始攻击后，即向胡庄、大作集、李铁集、慈圣集之道路挺进，遮断敌之退路，对拓城之敌，严密监视，对友军切实连络。

6．陇海线左翼军俟右翼队攻击进展后，即相机向戴口、顺河集、柳河集出击，遮断敌之退路。

陇海线中央军、右翼军，同时向当面之敌猛攻。

7．第十军于十日以主力由淮阳经田堌堆、宿弥寺、霸台岗，向顺河集追击。一部向太康挺进，以威胁敌之侧背。

8．第一师为总预备队，集结于宁陵附近。奉令后，即决定如下之部署：

1．警卫第二旅附第四十五师之蔡、徐两团，为第二支队，归蒋旅长伏生指挥。于明(十)日拂晓，以徐团二、六、七营协同蔡团肃清鼓楼、夏楼、邱口一带之敌。其在青岗寺附近之杨团，待第一支队到达青岗寺、李口(不含)之线，接替防务后，即移至李口。该支队俟李口、邱口、翼家河以东地区之敌，完全肃清后，即停止于李口、顺河集附近，警戒我军左侧。

2．第六旅附补充团炮兵营(欠一连)及骑兵一班卫生队半部，为第一支队，归柏旅长天民指挥。于明(十)日拂晓，以两团进至青岗寺、李口(不含)之线，接替警卫第二旅防务。其余部队，集结于青岗寺、李口间地区，准备完毕，右翼连系第三师，向娄靳店、月襄集之敌攻击前进，务压迫而歼灭之。并与左翼第五十师切取连系。

3．第一支队与右翼队作战地境为刘老庄、高庄、金庄、铁佛寺、李铁集之线，线上及其以东地区，属第一支队，以西属右翼队。

4．第五十师于本(九)日夜，集结于高辛集、娄靳店附近。明(十)日即向胡庄、大作集、李铁集、慈圣集之道路挺进，遮断敌之退路，对柘城之敌，严密警戒。对友军须注意连络。

是日，第五十师尚未到达位置。在临河店之第四旅方面，因熊楼之五十四师骑兵团撤去，而三胡庄突出太甚，不能据守。东南两面，受敌压迫愈甚，与敌相持竟日，我第八团第二营营长黎尔成及其连长二员均阵亡。第一营营长胡世贤，亦相继负伤。其他官兵之伤亡者甚众。第三师方面，以第八旅(欠第十四团)之一部，位置于安楼警戒，我军之左侧主力向袁店集、五里庄攻击前进。奏功后，再向谢寨东南端攻敌之侧背，以第九旅协同第七师之一旅，向郭楼及其迤东地区攻击前进。奏功后，再向郭村集、谢寨攻击而占领之。以第十四团位置于水池铺为预备队。十五时，部署完毕。十五时三十分，攻击开始。第十三团与赵同庄(在袁店集东南一里)之敌接触，约战一小时，敌即退去。十七时，第十七团将马楼之敌击退。十八时二十分又占领四角楼(在郭楼东北约三里)。因过于突出，受郭楼敌之侧，旋复退出。十九时三十分，增加两营冲击，又将四角楼夺回。敌遂退守郭楼、袁小庄(四角楼东南一二里)、后窑(在袁店集东北一里)、袁店集一带村落。我官兵伤亡凡数十人。据报，盘踞袁店集、郭楼、郭村集、谢寨一带村落之敌，系冯逆之骑兵第一军唐长胜部(疑系晋骑兵第一师孙长胜部)及孙连仲、孙殿英各一部。

十日，第七师由连庄、豆庄、临河店一带，向郭村集、谢寨庄、王庙始庄、马庄一带之敌攻击。我第三师协同第七师攻击谢寨之敌，以第八旅(欠一营)之一部，位置于郭楼、安庄等处警戒。我军左翼主力，向袁店集、五里庄、金门、李沈梅庄、前后意楼、韩庄一带之敌攻击。以第九旅之一部协助第八旅攻击五里庄，主力向郭楼、孔楼(在郭楼东南三里)一带之敌攻击。第八旅第十四团之一营，控置于水池铺，为预备队。拂晓，部署完毕。四时，开始攻击，第八旅即将袁店集之敌击退，十时占领五里庄、老少楼(沈梅庄东北)、四相公楼(沈梅庄东)、蒋楼(马庄西南)等处，向三里庄、沈梅庄、前后意楼、梅楼之敌攻击前进。时第九旅将郭小楼之敌击退，敌复增援反攻，激战至四小时，卒以机关枪火力将其扫退。十五时，遂进逼三里庄、刘土庄、孔楼、郭楼之线，因敌外壕水深数尺，不能通过，故截至夜半，仍在相持中。我第二纵队方面，以第二百六十七团于十一时开始，向鼓楼、夏楼、陈庄、前吴庄、小吴庄等处之敌，攻击前进。敌据寨固守，经八小时之激战，始退向惠济河西南岸与我隔河对峙，不时以猛烈火力，向我射击。我第五十师于正午到达十字河附近，将十字河之敌驱逐，继续攻击前进。敌由王楼渡河，增来一部扼守郑楼、李楼、徐庄、李楼之线。截至夜半，仍在辛庄、杨庄、李楼南端之线，与敌对峙。是日，计第三师伤亡官长各一员、士兵十余名，第二百六十七团伤亡官长三员、士兵三十余名。据报在三里庄、郭楼、郭村集、谢寨庄、王庙程庄、始庄一带，与敌对抗之敌，仍系孙连仲之步兵三师及唐长胜之骑兵军与孙殿英之一部。在高辛集附近、翼家河以南至包公庙一带，与我对峙之敌，则系孙殿英部刘月庭师二千余人及附近土匪民团若干人，其伪师部在毛堌堆以南附近。我第二师之第四旅，自七日以来，日与优势之敌鏖战，损伤过剧。十六时，始将临河店防务完全交由第七师派队接替。在宋大化、王观楼、王塘江、沟香集之线，占领阵地，构筑工事，配备警戒。其第九团亦由归德城开至王观楼，归还建制。归德城防，则以在阎集附近之补充团前往接替。

十一日，各部队仍继续向敌攻击。十五时，奉总司令午前十一时由柳河来命令，要旨如下：

1. 本军以歼灭敌人于战场之目的，亘平冈以东之阵地，同时出击而包围之。

2. 左纵队以第五十师由高辛集附近，向玉皇庙、月襄集、索堌堆、远襄城（图上远厢集）攻敌之侧背，并以一部在李铁集、大作集附近，监视柘城之敌，其余各部协同中央纵队，向勒马集及其以东地区攻击前进。

3. 中央纵队将当面之敌击退后，向远厢集、勒马集攻击前进。

4. 右纵队向戴口、慈圣集、顺河集、霸台岗各处攻击前进。

5. 中央纵队与右纵队之作战境界为沟香集、孟路口、张路口、赵庄、戚庄、丁刘集之线，线上及其以西属右纵队，以东属中央纵队。

6. 各纵队出击军须于今（十一）夜准备完毕。明（十二）日拂晓，同时开始出击。

7. 未列入军队区分之各部队，将当面之敌肃清后，整顿待命。

军队区分：

右纵队出击军——指挥官上官云相：第一师（欠一旅），第八师二千人，第四十七师三千人。

中央纵队出击军——指挥官王均：第三师，第七师。

左纵队出击军——指挥官顾祝同：第五十师，第六旅，警卫第二旅。

奉令后，即决定部署如下：

1. 第五十师本（十一）日夜，在高辛集、娄靳店附近，准备完毕。明（十二）日拂晓，以主力向玉皇庙、月襄集、索堌堆、远厢集攻敌之侧背，一部在大作集、李铁集附近，监视柘城之敌，右翼与第六旅取连络。

2．第六旅附第二百六十七团本(十一)夜在青岗寺、李口、刘双楼中间之线，选择渡河点，准备完毕，明(十二)日拂晓，即协同我中央纵队及第五十师向毛堌堆、金庄、间荒店、勒马集之敌，攻击前进。

3．警卫第二旅附第二百六十八团，本(十一)日夜，与我第五十师在高辛集附近取得连络后，即将主力集结于李口附近，并以一部于明(十二)日拂晓以前进击李口以西翼家河右岸之敌，占领其阵地，掩护我第六旅渡河后，即在原地整顿待命。

4．第五十师与第六旅作战地境如下：

李史庄——娄靳店——索堌堆——远厢集之线，线上属第五十师作战指导。

1．第五十师进至高辛集、娄靳店一带，立即以一部协同警卫旅驱逐李口以南翼家河以西地区之敌而肃清之。

2．第六旅应以稀薄之正面，在刘双楼、杨庄、青岗寺、八代王楼一带，与敌隔河对峙。以有力之一部，由八代王楼附近渡河，逐渐协同正面部队，驱逐翼家河西岸之敌，以掩护主力部队渡河，并随时与娄靳附近之第五十师部队连系。

本日，第五十师以第一百五十旅之一团，扼守十字河，以第一百四十八旅驱逐张庄、李楼、郑楼一带之敌，竟日激战，截至夜半，仍与姜楼、刘庄之敌相持中。第一百四十九旅占领刘庄、杨庄、李楼，向徐庄、格正园之孙逆匪军进攻，正在鏖战之际，敌以大部由格正园增援，经叠次冲击，卒将其击溃，俘虏其官骡兵马甚多，毙敌无算。我第一百四十八旅伤亡官兵三十余名，第一百四十九旅上校主任参谋马剑非阵亡，第二百九十七团少将团长朱刚伟负伤，其他官兵之伤亡者，约八百人，干部伤亡约十之六七。据俘虏供称：孙逆殿英之第四、九、六各师，其先头已到达顺河集，拟抄袭我马牧集、归德附近。闻我第五十师到达，始于十日晨，由大曹庄渡河撤退。

十二日三时，第三师当面之敌，以山炮、迫击炮向我射击，至七时后，复以步兵一团，由金门李进占洪林寺(在小李庄西约一里)，向我小李庄阵地猛烈攻击。经我第十三团击退，并以一部追击至洪林寺，夺获敌营、连旗各一面，步枪二十余支，毙敌百余名。十七时，谢寨之敌约二百余人，向我前后李楼阵地进攻，经我第十六团击退，我官兵伤亡二十余人。第九旅攻击郭楼、孔楼、刘土庄等处，屡次逼近敌阵地，均以壕宽水深，不能徒涉，故黄昏时，犹在围攻中。第五十师于拂晓时，以右翼第一百四十八旅之黄团，由郑楼攻占焦楼前后李庄、姜集各阵地，并掩护第四十五师之第二百六十八团渡河，同时以彭团之一部，在李楼西端，协同第一百四十九旅之朱团，攻击徐庄，其大部由李楼进占刘庄，向姜楼之敌围攻。敌恃强固工事，顽强抵抗，鏖战至十五时，毙敌数百人，生擒敌连长五员，士兵四五十名，并占领梁刘庄，迫近陈瓦房之线正面。第一百四十九旅因格正园之敌顽强抵抗，朱团仍在杨庄北端与之对峙，其第二百九十八团，因干部伤亡过多，乃调守十字河寨从事整理。另以第一百五十旅之二百九十九团担任李楼阵地防务，黄昏后各部在原阵地彻夜。第二师之第四旅，由宋大化、王观楼、王塘江、沟香集之线，向宋鸡、刘庄集结待命，于黄昏时，完全到达。军部及第二师师部，于十二时由归德车站移驻归德城。

十三日十七时，第三师当面之敌，以山炮三门，向我第八旅阵地射击。十九时，我第九旅之第十七团，进抵前谢庄，将敌之连哨驱逐。敌由韩庄向我袭击，因顾虑左翼空虚，复撤回原阵地。第十八团自十八时起，与三里庄之敌接触，激战至二十时，卒将三里庄占领，毙敌约百余人。同时第十五、第十七两团，亦逼近刘土庄、郭楼等处，与敌激战，彻夜不止。

十四日九时，第三师以第十三团之一部，向金门李之敌攻击，战约三十分钟，敌退谢寨。十三时，以十六团之一营，向谢庄之敌赵登禹师之第二团攻击，敌被压迫，向张郭退却。十四时，敌以步兵一团，由曹楼向我左翼抄袭，经我第十四团增援，激战数小时，始向曹楼、许庄退去。综计我各团毙敌约百余人，缴获步枪三十余支，大刀数十把，团旗一面。七时，第十七团将郭楼之敌击退后，将阵地交第七师之第三十七团接替。七时三十分，占领孔楼，同时第十五、第十八两团，亦将刘土庄占领，敌全部退过沙河西岸。十二时，给予十字河第五十师谭师长、归德第二师顾师长、李口警卫第二旅蒋旅长命令，要旨如下：

1．本纵队于本(十四)日，拟以主力占领翼家河东岸邱口、夏楼、李口、青岗寺、刘双楼、刘桥之线，准备向高辛集、娄靳店、金庄之敌，攻击前进。以一部位置于翼家河西岸十字河及高辛集以东地区，对敌警戒。

2．第五十师于本(十四)日，以主力(两旅)到邱口、顺河集、李口、孙桥(不含)一带，接替警卫第二旅之防务，以一部位置于高辛集以南，派出一小部于翼家河西岸，并占领十字河、围寨，对敌警戒，准备向高辛集、娄靳店之敌，攻击前进。

3．警戒第二旅附第二百六十八团，将防务交第五十师接替后，即在李口田庙附近，集结待命。

4．第二师于本(十四)日，在孙桥、青岗寺、谢庄、刘桥一带，翼家河东岸，占领阵地，派出警戒部队，于翼家河西岸，准备向娄靳店、金庄之敌，攻击前进。

5．作战地境：

第五十师
　　〉孙桥——老公庄——金庄——问荒店之线，线上属第三师。
第 二 师
　　〉徐庄——勒马集之线，线上属第三师。
第 三 师

十七时，警卫第二旅附第二百六十八团，向许营(图上徐营)、史营、田庙集结。第五十师以第一百五十旅占领姜集、十字河之线，准备向高辛集攻击。第一百四十八旅占领孙桥、白桥之线，主力集结于李口。第一百四十九旅占领白桥、邱口之线，主力集结于顺河集。第二师以第四旅占领刘桥、谢庄、杨庄之线，主力集结于刘老家。第六旅附第二百六十七团及第十五军之山炮营，占领杨庄、青岗寺、孙桥之线。二十时，均运动完毕。二十二时，谢寨之敌，突以两连将我第三师金门李前进阵地占领，并向我本阵地袭击。

十五日，占领我金门李阵地之敌，被我第三师攻击，向原阵地退去。我各部队均在原阵地，向敌警戒。

十六日，将附属警卫第二旅之第二百六十八团，调赴朱集车站，归护路司令部指挥，担任护路及车站附近之警戒任务。并以第二师第七团担任归德城防，调补充团至青岗寺附近，归第四旅楼旅长指挥，十八时，奉总司令上午八时由柳河来命令如下：

1．陇海线逆军，经我军痛击，死亡过半，士气沮丧，现又震于我军克复济南之余威，已呈溃退之象。

2．我军以歼灭敌人于兰杞以东地区之目的，即向当面逆军攻击前进。

3．攻击部署如左：

（1）陇海右翼军，务抑留逆军于阵地前，一面猛烈压迫，乘其退却，而穷追之。

（2）陇海左翼军，以一部固守睢县城，以主力协同右纵队，向楼平岗、孙聚集之敌攻击前进。

（3）右纵队将姜庄、张楼之敌肃清后，向史集、戴口、顺河集攻击前进。

（4）中央纵队将谢寨附近之敌解决后，向勒马集、远厢集、慈圣集、李滩店攻击前进。

（5）左纵队以第二师由青岗寺、李口附近渡河，驱逐当面之敌，占领毛堌堆、娄靳店之线，第五十师驱逐高辛集、徐庄之敌，确实占领其阵地，协同第二师向金庄、月厢集、问荒店、索堌堆、牛斗集、李中口攻击前进，并以一部监视柘城之敌，而相机占领柘城。第四十四师即集结于柘城西南之沙河集与李原集附近，联络第五十师，向朱口、太康方向攻击前进。俟第十军到达沙河集、李原集附近后，即归还建制。

(6) 总预备队之第一师，在中央纵队后，第十二师在陇海右翼军右侧，警卫第二旅在左纵队后。

4．作战地境：

左纵队 中央纵队	安庄——马老家——司集——申庄——戚云——史楼 田白玉——赵刘桥——丁刘集——曹庄——毛楼之线	线上属左纵队。
中央纵队 右纵队	范庄——宋大化——熊楼——周庄——王庄——赵樊庄——赵庄 朱楼——林堂——常菜园——吴楼——张关爷庙——孔庙之线	线上属右纵队。

5．攻击日期不预定，各部队于每日夜间须施行威力侦察，如发现敌人退却时，即按上列部署出击。

6．出击时，须留少数部队，守备原阵地。

军队区分：

陇海右翼军——指挥官陈调元：第二十六军，教导第二师，第九师，第五师，第二十三师，第六师。

陇海左翼军——指挥官朱绍良：第十一路军，第八师，第五十二师。

右纵队——指挥官上官云相：第四十七师，第五十四师。

中央纵队——指挥官王均：第七师，第三师。

左纵队——指挥官顾祝同：第二师，第四十四师，第五十师。

总预备队：第一师，第十二师，警卫第二旅。

奉令后，即决定敌退时之攻击部署如下：

1. 第二师(欠第七团)附第二百六十七团，由青岗寺、李口附近渡河，向毛堌堆、随楼、娄靳店之敌攻击前进，而占领之。俟第五十师占领高辛集、徐庄后，即连系第五十师向司集、金庄、问荒店、索堌堆、牛斗集之敌攻击前进。

2. 第五十师即由李口、邱口附近渡河，向高辛集、徐庄之敌攻击前进。占领高辛集、徐庄后，即连系第二师，向月襄集、大作集、李铁集、金庄、李中口之敌攻击前进。并以一部监视柘城之敌，而相机占领柘城。

3. 第四十四师即集结于柘城西南之沙河集、李原集附近，联络第五十师，向朱口、太康方向之敌攻击前进。俟第十军到达沙河集、李原集附近，即归还建制。

4. 军部于攻击前进时，由商邱向赵口、青岗寺、毛堌堆、金庄、问荒店之线前进。

十七日，曹县西方之魏湾，发现敌骑兵约一团，步兵约一旅。我警卫第二旅奉总司令命令，由现地即刻向柳河出发，转赴曹县，归金师长指挥。我第二师、第三师、第五十师，仍在原位置。我第四十四师之章、王两旅，进至平安集、保关寨、戴郎店之线，正与敌孙殿英部激战中，其陈旅正向前吴集、张奶奶庙之敌攻击中。

十八日，据报，勒马集有敌车八十余辆，向远厢集、太康输送；宁陵西南、睢县东南，有敌车十余辆，向张弓集、转向西南输送，并有队伍约一师，向太康运动，于六时三十分，离太康仅四十里。杞县方面，有敌轻重车百余辆，于九时向兰封输送。据报后，即用电话转令各部，注意安排昨日部署，准备随时向敌追击。

十九日拂晓，右翼家河沿岸附近一带，与我对峙之冯逆各部及孙殿英部，向西南方向撤退。我各部跟踪追击。十时，军部由归德城出发，途中据报，我第六旅已到达高庄、老公庄、毛堌堆等处。第五十师已到达大乐集、胡庄附近。十三时，军部抵青岗寺。十四时，抵毛堌堆。是晚，即在毛堌堆宿营。第五十师之第一百五十旅在大乐集、胡庄、徐庄一带。第一百四十九旅在杨老家、黄庄、于庄一带。第一百四十八旅在杨行姜、陈楼一带。师部在高辛集。第二师之第四旅在问荒店、寨门、杨庄、侯庄、戚云庄一带。第六旅在赵方庄、刘副子、铁佛寺一带。师部在毛堌堆。第三师在勒马集、张庄、张路口一带，第七师在曹庙、史集一带，均向敌搜索警戒。第四十四师已有一部由安平集渡河，占领丁庄、谢庄、郑寨一带。其余正向平岗附近猛进中。据报，谢寨附近之冯军，自拂晓前撤退，已于午后，退向太康方面。毛堌堆、高辛集附近之孙殿英部，于拂晓前撤退。已于午后集中于李中口附近。惟王殿阁部第四旅，则尚固守柘城。十八时，接中央纵队王指挥官通报：第三、第七两师，奉总司令命令，右靠拟位置于黄岗吉、古城之线，右翼与第八师连接，并请本纵队一并右翼，由金庄、勒马集、远厢集，向戴口、顺河集前进。接通报决定，部署如下：

1．第五十师本(十九)晚，占领大乐集、月襄集之线。明(二十)日，即经大作集、李铁集、牛头集，向李中口追击前进，而占领之。并以一部监视柘城之敌，而相机占领柘城。

2．第二师本(十九)晚，占领问荒店附近。明(二十)日即经索堌堆、远厢城、向慈圣集、戴口之线，追击前进，而占领之。

3．第四十四师在安平集、戴郎店附近，迅速击破当面之敌，向朱口、太康方面猛追，截敌归路，而歼灭之。

4．军部明(二十)日，沿金庄、问荒店、远厢集之线前进。

二十日八时，军部由毛堌堆出发，十一时到达问荒店，十四时抵远襄城(图上远厢集)，各部队亦于八时以前，先后由现地出发，午后各到达位置如下：

1．第二师师部驻远襄城。第四旅戴口、孙楼、萧庄之线，旅部在戴口。第六旅萧庄(不含)、慈圣集、魏庄、梁楼之线，旅部在丁牛集。第二百六十七团牛庄集、赵楼庄之线，主力在俞双楼。

2．第三师罗楼、罗庄、黄岗一带，师部在华岗。

据报，此次迂回归德附近之冯逆部队，有六师，其第九师在史集附近，第十二师在沟香集附近，第十一师在勒马集、部村集附近，第十三师在瓦屋、刘临河店附近，第二十四师在刁集附近，另一师番号及位置未详。其骑兵师在睢县东南之大屯，各部后方辎重，于十六日晚即开始向后输送。部队则先撤至柳河集，再向太康、杞县、兰封各处运动，于十九日六时，抵戴口、慈圣集一带，续向顺河集、太康方面退走。其一部则仍在顺河集、李滩店一带，向我警戒。孙殿英之大部，则已退集霸台岗、朱口一带，一部仍在张桥、赵庄、李香吴附近，并在霸台岗东端沿河一带，构筑工事，另一旅仍据守柘城。又据土民云：冯部向我前进时，军容尚整，退走时，狼狈凌乱，不堪言状。

二十一日，李中口附近，已无敌踪。帷王殿阁所部第四旅，约千余人，尚据守柘城。我第五十师之第一百五十旅到达柘城东关时，略与接触，旋即严密监视之。第一百四十八旅到达牛头集、柘城之线，与第五十旅连结，其第一百四十九旅及师部，则在大作集附近。我第二师则占领刘屯(不含)、小吴集、慈圣集之线。右翼与到达河堤岭、刘屯之线之第三师，白庙河堤岭之线之第七师，睢县南白庙之线之第八师，左翼与第五十师成一直线，适与陇海正面齐头。

二十二日，冯逆大部已退至顺河集以西地区，其一部似在高郎集、太康附近。孙殿英部在朱口、宿弥寺、太康一带，并在太康构筑工事，其据守柘城之王殿阁旅，已派员向中央接洽投诚。我中央纵队之第七师，在白庙河堤岭之线，构筑工事，并派一部位置于张庙、平岗一带。第三师在河堤岭、刘屯之线，构筑工事，并派一部位置于白楼。本纵队之第二师在刘屯、小吴集、慈圣集、梁楼之线，构筑工事，并派一部位置于康屯、顺河集一带，待命前进。总预备队第一师在吴楼、马楼、杨驿铺、马官集附近一带。

二十三日，各部仍在原位置，第五十师以一百四十八旅，占领尹菜园、雷屯、朱寨、张堂庄、杨庄、李桥集、前后郭村岗及蒲庄之线，并派一部位置于济渎池，以第一百五十旅占领王楼、小陈庄、孙庄、周火神庙及柘城东北关至毛庄之线，均构筑工事。师部及第一百十九旅，仍在牛头集附近。

二十四日派第二百六十七团之一营，开驻谢寨、临河店、关帝庙勒马集一带，警戒后方，旋奉总司令命令，派第五十师之第一百四十九旅，开赴归德，转车至浦口，输送至九江，归鲁主席指挥。其余各部队仍在原位置。

二十五日，第一师在宁陵西北侧，经魏集至临河店及由张水寨至临河店一带，修补工事，师部在宁陵县城。二十七日，奉总司令命令，移转平汉线。三十日，睢县、杞县、柳河集一带之敌，即逐渐向西撤退。三十一日，陇海正面之敌，已退至内黄附近。据守柘城之王殿阁旅及其另两团，投顺中央。经数日接洽，准编为新编第七师，于九月三日，开赴项城待命。四日，本军即开始向陇海正面移转。

〔国民政府战史编纂委员会档案〕

38. 蒋介石给豫东游击司令刘名扬破坏交通命令

(1930年9月1日)

命令　九月一日于归德车站

1. 据守土山集、民权县、龙塘岗一带，坚固阵地之逆敌石友三、刘春荣、孙楚各部，连日被我右翼军猛烈攻击，节节败退，正向考城、红庙、仪封、新兴集之线西溃。

2. 我全线各军，正向敌追击中，我二十师现正向菏泽、东明前进，准备渡河。

3. 贵司令应尽率所部即日出发，开往东明，归二十师许师长① 指挥渡河，袭击敌人，并占领沿路各车站，破坏其交通线。

4．给养由该方面兵站发给。

5．予在归德车站。

右给

豫东游击司令刘名扬

总司令　蒋中正

〔国民政府战史编纂委员会档案〕

39．蒋介石率部在陇海、平汉、津浦等路击败冯、阎军所发布的十四个总作战令

（1930年9月1日—10月7日）

总。作。命。第一号

训令 九月一日上午一时 于归德车站

（一）陇海路逆敌，自龙塘岗以北，现已西退。其余仍踞守龙王店、马头集、朱口一带阵地，其一部有移向平汉路方面活动模样，其主力尚集结于太康、杞县、通许、扶沟一带。拓城、扶沟、西华一带，有匪军孙魁元、任应岐、刘桂堂各部盘踞。平汉路临颍及其附近地区，有田金凯、石振清、邓宝珊残部盘踞。津浦线之晋逆残军，尚在黄河北岸禹城、晏城镇、惠民一带，构筑工事，企图最后之挣扎，现我第一军团正准备渡河进攻中。

（二）本军以歼灭陇海路逆敌主力军之目的，以陇海路军系留当面之敌，以平汉路军由平汉路东西地区施行包围，遮断其退路，一举而扫荡廓清之。

（三）陇海路军于九月□日，向当面之敌开始攻击，务系留当面之敌，相机出击，压迫敌人于兰杞以西地区，使平汉路军进攻容

① 指许克祥时任第二十师师长.

易，以收夹击歼灭之效，其行动如附表第一。

（四）平汉路军各部，于九月三日，在淮阳、周家口、漯河、纣城之线集中完竣。九月□日开始运动，分左右两路齐向开封、中牟、白沙、须水镇、荥阳、汜水、巩县、洛阳方面之敌攻击前进。其各纵队在攻击前进间之行动，着照作战指导要领实施。（如附图及附表第二）。

（五）陇海路军各军之作战地境，如附表第三之规定。平汉路军各纵队之作战地境，如附表第四之规定。

（六）航空队之任务，在陇海方面者，另有规定。在平汉方面者，着照作战指导要领实施。

（七）陇海路军预备军团、各总预备队，于九月二日以前，应集结完竣。其集结位置如下：

（1）第一总预备队，在曹县、东明、荷泽间，以一部对河北警戒，并搜集船只，行渡河之准备。

（2）第二总预备队，在白庙、宋桥、慈圣集间。

（3）第三总预备队，在柳河、李坝集间。

（八）平汉路军总预备队，于九月七日以前，应集结完竣。其集结位置如下：

（1）第六纵队在周家口、邓城间。

（2）第一师在漯河附近。

（九）铁甲车队之任务，着照作战指导要领实施。

（十）关于通信、卫生、补给诸项，另有命令。

（十一）予在归德。

军队区分

陇海路军：

总指挥；

右翼军指挥官蒋鼎文；第二十六军，教导第二师，第九师。

中央军指挥官顾祝同；第五师，第二十三师，第六，第二师。

左翼军指挥官朱绍良；第五十二师，第八师。

预备军团总指挥陈调元：

第一总预备队指挥官金汉鼎；第十二师，第二十师。

第二总预备队指挥官王均；第三师，第七师，第五十师（欠一旅）。

第三总预备队指挥官冯轶裴；教导第一师，第十师，警卫旅。

第二炮兵集团指挥官杨杰；军校炮兵团，教导第一师兵队，独立炮兵第二团，第二营。

航空队司令黄秉衡：第二队，第四队。

铁甲车队司令蒋锄欧：太平队，第二大队。

平汉路军：

总指挥：

右翼军总指挥何成浚：第一纵队指挥官徐源泉：第四十四师，第四十八师。

第二纵队指挥官夏斗寅：第十一师，第十三师，暂编第一师。

左翼军总指挥刘峙：

第三纵队指挥官上官云相：第四十七师，第五十四师。

第四纵队指挥官刘茂恩：

第十五军。

第五纵队指挥官杨虎城：

第七军。

总预备队指挥官蒋光鼐：

第六纵队（即十九路军），第一师。

第一炮兵集团指挥官张修敬；

所属炮兵各队。

航空队指挥官张惠长：

第一队，第五队，第八队，侦察队。

铁甲车队指挥官顾樊林：

第五大队。

总司令　蒋中正

附表第一

陇海路军作战指导要领

区　分	第　一　期	第　二　期	第　三　期
右翼军 中央军 左翼军	就原阵地向当面之敌猛烈攻击，抑留人兵力，便不能向平汉路移转，俾我平汉路军各纵队，进展容易。	我平汉路各纵队，已进至预期各相当地点，我陇海路军，即全线断然出击，将敌阵线突破，若敌向兰封、杞县、太康之线退却，我军应积极压迫，务突过该线，勿使占领为要。	攻击奏功后，直向开封、陈留、通许、扶沟一带，跟踪退击，歼灭敌之主力。
第一总预备队 第二总预备队	第二十师应先集结于荷泽、东明附近，准备渡河。	第二十师相机渡河进占道口，第十二师应协助右翼军，威胁敌人侧背后，俟右翼军进出兰封后，即在兰封集结，相机进取开封。 第二总预备队，以一部作领柘城，以主力协同左翼军攻击前进，并对太康方面警戒。	第二十师沿铁道南下，相机占领黄河铁桥或破坏之。 第十二师在右翼军后追击前进。第二总预备队，以一部监视太康匪军，以主力协同左翼军追击前进，并与第十军取连络。
第二炮兵集团	以集中火力射击，预期之突破点而粉碎之。	掩护我攻击部队突入敌阵，并须与步兵密切连络，随时变换阵地，以确保既得之战果而扩张之。	协同追击部队，以优势炮火，压倒敌人。

（续表）

区分	第一期	第二期	第三期
航空队	以一部协同平汉路军航空队，轰炸黄河铁桥及侦察黄河北岸以主力，轰击敌阵地后之要点及密集部队与列车辎重。	协同攻击部队，轰击敌人阵地守兵及支援部队。	与追击队协力，以全力轰击敌人退却之部队，与列车辎重等。
铁甲车队	协同右翼军，任陇海路正面之攻击，其各期任务，由陇海路军，总指挥命定之。		

附表第二

平汉路军作战指导要领

区分 \ 期别		第一期	第二期	第三期
右翼军	第一纵队	由淮阳附近向西北至大朱楼、看头张附近，即分一部向双岗集、道陵岗方面、攻击前进，牵制敌人。而主力则出扶沟西北之黄甫王、尉氏以西之葛庄，而向中牟及其以东线道挺进，本期主力到达黄甫王该纵队应与第二纵队连络。	占领中牟及其以东线道，并进占开封。	由中牟、开封向黄河南岸压迫敌人，而肃清之。

（续表）

区分 期别		第一期	第二期	第三期
右翼军	第二纵队	其主力由周家口向西北经张桥及鄢陵以西之东张坊，洧川以东之白马寺、韩佐镇，向中牟、白少镇挺进。本期到达鄢陵西北之黄龙店，另以一部由逍遥镇经顺羊集向许昌、和尚桥方面攻击前进。牵制铁路正面之逆军。	占领白沙镇及其以西铁道，并进占郑州。	由白沙、中牟间之铁道，或由郑州向黄河南岸，压迫敌人而肃清之。
	总预备队	在本军左后方续进。		
左翼军	第三纵队	以一部沿铁道西侧，由朱湖、寺张附近，向许昌以西方面张店街、颍桥一带，攻击前进。掩护其主力之侧背。其主力则绕过颍桥西北，经张庄、郭濂街、韩楼、三岔口，向须水镇、郑州挺进，本期到达韩楼。	主力占领郑州及其以西至须水镇一带铁道，一部将许昌以西之敌解决后，沿铁道向郑州挺进，与主力会合。	由郑州须水镇间之铁道，向黄河南岸压迫敌人而肃清之。
	第四纵队	由北舞渡、霍偃镇、向西北杨杜、经水牛田、白坟、周董村店、杨岭、茶寨、槐树口，向荥阳、汜水挺进。本	占领荥阳、汜水，即向荥泽挺进，切实占领之。并保护黄河铁桥，	肃清荥阳、汜水、荥泽间地区，其主力过黄河北岸，向新乡进击前

（续表）

区分＼期别		第一期	第二期	第三期
左翼军		期到达禹县西南之董村店附近。	以一部过河，占领黄河桥之北岸。	进。
	第五纵队	由杨杜经襄城东北之郭庄、张楼、神厚镇，以一部经碗药山村、毫沟、卢店、三官庙，向巩县挺进，其主力即向西北，经马庙镇或临汝镇，直趋洛阳。	占领巩县、洛阳、及其中间铁道；以一部对陕州警戒，其主力即向巩县转进，与第四纵队切实连系。	由巩县、洛阳间铁道，向黄河南岸压迫敌人，而肃清之。即以主力渡黄河，由道清路进占新乡。
	总预备队	在本军右侧方续进。		
第一炮兵集团		由平汉路军总指挥适宜使用之。		
航空队		以一部协同陇海路军航空队，空炸毁郑州以北之黄河铁桥，以主力远向平汉北段及陇海西段作战略的侦察，并任各纵队之连络。	侦察陇海沿线及其以南地区之敌情，协助友军轰击敌方各要点，并任各纵队之连络	主力协助友军，肃清黄河南岸之敌人，以一部远向平汉路新乡以北，侦察协助我追击部队。
铁甲车队		协同第二纵队之一部，任平汉铁道正面之攻击，其各期任务，由平汉路军总指挥命令之。		

附表第三

陇海路军作战地境

第一总预备队
右　翼　军
中　央　军
左　翼　军
第二总预备队

（第一总预备队—右翼军）曹县、孙集、贺村、红庙、斜庄，线上归第一总预备队。

（右翼军—中央军）蒋老家、戴岗、新兴集、杨堌集、秦奉寨、陈留，线上归中央军。

（中央军—左翼军）五里庙、孙楼、榆庙铺、三奶奶庙、高阳集、长智集、通许，线上归左翼军。

（左翼军—第二总预备队）马官集、白庙、长岗集、施寨、陈集、底阁镇，线上归第二总预备队。

附表第四

平汉路军各纵队集中地点及进展路线与作战地境一览表

<table>
<tr><td colspan="3" rowspan="2">部　队　号</td><td rowspan="2">集中地</td><td colspan="6">进展路线及逐日到达地点</td></tr>
<tr><td>第一日</td><td>第二日</td><td>第三日</td><td>第四日</td><td>第五日</td><td>第六日</td></tr>
<tr><td rowspan="7">右
翼
军</td><td>第一纵队</td><td>主力</td><td>淮阳附近</td><td>看头张</td><td>魏圪</td><td>黄甫玉</td><td>大桥</td><td>西陶</td><td>中牟</td></tr>
<tr><td colspan="9">一部由看头张向道陵冈、双陵集向扶沟尉氏以东地区，渐次推进。</td></tr>
<tr><td colspan="3">境　界　线</td><td colspan="6">指挥营、西华县、谢桥、邓陵、陆村寨、霜医庙、骆朱、茶庵、二刘店，线上归第一纵队。</td></tr>
<tr><td rowspan="2">第二纵队</td><td>主力</td><td>周家口附　近</td><td>朱湾</td><td>牛集</td><td>黄龙店</td><td>大马</td><td>升吉里</td><td>白沙镇</td></tr>
<tr><td>一部</td><td>逍遥镇</td><td>前桥</td><td>周店</td><td>和尚店</td><td></td><td></td><td></td></tr>
<tr><td colspan="3">境　界　线</td><td colspan="6">青龙潭、临颍、大石桥、许昌、和尚桥、官亭寨、薛集、孟庄、小何家、十里铺、荥水镇，线上归第二纵队。</td></tr>
<tr><td colspan="9"></td></tr>
<tr><td rowspan="3">左
翼
军</td><td>第三纵队</td><td>主力</td><td>纣城附近</td><td>曹寺</td><td>张庄</td><td>韩楼</td><td>关口</td><td>三岔口</td><td>须水镇</td></tr>
<tr><td colspan="9">一部由朱湖向张店街、萁涧、石固、盘古寨、新郑沿铁西侧，渐次推进。</td></tr>
<tr><td colspan="3">境　界　线</td><td colspan="6">霍偃镇、茨沟、牛坡店、八里茔、蔡寺、老鸦洞、方沟、岵山坡、河阴县，线上归第四纵队。</td></tr>
</table>

（续表）

<table>
<tr><td colspan="2" rowspan="2">部　队　号</td><td rowspan="2">集中地</td><td colspan="6">进展路线及逐日到达地点</td></tr>
<tr><td>第一日</td><td>第二日</td><td>第三日</td><td>第四日</td><td>第五日</td><td>第六日</td></tr>
<tr><td rowspan="4">军</td><td>第四纵队</td><td>杨杜附近</td><td>水牛田</td><td>李子楼</td><td>董村店</td><td>柏嘴村</td><td>打虎亭
茶　庵</td><td>荥阳</td></tr>
<tr><td>境　界　线</td><td colspan="7">水牛田、李子楼、杨店、花石镇、白沙、蒋店、卢店、三官庙、涉村、巩县，线上归第四纵队。</td></tr>
<tr><td rowspan="2">第五纵队</td><td colspan="3" rowspan="2">该纵队早三日出发，其第一、二日到著地同，第四纵队。</td><td rowspan="2">神厚镇</td><td>一部
告成</td><td>涉村镇</td><td>巩县</td></tr>
<tr><td colspan="3">主力直趋洛阳</td></tr>
</table>

右令

总司令　蒋中正

二、又电令顾军长，左翼敌人未退以前，第二师暂在原阵地。

三、电令第一总预备队金指挥官汉鼎，著第二十师许克祥部，遵照前令，迅速渡河。

四、我第十二师第七十二团，仍在东明集及县城，第七十一团一营，暂留曹县，其余各团及师直属部队，均已先后到达魏湾、耿庄、刘尚庄一带，与吕寨第五十五师连络警备。

五、正面之敌，仍在内黄、东关、亘人、和集、许楼、蛮冈、浑子集之线，占领阵地。

六、我第九师在王庄、吕庄、野鸡冈、王刘庄、火烧庙（不含）之线，第五师在火烧庙、单庄、李庄、乔口集、杨帝庙（不含）之线，与敌对峙。

七、我左翼正面，自第六师当面及其以南之敌，仍负嵎未退。

八、我第八师接睢县西关至南关，第五十二师接二十八、五十二团防务，该两团归还建制。

九、我警卫第一旅旅长俞济时部，遵令于本日由曹县开到李坝集车站东之南门岗小店铺、张傅金、赵老家、寨史村铺、蒋破楼等处集结，听军长指挥。

十、令第六纵队指挥官蒋光鼐，著第六十、第六十一两师，到达归德，即出发经鹿邑、淮阳以南，向周家口推进。

第六十师蔡师长及一部已到归德，其余及第六十一师，尚在途中。

平汉方面：

一、本日发总作战命令第一号与陇海路军同。

二、我第一师本日到周家口。

津浦及胶济方面：

黄河北岸之敌仍与我军对峙中。

总。作。命。第二号(追加)

命令 九月三日上午于归德车站

陇海方面：

(一) 兹决于人和集、周寨、杨堌集之线及火烧庙、尹店集、杞县北端之线中间地区，企图中央突破扩张，其成果诱起全线之胜利。

(二) 陇海路军各军之作战，仍照作战作导要领施行，使突破成功容易。

(三) 中央突破军之编成如左：

指挥官蒋鼎文：第九师、第十师、教导第一师、警卫第一旅、第二炮兵集团所属野炮三十门，重炮六门，六年式山炮十二门。

(四) 关于攻击部署及攻击准备等项，由蒋指挥官鼎文详细规定实施，但须在九月五日以前，准备完竣。

(五) 突破成功后之战果、扩张及指导要领，如附图第一、第二、第三。

（六）炮兵应使用之弹药数及弹药补充事项，由炮兵指挥部筹备妥善。

（七）为突破成功，十分胜算计；总预备队第二、第三师得视必要加入于中央突破军之编成内。

平汉方面：

（一）陇海路军右翼之逆敌，现已退至红庙、内黄、人和集、冯庄、浑子集之线，其余尚盘踞其原阵地。

我陇海右翼军，现占领老君营、马庄寨、野鸡岗、火烧庙、杨公祠之线。

我陇海路军现决于人和集、周寨、杨堌集之线，及火烧庙、尹店集、杞县北端之线地区企图。中央突破扩张其成果，诱起全线之胜利，于九月□日开始攻击前进。

（二）平汉路军各纵队须于四月以前就集结位置五日起一齐开始运动。

（三）各纵队前进之先，须派出前进部队。

（四）予在归德车站。

右令

总司令　蒋中正

总。作。命。第三号

命令　九月六日上午一时
于归德车站

一、陇海正面之逆敌石友三，大部已渡河潜遁，其余各逆军主力，亦正续向西撤退中。我平汉军各纵队，已于四、五两日，各向预定目标出动，第一纵队已攻占双陵岗、道陵岗之线，一部包围西华城。

二、我陇海路各军，以乘机廓清当面之敌，再协同平汉线军，并力进展之目的，务于七日准备完竣，八日拂晓，开始全线总攻。

三、各军第一期之进展地区如下：

1．右翼军及第一总预备队	考城一红庙一兰封一古寨间，其一部须即日向东明附近准备渡河
2．中央突破军及中央军	古寨以南一柿园集间地区
3．右翼军及第二总预备队	槐岗一长岗一湖庄间

四、第二炮兵集团及各师属炮兵，均须于七日进入阵地完毕。八日拂晓，同时开始炮击，以协助中央突破军之前进。

五、铁甲车队于攻击期间，归中央突破军之指挥。

六、航空队主力，协同中央突破军，攻击当面之敌。

七、予在归德车站。

右令

蒋中正

总。作。命。第四号

训命 九月九日午后五时 于李坝集行营

一、陇海线之敌，似有缩短战线，于兰杞东部地区，构筑数线阵地，拒止我军，企图最后挣扎之模样。

我平汉路军，于庚日已进展至扶沟、颖桥、临汝之线，现正向郑洛之线猛进中。

二、本军与平汉路军相呼应，歼灭逆军之目的，于九月十一日，全线向当面之敌开始攻击。

三、各军于九月十一日起，仍遵照总作命第一号（八月三十一号训令）之规定目标进攻，其攻击部署，应顾虑下列数件：

1．以一部固守原阵地。

2．主力分出击、预备两部。

3．各师进攻目标，于规定目标范围内，得依进展之便利，可自行选择目标。

4．各师炮兵，应于步兵突击敌阵地开始以前，破坏敌之重要部分，或压倒敌步炮兵，使步兵突击容易。

四、中央突破军，于九月十一日准备攻击完竣，于十二日开始攻击，但突破正面及使用兵力，更正如下：

1．胡索集、马荣桥、杨堌集南端之线及芒岗、戴寨、尹店集、杞县北方马头之线间地区。

2．第一线：第九师、第十师。

第二线：第二师、第三师、教导第一师、警卫第一旅。

第三线：第五师。

3．协同中央突破军之炮兵仍旧。

五、关于中央突破军之行动，着照总作命令第二号（第一号之追加）之指导要领实施。

六、步、炮、飞行各部队间之协同动作，应按下列方法实施；

1．步兵展开后，侦察敌情地形。

2．炮兵射击间（即破坏射击，遮断射击），此时即为步兵接近敌守兵之最好机会。

3．炮兵俟步兵达到冲锋距离时（敌前百米突附近），即停止射击，移转射击目标，于敌阵地后方二三千米处，使敌第一线部队，不能逃窜，其预备部队，不能增援。

4．飞机轰炸敌步兵线时，步兵乘机前进，与炮兵之掩护相同。

七、中央突破成功后，两翼各军，务将当面之敌击破，协同突破军进展至红庙、兰封、杞县槐岗以南之线。

八、关于通信卫生事项，另以命令行之。

九、余在柳河。

右令

总司令　蒋中正

原注：本晚传知各部队，十时以后，全线向敌袭击，结果除五十二师稍有进展外，余均无效果。

总。作。命。第五号甲（追加）

命令 九月十日
于柳河列车行营

一、据飞机报告：石友三部连日陆续渡河，正向北岸撤退。

二、我军为图乘机挺进，直取开封起见，特编成右翼挺进军，并规定其经路与目标如下：

1. 右翼挺进军之编成；

总指挥陈调元兼；

第二十六军，第十二师。

2. 由红庙、考城间，向兰封及其以北地区，沿黄河堤岸攻击前进，直趋开封。

三、挺进军之部署与准备，由陈总指挥自行切实规定，但须于明(十一)日午前完竣，候命出动。

四、对红庙以南之敌军，我二十六军须酌留一小部于原阵地，与之对峙。

五、第一总预备队之许克祥师，仍在东明附近，准备渡河，以掩护挺军之右侧。

六、挺进军之行动，务对指定目标，一意挺进，并与中央突破军不失连络为要。

右令

总司令 蒋中正

总。作。命。第五号乙

(1) 敌情如总作命令第四号所示，尚无变化。我平汉军第一纵队，昨日已达扶沟、双陵集及太康以北之线。

(2) 我第二总预备队，亟应跟踪，向敌人阵地右侧背挺进，以促成我陇海路各军攻击之成功。

(3) 第二总预备队于九月十日起，开始出动，由龙曲集经圉镇、高贤集、高阳集、向陈留、开封击攻前进。

(4) 关于该队之前进部署与准备，由王总指挥自行规定实施。

第五十师留一部守备拓城。

(5) 前进间，须与我平汉路第一纵队设法互取连络为要。

总。作。命。第六号

命令 九月十日午后八时
于柳河列车行营

一、敌情如总作命第四号及第五号(追加第四号)之命令所示。

二、右翼自教导第二师起，至左翼第五十师止，全线定明(十一)日拂晓前，各向当面之敌，开始攻击。

三、中央突破军之突破时机，由该突破军指挥官决定之。但最迟不得过十二日。

四、右翼挺进军出动时期，另行规定。

五、予在柳河。

右令

总司令　蒋中正

附：

训令 九月十日下午一时
于柳河列车行营

兹再定步兵与飞机协同动作之要领，及飞机轰炸时间与地点，仰即照之实施为要。

一、协同注意点：

1．我飞机第一次用全力轰炸时，陆军须同时暂用佯攻。

2．陆军进攻时，侦察机须在敌阵地上，不断环绕，切勿飞回，以助我陆军之进攻。

3．对于坚固工事，一时不能攻下时，我飞机须行第二次之大轰炸，以协助我陆军攻击。而我陆军当在轰炸时，暂时缓退。

4．轰炸后，飞机仍在阵上飞绕，乘敌不敢抬头向我正眼射击时，我陆军应用敏捷静肃方法，跃进敌阵，猛力冲锋，则敌阵必破也。

二、十一日，轰炸地点及时间：

上午六时至八时，全力轰炸人和集、明索集至芒冈之线敌之重炮阵地，及占领之村落。

上午十时，全部轰炸前此未坏之目标及郑寨、杨庄间之敌阵。

下午二时至四时，全部轰炸査庄及尹店集间各要点。

下午五时至六时半，轰炸马荣桥及白庙间之要点。

三、十二日，轰炸地点及时间：

上午六时至八时，全部飞绕马莱桥与尹店集敌之两翼，施行轰炸。

上午十时，全部仍旧飞绕轰炸突击军前面敌之两翼之大部队及地区内村落。

下午二时至四时，全部飞绕轰炸黄土冈、西义寨、马寨间之敌阵及村落。

下午五时至六时半，随突击军之前进，飞绕何寨田、陈寨间地区，施行轰炸，如进展迅速，对于杨堌集、柿园集、马头各要点，须用全力轰炸，或视情况择一点轰炸之。

四、特别注意：

我飞机在指定轰炸点及其他外地点，如发见敌军之炮兵阵地与密集部队，不论何时何地，应即轰炸为要。故我飞机，务侦得逆军炮兵阵地面轰炸之。是为最注意之要点

右令

总司令　蒋中正

总。作。命。第七号

命令　九月十二日午后五时
　　　于柳河行营

一、陇海路敌情无变化，石友三大部，现已渡过撤退。

二、我陇海正面各军，自今夜十二时起，以四分之三兵力，各向当面之敌攻击前进。务须攻破敌人阵地，而占领之。

三、中央突破军，亦自今夜十二时起，照预定目标，开始攻击前进。

四、右翼挺进军，明(十三)日，须推进至考城、红庙、黄河堤岸之线，直由兰封及其以北地区，向开封挺进。

五、航空队除派飞机两架施行侦察外，其余全部参加突破军正面敌人之攻击，其轰炸目标，照作(十)日训令所规定实施。

六、予在柳河。

右令

总司令　蒋中正

传达法

先以电话传达各指挥官，再印补发。

总。作。命。第八号

命令　九月十三日下午三时
于柳河行营

(一) 石友三派员表示输诚，其部队已渡河撤退。

我右翼挺进军已进展至红庙、考城附近。

我左翼第二总预备队，于文日前，已进至龙曲集、高贤集以北地区。

(二) 我陇海路军，以移转主力，从右翼乘虚直趋开封，协同平汉路军速结战局起见，特将右翼挺进军，重加编成如左：

右翼挺进军总指挥陈调元。

右翼挺进军前敌指挥官顾祝同；

第二十六军，第二师，第三师，教导第一师，野炮一营(十二门)。

(三) 第二、第三、教导第一各师，本日即向杨桥、贺村一带集中。

(四) 中央突破军前线第十师，下午仍占领原阵地，俟至夜间，须撤回小野岗附近，作为预备队。

（五）中央突破军正面，由第九、第五两师担任，自火烧庙（不含）以北，归第九师。

（六）炮兵第二集团，除拨归右翼挺进军十二门外，其余今明两日，须继续行间断炮击，以扰乱敌人，并隐匿我主力之移动。

（七）中央军指挥官，由蒋军长鼎文兼任。

右令

总司令　蒋中正

总。作。命。第九号

命令　九月十三日下午十二时
于柳河行营

一、陇海、平汉方面逆军，自石友三部渡河撤退后，内部益形动摇，且连日经我军节节进逼，士气沮丧，已陷于进退维谷之势。我军总攻时机，确已成熟。

二、本军决乘此好机，于本月十五日起，由陇海、平汉两路，同时施行总攻击，务期一鼓而荡平之。

三、陇海路各军，于十五日以前，务须到达左列之位置，各向其预定目标，攻击前进。

1．右翼挺进军、右翼军由考城——内黄之线，向开封。

2．中央军由人和集北——孙楼之线，向陈留及其西北地区。

3．左翼军、第二总预备队由圉镇——槐岗之线，向通许及其以北地区。

四、平汉各纵队，于十五日以前，务须到达左列之位置，各向其预定目标攻击前进。

1．第一纵队，由黄甫王——黄龙店之线，向中牟。

2．第二纵队，由许田——石象镇之线，向白沙、郑州。

3．第三纵队，由十里堡——黄台镇之线，向须水镇及其以东地区。

4．第四纵队，由董村店——神厚镇之线，向巩县、汜水。

5．第五纵队，由北沙以北地区，向洛阳挺进。

6．中央纵队，由小商桥西——纣城之线，向郑州以西地区。

五、各路军总指挥，务遵照规定，到达之位置，各自整理其战线，以期全军整齐进展，得收协同会攻之效。

六、予在柳河。

右令

总司令　蒋中正

总。作。命。第十号

命令　九月十八日下午一时
于柳河行营

（1）综合连日情报，陇海路逆敌，似有向后移动之模样，我陇海路军，已占领雷集、大营、红庙、东侧亘、范洼集、厚台集、南岳冈之线。

我左翼挺进军，明（十九）日，由雀桥附近，向通许、开封方面进展。

（2）我陇海路军以抑留当面逆敌并乘机击溃之之目的，决于明（十九）日下午一时，开始总攻击。但本（十八）日夜间，须先施行猛烈之袭击。

（3）左右翼及中央各军，各向当面之敌攻击。

（4）右翼挺进军之教一及第三两师，限明（十九）日午前，在仪封以东地区，集中完毕后，协同教二师，于红庙、仪封间地区，选择敌阵地之薄弱部分，务期猛烈攻破之。

（5）飞机全部于明（十九）日，在红庙、仪封间，对敌人阵地，须不断施行猛烈轰炸。

右令

总司令　蒋中正

总。作。命。第十号（追加）

命令 九月十八日下午九时
于柳河行营

（1）兹指定仪封以南教二师左翼起，至红庙间敌人阵地，为教一、教二、第三各师之攻击区域。

（2）为指挥确实起见，该攻击区域内之三师，应另编为一纵队，归冯师长轶裴指挥。

（3）该纵队着附属右翼挺进军，归陈总指挥调元节制指挥之。

（4）开始日期与时间，由临时另命定之。

右令

总司令 蒋中正

总。作。命。第十一号

命令 九月二十日
于柳河行营

（1）陇海路敌情无变化。

我平汉路军第三、第四纵队，今日可达郑州。第六纵队今日可达新郑。第一、第二纵队，现正于尉氏、洧川、许田之线追击前进中。

（2）本军以迅速根本解决逆敌之目的，特编成两个纵队，增加于平汉路方面。

（3）第七、第十、第五十之三师，命编为第七纵队，归王总指挥均之指挥，仍在原阵地，与通许附近之敌相对峙。

（4）第二、第二十三两师，合编为第八纵队，归顾总指挥祝同之指挥，限明（廿一）日集结鄢陵、许田一带，为平汉路右翼军之总预备队，随第一纵队之左侧后跟进，由洧川东西地区向白沙镇、中牟方向攻击前进。

（5）第八纵队以后补充，由平汉线输送供给。

（6）余在柳河。

右令

总司令 蒋中正

总。作。命。第十二号

命令 九月廿三日午后一时
于柳河行营

（一）陇海路正面之逆敌，被我军击溃后，已向兰杞之线退却，我军现正跟踪追击中。

（二）本军决于陇海路军中，抽编一纵队，移转于平汉路方面协同攻击。

（三）第六师、第九师、第五十三师、并附第一炮兵集团之野炮四门，编为第九纵队，归蒋军长鼎文指挥，由现在地向长葛以东地区集结待命，其行程如下：

部队＼日期	二十三日	二十四日	二十五日	二十六日
第六师	原地集结	㮾子岗附近	鄢陵北方地区	长葛附近
第九师	原地集结	圉镇附近	扶沟北方地区	长葛附近
第五十三师	方庄寨附近	雀桥附近	南席以西	长葛附近

（四）第六、第九两师抽出后，中央军指挥官由张师长治中兼任。

（五）第六、第九两师正面，由教二、第五、第五十二各师分担，至中央军与左翼军之境界，临时由该两军指挥官，适宜规定具报。

（六）予在柳河车站。

右令

蒋军长鼎文

赵师长韫珩

张师长治中

胡代师长祖玉

杨指挥杰

朱总指挥绍良

总司令　蒋中正

总。作。命。第十三号

命令 十月三日午后
于兰封行营

甲、军队区分：

左翼军团总指挥陈调元；

第七纵队总指挥王均；第七师，第十师属之。

第十纵队总指挥朱绍良；第八师，第五十二师属之。

第十一纵队总指挥张治中；教二师，第五师属之。

第十二纵队总指挥范熙绩；第五十五师，第六十六师属之。

第十二师归陈总指挥直接指挥。

乙、各纵队之集结地与进展地区：

(1) 第七纵队在中牟东南，第十纵队在中牟东方集结，合攻中牟残敌。自六个庄、宗桥、新庄之线以东，为第十纵队攻击地区。

(2) 第十一纵队集结于韩庄以东地区，为总预备队。

(3) 第十二纵队到达开封后，即继续经由韩庄、茶寨、磨李以北地区，向双桥及黄河铁桥追击前进。

又令第七纵队速向左侧移动，并派一部与我第十一师在韩佐镇娄王附近之部队，以实连系。

关于其余部队之处置分令如左：

(1) 警卫旅开驻开封任城厢及其北方沿河警戒。

(2) 第二十师仍任考城以西，沿河警戒，其龙曲集之一团，任睢、杞城防。

(3) 蔡丙炎团任李坝站以西各站之警戒。

(4) 炮兵集团，先集结开封待命。

警卫旅本日在陈留西北地区。

炮兵集团随二十六军前进。

右令

总司令　蒋中正

总。作。命。第十四号

命令　十月七日上午
于开封行营

（1）阎冯残部，现向黄河北岸新乡、清化镇地区溃窜。我东北边防司令长官所部之于、王两军，刻已由定州向石家庄追击前进中。

（2）本军以肃清残逆之目的，于十月八日开始运动，向新乡、沁阳、济源、运城之线追击前进。

（3）第一路追击队，于十月八日，开始运动，沿平汉线渡河，占领新乡、获嘉之线。

（4）第二路追击队，于十月八日，由现地运动开始，先到偃师、孟津间集中，由铁谢镇渡河，占领济源垣曲之线。

（5）第三路追击队，于十月八日运动，开始由汜水、巩县间渡河，占领清化镇、沁阳之线。

（6）第四路追击队，待新乡附近逆部解决后，即由现地运动开始，先到洛阳、陕州间集中，由茅津渡渡河，占领运城、解县之线。

（7）各路追击队间之作战地境，暂不削分，着互相连络，追击前进。

（8）尔余各兵团在开封、郑州地区，集结待命。

（9）予在开封。

军队区分：

第一路追击队指挥官上官云相：第四十七师、第五十四师。

第二路追击队指挥官王均：第七师、第十师、第十二师。

第三路追击队指挥官刘茂恩：第十五路军。

第四路追击队指挥官顾祝同：第二师、第三师、第二十三师。

上令

总司令　蒋中正

〔国民政府战史编纂委员会档案〕

40. 蒋介石关于在陇海路击溃阎冯军攻克兰封杞县经过报告

(1930年9月10日—24日)

陇海路攻克兰封杞县之经过

部署既定,陇海路军与敌相持至九月十日,因平汉各纵队已照预定计划完全进展。应即奋起攻击,使敌不遑措手,乃决于敌之兰杞阵地杨堌集、柿园集间实施中央突破,抽编第二、第三、第五、第九、第十、教一各师、警卫第一旅与第二炮兵集团为中央突破军,任蒋鼎文为指挥官。并令陈调元指挥第二十六军及第十二师为右翼挺进军,出红庙、考城,攻兰封。王均指挥第二总预备队为左翼挺进军,出圉镇、高贤集、攻陈留。自九月十一至十三等日,连续攻击,战况极为猛烈。右翼之敌石友三部动摇先溃,陈调元率挺进军乘机进占红庙、考城附近。左翼朱绍良军与王均所率挺进军逐渐将冯军各部压迫至太康、杞县附近,进占圉镇、高贤集之线。惟铁路正面之敌刘春荣、杨效欧、孙楚等主力,凭藉重垒坚强阵地,固守不退。我中央突破军第九、第十、第五各师冲击敌垒,前仆后继,再接再厉,战况惨烈,卒以其坚壁难拔,不克奏功,成为对峙之局,遂决计移转主力,拟从敌之左翼乘虚直捣开封,将我右翼挺进军重为编组如下:

右翼挺进军总指挥陈调元。

右翼挺进军前敌总指挥顾祝同,第二十六军、第二师、第三师、教导第一师、野炮一营(十二门)。

中央军正面增筑工事,节约兵力,抽出大部集结铁路右侧地区策应右翼挺进军,而左翼挺进军之部署仍旧于九月十五日全线续施总攻。敌从两翼增援,竭力抗拒,激战至九月二十日,除中央军与敌原地相持外,左右两翼之敌被逼节节溃退,将兰封杞县形成包围。斯时，为求迅速由平汉方面根本解决逆敌计。临时变更左翼挺进军部署，以王均指挥第七、第十、第五十各师为第七纵队，进攻通许，而抽调右翼之第三师为该纵队之预备队，以顾祝同指挥第二、第二十三两师为第八纵队，加入平汉右翼军，由洧川东西地区进攻白沙镇、中牟。其余兵力区分如下：

右翼指挥官陈调元(兼)，辖第二十六军及第十二、第二十两师。

中央指挥官蒋鼎文；辖教二、第五、第六、第九各师。

左翼军指挥官朱绍良；辖第八、第五十二两师。

总预备队总指挥官陈调元；辖教一、第三、第五十三各师及警卫旅。

第二炮兵集团指挥官杨。

所部分配各军一部在野鸡岗附近。

激战至九月二十三日，敌势穷蹙，逐步引退，复因我军追踪猛击，敌遂还据兰杞，最后阵地顽抗。斯时，为求平汉军极度进展，以达一举歼敌之计，抽编第六、第九、第五十三各师附第二炮兵集团一部为第九纵队，加入平汉军右翼，任蒋鼎文为指挥官，驰向长葛以东地区。以张师长治中指挥教二、第五两师接替中央军之正面，教一师追随第一纵队为预备队。

八月二十四日以后，陇海路军以牵制当面之敌，待机出击，而战局重心趋于平汉方面。中正亲赴石象镇督战。至三十日，各军奋进，势如破竹，敌气沮丧，全线奔溃。我右翼第二十六军当日拂晓前进，占领兰封县城，晋军吴福安、孙楚、刘春荣等部溃退夹河滩、苗军营迄陈留以南之线，与我右翼追击队相持。我中央军紧追当面之敌。杨效欧、孙殿英、岳相如等部至雀桥、八里湾、亘陈留以东之线。左翼军自二十九晚彻夜猛攻，击溃杨耀芳、张自忠等部，拂晓占领杞县后，向陈留、通许方面追击，第七纵队击溃沙河窝附近之敌。当晚追过陈留至朱仙镇东南地区。至此敌我相持四月之兰杞阵地，一鼓摧破。于是战局急转直下，以达最后之胜利。惟四顾支撑之艰，牺牲之巨，不无惶悚，而有余痛焉。

〔国民政府战史编纂委员会档案〕

41．刘峙第一军等在考城附近与冯军鏖战及石友三输诚北撤报告

（1930年9月13日—17日）

考城附近之役

（一）战斗以前之情况

自济南克复，向我归德附近迂回之冯逆各部及孙殿英部，亦被我击溃。陇海正面之敌，退至考城、红庙、内黄、人和集、胡寺坛上、东西蛮岗、浑子集之线。我津浦线之第一、第十一、第十三、第六十、第六十一各师及教导第一师，先后移向陇海、平汉两路，本军奉命于九月五日，由远襄城（图上远厢集）、移至大周庄附近指挥。陇海正面之中央军第五、第二十三、第六各师及本军之第二、第三两师。时第五师在陈太和、赵小楼、火烧庙、李庄之线，第二十三师在李庄（不含）、杨帝庙、申庄、东洋庄、褚庙之线，第六师在褚庙（不含）、蒋破楼、涧岗集、王楼、孙楼之线。我军以诱起全线胜利之目的，由第二军蒋军长编组中央突破军，在胡索集、马荣桥、杨堌集之线，及芒岗、尹店、集杞县北方马头之线，中间地区，施行中央突破，以第九、第十两师，为第一线，教导第一师、警卫第二旅，集结于丁庄寨西北一带地区。于九月十三日拂晓，第一线部队，开始向胡寺坛上、许楼、蛮岗之敌，猛力突击，敌阵地极坚固，我第九师伤亡甚重。九时，犹未突破，总司令亲临赵小楼，复命转移兵力，以第二、第三两师及教导第一师与右翼之第二十六军及第十二师，又野炮一营，编为右翼挺进军，向考城、红庙挺进。于是本部与第二、第三两师及教导第一师，遂由丁庄寨、赵小楼附近，向贺村出发，时在考城附近之石

逆友三，正向我中央输城，准备渡河撤退也。

（二）部队之编成：

第二十六军，第十二师，第二师附第二百六十七团，第三师，教导第一师，野炮一营（十二门）。

（三）战斗经过：

九月十三日十二时，军部及第二师、第三师、教导第一师，先后由丁庄寨、赵小楼附近出发，黄昏后，军部到达贺村，第二师到达贺村、王大瓢及油坊寨各处附近，第三师到达张庄寨、郭庄、土山集各处附近。本晚在程庄寨奉总司令午后三时由柳河给与命令，要旨如下：

1．石友三派员表示输诚，其部队正渡河撤退。我右翼挺进军，已进至考城红庙附近。我左翼第七、第五、第五十二各师，于文日前，已进至龙曲集、高贤集以北地区。

2．我陇海路军拟移转主力，从右翼乘虚直趋开封，协同平汉路军速结战局，兹特将右翼挺进军重加编成如下：

右翼挺进军——总指挥陈调元；前敌指挥官顾祝同；第二十六军，第十二师，第二师，第三师，教导第一师，野炮一营（十二门）。

奉令后，即于二十三时由程庄寨给各部以命令如下：

1．本军拟乘石部撤退之隙，以一部对红庙及其以南阵地之敌，相机突破，以主力由考城、红庙间挺进，直拊兰封之背，使陇海正面各军突破容易，然后会攻开封，其军队区分如下：

（1）左纵队——指挥官范熙绩；第二十六军。

（2）右纵队——指挥官顾祝同；第二师，第三师，第十二师，教导第一师，野炮营。

3．左纵队于十四日起，每日应以小部队，向当面之敌攻击，以扰乱之。并隐匿我右纵队之运动，勿使敌察觉。十六日拂晓，以一部由现阵地逐渐向敌阵地压迫而牵制之，勿使逸去。左与教导第二师连系，右与右纵队连系，如时机许可，对红庙之敌，务猛攻而歼灭之。否则，直封锁其东西北三面，以掩护右纵队之左侧背，使其挺进容易。

4．右纵队于十五日日没后，进展至考城东端落蓬、田庄、王玉堂之线，十六日拂晓，分为二路，一向四门堂、大营间，一向大营、红庙间连系挺进，乘势南下，直趋兰封及其以西地区，遮断陇海方面敌之退路，而歼灭之。另以一部进占考城，对黄河方面警戒，另一部协助左纵队，威胁敌之后路而歼灭之。

5．作战地境：

左右两纵队以张庄寨、平房、红庙之线，线上属左纵队。左纵队与教导第二师仍旧。

6．各纵队应于十五日以前，将弹药粮秣补充完足。

7．各纵队挺进间之通信连络，除利用电话外，并混用无线电与传骑。

指导

1．左纵队目标为兰封、古寨。右纵队目标为罗王寨、讲林集。

2．各纵队到达目标地后，如正面逆军仍在阵地时，则左纵队应由古寨向东南旋转，对敌军阵地侧背之周寨、岳寨、伯牛岗一带进攻；而右纵队须派一有力部队，在罗王寨、讲林集对开封、陈留警戒。其主力即向南旋转，对杞县以西地区、逆军阵地之侧背进攻，并与我在圉镇、高贤集一带部队，夹击逆军。但如开封空虚，亦无军队向我罗王寨警戒部队来攻，则我之警戒部队即应向开封挺进，而占领之。

3．各师先头部队，应带工兵爆破工具，随时破坏铁道，并多带飞机连络符号，随时铺设。

十四日十时，在贺村奉总司令昨日下午十二时由柳河来命令，要旨如下：

1．陇海、平汉方面之逆军，自石友三部渡河撤退后，内部益形动摇，且连日经我军节节进逼，士气沮丧，已陷于进退维谷之势。

2．我军决乘此好机，于本月十五日起，由陇海、平汉两路，同时总攻击，务期一鼓而荡平之。

3．陇海路各军于十五日以前，务须到达左列位置，各向预定目标攻击前进。

(1) 右翼挺进军
右　翼　军 ＞由考城、内黄之线向开封。

(2) 中央军由人和集、北孙楼之线，向陈留及其西北地区。

(3) 左　翼　军
第二总预备队 ＞由圉镇、槐岗之线，向通许及其以北地区。

同日十三时，军部由贺村出发，十五时三十分到达郭庄时，各部到达之位置如左：

1．第二师第四旅在王庄、三合庄、小陈庄、王庄寨一带，第六旅在土山、刘土山、平房一带，补充团在袁岗、陈园一带，第二百六十七团在王岗附近，师部在郭庄。

2．第三师第八旅在张庄、陈集、高寺一带，第九旅在王伏寨、翟庄、袁谷堆一带，师部在小宋。

3．第十二师在坝城寺、茨蓬、小宋、杜楼一带，师部在小宋。

4．教导第一师步兵队，在王庄附近，师部在田庄。

5．第二十六军在土山寨、杨庄、徐寨、后韩杨坡、东步口、高集之线，其军部在贺村。

十六时，给与右纵队各师命令，要旨如下：

1．第十二师本(十四)日集结于孟连寨、曲兰寺、坝城寺一带，以一部相机占领考城，其余准备由四门堂协同第三师向雷集、梁圪垱、田寨挺进，遮断敌之退路，如考城仍为敌据守，则以一部严密监视之。其余进至南通集、耿辛庄一带，对河西警戒。

2．第三师本(十四)日集结于茨蓬、高寺一带，准备由齐场协同第十二师及教导第一师向大营(即爪营)、姜楼集、寨楼、张楼挺进，遮断敌之退路，而歼灭之。

3．教导第一师本（十四）日集结于田庄、王玉堂一带，准备由青陵岗、卜场协同第三师、第二十六军，向新韩陵、胡集、上郎庙、许洪庄、小李庄挺进，遮断敌之退路，而歼灭之。

4．第二师本（十四）日集结于小陈庄、郑庄一带，候命向前推进。

5．野炮兵营本（十四）日集结于贺村，候命前进。

6．作战地境：

第十二师
〉梁寨——四门堂——雷新庄——朱庵——南北庄——张庄——三义寨——马寨——讲林集之线，线上属第十二师。
第三师
〉高寺——赵庄——陈庄——高场——陈寨——柴扒——唐寨——孟皎集之线，线上属第三师。线以东属教一师。
教导第一师

7．各师到达指定地点后，应各派出一部，接替第五十五师部队之警戒任务，俾第五十五师向左靠拢，其警戒区域，如作战地境所示。

十五日，石友三部有于本晚撤退之说，故令第三师推进至贺庄、孔庄之线，向齐场前进。教导第一师推进至孔庄、大戴庄之线，驱逐管场附近之敌哨，向青陵岗前进，野炮兵营推进至小宋待命。截至二十三时，石部撤退完毕。我第十二师占领考城四门堂，第三师教一师亦逼近齐场、孔庄一带附近。

十六日一时，我第三师占领齐场，教导第一师占领孔庄。时雷集、雷新庄、大营、青陵岗之线，已有冯逆部队据守，并构有工事。我教导第一师迫近青陵岗敌之外壕，架梯爬壕数次，伤亡官兵四百余人，卒未奏效。九时三十分，又增兵一团，再向青陵岗之敌猛攻，又架梯爬壕数次，伤亡营连长八九员，排长二十余员，士兵三百余名，卒未奏效。第三师于二时由齐场附近向大营(即爪营)、陈庄之敌攻击，逼近外壕，死伤官兵三百余人，仍以敌工事坚固，未克奏效。第十二师以一团于六时迫抵粟庄与敌接触，敌退至张集土围内，顽强抵抗。又一团于六时三十分，进抵小山集，与敌接触，战约半小时，敌退至大山集，据险抵抗，我军计死伤官兵约近百余人。军部于拂晓时由郭庄推进至大佛堂，军长亲到齐场指挥。午后，各部位置如下：

1．第二师师部在大佛堂。第四旅在周场、双井一带，旅部在周场。第六旅在张场、孔场一带，旅部在张场。

2．第十二师在考城、四门堂、曹步口一带，师部在考城。

3．第三师在双井、齐场及其附近一带，师部在双井。

4．教导第一师管场、孔庄、毛草庄一带，师部在管场。

5．第五十五师在阎楼、戴庄、柳园，师部及其主力在管场。

6．第四十六师在赵庄、王庄、马楼、吴辛庄、大小刘岗、土山一带，师部在贺村。

十七时，决定本夜攻击部署如下：

1．第十二师除以一部担任考城城防及兰通集警戒任务外，其余部即准备向雷集、后雷集、雷新庄之敌猛攻，奏功后，即协同第三师向梁圪垱、三义寨、曲兴集之地区挺进，遮断敌之归路，而歼灭之。其担任考城城防之一部，俟谈司令经国所部到达考城接防后，即归还建制。

2．第三师即准备向大营、陈庄之敌猛攻，奏功后，即协同第十二师教导第一师，向姜楼集、柴扒罗、王寨、孟皎集之地区挺进，遮断敌之归路，而歼灭之。

3．教导第一师即准备向堡营、青陵岗之敌猛攻，奏功后，即协同第三师向黄窑、新韩陵、胡集、兰封、杨山寨之地区挺进，遮断敌之退路，而歼灭之。

4．第二师即集结于孙场、官场一带，俟第三师突破敌阵地后，即紧随第三师后跟进，扩张战斗胜果，协同歼灭正面之敌，敌如固守大营，即以一部监视之。

5．左纵队第二十六军，除协同教导第一师猛烈进攻当面之敌外，并抽出两旅于本(十六)日夜，集结于教一师后(孔庄附近)，俟第三师突破敌阵后，即左旋夹击红庙、兰封附近之敌，而歼灭之。

6．第二百六十七团为总预备队，在指挥部后续进。

7．各师攻击开始时间，定于明(十七)日午后二时。

二十二时，青陵岗之敌向我前孔庄之教导第一师阵地反攻甚烈，并用野炮、山炮、重迫击炮，向我集中火力，并由〔向〕我左翼包围，经我守军痛击，并增加预备队一营，敌始退去。

十七日一时，青陵岗之敌再向我前孔庄之教一师阵地进犯，其兵力较昨夜增加一团以上，适我军正准备突击，因乘势反攻，敌伤亡甚多，即行退去。我军复逼近敌之外壕，敌用冲锋步枪、手榴弹向我猛击。我因爬壕梯子较短，不适于用，所携带之高粱秆数量太少，不敷填塞。故仍未能奏效。复退回孔庄原阵地，官兵伤亡计二百余人。第三师、第十二师自二时起，向当面之敌攻击，激战甚烈，军长亲临双井指挥。拂晓，奉总司令命令，着本部及第二师即移至睢县附近待命。奉令后，即准备出发，其余各部，仍在考城西端上堤起，沿四门堂、齐场、孔庄、大戴庄、小戴庄之线，构筑工事。其部署如下：

1．第十二师构筑由考城西端土堤起，至四门堂南端约四里之森林止之线。

2．第三师构筑自四门堂南端四里之森林起，亘齐场至赵庄南端之线。

3．教导第一师构筑靳庄、柳园至大戴庄(不含)之线。

4．第五十五师构筑大戴庄至土山之线。

5．各师应构筑之阵地，务于本（十七）日黄昏前完成。第一线部队即于黄昏后撤回已构成之阵地。

6．关于右翼挺进军指挥事宜，以后归陈总指挥直接指挥。

前项部署，用命令下达后，军部及第二师即于八时由大佛堂向睢县附近出发，考城、红庙间之挺进，至此告一段落。

〔国民政府战史编纂委员会档案〕

42．张学良呼吁各方罢兵静听中央解决通电

（1930年9月18日）

国急。南京中央党部、国民政府钧鉴：各院部、各委员会勋鉴；各省市党部、各省市政府、各总指挥、各司令部、各军师旅部、各法团、各报馆均鉴：窃以企图建设，首宜力弭兵争，绥定邦家，要在曲从民意。当国内衅端初启之时，良曾规劝各方，勿以兵戎相见。东电所述，中外共闻。其喑音苦口，未经宣示国人者，稿本之多，几于盈尺。卒以力薄言轻，未能挽回劫运。战端一起，七月于兹，庐里丘墟，人民涂炭，伤心惨目，讵忍详言，战局倘再延长，势必至民命灭绝。国运沦亡，补救无方，追悔何及。此良所为栗栗危惧者也。人之好生恶死，既有同情，久乱思治，终无二致。以良所见，无论战区内之军遭祸难者，固已憔悴难堪。即战区外之幸免颠连者，亦无不和平是望。良委身党国，素以爱护民众、维持统一为怀，不忍见各地同胞，再罹惨劫。用敢不揣庸陋，本诸东电所述，与夫民意所归，吁请各方即日罢兵，以纾民困，至解决国是，自有正当之途径。应如何补救目前、计划永久，可以定大计，而餍人心者。凡我袍泽，均宜静候中央措置。海内贤达，不妨各抒伟见，共谋长治久安之策。良如有所得，亦必随时献纳，藉供采择。众志成城，时艰共济，庶几人民生活，得免流离之苦。国际地位，可无堕落之虞，是良区区所企望者也。迫切直陈，惟希亮察。张学良巧叩。

巧。印。

〔国民政府战史编纂委员会档案〕

43. 蒋介石发布限第二第三集团军将士于廿四日停战回防书

（1930年9月20日）

前第二、第三两集团军将士均鉴：中正与诸君曾共患难，情同手足，军兴以来，迭次忠告，爱护之诚，未尝稍改。上月养日电呈国府，所以为诸君谋者甚至，不幸诸君仍为阎、冯所劫持，未能自拔，忽忽又已一月矣。今日情势复异于前；东自兰封、杞县、通许、尉氏、洧川、长葛、新郑，西至荥阳、汜水，我军大包围之计划，已完全告成，诸君当亦知之审矣。将何以自为计乎？困兽之斗势已不许，阎、冯末日将至，其部下岂皆盲从无知，甘为私人殉葬品者。明理向义去逆效顺之将士，实大有人在，意志不一，何以为战，欲退至大河以北，则突围非易。且东北出兵，平、津伪政府之根据地已破，张副司令通电维持统一，国事悉听中央处置。新乡、彰德各处防军，早受中央命令，预为部署。固未许诸君越雷池一步也。欲由禹县等处，西窜洛阳，我军亦早有严密堵截之准备，狼狈奔窜之余，重受袭击，亦惟有溃散以尽耳。诸君今日已无可退，实亦不必退，不必逃。中正爱护诸君，仍如襄昔，虽取包围之势，决无翦灭之心。养电所陈，誓当实践，诸君苦战恶斗，至于今日，愿为隶属中央之军队，今仍服从中央，拥护统一，于诸君之令名，实有益无损。战事早一日停止，国家危险与人民痛苦，皆得早一日解除。中正敬以至诚，再进忠告，务希诸君本救国爱民之素志，于敬日以前，毅然反正，各就原防，静候中央处置。中央必仍一视同仁，视为腹心之寄。若犹徘徊歧路，甘作无谓之牺牲，则自作孽不可活。中央亦爱莫能助矣。祸福惟人自择，功罪在此须臾，最后陈词，惟希省察。蒋中正。启。

中华民国一十九年九月二十日

〔国民政府战史编纂委员会档案〕

44. 韩复榘等响应张学良巧电所倡罢兵息争实现和平统一通电

（1930年9月20日—21日）

（1） 韩复榘电(9月20日)

国急。南京中央党部、国民政府钧鉴：各院、部，各委员会勋鉴：归德蒋总司令、沈阳张司令长官、各省市政府、各总指挥部、各司令部、各军师旅长，各县政府、各法团、各报馆均鉴：窃维共和肇造，将及廿年，祸结兵连，几无宁岁。夙抱力图和平之志，共成统一之谋。而人思破坏，分裂时虞，据武干拒，殃民祸国，挽回无力，久切疚心。溯至甘棠东进，由汴而徐、而济、而胶东，委曲求全。无非和平救国，苦心孤诣，当为国人所共闻，共谅。顷读张司令长官巧电，持论正大，力主和平，为恐战祸延长，人民必皆灭绝，国家必尽危亡，劝各罢兵息战，以解民众倒悬之危，仁言利溥，薄海同钦，并以解决国事，自有正当途径，力筹长治久安之策，拯民于水深火热之中。凡诸拈暾，悉听中央处置，尽筹硕划，极表同情，庄诵回环，弥增钦仰。惟值国家多难，曷敢苟安缄默。忆夫二月间，构衅伊始，曾缕陈数电，誓言国家纵不能由我而治，要不能由我而乱，人民纵不能由我而生，要不能因我而死，言之痛心，思之泪下。并劝阎锡山，当以民命为依归，实行礼让步骤，原冀少回劫运，力挽狂澜，声嘶力竭，口血未干。乃彼不自觉悟，无端发难，兵戎相见，于兹数月。人民几无噍类，闾阎尽成邱墟，和我同胞，能无惨恻。夫肇祸于始者，不能不归哀于终。公是公非，自有定论，应知天下为公，本非一人所有，民众武力，岂个人所私。倘视军队为私产，置人民于不顾，厚颜留恋，仍蓄破坏之心，斯为天下人民所不许，抚心自问，自当返躬引咎，以谢国人。复榘等酷爱和平，拥护统一，恩酬夙愿，誓本初衷，敬当追随张心之后，静听中央措施，谨电悃诚，伏维鉴察。韩复榘、马鸿逵、孙桐萱、曹福林、谷良民、马腾蛟、马全良、乔立志、展书堂同叩。号。印。

（2）刘珍年通电（9月21日）

特急。南京中央党部、国民政府、各院、部，各委员会，漯河总司令蒋、沈阳张司令长官，济南韩主席钧鉴：各省市党部、各省市政府、各总指挥、各司令、各军师旅长勋鉴：各法团、各报馆均鉴：慨自民国肇造，念稔于兹，祸乱相寻，几无宁岁。北伐完成，举国统一，革命开训政之始，人民有来苏之望。乃反动军阀，割据称兵，破坏统一，荼毒生灵，哀我孑遗，重罹惨劫。我总司令蒋，忍痛兴师，声罪致讨，幸托总理威灵，正义所驱，逆敌于以瓦解，统一又复可期。顷读张司令长官巧日通电，和平救国，振寻祥和，仁言利溥，薄海同钦，至宜如何，始能善后解决国是，绥靖闾阎，拯民水火，凡百措施悉听中央处置。鸿筹伟划，企仰尤深，至兹化干戈为玉帛，居党国于磐石，同济时艰，共挽劫运。珍年不敏爱护党国，岂敢后人，愿随张司令长官之后，誓惟中央之命是从，以期完成革命之业，永固和平之基。谨布区区。伏维鉴察。讨逆军第十七军军长刘珍年叩。马。印。

〔行政院档案〕

按：在此卷内响应张学良巧电尚有上海市政府马电，青岛市长胡若愚梗电，浙江省政府主席张人杰梗电、江苏省政府敬电、安徽省政府感电、江西省政府有电、福建省政府漾电、湖南省政府铣电、湖北省政府州电、山东省政府齐电、鲁涤平筱电、刘湘养电、魏道明梗电、何成浚等漾电、熊式辉有电、陆军第十八师长张辉瓒敬电以及陆军骑兵第二师长张砺生等电，因内容相仿，不另选录。

45．总部参谋处关于重行规定军队区分通报

（1930年9月22日）

通报 九月廿二日午前五时
于柳河行营列车

一、奉总座谕：查我陇海路军各师，已多调动，前定军队区分，自应适宜更改，兹特重行规定如下：

1．右翼军指挥官陈总指挥调元，以第二十六军，第十二师、第二十师属之。

2．中央军指挥官蒋军长鼎文，以教二师、第五师、第六师、第九师属之。

3．左翼军指挥官朱总指挥绍良，以第八师、第五十二师属之。

4．第七纵队指挥官王军长均，第七师、第十师、第五十师（欠一旅）属之。

5．总预备队总指挥陈总指挥调元，教一师、第三师、第五十三师警卫旅属之。

二、第二师、第二十三师编为第八纵队，归平汉路右翼军指挥，已向鄢陵以西行进中。

右二项通报。

〔国民政府战史编纂委员会档案〕

附：

总司令部参谋处制订陇海路军推进位置表

（1930年9月22日—24日）

（1）9月22日

陇海路军九月二十一日推进位置表　　　　总部参处一科调制

区分		主官	驻地	部队推进位置	备考
右翼军	总指挥	陈调元	程庄寨		
	十二师	金汉鼎	考城	考城—四门堂—齐场北侧之线。	
	五十五师	阮肇昌	何庄	齐场、李庄、靳庄、前孔庄、淤沙河之线。	
	四十六师	范熙绩	郭店寨	戴庄—老何庄—土山集—四垛庄之线。	
中央军	指挥官	蒋鼎文	野鸡岗		
	教二师	张治中	王庄	刘冈—高集—西屯—黄郎庙—张台—丰义庄之线。	
	第九师	蒋鼎文	野鸡岗	丰义庄(不含)谢庄、赵风楼、火烧庙、李庄之线。	
	第五师	胡祖玉	花园	乔口—龙塘冈—褚庙之线。	
	第六师	赵观涛	黄洼集	董庄—系伯厂—涧岗集—小刘庄—孙楼之线。	
左翼军	指挥官	朱绍良	睢县		
	五十二师	韩德勤	睢县	田庄—袁塘—余楼—和庄—尚屯之线。	
	第八师	毛炳文	张乔	刘吉屯—范洼集—高庄寨—厚台集—大院—大庄之线。	

（续表）

区分		主官	驻地	部队推进位置	备考
第七纵队	指挥官	王均	水饭店		
	五十师	谭道源	高贤集	申庄—王魏—许郭老—杨庄—八里庙之线。	
	第七师	王均	水饭店	南岳冈、老范庄、郭牌井、楔子岗、八里冈之线。	
	第十师	杨胜治	长河凹	陈庄、长河凹、杨庄之线。	
总预备队	总指挥	陈调元	程庄寨		
	二十师	许克祥	东明	李堌集—东明—东西里冈。	
	教一师	冯轶裴	马庄寨	马庄寨附近集结。	
	五十三师	一部	民权	民权附近集结。	
	警卫旅	俞济时	杨庄	野鸡岗附近集结。	
	第三师	陈继承	高贤集	高贤集附近集结。	暂归王均指挥
第二炮兵集团指挥		杨杰	叩庄	野鸡岗附近。	
铁甲车司令		蒋锄欧	柳河	第二大队野鸡岗附近。	
航空司令		黄秉衡	朱集	朱集南飞行场。	
附记	一、第七纵队左翼，已与第一纵队右翼取得连络。 二、第五十三师后续部队，正在运输中。 三、谈司令（经国）亲率俞团向大寨集、魏湾游击，其徐团担任临堌集至李堌堆河防。				
其他：一、入关于部军五旅董英斌部进经天津，其余部队向津续进。 二、北平伪政府解散，阎已通电下野。					

〔国民政府战史编纂委员会档案〕

（2） 9月24日

陇海路军九月二十四日推进位置表 总部参处一科调制

区分		主官	驻地	部队推进位置	备考
右翼军	总指挥	陈调元	程庄寨		
	二十师	许克祥	东明	李堌集—东明—东西里冈。	
	十二师	金汉鼎	曹场	杨圪垱—兰安寨之线。	
	五十五师	阮肇昌	红庙	兰安寨（不含）—姜楼集—陈寨—胡集—老黄河北岸之线。	
	四十六师	范熙绩	仪封	老黄河—小毛姑寨—东冈头—王庄之线。	
中央军	指挥官	张治中	内黄		
	教二师	张治中	内黄	徐步口—邓寨—马荣桥之线。	
	第五师	胡祖玉	尹店集	七塞集—西义寨—向马店之线。	
左翼军	指挥官	朱绍良	方庄寨		
	五十二师	韩德勤	西孟楼	肖庄—郭寨—李冈—徐冈之线。	
	第八师	毛炳文	司庄	桃林冈—郭楼—槐冈—郭庄之线。	
第七纵队	指挥官	王均	冢上		
	五十师	谭道源	圉镇	天池凹—霍庄—朱凹—黄老庄—陈集之线。	
	第七师	王均	冢上	陈集—黑凹—陈卓—标冈之线。	
	第十师	杨胜治	马头	付口—牌路—标台—南北刘之线。	

（续表）

区分		主官驻地		部队推进位置	备考
总预备队	总指挥	陈调元	程庄寨		
	警卫旅	俞济时	杨庄	野鸡岗附近集结。	
第二炮兵集团指挥		杨杰	叩庄	野鸡岗附近。	
铁甲车司令		蒋锄欧	柳河	第二大队仪封西方杨庄附近。	
航空司令		黄秉衡	朱集	朱集南飞行场。	
第九纵队	指挥官	蒋鼎文	人和集		
	第六师	赵观涛	吕屯	附近集结。	
	第九师	蒋鼎文	人和集	附近集结。	
	五十三师	大部	崔桥	附近宿营。	
附记	一、第七纵队左翼，已与第一纵队右翼取得连络。 二、教一师今早.由崔桥附近出发，向扶沟以西行进，归入第八纵队。 三、第九纵队，命向长葛附近转进。 四、谈司令（经国）亲率俞团向大寨集魏湾游击，其徐团担任临堌集至李堌堆河防。				

〔国民政府战史编纂委员会档案〕

46．何应钦等赞同张学良巧电并要冯阎下野通电

（1930年9月28日）

归德。总司令蒋钧鉴：南京中央党部、国民政府、各院、部、会，各省各总指挥、各军师长、各省、市党部、各省、市政府勋鉴：各局抄

送各报馆均鉴：顷复张副司令俭电文曰：奉读巧电，蔼然仁言，我公爱护党国，轸念民生，尊崇中央，促进统一，庄诵迥环，莫名赞佩。现自阎、冯二逆，造乱称兵，破坏和平，蹂躏晋豫，勾结共匪，荼毒江湖，不惜人言，甘为戎首。中央开导尽情，止乱乏术，万不得已，而后申讨，孤诣苦心，惟求整饬纪纲，保障国家之和平统一。我中央政府八月二十三日之命令及我总司令养日通电，罪及元恶，协从罔治，哓音嗜口，振导祥和。尊电主张，实与若合符节，无如二逆，怙恶迷途日远，致令兵连祸结，数月于兹。现在盘踞豫鲁诸逆，业经次第肃清。公部进驻平津，更足以寒逆胆。惟是造乱之魁，全民所嫉。阎、冯不去，国难靡已。尚望主持正义，贯彻主张，督促阎、冯下野，静候中央措置，使封建军阀，戢其造乱之心。然后国家真正之统一可以实现，永久之和平可以确保。我公中流砥柱，群伦景从，登高一呼，万壑具应。逆虽负隅，敢不心服。革命成功，将于是赖。临电神驰，引领而望，敬盼鸿图，以安党国。等语。特电奉达。何应钦、刘峙、何成浚、陈济棠、何键、王金钰、徐源泉、杨虎城、刘茂恩、蒋光鼐、夏斗寅、上官云相、陈诚、蔡廷锴、钱大钧、刘建绪、范石生、郭汝栋、胡宗南、萧之楚、郝梦龄、戴戟、余汉谋、香翰屏、李扬敬、阮勋、徐鹏云、武定麟、冯钦哉、贺国光、罗霖、岳维峻、李云龙、公秉藩、戴民权、李觉、彭位仁、陶广、王东囊、陈渠珍、张嘉龄、谢彬、张修敬同叩。俭。印。

〔行政院档案〕

47. 吉鸿昌张治忠等宣布罢战并就任蒋介石所委第廿二与廿三路总指挥等职电

（1930年10月3日）

各报馆均鉴：民国不幸，十九年来，战乱频仍，于今尤烈。鏖战五月，犹无底止。公私损失，军民死伤，虽有巧历，未易计算。谁为为之，孰令致此。统一甫告完成，乃竟轻于破坏割据。明知必败，不惜躬自效尤，迫袍泽以盲从，贻党国之大戚，薄海同致愤慨，亲爱尤所痛心。鸿昌等侧身军籍，同为国民，虽恋私情，难忘公理，含辛茹苦，欲哭无泪者，盖已一载有余矣。今幸蒋总司令本中央宽大之怀，迭施忠告，但求国家统一，不计个人恩怨。张副司令尤抱息事宁人之意，倡导和平，主张立即停战，国事悉听中央处置。此皆指迷之宝筏，救国之福音，凡我同人，咸当觉悟，时机易失，公论难逃，及今放下屠刀，同登彼岸，自可挽回劫运，振导祥和。鸿昌等不敏，敬率全军将士，遵依张副司令之教言，静候中央处置。并奉蒋总司令任命鸿昌为讨逆军第二十二路总指挥，自忠为讨逆军二十三路总指挥，印湘、云龙为军长，并于本日敬谨就职。军人以服从命令为天职，而对于破坏统一之乱命，未可盲从，以效死党国为殊荣，而徒作个人野心无益之牺牲，实为奇耻。鸿昌等以身许国，矢志救民，惟有服从中央，拥护统一，本匹夫有责之义，守当仁不让之训，以行其心之所安，职所当尽。知我罪我，悉待公评。谨电陈词。惟希鉴察。吉鸿昌、张自忠、张印湘、葛云龙同叩。江。印。

〔国民政府战史编纂委员会档案〕

48. 蒋介石关于陇海平汉两路迭克名城经过及收抚阎冯所部善后等情通电

（1930年10月7日）

急。南京中央党部、国民政府钧鉴：沈阳张副司令、南京各院部、各省政府、各市政府、各总指挥、各军长、各师长勋鉴：中正受命讨逆，深维中央力求和平之初衷，极愿早日结束战事。自八月中旬，我军克复济南，及迭次击溃陇海路猛烈来攻之逆军，即于养日电呈国民政府，发布明令，只求阎、冯两逆引咎远去，其余部卒，概许以自新。不意阎、冯怙恶不悛，不仅无悔祸之意，反积极组织伪政府，务陷我完整之党国于破坏分裂之境。中正不得已，激励将士，再于陇海、平汉两路，奋力猛进。计陇海路军分右翼、中央、左翼三军。平汉路军分九个纵队；而编为左右翼两军，两路遥相呼应，并力进展。期在包围逆敌，一举而荡平之。自上月真日，施行总攻击以来，节节胜利，迭下名城；如临安、自由、密县、扶沟、鄢陵、考城，均于上月铣日以前，先后克复。而张副司令学良于巧日通电，拥护中央，维持统一，进兵平津，伪政府与伪扩大会议，狼狈逃窜。我军声威益振，再接再厉，旋于马日占领须水镇及荥阳车站。敬日，占领官亭车站。艳日，克复兰封。三十日，克复尉氏、洧川、陈留三县。本月东日，克复长葛，又占领朱仙镇，冬日，将许昌、苏桥、和尚桥一带残敌肃清。江日，克复开封。逆军崩溃，俘获甚多。而第五纵队先经奉命进攻洛阳，先后占领龙门，西宫各要地。已将洛阳包围，截断逆军西窜秦陇之路。敌方高级将领深明大义，弃逆效顺、如吉鸿昌、梁冠英等，已先后授为廿二、廿五路总指挥，张印湘等已授为军长，张占魁等已授为师长，其余志愿效顺党国者，数亦甚伙。开封克复之后，已将作战地区，联成一线。无平汉、陇海之分，遂将平汉路之左右翼军，改为左翼及中央军团，而陇海路之三军，亦改为右翼军团之第十、第十一、第十二纵队，兼程并进，会师郑州。兹据我中央军团报告，我军已于鱼晚，克复郑州，完全占领。又据中央及左翼两军团报告，新郑附近之张维玺、孙良诚、孙连仲等三部，共十余万人，已悉数被俘，无一幸免。宋哲元部在洛阳亦被我第五纵队围剿，决难漏网。大河以南，肃清在即。阎、冯势穷力蹙，众叛亲离，欲再负隅势不可得。和平统一，至是已确有希望。惟称戎犯顺，罪在渠魁，善后之方，端赖抚慰灾黎，安辑流散。而诚意来归之军队，尤当一视同仁，优予待遇，俾作党国干城之寄。以上诸端，正在督饬赶办，谨先布捷以闻。蒋中正叩。阳。印。

〔国民政府档案〕

49. 蒋介石击败阎冯后申述以坚守和平统一致全国人民书

（1930年10月13日）

国民革命之目的，在扫除祸国之军阀，奠立国家之统一，实施三民主义的建设，以进中国于自由、平等，此义昭昭，固已夫人而知之矣。北伐完成以来，国民政府即标揭和平统一为不易之政策。全国人民怵于民国以来，战祸之相循，莫不延颈企踵，以赞其实现。顾编遣决议实施方始，野心军人叛迹旋著。自桂系倡乱以迄最近阎、冯之叛变，此仆彼起，接踵相属，嚣嚣扰扰，亘时两载。政府不得不勘乱以止乱，国民乃亦不得不牺牲代价，以求和平。幸大义已深入人心，将士皆属勇而效命，空前变乱，卒告平除，海宇再一祥和重现。此战之后，一方面固已证明，本党之主义政策，实顺应全国之要求，凡窃据军队，破坏统一者，任令顽强结合，靡不立趋败亡。一方面尤使吾人憬悟，于和平统一，非有二致，而实相贯连，故非巩固统一，不足以确保和平，亦非全国一致，了然于和平之真谛，不足以巩固国家之统一。中正鉴于全国望治之殷切，愿于此战事结束之际，为吾同胞首先讲明此义也。夫近世国家，亦唯国际相与，有战争与和平之可言耳。寰宇之上，苟其国家组织，已臻健全，必仅有制止叛乱之征诛，而无互诉兵争之内战。所谓国内和平之者，乃纲纪严明，民意强固，自能以国家之力量，戢叛乱于未形，舍此而外，和平之名，将无所立。中国自民元以来，既以国民之苟且求安，革命之扫除未竟，坐使军阀披猖，各私其军，各私其境，争雄竞武，以陷国家于破碎支离。又值民意未伸，无耻政客，得以恣其淆乱，遂使甲乙鸡虫之斗争，成为循环习见之故事。迷途忘返，视若固然，迄于近年，统一完成之后，而此奇谬之错觉，犹深袭于一般之人心。甚至两年以来，中央确保和平统一之征伐，而国内自命知识分子，尚有以甲乙相斫等观者，顺逆不分，邪正不辨，此而不正其视听，则国是将何日而定。而和平之保障，又安所得而致耶。中正深维国人渴望和平之迫切，爰进求确保和平之方法，则以为下列二义，不可不使全国同胞深知而共守之。二义维何？一则政治设施，在不背本党三民主义建国原则之范围者，中央必尽量容纳国民之意见，而独不许假借名义，托结于兵戎。二则统一基础，必须国家以全副力量，终始维持其巩固，万不容任何军队，有几微之破坏。盖统一者、国家之要素。军队者、国家之武力。国民革命军，牺牲无数之将士，其最著成绩，即在摧毁个人之武力，建立国家之武力，以弼成统一之基础。既为国家之武力，自衹应为国家利益而用，违乎此义，即为叛行，此固至浅之理，三尺童子所能知。然军阀恶习，蔓延相寻，譬之毒菌潜伏，一触即发。即如今次讨逆之战，在参加叛乱之各方，实无不沿僭窃割据之旧习，有不可告人之隐衷，而其诬罔全国，张皇饰词，开衅伊始，则又托于兵谏之美名，对中央而为要挟。一般反复政客，党国叛徒，又从而因缘利用之。国民不能早烛其奸谋，徒以和平不可轻易破裂，责中央以非分之容忍，其祸遂勃发，而几于不可收拾。夫无论叛徒窃据，本不以国家利益为怀也。即使对于国事真有主张，但既出之以称兵之形势，则纲纪破坏，所损已多，统一基础，将安所托？国民果昧于此义，而唯日夕以和平是祈，是直缘木求鱼，徒见其可哀而已。且本党遵奉总理遗教，一方面实施训政，将此培养健实之民权，而巩固民国之基础。同时对于经国要政，又匪不以天下为公之怀，祷祝于全国人民之协力，公私章牍，历历可按。初何尝有深闭固拒之意，谢绝国民之参加，拒纳公众之意见，所笃信固执，而要约人民以共守者，独于根本原则之三民主义，与夫总理遗教所示之方略步骤，则认为建国所必需，而未许有所置议。言论自由，不能议及国体，此本近世国家之通则，宜亦为全国有识之士，所当曲体而共谅者也。中正窃以为国内未趋乂安，其最大障碍，厥为传统之观念未除，思想之中心未立；认叛逆者，得与中央相对抗，则统一基础，安往而不摇动。认危害国本，为一种之政争，则永久和平，将安所得其保障。今者痛苦经历亦既宏多，民困国敝，待救孔亟。及此叛乱大定之始，宜有履霜坚冰之思，是用备论统一与和平相关之至理及所实现之必要条件，为我同胞痛切以陈。吾同胞当知人民对于国家休戚痛痒，无不相关，苟其秦越等视，即为自逭天职。此后关于国家政治施设，在不背总理遗训之原则下，甚望易旁观之私议，为严直之批评，无论匡正阙失，敷陈意见，中央必开衷延纳，择善而从，其或输才输力，愿共艰难，则选贤与能，本亦不拘一格。而对于国家统一，则尤必须全国一致，以纯正之民意，为有力之扶持。苟有祸国政客，妖言煽惑，导军队以叛乱之渐，劫制中央，破坏统一，无论其事态大小，皆心以极严正之法纪相绳，而不稍予以姑息。延纳众长，以期意志之共同，修明纲纪，以保甲兵于勿用。所以保障和平，厥理实无二致。盖中正认为目前第一要义，为巩固国家之统一，故一切可处以宽大，而破坏统一之事不可恕；一切可容忍，而危害国本之渐不可启。中正夙昔之所怀如此，今后所秉以努力党国者，亦仍不外乎此。过去既不顾一切牺牲，以巩固统一，今后亦不惜任何牺牲，以保障和平。中正惟认巩固统一，为完成国民革命惟一之使命。保障和平，又为国民政府最大责任。故尽其毕生之全力，以赴此巩固统一，保障和平之准的。武侯有云：鞠躬尽瘁，死而后已。中正不敏顾效愚忠，以报党国，徒以兹事所系者大，故不惮细缕，为吾同胞言之也。蒋中正。

一九三〇年十月十三日

〔国民政府战史编纂委员会档案〕

50．朱绍良关于在陇海路左翼军对阎冯各次战役经过给蒋介石呈（附战斗详报）

（1930年10月）

呈为呈赍战斗详报，祈请鉴核事：窃职部克复桂平之后，奉令回京，旋即加入陇海左翼作战，由宁陵而睢县、杞县、陈留、中牟直至郑州，与阎冯诸逆军血战，历三个余月，逐次攻陷敌阵，杀逆遍野，合将战斗经过情形，造具详报于后，呈送钧部察核。谨呈
总司令蒋

陇海路左翼军战斗详报

一、固守待机之期

七月一日，奉到总司令蒋命令：

一、兹派朱总指挥绍良为本军左翼军总指挥，所有在该方面之第五十二师、第八师、第四十七师，各师均归其指挥。

二、第八师、第五十二师，占领河阳集，于张庙平岗之线，拒止当面之敌。

三、第四十七师为左翼军总预备队，位置于河堤岭，以掩护本军左侧背之安全，并尽力援助我第八师、第五十二师各师，拒止敌人等因。职于即晚十二时赴张静寨指挥，即转令第八、第五十二、第四十七各师，星夜构筑工事，严密警戒，以防夜袭。并须确守现在阵地。四十七师位置于河堤岭附近，保持密集，以便随时应接出发。该日左翼军位置及兵力配备如要图第一。是晚至二日午后，敌军来犯，经各师极力抵御，卒将击退。

二、第一次出击期

二日午后，奉到总座冬巳电谕：我右翼军将逆军左翼包击，而孙良诚部之张印相师及孙连仲部，已抽至左翼，增援石友三之部队。我左翼军，应向逆军出击，我四十七师之主力，应向逆军右侧背猛力压迫，与我右翼第一军同时进击，期奏速效为荷。等因。基总司令之意图，即将决心电报如下：

总司令蒋钧鉴：冬巳参电奉悉。□密。一、拟定四十七师明(三)日拂晓，由柳河集向铁佛寺方面迂回，攻击前进。第八、第五十二师全线，施行佯攻，俟我迂回部队进出柳河集后，即同时出击，是否有当，乞示遵。晚得

总司令复示开：处置甚善，准照办可也。惟我正面之第八、第五十二师，至少须留三分之一部守原阵地为要。等因。当令第四十七师、第八师、第五十二师如下：

一、本军以使右翼军作战容易之目的，即乘敌军阵地未竣之先，于明三日拂晓，举行攻击。

二、第四十七师以主力由柳河集向铁佛寺方面迂回，攻击前进。

三、第八师、第五十二师同时全线施行佯攻，我迂回部队进击柳河集，即一同出击，但须留三分之一兵力，守原有阵地。

四、予在张静寨。

上午十二时，接上官师长报告称：顷奉钧座命令，谨悉遵派职师苏旅附骑兵两连于明(三)日拂晓前，即向敌左侧背猛力压迫，一鼓击溃，使我全线进展容易。又顷据探报：敌有大部，由湖庄东进，先头部队，已到五集、李中乡附近等情。

七月三日，战斗经过，据各师报告如下：

A．五十二师韩副师长报称：

一、职师遵于今(三)日上午五时，举行佯攻之部署如左：1．以第二团之一部，由刘楼向枣园攻击前进。2．以第三团之一部，由入王向拳楼攻击前进。3．以上出击部队，均于本日上午五时开始攻击，主力仍固守原阵地。4．炮兵营(A一门BA四门)于上午四时五十分，向枣园——拳楼——孙聚集一带，开始炮击。

二、据一五四旅张旅忠顺上午八时电话报称：第二团出击部队于上午六时占领枣园。嗣因该处地形凸出，且逆敌增援部队，向我反攻，同时遭蒋楼、黄庄两方面侧射。该出击部队，现仍撤回原阵地。我第三团出击部队，因拳楼敌方工事坚固不易得，自与敌激战数小时，亦撤退原阵地。据土人云：该处之敌，系冯逆第三师庞炳勋部，其大部在朱乔、袁店一带。

B．据第八师长毛炳文报称：职师遵于今(三)日上午五时，施行佯攻，当时部署如下：

一、第四十三团向屈庄、羊角庙攻击前进，第四十七团向前杨楼攻击前进，第四十六团向周塔、熊楼攻击前进。

二、出击部队，于午前四时准备完毕。

三、炮兵于现在阵地，向屈庄、羊角庙、杨楼、周塔、熊楼等处轰击。

四、据各团长报告：我军于上午五时，到达敌军阵地附近，继因援队续增，炮火盛集，未克占领阵地，毙敌甚多。八时顷，仍回原地。

C．据上官师长四日午后三时报告称：顷据职师苏旅长昨(三)日报称：职第六团于本日拂晓前，向敌猛攻，激战至午，毙敌甚多，残敌分向王集、台集方面猛攻中。第五团亦于今早将秦口、张阁、王明阳之敌击溃，直向冯善庙集追击前进，获枪百余支，战马二十余匹。但敌后续部队已到，在鸡鸣寺、王集、台寨两地，顽强抵抗，伪师长谢惠三即在台集指挥，刻正在酣战中。除饬该旅长奋勇猛攻外，并饬第六团赴六六湾增援第八师。

七月四日，敌我相峙一日，各无进展，只努力工事购筑，而已渐成为阵地战之势。

七月五日，据上官云相师长由河堤岭报称：据确保，一、昨日午后四时，由太康经来店，向柘城运动之敌郑大章部，约有千骑以上，今日早七时，又有赵承绶部千余骑，陆续跟进，计此刻到达柘城之敌，已在三千骑左右。

二、据由太康来土民云：太康敌骑麇集，详数不悉，但无步兵之模样。

三、商郎集万子桥一带之敌本日分向东北、西北两方运动，该两处此时并无敌人。

四、据由台寨逃出之土民云：本日该村附近麇集逆敌甚多，在村内存储大宗粮食，似有固守该村之称等情。据以上情况判断，恐逆敌将以主力向我左翼增加，以大部转向我归德方面迂回。本日昼间，左翼前线极沉寂等情。

本日，全线沉寂，得悉逆军暂编第一师长谢惠山，系晋军三日前由太康开至台寨，全师步兵二团，骑兵一团。吉鸿昌有三师之众，均在我正面，第十一师长吉逆自兼，现驻湖庄一带。第一师师长梁冠英，驻孙寨聚一带。第六师师长张自忠，现在湖庄西廿余里附近。梁逆左翼为西北第二师谢惠山，右翼尚有第四师，均在太康以北地区。

七月六日午后，奉到总司令密令：我陇海线各部，为指挥便利，责任分明，守备确实起见，重行规定左翼军守备区，自唐楼南袁义楼、河阳集、柳河阳、于张庙、平岗、白楼、顺河集止，指挥第十五军第五十二师、第八师、第四十七师各部。本日又奉到总司令申电谕：昨今两日，逆军在我右翼，增加其主力部队，约有三师之众，现正续加不止。为预防其主力攻我右翼计，我左翼总预备队第四十七师，须先预备七团以上兵力，增援右翼柳河集守兵，应即抽调，酌节约兵力，而此增援右翼七团以上之预备队，务于明阳日正午，移驻杨驿铺以北地区，张解楼、小孔集一带，以便随时策应也。如何处置，盼即复等因。当即电呈如下：

总司令蒋钧鉴：鱼申参电奉悉。顷晤纪青兄商定，即晚将柳河集一带之第五团撤至河堤岭，与原守白楼一带之第六团不动，骑兵主力撤至顺河集。纪青兄率六团以上兵力，遵照指定地移驻八师，拟令在各寨中，竭力抽出兵力，为师预队。须明日整理战线后，始克实行。谨复。

我军第四十七师抽六团以上之兵力，移驻杨驿铺以北地区。左翼阵线，须从新整理配备，当令第八师师长毛炳文、骑兵第一旅长张乔龄及第四十七师一百四十旅旅长苏桂荣如下：

我四十七师奉令抽六团以上之兵力，集中杨驿铺附近，本军兵力即须重行配备，限于七日午前三时完了。

各部队位置如下：

一、第八师于各集内极力抽出兵力，以充师预备队。

二、第四十七师百四十旅第五团于六晚十时，由现在地撤至河堤附近，构筑工事，以防逆敌奇袭。

三、骑兵第一旅(附第二师第八团)，掩护第五团，安全撤退后，由现在地撤至顺河集附近，对马头集、小吴集、勒马集各方面警备。

四、予在张静寨。

七月七日接各部队报告如下：

一、骑兵旅报称：奉令移驻顺河集附近警戒等因。遵于午前三时完了。谨将各团位置开列于后：

1．第一团位于孙楼、河集附近，对柳河集、马头集、坝台岗方向，严密警戒，并行搜索。

2．第二团位置于傅楼、王庄附近，对坝台岗、慈圣集方向，严密警戒，并行搜索。

3．骑兵二师第八团位置小吴集附近，对慈圣集、勒马集方向严行警戒，努力搜索。

二、据第四十七师一百四十旅旅长苏桂荣报称：①职旅奉令驻河堤岭、白楼一带，即令第五团占领韩楼、白庄、唐庄之线，主力驻白楼，团部驻邢庄，对西南方向警戒。第六团分驻河堤岭、赵家马刘一带，骑兵连驻邵楼，时向慈圣集、戴口、华保寨以东搜索，对东南关警戒搜索。②据报：王明阳、孔庄一带到敌约一团。果子成到敌一部，已与我驻白楼以南第五团之前进哨接触，泽聚屯发现少数便衣队，闻已与第八师部队接触。③据报：柘城内有孙殿英步兵约一旅。

七月七日我军兵力配备，如要图第二。

七月八日，据骑兵旅长张乔龄报称：

1．柳河集已到有敌军骑兵约五六百人，大王店、小王店有敌之前进部队。

2．马头集亦到有敌之骑兵两营。

3．据教导第二师被俘之士兵昨(七)日逃回云：我正面之敌吉鸿昌之十一师，其司令部设于潮庄，该敌某旅部设于陈庄，其每连兵力，约五六十名，子弹只五六十发。

七月九、十、十一日，当面敌未来攻击。

三、逆敌第一次猛攻期

七月十一日夜间十二时顷，职军右翼十五军正面全线及第八师中央防区，敌人猛烈来犯，当晚敌军炮火甚猛，幸我军工事坚固，伤亡得以减少。

第十五军军长刘茂恩报告：十一晚至十二日拂晓，战况报告如下：

1．六十五师方面：十一日晚十二时许，田寺河坡徐之敌，向我河阳集、杨屯间之阵地，猛烈攻击，炮火甚盛，激战至十二日拂晓，敌始终未能成功，渐次退去。天明检查，战地见血迹模糊，逆敌伤亡当不在少，并拾得遗弃之云梯二十余架。

2．六十六师方面：敌于同十二时，以浓密之炮火，掩护步兵，猛攻我袁塘前进阵地，企图直扑我赵庄、三里庄之主阵地。同时，路庄之敌，亦向我孟油坊猛攻。经我官兵沉着抵御，激战至十二拂晓，毙敌甚众，彼不得逞，逐渐退去。

3．六十七师方面：十二早二时许，高庄、马庄、海寨、王老之敌，约一团以上，藉炮火之掩护，迫近我尚毛刘其屯、魏张屯阵地，卒以火网浓密，摧残其主力于阵地，及拂晓，不得逞而退。

第八师长毛炳文报称：十二午前一时许，敌先以炮火向我于张庙、李邵楼、刘六阵地猛射，继以步兵带手枪、手榴弹迭次冲击，有少数逆部，接近阵地，经我猛烈逆袭，卒将其攻击效果，完全推翻。敌于拂晓，始向原阵地退去。毙敌甚多，职师亦伤数十名。惟据李邵楼阵地指挥报称：敌部士兵多有操湘籍口音者，不知系何部队。

第四十七师一百四十旅苏旅长报告：

一、今日(十二)午后一时，敌兵百余名，向我前进哨之泽聚屯袭击，卒因寡众不敌，撤回阵地。现泽聚屯已到有敌步兵约二连，山追炮数门。

二、据探报：顺河集正面之马庄寨，现增敌约一团，迫炮五六门，山炮一门，机枪数架，操陕西口音，闻今晚有向我攻击之说。朱口附近，驻有冯部约一团。刘城寨驻敌骑兵一连。坝台岗有孙殿英步兵一团，于十二日上午十时，由柘城开到附近之曹楼、于庄、陈桥济一带，郭庄、孔庄、董庄、杨庄、谢庙等处，时有敌之便衣队出没。

逆军十一晚，初试攻击，徒受损失，毫未得逞，判断今晚继续来犯，各师亦严阵以待，果于十二时顷，敌我全线枪炮齐发，声似秋潮，为七月来最烈之战事。翌日拂晓，始渐疏而息。此役，冯逆曾以倘不攻下我左翼，各级官长将均降一级之训令，通令各官长，其部队作殊死之战，可以概见。幸职军全线部队，工事坚固，抵御沉着，卒能歼灭敌军于阵地之前，尽防御任务。惟第八师四十四团第一营，守备区域，因警戒疏忽，致被敌小部队夜袭，进入李邵楼阵地，杀射横行，该营全线摇动。毛师长炳文闻报，亲领工兵队及特务连，奔至周潭，大部分实行逆袭，一部则阻止后退，士兵千钧一发之战局，得赖挽回，只失一李邵楼小村而已。

谨将是役，职军各师作战报告如下：

一、第十五军方面：敌自十一晚重创后，复于十二晚大举进犯孟油坊、袁堂、和庄、尚屯、列其屯、魏张屯、杨毛河、阳集各阵地，其炮火极为猛烈，步兵进至阵地百米时，以火网浓密，卒难再进，毙敌数百名，获木梯数十架。

二、第八师向旅方面：十三日午前一时，该敌以小部队夜袭四四团第二连李邵楼之防地，继约三百余人，以手机枪、手榴弹、燃烧油球，向炮火集中之李邵楼中央第二连猛袭，经一部极力拒止，敌遂向二三连衔结处突入。第二连阵地首先失陷，当时该营李营长始终无报告，以致预备队不及增援，四十五团第三营向营长之守备阵地，在李营右翼，当李邵楼不利时，遂由其左翼第九连起，渐次放弃阵地，亦无报告。先是李向两营阵地均放弃时，向旅长超中，即派特务排向后方分途阻止退兵，限令恢复原阵地，并飞令金楼之罗营，死守阵地，不许放弃一步。令徐营长传援率领预备队两连，增援李邵楼时已不及，遂奋力夺回向营之原阵地。其时，五十二师李团以一部助守金楼，遂得抽调第七、十两连，由谢营长指挥，与徐营之第二连，协同向李邵楼之西北端攻击，袭敌侧背。抵村，缘敌据墙穿穴死抗，徐营长及七、十两连长并颜朱两排长均受伤，而士兵伤亡过半，不得已，遂令就地监视敌人。又第八师陶旅方面之敌，系梁冠英师，约一旅以上兵力，于十三日午前二时，由屈庄、西阳庄、大李向我刘楼、新庄阵地猛袭，经守备部队血战数小时，肉搏五六次，悉数歼灭于阵地外。敌因死亡过多，于天明即退。是役，陶旅伤官兵计三十余人，俘敌士兵数人，枪四十三支，战旗两面，符号十余枚。

据毛师长十三日报称：

一、李邵楼之敌，现被我第四十五团之徐营、沈营及第四十四团之罗营、四十六团之郑营，正在围攻中，现在李邵楼之东、南、北三面，被我包围，惟敌利用村落墙垣，死以手提机枪对我扫射，伤亡颇多。

二、职已令炮兵及迫击炮集中火力，向西李邵楼之敌轰击，并掩护步兵，协同进攻。如能奏效，即可恢复原阵地。万不得已时，职拟设新阵地于金楼至姚庄，一过流刘、刘和、周谭、于张庙之线，但须先行构筑。

三、此间各部队业已使用，恳钧座派得力部队一团，增援于新阵地之间，构筑工事，以防夜袭。

四、第四十七师一百四十旅方面敌军，于十二晚起，迫炮全线制压，步兵屡试突击，皆被我优势之机关枪，歼灭阵前，晓刻窜去。

据苏旅长下午八时报称：

1．午后七时始，敌又向我全线攻击，现正在激战中，目下我方伤已达三十余名。

2．据逆敌官长供称：冯逆令各部猛攻，不分昼夜，如不能攻下，即将各级官长均降一级。

3．石子台集附近之敌，于十一日夜，抽调一师归孙连仲指挥，绕道龙曲集、铁佛寺、冯店、万子桥、朱口、冯庙附近，有向亳州前进之称，该敌现昼伏夜行，行程甚近。

4．郑大章由朱口向东北移动，亦系夜间行动，已到坝台岗附近。

5．今早九时，有冯军一师到柘城附近。

据骑兵第一旅张旅长报称：坝台岗逆敌孙殿英部及郑大章之骑兵大部，均于本(十三)日午前向东南方面移动，曹楼、于庄各约有敌骑一连。敌军连攻数日，只得一李邵楼，未能大逞，乃渐向南移，希图绕我左侧背。于是电请总座，将四十七师北开之部队，归还建制，以防绕攻。奉示：先令一百四十一旅唐庆珊旅长，率一团兵力，先行应援，于十四日午前二时，到达孔集附近。十三日午后十二时，我军全线枪炮齐作。敌军复行夜袭，十五军第五十二师及第八师各防区之敌，数度冲击，皆被击退。惟第四十七师当面之敌，虽屡被击溃，而继续不已，盖是晚敌之主攻方向，移至该区矣。

十四早二时顷，全线炮火齐鸣，而以第四十七师防区之佟楼附近，弹着独密，知敌将在此一点，企图突破。当令派兵一连(第五团孔团长)前往应援，并令守佟楼东端野堡之第七连，派兵一部，侧击佟楼附近之敌，阻其突进，嗣因我工事渐次被毁，兵力亦被杀伤甚多，附近指挥之第四连王连长失踪，张营附一连连长刘学敏数人阵亡。十四日早二时，佟楼阵地遂被占领。职即电令苏旅长由河堤岭速派第四团之一营，前往佟楼应援。驻周潭为第八师预备队之第四团第二营，迅速开回河堤岭，并派员传令于行军中之一四一旅旅长唐庆珊，着派兵两营，开至六六湾，以便随时策应。唐旅派兵二营，遵于十四晨到六六湾。

初，我军佟楼失守，势呈险状。幸第五团孔团长，即令戴团附率领第一营之便衣队，在三宅庄固守，第三连反攻佟楼时，三宅庄兵力甚薄，敌正猛突，便衣队形将摇动之际，苏旅长已遵派四团二营周营长，率兵二连，赶到三宅庄，危险遂去。即向佟楼反攻。但敌善于利用墙垣，每得一村，穿穴以成枪眼，死据不退。如李邵楼之反攻，我军徒受损失，结果毫无。佟楼虽失，敌既不能再进，殊无以极大损失，而换一小村之必要。遂令如佟楼未能攻下，于附近速构工事固守，待机再攻可也。

缺口封闭，敌遂难于前进。此役，我军阵亡官长二员，伤一员，失踪一员。阵亡士兵三十余，伤八九十名。当面之敌，系吉鸿昌部之十一师，第四师葛云龙部。

十四日下午三时，敌军以未能一举突破我三宅庄、白庄防地，添加兵力，攻击甚猛。当令苏旅长派兵援应，并令驻六六湾之第四十七师八团三营，先行开赴河堤岭，于必要时进至邢庄，为一百四十旅预备队，百四十一旅及第七团第一营进至河堤岭，以备缓急。嗣因据报逆军有渐次东移击左侧背之模样。即令唐旅将第七团一营配置李汴集、罗庄、万口之线，对东南布置警戒，并派驻六六湾第八团二营之二连，赴河堤岭以资警戒。

四、第六守备区阵地之变换

敌军既以优势之兵力，包击我无依托之左翼，自佟楼被占后，其势仍未消减，为安全计，当经电恳总司令饬四十七师全部调回，以备应援。特我四十七师自佟楼南之部队，三面受敌，势甚危险。十五晨，上官师长率五团之兵力，到达冯庄，即令如下：

1．着四十七师派兵力一部，先行占领平岗、梭桥、张老岭、曹楼之线，构筑工事。于必要时，令佟楼以南至顺河集之部队，撤至该线，固守阵地。

2．骑兵旅待步兵全部撤退后，撤至黄岗、载口警戒。

十六日午前一时，逆敌到达顺河集、白楼之线，我军四七师在新阵地，已有相当之防御设备。敌军于午后一时，以吉鸿昌、张自忠、葛云龙等部，以野炮十二门、山炮一营及多数之迫击炮，群向我平岗至曹楼之线，全力冲击。时因兵力殊悬，第九团之一部，稍行动摇，经唐旅长率第八团之一部及特务连驰往增援，即将原阵地恢复，并追出二里许，毙敌无算，俘百余名。我军伤营长、营副各一员，连排长十余员，兵士伤三百余名。至午后七时，仍在激战，恐夜间续攻，当令郭旅第一团增加，以防不测。

骑兵旅十六日报称：敌于午后一时，以优势之兵力，向我戴口之第八团压迫，不得已撤至落庄、十百户屯之线，配置警戒。此敌军似有迂回我左侧背之企图，当令该旅长确实阻其前进，努力搜索为要。

第十五军、第五十二师、第八师各方面敌军，时来试攻，但一经击退，即不再犯。故连日未见激烈。此因其主力抽调，左翼佯试攻击，掩其企图耳。

敌军连日猛攻，皆归失败，其损失已不可计。十七日其势渐减，已无突破我阵地之意图。奉到总司令训令节开：

（一）综合各方面情报，陇海线正面之敌，有抽调晋军一部渡河，移转于津浦线方面使用，其正面之敌，异常薄弱，日来佯攻甚急，系深恐我军有突破[有]正面之企图。津浦线之敌，经我第一军团猛攻，损失甚大，仅能保守其现位置。亳州方面，我十二师主力及五十四师加入于明（十八）日行总攻击，务期一鼓而歼灭之。我教导第三师、第五十师、第五十三师、第六十师、第六十一师，刻纷向平汉线、陇海线输送集中中。

（二）本军以抑留陇海线正面逆敌之目的，于本日夜，各部队准备由正面总攻击。

（三）陇海线正面之敌守备区部队，应于本日夜准备总攻击完竣，待命出击。

（四）第九师归左翼军，应集结于现地，同时出击。

（五）予在柳河。等因。当转令所属，如期开始攻击为要。嗣据敌军伤兵供称：连日攻我左翼四十七师者，有第六、第一、第四、第十一各师，连日作战，伤亡极多，每连仅存二三十人，第十一师已向东移动，闻后方尚有续进部队。又据骑兵旅报称：远厢集于本日午后发现郑大章骑兵七八百名，有向东行进之模样，戴口、张桥、落庄一带，有冯逆新编第一师谢惠三骑兵一旅，约七八百余骑等语。据此，逆敌东进，企图似渐证实。当电报总座，为慎重计，拟除派便探及骑兵，努力搜索，以资参考外，并令第九师二十五旅，在张弓集、刘庄、管庄、双楼之线，第二十六旅（除驻六六湾之五十二团）在吉古城、丁庄寨之线，构筑工事。第二十七旅之第三团，开至谢集附近。如设来犯，则相机占领，在阵前歼灭之。

五、敌我对峙期

敌军迭次攻击，均归失败，我军因防御之任务所在，亦未积极进取，本军正面自十八日至二十日之间，基总司令之意图，曾一二次举行佯攻，余则相峙射击，时停时放，左侧背虽有敌军之先头骑兵发现，但后续有否，尚未证实，故数日间战况平静。二十一日，据骑兵旅张旅长报称：黄岗附近，有孙逆殿英部步兵两团。该处东北二里许之高楼，有敌小哨，柘城东北各村，有孙逆良诚步兵一师，并有迫击炮廿余门，该逆司令部驻城内。

二十二日，据上官师长报称：据职师第四团逃回之士兵报告：(1)张自忠之第六师计三旅，现占领韩楼、白庙之线。(2)敌占领之村庄，均筑有盖沟，其外壕阔九尺，前方埋有地雷。(3)孙连仲、梁冠英、吉鸿昌各部，已于数日开去亳州等语。

二十三日，据张骑兵旅长报称：(1)本日午后一时，远厢集西南七八里之王寨附近，有敌骑兵一团。(2)柘城今早到有敌军甚多，系由亳州方面退回者云云。

据上官师长报称：顷接郝副军长梗午电称：职师王贾旅，于昨夜开始向鹿邑分别追击前进。鹿邑之敌，系任应岐骑兵旅王泰部，一师在城内及东南一带，王旅追至太清宫、王里寨、阎楼之线，与敌激战终夜，旋令贾旅向城北截去，敌遂不支，遂于本早二时开始，向太康狼狈溃退。四时即将鹿邑完全占领。李旅及骑兵团于昨夜已向柘城追击前进矣。刻奉到王总指挥转到总座养申电令，职师向宁陵集结等因。现已转令各部到鹿邑以北地区，即转进宁陵矣。是役，毙敌百余名，截获军需品无算，我军伤亡官兵数十名等语。

二十四日，四十七师正面之敌，大部已于昨晚陆续撤退至白楼、柳河集之线，占领阵地，尚有一部残留原线之敌，于拂晓前，经我军派队攻进，将潘庄、王庄以东之敌，完全击退，斩获甚众。奉总座电谕：据飞机报告，柘城之敌，今晨亦分两路西退，着郝师分派一部，留驻鹿柘，担任城防，主力即速结集顺河集附近待命，勿庸再赴宁陵，但鹿柘防务，现已另派部队前往接替，俟接防部队完全到达后，再令归复建制等因；当转令上官军长遵照办理。据骑兵旅张旅长二十四日报称：戴口附近之敌骑三百余名，均于昨晚八时，向小吴方向撤退。柘城孙殿英部，大队已向西退，其一部仍据城中。

二十五日，我左翼逆敌似有退却之模样，因令骑兵旅向慈圣集、李滩店推进，乘机追击，扰乱逆敌退却安全。午后十一时，据骑兵旅报告，顺河集现有敌七八百人，其炮兵已于昨晚退去。柘城东南北三面，已被我包围，迫近城河。坝台岗、华桥之敌，均于本日午后，向朱口方面退去，连日战况沉寂，敌军似有退却之模样。

二十六日，惟据土人报称，朱口、马厂集附近，敌狼狈中构筑工事，朱口近到有冯军三师，并闻拟袭击我后方等语。

七月廿五日至廿九，战况颇为沉寂。奉到总司令七月廿九日上午十时命令，将陇海正面守备地区与军队分区，重行规定：左翼军守备地区之部队，自陇海路以南为第五师、第二十三师、第六师、第十五军、第五十二师（欠一旅）、第八师、第九军等因，当时兵力配备如要图第三。

六、第二次出击期

又奉到总司令命令开：陇海正面各军，均须于本月三十一日以前，攻击准备完毕，待命进攻。各师炮兵全部，对逆军猛射为要。等因。

八月一日，奉到总司令蒋命令：

一、陇海方面敌情无异状。

二、我军以扰乱敌人，诱敌离开其阵地而击破之目的。自明（三）日起至五日止，连续四日中，于正面行炮击佯攻，于左右翼行小规模之出击。

三、我攻击之部署如下：

（1）右翼军第七师、第十二两师，各出一团兵力，向东明县城与东明集间之地区出击；第十二师一团，应相机占领东明城，第七师一团，应相机占领东明集。

（2）左翼军第九军派步兵三团与便衣队及其骑兵团，向马头集及朱口以南之地区出击，并应先占领刘楼、刘城、王华园、张庄、宿弥寺之线。而骑兵团则进出于朱口西南地区，向王窑、陈集与谢桥、马莱园一带，扰乱敌之侧背，并与淮阳第十军部队取得连络。同时我围攻柘城之部队，须相机占领。

（3）中央军及左翼之第八、第五十二各师，对各该正面之敌，行炮击后，即派部队协同出击，乘机攻破敌阵地，而确实占领之。教导第二师之野炮八门与铁甲车，均归蒋军长指挥，会同第九师所有之炮兵，应于本晚选定阵地，并进入后，确取鲁庄为目标，用集中炮火，向此猛射。并派兵一团，乘机前进。确实占领后，再移炮火向铁道南罗庄集射。

四、中央及左右翼军，均于明(二)日拂晓，开始向敌炮击及出击。

五、予在柳河等因，遵即转令所属，一律限时准备完毕，各尽任务，是日晚，规定明(二)日出击部署如下：

(1) 第五四师贾旅及四七师第五团，于明(二)日上午五时以前，集结戴口，以一小部位置戴口，以主力置慈圣集，派出若干小部队，相机向朱口、马头集之敌威胁。

(2) 第五四师骑兵团，设法驱逐济渎池、沙河集之敌，以掩护佯攻部队左侧背。

(3) 第五四师李旅，仍在柘城东北，监视城内之敌，相机进占柘城。

(4) 第四七师各部，均在原线向当面之敌，佯取攻势。

(5) 其他正面各师，别将全炮兵选定目标，猛烈攻击，乘逆敌摇动之际，断乎出击。

八月二日，本日拂晓，本军正面全线炮击，敌军深入地室，得余持安全。候我步兵前进，敌始占领阵地，开始射击。故当我军破坏敌阵之际，不能同时杀伤敌军，兵力虽微，有破坏结果，步兵卒难突入，正面各师之结果如是。

左翼出击之贾旅及四十七师谷团，于今早六时到达戴口，骑兵团到达陈阳，因道路泥泞，未能进至柘西，贾旅在孔庄、毛楼、大韩庄一带，谷团以一部留戴口，余驻锁楼、张楼，骑兵团驻宋屯，以俟雨止再行。

是日，第二十三师方面，黄昏时敌以迫、山、野各炮，向我华陀庙、玉庄、东洋庄、李庄等处射击，至十一时，顷将所有炮火，专轰我东洋庄，其所谓山西炮者，效力殊为伟大，一弹落在铁丝网开花，毁坏丈余，破片波及墙壁，壁亦倾圮。一弹落在机枪掩盖上，掩盖陷落，机枪压坏，而射手被炸死。一弹落在步兵掩蔽部，伤亡士兵十余名。此炮弹直径二十生的，重约八十斤，惟射程不过四五百米达，敌轰击数小时后，以东洋庄为主攻，华陀庙、龙垆岗等处为助攻，屡次向我冲锋，经我沉着抵抗，卒将击退。我方伤亡官兵四十余名，敌军六七百名，获枪五十余支。

八月三日，据上官师长报称：转据贾旅长称：职昨午到达慈圣集，贾旅及谷团皆在慈圣集以南村落宿营，骑兵营进至济渎池地方，遇小部敌人，已驱逐而占领之。今日我骑兵已向李厚集搜索前进，第二团向店于集前进。又据李旅长报告，柘城城内之敌，昨由东门向我反攻，又有西来敌骑数十名，绕袭第六团背后，均经击退。刻正努力攻城，并以优势炮火，向城轰击等语。

又据郝师长报称：

（1）据报，敌人沿翟桥、朱口、李中口、盆窑一带河流之线，占领阵地，以阻止我军南进。又济渎池、坝台岗、黑里寺、沙河集、张楼、大门里等处，亦各有敌人数百名。

（2）我骑兵团今早五时，正与济渎池附近之敌激战，俟将该敌驱逐后，即向沙河集、店子集分进。

（3）我贾旅刻正向关庄集、双庙集、李中口一带之敌猛攻。

（4）我谷团以主力占据李滩店，以一部占据张桥各地区，藉护贾旅右侧之安全等语。

八月三日，据上官军长报称：顷据郝师长报称：

（1）职骑兵团今早七时，将济渎敌击退后，即乘胜尾追，敌复至沙河集抵抗，当令第二团由双庙、朱庄渡河，协助骑兵团，向该敌猛攻，敌因死伤甚众，弃寨败退。我军先后即将沙河集、店子集完全占领。

（2）职部师部，明早拟进至李中口，骑兵团即向郑寨一带搜索前进。第一、二两团，分向朱口、黑里寺攻击前进。

八月四日，据郝师长报称：据派赴淮阳送信之官长称：至李原集六七里之王庄，见有敌之大部队，向东运动，与捕获敌侦所称略同。似有由柘城绕袭我后方，并解柘围之模样等语。

七、逆敌并力迂回第二次猛攻期

八月五日，据上官师报称：顷据郝师长报称：据确报孙殿英部之第六师，兵力约八营，分南北两路，已由王寨出发，其南路军昨晚在阎集、周庄、李楼等处宿营，其北路军在店子集、袁楼一带宿营，似有解柘城之围模样。又据骑兵团报称：远厢集南五六里处，发现孙殿英部约一团，其行进方向不明等语。据此，职以我出击部队兵力未厚，遭遇优势之逆敌，恐有不测，且远厢集发现逆军其企图似袭我后方，倘冒险前进，未见得计。且基总座命令，举行小规模之出击等因。故独断下令，暂在现在地，取攻势防御，待命行动。

八月六日，据上官师长报称：

（一）今（六）日晨一时，冯军约一旅兵力进大郭，即分向黄岗、戴口前进。现黄岗已被敌人占领，其先头部队，已与职师第四团前进部队接触，有无续进部队，尚待侦察。

（二）据派赴侯家之民探报称：由大郭行至侯家，被敌拿获，解至罗楼，敌旅长向彼询问我方情形，被答以大郭以西队伍极多。又询彼张弓集方向，窥其意，似有向该处前进之意图。

（三）据郝师长报称：孙连仲、刘兆祥师、高树勋师及某师与柘城之敌，约三师二团之众，于今早二时，向李旅围攻，激战十余次之多，敌我均伤亡甚伙，闻该敌系奉令会攻归德，孙殿英部刻已占领梁楼一带，亦拟向归德东进，职已饬该旅转移于勒马集、袁楼之线，构筑工事，拒止该敌前进。又据骑兵团报称：昨日午后二时，远厢集南三里许、志君堂、小李庄、杜庄一带，到有敌军一团及骑兵数十名，正向东运动，似有绕击李旅左右之企图。本日上午七时，距戴口南二里许金桥，到有敌军骑兵二连，刻正向戴口西南两方围攻中。又慈圣集亦到有敌之大部队等语。

（四）逆军以大部队绕攻左翼，其目的显在归德，当令第九军之五十四师，先后占领郭楼、华宝寨、小黄庄、戚庄之线，如要图第四。确实防守，阻其向东北侵入，并电报总座，请示办法。

八月七日，接上官师长报称：敌昨以一部向五十五师贾、王两旅进攻，势极凶猛，而其大部乘机已经远庙集、勒马集，向东运动。

八月八日，敌军继续猛攻，幸我严防，卒未得逞。接上官军长下午一时报告称：

（一）职师昨晚，由各团选派奋勇队，自阵前向当面之敌袭击，因逆军阵地坚固，未克奏功。刻职决由五十四师左翼，向敌阵线后抄击，已向该奋勇队宣言，成功之后，与以重赏，预为鼓励。

（二）顷据郝副军长报称：

（1）职师王旅正面之敌，为田春芳部，自虞日起，迭向该旅右翼之郭楼、董庄等处猛攻，经第三团官兵奋不顾生、拚死抵御，斩获甚众，敌始退守原线与我相峙。该旅受伤营长李赞斌一员，其余官兵百余名。

（2）贾旅正面之敌，为孙殿英部，近两日不论昼夜，时向该旅阵线猛攻。经我官兵沉着发射，毙敌无算，今晨始较稀薄。

（3）李旅正面之敌为高树勋，虞齐两日，屡以主力绕攻该旅左侧，后经我五、六两团官兵竭力抵御，在吴越营袁楼一带，将敌一部包围，血战竟日，肉搏十余次，当时计毙敌五百余人，俘敌百余名，获敌迫击炮三门，机枪两架，步枪五百余支。该旅六团阵亡营长佟云升一员，受伤连排长三十余员，士兵数百名。以损失过巨，昨夜增加兵力，复向该旅阵线反攻，战斗极为猛烈。嗣因我骑兵绕攻敌之右侧后，始将该敌击退，刻仍在原线对战中。

陇海正面敌军，其主力已向我左翼移动，其兵力自然单薄，故数日以来，正面殊为安静。惟八日，第五师方面，稍有战事，其经过据胡副师长报称：逆敌于今（六）日午前二时，率大部猛扑我柳园、互曹河至华陀庙之阵地，曹河之敌，约有步兵一园〔团〕，并以优势炮火，集中射击。战至天明，卒将敌击退，死伤在铁网前者约二百余名，拾获手提机关枪十余挺，步枪六十支。斯役，毙敌数百名，我方官兵受炮火炸伤者颇多等语。

八月九日，逆敌大部东窜，商丘告危。奉到总座命令，略开：

本军以歼灭陵宁南方之敌之目的，编左翼队第二师（欠第四旅）、独立第二旅、第四十五师之蔡徐两团，归顾总指挥统率，右翼队第七师、第三师、第四旅、第五十师，归上总指挥统率，于十日拂晓，主力由临河店、青岗寺之线，以一部由高辛集、十字沙之线，包围敌人于惠济河以东地区，而歼灭之。

逆军自东进后，恐我军向西出击，或抽兵力阻止。故正面防区敌军，连日佯攻，幸因防备巩固，未能得逞。第六师防区，于九日早，敌以优势之炮火，集中射击，殊为猛烈，继而步兵跃进四面围攻，为免损害计，决心暂将阎庄、王老家、黄菜园之前进阵地放弃，敌跟踪至主阵地，前因火网构成得法，工事不易毁坏，故未能进入一步，终亦负重大损失而退。是役，我军伤亡官长计四十员，士兵三百三十余名。

第二十三师防区，是晚，敌炮交集，而董庄、褚庙两处为尤甚。一时许，敌派步兵两连，以马刀队为前导，同时冲锋进至我阵地，各兵多用贮满麦草之麻布袋掩护，一面以步枪手榴弹，向我猛攻，一面以马刀毁坏铁丝网十余尺，经我军合理的夜间射击，敌虽至达阵前甚近之处，终被杀伤殆尽。九日拂晓，敌将伤亡之官兵，陆续搬运，然犹遗弃死尸百余。且于我阵地铁丝网附近，获步枪六十余支，手榴弹五百余发，手提枪十余架。是役，伤营长两员，连排长各一员，士兵四十名。

是日，据报得悉，此次东进逆敌为第四师葛云龙部、第六师吉鸿昌部、第二十五师田春芳部、第九师孙连仲、新编第一师及孙殿英之一部，总指挥宋哲元，驻小吴集。当时逆军以大部兵力绕我左侧，不独归德告危，即陇海全线，形将摇动。

八、战略变更阵地之缩短

八月十日，奉到总座电谕：逆军以大部迂回我左侧背，归德甚危，陇海左翼军为节省兵力，坚固守备计，宜速将战线缩短，确实占领睢州、南关至临河店之线为要。等因。当即转令各师着派工兵营指挥民伕，将下列担任地区内，星夜构筑工事，限于十日晚完竣为要。工资准予报销。各师担任地区如下：

（一）第十五军自睢县南关至马旗营。

（二）第五十二师自马旗营以东至满庄。

（三）第五师自满庄至姜庄。

（四）第四十七师自姜庄至临河店。

现虽令构筑工事，颇冀友军包围成功，俾我军毋庸缩短战线，既可得不少之利益，复便于尔后出击，故决心将万不得已决不放弃现阵地。为此，由八师抽编奋勇队五百名，归郝师长指挥，希图阻敌北进。

八月十一日，我右左两翼队之包围，未能如意。逆军以防御之姿势，拒右左两翼西进，其主力约三师之众，猛攻郝师，企图进占宁陵。郝师战线频呈险状。十一日，逆敌攻击更猛，我郝师自柘城之役被围攻后，其李旅兵力已受巨大损失。数日来敌复以优势之兵力，继续突击，损失更大。十一日上午十时，张公集被围，继而史集被围，郝师阵线渐被突破。然而郝师长犹死守史集，待援反攻。当时左翼各师，所有预备队，业经用尽。

逆袭已无可能，遂遵总座意图，于晚三时下令，将左翼各军阵地变换，由睢州至临河店之线，命令如下：

（一）敌情如贵官所知。

（二）左翼军以缩短战线，便于出击之目的，拟于十一日变换睢县以左之阵地，移至三里屯、叶其屯、马其营、汤庄、张水寨、临河店之线，占领阵地。

（三）移动时间及次序：

（1）大行李及炮兵，十一月午后四时起撤退。

（2）步兵十一日午后九时起撤退，如下表。

（3）阵地收容部队，从十一日午后十时撤起，其撤退时间之先后，按下表类推，总以距离远者，经过时协同动作。

	撤　　退　　经　　过
第九军	韩楼至李汴集之部队，十一日午后九时。
	李汴集至张弓集之部队，十二日午前一时。张弓集至史集之部队，十二日午前一时。
第十五军	河阳集以北部队，十二日午前二时。
第八师	平岗以北至于张庙之部队，十一日午后十一时。于张庙以北部队，十一日午后十二时。
第五十二师	金楼至河阳集之部队，十二日午前一时。

（四）各军师撤退道路：

（1）第九军47D经河堤岭、马官集之道，54D经张弓集之道。

（2）第八师经马路口、周堂之道。

（3）第五十二师（欠一旅）经白庙、曹其屯之道。

（4）第十五军经蔡桥、石屯之道。

（五）各军师占领阵地之区域：

（1）第十五军在睢县，以左者占领三里屯至马其营阵地（含马其营）。

（2）第五十二师占领自马其营以东至汤庄阵地（含汤庄）。

（3）第八师占领自汤庄以东至姜庄阵地（含姜庄）。

（4）第五十四师占领自姜庄至临河店之阵地。

（5）第四十七师为总预备队，集结于宁陵附近。

（六）收容部队及收容阵地：

（1）各军师撤退时，每团留兵三分之一，固守原阵地，至规定时间撤退。

（2）河阳集、金楼、于张庙、平岗、刘老庄、邵楼、吉古城各据点，应归原占领之师，酌留部队固守，与各阵地收容部队同时撤退。

（3）石屯归第十五军，白庙归第五十二师，周堂归第八师，马官集、张弓集、史集、沟香集归第九军，酌留部队据守，为本军总收容阵地。俟阵地收容部队及据点，留守兵经过后，即行撤退。

（七）予在张静寨，移动后至金香寺。

十一黄昏，敌军东进部，已将我阵地数区突破，正面各师之敌，预料我军阵线必将变动，故屡试攻击，藉以牵制，撤退安全。下午十二时，我军开始撤退，至天明完全到达新阵地。此次撤退，因掩护部队配置得宜，敌虽欲猛追，未敢继踪跟进，故我军次序，意外整齐，全线阵几于同时占领。

八月十二日，新阵地兵力配置如要图第五。

九、逆敌第三次猛攻期

我军自占领完竣，逆敌即继至。第八师与四十七师交界之姜庄，因工事未竣，部队未及配置。晨七时，遂被敌进占，经我四十七师第二团在潘庄抵御，遂不得续进。下午四时，敌军渐次到达，据飞机报称：上午十时，见有敌军一师，经张弓集向姜庄前进，预料夜间，必有战事发生。是晚，四十七师方面，战事甚烈，毙敌数百，但姜庄以西尚未来犯。八月十三日，据飞机报告，河堤岭至白庙路上，敌军大部队向北纾进，据四十七师俘虏供称：逆敌预定今晚总攻，总司令部亦同来，逆敌今晚攻击之确报，当转令各师，严密守备。晚十二时，全线来犯，我军因事前预备，故敌曾数次冲突，皆归失败，阵前尸体满目，其损失之巨，已可见矣。惟五十二师防区之汤庄、林庄地方，因工事未能完竣，守备部队无所依据，经逆敌猛攻之下，死伤继出，火网遂渐疏漏，汤庄、林庄西端二百米附近之处，被敌突进，逆敌于午后十二时，将满林庄包围，守备约一营之兵力，全被消灭。十四日上午一时，遂被完全占领。当令毛、韩两师长，协力反攻，逆敌利用墙堤设枪眼以抵抗，炮兵之效未著，步兵虽进至村端，卒皆被杀伤殆尽。十四日拂晓，仍未克复，遂令守备队在该村北端监视逆敌，死守待援，不得后退一步。职以汤庄、林庄为阳驿铺门户，阳驿铺又为宁陵睢州、柳河交汇之要道，倘阳驿铺被敌占领，则大局受极大之影响。

总座曾密电谕：于必要时退守柳河、宁陵、临河店之线。但胜利非易，岂敢轻意放弃。因带随员两人，只身由金香寺赴阳驿铺督战。午前十时，到达阳驿铺，时枪声骤密，登寨望见我方士兵三伍后退，因令山炮二门，即在阳驿铺放列步兵一营，亦在当地散开，至死抵御。逆敌见我炮兵尚在，料必有步兵存在，因追出里余，旋即退去，未敢继续前进。先是见汤庄、林庄已无回复可能，即令五十二师、第八师派工兵一营，即在黄林小王庄、聂楼之线，构筑预备阵地，以便固守。十四日夜间，敌虽继续猛攻，终未得逞。阳驿铺寨内，迫炮落弹甚多，指挥部之前后，约有二十余发之多。幸砖墙抵御，破片未能侵入，死伤兵伕数名而已。是晚逆敌向上官云相之部猛攻，亦未得逞，徒负极大之损伤而已。逆敌连日攻击，皆归失败，其损失已不可计。且我军于津浦线上，节节胜利，克复济南之消息频传，逆自知力弱，归德已无窥占之可能。自十五日始，已不再攻，当时敌军兵力，未见优势，在此平原外线作战，未免危险，料必退却。据确报，知其确有退却之模样，当令我军严密监视，乘机进击。

十、第三次出击期

奉到总座十六日命令，略开：左翼军指挥第十一路军、第八师、第五十二师各部，以一部固守睢城，以主力协同右纵队向白楼、平岗、孙聚集之线，攻击前进等因。十七以后，逆军退却，渐次露骨。我右翼军以三分之一之主力，固守原有阵地，其余悉行攻击，以图于退却之机会，将其大部消灭。据上官师长报称：逆敌于十八日夜半，由瓦房刘溃逃，其大部均在吉古城、黄岗一带构筑工事。张弓集有敌之骑兵一团，似掩护退却者，其炮兵已狼狈撤退，等语。奉到总司令蒋十九午前十时命令：

一、被我左翼各军击破之逆敌，刻向杞县、太康方面溃退中。

二、我军应抽出有力之预备队，集结待命。

三、第十一路军自睢县及其以北接连第六师之防线，由第五十二师(附属第九师陈团及第五师之一团)接替移交后，即在睢县附近集结待命。

四、第九军应在宁陵南方集结待命。

五、第八师右翼，应与睢县之第五十二师连系，向西追击。

六、第七师在第八师之左，应与之连络，而行追击。

七、阵地之交替及军队之集结，限于今(十九)夜完毕。

八、予在柳河车站。

遵即令第十一路军在睢县集中待命。

十一、攻击准备期

八月二十一日，据俘虏供称：敌第二方面军司令部及孙逆良诚，均在杞县，敌炮兵于巧日，大部队于皓日均经李邵楼退向杞县、傅集、潮庄等处。又据土民云：逆敌后方在厚台集、平岗一带，孙聚集有敌军师部，其阵地则在雍楼、河阳集、大小郭金楼、袁窑、姚庄之线，刻正构筑工事。睢县以西之敌，尚在抗据。奉总司令本月十九日午前十时命令，各师新位置如左，如附图六。

(一)第八师：

1．第二十二旅位置于白井北端，亘刘庄、朱楼至白庙之线，以第四十三团之两营，控置马桥、吴庄，为预备队。

2．第二十四旅右翼，接第五十二师，位置于睢县城南关王花园、袁坟、蒋坟、李庄一带，其警戒线在梁园、平楼、焦庄及雍楼、王庄之线。以第四十七团控制刘楼、韩庄，为预备队。

3．炮兵营位置于王其屯、周庄附近。

4．师部及直属部队，在马旗营附近。

(二)第五十二师(欠一旅、附第九师之第五十二团及第五师之第二十团)：

1．第五师第二十八团右翼，接第六师担任万楼、李庄(含)南端之线。

2．第九师第五十二团，担任莲池，董园（含）南端之线。

3．第一团担任睢县西关及西南角野堡（含）之线。

4．第三团（缺一营）担任睢城西南关之线。

5．第五团担任西园及南关至县城外，东南角之线。

6．第二团担任睢县城内。

7．炮兵营（欠一连）第三连（山炮），位置马头附近。第二连（山炮）位置于西关内。

8．师部及直属部队在睢县城内。

八月二十二日，据报三里屯、蔡桥大郭之线，逆部正在构筑工事，并于河阳集附近，征集材料，忙于工作。又敌之便衣队，则在杨楼附近及白庙以西之包刘出发。奉总司令来电开：

1．被我击溃之敌，现在孙聚集、柳河集南北之线，构筑工事中。

2．我八师现在白庙附近，中央纵队在河堤岭附近，左纵队在小吴集、慈圣集、牛斗集之线。

3．如情况所许可，我阵地可直取睢县、汤庙、仲兴集、六六湾、唆桥、白桥、柳河集、顺李滩店之线，构筑工事。

4．第八师左翼至白庙为止，中央队左翼至白楼为止，白楼（不含）以南归右纵队。

5．第一师为总预备队，位置临河店附近。此令。等因。奉此。除转王总指挥均外，合行转达该师长遵照为要。等因。当即转令各师遵照。

八月二十三日，敌在河阳集以东雍楼、杨楼、大小郭、袁窑、姚庄一带拉夫，构筑工事中。又平岗之逆骑兵，退往台寨。又前经平岗退却之逆军，系第一、第四、第十一等师，本日午后，第二十二旅派出之搜索队，向惠济河两岸搜索，行至河西岸之刘庄，见敌兵一连，由颖桥出村东进，向我追击，比经我搜索队拒止，小战约四十分钟，敌亦未进，盖该敌系由赵司附近渡河，搜索我阵地前方，而绕至颖桥者。

八月二十四日，据我二十二旅派出之侦探回报，本日经河西岸经夏楼、刘庄、杨庄、林庄、李桥等处，均无敌踪。并闻徐庄之敌，于二十二晚退至六阵集，构筑工事。第五十二师派兵一部，分向康河、周庄，用威力向敌侦察，至五里屯附近，发现敌骑兵十余名，徒步与我对抗，被我军用威力驱逐，敌向香张退却。香张、傅楼、八里屯均有敌兵，其大部队似在陆屯集。

八月二十五日，据探报：

1．敌之重兵在河阳集、马盆、杨楼、雍港、六陈一带，徐庄(蔡桥西南)、董六(蔡桥东南)均有其前进部队。

2．河阳集以北为敌之庞炳勋所部，河阳以南为敌之孙良诚所部。

3．徐庄确驻敌兵一营，雍楼(在徐庄西三里)一连，罗通寨(在徐庄北约一里)驻敌兵力不详，八里屯及香查一带，均有敌之前进哨。

4．贾庄大郭，有敌兵不多，田胖一道流枣园等处，均无敌人。

5．孙聚集有冯军大队，又有二三百人住在刘窑。

6．据由厚台集回枣园之土民称：我由厚台集回来，在张桥西面，遇见冯军大炮队约三四百人，大炮十多尊，向西退走。

八月二十六日，据五十二师俘虏供称：敌第五师师长系冯逆法武，第十三旅旅部驻刘吉屯，该旅第一团驻八里屯附近，第二团驻童庙，其前进部队在王楼、刘庄等处。又牛王套、黄吉屯、谢庄、童庙等处，均有铁丝网等坚固工事。惟河水均可徒涉。

八月二十九日，据毛师长感日报称：冯逆部第三师在河阳集，约千数百人，在小郭、贾庄两处，各有三四百人及轻重迫击炮共十一门。又据韩副师长艳日报称：据俘虏供称：孙逆楚之部有两师，已于感日撤退，由冯逆派少数兵接防，杨逆效忠之一部，定三十日撤退。又由袁窑逃归土民称：自俭日下午至艳日上午，突来逆军甚多，系孙殿英及樊钟秀两部，口称定三十日反攻，又金楼驻冯军一团，孙逆驻孙聚集，兵力未详。各庄均有逆哨兵，其面的队伍，闻退窜开封者很多。

奉总司令俭申电开：据各方探报：在我正面之逆军，确已乘机撤退，至第二阵地缩短战线，再与我军抵抗之计划。我全军将士，当利用逆军撤退之良机，不论昼夜，刻刻注意，勿使逃逸，乘胜穷追，以期一劳永逸也。故自本月廿九日起，须每晚十时以后，挑选队伍，每师约用五分之一兵力，向敌阵攻击，至次晨拂晓为止，勿使逆军乘机撤退。如发见逆军有撤退模样，各师长即应用二分之一兵力穷追，勿使之有逃逸暇豫。但一面须严防其反攻，故须二分之一兵力为总预备队，即由各师长率随其追击部队跟进为要。每大部队出击时，如能擒获逆军官兵一名者，准赏洋一十元。而于左翼白楼、顺河集、李滩店一带，应格外用意，逆军主力由该方面出击，该第二师、第三师与第五十师总预备队，应特别夜巡，务必以总兵力六分之四以上为预备队，以防逆军逆袭也。此令。

八月三十一日，奉到总司令训令：陇海路各军，于九月□日向当面之敌相机出击，压迫敌人于芸杞以西地区，使平汉路军进攻容易，以收夹攻歼灭之效。等因。当经转令所属如下：

（一） 1．我当面敌情如贵官所知，在龙塘岗以北逆军，已退至内黄以西，我第九师已追击至野鸡岗附近。

2．本军以扑灭该敌之目的，敌退却时，即行追击，应时保持接触，不使其占领阵地或乘机远窜，务求其主力，相机歼灭之。

3．第八师于敌退却时，以该师三分之二兵力，固守现阵地。以三分之一兵力，向当面之敌跟踪追击。左翼第七师确取连络。

4．第五十二师（欠一旅）于敌退却时，以该师三分之二兵力，固守阵地。以三分之一兵力，向当面之敌跟踪追击。左翼与第六师确取连络。

5．各师追击区域分界于左：

第五十二师
第　八　师
三里屯—刘寨—西陵集—霍寨—查楼—杨庄之线，线上属第八师。

（二）奉总司令世辰电开：第九师之五十二团及五十师之一营，着即归还该师建制，并请转饬韩代师长知照。为要。

九月一日，我第八师于世晚子刻，向河阳集攻击，已进至夏楼、信堂、刘楼之线，嗣因敌军增援前进，渐次困难，于当地对峙。

九月二日，得悉叶师当面之敌，系宋哲元指挥之周云胜第三十八师，其主力在榆厢铺、西陵集一带；孟油坊、三空桥、金楼、刘庄一带，亦均有敌人盘踞。

毛师当面之敌，系庞逆炳勋之第五师、第二师等，其主力在长岗集、范洼集一带，五里屯、香查、蔡桥、大郭、金楼、李邵楼，各有一部占领。

奉总司令命令，暂归第十二师指挥之第五师第二十八团及第九师第五十二团，着即归还建制。等因。当即令第八师派兵一团，接替由睢县城西关至小南关之第五十二师部队防务，第五十二师派兵两团接替由孙楼至马头之第二十八团、第五十二团防务，接替时间，应于今（二）日午后一时完毕。

第八师四十三团唐营，向阳河追击，在大小郭庄与敌对峙中。

十二、攻击前进期

九月三日，河阳集原阵地之敌，仍与我军对峙中，但数日来，逆敌无积极之举动，并据各方情报，似有退却之准备。基总座八月三十一日之命令，颁定左翼作战计划如下：

一般情况：

（甲）陇海路逆敌，自龙塘岗以北、现已退至内黄以西，其余在龙王庙方庄寨——马头集——河阳集——孙聚集——于张庙——柳河集至朱口之线，现尚负隅。

（乙）综合各情报，我军当面之敌，赵堂以北为宋逆哲元指挥之第三十八周云胜师，以南为庞逆炳勋所兼之第五师，并第二师。又孟油房——赵堂——三里庄——蒋楼——刘庄——香查——蔡桥——杨楼——大郭一带，均有敌据守。

其一、方针：

本军有协同各友军，以歼灭冯逆军主力之目的，向当面之敌猛烈攻击，以系留之，使我平汉路军由平汉路东西地区，施行包围，遮断其退路。同时本军协同友军压迫逆军于陈留、通许一带，一举而歼灭之。

其二、指导要领：

1．就原阵地向当面之敌猛烈攻击，抑留敌人兵力，使不能向平汉路移转，使我平汉路军进展容易。

2．我平汉路进至预期各相当地点，本协同友军，即断然出击，将敌阵线突破，若敌退却时，应跟踪追击，不使敌得占领阵地，或乘机远窜。

3．攻击奏功后，本军直向通许——司马庄——陈庄一带，跟踪追击，协同友军，务歼灭逆敌之主力。

其三、追击部署：

4．第八师除以一团为总预备队，控置于睢县附近外，派主力经五里屯——马头集——申明厂——苏木岗——黄材——火青岗——向司马庄追击前进。为进至申明厂后，西陵集之敌，尚未击退时，应派一部，协同第五十二师，由妮方李集攻击西陵集之侧背，以有力之一部，经阳庙——楚柏岗——魏庄——皮集——霍庄——练城，向陈村追击前进。左翼与第二总预备队确取连络。

5．第五十二师（欠一旅）派主力经段其屯——榆厢铺——三奶奶庙——高阳集向通许追击前进。右翼与中央军第六师确取连络。

其四、各师作战地境：

中央军

五里庙——孙楼——榆厢铺——三奶奶庙——高阳集——长智集——通许，线上属第五十二师。

第五十二师

睢县南关——袁双楼——刘寨——姬方李集——何屯——白屯——宋庄——小于庄，线上属第八师。

第八师

马官集——白庙——长岗集——施寨——陈集——底阁镇，线上属第二总预备队。

第二总预备队

6．关于通信、卫生、补给诸项，另有命令。

7．前进时，兵站线为小扒车站、宁陵、阳驿铺、睢县、西陵集至槐岗之线。

8．野战病院于攻击时，进至睢县开设。

9．攻击日期，另行规定。

10．予在帝邱店，攻击时进至睢县城。嗣后，依战况之进展前进。

九月四日，据第五十二师报称：香张、郭屯、秦店、西陵寺、陶林岗、杞县，均有敌之队部据守，一、二连或一营不等。郭屯则筑有高胸墙，埋布地雷，外壕宽约三米达。杞县以东，则逐日稍有进展，阵地配备要图。

九月五日，第五十二师及第八师向前推进，位置如附呈之要图七。

九月六日，我军仍行攻击，逆敌兵力未见稍减，不能发现退却之破绽。

九月七日，第八师当面之在大郭庄之敌，已向河阳集撤退，大郭庄已被我军占领。又第八师派一部于下午三时，向蒋楼、黄庄，威力搜索，敌被我压迫退至万店。我方即占领蒋楼、黄村，嗣继续向万店搜索前进，至杨庄、万店间，与敌遭遇，经我军猛烈攻击，敌始溃退，现该部占领孟庄、蒋楼，与敌对峙中。

奉到总司令六日午后一时归德车站命令如下：

一、陇海正面之逆敌石友三部，已渡河潜遁，其余各逆军主力，亦正续向西撤退中。我平汉线军各纵队，已于四五两日，各向预定目标出动。第一纵队已攻占双陵岗之线，一部包围西华城。

二、我陇海路各军，以乘机廓清当面之敌，再协同平汉线军并力进展之目的，务于七日准备完竣，八日拂晓，开始全线总攻。

三、各军第一期之进展如下：

1．右翼军及第一总预备队：考城——红庙——兰封——古寨间，其一部须即日向东明附近准备渡河。

2．中央突破军及中央军：古寨以南——柿园间地区。

3．左翼军及第二总预备队：槐岗——长岗——湖庄间。

四、第二炮兵集团及各师属炮兵，均须于七日进入阵地完毕，八日拂晓，同时开始炮击，以协助中央突破军之前进。

五、铁甲车队于攻击期间，归中央突破军之指挥。

六、航空队主力，协同中央突破军攻击当面之敌。

七、予在归德车站。当即转令各师遵照。

九月八日，我军续行攻击，毛师进据义花楼、马楼及河阳集之线，另派一部在马楼及河阳集之前，向敌搜索中。叶师现进据赵堂集、余楼之线。

据报退据罗阳寨、瓦吉屯、尚屯集、高庄寨、危洼集之线之敌，在各该处构有坚固阵地。

九月九日，我军继续攻击，敌顽强抵抗，未能攻下，截至今日，敌我位置变动如要图八。

九月十日，我军于上午二时，攻击至拂晓、五十二师占领孟油房、赵堂。第八师向范洼集、石坑、王庙等处，均因工事坚固，未能克复。

九月十一日，第八师四十七团，于本日下午二时起，向刘吉屯之敌猛攻，激战三小时，将敌击破，并占领刘吉屯，刻续向海寨进激。又四十三团与范洼集之敌激战，卒因敌工事坚固，未能攻下。第五十二师自本日下午二时起，派第一、三、五各团之一部，向袁塘、三空桥、假其屯之敌猛攻，敌顽强抵抗，并有敌一部反攻我田庄，当将击退，现尚继续攻击中。

九月十二日，第八师向旅四十三、四十五团，已于昨夜二时，将楚白冈、石砚、王庙、施老家之敌驱逐，向范洼集攻击，以阵地坚固，再三突击，敌仍顽抗，及天明，始占领白岗、红庄之线。陶旅四十六团，于昨晚亦将马头集附近之姚寨、武堂集之敌，攻击而占领之。第五十二师派一、三、五各团之一部，向当面之敌攻击，于上午一时，到达突击准位置，并预将机关枪占领阵地，各派一部为突击队，直趋敌阵地，猛烈突击。我炮兵亦同时用炮火向各该庄之敌集中射击。惟敌正面侧面，均有强固工事，各村庄间皆有外壕及交通壕，布置周密，虽冲锋数次，均未奏效，现在猛攻中。

九月十三日，第八师四十四团，午后三时，将厚台岗之敌驱逐占领之。又四十六团于午后三时，进占姚寨。第五十二师第二团于午前三时占领袁楼。及假其屯之敌，向我反攻，激战至拂晓，敌不得逞，毙敌数十名，营长卢震欧负伤。

九月十四日，第八师四十七团，于昨午后向方楼、方庄、吴庄、小郭庄、傅阁、王庄之敌攻击，占领该地后，即对凹刘、范洼集进迫。十八团以一部由吴庄、一部由傅集、田庄，于本日午前一时，河东之敌进攻，激战约二小时，敌势不支，向尚屯集溃退。随经驻刘吉屯及左保之一部，协同河东部队，于午前三时继续攻击尚屯集，激战数小时，始击溃该处之敌，确实占领尚屯集，第五十二师于昨应派兵继续向正面之敌攻击，无进展。至拂晓后，撤回原阵地。攻击进展，如要图九。

九月十五日，敌军仍固守假吉屯、姚吉屯、马头集、刘庄寨、凹流、郭庄、长岗集、王珩、瓦岗、围镇之线，我军攻击结果，无甚进展。

九月十六日，据俘虏供称：长岗集至瓦岗集，均系敌第二方面军第一师梁冠英部，部驻苟卧岗，昨晚奉令集结杞县西南楮皮岗，闻拟开至平汉线，其接我师防务者，为第六师等语。

第八师本日午前二时，四十五团、四十三团各以一部并附炮兵一连，向赵庄、北赵、中赵、南赵之敌攻击。凭村强抗，激战约二小时，敌退据长岗集，即将中赵、南赵确实占领。同时，我四十四〔团〕亦占领大小姬。刻四十六团以一部向当面石砚庙、孙楼之敌攻击，激战二小时，将敌击退，于本日上午三时，占领石砚庙、孙楼。

九月十七日，第八师四十六、四十七两团，于十六日午前一时，各派一部向范洼集东、北、南三面包围，敌并由刘庄寨、漫孙方面，增兵来援，以炮兵向我猛击。迨至黄昏，我仍继续派兵向范洼集西门包围前进，敌军心慌乱，遂由地道通漫孙之交通壕，向后逃窜。于午后十一时许，范洼集为我占领，乘胜复占领漫孙。若王城敌乃向刘庄寨、王寨退却。

九月十八日，第八师四十七团，以一部攻击孟桥，敌与我对抗卅分钟，即向郭村退去，遂将孟桥占领。四十五团占领相庄。第五十二师之第一团，今日丑刻，占领袁塘。

九月十九、二十日，本军攻击进展区域及当面敌之位置，如附图十。

九月二十一日，奉谕：向当面敌举行猛烈攻击，遵即转令各师知照。哿、马两晚，继续向三孔桥、假其屯、袁义楼、姚其屯、长岗集、瓦岗之敌炮击，并派步兵潜入，因敌拚死不退，而未奏功。综合各种情形，知敌炮兵行李及伤兵等，均向杞县撤退，除饬各师继续攻击外，并准备追击之。

十三、追击期

九月二十二日，判断情况，逆敌于数日之间，必将退却，因下令毛、韩两师如下：

1．陇海、平汉两路情形，如迭次通报所记载，本军当面敌情，如贵官所知。

2．本军有协同各友军，继续攻击当面敌人之任务敌之主力而歼灭之。

3．第八师以主力经马头集——申明厅——徐庄、邢口，向白屯追击前进，并派有力一部，经长岗佳——傅集向郭庄追击前进。左翼与第五十师确取连络。

4．第五十二师（欠一旅），以主力经榆厢铺、陈寨、三奶奶庙，向老葛村追击前进。右翼与第六师确取连络。

5．各师追击区域分界如下：

第　六　师
〉五里庙——孙楼——榆厢铺——陈寨——三奶奶庙——五里河之线，线上属第五十二师。
第五十二师
〉五里屯——寨庄——孟庄——马楼之线，线上属第八师。
第　八　师

6．本军各师于追击时，应注意之事件：

a．炮兵于追击开始前，务伸长其射程，以压倒敌之主力。

b．步兵于追击中，务取包围敌人之姿势。

c．各部如遇敌人占据一点，抵抗时须互相策应，协同而击破之。

d．各师追击目标，于规定范围内，得依进展之便利，可自行选择之。

7．关于通信、卫生、补充给养诸项，另有命令。

8．予在睢县。

九月二十三日养晚九时，本军全线向敌猛攻，梗日午前二时，第八师将马头集、长岗集、瓦岗一带敌阵地占领，遂分两路，一经马头集、申明厅、邢口向白屯，一经长岗集、集傅集向郭庄追击前进。

未刻，陶旅进至邢口，一部占领小何寨，与槐岗之敌对峙中。向旅进抵傅集，一部向郭庄前进中。第五十二师先将三孔桥、段其屯、袁义楼敌阵地占领，亦分两路，一经方庄寨、西陵集、向槐岗，一经榆厢铺、陈寨向葛老庄追击前进。至梗日午刻，占领桃林岗附近、夏寨、大魏店之线，敌被我击退后，即在十里铺、丁楼、西桃林岗、三奶奶庙以至吕建村一带，占领阵地，仍试抵抗。

九月二十四日，当面之敌占领田陈寨、钱屯、查寨、槐树冈、十里铺、桃林岗、查楼、槐岗、桃屯、苏木岗、马庄、林寨之线之新阵地，仍有阻我之前进能力。奉总司令敬申命令，各部即在现地占领阵地，构筑工事，整理战线，与友军确取连络，防敌反攻为要。并规定与第七纵队作战地境为：郭庄、荆岗以东归左翼军，郭庄、荆岗(含有)以西归第七纵队等因。遵即转令所属如下：

1．本军当面敌情，如贵官所知。

2．本军有歼灭该敌之目的，占领郭寨、桃林岗、郭楼、杨庄之线，相机攻击。

3．第八师即在桃林岗、郭楼、邢口、杨庄之线，占领阵地，相机出击。左翼与第五十师确取连络。

4．第五十二师(欠一旅)在郭寨、伯牛岗、李岗至徐岗之线，占领阵地，相机出击。右翼与第五师确取连络。

5．各师作战地区分界如下：

第五十二师、第八师：睢县——榆厢铺——小河铺——十里铺之大道，道上属第五十二师。

6．兵站线各由睢县延伸至榆厢铺、小河铺之线。

7．野战医院仍在睢县开设。

8．余在方庄寨。

奉总司令梗未命令及梗戌参电开：贺坑以南，归左翼军接防，于二十四日上午以前，交替完毕。第六师抽编为第九纵队，向长葛以东地区集结待命。等因。惟因即令利用黄昏，接替第八师。

陶旅兼任第五十二师之桃林岗、郭楼一带阵地。第五十二师俟陶旅接替毕，即行接替第六师之郭寨、伯牛岗、李岗、徐岗一带阵地，于二十五日上午四时三十分接替完毕。当时我军位置，如要图十一。

九月二十六日，程寨、丁庄、郭庄、陈寨一带敌之前进阵地，令第八师之向旅派兵驱逐，并占领之。杞县、陈留之敌，各雇多数民夫，掘构阵地，并位置柳条。

九月二十七日，奉总司令宥午电话谕：陇海正面各军，应即派队进袭当面之敌。等因。遵饬各师各派一部，向南陈寨、孟岗、李岗、桃屯一带之敌，乘夜进袭。并令炮兵向该敌轰击，敌凭村沿工事，初不稍动，迨我部队接近，始以猛烈枪火及手榴弹，向我抵抗。经我官兵奋勇攻击，敌势不支，向查楼、吴姬陈溃退。遂于二十七日午前二时，我第五十二师第二团，占领孟岗，第一团占领李岗。据土民称：敌之大炮及重迫击炮，于二十七日午前四时，由槐岗退矣。

九月二十八日，第八师之第四十八团，感晚十时，向敌袭击，占领程寨。至二十八日拂晓，敌忽用机关枪、轻迫击炮，猛行迫攻，激战约二小时，被我击退，并乘胜夺取薛庄。该敌系向西桃林岗逃窜。奉总司令俭巳电令，敌军今日向后退却，我陇海正面各军，艳日起向敌猛烈攻击，不稍犹豫。予在石象镇，督率各部前进。各军定明（廿九）日早五时起，开始攻击，奏效后，左翼军进展地区，右翼与中央军连系。左翼在槐岗、通许县以北地区。等因。

九月二十九日，我军遵令攻击，敌仍死力抵抗，是日无甚进展。

九月三十日，奉总司令卅午电开：我陇海路各军追击目标，今日预定：左翼军通许至陈留间，中央军陈留以北至招讨营间，右翼军招讨营、黄河堤岸间。明日预定：左翼军芦馆至老饭店以南，中央军老饭店至开封以南，右翼军开封至黄河堤岸间。至于各师追击目标，由各该军妥自分配，以期全线整齐，仰即遵照。等因。即转令各师如下：

1．敌情如贵官所知。

2．本军有协同各友军歼灭该敌之目的，于攻击奏效后，应即向新庄、陈留城、赵钱庄、小城集一带，追击前进。

3．第八师在十里铺、杞县城、玉皇庙、晁村集、大营、马庄以南地区，左翼与五十师连系，向克庄、老潘乌梅井、小城集一带，追击前进。

4．第五十二师（欠一旅）在十里铺、杞县城、玉皇庙、晁村集、大营、马庄以北地区，与第五师连系，向新庄、陈留城、知庄一带，追击前进。

5．该两师追击地区之分界为：十里铺、杞县城、玉皇庙、晁村集、大营、辛口、知庄之线，线上属第五十二师。

6．予在方庄寨。嗣后随追击进展之情形前进。

本日丑刻，遂将查寨、十里铺、丁楼、三奶奶庙、槐岗、苏木岗一带敌之阵地，完全占领。杨逆耀芳师及岳相如一部，与庞逆炳勋师、张逆自忠师、并葛云龙一部，均向陈留附近撤退，预筑有强固工事。此时，通许之敌，尚盘踞中。我军跟踪追击，辰刻克复杞县。至晚，第五十二师进至六里庄、油坊寨、李楼之线，第八师进至李庄、陡墙集、东李道岗之线。

十月一日，命令各师如下：

1．综合各情报，逆敌自黄河岸经陈留东南五里地区至朱仙镇，已筑有工事，刻正增强中，仍有占据该一带阵地拒抗之势。

2．本军拟先歼灭三里堡、八里庙、石槽、老潘王府寨一带之敌后，应即遵照总司令卅午电所规定之目标，追击前进。

3．第八师应于一日拂晓，将马寨槽、老潘王府寨一带之敌击破后，即向朱仙镇（含）至芦馆间，追击前进。右翼与第五十二师确取连络。

4．第五十二师（欠一旅）应于一日拂晓，将三里堡、八里庙、黄龙店一带之敌击破后，即向老饭店至朱仙镇(不含)之间，追击前进。

5．野战病院在杞县城内开设。

6．予在杞县城。

第八师占领东西常乌梅井之线，与在石槽、老潘王府寨一带之敌激战中。第五十二师占领韩凹、刘楼、十里铺之线，与在三里堡、贾寨、黄龙庙一带之敌对战中。并已将杨庄、八里庄、七里庙、五里庙占领。

十月二日，奉总司令电令，我陇海路军，连日追击，进展地境，各军难免发生错综，兹将进展地境及目标，重行规定如下：

1．右翼军铁路以北向开封。

2．中央军右翼与右翼军连系，左翼经赤苍、龙王庙，向开封韩庄间。

3．左翼军、右翼与中央军连系，左翼由朱仙镇以东，经后沙店，向韩庄、中牟间。

4．第七纵队右翼与左翼军连系，左翼由韩石、郭庄向中牟及其以西地区。仰各遵照。等因。遵即转令各师如下：

一、敌情如贵官所知。

二、本军有向韩庄、中牟间，追击该敌之任务。

三、第八师于明(三)日拂晓，由现地经万龙岗——黄窑寺——小店王——孙楼——后沙店——赵庄，向大马寨、中牟(含)一带，追击前进。

四、第五十二师（欠一旅）于明（三）日拂晓，由现地经赤苍——大砚头——老饭店——邱寨——翟庄向韩庄、大马寨（含）一带，追击前进。右翼与中央军确取连络。

五、该各师于明(三)日，应追过沙湖、刘扇子、李赵店、金镒李之线后，宿营在樊庙、大潦尹寨、后长冈之线，布置警戒(黄岗以北属第五十二师，黄岗(含)以南属第八师)。是日，毛师经万龙岗、小店王、后沙店，向大马寨、中牟间，叶师经赤苍老饭店、邱寨，向韩庄大马寨间，追击前进。

十月三日，总指挥陈调元午后十时训令略开：本军编为第十纵队，指挥第八师、第五十二师两师，在中牟东方集合，协同在中牟东南方集合之第七纵队，攻击中牟残敌，以六个庄、荣桥新庄之线，为战斗地境，以东归第十纵队。于五日拂晓，开始攻击，占领后，即跟踪向郑州前进。等因。

是日，第八师三日酉刻进至越岗、孙楼、武阳之线。第五十二师进至枣庄、邱寨、前陶店。

十月四日，训令各师如下：

1．敌情如贵官所知，友军情况如总作令第十三号及右作令第一号。

2．本纵队有歼灭中牟附近残敌之任务，敌溃退时，应即向郑州附近，跟踪追击前进。

3．第八师今(四)日，应在十里铺、边庄一带，集结完毕，五日拂晓，向中牟城附近之敌攻击。如敌已退却，即占领该城，集结于中牟城南及其附近地区，向白沙镇、张庄街方向严密警戒。明(五)日，续向郑州追击前进。右翼与第七纵队确取连络。

4．第五十二师(欠一旅)今(四)日，应在李庄、宋庄一带，集结完毕。五日拂晓，向中牟城附近之敌攻击，如敌以退却，即占该城，集结于中牟城西北地区。明(五)日，续向郑州追击前进。右翼与第十二纵队确取连络。

5．该两师作战地区之分界，为十里铺——后平井——詹李——白沙镇——圃田集——二十里铺——十里铺之线，线上属第八师。

6．兵站线改由陇海铁道运输。

7．予在店李口，嗣后依追击之进展，沿铁路前进。

四日拂晓，第八师占领大小王庄之线，第五十二师占领大马、寨、店李口之线，均向中牟攻击前进。至午后三时，占领中牟。敌杨效欧、杨耀芳、孙殿英等部，向杨桥退却，准备渡河。庞炳勋、高树勋各师，向白沙镇、太平庄、张庄街之线退窜。并有在该线占领阵地，企图抗拒。除令该两师各派一部，向当面之敌追击，保持接触外，第八师主力集结中牟城北之院庄附近，担任铁路(含)以南警戒。第五十二师主力则在茶庵附近集结，担任铁道以北警戒。

十月五日，飞机四日午后侦察所知敌情如下：

1．郑州尚有火车四五列，候机车开行。

2．敌之掩护部队，在北沙镇车站东端至黄河南岸之线。

3．郑州正北渡口，敌正渡河中。

4．渡河之敌，大部向清化方向行进。

本军当面之敌，在丁庄、大陈、白沙镇、关庄之线正在构筑工事。其前进阵地，在贺庄、新桥、刘申骆庄之线。

第八师进至詹李后路家之线，与敌接触。第五十二师五日午前九时，将祥符营、双楼冉、大楼冉、老庄之敌驱逐而占领之。

十月六日，命令各师如下：

1．敌人总退却后，第八师在黑猪庄、大孙庄一带，第五十二师在桑园、官羌屯一带，集结待命。但第五十二师相机协助第二十六军向黄河铁桥追击。

2．各该师官兵等，不准入郑州城为要。

五日午后九时起，向当面之敌猛攻，先后将丁庄、大陈、白沙镇、关庄一带之敌击溃占领之。敌复占领祭白城、十里铺、七里河一带，坚固阵地，顽强抵抗。经白沙镇——圃田集——二十里铺，以一部经焦中、刘庄、凤凰台，一部经能庄、曹古寺、毛庄各道，向郑州追击前进。晚六时，集结位置，如要图十二。

十月七日，我军于六晚十一时二十分，占领郑州。逆大部退窜河北，而其收容部队在李冈、惠济桥、荥泽县一带，占领阵地，死力抵抗，希图掩护退却。本军为肃清残敌，即令第五十二师驻桑园，第五团及驻官虎屯之第三团，即刻推进石佛十三里屯之线，右翼连络第五十六师，协剿北退之敌后，奉总司令命职军在陇海北侧地区，结集待命。

十四、战争之完了

十月十一日，奉总司令蒋灰午电令如下：

1. 冯逆残部溃窜黄河北岸，已派四路追击队，分向新乡、清化、济源、莲城各地区，追击前进。我第五纵队杨虎城，现以一部盟围洛阳，残逆主力向潼关前进，我第六、第九、第十各师，编为拯陇军，向洛阳前进，协同杨纵队，解决该地残逆。

2. 赣省匪患未消，第八师须于文、元、寒三日，分批在郑州上车开浦口，转船赴九江开南昌待命。除分电鲁主席外，仰即遵照。此令。等因。当即转饬第八师知照。黄河以南逆敌渐次解决，讨阎冯之任务告一段落。其经过详情如上所述，而官兵伤亡及弹药消耗等，如附表第一二①。

左翼军战斗详报终。

〔国民政府战史编纂委员会档案〕

51. 河南赈务会张钫关于杞县等地填平战沟经费与国民政府等函电

(1930年10月31日—11月　日)

(1) 张钫给国民政府等电(10月31日)

南京国民政府主席蒋、行政院院长宋、财政部部长宋、内政部部长钮、赈务委员会主席许钧鉴：顷据职会查灾委员任焕新、胡寅与杞县县长梅治潮会呈，此次大战，杞县正当其冲，逆军威骇民众，所掘战沟，异常深宽，东西四道，皆贯全境所损农田至尽，予补战沟，

---

① 所附图表缺。

委实无此力量，恳请迅予拨款，以工代赈，无任感盼。河南赈务会张钫叩。世。印。

(2) 内务部公函（11月 日）

径复者案准

贵处第二〇三三号函，以奉副院长发下河南省赈务，会世日电陈，杞县战壕，耗损农田，请拨款以工代赈一案，奉谕：此案经提出本院第九十四次会议决议，先交内政部汇案，核议办法函达查照等由。准此。查此案前据该会分电到部，当以豫省灾情奇重，前经本部会同赈务委员会呈准拨发河南赈款十万元，嗣又经本部呈准续发巨款，咨请财政部迅速筹拨，俾资赈济各在案。兹准前由除俟财政部拨定巨款后，即行会同赈务委员会统筹工赈办法外，相应先行函复。即希查照转陈为荷。此致

行政院秘书处

钮永建

〔行政院档案〕

二、津浦路山东战场与消灭石友三

(1) 津浦路山东战场

1. 关于石友三反复无常两次变更津浦方面军等作战计划实录①

（1930年3月1日—26日）

初次计划变更后各部队之行动

三月一日，韩复榘、石友三联名通电拥护中央和平统一政策，当派参谋海涛赴汴，饬令归德石部移驻郑州，韩部驻郑之曹师移驻

① 录自蒋介石总司令部参谋处所编"讨阎实录初稿"。

归德，彼此对调，以验其服从与否，并于冬晨电令刘总指挥、固镇顾军长、蚌埠王军长、汉口蒋军长，诚以石部未离归德之前，我军对豫仍须积极防范，不可稍忽。并令于徐州、宿州赶筑半永久堡垒，以免不测。旋经征实，韩、石等拥护中央，确出至诚，乃决定改订计划。并于六日晨分电徐州刘总指挥、汉口何总指挥、济南陈总指挥，其要旨如下：

现因韩、石决计攻阎，情况变更，所有前颁之讨逆军战斗序列及作战计划，应即取消，另行编组。除全般计划另发外，特先电达查照。

改正后之战斗序列，以韩复榘为前敌总指挥，统率津浦路方面军暨第一总预备队与平汉路方面军暨第二总预备队，其集中概要，规定如下：

一、津浦方面军总指挥马鸿逵，副指挥顾祝同。

(1) 第十五路第六十四师于三月九日由蚌埠开始向济南、德州间集中输送，限十三日完毕。

第五十五师于三月十日由兖州开始向济南德州间集中 输 送，限十四日完毕。

(2) 第十六路顾祝同部(第二及五十二师)，于八日开始向泰安、济南集中，限十五日完毕。

新三师(刘珍年部)之集中，俟第十五路集中德州后，即向蒲台、惠民一带集中。

(3) 第一总预备队陈调元部第四十六师集中济南，第七、第三师分集兖州、济宁一带，而第七、第三师集中，限十八日完毕。

二、平汉方面军总指挥石友三。

(1) 我第三路韩复榘部之第二十及二十九两师，于三月五日开始由开封以北渡河，向道口附近集中。限十一日完毕。骑兵第一师及独立旅同日开始向开封集中，以一团位置马牧集。

(2) 第十三路石友三全部，十五日拂晓开始输送，向沂乡、卫辉、彰德集中。

(3) 第三路之第十四师随第十三路跟进集中原武、阳武间，限十五日完毕。

(4) 第二总预备队王金钰部(第四十七及五十四两师)以主力集结郑州，其余控置于漯河、许昌之间。

三月十二日，据冯玉祥由晋入陕后，积极准备东犯，并以三路出潼关，以一路袭襄樊，而进取武汉。孙殿英部乃逗留亳、鹿一带观望不进。石友三部渡河之后，态度复变。乃电令各军改定集中地区如下：

一、津浦方面军

(1) 第六十四师集结济宁附近，并于东阿及其以西郓城、曹州各渡口派步骑监视部队，而在渡口对岸酌派骑兵任监视及侦察，限十六日以前完全到达。

(2) 第四十六师、第五十五两师，集结济南附近。并于东阿以东平阴、长清、济阳各渡口，酌派监视部队，限十五日完毕。

(3) 第二师改驻兖州附近，限十五日完毕。

(4) 凡集中鲁境部队，在未开战前，概归陈总指挥调元节制指挥。第五十二师改调阜阳、新二十一师集中太和，均由陆路行军，限十八日完毕。

(5) 骑兵第二师须以一团驻守阜阳，以一旅分驻涡阳、蒙城(元戌电令改派一团)。均限于十六日前到达，担任守城任务。其余部队，任滁县以北至蚌埠沿铁路线警戒。其派驻阜阳之一团，俟第五十二师及新二十一师到着阜阳、太和后，归叶军长开鑫指挥，移驻沈丘，专任确山方面连络之用。

(6) 第三师开砀山附近，监视孙殿英部，第七师、第十师仍在徐蚌一带原地待命。

二、平汉方面军

(1) 第三路各师旅，着先集中郑州、开封、归德一带，督促孙殿英部渡过黄河北岸。

（2）第九军主力，须集结于漯河附近，并派工兵营及步兵一部由驻马店至春水镇一带。侦察阵地，从速构筑防御工事。

（3）第六师应即推进至确山，暂归王总指挥金钰指挥，并构筑确山附近工事。

三、洛阳方面军

驻洛部队，若受东进之逆军压迫时，则退守巩县、登封、临汝之线。其主力应置于临汝，并速破黑石关之铁桥，倘西北军逐次东侵压迫过甚时，可放弃巩县，退守登封、临汝。

二次计划变更后各部之行动

三月中旬，石友三既渡河集中新乡、彰德一带，复与晋军相勾结，有倒戈之势，阎、冯二部，有倾巢南犯，谋危首都之企图。为谋我军作战便利及稳定人心起见，乃变更计划，暂取守势，于津浦路之黄河南岸及平汉路之豫南一带，构筑防御阵地，待机出击，并重定战斗序列及集中地区如下：

一、第一路军（总指挥陈调元，统辖第二十六军、新编二十六师、山东警备旅）应在济南附近，限三月二十八日以前集中完毕。

二、第十五路军（总指挥马鸿逵，统辖第六十四师及骑兵旅、新编第三师）应在兖州、济宁附近，限三月二十日以前集中完毕。

三、第二路军（总指挥刘峙，统辖第三军〔第七、第十师〕、第八军〔第五十二、新二十一师〕、第一师、第二师、第三师〔三月廿四编成第一军〕、第十一师、骑兵第二师）应以第一、第三两师在徐州附近，第二师暂在兖州。

第七师在宿县、第五十二师在阜阳、新二十一师在太和，第十师在涡阳、第十一师在蚌埠，限三月二十二以前集中完毕。

骑兵第二师以两团集中沈丘、项城。余在蚌、滁间，限三月二十一以前集中完毕。

四、第五路军(总指挥何成浚,统辖第九军、第十军、第二军、第十三军)应以第九军在漯河、西平、驻马店间,第十军之第四十八师在枣阳,第四十四师在樊城,第二军及第十三军在确山、信阳及武胜关一带,限三月二十五以前集中完毕。

五、南阳守备军(司令杨虎城,辖第十七师)即在南阳附近集中。

六、襄樊守备军(司令范石生,统辖第五十一师、第五十二师)即在襄阳、樊城集中。

七、第十一路(总指挥刘镇华,辖六十六师)暂在泌阳附近集中。

八、第十二军(军长万选才,统辖第六十五师、暂编第三师、新编第三十师)先在洛阳集中,必要时则守备巩县、登封、临汝各地。

九、豫西警备军(司令岳维峻兼辖公秉藩部)应在舞阳及北舞渡附近集中。

十、豫陕边防军(司令樊钟秀)应在叶县襄城集中。

第一路军奉令后,拟以全力肃清诸莒,可消内顾之忧,但事久无□□。

第十五路军之骑兵旅于三月十七日、二十一日,第六十四师于十九日陆续由临淮上车,开赴济宁,于二十二日完全到达。

第三路军于十九日以第二十师集中柳河,以第二十九师集中开封,骑兵师由杞县向宁陵、柳河移动。其附属之第十四师①,先于十八日夜潜离开封,此时孙殿英部盘踞归德、宁陵、拓城、亳鹿一带,违抗命令,叛迹显著。二十日第二十、第二十九两师,各以大部及骑兵师并附铁甲车一列,向宁陵、归德进攻。二十一日,万选才擅率所部入郑州,其先头抵白沙,破坏车站桥梁,二十三、二十四两日,连袭中牟,俱被韩部击退。石友三部亦集结道口,窥伺鲁

---

① 师长刘春荣。

西。西北军已出潼关，有二十五日入郑之说。

第二路军之第三师，自三月十九日到达砀山附近，二十一日向马牧集进攻，第十师于十八日由蚌埠开拔，二十一日进入涡阳，驱逐□部，第五十二师于二十日进占阜阳，原驻部两团，窜向太和，新二十一师于二十二日进占太和，原有孙部向北撤退。此时第七师一部，已在永城齐向归亳一带孙部压迫。二十四日第三师攻占马牧集，恢复陇海交通，除令该师仍在马牧集附近掩护，第三路向鲁西撤退外，并于二十六日如下之电令：

一、第一路军除镇摄山东地方外，对于天津南下逆军有持久遏拒之任务。并护德州方面之铁桥。至不得已时，则放弃德州。但在济南附近黄河两岸，务须先期构筑半永久工事，并须侦察沧州方面之敌情。适时破坏黄河铁桥，对于东阿以东各渡口，严加戒备而控置。主力于济南附近，协同第五路、第三路军互为策应。但泰安、平阴、东阿三县，当韩部未移鲁西、马部未来接防之前，应由该路军派队严防，并征集沿河船只，扣留南岸。

二、第十五路军，应在兖州、济宁构筑半永久工事，作固守之计，对于东阿及其以西郓城、曹州一带各渡口，严加戒备。迨第三路军到达鲁西后，协同第二、第三路军守备鲁境，视时机许可，转取攻势。

三、第三路军先在郑州、归、汴间集中，相机解决孙殿英部，至必要时，其主力移集荷泽、郓城各地，选定阵地，构筑坚固工事，协助第十五路军警备鲁西。

四、第二路军应撤至阜阳、涡阳、永城、徐州之线。归亳有孙部据守，暂可勿攻，即行撤回原防，构筑坚固工事，暂取守势。

五、第四路军之第九军，应撤至漯河、确山一带。

〔国民政府战史编纂委员会档案〕

2. 关于韩复榘部骑兵师长叛蒋投冯后山东战斗序列改定与换防办法实录

（1930年4月1日—22日）

四月一日晨，陈（调元）、韩（复榘）、马（鸿逵）三总指挥会于兖州，是日第三路军孙师① 已陆续到达济宁附近。第十五路军即于是日由济宁上车向泰安输送。第一路军驻防泰安、肥城、平阳、东阿部队，于二日移驻岗山、长清。第三路军骑兵师长张德顺，率部叛变，投降冯军。我军为防止勾引起见，于九日召集韩、陈二总指挥于徐州行营，令第一、第三两路，互换防地，并改定鲁境方面讨逆军战斗序列暨规定换防办法如下：

一、第一军团总指挥韩复榘：第三路军、第十五路军及第二十六军属之。

二、山东方面作战统归韩总指挥统一指挥。

三、第二十六军应派先头部队一旅，限本月十四日以前到达菏泽接防，对于东明、郓城、考城、曹县须派队警戒。其余主力暂集结济宁附近。

四、第三路军须俟接防部队到达后陆续移动。

五、彼此接替，务求迅速严密，接防后，尤须切实布置警戒，并须与第十五路军切取连络。

四月十一日，复与陈总指挥调元以如下之电令：

兹着第一路军改为总预备军团，仍以陈调元为该军团总指挥，除原属第一路之第二十六军，暂拨归第一军团指挥外，其余新编第二十六师及山东警备第一、第二两旅，仍归该军团总指挥指挥。此外部队，临时指拨之。

---

① 孙桐萱，时任第二十师师长。

此时德州方面之晋军，已进占平原、阳信、商河、惠民等处。石友三部进占濮县，西北军大部已到郑州及白沙附近，孙殿英部得万逆之援，更猖獗。十二日，第二十六军阮师李松山旅由济南向荷泽移动，约十五日可到。十三日范师陈九畴旅由济南向郓城移动，其余各部俟第三路接防后，陆续向巨野、金乡一带开拔，原在济南附近之第三路军第二十师，亦于昨夜起向济南输送，接替济阳、泺口防务，其第二十九师之大部开抵济宁。十四日第三路大部到达济南，一部在济宁候车。十六日第二十师已将傅家庄经泺口至长清之警戒，布置完妥，并派一团接替禹城防务。第二十九师到达济南后，以一部接替济阳至傅家庄防务，以一部转赴潍县。第二十六军李松山旅已到荷泽，并分一部于临濮集、东明。张彬旅之一团，已分驻金乡、城武。陈九畴旅驻郓城，其余大部分驻济宁、嘉祥一带。十九日第二十六军在胶济路之两团向济南输送。其在诸城之两团，俟接防后再向鲁西移动。二十二日，第一路军及第二十六军皆完全到达新防地。此时石友三部一部在封丘附近渡过黄河南岸，向考城、东明分进。

〔国民政府战史编纂委员会档案〕

3. 总部参谋处节录蒋介石关于防守鲁西作战方略与范熙绩等往来电

（1930年4月23日—5月11日）

（1）范熙绩给蒋介石电呈（4月23日）

我二十六军范熙绩部以相当兵力固守荷泽、定陶，必要时再集结主力诱敌于荷、定以东地区而歼灭之。（四月二十三日范熙绩电呈）

（2）蒋介石电令（4月25日）

我军主力应集结城武、巨野之线，但曹县、定陶、郓城须派相当兵力凭城固守，战略上定陶较菏泽尤属紧要，不可放弃。届时第二军团当派一师以上兵力向定陶、城武策应。（四月二十五日总座电令）

（3）范熙绩电呈（4月30日）

逆军趋重我之右翼，拟俟后续部队到达，即推进至巨野附近，迫敌于黄河右岸而歼灭之。万一敌攻曹县，拟请顾祝同军前进，目标改进曹县向考城进击，则我守曹县部队，亦不致孤立。（四月三十日范熙绩电呈）

（4）蒋介石电令（5月1日）

菏、定、曹工事，须星夜赶筑，务要坚强，菏泽工事，尤要格外坚固，副防御应多设置。（五月一日总座电令）

（5）陈调元致蒋介电呈（5月3日）

石部似待各军集中始向我进犯，基此情况，我二十六军应以一部固守菏、定、曹三城，以十日为期。郓城方面，由第十五路军马鸿逵部派队驻守。至我各路军总攻时，第十五路军即由郓城与第二十六军主力一并进击。是时第二师即由单县加入左翼作战。（五月三日陈调元电呈）

（6）蒋介石复电（5月3日）

我军未出击前，如敌军先来进犯，则我军应照预定计划全线出击，第二师应协同我鲁西军迅即进占考城，解决黄河南岸之石部。第十五路军接防郓城，以免临时仓猝。（五月三日总座电令）

（7）蒋介石电（5月8日）

第三路军韩复榘部至必要时可放弃黄河北岸，抽出四旅兵力与第十五路军六十四师之两旅，经菏泽以北出击，必操胜算。（五月八日总座电令）

（8）蒋介石电（5月11日）

第二十六军五十五师之一六五旅全旅，可向龙冈集、柳林集附近靠紧以城武部队移至汶上集，则兵力集结，使用较便。曹县附近

以第二师担任左侧，可无顾虑。（五月十一日总座电令）

〔国民政府战史编纂委员会档案〕

4. 蒋介石指挥马鸿逵等军在鲁西荷泽各县与石友三部作战实录

（1930年5月10日—21日）

五月十日，孙光前部向我荷泽进犯，其骑兵约二千余名，攻占城外土堤并向城南北方面增兵，我李松山旅即将警戒部队撤回，闭城固守。临濮集方面，敌苏启明部步骑兵约两连，由西南向我军阵地进犯，支持至午后六时，敌增兵猛攻，我军伤亡颇多，即放弃临濮集，退守董口集、王堌集、红船口至王老一带之线。十一日荷、定、曹电报不通，郓城方面陈九畴旅奉令仍在董口至王老虎一带之线固守，以掩护第十五路军集中。十六日第二十六军军部进驻巨野，并令五五师向右靠拢。本日五五师师部由城武进驻苏集，张斌旅集结柳林集、汶上集附近。敌对荷泽并不猛攻，曹县亦无逆军进犯，似不敢单独深入。本日我第三路军谷良民师已到长清。

十三日，总座电令第一军团限十五日集中荷、定、曹附近。十六日向东明、东明集、考城之线攻击前进，务于十七日占领之。遵照电令，第二十六军除荷、定、曹三城守军仍旧固守外，其主力即于十五日进至刘寨、朱官庄、新集、定陶之线，就攻击准备位置，于十六日协同第十五路军击破当面之敌，向东明集、考城前进。本日第十五路军全部已到达济宁。十四日敌情无变化。

总座电令第三路、第十五路各部队如前进不及，缓三日攻击亦可。但第二十六军务于十六日向东明集、考城之线攻击，与曹县方面第二师齐头并进，不失连系。对东明县方向可派一部监视之。十五日飞机报告，石部辎重退过河北，大部向北退却，其企图不明。曹县方面：万选才、刘春荣各约一旅，逼进城东南北三门，我第二师楼景越旅在核桃园、周庄，第五十五师梅团在同道口、柿子园，均与敌接触中，本日，陈调元进驻巨野，各部队均到达攻击准备位置。

十六日，第二十六军全线向敌总攻，并令守曹县之岳旅归顾祝同指挥，在第二师右翼作战。第四十六师在辛庄、高桥、程庄之线，与陈庄、三里河、高庄一带之敌接触，开始炮战，敌据村落，死力抵抗。我第五十五师方面无敌情，即以主力占领张楼、吴铺游集之线，以一部威胁敌之侧背。曹县方面：敌据守胡庄、青山集等处，顽强抵抗。我第二师进占鱼庄，继续攻击。本日第三路军徐旅向临濮集进攻，第十五路军马全良旅向白虎集、后葛庄进攻，骑兵一部向小留集、除集极力活动，马宝琳旅进至枣粮店、盐市口一带。

十七日拂晓，我四十六师将当面之敌击溃，敌退守荷泽西方七里河一带，连系困城之敌，据堤固守，似有掩护退却模样。第二十六军一部追击已达荷泽北方芳庄、三里之线，主力已达荷泽西南方郭大谦、常刚集之线，明日继续向敌猛攻。曹县方面：我第二师及岳旅将敌击溃，已占领高坝园、青山集，敌退守阎集、刘同集一带。我第三路、第十五路军向临濮集进攻中，荣光兴旅已到郓城、雷太平旅已到东平。

十八日，韩总指挥决定攻击部署，荷、定、曹方面第二十六军及第二师仍继续西进。二十六军俟十五路军齐头即向考城之敌攻击。临濮集方面之敌，昨晚乘暗夜退守李庄集、白虎集、天爷庙、后葛庄一带。我徐桂林旅本日将临濮集完全占领，即以一部对河岸警戒，大部向白虎集攻击。马全良旅亦已占领王庄、桥口之线，敌向宋楼、陈集溃退。骑兵团已进至珍庄、敦楼、天爷庙、大王庄一带与敌对峙中。雷太平旅全部到鄄城。

十九日，陈调元总指挥部进驻荷泽，二十六军当面之敌仍节节向胜集方面退却。二十六军左右翼均已取得连络，即向朱楼、耿海、马陵岗、王浩屯之线追击前进。本日拂晓，马全良旅完全占领后葛庄、天爷庙一带，向陈集溃退之敌追击。徐桂林旅正面白虎集攻击中，谷良民师进至什家集、高庄附近作预备队。我军奋勇争先，敌势不支，各村寨次第攻下，至黄昏时，各部队已进至赵官营、西台集一带，向东明城猛烈围攻。

二十日，截得刘逆春荣电，石友三部已退至考城附近。刘逆向孙楚告急。又据确报，石之大部已到考城集结，旧考城尚有敌兵一团，我二十六军已到达永年集、陈士举屯、大郑庄之线，向东明集、桃源集、后魏湾之线推进。第二师及岳旅仍在郑集、高坝园、青山集一带与敌对战。本日拂晓第十五路军完全占领东明县，俘获甚多，敌向西南溃退，我骑兵正追击中。

二十一日，第二十六军四六师推进于考城东北之孟大夫屯、白茅集、大寨集之线，五五师推进于考城东南后寨、高庄、吕园、旧考城之线，即先驱逐旧考城之敌，全线逐次逼近考城，准备连系第二军团攻击考城。第十五路军骑兵一部，追至东明县南之吉利营。第六十四师主力进至陈集及其以西地区向考城前进，其余集结东明，并派一部监视东明以南河岸。第三路徐旅率旅进至荷泽西北之高庄集附近。本日奉总座电令：第三路、第十五路军移向鲁北向平津急进，第二十六军待占领考城、兰封后，再行抽调。

〔国民政府战史编纂委员会档案〕

5. 马鸿逵关于攻克东明与谭延闿等往来电

（1930年5月21日—24日）

（1）马鸿逵致行政院等电（5月21日）

军急。南京谭院长、朱参谋总长、马牧集刘总指挥、汉口何部长、漯湾河何总指挥、曹州陈总指挥、安庆马主席钧鉴：曹县顾总指挥墨三兄、范军长绍陔兄、阮师长绍文兄、济南孙军长荫亭兄、曹军长乐山兄、烟台刘师长儒席兄、漯湾河徐总指挥克成兄、王总指挥湘汀兄、南阳杨军长虎城兄、上海熊司令天翼兄、张市长岳军兄勋鉴：敝军奉命进攻东明，连日以来，与敌激战，于小留集、陈集、六圈集一带，我军奋勇争先，各寨次第攻下，敌势不支，节节败退。敝部于皓晚进薄赵官营、西台集一带，猛烈进攻。于号日拂晓，将东明完全占领。是役也毙敌甚众，获敌枪炮辎重车辆及军用品无算。余敌已向西南溃退，除派骑兵追击外，特电奉闻。马鸿逵叩。号午。印。

（2）谭延闿复马鸿逵电稿（5月24日）

郓城　马总指挥勋鉴：号午电奉悉。克敌制胜，迅奏肤功，摧陷廓清，指期奏凯，既钦伟略，弥念辛劳。复颂戎祺，并祝大捷。延○漾。印。

〔行政院档案〕

6. 蒋介石关于阎锡山部攻占德州与禹城等地暨在青城附近激战经过报告

（1930年5月中旬—6月4日）

鲁北之攻守：五月中旬，晋军傅作义、李生达两部由天津南下，夺取德州。张荫梧率王靖国、李服膺由顺德进入东昌。冯鶱、张会诏由大名向寿张、濮阳间前进。五月二十一日，霍原璧师由平原向晏城前进。二十三日，傅作义军一部到达夏口镇及禹城北侧，其大部向惠民前进，图犯青城，其东昌部队亦向东阿前进。我第三路展书堂旅在禹城西北，唐尧逊旅在安仁街与敌李生达部接战。第二十师师长孙桐萱在晏城指挥。二十五日，傅作义军一部由利津清河镇渡河进占青城，其大部由临邑、夏口镇、三岔口、西孙耿，利用暗夜向泺口袭击，企图占领铁道，断我后路。其便衣队并破坏桑

① 录自蒋介石1931年5月代表国民政府做的军事报告。

梓店附近路轨，形势严重。适我乔立志旅正由泺口北开下车痛击，敌军惶骇奔避遗弃死伤四百余名。二十六日，马鸿逵部奉命调往归德，参加陇海路决战。东明附近黄河沿岸由第三路分兵填驻，而青城方面之敌构筑工事，掩护后续部队渡河。我第二十师徐桂林旅长率其所部暨第二十九师之两团，乘敌人半渡之际，于二十九日拂晓向长福镇、台子进攻，激战一昼夜，于三十日早六时，将敌击溃，获山炮六门，迫击炮六门，机关枪八杆。该旅长徐桂林身先士卒，饮弹阵亡。团长以下颇有损伤，然士气壮盛，直薄青城而包围之。航空队始终参加，收效甚伟。此时由大名南进之敌，乘我第六十四师调防之际，由东阿附近渡河南犯，我第二十师万国祯旅协同第十五路骑兵旅驰往截击。六月一日，鲁西方面形势紧急，韩总指挥复榘令黄河北岸各部队于本日日没后，开始向南岸撤退，利用黄河障碍阻敌南进，转移兵力于青城方面，拟一举而击破之，然后因情况之变迁，依据内线作战之原则而相机应付。三日上午六时，北岸各部始完全撤退，并将黄河铁桥卸去六节，在济阳、长清间派兵四团，沿河南岸警戒。四日，黄河北岸济阳、泺口、齐河等处，均发现敌人，并用炮火向我南岸阵地射击。青城、东阿之敌，仍凭城固守，而泺口对岸之敌，连日向我炮击，我航空队亦向敌阵继续轰炸，杀伤甚多。

〔国民政府战史编纂委员会档案〕

7. 蒋介石请优恤抗击晋军阵亡旅长徐桂林致谭延闿密电

（1930年5月31日）

机急。南京谭院长、胡院长、古文官长勋鉴：顺密。据韩总指挥复榘电陈：晋逆第十一师叶逆售杰部，约七团兵力，由淳河镇、长福镇一带，企图沿黄河岸进犯济南，或窜扰胶东。当饬徐桂林旅由章丘、陈德馨团由鸭旺口进剿。艳晨，将长福镇之敌包围，敌构筑坚固工事顽抗，我军冲锋四次，激战一日，将逆敌三团扑灭过半，计夺获大炮五门，机枪六架，手机关五十余支，步枪弍百余支及军用品无算。残敌乘夜暗向东北蒙河镇窜去。是役，毙敌团长一员，营长二员，其余敌官兵，狼籍遍地。我军徐旅长桂林阵亡；陈团长延年、孙团长学发受伤，其余官兵共伤亡三百余人，当饬各部向蒙城方面追击。现正在包围攻击中。谅该敌即可肃清。等语。除已复电奖勉慰问外，旅长徐桂林奋勇剿逆，为国捐躯，应特以优恤。希即在国务议提案优予恤典为荷。中正。世机。印。

〔行政院档案〕

3. 蒋介石关于与晋军争夺青城暨放弃济南等地经过报告

(1930年6月6日—7月31日)

攻击青城放弃济南：青城之敌陆续增加，约有一师之众。六日向我第五十九旅攻击，接战甚烈。该旅因众寡悬殊，未能久持，不得已退至长福镇迤东王庄、坡庄、陶唐、唐口之线，与敌对峙中，韩总指挥复榘急令展书堂旅长率第五十八旅之两团，雷太平旅长率手枪旅一团向长福镇以南西马头、梁桥一带增援，协同第五十九旅向青城进攻，并令刘珍年军以一部进至蒲台附近，威胁敌之侧背，航空队沿黄河上空及津浦线飞行侦察，尤资得力。九日，韩总指挥亲赴青城督战。同日拂晓，我第五十八旅在义王庄寨与敌接触，第五十九旅、八十七旅在杨庄、周家寨、吉祥头一带与敌接触，我军奋勇攻击，当面之敌退入青城及归仁镇一带，闭城固守。即令追击部队在花沟、纱窝、双堂集、潘家庄之线停止监视，抽调第五十八旅之两团向平阴增援，而东阿附近之敌，连日由姜家沟、军桥渡河者，已有张会诏指挥之周原健、段树华等三师，尚有一师在渡河中，其主力似企图进攻泰安，断我后路，并与青城之敌相呼应，以图取济南。十一日，敌用炮火掩护，以主力向我平阴附近万国桢旅阵地猛攻，以一部循东阿、肥城大道向我左翼迂回。十二日，敌人进至平阴、凤凰庄一带，万旅奉命撤退至长清西方归德镇附近构筑工事，左翼与肥城驻军连络。十三日，我五十八旅展书堂部之两团，由青城移转长清，即协同万旅固守归德镇至肥城之阵地。十四日敌军向我阵地攻击，其主力包围肥城，相持两昼夜，展旅奋勇出击敌阵披靡，肥城之围始解。十六夜，敌约一旅，潜入长清东南六里庄附近，被我击退。十九日，我十五路由陇海移到泰安下车，即向肥城接防，原在肥城之展书堂旅，则移至大崮山、皇姑井一带布防，填补空隙。嗣后三日间，敌军屡次攻击，均未得逞。二十三日，敌以全力向我长清进攻，激战甚烈，入夜，我万旅放弃长清，向拐李庄、芦庄、郭庄、张家桥、东辛庄之线退却。翌日，续向六七沟、西沙窝、十二里、桥红庙、白马山之线引退。济南与泰安间之交通通信皆受阻碍。斯时，陇海、平汉两方逆敌，经我军节次痛击，耗捐甚巨。惟有深沟高垒，支持原阵，无复出击之可能。我军为战略上全般着眼，拟将阎、冯主力各个击破计，决定平、陇两线暂取对峙姿势，转移兵力于津浦，并抽调讨桂凯旋军之大部转输北上，以主力参加津浦，一部密从青岛上陆。引诱晋军南侵，深入黄河以南地区，然后并力夹击，一举而歼灭之。爰令第三路军、第十五路军与敌保持接触，佯为引退，先后放弃济南、泰安等处，诱敌深进，逆敌不察，纷纷渡河，节节进逼，至七月三十一日，我胶济路军确实占领潍河东岸，津浦各军归刘峙统率，到达曲阜、兖州、济宁之线，取待机姿势，按原计划准备出击。

〔国民政府战史编纂委员会档案〕

9．朱熙等为韩复榘被晋军逼退暨山东省府暂迁青岛与行政院等往来电

（1930年6月25日—27日）

（1）朱熙等致国民政府等电（6月25日）

限即到。南京国民政府主席蒋、行政院长谭、归德总司令蒋钧鉴：政密。鲁省自陈主席奉令赴前敌督师，全省军事由韩总指挥完全负责。韩部苦战逾月，迭挫逆锋。近逆全力进犯，情势骤变。韩部于漾日开始背退。职府守土有责，而自卫无由，再四筹维，遂令济南市公安局长龚维璪，负责保护城埠中外人民治安。省府及所属各厅文案事务，分别派员负责保管。至有日丑刻，随军行动，退出济南。因平浦线发生障碍，青潍间准备用兵。遂竟移青岛，借青岛大学一部暂住。职等奉职无状，失守城垣，负疚实深，静候惩处。窃惟鲁北及济南虽不幸陷落，而东、西、南三面秩序，尚属安全，政权亟资统率。且逆敌仓卒内犯，根本未固，韩部实力犹存，急愿反攻。中央军若即增援，立可收复坚城，歼灭群丑。故职等决议在未奉钧座明令之先，暂于青岛行次，继续执行省府职权，维系全省望治之民心，拥护中央戡定之大业。究应否在青设立山东省政府署，或应由海道晋京转赴兖州、济宁，随军推进，效力自赎。伫候钧示只遵。山东省政府委员兼代主席朱熙委员、袁家普、何思源、于恩深、崔士杰、陈鸾书、陈厉豫叩。有。印。

（2）谭延闿复朱熙等电（6月26日）

青岛送山东省政府朱代主席，袁、何、于、陈、崔、陈、各委员均鉴：政密。有电悉。暂移省府执行政务，自以青岛为宜，援军继续进济南，指日可下，望维持地方治安，协助军事，进行力图规复，以慰民望，国府已另电达。希即遵照。谭延闿。宥。印。

（3）朱熙等致行政院等电（6月27日）

南京国民政府主席蒋、行政院院长谭钧鉴：纲密。宥电敬悉。省政府遵即在青岛继续执行政务，除分呈各部、院、会，并随时会商陈、韩两总指挥，急图恢复，既分别咨行党政各机关遵照外，谨特电闻。山东省政府委员兼代主席朱熙、委员袁家普、何思源、于恩波、崔士杰、陈鸾书、陈名揚、范熙绩、刘珍年、同叩。感。印。

〔行政院档案〕

10．葛敬恩关于驻青岛领事团干涉我国驻军及省府迁青等情致蒋介石等密电

（1930年6月26日—8月17日）

（1）6月26日密电

机急。柳河总司令蒋、南京国民政府主席蒋、行政院长谭钧鉴：纲密。有电计达。职市以济南不守，省府迁来设处办事，韩军、陈军总部多数职员，相继抵此。且时有散兵往来不绝，市民既滋惶惑，外侨尤多烦言。各国领事，今午偕来访职，作非公式之谈话，略谓：此间本非军事区域，希望韩军及其他部队，勿入青岛市区。对于省府设此，亦表示感觉不安。英、美领事，并谓可否。以此意转达中央及通知韩军。又日海军某武官并露，必要时，拟令海军登陆之意。职以既系便谈性质，除通知向方外，特为转陈，万一各该国海军实行登陆之时，究应如何应付。仰祈预示机宜，俾临时有所遵循为祷。职葛敬恩叩。宥。印。

（2）8月17日密电

万急。限即到。南京行政院院长谭、总部总参谋长朱 钧 鉴：纲密。顷据确报，我军于删日二时半，到达济南商埠地，该地残敌当被缴械。其时城内尚有少数敌军，截至今晨，已全退去。胶济路敌人纷退周村，或将由青城附近渡河。职昨奉总座电派赴济，暂时协办交涉，诚恐通车需时，预与驻青日总领商洽，允即转雷驻济总

领及武官，于我军到达时，妥为招呼。日侨已先迁避安全地带，当无问题。知注谨闻。职葛敬恩叩。铣。印。

〔行政院档案〕

11．张砺生请张学良早日出兵讨伐阎冯通电

（1930年6月27日）

南京中央党部、各院部、各省、市、县党部、各省政府、各总指挥、各军长、各师旅长，沪、汉、京各市政府、各报馆并转各法团公鉴：顷上辽宁张副司令一电文曰：阎、冯怙恶，叛党称兵，为一人割据之私，陷万民水火之痛。迭经中央大张挞伐，虽正月以来，逆兵败窜于河北，匪军溃散于豫东。天怒于上，人怨于下。而两逆冥顽，不稍悛悔。值途穷日暮之时，益变本加厉之焰。网罗枭獍，极其翻云覆雨之能，招集豺狼，穷其暴戾恣睢之恶。聚敛则拔茅连茹，征捐则敲骨吸血。近更毒及商场，祸延海关。内坏邦治之大本，外来国际之微言。掘墓摸金，二陵有无家之鬼，征丁代役，三晋少完肤之民。综其罪状，罄竹难书。伏维我公外攘国侮，内保民生，旗常著绩，砥柱中流。敢祈统帅戎师，伸讨凶逆，俾倒悬黎庶不致永堕泥犁，渠魁不致久稽天讨。党国民众，实利赖之。行见旌旆西指，战地之草木皆苏，节麾东来，残逆之魂魄俱丧。翘首云天，为国请命，谨抒悃臆。谨此电陈。张砺生叩。云云。窃维阎、冯凶恶，至此为极，诸君子党国先进，夙具同仇，敬乞一致，迅电张副司令，请其早日出兵，以戢凶残，而苏民困为祷。骑兵集团总指挥兼骑兵第二师师长张砺生叩。感。印。

〔行政院档案〕

12. 马鸿逵关于固守兖州击溃傅作义部经过给谭延闿等电

(1930年7月12日)

限即刻到。南京谭院长、朱参谋总长、汉口何部长、驻马店何总指挥、柳河陈总指挥、南京马主席、上海熊司令天逸兄、南阳杨军长虎臣兄、上海张市长岳军兄、漯河王总指挥湘汀兄、徐总指挥克成兄、柳河顾军长墨三兄、刘总指挥书林兄、柳河探投朱总指挥、郾城、宁乡蒋总指挥铭三兄、维县韩总指挥勋鉴:此次晋逆大举南犯,敝军奉命退守兖州,即在兖州、龙王店、两分店、廿里堡一带,占领阵地。逆敌以四师之众,向我猛攻,激战三日,颇有伤亡,势甚危急。乃令敝部完全加入火线,于真日夜,乘敌疲惫,出其不意,猛冲敌阵。复以骑兵旅夜袭敌后,血战一昼夜,至微日正午,将敌傅作义部完全击溃,毙敌一千五百余名,俘虏三百余人,获枪百余支,大小机关枪廿余架,敌人溃退三十余里。鱼日,奉命固守兖州,掩护各军集中后,再行反攻。乃遵命以一部退守兖州,现十一师、教导一师,先后达到邹曲一带,十一师已解曲阜之围。敝军乃于文日拂晓,将兖州围城之敌击退后,复占领廿里堡一带,日内即协同各友军施行总攻,恢复济南,指日可期。特电奉闻。尚祈垂教。马鸿逵叩。文戌。印。

〔行政院档案〕

13. 蒋介石第二炮兵集团在山东曲阜一带对晋军丰玉玺等部作战详报

(1930年7月25日—8月3日)

甲、战斗前敌我形势之概要

一、阎逆锡山,乘我陇海路方面中央军与冯逆主力及晋军一部在民权、睢县阵地带剧战之机,以主力渡过黄河,袭取济南后,并以第四路军张逆荫梧、王逆靖国两部，沿胶济路蹑击我肥河东岸之韩军，以第二路军傅逆作义，李逆生达、第五路军张逆会诏、第六路军丰逆玉玺、秦逆绍观各部，沿津浦线东西地区，长驱南下，围攻我坚守曲阜之第十三师第三十八旅，并向我在兖州防御之第六十四师猛攻，企图占领曲阜、兖州，以为进取徐州，截断陇海路，与陇海西路敌军相呼应，而夹击我中央军。我第十一师与教导第一师奉命，由陇海路转津浦线增援。到达兖州后，旋将傅逆各部击溃，曲阜城围遂解，敌乃变更计划，对胶济线取攻势，对津浦线取守势，意在消灭我韩军后，再并力南下，与我津浦线中央军决战，故在新泰、东石莱、黄山寨、尧山口、王家岭、滕家凹、魏家庄、九山、葛石店、宁阳、汶上、平阴之线，占领阵地，构筑坚固工事。并在泰安、东阿、肥城之线，筑有预备阵地。

二、津浦线正面，东自黄山寨、尧山口、互葛石店、于颜庄、埋城屯一线，山岭绵亘，地形险要，右控新泰，左据宁阳，形势天成，后有津浦铁路，与阵线直交，依山连寨，筑成永久工事，系一良好防御阵地线。防守敌军为丰逆玉玺之第六路军，与傅逆作义之第二路军及炮兵一师，附高射炮数门，约二万余人。其兵力重点，似在铁道附近，其山炮、重迫击炮主力在九山、凤仙山，野重炮主力在歇马亭附近，时向我第十一师阵地轰击，阻止我军前进。其一部则在尧山口、埋城屯、宁阳方面。傅逆总指挥部在箇山前方，则由副总指挥李逆生达指挥，其副指挥部在南驿（附图二）。

三、我中央军之第十一师之一部，在泗水附近，主力在曲阜及东北地区，与黄山寨、尧山口、滕家凹、魏家庄一带之敌对峙中。我第十三师之一部，在吴孙村、崇化之线，与九山、葛石店之敌相对峙，一部在姚村车站附近，第六十四师在龙王庙、十八夏庄，对宁阳方面警戒。

乙、炮兵集中及部署情形

一、总司令为增大兵力，迅速消灭阎逆部队，收复济南起见，决调第二炮兵集团炮兵之一部及汉口独立炮兵第三团第二、三两营，转赴津浦线，协同作战。其命令如下：

总司令部命令　七月二十五日午前十时
于朱集车站

兹关于津浦线方面炮兵使用之规定，随令颁发，除分令外，仰该指挥官遵照办理，并着该部有车即开赴兖，指挥作战为要。

计开

1．集团使用（重炮野炮大部）。

2．分割使用（野炮一部）。

3．指挥统系之律定（凡集团使用之炮，均归炮兵指挥部指挥，其属于各师者，由各师自行指挥，但该部得指导其作战，俾发挥炮兵性能）。

4．现预定集中于津浦线之炮兵数量。

（1）三八式野炮二十二门（内六门由汉调来）。

（2）重炮六门。

（3）三一式野炮十二门。

二、指挥官于七月二十五日午后一时，奉到上项命令后，决定先派赵参谋长代行指挥官职，权率指挥部，于二十六日午后六时，乘火车向徐州出发，转向津浦线上之兖州，并分令教导第一师炮兵队，队长项致庄，教导第二师炮兵团团长唐仲勋，与独立第三分站站长李奇新，向兖州集中。其命令如下：

炮二集指挥部命令　七月二十五日午后二时
于朱集指挥部

1．顷奉总司令命令开：为增大兵力，迅速消灭阎逆在津浦线之部队，收复济南起见，着该炮兵指挥官，迅率所属炮兵一部（已附属各师者，仍附属各师作战）及由汉口调来之独立炮兵第三团第二、三两营，开赴兖州，协助第二军团作战等因。

2．本集团（已附属各师作战之炮兵在外）决于本二十五日起，开始运动，向兖州转进。二十九日以前，集中完毕。

3．着教一师炮兵队重炮营长董慎，率日造重炮四门，奉造重炮二门；教二师炮兵团唐团长，率该团之第五连(欠二门)，第七连即日准备出发，二十九日以前，到达兖州待命。

4．各炮兵须配足弹药，并携带相当通信器材。

5．独立第三分站，迅速向兵站分监部领取相当十五生榴弹、榴霰弹，七生五榴弹、榴霰弹及粮秣，于三十日以前，开赴兖州。

6．各部所需车辆，自行向归德运输司令部交涉。

7．指挥部本二十五日在朱集明，二十六日午后六时即向兖州前进。

三、自七月二十五日起，至二十九日止，本集团炮兵集中完毕，其到达日时、驻地及炮种、炮数，携带弹药数量。

四、二十八日午后，奉总司令俭电要旨如下：

1．凡各师分属之野炮兵，须集团使用，以便发生大效。希将津浦线各师野炮，限三十日以前，调集交还兖州炮兵指挥部。

2．现在兖州附近之野重炮，可以集团者，已有几门，炮弹配足否，第二师尚有野炮八门，明日可到兖州。

代指挥官奉上电后，即复呈一电，其要旨如下：

关于津浦线上炮兵之使用，已与刘总指挥商定，第十一师仍附属野炮两连，山炮则分属各步兵师，为随伴炮兵，其余在兖州之野炮十二门及重炮六门，明日可进入阵地。并对于后方派来之野炮十二门，将阵地同时选定。至汉口之三一式野炮，俟到时，再定使用方面。弹药因骡马缺乏，每门炮只能携带数十发，仍须兵站多为准备，方能免补充困难也。

二十九日午后二时三十分，接刘总指挥通报，要旨如下：

1．军队区分及进攻计划，如另纸(原注：略)。

2．军拟在泗水附近、贺家村附近、吴孙村、龙王庙、十八夏庄、辛嘉驿、卢庄南站之线，准备完毕，三十日开始攻击前进。

3．第十一师于本日已向右移转，凤仙山、九山一带之敌，由第十三师担任攻击。

4．请贵集团协助第十三师，攻击该敌为荷。

代指挥官接到上项通报，即召集各参谋及德顾问哈赛，会商炮兵阵地之选择与侦察，随即决定部署，其命令要旨如下：

七月二十九日午后四时

炮二集指挥部命令

于兖州指挥部

1．凤仙山、滕家凹、石头河、黄沟、魏家庄、十全河、北岭、九山、峪口村一带之敌，连日依险加筑工事，其山炮、重迫击炮阵地，在九山，石头河北△380高地及凤仙山、野重炮阵地，似在歇马亭西之西庄及歇马亭以东地区，时向我第十三师阵地炮击。

敌铁甲车在歇马亭、魏家庄出没。

我第十三师在曾庄、任庄、尚庄、后夏庄、管村、从家庄、陈家洼之线，展开占领准备位置，向当面之敌攻击。

2．本集团以协助石头河及其以北标高△380歇马亭附近魏家庄、十金庄、九山之敌之目的，拟在董大城、红庙、及林家洼占领阵地，准备攻击。

3．教二师野炮第五连（欠二门）、第七连，于即日午后六时，由现地出发、经曲阜向董大城前进。并在董大城附近，占领阵地，对魏家庄、石头河及以北△380高地之敌，准备射击。

4．独立炮兵第三团第三营，即日午后六时，由现地出发，经颜家庙、纸坊、向林家洼前进，并在林家洼附近，占领阵地，对九山、北岭之敌，准备射击。

5．教一师重炮营，于即日午后六时，由现地出发，经曲阜向红庙前进，并在红庙附近，占领阵地，对十全村、歇马亭炮兵阵地，准备射击。

6．独立炮兵第三团第三营，即日午后六时出发，到达姚村车站后，停止待命。

7．各部队，须先派将校，侦察阵地，侦察完毕，绘图具报，并与第十三师之前线部队，切取连络。

8．各部队粮秣，须携带三日份。

9．指挥部本二十九日在兖州，三十日进驻曲阜城。

丙、分进及阵地之占领与进入情形

一、连日大雨，曲阜附近及铁道以东地区，均系浮土，雨后道路泥泞，陷轮及轴，加以挽马缺乏，体质又不壮健，炮兵运动，十分困难，行程因之迟滞，而重炮尤然，士兵困疲，挽马倒毙，故自二十九日出发，每日仅行十余里，或二、三十里不等，迟至三十一日，方全部到达指定地点。教二师野炮第五连、第七连及独立炮兵第三团第三营，于三十一日上午十一时到着。第五、第七两连阵地，选定董大城之西端。独立炮兵第三团第三营阵地，选定林家洼东端，均在高粱地。利用高粱伪装，以欺骗敌人。于同日午后三时，同时进入阵地。观察所第七连则设于管村北端，第五连则设于大兰庄，第三营，则设于赵家坝北端。午后四时，射击准备完毕，教一师重炮营，于午后四时到着阵地，选在红庙北端，午后五时，进入阵地，观测所，设于管村西北端，至午后五时三十分，射击准备完毕，指挥部于三十一日上午五时三十分，由曲阜出发，上午八时到达红庙，代指挥官率幕僚一部，传骑及电话排，进至西曲村（图上田村）。

丁、战斗经过及计划变更后战斗情况

一、三十一日（晴明）上午六时，接第十三师部通报要旨如下：

1．敝师以系留正面之敌，俟左右翼军进出汶河北岸，大举猛攻，将在汶河南岸，聚而歼之之目的，拟于本三十一日拂晓后，向当面之敌佯攻。

2．贵集团炮兵请向九山、北岭、十全庄、魏家庄、石头河及歇马亭一带敌阵地炮击，掩护敝师步兵之前进。

同日午正十二时，奉总部总参谋长，转来总司令密令要旨如下：该集团野重炮于三十一日，协助十三师，向九山、魏家庄、凤仙山一带之敌，炮击一小时，向左翼移转等因。代指挥官即下如下之命令：

炮二集指挥部命令　　七月卅一日午后三时
于管村阵地

1．凤仙山、石头河、十全村、魏家庄、北岭、九山一带之敌，凭险顽抗，其炮兵不断向我第十三师阵地轰击。

我第十三师，以系留正面之敌，俟左右翼军进出汶河北岸后，大举猛攻。在汶河南岸，将敌聚而纤[歼]之目的，于本三十一日拂晓以后，向当面之敌佯攻，但受敌猛烈炮击，损害甚大。现仍在对战中。

2．本集团以猛烈炮火，协助第十三师，压倒正面之敌后，即向左翼移转，参加该方面战斗之目的，于本三十一日午后五时二十分，开始向当面之敌，猛烈攻击。

3．教二师野炮第五连（欠二门），于同日午后五时二十分，开始向石头河之敌，猛烈射击，并破坏其墙围及工事，但须派员与第十三师第三十七旅第七十四团连络。

4．教二师野炮第七连，于同日午后五时二十分，开始向黄沟、魏家庄之敌猛烈射击，并破坏其坚固工事。

5．独立炮兵第三团第三营，应于同日午后五时二十分，开始对北岭及九山之敌射击，破坏其工事，并制压九山敌炮。

6．教一师重炮营，应于同日午后五时四十分，开始射击，以主力制压敌之铁甲车及野重炮，以一部轰击十全村。

7．独立炮兵第三团第二营，仍在姚村车站待命。

8．各炮兵射击终了后，于本日午后八时，开始由阵地撤退，向左翼转进，本晚须到达姚村车站附近待命。但须于黄昏前，派员侦察道路，并注意秘密实施，毋使敌察觉我之行动。

9．各炮兵到达姚村车站附近后，即向弹药补充所，补充弹药。

10．予现在西曲村，本日午后七时四十分，由阵地出发，经红庙向姚村前进。

二、三十一日午后五时十分，各野炮已试射完毕，五时二十分开始向预定目标，施行猛烈炮击，五时三十分，重炮试射完毕，五时四十分，开始向十全村射击，并对歇马亭附近之敌野重炮阵地及铁甲车痛击，一时炮声隆隆，屋瓦皆震，至午后六时，敌炮完全受我炮火威力压迫，不敢还击。敌铁甲车亦向南驿退去。十全村、北岭、黄沟、魏家庄、石头河等敌阵地内，灰尘与浓烟腾起，弥满空际，敌之枪声转稀，机关枪亦歇，战壕守兵，似已避匿掩盖下及遮蔽物后方。至午后七时许，将近日没，我各炮停止射击。我第十三师第三十七旅，以小部队行扰乱手段，分向石头河、魏家庄、十全村、北岭之敌阵地夜袭，敌误为真面目攻击，以全力抗战，殊难命中。本日我炮兵阵地及射击目标如附图三。

三、同日，午后八时，我炮兵即开始由阵地撤退，向姚村车站转进。八时四十分，全部离开阵地。至十时，指挥部到达李家村，接刘总指挥由兖州发来世亥电开：我左翼军已到汶河南岸，相距已远，势难追及，请贵重野炮在原地协助第十三师，攻击正面之敌，但明东日拨野炮八门，赴六十四师，协攻宁阳等。由代指挥官，即于午后十一时下令，予各炮兵其要旨如下：

1．野炮第五连（欠二门）、第七连、独立炮兵第三团第三营、及重炮营，即在现到地停止，于明一日拂晓，仍开回原阵地，协助第十三师攻击正面之敌。

2．独立炮兵第三团第二营营长戎福，率全营（野炮六门）于明一日，由现地出发，开赴宁阳，归第六十四师马师长指挥。

四、八月一日（晴明），指挥部于午前五时三十分出发，午前七时到达红庙，即令电话排，架设指挥部与董大城第三十七旅旅部间之电话线。本日上午十时，各炮兵均到达原位置，并进入阵地待命射击，至午后四时，接夏指挥通报两则：

1．中央军夏指挥官一日午后三时通报要旨：

（1）第十一师于昨（三十一日）午后七时，在东石、莱西之大小红沟及张家村之线上，与敌接触。

(2) 第十三师，在石头河、魏家庄、南端及十全村、北岭、峪口村、傅家洼、东龙冈之线，与凭据工事之敌激战中。

(3) 贵集团炮兵，务于原阵地，向当面之敌炮兵阵地及敌工事施行轰击，并希与第三十七旅万旅长耀黄连络，以收步、炮协同之效果。

2．夏指挥一日午后八时通报：

(1) 敌情如贵官所知。

我第十一师世日将上下红沟、卢庄之敌击破，本日继续向宫里楼、德镇方面前进中。

我左翼军一部正围攻汶上，汶河南岸已无敌踪主力，今晚决渡过汶河北岸，我第六十四师附野炮六门，今日上午已占领赵家厂，龙堂、牛家庄、商家村，向宁阳攻击中。

依我两翼友军进展情形，判断我当面之敌，已陷孤立。

(2) 第十三师第三十七、三十八两旅，应于今夜继续向当面之敌，协同重野炮兵及铁甲车猛攻，如敌动摇，应各以有力之一部，不失敌踪，追击前进。

(3) 贵炮兵集团，应向敌步兵阵地猛力轰击，俾我步兵攻击、容易奏效。

(4) 铁甲车，应驶至吴村车站前方，协同攻击。

(5) 攻击开始时期，为今夜十时。

代指挥官据以上情况，于一日午后八时三十分，下如下要旨之命令：

1．教二师野炮第七连，于本一日午后十一时，开始对石头河附近之敌阵地射击。

2．独立炮兵第三团第三营，于本一日午后十一时开始，以一部对簸箕掌之敌，一部向十全村、魏家庄北端一带之敌射击。

3．教二师野炮第五连(欠二门)及教一师重炮营、仍在原阵地待命。

4．各受任务炮兵，应于黄昏以前，将射击诸准备完毕。

午后十时，我步兵，已向敌进攻，各炮兵，于十一时，同时开始射击，战至翌（二日微雨）日午前四时三十分，敌我阵地无大变化，至午前五时三十分，接第三十七旅通报云：该旅第七十七团，已包围北岭三面，因受九山敌山炮及步兵机关枪瞰射，希望炮兵轰击北岭北二百米之簸箕掌庄，又第七十八团攻击石头河及魏家庄，因受石头河北△380高地瞰射及敌铁甲车之射击，不能前进等语，代指挥官遂令独立炮兵第三团第三营，派野炮二门，在董大城之北端，占领阵地，对石头河北△380高地射击，又野炮二门专射击敌之铁甲车，战至午后三时许，发见九山上敌山炮阵地，即令教二师野炮第七连，对九山敌山炮制压，并向簸箕掌庄之敌猛烈射击。是日，我教二师野炮第五连，在原阵地待命，重炮营则移至郭家庄待命。

至二日午后五时，第十三师通报要旨：

1．第十一师占领绳峪、左沟、贾庄、张庄，即夜袭南北徐庄、徐岭、程峪之线，乘胜向宫里挺进。

2．第六十四师于一日击退宁阳附近之敌，拟即进围该城。

又接夏指挥官通报如下：

1．敌情如贵官所知。

我右翼军，一日到达穆店，本日向羊流续进。

我左翼军，今早渡过汶河，本晚可到五凤凰、王庄、大董庄、尚伍林、马庄、北随城之线。

我左翼挺进军，已到东平，本晚可到东阿。

2．军以击破当面之敌，进占南驿、埋城屯，协同友军将逆敌歼灭于泰安以南地区之目的，于明三日午前三时起，全线继续攻击前进。

3．第十三师（附野炮一连），应将当面之敌击破后，占领南驿、彩山附近地区，并派有力之一部，跟踪追击。其部署如下：

（1）第三十七旅（附骑兵山炮、野炮各一连）应一部对凤仙山、石头河北端高地一带之敌，施行佯攻，以主力向歇马亭东端猛烈攻击，突破敌之一点，乘胜进占敌之阵地，及南驿附近地区，并以有力之一部，跟踪追击。

（2）第三十八旅附补充一团炮兵一营（欠山炮一连），应以一部对九山、周家山方面，施行佯攻，以主力绕攻葛石店北端，突破敌之一点，乘胜进占敌之阵地及彩山附近地区，与第三十七旅，切取连络，并派有力之一部，跟踪追击。

（3）贵炮兵集团炮兵及铁甲车队，应对于石头河北端高地及歇马亭、九山一带，同时猛烈射击，俾我攻击部队容易前进。

4．第十一师，按照进攻计划，于明三日进占南留、大汶口一带，截断敌之归路。

5．第六十四师（附野炮六门），以一部围攻宁阳之敌主力，将宁阳以东之敌击破后，进占埋城屯附近地区，并以有力之一部，跟踪追击。

6．敝指挥部，现在姚村，明三日进至吴村车站，尔后，随战斗进展，沿铁道推进。

代指挥官，基于上项通报，决定独立炮兵第三团第三营及教二师野炮第五、第七两连，在原阵地于夜间断续射击，威胁敌人，并准备一切（补充给养），以便明三日午前三时，协助步兵之猛攻。

五、三日（阴雨后道路泥泞）

1．指挥部仍在红庙。

2．重炮营，仍在郭家庄待命。

3．第十三师第三十七、三十八两旅，于本三日午前三时开始，向石头河、魏家庄、北岭一带阵地猛攻。代指挥官，预用电话令独立炮兵第三团第三营第八连（野炮二门），向石头河及其以北高地△380敌阵地猛攻，教二师野炮第七连（炮四门），向十全村、魏家庄北端射击，并制压敌之铁甲车，掩护我步兵之进攻。当时战斗最为激烈，枪炮声震动山谷。至拂晓，我步兵一部，依我炮火之掩护，占领石头河。敌退山巅，据险死守。我步兵，进至山腹，正在对抗中，一部已将魏家庄、十全村攻破，因受两翼高山上敌之机枪及步兵侧射，虽得也不能守，故仍退守原阵地，至午前十时，接第十三师第三十七旅万旅长耀煌，本三日午前八时发通报如下：

1．敝旅现正向当面之敌攻击中，敌凭山险及坚固工事顽强抵抗。

2．敝旅各部，受敌炮火损害甚巨。

3．敌之炮兵阵地，在歇马亭、西庄，请向西庄集中火力。

4．石头河以北△380高地，有大部敌人占领，敝旅七十四团正攻击该山之腹中，请向△380山顶及山腹射击。

5．魏家庄、及十全村，均系敌之据点阵地，请速集中火力。

代指挥官接上通报后，即用电话令独立炮兵第三团第三营，于本日午前十一时，开始向西庄及△380高地山顶与山腹，集中火力，使我步兵进攻容易。

自三十一日，我炮兵参加战斗以来，将校以机敏指挥，沉着应战，士兵亦忍苦耐劳，奋发忠忱，本日战斗，尤为激烈。敌阵线已渐呈奔溃之象，敌炮兵经我炮火猛烈压迫后，其阵地已向后撤退。盖一日以前，敌炮弹可及西曲村、董大城之线，本日则仅及管村北端，而敌炮弹发射后，依然经十余秒钟到着，其射距离未减，必炮位向后移动也。

三日夜，我步兵全线实行夜袭，战斗剧烈，我独立炮兵第三团第三营向△380高地及歇马亭西庄一带，行延伸射击，杀伤敌退却之人马，并阻止敌后方部队之增加，至十一时，枪声渐稀，夜色沉沉，遂令我炮兵停止射击，在原阵地待命。

戊、敌军败退后行动及我炮兵追击部署与动作

一、四日(阴)，凤仙山△380高地歇马亭、九山一带之敌，经我步、炮协同猛攻，于昨三日夜，向北奔溃，敌退时，将管村以北铁

道各桥梁，根本破坏。本日上午八时，接第三十七旅通报要旨如次：当面之敌，于本四日午前二时起，纷纷向南驿以北溃退，我军已占领九山、歇马亭、凤仙山之线，一部向南驿追击中。

二、代指挥官决定追击部署后，下如下之命令：

1．铁道正面之敌，已于昨三日夜，向北溃退。

2．我第十三师，已占领歇马亭、九山、凤仙山之线，并以一部跟踪追击中。

3．独立炮兵第三团第三营主力，向管村前进，以一连到十全村，协助十三师追击。

4．教一师重炮营及教二师野炮第五、第七两连，迅向管村前进，并在该地，集结待命。

5．弹药分配数目如下：计独立炮兵第三团第三营，榴霰弹二百五十发。教二师野炮第五连，一百五十发，第七连二百发，重炮营弹药五十发，可速到吴村车站，弹药补充所，领取补充。

6．指挥部本四日，即进驻管村。

但各炮兵因雨后道路不良，本四日到达管村者，计指挥部独立炮兵第三团第三营部，及该营野炮一门，教二师野炮第七连一门，教二师重炮营部及重炮三门余均不能赶到。至五日方全部到达指定地点。

己、战斗后之战场情形

敌退去后，检查敌阵遗尸五十余具，血皮狼籍，及伤兵多名，未及退走者，其为我炮弹破片炸伤毙者，实居半数。石头河及△380高地、魏家庄、十余村、九山敌工事掩盖胸墙，为我炮击毁者数处，而为敌利用之家屋墙壁及围墙等，亦为我炮火轰坍甚多，以十全村为更烈，计毁坏房屋三十余间，墙壁及围墙共二十余处。民众死一男一女，伤十五名。敌遗尸二十余具。敌挽马、乘马及民间牛马，共死伤二十余头。又雨后道路泥泞，敌溃退时，弹药、手榴弹、粮秣、笨重行李及其他军用品等，搬运不及，遗弃阵地及沿途甚多。

庚、战斗间空军与炮兵连络情形及其成绩

战斗前总司令派飞机二架，专与炮兵连络。并任空中观测，曾有如下之规定：

飞机对炮兵连络法：

甲、用通信袋通知。

乙、用无线电通知符号如下：

一偏远——偏近———偏左————偏右—————命中

七月三十一日，我炮兵占领阵地后，将我炮兵阵地射击开始时刻及射击目标等，先电知兖州飞行队。同日，并向第十三师商拨无线电机一架，在红庙架设，但飞行队未将飞机名称、出发时刻、驾驶员姓名、机上携带无线电之呼号等，预先通知，及天雨关系，故连络不确，非我炮兵已射击而飞机不至，即飞机已翱翔空际，而炮兵未准备完毕，不能射击，此次空军与炮兵连络，完全失败。

辛、敌我兵力(自七月三十一日起至八月三日夜至)

一、我炮兵集团。

1．教导第一师之重炮一营(欠一连)：日造重炮四门，奉造重炮二门。

2．教导第二师之野炮第五连(欠二门)：三八式野炮二门。

教导第二师之野炮第七连，三八式野炮四门。

3．汉口调来之独立炮兵第三团第三营，三八式野炮六门。

二、本战役参加作战之部队。

1．第十三师第三十七旅全部。

骑兵一连

山炮一连

野炮一连

2．第十三师第三十八旅全部。

补充团一团。

炮兵一营(欠山炮一连)。

三、邻接部队。

1．右翼第十一师。

2．左翼第六十四师。

四、敌军：

1．津浦正面(即我中央军正面)为丰逆玉玺第六路军之一部，傅逆作义第二路军之全部及炮兵一师，约二万余人。

2．本集团正面(自凤凰山至魏家庄，九山至凤凰山之线)之敌，为李逆生达十五军之一师及炮兵一团，又高射炮数门。

但据投诚之士兵王四海供称：九山、凤仙山间之敌，为第三十四、第三十五两团，每团附机枪十二架，迫击炮一连，每连士兵或五六十名，或七八十名不等。山上有大炮六门。

壬、弹药消耗人马损伤及掳获

一、连日战斗掳获无。

二、除教导第一师重炮营，于七月三十一日，向阵地急进时，因天雨，道路不良，挽马倒毙两匹外，其余人马均无损伤。

三、弹药消耗如附表(略)

癸、将来可供参考之所见

一、敌人有高射炮阵地带，空防甚严。

二、我集团所属之炮兵连，编制不一。有四门制、有二门制。作战运用，殊感不便，国军炮兵编制，似有改善统一之必要。

三、我炮兵挽马、驼马过少，体质薄弱，调教不良，每遇天雨及道路不良运动，因之迟滞，影响作战，实非浅鲜。国家马政机关，似宜从速设立改良马种，以备军用。

四、我炮兵通信器材过少，通信人员技术亦欠精练。

五、我炮兵观测器具缺乏。

六、我炮兵应备牵引车及载重汽车队，以便炮之转运及弹药之补充迅速。

附记

一、本详报，仅限于本集团指挥部直接指挥之炮兵。

二、后附讨逆军第二炮兵集团、炮兵到达兖州日期、驻地、与炮种、炮数、携带弹药数量表，及本战斗弹药消耗表，并津浦线方面敌军阵地占领要图，铁道正面敌步炮阵地占领要图，我炮兵阵地及射击目标要图各一张。（缺）

〔国民政府战史编纂委员会档案〕

14. 夏斗寅等关于击溃丰玉玺部并向泰安肥城追击致朱培德等电

（1930 年 8 月 4 日）

急。兖州车站送电局，急转南京参谋总长朱、代主席谭、立法院院长胡、漯河总指挥何、长沙何主席芸公、南昌鲁主席均鉴：上海张市长岳军兄、熊司令天翼兄、漯河徐总指挥克成兄、谭师长逸如兄勋鉴：逆敌傅作义、李生达、丰玉玺等，以三军之众，在凤仙山、歇马亭、葛石店、宁阳之线，构筑坚固工事扼守。寅率十三师及六十四师，于东日，开始向该敌正面攻击。逆据险顽抗，连日攻击，伤亡官兵共约千余员名。我十一师由左侧抄击，进展神速，丰逆所部完全击溃。逆后路已受牵掣。职部复于昨夜乘隙向敌阵地猛进，混战一夜，迄至本日拂晓，敌势不支，纷向大汶口溃退。寅部十三师现已沿铁道向泰安跟踪追击，六四师经埋城屯向肥城以东地方追击前进。查逆敌溃退，极形狼狈，沿途俘获甚多，正在清查中。谨先电闻。职夏斗寅、朱怀冰叩。支辰。印。

〔行政院档案〕

15. 马鸿逵攻占宁阳城经过致谭延闿等电

（1930 年 8 月 4 日）

限即刻到。南京谭院长、朱总参谋长、陈代部长、马主席、汉口何部长、潍县韩总指挥、柳河陈总指挥、漯湾河何总指挥、睢县刘总指挥钧鉴：上海熊总指挥、张市长岳军兄、漯湾河王总指挥湘汀兄、舞阳杨总指挥虎城兄、柳河杨总参谋长耿光兄、顾总指挥墨三兄、驻马店徐总指挥克成兄、潍县朱总指挥逸民兄、沂州陈师长子杰兄、兖州俞总监樵峰兄、曲阜探送左翼蒋总指挥、兖州教一师冯师长、曲阜第六十师蔡师长、兖州第十师杨师长、曲阜第十一师陈师长、兖州教三师胡指挥官、归德蒋总指挥铭三兄、运城探投许师长勋鉴：敝军连日向宁阳附近之敌，施行猛攻，激战甚烈，敌势不支，退入城中，希图固守。支日拂晓，适值阴雨，敝部马宝琳旅，乘机攻城，逆敌仍顽强抵抗，赖我官兵奋勇，屡次猛扑，激战数小时，卒摧顽敌，遂进占宁阳。逆敌向东北溃退，我军仍在追击中。是役毙敌无算，俘获甚多，我官兵伤亡约三百余人，特电奉闻。马鸿逵叩。文申。印。

〔行政院档案〕

16. 韩复榘关于在鲁南击溃晋军通电

(1930年8月6日)

飞急。南京谭院长组庵先生、朱总参谋长益之兄、宋部长子文兄、马主席云亭先生、汉口何主任敬之兄、驻马店何主席雪竹兄、兖州刘总指挥经扶兄、宁阳马总指挥少云弟、柳河徐军长克成兄、上官师长纪青兄、徐州贺主任贵严兄、柳河陈总指挥雪轩兄、顾军长墨三兄、曹县蒋军长铭三兄、襄阳杨军长虎城兄、曹县陈师长辞修兄、青岛葛市长湛侯兄、沈司令成章兄、张处长子元兄、厉参谋长佛磬、济宁陈旅长孝思兄、施旅长忠诚兄均鉴：通报：〈1〉我左翼七戈庄、高戈庄一带之敌，于今晨被我军围攻猛击，敌势不支，纷纷由张大村一带，渡河西窜，因近日烈河水势甚大，淹毙敌人，约千余人。奇获敌之轻重物品无算，获机枪两架，枪百余支。〈2〉我右翼北孟饮马之敌，今晨被我军猛攻，激战数小时，逆敌纷纷向宿阳、干西、金台渡河西去，现正在追击中。特闻。韩复榘叩。鱼西参。印。

〔行政院档案〕

17．总司令部行营参谋处关于津浦线突破晋军宁阳南驿阵线并进击至泰安肥城等地致中央党部电

(1930年8月6日)

急。南京中央党部、各院、部长，各省省、市政府勋鉴：我津浦线讨逆各军，于曲、兖、济宁间集中完后，东日开始攻击前进，敌初在宁阳、南驿一线，据守工事，顽抗极烈，经我官兵奋勇猛扑，将敌前进阵地突破，更予跟踪紧蹑，步步迫逼，近复施以肉搏，至支日即将敌本阵地线完全突破，逆军全线崩溃。歌日，我各军已进击至泰安、肥城、平阴一带，敌以天雨，汶水暴涨，溺毙于水中者，不计其数。其败退情形，至极狼狈。查是役逆军张会诏部及傅作义、周原健师、叶启杰师，为我左翼军俘虏六千余人，获大炮三十二门，步枪二千余支，李生达军之霍段两师，被我中央军俘虏五千三百余人，获大炮五十余门，步枪四千余支，丰玉玺保安师及李生达部、陈长侄师，为我右翼军俘虏约八千人，获迫炮四十三门，步枪五千余支。经此痛击后，在津浦方面之逆部，已损伤殆尽。现我军除正面各师，乘胜继续追击外，并派二师兵力，由平阴沿河挺进，经长清直附济南侧背，决将黄河以南之敌，在短时期内，尽数歼灭之。谨电希捷。总司令列车行营参谋处叩。麻。印。

〔行政院档案〕

18．刘峙关于移师津浦路攻占莱芜与界首济南等地并全部解决丰玉玺部通电

（1930年8月15日）

特急。徐州行营贺主任贵严兄、钱运输司令慕霖兄、宋警备司令润田兄、青州韩指挥向方兄、李军长抱冰先生、蒋总参议伯诚兄、青岛葛市长湛侯兄、掖县刘军长廷伦兄、柳河转陈总指挥雪公、总指挥墨三兄、蒋总指挥铭三兄、归德转刘总指挥书霖兄、朱总指挥一民兄、徐总指挥克成兄、上官军长纪青兄、金军长铸如兄、郝军长梦龄兄、曹县王军长治平兄、亳州叶军长竞秋兄、蚌埠卫司令俊如兄、张骑兵师长砺生兄、上海熊总指挥天翼兄、南京总司令部钱副参谋处长企裴兄、安庆马主席云亭先生、南昌鲁主席咏安兄、张师长矢侯兄、吉安邓师长剑豪兄、汉口刘市长尘苏兄、彭旅长鲁香兄、殷要塞司令绳祖兄、武昌钱师长慕尹兄、驻马店何总指挥雪竹兄、漯河杨总指挥虎城兄、周家口岳招抚使西峰兄、襄阳范司令筱泉兄、重庆刘总指挥甫澄兄、宜昌赖军长德祥兄、长沙何主席芸礁兄、罗师长子雯兄、范师长励凡兄、陶师长、罗师长、刘师长、常德谢师长、罗师长、福州刘师长岐鸣兄、广东陈主席真如兄、梧州陈总指挥伯南兄、昆明龙主席、贵阳毛主席、各省市党部、各省市政府、各报社勋鉴：南京中央党部、国民政府、朱参谋总长益公、汉口行营何主任敬公均鉴：津浦方面之敌傅作义、李生达、张会诏、丰玉玺各部，自经我军在尧山口、歇马亭、宁阳、汶上、东河之线击破后，退据莱芜、泰安、泰山、界首、肥城、平阴之线，构筑坚固工事，并由胶济方面抽调大部前来增援，希图反攻。我军于灰日准备完毕，真日起，向敌总攻，逆军凭藉工事及泰山天险，顽强抵抗，我军攀山越险，勇猛进攻，前仆后续，士气百倍，激战数昼夜，搏战异常激烈。逆敌死伤枕籍，尸满山谷，我右翼军卒于文、元等日，抄过泰安，将泰山中

之丰玉玺全部悉数解决。先后占领大汶口、仲宫镇。寒日，直抵济南以南之兴隆山。我骑兵第一旅，亦于灰日将莱芜城之敌，完全缴械。我中央军于元日击溃当面之敌，占领界首、甲子峪一带之敌阵地。直向张夏追击。我左翼军及左侧纵队，亦击破肥城及平阴以北之平庄一带之敌，向长清追击前进。逆敌仓卒逃窜，被我俘获约八千余人，缴枪七千余支，山野炮五十余门，机迫炮八十余尊，辎重行李无算。惟逆敌为掩护其胶济部队之却及渡河计，退却时，复在张夏固山及济南长清附近，节节抵抗。我军复四面围击，消灭逆敌约十之六七，其残部退由长清、济河、雒口渡河者，又被我堵截俘获及溺毙无数，幸赖总理在天之灵，总司令蒋公之声威，及第一军团友军合进夹击之功。我右翼军业于本日午刻，克复济南。市面秩序，当即恢复如常，民众欢声雷动。刻残敌尚约数千人，正由河北狼狈逃窜。我军仍在跟踪猛进。其在泰安、肥城、汶上被我包围之敌，现亦正接洽缴械。从此，当可于短期间肃清叛逆，奠安党国，知注特闻。刘峙叩。删。印。

〔行政院档案〕

19．总司令部行营参谋处通报右翼军蒋光鼐师占领济南侵鲁晋军只少数北逃致中央党部等电

（1930年8月15日）

（1）8月15日电

急。南京中央党部、各院部、总部、朱总长、沈阳张司令长官、吉林张主席、黑龙江万主席、承德汤主席、各省省市政府、各总指挥、各军师长、汉口行营何主任、徐州行营贺主任、上海熊司令钧鉴：顷据飞机由济南驶回报告，我右翼军已于本日下午二时占领济南，中央军及左翼军正在济南城外，收缴敌械中。津浦路上溃退

之敌，除少数部队，已渡河北退外，余悉背水成擒。俘获敌人军资无算，此次晋逆犯鲁，殆已片甲不归，刻已电各军鼓勇速进，总期扫荡河翔，出民水火，完成革命之使命也。谨布捷闻。总部列车行营参谋处叩。咸。印。

(2) 8月15日通报

通　报(八月十五日)

津浦方面：

(一) 本日下午二时，我右路军蒋光鼐师，占领济南城，敌大部向济南车站退却。并有一部向潍桥走，我中央军到党家庄之北黄山店附近，敌铁甲车在白马山附近掩护退却。左翼军在长清附近攻敌。冯指挥官轶裴亦至前方指挥。

(二) 我陈耀汉师卢旅，仍在莒臬附近，与敌对战。其护路之傅团，本晨率两营由新安出发，向沂州急进。

〔国民政府战史编纂委员会档案〕

20. 谭延闿等为津浦陇海两路击破阎冯军款慰蒋介石密电稿

(1930年8月15日)

限即到。柳河行营蒋总司令勋鉴：席密。顷接高秘书凌百删日捷电称：晋阎逆所部崩溃，我军克复济南。陇海左翼冯逆，倾巢来犯，亦被击破等语。出奇制胜，力扫寇氛。鲁豫肃清，指顾间事。我公溽暑山而征，军中劳苦，惟祝禔躬康豫早奏全功也。延〇汉〇宠〇传〇应① 。叩。删。

〔行政院档案〕

---

① 谭延闿、胡汉民、王宠惠、戴传贤、古应芬。

21. 蒋介石调遣刘峙与蒋光鼐等部在津浦胶济路攻克兖州及济南各地通电

（1930年8月16日）

南京中央党部、国民政府钧鉴：各省省政府、各报馆鉴：上月陇海路讨逆军事方殷，湘、粤各军，正围剿张、桂残逆之际，阎逆锡山乘机犯鲁，我军变更战略，暂弃济南，北守兖济，东扼青潍，比张、桂击溃，中正乃调集湘中凯旋各师到鲁，协助反攻。时陇海亦屡破敌军，得以抽出兵力，因决定计划；津浦方面以刘峙为总指挥，以陈诚、夏斗寅、马鸿逵、胡宗南各师为中央军，由兖州前方，沿铁路进攻。以蒋光鼐、蔡廷锴各师附张乔龄骑兵旅为右翼军，由新泰西端间道抄袭。以冯轶冯、胡伯翰、杨胜治各师，山东警备旅、施忠诚、陈孝思、梁鸿恩旅为左翼军，由铁路西侧汶上、宁阳之线进攻。均于本月一日，攻击前进。另以许克祥师附六十四师之骑兵十团为左侧纵队，经郸城、东阿、平阴、长清、向济南，拊敌背后。胶济路军以韩复榘为总指挥，李韫珩军为左翼军。第三路为中央军。由昌乐以西地区，沿铁路侧击。另以刘珍年军为右翼军，堵截逆敌归路。我津浦路右翼军，首于泰安附近击溃逆敌。秦绍观部于六日占领泰安车站，由蔡师将泰安城内敌人一部包围，敌大部北溃，我左翼军及许克祥师先后占领东阿、平阴、肥城等地区。我中央军连破南驿大汶口等处之敌，于七日渡过汶河，即留马师肃清泰安残敌。余均协同各路军，继续追击前进。逆军仓皇溃退，其在汶河以南之大炮，辎重、骡马，尽行委弃。计共俘虏万余，获步枪万余杆，大炮百余门。傅作义、李生达、张会诏等逆，仅此身免。我军旋于十一日，由界首左右之线，再行总攻。逆敌节节抗拒。并调其胶济路李服膺、冯鹏翥各军来津浦线增援，以图最后之挣扎。乃经我军奋勇肉搏，血战五昼夜，卒将逆敌压迫于济南附近，完全击溃。我右翼蒋师已于十五日下午二时，确实占领济南。并因军先绕道占领党家庄等地，逆敌只一小部份渡河北窜，其余全数被擒。是役俘虏官兵无算，获步枪三万余杆，大炮二百三十门，其他辎重弹药极多，逆敌仅有之飞机三架，亦不及运走。其狼狈窜逃情状，概可想见。查阎逆扰有济南以后，自诩胜利，号召各派反动分子，妄思组织伪政府。日嗾冯逆玉祥积极攻扰陇海、平汉两路，幸赖各将士忠勇奋发，一致努力，卒能克复济南，击溃晋逆主力。现津浦路我军正分路渡河追击。胶济路各军，亦早协同前进。晋逆必可完全歼灭。冯逆残部，闻风胆落，旬日来向我各部作最后之猛烈搏击者。是晚，完全沉寂。顷据报告，且已呈溃退之象。我军部署追击，当亦不难一鼓荡平。此皆仰托总理英灵，中央威信。中正与各将士，谨当益加奋勉，务期于最短期间肃清逆氛，扫除训政障碍，以仰副中央期望之殷，谨电驰闻。敬希垂察。蒋中正叩。铣未参。印。

〔国民政府档案〕

22．陈调元等拟将鲁省府迁回济南请示蒋介石等电

（1930年8月16日—26日）

（1）陈调元致中央党部等电（8月16日）

南京中央党部、国民政府主席、蒋总司令、各院长钧鉴：各部、会勋鉴：中央讨逆军，删午克复济南，职府正准备一切，专候胶济路通，赶速回济，共策善后，俟续电陈，只候示遵。山东省政府主席陈调元率全体委员叩。铣。印。

（2）朱熙致中央党部电（8月18日）

南京中央党部、国民政府主席蒋、五院院长钧鉴：各部、会勋鉴：济南克复，胶路甫通，属府谨于皓晨三时，乘车回济。主持政务。谨此电呈。山东省政府主席陈调元叩。朱熙代。巧。印。

（3）行政院致朱熙电（8月20日）

济南山东省政府朱代主席鉴：巧电悉。鲁省新经戡定，庶政待举，该代主席及各委员，劳苦兵间，苦心支柱，极为佩念。现已回济南办公，希即督务各厅，妥筹善后，加意抚绥，仍将整理情形，随时具报。行政院。号。印。

（4）朱熙致行政院谭延闿电（8月26日）

南京行政院院长谭钧鉴：奉读号电。慰勉殷拳，环诵再三，弥增惭感。职等此次失守省垣，以致政令失驭，黎民倒悬，乃蒙温谕有加，敢不益自振奋。惟军事尚未结束，政令不免纷歧，一切善后事宜，如何推行无碍。仍恳训示，俾有遵循，无任祷盼。山东省政府委员兼代主席朱熙既各委员同叩。宥。印。

〔行政院档案〕

23．总部参谋处关于刘峙指挥山东各路军追歼阎锡山溃军通报

（1930年8月18日）

通报（八月十八日）

（一）据刘总指挥峙铣酉电称：十六日午抵济南，飞机报告：沿铁道北退之敌约一师，其先头到禹城，我第十三师已到齐河南岸，顷决定处置如下：

（1）令蒋、蔡部除以一旅在济南担任警备外，以一部沿胶济路向周村及沿黄河南岸，向济阳长福镇夹击胶济方面逆军。以主力由雒口渡河向德州追击。

（2）令夏师以一旅欠一团，即由齐河南岸渡河，向晏城截击，由蒋光鼐指挥，主力迅肃清齐河、长清间溃散之敌，尔后在田家庄、朱家庄集结待命。

（3）令杨师迅肃清长清之敌，冯师限廿日解决肥城之敌，均到

定陶集结。

(4) 令胡伯翰部,即到南驿乘车返汉。

(5) 令许克祥部,担任平阴、东平间沿河警戒。

(6) 令马鸿逵部骑兵旅(欠一团), 担任齐河、平阴间沿河警戒。

(7) 令马腾蛟迅解决泰安之敌,即率部迅至济南集结。

(8) 令陈孝思迅解决汶上之敌。

总司令本日发电(1)夏斗寅部须即调陇海方面。(2)黄河沿岸即派陈孝思等部及马骑兵旅警戒。(3)令许克祥师速集中荷泽。(4)余均照办。

(二) 又令刘总指挥(1)着十一师加入十九路。(2)第十师第十三师即日开归德。(3)由该总指挥部拨无线电机一架与十一师,嗣由本部拨还。

(三) 据刘总指挥巧酉电称:(1)教三师本日由高村出发,至南驿乘车返汉。(2)十一师十九日,由济南乘车至大汶口,换车至归德。(3)十三师养日,由齐河长清间出发,至南驿乘车开赴归德。(4)教一师自杨村附近,第十师自长清于漾日出发,向定陶集结。(5) 蒋、蔡两师,在洛口至平阴间渡河,以马部骑兵旅掩护。(6)第二十师在平阴东阿间警戒。(7)因汶上之敌未解决,警备第二旅,不能抽调。

(四) 陈师长耀汉部,于筱(十七)日将石家屯、杨庄、薛庆之敌击溃。莒城逆部,有窜沂水之势。本日我军正向莒县方面追击,并以一五二团驰赴莒沂要道截击,本部并电韩总指挥复榘饬部堵截。

陆海空军总司令部参谋处

〔国民政府战史编纂委员会档案〕

24. 蒋介石发布追击津浦路晋军训令

（1930年8月19日）

训令 八月十九日 于柳河行营

一、犯鲁逆军在胶济线，经我第一、第二军团击破后，由青城、雒口镇、长清诸道，向黄河以北逃窜。其一部尚沿黄河北岸警戒。似有掩护其主力，整顿模样。陇海线之敌，迭次来犯，均被我军与以痛创，现已退守原阵地，我军正包围中。

二、本军以主力企图歼灭陇海线上之敌，以一军团渡河，跟踪追击，乘势占领平津，并遮断平汉线阎、冯两逆之交通，以期一鼓荡平之。

三、第一军团总指挥韩复榘，指挥渡河之各纵队，渡河后，分道向平、津、正定、磁州、彰德，各目标追击前进。若敌在禹城附城抵抗时，先以主力击破逆敌后，再行分道追击。

四、兹规定第一军团各纵队渡河地点及经过道路。

于下：

队别	渡河点	前进径路	目标
第一纵队	济阳、雒口镇。	经禹城、德州、沧州、天津道。	天津、北平。
第二纵队	长清、东阿。	经聊城、冠县、大名、四隆镇道。	磁县、彰德。
第三纵队	青城附近。	经惠民、吴桥、拓城镇、武强、安平、正平以北道。	保定、正定。
附记	一、敌若在禹城附近抵抗时，以第一、第二纵队，协力击破之。第三纵队迂回至德州以北，协威其后路。 二、敌若在德州附近抵抗时，以第一、第三纵队，协力击破之。第二纵队实行遮断阎、冯两逆之连络线。		

五、各纵队应于八月廿日起，实行渡河，务于八月廿五日以前，渡河完竣。

六、关于济南之警备，由第一军团第三路军，留置一部担任。

军队区分：

第一军团总指挥韩复榘。

第一纵队指挥官孙桐萱；

第十二军、第十四军、第廿二师、第十五路军。

第二纵队指挥官蒋总指挥光鼐；

第十九路军、第十六军、第十一师。

第三纵队指挥官刘军长珍年；

第十七军。

右令

总司令　蒋中正

〔国民政府战史编纂委员会档案〕

25. 总司令部行营参谋处通报肃清鲁境晋军残部电

（1930年8月19日）

急。南京中央党部、各院部、总部朱总长、沈阳张司令长官、吉林张主席、黑龙江万主席、热河汤主席、各路总指挥、各军师长、各省市政府、汉口行营何主任、徐州行营贺主任、上海警备熊司令钧鉴：津浦方面；阎部逆军，自经我军于删日击溃后，土崩瓦解，覆没无余，综合各方报告，详情如下：（一）李服膺部之贾学明残部，退窜禹城。我军以一师跟踪追击，另以生力军由青城渡河，向德州截其归路，即可肃清。其朱珍师与王靖国部，现在胶济线，为我第三、第十九两路军及十六军包围，全部缴械。（二）张会诏残部，散在长靖附近，已被我第十、第十七、各师团缴，刻正搜索残余中。（三）傅作义部，前在肥城一带，已为我左路军全部消灭。(四)丰玉玺部，除在泰安投诚之三千余人外，余部丧亡殆尽。(五)秦绍观之保安队，前在泰安附近，被我右路军完全解决。现我讨逆军陆续北进，收复平律，计日可待。谨电捷闻。总司令列车行营参谋处叩。皓。印。

〔行政院档案〕

26．蒋光鼐在津浦路取得大捷复古应芬电

(1930年8月20日)

南京文官长古公襄勤勋鉴：巧电奉悉。过奖不敢当，查敞部占济后，乘胜追至雒口，计俘四千人，获步枪三千，大炮数门，迫炮十余尊，水旱机关枪四十余挺，手机关枪二百余支，骡马数百匹，飞机四架，子弹粮秣山积，阎逆精锐损三分之一以上，诚总理在天之灵也。谨报。光鼐叩。哿。印。

〔国民政府档案〕

27．马鸿逵关于奉蒋介石令向平津进展暨围攻泰安城经过与谭延闿往来电

(1930年8月18日—24日)

(1) 马鸿逵致谭延闿电(8月18日)

南京行政院院长谭钧鉴：在京敬聆尘教，感切五中，昨晨抵柳河。晋谒总座，精神健旺如恒，对时局极抱乐观。陇海线敌人无变化，现正抽调津浦线之教一师夏、陈、许各师前来，战事定有进展，晋军自经在津浦线，大受惩创，不堪言战，总座令蒋、蔡二师、刘珍年师，韩向方及逵部，即日渡河进击，向平津一带进展，敌已气馁胆寒，进行自必顺利，泰安城之残敌，经逵部围攻，不日可下，知注谨

闻。马鸿逵叩。巧。印。

(2) 谭延闿复马鸿逵电稿(8月21日)

泰安、济南、速送马总指挥勋鉴：巧电奉悉。驰驻劳瘁，迅奏肤切，承电殷勤，尤钦勋略。尊恙想已痊复，极为驰念，伟略捷音并希时示。延闿。马。印。

(3) 马鸿逵致谭延闿等电(8月24日)

特急。南京行政院、谭院长、柳河杨总总参谋长钧鉴：此次晋逆南犯，敝军自克复宁阳后，即协同各友军跟踪追击。当逆敌大部溃退时，即以步兵三团为基干之部队，固定泰安，希图牵制。敝军奉命接替我六十师，围攻该城，敌凭恃坚城，顽强抵抗，连日激战，敌人伤亡颇多，乃于敬日拂晓，风炮火掩护，施行猛烈攻击。六十四师副师长马腾蛟、旅长马全良，率领所部，奋勇登城，逆敌以炸弹、冲锋机关、拚命冲杀，血战二小时，敌势不支，退据岱庙及城东北隅，死力抵抗，犹复巷战二小时，始将逆敌完全解决，无一漏网。计是役毙敌团长一名，营长四名，连排长甚多，及目兵千余名。俘虏敌旅长一名，团长二名，营长六名及官兵五千余人。获步枪四千余支，冲锋机关枪四百余支，机关枪四十余架，炮十六门，迫击炮四十门及军用品无算。敝军亦伤亡三百余人，现正办理善后中。除呈报外，特电奉闻。马鸿逵叩。敬午。印。

〔行政院档案〕

28．蒋介石军第二炮兵集团在泰安界首与晋军傅作义等部作战详报

(1930年8月26日)

甲、战斗前敌我形势概要

一、逆敌傅作义、李生达、丰玉玺等。在汶河南岸，被我军击溃后，受创甚巨。自八月三日起纷纷退过汶河北岸，占领泰安、界

首、肥城及平阴东北地区之坚固阵地，企图死守，以牵制我多数兵力，俾陇海线方面逆军作战容易成功，并于黄河右岸固山附近，构筑最后抵抗阵地。

二、A泰安形势及敌军部署

泰安城踞泰山麓居徂徕、泰岱之间，南带汶水，北倚泰山，西有津浦铁路，纵贯南北，运输利便。城高三丈，厚丈五或八尺，系岩石筑成，外壕广四丈，深二三尺，秋、夏暴雨，增至五尺以上。西门接近车站，房屋栉比，东南两门次之，北门外家屋最少。惟紧接山麓，地势成斜坡状，经山水冲洗，断绝地甚多，东南两门外，地势低洼，泥沙浮起，沟渠纵横，雨后山洪陡至，野重炮运动，大感困难。西门外铁道西，蒿里山拔地挺峙，尤能屏蔽泰安城。

城内敌储存弹药粮秣甚多，饮料燃料亦不缺乏，城上则增厚雉堞，并设电网及掩盖遮蔽物等。附御城墙外重点及要道，均设障碍物，如地雷等，防止我军进攻。守城敌兵约步兵三团，附迫击炮十二门，山炮四门，高射炮一门，其炮兵阵地在城内东北角。泰山上有敌兵一旅，居高临下，依山设险，与城内之敌，互为声援。

三、B界首形势及敌军部署

界首在泰山山脉之西麓，津浦铁路蜿蜒于西红岭、黄草两岭，虎踞于东和尚塔、凤凰台两峰，雄峙于西亘八里岭、黄山、谷山、寨山、西至肥城，山岭层叠，峰峦连接不断，至界首地势始平。形成一极险之隘路口，直鲁之役，张宗昌扼守隘路口，岳维峻攻至凤凰台，终至失败。

守红岭、黄草岭、界首、凤凰台、和尚塔一带之敌，为步兵一师及一独立团、野重山炮各一连，野重炮主力在界首附近，野炮一部在石浪附近，山炮则在凤凰台及界首东北高地，步兵本阵地在红岭、黄草岭、和尚塔之线，东与占踞泰山之敌，西与逆军第十五、第十八两军相连络，铁甲车一列在界首，一列出没于黄草岭附近，掩护敌军。

四、C 我军情形

我第六十四师接替右翼军围攻泰安中。

我第十一师正驱逐二十里铺黄湾、天平店附近之敌，向界首之敌攻击中。

我第十三师向穆英台附近之敌，攻击前进中。

敌军阵地如附图(一)

乙、敌我兵力

一、我炮兵集团：

1．在泰安附近者：

教导第一师炮兵队重炮营之重炮两连(计四门)。

独立炮兵第三团第三营(野炮大门)。

2．在界首附近铁道正面者：

教导第二师炮兵团之野炮第五、第七两连(计六门)。

独立炮兵第三团第二营(野炮六门)。

二、本战役参加我作战之部队：

1．在泰安附近第六十四部。

2．在界首附近第十一师。

三、邻接部队：

右翼为右翼军。左翼为中央军第十三师。

四、敌军：

1．泰安城内者：

第六路第十八军第十二旅，计步兵三团，山炮四门，迫击炮十二门，高射炮一门，手提式机关枪二百余挺，重机关枪四十余架。

2．界首附近：

第十一师全部(师长陈逆长捷)及李逆服膺之一部(一团)，附野重山炮各一连，铁甲车两列。

丙、我炮兵之前进及部署情形

一、八月八日午后六时三十分，代指挥官在管村接第二军团总指挥部八日午后三时通报如下：

代指挥官接上项通报后，决将炮兵由管村出发，向泰安开进，并于同日午后十一时下如下之命令：

1．被我击溃之逆敌，在界首、肥城一带，构筑工事，企图抵抗，一部占据泰安城，拒抗我军前进。

胶济路方面，逆军已向潍河以西溃退，我韩军正跟踪追击中。

我第二军团于十一日向当面之敌开始攻击。

2．本集团以协攻泰安附近之敌之目的，于明九日开始运动，向泰安前进。

3．各营连行运日程如下：

九日

部队	地点
独立炮兵第三团第三营 教导第二师炮兵团第五连（欠二门） 第七连	彭宿店（大汶口北）附近
教导第一师炮兵队重炮营（六门）	曹庄（大汶口北）附近

十日

部队	地点
独立炮兵第三团第三营 教导第二师炮兵团第五连 第七连	王店
教导第一师炮兵队重炮营	洪沟店

4．指挥部明九日驻曹庄，十日洪沟店。

注意：1．各营能如期到达指定地点者，每连奖洋一百元，误期不到者，定呈报惩处。

2．由独立炮兵第三团第三营派连络将校，于十日前到泰安附近，与第六十四师联络，并侦察敌情及地形。

二、指挥部于九日午前四时出发，经南驿、曹庄，至十日午后三时，即到洪沟店，但各炮兵，因雨后道路不良，除一部能如期到达指定地点外，多数为天候及地形所迟滞，其到达地点如附表(一)。

三、十日午后四时，指挥部通报第六十四师其大要如下：

1. 敝指挥部于本十日午后三时到达大洪沟，野炮十二门本日已到达王家店附近，重炮尚在途中。

2. 贵师司令部及第十五路指挥部现驻何地，贵部各旅团位置及敌情请赐示。

同日午后六时，独立炮兵第三团第三营，派出之连络将校回部报告，其要旨如次：

1. 泰安城内之敌，已被我第六十四师包围，决难突出。

2. 我右翼军由山口水北街之线，向仲公镇攻击前进中。

3. 我第十一师自八日起，由界首攻击前进，本十日，闻已占领和尚塔小房庄、黄草岭及红岭南之460高地，但敌据险固守，利用铁甲车掩护，虽经我军痛击，犹复顽强抵抗。

4. 泰安城甚坚固，东门外水沟及断绝地甚多，南门外地低、雨后泥深。北门外岩石森立，地不平坦，炮车行动，均为不便。惟西门外附近炮车可以行走。

5. 第十五路总指挥部与第六十四师师部，均在白峪店。

同日午后七时，接教导第一师炮兵队重炮营营长董慎，本十日午后三时，由南驿发报告内称：职营本十日午后二时四十分到南驿，因雨道路泥深，各炮无法运动，不得已在南驿附近宿营。第一连(炮二门)由各连排选精壮挽马，协同前进，于午后七时到达大汶口宿营。明十一日当继续前进。代指挥官基于以上情况，其命令要旨如下：

1. 独立炮兵第三团第三营与教导第二师野炮第五、第七两连，于明十一日拂晓，派将校侦察泰安城形势及炮兵阵地与进入路，并先与第六十四师在前线之步兵取连络。

2. 重炮营应速向泰安兼程前进。

3. 独立第三分站，明十一日应推进至南驿派出所，应进至大汶口。

四、十一日(上午晴、下午雨)上午八时，据各炮兵报告，阵地选在泰安城外西北。至午前九时，指挥部即进驻王店。午前十一时，接第六十四师通报如下：

1．困守泰安之敌兵力称三团，实数约二千余人，附迫击炮十二门，山炮四门，高射炮一门，炮兵阵地在东北角，占据玉皇顶之敌约一营，现为敝师包围中。

2．敝师部本十一日午后二时，移驻王庄，第一九〇旅第二团，围攻城之西南两面。第一九一旅团攻城之东北两面，其余均在车站附近集结。

同日午后十时，接第二军团总指挥部本日午后八时发之通报如次：

1．我第十一师现已攻占红岭，并东方高地及黄草岭、小辛庄、小房庄、和尚塔、白马寺、小张庄之线。

我第十三师在穆英台亘百福图以北之线，与刀山口及其西北一带高地之敌对峙，一部已包围谷山之敌，一部已占领柳沟。刀山口附近，似有敌之坚固工事。界首附近有敌之铁甲车，时向我军射击。

泰安城内残敌，仍被我第六十四师一部包围中。

2．贵炮兵集团各部炮兵，除以重炮兵协同第六十四师担任围攻泰安城外，须即先派野炮六门，由贵代指挥官率领迅赴第十一师方面，协同第十一师向敌铁甲车及坚固工事适当部署，施行破坏敌之工事及铁甲车，并杀伤敌之人马，使我步兵进攻容易。

3．贵炮兵到达地点及射击部署，并战斗情形随时通知。

4．敝总指挥部在洪沟店。

代指挥官接上项通报后，即决定以重炮营及独立炮兵第三团第三营(野炮六门)附属六十四师作战，归马师长指挥。原附属之独立炮兵第三团第二营，则归还建制。并令该营及教导第二师炮兵团之第五、第七两连，向大辛庄转进，参加界首方面战斗，其命令如下：

第二炮兵集团指挥部命令　八月十一日午后十二时于王店

1．困守泰安之敌，已在我第六十四师包围中。

我第十一师已攻占红岭，并其东方高地及黄草岭、小辛庄、小房庄、和尚塔、白马寺、小张庄之线，但敌军仍据界首附近及凤凰台天险，与坚固工事，顽强抵抗。其铁甲车时向我第十一师射击，战斗殊为激烈。

2．本集团以协攻界首及泰安，俾我步兵攻击容易成功之目的，以野炮主力向大辛庄转进，协同第十一师攻击界首之敌，以一部及重炮在泰安附近，归第六十四师马师长指挥，攻击困守泰安之敌。

3．独立炮兵第三团第二营，应于明十二日拂晓，由现地出发，经小眼堤、六郎坟、黄湾，向大辛庄前进。并在大辛庄占领阵地，协助第十一师作战，以一部制压敌铁甲车，主力对石浪敌炮及界首凤凰台敌坚固工事，猛轰而粉碎之。

4．教导第二师野炮第五连(欠二门)、第七连，应于明十二日由现地出发，经曹庄向辛庄前进。并于大辛庄东部地区，占领阵地。第五连向红岭北高地敌炮制压，第七连射击界首及车站附近之敌，并破坏其工事。

5．独立炮兵第三团第三营，附属第六十四师作战，归马师长指挥。

6．教导第一师炮兵队重炮营，须迅速开来泰安，附属第六十四师作战，归马师长指挥。

7．指挥部与第十一师部间电话线商得同意，由第十一师架设。指挥部与炮兵第二营间之电话线，由指挥部架设。第二营与教二师、第五、第七两连间电话线，由第二营架设。

8．兵站主地在南驿，末地在大汶口。

9．指挥部本日在王店，明十二日进驻北黄湾。

注意：1．各部队渡河时，须特别注意。

2．独立炮兵第三团第二营到南黄湾时，须向指挥部报告。

五、十二日(上午晴、下午雨)。

本十二日上午六时，指挥部由王店出发，至正午十二时到达北黄湾，独立炮兵第三团第二营，本日仅到马湾，教导第二师野炮第五、第七两连，仅到曹庄。同日午后四时，接第十一师电话，十一师现在红岭、黄草岭、小辛庄、小房庄、和尚塔、凤凰庄、白马寺之线，与界首附近及凤凰台之敌剧战中。

丁、界首附近战斗经过及围攻泰安情形

A．界首方面

一、十三日(晴明)。

界首附近石粮、小辛庄、凤凰台一带之敌，与我第十一师剧战数日，尤以本十三日晨为最激烈，我飞行队于本十三日午前七时起，即向凤凰台、界首车站猛烈轰炸。我第十一师乘凤凰台敌动摇之机，即奋勇猛攻，遂占领凤凰台天险及小辛庄。敌退据石浪及界首车站附近之坚固工事内，顽强抵抗，敌铁甲车及石浪附近敌炮，向我军射击，拒我前进。我独立炮兵第三团第二营及教导第二师野炮第五、第七两连，于本十三日拂晓出发，向大辛庄急进，于上午十时独立炮兵第二团第二营，到马家园附近，教导第二师第五、第七两连，到小官庄附近，即受石浪附近之敌炮及铁甲车上之炮所射击，不得已停止前进。独立炮兵第三团第二营在马家园附近，占领阵地，向石浪敌炮及界首附近之敌，开始猛烈射击，教导第二师野炮第五连及第七连，在小官庄附近占领阵地，第五连(欠二门)对界首北高地敌炮制压，第七连以二门专射击敌之铁甲车，以二门对界首车站附近猛攻，杀伤敌人马并破坏其工事。炮声震天地，剧战经四十分钟，敌炮遂沉寂，敌铁甲车亦向北退去，枪声亦稍远，我步兵似已前进。代指挥官即令各炮延伸射程，向界首车站及界首以北之敌阵地射击。至午后八时，接第十一师陈师长电话称：界首一带之敌，似有退却模样，敝师拟于本晚九时，继续攻击界首一带之敌，奏功后，即行追击。代指挥官基本情况即为如下之处置：

1．独立炮兵第三团第二营，于本(十三日)晚继续射击界首之敌，如敌退却，即以一部协助步兵猛烈追击。

2．教导第二师野炮第五(欠二门)第七连，于明十四日午前三时出发向界首、店台前进，协同十一师追击到达店台后，如敌与我步兵已脱离时，即在店台停止待命。

B．追击情形

一、十四日(晴)午前五时三十分，指挥部由北黄湾出发，午前八时到石浪，接教二师野炮第五、第七两连报告要旨如下：

1、职连于本十四日午前三时出发，协同第十一师追击溃退之敌，于上午七时到达店台。

2．逆敌纷纷沿铁道向大万德以北溃退，沿途并无抵抗，我第十一师追击队衔尾追击，其主力正向大万德急进中。

3．据报我右翼军一部攻占仲公镇，进至济南城南门外一带高地，正在攻城，一部已追近张夏大小崮山，截断敌归路。故铁道正面溃退之敌，恐归路已断，惶惧万状。

4．职部现在店台待命。

代指挥官接上项报告后，即为追击部署如次：

1．独立炮兵第三团第二营为追击队，该营长戎福为追击队长，迅率全营协同第十一师沿铁道线向济南猛烈追击。

2．教导第二师野炮第五、第七两连，随指挥部在追击队后跟进。

3．各部队追击行程如下：

十四日

指挥部
教导第二师野炮第五第七两连 } 大湾德附近

追击队	阴灵关附近
十五日	
指挥部 教导第二师野炮第五第七两连	大崮山附近
追击队	炒米店附近
十六日	
指挥部 教导第二师野炮第五第七两连	大槐树
追击队	大槐树

二、本(十四)日上午十时,我追击队到界首附近,时适有飞机五架,由北向南飞行,见我炮兵,向北急进投弹三枚,均皆炸裂二枚,未中一枚,正落于第二炮附近,我炮兵死四名,重伤五名,各炮兵仍奋勇前进,沿途并无敌军抵抗。十六日至党家庄附近,时有敌溃兵一营,当即勒令缴械,俘获如附表(二)。

十六日午后,指挥部及各炮兵,皆达到大槐树附近。济南已为我右翼军占领,黄河南岸无敌踪。其残部尽退过河北,我十一师到雒口附近,十三师到齐河县,与敌隔河对峙。

三、十七日午后五时三十分,接第二军团总指挥部通报称:贵炮兵集团指挥部所属炮兵拨野炮六门,归第十九路蒋总指挥光鼐指挥,其余即开赴泰安协助我第六十四师围攻泰安城内残敌,攻克后即开回归德。代指挥官接通报后,即为如下之处置:

1．教导第二师第五、第七两连,附属第十九路军作战,归蒋总指挥光鼐指挥。

2．指挥部及独立炮兵第三团第二营,于十九日由济南乘车南下至东北堡下车,协助第六十四师围攻泰安城内残敌。

C．泰安方面

一、死守泰安城内残敌,被我第六十四师及我野重炮一部围攻,自八月十一日以来,战斗旬日,因城墙坚固,而重炮只到二门,故尚未攻破。指挥部在克复济南后，即率野炮一营，于十九日拂晓出发，乘车南下，至同日午后八时，到达东北堡车站下车后，即令教导第一师炮兵队重炮营董营长，速令重炮二门，由大汶口乘车开来东北堡，下车待命，并令前附属第六十四师之野炮、重炮，归还建制。二十日指挥部进驻泰安车站西之涝洼，独立炮兵第三团第二营进至蒿里山附近。二十一日增加之重炮二门，亦到泰安车站。代指挥官遂部署各炮兵于明廿二日攻城，同日午前十一时，下令如下：

第二炮兵集团指挥部命令　八月廿一日上午十一时
于涝洼指挥部

1．泰安城内残敌，犹恁险固守，其炮兵阵地，在城内东北角。我第六十四师现正面围攻，已迫近城墙，决于明廿二日拂晓，开始攻城。其主攻方面选定西门及西北角。

我空军于明廿二日拂晓后，猛烈轰炸城内之敌。

2．本集团以协助第六十四师歼灭守城残敌之目的，于明廿二日午前五时三十分，开始总攻泰安城。

3．独立炮兵第三团第三营，在清真寺西北原阵地。于明廿二日午前五时三十分，开始射击，以主力轰击城西北角，并杀伤城上守兵，以一部制压城内东北角敌炮兵。

4．教导第一师炮兵队重炮第一连（昨日由大汶口赶来之重炮二门，亦归第一连宋连长兆赓指挥），在清真寺附近，占领阵地。于明廿二日午前五时三十分，开始对西北角城墙轰击，务将城墙轰坍开一缺口，以便我攻城队之攀登，冲入容易。

5．独立炮兵第三团第二营在蒿里山附近，占领阵地。于明廿二日午前五时三十分，开始射击，对西门城上之敌守兵杀伤，并破坏其工事。

6．各炮兵须于本日黄昏前进，入阵地射击，诸事准备完毕。

7．独立第三分站在大汶口，其派出所已到南留。

8．指挥部与第二、三营间电话，由指挥部架设，重炮连与野炮

第三营间电话，由第三营架设。

二、廿二日午前五时以前，我第六十四师攻城部队，在攻击准备位置准备完毕，五时三十分我炮兵各向目标开始猛烈轰击，敌炮亦断续应战，一时炮弹横飞，屋瓦皆震，卒因城墙坚厚，敌又居高临下，破城殊非易易，战至午后三时，我重炮用榴弹集中攻西北角一点，共射四十余发，将城墙轰坍约五米达之缺口，我攻城部队，本可鼓勇冲入，卒因敌以机枪及手榴弹轰击，一面扼堵，不能进入。同时接第六十四师电话，炮兵暂停止射击，俟该师坑道爆破队所开掘之坑道完成及装药设备完竣后，定于本晚十二时爆破西门城堞。代指挥官即令各炮兵暂停射击，并准备一切及夜十二时我炮兵继续射击。第六十四师爆破队亦将装药用电流发火，于是枪炮杂沓声中，轰然一声，震动天地，西门城楼及城墙遂坍倒，成十余丈大缺口，砖石瓦屋，飞入云霄，远落于三四里外，城上敌之守兵，尽行毙命，或被压死。我炮兵复猛烈射击，敌兵慌乱不敢增援、扼堵，攻城部队奋勇，由缺口冲入占领各街市隘路口，敌大半缴械，残部退据岱庙或家屋中，企图抵抗，我野炮即对岱庙射击。我第六十四师亦努力将岱庙包围，战至上午九时，全城逆敌完全缴械，本战役，我炮兵阵地如附图(缺)。

戊、战斗后敌军状态及我炮兵行动

一、界首之敌被我第十三、第十一两师击溃后，一部为我军缴械，残部本欲在崮山一带收容，企图固守，为最后之挣扎。因我中央军追击过猛，又因我右翼军迫近济南，截其归路，故军心涣散，收容不及，除缴械外，余向黄河北岸退去。寿安之敌，破城后，全城被俘。仅困守汶上城之敌，尚凭塞固守，与我围攻该城之警备第二旅陈旅长所部抗战中。

二、攻破泰安城后，代指挥官决令参加攻城各炮兵，在车站附近集结、整顿、补充，并电令重破营董营长派重炮二门，开赴汶上，协助警备第二旅围攻该城，归陈旅长指挥。一面令教导第二师炮兵团团长唐仲勋，在兖州集结，待车开向陇海线，该团前附属津浦线各师作战之炮兵，于八月廿七日开始出发，由津浦路向陇海路移转，参加陇海路之中央突破及会攻开封、郑州诸会战。

己、弹药消耗人马损伤及俘获

一、弹药消耗人马损伤及俘获如附表(二)

庚、将来可作参考之所见

敌守城防御甚完备，士气整暇工事，亦巧妙坚固，我军攻城材料不全，攻守城炮亦甚缺乏。中央军炮兵，仅有十五生的野战重炮十二门及少数七生五野战炮与及他之山炮、迫击炮而已，一旦有事，疆场与邻国兵戎相见，以最劣势炮兵与最优势敌炮相角逐，何能收战胜之功，国军似宜添练各种野战炮兵及十五生的口径以上之攻守城炮，无事则集中训练，以收统一之功，有事分属各军或分置各要地，并设破兵专门学校，造就专门人才，以为改良炮兵之基础。

附记

一、本详报仅限于本集团指挥部直接指挥之炮兵。

二、附表二张、附图三张(缺)

〔国民政府战史编纂委员会档案〕

29．湘鄂赣等省政府声讨汪精卫在北平召开扩大会议组织政府通电

(1930年8月15日—29日)

(1) 湖北省政府通电(8月15日)

南京。送中央党部、国民政府、各院长、总司令部、柳河总司令蒋钧鉴：南京各部长、汉口行营何主任、徐州行营贺主任、刘总指挥、韩总指挥、何总指挥、长沙何总指挥、广州陈总指挥、陈主席、河南徐总指挥既各总指挥、各军长、各师长、各省省政府、市政府、各

级党部、各法团转各报馆公鉴：自汪精卫潜回香港，间走北平，于是湘、鄂、赣三省之共产党，遂与桂系余孽、各地土匪相勾结，掠夺城市，破坏交通，暗袭明攻，互相策应，一舍有系统、有计划之联合战线，初不料具受汪氏之指使也。近据各军警机关报告，担任破坏交通之匪共，有大队、有分组，其枪械均由北方供给，且汪以有董用威、赵恒惕、胡宗铎、聂洸主鄂事，彭、贺谋湘，朱、毛图赣之九人者，皆与汪氏有深切之历史。最近武汉警备司令部，且已截获汪以有署名之多数委员令矣。证以广州截得汪之致李电文及武汉行营。据通城县长讯：得俘虏口供之微日通电，是迩来鄂、赣、湘三省共祸。同时复炽，悉为改组派、共产党、桂系之联盟动作，而汪精卫实为发纵指示之人，已由事实判明，而汪氏亦初无掩饰之心，且以此为入平之礼物，并视为其希望中可得分脏之股本矣。盖汪氏旋为武汉政府主席，其命令尚能及于鄂、赣、湘三省，竭三省之财力，以为鲍罗廷一人奸恶之度支，举三省之人民，以供共产党谈笑试验之牺牲。自汪氏提出反共产、即为反革命、不革命，亦为反革命之口号，于是三省之民，机始启自汪氏颁布三省民众运动组织方案，于是商丧其资，工荒其业，农误其耕，青年辍其学，老弱废病失其养，且阶级斗争，私相仇杀，人民裁判，不立罪名，有其党籍者，不问贪污，不入其党籍者，尽为土劣。烧云燔天，鱼羊厌肉。嗷嗷者相惊，鸿雁之魂。路路者乞假，蜉蝣之命。此皆汪氏执政之成绩也。汪之来也。以国共合作，掩护共党之进攻。汪之去也，以分共清党，保持其既得之势力。尽其现金集中令，早知事无可为，故先为其党只得公积金，挟以去国。彼面不雕字之党人，固皆日游于都市之中，为之传达命令，而其杀人放火之选手，则仍出没于山泽之中，待时以谋，集访。今汪氏登高一呼，而三省共祸风发云涌，亦可见其培植之深矣。汪氏既甘为苏俄作虎伥，其赤化中国之决心，将愈演而愈烈，邦人君子，苟怵于三省惨酷之共祸自救救国，皆当一致申讨，以翦除此不祥之怪物，迫切陈词，诸希明教。湖北省政府叩。

删。印。

(2) 江西省政府通电(8月21日)

急。南京中央党部、国民政府主席蒋、行政院院长谭、各院院长钧鉴：各院、部、会，沈阳张司令长官、各省省市党部、省市政府、各路总指挥、各军师旅长，各司令、各机关、各报馆均鉴：阎冯倡乱，背叛中央，本其鬼蜮伎俩之行为，冀循军阀专横之故态。凡属本党同志，全国同胞，莫不愤慨填膺，群起对抗。我中央戡乱救民，大张挞伐，戎车所至，逆势崩摧。讵彼穷路之余，犹不痛自悛悔，近更变本加厉，勾结党痞政蠹，军阀流氓，麇集北平，合开其所谓扩大会议，稽诸党章，既无法理之根据，核其事实，纯为反动之集团，败坏纪纲，莫此为甚。在阎冯诸逆，好乱性成，其心目中，固不知党国为何物，犹亲炙总理数十年之汪精卫，亦不惜与万恶军阀，西山会议改组派联成一气。反颜事仇，既僭窃党，统演此滑稽之扩大会议。复鼓煽共匪，造乱湘赣，旷古未有之奇灾，丧心病狂，一至此极，痛人心之陷溺，挥涕泪以何从。惟是群言旁杂，妄希淆乱，听闻此义伸张，终必肃清妖孽。苟吾人能持坚定不拔之志，即国家已奠和平统一之基。尚望全国一致，迅起直追，消灭凶顽，发挥主义，存亡所击。谨与周旋，悲愤之词，诸维鉴察。江西省政府叩。箇。印。

(3) 湘鄂赣三省绥靖会议通电(8月29日)

南京中央党部、国民政府、蒋司令钧鉴：各院、部、会勋鉴：各行营、各总指挥，各军师长，各省市政府、各省市党部、各报馆均鉴：阎冯两逆，背叛党国，称兵鲁豫，恣睢自雄，时已三月，当其发动之始，曾集谋士于左右，复遣说客于四方，计长较短，要约联盟，已足见其封建自私残民未逞之欲虽炽，而企图破坏统一，颠覆本党之阴谋，尚犹迟回顾虑，不敢贸然实行。其军事上之投机，以攒入其自掘之坟墓也。不图丧心病狂之汪逆精卫，因十六年十二月，造成广州大屠杀之惨剧，不能见容于本党同志，全国同胞，遂乃大事抄袭共党不择手段之行径，冒用国民党员之招牌，以实行其党务上之投机。于是阎、冯与汪，乃各站在自私自利之场上，而为此一度狐狗式之结合。然阎、冯与汪投机之方向虽殊，其目的则一，所谓苟患失之，无所不至者也。军兴以来，仰仗总理在天之威灵，托赖蒋总司令指挥之有方，讨逆将士既负弩而前驱，华北同胞，复箪食以省迎。以是名城迭克，顽逆屡摧，海宇腾歌，平津震动。乃汪逆精卫不自悲悔，睹大势之即去，知托身将无从一方。蝇集其腐恶同流之反革命、不革命分子，于七月十三日，在北平怀仁堂，举行伪扩大会议，欲因此产生伪政府，树一相像之局面一方。复勾结匪共，扰乱讨逆后方，以缓和前线战事。夫以服膺共党，革命无道德，成功为道德秘诀有日之汪逆，为欲圆其党魁之迷梦，又何择乎手段。矧此一套旧把戏，前曾一演于两湖，次又演于两广，汪逆固己行所无事，而视为唯一之信条，独是我夙无雠无怨，于汪逆复矢忠矢信，于本党之湘鄂赣三省民众，乃为汪逆(成功为道)信条下，无可幸逃之牺牲品。今者讨逆军事虽未因汪逆召开之伪扩大会议而稍受影响，且因此而民气益为奋厉，前线军事日有进展；计自津浦线济南克复，陇海线正规取开封，平汉线亦逼攻许、郑，战事结束之期，已在目前，此固汪逆意想所不及。然而汪逆勾结匪共，扰乱讨逆后方之阴谋，确已使我湘、鄂、赣三省民众，备受焚杀淫掠之惨毒，流离转徙，而不遑宁处矣。本会集议武汉，三日以来，对于整个清剿匪共计划，讨论周详方案，确定各代表，即日首途，各返本省，严厉执行，期于最短期间，使匪共肃清，闾阎安堵，俾得从容奉行三民主义，努力于建国大功之完成，惟在此罪魁祸首之汪逆，授首有待之日，尚望本党同志，全国同胞，一致奋起，共除此獠，以清反侧，而安党国，铲共前余，实利赖之。湘、鄂、赣三省绥靖会议叩。艳。印。

〔行政院档案〕

按 在本卷内尚有安徽省政府咸电，豫东各界党部寒电，山东省政府与山东省党部文电、其内容均是声讨汪精卫在北平召开扩大会议组织政府。故不另录。

30．韩复榘编制鲁境黄河北岸阎锡山部军情及渡河点与船只概况表

（1930年9月9日）

第一军团黄河北岸敌情及渡河点并敌岸船只概况表

区分	敌情概况	渡河点及敌岸船只概数
第二十二师防区	1．蒲台约有一师兵力。 2．利津约有一团兵力。 3．沿河岸各渡口，均构筑有工事，并配置有机关枪。	1.小辛城对岸，有船二十余只。 2.王家庄、张王庄、高家等对岸，均有船十余只、董家集河岸，有船十只。 3．由十里铺至清河沿岸无渡口，现河水渐落，渡船亦有能靠岸之处。
第十四军防区	1．小清河镇约有一团，炮兵四门。 2．由清河镇至济阳，沿河岸敌军，系王逆靖国之第八师。 3．沿河岸各渡口，均构筑有工事，近又采伐树木，似有准备改筑盖沟样。 4．沿河岸各渡口，均置有机关枪。	1．清河镇河岸，有船四十余只。归仁镇、榆林镇河岸，各有船十余只。 2．石家圈、高家纸房、鄢家渡、铁匠庄各河岸，均有船八九只。 3．清河镇、归仁镇、沙窝、杨李、榆林镇等处，均有渡口。 4．台子有渡口，梯子坝与石家圈系渡口，苗家与鄢家渡系渡口，沙窝、刘家与龙王庙系渡口，四王庄与戴庄系渡口。

（续表）

区分	敌情概况	渡河点及敌岸船只概数
第十六军防区	1、北洛口镇约有步兵一团、附有山炮、野炮若干门。 2. 黄庄、大王庙、丁家口、朱家园、王窝邱家岸、李庄、红庙、陈庄、姜庄等处，敌兵未详。沿河各渡口，均配有机关枪。齐河何家庙、曹营，各有步兵一团以上兵力，附有山炮、迫炮、机关枪。 3. 张庄、景庄、孔官庄等处，均有机关枪，兵力未详。于家庄沿岸，有山炮、迫炮，步兵一团。	1. 吴家寨对岸，有船二三百只。胡家岸、冯家庄、霍家庄、姬家庄各对岸，均有船八九只。洛口镇对岸有船百余只。马家道口对岸，有船六十余只。大丘庙、于家口、丁家圈、邱家庄、红庙、曹营等处河岸，均有船十余只。曹村、红家庙各有船五六十只。 2. 胡家岸、秦家道口，吴家渡及敌岸齐河、邢家渡、均有渡口。 3. 吴家寨与济阳系渡口，韩家道口与红庙系渡口，牛角套与程官庄系渡口。
第十五路军防区	1. 现在到达防地敌情未详。	1. 沿河岸共有十三处渡口。 2. 平阴、桃园、姜家沟、十里铺、临阳郭、杨家集，均有少数船只。
附记	1. 本表系据各军长报告及职部参谋人员，亲赴前方侦察报告汇制。 2. 河北沿岸之敌军，时以各种火器，向我射击，夜间尤甚。 3. 敌岸置有多数兵力之地区，均构有重层配置之战壕及炮机，各种掩体，以渡河点附近之工事，最为坚固。 4. 我岸各渡口所有船只，均被敌军于退过时，搜去净尽。	

中华民国十九年九月九日　　　　总指挥韩复榘呈 韩复榘章

31．前敌招抚司令张敬尧报告所部密奉占据德州毁路扣械给国民政府电

（1930年9月25日）

南京中央政府、中央党部、各部院、沈阳张司令长官、各省主席、各总指挥、各省党部、各行营主任、青岛海军沈司令、胡市长钧鉴：各路司令、各军团、各军师旅长、各报馆均鉴：顷据敝部军长谢渭东敬电报称：奉命秘密工作，今占据德州，并破坏桑园北段铁路，所有扣获逆军械弹等品，另行查明并报请转呈总司令及友军进攻，急派飞机援助，并乞司令早临为叩。等情。据此。除经电陈总座外，特电奉闻。前敌招抚司令张敬尧叩。经。印。

〔行政院档案〕

（2）消灭石友三

1．蒋介石制订在津浦路对石友三部作战计划①

（1930年1月）

一　方略

一、石逆友三乘我中央军以主力讨伐西北残逆胜利之时期，连络唐逆生智，背叛中央，窜据蚌埠、临淮，阻绝交通，糜烂地方，迄今犹不知悔悟。

二、中央军以铲除该逆，恢复津浦路交通之目的，以马鸿逵军集中铜山，控制敌之背后，以第一军进出临淮关，新编第二十六师及张骑兵师进出怀远附近。将该逆包围而歼灭之。

---

① 1929年12月9日石友三在浦口江岸炮击南京后北撤。蒋介石制订在津浦线对石作战计划。原文无具体日期，从内容及事件发生时间，本件在1929年12月9日以后、1930年1月21日以前形成。

二　中央军之编成

总指挥　刘峙。

1．第一军　顾祝同；

第一师　刘　峙。

第二师　顾祝同。

第三师　陈继承。

2．左翼纵队指挥　卫立煌。

新编第二十六师　陈耀汉。

骑〔兵〕第二师　张励生。

3．飞机六——八架(轰炸与侦察)。

铁甲车一列。

控制部队：

独立第十三旅　徐声钰。

第二十六军　范熙绩。

第六十四师　马鸿逵。

三　指导要领

一、第一军担任津浦正面及其东西地区之攻击，先以第三师及第五师第十四旅占领黄道山、滁县、山桥巷之线，掩护集中。第二师限本月二十二日以前集中滁县附近。第三师待第二师齐头后，即经珠龙桥、池河镇、红心铺、向凤阳方向攻击前进。第二师及第五师第十四旅与第三师齐头后，即沿津浦路东西地区向临淮关方向攻击前进。第一师即派第三师之进路，策应前进。

二、左纵队限本月二十二日以前集中凤台附近，攻击开始后，即经芦沟集、贝家湾、怀远、向蚌埠之敌攻击前进。以骑兵进出曹老集附近，截断敌之后路，并挤敌之侧背。

三、以独立第十三旅控制于宿迁，限本月二十六日以前到达，防敌之东窜，并镇摄后方。以六十四师分别控制于铜山、宿县、砀山等处，以防石逆北窜。并顾虑豫中情况之变迁，以第五十五师集中于兖州附近策应。

四　进展目标

队号／日期	第一军左纵队					
	第二师及第五师第十四旅	第三师	第一师	新编第二十六师	骑兵第二师	表列日期系廿一日开动计算，若改迟则须顺推。第一师进展日期，尚须视集中完毕日期而有变动。
一月廿二日	张八岭	珠龙桥	滁县	芦沟集	刘家集	
一月廿三日	三界	池河镇	珠龙桥	贝家湾	柳沟	
一月廿四日	明光	红心铺	池河镇	杨集子	古城	
一月廿五日	小溪河	总铺	红心铺	怀远	曹老集	
一月廿六日	临淮关	凤阳	总铺	蚌埠	蚌埠	
一月廿七/八日	蚌埠	蚌埠	凤阳 蚌埠			

五　飞机及铁甲车

一、飞机在本月二十一日以前，务将临淮关、蚌埠之敌侦察确实，对徐州、开封一带之情况，亦应随时侦察报告。轰炸机主力，应用于津浦线上，破坏敌之铁甲车及蚌埠后铁路，但与第二师部队须确取连络。

二、铁甲车队，应于本月□日以前，装运至浦口上陆，开赴滁县附近，归第一军顾军长指挥。

六　兵站及通信

一、兵站：在滁县应设集积仓库，就近补充。并须征集二师以上所需要之小车伕、马，预备第一、三两师兵站输送之用。由滁县经珠龙桥、池河镇、红心铺至凤阳之大道，应加侦察修理，以便车辆通行，为修理铁道桥梁起见，亦须准备必要之材料。

二、通信：沿津浦线之关有电线，应加检查修理。由滁县经珠龙桥、池河镇、红心铺至凤阳之线，应即日开始架设通信网，由滁县至池河镇一段，限本月廿六日以前架设完成。又由三界至池河镇间，由明光至红心铺间，亦须同时架设完成。

〔国民政府战史编纂委员会档案〕

2. 刘峙关于击歼石友三与刘桂堂作战报告

(1931年8月)

(一) 战斗前敌我形势之概要

其一 敌方形势之概要

一、逆部之兵力及驻地：

石逆友三全部约六万人，枪四万余支，野山炮四五十门，轻、重迫击炮百余门，七月十二日以前，其分驻之状况如下：

(1) 第一师孙光前部，驻顺德(今邢台市)附近。

(2) 第二师米文和部，驻彰德及丰乐镇一带。

(3) 第三师(师长石自兼)驻邯郸、磁州、沙河、武安一带。

(4) 骑兵旅萧文海部，驻沙河临洺关一带。

(5) 重迫击炮团徐青海部，驻顺德附近。

(6) 轻迫击炮团王茂青部，驻顺德附近。

(7) 炮兵团阎熙祥部，驻顺德附近。

(8) 教导团石友信部，驻彰德附近。

(9) 第三军张学成部，驻彰德、邯郸一带。

(10) 先遣司令贾义德部，驻彰德、邯郸一带。

二、逆部之准备：

石逆自粤变事起，一面勾结晋省反动军队，一面积极备战，其发动直前之准备状况如下：

(1) 征兵收匪，勒款派粮，抓车拉夫。

(2) 漳河北岸构筑工事，弃于漳河铁桥铺板，以备车马通行。

（3）七月十日改用第五集团军名义，并将所部重新改编，其新编制大略如下：

甲、该逆部共编五军；第一军孙光前，第二军米文和，第三军张学成，第四军沈克，第五军梁芳启。又委五军长为五路总指挥，孙光前兼副总司令及前敌总指挥。

乙、该逆部原有之旅，均改为师，团改为旅，而实力同前。

（4）七月十一日，开始扣留火车，并将存彰德子弹等件，运往顺德。

三、逆部之集中：

七月十二日，石逆部开始移动，其驻彰德之第二师（该师仅留第六旅胡心和部驻彰德，至十七日晨始完全北开）及驻磁州、邯郸、沙河一带之第三师，均向顺德集中。直至十七日始集中完毕。仅留先遣军贾骥德部在磁州、马头镇等处，彰河铁桥，亦于十七日施行炸毁。

四、逆部之出动：

石逆部于七月十七日，在顺德附近集中完毕。十八日由顺德出动，探知其出动时，所下命令，约略如下：

（1）该逆以占领平津之目的，分三线进攻，以第一军、第四军、骑兵旅、炮兵团（欠山炮一连）为第一线。第四军在左，归孙光前指挥。

（2）以第五军、第二军之第四师，特务旅山炮连、工兵团为第二线，由石自指挥。

（3）以第二军（欠第四师）为第三线，担任后方掩护，归米文和指挥。

（4）第三军为右翼掩护队，归张学成指挥。

（5）第一线于七月十八日午后二时由顺德出发，限二十一日到达石家庄。第二线同日晚七时出发，第三线于十九日午后五时出发。此时，我北路军已决定占领望都、蠡县、河间、沧州之线，迎击该敌。

其二　我方形势之概要

一、我军之兵力及驻地：

此次参加作战之部队，七月十二日以前，其分驻之状况如下：

(1) 独立第三十三旅唐云山部，在道口、淇县、辉县、汲县、新乡一带，对石逆警戒。

(2) 第十一路军之一九四旅姚北辰部，在修武、焦作、博爱、沁阳一带，对晋南警戒。

(3) 骑兵第一旅张乔龄部，在考城、红庙一带，对东明、长垣、濮阳、清丰之刘桂堂部警戒。

(4) 骑兵第二师张砺生部，一部任杨集、兰封间护路，余在归德附近。

(5) 第一师胡宗南部，任兰封、郑州间护路，主力在开封附近。

(6) 第二师（楼代师长景樾）任黄河南岸至郾城及郑州至荥阳间护路。

(7) 第六十四师刘茂恩部，任荥阳至陕州间护路，及荥阳以北至程村沿河警戒。

(8) 第六十五师刘镇华部（欠姚北辰旅），任陕州、阌乡间防务及程村至阌乡沿河警戒，余驻洛阳、宜阳一带。

(9) 第三师陈继承部，任郾城至信阳间护路。

(10) 新编第三十五师崔邦杰部，驻中牟附近。

(11) 第七师王均部，在徐州附近。

(12) 第十二师曾万钟部，任徐、海间护路。

(13) 第五十八师陈耀汉部，在临沂一带。

(14) 第四师徐庭瑶部（欠汤恩伯旅），在武汉，其炮兵团在杭州。

(15) 警卫军约一师顾祝同部，在南京。

(16) 第五十三师李韫珩部，在九江、南昌间。

二、我军之准备：

(1) 七月十日以前，我军在道口、淇县、辉县、博爱、沁阳、济源之线及黄河南岸沿河各渡口，均已构筑工事，并于陈留、开封、汜水各渡口，征集船只，准备渡河之用。

(2) 七月十一日晚，电呈总司令蒋，请令抽调来豫各部队，速为准备。

(3) 七月十二日，令平汉路局，铺设黄河铁桥木板，以备车马通行。

(4) 七月十四日，令第二师集结郑州附近，第三师集结许昌附近，第十一军集结洛阳附近，完成作战诸准备。

三、我军之集中及豫北防御之布置：

自石逆发生异动后，我军因在豫，得以参加作战之部队，仅有第一、第二、第三三师，其余尚远在宁、汉、徐、海等处，输送尚需时日。且晋南之孙殿英及冯玉祥残部，图袭豫北之警报频传。晋军将领态度亦不明了，故我军第一步以确实占领豫北，相机协击石逆之目的。自七月十四日至十七日，为掩护集中及对晋南防御部署如次：

(1) 独三十三旅移至道口、淇县附近，并以一部进驻汤阴，对敌警戒。

(2) 第二师输送至新乡，占领辉县、获嘉、修武、焦作、博爱一带，对晋南警戒(所遗黄河铁桥守备及由郑州至许昌与荥阳护路，由第一师之独立旅担任)。

(3) 第十一路军(欠姚旅)除留一旅任洛阳警备及新安至荥阳护路外，其余概占领博爱、沁阳、孟县、济源一带，对晋城、阳城、垣曲方面警戒(所遗新安以西防务，令杨虎城派队接替)。

(4) 第一师(欠独立旅)集中汲县(所遗兰封、郑州间护路，由豫省保安队接替)。

(5) 第三师令向新乡集中(所遗防务，由第二十路军派队接替)。

(6) 骑兵第一旅，令驱逐东明刘桂堂部而占领之。仍担任东明、考城间沿河警戒。

(7) 新编第三十五师集中封丘附近,对长垣、濮阳警戒。

(8) 铁道炮队第四、第八两队,开赴新乡,归胡师长宗南指挥。

(9) 独炮第六团,开至新乡,归胡师长宗南指挥。

四、我军战斗序列之颁定：

七月十七日奉总司令蒋铣(十六日)辰参电，颁定我军战斗序列如下：

剿赤南路集团军战斗序列

总司令官刘峙。参谋长彭启彪。

第一军团总指挥刘镇华,参谋长范滋泽,第五十二师师长李韫珩,第六十五师师长刘镇华(兼),第六十四师师长刘茂恩。

第二军团总指挥顾祝同。参谋长赵启录。第一师师长胡宗南，第二师代师长楼景越,第三师师长陈继承,第四师师长徐庭瑶，独立第三十三旅旅长唐云山。

第三军团总指挥王均。参谋长厉式鼎,第七师师长王均(兼),第十二师师长曾万钟,第五十八师师长陈耀汉。

集团军直属部队：警卫第一师第二骑兵师师长张砺生，第一骑兵旅长张乔龄,独立炮兵第六团团长纪毓鲁,独立炮兵第三团团长李法铭，独立重炮营营长庞国钧。铁道炮队司令蒋锄欧，率第三、四、六、八炮队。航空队队长晏玉琮,与队长张有谷。

兵站监万舞。

附注：1．新编第三十五师后经呈准加入战斗序列。

2．铁道炮队实祇第四、第八两队参加作战。

3．第三十五师其先头开抵浦口后,旋又奉令回赣，故此后不述及该师之行动。

五、我军之推进情形：

七月十八日，我军以第一师、第二师集中完毕，即决心积极北进，夹击敌人。

其推进之情形如下：

（1）七月十九日

独三十三旅到达彰德后，以一部推进至漳河南岸，对敌警戒，并归胡师长宗南指挥。

第一师推进至汤阴，其独立旅仍暂在黄河铁桥及郑州、许昌一带，担任警备。

第三师集中淇县，正输送中。

骑一旅已进占东明。

新三十五师开始向长垣前进。

独立炮兵第六团之一营到汤阴，余两营到新乡。

（2）七月二十日

第三师之独立旅到达淇县。

骑一旅由东明渡河，向内黄、临漳前进中。

新三十五师到达长垣，续向濮阳、大名前进中。

（3）七月二十一日

独三十三旅向磁县推进中。

第一师（欠独立旅），向彰德及漳河南岸推进中。

第三师之第八旅，向淇县输送。

新三十五师到达濮阳。

飞机第一、七两队飞抵郑州，当令逐日侦察逆部行动，并尽量轰炸。

（4）七月二十二日

独三十三旅进占磁县。

第一师（欠独立旅），到达彰德及漳河南岸一带。

第三师（欠第九旅），在淇县集中完毕。

新三十五师，由濮阳向大名以西归魏县前进中。

(5) 七月二十三日

第三师(欠第九旅),由淇县向彰德以东地区徒步推进,集结于白壁集附近,以一部位置于漳河右岸,限二十四日到达。

(二) 作战部署

我平汉线先头部队之独三十三旅,于七月二十二日进占磁县后,第十二师及第七师之一部,亦已到达郑州,警卫军之一部已到开封,炮兵第四团之一部已到新乡,第十一路军之邢、马两旅及杨旅之三八四团,亦已到达沁阳、济源一带。乃于二十三日为协击之部署,下达漾(二十三日)酉电令如下:

一、石逆大部已到石家庄附近,与我北路军前进部队对峙中。顺德方面仅有石逆一部,邯郸似无敌踪。

我独三十三旅已过漳河,其一部已占磁县。

我第一师已推进漳河右岸,第三师正向安阳以东地区推进,限敬(二十四)日到达白壁集附近。

我新三十五师及骑一旅,正向旧魏县、临漳前进中。

二、我军以迅速进占顺德,协同北路军夹击石逆之目的,拟即向顺德附近推进。

三、第二军团(附警卫师、野炮团、铁道炮队、第四、第八两队)为攻势方面,其编组及部队之任务如下:

(1) 骑一旅应速向成安前进,对洺乡、永年方面,广为搜索。

(2) 新三十五师为右侧支队,应仍向归魏县前进。

(3) 第一师(欠独立旅)附独三十三旅,应以一部相机进占马头镇、邯郸,主力推进于磁县附近。

(4) 第三师到达白壁后,即速向磁县以东漳里集附近推进,左与第一师连络。

(5) 第二师迅以一旅向丰乐镇前进,其余俟交替防务后,继续前进,集结于丰乐镇附近。

(6) 第四师应集结安阳附近。第一师独立旅附骑兵一排为左侧支队，俟交替防务后，即开赴林县临淇集一带，对黎城、平顺、陵川方面警戒。

四、第一军团(附独立炮兵第四团之野炮一营)为守势方面，其编组及各部队之任务如下：

(1) 第十二师应接替第二师防务。

(2) 第六十四、第六十五两师，仍按前令部署，均对晋南警戒。

五、第三军团(欠第十二师附独立炮兵第四团[欠一营]为总预备队。

(1) 第七师应以主力集结于郑州，接替第一师独立旅护路及黄河铁桥守备任务，以一部集结于许昌。

(2) 第五十八师应集于新乡附近。

六、以上应由铁道输送之部队，按第七师、第十二师、第一师独立旅，第五十八师之顺序输送，悉由运输司令钱宗泽区处之。

七、各总指挥，接到此电后，应各确实负责指挥。

八、峙在汴行营。

(三) 战斗经过之一般

石逆部于七月十八日由顺德出动后，即节节北进，计二十一日占领石家庄，二十四、二十五、二十六等日，在安平、深泽、无极、正定一带，沿滹沱河各渡口渡河，急向望都前进。此时，我北路军第一军团于总指挥学忠所部，占领望东以南地区，右翼由唐县以西经望都至蠡县一带，构筑工事，严阵以待。其前进部队之步兵第十八旅，已逐渐撤退至本阵地。其骑兵第六旅，亦撤至博野附近。第二军团王总指挥树常所部，在河间、沧州之线，其骑兵师活动于河间、肃宁一带。

七月二十六日，我第二军团顾总指挥，基于以上之情况，即遵照漾西电令意旨，分令各部，向顺德急进。其经过之概况如下：

一、向顺德前进之部署：

接第二军团顾总指挥宥(二十六日)午电报告，该军团以迅速占领顺德之目的，其前进部署如次：

(1) 第一师(欠独立旅)附独三十三旅，将邯郸之敌驱逐后，即沿铁道北进，限二十九日以前，占领顺德，对左翼应特别警戒。

(2) 第三师沿铁路以东地区经新庄、龙泉、宋固，限二十九日以前到达南和县，右与骑一旅切取连络，并对平乡、鸡泽一带，特别警戒。

(3) 第二师独立旅，即沿铁路在第一师后，继续跟进。到达邯郸后，应派一部至戴村镇，对武安方面警戒。

(4) 第二师(欠独立旅)俟防务交替后，即随第一师跟进。

(5) 铁道炮队第四、第八两队，随第一师先头部队前进，归胡师长宗南指挥。

(6) 第一独立旅防务交卸后，应即进驻林县、临淇集一带，对黎城、平顺、陵川方面警戒。

(7) 炮兵第六团(欠一营)、第四团(欠两营)，着到安阳待命。

(8) 骑一旅向肥乡、永年、鸡泽、平乡继续搜索前进。右与新三十五师，左与第三师取连络。

(9) 右侧支队新三十五师，迅速向广平、曲周、巨鹿方面前进。

二、顺德车站之占领：

第二军团部署完毕后，除骑一旅在临漳、武安附近，新三十五师在旧魏县附近，因刘桂堂部逗留大名，为所牵制，未能遵照命令前进，铁道炮队至临洺关，因洺河铁桥被敌炸毁，暂停中途外，其余各部队，均照指定路线，积极北进。沿途残敌，均被驱逐。独三十三旅遂于七月二十八日午后，占领顺德车站，逆敌之贾骥德、何其慎、孟昭进等部，共约千余人退入顺德城内，闭门据守。同日，我第一师(欠独立旅)到达沙河临洺关一带，第三师到达临洺关东北之宁屯刘营一带，第二师到达邯郸附近。峙亦于是日进驻邯郸(二十七日由汴出发)，督饬各部队兼程前进。

三、向石家庄前进之部署：

七月二十八日，我军占领顺德车站后，敌在望都附近，正与我北路军激战，我北路军第三军团商总指挥所部，亦于是日，经娘子关井陉，向石家庄前进中。峙此令顾总指挥于七月二十九日，以独三十三旅对顺德守城之敌包围监视，并令顾总指挥速率各部，继续向石家庄前进。其时，第二军团之部署艳(二十九日)酉电报告如下：

(1) 第一师除以独三十三旅围攻顺德外，余沿铁道北进，限本月三十日到达内丘附近，三十一日到达高邑附近，八月一日，到达石家庄附近。

(2) 第三师经任县、唐山，向柏乡、固城镇前进。限三十日到达固城镇、柏乡附近，准备向武强、献县方向挺进。

(3) 第二师沿铁道东侧，在第一、第三师后推进。

(4) 第一独立旅，以一团驻水冶镇，向黎城方面警戒，以一团驻邯郸，并派一部至户村集，对东阳关方面警戒，余均驻彰德。

(5) 新三十五师迅经南宫，向冀县前进。骑一旅经永年、鸡泽、平乡，向宁晋前进。均归陈军长继承指挥。

(6) 第四师输送至安阳，集中待命。

(7) 炮兵第六团、第四团(欠两营)，仍在新乡待命。

(8) 铁道炮队、俟临洺关铁桥修复后，仍继续北进。

四、内丘之占领：

七月二十九日午后，各部队遵照如右之命令，分途前进。时内丘县有敌之团长，率兵数百名，及辎重物品甚多，与我第一师前卫遭遇战，约数小时，被我第一师击溃，敌伤亡甚众，并夺获步枪数十支，汽车一辆，大洋四五百元，辎重甚夥，残敌向东北逃窜。我第一师亦阵亡骑兵排长一员，伤亡士兵数名。我第一师即于三十日拂晓，占领内丘，仍继续向高邑前进，期于八月一日占领石家庄。

同日，第三师向柏乡前进中，第二师则在第一、三两师后跟进。

五、向石家庄以东地区之转进：

我军到达顺德后，拟以主力转移东进，本为预定计划，后又接我北路军第三军团商总指挥艳（二十九日）巳电称：敝部驻井陉，高旅刻已向石家庄攻击前进。驻寿阳黄旅，亦同时向石家庄推进。驻长治汾阳各部，亦开始向正太线集结，陆续推进等语。峙依据以上之情况，乃于七月三十日，给顾总指挥祝同、陈军长继承、以三十电令，其要旨如下：

（1）石家庄有敌一小部，我商总指挥已派一部，由井陉向石家庄前进，攻击此敌，约计明世（三十一）日，可占领石家庄。

（2）我军为协同北路军确收夹击石逆之目的，拟向石家庄以东地区前进。

（3）第一军（第三师新三十五师骑一旅）之第三师，务须星夜兼程，向武强深县挺进，限东（八月一日）日以前到达。

（4）第一师主力，应向晋县、藁城急进，并以一部占领石家庄。

（5）第二师应在第三师、第一师中间后跟进，以资策应。

六、截击逆部之部署：

八月一日午后，奉副司令张世（三十一日）巳电，所得知之情况如下：

敌自七月二十八日晨，于望都以东地区，向我北路军开始攻击后，相持激战，计三昼夜。至三十一日拂晓，我北路军按照预定计划，全线出击，诱敌主力于大小李各庄、清风店一带，对其北、东、南三面，完全包围。经我军猛击后，敌势不支，纷向安国方向溃退，不复成军。我北路军之骑兵集团约三旅，已由饶汤经安平、深泽，向安国邀击该敌中。

同日，我第三师到达宁晋以东地区，第二师到达宁晋附近，第一师到达栾城、窦姬村附近，第四师输送到安阳，第一师独立旅，亦到安阳附近，第五十八师进驻邯郸。

我军基于以上情况，即以迅速截击该敌之目的，为下列之部署：

(1) 第三师向深县、武强之线前进，第二师向辛集、束鹿附近前进，第一师(欠独立旅)向晋县、藁城前进，均限二日以前到达。

(2) 第四师(欠第十二旅)及第一师独立旅输送至沙河下车，即向南宫前进，限四日到达。第十二旅正在输送中。

(3) 飞机第一、七两队，着对溃退之敌，努力轰炸，并侦察其退却方向，多用通信袋，投交我前方各师。

(4) 新三十五师迅由现地(大名南边马村)经威县向长强方向前进。

(5) 骑一旅迅由现地(广平以北地区)经威县，向冀县方向前进。

七、围缴逆械之情形：

石逆所属各部，被我北路军击溃后，约四万余人，陆续由深泽渡河，狼狈南窜，退至辛集、束鹿附近。适我第三师已到束鹿、深县一带。第二师已到辛集附近，正与相遇，经沿途截击，重重包围，敌乃纷纷缴械。计自八月二日午后起，至四日止，我第二师俘获官兵约二万余人，骡马约二千余匹。第三师俘获官兵约一万余人，骡马约三千余匹，枪械辎重无算。该逆部除此次伤亡及溃退时，渡河溺毙暨石逆率少数残部逃窜外，其大部已被我军完全解决。并俘获伪副总司令兼前敌总指挥孙光前、伪师长朱启明、胡云山、伪旅长刘静明等数人，搜获石逆之伪总司令印一颗及秘密文件甚多。

八、顺德城之克复：

据守顺德城内之敌何其慎、孟昭进、贾义德三部，自七月二十八日起，经我独三十三旅包围，迭次谕令投诚，顽梗不从。峙遂调集野炮营、重炮营，令独三十三旅，于八月五日实行攻城。峙即于五日晨，来往督攻。自是日上午九时开始，以炮火猛烈射击，我独三十三旅官兵奋勇扒城，前仆后继，直至午后五时，始于城西北角肉搏攀入，占领顺德城，所有城内逆部官兵，完全被俘，计千余人。缴获长短枪八百余支，迫炮四门，机枪六挺，军用品无算。兹附录独三十三旅是日攻城部署如下：

（一）顺德城内之敌，系孟昭进之将校队，贾义德之先遣军及留守司令何其慎等部，约千余人，枪约七八百支，迫炮四门。近数日来被我飞机掷弹轰炸，炮兵轰击死伤甚众，惊惶异常。

（二）本旅附野炮营、野战重炮营、铁道炮队、第四队、第八队，拟即围攻顺德而占领之。

（三）选定城之西北角与西南角为主攻方面，城之东北角、东南角为助攻方面。

（四）攻城时，助攻方面先行开始攻击，务期诱敌之主力于该方面后，主攻方面即先以炮火压倒敌人，使扒城部队，得由主攻点破坏部分，攀登城上。

（五）攻城部署：

（1）各团担任各城门围堵部队之一营，仍照现在位置，严密堵塞城门，防范敌人冲出。如城门为我扒城部队攻开时，各该营长须以一部急进至城门内附近，扼要据守、其余部队，相机跟进城内，唯仍须顾虑敌人冲出。

（2）第六九九团、附野战重炮第一连，担任城西南角之主攻点炮兵阵地，选定曹演庄东北端附近步兵位置，由该团长自行选定之。

（3）第六九七团附野战重炮兵第二连，担任城西北角之主攻点，炮兵阵地选定北小旺西南端，铁道以西附近，步兵位置，由该团长选定之。

（4）各该团于主攻点，各派步兵两营担任之，以一营为爬城部队，另一营控置城下，为后续部队。

（5）第六九八团附野炮营，担任城东北角、东南角两方面之助攻任务，以野炮一连位置于小梁庄西端附近，对东南城角轰击，一连位置于邹家庄南端附近，对东北城角轰击，其步兵，严密堵塞城门，防敌突出，并就原地佯攻，以求达到助攻任务。

(6) 第九八团留兵一营及独二旅之步兵一连，铁道炮队第四、第八两队，为攻城总预备队，铁道炮队，位置车站附近，余照现在位置。

（六）攻城部队务于五日上午五时以前布置完毕，开始攻城时期另定之。

（七）进城部队，须先占领城墙，压迫敌人缴械，切不可分散混乱，如向城市搜索，须虑巷战，各团务宜统一指挥。

九、战斗结束后各部队之复员：

八月五日，我军克复顺德后，讨石战役已告结局，遂按情形之缓急，规定各部队之复员。顺序如下：

（一）八月六日，第一次复员部队之规定：

(1) 第一师(欠独立旅)，六日由高邑输送至汉口。

(2) 独三十三旅，自六日起，以两团由顺德输送邯郸，余一团暂驻顺德。

(3) 警卫军重炮一营，七日，由顺德输送至浦口。

(4) 第一师独立旅，八日，由顺德输送至汉口。

(5) 第四师(欠第十二旅)，八日，由顺德输送至彰德。

(6) 第四师第十二旅及骑兵第四团，十日，由新乡输送至开封。

(7) 独炮四团，十一日由新乡输送开封，其第二营，七日，由顺德输送开封。

(8) 独炮六团，十一日，由新乡输送开封。

(9) 警卫军，十一日，由开封输送浦口。

(10) 骑一旅集结任县附近，乘马行军到封丘、长垣驻防。

(11) 航空第一、七两队，即由彰德移驻郑州。

（二）八月八日，第二次复员部队(除已规定饬遵正在输送者外)之规定：

(1) 第二师十五日起，由内丘到郑州，到达后，即接替平汉路自黄河南岸至新郑(含)间及陇海路自郑州至荥阳(不含)间之护路任务,并黄河铁桥之守护。

(2) 第三师,十八日起,由顺德至许昌,到达后,即接替自新郑至许昌(含)间之护路任务。

(3) 第七师俟第二、第三师到达后,于二十日起,由郑州输送徐州。

(4) 独三十三旅,二十一日起,由顺德、邯郸开赴彰德、汤阴、淇县一带。

(5) 第五十八师,二十二日起,由邯郸、彰德、汲县,开赴新乡、修武、焦作接替第十二师防务。

(6) 第十二师俟防务交替后,二十四日起,由焦作、修武、新乡、开驻归德。

(7) 第四师(欠第十二旅及骑兵团)及新三十五师俟任务(该两部于四月七日令开赴大名,解决刘桂堂部,迄至二十一日,始完全解决。)完毕后,由徐师长酌定上车地点,迳电钱司令备车,均开驻开封。

(8) 各部输送日期,如事实上须变更时,由钱司令酌定,迳通知各部队,并电告本部。

(9) 本部八日返汴。

十、附解决大名刘桂堂部之经过:

刘逆桂堂,勾结石逆友三,逗留大名、曲周、永年、南宫一带,违令不前,妨我行动。峙因呈奉副司令张歌午电,饬即将该逆部迅速解决,以遏乱萌等因。遵即令第四师师长徐庭瑶,率第四师(欠第十二旅及骑兵团)及新三十五师、独三十三旅(欠一团)、警卫军、重炮第一营,前往大名一带,解决该部,统归徐师长庭瑶指挥。其时,刘逆在南宫之步兵两营,骑兵一连,已先被我第四师(欠第十一旅及骑兵团)及第一师独立旅缴械。其在曲周逆部闻讯,即相率退入大名城内,合计尚有三千余人,枪二千余支,山炮、迫击炮、十余门,机枪六七挺。我军于八月十二日到达大名城附近，随将城四面包围，令刘逆桂堂迅将部队交出，以候优予位置。不意该逆虽屡派代表，并嗾使民众，要求改编，终无诚意，且不时以重迫击炮，向我射击，我军略受损伤，因决于二十一日开始攻城。其部署如下：

(1) 第四师担任东、北、西三面攻城任务。新三十五师担任南面攻城任务。

(2) 第四师师部，位置于刘军庄，第十一旅旅部，位置于傅桥。第二十一团第一营及第二十二团第二营，位置于东关外，攻击东门。二十二团(欠一营)附野炮一连，攻击北门。炮兵位置于北关。步兵位置于范店及北关一带。特务团附野炮一连，攻击西门。炮兵位置于漳河，沿步兵位置，于西三里庄、王庄、漳河沿及西关一带。

(3) 新三十五师，位置于教堂、美囿纸房及南关一带，攻击南门。

(4) 独立第三十三旅，位置于城之东面沙庄、魏庄、五里屯、陈庄、周庄、三里庄一带。

(5) 重炮第一营，位置于城之西北面魏庄东南端，野炮一连位置于城之西北面王庄南端，均向城之西北两门并城内刘逆之司令部射击。

(6) 其余第四师之二十一团二、三两营，及工兵营，位置于刘军庄、王军庄、傅桥后油粉等处。

我军部署完毕后，即于二十一日拂晓，开始攻击，激击终日，至下午九时，新三十五师始由南城攀入，第四师由北城攀入。刘逆桂堂仅率手枪一连，由小南门逃窜。经独三十三旅截击，死伤甚众。其余在城内之逆部，概被我第四师及新三十五师，完全俘获缴械。

(四) 此次战役所得之教训

一、本路军为期迅速与北路军夹击石逆之目的，对各部队每日之行程不拘晴雨，均极急促，以致士兵落伍者颇多，行李辎重亦每不能到达指定宿营地。故平时野外演习，不能不加意于急(强)行军及夜间(雨雪)行军，以资锻炼也。

二、本路军兵站监部成立稍迟，不唯最先前进之各师(旅)，其分站未能组织成立，实施业务。即续进之各师，亦因仓卒成立，缺乏输送力，不能为充分之接济。此因兵站计划之素无准备也。幸战事结束迅速，所过之地，物资丰富，各部队尚能勉为自给，否则，恐陷于绝粮之境地矣。

三、彰德飞机场，似嫌低洼，虽暴雨乍晴，尚须为一二日之修理，搜索侦察，辄为中断。又因小号飞机航续时间太短，为顾虑往返，不能飞达滹沱河。故敌之退却情况，知之较迟。嗣后作战时，应不失时机，设置前进着落场，最为紧要。而前进之部队，亦应相机协助之也。

四、对于俘虏处理，漫无秩序。似缘于兵站之设置太晚，各部队仅注意所缴获之械弹马匹而已，而对于战场之清扫，亦多疏忽，故械弹马匹，仍有遗弃于民间者。

五、顺德之役，攻城器材准备不周密，如扒城梯或失之过短不能达及城垛。或扎捆不牢，攀登危险。以致临时两梯接为一梯，重加扎捆，手忙脚乱，挫折攻击之锐气不少，又济南兵工厂所造之铁梯太短，应改为坚固较长者，方合应用。

六、此次战役，各部队对于警戒及敌情搜索，尚欠精密，致少数逆敌，得乘隙逃窜。嗣后各部队对于各种侦察警戒方法，应多练习，尤应研究夜间各种动作及方法。

七、军队无论何时，能严守纪律，爱护人民，则随时随地可得人民之援助。各部此次讨逆，所经各地人民，箪食壶浆，竭诚欢迎。乃有少数不良之部队，仍不免发生抢劫情事，实堪痛恨。嗣后各部队长官，平时对于部属精神讲话时，须将军队与人民感情善恶之利害关系，勿惮烦琐，时时讲解，使士兵深入脑中，战时凡到一地，应先派出巡查队，分班认真梭巡，以维军纪风纪。

八、各部队通信机关组织不全，时误戎机，如此次新三十五师及骑一旅，传令迟滞，时失连络，此其明证。嗣后作战，独立旅均应配属无线电，以期敏捷。

九、石逆此次因畏我飞机，除士兵着草绿色服装外，车辆、大炮、机枪、马匹等，亦有涂以草绿色，或取现地之草，被覆其上，以避我飞机侦察。自后飞机对于敌之伪装，尤须格外注意，免为敌欺为要。

十、查屡次各部所呈缴之俘虏、枪支，大半缺少枪机，考其原因有二：一由败兵抛弃，二由胜兵窃取，因各地土匪私造枪械，造机甚难，遂出重价购买。于是缴枪无机之事，因之发生。嗣后缴敌械时，如无枪机，应即向敌、我两方士兵严询详搜，以除窃机济匪之害。

〔国民政府战史编纂委员会档案〕

三、平汉路暨陕陇战场

1. 徐源泉就任讨逆军鄂北总指挥职通电

（1930年3月26日）

南京中央党部、国府各院长钧鉴：各省党部、各路总指挥、各省主席、各军师旅长勋鉴：窃源泉恭奉总司令蒋任命为讨逆军鄂北总指挥。等因。奉此。遵于宥日在槽〔枣〕阳防次，敬谨宣誓就职。材轻任重，陨越时虞，值时事之多艰，惟当力效驰驱，以图有济，尚祈党国先进袍泽同仁，时锡箴言，俾资循率，无任感祷。讨逆军鄂北总指挥徐源泉叩。宥。印。

〔行政院档案〕

2. 第十军长徐源泉奉令集中部队对冯军张维玺等部作战训令

(1930年4月22日)

训令 四月二十二日午后六时 于樊城军部发

一、据报：敌张维玺部已到鲁山、叶县，有向襄城东进模样，庞炳勋、吉鸿昌两部，已到登封、宝丰之线，敌之主力，似向平汉线附近展布。

我第九军各部，现在郾城、驻马店间，第六师，现在确山，第七军，现在方城、南台、南阳、内乡一带，第五一师、第五三师，现在老河口附近，第十三师之万旅，现在信阳附近。

二、本军奉令集中春水镇、赊旗镇一带，应于本月二十五日，由现驻地开始移动。

三、各部队向集中地行动之基准如下：

1．新编第二旅，应于本月二十五日，由新野出发，经沘源限四天到达泌阳附近，候四八师先头部队到泌阳后，继续北进，经春水镇，限两天到达春水镇北之象河关附近，对舞阳、襄城警戒，以掩护本军之集中。

2．第四四师，应于本月二十六日，由现驻地出发，经新野、南阳，限八天内到达赊旗镇及东酒店间集中完毕，并应派员与我方城、南阳、杨军长虎城部连络。

3．第四八师，应于本月二十五日，由驻地开始行动，经双沟、苍苔镇、沘源、泌阳，限八日到达春水镇附近，集中完毕。

四、军后方连络线，俟各部队达到集中地后，改向平汉线之驻马店转移。

五、向集中地行进途间之给养，由各部队自行携带，以后向驻马店兵站补充。

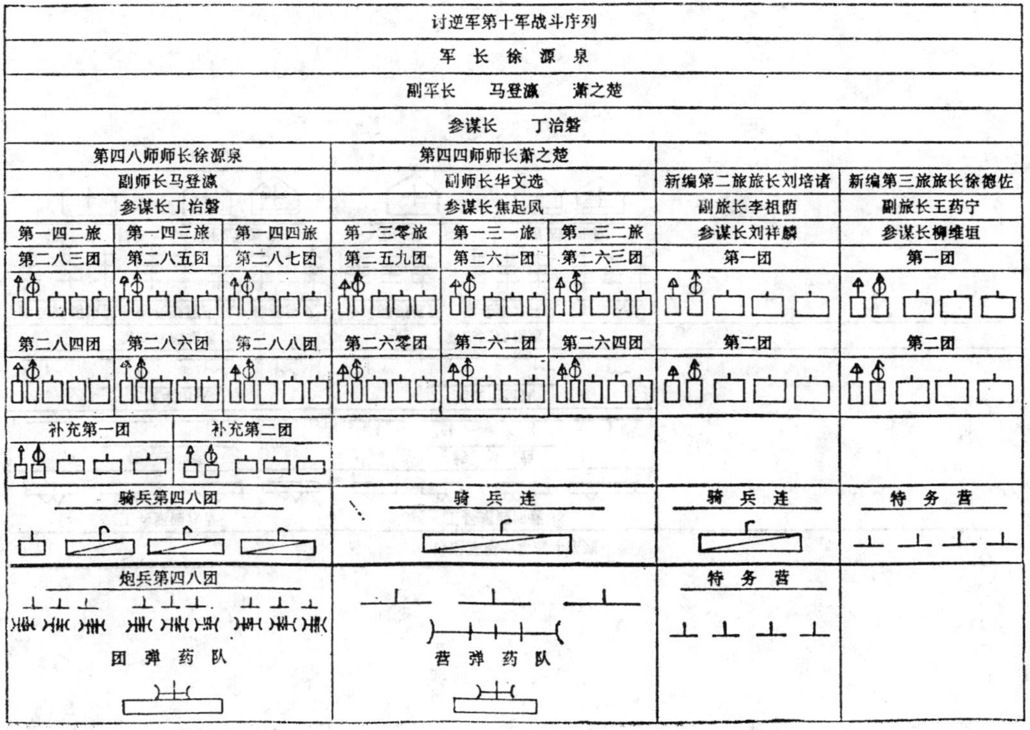
讨逆军第十军战斗序列
军长徐源泉
副军长 马登瀛 萧之楚
参谋长 丁治磐
第四八师师长徐源泉
副师长马登瀛
参谋长丁治磐
第一四二旅
第一四三旅
第一四四旅
第二八三团
第二八五团
第二八七团
第二八四团
第二八六团
第二八八团
补充第一团
补充第二团
骑兵第四八团
炮兵第四八团
团弹药队
第四四师师长萧之楚
副师长华文选
参谋长焦起凤
第一三零旅
第一三一旅
第一三二旅
第二五九团
第二六一团
第二六三团
第二六零团
第二六二团
第二六四团
骑兵连
营弹药队
新编第二旅旅长刘培绪
副旅长李祖荫
参谋长刘祥麟
第一团
第二团
骑兵连
特务营
新编第三旅旅长徐德佐
副旅长王药宁
参谋长柳维垣
第一团
第二团
特务营

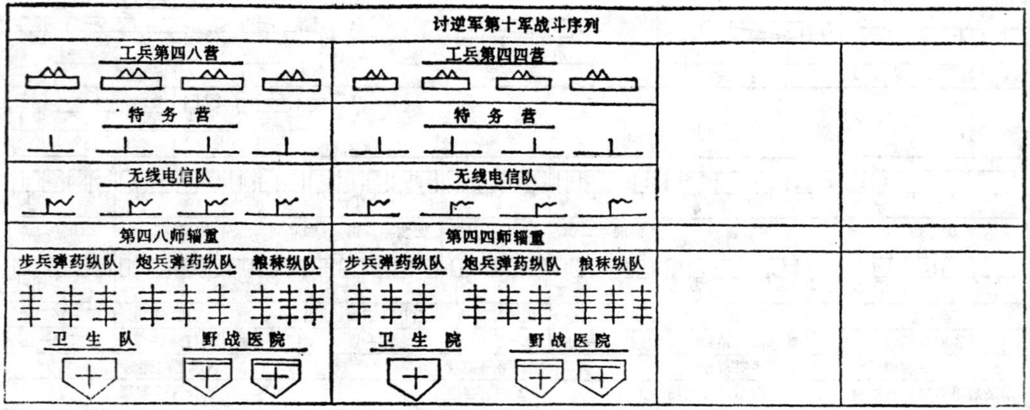
讨逆军第十军战斗序列
工兵第四八营
特务营
无线电信队
第四八师辎重
步兵弹药纵队
炮兵弹药纵队
粮秣纵队
卫生队
野战医院
工兵第四四营
特务营
无线电信队
第四四师辎重
步兵弹药纵队
炮兵弹药纵队
粮秣纵队
卫生院
野战医院

六、予现在樊城，军部尔后随四八师行动，并进驻驻马店。

注意：

1. 第四四师及新二旅，应先各旅侦察队，侦察各部队行进路线，如有河川阻碍，应即筹划渡河设备，以便大队通行。

2. 途间多匪，各部队行动，须注意戒备。

3 行军纪律须严明，毋招民怨。

4. 部队行动，须严守秘密。

〔国民政府战史编纂委员会档案〕

3. 何成浚关于组织第三军团在平汉路临颍及许昌等地与冯阎军作战经过报告

（1930年5月5日—6月12日）

阎、冯勾结反动派，于本年三月间，连合倡乱，背叛中央，悍然率秦晋数十万之众，称兵南犯，我国民政府本戡乱安民之旨，下令讨伐，分由津浦、陇海、平汉、襄宛四路用兵。先是西路形势趋重于襄宛方面，平汉线我军按照作战总计划，于确山、信阳、武胜关之线，配置防御兵力，拒止逆敌南侵。至四月以后，西北逆军主力，渐向东转移，原定作战计划，因之变更。时本军团奉令编组成立。禀承总司令命令，以襄宛兵力转进平汉线方面，自五月中旬动员开始，与敌接触，于郾漯之地，先后协同各路军进出疆场，转战数千里，历时五阅月。赖我中央威灵与诸将士之戮力，率获次第戡定，叛军于今大河南北，逆氛全消，河山无恙。全国之真正和平统一，于以实现。官兵生荣死乐，将共丰功于无涯也。所有军团战斗经过，详列如次。

一、战斗前彼我形势之概要

军团奉令以歼灭平汉线逆军，克日会师郑州之任务，以第二军集中周家口，第九军集中郾漯、青龙潭、逍遥镇之线，第十军集中舞阳、漯河、西平之线，第十三军集中驻马店、信阳、武胜关之线。以上均于五月五日前集中完毕待命。第七军集中南阳、南台镇、平内乡之线。第五十一、五十三两师，集中襄樊，协同担负襄宛方面之防。斯时，当面之敌张维玺部，由豫西向平汉路东进，其先头部队倪玉声师，于四月十六日到达襄城、叶县附近。庞炳勋、吉鸿昌两部，分达登封、宝丰、临汝之线，向东前进。孙良诚部由郑州向新郑前进。匪军樊钟秀部据许昌、临颖。刘桂堂部据西华，均有附逆进犯之势。其刘逆汝明部被我军驱逐后，已退据淅川、荆紫关一带。

二、战斗前彼我兵力之比较(如下表)(缺)

三、战斗经过

自五月十一日动员起至十月六日克复郑州止，中间战斗经过，约可分为三个时期，述之如次：

第一时期

一、五月十日，奉总司令命令，规定各部出击部署，其要旨如下：

1. 本讨逆军于真日起开始，向敌攻击前进，但第二军蒋军长指挥各部，应于文日电集中地开始出击。

2. 第十军第四十四师，应于舞阳附近，佯攻叶县，牵制张逆所部，第四十八师应先占领襄城，协同第四十四师解决叶县附近张逆所部后，再在铁道以西地区，经禹县、密县向郑州攻击前进，牵制孙良诚部。

3. 第九军第四十七师、第五十四师，应沿铁道线前进，先将临颖、许昌间之庞炳勋部，速行击破之，仍由铁路及两翼地区与我第二、第十两军，互取连系齐进。

4. 第二军应于文日，由其集中地周家口、淮阳附近，开始进击；一路经太康、杞县向兰封，一路经扶沟、通许、陈留向开封挺进。均于铣日前到达开封、兰封之线，并确实占领之。

5. 第七军当第十军进击襄城时，应向当面之敌，速为佯攻，相机占领鲁山，即向郏县，禹州压迫逆敌。

斯时，军团总指挥部由汉口进驻驻马店，布置出击，除第二军向开封、兰封挺进，加入陇海路军作战外，第九军于五月十二日，由郾漯、青龙潭、逍遥镇进占小商桥，平宁城陶成之线，向临颖攻击前进。第十军在舞阳上下澧河至西平之线，第七军由南阳进占方城、保安驿之线，与襄、叶一带之敌相对峙。五月十四日，给与各部攻击命令如下：

一、逆军庞、吉各部，仍在许昌以北及长葛洧川一带地区，许昌仍为樊部占领。张逆维玺部在叶、襄一带，有向我舞阳、漯河进攻之企图。

我第二军团已攻占马牧集、亳州之线，于元日进攻归德。约删日可由归德、曹县之线，向兰封、开封攻击前进。

我第二军已于元日，经西华、太康向兰封、开封攻击前进中。

二、本军团以先歼灭叶、襄之敌，然后沿铁路北进，俾我一、二两军团进展容易，克日会师郑州之目的，各部队应按照下列部署，开始攻击前进。

三、第七军以主力由方城，协同四十四师，即向叶县攻击前进，务将叶县之敌包围歼灭之。同时另派南台之一部，佯攻鲁山之敌牵制之。在进攻叶、襄期间，第四十四师暂归杨军长指挥。

四、第十军应以第四十四师附属第七军作战，另派一部监视襄城之敌，牵制敌人俾我第七军及四十四师进展容易。第十军主力仍暂集结漯河、西平地区，为军团总预备队。

五、第九军务先占临颖，然后进攻许昌。

六、予在驻马店。

各部作战地境及连络法：

一、第二、第九两军之作战地境为西华、常营集、邸阁、通许、开封之线，线上及以东属第二军，以西属第九军。

二、在攻击临颖前，第九、第十两军作战地境，为西平、大新店、纣城之线，线上及以西属第十军。

三、克复临颖、叶县之后，沿铁路北进时，第九军担任铁路线以西至十里之地界，此地界及其以西归第十军。

四、各该军连络法，第二军之左翼与第九军之五十四师，互派骑兵连络，其连络地点，由各该军自行商定。

临颖、叶县之役：五月十五日，第九军之四十七师，由贾庄、黄张庙攻占临颖车站，其附廓西南各要点，均已占领。第五十四师，由杨皮城迫攻东关，将临颖三面包围。十六日以后，环城激战甚烈时，平汉线逆军主力正陆续向东移动，吉鸿昌部经和留桥向通许、杞县前进，庞炳勋部由临汝进至许昌附近，有连合张逆部，由许、襄间袭击临颖以南铁路线之企图。遵奉总司令电示，决定以第九、第十两军主力，在鄢陵、扶沟以南及临颖、纣城、北舞渡之线，作攻击准备，相机进击，其部署大要如下：

一、第九军之五十四师，连络第二军，于巧日向鄢陵、尉氏攻击前进。第四十七师除以一部监围临颖之敌外，于巧日沿铁路正面及其以东地区，进击许昌附近之敌。

二、第十军之四十八师，除以一旅集结漯河为军团预备队外，其余速推进临颖，构筑工事，严密警戒。其四十四师应即日进驻北舞渡。

三、第七军主力，协同第十军刘旅，迅速进攻叶县，相机占领之。

四、九、十两军作战地境，改定为翟庄、漯河、临颖、大石桥、许昌之线，线上及以西属十军，以东属九军。

五月二十三日，第九军主力已攻过临颖城北之七里头，城内之敌，屡突围冲击，被我军截毙无数。时第十军部队已占临颖车站、杜曲、繁城之线。第七军已由方城攻占保安、驹旧县之线。其十七师主力，即推进方城、保安，向叶县进攻。另一部由南台、拐河镇之线，向鲁山攻击前进。二十四日，遵照总司令指示计划，改定攻击部署，给与各部命令如下：

一、西北逆军吉鸿昌、孙良诚两部，在杞县附近，被我第二军系留，现正在痛击中。庞炳勋逆部于昨日全部已移进通许附近，现苏桥仅有昨晚到达之张自忠部两营。据确报，张逆维玺奉冯逆伪命，在襄叶一带，企图欺骗我军。

昨日午后，我飞机发现敌骑约一师由太康向通许溃退，临颍、许昌之樊部，连日被我猛烈攻击及轰炸，伤亡甚重，已失战斗能力。

我陇海路各军已达仪封、考城之线。

二、本军团以克日占领郑州，遮断西北逆军归路之目的，自本日起，向郑州方向攻击前进。

三、第九军全部，沿铁道线以东地区，向郑州挺进，务于本月廿六日，到达新郑附近。廿七日到达新郑以北地区，进攻郑州，其监围临颍任务，即交第十军派队接替之。

四、第十军以主力移向铁道线附近，担任铁道线及监围临颍任务，向襄叶方向戒备，以一部沿铁道西侧与九军齐头并进，占领新郑，进取郑州。

五、第七军队，以一部接守舞阳之防，向叶县之敌，取佯攻姿势牵制之。

六、第十军酌留一旅，位置漯河，为军团总预备队。

七、九、十两军作战地境，平汉铁路以东，五里之线，线上及以东地区属九军，以西属十军。

八、予在漯河。

许昌之役：第十军接替监围临颍后，于五月二十五日完全占领临颍县。廿六、廿七等日，第九军之四十七师，相继进占许昌城南、屯里、高庄、农山庙、枪杆、刘十里铺。第五十四师占领秋胡寨、吴城、前桥之线。第十军进至许昌西南、长刘庄、双庙、李庄、大槐树、王颖桥之线，其北舞渡防务，由第七军驻舞阳部队派兵接替。斯时，敌张维玺部已由襄城进至许昌西南关，以至张店街之线。樊、任匪军，在常寨、张盘街一带，许昌城为樊部固守。

五月廿七日拂晓，张维玺部向我第九军阵地猛攻，经我四十七师努力击退。是役，第四十七师全部，应战激烈异常，毙敌于阵地前，横尸遍野，我军伤亡连排长二十余员。因探知张逆主力侧重许昌以西，乃令第十军迅即进占张村、张丁集至凹孙之线，协同第九军向张店街、八里桥，攻击前进，军团总预备队即晚推进至临颍以北地区，所遗郾漯警备任务，由十三师七十八团接替。

五月二十八日至二十九日：二十八日拂晓，第十军之四十八师，由长刘庄攻占五板营、向长村、张丁集攻击前进。第四十四师同时向张店街进攻，相继占领甚涧、五里铺、凹孙之线。二十九日，进占铁张范庄之线，逼近张店街敌之阵地。第九军在原线与许昌城南及张盘街之敌，连日激战未息。时敌吉鸿昌，宋哲元各一部及晋军一部，由郑州南来增援，已加入许昌正面。为迅速歼灭达到任务计，虑逆军再有增援队到，不易击破，决令以第十军主力，进占张店街，尔后即协同第九军，分由许昌东西之线进占苏桥。是日给与九、十两军命令如下：

一、张逆维玺及任、樊匪军，仍据张盘街、许昌城、八里桥、张店街之线，顽强抵抗，阻碍我军前进。

二、本军仍拟继续急速肃清许昌附近之敌，进占郑州。

三、第九军明（卅）日，仍在原阵线，攻击张盘街及许昌城南之敌军，注意防其冲击，并待机沿许昌城东，进占苏桥敌之阵地。

四、第十军除以一部监视长村、张丁集之敌外，主力附炮兵一营，务于明（卅）日拂晓，向张店街之敌，攻击前进，而占领之。得手后，即急速沿铁路线西猛进，协同第九军占敌之苏桥阵地。

五、九、十两军之作战地境，明日暂守原地。于张店街占领后，前进时为屯里、吴坟、石寨、苏桥之线，线上及以东属九军，以西属十军。

六、予本晚回漯河。

五月三十日至三十一日：第四十四师由铁张范庄围攻张店街，于三十日早十一时，先以步炮火猛烈压迫寨内之敌，我军奋勇队随之突入，彼此肉搏巷战数小时，敌死亡枕籍，其残部突围而出者，悉被我截毙。我军遂于是日早，占领张店街。同时以一部越过敌之后侧背，攻占灵井寨、老赵庄之线，协同四十八师步骑一部，向大路李苏桥攻击前进。我五十四师斯时击溃任应岐逆部，已以一部进占徐湖、英湾之线。

六月一日至十三日：许昌附近之敌，连日经我军猛攻，伤亡甚重。张店街一役，张逆部损失尤巨，乃令各部仍按照二十九日命令，迅速猛进。六月一日，第四十八师进占丁集、长村张两寨，俘毙敌官兵甚多。主力即连合四十四师向八里桥、苏桥进击。第五十四师魏、王两旅，亦由徐湖、英湾进占三官庙、烟墩、郭东西王坡之线，进攻许昌东关，并令第九军，挑选奋勇两团，由五十四师副师长李文鸣率领，向许昌以北施行奇袭。时襄城田金凯逆部，已向东增援，连合张治忠部，袭我款桥，数次不得逞。为掩护十军左侧背安全起见，令第七军之一部，由霍堰镇、姜集推进至款桥之线。岳维峻部一团，由漯河推进北舞渡，相机进占柏冢之线。时我第七军已攻占叶县南之尤淹铺，一部已占襄、叶中间之辛店，并令向襄、叶之敌施行猛攻牵制之。六月三日，我九军奋勇两团，已将沿途大张寨、尚家、金湾、韩楼、甄庄之敌，被我击溃，并进占许昌以北高桥、新张之线，截获子弹车数十辆，破坏铁道电线数百米达，断敌许昌以北之交通，第十军一部，已占领许昌西北禹王城、畅庄、大路李之线，并将灵沟、河坡堡两寨之敌，完全包围。第九军一部，进占许昌、东关、三里桥、孙湾之线。均正与敌连续激战，逆军顽强抗拒，自四日以后，我军无大进展，至六月九日，军团复发布总攻击命令如下：

一、许昌以西之敌，被我包围截断其连络，其后援部队，使用已尽，仍在顽抗中。

二、本军团以肃清该敌，迅速挺进，占领郑州之目的，决于本月十日拂晓以前，向该敌施行全线总攻击。

三、第九军着由四十七师、五十四师各抽一旅，归郝师长梦龄指挥。限本(九)日夜十二时以前，由铁道以东经许昌以北地区，向敌之八里桥阵地背后挺进，猛力攻击占领之。并设法与第十军挺进部队连络，肃清该处附近之敌，猛烈攻击歼灭之。

四、第十军务抽出一旅，限本日(九)夜十二时以前，由张店街、老赵庄之间挺进，向八里桥之阵地背后猛攻，占领之。并协同九军挺进部队肃清该敌。其余十军部队务于本夜十二时，各向当之敌，猛烈攻击歼灭之。

五、炮兵第一集团附属各军师之炮兵，务于本(九)日黄昏以前，将射击准备完妥，明(十)日拂晓以前，以强盛火力，压倒敌人，协助我进攻部队成功。

六、航空队明(十)早，务将在漯之飞机，全数驶往前方，向敌阵地猛轰炸，但各部队务注意设置飞机符号。

七、十三师之万旅，推进至临颖车站，为军团总预备队。

八、予在大石桥。

注意：

一、各部队攻击前进时，应抱一鼓歼灭之决心，不分佯攻助攻，一致向当面之敌，猛烈攻击，务期于明(十)早十二时以前，将该敌肃清完了。

一、各部队进攻所占领之村寨，应即举火为号，其不发火之村寨，即为敌人所占据。务派队猛力攻击之。

一、我军夜间，务须注意彼此之连络，分定区域，不得紊乱。各向指定目标攻击前进。兹规定连络法二种，务注意使用。

1. 用亮手电灯，无论问答，皆画圆形。

2. 号音问用起床号，答用吃饭号。

六月九日以后，各军向指定目标全线攻击前进，我官兵奋勇异常，各迫近敌之本阵地，进出肉搏，毙敌甚多。卒以逆军阵地坚险，未奏速效。当此彼我相持之际，平汉线逆军已改变计划，以张维玺、张自忠、宋哲元、冯治安各逆部，在许昌正面及以西地区，藉工事掩护，与我对抗；一面以西北逆军魏凤楼部、高树勋、葛云龙两师及石振清、王振、任应岐各匪军，由右翼迂回，企图进犯临颖及郾漯，并截断后方交通线。我五十四师右翼连日与该敌激战甚烈。其刘桂堂匪军，并晋军骑兵约一旅，进扰淮阳、周口附近，与我岳维峻自六月八日接触，我军凭寨固守，激战数昼夜，敌仍未退。我军以连络线过长，后方控置部队甚少，为应付时机，以集结兵力，先行歼灭迂回逆军之目的，乃于六月十二日，令各部暂撤回本阵地，其命令词如下：

一、石逆振清率万选才残部万余人，其先头一部，在拐李王庄附近，与我五十四师对战，其主力已于本日午前八时到达陶城、阜士之线，迫近临颖。其后续西北逆军部队之高树勋、葛云龙两师，今早由许昌以东，陆续南下，有进犯郾漯，并截断我交通线之企图。

刘逆桂堂及贾济川部，连日在周口、淮阳附近，与我岳军激战甚烈，现仍在对战中。

逆军骑兵一旅（闻系晋军），由淮阳之李集向东南活动，似有迂回我后背模样。

二、本军团以集结兵力，缩短连络线，诱使深入歼灭该敌之目的，拟占领逍遥镇、青龙潭、郾漯、北舞渡之本阵地，暂作攻势防御。

三、第九军务于十三日开始，向逍遥镇、漯河之线转移，确实占领逍遥镇、黑龙潭、漯河车站各要点，构筑坚固工事，并在各要点前方，相机构筑前进阵地，派队驻守之。其主力务位置于逍遥镇以南地区，相机出击。

四、第十军务于十三日开始，向漯河寨、郾城县、新店、北舞渡之线转移，确实占领以上各要点，构筑坚固工事，并在各要点前方，相机构筑前进阵地，派队驻守之。

五、作战地境，铁道线上及其以东归九军，铁道以西归十军。

六、第十三师之三十七旅，位置驻马店、遂平，担任后方之警备。

七、第十军之新编第二旅，位置西平，为军团总预备队。

八、炮兵集团之使用，九、十两军除各附野炮兵一营，五十四师附山炮八门，暂归各该军师指挥外，其余着即归还建制，归本部直接指挥。

九、航空队务于十四日转移驻马店。

十、兵站监部，即日转移驻马店。

十一、予在漯河列车。

同时令第七军进至颖桥之一部，即转移姜集、霍堰镇之线，与九、十两军阵地齐头对西北方向警戒。

〔国民政府战史编纂委员会档案〕

4. 徐源泉关于在叶县襄城与冯军作战给所部训令

（1930年5月13日—24日）

（1）5月13日训令

训令 五月十三日午后一时
于西平第十军军部发

一、逆敌晋军，丰玉玺部占据唐山，傅作义、冯鹏翥部集中沧州；石友三、万选才、孙殿英各部，集中东明、考城、归德、亳州、鹿邑等处；孙楚、张会诏两部，集中兰封、杞县、陈留一带，有向我津浦、陇海两路进击模样。又冯军孙良诚部在郑州，吉鸿昌部集中长葛、许昌间，庞炳勋部集中许昌、临颍间，张维玺、田金凯两部，约步兵九团、迫炮一团，在鲁山、叶县、襄城一带。其原驻叶县之倪玉声师，业已开赴襄城附近。近日，麦岭、百牛冈等处，常有敌便衣队出没。叶县逆军之前进部队，已进在舞阳西北方之龙泉寺、庞店寨、坟台、桃奉等处。又刘汝明部,现尚盘踞淅川、李官桥一带。

我东北第三十军(于学忠部),现在涿州附近集中,与晋军丰玉玺部相对峙。第一军团(韩复榘部),现在济南、济阳一带。马总指挥鸿逵部,在长青、平阴、东阿一带。第二军团之第二师于单县。第三师于砀山、杨集、牛堤圈一带,第一师于虞城,第十一师于砀山附近,第七师于永城、会亭集、马头寺一带,第十师于义门集附近,第五二师于太和、界首、纸店集一带,新二一师于倪邱铺、淝河、双沟一带,已本月十一日,向陇海路附近之敌攻击前进。

我第二军(蒋鼎文部),已于本月十二日由周口、淮阳附近集中地,开始向太康、杞县、兰封、扶沟、通许、陈留、开封一带,攻击前进,第七军(杨虎城)拟协同本军,击破叶县、鲁山之张逆维玺部,占领鲁山后,再向郏县、禹州之敌压迫,使本军之攻击容易,并掩护本军之左侧背,其冯钦哉旅已进至保安岩。

二、本军以先解决叶县、襄城附近之敌,然后在铁道以西地区,经禹县、密县,向郑州攻击前进之目的,拟于本月十四日,开始运动、

三、部署如下:

1. 第四四师,应于本月十四日占领下澧河、效集、小赵庄、上澧河、卸甲店之线,攻击准备阵地,构筑工事,对叶县方面,严密警戒,同时,须派出少数兵力,向庞店寨、坟台、龙泉寺一带敌之前进佯攻,并派一部,进占卸甲店西方之辛店,与保安寨之第七军冯旅连络。

2. 新二旅,应于本月十四日,占领北舞渡、马村集、宋桥之线,攻击准备阵地,构筑工事,左翼与四四师连络,对襄城方向警戒,同时派出少数兵力,向桃奉、华店一带佯攻。

3. 第四八师之韩昌峻旅,于本月十四日进至新店,并酌派一部占领裴城,左翼与新二旅,右翼与四七师取连络。裴城部队,应派少数兵力,向纣城、罗店一带佯攻。

4. 其余各部,为总预备队,于本月十五日,照下列地点集结待命。

一四二旅及工兵营、特务营，在西平附近。

一四三旅及炮兵团，在吴城附近。

骑兵团、速输送至西平集结待命。

补充第一团，进至驻马店，第二团进至信阳集结待命。

四、作战地境：

1. 韩旅与第九军以新店、纣城之线，线上属韩旅。

2. 韩旅与新二旅以路店、北舞渡、河口之线，线上属新二旅。

3. 第四四师与新二旅间，以下澧河、店福东王、庞寨店、沙渡口、刘张集、马炮泉之线，线上属四四师。

五、各部队与军部间通信，以传骑为主，电话辅之。舞阳至叶县间电话线，由四四师随进随修。

六、兵站支部，推进至驻马店；新二旅分兵站，进至北舞渡；四八师分兵站，进至西平；但漯河须设派出所；四四师分兵站，进至舞阳。

七、兵站医院在信阳。

八、予在西平县城。

注意：

1. 敌之便衣队散布甚多，我军在现驻地及前进时，均应严密注意。

2. 各部队占领攻事准备地，须构筑强固工事，将来攻击前进时，每日所占领地点，亦须随时构筑阵地，步步为营。夜间，尤须严密警戒。

3. 四四师应派员常与左翼部队连络，并将第七军进展情形，随时具报。

4. 军行所至，纪律务须严明。盖纪律良好，可得民助，与军事进展影响甚大。我军去冬在临汝被围，卒得转危为安者，皆秋间作战，经过是邦，秋毫无犯，得民扶助之效。因果昭彰，幸勿疏忽。

（2）5月17日训令

训令　五月十七日午后九时
于西平县城发

一、襄、叶一带之敌张维玺部，占领旧县、坟台、连村、襄城、颍桥之线，并有一部侵至霍堰镇、麦岭附近，其在许昌、临颍间者，为樊逆钟秀部，在许昌以北和尚桥迤东至鄢陵一带，为庞炳勋部；在扶沟、通许一带，为吉鸿昌部；在新郑、洧川、尉氏，为孙良诚部；在太康、杞县、兰封一带，为孙楚部；均于各该处构筑工事，似图坚守。兰封以东至归德、鹿邑间，为孙殿英、万选才诸残部，已被我第二军团击溃，不能成军。又东明、荷泽一带之石逆友三部，被我二六军(范熙绩)及马总指挥之第三路军击破，纷向河北溃退。

我第二十六军及马总指挥所部，现正由荷泽、临濮集、郓城一带，向东明、考城方向出击。我第二军团，现已占领归德车站、亳州之线，正向柳河、鹿邑、柘城方向进展。我第九军之第五四师，可于十九日，由逍遥镇附近，向鄢陵及其以东地区攻击前进。我第七军主力，可即由方城、南台，向叶县、鲁山袭击。

二、本军奉令，以第四四师协同第七军攻取叶县，新二旅监视襄城附近之敌，第四八师之一旅，协同四七师，沿铁道西侧向许昌进攻，余为军团总预备队，应于本月十九日，开始运动。

三、部署如下：

1. 第四四师，应于本月十九日午后五时，就北舞渡以南马村集、下澧河、效集、潘寨、上澧河、卸甲店之线攻击，准备阵地，俟七军由方城、南台、向叶县进击时，向叶县之敌夹击。

2. 新二旅，应于本月十九日午后五时，进占纣城及以西之许庄、郑庄、至北舞渡之线，构筑工事，对襄城方向，严密警戒，俟四八师之韩旅攻击前进时，随之进占，驱逐范湖、麦岭、霍堰镇一带之敌，而占领范湖、麦岭、霍堰镇之线，监视襄城方向之敌，以掩护韩旅之左侧背。

3. 四八师之韩旅，应就现占地，于本月十九日，沿铁道线西侧，右与四七师连络，向许昌方向攻击前进。附该旅山炮两门。

4. 其余为军团总预备队，位置于下列地区：

一四二旅（张旅），于本月二十日，开赴漯河待命。

一四三旅（徐旅），仍在吴城附近待命。

炮兵团（欠山炮两门），仍在吴城附近待命。

工兵营，暂在西平担任城防。

骑兵团，输送至漯河待命。

补充第一团，输送至驻马店，第二团输送至信阳待命。

四、作战地境如下：

1. 韩旅与四七师间，攻击临颍时，以新店纣城之线，尔后沿铁路西十里之线，线上属韩旅。

2. 韩旅与新二旅间，以裴城、纣城、茶河、阎柏家之线，线上属韩旅。

3. 新二旅与四四师间，以北舞渡、霍堰镇之线，线上属新二旅，以后向襄、叶进攻时，以沙河为界，沙河属新二旅。

五、兵站支部，于本月二十日，推进至漯河。

六、兵站医院，于本月二十日，移至漯河。

七、军部于五月十九日进至漯河。

作战指导要领：

1. 萧师，应于十九日午前，酌派部队到达马村集，接替新二旅齐营之阵地，并派必要兵力，进占桃奉、华店等处，向襄、叶间警戒。新二旅现占马村集、桃奉，华店之部队，须俟萧师接防部队到达接替后，方可移动。

2. 四四师与新二旅，在未攻击以前，对于本令所示，应占领阵地，务须深高沟垒，周密配备，防敌夹攻。

3. 各阵地前方，须广派暗探，侦察敌情。

4. 据报，敌以多数便衣队，潜入我后方，希图扰乱，务须严密侦察。

（3） 5月20日训令

训令 五月二十日午后四时
于漯河第十军军部发

一、归德附近之敌，被我第二军团完全解决，俘敌师长万殿尊并敌兵一万余人。晋军关逆福安部，在曹县附近，与我第二师战仅半日即溃败，被我俘获二千余人，其二八及三二两团，完全缴械。刻下，杨效欧、孙楚两部，虽已驰援，但我范少陔军及马总指挥鸿逵部，已过东明，第二军团，已占李坝集、旧考城之线，将敌三面包围，不日即可解决。

我第二军第六九两师，已于十八日，由周口、淮阳，向杞县、兰封攻击前进，其先头已近西华、太康之线。第九军第五四、第四七两师，已沿平汉路以东，向鄢陵、尉氏攻击前进，第七军主力，已在方城、南召集结，其前进部队，已占领保安岩、拐河街、铁牛庙等处，克日向叶县进攻。

二、本军奉令，以一部协同第七军进攻叶县、主力由平汉路正面，向许昌攻击前进。

三、部署如下：

1．第四八师之一四二旅，应于明（二十一）日，进至小商桥以北，接替四七师监围临颍，并协同铁甲车、航空队，迅将临颍之敌解决，而占领临颍。占领临颍后，应即派一部，追击至大石桥、大王岩及铁道以西五里之地停止。占领攻击准备阵地，对许昌严密警戒。尔后，该旅攻击前进时，右翼须与四七师，确取连络。

2．第四八师之一四四旅（附山炮两门），应于明（二十一）日，酌派一部进占杜曲、张庄之线，右与张旅连络，但在纣城之部队，须俟四四师接防部队到达后，方可归还建制。该旅主力，俟四四师先头之一旅到达北舞渡后，即向庄店推进，尔后连络张旅，向北进展，至大河、繁城、小吴庄、罗庄之线，占领攻击准备阵地，向许昌警戒。

3．新二旅应候四四师部队到达北舞渡，将现占阵地交替后，即向舞阳转移，担任舞阳之守备，其舞阳西侧效集、潘寨、上澧河、卸甲店等处，仍须酌派部队确实占领，对叶严密警戒，掩护军之右侧背，尔后，俟第七军由方城、南召，向叶县进攻时，即向叶县之敌夹击而歼灭之。

4. 第四十四师，应于本月二十二日，先派一旅到达北舞渡，并占领纣城、罗店、柿园场等处，接替韩旅及新二旅之阵地，对襄城方向警戒。其余主力，俟新二旅到达舞阳，布置妥毕后，移至北舞渡附近集结，该师现占舞阳西方效集、潘寨、上澧河、卸甲店、辛店等处，部队须俟新二旅部队到达交替后，方可归还建制。

5. 第四八师之一四三旅及炮兵团（欠山炮两门），应于明（二十一）日，推进漯河，并由一四三旅酌派一团，进占郾城县城。

6. 骑兵第四八团，输送至漯河下车后，进至郾城西方之十五里店待命。

7. 第四八师工兵营，暂在西平，担任防务。

四、作战地境：

张旅与四七师间，以翟庄、漯河、临颖、大后桥、许昌之线，线上属张旅。

韩旅与四四师间，以朱埠、裴城、纣城、石营、茶河、阎纸房、叶陈关庄、化行、甚涧之线，线上属四四师。

第四四师与新二旅间，以北舞渡，桃奉、泥车、孟进山之线，线上属四四师。

作战指导要领：

1. 各部阵地交替后，撤回后方之部队应于夜间秘密运动，勿为敌觉。

2. 张旅对于临颍四周，须周密监围，并指导电雷队，于各城门外要道口，重层埋设电雷，以待城内敌人突围时，暴发而歼灭之。

3. 现在敌之企图，尚未十分明了，第四四师主力须在北舞渡附近集结，以便随时调遣。

4. 新二旅，接防舞阳，有掩护本军左侧背之任务，责任重大。所有舞阳附近阵地之配备及构筑，应绵密计划，勿稍疏忽。

(4) 5月24日训令

训令 五月二十四日午前十二时
于漯河第十军军部发

一、原在许昌临颍一带之樊逆钟秀部，连日被我猛攻及轰炸，伤亡损失，已失战斗力，唯张逆维玺部，已向许昌增援，又庞炳勋部，亦于昨日到许昌附近。

二、本军以协同第九军进取郑州之目的，于明(二十五)日，向郑州方向攻击前进。

三、部署如下：

1. 第四八师一四四旅(附山炮两门)，于本月二十五日进至杜曲附近，占领攻击准备位置后，连络第四七师左翼，沿铁道线及西侧地区，向许昌、新郑、郑州，攻击前进。

2. 第四四师及新二旅，为左翼纵队，归萧师长指挥，应于本月二十五日进至史张庄、纣城、霍堰镇、章九台之线，占领攻击准备阵地。二十六日拂晓，开始运动，以一部向襄城方向压迫，以掩护军之左侧背，主力向葚涧、颖桥一带攻击前进。但北舞渡，须暂控制一部，待叶县方向敌情明了后，再行推进。

该纵队主力占领葚涧、颖桥后，应即连络一四四旅，向新郑、郑州以西地区攻击前进。郑州占领后，该纵队应即挺进至荥阳，向洛阳方向警戒。

3. 第四八师之一四二旅，应即向临颖之敌严紧围攻，攻克后，沿铁道线随韩旅后推进。

4. 第四八师之一四三旅，位置于漯河、郾城，为军团总预备队。

5. 骑兵团、补充团，到达漯河待命。

6. 炮兵团(欠山炮两门)暂在漯河待命，唯该团在新店之野炮营，随张旅进至临颖附近，并由张旅派队掩护之。

7. 工兵营进至漯河待命。

四、作战地境如下：

1. 韩旅与第九军间，以平汉线以东五里之线，线上属第九军。

2. 韩旅与左纵队间，以繁城、圪垱寨、张店街、大路、李大马、太平店、新郑县、城郭店、梅山、黄岗寺之线，线上属韩旅。

五、兵站支部，位置于漯河。

第四八师分兵站，进至临颖车站。

六、第四八师野战病院，在漯河开设。

注意：

1. 迭据飞机队报告，我军前线部队，均未设置符号，以致无法认识，大感困难。以后各旅、团、营、连均须派定对空监视兵，携带飞机连络符号，无论行军作战宿营，一见我飞机，即将符号敷设明了位置，而便连络。

2. 敌人，现于襄城留一团，叶县留两团，专守城池，余均向许昌方向以与东路逆军连络，我军除留一部监视襄城之敌外，其余北进部队，务须奋勇挺进，勿顾一切，以建殊勋。

〔国民政府战史编纂委员会档案〕

5. 徐源泉关于所部攻克临颖的报告①

（1930年5月26日）

五月二十六日，上午八时，接张旅长报告如下：

一、敌于昨(二十五)日午后十一时，由四门冲出，向我阵地迭次猛攻，经我官兵奋勇抵御，逆敌顽强异常，前仆后继。至夜十二时，职复选拔奋勇扒城，并督率部队，由南猛攻，复经我野炮集中火力，至二十六日上午一时，敌渐不支。此时，我黄新团已将银场之敌扑灭，占领银场及西北关，敌死亡枕藉，我奋勇队，复由南面入城，

① 此报告录自《民国十九年讨逆军第十军战斗详报》。

巷战多时，敌势已摇，我官兵更乘势冲锋，肉搏血战，迨至上午四时，敌乃弃城向东北窜去，职部遂完全占领临颍，以一部守城，余仍跟踪追击。

二、是役，毙敌三百余名。职部阵亡官长二员，士兵二十四名，受伤官兵约五十余名，获得步枪六十余支，子弹四万余粒，迫击炮四门，炮弹一百余颗，手榴弹二百余枚。

〔国民政府战史编纂委员会档案〕

6. 徐源泉关于进攻许昌给所部训令

(1930年5月26日—29日)

(1) 5月26日训令

训令 五月二十六日午前十一时
于漯河第十军军部发

一、临颍之敌，业经解决。

我四四师，今日可到柏家。我第九军先头现已过大王寨，拟即向许昌进攻。

二、韩旅务于明(二十七)日午前二时，由繁城出发急进，与第九军齐头向许昌攻击前进(附山炮四门)。

三、张旅务于明(二十七)日午前二时，由临颍出发，随韩旅后推进，相机援应韩旅(附野炮四门)。

四、徐旅，即刻派步兵一团，乘车进驻临颍，担任防务，限本晚九时前，到达临颍。

五、炮兵团，即刻派山炮两门，附徐旅车至临颍，转赴杜曲，归韩旅长指挥，限本晚十时前，到达韩旅。

六、骑兵团，着即乘车，至临颍待命。

七、补充第一团限明(二十七)日，乘车至漯河下车，接替徐旅在郾城、漯河一带防务。徐旅(欠一团)交防后，推进至临颍待命。

八、军部明(二十七)日，进驻临颍。

（2）5月27日训令

训令　五月二十七日午后三时
于临颍第十军军部发

一、逆军张维玺部，在许昌南关以至张店街之线。樊、任匪军在常寨、张盘街之线。张维玺率手枪一团、炮兵一营，确在张店街内。本日拂晓，张逆之一团，向我屯里阵地猛攻，经我四七师唐旅努力应战，约五小时，将该敌完全歼灭于屯里以北大道上。敌气甚馁，已无反攻能力。我四七师在马栏楼、张山庙、高庄、屯里之线，五四师在前桥、董庄、秋湖寨之线，正与该敌激战中。

二、本军应即协同第九军，向许昌之敌进击。

三、左翼纵队（第四十四师与新二旅编成）限于今（二十七）夜，到达凹孙、柳树王之线，向张店街、甚涧猛攻，攻击得手后，即猛力向新郑追击。

四、张、韩两旅，着于明（二十八）日午前三时开始，向长村、张八里桥、丁集、张店街之敌，猛力进攻，攻击得手后，沿铁道以西，向苏桥追击前进。

五、炮兵王团长，指挥现附张、韩两旅之山、野炮，随同两旅攻击前进。应选择适当阵地，向敌要点集中射击，发扬极大威力，以期一鼓歼灭敌人。

六、现在临颍徐旅之张团，着于明（二十八）日午前六时，由该团长先率两营，进至繁城，留一营待工兵营到达临颍接防后，推进繁城待命。该团到达繁城后，须向张、韩两旅通报连络，并对该处附近，严密警戒。

七、徐旅（欠张团）及炮兵团，即由漯河开至临颍待命。

八、骑兵团明日午前五时，由临颍现驻地出发，进至大石桥车站西侧待命。

九、工兵营即进临颍，担任城防，并对于东北向酌旅部队，严密警戒，同时迅速架设由临颍至大石桥军部电话并各旅间电话。

十、第四分兵站推进至临颖，派出所推进至大石桥车站。

十一、第四八师野病院，应即推进至大石桥。

十二、军部明(二十八)日，进至大石桥车站西侧洪叶李。

(3) 5月28日训令

训令 五月二十八日午后五时
于大石桥第十军军部发

一、我右翼第九军方面战况无变化，唯敌已馁，渐见动摇。

长村、张丁集一带之敌，今早被我攻击，伤亡甚众，已有不支之势。

二、本军以协同第九军迅速解决许昌附近之敌之目的，应以一部系留当面之敌，以一部向苏桥挺进，断敌归路而歼灭之。

三、第四八师张、韩两旅，应于明(二十九)日，向当面之敌佯攻，如敌动摇，应即前进追击。

四、左翼纵队，明日应由甚涧、颖桥一带，向苏桥挺进，但在张店街附近之敌未解决以前，于甚涧附近暂控制一旅，以防敌之西窜。攻击得手后，第四四师，即向新郑追击前进，新二旅，暂控制于颖桥，监视襄城、禹县之敌，以掩护军之左侧背。

五、第四八师骑兵团，明日由大石桥出发，经甚涧附近，与四四师先头部队连络，极力向许昌以北地区之苏桥附近活动，威胁敌之侧背，并断其归路，攻击成功后，应即在铁道西侧地区，向新郑、郑州方向猛追。

六、四八师其余各部，为军团预备队，位置如下：

徐旅与炮兵团在繁城附近。

补充第一团及工兵营在临颖。

(4) 5月29日训令

训令 五月二十九日午后十一时三十分
于大石桥第十军部发

一、今早以来，当面之敌，渐见摇动。唯郑州方面，有兵车南下，似来增援。

二、军拟乘敌增援队未到以前，猛力击破之。

三、左纵队酌留一部，占领颍桥、化行，对襄城方向警戒，主力应速攻占张店街，占领后，并肃清大路李、灵井寨一带之敌，然后向新郑、郑州，继续攻击前进。

四、四八师之一四四旅（附山炮四门），于今夜一时前，将现阵地交与一四二旅接替，限四时前移至韩集、程庙一带，就攻击准备位置，明（三十）日拂晓，协同左纵队猛攻张店街，以东丁集及其以北之敌，务须于最短时间占领八里桥，尔后，协同左纵队在左纵队之右，向苏桥、新郑、郑州攻击前进。

五、四八师之一四二旅（附野炮四门），应于今夜一时前，派队接替一四四旅圪垱寨村附近之阵地，尔后随一四四旅后推进，并策应一四四旅。

六、炮兵团王团长，率领野炮四门及中央野炮罗营全部（共十门），于明（三十）日拂晓前，到达张店街以南凹孙附近，占领阵地，协同步兵向张店街之敌集中射击，发射攻击成功后，进至八里桥待命。

七、四八师之一四三旅及炮兵团（欠山炮四门、野炮八门），位置于圪垱寨附近，为军预备队，但繁城须由一四三旅酌留一团。

八、骑兵第四八团，位置于龙王寨附近，与我各攻击部队，确取连络，如见敌势动摇，即向苏桥、新郑方向猛追，勿失时机为要。

九、补充第一团工兵营，在临颍待命。

十、兵站支部推进至临颍。第四八分兵站，推进至大石桥。

十一、兵站病院，在漯河开设。

十二、予在洪叶李，至必要时，进至圪垱寨。

注意：

1. 各部队务须互相切实连络，协同动作，不失时机，速达任务为要。

2. 奉总指挥何令，先占苏桥者，赏洋二十万元。

3. 明日攻击张店街，总指挥部已令飞机集团轰炸，各部队务将飞机符号铺设，规定师、旅部用△形。团、营、连用十字形。

〔国民政府战史编纂委员会档案〕

7. 何应钦报告第九、十两军攻占大石桥与临颖城战绩致朱培德电

（1930年5月27日）

机急。朱总长勋鉴：并译转谭院长钧鉴：△密。(1)固守周厢岩、大石桥等处顽抗之敌，经我第九军上官师猛烈攻击，于有日次第击溃。是晚八时，占领大石桥，樊逆及王太均受重伤。孙士贵因伤身亡。(2)临颖城经我第十军于宥子克服，敌之大部，均已在城内解决，一部溃窜出城，复经我第九军截堵，全数缴械。查此两役敌除被我击毙不计外，俘虏不下六千余人，夺获武器无算，正在清查。樊、任两逆，精锐丧失殆尽，许昌即日可下，知注谨闻，职何应钦叩。沁酉。印。

〔行政院档案〕

8. 张藩等关于攻克白河与洵阳等县并决定陕南肃清冯军后进取潼关通电

（1930年5月27日）

特急。南京陆海空军总司令蒋、各院长、各部长、汉口行营主任、各省政府主席、各总指挥、各军长、各师长、各司令、各法团、各报馆均鉴：阎逆叛党祸国，破坏统一，我总司令誓师讨伐，完成革命、藩等奉读誓词，遵即转饬部属，正义感激，士气奋发，莫不以思杀贼为快。现已次第占领白河、洵阳、山阳、商南、镇守(安)、柢(柞)水、汉阴、紫阳、岚皋、荫利等县，刻正进攻商县、安康，以俟肃清陕南逆氛，即当进取潼关，攻逆侧背，谨电奉闻。陕鄂边防剿匪司令张

藩、第一路唐靖、第二路孙彬、第三路赵文启、第四路沈玺亭、第五路王列宗、第六路王三春、南路游击韩世昌、北路游击孙长标、孙鹤年等同叩。咸。印。

〔行政院档案〕

9．徐源泉关于进攻许昌附近诸要寨给所部训令

（1930年6月1日—10日）

（1）6月1日训令

训令 六月一日午后十一时十分
于大石桥第十军军部发

一、当面之敌，经我猛攻，节节后退，已现不支之样。

二、军应乘胜，向八里桥、苏桥，猛力续攻。

三、第四八师张、韩两旅，明（二）日上午二时，由现阵地开始运动，先肃清孙集、徐庄、老虎、陈罗庄、周庄一带之敌，然后向八里桥猛攻占领之。占领八里桥后，协同第九军，向苏桥追击前进。

两旅作战地境，以丁集、孙集、汪庄、八里桥南关及灵沟河、苏桥之线，线上属张旅。

四、王团长月春所率之野炮十门，随张、韩两旅前进，协攻八里桥，炮兵行进路及阵地，由该团长自行选定。

五、徐旅之张团，暂在圪垱寨待命。

六、张店街之左纵队率旅，当张、韩两旅进攻八里桥时，须酌派一部东进，掩护韩旅之左侧翼。

七、左纵队俟张、韩两旅攻击八里桥成功后，如颖桥以西敌情，明了无大顾虑时，酌留一部在颖桥、焦李、大槐树王等处，向襄城警戒。主力以不失时机向和尚桥挺进占领之。

八、骑兵团，暂在龙王庙待机。

九、徐旅（欠一团）仍在繁城及以西现占地，对襄城方向警戒。

（2）6月5日训令

训令　六月五日午后九时十分
　　　于大石桥第十军军部发

一、占据许昌城、董庄、周庄、叶庄、大路李之敌，连日受我军攻击，伤亡甚众，其后方确实空虚，已有不支之势。

我四七师，现占周店、大张寨、韩湾、马庄、屯里、火烧庙之线，拟于七日拂晓，以两团兵力，向张湾村、高桥营一带挺进，以牵制敌人，俾本军之出击容易。

我第七军，现正围攻叶县，六日可以一部进至范湖、康冯街、麦岭一带，以警戒襄城之敌。

二、本军为迅速肃清许昌附近敌人，进占郑州之目的；一部占领原阵地，系留当面之敌，主力向后方抄袭，而歼灭之。

三、部署如下：

甲、防守部队：

1. 四八师补充第一团，应于明（六）日午前由临颖出发，正午十二时前到达长村张，接替张旅现阵地，限明日黄昏前，接替完毕。七日拂晓，向当面之敌佯攻（附该团野炮三门）。

2. 四八师韩旅（附山炮四门），仍在现阵地，增筑坚固工事。七日拂晓，向当面之敌佯攻。

3. 左纵队四四师主力，仍在现阵地固守。七日拂晓，各该阵地，均向当面之敌佯攻，而灵井寨部队，对泉店方向，尤应严密警戒，以掩护出击部队之侧背，并候出击部队进展后，酌派一团以上之兵力，至灵井寨以东之大路李或新店附近，策应张、徐两旅。

4. 左纵队之新二旅，全部仍在各阵地固守，对于化行、焦李西南一带，须常派骑兵搜索，俟第七军部队到达范湖后，与其连络。

乙、出击部队：

1. 四八师张振汉全部，明（六）日，将阵地交代补充第一团后，即沿本军阵地后方，向西北秘密移动，限明晚十时前，到达灵井寨南侧，就攻击准备位置。七日午前零时，开始运动，向灵沟河攻击前进。至该处附近时，如寨内之敌顽抗，则以一部围攻灵沟河，一部控制于灵沟河西侧适当地点，策应右翼之徐旅。

附该旅电雷技术兵一班，由工兵营派出，专任搜索敌所埋地雷而掘启之，及破坏许昌以北之铁道。

2．四八师徐继武旅全部，全部于明(六)日正午十二时，由现阵地开始，秘密移动，经龙王庙、五里铺，限明晚十时前，到达老赵庄南侧，就攻击准备位置。七日前零时，开始运动，向叶庄、贺庄、八里桥一带敌阵地之背后，抄袭占领之。

附该旅电雷技术兵一班，由工兵营派出，专任行进路敌所埋地雷之掘启及破坏敌后方交通。

两旅出击行进路，由两旅自行侦察，互相通知，如老赵庄、灵井寨东侧，有敌阻碍，为求避免冲突起见，可挨次北移，绕经灵井寨以北地区空隙间，分向各目标抄袭，务期达成任务为要。

3．骑兵第四八团，明(六)日午后八时，集结于五里铺。七日拂晓，进至灵井寨附近，俟徐、张两旅前进后，努力向灵井寨、灵沟河以北地区活动，并相机向苏桥挺进，阻敌增援队之南来。

4．炮兵王团长，率野山炮各四门，由张旅派队掩护，随张旅进至老赵庄附近，选定阵地，于七日拂晓前，放列向八里桥、灵沟河一带，敌之各支撑点集中射击，以掩护出击部队之前进。

丙、军预备队：

特务营及炮团剩余之一部，为军预备队。于明(六)日均至洪叶李附近，集中待命。

四、工兵营暂驻临颖，担任城防。

五、予在洪叶李军部。七日进至圪垱寨。

注意：

1．出击部队官长，须抱坚确之决心，不顾一切，努力前进，中途倘遇障碍，亦须设种种方法，再接再厉，达成任务。

2. 作战贵在不失时机,凡前线各部队官长,若见有可乘之机,即须断然处置,勿稍犹疑。

3. 口令及连络记号,均用六月份秘字第一号。

4. 出击部队新占村落,以放火为号。

5. 出击官兵,各带干粮三日分,步枪弹各配足三百发。

6. 出击部队所到之地,见我飞机即须铺设符号,以免误会。记号仍用子种。

7. 出击部队之报告,可就近交防守部队,向后方传递。防守部队接受后,须即时派传骑或汽车后送,勿得延搁。

8. 攻克灵沟河、八里桥, 赏洋十万元。

(3) 6月9日训令

训令 六月九日午前四时二十分
于大石桥第十军军部发

一、许昌以西之敌,连日被我军包围,截断其连络,已甚穷促。

我军团拟于本月十日拂晓前,向敌总攻。

我第九军,拟抽调两旅,于九日夜间, 由铁道以东经许昌以北地区,向敌之八里桥阵地背后,挺进猛击。

二、左纵队酌留一小部,监视颍桥、焦李以西之敌, 主力应于今晚十时调集张店街、柿园张之间,十二时开始,向大任庄、叶庄、贺庄、八里桥之敌猛攻,务须于最短期间扑灭该敌,占领该处。

三、徐继武旅, 今晚十二时, 由现阵地开始,向坡堡猛扑,须于最短期间,占领坡堡,然后续向七里店、郭庄进击,并围攻灵沟河之敌为要。

四、张振汉旅,以一部占领禹王城附近原阵地,对北警戒。以主力先攻破白免寺、何庄一带之敌,然后连络徐旅,围攻灵沟河,于今晚十二时开始攻击,勿误为要。

五、炮兵阵地分三区, 以现属补充团之野炮及炮兵第二团第二营之山炮,位置于丁集北侧,为第一区;以能射击八里桥、大任庄一带之敌，第三团第三营之野炮，位置于凹孙附近，为第二区；以能射击大任庄及以东诸目标。炮兵罗营及四八师野山炮七门，归至炮兵团长指挥，位置于老赵庄附近，为第三区，以能射击大任庄、坡堡一带目标。各区炮兵均于今夜黄昏前试射完毕，今夜十二时开始，各向主要之目标集中射击。第二区炮兵并归萧师长指挥。

六、骑兵团暂在贺张寨，向以北地区警戒，如见敌势摇动，即行追击前进。

七、攻击成功后，各部队须不失时机，向敌追击前进。

注意：

1. 攻击部队前进，每占一庄，即在该庄内放火两处为号。

2. 夜间部队连络，以绿色电灯作图形为记。

3. 口令改用秘字第二号。

4. 此次总攻，系全线一致，无佯攻本攻之分，务各努力杀敌，一举成功。

5. 号音连络，问用起床号，答以吃饭号。

(4) 6月10日训令

训令　六月十日午后八时三十分
于大石桥第十军军部发

一、当面之敌，凭据坚固工事，有死守之企图。

我第九军，现仍在原阵地，拟将防地交与本军接替后，由铁道东空隙间，向郑州挺前袭击。

我第七军之马旅、现已到达范湖，明日可来颖桥，接替防务。

军团总预备队之马旅，现在漯河集结。

二、本军为系留当面之敌，使我第九军向郑州袭击容易，应于汪庄、罗庄、王庄、张店街、葚涧、卢庄之线，占领攻势防御阵地，待敌来攻而攻之。

三、各部队变换阵地之顺序如下：

1. 左纵队四四师，暂就现在张店街、葚涧一带之部队，限明

(十一)日午后八时三十分,开始移动,先远后近,顺次转进。经老赵庄、娄李至龙王寨附近,集结整理。十三日移至圪垱寨附近,候令向铁道东接防。

4. 四四师,在贺张寨附近之张团,于明(十一日)晚八时三十分,开始移动,经灵井寨、甚涧,回至该师本阵地。

5. 骑兵团于明晚,随步兵后转进,经灵井寨、甚涧至龙王庙附近,集结待命。

6. 徐旅现占大路、李保、张赵庄之一部,于十一日午后十时,开始移动,经老赵庄、顺店、程庙、圪垱寨至蒋李集,集结整理。候令向铁道东接防。

7. 炮兵阵地第三区之炮兵,归徐旅派队掩护。于明(十一)日午后八时开始移动,经娄李、罗庄,至凹孙,暂归萧师长指挥,由萧师长派队掩护。其余野山炮七门,由王团长率领回至丁集,由韩旅派队掩护,选定阵地,以能射击八里桥、大任庄间诸目标为要。徐旅派出之掩护队,俟将任务交替后,迳至蒋李集,归还建制。

炮兵周、戎两营,于明(十一)日午后六时,由现驻地移至史楼待命。

8. 圪垱寨之骑兵团徒步队,俟张旅部队先头到后,移至史楼。

9. 新二旅俟将颖桥、焦李一带防地交第七军之马旅接替后,归回本阵地。

左翼地区为预备队。

四、防御阵地区分如下:

1. 左翼区自王庄(在张店街东南)经张店街五里铺、甚涧至卢庄之线,萧师长为左翼区司令官,第四四师全部及新二旅属之。

2. 中央区自王庄以东,经罗庄、汪庄至屯里以西之线,韩旅长为中央区司令官,第四四旅及补充第一团属之。

五、兵站支部位置于漯河。

四八分兵站,位置于临颖,须于大石桥设派出所。

六、兵站医院在漯河。

四八野战病院，在大石桥开设。

注意：

1．前方部队，撤退行动，务须秘密肃静，勿令敌觉；所有辎重车辆先行，以免行动迟滞。

2．骑兵及各部队乘马官长，夜间须牵马步行。

3．夜间行动，禁止张灯、吸烟。

4．移动开始后，在本阵地前方，不得停止休息。

5．各部队撤退时间与行进道路，务须遵照命令之规定，以免途中拥挤，发生危险。

6．中央左翼两区阵地，务于十一日黄昏前，布置妥毕，严密警戒，以防敌袭阵地。工事须渐次增筑，力求坚固，至前方各要点，应即由工兵营派员分赴两区，埋设地雷。

〔国民政府战史编纂委员会档案〕

10．何应钦报告在灵沟河附近击破张维玺部拟于短期内攻取许昌致谭延闿电

（1930年6月8日）

机。南京谭院长钧鉴：诚密。据徐军长虞电报称：今晨追击顺利，已将灵沟河附近之敌歼灭，左翼已达灵沟河站北，距铁道仅二里许，我四七师亦派一部，由铁道东向宗营与张旅连络，将敌北面完全封锁。张逆维玺在灵沟河寨内，已派飞机往炸，我徐旅已占叶庄、大陆村，向八里桥、郭庄之敌侧攻，我韩旅及补充团已向八里桥敌之正面进攻。敌腹背受击。军心恐慌。预料最短期内，定能将许昌之敌完全消灭。直趋郑州。等语。谨闻。职何应钦。庚戌。印。

〔行政院档案〕

11. 徐源泉为右侧背危险命所部向漯河撤退抵御的训令

（1930年6月12日—27日）

午后四时，接第九军通报：敌约万余人，由五女店向临颍前进，我右侧背危险万分等语。同时第九军部队已渐向后移。五时奉总指挥召各军长、师长在列车上会议，结果向漯河转移，当即给各部队命令如下：

（1）6月12日训令

训令　六月十二日午后六时
　　　于大石桥第十军军部发

（一）　本军因战略上关系，应即转进至郾城、大新店、北舞渡之线，占领阵地。

（二）　部署如下：

1．徐旅，今晚九时出发，星夜兼程，沿铁道西侧，转进至新店、十五里店之线，占领阵地，构筑坚固工事。左翼与萧师连络，向北警戒。

2．张旅今晚九时出发，经史楼、繁城、杜曲、坡边寨、郾城至漯河西南之古城附近，集结整理。

3．四八师炮兵团，令到即时出发，由韩旅派队掩护，照张旅之行进路，转进至漯河寨待命。

4．中央炮兵周、戎两营，由骑兵团之徒步队掩护，即刻出发，经繁城、杜曲、坡边寨至漯河寨待命。

5．韩旅及补充第一团，暂在现阵地，掩护本军之转进，于十三日午前三时开始，渐次撤退，韩旅经史楼、杜曲、坡边寨至郾城，占领阵地，构筑坚固工事，对北警戒。左翼与徐旅连络。补充第一团，沿铁路西侧，与韩旅齐头背进，到达漯河待命。

6．第四四师，酌留一部占领原阵地，掩护主力之撤退。其主力即时出发。转进至北舞渡及新店以西之线，占领阵地。其留在现阵地掩护之一部，于十三日午前三时，逐渐撤退。

炮兵罗营，归该师派队掩护先行。

7．新二旅于十三日午前三时，开始撤退，经槐树王寺、张范湖、纣城、裴城、朱埠至吴城待命。

8．工兵四八营，于今夜十二时开始，向漯河转进。

9．骑兵团暂在叶李警戒。俟十三日拂晓，开始撤退。在韩旅及李团后转进，至郾城北侧中李庄店一带停止，向北警戒，以掩护郾城新店间阵地之布置。

（三） 兵站支部，应转进至驻马店。

四八分兵站，转进至漯河。

（四） 兵站医院，移设信阳。

四八野战病院，移设漯河。

（五） 余于明日拂晓赴漯河。

（2）6月13日训令

训令 六月十三日午后三时
于漯河第十军军部发

一、敌高树勋、葛云龙两师，今早由许昌以东，陆续南下，有进犯漯河模样。

我第九军，现正在漯河车站及以东至逍遥镇、黑龙潭之线，占领阵地。

二、本军奉令在漯河寨至北舞渡间，占领攻势防御阵地，部署如下：

1．徐旅担任漯河寨至鸭庄之线，就线上沙河南岸各要点，构筑坚固工事，确实占领，并于郾城县城及迤东至铁道线上，构筑前进阵地，酌派部队驻守之。

2．韩旅担任殷庄至何庄之线，就线上沙河南岸各要点，构筑坚固工事，确实占领，并于十五里店、新店两处，构造前进阵地，酌派部队驻守之。

3．四四师担任马王庙至北舞渡之线，就线上沙河南岸各要点，构筑坚固工事，确实占领。并于朱埠、徐庄、候集、井庄等处，各要点构筑前进阵地，酌派部队驻守之。

4．张旅及补充第一团，为军团预备队，张旅位置于大刘庄，补充第一团，位置于郭店附近。

5．骑兵团，暂在黄集中李一带，极力迟滞敌人前进，尔后，相机经郾城县到郭店停止待命。

6．炮兵第四八团及野炮罗营，由王团长指挥，在漯河南侧各村，集结待命。

周、戎两营，着即归还建制，受军团直接指挥。

7．工兵营，十四日午后八时出发，移驻郭店。

各部队与郭店本部间电话，限明(十四)日，一律架设完毕。

8．新二旅，移驻西平，为军团总预备队。

三、阵地后方，澧河、三里桥、新庄湾、吴和庄、徐集、九曲河、口集、日陈等处桥梁。由各防区部队自行设法架设，并由工兵营派员指导之沙河船只，于必要时由各防区部队扫数收集。南岸派兵监视之。

四、担任本阵地之部队，限今晚十二时前，占领阵地，完毕具报。

五、兵站支部在驻马店。

四八分兵站在西平，但漯河、郭店须设派出所。

兵站病院在信阳。

四八师野战医院，在西平开设。

六、军部驻漯河。

注意：

1．各部行李车辆，须位置于阵地后方适宜地点，不得与部队混在一处。

2．各防区间空隙，由两方各派队连络。

3．沙河北岸之前进阵地，未至万不得已时，不得放弃。

（3）6月14日训令

训令 六月十四日午后七时三十分
于漯河第十军军部发

一、据报石逆振青部李万如、范龙章、万殿尊、宋天才诸匪军，向我前进。又晋军之一部及刘桂堂匪军，到达周口附近，与我占领周口淮阳之岳西峰部，相与对峙。

西北逆军，仍在许昌附近。

我四七师拟即东进，击破周口附近之敌后，转向北进，以与东路军连络，击陇海之侧背。

我五四师，仍占逍遥镇附近原阵地。

我第七军之马旅，可于明日，接防北舞渡。

二、本军奉令担任漯河东西之线，占领坚固阵地，部署如下：

1．新二旅即由西平乘车来漯河，担任青龙潭至刘李浦以东沙河南岸，构筑坚固工事，确实占领。但沙河北岸之青龙潭、河沿李两处，为支撑点，不得放弃。

2．韩旅将现阵地交与张旅接替后，即转移至铁道东，接替四七师阵地，右自刘李浦，左至铁道桥沿沙河南岸，构筑坚固工事，确实占领，右与新二旅连络，其沙河北岸之北里店、胡庄，应构筑坚固工事为支撑点，不得放弃。

3．徐旅主力占领沙河北岸，右翼自刘窑经郾城北关，左翼至郾城西关之线，构筑坚固阵地，确实占领，以一部控制于漯河寨，担任城防，并任沙河南岸、自铁道西侧至西河一带沿岸之警戒。

4．张旅，明日拂晓，接替韩旅阵地，左起鸭庄，右至刘湾，沿沙河南岸，构筑坚固工事，确实占领。对于沙河北岸十五里店之支撑点，不得放弃。

5．第四四师，明日拂晓，派出一旅接替韩旅阵地，右自阴阳赵，左至后蔡，沿沙河南岸，构筑坚固工事，确实占领，并从沙河北岸之新店为支撑点，该师其余部队，暂在原防，俟杨军之马旅到达北舞渡接防后，再向东移。

6．骑兵团，位置于干河陈，派有力之巡骑两组，分赴铁道东西两侧阵地梭巡(甲组巡刘、韩两旅，乙组巡徐、张两旅及张旅与萧师间之空隙)，每晚具报一次。如遇紧急情形，随时具报。该巡骑如遇有阵地间空，敌人偷渡，应随时通报守备部队，协同堵击，而歼灭之。

7．炮兵团之野山炮及罗营、马营，均归王团长指挥，以铁道为界，分东、西两区，选定阵地，分配炮位，测定目标距，设置观察所，架设炮兵阵地间之电话，限十五日设备完竣。十六日拂晓试射，该团团部位置于三里桥。

8．骑兵团之徒步营，酌派一连，随军部任守卫，余由牟营长率领归炮兵王团长指挥，专任掩护炮兵。

9．工兵营位置于漯河车站，归徐旅长指挥，担任车站附近之警戒及维持秩序。

10．补充第一团及特务营为军预备队，特务营于漯河寨内。补充第一团于三里桥附近，集结待命。

三、阵地工事，以半永久筑城为标准，务须极力增筑坚固，能避免敌炮及飞机炸弹等伤害为要。

两阵地间之空隙，须常派便衣队巡查，并与邻接之部队连络，沙河北岸各支撑点后方，须架设桥梁，以便交通。

四、兵站支部位置于驻马店。

四八分兵站位置于郭店，但漯河须设派出所。

五、野战病院，在漯河寨南关开设。

注意：

1．各区阵地兵力之部署，须照据点配备，不必如散兵线式，致使处处薄弱。

2．各区阵地后方，须酌留地区预备队，若敌由两阵地中间空隙侵入，前线官兵，万不可摇动，随时用后方预备队歼灭之。

(4) 6月18日训令

训令　六月十八日午后一时
　　　于漯河第十军军部发

一、逆敌张维玺部，已于铁道西接近我阵地。石逆振青、宋逆天才部，亦于铁道东展布。

我第五十四师，仍占逍遥镇东西之线。

二、本军以在现阵地坚守之目的，各部应按地形，周密部署，构筑极坚固之工事，以待敌来而攻之。

三、阵地配备应注意事项如下：

1．各防区内，选定几处要点，构筑极坚固工事，配备相当兵力，以为该防区之支撑点。两支撑点之间，以两方步枪火力，能以交叉夹击为最适宜，如间隔远，则于两点中间后控制地区预备队，以备敌人渡河或半渡时出击之。如下图：

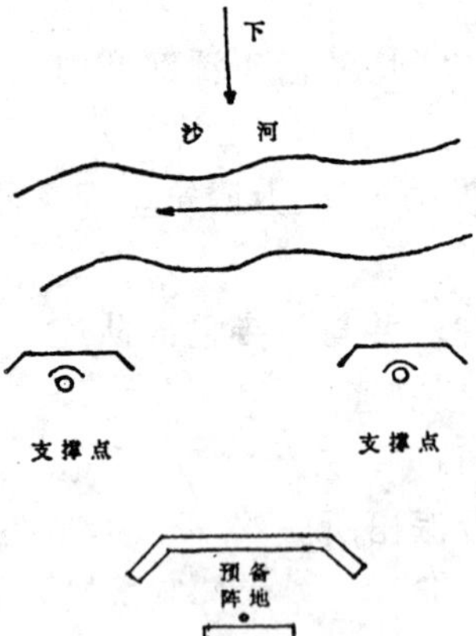

2．两支撑点空间地区，日间派游动哨或便衣队巡查，夜间派步哨监守，但步哨驻地，亦须预筑工事(站沟)，以减少损害。

3．各支撑点与后方预备队间，须筑交通沟。

4．占领郾城部队，必须以刘窑、念张楼、圪拉、阮庄、下坡杨各点为支撑点。否则，敌临城下，我无转身余地，甚危险也。

5．各支撑点，无论如何猛攻，均不得放弃。

6. 阵地工事，一律增筑盖沟，掩体积土在五十生的以上，并上置假装物。

7. 炮兵应多筑预备阵地，以便临时活用。

四、阵地配备及工事，限二十日全部完成，绘图具报。

(5) 6月19日训令

训令 六月十九日午后一时三十分
于漯河第十军军部发

一、据确报，敌以田金凯部向北舞渡佯攻，而以张维玺主力攻我漯河正面，我正面兵力应预增浓厚，准备迎击。

二、根据前因，阵地部署之一部变更如下：

1. 四十四师，向右延伸至十五里店、阎湾，接替张旅一部之阵地。限令到即派队接替。如在未交替以前，敌已来攻，则四四师，对于十五里店、阎湾附近张旅之左翼，须派队援助之。四四师对于新店以西之部署，可审察情形，酌减兵力，而将主力配置于十五里店、新店间为要。

2. 张旅现占十五里店、阎湾及以西阵地之部队交代后，控制于沙郭以东适当地点，以能策应鸭庄为要。

3. 炮兵铁道东之阵地，须能射击青龙潭。前方附属四四师之炮兵阵地，须能射击十五里店及新店前方为要。

全部炮兵，均于明早，进入阵地，先行试射。

(6) 6月27日训令

训令 六月二十七日午前十时
于漯河第十军军部发

一、据确报，许昌之敌兵两团及在许昌以南之敌铁甲车，均于二十四日北开，赴援东路，现下许昌至小商桥间无敌部队，其后方确实空虚。

我四七师昨日已过清香集、长营之线。

二、本军为便于转易攻势起见，中央阵地之部署，变更如下：

1. 四八师补充第一团李团长，率该团全部及骑兵团之徒步营，接防韩旅阵地，于明(二十八)日，先行侦察，二十九日实行交代。

现属张旅黄团之炮兵团机枪一排转属该团。该团现任铁道西掩护炮兵之一连，应即归还建制。唯铁道东，马营炮兵，由李团长派队掩护之。

2. 韩旅将铁道东之阵地交代后，移至铁道西接防张旅阵地。二十八九日，先行侦察，三十日实行交代。

该旅现任铁道东炮兵掩护队，俟补充团派队接替后，归还建制。

3. 张旅将阵地交韩旅接替后，集结于三里桥、干河陈两处附近待命。

铁道西之四十八师炮兵，归该旅派队掩护。

4. 骑兵团，位置于铁道东金盆赵附近，所有漯河车站及东关一带之巡察，归该团派队接替巡逻，对于闲杂人等，须注意检查，以防敌便衣队或侦探潜入，扰乱秩序。对于敌方宣传印刷品及报纸等，尤宜留意检查，严禁其散布或贩卖。如查有妨碍秩序者，应即拘拿究办。

三、阵地交替完毕后，着将配备情形，绘图具报。

四、各部队须多派暗探，远出侦察敌情，随时具报。

〔国民政府战史编纂委员会档案〕

12. 蒋介石出重金鼓励将士攻取西华与擒获刘桂堂给何成浚及张钫函

(1930年7月2日—3日)

(1)给何成浚与张钫函(7月2日)

云竹① 、百英吾兄勋鉴：赵青山部，现住朱湾，东黄桥一带，恰在西华之西侧，或可令其设法，先取西华，擒获刘桂堂准给赏洋二

① 何成浚字云竹、张钫字伯英。

十万元。如取得西华则另发给十万元也。中正二日

(2)给张钫函(7月3日)

伯英兄勋鉴：第二纵队夏灵炳兄由周口向许昌前进，路中各部队已接洽者，请兄多派专员，随灵炳、辞修、宗南各同志前进，以便随时接洽也。　　蒋中正手上七月三日

又第六十、第六十一两师，请予备二十人派去为响导。

〔国民政府战史编纂委员会档案〕

13. 徐源泉为冯玉祥抽调平汉线兵力加强陇海线改变防务给所部训令

(1930年7月8日)

训令　七月八日午后十二时
于漯河第十军军部发

一、奉总指挥转示总司令电，冯决以平汉线责令其第八方面军第六路，扼守漯河各要口，所余第二方面军，概撤至许昌、和尚桥、新郑、郭庄一带，侧重扶沟、尉氏、通许、杞县、陈留各方。据此则我军应即变更计划；平汉部队酌调一部转移陇海，由淮阳与太康间之道路，经柘城之北直达睢县以南之顺河集，与第九军会合，击敌右侧背。

我第五十四师拟向陇海转移。

我第七军，即可派队来接北舞渡迤东，大新店一带之防。

二、本军奉令向右延伸防地，部署如下：

1. 张旅即日赴铁道东，接替右翼，自李部经青龙潭。左翼至刘李渡以东刘旅及郝师左翼之防。

2. 刘旅将青龙潭防地交代后，即赴龙胜沟，接替邓城，经龙胜沟至河东沿一带郝师之防。

3. 萧师先派一部，接替鸭庄至十五里店一带韩旅之防。除俟

新店及以西交代杨军后，即向东移，并派队接右自沙河北岸铁道西侧，经郾城左至陈庄一带徐旅之防。该师预备队，须位置于左翼后。

4．韩旅交代后，即赴铁道东，接替逍遥镇，经老吴至李部以东郝师之防。

5．骑兵团俟郝师师部移动后，移至归村，集结待命。

6．徐旅交代后，酌留一营驻守漯河寨，余开赴干河陈、金盆赵一带，集结待命。

7．工兵营俟骑兵团移动后，接任车站及东关巡察勤务。

8．炮兵阵地，漯河以西归罗营，以东归马营，及四八师炮兵，统由王炮兵团长调度之。

三、阵地接替，须先派员侦察，并与原防部队长协定，接替时间手续，务须交代间彼此衔接，并勿使敌觉察。

四、部队配备，应测量地形上之据点，而兵力宜集结，得能临时活用为要。

〔国民政府战史编纂委员会档案〕

14．徐源泉为防阎、冯军坑道进攻给部队训令

（1930年7月19日）

训令　七月十九日午前十一时于漯河第十军军部发

一、据确报，敌以全力屡次攻我阵地，未曾得手，现改于青龙潭、郾城、十五里店、大新店、朱埠口各处我阵地，开掘坑道，拟于爆药轰炸。

二、我沙河北岸各前进阵地，应就城寨围墙以外相当处，构掘宽六尺、深一丈二尺壕沟，以破敌坑道。并于壕底每间隔二丈处，于其壁间嵌置空缸一口，以便聚音，侦察敌人坑道开掘地点远近及方向，俾可预为准备，届时以水灌入敌掘坑道，以歼灭之。

三、河北岸各前进阵地，如城寨围墙以外，不便掘壕，可于城

内开掘之，统限两日内开掘完竣。并着各部队长官、亲身督察．不得玩忽，致为敌乘。

四、凡北岸各前进阵地，无寨墙者，限于令到后，就原有外壕，每日掘深一尺，其土仍增加于胸墙上，其深度至一丈五尺为止，再设法于外壕灌水，以阻绝之。

〔国民政府战史编纂委员会档案〕

15．鲁大昌关于奉命回甘击溃冯军克服陇东西各县经过给蒋介石电

（1930年7月20日）

陆海空军总司令、中央主席蒋钧鉴：职去岁奉委，即日起程，道经成都，接洽各军，宣以大义，俟由松潘行抵甘境，招集旧部，誓词就职。一面联和各部，同声应讨叛逆。仰托庇荫，士兵奋勇，连得胜利。于元月间，职率部围攻洮岷、下河等县，激战数日，遂将该等县克复。此役职部骑兵旅长王常胜阵亡，击毙冯逆部官兵五百余，缴获枪械甚多。同时第三路纵队司令王佑邦、围攻徽成、文武等县，于二月二十日间，始将逆敌击溃，占领十一县。此役该部步兵旅长常有义，在武都阵亡。团长殷鹤鸣，在成县阵亡。击毙逆敌官兵三百余。第二路纵队司令黄得贵，于三月间，率部将陇东十六县，克复占领。马廷贤于五月间，将陇南天水等县克复。职又于五月间，在陇西激战十余日，于六月六日，将冯部郭旅安学全部围困缴械，遂即将陇西各县完全克复。所有职联络各部讨逆经过情形，随时呈报钧座。数月以来，未奉中央指示。惟恐函电经过逆敌防线，被其扣阻，以致消息隔阂，殊为翘盼。职现与第二、三路纵队，在成都暑袜街源盛店组设办公处，以便转报军情，中央命令亦请投该处转递可也。职现与黄得贵正在围攻兰省，即商同马廷贤、王佑邦攻击汉南甘省各县。冯逆余部，均已肃清净尽，惟有残逆两旅，死守省城，尚未攻开。现于各部议定，最近攻袭冯逆后方，共分三

路，第一路向长安攻击潼关，第二路向商州攻击荆紫关，第三路向汉中攻击老河口，绝逆敌之粮道。期早日歼灭，党国幸甚，人民幸甚。临电惶悚，不胜待命之至。敬叩钧安。伏维指示。

国民革命甘肃讨逆军第一路纵队司令鲁大昌叩。

十九年阳历七月二十日渺

〔行政院档案〕

16. 徐源泉奉令东移周口给所部训令

（1930年7月22日—24日）

（1）7 月 22 日训令

训令 七月二十二日午前八时
于漯河第十军军部发

一、当面之敌，似在黄连城、小商桥、崇岗之线，占领阵地。

二、本军奉令，准备东移，各部队将漯河东、西两阵地交代后，照下列地区，暂行集结整理。

1．张旅阵地，交给谭师接替后，集结于归村附近。

2．补充第一团阵地交代后，集结于翟庄南侧附近。

3．徐旅阵地交代后，集结于漯河南侧，干河陈附近，但须酌留一部任漯河寨之守备。

4．炮兵第四十八团集结于干河陈附近，该团分拨于各旅团之炮位、机枪，俟阵地交代后，一律归还建制整理。

5．工兵第四十八营将河岸阵地交代后，集结于漯河车站附近。

6．骑兵团、新二旅、韩旅，均暂在原阵地，俟五十三师到来交替后，各集结于现阵地待命。

7 独立炮兵马营及山炮营，移归谭师长指挥。

三、各部队应速整理，勿得懈怠，官兵仍勿离队为要。

四、各部队关于尔后攻击前进时，应携行之必要物品，及应用车辆等，均须各自准备，其各团之大行李，尤宜事前编整，以免临时杂乱。此外非行军必需之品，一律留置后方，不得随队携行。其有剩余之枪械，克日缴交军械车，代为保管。勿须携行。

(2)7月24日训令

训令　七月二十四日午前十时
于漯河第十军军部发

一、平汉之敌张维玺、田金凯、石振清诸逆部，因伤亡过重，退至纣城、小商桥、黄连城之线，希图固守。王振、刘桂堂诸匪军，散布于逍遥镇以北地区，随处扰乱，民怨沸腾。

陇海之敌，自本月十一日至十七日间，连日向我攻击，伤亡巨万。以张自忠、张印相、吉鸿昌三部损失尤甚，已失战斗能力。

亳州于二十二日晨，为我第三军攻克，孙匪残部，向西溃窜。我第九军之郝师，现在柘城附近，堵击缴械中。

我陇海路军第二十六军、第十五军、教导第二师、第二十三师、第五师、第六师、第五十二师、第八师、第四十七师，现占领旧考城、楚庄寨、李八集、杨公祠、涧岗集、唐楼河、阳集、于张庙、平岗、顺河集之线，而左翼第四十七师，并已进展至马善庙、集霸上、马头集一带，各与当面之敌石友三、刘春荣、孙楚、杨效欧、梁冠英、宋哲元、庞炳勋、吉鸿昌、张自忠、张印相诸残部相对峙。

我新编第一师(岳招抚使部)全部，今日推进至淮阳、堵击亳州孙匪之西窜。

我第五十师，暂与第七军之一部，接任逍遥镇至北舞渡间之防。第五十三师正由汉口向漯河输送中。

津浦路之我军，已过大汶口，逼近泰安，正与我周村以西之第一军团，向济南夹击中。

二、本军奉令向周口集中，应于今日移动，顺序如下：

1. 骑兵第四八团，今日进至周口北侧之下口附近，俟韩旅到达下口后，推进至李楼岗附近，以掩护本军之集中。

2. 韩旅于明(二十五)日，进至周口河北，俟张旅到达周口后，推进下口附近，掩护本军之集中。

但逍遥镇酌留一部，俟新二旅来到接防后，归还建制。

3．张旅、徐旅于二十六日，由现驻地出发，限二十七日到达周口。张旅在河北西寨及西北附近，徐旅在河北东寨及东北附近，集结待命。

4．炮兵第四八团及中央马野炮营、郑山炮营，均归王团长指挥，受补充第一团之掩护，于二十七日由现驻地出发，限二十八日到达周口河南，集中待命。

5．补充第一团，于二十七日，由驻地出发，掩护炮兵，限二十八日到达周口河南，集结待命。

6．工兵第四八营，同补充第一团赴周口，但须酌留步兵一连在漯河，归军械科杨科长指挥，担任弹药队之掩护。

7．第四十四师（中央罗炮营属之），应于明（二十五）日，先派一部出发，占领杨门、榆树王，以掩护该师之集中，其余主力，二十六日开始移动，限二十八日全部到达邓城河北附近，集中待命。

8．军特务营于二十八日出发，同军部东进，限二十九日到周口南寨，任军部之警戒。在该营未到以前，军部之卫兵，暂由韩旅一连担任之。

9．补充第二团，应即由广水推进至信阳，担任平汉路武胜关以北护路勤务。

三、兵站支部，应于本月三十一日，进至周口。

第四分兵站，于二十九日，进至周口。

部队各带五日分粮秣，二十九日以后到周口补充。

四、第四十八师野战病院及无线电信队，随军部进至周口。

五、新二旅，暂在原防待命，但须派一部于今晚赴逍遥镇，接替韩旅之防。

六、余在漯河，二十九日进驻周口。

〔国民政府战史编纂委员会档案〕

17. 杨虎城关于与冯军田金凯部在叶县作战经过报告

（1930年7月24日）

其一、叶县战斗前之情况

先是张逆维玺主力，经内乡附近李青店、鲁山，向叶县集中。因职部出击部队正在运动中，未及截击。于五月十八日，先后据报，逆军张维玺部，集中叶县一带后，即分守襄城、叶县、鲁山之线，并令田金凯部在连村、尤潦铺各要点，构筑坚固阵地，企图顽抗。其前进阵地，在坟台、旧县、夏季集之线。

二十二日，职部遵奉电令，拟即时进占保安以北地区，会合第十军，先击破叶县一带逆部，部署如下：

一、令补充第二旅暂驻南召及铁牛庙，牵制鲁山之敌，俟补充第三旅接防后，即集中方城。

二、令补充第四旅于二十一日前，集中方城北之拐河，将夏李集、瓦店营之敌驱逐后，加入第四十九旅左翼，向叶县进攻。第四十九旅将旧县、尤潦铺之敌驱逐后，即指挥补充第四旅，进攻叶县。

三、第五十旅为总预备队，于二十三日前集中保安。

四、第五十一旅以一团驻邓县，一团驻镇平，其余留守南阳。补充第三旅，以一部进驻南召，接补充第二旅防务，其余分防南阳附近，归第五十一旅孙旅长指挥。补充第一旅在内乡附近，构筑坚固工事，阻止刘逆汝明东进。

五、职率直属部队进驻方城。

二十五日，奉总指挥命令原文如下：

命令　五月二十四日上午十二时
于漯河军团总指挥部

一、西北逆军吉鸿昌、孙良诚两部，在杞县附近被我军系留，现正在痛击中。庞炳勋部于昨日全部已移进通许附近，现苏桥仅有昨晚到达之两营。据确报张逆维玺，奉伪命在叶县一带，企图欺骗我军，昨日午后，我飞机发现敌骑约一师，由太康向通许溃退。临颍、许昌之樊部，连日被我猛攻及轰炸，伤亡损失，已失战斗能力。我陇海各军到达仪封、考城之线。

二、本军团以克日占领郑州，遮断西北逆军归路目的，自本日起，向郑州方面攻击前进。

三、第九军全部占领铁道线以东地区，向郑州挺进，务于本月二十六日到达新郑附近。二十七日到达新郑北地区，进攻郑州，其监围临颍任务，即交第十军接替之。

四、第十军以主力移向铁道线附近，担任铁道线，又监围临颍任务，向襄叶方向戒备，以一部沿铁道西侧，与第九军齐头并进，占领新郑，进攻郑州。

五、第七军务以一部接守舞阳之防，向叶县之敌，取佯攻姿势牵制之。

六、第十军酌留一旅，位置漯河，为军团预备队。

七、第九、十军作战地境，平汉铁路以东五里之线上及以东地区属九军，以西属十军。

八、予在漯河。

上令

杨军长虎城

职奉以上之命令，即照计划准备前进。

二十五日，补充第四旅已到达夏李集附近，第四十九旅已占领旧县，其先头已逼近尤潦铺。

二十五日午后，补四旅已将夏李集之敌击退，确实占领，敌退至瓦店营之线。

二十六日，遵照计划，令补充第四旅，进驻舞阳。同时奉总指挥命令，着职部以一部牵制叶、鲁之敌，以主力由襄、叶间挺进，掩护我平汉路正面前进。等因。

二十七日，令集中保安之第五十旅，于二十九日拂晓，攻击坟台，同时令驻舞阳之补充第四旅，以主力集中上澧河店，协助第五十旅占领坟台后，即归第四十九旅冯旅长指挥，监围叶县。第四十九旅冯旅，于第五十旅攻击坟台之时，即猛攻尤潦铺，牵制叶县之敌主力。令补充二旅即时进驻保安，为总预备队。

二十七日，各部队按照指定计划分途施行。

其二、叶县战斗之经过

二十九日，职部部署完毕，即开始向尤潦铺之敌猛攻，第四十九旅于是日午后一时至翌晨，将尤潦铺、三里湾、程庄等处完全占领，敌一部退入叶县城内，大部分防南东西三关，构筑工事，凭寨固守。

第五十旅亦于是日下午三时，向坟台攻击前进，激战一昼夜，于翌日夜三时，将坟台完全占领。敌向连村溃退，当即令第五十旅、第九十九团进攻连村，以便北渡沙河，断敌襄叶交通。叶县之敌，自退入城内后，依其坚固工事，顽强抵抗，职为便利指挥起见，于六月一日，率直属部队移驻保安。

六月一日，叶县逆敌，得襄城及鲁山逆敌增援，复出城反攻，激战三昼夜，终未得逞，仍退入城内，凭城固守。职部四十九旅，于三日晚将五里铺及南关占领。是日午后五时，第五十旅第九十九团，将连村占领后，即由铁佛寺渡河，进驻襄、叶间之辛店。我五十旅马旅长，率其余各部，亦进驻连村附近矣。

四日，奉总指挥命令，着抽兵三团，急援被围颖桥之四十四师之一部，当即令四十九旅位置于五里铺以北张三庄、道庄、何庄、罗庄之线，监视叶县正南方面。令补充第四旅杨渠统，位置于五里铺、东北曹庄、全村之线，监视叶县东北方面。令五十旅旅长马青菀，率步兵三团附山炮一连、重迫击炮一连，于六日由现驻地出发，经姜集、朱湖等处，兼程增援颖桥。六日，叶县城内之敌，复得鲁山解学斌团及禹城王师之增援，并勾结张国政匪部，扰我后方，于是日薄暮，开始向我反攻，激战三昼夜，敌我伤亡千余人，敌终未得逞，仍退回城内固守。

十一日，我马旅在颍桥附近，奉总指挥何命令，仍令第五十旅即日转进至叶县连村之线，固守原阵地。该旅即于十二日到达连村。

十五日，奉总指挥电令开：本军为引敌深入，迎头痛击计，已于十四日晚，令各到达指定之线，进入阵地。青龙潭、逍遥镇以北之敌，经我五十四师迎头截击，已向东北溃退。兹决定抽调第九军，先击破铁道以东之敌，向开兰挺进，该军防务已由第十军东移，分别接替。惟第十军正面过大，兹为慎密计，希迅饬五十旅，向东延伸，至北舞渡、坟台、连村之线，构筑坚固工事，向西北方向严密警戒。右翼与我第四十四师切取连络，至舞阳仍须控制大部等因。同时又奉总司令电开：本军对平汉线决取守势，而移一军兵力来陇海线，合力进攻，希暂时停攻襄、叶，而抽一得力部队，到北舞渡接防，俾十军向右移动，接九军之防。如此，则陇海路军数日内必可决胜，务从速抽部接防等因。职奉以上之命令，即决定如下之处置：

十六日，令第五十旅旅长马青菀，率该旅全部，由坟台向北舞渡延伸，并令与大辛店、朱埠口一带布防之四十四师，切取连络。补充第二旅派兵一部，填坟台之防，并组织便衣队，警戒连村、铁佛寺、泥车方向，其余各部，仍在原阵地警戒。

十六日，迭据确报，叶县之逆军田金凯部、迫击炮团、特务团及吴振声师、阎廷俊师，并第一路特务旅，均于十五日向范湖移动。赵风林师于十四日到达范湖。倪玉声师于同时由颍桥开到达东北之丁丁观，揆其企图，似集中兵力，拟由霍偃镇渡河，抄袭我平汉左翼，该逆于十八日全部已集中霍偃镇、纣城等处，职于十八日令驻防北舞渡之马旅，分兵一部，驻古城、湾儿、李康庄、善德王之线，准备迎击。

二十一日，田逆金凯由霍偃镇赴纣城，当时集中霍堰镇、纣城等处之逆军，因我军业有准备，即分散兵力，各处活动，以乱我耳目。并以吴振声及阎廷俊两部，分布裴城、大小徐扁担、徐下桥、泥河、纣城、东西大营一带，准备南犯。

七月一日，该逆即向我北舞渡、五虎庙阵地猛烈攻击，卒因我官兵奋勇抵抗，激战四昼夜，卒未得逞。是役敌伤亡七八百名，即于十日晚，退回原阵线对峙。

十一日，奉总指挥电令要旨：着我部队派兵一部，接北舞渡以东至大新店一带之防。十二日，令补充第四旅杨渠统部，移驻连村，担任北舞渡至连村之警戒。令第五十旅派兵一团，接替朱埠口、大新店之防。

十三日拂晓，逆敌趁我换防之际，即以两团兵力，集中炮火，向我朱埠口、五虎庙阵地猛攻，炮战终日，寨墙均被击坏，肉搏五六次，终未得逞。

十四日，职率补充第四旅及补充第二旅，进驻舞阳，策应一切。又令独立第四旅王乃文部，开驻坟台、连村。

十四日薄暮，逆敌又围攻五虎庙、朱埠口两处，当时因五十旅担任防区甚广，诚恐为敌所乘，又令总预备队之周旅，开赴北舞渡，归马旅长指挥。

十五日，据马旅长报称：当面之敌以混成一旅兵力，向我朱埠口、五虎庙猛攻，除令该处守兵竭力抵抗外，又令补二旅之一部，在五虎庙沿河南岸警戒。又山炮连、重迫击炮连在田庄西端放列，集中炮火，向河岸之敌射击。该敌似有溃退模样等语。当即令总预备队之补充第四旅，进驻北舞渡，为北舞渡至朱埠口之地区预备队，相机应援。令第四十九旅移驻下澧河店，为总预备队相机由古城附近渡河击敌侧背，所有尤潦铺、旧县、连村、坟台等处，地阔兵单，深恐敌乘机出击。当即令补充第一旅进驻旧县、尤潦铺、保安等处。并就近指挥王乃文部，对叶县逆敌严密警戒。十六日，第四十九旅由左翼迂回击敌侧背。补四旅由古城方面出击，激战终日，敌因伤亡甚巨，退至邢庄、扁担、徐下桥、莲花庄一带相持。二十日，田逆金凯于叶县留兵约混成一团，沿城加筑工事，闭关固守。该逆亲率其余各部，向东移动，进驻纡城附近。查纡城一带，为平汉线右翼重要地区，田逆亲临指挥，军事必形严重。当为指挥便利起见，于二十一日率直属各部，移驻北舞渡。二十四日，职奉到总指挥命令，令职部接防偃城，以便第四十四师挺进。

〔国民政府战史编纂委员会档案〕

18. 张钫向蒋介石引见贾坦并述新建省政府政治发展未遑报告书

(1930年7月25日)

七月二十五日，张钫自徐州回归德，同来者有贾坦。贾系老党员，为万选才部副师长，蓄志待时，与第六路之旅长有约，绕平、津、沪、宁来归德与张钫商议，规复河南办法。张回省府后，即谒见总司令，报告一切，并介绍贾坦。越日总司令于行营列车接见贾坦，询问开封敌人状况甚详。

省府成立于军事期间，政治上之发展改进，多有未遑。然任命地方官吏，保持中央威信，指挥各县民团，维护后防治安，俾豫东、豫南五十余县，不至陷于无政府、无秩序之状态，于讨逆工作不无少补也。

战局陷于固守之势者四阅月，冯以三路侧袭归德失败后，实无出攻之力矣。总司令计分十纵队，向左移动，派张钫赴漯河助杨虎城攻洛阳、刘茂恩趋巩县、四十七师攻荥汜。张乘飞机奔驰于豫西及郑、汴间，联络双方军，其函电计划，可于各项报告中采择之(各项报告附录于后)。

〔国民政府战史编纂委员会档案〕

19. 何成浚关于第七九两军调援津浦、陇海两路暨余部被阎、冯军逼退郾城及漯河等地经过报告

（1930年7月30日）

一、转移阵地后，彼我之形势：六月十三日晚，各部依次到达指定之线，进入阵地，因系自动整军撤回，故秩序井然，士气甚旺。许昌逆军向我背进，以次南移；张逆维玺部占据郾城、西北黄集、裴城、纣城之线。石逆振清部，占据临颖县及其附近。任应歧部占据西下亭至逍遥镇附近，王泰部占据小商桥、圪垱寨，至以东黄连城之线，均于十四、十五等日到达，与我军成一线对峙形势时刘逆桂堂及贾济川匪军，已由赵集、郸城入据商水，一部在周家口附近，与我岳维峻部激战中。晋军骑兵一旅，由淮阳、商水向我右侧后迂回，已据上蔡县及东西洪桥之线，有进犯遂平、西平之企图。

二、第九军东进与上蔡、商水、逍遥镇各战役之经过。

（甲）第四十七师六月十四日奉总司令电令：以第九军主力，迅挺进雀桥、清香集之线，参加陇海线会战。时我郾漯右侧后迂回之敌，方极披猖，周漯交通，被刘、贾匪军完全截断，其窜据上蔡之敌骑，已向西平附近之铁道线进扰。为巩固平汉战线，并扫除第九军前进路之障碍，非先将迂回匪骑肃清不为功。当将此意呈明总司令，并以当面敌情未明，防线辽阔，拟将五十四师暂留原线，待命续进。同时遂令四十七师，将防地交由第十军派队接替，随派一部分向赵集、邓城、商水、上蔡之敌进击，其主力即向周口集中，准备东进。第五十四师仍在原线担负任务。至六月十六日四十七师之一部，已攻克上蔡县，并将赵集、邓城之敌，完全包围。二十日，上蔡、商水之敌，完全肃清。敌骑兵残部，向淮阳以北退去。我岳维峻部亦已将周家口附近匪军，次第击溃。周漯交通，渐次恢复。乃令第十三师之卅七旅，即接替邓城、赵集监围任务。第四十七师全部，

于二十一日集中周家口完毕。二十二日，循指定路线，向目的地前进。

（乙）第五十四师：当四十七师向东转进时，逆匪任应岐、王振等部，向我龙胜沟、逍遥镇、五十四师阵地猛烈进攻，企图策应周家口方面，牵制我军，均经该师奋勇击退。其一部向周家口以北、协同十三师及岳军，追击刘、贾匪军，四十七师后侧背得其掩护，进展极为迅速。至七月八日奉总司令电令开：冯逆绕攻陇海左翼甚急，务令郝师由淮阳经柘城东南或西南地区之道路，直达宁陵城，并限文日集中宁陵，勿延为妥。乃令第七、第十两军，向东延伸，以第十军派一部接替五十四师青龙潭以东至邓城之防。第七军派一部接替第十军北舞渡以东至大新店之防。第五十四师交防后，即向指定目的地前进，其给与五十四师命令要旨如下：

一、第五十四师着将防地即交第十军担任。

二、该师于防务交替完毕后遵照总司令电令，务于蒸日，由淮阳经黄路口到宿弥寺宿营。真日，由宿弥寺经李滩店、戴口到张弓集宿营。文日，集中宁陵城，并酌派一部由淮阳西北之柳林集，经张标营或杀猪李、马厂、朱口，与其主力会合于李滩店附近。是为至要。

第九军陆续转进陇海线后，归总司令直接指挥，先后参加河堤岭、李坝集、民权县及光复、亳州、鹿邑、柘城各战役，击退逆军，巩固我陇海路左翼阵线。计毙敌约四五千名，俘获敌官兵枪械军用品甚多。至八月十六日，陇海路左翼之敌，被我军全线击溃，该军始奉令调回平汉线，加入左翼战斗。

三、第十三师调津浦线与在赵集、邓城各战役之经过。

第十三师之卅七旅，接替监围赵集、邓城后，即向寨内之敌猛攻，并以一部渡过沙河北岸，截击增援之敌。时据赵集者为刘桂堂部，约二千余人，邓城为贾济川部，七八百人，经我军痛击后，向西李集窜退。遂于六月廿三日完全占领赵集、邓城，随向北追击前进，连占西李集及附近数寨，敌向西华方面溃退。至此周家口附近完全肃清。时奉令以第十三师加入津浦线作战，乃令该旅于七月六日，经漯河赴汉转津浦线归还建制。

四、六月十四日至七月三十日，郾、漯、北舞渡、周家口各部战斗经过：

各部转移阵线后，除第九军及第十三师部队，奉令陆续向津浦线陇海东移外，其余各队，即沿沙河北岸构筑据点或工事。六月二十日以后，各部均进入前进阵地，铁路正面，已进占五里庙、罗庄、邱李半截塔之线。时当面各逆部，均已迫近我军阵线，不时向我进扰，未稍得逞。至七月二日以后，战事渐趋激烈，兹将各战役经过，分述如下：

七月二日至十日：敌张维玺、田金凯、石振清各部，向我漯河、郾城、十五里店、新店、朱埠口一带第十军阵地猛攻，我军于七月二日晚起与敌应战，至三日夜，敌进攻尤烈，先以多数野炮、重迫炮及铁甲车炮火，轰我阵地，继以步兵乘夜分途渡河，被我军于其半渡时迎击之，敌始向北溃退。六日至十日，敌伺我正面部队移防，数次向我五里庙、郾城、鸭庄之线进犯，并以骑兵绕我左侧，均经我军奋勇拒止。

七月十一日至二十日：敌以连日不得逞，乃增援刘郁芬之一部，由许昌南来，加入铁道以西，协同张、田两逆部，于十二日晚，向我郾、漯及以西之线，分道猛袭，并以竹筏渡河，当被我四十四师击退，继复以强大炮火，掩护其步兵前进。十三、十四两日，战事剧烈异常，相持至十五日，敌未稍退。时第七军已接北舞渡至大新店之防，乃令该军驻舞阳之一旅，即向北舞渡推进，相机策应。至十六日午后，敌复分四路向我郾、漯、北舞渡、邓城全线进犯，希图夺取我沙河北岸各据点。攻逍遥镇、青龙潭、邓城者，系石逆振清及任逆应岐部，攻郾城者系刘郁芬。攻十五里店、北舞渡者，系张、田两逆部，而以刘逆部为最凶猛，先以强大炮火，集中向我郾城及漯河寨不断轰射，继以步兵向郾城西北端突进，并携云梯扳城，被我城上守兵截毙无数。同时霍郾镇以西至叶县之线，敌阎廷俊、七玉岭等部，犯我七军阵地，双方激战数昼夜，敌以伤亡过多，其势不足支，至十七日早，始各向原阵线溃退。十八、十九两日，敌复利昏夜，向我反攻。十八日，郾城附近几落炮弹三百余，扳城墙被毁五六丈，我军奋勇拒战，敌卒未得逞。据报敌自七月十二日起，有限七日攻占我郾漯之计划，故屡退屡进，顽强异常。至此，迭经挫败，其张、田、刘各逆部，战斗力损失殆尽，已有自知势穷力蹙。至二十日夜间，该敌乃开始向临颍撤退，遂令各部乘胜追击前进，并以威力侦察其企图。

七月二十一日至三十日：正面之敌，向北撤退后，我军即追进至土郾河、孟庙之线，同时刘逆桂堂部退据西华至扶沟附近，七玉岭、阎廷俊两逆部退据叶县城内，任应岐、王振、王泰各逆部，则由临颖、逍遥镇附近向东北撤动，似有向太康、淮阳方面转进模样。时我陇海路军已克复亳州，孙逆殿英部向陇海线左翼地区窜扰，战事剧烈。遵奉总司令电示意旨，以第七、第十两军各一部，接替铁道正面防务，与小商桥一线之敌对峙，第十军主力即集结周家口以北地区待命，斯时以七军防线广阔，兵力分散，抽调不易，适第五十师到达，奉令归附军团作战，遂令该师接替第十军十五里台、郾城至青龙潭之防，第十军即向指定地集中。至七月二十八日，第五十师奉令向陇海线转进，乃以第七军之一部、第十军之新二旅，同湖北警备旅接替其防地。并以岳维峻部，接替逍遥镇四十四师之防。

五、第十军推进太康拓城之线及各战役之经过：

第十军陆续集中周家口后，遵照总司令先后电示意旨，第四十八师以主力由淮阳西北之柳林集，向太康挺进，截击东援之敌。第四十四师全部由淮阳东北临蔡城、黄路口、宿弥寺之线，向拓城东北挺进。时冯逆主力孙连仲、孙良诚、宋哲元各部及孙殿英匪军，方与我陇海路军在宁陵以南之线激战，孙匪之一部，由柘城窜扰淮阳附近。其由平汉线撤退之张维玺逆部，已由鄢陵、扶沟以南地区，向太康东进。任应岐、王太、孙士贵各匪军，均达太康西华附近，连合刘桂堂部及逆骑孙长胜部，意在掩护逆军侧背，援应陇海，我军于八月一日，由周家口、淮阳挺进后，第四十八师即进占柳林集及至淮阳以北沙窝、观音堂之线。第四十四师即进占淮阳东北临蔡城、黄路口、安平寨之线。各逆匪据寨顽抗，我军节节与其奋勇搏战积极，不却。至八月二十日，柘城附近涡河南北两岸之敌，经第四十四师相继肃清。第四十八师在太康以南地区极力系留张逆及任、王匪部，不使东援。其太康以南各据点，如安子岭、齐老家、双楼等寨，完全被我包围封锁。时以大雨之后，各逆寨壕水深阔，不易进攻，而柘城之敌，已被我五十四师部队包围，接洽投诚。乃令四十四师以一部接替监围安子岭各寨之敌，其主力即协同四十八师由杀猪、李梅、登彭庄、刘屯之线，越攻太康。自二十二日起，与张维玺、任应岐等逆部，在流芳庄、老家铺、大崔家至清河驿之线，激战数昼夜。时陇海左翼逆军，已向西撤退，麇集太康附近，相率增援，彼此进出肉搏，卒将该敌击溃，我军即进占朱德甫、大庞庄、清河驿各要寨。其被我包围于安子岭、双楼、齐老家各寨之敌，亦先后被我完全缴械俘获，孙、任匪军及逆骑孙长胜部战马人员，枪械甚多。时平汉路各军，正次第集中，准备总攻击。七月卅日，遵奉总司令电令，第十军暂在清河驿、朱德甫一线停止，以待各部之集中，齐头并进。

〔国民政府战史编纂委员会档案〕

20. 杨虎城布署郾城北舞渡防线及受令西取洛阳破坏黑石关等铁桥报告①

(1930年7月—8月)

一、冯指挥官钦哉兼右纵队司令官,进驻阴阳趟,以第四十九旅全部、补充第四旅全部属之,应占领漯河至郾城之线,对小商桥之敌警戒,并指定四十九旅以两团为右纵队地区总预备队。

(一)第四十九旅以一团进驻漯河,担任漯河附近防务。

(二)补充第四旅全部进驻郾城,担任郾城附近防务。

二、第五十旅旅长马青菀为左纵队司令官,进驻前魏,以五十旅及补充第二旅、补充第一旅、独立第四旅属之,附山炮、重迫击炮各一连,应占领郾城以西,经北舞渡至连村、旧县之线,对纣城、霍郾镇之敌警戒。

(一)第五十旅以一团驻十五里店附近,应警戒郾城以西大新店以东地区,对于土卢河沿岸之敌,特别注意。其集中沙河以南前魏附近,为左纵队地区预备队。

(二)补充第二旅,担任大新店起朱埠口止之线,对于裴城、纣城等处,严密警戒。该旅长即驻大新店,以便指挥。

(三)补充第一旅担任北舞渡至朱埠口之线,对于纣城、霍郾镇,严密警戒,该旅长即驻北舞渡,以便策应。

(四)独立第四旅驻连村、坟台、旧县等处,对于襄、叶之敌,严密警戒。

三、职即率直属各部,于二十日进驻漯河。

职部与当面之敌相持后,连日逆敌向东移动,职部于八月十三日,奉到总指挥命令要旨:本军团以吸引平汉路逆军,使我第十军

---

① 录自杨虎城第十七路军讨伐阎、冯各战役战斗详报。

成功容易迅速加入主力战之目的，拟即向当面之敌佯攻而牵制之。第七军着派有力之一部，务于十四日由铁道以西地区，驱逐纣城附近之敌，向许昌佯攻，以威胁之。

十四日，职令左纵队司令马青菀，指挥该五十旅及补充第一、二两旅之一部，将各该当面之敌驱逐后，即协同进攻纣城。令第四十九旅派兵一团，进驻十五里店，相机应援。

十五日，出击各部已各向当面之敌攻击前进，于十七日将裴城完全占领，惟因当时天雨连绵，河水泛滥，土卢河沿岸，平地水深二尺余，运输实感困难，即在裴城之线相持。

十九日，奉总指挥命令，济南已于删日占领。职部直捣巩、洛，截敌归路。惟连日大雨，河水泛滥，加之接防郾城部队未能到达，不克即日移动。

二十七日，第九军陆续到达漯河。

二十八日，奉总司令由飞机送来敬申代电开：此次挺进，到达铁路附近时，最要任务：第一，爆破洛阳东许之山洞及高架之铁桥，此由虎城兄任之。第二，爆破黑石关铁桥与巩县以东之山洞及其高架之桥梁，破坏点以点为佳，勿使冯逆援军向西增援也。而我军占领巩、洛后，第十一路即向汜水、荥泽、沿黄河南岸急进，并占据黄河铁桥，东与第九军连系，兜击郑州之逆军。而第七军须派有力之部队，由洛阳附近渡河向清化、新乡，即沿道清路前进，堵截河北之逆军。平汉路正面，务于二十八日起，用炮火猛力攻击，使逆军不注意豫西也。又转奉总司令敬戌电开：接刘书霖电，敬日。宿魏集则二十八日不能全部集中漯河，故第七军与第九军出发日期，可各展缓一二日，准第七军艳日出发，第九军世日出发，第十五军世日出发可也。又贺元靖参谋长来漯时，可令其任豫西命令传达所长使。第七军、九军、第十五、三军，得以连络，切实行动一致也。

〔国民政府战史编纂委员会档案〕

21．蒋介石调遣刘茂恩等部至平汉线及豫西作战命令

（1930年8月20日—31日）

（1） 8月20日命令

命令　八月二十日

1. 我军为行战略的包围，歼灭陇海敌军之目的，决移转相当兵力于平汉线。

2. 第十一路军及第九军于明(二十一)日由集结地出发，分向郾城、吕连城西地附近集中待命，所遗孙楼、睢县、马吉营一带防地，由五十二师及警备第八旅接替。

总司令　蒋中正

（2） 8月31日命令

命令　八月卅一日于归德

1. 陇海路逆敌自唐龙岗以北，现已西退，其余仍踞守龙王店、马头集、朱口一带阵地，其一部有移向平汉路方面活动模样，其主力尚集结于太康、杞县、通许、扶沟一带。

2. 拓城、扶沟、西华一带有匪军孙魁元、任应岐、刘桂堂各部盘踞。

3. 平汉路临颍及其附近地区有田金凯、石振清、邓宝珊残部盘踞。

4. 津浦线之晋逆残军，尚在黄河北岸禹城、晏城镇、惠民一带，构筑工事，企图最后之挣扎。

5. 我津浦路军准备渡河进攻禹城一带晋军残部。

6. 我平汉、陇海两军，以歼灭陇海路敌军主力军之目的，以陇海路系留当面之敌；以平汉路军由平汉路东西地区施行包围，遮断

其退路，一举而荡平之。

7. 第十一路军为第四纵队，由宝丰、登封向荥阳、汜水攻击前进。

总司令　蒋中正

〔国民政府战史编纂委员会档案〕

22. 岳国屏关于连络收编散据各处、阎冯军队情况给张钫呈文

（1930年8月30日）

呈为呈报敌方旧部附近实力，谨拟管见，以便灭逆拯民。而利党国事：国屏于五月奉命赴郑工作，连络旧部，已有三师五旅二团一民团司令，均待命发动，并在禹州与逆军韩多峰作战，详情迭次密派呈报行营在案。正在郑工作之际，忽有逆方发生运动我军飞机之举，几见实现。国屏探悉后，焦灼万分，诚恐一旦成实，与我军影响莫大，即黑夜返汉，一则报告工作经过，一则破坏我飞机投逆之谋。国屏由汉到京时，我军飞机已走一架。国屏即将其机关破除，并将该飞机队长及飞机师均管押在案。国屏即返汉，转赴前方，以便调集附近实力，增加前线与逆军旧部对垒，藉收奇效。谨将敌方附近实力及所拟管见，胪陈于后：

一、逆军第二方面三十七军第四师师长刘之青在洛阳、登封二县，以待我方命令。洛阳乾区民团司令张绍骞，愿负肃清洛阳一带责任。

一、逆军第四方面军第三师师长王凤岑、先遣第二师长刘云亭、第一混成旅旅长郑维岳，系石逆利用巩固后方，均未发给养军装，在地方自行筹备，待命发动。

一、逆军第六路第一师第一旅旅长胡中道，特务团长冯建化，在鄢陵驻防，以待我方命令。

一、王振部第八师第三旅旅长宋魁元，警卫第二旅长郑连三，在许昌、禹州等县，以待我方命令。

一、逆军第八方面第二旅旅长岳朝宾，在许昌驻防，以待我方命令。

一、刘春荣部特务团团长陈北壬，在兰封驻防，以待我方命令。

以上各部，均在敌人范围，以待我方命令，乘机发动。

一、宁云峰在淮阳东南六十里窦门一带，有长短枪一千五百余支，马百余匹，待命开拔。

一、张贯一在汝、上两县，有长短枪二千支，待命开拔。

一、朱铭三在商、淮两县，有长短枪四百支，待命开拔。

一、张国钧在西、舞两县，有长短枪五百支，待命开拔。

一、李云甫在确山，有长短枪五百余支，待命开拔。

一、赵健行在鲁山，有长短枪两千支，待命开拔。

以上各部，均在我军范围，待命开拔。

一、拟令宁云峰、张贯一、朱铭山、张国钧、李云甫、赵健行等部，同时集合，加入前线工作。

一、拟令刘之青、刘云亭、张绍骞、王凤岑、刘维岳等部，破坏交通，抄袭敌人后方，截其归路。

一、拟令郑连三、胡中道、冯建化、岳朝宾、宋魁元、陈北壬等部，破坏交通，抄袭敌人腹部，使敌无所措手，克复郑、汴，直捣幽燕在指顾间。以上胪陈各节，是否有当，理合备文恭请

鉴核。伏祈指示机宜。以便遵行。谨呈

总指挥张　　　　　　　　　　　　　职岳国屏　八.三十

〔国民政府战史编纂委员会档案〕

23. 蒋介石关于会攻郑州军事部署报告

（1930年8月31日）

会攻郑州之部署

八月中旬，济南、宁陵两次会战，先后将阎、冯主力各个击溃后，即令刘总指挥前往漯河与何总指挥成浚分任平汉路各军之指挥。中正自率陇海路各军同向汴郑会攻，而调回济南战胜之师冯轶裴、杨胜治、许克祥等部及第二炮兵集团加入陇海作战，以胡宗南、陈诚、夏斗寅、蒋光鼐、蔡廷锴等师，加入平汉作战。迨八月三十一日两路会战部队，将次第集中完毕。陇海路敌军自龙塘岗以北稍退，余仍据守龙王店、马头集、朱口一带阵地，以图缩短战线；其主力于太康、杞县、通许、扶沟一带，与我顽抗。平汉路临颍及其附近地区有田金凯、石振清、邓宝珊等残部盘踞，豫西洛阳、偃城、临汝、登封一带有宋哲元、刘汝明等部盘踞。我陇海路军于九月一日开始攻击，尽力抑留当面之敌，使平汉路军进攻容易，以收夹击歼灭之效。平汉路军于九月三日在淮阳、周家口、漯河、纣城之线集中完竣，八日分左右两路齐向开封、中牟、白沙、须水镇、荥阳、汜水、巩县、洛阳方面之敌进击，其部署概要如下：

陇海路军分右中左三军及预备军团与第二炮兵集团、航空、铁甲车等队；以蒋鼎文指挥右翼军，计辖第二十六军及第九、教二各师。以顾祝同指挥中央军，计辖第二、第五、第二十三各师。以朱绍良指挥左翼军，计辖第八、第五十三各师。专任抑留当面之敌而相机出击。以陈调元指挥预备军团，辖第一、第二、第三各师。以金汉鼎指挥第十二、第二十各师为第一总预备队，集结右侧地区，以一部渡河断敌退路，一部协助右翼军攻取兰封。以王均指挥第三、第七、第五十各师为第二总预备队，集结左侧地区，以一部监视柘城，以主力策应左翼军及平汉第一纵队，向杞县、通许之敌进攻。以冯轶裴指挥第十、教一两师及警卫旅为第三预备队，控置中央军后，随时策应各方。以杨杰指挥第二炮兵集团，对预期突破点，集中火力，开通攻击进路。以黄秉衡指挥航空第二、第四两队，以一部协同平汉友军轰炸黄河铁桥，侦察北岸敌情，主力轰击敌阵后方要点及其部辎重。以蒋锄欧指挥铁甲车，协同右翼军任陇海路正面之攻击。

平汉路军分左右两翼军与第一炮兵集团、航空、铁甲车等队。以何成浚指挥右翼军之第一、第二两纵队：徐源泉率第四十四、第四十八各师及刘培绪旅为第一纵队，由淮阳北进，以一部攻双陵集、道陵冈，主力出扶沟、尉氏攻中牟。夏斗寅率第十一、第十三、暂编第一各师为第二纵队，以主力由周家口出鄢陵、洧川间，向中牟、白沙镇挺进，一部由逍遥镇向许昌进击。刘峙指挥左翼军之第三、第四、第五、第六各纵队。上官云相率第四十七、第五十四各师为第三纵队，以一部向许昌之西攻击颍桥主力，出颍桥西北向须水镇、郑州挺进。刘茂恩率第十五军为第四纵队，由北舞渡、霍郾镇，向荥阳、汜水挺进。杨虎城率第七军为第五纵队，出襄城东北，以一部向巩县，主力出临汝镇袭取洛阳。蒋光鼐率第十九路军及第一师为第六纵队，随左翼军右侧续进。张修敬指挥第一炮兵集团，协同进攻。张惠长指挥航空第一、第五、第八侦察各队，以一部轰炸郑北敌军及黄河铁桥，主力向平汉北段、陇海西段作战。顾懋林指挥铁甲车第五大队，协同第二纵队任平汉正面之攻击。

〔国民政府战史编纂委员会档案〕

24．何成浚率部在平汉路左右各地与冯军张维玺等部作战经过报告

（1930年9月1日—10月8日）

一、九月一日，奉总司令训令，规定军队区分及作战要旨如下：

平汉路军各部，于九月三日在淮阳、周家口、漯河、纣城之线，集中完竣。九月五日开始运动，分左右两路，齐向开封、中牟、白沙、须水镇、荥阳、汜水、巩县、洛阳方面之敌攻击前进。其各纵队在攻击前进间之行动，著照作战指导要领实施（如附图附表第二）。

军队区分：

平汉路军：

总指挥

右翼军——总指挥何成浚。

第一纵队指挥官徐源泉：第四十四师，第四十八师。

第二纵队指挥官夏斗寅：第十一师，第十三师，暂编第一师。

左翼军——总指挥刘峙。

第三纵队指挥官上官云相：第四十七师，第五十四师。

第四纵队指挥官刘茂恩：第十五军。

第五纵队指挥官杨虎城：第七军。

总预备队指挥官蒋光鼐：第六纵队（即十九路军），第一师。

第一炮兵集团指挥官张修敬：所属炮兵各部。

航空队指挥官张惠长：第一队，第五队，第八队。

铁甲车队指挥官顾懋林：第五大队。

作战地境：

右翼军与左翼军之境界线：青龙潭、临颍、大石桥、许昌、和尚桥、官亭寨、薛集、孟庄、小河家、十里铺、京水镇，线上归第二纵队。

第一纵队与第二纵队之境界线：指挥营、西华县、谢桥、鄢陵、陆村寨、𬉼医庙、路朱、茶陵、二刘店，线上归第一纵队。

二、基上所示，军团指挥部即于五日由漯河进驻周家口，按照规定作战指导要领，布置进攻，所有战斗经过，分述如下：

第一期

总司令规定本期作战指导要领如左：

第一纵队由淮阳附近向西北至大朱楼、看头张附近，即分一部向双陵集、道陵冈方面攻击前进，牵制敌人，而主力则出扶沟西北之黄甫王、尉氏以西之葛庄，而向中牟及其东铁道挺进。本期主力到达黄甫王，该纵队应与第二纵队连络。

第二纵队，其主力由周家口西北经张桥及鄢陵以西之东张坊、洧川以东之白马寺、韩佐镇向中牟、白沙镇挺进。本期到达鄢陵西北之黄龙店，另以一部由逍遥镇经顺羊集向许昌、和尚桥方面攻击前进，牵制铁道正面之逆军。

战斗经过：按照上述要领，令第一纵队以主力出扶沟、西华、间练寺、红花集之线，向扶沟、鄢陵攻击前进。其四十四师之一部，占领双陵集、道陵冈之线，截击西窜之敌。第二纵队以主力由潘冈、牛黑庄、张楼、大二郎庙之线，向许田、五女店、七女店攻击前进。另派一旅为左侧支队，经万庄、前桥、周店前进，掩护本纵队主力之安全，并相机侧击许昌、和尚桥间之敌，同时以岳维峻及湖北警备旅归左翼军，编为中央纵队，接替铁路正面之防，以新二旅经周家口、西华，附属第二纵队前进。

时西华仍为刘逆桂堂之一部盘踞，已被我四十八师及新二旅包围，太康系王太匪部据守，已被我四十四之一部包围。其许田、鄢陵、扶沟及其以南地区，为石逆振清部及刘桂堂、王振匪军分据，并有郑逆大章部骑兵出没。

九月七日，第十军攻克西华县，被围于太康城之王太部，同时向我投诚。第一纵队主力，由是即进围扶沟、鄢陵，第二纵队主力沿途驱逐逆匪，于九日进至张楼之线。

九月十日，我四十八师已占扶沟东之陆桥及西南许冈五里店、裴城等处。四十四师主力达鄢陵东南、韭菜园、马栏镇之线，将王振匪部逐段包围。第二纵队，进至张楼后，次第将张楼及义女店、陈化店一带逆军击溃，进出五女店之线。其十一师之一部于十一日攻占张盘街、前桥、周店、江店等处，俘缴石逆部赵清山之一部，残敌向许昌以北溃退。至九月十三日，我十一、十三两师主力，会占石象镇、许田、黄龙店、五女店、七女店，即向洧川、长葛攻击前进。四十四师由马栏镇、韭菜园协同四十八师越攻扶沟、鄢陵以北，进占黄甫王、吕潭之线，仍各以一部包围扶沟，鄢陵之敌，压迫缴械。

第二期

总司令规定本期作战指导要领如下：

第一纵队，占领中牟及其以东铁道，并进占开封。

第二纵队，占领白沙镇及其以西铁道，并进占郑州。

战斗经过：如上所述，第一期任务已完全达到。第一纵队主力，即继续由尉氏向中牟、开封攻击前进。第二纵队主力，由洧川、长葛向白沙镇、郑州攻击前进。仍以一部监攻和尚桥，牵制铁道正面之敌。时逆军孙连仲部及郑大章部骑兵，在尉氏附近。其尉氏以东至通许底阁镇一带，为孙良诚部及孙殿英部，均构有坚固工事。洧川为吉鸿昌部据守。任应歧、张维玺两逆部，由太康附近溃退后，分据长葛、和尚桥及铁道附近之线。

九月十四日，我十一师由石象镇进占洧川西南鲁湾、白雾寨、董家集之线，截断洧川、长葛敌之交通，其洧川南五里各村寨以及河流南岸，至北城南席一带地区，悉为我十三师部队占领，与吉鸿昌部接战中，第一纵队主力，已攻过黄甫王、东西孟亭，于十五日占领白潭、张寺之线。一部进围尉氏西南关时，扶沟、鄢陵已被我相继攻克，俘获刘桂堂、王振两匪部五千余人。王逆率残部约三千人，退据鄢陵西北之孔村，向我黄龙店、许田窜扰。同时，张逆维玺部由许昌东北铁道附近，向我第二纵队右侧后迂回，占据小赵屈庄、柏杨一带，企图包围我军。自十七日起，向我第二纵队石象镇、王庄、孙庄、介庄、东西之线及以南五女店、七女店两寨，猛烈进攻。而我铁道正面部队，在小商桥与敌对峙。许昌、临颍仍为逆军据守，敌于此有随时利用铁道线增援部队，向我反攻之利。为策我右侧后之安全起见，乃令四十四师务先肃清王振残部，由临颍以东，经张盘街向柏杨、屈庄挺进，策应歼灭之。

九月二十日，奉总司令训令节要如下：

一、本军以迅速根本解决逆敌之目的，特编成二个纵队，增加于平汉路方面。

二、第七、第十、第五十三师，合编为第七纵队，归王总指挥均之指挥，仍在原阵地与通许附近之敌相对峙。

三、第二、第二十三两师，合编为八纵队，归顾总指挥祝同之指挥，限二十一日集结于鄢陵、许田一带，为平汉路右翼军。总预备队随第一纵队之左侧后跟进，由洧川东西地区向白沙、中牟方向攻击前进。

斯时，张逆维玺部，已被我军击溃，向和尚桥窜退，我军占领柏杨，大小屈庄各寨阵线，益复巩固。第一纵队主力，已进占尉氏、通许以南、江村北、柏杨冈、刘祥、符垛、陆村寨之线。洧川之吉鸿昌部，已向我接洽投诚，乃令第一纵队以一部监围尉氏，主力即由尉氏、通许中间地区，攻击前进。右翼与第七纵队连络，第二纵队除以一部监视洧川吉部外，主力即向和尚桥、长葛攻击前进。

九月二十五日，第一纵队进占通许西南地区，至底阁镇之线，与孙逆殿英部激战甚烈。第二纵队进占长葛县东南、圪垱庙、大墙王之线。第八纵队由洧川以南地区侧进，已占九牛站、官亭集，破坏铁道，断敌交通线。平汉路之敌，被我截为两段，至此全线动摇。二十六日至三十日，我第一、第二、第八、中央各纵队及第一师，先后占领长葛、洧川、尉氏、和尚桥、许昌及新郑车站、薛店车站。逆敌除吉鸿昌部、邓宝珊部投诚外，其余被我军分段包围于郑州以南地区缴械中。

十月一日，奉总司令卅午电令如左：我军昨夜占领兰封、杞县、尉氏、洧川一带，除饬前线部队追击外，其余一般之处置如下：第一纵队已令经许昌以南及禹县、登封向洛阳前进，截击西溃之敌。第六纵队已令向汜水县前进，占领虎牢关后，再向河阴、蒙津截击残敌。第九纵队仍令经薛店向白沙、郑州之间前进。毛炳文、叶开鑫已令在杞县以南地区,集中待命。谭道源师已令在兰封集中待命。冯轶裴师已令经大石桥向颖桥前进。陈诚师现在洧川附近,集中待命。

又奉东辰电令如下:

兹以战事进展,陇海、平汉两路军已连成一线,所有军队区分,亟宜重新规定如下:

(一)左翼军团总指挥何成浚,原有之第一、第五、第六各纵队属之。(二)中央军团总指挥刘峙,原有之第二、第三、第四、第八、第九各纵队及岳纵队与教导一师、第一师属之。(三)右翼军团总指挥陈调元,第六路军、第二十六军、第二十师、第十二师、教导二师及第七纵队属之。

三、遵奉上令规定之任务,军团总指挥部即于十月二日,由周家口进驻许昌,指挥各部前进,斯时第五纵队主力已占领洛阳西宫,包围洛阳城内之敌,与宋哲元、葛云龙两逆部,相持激战。其右翼一部,占领洛阳东之白马寺,破坏铁道一部,占领孟津,截击北溃之敌,其左翼一部,占领同乐寨,分向金谷园、磁涧、新安挺进。第六纵队主力正占领新郑以北二十里铺、曲良之线,连合第八、第九两纵队,包围新郑附近之敌。

第一纵队奉令向洛阳转进,其主力于十月五日到达登封、白沙之线。时刘逆汝明部由登封进犯密县,与我第四纵队在密县西北地区激战甚烈,乃令第一纵队即以一部占领登封,援应密县方面。主力经登封向偃师挺进,至十月六日,第四十四师攻占登封县,刘逆汝明部向北溃退。我军乘胜追击,相继占领偃师,刘汝明、魏凤楼两逆部,被我军截留于铁谢渡及孟津附近,完全缴械。第一纵队主力,即由偃师向洛阳前进,接替围攻任务。第五纵队,奉令经新安、渑池向潼关、西安攻击前进。

斯时,我第二、第三两纵队,于十月六日夜,已会克郑州。第三纵队一部占领黄河铁桥，西北逆军大部不及渡河，完全被我军截留于南岸地区，分段包围。其在郑州、新郑中间被我包围之张维玺、田金凯、冯治安、王和民等逆部，于十月八日悉数缴械完毕。

嗣奉总司令命令，率领第十、第十三两军及第十九路军回鄂，担任剿匪。所有前方未完任务，交由郑州行营何主任应钦办理。

附表三分于后。

〔国民政府战史编纂委员会档案〕

表一　民国十九年讨逆军第三军团死伤表

区分 部队		参加战斗人马			死			伤			生死不明		
		官长	士兵	马匹	官长	士兵	马匹	官长	士兵	马匹	官长	士兵	马匹
总指挥部		133	285	10									
特务团		48	811			1							
第二军	第九师												
	第六师												
	合计												
第九军	第四十七师				57	805		49	767				
	第五十四师	1280	18120	2075	119	507	316	195	142	21	18	312	21
	合计												
第十军	第四十八师	1371	21785	1411	40	610		166	1980				
	第四十四师				46	823		19	582				
	新二旅				4	96		3	128				

（续表）

部队＼区分		参加战斗人马			死			伤			生死不明		
		官长	士兵	马匹	官长	士兵	马匹	官长	士兵	马匹	官长	士兵	马匹
第十军	新三旅					7							
	合计												
第七军	第十七师												
	第七十一师												
	合计												
第十三军师		1126	17593	1079	39	491		76	1509				
第五十一师													
豫西警备司令部					7	42		8	72				
湖北警备旅													
第一集团炮兵团						15			15				
总计													

附记：

一、本表所列官长、士兵、马匹死伤及生死不明各数目仅就各部具报者列记。

二、各部队因为指挥作战便利起见有直接呈报总司令部者，本表故未填注数目。

三、第十七师、第七十一师现已入陕，第四十四师、第四十七师等尚驻豫省，其余各部队因出发剿匪道远尚未报齐，俟报到再行呈报。

表二　民国十九年讨逆军第三军团武器弹药损耗表

种类		区分　　　队号	特务团	第二军		第九军		第十军				第七军		第十三军师	第五十一师	豫西警备司令部	湖北警备旅	第一炮兵集团
				第九师	第六师	第四十七师	第五十四师	第四十八师	第四十四师	新二旅	新三旅	第十七师	第七十一师					
消耗	炮弹	野炮						1720										
消耗	炮弹	山炮					778	1447						735				
消耗	炮弹	迫击炮					8096	9551						2240				
消耗	枪弹	步马枪					1358366	1697552						2313025				
消耗	枪弹	机关枪					270919	287644						450985				
消耗	枪弹	手枪					5422	68978						36475				
消耗	枪弹	手提机枪						18456										
消耗	炸药弹	手榴弹					1377	12583						6987				
消耗	炸药弹	炸药																
消耗		炮车																

损失	武器	弹药车																
		预备品车																
		机关枪											6					
		骑枪					190	5										
		步枪					902	449					842					
	弹药	榴																
		榴霰																
		枪																
		机关枪					5											
	其他武器	手提机枪						5										
		手枪						33										
		冲锋机枪																
		迫击炮						1					3					
		野炮																
		山炮											1					

附记

一、本表所列弹药耗消及损失各数目仅就各部具报者列记。
二、各部队为指挥作战便利起见，有直接呈报总司令部者，本表故未填注数目。
三、第十七、第七十一两师现已入陕，第四十四、第四十七两师现驻豫省，其余各部因出发剿匪，道远尚未报齐，俟报到后再行呈报。

表三　民国十九年讨逆军第三军团虏获表

队号（区分）		俘虏			战利品													
		官长	士兵	马匹	步枪	马枪	机枪	手枪	手提机枪	冲锋机枪	炮	枪弹	野炮弹	山炮弹	迫击弹	手榴弹	手枪弹	机枪弹
特务团																		
第二军	第九师																	
	第六师																	
第九军	第四十七师																	
	第五十四师	168	1784		748	132	6					46380		245	2070	1768	1262	16437
第十军	第四十八师	29	1119	285	1084	5	17	15	10	8	平山野迫33254	1697552		3104	4466	15083	68978	287644
	第四十四师																	
	新二旅																	
	新三旅																	
第七	第十七师																	

军 第七十一师																	
第十三军师	官兵合计 2032		228	683		2				山迫 3、4、							
第五十一师																	
豫西警备司令部																	
湖北警备旅																	
第一炮兵集团																	
总计																	

附记

一、本表所列俘虏及战利品数目仅就各部具报者列记。

二、各部队为指挥作战便利起见，有直接呈报总司令部者，本表故未填注数目。

三、第十七、第七十一两师现已入陕，第四十四、第四十七两师尚驻豫省，其余各部队因出发剿匪道远尚未报齐，俟报到后再行呈报。

25. 徐源泉关于阎、冯军总退却横断其归路给所部作战训令

（1930年9月3日）

训令 九月三日午后七时
于淮阳第十军军部发

一、顷得确报，逆军已决定缩短战线，已于本月一日开始总退却。晋军及石友三部，均于一日夜间，偷渡河北。冯逆主力孙良诚、宋哲元等，已退开封、郑州一带。张维玺、孙连仲等，则退许昌、尉氏一带，现正移动中。刘桂堂以张维玺由扶沟向西撤退，欲退扶沟。冯逆东日电刘，责令固守原防，不得后退，否则，后方总预备队甚多，难免冲突误会等语，冯对其他匪军，亦如此威吓。故孙、任、刘等匪部，尚在与我撑持。

柘城王殿阁部，已受我改编为第十七师，今日让出柘城，我顾师、谭师正由柘城西北地区，向太康压迫。

我漯河方面各友军，明日开始向郑州方面猛进，以断敌归路。

二、本军以容易进展之目的，对太康、西华之匪军，应猛行压迫，使其让出太康、西华两据点乘机歼灭之。

三、萧师明早以一部猛攻安子岭之敌，迫其缴械，以主力向大许寨、明光集压迫，相机占领太康县城。

韩旅明早以全力向西华城北进逼，以封锁贾鲁河及通扶沟之大道。

补充李团（附徒步营队），对西华城南面、东面之敌，以少数兵力牵制之，主力向赵凹龙池头进逼，连络韩旅，以封锁西华北面，威迫其退出西华县城而腰击之。

新二旅到周口集结后，暂以一部任周口北寨之守备，其余迅向龙池头护当城前进，以与李团夹击敌人为要。

徐旅明日派出一部，占领西华营、道陵冈各点，以与骑兵团连络。其余在齐集、东下亭一带集结。

骑兵团努力向扶沟、练寺间活动，并相机占领扶沟县城。

其余各部在原地待命。

是日奉右翼军总指挥刘命令如下：

一、逆军已于九月一日，开始总退却，以主力退河北，以一部退豫西，其退豫西部队似分两路，一由扶沟、许昌、禹县退临汝；一由郑州由陇海铁道退黑石关，有以孙魁元、任应岐、刘桂堂、王振、石振清、田金凯等部，在太康、西华、临颍、郏城、襄城、叶县、鲁山一带，掩护退却模样。

我陇海路军，正向西追击中。

二、本军以歼灭逆敌之目的，由平汉路东西地区，向中牟、郑州、荥阳、巩县、洛阳之线攻击前进，横断敌之归路，协同陇海路军压迫敌军于黄河南岸，一举而廓清之。

三、第一纵队，应于九月五日，由淮阳西北地区、以一部由双陵集、道陵岗方向，攻击前进，牵制敌人。以主力出扶沟、尉氏西侧，向中牟及其以东铁道挺进，并相机占领开封，该纵队须与陇海路军，确取连络。

四、第二纵队，应于九月五日，由周家口附近出发，经鄢陵西侧及洧川、向白沙镇攻击前进。并以一部向郑州、长葛、许昌间侧击。但第十一师未到以前，应与第一纵队连络，齐头并进为要。

五、第三纵队，应于明(四)日，由漯河附近北进，以一部肃清铁道西侧，逆敌以主力经郏城、颖桥、观音堂，向须水镇、郑州挺进，而确实占领之。

六、第四纵队，应于明(四)日，由漯河附近北进，经襄城东侧董村、唐村、唐槐树口、向荥阳、汜水挺进，并进占荥泽，保护黄河铁桥，继以主力过黄河北岸，向新乡追击前进。

七、第五纵队，应于九月四日，由旧县、经宝丰、登封，向巩县挺进，并相机占领洛阳，以一部对陕州警戒，继以主力渡黄河北岸，由道清路进占新乡。

该纵队，对鲁山之刘逆汝明部，应设法牵制之。并令南阳方面部队，跟踪追击为要。

八、中央纵队附铁甲车第五队，应于九月五日，由漯河附近，沿平汉铁道向临颖、许昌、郑州攻击前进，与第二、第三两纵队，切取连络。

九、各纵队作战境界如下：

第一纵队 / 第二纵队	指挥营西华县、谢桥、鄢陵、陆村寨、卢医庙、骆朱、茶庵、二刘店之连接线，线上属第一纵队。
第二纵队 / 第三纵队	平汉铁道（线上及许昌、临颖属中央纵队）、霍堰镇、茨沟、半坡店，八里营、蔡寺、老鸦洞、方沟、岵山坡、河阴之连接线，线上属第三纵队。
第三纵队 / 第四纵队	丁观、襄城、牛水田、李子楼、顺店、大冶、小关镇、金沟之连接线，线上属第四纵队。
第四纵队 / 第五纵队	

十、纵预备队、第十九路，九月七日到达周家口附近，应在右翼军左后方续进。

第一师，应于明（四）日集结于漯河附近，沿平汉铁道续进。

十一、第一炮兵集团，除分拨各部队外，余应在漯河附近，集结待命。

十二、航空队、铁甲车队之任务，及关于通讯、补给、卫生等，另有命令。

十三、予在漯河。

附军队区分：

右翼军总指挥何成浚：

第一纵队指挥官徐源泉：第四十四师、第四十八师、新编第二旅。

第二纵队指挥官夏斗寅：第十一师、第十三师。

左翼军总指挥刘峙：

中央纵队指挥官岳维峻：岳招抚使部、湖北警备旅。

第三纵队指挥官上官云相：第四十七师、第五十四师。

第四纵队指挥官刘茂恩：第十五军。

第五纵队指挥官杨虎城：第七军。

总预备队指挥官蒋光鼐：第十九路军第一师。

第一炮兵集团指挥官张修敬：所属炮兵各队。

航空队指挥官张惠长：第一队、第五队、第八队、侦察队。

铁甲车队指挥官顾懋林：第五大队。

〔国民政府战史编纂委员会档案〕

26．刘茂恩关于攻击襄城经过报告

（1930年9月4日—11日）

襄城之役

一、情况：（1）九月四日上午五时，我军由漯河附近出发，九月五日下午五时到达北舞渡附近。（2）探报襄县城内驻有敌人工兵营及别动队第一支队伪正副司令殷省三、白相勤，枪约五百余支。又茨沟有敌军樊钟秀部约一旅，枪六百余支。又斐城之敌田金凯部约一营，已于四日晚向王集退却。霍偃东北约十八里之袁庄、蒋庄，有敌军盘踞，兵力未详。

二、判断：敌军主力既在陇海方面及平汉路附近，豫西当较空虚，且豫西山地险峻，敌必以为我不敢深入，若骤临之，定能乘其不备。

三、决心：以肃清当面敌军之目的，明（八）日向茨沟攻击前进。

四、处置：(甲)派员往第三纵队与之切取连络。(乙)九月五日下午十时下达命令，要旨如次：

1．本军拟于明(六)日向茨沟之敌攻击前进。

2．骑兵团于明(六)日早四时二十分，向茨沟搜索前进。该敌如据寨顽抗时，该团应避开正面，移向雷桥方面警戒我军右翼。该敌如后退时，该团即向茨沟西北桥宿营。

3．六十五师于明(六)日早四时二十分出发，经霍偃向茨沟搜索前进，该敌如据寨顽抗，应即一举而歼灭之。敌如后退时，应派兵一部竭力追击，约追击至十里左右即停止待命。其余在景械、王姚庄、乔坡一带宿营。

4．六十六师为右纵队，于明(六)日早四时三十分出发，经侯集、郑庄、金堂后方后街向沟刘罗湾沙和张一带宿营，对纣城、袁庄、蒋庄之敌，特别警戒。

5．总部及直属部队(缺骑兵团)于明(六)日早四时三十分出发，在六十五师后经霍郾向茨沟前进。该敌如据寨顽抗，即停止横梁附近，该敌如后退时，即进至茨沟宿营。

6．六十七师于明(六)日早五时出发，在总部及直属部队之后跟进，该敌如据寨顽抗，该师即停止于冯庄附近待命。该敌如后退时，该师应即进至傅庙、方窑一带宿营。

7．各部应遵照时间出发，行进时应按次跟进，其行李及弹药纵列，均就指定位置鱼贯而进，不得前后错乱或落伍。

四、经过：九月六日拂晓，本军由北舞渡附近向茨沟攻击前进，茨沟之敌，已闻风先遁。我骑兵团追至万桥附近，俘敌十余名，获枪十余支。是晚本军占领茨沟、万桥、槐树王、盛庄、范窑一带。禹襄交通，已被我断绝。

九月七日

一、情况：九月七日上午五时，本军继续挺进，九时，六十五师阮师长报告，职师行至灵树附近，襄城之敌向我扰乱，企图阻我前进，已被击退。

二、判断：茨沟之敌既不战而退，襄城之敌亦不迎击我军，则其战斗力之薄弱，已可想见。本此判断，遂下如左之决心。

三、决心以肃清后方障碍之目的，拟将该敌一举而廓清之。

四、处置：1．将上项情形电禀总司令及第二军团总指挥部。2．同日上午十时下达攻击命令，要旨如次：

(1) 本军以肃清后方障碍之目的，拟将襄城之敌一举而廓清之。

(2) 六十五师由现地出发，向襄城东北关进攻，务于今夜攻下。

(3) 六十七师派兵一团，协助六十五师向襄县南关进攻，其余部队在原阵地停止待命。对于东北方向特别警戒。

(4) 六十六师即刻开赴灵树一带，对于颖桥、禹州方面严密警戒，如敌人来援助襄城时，即相机阻止并歼灭之。

(5) 以上攻击部队，务于今下午四时以前运至襄城附近，限五时开始攻击。

注意之件：

(甲) 如我军至城附近，敌人始行逃窜，即由六十五师派队追击，并派队进城维持秩序。

(乙) 如将城攻下时，由六十五师派队查街，如有擅取民间一草一木者，即由该师长就地枪决。

五、经过：九月七日晚，将襄城东南西北关先行占领，俘获敌伪营长、排长各一，获枪百余支，毙敌甚多。我官兵伤亡约七十余人。惟因时间仓卒，云梯不适于用，且城坚固。敌用炸弹下掷，所以扒城数次，迄未得手。

九月八日令各部将云梯另加修理，务于最短时间将襄城攻下。

一、情况：同日接侦探报告，颖桥、郑县、禹县有敌步兵及骑兵，兵力未详。槐树王、化行约有敌军一师，麦苓大、袁谢庄新到敌军约一旅，均系张维玺部。

二、判断：综合上项情况而判断之，敌似有阻我前进并断我后方联终之企图。

三、处置：①将上项情况报告总司令并通报第三纵队。②令各部向各该方面之敌严密警戒，一面仍力攻襄城。

四、理由：是时，我军已深入敌境，不速肃清碍阻，则多后顾之忧，而处处派兵监视，兵力不敷分配，若置之不顾，则有防不胜防之虞。所以必先消灭襄城之敌，然后军行无阻也。

五、经过：①九月九日奉令勿过攻坚，仍继续向目的地挺进，遂一面准备续进，一面电请总司令饬第三纵队跟进，以资御接。②九月十日上午一时，第三纵队先头部队已到茨沟附近，我军遂继续向目的挺进，而留六十五师包围监视襄城之敌。是晚，襄城敌军因我连夜猛击，势渐不支，其副军长张瑞堂遂出城向六十五师阮师长接洽投诚。当奉总司令电准收编，该部为本军暂编第一师，以张瑞堂充师长。九月十一日命该师移驻襄城以西李口一带听候点验。

是役虏获及损失如附表第三(缺)。

〔国民政府战史编纂委员会档案〕

27．蒋介石指挥平汉路军向郑州、洛阳地区进攻之经过报告

(1930年9月6日—30日)

平汉路军向郑洛间地区进攻之经过

本路军各纵队至九月六日一律就准备攻击位置，开始行动，积极进展，迄九月十四日，第一纵队迭在太康、西华击溃刘桂堂、任应岐、郑大章、王振、王泰等部进围扶沟、鄢陵。第二纵队次第攻占许田、石象镇协同第一纵队击退刘、任等敌，进围洧川、长葛。第三纵队与据守禹县、临颖、纣城、小商桥一带之张维玺、田金凯、魏凤楼等部相持未决。第四纵队本避实击虚之旨，由间道白登封、偃师行

进。第五纵队进击叶县、鲁山方面之敌，主力趋向洛阳。第六纵队集中霍郾、茨沟一带，援助第三纵队之攻击，并于十五日规定进攻目标如下：

第一纵队由扶沟、鄢陵以北之线，向中牟进击。

第二纵队由许田、石象镇之线，向白沙镇、郑州追击。

第三纵队由黄台镇、十里堡之线，向须水镇及其以东地区进击。

第四纵队由黄村店、神垕镇之线，向巩县汜水进击。

第五纵队由白沙以北地区，向洛阳挺进。

九月二十日，第一纵队次第攻克扶沟、鄢陵、白潭等城寨，击溃刘桂堂、任应岐等大部，歼灭王振全部；复于底阁镇、尉氏之线与冯逆主力部队遭遇，激战未下。第二纵队迭与张维玺等部三五师众，在许昌、洧川间激战，已占领洧川西关及鲁湾。第三纵队向苏桥、新郑猛进，击退沿途抵抗之敌，已至观音堂、牛集附近。第六纵队随第三纵队右侧跟进，其第一师迭次击破圪垱桥、郭桥、郝城、小商桥之敌，占领临颍及附近一带。蒋、莱两师击溃半波店、灵树集、颍桥之敌而占领其地。第四纵队攻克密县后，将敌崔凤岐部击溃，进至观音堂及大槐镇以东。第五纵队与敌刘汝明、宋哲元两部在宝丰及龙门附近激战。于是，为增加右翼军之兵力，又从陇海军抽编第七、第八两纵队，分置第一纵队两侧，而以第八纵队归入平汉右翼军为总预备队，以便应付洧川、尉氏附近之敌，而使第一、二两纵队得向中牟、郑州并力挺进，以利戎机。

九月二十一、二两日，第一、第二、第八各纵队仍与洧川、尉氏及许昌以东之敌相持，第四十四师已攻下尉氏西南之大桥，铁路正面之敌，退守许昌以西火烧庙、八里桥、张店街一带阵地，与我中央队岳维峻、容景芳等部激烈抗战。第三纵队进克须水镇，截断郑洛交通。第四纵队攻占荥阳车站及田寨。第五纵队主力攻击龙门，一部克复叶县，进围鲁山。第六纵队攻占盘古寨、太清观，一部围攻石固，迎击禹县方面来援之敌。二十三日，更从陇海军抽编第九纵队向长葛以东增援。教一师集结雀桥为第一纵队之预备队。右翼军得此增援，声势倍振，连战至九月三十日，洧川吉鸿昌军首先反正，张占魁率其骑兵第二师，亦由郑州来到圉镇附近，由第七纵队接洽改编。右翼敌军相继崩溃，乃移转第一纵队由尉氏底阁镇一带经许昌以南禹县、登封向洛阳前进，策应第五纵队截击西窜之敌，第二纵队以吉军让防，一部进占洧川县城，主力向长葛、和尚桥，截断许昌之敌。第八纵队经洧川西南向长葛、新郑前进，攻占官亭车站，俘获辎重数列兵车一列，与铁路以西之张维玺部接战甚烈。第九纵队主力对尉氏方面警戒，一部占领韩佐镇，掩护第八纵队侧背。中央队岳、容等部占领许昌车站后，守城之敌宋天才、焦文典等部开城降服。田金凯率部北窜，该队与教一师均向颍桥集结。第三、四两纵队在郑州、荥阳间，对冯军大部连日血战，奋厉无匹。第五纵队包围龙门街，进击洛阳。第六纵队主力进至曲良，一部分攻新郑附近之敌，为三、四两纵队后援。

〔国民政府战史编纂委员会档案〕

28. 师长李万林关于联络收编豫西、豫南冯军等零星散兵情况给张钫报告

（1930年9月7日）

第一师长李万林报告　九月七日午后七时于许昌司令部

事由：窃职于二日同杨虎城兄出发，六日抵鲁山、宝丰之间宿营。谨将进行各节，分条呈列于后：

1. 宝丰瓦建营一带之李邦铎，枪五六百支，前为冯逆迫为冯逆部先遣司令，现李已与冯逆脱离。职收编委李为职部补充团长。

2. 鲁山梁洼一带之阎胜魁，枪约一千三百支有奇，曾充樊钟秀独立团长，前由许昌脱离回鲁山。职即派干员前往指挥阎胜魁，

扰乱冯逆后方。阎于八月二十八日在鲁山西耿集一带与逆部接触，夺获冯逆部迫击炮一，步枪二百支有奇。并俘敌营长一名，士兵一百余人。敌势不支，退守鲁山县城。

3. 所有豫西、豫南之零星部分，正在进行中。

4. 祈钧座速购军服、军帽、裹腿、皮带三千套，以便前来领取（俾服装整齐，免致与民团发生误会）。

5. 豫西一带冯逆部队所到之处，将民团粮食搜索殆尽，民不堪命，以致豫西不惟给养难筹，而金钱尤感困难。祈均座筹备现款，而便领取，以应急需。

6. 前由许昌脱离回鲁、宝之部分，除阎胜魁之一部收编妥当，其余之部，均在接洽中。

7. 职现派妥人携款赴许昌方面运动炮兵营。

综上各条，理合呈报钧座鉴核。谨呈

二十路总指挥张

〔国民政府战史编纂委员会档案〕

29. 徐源泉关于进攻扶沟给所部训令

（1930年9月8日—11日）

（1） 9月8日训令

训令 九月八日午后三时
于西华第十军军部发

一、据报由西华溃退之刘匪桂堂，大部窜向扶沟。又太康之孙、任匪军，大部已向杞县西南之沙窝附近撤退。顺母口、双陵集一带之郑逆大章部，已向西北方向撤退。但据前三日之情报，通许、尉氏以南之底阁镇、白潭、南曹一带，有冯逆部队占领，现下如何，尚无新报。

我第二纵队之第十三师，已过西华，正向鄢陵、郁川、攻击前进，其一部向鄢陵以东，已占常陵岗、鸭岗、系相机协助本纵队，攻取扶沟。

我第五纵队，已攻克鲁山、宝丰，正向临汝进攻中。

二、本纵队以袭击开封之目的，对于太康、扶沟一带之残敌，应速肃清占领之。

三、部署如下：

1. 张旅占领双陵集、百党冈后，速以主力西进，向扶沟县城东面攻击，派一部袭取扶沟县城北侧要点，以遮扶沟敌之归路，而歼灭之。攻击成攻后，该旅主力进至吕潭附近，集结待命，但须派一部追击至张庄、董桥一带，向通许方向警戒。

2. 徐旅迅速解决练寺附近之敌后，即经魏圪、罗沟，向扶沟县城南面攻击，攻击成功后，主力进至高圪垱附近，集结待命。派一部追至高陵附近，对尉氏方向警戒。

附该旅野炮两门（即以现属韩旅之两门拨交之），山炮四门。

3. 新二旅，于明（九）日，由红花集出发，经常陵冈、向古城塔湾攻击前进，尔后连络徐旅，攻击扶沟县城之西面，攻击成功后，进至马家附近，集结待命。但须派一部追至水吸高、砖桥集间，对尉氏方向警戒。

4. 骑兵团（欠徒步营队），迅出百党冈，进占吕潭，向崔桥、通许方向警戒，以掩护张旅之右侧背。攻击成功后，以不失时机，沿扶尉大道附近，追击前进，并相机进占尉氏，以遮断尉氏以东敌之归路，而堵击之。

5. 韩旅为四十八师之预备队，于明（九）日，先进至周寨附近，相机协助徐旅，解决练寺附近之敌后，移至宾王冈附近集结，但攻克扶沟后，应即进至扶沟西关，及五里店间待命。

6. 萧师对太康之敌，迅速解决。解决后酌留一小部，暂驻太康，担任城防。主力应速赴双凌集附近，集结待命。

7. 四十八师之补充第一团（徒步营队属之）及工兵营、特务营、为总预备队，暂在西华县城，及护当城、龙池头原地待命。

8. 炮兵第四十八团，在东桥镇待命。

四、兵站支部设周口。

第四十八分兵站，设西华县城。

五、第九兵站医院设周口。

第四十八师野战医院，设西华县城。

六、指挥部在西华县城。

(2) 9月11日训令

训令 九月十一日午后四时
于西华第十军军部发

一、扶沟之敌，连日被我围攻，已现溃退之样。

二、着张、徐两旅，紧攻城之东、南两面，但张旅须设法，抽出一部，向东北绕围，以与新二旅连络，断其归路。徐旅酌抽一部向右延伸，协同张旅攻击陆桥。

三、新二旅，仍往扶沟西北两面之攻击，但主力须急向扶沟城北，断敌之归路，以堵击之。

四、韩旅着于明(十二)日，由现地推进至扶沟西北之十里店、黄甫王一带，向尉氏方向警戒。

五、补充第一团，明(十二)日，先开一营至练寺，余于十三日掩护炮兵团至练寺，徒步营暂在西华担任城防，特务营随军部进驻练寺。

六、兵站支部，于十三日推进至西华。

第四分兵站，于十三日，推进至红花集，并设派出所于练寺。

七、兵站医院设周口。

第四八师野战病院，于练寺开设。

八、余现在西华。

〔国民政府战史编纂委员会档案〕

30. 张钫为收编王振等部与蒋介石往来呈函

（1930年9月9日—10日）

（1）张钫给蒋介石呈函（9月9日）

总司令钧鉴：以下各事除电呈外，谨报告如下：

一、王振接奉钧座手谕，极为感奋，渠有呈复均座帛书一件。

二、与何总指挥商定，即派人令其速退鄢陵，勿庸再用兵追击。

三、俟退鄢陵后，准该部用青地白心旗并肩章。

四、前次钧座手谕款数，系奖励王振之部，现伊又联络李、邢、焦三部，均归顺中央，而三部现状甚窘，已与何总指挥商定，俟退集鄢后，当给以款项粮秣，以维现状。

五、该部退出集中后，令其截断敌方许昌北段铁路，以表其志。

六、王太部现住太康，已派部子举乘飞机到淮阳，再乘汽车赴太康，令其移住沈丘、鹿邑两处。

七、本日接杨虎城虞电：宝丰之武部，已经投诚，虎城现抵汝州附近，已派人函知张治公，令其速行反正，俟飞机场勘定后，拟乘机前往，亲与虎城规划一切，以期迅占洛阳。合并陈闻。

（2）蒋介石给张钫函（9月10日）

百英吾兄勋鉴：凡王震、王泰等部受编时，应令其速向豫西前进，截击逆军归路，不得逗留铁路以东，坐观成败。唯其营底，准留在各城内可也。顺颂

戎祺

蒋中正手上　九月十日辰

〔国民政府战史编纂委员会档案〕

31. 张钫等请求收编信阳及驻马店民团给蒋介石呈文

（1930年9月11日）

一、今有信阳及驻马店附近之民团，欲投诚中央，为党国效力，其原因为：

1. 受袁英之摧残。

2. 给养之困难。

3. 爱国心之驱使。

二、收编部队之利益为：

1. 免除地方糜烂。

2. 增加总座之实力。

3. 可赴前方作战，或担任后方防务。

三、该部队之领袖为李文藻、赵致和、乐海洲等三人，皆为余等在川时之营长，共有枪约一千六百余，人约二千。

四、该部队在三星期内，可完全集合。

五、上列各项，如为荒报，余等愿甘严受处分。

张　钫
张　拯　　呈　　九.十一

〔国民政府战史编纂委员会档案〕

32. 王振为所部受编被阻击事宜与张钫往来函

（1930年9月11日—14日）

（1）王振致张钫函（9月11日）

主席均鉴：今早魏石农来，拜读钧谕，训勉有加，铭感曷胜。前在陶城奉总司令函令，当于八日夜即遵令所属全线各部，一律向鄢陵撤退，勉践前约，至总座开示奖金，亦已宣告各部，并即派刘参议瑞生，协同四十七师卢副官赴漯飞报，计先到达。惟示开：对于振部决不攻击，在振之意未至相当时期，原不妨稍为射击，以作对抗之势。不意徐、夏两部，竟违原旨，跟追城下，炮火甚烈。岳师一部被围曲庄，几遭覆没。务请推诚转陈总座，确实通知全线各军，免再误会。振部防区，几已让尽，县府政令亦难出城，粮款既不能筹，给养从何而出。现况窘困，无法维持，为石农亲目所睹，勿庸渎述，此节恳求鉴谅为祷。李邢等部，深恐阻于形势，一时未能来鄢，业已通知，令其就近，向尊处请示机宜，听受指挥，免误事机。其余友军，均正宣布德威，分头联络，俟得具体办法，再行陈报。至振部迭荷鼎力吹嘘，云天高谊，永感不忘不尽之意。统由石农面禀。谨此。敬请钧安。王振① 谨上。九月十一日。

（2）张钫复王振函（9 月 13 日）

荣轩② 兄鉴：石农回手示备悉。约弟去鄢陵一层，因交通阻碍，泥泞太大，并为时间所不许。兹将紧要事项，与兄商酌，列述如下：

1．先决问题，须悬旗帜，通电就职。通电送徐、夏两军长处，即可发出。

2．前项办完后，速与徐、夏两军长商决，进攻道路，最好派一部袭击孙连仲，或断其归路为妙。

3．款项子弹及粮秣，俟悬旗通电就职后，即送至西华，请派妥人往领。

4．总攻击令，日内即下，王泰、焦文典、张干岑、赵冠英、田金凯、邓宝珊、姜慰先等，均先后派人接洽妥当，王殿阁、李万林均编成师，开往豫西。冯部解决在即，望我兄当机立断，勿再犹豫。

5．先接济补充，然后悬旗通电，此层恐办不到。弟之为人，兄

① 时王振占据鄢陵，经张钫之接洽投诚，后被第四十四师萧之楚诱杀。
② 王振字荣轩。

所素之，兄只要态度表明后，一切事情，弟负完全责任，决不负兄及数万同志也。

6. 弟已通电全线各军，在此信未送到前，勿向我兄攻击。

7. 兄接到此信后，务于十点钟赶速表明态度。

8. 兄就职后，从严约束部下，因兄部军太弛，闻地方人民恶感殊深，若人民群起攻击，弟亦无法可想。张钫。九、十三。

（3）张钫致王振函（9月14日）

荣轩兄鉴：昨日飞机送上数函，想已鉴及。请兄速下决心，至于款项子弹给养，弟负完全责任，昨约弟赴鄢陵面谈一事，因路途泥泞甚深，不便跋涉，特着石农亲乘飞机送达此信，务望开诚见示为盼。专此。顺颂戎祺。弟张钫启。

〔国民政府战史编纂委员会档案〕

33. 张钫关于就任第二十路军总指挥与收编冯军有关系部队与蒋介石往来电

（1930年9月12日—26日）

（1）张钫致蒋介石密电（9月12日）

限二小时到。柳河总司令蒋钧鉴：合密。

（1）职昨赴临汝布置，携款四万元，已分发张、赵、王、李各部，各该部均感同再造，力表忠忱。容另案详呈。

（2）职前蒙委为第二十路总指挥，拟俟将敌方关系各部收编后，再行呈报就职，以资统率。

（3）王乃文部在虎城部前方，进行极尽宣传联络，挺进之效，厥功甚伟。该部官兵五千余，枪约三千支，目前给养困难，职已发给三千元，俾资维持。惟由虎城接济，似非长久办法，拟恳再予接济，批定饷项。

(4) 太康克复，王太已完全听命，暂由部子举指挥西进。王振部集中鄢陵，阎曰智部现在尉氏，均愿受编，袭敌后路，日内即可就绪。邓宝珊、石振清亦已派人前往接洽，容当续呈职。张钫叩。元酉。印。

(2) 张钫致蒋介石密电（9月12日）

限二小时到。柳河总司令钧鉴：合密。

（一）职昨至临汝镇，与虎城晤商，诸已妥协。第十七军全部进至临汝镇、自由县，先头已占领水寨、彭坡等要隘，正向洛阳进逼中。

（二）张治公部完全听命，并令伊阳之王凌云为职路第三师师长，归虎城指挥前进。其余正在集结候命驱策。

（三）临汝县城新到赵冠英部，已由贾副指挥坦前往收编，三日内即可就绪，并令该部由登封攻取郾师，亦归虎城指挥。

（四）独立旅王乃文部现到自由县之北山，已令兼带民团向洛阳以东进展，占领寺里碑，截断铁道。

（五）职属第一师李万林部，已令维持宝汝间交通与虎城联络。

（六）洛方约敌四师守龙门、北邙一带。禹、郑之敌，有向西溃窜模样。

洛阳易攻难守，且刘逆汝明部麇集鲁山一带，后路堪虞，恐虎城部孤军深入，兼顾困难。虎城意拟恳速向左翼增加兵力，并派一部监视刘逆汝明，以便抽调孙旅前进。职元未返漯。谨电陈闻。伏乞钧鉴示遵。职张钫叩。元申。印。

(3) 张钫给蒋介石密电（9月18日）

柳河总司令蒋钧鉴：合密。报告如下：

（一）贾坦自临汝来信，汝事解决，赵已就职，请发关防。

（二）拨行营之款，贺参谋长未奉电示，请速指拨。

（三）前拨之款，除给张、赵、李、王外，余数昨商交雪竹带扶沟交王振等。钫明日拟赴鄢陵。

（四）军衣粮秣请另照发。

张钫叩。巧。印。

（4）张钫给蒋介石密电（9月19日）

柳河总司令蒋均鉴：合密。临汝已解决，张治公部，先编两师；一李万林、二王凌云。小部另编，李部在宝丰剿刘汝明，并防刘汝明北窜，需子弹甚急，连来请求。敬祈指拨，以便分配，无任感盼。张钫叩。效（九·十九）。

（5）蒋介石复张钫电（9月20日）

机急。漯河总指挥经扶兄、张代主席伯英兄勋鉴：伯英兄真电悉。张治功准委为中央直辖第二十九军军长，其部下两师编为中央直辖第七五、第七六两师。此次战斗序列，该军列入平汉路军之左翼军，定为第七纵队，归刘总指挥经扶兄指挥。除任状另发外，希即转饬该军长遵照，并将两师长姓名电复为盼。蒋中正。号参。印。

（6）蒋介石复张钫电（9月20日）

特急。漯河第二十路总指挥伯英兄勋鉴：效电悉。除电俞总监拨发子弹十万外，希即派员接洽具领可也。蒋中正。号参。印。

（7）蒋介石复张钫密电（9月24日）

张代主席伯英兄勋鉴：合密。个电悉所请，改编王凌云、李万林、为七五、七六两师师长一节，着即照准。所有二九军、六九师及七五、七六师各关防，准暂由各军师自行刻用，除委任状另发外，仰即转饬，一体遵照。并将各该员启用关防日期及模型具报备核为要。特复。中正。敬酉参。

（8）张钫给蒋介石密电①（9月26日）

柳河总司令蒋钧鉴：合密。顷接临汝贾副指挥坦有电称：赵冠英部，现同杨总指挥虎城部，由伊河口、李村镇，向白马寺一带挺

① 张钫以此电同样内容给刘峙快邮代电，不另选录。

进。坦率赵师之一部，由涧河西岸，会同王凌云、范龙章两师，向西宫挺进。惟出发需款，火速接济。再赵冠英部留驻尉氏。尚有数营，已令来汝，经过许昌附近，请设法通知各友军，勿生误会等语。除款项今早已由飞机送去十万元外，似此东西夹击，洛阳当可克复。至赵师之在尉氏者，伏乞钧座，令知前线各军，一律保护，准予通过回防。是所叩祷。张钫。宥。印。

〔国民政府战史编纂委员会档案〕

34. 徐源泉奉令续围扶沟鄢陵并向开封中牟挺进给所部训令

（1930年9月14日—19日）

（1） 9月14日训令

训令 九月十四日午后一时
于西华第十军军部发

一、敌吉鸿昌部，已由通许调赴洧川。孙连仲部，仍在尉氏附近，该部高树勋师，昨（十三）早，向我十里店阵地猛攻，刘、韩两旅迎击。卒未得逞，现在对峙中。张维玺部，仍在苏桥附近。

扶沟、鄢陵，刘、王两匪军，仍负隅顽抗，但刘桂堂之司令部，已于本月十日退至白潭；王振部，亦零星向我投诚。扶、鄢两城敌，决不能久守。

我第七师、第五十师，本月十一日已到高贤集、圉镇一带，向高阳集、陈留、开封方向挺进中。

我第二纵队（十一师、十三师）以一部在黄龙店、陈化店、葛村，对鄢陵监视。一部在小赵、周店、盘街、对许昌、大石桥监视。主力本（十四）早，由许田、石象镇、向苏桥、和尚桥袭击。

我第三纵队（四十七师、五十四师）主力，已过王洛，正由禹县以东向北挺进中。

我第四纵队（刘茂恩部）克复襄城后，主力已集结郏县以北之神垕镇，正由禹县以西向白沙镇进攻中。

我第五纵队(第七军)十一日占领自由县后，现向龙门、洛阳进攻中。

我第十九路军(六十师、六十一师)，现由襄城向临汝镇移动，随我第五纵队向洛阳前进。

我陇海、平汉两路正面部队，均于明(十五)日，开始攻击，以系留当面之敌。

二、本纵队以进取开封、中牟之目的，应一面逼围扶沟、鄢陵之敌，一面向开封、中牟间挺进。

三、第四十八师补充第一团，即刻进至扶沟、南关附近，接替徐旅之阵地。

徐旅在扶沟、南关附近之阵地，即交补充第一团，接替该旅，务于本(十四)日晚，集结于罗敷庙附近。明(十五)日拂晓，向高圪垱、轩辕庙间绕攻，以断敌归路。尔后，转经董桥、杜伯、贤冈、朱仙镇，向开封南侧及车站，攻击前进。

张旅明(十五)日拂晓，连络徐旅，向轩辕庙以南大石桥间绕攻，断敌归路，尔后协同徐旅经高陵、白潭、张寺、金针集、葡萄架前后、陶店，向开封西侧攻击前进。

刘旅明(十五)日拂晓，猛向扶沟、北关绕攻，以封锁扶沟城之敌，倘敌溃退，该旅即经摆渡口、尹郭寨、熊冈、芦馆、刘家庄、六个庄，向韩庄车站追击前进。

韩旅在现阵地，与敌保持接触，并以右翼随刘旅之进展，向右延伸。倘当面之敌有动摇之样，应不失时机，施行猛攻。尔后经黄甫、王东、孟亭、砖桥，进至尉氏待命。

第四十四师，迅速扫清鄢陵城外之敌，倘敌守城，则以一部，监围之主力出韭菜园，经郜村铺、冯村集、卢酱庙，向中牟县城攻击前进。

骑兵牛团明(十五)日拂晓，应极力向吕潭及其以东地区活动，以掩护本纵队右翼之安全，并牵制吕潭附近之敌，以使我绕攻扶沟之部队，容易成功，尔后，随本纵队攻击进步，在通许以西地区，极力向开封挺进。

四、封锁扶沟之敌后，倘敌仍图固守，则监围之责，由刘旅及李团担任之，以韩桥北关、南关、万冈之线及线上各点，属刘旅，余属李团。

五、第四十八师其余各部，仍在原阵地待命。

注意：

明日拂晓，我包围扶沟之部队，应全线施行佯攻，以牵制各当面之敌，使我绕攻之部队，容易成功。

(2) 9月16日训令

训令 九月十六日午后十时
于扶沟县城发

一、据报，高逆树勋部，已在尉氏南侧至张寺之线，占领阵地。孙逆殿英部，在底阁镇东西一带。又通许有敌新到之某部，似有于尉氏底阁镇、沙窝之线，作最后抗战之样。

二、本军以待四十四师，将鄢陵之敌解决后，协同进展之目的，主力暂在张寺、底阁镇以南地区，占领攻击准备阵地，对敌警戒。

三、部署如下：

1. 徐旅以一部占领大寨、周吴、杜柏之线，构筑据点式之坚固工事，对底阁镇、通许方向警戒，主力控置于王村、王冈之附近，集结整理。

2. 张旅以一部占领台子冈、杨冈迤西至河岸之线，构筑据点式之坚固工事，对通许、张寺方向警戒，主力控置于白潭以北，集结整理。

3. 新二旅连络张旅右翼，经老集、杨庄、张庄之线，占领阵地，构筑据点式之坚固工事，对尉氏警戒。但熊冈如无敌人，则派一部占领之。

4. 韩旅全部，集结于孙家附近，但对大小戚、南北曹一带，须多派便衣侦探，不断侦察为要。

5. 骑兵团位置长庄、江村、张鸿冈等处，对沙窝、通许方向警戒，并常与徐旅连络。

6. 补充团，集结于高陵、高圪垱间，待命。

7. 四八师其余各部队，暂在扶沟县城。

8. 四四师迅将鄢陵之敌解决后，进至北曹集、寨庄之线待命。

9. 新三旅（徐德佐部）主力，推进至练寺附近集结，酌派一部留驻西华与淮阳，担任各该县城防。

四、第一线各部队，须派小部队常与敌保持接触，在未奉攻击前进命令以前，若见敌势摇动，即时互相通知，连络仍照前令所示路线与部署，向目的地追击前进。

五、第四八分兵站之派出所，推进至高陵。

(3) 9月19日训令

训令 九月十九日午后二时
于扶沟指挥部发

一、当面之敌孙匪殿英部，占底阁镇以东。张逆印相部，占底阁镇以西。梁冠英部，在通许。孙连仲之第十二、三两师，在尉氏东南两侧，郑大章部，在尉氏以西，由底阁镇至尉氏间，均有坚固工事，希图最后抗战。

洧川之吉鸿昌部，虽表示投诚，尚未通电就职。现由我第二纵队担任监视。

我第三军第七、第十两师，已到我右翼雀桥附近。第二、第八、第二十三各师，亦陆续到我右翼。

我中央纵队蒋光鼐、蔡廷锴两师，今（十九）日，可达新郑南之官亭站附近。

我刘茂恩军，已由密县北进。

我杨虎城军，正在龙门附近，与敌对战中。

我东北张长官，已派于学忠军进占天津，王树常军，进展北平，堵击晋军归路。并通电奉中央令出兵，促进和平统一。

阎锡山业已通电下野。

二、本纵队以向开封、中牟进袭之目的，应于本月二十一日，开始进攻。

三、部署如下：

1. 第四十四师主力，应于本月二十日午后五时，到达南曹北马村之线，就攻击准备位置。二十一日午前五时开始运动，先将尉氏西南一带之敌击破，然后直向中牟挺进而占领之。该师暂留一团于鄢陵，但须由该团派一部进占谢坊集、彭祖店两处。对洧川方向警戒，俟洧川吉鸿昌之态度表明，我侧背完全无顾虑，或有他军接防鄢陵，即向主力方向推进。

2. 张旅与新二旅，于本月二十一日午前五时，由现占地开始向当面之敌进击，一经推破，即齐头向开封挺进，到达开封附近后，张旅主力入城任城防。一部占领车站，新二旅转西至韩庄车站附近，向西警戒，如届时萧师亦到中牟，务与连络。

3. 韩旅，暂在原阵地，俟第四十四师进展过尉氏之线，将敌击退后，即经尉氏西侧进展朱仙镇待命，倘尉氏之敌，希图守城，则以该旅任监围之责。

4. 徐旅于本月二十日夜半，由现阵地开始转移至韩寺营附近。尔后，随刘旅跟进，相机策应。张、刘两旅到开封后，占领东南之鲁屯、边村、满州庄一带，向东警戒。

5. 骑兵团，于明(二十)日黄昏后，移至杜柏土寨一带，对底阁镇方向警戒，并须与张旅连络，俟张旅攻击前进时，随之前进，专任张旅右侧翼之警戒，并与右翼第三军常相连络，到开封后，即向开封东北黄河沿岸广行搜索，以堵击由东路退回之敌，而歼灭之。尔后，该团在吴寨附近，停止待命。

6. 补充团，暂在高陵，俟尉氏攻克后，进展尉氏，担任城防。倘尉氏之敌守城，该团协同韩旅监围，归韩旅长指挥之。

7. 炮兵团工兵营、特务营及骑兵团之徒步营均暂在扶沟待命，但炮兵团长须于二十一日赴前方指挥炮兵射击。

8. 新三旅，暂在现驻地待命。

四、第四十八师野战病院，须于二十一日在高陵设输送站。

〔国民政府战史编纂委员会档案〕

35. 刘峙关于调赴平汉线先后攻克宝丰与密县并迫近洛阳等地通电

(1930年9月16日—21日)

(1) 9月16日通电

特急。南京行政院谭院长、立法院胡院长、参谋本部朱总长、汉口行营何主任钧鉴：济南韩总指挥向方兄、李军长抱冰先生、蒋总参议伯诚兄、泰安马总指挥少云兄、徐州行营贺主任贵严兄、柳河转陈总指挥雪公、顾总指挥墨三兄、蒋总指挥铭三兄、朱总指挥一民兄、王总指挥治平兄、南京古文官长湘芹先生、总司令部钱副参谋处长企裴兄、南京鲁主席咏安兄、汉口刘师长尘苏兄、长沙何主席芸樵兄、梧州陈总指挥伯南兄、广州陈主席真如兄、襄阳范师长筱泉兄、上海熊总指挥天翼兄勋鉴：自济南克复、阎逆溃败，而冯逆玉祥犹在陇海、平汉两路、图作最后之挣扎。并以宋哲元、张维玺、葛云龙、刘汝明、田金凯、张印相诸逆部，及各匪军，盘踞于许昌、小商桥、襄城、叶县、鲁山、郏县、临汝、禹县、密县一带，抗拒我军之进展。峙于月初奉命转赴平汉线，即于微日起，督率所属各纵队，向该方面之敌总攻。我第五纵队于庚、灰等日，先后克复宝丰、临汝；真日，克复自由县，刻已迫近洛阳南五十里之龙门街，正向洛阳猛攻中。我第四纵队协同第三纵队，解决襄城之敌后，元寒等日，击溃禹县东北花石镇、白河、密县西南平陌、大冶一带之敌，于删晨攻克密县，现正向北挺进。我第三纵队于寒、蒸等日，击破泉店、楚河镇、郭濂街一带之敌而占领之。正向新郑、郑州攻击前进。我正面各部，连日攻击当面之敌，已进占洛城以北一带地区。是役我各纵队奋勇杀敌，毙获无算，我第三、第四纵队，并俘敌旅团营长共十余员，士兵各一千余人，步枪各千余支，逆敌经此猛攻，全线已呈动摇之象，杂军相继来降，内部分裂崩溃，当在目前。特此奉闻。刘峙叩。铣。印。

（2） 9月21日电

特急。南京行政院谭院长、立法院胡院长、参谋本部朱总长、汉口行营何主任钧鉴：汉口刘市长尘苏兄、殷要塞司令仲武兄、南京古文官长湘芹先生、总司令部钱参谋副处长企裴兄、上海熊总指挥天翼兄、徐州行营贺主任贵严兄、济南韩总指挥向方兄、李军长抱冰先生、蒋总参议伯诚兄、济南马总指挥少云兄、柳河转陈总指挥雪公、顾总指挥墨三兄、蒋总指挥铭三兄、朱总指挥一民兄、王总指挥冶平兄、金总指挥铸九兄、南昌鲁主席咏安兄、长沙何总指挥芸樵兄、信阳范司令筱泉兄、黄州郭师长松云兄、广州陈主席真如兄、武昌陈总指挥伯南兄勋鉴：敝军团自铣日克复临颍后，即向许昌猛攻刻已将许昌包围。我第三、第四纵队，自筱（十七）日起，逐次扫除密县以北及新郑以西土匪，逆敌即向郑州，荥阳挺进。顷据飞机报告，我第三纵队已于本日午前九时，占领须水镇，距郑州西只廿余里。我第四纵队其亦到荥阳附近，逆敌陇海交通已被我截断，惶恐异常。刻许昌新郑、长葛、洧川一带逆敌，正沿铁道及其两侧向北溃窜中，郑州即日可下。我第五纵队现已逼近洛阳南之龙门街，我第六纵队正向新郑猛烈追击中。特此奉闻。刘峙叩。马。印。

〔行政院档案〕

36. 刘茂恩关于进攻密县经过报告

（1930年9月17日）

密县之役

一、情况：九月十四日本军已将神垢一带敌军肃清，到达白沙附近。我先头部队复将大冶敌军包围，进窥密县。

二、决心：明（十五）日向敌进攻。

三、处置：九月十四日下午六时下达命令之要旨如次：

1. 本军以扫除障碍之目的，拟于明（十五）日拂晓前进攻击密县，务于拂晓以前将此城攻下。

2. 六十六师挑选奋勇队，准备云梯，于明（十五）日拂晓前到密县城附近，至三点时靠梯扒城，其余部队随奋勇队后跟进，以资援应。如将密县城占领，赏洋一万元，由该师长酌量分配。倘不能攻开，即严行惩罚。

3. 六十七师附骑兵团于明（十五日）早五时，由驻地出发经平柏向密县方向前进，务于上午十时以前到达密县城西十里屯附近停止，为六十六师之预备队。

4. 六十五师于十五日早五时出发，进至天爷洞、河咀一带，主力在平阳以西附近村庄，对登封方面严密警戒。

四、战斗经过：

1. 九月十五日上午三时，六十六师开始进攻密县，敌人据城顽抗，我官兵奋勇扒城，前仆后继，激战至上午八时，遂将密县克复。敌人悉数被俘，计营长一员，连、排长十余员，兵士四百余名，获枪三百余支，马百余匹。我军伤亡官兵四十余员名。

2. 密县克复后，适任应岐部骑兵旅由禹县来援，至密县城南召花集一带，与六十六师三五九团接触，该团奋勇迎击，当毙敌百余。至月十七日，敌不支，逆向新郑方向溃窜。

3. 是役虏获及损失如附表第四(缺)。

〔国民政府战史编纂委员会档案〕

37. 张钫关于收编石振清部往来函

(1930年9月17日—25日)

(1) 石振清致张钫函(9月17日)

伯英总司令钧鉴:久违棨训,企念为劳。节麾在望,徒增向往。顷奉大谕,敬悉吾公于军书旁午之际,尚以敝军为念,曷胜感激。盖敝军自得英(万选才字)南去,处境甚为困难,在他人积威之下,亦只有相机竭力图存,绝不作无味之牺牲也。近以许昌以北许、尉氏、登密一带,大军云集,临颍刘军(刘峙),又复进迫不已,此敝军之所以由临颍而撤至许昌,以待机会也。且清素抱人不我犯,我不犯人宗旨,敢请吾公转商前线各军,万勿十分迫逼为要。况敝军早有重大嫌疑,故各部均被分散,现在河北者有之,在豫西、郑、汴者亦复不少,必须设法集合,以厚实力,是以为我公实力计,为吾豫民众计,为敝部保存计,必须到相当时机,翻然改变,方克有济,不然徒作无味之牺牲,绝非吾公爱护敝部之至意也。昨闻万师长品一(名殿尊)于日前由宁来豫,经过郑州,被冯扣押,事后清方知悉,挽救无术,尚不知品一系何使命也。为应付目前环境计,拟请我公一面转饬北进各部,勿以敝军为目标,一面请再设法集结各部,如得英能以回防,则一切难题,均可迎刃而解。尤为便利之至。此事关系敝军生死存亡,万祈秘密进行,素承关垂,敢布肺腑,诸祈鉴察。是荷。肃此。谨请均安。弟石振清谨上。九月十七日。

(2) 石振清致张钫函(9月23日)

伯英总司令钧鉴:前呈一函,想钧览,此次战事,迁延数目,中州几无一片干净土,凡属豫人,莫不痛心。敝部以环境种种关系,不足随从我公,有所树立,深以为憾。今者东北通电主张和平,各方一致响应，息战弭兵，拭目可待。清此次率部撤退许昌，即抱不与人争主义，唯部属分散豫各处，仓猝不能集合，殊觉焦急。我公豫中先进，乡邦硕望，对于变化无定之局势，定有并筹兼顾之良策，究竟如何应付，尚希指导一切为盼。刘总指挥经扶部，连日向敝部阵地攻击，颇受损失，望乞转达鄙意，请其无再压迫，徒作无味之牺牲也。特此，敬请钧安。弟石振清拜启。九月二十三日。

(3) 张钫复石振清函

嵩生兄鉴：函悉。大局近状，阎、冯溃败，吉鸿昌受编为二十二路总指挥官。亭之桥已由中央军炸断，贵部孤立被包围击，殊为可虑，望火速表示，让出原驻防地，以示诚意。让防时，贵部可在许昌东北之二十里，找一相当地点驻扎，或在东南之陶城暂住。移防时务必派重要人，与中央军接洽，我退彼进，节节稳固，以免为冯暗算。表示真诚后，即可领给养一切。现仍委执事为十二军军长，可即用此名义造旗，宣布就职外。何应钦一电。兄阅后自知，同为豫人，决不忍兄处困境，特尽忠告。万希察纳。余由毓瑗面述。顺颂戎祺。张钫九月二十五日。

〔国民政府战史编纂委员会档案〕

38. 张瑞堂发表拥护国民党中央通电

(1930年9月17日)

万急。南京中央党部、国民政府主席、总司令蒋、各部、院长、各省省主席、各总指挥、各军长钧鉴：各师旅长、各法团、各报馆均鉴：天祸中国，迭遭丧乱，民元以来，迄无宁岁。当此民生涂炭，喁喁望治之际。惟有早息战端，以苏民困。瑞堂素抱救民之志，当以饥溺为怀，目睹糜烂之全局，不禁惄焉而心伤。爰率全部将士，拥护中央，以期统一，早日实现，而竟革命全功。谨布血诚。尚乞亮察。讨逆军第十五军暂编第一师师长张瑞堂及全体将士叩。筱。印。

〔行政院档案〕

39. 刘峙军团关于调平汉路在新郑附近围缴冯军张维玺等部经过报告

（1930年9月17日—10月10日）

新郑附近之役

（一）战斗以前之情况：

本军奉命向考城、红庙间挺进，正迟滞于曹步口、齐场、孔庄、大戴庄、靳庄、李庄之线，与冯逆所部激战之际，我平汉线各部，亦节节进展。洧川、长葛间之吉鸿昌部，亦有向中央接洽投诚，准备撤退之说。九月十七日，奉总司令命令，着本部及第二师移转左翼，当由大佛堂附近出发，经贺村、李坝集、白党集、睢县、何阳集、孙聚集、潮庄(图上湖庄)一带，于十九日到达刘庄、范寨、崔桥(图上雀桥)、芝麻凹附近。复奉总司令命令，以第二师为左翼挺进军总预备队。时我第五十师在龙曲集、高集、北端、同河、郭屯、杨庄、梁庄、田堂、任庄寨、张庄寨一带。第八师在景陈、刘庄、厚台集、范洼集一带，我左翼挺进军之第十师，在崔桥西北端之闸上、长河凹一带，第二十三师在刘谷堆、陈庄一带，第七师在八里岗、万千岭一带。当夜，即向通许东南地区之孙逆殿英部攻击，未有进展。二十日，洧川、长葛间之吉鸿昌部撤退，本部及第二、第二十三两师，奉命经扶沟到鄢陵待命，第二十三师之一旅，即由现地出发，经江庄、烧盆刘，于当夜到达包屯、张庄附近宿营。本部及第二师由现地出发，当晚到达马村、宋寨、赵楼、黄寨、夸河、吕潭、范冈、前后何崔庄、杨湾峦坡一带，即在马村，奉到总司令以第二师、第二十三师两师，编为第八纵队，加入平汉线之命。时，我第一纵队之第四十八师在周吴、杜伯、台子冈、河盘口、张坞、阎桥、靳村、砖庙、前后荣村、娘娘庙、凹张西郎庄之线，与尉氏以东地区之孙逆良诚各部对峙。第四十四师在鄢陵附近之蒋庄、古城、黄龙店一带，对尉氏西南地区亘朱曲街一带之孙逆连仲各部警戒。我第二纵队之第十三师在许田及其以北地区，对洧川附近之吉鸿昌部监视。第十一师在石象镇附近，向长葛附近之任逆应岐部攻击，我第一师在许田西南地区策应。第二纵队并向柏杨屈庄、高店附近之张逆维玺所部警戒。我第三师由考城附近归还本军建制。于两日内，可到达鄢陵，编入第八纵队。

（二）部队之编成：

第六纵队：第六十师，第六十一师。

第八纵队：第二师附第二百六十七团，第三师，第二十三师。

第九纵队：第六师，第九师，第五十三师，附第十一师之一旅。

（三）战斗经过：

九月二十一日六时三十分，军部及第二师由马村、宋寨、齐桥、赵楼、黄寨、夸河、吕潭、范冈前后河、崔庄、杨湾、峦坡一带，分头出发。十时，军部到达扶沟。十二时，奉总司令马辰电令如下：

李师集中后，即率第八纵队由洧川、长葛间地区，向和尚桥、新郑前进，与我在祥王店附近之第六纵队夹击后河铺、岳河铺、郭寨沟一带之敌。陈继承师，明日可到鄢陵跟进。

十六时，军部及第二师师部与直属部队到达鄢陵，第四旅到达贺冈、新庄、冈底杨、冈底张一带，第六旅到达黄龙店、南席、曹碾头、谢坊集一带，补充团到达辘辘湾附近。第二百六十七团到达崔庄附近。十九时，第二十三师亦到达鄢陵北之苏冈及其以北附近一带地区。

二十二日，由苏桥东犯之张维玺部第七、第八两师，仍在柏杨、赵庄、大屈庄、高庙一带；任应岐部仍在长葛及其东端之周庄、邢老高、北李庄一带；吉鸿昌部仍在洧川。我第一师仍在江贯、陈老庄、七女店一带，向张维玺部警戒。第十三师主力在王古连、孙村、王庄，一部在八里庙、郭桥、刘庄一带。第十一师在石象镇、董家集、曲庄、白雾寨、鲁湾、马庄、曹李西王赵一带与敌对峙。第六纵队之第六十师，在盘古寨、岳和铺一带高地，与敌激战，第六十一师正围攻石固。第三纵队昨日占领须水镇，本日在郑州西南郊与敌激战。据报，冯逆之魏凤楼师，因我攻石固未下，时由禹县来犯，已占领禹东之蔡庄、牛庄之线。灵井寨、张店街、孙集一带，亦有张维玺、田金凯两逆部队。本纵队本日在原位置停止，于二十时奉总司令养申电令，判断敌情；冯部西窜，必由禹县，一路着本纵队到达官亭、和尚桥附近，与第六纵队切实连络，随时策应。二十二时，决定翌日之部署如下：

1．第二师集结于十里铺、大司马一带。

2．第二十三师集结于故县、范庄一带。

3．第三师集结于许田、由汉、黄龙店一带。

二十三日，陇海正面之敌，于拂晓时，完全撤退。柏杨、大屈庄、高店一带之任应岐部，则向长葛县城退去。我第十一师之主力，由小陈庄、董家集、石象镇向其追击前进，另一部仍在鲁湾、马庄、八里庙一带，监视洧川之吉鸿昌部。本纵队于七时，由现地出发，十五时第二师先后到达十里铺、大司马一带附近。第二十三师先后到达故县、苑店一带附近。黄昏，第三师亦到达许田、由汉、黄龙店一带附近。军部于七时三十分，由鄢陵出发，经黄龙店、许田，亦于十五时到达昆庄，二十二时以策应第六纵队，防止冯逆由禹县西窜之目的，决定部署如下：

1．第二师于明(二十四)日拂晓，连系第二十三师，由文李、白雾寨一带，向九牛站及官亭站攻击前进，而占领之。

2．第二三师于明(二十四)日拂晓，连系第二师，由鲁湾、刘河集，向杜楼攻击前进，而占领之。并于申刘、土魁子、阎庄、小何庄、陶庄等处，酌置部队，对中牟、白沙及新郑车站方面，警戒我右侧后。

3．第三师于明(二十四）日在鲁湾、白雾寨、文李间地区，跟第二、第二十三两师后续进。

4．作战地境：第二师、第二十三师间为十里铺、白雾寨，岚川府、官亭寨、前台寨之线，线上及其以南地区属第二师，线以北地区属第二十三师。

5．各师工兵营须携带爆破器材，准备破坏铁路。

6．纵队指挥部，明(二十四)日沿白雾寨、岚川府、官亭寨前进。

二十四日，第十一师之主力，仍向长葛进攻，一部及第十三师仍监视洧川之吉鸿昌部。第三纵队于午刻占领郑州南方之十里堡、黄岗寺之线，第六纵队仍在黎河寨、太平店一带，与敌对峙。本纵队第二师以第六旅附骑炮工兵各一部，经文李、大前、大张、白庙、高寨、何九牛站攻击前进。第四旅附骑炮工兵各一部，经十里铺以东地区田庄、白雾寨、岚川府、和尚杨，向官亭车站攻击前进。第二十三师由鲁湾附近，向申刘、刘河集攻击前进，均于拂晓由现地出发。十三时，纵队指挥部由现地经考叔庙，到达白雾寨，第二十三师之兴兵到达申刘，将敌兵一排驱逐而占领之。并在射庄以西之玉皇庙配置警戒，一面向刘河集、二郎店搜索前进。十四时，第二师第六旅之一团，与大前张之敌接触。十八时，其另一团又与高寨之敌接触。并猛力攻击之。其与大前张敌人接触之一团，则仍向敌人监视，第四旅之第九团，则到达官亭车站，即从事铁道之破坏。二十一时，适有敌兵车一列，由南北开在该处出轨，我预先部置铁道两侧用猛烈火力，向列车攻击，敌亦顽强抵抗，据车死守，始终不能脱离，截至二十四时，仍在激战中。同时，第六旅之一团，已将大前张之敌驱逐，而占领之。第二十三师亦到达刘河集、小李庄、阎庄、赵楼之线，正向梅河、二郎店之敌猛烈攻击中。

二十五日三时，官亭站列车之敌，受创过重，遗尸二百余具，骡马辎重无算，狼狈向南逃窜。我第四旅遂推进至官亭寨及车站附近。据报列车之敌，系张维玺所指挥之第八师之一团，团长姓梁，计张逆由许昌向北输送之部队。共七列车，此其第四列车也。拂晓，第六旅仍以一部围攻高寨之敌，其余集结于黄庄冢、杨九牛站各处。十一时，第二十三师占领楼刘，第三师推进至和尚杨岗、李冈庄一带，与第二、第二十三两师连系，纵队指挥部亦推进至岚川府。十六时以后，奉到总司令各电令如下：

一、敬戌电：如新郑等处敌阵地坚固，急切难下，则仅以一部，协同蔡廷锴师监视之。以主力向郑州进攻，万勿延缓为要。

二、敬戌二电：敌军今晨在郑州增兵三师，向我第三、第四两纵队猛攻，望即占领新郑，速向郑州小李车站攻击敌之侧背。则郑州自易得手也。

三、敬戌三电：据报小李车站，昨夜开来兵车三列，小宅、李庄一带，到敌兵一团。计小宅一带，共有敌四千以上矣。

四、径午电：据飞机报告，郑州东南已有新战壕，我军占领新郑车站后，希先占领小李庄、白沙站，并与第三纵队切实连络，共同进展为要。

五、有申电：据确报，张维玺部已到新郑附近，冯本令其接洧川以北郑大章部防地，现我第八纵队北进，则张逆必与我对抗，希注意。并令第二纵队速向和尚桥、苏桥攻击前进为要。

六、有亥电：据确报，张维玺于有丑抽调倪玉声师，由新郑向岚川府、刘河集、申刘一带，防止我军北上，并派赵风林师，开至新郑，希注意设法截击为要。又田金凯派其刘〇两营，开和尚桥，夹击我军。同时并据报张维玺之第十七、十八两师，有由新郑南犯消息。本日下午，并有兵车三列，在新郑下车，进占杜楼，分向郭庄、楼刘一带前进。惟郭庄、楼刘已为我第二十三师占领，敌并未得逞。

二十六日午前，奉总司令宥卯电令如下：

万不可使逆军由新郑至洧川以北，成一正面，又被其抵住。

十三时，以协同第三、第四两纵队夹击郑州附近之敌之目的，决将九牛站防务，交第十一师接替。于本（二十六）日十五时起，向庙前刘、二郎店之敌攻击。其部署如下：

1．第二师以一部进至葛渡口北端，监视双泉寨、杜楼、铁道附近一带之敌，掩护第三师攻击部队之左侧后，其主力在第十一师未接九牛站防务以前，仍扼守官亭寨及官亭车站、九牛站一带，监视长葛新郑之敌，候命前进。

2．第三师向庙前刘、杜楼一带之敌攻击前进，而歼灭之。

3．第二十三师向二郎店附近之敌，攻击而歼灭之。

4．各师攻击奏功后，即向小李车站及郑州攻击前进。

前项部署，用命令下达后，第三师即以第八旅向庙前刘、杜楼、马家寨一带之敌，攻击前进。第九旅主力向花园及其东南一带地区之敌，攻击前进。另一团按置于老梅庄，对长葛警戒。黄昏前，第八旅即将庙前刘、莫庄等处攻下，二十三日又将马家寨、杜楼、狮子邢攻下，同时第九旅亦将路庄、沙湾之敌击退。第二十三师以第一旅由祖师庙向二郎店攻击前进，距寨仅二百米远。第二旅由李九昌、徐庄向二郎店攻击前进。亦已逐次接近寨围，但均未奏效。是夜，奉到总司令电令二件如下：

一、宥未电：我蔡廷锴师之区旅，在黎河寨西之观音寺附近被围，希派队往援为要。

二、宥申电：顷据蔡廷锴宥巳电称：职师区旅，昨日激战于盘古寨附近，激烈异常。今晨敌复向我三面包围，企图断我连络。而职师已派沈旅长率两团北上，策应郝师，余仍应付下面。似此，必难操胜算，乞令我铁路以东友军，向新郑以南之敌猛击，俾收夹击之效等语。据此。我第八纵队如能猛烈进击，则敌决无余力攻我，蔡廷锴师也希即严督所部，向新郑车站猛攻，如二郎庙拂晓难下，则可派一部监视之，而以主力向郑州、小李庄前进，勿延为要。

二十七日四时，敌以两团以上兵力，分三路向我簸箕姚之第六旅第十一团施行包围，激战甚烈。至十一时，敌死伤数百，始行溃退。我阵亡营附、连长三员，排长一员，士兵四十八名，伤营长一员，连长一员，排长十二员，士兵一百五十一名。据报，犯我之敌，系由田金凯部第七、第八两师及手枪团三部中，选出之精锐部队。同时，张维玺部，亦由新郑向我官亭车站之第二师，杜楼、沙湾之第三师进犯，但均被击退。五时，第三师之第八旅，占领小王庄、狮子邢等处。六时，葛渡口被敌占领，敌复在孟李南方搭桥，并有少数部队东渡，第八旅以一团占领孟李，一团开赴大孟西北之丁庄附近，策应第二师之第四旅，并驱逐东渡之敌。十四时，据报敌有以一团兵力，由长葛西南来犯消息，乃以第九旅之一营，集结于老梅庄，两营开至白庙吴附近，对长葛警戒，以第八旅之两营，集结于新庄，防敌北犯。计自昨日以来，第三师在小岗王花园以南地区战斗，结果伤官长一员，士兵六十五名，阵亡官长一员，士兵十六名。本日，黄昏已后，复在孟李马寨、莫庄、亘庙前、刘邢庄、陈庄至楼刘(不含)之线，构筑工事，并在杜楼、狮子邢、小王庄、路庄等处，派一部占领之，为前进阵地。其在二郎店被我第二十三师包围之敌，屡欲突围而出。本夜，复连合香炉左之敌，向我二郎店北之第三团部队夹攻，经我痛击，卒未得逞。据报，该敌仍系冯逆第十六师倪玉声部之第一、第二两团，路化、远东北五里之三石，尚有其骑兵两连，其正北六里之小石，尚有步兵一连，独楼马附近，尚有其步兵两连，新庄则尚有其排哨。

二十八日，本纵队在原阵地与敌保持接触，第九纵队到达洧川以西地区，准备协同本纵队向铁道附近之敌攻击。据报，陇海正面敌之后方部队，已陆续向郑州撤退，并已将郑州城厢住满，且在黄河铁桥两旁，满铺木板，将大举渡河北退。许昌之焦文典、孙振球、石振清诸逆，均派代表，向我军表示输诚。

二十九日，第九纵队集结于洧川西北地区，本纵队第三师之一旅，移至老梅庄、宋庙一带附近，监视长葛之敌，第二十三师移向左靠。所遗刘河集、申刘土、魁子路、化远一带之警戒任务，由第十一师、第三十旅接替。本纵队今晚位置如下：

1 纵队指挥部在岚川府。

2．第二师师部在岚川府；第四旅在官亭寨及官亭车站附近。第六旅在九牛站高寨冢杨柏庄一带。

3．第三师师部在岚川府；第八旅附第十七团在路庄、楼刘、陈庄、邢庄、庙前刘莫庄、马家湾、孟李丁庄之线。第九旅（欠第十七团）在小梅庄、普济寺、小潘庄、白庙、吴后、白蒋庄之线。

4．第二十三师师部在老官尚；第一旅在岗孙、祖师庙附近一带。第二旅在梅河、徐寨及李九昌附近。

三十日，兰封、杞县、通许、尉氏之线之敌，自昨夜起，全部向西撤退。据守杜良寨、陈留、万龙岗、朱仙镇、范庙高之线，洧川之吉鸿昌部，亦向升吉里、孟庄、张庄、街郭庄一带撤退。我第十一师于本晨进驻洧川城，第十三师担任监视洧川之万旅，亦于本晨调至圪垱庙、邢老高附近，接收大前张、山张一带阵地防务，其在坡张、大屈庄、七女店一带之卢旅，则向长葛、和尚桥方面之敌进击，第九师之第二十五旅，亦于四时三十分到达张同府附近，向三石、小石、独楼马之敌攻击前进。六时，占领魁元府，六时三十分占领文庄、三石。七时，占领袁庄、小石，以一部监视独楼马之敌，主力则在该师后，向薛店方向前进。第十一师之第三十一旅，则移至鲁湾、许寨一带。本纵队本日之攻击部署如下：

1．第二十三师肃清二郎店附近之敌，协同第三师向坡刘东西高老庄攻击前进。并以一部进占薛集与第九纵队切取连系。

2．第三师以一部仍在老庄、宋庙一带，监视长葛之敌，余部肃清当面之敌，协同第二十三师向新郑车站攻击前进。

3．第二师以一部在九牛站附近，监视张店街方面之敌，主力肃清当面之敌，协同第三师向小李楼、双龙寨攻击前进，并以一部占领新郑城。

4．纵队指挥部，随战况进展，沿楼刘、东岗王、新郑车站前进。

入夜，第九师由旧城附近，进占薛店，并在薛店车站破坏铁道。第六师由旧城附近进占草庙马，一部进占庙前刘，其主力仍在旧城田王附近。第五十三师进至苏村赵附近，本纵队当面之敌，经各部猛攻后，仍死守未退。

十月一日，长葛之敌向西撤退，我第十三师师部及万旅，于入夜后入驻长葛城。本纵队当面之敌，仍在二郎店、东冈王、郭庄、学田、小许一带，向我抵抗，但已有动摇模样。本夜，奉到总司令电令如下：

一、东申电：顷获冯逆三十亥电，令许昌附近逆部，向蜜县、禹县西窜，长葛以北之张维玺、任应岐等部，向新郑北窜。务希严密堵截，并望第六纵队速向郭店方面推要为要。

二、东酉电：顷获冯逆总退却电，令长葛以北诸逆部，限明晨退集新郑附近，再向北退。希严督所部，努力堵截，勿失时机为要。

二日拂晓前，九牛站、官亭车站当前之敌，向新郑方面溃退。我第二师跟踪进击，至十四时，第四旅到达黎河寨、花桥附近，与黎河寨花桥之敌接触。第六旅到达前吕寨附近，与第六十师盘古寨之第一百二十旅及在观音寺之第二百四十四团，均已取得连络。十六时，二郎店、香炉左一带之敌，向西北方向溃退，复据守巴干、范庄一带。我第二十三师跟踪追击，至二十时到大李庄、小敬庄附近，旋将范庄、陶庄之敌击溃，进占老官刘附近。花园之敌，于午后亦向西溃退。我第三师仍向东岗王、杜楼之敌攻击。入夜后，将沙湾、东岗王、香坊吴之敌击破，续向小李庄、双龙寨之敌攻击前进。据报：新郑南端附近，并无工事，城内之敌，于昨晚即陆续向北撤退。七里头、十里铺尚各有敌一部，我第九纵队之第六师，本日击破刘店、东王马之敌，占领巴干、吕槐、范庄一带，进至河赵、小歹庄之线。第九师本日占领虾蟆凹及三十里铺附近。第五十三师仍在苏村赵附近，向北警戒。第十一师由洧川移至龙王，其第三十二旅到达张马坡、东娄王之线，第三十一旅到达蒲庄、耿坡一带，第三十三旅到达前后铁李一带，第十三师之万旅，由长葛向苏桥追击前进，于五时占领苏桥附近，其卢旅将毛李、小赵之敌击破后，亦向苏桥追击前进，于正午到达苏桥附近，并围剿杜村寺之李象九部。又据报许昌之敌，除焦文典一部投诚外，其余已向西逃窜。我第一师之第三旅已入许昌。民主号铁甲车于十七时已开至苏桥南端，向杜村寺之敌轰击。我第六纵队之第六十师，除一部在盘古寨、观音寺外，其余已占领葛洼、铜佛赵一带，第六十一师一部在曲良、牛集，一部已占领五虎庙、金钟寨，准备明日拂晓，分向郭店、三十里铺攻击前进，与我第八、第九两纵队连系。又据报陇海正面杜良寨、陈留、万龙岗、朱仙镇、范庙高一带之敌，全线于昨夜向开封以西退却，其一部仍在开封附近渡河，其大部均向郑州运动，过河北窜。我军今晨已占领开封。

三日十一时，奉总司令昨日已刻手谕如下：

我第七纵队昨日已占领朱仙镇。陇海正面敌军，昨夜全向开封以西窜溃。顷据张维玺致冯东午电称：已与邓、石、任、冯、田商定变换阵地之步骤，第一次先由和尚桥将笨重物品运至后方，再行运动。第二次至新郑防地，并拟定于一日晨先移至和尚桥防地等语。据此，则该逆最快本日方能移至新郑附近。我第二纵队应在第九纵队（旧城）右侧，向白沙、郑州前进。与第七纵队联合，进攻中牟以西之敌，相机进占郑州。第六、八、九各纵队，务在新郑附近，协同动作，先将和尚桥北溃之敌，根本解决，再向郑州进攻。并望墨三兄主持指挥，各该纵队俾得一致行动，第九纵队之主力，应速向虾蟆凹郭店方面，尽量延伸，务期一网打尽为要。

奉谕时，我第六纵队仍在铜佛赵、牧牛勾、前时庄、阎家庄、金钟寨一带，与郭店三十里铺之敌激战，其一部仍在盘古寨、观音寺。第八纵队在吴庄、香坊、吴老官、刘及、小董、杨树岗一带，向花桥、黎河寨、崔花村之敌攻击。第九纵队在河赵、曹店、薛店、虾蟆凹一带，与敌接触，另一部在胡冈、苏村一带警戒。当决定指示各部围攻新郑附近敌人之作战地境如下：

1．第六、第八两纵队，为新郑南门、双楼、郭河、后张庄之线，线上及其以东地区，属第八纵队。

2．第八、第九两纵队，为毛园、大达楼、双楼、独楼马之线，线上及其以南地区，属第八纵队。

3．第六、第九两纵队，为十里铺、郭店、林锦店之线，线上及其以西地区，属第六纵队。

前项作战地境之决定，用电报传达后，各纵队按照所指示之区域，继续向敌攻击。截至夜分，第八纵队之第二师，击破花桥、黎河寨、吴村、崔花村之敌，进至新郑城南关附近地区。第三师击破小李庄、小李楼一带之敌，与第二十三师占领新郑车站，同向新郑县城包围攻击。第九纵队之第九师，将山后附近敌之良好掩护点保障寨(图上无)占领，缴获敌枪四五百支、迫击炮三门。右翼连系第六纵队，将敌之第二十四师及第三师之一部包围。第六纵队第六十师，仍在牧牛勾、佛赵一带，向郭店之敌攻击。第六十一师仍在金钟寨、王垌、阎家庄、前时庄一带，向卅里铺之敌攻击，其在张庄寨以西地区之吉鸿昌，经本日半日之接洽，已在薛店通电就第二十二路总指挥职，其部队仍在原地，静候总司令命令。

四日七时，本部由岚川府出发，经楼刘、小岗王，于十时卅分到达新郑车站，时各纵队进展位置如下：

1．第六纵队在孟家窑、牧牛勾、凤凰寨、王垌、石家嘴之线：第六十师师部在铜佛赵，第六十一师师部在司凹(图上无)，纵队指挥部在五虎庙。

2．第八纵队指挥部在新郑车站：第二师师部在新郑车站，第四旅在胡楼关、刘庄、杨庄、小楼庄、岳杜庄一带。第六旅在新郑县城东西南三门外，向敌包围。第三师师部在新郑车站，第八旅在小候庄、毛园之线，向敌监视。第九旅集结于新郑车站附近。第二十三师师部在新郑车站，部队即集结于新郑车站附近。

3．第九纵队指挥部在薛店车站；第六师师部在东高老庄，第十七旅在蔡庄（图上癸庄）、李长庄（蔡庄东南）、王庄、木树李（图上柳树李）之线。第十八旅在东西暖泉、桐树岗、高庄之线。第九师师部在薛店车站，第二十七旅在花园西长、李郭家、小杨庄之线。第二十五旅在陈庄三十里铺之线。第二十六旅在山后、吴家庄（图上安家庄）、西暖泉之线。第五十三师在刘胡岗、苏村赵之线。第十一师之一部在虾蟆凹附近，又一部在苏村、赵祥符、里坡东之线。

由新郑北退之敌，经我第八、第九两纵队之压迫，退路已断，乃转向西移麇集于冯寺、王庄、李岗、蒋老坟、水泉寺、河邓湾、东土桥一带，希图突围逃窜，与我第六纵队激战。其一部于昨日在赵家湾，被我截击，先向西移，今晨复由牛集向西南突围，亦被我第六纵队截击，残敌四散。然我第六纵队正面太大，空隙甚多，终有被敌突围之虞。乃亟电观音堂、古城寺、河双楼一带之第一师及大槐镇管寨附近之教导第一师，速派大部向牛集、周渡口西土桥、古城寺、河双楼一带，严密堵截。并电第四十四师及第十五军严行防范。又据报，敌有转向新郑西南逃窜模样，遂派第二师之第四旅，由胡楼关、刘庄急进至界牌，以堵截之。令第三师之第九旅，经七里头、十里铺，急进至河双楼，以堵截之。并电第十一师及教导第一师，对观音堂、古城寺、河双楼、辛店、郭寨沟、太清观之道路，特别严密堵截。同时我第六十师区旅在观音寺之部队，已进至新郑西之十里铺，在盘古寨部队，已向董郭老寨之敌攻击。第九纵队之第六师，以一部由宁庄、小候庄、蔡庄向泥河寨之敌攻击，主力向龙王庙、坡及荀郑（图上荀郑）一带之敌攻击。是夜，接第六纵队电报第六十师之沈旅，于本日酉刻，占领郭店，俘获甚多，残敌向北溃退。区旅占领十里铺、董郭老寨，亦俘虏千余人，步枪三百余支，刻正围攻土寨。第六十一师之华旅，围攻金钟寨，与敌激战。毛旅围攻程庄、寺河，俘虏六七百人，步枪三百余支。张旅与冯寺、王庄之敌激战，获战马三百余匹。教导团在牛集截击西窜之敌，并俘第十五军伪旅长王鸿烈及其参谋长、副官长等数员，仍在继续围缴中。冯寺、王庄、水泉之敌，被我围攻后，麇集于土桥寨及东土桥一带者，约万余人。郭店之敌，系孙长胜之骑兵师及混合步炮兵。郭店之北，为孙良诚部，金钟寨为王和民部，冯寺、王庄、李冈、水泉、马家冈、土桥一带，为邓宝珊、任应岐、冯治安等部。张逆维玺则在黎园。

五日，新郑城及其以北地区之张维玺、田金凯、冯治安、王和民诸部，及在土桥附近地区之任应岐、邓宝珊等部，均派代表向我接洽缴械输诚。我各纵队仍在原阵地继续监视之，并以威力迫胁。入夜后，张维玺、田金凯之一部，复向我凤凰寨、冯寺阵地猛攻，希图北窜，被我第六纵队迎头痛击，俘虏官兵一团，缴步枪五百余支，水机关枪两挺，无线电机三架。残敌狼狈窜回土寨，纷纷请求收编。在郑州西北地区之梁冠英部，接洽投诚已妥协。并指定荥泽、河阴为其暂驻地。其他郑州及其东南地区之敌，正向北撤退渡河，秩序极紊乱。我陇海正北之部队，已达到中牟。我第十一师及第五十四师均逼近郑州。六日，荀郑展、赵岗一带之敌，倪玉声第十六师之第四十六旅王云山部三团，向我第九纵队第六师接洽投诚妥协，经指定龙王前铁李为集合地点，于明日开往，听候缴械收编。郑州之敌，已撤退完毕。我第十一师及第五十四师于十八时至二十一时，先后占领郑州。

七日，我第九纵队第六师，将小荀郑、小高庄、赖庄一带之赵凤林部击退，确实占领赖庄、龙王庙、坡赵庄、桐树岗之线。王云山部，亦遵命开至龙王前铁李，解除武装。本日，奉总司令鱼戌电，规定郑州下后，各部之集结地区如下：

1．第十二纵队，双桥以北。

2．第十一纵队，陇海北侧。

3．第十一纵队，白沙附近。

4．第七纵队，铁路南侧包湖、二郎庙间。

5．第二纵队之第十一师，毛庄西北，第十三师许昌。

6．第三纵队，郑州西关至荥泽间。

7．第六纵队，郑州西关至高寨间。

8．第八纵队，八郎寨、徐村一带。

9．第九纵队，郑州南关至十里堡一带。张维玺等部缴械投诚，事经其代表俞方皋、陈璞璋等往返接洽，准予保障全部官兵安全缴械。经呈准总司令，并奉到虞未电令如下：

在新郑城附近，被我包围之张维玺等部，现已觉悟，愿全部缴械投诚。其全部官兵解除武装后，自应予以安全保护。着令各纵队于明(八)日起暂行停止射击。即在原阵地严密监视，所有该敌全部武装及马匹，应一律缴存新郑县公署，由各师派出官长一员，共同点收，呈缴总部核办，不得擅自分散为要。奉令后，当即转令各纵队遵照，并即由各师派出官长一员，于明(八)日晨齐集本部，合同入城，点收武装。

八日拂晓，张维玺之南路军各部，开始缴械。官兵即由新郑城附近，分批押至新郑车站，本部分别收容，转送许昌。张维玺本人在新郑城附近指挥，其所部缴械后，即逃匿无踪。冯治安等均先到新郑车站，本部帮同照料其已缴械官兵之收容及遣散事宜。逆部各高级官，亦于拂晓后齐集本部，听候处置。均奉谕给资护送出境。惟邓宝珊、任应岐各部，仍在梨园、泥河寨一带，希图流窜为匪。各纵队除以相当兵力监视缴械外，其余包围部队，则在原线警戒，并由第六纵队派出一部，由金钟寨附近向南。第八纵队派出一部，由郭寨、岳庄附近向东北，第九纵队派出一部，由二十里铺附近向西南，协同包围而肃清之。俟解决后，再候令撤回。该邓、任各部，既经我压迫，而张维玺部为缴械安全起见，亦复派队向彼监视。邓、任各部不得已，始于九日，完全缴械。惟邓、任以下各高级官，均逃散无踪。统计缴械部队，属于张维玺南路军者，为王和民之第三师、田金凯之第七师、张维玺之第八师、冯治安之第九师、倪玉声之第十六师、赵凤林之第十七师、周永胜之第三十八师(仅两团)、乜玉岭师、许长林之第二混成旅、张骏之特务旅(手枪一团、迫击炮一团编成,直属南路总部)、冯逆总部直属之重迫击炮团(仅半部,计二大队,炮十三门)及野炮一营(八门)、山炮一营(八门)。属于邓宝珊第八方面军者,为孙振球之第一师、赵安之第三师。属于任应岐第十五路军者,为安荣昌师、赵青山师。尚有第六路军石振清之一部,合计约十七八师兵力,或全部或一部不等,总人数在五万以上。其高级官张维玺、冯治安、田金凯、王和民、倪玉声、赵凤林、许长林等由总司令委以参议名义,其余给资遣散。其中下级官,除录送中央军校补习学术者约二千人及各师选用特别技术人员约百余人外,其余人员,均给资遣散。其士兵则概由我第六、第八、第九各纵队就近补充,并拨送各友军分别补充,其骡马武器,据各师所呈报者,为骡马一千三百头,步马枪一万四千枝,机关枪九十余挺,手提机关枪一百八十五支,驳壳枪一百六十八支,迫击炮一百一十六门,重迫击炮二十二门,山炮二十二门,野炮八门,大刀一千四百八十把,其未曾呈报与散失者,尚不能详计也。冯逆精锐,尽于此矣。当缴械时,自新郑县城起,亘三十里铺止,辎重武器狼藉三十余里。自八日拂晓,开始收缴,至九日入暮,始告完毕。十日即行战场扫除。十一日第六纵队奉命开赴武长路集中待命,第八纵队之第二十三师奉命由兰封上车开浦口转赴九江,第二、第三两师,奉命准备开赴洛阳,第九纵队奉命集结郑州附近,于是半载大战,告结束矣。

(丙)战后之所见(略)

〔国民政府战史编纂委员会档案〕

40. 刘茂恩关于攻击荥阳失利及固卫密县成功报告

（1930年9月18日—10月4日）

荥阳之役

一、情况：九月十八日接何总指挥筱电如次：

（1）第一纵队昨已相继占领扶沟、鄢陵，主力已进至尉氏、通许之线，直取开封。

（2）第二纵队仍在洧川附近与吉鸿昌、张维玺部鏖战中。

（3）铁道正面，今早已攻入小商桥、纣城，先头已进占临颍北之七里头，向许昌前进中。

（4）根据临颍敌军大部已开始北退。

九月十九日上午七时，本军除留六十六师三九三团守密县外，仍继续向目的地挺进。于下午三时以前先后到达观音堂附近。是晚，六十六师在观音堂，六十七师及总部直属部队在岳村，六十五师在官夫桥宿营。得知情况如下：

（甲）总司令电奉天张副司令已通电出兵平、津，阎锡山于十八日在石家庄通电下野，吉鸿昌、刘春荣等派员向我投诚。

（乙）六十六师徐师长报告：观音堂原驻敌军一营，今早闻我军开至，即向郑州方向逃窜。

（丙）第三纵队已抵关口附近。

二、判断：（1）平汉、陇海两路部队，连日进展，已成破竹之势，则敌溃败当在指顾之间。（2）奉天张副司令既已通电出兵，平浦将来溃败之敌，或由怀庆入晋，或仍退守函、潼。（3）观音堂之敌，闻风而遁，其后方之空虚可知。

三、决心：明（二十）日向荥阳攻击前进，破坏荥、郑间之交通。

四、处置：

（甲）九月十九日晚，与第三纵队上官指挥官面商前进计划及路线如次：①第三纵队明（二十）日向须水进攻，破坏附近铁道。②本军明（二十）日向荥阳进攻，破坏附近铁道。

（乙）九月二十日上午五点下达命令之要旨如左：①本军以向原目标挺进之目的，拟于今（二十）日向荥阳方向攻击前进。②六十五师为左纵队，于今（二十）日早六时出发，向荥阳搜索前进时，务与右纵队设法连络，今晚即在宋沟附近宿营，对于荥阳方向特别警戒。③六十七师为右纵队，于今（二十）日早六时出发，向荥阳以东曹李寨搜索前进，行进时务与右纵队设法连络。今晚即在柿园附近宿营，对外荥阳及曹李寨方向特别警戒。④六十六师徐师长带兵一团，于今（二十）日早六时回密县，连同三九九团固守该县，须在石坡口、平陌、朱庄各要路派兵扼守。另派有力之一团为总预备队，务于今（二十）日早六时以前开至岳村，随总部前进。今晚到山坡、南洪勾、古山坡一带宿营。⑤总部及直属部队于今（二十）日早六时出发，随六十七师之后，于今晚到山坡宿营。⑥骑兵团务于今（二十）日早六时以前开至岳村，在总部先头前进。

注意之件：

甲、左右两纵队行进路线，由各该预行询问明白，并雇土民作乡导。

乙、今晚到达宿营地后，务要严密警戒，准备夜间出发，向荥阳及曹李寨袭击及破坏铁道。

丙、今日午后六时各派领受者来山坡总部。

丁、各部队无关重要之物品及军佐着回密县留守存储。

五、经过：同日上午六时，本军由观音堂、岳村附近出发，因山道崎岖，军行稍缓，至下午七时方到达目的地，当命六十七师及工兵营在槐西二十里铺一带占领阵地，即晚破坏荥阳郑州之交通。命六十五师及骑兵团在山坡西北地区集结，即晚进攻荥阳。总部及预备队则驻山坡。是时得知下列各情形：1. 荥阳城内驻敌军宋哲元部二十五师之混成旅，在曹李寨附近至城西南邱楼之线构筑坚固工事。2.汜水驻敌步兵一营。

九月二十一日上午三时，我六十七师及工兵营已将荥阳、须水间之铁道电线破坏，郑、荥交通已被我断绝，并在铁路附近各村构筑阵地。同时，我六十五师及骑兵团向荥阳进攻，敌兵约一团在城南、燕河、回沟、邱楼一带阵地顽抗。我官兵奋勇猛扑，激战数小时，将敌阵地占领，敌人分向城关溃退。当饬各部一面肃清城外敌人，一面跟踪追击。敌复据关抵抗，我军于下午六时占领东、南两关，敌人遂退守城内。同日上午五时，敌之钢甲车由郑州开来，至后蒋以东向我射击，企图掩护其工兵营修复铁道及电线。我六十七师用炮火还射，对击四小时，该钢甲车仍向东退去。同日下午三时，总部进驻辛岗。

九月二十二日拂晓，我六十五师占领荥阳东站及曹李寨，敌向西北溃退。同时我骑兵团将荥阳以西三十里铺附近之铁道电线破坏，断绝荥、汜交通。六十七师已向荥泽挺进。

九月二十三日，总部进驻二十里铺。接六十七师武师长报告如次：今(二十三)日正午，敌军约一旅之众，在郭村、赵沟、大河之线布防，阻我前进，与我西李村、孙村之杨团激战，下午，敌骑一团向我太师姑阵地袭击，经我赵团猛扑，敌向东西苏桥溃退。打落敌军委状及军用品甚多，该敌确系梁冠英部。六十五师围攻荥阳，计一昼夜，迭次靠梯扒城，卒以城高且坚，未克攻下，计伤亡官兵百余名。

奉总司令电：冯军经我压迫，已向西溃退，望速堵击，勿使漏网等因。当令该师以一部监视该敌，相机攻击。主力集结于荥阳车站附近，以备截击西退之敌。对于汜水方向，严密警戒，并令六十七师仍向荥泽及黄河桥方向猛进，破坏平汉交通，并占领平汉铁路。

九月二十四日

一、情况：①九月二十四日敌军两团由郑州开至荥泽、河阴附近，宋、孙、庞诸敌军有由东向西进攻之企图。②我六十七师仍在西李村、孙村、太师姑一带与大河、郭村、赵沟、柿园之敌激战。

二、处置：与第三纵队上官总指挥商定应付办法如下：

1. 自后蒋以西经茹寨、二十里铺、槐西至山坡以南之线，为本军阵地，以对付西北来犯之敌。

2. 自后蒋以东经铁炉车站、范楼至水寨之线，为第三纵队阵地，右与四十四师萧师长部连络，以对付东北来犯之敌。

3. 于二十五日丑时开始运动。

4. 荥阳之敌仍命六十五师派兵一部监视。

5. 将以上情况报告总司令部及第二军团总指挥部。

三、经过：九月二十五日六时，总部移驻兴国寺。下午一时，各部依次进入阵地，同时撤荥阳之围。是时阵地及兵配备如附图第十二(缺)。

九月二十五日

一、情况：是日，总司令电，敌军由西来犯须注意。侦探报告敌军赵登禹部约一旅以上，已进至荥阳以西之二十里铺。二十六日早，敌由西开到荥阳以东约一旅，击炮十余门。下午由河阴方向开来敌军一团，已到二十里铺西北大鸿寨、南凹刘一带，均系赵登禹部。

二、处置：令各部严密防范，并将工事增加强固。

三、经过：二十七日上午五时，敌约步兵一团，炮六门，向我二十里铺进攻，当被六十七师击退。同日上午七时，敌约一混成旅由黑章、大鸿寨一带，先用炮火向我二十里铺、茹寨各阵地射击，其步兵继续向我猛扑，经我六十七次奋勇出击，激战四小时，毙敌甚多，敌遂退回原阵地。

九月二十九日，总司令电：顷获宋哲元致庞钟麟感酉电称：奉令应挺通陇海线或直捣密县，断敌归路等因。已令赵登禹师以全力攻陇海线等语。同日，敌军仍不断向我进攻，均被击退。三十日奉总司令电：刘汝明部有进攻密县企图。

十月二日

一、情况及任务：十月二日奉总司令冬辰电，陇海正面之敌，在开封东者，皆渡河北溃，以西者、向郑州溃退，望速派三团兵力，向汜水、巩县间之金沟星夜前进。破坏其铁桥，而占领其附近阵地，以截击逆敌。

二、决心：亲率六十五师及六十六师之三九一团于明（三）日拂晓，先向汜水方向挺进。

三、处置：①命六十五师及三九一团作速准备，于明（三）日拂晓向汜水前进，即夜离开阵地（按：此时六十五师阵地前尚无敌人）。②命六十七师俟第三纵队接防后，即继续向汜水前进。③命骑兵团即该向汜水前进。④电总司令：查汜水一带，系敌军西退之咽喉，职部如到该处，逆敌归路断绝，必用全力猛攻，职部与第三纵队相距甚远，失去连络，恐敌乘隙而入，请飞饬后续部星夜开来，以资策应。

四、经过：同日下午十二时，骑兵已向汜水前进。三日拂晓，六十五师三九一团亦按次向汜水前进。

十月三日

一、情况：是日据六十六师徐师长报告：敌逆刘汝明、魏凤楼、阮玄武等部，拟进犯我密县，现密仅驻一团，兵力甚单，且第六纵队相距甚远，援应不及，恳增加部队，以资固守。

二、处置：①派六十六师三九一团驰回密县，协同防守。②命六十五师暂在崔庙附近停止，以防逆军。以一部牵制密县，以主力绕攻我后路，挞通郑密道路，向郑州窜援。

十月四日

一、情况：十月四日，六十七师尚与敌军梁冠英、周永盛两部激战，未能撤防。据六十六师徐师长报告：敌军刘汝明、魏凤楼等部，已与我驻牛店部队接触。查敌到登封境后，即分三路，一向巩县，一向密县，一向荥县前进。

二、处置：①将上项情况报告总司令，请电饬第六纵队就近增援，双方夹攻，并通报第三、第六各纵队。②派队在平陌牛庄扼守。

三、经过：同日正午十二时，刘汝明、魏凤楼等以两旅以上兵力向密县、牛店进攻，并以一部围攻米村，业将该两村完全包围，猛烈攻击。是时援兵未到，势甚危急。幸我守寨官兵沉着坚守，拚命抵御，该逆迭次扒寨，均被击毙，相持至下午八时，夏令六十六师全部开回密县增援，内外夹攻，毙敌甚多，敌势不支，于十月五日拂晓前向西溃退。我官兵伤亡数十员名。是役损失及虏获如附表第十五(缺)。

〔国民政府战史编纂委员会档案〕

41. 总部参谋处关于张学良出兵天津击溃阎锡山部并向北平、保定推进通电

(1930年9月20日)

通报(九月二十日)

接沈阳张司令长官电称：本晨我军已进占天津，阎逆残部向丰台退却。我军现正向北平、保定前进中。

〔国民政府战史编纂委员会档案〕

42. 何成浚关于擒毙刘桂堂部骑兵师长王瑞山致张学良等电

(1930年9月21日)

机急。限即到。沈阳张副总司令赐鉴：南京古文官长香芹先生、汉口何主任敬之兄、刘市长苏尘兄、武昌省政府勋鉴：据徐总指挥源泉报告：十六日，职部徐继武旅长，攻击白潭时，适刘桂堂部

伪骑兵师长王瑞山，因所部被徐旅击溃，乘坐汽车因逃，为徐包围，当场将该伪师长王瑞山擒获，并所缴物品文件甚多，附押解俘获伪师长王瑞山一名前来。等情。窃查王瑞山，本前鲁省积匪，归附刘逆，骚扰鲁省有年。去年刘部背叛中央，情甘附逆，皆王瑞山一人，从中挑唆嗾使所致。该逆罪大恶极，今此被俘，实无可宽宥，已于十七日在周口，将伪师长王逆瑞山斩决，以为不忠不义者戒。又据陈军长途电话报告：本日已在五女店之线，将西北逆军击溃，并掳敌伪师长一名，业已羁押于该军司令部各等情。特闻。何成浚叩。马。印。

〔行政院档案〕

43. 张钫为接洽收编吉鸿昌部与蒋介石刘峙等往来函电

（1930年9月22日—26日）

（1）陈诚转吉鸿昌函电（9月22日）

限即刻到。耐寒国峰密。今晨，吉鸿昌派其参谋长李奏凯来职处，表示极为恳切，并致张伯英兄函云：伯英兄惠鉴：别来甚念，接读大函，奉悉吾兄锦注，感激万分。弟部已准备妥当，专待发表，特派李参谋长奏凯，请示机宜，祈兄转达总座，如何进行，火速示知，免误时机。并请拨款带来，以安军心。弟吉鸿昌亲具等语。除电陈东屏迅速发电指示机宜，并先送款接济外，职拟请其进取开封、中牟。顷李参谋长已回洧川，商决行止。伯英现在何处，当派人将函送上，祈先转知进行为祷。陈诚。养未。印。

（2）蒋介石致张钫电（9月25日）

限即刻到。刘总指挥密转张伯英兄，请速乘飞机到石象镇，再往洧川，催促吉鸿昌从速通电就职为盼。中已交王慈博送十万元交吉，其所希望皆可照办也。中正。有函。印。

(3) 张钫致刘峙电稿(9 月 25 日)

顷奉总座电令：赴淯川一行，适吉之副官长王子博在此，与谈云：伊先见总座，归来日弟去见世五。弟意请兄传见王君，问其在柳任务，如无特别事务，请王明日先返淯川，后日弟乘飞机到石象镇见吉商一切可否，如此办理，请核夺示遵。张〇　九月廿五日

(4) 蒋介石致张钫函(9 月 26 日)

百英吾兄勋鉴：明日弟到石象镇，请兄届时亦到为盼。顺颂近安。

蒋中正手上　九月二十六日辰

〔国民政府战史编纂委员会档案〕

44. 蒋介石关于张学良收复平津绥定河北的军事报告①

(1930年 9 月 28 日)

收复平津绥定河北：陆海空军副司令张学良拥护中央和平统一政策，已于三月一日东电明白主张，阎、冯等一意孤行，举兵作乱，张副司令因东北边防特殊情形，顿兵滦河，相机进讨。乃阎逆自济南败北之后，犹在北平开扩大会议，组织叛逆政府，倒行逆施，靡所底止。张副司令不忍见河北之民，重罹浩劫，乃更于九月十八日通电拥护中央，并下令动员。其作战方略，先期收复平津，肃清平汉、平绥两路之敌，恢复交通，然后奠定河北，会师太原。因将动员军队编为三军；以董英斌、李振唐、刘乃昌、郭希鹏、白凤文等旅长及工辎营、铁甲车队等为第一军，以于学忠任军长。丁喜春、刘一飞、姚春藩、张廷枢、李福和等旅及特种兵若干为第二军，以王树常任军长。第三军则以缪征流等五旅编成，以胡毓坤为军长，任张焕相为

① 录自蒋介石代表国民政府 1931 年 5 月做的军事报告.

前敌总司令，统一指挥之。部署既定，即命第一、二两军向榆关、滦州、唐山一带集中。二十日集中完毕。第一军以铁道输送，沿北宁路向天津前进。逆军节节溃退，未敢抵抗。二十一日，董英斌部入天津联合后续部队转向北平前进。二十七日占领北平，即以二十三旅担任北平附近之防务，而以董英斌部沿平绥线向清和镇、张家口，刘乃昌之廿七旅、白凤文之骑兵旅沿平汉线向高碑店、保定分头追击前进。敌向晋东一带溃退，遂相继占领之。至第二军李福和之骑旅，廿七日到达泊头，丁喜春之步二旅，廿八日到天津，其孙兆印部及夏鹤一部均陆续抵津，分向泊头、沧州前进。津浦北段遂告肃清，其防务归第二军担任。榆关、滦河间之防务，则由第三军担任。自是平津收复，河北逐渐底定，我津浦线军，先时移至陇海、平汉两路者，至是亦克兰杞取许昌而会师郑州焉。

〔国民政府战史编纂委员会档案〕

45. 张钫请令豫南平汉线各县征集民团护路防城给刘峙等电

（1930年9月29日）

郾城。刘总指挥经扶兄、何总指挥雪竹兄勋鉴：现以信阳共匪猖獗，飞令十七师王师长殿阁，火速率领全部，开赴明港，以资防堵。并令西平、遂平、确山、汝南、正阳各县政府，征集民团一千名，以五百名防护平汉铁路，以五百名驻守城内，听候命令。其汝南之民团，以五百名开赴驻马店，协同确山县民团共同防护。正阳县民团以五百名开赴明港。所有各民团，统归王师长殿阁指挥调遣。其给养每名每日官长四角，士兵二角，作正开支，除分令外，特电奉闻。弟张〇叩。艳。印。

〔国民政府战史编纂委员会档案〕

46. 张钫转蒋介石令李万林乘冯军调防相机截剿代电

（1930年9月30日）

旧县。本路二十九军七十六师李师长万林鉴：兹准第二军团刘总指挥艳酉电开：顷奉总司令蒋艳卯电开：冯逆致刘逆汝明感申电略称：

一、民团长韩多奉守禹县。

二、冯治安部在和尚桥以西岳和铺一带。

三、魏凤楼在禹县东二十里之张寨一带。等因。希即转知李师长万林，相机截剿为要。等因。合亟电仰该师长迅速遵照，派队在鲁宝间防堵，以免逆军窜扰。所有布置情形，并仰具报查核为要。总指挥张〇。卅。印。

〔国民政府战史编纂委员会档案〕

47. 徐源泉奉令集中石象镇向洛阳进击给所部训令

（1930年9月28日—10月16日）

（1）9月28日训令

训令 九月二十八日午后十时
于扶沟指挥部发

一、陇海、平汉两路之敌，旬日以来，被我分段腰击，不能支持，确有西退之企图。

吉鸿昌诚意输诚，已将洧川以西防地让出，便利我军之进出。

我第八纵队现在阎家庄、和尚桥、官亭车站之线，向新郑进攻中。

我第二纵队之第十一师，现正围攻长葛，第十三师在洧川西南两侧地区。

我第九纵队，现正向石象镇北侧集中，准备向中牟挺进。

我第三纵队仍在十里堡、兴冈、西南冈一带，向郑州攻击中。

东北军已占北平。王树常奉中央任命，就河北主席，津浦、平宁两路，晋军纷向石家庄溃退。

二、本纵队奉令以堵击郑州以东敌人而歼灭之目的，主力应于二十九日开始，转移至石象镇附近集中。

三、各部队行动之基准如下：

1. 新二旅于二十九日午前，派队向左延伸，接替萧师南曹及其以东之防(南曹在内)，但该旅现占西贾村及其以东之阵地，俟第十师，派队接替后，归第十师担任(西贾村归第十师，以西归新二旅)。如尉氏附近之敌溃退，该旅应即跟踪追击，至朱仙镇附近，停止待命。

2. 第四十八师补充第一团，于二十九日午前，开赴部村铺，接替萧师南曹以西之阵地，对尉氏方向警戒(南曹归新二旅)，如尉氏附近之敌溃退，该团应即进占尉氏县城待命。

3. 第四十四师于二十九日将阵地交新二旅及补充李团后，即时移动，经谢坊集至石象镇北方之董家集、大墙王以北地区，集结待命。限三十日拂晓以前集结完毕。

4. 第四十八师之韩旅，于二十九日转移经高陵至东西孟亭附近宿营，三十日，继续西进，经彭祖店、谢坊集、至石象镇西侧地区，集结待命。

5. 第四十八师之骑兵团、徐旅、张旅、俟将阵地交与第十师接替后，即时出发，按骑兵团、徐旅、张旅之次序，经高陵摆渡口、彪岗、凤凰岗、曹碾头、限两天骑兵团至净烟寺(石象镇东北)附近，徐旅至埠头、晁庄、张旅至冯庙、邵庄一带，集结待命。

6. 炮兵团工兵营、徒步营、归王团长指挥，于三十日，由扶沟出发，当日到达鄢陵待命。

7. 特务营于三十日随军部至鄢陵，并任军部之警卫。

8. 新三旅（欠太康、西华各一营），于三十日推进至扶沟县城附近，并担任城防。

四、兵站支部，于十月一日推进至鄢陵。

四八分兵站，须于十月二日推进至许田。

四八师弹药队，于十月一日推进至鄢陵。

五、第四十八师野战病院，随军部行动。

六、指挥部，于三十日出发，移驻鄢陵，但必要人员之一部，进驻石象镇。

(2) 9月30日训令

训令 九月三十日午后五时
于鄢陵第十军军部发

一、陇海、平汉两路之敌，昨日开始总退却。

我军昨夜占领兰封、杞县、尉氏、洧川各要点后，继续跟踪追击。

我第三纵队（上官云相），现占领郑州、西方、布袋李、西南岗央岗、路村河之线，与郑州方面之敌相峙。

我第四纵队（刘茂恩），现由荥阳北进，拟截击荥泽、河阴一带敌之西窜。

我第六纵队（蒋光鼐），现由河双楼向杞水前进。

我第五纵队（杨虎城），已占领彭婆，现正猛攻龙门。

我第一师（胡宗南），现正由颖桥、甚涧一带，向泉店、黄台镇、岳和铺进展。

我教导第一师（冯轶裴），现正由石象镇、向颖桥、甚涧一带推进。

二、本纵队奉令以向洛阳前进，截击西窜敌人之目的，应即由现驻地至大石桥、蒋李集一带，稍行集结，经禹县附近，向登封、洛阳、攻击前进。

三、各部队行动之基准如下：

1. 第四十四师，于明(一)日，由现在地出发，经洧川、石象镇、常村、梨元，限十月二日到达蒋李集、圪垱寨一带集结。十月三日，由该地出发，经泉店、禹县、白沙，限三天到达登封附近。如登封有敌，即行攻击占领之。占领登封后，不失时机，向偃师挺进，期在洛阳以东地区，将西窜之敌，悉数捕捉歼灭之。

2. 第四十八师(欠补充第二团)各部队，于十月一日午前五时，各由现在地出发，按驻地前后之次序，经五女店、张盘街、限十月二日，工兵营到大石桥车站，炮兵团、徒步营、到大石桥南侧村落，骑兵团到东西羊圈、张旅到大王寨、及以北各村落，徐旅到大石桥附近，韩旅陈庄、黄屯、小王庄、郭集境内，补充第一团到大石桥车站东侧村落集结。十月三日，由各该地出发，按骑兵团、张旅、徐旅、韩旅，炮兵团、徒步营、(徒步营归王团长指挥掩护炮兵)指挥部、特务营、工兵营、补充第一团之次序，在第四十四〔师〕后，八千米达跟进，与第四十四师之连络，归骑兵团担任之。唯到达登封后，另候部署前进。

3. 新二旅，于十月一日，由现在地出发，经鄢陵、五女店、张盘街，限十月三日以前到达秋湖寨附近结集。十月四日，由该地出发，在第四十八师后，四千米达跟进，到达告成，另候部署前进。

四、兵站支部，及第四十八分兵站，迅向大石桥转移，务十月三日以前到达。尔后，依部队进展状况，逐次向泉店、十里铺、顺店、告成、登封推进。

五、第四十八师野战病院，于十月一日，由现在地出发，随工兵营行动，到达大石桥车站附近暂停。尔后，随补充团后跟进，并于每晚到宿营地，即开设之。

六、指挥部及特务营、无线电队，于明(十月一)日，由鄢陵出发，第一日宿张盘街，第二日到大石桥车站附近，尔后在工兵营先头行进。

十月三日午后六时奉总司令蒋江申电开：宋逆退守洛阳城内，冯派周永胜师，由汜水援洛，料其再派魏凤楼、刘汝明二部，亦将由登封援洛也。我第一纵队可先到禹县、白沙附近，再观敌情，如魏、刘未攻密县，已赴洛阳，该纵队宜趋洛阳、偃师，以增援杨虎城为要。遵即下达各部队命令要旨如下：

一、陇海路及以南之敌，被我分段袭击后，已成数个包围区，无法逃窜，但尚在挣扎中，其魏凤楼、刘汝明、阮玄武各部，于(二日)晚，完全过禹县，一路向密县、郑州，一路向登封、孝义溃退。

我第三纵队仍在王口、侯寨西南冈、百炉屯之线，与敌相对峙。

我教导一师及第一师，现向密县西南急进中。

我第五纵队，已占领义井铺、白马寺、下庄、八里庙、李村等处，向洛阳围攻中。

第九纵队，已占领孟庄、薛庄，并向新郑之敌围攻中。

二、本纵队以向登封、偃师、洛阳截击敌人之目的，于明(四)日继续急进。

三、规定部署及行动之基准如下：

1．第四十四师及新二旅之骑兵，于明(四)日拂晓前，集结于大路李、归骑兵第四十八团牛团长指挥，为骑兵挺进支队，即以牛团长为支队长。明(四)日拂晓，由大路李出发，经禹县、白沙，到达告成后，侦察刘汝明、魏凤楼等部退路，如该逆部退向密县，应即速向密县追击歼灭之。到达密县任务完毕后，或该逆等已退过密县，该支队应即回经登封北侧，向黑石关挺进，相机占领，以遮断敌西退之路。

2．第四十四师，于明(四)日，由许昌西侧开始运动，经禹县向登封攻击前进。占领登封后，应即向偃师挺进占领之。

3．第四十八师各部，于(五)日午前四时三十分，先头部队出发，按张旅、韩旅、徐旅炮兵团指挥部、特务营、工兵营、补充第一团之次序，照第四十四师行进路跟进。先头张旅第一日宿陈庄、泉店间，第二日宿顺店、龙池间，第三日到告成后，侦察登封情形，如第四十四师已占领登封，应即推进至登封待命。如登封未下，该旅迅接替第四十四师围攻登封任务，俾四十四师得以向偃师挺进。第四十八师其余各部，随张旅后三千米达，挨次跟进，到达登封、告成间待命。

4. 新二旅，于(六)日，由现地出发，照第四十八师行进路退进，到达告成，停止待命。

四、兵站支部及第四八分兵站，俟各部队出发后，逐次向禹县、白沙、登封推进。

五、第四十八师野战病院，于五日随补充团跟进。

六、指挥部，于五日出发，进驻禹县，七日进驻白沙，八日相机进驻登封。

(3) 10月7日训令

训令 十月七日午后三时
于 白 沙 发

一、据冯逆致刘汝明电令，刘以一部向偃师，大部由府店、沿伊河南岸击敌侧背(系指杨虎城)，可操胜算等语。

我第五纵队，现占白马寺、桃园寨、大王庙、七里河等处，围攻洛阳。

我第四纵队，昨日已由崔庙附近，向巩县东之金沟进攻。

二、本纵队为达成任务起见，应以一部向黑石关、孝义，主力向偃师、洛阳分途猛进。

三、部署如下：

1. 骑兵挺进支队，应由大冶经卢店、三官庙、涉村镇、向黑石关、孝义挺进，并占领兵工厂保护之。

2. 第四十四师通过参驾店后，迅向偃师攻击前进，得手后占领叩马镇、牛庄、偃师之线，以堵击西退之敌，勿令漏网。

无论偃师有无敌情，该师明(八)日，须全部进至府店以北为要。

3. 第四十八师张旅，明(八)日，须进至府店附近，九日由府店西进，经大屯镇、高崖、翟镇、义井铺、再沿铁道北侧，进至洛阳北之猪龙嘴、永安寨一带，堵洛阳敌之北窜。韩旅随张旅后跟进，以策应之。到达洛阳东侧后，占领帽郭集附近，与张旅连络，堵击敌人，勿令漏网。

4. 第四十八师徐旅及炮兵团补充第一团，明(八)日，随韩旅后进至登封附近，九日进至府店附近，尔后照萧师行进路，经偃师再沿铁道西进，到达白马寺附近，停止待命。

5. 新二旅，到达登封后，以一部留驻登封、暂任城防，主力进至府店附近待命。

四、兵站支部及第四十八分兵站，均向登封推进。

五、第四十八师野战病院，明(八)日进至登封，尔后随指挥部前进。

六、指挥部特务营、工兵营，明(八)日早进驻登封，预定九日到府店，并相机进驻义井铺。

午后七时，据骑兵牛支队长报告：

一、职部于今(七)日午后四时三十分到达涉村镇，即向黑山关、巩县方向警戒。

二、据报敌约五六百人，占据山川、蔡庄、小官庄、芝田镇之线，正在构筑工事。

三、此间地形复杂，骑兵无法运动，拟于明(八日)晨，向西北移动，占据东西两村(距黑石关二十里)后，再向芝田镇、黑名关探进。

据报后，当即令该支队长告以山川芝田镇之敌，决无固守企图，望勿顾虑，速行挺进可也。

(4) 10月11日命令

命令 十月十一日午前十时
于义井铺发

一、葛云龙部约四五千人,尚在洛阳城内,被我第五纵队围攻中。

我第五纵队,拟将洛阳监围任务交替后,向西追击。

二、着张旅,即日与洛阳西北两侧之第五纵队部队长接洽,接替洛阳城西北两面监围任务。

三、着韩旅即刻接替洛阳东南两面之监围任务。

四、现在孝义之张团,由徐旅长率领乘车回义井铺,其余骑兵团,补充第一团,暂驻孝义。

五、着四十四师,以一旅暂驻孟津,余均开至偃师集结整理。

六、军部,于明(十二)日,进驻十里铺。

(5) 10月13日命令

命令 十月十三日午后八时
于洛阳城东十里铺发

一、洛阳城内葛云龙部,派员投诚,似具诚意。但尚为我张、韩两旅监围中。

我第三军之第七、第十、第十二各师,已陆续到达偃师、孟津一带集中。

第七军之一部,尚在西宫集结,又其赵冠英师、在练庄附近。

二、着第四十四师全部,即日开至洛阳东北、永安寨、全安寨、天佐寨、猪龙嘴一带集结。俟第七军部队离开西宫后,进驻西宫。

三、着新二旅即日移驻关帝陵、二郎庙一带,集结整理。

四、各部前留登封之车辆,克日派员率回各现驻地,以后连络线,改经陇海铁路。

十月十四日奉总司令蒋寒末电令:

一、宋逆哲元等部,现向陕州潼关退却,冯逆过河,残部亦似绕道赴陕。

二、着杨总指挥虎城，迅率所部，经陕州、灵宝向敌猛进，相机占领潼关。

三、着刘总指挥茂恩，无庸渡河，即率所部，随杨部前进，以资策应。

四、着顾总指挥祝同，即率二三两师，向洛阳前进。

五、着徐总指挥源泉，将所部仍暂驻洛阳、新安、绳池待命。

（6）10月16日命令

命令　十月十六日午前十时
于洛阳城东十里铺发

一、洛阳城内之葛云龙部业奉总司令委为新编第十师，调驻自由县。兹经商定于十八日出南门，向自由县移驻。

二、着张、韩两旅，不得再向城内射击，并于十七日夜间，韩旅在南门大道近旁之部队，移至城东集结，让出南门大道，俾便通行。

三、现驻二郎庙、关帝陵一带之新二旅部队，于十七日移驻董圪垱以东，让开大道，不得阻碍葛部之行动，并着刘派长严诰所属，对葛部以友军待遇，违者则严惩。俟葛部完全通过后，仍回二郎庙、关帝陵等处集结待命。

四、葛部出城后，着张旅进城，接任城防，维持秩序。

五、徐旅及炮兵团，暂在义井铺、十里铺一带，集结整理。

六、工兵营，于十七日午后移驻东车站，担任附近之警戒，并维持秩序。

〔国民政府战史编纂委员会档案〕

48．张钫关于组建第二十路军暨协助杨虎城攻陷汝洛报告书

（1930年9月　日）

（一）第二十路军成立之经过

张钫本属军人，在国民党且有深长历史，保定入党，长安起义。辛亥督师东征，中原震动。五年反对帝制，袁死始恢复自由。六年讨张勋之复辟，驻节潼关。七年同于右任入陕主持靖国军，艰苦乃至断炊。十年丁忧返里不出。而十一年直奉战及十四年洛西战，莫不参与。豫陕军人多为其部属，礼貌推崇，始终未替。万选才来汴时，张匿未行，当晓万以顺逆大义。盖万亦在陕旧部也，万昧于时机，不能容纳，始只身入鲁。及贾坦抵归德、备述万之部下，秘密结合，力图反正之意。张钫遂请总司令委李万如为六十八师师长，赵冠英为六十九师师长，范龙章为七十师师长。八月三日，王化南、马志超，亦绕道津、沪，来接洽万部输诚事。越日，总司令委张钫为讨逆军第二十路总指挥，贾坦为副指挥，此二十路成立之所由来也。

（二）张钫奉委后赴漯河及对于汝漯战役之协助

张钫奉委后，先命贾坦、常志箴，绕道赴豫南，与何成浚、杨虎城、岳维峻接洽，并派魏世农向万部各师及王振部进行秘密工作。又请于总司令委王翰鸣为第二十七军军长，王殿阁为十七师师长，葛孝纯为旅长。八月二十八日，张钫偕机要秘书龚哲甫，由归德乘飞机到漯河，与何成浚、杨虎城、岳维峻、王金钰、上官云相、徐源泉、贺国光等商议军事进行办法。二十九日，委李万林为第二十路暂编第一师，随杨虎城由宝丰直取洛阳。九月一日，张钫同何成浚等赴驻马店，迎候总司令，并参加军事会议。决定平汉、陇海两路线及豫西汝洛一带，分途进攻计划，嗣遂留住漯河，以便策划指挥。

杨虎城部奉命由南阳、漯河两路出发，进攻洛阳，军行数百里，敌匪阻碍，随地皆是。张钫乃印宣传品数万张，由飞机到处散放，各地民众，莫不忻幸，踊跃协助。故杨部无一骑一械之损，得以直达临汝。唯时，刘汝明奉冯命，率部由淅川倍道来援，声势浩大，敌焰顿炽。张乃乘飞机亲赴该处，招集绅民，剀切晓谕，俾作国军后援，并调各县民团，一致竭力助战，于是或争为响导，或扰乱敌后，或箪食壶浆，以迎我军，或毁其辎重，以蹙敌势。刘逆见事不可为，遂以无线电告冯(此电由我无线队译出，略谓敌人不知用若何方法，与各处民团、土匪均皆勾通，西路战事，已不可为云云。)连夜逃窜，国军方无后顾忧。二十路副总指挥贾坦，前受张钫命来前线指挥，乃与杨虎城商议，杨部任正面攻龙门，二十路赵冠英部任右翼，范龙章、王凌云等部任左翼，赵部乃由水泉口、李村北进。次日拂晓，占领白马寺(洛阳城东三十里)，拆毁铁道，并分派两队进占孟津县城，一队抄袭龙门之敌，贾坦亲率范龙章等部，经龙门西山梁刘军屯渡洛河，占领三山、七里河诸村，直捣西宫。杨部以两翼既胜，遂破龙门而进围洛城，旋即克复。初刘汝明无线电发出后，东路之敌，全线震动，国军乃乘破竹之势，一鼓而下开封，收郑州，顽强之敌全军覆灭，大河以南自此底定。故汝洛之役，关系极巨，而民众之力尤足多也。

〔国民政府战史编纂委员会档案〕

49. 王金钰关于在许昌、宁陵等地与阎冯军作战概报①

(1930年9月)

阎、冯背叛，本军适驻防漯河，首当冲要。奉陆海空军总司令命令，出师伸讨，于民国十九年五月中旬，全部动员。是时逆军樊钟秀匪部，久据临颍、许昌。我军沿平汉铁道之东，攻敌中坚，一战克捷，肃清临颍城外之匪，逆军乃据城死守，不敢复出，我军围之三面，激战旬余，日有斩获。旋奉令将围城任务交替于友军。本军越城前进，直薄许昌、临颍。城内之匪以归路既断，不能久留，因乘夜溃围，四散逃逸。许昌樊匪惊恐欲遁，会冯逆急调主力军应援，遂成对峙之势。我军在开阔平源之地，长驱深入，许昌城池坚固，易

① 王金钰时任国民革命军第九军军长。原题为“第九军讨逆经过概要”。

守难攻。冯逆所部，悉生力精锐，素有善战之称，每至日暮开始激战，辄通宵达旦，驱其大刀队，前踣后继，肉搏相接，我将士奋勇应战，杀敌至伙。又两次绕至许昌城北，断其铁道交通，终因两翼友军，为地势所阻，不克齐进，致将垂成之功，弃之而归，至可惜也。于是，相持半月余，奉令以久屯坚城之下，殊非得计，应转移阵地，以就漯河之险。此六月中旬事也。当我军在许昌城下与敌对峙之时，逆方以刘桂堂部附山西骑兵，乘右翼空隙，间道进占商水、上蔡，以石某① 率万选才残部，迂回南下，欲窥西平、遂平之间，扰我后方交通。岳招抚使维峻，固守周口，待援甚急。本军在漯河铁道以东，布置甫定，急分兵四出，解周口之围。克复商水、上蔡两邑，士气锐盛，所向无前。刘军既溃，晋骑皆降。石部亦仓惶北退，不敢深入。此六月下旬事也。许昌之围方解，冯逆悉调其主力军东向我东路阵线，因抽军应援津浦路，配备稍薄。幸我总司令谋在机先，不为所乘。当时即令本军第四十七师火速东移，六月廿四日，全师挺进，冲冒风雨，跋涉泥泞，日行百余里，竟如限期到达指定地区，攻敌右侧。冯逆惊惶失措，乃停正面之攻，调五师精兵，以向我军，盖欲以全力先予我以打击也。我军急进疲劳，阵地未及构筑，仓卒应战。幸赖各将士奋不顾身，莫不以一当百，苦战七昼夜，天日为之变色，阵线之前，敌尸横陈，不可以数计。逆军至此，卒以伤亡过众，难以久支，遂西向崩溃，不可遏止。盖自作战以来，当以此次为最激烈。此七月上旬事也。孙魁元部盘踞亳州，东可以窥我徐蚌，西可以掣我右肘，久攻不下，患在腹心。本军第五十四师奉命东移，协助友军攻下亳邑，遂即驻防拓城，未几，奉令全线各军，同向宁陵移动。是时，我津浦路攻济南甚急，冯逆以五万精锐，加以孙部全部迂道至归德、宁陵之南，全线攻击，以图牵制，而冀解济南之围。困兽之斗，益凶暴忿张。本军当宁陵正面，以五十四师前线为最激

① 疑指石友三。

烈，死亡之数，亦较为多。然以久战之师，苦力支撑，终于阵线稳固，使我友军从容得以克复济南，而定全局。我将士奋斗之精神，亦足多矣。相持多日，逆军粮弹俱尽，终未得逞。又向西溃退。此八月中旬事也。逆军既无能为我军，乃决计分路进攻，本军奉令在平汉铁道之西，向郑挺进。于八月廿一日，由宁陵西转，廿八日抵漯河，九月五日由漯河出发，以不顾一切之精神，急趋郑州之西。九月廿二日，抵陇海路线，断郑洛交通，扼其咽喉，敌既不甘之毙，复出其全力，三面来攻，终被我军击退。敌力既竭，于是东失开封，西失洛阳，南失许昌，我友军分途前进，势成合围，冯逆乃弃郑州而遁去。本军五十四师首先入郑，各军继之。十月初旬，战局遂告终结。谨就是役事实经过，而述其概略如此。

〔国民政府战史编纂委员会档案〕

50. 蒋介石关于组成十二个纵队会攻开封与郑州经过报告

（1930年10月1日—6日）

会师攻克汴郑之经过

十月一日，陇海路敌军溃退三义寨、苗军营、陈留、朱仙镇之线。平汉路敌军麇集许昌、新郑间与郑州附近。我陇海路军昼夜不停紧随追击。平汉路军第一纵队已克尉氏，由许昌以南向洛阳转进。第二纵队克复长葛，进攻和尚桥。其他各纵队亦均奋击当面之敌，竭力进展，斯时，为使平、陇两路军联成一线，会克汴、郑，重新部署如下：

左翼军团总指挥何成浚，辖第一、第五、第六各纵队。

中央军团总指挥刘峙，辖第二、第三、第四、第八、第九各纵队及岳（维峻）纵队与教一、第一各师。

右翼军团总指挥陈调元，辖第六路军、第二十六军、第五、第十

二、第二、教二各师及第七纵队。

同时将右翼军团区分四路，进攻开封、中牟，以范熙绩指挥第二十六军及第十二师为右翼军，由铁路以北攻开封。张治中指挥教二、第五两师为中央军，右与右翼军连系，左经赤苍、龙王庙攻开封、韩庄间。朱绍良指挥第八、第五十二各师，右与中央军连系，左经朱仙镇以东，攻击韩庄、中牟间。王均指挥第七纵队，右与左翼军连联，左经祥符营攻中牟及其以西地区。

十月三日，右翼军击溃开封附近之敌，右翼第二十六军攻入开封而确实占领之；主力仍向河岸追击，中、左两军进占杏花营、龙王庙及韩庄附近。第七纵队进占朱仙镇，左与第二纵队连系。中央军团第二纵队围缴杜寺村附近李象九旅全部之械后，移至薛店车站以西，策应第九纵队截击由新郑北窜之敌。三、四纵队仍在原阵地与郑州、荥泽、荥阳三面之敌激战未下，第八纵队击破新郑以南之敌，进占新郑南关、东关及车站。第九纵队协同第二、第六、第八各纵队，将敌第三、第七、第八、第十六、第十七、第二十四各师包围于新郑附近之金钟寨、赵鹳寨、马庄一带。岳纵队以容旅集中新郑附近，以主力经嵩县向陕州挺进。第一师以一部接收许昌城防，主力攻占禹县后，协同教一师增援密县，策应第五纵队。左翼军团第一纵队由大石桥西进夹击。刘汝明、魏凤楼等敌已至禹县附近，第五纵队攻克龙门街，追敌至洛河北岸，分抄西宫、白马寺，进围洛阳。第六纵队攻击新郑以北三十里铺郭店一带之敌，已协同二、八、九各纵队将敌三面包围。是日、中正率同行营由柳河进驻兰封，对右翼军团更为部署如下：

甲、军队区分：

右翼军团总指挥陈调元；

第七纵队指挥官王均，辖第七、第十各师。

第十纵队指挥官朱绍良，辖第八、第五十二各师。

第十一纵队指挥官张治中，辖教二、第五各师。

第十二纵队指挥官范熙绩，辖第五十五、第四十六各师。

第十二师归陈总指挥直接指挥。

乙、各纵队集结地与进展地区：

第七纵队在中牟东南，第十纵队在中牟东方集结，会攻中牟残敌。

第十一纵队集结韩庄以东为预备队。

第十二纵队由开封向双桥及黄河铁桥追击。

十月六日，梁冠英在荥泽反正，我第三纵队当晚克复郑州。第二纵队之陈师接踵继至，肃清近郊残敌。右翼军团各纵队亦已迭克中牟、白沙镇。当晚进抵郑州以东地区。八、九各纵队仍在围攻新郑附近之敌。四、五两纵队仍与据守荥阳及洛阳之敌相持。第一纵队达登封，岳队达禹县，斯时大军云集郑州，为避免混杂，规定各军集结地区如下：

右翼军团：第十二纵队双楼以北，第十纵队陇海路北侧地区。第十一纵队白沙附近。第七纵队铁道南侧包湖、二郎庙间地区。

中央军团：第二纵队陈师毛庄西北地区，夏师许昌。第六纵队郑州西南关至高寨。第八纵队八郎庙、席利村一带。第九纵队郑州南关至十里堡一带。

〔国民政府战史编纂委员会档案〕

51. 张钫为收编宋天才部请示蒋介石电

(1930年10月3日)

柳河总司令蒋钧鉴：(一)钫于冬日视察宋天才部并向官兵宣布总座德意。计该部有步枪一万四千支，手枪二千四百支，手提机关枪四百支，陆炮、山炮、迫击炮约百余门，机关枪四十架，官兵精神极好，共两万一千人。(二)该部总指挥原系石振清，现石振清既逃去，可否即以宋天才为总指挥，如总座认为无编成一路必要，即编为一军三师,亦无不可。请速将番号确定,电示祇遵。(三)该部实力充足,此次投诚,对于京汉战事,极有影响,如不令成路,请钧座电令嘉奖,并说编军之优,以安官兵之心。(四)该部给养,今日与贺主任、刘总指挥交涉,终日尚未领到分文。请速令总监部照人数规定数目,按期照拨,每月定饷额为二十五万元。给养在外,刻应如何规定,请电示祇遵。职张钫叩。江戌。印。

〔国民政府战史编纂委员会档案〕

52. 张之江秉承蒋介石指示顺利地做好西北军工作致宋子文电

(1930年10月3日)

南京行政院宋院长子公赐鉴：江奉总座电召，与马云亭同志抵前方,关于西北事宜,秉承总座意旨,积极工作,尚称顺利。现随总座到郑,军事行将结束,知注谨闻。顺颂政绥。张之江叩。庚。印。

〔行政院档案〕

53. 马福祥关于随蒋介石由开封至郑州相继解决冯军梁冠英与张维玺部投诚经过电

(1930年10月4日—9日)

(1) 10月4日电

南京立法院胡院长、行政院宋代院长、考试院戴院长、司法院王院长、监察院陈副院长、国民政府古文官长、贺参军长、参谋部朱部长、铁道部长、外交部王部长、工商部孔部长、农矿部易部长、教育部蒋部长、司法部朱部长、财政部李次长、卫生部刘部长、海军部陈部长、军政部陈部长、交通部王部长、内政部钮部长、首都卫戍司令部谷司令、警察厅吴厅长均鉴：本午随总座抵开封前方，军事进展甚速，敌军崩溃，极形狼狈，豫西已截断归路。吉鸿昌等业经通电就职。讨逆大局，指日可定。至收束事项，亦正秉承总座分别进行，必能得圆满结果也。特此奉闻。马福祥叩。支未。印。

（2）10月7日电

急。南京立法院胡院长、行政院宋代院长、考试院戴院长、司法院王院长、监察院陈副院长、国民政府古文官长、贺参军长、参谋部朱部长、铁道部孙部长、外交部王部长、工商部孔部长、农矿部易部长、教育部蒋部长、司法部朱部长、财政部李次长、卫生部刘部长、海军部陈部长、军政部陈部长、交通部王部长、内政部钮部长、首都卫戍司令部谷司令、警察厅吴厅长均鉴：支未电谅达左右。微日，国军进展中牟，鱼日过白沙口城，直达十里铺，平汉路国军亦到。敌梁冠英部投诚。晚九时，郑州完全克复，豫西零余残敌，均被包围。本日午后随总座赴郑一行，军事行将结束，和平统一，即日实现。诸公领袖党国，关于善后问题，当必有荩筹硕画也。马福祥叩。阳辰。印。

（3）10月8日电

特急。南京立法院胡院长、行政院宋代院长、考试院戴院长、司法院王院长、监察院陈副院长、国民政府古文官长、贺参军长、参谋部朱部长、铁道部孙部长、外交部王部长、工商部孔部长、农矿部易部长、教育部蒋部长、司法部长、财政部李次长、卫生部刘部长、海军部陈部长、军政部陈部长、交通部王部长、内政部钮部长、首都卫戍司令部谷司令、警察厅吴厅长均鉴：阳辰电计达。昨晚十二时，随总座抵郑州，秩序极佳，人心大定。敌军溃退河北者，寥寥无几。梁冠英、吉鸿昌、张印湘部，移驻豫东。张维玺被围新郑。闻今日有开城投降之说。解决豫西残敌，亦有完全计划。军事至此可告一段落矣。总座回京期刻尚未定。并闻。马福祥叩。庚辰。印。

（4）10月9日电

特急。南京立法院胡院长、行政院宋代院长、考试院戴院长、司法院王院长、监察院陈副院长、国民政府古文官长、贺参军长、参谋部朱部长、铁道部孙部长、外交部王部长、工商部孔部长、农矿部易部长、教育部蒋部长、司法部朱部长、财政部李次长、卫生部刘部长、海军部陈部长、军政部陈部长、交通部王部长、内政部钮部长、首都卫戍司令部谷司令、警察厅吴厅长均鉴：庚辰电计达、新郑被围，张维玺等部，已完全缴械，共七师，计六万余人。内有总指挥张维玺、副总指挥冯治安及师长王和民、赵凤林、许长林、倪金声、田金凯、任应岐、乜玉嵝等官兵、以次均被俘。又西北军总参赞陈琢如、昨自新郑来言称亦同。兹录其致宋哲元一电文曰：宋总指挥勋鉴：密。久别至念，如今日由新郑来郑，张楚玉所率南路各部，完全解除武装，共有六万余人。梁冠英、吉鸿昌、张印湘等，共计六万余人投降。中央均委总指挥之职，闻我公仍坚守洛城，至为悬念。此时大势已去，难再争持，惟有迅速表示，拥护中央，再无挽救之策。现马督办、张督办均来郑州，甚盼我公毅然决然，表示态度。幸勿犹疑，以免悔而无及。琢如肺腑之言，请我公解决为祷。陈琢如叩。庚。等语。日昨总座欢宴梁冠英等、及陇海全路军官多人，备极优客，特此奉闻。马福祥叩。佳辰。印。

(5) 10月9日电

特急。南京立法院胡院长、行政院宋代院长、考试院戴院长、司法院王院长、监察院陈副院长、国民政府古文官长、贺参军长、参谋部朱总长、铁道部孙部长、外交部王部长、工商部孔部长、农矿部易部长、教育部蒋部长、司法部朱部长、财政部李次长、卫生部刘部长、海军部陈部长、军政部陈部长、交通部王部长、内政部钮部长、首都卫戍司令部谷司令、警察厅吴厅长均鉴：黄河南岸晋军，现亦完全解决。师旅长被俘十余名，缴械无算，野炮五十余门，汽车百余辆，官兵完全俘获。陇海、平汉敌军，业已肃清。总座于今午乘飞机返京。祥奉命赴济南一行，即日仍返京，余客面陈。特闻。

马福祥叩。佳巳。印。

〔行政院档案〕

54. 刘茂恩关于攻占巩县与汜水经过报告

（1930年10月5日—10日）

巩汜之役

十月五日

一、情况：敌军刘汝明、魏凤楼、阮玄武等部，于十月四日经我军击溃后，即分向登封、巩县一带逃窜。六十七师已于四日晚将茹寨、二十里铺、槐西一带阵地移交第三纵队。

二、处置：十月五日，以继续向目的地前进之目的，命六十五师于六日进占金沟、老健脊等处破坏铁桥。六十六师除以一团留守密县外，主力进占三官庙、小关镇之线。六十七师进占两河口、金谷堆一带。骑兵团进占竹竿川，对汜水、荥阳方向警戒。

三、经过：十月六日下午五时以前，我军进驻米河六十五师，已将金沟铁桥及电线大加破坏，该师即在金沟以南占领阵地。六十六师已进占三官庙、小关镇之线。六十七师已占领两河口、金谷堆及其东北地区。骑兵团已占领竹竿川，敌军郑洛交通，已完全断绝。

十月六日

一、情况：是日得知下列各情况：

奉总司令电如左：吉鸿昌、葛云龙、张自忠、梁冠英、张印相等已通电拥护中央。四十七师①已接收。郑州梁冠英部，已撤退荥泽、河阴一带。

据侦探确报如下：汜水有敌一营，巩县车站有敌一营，岳王

① 师长王金钰(兼)。

庙、王河有敌之便衣队，孝义兵工厂到敌军甚多，闻系魏凤楼、刘汝明等部。巩县东站及孝义兵工厂附近及鹅翎口等处，敌人安设挡雷甚多，连日炸毙行旅及牲畜数十个。

十月七日拂晓，本军新编第一旅进攻汜水，于上午一时将汜水城占领。敌向黄河渡口溃窜。

初，本军驻兴国寺时，该旅系冯部暂编第一师，因不满冯逆所为，遂向我投诚。当将该部编为本军暂编第一旅，命其进攻汜水，断敌归路，至是该部遂达到任务。

二、任务：十月八日奉总司令虞日电令，饬向巩县、偃师、洛阳前进。

三、处置：十月八日上午三时，下达命令之要旨如次：

(1) 现奉总司令虞电，饬我军向巩县、偃师、洛阳猛进等因，拟于今(八)日向孝义兵工厂、孝义镇攻击前进。

(2) 六十六师于今(八)日早六时由驻地出发，经北关和义沟向黑石关攻击前进，如敌人在兵工厂、孝义镇一带顽抗时，该师速派一部由兵工厂西攻击敌之侧背。

(3) 第二混成旅赵清海部于今早六时，由驻地出发，经小关镇、南关庄向芝田镇攻击前进。须与六十六师确取连络，关于命令报告由六十六师转达。

(4) 六十七师为预备队，于今(八)日早六时，由驻地出发，在总部直属部队后，经小官镇由大道向巩县前进，位置于巩县西之仓西、贺尧沟、龙尾沟一带。

(5) 另以一团由巩县附近过洛河，位置于五龙庙沟、小洛沟一带截击逆敌。

(6) 骑兵团于今(八)日早六时以前开来米河，随总部前进。

(7) 总部及直属部队于今(八)日早六时由驻地出发，经小关镇沿大道向东站街前进，预计今晚到东站街宿营，行军次序列如下：

①骑兵团，②特务营，③总部各处。④机炮团团部，⑤炮兵团团部。⑥工兵营，⑦担架队。

(8) 余在米河，行进时在总部先头。

注意：

1) 前进及攻击时须严加注意，以防敌人埋有地雷，或用骡马猪羊试探，或寻工人查其设置地点，设法挖去之。

2) 各官兵须严守纪律，不准稍有违法情事，则军法从事。

3) 各部到达地点后，须利用长途电话、各村镇电话线或利用铁路电报线赶速向总部架通电话线，以灵消息。以上数条，要万分注意。

4) 各部须于今日下午四时派受领命令者到总部。

战斗经过：十月八日各部奉命后，即遵照命令向敌进攻。是时敌军刘汝明部在巩县东站街及车站一带，赵登禹部在板荆坡、南北官庄、尚堰坨一带，扼险顽抗，企图苟延残喘。我官兵奋勇直前，与敌激战，约历五小时之久，刘汝明部先溃，赵登禹部继之，均渡洛河北窜，我军乘胜追击，毙敌三百余，俘二百余，淹死于洛河者亦甚多。是晚，我追击部队已到达孝义以西地区。十月九日，总部进驻东站街。

十月十日奉命将各师追击队调回孝义集、康家店、石灰务一带集结，准备渡河追击残敌，并命六十六师三九五团开赴汜水搜索溃兵。是役损失及虏获如附表第六(缺)。

是时，大河以南已无敌踪，讨逆战事，已告一段落矣。

附：讨逆军第十一路兵力系统表于后。

〔国民政府战史编纂委员会档案〕

附：讨逆军第十一路兵力系统表

- 讨逆军第十一路代总指挥刘茂恩
  - 工兵营营长孙喜堂
  - 机炮团团长吴云
  - 炮兵团团长李如盎
  - 骑兵团团长张振亚
  - 特务营营长马星云
  - 陆军第六十七师师长武庭麟
    - 第四零一团团长赵敏
    - 第三九九团团长刘珉
    - 第三九七团团长杨天民
  - 陆军第六十六师师长徐鹏云
    - 第三九五团团长胡廷庆
    - 第三九三团团长武永禄
    - 第三九一团团长邢清忠
  - 陆军第六十五师师长阮勋
    - 第三八九团团长王文材
    - 第三八七团团长毛虎文
    - 第三八五团团长马祺臻

55. 蒋介石发布班师回防复员命令

(1930年10月9日)

命令　十月九日

(1) 令警卫旅于十二、十三两日，在开封上车，运回南京。

(2) 令二十三师于明十日，由现地出发，经朱仙镇向开封前进。限十二日晚以前，到达开封集结，整理训练。

(3) 令第二十师于十一日，在兰封上车开浦，乘轮转赴九江，开南昌待命。

(4) 令第五师于十二日，在郑州上车，直开汉口转赴九江，集结待命。

(5) 令第一师于十一日,由驻地出发,经中牟向开封行进,到达后,即驻该处,整顿训练。

(6) 本日制定复员输送计划表如下:

各部队班师输送计划表

甲、由陇津路输送

输送次序	部　　队	列车数	出发地点	运输日期	到达地点	备　　考
一	二十师	3	兰封	十	浦口	乘船转九江,由南浔路到南昌。
二	教二师	16	郑州	十一、十二、十三、十四	浦口	
三	警卫旅	5	开封	十二、十三	浦口	
四	五十二师	8	开封	十四、十五、	徐州	
五	教一师	16	郑州	十五、十六、十七、十八、	浦口	
六	八　师	15	开封	十六、十七、十八、	浦口	乘船转九江,由南浔路到南昌。
七	廿五路军	17	郑州	十九、廿、廿一、廿二、廿三	归德	
八	廿六军	28	郑州	廿四、廿五、廿六、廿七、廿八、廿九、卅	扬州浦口间	
九	四五师一　旅	2	郑州民权	卅	蚌埠	
十	五十三师	10	郑州	卅一、一、二	运河站	

乙、由平汉路输送

输送次序	部队	列车数	出发地点	运输日期	到达地点	备考
一	五师	7	郑州	十一、十二、	汉口	乘船转九江。
二	十一师	15	郑州	十二、十三、十四	汉口	
三	六十师	12	郑州	十五、十六十七、	汉口	过江改乘长岳路车。
四	六十一师	12	新郑	十八、十九、廿	汉口	同上
五	四十七师	16	郑州	十九、廿、廿一、廿二	许昌信阳	
六	四十四师	14	洛阳偃师	十一、十二、十三、十四	汉口	乘船转黄岗蕲春。
七	四十八师	16	洛阳偃师	十五、十六、十七十八	湖北	
附记	一、各部队所需车辆，如有不敷，或过多，可酌量增减。 二、船舶输送，由交通处备船，停舶汉口及浦口两地候用。					

(7) 令第二炮兵集团，月底结束，各炮团各归还建制。重炮兵开往徐州训练。

(8) 令第一、第二两炮兵集团，所属武汉要塞炮兵，各归还建制。

(9) 令飞机第六、第八两队，即日进驻郑州。第一队回驻汉口。侦察队、第三队、第四队，回驻南京。

〔国民政府战史编纂委员会档案〕

附：总司令部参谋处编制各部队位置表

一九三〇年十月十日

讨逆军最近部队位置表　十月十日参一科调制					
区分		主官及驻地		部队位置	备考
第一追击队	指挥官	上官云相			刘峙九日报告
	47D			荥泽以北地区。	
	54、D	郝梦龄		一部在荥泽以北地区，一部在郑州担任警备。	
第二追击队	总指挥	王均			九日报告
	7、D			经汜水、巩县、黑石关、南油店、徐家，由铁海镇渡河北进。	住至桃冈廿里铺附近。
	10、D	杨胜治		同上	同上
	12、D	金汉鼎		经河阴、汜水、黑石关车站，由铁海镇渡河北进。	住在惠桥以北之桥北街
第三追击队	总指挥	刘茂恩			
	十五军			巩县附近。	
第四追击队	总指挥	顾祝同			
	2、D			大部新郑附近，一部土桥寨。	
	3、D	陈继承		大部新郑附近。	

（续表）

区分		主官及驻地		部队位置	备考
拯陕军	总指挥	杨虎城	二郎庙		
	7A			大部在关帝陵、二郎庙、古城寨及洛城西南地区。	
	独4、B	王乃文		马村附近。	
拯陇军	指挥官	蒋鼎文	蒋店附近		
	9、D				
	6、D	赵观涛	新郑东北地区		
第一纵队	总指挥	徐源泉			
	48、D			一部佳日占领洛阳，余向	
	44、D	萧		洛阳进展中。	
第二纵队	总指挥	夏斗寅	新　昌	向汉口输送中。	
	D				
	11、D	陈　诚	郑县署	郑西角十余里各村落。	
第六纵队	总指挥	蒋光鼐			
	60、D	蔡廷锴		锁冈、水泉、罗庄一带。	
	61、D	戴　戟		吴集、沟流、柴庄、戴家冈、水泉、王庄一带。	
第十纵队	总指挥	朱绍良	东十里铺		
	8、D	毛炳文	叶　庄	郑东五里一带。	
	J2、D	韩德勤副	胜　冈	郑北十里一带。	

（续表）

区分		主官	驻地	部队位置	备考
第十一纵队	指挥官	范熙绩			
	46、D			黄河南岸正面。	
	55、D	阮肇昌		同　上	
第十二纵队	指挥官	张治中	大南冈		
	62、D			大南冈附近。	
	5、D	胡祖玉代	白　沙	白沙附近。	
铁甲车队	司　令	蒋锄欧			
	第二大队	蒋顺泗		黄河南岸车站附近。	
	第　大队				
第一师		胡宗南代	黄　秦	向开封拔中，现到郑南二十里铺。	
第廿三师		李　杰		梨圈附近。	
第五十三师		李韫珩		龙占凹附近。	
教一师		冯铁裴		现由双楼郭向东移动中。	
警卫旅		俞济时	开　封	开封城向外。	
中央纵队		岳维峻	许　昌	许昌附近。	

附记

一、廿五路梁冠英部在河阴附近。
二、吉鸿昌廿二路及张印湘第卅军在镇城淮阳。
三、骑兵第三师张占魁部在沈丘。
四、容景芳旅拟开回湖北。
五、独十五旅邓春华团拟开回安庆。

〔国民政府战史编纂委员会档案〕

56. 蒋介石发布组编拯陇军向洛阳挺进命令

（1930年10月9日）

命令 十月九日
于郑州行营

（1）冯逆残部溃窜黄河北岸，已派四路追击队分向新乡、清化、济源、运城各地区，追击前进。

我第五纵队杨虎城部，现以一部监围洛阳宋逆哲元残部，主力即向潼关前进。

（2）第六、第九、第十各师，编为拯陇军，归蒋总指挥鼎文指挥，由现地出发，向洛阳方面挺进。协同杨纵队解决洛阳残逆后，即在洛阳整顿待命。

（3）拯陇军除第十师已编入第二追击队，向孟津、偃师追击外，其第六、第九两师，限于本月十一日，由现地出动，经由密县、登封，向洛阳前进。

（4）予今日回京，该军以后行动，应受郑州行营何主任应钦直接指挥。

上令

总司令　蒋中正

〔国民政府战史编纂委员会档案〕

57. 杨虎城关于占领洛阳潼关暨华阴等地通电

（1930年10月9日—27日）

（1）杨虎城通电（10月9日）

特急。南京中央党部、国民政府、各院长、部长、各军团总指挥钧鉴；各总指挥、各军长、各师旅团长，各报馆勋鉴：敝路已于本日拂晓占领洛阳及西宫，俘获极多。宋逆率少数部队，向西溃窜，刻正尾追中。谨闻。讨逆第十五路总指挥杨虎城叩。佳。印。

(2) 杨虎城通电(10月25日)

国急。限即到。南京中央党部、国民政府、各院、部、会，各军团总指挥钧鉴：各省市政府、各级党部、各总指挥、各师旅长、各报馆均鉴：敝路军于有辰，占领潼关，俘敌三千人，步枪数千支，军用品无算。刻正清查中。讨逆总指挥杨虎城叩。有午。印。

(3) 杨虎城通电(10月27日)

特急。南京中央党部、国民政府、各院部长、各军团总指挥钧鉴：各省、市党部、各省、市政府，各路总指挥、各军师旅长勋鉴：各法团各报馆均鉴：我军马司令官青苑，于感日占领华阴，继续〔向〕渭南前进，冯指挥官钦哉占领朝邑，宋逆哲元只身向山西逃窜，特电奉闻。十七路总指挥杨虎城叩。感。印。

〔国民政府档案〕

58. 吉鸿昌请予优纳原冯玉祥部葛云龙师归顺致蒋介石电

(1930年10月12日—17日)

(1) 吉鸿昌致蒋介石电(10月12日)

限即刻到。不准片刻停留。南京国民政府主席蒋钧鉴：顷接洛阳葛师长云龙真电内称：限即到吉总指挥世五弟鉴：蒸电奉悉。谬蒙嘉奖，惭何克当。但兄至今未奉到中央复电。昨今又发两电，仍无回信收到。恳请我弟就近代表愚兄转呈中央，表示愚忱，并请中央迅速给兄一个办法，兄绝对服从，义不反顾。并请电呈中央，转知杨总指挥虎城、徐总指挥源泉，与敝部勿再误会。如何之处，祈电示为荷。兄葛云龙叩。真。等由。准此。查葛师长云龙。治军有年，言行如一，前同职在豫东之同效顺决心，已经王子修告过，观其真日通电，拥护中央，言出肺腹，心坚金石。特请钧座俯予优待，俾资效命，并恳分徐、杨两部知照。以免误会。是否有当，敬候示遵。职吉鸿昌叩。文。印。

(2) 葛云龙给蒋介石电(10月17日)

特急。国民政府主席蒋钧鉴：顷奉陆海空军总司令行营赐派杨高级参谋用斌，点验职师，刻已平安抵洛。并赉到关防官章各一颗，及犒赏费五万元，敬谨领到。除启用关防日期另电呈报备案外，肃电奉闻。并申谢悃。职葛云龙叩。筱。

〔国民政府档案〕

59. 总部参谋处关于俘获盘踞新郑张维玺等五师官兵及冯、阎溃冀部队自相残杀通报

(1930年10月15日)

通　报(十月十五日)

一、阎、冯两逆部，自被我军击溃后，残部枚集河北，极不相容，时起冲突，互相缴械。

二、盘踞新郑一带之逆军张维玺、田金凯、冯治安、王和民、任应岐、邓宝珊等部约五师以上兵力，完全被我军解决。计缴获步轻二万余支，山野炮百余门，机关枪百余挺。俘获官兵五万余人。其他骡马及军用品无算。查张、田、冯、王等部，均系冯逆精锐基干部队，此次消灭殆尽，且据被俘各官兵述称：冯逆此次联阎出兵，部下咸不直其所为，足征冯逆虽极力支持数月，实早有灭亡之兆矣等语。

〔行政院档案〕

60. 何应钦关于刘郁芬退出西安杨虎城率部进驻省城与长安致中央党部等电

（1930年10月28日—11月5日）

（1）何应钦致中央党部等电（10月28日）

限二小时到。南京中央党部、国民政府钧鉴：朱总长、谷司令勋鉴，顷据陕西安各界和平委员会感电称：刘郁芬于有日晚八时退走，由各界组织委员会，维持西安城内秩序。请中央大军进驻省城。等语。除电杨总指挥虎城率部进驻西安外，谨闻。职何应钦叩。俭酉。印。

（2）何应钦致中央党部等电（10月28日）

特急。南京中央党部、国民政府、总司令蒋钧鉴：我杨总指挥虎城部之马指挥官青菀，已于感日下午十时，率部进入长安城。地面秩序极佳。谨闻。职何应钦叩。俭戌。印。

（3）杨虎城致国民政府电（11月15日）

国民政府钧鉴：俭电敬悉。职部此次奉命入陕，仰赏中央威德，袍泽协助，得以收复关陇，荷蒙奖示，无任惭悚。肃电敬谢。祇请钧祺。职杨虎城叩。删。

〔国民政府档案〕

61. 杨虎城关于袭击洛阳进驻西安战斗经过报告①

（1930年11月1日）

甲　挺进部署

三十日，令各部集中大新店、北舞渡，准备挺进。

① 录自杨虎城第十七路军对阎、冯各战役战斗详报。

（一）令补充第二旅、补充第四旅归杨旅长渠统指挥，附工兵两连，为第一纵队。于三十一日，由北舞渡出发，经坟台、旧县、张良店、鲁山、临汝之线，向洛阳方向挺进。

（二）令第七十一师冯师长，指挥第四十九旅，为第二纵队。于三十一日，由阴阳赵出发，在第一纵队之后跟进。

（三）令第五十旅旅长马青菀指挥该旅全部，为第三纵队。在第二纵队之后跟进。

（四）独立第四旅，由尤潦铺出发，由叶县西渡河过宝丰，即沿汝河至临汝县东方十里铺占领阵地，俟各纵队通过临汝后，待命前进。

（五）令第五十一旅旅长孙蔚如，速令驻镇平、内乡部队，俟刘逆汝明由淅川向鲁山开动时，即分段截击，务阻其北进，并相机扑灭之。

乙　挺进时之情况

九月五日，我挺进部队第一、二两纵队到达鲁山附近，独第四旅到达宝丰附近，职本晚随第三纵队到达张良店。据报，鲁山逆敌意在牵制我军前进，对于鲁山迤北道路及桥梁等，破坏甚多，进展时日，定行延缓。职为迅速达成任务计，决意改道由马渡街方向迂回，经宝丰向临汝挺进。

六日到达马渡街，七日到达宝丰北之双酒，务八日到达临汝城南。

七日，接到孙旅长蔚如电报告：刘逆汝明率全部由内乡附近绕镇平，拟向南召鲁山前进，企图袭我后路，经职率部分段截击，计逆被我伤亡逃散者，已达三分之一，夺获军用品枪械子弹甚伙等语。职即令该旅长速率所部，星夜进驻张良店，断绝叶鲁逆敌交通。

八日，我第一纵队到达临汝、汝河南岸时，盘踞临汝之赵冠英部，以主力据汝河北岸顽抗，以一部向我左翼迂回，当经我第一纵队由正面猛攻，第二纵队绕由城之西南岸渡河，击敌侧背，敌势不支，退入城内。

十日，赵冠英、张治公两部，阳称附义，职为免避攻坚，延滞时间计，即令各部继续前进，令独第四旅，经沙沟、魏范集、王集、后寨、下鲁庄、关帝庙、朱庄、小市、构叶寨、呈堂、段村、剑沟水、泉口、贾庄、杨裴村、寇店、东庞村，向义井铺挺进。十日到达下鲁庄，十一日到达段村，计其第一、二纵队，亦可到达自由县一带，务与切取连络，待命进展。又令第一、二纵队经庙下街、临汝镇、大安寨，向自由县前进。十日，我第一纵队到达临汝镇。

十一日，职率直属部队进驻临汝镇。据报，宋逆哲元率部集中洛阳，并派葛云龙师由龙门向我前进，其先头已抵彭婆。逆军范龙章师约千余人，现驻自由县。下午十一时，据我第一纵队杨渠统报称：周旅于本日午后四时，先头行至大安岭附近，遇敌骑兵约两连，当即迎头痛击，激战约一小时，敌退入自由县城内，当令各部分途追击，于九时将自由县完全占领，敌向龙门方向溃退。

丙　战斗经过

职部自占领自由县后，逆敌在洛河架设浮桥，并向龙门附近增援，希图凭势顽抗。职以洛阳附近龙门，形势最为险恶，预计将来决战地区，当在龙门附近。而龙门山势险恶，由正面攻击，势难得手，决以主力分二纵队，右纵队附炮兵一营，由龙门正面详攻而袭击之。左纵队由水寨渡伊河，沿山进攻。再左右翼各编一挺进支队，左翼挺进支队，由丰李镇占领同乐寨，破坏洛阳西段铁路，以障碍陕豫交通为目的。右翼挺进支队，由水泉口进占白马寺车站，破坏铁路，以断绝洛郑交通为目的。

十二日，据孙旅长报称：刘逆汝明有向鲁山前进，扰我后方之企图，刻正调防中。职意鲁山至临汝只两日或三日行程，即时进攻洛阳，恐为所袭。拟先将该逆根本肃清后，再向洛阳进展。当令各纵队在原阵地，待命进展。

职部自占领自由县后，于十三日将水寨占领，槐树街之范龙章师及驻伊阳张治公部之王凌云师，迭经职部压迫，先后派员投诚。当时由第二十路总指挥张伯英收编为第二十路第三、第四两师。

十五日，龙门之敌约两团余，向我水寨阵地反攻，当经我杨渠统部出击，仍退回原阵地。下午三时，据确报，刘逆汝明元午由鲁山派兵三千余人，绕道宝丰，向临汝进逼，希图扰我后路。同时，又据独立第四旅王旅长报称：宋逆哲元派有力之一混成旅，向我右翼迂回，刻在李村与我激战中。十八日，据孙旅长报称：刘逆汝明率部向临汝一带前进，意欲夹击我军，又以一部守鲁山，一部守宝丰，以牵制我张良店部队。职即令该旅长迅即跟踪追击。

十九日，令第四十九旅第九十八团进驻临汝镇、东五里营警戒。令孙旅长由张良店向刘汝明跟踪追击。又令冯师长钦哉率第四十九旅全部，集中临汝镇东南温泉街附近，以期与我孙旅夹击刘汝明。是日，又令前防各部在刘逆汝明未解决前，暂固守原阵地。

二十日，龙门李村之敌，猛攻水寨及水泉口之线，当时因我水寨部队，稍有变动。职即决定在刘汝明未解决前，暂固守刘店岗、北镇、杨寨、吕店后寨、水泉口之线。

二十一日，刘逆汝明到达临汝镇东南二十里之杨楼以南地区，其前卫由张寨渡河，经我第四十九旅九十八团第三营迎头痛击，敌退回乌雅张，其余各部，分驻杨楼、乌雅张、杜庄等处，凭寨固守。是日，赵冠英部以协助刘汝明之目的，进驻湾子街、春店街一带，当令我冯师长钦哉以第九十七团驻长沟附近，以固右翼。令补充第二团分防傅岑附近，以阻赵冠英之前进。令第九十八团第三营在张寨附近，沿河布防。第九十八团第一营进驻庙下街，其余为总预备队，位置于温泉街附近。

二十三日上午五时，令我九十七团、补充第一团之两营及山炮四门，归武团长指挥，由长沟渡河，沿山岭侧击杨楼。令九十八团柳团长率第二、三营附野炮四门，由张寨正面佯攻。于上午十二时，各部队已接触，协力猛攻，敌势不支，即由杨楼向鲁山方向溃退。赵逆冠英因刘逆已溃，即表示投诚，当被编为第六十九师。

二十四日，令冯师长率第四十九旅全部，仍回大案寨、自由县，准备前进。

二十四日，给第一、二、三纵队命令如下：

一、敌宋哲元刻驻西宫，其所部葛云龙师之一部，现分布水寨、彭婆一带，在龙门东端杨沟、诸葛村、下徐马之线，构筑工事。田春芳部分布于香山、古城东西花屯等处，卫队旅分布于关帝陵、二郎庙一带。范卓云部分布于大小庄、槐树街一带。吕秀文部分布于李村、水泉口一带。

二、冯师长钦哉指挥第四十九旅(缺一团)及补充第二团，为中央纵队。第一步先占领水寨，以掩护左翼队，由水寨附近渡河后，再经彭婆，协同左右纵队，直攻龙门。

三、令第五十旅旅长马青菀为左纵队司令官，率部由水寨西渡伊河，设水寨未下，由第四十九旅设法掩护，务期迅速渡河，占领大庄、小庄、槐树街、龙门山一带，以便我正面军进出龙门口。

四、令王旅长乃文为右纵队司令，以一部在祖师庙监视水泉口之敌，一俟该队主力通过潘沟后，即跟踪前进，其主力经袁庄、潘沟、徐马、诸葛村等处，援助中央军进取龙门。

五、令赵冠英部李旅长世臣为右翼挺进司令，率所部附工兵一队，经葛哈、逢门山、杨马村、寇店、南寨向白马寺挺进，并破坏附近铁道桥梁。

六、范卓云为左翼先锋司令，应经丰李集、同乐寨占据北芒山，一俟本队通过龙门，即威胁西车站，以断敌归路。

七、令王凌云为左翼挺进司令，率所部附工兵一队，进占同乐寨，并破坏铁路。

八、补充第五旅旅长马子修，速率部为左纵队之总预备队，在右纵队之后跟进。

九、令孙师长蔚如为总预备队指挥官，第五十旅及补充第四旅为总预备队。在中央纵队后跟进。

二十五日，各部即向指定目标进攻。

二十五日午后七时，中央纵队开始向水寨之敌猛攻，激战五小时，敌向彭婆方向溃退，缴敌械甚多。

二十六日，左右两纵队各按照计划前进。中央纵队自占领水寨后，即节节进逼，先后占领韦村、南衙，敌退入彭婆城内，凭寨固守。敌防御洛阳，其阵地系三线构成，彭婆为敌之第一坚固战线，亦即我与敌第一决战地区，该线系葛逆云龙以一混成旅以上兵力固守。中央纵队于宥午，即与该敌接近，分头猛攻，并集中炮火，掩护登城。敌凭藉工事，顽强抵抗。虽经我官兵奋勇迈进，前仆后继，但敌一方面凭藉坚固工事，一方得葛逆增援，结果只将彭婆之南寨、北寨及彭婆南端高地占领。查彭婆地形复杂，兼之龙门之山，耸峙当面，我军仰攻，颇属不易。加之我之左纵队已占领石花街，右纵队已占领槐树街，正面部队须迅速进展，以资协攻龙门，当即决定分兵围攻彭婆，主力迅由杨营、昌营经魔凹、张堂山、张杨沟迂回攻击，占领香山，俾与左纵队协攻龙门。

二十七日午后四时，包围彭婆部队，向该敌猛烈进攻。我炮兵在彭婆南高地占领阵地。斯时，彭婆之敌，闻我迂回部队，攻至潘沟，即现动摇之象，我军乘时进攻，肉搏登城，再接再厉，敌伤亡不支，遂弃寨溃退。是役，毙敌三百余名，缴械四百余支，我柳团长彦彪、潘营长锡九受伤，并伤亡排、连长及兵士百余名。是日我补充第一团，由右翼挺进，已将潘沟一带村寨，完全占领。我补充第二团亦继续向潘沟前进，以为策应。

二十八日，新编第十八师（即补充第五旅、补充第二旅合编）进驻槐树街，策应我左纵队向马圪垱、李屯攻击前进。是日下午五时，左纵队将樱山北部一带高地占领，即向马圪垱攻击激战。至晚十时，敌势不支，退入李屯、西霍屯。我左纵队将马圪垱完全占领，同时龙门之敌，得逆军田春芳之增援，向我正面反攻，战事异常激烈。职当亲赴龙门督战，士气因之振扬。是日，我左翼挺进队将水泉口之敌驱逐，向东庞村攻击前进。我右翼挺进队王凌云部已占领章店。

二十九日，令孙旅长率部由右翼经徐马、潘沟、诸葛村，向敌后方迂回。是日，我中央纵队补充第一团，虽将昌营、徐马占领，我补充第二团将诸葛村占领，而杨沟至看经寺之敌，仍顽强异常，死守待援。李屯之敌，得增援部队，亦向我左纵队反攻。同时西霍屯、陈寨等处之敌，集中炮火，向我猛烈射击，肉搏三次，双方伤亡甚巨。至晚十一时，敌仍退回李屯固守。

三十日，我孙旅长已达到裴村附近，该处为敌之总预备队，激战甚烈。又杨沟地形险要，敌凭寨固守，悉力抵抗，虽经我中央纵队突击十余次，毙敌四五百人，敌终顽强支持。我中央纵队司令官冯钦哉，当即变更攻击方向，用炮火集中，向高祖庙射击；步兵出敌不意，猛烈向高祖庙攻击前进。于下午三时，占领高祖庙，该地居杨沟之右后方，地势高于杨沟约三十余米，居高临下，杨沟之敌，立现动摇之相。

我左纵队自占领马圪垱后，李屯之敌，虽反攻数次，终未得手。而李屯地形复杂，攻击诸感困难，遂变换策略，对李屯取监视手段，而集中主力，进攻西霍屯，自上午五时开始攻击，至下午七时，将西霍屯、李村完全占领，敌退守东霍屯。

三十一日上午一时，我党团将诸葛村占领，我赵团亦将裴村完全占领，葛逆云龙及宋逆哲元均在该处，因之战事异常激烈，幸赖我官兵奋勇迈进，终将该寨完全占领。宋逆哲元及葛逆云龙仅以身免，残部退据伊河北岸。同时据报，我李旅已将白马寺占领，铁道已被破坏。

龙门之敌，居高临下，我部猛攻数日，均未得手。十一月一日下午五时，令特种兵团野山炮营，集中火力，猛烈攻击。职亲身督战，第九十八团援山，向看经寺猛烈攻击。同时令补充第一团，向杨沟猛攻。令左纵队王乃文部迅由司令街渡河，向关帝陵攻击前进，扰敌后方，战至十一时，将龙门完全占领，敌向洛阳溃退。当时因关帝陵被我王乃文旅占领，敌一部退守练庄，其余均向西宫溃退。

二日，我五十一旅已攻克城角村、刘付村、车圪垱，我左纵队沿陈寨老官庄，向古城攻击前进，均次第占领。是役，前后夺获长短枪两千余支，俘虏三千余员名。我第九十八团亦将槐树元、八里庙、二郎庙等处占领。查二郎庙为葛逆之后方司令部，我军攻入时，葛逆只身潜逃，所有关防旗帜，均被我夺获。斯时，我补充第四旅亦将练庄、皂角村先后攻克。二日午后十时，令我各部施行总攻，遂将洛河南岸之敌，一律肃清，敌退守洛阳城内及西宫、兴隆寨，并在洛河北岸，沿河警戒。

三日，各部分途已将洛河南岸之敌肃清。当令左纵队由三山村渡河，敌田春芳在三山村及五龙沟高地占领阵地。我左纵队司令官马青菀，即令第一百团在三山村对岸，占领阵地，施行佯攻。令第九十九团在浮沱村夜半徙涉，至次日上午三时许，第九十七团跟踪渡河，即合力向李家村、五龙沟攻击前进。至上午七时，遂将李家村、五龙沟、马沟寨等处完全占领。敌退入浅井头、孙其屯，我马司令官遂令第一团由三山村渡河而占领之。复令第九十七团武团长指挥，第九十九团将浅井头、孙其屯二处之敌驱逐后，即进攻七里河，旋据武团长报称：于下午二时前，已将该处之敌肃清，缴长短枪千余支，俘虏八百余名，残敌退入七里河云云。

据以上情况，即令冯司令官钦哉率部由三山村渡河指挥左纵队马进攻兴隆寨、七里河之敌，复令第十八师师长马子修率部在兵庄至老官庄之线，占领阵地，对西宫之敌，严加警戒。令孙司令蔚如在望城岗至大屯之线，占领阵地，集中炮火，对洛阳之敌施行射击，取佯攻姿势。令补充第五旅之第一团，在龙门口一带，维持交通，令补充第四旅位置于练庄、关帝陵，以资警戒。令独立第四旅以一部监围南王村之敌，其余迂回于潘寨镇，北渡洛河，占据北邙山，相机威胁东车站。令李世臣率该旅仍在白马寺附近，构筑工事，阻止敌军。

三日下午一时，我司令官已将蔡元头、李村、唐村之敌，完全肃清，俘获甚多。我冯司令官亦将兴隆寨包围。

四日，我冯、马各部，在兴隆寨、七里河与敌激战甚烈，我独立四旅，已到达潘寨镇，我李世臣旅已将白马寺一带铁路破坏，虽经洛阳之敌连续施行攻击，终未得逞。该旅并派一部，将孟津占领、黄河渡之船只击沉。

五日，据报刘汝明、魏凤楼、赵登禹等，已到达偃师，有援救洛阳之企图。是日，我李世臣旅在白马寺，于刘汝明先头接触。当即令新十八师在兵庄(即岳庄)至焦家屯之线，占领阵地，对西宫之敌警戒。第一百团在焦屯至魏家屯之线，占领阵地。第九十九团为该地区预备队。以上两地区均归马司令官指挥。第一百零二团在安乐窝至董圪垱之线，占领阵地，对洛阳城之敌警戒。补充第二团在狮子村至大屯之线，占领阵地，对于偃师方向之敌警戒。以上两地区归孙司令蔚如指挥。该两地区以第一百零二团为地区预备队。补充第四旅在刘付村至槐树元南山坡之线，占领阵地，对于伊河诸徙涉场特别警戒。补充第五旅之第一团主力在龙门山、天竺寺等处警戒。总部直属部队及炮兵在二郎庙附近，择要构筑工事。王凌云部应在三山村附近固守，对七里河兴隆寨之敌监视之。王乃文旅在诸葛村一带，择要构筑工事，对偃师登封方向，严行警戒，并担任伊河南岸沿河游击任务。李世臣旅仍停止白马寺，监守铁道，务断洛阳偃师之交通。范卓云部驻守李家村附近，为王凌云师之预备队，以一部担任洛河西岸之游击。令补充第一旅之一部在彭婆南衙附近，维持彭婆龙门一段交通。第四十九旅为总预备队，位置于练庄车圪垱附近。

六日，洛阳敌得刘汝明等来援消息，并视我大部已撤至洛河南岸布防情事，敌即由西宫向安乐窝袭击，经我军派部邀击，由下午六时起至八时止，完全将敌击散，溃不成军，洛河南岸死尸枕籍，俘获甚伙。

七日、八日，敌我均无进展。

九日，令各部向洛阳施行总攻击，第五十一旅旅长孙蔚如率该旅附山炮四门，由李家楼渡河，先占领北邙山，继占领东车站及东关，葛云龙部溃入城内，据城死守。我补充第四旅进攻北关，遂占领之。第十八师由聂家湾渡河，断敌西宫与洛阳城交通。令马旅长青菀，由古城进攻西宫，至十一时完全占领之。令冯师长钦哉由同乐寨向金谷园进击，以断敌西归之路。于下午二时到达金谷园敌宋哲元、田春芳、吕秀文等，率残部西溃，经我部分途缴械，余敌四窜。

十日，令冯师及马旅仍沿铁道向西追击，留新十八师及第五十一旅、补充第四旅监围洛阳。是日，葛云龙派员要求投诚，当即据情报告总座，请示办法。

十一日，我追击先头部队马旅长青菀，率部到达磁铜，冯师长钦哉率部到达谷水镇。是晚十时，据报刘逆汝明部及周逆永胜部沿黄河西窜，刻盘踞洪水，并有一部在街河头征发给养云。是时，我冯师长当即令第九十七团武团长勉之，率所部向洪水追击，令补充第二团向街河头追击，均于十二日拂晓，分途前进。

十二日，据冯师长报称：洪水之敌，被九十七团击溃，获枪五百余支，俘虏二百余名。街河头之敌，被我补充第二团击溃，获枪一百三十余支，俘虏二百余名。根据以上情报，即令第七十一师冯师长钦哉指挥第十七师、第五十旅，向新安迅速追击。

十三日，据第五十旅马旅长青菀报告，第九十九团于上午八时到达新安，即与敌接触，激战五小时，夺获俄式大炮三门，山炮两门，步枪三百余支，已将新安占领。田春芳部伤亡损失溃不成军。本日，冯师长率主力军到达新安，旋据该师长报称：本日，新安南河上村高店一带，有魏凤楼残部窜扰，已令马旅长派该旅第九十九团韩寅生部星夜追击。是役，俘虏五十余名，其余仍向西逃窜。

十四日上午十二时，奉总座寒巳电开：宋逆哲元残部，文日已到陕川，刘汝明、魏凤楼部，已到观音堂，务请兄饬部刻日猛追，勿使逆军休养，以贻后患，最好以一部沿铁道向潼关追击，以主力由卢氏雒南，攻击潼关侧背。已令刘茂恩、顾祝同两部，相继由正面追击，惟恐各该行动迟延，兄可单独先由潼关侧背进攻为快也。同日，徐军长源泉派部完全接防洛阳。职奉如上之电令，即令冯师长率七十一师及第五十旅向渑池前进。令第五十一旅旅长孙蔚如率所部及新十八师补充第四旅，即日进驻新安为总预备队。沿铁道跟进，相机策应。第七十一师占领渑池后，即归冯师长钦哉指挥。旋据确报，新安、南河、上村、高村一带，有敌西窜。即令冯师长饬马旅长青菀率该旅及补充第四旅为左纵队，将河上村溃退之敌，迅速肃清后，即沿盐坡头、单沟、藕池镇前进，务速将沿途溃兵肃清，以便右纵队进占渑池。同日，据冯师长报称：沿黄河西溃之敌刘汝明部约千余名，在渑池北五凤山一带出没，当即令补充第一团团长郭景唐率部迅速将该敌驱逐，以便会攻渑池。

十五日，右纵队到达千秋镇，左纵队到达单沟，据补充第一团团长郭景唐报称：仁村五凤山之敌，已向西窜，该团沿仁村向藕地前进。同日，我总预备队指挥官孙蔚如亦进驻新安，沿途各要隘，均留部扼守。

十六日上午六时，我右纵队已到达藕地附近，与敌激战五小时，敌势不支，弃城西逃。我第九十八团即时入城。是役，计毙敌二百余名，俘虏二千余名，获枪千余支。左纵队亦于同日十时到达东菜园，当时即令左纵队沿青阳沟、白埠镇、石窑、南山口向陕州搜索前进。补充第一团郭团长景唐，率部于本日上午九时，进驻渑池。同日我右纵队冯师长率部仍继续向西追击。是晚，宿营西英豪，先头部队在观音堂警戒。左纵队进驻坡头。十七日，我右纵队进驻观音堂，左纵队进驻白埠镇。

十八日，右纵队由观音堂仍继续追击，惟沿途山道崎岖，搜索困难。是晚，即宿营张茅，左纵队是晚驻南山口，总预备队本日宿营渑池一带。

十九日下午二时，我九十七团即将陕州完全占领，我左纵队亦于下午五时到达陕州车站，并在上陈村一带俘虏敌官兵五百余名，枪百余支，当时即令将新十八师留张茅一营，维持治安，其余总预备队进驻卫街一带。

二十日，接冯师长报告，右纵队由陕州西进，是日下午五时到达灵宝，灵宝城内之敌，与我相持二小时许，仍向西溃退。同时，据探报西北残敌约万余人，由宋逆哲元率领，退守潼关东南，并在南原筑有强固工事。阌乡县阌底镇、史家营、南城子等处，亦有敌一部，其便衣探出没于阌乡、白家村一带。根据以上情况，即决定如下之处置：

1. 右纵队除留一部维持灵宝城防外，其余均向阌乡前进。

2. 左纵队经涌泉向白家村搜索前进。职即于是日进驻陕州。同时，又据探报，刘逆汝明、魏逆凤楼等残部，尚盘踞渑池北之南村一带，当即令总预备队指挥官孙蔚如，派兵前往，限时肃清。

二十一日，冯师长令第九十七团附野炮二门，归武团长勉之指挥，沿汽车道向阌乡前进，务于本晚到达稠桑。左翼支队，是晚到达虢略镇。

二十二日，据冯师长钦哉报称：右纵队下午四时进抵阌乡县，该县东关有敌约一团许，当即被我前卫武团长率队猛攻，激战至晚八时许，敌势不支，由西门向阌底镇溃退，该团即将阌乡占领。我右纵队全部到达该县后，仍令九十七团向阌底镇追击。是晚，右纵队进驻阌乡，并以一部在十里铺警戒。同时又令左纵队由白家村向南城搜索前进。令总预备队除留一部担任灵宝城防外，其余迅速向阌乡前进。旋据报称：宋逆哲元偕同伪主席刘郁芬部约万余人，在潼关、阌底镇、盘头镇一带，均作有坚固工事，希图抗拒。职据以上之情报，即决定如下之部署：

1. 冯师长钦哉为右纵队，率部于明日(二十三)早五时，沿大路向阌底镇方向前进。

2. 马旅长青菀，率该旅及补充第四旅，附山炮一连为左纵队，由李家沟经太峪街，分向南原十二连城击敌之侧背。

3. 五十一旅孙旅长蔚如，率领该旅为总预备队，位置于灵宝附近。

二十三日上午十二时，右纵队接近盘头镇，当令第九十七团补充第二团协同进攻，旋即占领之。

二十四日，据报：孙逆良诚部约万人，于二十三日经过解县西进，有援助潼关之企图。职当令冯师长钦哉严饬所部，限二十五日拂晓，将李家庄、凹里、第一关，完全占领，即向潼关猛攻。并令左纵队司令马青菀，限二十五日拂晓，严令各部，向目的地进攻，务期占领南原十二连城及钩桥。又令五十一旅旅长孙蔚如率队，星夜由太峪街向南原援助。左纵队占领潼关，同日冯师长钦哉报告如下：

1. 职部于二十三日将盘头占领后，即令第九十七团向阌底镇攻击前进，并令九十八团附山炮一连，由东双桥进攻老牛原。

2. 据九十七团团长报称：职于二十四日拂晓，向阌底镇之敌攻击，激战约二小时，毙敌甚伙，遂于早八时，将阌底镇占领，敌向十里铺溃窜。

3. 据九十八团团长报称：职部于二十四日晨，进至东双桥时，敌在老牛原占领阵地，据壕死守，经我官兵奋勇猛攻，遂于早十时占领老牛原，敌向万家岭溃退。

4. 我左纵队正向太峪街前进中。

二十五日，据冯师长钦哉报称：我九十七、九十八两团，占领老牛原及阌底镇以西地区后，逆敌即退据万家岭、李家庄、凹里、沙坡、第一关预筑之坚固阵地，即令第九十八团附山炮一连为左翼队，于二十五日拂晓，由老牛原向万家岭攻击，令九十七团为右翼队，同时向沙坡之敌攻击。

据报：万家岭为潼关东原屏障，敌死力固守，经我九十八团肉搏数次，敌犹顽强抵抗。又选奋勇队一营，并集中炮火猛烈冲击，敌势不支，始向李家庄、凹里溃退。遂于本日早十时，将万家岭占领。是役，毙敌二百余名，我官兵亦伤亡五十余名，现正向李家庄前进中。我九十七团进攻沙坡之敌，激战约二时，上午九时，将沙坡占领。现正向第一关攻击前进。

同日，据左纵队司令马青菀报称：职部于二十四日占领太峪街后，即令各部队分途前进，并令补充一团由官坡向马吉攻击前进，俟将马吉占领后，即向钓桥挺进。其部署如下：第九十九团向中军帐、十二连城进攻，第一百团向薛马、巡底寨、粪井攻击前进，占领南原。补充四旅为总预备队，位置于太峪街。

二十六日，据左纵队司令马青菀报称：于二十五日晚，攻克马吉、中军帐等处，俘虏敌赵学礼部七八百人，击毙约三四十名，夺获俄式山炮五门，机枪十三架，步枪五百余支，并伪师旅团旗帜关防甚多，刻向潼关南追击中。同时，据冯师长钦哉报称：我九十八团占领万家岭后，即猛攻李家庄、凹里，九十七团占领沙沟后，即进攻第一关，惟李家庄为潼关之屏障，地形险恶。第一关位于两山中央，扼孔道之咽喉，该逆又利用地形、构筑坚固工事，非先将李家庄占领，势难接近第一关。当即由攻击第一关之九十七团，抽出奋勇队一营，协助九十八团直扑李家庄，激战终日，敌以我左纵队已接近南原，腹背受击，宋逆哲元遂率残部向朝邑一带逃窜，我军遂于二十五日将潼关完全占领，俘获军用品甚伙。二十七日，职进驻潼关，即决定追击部署如下：

1. 冯师长钦哉率领第七十一师(缺一团)、第五十一旅全部，于本日(二十七)由三河口渡河，向朝邑前进。

2. 马司令青菀，率第五十旅及补四旅，于本日由华岳庙出发，直趋西安。是日，我先头部队冯钦哉，于午前十一时出发，向三河口朝邑方向追击。左纵队马青菀部，由华阴即向西安推进。

二十八日，据报：溃退之敌，一部盘踞华县及赤水一带，希图抵抗。于二十八日，经我马司令青菀部分途猛攻，次第肃清。马司令本晚进驻赤水，翌日继向渭南前进。

同日，据冯师长钦哉报称：逆敌约千余人，由晋赴援，拟由大庆关渡河，有欲与朝邑之敌会合，沿河岸抵抗之企图，当令进攻朝邑各部，迅速猛攻，激战四小时许，敌势不支，仓惶北窜。我军乘胜追击，于二十七日晚将朝邑县完全占领。敌人纷纷向东北西北两方溃窜，刻仍在追击中。闻宋逆哲元只身逃往山西。

同日，据马旅长报称：陈副旅长养虚率队已抵西安。伪旅长陈毓耀投诚，我军完全占领西安，城内秩序现已恢复如常。

同日，孙师长蔚如于本日拂晓逼近同州，即开始攻击，激战三小时，敌势不支，拟由北门逃窜，经我军乘机猛攻，计俘敌千余人，获长短枪七百余支。

二十九日，冯师武旅追击宋逆哲元残部，于是日到郃阳之金水沟，俘敌五百余名，步枪三百余支。

职部先后占领大荔、朝邑、华县等处后，宋逆哲元在陕各部，悉数缴械。宋逆反只身化装逃晋。是时，刘郁芬见大势已去，无可挣扎，拟率残部逃晋，保存势力。当即令孙师长蔚如，率部迅速兜击，务获悉数歼灭。

三十日，据孙师长蔚如报称：于三十日在蒲城之孙镇，将刘郁芬之残部完全解决，缴得步枪、手枪两千八百余支，俘敌三千余名，并获军用品无算，刘郁芬亦只身化装逃晋。

十一月一日，职率直属各部队，进驻西安，陕西逆敌完全肃清，战斗因之结局。

〔国民政府战史编纂委员会档案〕

62. 蒋介石关于追歼新郑阎、冯残军与解决陕陇经过军事报告

(1930年11月1日)

追击及解决新郑附近残敌

十月七日，中正率行营进驻郑州。据报阎、冯残部现向黄河北岸新乡清化镇地溃窜，我东北边防军于、王两军刻已由定州向石家庄追击前进。即令上官云相、王均、刘茂恩、顾祝同所部为四路追击队，限翌日开始运动，分向新乡、沁阳、济源、运城之线追击前进(军队区分详后节)。

十月八日，六、八、九各纵队在新郑附近围缴敌军四五万人，黄河以南完全肃清。九日，委何应钦为郑州行营主任，主持军事善后。同时编组拯陕、拯陇两军，以杨虎城、蒋鼎文分任指挥，准备西奠秦陇，其余各部队限日复员，担任各省剿匪。中正即于是日乘飞机回京，参与翌日双十国庆典礼，距出征之期恰五阅月也。

克复西安奠定秦陇

郑州既克，逆军分向西北窜退，讨逆军为撤底解决残敌进奠秦陇，当决定部署如下：

第一追击队(第九军全部)指挥官上官云相。

第二追击队(第三军全部)指挥官王均。

第三追击队(第十五军全部)指挥官刘茂恩。

第四追击队(第一军全部)指挥官顾祝同。

第十六路军(第十军全部)指挥官徐源泉。

拯陇军(第六、第九、第十各师)指挥官蒋鼎文。

拯陕军(第七军全部)指挥官杨虎城。

十月八日，各追击队分向新乡、沁阳、济源、运城各指定目标前进。惟因黄河船舶悉被敌方扣留北岸，渡河困难，特派多数飞机追

索轰炸，并侦察其行动，一面为渡河之准备。时冯玉祥以大势涣散，不可收拾，只身遁晋，所属孙连仲部在沁阳、清化，不愿西退，请求中央收编。遂令第一、二两追击队停止待命，而以第三、四两追击队西进，策应拯陕军。

先是我第一纵队（十六路军徐源泉部）于十月九日攻克偃师，同时拯陕杨虎城部克复西宫，两部会师攻围洛阳，而拯陕军以任务所在，旋即全部西进。攻围任务，易由徐军担任。时孤困洛城之葛云龙部，自愿输诚，听受改编，遂于十八日收复洛阳，授葛以新编师长，所部移临汝整理。徐军以攻围洛阳之任已解，以一部续随拯陕军西进。未几，我第三、四两追击队亦陆续进抵洛阳。中正为尔后拯陕指挥便利计，设置洛阳行营，并任顾祝同为行营主任，主持入陕军事。

杨指挥官虎城率部自洛阳向西猛进，所向披靡，克复新安后，区分所部，冯钦哉师为右纵队，马青苑师附补充旅为左纵队，沿铁路及其以西地区尾追。该两纵队迭与宋哲元、魏凤楼等部节节冲突，于药科铺、石寺镇、渑池诸地，次第克复后，由徐军填驻，仍率部继续猛追。自十三至十六日，敌在观音堂、张茅镇、陕州、灵宝等处逐次抗战，皆被击溃。宋哲元等率其残部两万余人，犹图于潼关阌底镇、盘头等一带，凭险构筑工事，作最后之抵抗。我右纵队由正面直趋潼关，左纵队由李家沟、太峪街分向南原、十二连城，附其侧背，战事异常激烈，相持至二十三日，我军奋勇肉搏，攻入敌阵，占领阌底镇、东双桥、泉里、太峪街之线，同时我别动队唐靖、张子厚两部，进攻华阴、岳镇，并岳秀部由陕北南下韩城，陕中民团蜂起进军咸阳，敌腹背受制，进退维谷，旋经我两纵队正攻侧击，势益不支，西向崩溃，潼关天险，遂于十月二十五日入于我军之掌握，残敌越渡渭河、洛水，向朝邑、同州分窜。翌日，杨虎城进驻潼关，指挥左纵队由三河口渡河跟追。左纵队向华阴直趋西安，分途进击，而第三、四两追击队同时推进至陕、灵、阌、潼等地以策应之。拯陇军自在郑州附近整理补充后，亦于此时进至洛阳待命。迨廿八日，我右纵队先后克复朝邑，同州，敌势穷蹙，遂渡河窜入晋境。左纵队进抵临潼，据报西安军民渴望和平，派员迎师，该纵队遂于二十九日首入西安，杨指挥官率其大部于十一月一日进驻西安，并分派部队搜剿残敌，镇摄陕南。拯陕军事，告一段落。

陇省逆部自战事发生，陆续征调入关，所存无几，迨陕省奠定，陇省当局亦即听命中央，当经令调马鸿宾由宁夏入驻陇省统辖军民，秩序粗定。惟该省原有部队分子复杂，素欠训练，整理编练，尚有待于统筹也。

〔国民政府战史编纂委员会档案〕

63. 陕西第一师长王志远等发表服从国民党中央通电

（1930年11月11日）

国急。南京中央党部、国民政府、蒋总司令、各部、院长，各路总指挥既各师旅、各省政府、各省党部、西安省政府、汉口何主任、沈阳张副总司令、各报馆均鉴：民国至今，十有九年，内战外侮，纷至沓来，祸结兵连，累年不解，匪患天灾，几遍全国，生灵涂炭，民力凋敝，颠沛流离，达于极点。揆厥囊因，由于内战频仍，蔓延不息，以致上干天和，国民失业，影响国本，何可胜言。徒作阋墙之争，空演伤心之剧。暴骨原野，陈尸疆场。回思已往，不寒而栗。志远束发从戎，惟知报国，豆箕相煎，原非得已。近阅报章，欣悉军国当轴，主张和平，罢兵停战，匡国救民，统一幸福，于今实现。志远镇守雍南，半载于兹，剿匪卫民，不遗余力。对于爱国热忱，曷敢稍落人后。爰于十一月蒸日，谨饬所部，一致拥护中央，效忠党国，服从指挥。从此以身许国，矢志靡他，贯彻初衷，始终不渝。务望海内明达，党国诸公，不遗在远，时赐箴规，披肝沥胆，故敬布腹心，耿耿此心，伏乞谅鉴。陕西第一师师长兼汉中警备司令王志远、汉中剿匪司令兼第二旅旅长刘邦彦率全体官兵同叩。真。印。

〔行政院档案〕

64. 蒋介石关于对阎、冯及其他派系作战经过报告书①

（1930年11月15日）

陆海空军总司令部自十九年三月至十月政治工作报告书

属部为国军最高统率机关。本年三月至十月间，因讨伐阎、冯诸逆工作，最为紧张。当三中全会期间，阎锡山逆迹已著，中央为求和平统一，犹不惜委曲求全。百端开导，而舌敝唇焦，终于无效。盖阎锡山阴柔险狠，惯于投机，叛党称臣，无所不至。民亢迄今，历经政变，未损毫发，反收实利。当十八年春，国军编遣实施之际，锡山首先托词离京。及桂叛甫平，冯叛再起，赖中央制裁有方，冯不得逞，锡山即约冯赴并，挟以自重。其后，冯部再叛，唐生智、石友三接踵倒戈，皆阎发纵指示，及中央将乱事，次第戡定，对阎仍曲予优容，而阎野心未死。本年二月十日，忽发蒸电，伪托礼让，阴谋叛乱，密使四出，勾结群小。迨三月六日，三中全会闭会，逆谋范围已愈扩大。冯玉祥得阎谅解，携大宗款械回陕。阎旋自称陆海空军总司令。冯及李宗仁等为副司令，纠合匪军，大举东犯，广西李、白、黄、张诸逆，乘时复燃死灰，福建卢兴邦，以军人干政，扰乱闽局。朱、毛、彭、黄等共匪，在湘赣出没为乱，无不与阎逆阴相勾结。中正奉命戡乱，权衡缓急，讨逆剿共，应分二事。而阎逆实为祸首，冯逆同为逆魁，其余桂逆等，尚属局部之患。故以第八、第六及第四路军之一部，专任讨桂，其余委之地方长官与驻军，相机办理。而

① 1930年11月15日蒋介石在中国国民党第三届第四次中央会做的报告。

自总大军，讨伐阎、冯。自三月中旬至五月初旬，准备月余，嗣至十月初旬，征战五月。虽经不少艰险，卒将逆军荡平。而其间桂逆犯湘，早经扑灭。闽省讨卢，亦告胜利。今后军事渐复轨道，中央得以专力剿灭匪共，并积极整理军队。此皆仰托总理英灵，中央威信，将士奋勇，有以致此。兹谨将三中全会闭会以后之军事情形，撮要报告于次：

一、讨伐出师部署及逆军企图

阎、冯既就伪职，阎逆自为三方面军总司令，李宗仁、冯玉祥、石友三分任第一、第二、第四方面军总司令。李逆任广西军事，图扰湘粤。冯逆任河南军事，先陷洛阳、郑州，由平汉、陇海两路窥武汉、徐州，以鹿锺麟任前敌总司令。阎逆任河北军事，以徐永昌、张荫梧分任指挥，与冯逆连系窥鲁。石友三受委山东伪主席，所部由东明、考城等处渡河，扰乱鲁西。冯逆并以张维玺、田金凯、刘汝明各部，由荆紫关、白河等处，窥我鄂北等县及南阳。万选才以第十一路军附逆，受任河南伪主席，进据开封。孙殿英以乌合匪军附逆，受任安徽伪主席，占据归德、亳州、鹿邑、马牧集一带。河南主席韩复榘，矢忠不式，拒敌诱胁。中正以战略关系，令率所部第一军团，退出开封，移防鲁西，与陈调元部总预备军团，并力拒守黄河南岸，以扼阎逆津浦之军。令刘峙率第二军团，分防徐州、砀山、宿县。何成浚率第三军团，分防平汉路许昌以南各地。杨虎城军警备南阳、内乡。范石生师警备襄樊、郧房，均待机候令进止。任何应钦为武汉行营主任，代理武汉方面，一应军务。中正自于四月中旬，次第巡视津浦、平汉两路，沿途检阅驻军，戒饬战备。五月初返京，搜简军实，综观逆情，觉讨伐时机已至，不容再缓。爰于五月八日，誓师出发，并通令讨逆各军，限本月廿日，一律完成战备，以韩复榘军担任津浦正面，在禹城布防，拒止阎逆；以陈调元、马鸿逵两军，布防济宁、曹、菏一带，拒止石部。命刘峙率第二军团主力，沿陇海路线向归德、兰封、攻击前进。王均率第三军布防皖北，拒止孙殿英南窜。

叶开鑫率第八军，攻剿淮阳、泰康、鹿邑等处之孙殿英部散匪，并策应第三军围攻亳州。卫立煌、张砺生分领第四十五师、骑兵第二师、警备皖北及徐浦路线，以策讨逆军后方之安全。平汉路因樊钟秀以许昌附逆，刘桂堂以西华、扶沟附逆，冯逆又集中大部，在该路正面，形势重大。遂令何成浚以第三军团之九、十两军，占取襄城、叶县。第七军占取鲁山，先挫冯逆在平汉路各军南犯锐气后，再齐头进攻，会取许、郑。另令蒋鼎文率第二军，由周家口间道向北驰进，奇袭杞睢，与第二军团主力夹击兰封。以上乃讨伐出师部署及逆军企图之概略情形也。

二、克复马牧集归德及陇海平汉会战情况

各路部署既定，自五月十一日开始攻击，至五月二十二日，陇海路方面，迭克重要城寨，进展至兰封迄杞县之线，与阎、冯两主力之部队，约二十余万众遭遇，其间克复马牧集、归德两役，消灭万选才逆部主力，擒其师长万殿尊，并驱走孙殿英、任应岐、岳相如等各色匪军，使逆所利用之陇海路前锋一切杂军、土匪，悉数扫荡净尽。克复小坝、柳河、民权、内黄诸役，击溃阎逆主力军孙楚、杨效欧、关福安、杨效芳、刘春荣等部。五月二十日，刘茂恩擒万选才来献，以原第十一路军重归中央。宁陵、睢县同时占领。平汉路方面，因逆军在临颖严阵固守，其两翼各地，亦皆构成坚固防御工事。致我第二军团进展稍缓，但亦牵制冯逆之主力部队，不能尽数增援陇海。山东方面，阎逆令傅作义、石友三两部，分向德州、东明来犯，亦未得逞。五月二十三日，中正令韩复榘、马鸿逵两军，对傅作义、石友三等分别迎击驱逐。令刘峙以第二军团主力，奋击兰封附近死守扼拒之阎逆部队。以第二军蒋鼎文、十五军刘茂恩、第十一师陈诚等部，对杞县方面，增援来袭之冯逆大部，严加防止。令第三军团乘冯调兵陇海，星夜进攻许昌，捣其空虚。限九、十两军，于二十七日以前，到达新郑以北。迄五月三十一日，逆敌在兰封、杞县之线，兵力渐次加厚，工事渐次加固。逆我两方，昼夜搏战，互为攻守，伤

亡枕藉，情况惨极。第三军团于二十五日，克复临颖，第九军进至大石桥，第十军达繁城，第七军达鲁山。逆师长孙士贵，在临颖击毙，但以许昌城坚，逆军云集，急切尚难攻下。山东方面：阎逆以进攻禹城失利，舍弃津浦正面，分派傅作义、李生达、王靖国、李服膺、冯鹏翥五军，由两侧地区渡河，左右抄袭济南，在鲁东青城台子一役，我第二十师徐桂林旅长，力战阵亡，东阿失陷。韩复榘军退守南岸，分兵剿除渡河之逆，以保济南。惟战事重心已移陇海路兰杞之线。我在平汉主攻，津浦主守。逆在津浦主攻，平汉主守。虽各异其势要，皆为解决兰杞会战起见。六月一日，我军第二、第三军团，分在陇海、平汉两方，开始总攻兰杞线，以第一、第二师对兰封，第三师对古寨，第十一师对杨堌集及沛园集之间，第六师对马头魏店与十里铺，第九师对槐岗，第五十二师对傅集，各向指定目标，努力攻击。平汉线以第十军围攻许昌附近之逆，以第九军奇袭郑州，藉免主力为敌牵制。至六月五日，兰杞线因逆军阵地坚固，重叠攻击，未著大效。平汉线逆在新郑以南，亦深沟高垒，我之奇袭被阻。第十军对许昌以避免攻坚，仅与第九军保持连系，免为逆袭，而李逆宗仁等为救援阎、冯，弃桂北窜，已逼攻长沙，朱、毛、彭、黄等共匪，亦在湘、鄂、赣交界狂扰，相为呼应，阎逆渡河部队，在青城、东阿等处，更愈聚愈众。冯逆固守兰杞阵地正面，而另抽劲旅，右出泰康、鹿邑，左出考城、红庙，向我迂回其优势。逆骑并时出没于鲁西豫东，图扰我归德、马牧集、砀山等后方要地，与亳州孙匪相应。综观逆焰炽盛，应付殊为棘手。惟逆虽狡悍嚣突，其军事重心仍在兰杞之线。盖李逆宗仁等弃桂窜湘，系孤军深入，侥幸一逞。而我武汉方面兵力较厚，防堵在前。第八路军以三师兵力，追击在后。第四路军更与之相持，则稍假时日，我军合围已成，正可聚而歼旃。李逆既灭，共匪自不难剿除。至平汉路相持局面，亦可徐图打破。祇有阎逆，力图济南，与冯逆固守兰杞，另由两翼迂围，须急谋应付。于是，决计就兰杞阵线，变更战略，以诱敌至民权、睢县附近，而一举歼灭之目的。另构自旧考城向左，经楚庄寨、民权县、龙塘岗、唐楼至河阳集之决战阵地，限令各部队抽队工作，由行营筑城，本部总理其事。六月十一日拂晓，以前原在兰杞阵线各军，一律转移新阵地完毕，节约正面守备兵力，抽出第一、第二、第三、第九、第五十二与教导第二等师，由左翼行迂回攻击，是日，逆军果以一小部队，在我右翼及中央正面，以大部队向睢县及其以南地区攻击前进。我军随即区分为左右两翼，以刘峙、陈调元分任总指挥，以马鸿逵任总预备队总指挥。于十二日拂晓，两翼对当前之敌，施行逆袭。敌虽狼狈败走，旋又占据村寨，构成据点顽抗。并已侦知我军诱敌，实行迂回，亦在杞县迤西，调兵构筑阵地，一如曩日兰杞相持情形。盖豫东平担土松，村落尽属寨围，一经兵工改造，立成各个军事据点，如战事延久，其工事便渐增巩固，连续重叠，形成极大障碍，此攻击与损害之所由艰且巨也。是日拂晓，以前逆之便之队，潜入朱集、马牧集车站附近，希图破坏交通，焚毁军储。适遇我军校高级班学员军车经过马牧集，将匪队击退，而朱集南端之飞机场，卒被侵入防线，毁损飞机数架。嗣是查获间谍、刺客，日有数起。十三、十四两日，我陇海正面，在新阵地与逆对峙，左翼迂回，各军照预定目标，积极进展。而冯逆亦从其右翼，与我竞争迂回。平汉路第三军团，因第九军奇袭郑州被阻，第十军在许昌攻坚不易，而逆在两侧背增兵渐多，颇感危险，乃全线退守漯河、北舞渡、逍遥镇之线，并以第九军肃清淮阳周口附近之逆后，与陇海线左翼迂回各军、取得联络，迳袭开封。山东方面，因阎逆主力集中鲁西，逆锋广及长清、肥城、泰安、济宁等地，乃令马鸿逵以所部第十一军，赶赴泰安驻守。令韩复榘军坚守肥城、长清，确保济南待援。迄六月二十日，李宗仁在长沙败溃南窜。平汉线与逆隔阵对垒战争，重心趋于陇海线杞县迤西竞争之迂回，与鲁西肥城、长清之线。二十五日，鲁西阎逆部队大增，济南危急，为适应情况，改变战略计，遂令韩复榘军即日暂弃济南，东退周村、潍县之线，扼守待援。令马鸿逵军以主力分防曲阜、兖州、济守等处，并在陇海阵地接河阳集，左翼经于张庙、平岗、白楼至顺河集之线，更筑预备阵地，冀得撤回向左迂回各军，调援津浦，扑灭阎逆。讵二十六日起，陇海阵线石友三，突以五六万众，从我右翼迂回，已侵入曹县西南地区高坝园、刘同集一带，拟向柳河、归德袭击。冯逆除令阵地正面，向我左翼全线开始猛攻，使我不暇兼顾，并抽调孙良诚、孙连仲等部，与多数炮兵，增援石逆，合计不下十余万众，形势非常紧张。适我许克祥师由广东调到柳河，即令先赴曹县，与旧考城之间，协同第二师从事防堵，并由阵地正面抽调预备队，星夜驰剿。相持至七月二日，我左翼迂回各军，已就河阳集至顺河集预备阵地，移转完毕。朱绍良接任左翼军总指挥，拒止当面之逆。而令刘峙统率顾祝同、蒋鼎文之第一、第二两军，协同右路军总指挥陈调元，即日解决右翼之逆部。激战至七月七日，将逆部完全击溃，右侧肃清。我蒋鼎文军与许克祥师，乘机向鲁西进展，侧击阎逆陇海阵线；右自蔡洼、旧考城，左至白楼顺河集，横亘二百余里之正面，从新区分为六个守备地区，以范熙绩、张治中、赵观涛、刘茂恩、毛炳文、上官云相分任司令，以陈调元指挥右翼三区，朱绍良指挥左翼三区，另以多余兵力，为总预备队，任顾祝同为指挥，以便在陇海持久作战，在津浦积极攻击。以上系开始作战后，平陇两路会战经过之概略也。

三、济南会战及克复济南消灭阎逆主力

维时阎逆主力，集中津浦。冯逆主力，集中陇海。其后方征调已空，桂逆主力已在湘境覆没，仅余残部回桂。湘、鄂、赣三省共匪，已令何主任应钦总制三省清剿事宜，指挥既一，后方无虑。平汉线与鄂北两方逆亦无力反攻。此后只须在津、陇两路，任破其一，即可摧枯拉朽。惟陇海以经数月持久作战，逆之阵地，愈增巩固，即以优势兵力攻击，犹虑急切难下。阎逆乘陇海酣战，不劳而获济南，忘形自骄，长驱南犯，以我军实力图之，必可一举摧破。于是决计陇海主守，津浦主攻。于七月一日，任贺耀组为徐州行营主任，

指挥马鸿逵、夏斗寅等军，扼守兖州、曲阜。施中诚、陈孝思、梁鸿恩等旅，扼守济宁及警备徐州以北路线，以与退守胶济路线之韩复榘军，相为犄角，静候主力部队之集中。及七日石部击走，遂任刘峙为津浦路军总指挥，先领第一、第九、第十一、第二十师及教导第一师，由八日起，陆续移转滕县、邹县、兖州、曲阜、汶上等地。更调讨逆凯旋之蒋光鼐、蔡廷锴、钱大钧(胡伯翰)、金汉鼎各师，迅向津浦集中。谭道源师，向漯河增加。李韫珩师，由海道航运青岛，增援韩军。至二十六日，津浦集中完毕，当二十六日前，陇海阵地昼夜交战，逆部郑大章骑兵，更连结受逆委任之股匪，在鲁西活动，扰及徐砀间之交通。迄十五至十七等日，陇海战事愈趋激烈，尤以左翼逆军约五师之众，由孙连仲指挥，向我第四十七师阵地反复猛扑，狂冲亘数，昼夜不休，意在夺取河堤岭，危我归德。但战至十七日，终为我完全击溃。二十二日，孙匪殿英，在亳州宵遁，我军迭克鹿邑、柘城，尽扫后方匪军。得抽出第一师开往津浦，第七师开往曹县。津、陇两方军事，密切连系。第三军团，亦于二十日击退当面之逆，由杨虎城军与谭道源师接防。正面抽出第十军，继第九军之后，向东移动。本月三十日，平、陇两路军事，亦密切连系，此后攻守自如，已操胜算。中正亲赴兖州，观察情形，会晤刘总指挥及各将领，决定兖州附近会战计划，以陈诚、夏斗寅、马鸿逵、胡宗南各师为中央军，由兖州前方，沿铁路进攻。以蒋光鼐、蔡廷锴各师，附张乔龄骑兵旅为右翼军，由新泰西端间道抄袭。以冯轶裴、胡伯翰、杨胜治各师，施中诚、陈孝思、梁鸿恩等旅为左翼军，由铁道西侧汶上、宁阳之线进攻。均于八月一日攻击前进。另以许克祥师附六十四师之骑兵一团为左侧纵队，经郓城、东阿、平阴、长清，向济南拊敌背后。以韩复榘为胶济路军总指挥，李韫珩军为左翼军，第三路为中央军，由乐昌以西地区沿铁路侧击。另以刘珍年军为右翼军，堵截逆敌归路。我津浦路右翼军，首于泰安附近击溃逆敌秦绍观部，于六日占领泰安车站，由蔡师将泰安城内敌人一部包围，敌大部北溃，我左翼军许克祥师，先后占领东阿、平阴、肥城等地区。我中央军连破南驿、大汶口等处之敌，于七日渡过汶河，即留马师肃清泰安残敌，余均协同各路军继续追击前进。逆军仓皇溃退，其在汶河以南之大炮、辎重、骡马，尽行委弃。计共俘虏万余，获步枪万余杆，大炮百余门，傅作义、李生达、张会诏等仅以身免。我军旋于十一日，由界首左右之线，再行总攻，逆敌节节抗拒，并调其胶济路李服膺、冯鹏翥各军，来津浦路增援，以图最后之挣扎。乃经我军奋勇肉搏，血战五昼夜，卒将逆敌压迫于济南附近，完全击溃。我右翼军蒋师，于十五日下午二时，确实占领济南，并因我军先绕道占领党家庄等地，逆敌只一小部分渡河北窜，其余全数被擒。逆敌仅有之飞机三架，亦不及运走，其狼狈窜逃情状，概可想见。十六日，刘总指挥抵济南，令蒋光鼐军以一旅任济垣警备，主力由洛口渡河，向德州追击。一部沿胶济路向周村及沿黄河南岸向济阳长福镇，夹击胶济方面残逆。杨胜治师任肃清长清之逆，冯轶裴师、马腾蛟师、陈孝恩旅，分任解决肥城、泰安、汶上城守之逆。其余许克祥师，集中荷泽。夏斗寅师调往陇海。胡伯翰师调回汉口。胶济方面，韩总指挥在青州车站，指挥各军向青城追击溃逆。至二十一日，中正由归德乘飞机到济南视察。因阎逆主力，已经消灭，南岸完全肃清。即令韩总指挥复槼，以所部担任追击残逆。刘总指挥峙，率津浦作战各军，陆续调往平、陇两路为解决冯逆主力之用。津浦军事至此告一段落。以上乃济南会战及克复济南大概情形也。

四、郑汴会战及克复郑汴

当兖州会战开始，冯逆在陇海线即连日来攻，均经击退。至八月六日，冯逆又从柘城方面，命宋哲元等部，倾其全力包围我之左翼，当即飞调王均、陈继承两师，增援该方面。并令朱总指挥绍良，略将阵地变更，以适应兵力。相持至十一日，我军对逆更分为三纵队；以上官云相、王均、顾祝同分任右中左三纵队，指挥兵力，共约七师，三面围攻逆军。十一至十四等日，连日大雨，遍地泽国，犹昼夜搏战，据阵顽抗。至十八日，始将其全部击溃，逆军得生还杞县、泰康原阵地者，不足半数。从此冯逆惟有到处筑垒图守，更无反攻之勇气与力量矣。中正深维中央力求和平之初衷，极愿早日结束战事。故于二十二日电呈国民政府，发布明令，只求阎、冯两逆引咎远去，其余部卒，一概许以自新。讵阎、冯怙恶不悛，非特无意悔祸，反积极组织伪政府，务陷我完整之党国，于破坏分裂之境。中正不得已，再于陇海、平汉两路，为彻底讨伐，决于陇海阵地正面，竭力抑留逆之主力，俾无他窜。从两翼猛行包围，于平汉路采积极攻势；一从铁路之东，取开封、截兰杞逆军之退路。一从铁路之西，抄洛阳、断潼陕、郑汴之交通。为一举歼逆之计。陇海路军，分右翼、中央、左翼三军及预备军团，以蒋鼎文、顾祝同、朱绍良、陈调元分任指挥。平汉路军共编六个纵队，分为左右二翼，以刘峙、何成浚分任指挥。平陇两路，遥相呼应，并力进展。至九月一日，陇海右翼逆军，已为我迫退。至五月下旬，时兰封迄杨堌集之旧阵地，依托黄河深沟高垒，拒我前进。其主力仍集结泰康、杞县、扶沟一带，渐向平汉方面移动。中正为达成前项战略起见，又从陇海方面，抽编第九、第十、教导第一等师、警卫第一旅与杨杰指挥之第二炮兵集团，成为中央突破军，任蒋鼎文为指挥官。努力击破古寨、柿围集间之逆敌中坚阵地，以诱起平陇全线之胜利。激战至八日，陇海军全线进攻，右翼逆军石友三，渡河先遁。左翼之逆，亦节节败退。至九、十两日，平汉军亦准备完结。于十一日，平陇两路一同开始总攻击。此时，为求会攻汴郑，极度发展起见，又从陇海军中抽编第七、第十、第五十各师，为第七纵队。第二、第三、第二十三各师，为第八纵队。第六、第九、第五十三各师，为第九纵队。加入前编六个纵队，齐进奋击，迄十六日，节节胜利；迭克临汝、自由、密县、扶沟、鄢陵、考城、红庙等城寨，旋于二十一日，占领须水镇及荥阳车站。二十四日占领官停车站。二十九日，克复兰封、杞县。三十日克复尉氏、洧川向中牟追击。十月一日，克复陈留、长葛，占领朱仙镇。二日，肃清许昌、苏桥、和尚桥一带残逆。三日，克复开封。而虎城指挥之第五纵队，经由登封、临汝间，袭取洛阳；亦先后占领龙门、西宫各要地。已将洛阳包围，截断逆军西窜秦陇之路。冯部高级将领，至是纷纷弃逆效顺归诚。中央遂授吉鸿昌、梁冠英为二十二、第二十五路总指挥，张印相等为军长，张占魁等为师长，均令在原地集结部队，点验整理。自开封克复，作战地区联成一线，已无平汉、陇海之分，遂将平汉线之左右翼军改为左翼及中央军团，陇海路之三军，改为右翼军团之第十、第十一、第十二纵队，兼程并进，会师郑州。至五日，克服中牟。六日晚，中央军团克复郑州。冯逆与鹿钟麟、孙良诚等，先率残部三四万人，逃往河北。其在新郑附近之张维玺、田金凯、郑宝珊、冯治安、王泰、任应岐、石振清等部，约十万余人，为我中左两军团，四面包围，悉数被俘。以上乃郑汴会战及攻克郑汴之大概情形也。

五、东北军入关讨逆及陇陕追击部署

当平、陇两路会师郑汴之际，张副司令学良，于九月巧日通电，拥护中央，维持统一，进兵平汉。伪扩大会议，狼狈窜遁，阎逆残部纷向察、绥、晋逃窜。河北逆氛，次第肃清。郑汴既克。中正于十月九日上午，在郑州召集将领会议，决定以讨逆军一部，分任奠定陇陕与肃清残逆，其大部分别调往各省，清剿匪共，以除训政之障碍。并设郑州行营，任何应钦为主任，代行总司令职权，指挥未结军事。任何成浚代理武汉行营主任，主持剿匪。即日午刻，乘飞机返京，参与翌日之双十国庆大典。自五月八日，由京誓师出发，至此恰五阅月，卒将最后之叛逆集团势力在兖济与汴郑两次会战，先后歼其主力。此皆总理主义之胜，国人之福，而中正竟业半载，幸免于戾者也。现据张副司令学良、何主任应钦与前方将领，迭次报告，阎逆残部已退入娘子关，石友三率部投诚，葛云龙、孙连仲等亦先后效顺。复令杨虎城、顾祝同、刘茂恩、上官云相、王均各军，并力西进，肃清余逆。先后克复洛阳、陕州、灵宝各名城。杨虎城军先头挺进，于二十五日确实占领潼关，二十七日确实占领西安，河南完全肃清。陕陇迎刃可解，至调回各省之部队，月内亦次第到着。惟逆魁稽诛，善后待办，此次战役延长五阅月，双方伤亡之众，耗损财力之巨，地方损失，更属不赀，此为最可悲痛之事。惟冀国人惩前毖后，使阎、冯覆灭，而后不再有继阎、冯而起者，国家得长保和平统一之局，则此次讨逆之战，方真有意义，而将士之死伤与民众之损失，亦不为虚掷也。

六、全役间人马伤亡械弹经费消耗情形

此次战役人马伤亡至众，械弹经费消耗尤多，抚恤补充亟宜着手办理，除俟残逆肃清，军事完全结束，始能详悉一切损失统计外，兹仅将现知约数，先将讨逆军之人马械弹及经费之类，列表附后，以觇大概。

结论：讨逆经过具如上述，而军事消长之机，尤有可得。言者，当阎、冯逆军在豫鲁抗战极烈，我六、八两路亦克复桂平，围攻贵县甚急之际，李逆宗仁等突然弃桂窜湘，图与北方逆军及湘、鄂、赣交界共匪，相为呼应，摇撼武汉。斯时我第四路军以分剿湘境共匪，兵力分散，猝不及防，为匪所乘。至六月上旬，长沙失守，逆锋及岳阳、通城，其气锐甚。我海军陈司令绍宽，指挥舰队，游击沿江匪逆，维持水运，并由岳阳溯江迎击，阻其进犯。我武汉行营何主任应钦，指挥李韫珩、钱大钧、夏斗寅等师，堵剿于前，陈总指挥济棠，立遣蒋光鼐、蔡廷锴、李扬敬等师，追击在后。兼之何、鲁两总指挥，以四、九两路军，左右夹击，逆乃陷入重围，溃乱却走。至六月十七日，四路危宿钟师，协同海军舰队，克复长沙。各军亦分头追剿，尽歼李逆等之主力。此关于讨逆军机之消长者一也。乃李逆等甫经溃灭，而朱、毛、彭、黄等股共匪，又乘间蜂起。斯时第四路军以追击李逆，远在湘南。蒋、蔡、钱、夏、李、谭各师，亦北上讨逆，悉离湘境。阎、冯欲扰我后方，密遣赵恒惕、汤芗铭、刘承烈等党入湘，勾通共匪，并在长沙密布羽党，暗为响应。于是七月二十七日，长沙又陷匪手，惨遭浩劫。幸我海军迅赴机宜，溯江炮击，匪不得逞。及八月五日，何总指挥键统率刘建绪、罗藩瀛、陶广、罗霖各师，协同海军击溃共匪，克复长沙。中正并令何主任应钦，总制湘、鄂、赣三省剿共事宜，统一指挥，从事清剿后，防赖以无虞。此关于讨逆军机之消长者二也。张署长惠长、黄副署长秉衡、指挥飞机各队，与陆海军协同作战，尽力轰炸，始终不懈。更得侦察敌情，使我讨逆剿匪进展容易，而逆则昼伏夜行，惴惴恐惧，影响于逆我之士气不少，蒋司令锄欧，指挥铁甲车队，昼夜梭巡，维护交通，并随同陆空军队，冲坚破锐，壮我声威。方平陇战局相持，阎逆大举南犯之际，逆之便衣匪军与扰乱骑兵，在我后方，日夜出没，该车队巡护各路，尤为得力。此关于讨逆军机之消长者三也。作战半载，将士为主义效死用命。军中接济，不虞匮乏，后防单薄，内顾无虞。虽长沙再遭逆匪攻陷，而旋即克复，凡此皆赖同心一德，群策群力，克奏肤功。此关于讨逆军机之消长者四也。以上四端，为讨逆成败所由分，亦见同心救国，事无不济。中正不敢自画，愿与国人共勉之矣。现在阎、冯逆部残余无几，军实尽丧，编制残破，稍假时日，必可完全解决。讨逆军队，亦陆续调往有匪省区，从事清剿。属部此后工作，拟奉保障和平，巩固统一为方针，以肃清残逆，剿灭匪共，整理军队为职责。刻正拟具详细计划，分别实施，惟大概办法，肃清残逆与剿灭匪共，同其重要，无分缓急。拟于最短期间，一律办竣，接续整理现有国军。夫整理军队，为巩固国防，达成和平统一之途径，为党国存亡之关键，业已命令禁止募补，并拟即日由点验整编为入手，总期障碍悉除，积极办理，使军有定制，兵有定额，饷有定准。而溢额之兵，用之殖边，用之职工，用之警察，随宜措施，俾各得所，不徒遣散而已。其现任军官，则一律稽勋叙劳，分等授官，务冀嗣后军人，得有保障国帑，不为虚糜，谅再无拥兵自私，阻挠大计，甘蹈阎、冯之覆辙者也。

附表三种(缺)

陆海空军总司令　蒋中正

〔国民政府战史编纂委员会档案〕

65. 张钫关于奉令成立第二十路军专收容冯、阎等军暨战后缩编情况报告书

(1930年12月9日)

张钫当奉令成立第二十路编制部队之始，即丝毫未有多拥部众广植个人势力之心。故当改编之际，取舍极严，不稍浮滥，其精锐整齐者，概请中央收编或让归友军收编。九月十九日，曾电韩复榘：有二十路系奉专收容敌方部队，不另招一人。俟逆敌消灭，即自请解甲等语。盖其素志如此。故战事既停，即亲自入都，面阵缩编二十路部队。军缩为师，师缩为旅，旅缩为团计划。当于十二月六日呈奉蒋总司令参字第一四七一号指令，准予该部缩编为甲种师二，独立旅二，特务营一。于九日又奉总司令部参字第四八四号训令，饬将独立旅改为三团制两团制各一旅。旋复呈奉总司令部指令，以张钫为六十八师师长，以李万如为副师长兼第一旅旅长，以赵冠英为第二旅旅长，以范龙章为第三旅旅长。以宋天才为第七十五师师长，以韩文英为副师长兼第一旅旅长，史克勤为第二旅旅长，王凌云为第三旅旅长。以王殿阁为独立第三旅旅长，李万林为独立第二旅旅长，特务团编为特务营，限本年十二月底编竣云云。

附：第二十路军各级主官姓名、人数、武器数，与驻地于后。

讨逆军第二十路总指挥张钫副总指挥贾担

各级主官姓名	人数	步枪数	机枪数	炮数	驻地
第二十七军军长王翰鸣					
第十七师师长王殿阁	4,729人	2,774支		4门	信阳
第一旅旅长葛孝纯					
第二旅旅长聂治安					
第六十八师师长李万如	5,000人	3,222支	10支	4门	上蔡
第一旅旅长乔自荣					
第二旅旅长王世英					
第二十九军军长张治公					
第七十六师师长李万林	7,166人	5,246支			宝丰
第一旅旅长阎胜魁					
第二旅旅长李德言					
第三旅旅长康守忠					
第七十三师师长王凌云	6,000人	1,899支	1支	3门	观音堂
第一旅旅长王紫岩					
第二旅旅长王卓峰					
第三十二军军长宋天才	21,000人	8,388支	36支	78门	汝南
第一师师长韩文英					
第一旅旅长卢天福					
第二旅旅长李金来					
第三旅旅长史克勤					
第四旅旅长武丕汉					
第六十九师师长赵冠英	8,000人	4,500支		16门	宜阳
第二百零六旅旅长张德修					
第二百零七旅旅长刘廷三					
第七十师师长范龙章	6,000人	3,227支			宜阳
直属特务团团长冯六超					开封

〔国民政府战史编纂委员会档案〕

66. 文官处关于河南省主席刘峙呈请中原大战期间开封等四十余县被飞机伤毙民众赈恤给行政院等函

（1931年2月24日—5月19日）

（1）文官处致行政院公函(2月24日)

国民政府文官处公函　　字第一五一九号

迳启者，奉主席交下郑州市前被飞机炸伤死亡灾民等呈为前于冯逆盘踞郑市时，被中央空军掷弹炸伤死亡者，现仍惨不忍闻。曾蒙指令河南省政府令县转呈听候抚恤，迄无音信，乞早抚恤，以苏民困一案，奉谕：交行政院等因。查原呈所称，已令河南省政府仰县转呈听候抚恤一节，本府无案可稽。复查前据洛阳李丹五等暨准总司令部经理处函送洛阳萧月桥呈同前情各一案，均经先后奉交贵院，并准复称已分交军政部暨河南省政府各在案。兹奉上因，相应检同原件函达查照。此致

行政院

计检送原呈一件

抄原呈如下：

呈为汇案转呈飞机掷弹伤毙民众调查表，仰祈鉴核，准予抚恤事：案查河南前在作战期间，所有战区内之民众被飞机掷弹误伤或殒命者甚多，节经规定表式，令饬各县市分别调查详细填报各在案。兹据开封、许昌、陈留、杞县等四十三县先后查报前来，总计负伤人数九百八十三名，殒命人数九百零八名，经职府复查，尚属实在，理合缮具各县飞机掷弹伤毙民众总表，连同各县市呈报调查表，呈请钧部核准抚恤，以示体恤，实为德便。

河南省政府主席　刘　峙

中华民国二十年二月廿四日　（国民政府文官处印）

文官长　古应芬

(2) 内政部致行政院秘书处公函(4月18日)

内政部公函　　民字第二六三号

迳复者,案准贵处第一二四一号函开:奉兼院长蒋发下总司令部函,为河南省政府主席刘峙汇呈飞机掷弹伤毙民众,请拟定恤金数目,令饬该省政府指拨的款抚恤一案,奉谕:交内政部拟具办法呈复核办,抄检原件函达查照等因。准此。查表列伤亡民众,极堪悯恻,似应按照生者受伤之轻重及死者遗族之生活状况,分别赈恤,以示政府轸念灾民之至意。原表所列负伤及殒命人数总计一千八百九十一人,每人平均以三十元计算,计需五万六千七百余元,拟请钧院令财政部照数筹拨,交由赈务委员会会同河南省政府督饬散放,以示矜恤,是否可行,相应函复查照转陈为荷。此致

行政院秘书处

刘尚清

中华民国二十年四月十八日

(3) 赈务委员会主席许世英给行政院呈(5月6日)

敬呈者,窃奉钧院第二二零五号训令开:准陆海空军总司令部函开:据河南省政府主席刘峙汇呈飞机掷弹伤毙民众,祈赐赈恤一案,请拟定恤金数目,指拨的款抚恤等由。经交内政部拟具办法呈复核办去后。嗣据复称:伤亡民众总计一千八百九十一人,每人平均以三十元计算,计需五万六千七百余元,拟请钧院令行财政部照数筹拨,交赈务委员会会同河南省政府督饬散放等情。正核办间,又据内政部呈称:案准河南省政府哿电开:豫省讨逆期间,飞机伤亡民众计一千八百九十一人,节经呈奉总司令电令拟具办法,兹拟共请拨款八万三千九百七十元,以资抚恤。业奉总司令部支

电照准，并饬财政部照办在案。顷奉行政院令，此案已由总部转交大部拟办，务请查照前案提前办理等由。本部前奉钧院交办飞机掷弹伤毙民众，拟定恤金数目，总计伤亡人数一千八百九十一人，每人平均三十元，计需五万六千七百余元，呈请令饬财政部照数拨交赈务委员会会同河南省政府督饬散放在案。兹准前由此项抚恤费既经河南省政府呈奉总司令部电准拨发八万三千九百七十元，自应遵照。原奉核准数目，请由钧院令饬财政部迅予照拨等情；前来。除行外，令仰该会即便遵照。俟财政部将款拨到，令同河南省政府散放具报等因。奉此。查河南前被飞机伤亡民众待恤孔殷，既经内政部呈奉钧院令准饬所部拨款抚恤，并奉令饬办在案，自应俟财政部拨款到会遵照，会同河南省政府认真散放，以副钧院抚恤疮痍之至意。除函请财政部拨款，俟该款拨到，再将会同河南省政府督饬散放情形具报外，理合恭呈具复。伏乞鉴核。谨呈

行政院

赈务委员会主席　许世英　〔赈务委员会印〕

中华民国二十年五月十六日

（4）刘峙给行政院呈（5月19日）

为呈请事：窃属省前在讨逆战事期间，各地民众被飞机掷弹伤亡者计一千八百九十三人，前经饬据各县调查呈报前来，当经呈请陆海空总司令部拨款八万三千九百七十元，以资抚恤在案。旋奉总司令支电内开：已令财政部照办矣。又奉总司令部人字第八四二号指令内开：业经函转钧院核办各等因。奉此。查此等伤亡民众，情节奇惨，极堪悯恻；又因其被灾原因出于战事，揆诸吊民之旨，则此项赈恤较水旱为灾者尤为重要。职以上项恤款，每人所得者甚微，而宣扬中央德意则所关巨，奉令前因，业将照拨恤款事项，通饬各县转告民众，咸使闻知，更拟请钧院转饬财政部速予照拨，

俾得早日散放，以示体恤，而昭大信，是否有当，理合具文呈请鉴核，指令祇遵。谨呈

行政院

河南省政府主席　刘　峙　[峙刘]

中华民国二十年五月十九日

〔行政院档案〕

中華民國史檔案資料滙編

第五輯 第一編 軍事（一）

中國第二歷史檔案館編

鳳凰出版傳媒集團 鳳凰出版社

图书在版编目（CIP）数据

中华民国史档案资料汇编. 第5辑. 第1编. 军事 / 中国第二历史档案馆编. -- 南京 : 凤凰出版社, 1994.5 (2023.7重印)
ISBN 978-7-80519-518-6

Ⅰ. ①中… Ⅱ. ①中… Ⅲ. ①档案资料－汇编－中国－民国②军事史－档案资料－汇编－中国－民国 Ⅳ. ①K258.063

中国版本图书馆CIP数据核字(2010)第085841号

书　　名	中华民国史档案资料汇编 第五辑　第一编　军事（共五册）
编　　者	中国第二历史档案馆
责任编辑	杜基顺
责任监制	程明娇
出版发行	凤凰出版社(原江苏古籍出版社) 发行部电话025-83223462
出版社地址	江苏省南京市中央路165号,邮编:210009
印　　刷	金坛古籍印刷厂有限公司 江苏省金坛市晨风路186号,邮编:213200
开　　本	850毫米×1168毫米　1/32
印　　张	129.875
字　　数	3258千字
版　　次	1994年5月第1版
印　　次	2023年7月第4次印刷
标准书号	ISBN 978-7-80519-518-6
定　　价	1280.00元（全五册）

（本书凡印装错误可向承印厂调换,电话:0519-82338389）

编辑说明

《中华民国史档案资料汇编》(1912—1949)，是为了适应中国近现代史的科学研究与教学需要，就馆藏历史档案中具有一定史料价值的资料编辑而成的一套综合性档案资料汇编。

这套档案资料汇编，系以前副馆长王可风生前主持编辑的《中国现代政治史资料汇编》(1919—1949)初稿为基础，进行修订补充的，全书扩编为五辑：第一辑《辛亥革命》(1911)；第二辑《南京临时政府》(1912)；第三辑《北洋政府》(1912—1927)；第四辑《从广州军政府至武汉国民政府》(1917—1927)；第五辑《南京国民政府》(1927—1949)。

本档案资料汇编，第五辑《南京国民政府》的主编为施宣岑、方庆秋。

第五辑《南京国民政府》分为三编：第一编为《南京国民政府的建立与十年内战》(1927.4—1937.7)；第二编为《第二次国共合作与八年抗战》(1937.7—1945.8)；第三编为《蒋介石发动全面内战与南京国民政府的覆灭》(1945.8—1949.9)。以上每编各按政治、军事、外交、财政经济、文化教育等分为若干分册。

本分册为第五辑第一编的军事分册，共分为八个部份：一、国民政府军制；二、国民革命军继续北伐与军事编遣；三、国民党军阀混战；四、国民党反共军事"围剿"；五、"一·二八"淞沪抗战；六、东北抗日义勇军的斗争；七、长城抗战与察绥抗日同盟军；八、国民党对福建人民政府的"讨伐"。以上档案资料，共有956题，约300万字。

本分册的编辑分工：第一部份的选辑者为沈家五、郭必强；第二、三部份的编者为沈家五、毕春富（蒋冯战争）、李琴芳（蒋唐战争）；第四部份的选辑者为丁思泽；第五、六、七、八部份的选辑者为丁思泽、方庆秋、李琴芳等。最后全书由施宣岑、方庆秋统编，审阅定稿。本分册在编辑过程中，还承唐彪等指导并分担部份审稿工作。谨此致谢。

本档案资料汇编，由于涉及的面广量大，加以利用档案资料等条件的种种限制，以编者有限的水平，在史料的选辑等方面难免有遗漏、不当和错误之处，谨希读者批评指正。

编　　例

一、本汇编所选资料，为保持档案文件原貌，凡原文中对中国共产党及革命人民的诬蔑不实之词，均未加改动，原文照录。但对少数文件因内容重复及与主题无关者，则酌予删节。资料出处，于文件篇后注明之。

二、本汇编所选资料，按问题分类排列，并以文件形成时间先后为序。但属综合性或追述性的资料，则按其内容酌加调整。

三、本汇编所选资料，一般以一篇为一题。但同属一事，彼此间又有直接联系者，则以一事为一题。文件标题、标点，均为编者所加，沿用原标题、原标点者，则于篇目之后加注说明之。

四、本汇编所选资料，一般均用简体字，但遇有可能引起文义歧异者，则保留原来繁体字。

五、本汇编所选资料、排印格式一律采用横排，凡竖排原件文中有“如左”“如右”者，横排后应为如下、如上，例如“命令如左(下)”，“右(上)令”等，文中不再一一注明。

六、本汇编所选资料，凡有破损缺漏或字迹不清者，以□号代之；错字、别字和衍文的校勘以及简单注释，均加在正文之后，以〔　　〕号标明之；较长的注释，在正文之后以①②等号标明之；增补的字，以【　　】号标明之；文件内容删节者，以……符号标明之；待考的字，以〔？〕符号标明存疑。

南京国民政府时期

第一编

军　　事

目　　录

（三）军事院校组织编制……………………………………329

(二）西征

（三）军事编遣

〔一〕国民政府军制

（一）军事行政机关组织

一、军事委员会及所属机构

（1）军事委员会

1. 国民政府军事委员会组织大纲①

（1928年2月6日）

第一条　军事委员会为国民政府军政最高机关，掌管全国海、陆、空军，负编制、教育、经理、卫生及充实国防之责。

第二条　军事委员会委员由中央执行委员会遴选负有军事重责及富有军事政治学识经验若干人，交由国民政府特任之；并指定常务委员十一人至十五人，以一人为主席。

第三条　军事委员会议至少每两月开会一次，以军事委员会所在地之委员三分之二以上为法定人数。遇必要时，得由主席及常务委员会议召集临时会议。

第四条　凡执行军事委员会之议决案及用军事委员会名义发布命令，由主席及常务委员署名。

第五条　紧急重大事件，得由主席及常务委员负责处理。

第六条　军事委员会设常务委员办公厅、参谋厅、军政厅、总务厅、经理处、审计处、军事教育处、政治训练部等机关，其编制及

① 1928年2月6日中国国民党第二届中央执行委员会第四次全体会议通过。

执掌另定之。

第七条　各省区行政机关执行与军事有关之事务时，军事委员会有指挥监督之权。

第八条　军事委员会设于国民政府所在地。

第九条　军事委员会会议规则另定之。

第十条　本组织大纲遇有应行修正时，得由国民政府提出中央执行委员会修正之。

第十一条　本组织大纲自公布之日施行。

〔国民政府战史编纂委员会档案〕

2. 国民革命军总司令部组织大纲①

（1928 年 2 月 6 日）

第一条　国民政府为图战时军令之统一，特任国民革命军总司令一人，凡属于国民革命军之陆、海、空各军均归其节制指挥。

第二条　国民革命军总司令对中国国民党中央执行委员会及国民政府在军事上负其责任。

第三条　国民革命军总司令得兼任军事委员会主席。

第四条　国民革命军总司令部之编制及规则另定之。

第五条　本组织大纲遇有应行修正时，由中央执行委员会核准，交由国民政府公布之。

第六条　本组织大纲自公布日施行。

〔国民政府战史编纂委员会档案〕

---

① 1928 年 2 月 6 日中国国民党第二届中央执行委员会第四次全体会议通过。

3. 国民政府军事委员会暂行组织大纲①

（1932年3月11日）

一　国民政府军事委员会直隶国民政府，为全国军事最高机关。

二　本会职掌如下：

甲、关于国防绥靖之统率事宜。

乙、关于军事章制、军事教育方针之最高决定。

丙、关于军费支配、军实重要补充之最高审核。

丁、关于军事建设、军队编遣之最高决定。

戊、中将及独立任务少将以上任免之审核。

三　本会设委员长一人，委员七人至九人，由中央政治会议选定，由国民政府特任之。此外参谋总长、军政部长、训练总监、海军部长、军事参议院院长及本会各厅主任为本会当然委员，并由委员中互推三人至五人为常务委员，辅助委员长筹划一切事宜。

四　关于军令事项，由委员长负责执行。

关于其他职掌事项，由委员长召集常务委员或委员，以会议讨论决定后，交由各主管部办理。

行政院院长得出席本委员会会议。

五　本会设下列各厅：

办公厅　第一厅　第二厅　第三厅

各厅设主任一人，副主任一人，其组织另定之。

〔国民政府战史编纂委员会档案〕

---

① 1928年11月军事委员会结束，改组为参谋本部。训练总监部与军事参议院，直隶于国民政府，另于行政院下设军政部与海军部。1932年1月，为统筹军令，军政，又恢复军事委员会。该组织大纲1932年3月11日国民政府公布。

4. 军事委员会服务规程①

（1932年4月21日）

第一章 总则

一 本规则系按照修正军事委员会组织大纲所订，定为本会各级人员一般服务之准则。

二 关于本会各项会议规则另定之。

三 关于会议诸事项，除会议规则有明文规定者外，概依照本规则施行。

第二章 权利

第一节 委员长

四 委员长统辖全会事务，并监督指挥各厅处职务之进行。

五 本会发布命令及一切公文任状，概由委员长署名。

六 本会来往文件，概由委员长批阅签名，但委员长有事不能亲阅时，得指派办公厅主任代理之。

七 委员长有考核赏罚任免全会职员之权，但简任以上各员之任免，须呈由国民政府命令行之。

第二节 常务委员委员

八 常务委员辅助委员长筹划本会一切事宜。

九 常务委员委员出席本会会议，讨论一切事宜。

第三节 办公厅主任、副主任、顾问、高级参谋及各厅主任、副主任与各处处长、处员。

十 办公厅主任承委员长之命，综理本会一切事务。

十一 办公厅副主任辅助主任处理本会一切事务。

十二 顾问承委员长之咨询及建议本会一切事务。

① 1932年4月21日军事委员会公布。

十三　高级参谋辅助办公厅主任副主任办理本会一切事务。

十四　各厅主任承委员长之命，处理本厅事务。

十五　各厅主任有考核赏罚及任免各厅职员之权。但荐任以上各职员之任免，须呈由委员长核定之。

十六　各厅副主任辅助主任处理各该厅一切事务。但主任因事不能到厅时，得由副主任代行其职权。

十七　各处长及处员承长官之命，处理本处一切事务。

十八　各处长及处员对于长官须负整理本处事务之责。

十九　各处长因承办事项，欲直接向委员长报告时，须由所属本厅主任带领谒见之。

二十　各处长对于所属职员，有考核成绩，呈请长官赏罚任免之权。

二十一　各副主任、处长因事不能到厅时，得呈请主任派员代理之。

第三章　职掌

二十二　办公厅之职掌如下：

（一）关于本会印信典守事项。

（二）关于本会会议通知事项。

（三）关于机要文电之撰拟收发事项。

（四）关于电务及密本编订事项。

（五）其他不属于各厅之重要事项。

二十三　第一厅之职掌如下：

（一）关于军令事项。

（二）关于参谋本部业务之联络事项。

（三）关于国防作战绥靖计划事项。

（四）关于军事章制事项。

（五）关于国内外各军事呈报搜集及通报事项。

（六）关于国内外军事调查统计事项。

二十四　第二厅之职掌如下：

（一）关于陆军事务之决定审核及联络事项。

（二）关于海军事务之决定审核及联络事项。

（三）关于空军事务之决定审核及联络事项。

（四）关于各项军费之核定事项。

（五）关于军事教育训练方针校阅计划之决定及联络事项。

（六）关于政治训练宣传事项。

（七）关于审核中将及独立任务少将以上之任免与管理陆、海、空军铨叙事项。

二十五　第三厅之职掌如下：

（一）关于本会人事事项。

（二）关于本会文件收发事项。

（三）关于本会文告及函电撰拟事项。

（四）关于本会会议纪录事项。

（五）关于侍从派遣及交际布置事项。

（六）关于本会警备及军纪风纪事项。

（七）关于本会物品管理及房舍清洁事项。

（八）关于本会庶务会计经费事项。

（九）其他不属于各厅处之事项。

第四章　服务通则

二十六　各厅处职员对于本会各项法令规则，有绝对遵守之义务。

二十七　各厅处职员对于所掌职务，应恪负责任，努力将事尤须办理敏捷，不得无故稽压。

二十八　各厅、处职员经办事件，关于机要者务须严守秘密，不得漏泄。

第五章　文书处理

第一节　收文

二十九　本会总收发(即第三厅副官处收发室)于收到公文后,随将原封之件迳送第三厅秘书处开拆,并摘由分类编号登记。

三十　收文封面上如有亲启、密启及机密等字样者,不先开拆,应迳呈主任长官。

三十一　本会收到之电,由办公厅机要室翻译后,迳呈委员长或各厅主任长官,但有亲译字样者,送呈亲译。

三十二　本会收到文电,应由第三厅秘书处按其事类性质,分别为急要、机密、普通等分送主管厅核办,但文电关涉两厅以上之职掌者,应分别注明某厅主办,某厅会办。

第二节　拟办

三十三　各厅于收受文电后,先由主任长官审核批办,或呈阅或分配拟稿或签呈请示或存查备案。

三十四　承办人员应于稿面上加盖急要、机要、普通等戳记,以资区别。

三十五　凡文件关涉两厅以上之职掌者,由主办厅先办会稿,送请会办之厅会核之。

三十六　凡会稿应用正副稿,正稿存主办之厅,副稿存会办之厅。

三十七　同厅之各处,应行会稿者,即由各处主官会核,不必分正副稿。

三十八　公文稿件经各厅处长官核定或会核后,呈送委员长判行。

三十九　公文稿件除急要机密者,应随时拟办或呈阅外,其普通文件,应规定每日上午十时、下午三时半以前,汇呈委员长判行。

第三节　发行及归档

四十　本会文电稿件判行后,发还原办厅处缮写或交机要室译发缮发,及译发文电须校对无讹后,分别送印封送总收发发行。

四十一　公文发行后,其稿件仍由原办之厅处汇卷归档。

四十二　管理档卷由各厅、处专派书记、司书办理之。

四十三　关于各厅之文书处理规则，由各厅另订之。

第六章　值日

四十四　各厅应各设正副值日官各一员，正值日官以少将(上校)职员充任之，副值日官以中少校、上尉充任，其轮值次序表，由各厅自定之。

四十五　值日官之任务如下：

(一) 处理办公时间以外所发生之紧急事务。

(二) 保持秩序，监察风纪。

(三) 检查清洁卫生。

(四) 预防危险。

(五) 其他主管长官特命事项。

四十六　值日官在值日勤务时间内，对于本职事务，仍应办理。

四十七　值日官对所负值日勤务上事项，能自行处理迳自处理之，否则报请主管长官或通知该管长官处理之。

四十八　值日勤务以每日正午十二时交接。

四十九　值日官应备日记簿，载明逐日事务，于交代时呈阅。

五十　值日官应住宿于值日官室。

五十一　值日官于晚间息灯后，应检查各处，除门口通路转角及公务工作之室内灯火不息外，其余不需要灯火，概应息灭。

五十二　公役士兵夫于早晨办公前、下午退工后，应将公院屋打扫清洁，由各厅值日官及管理士兵夫之专责人员，随时督促检查之。

第七章　办公时间

五十三　本会办公时间，由第三厅副官处按季分别拟定，呈核通报各厅实行，以资一律。

五十四　各厅处职员对办公时间，应恪切遵守每日承办事件，如有紧急重要者，虽逾办公时间必须办竣，方可退公。

五十五　各厅处职员于办公时间内，不得另作他事，致妨公务。

五十六　各厅处应置签到簿一册，由值日官管理之。各职员到公时，应即签名，以备考查。

第八章　给假

五十七　本会凡遇星期例假，照常休假，但临时有命令通知者，不在此限。

五十八　各厅、处职员如因疾病及不得已事故，不能到公者，应先以请假事由及假期起止，呈明所属长官，听候核示。

五十九　凡经呈准请假者，须将起假销假时期，交由值日官载明簿记，以备考查。

第九章　会客

六十　会客应照规定时间行之。

六十一　会客时间及接见办法另定之。

六十二　普通会客应在接待室内，不得延入办公室，但经特许者不在此限。

六十三　各职员除有公务接洽外，不得滥接宾客，致妨办公，并不得容留外客在会内住宿。

第十章　附则

六十四　各厅处服务细则，由各厅主任按照本规则自行拟定，呈准行之。

六十五　本规则如有未尽事宜，得由办公厅主任呈请委员长修正之。

六十六　本规则自公布日施行。

〔国民政府参谋本部档案〕

5. 国民政府军事委员会北平分会组织条例①

（1932年7月16日）

第一章　委员长职权

第一条　委员长统辖所管区域内之各省军政、军令、国防、绥靖等事宜。

第二章　本分会编组

第二条　本分会于委员长下设常务委员三至七员，委员十八至三十二及高级参谋、高级副官各若干员，并设如下之厅处：

办公厅　第一处　第二处　第三处

第三条　厅设主任副主任各一员，处设处长副处长各一员，其各厅、处得按事务繁简酌分如下各组：

办公厅　机要组　外事组　电务组

第一处　第一组　第二组　第三组　第四组

第二处　第五组　第六组　第七组　第八组

第三处　第九组　第十组　第十一组　第十二组

组设组长副组长各一员暨处员若干员，各组得按事务繁简酌核分科，以便分掌组内事务。各科处员职务，由组长或上校处员分配之。

第三章　职掌

第四条　常务委员辅助委员长筹划一切，并领导各委员、各主任、各处长及高级参谋办理应办事件。办公厅主任辅助委员长办理一切，并指导本会各处及督饬直辖各组处理一切公务。

各处处长秉承委员长意旨，受办公厅主任指导，筹办军事政令，并督饬所属各组处理一切公务。

---

① 1932年7月16日国民政府核准。

办公厅副主任及各处副处长，辅助主任处长，处理本厅处一切事务，遇正主任或正处长不能行使职权时，得代行其职权。

第五条　各组组长秉承主任处长之命，掌理本组一切事宜。

副组长辅助组长，处理本组一切事务，遇正组长不能行使职权时，得代行其职权。

第六条　各组上校处员，秉承正副组长之命，掌理其所分科之事务。

第四章　各厅处职掌

第七条　办公厅掌理机要文电，对外交际及不属其他各处一切事宜。

第八条　第一处掌理军令一切事宜。

第九条　第二处掌理军事一切事宜。

第十条　第三处掌理军政一切事宜。

第五章　各组职掌

第十一条　机要组职掌：

一　关于本分会文电总收呈送分配事宜。

一　关于机要文电撰拟及档案保管事宜。

一　关于印信典守事宜。

一　关于汇编各项文书暨收文统计事宜。

一　关于编发会议通知议事日程暨纪录事宜。

一　关于特别交办事宜。

一　关于不属其他各组之机要事宜。

第十二条　外事组职掌：

一　关于本分会对驻华各国使馆及外侨接洽交际事宜。

一　关于翻译各国语言文书事宜。

一　关于条约援引事宜。

一　关于本分会所辖各军政机关办理地方与外人交涉及对外交际之监督指挥事宜。

— 关于撰拟各国文书对外公文函电合同及其他文件事宜。

— 关于办理本分会所属官佐出洋考察留学护照及其他手续事宜。

— 关于搜集编译国内外情报事宜。

— 关于发表及更正军事消息事宜。

— 关于军事宣传事宜。

— 关于招待国内外新闻记者事宜。

— 关于指挥监督新闻检查事宜。

— 关于指挥监督邮电检查事宜。

第十三条 电务组职掌：

— 关于收受或译发本分会及各厅处组对内对外之往返电报事宜。

— 关于电务一切往来文件事宜。

— 关于编发各部队及各处应用各项密码电本事宜。

— 关于保管本分会接收各方各种密码电本事宜。

— 关于发电印单之掌管颁发及印制筹备等事宜。

— 关于印电纸及存根之考核缴销等事宜。

— 关于指挥报房一切工作等事宜。

第十四条 第一组(总务组)职掌：

— 掌理关于国际军事、统计、经济、政治诸种谍报勤务事宜。

— 关于谍报勤务人员之训练、指导任务分配及派遣等事宜。

— 关于谍报计划及预算造报经费请领核发等事宜。

— 关于与谍报有关各处所之连〔联〕络及诸种情报之搜集、审核、整理等事宜。

— 关于诸种情报之报告、通报事宜。

— 关于所属各机关部队谍报勤务之指导事宜。

— 关于中外陆、海、空军平战两时编制之调查研究统计等事宜。

一　关于本分会所属军事机关及各部队编制之审定及考核事宜。

一　关于本国陆、海、空军编制之沿革，历史之编纂、审查等事宜。

一　关于所属军事机关及部队之成立、结束、撤销等事宜。

一　关于连络参谋之派遣一切事宜。

一　关于军用旗帜、服制、证章、符号之制定、审核、注销等事宜。

一　关于军用各种章制条例之制定、审核事宜。

一　关于军用图表调制印发一切事宜。

一　关于中外各国兵要地理一切事宜。

一　关于所属机关部队人员马匹械弹车辆之统计事宜。

一　关于参谋一切人员及调遣考绩事宜。

一　关于口令信号之颁发换变一切事宜。

一　关于平战时陆、海、空军一切连〔联〕络事宜。

一　关于本处不属其他各组之一切事宜。

第十五条　第二组（作战组）职掌：

一　关于与作战攸关之各种计划事宜。

一　关于战史调查编纂事宜。

一　关于国防计划事宜。

一　关于海、空军作战动员一切事宜。

一　关于海、空军要塞、军港、空站等事宜。

一　关于审核补充计划事宜。

一　关于陆、海、空军驻地之规定及调遣事宜。

一　关于命令通报报告事宜。

一　关于警备区域之规定事宜。

一　关于剿匪部队之调遣指导事宜。

一　关于邻接剿匪部队之连〔联〕络协同事宜。

— 关于地方武装自卫团体事宜。

— 关于非法组织及暴动或游行之取缔事宜。

— 关于戒严解严事宜。

第十六条 第三组(交通组)职掌：

— 关于军事交通输送通信之计划及执行等事宜。

— 关于军事运输及火车船舶之征集调拨等事宜。

— 关于军用运输票照领发制备保管分配缴销事宜。

— 关于管理通信专门人材〔才〕之培养及通信人员之调遣考绩事宜。

— 关于国有、民有各通信机关军事期间业务之监察指导及联络事宜。

— 关于各军用无线电台之配拨及编制消耗之规定事宜。

— 关于各军用通信器材之考核支配及登记事宜。

— 关于编发各项交通应用图表册籍事宜。

— 关于设置秘密通信及管理事宜。

— 关于军事道路及河川桥梁调查事宜。

— 关于国内铁道之输送力通过地线路数、轮转材料等调查事宜。

第十七条 第四组(训练组)职掌：

— 关于军官军士之初级教育及补充教育事宜。

— 关于各部队教育、计划、训练、指导、监督、实施各事宜。

— 关于教育训练之点校检查及大阅一切事宜。

— 关于参谋人员之教育训练事宜。

— 关于军学书籍之审查制定保管一切事宜。

— 关于各级军事学校之招考选送一切事宜。

— 关于派遣或选送留学一切事宜。

— 关于海、空军机要、礼节、统计等事宜。

— 关于海、空军任免、赏赉、典制、考核等事宜。

一　关于海、空军气象、测绘、电政等事宜。

一　关于海、空军舰械工厂设备等事宜。

一　关于海、空军教育编制、通信交通等事宜。

一　关于海、空军谍报编纂、通信调查等事宜。

一　关于海、空军司计储备稽核等事宜。

一　关于海、空军军法审检医务事宜。

（关于海、空军各条文中之事项，应由各主管组主办，本组审核副署之。）

第十八条　第五组（军械组）职掌：

一　关于武器弹药器具材料之统计筹备考核分配补充保管等事项。

一　关于武器弹药器具材料之领发缴销调拨检查修理等事宜。

一　关于各修制武器厂所之指导监察事宜。

一　关于新兵器发明之审查及特种武器之采购事宜。

一　关于军械专门人材〔才〕之培养及军械人员之考绩事宜。

一　关于各厂司所制造及修理所需机械工具之置办消耗考核等事宜。

一　关于飞机、战车之购置修理等事宜。

一　关于枪照禁器护照及国府运输执照之领发缴销及保管各事宜。

一　关于有、无线电信之筹备补充分配保管统计采购及各项器材之筹备补充分配保管统计修理审核等事宜。

一　关于械弹器材各项旬报、月报、季报、半年报及各项交接表、枪炮号码册之审核保管及枪枝烙印各事宜。

一　关于各部队作战演习及剿匪并试射所耗械弹器材及其属品之注销报废各事宜。

一　关于军人逃拐军械之价赔追缴及海关查获军火一切提运

给奖各事宜。

第十九条　第六组(军衡组)职掌：

— 关于军官佐之任免调转奖惩叙勋补官等事宜。

— 关于军官佐之考绩及履历之审核保管事宜。

— 关于勋奖章之规定颁发及保管等事宜。

— 关于军事机关关防之刊发缴销等事宜。

— 关于军官佐短假及军人军属结婚事宜。

第二十条　第七组(军籍组)职掌：

— 关于士兵之征募、退伍、点验等事宜。

— 关于残废军人之收容、编遣等事宜。

— 关于士兵革补马骡除补等事宜。

— 关于军用车辆之统计、筹备、补充、分配、修理等事宜。

— 关于军马之统计、采购、征发、分配、补充、调拨等事宜。

— 关于军马牧场马匹数目之考核调拨等事宜。

— 关于各种军用汽车汽油之采购、筹备、补充、分配、修理、保管等事宜。

— 关于军风军纪之监察指导事宜。

第二十一条　第八组(工程组)职掌：

— 关于建修营房工程之勘查设计制图监修事宜。

— 关于审核工程用款事宜。

— 关于建筑工程或承售建筑料品之商号注册事宜。

— 关于工程投标事宜。

— 关于建筑营房材料之收发保管使用调查事宜。

— 关于营房及其附属物品器具并其他各项营产之支配筹设管理勘查审核一切事宜。

— 关于营园树株栽种及租金经理事宜。

— 关于各营市局征收捐租及营市区内教育卫生行政事宜。

— 关于建筑营房监工管科及营产管理人员之考绩事宜。

一　关于永久军用堡垒及要塞建筑之设计事宜。

第二十二条　第九组(军需组)职掌：

一　关于军需人员权衡考绩奖惩事宜。

一　关于军需人员教育训练及人事统计事宜。

一　关于军需动员及军需法规编纂事宜。

一　关于经理检查监视军需筹办事宜。

一　关于军费预算计算决算事宜。

一　关于其他物品会计及经理监督审核事宜。

一　关于军费出纳及统计事宜。

一　关于本分会会计薪饷事宜。

一　关于货币换算及保管事宜。

一　关于军需品制造之作业计划及材料成品之预算计划事宜。

一　关于粮服查验及给与规定事宜。

一　关于粮服制造材料购备作业计划及指导监察事宜。

一　关于废品处置及利用事宜。

一　关于平战两时粮服保管事宜。

第二十三条　第十组(医务组)职掌：

一　关于制定审查平时战时卫生勤务暨人员之卫生防疫、诊疗、除疫、抚恤、新兵入伍检查卫生机关编组业务统计各事宜。

一　关于军医兽医卫生器材之购置、分发、鉴定、检查、化验及审核各属卫生器材消耗、统计暨制造军阵药剂一切事宜。

一　关于制定审查平时战时军马卫生勤务及军马之卫生、防疫、诊疗、除疫、倒毙、新马入营、检查业务统计、军马改良各事宜。

(此外关于军马补充调检马匹价款及月报马册各事，概归本处第九组及第二处第七组分别办理。)

一　关于审核校阅军医兽医人员资格成绩、军医兽医行政一切事宜。

一　关于军医兽医教育及发行医务刊物事宜。

第二十四条　第十一组(军法组)职掌：

一　关于奉令特交重要案件之审判事宜。

一　关于本分会直辖军官佐士兵夫之违法审理事宜。

一　关于本分会所辖各省区呈送攸关军事判决案件之覆核事宜。

一　关于本分会所辖区域内呈报案件，于必要时提审事宜。

一　关于军事诉讼案件之侦察审理事宜。

一　关于奉令核准判决人犯之执行事宜。

一　关于高等军法会审事宜。

一　关于本分会所管区域内军事诉讼请求覆审事宜。

一　关于陆军监狱及看守所之监察整理事宜。

一　关于不属军法之呈诉审核准驳事宜。

第二十五条　第十二组(副官组)职掌：

一　关于本分会公文命令传达事宜。

一　关于本分会警卫事宜。

一　关于本分会士兵军纪风纪事宜。

一　关于交际招待事宜。

一　关于本分会公共清洁及火警预防事宜。

一　关于本分会直辖各部队暨各军事机关学校休假换季以及庆祝等通知事宜。

一　关于本分会各种汽车管理支配事宜。

一　关于本分会官兵公出旅费核报事宜。

一　关于本分会人马车辆征集管理事宜。

一　关于本分会房舍修缮事宜。

一　关于本分会证章之制定审核事宜。

一　关于不属其他各组之一切庶务事宜。

〔国民政府参谋本部档案〕

(2) 行营及绥靖公署

1. 绥靖督办公署暂行组织条例①

(1930 年 12 月 11 日)

第一条　为剿灭各省边区及苏省匪共起见，特设绥靖督办，以专责成，而靖地方。

第二条　绥靖督办由国民政府特任之，隶属于陆海空军总司令部。

第三条　各绥靖督办得于相当地点设置公署，并依现在各省之匪共情形暂为设置如下：

一　豫鄂皖边区绥靖督办公署。

二　豫陕晋边区绥靖督办公署。

三　江苏绥靖督办公署。

第四条　各绥靖督办得按所辖区域内情形及兵力，为剿匪迅速容易着手起见，可商同各省政府及与该区有关系之总指挥军长等协议，划分为若干绥靖分区，即以该区所驻之国军或省军之高级者委为分区指挥官，报请总司令部备案。但各分区指挥部，概以原有机关人员兼充，不另设部。

第五条　绥靖部队以驻在该区之国军或省军及水陆公安警察、保安队、民团等充之。其担任绥靖之国军，应由总司令命令定之。

第六条　各绥靖督办公署编制职掌如另表规定。

第七条　绥靖期间，自各该绥靖督办公署成立之日起，限四个月内一律肃清；以前两个月为剿匪期，后两个月为清乡期。剿匪期归绥靖督办负责办理，清乡期由该督办商同各省政府按照清乡条

① 1930 年 12 月 11 日国民政府核准。

例，督促所属施行之。

第八条　各绥靖督办应将所属绥靖部队之配置及计划，随时呈报总司令部备查，并通知有关各省政府或总指挥等，以资联络。

第九条　各绥靖督办对于所辖区域内之地方县政府及水陆公安、警察、保安队、民团等，于绥靖实施时，得随时指挥之，其各分区指挥官禀承督办意旨，对于本分区绥靖部队有指挥调遣之权。

第十条　绥靖督办对所辖区内绥靖事宜，应负全责，且须不分界域，澈底清剿。在绥靖期间得适用惩治盗匪条例。

第十一条　绥靖督办及分区指挥及对于所辖区域内之地方行政、党务、司法、财政，不得迳行干涉。

第十二条　各绥靖区域内，如已设有卫戍警备护路等司令时，各该司令各负其原有之责任。

第十三条　本条例如有未尽事宜，得随时呈请修正之。

第十四条　本条例自公布之日施行。

附：绥靖督办公署暂行编制表

职别	阶级	职掌
督办	上(中)将	
参谋长	少(中)将	承督办之命筹划一切绥靖事宜。
秘书	上/中(少)校	承督办之命拟办机要文电兼办政治工作。
军医	少校	
副官	少校	
译电员	同上/中尉	
书记	同少校/上尉	兼监印校对
司书	同准尉	
参谋处 处长	上校(少将)	一、关于绥靖计划之拟定，部队之指挥

（续表）

职别		阶级	职掌
参谋处	参谋 书记 司书	中（少）校 上尉 同上尉 同准尉	调遣及匪情之侦查谍报等事项。 二、关于绥靖官兵之考核奖惩伤亡官兵之抚恤及地方善后等事项。 三、关于机密函电命令之撰拟事项。
副官处	处长 副官 书记 司书	上校（少将） 少校 上（中）尉 同上尉 同准尉	一、关于本公署之交际，庶务及传达报等事项。 二、关于本公署之警卫士兵夫之管理及军风纪之整饬等事项。 三、关于水陆运输及通信事项。
经理处	处长 处员 书记 司书	上校（少将） 少校 上尉 同上尉 同准尉	一、关于本公署及绥靖经费之预算出纳报销等事项。 二、关于军械出纳修理事项。 三、关于绥靖部队之被服粮秣器材等之统计补充等事项。
军法处	处长 军法官 看守所长 书记 司书	上校（少将） 中少校 中尉 同上尉 同准尉	一、关于匪共案件之检举侦查讯判及复核等事项。 二、关于绥靖官兵违法之侦查讯判等事项。 三、关于匪共自首及附乱人民之自新等事项。
特务员		上中尉	
传达士兵		上中上等士兵	
勤务士兵		上中上等士兵	由副官处管理分配之。

（续表）

职别	阶级	职掌
	上一等兵	
马四		必要时设置之。
伙夫	上二等兵	
马夫	二等兵	必要时设置之。
合计	官佐	
	士兵	
附记	一、本表员额应按事务之繁简，在核定经费范围内，由各区督办自行酌设。 二、必要时得酌设参议数员。	

〔国民政府参谋本部档案〕

2. 国民政府公布四川善后督办公署暂行组织大纲训令

（1931年3月21日）

国民政府训令　字第一六六号

令参谋本部

为令知事：查四川善后督办公署暂行组织大纲业经明令公布，应即遵饬施行，除分令外，合行抄发原大纲及附表，令仰知照，并转饬所属一体知照，此令。

计抄发四川善后督办公署暂行组织大纲一份，附暂行编制表及职掌表。

国民政府主席　蒋中正

中华民国二十年三月廿一日

四川善后督办公署暂行组织大纲

第一条　国民政府为整理四川省军事起见，特设善后督办，以资统率而专责成。

第二条　善后督办由国民政府特派之，隶属于陆海空军总司令部。

第三条　善后督办得于该省相当地点设置公署。

第四条　善后督办在善后期间所有全省驻在军队统归负责处理，并得按该省情形随时咨商省政府，将全省划为若干警备区，每区设司令一员，均由督办呈请陆海空军总司令任命之。

第五条　善后督办公署之编制、职掌如另表规定。

第六条　各警备区司令部之编组，由督办拟订，呈请陆海空军总司令核定施行。

第七条　善后督办须将所属部队之整理及绥靖等一切情形，随时呈由总司令部核转国民政府备查。

第八条　善后督办及各警备司令对于所辖区域内之地方行政、党务、司法、财政，商由主管机关处理，不得迳行干涉。

第九条　善后督办公署办事细则，由督办拟订呈核。

第十条　本大纲自公布之日施行。

四川善后督办公署暂行编制及职掌表(略)。

〔国民政府参谋本部档案〕

3. 军政部关于准予第一路总指挥部暂行组织大纲备案并检同该大纲致参谋本部公函

（1933年4月）

军政部公函　务字第2933号

迳启者：案据第一路总指挥陈调元呈称：窃查本路军自经裁编后，总指挥部原定编制亦因经费迭次裁减，业已酌量情形分别裁编，以节经费而资办公。兹谨将总指挥部暂行组织大纲具文呈报，是否有当，伏乞鉴核备案，等情。据此。查所拟组织大纲经核、尚属可行，除指令准予备案暨分行外，相应抄同该大纲函请查照为荷。此致

参谋本部

附抄送第一路总指挥部暂行组织大纲一份。

中华民国二十二年四月　日

第一路总指挥部暂行组织大纲

第一条　本部隶属于军事委员会，并受军政部、参谋本部、训练总监部之节制。

第二条　本部设上将总指挥一员，指挥统辖下列各部队：

陆军第五十五师

陆军第五十七师

陆军独立第四十三旅

直属炮兵营

直属特务营

第三条　本部设中将参谋长、中将总参议各一员，辅佐总指挥处理一切事务。

第四条　本部设置下列各厅处：

办公厅

参谋处

副官处

第五条　办公厅设秘书及军法、军医、会计三科，掌理下列事项：

一、关于典守印信事项。

二、关于文书收发及保管事项。

三、关于撰拟函电文件事项。

四、关于军法审判事项。

五、关于卫生及医务事项。

六、关于会计出纳及审核事项。

第六条　参谋处设作战、人事、军械三科及电务股，掌理下列事项：

一、关于动员作战与绥靖地方之计划事项。

二、关于侦查谍报事项。

三、关于编制、教育及人事、考绩事项。

四、关于交通与通信、计划事项。

五、关于军械、出纳与补充、计划事项。

六、关于电务事项。

第七条　副官处设总务、管理两科，掌理下列事项：

一、关于承宣命令事项。

二、关于典礼事项。

三、关于侍从事项。

四、关于交际与调查事项。

五、关于警卫事项。

六、关于军风纪事项。

七、关于勤务事项。

第八条　各厅处设主任或处长一人，厅主任少将，参谋处长少将，副官处长上校或少将，承总指挥之命，参谋长、总参议之指导，分理各厅、处事务，并指挥监督所属职员及所辖机关。

第九条　各厅、处人员额数如附表。

第十条　各厅、处服务规则另定之。

第十一条　本大纲自呈准日施行，如有不适宜处时，得随时呈请修正之。

第一路总指挥部暂行编制表〔略〕。

〔国民政府参谋本部档案〕

4. 军事委员会委员长南昌行营组织大纲①

（1933年6月24日）

第一条　军事委员会委员长为处理赣、粤、闽、湘、鄂五省剿匪军事及监督指挥剿匪区内各省党政事务之便利起见，特设南昌行营，其组织如系统表。

第二条　本行营设委员长办公厅，置主任、副主任各一人，秘书长一人，侍从高级参谋一人，襄助委员长分别处理行营一切事务。

第三条　办公厅秘书长室，设秘书若干人，侍从高级参谋室设侍从参谋、侍从秘书、侍从副官各若干人，承长官之命，分别助理办公厅事务。

第四条　办公厅设人事、文书、机要、调查四课，各设课长一人，课员若干人，承长官之命，分别办理各该课事务。

第五条　本行营设第一、第二两厅，各设厅长一人，承委员长之命，依其职务，分别受办公厅主任或秘书长之指导，综理各该厅一切事务。

第六条　第一厅分设二处，各设处长一人，副处长一人，承长

---

① 1933年6月24日实行。

官之命，分别掌理各该处事务，其职掌之分配如下：

第一处　掌理作战情报；碉塞及编纂等事项。

第二处　掌理后方勤务诸事项。

第七条　第二厅分设三组，每组设组长一人，副组长一人，承长官之命，分别掌理各该组事务，其职掌之分配如下：

第一组　掌理保卫、清乡、感化、民众之组织训练，收复区之特种教育，政治训练，宣传军法及其他关于民政教育等政务之指导事项。

第二组　掌理振济、收容、封锁、屯垦土地，处理农村善后、残废军人工厂、散兵游勇习艺所及其他关于财政建设等政务指导事实。

第三组　掌理本厅文书、会计、庶务及其他不属于一二两组等事项。

第八条　第一、第二两厅所辖各处各组，得按事务之繁简分设各课，每课设课长一人，课员若干人，分别承长官之命，办理各该课事务。

第九条　本行营设审核处、训练处、经理处、总务处，各设处长一人，承委员长命，分别受办公厅主任或秘书长之指导，办理下列各项事务，其组织规程另定之。

审核处　办理审核各机关工作报告及会计事项。

训练处　办理各部队之检阅，官兵之补充及其招募，训练事项。

经理处　办理剿匪各部队之经费、被服等事项。

总务处　办理本行营一切之警卫交际会计及庶务事项。

第十条　前条以外行营所属各处院局厂队班室所等各机关，应分别受第一、第二两厅指导。

第十一条　本行营之编制及各厅办事细则另定之。

第十二条　本大纲由军事委员会委员长核定施行。

国民政府军事委员会委员长南昌行营组织系统表

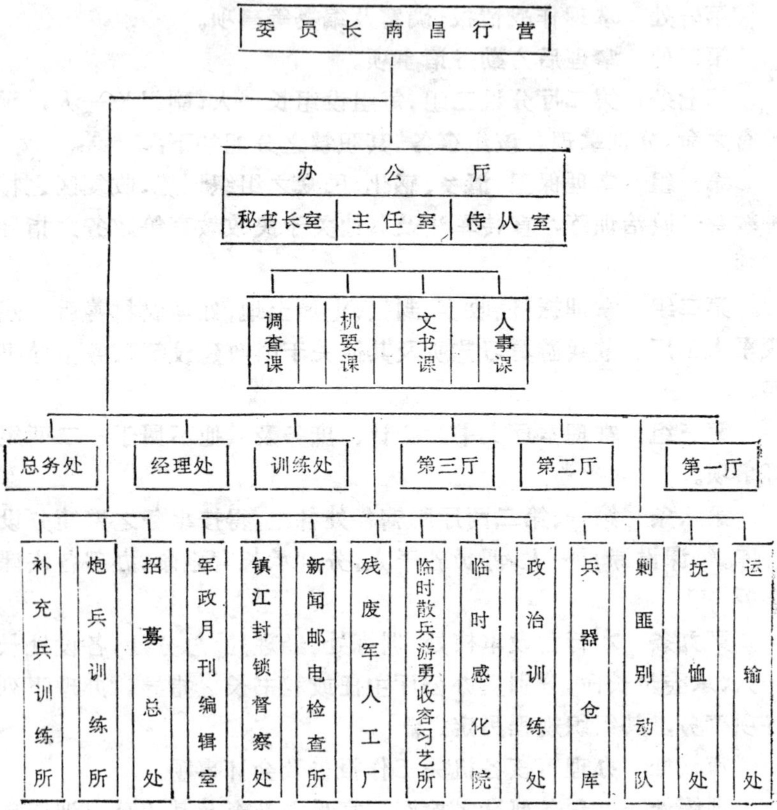

〔国民政府参谋本部档案〕

5. 军事委员会公布委员长行营参谋团组织大纲训令

（1934年12月23日）

国民政府军事委员会训令　　章字第161号

令参谋本部

为令知事：本会为对四川剿匪各军作战上之运筹指导督察诸事宜，特组织本委员长行营参谋团，所有该团之组织大纲及编制表，业经制定。除由会公布暨分令及函知国府文官处转呈备案外，合行检发该团组织大纲及编制表各一件，令仰知照。此令。

附发国民政府军事委员会委员长参谋团组织大纲及编制表各一件：

中华民国二十三年十二月二十三日

国民政府军事委员会委员长行营参谋团组织大纲

第一条　国民政府军事委员会委员长行营参谋团，为对四川剿匪各军作战上运筹、指导、督察之特设机关。

第二条　参谋团之业务如下：

（一）运筹剿匪作战计划。

（二）指导剿匪各军事行动。

（三）维系各军间之密切联络。

（四）督察各军对于剿匪之勤惰，审拟奖惩，呈请委员长核夺施行。

（五）考核各军之械弹分配与消耗情形及剿匪经费之支用暨考查经理卫生改良事宜。

（六）搜集诸种情报，适时向委员长呈报。

（七）督促并指导剿匪攸关政治设施。

第三条　参谋团以主任、副主任、秘书、第一处、第二处、政治训练处、总务处人员以及高级参谋、督察专员、各级督察员等组织之，其编制如附表。

第四条　参谋团主任主持团务，处理剿匪作战一切事宜，并协助四川剿匪军总司令之行使职权。当委员长未在行营时，关于作战命令应由主任拟定，四川剿匪总司令代行。

第五条　政治训练人员分赴各部队，担任政治训练事宜，其条文另定之。

第六条　高级参谋筹议剿匪攸关诸事外，并轮流派充督察专员，督察各路军之作战，并任谍报联络事宜。

第七条　各级督察员服行特别勤务，奉派随同督察专员前赴各军时，应受该督察专员之指挥，分赴各部队担任联络谍报并协助剿匪事宜。

第八条　四川剿匪各路军，得各派高级参谋一员，在团专任连〔联〕络并协商剿匪事宜。

第九条　本大纲经国民政府军事委员会委员长核定公布施行。

国民政府军事委员会委员长行营参谋团编制表

职别	阶级	员额	乘马	备考
主任	中将	1	2	
副主任	少（中）将	1	2	
高级参谋	少（中）将	10	10	内有6员任督察专员
参议		无定额		
秘书	上 中　校	2 1		
各级督察员		无定额		由行营选派
副官	上 中　尉 少	1 1 1	2	主任随从上少尉副官各11副主任随从中尉副官1
电务员	上 中　尉 少	1 3 1		
书记	上 中　尉	1 1		分任收发管卷

（续表）

职别		阶级	员额	乘马	备考
		少尉 准尉	2 1		
第一处	处长	少（中）将	1	1	担任军事
	副处长	上（少将）校	1	1	
		上校 中（少）校 上尉	3 6 4	9	分任作战课报后方勤务交通
	副官	中尉	1		
	书记	上尉 中尉	2 1		
	司书	少尉 准尉	3 1		
第二处	处长	少将	1	1	担任政治
	副处长	上（少将）校	1		
	处员	上校 中校 少校	1 2 2	4	分任保甲团队、封锁碉堡，宣传俘掳，收容善后诸政治工作
	副官	中尉	1		
	书记	上尉	2		
	司书	少尉 准尉	2 1		
总务处	处长	上校	1	1	担任交际、庶务、会计
	副处长	上校	1		

（续表）

职别		阶级	员额	乘马	备考
总务处	军需	中校 少(中)尉 上尉	1 1 1		
	副官	中校 少尉 上尉 中尉	1 2 1 1		
	书记	上尉	2		
	司书	少尉 准尉	2 1		
政治训练处		另定			
	班长	准尉	1		兼外收发
	军士	中士	1		
	传令兵	上等兵	8		
卫士		中士	16		
		下士	18		
		上等兵	39		
公役		四等 五等	15 20		
油印军士		上士	4		兼服主任办公室第一处办公室，第二处办公室，总务处办公室勤务
炊事兵		上等兵 一等兵	1 14		

（续表）

职别	阶级	员额	乘马	备考
饲养兵	上等兵 一等兵	1 17		
总计	官佐	80	35	
	士兵	154		
附记	一、凡调派之附属机关如通信及警卫部队，依其固有之编制系统自行经理。 二、督察专员出差经费，另按南昌行营之规定。 三、凡人员以尽量调用，如调用人员原阶级较规定编制阶级高，则仍照其原阶级支给经费。			

〔国民政府参谋本部档案〕

6. 国民政府军事委员会公布武昌行营组织大纲令

（1935年3月6日）

国民政府军事委员会公布令　　公字第七七号

兹制定武昌行营组织公布之，此令。

中华民国二十四年三月六日

委员长　蒋中正

军事委员会委员长武昌行营组织大纲

第一条　军事委员会委员长为统率剿匪军事并统筹剿匪省份之地方善后起见，特移设行营于湖北，以便行使其职权。

第二条　行营设主任一人，辅佐委员长负责处理行营一切事务。

第三条　行营设参谋长、秘书长各一人，襄助委员长与主任，分别办理行营一切事务。

第四条　行营设委员长侍从室，分掌行辕警卫，承启纪录及总务各事宜，其组织规程另定之。

主任、参谋长、秘书长办公室，得附设参谋、秘书、副官等职。

第五条　行营设下列各处，置处长、副处长各一人，承委员长与主任之命，分别受参谋长、秘书长之指导，综理各该处一切事务。

第一处　掌理作战情报、后方勤务、军械、碉寨及军衡政绩等事项。

第二处　掌理军需、出纳、保管及其他审核事项。

第三处　掌理交际、会计、庶务、管理及行营卫戍等事项。

第四处　掌理机要、文书、任免、统计、编译等事项。

第五处　掌理关于地方善后之党务、民政、保安、教育、感化及公路督造等事项。

第六处　掌理关系地方善后之经济建设、复兴农村之金融事业及农村合作等事项。

第七处　掌理关系地方财政、药烟特税及其他审核事项。

各处得按事务之繁简，分设各科，其组织规程、编制表另定之。

第六条　行营设政训、交通、运输、军法、军医及其他各处，置处长一人，有必要时，并得设副处长，承委员长与主任之命，分别受参谋长与秘书长之指导，综理各该处一切事务。

第七条　行营设陆军整理处，置正、副处长各一人，承委员长之命，受主任之指导，综理该处一切事务。

第八条　行营编制及办事通则另定之。

第九条　本大纲呈候国民政府核准施行。

〔国民政府参谋本部档案〕

7. 国民政府公布鄂湘川边区剿匪总司令部组织条例等指令

（1935年6月27日）

国民政府指令　第一六三〇号

令行政院

呈据军政部呈送鄂湘川边区剿匪总司令部组织条例暨附表，检件转请鉴核备案由。呈件均悉。准予备案。附件存。此令。

中华民国廿四年六月廿七日

国民政府主席　林　森

行政院　院长　汪兆铭

军政部　部长　何应钦

鄂湘川边区剿匪总司令部组织条例

第一节　总则

第一条　本条例遵依军事委员会颁布之剿匪军各路总部组织大纲制定之。

第二条　总司令部直隶于军事委员会及军事委员会委员长行营。为指挥、联络便利起见，设总司令部于沙市，并于施南设行营。

第二节　组织

第三条　本部于总司令部以下设参谋长一员及秘书、参谋、党政、副官、经理、军法、军医等七处。

第四条　各处设处长一员，掌管本处一切事宜。处长以下遇必要时，得酌分科或分股办事。

第五条　总司令部之隶属系统及编制如附表第一、第二。

第三节　职权

第六条　总司令承军事委员长之命，指挥所辖军队（如附表第三）清剿鄂西及湘西北、川东南边区之赤匪、土匪。对该区域内之军事有处理之全权，其政治、党务与军事有关者并处理之。

第七条　参谋长承总司令之命，办理督剿赤匪党务、政治及其他善后事宜之一切计划，并督饬本部全体人员进行一切事务而负监督、指导之全责。

第八条　各处长承总司令之命及参谋长之指导，办理各该处职掌以内之一切事务，对于所属人员有监督、指导、稽考之责。

第九条　各处科长承各该处长之命，办理职掌内之一切事务，对于科内人员有监督、指导、稽考之责。

第十条　各处其他人员承处长、科长之命，办理分配职责以内之事务。

第十一条　本部办事规则另定之。

第十二条　本部所辖清剿区域，鄂西之恩施、宣恩、来凤、咸丰、利川、建始、鹤峰、五峰、巴东、秭归、长阳、宜都、枝江、松滋、江陵、公安、石首及湘边之龙山、桑植、慈利、石门、澧县，川边之彭水、黔江、酉阳、秀山诸县境。

第四节　经费及其他军需物品

第十三条　关于所指挥之师、旅、团队应需之经费、械弹、装具、被服、器材等，仍由各部自向中央或原属省府请领。

第十四条　进剿部队之临时运输费，由本部依情况向军事委员长行营请领支配之。

第五节　附则

第十五条　本条例如有未尽事宜，得呈准修改之。

第十六条　本条例自呈奉批准公布之日施行。

附表第一　编制系统表

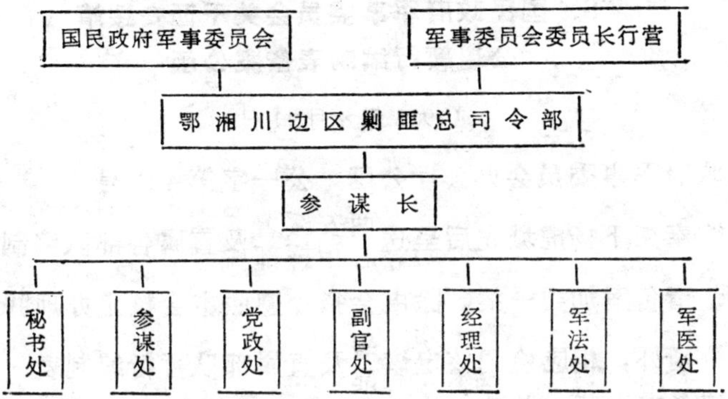

鄂湘川边区现编剿匪部队一览表

番号	主官姓名	备考
第四十八师	徐源泉	
第四十一师	张振汉	
第三十四师	张万信	
第二十六师	郭汝栋	
第五十八师	陈耀汉	
独立第三十八旅	潘善齐	
新三旅	蒋作均	
湖北保安团	张刚	
独立第三十四旅	罗启疆	
新编第四旅	张连三	
第十军特务团	李德惠	
总部特务营	苏耀增	
附记		

附表第二　鄂湘川边区剿匪总司令部编制表(略)。

〔国民政府行政院档案〕

8．国民政府军事委员会关于西安绥靖公署暂行编制表备案公函

（1935年8月11日）

国民政府军事委员会办公厅公函　公一字第429号

案奉交下杨虎城先后呈送西安绥署总指挥部及直属各部队编制表、简历表、请备案加委一案，除由会指令遵照本会核定办理并另予加委及分函外，相应检同核定该署部及直属部队暂行编制表一份，随函送请备查为荷。此致

参谋本部

附送该署部及直属部队暂行编制表一份

中华民国廿四年八月十一日

西安绥靖公署暂行编制表①

<table>
<tr><th>区分</th><th colspan="2">职别</th><th>阶级</th><th>员额</th><th>备考</th></tr>
<tr><td colspan="3">绥靖主任</td><td>上将</td><td>1</td><td></td></tr>
<tr><td colspan="3">参谋长</td><td>中将</td><td>1</td><td></td></tr>
<tr><td colspan="3">秘书长</td><td>上校</td><td>1</td><td></td></tr>
<tr><td rowspan="5">办公厅</td><td colspan="2">主任</td><td>少将</td><td>1</td><td></td></tr>
<tr><td rowspan="4">总务科</td><td>科长</td><td>中(少)校</td><td>1</td><td></td></tr>
<tr><td>秘书</td><td>少校</td><td>1</td><td></td></tr>
<tr><td rowspan="2">科员</td><td>上尉</td><td>2</td><td></td></tr>
<tr><td>中尉</td><td>1</td><td></td></tr>
</table>

① 军事委员会1935年5月25日公一字第九〇号指令暂准备案。

（续表）

区分	职别		阶级	员额	备考
办公厅	机电科	科长	中(上)校	1	
		秘书	少校	3	
		书记	上尉	1	
			中尉	1	
	电务科	科长	少校	1	
		电务员	上尉	3	
			中尉	2	
			少尉	4	
参谋处	处长		少将	1	
	主任参谋		上校	1	
	参谋		上校	2	
	办公室	书记	上尉	1	该员在办公室服务。
			中尉	1	该二员在第二科服务。
			少尉	1	
		司书	准尉	7	四员在办公室服务,其余分派第一、二、三科各一员。
	第一科	科长	上校	1	
		参谋	中校	2	
			少校	2	
			上尉	2	

（续表）

区分	职	别	阶 级	员额	备 考
参谋处	第二科	科 长	上 校	1	
		参 谋	中 校	1	
			少 校	3	
	第三科	科 长	上 校	1	
		参 谋	中 校	1	
			少 校	2	
			上 尉	1	
合 计			官 佐	56	
附记	一、该署副官、军需、军械、军法、军医五处由十七路军总指挥部兼。 二、该署宪兵营本年五月廿五日本会公一字第九〇号令改为该署特务营，五月廿九日呈复，俟改编就绪另文呈报。但迄今尚未补呈。				

〔国民政府参谋本部档案〕

9．军事委员会检发委员长新行辕组织大纲给参谋总长密令

（1936年4月22日）

国民政府军事委员会密令

公一字第1592号

令参谋总长程潜

为令知事：兹为指挥湘鄂剿匪军事，指导各该省份地方善后，及整理训练驻在湘鄂赣区部队各项事权统一起见，著将宜昌行辕与陆军整理处合并改组为本委员长行辕（不冠地名），任命陈诚为

本行辕参谋长，业于二月一日编并成立。暂设武昌南湖办公。所有前宜昌行辕及陆军整理处名义，着即撤销。除分令外，合行检发新行辕组织大纲一份，令仰知照，并密饬所属一体知照为要。此令。

附发行辕组织大纲乙份。

委员长　蒋中正

中华民国廿五年四月廿二日

国民政府军事委员会委员长行辕组织大纲

第一条　国民政府军事委员会为指挥湘鄂剿匪军事，指导各该省份地方善后及整理训练驻在湘、鄂、赣区各部队起见，特设行辕，处理一切。

第二条　行辕设参谋长一员，辅助委员长综理一切事宜。

第三条　行辕设办公处及第一、第二、第三等处，处置处长一员，办公处暨第一处并各置副处长一员，其各处职掌如下：

办公处分科掌理总务、机要、人事、经理、卫生、军法等事项。

第一处分科掌理作战、谍报、后方勤务、军械等事项。

第二处分科掌理训练、点编等事项。

第三处分科掌理保安、教育、民众组织训练、地方经济合作及公路建设等事项。

第四条　行辕除前条设置各处外，得另设政训分处，由该主管机关派出之，掌理政训并兼办党务。

第五条　行辕组织系统及编制另表定之。

第六条　本大纲自公布日施行。

〔国民政府参谋本部档案〕

二、国 防 会 议

1. 国民政府国防会议条例草案

（1928年11月22日）

第一条　国民政府为决定国防大方针及讨论国防一切重要问题起见，特设国防会议。

第二条　国防会议以下列人员组织之：

国民政府主席。

行政院长。

参谋总长。

军政部长。

训练总监。

军事参议院。

外交部长。

财政部长。

第三条　国防会议主席由国民政府兼任或由国民政府特任之。

第四条　国防会议主席于必要时得召集内政、交通、农矿、工商、教育各部长或其他必要人员临时列席。

第五条　国防会议开会由国防会议主席召集之。

第六条　国防会议议决事项由主席呈报国民政府主管院部执行。

第七条　国防会议为整理提案及处理一切事务起见，设置常务处，以参谋次长、参谋部第一厅长、训练总监部副监、陆军署长、海军署长、航空署长、军需署长组织之。并以参谋次长为主任。

第八条　国防会议之会议规则另订之。

第九条　本条例如有未尽事宜得随时修正呈请国民政府核准施行。

第十条　本条例自公布之日施行。

〔国民政府战史编纂委员会档案〕

2. 国民政府军事委员会关于国防会议秘书厅组织规程等备案指令

(1936年12月19日)

国民政府军事委员会指令　公(一)字第二八四〇号

令参谋总长程潜

二十五年十一月七日，总廉字第三一三五六号呈一件，为拟订国防会议秘书厅组织规程、系统编制表及办事细则，呈请鉴核施行由。呈件均悉。各拟各件，经稍修正，除交军政部转呈备案并密令有关各机关知照外，合行检同修正各件，随令附发，仰即遵照办理，此令。

计发国防会议秘书厅组织规程、编制表、系统表、办事细则各一件。

中华民国二十五年十二月十九日

委员长　蒋中正
副委员长　阎锡山
冯玉祥
常务委员　何应钦
程　潜
李烈钧
朱培德
唐生智
陈绍宽

白崇禧

国防会议秘书厅组织规程　附系统编制表及办事细则

第一条　本规程依据国防会议条例第七条订定之。

第二条　国防会议为处理关于会议一切事务，成立秘书厅(以下简称本厅)设参谋本部内。

第三条　本厅区分如下之各室组：

秘书室。

总务组。

议事组。

第四条　本厅设置职员如下：

厅长。

副厅长。

秘书。

组长。

干事。

助理官。

书记。

速记。

司书。

第五条　厅长承国防会议议长、副议长之命，督率全厅职员，综理厅务。

第六条　副厅长辅助厅长襄理厅务。

第七条　秘书承厅长、副厅长之命，分任各项提案之审查、整理、研究与编纂，并指导各组之业务。

第八条　组长承厅长、副厅长之命，受秘书之指导，督饬全组职员，处理各该组职务。

第九条　干事承组长之命，主办指定事务。

第十条　助理官受组长、干事之指示，办理指定事务。

第十一条　书记、司书受各级长官之命，办理收发、登记、管卷、缮写、油印等事务。

第十二条　速记员承议事组组长、干事之命，担任国防会议及本厅会议等之记录事务。

第十三条　本厅职员，除厅长、副厅长由国防会议议长依照国防会议条例第七条指定外，其余概由厅长呈准议长于军事委员会及参军训各部现任职员中调任，不另支薪，又各项事务上所需之兵役，由参谋本部调用。

第十四条　本厅之系统及编制如另表，其办事细则另定之。

第十五条　本厅于国防会议开会前一月组织成立，而于会议告终后一月内结束之。

第十六条　本规程自呈奉核准后，于二十六年度国防会议开会时施行。

国防会议秘书厅系统表〔略〕

国防会议秘书厅编制表

区分	职别	阶级	员额	备考
厅长		上将	1	
副厅长		中将	2	
秘书室	主任	同中将	1	
	秘书	同中(少)将	8～12	
	书记	同上(中)尉	1	
总务组	组长	少(中)将	1	
	干事	上校	3	

（续表）

区分	职别	阶级	员额	备考
总务组	助理官	中（少）校	3	
	书记	同上（中）尉	1	
	司书	同少（准）尉	2	
议事组	组长	少（中）将	1	
	干事	上校	3	
	助理官	中（少）校	3	
	速记员	同上（中）尉	1	
	书记	同上（中）尉	1	
	司书	同少（准）尉	3	
合计		官佐	35～39	
附记	一、各级职员概系现任职员调用，不另支薪。 二、各组人员之分配，得视事务之繁简，临时呈准厅长调动之。 三、组内为便利计，得分股办事，以干事或助理官为一股之负责者。			

国防会议秘书厅办事细则〔略〕

〔国民政府参谋本部档案〕

三、各部院组织

（1）参 谋 本 部

1. 参谋本部条例①

（1928年11月22日）

第一条　参谋本部掌理国防用兵及陆地测量事宜。

第二条　参谋总长直隶于国民政府，参划军机，执掌国防用兵各计划，统理部务。

第三条　参谋总长统辖全国参谋人员，监督其教育，并管辖陆军大学校及驻外使馆武官及陆地测量。

第四条　参谋次长辅助总长整理部务。

第五条　参谋本部设总务及第一、第二、第三、四厅，分掌部务。

第六条　参谋本部厅长，承总长之命，指挥所属科长以下，办理其主管事务。

第七条　参谋本部之编制另订之。

第八条　参谋本部服务规则另订之。

第九条　本条例自公布日施行。

〔国民政府战史编纂委员会档案〕

---

① 1928年11月22日国民政府公布。

2. 参谋本部组织法①

（1935年8月9日）

第一条　参谋本部直隶于国民政府，掌理国防及用兵事宜。

第二条　参谋总长综理部务，统辖全国参谋人员、陆海空军大学校、测量总局及驻外武官。

第三条　参谋次长辅助总长处理部务。

第四条　参谋本部设置各厅，分掌职务。但于必要时得组织各种委员会及特务组。

第五条　参谋本部各厅长承总长、次长之命，指挥所属办理其主管事务。

第六条　参谋本部之系统及编制，依附表所定。

第七条　参谋本部服务规程，由参谋本部定之。

第八条　本法自公布日施行。

〔国民政府参谋本部档案〕

（2）军　政　部

1. 军政部条例②

（1928年11月21日）

第一条　军政部直隶于国民政府行政院，掌管全国陆海空军行政事宜。

第二条　军政部设总务厅及下列各署处。

（一）陆军署。

---

① 1932年9月26日国民政府公布“参谋本部组织法”，1935年8月9日修正再公布。

② 1928年11月21日国民政府公布。

（二）海军署①。

（三）航空署②。

（四）军需署。

（五）兵工署。

（六）审计处③。

第三条　军政部设部长一人，统理全部事务，监督所属各厅、署、处一切行政事宜。

军政部设次长二人，辅助部长处理部务。

第四条　军政部各署、处，各设署、处长一人，分掌各该署、处事务。

第五条　军政部各署各设副署长一人，辅助署长处理各该署事务。

第六条　军政部总务厅设厅长一人，承部长次长之命，掌理本部文书、庶务、交际及其他不属于各署处主管事务。

第七条　军政部设参事若干人，承部长次长之命，任拟订关于本部主管之法令条规及其他临时交办事项。

第八条　军政部设秘书若干人，承部长次长之命，分任机要文件及编撰传译事项。

第九条　军政部因事务上之必要，得设立各种委员会，其委员由军政部长聘任或指派之。

第十条　军政部对于各省区最高行政机关执行与军政有关联之事务时，有监察指导之权。

第十一条　军政部长关于主管事务范围以内，对于各省区最高行政长官之命令或处分，认为违背法令或逾越权限时，得胪举事

---

① 1929 年 4 月海军署裁并，改设海军部。

② 1933 年 10 月奉军事委员会训令改隶军事委员会并定于 11 月交接，1934 年 5 月改为航空委员会。

③ 未成立。

实理由，呈由国民政府停止或撤消之。

第十二条　军政部各厅、署，处之编制，依附表所定。

第十三条　军政部之服务规则另定之。

第十四条　本条例如有未尽事宜，得由部长随时修正，呈请国民政府核准施行。

第十五条　本条例自公布之日施行。

〔军政部档案〕

2. 军政部成立经过与组织概要

（1935年4月）①

一　本部成立经过：

民国十七年，政府以北伐完成，为执行军事整理案，确立中央军事机关之组织起见，将军事委员会收束，改组参谋、军政、训练各部，以本部掌管全国陆海空军行政事宜，直隶行政院，于是年十一月十一日组织成立，设置五署一厅（组织详十七年一月二十二日公布之国民政府军政部条例）。特任冯玉祥为部长，任张群为政务次长，鹿钟麟为常务次长，曹浩森为陆军署署长，陈绍宽为海军署署长，熊斌为航空署署长，俞飞鹏为军需署署长，张群兼兵工署署长，虞典书为总务厅厅长。十八年四月，以政务次长张群另有任用，改任常务次长鹿钟麟为政务次长代理部务，任陈仪为兵工署署长。是年八月，升任常务次长鹿钟麟署本部部长，任朱绶光为政务次长，陈仪为常务次长。十月，鹿离职，任朱绶光代理部务。十九年三月，特任何应钦为部长，二十年二月，改任陈仪为政务次长。曹浩森为常务次长，仍兼陆军署署长。二十三年一月政次长陈仪另有任用，任顾祝同为政务次长，政府以部长何应钦兼代军事委员会北平分会委员长职务，常驻北平，令在政务次长顾祝同未到任以前，署常

① 原文无日期，按照本文所述，应在1935年4月以后。

务次长曹浩森代理部务，此本部成立经过之概况也。

二 本部组织概要

本部于民国十七年十一月组织成立，因掌管全国军事行政事宜，设五署一厅(条例统系表均由国府明令公布)。至十八年七月海军署因有扩充之必要，遂另组成部。嗣航空署以原有组织简单，值此空军力图发展之际，亦须扩充改组，于二十二年三月将原有各科改组为总务、情报、军务、技术、经理、教育六处。至是年十一月改隶军事委员会直接管辖。至兵署组织，原仅有总务、设计、检验、监查四科及兵工研究委员会，以事实上不敷应付，于二十年十一月扩充编制，设置资源、行政、技术三司及秘书处、管理科。二十三年七月，为便利办事起见，以原属陆军署之军械司改隶该署。军需署于二十三年一月，就原有之会计、审核两司，改组为本部会计长办公处，直隶于国民政府主计处，依法受本部之指挥，而于军需署另设一财政司。本年一月，陆军署裁撤，将原隶该署各司，直隶于部。三月，军衡司奉令归并军事委员会铨叙厅。所有本部及附属机关人事，一律改由本部总务厅办理。上月军医司又决定归并军委会。军医设计监理委员会改组为军医署。查本部组织条例及编制表，自民国十七年公布以来，中间于十八年三月曾经本部拟呈修正条例草案，未奉公布，嗣于二十一年三月，复经拟具本部组织法暨编制表草案，呈请军委会、行政院核转立法院审议，又以本部实际状况有所变更，于二十三年四月仍请撤回重加拟订，复未公布。至最近本部全部加以整理，并约略参酌本部目前实际办事上所必要之情形，重新拟订本部组织法暨编制表草案，呈请院会鉴核，以便核准施行，此本部关于组织上沿革之概要也。

(本部最近组织法草案编表草案附)

附：军政部组织法草案

(1935年4月)①

第一条　军政部直隶于国民政府行政院，管理全国陆军行政事宜。

第二条　军政部对于各地方最高级行政长官执行本部主管事务，有指示监督之责。

第三条　军政部就主管事务，对于各地方最高级行政长官之命令或处分，认为有违背法令或逾越权限者，得请由行政院院长，提经国务会议后，停止或撤销之。

第四条　军政部置下列各厅、司、署，并另设会计长办公处。

总务厅。

军务司。

交通司。

军法司。

军需署。

兵工署。

第五条　总务厅分文书、人事、管理、交际四科，掌下列事项：

一、关于本部机密事项。

二、关于本部公文书类之收发、分配、承转、审查、校对、编纂、印刷、保存事项。

三、关于本部令之公布事项。

四、关于典守部印、管理文库及保管图书事项。

五、关于本部编制事宜。

六、关于本部及附属机关军佐之铨叙、考绩、登记及其他人事事项。

七、关于陆军行政统计及报告事项。

八、关于本部经费之预算、决算会计事项。

---

①《民国二十四年四月拟订》。

九、关于部内军风纪及警卫事项。

十、关于本部官产、官物之保管事项。

十一、关于本部典礼、会议、交际、庶务及其他不属于各署、司事项。

第六条　军务司分军事、兵务、防务、整备、军牧五科，掌下列事项：

一、关于陆军建制、编制事项。

二、关于军旗、印信及礼节、服制、徽章等事项。

三、关于军队配置及卫戍、警备、绥靖、戒严事项。

四、关于各军队之军纪、风纪事项。

五、关于国际规约及战时诸规则事项。

六、关于外国驻在员留学、考察、军官佐及外国武官事项。

七、关于演习及检阅诸有关事项。

八、关于练兵场、射击场、演习场之审议、筹设事项。

九、关于宪兵、军乐队之教育事项。

十、关于各兵科装备制式之审议事项。

十一、关于征募、退伍、召集诸有关事项。

十二、关于各兵科官佐、士兵之调查、统计及其补充事项。

十三、关于要塞兵备及要塞地带之规定事项。

十四、关于征募管区事项。

十五、关于地方部队之编组及整备事项。

十六、关于动员、计划之准备、执行事项。

十七、关于军需工业及资源之整备、统制与动员上建议事项。

十八、关于军马之补充、征发、供给、饲养、牧场之管理及马种改良事项。

第七条　交通司分总务、设计、通信、运输四科，掌下列事项：

一、关于军用交通、技术人员之教育及人事事项。

二、关于水陆运输及各种通信事项。

三、关于军事交通网之设计及设备事项。

四、关于军用交通器材之筹办、补充、保管、修理事项。

五、关于军用交通机械之制造、试验、整理及其改善事项。

六、关于军用轻便铁道之设计、建筑事项。

七、关于官有、民有、交通事业及交通工业之调查、征用事项。

第八条　军法司分军法行政、执法、监狱三科，掌下列事项：

一、关于军法官及军人监狱职员之人事事项。

二、关于军法行政事项。

三、关于军事审判事项。

四、关于赦免及罪人之处置事项。

五、关于军人监狱事项。

六、关于军事罪犯之教诲及工艺事项。

七、关于军法法规事项。

第九条　军需署掌军需行政事务，设总务处及下列各司：

财务司。

储备司。

营造司。

第十条　军需署总务处分人事、文书、管理三科，掌下列事项：

一、关于本署机密事项。

二、关于军需人员之铨叙、考绩、审核及教育事项。

三、关于军需动员及拟定军需法规事项。

四、关于本署公文、书类之收发、分配、承转、审查、校对、编纂、印刷、保存事项。

五、关于典守、署印及管理本署文库事项。

六、关于军需行政报告事项。

七、关于本署会计、庶务及其他不属于各司事项。

第十一条　财务司分经理、出纳二科，掌下列事项：

一、关于军费运用之研究、审议事项。

二、关于金钱给与规定事项。

三、关于军费出纳事项。

四、关于其他一切金钱经理事项。

第十二条　储备司分被服、粮秣、材料三科，掌下列事项：

一、关于被服装具、粮秣、阵营具、消耗品之经理、检验、调查事项。

二、关于需物品之给与及整备事项。

三、关于物品、会计事项。

四、关于军需品料、厂、库事项。

五、关于军需工业之指导、补助事项。

第十三条　营造司分设计、建筑、营产三科，掌下列事项：

一、关于营房及一般军事修建工程之设计及审查事项。

二、关于营房及一般军事建筑工程，并其附属营具设备之标准、监督事项。

三、关于军用土地之征收、使用事项。

四、关于各地营房、场舍之保管事项。

五、关于营产之调查、管理事项。

第十四条　兵工署掌兵工技术、军火制造、军械、行政、事务、设署本部及下列各司：

制造司。

技术司。

军械司。

第十五条　兵工署署本部分秘书室、参谋室、顾问室、总务处，掌下列事项：

一、关于本署机密事项。

二、关于兵工人员之铨叙、考绩、审核、调查、登记事项。

三、关于本署公文书类之收发、分配、承转、审查、翻译、校对、编纂、印刷、保存事项。

四、关于典守、署印及管理本署文库事项。

五、关于制造经费之领支、出纳事项。

六、关于建设经费之审核、保管、出纳事项。

七、关于械弹价款之保管、周转事项。

八、关于军事方面之派遣、联络事项。

九、关于技术方面之咨询、译述事项。

十、关于本署之会计、庶务、及其他不属各司事项。

第十六条　制造司分事务、会计、考工、核料四科，掌下列事项。

一、关于各厂及材料保管处、库之各种组织事项。

二、关于各厂及材料保管处、库职员之任免、升补事项。

三、关于各厂劳工事项。

四、关于各厂所用护照、执照及运输事项。

五、关于各厂及材料保管处、库、制造费及经费之支配、预、计算及帐务之审核及各厂会计制度之规定事项。

六、关于各厂作业计划之拟具、工作之分配、成品与成本之稽核事项。

七、关于各厂机器之设备及房产之调查、登记、稽核事项。

八、关于各种图样、公差详表及其他标准规格等之整理、颁行及保管事项。

九、关于各厂材料之支配、统计、稽核及料库管理方法之规定事项。

十、关于各厂工具之制造、统计、稽核及工具管理方法之规定事项。

十一、关于废料、废品之稽核及处理事项。

十二、关于新设制造工厂之筹备及各厂新建设之指导督促事项。

第十七条　技术司分理化、研究、设计、教育三处及弹道、步兵器材、炮兵(要塞)器材、运输器材、通讯器材、特种兵器六科，掌下列事项。

一、关于兵器、弹药之制式划一事项。

二、关于兵器、弹药及多种军用器材之设计及改良事项。

三、关于各种兵器、弹药、军用器材、兵工原料、材料之检验、审查、研究事项。

四、关于兵器、弹药使用、保管之规定及说明书之编纂、译述事项。

五、关于兵工技术人才之养成及派员出国考察调查事项。

六、关于发明改良兵器、弹药、军用器材案之审核事项。

第十八条　军械司分检验、保管、出纳三科，掌下列事项。

一、关于各军械库之组织事项。

二、关于各军械库职员之任免，升调事项。

三、关于各军械库预计算之审核事项。

四、关于械弹及军用器材之出纳、保管、补充、修理、调查、统计、审核、验收、运输事项。

五、关于军械库之建设、整理事项。

六、关于械弹及用器材代金之核拟及代造价发损失赔偿、缉获、俘获、损坏、消耗之审核、处理事项。

七、关于军械人员之训练事项。

八、关于械弹及军用器材之废品处理事项。

九、关于军火禁令及民间自卫兵器之取缔事项。

十、关于编纂械弹及军用器材之各种法规历史及统一名称等事项。

第十九条　军政部会计长办公处，掌本部及各军事机关、部队、岁计、会计事务，其组织另定之。

第二十条　军政部及各署因事务上之必要得设各种委员会及

其他附属机关，其组织另定之。

第二十一条　军政部部长综理本部事务，统辖全国陆军行政事宜，并指挥、监督所属各部队机关。

第二十二条　军政部设政务次长、常务次长各一人，辅助部长处理部务。

第二十三条　军政部设参事三人至七人，撰拟、审核关于本部之法案、命令。

第二十四条　军政部设部附二十人至四十人，分任一切派遣及其他临时交办事项。

第二十五条　军政部设秘书四人至九人，编纂、传译各种文牍。

第二十六条　军政部设厅长一人，署长二人，司长九人，处长五人，分掌各主管事务。

第二十七条　军政部军需署，设附署长一人，辅助署长处理部务。

第二十八条　军政部兵工署，设参谋一人，襄助署长进行业务。

第二十九条　军政部各厅、署、设秘书、副官、科长、主任科员、军法官、检验员、看守员、视察员、译电员及其他军用文官、技术人员等各若干人，分任事务，其编制依附表所定。

第三十条　军政部因事务上之必要，得聘用顾问与专门人员，并临时增委服务员，又因各厅、司、署、处事务之繁简，对于编制范围以内之定额，得自行分配增减之。

第三十一条　军政部部长特任。

次长、参事少将、上校、部附、厅长、署长、司长、处长、上校科长及上校以上相当之军佐、军法官、军用文官、技术人员、各职员简任。中、少校及同中、少校相当之军佐、军法官、军用文官、技术人员、各职员荐任。

上、中、少尉及同上、中少尉相当之军佐、军用文官技术人员、各职员，委任。

第三十二条 军政部处务规程，以部令定之。

第三十三条 本法自公布日施行。

〔军政部档案〕

(3) 训练总监部

1. 训练总监部条例①

(1928年11月22日)

第一条 训练总监部掌管全国军队及所辖学校教育，并国民军事教育事宜。

第二条 训练总监部直隶于国民政府。

第三条 训练总监部设总务厅，步兵、骑兵、炮兵、工兵、辎重兵五监，并设政治训练处，国民军事教育处，军学编译处。于必要时，得增设特种兵监及海、空各兵监。

第四条 训练总监部设总监一人，承国民政府之命，统理全部事务，负规划并监督全国军队及所辖军校教育并国民军事教育之责。

第五条 训练总监对于全国各军队主管教育长官，关于教育上，有直接指挥监督之权。

第六条 训练总监部设副监二人，辅佐总监处理部务。

第七条 训练总监部设置参事，审查本部有关之法令章制，并承总监之命，考查教育事务，具申关于改良进步之意见。

第八条 总务厅厅长承总监之命，督率所属各科，掌管不属于各兵监处之军事学校教育及学员生之召集试验，留学生之派遣

---

① 1928年11月22日国民政府公布。

事宜，暨部内人事、经理文牍、庶务及其他不属各兵监处一切事宜。

第九条　各兵监承总监之命，督率监员，掌理本兵科军队及所辖学校教育，并一切调查研究、审议设施立案等事宜，但步兵监兼管宪兵教育，又于各兵科军队教育制度之统一，校阅演习之规划及军纪、风纪精神教育等教育一般事项，负主任之责。

第十条　各兵监对于主管事项，检阅本兵科之团队，如有意见，得训示团队长，于事竣后，以其实况，报告训练总监，并通报关系长官。

第十一条　各兵监应巡察所管学校，对于本兵科学员生教育上有意见时，得具申于训练总监。

第十二条　政治训练处处长，承总监之命，掌管全国军队及本部所辖学校之政治训练事宜。

第十三条　国民军事教育处处长，承总监之命，掌管全国普通学校之军事训练及一般青年体育之锻练，并筹划国民军事教育之普及，而督促其实施进步。

第十四条　军学编译处处长，承总监之命，主管编辑、译述、印刷、发行军学图书，及军事杂志事宜。

第十五条　训练总监部因事务上之必要，得临时设立各种委员会，其委员由总监聘任或指派之。

第十六条　训练总监部之编制另订之。

第十七条　训练总监部之服务规则另定之。

第十八条　本条例如有未尽事宜，得由训练总监随时修正，呈请国民政府核准施行。

第十九条　本条例自公布之日施行。

〔国民政府战史编纂委员会档案〕

2. 训练总监部组织法①

（1936年2月19日）

第一条　训练总监部掌管全国军队教育及所辖学校教育并国民军事教育事宜。

第二条　训练总监部直隶于国民政府。

第三条　训练总监部设下列各厅、监、处：

总务厅

步兵监

骑兵监

炮兵监

工兵监

辎重兵监

交通兵监

通信兵监

国民军事教育处

军事编译处

于必要时得增设其他特种兵监及海空各兵监并政治训练处。

第四条　训练总监部设总监一人，综理全部事务，负规划并监督全国军队教育及所辖学校教育与国民军事教育之责。

第五条　训练总监对于全国各军队主管教育长官关于教育上有直接指挥监督之权。

第六条　训练总监部设副监二人，辅佐总监处理部务。

第七条　训练总监部设参事六人，审核关于本部之法令章则，并承总副监之命，考察教育事务，陈述关于改良进步之意见。

---

① 1933年3月7日国民政府公布训练总监部组织法。1936年2月19日修正再公布。

第八条　总务厅厅长承总副监之命，督率所属各科，掌管不属于各监处之军事学校教育及学员生召集试验，留学生之派遣及部内人事、经理、文牍、庶务与其他不属于各监、处一切事宜。

第九条　各兵监承总副监之命，督率监员掌理本兵科军队教育及所辖学校教育，并一切调查研究审议设施立案等事宜，但步兵监对于各兵科军队教育制度之统一，校阅演习之规划、及军纪风纪精神教育等事项，负主任之责。

第十条　各兵监对于主管事项检阅本兵科之团队，如有意见，得训示团队长，于事竣后，以其实况报告总监，并通报关系长官。

第十一条　各兵监应巡察所管学校，对本兵科学员生教育上有意见时，得陈述于总监。

第十二条　国民军事教育处处长承总副监之命，督率各科，主管全国学校之军事训练、国民体育之锻练及社会军训与保安团队训练各事宜。

第十三条　军学编译处处长承总副监之命，主管编辑译述印刷发行军学图书及军事杂志事宜。

第十四条　训练总监部因事务上之必要，得临时设立委员会，其委员由总监聘任，或就本部职员中指派之。

第十五条　训练总监部之编制，依附表所定。

第十六条　训练总监部处务规程，以部令定之。

第十七条　本法自公布日施行。

〔国民政府战史编纂委员会档案〕

（4）兵站总监部

1. 兵站总监部组织大纲①

（1933年3月9日）

第一条　国民政府军事委员会为抗日侵略，谋后方勤务之策进，特设兵站总监部主持其事。

第二条　兵站总监部直属军事委员会。

第三条　兵站总监部主干人员，得由兵站总监商请各关系军政机关派员充任。

但人员不敷调遣时，得临时补充。

第四条　铁道运输、电信、交通及长江沿海轮运事宜，另由运输总处及关系交通机关负责办理，但遇有兵站攸关事宜，应与兵站总监部随时会商进行。

第五条　出征部队应需补充粮秣、械弹、服装、卫生材料以及其他军用品，概由主管机关统筹购办，交由兵站总监部支配运发。

第六条　华北方面，作战部队后方勤务，另由北平军委分会成立兵站机关办理，但须与兵站总监部随时取相当联络。

华北作战部队负伤官兵及俘虏后送时，兵站总监部应予协助收容。

第七条　兵站总监部对于国外征服地有就地征发之权，又当地若无负责行政机关时，并有暂时派员维持管理之权。

第八条　兵站总监部组织条例各征兵站及附属机关之编制另定之。

第九条　本大纲如有未尽事宜，得随时修正之。

第十条　本大纲自公布日施行。

〔国民政府档案〕

---

① 1933年3月9日军事委员会令准公布。

2. 兵站总监部组织条例

(1933年3月9日)①

第一条　国民政府军事委员会为使作战各军军实品之运输补充及前后方之通信联络便利起见，特设兵站总监部，办理兵站攸关一切事宜。

第二条　兵站总监部，直属军事委员会。

第三条　兵站总监部以下列各处组织之：

总监办公厅　参谋处　副官处　运输司令会计处　粮服处　军械处　通信处　卫生处　警护司令　军需设计委员会　技术委员会

第四条　总监办公厅职掌如下：

(一) 关于机要文电之撰拟译发及保管事项。

(一) 关于全部统计事项。

(一) 关于对外宣传事项。

(一) 关于兵站史料搜集事项。

(一) 关于其他不属于各处事项。

第五条　参谋处职掌如下：

(一) 关于拟订兵站编制事项。

(一) 关于兵站设置事项。

(一) 关于兵站线路之侦察及调查事项。

(一) 关于兵站设计及联络事项。

(一) 关于命令之下达事项。

(一) 关于警护队之配备事项。

第六条　副官处职掌如下：

---

① 1933年3月9日军事委员会令准公布。

(一) 关于本部军纪、风纪事项。
(一) 关于本部职员任免及考绩事项。
(一) 关于本部公文函件之收发、保管事项。
(一) 关于保管印信事项。
(一) 关于命令传达事项。
(一) 关于本部会计、庶务事项。
(一) 关于交际及一切杂事务项。
(一) 关于本部内务及警戒事项。
(一) 关于其他不属于各处事项。
第七条　运输司令职掌如下：
(一) 关于火车轮船及其他车船运输之计划、征调事项。
(一) 关于输送队之征募、编成训练管理支配补充事项。
(一) 关于牛手车队、驮儎队之征募编成管理支配补充事项。
(一) 关于牛手车队车辆之修理事项。
(一) 关于运输线之道路桥梁修理事项。
(一) 关于各种运输经临费预决算之编订及报销核计事项。
(一) 关于各种运输经费之保管、出纳事项。
(一) 关于战地各县军运代办所之组织监督及指挥事项。
第八条　会计处职掌如下：
(一) 关于本部及所属各机关经临费预决算之编订事项。
(一) 关于本部及所属各机关经临费之审核及报销核计事项。
(一) 关于金钱出纳及保管事项。
第九条　粮服处职掌如下：
(一) 关于粮服之计划、补充、整理、保管、统计事项。
(一) 关于粮服之调办、集积事项。
(一) 关于粮服之收发、运输事项。
(一) 关于粮服之包装及缝纫工场之设置、管理事项。
(一) 关于仓库之设置、管理事项。

第十条　军械处职掌如下：

（一）关于兵器、弹药及器材之计划、补充事项。

（一）关于兵器、弹药及器材之调查、统计事项。

（一）关于兵器、弹药及器材之收发、保管、运输事项。

（一）关于仓库之设置、管理事项。

（一）关于兵器、弹药及器材之修理事项。

（一）关于战地遗留兵器、弹药及器材之收买事项。

（一）关于蹄铁之制办及工场设置管理事项。

第十一条　通信处职掌如下：

（一）关于有线电信、无线电信及电话队之支配、装设、管理事项。

（一）关于通信器材之收发、保管事项。

（一）关于战地军用传递、航空邮递之计划、设置事项。

（一）关于各县递步哨之组织监督之指挥事项。

第十二条　卫生处职掌如下：

（一）关于医院之筹备、设置、管理事项。

（一）关于卫生器材之统计、补充、收发、保管事项。

（一）关于伤病员兵之救护、输送、治疗及死亡员兵之掩埋事项。

（一）关于战地卫生及时疫预防事项。

（一）关于卫生列车及卫生船舶之编成、管理事项。

第十三条　兵站总监部设总监一员，承军事委员会委员长之命，统理兵站攸关一切事宜。

第十四条　兵站总监部设副监、参谋长各一员，承总监之命，襄理兵站攸关一切事宜。

第十五条　总监办公厅设主任一员，承总副监之命，主持办公厅一切事宜。

第十六条　兵站总监部设军事参议若干员，承总副监之命，参赞兵站一切事宜。

第十七条　总监办公厅得设秘书、书记、译电员、司书等若干员，其编制另定之。

第十八条　兵站总监部各处设处长一员，其事务较繁之处，得设副处长一员，各科设科长一员，科员、书记、司书等若干员，事务较繁之科，得分设若干股，其编制另定之。

第十九条　兵站总监部运输司令部得设各科及各附属机关，其编制另定之。

第二十条　兵站总监部警护部队，由军事委员会指派步兵一旅担任，其警护司令一职，即由所派旅长兼任之。

第二十一条　兵站总监部为谋军需之设计、整理，特组军需设计委员会，遴选军需专门人材及富有军需学识经验者组成之。

第二十二条　兵站总监部为谋有关技术之各种任务，发挥其性能起见，特组技术委员会，向各部会调用专门人材组成之。

第二十三条　兵站总监部得设兵站预备员若干员。

第二十四条　兵站总监部为运输补充便利起见，得设直属分站，其编制另定之。

第二十五条　兵站总监部于每一军团设置分监部，每一师设师团分站，每一独立旅，设旅属派出所，分监部管区内，遇必要时，得设直属分站，办理兵站一切事宜，其编制，另定之。

第二十六条　本条例如有未尽事宜，得随时呈请修改之。

第二十七条　本条例自呈奉军事委员会批准公布之日施行。

〔国民政府档案〕

(5) 海　军　部

1. 海军部组织法①

(1930年2月4日)

第一条　海军部直隶于国民政府行政院，管理全国海军行政事务。

第二条　海军部对于各地方最高行政长官执行本部主管事务，有指示监督之责。

第三条　海军部就主管事务，对于各地方最高级行政长官之命令或处分，认为有违背法令或逾越权限者，得请由行政院院长提经行政院会议议决后停止或撤销之。

第四条　海军部设下列各司：

总务司

军衡司

军务司

舰政司

军学司

军械司

海政司

军需司

第五条　总务司掌下列事项：

一　关于文件及机要事项。

二　关于典守印信事项。

三　关于战事征发物件表报告及统计事项。

---

① 1929年7月军政部海军署扩大改设海军部。1930年2月4日国民政府公布海军部组织法。

四　关于公文函件之纂辑保存及收发事项。
五　关于部内军官部佐及文官任免事项。
六　关于部内风纪事项。
七　关于交际事项。
八　关于部内出纳事项。
九　关于部内庶务事项。
十　其他不属于各司事项。
第六条　军衡司掌下列事项：
一　关于海军军官军佐及文官之进退任免事项。
二　关于调查海军各项人员事项。
三　关于考绩表兵籍战时名簿及文官名簿事项。
四　关于保管军官军佐文官及战时职员表事项。
五　关于编纂年格名簿事项。
六　关于海军礼节服制徽章事项。
七　关于海军军旗标帜事项。
八　关于褒赏及赡恤事项。
九　关于休假事项。
十　关于员兵退伍处置事项。
十一　关于海军军人结婚事项。
十二　关于军法审判及典狱事项。
十三　关于战时捕获审检事项。
第七条　军务司掌下列事项：
一　关于海军建制及编制事项。
二　关于戒严事项。
三　关于舰队配置事项。
四　关于校阅舰队操演事项。
五　关于战时各项规则事项。
六　关于各舰队军纪风纪事项。

七　关于审核海军医院医校及海军红十字会事项。

八　关于卫生人员之考绩事项。

九　关于卫生报告统计及卫生船员学术研究事项。

十　关于军港要港事项。

十一　关于海军运输事项。

十二　关于兵士征募补充事项。

第八条　舰政司掌下列事项：

一　关于稽核各舰艇制造改造修理事项。

二　关于审拟各舰艇、飞机、潜水艇制造计划及制造方法等图规事项。

三　关于各舰艇、飞机、潜水艇器具材料之支给交换事项。

四　关于稽核各舰艇之保存及废弃事项。

五　关于稽核造船厂坞所用器械物品之保存及废弃事项。

六　关于审订购置各舰艇及延聘造船人员等契约事项。

七　关于调查各舰艇修造购买之价目事项。

八　关于各舰艇并一切材料之试验及检查事项。

九　关于稽核造船所人员工程及成绩事项。

十　关于造船厂坞之建筑改筑及修理事项。

十一　关于废弃舰艇之变卖事项。

十二　关于查验舰艇之进水及试洋成绩报告事项。

十三　关于稽核各种机器电器之制造改造修理事项。

十四　关于审议各种机器之制造计划方法等图书事项。

十五　关于各舰艇局所应用机器，在电器之配备供给事项。

十六　关于调查机器电器修造购买之价目事项。

十七　关于各种机器电器及其材料之试验并检查事项。

十八　关于拟订造船之各种规则事项。

十九　关于拟订机器电器之各种规则事项。

第九条　军学司掌下列事项：

一　关于所辖各学校一切章程之制定及其筹办事项。

二　关于拟定所辖各学校教育纲领及计划，并审查各教科书事项。

三　关于所辖各学校职员奖罚事项。

四　关于所辖各学校学生奖罚及考试事项。

五　关于留外学员学生一切事项。

六　关于练习舰队并规定练习章程事项。

七　关于制定海军练营、水鱼雷营之训练管理等规则事项。

八　关于计划训练改良事项。

九　关于编辑及印刷事项。

十　关于教育人员之考绩事项。

十一　关于其他教育训练等一切事项。

第十条　军械司掌下列事项：

一　关于各舰艇营枪炮、水雷、鱼雷、火药、子弹及其他军用器械并一切附属品之供给配置事项。

二　关于陆上储存枪炮、水雷、鱼雷、火药、子弹及其他军用器械并一切附属品之保管整理事项。

三　关于制造购买枪炮、水雷、鱼雷、火药、子弹及其他军用器械并一切附属品之试验检查事项。

四　关于各舰艇营枪炮、水雷、鱼雷、火药、子弹及其他军用器械并一切附属品之调查统计事项。

五　关于海军台垒厂库等之建筑修理及管理事项。

六　关于各舰艇舱面杠具之册报稽核事项。

第十一条　海政司掌下列事项：

一　关于测绘江海各航路及军港要港事项。

二　关于调制颁布航路图志事项。

三　关于领海界线及军港开浚事项。

四　关于国际航行规则事项。

五　关于审查沿江、沿海灯塔灯杆浮桩等事项。

六　关于航海之保安及颁布航路警告等事项。

七　关于调制海口潮汐表事项。

八　关于设置电求向器与无线电求向器事项。

九　关于沿海巡缉捕获及救护海难事项。

十　关于海军引水人之监督及教练事项。

十一　关于观测海上气象事项。

第十二条　军需司掌下列事项：

一　关于军服之经理及检查事项。

二　关于军服粮煤等给与之规定事项。

三　关于平时战时粮煤之给与及战时粮煤之准备事宜。

四　关于饷项出纳及预算决算事项。

五　关于营缮事项。

六　关于会计稽核事项。

七　关于海军军用事项。

八　关于规定俸给及旅费事项。

九　关于各种给与及军需规定之审查事项。

十　关于经理人员之考绩事项。

第十三条　海军部部长综理本部事务，统辖海军军人军属并指挥监督所属各机关。

第十四条　海军部政务次长、常务次长辅佐部长处理部务。

第十五条　海军部设参事二人至四人，撰拟审核关于本部之法案及命令。

第十六条　海军部设秘书六人，分任机要文件及编撰传译事项。副官六人，分任传宣命令机密差遣及一切交际事项。

第十七条　海军部设司长八人，分掌各司事务。

第十八条　海军部设技监一人，科长、科员、技正、技士、司副官、书记、译电员等职，分掌事务，其名额依附表所定。

第十九条　海军部因事务上之必要，得设立委员会，其委员由海军部部长就现任海军人员指派之。

第二十条　海军部各司之编制及海军系统依附表所定。

第二十一条　海军部部长特任，次长、参事、司长、技监、科长、上校秘书、上校副官、上校技正简任，中、少校秘书、副官、科员、技正、技士荐任，其余副官、科员、技士、书记、译电员及准尉司书委任。

第二十二条　海军部处务规程，以部令定之。

第二十三条　本法自公布日施行。

附海军系统表与编制表于后。

〔国民政府中央研究院档案〕

海军部编制表

<table>
<tr><td colspan="6">部　长　上　将　1</td></tr>
<tr><td colspan="4">政务次长中将 1</td><td colspan="2">常务次长中将 1</td></tr>
<tr><td colspan="4">参事少将 2　上校 2　技监少将 1
秘书上校 1　中校 2　少校 3
副官上校 1　中校 1　少校 2</td><td colspan="2">技正上校 2　中校 2　技士少校 2　上尉 2　上尉 2</td></tr>
<tr><td rowspan="3">总务司</td><td rowspan="3">司长少将 1</td><td>文书科</td><td>科长上校 1</td><td>科　员　中校 2
少校 2
上尉 2</td><td>译电员　上尉 2
中尉 4
少尉 4
书　记　中尉 1
少尉 2
司　书　准尉 4</td></tr>
<tr><td>管理科</td><td>科长上校 1</td><td>科　员　中校 2
少校 2
上尉 2</td><td>司　书　准尉 3</td></tr>
<tr><td>统计科</td><td>科长上校 1</td><td>科　员　中校 1
少校 1
上尉 2</td><td>司　书　准尉 2</td></tr>
</table>

海　　军

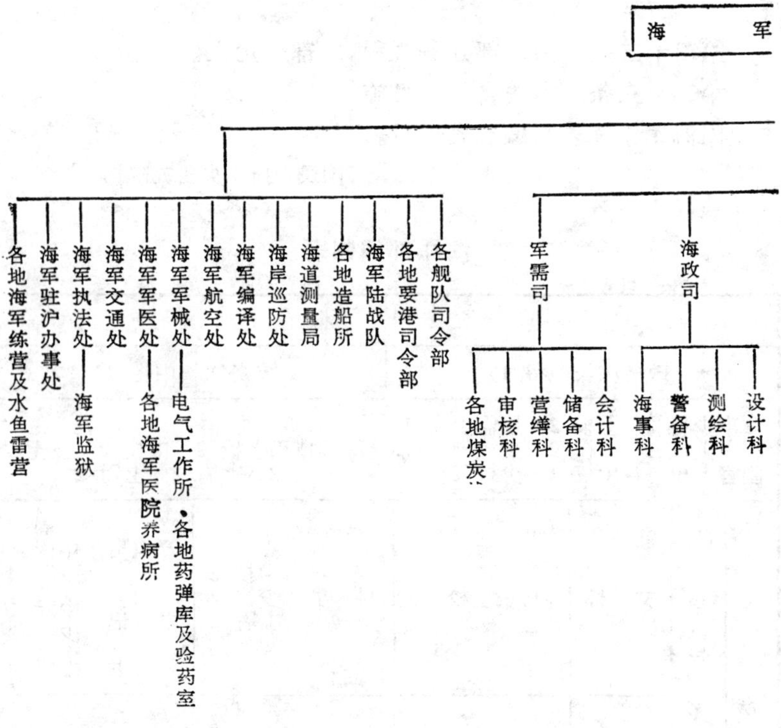
海　军
海政司
设计科
测绘科
警备科
海事科
军需司
会计科
储备科
营缮科
审核科
各地煤炭
各舰队司令部
各地要港司令部
海军陆战队
各地造船所
海道测量局
海岸巡防处
海军编译处
海军航空处
海军军械处
电气工作所
各地药弹库及验药室
海军军医处
各地海军医院养病所
海军交通处
海军执法处
海军监狱
海军驻沪办事处
各地海军练营及水鱼雷营

系　　统　　表

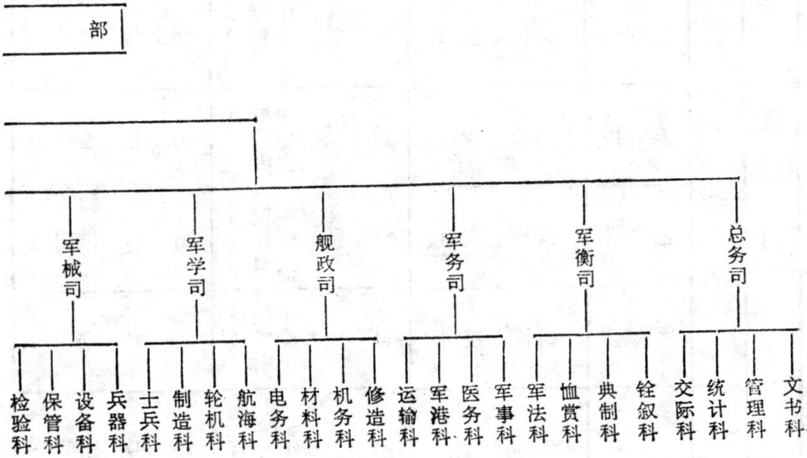
部
军械司
军学司
舰政司
军务司
军衡司
总务司
检验科
保管科
设备科
兵器科
士兵科
制造科
轮机科
航海科
电务科
材料科
机务科
修造科
运输科
军港科
医务科
军事科
军法科
恤赏科
典制科
铨叙科
交际科
统计科
管理科
文书科

（续表）

总务司	司长少将 1	交际科	科长上校 1	科员 中校 1 少校 1 上尉 2	司书 准尉 1
军衡司	司长少将 1			司副官 少校 1	书记 上尉 1 中尉 2 少尉 2 司书 准尉 1
		铨叙科	科长上校 1	科员 中校 2 少校 2 上尉 2	司书 准尉 3
		典制科	科长上校 1	科员 中校 1 少校 1 上尉 2	司书 准尉 1
		恤赏科	科长上校 1	科员 中校 1 少校 1 上尉 2	司书 准尉 1
		军法科	科长上校 1	科员 中校 1 少校 1 上尉 1	司书 准尉 1
军务司	司长少将 1			司副官 少校 1	书记 上尉 1 中尉 2 少尉 2 司书 准尉 1
		军事科	科长上校 1	科员 中校 2 少校 2 上尉 2	司书 准尉 3
		医务科	科长上校 1	科员 中校 1 少校 2 上尉 1	司书 准尉 1
		军港科	科长上校 1	科员 中校 1 少校 2 上尉 1	司书 准尉 1
		运输科	科长上校 1	科员 中校 1 少校 1 上尉 2	司书 准尉 1

（续表）

舰政司	司长少将 1			司副官 少校 1	书记 上尉 1 中尉 1 少尉 3 司书 准尉 1
		机务科	科长上校 1	科员 中校 2 少校 2 上尉 2	司书 准尉 1
		材料科	科长上校 1	科员 中校 1 少校 2 上尉 2	司书 准尉 1
		修造科	科长上校 1	科员 中校 2 少校 2 上尉 2	司书 准尉 1
		电务科	科长上校 1	科员 中校 1 少校 2 上尉 2	司书 准尉 1
军学司	司长少将 1			司副官 少校 1	书记 上尉 1 中尉 1 少尉 3 司书 准尉 1
		航海科	科长上校 1	科员 中校 1 少校 2 上尉 2	司书 准尉 1
		轮机科	科长上校 1	科员 中校 1 少校 2 上尉 2	司书 准尉 1
		制造科	科长上校 1	科员 中校 1 少校 2 上尉 2	司书 准尉 1
		士兵科	科长上校 1	科员 中校 1 少校 2 上尉 2	司书 准尉 1
军械司	司长少将 1			司副官 少校 1	书记 上尉 1 中尉 1 少尉 3 司书 准尉 1

（续表）

军械司	司长少将1	兵器科	科长上校 1	科　员　中校 1 少校 2 上尉 2	司　书　准尉 1
		设备科	科长上校 1	科　员　中校 1 少校 2 上尉 2	司　书　准尉 1
		保管科	科长上校 1	科　员　中校 1 少校 2 上尉 2	司　书　准尉 1
		检验科	科长上校 1	科　员　中校 1 少校 2 上尉 2	司　书　准尉 1
海政司	司长少将1			司副官　少校 1	书　记　上尉 1 中尉 1 少尉 3 司　书　准尉 1
		设计科	科长上校 1	科　员　中校 1 少校 2 上尉 2	司　书　准尉 1
		测绘科	科长上校 1	科　员　中校 1 少校 2 上尉 2	司　书　准尉 1
		警备科	科长上校 1	科　员　中校 1 少校 2 上尉 2	司　书　准尉 1
		海事科	科长上校 1	科　员　中校 1 少校 2 上尉 2	司　书　准尉 1
军需司	司长少将1			司副官　少校 1	书　记　上尉 1 司　书　准尉 1
		会计科	科长上校 1	科　员　中校 2 少校 3 上尉 4	书　记　中尉 3 少尉 1 司　书　准尉 6

（续表）

军需司	司长少将 1	储备科	科长上校 1	科员 中校 1 少校 2 上尉 2	书记 中尉 2 少尉 1 司书 准尉 3
		营缮科	科长上校 1	科员 中校 1 少校 1 上尉 1	书记 中尉 1 少尉 1 司书 准尉 3
		审核科	科长上校 1	科员 中校 1 少校 2 上尉 2	书记 中尉 1 少尉 1 司书 准尉 4

2. 海军部公布海岸巡防处暂行条例①

（1930年5月8日）

第一条　海岸巡防处直隶海军部，掌理全国领水之治安航海安全之设备，天时灾害之观测与传报及审查航舶失事事宜。

第二条　海岸巡防处设处长一人，由海军部遴选资深之军官，呈请国民政府任命之。

第三条　处长海军部长之命，综理全处一切事务。

第四条　海岸巡防处设下列各课：

一　巡缉课

二　航警课

三　设备课

第五条　巡缉课掌事务如下：

一　关于领海界线之拱卫事项。

二　关于领海内之警察事项。

三　关于巡防舰艇之布防事项。

四　关于缉捕违法事项。

① 1929年12月1日海军部公布，1930年5月8日修正。

五　关于审查船舶冲突损失事项。

六　关于患疫商舶之指泊放行及检验事项。

七　关于巡视航路设备安全事项。

八　关于救护遇难船舶事项。

第六条　航警课掌事务如下：

一　关于海上气象观测及传报事项。

二　关于各国观象台之会洽及交换观象图书事项。

三　关于海上观象之纪录汇编统计事项。

四　关于观象各种仪器之校定事项。

五　关于沿海塔表雾号之建设迁移及整理事项。

六　关于无线电求向器之运用事项。

七　关于救护遇难船舶之电信交通事项。

八　关于近海商船航线之确定及互相救护事项。

第七条　设备课掌事务如下：

一　关于观象测候警报各台之电信交通事项。

二　关于航空电报信号之汇编事项。

三　关于无线电求向器之建设事项。

四　关于内地水道之指示航船建设事项。

五　关于观象测候报警各台之巡视检验修缮事项。

六　关于观象测候报警各台之物品供给事项。

七　关于患疫商船之一切设备事项。

八　关于电信观象人才之训练教育事项。

第八条　海岸防巡处按领海线划定分区，得设置巡防分处，其分区界限如下：

一　东三省自东经一百二十四度三十五分，北纬四十度，至东经一百十九度四十七分，北纬四十度。

二　直鲁自东经一百十九度四十七分，北纬四十度，至东经一百十九度二十二分，北纬三十五度十分。

三　苏浙闽自东经一百十九度二十分，北纬三十五度十分，至东经一百十七度二十分，北纬二十三度五十分。

四　粤琼自东经一百十七度二十分，北纬二十三度五十分，至东经一百零八度四十分，北纬十八度三十分。

第九条　巡防分处专任巡缉事宜，得在巡防区内，按情形之需要，在陆上设办事处或在巡防舰艇内负责指挥。

第十条　巡防分处区内，如遇非常事变，得请海军舰队相机处置，并会同水上警察及与军事有关系之机关，分配情务，但须即时报告海军部暨海军巡防处。

第十一条　海岸巡防处为谋领海之治安及技术上之改良，得开处务会议处理之。

第十二条　海岸巡防处办事细则另定之。

第十三条　本条例如有未尽事宜，得由海军部呈请国民政府修正之。

第十四条　本条例自公布日施行。

〔行政院档案〕

（6）军事参议院

1．国民政府军事参议院条例①

（1928年11月22日）

第一条　军事参议院为军事最高咨询建议机关，直隶于国民政府。

第二条　军事参议院置院长一人，统理全院事务。

第三条　军事参议院置副院长一人，辅佐院长处理院务。

第四条　军事参议院置军事参议若干人，平时专备咨询建议，

---

① 1928年11月22日国民政府公布。

并担任点验校阅演习及特派诸事宜，战时则选任为高级指挥官或其他重要职务。

第五条　军事参议以曾任重要军职，学识优长，勋望卓著，久在党国服务者充之。

第六条　军事参议院之编制及服务规则另定之。

第七条　本条例如有未尽事宜，得由院长随时修正，呈请国民政府核准施行。

第八条　本条例自公布之日施行。

国民政府军事参议院编制表

职　　别	阶　　级	人　　数	备　　注
院　　长	上　　将	1	
副 院 长	中(上)将	1	
军事参议	将　　官	无定额	
高级副官	上　　校	1	
副　　官	中　　校 少　　校 上　　尉	1 2 2	
秘　　书	同中校 同少校	1 1	
书　　记	同上尉 同中尉	2	
司　　书	同准尉	3	
合　　计	官　　佐		

〔国民政府战史编纂委员会档案〕

2. 军事参议院组织法①

(1932年4月18日)

第一条　军事参议院为军事最高咨询建议机关，直隶于国民政府。

第二条　军事参议院置院长一人，总理全院事务。

第三条　军事参议院置副院长一人，辅助院长处理院务。

第四条　军事参议院置参议九十人至一百八十人。咨议六十人至一百五十人。上将参谋不得过二十五人，中将参议不得过五十人。

第五条　军事参议院参议、咨议，以曾任重要军职，学识优长，勋望卓著，久在党国服务之海、陆、空军将官及上校，分别任用。

第六条　军事参议院参议、咨议，平时专备咨询、建议、并得担任点验、校阅、演习、调查、屯垦、兵工及特派等事。战时得遴任为高级指挥官或其他相当职务。

第七条　军事参议院为研究学术、增益智能，得设各种军事研究会。

第八条　各研究会委员，由参议、咨议分任之。

第九条　各研究会各置主任委员一人，由院长就委员中指定之。

第十条　军事参议院设总务、军事两厅，总务厅设文书、管理两科。军事厅设编纂、调查两科。分掌院内事务。

第十一条　军事参议院之编制，附表规定之。

第十二条　军事参议院之处务规程，由军事参议院定之。

第十三条　本法自公布日施行。

---

① 1932年4月18日国民政府修正公布。原公布与修正日期：1929年9月18日公布，同年10月22日修正，1931年2月28日再修正。

军事参议院编制表

职务			阶级	员额	备考
院长			上将	1	
副院长			上将	1	
参议					另见条文
咨议					另见条文
秘书			上校 中校 少校	1 1 1	
高级副官			上校	1	
副官			少校 上尉	1 1	
书记			上（中）尉	2	
司书			准尉	2	
总务厅	厅长		少将	1	
	副官		少校 上尉	1 1	
	文书科	科长	上校	1	
		科员	中校 少校	3 3	
			上尉	3	
		书记	上（中）尉	3	
		司书	准尉	4	
	管理科	科长	上校	1	

（续表）

职务			阶级	员额	备考
总务厅	管理科	科员	上校 中尉 少尉	3 3 3	
		书记	上（中）尉	3	
		司书	准尉	4	
军事厅	厅长		中将	1	
	副官		少校 上尉	1 1	
	编纂科	科长	少将	1	
		科员	上校 中校 少校 上尉	1 2 3 4	
		书记	上（中）尉	3	
		司书	准尉	4	
	调查科	科长	上校	1	
		科员	中校 少校	3 3	
			上尉	1	
		书记	上（中）尉	3	
		司书	准尉	4	
附记					
正副院长勤务，上、中、下士、上等兵各一。 上将参议勤务，中、下士、上等兵各一。					

（续表）

中、少将参议勤务，下士、上等兵各一。 少将科长同(准军政部核复预算，少将仍照旧制无卫士勤务。 厅长勤务，中、下士、上等兵各一。 校官勤务、上等兵一。 尉官二人勤务，共一等兵一。 守卫由卫戍部队派遣。

〔军事参议院档案〕

3. 军事参议院院务行政会议规则

（1932年7月15日）

第一条　本会议规则依本院院务规程第十八条规定之。

第二条　凡关于本院院务行政之进行事项，除依法定及临时命令执行外，由本会议决定之。

第三条　本会议由本院各厅长、科长、秘书、高级副官组成之，无故不得缺席。

其他职员，对于会议事项，有所报告或陈述意见时，经主席之许可，亦得列席。

第四条　院长为本会议当然主席，院长有事故时，副院长或代理院长为主席。副院长或代理院长有事故时，则由厅长为临时主席。

第五条　本会议讨论事，须有出席者过半数之通过，方得成为决议案。

第六条　院长、副院长或代理院长交议事项及各厅、科、处提案，须于会议前，交秘书室，编为议事程序，但亦得临时动议。

第七条　本会议之决议案，或用院令公布，或交秘书室通知，须视决议案之性质，由主席决定之。

第八条　本会议定每星期二开常会一次，如遇特别事故，由院长随时召集之。

第九条　本规则如有未尽事宜，得由院长提出修改之。

〔军事参议院档案〕

4. 军事参议院院务规程

（1932年7月15日）

第一章　总则

第一条　本规程依据本院组织法第十二条订定之。

第二条　凡属本院各职员，均应受高级各主管长官指挥、监督。

第二章　职掌

第一节　院长

第三条　院长统辖全院人员，总理全院事务。

第四条　院长对于本院职员有指挥、命令、考核、赏罚、任免及呈请任免之权。

第二节　副院长

第五条　副院长辅助院长处理全院事务。

第六条　副院长对于本院职员、有督率、指导之权。

第三节　秘书

第七条　秘书承正副院长之命，撰拟、校阅、机要、函电及不属于两厅之文稿并各项会议议案之整理、记录、分发、保管等事项。

第四节　副官

第八条　高级副官承正副院长之命，督率副官，办理本院一切内务及交际事项，并传达命令、整饬军纪、风纪，指挥守卫官兵、管理车辆、马匹等事项。

第五节　总务厅长

第九条　总务厅长承正副院长之命，督率所属职员，办理本院文书、管理两科事项。

第六节　军事厅长

第十条　军事厅长承正副院长之命，督率所属职员，办理本院编纂、调查两科事项。

第七节　厅副官

第十一条　厅副官承主管厅长之命，办理本厅内务及交际事项。

第八节　科长

第十二条　文书科长，承总务厅长之命，督率本科职员，办理文书之撰拟、收发、校对、缮写及典守印信、保管案卷等事项，并本院临时交办之事件。

第十三条　管理科长，承总务厅长之命，督率本科职员，编造本院预算、决算、经管款项出纳、官兵薪饷、并购置用品、器具、材料及办理其他一切庶务等事项。

第十四条　编纂科长，承军事厅长之命，督率本科职员，办理编纂一切建议及有关军事之书报、图表、杂志等事项。

第十五条　调查科长，承军事厅长之命，督率本科职员、办理有关军事应行调查之事项。

第九节　科员

第十六条　各科科员，承各主管科长之命，办理各该科一切事项。

第十节　书记司书

第十七条　书记、司书，由各主管长官分别支配，办理校对、缮写、油印、打字等事项。

第三章　附则

第十八条　本院办理细则另定之。

第十九条　本规程如有未尽事宜，得呈请国民政府核准修改之。

第二十条　本规程自呈奉国民政府核准日施行。

〔军事参议院档案〕

（二）部队组织编制

一、军官佐法规

（1）陆海空军官制官规

1. 国民政府公布军官佐退役俸率及给与规则训令①

（1929年8月21日）

国民政府训令　　　　　　　　　　　　　字第七五一号

令参谋本部

为令饬事：查军官佐退役俸率及给与规则，现经制定，明令公布，应即通饬施行，除分令外，合亟抄发原文，令仰知照，并转饬所属一体知照。此令。

计抄发军官佐退役俸率及给与规则一分〔份〕

中华民国十八年八月二十一日

主　　席　蒋中正

行政院院长　谭延闿

立法院院长　胡汉民

司法院院长　王宠惠

考试院院长　戴传贤

监察院院长　蔡元培

军官佐退役俸率及给与规则

第一条　凡编余军官佐，得照本规则给与退役俸。但以备具下列之两项资格者为限；

一、以军队各正式军事机关内法定编制之实职人员为限，凡

---

① 此规则系指编遣之编余军官佐退役俸，包括陆海空军。

编制以外之一切闲职，概不在内。

二、以各军事学校及确系行伍出身之军官佐为限。

第二条　退役俸按照退时原阶级及国民政府颁布之给与令之百分率计算之。其区别如下：

将官　百分之三十。

校官　百分之三十五。

尉官　百分之四十。

第三条　退役俸由本人亲持退役证书，向中央或地方政府指定之发俸机关，按月支领(领俸详细办法另定)。

第四条　退役俸率支给年限，以其服役年限之差异区分如下：

一、凡在民国十五年六月三十日以前服军役者，给与退役俸八年。

二、凡在民国十六年六月三十日以前服军役者，给与退役俸六年。

三、凡在民国十七年六月三十日以前服军役者，给与退役俸五年。

四、凡在民国十八年六月三十日以前服军役者，给与退役俸二年。

五、凡在民国十八年七月一日以后服军役者，不给退役俸。

第五条　受退役俸之官佐，其后又奉委其他各种职务，而受国家或地方之俸给者，如所得薪俸给，小于退役俸，则仍兼领退役俸，如所得薪俸给，大于退役俸，则停止其退役俸。

第六条　前条情形，应将所在职务，到差日期及所得薪俸，立即呈报。倘不呈报，一经查出，应追缴其冒领退役俸，并停止其退役俸。

第七条　受退役俸之官佐，如在自己经营或服务于私人经营之事业，而得收入者，其退役俸，仍照旧支给。

第八条　受退役俸之官佐，如有虚报第一条之资格及第四条之服役年限，而蒙蔽欺骗者，除依陆军刑律惩治外，并追缴其退役俸，且处罚其退伍时负责证明之直属长官。

第九条　退役俸应领之期限未满而死亡者，停止其退役俸。

第十条　战时用人之际，仍将退役官佐召集分配服务，按级给俸，倘不应召，即停止其退役俸。

第十一条　在此次编遣以前，领有国民政府退伍证书而合于本规则第一条之资格者，得受同等待遇，其办法另定之。

第十二条　将来军人服务条例，订定颁布之后，其预备役俸给另有规定时，即按新规定办理。

第十三条　本规则自公布日施行。

〔国民政府参谋本部档案〕

2. 国民政府公布陆海空军驻外武官条例与办事通则等指令

(1933年5月26日)

国民政府指令　密字第二十三号

令参谋本部

呈送修正陆海空军驻外武官条例暨办事通则并各种费用表、员数表，请鉴核查照。前案分别准予明令公布暨密予核准备案由，呈件均悉。除陆海空军驻外武官条例业经明令修正公布外，余均照备案附件存，此令。

中华民国二十二年五月二十六日

主　席　林森

(1) 修正参谋本部陆海空军驻外武官条例①

第一条　参谋本部为求国际间军事联络起见，得派遣驻外武官于大(公)使馆。

---

① 1930年9月15日国民政府公布。1933年5月26日修正公布。

第二条　驻外武官直隶于参谋本部并受驻在国之本国大(公)使之指导。

第三条　驻外武官应派遣于各国之员额如附表，但参谋本部得视事务之繁简随时酌量增减之。

第四条　驻外武官由参谋本部遴选晓畅军事、深明党义、熟识国际情形,精通派遣国之语文，曾在国内外军事专门学校毕业者，分别任用之。

第五条　驻外武官分为武官、副武官及助理员。武官由参谋本部于将校官中、副武官于中、少校官中、助理员于尉官中遴选,分别依法任命之。

第六条　参谋本部于必要时得派遣或指定领袖武官，指挥数国武官共同办理。其经费及办事规则临时规定之。

第七条　参谋本部应在同一驻在国之陆海空军武官中指定一人为首席代表。

第八条　驻外武官得酌用雇员。

第九条　驻外武官之任期定为三年，如有特别情形，得变更之。

第十条　驻外武官之办事通则暨服务细则，由参谋本部另定之。

第十一条　驻外武官之薪俸及其他各项费用，另表定之。

第十二条　本条例自公布之日施行，如有未尽事宜得由参谋本部呈请修正之。

(2) 修正参谋本部陆海空军驻外武官办事通则

第一条　驻外武官办理驻在国军事上之外交，并调查其军事上一切企图、计划、设施及与军事有关事项。

第二条　驻外武官应与所驻国重要人员及各国驻在该国武官时相接洽，力求增进国际间感情，并消除妨害我国军事上之一切企图。

第三条　驻外武官遇有军事外交重要事件，应即报部，并商承本国大(公)使办理之。

第四条　驻外武官凡关于我国军事上有利益之事件，应尽量宣传。遇某国对于我国有不利之事件，务必揭其企图，巧为宣布，博得国际间同情。

第五条　凡驻在同一外国或同一指定地方之次级武官，对于首席武官或上级武官之命令与指导，概应服从，但以不违背参谋本部之法令及意旨者为限。

第六条　驻外武官所有一切报告应呈报参谋本部，其重要者先行电告，随寄详函。其平常事项，每星期应例报一次。

第七条　驻外武官须将每月所办事件及一切交际见闻等编为日记，按月报部。

第八条　驻外武官调查所得之报告及关于本国之书牍，其机密者勿得泄漏。

第九条　驻外武官所驻国无论对于何项团体，只可为本国军事代表，不得干涉军事以外之事项。遇有关于交涉事件，应受本国大(公)使之指示。

第十条　驻外武官若因公或有特别目的，须从甲国至乙国时，应预定往返日期，先电准参谋本部；若在驻在国境内，亦须报告。

第十一条　驻外武官因病请假回国及有特别事故必须回国时，应先呈准参谋本部。

第十二条　驻外武官如遇特别业务之进行，应先呈报参谋本部，其费用得实报实销。

第十三条　本通则如有未尽事宜得修正之。

第十四条　本通则自公布日施行。

(3) 修正参谋本部陆海空军驻外武官经常费用表①

费别 \ 阶级		少将	上校	中校	少校	上(中)尉	备考
薪俸		照现行给予令支给之					
出勤俸	日本	720	620	470	370	220	
	欧美	1,080	980	730	630	480	
办公费	国别 \ 区分	武官署	独立副武官署				
	日本	800	600				
	欧美	1,500	1,200				
交际费	日本	800	800	600	600		
	欧美	1,500	1,500	1;200	1,200		
车马费		日本 300，欧美 500					每一驻在地共支一份

附记

一、办公费凡仆役工资、房金以及文具纸张、消耗品、电灯、电话等项开支均属之。
二、春季二季大请宴费，经呈报参谋本部核准后，得实报实销。
三、凡同驻一地之武官，应合组办事处，共同办事，支给办公费由首席武官支配之。
四、雇员薪金须呈准参谋本部。
五、兼任武官得兼支该驻在国应领之办公费及交际费。
六、凡武官在请假回国期间，不另给出勤俸及交际费。
七、凡本表所列各费，除薪俸外，皆自到达驻在地之日起支给之。

---

① 以元为单位，下表同。

(4) 修正参谋本部陆海空军驻外武官定期费用表

驻在地 阶级 费别	欧美			俄日			备考
	少将	上校 中校 少校	上(中)尉	少将	上校 中校 少校	上(中)尉	
治装费	1,500	1,400	1,300	1,000	900	800	海军武官治装费照本项规定加二分之一。
川费	伦　敦 2,400 华盛顿 2,500 柏　林 2,000 巴　黎 1,800 罗　马 1,600			东　京 400 莫斯科 1,200			
开办费	3,200			2,000			每一驻在地共支一次。
购车马费	呈请参谋本部核准后支给之。						每一驻在地得购汽车一辆。
附记	一、治装费凡初次派充驻外武官者得支给之，如非初次派充而距上次领给治装费时已满二年者，得再给半装费，调任离任者概不另给。 二、川费在驻外武官赴任离任时得支给之，至调任所用川费应按实数支给。 三、川费在赴任离任时各发一次，倘在任期内因公往返呈奉参谋本部批准者，得别给之。但因私事请假回国不得支给。 四、车辆器具等项当驻外武官更替时应全数移交继任者，不得再领。 五、开办费以表内所列之数目为限，并须实报实销。 六、助理人员川资得照本表支给三分之二。 七、凡武官于呈准后得支给眷川一份，但助理员不得支给。						

（5）修正参谋本部陆海空军驻外武官活支费用表

旅行费	日俄每日支二十五元，欧美每日支五十元，但每月不得超过十天。
电报表	每月实报实销。
秘密费	不定。
附　记	一、旅费乃因要公及武官任务而旅行者方得支给，私人旅行不得开支。 二、因公旅行时车船各费应实报实销。

（6）修正参谋本部陆海空军驻外武官员数表

区　别	员		数		合　计
	陆　军	海　军	空　军	助理员	
日　本	3	2	2	3	10
俄　国	3		2	2	7
英　国	2	2	1	2	7
美　国	1	2	2	2	7
德　国	1		1	1	3
法　国	2	1	2	1	6
意　国	1	1	1	1	4
总　计	13	8	11	12	44
附　记	一、凡未派遣驻外武官之各国，遇军事上有联络之必要时，得由参谋本部临时指定驻在某国武官兼任之。 二、驻外武官驻在地参谋本部临时规定之。				

〔国民政府参谋本部档案〕

3. 陆海空军任官施行程序①

（1934年4月16日）

本程序系对于现有军官佐之叙任而定，凡依任官条例所应行之定期任官，则按定期依照条例施行之。叙任程序如下：

甲、军官佐分类：

一、现职军官佐属于国军（中央直属军事机关、及中央编号之部队、舰队、航空队），在编制额内者。

二、同上在编制额外者（国民军事教官、连络员、调查员、服务员、差遣员、侯差员及其他不在编制额内之军官佐）。

三、现在地方部队（现在未归中央编号之部队、舰队、航空队、各省之保安队及其他有地方性质之军事机关）之职务者。

四、现在行政及其他各界任职之军官佐。

五、闲散无职之军官佐。

乙、分区任官：

一、国军：

第一区　中央直辖陆军机关，中央直辖部队，海军部所属及直辖舰队，航空委员会②所属及直辖航空队。

第二区　北平分会所辖机关部队航队。

第三区　中央编号之各部队。

二、地方部队：

第一区　苏、皖、豫、鄂、湘、赣、浙、闽、陕、甘、宁十一省。

第二区　冀、鲁、晋、辽、吉、黑、热、察、绥九省。

第三区　川、滇、贵三省。

---

① 1934年4月16日军事委员会制定公布，同日施行。

② 原文为“航空署”根据“陆海空军人事法规刊误修正表”为航空委员会，下同。

第四区　粤、桂二省。

第五区　康、藏、青、新、蒙五省(区)。

三、非现职军官佐(甲条第四项、第五项),依其居住之地分属各区。

丙、施行程序:

一、施行次第如下表之规定分期办理之。

期　别	区　　　　　别
第一期	1. 国军第一区 2. 国军第二区 3. 国军第三区 4. 地方部队第一区 5. 地方部队第一区之非现职军官佐
第二期	1. 地方部队第二区 2. 地方部队第三区 3. 地方部队第四区 4. 地方部队第五区 5. 地方部队第二、三、四、五区之非现职军官佐

二、在每期中任官之顺序,必照表内之数字次第施行,而在每区中之先后,则视人事整理情形而定。

三、任官前之准备:

(一)每期任官开始以前,所有任官条例、任官手续及期限等。由军事委员会① 及海军部分别通令各区单位部队机关遵照造报任官名册二分(分别编制额内名册、额外名册)。

(二)各机关部队,自奉令任官后,少尉以上军官佐之任免,应悉统一于本会,其职权程序,依照陆海空军军官佐人事业务纲要之

① 原文有军政部三字,根据"陆海空军人事法规刊误修正表"删误。

所定,必要时由本会召集承办人事人员训练之。

（三）对于非现职人员,其任官资格呈请机关及应有证明手续期限等,由军事委员会通令各省(特别市)饬县(市)布告周知,并登报通告，其规定如下：

1．资格以训练总监部、军政部、海军部、航空委员会认为正式之学校毕业者(此学校之规定另行公布)。

2．年龄：将官未满五十岁,曾实任军职十五年以上，校官未满四十五岁,曾实任军官十年以上,尉官未满三十五岁，曾实任军官五年以上,并体格强健,确无嗜好,品性纯正,能力充分者。

3．备具履历相片及文凭委状(或证明书),体格检查证书,保证书。呈由该地高级军事长官，按其军别,分别送请军政部、海军部、航空委员会审核合格,再由部(会)汇呈军事委员会核定任官。

四、各类军官佐任官经过程序如下：

（一）对于甲条第一项者：

1．呈报编制额定现职姓名册履历。

2．审查出身资历,分别核定各科官级及本级年资。

3．核定后,由军事委员照规定,函行政院转府。

4．国民政府明令发表,并颁任官状。

（二）对于甲条第二项者：

1．呈报额外名册及履历。

2．审查出身资历,分别核定任官或召集训练。

3．任官者照第一款手续办理。

4．召集训练者，上校以上由中央办理，中校以下于各区内临时规定机关办理,甄别及格后,再按其资历成绩,任以相当之官。

以上(一)(二)两款,由呈报以至布达,依照军官佐人事业务纲要之所定办理之。

（三）对于甲条第三项者：

依照前两款分别办理,其呈报由省(特别市)政府或该省(特别市)军事最高机关行之。

(四) 对于甲条第四、第五项者：

1. 军政部、海军部、航空委员会呈报合格名册及履历证明文件。

2. 审查出身资格。

3. 核定任官者照第一款手续办理。

4. 不及格者存记。证明文件交部(会)发还。

五、任官各区军官佐,其人事上之待遇,在未奉令施行新订俸薪给予以前,仍照常例办理。

六、任官期限，预定第一期自二十三年六月一日起至二十四年十二月止,第二期自二十五年一月一日起至六月底止,共计二年零一个月。

丁、任官后之处置：

一、军官佐任官后,其原在现职者，仍任现职。额外人员，酌予分发任用。凡合于退役之规定者,令其退役。退役办法另定之。

二、非现职人员任官后，限期分发任用，起支官俸。否则令之退役。

三、甲条第一项之非正式学校出身积资而至现职者，任官后应定期补受相当训练或退役。

四、编造籍册：

(一) 总官籍册

(二) 分官籍册

(三) 分发名册

(四) 学员名册

(五) 参谋及各种特职人员名册

各种籍册编制规则另定之。

〔军事参议院档案〕

4. 陆海空军军籍条例①

（1934年6月14日）

第一条　陆海空军军人，在服役期中，均登记于军籍。

军籍依军人之身分而分为下之五种：

（甲）官　籍　经任官之军官佐属之。

（乙）准尉籍　经委补之各兵科准尉属之。

（丙）准佐籍　经委补之各业科准尉属之。

（丁）军士籍　各兵科及各业科之军士属之。

（戊）兵　籍　兵卒属之。

军法官、军用文官及其他与官佐同等之技术人员，与聘雇人员等不行任官者，分别注册。其与军士同级之雇员及与兵卒同级之各项夫役，分别列于名簿，均不登记于军籍。以上各项册簿，分别以规则定之。

本条例规定军籍之一般事项，及各种军籍之概则至各种军籍之籍式及其他详细事项，分别以规则定之。

第二条　官籍分别陆海空军编制之，皆分总籍及分籍之二种如下：

（甲）军官佐总籍　分别现役、备役，以各种官位之军官佐，依姓名顺序（见后第十条）通列之记载官科官阶及其隶属。

（乙）军官佐分籍　为官籍之分部、分别隶属及管区就总籍中所列官佐列载之。

军官佐除登记军籍事项外，其他事项均详于履历册，履历规则另定之。

军官佐之入籍、转籍、除籍（均见后第六条）以总籍为准。

---

① 此条例于1934年6月14日由国民政府公布施行。

第三条　准尉籍及准佐籍，准照军官佐官籍编制之。

第四条　军士以现役、正役、续役分别立籍。

现役军士籍，以师(独立旅)及其他独立部队为单位，分别兵科、业科编制之。其单位较小者或一单位之同科军士人数较少者，则以若干部队合并编籍。

正役及续役军士籍，以省或其他管区为单位编制之。

本条例第一项中所称之部队单位，系对于陆军而定者，海军、空军依编制比照定之，以下各条均同。

第五条　兵籍属于现役者，以团(独立营)为单位编制之，在团(独立营)以外之独立连、排，其兵籍合于所隶之司令部正役及续役之兵卒，依管区或以县编籍。

第六条　军籍内之入籍转籍及除籍如下：

(甲) 入籍：

(一) 军官佐初任、叙任时。

(二) 准尉、准佐委补时。

(三) 军士初补、叙补时。

(四) 兵卒入伍时。

(乙) 转籍：

(一) 军人依任官条例而转任时。

(二) 依服役而分别军籍者，在退役转役时。

(三) 依部队或地方而分别军籍者，在变更隶属或籍贯时。

(丙) 除籍：

军人依关于服役之法规所定，而除役时或其他应除军籍时，均除军籍。

第七条　军人在入军籍时定其姓名，自入籍后，除发见有本条例第八条所定之原因者，由军籍主管机关(见后第十三条)依第九条所定而改名外，其他无论任何原因，均不得更改姓名。

第八条　军人同姓者，在军籍中不得同名，其范围如下：

（甲）军官佐及准尉准佐　陆海空军通之同姓者避同名(参看第十三条第一项之甲)。

（乙）军士　同师(独立旅)及其他同在一籍(见前第四条第二项)者，同姓者避同名，并与同师官佐及准尉准佐避同名。

（丙）兵卒　对于同姓者应避同名如下：

（一）部队回避　同团(独立营、连、排)内之兵卒避之。

（二）乡籍回避　同县(市)内之军士兵卒避之。

（三）对上回避　对于本师(独立旅)官佐准尉准佐及本团(独立营、连、排)军士，均应避之。

第九条　凡军人入籍在第八条所定范围而遇同姓同名时，由军籍主管机关予以改名，其规定如下：

（一）入籍有先后时，先在籍者不改名，不论秩位之高下，均以后入籍者改名。

（二）同时入籍时，以秩低者改名，秩如相同，则以年幼者(同年者依月日)改名。

（三）转籍时及入籍后而发见同姓者之同名时，均与前(一)(二)两款同。

（四）士兵之改名，以原为单名者，增加上(下)字而为双名，其原为双名者，删其上(下)字，而为单名，但删其上(下)字而字义不能成名者，或仍别有在同一军籍而同名者，则易其字。

（五）军官佐及准尉准佐之改名，采用其别号，无别号者或别号有与在官籍同名者，则适用前款，对于士兵改名之所定。

（六）军人改名，均由军籍主管机关行之，不受本人之呈请。

凡养成候补军官佐之学校，对于入学学生之姓名，须检查其有否与在陆海空军各官籍及准尉籍、准佐籍之同姓者同名，遇有同名，则依前项所定，而予改名。

军籍主管机关或学校，于军人改名后，须行知其户籍所隶之县(市)。

第十条　军籍主管机关以姓名为顺序者，其姓名排列办法另定之。

军籍中之以资序为顺序者，其资序之先后，依资序规则之所定。

第十一条　军人入籍时，确定其年龄及出生年月日登籍后，无论任何原因，不予更改。

第十二条　军籍所载军人籍贯，以现籍为准（凡籍贯之有疑义时，其解释依户籍法规定之所定）。退役后，军籍所载现籍以外之旅寓事项，与召集有关者，则在军官佐及准尉佐详于履历册，在士兵详于动员名簿。

第十三条　主管军籍之编制及发行者，为军籍主管机关，各种军籍之主管机关如下：

（甲）官籍及准尉籍、准佐籍：

陆军　军事委员会（铨叙厅承办）。

海军　海军部（军衡司承办）。

空军　航空委员会（人事科承办）呈送军事委员会总掌之。

（乙）军士籍　现役者由（独立旅）司令部（副官处承办）及其他独立部队主管之。其退役后，由所定地方机关主管之（均见第四条）。

（丙）兵籍　现役者由团（独立营）本部（见第五条）主管之，其退役后，由所定地方机关主管之（均见第五条）。

海军部关于军籍事务，须与军事委员会铨叙厅互相连络。各地方机关主管军士籍及兵籍者，须与有关系之现役军士籍及兵籍主管机关连络。

各军籍主管机关所编制之军籍，呈请上级机关审核备案。

第十四条　除军籍主管机关外之军事机关、部队、学校及民政、司法各机关，须存用军籍之全部或某一种者，为军籍存用机关。

军籍之发行及存用机关与保存年限等，均于各种军籍规则分别定之。

第十五条　本条例自公布日施行。

〔军事参议院档案〕

5．国民政府公布陆海空军官制表并废止原陆海空军官佐士兵等级表训令

（1934年7月24日）

国民政府训令　　第505号

令参谋本部

为令知事：查陆海空军官制表，业经制定，明令公布，并通饬施行在案。除现尚沿用之海军官佐士兵等级表当然失效外，所有民国二十年四月间通令施行之陆空军军官佐及士兵等级表，应即废止。仰即知照，并转饬所属一体知照。此令。

中华民国二十三年七月二十四日

国民政府主席　林　森

立法院院长　孙　科

国民政府训令　　第506号

令参谋本部

为令知事：查陆海空军官制表，现经制定，明令公布，应即通饬施行。除分令外，合行抄发该表，令仰知照，并转饬所属一体知照。此令。

计抄发陆海空军官制表一分

中华民国二十三年七月二十四日

国民政府主席　林　森

行政院院长　汪兆铭

军政部部长　何应钦

海军部部长　陈绍宽

〔国民政府参谋本部档案〕

附：陆海空军官制表①

1.

<table>
<tr><td colspan="10">陆军官制表　　国民政府公布施行日期民国23年7月24日</td></tr>
<tr><td>等次
官佐区别</td><td colspan="3">上　等</td><td colspan="3">中　等</td><td colspan="3">初　等</td></tr>
<tr><td rowspan="7">军　官</td><td rowspan="7">上将</td><td rowspan="7">中将</td><td rowspan="7">少将</td><td>宪兵上校</td><td>宪兵中校</td><td>宪兵少校</td><td>宪兵上尉</td><td>宪兵中尉</td><td>宪兵少尉</td></tr>
<tr><td>步兵上校</td><td>步兵中校</td><td>步兵少校</td><td>步兵上尉</td><td>步兵中尉</td><td>步兵少尉</td></tr>
<tr><td>骑兵上校</td><td>骑兵中校</td><td>骑兵少校</td><td>骑兵上尉</td><td>骑兵中尉</td><td>骑兵少尉</td></tr>
<tr><td>炮兵上校</td><td>炮兵中校</td><td>炮兵少校</td><td>炮兵上尉</td><td>炮兵中尉</td><td>炮兵少尉</td></tr>
<tr><td>工兵上校</td><td>工兵中校</td><td>工兵少校</td><td>工兵上尉</td><td>工兵中尉</td><td>工兵少尉</td></tr>
<tr><td>通信兵上校</td><td>通信兵中校</td><td>通信兵少校</td><td>通信兵上尉</td><td>通信兵中尉</td><td>通信兵少尉</td></tr>
<tr><td>辎重兵上校</td><td>辎重兵中校</td><td>辎重兵少校</td><td>辎重兵上尉</td><td>辎重兵中尉</td><td>辎重兵少尉</td></tr>
<tr><td rowspan="3">军　佐</td><td rowspan="3"></td><td>军需总监</td><td>军需监</td><td>一等军需正</td><td>二等军需正</td><td>三等军需正</td><td>一等军需佐</td><td>二等军需佐</td><td>三等军需佐</td></tr>
<tr><td rowspan="2">军医总监</td><td>军医监</td><td>一等军医正</td><td>二等军医正</td><td>三等军医正</td><td>一等军医佐</td><td>二等军医佐</td><td>三等军医佐</td></tr>
<tr><td>司药监</td><td>一等司药正</td><td>二等司药正</td><td>三等司药正</td><td>一等司药佐</td><td>二等司药佐</td><td>三等司药佐</td></tr>
</table>

① 国民政府公布日期23年7月24日。施行日期23年7月24日。

（续表）

等次 官佐区别	上	等		中	等		初	等	
军　佐		军医总监	兽医监	一　等 兽医正	二　等 兽医正	三　等 兽医正	一　等 兽医佐	二　等 兽医佐	三　等 兽医佐
		测量总监	测量监	一　等 测量正	二　等 测量正	三　等 测量正	一　等 测量佐	二　等 测量佐	三　等 测量佐
						军乐正	一　等 军乐佐	二　等 军乐佐	三　等 军乐佐
附　记	一、陆军官佐均在本表所列名称之上冠以陆军字样，例如陆军上将、陆军一等军需正。 二、军官少尉之下设准尉一级，军佐三等以下设准佐一级，但不列入官等。 三、军法官、监狱官、军用技术人员及军用文官不列科，其阶级对照另定之。								

2.

海军官制表　　国民政府公布施行日期　民国 23 年 7 月 24 日									
等次 官佐区别	上	等		中	等		初	等	
军　官	上将	中将	少将	上校	中校	少校	上尉	中尉	少尉
		轮机 中将	轮机 少将	轮机 上校	轮机 中校	轮机 少校	轮机 上尉	轮机 中尉	轮机 少尉
军　佐		造械 总监	造械监	一　等 造械正	二　等 造械正	三　等 造械正	一　等 造械佐	二　等 造械佐	三　等 造械佐

（续表）

等次 官佐区别	上	等		中	等		初	等	
军佐		造舰总监	造舰监	一等造舰正	二等造舰正	三等造舰正	一等造舰佐	二等造舰佐	三等造舰佐
		军需总监	军需监	一等军需正	二等军需正	三等军需正	一等军需佐	二等军需佐	三等军需佐
		军医总监	军医监	一等军医正	二等军医正	三等军医正	一等军医佐	二等军医佐	三等军医佐
			测量监	一等测量正	二等测量正	三等测量正	一等测量佐	二等测量佐	三等测量佐
				一等航务正	二等航务正	三等航务正	一等航务佐	二等航务佐	三等航务佐
				一等电信正	二等电信正	三等电信正	一等电信佐	二等电信佐	三等电信佐
附记	一、海军少将之下，有代将一职，但不任官。 二、海军官佐均于本表名称之上冠以海军字样，例如海军上将、海军轮机中将、海军一等军需正。 三、海军航空军官，依空军官制表任官。 四、军法官、监狱官及军用文官之阶级比照军佐。 五、军官少尉以下设准尉一级，军佐三等佐以下设准佐一级，但不列入官等。 六、军用技术人员不列科，其待遇另定之。								

3.

空军官制表　国民政府公布施行日期　民国23年7月24日									
等次 官佐区别	上等			中等			初等		
军官	上将	中将	少将	上校	中校	少校	上尉	中尉	少尉
军佐		机械总监	机械监	一等机械正	二等机械正	三等机械正	一等机械佐	二等机械佐	三等机械佐
			军需监	一等军需正	二等军需正	三等军需正	一等军需佐	二等军需佐	三等军需佐
			军医监	一等军医正	二等军医正	三等军医正	一等军医佐	二等军医佐	三等军医佐
附记	一、空军官佐均于本表所列名称之上冠以空军字样，例如空军上将、空军机械监。 二、军官少尉之下设准尉一级，军佐三等佐之下设准尉一级，但不列入官等。 三、军法官、监狱官及军用文官之阶级比照军佐。 四、军用技术人员不列科，其待遇另定之。								

〔军事参议院档案〕

6. 陆海空军官佐服役暂行条例及其施行细则

(1934年10月27日—12月13日)

(1) 陆海空军官佐服役暂行条例(10月27日)①：

第一条　陆海空军官佐，自任官起，至服役限龄止，有服役之义务，其依本条例第七条之所定，奉命延役者同。

---

① 1934年6月15日国民政府公布，同年10月27日修正第五、第六两条条文公布，1935年3月1日施行。

陆海空军官佐(下简称军官佐)之官科及官秩,依官制之所定,军官佐之任官及任职,依另条例之所定。

军官佐之服役限龄如附表。

第二条　军官佐之服役期间,区分为现役及备役如下:

(甲)现役:

自任官时起役,列入官籍,在平时战时,均服军职,是为现役。

(乙)备役:

军官佐依本条例第四条之所定,由现役退役后,至服役限龄止,为备役。平时除受召集外,不服军职,战时应召任职,平战两时召集规则另定之。

备役期满,则予除役。

军官佐在现役中,依任职条例而免职、停职、撤职后,尚未命其退役者及奉命入学者,均仍为现役。

军官佐服现役而达服役限龄者,则不服备役,迳予除役。

第三条　现役军官佐有下列各款之一者,应予停役。

(一)已受陆海空军官职以外之他种官职者——称为外职停役。

(二)受免官之处分者——称为免官停役。

(三)判处有期徒刑或因案通缉者——称为刑事停役。

前项停役后,属于(一)款而至可回军服职者,属于(二)款而经复官者,属于(三)款而刑期既满或业经审结为无罪及取消通辑并均经复官者,均予回役。

第四条　现役军官佐退为备役时,分例退及甄退二种如下:

(甲)现役军官佐有下例各款之一者,例退为备役。

(一)停役满三年而未回役者——总称为停役例退。

(二)免职、停职、撤职满三年而未任职者——总称为停职例退。

(三)考绩连续三年不及格者——称为考绩例退。

（四）届满本官阶停年四倍而不能晋任者——称为限年例退。

（乙）现役军官佐有下列各款之一者，甄退为备役。

（一）体质衰弱或病伤不堪服现役者——总称病伤甄退。

（二）因补充及官额等事实之必要，而规定退役员额时，考绩居后者——称为依额甄退。

军官佐之考绩，依另条例之所定。

第五条　备役军官佐之免官停役、刑事停役及回役与第三条对于现役军官佐之所定者同。

又备役军官佐，对于召集不应召者，予以停役。称为违召停役。

前项军官佐至次期召集应召者，予以回役。

第六条　现役、备役军官佐（在停役中者亦同）有下列各款之一者，均予除役。

（一）满服役限龄者——称为限龄除役。

（二）病伤残废不堪服各种役务而无恢复之望者——总称为残废除役。

（三）判处无期徒刑者——称为刑事除役。

（四）消失国籍者——称为失籍除役。

备役军官佐连续不应召满三年者，应予除役，称为违召除役。

备役官佐停役满三年者，应予除役，称为久停除役。

第七条　因官额或事实之必要，对于限年例退者，须予延长役务时，为留退延役；对于限龄除役者，须予延长役务时，为留除延役；其应延役期间，均以命令定之，期满分别退役、除役。

前项延役，对于第二条第三项由现役而应予除役者，其延役应仍为现役，或为备役，以命令定之。

第八条　军官佐之退役、除役及延役，由军事委员会函行政院转呈国民政府以命令行之。停役回役，由军事委员会命令行之，并函行政院呈请国民政府备案。

第九条　军官佐与服役有关之身分规定如下：

（一）各种除役均除官籍。

（二）外职停役违召停役均留官籍。

（三）免官停役在未复官以前，失其官位，开除官籍。

（四）刑事停役同时免官，其尔后得予复官与否，视其案情定之。停役期间，开除官籍。

（五）刑事除役、违召除役及失籍除役同时免官，永不复官。

（六）其他停役除之非免官者仍保持其原有官位。

官籍规则另定之。

第十条　本条例之施行细则另定之。

第十一条　本条例施行日期，另以命令定之。

附：陆海空军官佐服役限龄表

陆海空军官佐服役限龄表

上将	七十岁
中将	六十五岁
少将	六十岁
上校	五十八岁
中校	五十五岁
少校	五十三岁
上尉	五十岁
中尉	四十七岁
少尉	四十七岁

〔备考〕空军官佐，空中服务不论阶级，均以四十七岁为最大年龄，退役未达四十七岁者为空中备役，空中备役届满而未达服役限龄者，为地面备役。

（2）陆军官佐服役暂行条例施行细则①（10月27日）

第一章　总则

① 民国23年9月28日国民政府公布，同年10月27日奉令修正第三十四条条文。24年3月1日施行。

第一条　本细则依据陆海空军官佐服役条例(以下简称服役条例)第十条定之。

第二条　陆军军官佐(以下简称官佐)自任官起役迄除役间，关于服役各事项，类别如附表。

第三条　官佐服役限龄，系包括现役、备役而言。

第四条　官佐自起役迄除役间，关于服役经过中之官籍事项，依军籍条例及官籍规则之规定。

第二章　现　役

第一节　起役

第五条　现役官佐自任官之日起役，惟见习军官佐于规定之见习期满时，成绩及格者，即予任官起役，其在未任官前，以一般志愿兵役论。见习期满，而成绩不及格者，俟次期任官时，再行核予任官。

第二节　停役

第六条　官佐在现役期间，不得兼任军职以外之职务，并不得为其他营业；但应国家之需要，官佐服现役满六年以上者，经军事委员会委员长① 核准而改任军职以外之他种官职时，依服役条例第三条第一款之规定，予以停役。

第七条　官佐受免官处分者，自免官之日起停役。

第八条　官佐受判处有期徒刑者，自判决之日起停役。

第九条　官佐因案通缉者，自通缉之日起停役。

第三节　回役

第十条　外职停役之官佐，战时或平时因事实上之必要，令其回供军职者，应即回役。

第十一条　外职停役之官佐，自愿回役时，应申请现在服务机关主管长官转报军事委员会委员长核夺。

---

① 原文此处有(军政部长)，根据“陆海空军人事法规刊误修正表”应删，下同。

第十二条　官佐受免官停役者，自复官之日起，得以回役。

第十三条　官佐判处有期徒刑而停役者，刑期既满，经核准复官后，得以回役。

第十四条　官佐因案通缉而停役者，经审结为无罪或取消通缉并均经核准复官后，得以回役。

第四节　退役

第十五条　本章第三节各条所称应予回役官佐，如合于服役条例第四条各款之一者，分别予以退役。

第十六条　官佐在现役因免官停役、刑事停役满三年，而未回役之停役例退，在备役时，仍为停役。

第十七条　服役条例第四条所定之停役例退，停职例退，考绩例退，限年例退，由主管人事机关，查明规定年限，呈报军事委员会委员长核定办理。

第十八条　官佐体质由所隶机关部队学校之军医，按陆军健康检查规则，及陆军军人身体检查鉴定规则，施行身体检查及鉴定，凡衰弱或病伤不堪服现役，而尚堪服备役者，由所隶最高长官呈报军事委员会委员长(军政部部长)核定，依服役条例第四条乙款所定，予以病伤甄退。

第十九条　官佐之依额甄退，由主管人事机关按官额及年度补充计划，依据各长官之考绩，按期拟呈军事委员会委员长核定办理。

第五节　除役及延役

第二十条　依服役条例第七条须予留退延役之官佐，由军事委员会委员长核定之。

前项留延役之官佐，至延役之需要消灭时，即予退役。

第二十一条　官佐服役，达最大限龄者，依服役条例第六条第一款之所定，应予限龄除役。

第二十二条　官佐之已丧失国籍者，即予除役。

第二十三条　官佐受判处无期徒刑者，自判决日起，即予刑事除役。

第二十四条　前列第二十一条、第二十二条、第二十三条各种除役，由主管人事机关呈请军事委员会委员长核定办理。

第二十五条　依服役条例第七条所定，而应予留除延役之官佐，由军委员会委员长核定之。

前项留除延役之官佐，依官额及事实之必要，而分别为现役或备役。至延役之需要消灭时，或有关于其他之除役或停役、退役等规定事项时，即予除役。

第三章　备役

第二十六条　由现役退为备役之官佐，受师(团)管区或征练管区之管辖，是管区未成立以前，受原籍市县政府之管理。

第二十七条　由现役退至备役之官佐，关于尔后一切手续，由军政部办理。各备役官佐回至原籍时，即向第二十六条所定机关报到登记之。

第二十八条　备役官佐之免官停役，刑事停役，均依第七、第八、第九各条之规定。

第二十九条　备役官佐之违召停役，依服役条例第五条之所定。

第三十条　第二十条、第二十九条之停役，由主管人事机关呈报军事委员会委员长核定办理之。

第三十一条　备役官佐，由免官停役、刑事停役之回役，依第十二、第十三、第十四各条之规定。其在违召停役者，以次期应召时回役。

第三十二条　备役官佐之限龄除役、刑事除役、失籍除役，依第二十一、第二十二、第二十三各条之规定。

第三十三条　官佐依第十八条之鉴定，而为病伤并不堪服备役者，予以残废除役。

第三十四条　备役官佐在违召停役期间，凡有召集时，均仍召集之，其停役满三年，曾经召集而不应召者，即予除役。

第三十五条　备役官佐停役满三年而未回役者，依服役条例第六条第三款之所定，予以久停除役。

第三十六条　备役官佐死亡时，其家族应立即报告所管机关转报之，惟所管机关亦应随时调查督促家族呈报。

第三十七条　备役各级官佐，届满限龄时，应乎需要，得予延役，准第二十五条之所定。

第三十八条　备役官佐除役之手续，依第二十四条之所定办理。

第四章　备役官佐守则

第三十九条　备役官佐，在乡应遵守一切法令规章，不得非法干预地方政事。

第四十条　备役官佐之行止及身分职业等，有变化时，应随时报告于第二十六条所定之机关办理。

第四十一条　备役官佐在乡时，如有民刑事件，受地方司法机关之裁判，其在召集中，适用陆、海、空军审判法。

第四十二条　备役官佐在乡，对于地方公益，应躬先率行，遇有天灾地变等意外事项，应自动协助地方机关处理之。

第四十三条　备役官佐召集规则另定之。

第五章　附则

第四十四条　本细则施行日期，另以命令定之。

附：陆军官佐服役事项类别表〔见插页116—117〕

(3) 参谋本部转发空军官佐服役暂行条例施行细则的训令（12月17日）

参谋本部总务厅训令　　　　总(厅)字第一六五五六号

令本厅第三处

案奉本部总(仁)字第一六三五一号训令开：案奉国民政府

二十三年十二月三日第八八五号令开："查空军官佐服役暂行条例施行细则，现经制定，明令公布，应即通行饬知，除分令外，合行抄发原条文，令仰知照。并转饬所属一体知照。"等因；计抄发"空军官佐服役暂行条例施行细则一分"奉行。除分行外，合行抄发前项细则一分，令仰转饬所属，一体知照。此令。等因：计抄发空军官佐服役暂行条例施行细则一分。奉此，除分令外，合行抄发前项细则，令仰一体知照。此令。

计抄发空军官佐服役暂行条例施行细则一分。

中华民国二十三年十二月十七日

厅长　熊　斌

空军官佐服役暂行条例施行细则(12 月 3 日)①

第一章　总则

第一条　本细则依据陆海空军官佐服役暂行条例(以下简称服役条例)第十条订之。

第二条　空军军官佐(以下简称官佐)自任官起役迄除役间，关于服役各事项类别如附表。

第三条　官佐服役限龄系包括现役备役而言。

第四条　官佐自起役迄除役间，关于服役经过中之官籍事项，依军籍条例及官籍规则之规定。

第二章　现役

第一节　起役

第五条　现役官佐自任官之日起役。

第二节　停役

第六条　现役官佐不得兼任军职以外之职务，并不得为其他营业。但应国家之需要，官佐服役满年以上，经军事委员长核准改任军职以外之他种官职者，依服役条例第三条第一款之规定，予以

① 民国 23 年 12 月 3 日国民政府公布。

停役。

第七条　官佐受免官之处分者，自免官之日起停役。

第八条　官佐受判处有期徒刑者，自判决之日起停役。

第九条　官佐因案被通缉者，自通缉之日起停役。

第三节　回役

第十条　外职停役之官佐，战时或平时因事实上之必要，令其回供军职者，应即回役。

第十一条　外职停役之官佐，自愿回役，经申请航空委员会转报军事委员会委员长核准者，予以回役。

第十二条　官佐受免官停役者，自复官之日起，予以回役。

第十三条　官佐判处有期徒刑而停役者，刑期既满，经核准复官，予以回役。

第十四条　官佐因案通缉而停役者，经审结无罪或取消通缉并经核准复官后，予以回役。

第四节　退役

第十五条　本章第三节各条所称应予回役官佐，如合于服役条例第四条各款之一者，分别予以退役。

第十六条　现役官佐因免官停役、刑事停役满三年而未回役之停役例退，在备役时仍为停役。

第十七条　服役条例第四条甲款所定之各种例退，由航空委员会查明规定年限，呈报军事委员会委员长核定办理。

第十八条　官佐体质，由所隶机关部队学校之军医，按空军健康检查规则及飞行人员身体检查规则，施行身体检查。凡衰弱或病伤不堪服现役而尚堪服备役者，由航空委员会呈军事委员会委员长核定，依服役条例第四条乙款所定，予以病伤甄退。

第十九条　官佐之依额甄退，由航空委员会按官额及年度补充计划，依据各长官之考绩，按期拟呈军事委员会委员长核定办理。

第二十条　服空中勤务之军官佐，在未满四十七岁以前，因技术体质员额之关系，而不能服空中勤务者，得退为地面现役，但仍为空中备役，至空中服役最大限龄止。

前项退为地面现役之军官佐，尔后之退役，照第十、第十八、第十九各条之规定办理。

第五节　延役及除役

第二十一条　依服役条例第七条须予留退延役之官佐，由军事委员会委员长核定之。

第二十二条　官佐服役达最大限龄者，依服役条例第六条第一款之所定，予以限龄除役。

第二十三条　官佐之已丧失国籍者，即予失籍除役。

第二十四条　官佐受判处无期徒刑者，自判决日起，即予以刑事除役。

第二十五条　官佐因病伤残废不堪服各种役务，经军医检验证明，无恢复之望者，予以残废除役。

第二十六条　前列第二十二、第二十三、第二十四、第二十五等条各种除役，由航空委员呈请军事委员会委员长核定办理。

第二十七条　依服役条例第七条所定，应予留役延役之官佐，由军事委员会委员长核定之。

前项留除延役之官佐，依官额及事实之必要，而分别为现役或备役，至延役之需要消灭时或有合于其他之除役或停役退役等规定事项时，即予除役。

第三章　备役

第二十八条　由现役退为备役之官佐，受原籍或长期寄居之市县政府之管理。

第二十九条　关于备役官佐之一切人事手续，由航空委员会办理。各备役官佐回至原籍或长期寄居之市县时，应即向第二十八条所定机关报到登记之。

第三十条　备役官佐之免官停役、刑事停役，适用第七、第八、第九各条对于现役官佐之所定。

第三十一条　备役官佐之违召停役，依服役条例第五条之所定。

第三十二条　第三十条、第三十一条之停役，由航空委员会呈报军事委员会委员长核定办理。

第三十三条　备役官佐由免官停役、刑事停役之回役，依第十二、第十三、第十四各条之所定，其在违召停役者，以次期应召时回役。

第三十四条　备役官佐之限龄除役、刑事除役、失籍除役、残废除役，依第二十二、第二十三、第二十四、第二十五各条之所定。

第三十五条　备役官佐在违召停役期间，凡有召集时，均仍召集之。其停役满三年曾经召集而不应召者，即予除役。

第三十六条　备役官佐停役满三年而未回役者，依服役条例第六条第三款之所定，予以久停除役。

第三十七条　备役官佐死亡时，其家族应立即报告管理机关转报之，各管理机关亦应随时调查督促家属呈报。

第三十八条　应予限龄除役之备役官佐，得因事实之必要，适用第二十七条。对于现役官佐之所定，予以留除延役。

第三十九条　备役官佐除役之手续，依第二十六条之规定办理之。

第四章　备役官佐守则

第四十条　备役官佐在乡时，应遵守一切法令规章，不得非法干预地方政事。

第四十一条　备役官佐之行止及身份职业等有变化时，应随时报告于第二十八条所定之机关办理。

第四十二条　备役官佐在乡时，如有民刑事件，受地方司法机关之裁判。其在召集中者，适用陆海空军审判法。

第四十三条　备役官佐在乡时，对于地方公益，应躬先率行。遇有天灾事变等意外事项，应自动协助地方机关处理之。

第四十四条　备役官佐召集规则另定之。

第五章　附则

第四十五条　本细则施行日期，另以命令定之。

〔国民政府参谋本部档案〕

（编者注：空军官佐服役事项类别表与陆军官佐服役事项类别表同，略）

7. 陆海空军惩罚法①

（1935年3月7日）

第一条　陆海空军军人之过犯不涉及刑事范围者，除法律别有规定外，其惩罚依本法行之。军属人员准用本法之规定。

前项所称陆海空军军人，系指各兵科，业科之官佐、准尉、准佐、士兵及学员生。军属人员，系指军法官，军用文官、军用技术人员，政治训练人员及其他军用雇员。

第二条　惩罚种类如下：

军官之惩罚：

一、撤职。

二、停职。

三、记过。

四、罚薪。

五、检束。

六、申诫。

士兵之惩罚：

一、降级。

二、禁闭。

---

① 1935年3月7日国民政府公布，同日施行。

三、劳役。

四、禁足。

五、罚站。

六、申诫。

第三条　陆海空军军人，应受惩罚之犯行如下：

一、丧失军誉，不守军人本分者。

二、性情暴戾，不遵约束者。

三、言行不检，有失军人仪态者。

四、阳奉阴违，或故示立异者。

五、触犯长官，或肆意批评长官过失者。

六、假公济私，损人利己者。

七、放弃职责，废弛公务，或假托事故图免勤务者。

八、私结团体，排除异己者。

九、诿过邀功，或匿名中伤者。

十、藉端要挟，不守法纪者。

十一、殴人而未致伤者。

十二、奉召遣命令，无故迟延者。

十三、干预外事，迹近招摇者。

十四、懈怠职务，不知振作者。

十五、侵越权限，或处理失常者。

十六、保管公物因疏忽而致有损失者。

十七、擅遣人民供役使者。

十八、购置、收藏、搬运或支给公物有误者。

十九、误解命令、或误传命令情轻者。

二十、办理公务不遵法令程序者。

二十一、对于所属管束无方，训导失当者。

二十二、不守规定秩序及时间者。

二十三、违反清洁整齐者。

二十四、考绩不及格者。

二十五、请假逾限者。

二十六、其他有败坏军纪、风纪之行为者。

第四条　陆海空军军人有犯前条之一者，视其情节之轻重，依第二条之规定，分别处罚。

第五条　在警戒地域或接战地域外，遗失所保管之日令、信号、识别旗、陆海空军联络符号、密码本、无线电呼号、无线电用各种代名词等情轻者，依第二条之规定，分别处罚。

第六条　撤职：凡过犯情节较重者，得予以撤职处分。但须分别层转原任命机关核定行之。

第七条　停职：凡过犯情节不至即行撤职，而又重于他种惩罚，或以犯罪嫌疑，因被劾而待查办与审理者，得予以停职处分。其办法由最高军事机关定之。

第八条　记过：分记过与记大过。记过三次等于记大过一次。有记功者可分别抵销。有其他功绩者，得分别撤销。在一考绩期内所记之过，除抵销或撤销外，每记过一次，可以其考绩之总平均分数三分扣抵。

第九条　罚薪：以扣除月薪百分之十至百分之三十为限。其期间至多不得过两个月。

第十条　检束：除演习教育外。不得外出或与人接见。其期间为一日以上三十日以下。

第十一条　降级：依士兵现在之等级降一级。非经过三个月。不得复原级。

第十二条　禁闭：禁锢于禁闭室。其期间为一日至三十日。受禁闭处分者，得以禁闭一日折罚劳役二日。其禁闭中之食料，只给规定之饭食、开水、食盐。

第十三条　劳役：除勤务演习教育外，禁止外出，服行苦工及各项杂务。其期间为一日至三十日。

第十四条　禁足：例假日禁止外出。其期间为一星期至四星期。

第十五条　罚站：限定立正，自某时起至某时止。但至多不得继续至二小时。

第十六条　申诫：以书面或言词为之。

第十七条　凡受惩罚之处分者，应将其犯行及惩罚种类登记于惩罚簿，如附式第一。并得按其情形，以命令宣布之。

第十八条　遇作战或有特别事故应暂缓执行惩罚时，得由该管长官酌量情形，令受罚者待罚服务，俟可执行时，再补行惩罚。如获有功绩，得由该管长官酌量减免。

第十九条　各级长官对于所属行使惩罚，除撤职、停职，应依第六条，第七条办理。又少将以上军官佐之惩罚，应呈请最高军事机关核定外，其余罚权如下：

一、少将以上独立单位长官，对于所属上校以下军官佐，有施行记过、罚薪、检束、申诫之权。对于所属士兵，有一切惩罚之权。

二、有所隶承之少将长官及上校独立单位长官，对于所属，有施行尉官记大过一次以下，罚薪一月以内，各级军官佐检束二十日以内及申诫之权。对于所属士兵，有一切惩罚之权。

三、有所隶承之上校长官及中少校独立单位长官，对于所属，有施行尉官记过一次，各级军官佐检束十日以内及申诫之权。对于所属士兵，有禁闭十五日以内及劳役，禁足，罚站，申诫之权。

四、有所隶承之中少校长官，对于所属，有施行军官佐检束五日以内及申诫之权。对于士兵，有禁闭十日以内，劳役二十日以内及禁足、罚站、申诫之权。

五、独立或分驻之上尉长官，对于所属，有施行军官佐申诫之权。对于士兵，有禁闭五日以内，劳役十日以内，禁足三星期以内及罚站、申诫之权。

六、有所隶承之上尉长官及独立或分驻之中少尉长官，对于所属士兵，有施行禁闭三日以内，劳役七日以内，禁足两星期以内及罚站、申诫之权。

七、有所隶承之中少尉及准尉长官，对于所属士兵有施行罚站、申诫之权。

第二十条　军士对于所属，有施行罚站、申诫之权。但随时须报告直隶长官。

第二十一条　各级长官对于所属施行军官佐士兵之惩罚，应立时呈报所隶长官，层转独立单位长官备案。各级独立单位长官，对于所属受惩罚之军官佐，应按月列表，如附式第一，分别汇报最高军事机关暨军政部或海军部。

第二十二条　各级长官对于部下所犯，如出于罚权以外时，应即报请直隶长官核办。

第二十三条　各级长官对于非所属之下级军人、军属，有认为违犯纪律者，得训止之。如认为应处罚者，得通报其所隶长官核办。

第二十四条　本法自公布日施行。

〔军事参议院档案〕

8. 陆海空军勋赏与奖励条例及施行细则

（1935年6月—8月）

（1）陆海空军勋赏条例（6月15日）①

第一条　陆海空军军人于战时平时著有战功或勋绩者，其叙勋行赏，除法律另有规定外，依本条例行之。

军属人员之勋赏，准用本条例之规定。

第二条　勋赏之种类如下：

---

① 1935年6月15日国民政府公布。

（一）青天白日勋章。

（二）宝鼎勋章。

（三）云麾勋章。

（四）勋刀。

（五）荣誉旗。

第三条　青天白日勋章不分等级，凡陆海空军军人，于战时捍御外侮，保卫国家，著有特殊战功者颁给之。

第四条　宝鼎勋章分为九等，凡陆海空军军人捍御外侮，或镇摄内乱，著有战功者，依下列规定分别颁给之。

上等官佐一等至四等。

中等官佐三等至六等。

初等官佐四等至七等。

准尉、准佐及士兵六等至九等。

第五条　云麾勋章分为九等，凡陆海空军军人，对于国家建有勋绩或镇摄内乱，立有勋绩者，依下列规定分别颁给之。

上等官佐一等至四等。

中等官佐三等至六等。

初等官佐四等至七等。

准尉、准佐及士兵六等至九等。

第六条　勋刀分为三等，凡陆海空军官佐，所受勋章，晋至规定之最高等，而复建有战功或勋绩者，依下列规定分别给与之。

上等官佐一等。

中等官佐二等。

初等官佐三等。

第七条　荣誉旗不分等级，凡部队、舰艇、航空队或要塞，于战时特著忠勇之战功者颁给之。

第八条　非陆海空军军人，或外籍人员，对于战事建有勋功者，得依本条例之规定，颁给宝鼎或云麾勋章。

第九条　勋章、勋刀、由国民政府以明令颁给并填给勋章、勋刀证书。

第十条　勋章、勋刀，除由国民政府明令颁给外，得由各主管长官，将立功人员之功绩事实，造具功绩调查表，在陆军人员，迳呈最高军事机关核定，在海军或空军人员，呈请海军部或航空委员会审核，转呈最高军事机关核定，咨请行政院转呈国民政府颁给之。战时得交由最高军事长官先行授与，补呈国民政府备案，并交该管机关注册。

第十一条　勋章勋刀之颁给，上等官佐由国民政府主席或最高军事长官亲授或派员代授之。中等以下官佐及士兵，颁由主管长官或原呈请机关授与之。

第十二条　荣誉旗由最高军事长官报请国民政府审核颁发之，国民政府核定后，交由最高军事长官亲授或派员代授之。但功勋特异者，得由国民政府派员亲往战地或所在地颁给之。

第十三条　受勋人员或部队受领勋章、勋刀或荣誉旗后，应将受领日期，在陆军者呈报最高军事机关备案，在海军或空军者，呈由海军部或航空委员会转呈最高军事机关备案。

第十四条　初授宝鼎勋章、云麾勋章、勋刀，应依第四条、第五条、第六条之规定，由最低等起给，但由国民政府特令颁给者，不在此限。

第十五条　晋授勋章时，应将其前受之勋章呈缴主管机关，转报核销，勋刀晋授时亦同。

第十六条　有下列情事之一者，缴销其勋章、勋刀。

一、褫夺公权终身者。

二、明令褫夺勋章、勋刀者。

三、丧失中华民国国籍者。

第十七条　有下列情事之一者，停止佩带勋章勋刀。

一、褫夺公权尚未复权者。

二、受有期徒刑尚未满期者。

第十八条　受勋人员身故时，勋章、勋刀均免缴销。

第十九条　部队、舰艇、航空队或要塞改编或解散时，所受荣誉旗，应缴还注销。

第二十条　勋章、勋刀如有遗失时，得声叙原保案及遗失原因，呈请补给。但原件查获时，应立即呈报注销。

第二十一条　勋章、勋刀不得转让他人或抵借财物。违者除将勋章、勋刀追缴注销外，并依法科以相当之处分。

第二十二条　本条例施行细则及勋章、勋表、勋刀之制式，章绶刀穗之色别与授勋仪式，由最高军事机关定之，并呈请国民政府备案。

第二十三条　本条例施行日期，以命令定之。

（2）陆海空军奖励条例（6月15日）①

第一条　陆海空军军人，于战时、平时著有劳绩，或学术技能特有专长，应予奖励者，除法律另有规定外，依本条例行之。

军属人员，准用本条例之规定，非陆海空军军人、军属，尽力于军事著有劳绩，或捐助军用器材物品及其发明，或改良有益于军用者亦同。

第二条　奖励之种类如下：

一、陆海空军奖章。

二、比赛奖章。

三、陆海空军褒状。

四、奖金。

五、记功。

六、嘉奖。

前项第五款之奖励，不适用于士兵。

---

① 1935年6月15日国民政府公布。

第三条　陆海空军军人、军属、有下列事绩之一者，得予以奖励。

一、战役中著有劳绩足资矜式者。

二、战时异常出力，经证明确实者。

三、镇摄内乱，卓著功效者。

四、任政治工作，成绩优良，于军事确有裨益者。

五、任军事上特殊工作，确有成绩者。

六、应付非常事变，悉合机宜，使地方获保安全者。

七、拿获重要匪首或破获匪徒机关，有裨于地方之安宁者。

八、办理紧急事件，著有特殊成绩者。

九、奉行命令迅速，确实因而成功者。

十、考绩特优良，尚未晋升者。

十一、校阅或点验成绩最优者。

十二、才艺优越，并有著作，经审查合格者。

十三、发明或改良制造新兵器或军用器材物品，经考验合格者。

十四、射击、骑术、操舟、飞行、国术运动，各种比赛，得团体总分最多，或个人比赛成绩最优者。

十五、努力于其他所任职务，成绩特优者。

第四条　非陆海空军军人、军属、有下列事绩之一者，得予以奖励。

一、平时或战时捐输军饷、或军用器材及物品，其数额或价值，个人在一千元以上，团体在一万元以上者。

二、战时探知敌人有不利于我方之动作，报告不失时机，因而得适当之处置者。

三、在战地随同出力成绩卓著者。

四、协同出力，拿获匪首，或破获匪徒机关，保全地方治安者。

五、发明或改良制造新兵器，或军用器材、物品，有利于军事，经考验合格者。

六、尽力于军事工作或与军事有关工作，确尽忠能，卓著效绩者。

凡外籍人民，有合于前项规定之一者，亦得奖励之。

第五条　有前两条之事绩者，核其情形，依第二条之规定，分别奖励。但非军人、军属之奖励，以陆海空军奖章，陆海空军褒状奖金及嘉奖为限。

同一事绩，应有团体与其个人之奖励者，得均奖励之。

第六条　陆海空军奖章之区分如下：

甲种一等奖章，二等奖章，给与中等以上官佐，或其同等人员。乙种一等奖章、二等奖章，给与初等官佐、准尉、准佐、士兵、或其同等人员。

第七条　比赛奖章之区分如下：

一、绩学奖章。

二、射击奖章。

三、骑术奖章。

四、操舟奖章。

五、飞行奖章。

六、特技奖章。

前项比赛奖章，各分为一等、二等，给与官佐、士兵。

第八条　给与前两条奖章时，应附给执照。

第九条　陆海空军褒状，应载明事绩，给与个人或团体。

第十条　奖金之区分如下：

一、个人奖金十元以上，一千元以下。

二、团体奖金五十元以上，五千元以下。

前项奖金数额，遇有特殊情事时，得增给之。

第十一条　记功，分小功、大功二种，积三小功为一大功，积二大功以上者，得改给陆海空军奖章、或奖金。

前项记功，对个人为之，得分别抵销记过之处分。

第十二条　嘉奖之区分如下：

一、个人嘉奖，以书面或言辞为之。

二、团体嘉奖，以书面为之。

第十三条　应行奖励者，除由最高军事长官特令外，其手续如下：

一、陆军人员，由主管长官填具请奖事绩表，呈请最高军事机关核定。

二、海军或空军人员，由主管长官填具请奖事绩，呈请海军部或航空委员会审核，转呈最高军事机关核定。但请给比赛奖章者，应呈由训练总监部审核，转呈最高军事机关核定。

第十四条　前条奖章，经最高军事机关核定后，依下列规定颁给之：

一、陆海空军奖章及褒状，由最高军事机关，咨行政院转呈国民政府核准颁发之。

二、比赛奖章及奖金，由最高军事机关发给。

三、记功及嘉奖，以命令行之。

第十五条　少将以上独立单位长官，对于所属，有给与奖金一百元以下，记大功一次以下及嘉奖之权。上校以下独立单位长官，对于所属有记小功及嘉奖之权。奖励后，均应层报最高军事机关备案。

第十六条　各种奖励，应以命令公布或集合告达之。

第十七条　凡在惩罚处分中之官佐、士兵、立有功绩，合于奖励之规定者，得呈请抵销其处分之全部或一部。抵销后，如有余功，再予奖励。

第十八条　陆海空军奖章或各种比赛奖章之给与，每人于一年内领受同种者，以一次为限。

第十九条　晋授奖章时，应将前受之奖章，呈缴主管机关，层报核销。

第二十条　奖章或执照遗失时，得呈请补给，但应于奖章背面及执照内注明补给字样，原件查获时，应即呈报注销。

第二十一条　私造奖章或佩带他人奖章者，依法处断。

第二十二条　奖章不得转让他人，或抵借财物。违者除奖章注销外，并依法科以相当之处分。

第二十三条　本条例施行细则及奖章褒状执照之式样，由最高军事机关定之，并呈请国民政府备案。

第二十四条　本条例施行日期，以命令定之。

(3) 陆海空军勋赏条例施行细则(8月1日)

第一章　总则

第一条　本细则依本条例第二十二条之规定订定之。

第二条　凡颁给勋章，概依本细则之规定办理。

第二章　叙勋标准

第三条　有下列各款之一者，得依照本条例第三条之规定，颁给青天白日勋章。

一、夺获敌军重要地点或军旗大炮及重要军备者。

二、坚守要隘，使敌不得逞，致我军克奏肤功者。

三、断绝敌军交通或夺获敌军粮饷、军械、战局因以奏功者。

四、运筹适宜，致获全功者。

五、战斗间处置妥善，使全军或一部，得重要之胜利者。

六、冒险前进，值得重要敌情，致获全胜者。

七、歼殪或捕获敌军重要人员者。

八、最困苦时，毅然从事战斗，足以振起他人志气者。

九、战时办理战线后方事务，成绩最著者。

十、冒险破获敌之伏置水雷或障碍物，以开导我舰之进路者。

十一、冒险伏置水雷，得以轰沉敌之军舰，或加危害，使敌失战斗力者。

十二、冒险冲破敌之包围或封锁，以苦战辟运输之途，终得达其目的者。

十三、首先占领敌之炮台、港湾或有守备之城市者。

十四、夺获或轰沉敌方军舰及军用船只者。

十五、冒险入敌之港湾、破坏其军舰者。

十六、冒险封锁敌之港湾，得尽其任务者。

十七、我军舰护送多数船舶、骤遇敌优势舰队剧战之后，俾护送船舶得安全航到其目的地者。

十八、冒险飞入敌军，炸毁敌之重要阵地，要塞、军舰、兵站、交通线、司令部等，使敌动摇或败退者。

十九、在敌阵地冒险低度飞行，扫射敌战壕或施放烟弹，使敌溃败者。

二十、冒险飞入敌境，炸毁敌之兵工厂、弹药仓库等，使敌受重大损害者。

二十一、于重要区域内，击退敌人多数飞机，因免去重大损害者。

二十二、捕获或击落敌之飞机，或捕获敌军战车者。

二十三、冒险侦察，报告极确，赖以洞悉敌情，因获胜利者。

第四条　有下列各款之一者，得依照本条例第四条款之规定颁给宝鼎勋章。

一、平定内乱、功绩卓著者。

二、镇压内乱，擒获叛党首魁及匪首者。

三、镇压内乱，夺取被据城池者。

四、长官因公陷于危急，极力救护以立功者。

五、捕获或轰沉叛逆之军用舰船，或击落飞机及捕获战车者。

六、冒险救获被难船只或飞机，得获安全者。

七、冒险飞行、破坏叛军重要工事，或轰击匪巢命中者。

八、本舰或他舰航海停泊中，遇有危险，冒险从事，得以免其他危险者。

九、低度飞行侦察，报告精确，因能消灭或击溃敌逆者。

十、捕获海贼或国际海贼，证据确凿者。

第五条　有下列各款之一者，得依照本条例第五条各款之规定颁给云麾勋章。

一、治军有方，成绩显著者。

二、发明新兵器，用以杀敌，而获成效者。

三、筹划作战，允洽机宜，因而致胜者。

四、剿办股匪，收复匪区被占地方者。

五、镇压地方，而能使四境安宁，无叛党盗匪匿迹者。

六、临阵勇敢，率先夺取军械及捕获叛党与匪首者。

七、力疾或负伤，而仍强于战斗者。

八、冒险达到命令中之任务者。

九、破获国际阴谋扰乱机关，证据确凿者。

十、办理困难或危急事件，甚切机宜者。

第六条　凡捍御外侮，镇摄内乱，立有功绩，为前三条各款所未列举，而确须颁给勋章者，得比照前三条之规定行之。

第七条　本条例第六条、第七条所定之勋刀、荣誉旗，其叙勋标准，得比照本细则三、四、五、六条各款之所定核叙之。

第三章　叙勋呈报手续

第八条　凡呈报叙勋者，除照本条例第十条之规定外，其勋绩调查表，应填具四分呈报。惟非陆海空军军人或外籍人员，应加具履历四分。

第九条　非陆海空军军人或外籍人员之应行颁给勋章者，除国民政府特令外，应由立功地点或住在地及职务有关之长官，依照前条之所定，迳呈最高军事机关核定，咨请行政院转呈国民政府颁给之。

第十条　国民政府特令颁给勋章、勋刀人员，应照前两条之所定，补呈表历，除履历格式已有法令规定外，勋绩调查表格式另定之。

第十一条　最高军事机关转请颁给勋章、勋刀时，应连同受勋人员表历，加具叙勋名册各二分汇转。

叙勋名册另定之。

第四章　颁发勋章　勋刀　荣誉旗手续

第十二条　受勋人员，经国民政府核准，发布颁勋命令后，应即行知最高军事机关，转饬主管长官，或原请机关知照，其应补呈表历者，亦同时饬转。

第十三条　勋章、勋刀、荣誉旗之亲授或派员代授者，其颁授日期，由最高军事机关酌定，分别办理。

第十四条　勋章、勋刀及本条例第九条所定之证书，由国府文官处，于编列号数后，转知最高军事机关登记之。

第十五条　勋章、勋刀证书之格式另定之。

第五章　勋章　章绶　勋表　勋刀　荣誉旗之制式

第十六条　勋章、勋刀、荣誉旗之形式，另定之(如附图)。

第十七条　章绶之规定如下：

一、青天白日勋章　襟绶。

二、宝鼎勋章　一二等大绶　二等领绶　四等以下襟绶。

三、云麾勋章　一二等大绶　三等领绶　四等以下襟绶。

章绶之色别另定之(如附图)。

第十八条　勋表概用带形，其长宽若截章绶之一端者，然其种类等级，以色别区分之，其式如附图。

第十九条　刀繐概用黄色国货丝质品制成之，其式如附图。

第六章　授勋之仪式

第二十条　勋章授与之仪式如下：

一、参加授勋仪式者，概着礼服，其因授勋而整列之军队，亦均着礼服，其在战地时，军常服。

二、参加授勋仪式之部队，以国府警卫部队或受勋者所部军队或其所在地军队充之。

三、授勋官立于队列前面或礼堂适宜之地位，受勋者前进至授勋官前六步，在室内行三鞠躬礼，在礼场行举手礼，再进至授勋官前接勋章，受章者如非军人，则无论室内礼场，均行三鞠躬礼。

四、授勋官执勋章授与受勋者亲为佩带后，退后六步，敬礼如前。再由授勋官训词后，礼毕。

五、参列军队应行礼节及军乐队奏乐，由司仪官指挥之。

第二十一条　勋刀授与仪式，与前条各款相同。

受勋刀者接受勋刀后，即行佩带，其原佩军刀，卸交他人。

第二十二条　荣誉旗授与之仪式，陆军照团旗授与规则行之。舰艇受旗时，得参酌行之。

第七章　勋章、勋刀之佩带

第二十三条　勋章、勋刀于着军礼服时佩带之，着军常服时得佩带勋表。

第二十四条　各种各等勋章佩带法如下：

一、青天白日勋章，以襟佩于左襟。

二、一、二等宝鼎勋章、云麾勋章，佩于上衣左胸部大绶上，其大绶由右肩斜至左胁下绶端，缀以副章。

三、三等宝鼎勋章、云麾勋章，以领绶佩于领下。

四、四等以下宝鼎勋章、云麾勋章，均以襟绶佩于左襟。

五、各种勋表，均佩于左襟。

第二十五条　各种勋章并佩时，青天白日勋章着右，宝鼎勋章、云麾勋章依次列于左。

受有两种一二等勋章者，只佩较高级之大绶。

本国其他勋章与本条例第一条各勋章同佩时，其他勋章佩带于左。

奉准受有外国勋章者，列于本国勋章之左。

各种勋章左右横列地位不敷时，得由上下二列佩带之。

各种勋表并佩时，依本条各项之顺序。

第二十六条　未经政府公布或核准之各种记章，一律不准佩带。

第八章　附则

第二十七条　勋章、勋刀因遗失声请补发时，其呈请手续，依本细则第八条、第九条之所定。

第二十八条　本细则自公布日施行。

(4) 陆海空军奖励条例施行细则（8月1日）①

第一章　总则

第一条　本细则依照本条例第二十三条之规定订定之。

第二条　本条例所定之各种奖励，均依照本细则施行之。

第三条　陆海空军军人或非陆海空军军人或外籍人民，应行奖励，而为本条例第三条、第四条各款所未举列者，得比照奖叙之。

第二章　请奖呈报手续

第四条　应行奖励者，除照本条例第十三条各款手续办理外，其呈报手续如下：

一、凡请奖励者，应填具请奖事绩表四分，依照条例之规定层转。

二、合于本条例第四条第五款之所定，请与奖励者，除填具请奖事绩表外，并将证明文件并呈。

三、非陆海空军军人及外籍人民请奖，由关系机关或地方行政长官呈报之。

第五条　凡特令奖励者，于命令公布后，应补呈请奖事绩表。

---

① 1934年8月1日军事委员会制定公布施行，国民政府备案。

非陆海空军军人或外籍人民特令奖励者，应加具履历四分。

除履历格式已有法令规定外，请奖事绩表之格式另定之。

第六条　最高军事机关，转请核准颁发陆海空军奖章及褒状时，连同请奖事绩表及请奖名册各二分并呈。

请奖名册之格式另定之。

第三章　给奖手续

第七条　国民政府核准陆海空军奖章或褒状后，应即行知最高军事机关颁发，原呈请机关具领。

第八条　比赛奖章，由最高军事机关核定后，由训练总监部转发，具领各种奖章之式样另定之。

第九条　发给前两条之奖励，应连同执照及褒状之格式另定之。

各种奖章执照及褒状之格式另定之。

第十条　奖金由最高军事机关核发或指定机关转发。

第四章　奖章佩带规则

第十一条　奖章于着礼服或军常服时佩带之。

第十二条　陆海空军奖章佩于上衣，勋章或勋表之左。比赛奖章，佩于陆海空军奖章之左，不能并列时，得分为上下二列。

未经政府公布及报经最高军事机关核准备案之各种记章，一律不准佩带。

第五章　附则

第十三条　各独立单位长官，应将所属之奖励事项，除重要者随时呈报外，每月月终汇制官佐士兵奖励报告表，在陆军者呈报最高军事机关备案，在海军或空军者，呈由海军部或航空委员会转呈最高军事机关备案。

奖励报告表之格式另定之。

第十四条　本细则自公布日施行。

〔军事参议院档案〕

9．参谋本部转发修正编制中校以上相当之各项军职改为两阶办法训令

（1935年12月6日）

参谋本部总务厅训令　　　　　　字第22758号

令本厅第二处

案奉

本部本年十二月三日总(智)字第22663号训令开：

案奉

军事委员会铨(二)字第九七六号训令开："为令遵事；查现在军官佐叙任，既经实行，凡已任官人员，自应按官任职，以符官职相称之旨。近年以来，征调频仍，懋迁多骤，任职则依据编制，叙官则应铨年资，以致官职未能尽相符合，长此以往，人事难入正规。兹为力求官职相称起见，特将编制内所定中校以上相当之各项军职，一律改为两阶，以期叙官任职，渐　平衡。除通行外，合行附发修正编制办法，令仰即转饬遵照。此令。等因。附修正编制办法一份，奉此。除分令外，合行抄同原件，令仰遵照，并饬属遵照。此令"。等因；抄发修正编制中校以上相当之各项军职改为两阶办法一份。奉此。除分令合行抄同原件，令仰知照，并饬属知照。

此令。

抄发修正编制中校以上相当之各项军职改为两阶办法一份。

中华民国二十四年十二月六日

厅长　熊　斌

修正编制中校以上相当之

各项军职改为两阶办法

一、部队：

军长以上原系上将者，应改为上(中)将。

师长　原系中将，应改为中(少)将。

旅长　原系少将，应改为少将(上校)。

团长　原系上校，应改为上(中)校。

二、机关学校仿此办理。

三、几原系少校以下者，均不改。例如：

营长　原系少校，不再改为少校(上尉)。

连长　原系上尉，不再改为上(中)尉。

〔国民政府参谋本部档案〕

10. 军事委员会关于修正陆海空军军官佐员生佩剑赠剑办法训令

(1937年1月14日)

国民政府军事委员会训令　公二(总)第一三五号

令参谋本部

案查陆军军官佐佩剑及各军事学校毕业学员赠剑，前经本会规定办法三项，通饬遵照在案。兹查该项办法，未将海军、空军列入，而制发此项赠剑之权，亦未经明白规定，以致各军事机关学校，每有自行制发情事，殊欠妥当。亟应详加修正，以臻完密，而利推行。经将该陆军军官佐佩剑及各军事学校毕业学员赠剑办法三项，改为陆海空军军佐佩剑及陆海空军各军事学校毕业员生赠剑八项，业经本会第一五六次常会决议通过，并经公布各在案。嗣后关于陆海空军军官佐佩剑及陆海空军各军事学校毕业员生赠剑，悉依修正办法办理。除分令外，合亟检发修正陆海空军军官佐佩剑及陆海空军各军事学校毕业员生赠剑办法一份，令仰该部遵照办理并转饬所属一体遵照办理为要。

此令

附发修正陆海空军军官佐佩剑及陆海空军各军事学校毕业员

生赠剑办法一份。

中华民国二十六年元月十四日

委员长　蒋中正

修正陆海空军军官佐佩剑及陆海空军各军事学校毕业员生赠剑办法

第一项　陆海空军所规定之短剑必须现职陆海空军军官佐着军常服时佩带之。

第二项　陆海空军军官佐所佩短剑一律自备，公家概不得发给。但由本会委员长特予赠给者不在此限。

第三项　陆海空军各军事学校于毕业时，其成绩优良，考列前五名者，得呈请本会核给短剑。

第四项　凡各军事学校呈请赠剑，必须依照机关系统呈由各该主管上级机关，转呈本会，不得迳呈委员长核给。

第五项　凡陆海空军短剑由本会赠给者，得镌用委员长名义，其他应各依规定式样制备。

第六项　凡短剑镌用委员长名义者，一律由本会制发，其他概不得自行制发。

第七项　承制此项短剑店铺，规定由军政部指定，呈报本会备案。凡未经军政部指定者概不得承制之。

第八项　遇有运输此项短剑，如无本会办公厅证明文件者，各地宪警机关得立予扣留，并一面呈报本会核办。

附：抄陆军各部队军官佐佩军刀暂行办法

一、在修正陆军服制条例未明令公布之前，各军官佐佩带军刀暂依本办法行之。

二、陆军军官佐着大礼服时应佩礼刀。

三、陆军军官佐着常礼服时应佩军刀，常礼服制式与军常服同，但用白色手套，穿长筒皮鞋，乘马者穿马靴，均戴马刺。

四、陆军官佐着军常服时概佩短剑，但受阅兵时或指挥部队

陆军师系统表

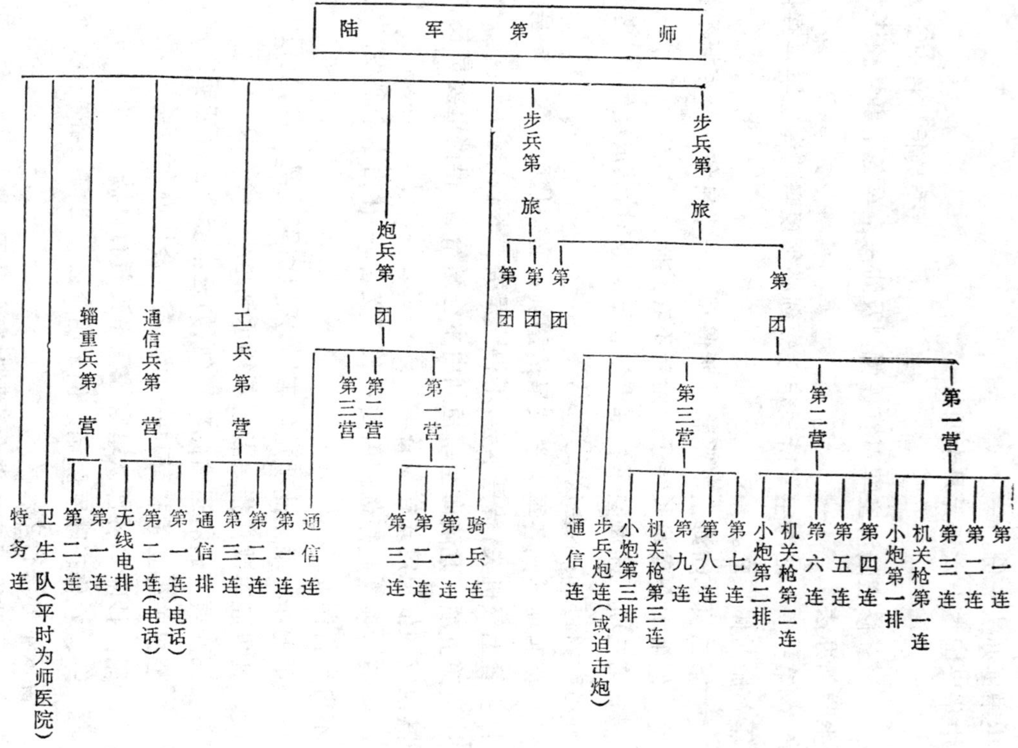

附记

(一)各师炮兵团先成立一营(炮兵团通信连先成立营通信排一排)

(二)各师通信兵营先成立一连。

(三)各师工兵营先成立两连。

时得佩带军刀。

五、礼刀、军刀、短剑制式如附图第一、第二、第三，均不分等阶，将校尉官一律。

六、本办法自通令之日起施行。

附礼刀、军刀、短剑各图说三份(略)

〔参谋本部档案〕

（2）陆军组织官制

1．军事委员会制订陆军师暂行编制表

（1932年6月　日）

委员长手谕：

凡师、旅、团、营、连、排编制表内所列之文书军士、军需军士、卫士等及传达、炊事、饲养等兵，均须选体格强壮者充之。于颁令后三个月至六个月之内，与列兵调换工作一次，尔后即以每三个月交番一次为例，必须由各师、旅、团长严格监督实施之。检阅或校阅官，更应注意于此。

陆军师司令部编制表

职别	官佐		士兵		马匹		备考
	阶级	员额	阶级	名额	乘	驮	
师长	中将	1			3		
副师长	少将	1			1		
参谋长	少(上校)将	1			1		
参谋处 主任	上校	1			1		
参谋处 参谋	中校	1			1		

（续表）

职别		官佐		士兵		马匹		备考
		阶级	员额	阶级	名额	乘	驮	
参谋处	参谋	少校	2			2		
参谋处	参谋	上尉	2			2		
参谋处	三等秘书	同少校	1					
参谋处	一等书记	同上尉	1					
参谋处	电务员	同中尉	1					
参谋处	电务员	同少尉	1					
参谋处	二等司书	同准尉	3					
副官处	主任	中校	1			1		
副官处	副官	少校	1			1		
副官处	副官	上尉	1			1		
副官处	副官	中尉	1			1		
副官处	二等书记	同中尉	1					
副官处	二等司书	同准尉	2					
副官处	司号长	少尉	1			1		
副官处	传达班 班长			中士	1			
副官处	传达班 军士			下士	1	4		
副官处	传达班 传达兵			上等兵	8			
副官处	传达班 传达兵			一等兵	8			

（续表）

职别		官佐		士兵		马匹		备考
		阶级	员额	阶级	名额	乘	驮	
军械处	军械官员	少校	1			1		
		上尉	2					
	军械军士			上士	1			
				中士	1			
				下士	1			
	工目			同上士	1			
	铁工			同(中下)士	6			
军需处	主任	上校	1			2		
	军需	中校	1					
		少校	2					
	军需	上尉	3					
	二等书记	同中尉	1					
	二等司书	同准尉	4					
	军需军士			上士	3			
军医处	主任	上校	1					
	军医	中校	1					
		少校	1					
		上（中）尉	1					
	司药	上(少校)尉	1					
		中尉	1					

（续表）

职别		官佐		士兵		马匹		备考
		阶级	员额	阶级	名额	乘	驮	
军医处	二等书记	同中尉	1					
	二等司书	同准尉	1					
	看护军士			上士	1			
				中士	1			
				下士	1			
	看护兵			上等兵	6			
军法处	军法官	少校	1					
	二等书记	同中尉	1					
	二等司书	同准尉	1					
兽医		少校	1					
		上尉	1					
卫士				中士	4	4		师长二，副师长参谋长各一。
炊事兵				上等兵	1			
				一等兵	2			
				二等兵	5			
饲养兵				上等兵	1			
				一等兵	3			
				二等兵	6			

（续表）

职别	官佐		士兵		马匹		备考
	阶级	员额	阶级	名额	乘	驮	
计		52		62	29		
附记	一、师以步兵二旅，每旅二团共四团，骑兵一连，炮兵一团，工兵、通信、辎重兵各一营、卫生队一队及特务连一连编成。 二、师部各种勤务得在特务连轮流抽调士兵充之。勤务使用规则另定之。						

2．军政部颁布陆军炮兵团编制表①

（1932年6月）

陆军炮兵团本部编制表　　军政部颁布 二十一年六月　日							
职别	官佐		士兵		马匹		备考
	阶级	员额	阶级	名额	乘	驮	
团长	上校	1			2		战时兼充师部炮兵指挥官
团附	中校	1			1		
副官	上尉	1			1		
军需	少校 上尉	1 3			1		
军械员	上尉	1			1		
观测员	中尉	1			1		
火工长	中(少)尉	1			1		管理兵器弹药之检查修正

① 本表军政部颁布时为团、营、连编制表，现将团以下编制表略去。

（续表）

职别	官佐		士兵		马匹		备考
	阶级	员额	阶级	名额	乘	驮	
司号长	准尉	1			1		
一等(二等)书记	同上(中)尉	1					
军医	少校	1			1		
司药	中(少)尉	1					
兽医	少校	1			1		
二等司书	同准尉	1					
文书军士			同上士	2			
观测军士			上士	1	1		观测员之助手
军械军士			上士	1			
军需军士			上 中士 下	1 1 1			
看护军士			上士	1			
兽医军士			上(中)士	1			
传达士兵			中(下)士 上 一等兵	1 7 9	8		内九名兼服各种勤务
掌工			同中(下)士	1			
靴工			同中(下)士	1			
驭手			上等兵	3		6	观测器械驮马之驭手
炊事兵			上 一等兵	1 2			

（续表）

职别	官佐		士兵		马匹		备考
	阶级	员额	阶级	名额	乘	驮	
饲养兵			上 二等兵	1 2			
合计		16		37	20	6	
记附	一、团以三营及通信连编成之。						

陆军炮兵营本部、山炮连、野炮连、野战重炮连、通信连编制表（略）。

〔国民政府参谋本部档案〕

3．陆军步兵师司令部组织条例①

（1933年3月27日）

第一条　陆军步兵师直隶于国民政府，设师长一人，受中央最高军事长官之命，统率所属部队，综理师司令部一切事务。

陆军步兵师得设副师长一人，辅助师长处理师司令部一切事务。师长有事故时，得代行其职权。

第二条　师长掌管所属部队之编成、训练、经理、卫生及战备等事宜，监督部下之军纪风纪，并管辖本师军法审判事宜。

第三条　师长执行职务，凡关于军政及人事事项，承军政部长之命令；关于动员及作战计划，承参谋总长之命令；关于教育训练，承训练总监之命令。

第四条　师长于部队所驻区域内，遇地方长官请求派兵维持治安时，得按情势之必要，立应其请求。

① 1933年3月27日国民政府公布。

遇有情势紧急，地方长官不及请求时，师长得经行派兵维持治安，并即通知该地方长官。

凡有前二项情形调派兵队，师长应即分别报告上级军事长官，并通知邻近其他军队。

第五条　遇有灾祲疫疾或其他非常事故，师长认为有暂时移动其所属部队之必要，而迫不及待时，得于实行后，准前条第三项报告之。

第六条　师长应随时检阅所属部队，整饬一切，并于每年军队教育期终了时，将检阅实况，附具意见，分别呈报上级军事长官。

第七条　师长对于各兵科及各种业务之专门事项，如有意见，得随时向各兵监及主管官署长官陈述之。

第八条　师司令部设参谋长一人，辅佐师长参划机要，指导部内一切事务。

第九条　师司令部置下列各处：

一　参谋处。

二　副官处。

三　军械处。

四　军需处。

五　军医处。

六　军法处。

第十条　参谋处掌理动员作战部队编练、交通通信及谍报调査等事项。

第十一条　副官处掌理内务人事、通报传达、征募退伍、召集征发、文卷保管、勤务分配及军纪风纪之维持等事项。

第十二条　军械处掌理兵器、弹药、器械材料之保管出纳及修缮等事项。

第十三条　军需处掌理军费之会计出纳、被服粮秣及营缮等事项。

第十四条　军医处掌理军医、兽医、卫生及防疫等事项。

第十五条　军法处掌理军事司法事项。

第十六条　各处各设处长一人，承师长之命，参谋长之指导，掌理各该处事务。

第十七条　师司令部编制表，依附表所定。

第十八条　师司令部服务规则，由师长拟订，呈请军政部核定之。

第十九条　本条例自公布日施行。

〔参谋本部档案〕

4．师旅团单位官佐人数比较表①

（1933年8月）

机密。

师旅团单位官佐人数比较表

区分		单位/阶级	步兵师司令部	步兵旅司令部	骑兵旅司令部	炮兵旅司令部	步兵团	骑兵团	炮兵团
军官	长官	中将	1		1				
		少将		1		1			
		上校					1	1	1
		中校							
		计	1	1	1	1	1	1	1
	参谋长	少将	1						
		上校			1				
		计	1		1				

① 本表根据1933年8月军事委员会第一厅第二处编制之《师旅及其以下各单位官佐人数比较表》绘制。

（续表）

区分		阶级＼单位	步兵师司令部	步兵旅司令部	骑兵旅司令部	炮兵旅司令部	步兵团	骑兵团	炮兵团
军官	参谋	上校	1						
		中校	1	1	1	1			
		少校	2		1	1			
		上尉	2	1	1	1			
		计	6	2	3	3			
	副官	中校	1		1				
		少校	1	1	1	1			
		上尉	1	1	1	1	1	1	1
		中尉	1		1			1	
		计	4	2	4	2	1	2	1
	附	少将	1						
		中校					1	1	1
		少校					1	1	
		计	1				2	2	1
军佐	军械官	少校	1		1	1			
		上尉	2						1
		中尉			1	1			
		计	3		2	2			1
	军需官	上校	1						

（续表）

区分		阶级\单位	步兵师司令部	步兵旅司令部	骑兵旅司令部	炮兵旅司令部	步兵团	骑兵团	炮兵团
军佐	军需官	中校	1		1	1			
		少校	2		1		1	1	1
		上尉	3		2	2	3	1	3
		中尉			1			1	
		计	7		5	3	4	3	4
	军医官	上校	1						
		中校	1		1				
		少校	1		1		1	1	
		上尉	1					1	
		中尉						1	
		计	4		2		1	3	
	军法官	少校	1			1			
		上尉				1			
		计	1			2			
	兽医官	中校			1				
		少校	1					1	
		上尉	1		1				
		中尉					1		
		计	2		2		1	1	

（续表）

区分		阶级（单位）	步兵师司令部	步兵旅司令部	骑兵旅司令部	炮兵旅司令部	步兵团	骑兵团	炮兵团
军佐	司药	少校	1						
		上尉			1				
		中尉	1		1		1		
		少尉						1	
		计	2		2		1	1	
其他人员		少校	1（秘）						
		上尉	1（记）	1（记）	1（记）	1（记）	1（记）	1（记）	1（记）
		中尉	5（记4电1）		1（记）	3（观、信、记各1）		1（记）	2（观、火各1）
		少尉	2（电1号1）		1（号）	1（号）			
		准尉	2（司）	1（司）	4（司）	3（司）	2（号、司各1）	2（号、司各1）	2（号、司各1）
		计	11	2	7	8	3	4	5
共计			43	7	29	21	14	17	13

备考：

一、本表除骑兵旅司令部，骑兵团依照十九年颁行陆军暂行编制表，炮兵旅司令部依照军政部二十一年订正陆军炮兵第一旅司令部暂行编制表外，其余均依照本会二十一年六月颁行陆军师暂行编制师表制成。

二、本表其他人员栏内（秘）（记）（电）（司）（观）（信）（号）（火）（联）（测）（助）（技）（管）等字系秘书、书记、电务员、司书、观测员、通信员、司号长、火工长、联络员、测量员、助理员、技术管理员等人员简称。

〔国民政府参谋本部档案〕

5. 军政部为胡宗南师抽编混成团致参谋本部公函(附编制表)

(1933年12月6日)

军政部公函　务(军)字第1454号

案据第一师师长胡宗南呈称：奉钧部鱼务电开：该师抽编之混成团，亟须依据编制筹备，仰迅将编制表送核等因。查新编制并无混成团规定，兹按照实际应需兵力，编成步兵四营、迫击炮、通信骑兵、山炮兵各一连，一百瓦特无线电队、辎重队各一队，除无线电队、辎重队，按照需要适宜编制外，团部与各营连人员马匹数目，均依据新编制填造，理合连同编制表，呈请鉴核备案。理合连同编制表，呈请鉴核案，等情，到部。除将该表内与原案不符之迫击炮、骑兵、通信各连删除，其余酌加修正，指令准予备案，并分别函令外，相应抄附该团及所属营连编制系统表，函请查照为荷。此致参谋本部

计抄附混成团编制系统表一分〔份〕

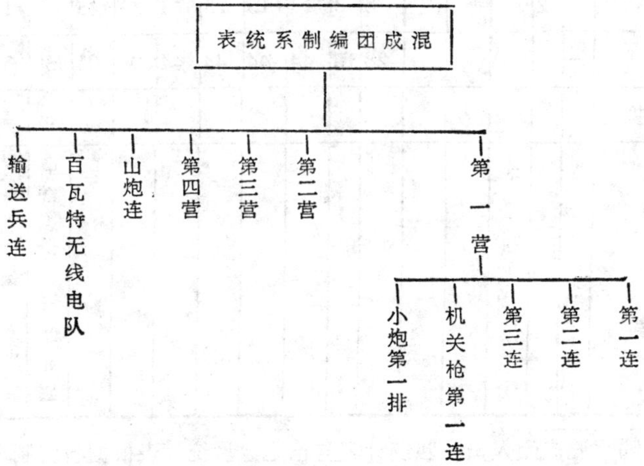

陆军混成团人员马匹统计表①

阶级＼部署		团本部	第一营 营本部	第一营 第一连	第一营 第二连	第一营 第三连	第一营 机关枪连	第一营 小炮排	第一营 合计	第二营	第三营	第四营	山炮兵连	百瓦特无线电队	输送兵连	总计
官佐	上校	1														1
	中校	1														1
	少校	3	1						1	1	1	1		1		8
	上尉	6	2	1	1	1	1		6	6	6	6	1	1	1	33
	中尉	1	2	1	1	1	1	1	7	7	7	7	2	2	1	34
	少尉			2	2	2	2		8	8	8	8	3	2	2	39
	准尉	2		1	1	1	1		4	4	4	4	2		1	21
	小计	14	5	5	5	5	5	1	26	26	26	26	8	6	5	137
士兵	上士	4	2	4	4	4	5	3	22	22	22	22	3	1	1	97
	中士	3	2	6	6	6	13	6	39	39	39	39	17		4	180
	下士	1	1	9	9	9	6	4	3	38	38	38	4			157
	上等兵	8	6	33	33	33	32	17	154	154	154	154	45	8	1	678
	一等兵	12	6	34	34	34	30	20	158	158	158	158	54	6	5	709
	二等兵	2		81	81	81	34	18	295	295	295	295	72		156	1410
	小计	30	17	167	167	167	120	68	706	706	706	706	195	15	167	3231
人员合计		44	22	172	172	172	125	69	732	732	732	732	203	21	172	3368
马匹	乘	9	2				8	3	13	13	13	13	31	15		110
	驮						28	16	44	44	44	44	99	21	30	370
	挽														150	150
备考				连以三排编成排分三班											另有预备马 20 骆驼 24	

附记 一、全团官佐137员，士兵3231名，共为3368员名

二、全团乘马110匹，驮马370匹，挽马150匹，骆驼24匹，预备马20匹，共为674匹。

① 陆军混成团人员马匹统计表与枪炮数量统计表根据各编制表总合编制的。

陆军混成团枪炮数量一览表

类别 \ 部署	团本部	第一营							第二营	第三营	第四营	山炮兵连	百瓦特无线电	输送兵连	总计
		营本部	第一连	第二连	第三连	机关枪连	小炮排	合计							
枪　手枪	5	3	5	5	5	5	1	24	24	24	24				
枪　步枪	16	9	127	127	127	40	23	453	453	453	453				
枪　轻机关枪			6	6	6	6		24	24	24	24				
枪　驳壳枪			3	3	3	4	2	15	15	15	15	14			
炮　小加农炮							2	2	2	2	2				
炮　山炮												4			
马枪												114			
备考	团本部军官佩手枪，传达兵等带步枪	营军官佩手枪，其余司号、传达、士兵均携步枪	但无轻机关枪时，可增加步枪二十四枝			军官均佩手枪，排附通信班长等均佩驳壳枪						全连以新式山炮四门编成之，军官及炮长班长、均佩驳壳枪，余携马枪	未注明枪支数目	未注明枪支数目	

附记

一、官佐士兵配带之枪枝准军委会陆军师暂行编制表内之规定

〔国民政府参谋本部档案〕

6. 参谋本部关于骑兵旅编制草案给军委会呈文稿

（1933 年 12 月 30 日）

为主送骑兵旅编制草案仰祈鉴核由。

呈文

窃查现时作战，战略搜索，虽多付于空军，惟空军易受天时之限制，而我国空军又属幼稚，似宜设较大单位之骑兵，担任战略上之搜索。兹按骑兵使用之趋势，及本国情形，拟就骑兵旅编制草案一件，拟即依据作为制订战时编制之基础，是否有当，理合附呈草案一分，备文呈请鉴核。

谨呈

国民政府军事委员会委员长蒋

参谋本部印

附呈骑兵旅编制草案一分

中华民国二十二年十二月三十日

骑兵旅系统表

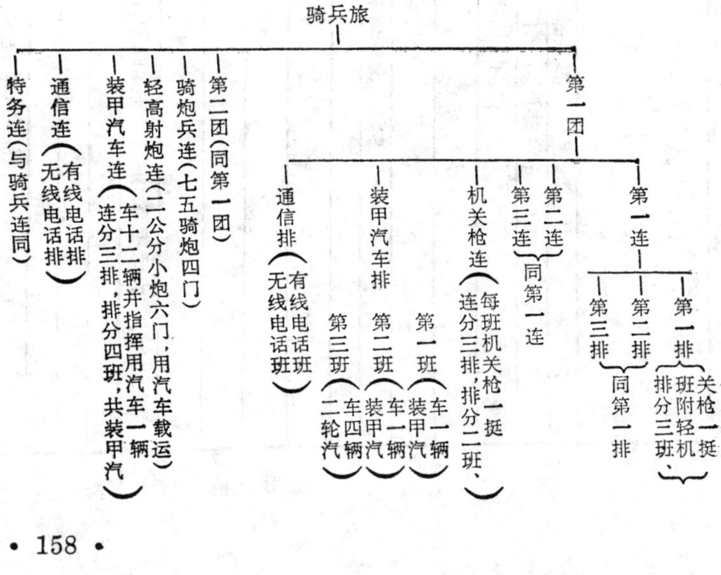

骑兵旅系统表之说明

一、本表系依据现时骑兵使用之趋势与我国国情、并学理而酌定者。

二、现时战争趋势战略搜索,多付于空军,但空军易受天时限制,仍有赖于骑兵,且我国空军幼稚,势非有较大单位骑兵,任战略上搜索不可。至战场内之搜索,更须依恃骑兵担任之。我国预想作战地在华北一带,骑兵运用,颇属便利。故拟以骑兵旅为平时最大单位,至战时再合数骑兵旅为骑兵集团。

三、骑兵之指挥运用,须能确实掌握。是旅以二团及骑炮、轻高射炮,装甲汽车、通信、特务各一连编成之。

四、骑兵团　为掌握确实运用便利起见,团之编成,宜采用三连制,更为增大徒步战之力量,而附属以机关枪连强大其搜索威力,附属以装甲汽车排为联络确实而附以通信排。

五、骑炮兵连　现时战争趋势,骑兵施行徒步战之时机极多,乘马战几为其副任务,为增大徒步战时之战斗力,故在旅内附骑炮一连。

六、轻高射炮连　现今航空发达,一日千里,防空设备,颇关重要。又为易于随同骑兵行动起见,故以轻高射炮一连附于旅内。

七、装甲汽车连　侦察搜索为骑兵主要任务。现时战争警戒严密,搜索侦察颇属不易,非强行实施不可。故为达成此项目的起见,于旅内附属装甲汽车一连,以增大骑兵侦察,及搜索之威力。

八、通信连　骑兵运动性甚大,常与主力部队隔离,其唯一之联络,厥为通信。故于旅内特附通信一连,以通信之确实与敏捷。

九、特务连　为避免减少各团战斗力起见,故特设特务一连,使专任旅司令部之警卫。

骑兵旅司令部编制表草案

区分 职别	官佐		士兵		马匹	备考
	阶级	员额	阶级	名额		
旅长	少(中)将	1			2	
参谋长	上校	1			1	
参谋	中校	1			1	
	少校	1			1	
	上尉	2			2	
副官	中校	1			1	
	少校	1			1	兼管人事
	上(中)尉	3			3	内中尉一员为旅长随从副官
军需主任	中校	1			1	
军需	少校	1			1	
	上(中)尉	3			3	
军医主任	中校	1			1	
军医	少校	1			1	
	上尉	1			1	
	中尉	1			1	
兽医主任	中校	1			1	
兽医	少校	1			1	
	上尉	1			1	
	中尉	1			1	

（续表）

职别＼区分	官佐		士兵		马匹	备考
	阶级	员额	阶级	名额		
司药	上尉	1			1	
	中尉	1			1	
军械官	少校	1			1	
军械员	上尉	1			1	
军法官	少校	1			1	
书记	上尉	1			1	属参谋处
	中尉	1			1	属副官处
司书	准(少)尉	4			4	参2、副1、需1。
司号长	少尉	1				
查马长	中尉	1			1	
文书军士			上士	6	6	副1、需1、医2、法1、械1。
查马军士			中士	1	1	
军需军士			上士	1	1	
			中士	2	2	
看护军士			中士	1	1	
看护兵			上等兵	3	3	
兽医军士			中士	1	1	
兽医兵			上(二)等兵	3	3	

（续表）

职别＼区分	佐官 阶级	佐官 员额	士兵 阶级	士兵 名额	马匹	备考
卫士			中士	1	1	
			下士	1	1	
传令军士			上士	1	1	
			中士	1	1	
传令兵			上等兵	4	4	
			一等兵	6	6	
掌工军士			中士	1	1	
掌工兵			上(二)等兵	3	3	
鞍工兵			上(二)等兵	2	2	
靴工兵			一(二)等兵	2	2	
给养兵			一等兵	1		
			二等兵	8		
饲养兵			一等兵	1		
			二等兵	15	24	内预备马八匹
总计		37		65	102	

附记

一、旅以骑兵二团，骑炮兵一连，轻高射一连，装甲汽车一连，通信一连，特务一连编成之。

二、表内军医、兽医人员较多，其理由详于旅部编制草案之说明书。

三、旅部各种勤务，得由特务连轮流抽调士兵充之。

四、书记、司书及文书、军需、看护、兽医、掌工等士兵，并鞍工、靴工等兵，平时无马匹。

五、战时增设汽车三辆，载运行李及给养兵。

六、因通信常随从旅部行动，故本部掌工、鞍工、靴工兼理该连马匹之钉掌及鞍靴之修理。

骑兵团团本部编制表草案

区分 职别	佐官 阶级	佐官 员额	士兵 阶级	士兵 名额	马匹	备考
团长	上校	1			2	
团附	中校	1			1	
	少校	1			1	兼管军械
副官	上尉	1			1	
	中尉	1			1	
司号长	少尉	1			1	
军需主任	少校	1			1	
军需	上尉	1			1	
	中尉	2			2	
军医主任	少校	1			1	
军医	上尉	1			1	
	中尉	1			1	
兽医主任	少校	1			1	
兽医	上尉	1			1	
	中尉	1			1	
司药	中尉	1				军医、兽医各一。
	少尉	1				
查马长	中尉	1				

（续表）

职别＼区分	佐官		士兵		马	备考
	阶级	员额	阶级	名额	匹	
书记	上尉	1				
	中尉	1				
司书	准(少)尉	2				
文书军士			上士	2	2	
军需军士			中士	1	1	
			下士	1	1	
军械军士			中士	1	1	
查马军士			中士	1	1	
看护军士			中士	1	1	
看护兵			上等兵	3	3	
兽医军士			中士	1	1	
兽医兵			上(一)等兵	1	1	
传令军士			中士	1	1	
传令兵			上等兵	4	4	由六名兼服勤务
			一等兵	8	8	
掌工军士			中士	1	1	
掌工兵			上(一)等兵	3	3	
鞍工兵			上(一)等兵	1	1	
靴工兵			上(一)等兵	1	1	

（续表）

职别＼区分	官佐		士兵		马	备考
	阶级	员额	阶级	名额	匹	
给养兵			一等兵			
			二等兵			
饲养兵			一等兵		16	内预备马5匹
			二等兵			
总计		23		52	75	

附记

一、团以骑兵三连、机关枪一连、装甲汽车一排，通信一排编成之。

二、书记、司书及文书、军需、军械、看护、兽医、掌工等军士并看护、兽医、掌工、鞍工，靴工、等兵，平时均无马匹。

三、战时增设汽车二辆，载运行李及给养兵。

四、通信排常随团部行动，故使本部掌鞍、靴等士兵兼理该排马匹之钉掌及鞍靴之修理。

骑兵连编制草案

职别＼区分	官佐		士兵		马	备考
	阶级	员额	阶级	名额	匹	
连长	上(少校)尉	1			1	
特务长	准尉	1			1	
文书军士			上士	1	1	
军需军士			上士	1	1	
军械军士			中士	1	1	
查马军士			中士	1	1	

（续表）

职别＼区分		佐官 阶级	佐官 员额	士兵 阶级	士兵 名额	马 匹	备考
司号兵				上(一)等兵	2	2	
传令兵				上等兵	2	2	内二名兼服勤务
				一等兵	2	2	
军医兵				上等兵	1	1	
担架兵				二(一)等兵	4	4	
各排（共三排）	排长	中(少)尉	3			3	
	排附军士			上士	3	3	
	班长			中士	3	3	排分3班，每班由班长1，列兵11，轻机关枪1挺组成之。
				下士	6	6	
	列兵			上等兵	18	18	
				一等兵	36	36	
				二等兵	45	45	
	手马军士			下士	3	3	
	驭手			二(一)等兵	9	13	每排弹药马3匹
	传令兵			上等兵	3	3	内3名兼服勤务
				一等兵	3	3	
掌工军士				中士	1	1	
掌工兵				上(一)等兵	3	3	
鞍工兵				上(一)等兵	2	2	

（续表）

职别＼区分	官佐		士兵		马	备考
	阶级	员额	阶级	名额	匹	
靴工兵			一(上)等兵	2	2	
给养兵			一等兵	1	1	
			二等兵	9	9	
饲养兵			二(一)等兵	2	6	内预备马4匹
总计		5		164	182	

附记：

一、连以三排编成之。

二、文书、军需、军械、掌工等军士、军医、给养、担架等兵及各项工兵，平时均无马匹。

骑兵团机关枪连编制表

职别＼区分	官佐		士兵		马	备考
	阶级	员额	阶级	名额	匹	
连长	上尉	1			1	
特务长	准尉	1			1	
文书军士			上士	1	1	
军需军士			上士	1	1	
军械军士			中士	1	1	
观测军士			中士	1	1	
查马军士			中士	1	1	

（续表）

职别 \ 区分		官佐		士兵		马	备考
		阶级	员额	阶级	名额	匹	
司号兵				上(一)等兵	3	3	
测量兵				上等兵	4	6	内驮载测量器具马匹2
军医兵				上等兵	1	1	
传令兵				上等兵	2	2	内2名兼服勤务
				一等兵	2	2	
担架兵				二(一)等兵	4	4	
各排（共三排）	排长	中(少)尉	3			3	排分2班，每班由班长1，列兵6机关枪1挺组成之。
	排附军士			上士	3	3	
	班长			中士	3	6	
				下士	3		
	列兵			上等兵	12	84	内驮马24匹驮机枪
				一等兵	24		
				二等兵	24		
	弹药班长			下士	3	3	
	驭手			一等兵	6	36	内18匹系弹药驮马
				二等兵	12		
	传令兵			上等兵	3	6	内3名兼服勤务
				一等兵	3		

（续表）

职别＼区分	官佐		士兵		马	备考
	阶级	员额	阶级	名额	匹	
枪工军士			中士	1	1	
枪工兵			上等兵	2	2	
掌工军士			中士	1	1	
掌工兵			上(一)等兵	3	3	
鞍工兵			上(一)等兵	2	2	
靴工兵			上(一)等兵	2	2	
给养兵			一等兵	1	1	
			二等兵	9	9	
饲养兵			二(一)等兵	2	10	内预备马8匹
总计		5		140	197	
附记	一、连由三排编成之,计机关枪六挺。 二、文书、军需、军械、掌工、枪工等军士、军医、给养、担架等兵及各项工兵,平时均无马匹。					

骑兵团装甲汽车排编制草案								
职别＼区分	官佐		士兵		汽车			备考
	阶级	员额	阶级	名额	装甲	载重	二轮	
排长	中尉	1						
排附军士			上士	1				
司号兵			上(一)等兵	1				

（续表）

职别＼区分	官佐阶级	官佐员额	士兵阶级	士兵名额	汽车装甲	汽车载重	汽车二轮	备考
传令兵			上等兵	1				内1名兼服勤务
			一等兵	1				
第一、二班 班长			中士	2				
第一、二班 列兵			上等兵	4	2			装甲汽车由列兵驾驶之。
			一等兵	6				
第三班 班长			中士	1				
第三班 列兵			上等兵	4			4	
			一等兵	4				
车工兵			上(一)等兵	1				
枪工兵			上(一)等兵	1				
驾驶军士			中士	2		2		油料弹药及人员均用此2车载运之。
驾驶兵			上(一)等兵	2				
给养兵			二(一)等兵	3				
总计		1		34	2	2	4	
附记	排以三班编成之，第一、二两班各有装甲汽车一辆，机关枪一挺。第三班有二轮汽车四辆。							

<table>
<tr><th colspan="9">骑兵团通信排编制草案</th></tr>
<tr><th colspan="2" rowspan="2">区分
职别</th><th colspan="2">官佐</th><th colspan="2">士兵</th><th>马</th><th rowspan="2">备考</th></tr>
<tr><th>阶级</th><th>员额</th><th>阶级</th><th>名额</th><th>匹</th></tr>
<tr><td colspan="2">排长</td><td>中尉</td><td>1</td><td></td><td></td><td>1</td><td></td></tr>
<tr><td colspan="2">排附</td><td>准(少)尉</td><td>1</td><td></td><td></td><td>1</td><td></td></tr>
<tr><td colspan="2">特务军士</td><td></td><td></td><td>上士</td><td>1</td><td>1</td><td></td></tr>
<tr><td colspan="2">文书军士</td><td></td><td></td><td>上士</td><td>1</td><td>1</td><td></td></tr>
<tr><td colspan="2">器材军士</td><td></td><td></td><td>中士</td><td>1</td><td></td><td></td></tr>
<tr><td colspan="2">查马军士</td><td></td><td></td><td>下士</td><td>1</td><td></td><td></td></tr>
<tr><td colspan="2" rowspan="2">传令兵</td><td rowspan="2"></td><td rowspan="2"></td><td>上等兵</td><td>·2</td><td rowspan="2">4</td><td rowspan="2">内2名兼服勤务</td></tr>
<tr><td>一等兵</td><td>2</td></tr>
<tr><td rowspan="3">无线电信班</td><td>班长</td><td>少(中)尉</td><td>1</td><td></td><td></td><td>1</td><td></td></tr>
<tr><td>通信员</td><td>准(少)尉</td><td>5</td><td></td><td></td><td>5</td><td></td></tr>
<tr><td>通信兵</td><td></td><td></td><td></td><td></td><td></td><td></td></tr>
<tr><td rowspan="2">电信班</td><td>班长</td><td></td><td></td><td>上(一)等兵</td><td>4</td><td rowspan="2"></td><td rowspan="2">内总机班1、架设班7、每班军士1、兵4。</td></tr>
<tr><td>通信兵</td><td></td><td></td><td>中(下)士</td><td>8</td></tr>
<tr><td colspan="2" rowspan="2">驭手</td><td rowspan="2"></td><td rowspan="2"></td><td>一等兵</td><td>2</td><td rowspan="2">48</td><td rowspan="2">内驮马24匹</td></tr>
<tr><td>二等兵</td><td>22</td></tr>
<tr><td colspan="2" rowspan="2">给养兵</td><td rowspan="2"></td><td rowspan="2"></td><td>一等兵</td><td>1</td><td rowspan="2">6</td><td rowspan="2"></td></tr>
<tr><td>二等兵</td><td>5</td></tr>
<tr><td colspan="2" rowspan="2">饲养兵</td><td rowspan="2"></td><td rowspan="2"></td><td>一等兵</td><td>1</td><td rowspan="2">10</td><td rowspan="2">内预备马5匹</td></tr>
<tr><td>二等兵</td><td>4</td></tr>
</table>

（续表）

职别＼区分	官佐		士兵		马匹	备考
	阶级	员额	阶级	名额		
总计		8		87	124	
附记	一、排以无线电信班一、电话班八编成之。 二、文书、器材等军士及给养兵平时无马匹。 三、本排常随团部行动，故马匹订掌及鞍靴之修理，由团部掌鞍靴等士兵兼理之。					

骑炮兵连编制草案

职别＼区分	官佐		士兵		马匹		备考
	阶级	员额	阶级	名额	乘马	驮马	
连长	上尉	1			1		
连附	中尉	1			1		平时督率训练，战时带领战炮队前进。
特务长	准尉	1			1		战时并管理空马
观测员	中尉	1			1		
观测军士			中(下)士	3	3		带剪形望远镜1、方盘1，架设轻电话，使观测人员与炮位迅速联络。
通信军士			中(下)士	1	1		
通信兵			上等兵	2	2		
			一等兵	3	3		
军需军士			上士				
军械军士			中士				
文书军士			上士				

（续表）

职别＼区分		佐官 阶级	佐官 员额	士兵 阶级	士兵 名额	马匹 乘马	马匹 驮马	备考
查马军士				中士				
传令兵				上等兵	2	2		内2名兼服勤务
				一等兵	2	2		
司号兵				上(一)等兵	2	2		
军医兵				上等兵	1	1		
担架兵				二(一)等兵	2	2		
战炮队(共二排炮4门)	排长	中(少)尉	2					
	炮长			中士				
				下士				
	炮兵			上等兵	8			
				一等兵	12	44		弹药兵与牵马者均在内。
				二等兵	24			
	驭手			一等兵	4		24	
				二等兵	8			
	传令兵			上等兵	2	2		内2名兼服勤务
				一等兵	2	2		
弹药队	队长	少(准)尉	1			1		
	弹药车长			下士	4	4		

（续表）

职别＼区分		官佐 阶级	官佐 员额	士兵 阶级	士兵 名额	马匹 乘马	马匹 驮马	备考
弹药队	驭手			一等兵	4		24	
				二等兵	8			
	传令兵			上等兵	1	1		内1名兼服勤务
				一等兵	1	1		
铁工车士				中士	1	1		
铁工兵				上(一)等兵	2	2		
车工军士				中士	1	1		
掌工军士				中士	1	1		
掌工兵				上(一)等兵	3	3		
鞍工兵				上(一)等兵	2	2		
靴工兵				一(上)等兵	2	2		
预备品车长				下士	1	1		
驭手				一等兵	1		6	
				二等兵	2			
给养兵				一等兵	1	10		
				二等兵	9			
饲养兵				一等兵	1	9		内预备马6匹
				二等兵	2			
总计		官佐	7	士兵	133	119	54	

（续表）

职别＼区分	官佐		士兵		马匹		备考
	阶级	员额	阶级	名额	乘马	驮马	
附记	一、连以战炮队二排、弹药一队编成之。计骑炮四门。 二、文书、军需、军械、观测、通信、掌工、铁工、车工等军士，通信、军医、担架、给养等兵及各项工兵，平时均无马匹。						

轻高射炮连编制草案								
职别＼区别	官佐		士兵		汽车			备考
	阶级	员额	阶级	名额	乘坐	载重	二轮	
连长	上尉	1			1			
特务长	准尉	1						战时兼管各汽车
观测员	中(少)尉	1						
观测军士			中士	1				
文书军士			上士	1				
军需军士			上士	1				
军械军士			中士	1				
测高军士			上(中)士	3				
测远军士			上(中)士	3				
测速军士			上(中)士	3				
测躲军士			上(中)士	3				
通信军士			中(下)士	2				

（续表）

区别 职别	官佐		士兵		汽车			备考
	阶级	员额	阶级	名额	乘坐	载重	二轮	
通信兵			上等兵	2				使观测及测高等人员与炮位迅速取得连络
			一等兵	4				
传令兵			上等兵	2				内2名兼服勤务
			一等兵	2			1	
司号兵			上(一)等兵	2				
军医兵			上等兵	1				
担架兵			二(一)等兵	2				
各排 排长	中(少)尉	3						
各排 炮长			中士	3				
			下士	3				
各排 炮兵			上等兵	12				
			一等兵	12				
			二等兵	12				
各排 传令兵			上等兵	3				内3名兼服勤务
			一等兵	3			3	
弹药排 弹药排长	少(准)尉	1						
弹药排 弹药兵			一等兵	3				
			二等兵	9				

（续表）

职别＼区别		官佐 阶级	官佐 员额	士兵 阶级	士兵 名额	汽车 乘坐	汽车 载重	汽车 二轮	备考
弹药排	传令兵			上等兵	1				内1名兼服勤务
				一等兵	1				
	驾驶军士			中士	9				6辆载小炮，3辆载弹药。
	驾驶兵			上(一)等兵	9				
车工军士				中士	1				
车工兵				上(一)等兵	2				
铁工军士				上(中)士	1				
铁工兵				上(一)等兵	2				
驾驶军士				中士	9		8		内油料汽车一预备汽车一。
驾驶兵				上等兵	9				
给养兵				一等兵	1				
				二等兵	10				
总计		官佐	7	士兵	148	1	17	4	

附记：

一、连以轻高射炮三排及弹药一排编成之。有二生的小加农炮二门。

二、每炮用载重汽车一辆载运之。

三、本表作为无规正器均用人员观测之。

旅团部及连排各编制草案说明

一、旅部及团部：旅部、团部之编制，为求工作趋于紧张及行动之便捷计，对官兵之数额，在可能范围内，力事减少。又为节约马匹起见，除必要官佐士兵外，平时概不设置马匹（各连排亦然）。惟内骑炮、轻高射炮、装甲汽车、通信、特务等连之患者及病马，统归旅部军兽医直接诊断，故医务人员较多。又团部于战时事务纷繁，且重要命令与报告，有时非用军官传达不可，只上尉副官一员，势难兼顾，故增中尉副官一员辅佐之。

二、骑兵连：为求掌握确实及指挥便利计，连以三排、排以三班编成之。按战时趋势，骑兵用徒步战之时机甚多，因希望火力之炽盛，故全连附属轻机关枪九挺。为班长易于指挥计，故每班列兵，只用十一名，既有轻机关枪一挺，战斗力亦不为小。排附军士为排长之助手，乃排长离职时之代理人，故有设置之必要。战时空马极关重要，故设手马军士三名管理之。又因特务长一人，管理全连给养军械马匹等项，事务过繁，故设军需、军械、查马等军士，分别助理之。掌工与马匹钉掌外，并兼蹄铁之制造，故须设置士兵四名。

三、机关枪连：团系三连制，故机枪连亦以三排编成之，以便适合配属之原则。徒步战时，骑兵连如有机枪两挺援助之，其战斗力即大为增加，故排用机枪两挺组成之。机关枪机件复杂，易于损伤，故设枪工，专司修理，而机关枪之特性，在射击效力之强大，故设观测及测量士兵，以期易于收射击之效果。

四、装甲汽车排：为指挥便利起见，故以装甲汽车二辆、二轮汽车四辆编成之，即有装甲汽车两辆，亦颇足增大团之搜索之威力。

五、通信排：骑兵通信以无线电信为通则，对团之范围内通信，通常使用电话，再以团内单位计之，故该排以无线电信一班，电话八班编成之。无线电一台，即可与各方通信，故该班只设一台。通信事务繁杂，器材既多，马匹亦夥，以排长一人之精神，难免不发生遗误，故设排附一员及特务、器材、查马等军士，分别助理之。而无线电信因技术关系，故用少尉通信员。

六、骑炮兵连：骑兵之徒步战，非如步兵之持久战斗，有炮四门，颇足增大其战斗力，无多设置之必要，故该连即备炮四门；又以旅系二团制，是以连、以二排编成之，以期便于分属。而观测及通信人员，乃炮兵所必铁工，为修理炮件而设。至军需、军械、排附、查马、掌工等士兵设置之理由，同骑兵连。

七、轻高射炮连：骑兵之运动迅速，停止时间较小，其防空范围，当不甚广，为便于协同行动起见，故防空只备小炮六门，而以汽车载运之。企图教育周密及统辖容易，故连以三排编成之。炮位既用汽车载运，所有弹药及全连运动，不得不使用多数汽车，传达亦须用二轮汽车行之也。而观测、通信及测高、测远、测速、测躲避等人员，系高射炮射击所必要，故非设置不可。铁工、军需、军械等士兵设置之理由，同骑炮连。

八、装甲汽车连：装甲汽车十数辆，分别配以轻炮及机关枪，即足协助骑兵旅，达到强行搜索之目的。又为便于指挥起见，故该连以三排，共装甲汽车十二辆编成之。而全连因随同装甲汽车行动，故设载重汽车八辆。二轮汽车五辆，为期传令迅速而设。所有技士及车工、枪工等士兵，专司汽车及枪炮之修理。至军需、军械及排附等军士设置之理由，同骑兵连。

九、通信连：连之编成，其理由同通信排，不过无线电信班变为排，各电话班设一排长管理之而已。而军需、查马、器材等军士，分别辅助特务长，任器材、马匹及给养之管理，理由同骑兵连。

〔国民政府参谋本部档案〕

骑兵旅人员马匹统计表

阶级	部署	旅司令部	第一团 团本部	第一团 第一连	第一团 第二连	第一团 第三连	第一团 机关枪连	第一团 装甲汽车排	第一团 通信排	第一团 合计	第二团	骑炮兵连	轻高射炮连	装甲汽车连	通信连	特务连	总计
官佐	少将	1															1
	上校	1	1							1	1						3
	中校	5	1							1	1						7
	少校	7	4							4	4						15
	上尉	13	5	1	1	1	1			9	9	1	1	1	1	1	36
	中尉	5	8	3	3	3	3	1	1	22	22	4	4	3	2	3	65
	少尉	1	2						1	3	3	1	1	1	5		15
	准尉	4	2	1	1	1	1		6	12	12	1	1	1	1	1	33
	小计	37	23	5	5	5	5	1	8	52	52	7	7	6	9	5	175
士兵	上士	8	2	5	5	5	5	1	2	25	25	2	15	5	1	5	86
	中士	8	7	6	6	6	8	5	9	47	47	11	26	26	11	6	182
	下士	1	1	9	9	9	6		1	35	35	7	3		1	9	91
	上等兵	15	15	31	31	31	32	14	22	176	176	25	45	51	29	31	548
	一等兵	10	12	44	44	44	38	11	22	215	215	33	26	42	25	44	610
	二等兵	23	15	69	69	69	51	3	31	307	307	55	33	10	29	69	833
	小计	65	52	164	164	164	140	34	87	805	805	133	148	134	96	164	2350
人员合计		102	75	169	169	169	145	35	95	857	857	140	155	140	105	169	2525
马匹	乘马	102	75	173	173	173	153		100	847	847	119			110	173	2198
	挽马											54					54
	驮马			9	9	9	44		24	95	95				22	9	221
	小计	102	75	182	182	182	197		124	942	942	173			132	182	2473

附记

一、全旅官佐 175 员，士兵 2350 名，官兵共为 2525 员名。

二、全旅乘马 2198 匹，挽马 54 匹，驮马 221 匹，共为 2473 匹。

签呈　十二月二十日于第一厅第二处

为签呈事：窃职依照本处预定工作计划，拟就骑兵旅编制草案，是否有当，理合呈请鉴核。谨呈

代处长马转呈

厅长王　副厅长龚转呈

总长蒋

次长贺　黄

职田金固谨呈

附呈骑兵旅编制草案一册

副厅长龚嵎明批：查此次所拟之编制，较现行编制为完备，拟请准予呈请军委会备案，作为制订战时编制之依据。

次长贺耀祖批：照准。

〔国民政府参谋本部档案〕

7. 军委会第一厅关于修正炮兵编制表致参谋本部公函

（1934年3月10日）

国民政府军事委员会第一厅公函　章字第379号

迳启者，案奉交下军政部部长何应钦、兼代训练总监朱培德会复呈开：窃前奉钧会章字第九五号训令开：为令遵事。案查前据该部呈以据炮兵监、炮兵学校会呈修改炮兵编制意见及理由，转请鉴核备考等情。当经章字第二三三指令，准予留作备考在案。现查炮兵操典，正着手起草，关于炮兵编制，须先有所拟定，俾资依据，在此全部陆军编制未经修改以前，仰该部即就前呈之案，迅速会商军政部详慎审查，呈会核定，以便饬照编拟操典之用。除分令外，合行令仰遵照办理，并速呈复为要。此令。等因。奉此，自

应遵办。查炮兵典范令研究委员会所拟修改炮兵团部、营部、炮兵连各编制之意见，大致可行，其中尚有应行增删者，业经会同修正，是否有当，理合抄同修正炮兵团营连编制意见及编制表各一分，备文呈复鉴核施行等情一案，业经由厅将各该编制酌量修正，提交本会第八十一次常会，议决通过。除由会指令暂作编拟炮兵操典依据之用，一俟全部陆军编制修改就绪，再行令更外，相应检同各该修正编制表，随函送达。即希查照为荷。

此致

参谋本部

附：炮兵团营连编制各一分

中华民国二十三年三月十日

国民政府军事委员会第一厅关防

陆军炮兵团团本部编制表 民国二十三年三月六日军事委员会修正

区分 阶级	官佐		士兵		马匹		备考
	阶级	员额	阶级	名额	乘	驮	
团长	上校	1			2		战时兼充炮兵指挥官
团附	中校	1			2		
	少校	1					
副官	上尉	1			2		
	中尉	1					
观测员	上(中)尉	1			1		
火工长	中(上)尉	1			1		管理兵器弹药之检查修正

（续表）

区分 阶级	官佐		士兵		马匹		备考
	阶级	员额	阶级	名额	乘	驮	
军械员	上尉	1			1		
军需	少校	1					
	上尉	1			1		
	中(少)尉	2					
军医	少校	1			1		
	上(中少)尉	1					
兽医	少校	1			1		
	中(少)尉	1					
司药	少(中、准)尉	1					
兽医司药	少(中、准)尉	1					
一(二)等书记	同上(中)尉	1					
蹄铁员	少(中、准)尉	1			1		
司号长	准尉	1			1		
二等司书	同准尉	1					
观测士兵			上士	1	1		
			上等兵	1	1		
军械军士			上士	1			
军需军士			上士	1			
			中士	1			
			下士	1			

（续表）

区分 / 阶级	官佐		士兵		马匹		备考
	阶级	员额	阶级	名额	乘	驮	
军医军士			上士	1			
看护兵			上等兵	2			
兽医军士			上(中)士	1			
文书军士			上士	2			
传达士兵			中(下)士	1	8		内九名兼服各种勤务
			上等兵	7			
			一等兵	9			
饲养长			中(下)士	1			
饲养兵			上等兵	1			
			一等兵	3			
炊事长			上等兵	1			
炊事兵			一等兵	3			
驭手			上等兵	3		6	观测器材驮马之驭手
			一等兵	3			
掌工			同上(中)士	1			
鞍工			同上(中)士	1			
靴工			同中(下)士	1			
合计	官佐	22	士兵	47	24	6	

（续表）

阶级＼区分	官佐		士兵		马匹		备考
	阶级	员额	阶级	名额	乘	驮	
附记	一、团以三营及通信连编成之。 二、战时应增设军医一、兽医一、掌工一之乘马及预备乘马共六匹，预备驮马二匹。 三、重炮兵团团本部如有牵引汽车，应添设技士司机，其员名临时规定之。						

陆军炮兵营营本部编制表

职别＼区分	官佐		士兵		马匹		备考
	阶级	员额	阶级	名额	乘	驮	
营长	少校	1			1		
营附	上尉	1			1		
副官	中尉	1			1		兼充传令军官。
观测员	中(少)尉	1			1		
火工长	少(准)尉	1					负兵器保管与修理之责。
军需	上(中、少)尉	1					独立营设之。
军医	上(中、少)尉	1					
兽医	上(中、少)尉	1					
司药	中(少准)尉	1					独立营设之。
兽医司药	少(准)尉	1					独立营设之。
二等书记	同中尉	1					
观测军士			上士	1	1		用剪形镜助理观测员。

（续表）

职别＼区分	官佐 阶级	官佐 员额	士兵 阶级	士兵 名额	马匹 乘	马匹 驮	备考
军械军士			上士	1			
军需军士			上士	1			兼管营部官兵给养．
看护士兵			中(下)士	1			
			上(一)等兵	2			
兽医士兵			中(下)士	1			兼掌工．
			上(一)等兵	2			
鞍工			同上(中)士	1			
靴工			同中(下)士	1			
文书军士			上士	2			
司号军士			上士	1	1		
传达士兵			中(下)士	1			内6名兼服勤务．
			上等兵	5	5		
			一等兵	5			
饲养长			中(下)士	1			
饲养兵			上等兵	1			负全营马匹管理与饲养之责．
			一等兵	4			
炊事兵			上等兵	1			
			一等兵	4			

（续表）

职别＼区分		官佐		士兵		马匹		备考
		阶级	员额	阶级	名额	乘	驮	
炮兵联络班	联络员	中尉	1			1		
	观测士兵			上士	1	1		助理观测
				上等兵	1	1		
	传达兵			上等兵	2			
炮兵测量班	测量员	中尉	1					
	助理员	少尉	2					
	观测士兵			中(下)士	4			内有一计算军士
				上(一)等兵	3			
	驭手			上等兵	2		2	
	传达兵			上等兵	2	2		
合计		官佐	15	士兵	51	21	2	

附记

一、营以三连编成之。

二、营之辎重，战时应行扩大，辎重长由团部军需兼充，平时应设立者，如表所列。

三、营通信排平时则集合于团之通信连内教育，战时仍分离各炮兵营部使用。

四、战时应添设军需、军医、兽医、书记、火工长、辎重长、饲养长、看护军士、兽医军士之乘马九匹，预备马三匹，并添设炮手上(一)等兵四，驭手上(一)等兵八，驮马八。

陆军野炮兵连编制表

职别		官佐 阶级	官佐 员额	士兵 阶级	士兵 名额	马匹 乘	马匹 驮	备考
连长		上尉	1			1		
连部	观测员	少尉	1			1		
连部	特务长	准尉	1			1		监督内务管理军需并补充员缺。
连部	文书军士			上士	1			
连部	观测军士			上士	1			带剪形镜一，方向盘二。
				中士	1			
				下士	1			
连部	号兵			上等兵	2	2		
连部	通信士兵			下士	1	1		带轻电话线之乘骑。
				上等兵	3	3		
连部	传达兵			上等兵	2	2		供分班进行时牵马及传令之用，内3名兼服勤务
				一等兵	3	3		
通信班	通信员	准尉	1			1		
通信班	通信士兵			中(下)士	2	2		附带重电线之通信分班2，每班军士1，此项列兵，应受炮兵之训练。
				上等兵	4			
				一等兵	4			
通信班	驭手			一等兵	1		9	观测车1，驭手3，挽马6，电话车1，驭手1，挽马3。
				二等兵	3			

（续表）

职别＼区分		官佐 阶级	官佐 员额	士兵 阶级	士兵 名额	马匹 乘	马匹 驮	备考
计算班	计算员	少尉	1			1		
	测量兵			上等兵	1			此项人员如有新式野炮时设之。
				一等兵	1			
	驭手			一等兵	1		5	
战炮队（二排共四门）	连附	中尉	1			1		平时监督训练，战时率领炮连前进。
	排长	中尉 少尉	1 1			2		
	炮长			上士	2	2		
				中士	2	2		
	炮手			上等兵	4			每炮5名。
				一等兵	8		4	
				二等兵	8			
	驭手			上等兵	4			内含预备驭手4。
				一等兵	8		24	
				二等兵	8			
	传达兵			上等兵	3	3		
				一等兵	2			
第一挥药队	队长	少尉	1					
	班长			中士	1	1		
				下士	1	1		

（续表）

职别＼区分		官佐 阶级	官佐 员额	士兵 阶级	士兵 名额	马匹 乘	马匹 驮	备考
第一弹药队（二排共弹药车四）	弹药兵			上等兵	10			
				一等兵	5			
				二等兵	5			
	驭手			上等兵	10		30	内含预备驭手50。
				一等兵	5			
				二等兵	5			
	传达兵			上等兵	1	1		
战斗辎重	辎重长	准尉	1					小行李长。
	军械军士			上(中)士	1			修理兵器。
	掌工			同上(中)士	3			
	铁工			同上(中)士	3			掌工军事之助手。
	看护军士			中(下)士	1			
	担架兵			一等兵	2			
	兽医军士			中(下)士	1			
	鞍工			同上(中)士	3			
	靴工			同上(中)士	2			
	预备炮手			上等兵	1	4	4	预备炮手，每炮1，预备驭手2，预备乘马挽马各4。
	预备驭手			一等兵	5			
给	饲养长			中(下)士	1			负马匹管理及饲养之责。

（续表）

职别＼区分		官佐 阶级	官佐 员额	士兵 阶级	士兵 名额	马匹 乘	马匹 驮	备考
给养与行李辎重	炊事长			中(下)士	1			战时并指挥大行李。
	炊事兵			上等兵	2			照14人与一兵支配。
				一等兵	5			
				二等兵	5			
	车工			同中(下)士	1			
合计		官佐	10	士兵	157	35	72	

附记

一、全连以新式山炮四门编成。

二、战斗辎重中各士兵之乘马(除预备乘马预备挽马外)，均俟战时设置。

三、给养辎重与行李辎重，战时始按特种规定编成之；内计含三分之一之全部给养与马干炮与军械修理所、鞍具补充品与修理器具、弹药及手用武器、车工、靴工等器具通预备器材、士兵及马匹预备被服及军官行李及表册、文书、器具与军需器具等，平时所应成立者如表所列。

四、战时增加第二弹药队，其编制与第一弹药队同，但队长以准尉充之。

陆军山炮兵连编制表

职别＼区分		官佐 阶级	官佐 员额	士兵 阶级	士兵 名额	马匹 乘	马匹 驮	备考
连长		上尉	1			1		
连部	观测员	少尉	1			1		
	特务长	准尉	1			1		

（续表）

职别（区分）		官佐 阶级	官佐 员额	士兵 阶级	士兵 名额	马匹 乘	马匹 驮	备考
连部	文书军士			上士	1			战时随大行李行进。
	观测军士			上士	1	3		带剪形镜一，方向盘二。
				中士	1			
				下士	1			
	号兵			上等兵	2	2		
	通信士兵			下士	1	4		带轻电线之乘骑。
				上等兵	3			
	传达兵			上等兵	2	5		供分班进行时牵马及传令之用，内3名兼服勤务。
				一等兵	3			
通信班	通信员	准尉	1			1		
	通信士兵			中(下)士	2	2		带重电线之通信，分2班，每班军士、此项列兵亦应受炮兵训练。
				上等兵	4			
				一等兵	4			
	驭手			上等兵	1		8	内四匹系二通信分班驮载之用，四匹驮器材电线之用。
				一等兵	2			
				二等兵	5			
计算班	计算员	少尉	1			1		管理图上射击器材计算图上射击之与天候影响之修正。
	测量兵			上等兵	1			
				一等兵	1			

（续表）

职别 \ 区分		官佐 阶级	官佐 员额	士兵 阶级	士兵 名额	马匹 乘	马匹 驮	备考
	驭手			一等兵	1		1	
战炮队（二排四门）	连附	中尉	1					
	排长	中尉	1					平时督率训练，战时率领炮连前进。
		少尉	1					
	炮长			上士	2	2		
				中士	2	2		
	炮手			上等兵	8			
				一等兵	12			
				二等兵	20			
	驭手			上等兵	8		40	
				一等兵	16			
				二等兵	16			
	传达兵			上等兵	3	3		
				一等兵	2			
第一弹药队	队长	少尉	1			1		
	班长			中士	1	2		
				下士	1			
	弹药兵			上等兵 一等兵 二等兵	4 4 12			

（续表）

职别＼区分		官佐		士兵		马匹		备考
		阶级	员额	阶级	名额	乘	驮	
（二班）	驭手			上等兵 一等兵 二等兵	4 4 12		20	
	传达兵			上等兵	1	1		
战斗辎重	辎重长	准尉	1					小行李长。
	军械军士			上(中)士	1			修理炮及其他武器。
	掌工			同上(中)士	3			
	铁工			同上(中)士	3			掌工军士之助手。
	看护军士			中(下)士	1			
	担架兵			一等兵	2			
	兽医军士			中(下)士	1			
	鞍工			同上(中)士	3			
	靴工			同中(下)士	2			
给养与行李辎重	饲养长			中(下)士	1			负马匹管理及饲养之责。
	炊事长			下士	1			
	炊事兵			上等兵	2			
				一等兵	7			
				二等兵	7			
	车工			同中(下)士	1			
合计		官佐	10	士兵	203	35	69	增预备马匹，乘挽四十一。

(续表)

<table>
<tr><th rowspan="2">职别 \ 区分</th><th colspan="2">官佐</th><th colspan="2">士兵</th><th colspan="2">马匹</th><th rowspan="2">备考</th></tr>
<tr><th>阶级</th><th>员额</th><th>阶级</th><th>名额</th><th>乘</th><th>驮</th></tr>
<tr><td>附记</td><td colspan="7">一、全连以新式山炮4门编成。
二、战斗辎重中之驭手16，驮马16及辎重长、军械军士、掌工、看护军士、兽医军士、饲养长暨战炮队、传达二之乘马，均俟战时始设置。
三、给养辎重、行李辎重，战时始按特种规定编成之，内计含有三分之一全部给养与马干炮与军械修理所鞍具补充品与修理器具、靴工、车工等器具，弹药及手用武器、通信预备器材，士兵及马匹、预备被服及军官行李及表册、文书具器与军需器具等，平时所应成立者如表所列。
四、战斗辎重之驭上等兵一、一等兵五、二等兵一〇与驮载炮上补充件预备品工作器具修械器具、掌工器具、军兽医材料、瓦期防御、土工宿营等器具、野灶及三分之一全部给养与马干之驮兽，均俟战时始设置之。
五、战时增加第二弹药队，其编制与第〇弹药队同，但队长以准尉充之。</td></tr>
</table>

军事委员会修正后陆军炮兵团营连各编制与未修正前陆军炮兵团营连各编制之异点

		区分 职别	佐官		士兵		马匹		备考
			阶级	员额	阶级	名额	乘	驮	
甲、团本部	修正后之编制	观测员 火工长	上(中)尉 中(上)尉	1 1					
		军需	少校 上尉 中(少)尉	1 1 2					
		军医	少校 上(中少)尉	1 1					
		兽医	少校 上(中少)尉	1 1					
		司药	少(中准)尉	1					
		兽医司药	少(中准)尉	1					
		蹄铁员	少(中准)尉	1					
		文书军士 炊事长 炊事兵 掌工 鞍工 缝工			上士 上士 二等兵 同上(中)士 同上(中)士 无	2 1 3 1 1			
	未修正前之编制	观测员 火工长	上尉 上尉	1 1					
		军需	少校 上尉	1 3					
		军医	少校 中(上)尉	1 1					
		兽医	少校 中(上)尉	1 1					

（续表）

		职别＼区分	官佐		士兵		马匹		备考
			阶级	员额	阶级	名额	乘	驮	
甲、团本部	未修正前之编制	司药	中(少)尉	1					
		兽医司药	中(少)尉	1					
		蹄铁员	中尉 少尉	1 1					
		文书军士 炊事长 炊事兵 掌工 鞍工 缝工			上士 中(下)士 上等兵 一等兵 同上士 同上士 同中(下)士	3 1 1 3 1 1 1			

附记

一、修正后之编制人员阶级，多有降一级者。

二、修正后之编制计减少蹄铁员 1 员、文书军士 1 名、炊事兵 1 名、缝工一名。

三、修正后之官佐为 22 名，未修正前为 23 名。修正后之士兵为 47 名，未修正前为 50 名。

四、马匹数目相同。

五、其余全相同。

（续表）

		职别＼区分	官佐 阶级	官佐 员额	士兵 阶级	士兵 名额	马匹 乘	马匹 驮	备考
乙营本部	修正后之编制	火工长	少(准)尉	1					
		军需	上(中少)尉	1					
		军医	上(中少)尉	1					
		兽医	上(中少)尉	1					
		司药	中(少准)尉	1					
		兽医司药	少(准)尉	1					
		鞍工			同上(中)士	1			
		测量员	中尉	1					
		助理员	少尉	2					
		辎重长		无					
	未修正前之编制	火工长	中(少)尉	1					
		军需	上尉	1					
		军医	上尉	1					
		兽医	上尉	1					
		司药	中(少)尉	1					
		兽医司药	中(少)尉	1					
		鞍工			同上士	1			
		测量员	上尉	1					

(续表)

		职别＼区分	官佐		士兵		马匹		备考
			阶级	员额	阶级	名额	乘	驮	
乙、营本部	未修正前编之制	助理员	中 少 尉	1 1					
		辎重长	少尉	1					

附记

一、修正后减少少尉、辎重长一员。

二、阶级多有降一级者。

三、余皆相同。

			职别＼区分	官佐		士兵		马匹		备考
				阶级	员额	阶级	名额	乘	驮	
丙、野炮兵连	修正后之编制	连部	特务长	准尉	1					
			文书军士			上士	1			
		战炮队	特务长		无					
		第一弹药队	班长			中 下 士	1 1			
			弹药兵			上 一 等兵 二	10 5 5			
		战斗辎重	军械军士			上(中)士	1			
			掌工			同上(中)士	3			
			铁工			同上(中)士				
			鞍工			同上(中)士				
			靴工			同上(中)士				

（续表）

			职别 \ 区分	官佐 阶级	官佐 员额	士兵 阶级	士兵 名额	马匹 乘	马匹 驮	备考
丙野炮兵连	修正后之编制	战斗辎重	锻工				无			
丙野炮兵连	修正后之编制	战斗辎重	饲养长				无			
丙野炮兵连	修正后之编制	战斗辎重	炊事兵				无			
丙野炮兵连	修正后之编制	给养辎重与行李辎重	饲养长			中(下)士	1			
丙野炮兵连	修正后之编制	给养辎重与行李辎重	炊事长 炊事兵			中(下)士 上等兵 一等兵 二等兵	1 2 5 5			
丙野炮兵连	修正后之编制	给养辎重与行李辎重	文书军士				无			
丙野炮兵连	修正后之编制	给养辎重与行李辎重	军需军士				无			
丙野炮兵连	修正后之编制	给养辎重与行李辎重	鞍工				无			
丙野炮兵连	修正后之编制	给养辎重与行李辎重	靴工				无			
丙野炮兵连	修正后之编制	给养辎重与行李辎重	木工				无			
丙野炮兵连	修正后之编制	给养辎重与行李辎重	缝工				无			
丙野炮兵连	未修正前之编制	连部	特务长		无					
丙野炮兵连	未修正前之编制	连部	文书军士				无			
丙野炮兵连	未修正前之编制	战炮队	特务长	准尉	1					
丙野炮兵连	未修正前之编制	第一弹药队	分队长			中士 下士	1 1			
丙野炮兵连	未修正前之编制	第一弹药队	弹药手			上等兵 一等兵 二等兵	10 5 5			

（续表）

编制	类别	职别＼区分	官佐 阶级	官佐 员额	士兵 阶级	士兵 名额	马匹 乘	马匹 驮	备考
丙野炮兵连未修正前之编制	战斗辎重	军械军士			上士	1			
		掌工			同上士	3			
		铁工							
		鞍工				无			
		靴工				无			
		锻工			同上士	2			
		饲养长			中(下)士	1			
		炊事兵			中(下)士 上等兵 一等兵 二等兵	1 2 5 5			
	给养辎重与行李辎重	饲养长				无			
		炊事长 炊事兵				无			
		文书军士			上士	1			
		军需军士			中(下)士	2			
		鞍工			同上士	3			
		靴工			同中(下)士	2			
		木工			同中(下)士	1			
		缝工			同下士	2			

附记

一、官佐员额前后相同，惟略有调动，士兵修正后全连减去6名。

二、马匹数目前后相同。

(续表)

			职别 \ 区分	官佐		士兵		马匹		备考
				阶级	员额	阶级	名额	乘	驮	
丁、山炮兵连	修正后编制之	连部	特务长	准尉	1					
			文书军士			上士	1			
			通信员		无					
		通信班	通信员	准尉	1					
			管理器材列兵				无			
		战炮队	特务长		无					
		战斗辎重	军械军士			上(中)士	1			
			掌工			同上(中)士	3			
			铁工			同上(中)士	3			
			锻工				无			
			鞍工			同上(中)士	3			
			靴工			同中(下)士	2			
			饲养长				无			
			炊事长 炊事兵				无			
			预备骡马						无	
		给养辎重	饲养长			中(下)士	1			
			炊事兵 炊事长			下士 上等兵 一等兵 二等兵	1 2 7 7			

（续表）

			职别＼区分	官佐 阶级	官佐 员额	士兵 阶级	士兵 名额	马匹 乘	马匹 驮	备考
丁、山炮兵连	修正后之编制	重与行李辎重	文书军士				无			
丁、山炮兵连	修正后之编制	重与行李辎重	军需军士				无			
丁、山炮兵连	修正后之编制	重与行李辎重	鞍工				无			
丁、山炮兵连	修正后之编制	重与行李辎重	靴工				无			
丁、山炮兵连	修正后之编制	重与行李辎重	木工				无			
丁、山炮兵连	修正后之编制	重与行李辎重	缝工				无			
丁、山炮兵连	未修正前之编制	连部	特务长		无					
丁、山炮兵连	未修正前之编制	连部	文书军士				无			
丁、山炮兵连	未修正前之编制	连部	通信员	准尉	1					
丁、山炮兵连	未修正前之编制	通信班	通信员		无					
丁、山炮兵连	未修正前之编制	通信班	管理器材列兵			上等兵 一等兵 二等兵	1 1 2			
丁、山炮兵连	未修正前之编制	战炮队	特务长	准尉	1					
丁、山炮兵连	未修正前之编制	战斗辎重	军械军士			上士	1			
丁、山炮兵连	未修正前之编制	战斗辎重	掌工			同上士	3			
丁、山炮兵连	未修正前之编制	战斗辎重	铁工			同上士	2			
丁、山炮兵连	未修正前之编制	战斗辎重	锻工			同上士	2			
丁、山炮兵连	未修正前之编制	战斗辎重	鞍工				无			
丁、山炮兵连	未修正前之编制	战斗辎重	靴工				无			

（续表）

		职别＼区分		官佐 阶级	官佐 员额	士兵 阶级	士兵 名额	马匹 乘	马匹 驮	备考
丁、山炮兵连	未修正前之编制	战斗辎重	饲养长			中(下)士	1			
			炊事长 炊事兵			中(下)士 上 一 等兵 二	1 2 7 7			
			预备骡马				无	4	10	
		给养辎重与行李辎重	饲养长				无			
			炊事长 炊事兵				无			
			文书军士			上士	1			
			军需军士			中(下)士	1			
			鞍工			同上士	3			
			靴工			同中(下)士	3			
			木工			同中(下)士	1			
			缝工			同下士	1			
附记	一、修正后之官佐员额未变惟略有调动。 二、修正后之全连士兵减去十名。 三、马匹数目前后相同。									

〔国民政府参谋本部档案〕

8. 陆军独立旅步兵团系统编制表

（1934年10月）

陆军独立旅系统表①

(1)

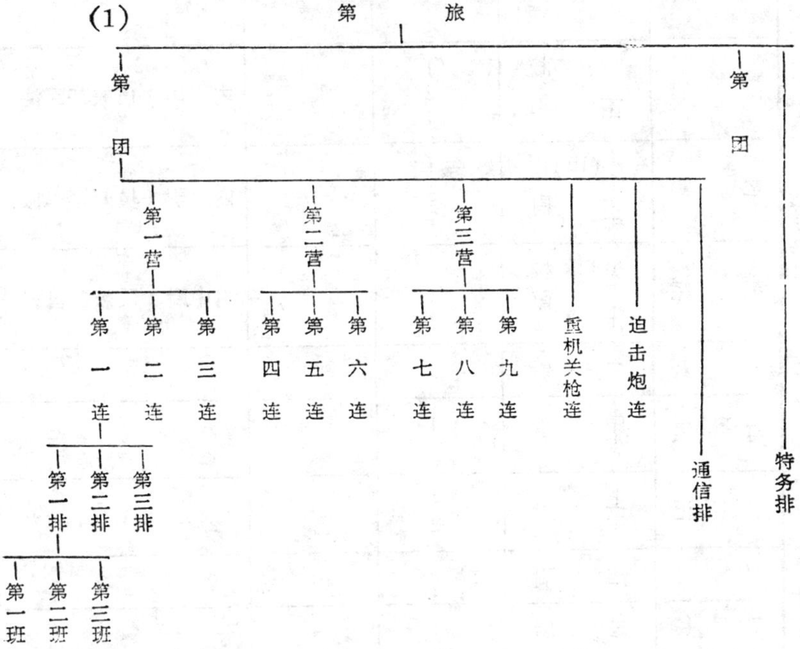

(2)

陆军独立旅司令部编制表				
职　别	阶　级	员　额	乘　马	备　考
旅　长	少　将	1	2	
副旅长	上(少将)校	1	1	

① 团以下之编制与四团制师之团编制同。本表系1934年10月修改颁行。

（续表）

职别	阶级	员额	乘马	备考
参谋	中(上校) 少校 上尉	1 1 1	1 1	
副官	少校 上尉 中尉	1 2 1	1	内上尉1员兼任军法。
军需	少(中)校 上尉 中尉	1 3 1		内上尉1员兼管军械。
军医	少校 上尉 中尉	1 1 1		内中尉1员兼管兽医。
司药	中尉	1		
电务员	中尉 少尉	1 1		
书记	上尉 中尉	1 2		
司书	准尉	6		
司号长	准尉	1		
军需军士	上士 中士	1 1		
军械军士	中士	1		
看护军士	中士 下士	1 1		
卫士	中士	1	1	
传达军士	中士 下士	1 1	1	

（续表）

职别	阶级	员额	乘马	备考
传达兵	上 一 等兵	5 5	4	兼服勤务。
看护兵	一(上)等兵	2		
炊事兵	上 二(一) 等兵	1 2		
饲养兵	上 二(一) 等兵	1 3	2	
总计	官佐	30		共计人员57。
	士兵夫	27		
	马匹		14	
附记	一、旅以步兵二团、特务一排编成之。 二、各团之编制与四团制师之步兵团编制同。			

（3）

陆军步兵团编制表

职别	阶级	员额	乘马	备考
团长	上校	1	1	
副团长	中(上)校	1	1	
团附	中 少 校	1 1	2	
副官	上 中 尉	1 1		

（续表）

职别	阶级	员额	乘马	备考
司号长	准尉	1		
军需主任	少校	1		
军需	上 中 尉	2 3		
军医	少校	1		
兽医	上(中)尉	1		
司药	中尉	1		
书记	同 上 中 尉	1 1		
司书	同准尉	1		
文书军士	上士	3		
看护军士	上士	1		
传达军士	中士	1		
传达兵	上 一 等兵	5 7		兼服勤务。
掌工	同中(下)士	1		
炊事兵	上 一 等兵 二	1 1 1		
饲养兵	二(一)等兵	2		
合计	官佐	19		共计人员42名。
	士兵夫	23		
	马匹	4		

（续表）

职别	阶级	员额	乘马	备考
第一营	官佐	25		共计人员465名。
	士兵夫	440		
	马匹	1		
第二营	同第一营			
第三营	同第一营			
机关枪连	官佐	6		共计人员112名。
	士兵夫	112		
迫击炮连	官佐	5		共计人员93名。
	士兵夫	88		
通信排	官佐	2		共计人员49名。
	士兵夫	47		
总计	官佐	107		共计人员1697名。
	士兵夫	1590		
	马匹	7		
附记	一、团以步兵三营，重机关枪、迫击炮各一连，通信排一排编成之。 二、团部得呈准增设服务员若干。			

营以下各单位编制表(略)。

〔国民政府参谋本部档案〕

9. 蒋介石任命陈诚为陆军整理处长并将全国陆军编训为教导师与整理师的密令

（附陆军整理处条例）

（1934年12月22日）

国民政府军事委员会委员长行营密令　整字第一号

令参谋本部兼参谋总长

查整理陆军为目前当务之急，兹于本行营设置陆军整理处，掌理陆军整理事宜，将全国陆军逐年分期训练为教导师，在未编成教导师以前，先行整编为整理师。

在编练期间，凡编为教导师者，其人事、经理、教育、卫生、党政等项，概由本行营陆军整理处负责处理，而以本委员长命令行之。

整理师，在未着手改编教导师期内，除经理一项仍由原负责机关点名发饷而归陆军整理处监督外，其人事、教育、卫生、党政等项亦由整理处负责计划，呈请本委员长令行实施。

其他未整理各部队，凡在行营直辖之下者，亦应由陆军整理处负责会同训练总监部点验校阅，切实训练。

陆军整理处处长一职，兹经令派陈诚兼任。

除分行外，合行检同陆军整理处条例，令仰该总长知照。此令。

附发条例一份。

中华民国廿三年十二月二十二日

委员长　蒋中正

军事委员会委员长行营陆军整理处组织条例

第一条　军事委员会为整理全国陆军起见，特设陆军整理处，隶属于委员长行营。

第二条　陆军整理处设正、副处长各一员，承委员长之命，受行营主任之指导，综理陆军整理事宜。

第三条　整理处设办公厅及第一、第二、第三、第四、第五、第六等六组。办公厅设正、副主任各一员，组设正、副组长各一员，承处长之命，掌理各该厅、组所属事务。

办公厅　掌理总务、文电各事项。

第一组　掌理点验、编组事项。

第二组　掌理训练事项。

第三组　掌理政训事项。

第四组　掌理经理事项。

第五组　掌理人事事项。

第六组　掌理卫生事项。

第四条　本处编制及办事细则另订之。

第五条　本条例呈准国民政府施行之。

〔国民政府参谋本部档案〕

10. 军委会关于何国柱呈报骑兵改编时应注意事项给参谋本部训令

（1935年7月16日）

国民政府军事委员会委员长行营训令

行整一字第252号

令参谋本部

案据陆军第五十七军军长何国柱呈：为报骑兵各部队改编时应注意事项，呈请核行等情；据此，除指令呈暨附件均悉。查人事之件第三项编余之军法官等军用文官，不在陆军整理处收容之列，准发六、七两月薪饷资遣，同件第十六项骑四师及骑二师之骑炮连，核与原令不合，业经另令饬遵。又军需之件第五六两项，关于空额截旷，应由该军公开保存，补充马匹，翔实呈报，其余各件，尚无不合，应准照办，仰即遵照办理等语。印发并分行外，合行抄发该军长所呈骑兵改编后注意事项一分，令仰知照。

此令。

附发骑兵改编后注意事项一分

中华民国二十四年七月十六日

委员长 蒋中正

骑兵改编后注意事项

关于骑兵各部队编制时对于各项办法及应注意事项规定如下：

人事之件

一、官佐只须按原级或降级编补，不准提升。

二、普通骑兵连（即每团之四大连）军官，须有正式骑兵军事学校毕业或在骑兵部队任队职在二年以上者。

三、军械、军需、军、兽医、军法暨通信各官佐，尽先以原编制额设或服务斯项人员，按原级或降级分别补充，如不足时，呈请委派，盈余时，与普通编余官佐同样办理。

四、工兵装甲汽车队之官长，各师向无此项人才，若正式服务见习各军官中，如有此种人才，亦可酌予编补，否则即请派充。

五、师属通信连、无线电排，即以现属各师旅之无线电队编入之。但团属五瓦特无线电班，除原有者外，机器由军购发，官长士兵由通信大队派充，马骡由各师补充。

六、士兵有冒名顶替者，一律更正本名，籍贯亦须确实，以便将来办理抚恤、退伍、储金、保险等救济事项。

七、各技工（鞍工、靴工、铁工、掌工）官士兵等，应由各主官按照技术人员任用规则办理，将来对于其成绩优劣，须实行严格考察。

八、鞍具修缮所、修械所、军医院、蹄铁工厂、病马院等之组织，应俟军部编制完成后，由军需、军械、军医、兽医各处，分别拟具简章，呈请照准后实行，如因节省经费，蹄铁厂可与修械所合并。

九、各级秘书、书记、司书，均系文牍人员，准由各主官自由编补，不受第一项之限制（但不准弃置原有人员不用，而额外编补不明现行法规之人员），并须体格康健能骑马者。

十、各部队原有服务军官，此次未经编入者，应造简明履历（格式参照编余官佐简明履历）二分，呈请核办。

十一、编余军官，准留总数之二成在原队服务，但须轮流受整理处之训练，其办法另令行之。

十二、编余官佐士兵，均已呈请安置，并有资遣办法，各部对于编余官佐，应造报简明履历，士兵应分别资遣、拨补、补充三种，造单行兵册各三分（格式均如另纸）。

十三、编制完成后，可先报官佐衔名清册（格式如另纸），师部与师直属部队（特务骑兵连等）汇造一分，各团各报一分，每分三本，以便转报备案。

十四、官佐士兵双行清册三分（格式与装订手续，参照原来手续办理）。

十五、编余之老弱兵给六、七月分饷遣散，其余尽志愿者，拨步兵补充，不愿入步兵者，编补充队，除发给养外，只发津贴一元，限三个月补充完毕（注意不是老弱者，不许资遣）。

十六、骑五师之步兵营另案办理，骑四师及骑四师及骑二师之骑炮连保留之，加入选编部队之内。

马匹之件

一、关于官私军马编成时，各须造册三分报军（造册须在调拨完毕时新拨来之马匹，应在备考栏注明，系由某部队拨来），对于军骡，应先尽挽马编制，有余时再尽驮马编制，至于乘马最为重要，宜选壮年好马补充之，其老弱者，概行变价，另行购补。

二、官私马骡合计总数，不得超过编制，其官马团队，暂以九成为基准（此条所称之私马，乃指私马混公用而言，若官长乘用之私马，须按编制规定之额数）。

三、造册时马骡之用途，毛色、口齿、兽别、性别，务须记载明晰，务使册籍与实际一致，其单位每师部及直属连队编一贯号码，装订一册，每团编一贯号码，装订一册（但在每连队册首右上端，须注明其部队号，以免错乱）。

四、关于拨出手续，应由交出部队造册二分，除交接收部队一分，以便照册点收外，另一分填明拨出日期地点，报军备查。

接收部队收到拨来马匹后，即可编号编入正册（马骡清册），另造新接收马册三分报军，以备转呈备案。

五、关于私马册，其单位装订与官马册同，单独造册。

六、士兵私马倒毙或除役者，不准自行补充，应即改补官马。

七、编余官长之私马，除私卖与在编官长外，可按三、四、五十元三等价格，收为官有。但须验明适合军马之要求。

车辆之件

一、车辆在编成时，即须编号造册三分报军，以便转呈备案。

二、大车及官有汽车册籍，须各别单造（汽车注意牌号、缸数、载重量及堪用之程度）。

三、大车数不再以官发汽车代替所有汽车，暂时编入装甲汽车队内，私有汽车归官者亦同。

四、关于车辆交接手续与马匹同，但在大车须注意附带挽具。

五、现有自行车者拨入工兵连内具报。

附注：马匹车辆各册均同。

北平军分会或军政部所规定之格式，用毛边纸皮订成后，长29公分，宽20.5公分。

军械之件

一、甲师拨给乙师枪炮、弹药、器材各项，应按分会规定格式，造报交接表三分，务须迅速呈出，以便转报，而免日后发生纠葛（由接收人造报)。

二、械弹器材各数目,早经各师呈报分会,军政部有案造报交接表时,务与前报相符,以免驳斥。

三、枪炮附属品应随原枪炮拨出,不准互相调换,以免使用时发生障碍。

四、编余武器、弹药、器材等项,缴存新师部造表具报,以便汇缴。

五、造报步、手、机各枪,平、迫、山各炮号码册三分(格式按分会规定)。

六、编后,按月造报军械月报(格式按前规定,系呈分会),枪炮弹药,作业器材、兵器附件、通信器材、观测器材(限炮兵用)各项统计表(系呈行营,按军政部规定格式),造报二分。

七、掳获、消耗械弹月报表(按月呈报)及枪炮状况表(报一次),其得获敌人械弹及消耗弹药,演习实弹射击、消耗弹药,随时专案呈报。每至月终,应汇掳获消耗械弹月报表内(各种表格式,按行营规定格式)呈报二分。

八、呈军政部及参谋部各项械弹器材表册,仍按前规定造报。

九、以上六、七、八项各表册,均于改编完毕后,旬日呈出。

十、各师改编后,械弹器材不足编制数目者,由军汇请补充。

十一、各师步枪口径有不一律者,由师暂自行规定分配某一部分使用,嗣后由军统筹调动划一,但不准参差,以免掺作不便。

十二、每枝枪炮应配属弹药,计步枪二百粒,轻机枪二千粒,重机枪五千粒,平射炮、迫击炮、山炮各一百发,其余各弹药存储师团部。

十三、各种表册,均用国产毛边纸石印。

军需之件

一、关于薪饷杂款,凡属以前未经结束之旧案,应即赶速整理之。

二、粮秣现品柴菜代金，向例先借接济，而后请销。值此改编伊始，应按所报旷表，即与各团连先期结清，俾免屆时麻烦。

三、被服装具数目，须先考查详确，除备在编人马尽量着用配属外，其余存各品或拨转他部、或送缴分会或军政部，皆可以便于分配，不致紊乱也。

四、编后各部薪饷，悉按国难饷章核发(见附表)至于请领手续，仍遵分会颁布预计算规程造报之。

五、关于人马给养代金之旷表，仍须并入预计内，同时请领不得另案办理。

六、每月请领代金，须按额设造报旷表，倘有空额截旷，应即另报旷单，由军扣存公开保管，该款专为补充马匹及兵额之用。

七、马干有盈余，由师保管作正开销。

士兵给养有盈余，则按月发还士兵，并准士兵参与管理。

以上两种经理委员会之组织，另令行之。

八、对于装具各品编竣后，应细密检查，除可勉强堪用不计外，余须表报来部，以便酌核请求补充，但不得具有冒报等情事。

九、编遣各部，除檀师及骑一、十一、十三旅，如在本月底完竣者，则由七月分起，改发国难薪饷外，其他各师，须全部完竣后，同时改饷，届时电令之。

十、编余士兵，如系老弱不堪服役者，除发给六、七两月遣资费外，并准穿去旧单衣一套，遣送回籍，所余壮丁，可尽量拨交步兵补充缺额，倘不欲就，则归补充队训练，作为补充兵，限期三月补竣，至于待遇，除给养费与在编士兵一律外，每月尚发津贴一元，以维现状。

以上各件，如有未尽事宜，应由该各师酌核请示办理之，尤其对于骑一、十一、十三各旅，如有与原法令抵触，不能办通者，应即电请核示施行。

〔国民政府参谋军部档案〕

11. 何国柱关于各部骑兵改编经过致蒋介石等代电

(1935年7月30日)

代电民国廿四年七月卅日于汉口五十七军办事处

武昌。委员长蒋、主任张、北平军委分会、南京军事委员会、参谋本部、训练总监部、军政部钧鉴：骑兵改编即将完成，兹将其编制经过概陈如次：遵委员长行营行整一字第一七四号命令，将原东北骑兵第一至第六师、第百零五师骑兵团、暂编第十师及原中央骑兵第一、第十一、第十三各旅改编为五个新制骑兵师，计骑兵第三师、第四师、第六师、第七师、第十师。师属特务连、骑炮连、轻高射炮队、装甲汽车队、工兵连、通信连。除骑炮连及轻高射炮队缓编外，装甲汽车队暂编三分之一。团属骑兵四个连。机关枪连随伴炮队通信排。以原第三师选编一团后之余部编为骑兵第三师所属之第七团，以陈大章为团长，师以郭希鹏为师长，张诚德为副师长、张志恒为参谋长。以百零五师骑兵团及第二师选编一团后之余部，编为第八团，以徐长熙为团长。骑兵第一师编为第九团，以张甲清为团长。以原骑兵第四师编为两团，仍称第四师师部，以王奇峰为师长，副师长尚未发表，刘钟林为参谋长，及所属第十一团以徐明山为团长，第十二团以向瑞林为团长。以原第三师选编之一团为第十团，以王照堃为团长。以第五师师部为基干编为第六师师部，以白凤翔为师长、李福和为副师长、李昶熙为参谋长。以第二师选编之团为第十六团，以董源彰为团长。以原第五师所属之两团编为第十七团，以李崇忠为团长。以原第六师编为第十八团，以刘桂武为团长。以原第一旅为基干，新编为第七师师部，以斗炳岳为师长、刘凤岐为副师长、肖克威为参谋长。以原第一旅编为第七师所属之第十九团，以胡竞先为团长。以原第一旅编师部之余部编为第二十团，以张植豫为团长。以第十三旅编为第二十一团，以张春芳为团长。以原骑兵第十师及直属各部编为第十师师部及直属各部，以檀自新为师长，副师长尚未发表，由原二十二旅旅长李世勋暂代张廼谦为参谋长。以原第二十一旅编为第二十八团，以王宇疆为团长。以二十二旅编为第二十九团，以张景魁为团长。以二十三旅编为第三十团，以张庆第为团长。均于七月末编竣，八月份开始按新制施行。原第一、第二、第五各师及百零五师骑兵团又第一、第十一、第十三各旅队号均已取消。除详细经过情形及骑兵军部待编完竣后另行呈报外，谨先奉闻。职何柱国。陷酉。汉。骑参。

〔国民政府参谋本部档案〕

12. 军事委员会核准陆军教导师编制表草案训令

(1935年9月25日)

国民政府军事委员会训令　公一字第588号

令参谋本部

案据军制研究会常务委员会于本年八月三十一日呈称："案据本会第二组报称：'查陆军教导师编制表草案，前经本组会议决议通过后，送行营审核，去后准行营整理处送来意见及建议事项各一份，复由本组召集会议，逐条详加研讨，修正通过，是否有当，理合检同陆军教导师暂行编制表草案，呈请鉴核等情。'据此，可否由钧会颁布，以备应用之处，理合检同原件呈请鉴核祇遵等情。"据此，除指令照准，并分别函令颁行外，合行检发是项暂行编制表草案，令仰遵照。此令。

附发教导师暂行编制表草案一份。

中华民国廿四年九月廿五日

委员长　蒋中正

第二十六号　机密

中华民国二十四年八月　日

陆军教导师暂行编制表草案

军制研究会第二组拟

委员长手谕：

凡师、旅、团、营、连、排编制表内所列之文书军士、军需军士、卫士等及传达、炊事、饲养等兵，均须选体格强壮者充之。于颁令后三个月至六个月之内，与列兵调换工作一次，尔后即以每三个月交番一次为例，必须由各师、旅、团长严格监督实施之。检阅或校阅官更应注意于此。

说明

一、本编制表系遵委座电示各原则及根据军事委员会二十三年新军师编制表并教导总队现行编制表，加以修正而制定者。

二、查各国步兵师内，均附有高射炮连及战车营(或于步兵团内附战车连)。我国现时此项兵器尚少，且属初创时期，似宜集中训练，故未列入本编制表内，拟于战时应乎必要分别配属。

三、小炮为集中训练及使用便利计，故将各营之小炮排集结于团内，改为团属小炮连。

四、迫击炮为适于第一线步兵使用计，故将团内之迫击炮连分属于营，改为营属迫击炮排。

五、军乐队拟由军政部统筹办理，必要时分配各师，故本编制未列入。

〔国民政府参谋本部档案〕

(1) 陆 军 教 导

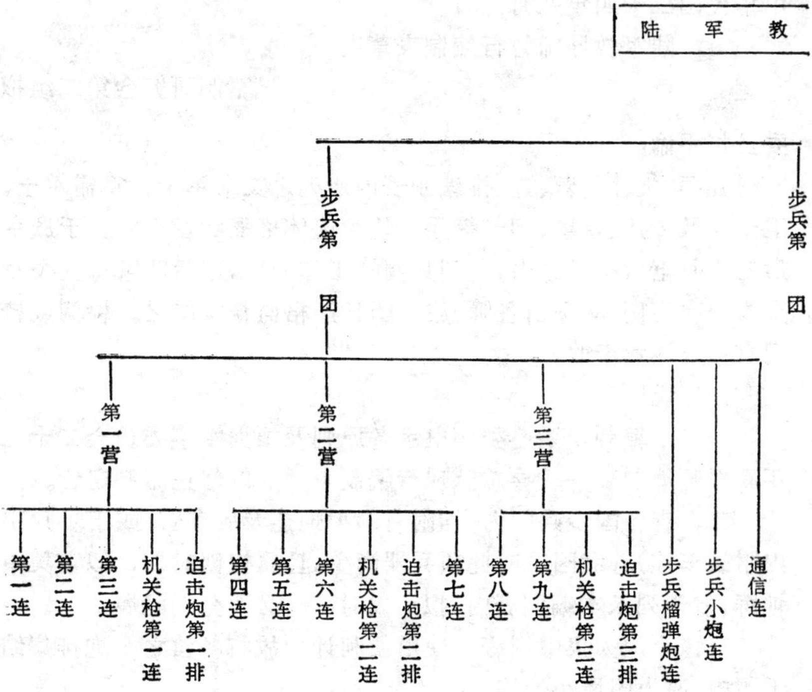
陆 军 教
步兵第 团
步兵第 团
第一营
第二营
第三营
步兵榴弹炮连
步兵小炮连
通信连
第一连
第二连
第三连
机关枪第一连
迫击炮第一排
第四连
第五连
第六连
机关枪第二连
迫击炮第二排
第七连
第八连
第九连
机关枪第三连
迫击炮第三排

师系统表

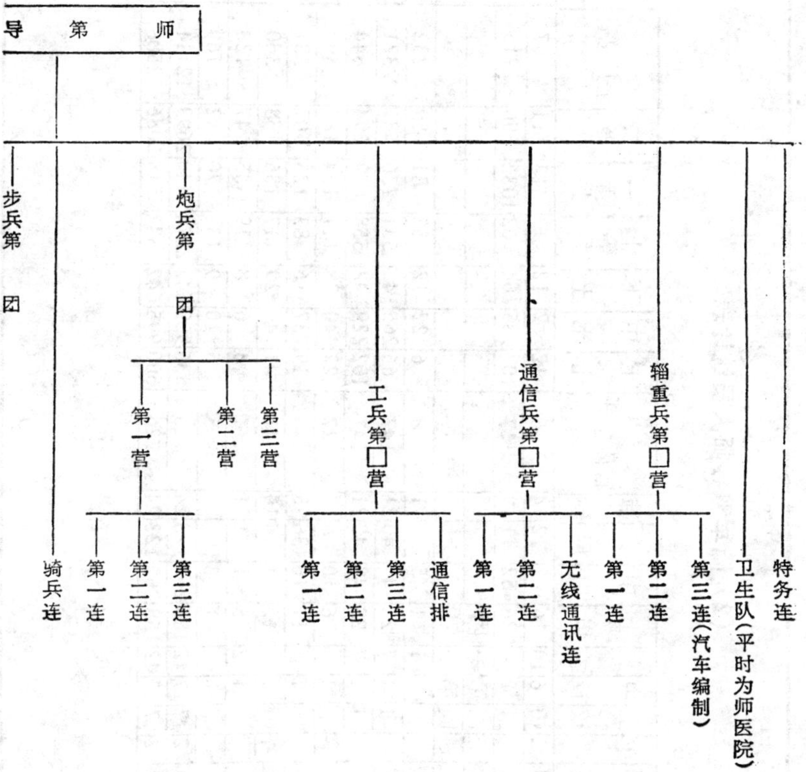

导 第 师
步兵第 团
骑兵连
炮兵第 团
第一营
第二营
第三营
第一连
第二连
第三连
工兵第□营
第一连
第二连
第三连
通信排
通信兵第□营
第一连
第二连
无线通讯连
辎重兵第□营
第一连
第二连
第三连(汽车编制)
卫生队(平时为师医院)
特务连

（2）陆军教导师人员统计表

区分＼阶级	中将	少将	上校	中校	少校	上尉	中尉	少尉	准尉	官佐总计	上士	中士	下士	上等兵	一等兵	二等兵	士兵总计	人员合计
师司令部	1	2	3	6	10	16	2	12	14	66	12	2	12	17	13	11	67	133
第一团			1	2	6	26	52	11	19	117	107	185	164	62	1036	596	2715	2832
第二团			同	第	一	团												2832
第三团			同	第	一	团												2832
师直属骑兵连					1	1	5		1	8	6	22	12	52	81	59	232	240
炮兵团(山)			1	1	7	28	49	40	21	147	66	265	42	531	736	681	2321	2468
炮兵团(野)			1	1	7	28	49	40	21	147	102	229	42	558	619	294	1844	1991
师直属工兵营				1		6	10	6	4	27	22	40	28	117	194	189	590	617
师通信兵营				1	1	11	16	36	5	70	19	37	16	83	125	101	381	451
师辎重兵营				1	3	12	11	4	10	41	41	49	29	117	156	168	560	601
卫生队				1	2	5	1	1	1	11	8	6	8	19	35	47	123	134
特务连						1	3		1	5	5	10	9	132	70	42	169	174
全师统计 炮兵全团野炮之师	1	2	7	17	42	158	262	123	24	726	536	959	642	2874	440	2699	12111	12837
全师统计 炮兵全团山炮之师	1	2	7	17	42	158	262	123	24	726	500	995	642	2847	4518	3086	12588	13292
附记																		

(3) 陆军师司令部编制表

职别		官佐		士兵		马匹		备考
		阶级	员额	阶级	名额	乘	驮	
师长		中(少)将	1			2		
副师长		少将	1			1		
参谋长		上(少将)校	1			1		
参谋处	参谋	中(上)校 中校	1 1			1 1		
		少校	2			2		
		上尉	2			2		
	一二(三)等书记	同上中(少)尉	1 1					
	电务员	同上中尉	1 1					
	二等司书	同准尉	3					
副官处	副官	中校	1			1		内少校、上尉副官各1，一等书记二，二等司书二专办人事。
		少校	2			2		
		上中尉	2 2			2 2		
	一二等书记	同上中尉	1 1					
	一二等司书	同少准尉	2 2					
	信号长	少尉	1			1		
	卫士			中(下)士	4	4		师长中士2，副师长、参谋长下士各一。

（续表）

职别			佐官		士兵		马匹		备考
			阶级	员额	阶级	名额	乘	驮	
副官处		信号兵			上等兵	1			
副官处	传达班	班长			中(上)士	1			
副官处	传达班	副班长			下士	1			
副官处	传达班	传达兵			上 一 等兵	8 8			
副官处		炊事兵			上 一 等兵 二	1 2 5			
副官处		饲养兵			上 一 等兵 二	1 3 6			
军械处		军械官	中校	1			1		
军械处		军械员	少校 上尉	1 2			1		
军械处		技士	同中(上)尉	1					
军械处		军械军士			上 中 士 下	1 1 1			
军械处		机工	同准尉	1					
军械处		电工	同准尉	1					
军械处		枪工			上 中 士	3 4			
军械处		木工			上士	1			
军械处		锻工			上 中 士	1 1			

（续表）

职别		官佐		士兵		马匹		备考
		阶级	员额	阶级	名额	乘	驮	
军需处	军需	一(二)等军需正	1			1		
		二等军需正	1			1		
		三等军需正	2					
		一等军需佐	3					
		二等军需佐	2					
	二等书记	同中尉	1					
	二等司书	同准尉	4					
	军需军士			上(中)士	3			
军医处	军医	二(一)等军医正	1			1		
		二等军医正	1			1		
		三等军医正	1					
		一(二)等军医佐	1					
	兽医	三等兽医正	1					
		一等兽医佐	1					
	司药	三等司药正(二等司药佐)	1					
		二等司药佐	1					
	二等书记	同中尉	1					

（续表）

职别		官佐		士兵		马匹		备考
		阶级	员额	阶级	名额	乘	驮	
军医处	二等司书	同准尉	2					
	看护军士			上 中　士 下	1 1 1			
	兽医军士			上(中、下)士	1			
	看护兵			上等兵	6			
军法处	军法官	同中(少)校	1					
	军法官	同上尉	1					
	二等书记	同中尉	1					
	二等司书	同准尉	1					
合计			66		67	38		

附记

一、师以步兵三团、骑兵一连、炮兵一团，工兵、通信、辎重各一营，军医院一及特务连一连编成之。

二、师部各种勤务得在特务连轮流抽调士兵充之，其勤务使用规则另定之。

三、军械处内应设修械所，以编制内所定人员为基干，并得召集各单位所属修械人员组成之。

（4）教导师马匹统计表

部队＼区分＼单位数		乘马数	挽驮马（骡）数	备考
师部	1	38		
步兵团部	3	39		每团部13匹。
步兵营部	9	63		每营部7匹。
步兵连	27			
机关枪连	9	135	396	每连乘15，驮44。
迫击炮排	9	45	126	每排乘5，驮14。
步兵榴弹炮连	3	78	162	每连乘26，驮54。
小炮连	3	48	162	每连乘16，驮54。
步团通信连	3	102	261	每连乘34，驮87。
骑兵连	1	234	33	
炮兵团部	1	25	6	
炮兵营部	3	60	6	每营部乘20，驮2。
野 炮兵连 山	9	351 （324）	612 （693）	野每连乘39，驮68。 山每连乘36，驮77。
炮团通信连	3	66	249	每连乘22，驮83。
工兵营部	1	9	16	
工兵连	3	6	54	每连乘2，驮18。
通信营部	1	6	10	

（续表）

部队 \ 区分 \ 单位数		乘马数	挽驮马（骡）数	备考
通信连	2	30	68	每连乘15，驮34。
无线电信连	1	15	18	
辎重营部	1	15		
辎重连	2	54	240	每连乘27，驮挽120。
卫生队	1	5		平时不设。
总计		1419（1392）	2419（2500）	
附记	一、括弧内系炮兵团用山炮编制之马匹数。 二、卫生队乘马五匹，平时不设，故总计未列入。			

13．陈诚关于整理炮工兵原则意见给朱培德等电

（1935年10月9日）

南京军事委员会主任朱、军政部部长何、训练总监部总监唐钧鉴：参谋本部杨次长勋鉴：兹将整理炮工兵原则拟具如下：（甲）炮兵整理。一、中央卜式山炮两旅仍保持原建制。二、炮八旅及炮八团之十五榴重炮三十八门、拟编成二团制（每团两营、每营三连）之一个旅。所余重炮，拨军校两门、炮校四门。三、三八式野炮第四团不动，其余编成一团与第四团合编为二团制（每团三营、每营三连）之一个旅。以上合为四个旅。此外，第七团照旧。其余之一四式七七野炮、克式七五野炮拟各编独立团。六年式七五山炮，除编成一个团开西北外，余编为若干独立营。此项原则在蓉时，并经委座与张主任面定。（乙）工兵整理。委座限本年内编成三营。

就原有各师工兵营之经常费改编，其办法如次：一、官长以南城土木工程班与工校为基干，军士就工校练习队选充。二、器材除土木工程班原有者外，并已商准俞署长代为制备七万五千元之器材，惟制式架桥材料暂从缓办。三、经费拟将第五、第十八两军及九十八师原有工兵营连酌量缩并、拨充。再，职原拟来京面呈，现因宜昌行辕限期成立，拟先赴宜部署后，再行趋前聆训。仅先电闻。职陈诚叩。佳。整一编印。

〔国民政府参谋本部档案〕

14．军事委员会颁行陆军整理师编制表草案给参谋本部训令

（1935年10月11日）

国民政府军事委员会训令　　　公一字第644号

令参谋本部

案据军制研究会常务委员会于本年九月七日呈称："案据本会第二组呈称：'查本组前拟定陆军整理师编制表草案，当分送各关系机关，征求意见，去后，准经营整理处送到意见及建议事项。复经本组召集会议，评加研讨，分别采纳。兹拟定陆军整理师编制表草案，是否有当，理合检同原草案呈请鉴核等情。'据此，查所拟之编制表，尚属详尽，可否由钧会颁布之处，理合检同原草案呈请鉴核祇遵"等情。据此，除指令照准，并分别函令颁行外，合行检发是项编制表草案，令仰该部遵照。此令。

附检发陆军整理师编制表草案一分

中华民国二十四年十月十一日

委员长　蒋中正

陆军整理师系统表

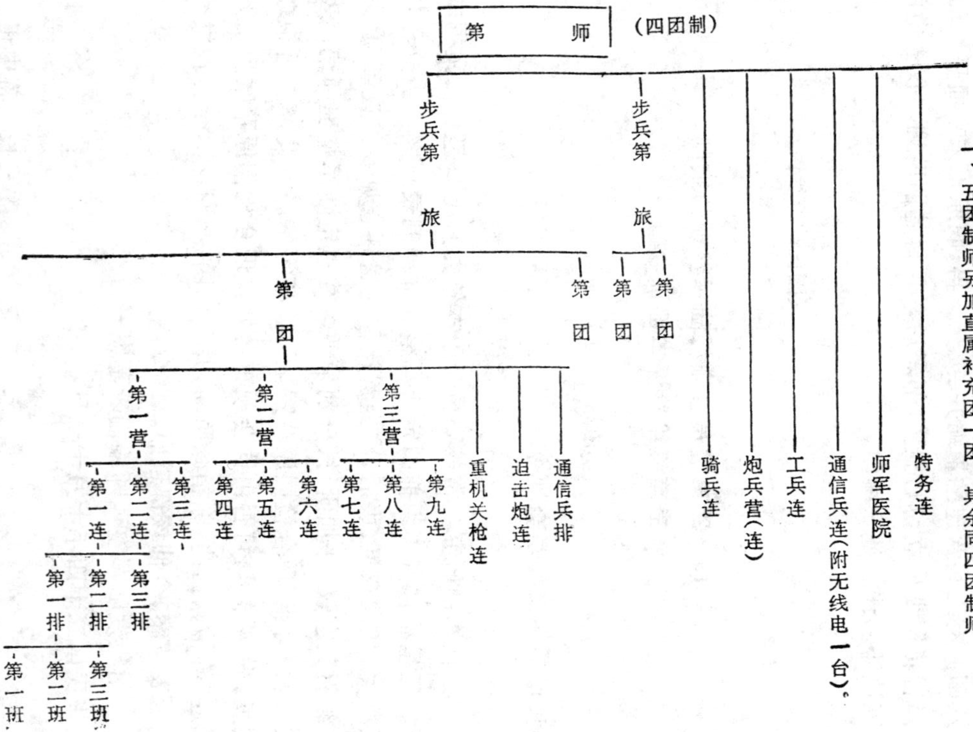

附　记

一、五团制师另加直属补充团一团，其余同四团制师。
二、三团制师两旅部不设，其余同四团制。
三、骑兵不足二排者，得取消其连部，并为一排，不足一排者，得不设置。
四、炮兵不足二连者，得取消其营部并为一连，不足一连者，得不设置。
五、工兵连无器材者不设。
六、辎重连平时不设，于必要时，得呈请成立输送队。
七、特务连同步兵连。

陆军师司令部编制表(四团制)

职别		官佐 阶级	官佐 员额	士兵 阶级	士兵 名额	马匹 乘	马匹 驮	备考
师长		中(少)将	1			2		
副师长		少将	1			1		
参谋长		上(少将)校	1			1		
参谋处	参谋	中(上)校	1			1		
		少校	2			2		
		上尉	2			1		
	一 二等书记	同上 中尉	1 1					
	二等司书	同准尉	2					
副官处	副官	中校	1					
		少校	1			1		
		上尉	2			2		
		中尉	2			2		
	军法官	同少校	1					
	一 二等书记	同上 中尉	1 1					
	二等司书	同准尉	3					
	司号长	少尉	1					
	传达士兵			中 下士 上 一等兵	1 1 6 6	4		兼服勤务

(续表)

职别		官佐		士兵		马匹		备考
		阶级	员额	阶级	名额	乘	驮	
副官处	卫士			中 下士	1 3	3		师长中下士各一，副师长参谋长下士各一。
	炊士兵			上 一等兵 二	1 2 5			
	饲养兵			一 二等兵	2 6			
军械处	军械官	少校	1					
	军械员	上 中尉	1 1					
	军械军士			上 中士 下	1 1 1			
军需处	军需	二等军需正	1					
		三等军需正	2					
		二 三等军需佐	3 1					
	二等书记	同中尉	1					
	二等司书	同准尉	3					
	军需军士			上士	3			
军医处	军医	二 三等军医正	1 1					
		一(二)(三)等军医佐	2					
	兽医	三等兽医正	1					
		一(二)等兽医佐	1					

（续表）

职别		官佐		士兵		马匹		备考
		阶级	员额	阶级	名额	乘	驮	
军医处	司药	一等司药佐	1					
	二等书记	同中尉	1					
	二等司书	同准尉	1					
	看护军士			上士 中士 下士	1 1 1			
	兽医军士			上士 中士	1 1			
	看护兵			上等兵	6			
合计			48		51	23		马匹栏内有预备马3匹

附记

一、四团制之师以步兵二旅，每旅二团共四团，炮兵一营（或一连），骑兵一连（或一排），工兵、通信兵、特务各一连编成之。五团制之师，除步兵两旅外，得设置补充团一，三团制之师不设旅司令部，其余同四团制之师。

二、军法并入副官处。

三、司令部得呈准增设服务员若干员（但以本师编余优秀军官为限）。

陆军整理师全师马匹统计表

部别 \ 区分	单位数	乘马数	驮马数	挽马数	备考
师部	1	23			
旅部	2	20			每旅部10匹
步兵团部	4	12			每团部3匹
步兵营部	12	24			每营部2匹
步兵连	36				
机关枪连	4				
迫击炮连	4				
通信排	4				
骑兵连	1	204	16	5	
炮兵营部	1	20	20		
炮兵连	3	105	285		每连乘35匹，驮95匹
工兵连	1	3	18		
通信连	1	6			
特务连	1				
总计		417	339	5	共计乘驮挽马761匹

〔国民政府参谋本部档案〕

(3) 海军组织官制

1. 海军要港司令部暂行条例①

(1930年10月1日)

第一条　海军要港司令部直隶于海军部，以其所在地名冠称之。

第二条　本国沿海港口，依海防之需要设要港司令部。

第三条　要港司令部筹划本港水道，秘密实施水陆防卫，战时海军后方接济及平时附近地方警备事务。对于区域内海军要塞厂坞营校院所陆战队及其他海军附属机关并负有督察之责。

第四条　要港司令部管辖区域，依港势地势划定之。

第五条　要港司令部设下列各课：

(一) 轮机课。

(二) 港务课。

(三) 军械课。

(四) 军需课。

第六条　轮机课掌事项如下：

(一) 关于监核本港舰艇之修造事项。

(二) 关于检验本港舰艇之船体锅炉及机器事项。

(三) 关于舰艇在所属厂坞修理之统计及报告事项。

(四) 关于稽核所属电气工程及材料事项。

(五) 关于稽核所属厂坞工务及材料事项。

(六) 关于考核所属厂坞人员及轮机士兵之勤务成绩事项。

(七) 关于战时轮机部分应用材料之准备事项。

第七条　港务课掌事项如下：

---

① 1930年10月1日海军部公布。

（一）关于港内系船浮标抛锚地点及水路标记之布置并引导事项。

（二）关于舰艇进出坞事项。

（三）关于港内之疏浚事项。

（四）关于救助被难船只事项。

（五）关于港内舰艇并商船停泊地点及靠拢码头之分配事项。

第八条 军械课掌事项如下：

（一）关于所属要塞练营陆战队及库存之一切军械弹药事项。

（二）关于所属要塞练营陆战队及库存军械弹药之检查统计及报告事项。

（三）关于军械弹药出纳事项。

第九条 军需课掌事项如下：

（一）关于所管岁出岁入之预算决算事项。

（二）关于所管岁出岁入之收支事项。

（三）关于所属各舰艇各机关官佐士兵夫役之俸饷事项。

（四）关于所属各舰艇各机关应用物品之购办存储事项。

（五）关于赡养金之收发事项。

（六）关于煤粮服装之购办存储保管及供给事项。

（七）关于一切物品之登记检查事项。

第十条 要港司令承海军部长之命，管理本港一切并指挥监督所属各项事宜。

第十一条 要港司令当战时或临事变，关于港内防卫之必要，得指挥驻泊港内之舰艇，但有海军代将及以上之司令在港，应会同办理。

第十二条 要港司令当战时或临时事变，得临时宣布戒严令于其管辖区域之内，一面呈报海军部。

第十三条 要港司令因公务调遣驻泊港内不属管辖之舰艇，应电报海军部，并知照其本管司令。

第十四条　要港司令负有监督在本港厂坞内修理各舰艇及属于海军所有工程之责任，并随时呈报海军部。

第十五条　要港司令对于本港防务交通之设施，所有港务规则之订定或变迁，更应呈请海军部核准颁布施行。

第十六条　要港司令对于驻泊本港之舰艇而无海军司令督率者，负有维护军纪风纪之责。

第十七条　要港司令对于本国、外国军舰到港、离港及港内有要事发生时，应随时呈报海军部。

第十八条　要港司令对于地方官请求补助戡乱及应付事变，如不及请示时，得参酌情形办理，一面呈报海军部。

第十九条　要港司令部设参谋长一人，参谋二人，承长官之命，掌理要港防务警备，筹备作战计划，调遣所辖舰艇，管理本港军事教育训练以及运输谍报等事项。

第二十条　要港司令部设副官三人，承长官之命，掌传宣命令，接待来宾，维持军纪风纪，管理秘密图书及关于本部之一切庶务事项。

第二十一条　要港司令部设秘书二人，承长官之命，掌理文牍，收发公文，保管案卷及典守印信等事项。

第二十二条　要港司令部设课长四人，分掌各课事务。

第二十三条　要港司令部之编制，依附表所定。

第二十四条　要港司令部服务细则，以海军部令定之。

第二十五条　本条例自公布之日施行。

〔国民政府档案〕

2. 海军舰队司令部条例①

（1932年7月18日）

第一条　海军各舰队司令部应设于各舰队司令所驻之旗舰，

① 1932年7月18日海军部公布。

并冠以舰队编定之名称，以分别之。均直隶于海军部。

第二条　舰队司令承海军部长之命，指挥所属舰队。

第三条　舰队司令于驻在区域内，遇有地方长官之知会，因维持治安，需用兵力，事机急迫，不及请示时，得以便宜行事。但均须随时迅报海军部。

第四条　舰队司令部置参谋一人，辅助司令参预舰队事务。

第五条　舰队司令部置副官二人，承司令之命，掌理宣达本部事务。

第六条　舰队司令部置轮机长一人，承司令之命，掌理轮机事务。

第七条　舰队司令部置书记官长一人，承司令之命，掌理文牍事务。

第八条　舰队司令部置书记官二人，承长官之命，分掌文牍事务。

第九条　舰队司令部置军需官一人，承长官之命，掌理本舰队军需各事务。

第十条　舰队司令部置司书二人，承书记官长、书记官之命，任缮写或其他事务。

第十一条　海军各舰队司令部服务细则，以海军部令定之。

第十二条　本条例自公布日施行。

〔行政院档案〕

3. 海军鱼雷游击队司令处条例①

(1932年7月18日)

第一条　海军鱼雷游击队司令处直隶于海军部，设于该司令所驻之旗舰。

---

① 1932年7月18日国民政府公布。

第二条　鱼雷游击队司令，承海军部长之命，指挥所属鱼雷舰队。

第三条　鱼雷游击司令于驻在区域内，遇有地方长官之知会，因维持治安，需用兵力，事机急迫，不及请示时，得以便宜行事。但均须随时迅报海军部。

第四条　鱼雷游击队司令处置参谋一人，辅助司令参预舰队事务。

第五条　鱼雷游击队司令处置副官一人，承司令之命，掌理宣达本处事务。

第六条　鱼雷游击队司令处置轮机长一人，承司令之命，掌理轮机事务。

第七条　鱼雷游击队司令处置书记官二人，承司令之命，分掌文牍书务。

第八条　鱼雷游击队司令处置军需官一人，承长官之命，掌理本舰队军需各事务。

第九条　鱼雷游击队司令处置司书一人，承书记官之命，任缮写或其他事务。

第十条　海军鱼雷游击队司令处服务细则，以海军部令定之。

第十一条　本条例自公布日施行。

〔海军部档案〕

4. 海军陆战队组织暂行条例①

(1933年7月6日)

第一条　海军部依系统表之规定，设海军陆战队。

第二条　海军陆战队因军事上之需要，得驻在地海军长官指

① 1933年7月6日海军部公布。

挥之。

第三条　海军陆战队暂编第一、第二两独立旅，其旅长由海军部长呈请国民政府任命之。

第四条　海军陆战队旅长，得设旅司令部，承海军长官之命，督率管理全旅官兵训练一切事宜。

第五条　旅司令部辖步兵两团、炮兵连一连，特务排一排。

第六条　旅司令部暨所辖两团各附设无线电台一处，任通讯联络事务。

第七条　旅司令部设参谋、副官、军需、军医、书记、电务员，承长官之命，办理各业务内一切事务。

第八条　参谋掌事务如下：

一　关于军队教育训练及作战动员设营警戒计划事项。

二　关于演习校阅事项。

三　关于升降任免开补考绩军法事项。

四　关于平时战时侦察调查及谍报搜集侦探派遣事项。

五　关于保管秘密图书表册、征集军用地图及战斗详报、阵中日记之记载事项。

六　关于平时战时交通联络设备计划事项。

七　关于战时伤亡及俘虏调查事项。

第九条　副官掌事务如下：

一　关于传宣命令，接待来宾及部内风纪事项。

二　关于交际联络及战时传达事项。

三　关于本部给养购置营缮及战时宿营设备行李处置事项。

四　关于战时伙役募雇分派及响导雇请事项。

五　关于战时俘虏处置事项。

六　关于本部马匹喂养教管事项。

第十条　军需掌事务如下：

一　关于全旅薪饷及战时给养事项。

二　关于全旅服装及战时服装补充事项。

三　关于战时办理军需品事项。

四　关于战时征发事项。

第十一条　军医掌事务如下：

一　关于全旅卫生之指导及监督并战时卫生材料之补充事项。

二　关于防疫卫生计划及报告统计调查事项。

三　关于计划设置病院及战时野战病院事项。

四　关于全旅人员马匹之诊视治疗及战时伤亡官兵马匹之处置事项。

第十二条　旅司令部内设党务人员，担任党之训练工作及宣传事务。

第十三条　旅司令部设特务排，任本部警戒，并逮捕看管人员，押解俘虏等事务。

第十四条　旅司令部设上、中尉书记，办理一切文件及典守印信事务。

第十五条　旅司令部设电务员二员，任来往电报之翻译送发事务。

第十六条　海军陆战队独立旅组织系统表及编制表另定之。

附　海军陆战队补充营暂行条例

第一条　为训练新兵补充陆战队缺额起见，设海军陆战队补充营。

第二条　海军陆战队补充营直隶于海军部。

第三条　海军陆战队补充营关于任免训练及一切事宜，由驻在地海军要港司令部呈请海军部分令负责遵办。

第四条　海军陆战队补充营驻在地，由海军部指定之。

第五条　海军陆战队补充营之组织，按各兵种分科编成之。

第六条　少尉以上军官各职，以曾由军事学校毕业见习期满

附：修正海军陆战队独立旅编制系统表

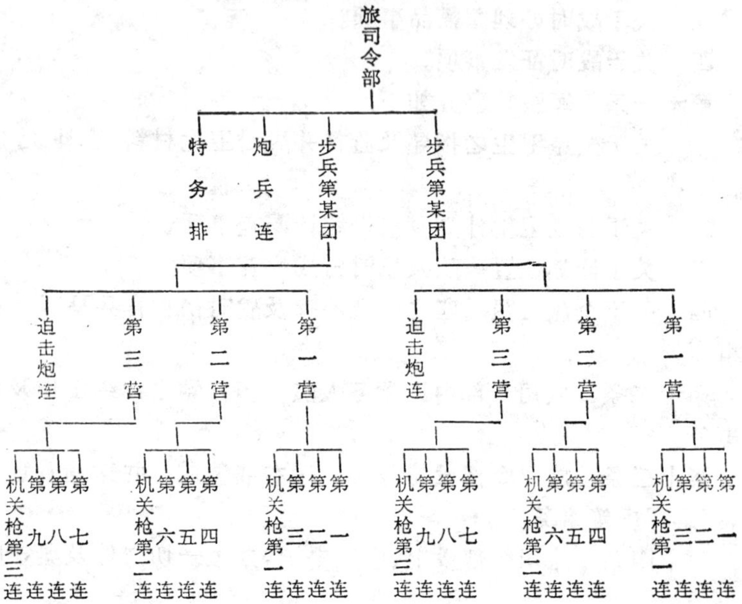

者选用之。

第七条　各军士就陆战队各连班长挑选成绩优异者充任之。

第八条　新兵入伍，一律照二等兵给饷，俟训练期满补充后，按士兵进级条例办理。

第九条　新兵训练期间，定为六个月，但依当时之情况，得缩短或延长之。

第十条　新兵训练期满，听候分派陆战队各旅团营补充之。

第十一条　新兵之招募，以合于下列资格者为限：

一　本国人民，身家清白，品行端正，粗识文字者。

二　年龄十八岁至二十二岁，身高一公尺又五百二十四公厘（五英尺）以上。

三　身体健全，力举四十五公斤又三十六公钱（百磅），无嗜好者。

第十二条　新兵入伍时，须具志愿书并保证书。

第十三条　新兵入营后，应造具箕斗清册，粘附本人半身军服四寸相片。

第十四条　海军陆战队补充营之勤务，适用陆军内务条例之规定。

第十五条　本暂行条例如有未尽事宜，得呈请修正之。

第十六条　本暂行条例自公布之日施行

〔行政院档案〕

5．海军军官佐任官暂行条例①

（1934年6月15日）

第一条　海军军官佐均依本条例按照海军官制任官，其任职依另条例之所定。

第二条　任官分为初任、叙任、晋任、转任四项。

第三条　初任，自少尉始，其规定如下：

（一）初任军官，必须海军学校（或国外同等学校）毕业、见习期满。

（二）初任军佐，必须造械、造舰、军医、军需、航务、电信等专门学校（或国外同等学校）毕业、见习期满。

（三）准尉确有经验，著有劳绩，得任为少尉（但晋至中尉为止）。

第四条　叙任，依现在现务，并具有下列规定之一，核其出身经历年资，任以相当之官。

（一）出身有第三条各款之一者。

---

① 1934年6月15日国民政府公布施行。

（二）大学及专门学校之造兵、造船、医药、经济、航务、电信等科系出身，而任现在之职务满三年以上者。

第五条　晋任之规定如下：

（一）晋任必须按级递进，不得超越。

（二）晋任必须经过规定之实职年资（但上尉以上，除第六条所规定者外，非有上级缺额时，不得晋任）。

（三）前款所称晋任，必须经过实职年资，称为停年。各级军官之停年如下：

少将　三年

上校　四年六个月

中校　三年

少校　三年

上尉　四年六个月

中尉　二年

少尉　二年

军佐各级之停年与军官同。

（四）前款年资，以海上勤务计算，如系陆上勤务，得以一年三个月，抵算海上勤务一年。

（五）少将及同级军佐，须实职年资已满，并有特别劳绩，始得晋任。

（六）中将晋上将，以资深而于国家建有殊勋者为限。

第六条　上尉以上之官佐，在任职期内，官职相等，如满下列实职年资，成绩卓著，而无上级缺额时，得晋任一级。

（一）上尉　八年六个月

（二）少校　六年

（三）中校　六年

（四）上校　八年六个月

（五）前款年资，以海上勤务计算，依照第五条第四项办理。

第七条　转任之规定如下：

（一）自上校以下，各科军官佐，奉命受他科教育考验及格者，准转任以该科相当军官佐。

（二）陆军、空军官佐，受过海军教育，经考验及格，核其经历，转任以相当阶级之海军军官佐。

（三）转任后，即消失其原有之官，非经核准回复，不得任原官职务。

第八条　各级官佐之任官，由军事委员会决定，函行政院转请国民政府任命之。

第九条　本条例施行细则另定之。

第十条　本条例施行日期，另以命令定之。

〔国民政府参谋本部〕

6. 海军军官佐任官暂行条例施行细则

（1935年6月25日）

第一条　本细则依海军军官佐任官暂行条例（以下简称条例）规定之。凡海军军官佐任官实施事项，悉依本细则施行。

第二条　任官时期，除特令外，均于每年三、九两月，定期举行。平战时皆同。

第三条　凡军官佐之任官，由军事委员会按其年资考绩，审核决定，函请行政院转呈国民政府任命之。

海军部对于所属军官佐之任官，应将其年资考绩呈请军事委员会核夺。

第四条　军法官、军用文官、军用技术人员、政治训练人员及海军出身之造械、造舰、军医、军需、航务、电信、造兵、造船、药料经济等科系（大学或专科学校）人员，于定期任官时，由军事委员会核其资历考绩，予以注册，并分别送铨叙部登记。其任用办法另定之。

第五条　海军陆战队、海军各要塞、海军航空军官佐、军事学校教授人员，其由陆军空军出身者，得参照陆空军军官佐任官暂行条例及其施行细则办理。

第六条　军官佐初任之规定如下：

（一）军官之初任者，依条例第三条第一款之规定办理。

（二）军佐之初任者，依条例第三条第二款之规定办理。

（三）准尉任少尉、准佐任三等佐，依条例第三条第三款之规定办理。

第七条　军官佐叙任之规定如下：

（一）出身合于条例第三条各款之一者，分别任以军官佐。

（二）出身合于条例第四条第二款之规定者，分别任以相当军佐。其出身原科，与职务不同者，依其原出身任官。

（三）出身有二科以上者，依其经历，以其出身中之一科任官。

（四）各科军官因教育上之必要，而使受他科之教育者，仍以其原出身之科任官。

前项叙任，适用于开始第一次之任官，尔后概以初任起为常。

第八条　叙任军官佐之出身，在条例第四条各款规定之外者，均不任官，而以现在职务所属之科存记。

第九条　军官佐晋任，俟停年届满后，资深绩著，依照条例第五、第六两条之规定办理。但海军学校出身之少尉，于停年期满时，得晋任中尉。

第十条　战时为补充上之需要，对于所要官阶之停年，得特令减缩之。

第十一条　军官佐于军事上有特殊建树，可为军人表率者，得特令晋任。除停年依照规定外，其他不受条例及本细则之所限。

第十二条　对于国家著有勋绩之军官佐，其身后有须特令追晋官阶者，不受条例及本细则之所限。

第十三条　军官佐依条例第七条之转任，必以原阶转任为原则，其转任前后之实职年资，得合并计算。若转任而兼晋任者，则必依照对于晋任之规定。

第十四条　海军学校出身之附员，得依条例分别办理。

第十五条　备役军官佐历次依期应召集，成绩优良，得依补充上之需要，择尤晋任。

第十六条　军官佐任官，其出身与经历有疑义时，得调验其文凭委状，如文凭委状不能提出时，其出身应以同学二人出具证明书及同学录证明之。经历部分，以所隶长官二人出具证明书及职员录证明之。

第十七条　军官佐有下列情形之一者免官：

（一）因罪处刑并受褫夺公权之宣告者。

（二）独犯刑法，核其情节，必须予以免官者。

（三）消失国籍者。

第十八条　因第十七条各款而免官者，其免官之原因终止后，得核予复官。但须由本人呈递悔省书于海军部转呈军事委员会核办。复官时应以原官阶复任。其命令之程序与任官同。

第十九条　本细则自公布日施行。

〔国民政府参谋本部档案〕

（4）空军组织官制

1. 蒋介石关于组建航空委员会之概要

（1934年5月　日）

航空委员会时期之行政概要

二十三年三月。军事委员会委员长蒋中正，驻赣治军，迁航空署于南昌，五月改为航空委员会，自兼委员长，设办公厅，置主任一员，处理日常公务，以陈庆云为主任，下设五处十七科；第一处即参谋处，辖第一(作战)、第二(航政)、第三(防空)、第四(情报)、第五(械弹)等科；沈德燮为处长、欧阳璋、王立序、林禹平、曾庆集、汪丰等科长。第二处即教育处，辖第七(教育)、第八(编译)等科；陈庆云兼处长，刘芳秀为副处长、陈海华、王通尘等任科长。第三处即总务处，辖第九(人事)、第十(管理)、第十一(军医)、第十二(军法)、第十三(统计)等科；周德鸿为处长，顾荣昌(朱龢)、赵希曾、周思信、杨柳风、黄钟等任科长。第四处即技术处，辖第十四(机械)、第十五(器材)等科。钱昌祚为处长，陈昌祖、朱霖等任科长。第五处即经理处，辖第十六(财务)、第十七(补给)、等科；王家骧为处长、赵继厚、孙赵煊等任科长。第六科(建筑)直属于会邝锦朝任科长，所属航空队，增编为八队。本年毛邦初出洋考察，任周至柔为航空学校校长。成立防空学校，任黄镇球为校长，徐培根去职，派陈庆云兼航空教导总队总队长。创设保险伞制造所，筹议国防建设，决在中央、交通、武汉三大学，增设航空工程学系，设立首都防空处。

〔国民政府战史编纂委员会档案〕

2. 参谋本部转发空军官佐任职暂行条例训令

(1934年11月21日)

参谋本部总务厅训令　　总(厅)字第一六〇八一一号

令本厅第三处

案奉本部总(仁)字第一五九六五号训令开："案奉国民政府二十三年十一月十日第八二九号令开："查空军官佐任职暂行条例，现经制定，明令公布，应即通行饬知，除分令外，合行抄发原条例，令仰知照，并转饬所属一体知照"。等因。计抄发空军官佐任职暂行条例一分，奉此。除分令外，合行抄发前项条例，令仰该厅并转饬所属一体知照。此令。等因。计抄发空军官佐任职暂行条例一分，奉此。除分令外，合亟抄发前项条例，令仰该处并转饬所属一体知照。此令。

计抄发空军官佐任职暂行条例一分

中华民国二十三年十一月二十一日

厅 长 熊 斌

空军官佐任职暂行条例(民国二十三年十一月十日公布)

第一条　空军军官佐依照空军任官暂行条例任官后，照本条例任以与其官位相当之军职。

陆海军军官佐调在空军服务者，依照陆海军之官位任以相当之职。

军法官、军用文官、军用技术人员、政治训练人员及其他聘雇人员,不任官者,依其任用办法,迳予任职。

各种军职之名称及其相当之官位,于各种编制中定之。编制外之附员,依核准设置者为准。

第二条　军官佐之任职,于其本官组内行之,但调任职不在此限。

官组依空军官组规则之所定。

第三条　任职之权统属于中央,其任职程序区分如下：

(一) 特任：上将之军职属之,由国民政府特任。

(二) 简任：中将至上校各职属之,由国民政府任命。

(三) 荐任：中校、少校之军职属之,由军政部长荐请行政院，转请国民政府任命。

(四) 委任：上尉至少尉各职属之，由航空委员长委任，呈报军事委员会并咨军政部备案。

荐任军职以上由航空委员会呈请军事委员会核准后，分别交军政部办理。

各级独立单位长官,对于所属各级军职适任人员,得依照资序绩序范围陈述意见,以凭参考。

第四条　任职时期分定期与临时两种,其规定如下：

（一）定期任职：在定期任官后，随即施行任职，是为任职之常则。

（二）临时任职：在定期任职以外，如有急要，亦得临时任职。

第五条　任职时对于职务之指定，分专职与通职两种，其规定如下：

（一）专职：职有专掌者，指定专一职务以任之。

（二）通职：在一单位内同类之职务，其职掌共通者，指明职务种类而任之，其应补何缺，由该管长官指定。

第六条　任职时对于所任人员服职之命令，分实任、署任、兼任、代理四种，其规定如下：

（一）实任：官职相称认为适任者，予以实任。

（二）署任：官职相称，能否适任，尚难确定者，先予署任于三个月以上，一年以内，认为相宜时，再予实任。如逾期不予实任，则须调任。

（三）兼任：以原有职务之人员，命其兼理他职，是为兼任。兼任以非队职，及不妨碍其本职之事务，而有下列情形之一者为限。

甲、法定兼职。

乙、应事务之需要，必须兼任时。

（四）代理：在定期任职之前，军职遇有缺员，而无相当人员可以补充时或补充之员尚未就职时或职员因故离职而未开缺时，由直属长官，命其次阶资深者或同阶之附员，代理其职务。

军职有法定代理人员者，从其所定，代理之员，仍理其本职事务者，为兼代。

各级长官，令派代理时，应随即呈报中央任职长官于定期任职或临时任职时，核定任职。

第七条　军官佐于任职中，有下列之调任：

（一）补充调任：官组之缺员过多，其次阶承接官组之升任人员不敷补充时，由其他同官位之官组中调任以补充之。

（二）配置调任：因组织与编制之变更或职务之需要或人地关系而行调任。

（三）经历调任：因增进军官佐在同一官阶中各种职务之经历而行调任。

（四）职期调任：军官佐任同一职务，未满一年者，除特殊原因外，不予调任，满四年以上者，除有必须留任之，原因外，应予调任。

第八条　定期任官后，或临时分发于各部队机关学校之军官佐，编入官组后，亦照前各条之规定施行任职。

第九条　军官佐之免职、停职、撤职、规定如下：

（一）免职：

甲、改任免职：军官佐升任或调任他职时，免其原职改任新职。

乙、待命免职：因组织与编制之变更，而职务裁撤时，令其免职待命。

丙、退除免职：现役军官佐，在任职中，依照陆海空军官佐服役暂行条例之规定，而退为备役或除役者，令其免职退役或免职除役。

军官佐因疾病事故自请辞职，经核准者，按其情形，适用前款各项。

前款各项免职，未届退役限年者，得令复职。

（二）停职：

甲、事病停职：因疾病事故，连续请假，达三个月以上者，则令其停职。

乙、处分停职：过犯尚不须撤职，而非他种惩罚所能满足者，则令其停职。

丙、待讯停职：有犯罪嫌疑，而须查办或审理未决者，先令其停职。

丁、失踪停职：非因犯罪而失踪，在三个月以内尚不能判明者，令其停职。

停职后三个月内，其原因终止者，得核令回职，届限不能回职或虽未届限，而职务重要，不便久停者，得核令免职。

（三）撤职：

甲、过犯撤职：过犯较重者，予以撤职。

乙、免官撤职：在任职中因案免官者，同时予以撤职。

撤职经一年以后，其原因终止而复官者，在未届退役以前，得核予复职。

第十条　免职撤职之权，与任职同。停职之权，规定如下：

（一）军事委员会委员长，对于各级军官佐，得核定其停职之期间。

（二）航空委员会委员长，对于少将上校各级，得核定一个月以内之停职，对于中校以下各级，得核定三个月以内之停职。

（三）其他少将以上各独立任务之长官，对于所属中少校各级，得核定一个月以内之停职，对于上尉以下各级得核定两个月以内之停职。

（四）上校独立任务之长官，对于上尉以下各级，得核定一个月以内之停职。

凡核定停职后，应随时呈报其上级官署备案。

第十一条　任职者之就职时，与免职、停职、撤职者之卸职时，或代理者之接代，与卸代时，其职务须行交代。代理中仍由该职之本官负责者，不行交代。

军职之交代规则另定之。

第十二条　各级独立长官，遇有临时差事，须命令办理者，对于所属军官佐，得行派差，派差以派附员为常则，如派其他专职人员办理时，以差事与其职务有关，且事简期短，不致妨及原有职务者为限。

前项专职人员，奉派差事时，除办理所派差事外，仍服其本有职务，如因差事而不能服其本有职务者，其本有职务，须派员代理。

第十三条　本条例之施行规则另定之。

第十四条　本条例施行日期以命令定之。

〔国民政府参谋本部档案〕

3. 空军军官佐任官暂行条例及其施行细则

（1935年1月4日—8日）

（1）空军军官佐任官暂行条例（1月4日）①

第一条　空军军官佐均依本条例按照空军官制任官，其任职依另条例之所定。

第二条　任官分为初任、叙任、晋任、转任四项。

第三条　初任自少尉始，其规定如下：

（一）初任军官，必须中央航空学校毕业、见习期满或由军事委员会认可之国内外各级飞行学校毕业，经考验合格，补受军事训练后，见习期满。

（二）初任机械军佐，必须中央航空机械学校专科毕业、见习期满或国内外大学理工科及相当之专科技术学校毕业，经考验合格，补受军事训练者。

（三）初任军佐之军医、军需，必须国内外军医、军需学校或大学医科、经济科及相当学校毕业，经空军军医、军需训练后，见习期满。

（四）准尉升少尉，必须服满准尉职务二年以上，曾受应行准备教育，成绩及格。但不得超过初任军官佐三分之一。

第四条　叙任依现任职务，并具下列规定之一，核其出身经历

① 1934年6月15日国民政府公布。1935年1月4日修正公布。

年资，任以相当之官。

（一）出身有第三条各款之一者。

（二）出身于国内外普通航空学校或大学及专科学校，服空军军官职务满二年以上或服空军军佐职务满三年以上者。

第五条　晋任之规定如下：

（一）晋任必须逐级递进，不得超越。

（二）晋任必须经过规定之实职年资，考绩优良，而有上级缺额时。

（三）前款所称晋任，必须经过之实职年资，称为停年。各级军官之停年如下：

中将　四年

少将　三年

上校　四年

中校　三年

少校　三年

上尉　四年

中尉　二年

少尉　一年半

军佐各级之停年与军官同。

第六条　转任之规定如下：

（一）陆海军之军官，少校以下，受空军军官之定期训练，经考验合格者，核其经历，准予转任相当之空军军官。

（二）空军军官及陆海军军佐少校以下，受空军军佐之定期训练，经考验合格者，核其经历，准予转任相当之空军军佐。

（三）转任后，即消失其原有之官。非经核准回复，不得任原官职务。

（四）陆海军军官佐之调在空军服务者，仍按陆海空军军官佐任官条例任官。

第七条　各级官佐之任官，由军事委员会决定，函行政院转请国民政府任命之。

第八条　本条例施行细则另定之。

第九条　本条例施行日期，另以命令定之。

(2) 空军军官佐任官暂行条例施行细则(1月8日)

第一条　本细则依空军军官佐任官暂行条例(以下简称条例)规定之凡空军军官佐任官实施事项，悉依本细则施行。

第二条　任官时期，除特令外，均于每年三、九两月定期举行，平战时皆同。

第三条　凡军官佐之任官，由军事委员会按其年资及本官阶内之考绩、审核决定，函行政院转呈国民政府任命之。

第四条　军法官、军用文官、军用技术人员、政治训练人员非出身于兵科业科者，于定期任官时，由军事委员会核其资历考绩，予以注册，并分别送铨叙部登记，其任用办法另定之。

第五条　军官佐初任之规定如下：

(一) 军官之初任者，依条例第三条第一款之规定办理。

(二) 机械军佐之初任者，依条例第三条第二款之规定办理。

(三) 军需军佐、军医军佐之初任者，依条例第三条第三款之规定办理。

(四) 准尉晋任少尉，准佐晋任三等佐，依条例第三条第四款之规定办理。

第六条　条例第三条(四)款，准尉升少尉之定额，系以每一少尉官组为标准计算之；即一少尉官组，每次任少尉学校出身者，占三分之二。准尉出身不得超过三分之一。所称准备教育，系指条例第三条各学校之特定教育而言。准佐之升任，同此原则。

第七条　依据条例第四条之规定，应叙任之军官佐如下：

(一) 出身合于条例第三条各款之一者，分别任以空军军官佐。

（二）出身于各种飞行学校，未补受军事训练，现服空军军官职务满二年以上者，任以空军军官。

（三）出身于各大学或专门学校，未补受军事训练，现服空军军官职务满二年以上者，任以空军军佐。

（四）出身于机械士及准佐递升而至三等佐以上之军佐，服务满三年以上者，任以相当军佐。

（五）陆海军军官佐调在空军服务者，仍按陆海军军官佐任官条例任官。

（六）军法人员以军用法官注册。各兵科业科出身，而现任空军军法职务者，以出身之科任官。

（七）秘书、书记、司书、译电员、打字员，均以军用文官注册。各兵科业科出身，而现任空军军用文官职务者，以出身之科任官。

（八）技术人员以军用技术人员注册。各兵科业科出身，而现任空军技术职务者，以出身之科任官。

（九）测候、摄影、通信等人员，出身于各兵科业科者，以出身之科任官；其在各科以外者，以军用技术人员注册。

（十）政治训练人员，出身于各兵科业科者，以出身之科任官；在各科以外者，以军用文官注册。

（十一）各军事学校教官、教员、助教及各军事机关学校之译述人员等，其为各兵科业科出身者，依其出身之科任官；其非各兵科业科出身者，分别以军用文官、军用法官、军用技术人员注册。

（十二）出身有二科以上者，依其经历，以其出身之一科任官。

（十三）各科军官因教育上之必要，而使受他科之教育者，仍以其原出身之科任官。

（十四）出身之科与现在职务所属之科不一致者，依其原出身之科任官。

前项叙任，适用于开始第一次之任官，尔后概以自初任起为常。

第八条　条例第四条(二)款所称相当航空专科定限教育之教育机关(其机关之种类另定之)，须依照原定期限毕业，得有证明书者。

第九条　叙任军官佐之出身，其在条例第四条各款规定之外者，均不任官，而以现在职务所属之科存记。

第十条　军官佐之年资计算，依空军军官佐资序规则之所定。

第十一条　军官佐晋任，依上官阶之缺员，在合条例第五条所定之军官佐中遴选之，其范围及方法，依第十二条至第十五条所定。

第十二条　前条所称上官阶之缺员及选补以官组为范围。

关于官组事项，依空军军官佐组规则之所定。

第十三条　官组中之缺员，系指下列之各款：

(一)依服役条例之所定，而停役退役除役者。

(二)依任官条例之所定，而经晋任转任或免官者。

(三)依编制之所定，而增设员额者。

(四)因其他原因而发生缺员或增额者。

任官时，以官组中所有前项各款员额，除由其他同阶官组或组外官佐调补者外，其余为该官组之缺员。

第十四条　前条所称上阶官组之缺员，以次阶官组之官佐升补之，其规定如下：

(一)一上阶官组之下，以一次阶官组相承接，而该次阶官组中之官佐，其年资考绩及格者，足以升补时，则依缺升补。

(二)一上阶官组之下，以数个次阶官组相承接者，以各次阶官组年资考绩及格者之人数多寡为准，适当分配而升补之。

(三)因次阶官组官佐之年资考绩，组不足升补上阶官之缺员时，则以他上阶官组缺员较少，而次阶官组之及格官佐较多者，调升补充之。

(四)前款之调补，为使各官组官佐素质等齐起见，除前款所列原因外，并宜通常行之。

第十五条　军官佐在前条官范围内，其资绩遴选方法之规定如下：

（一）论资停年届满，考绩及格，以资序居先者先晋。

（二）论绩停年届满，考绩及格，以绩序居先者先晋。

（三）各官阶之晋任，其论资论绩之运用如下：

少尉晋中尉　论资。

中尉晋上尉　资一绩一。

上尉晋少校　论资。

少校晋中校　资一绩一。

中校晋上校　论绩。

上校晋少将　论绩。

少将晋中将　停年届满，并有特别劳绩者。

中将晋上将　停年届满，并于国家建有殊勋者。

军佐之晋任与上列对于军官所定者同。

资序绩序，依定期任官前考绩之所定。

第十六条　战时军官佐之晋任，除停年必须届满外，一概论绩，不受第十一至第十五各条之限制，为补充之必要，对于所要官阶之停年，亦得特令减缩之。

第十七条　军官佐于军事上有特殊建树，可为军人表率者，得特令晋任。除停年依照规定外，其他不受条例及本细则之所限。

第十八条　对于国家著有勋绩之军官佐，其身后有特令追晋官阶者，不受条例及本细则之所限。

第十九条　军官佐依条例第六条之转任，必以原阶转任为原则，其转任前后之实职年资，得合并计算。若转任而兼晋任者，则必仍照对于晋任之规定。

第二十条　备役军官佐历次依期应召，成绩优良，得以补充上之需要，择尤晋任。

第二十一条　军官佐任官，其出身与经历有疑义时，得调验其文凭委状，如文凭委状不能提出时，其出身应以同学二人出具证明书及同学录证明之。经历部分，以所隶长官二人出具证明书及职员录证明之。

第二十二条　军官佐有下情形之一者免官：

（一）因罪处刑并受褫夺公权之宣告者。

（二）触犯刑法，核其情节，必须予以免官者。

（三）消失国籍者。

第二十三条　因第二十二条各款而免官者，其免官之原因终止后，得核予复官，但须由本人呈递悔省书于原官组所隶机关，经层转核夺。

复官时应以原官阶复任，其命令之程序与任官同。

第二十四条　本细则自公布之日施行。

〔国民政府参谋本部档案〕

4. 空军官佐退役俸给与规则①

（1935年3月21日）

第一条　空军官佐（军佐以机械军佐为限，其军医、军需等照陆军所定，以下同）依照服役条例，由现役退为备役或限龄除役、残废除役者，依照本规则所定，给与退役俸。

第二条　军官佐之退役俸，视其在现役期内，实职年资之长短及退役或除役时之官阶薪级规定，其月额为甲乙丙等，如附表第一、第二。

备役中晋任官阶者，自晋任起，依照晋任官阶支给之。

第三条　军官佐在现役中，实职年资满二十年以上，或在现役

① 1935年3月21日国民政府公布。

及备役中，因公而残废除役者，退役后给与甲等退役俸终身。

第四条　军官佐在现役中，实职年资不满二十年者，给与甲等退役俸之期限，与其实职年资相同。

第五条　军官佐在现役中，实职年资不满二十年，给与甲等退役俸。期限届满，仍在备役期中，而未至除役限龄者，给乙等退役俸，至除役时止。

第六条　军官佐之在现役期间，由停役、例退为备役者，则自应召起，给与退役俸。退役后仍在停役者，则自回役应召起，给与退役俸。

第七条　军官佐之久停除役、刑事除役、违召除役、失籍除役者，均不给与退役俸。

第八条　退役官佐有下列各款之一者，停给退役俸。

（一）本人身故者。

（二）备役期间停役者。

（三）除役后失籍者。

上第二款经核准回役时，则再自应召起，续给退役俸。

第九条　退役俸之请领及支付手续，其细则另定之。

第十条　本规则施行日期，另以命令定之。

附：甲等退役俸金额表、乙等退役俸金额表于后。

〔国民政府参谋本部档案〕

5．军委会审计处关于请送航空署改组为航空委员会时其所属机关编制表公函

（1935年9月25日）

请将前航空署呈请备案之各附属机关编制表旧卷检送过处由：

公函　案奉

交办航空委员会二十二年度、二十三年五月分各附属机关及

各航空站等经常费支付预算书一案。查二十三年五月，系该会由前航空署改组成立之初，其附属各机关编制，多沿航空署时期之旧。此项旧编制，本处无案可稽。相应函请贵处。将航空署呈请备案之各附属机关编制表旧卷，检送过处，以凭审核。一俟用毕，即行送还。此致

办公厅第一处

中华民国二十四年九月二十五日

附：航空署附属机关民国二十二年十二月分临时经常费预算表

航空署暨附属机关1933年12月分经费预算表

航空署暨附属机关中华民国二十二年十二月分经临费预算书提要表		
经常门		
处别	本月分预算数	备考
航空署经费	277,608.50	
航空学校经费		预算书另呈
航空第三队经费	17,339.00	
航空第四队经费	13,779.50	
空军轰炸第一队经费	19,726.00	
首都航空工厂经费	17,519.00	
南湖飞机修理厂经费	4,316.50	
航空署南京办事处经费	2,992.00	
航空署上海办事处经费	883.00	
东北航空人员经费	19,630.00	
航空署战术班经费	3,806.50	
航空署防空研究班经费	6,123.40	
高射炮班经费	10,267.50	
航空材料总库经费	1,653.50	
航空掩护大队经费	15,867.40	

(续表)

航空署暨附属机关中华民国二十二年十二月分经临费预算书提要表		
经常门		
处别	本月分预算数	备考
航空无线电信队经费	7,818.00	
南京陆机一等航空站经费	529.00	
苏州一等航空站经费	529.00	
南京大校场一等航空站经费	529.00	
武汉一等航空站经费	529.00	
龙华一等航空站经费	529.00	
襄阳一等航空站经费	529.00	
安庆一等航空站经费	529.00	
九江一等航空站经费	529.00	
洛阳一等航空站经费	529.00	
郑州一等航空站经费	529.00	
驻马店二等航空站经费	506.00	
保定二等航空站经费	506.00	
南苑二等航空站经费	506.00	
徐州二等航空站经费	506.00	
蚌埠二等航空站经费	506.00	
彰德二等航空站经费	506.00	
归德二等航空站经费	506.00	
石家庄二等航空站经费	506.00	
福州二等航空站经费	506.00	
长沙三等航空站经费	481.00	
济南三等航空站经费	481.00	
南昌三等航空站经费	481.00	
句容三等航空站经费	481.00	
清河三等航空站经费	481.00	
衡阳三等航空站经费	481.00	

（续表）

航空署暨附属机关中华民国二十二年十二月分经临费预算书提要表		
经常门		
处别	本月分预算数	备考
吉安三等航空站经费	531.00	
厦门三等航空站经费	481.00	
开封三等航空站经费	531.00	
镇海三等航空站经费	481.00	
永嘉三等航空站经费	481.00	
赣县三等航空站经费	481.00	
兰溪三等航空站经费	481.00	
长兴三等航空站经费	481.00	
广德三等航空站经费	481.00	
歙县三等航空站经费	481.00	
宁波三等航空站经费	481.00	
衢州三等航空站经费	481.00	
笕桥三等航空站经费	481.00	
樟树三等航空站经费	531.00	
虹桥飞行场管理所经费	461.00	
南京二等测候所经费	592.50	
汉口二等测候所经费	592.50	
掩护大队高射小炮第一连经费	1,738.29	
掩护大队高射小炮第二连经费	1,738.29	
掩护大队高射小炮第三连经费	1,738.29	
南昌航空站养场队经费	3,010.00	
合计	448,814.67	
临时门		
航空署战务费	80,000.00	
合计	80,000.00	

〔军事委员会档案〕

二、士兵征募法规

1. 兵役法原则①

（1929年7月）

第一条　中华民国本中国国民党政纲，对内政第七项“将现时募兵制度渐改为征兵制度”之决定，特定兵役法原则。

第二条　中华民国之男子，均有服兵役之义务；分现役、预备役、后备役、国民兵役四种。

甲　现役：在营训练。

乙　预备役：现役期满退伍在乡，平时定期应训练召集，战时听候动员召集。

丙　后备役：预备役期满者，任务与预备役同。

丁　国民兵役：凡男子在十八岁以上，四十五岁以下，曾服前各项兵役期满及未服各项兵役者，均为国民兵役。战时以临时召集令召集之，平时亦得施以训练。凡地方所办之保卫团，除适用国民兵役之规定外，并得按其素质及教育之程度，受与预备役、后备役同等之动员召集。

第三条　有下列各款情事之一者，对于兵役义务，得分别缓役或免役。

甲　缓役：

（一）现任学校教员者。

（二）现任学校肄业者。

（三）现任公务员者。

乙　免役：

---

① 1929年7月立法院通过。

（一）家无次丁者。

（二）有残废者。

（三）心神丧失或精神耗弱者。

第四条　全国按陆军之配置，划定若干师区；每师区内，按其所属步兵团数，划分团区（旅在师内不设区）；每团区设置团区司令部，隶属于师司令部，掌理下列事项：

甲　新兵征募事项。

乙　在乡军人之召集及管理事项。

丙　国民军事教育事项。

丁　其他属于动员准备之实施事项。

第五条　兵役事务，由军政部协同内政部办理之，各地方官署与自治机关，关于兵役事务，均有与师区、团区协同办理之责，其权限及事务，由内政部及军政部定之。

第六条　新兵之征募：

（一）步兵征募，以在本团区内为原则，本团区不足时，依师命令，于本师区内之他团区征募之。又在本师区内不足时，则依军政部之命令，于他师区征募之。师属各特种兵，在本师区内之各团区征募之。

（二）海军新兵，依行政区域，各在师区征募之。

（三）空军及陆军范围内之各特种兵，均依军政部之分配，在各师区内征募之。

第七条　新兵入营，以在每年十月为常则，其应募时，应具备下列各项，经检验合格者，方准入营：

（一）本区土著者。

（二）年龄在二十岁以上，二十五岁以下者。

（三）体格强壮，精神健全无疾病及不良嗜好者。

（四）未受刑事处分及未褫夺公权者。

（五）有确实之保证人者。

第八条　关于在乡军人之规定：

（一）军人除现服役者外，均称在乡军人。

（二）在乡军人，均受师区团区之管理。

（三）在乡军人之军籍，以所属区定之，但其现时不在所属区内者，则受所在区之管理。

（四）在乡军人住所居所之移徙，及十日以上之旅行，均须以其离开及到着，报告于所属区域、所在区或分管兵役事务之自治机关。

〔国民政府档案〕

2. 海军练兵招募简章①

（1929年10月）

第一条　海军练兵，依本简章所定考格，向沿海各省招募之。

第二条　考选海军练兵之期间、名额及地点，由部临时酌定，先期通知地方长官，并布告招贴，俾众周知。

第三条　考格：

甲　身家清白，不入外国籍者。

乙　年龄已满十六岁至十八岁，尚未完娶者。

丙　身体强壮，无暗疾，面不麻，目不近视，能办颜色者。

丁　粗识文字。

戊　身高英尺五尺四寸至六寸。

第四条　招募练兵，由部临时派海军军官一员、军士长、上士各一人，军医一人，前往各省考选。

第五条　招考人员，除依照第三条规定之考格办理外，所有投考各兵，应加以口齿爽利，精神灵敏为合格。

---

① 1929年10月　日海军部公布。

第六条　应募各兵考验合格后，须具志愿书、保证书，并取具确实保人盖章缴营。

第七条　凡投考各兵，经录取后，即在考选地点，听候派船载送赴营。

附：志愿书、保证书、履历箕斗表于后：

〔行政院档案〕

志愿书

立志愿书人　　年　　岁　　省　　县人因
海军招募练兵现愿投考入营学习上船工作一心为党国努力服从长官命令遵守
一切定章所具志愿书是实
中华民国　　年　　月　　日　　立志愿书人
现在住址
永远住址

保证书

立保证书人　　今保得　　自愿投入
海军充当练兵确系
中华民国国民身家清白并无嗜好服从党义遵守命令倘有私自逃走违反党国等
情弊均为保证人是问所具保证书是实
中华民国　　年　　月　　日　　保证人
现在住址
永远住址

招募海军练兵履历箕斗表

姓名	籍贯	年龄	父母存殁	兄弟人数	父或监护人职业姓名	住址

指纹	右 斗	左 箕

中华民国　　年　　月　　日　　父或监护人　　签名

3. 军政部公布修正陆军士兵进级条例令

（1934年11月22日）

军政部令　　　务字第107号

兹修正陆军士兵进级条例公布之。此令。中华民国二十三年十一月二十二日

部　长　何应钦

常务次长　曹浩森代

陆军士兵进级条例①

第一条　陆军士兵之进级，依本条例行之。

第二条　本条例所称之士兵，系指陆军士兵等级表各兵科及各业科之士兵而言。各技术及文书等士兵，除特有规定者外，亦依本条例行之。

第三条　士兵进级，除特别养成之军士外，概须循序递进，并依照编制所定各级名额补充。

第四条　新兵入伍，即充二等兵，于新兵教育完成后，择其成绩优良者，得依额进补为一等兵。

第五条　一等兵受初年教育完成后，其成绩优良者，得依额进补为上等兵。

第六条　一等兵、上等兵曾受有初等以上国民教育，并在队内受过候补军士教育，或在队外受过特别养成军士之教育，其成绩优良者，得依额进级下士。

第七条　下士实役满一年以上，并具有前条之资格，成绩优良者，得依额进级中士。

---

① 1934年11月22日军政部修正公布。1934年12月5日国民政府令准备案。

第八条　中士实役满一年以上，并具有第六条之资格，成绩优良者，得依额进级上士。

军士转移兵科时，其实役年资可连转科前同级之年资，合并计算。

第九条　各业科及技术文书等军士，按其业务性质，得适用下列资格之一，考验及格，不拘前第六、第七、第八各条之规定，补充为各级军士。

一、曾在普通初级中学以上毕业者。

二、曾在各种初级职业学校以上毕业者。

三、曾在各种职工训练或特业教育期满者。

四、具有相当技艺者。

第十条　军士进级，依品性学术能力、体格之成绩遴选之，其遴选范围如下：

一、上等兵补下士，以营（独立连）为单位。

二、下士补中士，以团（独立营）为单位。

三、中士补上士，以团（独立营）为单位。

四、各业科及技术文书等军士，以其所属为单位。

第十一条　各等兵之进级，于新兵教育及初年兵教育期满时，由连长调制成绩名册，按级呈请团长（独立营长）核准进补。

一等兵、上等兵进级下士时，依第六条之规定，由团长（独立营长）核准之。

第十二条　军士之进级，于每期教育期满时，由连长或其直隶长官，调制成绩名册，按级呈请师长（独立旅长）或该管独立单位长官核准进补。

第十三条　现役归休及正役续役之士兵，在召集服务中，如有成绩特优，确具胜任上阶技能者，得由该服务部队之长官依照第十一、第十二各条之手续，核予进级，并通知该管区司令官。

第十四条　战时著有战功，或特殊勋绩者，得不拘本条例之所限，依额酌予进级。

第十五条　本条例施行日期，另以命令定之。

〔国民政府参谋本部档案〕

4. 参谋本部转发国民政府公布陆海空军士兵等级表训令

（1935年1月14日）

参谋本部训令　　总（仁）字第17059号

令本部第一厅

案奉

国民政府本年一月十日第二六号令开：

查陆海空军士兵等级表，现经制定，明令公布，应即通饬施行，除分行外，合行抄发原表，令仰知照，并转饬所属，一体知照。等因。计抄发陆海空军士兵等级表一分。奉此。除分行外，合行抄附原表，令仰转饬所属，一体知照。

中华民国二十四年一月十四日

参谋总长　蒋中正

陆海空军士兵等级表①

（1935年1月10日）

陆军士兵等级表

级别 科别	军士			兵卒		
宪兵	上士	中士	下士	上等兵	一等兵	二等兵
步兵	上士	中士	下士	上等兵	一等兵	二等兵
骑兵	上士	中士	下士	上等兵	一等兵	二等兵
炮兵	上士	中士	下士	上等兵	一等兵	二等兵
工兵	上士	中士	下士	上等兵	一等兵	二等兵
通讯兵	上士	中士	下士	上等兵	一等兵	二等兵

① 1935年1月10日国民政府公布。

（续表）

陆军士兵等级表

级别 / 科别	军士			兵卒		
辎重兵	上士	中士	下士	上等兵	一等兵	二等兵
军需	上士	中士	下士			
军医	上士	中士	下士	上等兵	一等兵	二等兵
兽医	上士	中士	下士			
测量	上士	中士	下士			
军乐	上士	中士	下士	上等兵	一等兵	二等兵

附记

一、各兵科军士兵卒级内含有军械、铁工、鞍工、缝工、靴工（工长工匠）及文书军士。

二、炮兵科军士内含有火工军士。

三、工兵科军士内含有木工、电气、机械军士。

四、军医科军士为看护及磨工军士、军医兵卒为看护兵。

五、兽医科军士为掌工军士。

海军士兵等级表

级别 / 科别	军士				兵卒			
兵科	上士	中士	下士	一等兵	二等兵	三等兵	一等练兵	二等练兵
轮机	上士	中士	下士	一等兵	二等兵	三等兵	一等练兵	二等练兵
造械	上士	中士	下士	一等兵	二等兵	三等兵		
造舰	上士	中士	下士	一等兵	二等兵	三等兵		
军需	上士	中士	下士	一等兵	二等兵	三等兵		
军医	上士	中士	下士	一等兵	二等兵	三等兵		
通讯	上士	中士	下士	一等兵	二等兵	三等兵	一等练兵	二等练兵
军乐	上士	中士	下士	一等兵	二等兵	三等兵	一等练兵	二等练兵

（续表）

海军士兵等级表

级别 科别	军士	兵卒
附记	一、海军军士长(少尉级),副军士长(准尉级)均按照各科冠以职称。 二、海军士兵所属各科如下：①兵科：帆缆、枪炮、鱼雷、水雷等属之。②轮机科：轮机、电机、雷机、炉工、铜工、机工等属之。③造械科：修械属之。④造舰科：船匠漆工等属之。⑤军需科：簿记轮机簿记属之。⑥军医科：司药、看护等属之。⑦通讯科：电信、信号属之。⑧军乐科：军乐、司号等属之。 三、技术士兵及军属士兵不列科,其等级比照表内所规定。 四、海军航空比照空军士兵等级办理。	

空军士兵等级表

级别 科别						
机械	一等军士	二等军士	三等军士	上等兵	一等兵	二等兵
通讯	一等军士	二等军士	三等军士	上等兵	一等兵	二等兵
摄影	一等军士	二等军士	三等军士	上等兵	一等兵	二等兵
测候	一等军士	二等军士	三等军士	上等兵	一等兵	二等兵
军医	上士	中士	下士	上等兵	一等兵	二等兵
军需	上士	中士	下士			
附记	一、机械、通讯、摄影、测候军士分一二三等，其余军士分上中下三级。 二、兵卒分上等兵、一等兵、二等兵。 三、机械包括军械士兵、电气士兵,每等各分三级。 四、通讯包括信号兵。 五、关于文书、传达、特务、军乐等,比照陆军士兵办理。					

〔国民政府参谋本部档案〕

5. 陆军新兵征募暂行办法①

（1935年2月　日）

第一章　总则

第一条　陆军新兵征募事务，在兵役法未实施以前，暂由各省保安团管区，依本办法行之。

第二条　陆军新兵征募，以年满二十至二十五岁自愿服役之壮丁充之，不足则以抽签法行之。

第三条　征募新兵，于每年十一月间行之，但必要时由军事委员会命令，得临时征募。

第四条　关于壮丁调查、免役、缓役、抽签及自愿服役等事项，参照保安团队征集实施规则办理之。

第二章　征募准备

第五条　各部队（包括要塞防备军事学校教导练习队等）按照本年应补充之缺额计算所需新兵人数，于每年八月底以前列表（附式一）报告于军政部，以凭分别核定征募补充。

第六条　军政部据各部队之报告，统计本年应征募新兵人数，并根据各省保安司令报送之壮丁人名表，斟酌情形，将各省应征募人数及分配补充部队呈请军事委员会核夺。

第七条　军政部所拟征募人数及分配部队补充缺额核准后，于九月三十日以前，分别行知各省保安司令，并令知各部队。

第八条　各省保安司令，接到军政部通知，应将额数分配各团管区，转行分配各征集区，准备征募事务。

第九条　各部队新兵征募，每年以同在一地为原则。

第十条　决定抽签人数，应按照所需新兵名额增加三成乃至

---

① 1935年2月　日军事委员会修正函请行政院公布文稿。

五成之预备数，壮丁抽签，与保安团队每年秋季抽签同时分别举行，应于十月底以前办理完竣。

第三章 征募实施

第十一条 各部队奉到军政部核准补充命令后，即派相当军官军医及士兵于十月十五日以前，向指定之省保安司令接洽，并由各团管区及征集区协同办理之。

第十二条 征募实施时，先行新兵检查，每征集区应适宜设立数个检查所，依次施行。

第十三条 新兵检查，于十一月上旬开始，检查时即行新兵之选定。

第十四条 新兵体格检查及选定，照陆军新兵检查暂行规则、陆军新兵选定暂行规则施行。

第十五条 各征集区应将检查所设立地点、检查日期，于检查前相当时间，通知乡镇村长，并布告周知。

第十六条 各征集区应将各处抽签名簿，送交检查所，以备施行检查时唱点之用。

第十七条 各检查所如检查合格之壮丁，超过定额时，除本次应征募额数外，余按抽签名簿最后姓名、号数、次序作为备补兵，各该部队临时缺额有补充之必要时，得由各部队长呈请军政部转行该省保安司令转饬团管区令各征集区，依名簿备补兵之名次饬令入营，但备补期限，至次年十月，壮丁抽签前消除之。

第十八条 新兵检查合格者，填给新兵合格证书（附式二），依规定日期及场所持证报到，如检查后即行集合，可不填给。

第十九条 新兵检查合格后，由检查所缮造新兵花名册（附式三）二分，以一分存原藉征集区，一分交付与新兵补充之部队。

第四章 新兵输送及入营

第二十条 各部队新兵，得酌量分批运送，但须于十二月一日以前完全入营。

第二十一条　新兵运送时，于各本管区适宜地点集合，即由各部队所派人员率领入营。

第二十二条　新兵运送所需轮船火车，按照军运条例办理。

第二十三条　新兵分配补充后，各部队长官，应造具新兵征募报告表(附式四)呈报军政部备查。

第五章　征募经费

第二十四条　各部队奉到军政部核准补充命令后，所需征募费用，应先造具新兵征募预算书，呈候核发，本期征募完毕，再造具计算书，呈请核销。

第二十五条　征募经费，分新兵伙食、旅费、运输、公杂费等，除伙食照下条规定外，余由各部队长斟酌规定，呈军政部核准办理。

第二十六条　新兵伙食，在集合后及未入伍前，每日每人给予大洋二角五分，入伍后照章起饷。

第二十七条　各团管区及征集区所派之人员，应需费用，由本管区支给之。

第六章　附则

第二十八条　违反本规则之规定者其罚则另订之。

第二十九条　本办法自二十四年二月　日施行。

〔附表式略〕

〔行政院档案〕

6. 兵　役　法①

(1935年3月2日)

第一条　中华民国男子服兵役之义务，依本法之规定。

---

① 1933年6月17日国民政府公布，1935年3月2日修正，1936年3月1日施行。

第二条　兵役分下列二种：

（一）国民兵役。

（二）常备兵役。

第三条　男子年满十八岁至四十五岁，在不服本法所定之常备兵役时，服国民兵役，平时受规定之军事教育，战时以国民政府之命令征集之。

第四条　常备兵役，分为现役、正役、续役。

平时征集年满二十岁至二十五岁之男子，经检定合格者，入营服现役，为期三年，除上等兵及各种特业兵外，均满二年归休。辎重运输兵满半年得归休。正役以现役期满退伍者充之，为期六年，平时在乡应赴规定之演习，战时动员召集回营。续役以正役期满者充之，其役期自转役之日起，至满四十岁止，任务与正役同。

常备兵在地方自治未完成之区域，得就年龄合格、志愿服兵役之男子募充之。

第五条　常备各役，在战时得延长其服役期限。

第六条　关于兵役事务及在乡军人各种事项，由军政部、内政部协同管理之。

第七条　关于国民政府军事教育事项，由训练总监部、教育部协同管理之。

第八条　为前二条各项事务之准备及实施，应就全国地方划定师区、团区，于区内设置必要机关，掌理其事。

各地方官署及自治机关，对于前项所载各事项，有依法令协助办理之责。

第九条　下列各事项，由主管官署规定之：

（一）常备兵之征募与退伍及回营事项。

（二）常备兵之服役事项。

（三）征募兵之检查事项。

（四）国民军事教育事项。

（五）国民兵战时征集之准备实施，及服役之规定事项。

（六）在乡军人之管理及召集事项。

（七）关于师区团区之事项。

第十条　国民兵役及常备兵役之免役、缓役事项，另定之。

第十一条　关于海军之兵役，另定之。

第十二条　本法施行日期，以命令定之。

〔国民政府档案〕

三、宪警保安组织法规

1. 宪兵条例①

（1932年8月20日）

第一条　宪兵隶属于军政部，受军政部长之管辖，主掌军事警察兼掌行政警察、司法警察，并其他各院、部、省、市政府指定之事项。

第二条　宪兵关于职务之执行，凡属于军事警察者，受军政部长、海军部长之指挥。属于行政于行政警察者，受内政部长之指挥。属于司法警察者，受司法行政部长之指挥。属于其他各院、部、省、市政府指定之事项，受各该主管院、部、省、市政府之指挥。

第三条　配置于各师管区、各政治区、各警察绥靖区及服其他特种勤务者，关于职务之执行，受各该主管长官之指挥。

第四条　宪兵服务，除适用陆军各法规外，遇有关于行政警察、司法警察案件，另有警察法令及刑事诉讼法之规定者，应依照各规定受警察厅长、法院检察官、县长及公安局长等之指示。

---

① 1929年8月军政部公布宪兵条例暂行条例。1932年8月20日改订宪兵条例，由国民政府公布施行。

第五条　宪兵于职务上，遇有正当职权者或地方官请求协助时，应立即如请协助。倘遇骚扰或突生事变，并应不待请求，相机处置之。

第六条　宪兵按其性质及所负使命，并服务地方之情形，得分别配给必要之武器及装具，其种类名称，由宪兵司令，拟呈军政部长定之。

第七条　宪兵执行职务时，非遇有下列情形之一者，不得使用武器。

（一）受暴行而认有迫害之虞时。

（二）群众暴动，非用武器不能镇压时。

（三）因防卫驻守之土地屋宇或人之生命财产迫不得已，非用武器不能抵抗时。

（四）对于要犯逃走，非用武器不能制止时。

第八条　首都设置宪兵司令部，各省（市）得酌量情形，呈准设置宪兵区司令部。

各省（市）宪兵区司令部，冠以该省（市）名称，以资区别。

第九条　各师管区、各政治区、各警备绥靖区以及各军港、要塞、铁道、国境等宪兵部队之配置，由军政部长定之。

第十条　宪兵司令部设总务、警务、军械、军需、军医五处。

第十一条　宪兵司令部设司令一人，副司令一人，参谋长、秘书各一人。

第十二条　各处设处长一人，处员、军需、军医、技士、书记、司书各若干人。

第十三条　宪兵司令统辖全国宪兵部队，综理司令部事务，副司令辅助司令处理宪兵部及司令部事务。

第十四条　宪兵司令对于所辖宪兵诸部队之军纪、风纪教育、训练及服行职务，有随时督率进行之责。

第十五条　参谋长承宪兵司令之命，副司令之指示，筹划各宪兵部队及司令部事务。秘书承长官之命办理司令部机要文电事务。

第十六条　各处处长承司令、副司令之命，掌理各该处事务。

第十七条　处员、军需、军医、技士、书记、司书，各承长官之命令，分处各处所属事务。

第十八条　各省(市)宪兵区司令之组织及人员，于呈准设置时另定之。

第十九条　宪兵各部队之编制，另定之。

第二十条　宪兵各种服务规则，由宪兵司令部拟呈军政部长核定之。

第二十一条　本令自二十一年八月二十日公布施行。

〔国民政府参谋本部档案〕

2. 宪兵服务规程①

(1932年9月4日)

第一条　本规程所称宪兵，包括宪兵司令部所辖之宪兵官佐士兵而言。

第二条　宪兵司令部以下各官佐士兵之执行职务，除宪兵令及陆军各法规规定者外，依本规程行之。

第三条　宪兵司令部办事细则，宪兵各团(独立营)报告规则，并其他必要之规则，由宪兵司令部核定之。

第四条　宪兵司令部各处掌管之事务如下：

(一)总务处：掌管关于军令法规，动员作战、剿匪，编配调遣，检阅报告，运输交通，惩奖教育及一切人事庶务车辆事项。

(二)警务处：掌管关于军事警察，普通行政、司法警察，军事

---

① 1932年9月4日军政部公布。

高等警察，政治警察，外事警察，司法案件讯问勘验及出版物、电影、演剧并民众娱乐场所取缔等事项。

（三）军械处：掌管关于兵器弹药器具及通讯材料事项。

（四）军需处：掌管关于会计、粮服及营缮等事项。

（五）军医处：掌管关于人马卫生诊疗及卫生材料整理保管等事项。

第五条　宪兵司令部各处事务，得视其性质分课，以专责成。

第六条　宪兵司令部、宪兵团（独立营）长，得以命令召致所部官长。

第七条　宪兵司令部对于所部，得随时互调服务及奖惩升降或撤换，但应专案或汇报军政部长查核。

第八条　宪兵司令部得变更所辖部队之配置，但应呈报军政部长或通报关系各部长、各政治区、师管区长官查核。

第九条　宪兵团（独立营）长，有直接指挥监督所部各营（连），维持军纪风纪规定，教育训练及服行勤务之方法，管理内务，经理卫生，按照报告规程，报告宪兵司令部。

第十条　宪兵团（独立营）长，应区划本团（营）、各营（连）之常时巡查区域，呈报宪兵司令查核备案，其区域有变更时亦同。

前项常时巡查区域各团（独立营）间，应互相通报，以期密切连络。

第十一条　宪兵司令部各处长与宪兵各团（独立营）长间，关于公务事件，遇有必要，得先行直接函商，复呈司令核准。各处长于职务上认有必要时，并得呈准宪兵司令，随时巡视各团（独立营），检查关于本管职务上之事项。

第十二条　宪兵团（独立营）长，除随时巡察所管区域内状况外，每年至少举行全团（营）细密检阅一次，以觇军纪风纪、内务经理、卫生教育训练及服务之进度，专案呈报宪兵司令部查核。

第十三条　宪兵营长（除独立营）承所属团长之命，指挥监督所部各连，维持军纪风纪，担任教育训练，观察勤务状况及内务经理卫生之管理方法，是否适当并处理营本部事务。

第十四条　宪兵连（包括独立营各连）长为宪兵服务之中心机关，承所属团（独立营）长之命，维持本连军纪风纪，担任教育训练，管理内务卫生，支配勤务并自服各项警务。

第十五条　宪兵连（包括独立营各连）长，每晨应集合本连士兵检查服装，检查后，通常即授予勤务并训示必要之注意事项。

第十六条　宪兵排长及军士、上等兵，为宪兵服务之实际活动机关，各承其所属官长之命，努力服行勤务。

第十七条　宪兵各部队服内部勤务之官佐、军属、士兵及工长、工匠等，各承其所属官长之命服务。

第十八条　宪兵须不断努力警察有影响于国家国军之成立、安宁、秩序、纪律等之事项。

第十九条　宪兵须不断努力查察青年壮丁之思想言动状况。

第二十条　宪兵不论是否在服务时间，遇有水火灾害或其他重大事故发生，应立即驰赴出事地点，为救援人命，保护财产，防止骚乱等必要之处置。

第二十一条　宪兵执行职务，无昼夜之别，但服营务之士兵，其出勤时间，每一昼夜概以十小时为标准。

第二十二条　宪兵除服特别勤务或所属上官有命令时，得着便衣服务外，应一律着用制服。

宪兵服行勤务时，通常携带下列各款物品：

一　手枪连实弹。

二　勤务手簿。

三　捕绳。

四　警笛。

五　绷带包。

六　名片。

但上等兵服务遇所属上级有命令时，得酌免数种特务宪兵便服行使职务，除应携带特务证章外，遇所属上级有命令时，得酌带上列各品中之数种。宪兵服夜间勤务时，如得所属长官之准许，得携带手电灯火。

第二十三条　宪兵之报告通报如下：

一　宪兵于勤务终了后，不论有无事故，均须报告所属上官。

二　宪兵在服务间，遇有紧急事故，先用电话或其他方法急报大概情形，然后详查真相，缮具正式报告。

三　宪兵服务间，遇有下列事件，除报告所属上官外，并须径行报告宪兵司令。

（1）国民政府各部院会及重要衙署等处发生灾害或有足以发生灾害之虞时。

（2）陆海空军之建筑物用地等处发生灾害时。

（3）关系军队及军人军属之重大事件。

（4）其他凡足以引起社会注目之一切重大事件。

四　宪兵视察军人军属认有违律行为或足发生违律行为之虞，对同级以下者，立时纠正之；对上级者注意其所为之发展情形，询明姓名官职队号，报告所属长官核办；对于征兵制度施行后之在乡军人，查有违律行为时，得报告其原籍之师管区长官。

五　宪兵连长以上官长对于现役军人之违律行为，得以书面或口头通报其所属长官。

六　征兵制度施行后，宪兵查察青年壮丁及在乡军人之思想言动状况，应报告各该本人原籍之师管区长官。

七　宪兵查察地方状况，如遇认有必要之事项，应即通报当地卫戍司令或警备司令。

八　宪兵使用兵器后，本人之报告书中，应加附所属团（独立营）营（连）连长之意见书，报告宪兵司令。

第二十四条　宪兵服务中，除特别时机外，须按照陆军礼节敬礼。

第二十五条　宪兵服务时，不得吸烟饮酒、买食零物，阅看书报或与人酬酢闲谈嬉笑。

第二十六条　宪兵对于职务上应守秘密之事项，不得泄漏。

第二十七条　宪兵于职务上之行为，不得受人报酬或嘱托。

第二十八条　宪兵职务上之行为，不受任何人干涉，但确认为非法时，陆军中级以上之官长，得加以纠正或通知其所属长官办理。

第二十九条　宪兵于雨雪中服行勤务，得着用雨衣，但非经所属上官许可，不得覆戴雨兜。

第三十条　宪兵执行普通行政警察事务，大别为下列四项：

一　防护一般民众之危害。

二　视察一般民众，对于一切法令是否了解遵奉。

三　保护社会一般之健康。

四　警防一切政治犯罪。

第三十一条　宪兵执行行政警察事务之际，设遇牵涉司法警察范围内之事件，应依刑事诉讼法之规定，另照司法警察手续办理，不得牵混。

第三十二条　宪兵执行行政警察事务之际，如警察专任官吏到场时，应斟酌情形，会同办理，如无会同办理之必要，应即将此项处置移交该官吏，不得争执。

第三十三条　宪兵各部队应置值日或值星人员服行各项勤务，其规则由宪兵司令部定之。

第三十四条　宪兵团（独立营）本部，得设置拘留所，其规则另定之。

第三十五条　宪兵分驻一地方，其人数不足一连者，本规程第十四、第十五、第二十三、第三十三各条之规定，该分驻最高级资深者准用之。

第三十六条　本规程自公布之日施行。

〔行政院档案〕

3. 参谋本部转发军委会修正保安处暂行组织条例函

(1933年2月9日)

迳启者：奉交下　军事委员会第三七六号公函乙件。为各省保安处组织条例自施行以来，内容颇多未备，兹经本会修正，检送一份，即希查照由。附修正保安处组织条例一份。除遵谕通传本部各厅局室组知照外，相应将该项条例照抄一份，送请贵厅查收备考，为荷。此致本部第一厅

附：抄送修正保安处组织条例一份。

参谋本部总务厅启

二.九.

修正保安处暂行组织条例

一、为掌理全省保安及军事行政，特设省保安处及区保安分处。

二、省保安处受军事委员会之命令，直属于省政府。其有关于下列中央各部事务，则受各该部之命令。

内政部

军政部

训练总监部

参谋本部

三、省保安处之职权如下：

1. 统辖全省保安部队。
2. 指挥编练全省之地方保卫团。
3. 关于维持治安，有指挥省内水陆警察之权，并得监督指导其训练。

4．办理省内征募、召集、退役等事宜。

四、为使省保安处易于实行其职权起见，于省内划分若干保安区，设置保安分处分掌其事。

五、保安分处直属于省保安处，除对于本区内之保安队与地方团警有与省保安处同等之职权外，兼任区内小学校以上各年级学生之体操练与操法之规定。

六、省保安处与保安分处之组织系统如下：

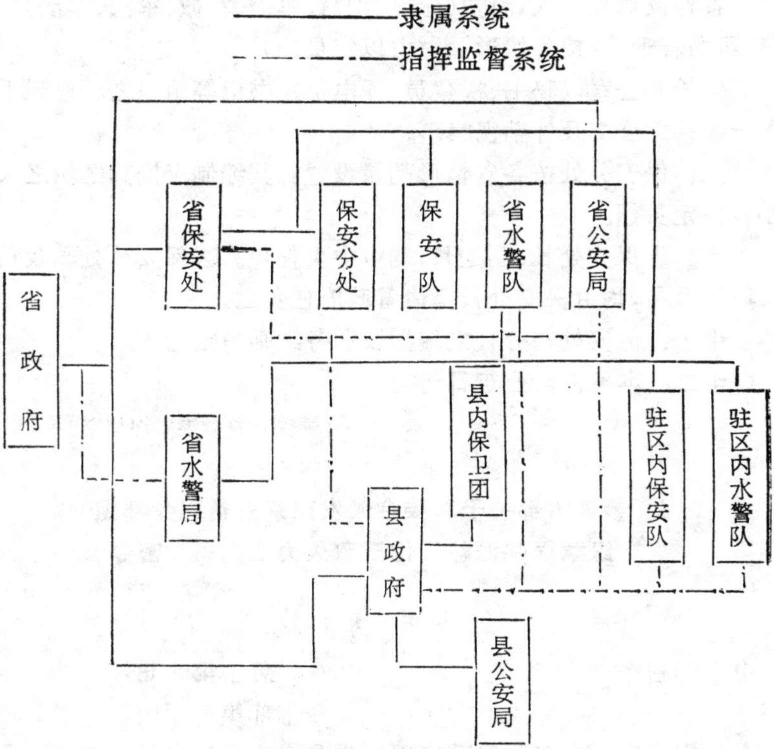

七、省保安处设处长一人，副处长一人，参谋长一人，或副处长两人之中指定一人兼任参谋长业务。

八、省保安处下设五科，其职掌如下：

第一科：关于编制、绥靖、教育、校阅、训练、征募、补充、退役、人事、恤赏等事宜。

第二科：关于本处庶务、会计、交际、交通等事宜。

第三科：关于经理、军需、军械事宜。

第四科：关于军法及审理全省盗匪案件事宜。

第五科：关于卫生、行政、治疗(附设医务所)事宜。

各科设科长一人，科员(参谋、副官、军需、军械、军医、军法)书记、司书若干人(按各情形及财力以定员额)。

处长办公室以秘书、视察员、译电员、书记等组织之。办理不属于各科之公文及外勤视察事。

九、保安分处按各省情形酌量设置，其编制应按其区域之大小以决定员额。

十、省保安处长，副处长，均由中央任免。区保安分处长及科长以下人员，均由保安处长呈请省政府任免之。

十一、保安处与分处之编制及服务细则另定之。

十二、本条例自公布日施行。

〔国民政府参谋本部档案〕

4. 参谋本部关于军委会颁发南京警备司令部组织章程并派谷正伦王敬久为正副司令密令

(1933年3月18日)

参谋本部密令　　　　总字第9058号

令本部第一厅

为密令事：案奉国民政府军事委员会密令战字第一三九一号开：查关于警备首都，业经密派谷正伦、王敬久二员分任正副司令，并颁发南京警备计划，以利业务进行各在案。兹另订南京警备司令部组织章程，随令颁发，合行令仰该部，即便查照。至该司令部经费，着查照上年成例，每月以三千五百元为限，此令。等因。附发南京警备司令部组织章程一份。奉此。除分令外，合行抄发原附件，令仰知照。此令。

中华民国二十二年三月十八日

参谋总长　蒋中正

附发：南京警备司令部组织章程一份

南京警备司令部组织章程

第一条　本会为维持首都治安，警备非常事变起见，设置南京警备司令部。

第二条　南京警备司令部，直隶于军事委员会，并受军政部之监督。

第三条　警备司令部警备区域，以南京市附近为限(如附图)，于必要时得依军委会之命令扩大之。

第四条　警备司令部关于警备事宜，有指挥南京市附近一切驻屯军、警、空、海、要塞及各机关卫队、各军校员生队等之权。于必要时，依军委会之命令，得统制区内资源。

第五条　警备司令部执行警备业务，应遵照本会颁发南京警备计划施行之。

第六条　各部军队、舰艇、飞机通过或一时滞留本警备区域者，须遵守各项警备规则，并将其目的与发着地及滞留时期，通过警备司令部备查。

第七条　警备司令部设司令、副司令、参谋长各一员，高级参谋八员至十员。

第八条　警备司令部因职务之分配，得设下列各处：

（一）参谋处。

（二）副官处。

（三）炮兵指挥处。

（四）工兵处。

（五）防空处。

（六）军需处。

（七）军医处。

（八）军法处。

前项各处，各设主任一员，各处职员员额，另表定之。

第九条　警备司令部所有司令以下各级人员，均由军委会密派京内各军事机关及部队现任职员兼充，于必要时得呈经军委会批准遴委之。至雇员得由司令委任，呈会查核。

第十条　警备司令部得设船舶、火车、汽车、要隘邮电各检查员。

第十一条　京市警备任务终了时，由军事委员会酌情撤销之。

第十二条　警备司令部办事通则及各处办事细则另定之。

第十三条　本章程如有未尽事宜，得随时修正之。

第十四条　本章程由军事委员会密令日起施行。

〔国民政府参谋本部档案〕

南京警备司令部编制表　民国二十二年三月军委会颁布

区分／职别	官佐 阶级	官佐 员额	士兵 阶级	士兵 名额	乘马	备考
司令	上(中)将	1			2	
副司令	中将	1			2	
参谋长	少(中)将	1			1	
高级参谋	少将	5			5	由机关派员兼充并分任连络。
	上校	5			5	

(续表)

职别 \ 区分		官佐 阶级	官佐 员额	士兵 阶级	士兵 名额	乘马	备考
参谋处	主任	上校(少将)	1			1	
	参谋	上校	1			1	主任作战
		中(上)校	4			4	以资深者二员主任
		少校	2			2	情报后方
	服务员	上尉	3			3	
	译电员	中尉	1				
		少尉	2				
	书记	上(中)尉	2				
	司书	准尉	3				
副官处	主任	上校	1			1	主任一般副官
	副官	中校	3			3	勤务及交通
		少校	2			2	
		上(中)尉	6			6	
	书记	中尉	1				
	司书	准尉	2				
	司号长	少尉	1				
	传达班 班长			上士	1		
	传达班 军士			中 下 士	1 2		
	传达班 传达兵			上 一 等兵	8 8		

（续表）

职别 \ 区分		官佐 阶级	官佐 员额	士兵 阶级	士兵 名额	乘马	备考
军需处	主任	中校	1				主任经理事务及统制资源
	军需	少校	2				
		上尉	3				
	书记	中尉	1				
	司书	准尉	3				
	军需军士			上士	1		
				中士	2		
军医处	主任	中(上)校	1				主任卫生勤务及防毒
	军医	少(中)校	1				
		上尉	1				
	兽医	上尉	1				
	司药	中尉	1				
	书记	中尉	1				
	司书	准尉	1				
	看护军士			中士	2		
	看护兵			上等兵	4		
军法处	主任	少校	1				
	军法官	上尉	1				

（续表）

区分 职别		官佐		士兵		乘马	备考
		阶级	员额	阶级	名额		
军法处	书记	中尉	1				
	司书	准尉	1				
炮兵指挥处	指挥						
	处员						
	副官						
	军械员						
	火工长						
	书记						
	司书						
防空处	主任						
	处员						
	司书						
工兵处	主任						
	处员						
	器材管理员						
	司书						
卫士				中士	5		

（续表）

区分 职别	官佐		士兵		乘马	备考
	阶级	员额	阶级	名额		
炊事士兵			中士	1		
			上(一)二等兵	12		
饲养士兵			中士	1		
			上(一)二等兵	12		
总计		六九		60	38	

附记

一、炮兵、工兵、防空各处或暂不设其业务，由参谋办理之。

二、除雇员外，概为兼任，不另支薪。

三、备载重汽车四——六，为搬运补给之用。又为传达紧急命令等之用，可备机器脚踏车四，脚踏车八。

四、表列员额在不需要时，不必补足。

五、勤务士兵，由宪兵特务营抽调之。

六、乘用汽车，于该司令部月费内，由该司令酌情备置。

5．军委会南昌行营关于拟订各省保安制度改进大纲致行政院公函

（1934年7月22日）

国民政府军事委员会委员长南昌行营公函　治字第9699号

迳启者：查各省保安团队，必须改造完善，务使平时能执行宪兵警察之职务，以保卫地方之治安；战时即为国家之征兵，并成御侮卫国之劲旅。此自本委员长前年奉命督师豫、鄂、皖三省及去岁移驻江西剿匪以来，业已三令五申，并经于三省总部颁行剿匪区内

各省民团整理条例，详立体制，首将豫、鄂、皖三省内各县一切民众自卫之组织，实行整理。改正其名称，划一其编制，严定其统率，确定其饷源，检定其枪支，甄汰其分子，先使各县紊乱不堪、实质窳败之团队，开一事实求是、逐步改进之途径，并经限期责以进度，分区派员点验，以期各县同步共趋，一致改善。

诚以向日各地方团队，其最大弊害，厥为一县之内，各区各乡，自为主宰，甚至一村一姓，据为私有，编制参差，勒索无度，完全为一种零碎分割之状态，把持于少数土豪劣绅之掌握。官吏被其胁持，民众为所压迫，不惟无益，适成祸胎，语其腐败情形，直如一团棼丝，如欲爬梳其条理，自非先从各县分别统一整理不为功，所有详细办法，具见民团整理条例及三省总部颁发该条例时之训令中，实施以来，在三省各县之保安团队，渐能革除过去之种种积弊，举凡编制、训练、调遣、人事、经理诸端，亦皆逐渐统一于县，并有进而至于一行政督察区内所辖之各县，亦渐能获相当整个之运用，实已显有成绩。惟是此项整理，仅系初步工作之完成，果欲实现征兵基础之目的，则必竿头再进，应使各省所有团队，均以达到统由国家管理，乃符最高之原则。故凡团队既能统一于县者，更应进而统一于行政督察区，再进而统一于省。且不独各剿匪省区为然，即其他毗连剿匪省区及安全省区，亦均应依此程序，努力共进，以遏灭乱萌，而增进国力。是以本委员长乃于本年六月在南昌召集豫、鄂、湘、赣、皖、苏、浙、闽八省保安会议，检讨各省保安事业之内容及其进度之情况，除豫、鄂、皖三省办法一律之外，余如湖南、江西、浙江等省办理均极努力，尤以湖南全省保安团队皆直辖于全省保安司令部，其团体统一之阶段，比较其他各省进步最速。其次，浙江规定于每年农隙训练壮丁六万；湖北拟定以保安团每年抽出三分之一，不担〔任〕寻常任务，使之专负轮流训练各地壮丁队之责，尤能深含运用征兵制度之意，办法亦极可取。

爰复根据各省保安团队当前之事实，酌采各省办理保安事业人员之建议，订定各省保安制度改进大纲，俾各省所有保安事业，无论现时在何阶段，皆可分别情形，依此大纲，逐步改进，共达同一最高之目的。综其要旨：一曰名称之统一。查现时各省保安机关，有称为全省保安处者，有称为全省保安司令者；省以下一级，有分区设立保安分处者，有分区设立保安司部者令，分处长、副分处长，区保安司令、区保安副司令，名式互异，甚形参差。而县之一级，则又有总团部、总队部、大队部种种名目之不同。且部队名称，其已改称保安部队者固多，亦有仍称保卫团者，五光十色，令人目眩。循名核实，为使保安队兵别于旧时为人鄙视之团丁，而得比于正式军队，提高其地位，以增加其上下官兵自信心与责任心起见，实有完全划一之必要。故本大纲自省以逮，各行政督察区暨各县之保安机关及其长官之称与部队之番号，概行分别详加规定，以期整齐一律。

二曰步骤之促进。即依前述之要旨，第一步先从各县团队之统一办理始。凡各省中如有尚未达此阶段之县，应即依此切实遵行，速谋统一；第二步则凡各县既已完全统一者，应即将所有团队一切编制、教育、调遣、经理、人事完全集中于行政督察区或省下分区设立之保安机关，藉期全区团队之实力及各县给养团队之能力，均得酌剂盈虚，充分运用，使民困克纾，而实力益厚；第三步区既统一，则更进而由省集中管理，由区分防使用；第四步则一省既已完全统一，应即进而由国家管理，由地方使用。在各该省内划定若干团管区，抽调区内壮丁更番训练，更番退役，俾由小规模之抽丁制，过渡而达大规模之征兵制，确立师管区之制度，以为我国根本改造陆军之基础，如此循阶递升，实为本大纲全部精义所在。其中所以对于团队一切编制、教育、经理、人事以及武器、弹药、装具、被服等项，皆注重于省与区两级之统一办理，并必由省主席兼任全省保安司令而归军委会直接管辖者，要皆以此为鹄也。

三曰训练之整齐。查各省对于团队干部人才之养成，虽各知注重，顾究其方法，或则特设干部训练所或教导大队，或则抽送军校或使附入军队教导总队，科目既不一致，程度亦判高低，遂不免精神参差，各成风气。今欲使实现征兵制度之基础，则不仅校官尉官之训练，必须绝对统一，即团队士兵之训练，亦应有整齐划一之办法。故本大纲对于政治与军事训练之科目，及校官尉官士兵训练之机关，胥为严格规定。且本“寓教于军”之旨，无论官佐士兵之训练，均定以公民常识、新生活运动纲要、新生活须知、军人千字课、警察服务须知、宪兵服务须知为最要之课目，从而推行识字运动，训以做人道理，并因以引起其国家观念民族精神，及灌输其为地方服务之常识，由是厉行，不数年间，各省更番编入保安团队之壮丁，不惟已尽受必要之军事教育，且亦完成相当之国民教育，自可进为良兵基础，退为良民之模范。

四曰经费之统一。关于保安团队经费之经理，应与其他编练指挥诸事，由县统一进而区统一与省统一。在前述第二项中，业已连带阐明其意义。盖向日各县地方自由办团自由抽捐，民众之负担无穷，而确实用于团队者有限，往往征收之数与实际支销之数相差累倍。即如湖北一省而言，在未经整理以前，每年消耗之团队经费，约计一千五百余万元。自前年三省总部颁行整理民团条例之后，规定一切饷款必须由县统收统支，于是去年湖北全省团费，统计每月不过约为四十万元，比较曩日民众方面，业已减轻三分之二以上之负担。然如只以各县为单位，则土地之肥瘠，物产之丰富，人民之贫富，税收之多寡，匪情之轻重，各县彼此不同，经费筹措仍复难免困难，缓急支配，亦复未易调剂合理，故本大纲规定各县保安团队统一于督察区时，即由各区设置区保安经费经理处及区保安经费稽核委员会，凡各县原有保安团队经费之收解及发放，暨其装具弹药一切之配备，必须由区统筹办理。其由区进而统一于省时亦如之。务期一区或一省内之团队经费，无论收入与支出，均得酌盈剂虚，适合经济之运用，自不难较之由县统收统支，益奏核实节约之宏效。一切就地自筹不合法令之苛细征收，亦自可切实废除，以减轻民众之担负。

综上四端，皆为本大纲根本意义所在，亦即整理各省保安团队步步迈进，达成征兵制度之关键。各省当局果能认真推行，事实求是，则全国壮丁，胥可于若干年内普受严格之训练，蔚成国民军事化与纪律化之风气，挽救国家当前之危难，争取民族永久之生存，皆必以是为先务之急。除已由南昌行营颁发此项各省保安制度改进大纲，并分令苏、浙、豫、鄂、皖、赣、闽、湘、甘、陕各省省政府主席，及各省行政督察专员，务循此旨，分别所属保安团队现达之阶段，依照本大纲规定办法，努力推进。其自省以下各级保安机关及部队之名称，如有与本大纲规定抵触不符者，即一律查照本大纲第二章各条之规定，即行分别改正，并限于二十三年度以内，必须达到全部统一于省之阶段，即或格于情势，不能完全实行，最低限度，亦必达到全部分别统一于区，一部份如编制、教育、经理等项统一于省，限期成功，不容因循，并另陈报中央政治会议备案外，所有拟订此项各省保安制度改进大纲颁行各省遵办各情形，相应详述，连同此项大纲原文，一并函达，即希贵院查照为荷。此致
行政院院长汪

计送各省保安制度改进大纲、附表一件。

委员长　蒋中正

中华民国二十三年七月廿二日

各省保安制度改进大纲

第一章　总则

第一条　国民政府军事委员会为改善各省保安制度，俾能执行宪兵警察职务，以保卫地方之安宁，并普及国民军事教育，以确立征兵制度之基础起见，特制定本大纲。

第二条　各省保安团队以到达国家管理为最终目的，其进行步骤应首先统一于县，进而统一于区，再进而统一于省。其进度除

规定于本大纲者外，得依各省实际情形，另以命令随时定之。

第二章 名称

第三条 省设全省保安司令，由军事委员会委员长呈请国民政府任命各省政府主席兼充。在省政府中特设保安处，秉承全省保安司令之命，掌理全省保安事宜。保安处组织通则另定之。

第四条 省以下分区设立之保安机关，定名为某某省第几区保安司令部，其设有行政督察专员之省份，全省已分设行政督察区者，应以专员所辖区域为保安区域。

第五条 县保安机关定名为某某县保安队总队部或大队部，各视其所辖队数，规定甲、乙两种如次：

一、甲种保安队总队部管辖九中队以上。

二、乙种保安队总队部管辖六中队以上，至不足九中队。

三、甲种保安队大队部辖四中队以上，至不足六中队。

四、乙种保安队大队部辖二中队以上，至不足四中队。

第六条 原隶省保安处之直属部队及各地方保安团队，现已改隶而直属于省者，概定名为某某省保安团，以数字定其番号。

第七条 原隶区保安司令部之直属部队及各县保安队，现已改隶而直属于区者，定名为某某省第几区保安团及保安队，以数字定其番号。

第八条 县辖部队定名为某某县保安队，以数字定其番号。

各省原用保安团及一切保安机关之名称，与本大纲有抵触者，应于本大纲施行后，一个月内一律厘正之。

第三章 编制

第九条 省保安处得设处长、副处长各一人，其组织条例及编制表，由各省政府自行拟订呈候核定。

第十条 区保安司令部得设区保安司令副司令各一人，其组织条例及编制表，由各省自行拟订呈候核定组设，有行政督察专员省份，于各省行政督察专员公署组织条例内规定之。

第十一条　县总队或大队部及中队编制，如附表一、二、三之规定。

第十二条　区保安团及省保安团，均由三个保安大队编成，每大队辖四中队，如有机关枪、迫击炮等特种武器，应视其数量或各编一中队，或合编一特务中队，直属团部。其各部编制，如附表四、五、六之规定。

第十三条　各县保安队改编区保安团及各区保安团队改编省保安团时，除照保安团编制编成若干保安团外，其不足一团数目者，得另编成独立大队或中队，其独立大队之编制与县保安大队部之编制同。

第四章　指挥

第十四条　各省保安团队依下列系统逐级管辖，以监督指挥之。

一、全省保安司令。

二、各区保安司令或各区行政督察专员兼区保安司令。

三、各县县长或区副司令兼总队或大队队长。

第十五条　依第二条规定之进度，保安团队已改隶而直属于省者，仍应分区驻扎。区保安司令部对于驻在区内之团队，照常行使其指挥调遣之权。

各县保安队已改隶而直属于区或直属于省者，各县县长或区副司令依各省地方情形，得不以之兼任总队长或大队长，但驻在县境内之团队，县长仍有指挥权。

第十六条　战时指挥，除依前二条之规定办理外，得随时另以命令行之。

第五章　训练

第十七条　保安团队官佐训练一般之课目如下：

甲、政治训练：

一、公民常识（中国历史地理摘要及国民对于国家社会之责任，与其应尽之义务）。

二、党义。

三、赤匪罪恶。

四、民众自卫组织纲要。

五、农村建设纲要。

六、新生活运动纲要及新生活须知。

七、国耻痛史。

八、军人千字课。

九、其他。

乙、军事训练：

术科

一、技术（国术、刺枪、体操）。

二、射击（预行演习、实弹射击）。

三、制式教练。

四、战斗教练。

五、警戒勤务。

六、防空防毒临时要务之演习。

七、行军。

八、夜间教育。

九、工作实施（除一般作业外，并练习碉寨之构筑）。

十、其他。

学科

一、步兵操典摘要。

二、野外勤务摘要。

三、射击教范摘要。

四、工作教范摘要。

五、坑道作业实施。

六、陆军礼节摘要。

七、防空防毒教范。

八、军队内务条例摘要。

九、体操教范摘要。

十、军警惩罚法令摘要。

十一、卫生摘要。

十二、步兵夜间教育摘要。

十三、游击战术。

十四、军语释要。

十五、旗语。

十六、侦察学。

十七、通信联络。

十八、目测。

十九、自卫新知摘要。

二十、练兵实纪与纪效、新书摘要。

廿一、警察服务须知。

廿二、宪兵服务须知。

廿三、其他。

前项各种课目范围，得视官佐之程度适当增减之。士兵训练课目，可将甲项之五及乙项学科栏之五、十三、十六、十八、十九等课目酌减之。

无论官佐士兵之训练，自应以公民常识、新生活纲要、新生活须知、军人千字课、警察服务须知为最要课目。使能进为良兵，退为良民，并确立平时为地方宪警，战时为国家征兵之基础。

第十八条　保安团队之官长，由行营特设教育机关训练。但各省自设干部训练班，经军事委员会核准者不在此限。

班长由省保安处或区保安司令部训练，队兵就各队内训练。

第十九条　队兵训练之课程、课本，除由行营编定通饬采用外，关于官长之训练，由承办机关参照第十七条之规定，自行编订呈候核定。

第二十条　各省保安团队，应彻底改造，划定团管区，就区内壮丁重新征集、训练，确定轮流服役、退役之办法。但在此过渡期间，各省得视地方治安情形，暂将原有保安团队之成绩较优者，酌抽几分之几不分派寻常任务，使之专负训练各地方壮丁队之责，就各区或各县征集壮丁于一定时期内，轮流行之。由省主席兼全省保安司令拟定全省训练壮丁之实施计划，呈候行营核准施行。

前项壮丁队训练之最要课目，亦依第十条第三项、第四项之规定。

第六章　经理

第二十一条　保安团队官兵薪饷，照陆军饷章发给。但各省视地方财政情形，必须减成支放者，得规定最低限度。校官在五成以上，尉官在六成以上，士兵在七成以上，分别折发，并须全省一律，以免偏私。

第二十二条　各县保安团队之经费，除依县地方财政整理章程，由县财务委员会实行统收统支外，应即依前第二条之规定，再进而由区及省统一经理之。

第二十三条　各县保安团队实行区的统一时，区保安司令部应附设区保安经费经理处及区保安经费稽核委员会，依下列办法厉行区的统一经理。

一、各县应有之保安经费，应按月解交区经理处统收统发。

二、各县团队之额数及团款之征收，均应以全区为单位，斟酌区内各县之治安情形及各该县人民之负担能力，质剂盈虚，妥为增减，重新统筹支配。

三、各县就地自筹不合法令之苛征收入，应即照章废止。

四、官兵薪饷应按月由区经理处会同区稽核委员会派员点名发放。

五、所有预算、决算应经区稽核委员会之审查，再呈请全省保安司令核定。

第二十四条　保安团队实行省的统一时，省保安处应附设全省保安经费总经理处及全省保安经费稽核委员会。各县区原有之保安经费，应一律解交全省总经理处统筹支配，所有保安团队之预算、决算，应经全省稽核委员会之审查，再由全省保安司令呈请军事委员会委员长核定之。关于团队团款之增减、苛征收入之废除及官兵薪饷之发放，亦准用前条二、三、四各款之规定。

前条区保安经费经理处暨区保安经费稽核委员会及前项全省保安经费总经理处暨全省保安经费稽核委员会之组织及办事规程，由各省省主席兼全省保安司令自定之，呈候行营查核。

第二十五条　保安团队所需之被服、装具、炊具暨武器弹药之补充、修理以及卫生、医药之设备，在区统筹时，应由区保安司令核实制发，造具计划书连同各项表册，呈报全省保安司令查核；在全省统筹时，由全省保安司令核实制发，造具计划书连同各项表册，呈报军事委员会委员长查核。在剿匪期内，武器弹药如有不足时，得呈请军事委员会酌为补助。

第七章　人事

第二十六条　保安团队官佐之任免，除全省保安司令、保安处长、副处长、各区保安司令、副司令及其他已有特别规定者，应查照现行法令分别办理外，凡校官尉官应依省统属或区统属之团队，分别由保安处或区保安司令呈荐，由全省保安司令任命之，并呈报军事委员会查核。

保安团队之总队长、大队长、中队长及分队长，除法定兼任者外，概以籍隶本省曾在军事学校毕业或具有军事学识经验者充之。但遇本省籍中无适当之人员时，虽属外省籍而在该部团队中服务逾二年以上之下级干部，如有劳绩卓著、学术优良者，亦得择优暂请派署。

第二十七条　保安团队官佐士兵之奖惩，得适用陆海空军各项奖惩法规办理。但在剿匪区域之省份有特别规定者，应查照剿匪区文武官佐士兵奖惩条例办理。

第二十八条　各省保安团队之成绩，应依下列之规定，定期或随时校阅之。

一、区保安司令校阅

二、全省保安司令校阅

三、军事委员会委员长校阅

第八章　附则

第二十九条　本大纲之施行细则，由各省自定之，呈报军事委员会查核。

第三十条　本大纲自公布日施行，其施行省份另以命令定之。

第三十一条　凡奉令施行本大纲之省份，统限于文到之日起一个半月内，依照本大纲规定改进之办法与程序，分别所属保安团队之现在情形，拟定其改进之日期及分期之进度，呈报军事委员会南昌行营察核。

〔行政院档案〕

6. 戒　严　法①

（1934年11月29日）

第一条　遇有战争，对于全国或某一地域应施行戒严时，国民政府经立法院之议决，得依本法宣告戒严或使宣告之。

第二条　戒严地域分为二种：

一　警戒地域，指战争时受战事影响应警戒之地域。

二　接战地域，指作战时攻守之地域。

---

① 1934年11月29日国民政府公布施行。

警戒地域或接战地域，应于时机必要时区划布告之。

第三条　战争之际，要塞、海军港、海军造船所或某一地域猝受敌之包围或攻击或应付非常事变时，该最高司令官得宣告临时戒严。

前项临时戒严之宣告，应由该地最高司令官呈请国民政府依法追认。

第四条　依前条规定得宣告临时戒严之最高司令官如下：

一　特派之司令官。

二　军长。

三　师长。

四　旅长。

五　要塞防守司令。

六　海军舰队司令。

七　要港司令。

第五条　宣告戒严时，该地最高司令长官应将戒严之情况及一切处置，随时迅速呈报国民政府及该管军事长官。

第六条　宣告戒严之地域，应时机之必要，得变更之。

第三条第二项及第五条之规定，于戒严地域之变更准用之。

第七条　戒严时期警戒地域内，地方行政官及司法官处理有关军事之事务，应受该地最高司令官之指挥。

第八条　戒严时期接战地域内，地方行政事务及司法事务，移归该地最高司令官掌管，其地方行政官及司法官应受该地最高司令官之指挥。

第九条　接战地域内，关于刑法上下列各罪，军事机关得自行审判或交法院审判之。

一　内乱罪。

二　外患罪。

三　妨害秩序罪。

四　公共危害罪。

五　伪造货币、有价证券及文书印文各罪。

六　杀人罪。

七　妨害自由罪。

八　抢夺强盗及海盗罪。

九　恐吓及掳人勒赎罪。

十　毁弃损坏罪。

第十条　接战地域内无法院或与其管辖之法院交通断绝时，其刑事及民事案件均得由该地军事机关审判之。

第十一条　第九条、第十条之判决，均得于解严之翌日起，依法上诉。

第十二条　戒严地域内最高司令官，有执行下列事项之权。

一　得停止集会、结社或取缔新闻、杂志、图画、告白、标语等之认为与军事有妨害者。

二　得拆开邮信电报，必要时并得扣留或没收之。

三　得检查出入境内之船舶车辆航空机，必要时得停止其交通，并得遮断其主要道路及航线。

四　得检查旅客之认为有嫌疑者。

五　因时机之必要，得检查私有枪炮弹药兵器火具及其他危险物品，并得扣留或没收之。

六　接战地域内，对于建筑物船舶及认为情形可疑之住宅，得施行检查，但不得故意损害。

七　寄居于接战地域内者，必要时得令其退出。

八　因作战上不得已时，得破坏人民之不动产，但应酌量补偿之。

第十三条　在戒严区域内，民间之食粮物品可供军用者，得施行调查登记，于必要时，得禁止其运出。

前项食粮或物品，如必须征收时，应给予相当价额。

第十四条　国内遇有非常事变，对于某一地域应施行戒严时，国民政府得不经立法院之议决，宣告戒严，但在该戒严地域内，不得侵害地方行政机关及司法机关之职权。关于刑事案件，如认为与军事有关，应施行侦查者，该地军事机关得会同司法机关办理之侦查后，仍交由司法机关依法办理。

第四条至第六条及第十二条、第十三条之规定，于前项情形宣告之戒严准用之。

第十五条　戒严之情况终止时，应即宣告解严。自解严之日起，一律回复原状。

第十六条　本法自公布日施行。

〔行政院档案〕

7. 卫戍条例①

（1935年9月30日）

第一条　凡军队对于驻扎地，均应遵照本条例之所定，服行卫戍勤务，担任该地警备，维持军纪风纪及地方秩序，并保护中外居民暨国有建筑物。

第二条　卫戍司令官在首都及重要地方，由军事委员会呈请国民政府指定所在地之军队高级指挥官任之，其他各地（或要塞所在地）则以其驻扎部队之高级长官（或要塞司令官）任之。

第三条　卫戍勤务执行之区域，由卫戍司令官拟定后，呈报军政部会同参谋本部核准转报军事委员会备查。首都及重要地方之卫戍区域，由军政部拟呈军事委员会核定之。

第四条　凡部队长或要塞司令官为卫戍司令官时，均不另组织司令部，但另有规定者不在此例。

---

① 1935年9月30日国民政府公布。

第五条　卫戍司令官除指挥其所属部队外，依卫戍勤务上必要，得将卫戍区域内陆海空军水陆警察及与军事有关系之机关一部或全部拟具勤务分配方案，呈请军政部、参谋本部及军事委员会分令遵办，由卫戍司令指挥之，在急要时，得直接分配并指挥之。但须即时呈报军事委员会及军政部、参谋本部暨该管长官。

第六条　凡军队、舰艇、航空机通过或暂留某卫戍地区时，均须将其目的地、发着地及驻留时期，预先通告卫戍司令官。

第七条　驻在卫戍区内之军队、舰艇、水陆警察及与军事有关之各机关，均须遵守各项卫戍规则，并将有关于卫戍情报，随时通报卫戍司令官。

第八条　驻在卫戍地之部队，虽不属于卫戍司令官之管辖，若卫戍司令官认为警备上之必要，对于该部队请求援助时，该部队长如无特殊理由，均须应其请求，由卫戍司令官与该部队长即时分别报告军事委员会与军政部、参谋本部及该管长官。

第九条　卫戍地区内如遇战事灾害及非常事变时，卫戍司令官得呈请军事委员会与军政部、参谋本部宣布戒严或指拨部队以供调遣。倘事机急迫，不及呈请时，得经调附近部队相机处置，但须即时呈报军事委员会与军政部，参谋本部、并通报该部队隶属长官。

第十条　卫戍司令官对于卫戍地区内之治安与地方官协议办理，斟酌情形，妥慎处理。

第十一条　卫戍司令官对于卫戍地区内国有诸建筑物以及重要衙署等平时与非常时期之保护方法，应预为规定，随时实施。

第十二条　卫戍司令官除卫戍地发生重大情形，应随时呈报军政部、参谋本部及军事委员会外，关于平时卫戍勤务执行之概况，应每月汇报备案。

第十三条　本条例自公布日起施行。

〔国民政府参谋本部档案〕

8. 卫戍勤务令①

(1935年9月30日)

第一章　总则

第一　凡军队依卫戍条例之所定,而须服行卫戍勤务者,其勤务依照本令行之。

第二章　卫戍司令官

第二　卫戍司令官之职责,依照卫戍条例第一条之所定。

应任卫戍司令官之人员及其组织,依卫戍条例第二条及第四条之所定,卫戍司令官应执行卫戍勤务之区域,依卫戍条例第三条之所定。

第三　卫戍司令官关于卫戍勤务应规定之事项如下:

一、按卫戍区域之形势及应行警备之程度与现有兵力之多寡,适宜划定卫戍勤务区,冠以名称(用方位或数字或用地名)。

二、适应各区之情形分配,应须担任之部队,必要时并指定其指挥。

三、规定各区内特应警戒之处所及其兵力与设备。

四、按各区内交通网之情形,对于其主要交通线,规定监视守备之程度。

五、对于必要方面卫戍巡查派遣之规定。

六、各区间彼此连系上应有之处置。

七、卫戍地区内发生非常事变时之紧急处置及维持治安之方法。

第四　卫戍司令官规定卫戍地区内之警备计划,连同前条各项,分别调制图表,令发各区卫戍部队遵行,并呈报军事委员会及

---

① 1935年9月30日国民政府公布。

军政部、参谋本部备查并通报有关系之机关。

第五　卫戍司令官当卫戍地域发生事变，情形严重，直属部队不敷分布，须分任勤务于卫戍地内之其他军警之一部或全部时，应依卫戍条例第五条办理，并得向各部队机关征集其情报。

第六　卫戍勤务中有关于地方官署者，得择要通报。

第七　卫戍司令官如系隶属于高级长官者，在特殊情形使用兵力或使用以后并其他各事，除呈报军事委员会、军政部、参谋本部外，并报告该管高级长官。

第八　军港要港或海军部队所在地之卫戍司令官，关于职务之执行有关联于海军者，应于海军官署协议之。

第三章　卫戍部队及其勤务

第一节　通则

第九　凡卫戍司令官之所属及依卫戍条例第五条之规定，令归卫戍司令官暂行指挥之部队，均为卫戍部队。

第十　卫戍部队除依军队内务之所定，设置风纪卫兵及施行巡察勤务外，并受卫戍司令官之命令，服行下列之卫戍勤务。

甲、卫戍卫兵之设置。

乙、卫戍巡察之派遣。

丙、其他卫戍司令官关于卫戍勤务上所命之事项。

第十一　服卫戍勤务者，非下列之时机，不得使用兵器。

一、受暴行因自卫而不得已者。

二、因有集众暴动，非用兵器不能镇压时。

三、为防卫人民土地及其他物件，非用兵器无他手段时。

服卫戍勤务者，依首项所定，使用兵器后，应即报告各该区卫戍部队长官，报于卫戍司令官，卫戍司令官认为情形重大者，则转报于该管高级官长暨军事委员会及军政部、参谋本部。

第十二　服卫戍勤务者，对于下列各项人员得逮捕之。

一、犯暴行罪者。

二、杀人放火者。

三、逃亡罪犯未经拿获者。

四、聚众滋事者。

五、犯强盗或盗窃行为者。

六、虽非军人而为宪兵或警察请求援助之犯罪者。

七、士兵于早晚点名后无外出证或公出证而在营外者。

服卫戍勤务者，施行前项逮捕，以不妨任务为限，但无论何时，卫兵司令及卫兵之半数不得离开卫兵所，又凡被逮捕者，无论为军人军属或平民，须立即申叙理由，分别解交宪兵警察局所或其所属之部队。

第十三　卫戍部队之各级长官，随时监察其部下所服卫戍勤务之状态。如发现必要事项，须报告于各该区卫戍部队长官。

第二节　卫戍卫兵

第十四　卫戍部队除依军队内务规则设置风纪卫兵外，其依卫戍司令官之命令，而特行设置之卫兵，称为卫戍卫兵。

第十五　卫戍卫兵须冠以守卫处所之名称(称为某官署卫戍卫兵)。

第十六　卫戍卫兵之服务时间，通常为二十四小时，每一哨所用兵卒三名轮充，单哨每一小时交代，但卫戍司令官或该区卫戍部队长官认为必要时，得增加兵数及哨所，又可改用复哨或军事哨。

第十七　卫戍司令官或各区卫戍部队长官派遣卫戍卫兵于远离卫戍地外之弹药库、火药库官署等时，或于警备上认为必要时，得使此项卫戍卫兵于若干日间或必要期间连续服务。

第十八　卫戍卫兵关于卫兵之勤务，除本勤务令所定及卫戍司令或各区长官所授特别守则外，其他均照军队内务规则陆军礼节条例及阵中要务令对于风纪卫兵及前哨等之所定。

第十九　卫戍卫兵之卫兵司令，遇火灾及非常事变时，若属至急者，须速作适当之处置，一面即时报告各该区卫戍部队长官，一面径报于卫戍司令官。其他服务中所发生之寻常事件，应逐日记入报告表内，经由各该区卫戍部队长官报告之。

第二十　卫戍卫兵之卫兵司令，在数日间连续服务时，对于卫兵以不妨害勤务为限，施行教练。

第三节　卫戍巡察

第二十一　卫戍部队除依军队内务规则所定施行巡查勤务外，其依卫戍司令官之命令而派遣之巡察、为卫戍巡察。

第二十二　卫戍巡察巡回于所定之地域执行勤务。

第二十三　卫戍巡察分为一般巡察与特务巡察两种如下：

甲、一般巡察，巡察一定之区域，监察各处卫戍卫兵及风纪卫兵之勤惰与外出军人军属之过误，通常于休假日，由各区卫戍部队派出，有必要时则临时派出之。

乙、特务巡察，巡视于一定之区域，密查有无妨害治安之匪类或秘密机关及外出军人军属之过误，其服务时间，通常为一星期每日最少须于一定地域内巡察一次。

第二十四　卫戍巡察以军官或军士充之，必要时得以军士兵卒若干名附属之。

第二十五　卫戍司令官(或各区卫戍部队长官)，应规定全地区(或各该区)巡察之数目、种类、日时及巡察之区域或特应巡视之地点。若巡察区域广大时，可使巡察分为数班。

第二十六　服卫戍巡察者，一般巡察着用军服，特务巡察得依卫戍司令官或各该区卫戍部队长官之命令，着用便衣服务，但必须携带便衣巡察证，此证由卫戍司令官制定颁发之。

第二十七　一般巡察见卫兵过误或懈怠等事，应立为矫正，并将其状况通告于该卫兵司令。若见外出军人军属有过误时，下级者即矫之，或因必要即将违犯者解交附近宪兵或其所属部队上级者当委婉进言其过误，若有必要并问知其官职姓名，将情由报告于卫戍司令官或经由该区卫戍部队长官报告之。

第二十八　特务巡察于其巡察中所发生之事项，若属至急者，随时报告于该区卫戍部队长官并报告于卫戍司令官，其他概于勤务终了后汇报。

第二十九　卫戍巡察于任务上有必要时，得巡视于所定区域之外，但须将其理由，事后报告长官。

第四节　警备及其他事项

第三十　各卫戍部队长官对于本章以上各条所列以外，关于卫戍司令官所命事项，负责准备，届时实施，如遇计划事项有须修改者，应随时报告卫戍司令官修正施行。

第四章　杂则

第三十一　卫戍司令官应规定夜间所用暗号及其使用时机并传达法，步哨巡察等查问暗号之法，参照阵中要务令一般前哨之所定施行。

第三十二　卫戍司令官除特有规定外，凡遇国家庆典或特别礼节，应集合军队及军人军属时，须规定集合场所与出场，军队军人军属之服装。又为维持当时静肃及秩序起见，应施必要之处置。

第三十三　卫戍司令官对于遇有国家庆典或特别礼节，须用礼炮及仪仗兵时，依照陆军礼节条例之所定办理。

第三十四　卫戍司令官为防交通之杂沓及危害起见，很限制行军队形及行进速度并定其所要之方法。

卫戍司令官对于有害风纪及传染病流行之地方，得禁止军人军属之出入，凡通过或一时宿营于卫戍地区之军队，该军队指挥官应将其目的及预定日时，通报于卫戍司令，且受其指示。

第三十五　卫戍司令官对于卫戍地及其附近因护送兵器或俘掳、囚犯与刑事被告人及警卫法庭或执行死刑之地点而请求护卫兵时，应令由卫戍地之军队派出所要之护卫兵。

第三十六　卫戍司令官为担任命令及报告等之传达，得令由卫戍地之军队派出所要之人员。

〔国民政府参谋本部档案〕

四、军需后勤法规

1．军政部军需署审核条例①

（1929年8月30日）

第一条　军政部军需署应行审核者如下：

（一）军政部决算报告书。

（二）军政部所属各机关各部队（以下简称队署）每月之收支计算。

（三）军政部所管特别会计之收支计算。

（四）军政部所管官有物之收支计算。

（五）由军政部发给补助费或特与保证之收支计算。

（六）其他经法令明定应由军政部审核之收支计算。

第二条　军需署审核后，应就下列事项编造审核报告书呈报军政部长。

（一）军政部及所属各队署决算报告书之金额，是否与金库或该军需处金柜出纳之计算金额相符。

（二）各项之收入支出与官有物之买卖让与利用，是否与法令之规定及预算相符。

（三）有无超过预算及预算外之支出。

（四）各计算中款项有无流用。

第三条　军需署应将每会计年度审核之成绩呈报军政部长，其认为经理法规或经理行政上有应行改正事项，得并陈其意见。

第四条　军政部所属各队署每月经过后，应编上月收入计算

① 1929年8月30日军政部公布。

书、支出计算书收支对照表，连同各种附属表、凭证单据，呈报军政部长转发军需署审查，但因有特别情形时，其凭证单据可由各部队署保存，军需署得随时派员检查之。

第五条　军需署审核军政部所属各队署收入计算书、支出计算书如有疑义，得径行查询之，各队署务须于所定期限内详细答复。

第六条　军需署因审核上之必要，得派员亲赴各队署检查帐项及证据，如有怀疑质问无论任何高级官长，应即予以园满之答复。

第七条　军需署审核军政部所属各队署收支计算书及凭证单据认为正当者，以部令批准列报，其认为不正当者，由军政部长令饬主管长官执行处分，但出纳官吏得提出辨明书，请求军需署再核。

前条批准列报之书据，经送审计院审核后，认为不合者，仍依审计法一般之规定行之。

第八条　军需署审核结果，认为应负赔偿之责者，呈由军政部长饬各该主管长官限期追缴，不得减免。

第九条　军需署得于不抵触审计法第十七条之规定范围内编定，关于审核上之各种会计规则及书式，以军政部令颁行之。

第十条　军政部所属各队署故意延误军需署所定收支计算书之送达期限及通知书之答复期限时，由军需署呈请军政部长饬各该主管长官执行处分，其故意违背军需署所定各种会计规则及书式者亦同。

第十一条　军政部所属各队署在不背法令范围内，得拟订单行各会计规则，但应经军需署审定之。

第十二条　军需署对于审查完竣事项，自军政部长批准列报之日起，五年内如发现其中有错误遗漏重复等情事，得执行再审查。若发现诈伪之证据，虽经过五年后，亦得执行之。

第十三条　军需署对于审查事项，认为必要时得行委托审查，受委托之人或机关，须报告审查情形于军需署。

第十四条　本条例自公布日实行。

〔军政部档案〕

2. 军政部军需署军费计算规则①

(1929年8月30日)

第一条　各军事机关各部队经费之计算，依本规则行之。

第二条　计算经费时须将根据之法规契约及其他请求之确实理由，详细说明。

第三条　属于人员给与之经费，由每名之给与额积算之，属于物件之经费，由每个之费用积算之。

第四条　计算人员每名之给与额，应以定额为基础，未规定给与额者，须将其计算根据，分别说明。

第五条　计算物件每个之费用，有规定价格者，应以一定价格为基础，未规定价格者，则依据时价，并须将其计算根据，详为说明。

第六条　属于给与之经费，其有定员者，应按定员计算之，无定员者，则以前此之实际名额为标准计算之。但因事务之繁简，有临时雇佣及遣散情形者，则依其情形假定标准计算之。

第七条　属于物件之经费，有规定数量者，应按规定之数量计算之。未规定数量者，依实际使用之假定标准计算之。

第八条　属于一般之旅费，应预为概定，其事务人员旅费等级距离及所需日数计算之。

第九条　依据法规契约确定应行支出之总额者，即以该总额

---

① 1929年8月30日军政部公布。

作为预算额。

第十条　不能依照以前各条计算之经费，得依其他详确之方法计算之，但须将其计算之根据详细说明。

第十一条　本规则自公布日施行。

〔军政部档案〕

3. 军政部关于调查军需人员编制表等情致参谋本部公函

（1931年8月5日）

军政部公函　饷(甲)字第480号

迳启者：查军需为军队之命脉，主其事者非有专门学识或有甚深之经验断难胜任愉快。设所任非人，经理不善，影响国家财政、军队实力，良非浅鲜。本部有鉴于此，自民国十七年成立以来，特将军需独立设署，主管其事，尤其对于军需人事行政定有整顿计划，期在渐就统一，以谋改善，只以时局不定，军事靡宁，形势所格，未尽实行，深为遗憾。现值匪共将平，建设方殷，凡百政治，力求改革，对于军需人事，尤为当务之急。兹特就各部队军事机关军需人员之编制及简历先行调查，以资统计。经饬由军需署拟定军需人员编制名额表及简明履历表式样各一种，并填写注意事项一纸，封面式样一纸，相应随函附送，即希转行所属，按表详细查明，分别填写，克日汇送过部，以凭办理，至纫公谊，此致

参谋本部

计附送表式二种，封面式样一纸，填写注意事项一纸。

中华民国二十年八月五日

某军事机关/部队军需人员编制名额/简明履历表〔略〕

填写军需人员/处编制名额表及军需人员/处职员简明履历表应注意事

项：

一、凡各部队、军事机关、学校，如其编制中有军需处之组织者，则此二种表之标题，应分别书为某军事机关/部队军需处编制名额表及某军事机关/部队军需处职员简明履历表，如其编制中并无军需处之组织，而仅设有少数经管军需或会计人员，则此二种表之标题，应分别书为某军事机关/部队军需人员编制名额表及某军事机关/部队军需人员简明履历表。如系军事学校，其编制中并有军需处之组织及设立经理教官者，则此二种表应每种各填二表，分别各书其标题为某军事学校军需处编制名额表及某军事学校经理教官编制名额表，或某军事学校军需处职员简明履历表及某军事学校经理教官简明履历表，余按此类推。

二、此二种表，凡准尉以上之军需人员均应列入，惟特务长号担任军需事务，以系属军官不在军需人员之列，应毋庸填入。

三、此二种表之造送，如在部队，则应由师司令部(或独立旅)暨各团(或独立营)将每种分别各填一份，由师部(或独立旅)汇订成册，转送军政部。

四、此二种表之装订，如在部队概由师部(或独立旅)汇总办理，如师部(或独立旅)以上尚有隶属，如军或总指挥部者，则此等军或总指挥部将此项表册汇齐转送军政部，以符手续。

五、此二种表之造送，如在军事机关(或学校)，则应由该管机关(或学校)及其附属之机关部队，每种分别各填一份，由该管机关(或学校)汇订成册，呈送军政部。例如陆军署军医司应将其经管会计人员之编制名额及简明履历分别各填一表，又其附属之军医、兽医各学校、各医院，亦各将其所属军需人员(或军需处)之编制名额及简明履历查照第一条关于标题之规定，分别填表呈由军医司汇订成册，呈送陆军署，再由陆军署汇齐各处所送之册(不再汇订），转呈军政部，余照此类推。

六、此二种表填写及装订之次序，应按照各该建制，循序缮钉，不得紊乱。例如某军需处应先填处长，次填处长室各职员，再次为总务科科长、科员、司书以及于其他各科。又如装订应先列师军需处，次为师直属部队，再次及于各团。余照此类推。

七、各表装订成册应加装封面及底面各一页，用厚道林纸并于封面之左上端分别直书标题为某军事机关/部队军需人员编制名额总册，或某军事机关/部队军需人员简明履历总簿。因册内各表标题不一，封面用此等标题可以包括一切也。又，在封面标题最末几字以上，必须加盖各该机关部队印信，以昭慎重。

八、此二种表均系折成双页以便装订，故其品质宜用厚毛边纸，至其长短大小，应悉依本部颁发式样中所规定之尺度调制，不得参差不齐。如一页（指一双页而言）不敷填写，可再加一页，惟附记及年月日两栏，应列于最后一页之正面（即双页之上页）或背面（即双页之下页）之最左端，即贴近于正面或背面左廓线之处。

九、各该编制系于何年月，经何处核准或奉何处颁发，应详细注载于编制名额表附记栏内。

十、如各该部队、军事机关、学校设有额外军需人员而非编制中所定者，应将其设置原因分别注记于各表备考栏内。

十一、有其他应行声叙事项而为表中不能填列者，则注载各表附记栏内。

十二、凡填送此二种表时，应附送各该部队、军事机关、学校全部编制一份，以便参考。

〔国民政府参谋本部档案〕

4. 军政部公布营房保管细则令

（1932年6月27日）

军政部令　筹(丁)字第六五九〇号

兹制定军政部营房保管细则公布之。此令。

中华民国二十一年六月二十七日

部长　何应钦

本细则业于民国二十一年七月十九日呈奉行政院第一八八三号准予备案，二十三年七月十六日修正第一、二、三、四、十七各条条文并改为细则，呈奉行政院第二〇七六号准予备案，特注。

军政部营房保管规则

第一条　军政部所属各地营房暨其附近操场、射击场与营房内所有阵营具，其保管依本规则行之。

第二条　前条保管事务，由军需署营造司设立各地营房保管处，选派保管兵负责办理，但关于驻军分配事项，应受陆军署军务司之指挥。各地营房保管处保管员之阶级(中、少校，上、中、少尉)人数及应需助理员兵(准尉、士兵、工匠)数目及一切经费月额，由营造司列表转呈，核定施行。

第三条　营房保管员之定额，按各地营房之多寡，事务之繁简，酌量设置，其一地方设置二员以上者，应分驻各营房，切实保管，各专责成，并以阶级最高者为主任。

第四条　各处保管士兵，应受保管员之支配。分驻各营房负责看管工匠，应受保管员之督饬，随时认真工作。

第五条　分驻各营房之保管员或士兵，应每日将该处一切情形报告高级保管员，再由高级保管员汇报军需署营造司备查。

第六条　保管员对于所管营房之历史、位置、面积、栋数、间数以及部队驻扎位置与夫阵营具、门窗、玻璃等，均须制备平面图、纪录表各三份，一份存查，二份呈送军需署营造司，以一份备查，并以一份分送陆军署军务司。其图表样式如附图式第一、第二、第三。附表册式第一、第二。

第七条　保管员对于军队之驻入及开拔日期，应立即呈报，并随时造具驻军素质军风纪报告表二份，呈送军需署营造司，以一份备查并以一份分送陆军署军务司。其报造表式如附表式第三。

第八条　凡各地固有暨新建营房与夫营房内之阵具及一切门窗、玻璃等物，均由保管员照数检点，妥慎管理。在未驻部队时，应随时督同所属士兵、工匠勤为查察、打扫清洁(风雨时尤宜注意)，如营地内滋生杂草或堆积秽物等，应铲除之；阴沟及排水之不良者，应疏泄之；营具时常整理，以免破坏门户；注意关锁，以免损坏。

第九条　保管员对于部队请求驻用营房时，须立与接洽，视其部队之大小及所需营房之多寡，妥为分配，即将该营房及原有一切阵营具、门窗、玻璃等物造册点交，取其该驻军副官及军需会衔收据，一面呈报军需署营造司备查并应请求驻军长官酌量派员会同管理，务于每星期施行细密检查一次，如发见有损坏房屋或变更形状及阵营具、门窗等有损坏时，应由驻军负责修复。

第十条　营房驻军移防时须先通知保管员，并应由该驻军副官及军需会同按照原交营房及一切阵营具、门窗、玻璃等件全数移还，加盖私章，以清责任。保管员点收清楚应即呈报军需署营造司备查。惟当驻军移防之际，务须特别注意接收，一应物件立即分别派兵看守或加拴锁，以免闲杂人等混入，致有损坏情事。

第十一条　凡营房附近之各种树株以及营地内原有之树木等，本为保护营房之需，保管员应督率士兵、工匠妥为管理、勤加培植并随时晓喻居民及马夫等不得有侵害，若有无知兵夫随意系马或伐贼情事，应请求驻军长官从严惩处；如遇当地人民任意蹧踏或砍伐，应拘送地方官，严励惩罚，以敬效尤。

第十二条　保管员对于营房墙壁之剥落，屋宇之渗漏，均应随时督率瓦木工匠予为防备，勤加修葺，以免倾圮。

第十三条　保管员对于营房遇有破坏必须小修时，应先将需用各项材料数目核实、估计，呈报军需署营造司核准后，再行请款，从事修理。事后并检齐单据，专案呈请核销。

第十四条　各地营房大修缮应仍照营缮章程之规定，由驻军呈请本部修理，保管员只负报告之责，不得擅自请求。

第十五条　关于营房及原有一切阵营具、门窗、玻璃等物，如遇有天灾地变及不可抗力之损坏时，应由保管员呈报军需署营造司核办。

第十六条　关于营房倒塌材料应即督率士兵、工匠妥为检藏，切实保管，一面造具尺寸，细数清册，呈报军需署营造司备案。如修理营房需用旧材料或驻军请求暂时借作军用时，亦应将所需数目呈请核准后方能动用，并须取具驻军收据为凭。

第十七条　凡在营地上之各项建筑物，因必要须予拆除时，其材料应妥筹利用或折抵造价，或予变卖，均应报由营造司转呈核准。其变卖材料收入之款，应即呈缴汇解财政部。

第十八条　保管员应随时将所受训令及管理注意事项通知驻军长官，俾引起部队上下一致爱护营房，妥为保管之公德心。

第十九条　保管员为促进士兵及民众爱护营房起见，得拟具宣传标语，呈核施行。

第二十条　本规则如有未尽事宜，得随时由军需署营造司拟呈修正。

第二十一条　本规则自公布日施行。

〔国民政府参谋本部档案〕

5．参谋本部修正军需人员保证条例训令

（1935年1月7日）

参谋本部总务厅训令　总(厅)字第一六八八五号

令本厅第三处

案奉本部二十三年十二月三十一日总仁字第一六八五二号训令开："案准军政部二十三年十二月二十七日总孝字第五一六号函开：'案查本部原修正军需人员保证条例，自公布以来，因为日已久，尚有重行修正之必要，经分别修正，呈奉军事委员会核准施行。除分别公布，呈报函令外，相应检同此项修正本部军需人员保证条例一份，即希饬属查照为荷。等由；附修正军需人员保证条例一份，准此。'除分令外，合行抄发前项条例，令仰转饬所属一体遵照。此令。"等因；计抄发修正军需人员保证条例一份，奉此。除分令外，合行抄发前项条例，令仰一体遵照。此令。

计抄发修正军需人员保证条例一份。

厅长 熊斌

中华民国二十四年一月七日

军需人员保证条例①

第一条 军需人员任职时，应依本条例之规定觅取保证人。

军事机关会计人员，亦适用本条例之规定。

第二条 前条保证人，应觅取现任军需实职，且阶级高于被保人或与相等者一员，但经直辖长官许可，得以荐简任文官或校官以上之军官保证之，前项保证人亦得以主管长官认定之殷实商号代之。

第三条 一、保证人对于被保人现职期内经管之金钱物品如发生应负赔偿责任时，应督促其履行并据实报告其经济状况，俾易强制赔偿。

二、被保人在任职期内如有渎职及其他不法行为因而逃匿者，保证人有协助寻获之义务。

三、被保人犯案情节过于重大时，保证人应负保证不实之咎，得由关系机关呈请酌量议处。

第四条 保证人之表示保证，以签名盖章于保证书为凭，其书

式如附表，由各直辖机关制备之。（保证书附表式第一）

第五条　前条保证书分甲乙丙三联，由被保人向该直辖机关请领填就，请保证人署名盖章后，将甲联交保证人收存，乙丙两联呈缴直辖机关，经直辖机关派员或用书面复查，认为合格即将丙联存查，乙联转呈主管署备案。

第六条　保证人资格变迁、姓名更改，应改填新保证书，在更换印章或住址时，亦应随时报告主管机关备案。

第七条　保证人如死亡时，应由保证人之家属呈报解除担保责任，被保人应另觅新保证人。

第八条　各直辖机关对于保证人，于每会计年度开始时，应派员或用书面对保一次，并得随时调查保证人状况，如查出资格不符或商号殷实不确，得令被保人另觅新保证人。（对保书附表第二）

第九条　第七、八两条之新保证书，经直辖机关认可备案后，旧保证书应即发还或注销。

第十条　本条例自公布之日施行。

1．军需人员保证书〔略〕

2．军需人员对保书〔略〕

〔国民政府参谋本部档案〕

6．军政部关于修正军需品制造贩卖取缔规则致参谋本部公函

（1935年7月19日）

军政部公函　法乙字第3257号

案查修正军政部军需品制造贩卖取缔规则，前经本部明令公布并法（乙）字第六八八号函请查照，转饬遵办在案。兹经发觉该

规则原稿第三条，尚有"在京外者得由当地官署转请军政部核发"一项，因缮正时，误将该项列在第四条第二项勒令歇业句下。又，该项规则名称标题，多列"草案"二字，均属缮写错误所致，除分行外，相应再抄同原修正军政部军需品制造贩卖取缔规则一份，函请查照，并希转饬所属一体知照为荷。此致

参谋本部

附抄原修正军政部军需品制造贩卖取缔规则一份。

中华民国二十四年七月十九日

修正军政部军需品制造贩卖取缔规则

第一条　凡以制造或贩卖军需品为营业目的者，除遵守各项有关系之法规外，应受本规则之限制。

第二条　本规则所谓军需品，系指军械、弹药及毒瓦斯以外之被服装具与其他专为军队之用品。

第三条　经营制造或贩卖军需品者，应有固定之铺面牌号并取具二家以上之铺保，呈准军政部登记发给执照始准营业。

在京外者得呈由当地官署转请军政部核发。

第四条　凡领有军政部登记执照之商号，应将执照悬挂于营业明显处所。

违背前项规定者得勒令歇业。

第五条　已经军政部登记并领有执照之商号，其营业应受下列之限制：

（一）售卖军需品如超过个人需要数目之外者，应先取得采办者(正式部队机关)之证明文件。

（二）购入军需品(与普通品相似者除外)应取得发票或其他证明文件。

（三）不准收买和转售旧品。

（四）除专门工厂出品或正在承制军需品外，其士兵用品储存标样每种不得超过二十件。

第六条　违背前条所列各款之一或第三条之规定者，除没收其物品外，处以五十元以上五百元以下之罚金。

第七条　有下列各情事之一者，除没收其物品外，处以一百元以上一千元以下之罚金。

（一）以购入废弃之军需品仍旧作军需品售卖者。

（二）当押军需品者。

（三）买卖军需品不能举出其合法来历者。

第八条　各项服装制式须遵照陆军服制条例办理，不得任意出入前项条例文字，如有疑义时，得呈请解释。

第九条　经营军需品业之同业团体，须受本部之指导监督。

第十条　各项军需品制造原料，非本国确无此项出产及代用品外，不得采用外货。

第十一条　本规则如有未尽事宜，得随时呈请修正之。

第十二条　本规则自呈奉核准日施行。

〔国民政府参谋本部档案〕

7. 军事委员会关于审核后方勤务机关组织条例致参谋本部公函

（1936 年 10 月 24 日）

国民政府军事委员会办公厅公函　公一字第 2537 号

案奉交下俞部长飞鹏本年十月十六日密呈一件，“为拟具各级后方勤务机关组织条例暨编制系统表，呈请鉴核指令祇遵”由。奉此。当饬拨本厅第一处核拟意见：（一）以兵站总监部为最高机关，不必另用后方勤务部名义，其下可按原案酌量设置。（二）会计粮服、审计可并为一处。（三）通信、军邮可并为一处，等情。前来。经鉴奉谕：“连同意见、密函交参部克日核复”等因。相应检同原呈件

一并函达，即希查照办理，迅予见复为荷。此致

参谋本部

附：原呈一件

各级后方勤务机关组织条例暨编制系统表一册（第一号办毕掷还）。

中华民国廿五年十月廿四日

签呈　十月二十八日于第一厅第四处

案准军事委员会办公厅函送各级后方勤务机关组织条例暨编制系统表一册，批令职处签具意见，候开小组会议决定等因。遵即研究拟具意见，呈经小组会议审核研讨结果，提出意见五项（另纸抄呈），可否？依据函复之处，理合签请鉴核示遵。谨呈

厅　长龚

副厅长龚

总　长程

次　长杨

次　长熊

附呈：关于后方勤务机关组织之意见一份

职　彭赞汤（印）

关于后方勤务机关组织之意见

一、方面军拟不设兵站机关。

理由：兵站机关阶级愈多办事愈缓，且方面军司令部可视为总司令部之分部，只替总司令部分任一方面作战指导之责，固不必过问其后方勤务也。欧战间深入敌境之德军且然，况国军之作战于国内耶！若夫日本统帅纲领虽有方面军总兵站，总监部之规定，尚未有战史之证实，可勿重视也。

二、野战兵站机关拟仅设于集团军内，其以下之军、师、旅、团则不附兵站机关。

理由：1．兵站设置为作战计划之一部，须应乎战略之目的，

亘全战役间以策定之兵站任务、重在补给，其补给工作又重在集积，故其实施不免多带笨重性，不能临机轻易变迁之，非如辎重勤务之能按战术上要求以敏活从事也。故兵站机关之设置，亦以战略单位为限，切不可设入战斗单位以下之部队内，以掣肘其战术上之活用。

2. 日本旧兵学书中所称之师团为战略单位，大队为战术单位，中队为战斗单位，现已不适用。盖战略单位云者，乃基于作战计划之部署，亘全战役间于预定之战场，负战略上一定任务之大部队，而为战略机动之基础也；战术为指挥战斗之艺术，故战术单位即战斗单位；战斗单位云者，乃诸兵联合协同一致，以实施战斗之最小部队也。盖时至今日，任何一兵种也不能单独实施有力之战斗，以为达成作战目的之手段也。

3. 欧战以来，德、法两方，皆以军为战略单位，军团为会战单位，师为战斗单位。军团者，军内之团队也。会战单位云者，能自始至终从事于主要决战之部队也。国军之师，虽战斗力不及东西各国，姑以战斗单位视之。以国军之军视为各国之军团，以国军之集团军视为各国之军，故以集团军为战略单位，而附以兵站机关。

4. 会战单位以下之部队，常以会战及战斗之目的随时抽调派遣，若附以笨重性之兵站机关，反以掣时，其行动而遗误戎机。故军、师、旅、团不可附属兵站机关，宜于集团军之兵站机关内准备多数兵站司令部（每司令部可派遣数分部），推进兵站末地，以补给各战斗部队。

三、会计、审计二处可合并。

理由：日本之经理长官部、德国之军需总监部，皆综理粮、服、会计等军需事务之全部。今吾国既专设粮服处，则不应于会计处之外更设审计处。

四、军邮处可并为通信处之一部。

理由：军邮原属通信之一种，其递寄包裹物品亦不过交通事务之一部，故日本之交通通信长官部内有高等邮务长，德国则军有邮务长，军团及师皆有野战邮局，最高统帅部则无邮务长官也。

五、为指挥便利计，铁道运输司令部应直隶于后方勤务部。

各级后方勤务机关组织条例暨编制系统表〔缺〕。

〔国民政府参谋本部档案〕

（三）军事院校组织编制

1. 中央陆军军官学校组织要领及条例①

（1929年2月5日）

（1）中央陆军军官学校组织要领

一　陆军军官学校根据国军编遣委员会第五次大会之议决，在编遣期间改为委员制。

二　陆军军官学校隶属于训练总监部。

三　陆军军官学校设委员七人至九人，由政府指派组织校务委员会。

四　校务委员会监督校务，决定教育纲领、教育经费及其他重要事项。

五　校务委员会公推常务委员一人，处理日常事务。

六　军官学校教育长以下之组织，暂仍其旧，俟第六期学生毕业后，由训练总监部另拟条例呈请政府核定施行。

附：中央陆军军官学校组织条例

（2）中央陆军军官学校组织条例②

第一章　总则

第一条　本条例依据组织大纲及编制表订之。

第二章　校本部

第二条　校长统辖全校人员，综理全校一切事宜。

第三条　副校长辅助校长助理全校一切事宜。

第四条　教育长秉承校长、副校长之命，督率各厅、部、处、队处理校务教育一切事宜；如校长、副校长离校时得代理之。

---

① 1929年2月5日国民政府核准备案。

② 1929年由训练总监部核准。

第五条　校长办公室主任承校长、副校长、教育长之命，率副官、秘书办理校内一切事务，其职务如下：

（一）关于全校教育训练计划之审核事项。

（二）关于学生队编制组织及调遣事项。

（三）关于命令承转通报事项。

（四）关于全校人员升降任免调补叙铨考绩及一切人事等项。

（五）关于人马器材之统筹事项。

（六）关于编纂记录以及重要文电之撰拟事项。

（七）关于典守印信保管机密文件图书事项。

第三章　各部处

第六条　教授部主任承教育长之命，督率各处长、科长、教官司理本校各科学生学科教授事宜。副主任勷理主任督同各科长、教官担任本校学生学科教授事宜。其职务如下：

（一）关于计划教育审订教案事项。

（二）关于教授实施编配考察事项。

（三）关于成绩考核表册审订事项。

（四）关于图书器材出纳保管事项。

（五）关于所属人员统计调查及升降任免调补赏罚考绩与饷项领发等项。

附政治训练处、编译处。

政治训练处长承教授部主任之命，督率各处员教官司理全处事宜，其职务如下：

（一）关于政治教育之训练事项。

（二）关于宣传教育计划与教材编纂及发行事项。

（三）关于政治图书保管事项。

编译处长承教授部主任之命，督率各处员司理全处事宜，其职务如下：

（一）关于全校学术各书籍之翻译编审及搜集材料事项。

（二）关于印刷全校一切书籍表册事项。

第七条　训练部主任承教育长之命，统辖步、炮、工各大队，督率各级队长，担任各学生队训育事宜。副主任勷理主任督同各队长担任各学生队训育事宜，其职务如下：

（一）关于训育教练射击技术武术等计划实施事项。

（二）关于学生队编制组织调遣事项。

（三）关于各队学生躬行调查考核事项。

（四）关于演习之计划实施事项。

（五）关于技术射击所用器材之筹设整理保管事项。

（六）关于所属人员统计调查及升降任免调补赏罚考绩及一切人事事项。

第八条　管理处处长承校长、教育长之命，督同各课长司理本校庶务、交通、交际及卫戍、禁闭室、军乐队、号兵、马厩等事项，其职务如下：

（一）关于卫戍消防兵伕之指挥训练、电话之装修保管及管理马匹、整理校内军纪风纪、清洁卫生各事项。

（二）关于文具消耗、器具杂物之采办收发管理调查保存各事项。

（三）关于校舍之营造迁移运输及各种工程工匠之规划管理事项。

（四）关于禁闭室学生之解送提讯各事项。

（五）关于本校官佐兵伕之出入证及符号给缴登记事项。

（六）关于本校自来水、电灯之安设及管理事项。

（七）关于全校人员之统计调查及升降调补登记公布事项。

第九条　经理处处长承校长、教育长之命，督率各科司理本校一切经理事项。其职掌如下：

（一）关于编造全校经费之预算事项。

（二）关于全校金钱出纳及保管事项。

（三）关于各厅、部、处、队预算决算书及单据表册之审核事项。

（四）关于被服器具消耗品材料之筹划购置及分发保管事项。

（五）关于本校粮秣之筹划事项。

（六）关于所属人员统计调查及升降调补赏罚考绩事项。

第十条　军械处处长承校长、教育长之命，专司本校军械保管修配计划购置器材一切事宜，其职务如下：

（一）关于军械弹药贮藏保管及领发事项。

（二）关于军械之整理调查及登记事项。

（三）关于军用器材之设计购置及修理事项。

（四）关于军械附属品物之购置及保管事项。

（五）关于所属人员统计调查及升降调补赏罚考绩事项。

第十一条　军医处处长承校长、教育长之命，督率各科司理本校医务行政诊疗教育一切事宜，其职掌如下：

（一）关于卫生教育及治疗事项。

（二）关于身体检查事项。

（三）关于伤病之综核及统计事项。

（四）关于卫生勤务之分配事项。

（五）关于防疫事项。

（六）关于卫生宣传及清洁检查事项。

（七）关于医院诊疗所之统计调查及升降任免调补赏罚考绩事项。

第四章　附则

第十二条　各队人员之职掌，除特别规定者外，概照军队内务条例施行。

第十三条　本条例如有未尽事宜，得随时申具意见呈请修改。

第十四条　本条例自公布日施行。

〔国民政府参谋本部档案〕

2. 国民政府关于考选留学国外陆海军大学校条例指令

（1929年2月5日）

国民政府指令　字第二三五号

令参谋本部

呈为拟订考选留学国外陆海军各大学校条例请鉴核示遵由。呈件均悉。该条例业经第十八次国务会议决议修正通过，仰即以部令公布施行可也。修正条例抄发。此令。

中华民国十八年二月五日

国民政府指令　字第四三九号

呈为根据考选留学国外陆海军大学校条例，造具考选留学国外陆海军大学校学员各项经费预算表送请鉴核准予并案公布由。呈表均悉。准予并案公布，仍仰以部令颁行可也。附表抄发，此令。

计抄发原附预算表一件。

中华民国十八年三月四日

考选留学国外陆海军大学校条例

第一条　为博采国外最新高等用兵学术及军事上必要之知识起见，考选品学优越、经验丰富之军官留学国外陆海军大学校。

第二条　留学国外陆海军大学校学员，由各部选拔经参谋本部考试合格者咨送之。

第三条　留学国外陆海军大学校学员，以具备下列资格经试验取录者充之。

一、国内外正式陆海军学校毕业，其修业期间在一年半以上者。

二、毕业后曾服国内队附勤务两年以上，确有现任底差者。

三、勤勉强健、品行端正、确有成材之希望者。

四、精通某一国之语言文字者。

五、年龄在二十五岁以上三十五岁以下者。

第四条　留学国外陆海军大学校学员，每年考选一次。考选期间临时规定考选手续，须在国外陆海军大学校入校前十个月完竣。

留学国外陆海军大学校学员，于取录后须填具志愿书，呈送参谋本部。志愿书格式附后。

第五条　留学国外陆海军大学校学员名额，每年考选二十或三十名。

军政部占总额五分之二，中央直辖陆军各师、旅及海军各舰队属之。

训练总监部占总额五分之一，中央陆军军官学校及各陆海军军事学校属之。

参谋本部占总额五分之二，陆军大学校、中央直辖陆军各师、旅及海军军事机关参谋人员属之。

但各部选拔人员必在规定名额三倍以上，以便考试时择优取录。

第六条　留学国外学员其原职由该管长官派员兼理或代理，不得免除。其原薪由中央各原送机关于该员出国时先期发给，一年应得之原薪于每年前一次并汇参谋本部，转汇该员所入学校发给各学员。

第七条　留学日本学员由参谋本部每月给与津贴国币一百元，留学欧美学员每月给与津贴国币二百元，其津贴发给汇寄办法准第六条。

第八条　留学日本学员于出国时发给制装费五百元，旅费三百元，毕业回国前汇给旅费四百元；留欧学员于出国时发给制装费六百元，旅费一千元，毕业回国前汇给旅费一千元；留美学员于出国时发给制装费六百元，旅费一千二百元，毕业回国前汇给旅费一千二百元。

第九条　留学国外学员须将所学教程与心得随时呈报参谋本部。

第十条　留学国外学员毕业回国时，须将学历详细呈明参谋本部，由参谋本部酌量录用或咨回原送机关酌量升用。

第十一条　本条例如有未尽事宜，得随时呈请国民政府修改之。

第十二条　本条例自呈奉国民政府核准后施行之。

志愿书及考选留学国外陆海军大学校学员各项经费预算表式〔略〕。

〔国民政府参谋本部档案〕

3. 陆海空军留学条例

（1929年4月9日）

陆海空军留学条例

第一条　陆海空军派遣学员生留学之目的，在研究各国之军事学术，以为对本国军事谋改良进步之用。

第二条　应派留学各国之军事学校种类及留学事务主管部之区分如下：

（甲）各国陆军大学校、海军大学校、测量学校（参谋本部主管）。

（乙）各国陆军各兵科专门学校、士官学校（训练总监部主管）。

（丙）各国海军学校（除海军大学校）、航空学校、兵工学校、陆军军医学校、兽医学校、经理学校（军政部主管）。

前列各款以外，有临时发生派遣留学之学校时，按其性质规定主管之部，各主管部关于派遣留学之计划及制度等，须随时协议统筹办理。

第三条　派遣学员生留学，每年度由主管部事前分别种类，规定人数，考选合格人员，呈请政府核准后，咨由外交部行知驻外大使、公使，请留学国政府准其入学。

第四条　派遣各国留学学员生，须具备下列各项资格：

甲、学员应具备之资格：

一、曾在本国正式军事学校毕业，学术优秀合于留学学校入学之程度。

二、现充军职(其须经在职年限之长短，按学校性质另定之)。

三、通留学国之文字语言，能直接听讲。

四、年龄在二十五岁以上、三十五岁以内。

乙、学生应具备之资格：

一、年龄在二十岁以上、二十五岁以内。

二、精通留学国之语言文字，能直接听讲。

三、在本国高中以上毕业或具有同等学历及曾在本国受军事教育。

四、品行端谨，确无嗜好。

第五条　经政府考选派送之留学员生，均为官费，其费额另定之。但前经请准自费留学者，仍继续自费，概不改给官费及补助金。

第六条　留学员生由驻在该国之大使、公使暨驻在武官或管理员监督管理之。

第七条　留学员生在留学期内，非有疾病或不得已事故经主管部核准者，不得中途退学。

第八条　留学员生须潜心学业，不得有涉政治及轨外言动，如有违背规章及不堪造就者，勒令退学回国，其情节重大者，并予惩处。

第九条　留学员生品行学业之成绩等事，均由驻在该国之大使、公使暨驻在武官或管理员随时考察，通知各主管部。

第十条　留学员生毕业后，由大使、公使遣送回国，再由主管各部加以考验，呈请政府任用分发。

第十一条　关于选派留学员生之细则，由各主管部另定之。

第十二条　本条例自公布日施行。

〔国民政府参谋本部档案〕

4. 国民政府公布陆军大学校组织法训令

（1929年8月23日）

国民政府训令　字第七六二号

令参谋本部

为令知事：查陆军大学条例，前经制定公布在案。兹将该条例明令修正为陆军大学校组织法，并将条文酌加修改，应即通饬施行。除分令外，合行抄发修正条文，令仰知照，并转饬所属一体知照。此令。

计抄发陆军大学校组织法一份。

中华民国十八年八月二十三日

陆军大学校组织法

第一条　陆军大学校为养成军事高等人才，选拔品学优越之青年军官，授以高等用兵学术。

第二条　陆军大学校直属于参谋本部。

第三条　陆军大学校之教育纲领及研究要领，由参谋本部核定之。

第四条　陆军大学校之职教员如下：

校长

教育长

教务主任

聘任兵学教官

兵学教官

兵学辅助教官

教官

编译主任

编译官

副官

军需

军医

兽医

秘书、书记

第五条　陆军大学校职教员之职责如下：

校长，承参谋总长之命，综理校务。

教育长，承校长之命，督率各教官、编译官暨有关教育之各员，任教育上之计划、实施并关于一切研究事务。

教务主任，承校长、教育长之命，辅助教育计划之实施并处理关于教务上一切事项。

聘任兵学教官、兵学教官、兵学辅助教官、教官，承校长、教育长之命，教务主任之指导，任学术上之教授及研究。

编译主任，承校长、教育长之命综理编译事务。

编译官，承校长、教育长及编译主任之命，任口译、笔译、编辑之责，但口译编译官应兼受教务主任之指导。

副官、军需、军医、兽医、秘书、书记，承长官之命各掌其应担任之事务。

第六条　陆军大学校学员，须具有下列资格，经试验及格者：

一、现役步、骑、炮、工、辎等兵科之军官，曾毕业于国内外陆军军官学校或同等之学校，其修业期间继续在一年半以上者，或曾毕业于国内外军事航空学校，现任航空军官者。

二、曾服军役二年以上，少校以下中尉以上之军官，确有现职底缺者。

三、品行端正、身体健康、确有成材之希望者。

四、年龄在三十岁以内者。

第七条　陆军大学校每年考取学员一班，每班至多一百名，修学期间三年。但必要时得设特别班教授，其章程临时定之。

第八条　陆军大学校学员入学后，应留原职、原薪，其应晋级者，仍得晋级。

第九条　陆军大学校每年得派遣学员，使服队附勤务或见学旅行，校长视为必要得派兵学教官前往指导。但服队附勤务或见学旅行之学员，须受各该长官之指挥监督。俟完毕时，各该长官须将其成绩通知学校，以备考查。

第十条　学员入校三月后，举行甄别考试，每学年终举行学年考试，第三学年终举行毕业考试。以上考试成绩，均以六十分为及格。

甄别考试及学年考试时，由校长呈请参谋总长莅校或派员监试。每年年终，陆军大学校应将学员学年考试成绩并学员能力证明书呈送参谋本部，由部审核后通知原送机关作为学员年终之考绩。但第三学年毕业考试则照第十二条办理。

第十一条　学员因身体或其他原因不适于修学、或不能于修学期间完成预定学术、或学年考试成绩不及格者，即由校长开具事由，呈报参谋总长留级、或命其退学送回原送机关。其成绩优异者，校长得呈报参谋总长咨令所属长官，酌予奖励。

第十二条　陆军大学校于学员毕业考试完竣后，应将考试成绩表及能力证明书呈送参谋本部，由部审核后决定毕业学员之人数呈报最高军事机关，并咨军政部及训练总监部备案，并令知陆军大学校。陆军大学校遵照参谋本部令知造具毕业学员名册，呈参谋本部转请国民政府最高军事机关长官亲临授毕业学员以毕业证书及毕业徽章。

第十三条　学员毕业后，由校长呈请参谋本部择优任用，或送回原送机关服务。

第十四条　校长于每年夏期可给学员以四星期内之休假。

第十五条　校长得令兵学教官参加演习、或组织兵学研究会研究一切兵学及教授法并关于国防上之设施。

第十六条　校本部、教务处、编译处、骑术处之组织，依附表之规定。

本校附设兵学研究院，其组织另定之。

第十七条　陆军大学校之组织，依附表之规定。

第十八条　本法自公布日施行。

修正陆军大学校编制表〔略〕

〔国民政府参谋本部档案〕

5. 参谋本部关于办理要塞炮兵学校章程函①

（1935年1月）

奉交下本部城塞组城军字第二九三六号公函一件，内开：案查要塞组城军字第二九三六号公函一件，内开：案查要塞炮兵学校正式成校章程及编制表，业经呈奉军事委员会核准指令在案。相应检出该校章程及编制表，函达贵厅希请查照。查要塞炮校请委各员，本组尚须考核人员素质，及任教人员之钟点之计算，并希贵厅会同本组办理。附要塞炮校章程及编制各一份。"等由。除由本厅函复并分函外，相应检同原件，一并函达，即希查照为荷。此致本厅第二处

附要塞炮校章程及编制各一份。

参谋本部总务厅第一处启

① 根据要塞炮兵学校编制表修订日期推定。

要塞炮兵学校章程

第一条　要塞炮兵学校设置之目的如下：

考选中央军官学校炮兵科毕业生，施以要塞炮兵初级军官之教育，养成要塞技术人才，并战术上必要之知识，充连(台)、排(分台)之初级指挥官。

考选高级中学毕业生或要塞炮手，施以要塞炮兵特种分科技术及军事攸关之学术。

召集要塞炮兵上尉以上军官，施以要塞炮兵中级军官之教育，养成该兵种主要指挥官及各兵种联合战术上之特种参谋(必要时召集之)。

召集要塞炮兵校官以上之专门人才，研究改良要塞兵器、射击、电工、工程、战术及要塞炮兵之教育(必要时召集之)。

调查研究各国要塞及要塞设计试验实施。

第二条　本校区分甲、乙两种学员队及炮手队如下：

甲种学员以上尉以上要塞军官或乙种学员队毕业军官选充之(召集时另案呈请)。

乙种学员以中央军官学校炮兵科毕业生考选之。

炮手队学生以中央军官学校入伍新生及江、浙、皖、沪各高级中学毕业生或要塞炮手考选之。

固定炮兵连学兵，以现有学兵队学兵改编之，及考选各炮兵队炮兵或高级小学毕业生(本连俟设置练习队时，即行停止招考，与练习队合并)。

第三条　前条之外，并得临时召集各兵科军官及军士，使修习要塞上必要之学术(另案呈请)。

第四条　本校设置练习队，以供学员生之教育并各种之研究试验，其士兵由各要塞部队及炮兵部队选充，或招考高级小学以上毕业生编成之(暂不设置，必要时另案呈请)。

第五条　本校之职员如下：

校长

教育长

教务主任

主任教官

教官(军事、普通政治等教官)。

助教

教育副官

编译官

技(士)术员

学员(炮手)队长、队附、区队长(甲种学员队召集时,另案呈请)。

学员连连长、排长(练习队设置时,即行合并)。

秘书(书纪)

副官

军需

军医、兽医

管理员

练习队队长、连长及所属职员(设置时另案呈清)。

其他军用文官、准尉、军士、军属

第六条　校长承参谋总、次长之命,依城塞组主任之指导,综理一切校务。

第七条　教育长承校长之命,督率各教职员任教育上之计划及实施,并关于一切研究事项。

第八条　教务主任承教育长之命,分任教育计划及实施之责。

第九条　主任教官承教育长之命、教务主任之指导,分任各队学术科之教授及实施。

第十条　教官、助教承教务主任之命及本科主任教官之指导,分任学术科之教授及实施。

第十一条　编译官承教育长之命，分任各种之编译。

第十二条　学员（炮手）队队长、学兵连连长承教育长之命，队附、区队长承所属队长之命，各负所属管理及训练之责。

第十三条　练习队队长承教育长之命掌理队务。

练习队所属职员之服务，除本校特有规定外，准用军队内务之定则。

第十四条　秘书、副官、教育副官、技（士）术员、管理员、军需、军（兽）医、军用文官、准尉、军士、军属等，各承上官之命分任职务。

第十五条　教育纲领及学员（生）（兵）与练习队士兵之召集、入校、退学待遇等，得依训练总监部之规定，各专校例呈请规定之。

第十六条　研究或教育上有必要时，校长得商请所要之关系机关或部队长官使用其军队或器材。

第十七条　本章程有未尽事宜，得随时呈请修改之。

第十八条　本章程自公布之日施行。

要塞炮兵学校编制表〔略〕。

〔国民政府参谋本部档案〕

6. 国民政府公布修正陆军大学校兵学研究院组织条例

（1935年4月24日）

修正陆军大学校兵学研究院组织条例①

第一条　陆军大学校设兵学研究院，选择国内外陆军大学毕业学员，入院研究最高兵学及国防计划，以深造国防人材及兵学教官为目的。

① 本条例曾于1933年12月18日由参谋本部部令第四十三号，1934年7月19日由国民政府第四九九号训令分别公布。

第二条　研究院设主任一人，教官若干人，以专任研究员十二名至十五名及兼任研究员若干名组织之。但兼任研究员不得超过专任研究员之额数。

第三条　研究员之资格，无论专任或兼任，须确系国内外陆军大学毕业并服务二年以上，学验优越、成绩卓著、年龄自三十岁至四十五岁者为合格。

第四条　专任研究员入院研究，须经本校慎选具有第三条资格且有兵学教官经验者，将其详细履历呈送参谋本部审核，由部派员组织审查委员会加以审查，以定去取。

兼任研究员由本校教职员中选拔。但中央各高级军事机关职掌国防业务人员，如具有第三条资格，志愿深造者，亦得遴送一名或二名，经审查合格，准其入院研究。

第五条　研究院之编制如附表。

第六条　研究方法以聘任或委任教官之教授，与本校校长、教育长之指导，或请专家讲授，或使在本校学员受课时见习旁听，或使轮流上堂指导与演讲。每学期依限研究终了，应将研究所得之结果呈报参谋本部备案。

第七条　研究课目分主要课目、一般课目及自由选择研究课目三种。但主要与一般必修课目，在研究初期，各研究员先行共同研究，然后分科专攻，(战术、战史、后方勤务等科)详细研究。至自由选择研究课目，各研究员均须选择二门以上研究。其课目概要如下：

甲、主要课目

　　战略战术

　　战史

　　参谋要务

　　国防计划

　　后方勤务

国家总动员

乙、一般必修课目

军政军令

军队机械化

化学战

阵地战

航空战术

海战学

要塞战术

战术教育法

丙、自由选择研究课目

兵要地理之调查与研究

邻邦兵备及各国编制装备之研究

军队及学校教育之研究

各种特别演习及统裁指导法

各种新兵器之研究

典范令及军语符号之研究

历代兵略之研究

政治学

各国财政经济状况

各国社会状况

各国政治外交史

第八条　研究期限自研究员入院之日起，以一年为期。分三学期研究：第一学期六个月，第二、三两学期各三个月。研究期满后，应由本校召集担任学科教官评定研究员成绩。如认为优良者，得由本校呈请参谋本部颁给证书。兼任研究员不给证书。但研究期间如本校缺乏教官时，可选派兼任教官。

第九条　专任研究员之薪金待遇，由本校呈请参谋本部定之，兼任研究员仍支原薪。

第十条　专任研究员研究期满后，成绩优良者应留在本校尽教官之义务二年，无论任何机关不得调用。如有不遵守者，得由本校呈请将其证书取销，并追缴其已领得待遇之薪金。其中途藉故离院者同。成绩稍次者，或留院继续研究，或送请参谋本部酌量任用之。

第十一条　专任研究员在校研究期间，不得在外兼任任何职

修正陆军大学校附设兵学研究院编制表①

职别	阶级	人数	备考
主任	中(少)将	一	
教官	少(中)将	四	
副官	上(中)校	一	
编译官	同上(中)校	二	
绘图员	同上(中)尉	一	
书记	同上(中)尉	一	
司书	同少(准)尉	二	
公役	四等	三	
合计	官佐	一二	
	士兵夫	三	
附记	1. 除以上编制必要之人员外，其余关于研究院之一切行政事宜，均由本校各处职员兼任。 2. 本院需要设置之印刷工，已并设在本校教育处内，故不另列。		

① 军事委员会1936年1月修正。

务。否则除除名外，再追缴在校所得薪金。

第十二条　本条例自公布日施行。

〔国民政府参谋本部档案〕

7. 中央陆军军官学校昆明分校组织大纲

（1935年6月6日）

第一条　为使初级军官教育整齐一致起见，特在昆明设立中央陆军军官学校昆明分校。

第二条　昆明分校直隶于中央陆军军官学校，并受训练总监部之监督指挥。

第三条　分校设主任一员，综理一切事务，副主任一员襄助之。

第四条　分校设办公厅厅主任一员，辅助主任、副主任对于校务进行上负一切完全责任。

第五条　办公厅下设下列各科：

教育科　政治训练科　总务科　经理科　医务科

各科均设科长一员，事务员若干员。

第六条　分校设入伍生队三队，学员队二队。但按情况推移得呈请核示增减之。

第七条　分校之编制及服务规程另定之。

第八条　分校之教育纲领由训练总监部定之。

第九条　本大纲自奉准之日施行。

中央陆军军官学校昆明分校系统表〔略〕

中央陆军军官学校昆明分校编制表〔略〕

〔国民政府参谋本部档案〕

8. 陆海空军大学校暂行组织条例草案

（1935年11月16日）①

陆海空军大学校暂行组织条例草案

第一章　总则

第一条　为谋陆海空军国防上之协同一致，设陆海空军大学校(下简称本校)，选拔品学优越之陆海空军军官、分别授以陆海空军高等用兵学术，以养成军事高等人材。

本校内分为陆军大学组、海军大学组、空军大学组。

各组之研究院及特别班，视其需要临时呈请设置之。

第二条　本校直隶于军事委员会。

第三条　本校教育计划大纲由校拟订，征取关系机关之意见，呈请军事委员会核定。

第二章　职教员

第四条　本校职教员之设置如下：

校长

教育长

各组(院)主任及副主任

首席兵学教官

兵学教官

兵学补助教官

教官

首席译述官

译述官

编辑官

高级副官

---

① 系参谋本部收到日期。

副官

军需

军医

兽医

秘书、书记、图书管理、印刷管理、绘图、打字、速记、司书等。

教官铨用规则另定之。其有须聘任者，以聘任行之，但服务上仍须照第五条办理。

职教员之编制及名额，另详编制表。

第五条　本校职教员之职掌如下：

校长承军事委员会之命综理校务。

教育长承校长之命，督率各主任、各教官、各译述官、各编辑官暨有关教育之各员，任教育上之设计及关于一切研究，并三组协同交换教育事项。

各组主任承校长、教育长之命，任教育实施并处理本组及相联之研究院之教育事务。

各院主任承校长、教育长之命，任教育设计拟案及实施。

副主任承校长、教育长之命协助主任。

首席兵学教官承校长、教育长之命，主任之指导，除任学术上之讲授外，并率同有关之教官研究、搜集材料，统一教授方式及教育设计之拟案。

兵学教官、兵学补助教官承校长、教育长之命，主任之指导，任学术上之教授。兵学教官及兵学补助教官并以教授上之关系，协助首席兵学教官为教授上之研究及设计拟案。

首席译述官承校长、教育长之命，主任之指导，除担任译述外，并率同有关之译述官研究译述方法，统一译述用语及译述工作分配之拟案。

译述官承校长、教育长之命，主任之指导，任口译、笔译并协助首席译述官为译述上之研究。如配属于首席兵学教官，则秉承之办理一切。

编辑官承校长、教育长之命，主任之指导，任编辑之责。如配属于首席兵学教官，则秉承之办理一切。

高级副官、副官、军需、军医、兽医、秘书、书记、图书管理、印刷管理、绘图、打字、速记、司书各员，承长官之命，分掌其应担之事务。

本校办事细则另定之。

第六条　校长得令兵学教官参加演习或组织兵学研究会，以研究一切兵学及关于国防上之设施。

兵学研究会规则另定之。

第三章　学员

第七条　本校学员分陆海空军三组选拔之，其标准如下：

（甲）陆军大学组学员须具备下列资格，经试验及格者：

一、现役步、骑、炮、工、通信、交通、辎重等兵科之军官，曾毕业于国内外陆军军官学校或同等之学校，其修学期间在一年半以上者。

二、曾服军役二年以上之少校以下、中尉以上之军官，确有现职底缺者。

三、品行端正、成绩优良、身体强健，确有成材之希望者。

四、年龄在三十岁以内者。

（乙）海军大学组学员须具备下列资格，经试验及格者：

一、曾毕业于国内外海军军官学校，确有炮术、水雷术及航海术之高深学术者。

二、　任上尉后曾在海上服务一年以上之上尉以迄上校之海军现役军官。

三、品行端正、成绩优良、身体强健，确有成材之希望者。

四、年龄在四十岁以内者。

（丙）空军大学组学员须具备下列资格，经试验及格者：

一、曾毕业于国内外军事航空学校，受侦察、轰炸、战斗等分科教育毕业后，并服空军现役满三年者。

二、品行端正、学术优良、身体强健、确有成材之希望者。

三、年龄在三十岁以内者。

陆海空军大学学员试验细则另定之。

第八条　陆军大学组每年考取一班，每班至多一百名。修学期间为三年。

海军大学组每隔二年或一年考取一班，每班二十乃至三十名。修学期间为三年。

空军大学组每年考取学员一班，每班二十五名乃至三十名。修学期间为三年。

各组特别班依本条例第一条第三项之所定。

第九条　本校学员入校三月后举行甄别考试，每年年终举行学年考试，第三学年期满举行毕业考试。各项考试均以百分为满分，六十分为及格。学年考试、毕业考试均须由校提出考试成绩表及能力证明书。

考试手续及书表之方式、填注并其送达、保存，均于本校办事细则详定之。

第十条　甄别考试、学年考试、毕业考试不及格者，以及因身体原因或其他事故不适于修学或不能于修学期间完成预定学业者，均令其退学，送回原送机关。但于可能范围内得察酌情形，命其降班或留级，以一次为止。其犯有过行，依法应开除学籍者，即命退学。以上均由校开具事由，呈请核定行之。

本校学员应守规则另定之。

第十一条　学员入学后，应留原职原薪，其军官应行晋任者仍与在职同。

第十二条　本校依教育计划，得派学员服队附勤务或见学旅行，除视为必要派兵学教官随往指导外，各学员应受各该长官之指挥监督，完毕时各该长官调制成绩表通知学校。

陆海空军学制表

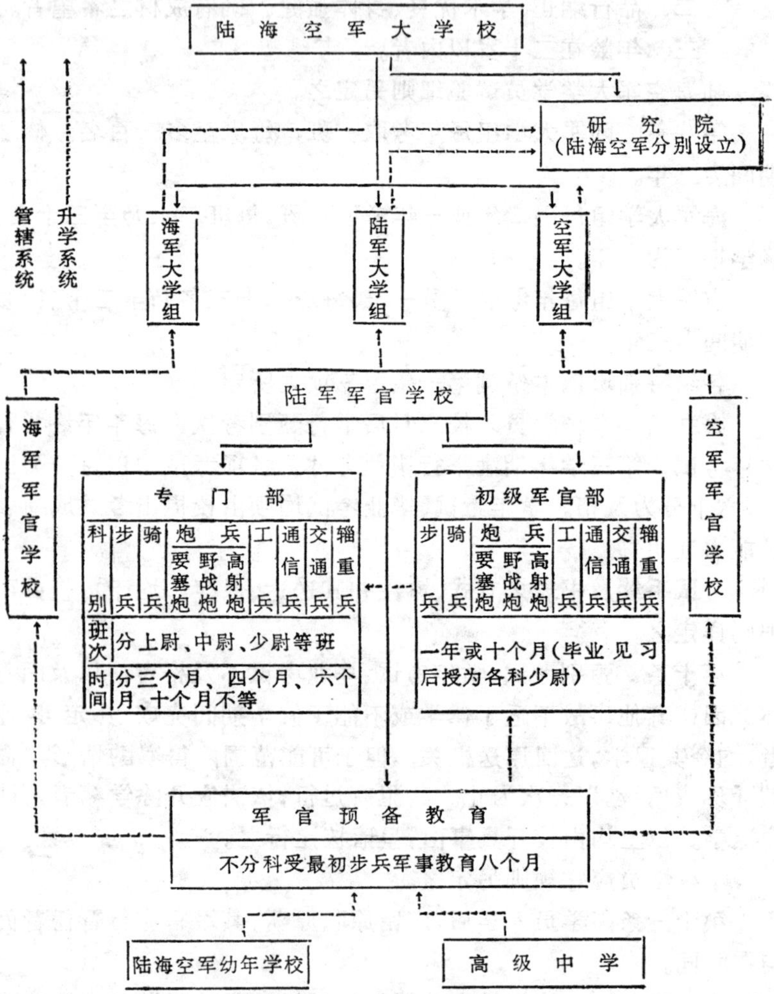

原注：备开会参考之用，不对外发表。

队附勤务或见学旅行，利用暑季为之。暑季最热时，得给学员以两星期以内之休假。

第四章　附则

第十三条　本条例如有应行修正之处，随时呈请修正之。

第十四条　本条例自　　年　　月　　日施行。

〔国民政府参谋本部档案〕

9. 陆海空军大学校教育计划大纲草案

（1935年11月16日）

陆海空军大学校教育计划大纲草案

共同方针

陆海空军大学校教育，以养成一般健全之军事幕僚及指挥官暨国军建设之基干为目的，故应授以高等军学之原理、原则及学理上之应用与军事上之必要学识，尤须培养军人道德，锻炼军人精神（含体力及生活），统一国防见地，复兴民族观念，以造就统御之人格。

研究方法，在研究列强最新学识而参合国情，予以深刻确切之融会，以期适用，并树立我国军事学独立之基础。

主要课目宜选定切要部门，而求教授上之彻底。

补助课目以军事学上所必需者为限。

科目之合授者，以科目之性质，人数之许可及时间为标准。

各别要领（一）

甲、陆军大学组

一、教育科目以战略战术为中心，凡补助各科目（政治训练科目同）以能提供军事学之使用或参考为主，军事学以能合乎战略战术之条件为主。

二、教育各科目之教授，凡设计者及讲授者（含统裁）须为如下之注意。

1. 避免彼此重复或彼此遗漏。

2．务求齐头并进，以收互相为用之效。

三、教育之顺序：为听讲、作业、演习、队附勤务、参谋旅行见学【习】旅行等，务求其互相证明、互相补助，成一完全之系统。

四、陆军大学组织教育最大目的，以求中国之陆军战术独立为归宿。

附：陆军大学组教育科目及要旨表

科目	要　　旨
战略战术	研究用兵原理，运用陆海空军，养成统帅上所需之素质，兼使具备实际应用之能力，精通各种小部队之指挥以迄大军统帅之运用，他若阵地战、要塞战、化学战、空军战术、海军战术亦须融会贯通、特别注意。其手续以图上战术、兵棋、高等司令部幕僚勤务之室内演习、现地战术、参谋演习旅行、高等司令部幕僚勤务演习旅行行之，特须顾虑战史及参谋要务两科目之关联。
战史	为战术上之考证，取材近代战史，如世界大战、日俄战役等是。为战略上之考证，取材稍远战史，如普法战役、拿破仑战史等是。至战事只能考其进退得失而不能详其细节者，藉以考民族之盛衰、疆土之得失，如有清一代之兵事，得用始末记体裁讲授之，其余均须用战术体裁讲授。
参谋要务	参谋要务以养成平战两时参谋勤务上所需之智能为目的，换言之，实即一种幕僚教育，而亦为指挥官所不可忽者，其详细科目分为十二种。 1．参谋业务　2．军政学　3．各国兵备 4．兵要地理　5．作战计划（含节次作战计划、国防作战计划） 6．动员计划（含国家总动员）　7．输送学 8．辎重勤务　9．兵站勤务　10．军队教育 11．演习计划　12 谍报及宣传
军制学	国军编制之良否，关系作战指挥。换言之，研究战术必先研究叙述编制装备之军制学，其节目为国军编制之原理、军队成立之要素，平时编制及战时编制之方法，并征引世界战后列强之陆军建设及编制，以作本国改良之考鉴。因此与各国

（续表）

科目	要　　旨
军制学	兵备有关联。至军政事宜，则提出而另设军政学一科目以讲授之。
兵器学	研究战术最重要为火力之判决，而研究兵器学，亦在合乎战术上之要求，故其节目为现用兵器之构造、效力、用途及其发展之趋势，至各国主要兵器（尤在关系较切之邻邦）及兵工工艺之大要，亦须研究，以资比较而为借镜。化学兵器特别讲授。
筑城学	筑城与兵器，为构成战术实体研究上之两大因素、最有关联。故本组科目战术、军制、兵器、筑城，讲授上务取一致。本科目分为野战、筑城、永久筑城两部分讲授。其节目为： 1．野战筑城学：野战阵地战之阵地编成及筑城材料技术等项之大概。 2．永久筑城学：要塞堡垒炮台构造之概要及要塞之编成，并攻守城器具材料、照明具等之构造、机能及用法大概。 另世界战后列强要塞新方案。
地形学	按本科目军官学校所授已足敷用，本组可加授航空摄影测量之判读法，如尚再需要可摘授地图之种类及利用现示法与各种测图法。
交通学	本科目实包括交通、通信两项。查此两项已在兵种中有独立成为兵种之趋势，故不能以军官学校已授为满足，重在了解军事上交通通信机关之构成及技术上之概要与其发展之趋势，以养成交通技术上之智能，备战术上之运用为主，并详究各国用兵上之交通通信机关，以资借镜。 军队机械化特别讲授。
航空学	本科目虽名为航空学，实包括空军战术、军队防空、航空学三大部分，除空军战术、军队防空特别讲授外，航空学节目以了解航空器之种类、性能、构造、机能、驾驶术之大要，并其发展之趋势，空军军制、兵器设备兼及航空气象，航空兵要地理、列强空军军备之大概。

(续表)

科目	要　　　旨
海战学	本科目实包括海军战术及海军知识两项。除海军战术特别讲授以便参划陆海两军协同作战外，其余如舰艇(尤重潜水艇)之种类、性能、兵器、编制、动员及海军战史、海军兵要地理之大要与列强海军军备及其竞争之大概，均须讲授。
陆军经理学	本科目在使了解平战两时(尤重战时)人马之给养及军费、军需品之筹办、保存、分配、征集、补充并经理编组、经理制度之与陆军统帅攸关事项。 本科目讲授时，其关系战时事项宜与兵站勤务及经济财政学之战时财政、战时经济统制取〔有〕关联。
陆军卫生学	本科目重在平战两时(尤重战时)之军队卫生、勤务与其机关之运用(尤重在战术方面)，兼及军队卫生学之大要，并军队防疫法暨军队中易生各症之治疗、预防等法。
马学	马政已于军政学中讲授，本科目注重相马、役马及饲养管理诸法，兼及各国军马现状，尤重马种改良并我国马匹之现状，与其应行改革之点。
政治训练	本大学组之政治训练，其作用与一般大学之军事训练相同，其讲授标准以本组要领第一条为主，科目如下： 1．党义(主义、党纲、政纲、历次代表大会决定之政策及建国方略之心理建设、实业建设等)　2．国法学 3．政治学(以上1、2、3，与军制学取〔有〕关联) 4．经济财政学(尤重战时经济统制、战时财政) 5．社会学(尤重思想战)　6．各国革命史(含本国) 7．世界近〔代〕史　8．公法学　9．外交史
补(辅)助学	为补〔辅〕助一般军事学之研究及准备将来学者参预国军枢要必需之智识、暨在校研究兵器学、筑城学等技术上需要高等数学起见，特设下列之科目： 1．历代兵略(注重古兵家学说，尤其孙子学说及历代关系成败兴亡之大战，并抵御外侮、开辟疆土之战争暨历代兵制大要) 2．心理学(注重群众心理及统帅心理) 3．统计学　4．数学

（续表）

科目	要旨
讲话	系一种课外讲演、以补教育之不逮，顺应时代之要求，与学员之素质、能力及教育实施之情况，随时邀请专家行之，其范围以有关学术及精神之修养者，皆在其列，不仅以军事范围为限。
外国语文及本国边疆语文	为洞悉现在世界大势、讨求各国军事设施及学术起见，特设有关系之各国语文班，遴学员夙有根底者，分别就学期与外人言文直接。 又本国边疆如蒙、回、藏语文，亦得以需要分别研究。 以上各员以一种为之。
骑术及两轮机器脚踏车之驾驶术	骑术教育在使熟习乘御（尤重长途骑乘及单独骑乘）之术，养成保养马匹之知识。 两轮机器脚踏车之驾驶术在使熟悉长途驾驶及通过不平地之驾驶，并自行检查、拂拭、小修理等等浅易技术。
高等司令部幕僚勤务演习	此项演习大概于第三学年，以全期学员充对抗两军军师司令部及所要之第一线团队职员，以演习作战事项及幕僚勤务为主。（课报以战场课报为主，宣传谋略只限于为作战补助手段之范围，后方勤务亦只研究其大要。）
现地战术及参谋演习旅行并其他旅行与大演习之参加	在图上运用战术之后，于每年春秋两季，复应用各种地形将战术（含空军战术）实施于现地，是为现地战术。 第三学年年终举行参谋演习旅行，系将三年所学（尤其与大战术之兵棋取【有】关联）为结晶之实地试验，以觇各员对高等用兵学之能力，并学术应用暨精神体力态势为主。 后方勤务及高等司令幕僚勤务于可能范围内，亦得行旅行演习。 大演习之参加系练习、指导、审判，大概于第三学年行之。
队附勤务及见学	队附勤务，系令各学员亲往本兵科以外各兵科之部队服队中勤务，或各兵科专门学校受各兵科技术上或其特点之讲示，籍以确知各兵种之真实性能，得联合用兵上之协同知识为主。 见学，系令学员对于要塞、港湾、战绩、交通、通信机关、各项军事工厂、海军舰艇、空军设备、官署、学校、部队并各项演习试验、实地见习，以补足校内之研究，并增进各种知识。

各别要领(二)

乙、海军大学组

一、本组教育，一般以研究原理、原则及其应用，并体察列强海军趋势为适合时代之研究，但特别注重吾国将来之海军建设。

二、海军教育以舰队实习及其机关工厂见学为最重要。本国舰队恐尚不足以完成此目的，并基于前条之趣旨，故本组特别注重英、法、德语文，以备世界几大海军国留学之人选。

三、为统一其基础起见，故本组教育特别注重海军基础兵学。

附：海军大学组教育科目及要旨表

科目	要旨
战略战术	先研究海军基本战略、基本战术，再以图上演习、兵棋演习及舰队演习之参加以运用之，此外尚有炮战术及炮术、水雷战术及水雷术、潜艇战术、航空战术、陆战术。计由一舰战斗力之设备运用乃至大舰队之建设指挥，以迄陆海空军之协同作战均需了解。 本科目除陆战术不计外，其余计需六个讲席以讲授之。
海军战争业务	本科目约分为搜索侦察、警戒封锁、补充修缮及卫生、作战计划、其他特种业务五项。 其中有可由战略战术教官兼授者，得由其兼授之。
海军战史	计由英法海战、奥意海战、美国南北战争海战、中日海战、美西海战、日俄海战以迄最近欧洲战争之海战。惟海战史较为简短，其研究法：(一)就战势变化，以体察用兵之奥妙。(二)就战役研求前后事迹，推论其原因结果与影响，而办其得失。
海上兵要地理	计为吾国沿岸(含长江、珠江及其他兵舰可航之河川)及太平洋方面之兵要地理。
防御计划	本科目表面上似可包括于战略战役或海军战争业务之内，其实须各别研究，而以吾国为尤甚。在使学员了解防御方针、防御区域及局地防御之原理原则，并研究吾国沿岸之防御设施。 本科目可由兵要地理教官兼授之。

（续表）

科目		要旨
海上输送学		本科目在使学员了解战时海上输送业务、输送船之航海掩护及在敌前起卸等，分别原则及应用讲授之。
海上通信学		本科目在使学员了解各国海上通信政策及海上通信机关之构成与技术上之概要及发达之趋势，如与海军用兵有关系之外国通信机关，亦宜详加研究。
海军动员		本科目在使明了各项舰艇兵器燃料及其他物质人员之补充准备等项，分学理计划讲授之。 另授海军工业动员。
海军军制学（含军政）		就列强海军编制、法规及其行政为纲领之讲授。 兼及陆空军军制大略。
各国海军史		就各国海军创设、兴革及其盛衰等为纲领之讲授。
各国海军现状及趋势		就现在大海军国之海军政策、海军势力、海军条约等为纲领之讲授。 本科目与各国海军史取【有】关联。
中国海防现状		此科目不啻我国一种特设科目，因为注重将来海军建设，不可不知我国海军以前情形，其节目以中国海军势力、海军设施（含沿革）、江海防务、海军法规及其行政等为纲领之讲授。
海军基础兵学	舰队运动及航法	就阵形制式、舰队运动实施法及调制运动图表等为纲领之讲授。
	航海学	就直接有关作战之航海学及新航法为纲领之讲授。
	轮机学	就直接有关作战之轮机学及轮机现状等为纲领之讲授。
	造船学	就造船学之直接有关作战者及造船现状等为纲领之讲授。
	兵器学	就海军用新兵器以其构造、性能、趋势等为纲领之讲授。

（续表）

科目		要旨
	筑城学	就一般要塞之常识为提要之讲授。
政治训练	党义	为统一军官观念及备具海军高级军官之知识及办理海上外交起见，于上述科目为提要之讲授。
	政治学	
	国际公法及国际情势	海上国际公法须聘请专家讲授之。
	近代外交史及外交常识外交仪节	
	海军军队教育	就军官、军佐、士兵之教育要旨并计划等为纲领之讲授。
	世界近世史	
补〔辅〕助	学及讲话	就统计学、心理学为提要之讲授。 讲话以有关海军及国防之名人演讲为之，亦可参加听取他组之讲话。
外国语文		为修学服务及本组要领第二条所述，得以每员限于一国语文，分设外国语文讲座以讲授之。所需要者为英、德、法及日本语文。
舰队实习及	见学与参观	实习之时间、科目另订详细计划，本国海军如有新式舰艇及海军附属之机关、学校、工厂，得各就所学派往见学，以资证明，并就各国来华兵舰参观。

各别要领（三）

丙、空军大学组

一、为使本组学员将来具有广博的学资，对于国军之战斗序列中关于大军统帅与指挥、及关于战略战术上作战想定，得出其所学，充分应付之。（最及目的以能参加领导机关之工作，担任航空队队长及大队长或各级司令部航空幕僚为主。）故规定如附表。

二、为求教授上之彻底起见，故教育科目仅选定切要部门。而第一学年应以基础教育为准，逐渐于第二学年推进之。

三、教育科目，其应合授分授者，应俟第一学年学程经过，再据阅历定之。

四、教育期间完毕时，应以一扩大部署之兵棋演习终结之。

毕业考试，理论学术的成绩之外，更当以实地勤务成绩为准。

附：科目及要旨表

科目	要旨
空中战略 空中战术 陆海空军联合战术 统帅学	上列四门科目之着眼点如下所述： 1．独立空军作战指挥。 2．以航空军构成野战军之一部，与其在国防上之应用。 3．空中侦察。 a．独立的战略。 b．战略上远侦察。 c．战术上近侦察。 d．战场上战斗侦察。 e．炮兵飞机勤务。 （a—e）空中搜索 4． a．驱逐飞机队 b．轰炸飞机队 （a—b）统一指挥与战斗
国防建设 军制学 邻邦兵备 空军历史	上列三门科目，其着眼点如下所述： 1．中国的航空。 2．列强的航空军建设和军制。 3．与中国发生关系的列强航空军备。 空军自出现以来，其加入战争之过程，尚不足语于战史，故只能以空军历史讲授之。

(续表)

科目	要　旨
防空学	本科目之着眼点如下： 1．国际空权。 2．空中危机之检讨(特以中国情况而论)。 3．防空处置。 4．防御手段。 a．情报与警报。 b．空中防御。 } 积极方法。 c．地上防御。 d．气球阻塞。 e．伪装烟幕。 } 消极方法。 f．人民防空。 5．野战防空部队与航空兵之协同。 6．部队防空。 7．中国民间防空之建设与组织。
航空地理 航政管理	上列两门科目之着眼点如下： 1．普通的航空地理及政策，与中国的特别航空地理及政策。 2．战略与战术意义中之空军地上设备。
航空交通学	本科目之着眼点： 1．战略与战术意义中之空军通信方法与交通连络方法。 2．空中乘客交通与空中商务。 a．对于空军方面一般之影响。 b．对于中国之特别影响。
海上航空军	本科目之着眼点如下： 1．论海上航空军之飞船。 2．论海上航空军之飞机及航空母舰。 3．论与中国有关系之国之海上空军军备

（续表）

科目	要　　　旨
飞艇与汽球	本科目之着眼点如下： 1．侦察上之使用。 2．炮兵观测射击之勤务。
空军资源学	本科目之着眼点如下： 1．航空器工业与兵器工业。 2．油料对航空军一般影响。 3．油料对于中国之特别影响。
空军经理学	两科目之着眼点如下：
后方勤务	1．空军之补给与补充。
空军卫生学	
空军教育学	
航行学	
气象学	
航空法规及国际法	
参谋业务	
一般国法学及列强政治经济状况	上列各科目有可与陆、海两组合授者则合授之。
数　学	
外国文	
马术及两轮机器脚踏车驾驶术	

（续表）

科目	要　　旨
飞行术	
	上列科目之着眼点如下： 1.赋予充分机会参加航空军实习。 2. 派赴陆军或海军部队实习。 3. 实习时不可徒作“办事室工作”或充“见习等无责任之闲职”。 4. 实习全期中至少三个月。

〔国民政府参谋本部档案〕

10. 陆海空军大学校海军学院组织法草案

（1935 年 11 月 16 日）

陆海空军大学校海军学院组织法草案

第一条　海军学院为选拔品学优越之海军军官修习高等用兵学术，养成军事高等人材。

第二条　海军学院之教育纲领及研究要项由参谋本部定之。

第三条　海军学院之职员如下：

副教育长

教务主任

高等兵学教官

兵学教官

教官

编译主任

编译官

副官

军需

文官

职员人数、阶级、薪饷等级，海军出身者按照海军舰队给予办法，由参谋本部呈请国民政府核定。

第四条　海军学院职员之职责如下：

副教育长承校长、副校长、教育长之命，督率各教官、副官暨有关教育之各员，任教育上之计划实施并关于一切研究事项。

教务主任承校长、副校长、教育长、副教育长之命，辅佐教育计划之实施并处理关于教务上一切事项。

高等兵学教官、兵学教官承校长、副校长、教育长、副教育长之命，任学术上之教授及研究。

编译主任承校长、副校长、教育长、副教育长之命，综理编译事务。

编译官承校长、副校长、教育长、副教育长及编译主任之命，任口译、笔译及修辑之责。

副官、军需、文官等承校长、副校长、教育长、副教育长之命，各掌其应担任之事务。

第五条　陆海空军大学校学员须具有下列之资格，经考验及格者。

一、曾在国内外海军军官学校、海军专门学校兵科毕业之海军军官。

二、曾在国内外航空学校毕业而为海军学校兵科出身之航空军官。

三、身体强健、品行端正，实务之成绩优等而具有修习高等兵学之学识度量者。

第六条　修业年限定为三年，其试验规则另定之。

第七条　海军学员得保留原资原薪。

第八条　海军学员年【连】三年考取学员若干。

第九条　学员于每学年终行学年考试，第三年终行毕业考试，均以六十分为及格。

第十条　学员因身体或其他原因不适于修学，或不遵守校规，或学年考试成绩不及格者，即由副教育长开具事由呈报，命其留级或退学送回原机关。其成绩优异者，得呈报校长转请咨行所属长官酌予奖励。

第十一条　海军学院于毕业考试完毕时，应调制各学员能力证明书及考试成绩表，造具表册呈请转报参谋本部。海军学员遵照参谋本部指令呈请转送毕业学员名册，由参谋本部转呈国民政府主席亲临授以毕业证书及毕业徽章。

第十二条　学员毕业后呈由校长呈请送回原机关。

第十三条　每年夏期得给学员以三星期内之休假。

第十四条　本法如有未尽事宜，得由参谋本部随时修正之。

第十五条　本法自公布日施行。

〔国民政府参谋本部档案〕

11. 陆军宪兵学校组织条例暨编制表①

（1936年2月24日）

第一条　为造就宪兵干部人材，并研究改进其学术与应用器材等起见，特设立陆军宪兵学校（以下简称本校），直隶于军政部。

第二条　本校实施教育区分为下列各队及班：

甲级学员队　本队学员，由中央军校学生每期毕业后，拨发六〇至一〇〇名充之，必要时得考选各机关部队之各兵业科军官，曾任职一年以上，志愿转科为宪兵军官者充之，修业期限为六个月。

乙级学员队　本队学员，系遴选宪兵各团优秀之准尉或上中士充之，额之六〇至一〇〇名，修业期限为一年。

① 1936年2月24日奉军事委员会公字第1254号指令核准。

丙级学生队　本队学生，系考选宪兵各团资深优秀之宪兵上等兵或下士充之，额定二一六名(上等兵一二六名，下士九〇名)，每年考选两次，其修业期限为八个月。

特务教育班　本班以选拔忠实干练之现役宪兵军官佐及士兵为学员生，额数各四。员名，系分别授以特种勤务教育，修业期限，学员六个月，学生八个月。

此外(1)宪兵上等兵教育　特附设教导团及补充团；考选国内优秀青年，授以军事学术及宪兵专科基本学术，使能充任宪兵，其修业期限为八个月。(2)军官佐属教育　对于已在宪兵中服务而未受宪兵教育之军官或军佐属，依其必要，临时轮流召集，施以相当教育(由本校原有教官担任教授)，以资普及而期改进。

第三条　本校设置下列各职员：

校长　教育长　教务主任　研究委员　政治训练员　教官　助教　编译员　教育副官　副官　军需　军医　兽医　司药　管理员　书记　司书　绘图员　司号长　学员生队队长　队附　教育班主任　班附　教导及补充团团长并其所属队长队附。

第四条　校长承军政部部长之命，训练总监与参谋总长之指导，综理全校一切事宜。

第五条　教育长承校长之命，处理校务并负全校行政教育之责。

第六条　教务主任承校长、教育长之命，任全般教育计划及实施与研究，并有时代教育长处理校务。

第七条　自教务主任以下各职员职掌如下：

研究委员承教育长之命、教务主任之指导，任教育与器材等应行研究改进之事项，并建议与实施。

政治训练员承教育长之命、教务主任之指导，负政治训练之责。

教官承教育长之命、教务主务之指示，分任学术科之教授及实施。

助教承教官之命，襄助学术课之教授及实施。

编译员承教育长之命，教务主任之指示，分任编辑及译述教育

副官承教务主任之命，督率所属，办理教育攸关事宜。

副官承校长、教育长之命，掌管人事、庶务、给养及士兵夫之训育事宜。

军需、军医、兽医、司药均承长官之命，掌理其职务。

管理员承长官之命，分掌械弹、装服、器材及图书、印刷等之保管及统计。

书记承长官之命，司书承书记之命，各服膺其职务。

绘图员承长官之命，执行其职务。

司号长承长官之命，负督率及训练号兵之责。

学员生队队长、教育班主任、教导及补充团团长，均承教育长之命、教务主任之指导，任管理训练之责。

学员生队队附、教育班班附、教导及补充团团附暨团内队长、队附，各承所属长官之命，分任管理训练之责。

第八条　本校之编制如附表规定。

第九条　本校之教育纲领，由军政部会商训练、总监部，拟呈军事委员会核定颁布之。

第十条　本校遇研究或教育上有必要时，得商请关系机关或宪兵部队长官，使用其军队或器材。

第十一条　本条例自核准之日施行。

陆军宪兵学校编制表　　民国二十五年二月二十四日奉军事委员会公字第1254号指令核准

区分	职别	阶级	员名	备考
本校部	校长		1	委员长兼
	教育长	中(少)将	1	宪兵司令兼

（续表）

区分	职别	阶级	员名	备考
本校部	教务主任	少(上校)将	1	
	研究委员	上(少将)校 上中校	2 2	
	教官	中上校 中校	6 8	共28员计： 法律教官 12员 技术教官 4员 专科教官 5员 普通教官 5员 预备教官 2员 其课目如另表支配
	助教	中(少)校 中校	1 3	
		少校 上(少校)尉	8 2	
		上(中)尉	5	国术(摔角)、马术，体操，劈刺、捕绳各一
		准(少)尉	10	国术、马术、体操、劈刺、捕绳各二
	政治训练员	少(中)校	7	
	编译员	同上校 同中校 同少校	1 1 1	编译员专任编译外，其余编译由各课目教官任之。
	教育副官	中(少)校	1	任教育攸关事宜
	副官	少(上尉)校	1	掌理人事
		中尉	2	掌理庶务给养
	军需	二(三)等军需正	1	
		三等军需正	1	

(续表)

区分	职别	阶级	员名	备考
本校部	军需	二 三 等军需正	1	
			2	
	军医	二(三)等军医正	1	
		一等(三)等军医正军医佐	2	
	兽医	一等兽医佐	1	
	司药	二 三 等司药佐	1	军医一
			1	兽医一
	管理员	少(上尉)校	1	管理械弹、器材、图书、印刷各一
		同中(上尉)尉	3	
	绘图员	同中(上)尉	1	
	书记	同上(中)尉	5	校本部一、教育一、军需一、打字一、速记一
	司书	同准(少)尉	5	教育二、研究一、军需二
	司号长	准(上士)尉	1	
	文书军士	上士	4	副官、军医、器材、研究各一
	工长	同 上 中 下 士	7	枪工、缝工、靴工、鞍工、掌工、电灯工、印刷工各一
	工匠	同上等兵	14	枪工、缝工、靴工、鞍工、掌工、电灯工、印刷工各二
	卫士	中 下 士	12	兼任不设 教务主任如上校级别则不设

（续表）

区分	职别	阶级	员名	备考
本校部	军械军士	上(中)士	2	
	军需军士	上(中)士	2	
	看护军士	中(上)士	2	
	兽医军士	中(上)士	1	
	传达军士	中(上)士	1	
	看护兵	上(一)等兵	5	内兽医看护兵一
	传达兵	上(一)等兵	7	
	号兵	上(一)等兵	2	
	饲养士兵	上下士 一(三)等兵		以马70匹计算
	公役	一 二 三 四等 五 六	1 2 3 4 5 6	内含庶务公役4名
	炊事士兵	上下(上等兵士) 一(二)等兵)	1 2 8	含军鸽训练班，炊事兵在内
	马匹	乘马	20	
		教练马	50	
	合计	官佐	91	共官兵夫199员名
		士兵夫	107	
		马匹	70	

（续表）

区分	阶级	员名	备考
甲级学员队	官佐	5	
	学员	60—100	
	士兵夫	11—15	
乙级学员队	官佐	5	
	学员	60—100	
	士兵夫	2—15	
丙级学员队	官佐	24	
	学生	432	共两队合计如上数
	士兵夫	140	
特别教育班	官佐	7	
	学员 学生	40 40	
	士兵夫	10	
宪兵教育团	官佐	88	
	士兵夫	1567	
	马匹	19	
宪兵补充团	官佐	31	
	士兵夫	68	
	马匹	19	
总计	官佐	251	
	学员生	633—712	

（续表）

区分	阶级	员名	备考
总计	士兵夫	1914—1925	
	马匹	108	
附记	一、本校教职员中有非正式军人出身者，则于其阶级上冠以一"同"字，以示区别。 二、增设外国语文时，该项教官得呈准添设之。		

〔国民政府参谋本部档案〕

12. 参谋本部公布修正陆军大学校暂行初试复试规则令①

（1936年2月）

部令　第六十六号

兹修正陆军大学校暂行初试复试规则公布之。此令。

参谋总长　程潜

中华民国二十五年二月　日

陆军大学校暂行初试复试规则

第一条　陆军大学校入学试验，分为初试、复试二种。

第二条　初试由参谋本部分别咨令全国各军事机关及各部队最高长官自行办理之，复试由参谋本部办理。

第三条　各军事机关及各部队办理初试，应慎重选拔具有下列资格之人员举行之。

---

① 本规则曾于1931年7月由参谋本部总字第十六号部令修正公布。

一、步、骑、炮、工、辎等兵科之军官，曾毕业于国内外陆军军官学校者，或毕业于国内外军事航空学校，现任航空军官者。

二、自军校毕业，除见习外，曾充队附、勤务二年以上，少校以下、中尉以上之优秀军官，确有现任底缺者。

三、品行端正、身体强健、确能造成伟器之希望者。

四、年龄在三十五岁以内者。

第四条　各军事机关及各部队初试选送员额如下：

军事委员会　　十八员（航空委员会在内）

重庆行营　　四员

参谋本部　　八员

训练总监部　　二十四员（所属各军事学校在内）

军政部　　十六员

军事参议院　　三员

国府参军处　　二员

宪兵司令部　　四员（所属部队在内）

各剿匪总司令部或督办公署　二员

各绥靖公署　　二员

各省保安处　　二员（所属部队在内）

各路总指挥部　　一员

各军部　　一员

各师　　三员

各独立旅　　一员

第五条　各军事机关及各部队选送初试学员，应为其所属现任之军官，不得有假借名义顶补名额情事。

各部队选送学员之初试，由其驻在地之直属高级机关（如行营、绥靖公署、总司令部等）认真举行之，但各机关部队须按规定名额，预选三倍以上之人员与试。

第六条　各初试机关将初试录取各员出具证明书（如附表第

一),连同各该员试卷、初试成绩表、毕业文凭及四寸半身军服(不戴军帽着官阶领章)照片两张，务于二十五年七月一日以前送到参谋本部,以凭审查资格。如毕业文凭遗失者,应由各该管最高长官出具保证书(如附表第二)。

第七条　参谋本部应先组织资格审查委员会，将各军事机关部队送到之初试录取各员文件详加审核,其资格合格者,听候参谋本部通知各原送机关部队，转饬各该员遵照规定日期至参谋本部报到，听候复试。

第八条　每届复试由参谋总长特派复试委员长、副委员长及委员组织复试委员会,按照陆军大学校组织法举行复试,其复试委员会规则另订之。

第九条　复试毕由复试委员会调制复试成绩次第名册，并拟定入校员名呈请参谋总长,核准后由参谋本部令知陆军大学校,并通知各军事机关及各部队。其复试不及格者，由复试委员会呈请参谋本部咨回原送机关。

第十条　复试录取之学员,在校肄业期间,其原送机关或部队应按照陆军大学校组织法第八条之规定,仍支原薪保留原资,其应晋级者仍得晋级。

第十一条　初试及复试课目如附表第三。

第十二条　应考各员因初试及复试旅行，得准据陆军旅费规定，由原送机关发给往返旅费。

第十三条　本规则如有未尽事宜，得随时修正之。

第十四条　本规则自公布之日施行。

附表第一：陆军大学校初试录取人员证明书　(略)

附表第二：陆军大学校初试录取人员遗失文凭保证书　(略)

附表第三：初试暨复试课目一览表(略)

〔国民政府参谋本部档案〕

中央陆军军官学校教导总队特务大队人员马匹统计表

阶级＼部别		大队部	第一营 营部(二)	第一营 步兵连(四)	第一营 机枪连	第一营 小炮连	第二营 步兵连(四)	第二营 小炮连	营合计	附记
官	少将									
	上校	1							1	
	中校	1							1	
	少校		1						2	
佐	上尉	6	2	1	1	1			21	
	中尉	4	3	3	2	4			44	
	少尉	1			2				3	
	准尉	2	1	1	2	2			18	
官佐合计		15	7	5	7	7			90	
士	上士	6	6	5	7	7			79	
	中士	4	3	11	20	12			142	
	下士		2	10	8	13			118	
兵	上等兵	18	12	38	37	52			487	
	一等兵	4	1	62	40	53			648	
	二等兵		1	42	46	55			494	
士兵合计		32	25	168	158	192			1889	
马匹	乘	5	3	1	28	16			79	
	驮				44	54			152	
马匹合计		5	3	1	72	70			231	
备考										

〔国民政府参谋本部档案〕

14. 参谋本部公布修正陆军大学校附设特别班章程等令

(1936年7月)

部令 第七十二号

兹修正陆军大学校附设特别班章程暨陆军大学校附设特别班增设人员马匹额数表公布之，二十五年四月修正之陆军大学校及旁听条例着即废止。此令。

参谋总长 程 潜

中华民国二十五年七月 日

陆军大学校附设特别班章程

第一条 参谋本部为使中级以上军官增进用兵学术起见，特于陆军大学校附设特别班。

第二条 特别班学员名额定为一百名。

第三条 特别班学员须具备下列各项之资格：

(一) 现任各部队中校以上、中将以下资深学优、文理通顺之军官。

(二) 曾在国内外陆军军官学校毕业或具有与此同等之学历者。

(三) 品行端正、热心向学、身体强健、确无暗疾嗜好者。

(四) 年龄在四十五岁以内者。

第四条 特别班学员须经参谋本部检定，将成绩呈请军事委员会委员长核定。

第五条 陆军大学校附设特别班，其职教员除由陆军大学校原有职教员兼任者外，得增设要员专任之，其增设人员及马匹数如附表。

第六条 特别班学员在甄别试验以前得保留其原缺，其职务由各该部队长官派员暂代。业经甄别及格学员，由校通知各原送机关长官得停职留薪，另委为各该部同级额外职员名义。所有学员原薪概由原送机关每三个月前汇齐汇校转发。

第七条　特别班学员入校后，关于教育考试及毕业等，须按照陆军大学校组织法办理。但至三个月期满之甄别试验，应由陆军大学校组织甄别委员会，并请参谋本部派员监视，严密甄别。其不及格者，仍送回原部队服务。

第八条　特别班学员在校肄业期间定为二年。

第九条　本章程自呈奉准日施行。

陆军大学校附设特别班增设人员马匹额数表〔略〕。

〔国民政府参谋本部档案〕

〔二〕国民革命军继续北伐与军事编遣

（一）国民革命军继续北伐与北洋军阀的溃灭

1. 白崇禧报告攻克皖北和县等地通电

（1927年5月21日）

国。南京中央党部、国民政府军事委员会总司令蒋钧鉴：何总指挥探送李总指挥、王总指挥、叶军长、马师长、张师长、柏指挥、探送夏指挥、胡指挥、朱总指挥、李总参谋长、黄党代表、杨总司令、周军长、张参谋长、赖指挥、曹指挥、刘指挥并请转各师长勋鉴：我军第二路各部，自元日渡江完毕，即将沿江北岸之敌，节节击破。次第克复和州、江浦、浦口诸县镇，而敌军杜凤举、张继善等师，团结其第七、第十、第十一、三军，计三万余众，占领东葛至全椒以南一带，凭诸河川湖沼之险，恃强扼守。复以其第十军之督战队，占领花旗营及东葛附近，而以俄兵六十五师之铁甲车，向花旗营以南之铁道巡行追击，互相策应。我军虽竭力进攻，敌军相持三昼夜不退，我第二、第三两纵队，乃于铣日乘夜渡过陈家浅至牛王渡诸河。于篠(17)日拂晓攻击，与敌激战。篠(17)日始将陈家浅、三叉河、官渡、赤镇、中兴集、小集附近之敌击破。杜、张二逆，同向全椒县城溃退。我军乘胜追击，包围全椒，击毙敌旅团长五名，官兵千余人，俘虏旅团长及官兵等六千余员名，夺获步枪七千余枝，大炮、迫击炮六十余门，机关枪二十余挺，军马六百余匹，辎重无算，遂于是日酉刻克复全椒。张逆率残敌仓猝东北，窜至界首，又被我第一师中途截击。张逆闻已击毙，而我第一纵队同日向花旗营东葛之敌侧面截击，敌不能支，纷向乌衣、滁州溃退。适杜张残部亦由全椒、界首败退至乌滁，遂欲夺火车，互相践踏，狼狈北窜，精锐尽丧，混乱不能成军。当即分令各纵队，分途追击，已于巧日，次第克复乌衣、滁县、沙河集、张八岭诸埠站，明光以南，于以肃清。是役，我军阵亡团长一员，伤亡官兵三百余员名，弹药消耗，待查再报。惟沿途民众被敌奸淫掠夺，十室九空，禾苗穗麦，多被割作马料，收获无望，疮痍满目，创巨痛深，是在吾党同志，努力以救济之也。除已略陈梗概外，谨将克复和州、江浦、全椒、滁州，肃清津浦南段逆敌情形，谨电奉闻。白崇禧呈叩。马。印。

〔国民政府档案〕

2. 李宗仁等关于攻克皖北含山等地通电

（1927年5月21日—22日）

(1) 叶开鑫通电（5月21日）

捷报。片刻不停留。南京中央党部、国民政府蒋总司令钧鉴：李总指挥、王总指挥、南京陈军长、总部、总政治部、朱参谋长、张总参谋、俞兵站总监、海军杨总司令、李总参谋长、朱总指挥、程总指挥、鲁代军长、唐总指挥、白总指挥、陈总指挥、贺军长、杨军长、转何总指挥、周军长、赖军长、曹军长、柏军长、廿七军王军长、各军长、叶主席赐鉴：革命军各省党部、各省政治部、各报馆均鉴：此次奉令北伐，运输极感困难，因作战大计，期限綦严，遂勉于真日，赶赴含山集中。而张敌继善，业已先事盘据。当即协同友军克复该县。旋奉蒋总司令、李总指挥命令：元日开始攻击，鑫部担任古河藕塘、界牌集、老人仓等路线，分向临淮、明光进攻。因此路系我军进攻要点，而于作战计划攸关，决计向前猛突；一则驱除当面之敌，断其连络，二则威胁两翼之敌，使其动摇，三则迅速占领目的地，截断津浦铁道交通。随以我邹师由藕塘前进，我蒋师及邹、尹两独立旅，由老人仓前进，抵界牌集，忽遇敌之督战司令吴长庆，设阵固守，激战二小时，敌势不支，向定远溃退，随即跟迹追击，协同我第三路夏、胡各纵队，于皓晨攻破定远。当令率队进攻临淮。邹师于巧亥克复明光，皓晨占领小溪河。蒋师及邹、尹两独立旅，智午协同友军击破总铺之敌，跟迹追击，智申克复板桥，智酉攻入临淮，巷战至戌，始将褚玉璞、徐源泉等敌部击溃，分向五河、蚌埠逃窜，现正分路追击中。此役先后毙敌数百人，俘虏敌官兵千余人。夺获铁甲车湖北号，大炮、迫击炮、机关枪共数十尊。枪弹及军用品甚多。我军伤亡官兵亦不少，容后详报。开鑫才识浅陋，此次追随各友军之后，打倒万恶军阀，肃清反动份子，幸赖我先总理在天之灵，蒋总司令运用神速，故能先敌进攻，节节击破，现敌虽迭遭大挫，而元恶尚待铲除。惟有誓本奋斗精神，遵从命令，努力工作，以期完成革命，早奠国基。谨电奉陈。伏惟鉴察。国民革命军第四十四军军长叶开鑫叩。箇巳。自临淮发。印。

(2) 李宗仁通电(5月22日)

国。限即到。南京国民政府、中央党部、蒋总司令钧鉴：第七军办事处、何总指挥、白总指挥、陈总指挥、贺军长、杨副军长、投送唐总指挥、张军长、刘军长、朱总指挥、程总指挥、鲁军长、李总参谋长、黄党代表、各旅长、王参谋长、柏指挥官、自抄送合肥王总指挥、王军长、马师长、王司令、叶指挥官、各报馆均鉴：顷据夏、胡两指挥官马电称：直鲁逆军许琨、程国瑞、徐源泉、王栋、刘志陆、朱泮藻、马济及张宗昌之卫队旅，先后经我二、三纵队在运漕、含山、巢县、柘皋、东山口、因龙口、北山口、店埠、梁园、定远、总铺、凤阳、临淮等处分途击溃，逆军军长马济，师长何常保阵亡。□□之役，张逆宗昌亲自督战，身负重伤，其余旅团长、参谋长以下，受伤被俘官兵，并沿途被我军及红枪会击毙者无算，其主力军完全丧失。我一、二、三纵队，于智日占领临淮、凤阳，敌军□残部分向泗州、蚌埠溃退。现据探报，蚌埠之敌，有向徐州逃窜，我二、三纵队拟即向蚌埠追击前进。详情续报等语。宗仁叩。养。印。

〔国民政府档案〕

3．国民革命军第一路军关于第一次渡江攻克苏北仪征至海州各地电①

（1927年5月22日—6月12日）

(1) 政治部主任马文车电(5月22日)

国急。南京中央党部、国民政府、蒋总司令、总政治部吴主任、陈主任、刘主任钧鉴：各级政治部、各团体、各报馆钧鉴：兹将本日捷报电陈如下：(一)我一军二十师五十八团，于今晨拂晓渡江，占领泗源沟，正向仪征溃退之敌追击前进。(二)我十七军杜师、卫立煌部，今晨占领世业及十二圩。(三)我一军十四师卫立煌部，是日占领瓜埠、六合，敌向天长溃退。我军正追击前进中。国民革命军第一军兼第一路总指挥部政治部主任马文车叩。养。印。

(2) 马文车电(5月23日)

南京中央党部、国民政府、蒋总司令、总政治部钧鉴：十四军熊师，于今日午刻十时占领靖江，敌向黄桥溃退。谨闻。职马文车呈。梗。印。

(3) 马文车电(5月23日)

急。南京中央党部、国民政府、蒋总司令、总政治部钧鉴：顷据五十八团指导员杨节青养电称：职团于本日午后一时，占领仪征。孙逆第八师崔锦桂部向杨州方面退却，情形狼狈等情。特此电陈。马文车呈。梗。印。

(4) 马文车电(5月23日)

国急。南京党部、国民政府、蒋总司令、总政治部钧鉴：今晨，

① 国民革命军第一路军总指挥为何应钦。

十七军杜师，进克杨州。特闻。职马文车叩。漾。印。

(5) 马文车电(5月28日)

限即刻到。中央党部、国民政府、蒋总司令、总政治部钧鉴：顷得前方确实消息，我十七军及一军五十八团，已于今晚七时，克复邵伯，并获枪弹辎重无算，确数俟查明再报。谨闻。职马文车呈。俭亥。印。

(6) 董光孚电(6月2日)

南京中央党部、国民政府、蒋总司令、总政治部吴、刘主任、扬州何总指挥、政治部马主任钧鉴：我军于二日完全占领高邮，敌向宝应溃退。现正在追击中。职部于明晨继续前进工作。谨此电闻。第一路总指挥政治部宣传科长兼秘书长董光孚叩。冬。印。

(7) 马文车等电(6月4日)

国急。限即刻到达。南京中央党部、国民政府、蒋总司令、总政治部吴主任、军事委员会马厅长钧鉴：江电计达。宝应昨晚已由我军克复，敌向北溃。特闻。第一路总指挥部政治部主任马文车、秘书长董光孚叩。文。印。

(8) 政治部电(6月4日)

国急。限即刻到。南京中央党部、国民政府、蒋总司令、总政治部吴主任、陈、刘主任，军事委员会马厅长、扬州何总指挥钧鉴：第一路总政治部扬州行营钧鉴：刻得职部宣传队先遣员报称：我军已于今日克复淮安、盐城，详情俟得详细报告，另行电禀。第一路总指挥部政治部叩。文。印。

(9) 师长文鸿恩电(6月5日)

国急。南京国民政府、总司令蒋、总政治部吴、陈、刘主任、伍外交部长，扬州何总指挥、曹军长、陈师长、余师长、杜师长、白总指挥、陈总指挥、叶军长、杨军长、□师长、顾师长、李总指挥、李总参谋长。古部长、邓公安局长钧鉴：职师支申占领清江浦，俘敌数百，获敌炮、机关枪数十门，步枪数百，各种子弹数十万发；第十师军乐队、制造步枪机器全副及军用品无数，孙传芳逃匿天津，通电下野。郑俊彦、周荫人均逃。职师已派一团向擘水追击。谨闻。十七师师长文鸿恩叩。微。印。

(10) 吴家熊电(6月7日)

南京国民政府、蒋总司令并送各路总指挥、各军师旅长、各政治部、各机关、各团体、各报馆，上海江北招抚使署驻沪办公处马处长、转吕招抚使钧鉴：顷接职部第六支队金春林冬日自阜宁益林镇电称：职部于东日午后占领阜宁益林镇，敌军周荫人部，向海州方面纷纷溃窜，现在分饬部队，星夜追击，不日进占阜宁，与本部第一支队项守中部接应等因。除呈报前线唐司令外，特电奉闻。国民革命军江北招抚使署第□路先遣队副司令吴家熊叩。虞。印。

(11) 第四十四军政治部电①(6月10日)

国急。南京总司令蒋、国民政府、中央党部、总政治部钧鉴：职军此次奉命北伐，于六月一日，由临淮关出发，二日克复五河，三日克复泗县、五日克复宿迁，七日克复沭阳，九日克复东海。孙逆、周、马、白等部，由大执山北窜，经职军于沭阳、海州、山新、浦镇等处之痛击，除白部骑兵团、马部卫队团投诚受编外，余均沿途劫枪，四处溃散，向鲁境奔逃。现第一师及第一独立旅，已跟踪尾追，进至临洪口、青口镇，我第二师进至沙河镇、殷庄之线，军部及职部已于九日，先后进驻东海城江库全境。赖先总理在天之灵，我革命领袖指导之功，及诸武装同志奋勇之结果，已脱离军阀，获得解放。而职军所至，备受民众欢迎。所克各县，经孙逆糜烂之后，立即恢复原状，现职部正从事社团一切建设，而东海市民，正筹备大规模之联欢会，革命精神，颇极一时之盛。谨此电陈。国民革命军第四十四军政治部叩。灰。印。

---

① 第四十四军叶开鑫部，原编为第三路第一纵队，1927年5月29日，蒋介石调归第二路指挥，由五河向海州方面进攻。

(12) 政治部电(6月12日)

国急。南京中央党部、国民政府、蒋总司令、总政治部吴主任、陈、刘副主任钧鉴：顷据总指挥部参谋处确息，连日我军大捷。兹将军情录下：(甲)第一路方面：(一)本纵队于九日晨，完全占领海州，敌退青口镇。(二)第二师于十号进攻海州以北之敌，敌一部分缴械，一部份投诚，一部份窜鲁，逆敌白宝山已下野，其部下蔡沫等，在响水口宣布就师长职。(三)十七军正向赣榆进攻，敌残部退郯城集中。(四)第十四独立旅于八号在埠宁江北之东，获得敌械无算。(五)第二路方面：自沿陇海路占领红花埠后，现正与各军会攻郯城，敌势穷蹙，即日可下。谨此电闻。第一路总指挥部政治部叩。文。印。

〔国民政府档案〕

4. 王天培攻克徐州及在韩庄败退有关电

(1927年6月3日—8月2日)

(1) 王天培通电(6月3日)

国急。限即刻到。南京中央委员会各委员、国民政府各部长、总政治部各主任、各路军、各总指挥、各军师长、上海海军杨总司令、各海军总指挥、杨警备司令、西北军冯总司令、各军师长、阎总司令、各军师长、各省各军师长、各省政务委员会、各委员、各协会、各团体、各报馆均鉴：奉鲁与白俄逆军，此次在六安、合肥、巢县、浦口、定远、临淮之线，被我各路军击溃后，总退却于徐州、宿州附近(睢)溪口、黄山、头夹沟、元山、时村镇之线，有张宗昌、褚玉璞、许昆、张敬尧、徐源泉、朱泮藻、杜凤举、马玉仁、潘鸿钧、马济、刘志陆、谢文炳各军残部，新加张心元、赵荣华两部约十余万人。据各要地，筑坚固阵地，为攻势防御，以图再逞其野心。用白俄马队、铁甲车、飞机、纵横蹂躏。我第十军杨胜治、潘善斋、王天生三师及王金韬先遣队乘胜结合民众，于五月二十八日第一步进攻淮河流域固镇、蕲县之线；第二步进攻宿州附近之线；第三步进攻睢溪口、古饶集、黄山头、夹沟、元山、时村镇之线。幸军民协同奋斗，在敌人飞机、炸弹、飞炸之下，围攻敌铁甲车，突破敌各要地，前仆后继，激战六昼夜，将敌击溃。遂于本月二日占领徐州，敌狼狈溃退，伤亡枕藉。我军民俘虏敌人甚夥，其中白俄官兵计伍百余名，夺获械弹物品无算，击焚烧毁敌军铁甲车三辆。我军民伤亡千五百余人。现该残部退据山东边境各地扼守。京汉路之奉军，遂放弃河南，退守黄河北岸。京津根本地，确已动摇，大局实不难解决。尤盼我国革命军民，积极集中力量，继续努力奋斗，以完成我国民革命工作，是所切祝。除后该报专呈蒋总司令外，特此奉闻。国民革命军第三路前敌总指挥王天培叩。江。印。

(2) 王天培致国民党中央党部等电(7月11日)

国急。不许片刻停留。南京中央党部、国民政府、蒋总司令、李总指挥钧鉴：清江何总指挥、白总指挥、临沂陈总指挥、柏军长勋鉴：日前我前线撤退步〔部〕队之故，致敌人得乘机以全力来攻，不得已，培部暂退运河南岸，拆毁铁桥，死力扼守。然敌军恃其蛮力铁甲车之强硬，日夜向我轰击不息，数次偷渡，均被痛击拒止。查我正面延线百余里，前后激战五昼夜，伤亡枕藉，损失颇巨；计我军伤亡有旅长以下之官兵总共二千以上，阵亡占三分之一，负伤占三分之二，仍能拼死支持。于佳日施行反攻，以培部廿九师独立一二四团，于至东端，强渡猛攻，抄袭敌背，炮团沿铁路轰击，其余张克瑶师及培部卅师、潘善斋师、新编章竞步师，各就铁路东西原阵地，一齐出击，奋勇进攻。而贺军长部，又由台儿庄侧击，敌势不支，狼狈溃退，遂克复韩庄，乘夜追击，又将沙沟占领，掳获俘虏三百余，夺得枪枝数百支。当令傅纵队指挥，率各部向临城追击。培亦随队督战，以克复滕县、界河为止。又函商贺军长，由侧面同到临城，协攻滕县，俟界河攻下，即将前线铁路，倍加毁坏，使敌之铁甲车，失其效用。沿河防守，以待后命。惟培部及张克瑶师，经此次死力拒敌，纵能将临、滕克复，然死伤已如上述，则残破不支，若不稍事整理，力加补充，决难再战。至津浦北段，关系尤为重要，如仍以培部及张师之疲惫孤军防守，恐难负责，此后大计如何，务乞早日决定，兼顾各方。党国幸甚。王天培叩。真。于韩庄印。

(3) 潘善斋致蒋介石电(7月25日)

国急。南京国民政府总司令蒋钧鉴：职等自转奉钧府命令，出师北伐以来，两次师抵临、滕，数经血战，秉承先总理遗训，誓死工作，只以职师孤军深入，且时以前线兵卒，已于本月廿三日徐州之役，奉军长王总指挥命令，协同炮兵在茅村，以全力掩护十军退撤，振臂急呼，奋力死斗。因闻徐州军站枪声紧急，始悉后方有变，为全军计，急奔徐州，以期救援，而使联络。即抵徐站，已退一空。职当时恐炮兵为逆俘获，随取道西关，向睢㙓口转进；一则可以联合马、王两部集中左，犹可支持，再则以谋反攻，取道容易现转进睢㙓者，为职善斋所部教导三师暨新编第四师，职恩田所部之炮兵外卫队。尤有陈总指挥拨来之陆炮一营暨冯总司令一连，合计人数一万余人，步枪六千余支，各种小炮十六门，机关枪廿余挺，虽弹械略缺，然士气甚壮，正整理军容，以图背城一战，以赎前愆。惟火饷无着，食粮为艰，故特电呼吁，不胜惶恐，待命之至，临、滕、韩之役战斗详报，继续呈报钧阅，特电禀闻。教导三师师长潘善斋叩。有。印。

(4) 王天培致国民党中央党部电(8月2日)

国急。南京中央党部、国民政府、总司令部钧鉴：培自奉令反攻徐州，遵于廿九日晨亲率残余之第廿八、廿九、卅师及独立第一、二、三团，由徐、肖两县之间，进击徐城西北，并命傅指挥党民率新编第四师，教导三师及炮兵团，由睢溪向肖县进攻，以分敌兵之势。三十一晨，我先头部队廿八师王师长天锡、独立一团罗团长启疆，行抵永固，适遇褚玉璞、王栋所部骑步兵，约共两师，由肖县南来，侧击我军。该师长督队迎敌，激战多时，伤亡官兵百余人，夺获敌骑数十匹，毙敌甚众，敌势不支，退入肖县，撄城死守。职率廿九、卅两师、独立二、三两团赶到，除令罗团长启疆围困城内之敌，将缴其械外，更命其余各师团，分途向徐州进攻。一日拂晓，我廿八师行抵姚村附近，值敌兵大队来援，即由该师长督饬各团迎头痛剿，前扑后继，加以肉搏，伤亡枕籍，敌尚顽抗，职再令廿九、卅两师前往增援，激战多时，敌始后退。徐州逆等，闻风动摇，克复该城，当在今日，谨此电闻。俟续报。左翼总指挥兼十军军长王天培叩。冬印。

〔国民政府档案〕

5. 白崇禧关于击败孙传芳等部由皖北追击至海州郯城等地通电

（1927年6月13日）

国急。南京国民政府总司令蒋、广东李总参谋长、南宁黄主席钧鉴：上海杨总司令、周军长、俞总监、龙华张参谋长、清江浦何总指挥、海州曹军长、阜宁赖军长、蚌埠、临淮关贺军长、徐州李总指挥、王总指挥、胡指挥、夏指挥、□□□柏军长、□□□二十七军王军长并转各师长勋鉴：（一）前次全椒、滁县之役，我军既将张逆主力击溃，同时长江北岸孙、周残部，经上〔六〕合、扬州之挫败，闻风逃窜，于是第三期前期作战计划，遂告完成。（二）后期作战计划，既于五月漾日颁发，战路军遂照此项方略策定作战计划。即于五月有日全部出动，向作战目标攻击前进。第一纵队由六合附近拆回津浦南段，遂由北进。遂于陷日，集结临淮。第二纵队之主力，由天长以北地区移□于洪泽湖西。但盱眙附近淮洪河幅十余里，渡河材料，被敌焚毁无遗。卒以将士努力之结果，六月江日渡淮完毕，进出北岸，强度行军，竟于微日进至泗阳。其同时发动之一部，感日已迫南山河岸，抑留隔岸之敌，以期主力之迂回，成在一举，而歼灭之。于颁路中，不图孙逆部众屡败之余，无心恋战，继续北窜。最后郑俟彦师，亦复间关淮阴，仓忙北走。我南山河部队，乘胜渡河，猛烈追击，在清江浦附近，与敌后卫接触，俘虏官兵数百，截缴大炮十余门，夺获器材无算。(三)孙逆嫡系部队，自洪泽湖东方地区撤退。世、东等日，复麇集于泗阳、宿迁、睢宁之线，并于宿迁、洋河一带，沿游黄河寨构筑工事，企图扼守。同时我方战斗序列，略有变更，以四十军改属第三路军，四十四军改属第三路军。本路仍以该军编为第一纵队速击，第三纵队向该敌攻击前进，敌受压迫，复急北窜。但白、冯、周、郑各部，此时已由涟水、沐阳转窜海州。因令第三纵队跟踪追击。(四)敌之一部既已窜抵海州，在其南方地区，凭险拂阻。我第一纵队自宿迁经涟水追击前进，沿途扫除障碍。虞日，以主力直攻海州，以一部绕出沙河附近，胁威海州侧背，激战至庚申，遂击破锦屏山之敌，乘胜进逼海州。酣战彻夜。青晨克复海州，歼灭冯、白两师，击散周、郑等部，缴械三千余支，俘虏六千余名，当经跟踪追击至赣榆附近，周逆残部狼狈退往青岛。(五)第三纵队于微鱼等日继续北进，遂次驱逐皂河、窑湾、三叉河之敌而占领之。残敌节次北窜。虞日早，第三师之残敌，节次北窜。虞日早，第三师之一部于击破新安镇之敌后，直向郯城跟踪猛追，忽受优势之敌反攻，伤亡甚众。但第二纵队已于鱼日由泗阳向新安镇转进。庚日，进迫新安镇，驱逐敌之警戒部队。(六)敌二四、六九及十四等师，十三、十两混成旅，于退入鲁南以后，乃以郯城为根据。青日以前，即以占领桃林、大院寺、范村、澄沟之线，构筑坚固工事，配置重兵。我第二、三纵队，青日拂晓，进至攻击准备阵地，灰日拂晓，开始攻击，在桃林镇、大院寺、马头镇、重坊之线，与敌血战两昼夜。真晨，敌复数次猛烈逆袭，赖士卒奋勇杀敌，终被我军击破。同时我第三师以两营近〔兵〕力在桃林附近击破李宝章一师之众，其在重坊，归昌方面，敌复增加大部，向我三十七军猛力反攻，复经我军肉搏冲锋，奋勇击退，敌遂全线瓦解，向蒙沂奔溃。文郾则向枣庄逃窜。我第二、三纵队，现已追击至郯城北方官路口、马头镇之章〔线〕。是役奋斗异常激烈，毙敌无算，残敌奋死逃命，狼狈不堪，武装器具，沿途抛弃，秘密文件，全数遗留，精锐尽丧，溃不成军，我军现正集结休养，静候下期方略，准备继续北进，以期一鼓荡平。特此谨闻。白崇禧呈叩。元。印。

〔国民政府档案〕

6. 国民革命军独立第五师政治部报告保卫合肥城战斗通电

（1927年6月18日）

国急。南京国民政府、中央党部、总司令蒋、总政治部、各总指挥、各军长、各师旅团长、各级政治部、各省政府、各省党部、各团体、各报馆钧鉴：我师奉命北伐，鏖战两月，攻寿甫，旋合肥告急。敌以五军十万众，攻我精疲弹竭之师，来势汹汹，节节进逼，以俄骑扰我后方，以飞机摇我军心。诡计百端，凶恶万状。幸我军为主义而战，为解除人民痛苦而战，博民众之欢迎，得将士之用命，严密戒备，努力支持，弹尽肉搏，力竭气壮。赖先总理在天有灵，总司令德威所播，各友军协力援助，暨马师长指挥若定，至铣日晚，下令总攻，围城遂解。谨将四月漾日起至五月铣日止，二十余日经过之战况缕陈公听。查敌军刘志陆所属谢、陈两部，号称万余人。敬日拂晓，隐匿潜进，以少数部队，扰我城北三里庙阵线，一部向我攻击，一部抄袭我之右翼，并以大部向大小东门一带运动。我独立第一旅阎旅长，即命路团之第一营增加右翼，沈团率兵一营，延伸路团左翼，一面由我步兵第一旅秦旅长，派兵一营，由城西北显地上，出袭敌之右翼，并我先遣支队王司令金韬所部，袭击大少东门之敌。自午后三时起，各部队一致反攻，肉搏数次，敌始溃向东二十埠逃窜。次日又据定远来之邮差报告，该县到有大部敌军，数约二万，由许琨亲自督师，意在攻取合肥，占据江北，并有飞机七架，汽车三十辆，向我方进展。竟于沁日未刻，北门桥发现俄骑兵百余名。比后，调派骑兵连连长邵氓连，督率所部，由西关绕向敌后方抄袭，当毙敌营长一员，兵数十名，尸横麦田中，并夺获马匹枪支及军用品甚夥。同时又据谍报，双敦集有敌步兵千余人，俄骑三百，前进来犯。至勘日拂晓在西门外，我最左翼与敌激战半日，始击退三里，俘获小兵一名，据供旅长段履祥。军长许琨四月二十五日，由蚌埠前进，共来一师一旅，大炮二尊，迫击炮卅尊，炮弹六七十箱，中国人骑兵一连，俄骑一营等语。时东路梁园店埠之敌，系程国瑞部一师，陆学文一旅，林泰炮兵旅一部与防守东门附近我先遣支队及我师对峙，北路之敌系许琨、王栋、王翰鸣、陈修爵诸部，与我独立第一旅在北门外附近对峙，西北之敌系程国瑞一部，王宝庆一师，与我步兵第九旅第十七团在小西门外附近对峙。西路之敌，系程国瑞部一师，与我步兵第十旅、第十九团，在大西门外附近对峙。我马师长见形势紧张，身先士卒，拼死抵御，而敌乘我援军未到，弹尽无力，愈加压迫。鱼早，敌全线总攻，其枪弹最密时，我军有于战壕伸一指，而被击断者。

幸各将士血战肉搏，格毙三百余人，尸横阵前，历历可数。至真日，西南方面，复新由六安九日申刻失守。开到曲同丰、张敬尧、潘鸿钧、孙殿英诸部，节节来逼，进窥舒桐。有一部与我步兵第九旅第十八团在城西南附近对峙。敌数既多，枪炮又利，以我疲惫之余，当其数倍之众，二十余日之激战，全令肉搏，敌虽猛攻，卒不能越我战线一步。待至删夜，药弹到来，援军毕集，我马师长遂令全线总攻。

敌势不支，纷纷向东北逃窜。是役杀敌数千人，夺获野炮两门，汽车一辆，步枪及军用品无算。我师将士计伤四百余人，亡数十人，现正率队分向定寿方面追击中。计此次犯肥之敌，全系鲁军精锐之师，炮火猛烈，锐不可当。惟其淫掳烧杀，无所不用其极，是以彼军所到，人民扶老携幼而走，我师既至，人民壶浆箪食以迎，得道多助，失道寡助，胜负之数，无待蓍龟。特此奉闻。诸希鉴察。国民革命军独立第五师政治部[①]叩。巧。印。

〔国民政府档案〕

7. 徐州特别会议纪录

（1927年6月27日）

迳启者，查徐州特别会议，业已终了，所有经过情形，前准吴委员敬恒，交来手写会议纪录一分，兹已印就，相应检同印件一分，附函送呈。即希查收，是荷。此致

国民政府秘书处

中央执行委员会政治会议秘书处

附徐州特别会议纪录一件[②]

徐州报告

六月二十、二十一，在徐州开两次特别会议，列席者蒋中正、冯玉祥、胡汉民、蔡元培、张人杰、李煜瀛、李鸣钟、何其巩、黄郛、钮永建、李烈钧、李宗仁、黄绍雄、白崇禧、吴敬恒，吴敬恒主席议题六条：（一）党之问题。（二）目前政治建设问题。此二题议决，送呈中央政治会议讨论采纳。（三）对于共产党之办法。议决：先由冯同志发电警告武汉。（四）继续北伐问题。议决：由蒋、冯两同志共同通电。（五）武汉政府问题。议决：先在冯同志警告武汉电内，促伪政府注意。（六）政治部改良问题。（七）国民会议筹备问题。此二题不及有所决议，送呈中央政治会议分别交议。（八）军事问题：第一、关涉指挥统一。议决：仍用分团设置总司令制，而统一于军事委员

---

① 国民革命独立第五师师长马祥斌，此次战后，该师改为新编第十一军，仍编在第三路军战斗序列。

② 国民党中央执行委员会政治会议经第一百零八次会议议决，第一、二、三、四、五各条交国民政府。第三条并移中央党部。

会。第二、军械补充。第三、人员补充，慎重收编。因军事秘密，将来别由军事委员会报告。

讨论：

冯玉祥同志提议党之问题：(1)入党办法宜严谨，不重数量、重质量。(2)党员训练宜慎重。(3)党之纪律宜严密。此三项务望有俱体办法，在短时内知照西北照办。冯玉祥同志提议，目前政治建设问题，以为当军事正在进行之际，虽重大建设，尚当有待，而一切巩固后防，便利进行之急要政务，亦应赶速随时注意，先举五条，以引其端，望速议决饬行。

(一) 欲使人民安宁，先以剿匪为要务，应由统兵长官，严令所属，切实办理。

(二) 欲恢复商务，应先整理交通，军人乘车，可每次另挂一辆军用车，庶几普通客车，可以完全供客商之用，由统兵长官，通令所属励行之。

(三) 各级党部，不可干涉行政机关，须守住监督行政之界线，如行政机关有遇失时，各级党部可举事实及意见，报告中央党部，再咨由国民政府令改善之。此为保持行政系统起见，应请由中央党部通令各级党部实行之。

(四) 战区内人民之损失及痛苦，应设法责令各地长官，切实调查报告，遇必要时，应酌量抚恤之。

(五) 关于道路、桥梁、渡口等，如因战事关系被破坏，或旧有设备不善，有感危险，或本无设备，必须添筑者，应首先切实建置之。

此外，相地所宜，此等急要之便民庶政，不可因军务倥偬而废之。何其巩同志，请求中央者，(一)请代延政治工作人才。(二)请赐告政治工作方针。(三)请颁发宣传书籍印物。冯玉祥同志提议改良政治部。冯玉祥同志提议筹备国民会议。

〔国民政府档案〕

8. 第二路军渡江北伐及由鲁南退回江南军事报告

(1927年8月)

国民革命军第二路军渡江北伐军事报告

一、隔江对峙之形势

自南都底定，淞沪肃清，国内形势为之一变。同时世界上各帝国主义者，一变其向日讥笑藐视之态度，对于吾国革命事业，为有兴味之研究，并认识国民革命军新发展之势力。惟寄生于本党下之共产党徒，则惟恐国民革命成熟，若辈无活动之余地，乃一致奋起，在吾党内部，作猛烈的破坏。于是党内骤起纠纷，沪宁忠实同志，不得已而有清党运动，此十五年四月间事也。沪宁既同时属行清党，江浙社会，颇有局部的纷扰。潜踪于两省之军阀余孽，认为有机可乘，在上海有种种秘密活动。宁汉两方，又因清党而分裂。因此，受挫折而逃往江北之孙传芳、张宗昌各部，乃互相结合，企图再举。我方已渡江，而占有扬州、滁县之军，遂受敌逆袭，卒以众寡悬殊，率师南渡，沿江防守。驯致直鲁军长驱南下，盘据浦口，日以炮火，向我首都轰击。迨沪宁清党完毕，军事方面部署略定，总司令蒋，乃下令渡江北伐，并于五月五日，颁发作战计划，其总方略如下：

军以肃清津浦路南段及江北敌人之目的，决以主力由皖北攻截津浦路，而以一部，集结于南京以东之长江南岸，乘机渡江，攻击江北之敌人。

二、第二路军作战计划

按此次作战计划，系分三路前进；第一路军由何总指挥统率，集中兵力于沪宁路，□第二路军渡江前进后，乘机渡江，循运河以东之地区北进。第二路军由总司令蒋自兼。惟以坐镇中枢，关系国本，由白总指挥以总参谋长名义代理，率领三纵队兵力，由南京以西之地区渡江，沿津浦路南段北进，协同第三路军，由皖北截攻津浦路之敌。第二路军根据总方略策定作战计划如下：

本路军拟以一部位置于南京附近，准备待机渡江，以主力由江宁镇至当涂间渡江，先占领含山东北高地、至和县东北乌江镇之线后，连系第三路军之右翼，向明光以南沙河集、滁县附近之敌，攻击前进，截断津浦路，使该敌不能北退，聚而歼灭之。但我主力进至全椒、江浦附近时，在南京之一部，则乘机渡江，沿津浦路北进，牵制当面之敌，使我主力侧击敌人容易，俟本路军确实占领津浦路明光以南之地区以后，视当时之情况如何，其计划另定之。

军队区分如下

第二路军总指挥总司令蒋兼。白总指挥崇禧代理。前敌总指挥陈调元。

第一纵队

指挥官　　贺耀祖

第四十军

第二纵队

指挥官　　杨　杰

第六军（欠第十九师）

第一军之第一三两师

第三纵队

指挥官　　陈调元

第三十七军

三、全椒、滁县之役

五月十一日，陈调元军既渡江完毕，遂击破和县之敌，即以主力向含山，一部向乌江镇推进，以掩护第二纵队之渡江。十三日，第二纵队全部渡江，十四日，进至江浦，是日，浦口之敌，不堪我二、三两纵队之侧击，星夜北退，第一纵队即于十五日开始渡江。陈调元军既占和县，敌杜凤举、许琨等退据全椒。并以全椒南郊及其东方界首为据点，利用有利地形，占领阵地，企图顽抗。陈调元于十七日，率军进攻全椒，及其以西地区。杨杰于十六日薄暮，将陈家浅、三义河一带之敌驱逐后，次日协同陈军进攻全椒、东方及界首之敌，敌势不支，纷向乌衣、滁县逃窜。是役俘敌之千余人，获枪二千余支，迫击炮二十余门，辎重无算。敌将张继善于是役歼焉。我第一军第三师第九团团长肖炳煌，亦于是役阵亡。贺耀祖军既全部渡江，以一部在浦镇附近监视六合方面之孙传芳军，以主力于十八日占领东葛西葛，向乌衣追击。同时杨杰率第一军、第六军由双莲庵、腰铺之线，向滁县追击前进。陈调元军，亦由全椒西方地区，乘胜会攻滁县，以一部向三界站挺进，截击敌人。各军连战连捷，势如破竹。十九日津浦南段乌衣、滁县、沙河集、张八岭相继克复，明光以南无敌踪。

以上为第二路军肃清明光以南战事之经过。此时我第一路军何总指挥所部，方在镇江、江阴、浏河，待机渡江。第二路军为乘胜会攻江北之敌，并使第一路军渡江容易起见，乃以主力由六合、仪征方面转达进，侧击扬州之敌，一部由六合、天长进攻高邮、邵伯，威胁扬州侧背，因本期作战，吾人所取之策，略为先击破张宗昌军，然后转锋东向，进击孙传芳军也。

四、清江浦、宿迁之役

全椒、滁县之役，我军既击破津浦南段张宗昌，军以一部向洪泽湖南方地区转进，进攻清江浦，以主力由明光以北之地区渡淮，向宿迁挺进，击敌之侧背。盖以此时在长江北岸之孙传芳军、周荫人军、尤欲利用宝应洪泽诸湖之险要，退据徐海。我第一路军既渡江，长驱江北。总司令蒋，乃于五月二十三日续颁作战计划，其总方略如下：

军以肃清苏皖两省，掌握津浦南段，陇海东段之目的，应即乘胜进击，以主力进攻徐州、砀山间之敌，一部进取海州、台儿庄，直捣鲁境。

第二路军奉命以后，以一部协助第一路军攻取清江浦，以主力沿津浦路以东地区向台儿庄、海州方面之敌侧击，另以一部控置于临淮关，归第三路军指挥，再由第三路军拨四十四军叶开鑫部，归第二路军，经淮北向宿迁、海州方向转进。五月廿五日，开始以贺耀祖军，由六合折回津浦两段，于三十日集结于临淮关。杨杰军以主力由天长以北，移转于洪泽湖西方地区。惟以盱眙附近淮河，河幅十余里，渡河材料，被敌烧毁无遗，渡河异常困难。六月三日渡河完毕，强行军五日，进至泗阳，其一部于五月二十七日，进迫南山河南岸，以期抑留隔岸之敌，以待主力之迂回成功，而歼灭之于隘路中。不图孙传芳军。闻我军由淮北东进，击其侧面，异常恐慌，星夜北窜。后卫郑俊彦师，亦复退过淮阴，仓忙北走。我南山河部队，乘势渡河，猛烈追击；在清江浦附近，与敌接触，俘敌数百人，缴大炮各门，截夺器材无算，我军主力，同时克复宿迁。

五、新安镇、海州之役

孙传芳嫡系部队，自洪泽湖东方地区撤退后，麇集于泗阳、宿迁三义河之线，并于宿迁洋河一带，沿淤黄河堤构筑工事，企图扼守。同时我四十四军叶开鑫部，既属第二路军后，即以该军编为第一纵队，连陈调元军，向该敌攻击前进。敌受压迫，恐我截断其退路，急向北窜。但白宝山、冯绍闵、周荫人、马葆珩、郑俊彦各部，此时正由涟水、沭阳，分道窜据海州，在其南方地区，凭险抵抗。我叶开鑫军，奉命由宿迁经涟水追击前进，沿途扫除障碍。六月七日，以主力直攻海州，以一部绕出沙河附近，威胁海州侧背，激战至八日黄昏，遂击破锦屏山之敌，乘胜进逼海州，酣战彻夜。九日早，克复海州。冯绍闵、郑俊彦两部，于此后完全歼灭。郑绍虔以白宝山余众来降。周荫人残部，夺道向日照逃窜。计是役缴械三千余支，俘虏六千余名，陈调元军以六月五、六两日，继续北进，逐次驱逐皂河、瑶湾、三义河之敌，而占领之。残敌节次北窜。七日早，其第三师之一部，于击破新安镇之敌后，直向郯城跟踪猛进，忽受优势之敌反攻，伤亡过众而引退。惟白总指挥，初已顾虑及陈军正面过广，预调杨杰军于六日由泗阳向新安镇转进，八日进迫新安镇，驱逐敌之警戒部队，遂转败为胜。敌李宝章、段永泽、彭德铨、马葆珩、刘士林、梁鸿恩、上官云相等部，退入鲁南，乃以郯城为根据。在九日以前，占领桃林、大院寺、范村、涝沟之线，构筑强固工事，配置重兵。我第二、三纵队，九日薄暮，进至攻击准备阵地。十日拂晓，开始攻击，在桃林镇、大院寺、马头镇重坊之线，与敌血战两昼夜。十一日晨，敌复数次，复烈逆袭，赖我将士用命，终被我军击破。同时我第一军第三师，以两营兵力，在桃林附近，击破李宝章一师之众。其在重坊、归昌方面之敌，后增加大部，向我三十七军猛烈反攻，复经我军肉搏冲锋，奋勇击退，敌遂全线瓦解，直向临沂奔溃，一部则向枣庄逃窜，我第二三两纵队，即追击至官路口、马头镇之线。是役，战斗异常激烈，毙敌无算，残敌落荒而逃，狼狈不堪。武器装具，沿途抛弃。秘密文件，全数遗留。精锐尽丧，溃不成军。我军于苦战之余，在陇海东段，整顿待命。同时我第三路军亦已克复徐州。

六、围攻临沂之役

自徐海肃清，观兵鲁南，我军肃清苏皖，作战计划，遂告完成。孙传芳残部退保莒州诸城。彭德铨以全权名义，遣使至新安镇输诚，但首鼠两端，旗帜终未鲜明。张宗昌屡败之余，野心未死，悉索敝赋，企图保守山东，乃以杜凤举、马玉仁、程国瑞、孙魁元及张直属各部，扼守曹州、韩庄、台儿庄、临沂之线，并于衮州、济宁、临城、枣庄之线，配置徐源泉、刘志陆等军，遥相呼应。是时，我西北军以骑兵三旅，步兵万五千人，于六月十五日，由兰封出动，拟取曹州、济宁，胁威敌之侧背。我第三路军，亦于六月廿三日，以主力由徐州沿津浦路前进。由正面攻击韩庄、临城、枣庄、台儿庄之敌，一部分向济宁、衮州、姚村、大汶口挺进。同时我第一路军，分遣曹万顺、赖世璜两军，由海州向赣榆前进。此时第二路军，方以全力进击临沂。六月廿三日叶开鑫军进至临沂东南之芳草屯、石门，陈调元军进至临沂西南之甘露。接□杨杰遂率第二纵队，击破敌之前进阵地，占领李家庄，敌退临沂，凭城固守。日暮，杨军直薄城下，战斗异常激烈。临沂城城垣重叠，东西北三面凭河，南郊有广袤高地，实一良好防御阵地，敌将方永昌死守之。六月二十八日，杨杰所指挥之第一军一三两师，奉命回防清江浦，乃以叶开鑫军接替围城。至七月八日，白总指挥调集各军炮兵，以炮火轰城，另令陈调元军，直取蒙阴，进逼泰安。杨杰军直取费县，进逼津浦路侧面。并以鲁南挺进队，直取沂水，进逼胶济路。三路均告捷。济南已摇动。适津浦路正面，我第三路军，因武汉方面高唱东征，第七军奉命班师，敌遂反攻。我第十军王天培部，退守韩庄，第二路军奉命分兵驰援枣、峄。于是杨杰、叶开鑫两军，遂由费县、临沂撤回，向枣峄转进，胁威敌之侧背，策应第三路军。七月十二日，我第三路军再破敌军，恢复临城，进出官桥，枣、峄之敌，闻风远避，情况一变。第二路军乃重整旗鼓，即日以赖世璜为攻城军，再攻沂城。以陈调元军为野战军，近击敌之援军。十五日，杨杰、陈调元既会合贺耀祖军，占领枣峄，同日王天培军，因敌倾全力来犯，在沙沟附近，与敌血战，伤亡极众。十七日，贺耀祖军撤至徐州，转车南下。二十日，张宗昌、孙传芳军，连合反攻。王天培军不支，复退韩庄南岸，电请第二路军增援枣、峄，以解徐州之危。二十一日，王军退利国峄，贺耀祖退符离集，叶开鑫退徐州。二十三日，徐州失守，叶开鑫军退八义集，王天培军退符离集。第二路军同日策定临沂撤围，反攻徐州之计划。

七、反攻徐州之役自十六年七月二十五日至八月十日

七月二十五日，第三路第十军王天培部，退守符离集，我第二路军为挽回战局起见，即将围攻临沂部队，抽调其大部，向陇海路附近转进，以期策应友军，恢复徐州，并留十四军（缺第一师之两团）停止郯城，警戒临沂之敌，其集中计划如下：

1. 中央军陈调元部三十七军，及左翼军叶开鑫部四十四军，集中于八义集以北，运河以南地区。

2. 右翼军杨杰部，集中于宿羊山圩附近，并令其中央第二支

队陈干部，向运河北岸移动。

3．总预备队十四军熊师，集中于三义河附近待命。

据报：敌程国瑞及其陈黄两师，共约二万余人，已到台儿庄，并架设浮桥，企图南进。临沂方面之方永昌军，亦向该方面增援，其一部已侵入运河南岸，与我杨杰军警戒部队相距十余里。徐州之敌为王栋、徐源泉部，二十八、九等日，并有一部进至侯集、六铺圩之线。孙传芳军主力已由济南南下，连日正在输送中。二十七日，复奉总司令蒋命令，其要旨如下：

军以克复徐州之目的，拟集中兵力于八义集、任桥集、符离集、黄口之线，向徐州分进合击，第二路军主力集中于八义集附近，一部于三义河东北地区，逐次向徐州攻击前进。本月二十八日，各部队应按照预定计划，集中完毕。基于以上命令，其作战计划如下：

本路军以协同第三路军，夹击徐州以北敌人之目的，拟于本月二十九日，以一部向台儿庄，主力由八义集、耿家集、汴塘镇之线，向徐州茅村攻击前进。其指导要领如下：

1．右翼军于二十九日，以主力由宿羊山圩后，沙埠、滩上之线，向台儿庄南岸前进，一部向峄县前进。

2．中央军左翼军，均于二十九日，由八义集、耿家集、汴塘镇之线，向徐州攻击前进。

各军部署既定，乃向敌开始攻击前进，此次敌之作战，大有破釜沉舟之概，徐州以东陇海线上，由孙传芳担任；以南津浦线上，则由张宗昌担任。各敌顽强异常，虽经我军痛击，势仍不屈。三十日晨，我杨杰军将运河南岸之敌击退。八月一日，陈调元军之第三师，将当面之敌击退，猛进至徐州以北，将柳泉车站东南高地占领，以期断敌退路，后因受敌增援军之猛烈反攻，仍退回原地。左翼军叶开鑫部，最初亦进步甚速，八月一日，占领大庙、苑山之线。惟以我军有渡江以来，转战逾三个月，跋涉三千余里，官兵疲敝，军实不充。益以孙军自浙江战后，始终避与我军作战，休息半载。我以疲敝之师当之，且兵力又不如敌军之优，故虽鼓励士气，努力作战，率无进步。八月三日，我第三路军在津浦路，正面炮声渐稀，敌向徐东陇海路，益增加兵力，向我猛攻。中央军不得已，向小塔山集撤退。左翼军亦向黄集撤退。而敌铁甲车数辆，乘胜向我追击。白总指挥复将熊师增加铁道以北，将本部卫士队二连，增加铁道线正面，极力迎击，卒将该敌击溃。至四日晚，战斗益烈，尤以黄集为焦点，各军死伤枕籍，大许家附近，伤兵竟无收容余地。五日晨，中央军战况稍见转移，士气颇振，及至正午，中央军第三师师部突受敌击，(是时正值高粱旺盛期间)军心摇动，竟至波及全部。而总司令三日撤退之命令，至此始奉到，遂令中央军陈调元部及熊师，向八义集撤退。左翼军叶开鑫部，向双沟移动，令其沿津浦路东侧，掩护总司令所率之第三路军退却，同时并令熊师之一部，迅至邵楼西端，占领阵地，拒止敌人前进，以掩护右翼军撤退。当晚复令中央军向睢宁，右翼军向三义河，熊师及本部向占城转进。六日，令中央军陈调元部，迳向浦口转回芜湖整顿。右翼军杨杰部，经宿迁、扬州回镇江整顿。本部及总预备队熊师，经宿迁、清江浦、向镇江转进。此役自与敌接触，激战七昼夜，死伤三千余人，卒因敌势甚优，未克收效，不得已退回长江南岸，整顿补充，以待后命。

〔国民政府战史编纂委员会档案〕

9. 江宁区要塞炮台司令部关于击退孙传芳渡江偷袭南京战斗经过实录呈

(1927年8月—9月)

孙传芳渡江之战役

十六年八月二十日，孙逆传芳与张宗昌勾结完成，自济大举南犯，于浦口方面、布置阵地，安设野战炮、迫击炮、铁甲车，向我方射击，其主力由划子口十二圩渡江。本区司令姚琮，命第二、第三、第四各炮台台长，分头猛击，将敌之铁甲车头击毁，及浦口货栈内，驻有敌军之房屋，被我弹命中，火起延烧，至次日始息。同日，浙江省防军炮兵团团部及队伍，完全开到栖霞山驻防，随设军用电话，至第五台互相联络时，第七军李营长，会同第五台台长，派化装侦探二名，偷行渡江，探悉孙逆军队如下：

(1) 划子口驻有逆军团部。

(2) 通江集驻有逆军营部。

(3) 新坝头沙桥驻有排哨。

以上部队，均系敌军第九师李宝章率领，当即通告各台，彻夜戒备，以防偷渡。二十一日，姚司令派本部副官长徐雄，为狮子山炮台指挥，派掩护队营长余宗鲁，为幕府山炮台指挥。是日下午三时许，敌方开来铁甲车一辆，至浦口江边附近，向第二台射击，又用野炮向下关一带射击数十发。令第二、第三各台对敌射击，至七时许，敌退花旗营。二十二日，据狮子山炮台指挥徐雄报告：

一、本日江边并无敌情，更无枪炮之声。

二、下关市面，仍未恢复，人心稍有警慌。

三、本日下午四十分，有第七军第二师，派兵一排，至狮子山驻防。

二十三日，据各炮台指挥报告：

一、本日下午三时半，敌用战炮及铁甲车，向狮子山方面射击数十发。徐指挥命第二、第三各台迎击，经二时之久，将敌击退。

二、下关火车站货栈，被中敌弹火起，损失甚巨。当时有敌之铁甲车前进之际，余指挥命第四台还击数发，目标消灭，似向金汤门、浦镇后方退却。

三、下关怡和公司，到有英兵约千余名，昼夜在屋顶瞭望。该兵藉口保护商人，其实无保护之必要，此中究竟有无他种意思，殊难推测。

四、查该处接近炮台，倘有意外事情发生，三、四各台，殊甚可虞。应请设法派员交涉，免生不测。

二十四日，据狮子山炮台指挥徐雄报告：

一、本日下午四时，有敌铁甲车一辆开来，在浦口车站水台一带。

二、我第四台，当即向北岸车站水台，射击二炮，敌车即往后退。

三、查第三台附近煤炭港、车站、堆货栈，被敌弹命中，烧毁大半。

四、我方车站附近居民，被流弹伤毙四人，并下关市面寂寞，人心惊慌。

二十五日，据各炮台指挥及乌龙山台长报告：

一、敌之炮兵在六股道小河南及水电厂后方放列，向我狮子山猛射百数发，当时我狮子山炮台还击二十四发，幕府山炮台亦击十二发，清凉山炮台亦击二十发，第狮子山炮台第一门炮，被敌击伤炮兵二名，第六门炮之零件，亦有损坏外，其余均无损伤。

二、正午，有英舰向我第四台发射五炮，幸而未中，该台并无还击。

三、狮子山炮台指挥，改派本部少校刘长胜充任，并令该指挥与幕府山炮台余指挥互相联络。

以上系本日午后六时之情形也。

四、是晚大雨如注，东北风甚猛，天气黑暗，至夜三时许，在乌龙山炮台右翼，约距千五百米突之周家山地方，忽然发现火光。据瞭望哨及第七军步哨报告，江中发现敌船，偷渡甚多。当即会同李营长分配布置，一面报告司令部，一面施行射击，正在射击间，不料我台正面山上山下，敌已逼近，向我台猛扑，上等兵冯志高阵亡，陈广升、胡振标均受伤。此时台附彭玉山，奋勇督率第九门炮，继续射击。对我台附近之敌兵，由李营长督队抵御，战斗甚烈。对岸通江集，及沙州桥地方，仍有敌船蜂拥蔽江而来，势甚凶猛，亦急令第九门及小炮台，同时猛烈射击，敌船难以近岸，转向该台左翼八挂洲及笆斗山方面前进。惟右翼台下，已到有敌船三只，约百余人，猛扑小炮台，幸此时第三门快放命中。残余之兵，均经第七军俘虏缴械。

五、是晚三时起，敌之铁甲车在浦口陆续射击狮子山炮台，该台亦曾还击数炮，无大损伤，仅有士兵饭厅被毁。

六、据警备第一师副官处通报，敝师一团之特务连排长，由栖霞山阵地回来云：石埠桥之敌，已向江北退却。

二十六日，本部各台自黎明起至下午一时止，与敌炮战情形列后：

一、是日上午三时半，有敌船十余艘（二连多人），由划子口偷渡，经过周家山，被我步哨觉察，当时即行接触。至天明，划子口又开出敌船百余艘（一团多人），用小火轮拖带，直向南岸猛进。此时正值风顺，其快如飞，乌龙山炮台，即以炮猛射击，沉敌船七艘，毙敌百余人。其余上陆者，均被掩护炮台第七军之一团包围缴械。

二、江中敌船，因我乌龙山炮火猛烈，难以前进，即由右翼约距八千米突划子口，向南岸猛进，当以第九门炮，向该敌连击数发，命中敌船，沉没数艘，敌始惊慌，改向下游十二圩江面，望龙潭猛进，离炮台过远，无从射击。当以军用电话报告司令部，命兵舰前往迎击，不料台之右翼，约五百米突山上及正南后庄村、白家边等处，已为敌人占领。幸由第七军李营长督队冲锋，敌军不支，向石埠桥、龙潭方向退却。是役我台及第七军第二独立团第一营，阵亡官兵约八九十员名。敌军李逆宝章部伤亡甚众，浮尸芦柴洲江面，约二百余。

三、九时，敌在大河口方面，开来民船二百余艘，利用日本舰掩护（当时日舰故意上驶），其势甚猛，被我用炮击沉数艘，因风顺船快，江面又挟，十余分钟，蜂拥抵岸。此时防军只有一团，极力抵抗，越数小时，各路援军皆到，方将该敌包围于栖霞山一带。

四、是日，我清凉山、狮子山东炮台，幕府山各台，对于渡江敌船，分头迎击，当即击沉多艘，始皆折回。夜间九时起，至二时止，不断用炮射击。

二十七日，情况如下：

一、上午一时，据狮子山观测员邹春和报告：敌在浦口一带偷渡，八挂洲有船数十艘，似将袭取燕子矶、上元河、笆斗山情形，时因黑夜，距离颇远，不能射击，当即转报军事委员会，令第七军严密范防。

二、上午十时，据幕府山报告，划子口岸上之敌，已被乌龙山炮台击退，包围于栖霞山之敌，已被各路援军全数缴械。又一部分退却至江边，落水死者甚多。

三、对岸江边，发现敌船四十余艘，经清凉山东炮台，协同射击数十发，击沉敌船三艘，余皆四散。

四、是夜十一时，又发现敌船灯光，或明或灭，意欲由梅桂营偷渡南岸，经幕府山炮台击沉数艘，敌不敢进。

五、自二十五日晚三时起，至二十七日正午止，乌龙山、栖霞山、划子口之敌，全数解决，缴枪数千支，俘虏百余人。

二十八日，据各台报告：

一、据乌龙山台长云：敌人在龙潭渡江，战斗甚烈，我台下游民船甚多。又划子口有敌之小汽船，似有偷渡之样，请派兵舰游弋，以防敌袭。

二、上午九时，在十二圩一带，渡江民船及小汽船，共有数百只，经我台击沉多艘，该敌船即向下游开驶。

三、我兵舰一只，开至双河圩，向敌开炮数十发，击散划子口及大河之敌船，请该舰仍在该处游弋为要。

四、龙潭之敌，均向高资、下蜀一带退却，我军已跟踪追击，据侦探报告，沿途有俄兵尸体多名。

五、据幕府山炮台报告：前向乌龙山开炮之英舰，今又向我西台开二炮，该台兵拾炮弹片，镌中文，显系日货，其居心不可测，昨日又向狮子山射击，请交涉，令该舰出战区为要。

六、是日夜，敌又欲由草鞋峡偷渡，当由该台以炮击退。

七、据乌龙山报告，我乌龙山炮台，与划子口仅隔十余里，船渡甚便，加以地形复杂，或由通江集偷渡，匿于八挂洲，乘暗夜袭击，又每晚各州内电灯，明灭甚多，请加派兵力，以重防务，并转知各军注意。

八、乌龙山附近，尸首未埋者甚多，请饬派红十字会清埋，以重卫生。

二十九日，据各台报告如下：

一、据狮子山报告：上午二时许，敌用炮掩护，突来偷渡，被狮子山炮台察觉，即开炮射击六发，东炮台助击五发，第七军教导团之山炮助击二发，敌不得逞，始向浦口退却。

二、敌在浦口堆货栈，设野炮及迫击炮，向狮子山射击，当时还击，命中敌之阵地，房屋火起，敌遂纷乱，同时老营盘亦发现敌之野炮，协同清凉山炮台，将敌击退。

三、据东炮台报告：下午浦口方面，开来铁甲车一辆，向我岸射击，狮子山炮台还击数发，我台还击十发。至夜，又向我射击数炮，当即还击。

四、据幕府山炮台报告：上午二时许，北岸敌谢家庄一带，枪声甚烈。至拂晓时，对岸发现十余只民船，开驰前来，当即对该船射击数发，该船折回北岸，至天明即止。

五、现在战事吃紧，交通最关紧要，各处电话，时常不通，影响于军事甚大。其原因或被敌派人潜来破坏，或被敌弹击坏，亦未可知。请饬警局多派警兵，加意保护。

六、各台距离甚远，交通不便，对于互相接济弹药及一切事宜，指挥上之困难，已达极点。拟将各台之间设立传达所，如幕府山至乌龙山之间，将此所设在燕子矶或笆斗山，除司传令外，兼任小数物品之输送。

三十日情况如下：

一、据狮子山东炮台报告：今晨敌用炮射击，掩护偷渡，经我第二、第三、清凉山各台，协同击退，后因距离较远，目标不明，各台停止射击。但第二台台附赵万源，被敌弹炸伤膀部。

二、据幕府山云：同时敌以铁甲车，对我西台乱射百余发，该台还击数十发，至下午五时，敌复在浦口车站堆货栈，设炮数尊，并有铁甲车，向狮子山、东炮台一带，射击十余发。此时狮子山东炮台、幕府山、清凉山各台，分头迎击，命中阵地十余发，浦口货房，即时火起猛烈，并闻有弹药爆裂之声，敌人抱头乱窜，火烧至翌日方熄。

三、据瞭望兵报告：下游开来英兵舰一艘，英商船四艘，停泊幕府山炮台附近。此处通江集港口，为通敌要道，该台射击殊深障碍，亦恐牵涉外交，当由本部派方参谋、面请军事委员会交涉，该舰已允退五英里，然仍停泊未动。

三十一日，据幕府山电话报告：

一、午后九时许，有炮声十余发，由浦口方面打来，当即令东炮台派人侦察。据查有二炮，系和记公司所发，其余皆由英国兵舰所发。并查该公司驻有英兵数千，内有多数中国兵，大约皆系敌兵，由通江集运来。

九月一日，据东炮台台长面称：

一、浦口至下关，常有小船来往，恐敌探混迹其间，请令禁止。

二、下关队伍单薄，夜间甚形吃紧，请设法加派军队，协助布防。

三、据探报，浦口尚有敌之铁甲车二辆，步兵一师，驻于浦镇一带。

四、和记公司楼上，有英兵数千，并设机关枪及大炮（按昨晚向我台射击约系此兵），请饬各台注意，并速交涉。

二日，据幕府山余指挥报告：

一、据乌龙山所派侦探报告：我军于龙潭载运俘虏及战利品。

二、昨晚笆斗山获敌残兵数十名。系二十六日逃往八挂洲，因粮食断绝，欲来投降。当时我守兵以为敌来袭，故发枪射击，结果全数缴械。

三、据俘虏云：我军（孙军）每兵发洋五十元，营长以下六百元，只准进不准退。又云：八挂洲尚有若干残兵在内躲匿，请设法令其归降，免害民众。

四、据探报，孙逆传芳前驻六合，刻回扬州。浦口之敌已退。自昨日下午止，并无动静。江上亦无大船来往，下关已平靖如常，人心大定。

三日，据幕府山台长报称：今日上午六时，对江薛家佃、梅桂营附近，发现民船十余只，内载残兵，在八挂洲一带来往，即使东炮台射击二发，该船即向北岸驶去。但查江北之敌，经我军截击后，均已肃清，深恐八挂洲一带，尚有残留敌人隐匿，遗患匪浅，请设法肃清。又据狮子山炮台报告，敌人于日前两日夜，在浦口一带，时有枪声，并火车来往不绝。惟查是役战事以二十五、二十六两日为最烈，京师危而复安，亦足见革命军扫清军阀之精神也。

江宁区要塞炮台司令部呈（印）

〔国民政府战史编纂委员会档案〕

10．李宗仁何应钦报告歼灭渡江偷袭南京镇江孙传芳残部情形通电

（1927年8月27日—31日）

（1）李宗仁等电（8月27日）

国。限即至。洛阳冯总司令、太原阎总司令、九江汪主席、唐

总指挥、朱军长、张军长、黄军长、汉口李军长及各报馆；湖京刘军长、上海胡委员展堂、吴委员稚晖、蔡委员孑民、海军杨总司令暨各报馆、龙华张参谋长、安庆何军长、广东李总指挥、黄总指挥、各报馆、韶关钱总指挥、福州谭军长、杭州周军长、郑军长李副军长、白总指挥、芜湖陈指挥、南京局抄呈国民政府叶军长、贺军长、大通夏军长、青阳王军长、无锡赖军长、常熟、苏州探送曹军长、丹阳杨军长、柏军长、杨代军长均鉴：朔自蒋总司令下野，宗仁、应钦负责，捍卫江右，整军经武，未敢疏虞。原期北伐大计决定后，分途北进，歼被凶残。不意孙逆传芳，居然思逞，自投罗网，于宥日拂晓，乘浓雾之际，以一部在兔耳矶佯渡，以主力在划子口渡江。宗仁、应钦据报，急分饬各部队，由南京、镇江夹击，一面由海军陈司令绍宽率领海军在江面截击；计自宥晨至感午，鏖战一昼夜，击沉敌人渡江航船六十余艘，俘掳敌团、营长数十员，兵士万余名，获枪五六千支，机关枪及迫击炮无数，栖霞山乌龙山、江干附近，敌尸遍地，厥状甚惨。特电奉闻。李宗仁、何应钦同叩。感。印。

(2) 李宗仁通电(8月28日)

国急。南京国民政府。军事委员会谭主席钧鉴：何总指挥、孙部长、广东李指挥、黄总指挥、无锡白总指挥、福州海军总司令杨、芜湖陈总指挥勋鉴：龙华张参谋长、杭州周军长、镇江赖军长、南京贺军长、叶军长、正阳王军长、大通夏军长、庐州柏军长、杨代军长、南京胡军长、海军陈司令、各军长、各独立师长、各司令、各报馆均鉴：孙逆传芳残部，于敬、有、宥等日，先后由江宁镇大腾〔胜〕关、乌龙山、笆斗山等处，四次偷渡，均经我第十九军、第七军次第击溃。获枪千余枝，俘虏千余人，击沉敌船数十只，毙敌甚夥。嗣又于宥日，发见由划子口偷渡之敌，约五千余人，栖霞山车站及附近一带高地，均被占领。电线铁道，亦为掘断。经于感晨，令第七军分三路协同第一路各友军，进攻该敌。据报，敌人抵死顽抗，已被我军奋勇冲锋，于午前九时，将敌军一部压迫至江边，敌纷纷弃械争渡，溺毙无数，缴获枪械千余。其据守栖霞山顶之敌，经我第七军第二、三师，协同警备师，四面合围，至午后三时，始行缴械投降，大江南岸残敌，遂告肃清。是役，我军夺获大炮二尊，迫击炮十余尊，机关枪六挺，长短枪三千余枝，俘虏千余人，我军亦伤亡□百余人。该逆经此大创，贼胆已寒。首都（南京）人心，安谧如常。特电奉闻。李宗仁叩。俭。印。

（3）何应钦通电（8月31日）

国。限即刻到。上海、汉口、南京中央各委员、军事委员会均鉴：郑州冯总司令、太原阎总司令、广州李总参谋长、各总指挥，各军、师长、各省政府、各级党部勋鉴：上海、汉口、南京各报馆均鉴：此次孙逆传芳，收拾余烬，期燃死灰，乘雾偷渡，希图一逞。钦军因在休养期间，致未即集各部，将其速灭。遂使逆军占据龙潭，竟延数日。苦我民众，阻我行旅，殆用内咎。当即连日调集所部，亲自督师，协同第七军，将敌围击。已于本日午后二时，将该逆南渡六师之众，完全扑灭，擒获无算。孙逆所部精锐尽终。是诚飞融扑涝，自取灭亡。特电谨闻。何应钦叩。世申于龙潭车站发。印。

〔国民政府档案〕

11．国民革命军刘峙部关于在龙潭歼灭孙传芳残部战斗详报

（1927年9月）①

其一　敌情

一、孙逆传芳欲恢复江浙两省地盘，乘我宁汉分裂，总司令蒋公下野，内部精神涣散之际，袭取江南。

二、孙逆残部约三万余人，以段逆承泽为前敌总指挥，八月二

① 原文系1928年8月呈报。

十六日主力于大河口、划子口一带，开始渡江。其先头之一部，占领龙潭镇、栖霞山，掩护后续部队渡江后，大部向南京方面进展，企图撼我首都。

其二　我军情况

一、当宁汉分裂：

总座下野之际，我北伐全军将士，意志既不统一，团结自觉不坚。我第一军自奉命放弃江北后，为图整顿便利计，遂拟分驻于宁、沪、杭一带，而在沿江警戒之兵力颇弱，盖不图孙逆狡黠，竟敢袭我不备。

二、我军在事前，既无充分的准备，当敌军渡江，猝然来犯之际，除檄调第一、第七两军之部队，随到随即参加战斗外，并未预定何种具体周密的作战计划，而本纵队奉命后，随即依沪宁铁道之运输，向龙潭前进，陆续加入战斗，指挥不能统一，运用极感困难，幸将士奋勇，故卒能收歼敌之功。

其三　战斗经过

一、职奉命后，即亲率第四团，由上海北站出发，依铁道运输，于八月二十八日午后二时到达镇江。奉白总指挥谕：所有前线各部队，概归该指挥官刘峙统一指挥等因。

同日午后三时，职仍率第四团，由铁道运输，向龙潭前进，午后七时，车抵山口村南方时，已入暮、适与自龙潭车站向镇江方面后退之我军火车相撞出轨，致第四团损伤官兵二百余人，职头部亦被碰微伤。当时官兵未明前方真相，骤遭此种意外损失，士气为之一沮，几致紊乱。职即令第四团派兵一营，位置于山口村附近，对龙潭方面警戒，其余集结于仓头镇附近，一面用电话询龙潭卫师长前方情况；奈电话不通，据我军自龙潭附近退回之官兵数人云；龙潭已于本日（二十八）黄昏时，被敌占领，我前线部队，已向龙潭西南方向退去。职遂令截断通龙潭之电线，并用电话报告镇江白总指挥。于是镇江与南京间之交通连络，完全断绝。职以情况不明，兵力过少，遂决心在山口村附近，选择阵地，暂取守势。部署之概要，即以原在刁家楼附近警戒之第六十三团，占领刁家楼、陈家店、王家桥之线，利用土堤构筑阵地，并派出前进部队，于潘家荡、曹家村一带，迟滞敌之前进。第二师第四团占领范庄、宋家场、山口村、正盘山一带地区，构筑阵地，并派出前进部队，于潘家湾、石幔山附近，迟滞敌军之行动。第二师工兵队，集结于仓头镇附近，担任在该镇西方陈家湾、中和桥之线，构筑步兵一团之预备工事。各部队所担任之工事，均于拂晓前完成(附图一)①。

二、同月二十九日午前八时，敌军开始攻击我前进部队，至午前十一时，潘家荡、曹家村、潘家湾、石幔山，我之前进阵地，已被敌军占领，且继续向我本阵地攻击。是时职正巡视前线工事，至山口村之天桥附近，目击敌军向我前进之状态，随即令第四团进入阵地，开始射击，与敌激战。是日午前十时，我第三师之第八团，已由下蜀到达仓头镇，遂令位置于胡家园附近，为预备队。

午前十时三十分，第一师师长邓振铨，率领第二团，由镇江到达下蜀街，其一、三两团，亦在运输中。职遂令第一师师长邓振铨，率领所部(欠第一团)，即由下蜀出发，经砀山、铜山、羊山以南地区，向虎头山、青龙山前进，威胁敌之右侧背，并设法与宁方之我军连络。

午后八时顷，敌军向我阵地各点，施行袭击，虽均被我军击退，但死伤颇大，山口村附近之第四团，与敌白兵〔刃〕相接，反复冲锋，激战尤烈。该团官兵，死伤百余人。是时我第一师之先头部队，即第二团，已与虎头山附近之敌接触，占领范家塘及其东北一带高地，与敌对峙中，该师长为休养兵力起见，遂令其余部队，在丁家边附近宿营，并拟于明(三十)日拂晓，攻击虎头山附近之敌。

至午后十二时，职遂决心于翌(三十)日拂晓，转移攻势，拟压

---

① 图缺。

迫敌军于长江南岸，而歼灭之。其部署概要如次(附图二)① 。

1. 各部队于明(三十)日午前四时以前，准备完毕。午前四时三十分，开始转取攻势。

2. 第六十三团(附第八团之第三营)击破当面之敌，向王家庵、花园荡外庄、及标高285之线攻击，而占领之。

3. 第二师第四团击破当面之敌，沿铁道前进，协助第一师占领龙潭车站后，即转向阳庄、三官庙、头二三四块之线攻击、而占领之。

4. 第一师(欠第一团)击破虎头山、青龙山之敌，占领龙潭车站后，派必要之一部，对东阳镇西沟渡方面警戒，主力转向头二三四块扁担洲之线攻击，而占领之。

5. 各部队之作战境界：

第六十三团 }钱家大庄—陈家村— △285 —东老洲连结之线。
第四团
第一师 }正盘山—水泥公司—三官庙—带子洲连结之线。

线上属右翼部队

6. 第八团(欠第三营)及第二师工兵队，为预备队。沿铁道向龙潭车站方向推进。

7. 第二十二师，对江面警戒，依攻击部队之进展，沿长江南岸西进，掩护我军右侧。

三、同月三十日午前四时，本纵队所属各部，正依命令，准备转移攻势之际，敌忽向我全线猛攻，且以优势兵力，攻击我山口村、正盘山附近之第四团，势极凶猛，激战数小时之久。我第四团因死伤过多，一部份动摇，已现紊乱状态。职恐因此波及全线，及亲至中和桥北端，督率该团，占领童家湾、羊山之线，竭力抵抗。一面令第八团(欠第三营)占领羊山及其以北地区，协同第四团恢复山

① 图缺。

口村、正盘山一带阵地。无如逆敌益众，不易奏功，复据童家湾、羊山之线，与敌对峙。

我第一师，亦于是日拂晓，按照命令，向石幔山、虎头山一带之敌攻击，战斗甚烈。

午前十时，敌复向我右翼第六十三团方面猛攻，枪声异常激烈，该团之一部份，亦已动摇。幸此时我第五十八团，已陆续到达仓头镇附近，随令该团之第一营，向刁家楼方面增援，我第六十三团并令第五十八团团长桂永清，率领所部(欠第一营)，协同第四、第八两团，恢复山口村、正盘山一带阵地，至午前十一时，遂将山口村、正盘山之阵地，完全恢复。职随令全线转取攻势，然敌亦顽强抵抗，激战至午后二时，敌势不支，渐向江北方面溃退，但尚节节抵抗。职即用电话报告白总指挥，并奉到如次之训令：

1．着第一师、第二师、第二十二师、及第二十一师之第六十三团、第三师之第八团，又第五十八团，归第一纵队指挥官刘峙统一指挥，担任柴洲以东，残敌之肃清，并与宁方部队，确取连〔联〕络，勿生误会。

2．第三师师长顾祝同，率领第七、第九两团，集结于仓头镇附近，为全军预备队。

午后五时，第一师之第一团，到达仓头镇，职遂令各部队，击破当面之敌后，各派一部，跟踪追击溃退之敌。

午后十一时，决定本纵队追击部署命令，要旨如次(附图三)①。

(1) 本纵队所属各部队，为肃清残敌起见，拟于明(三十一)日午前五时，各于现在地出发，向长江南岸之东新圩、后三圩、孙家窑、白闸头、李家圩之线追击前进。

(2) 第六十五团、第六十三团，归第二十二师涂师长指挥，经

① 图缺。

陈家桥—刁家楼—方家坝—胡庄—营房口道路，向东新圩、后三圩附近追击前进。

(3) 第五十八团，经道士庄—东曹—潘家荡—张家湾—小冯庄向孙家窑附近追击前进。

(4) 第四团、第八团、归第八团团长潘国聪指挥，经潘家湾—小圩—小庄—袁家巷—章家庄道路，向白闸头附近追击前进。

(5) 第一师(欠第一团)、经槛江闸—花家 荡—八 段—金村之道路，向小王庄、李家圩附近追击前进。

(6) 第八团、第五十八团，附属于第六十三团作战之步兵各一营，着即归还建制。

(7) 各部队追击前进时，须严密搜索，互取连络，到达长江南岸，警戒待命。

(8) 予率第一团，于明(三十一)日午前七时出发，沿铁道向龙潭前进。

四、三十一日午前八时，本纵队所属各部队，正在按命令追击前进之际，忽奉白总指挥命令，其要旨如次：

1. 我第七军、现在柴洲以西，与敌激战中。

2. 该总指挥官，除令必要部队，肃清柴洲以东之残敌外，须以有力部队，协同第七军，歼灭柴洲以西之敌。

午前九时，柴洲以西敌之大部，有向前大圩、仁庄、汪家圩溃退模样。是时，我第一师(欠第一团)已达大石山、雷台之线。第二师(欠第四团)、及第十四师亦达龙潭镇、王庄一带。职乃决定变更部署如次：

(1) 第一师师长邓振铨，率领该师(欠第一团)协同卫师及宁方部队，歼灭柴洲以西之敌。

(2) 第四团改由花家荡—八段—金村道路，向李家圩附近，追击溃退之敌。

(3) 职亲率第一团，即时向水泥公司前进。

但因第一师改赴柴洲以西，协助第七军歼灭该方敌军，未能依本纵队原定部署，追击前进，致柴洲以东溃退之敌，除被我第五十八团缴获步枪二千余枝外，其大部皆得从容沿柴洲东岸土堤，经羊尾洲附近，渡江北窜。

午前十时，职率第一团到达水泥公司附近，敌尚据东西老洲、周家桥一带地区，顽强抵抗。乃令第一团向杨庄附近，包围敌军左翼，激战数小时之久，敌势不支，纷纷渡江溃退，至午后二时，而柴洲以西之敌，亦完全肃清。

五、职于是役，所率各部，俱系临时附属，陆续参加作战者，战斗直前，并无何种计划，指挥运用，殊感不便。幸敌由一点渡江，其他方面，并无顾虑。且将士奋勇，卒能歼兹逆敌。然战局终结，各部队遂即归还建制。关于损伤卤获，除第四团伤亡官兵三百余人，缴获敌枪二百余枝外，其余各部，未据呈报，无从汇转。

六、第二师(欠第四团)系副师长徐庭瑶率领，先期开赴龙潭增援，归第十四师卫师长指挥。当八月二十八日，龙潭失守，向南京方面撤退后，与镇江方面之连络，已完全断绝，迄战斗终局，始得归还建制，其战斗详报另附呈。

右呈

国民政府军事委员会

国民革命军第一军第一纵队指挥官　刘　峙

〔国民政府战史编纂委员会档案〕

12. 国民军联军东路总司令鹿钟麟会师攻徐州电

(1927年10月6日)

南京国民政府钧鉴：顷奉支电明令，远颁申讨奉逆，敬聆之下，曷胜欢忭。张逆作霖倒行逆施，盘踞首都(北京)，卖国蠹民，凶焰方炽。若任其久，稽幽燕实，大为革命障碍。钟麟自当遵令誓师，赴日出发，会攻徐州，进取直鲁，肃电直陈，敬盼鉴察，国民军联军东路军总司令鹿钟麟叩。鱼。印。

〔国民政府档案〕

13. 国民革命军第一路总指挥何应钦进攻蚌埠战斗要报

（1927年11月20日）

战斗要报　十六年十一月廿日
于蚌埠第一路总指挥部

窃职奉命率部北伐，先令所属各军，分向指定地点集中后，职于十一月四日，进驻滁州，至七日各军部署完毕，于八日拂晓，开始攻击。关于战斗开始以前一般情况及阜宁、淮阴方面进展情形，除随时另电呈报外，兹将蚌埠战后，由开始攻击日起，至占领蚌埠后止，所有战况，理合按日缮具报告。谨呈

军事委员会

（一）开战前敌我两方之部署：

1．敌军各部主力之位置：

伪副总司令郑俊彦　驻蚌埠。

第三军军长陆殿臣　驻蚌埠。

十二师苏部　在蚌埠附近。

伪副司令李宝章
第八师崔锦贵部　在临淮关。

第十五师宋福田部在凤阳附近。

第二师｛第三旅司可庄部　在明光附近。
第四旅李耀光部　在小溪河附近。

第十三混成旅王若善部　在红心铺附近。

第卅三旅　纪锡海部　在五河附近。

第三混成旅　徐部　在怀远附近。

第九师　段承泽部　在宿州附近。

第十八混成旅　唐庆珊部　在徐州附近。

2. 敌之阵地及警戒线：

阵地在明光、马家岗、红心铺、沙涧铺、卸甲店一带，各处均构筑强固工事。警戒线在管店、三河集、黄练铺、石门线、龙头坝一带。又考城上窑各处，亦有敌之小数部队。

3. 我军位置

第九军（附第一军第二师）

2D/1A，在三界附近。

3D/9A，在集河镇附近。

10A，在桑家涧集、定远一带。

40A，由合肥向定远移动，其先头各师，于七日抵定远。

33A，在寿州、凤台一带。

1A，军部及第一师七日到达滁州。

1A，廿师在南京。

（二）决心：

以主力（9A、10A、40A）展开于铁道以西之地区红心铺、定远一带。以一部2D/1A配置于铁道正面。决于十一月八日，本明光、红心铺、沙涧铺一带之敌，开始攻击。

（三）基于以上决心之处置：

1. 给与各部队攻击命令大要如下：

第一路军命令　十一月六日午前十时于滁州

A、敌情及友军状况（略）。

B、本路军拟将亘明光、红心铺、卸甲店一带之敌击破后，即占领西凹子、燃灯寺、黄泥铺、殷家涧、唐家户之线，继续进攻临淮、蚌埠之线残敌，而歼灭之。

C、各军攻击部署如下：

第九军（附第一军第二师）位置三界集、池河镇附近，向明光、红心铺一带之敌攻击，将敌击溃后，即占领岗子集、西凹子、燃灯寺、黄泥铺之线，准备向临淮关、凤阳府城攻击前进。并以一部位置于岗子集附近、对五河方向警戒。第十军位置于桑家涧、定远附近，向沙涧铺、萧家巷之敌攻击，将敌击溃后，即须占领陈家巷、殷家涧之线，准备向凤阳县城及黄营间地区，攻击前进。

第四十军位置于定远及西卅里铺、永康镇一带，向卸甲店、唐家户之线前进，驱逐卸甲店附近之敌后，确实占领殷家户、唐家户之线，准备向东鲁山、官沟集方面攻击前进。其位置于永康镇之一位，掩护军之左侧，在主力军之左侧后跟进。

D、各军统限七日午后六时以前，准备完毕，于八日拂晓，开始攻击，预期于九日，确实占领岗子集、西凹子、燃灯寺、黄泥铺、陈家巷、沙家铺、庞家户、唐家户之线。

E、第一军(欠二师)位置于滁州、南京附近，为总预备队。

2. 致柏宣抚使之电令：

着卅三军于七日由寿州、凤台一带出动，向怀远攻击前进，相机截断敌军之后方联络线。

(四) 经过：

八日拂晓，各军开始攻击；第二师由三界，将管店之敌驱逐后，进占周家岗、西周家。第九军第廿一师，向马家岗攻击。第十四师、第三师向红心铺攻击。即将红心铺之敌击溃，占领红心铺。并派第九团协助廿一师攻击马家岗，军部进驻红心铺。新编第十军第二师，由桑子店向山头店之敌攻击。第三师由定远向沙涧铺之敌攻击。至正午第二师第三团占领山头店。第三师亦已占领沙涧铺，并分途进击、进占陈家巷、殷家涧之线。第四十军谷师，到达西卅里铺，军部及二三两师，由合肥前进中。

九日，各军向攻击目标，继续攻击前进，敌颇顽强，经我猛烈进击，已占领如下各地点：

第九军(附第一军之第二师)占领岗子集、明光、西凹子、燃灯寺、黄泥铺之线。

第十军仍在陈家巷、殷家涧之线。敌昨夜反攻，激战至本日午前八时，又将敌击溃。

第四十军向卸甲店之敌攻击中。

令第一军军长，率第一师于明（十）日，由滁州经三界，向明光推进。

十日，敌用铁甲车，向我右翼第二师猛射后，即向临淮关退去，该师进至贾家张塘，与敌激战。第九军各部，在燃灯寺总铺，向凤阳攻击前进。午后二时，其十四师占领大通桥。

第十军由陈家巷、殷家涧之线，向凤阳西北方攻击前进。在林桥子附近，与敌激战。

第四十军谷师，由卸甲店向蚌埠挺进。总预备队之第一军进驻三界、张八岭等处。

十一日，职率本部，由滁州进至三界站，其在津浦沿线前进之第二师，进攻临淮关，激战甚烈。九、十两军，已占得凤阳，及独山、九华山、马鞍山、老山、庙山等处。敌临淮部队，顽强固守，并用铁甲车二列掩护，兵车四列，至门台子下车，向马鞍山反攻甚猛。四十军以第一师向蚌埠突进，原期占领蚌埠，断敌归路。乃因我后续部队，相隔尚远，敌以强大之援队，压迫退回。伤亡甚重。军部及一三两师，已进至周瓦房附近，总预备队（第一军第一师）进至明光。

十二日，职率本部由三界站进驻明光，九、十两军，于拂晓全线出击，战况初颇胜利，但敌死力抗战，其后又增援生力军，施行猛烈反攻，并使用铁甲车，以最密炮火射击。我马鞍山之部队，因弹尽死亡甚多，马鞍山陷于敌手，波及第九、十两军全线，遂撤至安子集、黄泥铺、殷家涧之线。幸同时在右翼之第二师，已将临淮之敌击退，并进占之，第四十军各师，齐头使用。于拂晓，以一、三两师，向东鲁山、尾山、徐桥之敌攻击，贺军长亲自在李家冈督战，第三师遂攻占徐桥。因九、十两军撤退，右翼空虚，且左翼卅三军远在淮北，遂决心撤至射子口、唐家户、周瓦房、苗家营之线。以待反攻。职抵明光，接得以上情报之大概，遂施行如下之处置：

1. 令第二师固守临淮关。

2. 令南京之廿二师，开来三界待命。杭州第四独立师，开来南京待命。

3. 令刘军长率第一师，向总铺前进。廿一师由安子集向凤阳前进。最小限须占领双碑子、头铺、二铺、西方一带。该师暂归刘军长指挥。

4. 给与各军之合同命令，大要如下：

A、情况(略同前述)。

B、我军拟占领临淮、凤阳一带地区，作攻击之据点，一面整理反攻蚌埠。

C、第九军(欠廿一师)应集结于徐家湾、林桥子附近。

第十军应集结于孙家冈、路家庄附近。

D、第四十军应集结于赵家湾、庞家户附近。

以上各部队，均限于十三日以前，集结整理完毕。

E、本部暂在明光。

(注意)各部整顿完毕，遇有良机，应不待命令，进攻蚌埠。

十三日，第廿一师已进占双碑子、杨家湾、张家湾、刘家、小查家之线。第一师进占蒋家坝、蒋山、大王庄之线。刘军长在安子集，指挥九、十两军及四十军。则各按指定地点，集结整理中。由寿州方面，向怀远前进之卅三军之第一师及第二师之一部，已到达怀远附近，与敌激战中，怀远城得而复失。

十四日午前七时，给与各部队之攻击命令，大要如下：

第一路军命令

A，据临淮关第二师报告，河北之敌，及敌军铁甲车，现复向我临淮关南方之杨家湾炮击，并有反攻模样。

B，本军拟以临淮关为据点，占领杨家湾、天井铺、张家凹、孙家冈之线，即行向敌进攻，直取蚌埠。

C，第一军（欠廿二师）附廿一师，应以一部仍固守临淮关及杨家湾，以一部由天井铺向凤阳攻击前进，务须占领凤阳西北一带高地。

D，第九军（欠廿一师）应速由张家凹与第一军连〔联〕系，经卫前街向凤阳西端攻击前进，务占领马鞍山、梅山等高地。

E，第十军应速由孙家冈与第九军连〔联〕系，经明陵、向凤山、郭家湾攻击前进，务占领红山、庙山等高地。

F，第四十军应速由原阵地经东鲁山、西炉山攻击，照贺军长原定计划，不待各军齐头，以迅速果敢之动作，直取蚌埠，以便围敌于蚌东，一鼓而歼之。

G，下略。

于是，各军均按照命令，由集结地，开始运动。第一军（附廿一师欠廿二师）占领临淮、门台子、琉璃岗、马鞍山、尖山、九华山、煤山、青州营等地。第九军（欠廿一师）一部，协同第一军占领九华山、陈山一带，主力向凤山、黄山之敌攻击前进。第十军向东鲁山、西炉山进攻。四十军向西炉山、徐桥、石井山、陶山进攻。均略有进展。总预备队（22D/1A）已令开至明光。

十五日，各部继续向蚌埠方向攻击前进。是日，敌以死力，节节顽抗，战斗甚烈。入夜，我军已攻占长淮集、锥子山、尾山、东鲁山一带。

十六日，一、九、十各军，合力围攻蚌埠，先后将曹山、西炉山、沈家山之敌击溃。我四十军第一师，先占徐桥，进攻陆军营房。第三师攻击石井山，陶山、虎山、神山，冲锋数次，始将该数山占领。复乘胜进攻张公山，并派第二师经涂山，协攻怀远。第三师既占张公山，第一师亦占陆军营房。于是进入蚌埠，巷战甚烈。敌以铁甲车掩护，且战且退。郑逆俊彦至最后，始率部向固镇逃窜，蚌埠遂于午后四时完全占领，临淮关北岸之敌，及怀远附近之敌，亦已向固镇逃窜。除派一部，分途追击外，余部在临淮、蚌埠、怀远之线，整顿待命。

十八日，我卅三军第一师，追击残敌，已占领固镇，职由临淮关进驻蚌埠，给予各军之命令，大要如下：

第一路军命令　十一月十八日午后十时于蚌埠

A、在临淮、蚌埠一带，被我未击溃之敌，大部已窜往宿州，一部尚在固镇附近。

B、本路军在津浦路方面部队，拟以一部占领王庄、固镇、本庄家、皮庄之线，对宿州方面警戒，主力集结于临淮、蚌埠、怀远一带，整理补充，准备进攻徐州。

C、警戒区分：

第一军派出一师于王庄附近，其警戒线，右翼由小张家起，经邓巷、西刘集、石家湖（包含）止。

第九军以一师驱逐固镇附近之敌，占领固镇。其警戒线，右翼接第一军之左翼起，经赵庄、陈庄、单路庄、管鹿湖、大杨庄（包含）止。

以上各部，均限明（十九）日出动。

D、各军主力集结地点如下：

第一军主力　临淮关、长淮集、凤阳一带。

E、下略。

十九日，各部均已按照前令，布置完毕。第九军之第四师进抵固镇，对宿州之敌警戒。

（附记）本战役各军所有官兵伤亡，枪炮弹药损耗，及卤获等数目统计，俟各部报到，再行汇呈备案。

第一路总指挥何应钦呈

〔国民政府战史编纂委员会〕

14. 国民革命军第二十六军军长陈焯关于肃清苏北运河线直鲁等军作战经过报告

（1927年12月）

国民革命军第一路军第二十六军肃清江北于运河线作战经过概况

一、军之战斗序列：

第二十六军军长陈　焯　　军参谋长方　策

军属第一师师长赵观涛（步兵第一、第三团，每团三营及迫炮一连、机枪二连、炮兵一营（三连），通信兵一队、输送兵一队）

又　第二师师长张　骥（步兵第四—第六团余同上）

又　步兵第七团。

独立第十七师师长文鸿恩（步兵第四十九—第五十一团及补充团，每团三营及迫机各一连、炮兵一营（一连）、工兵一营及通信输送队）。

军兵站支部。

二、集中情形：

初军之原属第一师，驻罗店、刘河、嘉定、太仓一带，军部及第二师驻上海闸北、第二师之一团及第七团驻杭州，独立第十七师驻扬州、宝应、淮阴一带。十月中旬，奉第一路总指挥何命令，以军为中央军独立第十七师属之，集中于淮阴附近，一部占领涟水附近，与在阜宁附近之右翼军第十七军，及津浦铁路线上滁州附近之左翼军（主力军）连络，向宿迁附近之敌，准备攻击。

十月廿二日起，军乃依铁路输送经镇江渡江，第一步集中扬州附近，十月三十日，第一、第二师，及步兵第七团到达扬州，其时独立第十七师主力在扬州，一部在淮阴附近，又第十三军之一团在涟水附近，军即藉为掩护，以第十七师（欠一部）第一第二师序列，用水运，一部用陆行，向淮阴前进，以步兵第七团分配于扬州至宝应间警备后方连络线。十一月十六日到达淮阴附近，集中完了。令独立第十七师一部，推进至泗阳附近，令第一师一部推进至众兴附近，以第二师一部占领涟水、向敌方警戒，侦察敌情。

军兵站支部，置于扬州，推进兵站分部至淮阴，以一分部置镇江，利用运河及沪宁铁路为运输线。

三、敌情概要：

敌孙传芳军自渡江失败后，即退至徐州、济宁、济南、德州，补充训练，其前线以张宗昌军任之。十月间敌在津浦线上者，主力在蚌埠，一部在明光。其在海州附近，有鲁军第十一军张宗辅部。其在运河线上，宿迁附近，有鲁军第十军杜凤举之三旅。顺河集有敌军一团，仰化集、陆集、洋河集、均有敌之警戒部队。宿迁城南方黄河堤一带，均有防御工事。又窑湾、皂河有孙军第七师梁鸿恩部。三义河附近，有鲁军第七军许焜部。均有防御工事。

四、军对于宿迁附近之敌之攻击部署：

军为攻击宿迁之敌其部署如下：

左翼队独立第十七师，由泗阳经众兴、洋河前进，占领耿车集——三棵树之线，向宿迁西南侧敌阵地攻击。

右翼队第一师，由众兴经仰化，主力渡河，展开于上下半亩田附近，向宿迁南侧敌阵地攻击。一部沿运河东岸，占领顺河集，攻击敌之左侧背。

预备队，初位置于众兴，逐次向陆集推进，以一部置于曹集，警戒军之右侧。

五、宿迁之攻略：

十一月二十四日，军部进驻仰化集，左翼队及右翼队，以次展开于牛脚湾、蔡庄之线，努力侦察当面之敌情。当日下午，前线各部队开始攻击前进，敌在牛脚湾，徐庄一带，据壕顽强抵抗。二十五日，我军前线各部队，向敌猛力攻击，敌势不支，于下午退入城内，凭城死守，以待逆军第七军许焜之援。二十六日，军部由仰化集进驻蔡家河，我右翼队第一师，及左翼队第十七师，同时向宿迁城圩袭击，肉搏奋斗。河东方面，第一师之第一团，亦于此时乘雾由玻璃厂渡河，进攻北门城圩。营长孟获洲死之，敌遂放弃外圩，退守内城。我军继续进攻，至二十七日上午止，将敌第十军杜凤举部，完全缴械。其一部向皂河方向退去，即派第一团之一营，向老陆庄方向、第二师第六团向王家沟方向，第十七师之一团向皂河方向，分别追击。

二十九日，敌闻宿迁失守，于新店堰头，增加步兵三团。沭阳方面，原有敌五六百人，亦新到援队二三百人。皂河方面，敌许焜部、姚师、段师、皮旅、褚旅、及骑兵之一部，向我左翼第十七师猛力攻击前进。我第十七师因受优势敌人之压迫，全部溃退。我军不得已，背进至众兴、仰化集之线。

六、第二次攻略宿迁：

十二月十二日奉总指挥何，自固镇发来真电。敌在徐州设防，定寒日协同西北军总攻击，贵军应迅速进出陇海路，以掩护本军右侧等语。十四日，我军以第二师为右翼队，由顺河集向玻璃厂，以第一师为左翼队，由苏家圩向黑鱼旺、傅庄。以第十七师为总预备队，向宿迁反攻。十五日拂晓，与敌接触，我军奋勇进击，于十六日下午，克复宿迁。我追击部队，并相继占领窑湾、皂河一带，战斗遂告一段落。

〔国民政府战史编纂委员会档案〕

15. 国民革命军第十一师关于原第十七军第二次渡江由通阜线肃清苏北直鲁军战斗报告①

（1927年12月）

案奉

钧长马电令，将十六年冬，二次肃清江北战斗经过电告。等因。奉此。谨将职前十七军二次渡江战斗经过，胪列报告于后：

甲、前职军奉令集中及警备后方情形：职于十六年十月十五日，在昆山防次，奉到总部寒酉电：以第十七军集中阜宁附近，掩护集中之部队，为阜宁之独立之第一师，该部开动于十月二十日以前集中完毕，彼时职军经济困难，达于极点，不但饷项差费无着，给养亦日虞不继，且天气严寒，各兵棉衣尚未领齐，尤为焦灼，所有弹药、卫生、材料、药品、军需品一切，极形缺乏。各部自昆山、常熟、经江阴、南通、如皋、东台、盐城，至阜宁，所经路线，土匪充斥，交通不便，输送困难，后方共党窜扰，人民恐慌。以第二师部及第五团镇摄盐城，第三师以小部驻东台，大部进驻阜宁，剿办土匪，维持后方之交通，其余各部，均能按照计划，集中阜宁、东坎、小尖，准备进击。

乙、十七军与独立第一师之作战计划：十一月一日，奉总部世申电；以十七军及独立第一师，在阜宁附近，应取攻势防御，有机可乘，即进占海州，遂决定战略如次：

一、方针：先向响水口、新安镇分进，驱逐杨家集、大伊山、板浦等处之敌，然后以一部由海州正面，以主力由右侧面前进击破之。

二、兵力：独立第一师、十七军第一师、及第二师之第四团。

① 曹万顺原任国民革命军第十七军军长，原文系一九二九年补报。

三、作战部署：第一期；第一师、由响水口向杨家集方面之敌攻击。独立第一师，由新安镇，向大伊山方面之敌攻击。军部率第四团在响水口。第二期：第一师、由杨集以北，沿帆河、盐河以东地区，独立第一师，由大伊山以北，沿帆河、盐河以西地区，向占据板浦、新坝附近之敌攻击前进。军部及第四团总预备队，沿盐河相机推进，策应各方。第三期：第一师，以一部向南城、新浦攻击，以主力从右翼向新浦迂回，袭取海州。独立第一师，由新坝向海州挺进。军部及第四团总预备队，进驻板浦，尔后推进至海州。

丙、克复灌海战斗经过概要如下：

一、海州敌情：敌之兵力，直鲁军张宗辅部，共约三旅，一旅分防大伊山、杨家集一带，一旅驻板浦附近，一旅屯扎海州及新浦。此外沭阳杜凤举一旅，海防营招安队数百，海州招安队数百，附逆土匪千余，又人头庄有王某一团。敌之企图，连日布防，以大伊山、新新沟、小伊山、杨家集南岸各处，均筑有坚固沟垒，意图固守。

二、十一月二十一日，综合各方情况如下：

津浦路方面：

A、我第一、第九、第四十、新编第十军，各军已占领蚌埠、固镇。

B、敌退守宿县。

陇海路方面：

A、我西北军已过砀山。

B、敌守徐州以西地区，顽强抵抗。

运河方面：

A、我二十六军及十七师先曾一度占领宿迁，后缩小防线，于众兴、泗阳附近及淮阴以北地区，拒止敌人。

B、敌许琨部，先曾退守窑湾、皂河，其后又复至宿迁。

盐河方面(本路方面)：

A、我方情形：

1. 我独立第一师之张团，已占领新安镇，其余部队，在北禄沟北砂各处，师部在阜宁。

2. 我第一师第二团进驻响水口、三岔口附近。第一团在东坎、小尖一带，师部驻东坎。

3. 十七军军部及直属部队、在阜宁。

4. 我第二师部、及第五团驻盐城镇偃，第四团开来阜宁前方，尚在途中。

5. 第三师在阜宁、东台、海安各处剿匪，及维护后方交通。

B、敌情同前：

三、我军作战目的：我军取攻势，协同津浦路运河各方面友军之进展，双管齐下，以占领海州之目的，于最短期间，遵照作战方略，摧彼顽敌，完成任务。

四、杨家集、大伊山之攻克：十二月七日，我第一师与独立第一师，分为两路，犄角并进，攻击杨集、大伊山之敌，该敌凭山据河，顽强抵抗，后经我军奋勇猛攻，突破敌阵，遂于本日正午，占领该处，敌退守下车、任二庄一带。

五、下车、小柴市等处之战况与援助独立第一师之情形：杨家集败退之敌，复依据下车、小柴市等处为支撑点，抵抗我军前进，敌复由板浦增加一营之众，至小柴市、小洋沟，窥其意图，似欲包围我独立第一师。因该师在大伊山北与敌隔河相持，进展颇难，敌勾结当地股匪，连日乘机扰乱，其侧背形势紧张。我第一师于十二月九日，因左翼之顾虑，以一团正攻下车，以一团施行侧击，威胁小柴市、小洋沟之敌，援助我左翼独立第一师之进展。是役，剧战甚烈，我官兵奋勇冲锋四次，敌势不支，始向大柴市及同兴集、彭家渡等处，分头溃退。我军于本日午后四时，即占领该处，敌死伤甚众，我方俘获军用品不少，我官兵亦有伤亡。

六、伊芦山、小伊山敌我之对峙：敌连日虽受创，但时增生力援队，并运动土匪，以扰我后，且利用伊芦、小伊、锦屏诸山，安设炮位，能俯瞰轰击。我军并凭小伊河、车轴河、盐河，以为天堑，据岸顽抗。自十二月十日至十六日，我方因弹药之补充，军事之整理，敌情之侦察，土匪之防备，攻击之准备，以独立第一师，在大伊山北区、和尚庄、石门之线，以十七军第一师，于小柴市、车轴河南岸之线，严密与敌对峙，敌屡次来犯，均被我军击退，敌计迭不得逞。

七、十二月十七日之剧战与灌海之克复：敌因屡受挫，所有主力部队，均分据同兴集、伊芦山、大柴市、小伊山一带，一部驻扎海州、新浦。我方于十二月十六日部署完妥，遂于十七日拂晓，以独立第一师，先攻击小伊山，后以一团由祝家荡协同十七军第一师攻击灌云，以主力进取新坝，向海州挺进。十七军第一师以主力，进攻大柴市，击破后，协同独立第一师之一团，向灌云进攻，以一团向同兴集、伊芦山攻击，占领伊芦山后，由陆庄、乔家，向中正场前进，抄袭灌云之敌。我军部率第二师第四团为总预队，沿盐河推进，策应各方。敌不支，向海州溃退。我军即于本日上午十一时，占领灌云县，随即跟踪追击，敌狼狈溃逃，望风披靡。是晚，克复海州，残敌分向赣榆、青口方面溃窜。

八、向赣榆之追击与沿海之警戒：十二月十八日，奉总部由固镇来铣酉电：我津浦军，本午占领徐州，饬令十七军及独立第一师，占领海州后，十七军向赣榆追击，占领赣榆，独立第一师位置于海州。对于海面之警戒，遵即以十七军第一师，继续向赣榆进击，占领赣榆后，对日照方面警戒，以独立第一师任海面之监视，并派一部至沙河镇警戒，第二师第四团及军部，均驻海〔州〕整理，所有留驻后方部队，陆续调海洲候命。

我军自占领海州，陇海路线，立即规复。而江苏北部，遂完全肃清。军事之计划，遂告一段落于兹矣。

以上所述，为前职十七军二次肃清江北种种经过之情形，虽中间曲折，不无遗漏，而纲要敷陈，应可见一般之梗概矣。忆述曩事，除回日电呈外，理合节略呈报，伏祈

鉴核。谨呈

训练总监部长何

国民革命军陆军第十一师师长曹万顺

〔国民政府战史编纂委员会档案〕

16. 何应钦报告攻克徐州经过电

（1927年12月19日）

南京军事委员会钧鉴：智密。谨将职路各军攻徐战斗经过，概陈如次：(一)敌军总司令张宗昌，前敌总司令许琨。兵力：鲁军第三军、第七军、第十军、杜凤举之七十一师、七十二师。奉军张学成部及二十七师卫队、骑兵旅及孙部五师，又张逆卫队五旅，并加于学忠之三师，约计十余万人，集中徐州附近。其警戒线，在七圣庙、潘家楼、王泉寺、萧县一带。(二)文日，本军各部部署；一军主力在张山集、后泉井，警戒在褚兰。九军主力在阚疃、栏杆集，警戒队在杨庄。新十军主力在杨桥，警戒队在孟村。四十军附三十三军之袁师，主力在新大、五柳集，警戒队在赵楼、韩村、朔里店。本部驻固镇，令各军占领阵地，准备寒日，协同西北军，向徐州开始总攻击。乃十二晚，本部何科长竞武，在曹村窃得敌方电话，张逆下令，于元日向我攻击，并以二十七师向我左翼抄袭等语。乃令各军占领宝光寺、杨庄、含尚山、赵楼、朔里店之线，迎击敌人。十三日，各军均将当面之敌击退。惟因西北军尚未到达，四十军兵力亦陆续增加，左翼遂形薄弱。赵楼方面，战斗至为激烈，乃令第一军协助第九军，于寒晨向三堡攻击，威胁敌后，其余各军，相机出击。十四日，我九军将敌梁、段两师击溃，进占薛家庄、徐三村、万家窝、女娲山之线。杨山头附近之敌，犹恃险顽抗，一军主力进至韩楼附近，敌陆殿臣率二师三旅三团之众，屡次返攻，战斗激烈。我六十五团团长程式，遂于此时阵亡。新十军亦击破当面之敌，进至王山三堡附近，四十军亦将敌击退，进至两瓣山，青龙桥附近。而萧县方面，敌杜凤举部，向三十三军第一师猛攻，经四十军派一团往援，亦将敌击退。（三）是日，我军之威胁，业已成功。乃下令各军，于删日向徐州之敌攻击。九军主力，右移女娲山之阵地，交新十军接替，令一军主力，经东贺村、向催粮洪前进，包围徐州之敌。九军向城东，新十军向徐城东西端，四十军向徐州城南端，协同攻击。删日我第一军击破陆殿臣部，占领猪头山、南楼后罗家之线，第九军击破杨山头附近之线，接近良山、颜山高地，新十一军占领三堡，并接替万家窝、女娲山阵地，四十军击破当面之敌，占领银山、猴山、孤山集。是时西北军尚未能连络，三十三军第一师仍在原阵地，与敌激战。铣日拂晓，我第九军奋勇击破良山、颜山一带之敌之坚固阵地，跟踪追击。新编十军亦由三堡向城南之敌猛攻。四十军向泰山、凤凰山之敌猛攻，第一军亦击破陆殿臣残部及其步骑联合之增援部队，占领天山、凤凰山一带，敌遂全线动摇。各军协同猛进，遂于铣午占领徐州城，敌狼狈向韩庄奔逃。乃下令第一军从柳泉向韩庄追击，并派出部队位置于青山泉、柳集，对台儿庄、三义河方面警戒。是役，计第一军死伤约千人，第九军死伤千余人，新编十军及四十军死伤约三百余，三十三军第一师死伤六百余。查敌在东贺村南之高地及良山、颜山、女娲山等高地附近，叠石为垒，其余沿铁路左右三堡以北，恃有坚固工事，并加以掩盖，当我军攻击时，敌以铁甲车之炮火、飞机之炸弹，向我集中火力，其高地附近之迫击炮火，尤为猛烈。第九军之四十一团，于攻击颜山时，一小时内死伤达三百之众，幸赖我总理威灵，钧会指导，将士奋勇，于四日之内，将敌完全击溃，占领徐州。除战斗详报另行呈报外，谨先电闻。职何应钦。呈。皓。

〔国民政府战史编纂委员会档案〕

17. 国民革命军海军参加北伐各次战斗报告书

（1928年1月）

海军革命军事工作报告书

民国十五年间，国民革命军自粤誓师北伐，我海军即乘机响应。八月间，革命军蒋总司令，正与孙军相持赣西之际，孙传芳使闽之周荫人进兵汀、漳各处，以图进占潮、梅，捣乱革军后方。我海军一闻是项警报，立饬在闽海军，相机与东路军总指挥何应钦，推诚接洽，许以海军为革命之前驱。其时，周荫人在汀、杭，为何总指挥击败，退驻延平，飞饬驻漳之第一师张毅军，速即拔队，进省应援。而张毅军在周部下，势力最为雄厚。倘将该军扑灭，则周在闽，势无立足之地，而国民军可无后顾之忧。海军探悉张军，由漳州星夜兼程，进兵省垣，以应援周军也。飞饬陆战队第一混成旅旅长林忠，率第三团团长林寿国，带兵由福清驰往截击；派第一团团长林志棠，率队扼守峡兜南岸阵地；又派海筹、楚观、楚同三舰，驰赴闽口及涵江一带，截捕敌船福利、驾鳌两艘。十月十七日，据报敌军已越过福清。陆队第三团，急驰往兴化，收复各要地。十八晚，峡兜发现敌军，经陆队第一团迎头痛击。拂晓，敌军渡过峡兜北岸者，达二千余人，乘势来犯，其在南岸之敌，时以大炮轰我阵地。幸我军将士，奋勇激战数小时，卒将峡北敌军击溃。是时，峡南敌军万余人，谋以大炮掩护渡江，我军遂派通济、江元、海鸿、海鹄各舰艇，开炮轰击。并用飞机，猛掷炸弹。敌势不支，分向瓜山、泽苗、陈厝各乡溃退。二十日，令第一团全部，追击瓜山敌军，又派林旅长率第二团团长唐岱鋆及炮营、卫队营，出青蓝铺、拊流沙乡。敌军之背瓜山，形势险要，敌负嵎顽抗，唐团长身薄敌垒，血战而亡。各兵士奋勇围攻数昼夜，敌兵疲倦，粮亦几绝，适何总指挥率队抵永泰，敌军遂缴械投降。其时周荫人军，在延平待援，闻张毅败耗，遂潜由闽边逃往浙境，窜在福宁各属者，经派陆战队驰往剿击，闽省遂告底定。此为海军在闽作战事实也。

二月二十八日，据报：奉直鲁军密遣渤海舰队南下，拟直往长江助攻革军也。于是杨总司令，不得不召集各舰艇长，授以作战计划：遂令应瑞、通济两舰，随同海容、海筹等及湖鹏、湖鹗两雷艇，开往佘山，预备渤海舰队之来，而迎击之。盖佘山口岸，为敌舰南来必经之要道，而且海面辽阔，宜于作战，各舰员兵，亦奋勇异常，严阵以待。但敌舰动员令，虽已早下，闻我海军之有备也，遂中止南来。我海军守候佘山数日，见敌舰不至，复令应瑞各舰，驶泊鸭窝沙，严密戒备。毕庶澄知我海军之敌视，而并欲监视其渤海舰队之行动也，竟于三月十三日，派队包围驻在高昌庙之海军总司令公署，及江南造船所，以为先发制人之计。虽经公署数十名卫队开枪抵御，卒以众寡不敌，竟被缴械。淞台又为敌部占据，各舰艇航路断绝。一星期内，既无饷又乏煤，辗转设法，由宁波方面接济。而杨总司令遂于三月十四日，正式通电宣言，就国民革命军海军总司令之职。迅雷一震，敌几至手足无措。当毕部包围我总司令公署之时，密电渤海舰队，一鼓南下，扫荡我海军，而杨总司令早已不动声色，布置周密，毕计遂不得逞。其时，我革命军何总指挥，正由浙境进展至宜、锡、常、镇，白总指挥，亦由浙境进展至杭、淞、嘉、沪，加以沪北便衣军合作，毕军四面楚歌，溃散殆尽矣。然吴淞炮台，尚在敌人手，我海军派应瑞各舰，由鸭沙窝开驻吴淞三夹水攻击之，正在鏖战间，白总指挥部某团赶到，协同攻击，敌卒不支，遂弃淞台，即由该团接收之。二十七日，海圻敌舰，率某运舰，黑夜入口，潜伏于英国飞机船之旁，袭击我舰。我海筹舰立即开炮还击，应瑞亦开炮助战，追至九段灯船，敌已远飏，海筹同应瑞、通济折回鸭沙窝驻守。嗣长江军事吃紧，上自安庆，下至吴淞，亘千数百里流域之北岸，敌焰张甚。如是海军将此绵长之水道。分为四大战区，与各区内之陆军，协同攻守，冀早歼敌。第一区：浏河至江阴防务，由陈司令季良，率海容、应瑞、列字、海凫任之。第二区：江阴至镇江防务，由陈司令绍宽，率楚有、楚同、通济、甘泉、利通任之。第三区：镇江至南京防务，由杨总指挥庆贞率楚谦、联鲸、张字任之。第四区：南京至芜湖防务，由陈司令训泳，率海筹、永绩任之。第一区由四月十三日起，至五月二十五日国军完全过江日止，整队预备，攻击敌舰者，凡三四次，且须巡弋区内之水面，盖以防敌军偷渡也。其第二区由澄至镇，沿北岸均为敌军占满，最下者为八汇港一带，敌由靖江追至，见我舰队游弋逡巡，不敢进。溯此而上者，为小河镇、天星桥两处，敌由泰兴来，思乘机暗渡。经我舰队炮扫之，过此则龙稍港、三江营敌，沿岸安炮，思由此掩护敌队过江。经各舰巡弋攻扫之后，首尾不相顾，遂各逃溃。当革军退回江南时，敌据镇江之都天庙炮台，负固顽抗，我舰游弋其间，迭被击伤。镇江北岸之扬州汽车站、瓜洲十二圩一带，均为敌占。我方各舰巡防是间，复被敌之枪炮猛击，是区岸线增长，楚有、通济任务，至为繁重。中间以联鲸及甘泉炮舰加入作战。楚有于四月十七日，由目鱼沙上巡探悉，都天庙炮台方面，敌之炮火甚烈，复又折回镇江，行抵焦山附近，即开炮向都天庙敌台射击，随进随攻，甫过焦山，敌炮射中楚有舰首右舷，穿过左舷，距水线仅两三寸，下舱进水，益以火烧，异常危险。员兵一面作战，一面奔救伤患。驶至镇江，始告脱险，仍照常巡防。瓜州及镇江北岸之敌，因被我封锁，思背城一逞，我舰发炮制止，敌稍敛迹。泰兴三江营之敌，沿岸挖壕设堡，或屯兵要隘，以与我抗。楚有、通济、联鲸各舰，选派士兵登陆严守。对于目鱼沙之敌，尤特别戒备。敌方慑我舰炮猛烈，纷纷溃退。计自五月十四日至五月二十二日止，海军或在江阴、泰兴、三江营，向敌开炮，以为牵制。俾在镇之陆军，得有充分之时间，整备渡江，或与镇江方面革命军接洽，以备掩护，进攻江阴。军队渡江既毕，通州之敌，亦先后北退，由宁至通之北岸，均为我军夺回。长江水道，由皖至沪，通行无碍。先是五月十八晨，敌舰海折，忽又率领肇和、定海、威海各舰，直犯淞口，意图扰乱后方。经淞口炮台连发重炮轰击，敌方始还炮退却。我海军闻报，密令海容、海筹、应瑞各舰，赶同豫章、建康各驱逐舰，兼程应援。追抵淞口，敌已远飏。因向南口外急追，不见敌踪而止。然敌尚屡思南下图逞，遂命应瑞及各重舰，常驻淞沪附近，昼夜严防，以备万一。当毕军在淞沪溃败之际，适褚玉璞军，负固南京，屡欲救援。我海军命驻浔楚谦、楚有二舰，由长江上游总指挥杨庆贞率领东下，向采石、乌江侦察敌情，联络革军夹命击，令在宁之楚振军舰，亦随队作战，猛攻一昼夜，褚军不支，纷纷渡江北退。半渡时，复经我舰炮火轰击，死者不计其数，其落后之敌军，无由续渡，故俘虏达三万余，南京遂为我国军完全克复，此为海军协助国军克复南京之事实也。八月初，孙军乘国军撤防江北之际，复占领扬、通、崇、海等处，虎视眈眈，大有窥窃首都之势。我海军知之，故预令第一舰队司令陈季良，率海容等舰，巡弋上海至江阴一带。令练习舰队司令陈训泳，率海筹等舰，巡弋江阴至镇江一带。令第二舰队司令陈绍宽，率楚有等舰，巡弋镇江至南京一带，分段扼守，以防孙军之来袭。八月十七日午刻，敌果侵入浦口，登时向南岸开炮，楚有、通济两舰，对之作战。十八早，敌复向狮子山开炮，各舰一面应敌，一面添装煤粮，通济、联鲸两舰，驰赴镇江捍卫，以遏敌军偷渡。二十四日，大胜关上游犊儿矶、太平府附近江面，发现敌军，立派楚同、楚谦前往截击。二十六日拂晓，乌龙山附近敌正渡江，楚有、楚谦两舰，驰至该处开炮，扫击及午，敌势不支，我方队伍，因得前进，包围擒俘缴械，乌龙山遂平定。二十七日，划子口亦发现敌人渡江，楚谦途遇敌军，装载民船多只渡江，遂开炮猛击，扫除殆尽，毁划子口敌营一座。二十八日拂晓，陈司令绍宽，亲率楚有、楚同两舰，到划子口，并令通济由镇江驰赴大河口，分扼上下游，开炮夹攻。是日，击毙已渡南岸之敌甚众，并击沉装兵敌船数十艘。二十九日，大河口江面，敌复顽抗，冒死渡江，竟在高山架炮，向楚有猛射，弹如雨下，幸未被中。通济、楚同两舰，又在龙潭、栖霞山一带，分途痛击，敌死伤遍野。惟江北岸上，敌炮仍烈，通济之望台，中一敌弹。楚同受南岸敌军排炮夹击，幸获无恙。三十一日，陈司令绍宽，复于拂晓时，躬率楚有舰，到栖霞山、龙潭江面一带，用大炮猛击，历三小时，发弹不绝，敌无路可归，高竖白旗，有三四万人，举手面江，向舰乞降，正在收降之际，北岸敌兵，又向楚有炮击。午后一时，陈司令季良，率海容舰到大河口，开炮痛击，毙敌无算。通济、永健、联鲸，亦陆续赶至三江口策应。南渡之孙军，悉数歼灭。孙逆传芳仅以身免，此为海军夹击大河口、龙潭等处敌军之事实也。①

国民革命军海军总司令部谨编

〔国民政府战史编纂委员会档案〕

18. 蒋介石请冯玉祥协助攻鲁密电

（1928年3月8日）

国急。限即到。郑州冯总司令焕章我兄勋鉴：济密。顷由哲民兄面告尊意，敬悉伟略。弟意此次大战，枢轴在于山东，山东一决，全体易解。是以我二人先以全力攻鲁，渐及河北。孙良诚等军须留攻济宁。弟俟集中完毕，即赴徐督战，并望我兄更提劲旅，同来豫东，协同进攻，以收速效。是否？乞即示复。弟蒋中正卯。庚。印。

〔国民政府战史编纂委员会档案〕

19. 蒋介石颁发国民革命军北伐总方略致冯阎密电稿

（1928年3月15日）

国机急。开封冯总司令焕章、太原阎总司令百川兄勋鉴：章现

① 以下列入西征项内。

密。极机密。亲译。兹颁发国民革命军北伐总方略如下：

（甲）纲领

国民革命军，以消灭奉鲁军阀，先行肃清直、鲁、热、察、绥境内反动军队之目的，决定第一、第二、第三集团军参战各部，于四月某日（日期临时电商决定）开始攻击。

本作战分前后两期，前期须进展至胶济路，亘高唐、清河、南宫、石家庄之线。后期须进展至山海关、承德、多伦之线。

（乙）前期作战部署

作战第一步，第一集团军左翼部队及黄河右岸。第二集团军孙良诚、石友三、吕秀文诸部首先攻陷济宁，同时，第一集团军之右翼及中央部队，占领日照、临沂、兖州之线。同时，第二集团军河北诸队及第三集团军，均须向当面之敌施行阳攻并严防敌之反攻。

作战第二步，以协攻济宁诸队之大部，迅速北渡黄河，向大名以北地区攻京汉路方面之敌，同时第二集团军主力全部猛攻河北之敌，进取石家庄。是时，第三集团军倾其全力协攻石家庄之敌，第一集团军之主力肃清胶济路以南地区之敌，进占济南。

（丙）后期作战部署

第一集团军沿津浦路两侧地区急进。第二集团军沿京汉路及其东南地区急进。第三集团军进出京西一带及京绥路会师京津。同时，各以主力部队向榆关、承德、多伦猛烈追击。本期作战地境，届时另定。即希查照施行。此电同时拍致冯阎总司令矣。弟蒋中正。删。印。

〔国民政府战史编纂委员会档案〕

20. 刘峙关于鲁南战役战斗详报

（1928年4月）

国民革命军第一集团军第一军团鲁南战役战斗详报

甲、战斗前敌我形势之概要：

孙传芳、张宗昌两逆，去冬在津浦南路，被我军击溃后，退踞鲁南，购械补充，改编整顿，企图反攻。孙逆全部及杨清臣、袁家骥、刘志陆等部，分距济宁、嘉祥、金乡、鱼台等处，欲截陇海路，以断我一、二两集团军之联络。张逆以董鸿逵师踞长城，石桂华旅踞郯城，顾震师踞日照等处，其主力第五、第七、第三十、第三十一军，踞岔河镇、台儿庄、峄县、枣庄等处。以第十、第三、第十一、第八军及老十军之杜广乾支队，踞韩庄、沙沟、临城、夏镇等处，欲窥我徐州，以作反攻之据点。

我第二军团集中于新浦镇、海州、新安镇、瑶湾、三汊河等处，第三军团集中于敬安集、丰、沛等处，第四军团集结于单县城、武虞城、马牧集等处。①

本军团集中于宿羊山、贾汪、柳泉、八义集、侯集等处，与张逆之主力，隔运河对峙。

四月五日，奉总司令四月四日命令及会战计划如下：

命令　四月四日　时于徐州总司令部行营

一、直鲁逆军，盘踞鲁南日照、临沂、台儿庄、韩庄、金乡、巨野、郓城之线，其主力孙传芳部，在兖州、济宁附近，许琨部在临城、韩庄附近，张宗辅部在临沂、郯城附近。

敌军目下位置如要图：

我第二集团军主力，在朝城、南乐、濮阳、安阳、汤阴、卫辉附近，其一部在河南、曹州、定陶附近。

我第三集团军主力在晋东井陉、获鹿附近，其一部在晋北雁门、繁峙、五台附近，自本月东日以来，逆军向我第二集团猛力攻击，现正在激战中。

---

① 第二军团总指挥陈调元。第三军团总指挥贺耀祖，第四军团总指挥方振武。

本军（第一、第二、第三集团军）于四月七日，向奉鲁逆军开始攻击。

二、本集团军以歼灭鲁南逆敌之目的，于四月七日运动开始，四月八日，各兵团展开于赣榆、红花埠、涝沟、邳县、滩土、宿羊山、贾汪、柳泉、沛县、终兴集、芳桂集、南鲁集、龙涸集、红船口之线，四月九日，向敌攻击前进。

第四军着暂归第一军团总指挥刘峙指挥。

三、航空队于四月八日朝，飞行开始，侦察台儿庄、韩庄、临城、兖州、济宁、郓城、巨野、金乡、鱼台一带之阵地及其行动。

四、第二军团于四月七日，由现地（集中地）开始运动，八日在赣榆占领日照、莒县，主力与第一军团相联蝉，在郯城、临沂以西地区活动，向泗水、曲阜攻击前进，遮断鲁南敌之退路，而歼灭之。

以强有力之一部，控制海州，以策主力军侧背之安全。

五、第一军团于四月七日，由现地（集中地）开始运动，八日在滩上、宿羊山、贾汪、柳泉、后想山之线展开，十日，以一部牵制当面之敌，以主力向峄、枣、临城、界河之敌攻击前进，直捣兖州。

六、第三军团于四月七日，由现地（集中地）开始运动，八日在终兴集、芳桂集之线展开，九日与第一、第四军团相联蝉，向鱼台、济宁之敌攻击前进。

以一部控制于黄口附近，保护铁道。

七、第四军团于四月七日由现地（集中地）开始运动，八日在返固集、秦楼、纸屯之线展开，九日与第三军团及第二集团军第一方面军相联，向金乡、济宁攻击前进。

以一小部位置于归德附近，保护铁道。

八、第二集团军第一方面军，于四月七日，由现地（集中地）开始运动，八日在龙涸集、红船口之线展开，九日与第四军团相联蝉，以主力向巨野、汶上、宁阳攻击前进，遮断敌之退路，在汶河以南，而歼灭之。

九、各军团之作战地境如下：

第二、第一军团间：土山镇、兰陵镇、梁邱城前泗水、董家间之线，线上属第二军团。

第一、第三军团间：柳兴庄、微山湖两岸、南阳镇、兖州、南关之线，线上属第三军团。

第三、第四军团间：虞城、复兴集、金乡、济宁、南关之线，线上属第四军团。

第四军团、第一方面军间：定陶、巨野、嘉祥、蜀山湖南端之线，线上属第一方面军。

十、第一集团军炮兵团，于四月八日，至柳泉南方地区待命。

十一、铁甲车于四月八日，梭巡陇海路线，东至新安镇，西至黄口。

十二、总预备队第三军及第三十七师，在徐州附近待命。

十三、各军团与第一集团军间之通信连络，如别纸要图。

十四、补给卫生等事项，如别纸要图。

十五、予在徐州。

总司令　蒋中正

国民革命军第一集团军会战计划

方针

本军为达成北伐总方略，在鲁境前期作战，须进展至胶济路亘高唐、清河之线之目的，拟定会战方针如下：

一、本军为达成前期作战之目的，以左翼部队与第二集团军之第一方面军协攻济宁，以主力沿津浦线东北地区，进出曲兖，将敌包围而歼灭之。

二、逆敌不在临兖一带行真面目之抵抗，企图在泰安附近，与我决战时，各军进至新泰、大汶口、东阿之线，以主力在津浦线东侧进出泰安北部，以一部出肥城、张夏，在泰安附近，将敌捕捉，而歼灭之。

指导要旨：

一、会战开始日期，定四月□日，以先发的精神，全军合力进攻。

二、会战军之重点，置于鲁西。其次重点，置于鲁南。对济宁及津浦方面之敌，由两翼包围之。

三、基于前项之要求，第一、第二军团，务各以主力，急进于临枣支路及沂水、泗水道间山地，以遮断鲁南敌人之退路，第四军团及第二集团军第一方面军，务移其主力于最左翼，猛向济宁以北汶上、宁阳方面急进，以截留敌人于汶河以南。

四、第三军团策应于两主力之间，置其重点于鱼台、济宁道上，相机渡过微山湖，截断津浦路敌人退路，（对夏镇方面之攻击，第一第三军团协定之）。

五、第二线兵团，除以一部分置三汊河外，余均控置徐州附近，集中部署（如另图另表）。

各兵团会战目标如下：

第一军团　曲阜　兖州。

第二军团　日照　临沂　泗水　南驿。

第三军团　兖州　济宁。

第四军团　济宁　兖州。

第二集团军第一方面军　济宁　汶上　大汶口　南驿。

各兵团作战地境如下：

第一第二军团间　土山镇—兰陵镇—梁邱—城前—泗水—姚村之线，线上属第二军团。

第一第三军团间　柳兴庄—微山湖、南阳湖西岸—南阳镇—兖州南关之线，线上属第三军团。

第三第四军团间　虞城—复兴集—金乡—济宁南关之线，线上属第四军团。

第四军团 第一方面军间	定陶—巨野—嘉祥—蜀山湖南端之线，线上属第一方面军。

通信计划及补给计划、卫生计划如附图。

乙、攻击部署及理由：

职奉到以上命令及会战计划后，查当面敌人，兵力雄厚，沿运河北岸，构筑坚固工事，右翼依托微山湖，以台儿庄、韩庄为支撑点，扼险据守。若由正面攻击，不独进展不易，而且难收一举歼灭之效。欲达一举歼灭之目的，非用重兵，由台儿庄以东，绕敌侧背，断其归路，前后夹攻，不克成功。遂于五日午后七时，下达如下之命令及会战计划：

第一军团命令　四月五日午后七时于徐州总指挥部

一、敌情及友军情况从略。

二、本军团利用优势之兵力，自台儿庄以东之地区进攻，直行截断枣庄及滕县以南铁路，且与正面军队相策应，期将临城、峄县、韩庄、台儿庄间之敌，一举而歼灭之。

三、各军之行动，按照会战计划，指导要领实施之。

四、各军之作战境界线如下：

第二军团 第四十军	土山镇—兰陵镇—梁邱—城前—泗水—董家间之线。
第四十军 第九军	黄家场—鹅鸭城—燕子景—潭山—齐村—凤凰庄—官桥之线。
第九军 第一军	汴塘—薛庄—顿庄闸—兴隆集—李山口—沙沟—临城—黄家岗—金家庄—白庄之线。
第一军 第三军团	柳兴庄—微山湖西岸—南阳镇—兖州南关间之线。

线上属右方军（但第一军与第三军团间之境界线上，属第三军团）。

以下从略。

国民革命军第一集团军第一军团会战计划

第一　方针

一、本军团以主力用于台儿庄及其以东之地区，施行包围攻击，并以有力之一军行迂回，直捣滕县，截断敌之背后，联络线将台儿庄、枣庄、临城、韩庄之敌，一举而歼灭之。此后在滕县之线，再行展开，略取曲阜、兖州。

第二　指导要领

二、会战开始日期，定于四月九日。以立于主动之精神，全军团合力围攻，勿使临城以南之敌人逃遁。

三、基于以前之要求，第四军宜以迅速动作，不失时机，占进滕县，截断临枣以南敌人之退路。第九军击破台儿庄后，以一部协同第一军，其主力不失时机，直取临城，第一军适时强制渡河，猛力攻击，共同歼灭运河沿岸之敌人。

四、第四军须于七日，由土山镇出发，十日到达河南头经甘露寺—倪家堂—太平庄—枣庄—东集，向滕县攻击前进。务于十三日到达界河，截断津浦铁道线，使敌人不得北退。此后俟九军到达齐头线，再由铁道东侧，向曲阜前进(不含铁路线)。如兰陵镇尚未被第二军团占领时，则第四军可先占领之。

五、第九军务以主力于十日。由泇口圩以南之地区渡河，展开于燕子景附近，对台儿庄方面攻击，其一部于九日占领梁王城—燕子埠—薛庄之线，与敌对峙。俟主力攻击台儿庄时，即互助策应，强制渡河，歼灭台儿庄之敌，此后主力向峄县前进，经永安庄沿铁道直取临城，其一部经黄山湖—南裳荫，直取沙沟。全力合力截断敌人退路，与一军协力歼灭临城以南敌人后，沿铁道北进，进攻邹县，相机直取兖州。

六、第一军于十日占领红庙—涧头集—利国驿之线，施行阳攻，牵制当面之敌。俟九军全部渡河后，务以主力由右翼渡河，将韩庄之敌人歼灭，即沿铁道向沙沟前进，派遣一部攻取夏镇，此后与九军协同相机直取兖州。

七、第十军除以一部担任三汉河至徐州间之铁道警戒外，其主力在第四军之右后方，行进到达兰陵镇及傅山口附近即停止，该地对临沂方面严行警戒，以掩护第四军侧背之完全，俟第二军团占领沂州后，即向城头、邹县前进。

第三　各军第一步作战目标如下

第十军　兰陵镇　傅山口　城头(滕县东方)邹县。

第四军　枣庄　官桥　滕县　界河。

第九军　台儿庄　顿庄闸　临城　沙沟　滕县　界河。

第一军　韩庄　夏镇　滕县　界河。

八、各军逐日到达之地点，依下表之规定：

第一军团各军逐日进展目标预定表

日次 部队	十日	十一日	十二日	十三日	十四日	十五日
第四军	河南头	南安城	东集 西集	滕县 以北	大任庄童山之线	
第九军	攻略台儿庄	峄县 南裳荫	临城 沙沟	滕县至官桥间	界河草寺之线	
第一军	阳攻	攻略 韩庄	赤山	新集东 田陈	大刘庄	高压三山之线
第十军		河南头	兰陵镇 傅山口	停止对临沂方面警戒		
附记	一、到达大任庄童山界河草寺高压三山之线以后每日各军前进地点规定表另行颁发					

第四　总指挥部之位置

九、战斗开始，总指挥部定于九日移驻东八集，以后到台儿庄，沿台枣铁路前进。

第五　通信

十、总指挥部与总司令部间之通信，主用无线电报，及利用有线电报。各总指挥部之通信，以有线电报及无线电报。担任之总指挥部，与第四军之通信，专用长波无线电信。总指挥部与第九军、第一军之通信。专用短波无线电信，并须利用电报及电话。

第六　补给

十一、本军团兵站、分监部，设置于徐州东车站，随战斗之进展，逐次推进于韩庄、临城、滕县等处。

十二、各军之给养及弹药，概由军属兵站及经理处办理。

第七　卫生

十三、卫生机关，由各军自行办理。

四月九日，总指挥部到达八义集，各军师到达准备攻击之位置如下：

第四军军部及教导师、十二师，到达邳县。廿五师、廿六师到达官湖镇。

第九军第十四师，由大王庙渡河，到达沈台子、泇口圩、百户墩一带。第廿一师由滩上渡河，到达张家庄、邱庄、大王庙、南翟家场一带。第三师到达宿羊山圩、韩家行一带。军部到倪桥。

第一军第一师到达耿楼、赵圩子、都公堂山一带。第二师到达沟上、利国驿、独山圩一带。第二十二师到达贾汪、青山、泉房上一带。军部到达柳泉。

第十军第二十九师到达衡家集。军部及第卅师之第二团在八义集。

丙、战斗经过之情况：

四月十日拂晓，各军开始攻击前进。

午后一时，接顾军长午前十一时电称：第十四师及第三师已将禹王山、胜阳山、王母山、车辐山一带之敌击溃。十四师由枣庄营向台儿庄。二十一师由火石埠向燕子境追击中。第三师已攻至河清闸、韩山之线。

午后七时，接顾军长午前十二时电称：禹王山、王母山、车辐山一带之敌，系毛永恩部，退回台儿庄，合力抵抗，职率十四师正在围攻中。第廿一师向南洛进攻，威胁敌之后背，第三师仍在原阵地。

十一日午前三时，接缪军长蒸亥电称：岔河镇之敌，系毛永恩部十八师骑兵团牛问山部。本（十）日午，被我教导师击溃，向河南头逃窜，敌伤亡计百余，俘获敌人百余名，马五匹，缴敌追击炮四门，步枪五十余枝，职军伤亡官兵五十余员名，职军本日晚已到达邢家楼、大良壁、李家林一带，拟明日进至兰陵、甘露寺、倪家堂之线。

午前五时半，接蒋副军长蒸电，一师已进占红庙、阎庄之线，廿二师已进占单庄、沟上之线，二师仍在沟上、利国驿之线，与敌对峙中。明（十一）日拂晓，以主力由右翼强制渡河，向韩庄攻击前进。

午前六时，接顾军长十日午后八时由大石埠发来报告如下：

一、第三师本（十）日午后六时，攻至杨家渡、陈庄、杨家楼、侯新闸及顿庄闸间之新河北岸，与敌激战中。

二、第十四师午后六时，进至裴庄、黄林庄一带，进迫台儿庄城下，现正猛烈攻击中。

三、第廿一师由火石埠跟踪追击，敌退至南洛，复行抵抗，正在对峙中。

四、已令十四师本（十）晚收集攻城材料，明（十一）拂晓前，实行攻破该城。

职接到以上报告后，于午前五时即下如下之训令：

一、本军团以一部牵制台儿庄之敌，其余均按原定计划攻击前进。

二、第九军应以一部围困台儿庄之敌，主力猛烈击破台儿庄以北及侯新闸、顿庄闸附近之敌后，继续按原定计划向临城、沙沟前进。

三、第四军应按会战计划中之进展预定表，迅速前进，以竟歼灭运河附近敌人之全功。

四、第一军应先以右翼师，协同九军，强制渡河，攻击韩庄及其东北之敌，至必要时，主力亦一致渡河，将韩庄附近之敌歼灭之。

五、第十军务按会战计划中之进展预定表行动，俾第四军无侧背之顾虑。

午前十时接顾军长灰电称：溃敌坚守台儿庄城，职军十四师官兵奋不顾身，猛勇攀城，已于午后九时，确实占领，计毙敌百余名，受伤亦众，俘虏三百余名，虏获无算，余敌向西北溃退，已令廿一师向峄县，三师向南棠荫，职亲率十四师，向韩家楼分途追击中，职军阵亡营长一员，伤营长二员，伤亡下级军官及士兵四百余员名。

职接到上项报告，于十一日午前十时三十分，向台儿庄前进。

午后一时抵潘家桥，途中给第四军命令要旨如下：

一、台儿庄之敌，已被我军昨(十)日午后九时击溃，向西北方向窜去，我九军现正分途追击中。

二、着该军按会战计划中之进展表，迅速前进，截敌退路，以竟歼灭之功。

午后五时到达台儿庄，接杨军长昨(十)午后九时由邳县发来报告称：职部本(十)日到达庄家场、吴闸子、三汊河一带，明(十一)日向兰陵镇前进。

十二日午前六时，接到顾军长十一日午后十一时四十分由杭芭发来报告如下：

一、许逆琨于九日率许学濂及张继善之独立第五师至峄县，毛永恩退至峄县时，不许进城，现布防于城之西南一带高地，其卅军及第十军之一部，亦由马兰屯、古邵、张庄一带败退至峄县西南高地迤北之地区中布防。

二、敌之铁甲车二列，时开行于台、枣铁路，向我射击。其在临城第七军之两旅，亦有增援峄县之说。

三、敌军第五军王栋部，在阴平构筑工事。

四、职军现在泥沟、樟山、白山西一带高地，向峄县南棠荫、沙沟方面警戒。

职接到上项报告后，于午前七时，即与各军之命令如下：

一、敌情及友军情况从略。

二、本军团拟以较敌优势之兵力，由敌左翼，包围攻击，次第歼灭枣庄、峄县、韩庄之敌人后，仍按原定计划前进。

三、第九军即在现在地对敌警戒，俟第四军到达太平庄、即向当面之敌开始攻击。

四、第四军应迅速猛勇前进，以一部协同第九军攻击峄县附近之敌，主力攻击枣庄，占领枣庄后，一部占领永安城，截敌退路，以收包围攻击之效。主力仍按原定计划之经路前进。

五、第一军应以主力由新闸子以东渡河，与第九军联络，向阴平及其西南之敌攻击，奏功后即进占大明山、狮子山一带高地，以截峄县敌人溃退之路，待第九军到达南棠荫附近，仍按原定计划施行。

六、第十军在兰陵镇、傅山口待命，对临沂、梁邱方向，严密警戒。午后二时，接蒋副军长本(十二)日午前一时三十分报告如下：

据廿二师胡师长十一日午后十一时报告称：第三团本(十一)日午前九时，由单庄向六十子攻击前进，激战四小时，强制渡河，敌势不支，向西北方面溃退，占领六十子后，敌以兵力一部，由新闸子渡河，从南岸包围我军左翼，耿山子尚有敌兵一营，顽强抵抗，我第二师尚未迫近运河。遂令第四团歼灭耿山子之敌，(计俘获敌人百余名，缴获步枪百余枝，机关枪、迫击炮多门。)并占领新闸子，第三团占领贺家湖西端及晋庄附近，第二团占领刘房方楼，第一团占领官庄、郭宅子，师部至六十子北岸。同时又接蒋副军长本(十二)日午前二时报告：第一团十一日午后卅分占领王庄花园之线，俘虏敌人百余名，步枪百余枝，水机关枪一枝，第三团同日午后四时许，散于王庄、郭宅子、官庄北端之线，敌人反攻甚烈，被我三团击退，职师今晚在原地，明(十二)晨继续相机向七里铺、谢庙追击前进。

午后七时，接顾军长本(十二)日午后三时三十分报告如下：

一、九山—双山—峄县及其迤西一带高地，均有敌兵扼守。

二、敌铁甲车两列，停止于峄县南端，时时向我猛烈射击。

三、我第二十一师在鱼家、林店子之线，向峄县之敌攻击中。

我十四师在八里屯、白楼之线，向卧虎寨、老虎山攻击中。

我第三师于午前十时，占领南棠荫后，向沙沟方向前进。

四、已令廿一师十四师向敌猛攻，攻破后，按照攻击命令，各向目的地前进。

五、顷接第四军通报，该军一部已到潭山。

十三日午前六时，接泥沟通信所报告称：第九军之廿一师及十四师，已将峄县包围，敌恃铁甲车两列，往复冲突射击，死守该城等语。

职接到上项报告，即令缪军迅以主力攻取枣庄，破坏铁道，以一部占领永安庄，断敌退路，包围歼灭该敌，并即时率总指挥部，向韩家楼前进，以便就近指挥。午前十一时，在泥沟途中，接缪军长十二日午后十时报告称：九山之敌八千余，我十二师于午前十一时，向该敌攻击，午后二时，将敌前线击溃，乘胜占领峄县铁道。同时我十二师之一部及我二十六师向枣庄敌七军一部、第十一军、第卅军之一部、卅一军猛攻，激战数小时，敌不支，午后五时，枣庄、齐庄先后被我占领，余敌向滕县逃窜，现正跟踪追击中。计敌死伤三百余名，俘敌四百余名，马四十余匹，缴获步枪五百余枝，水机关枪两挺。我军阵亡营长一员，伤营长一员，伤亡下级军官及士兵百余员名。

职午后三时抵韩家楼、东头、小萧庄，接顾军长本(十三)早六时电报告如下：

一、昨(十二)午,职军十四师、廿一师协同四军之一部，向峄县左右高地猛攻，激战二小时，敌不支纷纷向临城溃退。午后二时,马山、潭山、被我四军之一部占领，卧虎寨、老虎山、被我军占领,孙百万部、武衍周残部,约三千余,退入峄县,城中被廿一师(欠一团)包围,现在围攻中。

二、十四师本(十三)晨,经小城子、杏峪,向临城前进。

三、三师本(十三),俟十四师齐头,由小城子经奶奶山，向临城前进。

四、职率廿一师之一团,拟即经南棠荫、东巨山,向临城前进。同时,又接蒋副军长本(十三)日寅电报告如下：

一、南常附近有敌王栋部,约三千余,沙沟有敌约二三千。

二、第一师已占领小营、张庄、大小窝等处，廿二师已占领金马驹附近,向韩庄之敌猛攻,敌不支向赤山口溃退，韩庄遂被我军占领。第二师已进至朱姬庄附近,敌利用铁甲车二列之掩护,向我顽强抵抗,现正激战中,军部本日拟进至铁佛寺。职接到上项报告后,查九军本(十三)日,既分途向临城前进,沙沟一带之敌,已处我一、九两军包围形势之中,当即飞令九军,协同第一军前后夹击,歼灭该敌。

午后十一时奉到

总司令本(十三)日十六时、十八时两手令,湖西贺军失利，我津浦正面,占领临城、枣庄后,须固守原地待命,则可缩小正面,以第四、第九两军任前线，第一军可抽两师或三师为总预备队，控制韩庄附近,以便调用等因。

职奉到上令后,查南常及沙沟方面之敌,尚未歼灭，第一军抽作总预备队,则九军对滕县败退之敌,不可无重兵,以防其反攻。对南常、沙沟之敌,急须歼灭,以固后方联络。遂于午后十一时卅分，令第十军(欠卅师第一团)除派驻台儿庄维持后方交通之步兵二连外,其余于明(十四)日到达峄县,接替廿一师围城任务。令廿一师俟第十军接替峄县围城任务后，即向临城前进，归还建制。

十四日午后一时，接顾军长十三日午后十时，由临城发来报告称：职军本日（十三）午前十一时，遇敌张宗辅、许琨、王栋、吴樽卿各部，在沙沟、临城以东一带高地奶奶山、上尹庄、西托之线布防。张逆宗昌亲临该处督战，战最激烈，职军涂、黄两师，猛勇攻击，战约四小时，将敌击溃，跟踪追击，午后四时，占领临城，敌死伤三百余人，被我军俘虏百余人，缴获械弹甚多。我官兵亦颇有伤亡，阵亡团长潘国聪一员。

午后二时之处置如下：

一、敌情从略。

我第三军团尚无进展。

二、本军团以待左右翼各友军到达齐头线，协同会攻敌人之目的，拟占领东西集、官桥、东西田陈之线，准备向兖州进攻。

三、第四军占领东西集、梁林之线，对梁邱城头龙阳店方面警戒，待命进攻，并以一团位置于枣庄附近，掩护军团之右侧。

四、第九军（附第二师）占领梁林（不含）官桥、东西田陈，迄湖东岸之线，对城头、滕县、南阳镇方面警戒，待命进攻。

五、第一军（欠第二师）为总预备队，位置于多义沟、韩庄附近，听总司令调遣。

六、第十军围攻峄城之敌，务将该敌迅速歼灭之。

七、第四军、第九军之作战境界，为梁林—钵山口—东沙河之线，线上属第四军。

午后六时，接第一军蒋副军长十三日午后三时报告：

一、职军正面之敌，系第三军、第十一军，另支队十个，被职军迭次击溃，昨（十二）日午后，仍据守南常、小南庄、小柳庄之线，作最后之抵抗，于黄昏我一师占领大小窝、高家河之线，第廿二师占领多义沟，第二师近迫半截楼、朱姬庄，与敌激战终夜。

二、本（十三）日，第一师继续向南常、七里铺，廿二师向朱家庄、小柳庄，第二师向张阿、谢庄，分途攻击前进，猛勇扑击，敌死伤无算，势难支持，残众向界河方向溃窜，沙沟被我军占领。计俘虏敌官兵五百余人，获步枪一千一百余枝，机关枪、迫击炮共十余门，我军伤亡官兵千余员名，阵亡营长二员，伤代理团长骆祖宾一员。

午后十一时，又接蒋副军长本（十四）日午后九时由沙沟发来报告：第一师已占领吴庄、新集，第二师已占领东西田陈，第廿二师已到达卜家岭。旋奉令以一、二两师控置韩庄附近，为总预备队，第廿二师随听第九军军长指挥，向高庄三山追击前进。

十五日午前十二时，职进驻沙沟。

午后六时，接派往滕县之谍报员回报，被我击破之敌，昨（十四）早已向界河窜去，滕县无敌人。嗣因我军未追，于午后六时，敌第三军黄凤岐师及第七军成团，共有枪三千余枝，反回滕县，将四门紧闭，有死守该城之势，其大部闻在界河一带高地布防等语。

十六日午前四时，奉

总司令寒未电令如下：

一、敌情略。

二、本军以扫除兖、宁逆敌之目的，集中主力，于津浦线继续攻击前进。

三、陈军团以主力由梁邱、经张庄向邹县进击。刘军团沿津浦线东西侧、经界河向兖州攻击前进，微山湖西各军，仍遵照前令进攻。

四、陈、刘两军之作战区域：为枣庄一陈匠铺一龙阳店一大云一代庄之线，线上属刘军团、余军同前。

职得到上令后，查敌人有死守滕县之势，界河工事坚固，正面攻击，难以收效，欲以短少时间，占领界河。非用有力部队，攻敌左侧背不可。

午前五时，职面授各军命令，着第九军（附廿二师）本（十六）日展开于花石沟、迄南、沙河之线。第四军本（十六）日展开于石庙、旗宫之线，限本日午后六时以前展开完毕，准备明(十七)日拂晓，向滕县、界河攻击前进，详查命令补发。

午前十一时下达下之攻击命令：

一、敌情及友军情况从略。

二、本军团(欠第一军之一、二两师)以扫荡兖州以南逆敌之目的，继续向界河攻击前进。

三、第九军(附野炮四门、俄式山炮两门)于十七日拂晓，驱逐滕县之敌后，向龙山、界河、攻击前进，击破该敌，即以邹县、大东张为追击目标，到达该地后，警戒待命。

四、第四军(附野炮两门、俄式山炮四门)于十七日拂晓，驱逐滕县铁路以西之敌后，向草寺、三山攻击前进，击破该敌，即以大横河、尹沟为追击目标，到达该地后，警戒待命。

五、第一军之廿二师于十七日拂晓，由花石沟经城头、香台、向香城前进，与第九军取得联络后，即以敏捷之动作，绕攻敌之侧背，并相机遮断敌之退路，占领界河后，该师暂归第九军顾军长指挥。

六、各军作战地境如下：

第廿二师 第九军	间蒋沟—姜家楼—大任庄—香城之线，线上属第廿二师。
第九军 第四军	间官庄—滕县—邹县之铁路线，线上属第九军。
第四军 第三军团	间微山湖西岸—南阳镇—兖州南关之线。线上属第三军团。

午后七时，各军展开之位置如下：

第九军(附廿二师)：

第二十二师花石沟。

第十四师北王庄。

第三师南沙河。

军部崔家店。

第二十一师时家店。

第四军：

第十二师石庙。

教导第一师旗营。

第二十五师刘庄、杨庄。

第二十六师　家庙、刘庙。

军部杨家楼。

十七日拂晓，各军开始攻击。

午前九时奉

总司令电话谕：据飞机侦察回报，丰县无敌踪，济宁已被我第二集团军第一方面军包围，四门正在围攻中。嘉祥十五日，亦被我军占领，我第三军即开津浦线正面作战，第一军之第一、第二两师，仍令开回前方作战等因。当令第二师向魏庄北古寺前进，听顾军长指挥，令第一师用车辆输送至南沙河、官桥间跟进。

午前十时，职赴南沙河督战，战颇激烈，令黄参谋若农赴九军，徐参谋循伟赴四军，口传命令，令该两军，以大无畏之精神，猛力攻击前进，跟踪追击，乘胜夺取界河，以期早下兖州，堵截孙逆退路。

午后四时，接顾军长午后一时报告称：本(十七)日午前九时，职军进至姜家楼、东沙河、朱家堂之线，敌以大部队向我猛烈反攻，激战至午后一时，始将敌击退，现尚在对峙中。

同时接缪军长午后二时报告称：敌约四千余，自大鹊村方面向我左翼教一师反攻，现正在激战中。另有一大部约五千余，由休城方面向我左后方前进，企包围我军，职已派第二十五师前往迎击。

同时据俘虏敌之副支队长孔繁聪供称：张逆宗昌现在界河督战，由城头至大鹊村，共有敌之吴樸卿、许琨、张敬尧三军，另有七个支队，以黄凤岐旅及成团守城，前日运有面一车入城，供三月粮，决以死守，敌之大部，在城头方面等语。

职接到上项三报告后：查敌人恃界河之险，以滕县为前进之据点，进退有据，利于持久战，我军无险可据，兼之以早下兖州，截孙逆退路为目的，宜于速战，故于午后五时，在南沙河铁甲车中，给予各军之训令如下：

一、敌情从略。

第三军团之敌，已被击溃，丰县已无敌踪。

第二集团军第一方面军，于昨（十六）日午后五时，占领济宁城，四郊现在围攻中。

二、本军团拟迅速占领兖州，截断孙逆军退路。

三、第九军（附第二师廿二师）向龙山、界河攻击前进，务以兵力重点，置于右翼方面，以期绕攻敌之左侧背，到达界河。乘胜追击，直取兖州。

如敌据守滕县城，则以一部，包围监视之。

四、第四军向草寺、三山攻击前进，到达界河西方高地，即以一部，适时占领南阳镇、鲁桥，阻绝湖西敌人之退路，其余乘胜追击，直取兖州。

五、第一军（欠第二师廿二师）集结于时家店附近待命。

六、各军作战地境如下：

第九军、第四军间滕县—邹县—兖州间之铁道—兖州南关所联之线，线上属第九军。

第四军、第三军团间南阳镇—兖州南关之线，线上属第三军团。

午后七时，接总部参谋处篠电通报：我第二军团之三十七军，本日已到达张庄，明（十八）日可进攻邹县等语。当令第廿二师与该军联络，相机破坏界河邹县间之铁道，与正面各军攻击夹界河附近之敌，令山东号铁甲车，务于明（十八）日拂晓以前，开赴前方，协助攻击。令炮兵集团，派克式野炮六门，星夜开赴前方，专任射击敌之铁甲车。

丁、追击经过：

十八日午前十时，在南沙河接到顾、缪两军长本（十八）日午前报告如下：

一、顾军长午前八时报告称：职军本（十八）日拂晓，对滕县附近及其以东之敌，猛力攻击，敌不支纷纷向界河方面溃窜。早八时我三师确实占领滕县城，各师现正分途跟踪追击中。军部拟即由陈匠铺进至龙阳店。查在滕县以及以东被职军击溃之敌，约二万余，系张敬尧、许琨、柴云升等部，与职军自昨（十七）早，开始接触，激战一昼夜，向我往复反攻，并以大部绕我右翼，企图包围，幸我官兵奋不顾身，猛力攻击，敌死伤约二千余，并闻伤师长一员，获械甚多，我军约计伤亡官兵八百余员名，俟查明具报。

二、缪军长午前八时报告：职昨（十七）晚进至小河圈、姜年屯、休城一带，与敌吴樸卿部及支队七个，约二万余人，激战一夜，于拂晓我军前线猛勇冲锋，将敌全线冲溃，第十二师之三十五团及二十六师之七十六团，于本（十八）早五时攻入滕县城，余敌向界河方面溃退，各师现正分途追击中，敌伤亡颇众，狼狈不堪。职军伤亡官兵约计六百余员名，获敌械弹颇多，俟查明再报。

午前十一时，职到达滕县，令各军乘胜跟踪猛追，勿使残敌逃遣。十九日午前十二时，职到达邹县，敌之第七军多半经邹县东北方向泗水方面逃窜，经我第三师连夜跟踪追击，于早十时在邹县东南附近邀击，敌受创甚巨，俘虏二百余人，获枪百余枝。本晚第九军第三师，已迫曲阜，其余已到达小虚凫村、官庄一带，军部到达邹县，第四军已到达南渐、兴毛、官屯、北宿、官庄一带，第一军军部到达邹县，第一师到两下店。

午后六时，给予各军之命令如下：

一、敌在滕县附近，被我击破后，均向泰安及新泰方向溃退。

我第二军团之一部，已向新泰方向跟踪追击。

我第二集团军第一方面军已占领兖州。

二、本军团拟以主力，向泰安溃退之敌猛烈追击。

三、第九军(附第二师第廿二师)以大汶口为目标，迅速追击前进。到达汶河附近,即以一部,沿河警戒待命。

四、第四军除以一部在鲁桥、南阳镇堵截孙逆溃兵外,主力以临汶为目标，迅速追击前进。到达汶河附近，即以一部沿河警戒待命。

五、第一军(欠第一师第廿二师)集结于姚庄待命。

六、第卅七师集结于兖州附近待命。

七、第九、四两军之作战境界,以峪口村一后东村一满庄泰安之线,线上属第九军。

八、左右两翼,务与友军确实联络。

二十日午前十时,职到达兖州。

午后三时，接到第二集团军第一方面军骑兵第二军席军长液池通报如下：

一、敌人由鱼台、金乡退下甚多，现在济宁以西，与我军激战中。

二、敝军拟于廿一日早,全部向新嘉驿、西北滕村店、南马庄一带,迎头痛击。

三、请贵部派兵一部,在新嘉驿附近,协同截击为盼。

午后十一时,令第四军派兵一部,于本(廿)晚赴阎家楼、新嘉驿、官庄、大厂等处，协同第二集团军第一方面军骑兵第二军截击由济宁溃败之敌军。

午后九时，据顾军长转第三师涂师长午后八时报告称：职本(廿)午前八时,到达曲阜县城,据土民报称：敌之第七、十一、十三各军残部,于昨(十九)日午后四时,由曲阜向大汶口退去，时非常狼狈,职令先头部队,猛勇追击,获敌野炮六门,步枪五百余枝。本晚,第九军第三师到达董家庄附近,其余各师,到达前后孟庄、李庄一带,军部到达曲阜,第四军廿五师到达阎家楼，其余到五里庄附近。第一军第一师到达姚庄,军部到达兖州。

廿一日午后十二时，接杨军长本(廿一)日报告：孙逆百万投诚不真，私与张逆宗昌用密码通信，投诚后，欲连络峄县附近土匪，在我后方扰乱。职本(廿一)日午，将该敌完全缴械。据该部报告，原有步枪七百廿枝，手提机关枪十三支，自来得一百七十八枝，迫击炮十一门，现只得其半余，或散在民间，现在正清缴中。

二十二日午前十二时，接缪军长报告如下：

一、昨(廿一)日派廿五师赴阎家楼、新嘉驿之线，截击由济宁溃窜之敌，于午前九时卅分，在高吴桥与敌激战数时，敌即向西北溃退，该师追至新嘉驿、滕庄店，敌人溃散，夺获山炮两门，迫击炮十三门，水旱机关枪十挺，步枪一百二十余枝，手枪三枝，粮弹两车，俘虏官兵三四百名。

二、据廿六师黄师长镇球昨(廿一)日午前八时在马坡报告称：职师于昨(廿)日下午三时，先头部队抵马坡西端、泗河沿，即遇敌军袁家骥部，激战约数小时，该敌不支，缴获步枪三百余枝，手提机关枪十余枝，重迫击炮三门，轻迫击炮四门，水机关两挺，毙敌程旅长一员，俘敌少将参谋长一员，少将参议一员，官兵四百余员名。

三、据十二师昨(廿一)日午后称：在官庄大厂附近，截击孙逆溃军，缴获步枪四百七十余枝，轻机关枪六挺，驳壳枪廿七枝，手提机关枪十一枝，迫击炮一门。

戊、敌之兵力队号：

此役与我军团作战之敌，为张逆宗昌之主力兵团，许逆琨任前敌总指挥，统率自兼之第七军、毛永恩之第三十军、武衍周之第三十一军、王栋之第五军、吴樸卿之第十军、柴云升之第八军、老十军之杜广乾支队、程国瑞之第三军、张宗辅之第十一军，另附奉军骑兵二团，唐克车二架，铁甲车四列，其兵力共计约十六七万，较我军团优过一倍有余。

张逆宗昌亲来临城界河督战，并携带棺木一付，誓以死战，卒迭次为我军团击溃。主要原因，在精神涣散，官兵解体。

己、战斗成绩：

敌在临枣以南，被我军团迭次围击，伤亡遗弃，已不成军，复在滕县界河，被我军团击溃，猛勇追击，伤亡散失，遗弃满途，官兵死伤逃亡过半，我军团俘虏敌人约七千余，马五十余匹，散入山林者二万余人，所剩残敌无几，我军团共获敌枪五千余枝，炮四十余门，机关枪四十余挺，弹药无算。（虏获确数，俟查明列表再报）

庚、我军团之伤亡及消耗：

我军团全役共伤亡官兵约四千余，枪枝略有损失，消耗弹药约全数三分之二。（各种确数俟查明列表再报）

辛、战后之所见：

一、通信缺点：军团作战展开，正面约七八十里，各军长距总指挥之位置，约四五十里不等。随军事进展，各级指挥官，逐日前进，电话架设，需时颇长，不能依之为主要通信。我国国有电线不多，不能在处利用所赖，以随时通信者为无线电。我军所用无线电机，常常损坏，不能应用。电报员程度又浅，收发电报，每多错误，于大军指挥，颇感困难。此次命令、报告，往往隔一日余，方能接到。均缘无线电机不良，电报人员不得力之故。

二、输送缺点：我国铁道不多，大军作战，纵沿铁路，往往两翼距铁道数十里，输送每欠完备，给养无法补救。此次我第四军正当追敌之际，给养断绝，不能前进，影响全盘作战计划极大。倘给养能源源接济，则第四军不致在枣庄停顿。十三日午间，已到达官桥附近，铁道早已破坏。我一、九两军，将沙沟临城间敌之大部击溃，张逆宗昌及兵车七列，无从逃循。因第四军受给养缺乏，致失全盘计划，殊为可惜。

三、炮兵及铁甲车不能适时使用，多逸良机。十七日，向滕县攻击时，第九军工兵，将滕县南之铁道破坏，敌之铁甲车一列不能退回。当时我炮兵集团之野炮，尚未来到，我铁甲车停在崔家店，因铁道未修好，不能前进，以致敌铁甲车安全修路逃去。若我炮兵集团按时进展，是日早可到该线，进入崔家店前方，放列向敌铁甲车侧射。或我铁甲车早将铁道修好，奋勇前进，向敌铁甲车猛烈射击，敌人于我猛烈火力之下，不能修路，则敌之铁甲车，定为我军所获矣。

谨呈

军事委员会

职 刘峙 之刘印峙

一、敌我之位置及会战指导要图

二、第十军围攻峄县配备要图

三、第一军团在滕县附近攻击展开要图

四、第一军团在邹县附近追击位置要图

五、第一军团在大汶口附近追击位置要图

（上列各图缺）

〔国民政府战史编纂委员会档案〕

21．孙良诚关于进攻巨野济宁与兖州等地作战令

（1928年4月7日—19日）

（1）孙良诚给各军师长命令（4月7日）

命令 四月七日上午八时于曹县五里墩总指挥部

一、孙逆传芳认贼作父，甘心祸国，现盘踞巨野、嘉祥、金乡一带，其主力在济宁附近，郓城之杨清臣部，已归其指挥，我第一集团军之第一军团刘峙全部，沿津浦路线，向临城之敌（许琨）进攻。第二军团陈调元全部，在日照、郯城方面，向沂州之敌（张宗辅）进攻，并直捣曲阜。第三军团贺耀祖全部，经丰县、沛县、芳桂集一带地区，向鱼台、济宁进攻，第四军团方振武全部，经返固集、秦楼、苏集、纸屯地区，向金乡、济宁进攻。

二、本方面军以歼灭孙逆传芳之目的，于四月八日，由现驻地

运动开始，九日在王楼、张表集、观音集、新兴集、皇姑庵、红船口、箕山集之线展开，十日向巨野、郓城、嘉祥、汶上、宁阳攻击前进。

三、骑兵军全部，即日集中荷泽待命，但须时刻准备出发。

四、第二师于四月八日，由定陶运动开始，九日在王楼、张表集、观音集、清泉寺之线展开，十日早七时，向毛官屯、巨野之敌攻击前进（龙堌集有土匪数百名）。右翼务与第四军团方总指挥部联络。

五、第四军于四月八日早六时，由现驻地运动开始，是晚在定陶东北源堌集、张胡同、陈集、相林庄一带集中。九日在盐厂、新兴集、孙堂之线展开，十日早七时，向巨野西北于官屯、随官屯、丁官屯之敌攻击前进（新兴集东北六七里康集有土匪）。右翼与梁师、左翼与吕军取联络。

进攻时，该军骑兵须经过王老虎、富贵屯，破坏巨郓间电线。

六、第二十一军（王军谷师均在内）于四月八日，由现住地运动开始，九日在皇姑庵，红船口、箕山集之线展开，十日早七时，向郓城一带之敌攻击前进。左翼特别注意右翼与马军联络。

谷师担任黄河沿岸警戒，到达王家楼、李家海、徐庄后，即停止对范县、寿张、东阿方面严密监视。黄河所有船筏，均搜集南岸，妥为看管，防敌偷渡。

七、第十八师（附炮兵团、迫击炮团、机关枪营、坑道营）于四月九日早六时，由现驻地出发，经苗楼、古营集、黄店，进驻大乌集、姚集、许楼、李楼、苗古店附近待命。

八、第十九师（附何世济炮兵营、沪造山炮在内，三八式机关枪一连于四月八日上午十时，由现住地出发，是晚集中定陶，九日进驻前沙海、中沙海、后沙海附近待命。

九、给养由兵站供给。

十、前方医院，在曹县开设。

十一、予在五里墩，九日随程师前进，驻李楼。

总指挥　孙良诚

注意

1. 灯号、旗号、号音、飞机记号、口令等，均用政府所颁发者。

2. 战区内来往行人，一律断绝，并严密检查。

3. 程师留一营驻曹县，梁师留一营驻定陶。

4. 八、九两日，我政府飞机在郓城、巨野一带，侦察敌情。

5. 报告、通报、愈多愈好，侦探须多多派遣。

6. 不准占驻民房，不准擅取民物。

7. 十日粮秣，无命令不准擅用。

(2) 吕秀文给孙良诚的报告(4月12日)

报告　四月十二日午后八时于郓城二十一军军部

一、职八日率部进驻朱官庄、各部分驻阎什口、安兴墓一带，九日早十时，各部先后占领胡集、宋林屯、尹集。十日早十一时，先后占领孙武屯、宋家庄、华营，已报告在案。

二、本日职率各部，于上午四时，先后到达双桥集、安官屯、西唐庄等处，即令各部同时猛攻，残敌遂退入郓城城内，顽强抵抗。我军即将东、西、南三关占领，并令谷师由陆湾向八里庄郓城北关，施行攻击。

三、午后六时，复令各部同时猛攻，谷师遂占领北关，第一师董旅长、八十五师王付师长、均亲率奋勇队数十名、六十四师李团长、亲率第三营、架梯入城，敌见势不支，即开北门冲出，向东北窜去，并派一部跟踪追击，七时已将郓城完全占领矣。

四、俘敌三百余人，毙敌二百余人，夺获山炮数门、迫击炮十余门，手机关枪数十架，步枪千余枝，马二百余匹，接济车数十辆，其他战利品甚多，现正清查中。

五、是役，职部阵亡官长五员，兵九名，受伤官长十余员，兵十七名，消耗弹药甚多，请

钧座迅予发给各种枪弹炮弹若干，以资杀敌为盼。

六、职现在郓城。

军长　吕秀文呈

(3) 孙良诚给吉鸿昌等命令(4月15日)

四月十五日

(一) 本日早五时,接第二师电话报告如下:

1. 巨野之敌,已于昨夜向嘉祥退去,据百姓云:敌之炮兵及接济,已于昨日下午四时退走。

2. 今早五时,万旅已将巨野完全占领,并派一部尾追敌人矣。

(二) 接到第二师之电话后,即亲到巨野视查情形,并给梁师长追击命令如下:

命令　四月十五日早十时于巨野县署发

据探报被我击退之敌,有在巨野以东及其东北约二十余里附近占据寨子抗拒我军之意,其布置正面为第三十旅,右翼为第二师,其第十二师及第十八旅在后方为预备队,我骑兵军情形如何,尚无报告,如能迅速动作,则收效必伟。

二、贵师长仍本原任务,迅速向济宁追击,但右翼要特别注意。

三、指挥部及程师,今晚进驻吕官屯,程师一部在巨野。

四、战区由巨野通济宁之大道,以右属第二师(大道在内),以左为第四军。

五、余常在巨野县署,有报告亦送此。

总指挥　孙良诚

(4) 孙良诚给军长马鸿逵命令(4月16日)

命令　四月十六日午前十时于嘉祥县署内发

一、十五日午后八时之报告已收到。

二、梁师现已到达济宁附近,闻纸房集方面之敌,业已退却。

三、已令吉师向马村集一带之敌进攻,将该敌解决后,即向大常沟前进。

四、贵军迅速向济宁及其以北二十里铺一带攻击前进。

五、指挥部及程师已进驻嘉祥，王和民旅进驻安居镇。

六、余现在嘉祥。

总指挥　孙良诚

(5) 孙良诚给军长席液池命令(4月16日)

1. 本日午后一时之报告已收到。

2. 津浦线上，我北伐军已占领台儿庄、韩庄，闻已到达界河附近，金乡方面，敌亦已退却。

3. 嘉祥已于删日被梁师占领，现梁师已到济宁附近。

4. 马军已令其向济宁及其以北二十里铺前进，吉师已令其向大常沟前进。

5. 贵军除留小部守城，待吕军接防外，余部即向宁阳、兖州方面挺前，截击敌人，破坏敌后方交通。

6. 指挥部及程师已进驻嘉祥。

7. 余现在嘉祥县署。

总指挥　孙良诚

(6) 军长席液池给孙良诚报告(4月16日)

报告　四月十六日下午一时于汶上西关骑兵二军部

一、职军于十五日早九时，在方官屯、西何庄、成庄、魏楼、孙堂、宣楼、高官屯之线，与孙逆联军三千，步炮连合之众，激战至下午一时，毙敌数十名，职军第二师受伤，团附乜永春一员目兵数名、马十余匹。后接吉师长通报，巨野已下，梁师追向嘉祥，职军即立刻脱离正面之敌，遵照命令，迳向汶上方向前进，至下午七时，抵吴家楼、吴家大庙附近，遇杨清臣残部及汶上警备队约四五百名，当将击溃，因天晚未能穷追，第二师获得车数辆，步枪十数支，俘虏二十余名，本日张兴科师在黄海、黄堆集宿营。

二、十六日早七时，向汶上截击，至上午十时，有杨清臣残部及警备队五六百名，闻我军至弃城逃窜，第三师遂于十六日上午十一时，将汶上完全占领，有无敌人军械、军用品，正在清查中。第三师全部担任守城及警戒宁阳、滋阳方面，第二师第一旅在城西北一带，警戒东平方面及后方，第三旅在城西南一带，警戒济宁方面，汶上通济宁、滋阳、宁阳、东平各电线，完全占领。

三、张兴科师及吕军全部，现尚未到，待其到汶上后，令其守城，职即向宁阳方面活动，并相机断其后方交通。

四、金、嘉、济方面，我军进展情形及津浦线北伐军进展情形，统请示知，并请告知北伐军，速由津浦线猛攻，以便收夹击之效。

五、东平、宁阳、滋阳、敌军情形，现正派探详查，容后再报。

六、职现在汶上县西关外伊家海军部。

军长　席液池

(7) 孙良诚给军长马鸿逵命令（4 月 17 日）

命令　十七日上午四时于嘉祥县署

1. 敌大部已由金乡鱼台退下，因退路断绝，现在济宁以南地区集合，将向我济宁、嘉祥反攻。

2. 本军为集结兵力计，已令梁师撤至郭庄、八里庙之线，王和民旅在孟庄、张天楼之线布防，程师明早（十八）日即向红庙屯、唐家口一带，截击敌人。

3. 贵军即将北关让出，撤至凤凰台、大王庄、张王屯之线，骑兵游击队，须位置二十里铺附近，对东北警戒。

4. 余在嘉祥县署。

总指挥　孙良诚

(8) 军长席液池给孙良诚报告（4 月 17 日）

报告　四月十七日下午十时于新嘉驿骑兵第二军

一、职军于本日早七时，由汶上袭击宁阳，至上午十一时抵宁阳西南，探知城内，有由嘉祥、济宁一带撤回之敌，约二千余人，据城死守。乃令第一旅佯攻，俘敌三十余名，得枪二十余支。

二、派第三师之一团赴兖州北姚村龙王店之间，将铁道破坏数段，并破坏兖泰间电线，至晚据该团长高得福回报，兖州铁道两旁，敌军纷纷溃退，因铁道不能通车，孙逆传芳乘汽车逃往济南。

三、职军于本日下午六时，即在新嘉驿、姜村、孙武之线宿营，准备截击，至十时，由济宁退下之联军及直鲁第十三军两部，四千余人，已行至姜村前面，当由第三旅之第八团，迎头痛击，该敌四散逃窜，一部向新嘉驿溃下，又被第三师第九旅旅长阎俊海率队包围，将直鲁军第十三军刘志陆部，完全缴械。第九旅共俘敌一千一百余名，迫炮四门，弹药十五箱，机关枪两架，步枪三百十一枝，子弹数万粒，接济车十余辆，骡马二十余匹。第三旅得迫炮二门，机枪一架，步枪三十二支，毙敌三百余名。

四、此次截击，旅长阎俊海亲率截击，沈着勇敢，最为出力。连长孙凤翔，截击勇敢，腿部受伤。

五、职军拟于十八日早七时，即向兖州袭击，并相机占领之。

军长　席液池

(9) 军长席液池给孙良诚报告(4月19日)

报告　四月十九日下午四时于兖州骑二军军部

一、职军于十八日早八时，向兖州袭击，至十时抵兖州北吴家庙，探知车站有钢甲车二列，兵车三列，敌人七八千名，已向北开行，即立饬第三旅攻北关及车站，第九旅攻西南关，第七旅截火车，遂将敌击溃，十八日上午十二时，将兖州完全占领，军用品正清查中，得车头一辆，客车若干辆，惟敌钢甲车二列及三列兵车，以炮火掩护，随破随修，不能进前，将其截留，深为可惜，现以将兖州北铁路又拆数段，防其钢甲车前来，准备截击，兼守此城，以待步兵前来。

二、职军于十九日早，在城西截枪数十支，俘敌二十余名。

三、请速派步兵前来守城，以便向泰安追击。

四、联军队伍，大部已撤退，直鲁军尚未退下，十八日职军攻兖州时，据探报由城南大道向曲阜退去，因无人守城，未能穷追，请派步兵前来，切盼。

五、职现在兖州城内骑兵军部。

军长　席液池

(10) 师长丁省庠给孙良诚报告(4月19日)

报告　四月十九日下午七时于宁阳师部

一、职奉令进攻宁阳，于十八日下午二时由宿营地轻装急进，至董家庄一带，遇敌溃兵数百名，职即率队猛攻，敌即望风逃窜，获敌八二迫炮二门，弹一百七十出，步枪十六支，手枪二支，毙敌十五名，俘敌十一名，因天晚即在董家庄宿营。

二、十九日早五时即率队进攻宁阳，午后一时到达柳家楼一带，即将各部展开向宁阳之敌猛攻，城内残敌即由北门逃窜，当派一部向敌尾追至邵家、邓家楼一带而回。

三、职派董旅之第一团驻城内，其余各部，均布置城外各要道，以便截击敌人。

师长　丁省庠

(11) 孙良诚给所属部队命令(4月19日)

据各方情报判断，正面向我猛攻之敌，似掩护其前方部队退走之样，于是即给各部队以下之命令：

1. 由电话令吉师长派一部增援王旅右翼。

2. 电令席军长俟将兖州防务，交刘总指挥部队接防后，即向兖州、宁阳间，往来截击敌人。

3. 令马军长派骑兵游击队，在济宁东北截击敌人，并挑送精锐一部，向济宁北关挺进。

4. 令吕军长派一师，向济宁进攻外，其余各部，除以一部坚守汶上、宁阳城池，一部在宁、汶间，设法截击敌人。

〔国民政府战史编纂委员会档案〕

22. 蒋介石关于进攻济南给各军团令

(1928年4月22日—23日)

(1) 4月22日命令

命令　四月二十二日午后十时三十分于兖州车站发

一、张逆宗昌所部，自界河被我军击溃后，大部经泗水、新泰向济南方面溃退，其一部尚在泰安附近，孙逆传芳所部，自济宁附近被我军围剿后，大部溃散已不成军，其残部第九师等部，已分向泰安、肥城方面溃窜。

二、我军以在黄河南岸，务将残敌歼灭之目的，拟迅速向济南猛烈追击前进。

三、各军团应于二十四日以前，各就展开位置，其区分如下：

第二军团　主力莱芜附近一部新泰附近

第一军团　天宝寨—临汶之线

第三军团　大舍—大石桥之线

第四军团　孙伯庄—朝阳庄之线

第一方面军① 陈家山—东阿之线

四、余现在兖州车站

总司令　蒋中正

(2) 4月23日训令

训令　四月二十三日午后九时于兖州行营

一、兖州、济宁之敌，被我军击溃后，损失过半，其残余纷纷向泰安、肥城、济南败窜。据冯总司令养电称：张逆作霖迭遭败挫，已下总退却令，向东三省撤退。

我第二集团军在河北彰德方面，于巧日已将于逆学忠部击溃，

---

① 第二集团军第一方面军孙良诚。

进展至三台、岳镇一带。大名方面，我刘镇华、韩占元与敌在濮阳、六塔集、南攀之线相持中。

我第三集团军，自将侵入晋境之敌击退后，阎总司令亲率主力，于号日向石家庄方面出击，截断京汉方面敌人之归路。

二、本军以肃清鲁南逆敌，占领济南之目的，各军乘胜猛追，拟在黄河以南，将敌捕捉而歼灭之。

三、第二军团，应以一部仍围攻临沂，一部由新泰向博山附近挺进，对淄川方面警戒，掩护我军右侧背，并以一部位置于鲁东、冶歇车之线，与第一军团联络，主力经莱芜、文祖镇、龙山镇挺进，截断胶济路、袭击济南。

四、第一军团应于天宝寨、大汶口、临汶之线，准备攻击山口、泰安、界首之敌。

五、第三军团(欠三十三军)应于大舍、大石桥之线，准备攻击垫台、大小湾、德青、杨树之敌。

六、第四军团应于孙伯庄、朝阳庄之线，准备击破肥城之敌后，攻击石店、张夏镇、大岗山之敌。

七、第二集团军第一方面军(席骑兵军归其指挥)应于陈家山、东阿之线，准备攻击，以一部与第四军团相连系，掩护左侧背，以主力迅经平阴、长清、袭击济南。

八、各军作战地境如下：

第二军团、第一军团间天宝寨—梭村之线，线上属第一军团。

第一军团、第三军团间大舍—夏张—垫台—灵严山—天马寨—兴隆山之线，线上属第三军团。

第三军团、第四军团间孙伯庄—王家台—仪阳—谷山—下峪—青阳树—黄山店之线，线上属第四军团。

第四军团 ＼间朝阳庄—丁家庄—东湖屯—学庄—王府庄之线，
第一方面军／线上属第四军团。

九、第三军及第三十七师为总预备队，在宁阳附近待命。

十、各军团逐日预定攻击进展之线如附表①。

十一、通信计划如附图②。

十二、补给依作战之进展，各级兵站，应适时推进。

十三、予在兖州。

国民革命军总司令　蒋中正

〔国民政府战史编纂委员会档案〕

23．国民革命军第一集团军第一军团总指挥刘峙关于会攻济南战斗详报

（1928年4月—5月）

国民革命军第一集团军第一军团会攻济南战斗详报：

甲、战斗前彼我形势之概要：

张逆宗昌所部，初被我军击破于台、枣、临、峄，受创于韩庄、沙沟，死伤被虏，已属甚巨。复退据滕县界河，恃险固守，企图反攻，复被我军加以痛击，死伤逃亡，损失更巨。犹复退至泰安附近，就大津口、泰安、界首之线，凭已筑之坚固阵地，扼险抵抗，作最后之决战。我军团奉令歼灭山口、泰安、界首之敌，于四月二十三日，令第九军展开于天宝寨、朱家庄之线，第一军展开于金银庄、东吴庄之线，第四军展开于侯庄、临汶之线，第十军为军团预备队，位置于南驿附近，作进攻之准备。

四月二十四日午前九时，奉到
总司令四月二十三日午后九时训令，要旨如下：

①②表，图缺。

一、敌情及友军情况从略。

二、本军以肃清鲁南逆敌，占领济南之目的，各军乘胜猛进，拟在黄河南，将敌捕捉而歼灭之。

三、第二军团应以一部仍围攻临沂，一部由新泰向博山附近挺进，对淄川方向警戒，掩护我军右侧背，并以一部位置于鲁东冶歇车之线，与第一军团连络，主力经莱芜、文祖镇、龙山镇挺进，截断胶济路，袭击济南。

四、第一军团应于天宝寨、大汶口、临汶之线，准备攻击山口、泰安、界首之敌。

五、第三军团（欠三十三军）应于大舍、大石桥之线，准备攻击垫台、大小湾、德青、杨树之敌。

六、第四军团应于孙伯庄、朝阳庄之线，准备攻破肥城之敌后，攻击石店、张夏镇、大崮山之敌。

七、第二集团军第一方面军（席骑兵军归其指挥）应于陈家山、东阿之线，准备攻击，以一部与第四军团相连系，掩护左侧背，以主力迅经阴平、长清、袭击济南。

八、各军作战地境如下：

第二军团
第一军团 } 间、天宝寨—梭村之线。

第一军团
第三军团 } 间大舍—夏张—垫台—灵严山—天马寨—兴隆山之线，线上属第三军团。

第三军团
第四军团 } 间孙伯庄—王家台—仪阳—谷山—下峪—青杨树—黄山店之线，线上属第四军团。

第四军团
第一方面军 } 间朝阳庄—丁家庄—东湖屯—学庄—王府庄之线，线上属第四军团。

九、第三军及第三十七师为总预备队，在宁阳附近待命。

十、各军团逐日预定攻击进展之线，如附表

各军团逐日预定攻击进展表：

日期 队别	二十五日	二十六日	二十七日	二十八日	注　　意
第二军团	主力、上下有庄附近，一部博山附近。一部鲁东冶歇车之线。	主力龙山镇附近	济南		博山方面应扼要固守防敌出击
第一军团	主力、天宝寨、大汶口、临汶。	山居散处、旧县、天青湾、东城子。	山口、泰安、界首。		
第三军团	大舍、大石桥。	夏张、临村。	垫店、青阳树。		
第四军团 第一方面军	孙伯庄、演马庄。柳滩、平阴。	王家店、龙王庙。一部凤凰店附近，主力，归德镇附近。	石庄、大崮山。		
附　　记	一、各军团应本此预定日程，互相连系，努力向所定目标进展。 二、第二军团及第一方面军，穷追当面之敌，并须时时威胁敌之侧背，使其不得不放弃抵抗企图。 三、炮兵集团，暂归第一军团指挥。 四、各军团正面如遇守坚城，应以一部包围监视，主力依然前进。				

二十五日午前十一时，奉

总司令口授命令：为达到在济南以南，包围歼灭残余敌人之目的，第一军团开始攻击之日期，宜迟俟左右两翼部队发展后，方可进攻。

乙、攻击部署及理由：

职奉到右二令后，综合各方情报，山口附近敌人不多，泰安城内有敌约一师，沿城墙构筑工事，似欲守城，以牵制我军攻击进展之兵力。界首当津浦路之要冲，张逆宗昌以残余大部，依左右高地布防，既恃铁甲车之掩护，复据数年构筑之坚固阵地，作最后之决战。

我军团欲达到歼灭该敌之目的，正面攻坚，难以奏功，如以有力之一部，由右翼挺进，直袭湾德，泰安、界首之敌，不战自溃。遂于二十五日午后一时，给予各军及炮兵集团之训令，要旨如下：

训令　四月二十五日午后一时于南驿车站。

一、敌情及友军情况从略。

二、本军团以包围歼灭退守泰安、界首、济南一带残敌之目的，继续向山口、泰安、界首攻击前进。

三、第九军于二十六日，应到达赵庄、官路庄、许庄、桥沟之线。二十七日拂晓，占领载汤、坡山口、邱家店、旧县之线，占领该线后，即以第十四师(附铁道队)轻装，由山口经黄前大津口、蔡刘沟，袭击湾德附近之敌，并努力破坏铁道，遮断界首敌人之退路。主力于二十八日拂晓，向刘庄、泰安之敌，攻击前进。

四、第一军于二十六日，应到达禄林庄、南留幸庄之线。二十七日拂晓，到达赞标店、朱家堡、龟山之线。二十八日拂晓，向泰安、大佛寺附近之敌攻击前进。

五、第四军于二十六日，应到达南北官庄、老虎庄、东城子之线。二十七日拂晓，到达黄林、龙门庄、王设店之线。二十八日拂晓，向黄草岭、界首附近之敌攻击前进。

但攻击进展时，务与左翼友军，不失连络为要。

六、炮兵集团，应于二十六日，位置北子坡附近。二十八日以一部协助一、九两军，攻击泰安之敌，以主力协助第四军，攻击界首之敌。

七、第十军(欠步兵两团)为军团预备队，于二十七日位置于南留附近待命。

八、各军于二十六、二十七日，到达指定之线后，应努〔力〕侦察敌情地形，并于夜间，以少数部队，向敌佯攻，扰乱敌人，使无整顿休息之余暇。

九、各军作战地境如下：

第二军团

间天宝寨—梭庄之线，线上属第九军。

第九军

间朱家庄—南望—旧县—韩接庄之线，线上属第九军。

第一军

间东吴庄—满庄—六郎坟—桃花峪之线，线上属第一军。

第四军

间大舍—夏张—垫台—灵严山—天马寨—兴隆山之线，线上属第三军团。

第三军团

二十七日午后六时总合各军报告到达位置如下：

一、接第九军顾军长感未电：陈师感寅占领载阳坡，以一部掩护黄师，向湾德挺进中，其余及涂师，已展开于山口、颜庄、邱家店、旧县之线，军部在遂庄。

二、接第一军蒋副军长，本(二十七)日午前十时报告，第一师已占领赞标店及朱家堡之线，第二师已占领陈洪沟、羊栏、对臼之线，第二十二师部，集结在道洼、南留一带，军部在南留。

三、接第四军缪军长感午电：本军本(二十七)日午到达卧出石、青龙山、老湾寨、尹家庄、应太山之线，左翼已与四十军连络，军部在王设店。

四、接第十军第二十九师第三团，已到大汶口宿营，其余正向大汶口行进中。

五、炮兵集团，已到百子坡附近。

午后八时获敌人防御命令一纸，其大要情况如下：

一、茅茨、舍黄、前窝、角山一带，有敌第十军吴樽卿部。大小津口，有敌第五军王栋部，共万余人。其坚固阵在大津口、界首一带，以第十四支队（上校支队长徐海春）守泰安城、王栋为指挥官。

二、界首及其左右高地，有直鲁残余之主力，约二万余防守。其坚固阵地在凤凰庄、穆英台一带，许琨为指挥官。

三、敌此次作战方略，以大部队控置于仲宫镇、湾德、崮山，张逆宗昌亲驻湾德督战，以其大部队相机策应，企图绕击我军侧背。

据上项敌情，敌对于黄前、大津口方面，既以两军防守，我十四师孤军挺进，不惟难达任务，且恐受敌包围泰安，城中之敌既不多，该城又突出于泰山之南，大军作战，孤城不足为重，遂于午后十时，处置如下：

一、第九军全部于明（二十八）日歼灭茅茨、舍大、津口一带之敌后，直捣济南，截断界首、崮山敌人之归路。

二、第一军于明（二十八）日，以一部围攻泰安城中之敌，其主力向大佛寺红岭攻击前进，占领红岭后，协助第四军侧击界首之敌。

三、第四军按照二十五日午后一时训令施行。

四、第二集团军铁甲车王团，于明（二十八）日协同第一军，炮击泰安敌之炮兵及敌之铁甲车，随战斗之进展，攻击前进。

五、炮兵集团于本日午后七时以前，到达琵琶湾，于明（二十八）日协助第四军，向界首攻击前进。

丙　战斗经过之情况：

二十八日接各军先后报告如下：

一、第九军顾军长俭电称：十四师昨（二十七）日午后一时进至黄前，与敌接触战二小时，敌不支向西退去，该师追至高家圈与敌十五中将支队，激战一夜，该敌恃险顽强抵抗。本（二十八）晨，三师以一团附炮两门出镜子谷，击败小津口之敌，正酣战间，敌复派十六中将支队，由黄巢南下增援，十四师派第一团迎击，遇战于白池附近。午前十一时四十分，大津口被我击破，俘敌数百人，获枪百余枝，白池之敌，旋被击溃。现正向蔡刘沟追击中。第三师攻小津口之一团，已占领范家庄一带，其余在岳庄、西张庄一带，第二十一师在山口、南麻峪一带，对梭村、黄巢方面警戒，掩护军之右侧背，军部进驻侯庄。

二、第一军蒋副军长本(二十八)日午后五时电话报称：第一师午后四时，占领泰安城东、南、西三门附近，向城中之敌攻击中，现正派兵一团，进占摩天岭、黑龙潭一带高地，堵截泰安敌之退路。第二师午后三时，占领陶庄、马湾、南黄湾、粥店之线，现正派兵一团，进占傲来山，主力向大佛寺攻击前进。二十二师为军预备队，于午后三时推进至石灰、官庄、洪沟一带，军部进驻曹庄。

三、第四军缪军长报告：俭未电称：本晨已占领跨虎山、张家庄、黑山湾、南大滩、毛山、结山之线。俭申电称：军拟本晚七时，驱逐敌人之前队，占领天平店、九女山、元家店、北大滩、康庄、道朗一带。军部进驻鸡鸣庄，拟明(二十九)日拂晓前接近凤凰庄、穆英台，乘拂晓向凤凰庄、穆英台、界首攻击。

二十九日午前十时，总指挥部进驻东北堡，职十一时到泰安车站，视察敌情。同时接到各军本(二十九)日午前先后报告如下：

一、午前十一时二十分，顾军长电话报告：退据牛山口之敌，于午前十时，被我十四师击溃，均向济南逃窜。十四师跟踪向济南追击前进，本晚可达尹家店，明(三十)日可迫济南城。第二十一师正由现在地经窝铺、柳埠、向济南追击中，本晚可达窝铺附近，明(三十)日可达富家庄附近，第三师正由现在地经大娘窝、黄巢、中宫镇、向济南追击前进；本晚可达黄巢附近，明(三十)日可达大涧附近，军部本晚进驻黄前，明(三十)日进驻中宫镇。

二、午后三十分，蒋副军长午前十一时报告：第一师第二团于本(二十九)晨占领附马庄、大岱、道庵、王母池、关帝庙等处。泰安城中之敌，完全被我第一师包围，现正攻击中。第二师本(二十九)

日午前十时三十分，主力占领大辛庄，一部占领南麻峪，现在向湾德追击中。第二十二师已推进到大堰堤。

三、午前十二时，接缪军长艳已电称：职军本(二十九)日拂晓，以主力追近凤凰庄、白马寺之线，敌顽强抵抗，火力猛烈。职令第二十六师经八里岭、袭敌右背，前后夹击，敌死伤甚众，寅刻占领凤凰庄、白马寺。晨刻占领界首，俘敌官兵三千余人，缴获步枪三千余枝，大炮数门，机关枪十余挺。余敌【向】湾德张夏溃窜，现正跟踪追击中。

据各军上项报告：敌已完全被我军击溃，职以乘胜猛追，勿使余敌逃逸之目到，故当时之处置如下：

一、第九军以一部经黄巢、柳埠，主力经高而庄、尹家店，向济南猛烈追击前进，并相机破坏济南西南之铁道断崮山、张夏溃敌之路。

二、第一军除以第一师围攻泰安城之敌外，其余以一师经北麻套、高而庄、中宫镇，一师经吴庄、老仙口、党家庄，向济南猛烈追击前进。

三、第四军沿津浦路向济南追击前进。

四、第二集团军“中山”“平等”两铁甲车，协助第四军，沿铁道追击前进，向敌铁甲车猛击，勿使逃遁。

五、炮兵集团随第四军后，追击前进。

丁、追击经过：

三十日午前十时，总指挥部进至界首，午后一时，职乘“中山”四号铁甲车到青杨树，得缪军长本(三十)日午后零时三十分报告如下：

一、职军昨(二十九)日正午追击至大湾德时，敌铁甲车三列，在大湾德车站及以北铁道上向我猛烈射击，不能前进，入夜，铁甲车北退，职军一部即占领大湾德车站，余均在长城露营。

二、本(三十)晨，职军先头部队到青杨树北端，即被敌停在茶棚之铁甲车猛烈射击，职即派二十五师之一部，绕道占领馒头山，派第十二师经三尖台、黄崖向大小崮山截断敌之归路，现第二十五师已向张夏攻击前进中。敌铁甲车已退至张夏北端。

三、敌之大部由张夏向西移动肥城，我左翼友军进展情况，尚未明瞭，请通知左翼友军注意等语。

职得以上报告，即一面派员与左翼夏军连络，请其迅速齐头前进。一面令"中山""平等"两铁甲车，向张夏前进，以猛烈火力，射击敌铁甲车，以掩护我军前进。

午后三时，得派夏军连络员回报：该军经过三尖台向青崖寨前进中等语。该军既向青崖寨前进，我左翼已无顾虑。午后四时，我"中山""平等"两铁甲车进至张夏，协助第四军左右两高地部猛击，敌死伤过众，向崮山溃退，午后五时，占领张夏追击部队，于午后七时，追至大刘庄，敌复据崮山抵抗，与之对峙。

午后八时，接蒋副军长本(三十)日午后六时报告称：第二十二师本日午后五时到达东罗园，现向济南追击中。第二师本日午后四时到达老仙口，本晚可追至雀庄、杨庄附近。

午后九日〔时〕奉到
总司令三十日训令，要旨如下：

一、济南之敌，被我军围剿后，分向胶东、河北逃窜。

河北方面：彰德附近之敌，迭经我第二集团军攻击，已有动摇模样。

二、本军以肃清鲁北逆敌及促进河北战局之进展，乘胜分向胶东河北，跟踪穷追。

三、第二军团为右追击队，明(二)日在济阳、霍家流间渡河，经回河镇、临邑、陵县向德州东部地区追击前进。

四、第四军团(欠一师)为中央追击队，于明(二)日在雒口镇渡河，沿津浦线东西地区，向德州追击前进。

五、第三军团为左追击队，于明(二)日在齐河附近经伦镇、恩县，向德州西部地区故城追击前进。

六、第二集团军第一方面军，于明(二)日在长清、平阴、东阿间渡河，迅取东昌，与刘总指挥镇华夹击大名之敌。

席液池骑兵军，着迅至济南，暂归第一集团军指挥。

七、第一军团(欠第四军)以一部沿胶济路向胶东之敌追击，以主力肃清泰安及黄河以南济垣附近之敌后，在济南附近集结待命。

八、第一军团第四军为总预备队，在济南城北至雒河口地区待命。

奉到右令后，于午后十二时给各军之训令，要旨如下：

一、敌情及友军情况从略。

二、本军团拟追击至济南后，以一部沿胶济路向青岛追击前进，肃清胶东之敌主力，在济南以东地区集结待命。

三、第九军追击至济南后，继续向青岛追击前进，肃清胶东残敌。

第十军经济南至明水镇附近，集结待命。

第四军追击至济南后，即至龙山镇集结待命。

第一军追击至济南后，即至王舍人庄、洪家桥附近，集结待命。

四、炮兵集团集结于济南附近。

五月一日，我各军乘胜猛追，于午前先后到达济南，接各军长报告如下：

一、据顾军长本(一)日午前十时报称：三十日午前八时，敌王栋部三、四中将支队及教导团，占据黄疃北方、金炉山东麓一带，经我二十一师击溃，午前十时三十分，溃敌在邢庄、东罗园一带据守，被我第十四师击退，复在兴隆庄、南康而庄、伏辛庄北端一带高地，顽强抵抗。午前十一时，檄山东北有敌之支队，我二十一师即派第四团攻击前进，战两小时，敌向北窜。午后二时，第三师猛进至仲宫镇，缴获敌第一中将支队郭敬臣部步枪百余枝，俘虏官兵百余名。

午后三时，第三师协同第十四师，将兴隆庄、南康而庄、伏辛庄之敌驱逐，午后九时，敌复在东西十六里河、八里凹等处高地，节节抵抗，势颇顽强。晚，二十一师集结于富家庄附近，夜十二时，我第三师协同十四师各派一部乘夜猛袭，遂于五月一日午前三时，第三师确实占领济南，旋复追至历城以北地区，截俘敌千余人，缴获步枪千余枝，炮二十余门，机关枪十余挺。第十四师随涂师后入城，卤获敌枪炮、子弹、人员、粮秣亦多，详细数目，正在调查中，容后详报。军部三十日到仲宫镇，本(一)日晨到济南，所属各部，已完全到达济南。

二、据蒋副军长本(一)日午前十时三十分报告：第二十二师本(一)日午前八时进入济南，旋追敌至北门外，截虏敌人数百名，缴获步枪六百余枝，炮十一门，机关枪一挺，辎重甚多，尚在清查中。第二师于午前十时到达济南南门外。

三、据缪军长本(一)日午前十时三十分报称：职军全部，本(一)日晨将崮山之敌击破，我军跟踪猛追，于午前十时到达济南城西北郊，俘获甚多，正在清查中，残敌向河北窜去。

二日午后二时，总指挥部及第十军均到达济南，午后三时，接第一军一师甘副师长冬午电称：泰安城之敌，本日完全解决，获步枪千余枝，机关枪十余挺，迫击炮十余门。

戊、敌之兵力及队号：

此役与我军团作战之敌为张逆宗昌残余主力之第五军王栋部，第十军之吴樽卿部，第七军许琨部及残余大小支队十余个，共计兵力八万余。张逆亲在湾德督战，据界首之险，企图坚守，因我官兵勇往直前，奋不顾身，卒被击溃。

己、战斗成绩：

此役敌死伤无算，被我军团俘虏者八千余人，缴获步枪约七千余枝，迫击炮约百余门，山炮、野炮数十尊，手提机关枪及水压机关枪共约八十余枝，飞机一架，(虏获确实数俟查明列表再报)张逆所部，逃往河北之线，余部队不及万人。

庚、我军团之伤亡损失及消耗：

我军团此役约伤官兵千余人，枪枝无大损失，消耗弹药约全数二分之一。（各种确数俟查明列表再报）

辛、战后之所见：

一、此次攻下济南，各军团不按照总司令追击命令行动，均集结于济南城厢附近，设敌人乘机反攻，我各军团一时难以展开，无法应战，深为可危。

二、我飞机队不能适时设置前往着陆场，驱逐敌飞机，致敌飞机连日来济南抛掷炸弹，毁坏房屋，使人民惶恐不安。

谨呈

军事委员会

职 刘 峙

一、第一军第一师团攻泰安城配备要图(缺)

二、第一军团在泰安界首附近攻击部署及向济南追击要图(缺)

中华民国十七年　　月　　日

〔国民政府战史编纂委员会档案〕

24．国民革命军进攻济南后会战计划

（1928年5月）

国民革命军第二期会战计划

一、方针

本军为肃清关内之敌，以一部沿津浦线直出天津，遮断敌之退路，主力军沿京汉线直捣北京。

二、指导要领

（一）第一期

第一集团军主力于五月六日渡河向德州攻击前进，占领德州，乘胜追击至沧州附近，促进主力军之进展。

第二集团军及二、三、四路各军主力，沿京汉线向石家庄攻击前进，占领石家庄，乘胜追击至保定附近。

第三集团军与第二集团军相呼应，由井陉北部地区，进出石家庄北部，行战略包围，务求歼灭正定附近之敌。

（二）第二期

第一集团军与京汉线主力军相呼应，攻击沧州附近之敌，乘胜直取天津，遮断敌之退路。

第二集团军及二、三、四路各军进攻保定，乘胜直捣北京。

第三集团军以主力向京汉以西地区活动，进出保定西北地区，以一部由龙泉、紫荆关分出京保西北部，务求遮断敌之退路而歼灭之。

（三）作战地境

第一、二集团军间：

聊城—枣强—献县—文安—杨村之线，线上属第一集团军。

附记

1. 第一集团军之第一军团及第三军团之一部，控制于济南附近，监视胶东之敌。

2. 第二集团军之第一方面军，在第一期作战期间，暂归第一集团军指挥。

〔国民政府战史编纂委员会档案〕

25. 蒋介石为避免与日军冲突限令各军立即撤离济南城命令

（1928年5月3日—9日）

（1） 5月3日命令

命令　五月三日午后二时于济南总部行营

一、各军统限于本日午后五时以前，按照命令指定地点驻守，离开济南城，但不得向胶济路移动，避免与日军冲突。

二、各军团本日移动地区如下：

第一军团主力在济南(第九军在原地停止待命)。

第二军团即刻离开济南城，在税店、洪家园、滩头、北沙河、刑家渡、华山间。

第三军团即刻离开济南，在齐河以东六七沟以西地区间。

第四军团即刻离开济南，到雒口镇与第二、三军团连络。

第一方面军即刻离开济南，至齐河以西地区，总预备队第四军，除以一师开往雒口镇外，余在原地停止。

三、济南城即日宣布戒严，由刘、方两总指挥负责规定戒严简则。切实施行，此令。

总司令　蒋中正

(2) 5月4日命令

命令　五月四日午前七时于济南总司令部行营

一、本军为避免日军向我冲突起见，主力暂撤至莱芜西，并中官镇、齐河之线。

二、各部队于本日薄暮起，运动开始，依下列地区兵力集结，第二军团主力集结于莱芜、吐丝口镇，一部在何庄、锦阳关，对博淄及胶济路警戒。

第一军团以一团在济南城内，维持秩序，保护人民，以主力分置于西营、中宫镇、山口，并以一部保持济南至辛庄之交通路。

第四军团，以一、二团在雒口镇，继续对河北警戒，保持铁道桥主力，由铁道西侧移动，集结于党家庄、个山间，并以一部保护辛庄兵工厂。

第三军团在齐河、长清东南地区，至三官庙，兵力集结。

第二集团军第一方面军，已过河者，在河北警戒，未过河者，在长清、平阴、东阿间兵力集结，对河北警戒。两岸之连络，着将浮桥移至长清上游附近。

第四军在张夏、界首间兵力集结。

总预备队在泰安待命。

三、各军团行动，有通过日军所在之地区时，极力向其交涉，务绕道到达目的地，并须十分戒备，以防不虞。

四、予在济南，明日(五日)移驻泰安。

总司令　蒋中正

〔国民政府战史编纂委员会档案〕

(3) 5月9日命令①

一集作命第十七号

命令　五月九日午前八时于泰安总司令部行营

一、本军为与日军在济南附近避免战斗起见，将主力军移至大汶河以南地区，暂取待机姿势。

二、第一军团着留支队三个，位置于下列各地：

1. 莱芜支队兵力约一师(第一师已往)、对博山、明水镇、章邱方向警戒。其警戒小部队，应在胶济路南之十里以外地区(锦阳关附近)，遇日军真面目压迫时，即移至羊流店、谷里附近，另以一部移至新泰城附近，并与山口支队时取连络。

2. 山口支队兵力约一团，位置于西营山口间，对济南东部方向警戒。遇日军真面目压迫时，即移至徂徕山、茅茨附近，并与莱芜、界首两支队时取连络。

3. 界首支队兵力约二团，位置于崮山、界首间，对济南、仲宫镇、党家庄、王家庄方向警戒。遇日军真面目压迫时，即移至汶河南三家阁老院附近，并与山口、肥城两支队时取连络。

以上三支队除外，主力均着集结于大汶口南驿地区。

---

① 此件系由杨杰于五月九日签署发出。

三、第三军着留一部(至多不可过两团)为肥城支队，位置于苾村铺、麒麟村、肥城间，对齐河、长清方向警戒。遇日军真面目压迫时，即移至洼里、并与界首、广里支队时取连络。主力集结于安驾庄、宁阳地区。

四、第四军着留一团为广里支队(平阴东北)，位置于长清、广里间，对古城、齐河方向警戒。遇日军真面目压迫时，即移至平阴附近。掩护东阿之渡口，并与肥城支队取连络。主力集结于常庄、障城、沟头地区。

五、炮兵集团(未渡河者)着由平阴移至宁阳待命。

六、本集团军已过河部队，着遵照第一六号命令集结兵力，暂归第二集团军冯总司令指挥。

七、各支队之警戒区域如下：

莱芜支队与山口支队间：范家镇、水兆街、黄沙埠、黄旗山、权庄之线，线上属莱芜支队。

山口支队与界首支队间：旧县、范庄、上海罗峪、牛王庄之线，线上属山口支队。

界首支队与肥城支队间：鱼池庄、莲花山、东平庄、高家庄之线，线上属肥城支队。

肥城支队与广里支队间：新镇、双泉庵、苾村辅、梁家套、齐河之线，线上属广里支队。

以上各支队，须多派便衣侦探，接近日军侦察一切。

八、第一军团第三军、第四军，应挑选得力官兵，变为农装，混住于莱芜、泰安、肥城、长清各地区内(刺探其行动)，并鼓吹人民反对日军，处处予以妨碍为要。

九、莱芜、界首、肥城支队，均着带无线电信机一部，由各军暂拨于各该支队。

十、第三十三军除勤务外之部队，着在兖州待命。

十一、予在泰安。

右令

第一军团

第三军

第四军

炮兵集团

第三十三军

国民革命军总司令兼第一集团军总司令蒋○○

第一集团军前敌总指挥　朱培德

下达法：

先用无线电传达要旨，嗣后印刷专送。

〔国民政府战史编纂委员会档案〕

26. 孙良诚进攻德州有关令

(1928年5月8日—14日)

(1) 孙良诚给各部命令(5月8日)

命令　五月八日午后八时发于薛官屯总指挥行营

一、鲁张孙逆各残部，现在德州、故城县一带盘据，似有固守该地之样，禹城、临清、夏津尚有敌少数部队出没。

大名京汉之敌，被我军击破后，纷纷向石家庄、德州方面溃窜。

我京汉、正太、大名各友军之追击部队，已过大名、石家庄数百里。

我第四军团方总指挥全部，现在宴城镇附近，十二号沿津浦线东侧地区，经禹城、陵县，向吴桥攻击。第二军团陈总指挥以一部守雒口桥，主力现在雒口镇以北地区，十二号沿津浦线西侧地区，经顾家庄、黎济寨、鸣鸡店，向艾泉坊攻击。第三军团贺总指挥全部，现在油房、薛官屯附近，十二号经新张、朱家庄、赵庙、孙庄，向德州东北地区攻击。第三军金军长汉鼎全部及三十七师，现在伦镇附近，十二号经兴马庄、刘庄、郭庄、常王庄向德州东北地区攻击。骑兵席液池军现在永城、西房家寺、安仁街附近，十二号经津浦线西方地区，向德州前进。

二、本方面军(欠骑兵军)以肃清残逆之目的，于九、十两日展开，继续向德州、故城追击前进。

三、第二十一军为左侧卫，于明日(九号)拂晓，由茌平开始运动，经博平、清平、夏津，在武城、齐楼、郑家口间渡河，向故城以西石槽、卧牛庄地区攻击前进，并截击故城、德州退敌，对临清、清河、衡水方面警戒，务于本月十四号到达指定地点，沿途占领之城池，即交该地民团把守，勿须派队，免减兵力。

四、第四军于明日(九号)，在刘来寺、高庄、秦庄、丁寺之线展开，十二号拂晓，开始运动，经董官屯、北镇、恩县、甜水铺、二十里铺向德州攻击前进。

五、第十九师于明日(九日)在南镇、赵庄、韩家庙之线展开，十二号拂晓，开始运动，经南店、高唐县、王是寨、常安集、贾庄，向故城县及故城以东地区，攻击前进。

六、第二师明(九号)日，移住茌平县及茌平以北地区，集结待命。

七、第十八师明(九号)日，移住茌平县以南附近地区，集结待命。

九、余现在薛官屯，明日移住茌平。

总指挥　孙良诚

注意

1. 第四军与金汉鼎之第三军作战地界：李家集、双槐庄、戴家口、芦院之线，线上属于本军第四军。

2. 第四军第十九师作战地界：天官庙、尚官屯、八里庄、腰站、夏寨、大祁庄、四女寺、滩头之线，线上属于第十九师。

3. 吕军长留守郓城之部队，可迅速调来前方。

4. 展开后，各部队须速派探远为侦察，高唐县如敌不多时，吉师长派一部占领之。

5. 沿途如遇敌之残部，即缴其械。今日吉师长在莒镇附近，俘敌三千余名，得步枪三千枝，机枪十余架，迫击炮、山炮数门。

(2) 席液池给孙良诚报告(5月13日)

一、席军长报告：

1. 职军已于今早完全占领德州，并将敌钢甲车三列及俄兵五百余名击退。

2. 敌钢甲车三列，尚安陵桑园间，东光连镇，有联军一部。

3. 张逆燕日由德州退去，敌大部系于真、文两日，向沧州退去，据土人云：张宗昌部沿铁道，孙传芳部沿铁道东，褚玉璞、寇英杰、刘志陆各部，沿铁道西，向沧州退，闻将退守沧州说。

4. 刘部万军已到故城以北，即向枣强前进。

5. 职军现在德州桑园间警戒。

(3) 孙良诚给马鸿逵命令(5月14日)

命令　五月十四日午前八时于指挥部

(一) 给马军长之命令：

一、德州之敌已北退，我席液池军，昨日完全占领德州，并派一部沿铁路追击，方军一部，昨日进驻平原，万选才军已到故城，吕秀文军现在恩县，该军一小部尚在清平，吉师已进驻高唐县。陈调元全部，今日由平阴渡河北上，蒋总司令今日到东阿，仍继续北伐。

二、贵军长率全部即时出发，移驻清平待命，到达后，即令吕军长在清平之一部，开赴恩县。

三、在清平多筹备给养。

四、指挥部现在茌平。

总指挥　孙良诚

〔国民政府战史编纂委员会档案〕

27. 孙良诚不满蒋介石对日军在济南的暴行妥协拟予还击给梁冠英命令

（1928年5月10日）

给梁师长之命令如下：

命令　十日早五时于茌平指挥部

一、雒口、党家庄、大崮山，均被日人占据，刻正向崮山以南之友军攻击中。蒋总司令命令我军不准还枪，官兵均甚愤懑。

二、济南城内有方部一团，现正被日军攻围中，并用炮轰城，日数万发，并向城周围二十里内外村落，烧杀奸淫，人民死亡殆尽。

三、古城有日本骑兵，齐河附近亦发现。

四、如发现日人及其便衣队，即格杀勿论。

五、黄河以南各友军，已于昨夜，撤至广里、泰安、莱芜之线，在河北各友军，现归冯总司令指挥，方、陈现均不知在何处，请弟派员与之连络。

六、贺部既在潘家店，我军无在潘家店之必要，可即率全部移至社郎口、崔家楼、赵家楼之线，摘要构筑工事。对长清、齐河方面警戒，又须兵力团结骑兵，可仍令在阴河渡河探信，必要时可撤至赵官镇、平车店或旦镇。

七、吕军现在清平，席军在高唐，吉师在南镇，马军在郭吕店，程师即赴东昌，陈军长部即令赴临清。

八、余在茌平。

总指挥　孙良诚

〔国民政府战史编纂委员会档案〕

28. 陈调元关于进攻沧州作战命令

（1928年5月29日）

第二军团作战命令第七号　五月二十九日午后九时于连镇

一、综合各方情况如下：

直鲁孙奉各残军退至沧、保之线后，以孙逆传芳之一部，在庆云、盐山。鲁张、褚逆所部，在沧州东西地区。于学忠、袁振清、窦联芳各部，在杜生镇、沙河桥间。孙传芳主力，在河间、任邱间。奉军三、四方面军在高阳、保定间，占领阵地。

张逆作相一部，在天津马厂间。汲金纯部，在高碑店附近。

第二、三集团军及两湖参加北伐部队，在景河以西至保定西北部，刻正向敌攻击前进中。

本集团军与二、三集团军会攻津、保之目的，于五月二十九日运动，开始向沧州东西地区之敌，攻击前进。

第四军团在现在位置，掩护第二军团之渡河，及展开尔后向作战地境内移动。

第三军团与二十七军及独立第三师，于二十九日推进至光东部，接替第二军团之阵地。第四十军于卅日秘匿运动，至连镇磨厂间，为总预备队。

二、本军团拟于卅日开始运动，渡过运河，到大张庄、莱刘庄、建桥，占领攻击阵地。

魏骑兵旅，尔后归第廿七军夏军长指挥。第三军暂归本军团指挥。于二十九日，由现地出发，经四女寺、景县，定六月一日到孙家镇，炮兵集团，限于六月二日开到普儿寺，改归第四军团指挥。

三、二十六军于明(卅)日日没后，开始运动，由东光码头、李永庄、连镇北桥渡河，到大龙湾、八里庄、宁庄一带宿营。六月一日到达莱刘庄、建桥，占领攻击准备阵地。

四、三十七军(附骑兵房营)于明(卅)日日没后,开始运动,由连镇南桥胡家圈十五里口渡河,到周窑双庄一带宿营,六月一日达到大张庄、莱刘庄东侧,占领攻击准备阵地。

五、作战境界区分如下:

三十七军与第四军团间:

普儿寺、大张庄、李福台、小炉、贺几楼、洼东、茶棚、仔仪、汤庄子之线,线上属三十七军。

三十七军与二十六军间:

莱刘庄、冉庄、大凝屯庄头后、相国庄、周宋村、金庄子、野九屯、大良台之线,线上属二十六军。

二十六军与第一方面军间:

建桥交河、淮镇、前郭望屯、宋王大、任牛念、化家务、关家务之线,线上属二十六军。

六、第二兵站分监,应推进至故城。

七、通信除用无线电外,并用传骑及架设电话。

八、德州及临清,由兵站总监部各设兵站病院二个。

右令

第二十六军方代军长。

第三十七军范代军长。

第二兵站谭分监。

陈调元

注意:

1. 当面之敌,如确有向我反攻企图,本军团与二十七军交替,不能安全时,即暂不移动。与第三军团连系,先行击破当面敌人。

2. 如转进时,各警戒部队,须俟第三军团接防后,方行撤退。

〔国民政府战史编纂委员会档案〕

29. 阎锡山关于进攻保定与察哈尔等地经过概报

（1928年5月31日）

第三集团军攻击经过概要　自五月二日至三十一日

自五月二日，右路全线，在路右翼地区，开始反攻。右路军以主力（四个师）出平山，并以左路军右翼地区之一部，协攻灵寿，以断右路当面之敌后路。激战数日，出击部队，七日，第八、十联合军，占领赞皇。八日，占领临城、高邑。此时河北之敌，大部尚在顺德及其以南地区。八日，第二、三军及独立第八师，占领平山、灵寿。盘据微水一带之敌，为两翼受胁威，全线退却。八日，第十二师占领元氏。九日，占石庄。第二、三军，九日，占获鹿、正定。河北敌人，纷由宁晋、藁城一带，向高阳、任邱溃退。右路当面之敌，亦被压迫，离开铁路，向高阳、保定间退却。同时期，左路右翼军，四日，克复南天门后，对当面之敌猛攻，十一日占阜平，十二日占曲阳，敌沿唐完大道，向保定西侧退却。是时，我第二集团军一部，十一日到达石庄。

左路之敌，自九日被我猛攻动摇，亦开始撤退。第七军第十四师，九日占平型关。第十五师十二日占小石口。第九师十三日占应县。第一军至十二日，肃清桑乾河南岸之敌。敌复据边耀山、浑源、平型关口一带顽抗。复继续攻击。十二日克平型关口，十七日克浑源，十五日克怀仁，十六日克大同，二十三日到涞源。同时期，西北地区，十一日克朔县，十三日克平鲁，十四日克清水河，十五日克和林，十六日克绥远。

第二期

右路军协同第二集团军之一部，沿铁道及其西侧地区，向保定、高阳追击前进。十三日，第二集团军到达新乐、定州、博野、蠡县附近。第三集团军到达望都及完县以南地区。侦知敌利用完县、方顺桥及高阳一带旧有工事掩护，收容其笨重物品（如重野炮辎重等），均运往琉璃河。同时接奉蒋总司令训令，如能于十八日以前攻下北京，外交自易办理。当决定以奇袭手段，猛攻保定，并议定由第二集团军之一部，攻击高阳。十四日，左翼第六军占领完县。第二、三军占领方顺桥附近要地，第二集团军，先后占领博野、蠡县、潘营，向高阳之敌攻击，激战两日。十六、七日，第二集团军之一部，前后撤退至正定、无极、石庄、藁城一带，当由第八、十联合军，延伸至蠡县，掩护军之右侧，二十日敌残部整顿就绪，以大力向我右翼压迫，因攻击进展困难，暂取守势。第七军克涞源后，即向紫荆关之敌攻击。二十四日克浮图峪。二十五日克塔崖驿。二十六日克上下梁各庄。

察热挺进骑兵，十七日克阳高，二十日克柴沟堡，二十五日克张家口，残敌向沽源、宣化分窜。当派第十六军至宣化，第十一师到张北，第十五军推进平地泉、丰镇，第四军推进至大同。

第三期

自二十五日起，敌将高阳一带之八军、二十九军、十五军，约三万人，由万福麟指挥，对我右路清风店、定州猛攻；同时复抽调大城、任邱一带之敌二十军、二十八军各一部，并由易县、高碑店一带之敌三十军主力，对于左后之完县全线，取包围形势。激战至二十七日，我右翼退据东亭，左翼退至黄龙、庵东、安阳之线。当飞调攻击紫荆关之部队，大部转出满城，攻敌右侧背，并定州、石庄一带预备军，由定州以东地区，击敌左侧背，即于俭早，连同正面各部，同时反攻，先后击退左右翼之敌，乘势席卷。俭日下午四时，第七军第十五师，占领满城。敌渐不支，向后撤退。复于奇村镇、大固店、小固店一带地区，希图顽抗，卒以我军猛攻，敌无力抵抗，第一、七军占领大固店、奇村镇，分向保定、漕河追击。残敌向徐水溃退，遂于三十一日早六时，完全占领保定。据俘虏供称：敌拟退据八达岭、琉璃河、霸县、唐官屯一带，仍行抵抗。刻正在猛力分途追击中。

(附攻击经过要图)(缺)

〔国民政府战史编纂委员会档案〕

30. 孙良诚关于会攻京津命令

(1928年5月31日)

命令　五月三十一日上午十一时发于阜城总指挥部

一、直鲁豫奉残败之余,喘息未定,希图反攻,意存侥幸,孙传芳之一部在庆云、盐山。鲁张、褚逆所部在沧州东西地区,袁振青、窦联芳各部在杜生镇、沙河桥间,孙传芳主力及于学忠在河间、任邱间,奉军三四方面在高阳、保定。

张逆作相一部在天津、马厂间,汲金纯部在高碑店附近,我京汉二三集团军及白总指挥所率之两湖部队,在蠡县、保定西北部,刻向敌攻击前进中。

我陈调元、方鼎英、方振武及金汉鼎军,现由西倪庄、大曹庄、王家集、夏口、大周庄、郑家集、路罐镇、圣佛寺、韩家集之线,已各向正面之敌攻击。

我马军之王团,现在交河与褚逆刘月亭师对战中,吕军在献县、臧家桥一带,与敌激战。

二、本方面军与各军团会攻京津之目的,于六月一日运动开始,向杜生镇、沙河桥、河间、肃宁一带之敌,攻击前进。

三、骑兵军现仍在原地警戒,本日(三十一日)黄昏撤去警戒,密秘向樊屯、小范镇、武强县方面活动。嗣后即实行向河间、任邱、文安、静海挺前〔进〕,并破坏铁路之任务。(撤动时须通报王团、吕军。)

四、第四军今晚可派小部进至双庙、封官屯、尹泊落留慈之线警戒。明(一日)早二时,与阮玄武军相联系,向当面之敌攻击前进。

五、第十九师今晚可派小部进至富庄驲、纪家屯之线警戒。明

(一日)早二时，主力向献县、臧家桥、八里庄、田庄、桥头、上贾庄桥地区进展，一部向献县城西、万家寨、大章镇一带，并占领子牙河、滹沱河南岸阵地，坚固工作待命。(但前进时，对右前方芦官屯、龙化河城淮镇方面，格外注意。)

六、第二十一军仍在原地与敌接战，侯吉师步队到达后，即与马军确实联系，沿子牙河以东地区，向当面之敌攻击前进。(与吉师换防时，要密秘妥办，免为敌乘。)

七、第二师、第十八师及指挥部，现直属各部，为总预备队。第二师明(一日)早六时前，在阜城县东北西场村、史家村、范家村、侯家村、门家村附近待命，向富庄、驲楼子辅、姜官屯、毛家营、留慈前进。第十八师明(一日)早六时以前，移至阜城县及阜城以西，以北塔露头、马厂、刘林桥附近，集结待命。对武邑县、武强县方面警戒。

八、各部队作战境界如下：

本方面军之第四军 阮玄武之三十四军	间—交河县—肖流懈—许村—李尚庄—杜生镇—白塔雾—南赵扶镇之线，线上属本军之第四军。
第四军 第二十一军	间—河城—王尧京—欢流—南司徒—留庄桥之线，线上属第二十一军。
第二十一军 第十九师	间—子牙河为界—河属第二十一军
第十九师 第八方面军	间—武强县—空城—尹村—肃宁之线，线上属第十九师。

九、给养除由后方接济外，各部要自行购买及征发(征发时要有秩序要给百姓凭据)。

十、总医院在阜城城内开设。

十一、余在阜城。

孙良诚

注意：

1. 现在阜城城内之葛风章团、韩同钦营及陈青云之陆炮等，统归程师长指挥。

2. 今夜二时，程师即派一营以上兵力，接换阜城城防(第二师现担任)。

3. 前进时，要多派搜索队，与临接部队，要确实联系。

4. 由阜城经富庄驲、献县至臧家桥，设有电话线。

5. 收到命令后，将军队部署，及现在情形，迅速报来。

6. 吕军长攻击前进时，须控置一部于槐庄十五级附近，防敌偷渡来袭。

7. 各部队攻击前进时，应令官兵携带咸盐少许(盐水更好)，白布一幅(棉花更好)，以防敌遇有逆风时放射毒瓦斯，附防御法：用棉花或白手巾浸盐水敷口鼻或用棉花白布手巾浸尿水敷口鼻均可。

〔国民政府战史编纂委员会档案〕

31. 冯玉祥关于进攻鲁西至克复京津军事纪实

(1928年6月)

北 伐 大 战

一、大战前一般情况

本军既戡定豫北，克复曹县，后方已告肃清，遂在漳河以北临漳、南乐、观城、濮县、荷泽、定陶、曹县、单县之线与敌持。

山西方面：我军在偏关、雁门、繁峙、井陉之线，与敌相持。

津浦方面：我军在丰县、沛县、利国驿、海州以北一带，与敌相持。

蒋总司令于二月十六日来开封，决定北伐大计及作战方略如次：

彰德、大名方面，及山西方面，先取守势；集中优势兵力，解决山东方面之敌。

我军作战部队如次：

甲、用于山东方面者：

第一集团军

第一军团刘　峙。

第二军团陈调元。

第三军团贺耀组。

第四军团方振武。

第二集团军：

第一方面军孙良诚。

第三军孙良诚。

第四军马鸿逵。

第五军石友三。

第二十一军吕秀文。

骑兵第二军席液池。

乙、用于河北方面者：

第二方面军孙连仲。

第三方面军韩复榘。

第八方面军刘镇华。

第九方面军鹿锺麟。

第一军韩占元。

第二军刘汝明。

第十三军张维玺。

第三十军刘骥。

骑兵第一军郑大章。

丙、用于山西方面者：

第三集团军全部。

时第一集团军作战部队，正在调集，奉逆攻晋甚急，其目的在乘我大军未进攻以前，先陷山西，以遂其各个击破之计。总司令乃于三月初七，移驻黄河之北岸新乡。昼则运兵北进，夜则运回，故作进攻之势。一以大军制京汉线上之敌，以分其攻晋之势。一以诱敌主力于彰德方面，而使我主攻方面，进展容易。

二、鲁西大战

四月初，作战部队，均将调齐。蒋总司令至徐州督师，总司令遂于二日移驻兰封，时议定部署如次：

第一军团刘峙部，担任津浦正面。

第二军团陈调元部，担任郯城、沂州迤东一带，以上两军团，在微山湖以东地区。

作战由蒋总司令直接指挥。

第三军团贺耀组部，由丰县、沛县、单县进攻鱼台。

第四军团方振武部，由归德经曹县、定陶，攻敌之金乡。

第一方面军孙良诚军、马鸿逵军、吕秀文军，由荷泽攻巨野、嘉祥及郓城。席液池骑兵军，由郓城以北，绕汶上宁阳，截击敌之后方联路线。

以上各部队在微山湖以西作战，归冯总司令指挥。敌军在微山湖以东，为张宗昌、褚玉璞之直鲁军。在微山湖以西，为孙传芳所属之全部，杨清臣、袁家骥、柴云升、王振及直鲁逆军之一部，约共九万余人。在郓城、巨野、金乡、鱼台之线，构筑坚固阵地，原定八日，为全线攻击，开始日期。第二军团则先一日，开始攻击动作。旋以准备未完，延二日，于十日开始攻击，第二军团则于九日开始攻击。

刘峙军于十日攻下台儿庄，十二日攻下韩庄、枣庄，进至滕县附近，攻击敌军第二道阵线。

吕秀文军于十一日占领郓城，即向汶上前进。

贺耀组军团于十二、十三两日，战况不利，稍却。孙逆传芳以为有机可乘，亲督主力军五万，向徐州方面猛进，连陷丰县、沛县，其先头已至黄口集附近。

石友三军两师，时控置于兰封、柳河一带，为总预备队。于十五日闻警，即调该军，并益以野炮兵一团，用火车输送。一日夜，运至砀山，十七日进攻丰县，毙敌军长袁家骥，敌军复在鱼台附近抵抗，我军奋击大破之，遂于十八日攻克鱼台。

孙传芳之悉锐南下也，留李宝章率两万余人守巨野，孙良诚军于十五日攻克之。跟踪追击，同日后克嘉祥，十六日进攻济宁，占其四关。时孙传芳方在鱼台闻警，即分兵为五：一留鱼台抵抗。一援济宁。一向安居镇。一向嘉祥。一出巨野、嘉祥之间。各路并进，拟包击孙良诚军。

孙良诚军即撤济宁之围，固守安居镇。时城中之敌，兖州来援之敌，及孙传芳自前线抽回之两路，合攻孙良诚军于安居镇。旋石友三军，将鱼台之敌击破，与贺耀祖部，急向济宁前进。方振武军，已将金乡攻克，麾军前进，正与敌孙传芳部由鱼台向嘉祥及嘉祥、巨野间之两路，遇截击破之。围攻安居镇之敌，于十九日为孙良诚军击溃。

席液池骑兵军，自宁阳进击敌之后路，破坏曲阜、兖州间交通，于十八日乘虚占领兖州，滕县敌军闻讯，遂于十九日溃走。

孙良诚军、马鸿逵军，于二十一日攻克济宁，孙逆传芳部众溃乱，向肥城、东平夺路窜走，我军四面兜击，各军俘获极多。计敌军此次损失当在五分之三以上，溃退之众，士气颓丧，非经长时期之整顿，已不堪再战矣。（附图第二十六二十七）（缺）

三、会师济南

我军占领济宁后，蒋总司令至野鸡岗，决定乘敌兵新败，不使其有整顿余暇，直攻济南。盖泰安以北三十里之界首，为济南最要门户，山势甚险，敌若固守，攻之极难。今当敌军新败之后，心气不固，取之较易也。其部署如次：

第二军团陈调元部，展开主力于莱芜附近，一部在新泰附近，向济南以东进展。

第一军团刘峙部，居津浦正面，展开于天宝寨临汶之线，向界首一带进攻。

第三军团贺耀祖部，居第一军团之左，展开于大舍、大石桥之线，向当面之敌进攻。

第四军团方振武部，居第三军团之左，展开于孙伯庄、朝阳庄之线，攻击前进。

第一方面军孙良诚部马鸿逵军、吕秀文军、席液池骑兵第二军，居最左翼，展开于陈家山、东阿之线，由东阿、平阴，向长清进攻。

以上各军，均以济南为目标。于二十六日开始动作，正面各军，奋勇追进，连克界首、张夏等处要隘。敌兵北溃，于四月三十一日退出济南，我军遂于五月一日占领济南，城垣敌兵，大部均遁黄河以北，一小部由胶济铁路向东窜去。孙总指挥良诚所率之第一方面军，由东阿、平阴迂回，向济南前进，路线过长，沿途粮食缺乏，又因济南驻兵过众，遂于五月三日分扎于长清、乐口、新城一带。（附图二十八）（缺）

四、漳河大战

当山东方面战事将起时，奉逆正猛攻山西，势甚危急，遂命豫北各军，于四月六日，向磁州大名之敌进攻，以分敌势，期解山西之围，其部署如次：

孙总指挥连仲，率第十四军、第二十三军、郑大章骑兵第一军，由彰德向磁州进攻。

庞炳勋军驻林县，与彰德为犄角。

刘总指挥镇华部第八方面军，由清丰、南乐，向大名进攻，于观城、濮县，对东昌方面取守势。韩占元军驻道口，为刘镇华军策应。鹿锺麟为北路军总司令，豫北作战各军，悉听指挥。

时敌军计划，第一步对晋猛攻，逼入山内。第二步对晋封锁，以全力击破。本军在黄河以北作战之部队，第三步即用全力解决山西。敌既达第一步目的，遂实行第二步之计划。于五日由彰德方面，先行对我军进攻，来势颇猛，我军以整备未完，前哨部队，略有损失，两军相持，激战极烈。自九日起，濮县、观城、南乐、内黄，皆起剧烈战事。

刘骥军自洛阳、刘汝明军自禹县、张维玺军自潼关，连续均调至豫北。刘骥军、刘汝明军，加入彰德方面，张维玺军至道口，为刘镇华军、韩占元军策应。时刘、韩两军在观城、濮县、南乐、清丰、内黄之线，与敌相持，张维玺军以樊匪叛乱，运道中梗，仅有二分之一，开到河北。

敌在磁州方面者，为奉逆精锐三四方面军及附属各部队，计戢翘军、富奴英军、万福麟军、窦联芳军，战斗极烈，敌人之主攻方面，即选在此处。自五日开战后，觉敌力甚优，十八军及刘汝明军、刘骥军，均加入前线，兵势总不能优于敌人。我军阵线，原在安阳城垣以北二十里韩陵山、柳园、洪河屯之线，作一外弧形，经连日战斗，我军两翼，后引成一以彰德城垣为顶点之锐角形，右翼阵地至崔家桥，左翼之阵地即靠近京汉、彰德车站附近。

第四集团军李总司令宗仁所部，节次北伐。此时派叶军长琪，率部先进至漯河，接韩复榘军防务。

韩复榘军，即星夜北调，于十六日集中彰德以南，即于十七日拂晓，向敌之右翼猛攻，将崔家桥占领，连夺三十余村堡。敌人复于后方，增加大部兵力，占据村寨，顽抗不退，激战至夜，韩复榘军师长三员，均受重伤，又受伤旅长两员。虑黑夜发生意外，遂仍退归原阵地。

时全线激战极烈，敌军后于大名、东昌两方面，增兵来攻，观城遂陷。

我军以敌势甚锐，乃决定计划，先以深沟高垒，固守待敌，一面集结精锐，于相当地点，俟敌人久攻力疲，相机反攻。时刘镇华军、韩占元军，放弃南乐、濮县，在内黄、清丰以北及濮县以西地带，选用村堡，构筑阵地，与敌苦战。张维玺军开至道口，即左右策应，前线一有危急，经张军驰往夹击。

彰德方面，改取守势后，敌军连日猛攻，我军所守村堡房屋，均为敌炮火所击平。而我工事甚坚，官兵沉着发枪，虽敌兵一日猛扑数十次，终为我军击退。

我军后方兵力，均以增加前线。山东方面，正在会攻济南，而樊匪锺秀正在扰乱洛阳、巩县一带，兵已无可再增，欲求胜敌，惟有官兵以大牺牲之精神，坚忍至最后之时间而已。

敌连攻至二十八日，其气势已稍衰。我军乃于彰德方面，全线反攻，其部署拟次：

第二军向东行义中家店方面出击。第十八军、第二十三军，均向当面之敌出击，奏功后，即向左发展。

第四师附第十五师之一部，由魏师长指挥，须击溃宋唐村一带之敌，与二十三军取联络，我正面之部队第六十师、第二十三师、第五师、第三十二师、及第一师之第二旅，左右出击之时，各在其阵地前方，多派便衣队，向敌扰乱，待我左右两翼出击部队奏功后，即协同出击。韩复榘率第十四师及第一师之一部，第七十师又骑兵第十三团、炮兵旅之一部，唐克车队，由左翼向徐口、曲沟集方面之敌出击，奏功后，即向右发展。

钢甲车在纺纱厂附近，以炮火协助我左翼军出击，并堵击敌人左后方，施行扰乱。

廿九日，进击以后，敌军抵抗甚烈，连战至五月一日夜间，敌军全线溃退。我军即于当夜全线向敌举行追击，濮县、观城方面之敌，亦于二日溃去，我军即于三日收复顺德，五日收复大名，各路均向

敌蹑踪猛追。(附图第二十九,三十)(缺)

五、驱除樊匪

樊匪锺秀于我军兰封附近第二次大战时，声言率兵二十万来抄我军后路。故于克复徐州后，即调韩复榘军驻扎漯河、许昌一带，以防其侵袭京汉路线。及北伐大战将起，策樊匪必有阴谋，乃调宋总指挥哲元,自西安移镇潼关。及彰德战事激烈，韩复榘军、刘骥军、刘汝明军，均先后调离洛阳、许昌、禹县、漯河一带。樊匪得讯,即乘虚大举分袭洛阳、巩县一带,先陷郏县,围禹州、登封,即分两路,一由临汝攻洛阳,一由登封袭孝义兵工厂,旁股窜陷偃师、巩县、密县各城。四月二十二日,陇海铁路及洛、郑间电线,均为匪毁。洛阳及孝义兵工厂，同时吃紧。当时守洛阳者为石训练总监敬亭,率各级教导团,约五千人任攻防之责，张维玺军自潼关开赴前线,运输过半,交通中断，遂留在洛阳归石总监指挥助剿。守孝义兵工厂者为赵廷选师及手枪旅共四千余人。匪兵号称十万，实数约五万,虽系乌合,然人数过多,漫山寨野,防剿极难。乃调宋总指挥哲元,率驻陕各部,尽开洛阳，只留一旅守西安。马鸿宾军守潼关。任宋为剿樊总司令，石敬亭为副司令。宋总指挥于二十七日到洛阳,二十八日击破侵犯龙门之匪约二万余人,毙其伪军长李万如。五月一日,克复偃师。时石军长友三,在鲁西作战，自砀山于四月二十二日追敌至济宁,即调援孝义,两日夜到柳河，输送至荥阳,于二十九日克复巩县,同日解孝义之围。即令宋、石分两路追击,遂复临汝、自由、密县,解登封禹县之围，樊匪残部，遁入鲁山、襄城、方城一带。

此次樊匪扰我军后路,实系受张作霖之勾结,得贿七十万，并约奉逆取郑州以东,樊匪取汜水以西,又与陕西李逆虎臣等，皆有勾结,因通信不灵,李逆发动迟延时日,宋总指挥所部,得以先驱樊匪,而陕西仍不至疏失也。时大军正在北进,陕西李虎臣逆谋将作,故未远追。(附图第三十一)(缺)

六、攻克平津

我军既克济宁，蒋总司令因急欲回京，主持政务党务，将以前敌军事相嘱，约至济南会商。总司令遂于二日晚，由新乡起行，五日至党家庄，于途中，闻日兵在济南与我军起衅，详情未甚明悉。及至党家庄，蒋总司令于是日晨，暨宋、方两总指挥等，即由济南来会，询知日兵起衅缘由，遂决定对济南日兵，不与交战，于济南以南相当地点，配兵监视之。大兵不经济南，在长清以西渡河，加多京汉线上兵力，积极前进，贯彻北伐本旨。六日，即由党家庄至张夏，旋即起行，于九日到郑州，十日转赴新乡。蒋总司令返驻徐州，旋至京，并以第一集团军作战事，嘱归指挥。时京汉线上韩总指挥复榘，率第六军、第十八军、第二十三军、骑兵第一军，猛追奉敌，于五月十一日到达石家庄，因铁路电线，均为敌大破坏，未及报告。山东既起事变，又因敌在京汉方面溃走者，未蒙甚大之损失，虑敌乘变反攻，乃令韩复榘军到石家庄不得前进。及电令已发，韩复榘军，时已过望都，接令请示进止，当复以即在原地停止，韩总指挥以通信不便，恐误军令，未及待接。第二次电令即引至石家庄，其时津浦线上部队渡河，尚未完竣，而河间、高阳均驻有敌之重兵，京汉线上未可急进，进则陷于孤立，将为敌各个击破，为战术所忌，时第三集团军与敌相持于保定、新乐间，即命钢甲车两列，在正面助战，以郑大章骑兵军，向安国、蠡县出动，以巩固其右翼，并命韩复榘军负策应之责。津浦我军大部，已经渡河，地狭人众，粮食极缺，后方输送，皆改由道口从卫河水路输送，至临清分发，一时未能运到，前敌官兵，极为困难。进战则生，退守则死。乃命积极进攻，席液池骑兵军，遂于五月十三日占领德州，即定部署如次：

陈总指挥调元所部，由吴桥、南皮、沧县之线以东地区前进线上属之。

方总指挥振武所部，由吴桥、南皮、沧县之线以西，景县、交河、杜生堡之线以东地区前进。

孙总指挥良诚由景县、交河、杜生堡之线以西地区前进线上属之。

刘总指挥镇华所部，由枣强、武强、肃宁之线以西地区前进线上，归该军担任。

方总指挥鼎英部，由铁路随第四军团后方跟进。

此时最可顾虑者，沿津浦、京汉两铁路进展之部队，已逼近沧州、保定，而两铁路中间四五百里间，我军尚未进展。敌于河间、高阳，均配置重兵。饶阳、武强各处之残敌，尚未扫清。京汉铁路以东，饶阳以西地区，尚无部队担任。故决定俟第四集团军先遣军到达定县、新乐、石家庄各地，即以鹿总指挥锺麟之北路军，全部移至京汉线以东地区，与孙良诚方面军衔接，然后全线同时进攻。遂于十五日电令津浦线各军团，以一部在前方监视，主力均在后方集结，待机进攻。

蒋总司令于十九日抵郑州，决定部署如次：

京汉、津浦各军，限于本月二十五日以前，务须在庆云、南皮、交河、武强、晋县、正定之线，将主力集结，准备进攻。

津浦各军作战部署照前。

京汉线上第三集团军，应维持现状。

白总指挥率第四集团军作战部队，即到正定附近集结。

韩总指挥复榘所率各部队，即在晋县附近集结。

至廿五日，即下令全线进攻，规定攻击部署如次：

津浦路第一集团军各军团及第二集团军第一方面军，由衡水、饶阳、肃宁、雄县之线迤东地区，向沧州、河间之线攻击前进。限于本月二十八日以前，攻击开始。

关于作战部署，统由朱总指挥培德主持办理。

京汉线上第二集团军北路军全部（刘总指挥镇华部在内），由衡水、饶阳、肃宁、雄县之线，以西地区，驱逐博野、蠡县、肃宁之敌，向高阳方面攻击前进。限于二十八日前进至肃宁、蠡县、望都之线。

左翼力求与京汉路第三集团军确实连络。关于作战部署，由鹿总司令锺麟主持办理，衡水、饶阳、清宁、雄县线上属第二集团军北路军。

各军正进展间，蒋总司令于二十九日至柳卫，为军事进展，避免外交上纠纷起见，遂会发命令，其要旨如次：

前方各军破敌之后，即进至静海、胜芳、永清、固安、长辛店之线，停止待命。

北路军于廿九日击破小旺、董庄之敌，攻克蠡县。三十日占领雄县。三十一日攻克高阳。第三集团军同日克保定。

孙良诚军于六月一日克河间。

津浦线上敌军，于二十九反攻，与陈总指挥调元部发生剧战，击却之。二日我军攻下沧州，张逆作霖见大军进逼，于二日夜遁走，在途被炸毙，所部残留在北京、天津一带。韩复榘军于六日下午占领南苑，不令一兵入北京城，遵总司令命也。

天津残敌负嵎，我军皆扎在三十里外监视，一面以武力压迫，一面劝谕，受编者遵令退出，顽抗不服者，均遁踞津东一带。大军遂定京、津，旋奉国府令，改北京为北平，各部案卷，均送南京。全国政令遂臻统一。(附图第三十二，三十三)(缺)

结　言

古训有言：师克在和，不在众。又曰：不和于国，不可以出军；不和于军，不可以出阵。察此次革命军事，所以顿挫之故，及其成功之原，可以为鉴矣。当革命军起于广州，兵数不逾八万。总司令自五原移师秦陇，亦衹七八万人。敌众无虑，百万兵势，若风发河决，不及一年，而戡定湘、鄂、苏、皖、闽、浙、赣、豫、秦、陇等省，军阀势力，已起垂灭。岂有异术哉。心志一，而用力齐也。及后宁汉相疑，徐州、蚌埠、滁州等处，先后沦陷，长江以北，悉为贼地。本军以孤军支柱鲁、燕、皖、苏之郊，竭尽智虑，仅能自保，非贼势之转强也。自汉宁合作，定都南京，而孙传芳六万之众，歼于龙潭，蒋总司令复职，大举北伐，两月而定平津。于以见和者胜之，端成功之源，古今中外，未有和，而不能成事者也。亦未有不和，而能成事者也。今国是初定，庶政未理，内则匪患不靖，外则强寇侵逼，吾党同志，责任艰巨，其亦知所勉矣。

〔国民政府战史编纂委员会档案〕

32．白崇禧关于进攻保定及北京军事报告

（1928年6月）

一、北伐前之形势

自西征军继续入湘，平江一役，摧破敌众。尔复遂驰抵长沙，长驱衡、宝，包围湘西。不及两月，而湘、鄂于已大定，西顾可以无忧。当时我湘、鄂军队，即拟转旆北伐，完成革命之大业。同时接到国民政府蒋总司令及冯总司令、阎总司令之来电，俱以晋军危急，彰德吃紧，而津浦军事进行迟滞。适又值日本藉口保护侨商，出兵济南，占领胶济沿线，为直鲁军之声援，迟滞我北伐军之前进，皆盼以湘鄂生力军，加入北伐，以解晋豫之危，而策应外交之难。

蒋总座电大意谓：济案发生，中正竭力忍让，乃日人节节进逼，炮击济城四周，击毁无数电台、火药库、铁路、桥梁，其蓄心阻止我军，援助军阀，已千真万确。现我军半数渡河，仍令继续进攻德州，未渡者集中泰安，监视日军。此后津浦难望进展，北伐全赖京汉一线，望即督师北伐云云。

冯公〔玉祥〕真电大意谓：奉逆未受重创，实力尚存，我军于艰难困苦中，鏖战已久，兵力已疲，加以日人截断交通，阻扰北伐，祈率大军北伐，早定京、津，则外交政治诸问题，不难迎刃而解云云。

我军誓师西征，原意本在肃清后方，以固根本，徐图北伐，以策万全。在湘鄂底定已期，即本军北上之日。惟当时环境状况，亦有甚感困难者。

（一）湘事初定，共祸炽起，衡、耒、攸、茶叠破，县城浸假。而湘南数十县，此战彼窜，方夺复失，庐舍夷为邱墟，流亡充于道路；即湘岳平长一带，逼近肘腋，亦共匪啸聚，千百成群，放火杀人，惨于猛兽。长沙省会所在，男女党员，布于各地，为惩共而专设法院，为开脱而特许自首。其他各县，日捕数百人，而莫戢其凶焰。此实为吾人初意所不及料，亦即武汉政府及唐氏通共之影响。不数月间，已陷湘鄂于万劫不复之境也。我军主张清共，具有决心，扫荡三湘，时才一瞬，又岂能坐视共祸之猖獗，而不为之取乎。当时大军未撤，分途痛剿，再接再励，誓绝根株。而白总指挥亦适应民众之请，暂驻湘垣，藉资镇慑。此为锄共以救地方计，未能即行北伐。其一因也。

（二）湘鄂当兵燹之后，值共祸之余，杼抽皆空，司农告匮，百业凋敝，财政困穷，达于极点。不但装具之补充，饷糈之接济，力所难能，即火食之筹维，现状之维持，亦殊不易。以云大举北上，而毫无准备，岂易成行。此二因也。

（三）湘省道路崎岖，远在衡宝，遣调输送，动须旬月。而鄂西部队，亦多剿匪施鹤，亦非旦夕所能集中。此因行军之困难，而北伐于以濡滞。其三因也。

（四）湘鄂军事初平，兵多于鲫，挫败之敌，武力未损，队号繁杂，秩序未整，编制初将着手，军心尚未齐一，何以出师。其因四也。

以上情形，皆当时之实况，而论者不察，以为湘鄂之军，久迟北上，以致奉逆因而苟延，外交因而棘手，且长江上下，尚有问题，革命内部，尚未团结之种种谰言，遍于南北。幸我各方军事领袖，持以镇静，合作诸军，克践前言。芜杂军队，以次第而就编。装具饷需，以援助而日集。遂能于旬月之间，略具规模，北伐大军，集中鄂北，当时有呈国府文电中有云：彰德剧战，极基搘持。河朔形势，千钧一发，回诵来电，焦悚莫名。伏念此次国军北伐，关系大局安危，禧等义属同仇，情弥敌忾，匝月以来，筹挪饷糈，整理军容，严令集中，兼程催发。祗以湘鄂初定，则用久亏，羽书纷驰，空言靡补，况以装具补充筹发，无从扎陆运输，时日濡滞。今幸大军，业经入豫续发，亦已载途，预计于最近期间，集中于许郑一带，即可渡河作战，并力破敌，直捣燕京，合师冀北，所望时示宏谟，俾资遵举，迅拨巨款，用壮军心等语。

致冯总司令文电曰：残余军阀、帝国主义，内忧外患，交迫一时。弟已决计追随公后，一致【努】力奋斗，以救党国。

又答复各方一电曰：此次我军南下济南、渡黄河，鲁逆驱除，京津震撼。乃日本心怀叵测，藉故称兵，遂令血染青城，祸延齐鲁。自闻战讯，义愤填膺。当即力疾回汉，属将士并拟挥戈北诣，追随大旆，内除国贼，外抗强权。幸先发部队，早已集中许、郑，后续各军，亦正跟踪北上。若使军有宿粮，士无饥色，则含杖疾走，乘胜常驱，奉逆剪除，当早藏事。只以饷糈无出，大军迅发，祸变交乘，良可叹息。

维时第四集团军规定参加北伐部队如下：

第十二路　总指挥李品仙

第十二军　军长　叶　琪

第三十军　军长　魏益三

第四十三军军长　李　燊

第十七军　军长　周　烂

第三十六军军长　廖　磊

独立第八师师长　刘春荣

独立第二师师长　罗启疆

第七十九军一部总预备队第一纵队长　杨腾科

第十三军第二师总预备队第二纵队长　周学海

以上各部，大部集中武汉及鄂北等处，而以豫陕多故，西安被围，宛之间，樊锺秀忽以数万之众，近袭陇海，窥取洛阳，以一部直趋新郑，企图遮断京汉路线，使北伐友军，不能如期而进展。本军既筹北伐，复虑交通。叠接冯总司令来电告急，遂先以叶琪第十二军进驻漯河，向机攻樊，以解陇海之围。以魏益三第三十军进驻许昌，策应河北之友军，以固豫北之势。两军既达前方，樊部遂不敢进窥京汉路，而豫西樊部之计划，亦归失败。我北伐正面，亦因是以维持。

冯公庚电云：敌将死守德州、石家庄之线，仍有大战，亟请大军北来，叶军已向樊匪进攻，仍请迅速进攻，毁其巢穴，豫局幸甚，大局幸甚云。

三十军魏军长庚电报云：职一二师今日向郑输送并跟进，一面派队肃清新郑迄西之妖匪，以维地方云云。

冯公又电云：承令叶军向舞阳、叶县前进，吾兄疾恶如仇，当机立断，敬佩万分，感荷宏谊，益增奋勉云云。

冯公又电云：现在陇海路剿樊兵已足，请以叶军主力五千，进袭叶襄宝郏等处，截其退路云云。

（二）出师准备

湘鄂军本中央之命令，友军之期望与革命传统之主张，决心北伐。故除令动员军队补充装械，积极准备外，并极力筹措饷糈，计划车辆，同时派本部参谋长王泽民率同各军高级参谋，于五月十六日夜乘车北上，十八日谒冯总司令于新乡。十九日夜谒阎总司令于石家庄，商承北伐作战方略。而输送集中战区给养统驭诸问题，皆有以前方各友军协同商酌之必要，前方敌情，各军亦须明瞭，故参谋团北上，实为本军出师之先声。又于筱日分致各方，表示北伐大举之电，略谓：

（衔略）两湖军队，自湘事奠定后，即筹备北伐，各部队早已陆续集中京汉郑州南段，因两湖财源涸竭，大军猬集，不特饷项无着，即日需火食，亦苦困难供给，动员迟滞，深具苦衷。幸中央及两粤协助，北伐经费，现方汇到，始得勉力开动。巧日，武汉政分会成立，禧参加典礼后，决于皓日北上，即恳总司令蒋，将北伐全盘计划及两湖部队担负任务，先行赐示，禧当本此方略，与焕、百两公，详定全师计划，奖率三军，努力进取，以副诸公殷殷期望之心。谨电祈察云云。

发电后，白总指挥当于皓夜北上，沿途检阅军队，于廿一晨抵新郑，谒蒋总司令，商定北伐大计。午刻谒冯总司令于新乡，承拨十列车输送北伐部队。廿二晚到石家庄，谒见阎总司令，得悉前方危险情形；缘当津浦大军阻于济南，大名之军，未能骤进。以晋军孤力支持望都，主力之敌，进既不能，退又不可，伤亡之众，日辄千百。当白总指挥抵石之日，正晋军千钧一发之时，而突出望都，右侧空虚，敌日以骑兵出没于定县东方，我反时受威胁，存亡呼吸，旦夕莫卜。白总指挥亲莅石庄，目睹战况，且弥审友军苦战之情形，于是审全局之安危，为细密之策划，除以急电调集大军，集中石庄援应前线外，复电蒋冯两公，慷慨陈词，俾望督军并进，一致前驱。盖至是虽我军尚未即能加入前线，而精神上之应援，志气上之振作，与夫各军联合上所收实际之效果，已足鼓励友军，沮丧敌胆，而操遇中之胜利。

当时白总指挥所发与各方重要文电如下：

呈蒋总座电：奉巧酉电转示焕公意旨，津浦暂取守势，免惹外交，俟两湖军队集中，再行进攻，老成持重，殊堪佩仰。惟顷京汉望都以东，极为空虚，敌日以全力反攻，晋军久战疲敝，而湘鄂军集中四军以上兵力，因车小路坏，至少需廿余日，前方阵线，届时是否可以维持，至为可虑。孙、张溃败，残部不堪再战，若能于总攻以前，先将沧州克复，遥为声援，以分敌势，以免突出之晋军孤立无援，于全盘战局，较为稳妥云云。

又电蒋、冯两公云：京汉正面之敌，反攻甚急。晋军伤亡甚众，而湘鄂部队，因路坏车小，集中需时。经电呈察，诚恐集中未复以前，而前方已不堪维持，则关系大局甚重，请焕公所部，先行进至安国，掩护晋军右侧及我军之集中，并维持前方现状云云。

又电冯、蒋两公云云：刻下前方仍在方顺桥铁路南侧与敌对峙中，惟因右翼空虚，敌兵时有增加，大军增援，势不可缓。而在湘鄂集中期间，仍盼第二集团前方部队，先进至安国附近，以维战局云云。

又呈蒋总座电云：晋军久战疲敝，当优势之敌，而沧州余逆，志气已衰，请先攻沧州，以操胜算。京汉系敌主力，现正向我猛攻，希图各个击破。查此线三个集团军作战，尤有统一指挥之必要，环顾审虑，惟有请钧座督师京汉，合力攻取京保，不但可收协同之效，且北伐可收迅速之功云云。

（三）集中准备及集中

四集团军动员部队，既已调动，一部至黄河南岸许昌、临颍、漯河、信阳一带，协收友军，巩固豫省之后方，剿平反侧，且使京汉交通，得以维持。旋因前方危急，限各部队克日集中于石家庄以北，当于北上途中，即发致各军集中电令，并承冯总司令拨车十列，输送集中部队。并商承阎总司令准可征集大军，并协助炮兵炮弹等。并承冯总司令购送军马多匹。旋因车辆不敷，又与豫省磋商，再拨五列，以资迅速。并规定沿途给养，补充地点，预先准备，以免误时。

集中训令之大旨如下：

一、被我第一、二、三集团军击败之残敌奉直鲁军，现退据保定、高阳、任邱、大城及沧州之线。

我第一集团军拟于本月廿五日以前集中于交河、东光、南皮、庆云之线。

我第二集团军拟于本晋县、武强之线。但刘镇华部已进占献县，韩复榘军之一部，已进至深县，其骑兵在安国附近。

我第三集团军已克复绥远、大同，其东路已进占望都、完县，与保定方面之敌，在方顺桥方面对峙中。

第四集团军北伐部队集中计划表　附表一

队号		集中地	日期	备考
第十二军	叶琪	石家庄附近	五月二十九日完毕	
第三十六军	廖磊	正定附近	五月三十一日完毕	
独立第八师	刘春荣	正定附近	六月六日完毕	
第三十军	魏益三	藁城附近	六月十日完毕	如接防部队未到，暂留一师于现驻地（许昌临颖）
第四十三军	李燊	漯河许昌一带	五月三十一日完毕	
第二三路直属部队		石家庄	五月三十一日完毕	
第十二路	李品仙直属部队	石家庄	六月十日完毕	
第七十九军	杨腾辉合编之一师	石家庄附近	六月六日完毕	
第十七军	周烂	在汉口待命		
独立第二师	罗启疆	信阳		已令克日赴信阳接八师防地

二、本集团军奉命北伐之各军，拟先集中于正定、石家庄一带。

三、各军集中及输送计划如附表第一第二。

四、本集团军兵站主地，设在汉口，兵站末地，设在石家庄。但兵站设置计划及各军兵站另定之。

五、予现在汉口行营。

总司令　李宗仁

第四集团军北伐集中火车输送计划表　附表二

部队区分	车辆数量	交换输送法(每四十列)
第十二军	七　列	第一回五列车输送一次 第二回二列车输送一次
第三十六军	十六列	第一回五列车输送一次 第二回八列车输送一次 第三回三列车输送一次
独立第八师	十二列	第三回七列车输送一次 第四回五列车输送一次
第三十军	十六列	第五回五列车输送一次 第六回五列车输送一次 第七回六列车输送一次
第四十三军	十　列	由汉口组列车输送
第三路指挥部	二　列	
总预备队	十　列	第四回五列车输送一次 第五回五列车输送一次
第十二路总指挥部	二　列	由汉口另组车输送

附记：

一、每一列车预计装载一团。

二、如汉口列车能多组织，三十军第七回列车可不用，即用汉口列车提前输送。

三、给养再拨列车输送(右十列车即冯军拨发者)。

白总指挥与各方接洽既妥，乃于廿三日晚乘车南下，因彰河桥临时急造，致被河水冲毁，停留顺德半日，于二十五日到郑州，与友军商定输定间、给养办法，分电各军，略谓；值兹北伐吃紧，运输频繁，复值车辆缺乏，铁路损坏，欲图集中敏捷，亟须节省时间，沿途毋使停留，方免迟滞。兹规定补充地点如下：（一）补充干粮、茶水地点为信阳、郾城、新乡、彰德、顺德、石家庄。（二）只补茶水地点为驻马店、许昌、邯郸。以上各地，皆有专员驻站，各军队出发前方，可将某列车团队人数电知，即能在站补充。除此以外，万勿沿途任意停留炊爨，以免延滞为要。并规定设兵站末地于石家庄。集中时，各部队自携半月粮。驻漯河之门炳岳师，于二十四、二十五两日，开〔始〕输送。并因战况紧迫，变更预定之集中地点，当于二十五日电阎总司令，报告如下：禧于径午过郑，南下漯河之第十二军，业已输送抵郑，即刻开拔北上。以前方战事激烈，且右翼空虚，为巩固战线起见，业令该军门师赴定县，危、河两师集中新乐，全部于三日内，均可到达。其余各军，亦即陆续北上等语。同时分电漯河危师长、广水罗师长，令罗师即刻向漯河接防，以便危师开动。

北伐军之大部，既集中武汉，而车辆缺乏，输送延迟，至为焦急。乃于宥日电请各总司令加派车辆输送，俾集中计划，得早日完成。文曰：禧宥午抵汉，督催各军北进；现三十六军、十七军、四十四军、独立第二师及四十三军第三路之一部，均已集中武汉，整装待发。承焕公拨车南来接运，感纫无既。惟现停汉口仅五列车，计机车五个，车厢百辆，以之输送火车，深感力弱。稽时，除到豫各车，许运输司令已允另行调车北运外，应请焕公加拨六列车克日来汉，以便按照计划，交换输送，俾集中得以早日完成为祷。

叶琪军之门师，既最先达定县，与晋军确实连络，而危、何两师，亦按照计划集中新乐，惟刘春荣师及魏益三军，终因车辆缺乏，致未能按时到达集中地。

我军正在输送之际，乃樊锺秀之溃卒三千余人窜扰桐柏，有窥伺信阳之势，原驻刘师，正候车北开，不能分兵防剿，而信阳、绾毂豫鄂关系重要，非有重兵，难资镇压。即请李总司令派十七军之一师，进驻信阳，保护交通。此时保定方面之奉军，方猛烈向我反攻，以求一逞。因我门师之增援及后续部队之来到，敌为之气馁。益以我紫荆关出击之友军，出奇制胜，占领西领西陵，逼近易州，敌遂摇动而溃退。我北伐军遂于三十一日午前确实占领保定。此时津浦、平绥两路北伐军，亦节节前进，有逼近京津之形势。

（四）保定及北平之推进

保定既下，蒋总司令为乘胜追击，陷敌于歼灭计，乃于三十一日电令各军，其要旨如下：

（一）我第一集团军及第二集团军第一方面军，自艳日以来，在南皮、泊头、交河之线与敌交战中。我第三集团军经连日之奋斗苦战，并第二集团军左翼部队之协助，已于本日上午确占保定，将敌完全击破，陷于溃乱状况。现并以一部出徐水，向敌猛追。京张路，我军已过下花园，向敌追击中。

（二）第二集团军及第二集团第一方面军，须举全力向静海、胜芳、信安镇之线，迅速开始追击。

（三）第一集团军向永清、固安之线，迅速开始追击。

（四）第三集团军向长辛店及其以北地区迅速追击。

（五）第四集团军照预定计划，迅速集中。

（六）作战地境延长，第二集团第一方面军与第二集团北路军间，为雄县、霸县、谷奕镇、安次之线，线上属北路军。又第二、第三集团军间为北大园、孙村、贡村之线，线上属第三集团军。

（七）各路追击部队到永定河沿岸，尚须待命前进，仰各饬所属切实遵行。

白总指挥既担任第四集团军前敌部队之指挥，遂于四月北上督师。时叶琪军在定县、新乐。廖磊军在正定。魏益三及刘春荣师正由许昌、信阳向正定以北集中输送中。第三集团军之骑兵已过定兴，易州，亦于是日占领。第二集团之左翼已过近霸县。敌军六部向津东退却。张作霖有出关被炸之消息。即于五日分电蒋总司令、冯总司令、阎总司令、李总司令、鹿总司令、朱总指挥报告行踪及处置如下：

禧微午过信阳，接前方敌人退却情况，为策应友军准备追击起见，特先处置如下：

一、令第十二军、第三十六军由集中地立即向保定以北推进，归李总指挥品仙指挥。

二、令第三十军、独立第八师迳向保定方面输送。

三、令总预备队向望都前进。

四、令第十七军除以一师暂驻信阳，其余两师在汉整顿待命。

五、禧鱼晚可抵石家庄。

七日午，到达保定，谒见阎总司令，敌退天津以东，我二、三集团军本日可达北京附近。急令独立第八师开往徐水附近，第三十军开往固城、定兴附近，以为追击队之后劲。

十日夜，随阎总司令往北京，京津虽已克复，而地方混乱，大敌未除，瞻念前途，殊多隐忧。乃于十二日分电各方，陈说利害。略谓："根据敌人主力，昨日已退至滦河附近，但古冶、古北口等处，尚有一部防守。芦台、山海关间之火车，异常拥挤。我军亟宜乘敌喘息未定，分途追击。第一次目标，最低限度，亦须进占山海关、冷口、喜峰口、热河之线。视敌内部有无变化，再策将来。否则，照此现状，停止京津附近，不特与敌以整顿之机，且内政、外交均无适当解决方法。奸人利用挑拨措施，亦形困难。目前种种，惟有恳请蒋总座迅偕焕公，同莅燕京，共策进行。内忧外患方殷，尤翼〔冀〕蒋总座勉抑高怀，以救党国。"然因事实之牵阻，未能乘胜追击，使直鲁军得苟延残喘于津东各属者阅三月，但终不能逃我军之一击，不过使完成北伐之期，延至九月，而始克实现。

〔国民政府战史编纂委员会档案〕

33. 白崇禧关于肃清关内直鲁残军军事报告

（1928年9月）

战争原因

自平津克复，奉军退出关外，中央对奉决定用政治方法解决，北伐军事，至此告一段落。惟张宗昌、褚玉璞尚拥有直鲁军七万，盘据唐山、开平、丰润、芦台、宁河一带。自奉方改编直鲁军之和平计划，归于无效，中央乃采取断然处置，命将士师，肃清关内，完成北伐。

集中

总司令蒋于七月初旬，在北平召集各集团军将领开军事会议，决定命第四集团军前敌总指挥白崇禧代理总司令，并督师东征，肃清直鲁余孽。七月十五日颁发作战方略及作战命令要旨如下：

作战方略

国军以肃清榆关以内及热河境内敌人之目的，分两方面（滦热河方面），取外线作战，预期在滦河左岸及承德、滦平地区，将敌击破而歼灭之

甲、热河方面军（左路军）从略。

乙、滦河方面军（右路军）

（一）作战方针：

主力沿榆滦大道进出滦河左岸，以击破敌人，压迫敌人于渤海滦沿岸，在榆关以内而歼灭之，一部沿平奉路向滦河左岸进出，竭力威胁敌人左侧背，援助主力之渡过滦河。

（二）军队区分：

总指挥：白崇禧

第二集团军第三方面军：韩复榘部

骑兵第一军：郑大章部

第三集团军第二军团：徐永昌部

第四集团军前敌总指挥所属动员全部

（三）集中：

主力：玉田、洪桥镇一带地区。

掩护阵地：丰润、唐山。

一部：宁河、芦台一带地区。

掩护阵地：唐山

以上限于七月二十八日以前集中完毕，三十日攻击前进。

丙、总预备军之编组：

总预备队总指挥陈调元。

第一集团军第二军团（陈调元部，独立第三师在内）。

第二集团军第八方面军（刘镇华部）。

第三集团军第六军（丰玉玺部，后改谢濂）。

集中：宝坻（陈部）。三河（刘部）。顺义（丰部）。

以上均限于七月二十一日以前集中完毕。同时与各军作战命令要旨如下：

本军以肃清榆关以内残敌之目的，各作战军应于本七月十九日运动，开始向榆关攻击前进。

右路军总指挥奉到总司令作战方略后，下达作战命令，要旨如下：

集中方案

一、集中计划：

军以进出滦河左岸，击破直鲁残敌于榆关以内之目的，主力集中于平安城镇、玉田县、洪桥镇及杨如庄附近，一部集中于芦台、汉沽、宁河附近。

二、敌情：

张、褚残部麇集唐山、开平附近。

芦台附近为许琨部。

北塘附近有少数敌人。

孙传芳残部数千人在芦龙附近。

丰润亦有敌之一部。

三、军队区分：

右翼军：

总指挥：韩复榘。

第二集团军　骑兵第一军。

第三方面军。

中央军：

总指挥：徐永昌。

第三集团军第二军团。

左翼军：

总指挥：李品仙。

第四集团军：独立第八师。

第三十军。

第十二军。

第三十六军。

总预备队：

总指挥：白崇禧兼。

第一纵队。

第二纵队。

四、集中地点：

左翼军：汉沽、芦台附近。

中央军：宁河、丰台附近。

右翼军：独立第八师为警戒部队，沙流河附近。

第十二军玉田、洪桥镇附近。

第三十军平安城镇附近。

第三十六军杨各庄、上仓镇附近。

以上各军，均限于七月二十八日以前集中完毕。并与各军训令如下：

本路军以肃清榆关以内残敌之目的，先集中于玉田、宁河、芦台之线，各军务须遵照集中方案，于七月十九日开始运动。

集中

左翼军于七月二十日起，开始由北平附近及良乡、琉璃河、窦店、琢州、正定一带输送集中，至八月一日，在沙流河、玉田、洪桥镇、平安城一带集中完毕。

中央军于七月二十五日，由驻地经雄县、永清、杨村，于七月二十七日，奉阎总司令命令，改向塘沽集中，于八月三日到达军粮城附近。

中央军集中地点，既有变更，丰台、宁河颇形空虚。因命中央军第一步集中塘沽，第二步集中汉沽、芦台附近，以右翼军韩总指挥所属骑兵第一军，集中宁河、丰台，与左翼军确实连系。

右翼军因道路不良，行动困难，八月十七日，尚濡滞于落垡、杨村一带，其骑兵军到达武清、梅厂附近。

本路军战斗序列之变更

八月十八日，奉到总司令蒋命令要旨如下：

第二集团军韩部，另有任务，调回后方。总预备队第三十七军及独立第三师，克日开宁河，归右路军总指挥白崇禧指挥。宝坻防地，着刘总指挥镇华部克日开往填防。

攻击准备

张宗昌、褚玉璞既对奉背约失信，并于唐山、开平之间，积极备战。同时我方亦积极准备进攻。八月廿一日，奉总司令蒋训令要旨如下：

一、第一集团军第三十七军及独立第三师，于八月廿六日以前，着在黄庄、葫芦窝附近地区，占领攻击准备位置，待命向宁河、丰台镇之敌攻击前进。

二、第三集团军徐永昌部及十四军安锡嘏部，应于八月廿六日以前，占领北塘至河北(七里海东北)之线，待命向汉沽、芦台之敌攻击前进。

三、第四集团军在玉田、沙流河之部队，应准备俟第二军团及徐永昌部占领攻击准备位置后，待命向丰润之敌攻击前进，并胁威唐山之敌，使我军进展容易。

四、总预备队、第二集团第八方面军刘总指挥镇华部，着于八月廿九日以前，在鲁河、宝坻附近集中完毕。

五、第二集团郑大章部骑兵军，向大王庄前进。

六、第二集团军铁甲车河南民生号，应与徐永昌部协同前进。

八月廿二日，本路军遵照上令变更战斗序列之一部如下：

一、中央军改由第一集团军范军长所部第三十七军及独立第三师任之。

二、右翼军改由第三集团军徐总指挥所部、第二军团及第十四军安锡嘏部任之。

三、郑大章之骑兵军及孙长胜之骑兵师，在本总指挥未到前方以前，暂归左翼军李总指挥品仙指挥。

今日因接各方报告，残敌凭藉外力，勾结安福余孽，有反攻之企图，除令前线严加戒备，复令徐总指挥所部第十四军调至前方，增厚兵力，令河南民生号铁甲车，开至军粮城，归总指挥指挥。

八月廿三日，复遵照总司令蒋二十一日第四号训令，与右路各军电令要旨如下：

一、据报敌确有反攻之企图。

二、右翼军应于八月二十六日以前，占领攻击准备位置，待命进攻丰润，并胁威唐山附近之敌。

三、第三十军应占领沙流河镇以北、杨家屯至狼山关附近之线，其主力须置于左翼。

苏荫森军，应占领狼山关、东方夏庄、左家坞附近高地。

独立第八师，应占领沙流河镇及其以南陆官屯附近之线。

以上各部，均准备进攻丰润之敌。

四、孙长胜骑兵师，应向唐河店附近推进，侦察唐山附近敌人。

五、第十二军应占领雅鸿桥至朝云铺之线，准备胁威唐山附近之敌。

六、第三十六军主力，推进至玉田，其余推进至洪桥镇附近。

同日复奉到总司令第五号训令要旨如下：

一、据报直鲁残敌，近向芦宁、丰台、韩城镇及丰润一带增兵，确有向反攻，袭取天津之企图。

二、总预备军之谢副指挥部第八师，着即开赴天津附近，暂归徐指挥永昌指挥。又刘总指挥所部在三河之部队，着即向宝坻东之林亭镇推进，暂归右路军之中央军范指挥熙绩指挥。

以上各部，务于本月二十六日以前，到达目的地。

八月二十五日夜十二时，四道桥发现敌骑约百名，旋被击退。此为第一次与敌接触。

攻击准备

右翼军奉命占领攻击准备位置后，于八月二十八日占领北塘、于家岭、淮渔甸、潘庄及南山岭、四道桥一带，待命向汉沽、芦台之敌攻击前进。

中央军奉命于八月廿六日在黄庄、葫芦窝附近，占领攻击准备位置后，因连阴雨，道途泥沟，于八月廿八日，始达到指定地点，准备进攻宁沙、丰润之敌。

左翼军奉命于八月廿六日，占领攻击准备位置后，第十二军于廿七日进至鸦鸿桥、朝云铺之线，准备胁威唐山附近之敌。独立第八师移至沙流河以南陆官屯之线。其骑兵进出之楼庄，第三十军进占杨家屯、狼山关之线，其骑兵进出北夏庄，与独立第八师准备进攻丰润之敌，孙长胜骑兵师进出唐河店、登新、军屯之线。第三十六军向玉田、洪桥镇推进中。

攻击前进

八月三十日，令左翼军先准备以魏、刘两部进攻丰润，向榛子镇方面警戒，以主力叶、廖两军进攻唐山之敌，以待白总指挥即率徐、范两部进攻芦台、宁河，牵制该方面之敌。并通令各军注意外兵，勿兼起外交。是时，我军总预备队各军，正分向永清、杨村、香河一带推进中。九月二日，白总指挥进驻天津，先后在平、津遍访各国使领，说明进兵旨趋，并电奉方催直鲁军速退。否则，实行总攻击。此时综合各方所得情报，芦台、宁河、新军屯、丰润之敌，约五万余人，铁甲车三列。芦宁之敌，似将退至唐山，缩短战线，准备与我对抗，并死守丰润，与唐山之敌成犄角之势。四日与各军训令要旨如下：

一、本军拟于九月七日以前进占芦宁、丰台、丰润之线，进攻唐山榛子镇一带之敌，但进攻丰润之敌，不得过早，须于八日开始，以便与右翼各军确实连系。

二、右翼军务于九月七日以前占领芦台、杨家泊之线，与中央军连系，由铁路以南地区，进攻唐(山)开(平)侧背，奏功后，即向乐亭方面追击，至滦河西岸待命。

三、中央军务于九月七日以前占领宁河、丰台之线，与右翼军连系，进攻胥各庄至唐山正面之敌。奏功后，即由铁道向滦洲方向进击，至滦河西岸待命。

四、左翼军务于九月八日以前，占领丰润至大唐河之线，以一部进攻榛子镇，向沙河驿至迁安方面警戒。以主力由丰润至韩城镇之线进攻唐山、开平之敌之右侧背，右翼与中央军连系奏功后，即由铁道以北地区追击前进，至滦河西岸待命。

五、骑兵仍归李总指挥用于铁道以北之地区。

同日因我左翼军过于突出，为协同一致，便于进展起见，特规定各军每日进展行程如下：

一、九日，左翼军应进占胥各庄车站至董各庄之线。中央军应进展中门庄、胥各庄之线。左翼军应进占丰润、老庄子、韩城镇之线。

二、十日，各军遵照前令向唐、开之敌一致进攻。

右路军进驻芦后之处置

九日，白总指挥率右路军总预备队魏师，进驻芦台。据报敌有退迁安、出冷口之说，即令左翼军加以注意，并令右翼军与中央军连系进占胥各庄车站至董各庄、中门庄之线后，即向唐、开攻击前进。是时左翼军已占领丰润城，除令以一部向榛子镇方面前进，主力进占老庄子、韩城镇之线，协同中央军向唐、开之敌进攻。同时电请总预备队刘镇华部向丰台、宁河推进，以便策应。

右翼军之攻击前进

丰润附近之攻击

独立第八师奉命占领东骡马庄、丰润、大杨营之线，决心先扑灭丰润西南两处附近之敌，八日拂晓，其第一旅击退还乡河以南之敌，对丰润城南门施行攻击，五时该旅第二团已将高各庄大小安乐庄、小王庄之敌，次第击溃，进占王家楼、南台等村，骑兵从右前方向大小麻姑庄之敌猛袭。同时第二旅击退平榆大道及还乡河以北之敌，对丰润城西门，施行攻击。我三十军自九日午前三时，全线向敌开始攻击，先后占领紫草坞及其北方高地、披露山、大小宋各庄、小尚各庄、西马庄、东马庄、牙窟山、庙山，敌逐次抵抗，退入丰润城内死守。独立第八师由西南两方同时猛攻，奋勇登城，前仆后继，激战数小时，卒将西南门占领。是时三十军亦攻入城内，残敌一部向唐、开溃窜，大部向牛郎山方面退却，至午前十一时，我军遂将丰润城完全占领。是役，敌死伤无数，我军官兵亦伤亡不少，但俘获战利品甚多。

韩庄子老庄子桃李营附近之攻击

第三十六军奉命，于九日由至田至洪桥镇前进至邵庄子，大孟各庄，前进攻击韩庄子、老庄子、桃李营附近之敌。准备进攻唐、开之敌。九日午前四时，开始运动。第一师向桃李营、东山轴麻姑庄之敌。第二师向大校、韩庄子、沙屋庄、老庄子之敌进攻。敌筑有固工事，希图顽抗。时高粱未获，一望弥漫，我军利用高粱潜身进迫，敌以猛烈火力，向我军射击，鏖战二小时，敌渐不支，纷向敌王庙东缸窑方向溃退，我军遂将韩庄子、老庄子、桃李营一带占领。并派第二师继续追击。

韩城镇东西龙湾李官屯附近之攻击

第十二军以攻占唐山之目的，先占领韩城镇、东西龙湾、李官屯之线。八日午前九时推进至大唐河、唐河店、鲁及庄、魏家坟、新军屯、奚各庄之线。时中央军距十二军尚有一日之行程，故派一部至荣各庄附近，警戒我右侧。九日午前五时，第一师向龙湾子、李官屯、大陆庄、刘庄攻击前进。激战数小时，至十时许，始占领之。第二师于午前二时，与敌接触，敌人初犹抵抗，经我军痛击，始向马驹桥、龙王庙方向溃退，我军遂将韩城镇、东西龙湾、李官屯占领。

右翼军及中央军之攻击前进

由汉沽、芦宁、丰台退胥各庄、董各庄、中门庄之敌，因我主力左翼军之猛进压迫及丰润、韩庄子、老庄子、韩城镇一带之陷落，故与我右翼及中央两军略战即退，我军于十日早从容进抵胥各庄、董各庄之线。

唐山附近之攻击

敌因我军猛追，唐山万难固守，一部于九日拂晓退去，我十二军攻下韩城镇等处，继续向唐山攻击。第一师由唐山东北进攻。第二师由唐山西南进攻。敌旅长率部及铁甲车尚图死守，经我军包围痛击，势渐不支，纷纷向开平溃退。王琦仅以身免，其弟被擒。我军略有伤亡，俘获无算。午后三时半，遂将唐山完全占领。

唐山攻下后敌军形势

敌之第一线丰润、韩庄子、老庄子、韩城镇、董各庄、胥各庄等阵地，为我军占领后，狼狈不堪，纷纷向开平、栗园逃窜。惟洼里、双桥、椅子山，奉军前曾筑有坚固工事，敌犹凭险死守，终因我军猛烈进迫，不崇朝而悉下。

追击

九月十日，白指挥进驻唐山，同时接派往奉天连络员何千里来电报告：张、褚无诚意受编，奉方请我军积极进攻。此时综合各方情报，敌有占据洼里、双桥、椅子山一带阵地，希图固守模样。于是决心追击。同时与各军训令要旨如下：

一、本军拟明(十一)日，继续向古冶及其以北王店子镇以南至程各庄、南阳庄附近之线追击前进。

二、左翼军明日以主力向古冶、赵各庄，一部向王店子镇追击前进。骑兵向沙河驲方向搜索前进。并截断敌人向冷口退却之路。

三、中央军明日向古冶以南、听上以北地区追击前进。但占领林西高地后，应由铁道向滦县追击。

四、右翼军明日以主力向程各庄、南阳庄。一部向爽坨镇追击前进。

五、总预备队在唐山。

六、本部明日向开平前进。

七、注意林西有英国铁甲车一列。

洼里吕家坨附近之战

中央军分两纵队追击，十一日午前三十分进至夏庄子。侦查洼里之敌，占领旧阵地，并设有铁丝网防御工事，铁甲车三列，在铁桥东端，桥已被破坏，激战至午后六时余，将洼里吕家坨一带，先后占领，毙敌甚多，残敌纷纷向东逃去。我十二军于午后二时进至武家庄之线，将当面之敌击破。九时亦到达洼里，准备明日拂晓，进攻古冶。

双桥附近之战

独立第八师占领栗园后，于十一日早与右翼齐头向双桥之敌攻击，激战二小时，敌势不支，一部向东北逃去，大部向古冶溃退。该师当命第二旅猛进追击，于本日下午四时将双桥占领。是时十二军亦将洼里之敌击退。

牛郎山魏庄子之战

丰润之敌，退至牛郎山、上下尤各庄一带，凭山设险。我三十军进至该处，奋勇仰攻，敌毫无退志，战线经上下尤各庄、王官营、白草洼，延长数十里，血战数小时之久，最后经该军骑兵由黑小沟攻敌之右侧背。其闻捷师及十团利用高粱地之掩护，猛力仰攻，至午前十时许，敌始不支而退。该军经椅子山、榛子镇向沙河驿跟踪追击。敌向古冶、九百户方向退去，伤亡甚众。我军伤亡不少，俘获无算。

洼里双桥牛郎山攻占后之追击部署

敌据洼里、双桥、牛郎山坚固阵地，初欲作最后之抵抗。但因我军奋斗精神，愈战愈励。敌人虽有天然坚固阵地，卒仍不守。残敌大部麇集古冶，希图经滦州过河逃命。我军以歼灭敌人之目的，复分头继续追击。

左翼军之追击

第三十军追至七家岑，将该处之敌击退，复向沙河驿追击前进。并派骑兵之一部向滦州方向跟踪追击，行至东高各庄，遇掩护敌步兵渡河之铁甲车二列，炮战良久，卒击退之。该军到达沙河驿附近，随以一部至野鸡它及滦河西岸警戒。

独立第八师十二日午前三时，击溃井儿峪、宋家峪、九百户、陆百户、坎万店子等村之敌，撤退滦河东岸，该师据西岸，与敌对峙。

第三十六军进至赵各庄，遇敌激战二小时，敌复狼狈向东退去。十三日该军继续追击，午前五时，据报当面之敌令榛子镇退来之敌约三万人，有大炮数十门，机枪十余挺，盘据马庄东各庄一带，负固抵抗等语。午前六时，该军开始攻击，惟仰攻不易，激战二小时，伤亡甚多，后经强行渡行，包围痛击始退。午前九时，我军〔将〕

复各庄、李各庄之山院之敌击退，复继续猛进，主力乘机渡河。敌一面退却，一面抵抗，我军乘机追迫，与敌肉搏，血战数小时，敌一部被包围缴械，大部向滦州退却。该军追至滦河西岸停止。是役毙敌团营长五人，连排长十余人，士兵数百名，缴敌步枪数百枝，机枪数挺，俘敌官兵十余人，我军亦伤亡数十名。敌退据东岸，该军在西岸准备渡河。

第十二军占领洼里后，两纵队追击，先头行抵古冶，该处之敌，经压迫向阜家店方面退去，其铁甲车在沙河桥两端，与我铁甲车河南民生号炮战甚烈。经我军力战始退。十三日八时，续追至滦河西岸，与敌隔河对峙。

中央军之追击

中央军占领洼里后，继续追击，十三日拂晓，挺进队行抵滦县车站附近，适该处有敌步兵二团，铁甲车三列，正在掩护残敌渡河中，当即向该敌进攻，至七时敌向东岸退去，我军遂将滦州占领。

右翼军之追击

右翼军自十日进占胥各庄后，十三日到达马城镇、长凝镇、任各庄一带，随即侦察渡河点，准备待命渡河。其骑兵于十二日上午进至滦州十里之高官营，向滦州车站之敌攻击，由铁桥拥挤溃退，状极狼狈。是役毙敌数十名，俘百余名，获军用品甚夥。十三日敌退过滦河，我军停止西岸，准备渡河。

本路军占领滦河西岸后之处置

本路各军占领滦河西岸后，奉方复迭次来电，请我军勿渡河，直鲁残敌由彼解决，以免发生误会。我方驻奉何连络员亦来电报告，谓张、褚电奉，已将前线军队向后撤退，请指定滦东驻地，以便渡河，奉方亦未允，拟俟接触，即予缴械。并通令各军对直鲁军取敌视，对我军作友军看待云。除电陈蒋总司令请示外，并令各军停止滦河西岸，沿河警戒。准备渡河，其已渡河北，仍退回西岸，俟奉方不能解决时，再行东渡夹击该敌。

滦河以东直鲁军与奉军激战情形

张宗昌当我军进迫之际，借送眷属为词，率残部渡河，与奉军发生冲突。其在安山以东之一部，当被奉军包围缴械，其退秦皇岛之方永昌部，当负固抵抗。十四日奉军与该敌复在石门激战，奉军初颇不利，自铣日增加二师反攻后，敌始不支，复向西退，又被我军截击。奉军富双英部向南进追，困敌于大城山、武山及龙山一带。张宗昌本人，尤冀作殊死战。无如大势已去，至十九日，全部溃败。部下半为奉军缴械，一部投降。其余纷纷西渡，向我投诚。褚玉璞诡词赴奉，张宗昌微服由朱各庄向滦河下游逃去。

战争结局

直鲁残军自被奉军击溃后，复向我投诚。当命中央军及左翼之十二军负责收容。自十八日午后三时起，故陆续渡河来降者约二万余人，惟因该敌素质不良，军纪极坏，留之适足以贻害国家，因于廿三日，用火车输送至胥各庄、开平、洼里、古冶、卑家店、它子头、滦县，分别悉数缴械。敌初抵抗，自申至戌，激战六小时，敌死伤约二千余人，我军亦伤亡官兵五百余，十七军第三师彭团长光侣阵亡。是役俘官兵约万余，各军缴得枪械万余，大炮迫击炮约二百门，夺获辎重无算。直鲁军至此完全消灭。溯自我军东征誓师津沽，至九月二十三日，时仅兼旬，北伐最后之大业，卒赖总理在天之灵，将士踊跃用命，幸告厥成。

〔国民政府战史编纂委员会档案〕

34. 军政部关于北伐期间所委临时军职衔名通令撤销呈函(附名册)

(1929年9月24日—10月19日)

(1) 军政部致行政院呈(9月24日)

为呈请事：窃职部准江苏江宁地方法院公函开：敝院受理胡汉臣伪造文书一案，经警察查获，有苏鲁特派员刘仁航委任胡汉臣为暂编第二师师长委任状一纸，此状是否伪造，函请查明见复等由。准此，查职部接管前总司令部档案，于十六年六月十九日，据苏鲁军事特派员刘仁航呈报经过工作情形及委任人员一案，内有请委胡汉臣为暂编第二师师长，经前总司令部指令，姑准备案。惟事已过去，此项名义当然无效。业经职部将胡汉臣原委任状注销，并函复在案。窃查我北伐之初，战线蔓延，兵力有不敷分配之苦，当时为便利军事起见，先后所委宣抚使、招抚使、特派员及新编、暂编各军、师长等名义，为数甚夥。现值军事结束，诚恐仍有不逞之徒，假借名义，撞骗招摇，亟应呈请通令废止，以杜招谣，而遏乱萌，是否有当，理合造具前总司令部及军事委员会所委各临时军职衔名清册一本，呈请俯赐鉴核。转请国民政府通令废止施行，实为公便。谨呈

行政院

附呈清册一本

署理军政部部长　鹿钟麟印

中华民国十八年九月二十四日

前总司令部及军事委员会所委各临时军职衔名清册

职别	姓名	委任时期	给委机关	附注
直鲁军招抚使	李景林	十六年四月十日	前国民革命军总司令部	密委
江北绥靖使	白宝山	十六年四月三十日	同右[1]	密委未据呈报就职
江北绥靖副使	冯绍闵	同右	同右	同右
第三十一军教导师师长	李德铭	同右	同右	同右
第三十一军第一师师长	王兰馨	同右	同右	同右
第三十一军第二师师长	郑绍虔	同右	同右	同右
第三十一军第三师师长	蒋　毅	同右	同右	同右

① 原清册系竖格，格内文字与前相同者，均书同右，现改横格，仍按原文照录。

续表

职别	姓名	委任时期	给委机关	附注
暂编第二师师长	田为霖	十六年五月一日	同右	同右
暂编第三师师长	刘玉堂	同右	同右	同右
援鲁军先遣司令	孙殿英	十六年五月三日	同右	同右
鄂西讨奉先遣司令	何复洲	十六年五月	同右	
新编第一军军长	张心元	十六年五月十二日	同右	密委
暂编第四师师长	苏桂荣	十六年五月二十八日	同右	同右
暂编第四师副师长	傅镇	十六年五月二十八日	前国民革命军总司令部	密委
暂编第四师机关枪营营长	侯品三	同右	同右	同右
暂编第一独立团团长	宋福临	同右	同右	同右
苏鲁军事特派员	刘仁航	十六年	同右	
畿南招抚使	王葆真	十六年六月七日	同右	密委
直鲁先遣队司令	李书凤	十六年六月十六日	同右	
山东第三路先遣司令	许威	十六年六月十九日	同右	
第六独立师师长兼编组主任	刘承烈	十六年六月二十四日	同右	密委
新编第二十一军军长	刘志陆	同右	同右	密委未据呈报就职
第四十六军军长	许琨	同右	同右	同右
暂编第五师师长	石墨林	十六年六月二十五日	同右	密委
关东招抚使	凌印卿	同右	同右	同右
第三别动队司令	马登瀛	十六年六月二十八日	同右	
第二支队司令	陈干	同右	同右	

续表

职别	姓名	委任时期	给委机关	附注
武汉特派员	谢南藩	同右	同右	密委
武汉特派员	李国柱	十六年六月二十八日	前国民革命军总司令部	密委
湖南特派员	刘辅寮	同右	同右	同右
苏鲁义军第二路第一支队长	马骏甫	十六年六月	苏鲁军事特派员刘仁航	十六年六月三十日呈总部备案
暂编第一师师长兼济南先遣司令	周子华	同右	同右	同右
暂编第五旅旅长	萧恨吾	同右	同右	同右
兖州别动队队长	王卓民	同右	同右	同右
暂编第二师师长	胡汉臣	同右	同右	同右
暂编第六旅旅长	贾存心	同右	同右	同右
暂编骑兵旅旅长	李　杰	同右	同右	同右
暂编混成旅旅长	李云龙	同右	同右	同右
湖北先遣司令	邱鸿钧	十六年七月八日	前国民革命军总司令部	
四川特派员	刘鸿逵	十六年七月十日	同右	
武汉特派员	张仲钧	同右	同右	
东三省特派员	田见龙	同右	同右	密委
江西总特派员兼入赣先遣军总队长	杨耀唐	同右	同右	同右
赣南军事特派员	李　强	同右	同右	同右
同　右	胡宗虞	同右	同右	同右
南昌军事特派员	邓德福	同右	同右	同右
同　右	毛保康	同右	同右	同右
赣北军事特派员	罗　松	同右	同右	同右
吉安军事特派员	刘邦怀	同右	同右	同右

续表

职　　名	姓名	委任时期	给委机关	附注
赣东军事特派员	邹怀葛	同右	同右	同右
鲁南别动队队长	刘桂棠	十六年七月十四日	同右	同右
暂编第七师师长	杨　映	十六年七月十八日	同右	同右
第三十一军军长	郑绍虔	十六年七月十九日	同右	同右
山东第一游击司令	李光宙	同右	同右	同右
山东第二游击司令	施中诚	同右	同右	同右
暂编第八师长	胡惠风	同右	同右	同右
第二十二独立师师长	段国辅	同右	同右	同右
鄂东别动队司令	满振华	同右	同右	同右
总部军事特派员	韩振声	十六年七月十九日	前国民革命军总司令部	
东北先遣司令	潘庆增	十六年七月二十一日	同右	
吉黑两省军事特派员	杨家荫	十六年七月二十三日	同右	密委
北路第一支队司令	尹德山	十六年七月三十日	同右	同右
北路梯队司令	陈新民	十六年八月十二日	同右	同右
北路梯队副司令	李子儒	同右	同右	同右
骑兵先遣司令	张书田	同右	同右	同右
骑兵先遣副司令	许延庆	同右	同右	同右
直隶军事特派员	卢和生	十六年十二月二十一日	前军事委员会	
山东宣慰使	赵开运	十六年十二月三十一日	同右	
黑龙江军事特派员	吴泰徕	十七年六月	前国民革命军总司令部	函军委会备案
东三省军事特派员	郭大鸣	同右	同右	同右
同　　右	齐世英	同右	同右	同右

（2）国民政府文官处致行政院公函（10月19日）

国民政府文官处公函　　字第九八三八号

迳启者：贵院前呈报军政部呈赍前北伐时先后所委各临时军职名册，请通令废止等情，转请鉴核一案。经奉饬送总司令部去后，兹准函复。以查北伐完成，为时已久，就所有北伐期内委任各临时军职，在军事结束时，节经本部随时撤销废止在案。现在应否有再行通令废止之必要，拟仍请贵处察核办理等由。准此。查是项临时军职，既经随时撤销废止，自无再行通令之必要。准函前由，除转陈外，相应函达查照，即希转行知照为荷。此致

行政院

文官长　古应芬

中华民国十八年十月十九日

〔国民政府战史编纂委员会档案〕

(二) 西　征

1. 军事委员会拟定西征北伐总作战计划

(1927年10月　日)①

西征北伐总作战计划：

甲、一、总方略：国军以策应冯、阎两军，肃清张、孙残余军阀，占领徐、海之目的，继续北伐，同时应即铲除上游反动势力，以巩固国都。

二、敌情判断：敌奉军暗与武汉结合，意在先向冯、阎两军各个击破，以谋沿京汉路向南进展。

敌张宗昌、孙传芳所部，集结在徐州附近，拟向豫进攻，作晋北奉军之声援，对我津浦路，则取守势。

唐逆生智背叛党国，勾结张、孙，欲利奉、鲁，击破冯、阎，乘机谋犯首都。其第三十六军主力现驻芜湖，一部在黄池镇、乌溪镇、二十里铺等处，向我设备防御工事，其第三十五军及其他附属部队，分驻于安庆、合肥、巢县、和县各处，其第八军之两师，留驻汉口。

三、友军情况：我晋军已全部动员，由京汉、京绥分向奉军阀、开始攻击，在京绥路已占领张家口，向南口进击中，京汉路亦攻克正定，向保定前进。我冯军前锋在归德以东地区与鲁军相持，其主力在开封附近集中完毕，已于十月九日，分途向徐州、济宁进攻。

乙、第一期作战：一、方针：第一期作战，拟以主力使用于上游方面，先将皖省境内之敌悉数歼灭之。其一、二两路各部队，先分别扼守阜宁——清江浦——三界站之线，集结兵力于东台、高邮、滁州一带，完成整备，暂取攻势防御，俟我上游部队肃清巢、芜

① 原文无日期，根据文内述及冯军于10月9日分向徐州、济宁进攻，又据海军第二舰队司令陈绍宽报告，于1929年10月19日奉命率舰西征。此件形成时，疑在10月9日以后，19日以前。

附近之敌后，即开始北进，攻克蚌埠，肃清淮河南岸，相机占领徐、海。

二、军队区分：第一路军：总指挥何应钦。第一军、第九军（顾军长祝同所部）、第十七军、第十七师、第二十六军、第九十二师、无线电通讯所、兵站第×分部。

第二路军：总指挥白崇禧。

前敌总指挥陈调元。第十三军、第三十七军、第四十军、新编第十军、无线电通讯所、兵站第×分部。

第三路军：总指挥李宗仁。第七军、第十九军、第三十三军、新编第十一军、无线电通讯所、兵站第×分部。

第四路军：总指挥程潜。第六军、第十三军（陈军长嘉佑所部）、第四十四军、无线电通讯所、兵站第×分部。

第五路军：总指挥朱培德。第三军、第九军（金军长汉鼎所部）、无线电通讯所、兵站第×分部。

总预备队：第二军之一部。

航空第二、三队。

海军（长江第二舰队）。

特种任务部队；第二军（鲁军长涤平所部）、暂编第七军（李军长燊所部）、方振武部、魏益三部。

第八路军：代总指挥黄绍雄。范石生部（第十六军）、李福林部（第五军）、第十五军。

三、集中：第一路须于十月△日以前，以主力集中于滁州附近，一部集中于东台、高邮附近，即以第十七师及九十二师占领阜宁、清江浦之线，担任警戒。

第二路须于十月△日以前，以第三军集中于南京附近为总预备队。以新编第十军集中于三界站、张八岭，担任警戒，掩护第一路向滁州集中之部队，俟第一路到达滁州后，即进驻夏赵家、池河镇之线（池河镇不在内），向蚌埠攻击前进。第四十军亦于十月△

日以前，集中于池河镇藕塘之线，向敌警戒。

三十七军于十月△日以前，以主力在当涂、采石间集中完毕，现驻小丹阳镇之一部，俟第四十四军到达陶吴镇、朱门镇后，应向震里镇方向移动，与主力集结，暂受第四路程总指挥指挥。

第三路军于十月△日以前，以第七军在江浦、南京、桥林镇附近，以十九军在汤泉镇陈家线一带集中完毕。同时须准备向上游输送两师以上之船只。

第四路军于十月△日以前，以十三军在南陵县附近，第六军在宣城附近，四十四军在陶吴镇、朱门镇附近集结完毕。

航空队集结南京待命。

长江第二舰队，除淞沪方面警戒所必要之军舰外，其余各舰于十月△日以前，调集南京附近待命。

四、攻击部署：第四路军集中完毕后，于十月△日，以主力由宣城经湾址向芜湖侧背开始攻击前进；以一部由南陵经繁昌，以四十四军由濮塘镇——长塘——护驾桥道路及小丹阳镇——薛镇道路，经黄池镇向芜湖攻击前进。并注意截击溯江逃窜之敌。但四十四军攻击前进时，须与三十七军切实联络。

第二路第三十七军，协同第四路军，于十月△日，由当涂大桥镇大道，向芜湖夹击而占领之。芜湖克服后，第三十七军准备渡江向津浦路转进，归还建制。第四路军即沿长江南岸（或乘船）追击，西上肃清皖鄂。

第三路军于十月△日以前，以第七军之主力，由桥林镇沿长江北岸经和县向无为之敌，以十九军由陈家线经含山向巢县之敌攻击，但第七军在南京之一师，于△日乘船至和县登陆，驱逐西梁山附近敌人，使我海军西进容易，并准备截击由芜湖渡江北窜之敌。

当皖北之敌西进时，即以第七军经安庆、宿松、黄梅、广济、蕲水、黄州，以十九军及新编十一军经庐江、桐城、潜山、太湖、英山、黄陂，向汉口追击。依战况之进展，应随时乘船溯江追击，使敌无整备之暇。

第三十三军协同新编第十一军，解决合肥之敌后，改归第一路何总指挥指挥，由庐桥镇经怀远向蚌埠攻击前进。

第五路军在九江准备多数船只，乘皖北皖南之敌西退时，以主力进达黄梅，一部留九江，施行截击，与第三路及第四路合而歼之，并向汉口追击前进。其在萍乡之一部，暂取待机姿势，向敌警戒。

第二路军俟第三路军压迫至巢、和之线，即以第四十军、新编第十军并三十七军，归第一路何总指挥指挥，由池河镇经心驿、凤阳，向蚌埠攻击。蚌埠攻克后，即由铁路迤西地区，经肃县向徐州攻击前进。

第一路军俟第三路军进至巢和之线后，以主力协同第二路军，经明光向临淮关攻击，绕攻蚌埠侧背，一部由淮阴经宿迁向刘马庄、三汊河之敌攻击，截断敌徐、海之交通。另以一部经盐城、阜宁、灌云，相机进占海州。

蚌埠克复后，乘胜以主力沿津浦路东侧地区，向徐州以南地区，以一部沿陇海路向徐州以东地区攻击，与第二路军协力占领之。

航空队第二、三队，于十月△日，开始向上游侦察敌之行动。

长江第二舰队于十月△日，即以主力向上游东西梁山及芜湖附近、大江两岸之敌，实行炮击，断绝敌南北岸江面之联络。芜湖之敌肃清后，即以一部袭击安庆，掩护我第三路军之输送。以一部进至九江附近，掩护我第五军渡江。

驻在宜昌附近之第二军，应于十月△日由现地经荆沙沿长江北岸东下，乘机进取汉阳。

现驻鄂西之新编第七军，应于十月△日由现地经宜都、松滋、枝江等处，沿江之南岸向武昌策动。

方振武应于十月△日率所部沿襄河南下，魏益三应于皖省敌人向西溃退时，由六安经罗田西山黄陂、乘机向汉口夹击。

第八路军之李福林部及范石生部，应于十月△日，经郴州向衡、醴前进。十五军之一部,应于△日,由全州向永州进逼,以牵制湘南之敌。

五、作战地境：第一路与第二路之作战地境，为马家岗——燃灯寺——头铺——凤阳——徐桥之线，线上凤阳、徐桥属第二路,余属第一路。

第二路第三十七军与第四路军之作战地境，为陆郎桥——板山——震里镇——和尚桥——李村——象山村——青山街——査家湾——官陡门——杨家场之线,线上属三十七军。

第二路第三十七军,在战斗初期与第三路军之作战地境,以长江分之。

六、通信与补给：军事委员会与陆海军之通信，利用国有电信及无线电,各路军粮秣弹药之补充,由所属各兵站部办理之。

丙、第二期作战：

徐、海占领,皖境肃清后,以第一、二路军，协同冯军肃清黄河南岸，以第五路军之一部，向汉口追击前进，以第三路军经罗田——黄陂及黄梅、蕲春、蕲水、黄州二道,协同第五路军之一部，向汉口攻击前进。以第四路军由富池口，经兴国向咸宁附近，截断武、岳交通,攻击武昌侧背，并以第二军向岳州攻击，以第八军由衡、永向长沙攻击,以第五路军在萍乡之一部，进占醴陵，协攻长沙,以图肃清湖北,进取湖南。

注意：后方警备责任，即由现负各地卫戍戒严责任之部队任之,如认为有变更必要时,由军委会临时以命令行之。

〔国民政府战史编纂委员会档案〕

2. 军事委员会关于击溃刘兴等部并布署向合肥进攻给贺耀祖命令

(1927年10月23日)

命令　给第四十军贺军长耀祖(令由电局探送滁州乌衣

贺军行营）

一、敌刘兴所部，被我击溃，连日由芜湖、荻港、铜陵等处向大通溃退，有渡过北岸逃遁模样。何键所部，除合肥、梁园、陶广一师外，其主力仍在安庆附近。北路敌情无变更。我四路军追敌，已过荻港，现分途向大通及安庆南岸追击。第三路军已进达巢县、无为之线。

二、国军拟先击破皖境之敌，然后大举北伐。

三、第四十军应于明二十四日起，由现地向合肥前进，务于二十八日以前，将合肥、梁园之敌驱逐而占领之，嗣后经舒城向桐城之侧背攻击。

四、新编第十军，即向定远推进，对蚌埠之敌警戒。

五、第四十军及新编第十军，今后归第一路何总指挥指挥。

六、第三十军魏军长所部，应由六安经霍山向太湖前进，截击敌人西退之路。

七、第三十三军应集结于凤台、寿州一带，向蚌埠、阜阳之敌警戒。军事委员会。梗。印。

〔国民政府战史编纂委员会档案〕

3．军事委员会参谋厅关于西征军占领安庆通报

（1927年10月26日）

通　　报（10月26日）

接第三路李总指挥宥电报称：我西征部队，已于有（二十五）日占领安庆，当将此项捷音通告第一、第二、第四、第五各路军总指挥矣。

国民政府军事委员会参谋厅十月廿六日

〔国民政府战史编纂委员会档案〕

4. 参谋厅关于西征与北伐各路军军事情报(附各军现驻位置)

(1927年10月26日)

一、西路情报。南昌朱总指挥马电报告如下：顷据驻汉密探报告：唐氏拟派兵侵赣，由武穴对岸之马头铺上陆，职已派队布置，准备迎头痛击。

龙华卫戍司令部参谋长张定璠有电报告：

据日舰转据汉口敬日电称：(1)何建军拟退黄梅，刘兴军退武穴。(2)唐氏对内解除二军、六军、十三军在鄂部队之武装，对外弃皖图赣，以固两湖。(3)宜昌二军某师电唐，表示服从，但唐仍拟将其解散。(4)岳州唐部已动员。又济南电，冯部受刘镇华军夹击，退洛阳。鹿钟麟、杨虎臣被俘(第四项系敌党宣传作用，消息不确)。

二、北路情报。郑州。西北军冯总司令玉祥养电报告：承示周、田两同志，贺电敬悉阎总司令所部作战情况。玉祥已令刘部北上，与阎总司令夹击破贼。惟此时东路贼势猖獗，徐州之敌，以徐南、徐东各部，均撤以西犯，其数较我军多至三倍，刘部又变一部，现将逼至开封，旦晚即有大战。北路之敌，孙逆殿英围攻彰德。梁军长寿恺收编之一部，又在汤阴叛变，响应敌军。现孙总指挥连仲进击河北，以一部围攻汤阴，一部救援彰德，而此间全力专对彰德方面。如开封不保，则大局益坏。惟盼南京北进之兵，早日速进，将徐州之敌解决，则此间主力可以北进援应矣。毋任盼祷。

南京。第一路总指挥部联络参谋万秀岭报告：转据顾军长敬电报称：(1)五河泗洲仅有少数敌人，蚌埠驻敌李少洲一师，凤阳驻敌十五师，临淮一团，明光二团，管店二连，小夏庄二连，马家冈一营，红心铺一团，管店、明光间有敌铁甲车不时来往。三界站南段铁桥被敌破坏四、五丈。(2)明光与红心铺之敌，有向定远移动模样。(3)我第十四师主力已进驻张八岭,一团到三界站、夏赵家之线,对敌警戒。第一、二两师派一团驻沙河集,余仍驻滁州。二十一师驻乌衣待命。第一军军部及第二师已于敬晚开抵下关,第二十二师仍在丹阳,第一师亦仍在杭州。

我军之位置:

一、第一路军:总指挥——南京。第一军军长刘峙——南京;第一师杭州,第二师下关。二十二师两团由沪向镇江进。第九军军长顾祝同——滁州;第三师担子街,十四师滁州三界,二十一师滁州。第二十六军陈焯——上海;第一师扬州向清江前进,第二师由沪向扬州进。第十七军军长曹万顺,向阜宁前进中;第一师向阜宁前进中,第二师向阜宁前进中,第二师位置待查。第六军第十七师师长文鸿恩——清江浦。独立第二师师长李明扬——阜宁。第四十军军长贺耀祖——滁州;第一师、第二师滁州。第四十军第三师乌衣、浦口向合肥进。新编第十军军长夏斗寅——滁州;第一师滁州,第二师、第三师向定远进。

二、第二路军:总指挥——南京。第十三军军长白崇禧——下关、南京。第一师上海,第二师慈湖,第三师江宁镇。

三、第三路军:总指挥——大通、楚同兵舰。第七军军长夏威——襄安;第一师土桥,第二师砖桥、黄屯,第三师砖桥、黄屯,即日经孔城向潜山前进。第十九军军长胡宗泽——庐江;第一师、第二师巴塘(巴店),第三师巴店,本日可至桐城。第三十三军军长张克瑶——寿州;第一师、第二师、第三师寿州。第十一军军长刘兴——六安;第一师、第二师、第三师六安。

四、第四路军:总指挥——芜湖。第六军军长程潜——芜湖;第十七师由南陵向大通前进,第十八师芜湖,第十九师由南陵向大通前进中。第四十四军长叶开鑫——板桥坡;第一师罗汉庵,第二师、第三师罗汉庵、大通。第三十七军军长陈调元——芜湖;第一师大通,第二师荻港,第三师芜湖。第十三军军长陈嘉佑——泾县;

第五师由泾县向育阳进，第三十八师、第三十九师同上。

五、第五路军：总指挥——南昌。第三军军长王均——九江、南浔一带。第九军军长金汉鼎——九江、南浔一带。独立第三师师长王金韬——归德。

国民政府军事委员会参谋厅　十月二十六日

〔国民政府战史编纂委员会档案〕

5. 参谋厅关于西征各路军作战情况通报

（1927年10月27日—30日）

(1) 10月27日

一、通报：(1)陈军长调元由芜湖电称(二十五日来电)：职军先头第一师，已于敬日到达大通等语。(2)据联络参谋王志辨有电称：自昨(敬)后，大江以南，毫无敌踪迹。何、刘所部现集安庆。我十九军、九军、七军今向桐城出进，四十四军令以一师由大通渡江，沿北岸向安庆前进。其余乘船溯江西上。陈部一师令由大通沿江南岸向贵池前进，其三师由荻港向大通跟进。军部与二师仍驻芜湖。六军仍由青阳向殷家汇、大通前进等语。(3)据楚有兵舰陈司令绍宽宥电称：安庆之敌昨见我舰队逼攻，遂相率西退，及晚进占安庆，敌纷纷逃窜，至本早已肃清。省会治安，绍宽暂为维持，现我尚未到，乞即派员并催军队从速来皖接防等语。(4)又据陈绍宽由楚有舰拍来宥电称：舰队拟暂在华阳、东流间集中候命。刘逆全部系轮远往窜上游安庆，并未登陆，想过马当湖口时，定为朱总指挥所歼灭。

二、情报：西路情报：甲、据第三路总指挥李宗仁有电报告如下：(1)敌三十六军由大通乘船退却，仅有一团在安庆登陆，其余两船未知在何处登陆，敌士气极为颓丧，经过南岸之村镇市，有抢掠之行为。又闻何健亦有准备退出安庆之说。(2)我十九军二十三日达田家店，七军达砖桥，本日可达相城、孔城之线。

乙、据第三路总指挥李宗仁宥电报告如下：十九军敬日占领桐城，威胁安庆侧背，何健、刘兴敬晚由安庆逃窜。本路各军已蹑踪追击中。宗仁午刻向安庆前进。本日，四十四军乘船到望江集中待命。

丙、据陈司令绍宽宥电报告如下：本日派永继、江贞两舰西上追敌，江贞午后收复东流县，永继追至华阳，逼敌西窜，立予炮击，敌且战且走，沿途自由溃散。

丁、据上海东方通信社于九江二十四日来电：南昌之第三军为主力之江西军，云集九江，正向皖境开拔，阻唐敌部队之退却。

国民政府军事委员会参谋厅　十月二十七日

(2) 10月28日

一、通报：(1)据海军第二舰队司令陈绍宽宥电报称：宥日派永健、江贞两舰西上追敌，江贞午后收复东流县，永健追至华阳等语。(2)据第三军军长王均感电呈称：三军业已集合完毕，分布九江、湖口、马当、瑞昌、马头、富池口等处，并以一部驻德安、沙河等语。

二、情报：据龙华卫戍司令部参谋长张定璠感电报告：(1)长江船政局有日，由岳封轮五艘回省，似系输送独立第一师熊震部赴沙市。(2)九江之武汉系各机关，感日一律被封。(3)感日、有三十五军士兵约百人抵浔，被缴械。(4)据武穴来人言；第八、三十五、三十六各军，多数抵武穴，尚有自皖续到者。

国民政府军事委员会参谋厅　十月二十八日

(3) 10月29日

一、通报：(1)据第三路总指挥部参谋处宥日由大通电称：第九、第十两军，于敬日占领桐城、孔城等语。(2)据陈司令绍宽沁日由楚有舰电称：沁日江贞舰到华阳，适残敌正在该市镇抢掠，经该舰驱扫始逃窜，旋复加派楚同舰在该处掩护我军登陆，协同追击，永绩舰赴东流巡防等语。

国民政府军事委员会参谋厅　十月二十九日

(4) 10月30日

一、通报:(1)据派赴三十七军联络参谋王志辨由芜(湖)俭电报称:敌何、刘部尽撤皖境,刻集黄梅、广济,我军向英山、宿松锐进。陈军一师,昨抵安庆对岸,三师进殷家汇。奉李总指挥令,一师驻安庆,三师移驻对岸,军部与二师仍在芜等语。(2)据柏委员文蔚由六安马电称:蚌埠北车,已有六日不通,并无一车南下等语。

二、情报(湘、鄂、皖三省敌情):

甲、据派赴湘省谍报员之报告如下:(1)驻湘警卫团彭亚尧部,在小吴门车站被卫戍司令张国威缴械。(2)宋鹤庚部袁国正团,由石门移驻澧州,被门炳岳击溃。

乙、据十九军长胡宗泽由桐城艳电报称:职军号日抵巢县,敌第三十五第二师五、六两团闻风逃遁,职军尾追,养日进也江,探悉敌军一、三两师在舒城集合,将向桐城、潜山撤退。当命职军第二师、第三师在桐城附近分途截击。敬午,将敌包围,毙敌无数,获军用品行李辎重无算。

国民政府军事委员会参谋厅　十月三十日

〔国民政府战史编纂委员会档案〕

6. 军委会拟将三路各军向北进展及布署第四五两路军作战计划给李宗仁电令

(1927年10月28日)

命令　给第三路总指挥李宗仁(由电局飞送安庆李总指挥行营)

国急。限即到。安庆李总指挥勋鉴:协密。宥亥电悉。所拟作战计划,甚为妥善。惟第四十军现拟向北使用,昨已令知该军即在合肥、梁园集结，停止待命。希将各军攻击正面，依次向北移展，以补其隙。至第五路军似应依照计划，由瑞昌、兴国威胁武穴，掩护我第四路第六、第十三军在九江集中，俟北岸军各军整备齐全后，先令第四路向敌本阵地侧后开始攻击，然后正面同时进攻，较为事半功倍。希酌进行为要。又，程总指挥俟二期进攻准备就绪后，即来前方。军事委员会主席团。勘。印。

〔国民政府战史编纂委员会档案〕

7. 谭延闿等拟调粤军配合西征各部在鄂东夹击唐生智等情致李济深密电

（1927年10月28日）

无线电。广州李总指挥勋鉴：胜密。我西征各军屡战皆捷，迭复名城，业经随时电达在案。惟敌虽狼狈西走，损失甚微。据报拟集结主力，在鄂东一带与我决战，刻此间已决计继续向鄂东攻击，在下月初旬即开始总攻击。希转饬各部，兼程北进，俾敌首尾受击，不能兼顾，以期迅扫逆氛，肃清两湖，是为至要。谭延闿、程潜、何应钦、朱培德、杨树庄、李宗仁、白崇禧同叩。勘。印。

〔国民政府战史编纂委员会档案〕

8. 军委会为第三军扼占九江瑞昌续向武穴逼进给王均密电令

（1927年10月28日）

命令　给国军第三军军长王均电令（由电局飞送）

国急。即到不得停留。九江王军长鉴：协密。感电悉。贵军集中九江、瑞昌，扼上游形势，慰甚。仍希商承朱总指挥，不失时机，截击溃军之敌，并向武穴附近威胁为盼。又我海军感日，已占东流，业令其溯江追击。希即转饬所属各驻兵知照。军事委员会。

俭。印。

〔国民政府战史编纂委员会档案〕

9．军委会布署各路军策应进攻武汉给任应岐等电令稿

（1927年10月31日）

(1) 给任应岐命令（10月31日）

命令

（一）给第十二军军长任应岐（十月三十一日军事委员会发）

1．皖省之敌，经我击溃，退守鄂东、武穴、广济、罗田之线。汉口之敌，一部向鄂西输送，一部向鄂东增加，武汉空虚。我西征各军，本月二十九日以前，已占领太湖、宿松、望江之线，现乘胜向广济、武穴进攻。我津浦线及江北友军，正向徐、海攻击前进中。我驻宜昌之第二军，协同湖北省防军及方总指挥振武、樊总指挥钟秀所部，乘机向武汉策动。我四十三军李燊军长所部，乘机向岳州进攻。

2．国军拟击破敌之鄂东抵抗线后，乘胜急追，与鄂西、鄂东各军攻取武汉。

3．贵军奉令后，应即由固始、商城向麻城前进，与正面友军策应，侧击敌人奏功后，向黄陂攻击。军事委员会主席团。世。印。

(2) 给魏益三命令（10月31日）

（二）给第三十军军长魏益三（十月三十一日军事委员会发）

1．与给任军长命令相同。

2．与给任军长命令相同。

3．贵军在六安集结后，应由霍山九资河向罗田、麻城之间前进，与正面友军策应，侧击敌人，使正面奏功容易。

4．贵军今后归第三路李总指挥指挥。

(3) 给李宗仁电（10月31日）

（三）给第三路总指挥李宗仁(十月三十一日由军委会交电局拍发)

国。限即刻到。安庆李总指挥勋鉴：密。新订作战计划，第三十军应归第三路指挥,除分令魏军长遵照外,特电查照。军事委员会主席团。世。印。

（4）给方振武命令(10月31日)

（四）给第九方面军总指挥方振武(十月三十一日由军委会发)

1．与给任军长命令第一项相同。

2．与给任军长命令第二项相同。

3．贵军应协同湖北省防军及驻宜昌之第二军,先击破开赴鄂西之敌,然后顺流东下袭取武汉,断其归路，并截击由鄂东败退之敌。军事委员会主席团。世。印。

〔国民政府战史编纂委员会档案〕

10．军委会关于进展皖北之第三十三与四十等三军统归其指挥给何应钦训令

（1927年10月31日）

训令　给第一路总指挥何应钦(十月三十一日由军委会发)

1．津浦路孙逆残部约六、七千人,现驻守红心铺、黄练铺、蚌埠、明光、管店一带。

上游之敌,经我击溃后,退守罗田、广济、武穴之线。

2．我军拟迅速攻取蚌埠,歼灭残敌,肃清淮河以南,以与西北军会师徐州,协力北伐。

3．第一、二路军,应以主力由津浦向明光、蚌埠攻击；一部由泗阳向蚌埠东侧威胁。江北方面,仍固守阜宁、涟水、淮阴之线。

4．第三十三军已令集中于凤台、寿州,向怀远方向警戒。四十

军集中合肥、梁园。新编第十军集中池河镇、定远。以上三部，此后统归贵总指挥指挥。

〔国民政府战史编纂委员会档案〕

11. 军委会参谋厅关于西征各路军与唐生智部作战及杨森方振武等表示讨唐通报

（1927年11月2日）

(1) 11月2日

一、通报：甲、据合肥驻军三十三军师长袁家声有电呈称：职部养晚奉张代军长密令，前补充师长魏旭初驻六安数月，掠人勒赎，民怨沸腾。近复勾结孙、张，背叛党国，着即缴械遣散。遵于漾日将该部留六部队，悉数遣散，获枪五百余支，机枪两架，迫击炮三门，并将该师长扣留等语。

乙、据楚有舰陈司令绍宽三十电呈称：连日各舰在华阳掩护队伍登岸，昨晚已毕，本日拂晓率舰队上驶，午刻抵浔，与朱总指挥接洽后，即进攻武穴，以期直捣武汉等语。

丙、据四十军参谋处由庐州世电呈称：职部及一师并教导团，已于陷、世两日达到合肥，一师及独立团则停止于梁园附近待命等语。

丁、据龙华卫戍司令部参谋长张定璠东电呈称：据日舰消息：(1) 宜昌电：十六军一师约一团，由夔到宜；第六师之一部由陆路开向下游。(2)沙市电：第八军一、二两师世日由监利到沙市。第二军一部向荆门、当阳退却。(3)九江电：某舰长云：武穴对岸无大军等语。

戊、据楚有舰陈司令绍宽世电呈称：本日各舰艇在九江上游北岸一带游弋等语。

二、情报：西路情况(武汉方面，各路讨唐军之进展，唐逆之动作)：据第二军军长鲁涤平谍报员吴贞缵于十月二十七日由驻京办事处呈出报告如下：

甲、军队近况：驻地军部及第四第六两师，原驻宜昌城厢内外，第十三师于本月四日新由武昌徒步移驻荆沙，宜昌距荆沙计程二百六十里，水陆均便。原设国有电线无线电，可以利用。荆宜河之南岸，自枝江县以上，直到川东，均系李燊所部，驻扎荆宜之北，如沙洋、荆门等处，系刘佐龙之一部驻扎。而第二军之官长，心里对党确有认识，对讨唐极有决心。

乙、友军情况：(1)杨森代表蔡千里来宜声明，该军愿为第二军马首是瞻，决不受唐峻使。(2)李燊代表往来甚密，迭据来使称：绝对愿听第二军指挥。查该军态度鲜明，确能一致行动。(3)方振武对有函电往来，表示不与唐生智合作，愿一致拥戴中央政府。(4)陈渠珍代表葛才，由湘西来宜，表示讨唐，以出动常、澧为宜。(5)刘佐龙残留襄河两岸之部队，对唐不和，虽未与之接洽，但其力甚微，不足为祟。

丙、逆军状况：二十三、二十四两日，查唐部门炳岳、何宣两师，早进驻常、澧，熊震一师，初由长沙进驻岳州，张国威一师，进驻荆河脑。湖南省防军移驻湖西。湖北省防军七团，向鄂西推进外，传五师对鄂西。大约即以上所列举之部队，其第八军留武汉之部队，悉向武穴开动，且均用轮运。

国民政府军事委员会参谋厅　十一月二日

〔国民政府战史编纂委员会档案〕

12. 军委会关于武穴攻占后请第三、四两军呼应夹击并催朱培德部进攻通城截断武长铁路致程潜等命令

(1927年11月7日)

命令　(无线电致程总指挥、李总指挥、朱总指挥令)

第六军唐参谋长鱼电，谅已邀览。唐逆缩短战线，意在迁延战期，我军应乘其措施未完，迅即歼其主力，以求速决，实为至计。刻武穴既经占领，广济必旦夕可下，敌士无斗志，将有离心，布置未周，一击必溃，务请颂公急饬南岸第十三、第六两军，迅速猛进，与第三路军呼应夹击，则北岸无突出之患，南岸收夹击之功，庶能歼其主力，免贻后患。并请益公转催所部，向通、崇、蒲兼程前进，截断武长铁路。连络一断，敌必全军瓦解，嗣后纠纷，迎刃而解矣。军事委员会。虞。印。

〔国民政府战史编纂委员会档案〕

13．军委会为防止唐生智退入湖南请饬各军速攻衡阳给李济深等电令

（1927年11月9日）

（1）给李济深电令（11月9日）

命令　给广州李总指挥电令（十一月九日由军委会发）

是间，西征各军，节节前进。虞日，已占广济，武穴，即向武汉追击前进。现武汉震动，唐逆准备退湘。希饬前敌北伐各军速取衡阳，断敌归路，倾其巢穴，庶可早日解决也。军事委员会。佳。印。

（2）给方鼎英电令（11月9日）

命令　给宜章方军长电令（十一月九日由军委会发）

贵军北进迅速，直入宜都，至为欣慰。唐逆鄂东部队已被我第三军击破。虞日，我军占领广济、武穴，现正向武汉追击前进中。据报：唐逆准备退湘，再图负固。希即速攻衡阳，先捣逆穴，以期早日扑灭，余众免延战期，是为至要。军事委员会。佳。印。

〔国民政府战史编纂委员会档案〕

14. 军委会为攻取武汉饬海军炮击侧背给陈绍宽电令

(1927年11月9日)

命令　给楚有舰海军陈司令电令(十一月九日由军委会发)

西征以来,海军奋勇前进,唐逆海陆各军,咸为披靡,至慰。据报:我海军向敌侧背炮击,敌人最感痛苦,仍希饬舰突进,攻其侧背,直捣武汉,竟此全功。军事委员会。佳。印。

〔国民政府战史编纂委员会档案〕

15. 军委会参谋厅关于胡宗铎在兰溪击败唐生智军战绩情报

(1927年11月10日)

胡宗铎蕲春蒸(十日)电:职军击破广济附近之敌后,佳(九)日由漕河附近,以一部向六神港前进途中,值敌第八军第三师警戒部队一营,搜得命令一纸,悉敌由武汉乘轮调到第八军第三师李云杰部全师,独立第六师蒋世杰部全师,独立团罗定国一团及由蕲春乘轮开到三十六军第三师周维寅部全师,由败将刘兴指挥。已在兰溪附近登陆,拟乘职军及第七军行至漕河、长塘角、横车桥附近,以与蕲水之三十五军、败退蕲春之三十六军之一部前后夹击之时,至石头嘴附近,进而实行侧击。此时我第七军业已进至蕲水附近,与敌三十五军正在接战,当于佳(九日)午以一部对蕲春警戒,主力开展于六神港、造册桥、栗木桥一带,对展开于兰溪附近之鹿斯山、莲花山、花牯石一带之敌,猛烈进攻,自佳(九日)午接战蒸(十日)晨,敌军背水据山,抗战甚烈。我军士气奋发,望山仰战,锐不可当,至一夜间,毙敌千余。敌不可支,一部随刘逆兴纷纷上轮溯江而窜;一部渡越水散在四方。〔落〕水长江溺毙不计其数。麇集兰溪一隅数约万人之敌，全部覆亡。职军亦阵亡营长陈金魁一员，轻伤团长万倚吾一员，重伤副团长余锦章、钟楚屏二员、营长李纲麟、潘益谦、岑雄武、顾世勋、张圭荣、刘立汉六员，伤亡连长以下军官四十余员，士兵七八百名。职军即向汉口追击前进。

国民政府军事委员会参谋厅

〔国民政府战史编纂委员会档案〕

16．军委会为北岸西征各军攻下蕲春等地饬所部侧击给程潜等电令

（1927年11月11日—12日）

（1）给程潜等电令（11月11日）

命令　（无线电致程总指挥、李总指挥、朱总指挥令）

无线电。国。限即刻到。九江程总指挥、武穴李总指挥、南昌朱总指挥均鉴：协密。综合真日以前各方情报；我北岸各军，已进占蕲春、蕲水，南岸前锋之一部已占富池。惟其余各部，尚未能齐头并进，望程、朱两总指挥飞饬所部，依照预定计划，猛攻敌之侧背，使敌全线动摇，无整顿抵抗之余暇，所谓破竹之势，幸毋失此良机也。军事委员会。真未。印。

（2）给魏益三电令（11月12日）

命令　给魏军长电令（十一月十二日发）

给魏军长益三文电令：灰日，我四十四军占领蕲春，十九军占领蕲水，希贵军长督率所部按原定计划，迅速前进为要。军事委员会。文。印。

〔国民政府战史编纂委员会档案〕

17．参谋厅关于西征军攻取田家镇暨川军杨森占宜昌及何健等退守鄂城等情通报

（1927年11月8日—13日）

(1) 11月8日

一、通报(由参谋厅通报各处本日前方情况)：(1)敌何、刘之一部，退至鄂城构筑工事。(2)赤湖及武山湖中有小民船数百只，似准备退却模样。(3) 十九军及第七军已占领广济。四十四军一部已达武穴。(4)冯总司令所部前锋已过砀山，即日取攻徐州。(5)我第一路各军，已于本日拂晓向明光、凤阳、沙涧铺、东鲁山一带攻击前进。(6)我粤范、方各军，已于歌日开始进攻。

二、情报：

第三路军：王伦安庆东戌电：得胡军长电话报告：二郎河镇、宿松及黄梅之敌，均已撤退。东辰，第六军十八师乘轮过安庆上驶。第三路军下前进命令如下：第四十四军应进至宿松、徐家桥之间。第七军应进至二郎河、太湖之间。第十九军应进至弥陀寺、太湖之间。第三十七军之两师及山炮之一团，应进至潜山、石碑，均限于四日以前到达各地。

第四路军：一、陈调元安庆支申电：前奉李总指挥电令两师及炮团工营进至潜山、石牌附近，业经江电呈报在案。顷奉李总指挥江电令开：各该部队在第七军后方一日行程，前进至黄梅停止待命等因。遵饬第一师于歌日由潜山，第三师同日由石牌随第七军后方向黄梅前进。其炮、工各营，因轮缺乏，尚未到省，现正在筹备船只，俟运轮到省，则令向前追进。

二、叶开鑫黄梅鱼子电：(1)根据敌何、刘二部在刘公河、荆竹铺、团山河、郑公塔、武穴一带占领阵地。(2)职部邹师微午进至西佛寺，与刘兴接触，未刻占领该地，申刻攻破郑公塔，追至蓝田，现与顽敌激战中，计俘敌百余名。职部亦伤七十余名。(3)本日继续向正面敌猛攻，以三师之七团，由樟港进取孔龚口、龙坪、武穴之敌，攻击前进。(4)军部本日午正进驻郑公塔。

三、王志辨安庆虞电：敌何、刘部，江日退出黄梅、武穴后，又在鄂城构筑工事，欲图抵抗。我胡军昨抵广济，夏军亦继至。叶军抵武穴，程军抵九江。朱军向通山、崇阳布置，截长武路。陈军预备队之一、三两师，昨抵黄梅，其在芜之二师，尚未到此。军部在此间候命。李总指挥坐舰，昨夜赴九江指挥作战。

第五路军：朱培德南昌支电：德部照艳电施行，派第七十团担任九江、湖口警备。第三军全部向武穴移动，俟程部集结完毕，即协同出击。第九军之一师，仍结集赣西待命。

航空：一、本日午前零点二十分报告，敝处水机队在前方侦察情况如下：(1)水机斯乃克号两架，于虞日十一时到浔。(2)虞日下午飞赴蕲春、广济等处侦察两次。(3)武穴之敌有退却模样。

国民政府军事委员会参谋厅

十一月八日

(2) 11月9日

一、通报：

(1) 津浦方面，我军齐日占领红心铺、黄练铺之线，逼近明光。(2)第三路军向蕲水、蕲春溃逃之敌尾追。(3)第四路军向富池口、阳新、枫林铺、木石港、三溪口攻击前进。(4)我海军进至田家镇，截击退却之敌，敌伤亡约三千余人。(5)第三军已向通山、崇阳布置。(6)敌舰楚振，于阳日被我海军炮击后，向上游奔窜，现正追击中。

二、情报：

(一) 张厅长华辅九江齐电：虞日戌抵浔，所得情况如下：(1)海军鱼日抵武穴，李总座虞午率中山舰往武穴。(2)江北叶军鱼日占领黄梅，向广济前进。(3)六军全师鱼日集中瑞昌，向富池口前进。十三军一师虞日向瑞昌续进，一师暂驻浔。六军之三师，将于鱼日由池州向九江输送。(4)朱总指挥所部二师，已照计划出动，田家镇、富池口各有敌二、三千，企图不明。

(二) 参谋厅张厅长华辅九江佳晨电：综合齐日所得各方情报，判断如下：(1)敌后方如尚有生力军增援，可依稀水河流固守，主力由蕲水北方团波出击。(2)一策不行，第三十六军将由蕲春渡江，向武昌以南退却，第三五军则向汉口退却。除电请李总座，催魏军速进，并令第七军注意右侧外，江南方面，第六军已于齐晨由瑞昌向富池口、阳新，第十三军佳晨由瑞昌向枫林铺、木石港、三溪口方向攻击前进矣。

（三）王伦安庆微电：支晚，十九军到达亭前驿，第七军到达凉亭河，第四十四军到达黄梅、双城驿。西方山地及郑公塔附近，有敌警戒部队。刘公河有敌一团，黄梅、广济尚有敌大部。已决定敌如固守该线，则以十九军在双城驿停止，第四十四军在郑公塔停止，七军侥出鸡鸣河，即同时进攻。敌如无重兵在该线，则各军占领武穴、广济后，再按作战计划追击。

（四）第三十军驻宁办事处处长李文鸣呈：顷奉魏军长电开：我军一、三两师，已向鄂省出动，歌日，第一师可达英山，第二师已抵霍山，军部及第二师骑、工兵等，亦积极筹备出动，向京汉线上进攻等因。

（五）陈嘉祐九江佳电：祐本日出发，准率部经兴国向咸宁攻击前进。

国民政府军事委员会参谋厅

十一月九日

(3) 11月10日

一、通报：

本日参谋厅通报前方情况如下：(1)阳日、我第三路军向刘公河、广济一带敌三十五、六及第八军开始总攻击，自晨至午，鏖战极烈，率将逆敌击破，敌伤亡甚巨，俘掳三千余人，获枪械子弹无数。(2)我海军各舰自占领武穴后，即西上追击，齐晨，舰队即逼近田家镇，期冲上蕲春，断敌归路，现正与敌舰激战中。

二、情报：

（一）第三路军：(1)魏益三、六安鱼电，顷据职军阎师张团长白英山电话报告：据派赴罗田官长侦探归来探告，该县新由武汉开来敌第八军二千余人云云。业饬该师即派便衣队前往捣乱，相机进攻，以便友军容易进展，及其余各师，迅即准备出发，大举进攻。

（2）李宗仁楚有齐电：敌三十五军全部、第八军一部、第三十六军主力，占领桐梓河、龙坪之线，负隅抗拒国军。微日，我十九、四十四军驱逐敌之警戒部队，展开了双城驿、郑公塔及其以南之线，准备于阳拂晓攻击。刻以第七军由大河铺经桐梓河出狮子口、刘公河，包围敌之左翼。阳日，我军全线开始总攻击。海军亦向武穴进击。敌三十六军将渡过，江南之部队约一师，撤回江北，加入作战，自晨至午，鏖战极激，卒以我正面部队之锐意奋进，七军已出至敌之侧背，敌始不支，纷纷向蕲水、蕲春溃逃，其一部则乘船上驶，现各军正向蕲水、蕲春追击。海军亦派舰至田家镇截击。是役，敌人伤亡甚巨，俘虏三千余人，枪炮子弹无数。我第四十四军[1]〔伤亡〕戴师参谋长、团附、营长各一员，伤亡尉官数十、士兵数百。我十九及七军伤亡数，尚未具报。宗仁申抵武穴。

（三）魏益三六安歌亥电：(甲)职于歌酉抵六，业经电呈在案。职军第一师先头，业经李总指挥令，于今晚可达英，略事补充给养，即向罗田前进。第三师已抵霍山。(2)军部及第二师并骑兵团、工兵营等，现在六安，俟补充给养服装，并输送卒雇齐，即经黄梅向罗田、黄陂沿京汉路前进。

第四路军：程潜九江庚电：顷接叶军长开鑫鱼电称：敌刘兴主力寅刻向我进攻，激战至午，一、二两团伤亡过多，几致动摇，当令内部奋击，敌仍顽抗。至申，敌不支，纷向武穴、蕲春溃退，现正追击中。明(阳)日，职部分三路：一向田家镇，一向武穴，一向龙坪追击。是役消耗子弹甚多，毙敌无算，俘敌数百，获枪三百余支。

---

① 军长叶开鑫。

职部阵伤参谋长、团长、团附、营长各一员。阵亡营长一员，伤亡尉官数十员，士兵数百名。职部今晚在王家河宿营，明(阳)日经郑公塔向武穴前进。

海军：(甲)陈绍宽九江阳午电：本日攻占武穴时，并与敌舰楚振激战，敌舰经我炮击后，向上游奔窜，除追击外，谨闻。(乙)陈绍宽楚有佳酉电：本日拂晓，江贞舰在富池口、田家镇一带攻击，敌溃退半边山。午后，绍宽躬率楚有、楚同两舰，向田家镇、半边山猛攻，并与敌舰激战，历时四小时，敌舰窜避，敌军主力动摇，我军队伍亦追进，田家镇不日可下。

粤方：方鼎英东昌微电：职部李、萧两团，支日同时进占宜章、赤石，向擢岭良田进攻郴州。

国民政府军事委员会参谋厅

十一月十日

(4) 11月11日

一、通报：

(1) 鲁桐梓河车坊铺之役，我第七军先头部队击破八军之一师，四十四军与敌三十六军激战，自寅至申，毙敌无算，俘敌数百名，获枪三百余枝。第十九军派一师包抄三十六军后路，又击破三十五军，获枪二千余支，毙敌团长曾广国及营长二员及下级官多名。(2)海军江贞舰佳拂晓在富池口、田家镇一带攻击，敌溃退半边山。佳未，楚有、楚同两舰向田家镇、半边山猛攻，与敌舰激战，历四小时，敌遁。(3)灰日，四十四军占领蕲春。九军占领蕲水，第六军占领富池。

二、情报：

第三路军：(一)王伦安庆支(4日)电：据太湖胡军长江日电话：敌除留少数部队及若干炮兵在广济、武穴掩护退却外，余均向武穴以上水陆分退。敌似企图缩短战线，乘机解决我鄂西鲁军，或退保湖南。现李总指挥已限第七、第十九、第四十四军×日输送完毕。第五路进展，现朱总指挥既不赴宁，请转陈程总指挥速莅此间与李总指挥同赴九江。

（二）李宗仁武穴佳午电：顷据胡、夏两军长报称：鱼日在桐梓河、车坊铺、大符山一带与我对战之敌人，系第八军之一师、第三十五军及三十六军全部。鱼日午激战终日，因四十四军被三十六军猛烈反攻，几不支，卒因第十九军将三十五军击溃，派一师包抄三十六军后路，始行败溃。我七军先头部队在桐梓河攻击八军之一师，战二小时，敌即溃退。是役十九军夺获枪二千余支，击毙三十五军曾团广国，二师五团罗团长受重伤，击毙营长二名，下级官多名。齐晚，我十九军进至横车桥，第七军可过株林河，第四十四军到达田家镇以东之线。昨晚闻枪声甚密。想必与三十六军掩护部队激战。佳晨，我第七军向关口、蕲水追击。我十九军向六神港、兰溪截击。请颂公催第四路军前进，以收夹击之效。

（三）程潜九江虞电（第四路军）：武穴、广济、富池口之线，敌无重兵，而武汉确已震动。敌似有退湖之样。敌最忌者、粤方出兵，则后方全体动摇。如粤方能迅速出兵，则敌不得已阵在南岸，或湘鄂之交，与我决一死战，我可集全力，一举解决之。

国民政府军事委员会参谋厅

十一月十一日

（5）11月12日

一、通报：

（1）第四路军尚师，与真日占领阳新，现跟踪追击，张师由富池口前进，攻克半壁山，向敌追击。十九师已达枫林铺。（2）鄂西方面：杨森已占领宜昌。第二师全部集荆门一带。现正与第九方面军联络策应，以先解决沙市之敌。（3）鄂东之敌，主力已被三、四路军击破。其三十五军之周师，已受我二军鲁军长收编。

二、情报：

第四路军：程潜九江蒸电：顷据第六军十八师张师轸电称：

职部于庚午展开于上巢湖大岭、中岭之线，对第八军第二师攻击，敌据险顽抗，我军仰攻攀登，冲锋数次。自午后二时，激战至夜，敌始纷纷向扬新溃去。富池口已完全占领。是役毙敌八百余人，缴械五百余支，现我向阳新追击中。

海军：陈绍宽楚有蒸酉电：武穴攻下之后，已连日躬率舰队西上，向敌猛烈压迫，敌利用田家镇两岸炮台，并敌舰楚振、决川及数炮舰，顽强抵抗，均经我各舰先后迎头痛击，预料田家镇不久可破。

国民政府军事委员会参谋厅　十一月十二日

(6) 11月13日

一、通报：(1) 第六军张师庚日占领富池口之役，毙敌八百余，缴械五百余支。(2)我粤中央军方指挥所部，庚日克复郴城，逆军大部向来阳方面溃窜，一部向桂阳方面遁去。(3)我蜀杨军长森所部之三师，于支日到达宜昌，日内即开始向武汉移动，尚有一万五千人，继续向宜昌运输中。(4)海军各舰于文早向石灰窑压迫及扫击黄石港之残敌，并派舰在蕲春掩护我四十四军之前进。(5)据汉口贺国光通电，唐逆业经下野，武汉治安，暂由贺维持，请政府速派员莅汉，主持一切。

二、情报：

第三路军：参谋厅厅长张华辅九江庆亥电：佳(九)日西征军位置如下：江北方面第七军未□。据报第十九军抵横车桥附近。第四十四军在鸭掌山、香山，与田家镇之敌对峙。江南方面，第六军抵富池口，第十三军由瑞昌向咸宁方面前进中。

关于敌情者：(一) 浏阳、醴陵、平江、株州、通城、崇阳有一团以上兵力，咸宁赵李桥、羊楼峒一带，驻有第八军之一、三两师。

(二) 何健江日致唐电：谓我军不顾敌正面，向其左侧迂回，宜由正面出击，使我迂回无效等语。此六、七两日，三十六军猛向叶军反攻，虽经击退，现尚固守田家镇，恃险抵抗，已令贺师及三十七军之一师增援，今后江北残敌，似可无大顾虑，惟歼灭鄂南之敌，尚不能无虑耳。

第四路军：程潜九江真电：田家镇之敌已于昨晚乘船退却，嗣后敌将注重南岸，其主力必集结于长穴铁路线，故我军作战亦应注重南岸，务求得其主力而击破之。已嘱由兄拟具计划。

第三路军：一、胡宗铎黄梅鱼电：敌何健三十五军及刘兴部三十六军，经我军在皖省节节击溃后，纠集残部及八军，在广济东方、后湖寨、车坊铺、金山寺、田家镇一带山地占领阵地，以图最后抵抗。鱼晨，我军进攻，在丛山中追搏十余次，激战历八十时，始将敌主力完全击溃。毙敌、伤敌、俘敌约千余人。残敌经向广济、蕲水、蕲春各方散去，现我军追击前进，即日向汉口前进。

国民政府军事委员会参谋厅

十一月十三日

〔国民政府战史编纂委员会档案〕

18. 参谋厅关于西征各军进兵武汉唐生智出走与川黔军攻入湘西等情通报

（1927年11月14日）

一、通报：本会参谋厅通报前方情况如下：

（一）阳日株林河之役，我第七军与敌三十五军全部及独立第九师全部激战二昼夜，毙敌团长一，俘获团长二，得枪械、辎重、马匹无算。

（二）唐逆已于真（十一）日出走，三十五军残部由水路退岳州，三十六军残部由武长铁路退长沙。

（三）真（十一）日，我第七军已追过蕲水，可抵团风。十九军追过兰溪，四十四军于元甲渡江完毕，向武昌前进，先头部队已抵石灰窑。

（四）第六军文（十二）日占领大冶。第十三军齐（八）日由瑞昌出发，向咸宁方面攻击前进。

（五）魏军长所部，于青（九）日占领罗田。

（六）海军各舰，于元（十三）日占领鄂城，未刻进占黄州，现准备即日猛攻武汉。

（七）我川、黔军已出兵湘西，断唐后路。

二、情报：

（一）本会参谋厅长张华辅九江文（12日）晨电；西征各军进展情形如下：(1)第六军已于灰（十日）晚占领半壁山，残敌部向陈家嘴溃退。该军刻正跟踪追击中。(2)陈嘉佑军已于齐（八）日由瑞昌出发，向咸宁方向攻击前进，已达何处，尚未据报。(3)叶开鑫军于灰（十）日攻克田家镇，所部队伍向蕲春前进中。(4)第七军已抵蕲水，第十九军已抵兰溪。(5)逆军嗣后除依稀水、巴河两河流地域以抵抗我军外，别无可以作战之地形，我军今后以截断敌武长路及截击江北溃军为急务。惟叶军迭经激战，伤亡过多，须整理补充，而后咸宁方面前进，各军以地形、给养、素质等种种关系，行动难得敏活，故拟调十九军渡江，循计划中所规定叶军之前进路前进，刻正与李总指挥面议中。

（二）程潜九江文（十二日）电：(1)三十五军被我夏军在蕲水击溃，毙团长一，俘团长二，该逆军已无战斗力。三十六军（于）武穴、田家镇、富池口、半壁山之役，亦经我军击破，于蒸（十日）晚乘舰逃脱，所受损伤不少。第八军一、三师在赵李桥，二师入西沙市，此敌情之大概。(2)据赖心辉代表支（4）日由宜来报称：杨森有一师已到宜昌，与第二军及方、李各部联合讨唐，即日东下，态度鲜明。(3)第四路军主力已达阳新，向咸宁前进。(4)依上判断，敌在武汉无驻定余地，惟有收集残部集结长武铁道，与我作最后之决战。因此，我军主力应转移于南岸，目下已与李德公商议中。

（三）第五路军：朱培德九江文（十二日）未电：本日有赖心辉代表来浔云：杨森确与第二军及李燊、方振武等军联合讨唐，其态度甚鲜明。本月支(四)日,杨部到达宜昌已有三师,尚有万五千人继续向宜昌运输。已到宜之部队,日内即开始向武汉移动等语。

(四)刘辅察汉口文(十二)日电:辅察冬日就道,于真(十一)日始在团风寻晤何君,渠即返汉劝唐,唐已决定下野,希即电达前方作战军官停战,以示和平。现何军已另电致都,派代表前谒见。

(五)范崇实上海文(十二)电:顷奉刘总指挥湘庚(八日)电:(1)湘遵于四日通电讨唐。(2)除西路讨唐军杨森前卫已达宜昌外,并令赖心辉以五、六两路前敌指挥名义,为川黔军出兵湘西,断唐后路等因。特呈。

国民政府军事委员会参谋厅　十一月十四日

〔国民政府战史编纂委员会档案〕

19. 军委会参谋厅关于方振武率部在荆沙等地击溃唐生智部情报

(1927年11月16日)

方振武德安府铣电:振武自奉命讨唐,督师出发,将荆、沙唐部吴、熊、陈、程各师完全击溃,即分三路进展,现我右路军张指挥所部进至应城、汉川一带,我中路军阮指挥所部进至德安(安陆)、云梦一带,我左军苏指挥宗辙所部进至花园、孝感一带,于寒、删等日,在各该处先后集中。各路先头部队均已进抵武汉附近,正拟乘胜进取,适闻唐氏潜逃,已令各路停止前进。职现驻德安府城,静待政府后命。

国民政府军事委员会参谋厅

〔国民政府战史编纂委员会档案〕

20. 军委会参谋厅关于唐生智下野经过与贺国光卫戍武汉等情报

(1927年11月16日)

第三路军：一、胡宗铎霍山寒（十四）戌电：职本晚率部到达团风约三十里之挖沟附近宿营，拟明晨继续向汉口前进。顷由汉方派来代表，所得情况如此。唐在兰溪、蕲春战败后，即在汉召集何（健）、刘（兴）、李（昌仙）及师长以上各将领会议，提出三种办法：（一）置全力打通河南，实行与奉张联络。（二）集中兵力死守武汉。（三）个人下野。议决结果，何、刘、李均赞成。唐逐于真日通电下野。但于通电前将八军师长张国威枪决。唐下野后，以三十万买日轮下驶，其部队分向鄂西、岳州逃窜。现武汉治安暂由贺国光维持。彭振国之三团驻汉口，王道中两团驻汉阳，省防军一团驻武昌，一团随唐部开赴通城。以上各部，除随唐开去之省防军一团外，余均派有代表来此欢迎之。概我军到汉，当无若何问题。

第四路军：一、参谋厅长张华辅九江删（十五）酉电：我海军已于删（十五）日进抵汉口。七军、十九军、四十四军，亦于删日可抵武汉。程总指挥拟铣（十六）日午后移驻武汉，华辅随行。

鄂方：一、贺国光汉口咸（十五）电：武汉唐部陆续撤退，国光暂任卫戍，协同第三十军中央第三旅等各部军队布置防务。惟远赖福威，武、阳、夏三镇，安堵如常。惟防阔兵单，瞻前顾后，时深竞惕。胡军所部队伍，明日到达，治安有系。

二、西路讨唐军第二军参谋处仙桃镇删（十五）午电：庆（十）日捷电计达。我军于即日乘胜向仙桃镇前进。右路军、省防军第一师、第二师同时于仙桃镇揭举义旗，响应我军，已于本日完全占领仙桃镇，即日会师，直取武汉。特此捷闻。

国民政府军事委员会参谋厅

十一月十六日

〔国民政府战史编纂委员会档案〕

21. 军委会为唐生智溃逃湘省命各路部队勿进驻武汉通令

(1927年11月17日)

(一) 给樊(钟秀)、魏(益三)、杨森、李(燊)、鲁(涤平)、程(潜)各部通令:

查武汉商场,迭受共党及唐逆蹂躏,物质凋敝,已达极点。若复大军云集,供给必感困难,治安将受影响。前因作战关系,故各军均向武汉前进。现唐既远遁,逆部亦均溃逃,各路部队,实无再向武汉前进之必要。所有第九【路】方面军,第四十五军、第三十军、第二十军、第四十三军、第二军、湖北省防军各部,着暂在现地停止,勿得进驻武汉,以免市廛拥挤,紊敌秩序。其以后军事进行及各部任务分配,着程总指挥妥为筹定,分令施行。军事委员会主席团。篠。印。

(二) 给宜昌杨军长无线电篠日电令

武汉业已克复,贵军出发武汉之部队,都即停止待命为要。军事委员会主席团。篠。印。

〔国民政府战史编纂委员会档案〕

22. 军委会参谋厅为唐生智部退集岳州布署第三期作战计划通报

(1927年11月17日)

一、李宗仁汉口铣(十六)酉电:武汉仅标鄂省少数省防军及彭振国部队数千人,唐逆部分水陆两路退集岳州,尚无确实表示。此后能服从政府,自可停止进兵。然预将各军布置妥当,反抗时可进击,似亦刻不容缓。襄阳方军,似可参加北伐。鄂西杨军、鲁军、李军,似宜集中石首、公安,以使由湘西进攻长沙。至三、四路进兵计划,已电邀程总指挥来汉主持一切,并请钧会速示方略,以便遵循为荷。

二、王伦汉口篠(十七)申电：职随李总指挥铣(十六)午抵汉，三镇仅留我中三旅及省防两团与彭振国部。唐嫡系部队，分水陆退集岳州。据唐部参谋言：对战军队实力，损失不过十分之二三，苟加整顿，尚可完全如故云云。现对方宣言，服从中央四次执委会议，殆属缓兵口头禅。职意一面固宜从政治求解决，一面宜速将各军布置妥贴，以促政略之成功。但对方不就范时，可从事进兵。兹定三期作战计划如下：(1)第三路应沿长江两岸进兵，集中新堤，准备向临淮及岳阳进攻。(2) 第四路应沿武汉铁路两侧进，集中蒲圻，崇阳，由羊楼市、通城截断长岳道，进攻湘阴、长沙。(3)第五路集中铜鼓、萍乡，准备向浏阳、醴陵进攻，威胁长沙侧背。(4)黄总指挥所率之桂粤各军，应先进衡阳，准备向衡山、湘潭进攻长沙。(5) 第二路及黔军应集中公安，准备向常德前进，截断敌人退往湘西，并乘机进攻长沙。此外，如方振武部队，应命令参加北伐。杨森部应即停止宜昌，适为声援，亦属必要之举。未审钧座以为如何？除呈请李总指挥鉴核外，请速赐机宜。以便程总指挥、张参谋厅长莅汉时，即可秉承一切。策定肃清湖南作战计划。为盼。

粤方：方鼎英真(十一)午电：职部张师于阳(七日)攻郴城，向栖风渡前进，敌退耒阳，小部向西溃退。徐团昨占栻阳，许正向郴、株进。职今日已由宜章进驻郴城。日内即会攻耒阳。

国民政府军事委员会参谋厅

十一月十七日

〔国民政府战史编纂委员会档案〕

23. 军委会参谋厅关于杨森与方振武等在宜昌组织西路讨唐军临时军事委员会情报

(1927年11月18日)

西路讨唐军临时军事委员会主席杨森、委员方振武等宜昌巧电：此次唐逆称兵，我政府下令讨伐，森等素以党国为重，自应同仇敌忾，大张挞发。爰于三十日通电应命，一致声讨。复因武汉梗阻，我政府一切命令，多难奉到。不获〔？〕已，由第九方面军、第二军、第二十军、第四十二军及中央独立第九师各部，权在宜昌组织国民革命军西路讨唐军临时军事委员会，主持军事兼摄推定杨森为主席，方振武、鲁涤平、李燊、陈渠珍为委员，指挥各军分向武汉、长、岳进攻。讵知唐逆多奸，乘我组织尚未就绪，嗾其走狗吴尚，将吴、程、熊、陈、门五师之众，分道向我松滋、枝江及沙市方面猛力压迫。当时各军皆未集中，枝、松两县相继陷去。驻沙惟我第二军第十三师部队，众寡不敌，无险可恃，只得退守星城、河溶、当阳一线，以掩护我第二十军集中。殊吴逆等恃其顽强，猛扑不已，我第二军乃放弃当阳，诈退荆门，诱其入彀，然后与二十军夹击之。综计我军第二军在荆门一带，杀敌千余，夺获械弹甚夥。我第二十军亦次第克复当阳、河溶，沙市各地。战无不胜。同时我第四十三军在江南岸与逆军门师酣战数次，克复枝江、松滋。我第九方面军则以大部由襄河北岸，阻敌绕攻，复经我东征各军追击猛烈，逆军四面受我包围，始行退避长、岳，犹敢负隅据险，以图死灰复燃。刻我第二十军已达监利，向新堤、城陵矶压迫前进。我第四十三军已进至公安、石首，将取道津、澧，直趋长沙。我第九军方部，亦将到达孝感，会师武汉。犹冀我东征各军乘胜进击，犁庭扫穴，用竟全功。

国民政府军事委员会参谋厅

〔国民政府战史编纂委员会档案〕

24. 军委会为唐生智退入岳州等地饬各路军分向湘省进攻命令

（1927年11月22日）

给三、四、五路总指挥及方、张、李各部命令：

1. 唐逆残部溃遁于岳州、湘西、湘东各处。

2. 国军拟继续征讨，以期将反动势力，澈底澄清。

3. 第三路各军及四十四军，应集中蒲圻及宝塔州对岸陆溪源一带，向临湘、岳州之敌攻击。

4. 第六、第十三两军，应集中崇阳、大沙坪一带，经通城、平江，向长沙之敌攻击。

5. 第五路第三军应集中铜鼓，向浏阳攻击，第九军应集中萍乡，向醴陵攻击。浏阳攻下后，合取长沙。

6. 以上各部，均须于十一月二十四日以前集中完毕。

7. 第二军、第四十三军及第九方面军之两旅，应集中于公安、石首一带，经澧州、安乡，向常德进攻。仰即遵照。此令。军事委员主席团。皓。印。

〔国民政府战史编纂委员会档案〕

25. 参谋厅转国民政府准冯玉祥请抽调西征军北伐给程潜等训令

（1927年11月25日）

国急。汉口程总指挥、李总指挥、白总指挥钧鉴：协密。顷奉国民政府训令一件，内开：为令行事。据西北国民革命军冯总司令电称：奉、鲁军阀，负隅顽抗。现在湘鄂奠定，应请抽调西征军转锋北伐，夺取徐鲁联络战线，大举进攻。并须扩大宣传，宽筹饷糈，以图最后胜利等语。冯总司令虑远思深，爱国精神益于言表，除已电复嘉纳，并拟召集专会讨论外，为此，令仰该会先行参照冯电增兵北伐，妥筹接济，加紧宣传，另候召集会议讨论政治问题，总期会合，完成革命，以副喁喁望治之意。此令。等因。特此转呈。敬祈核夺示遵。以便呈复。军事委员会参谋厅叩。有。印。

〔国民政府战史编纂委员会档案〕

26. 海军总司令部关于参加西征各次作战报告

(1928年1月)

〔十六年〕十月以来,武汉唐生智占据安庆、芜湖,节节进逼,逆迹昭著,不得不共伸讨伐。十月十九日,我海军遂令第二舰队司令陈绍宽,率同楚有、楚同、永绩、永健、江贞等舰,陆续西驶,准备进攻。是日午前,楚同、永绩两舰,先向上游巡弋,侦探敌军动静。午后,楚同、永健、江贞三舰,带小火轮两艘,由陈司令绍宽率之,向上游兼程进发入皖,至东西梁山之上,各舰队齐向芜湖前进。先是唐逆所部之刘兴三十六军,闻我舰队出发,即开拔西退。又因我海军之遄进迅速,仓猝不及准备,所拟于东西梁山下布置之水雷,亦不及敷设。故我舰队安全通过,遂于十九夜八时,占领芜湖。其时我国民革命军尚未到达,而该处人民经刘兴军队骚扰之后,恐慌万状,地方秩序,极不安宁,遂由我海军出示安民,人心大定。二十日拂晓,令楚有、永绩两舰,停留原处,维持治安。江贞等舰,仍由陈司令绍宽率领西驶,追击敌军,至荻港,适遇敌军在该处整队开拔,且有江顺炮舰为掩护,又有小火轮为之运输,即由我各舰开炮扫击,敌军纷纷逃窜,当获江顺炮船、衡源小轮、枪炮等军用品甚多,又俘敌十一名。至午刻,荻港完全肃清,复令各舰队继续前进,正驶过顺安镇岸边,又见敌队西行,我舰队即开炮轰击,敌军遂望风披靡而逃,沿途追击至刘家渡等处,敌军纷向内地逃匿,追至土桥,时已薄暮,见敌大队正向西移动,又有炮舰为其掩护,且抛掷水雷于港道之中。其时楚有、永绩两舰已随队西进,即令肃清该处障碍,而敌军在岸边,架设大炮多具,与我顽抗。迨夜,敌舰不支,乘黑而遁。岸上敌军尚抵死抗拒,我海军遂令永绩赶来合攻。二十一日拂晓,各舰继续攻击,一面令江贞舰在刘家渡掩护,第七军队伍,登陆夹击,而楚有、永绩、永健各舰,轮流炮击,至夜半不稍息,敌遂溃退。二十二日土桥克复，一面飞电陆军各总指挥，迅速派队协同追击。一面继续进攻，以期赶赴大通，断敌归路。讵追至中途，敌又伏于灰河上芦苇之间，伺我舰过，突然枪炮齐下，我各舰还炮血战，敌始远窜。是役，虽获敌驳一艘，而永绩舱面，颇受损伤。时湖鹏、湖鹗、列字、张字四艇亦赶到前方，随同作战。二十三日拂晓，楚有、永绩、永健、江贞、湖鹏、列字等舰，进攻大通，该处敌军，备有水雷多具，埋置港内，并在山上架炮，又分配江平、江通、江寿、楚振、浚蜀各炮舰，以图抗御。然因我海军乘胜长驱，炮火猛烈，遂仓皇西退。先是刘兴军队败退大通时，扣留招商局江华、江顺两船，将乘客男女老幼三四千人，逐留岸上，饥寒病死者不少，我海军为之调风浦、华平两轮，将难客运往芜湖、南京，以免流亡。计大通之役，俘虏三百余人，缴枪七十四枝，子弹一万五千七百颗，铁质驳船两艘、木质驳船十一艘。二十五日拂晓，楚有、永健、永绩、湖鹗等舰，续行攻击逗留棕阳镇之敌军，敌即向内地逃窜，遂克复棕阳。午后，复会同江贞舰前进，遂占领安庆。一面出示安民，恢复市面，一面复令永健、江贞西上追击。二十六日，我舰进抵华阳，奋勇炮击，华阳遂亦克复。二十七、二十九两日，掩护陆军队伍登岸，皖境敌踪，完全肃清。三十日拂晓。令楚有、永绩、湖鹏赴九江，一面令永健、岱州、张艇赴湖口，搜捕窜赣之敌军。在九江方面北岸之敌，闻风相率退至龙坪、武穴，我舰奋力追击。讵意敌军在岸边一带，埋伏多炮，江心敷设水雷，以备抵抗。十一月二日，永绩驶至龙坪附近，即遭敌军枪炮袭击。敌船楚振及驳船数艘，亦由武穴扑下接战，意在诱我舰深入江心，中其水雷，幸早察觉，免罹危险。三、四、五等日，楚有、江贞、永绩、永健各舰，进攻龙坪、武穴，楚振各敌舰，畏缩逃避。六日拂晓下龙坪。七日，占领武穴。八日，永健、永绩，进向田家镇攻击。九日，江贞舰队亦开到。但该处原有三座炮台，南岸又有半边山，为敌天然之屏蔽。复有敌舰扼守要口、富池口一带，敌尚驻有重兵以备夹击。我方复令楚有、楚同与江贞，协力猛击，舰炮射中敌舰，炮台之敌军，亦死伤无数。十日，楚有、永绩续攻田家镇。十一日拂晓，田家镇为我海军攻克，午刻令楚有、永健、楚同、江贞、湖鹏，进攻蕲春，未刻占领之，因即会同陆军严密布防。计此役获敌军水雷八具，电缆并配件等一船，又夺回水面飞机一架 十二日，各舰掩护陆军过江前进。十三日，我舰队占领道士洑、石灰窑、黄石港等处，午刻进占鄂城，未刻并克黄州，获敌方装载军用品之驳船两艘。十四日，复令各舰向西追击，并沿途掩护陆军登陆，遂占领汉口。十五日拂晓，占领武昌。各路陆军未到，我舰队出而暂维治安。自十月十九日，我海军由宁出发西征，至十一月十五日克复武昌，计二十六日。大江南北，于以底定。十一月十八、十九两日，复派各舰艇，继续向上游游弋，扫清残逆。二十日，敌舰决川归降。二十三日，张字雷艇收复金口、嘉鱼等处，同日，江贞、张艇收复新堤。二十四、二十五两日，楚有会同江贞、张字两舰，向城陵矶、岳州一带猛击。二十六日，令楚同前进会攻。十七年一月十二日至十六日，楚有、江贞、江鲲、江犀各舰，先后在前线，协同奋斗，敌军卒不能支。十七日辰刻，城陵矶为我舰克复，十时复占领岳州，收复敌舰楚振。其时国军队伍未开到，遂由我海军出而维持地方秩序，并令各舰布防，以杜湘西敌军，偷渡袭击。一面复派艇溯江上驶，追击敌踪。十九午，江鲲、江犀两舰，攻破芦林潭，并将扎在该处之敌军舰队浚蜀、江寿、江通、江平，以及驳船小火轮等二十八艘，完全没收。又将未及逃窜之敌兵，悉数缴械。二十一日，复令江鲲、江犀开往上游，进攻湘阴之敌，是午克复湘阴。二十五日，长沙之敌，因我海军连日逼攻甚亟，遂即退却。二十六日，江鲲、江犀两舰，进抵长沙。二十七日，复派舰队前往湘潭、株州一带追击，当又夺获敌轮五艘。此为海军肃清皖境及克复武汉、长岳之事实也。

国民革命军海军总司令部谨编

〔国民政府战史编纂委员会档案〕

27. 国民革命军第二路军关于继续西征肃清两湖唐生智余部军事报告①

(1928年3月　日)

(一) 西征之起源

自武汉政府为共党盘据，于是外结赤俄，内行共产，以两湖为根据，实行杀人放火之政策。复见南京政府切实清共，于是利用唐军，除结孙、张，陈兵皖境，危逼首都。于是时也，我中央政府既筹北伐，复虑后方，遂不得不以毒蛇啮手，壮士断腕手段。今将西征，肃清上游，巩固根本。幸天心厌乱，我西征军队不兼旬而下武汉。孟潇去国，共产潜踪。惟自武汉下后，大憝虽除，而武力未失，退保湘境，政府以北伐为重，不欲用兵江南，遂遣使入湘，陈说利害。欲以唐部二军加入北伐，一军留省用。因后方此时湘军将领，已经承认共同北伐，并无异议。乃湘省代表曹伯闻等返湘，迄无消息，已成之议，竟托空言。而谍报传来，陈兵汨罗，掘壕备战，政府不认以一省之故，致稽北伐尤不欲存共党之根株，致生顾虑。遂又命武汉各军，集中鄂南通城、蒲圻一带，而同时以杨森庇护吴逆，占据宜沙，亦不得不分兵西征，底定上游。此即西征之起原，亦即继续北伐之第一步工作也。

(二) 集中概况

政府既决定肃清鄂西，并解决湘局，当时遂以上游部队颁布动员。其时第三、四两路军计有：第七军、第十九军、第六军、独立第二师、第四十四军及刘凤池师、第十四军及向成杰师、第十八军、第三十军，以上为入湘部队，由白崇禧指挥。其第三十军、第二军、第四十三军、独立第五师、独立第八师为肃清鄂西之部队，由鲁军

① 时任国民革命军第二路总指挥为白崇禧。此件系用红十行纸书写，原题为"国民革命第二路军西征讨共军事报告"。

长涤平指挥以外，尚有第三军、第九军、方鼎英军、范石生军及湘西各师，率皆驻湘境，参与讨共者。其军队区分及集中地点约略如下：

右翼军：第四十四军及刘师——新店镇、车埠市

第六军及贺师——蒲圻、羊楼司

中央军：第十四军及向师——龙藏市、北港市、大坪市

左翼军：第七军——通城、上塔市

第十九军——台沙岭、七里市、通城

其进攻计划，大致以四十四军及刘师沿武长铁路攻略临湘、岳州，并沿铁道两侧进攻汨罗。以一部渡过湘江，防敌人向鄂西逃窜，与杨森联合。以第六军及贺师由桃林、新墙、长乐街，以攻长沙之北。以第十四军及向师向浯市口、张家碑附近之敌攻击。以七军、十九军向平江及其以东之地区攻击。另以第三军及第九军集中萍乡、万载，沿株萍路进攻株州及浏阳、醴陵，以截断敌之退路。同时得到敌之作战计划，约略如下：

其情况判断中，有我军在武汉，意见纷歧，已成四面楚歌之地云云。其计划大致诱我军于阳水、平江、三眼桥之线，击破我之主力，而围我于黄盖湖东南地区，以期歼灭。我军按期集中以后，本部亦进至蒲圻，根据岳州、临湘之敌，已开始向汨罗退却，其为欲集结兵力，以平江为据点，以期与我决战之企图，殆无疑义。同时我军亦向右集结兵力，以期一鼓而攻下平江。

连日所得确报，敌之布置：自汨罗江南岸只览渡、新市、长乐街、浯口市为敌之三十六军，已筑成阵地。其平江、浏阳一带，为敌之第八军及熊、何两师。判断敌必以浯口以西为守势地区，以平江为攻势地区，其主力当在平江，其挽预备队，必在金井、蒲塘附近。

自一月十五日至十九日所得之敌情，略如上述，至二十日据派往汨罗及长沙之探报称：

1. 敌铁甲车已退至汨罗，并将二百三十九号桥炸毁。

2. 汨罗、归义，各驻敌一师团，白水二团，溪州一团，平江一师

二团，湘阴二团(以上刘兴部)。

3. 敌第八军分驻长沙、浏阳、株州等处共三团。

4. 醴陵约驻有一师二团，于是决心于二十一日以主力进攻平江，直取长沙，以一部向汨罗攻击，牵制当面之敌。军正逼江北岸时，乃忽有叶开鑫叛变之事如下各所报告。

(三) 四十四军叶开鑫部叛变

叶军本为赵恒惕旧部，自我军北伐，克复两湖，该部穷促，遂亦加入革命，开至苏、皖，出兵江北，参加北伐及西征军。我政府以该军既属湘军，曾役革命，且与唐部久经抗战，遂亦深信不疑。入湘之时，以该军置于铁路附近，担任岳州攻击。至贺对廷师本为唐部，在皖省兵败投诚，誓言服从。从此随第六军入湘，亦自由行动。当在汉时，即风闻有该部将有意外举动，白总指挥等均未置信，及各军集中，定日总攻，该部既入岳州，迟滞不进，洎兵抵汨罗，攻击开始之时，忽闻该部叛变，与敌构通，在岳州汨罗间，向我反攻。致令与该部连系之第六军右侧背，突受威胁，大蒙损害。幸我左翼军力持镇静，继续进攻平江，而第六军亦能力抗该敌，保持阵线。铁路后方，并赖有十三军及十八军之一部，扼守蒲岳，使该部无回旋之余地，率使叛部他窜，大功告成。此实不得不谓之党国之福地也。兹录我第六军报告，该部叛变之经过，可见当时真相之一班。

本军此次以协同各友军肃清湘省逆敌之目的，于一月十五日，由羊楼司附近，分三纵队，开始运动；以张轸、胡文斗、贺对廷为纵队长，以李明灏师为总预备队，分向黄谷市、长乐街、浯口市以西前进。一月二十日，驱逐敌之警戒部队，下午二时，占领新市、长乐街之线。其时正侦察地形，准备二十一拂晓总攻，忽得土人报告：右翼四十四军有通敌叛变之事实。而第三纵队贺对廷态度不明，进止迟缓，亦有通敌之讯。但大敌当前，本军同志犹复盼其不成事实，免其牵动全局；乃一面集结兵力，一面派员前往连络，藉察其动静，而该员等均被扣留，迄未回报。而据密探报称：叶逆曾于十九日过汨罗，直驶长沙，其所部则布置黄沙河街一带向我警戒，并禁止通过。同时我十八军在黄谷市窃听敌之电话，大都叶逆与敌勾结，以期消灭本军，反攻武汉之语。至是始知该军叛变，殆无疑义。而贺对廷不听命令，前进在东山里附近活动，亦似另有所图。本军在此恶劣环境中，惟有具牺牲之决心，以挽危局，遂阳行牵制逆敌兵力于汨罗附近，以便我主力之进攻容易。故利用刘暗移动兵力于长乐街、渡头桥、东山里附近，以十七师监视贺师。二十一晨，正准备渡河攻击间，第四十四军忽由黄沙街向我侧背攻击，以一部出大荆街，断我归路，而汨罗南岸约三师以上之敌，实行强渡，向我猛烈攻击。本军即以十八、十九两师，展开于长乐街、渡头桥之线，以十七师迎击大荆街之敌，与敌激战终日，卒将环攻之敌，完全击溃。惟以左翼情况不明，未能追击。(下略)① 同时，在平江战役所获得敌人之通报一件，略谓：代理右翼军总指挥吴通报如下：(上略)② 其已到岳阳之第四十四军，已与我军竭诚合作。趋向不定之李燊军，现由西斋向宜都撤退，我鄂西友军杨军长(森)所部，已到石〔后〕港、都〔郝〕穴附近，拟请其向仙桃镇、岳家口之敌第二军进攻。(中略)周军长所部附何师，由原地攻击前进，协同四十四军解决汨罗江北岸之敌。(中略)(八)陶师即日由×地×地至×地归叶指挥，其军队区分，叶亦为左翼军总指挥。(余略)据以上所得，六军报告情形及敌军通报，乃知叶部与敌早有连络，且于距敌切近将下总攻之时，忽然发动其为企图消灭我军，扰乱两湖，使北伐不能进行，殆无疑义。而其联络杨军反攻上游，尤不难重与吴佩孚造成机会，果使侥幸成功，则党国根本将为之动摇。又遑言打倒奉鲁军阀。由是观之，则我军不能西征，则唐军势焰猛张，共祸益烈。不能定湘，则北伐不能实现。后方不固，事虽进取湘鄂之事，大略可知。故吾谓西征讨共为北伐第一步工作，宁不信欤。

---

①②下略、上略等原文如此。下同。

兹将叶军叛变时，程总指挥之养电及白之复电录后：(衔略)据目前方逃回之沈团长面称：马日，叶军突然叛变，乘第六军攻击前进之时，由侧后方包围十八、十九两师，被其攻散，正面遭此损失，殊为痛心。第十三军与此间隔绝，情况不明，或亦不免牵动，似此变生意外。弟意请公令第七、第十九两军，迅将正面之敌击破，悉由原路退保蒲、通，尚为徐图补救。公意如何？乞……① 白总指挥复电。(衔略)养电诵悉。叶逆变生不测，闻之慨然，该军不稳之说，禧亦早有所闻，惟以竞秋兄曾共患难，初不虞有意外之事实。今幸我左翼军击溃，虽敌占领平江，跟踪追击，长沙当可归我掌握。禧已决心摧破敌军以后，仍照既定方针，长驱南下，义无反顾。请公即坚守岳阳，收容六军，毋为叛军所乘，则战胜势不难挽回。特复祈察等语。

(四) 平江战役

我军既到汨罗北岸，敌情略已明了。本部亦进至南江桥。据第七军报称：第二师前卫，已抵团山铺南端，与敌接触，伤毙敌约三十余名，敌即窜去。军部本晚可进驻平江城。又据平江侦探报告云：平江敌第八军约有三师兵力，现已退过南岸，由三眼桥至澄潭之线，至天岳山寺、鲁肃山、审怯岭等处，均架有大炮，桥已拆断。现二、三师今晚以一部对三眼井、横槎、几江、澄潭方面警戒，并侦察渡河点，准备二十日总攻击。第十四军三十师已进至张家碑，已与本军第三师连络。

据胡军长报告云：职军本日进至三眼桥、献钟一带，即将少数之敌驱逐，准备马日拂晓攻击据守河南岸之敌。二十一日所得敌情与上略同，彼我两军夹河对峙。彼方并布置重兵架炮，以图顽抗。敌我既已接近，且我右翼四十四军已有不稳之风传。我第六军腹背受敌，我十三军亦被牵制，不能迅速进展，而敌以大部主力，

① 原文如此。

扼守平江，与我决战，此实我军危急存亡，千钧一发之时。当时我主力军毫不迟徊，毅然以猛攻之手段，摧破平江之敌，以挽回战势，使当前之敌损失极巨，而余部丧胆，叛军遂亦不得不退去湘西。使湘省军事上得迅速之解决。此等战争之精神与毅力，不徒在军事上之价值，于以不朽，即在民国革命军历史与政局之影响，亦关系至巨。此吾人叙述平江战役之经过，亦且尤然致奋，为之击节不置者也。观于十五日，白总指挥赴平江方面督师通电，于指示作战方略，及总攻日期外，有拟承预备队三团，赶赴南江桥与胡、夏两兄共同奋斗之语。似已预知右翼军之不可恃，而洞悉平江主力战之重要，而为此措置者，则又见胜利之券，固早已操栓胸中，固不俟兵刃互接，而始见其胜负也。

二十一日，白总指挥亲赴平江督师。同日，我第七军拂晓渡河，接近敌人，即发生激烈之战事，官兵奋不顾身，攘背争先，冲锋数次，前仆后继，卒将平江南岸之敌，完全击溃，缴枪数百枝，机关枪十余挺，山炮四门，一鼓而克复平江。而敌人数十日前，所有奔走经营，袭击我军，以图一逞之计划（此计划已为我军所得，布置极为周密），遂全归失败。同日拂晓，我十九军亦同时渡河，全体官兵，奋勇其前，呼声震野，如疾风迅电不及掩耳，遂将三眼桥一带之敌，完全击溃，俘敌团、营长数十员，收缴步枪二千余枝，机关枪十余挺，敌人死伤遍野，不可悉数。此役敌人受创者极巨，已溃不成军，他处之敌，亦皆闻风披靡，遂无抗拒之力。同日，接得十三军陈军长马电报称：职部主力在张家碑，向师在我左侧方，于今晨拂晓渡河攻击，奋勇冲锋，因阵亡团□，向成俊一员，官兵激于义愤，前进益猛，当即击退敌军，完全渡河。

白总指挥乘我左翼攻下平江，决心直捣长沙，不为所动。至二十二日，据报：敌之右翼军第八军及独立第一师，于昨晨被我第七、第十九两军击溃后，遂分向长沙、金井及浏阳大道溃退，敌之主力中央军（第三十六军）及第十七军，在张家碑被我十四军击破后，业后向瓮江市退却。又据李师长韫衡报告：昨晨午后四时，敌约有一师之兵力，由晋坑方向我回藉岭反攻，尚有大部在杨梅江、蒲塘之线。又云：叶逆叛军经我李、胡、张各师夹击后，渐向铁道附近移动。同日，获得敌之作战命令一件，其大意分为三路，展开于杨梅江以西，协同各军，消灭我军于汨水北岸地区之计划，其注意数条内称：此次作战，本军应注意探求第七军之所在，而予以痛击。并云：第七军善以密集，突破一点，我军宜多留预备队，接近前线而分置之云云(词详不具录)。

我军虽第一步而将平江之敌摧破，然右翼叶军，变生肘腋，则亦不能不慎重应付，遂拟定我军集结兵力，先将敌之大部击破后，再向金井、长沙追击。当命第七军于本日拂晓，占领濯潭、金家寺之线，协同十九军，将当面之敌击破后，直向金井追击前进。命第十九军以主力占领江村市以西之线，击破敌军，再向更台、徐桥追击前进。第十三军亦俟渡河完毕，向瓮江市追击前进。布置既妥，各军于二十三日至二十五等日，按期推进，分途向长沙、浏阳追击。而第六军于受创后，并往整顿收容，集结兵力，向长沙、临福铺推进。十三军亦同时由蒲塘向长沙追击。而敌军根据地之长沙省城，受三路包围，遂于一月二十七日完全落于我军之手，而西征战役之全局，于以大定。

(五) 衡宝之追击

我军既入长沙，以大部兵力集结于长沙附近，同时拟移敌之主力之所在，迅速追击而歼灭之。连日所得敌情之探报如下：

1. 敌第八军及熊旅，约置五千人，昨前两日，陆续向醴陵退却，秩序极乱，沿途骚扰，人民逃徙一空。

2. 敌三十六军之大部，于昨日由长沙分向株州、衡州退却，沿途溃散甚多。

3. 敌四十四军、三十五军在湘阴、清港、长沙等处渡河，经宁乡向湘西方面退却。检获敌之退却电令，情况略同。至一月三十日，遂下各军之追击命令，要旨如下：

本西征军以歼灭残敌之目的，拟以主力先向湘南、衡阳、永丰方面追击，以一部向湘西前进，与敌保持接触，俟敌主力歼灭后，再一鼓而击破之。其区分如下：

① 第七军　沿新桥、白果市向衡阳追击。

② 第十九军　沿湘潭、易佐河、樟木市向衡阳追击。

③ 第十四军　经宁乡向益阳追击。

④ 第二十军第一师　经湘乡向永丰前进。

⑤ 第六军　一部留省，主力经宁乡向湘西前进，对新化、安化方面警戒。

⑥ 十三军第二师　由岳州径开至株州向攸县前进。

连日各军遵照计划前进，追击敌人，溃散之余，毫无抵抗。沿途溃散，军纪荡然。惟据探报：湘乡有敌王锡焘部一团，永丰、安底、新化具有敌一部。又云：敌三十六、第十七及八军，刻已退至永丰、宝庆、衡州一带。衡山已无敌踪。

连日，我军以主力向衡阳前进，一部向永丰前进，而判断敌之企图，善欲保全实力，退往宝庆，而与湘西之部，互相联络。当时获得敌总指挥部致李师长一函，可知其大概，函内大意谓：王师拟在界岭占领阵地，贵师应即开至朱石街、天马山之间展开，准备迎击敌人。贵师如未过曲法寺，应火速往水东江开至两市塘附近待命等语。敌既舍去两衡，向永、宝退却，则我军亦不得不变换方向，以主力由衡山经楂江、樟本市向宝庆转进，以一部向衡阳前进。

二月十日，敌三十六军第二师部在于桥附近，被我军第七军邀击，缴枪数百余枝，俘虏数百名，重要官长数员，辎重无算。十九军同日占领衡阳，获炮十余门，我右翼军向师，于八日午前占领永丰，敌退守梅子坳、界岭之线。连日在衡宝大道，施行追击。在金兰寺附近，并获敌炮数门。炮兵一连，当被我前卫击退。

二月十四日，得探报：敌十七军在黄陂桥、黑田铺之线，敌三十六军第二师在唐下桥，第八军在洪桥，于石屯营、唐下桥之线，筑有防御工事。又据探报：残敌拟在该线企图抵抗。十五日，得敌情谓：敌溃散极多，士兵无斗志。而据守唐下桥一带之敌，经我第七、第十九军之压迫，已向宝庆退却。又有向武冈、洪江退却之说。十六日，据报。敌三十六军于十四日召集重要官长会议，拟在唐下桥之线与我抵抗，而各团长佥称：人少不能抵抗，不如保存实力，安全退却等语。遂于是晚十二时纷向宝庆退却。沿途夺获甚多，故辎重甚夥，行进颇可迟缓。又敌十七军约八千人，亦于十四晚向黑田铺逃窜。据土人云：敌部欲经宝庆，退往洪江。同日，我第七军、十九军进占宝庆。白总指挥亦于是日赶至宝庆，以便计划一切、不失事机。同时，又发出追击命令，大旨谓：敌于昨今（十五、十六）两日，分向武冈、溆浦、桃花坪等处逃窜，其一部向新化逃窜。本军欲期歼灭该敌，拟分途跟踪追击。第七军明日（十七）一部占领宝庆，主力应向武冈、溆浦方面追击。第十九军明日，应向新化方面追击。第二十一军第一师，应由洪桥向通新化大道追击，并与敌保持接触等语。洎到达宝庆而后，多方探查，始知敌之大部退往溆浦，而一部退去新化。当以七军一部向岩口铺追击，并侦察敌情，以十九军一部向巨口铺、新化追击。以二十一军第一师径由南岳岭、麻溪市渡江，向新化、溆浦方面追击，并须轻装急进，与敌保持接触。至十八日得确报，敌之三十六军、第八军一师教导团、炮兵营、十七军之两团，于十七日退至乌树下，其队尾在塘边。十八日，始由黄泥井向溆浦退却。其第八军及熊旅、十七军之王锡焘、三十六军之一团，俱由火线坪经杨柳林、渡江庙向草鞋铺退却。于是，我军之处置，以主力集结于宝庆附近，以十九军大部及三十一军、向师及独立第二十师廖部，归胡军长节制，向溆浦追击前进。

（六）湘西战役

自我主力军向衡宝追击，残敌稍为抵抗，即行退却，以至直达宝庆。同时进攻湘西之友军，亦即渐次集中。据鲁代指挥来电报告：于十二日以前，我四十三军主力可集中西斋，一部集中慈利。我第二军以主力集中公安，一部集中石首。于十四日，李军进至石门、澧州、慈利之一部，向慈石移动，以公安之二军主力，进攻真市，以石首之一部，会同刘彩慰部合攻新村，奏效后，即乘胜进攻常德。二月十二日探报：敌三十五军、十八军尚在常德山之线，汉寿已无敌踪。叶开鑫亦有在常德集合之说。至二月二十七日，接程总指挥筱电开：敌三十五军等部，企图以主力攻击荆沙，侵略上游。于真日与我鲁军长所部，在公安附近遭遇，激战四昼夜。元日，我军小挫，至寒晨始将刘、陶及其独立师等，击破无余，虏获极多，我四十三军李燊部，亦将叶逆开鑫部击溃于西斋以南，俘获甚众等语。至十八日，我十四军、第六军已到达常德附近，敌叶开鑫部，已被我四十三军击溃，退往西斋以南。二十日，接程总指挥皓电称：进攻湘西各军，马日又到达常德，并令鲁代指挥所部向石门、慈利方面追击，以期歼灭该敌。同时，探得守常德之敌总指挥部命令，大要如下：①陶、刘两师，于齐日集中大圊塘、王家厂、澧州附近。②叶军攻宜都，谋与杨森连络。③沅河门三师，固守牛皮滩。④周师仍在南华安为总预备队，待命进攻公安、石首云。

据鲁代指挥巧电报告：我军今晨克复津、澧，四十三军已入澧州。第三军到津市，敌大部退澧水南岸，有向临澧溃退之样，其一部退往安乡。又据罗参谋筱电云：第二军十二师，已于今午占领公安，同时三十军及独立第八师，亦驱逐杨森，克复宜昌。鄂西、湘西于是底定。

（七）战争结局

自我军到达衡阳，敌部不遑喘息，直退宝庆，已无复抵抗之能力。当时即可以迅速之手段，以图解决。惟因情况不明，而交通隔绝，彼此无法接洽。入衡阳后，始得敌军虞日通电，旋复。接其来函。虞电略谓：（衔略）溯自党国不幸，汉宁乖违我辈，撤我宣萧，敛兵蕲黄，引退平岗，再三退让，可以已矣。不谓公等，仍复继续前进，顷又进迫衡、宝，笳鼓相闻，何相煎之急耶。〇〇等，非必不能驱疲弱之兵，以与周旋，诚以阋墙之争，无论胜负谁属，均可愧耻。太原不守，大局可虑，冀留有用武力，以从事北伐耳。公等如志在争地争城，可拱手以相让，又奚必劳师动众为也。乃〇〇〇忽承所部，犯我宜章。道路传闻，谓评秉节度，讵意我方引避，〇部至宜，其所收叶部共匪，遽尔倒戈相向，余部瓦解，成为共匪，拥众至七八千。今郴、宜之间，已涨漫赤色恐怖，攸、耒一带，共匪僭势，未尽驱除。其余各县，土匪共党，所在多有。因军队之移防，均不免乘机思动，隐患方长，谁生属阶，至今为梗。兴言及此，忧愤交萦。〇〇等、若复徒事内争，悉激敌部，与公等争一日之长，是予共匪以可乘之机，陷湘局于靡烂，夫复何心。故不得不出于退让，顾全大局。〇〇等望速救郴、宜之危，使垂死之死，稍留孑遗，岂独湘为之幸。否则，燎原之势一成，公等必躬撄其难，徒贻噬脐之悔，后之秉笔论史者，追原溯始，恐亦为公等盛德之累也。沥胆陈词，维察不宣等语。(函云)合作未成，干戈重见，彼此伤身，实所疚心。平长之役，辄不肯尽其力，撤防湘南，盖亦欲留回旋余地，以重申前议耳。前者〇〇兄回湘，详述盛意，并迭奉电示，推成合作，至为感佩，释嫌修好，宁有异心。楚粤唇齿，初无怨仇，合作原议，甚愿续商等语。

当时白总指挥于行营中，遂复一真电，大意如下：

接奉虞电，确论至再，感忆往事，弥痛心膂。慨自孟萧失德，庇共争权，毒痛两湖，几危党国，比及宁汉合作，犹复勾结孙张，逼迫首都，稍有人心，讵忍出此。中央为整饬纪纲起见，遂命将西征同时北伐，以解豫晋之危。幸赖中央德威，出师未及一月，北伐军略定徐海，西征军克复武汉，孟潇去国，江汉澄清。中央轸念三湘，不为已甚，拟调湘军，两军北伐，一军留湘。禧等仰体中央意旨，曾杜汉皋，与诸兄信使往还，经蒙允许，方谓汉议已有端绪，不禁引领以望。孰意贵代表回湘以后，声响顿息，已成之议，徒托空言。坐使局外，纵捭阖之谋。同室把操戈之痛，一念之间，风云顿易。徒令亲率者，抚事兴嗟耳。是以屯兵汉上，虽逾两月，终不得不有入湘之师。南行以来，据道路所闻，筑垒汨罗，陈兵湘北，纷传羽檄，遍贴标词，洎抵长沙，而常益布防，衡宝观兵，加以櫜鞬在途，声息尚隔，是以可有湘南之役。今者不遗在远，意辱教言，阋墙之争，胜之不武所忧，诚信未孚。遂使干戈载道。若谓争城夺地，则此次师行所至，信宿即行，民财诸政，听命省府，既无权利之私，当为视听所及。至于共党潜滋，地方可虑。则禧与共党誓不两立，反共之旨，举世所知，并已饬湘南各军，分途搜剿，务绝根株。期以无负湘民者，藉答雅意。禧北伐犹稽，南行已久，忆复党国，待罪衡、湘，风雨鸡鸣，愿聆说论，所望远攻，客之挑拨，结肝胆于同心，但有可以解决湘事，裨益大局者，致当竭诚接受，共策进行。果能如是，则北伐当不足平共匪，亦又无虑。又岂徒可免劳师动众，悉索敝赋而已。取掏诚奉复，即希统察等语。

当时以敌无定所，交通隔阻，遣使通问，未能即达。洎抵宝庆、而敌军所派苏公望、陈植庭两君携函来悉，遂复电请来面洽，前事重提，恍然若失。而推诚互见，一切冰释，此亦可为湘局前途庆幸者也。当时白总指挥及胡、夏两军长，遣使赴溆招聘，并面达一切。其函亦极恳切。录之以存当日之真象。

昨在邵阳，奉读诸兄虞电，敬聆种切，往事追忆，无恨心痛。在武汉时，以不愿自杀之心情，翠凝兄入湘，与诸兄筹商国是，满以为孟潇利用共匪，勾结孙、张，已为过去事实。而诸兄夙不谓然，再图团结，应有同情。曹伯闻兄莅汉，因已肝胆相照矣。不料弟等诚信未孚，以致干戈再起，三湘七泽，到处嗷鸿，十室十空，民无死所，免兹浩劫，是在同仁。呜呼！武人为野心家作虎伥，而终自缚者，数千年如一辙，核稽往史，无泪可挥，及身循之，其痛奚如似，传曰：将虢是灭，何爱于虞，诸兄纵别，有会心诚，恐噬脐莫及。况事实有无表现，诸兄当自知之。政安殆人，于今为烈。且衡情度势，宁汉又曷可二致也。望诸兄审思猛醒，然虞电所示，已情见乎词。以前之事，辟如昨日死。平岳衡宝，作一联合演习观可耳。此间拟在原地停止，以传诸兄之命，即请派员速莅敝处，商决一切，湘西人民食泽，百世不尽之意。请张震欧君代达云云。

当时协议结果，大致为各军仍在原驻地停止，刘兴自愿下野，所余部队，由李品仙统率改编。同时，常德之该军将领等屡来电，自愿让出常德，退至南县，华容、安乡一带，听候编制，并派刘晴初、程宗络，马日首途长沙、宝庆，商承一切，并可亲来会面云云。

当时十四军及第六军，已进至常德附近，而我军四十三军朱、唐等部，于马辰占领石门，敌戴〇〇等部，皆退守南岸。三月一日，常德、溆浦两处敌部，既经派员表示，恳一切合作。而我军亦鉴于兵祸未已，徒苦吾民。西征军之进展既克，达到其主张，而彼此合作，移师北伐，亦可以完成革命之大业。是时电信往还，亦能毫无阻隔。而湘中军事，于以结果。

惟有一事须附于此者，即当我军与敌在宝庆协商未定之际，而衡南共祸，又复织起，我军以讨共为天职，故当停战之后，即派第七军之李师长及十三军同代师长分率所部，开赴衡耒，剿除共匪，直至湘事大定，而此项剿共军队，仍然分途工作，□力朴剿，而水深火热之湘民，始获于锋镝余生中，得获片时之苟安，此亦我军奋勇努力所献于党国者也。

〔国民政府战史编纂委员会档案〕

28. 蒋介石关于西征经过的报告①

(1929年3月18日)

宁汉合作以后，武汉在皖所驻之兵未撤退。第三十六军及贺对廷师逼近苏境，其主力驻于芜湖，一部在黄池镇、乌溪镇二十里

① 此文摘自蒋介石在国民党第三次全国代表大会军事报告第六章第一节部分。

铺等处，构筑工事。第三十五军及第三十军等部队，分驻安庆、合肥、巢县、和县各处，而第八军又集中汉口、岳州两地，更在鄂、湘两省新编军队，计有三军之众。政府为统一内部，继续北伐起见，首应巩固长江上游，遂组织西征军，共分三路；第三路军总指挥李宗仁；第七军、第十九军、第三十七军(本属二路)属之。第四路军总指挥程潜；第六军、第十三军、第四十四军属之。第五路军总指挥朱培德；第三军、第九军属之。长江第二舰队司令陈绍宽，第二舰队楚有、楚同、永绩、永健、江贞等各舰属之。十六年十月十九日，占领芜湖。二十五日攻下安庆。十一月七日，攻克武穴。各军跟踪追击，武汉军数经溃散，已不能成军，复恐后路截断，遂放弃武汉，退守长、岳。唐生智于十一月十一日搭日轮去国，西征军遂于十一月十五日完全克复武汉。即命三十七军速回皖北，参加北伐。同时命各军停止军事行动，各就现驻地址，拟对湘中为和平之解决，以期迅速回师北伐，乃因种种关系，卒未如愿。于是白总指挥崇禧率第七军、第十九军由通城等处进攻平江。程总指挥率第六军、第十三军、第四十四军沿长、岳铁路前进，进攻岳州。陈司令绍宽率第二舰队各军舰由嘉鱼、金口、新堤向城陵矶进迫，协同陆军会攻岳州。朱总指挥培德以其所属集中萍乡一带，预定向株州前进。十七年一月十八日，全线开始总攻，岳州、平江相继占领。二月二十五日进克长沙。而海军亦同时攻下芦林潭，进克湘阴。长沙既克，湘中各部，纷向湘西、湘南溃退。二月二十三日通电服从中央，愿受改编。三湘悉平。

〔国民政府战史编纂委员会〕

（三）军事编遣

1. 军委会关于调查各军师番号清单给国民政府呈

（1928年2月24日）

呈为呈请事：窃查各军师番号重复，易于混淆，曾经一度局部改订呈报钧府核准在案。现为全盘划一起见，续将未经更正之各师番号重新订定。惟各师分驻各地，详细调查，非短时间所能蒇事。除调查未完之各师，应候另案办理外。兹拟先将调查明晰之各师，订定番号，开具清单，令饬各该部队自文到二十日以内，一律各照单开办理各该师旗帜，有应改换者，着由各该师将原有旗帜分别改用。印信有应换发者，应候另刊颁发。在未颁发以前，暂用原有印信。少尉以上官佐，着由各该总指挥、军长、独立师长造具衔名履历，另案呈请加委。除分令外，理合检具清单，呈请钧府鉴核。伏乞俯予备案，实为公便。谨呈

国民政府

附呈清单一纸

军事委员会　主席　蒋中正

常务委员　谭延闿　阎锡山

杨树庄　冯玉祥　程　潜

朱培德　何应钦　李济琛

李宗仁　白崇禧　于右任

中华民国十七年二月二十四日

兹将各师番号重新订于下

原番号	军师长姓名	应改番号	新订番号	备考
第一军	刘峙		国民革命军第一军	
第一师	蒋鼎文		国民革命军第一师	
第二师	徐庭瑶		国民革命军第二师	
第二十二师	胡宗南		国民革命军第二十二师	
第二军	鲁涤平		国民革命军第二军	
第四师	王捷俊		国民革命军第四师	
第十三师	朱耀华	改国民革命军第二十三师	国民革命军第二十三师	
第六师	戴岳		国民革命军第六师	
新编第一师	刘鸿逵	改国民革命军第一百零十师	国民革命军第一百零十师	
第三军	王均		国民革命军第三军	
第七师	王均		国民革命军第七师	
第八师	朱世贵		国民革命军第八师	
第九师	杨池生		国民革命军第九师	
第四军	李济琛		国民革命军第四军	
第十一师	陈济棠		国民革命军第十一师	
第十二师			国民革命军第十二师	该师已随张发奎叛变、暂缺。
第十三师	徐景唐		国民革命军第十三师	
第五军			国民革命军第五军	该军军长李福林已辞职。

（续表）

原番号	军师长姓名	应改番号	新订番号	备考
第十五师	李群		国民革命军第十五师	
第十六师	邓彦华		国民革命军第十六师	
			国民革命军第二十五师	该师现缺
第六军	程潜		国民革命军第六军	
第十七师	李明灏		国民革命军第十七师	
第十八师	张轸		国民革命军第十八师	
第十九师	胡文斗		国民革命军第十九师	
第七军	夏威		国民革命军第七军	
第一师	李明瑞	改国民革命军第三十三师	国民革命军第三十三师	
第二师	李朝芳	改国民革命军第三十四师	国民革命军第三十四师	
第三师	尹承纲	改国民革命军第三十五师	国民革命军第三十五师	
第九军	顾祝同		国民革命军第九军	
第三师	涂思宗		国民革命军第三师	
第十四师	黄国梁		国民革命军第十四师	
第二十一师	陈继承		国民革命军第二十一师	
第十军	杨胜治		国民革命军第十军	
第二十八师				现缺
第二十九师	陈克逊		国民革命军第二十九师	

（续表）

原番号	军师长姓名	应改番号	新订番号	备考
第三十师	张锡海		国民革命军第三十师	
第十一军	陈铭枢		国民革命军第十一军	
第十师	蔡廷楷		国民革命军第十师	
第二十四师	黄质胜		国民革命军第二十四师	
第二十六师	颜德基		国民革命军第二十六师	
第十二军	任应岐		国民革命军第十二军	
第一师	颜芝兰	改国民革命军第四十二师	国民革命军第四十二师	
第二师	赵青山	改国民革命军第四十三师	国民革命军第四十三师	
第三师	安荣昌	改国民革命军第四十四师	国民革命军第四十四师	
第十三军	白崇禧		国民革命军第十三军	
第三十七师	熊式辉		国民革命军第三十七师	
第三十八师	张定璠		国民革命军第三十八师	
第三十九师	吕焕炎		国民革命军第三十九师	
第十四军	陈嘉佑		国民革命军第十四军	该军原称第十三军，一月间改番号
第五师	成光耀		国民革命军第五师	
第三十八师	李韫珩	改国民革命军第四十五师	国民革命军第四十五师	
第三十九师	岳　森	改国民革命军第四十九师	国民革命军第四十九师	
第十五军	黄绍雄		国民革命军第十五军	

（续表）

原番号	军师长姓名	应改番号	新订番号	备考
第一师	任廷飏	改国民革命军第五十师	国民革命军第五十师	
第二师	刘日福	改国民革命军第五十一师	国民革命军第五十一师	
第三师	黄旭初	改国民革命军第五十二师	国民革命军第五十二师	
第十六军	范石生		国民革命军第十六军	
第四十六师			国民革命军第四十六师	
第四十七师			国民革命军第四十七师	
第四十八师			国民革命军第四十八师	
第十七军	曹万顺		国民革命军第十七军	
第一师	余仲麒	改国民革命军第五十三师	国民革命军第五十三师	
第二师	邓振铨	改国民革命军第五十四师	国民革命军第五十四师	
第三师	李德铭	改国民革命军第五十五师	国民革命军第五十五师	
第十八军	陶　钧		国民革命军第十八军	
第一师	林逸圣	改国民革命军第五十六师	国民革命军第五十六师	
第二师	严　敬	改国民革命军第五十七师	国民革命军第五十七师	
第三师	李石樵	改国民革命军第五十八师	国民革命军第五十八师	
第十九军	胡宗铎		国民革命军第十九军	
第一师	李思炽	改国民革命军第五十九师	国民革命军第五十九师	
第二师	李宜煊	改国民革命军第六十师	国民革命军第六十师	

（续表）

原番号	军师长姓名	应改番号	新订番号	备考
第三师	郑重	改国民革命军第六十一师	国民革命军第六十一师	
第二十六军	陈焯		国民革命军第二十六军	
第一师	赵观涛	改国民革命军第六十二师	国民革命军第六十二师	
第二师	张骥	改国民革命军第六十三师	国民革命军第六十三师	
			国民革命军第六十四师	该师现缺
第二十七军	夏斗寅		国民革命军第二十七军	该军原称新编第十军，一月间改现番号
第六十五师	万耀煌		国民革命军第六十五师	
第六十六师	张森		国民革命军第六十六师	
			国民革命军第六十七师	该师现缺
第三十军	魏益三		国民革命军第三十军	
第一师	闻捷	改国民革命军第一百另三师	国民革命军第一百另三师	
第二师	郝梦龄	改国民革命军第一百另四师	国民革命军第一百另四师	
第三师	薛毓滨	改国民革命军第一百另五师	国民革命军第一百另五师	
第三十二军	钱大钧		国民革命军第三十二军	
第二十师			国民革命军第二十师	
新编第一师		改国民革命军第六十九师	国民革命军第六十九师	
第三十三军	代军长张克瑶		国民革命军第三十三军	
第一师	袁家声	改国民革命军第七十师	国民革命军第七十师	

（续表）

原番号	军师长姓名	应改番号	新订番号	备考
第二师	张克瑶	改国民革命军第七十一师	国民革命军第七十一师	
第三师	岳相如	改国民革命军第七十二师	国民革命军第七十二师	
第三十四军	阮玄武		国民革命军第三十四军	
第八十八师	王日新		国民革命军第八十八师	
第八十九师	袁秉道		国民革命军第八十九师	
第九十师	副师长黄佩训		国民革命军第九十师	
第三十七军	陈调元		国民革命军第三十七军	
第一师	岳盛宣	改国民革命军第七十九师	国民革命军第七十九师	
第二师	丁翰东	改国民革命军第八十师	国民革命军第八十师	
第三师	谈经国	改国民革命军第八十一师	国民革命军第八十一师	
第四十军	贺耀祖		国民革命军第四十军	
第一师	李益滋	改国民革命军第八十二师	国民革命军第八十二师	
第二师	杨永清	改国民革命军第八十三师	国民革命军第八十三师	
第三师	陶峙岳	改国民革命军第八十四师	国民革命军第八十四师	
第四十一军	副军长苏宗辙		国民革命军第四十一军	
第九十一师	鲍　刚		国民革命军第九十一师	
第九十二师	冯华堂		国民革命军第九十二师	
第九十三师	石斗川		国民革命军第九十三师	

（续表）

原番号	军师长姓名	应改番号	新订番号	备考
第四十二军	马文德		国民革命军第四十二军	
第九十四师	傅丹墀		国民革命军第九十四师	
第九十五师	余亚农		国民革命军第九十五师	
第九十六师	魏光武		国民革命军第九十六师	
第四十七军	高桂滋		国民革命军第四十七军	
第一师	王守义	改国民革命军第一百另七师	国民革命军第一百另七师	
第二师	邢肇棠	改国民革命军第一百另八师	国民革命军第一百另八师	
第三师	刘天禄	改国民革命军第一百另九师	国民革命军第一百另九师	
第三十一师	文鸿恩		国民革命军第三十一师	
第十八师	苏世安	改国民革命军第三十二师	国民革命军第三十二师	
独立第四师	张　贞	改国民革命军第六十八师	国民革命军第六十八师	
独立第一师	李明杨		国民革命军独立第一师	
独立第二师	贺对廷		国民革命军独立第二师	
独立第三师	陈耀汉		国民革命军独立第三师	
第三独立师	许克祥	改国民革命军独立第四师	国民革命军独立第四师	原独立第四师张贞部已改称六十八师
第五独立师	刘和鼎	改国民革命军独立第五师	国民革命军独立第五师	
独立第六师	王若周		国民革命军独立第六师	
独立第七师	刘士毅		国民革命军独立第七师	

（续表）

原番号	军师长姓名	应改番号	新订番号	备考
独立第八师	刘春荣		国民革命军独立第八师	
独立第九师	王古烈		国民革命军独立第九师	
独立第十师	喻孟群		国民革命军独立第十师	
独立第十一师	白　驹		国民革命军独立第十一师	
第十九独立师	陈渠珍	改国民革命独立第十二师	国民革命军独立第十二师	
第二十独立师	廖湘芸	改国民革命军独立第十三师	国民革命军独立第十三师	
新编第一独立师	卢兴邦	改国民革命军独立第十四师	国民革命军独立第十四师	
新编第二独立师	毛鸿翔	改国民革命军独立第十五师	国民革命军独立第十五师	
中央直辖第三师	戴斗垣	改国民革命军独立第十六师	国民革命军独立第十六师	
附记	一、团之番号，一律依照本会巧电及新颁编制草案，各师均自第一团起列，称为第一、第二、第三、三团（乙种师），或第一、第二、第三、第四、四团（甲种师）。 二、各军炮团或教导师团及工营骑连各部队暂不定番号，上概冠以某军名义表示，又各师炮兵特务各营，上概冠以某师名义表示。 三、国民军联军及北路之次序，拟俟统一后，再筹改订。 四、各军现缺部队，非经呈准军委会核准，不得成立。			

〔国民政府档案〕

2. 国民党南京特别市党部等请制止阎锡山与北京官僚政客妥协与滥收反革命军队有关呈电

（1928年6月6日—21日）

（1）国民党南京特别市党务指导委员会呈（6月6日）

呈为呈请事：窃维本党此次北伐，其目的在扫除革命障碍，肃清一切反革命势力，以完成本党所领导之国民革命。故当此奉鲁军阀歼除殆尽，北伐即将完成之际，须求彻底解决，方克有济，断不容与所谓官僚政客及一切反革命派稍事妥协，致危害革命前途也。乃近据报载，第三集团军总司令阎锡山，滥收反革命军队，且将其军事长官予以军团长等职，复公然与北京官僚政客周旋妥协，殊属有背本党北伐之主旨，而于革命前途将有绝大之危险。爰于昨日第二十一次常会决议，拟请钧会对此严加裁制，以杜乱源。为此，备文呈请察核，恳即转行国民政府军事委员会，切实制止，以遏乱萌，而杜后患，实为崇便。谨呈

中央执行委员会

中国国民党南京特别市党务指导委员会

常务委员　丘河清

洪陆东

刘季洪

（2）中央政治会议给蒋介石等密电（6月14日）

南京蒋总司令中正、新乡冯总司令玉祥、北京阎总司令锡山、汉口李总司令宗仁、上海杨总司令树庄均鉴：枢密。据上海特别市党务指导委员会呈为减轻国民担负，消弭后患起见，请转令拒绝收绝反动军队，严惩北方反革命分子，并将原有国军酌量裁减，以节国帑，请核夺施行。等由。到会。经提出一百四十四次会议讨论，在席委员，佥以现在最低限度，关内残敌，必须肃清。一日纵敌，数世之患。古训昭垂，何敢轻率。此时军需浩繁，即卓著战功，主义鲜明之军队，尚讲化兵为工，力谋收束。决不以不易得之饷糈，养不可恃之降卒，至反革命分子迩日乘机活动，挑拨离间，亦是实情。自应切实防止，以固国本。当经议决：（一）电蒋、冯、阎、李、杨各总司令，切实筹商办法。（二）凡附逆有据，劣迹昭著，现仍四出活动之官僚政客，交国民政府，查明严办。除咨国府并分电外，

特录案电请查照办理。中央政治会议。寒。印。

(3) 阎锡山复中央政治会议密电(6月16日)

中央政治会议钧鉴：枢密。寒电敬悉。民国建造，战乱频年。以不易得之金钱，养不必用之军队，为世诟病，匪伊朝夕。锡山裁兵节饷，夙具此心。十七年来，但有缩减之方，从无扩张之举。乃者提师北进，迭奉政府命令，和平接收京、津，我有投鼠忌器之心，敌遂逞其负隅图抗之计。迫不得已，凡遇自拔来归者，均酌予收抚，然亦均系禀明蒋总司令，得其允准者也。为一时权宜之计，当徐图收束之方。特电奉复，敬乞亮察为幸。阎锡山叩。铣。印。

(4) 冯玉祥复中央政治会议密电(6月17日)

中央政治会议钧鉴：枢密。寒电敬悉。反动卖国官僚政客，多行不义，均为一切祸乱之源。钧会铲除祸根决议，严予杜绝，至深钦佩。此次北伐作战，玉祥对于所部，迭经严申诰诫，不准收一兵一卒，而一切政客官僚，尤属深恶痛绝，区区之愚，谅邀洞鉴。至将来军事敉平，厉行训政，如何裁减兵额，如何化兵为工，固玉祥寤寐向往，尤馨香以祷其早日实现也。敬复。冯玉祥叩。筱。印。

(5) 李宗仁复中央政治会议密电(6月21日)

政治会议钧鉴：枢密。燕京底定，军事已可告一段落。原有军队，亟宜实行兵工政策，以断此收束，断无再容许收编之余地。然有时因环境关系，暂予羁縻，亦势所难免。应请严令各军，如有特别情形，必须呈候军事委员会核办。军政完全统一，自易着手。陈义过高，无裨事实。恐转失中央威信。至严惩反动分子，细译上海特别市党部原呈词意，实注重北方军事当局，若官僚政客挑拨离间，附逆有据，自应一律严拿送办。此外，各界民众，似宜一视同仁，实践北伐宣言，使同立于三民主义基础之上，共奠邦基，严禁报复株连，以安国民，而定人心。奉示商办法，特胪陈管见，谨查呈复。李宗仁叩。号。印。

〔国民政府档案〕

3. 蒋介石关于设立裁兵善后委员会并请委张之江为会长给国民政府呈

（1928年6月23日—30日）

（1）蒋介石给国民政府呈(6月23日)

呈为拟请设立裁兵善后委员会，谨呈管见，仰祈鉴核施行事：窃我军此次誓师北伐，赖总理在天之灵，与夫诸将士之奋勇肉搏，不两月间，奠定幽燕，北伐已告完成，军事应谋结束。裁兵之举，斯其时矣。惟是一切善后敷施，经纬万端，既须有精密之规划，尤应有专责之机关，以期事半功倍，成效易于昭著。中正筹思所及，爰拟设立裁兵委员会，由中央选委重要人员为主任，协同各部及建设委员会，办理裁兵事宜。一方面设备生产机关，将被裁士兵，分途收纳，以从事于筑路、治河、开矿、造林、垦荒等事业，此外，并应统计各省警备队及警察护路队等之总数，挑选士兵中之精壮者分别训练。对于被裁官长，分别设立各种研究班，授以各种高深学问，储为国用。至于此项裁兵所需经费，拟请由财政部发行军需善后公债若干万元，限以若干时期内募集之。凡此诸端，胥属当今切要之图。是会似应于最短期一月内，筹备成立，切实进行。庶几化兵为工，可期早日实现，匪惟贯彻总理昔日之宣言，亦正所以慰国人之喁望也。所有拟请设立裁兵委员会，办理裁兵、生产各事宜缘由，是否有当，理合备文呈请鉴核，迅予施行，不胜翘企待命之至。谨呈

国民政府

国民革命军总司令　蒋中正

附呈者：裁兵善后委员会会长，可否委张之江充任，并请先由第一集团军在江、浙、皖之部队开始裁并，然后推及于各省。敬此附呈。

国民革命
军总司令
行营之印

中华民国十七年六月二十三日

（2）国民政府给蒋介石指令（6月30日）

指令第五七〇号

国民革命军总司令　蒋中正

呈请设立裁兵善后委员会，发行军需善后公债，办理裁兵、生产事宜，附请委张之江为会长，并自第一集团军开始裁并，仰祈鉴核由：

呈悉。所陈拟设裁兵委员会，筹办裁兵、生产各事宜，规划宏远，实属切要之图。应由军事委员会先行拟具组织条例，呈候核定。至发行军需善后公债，并由财政部妥速计划，以利进行。除分行外，仰即知照。此令。

国民政府委员会常务委员　蔡元培

谭延闿　李烈钧

中华民国十七年六月三十日（封发）

〔国民政府档案〕

4. 国民政府公布裁兵善后委员会组织条例

（1928年7月12日）

兹制定国民政府裁兵善后委员会组织条例公布之。此令。

国民政府裁兵善后委员会组织条例①

第一条　国民政府为实行裁兵，办理军事善后起见，特设裁兵善后委员会。

第二条　本会隶属于国民政府，专任筹划裁兵方法，并协同中

① 条例后有"电告蒋、冯、阎、李各总司令，并叙明已指定何应钦、张之江、李烈钧妥拟委员人选"字样批语。

央各部、院、会筹划裁官兵之善后。

第三条　本会以委员长、副委员长各一人，委员若干人组织之。

第四条　正委员长、副委员长、委员，均由国民政府遴选军政两界重要人员及军事或建设专门人员任命之。

第五条　委员长统辖本会一切事宜，副委员长辅助委员长处理本会一切事宜，委员协助本会一切事宜，并承委员长之指示，分任本会一部分事宜。

第六条　本会设秘书若干人，办事员若干人，由本会呈请国民政府任用之。

第七条　本会分置下之二部：

一　裁兵设计部。

二　裁兵善后部。

第八条　裁兵设计部，专任研究裁兵方法，并筹拟具体办法方案。

第九条　裁兵善后部，专任研究被裁官兵之安置方法，并筹拟具体方案。

第十条　各部以本会委员若干人组织之，由委员长指定一人为主任。

第十一条　各部主任承委员长之指示处理该部一切事宜，委员分任该部一切事宜。

第十二条　本会编制及办事细则另定之。

〔国民政府档案〕

5　军委会拟订第一集团军整理委员会条例及编制表请国民政府备案呈

（1928年7月22日）

呈为呈请备案事：窃准国民革命军总司令部函开：现当北伐

告竣，训政开始之时，亟宜将军事早日结束，俾庶政易于建设。同属国人，皆具此心。惟兹事体大，必有健全组织，而后可期实效。兹拟设立第一集团军整理委员会，专任其事，所有此会条例及编制，亦经拟订，用特函请查照公布，俾便施行，至纫公谊等由。并附条例及编制表一分到会。准此。除由会令公布暨分别函令外，理合检同该项条例及编制表，备文呈请钧府鉴核，俯赐备案。并乞指令祇遵，实为公便。谨呈

国民政府

附呈国民革命军第一集团军整理委员会条例及编制表一分。

军事委员会章

军事委员会主席　蒋中正

常务委员　谭延闿

阎锡山

杨树庄

冯玉祥

朱培德

何应钦

李济琛

李宗仁

白崇禧

于右任

中华民国十七年七月二十一日

国民革命军第一集团军整理委员会条例

第一条　本会直隶于军事委员会。

第二条　本会筹划第一集团军之收缩改编整理及其他善后一切事宜，并监督其实行。

第三条　本会以委员长一员，副委员长一员，委员、副官、秘书

若干组织之。

第四条　委员长统辖本会一切事宜，副委员长辅佐委员长处理本会一切事宜，委员协议本会一切重要案件并受委员长之指示，分任一部分事宜，副官掌管杂务，秘书掌理文件。

第五条　本会分置下之三部：

一、设计部。

二、监督部。

三、军需部。

第六条　设计部专任改编整理之一切计划事宜。

第七条　监督部专任调查考核监视督促及点验校阅等事宜。

第八条　军需部专任各军部队军需物品及会计经理之清查整理等事宜。

第九条　各部设主任一人，副主任一人，副官及雇员若干人。

第十条　各部主任主持该部所管一切事宜，副主任辅助之。委员受主任之指示，分任该部所管事宜，副官管理杂务，雇员办理文件事宜。

第十一条　本会各级人员，由军事委员会总司令部及第一集团军各部队中遴选相当人员兼任。

第十二条　本会编制另定之。

第十三条　改编整理办理完竣后，本会即行撤销。

第十四条　本条例由军事委员会核准施行。

6. 蒋介石关于召集冯玉祥等在北平汤山两地举行裁兵会议经过报告①

（1928年7月）

溯自平津和平接收后，中正即首倡整理全国军事，各总司令亦

① 录自蒋介石在国民党第三次全国代表大会上军事报告。

国民革命军第一集团军整理委员会编制表

部别	职别	阶级	员额	职掌	备注
	委员长	上将	一	总辖关于第一集团军之全般整理事务	
	副委员长	上(中)将	一	辅助委员长处理一般整理事务	
	委员	中(少)将	若干	协议本会一切整理事宜	
	副官	校尉官	若干	办理一切杂务事项	
	秘书	中(少)校	二	一、掌理文牍。二、纪录议案及修正之	
	司书	准尉	二	缮写文件	
设计部	主任	将官	一	主持一切设计事宜	
设计部	副主任	将官	一	辅助主任处理本部一切事宜	
设计部	委员	各级	若干	分任制度、人事、军实、卫生一切整理事宜	
设计部	副官	校尉官	若干	办理一切杂务事项	
设计部	书记	中尉	一	办理文牍	
设计部	司书	准尉	二	缮写文件	
监督部	主任	将官	一	主持本部一切事宜	
监督部	副主任	将官	一	辅佐主任处理本部一切事宜	
监督部	委员	各级	若干	分任调查及检点校阅事宜	
监督部	副官	校尉官	若干	办理一切杂务事宜	
监督部	书记	中尉	一	办理文牍	
监督部	司书	准尉	二	缮写文件	
军需部	主任	将官	一	主持经理事宜	
军需部	副主任	将官	一	辅助主任处理本部一切事宜	
军需部	委员	各级	若干		
军需部	书记	中尉	一		
军需部	司书	准尉	二		

附记：各级人员兼差者，不另支薪，无原职者，酌给津贴

〔国民政府档案〕

有裁兵之主张。于是四方响应，向之注意于北伐者，至此乃皆转注意于裁兵运动。如八月间全国经济会议之宣言，以及国人之舆论，皆莫不云缩减兵额为建设之始。各总司令是以有汤山之军事会议。

先是中正奉令北上，祭奠总理，于六月二十六日，偕吴稚晖等绕道武汉，约同李总司令宗仁，专车北上，顺便会商善后军事问题；首以裁兵、关系此后国计民生甚巨。在途分电各方，实施裁兵，而以停止招募为先。其文曰："查北伐已告一段落，建设行将开始，举国裁兵，实为要图。而在未裁之先，首宜停止招兵。除已电令第一集团军自七月一日起，一律停止外，还希斟酌情形，转饬所属，一律停止招兵，以树裁兵之先导，而利建设之开始。……"

七月二日。经过郑州，冯总司令由新乡来会，泊抵长辛店。阎总司令已先在，遂晤商一切。三日到北平，连日分向各方商议。八日恭祭先总理。七月十一日，中正约集冯玉祥、阎锡山、李宗仁等三总司令及白崇禧、鹿钟麟、商震、吴稚晖、陈绍宽、朱培德、张群等，会于汤山。讨论整理军事方案及军事意见书。旋于次日上午，继续交换意见，重加修正，共同签字，呈请国民政府采择施行。在未公布以前，各自整理。并于开五中全会会议时，同应出席会议，以促此案之早日实现。

其军事整理方案

一、关于整理者：

（一）由各集团军总司令，会同中央委员，组织国民革命军编遣委员会。各军均听其编遣。

（二）选就各军精良部队，编成六十师，再加精选。全国军额，由国防会议决定之。

（三）国军平时以师为最大单位，编制训练经理及枪械，以及节制调遣，均直接依编遣委员会之命令行之。

（四）各师下级干部，须加以统一补习教育。

（五）曾著战功及资深学富之将领，由编遣委员会审定，补官给俸，或资送出洋。

（六）各师团须易兵而教。

二、编遣步队之裁遣方法：

（一）编遣委员会，除必要组织外，特设五部：曰国军编练部。曰宪兵编练部。曰警保设计部。曰兵工设计部。曰屯垦设计部。

（二）精选编余官兵及各地方警察，改偏宪兵二十万人，直隶中央。

（三）国军与宪兵编余之步队，再挑选若干，编为警察与保安队，直隶于省政府。

（四）兵工设计部，研究兵工技术及管理方法，与兵工政策实行之步骤。

（五）以冗兵开垦边荒而实国防。

以上方案，中正与各总司令均在汤山共同签字（杨总司令陈绍宽代）。依此方案，全国兵额，最多为六十师。凡编制训练、经理、调遣等，俱统一于中央，一扫往昔之积弊。实为训政开始建设之先声也。

〔国民政府战史编纂委员会档案〕

7. 国民党五中全会军事委员会关于整理军事提案及其决议①

（1928年8月14日）

（一）军事委员会整理军事提案

一、军事之系统及组织；其最高统帅权，属于国民政府。

二、统一军权：（1）将所有部队全归中央改编，成为真正国

① 此提案于1928年4月14日中国国民党第二届中央执行委员会第五次全体会议通过。原文录自国民党第三次全国代表大会军事报告。

军。(2)所有节制调遣及人事之权，悉归于中央。(3)中央列于各部队之编制训练经理及军械等之分配补给，应有统一办法，不得稍有歧异。(4)国民革命军总司令及各集团军与海军总司令一律取消。但各集团军及海军编遣未完期间，仍由原任总司令负责交代及办理一切。

三、国军之编成：

甲、陆军：

(1) 兵额：一、二、三、四集团军及后方各军，先抽择其最精锐且曾立战功者，点验编成五十师。最初编成六十师或七十师，每师暂编一万五千人，以后再加精选，陆续收来。至全国兵额，究需若干，由国防会议定之。

(2) 编制：陆军平时以师为最大单位。至师以下之编制另定。

(3) 教育：编成各师之下级干部，须加以统一的补习教育，分期更番，调入中央军校，重加补习，学满再复职。其学识优良及经验宏富者，得调充教官，或派赴国外留学。各师不问原属何集团军，须依照中央所定原则，易兵而教。各师官兵，亦可互相参和编成，不必拘于原来建制。于地点适中交通便利之地方，设大练兵场数处。各师编成后，分期调集训练。

乙、宪兵：

(1) 素质：宪兵具有军事警察兼有行政警察之性质。为纠察纪律，防范奸宄，保护交通，维持治安之用。故其资格，必须择已受军事训练，了解党义，通晓法律，品行端正，体格强壮者充之。

(2) 兵额：预定将来有五十个师管区。每师管区，配置宪兵一营。此外首都及各特别市与每铁路并国境上要点，各配置一营或二营，合计约六十营。每营五百人，计共需宪兵三万人。

(3) 组织及系统：宪兵以营为单位，直属于中央宪兵司令部。其驻在他地方者，关于勤务上，得受就地军事长官之指挥。

(4) 整理：将现在全国宪兵，收归中央统辖，严加考核。

(5) 教育：中央军校内加设宪兵科，选拔优秀军官、警官入校补习。

丙、海军：

(1) 将现有之各舰队，从新编配，其官兵参合编组，与陆军之要旨相同。

(2) 将已过年龄之各舰，一律作废。

(3) 根据国防计划另谋新建设。

丁、空军

(1) 就现有各航空队另行编组。

(2) 设立航空学校，培植航空人才。

(3) 设立制造厂，准备根据国防计划。扩充空军。

四、编余军官之处理：

(1) 凡资深学富，及曾著战功，足储为将校之选者，应严加审定，分别留用，或补习军事学识。

(2) 中央应设立裁兵善后委员会。

(3) 裁兵善后委员会，专收纳被裁官兵。而筹办下列之各件，以善其后。设立大规模之各种佐吏学校、职业学校，各种工厂、及筹划兵工事宜警保事宜，屯垦事宜等。

五、伤亡官兵之抚恤及其他之整理。

(二) 关于军事整理问题决议

关于军事整理问题，本大会认为根本原则，必须确守者，有下列数项：

一、军政军令，必须绝对统一。军队之组织，更必须十分完备，方能使全国军队成为真正之国军，逐渐实行征兵制，以收内安外攘之效。破除旧日一切以地方为依据，以个人为中心之制度及习惯。中央军事系统及组织，如另图。(图附后)

二、全国军队数量，必须于最短期间，切实收缩。军费在整个预算上，至多不得超过百分之五十，同时军队之经理制度，更必须统一确立。

三、军事教育之统一，为完成国军之基础。今后整理军事教育之方案，必须有切实规划。大学教育及专门教育之建设，尤为统一各军之要件，必须将现在各军中年富力强、学识俱优之精壮将士，以公平而严格之方法，调入大学或专门学校，合一炉而冶之。俾得于最短期间，成信仰坚实、学识渊深之高级干部，以为统一军令军政，建设建全国军，完成国防计划之基础。各军各地方不得自设军官学校及类似军官教育之学校。一切军事教育，归中央统一，至于正在进行中之学校及军官补习教育，由中央妥定办法处理之。

四、裁军为整军理财之第一要务。化兵为工，为总理多年之主张。移兵垦拓，亦为中国向来之良政。第一次代表大会亦已有殊遇革命军人之议决案。以后裁兵计划，必须与此原则相合，亦必须于国家及人民之能力相应。务须本此主旨，切实施行。

五、在国防上，海军、空军及军港要塞之建筑，均为重要。总理之实业计划，一方面即建设于国防计划之上。吾国海岸线既长，版图又大，现在海军实力微弱，空军尚无基础。今后之国防计划中，必须实事求是，发展海军，建设空军，俾国防计划，归于完成。

以上各事，乃整理军事之要点。此次中央及军事当局之两提案，均已有详细规划。此两案应仍交蒋中正、冯玉祥、阎锡山、李宗仁、李济深、杨树庄六同志，本此主旨，切实规划，由国民政府核定施行。俾人民有休息之生机，国家有强固之保障。

(附)中央军事组织系统图

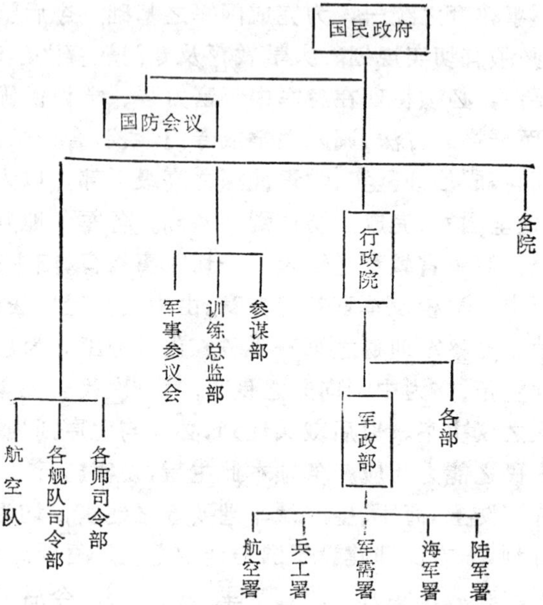

〔国民政府战史编纂委员会档案〕

8. 蒋介石报告中央军事机关改组及制定军政、参谋及训练总监等部组织条例①

(1928年11月　日)

十七年十一月初旬,军事委员会根据整理军事案,着手结束。凡专责机关与事务机关,除酌量裁撤外,余均分配于军政、参谋、训练总监三部及国府参军处。至十一月中旬,军事委员会乃完全结束。其改组办法,详列于次:

一、国民政府军事委员会、国民革命军总司令部及海军总司令部改组下列各部:

① 摘自国民党第三次全国代表大会军事报告。

（1）参谋部。

（2）训练总监部。

（3）军政部。

二、凡专责机关，就其性质相同者，分别改组；

（1）军会参谋厅及总部参谋处，改组为参谋部。

（2）军会政治训练部，归并训练总监。

（3）军会军政厅所辖军务、军械、军医、军法各处，总部之军医、军法、交通各处及伤病兵管理委员会，改组为军政部之陆军署（但军务处之营产科，应拨归军需署）。

（4）海军总司令部改组为军政部之海军署。

（5）军会军政厅所辖之航空处，改组军政部之航空署。

（6）军会经理处、审计处、经理法规编纂委员会及总部之经理处、营房设计处，改组为军政部之军需署及审核处。

（7）军政部之兵工署从新组织之。

三、凡事务机关，概如下之归并；

（1）军会总务厅、法规编审委员会及总部办公厅，归并军政部之总务厅及各署。

（2）军会常务委员办公厅，归并参谋部之总务处。

（3）总部副官处，归并国府参军处及训练总监部之总务厅及各监处。

（4）总部参议厅，酌量分配或裁撤。

四、各部关于专门人材如不敷用时（如参谋、兵监、兵工人员），得互相调用或遴员选补。

五、公〔各〕部应按照新编制改组，其编余人员，得以原阶级改为属官，支薪七成。

六、此项改组，一切原有人员如（二）（三）两条之分配，依旧供职，但得由各该管主官详加考核，在一个月以后，举行甄别。

七、其原任重要职务之将官，在改组时，而无相当位置者，得分别选任军事参议院之军事参议，或参谋部高级参谋，或各部参事。

八、截至十一月十日止，各人员饷项，均由各原管机关请领。

十七年九月中旬，中央即组设军事各部院编制起草委员会，任何应钦为主席，纂拟军政部、参谋本部、训练总监部、国防会议、军事参议院等诸编制，呈奉国民政府核准颁布。军政部长冯玉祥、次长鹿钟麟、张群，参谋本部部长李济琛、次长刘汝贤、葛敬恩，训练总监部总监何应钦、副监周亚衡、贺耀祖，乃按编制，各就前中央军事机关归并之人员，负责组织成立。其情形如下：

（甲）军政部下设五署一厅；即陆军署、海军署、军需署、兵工署、航空署。其人员：陆军署系总司令部军医、军法、交通及军事委员会军务、军械、军医、军法各处与伤兵管理委员会等归并组成。海军署系海军总司令部改组。军需署系总司令经理处、营房设计处，军事委员会经理处、审计处与营产科暨经理法规编纂委员会等归并组成。兵工署系从新组织。航空署系军事委员会航空处改组。其他军事委员会之总务厅，法规编审委员会等，概归并于该部之总务厅及各署处。

（乙）参谋本部下设四厅一局；即总务厅，第一厅、第二厅、第三厅、测量总局，其人员系军事委员会常务委员办公厅与参谋厅及江苏测量局归并组成。

（丙）训练总监部下设一厅、五监、三处；即总务厅，骑兵监、步兵监、炮兵监、兵工监、辎重兵监，军学编译处、国民军事教育处、政治训练处。其人员系军事委员会及政治训练部归并组成。

以上三部，均于十七年十一月间完全成立，正式办公。至军事参议院，亦经院长李宗仁积极筹备，约于本年三月间成立云。兹将军事委员会组织大纲暨参谋本部、训练总监部、军政部、军事参议院各条例附列于后。（已选编本辑军事规章制度项内）

〔国民政府战史编纂委员会档案〕

9. 蒋介石邀请李济深、李宗仁等出席编遣会议及其有关态度往来电

（1928年12月14日—31日）

(1) 李济深给蒋介石密电(12月14日)

南京蒋主席钧鉴：潮密。真电奉悉。本应遵命即来，惟职离职数月，诸事均行停顿，而急切的裁兵与预算，亦未商有办法。及粤事交代，亦难一日可了，此均为目前不能来之事宜。编遣会议，冯、阎诸公既出席，职亦已电德邻速来，自能顺利成会。至职对于会议之意见，前曾于预算委员会一度表示，又曾于离都时向冯公陈述，则职列席与否，无重大关系，尚乞钧座宽宥之也。职李济深呈叩。寒。印。

(2) 蒋介石复李济深密电稿(12月17日)

国急。广州李主席勋鉴：枢密。诵寒电意，兄仍未释于怀，望即来京，必可以片言立决。编遣会系根本大计。至于粤之裁兵交代等，皆枝叶耳。兄似不必有所假托，此间定有日开会，望以行期电告。中正。洽。印。

(3) 蒋介石给朱培德电稿(12月21日)

国急。南昌朱主席勋鉴：编遣会议关于国计民生者，至为重大，现已筹备妥协，定二十六日开会。焕、百两公，居京筹策。任、德两兄，亦即就道。切盼吾兄兼程来京与会，共商一切。何日起程，乞先电示。中〇。马。印。

(4) 蒋介石致杨树庄密电稿(12月21日)

国急。福州杨主席勋鉴：编遣会议至关重大，现已筹备妥协，定于二十六日开会，盼即来京与会，筹策一切。何时启程，请先电示。中〇。马。印。

(5) 李宗仁复电(12月21日)

南京谭院长、冯总司令、阎总司令、何总监、胡展堂先生、戴季

陶先生、张静江先生、孙哲生先生勋鉴：编遣会议，于军国大计所关至重，宗仁前以此间军队等一期缩编，亟办结束，未克早日成行，拟俟开会有期，即行就道。兹奉蒋总司令电，定有日开会，当即摒挡一切，定本月二十三日兼程赴都，参列会议，晤教匪遥，不尽缕缕。弟李宗仁叩。马。印。

(6) 朱培德复电(12月22日)

机急。南京行政院谭院长赐鉴：枢密。顷奉蒋主席马电，邀培赴京，参与编遣会议，准于漾日由省首途。谨闻。朱培德叩。养亥。印。

(7) 杨树庄给蒋介石复电(12月24日)

国急。南京国民政府蒋主席钧鉴：京密。编遣委员会成立，树庄因背部生疽，经用手术后，创口甚大，精神委顿，未得赴京列席，无任惶悚。现以海军重要建议各案，亟应送由编遣委员会议决施行。特派海军第一舰队司令陈季良负责代表一切，即日赴京出席。敬乞察准，不胜感祷之至。杨树庄叩。敬。印。

(8) 国民政府文官处给各院部会等电稿① (12月25日)

南京各院、部、会，广州李委员任潮、上海杨委员幼京、汉口李委员德邻、北平张委员溥泉、林委员子超，各省政府、各特别市政府勋鉴：国军编遣委员会改定民国十八年元旦行开会式，特闻。国民政府文官处。有。印。

又北极阁无线电台转奉天无线电台分转奉天张委员、各高级行政机关勋鉴：国军编遣委员会改定民国十八年元旦行开会式。特闻。国民政府文官处。有。印。

(9) 文官处给朱培德白崇禧等密电稿(12月26日)

南昌朱总指挥培德、北平鹿总指挥钟麟、商总指挥震、白总指挥崇禧勋鉴：枢密。奉主席谕：本日，中央政治会议决议，编遣委

① 蒋介石时任国民政府主席，文官处秉承主席指示发电通告各院、部、会等编遣会开会日期。

员会议加入朱培德、鹿钟麟、商震、白崇禧四总指挥。现该会定元旦行开幕式。务希从速来京参列会议。等因。特达。国民政府文官处。寝。印。

(10) 白崇禧致蒋介石复密电(12月28日)

机急。南京主席蒋、总司令李钧鉴：枢密。国府文官处转来主席面谕奉悉。经电德公及理卿先生请示，关于编遣会议，有主席主持，德公代表第四集团军，职只知服从中央命令。至关于西北国防意见书，经托理卿先生带呈。职是否尚须进京到席，请速电示。职白崇禧叩。俭。印。

(11) 国民党中执会给文官处复函(12月28日)

迳复者，准函开：为国军编遣委员会开幕在即，特遵谕依照编遣委员会条例第三条之规定，函请转陈推定委员五人至七人，届时出席。等由。一案。业经中央第一八九次常务会议决议，推蔡元培、吴敬恒、胡汉民、李煜瀛、张人杰、王宠惠、戴传贤七委员出席在案，除分函外，相应函复。即希查照为荷。此致

国民政府文官处

中国国民党中央执行委员会秘书处

中华民国十七年十二月廿八日

(12) 文官处给张学良密电稿(12月29日)

无线电拍发。奉天张委员勋鉴：光密。奉主席谕：编遣委员会定元旦开会，奉天所辖舰队，应派员参加，妥筹改善办法。请贵委员转饬遵照，即将指派人员衔名电复①，并促令克日启程。等因。特此转达，请为照办。国民政府文官处叩。艳。印。

(13) 文官处给白崇禧复电稿(12月31日)

限即到。北平白总指挥勋鉴：奉主席谕：俭电悉。望克日来京出席编遣会议，共襄大计为要。等因。特达。国民政府文官处。

---

① 东北代表驻京办事处于元旦致文官处启，派王树常列席编遣会。

卅一。印。

（14）新疆驻京全权代表致蒋介石电(12月31日)

蒋主席钧鉴：军缩会议，行将开始，此事关系国家军政与国防前途，至为巨大。新疆合伊犁、塔城、阿尔泰四行政区域而为一省。现有陆军约七师以上，与东三省不相上下，可否加入会议，出自钧裁，无任待命之至①。新疆边防军总司令部参谋长兼驻京全权代表钱桐。世。

〔国民政府档案〕

10. 编遣会议发布不偏私不欺饰不假借不中辍宣言通电

(1929年1月5日)

南京中央党部、中央政治会议、国民政府钧鉴：各院、部、会，国民革命军总司令部、各集团军总司令部、东北边防军司令部、海军总司令部、各政治分会、各总指挥、各军、师、旅长，各省政府、各特别市政府、各省各特别市党部及各级党部、各机关、各团体、各报馆并我全国同胞钧鉴：本会遵中央第五次全体会议之决议，依中央政治会议通过之条例而组织，旨在编遣国军，整理军事，解军额过剩之忧，谋统一建国之实。兹当开会伊始，誓以拥护党国之赤诚，实现中央赋予之使命，决心所在，敢发其凡。

第五次中央全体会议，关于军事之决议案，于整理军事以外，更有建设军备，充实国防，统交军事负责同志切实筹办之语。即本会条例所规定之职责，有如军制、军额、军费之议定，卫戍区域之划分，此皆根本要图。务关百年大计，而目前全国希望，最切之事项，厥为战后散乱之军事，如何整序划一，以统属于中央，全国过剩之军额，如何切实缩编，以纾国家人民无穷之负担。换言之，即将以

① 文后有奉谕复，须有金主席来电方可字样。

裁编遣置点验校阅之成绩，卜本会全部事业之成就也。本会负此使命，敢不黾勉以赴，详细条目，自有待于会议之决定，而下列数项，则为本会所公认，为必守之信条，敢先负责宣言，以答邦人之望。

一曰不偏私：本会关于国军裁留之标准，乃认全国所有之军队，为一整个不可分之单位。整个的国军之下，不认再有其他之单位。诚以此次缩编，决不同于国际之裁军，国际裁军之不能澈底，在于各有利害之本位，发为相互之猜忌。若我百余万之国军，同为三民主义之信徒，同隶青天白日之旗帜。故此次裁编之标准，唯当依国家实际之需要，与国用所能负担之程度，合全盘以统筹，为整个之整理。苟有以集团或地域为单位，而倡为均衡裁遣之说者，是在制度上将延长封建之恶习，为革命主义所弗容。而在实际上足以诱启军阀之割据，亦为国家利益所勿许。本会列席之军事同志，必不有此主张。即中央各同志，亦必本于党义而监督之也。

二曰不欺饰：军阀时代最大之恶习，为虚报兵额，为隐秘军事而不公开；军事之冗滥无稽，军人之贪婪堕落，其弊皆基于此。所谓浮报军额，有出于冒领军费之目的者，有出于规避遣散之目的者，亦有名为裁遣而阴图扩张，故虚报遣散之兵，数以掩蔽事实者。凡此诸弊，皆由过去军人自私队伍分割地盘之恶习，致人民切齿痛恨于军队，而军队遂不得不以欺骗之方法图存。本党革命救国，将使武力为人民之武力，使不容有此现象。本会此次集议，务以公开与诚实为标准。我军同志，各有革命之觉悟，自当不欺、不隐、不夸、不诬，以遵中央之决议案，以听会议之决定。而本会亦将依于条例规定之职责，负责施行，极严格之点验与验查，务使此次裁编名实表里绝对一致。上可质于总理在天之灵，下可告慰国民喁喁之望。

三曰不假借：昔日军阀时代，亦常有以裁兵运动为口号，而希图对外举债以供私斗者，总理在民国十一、二年时，力倡兵工政策。

直系军阀，未能接受，然一方面裁兵运动之呼声，又屡传于军阀之戎幕，真意所在，国民早已洞瞩其肺肝，而历年盘据各地之小军阀，忽而滥行招募，忽而高呼遣散，循环相累。目的唯在敛财，此等恶例，尤为全国同胞所疾首。本会此次遵从中央决议，为厉行精兵主义而裁兵，誓当一秉救国之本怀，并遵从第一次代表大会殊遇革命军人决议案精神，对于裁编遣置，决不使国帑有分文妄费，亦决不使被遣士兵有一人之不得其所。遣置经理，各有专司，愿在党国严密监查之下，澈底完成应尽之使命。

四曰不中辍：国民革命之战役，时越三年，动员数逾百万，值此建国伊始，不惟十七年来纷如乱丝之军事现象，应使完全革新，即一切附丽于军事恶制之旧观念旧习惯，亦必加以根本之扫除。本会承受中央重大之负托，唯有以忠诚奋勇之精神，期全部目的之贯澈，不惟难行之提议，亦决不以空言而自划。且不唯裁遣冗兵厘定军制而已，尤将以财政之统一，立建国之基础。本会负责军事诸同志，咸痛感于现状之不可以久，认为本会成立以后，国家所有之税收，涓滴皆应统一于中央，国军全体士兵之薪饷，分文皆应仰给于国库，必如此方可不陷国家于崩亡。必如此方可不蹈军阀之复辙。息壤相约，义无反顾，所以保障革命在此，所以表现实际建国之力量者亦在此。

此上之四端，虽未足以尽本会全部之使命，而实本会所愿奉以周旋之精神。深维我国百年来之军事历史，不惟贻祸于国家人民，亦以自相戕残，授帝国主义者以侵略之机会，此实民族之不幸，亦为军人之耻辱。今当军阀扫除，国家前途，始有一线之曙光，苟不急起直追，势必因循再误。本会敬以革命之决心，痛切自誓，于党国旗帜与总理遗像之前，务本上述四项之原则，贯澈整理军事之全功。爰昭告于我全国同志同胞，唯相与戮力以助成立。国军编遣委员会叩。歌。印。

〔行政院档案〕

11. 国民党召开编遣会议发布大会宣言暨裁兵及统一财政等历次决议通电

（1929年1月5日---26日）

（1）1月5日电

南京中央党部、中央政治会议、国民政府、国民革命军总司令部钧鉴：各院、部、会，各集团军总司令部、盛京东北边防军司令部、上海海军总司令部、各省各政治分会、各总指挥、各军、师、旅长、各省政府、各特别市政府、各省各特别市党部、各级党部、各机关、各团体、各报馆公鉴：国军编遣委员会于本月五日午前九时，在国民政府开第一次大会，蒋委员中正主席行礼如仪，由主席致词及何委员应钦报告筹备经过后，当将本会宣言讨论通过，复共同宣誓。词曰：誓以至诚宣誓于总理灵前，委员等遵奉总理遗教，实行裁兵救国，对于本会一切决议，竭诚奉行，不敢存丝毫偏私，假借欺饰中辍之弊，如有违犯，愿受本党最严厉之处罚。谨誓。等语。旋散会。所有议案及会务逐日开会，讨论进行。特电奉闻。国军编遣委员会临时秘书处叩。歌。印。

（2）1月8日电

南京中央党部、中央政治会议、国民政府、国民革命军总司令部钧鉴：各院、部、会、各集团军总司令部、盛京东北边防军司令部、上海海军总司令部、各省、各政治分会、各总指挥、各军、师、旅长，各省政府、各特别市政府、各省各特别市党部、各级党部、各机关、各团体、各报馆公鉴：国军编遣委员会庚开二次大会，会议情形如次：

（一）李秘书主任仲公报告各项重要文件。

（二）第一、第二、第三、第四、各集团军，第八路军，东北边防军、海军报告所属部队编制及收支情形。

（三）蒋主席宣告交各审查委员会审查，各军报告附意见，提出下次会议。

（四）加推谭延闿为经理审查委员会委员。

（五）编遣委员会增设常务委员，其组织系统表及编制表，交起草委员会审查。

（六）设临时秘书处，其组织规程，修正通过。国军编遣委员会临时秘书处叩。庚。印。

(3) 1月15日电

南京中央党部、中央政治会议、国民政府、国民革命军总司令部钧鉴：各院、部、会、各集团军总司令部、海军总司令部、东北边防军司令部、各政治分会、各总指挥、各军、师、旅长，各省政府、各特别市政府、各省特别市党部、各级党部、各机关、各团体各报馆均鉴：国军编遣委员会，真，开第三次大会，会议要案，有经理审查委员会委员长李宗仁报告，关于各省经理案件之审查结果。并由宋部长子文说明确定军费总额，实行统一财政办法之提案要旨，请核定原则，于全年总额收入拨百分之四十一为陆、海、空军暨中央军政经临各费及陆军预备金，并提出请求五项。(一)属于中央性质之税收，绝对归诸中央，地方不得附加或分拨。(二)于财政原则上用人行政之权，地方任何机关，不得丝毫干涉。(三)各铁路现在津贴各军之款，亦应照常拨交财政部，不可因统一而卸责。(四)如各省有省防军，由省税项下开支。(五)军费总额规定以后，如何支配在外省者，财政部如何拨付编遣委员会，须明定办法，呈请政府公布。决议原则通过。特电奉闻。国军编遣委员会临时秘书处叩。删。印。

(4) 1月18日电

南京中央党部、中央政治会议、国民政府、国民革命军总司令部钧鉴：各院、部、会、各集团军总司令部、东北边防军司令部、海军总司令部、各政治分会、各总指挥、各军、师、旅长，各省政府、各特别市政府、各特别市党部、各级党部、各机关、各团体、各报馆公鉴：

本会筱(17日)开第四次大会，讨论蒋委员长中正提议国军编遣委员会进行程序大纲，业经全体出席委员一致决议通过，该大纲要点：(一)请政府明令将国民革命军总司令、各集团军、总司令、各总指挥及其他高级战时编制，立予取销。即设各编遣区办事处，承编遣委员之命，负责交代办理一切。(二)各部队饷糈，由各该办事处直承编遣委员会之命，与财部及编遣会经理部商定，先就该地向有财源筹拨。(三)原有高级得力军官佐，汇报编遣会，听候分别组织点验组，派赴各编遣区点验检阅。(四)现存之军实及一切军用品，造册呈报，公同指定适当之储藏库保管。各兵工厂之制造，一律停止，听候编遣会统筹善后。已订起之一切军用品，详明呈报，公决处置。(五)即行组织点验组织，赴各省各部队点验检阅。(六)除中央直辖各部队及海军外，其余分为六个编遣区：第一区专管编遣原隶第一集团军之各部队。第二区编遣第二集团部队。第三区编遣第三集团部队。第四区编遣第四集团部队。第五区编遣东三省部队。第六区编遣川康滇黔部队。(七)各编遣区办事处，采委员制。由原属各总司令、各总指挥部择优派二人至五人呈中央。党部派党代表一人，国民政府派专员一人会同办理。(八)编遣全国现有之陆军步兵，至多不得过六十五师，骑兵八旅，炮兵十六团，工兵八团，空、海军卸官。并须缩减军费，至全国总收入百分之四十为止。各编遣区及中央直辖部队，其编留之数，至多不得过十一师。(九) 各省区依地方财力及必要情形，呈候编遣会核准，得报编余官兵，改编地方警察、保安队。(十)编余遣散之士兵，由遣置部妥筹分遣安置办法。(十一)编遣官长之老病，不堪再任军职者，群给岁俸、月俸，准其改业。中级以上官长，如再求深造者，派送相当学校补习，其下级官长之年富力强者分别送入军校或工厂习相当之技能。(十二)编定各部队之中下级长官，应照班抽调至中央军校，施以一次统一的补习教育。(十三)各师饷糈，俟各编遣区办事处成立后，由编遣会经理部派员特设经理分处，接管经理事宜。凡该区内向来解拨总司令部或总指挥部之军费，及各该区截留之国家税收，应即一律移交财部接收，统一管理。再由财部拨送编遣会经理部，解致各该区经理分处，转发各部队。如有不足，再由编遣会统筹发给，实行军需独立与经理之公开。（十四）现有各部队，不论原属何部，自归编遣会管辖后，应静候检阅编遣，非奉命令不得移动。（十五）编遣会得斟酌各省治安情形，每省划为若干个绥靖区、或绥靖分区，分驻各师旅，承编遣会之命令，受省政府之指导，任绥靖地方重责，务于六个月内，将该区内之匪患肃清等等。除照缮该大纲原文呈请政府公布施行外，特要奉闻。国军编遣委员会临时秘书处叩。巧。印。

（5）1月24日电

南京中央党部、中央政治会议、国民政府、国民革命军总司令部钧鉴：各院、部、会，各集团军总司令部、东北边防军司令部、海军总司令部、各政治分会、各总指挥、各军、师、旅长，各省政府、各特别市政府、各省、各特别市党部、各级党部、各机关、各团体、各报馆均鉴：本会祃开第五次大会，其决议案件有：

（一）国军编遣委员会编制案修正通过。

（二）国军编遣委员会常务委员人选案，推吴敬恒、谭延闿、蒋中正、冯玉祥、阎锡山、李宗仁、李济深、张学良、杨树庄、何应钦、宋子文为常委，提请中央政治会议决定。

（三）国军编遣委员会各部主任人选案，推李济深为总务部主任，李宗仁为编组部主任，冯玉祥为遣置部主任，阎锡山为经理部主任，提请中央政治会议决定。

（四）编遣区办事处组织大纲案，修正通过。

（五）国军编遣委员会服务规程案，修正通过。

（六）文武官薪俸平均案，呈请国府将文武官薪俸，平衡修订。

（七）海军总司令杨树庄提议，请准予缓撤海军总司令部，或改设海军司令长官部及请另设海军专部，暨请将全国舰队转饬听候调遣三案。经并案决议，海军总司令部取消后，设海军编遣办事处，原有第一、二舰队，编为第一、第二舰队，渤海舰队改为第三舰队，广州各舰改为第四舰队，统归编遣委员会管辖，由海军编遣办事处分别编遣，至海部应否设置，留俟国防会议决定。

（八）蒋委员长提议：军官学校改委员制，并请辞中央军校校长案，通过。在编遣期间，军校改为委员制，交起草委员会，草拟条例。

（九）阎委员锡山，请取消平津卫戍总司令案，呈国府核办。

（十）军政部长冯玉祥提议，现时军政航空与商用航空，请统归中央航空机关办理案，及交通部长王伯群，请划定空军与空中交通事权，以利航空发展案。并移国防会议讨论。除遵决议分别办理外，谨电奉闻。国军编遣委员会临时秘书处叩。敬。印。

(6) 1月26日电

南京中央党部、中央政治会议、国民政府钧鉴：国民革命军总司令部、各院、部、会，各集团军总司令部、东北边防军司令部、海军总司令部、各政治分会、各总指挥、各军、师、旅长，各省政府、各特别市政府、各省、各特别市党部、各级党部、各机关、各团体、各报馆钧鉴：本会径(25)开六次大会，其决议要案：

（一）各省保安队编制草案，交常会核定。

（二）陆军军官学校组织要领案，通过。并推胡汉民、吴敬恒、戴传贤、冯玉祥、阎锡山、李济深、李宗仁、何应钦、蒋中正为陆军军官学校校务委员会委员，何应钦为常务委员。

（三）国军编遣委员会编经理办法及编遣区经理分处条例案，并经理审查报告交常会。

（四）军学佐任免调补办法案，附陆军学佐服役任免规程大纲，并编制审查报告，交常会。特电奉闻。国军编遣委员会临时秘书处叩。宥。印。

(7) 1月26日电

南京中央党部、中央政治会议、国民政府钧鉴：国民革命军总司令部、各院、部、会，各集团军总司令部、东北边防军司令部、海军总司令部、各政治分会、各总指挥、各师、旅长、各省政府、各特别市政府、各省特别市党部、各级党部、各机关、各团体、各报馆、民众公鉴：国军编遣委员会、自梗日举行开幕典礼以来，经于歌、庚、真、筱、养、径、等日开大会六次，蒋委员长暨出席委员；吴敬恒、冯玉祥、张人杰、阎锡山、蔡元培、李宗仁、胡汉民、李济深、李石曾、何应钦、谭延闿、戴季陶、王宠惠、宋子文、孙科、朱培德、赵戴文、王伯群。列席委员：海军杨总司令代表陈季良。东北边防军张司令长官代表王树常、及何成浚、古应芬、陈仪、陈调元、张群、王正廷、葛敬恩、易培基、朱绶光、蒋梦麟、周亚衡、姬祥熙、刘永赓、薛笃弼、曹浩森、贺耀祖、陈绍宽、张华辅、俞飞鹏、李仲公、熊斌、贺国光、贾景德、李铎等，均按次勇跃到会。所议三十余案，无不一德一心，推诚讨论，全会精神融合饱满，终始无间。其重要各案，均已圆满解决，并经分次电达。次要者统交常务委员会继续处理。径日举行闭幕仪后，临时秘书处随即结束，特陈经过。诸希察照。国军编遣委员会临时秘书处叩。宥。印。

〔行政院档案〕

12. 国民政府公布修正国军编遣委员会条例

（1929年1月22日）

修正国军编遣委员会条例

第一条　国民政府为整理全国军事，特设国军编遣委员会。

第二条　国军编遣委员会之职责如下：

（一）拟定国军兵额及其编制饷章。

（二）划分卫戍区域。

（三）拟定全国军费。

（四）规定现有各部队官兵裁留之标准。

（五）规定接管现有各军队之程序。

（六）厘定军官佐任免调补各项办法。

（七）点验及校阅全国现有之陆海空军。

（八）筹办编余官兵之分遣安置事宜。

（九）关于编遣经费之经理事项。

（十）其他有关于编遣之事项。

第三条　国军编遣委员会以下列各员组成之。

（一）委员长由陆海空军总司令兼任。

（二）委员：(1)原任各集团军总司令、海军总司令及各集团军前敌总指挥。(2)参谋总长、军政部长、训练总监、军事参议院院长、行政院长、内政、财政、交通、铁道部长。(3)中央委员五人至七人。

（三）必要时得由委员长邀集其他有关系之各院、部、会长列席。

第四条　国军编遣委员会协赞委员长处理日常事务，设置常务委员九人至十一人。

第五条　国军编遣委员会置总务、编组、遣置、经理四部，其职掌如下：

（一）总务部掌本会文书、会计、庶务及其他不属于各部之事项。

（二）编组部掌第二条第一、第二、第四、第五、第六、第七各款事项。

（三）遣置部掌理第二条第八款事项。

（四）经理部掌理第二条第三、第九两款及第一款之饷章事项。

第六条　各部设主任副主任各一人，由国民政府任命之。

第七条　各部按事务之繁简，分设各处科，其人员除必须专任者外，得向各军事机关部队调用。

第八条　国军编遣委员会成立后，国民革命军总司令部、各集团军总司令部、海军总司令部，即行撤销。但各总司令于编遣尚未完毕以前，应仍负责交代办理一切。

第九条　国军编遣委员会务于六个月内，将编遣事宜办理完结。

第十条　国军编遣委员会之编制及服务规则另定之。

第十一条　本条例如有未尽事宜，得随时修改。

第十二条　本条例自公布日施行。

〔国民政府档案〕

13. 编遣委员会关于组织经过并吁请各军暂守宣言贯彻编遣各项决议通电

（1929年1月25日）

国急。南京中央党部、中央政治会议、国民政府钧鉴：国民革命军总司令部、东北边防军司令部、各总指挥、各军、师、旅长、各院、部、会，各政治分会、各省、各特别市政府，各省、各特别市党部，各级党部、各机关、各团体，各报馆并转全国同胞公鉴：本会遵中央第五次全体会议之决议，依中央政治会议通过之条例而组织。开会伊始，曾将本会必定之下条与应负之使命，撮举四事，敬告国人，宣誓共守，开会以来，各军事领袖以至共信之精神，当总理遗像之前，党国监视之下，人民热望之中，集会六次。所有国军编遣进行程序大纲以及各种重要具体方案，均已开诚讨论，逐项议决，分别呈请政府公布施行。经先后由会电达，度邀共鉴。溯自总理倡议裁兵救国，阻于军阀势力，奋斗毕业，迄未实现，及今军阀崩溃，统一造成。本党武装同志，鉴于民生之困难，财政之竭蹶，列强之环逼，国族之凭凌，痛定思痛，敢不谨承总理遗志，力矫昔日军人拥兵自卫，分割地盘之恶习，树立全国建设统一之初基。国民革命军队、本为党国之军队，非个人所得而私，自今以后，不敢曰奉还中央。然必使全国军队真正党化，而后武力乃能成为人民之武力。凡集团防区之观念，历史与形迹，悉当泯除净尽，勿俾留遗。至经议定之军制、军额、军费各端，以及被编遣置、点验、校阅各种程序，尤当本总理知难行易之旨，挑之以毅，继之以忠贞，不偏私、不欺饰、不中辍、不假借，誓守开会宣言，力谋实施，以求贯彻，庶几革命频年真正之建设与统一于焉实现，上足对总理在天之灵，下不负国民喁喁之望，精诚共矢，践履勿躏。兹当闭会之日，用再掬诚奉闻，唯鉴察之。国军编遣委员会叩。有。印。

〔行政院档案〕

14. 国民政府公布国军编遣委员会进行程序大纲令

（1929年1月25日）

国民政府令

兹制定国军编遣委员会进行程序大纲公布之。此令。

中华民国十八年一月二十五日

国军编遣委员会进行程序大纲

第一条　国军编遣委员会现已成立，应依本会条例第八条之规定，由国民政府即发明令，将国民革命军总司令、各集团军总司令、海军总司令、各总指挥、及其他高级战时编制立予取销，取销之后，即设编遣区。各编遣区办事处承编遣委员会之命，于编遣尚未完毕以前，负责交代办理一切。其各部队原有官长照旧供职，听候编遣完毕，由本会呈请国民政府从新任命。编遣时期，非呈明编遣委员会，不得以任何名义委派人员。

第二条　各编遣区办事处所属各部队饷糈，由各该处直承编遣委员会之命，与财政部及编遣委员会之经理部商定，先就该地向有财源照常筹拨。

编遣区办事处组织大纲，由编遣委员会另定之。

第三条　各总司令部、各总指挥部取销之后，所有原用之得力高级军官佐，应即汇报编遣委员会，听候分别组织点验、派赴各编遣区、分往各部队实行点验检阅，并会同执行各部队之编遣。

第四条　各总司令部、各总指挥部等取销之后，原来预备之军实补充及一切军事建设，应依下列各款办理：

一、现存之军实及一切军用品，应即造册呈报，候编遣委员会公同派员验收，公同指定适当之储藏库、军械库保管。

二、各兵工厂之制造，应一律停止。由编遣委员会公同派员分设管理组，即分赴各厂、局，公同接收管理，应即将该厂现存之原料品及一切制造情形，查明具报。听候编遣委员会统筹善后公决处置。

三、现已订购之军械及一切军用品，无论曾否运到，曾否交足定价，应即详明呈报，听候编遣委员会公决处置。

第五条　编遣委员会应即组织若干个点验组，分往各省各部队实行点验检阅，各组委员，概由中央各军事机关及原属各总司令部、各总指挥部之军官，择优均等合用，实行各编遣区内之点验及检阅各事务。

第六条　全国现有军队，除中央直辖各部队及海军各舰队，应由编遣委员会径行派员缩编外，其余应分为下列六个国军编遣区实行编遣：

第一区　专管编遣原隶第一集团军之各部队。

第二区　专管编遣原隶第二集团军之各部队。

第三区　专管编遣原隶第三集团军之各部队。

第四区　专管编遣原隶第四集团军之各部队。

第五区　专管编遣原隶东三省之各部队。

第六区　专管编遣原隶川、康、滇、黔之各部队。

第七条　各编遣区办事处采委员制，由原属各总司令部、各总指挥之高级军官，择优各派二人至五人，中央党部派党代表一人，国民政府特派专员一人，会同办理。其主任得就原管该区之总司令部或总指挥部中之高级军官指定之,秉编遣委员会之命令，一切就近公同商决,遵照本区应行缩编之师额、兵额，将本区之部队实行编遣,俟编遣完竣,编遣区及办事处即予撤销。

第八条　缩编全国现有之陆军步兵,至多不得过六十五师,骑兵八旅,炮兵十六团,工兵八团(共计兵额约八十万人。空军、海军另定)。其编制应斟酌全国收入总额之比例,务缩减军费至总收入百分之四十为止,依此定额,暂定一年经常军费及预备费为一万万九千二百万元。各编遣区及中央直辖部队,其编留之部队,至多不得过十一师。

第九条　各省区依地方财力及必要情形，呈候编遣委员会之核准,得就编余官兵改编地方警察、保安队等，归各省政府、县政府、市政府管辖指挥,其经费亦由各该政府等担任之。保安队等之编制法,候国民政府制定公布之,但其人数以三千至六千人为限。

第十条　凡编余遣散之士兵,除志愿退伍及应就近资遣者外，其余由编遣委员会遣置部妥筹分遣安置办法,其计划另详定之。

第十一条　编余之官长应依下列各款安置：

一、各级官长老病不堪再任军职者,或自愿退伍改业者,应依其劳绩优给岁俸或月俸,准其改业。

二、中级以上官长,如再求深造,愿出洋留学考察，或愿在国内研究学术者,当送军事学校,或其他学校补习,并给薪俸。

三、其余下级官长之年富力强者,当分别送入军事学校,或就现在国有或民间之工厂、学校附设铁路、汽车、土木、屯垦、水利、商业、矿业、电气、通信各科之讲习所,使分期学习，以一年至三年为期。但最初六个月,各讲习所未筹备完妥以前,应在北平、保定等处,择地集合教练，俾各习相当之技能。各该厂校应添之设备费、维持费,由政府拨助。

以上三项之详细办法另定之。

第十二条　编定各部队之中下级官长应轮班抽调至中央军事学校，施以一次统一的补习教育。

第十三条　各师饷糈，俟各编遣区办事处成立后，由编遣委员会经理部派员在各编遣区特设经理分处接管经理事宜。凡该区内向来解拨总司令部或总指挥部之军费及各该区截留之国家税收，应即一律移缴财政部接管，统一整理，再由财政部拨解编遣委员会经理部，分发该区经理分处转发各部队。如有不足，再由编遣委员会统筹拨给。嗣后凡经检阅编定之各师，概由经理部担负全责，按月发饷，实行军需之独立，与经理之公开，其办法另详定之。

第十四条　现有各部队不论原属何部，自归编遣委员会管辖后，应留驻现在防地，分任警备职务，静候检阅编遣，非奉编遣委员会之命令，不得移动。

第十五条　各省政府因清共剿匪须使用兵力时，得呈候编遣委员会先行核定，就近指拨。但遇地方猝起非常变故，须镇压暴动时，各省政府得一面直接声请各编遣区办事处及其附近部队协助，一面电呈编遣委员会办理，该处附近部队接到省政府前述之声请，应迅速处置。

第十六条　编遣委员会得斟酌各省治安情形，以师为单位，每省划为若干个绥靖区，或绥靖分区，分驻各师旅，直承编遣委员会之命令，受各省政府之指导，任绥靖地方全责，务于六个月内将该区内之匪患肃清，如遇各区应行会剿或其他特别必要之情形，得临时特派专员办理之。

第十七条　本大纲经大会公决呈报国民政府核定公布后，本会根据本大纲所定之原则及进行程序，分提细目方案，依次付常会公决施行。

〔国民政府档案〕

15. 国民政府关于国务会议议决国军编遣费数额给财政部训令

(1929年2月1日)①

国民政府训令　　第七四号

令财政部

为令饬事：查本府第十六次国务会议议决，国军编遣费定为二千万元，并报告政治会议案，除录案函达中央政治会议外，合行令仰该部遵照筹拨为要。此令。

主　　席　蒋中正　芬　代
行政院院长　谭延闿　(签字)
立法院院长　胡汉民　(签字)
司法院院长　王宠惠　(签字)
考试院院长　戴传贤　(签字)
监察院院长　蔡元培　(签字)

〔国民政府档案〕

16. 冯玉祥关于鼓励被裁遣中级以上军官去国内外深造提议书

(1929年2月1日)

为提议事：窃查国军编遣委员会，业于本月二十五日闭幕，所有重要议案，均经议决通过。从此着手编遣，次第实施，按程责效，自可乐观。此次会议开始，玉祥得参预末议，曷胜庆幸。唯尚欲有陈者，一国政治之改革，固在办法订定之完密，而尤在政府之奖劝督促，提起一般人之兴趣，自可勇跃赞助，所以总理之建国大计，首重心理建设。盖同一事业，同一待遇，苟一般人心理，认为愉快，纵进行上稍有困难，终可收最后之效果。如一般人心理上，认为苦恼，

① 原件系1月19日拟稿，2月1日封发。

无论理论如何圆满，而事实上必难欺于有效。即以编遣问题而论，如各军长官，深知努力革命，救国救民，系属军人天职，即革命成功以后，分别编遣，仍为贯彻革命救国之紧要政策，将来留职服务者，自当恪尽职守，既不引为荣幸，即被遣解职者，本属求仁得仁，亦匪等于屏弃。如斯则编遣问题，自不难于最短期间，促其实现也。以玉祥愚见，以为欲求编遣进行之顺利，当从事下列两种办法：

第一、应先谋全国军人明了世界列强对华之政策。我国现在所处之地位及国人今后自救之方针，由各主管军事长官切实讲解劝导，使知中国舍裁兵外，实无第二办法。

第二、查公布之国军编遣委员会进行程序大纲第十一条第二项载有：凡中级以上官长，如再求深造，愿出洋留学考察或愿在国内研究学术者，当送军事学校或其他学校补习并给薪俸之规定。如果有中级以上长官遵照此项规定，声明愿意出洋考察或愿在国内研究学术，政府应特别奖劝资助，以成其志，而示鼓励。倘中级以上之师、旅长，有人欣然求学，联袂出洋，则中级以下军官，亦必争相仿效，风声所播，症结立解，政府裁兵救国之计划，即可立见实效。

以上两种办法，实为编遣进行之枢纽，惟原定进行程序，仅属纲领，如能提前切实筹划，订定施行详细办法，克日公布，俾一般军界同志，深悉政府优待被裁军官之至意，明了出洋考察及在国内研究学术之便利，则爱护党国具有同情。想闻风兴起者，自必不乏其人也。管见所及，是否可行，敬祈鉴核施行。谨呈

国民政府

冯玉祥印　二月一日

〔国民政府档案〕

17. 国民政府公布国军编遣区办事处组织大纲令

（1929年2月6日）

国民政府令

兹制定国军编遣委员会编遣区办事处组织大纲公布之。此令。

中华民国十八年二月六日

国军编遣委员会编遣区办事处组织大纲

一、编遣区办事处直隶于编遣委员会，办理该区一切编遣事宜。

二、编遣区办事处采委员制，以下列人员为委员：

主任委员一人。

副主任委员一人。

委员九人。

三、编遣区办事处之组织系统

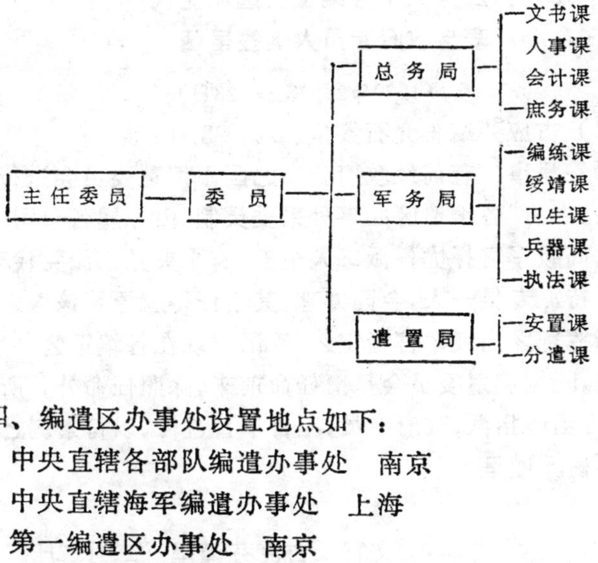

四、编遣区办事处设置地点如下：

中央直辖各部队编遣办事处　南京

中央直辖海军编遣办事处　上海

第一编遣区办事处　南京

第二编遣区办事处　开封

第三编遣区办事处　北平

第四编遣区办事处　汉口

第五编遣区办事处　沈阳

第六编遣区办事处　暂不规定

五、编遣区办事处各局职员，以各该区总司令部、总指挥部原有人员任之。

六、关于点编事务，会同编遣委员会所派点验委员办理之。

七、关于一切经理事项，由编遣委员会经理分处负责办理，但经管分处须受主任委员之指挥监督。

八、编遣区办事处之编制及服务规则另定之。

九、本组织大纲自呈经国民政府公布之日施行。

〔国民政府档案〕

18．古应芬关于各编遣区选派党代表与政府专员人选签呈函

（1929年2月23日—28日）

（1）古应芬给蒋介石签呈（2月23日）

呈为签呈事：查前经政府公布之国军编遣委员会进行程序大纲第七条，内有“各编遣区办事处采委员制，由原属各总司令、各总指挥部之高级军官择优各派二人至五人，中央党部派党代表一人，国民政府特派专员一人，会同办理，其主任得就原管该区之总司令部或总指挥部之高级军官指定之”等语。现在各编遣区办事处之主任委员，既据编遣委员会呈请任命前来，除照任命外，所有党部代表，应否函请指派，政府专员，应否早日遴任，以符条例之处，理合签请鉴核。谨呈

主席蒋

文官长古应芬谨呈　二月二十三日

批语：党部代表函请中央指派政府专员，应提会决派。

芬代积　二月二十三日

（2）秘书处给文官处函（2月28日）

迳启者：案准大函：为“请指派代表，参加国军编遣委员会，各编遣区办事区”一案。经本日中央第二〇一次常会决议：“指定

朱培德、李济深、周启刚、陈嘉佑、丁超五、何应钦、褚民谊、吴铁城、陈肇英九委员为代表”在案。除分函编遣委员会暨各委员外，相应录案函达。即希查照转陈为荷。此致

国民政府文官处

中国国民党中央执行委员会秘书处

中华民国十八年二月二十八日

〔国民政府档案〕

19．国民政府关于撤销国民革命军各总司令部及各编遣区办公日期的令稿

（1929年2月27日）[1]

国民政府令

自国军编遣委员会成立，职责宏巨，中外具瞻。赖各委员公忠体国，协议通筹。编遣大纲，次第决定。现总务各部组织就绪，各编遣区办事处应即成立。其原设之国民革命军总司令部、各集团军总司令部、海军总司令部、各总指挥部，均着于三月十五日一律撤销。各编遣区办事处，均着于三月十六日正式开始办公。嗣后依照计划，分别实施，国家前途，实利赖焉。此令。

中华民国十八年二月二十七日

主席　蒋中正　芬代[2]

行政院院长　谭延闿

立法院院长　胡汉民

司法院院长　王宠惠

考试院院长　戴传贤

监察院院长　蔡元培

〔国民政府档案〕

---

① 文件2月23日拟稿，27日封发。

② 国民政府主席时为蒋中正，此系文官长古应芬代。

20．国民政府任命何应钦等为各编遣区办事处官职令

（1929年2月27日）

国民政府令

任命何应钦为中央编遣区办事处主任委员，刘汝明、尹扶一为中央编遣区办事处委员。朱培德为第一编遣区办事处主任委员，佟麟阁、孙繁霨、林拔萃为第一编遣区办事处委员。项雄霄为中央编遣区兼第一编遣区办事处总务局局长，葛恩敬为中央编遣区兼第一编遣办事处军务局局长，贺国光为中央编遣区兼第一编遣区办事处遣置局局长。鹿钟麟为第二编遣区办事处主任委员、石敬亭为第二编遣区办事处副主任委员，李兴中、李炘、吴中柱、台寿民为第二编遣区办事处委员。陈继淹为第二编遣区办事处总务局局长，吴锡祺为第二编遣区办事处军务局局长，许骧云为第二编遣区办事处遣置局局长。周玳为第三编遣区办事处主任委员，辜仁发为第三编遣区办事处副主任委员。杨澄源、李竟容、王镇淮、雷寿荣为第三编遣区办事处委员。白崇禧为第四编遣区办事处主任委员，胡宗铎为第四编遣区办事处副主任委员，何键、夏威、王风清、田种玉为第四编遣区办事处委员，张维清、杨劲支为第五编遣区办事处委员。此令。

任命杨树庄为海军编遣办事处主任委员，未到差以前，由陈季良代理。此令。

任命陈季良、陈绍宽、曾以鼎为海军编遣办事处委员。此令。

中华民国十八年二月二十七日

〔国民政府档案〕

21．国军编遣会请支付成立的总务等四部开办与经临各费给国民政府呈

（1929年2月28日）

呈为呈送敝会四部支付开办费暨月支经临费各项预算书，仰

祈鉴核，准予备案事：窃查敝会四部，业经次第成立，所有应支开办费以及每月支付经临费各款目，当饬各部分别编造预算呈候核转。兹据报称：总务部应支开办费二万九千九百七十二元，月支经常费二万四千三百二十二元，月支临时费二千二百七十元。又遣置部应支开办费一万九千八百七十三元二角，月支经常费二万一千二百九十八元五角，月支临时费五千二百六十元。又编组部应支开办费二万六千二百零二元五角，月支经常费二万三千四百四十九元，月支临时费一万零七百七十元。又经理部应支开办费二万零八百九十二元四角，月支经常费一万四千三百七十五元，月支临时费一千四百元。并各附各项预算书各三分，请予核转前来。经职等派员分别审查，尚属符合。业于第五次常会提出讨论议决通过。理合检同四部各项预算书各三分，备文呈请鉴核，伏乞准予备案，实为公便。谨呈

国民政府主席蒋

附呈四部开办，经临费预算书十二分

国军编遣委员会委员长　蒋中正

常务委员　吴敬恒

谭延闿　冯玉祥

阎锡山　李宗仁

李济琛　张学良

杨树庄　何应钦

宋子文

中华民国十八年二月二十八日

〔国民政府档案〕

22. 蒋介石关于编遣会议议程经过报告①

(1929年3月15日)

民国十八年元旦，国军编遣委员会成立，中正、阎锡山、冯玉祥、何应钦、陈绍宽、李宗仁、王伯群、朱培德、胡汉民、宋子文、王宠惠、戴季陶、吴敬恒、孙科、赵戴文、王正廷诸委员，齐集国府大礼堂，举行开幕式宣誓就职，由吴委员敬恒代表中央致训词。继由中正代表全体委员致答辞。编遣委员会既成立，即择定国府第一会议厅为大会会场。一月五日上午九时，遂正式开会，并敬谨宣誓，其词曰：敬以至诚宣誓于总理灵前。委员等遵奉总理遗教，实行裁兵救国，对于本会一切决议，竭诚奉行，不敢存丝毫偏私、假借欺饰中辍之弊。如有违犯，愿受本党最严厉之处罚。谨誓。

又为策会务进行之顺利起见，组设国防编制、遣置、经理及提案各审查委员会，并各种起草委员会；即推李济琛为国防审查委员长，阎锡山为编制审查委员长，冯玉祥为遣置审查委员长，谭延闿为经理审查委员长，何应钦为提案审查委员长兼各种起草委员长，并推李宗仁、葛敬恩、周亚卫、张群、熊斌、陈季良、白崇禧、王树常、陈调元、朱培德、鹿钟麟、商震、赵戴文、王伯群、孙科、贺耀祖、孔祥熙、易培基、陈绍宽、宋子文、俞飞鹏、曹浩森、张华辅、朱绶光、李仲公、李铎、刘汝贤、贺国光、贾敬德、陈仪等，分任审查各种起草会委员，分组审查，分门研究，以提供大会之讨论。共计历时三星期，开会凡六次，中正暨出席列席各委员，均按次踊跃到会，所议三十余案，无不一德一心，推诚相见。全会精神融和饱满，终始无渝。其重要各案，均已圆满解决，决要者统交常务委员会继续处理。在第五次大会时，即推吴敬恒、谭延闿、蒋中正、冯玉祥、阎锡山、李宗仁、李济琛、杨树庄、何应钦、宋子文、张学良等为常务委员。于大

① 此件摘自蒋介石于1929年3月15日在中国国民党第三次全国代表大会报告。

会闭幕后，组织常务会议，按期举行。按编遣委员会编制案内，分总务、编组、遣置、经理四部，公推李济琛为总务部主任，李宗仁为编组部主任，冯玉祥为遣置部主任，阎锡山为经理部主任。并推葛敬恩、张华辅、刘骥、朱绶光为四部副主任，兹更纪其议决要案及开会宣言如下：

决议案

甲、经大会决议完全通过之案为："确定军费总额实行财政统一办法"。"国军编遣进行程序大纲"。"国军编遣委员会编遣区办事处组织大纲"。"陆军军官学校组织要领"。"国军编遣委员会编制表"。"国军编遣委员服务规程"。经大会议决原则通过交付常会修正之案为："陆军编制表草案"。"国军编遣委员会经理办法草案"。"国军编遣委员会编遣区经理分处条例草案"。"陆军官佐任免免调办法草案"。

乙、经大会决议交常务委员会讨论者为："安置编余官兵办法草案"。"各军被裁部队官佐士兵人数及应需各费数目概算案"。"陆军学校整理方案"。"陆、海、空军给予表草案"。"宪兵暂行条例草案"。"请将全国舰队转饬听调遣案"。"海军给予请仍照原案施行案"。"海军最低限度之建设计划书"。"兵工政策方案"。"拟请实行兵工屯垦建议案"。"拟请实行兵工造林建议案"。"拟请设立兵工林垦传习所建议案"。"请以本年一月始厉行中央决议、铁道施行方针、为积极整理交通事业应先除障碍以利进行案"。

丙、移交国防会议讨论者为："另设海军专部案"。"划定空军中交通事权以利航空发展案"。"现时军用航空与商用航空统归中央航空机关办理案"。"整理海军方案"。"国防航空建设计划案"。

丁、呈请国府核办者为："文武官薪俸平均案"。

各案议妥后，即于一月二十五日通电闭会，而常务委员会即继续成立。

〔国民政府战史编纂委员会档案〕

23. 蒋介石关于全国各军缩编为师并组织整理委员会分期进行的报告①

（1929年3月15日）

一　各军缩编为师并组织整理委员会分期缩编

当七月间，中正与各总司令及各总指挥等在汤山协商裁兵案，遂根据整理方案，平时国军之最大单位为师，悉将原有部队，并缩为师。并分作三期缩编，在国军编遣会未成立以前，各军自行缩编者为第一期。在国军编遣会施行编遣为第二期。此后则为第三期。务使军额逐期减少。限于五十万人。适合国家财政收入之比例。计其时日，仅及半载。第一期之编遣事宜，各军大部完竣。兹将其经过情形，分别概述于次。

二　第一集团军缩编情形（附中央直辖部队）

第一集团军初为前第一路军之部队，计有九个军及直属另星部队。后复由广东调来之第四、第三十二、第四十六各军，由江西调来第三、第三十一各军，由鄂豫调来第十二、第三十四、第四十一、第四十二、第四十四、第四十七各军，合并编为第一、二、三、四四个军团，及总预备队，后方警备部队，总计官兵不下五十万人。此缩编以前所有部队之概况也。

自汤山会议裁兵案定，各将领争请裁缩。遂于七月一日，由代总参谋长何应钦召集会议，讨论分期裁兵计划，及编余官兵之安插各项办法，并先成立整理委员会，从事办理。内分三部；为设计、监督、军需，中正为委员长，何应钦为副委员长，葛敬恩、贺国光、俞飞鹏、刘纪文，均为各该部正副主任。计分三期缩编；第一、二两期，为原有各军与后方警备部队，缩编而成步兵十三师，独立两旅，炮兵两团，交通兵一团，教导团两团，及骑兵一师。共遣散官兵约十二万余人。当着手缩编时，因平津战事，尚未终了。各军团名义，

① 原文摘自第三次全国代表大会军事报告。

将次预备撤消。一面从事整理，一面为指挥作战便利起见，将前线作战之第三十七军，及第四军团所属各军，改由中央直辖，以便统御，俟战事告终，即与其他无所依附，改归中央缩编之部队，如河北徐源泉、郑俊彦，皖北岳维峻，鲁境任应歧、刘珍年、谢文炳、刘志陆、刘桂堂，福建张贞、卢兴邦等部，均归入第三期内整理。综计此项部队，按照新制缩编为师十二、为旅二、为团十一、及各独立营等。现在缩编尚未完峻，其遣散官兵数目，大约不下十九万余人。总计由第一集团军整理委员会，三期经办编遣之第一集团军部队，兼办中央直辖各部队，除共遣散官兵三十一万余人外，现有中央直辖部队官兵十六万四千余人，第一集团军官兵二十万五千余人，两共现有官兵三十六万九千余人。至各师旅团番号、师长姓名、以及部队之编配，详列于后：

第一集团军部队

第一师师长刘峙：由原第一军第二师、第二十二师、第三十三军之第二师并编而成。

第二师师长顾祝同：由原第九军第三师、第十四师、第十七军之二师并编而成。

第三师师长毛炳文(原为钱大钧)：由原三十二军之全部及第九军二十一师并编而成。

第四师师长缪培南：由原第四军全部并编而成。

第五师师长熊式辉：由原独立第三十七师及独立第七师并编而成。

第六师师长陈焯(现已改委方策)：由原二十六军全部并编而成。

第七师师长王均：由原第三军全部并编而成。

第八师师长朱绍良：由原第四十军全部并编而成。

第九师师长蒋鼎文：由原第一军一师、三十三军三师并编而成。

第十师师长方鼎英：由原第十、第四十六两军全部并编而成。

第十一师师长曹万顺：由原第十七军一、三两师及警卫各团并编而成。

第十二师师长金汉鼎：由原第三十一军全部并编而成。

第十三师师长夏斗寅：由原第二十七军全部、十七军三师之一部并编而成。

骑兵第二师师长张砺生：由原三集团军骑兵第十一师改编而成。

独立第一旅旅长陈耀汉：由原独立第三师全部并编而成。

新编步兵第三旅旅长袁家声：由原第三十三军一师及浙江保安队并编而成。

独立炮兵第一团团长姚永安：由原炮兵第一、二两团并编而成。

独立炮兵第二团团长樊煦：由原第十军炮兵团全部改编而成。

独立炮兵第三团团长李伴奎：由原第三十七军炮兵团全部改编而成。

交通兵团团长邱炜：由原各军交通部队并编而成。

中央直辖部队

第四十四师师长阮玄武：
第四十五师师长方振武：由原第四军团全部并编而成。

第四十六师师长范熙绩：
新编步兵第一旅旅长岳盛宣：由原第三十七军并编而成。

第四十七师师长陈调元：由原第五军团郑俊彦全部并编而成。

第四十八师师长徐源泉：
新编步兵第二旅旅长尚未委任：由原第六军团徐源泉全部并编而成。

第四十九师师任应岐：由原第十二军全部并编而成。

新编第一师师长岳维峻：由原第五方面军岳维峻全部并编而成。

新编第二师师长尚未委任：由原胶东刘志陆、谢文炳等部并编而成。

新编第三师师长刘珍年：由原胶东刘珍年全部并编而成。

新编第四师师长刘桂堂：由原胶东刘桂堂全部并编而成。

暂编第一师师长张贞：由原独立第四师全部改编而成。

暂编第二师师长卢兴邦：由原福建卢兴邦全部改编而成。

按上列中央直辖及第一团军所属各师旅团，大都按照编制编成。惟间有因事实关系，稍有增减，但亦无甚径庭耳。

(附)中央直辖及第一集团军师编制系统表：

三、第二集团军缩编情形

第二集团军之缩编事宜，即由冯总司令直接监督办理，并无特别组织。总参谋长石敬亭，副总参谋长秦德纯，军政处处长吴锡祺，军需处处长傅正舜及训练总监曹浩森、副总监李兴中等，分任编组、遣置、点验、经理各项。其原有部队为：方面军九、军部十、独立师八，人员总数不下六十余万人。

自冯总司令在北平交换裁兵意见并签字军事整理方案，即返豫着手缩编。其编遣计划，分作两期缩编；第一期以实力充实、战绩卓著之各军为基础，缩军为师。第二期则将已缩编之各师，再加以严格之裁汰。并将原有之编制方法，尽行缩小。如方面军军部、特种兵师名目，一律取消。所以各师内部编制，大致与第一集团军相埒，不过以特种兵较多，为顾虑战时效力起见，所有特种兵之编制，不得不稍为扩充，俾得容纳。故师内有设手枪营、机枪营、炮兵团、迫击炮团者，此与第一集团军编制不同之点也。其已编成，曾奉国民政府编定者，为第二十至三十一等十二师，其余以作战分防关系，或已改编，或尚未完竣，或已编竣，尚待整理。故未经国府核

中央直辖及第一集团

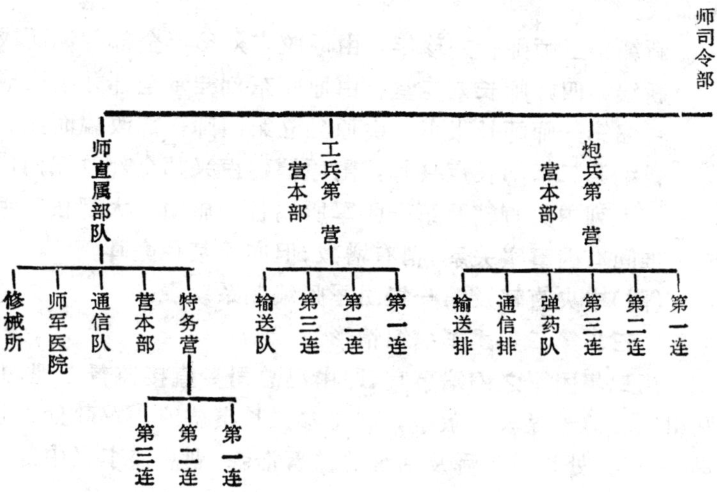
师司令部
师直属部队
修械所
师军医院
通信队
营本部
特务营
第三连
第二连
第一连
工兵第 营
营本部
输送队
第三连
第二连
第一连
炮兵第 营
营本部
输送排
通信排
弹药队
第三连
第二连
第一连

军师编制系统表

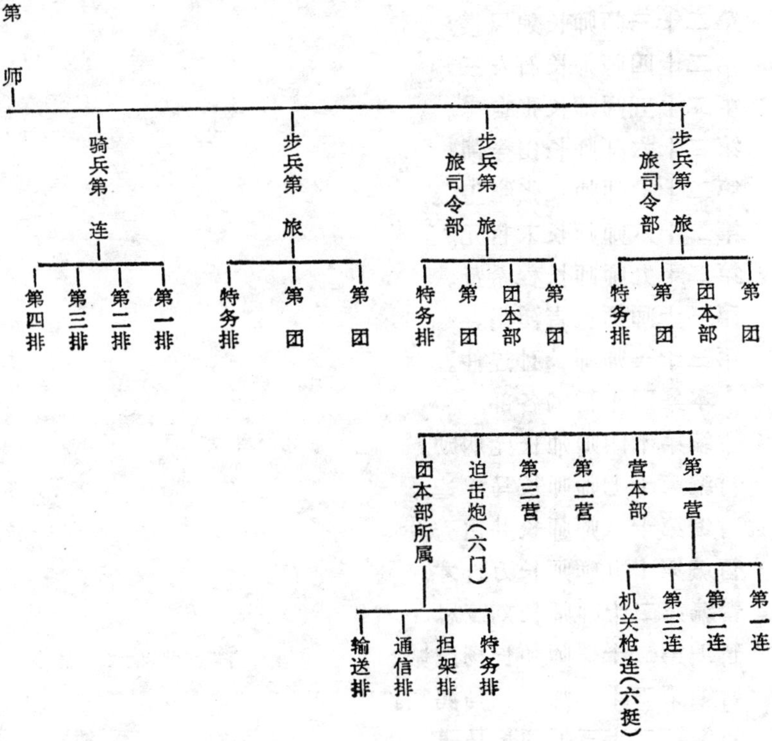
第 师
骑兵第 连
第四排
第三排
第二排
第一排
步兵第 旅
特务排
第 团
第 团
步兵第 旅
旅司令部
特务排
第 团
团本部
第 团
步兵第 旅
旅司令部
特务排
第 团
团本部
第 团
团本部所属
迫击炮(六门)
第三营
第二营
营本部
第一营
输送排
通信排
担架排
特务排
机关枪连(六挺)
第三连
第二连
第一连

定者，尚有大部。兹将其各师番号及师长姓名分述于下：

已经国府编定各师

第二十师师长韩复渠。

第二十一师师长梁冠英。

第二十二师师长程心朋。

第二十三师师长魏凤楼。

第二十四师师长石友三。

第二十五师师长张自忠。

第二十六师师长田金凯。

第二十七师师长张维玺。

第二十八师师长宋哲元。

第二十九师师长程希贤。

第三十师师长吉鸿昌。

第三十一师师长孙连仲。

本集团军暂编各部。

暂编第十四师师长庞炳勋。

暂编第十七师师长马鸿逵。

暂编第十八师师长井岳秀。

暂编第十九师师长万选才。

暂编第二十师师长刘茂恩。

暂编第二十一师师长杨虎城。

暂编第二十二师师长马鸿宾。

暂编第二十三师师长马骐。

暂编骑兵第一师师长席液池。

暂编骑兵第二师师长郑大章。

暂编第一混成旅旅长门致中。

暂编第二混成旅旅长甄士仁。

暂编第三混成旅旅长赵景文。

暂编第四混成旅旅长马麟。

暂编第五混成旅旅长裴建准。

暂编骑兵第八旅旅长赵席聘。

暂编骑兵第九旅旅长苏雨声。

综上计编步兵二十师，五混成旅，及骑兵两师、两旅，并总部直属零星部队。人员总约二十六万九千余人。较之克复平津之际之兵额、不下四十二万人，已遣散十五万有奇。其淘汰标准，以年幼老弱，一律退伍。至细部办法，与第一集团军无甚出入，并废除伙伕旧制，以目兵轮值代之。至善后办法，将被遣散士兵，充任各县农村凿井工作，筹设各属铁工厂及烧砖造瓦工厂，务使各得其所。

四、第三集团军缩编情形

第三集团缩编事宜，亦首先组织整理委员会办理。阎总司令自兼委员长，商震、徐永昌、杨爱源、丰玉玺、谢濂为委员。其第一步计划，即将原有每军团三师制改为两师，共裁去三万余人。第二期则裁并骑兵六师二旅。第三期裁并步兵为十二师。共计裁去军团部五，军部十九，被裁官兵为七万五千余人。总共现有官兵二十二万六千五百余人，并将经营数年之兵工厂，改为军人工艺实习厂，以便被裁士兵，入厂学习。所有各师番号及师长姓名，汇列于下：

第三十二师师长李培基。

第三十三师师长孙楚。

第三十四师师长徐永昌。

第三十五师师长杨效欧。

第三十六师师长李生达。

第三十七师师长王靖国。

第三十八师师长李服膺。

第三十九师师长赵承绶。

第四十师师长关福安。

第四十一师师长张会诏。

第四十二师师长张荫梧。

第四十三师师长傅作义。

其余骑兵六师长、两旅长姓名未详。

五、第四集团军缩编情形概要

第四集团军之缩编，自十七年九月一日开始，十二月十七日完毕。在缩编以前，该集团军所辖各部，计第二、第七、第八、第十二、十三、十四、十七、十八、十九、二十一、三十、三十五、三十六、四十二、四十三、四十四等十六军，及独立第二、第五、第六、第八、第十七、第十九与刘铡、陈渠珍、陈汉章、李云杰等九独立师，另本部特务团一团，铁甲车二队；迄缩编时，系将第十三军与独立第八师合编为第十四师，第七军缩编为第十五师，第十九军缩编为第十六师，第十八军缩编为十七师，第二军与刘铡师缩编为第十八师，第三十五军与独立第十七师缩编为第十九师，第十四军与李云杰师缩编为第五十师，第十七军之一部与第三十六军之一部独立第二师缩编为第五十一师，第十二军与第十七军之一部缩编为第五十二师，第十七军之一部与三十六军之一部缩编为第五十三师，第三十军缩编为第五十四师，编余各团，合并编为第五十五师，独立第五师与第四十二军缩编为第五十六师。兹将其缩编各师长之姓名列后：

番　　号	师长姓名
第十四师	张定瑶
第十五师	夏　威
第十六师	胡宗铎
第十七师	陶　钧
第十八师	鲁涤平
第十九师	何　健
第五十师	谭道源

第五十一师　　李品仙
第五十二师　　叶　琪
第五十三师　　廖　磊
第五十四师　　王泽民
第五十五师　　程汝怀
第五十六师　　张义纯

缩编之办法，系由第四集团军总部及两湖并现驻北平各军师旅，派员组织点验组，将各军师旅点验情形，报告呈核后，再命令实行缩编之组织与人员如下：(一)组织委员长一人，副委员长一人，点验委员三十一人。点验时分若干分组，各分组人员，临时指定之。(二)点验组之人员；委员长吴中柱，副委员长韦华龄。

该集团军所部此次缩编，共用去之经费，自点验开始至缩编完毕，共为编遣费三百五十万元。

六、第八路军缩编情形

第八路军、原有五军，为陈济棠、徐景棠、陈铭枢、黄绍雄、范石生等各部，及直属零星部队，共约十二万余人。总指挥李济深，自七月间赴北平，会商裁兵办法后，对于编遣事宜，即经转饬办理。现已将军之名目，一律取销，按照新制，改编为师，约计三月十五日以前，可以完峻。一俟国军编遣会实施裁遣，当不难整理也。

七、其他各部缩编情形

其他闽、川、黔、滇及东三等省各处，均多相率缩编；闽之张贞、卢兴邦两部缩编为两旅制之师。滇军编为六师，及边防守备各部。概属临时编制，均已在裁并中。至东北边防军各部，旧日总数不下数十万。自张边防司令长官学良回奉后，决计整理军事，遂将奉天方面各部，缩编为步兵十五个旅，骑兵两旅，炮兵六团，工兵六营，约计官兵总额十万零九千余人。其余吉、黑两省所辖各部，共缩编步兵十一旅，骑兵四旅，约计官兵七万七千余人。两共官兵总额十八万六千余人。至贵州周西成约二万人，四川邓锡侯、田颂尧、刘湘、杨森、刘文辉、赖心辉、刘存厚等共约十八万人。此外尚有陆战队八千人。或已将次缩编，或正在拟议中，即此可见全国一致裁兵，实为建设前途之良好现象也。

综上述中央直辖部队第一、二、三、四各集团军，第八路军所部以及其他各部，以概数统计，官兵总额，约百六十三万余人。现已改编成师者，已逾五十以上，裁遣官兵，又达百万。而额数仍多，核与国家收入比例不敷。惟从兹收束军事，已告一段落，筹备国防，此其嚆矢。再经国军编遣委员会，加以一般之整理，使全国兵额，不超过五十万，以符五中全会之宣言。凡百有利人民之事业，均可依此建设，此则可为国人告慰者也。

〔国民政府战史编纂委员会档案〕

24. 蒋介石等为白崇禧称病辞职请撤销第四编遣区办事处给国民政府呈

(1929年3月26日)

呈为拟请将第四编遣区办事处明令撤销，恭呈仰祈鉴核示遵事：窃查职会自成立以来，业经三月，所有国民革命军总司令及各集团军总司令、海军总司令、各总指挥以及其他高级战时编制，复经钧府明令取销，各编遣区办事处亦先后呈报成立，惟第四编遣区办事处，自主任委员白崇禧因病屡电辞职，以致该区编遣事宜，负责无人。职会为进行迅捷起见，爰于本月二十一日开第十次常务会议决议，电令李品仙、胡宗铎、何键、陈济棠、黄绍雄等为编遣特派员，分任编遣事宜，并呈请钧府明令任命各在案。兹据李品仙等复电遵办前来。查第四编遣区既经分别编遣，则该区办事处名义，似无存在之必要，拟请将第四编遣办事处明令取销，实为公便。谨呈国民政府主席蒋①

国军编遣委员会委员长　蒋中正

① 国民政府于1929年4月1日指令撤销第四编遣办事处。

常务委员　吴敬恒　谭延闿
冯玉祥　阎锡山
李宗仁　李济深
杨树庄　张学良
何应钦　宋子文

中华民国十八年三月二十六日

〔国民政府档案〕

25. 国民政府关于贯彻执行蒋介石军事报告决议训令

（1929年4月17日）

国民政府训令　　　　字第二七〇号

令行政院

为令遵事：案奉第三次全国代表大会函开：前据蒋中正同志送来军事报告一件，三月十八日，本会第二次会议，复据何应钦同志口头报告，当经并交决议案整理委员会审核。旋据该会提出，对该项军事报告决议案，复经本会第十六次会议决议通过在案。除函复并分函中央执行委员会外，相应检同决议案原文函达，即希查照等因；附军事报告决议案一件。奉此。经提出本府第二十四次会议决议照办在案。除分函外，合函抄发原件，令仰遵照，并转饬所属，一体遵照。此令。

计抄发军事报告决议案一件

中华民国十八年四月十七日

主　　席　蒋中正
行政院院长　谭延闿
立法院院长　胡汉民
司法院院长　王宠惠
考试院院长　戴传贤

监察院院长　蔡元培

中国国民党第三次全国代表大会对于军事报告之决议案

大会听国民政府之军事报告后，对于本党自十五年六月，自广东出师北伐，至去年六月北伐完成。其间，我国民革命军，先后经历深大之苦战恶斗与险阻艰难，所获得之胜利，实有无穷之钦慰。而且对于此两年间为本党军事工作而牺牲其生命与幸福之同志，尤表深长痛切之敬意（全体肃立）。

大会于此敢郑重申言：本党全体同志及全国人民之所以拚绝大之牺牲，历无限之痛苦者，其唯一目的，乃主使十数年分崩离析之中国民族，复归于统一，以建一自由独立之三民主义的国家，而使之为民所有，为民所治，为民所享也。今当国民革命之大业，已由军政时期而入于训政时期，凡有建设，事实上皆以军事整理为其先决条件。大会对于本党第二届中央执行委员会第五次全体会议所决议之军事整理案之原则，完全同意。对于根据军事整理案之决议，而产生之国军编遣委员会，大会之决议案，亦应由国民政府尽力执行。诚以此种决议，乃军事收缩与国军收编之必要步骤，非如此不足以确定三民主义的国家在军事上之基础也。

惟于国民政府整理军事及改编国军之方针，大会认为须标示其基本的原则，兹确定之如下：

一、国军之最高统帅权，依国民政府组织法之规定，完全统属于国民政府，所有全国陆海空军之建设，保持运用及关于一切军政与军令之权，皆完全属于中央最高军事机关掌握，务求军事绝对统一，使国家不蹈从前军权旁落，割据相循之覆辙，而立国权巩固，国防充实之基础。

二、国民政府应依中国国情及国际形势，确定国防计划，以为今后国家陆海空军建设之根据。

三、全国现有之军队，须依财政状况及国防计划编留必要限度正式国军，其余被裁遣之官兵，应依总理之兵工政策，由国民政府制定工兵及屯垦计划，分别施行。

四、全国军队之训练与教育，应根据国防计划，实施军队之三民主义化，实施三民主义化之方法，应在事实上，使军事教育与三民主义教育成为一体为原则，而实行此原则之方法；第一步，在使服役之兵士，能复归于善良而有职业之人民。第二步，则在使善良而有职业之人民，能成为国家服役之兵士，以建成一良民为良兵基础，良兵为良民模范之党化的军事教育制度。

五、依国民经济发展，国民教育改善及地方自治基础确立之进行，逐渐废除募兵制，而改行征兵制度。

以上五点，大会确认为今后整理军事建设国军之基本方针，其所以推行此项方针之具体步骤与详细办法，当由本党最高权力机关随时监督，国民政府负责订定，力求完善，切实施行。

本会于此决议，抑有应痛切诚恳为全国人民、全党同志及我全国将士告者，吾人今后不特在军事政策上，应以巩固国权，充实国防为唯一之基点。而在军人努力之目标上，尤应以实现本案原则，达到巩固国权，充实国防之目的，为唯一之生路。十余年来，因国内战争之延续，全国军人，无论其为将领或士卒，其心目中之对象，唯在作战时之敌人与作战中之活动，而其结果，遂致忘却一切。国权巩固，国防充实之必要准备，于国家生存上，固然失其保障，于军人本身之事业上，亦将无由打破个人主义之环境，吾人今后为矫正已往军人之歧误心理，开辟国家生存发展之新路，必须认识唯服从中央，乃可以巩固国权。惟巩固国权，乃可以保障人民之权利与幸福。惟充实国防，乃可以保障国家及民族之生存。惟国家民族之生存，得确实之保障，乃为取得永久安全与和平之正道。而总理所云：使武力与人民相结合，使武力为人民之武力者。至是始得完全实现其内容也。

〔行政院档案〕

26. 蒋介石于编遣期内对冯玉祥军警备计划（附战斗序列）

（1929年4月）

国军对冯警备计划（附战斗序列）

一、纲要

为防编遣期内冯军发生异变起见，国军集结主力于豫西、鄂西及平汉、陇海沿线一带，俟其举动，一举而歼灭之。

二、集中概要

第二路：

1. 第一军集中信阳、广水、花园间，但于白河方面情况未明了前，仍暂集结武汉附近。

2. 第二军集中襄樊、邓县、新野间。

3. 南阳守备部队集中南阳。

4. 预备队分别集中宜昌、仙桃镇、宋埠附近。

5. 飞机第一队、武汉（或信阳附近）。

第五路：

1. 第八、九两军集中洛阳、郑州一带。

2. 第十军集中许昌、郾城间，但第四十七师暂在原地准备，俟必要时能立即集中许昌为要。

3. 飞机第二队、郑州。

第一路：

1. 第三、四两军及第六师均集中徐州、开封间。第一步调动如下：

第七师，徐州、归德间。

第五师，沪宁路。

第六师，安庆附近。

第十、四十四师，蚌埠、徐州间。

飞机第三队，徐州。

总预备队：暂在原地待命。

铁甲车队：主力集中洛阳、郑州，一部集中徐州。

三、作战指导

（甲）敌以主力由潼关出动时：

第五路以第八、九两军，以孝义、黑石关、登封附近地带为本阵地，以洛阳——彭婆镇——临汝镇附近之线为第一阵地，以新安——宜阳附近之线为掩护阵地。

作战初期，先就掩护阵地，以掩护后方第一阵地之占领及本阵地工事之巩固。迨就第一阵地，则须努力侦察敌使用主力之方面，倘确认敌主力由潼关出动，则退就本阵地、坚固占领，俟第十军及第一路之一部到达左翼时，即在本阵地及其以南地区与敌决战。

同时，第十军分由许、汝及郾、鲁各路向本阵地前进，参加决战，第一路之一部亦向本阵地左翼增加。

第二路之第一军（或大部）即由确山、叶县向本阵地方面参加决战。

第二路之第二军应推进至荆紫关及郧阳附近，威胁敌之侧背。

第二路之预备队推进至襄樊。

铁甲车队在洛阳、陕州间袭击敌人。

第一路军队参加决战者外，其余推进至郑州附近。

总预备队应以一部推进至开封附近。

（乙）敌以主力由鄂西方面出动时：

南阳守备部队应固守南阳。

第二路之第二军应以必要部队固守襄樊，以一部诱敌至唐县以南地区，然后协同第一军行猛烈之逆袭，一举而歼灭之。

第一军俟敌军陷入唐县以南地区后，即举全力由桐柏方面前进，迎头痛击。

第五路之第十军即由叶县、裕州向南阳、唐县方面参加决战。

第二路预备队向襄樊方面推进，胁威其后侧。

第五路之第八、九两军攻略潼关以行牵制。

第一路之大部推进至郑汉道上。

总预备队之一部推进至郑州附近。

铁甲车队协助第五路向陕州袭击敌人。

飞机队各队均随军推进，搜索或参加战斗。

(丙) 敌分向潼关及鄂西方面出动时：

第五路之第八、九两军，第二路之第二军及南阳守备部队均各照原定计划(甲、乙案)占领阵地。

第五路之第十军及第二路之第一军集结于许昌、偃城、信阳间取待机姿势，如发现一方面敌人之弱点时，即举全力进与决战而扑灭之。

第一路军之大部应推进至郑州、信阳间。

总预备队之一部应推进至郑州、开封附近。

四、兵站及通信

兵站总监部设于南京，在郑州、汉口各设一分监部，每军设兵站支部一，每师设分站一，并以平浦及陇海铁道为第五路方面主要兵站线以宁汉航线、平汉铁道及襄花汽车路为第二路方面主要兵站线，襄河为辅助兵站线。

通信设置以无线电为主要通信机关，国有电信辅助之。

关于兵站及通信各计划另订之。

注意

一、许昌——禹州——汝州之交通路
二、郾城——叶县——鲁山之交通路

均应先为修理，以能通行汽车为度。

〔国民政府战史编纂委员会档案〕

战斗序列

陆海空军总司令蒋中正

参谋总长朱培德

第二路军总指挥刘峙

参谋长

ⅠA 军长顾祝同

1D 师长刘峙(兼)

2D 师长顾祝同(兼)

旅长李云杰

ⅡA 军长蒋鼎文副军长陈诚

9D 师长蒋鼎文

11D 师长陈诚

新 5D 师长邓英

4BS 旅长罗霖

南阳守备部队司令杨虎城

新 14D 师长杨虎城(兼)

预备队司令夏斗寅

13D 师长夏斗寅(兼)

新 1D 师长曹万顺

12BS 旅长彭进之

14BS 旅长彭启彪

飞机第一队

第五路军总指挥唐生智

参谋长

VⅢA 军长刘兴

51D 师长龚浩

53D 师长刘兴(兼)

旅长安俊才

ⅨA 军长何成浚

14D 师长刘春荣

54D 师长魏益三

新 4D 师长刘桂堂

ⅩA 军长杨杰

47D 师长王金钰

48D 师长徐源泉

飞机第二队

第一路军总指挥朱培德

参谋长熊式辉

ⅢA 军长王均

5D 师长熊式辉

7D 师长王均(兼)

ⅢA 军长方鼎英

10D 师长阮玄武

44D 师长方鼎英(兼)

6D 师长鲍刚

飞机第三队

兵站总监

总预备队总指挥陈调元

46D 师长范熙绩

49D 师长任应岐

47D 三团

新 1B 旅长岳盛宣

10BS 旅长高桂滋

铁甲车队司令蒋锄欧

〔国民政府战史编纂委员会档案〕

27．国民政府关于继续执行编遣会议决议给行政院等训令

（1929年6月27日）

国民政府训令　　字第五〇四号

令行政院

为令遵事：案奉中央执行委员会函开：迳启者，十八年六月十五日第三届中央执行委员会第二次全体会议讨论关于继续执行编遣会议决议案一案。决议继续执行编遣会议决议案，限于民国十九年六月编遣完竣。其办法如下：(一)编遣会第一次会议所决定，全国之军额，于可能范围内，再酌量缩减，并努力于国防之建设。(二)为继续执行编遣会议之决议，其编遣会之重要职员，应速补充健全。(三)编遣委员会会同有关系各部，迅速筹备被裁官兵之遣置办法，如兵工、屯垦、筑路、浚河、造林、筑堤、筑港、开矿等事之设备，相应录案函请查照，并转饬编遣委员会及有关系之各部遵照办理等因。自应遵办。除函复并分行外，合行令仰该院遵照办理，并转饬遵照办理。此令。

中华民国十八年六月二十七日

主　　席　蒋中正
行政院院长　谭延闿
立法院院长　胡汉民
司法院院长　王宠惠
考试院院长　戴传贤
监察院院长　蔡元培

〔行政院档案〕

28. 蒋介石关于占领洛阳请由政府明令复员续开编遣会议致古应芬电令

(1929年7月10日—18日)

(1) 蒋介石给古应芬密电 (7月10日)

急。南京古文官长、朱参谋总长勋鉴：□密。洛阳已经占领，请由政府明令复员，取消战时准备，并明令编遣会议从速着手，编遣切实进行，贯彻和平统一之旨。蒋中正。蒸辰。印。

(2) 国民政府令稿 (7月12日)

现在大局敉平，全国军队，除剿匪区域外，均应复员，取销战时准备，关于编遣事宜，著国军编遣委员会，依照议定原则，迅即分别编遣，切实进行。各军事长官戎马驰驱，功在党国，务各一心一德，负责促成，贯彻和平建设本旨，有厚望焉。此令。

〔国民政府档案〕

(3) 蒋介石给国民政府呈 (7月18日)

呈为呈报定期召集编遣会议情形，请鉴核备案事：窃查继续执行编遣会议决议案，经中央执行委员会第三届第二次全体会议决议；奉钧府训令，参谋本部、行政院及职会遵照办理在案。职会自一月一日成立以来，无时不以努力工作，完成使命为职志。中间以时局略有变动，进行稍形停顿。兹值军事底定，亟应实行编遣计划，使全国军政财政尽纳于轨道，而各编遣区暨编遣特派员所属军队现实状，尤应彻底明了，庶免隔阂之敝。经职会第十六次常会讨论决议，召集各编遣区办事处正副主任委员及各编遣特派员，于八月一日以前到京，开编遣会议，并经指定参谋总长朱培德等，先期开预备会议，以期共同商榷，推行尽利。除会议纪录另案录呈外，所有决议、召集编遣会议情形，理合备文呈请钧府鉴核备案。谨呈

国民政府

国军编遣委员会委员长　蒋中正

常务委员　吴敬恒
谭延闿　阎锡山
张学良　杨树庄
何应钦　宋子文

中华民国十八年七月十八日

〔国民政府档案〕

29．国军编遣会呈送编余官佐退役俸给及官兵遣散各费定额表给国民政府呈

（1929年8月12日）

呈为呈送编余官佐预付退役俸给及官佐士兵遣散费、旅费、士兵伙食费定额表，并呈报决议要点请鉴核事：查编余官佐预付退役俸给及官佐士兵遣散费、旅费、士兵伙食费定额表，业经编遣实施会议第五次会议决议，并连带议决两要点：(一)点验委员，应由各党部临时派人加入。(二)退役俸不在每月一千六百万元内计算，除会议纪录另案呈送外，理合检表，并陈明决议要点，备文呈请钧府鉴核备案，并祈赐予转咨中央党部转饬各级党部查照办理，并乞令饬财政部遵照。谨呈

国民政府

附呈编余官佐预付退役俸给及官佐士兵遣散费、旅费、士兵伙食费定额表一分

国军编遣委员会委员长　蒋中正
常务委员　吴敬恒
谭延闿　阎锡山
张学良　杨树庄
何应钦　宋子文

中华民国十八年八月十二日

编余官佐预付退役俸给及官佐士兵遣散费、旅费、士兵伙食费定额表

级别＼区分	预付退役俸	遣散费	旅费	备考
中将	四五〇元	七五〇元	二五〇元	
少将	二八八元	四八〇元	一六〇元	
上校	二五二	三六〇	一二〇	
中校	一七八·五	二五五	八五	
少校	一四一·七五	二〇二·五	七〇	
上尉	九六	一二〇	四〇	
中尉	七二	九〇	三〇	
少尉	五〇·四	六三	二五	
准尉	三八·四	四八	二〇	
上士		二〇	一〇	
中士		一六	一〇	
下士		一四	一〇	
上等兵		一三	一〇	
一等兵		一二	一〇	
二等兵		一一	一〇	

附记

一、官佐退役之际，预付三个月退役俸，自第四个月起，此项俸给向指定之发俸机关按月支领。

二、士兵奉令遣散后，或因交通停滞或因特别情况不能即时首途，在满留期间应发给伙食费，每名日额二角，以十天为限。

三、除表列各项以外，每名发兰布单衣一套，约需洋二元，证书襟章等约需洋五角。

四、士兵阶级不按上等及一、二等兵区分者，则正兵与上等兵同副兵与一等兵同伙马伕与二等兵同。

〔国民政府档案〕

30. 国军编遣委员会确定分期编遣各区师额并以团为单位决议案①

（1929年8月12日）

呈为呈送分期编遣确定各区师额并于编遣时以团为单位决议案，请鉴核备案事：

窃查编遣实施会议据总务、编组两部提议，分期编遣确定各区师额并于编遣时以团为单位一案，经第六次会议决议在案。除会议纪录另案呈送外，理合缮具决议案，备文呈请钧府鉴核案。

谨呈

国民政府

附呈分期编遣确定各师兵额并于编遣时以团为单位案一分

国军编遣委员会委员长　蒋中正

常务委员　吴敬恒

谭延闿

阎锡山

张学良

杨树庄

何应钦

宋子文

中华民国十八年八月十二日

分期编遣确定各区师额并于编遣时以团为单位案

实施编遣应以整齐划一为原则，而酌量各编遣区情形，分期办理，似亦为事实上之必要。各区师额，必宜确定，而编遣时则宜以团为单位。兹制定办法如下：

一、分编遣为两期，以第一、第二、第三暨中央四区及直辖各编遣分区同时编遣，为第一期。至第五、第六两编遣区，则一，因中

① 国民政府于1929年8月29日指令“应予备案”。

俄交涉关系。一因交通不便，均列入第二期办理。

二、第一期各编遣区自九月一日以前起，开始点验，至九月三十日止，点毕。则开始编遣，至本年十一月三十日止，编遣完毕。

三、第二期编遣区自十一月一日以前起，开始点验，至十二月三十日止点毕。即开始编遣，至十九年三月底，编遣完毕。

四、各编遣区师额，最多以七师至九师为限(原第二编遣区韩复渠、石友三、马鸿逵、杨虎城、孙桐萱、万选才、刘茂恩、张德顺等师，作为一直辖编遣分区)。

五、每编遣区至多以编足四十二团至五十四团为限(骑炮兵概括在内)，其师之编制应用何种，由各区自行选定，呈报编遣委员会核办。

〔国民政府档案〕

31. 编遣会关于编遣期间暂行陆军师薪饷定额给国民政府呈

(1929年8月13日)

呈为呈报职会编遣实施会议第六次会议议决，编遣期内暂行陆军师之给与令暨连带议决各案，恳予鉴核公布施行事：案查职会编遣实施会议第六次会议，讨论陆军给与案，同时决议四项：(一)在编遣期间全国军费暂定为每月一千八百八十四万元(全国六十五师之薪饷一千三百万元，服装公费等二百三十四万元，中央直辖军事机关三百五十万元)。照第一次大会议决之，每月一千六百万元，计溢出二百八十四万元。此数以发行公债弥补之。

(一) 师之薪饷定额表，照审查报告案通过，作为编遣期内暂行之陆军之给与令。

(一) 编遣期内，中央及各省之文武官薪俸，一律按八成减支，由本会呈请国民政府令知各院、各省办理。

(一) 编遣开始后，财政应绝对统一于中央，地方任何机关不得干涉。等因。除编遣实施会议第六次会议纪录汇案呈报外，理合叙明决议案，并检同编遣期内暂行陆军师之给与令暨审查报告，备文呈报钧府，恳予鉴核，分别公布，令饬施行，实为公便。谨呈
国民政府

附呈 ①陆军师薪饷定额表（即编遣期内暂行陆军师之给与令）
②审查报告一件

国军编遣委员会委员长 蒋中正
常务委员 吴敬恒 谭延闿
阎锡山 张学良
杨树庄 何应钦
宋子文

中华民国十八年八月十三日

附二

审查报告(十八年八月五日)

案奉主席交下陆军给予草案一件，并着以一千三百万元，为六十五师饷项，参照各集团军及广东、辽宁饷制，拟定官兵薪饷等因。奉此。遵即开会讨论，或谓以一千三百万元为六十五师饷项时，每师只合二十万元，如照此次大会通过之陆军编制案内，乙种师计算士兵饷额，完全照中央现行制发给时，则官佐薪饷，只能按中央现制八成发给(其数目详另表)。此外每师尚约需服装、柴炭、医药、蹄铁、擦洗、办公及党费等共三万六千余元，六十五师共约需二百三十四万元，再加中央直辖军事机关，每月约需经费六百六十二万元，连同独立特种部队(骑兵八旅、炮兵十六团、工兵八团)经费，需洋一百七十四万元，每月退役俸，约需洋七十万元，共计约需洋一千一百四十万元(二、三、五编遣区及川、滇、黔各军事机关尚不在内)。内除额定军费，尚余三百万元外，其他八百四十万元，尚无法支付。现值各地物价腾贵，生活程度继长增高之时，官佐薪饷按八

附一

陆军第　师薪饷定额表(即编遣期内暂行陆军师之给与令)

级别＼区分	人数	单计薪饷数	共计薪饷数	备考
中将	一	四〇〇元	四〇〇元	
少将	四	二五六	一，〇二四	
上校	八	一九二	一，五三六	
中校	一七	一三五	一，三一二	
少校	五六	一〇八	六，〇四八	
上尉	一八〇	六四	一一，五二〇	
中尉	二八一	四八	一三，四八八	
少尉	一二一	三四	四，一一四	
准尉	一五六	二六	四，〇五四	
上士	二六三	二〇	五，二六〇	
中士	五三三	一六	八，五六〇	
下士	五八〇	一四	八，一二〇	
上等兵	一七三二	一二	二〇，七八四	
一等兵	四四三〇	一〇·五	四六，五一五	
二等兵	四五三一	一〇	四五，三一〇	
骡马	二二九五	九	二〇，六五五	
合计			一九九，七〇二	

附记：
一、本表系将服装，办公及一切杂费除去以二十万元之数，完全作为官佐士兵薪饷及马乾。
二、官佐薪俸系按现行饷章八成计算，士兵饷项及马乾仍按现行规定办理。

〔国民政府档案〕

成发给，实为无法维持。故对于中央现行饷制，纵不能增，亦难再减。再前于本年一月间开编遣大会时，每月军费虽定一千六百万元，然彼时每师编制系按四团制，现在实施会议对于一师之编制，既采用三旅六团制，则一千六百万元之数，当然不敷应用。计现制一师，照中央现行饷章计算，约需薪饷、服装、办公及一切杂费等，共洋二十五万元，六十五师共一千六百二十五万元，连同特种部队及各军事机关经费、军备充实费及每月退役俸等，计每月军费非二千七百六十五万元不可（二、三、五编遣区及川、滇、黔所属各军事机关尚不在内），似应请由大会决议，由财政部照数增拨，否则惟有将应留师数减少，使非然者，则军队一旦改归中央后，必至饷项无法发给，中央威信，因之损堕，仍养成截留税收，霸揽财权之恶风，甚非国家统一军政之初意也。究竟陆军薪饷应如何规定，及每月经费应如何增加之处，敬祈大会公决。

审查委员　朱绶光　俞飞鹏　陈济棠
葛敬恩　陈智侯代　贺耀祖
何应钦　鹿钟麟　周　玳
周亚卫
记录　任青云

全国各省市遵照执行单位
广东省主席　陈铭枢
陕西省主席　宋哲元
热河省主席　汤玉麟
河北省主席　商　震
河南省主席　韩复渠
安徽省主席　方振武
禁烟委员会主席　张之江
内务部长　赵戴文

32. 国民政府关于编遣期内不得再行招兵训令

(1929年8月16日)

国民政府训令　　　　　　第七二五号

令 第一、第二、第三、第五编遣区办事处
湖南北、广东西各部队编遣特派员
军政部

为令遵事：据国军编遣委员会呈称：此次编遣实施会议决议，编遣期内，不得再行招兵，各部队虽有缺额，亦不得招募补充。如以前有派员招募者，务须立即撤回停止。请严申禁令，有再行招兵者，以抗命论罪等情。查此项议决案，关系至为重要。各军事长官均负有实施之责任，务当本体国卫民之旨，切实遵行，倘有所属部队，阳奉阴违，裁编未就，复行招募，则是故为抗命，政府惟有执法以绳，决不瞻徇。除分令外，合亟令仰遵照，并转饬所属一体遵照，毋违切切。此令。

中华民国国民政府印

中华民国十八年八月十六日

〔国民政府档案〕

33. 编遣委员会调查各编遣区现有部队一览表给国民政府呈

(1929年8月23日)

呈为呈报事案：查职会调查之各编遣区暨各分区部队一览表，除原第二集团军所属及广西部队最近状况，尚未确悉，继续调查外，其余业经第二十一次常会修正通过在案。兹值点编伊迩，上项一览表亟待发布，俾资应用。理合备文检同上项一览表一份，呈请

钧府备案，实为公便。谨呈
国民政府

附呈各编遣区各分区部队一览表一份
国军编遣委员会委员长　蒋中正
常务委员　吴敬恒
谭延闿　阎锡山　张学良
宋子文　鹿钟麟　唐生智
朱培德

中华民国十八年八月二十三日

中央编遣区部队一览表

编遣区＼区分	队号	主官姓名	驻扎地	备考
中央编遣区	第四十四师	阮玄武	河南漯河县	
	第四十五师	鲍刚	河南	
	第四十六师	范熙绩	胶济路沿线及周村	
	第四十七师	王全钰	徐州	
	第四十八师	徐源泉	湖北花园	
	第四十九师	任应歧	德州	
	第五十八师	文鸿恩	广东	
	第五十九师	余汉谋	广东	
	第六十师	蔡廷锴	广东	
	第六十一师	蒋光鼐	广东	
	第六十二师	香翰屏	广东	
	第六十三师	李扬敬	广东	
	暂编第一师	张贞	福建	
	暂编第二师	卢兴邦	福建	
	新编第一师	曹万顺	湖北汉口	
	新编第三师	刘珍年	烟台龙口	
	新编步第一旅	岳盛宣		
	新编步第二旅	孙魁元		

第一编遣区部队一览表

区分 编遣区	队号	主官姓名	驻扎地	备考
第一编遣区	步兵第 旅	高桂滋	安徽安庆	
	独立第四旅	谭曙卿	湖北黄陂、麻城，孝感	
	铁甲车司令	蒋锄欧	京城	
	第五师	范石生	湖南	由第三分区呈请归入中央编遣区编遣
	第一师	刘峙	湖北	
	第二师	顾祝同	湖北广水	
	第三师	毛炳文		
	第四师	张发奎	徐州	
	第五师	熊式辉	湖北监利	
	第六师	方策	上海	
	第七师	王均		
	第八师	朱绍良	南京、苏锡及津浦南段	
	第九师	蒋鼎文	江西	
	第十师	方鼎英	鄂西	
	第十一师	陈诚		
	第十二师	金汉鼎	武昌、南湖	
	第十三师	夏斗寅	蚌埠	
	骑兵第二师	张砺生	湖北襄阳	
	独立第一旅	陈耀汉		
	新编步第三旅	袁家声	江西	
	独立炮第一团	姚永安	湖北黄州	
	独立炮第二团	樊煦		
	独立炮第四团	鲁宗敬		

第二编遣区部队一览表				
区分 编遣区	队号	主官姓名	驻扎地	备考
第二编遣区	第二十一师	梁冠英	分驻陕州灵宝等地	此表除第五分区部队外，所有各师旅之番号，主官位置，系根据十八年六月分总司令部之通报调制，以此次大会，未得该区报告，故现在是否变更，不得其详。
	第二十二师	程心明		
	第二十三师	魏凤楼	同州朝邑等地	
	第二十五师	张自忠	华阴渭南等地	
	第二十七师	张维玺	汉中	
	第二十八师	宋哲元	西安	
	第三十师	吉鸿昌	兰州、宁夏等地	
	第三十一师	孙连仲	西宁原驻青海	
	暂编第十四师	庞炳勋	驻陕州	
	暂编第十八师	井岳秀		
	暂编第二十二师	马鸿宾	蒲城、潼城等地	
	暂编第二十三师	马　骐		
	暂编骑兵第一师	席液池		
	暂编骑兵第二师	郑大章	邵阳、韩城等地	
	暂编第一混成旅	门致中	宁夏	
	暂编第二混成旅	甄士仁		
	暂编第三混成旅	赵景文		
	暂编第四混成旅	马　麟		
	暂编骑兵混成旅	裴建准		
	暂编骑兵第八旅	赵席聘		
	暂编骑兵第九旅	苏雨生		
附记	前经检表函请该编遣区驻京办事处修正，尚未得复，一俟具报，再行更正。			

第三编遣区部队一览表				
区分 编遣区	队　号	主官姓名	驻扎地	备考
第三编遣区	第三十二师	李培基	北平，一旅驻保定	
	第三十三师	孙　楚	顺德，一旅驻大名	
	第三十四师	徐永昌	胥各庄，一旅驻卢台	
	第三十五师	杨效欧	平定，长台各一旅	
	第三十六师	李生达	天津，一旅驻晋城	
	第三十七师	王靖国	归绥、平地泉、包头各一旅	
	第三十八师	李服膺	北平	
	第三十九师	赵永绶	石庄，一旅驻定县	
	第四十师	阎福安	临汾，一旅驻运城	
	第四十一师	张会诏	张家口	
	第四十二师	冯鹏翥	北平，一旅驻张家口	
	第四十三师	傅作义	天津，一旅驻太原	
	教导师	商　震	北平	
	第十九旅	郭宗汾	介休	
	第二十五旅	何绍南	归绥	
	第二十六旅	安锡椵	北平	
	第二十七旅	霍原璧	沧县	
	第二十八旅	袁庆曾	马厂	
	警卫旅	杜春沂	太原	
	机关枪团		太原	
	卫生团		太原	
	教导团		太原	
	骑兵司令部	赵永绶	大同	
	骑兵第一师	杨兆林	宣北、沽源、赤城各一旅	
	骑兵第二师	郭凤山	五原，一旅驻临河	
	骑兵第三师	张诚德	多伦，一旅驻张家口	
	骑兵第四师	王　英	包头	

(续表)

第三编遣区部队一览表

区分 / 编遣区	队号	主官姓名	驻扎地	备考
第三编遣区	骑兵第五师	原屏藩	柴家堡、蔚县、阳泉各驻一旅	
	骑兵第六师	孙长胜	定兴、涞水、南宫各一旅	
	骑兵第三旅	吕汝骥	丰镇	
	骑兵第二十五团		大同	
	独立骑兵团		北平	
	炮兵司令部	周玳	太原	
	炮兵第一团		大同	
	炮兵第二团		获鹿	
	炮兵第三团		太原	
	炮兵第四团		阳原	
	炮兵第五团		太原	
	炮兵第六团		太原	
	炮兵第七团		运城	
	炮兵第八团		北平	
	炮兵第九团		北平	
	炮兵第十团		北平	
	重炮营		太原	
	炮台守备队		太原	
	工兵司令部	杨澄源	太原	
	工兵第一营		太原	
	工兵第二营		太原	
	工兵第三营		太原	
	工兵第四营		太原	
	工兵第五营		太原	
	工兵第六营		太原	

（续表）

第三编遣区部队一览表				
区分／编遣区	队号	主官姓名	驻扎地	备考
第三编遣区	工兵第七营	武尽英	太原	
	军乐队		太原	
	晋察绥宪兵司令部		太原	
	北平天津宪兵司令部		北平、天津	
	交通大队		太原	
	辎重司令部		太原	
	辎重第一营		太原	
	辎重第二营		太原	
	辎重第三营		太原	
	辎重第四营		太原	
	辎重第五营		太原	
	辎重第六营		太原	
	辎重第七营		太原	
	辎重第八营		太原	

直辖编遣第一分区现有部队一览表　　十八年八月十五日				
区分／分区	队号	主官姓名	驻扎地	备考
第一分区	第十四师	刘春荣	河南漯河	
	第五十一师	龚　浩	洛阳	
	第五十三师	刘　兴	郑州，一部洛阳	
	第五十四师	魏益三	许昌	

（续表）

直辖编遣第一分区现有部队一览表			十八年八月十五日	
区分 分区	队号	主官姓名	驻扎地	备考
第一分区	新编第四师	刘桂堂	荣泽河阴	
	骑兵第一旅	安俊才	洛阳	
	警卫团	宋英仲	郑州	
	宪兵第一营		河北北平	
	宪兵第二营		郑州	
	卫士队		郑州	
	铁道队		郑州	
	军官补习所		北平	
	汽车教练所		洛阳	
	军医院（附担架大队）		郑州	
	第一预备医院		郑州	
	军乐连		郑州	
	运送队		郑州	
	电话队		郑州	
	电报队		郑州	
	无线电信队		郑州	
	监护队		郑州	

直辖编遣第二分区现有部队一览表　　十八年八月十五日

区分 分区	队号	主官姓名	驻扎地	备考
第二分区	第十八师	鲁涤平	湖南	
	第五十师	谭道源	鄂西	
	第五十六师	刘和鼎	安徽桐城	
	新编第五师	邓　英	湖北南阳	
	新编第七旅	李　奇	芜湖	欠一团
	独立第四旅	罗　霖	湖北黄安、麻城、孝感各一团	
	独立第十二旅	彭进之	湖北仙桃	
	独立第十四旅	彭启彪	湖北通山、咸宁	
	独立第十一旅	万倚吾	湖北石牌镇	
	独立第十三旅	徐声钰	江苏江浦	
	独立第一团	唐日章		
	独立第二团	王绍俊		

直辖编遣第三分区现有部队一览表　　十八年八月十五日

区分＼分区	队号	主官姓名	驻扎地	备考
第三分区	第十九师	刘建绪	湖南茶陵、衡州、柳州一带	
	第五十二师	吴尚	常德、南县、临澧一带	
	新编第七师	何健	岳州、长沙、平江一带	
	新编第八师	周斓	宝庆、武冈、零陵一带	
	独立第九旅	李韫珩	澧州	
	独立第　旅	李云杰	湘潭	
	湖南第一警备司令	陈渠珍	凤凰	二团制
	湖南第二警备司令	陈汉章	湘西洪江、溆浦一带	三团制
	湖南第三警备司令	陈光中	现驻武冈拟调长沙整理	二团制
	资水警备营	胡湖	汝城	
	武长萍铁路警备司令	叶开鑫	长沙	

直辖编遣第四分区现有部队一览表			十八年八月十五日	
区分 分区	队　　号	主官姓名	驻 扎 地	备　　考
第四分区(广西)	第十五师 第五十七师 广西警备第一师 广西独立第一旅 广西独立第二旅 广西独立第三旅 广西独立第四旅	李明瑞 杨腾辉 吕焕炎 徐启明 蒙　志	广西南宁 广　　西	
附记	一、据广西驻京代表粟威函称：离桂将近一月，所报恐有更动，已电请俞主席查复等语。一俟具报，再行更正。			

直辖编遣第五分区现有部队一览表			十八年八月十五日	
区分 分区	队　　号	主官姓名	驻 扎 地	备　　考
第五分区(河南韩部)	第二十师	孙桐萱	开封、周口	现奉令移驻新乡
	第二十四师	石友三	德州	
	第二十九师	曹福林	归德	现奉令移驻开封归德一带
	第六十四师	马鸿逵	山东济南一带	
	暂编第三师	万选才	河北廊房杨村保定等处	
	暂编第四师	刘茂恩	新乡	
	新编第十五师	杨虎城	山东莒县	现奉令移驻诸城一带
	新编第十七师	孙光前	德州	
	骑兵第一师	张国顺	道口滑县	

附：

四川各军番号主官姓名现驻地点一览表①			
部　　别	主官姓名	现驻地点	备　考
第二十军	杨　森	渠县	
第一路司令	何金鳌	渠县	
第二路司令	王文俊	渠县	
第三路司令	白　驹	渠县	
第二十一军	刘　湘	重庆	
第一师	唐式遵	重庆	
第二师	王缵绪	重庆	
第三师	王陵基	万县、梁山等县	
川鄂边防司令	范绍曾	长县、垫江等县	
川东边防司令	王兆奎	万县、梁山等县	
教导师	张　再	江巴等县	
第二十二军	赖心辉	酉阳、秀山等县	
第一师	马昆山	涪陵、龚滩	
第二师	李雅材	黔边	
第三师	张　英	彭水、黔江等县	
第四师	杨　铭	彭水	
第二十四军	刘文辉	成都	
第一师	刘文辉	彭山、眉山等县	
第二师	向傅义	资中、富顺等县	
第三师	夏首勋	内江、荣威等县	
川康边防军第一师	冷薰南	巴安、康定等县	
第二十八军	邓锡侯	成都	
边防军总司令	李家钰	遂宁、安乐等县	
江防军总司令	黄　隐	彭山、崇灌等县	
第三师	陈鼎勋	合川、桐梁、大足等县	
第七师	马毓智	新繁、简阳等县	
第十一师	罗泽洲	南充、广安、岳池等县	

① 该表时间疑1930年三月。

（续表）

四川各军番号主官姓名现驻地点一览表			
部　　别	主官姓名	现驻地点	备　考
第二十九军	田颂尧	潼川	
川西北屯殖司令	孙　震	绵阳	
教导师	田颂尧	南部、阆中等县	
第一路司令	董　珩	梓潼、棉竹等县	
第二路司令	王铭章	德阳、什祁等县	
第三路司令	罗乃琼	通江、巴州等县	
第四路司令	曾宪栋	中江、成都等县	
川陕边防督办	刘存厚	绥定、宣汉等县	
第一师	刘肇乾	达县	
第二师	魏邦文	城口、万源等县	
第三师	刘眷藩	达县	
第二十军	郭汝栋	鄂西	
第一师	廖海涛	涪陵	
第二师	刘公笃	鄂西	
第三师	陈兰亭	酆都、忠州等县	

〔国民政府档案〕

34．参谋总长朱培德等请备案军事整理会议规则呈①

（1931年12月15日）

为呈请备案事：窃自陆、海、空军总司令部收束后，总部原有各种业务，节经交由参谋本部、训练总监部、军政部等各就主管范围，分别接办。现为求各种重要事项，融会一致便利迅捷起见，仍行组织军事整理会议。兹经本部等会同集议，决定赓续前项会议，并拟就军事整理会议规则一种，理合备文呈送钧府，仰祈鉴核备案。指

① 此规程国民政府于1931年12月18日指令"准予备案"。

令祇遵。谨呈

国民政府主席蒋

附呈军事整理会议规则一分

参谋总长　朱培德

训练总监　何应钦

军政部长　何应钦

参谋本部印　　训练总监部印　　军政部印

中华民国二十年十二月十五日

军事整理会议规则

第一条　为筹核军事要案起见，特设军事整理会议。

第二条　本会议设在军政部内。

第三条　本会议以军政部部长、次长、参谋本部总长、次长、训练总监部总监、副监，为当然出席会员，其余如军政部之各署长、司长、参谋本部之各厅长及训练总监部之各兵监等，则就与议案有直接间接关系者，临时通知列席。

其他各部与议案有关系者，亦得临时通知派主管人员列席。

第四条　本会议以军政部长或参谋总长为主席。

第五条　本会议应议之事项如下：

一、各部队机关编制之审定及修正。

二、机关及部队之增设或裁并。

三、军费预算及支配之审定。

四、关于临时重要军费之支出。

五、重要法令之审定及修正。

六、中将及独立任务之少将以上任免之审核。

七、关于军事之重要建设计划。

八、关于军事之重要补充事项。

九、检阅及秋操计划之审定。

十、关于剿赤之动员及复员事项。

十一、军队配置事项。

十二、军队平时分防调驻事项。

十三、关于参谋人员任用事项。

十四、关于全国测量及航空测量重要事项。

十五、关于军事教育之整齐划一事项。

十六、关于陆军学制之改革事项。

第六条　本会议所决定之重要事项，由军政部长呈报。

国府主席并由各主管部按照法定程序办理。

第七条　本会议每星期开会一次，但无议案时，可不召集，有必要时，亦得临时召集。

第八条　本会议之召集议案、纪录、印刷及保管文件，由军政部办理。

第九条　本规则自二十年十二月十五日施行。

〔国民政府档案〕

35. 陈绍宽关于加强海军建设以固国防给行政院呈

（1933年1月11日）

呈为奉交孙委员等国防及军事部份提案抄文，密请赐示进行办法，恭祈鉴核事：窃奉钧院第三五号密令开：案奉中央执行委员会密函开：密启者，本会第四届第三次全体会议讨论孙科等二十七位委员提集、中国力挽救危亡案内第六节，关于国防及军事部份一案，经决议原案：第(一)至第(十)项原则通过。(十一)项交军事委员会参考在案。特录案并检同原提案函达，即希查照。交主管机关办理等因。并附检提案原文一份到府。奉此。除函复并分行军事委员会、参谋本部、训练总监部外，合行抄发原提案第六节原文，令仰查照，并转饬主管机关遵照办理等因；奉此。除分令内政、军政两部外，合行抄发原件，令仰该部即便遵照办理。此令。等因；奉此。伏维国防及军事计划，原属重要，现值国难孔亟，关于此种计划，尤应及时积极进行。孙委员等所提国防军事议案，自为当务之急。惟其中进行办法若何，尚须详细研究。兹谨就该案第一项至第十项内之有待核示者，缕陈如下：

（一）原案第二项谓：国防属于中央，保安属于地方。国防地带划为若干国防区，其余则划分绥靖区，限期完成绥靖工作。国防区及绥靖区不必固定，以省区为范围等语。查国防系对外而言，绥靖系对内而言，区域既有差别，则其布置之方略，自难一致，应请先期划定，庶使界限清晰，分别敷设，以杜外侮，而弭内患。

（二）第三项谓：确定兵额，确定常备兵额，以师为平时最大单位，采用逐步的征兵制，规定军费预算，以国库总收三分之一为标准等语。查军事预算，于军事建设，原有联络关系。海军部份，因比年经费支绌，益以立法院复将本军预算悉数勾销，以致建设整理事事〔项〕，无从着手。原案所云，以国库总收三分之一为军事预算标准，海军经费是否包括在内，并每年划发若干，亦须预为指定，以便按照预算定额，支配用途。

（三）第四项谓：陆海空军及要塞军港之设置，须适合国防上上的目的，在数量求紧缩，在质量上求增进等语。查海军方面，不特质量薄弱，即数量亦极短绌。就人数而论，海军全额不及一万人，与陆军情形迥不相侔，似无紧缩之可言。

（四）第六项谓：海军以能供国防上的防御为目的，注力于潜水艇、鱼雷艇之建造，不适于国防之军舰，应停止建造，或酌量改为商船等语。查目下海军实力，以之巩固国防，自感不敷。潜水艇、鱼雷艇亦防御上之利器，固宜从速建造。惟此项造费所需綦巨，仍恳即拨的款，俾获早见实施，未可徒托空言，迨至国防吃紧，无法抵御，使海军又受不白之冤。至海军舰艇之任务，巩固国防以外，维持江海治安，亦其重要之职责，防区绵广，停止建造，仅恃现在原有之舰艇，能否敷用，原案似未计及。且军舰与商船构造不同，改军舰为商船，能否适用，姑且无论，但应如何实施，庶于国防绥靖，得以兼筹并顾。

（五）第八项谓：设立统一的各级军事学校，作育人才等语。查军事教育，系属精神建设，为培植人才之基础。此项计划，自不容缓，应请通盘筹划，克日实施，以期培成军事专材，供党国之任使，其现尚不听中央政府命令之部份，设立重复，军事教育机关者，应请一概停止。

（六）第九项谓：视国家财力分别筹设钢铁厂、飞机厂、造船厂、化工厂、兵器厂、呢革厂、被服厂等，于不被外敌威胁之地点，以供军需等语。查该项所列各厂，系军事上之物质建设，海军部份，尤感缺乏。所需军用材料，强半向外订购，需时耗费，亏损良多，应请即日兴办，俾济军需。以上各项，均属国防军事要图。兹奉前因，理合密陈管见。呈请鉴核示遵。谨呈

行政院院长　　　　　　　　海军部部长　陈绍宽印

中华民国二十二年一月十一日

〔行政院档案〕

〔三〕国民党军阀混战

(一) 蒋 桂 战 争

1. 李宗仁申述罢免师长鲁涤平与谭道源并将其部队遣散原由致蒋介石电

(1929年2月21日)

南京国民政府蒋主席、国民革命军总司令钧鉴:国军编遣委员会各委员、行政院院长、军政部部长勋鉴:本集团军师长鲁涤平、谭道源,任职以来,互相勾结,对于本集团军所发命令,诸多违抗,实属弁髦法令,破坏纪纲。湘省为匪共窟穴,该师长等剿办不力,地方秩序,迄未恢复,人民痛苦,不获解除。鲁涤平身为省政府主席,又复滥用威权,把持中央税收,紊乱行政系统,致饷糈计划,无法统筹,似此拥兵恣肆,若不亟予惩处,大局前途,何堪设想。除将鲁涤平、谭道源均予免去师长职务,听候查办,并将各该师部队,分别遣散,以伸军纪外,谨电奉闻。李宗仁叩。马。印。

〔行政院档案〕

2. 杨腾辉奉命入湘张贴李宗仁罢免鲁涤平等本兼各职布告

(1929年2月21日)

国民革命军第五十二师百五十四旅司令部布告

照得本军第十八师师长鲁涤平,自兼任湖南主席以来,结合谭道源部,拥兵恣肆,对于两湖政治分会与总司令命令,视同弁髦;中央财政任意把持,共匪土匪任其骚扰,破坏纪纲,莫此为甚。我总司令业经明令将该师长鲁涤平、谭道源本兼各职即予免除，听候查办。本旅长奉命入湘，救民水火，剪除奸逆，纪律严明，地方治安，维护綦切。务望商民人等，各安生业，毋得惊疑。此布！

国民革命军第五十二师百五十四旅司令部　杨腾辉

中华民国十八年二月二十一日

〔国史馆档案〕

3．曾继梧等报告李明瑞与杨腾辉突袭长沙暨何健拒回省城致蒋介石电

（1929年2月22日）

国。限即到。南京中国国民党中央执行委员会、国民政府主席蒋、行政院院长谭、汉口武汉政治分会主席李钧鉴：马晨，鲁主席召集省政府委员会临时会议，委员集府，主席未至。旋奉主席函，刻已出巡，在出巡期内，请大会推定临时主席，代行职务。再顷据唐军务科长希标，持第五十二师副官长程继川号未电称：对湘用兵，已不可掩。等因。正讨论间，忽闻城外枪声甚密，探悉系李明瑞、杨腾辉两旅长，各率兵一旅抵长沙。而十八师曾师长亦率部离省，闻向平浏方面开动。委员等以省垣秩序，关系重要，比请十九师戴旅长斗垣，会同李、杨各旅，分别维持城内外秩序，并推何委员健代理主席职务，当即拍电醴陵，探送何委员，请回省主持省务。次日，接何委员马戌次醴陵来电，谓剿匪任务，尚未终结，实难分身，并已电戴旅长斗垣，会同友军妥维秩序等语。经本日□第七十次常会，再行议决。再由全体委员署名，电请何委员来省，担任代理主席职务。并请分兵维护长沙与平、浏治安，在何委员未到省以前，暂以本府委员会委员对外，并推刘委员铏驻府办公，现地方安谧，谨将经过情形电呈。湖南省政府委员会委员曾继梧、刘岳峙、刘召圃、陈嘉任、刘铏、张定呈。养。印。

〔行政院档案〕

4. 鲁涤平报告武汉桂系军突陷长沙暨本人从水道脱险情形致蒋介石等电

(1929年2月25日)

国急。南京中央党部、执监委员会，中央政治会议、国民政府主席蒋、行政院长谭、军政部长冯、各院正、副院长、编遣委员会钧鉴：各部、会、各省政府、各级党部、各师、旅长均鉴：军事告终，训政伊始，正中央统治全国之际，亦属省厉行自治之时。不意武汉方面，乘湘省军队四出剿匪之虚，突遣重兵压迫湘境，马日拂晓以铁甲车袭击长沙，机枪扫射，弹如雨飞。一时居民狂奔，状极悽惨，涤平以变起仓卒，事先既无所知，即无所防御。事发，又不忍使惊魂甫定之长沙，重罹战祸，为顾全省会计，只得饬属退避平浏，静候中央处置。伏读编遣会议议决案，非奉命令不得调遣军队，全国奉行。属省尤拥护，不遗余力，武汉此举，究竟是否奉有命令，抑已呈报准行。涤平实无所知，比因交通阻绝，乃利用水道脱险离湘，刻已安抵九江，拟尅日来京请训，并请处分，特电呈闻，伏维钧察。职鲁涤平叩。有子。印。

〔行政院档案〕

5. 蒋介石为进攻桂系停止剿共集结兵力限期出师给刘峙等密电

(1929年2月26日)

机急。徐州刘师长、蚌埠顾师长、兖州缪师长、卢州朱师长、新浦蒋师长、扬州方师长、芜湖曹师长、寿州夏师长均鉴：极机密。亲译。□密。目下谣言繁兴，长江上游形势严重，着各师长于三月三日以前。完毕出师准备，其准备事项，摘要如下：(一)以旅为单位，即日集结兵力,停止剿匪任务。(二)各部队之输送队,应速募齐,其不足使用者,准照新编制酌量扩充。(三)武器被服应速整理。(四)各部队之通信队,应速整理补充。(五)各官佐私人事件及部队与地方未了之事项,须于电到三日内,料理清楚。(六)自三月五日起,各部队须有令到,随时开始输送之准备。(七)电到,即派员携带该师现有武装器材、弹药表,领子弹、地图及通信器材。(八)准备完毕,各队尚未施行实弹射击者,应速补行。(九)仰将准备情形电报为要。总司令蒋中正。宥。印。

〔国民政府战史编纂委员会档案〕

6. 朱培德报告湘军向万载修水等县移动等情致蒋介石电

(1929年2月26日)

国急。限即刻到。南京蒋主席、谭院长钧鉴:枢密。顷据万载县长王心在急电报告,该县属境之大桥地方,现忽到有湘军部队,竟系何故,乞示等语。并据铜鼓、修水等县县长报告,亦有湘军忽向各该县境移动,人民纷纷迁徙情事。职府事前未奉中央令知,亦未准湘省通告,究竟实情如何,应请迅电示知,授以机宜,不胜迫切待命之至。江西省政府主席朱培德暨全体委员同叩。宥。印。

〔行政院档案〕

7. 胡平翰转报湘鄂桂等省军队之实力及矛盾与互相争夺情形给蒋介石电

(1929年2月28日)

(衔略)钧鉴:邱魏二月二十八日,由湘来京报告:(一)谭道源部:甲、第一百四十八旅长成光耀为谭之嫡系。乙、第一百四十九旅长李云杰，属李韫珩旧部，与桂谭双方，均无关系。现只在保全势力，故尚在观望中。丙、第一百五十旅长罗庆欧，系白崇禧同学。丁、前四十五师师长李韫珩，受桂系排斥，经谭调为教育团长，所部就编为教导及独立营。以上各部枪枝，除李云杰外，约有一万三千余枝，炮六十六门。戊、桂军派范、何两旅，解决谭部，危旅被谭缴械过半。自二月廿一日至廿八日止，于益阳方面，尚在相持中。同时，夏威将尹、李两旅开至岳州，遥为声援。（二）前十九独立师陈渠珍部：甲、陈现充湘南第一警备司令，有兵力四团，一特务营，每连厂造枪九十枝。乙、第一、二团驻辰州，三团驻麻阳，四团驻永顺，各该团均在集中训练中。丙、陈部中级干部，多系各省讲武堂学生，下级干部皆系黄埔生所训练军官。丁、陈本人头脑清新，对中央极表示服从，系湘南弁目学校出身，与谭、鲁同学。戊、余枪另编守备队，廿队有枪九十枝，分驻各县，担任防务。以上陈渠珍所部，除地方守备队不计外，实有枪五千一百余枝。（三）陈汉章部：该部现在三团，实力薄弱，防地辽阔，不足为患。（四）周朝武部：该部约有二千余众，原驻兹、庸、桑等县，不守纪律，不堪作战。以上各部，为湘西各部之大略情形。就实力而言，实足以控制桂军。惟地瘠民贫，给养无，难支久。（五）何健师长及张其雄、吴尚两独立旅：甲、何师戴斗垣旅，驻萍乡、醴陵、长沙。陶广旅驻宝庆、湘潭。刘建绪旅驻衡山、衡阳，有一团在赣边剿匪，师属部队及炮兵团驻长沙。乙、张其雄部：原驻永州，刻向衡州集中。丁、吴尚部原驻茶、攸等县，现已集中株长路一带。（六）何健最近之态度：何氏颇狡滑。桂系知其不易利用，一面以主席饵之，一面以叶琪回湘监视。何固知此中手段，如至战时，或有一番变态，亦未可知。但观此间运用如何耳！□□□□□□□胡屏翰叩。俭。印。

〔国民政府战史编纂委员会档案〕

8. 蒋介石为进攻武汉制定第一集团军战斗序列致各军师长密电

（1929年3月2日）

机急。南京抄送朱总指挥并转王师长、金师长、第十八师师长鲁涤平、徐州刘师长、蚌埠顾师长、兖州缪师长、南京抄送方师长、合肥朱师长、新浦蒋师长、扬州方师长、芜湖曹师长、寿州夏师长并转独立第一旅陈旅长、宿县骑兵师张师长、徐州抄送独立炮兵第一团姚团长均鉴：极机密。亲译。□密。兹制定第一集团军战斗序列如下：总司令蒋中正。总参谋长何应钦。第一军军长刘峙；军属第一、第二、第九各师。第二军军长兼第八师师长朱绍良；军属第八师、第十三师及独立第一旅。前敌总指挥兼第三军军长朱培德；军属第四、第七、第十一、第十二、第十八各师，本部直隶骑兵第二师。总预备队；第六、第十、第四十八各师，及炮兵团，右仰一体遵照。电到即将准备情形，切实具报。总司令蒋中正。（冬）。参印。

〔国民政府战史编纂委员会档案〕

9. 蒋介石布署各军集中地点给朱绍良等密电

（1929年3月3日）

机急。南京抄送朱总指挥并转第七师王师长、第十二师金师长、又抄送第十八师鲁师长、第六师方师长。徐州刘师长、合肥朱师长、蚌埠顾师长、新浦蒋师长、芜湖曹师长、扬州方师长、宿县骑兵张师长、徐州炮兵姚团长均鉴：□密。极机密。第一集团军集中计划；（一）第一军集中地太湖、潜山附近。1.第二师所属第九旅，着微晚全部抵浦口，即乘轮两艘，虞日到安庆，限齐日到达石牌镇附近，掩护军之集中，俟第一师到达后，该旅即转向潜山，归还其本师。2.第一师于微、鱼两日，每日八列车，输送浦口。乘轮七艘，限灰日前，全部到达安庆，即向太湖前进。3.第二师于鱼晨徒步，限删日全部到达桐城。4.第九师于齐、佳两日，每日八列车抵浦口后，乘轮七艘，文日到达安庆。5.尔后各师，即受第一军刘军长之指挥，向集中地推进。(二)第二军集中地霍山附近，统限鱼日开始行动，其各师进路目标等，均由朱军长绍良支配。其第八、第十三两师，限佳日以前，陈旅限真日以前，到达集中地。(三)第三军集中地；九江、建昌、南昌、高安一带。1.第十一师(欠卅二旅)于鱼日，自芜湖大通，自备小轮并德胜舰，至湖口西岸登陆，前进至九江集中，限虞日完毕，其所属三十二旅(欠旅部及冯团二营)，于鱼晨由杭乘车，虞日抵京，乘轮赴九江，归入本师。2.第四师于真、文两日，各八列车抵浦口，乘轮七艘，限寒日抵九江。3 第七、第十二、第十八各师，统限于真日前集中建昌、南昌、高安一带。其在九江之第七师部队，俟曹师、缪师到达后，归还本师。(四)骑兵师全师，于蒸日开始行动，经霍山向鄂东前进搜索，到达霍山后，暂归朱军长绍良指挥。(五) 1.第十师于鱼日由镇江、通州，同时分乘江轮七艘，限齐午到达安庆。2.炮兵团于寒日由徐州乘四列车抵浦口后，乘江轮三艘限筱(17)日抵安庆。3.第六师、第四十八师各在原地待命。右仰一体遵照，依限集中。此令。总司令蒋中正。〔江〕参。印.

〔国民政府战史编纂委员会档案〕

10. 阎锡山探闻冯玉祥调集鲁豫军队似与第四集团军联络致蒋介石电

(1929年3月5日)

南京国民政府主席蒋钧鉴：闻冯将泰安、济宁军队集中。又洛阳以西军队，皆发子弹，现向大庆关东岸策划驻军，似与四集团有所联络，按此推测，恐不久有所表示也。阎锡山。微。印。

〔国民政府战史编纂委员会档案〕

11. 陆海空军总司令部参谋处转报冯玉祥献策图川暨派员密查胡宗铎部行动情报

（1929年3月5日）

情　　报

冯玉祥微电称：(一)胡部行动，已派员密查。(二)原驻兖州之第四师，如果调往江南，拟派刘镇华部接防。

又支电称：川局各实力派，互不相下，以致纠纷。(二)若能于此时出兵三师，定能统一川局。(三)俟其军事发动时，敝军从旁协助，较易为力。(四)豫、甘、陕仍有二三师兵力，可以备用。(五)胶东局势，外交如有办法，或不难肃清。

陆海空军总司令部参谋处

〔国民政府战史编纂委员会档案〕

12. 李品仙等谴责武汉分会操切酿成湘省事件并述代理白崇禧主持军务服从编遣通电

（1929年3月8日）

国急。南京中央党部、国民政府蒋主席暨各委员、各院长、各部长，新乡冯总司令、太原阎总司令、上海李总司令、盛京张总司令钧鉴：东北政务委员会、各政治分会、各总指挥、各司令、各师长、各省政府、各省市党部、各机关、各团体、各报馆均鉴：北伐告终，统一垂成，人民望治之殷，甚于望岁。所幸最近编遣会议结果，成绩优良，进行顺利，治平之机，实系于是。凡属袍泽，畴不同声鼓舞，竭诚拥护。乃者不幸，湘省事变，仓卒发生，衡情酌理，操切之咎，实无可辩。仙等所部，自去夏参加北伐以来，驻防河朔，迄逾半载，远道闻耗，同深叹惋。白总指挥因病休养，军旅之事，置未过问。品仙谬以菲才，摄行职务，遘兹多难，深惧勿胜。磊等谨当秉承代总指挥之督率，勤事训练，此志此心，所堪硁硁自信，而奉以勉策部曲者；编遣会议决案，决不可不贯彻，统一决不可不完成，凡百举措悉，惟中央之命是听。至湘省事变，如何解决，自有中央主持。品仙等分属军人，无不奉承，惟谨，所属各部队，追随革命历有年，所效忠党国，始终无渝。值兹谣诼繁兴，地方治安关系綦重，自当仰体中央意旨，协同当地友军，努力维持。一面惟有驻在原防，静待后命，深望军政领袖，吾党先进，不吝明教，时加启迪，俾得秉承有自，无忝厥职，岂惟品仙等之幸，全部官兵实胥受其赐。谨此电陈，诸维鉴察。李品仙、廖磊、王泽民、韦云淞、刘春荣同叩。庚。印。

〔行政院档案〕

13．白崇禧吁请政府对湘汉事件宽容处置通电

（1929年3月8日）

国急。南京蒋总司令、何总监、各院长、各部长、开封冯总司令、太原阎总司令、抄上海海军杨总司令、李总司令、李主席钧鉴；沈阳张司令长官，各省主席并转各总指挥勋鉴：各团体、各报馆均鉴：北伐告成，国基初奠，三次大会开幕在即，正训证〔政〕开始之际，当全国望治之时，乃以湘变发生，谣言蜂起，好事者肆为揣测之词，反动者资为播乱之具。道路宣腾，风云丕变。禧卧病山中，骤闻警讯，外审国势之危弱，内察人民之苦痛，以为国内不甚再战，统一端赖和平。故迭电在京诸先进，转呈中央力持镇静，俾一隅之变，不致扩大地方，事能正当解决。旋闻中政会议议决，派员查办，而武汉

方面，亦能遵照李总司令电令；入湘鄂部队，各退原防，静候中央之处置。此亦可以遏既倒之狂流，息外传之浮议者。已乃近阅报载，纷传益威，军事发动，几若实有其事者。平心设想，不禁慨然。窃意吾国革命事业，赖先总理惨淡经营，垂四十年，以诸先烈之奋斗牺牲，诸公之继续领导，加以武装同志，共同戮力之结果，始获有今日之局势。凡我国人，自宜尽力护持，徐图建设，庶可以解除民众之痛苦，完成革命之大业。若其不获谅解，讹言实现，则全身之动，牵于一发，糜烂之祸及于全国，中奸人挑拨之谋，予军阀以可乘之隙。驯至内战相循，党国破裂，强邻之侵兵未撤，而共党之惨祸复起。追源溯始，又岂徒上负建国之初心，下失人民引领之喁望。即我辈数载以来，出生入死，追随奋斗之往事，亦完全失去意义，转为世人谈革命者所齿冷。虽有百口，又将何辞以自解耶。诸公领袖群伦，党国重望，维护大局，谅有同心，尚祈审虑前途，主张至计，一致电请政府持以镇静，处以宽宏。武汉分会，原在政府统治之下，中央如何处理，亦必能恪遵明令，一致服从。果能如是，则军阀反动，固可无忧，即外交问题，亦可渐图解决，转危为安之道，全在于此。禧自旧疾复发，惟事静养，茶铛药灶，日送生涯。南中政况，隔阂多时。北地诸军，托之张〔？〕代。湘事既起，关系党国，心所谓危，辄严悃忱。即祈见教为幸。白崇禧叩。齐。印。

〔行政院档案〕

14. 胡宗铎等申述改组湘省政府罢免鲁涤平缘由并请消弭战祸通电

（1929年3月12日）

南京中央党部、国民政府蒋主席、各院长、胡展堂先生、戴季陶先生、上海吴稚晖先生、李石曾先生、蔡孑民先生、杭州张静江先生、北平张主席、河南屠总司令、太原阎总司令、广东李总指挥、各师长、各省省政府、各级党部、各报馆均鉴：自中央政治会议武汉分会，依据条例呈请中央政治会议，改组湘省政府以后，讹言朋兴，有类市虎。窃以此事。原系政治分会，衡度情势，不得已之紧急处分，谅邀中央洞鉴。既蒙中央特派大员，查明办理，则事实具在，法例昭然，自应静候调查，得一正当解决。乃累日以来，沪、浔调兵扣船之事，屡有所闻。中央本总理天下为公之旨，谅不至轻动天下之兵。惟是流言四起，是非不明，不得不将事实经过，披沥上陈。查鲁涤平主持湘政以来，措施乖谬，拂逆舆情，尤以纵容匪共，贻害地方为最著。湘民痛苦，火热水深，初尚冀其省悟，最近竟有大批枪弹，偷运入湘。值此实行编遣之时，鲁既不厉行剿匪清共，原有军品，并非缺乏，安有添加之必要，纵有不敷，应按照命令系统，就近向集团军总司令部请领。如属中央接济，亦应公开运送，由交通便利之武汉，迳输湘境。胡竟行动诡秘，用意安在。似此关系重大，若非紧急处置，祸患之来，奚堪设想。政治分会及总司令部，既有觉察，何能放弃职责，置若罔闻。彼时以此种情事，为全体革命军人之羞，未忍宣布。鲁氏不知自责，乃反藉端煽，破坏和平，以个人之去就，贻大局以深忧，果属本党修徒，胡忍出此。铎等追随革命，血战累年，差幸仰托中央德威，全国统一，虽惭不学，服膺总理遗教，未敢后人。但冀有利党国，毁誉听之公评。况在训政时期，努力建设，犹虞不及，何忍见兵燹孑遗，复罹战争惨祸。为共党与帝国主义者，造肆虐之机会。伏愿党国先进振导祥和，消弭隐患，不独湘泽民众，同蒙乐利，党国前途，实深攸赖。临电不胜翘企，待命之至。胡宗铎、夏威、何键、陶钧、叶琪、吴尚、程汝怀、张义纯、张其雄同叩。文。印。

〔行政院档案〕

15. 龙岂凡等为何健不就湘省代主席致伏莽四起请弭战祸致蒋介石等电

(1929年3月12日)

国急。南京中央党部、国民政府主席蒋、暨各委员、各院长、各部长钧鉴：吾湘自民元改革以还，祸乱相寻，迄无宁岁，共暴土匪，劫夺频仍，加以饥馑荐臻，盖藏空竭，人民流离迁徙，死亡枕籍，伤心惨目，为亘古未有之奇灾。迨去岁北伐告成，训政伊始，政府为谋地方特设清乡督会办，专司剿抚各事宜，数月之间，匪兵敛迹，人民安辑，方庆来苏，不图政局骤变，主席离省，庶政停滞，群情恐惶，而何代总指挥键，虽奉国府令代主席及武汉政分会令为主席，卒以剿匪任重，坚辞不就，各公法团，以政务主持无人，使全湘三千万人民，顿失依托，一发千钧，危机四伏。于是函电纷驰，专使敦请何代总指挥回省，暂维政局，籍镇人心，地方得保安宁，人民方庆恬乐，乃近顷报章腾播，道路谣传，军事行动，几有如箭在弦之势，顿使惊魂甫定，无辜之湘民，又生城火之惧，而各地伏莽，复乘机啸聚党众，四出抢劫。嗟我孑遗，何以堪此。公民等锋镝余生，毫无所谓，惟冀和平永现，战祸潜消，特电呼吁，邀恳钧府，轸念劫后湘黎，不致重罹兵戎。岂惟湘省三千万人民之福，抑亦党国前途之幸也。临电主臣，毋任迫切待命之至。湘西公民代表龙岂凡、陈声骏、吴其午、罗忠珪、杨道仲、谢希夷、王尚忠、符学鹄、田兴基、田名瑜、晏葆初、彭泽源、杨笃楫、宋承璟、黄珊亭、彭静轩、姚先楫、田杰民、张皓滋、邵国柱、陈家鸿、宁仕斌、张奇峰、段家骥、杨凤藻、卢少安、朱德鑫、王镇汉、向明清、张玉州叩。文。印。

〔行政院档案〕

16. 旅闽旅沪津及救湘鄂团体等请惩办制造湘案祸首并撤销各政治分会致国民政府等电

(1929年3月12—15日)

(1) 旅闽湘人护党救湘大会代表团电(3月12日)

抄。南京中央执行委员会、政治会议、国民政府编遣委员会、行政院、军政部、内政部钧鉴；中央日报转各报馆均鉴：窃自军阀盗国，祸乱频仍，阅募七年，始臻统一。凡我国民，自应服从中央，拥护党国。乃武汉政治分会，竟敢冒天下之大不韪，故意破坏五中、编遣两大会议决议案。擅自称兵，迫走湘省主席及各委员，明知三次代表大会，正在召集举行，外交、内政，时机紧张，一发所牵，全身皆动。而乃匪藏祸心，甘为戎首，造个人一系之权利，置党国于覆亡。晋诛始祸赵，杀安于法纪所关，岂容幸免。况吾湘日罹兵燹，风雨飘摇，十室九空，民穷财尽，昭苏无术，复被摧残，人孰无心，何忍出此。同人等义愤填膺，合词请命，伏乞中央，严惩祸首，整饬纪纲。并恳将各政治分会，一律取消，以一政权，迫切陈词，诸维明察。旅闽湘人护党救湘大会代表团冯思定、张仲钧、黄国华、刘透潜、谷纲、李楫川、左钦庸、萧一鸣、黄绍香叩。文。

(2) 旅沪鄂人救鄂同志会电(3月12日)

抄。南京中央党部、国民政府蒋主席，谭、胡、蔡、王、戴五院长、暨各部长，省、市两党部、京报旅京鄂人救省运动会，中央日报转上海民国日报、申报、新报闻、时事新报，转全国父老兄弟姊妹公鉴：自前年特委会篡盗中央，桂系乘机要肆，实割据称雄之发端。革命前途之障碍，党国初基，斯灭罄尽。桂系工具胡宗铎、陶钧等，凭恃护符，荼毒桑梓。入鄂之初，即擅杀中央委员詹大悲、政府命吏李汉俊。恩怨由心，刑戮在口。更复纵使鹰犬，肆行凶忒，厂借党狱，诛锄异己，清共清乡，任意敲诈屠杀。禁烟禁赌，无非噬肥分脏，全省党政，概为枭獍把持。暮夜黄金，鬻官有价。良民相惊以市虎，商贾饮恨于苛征。鄂省元气，斲丧殆尽。至其对于湘军，尤极险刻。唐、程、陈、叶诸部，已被次第铲除。犹以后患尚存，南顾多忧，难偿立马吴山之愿。近复乘湘政府分兵剿匪，胆敢遣派重兵，迫走主席鲁涤平，袭击湘军，藐视中央赘旒不若。编遣会议及五中全会之议决案，均被破碎无余，足以稍戢其野心。窃中央与地方分非同等，以绝对服从为法守，当桂系及其工具胡、陶等，滥作威福，擅毙大吏之时，中央倘能稍顾威信，发一言以相诘责，逆谋或可稍敛，而乃熟视无睹，坐令太阿倒持。嗣后拘程逐叶，为所欲为，干犯法纪，肆无忌惮，积恶不究，酿成今日之变。语云涓涓不塞，将成江河，中央号称老成持重，诸公习闻鄂、湘两省人民，呻吟于桂系刀俎之下，既漫不经心。今则桂系军队已集中鄂东，逼压皖、赣两境，其窥伺中央亟思一逞之逆谋，已全形暴露，犹复诿为局部问题，高唱调停之议，勾结纵容，助桀为虐，背叛党国，破坏统一之罪，桂系将不肯独任也。为今之计，惟有毅然下令，将彼称兵发难之桂系祸首，及其工具胡宗铎、陶钧等，拘京法办，俾骫法纪者，知所儆惧，岂独鄂人私幸，党国前途，实利赖之。临电不胜愤慨企望之至。旅沪鄂人救鄂同志会叩。元。

(3) 旅津湖南护党救湘会电(3月15日)

南京国民政府主席蒋、行政院长谭钧鉴：读中央一七二次会决议，各地政分会，既有明令于三月删前，一概撤销，政分会委员资格，当然随同销灭。中央对湘事处分，仅免张、胡二十四小时职，敷衍门面，粉饰太平，狐骨狐埋，削足适履，盗铃掩耳，以欺天下。湘政府改组一字不提，中央威信既失，恶例一开，今后骄兵悍将，叠起攘并之心，必无制裁之策。纲纪凌替，法守荡然，读武汉受宠若惊之电，揶揄中央，令人发指。瞻念前途，惟有痛哭。临电愤慨，无任依驰。旅津湖南护党救湘会叩。删。

〔行政院档案〕

17．蒋介石发布照录桂系调军备战及密招补兵命令

（1929年3月13日）

总座交下照录敌方命令：（一）警备第二旅长胡昉虞，率该旅至黄州，集团训练。（二）武穴赵营长，着仍驻原防，归胡旅长指挥，（三）兴国杜道周团，仍驻阳冶鄂。（四）徐团长元崇，仍驻黄州，集团训练。（五）各旅、团、营驻防在外兵力，总以团结、训练为宜。（六）各旅、团未成立担架队，限半月内成立。（七）如有缺额，就近秘密招募补充。（八）驻防在外各部，由各旅长自行校阅。（九）各部应练习动员之准备。（十）宋埠是十二师江旅长声。花园郑重、李石樵。沙市严敬。李明瑞、杨胜辉两旅，自浏阳、岳州开回武汉。

陆海空军总司令部参谋处

〔国民政府战史编纂委员会档案〕

18．张知本等接受中央政治会议查办改组湘省政府事件免其武汉分会委员通电

（1929年3月14日）

限即到。南京中央党部、国民政府主席钧鉴：各院、部、会，编遣委员会，各省、各总司令部、各总指挥部、各政治分会、各省市党部、各省市政府、上海杨总司令、李主席、百泉冯总司令、太原阎总司令、北平白总指挥、盛京东北政务委员会、各委员、张司令官，张静江先生、南京吴稚晖先生、各省各军、师长，各法团、各报馆均鉴：顷上中央政治会议一电文曰：南京中央政治会议钧鉴：奉元电开：武汉政治分会并转张知本、胡宗铎、张华辅三同志均鉴：本会议第一百七十九次会议，准蔡委员元培、李委员宗仁、李委员济深、何委

员应钦等报告，奉命查办武汉政治分会，改组湖南省政府一案，遵即详查，认为该分会此次举动，诚为不合，应由该分会主席负责，但主席李宗仁因公留京，未及临时制止，曾自请处分在案。查李主席事前并未与闻，所请处分似可无庸置议。又查当日该分会议决此案时与议者为张知本、胡宗铎、张华辅三委员，应请予以处分。是否有当，请公决。等因。经议决：武汉政治分会委员张知本、胡宗铎、张华辅，着先行免去分会委员之职。请中央监察委员会议处等语在案。除函中央监察委员会外，特电知照。中央政治会议。元印。等因。谨此电陈，张知本、胡宗铎、张华辅呈：寒。印。等语。谨电驰陈，伏维鉴察。张知本、胡宗铎、张华辅叩。寒。印。

〔行政院档案〕

19．朱培德转报武汉桂军位置与作战计划暨李、冯联合等情给蒋介石密电

（1929年3月15日）

（1）

国急。限即到。南京蒋主席钧鉴：枢密。武汉逆军位置，迭经详报。第三军各师，巧日以前位置如下：第四师万寿宫附近。第七师高安附近。第十八师清江附近。第十一师九江、德安附近。第十二师之三十四旅及十四旅，吉安附近。十五旅仍驻赣南。三十六旅分驻南城、广昌、抚州。三十五旅直接总指挥部。预拟第三军作战计划；第一期江左各部，向武汉开始攻击时，第三军之第四、第七、第十八各师，应同时向醴、浏、平前进，压迫牵制湘、鄂间之敌，使我江右军攻取武汉，易于奏效。俾第二期作战，容易达到歼灭敌人之目的。上次上项计划，是否可行，及对广东有无顾虑。请迅电示。朱培德叩。删。印。

(2)

国急。限即到。南京蒋主席钧鉴：枢密。据汉口真日探报：(一)黄梅、武穴驻胡宗铎部及便衣队数千，兴国州驻军一旅，黄州驻胡昉虞二旅。(二)驻樊襄陶师移武汉，李石樵旅，真开黄安，李方旅开汉。(三)宜沙刘严二旅已准备开拔，严部已调回集中，待船运汉。(四)李朝芳、李明瑞二旅现驻蒲圻等处。杨腾辉旅驻岳州。(五)程汝怀旅，准备开赴下游。(六)武穴、黄州设军用电话。武穴自蒸起，与武汉直接通电，不由九江转。(七)陶部在武昌东门外掘战壕、筑工事。(八)何健部刘旅，真开平、浏。张驻衡。范驻郴。(九)蒸，得沪李密电后，即下动员令。(十)武胜关无兵驻防，盛传李、冯合作，但冯对□表示，暂不出兵。(十一)汉口民用飞机蒸抵平，传白将乘飞机回汉。(十二)将反对中央三全会，以冀与冯表示一致。□□□□。朱培德叩。删。印。

(3)

国急。限即到。南京蒋主席钧鉴：枢密。(一)此间情况益繁，运大批子弹过江及孝感等处。(二)总部命令鄂北各部队，集中孝感、花园一带。李石樵旅接防孝感、广水等处，原驻该处之郑重旅，调赴下游。(三)驻兴国汤旅，文辰有移回大冶模样。(四)谌家矶作有工事。(五)武穴、田家镇一带，满布胡部便衣队。(六)杨腾辉旅，尚有一团驻长沙。(七)何健辞职电发表后，人心摇动，各军官眷属，纷纷迁徙。(八)据总部人传出消息，此间必要桂军全退入湘，待桂来援，鄂军退鄂西北部。统祈电示。朱培德叩。删。印。

〔国民政府战史编纂委员会档案〕

20. 师长谭道源为桂系攻湘请迅明令讨伐给行政院呈

(1929年3月16日)①

呈为恳请迅下明令，讨伐叛逆，以救党国事：窃自我先总理致

---

① 此为收文日期。

力革命四十余年，一困于军阀之专横，再厄于党员之腐化，以致屡起屡蹶，未竟全功，偏安广州，赍志以殁。幸诸忠实同志，谨承遗教，努力奋斗，安内攘外，将陈、杨诸逆，次第肃清。于是李宗仁、白崇禧等，始感觉本身僻处广西，势孤力薄，相率归诚。本党素以宽大为怀，不追既往，冀其革面洗心，同匡党国，准其加入本党，一视同仁。北伐兴师，畀以偏将，俾立勋业，藉掩前愆。以总理在天之灵，同志之力，军声所临，战胜攻克，孙、吴军阀，相继肃清。而李逆宗仁，追随戎马，亦得稍建战功。我政府念其微劳，加以重赏，彼乃渐肆骄矜，复萌军阀故态，乘孙逆传芳反攻之秋，借端要挟，逼迫劳苦功高之蒋总司令，愤而下野。及至政府下令西征，二、六、七、十三各军，同时并进，以言战功，原本相等，乃李逆宗仁，早怀异志，独霸武汉形势之区，并侵入豫、燕之地，而我政府尚未察其奸谋，推诚相待，既授以集团军总司令大权，复畀以政治分会重任。乃该逆以大权在握，遂敢目无中央，倒行逆施，擅作威福，用狡诈卑劣恶辣手段，擅自捕禁中央执委程潜，解散六军，及四十四军部队，惨杀革命战士，逼缴武装，政府严令禁止招兵，彼竟在粤大募新兵入鄂，扩充私人军队。中央严申党外无党，党内无派之禁。彼则高树桂系名义，勾结反动军阀与腐化分子，作其伥鬼爪牙。逆部入湘，即首先提充省库公款，索取江西地图，以为进攻之准备。此外，如操纵党务政治，把持财政，摧残民意，排除异己，任用私人，妄造蜚语，谣言挑拨离间本党忠实同志。以两湖为征服区域，两粤为封建领土，故视属师及十八师为其障碍物眼中钉，早欲去之而后快。窃属师自民十追随总理以来，转战七八载，牺牲数万人，虽不足以言功，然亦可告无罪。自去岁西征告捷，入驻湘西，力加整顿，深恐尚有残余共党，潜伏未除，即注全力于清党铲共工作，组织清党委员会，计先后枪决潜伏共匪政工人员唐希农、营连长颜尚新等十余名，并将政训部完全解散。另招集忠实分子，重新训练组织，所有全师态度不明之分子，一律驱除殆尽。其清党彻底精神，实有过无不及之处。

湘西地处偏僻，素为匪共渊薮，自属师分区清乡以来，先后破获湘西总机关及支部数十起，枪决其重要首领剪遂如、王曰珍及执委书记等百余人，并剿灭著名神匪及股匪二千余人。湘西人民咸谓数年来盗匪充斥之区，至今日始庆重见天日。而十八师部队，亦曾屡次处决潜伏军中共党曾翔屏等多人，剿灭茶、攸、刘、醴匪共数千人，事实具在，人所共知。而彼恐师出无名，乃犹借口曰清乡剿共不力，凭空造谣，颠倒是非，信口诬陷，其用意盖欲预作伏线，借题以图消灭非其系统内之军队，而达到其湘、鄂、粤、桂成为一片之初步工作，然后方敢肆无忌惮，进而捣乱政府，无虞后顾之忧。观其所行所为，处心积虑，图谋渐次发展，其野心盖非一日矣。迨五中全会与编遣会议成功，禁止政分会、集团军滥发命令之令既下，而第三次全国代表大会之期又近，彼乃自知割据命运将终，遂逞其丧心病狂之凶焰，作先发制人手段，乘十八师正在分防剿匪及属师正在开全师代表大会之时，突然分遣重兵，乘虚直袭。当时属师以未奉明令，不知事从何起，决计退让，静候中央解决。乃该逆步步逼人，得寸进尺，机枪大炮向我城市猛击狂攻，民众伤亡，伏尸遍地。其惨无人道之行为，有视军阀与共匪而更甚。我中央顾全大局，尚予优容，下令各守原防，静候解决。而彼等视命令如弁髦，进攻益急。属师忍无可忍，略予一击，挫其凶焰，使其一举肃清湘境，然后回戈北向之阴谋，未克成功。而国人对此，亦莫不普天同愤，有共张挞伐之势。李逆宗仁始知大势已去，乃狡饰诿湘事为不知，此种欺人之言，虽婴儿亦当付之一笑。近犹复一面调兵遣将，以图反抗义师，一面托人调和缓兵，以谋乘机再逞，奸险狡诈真相毕露。若不乘机扫灭，则不独党国威信无存，而养虎贻患，终必再逞其篡窃之野心，陷党国于破裂灭亡也。伏思本党自广州出发以来，征战四五载，牺牲数十万人，以博得此统一之局。训政正在开始，军政幸已告终，方期共体时限，同匡党国，促成三次全国代表大会，以整党务，统一政权，裁遣冗兵，肃清匪共，从事建设，促进大同。凡属稍有血性之人，莫不抱此殷殷之望。而独武汉新封建军阀，甘冒天下之大不韪，反抗中央，目无党国，逞兵好乱，破坏和平统一，荼毒生灵，谋篡党国。夫政治分会与集团军之设，原不过军事时期过渡之物，并非苴茅胙土，锡爵封王，为一人一系之产业。彼竟欲师曹操、司马懿、袁世凯之故智，由割据而篡窃。势必将我总理数十年之革命与数百万健儿鲜血购来之党国，置之灭亡而后快。言念及此，曷禁痛心。属师将士，上受党国薰陶养育，内秉公理良心，值此党国危急存亡之秋，与贼势不两立。用特派遣政治训练部秘书陈声孚代表晋京，恳请钧座申张党纪国法，迅速下令讨伐此反抗中央、破坏统一、以图篡党窃国之新封建军阀，以救党国，不胜枕戈迫切待命之至。谨呈
院长谭
副院长冯

中央陆军第五十师师长谭道源 道谭源印

中华民国十八年三月　日

〔行政院档案〕

21. 参谋处关于各军推进位置及豫鄂驻军与武汉备战情况通报

（1929年3月18日）

通报（三月十八日于南京总部）

（1）总座巧午电令各军，推进至新位置：

哿日（二十日）以前，如各军应到达之位置如下：

Ⅰ A潜山、太湖之间，并派一部至宿松。

Ⅱ A英山及其以北地区。

Ⅲ A之缪、曹、王、金各师，照原计划集中。鲁师应推进至新喻。第三军之警戒部队，须派遣至瑞昌、武宁、甘坊市、宜丰、宜春之线。

各军将到达地点，逐日具报。

(2) 电令各军师旅长，为通报近日所得各方敌情如下：

(甲) 胡宗铎部，大部驻黄梅、武穴一带，闻有一旅分驻兴国州。

(乙) 陶钧部，大部集中武汉，惟李樵旅驻德安，另一部份驻麻城。

(丙) 夏威部，分驻蒲圻、咸宁、汀泗桥一带。

(丁) 杨腾辉旅在岳州。

(戊) 何健部除戴斗垣旅，分驻长沙、平、浏外，余均集中萍、攸、茶、醴等处。

(己) 叶琪部在益阳、常德一带，为谭部所牵制。

(庚) 程汝怀部一旅驻宋埠，其余在武汉集中，准备开赴下游。

(辛) 张义纯部大部在武汉，分一部一旅驻黄州。

(壬) 吴尚部，分驻茶、攸、酃等处。

(癸) 张其雄部在衡州。

(天) 李云杰部在津市、醴州。

(地) 陈渠珍部驻辰、麻、永等处。

(元) 李韫珩部及陈汉章部，均驻湘西。

(黄) 周朝武部分驻慈、庸、桑等处。

(3) 夏斗寅铣电称：豫南驻军情况：(一)潢川县驻有第十师之一旅。(二)固始县驻有第十师之一团。(三)师长程宾贤驻商城。(四)各该县驻军，并无拉夫准备情形。(五)三河尖驻兵约一营。(六)由叶集入河南境内，盘查极严。

(4) 江贞舰咸电称：(一)汉方自元旦起，形势非常紧张，军队纷纷出发，一切军事，均禀承白崇禧办理。(二)限汉厂尽两星期内，赶装机关枪三十挺。(三)程汝怀指挥鄂东军队。(四)我军各舰行动，彼方甚为注意。(五)武穴至田家镇一带，架设军用电话。(六)范矗生亦来汉，昨已回队。(七)胡、陶各派参谋，随同冯之代表赴平。(八)汉方检查邮电甚严。

陆海空军总司令部参谋处

〔国民政府战史编纂委员会档案〕

22. 参谋处关于桂系内部矛盾及何健表态通报

(1929年3月19日)

通报(三月十九日于南京总部)

(1) 曹万顺铣戌电称：据闻李明瑞在湖北，确有感受压迫之苦。又据廿旅报称：程汝怀部，有以一旅开鄂东讯，又武穴、黄梅一带，有敌便衣侦探颇多。

(2) 又接胡屏翰铣电，刘士毅元电，均称黄绍雄抵粤，近在与赣南密迩之和平连一带，架设通信网，并构筑飞机场。

(3) 柳大琦十三日，由长沙发来之报告称：夏叶两部最近调动情形，并称叶琪电促何健出兵，夹击谭师，何健以部队未能集中为辞。又该员三月十三日，由长沙专差来函报告，昨今两日，得武汉消息，有在九江下游，将有军事行动之说。又闻武汉方面所云：中央兵决心抵抗。又称：据何健声言，政治党务，应听中央命令，但军事上因统系上之关系，对于第四集团军军令，受之不可，拒之不能。惟军队不能集中，虚与委蛇。何本人极愿湘赣边界剿匪，以图避免一切等语。何之部下，为巩固根本计，均劝何服从中央，何甚同意。

陆海空军总司令部参谋处

〔国民政府战史编纂委员会档案〕

23. 蒋介石续调各军布署作战并重新任命各军指挥官命令

(1929年3月19日—26日)

(1) 19日命令

命令(三月十九日于南京总部)

(1) 令毛师长,接孙主席电,兖州已到张旅部队①,该师不必派队去。

(2) 电第四师缪师长,速电复该师现在位置。

(3) 令袁家声旅,即日调至沪宁线,归熊司令指挥。

(4) 令岳维峻派一旅至大通、芜湖,填袁旅之防。

(5) 令海军派兵舰一只,随同弹药舰只,负保护之责。

(6) 电令任应岐,督队规复,努力剿除,肃清鲁难。

(7) 电令毛炳文师长,徐属与鲁毗连,应严密预防。

(8) 电令谭曙卿旅长,饬认真保护陇海路东段。

(9) 电令前线各师独立旅长,嗣后弹药补充,须呈报总部核准,俟转饬前方兵站补充。

(2) 3月20日命令

命令(三月二十日于南京总部)

令第六师(欠卅一团)于一星期准备出发完毕,有随时在南京乘船之可能。

(3) 3月22日命令

命令(三月二十二日于南京总部)

(1) 令熊式辉为沪宁杭铁路警备司令。

(2) 令陈调元为津浦路警备司令。

(3) 国军编遣委员会决议:准白崇禧辞第四编遣区主任,以李品仙为前四集团北平各部队编遣特派员,何健为湖南编遣特派员,陈济棠为广东各部队编遣特派员,黄绍雄为广西编遣特派员,五十二师师长叶琪,违抗命令,免职查办。所部由何健负责遣置。夏威着免职,即以该师旅长李明瑞升任第十五师长职等马电,由参

---

① 系第六十三混成旅张永升部。

谋处转电前方各师旅长知照。

(4) 北平第四集团李品仙等全体将领，声讨白崇禧，服从中央号电一件，由参谋处电前方各师旅长知照。

(4) 3月23日命令

命令(三月二十三日于南京总部)

(1) 令朱、刘、朱各军长，各军战斗准备，务于本月有日以前，一律完毕，预定宥日向湘鄂前进，仍仰静待后命可也。

(2) 令朱总指挥于九江、南昌，高安、武宁四处，设置飞机场，限一星期内完毕。航空队长张静愚，率队于宥日来浔。

(3) 令六师方师长，该师(欠一团)、限廿七日乘船完毕，预定艳日全部到达九江，驻船待命。

(4) 第十师方师长，该师全部限廿八日到达九江，即向瑞昌城集中。

(5) 3月24日命令

命令(三月二十四日于南京总部)

1. 令独立炮三团李伴奎团长，编足山野炮各一营，限本月二十八日以前，就安庆原地准备出发完毕，候令乘船上驶。

(6) 3月26日命令

命令(三月二十六日于南京总部)

朱培德为讨逆军第一路总指挥兼第三军军长。

刘峙为讨逆军第二路总指挥兼第一军军长。

韩复榘为讨逆军第三路总指挥。

何健为讨逆军第四军军长。

陈调元为讨逆军总预备队总指挥。

令焦文典为暂编第一旅旅长。

令周传铎为别动队队长。

令委十五师各旅长如下：

十五师第四旅旅长李毅。

十五师第五旅旅长梁重熙。

十五师第六旅旅长黄权。

(7) 3月28日命令

命令(三月二十八日于南京下关江顺轮中)

1. 任命贺耀祖为行营总参议，贺国光为代理行营总参谋长，殷祖绳兼代行营参谋处长，俞飞鹏为兵站总监。

〔国民政府战史编纂委员会档案〕

24. 刘岳峙等报告湘变经过及何健就湘省主席更换所有厅处官员致行政院呈

(1929年3月20日)

呈为据实呈明湘政变动情形仰祈鉴核事：窃岳峙等才力棉薄，弗胜艰巨，谬膺任命，服务梓桑，受事以还，冰渊是懔，兢兢业业。总期奉法竭能，推阐主义，以建新治。乃二月二十日晚，接湖南省政府秘书处通知，于二十一日上午七时，开紧急会议。至时鲁主席不克到会，来函报告出巡，请推定委员代理主席职务。并云：武汉对湘用兵，已不可掩，请商应付。其时，城外枪声甚密，探悉系夏、叶两师各派兵一旅，用铁甲车装载，驰抵长沙。岳峙等以省政府为全省地方制治之枢，主席既已出巡，而十八师鲁师长所部驻省部队，亦因避免冲突，开向平浏。比经议决，推何委员健代理主席职务，当电醴陵军次，请其返省，并令省政府卫士队、长沙市公安局及长沙县挨户团，协力维持省垣秩序。次日，何委员健复电云：剿匪任务，尚未终结，实难分身。复经议决，仍请何委员健代理主席职务，再电促其返省，在何委员未到省以前，推刘委员锄驻府办公，政务照

① 原文无日期，此系收文日期。

常进行，地方亦甚安静。已经电呈钧院在案。越日见湘报载：武汉政治分会命令，有湖南省政府主席鲁涤平着免本兼各职。岳峙等有同令免职者，亦有同令继任者，然以未奉明令，属府所属各厅处，仍照常办公。二月二十七日，何委员健由萍乡来省，未见到府就代理主席职。三月一日，致函湖南省政府内开：迳启者，兹派易处长书竹，接收湖南省政府秘书处事务，即请饬将省政府暨省政府秘书处印章、文卷、器具，逐一点交。至纫公宜。此致。湖南省政府何健启。等因。岳峙等只得先将省政府秘书处事项，逐一点交清白。三月二日何委员健即遵照武汉政治分会新命，召集新委各员，在省政府举行就职典礼。新委各厅长，亦陆续到各厅就职。并派易书竹为湖南省政府秘书处秘书长，所有各厅处事务人员，各经分别更换，惟民厅以继梧曾于二月二十一日电呈辞职，继续派第一科长曾俊代拆代行，现岳峙等对于湖南省政府之委员、厅长、秘书长各项职权，已属无能行使。奉职无状，有负任命，只得据实呈明，静候处分。不胜惶恐待命之至。谨呈

行政院院长谭

湖南省政府委员兼财政厅长刘岳峙 [印]

湖南省政府委员兼民政厅长曾继梧 [印]

湖南省政府委员兼建设厅长刘召圃 [印]

湖南省政府委员陈嘉任 [印]

湖南省政府委员张定 [印]

湖南省政府秘书长陈容 [印]

中华民国十八年三月　日

〔行政院档案〕

25. 李品仙等揭露白崇禧强令所部扰乱北方响应武汉攻袭徐海进逼南京罪行通电

(1929年3月20日—21日)

(1) 李品仙等电(3月20日)

南京三全大会蒋主席钧鉴：各院部长、各省政府，各市政府、各省、市党部，冯总司令、太原阎总司令、上海杨总司令、北平何参军长、盛京张司令长官、分送各军事长官、各报馆、各团体均鉴：自北伐告终，统一垂成，编遣会议，既已顺利毕会，三全代会，复庆如期举行。团防会议亦且继续召集。巩固国基，完成统一，属望之殷，举国同情；乃者湘事变起仓卒，武汉当局，举措失当，无可讳言。品仙等当已一再电陈，分属军人，应一致以服从中央，拥护统一为职志。方冀拥兵自恣者流翻然改图，知所警惕，不谓最近湘省形势，愈益恶化，非将未恪遵中央撤回原防之明令，甚且进兵湘西，窥图皖、赣，违反中央，破坏统一，律以军纪国法，洵属罪无可逭。而迹其种种造恶之源，实由白崇禧醉心权利，阴谋百出，不恤冒天下之大不韪，轻启兵戎，以填其无厌之欲壑。查白崇禧自接领本军以来，排斥异己，克扣军饷，野心所莅，直欲抹煞本军历年为革命奋斗之历史，而供彼个人争权攘利之工具。近更明目张胆，强令本军扰乱北方，响应武汉，袭攻徐海，进逼首都。元恶大憝，人得而诛。品仙等追随革命，历有年所，若泾渭无分，同流合污，人格何在，良心何在。是用同伸大义，声讨国贼，为国家存纲纪，为袍泽留正气，此心皎然，终始不渝。惟知贯彻初衷，服从中央，拥护统一，完成整个中华民国，为国家独立民族自由而奋斗，义之所在，誓无反顾，谨电陈词，伏祈鉴察。李品仙、廖磊、刘春荣、刘凤池、郝梦麟、闻捷、薛毓滨、韦云淞、郑沧溶、唐哲明、陈百嘉、周武彝、凌兆尧、魏镇藩、罗启疆、颜仁毅、周维寅、谭崇鄚、郭伯藩、王邦述、胡德春、王赓同叩。

号。印。

(2) 第五十一、五十三师[①]特别党部电(3月21日)

国急。南京第三次全国代表大会、中央党部、国民政府蒋主席暨各委员钧鉴：各院院长、各部部长、新乡冯总司令、太原阎总司令、盛京张总司令勋鉴：各省市党部、各特别党部、各省市政府、各师师长、各报馆均鉴：本党总理北伐宣言有云：此战之目的，不仅在覆灭曹吴，尤在曹吴覆灭之后，永无同样继起之人。故肃清军阀，为本党唯一之目的，亦即国民革命最大之使命。溯自民元以还，袁逆称帝，张勋复辟，冯、徐毁法，曹、吴窃国，以及杨、刘诸逆之叛变，直、鲁余孽之披猖，新陈递嬗，酿成分崩离析之局者，已十余载。虽卒赖本党同志之努力，民众之同情，坚苦奋斗，用能完成北伐，统一全国。然此十七年来，兵连祸结，士卒沦于锋刃，黎庶苦于供役，复经共匪之扰乱，萑苻遍地，闾里为墟。凡此牺牲，已为至巨。方幸破碎之局，归于完整，凡有人心，宜如何维诚维护，消弭内争，以酬人民望治之殷，庶凡牺牲，不为徒劳，革命始有意义，而在身经战阵备尝艰险之军人，固尤当痛定思痛，与民休息者也。不图事有不然，破坏大局之戎首，即为曾经革命之军人；如最近桂系军阀之叛党祸国，纵兵殃民是也。兴言及此，可胜愤慨。计自革命势力进展长江，桂系军阀羽翼渐成，即包藏祸心，阴怀异志，阻扰北伐，移师西侵，割据湘、鄂、粤、桂之地，专横跋扈，益无忌惮。如白逆崇禧者，尤为该系军阀之首恶。狼子野心，暴戾成性；近更藐视中央威信，违反编遣决议，阴主武汉逆谋，纵兵祸湘，破坏统一，日暮途穷，倒行逆施；犹复强令本军，阴袭平津，进窥徐海，以图颠覆中央政府，罪大恶极，莫此为甚。是自绝于党国，自绝于民众，此而不讨，后患何堪。窃本军自服从主义，随唐前总司令孟潇同志之后，参加革命，出师衡阳，规复武汉，协攻南浔，直捣米洛；其后返旋郑州，努力铲共，为

---

① 五十一师师长李品仙，五十三师师长廖磊。

国驰驱，事实具在。不幸经桂系军阀之摧残，任其宰割，忍辱含垢，两载于兹。今者党国安危，系于一发，凡有血气，莫不悲愤。本部武装同志，夙以拥护党国，铲除革命障碍为职志，对此叛党叛国之徒，誓与国人，同伸义愤，声罪致讨，应恳中央颁布明令，讨伐桂系军阀，以肇纪纲，而励戎行。本部为维持中央威信计，为铲除革命障碍计，为完成统一计，矢当领导全体武装同志，本既往之精神，效命前驱，共讨国贼，谊无反顾，艭〔虽〕赴汤蹈火，而不敢辞。志切同仇，申伏罪吊民之大义，俾国民革命于以完成，三民主义于以实现。披布腹心，伫候明教。中国国民党陆军第五十一师、第五十三师特别党部同叩。马。印。

〔行政院档案〕

26. 洪震请讨伐桂系取消武汉政治分会并严办李宗仁给国民政府呈文

（1929年3月22日）

国民政府主席蒋公中正
行政院长谭公组安钧鉴：咸为武汉政治分会，不奉中央命令，竟伪派夏威于正月二十一日施其强横手段，迫走吾湘省政府主席鲁涤平同志，旋下令免其主席职。乱行改组省政府，至使吾湘党务政治等工作，因此停顿，并使吾湘民众至之死地。吾等侨外湘民，认到武汉政治分会，有此回对吾湘之不法行动，实有目无中央，背反本党总理之主张，并具有不遵五次大会之议决案。对以武汉分会主席李宗仁、亦不能不有负担此案之责任，请两公为严申法纪计，先将武汉政治分会取消，旋下令拘捕分会主席李宗仁，严行查办，以谢吾人民，并以慰国人之后旺。特此敬请均安。

留荷湘民救湘会主席　洪震
十八年二月十二日①
〔行政院档案〕

27. 张难先等为武汉处置湘省事件引咎自劾并求弭战通电

（1929年3月22日）

南京中央党部、国民政府、各委员、各院长、蒋介石先生、谭祖庵先生、李任潮先生、蔡孑民先生、张静江先生、李石曾先生、上海吴稚晖先生、李德邻先生、北平白健生先生、长沙何云樵先生、汉口湖北省、汉口市党部，各委员、张怀九先生、夏煦苍先生、胡今予先生、陶子钦先生、南京、上海、北平、长沙、汉口各报馆钧鉴：难先②、瑛③承乏湖北省党委及政委兼厅长，素餐溺职，既未能融洽中央地方之感情，复未能消弭同党自残之惨祸，应呈请中央惩处，以谢党国。现在谣言蜂起，情势岌岌。窃恐战机一发，共匪土匪相逼而来，而日施挑拨离间之日人，将愈逞其兽行，使远自马关，近自济南之奇耻大辱，无由昭雪。吾民何辜，吾党何辜，使总理开创之民国断送于吾之手中。身为祸首，能不悚然。须知国势已蹶，战衅再开，无论胜负如何，决不再予吾人以整饬内政，攘除外患之机会，人之欲善，谁不如我，与其开亡国灭种之端，何如凛阋墙御侮之训，所望本党贤达，主持正义，制止内争，党纪森严，一切问题，应用会议方式解决。难先、瑛虽断首磔身，尚胜于坐视亡国也。张难先、石瑛。养。

〔行政院档案〕

---

① 农历二月十二日为公元1929年3月22日。

② 张难先时任湖北省党务指导员兼湖北省政府财政厅长。

③ 石瑛时任湖北省党务指导员兼湖北省政府建设厅长。

28. 文官处转发第三次全国代表大会谴责叶琪违令攻湘并令即退回原防致行政院公函

(1929年3月23日)

迳启者奉国民政府令开：现奉中国国民党第三次全国代表大会训令内开：三月十八日第三次全国代表大会决议，以叶琪等违抗中央政府命令,擅自称兵,致使湖南民众,喘息未苏，复罹战祸。此种举动,显属目无法纪,应令国民政府,严行制止其军事行动,并使其尅撤日回原防,以肃军纪,而定人心。此令。等因。自应遵照决议。着该师长叶琪等,迅即遵令停止军事行动，克日退回原防，毋得故违，致干法纪。此令。等因。除分函外，相应录令函达查照。此致

行政院

文官长　古应芬

中华民国十八年三月二十三日

〔行政院档案〕

29. 国民政府发布免去夏威与叶琪师长职并将所部分别归何键、李明瑞编遣接充电令

(1929年3月25日)

南京行政院、国军编遣委员会勋鉴：北平李编遣特派员品仙、汉口胡编遣特派员宗铎、长沙何编遣特派员键、第十五师李师长明瑞钧鉴：奉国民政府令开：查此次湘变发生，前准查办员蔡元培等声复,李宗仁供职在京,事前并不知情,第五十二师师长叶琪、第十五师师长夏威,未奉前第四集团军总司令李宗仁之命令,遽行处置湘事,激起衅端。迨中央明令制止,双方各守原防,复悍然不顾,

叶琪所部竟追击谭道源师，进占湘西，实属好乱逞兵，抗令犯纪，罪无可逭。师长叶琪、夏威，应即免职查办。叶琪所部第五十二师负责尤重，应交湖南省政府主席何键，就地编遣。第十五师师长应委李明瑞接充，该师参加革命，转战数省，迭著勋劳，良堪惆念。仰新委师长李明瑞、勤加整顿，以保劲旅，而励前功。各官长士兵，深明大义，自顾关系国民革命历史之深，应始终效忠党国，勉守范围，共彰军誉，有厚望焉。此令。等因。特此电达。并希转行所属遵照。国民政府文官处。有。印。

〔行政院档案〕

30. 湘鄂公商会呼吁对湘案要俯念民艰并停止军事行动致中央党部等电

(1929年3月15日—16日)

(1) 湘南公会电(3月15日)

南京中央党部、中央政治会议、国民政府主席蒋、行政院长谭钧鉴：湘省苦兵祸久矣。民不聊生，萑苻满地。幸赖何公芸樵清乡剿匪，不遗余力，湘、赣边境，渐告敉平。乃以鲁主席离省，政务停顿，地方民众及省府委员，群请何公维持秩序，国民政府电令何公，暂代主席，全省治安，获以保持。近闻中央调兵西向，对于湘事，将以武力处置。道路相传，群情惶惑，何公系中央明令代理全省，民众爱戴，出处至为严明，安用劳师远役。即令武汉政治分会处置湘事，或有未当，尽可用政治手段解决，更无用兵之必要。况乎三湘七泽，百孔千疮，民困已深，匪氛尚炽，方补救之未遑，忍兵戎之之再见。兹特电恳尊前，俱念民艰，速令停止军事行动，和平以救中国，戢兵以惠孑遗，并恳明令嘉奖，何公维持湘局苦心，以免遽萌退志。人民失所仰赖，非第全湘之幸，抑亦党国前途之大幸也。湘南公会叩。删。印。

(2) 汉口总商会电

(3月16日)

南京中央党部、中央政治会议、国民政府、各院、部、会,各编遣正副主任、海军编遣处、各舰队司令、南京东北政务委员会、张总司令官、各师长、各省省市政府、各总党部、各报馆、各法团均鉴:近阅报载,湘省政府改组一案,中央业已议定办法,武汉各委员,并经表示服从。从此政治纠纷,可告解决。凡我商民,莫不额手相庆。惟近日讹言未息,群情相惊,而招商各轮,迭在下游各埠被阻,迄今未见上驶。市虎杯蛇,益滋疑虑。敝会在汉言汉,此间政局镇静如恒,道路谣传,似未可信,而各地军队调遣,商轮停驶,皇皇不可终日,则又事实昭然,无可为讳。值此军事告终,训政方始,全国上下努力,共谋建设不暇,何堪再启兵戎,贻害大局。同在青天白日旗帜之下,同属国民革命袍泽之亲,为国为民,公而无我,军阀之前车不远,度无地盘权利之争,纵因党政筹商,偶生误会,亦不难开诚相与,冰释如切。况中央已有办法,各方均表服从,症结既消,复何争执。敝会代表商民,痛定思痛。辛亥之役,元气已伤,继之以军阀摧残,再继之以暴徒肆虐,水深火热,惨不忍言。幸赖党国诸公,力图拯救,安恤流亡,汉水不波,于兹两载。方冀干戈载戢,得庆祥和。而编遣未终,又惊戎马,动虽一发,牵及全身,鹬蚌之争,岂堪再启。矧鲁难未已,黄雀在前,倘不幸而演成事实,不惟使人民之痛苦加甚,无以慰总理在天之灵,而自相残杀,复与外人以可乘之机。敝会心所谓危,不敢缄默。诸公党国柱石,革命元勋,国家之运会所关,人民之生机攸托,睹兹纠纷隐患,立盼消除,用奠和平统一之基,共谋长治久安之计。两湖民等受德无涯,大局前途,允资利赖,临电迫切,无任神驰。汉口总商会叩。篠。印。

〔行政院档案〕

31. 国民政府发布讨伐李宗仁等令

(1929年3月26日)

国民政府令

此次武汉政治分会,违法僭权,任免官吏,称兵构衅,袭击湖南,政府以和平为怀,力从宽大。除迭令擅自调动之军队,制止行动,撤回原防外,仅将地方军政负责人员,免职查办。原冀以主义相感召,促首逆诸人之觉悟,乃据第十三师长夏斗寅有已电称:逆军于本日拂晓,向我英山、前山部队进攻等语。是该逆军等,蓄意谋叛,逆迹昭彰。前据李品仙等自唐山来电称:白崇禧阴主武汉,逆谋破坏中央威信,强令该军等撤退开滦,袭取平津,占领徐海,进逼首都。近又查获李宗仁自上海致广州黄绍雄等皓电称:醒南参谋长,自京回沪,奉任公面谕,时机紧急,蒋某甘冒不韪,破坏统一,亟须调动大军,加以讨伐,以伸正义。本人一时未便离京,已有手令交李副官长泽霖携回等语。希兄等速计划动员等语。更足证此次逆谋。实为李宗仁、李济琛、白崇禧等,预有共同计划之叛乱行为。查李宗仁、李济琛、白崇禧等,过去之骄横跋扈,自无法纪,私购军械,蓄意弄兵,把持军队,割据地方,诬蔑中央,反抗政令,背叛主义,破坏统一,迹其种种反革命罪恶,证据确凿。该逆等实为国民革命之障碍,三民主义之叛徒。政府以国家甫告统一,人民不堪涂炭,一再容忍,冀其毁悟前非,同循正轨,不意中央尊重和平之怀,反张该逆等骄悍之气。当此国军编遣方在进行,人民渴望统一和平之际,该逆等竟敢主使部队,抗命称兵,分头发难,谋叛党国;任党国之重任,以颠覆党国;借革命之名义,以消灭革命。若再姑息优容,将何以对我全国喁喁望治圆之民众,与为统一而牺牲之将士。李宗仁、李济琛、白崇禧等,着即免去本兼各职,听候查办,所有附逆军队,如执迷不悟,仍前侵犯,仰前方各军,痛加讨伐,以遏乱萌,而彰法纪。此令。

中华民国十八年三月二十六日

〔国民政府战史编纂委员会档案〕

32. 陆军第四师长缪培南等奉令讨伐桂系通电

（1929年3月26日）

南京中央党部各委员、国民政府蒋主席、各院长、各部长、各委员、何总监、辉县冯总司令、太原阎总司令钧鉴：各省、各师长、各旅长、各省党部、各省政府、各报馆转各机关、各团体均鉴：桂系新军阀，盘踞数省，睥视中枢，包藏祸心，篡党危国。敝师于民国十六年秋讨共回粤，首揭其奸，独倡护党，天心未悔，显戮犹稽。施奉命三次北伐，溃围远征。桂系新军阀，以榻侧无人，益扬凶焰，压迫民众，惨杀青年，聚敛公开，伸张私欲，兵不裁缩，而反增加，税既截留，尤复要索。远则违反五中全会议决案，保留政治分会，藏割剧之野心。近则不遵编遣会议议决案，擅自称兵，赣、湘逞侵略之惯技。今更教唆鹰犬，公然反对中央，不知悔过，自新谬说，迎头痛击，统一之局，破坏无余。罪恶贯盈，国人共弃。乃者，中央明令讨伐，敝师奉命前驱。刻日挥戈，行不俟驾，肉博是愿，拚命所甘，誓竟护党之前功，期绝军阀之后起。谨电布臆，伏维明察。国民革命军陆军第四师师长缪培南、副师长朱晖日、参谋长李汉魂、第十旅旅长邬龙光、副旅长欧震、第十一旅旅长黄镇球、副旅长林祥、第十二旅旅长吴如伟、副旅长陈芝馨率全体官兵同叩。宥。印。

〔行政院档案〕

33. 蒋介石请冯玉祥委派重要军官襄助攻桂密电

（1929年3月27日）

百泉冯总司令焕章兄勋鉴：（3444）密。弟拟亲赴督师，请兄酌派重要军官数员，速来行营，赞襄一切。至盼。弟中正。感参。印。

〔国民政府战史编纂委员会档案〕

34. 蒋介石制订进攻桂系军作战计划

（1929年3月28日）

讨逆军作战计划：

一、纲领：

讨逆军以迅速消灭两湖反动军队，然后肃清两广之目的，分两期作战；第一期由三路进攻，以主力略取武汉，以一部同时攻击长岳路附近之敌人，务期于两广逆军未到以前，一举而歼灭之。第二期肃清湘南及两广之逆军。

二、第一期作战指导：

第三路应集中南阳、信阳附近，于四月二日以前，通过襄阳、武胜关，六日向武汉西部及其南方地区攻击敌人。第二路应集中英山、太湖附近，于四月二日以前，击破当面之敌，进展麻城——团风——黄岗之线，然后以第二军经黄坡，以第一军渡江，于四月六日，与第三路各军，协同合攻武汉。第一路集中于南浔路及南昌附近，于三月二十九日以前，展开于武宁——新昌——袁州之线，卅一日由此线出发，以主力攻击岳州、蒲圻间之敌人，以一部向长沙前进。其第十四、十五旅，仍驻吉安、赣州附近，对于广东及湘南侵入之敌人，掩护我军之侧背。

第二路与第三路作战地境，为东阳冈——太平镇——祝家湾车站——汉口北部之线，线上属第二路。

总预备于三月二十九日以前，以第六、第十两师，集结于九江、瑞昌附近。四月二日以前，推进至兴国附近，其余在安庆待命。

海军第二舰队游弋于九江以西，长江上游，竭力妨碍敌人之行动，并援助我第二路军之作战及渡江为要。

航空大队，应先在九江、南昌设置航站，以后推进至义宁、袁州，对于武长路及湘南一带，侦查敌人之行动。

附记

四月二日以后，如第三路不能照预定计划及日期合攻武汉时，即以兴国附近之总预队，编成第八军，倍道向咸宁前进，协同我第二路军攻略武汉。

三、第二期作战指导：

于占领武——长路后另订之。

〔国民政府战史编纂委员会档案〕

35．蒋介石进攻桂系军的兵站设置计划

（1929年3月28日）

讨逆各军，向鄂、湘进展时，兵站设置计划草案：

基于讨逆军各师，向鄂、湘进展时，作战方略，拟定兵站设置计划草案如下：

一、兵站制度：

依据讨逆各师，向鄂、湘进展作战方略，兵力之部署，分为江左江右两路（即第一路军、第二路军）计共三军及总预备队。故于兵站总监部之下，每军设置一支部，每师设一分站，每独立旅（旅）设一派出所，以办理各野战军之后方勤务，此系历来办理之经验。用此制度，于指挥上、补充上，均较为适当也。

二、作战方略之大要：

我军分为两路，共有三军，其作战方略，大要如左：

（a）第一路军：

甲、左翼军：

（一）第十八师由分宜向萍乡、株州、长沙（该部集结分宜，暂

时不动)。

(二) 第七师由上高，一部在三都南向浏阳、长沙(该部集结上高、三都南,暂时不动)。

乙、右翼军：

(一) 第四师由修水向通山、咸宁。

(二) 第十一师由武宁经龙港、金牛向贺胜桥。

(三) 第十师由兴国纸坊,一部至鄂城。

(b) 第二路军：

甲、第一军由杨家铺、三店街、歧亭之线,向黄陂、汉口。

乙、第二军由八里湾、杜家、凉亭、茶棚岗之线，向孝感、祁家湾。

丙、第六师暂集结于黄山冈、团风、新洲之线。

三、兵站支部之数：

基上所述,每军设一支部，故分设兵站支部三个,以办理兵站运输各事宜。惟第一路之右翼军,交通困难,联络不易，故特将第十、第十一两师分站,改由总监部直辖。至总预队之兵站事宜,俟将来加入前线,视其使用方向如何,或另成立第四支部,以办理之。

四、兵站线路之选择：

兵站任务,以能迅速运输多量军品,供给各野战军为主要，站线选择,宜本此旨。故不受敌胁迫之河川铁道,务必尽量选用，以发挥其输送力。按我军作战方略,兵站线路,取定如下：

甲、兵站总监部所属之线：

(一) 由南京循长江至九江,转循南浔铁路至南昌，再由南昌经丰城至樟树。

(二) 由涂家埠经若溪至武宁。

(三) 由九江经瑞昌至兴国。

(四) 由九江循长江至黄岗,再由黄岗至麻城、宋埠。

(五) 由安庆经太湖至英山。

以上五线，为兵站主要线。又取定：

（一）由湖口经鄱阳湖、吴城至南昌、樟树。

（二）由津浦路至临淮关，转乘汽车至合肥，经舒城而至霍山、英山。

以上两线，为补助兵站线，此外另选。

（一）由安庆经建德（秋浦）石门街、饶州、馀干至南昌。

（二）由浙江循钱塘江至常山，再由玉山沿河，经上饶、安仁至南昌。

以上两线，为预备兵站线，于情况必要时增设之。

乙、各兵站支部所属之线：

（一）第一支部站线（即第二路第一军支部），由黄冈、团风、经新洲至第一军所在地。该军前进时，注意相机利用水运，与第一军部联接，并派遣站所，与各师联络。

（二）第二支部站线（即第二路第二军支部），暂由英山经罗田、麻城、宋埠至第二军所在地，俟我军进展时，改由黄冈、团风至宋埠，并向各师派遣分站。

（三）第三支部站线（第一路军支部）：（a）由樟树利用水运至分宜，如作战军前进时，可由陆军延伸至袁州、萍乡，再利用萍株铁道输送。（b）再利用水运至上高，作战军前进时，延伸至万载，转由陆路至浏阳，再由水运至长沙。（c）由南昌陆运，经奉新、修水至通山、咸宁。

丙、第十、第十一两师站线：

（一）第十师站线，由兴国经金牛至纸坊，一支至鄂城。

（二）第十一师站线，由武宁经龙湾、金牛、贺胜桥。

（五）兵站设置地点：（见724页）

（六）兵站与野战军运输管理之划分：

兵站运输，自有一定区域，界限分明，各自专责。兹划分其管辖区如下：

依上所选站线，兵站设置之地点如下表：

部站所别	设置地点	备考
兵站总监部	九江	于南、安庆两处设办事处。
第一分站	南昌	该站与第三支部联络。
第二分站		该站原设合肥，现在安庆，已电其开来九江候命。
第三分站	太湖	于太湖、英山间之老虎石设派出所，与第二支部联络。
第四分站	九江	该站负南浔路间之运输，并与第十师分站联络。
第一独立派出所	樟树	该所与第三支部之第十八师分站联络。
第二独立派出所	涂家埠	该所与第十一师分站联络。
转运所	黄冈	其主要任务与第二军联络，并转运由兵站总部，直接解交第二军之军品。
第一支部	黄冈	其所属之第一、第二、第九师各分站，在前线与支部间，择适宜地点设置之，以便联络。
第二支部	英山	其所属之第八师、第十三师两分站，及独立旅派出所，在前线与支部间适宜地点设置，以便联络。
第三支部	奉新	其所属第四师、第七师两分站，在前线与支部间择适宜地点设置，以便联络，至第十八师之连络，由第一独立派出所任之。
第十师分站	兴国	派出所设瑞昌。
第十一师分站	武宁	派出所设箬溪。
附记		一、选定之补助兵站线与预备兵站线，暂不设置。 二、各支部与各野战军间之兵站设置，由总监部相机规定之，如时机紧迫，得请示军长，令适宜设置。

1. 由兵站总监部(兵站基点)至各兵站支部(兵站主地)所在地,为兵站总监部之运输管区。

2. 由兵站支部至各军部(亦即兵站末地)或师部(独立旅部)所在地,为各兵站支部之运输管辖区。

3. 由各军部或师部(独立旅部)至旅团营连部,以至前线,为野战军之运输管区,由各部队负责。

(七)运输之设施:

1. 船舶管理处,于九江设船舶管理处,下关、黄冈设船舶办事处,共征集行驶长江大轮十余艘,小轮三十余艘,及各种民船、驳船约二百余艘,以为长江水运之用。所征之船舶,除拨各军使用,与供每日由南京至九江及九江至黄冈之交通外,其余大部集中九江,以备运输。

2. 运输队总监部,配置输送队八分队(每队输卒六十名),于安庆、太湖、英山之线,以备陆运。又于第一、第三支部,各配置四队。其所属分站,每站二队。第二支部十六队,其所属分站,每站三队,第十、第十一两师分站,亦配置相当之运输队,以输送各师每日所需之粮秣械弹,如有不足,另由临时雇募夫役车辆,以供运输。

此外,另由海军拨运输舰一艘,装载军品,沿江接济,并与前方各站所及总司令部联络。

(八) 通信之设备:

前后方通信,除利用原设国有电线与各处无线电台外,兵站总监部,于安庆设无线电通信所一,每支部各置无线电一队,随同进止,以与前后方联络。又每支部配置电话排一排,各携带三百里之电信材料,以备通信之用。

(九) 粮秣之筹备:

此次作战,湘鄂一带,俱为产米之区,粮秣除由各军自行就地采办外,兵站总监部于南昌储米千石,涂家埠储米五百石,芜湖、九江、黄冈,亦有相当存储,以备各军采办困难,给养缺乏时之接济。

（十）弹药之储备：

于九江存储大批弹药，黄冈存储一批，以便适时补充。

（十一）卫生机关之设备：

兵站总监部卫生处，于安庆设收容一千人之总医院一所，以收容由各兵站医院，后送之伤病官兵。各支部设收容五百人至六百人之兵站病院一所，以收容各师病院，送后方之伤病官兵，并分割病院一所，为第十、第十一两师伤病官兵之收容。又组织卫生船两艘，沿长江各处备伤病兵之后送。此外，总司令部军医处，设收容五百人之医院五所；二所设南京，三所设芜湖，以收容兵站各级医院，后送之伤病官兵。

（十二）卫生材料之购备：

各师卫生材料，平时规定每月一千八百元，由总司令部经理处发给，自行购办。此次则由总司令部军医处，按照战时加倍之成例，派员会同总司令部经理处，用投标办法，一次购足，并为将来运送及发给便利计，分类装箱，编列号码，且重量适宜，贮存于兵站总监部卫生处，以备分发。

附记：一、为使军队通过赣江容易之，故于樟树搭浮桥一座，业经告成。

二、船舶运输所需之煤斤，于下关、九江、黄冈，俱有相当存储，以备使用。

〔国民政府战史编纂委员会档案〕

36. 蒋介石请令韩复榘率队协攻武汉致冯玉祥密电

（1929年3月28日）

无线电。百泉冯总司令焕章我兄勋鉴：(3444)密。极机密。弟定于艳日起程，赴浔督师，已令大江两岸诸队，限于微日以前，逼近武汉。请兄令韩总指挥所部，限于四月二日以前，经过襄阳、武胜关。微日以前，须到达武汉西部及其南部，兜击武汉，以与我下游诸队收协击之效。兄意如何，仍祈电示。弟蒋中正叩。俭二。印。

〔国民政府战史编纂委员会档案〕

37. 蒋介石更正攻桂军事战斗序列致朱培德等密电

（1929年3月28日）

无线电。南昌朱总指挥、黄梅第一师刘师长、英山第八师长、九江探送第十师方师长、蚌埠第四十八师徐师长均鉴：（　）密。极机密。兹更正讨逆军战斗序列如下：陆海空军总司令蒋中正。参谋总长何应钦。讨逆军第一路总指挥朱培德；属第三、第五两军。第三军长朱培德；兼属第四、第十一、第十二各师，第十四、第十五两旅。第五军长鲁涤平；第七、第十八两师。讨逆军第二路总指挥刘峙；属第一、第二两军。第一军军长刘峙，兼属第一、第二、第九各师，及独立炮兵第三团。第二军长朱绍良；属第八、第十三两师，独立第一旅戈骑兵团。讨逆第三路总指挥韩复榘；属第六、第七两军。总预备队总指挥陈调元；属第六、第十、第四十八各师，及岳盛宣、陈众孚两旅。第四军军长何键；属第十九、第五十、第五十二各师，及张其雄、陈渠珍、陈汉章诸部。海军第二舰队司令陈绍宽。航空大队司令张静愚。兵站总监俞飞鹏。除分饬在京各部队长并分电外，仰即通令所属各军师遵照。总司令蒋中正。俭参一。印。

〔国民政府战史编纂委员会档案〕

38. 蒋介石关于对桂系军作战给各总指挥司令命令密电

（1929年3月28日）

无线电。南昌朱总指挥、黄梅刘总指挥、本京抄送海军陈司令绍宽、航空张司令均鉴：( )密。俭参一战斗序列电谅达。兹下达作战命令如下：(一)讨逆军决以主力略取武汉，同时以一部攻击长岳路，期于两广逆军未到前，歼灭武汉之敌。(二)第一路限三月艳日前，展开与武宁、宜丰、宜春之线，即以主力向岳州、蒲圻间进攻。一部向长沙，威胁其退路。命刘、周二旅，位置吉安、赣州，掩护军之侧背。(三)第二路限四月三日前，击破当面之敌，占领麻城、团风、黄岗之线，其主力即经黄陂及沿江前进，以一部渡江相机策应。第一路军之作战，限四月微日以前，到达武汉附近，与第三路相呼应，协力攻取武汉。(四)第三路集中南阳、信阳附近，于四月二日以前，分经襄阳、武胜关，限微日以前，到达武汉附近，同第二路主力，攻取武汉。(五)二、三两路间，作战境地，为东阳岗、太平镇、祝家湾车站之线，线上属第二路。(六)总预队，先以第六、第十两师，限三月艳日前，集结九江、瑞昌附近待命。(七)海军游弋于九江、汉口间，极力妨害敌人之行动，并援助我第一军之作战及渡江。(八)航空大队，应先在九江、南昌设置航站，以后推进至义宁、袁州、鄂城，袭击武汉及湘南一带敌军，并侦察其行动。(九)余本晚出发，艳日可抵浔。总司令蒋中正。俭参二。印。

〔国民政府战史编纂委员会档案〕

39. 鲁涤平等揭露桂系割据鄂省侵占湖南罪行并出师讨伐通电

(1929年3月29日)

国。即到。南京中央党部各委员、国民政府主席蒋、各院长、各部长、各委员、何总监、开封冯总司令、太原阎总司令、南昌朱总指挥钧鉴：国军各总指挥、各军长、各师长、各旅长、各省市党部、各省政府、各报馆转各机关、各团体、各同志均鉴：桂系军阀，自归与本党，即已包藏祸心。去岁以还，更倡为派别，凶焰日张，阳托革命之名，阴行军阀之实。谓名义，可以假借分会，遂为保留。谓行政，可以把持官员，由其擅委。当举国厉行缩编之际，彼犹由桂招兵逾万，运汉扩充。当地方久经丧乱之余，彼犹于民苛无穷，供其聚敛。排除异己，密布爪牙，税款被其扣留，烟禁为其破坏。近更称兵湘省，大肆披猖，本割据之野心，逞侵略之惯技。我中央力示宽大，意其自新，乃竟毫不自悛，犯皖、赣，置政府于无地，视党纪若弁髦，此而不诛，其何以国。现中央已明令讨伐，务剪凶顽，我师责在锄奸，义惟护党，谨掬诚款，努力前驱。非为一省解倒悬，乃为国人伸公愤。非为个人雪私耻，乃为党国存纪纲。但有不死告人心，决无难除之大憝，邦人君子，幸其鉴之。临电激昂，不尽一一。国民革命军陆军第十八师师长鲁涤平、副师长张辉瓒、参谋长彭新民、第五十一旅旅长戴岳、副旅长洪汉杰、第五十三旅旅长王捷俊、副旅长洪振楚、第五十四旅旅长朱耀华、副旅长周纬黄率全师官兵同叩。艳。印。

〔行政院档案〕

40．李民欣否认李济深有手令交本人带回之事实通电

（1929年3月29日）

国。限即到。南京国民政府蒋主席、各院部长、张静江先生、吴稚晖先生、蔡孑民先生、李石曾先生钧鉴：惭读国府二十六日命令，内有查获李宗仁自上海致广州黄绍雄皓电，内称醒南参谋长自京回沪，奉任公面谕：时机紧急，蒋某甘冒不韪，破坏统一，亟须调动大军加以讨伐，以伸正义，本人一时未便离京，已有手令交李副官长泽霖带回。等语。希兄等亟速计划动员，至盼。等语。云云。奉读之下，骇异莫名。李宗仁何有此电，雷醒南有无自京奉面谕，民欣不知，未敢置词，唯民欣带回手令一事，绝无其事。窃民欣自李前主席进京后，即同眷赴杭州。自二十晚由杭返沪，沿途并有宋部

长派约民欣来沪之冯渭舫同行。民欣未曾到京见过李前主席。二十一日在沪与陈师长济棠、徐师长景唐、冯厅长祝万，均以广东纸币，略有挤兑，嘱民欣回粤会商维持。遂于二十三日午，搭格兰总统南返。〔于〕六晚始到粤，当时并托冯渭舫代陈报宋部长在案，事实具在。敬乞垂察为祷。第八路总指挥部副官长李民欣呈叩。艳。印。

〔行政院档案〕

41. 陈铭枢等宣布服从中央保境安民促进和平通电

（1929年3月30日）

南京中央党部、国民政府钧鉴：各院、部、会，开封冯副院长、太原阎主席、盛京张主席、海军杨主任、各省政府、特别市政府、各师、旅长，各省、市党部勋鉴；广州各报馆、各团体，南京、上海、北平、天津、汉口各报馆均鉴：中央因武汉破坏统一，违抗命令，不得已而至于用兵，仅为局部问题。爱党爱国者，应尽力避免战祸之延长扩大。吾粤为中央统治下一省，军民当局之任务，首在保持本省之安宁秩序，即间接以促进大局之和平。铭枢、济棠等守土治军，负有职责，不忍重委三千万同胞于炮火之下，誓竭全力，以巩固边圉，维护治安，谨掬血诚，为袍泽寅僚、父老兄弟告，人民厌乱，将士苦兵久矣！共祸以来，伏莽潜滋，疮痍未复，休养生息，犹恐不及，决不能重重、以兵沦孑遗之民于万劫。此其一。粤为革命策源地，袍泽寅僚，各有其革命之深长历史，是非义利之观念，本自明晰，苟非关党国存亡之大结，不愿为无意义、无理性之牺牲。此其二。李总长夙以倾向和平，昭示部曲，此次在京监视，为其部下，应体念其环境地位，与素日主张，服从镇静，使其心迹白于天下，而早日得复自由。倘不此之图，称兵恫愒，无异坐实李总长罪状，而陷其生命于危险。铭枢、济棠等，以秉承李总长和平之念为职志，敢以至大决心,昭告有众,粤省军队,为党国所有,不以供一派一系之指挥驱策。粤省之财,皆粤人卖儿鬻妇之膏血,不以供一派一系之浪掷牺牲。其有谋不利于吾粤,而牵之入战争旋涡者,皆粤人公敌。铭枢、济棠等,唯力是视。特此宣言。陈铭枢、陈济棠、蒋光鼐、陈策卯。卅。印。

〔行政院档案〕

42. 蒋介石再次修订作战计划并更改第一路军之序列致各军密电

(1929年3月30日—31日)

(1) 战斗序列(3月30日)

甲、第三军军长仍总指挥,兼属第四、第十二两师,第十四、五两旅。

(1) 以第四师于四月四日以前,到达修水附近。

(2) 第七师主力位置于上高,归鲁军长指挥,以一部于四月四日前,到达铜鼓以北之上新南,归缪师长指挥。

(3) 第十二师以一旅在南昌,直接于总指挥,其余仍在原防,与十四、十五两旅,防止粤军。

乙、第五军第十八、第四十八两师,军长鲁涤平。

(1) 第十八师限于四月四日前,推进分宜,监视何健。

(2) 令第四十八师,由徐源泉率步兵六团,限四月二日到达九江。

(3) 军之位置,拟定分宜、上高一带,以监视何健。

丙、第十军为第十、第十一两师,方鼎英兼军长,曹万顺副之。

(1) 第十师限四月二日以前,主力到达肇陈横田铺附近,一部到达阳新。

(2) 第十一师现已在武宁,迄其以南地区,对敌警戒。

(3) 军之位置为武宁、阳新之线。

以上计划决定后，即以电令下达。

(2) 致朱培德等密电(3月30日)

无线电。南昌朱总指挥、南京何总参谋长、樟树第十八师鲁师长、宜丰第七师王师长、罗坊圩第四师缪师长、瑞昌第十师方师长、武宁第十一师曹师长、武穴第一军刘军长、罗田第二军朱军长均鉴：(　)密。兹改正战斗序列，令第四师、第七师编成第三军，派朱培德兼任军长。令第十八师、第四十八师编成第五军，派鲁涤平兼任军长。令第十师、第十一师编成第十军，派方鼎英兼任军长。除另电徐师长外，仰通令所属遵照。蒋中正。卅酉。印。参。

(3) 致何应钦等密电(3月30日)

机急。南京何总监敬之兄，陈总指挥雪暄兄、葛次长湛侯兄、蚌埠第四十八师徐师长克成兄勋鉴：(宁石)密。兹着徐师长率领第四十八师主力步兵六团，于四月冬日，开抵九江，归第五军鲁涤平指挥，其余仍在津浦线警备，除饬兵站备船外，请速饬路局备车，一次输送至浦口为要。蒋中正。(卅酉)。参。印。

(4) 致德胜兵站密电(3月30日)

机急。德胜舰兵站俞总监：(　)密。兹着第四十八师徐源泉部，约步兵六团，限四月二日到达九江。除电后方总部，饬津浦路局输送外，仰该总监克日备船至浦口，输送到浔，万勿迟误。蒋中正。(卅酉)。参。印。

(5) 致第六师方师长密电(3月30日)

机急。九江、江新轮第六师方师长鉴：(　)密。兹预定该师在石灰窑、沣源、黄颡口一带上陆，仰先准备，再俟后命可也。蒋中正。(卅酉)。参。印。

(6) 致朱培德等密电(3月30日)

无线电。南昌朱总指挥、樟树第五军鲁军长涤平、宜丰第七师王师长均、第四师缪师长培南、瑞昌第十军方军长鼎英、武宁第十一师曹师长万顺：(宁)密。兹命令四月四日以前，各部队推进位置如下：(一)第十师主力新义、黎村附近，以一部驻瑞昌。第十一师武宁附近，归第十军方军长指挥。(二)第四师修水附近，第七师之一部，铜鼓以北，三新南附近，归第四师缪师长指挥。(三)第十八师分宜附近，第七师欠一部，上高附近，归第五军鲁军长指挥。(四)各部队到达新位置后，即将兵力对敌展开，取深厚之纵长配备。(五)以上推进各队，仍直接受朱总指挥命令。(六)余世晨到湖口行营。总司令蒋中正。(卅酉)。印。参。

(7) 致方鼎英密电(3月31日)

无线电。瑞昌第十军方军长鼎英鉴：(1380)密。卅日报告悉。卅酉电谅达。兹改正第十师推进地点如下：李旅肇陈阳港，高旅岘平横路铺、杨旅由下湾推进至阳新，均限二日到达，对敌警戒。并搜索金牛镇、阳新市、大平塘、龙港诸道路敌情。关于给养，已饬兵站追送。该师经理人员，仍宜先期出发，采办为要。蒋中正。世。参。印。

〔国民政府战史编纂委员会档案〕

43. 总司令部参谋处关于李明瑞倒戈捷报

(1929年3月31日)

捷报　第一号

总部行营参谋处，世日电京报，告前方情况如下：

一、李明瑞奉命升任师长后，甚感激，表示向顺，定江日倒戈自效。夏威知大势已去，有弃职潜逃讯。

二、报海军报告，阳逻逆敌，已于昨日(卅日)被迫退走，武汉内部，发生变化。

三、我江左军在急进中，约鱼日可以攻占武汉。

总司令部参谋处印发

〔行政院档案〕

44. 蒋介石关于武汉桂系内变命第六师直驶汉口并勿许士兵进入租界致刘峙密电

（1929年3月31日）

无线电。机急。蕲春刘总指挥鉴：(1380)密。据报，逆敌夏威部，已移至江北黄孝一带。又据军舰报告，阳逻之敌，业于卅日退走。武汉内部，似有变化模样。兹派第六师乘船跟随。贵路左翼，由水路推进，归总指挥指挥，相机策应。倘武汉内变鉴实，即令该师乘船，直驶汉口，担任武汉临时卫戍勤务。惟应注意军纪，勿许士兵进入租界，并须保护外人为要。蒋中正。(卅一)。参。印。

〔国民政府战史编纂委员会档案〕

45. 总司令行营报告攻占田家镇与麻城等地及夏威辞职等情给中央党部电

（1929年3月31日—4月1日）

（1） 3月31日电

机急。南京中央党部，国民政府钧鉴：各院、各部、何总参谋长、上海张市长勋鉴：逆军胡宗铎、陶钧二部，占据罗田、蔡家河、蕲春、田家镇之线，负固抵抗。经我第一、第二军，于州晨分路进击，鏖战竟日。今日拂晓，我军奋勇猛攻，占领田家镇、蕲春诸要害。今午，我第二军亦占领罗田全线，向麻城、黄冈追击。逆敌纷向阳逻、黄陂溃退。虏获甚多。谨闻。总司令行营叩。世恭。印。

（2） 4月1日电

国急。南京中央党部、国民政府、各院部钧鉴：上海熊司令、张市长均鉴：逆军将领夏威辞职，内部分崩，我军连日进攻，大获胜利。今日已占领麻城、黄州。武汉指日可下。谨电奉闻。总司令行营参谋处叩。东。印。

〔行政院档案〕

46. 参谋处关于李明瑞倒戈请速知刘峙勿误会通报

(1929年4月1日)

通报(四月一日于九江江顺轮中)

照抄李明瑞代表阮庆，发往上海法租界环龙路花园别墅九号陈雪操(俞作桓化名)：(一)允昭(李明瑞化名)调充第三路副司令，夏为正司令。现夏不就职,亦不出发,由允昭代第三路司令。已于二十八晚,率四、五、六等旅,出发到黄陂一带。(二)允昭决定一到黄陂、祁家湾,立即动作,沿京汉路反攻回汉。如京汉路未通，则由南京汉路左侧,包抄回汉。(三)京汉铁甲车二辆，允昭已得一辆。(四)黄陂、祈家湾以上,为刘峙部队,请蒋主席迅速通知刘勿误会，并与刘峙须密约密号。(五)第三路全部共五旅,除周旅附桂外,余均听允昭指挥。并已商妥解决周旅计划。(六)第三路伙食，仅能支持三日,请速准备接济。(七)桂军计划分五路：一、何健防线在湘。二、叶琪防青山。三、允昭。四、陶钧。五、胡宗铎。拟以三、四、五路攻我刘、夏、顾,以一二攻江西。(八)青山、阳逻、祁家湾、花石桥等处,距汉均六七十里。

〔国民政府战史编纂委员会档案〕

47. 何健宣布就湘省主席并主张和平解决时局通电

(1929年4月1日)

限即刻到。南京中央党部、各委员、各部长、国民政府主席、各委员、各院长、各部长、各省编遣会、各委员、各编遣区主任、各总司令、各总指挥、各军师长、各省政府、各省及各特别市党部、各特别党部、各省公法团、各报馆公鉴：溯自湘事发生，省政中断，地方治安，岌岌可危。键时剿匪赣边，谬承分会推荐，中央付托，父老督责，迫不获已，勉肩艰巨。旋因谣诼繁兴，兵祸之来，若在眉睫。键不忍民生之涂炭，更虑国本之动摇。主张和平，冀图挽救。蒸日通电，计承垂察。不谓迩来军事行动，愈形紧张，湘介鄂、赣、粤、桂之间，用兵必争之地，万一战机触发，即当首罹其灾。连日省内商绅，各界奔走呼吁，力尽声嘶，人心皇皇，不可终日。键推原历年追随革命之素志，与此次勉任维持之初衷，日夜忧思，苦无良策。于世日得阅沪报，内载编遣会第十次常会议决各案，国民政府敬、有三命令，词意剀切，足以弭患扶危，宁人息事。键以如此处置；允洽民心，誓与全湘父老，至诚拥护。所冀各方袍泽，同体中央意旨，切实奉行，成一二人高蹈之志，即所以解天下兵革之争。拯湘民于水火之中，即所以奠党国于苞桑之固，前途乐利，愿与共之。至于国政应如何刷新，党务应如何整理，从长计议。自免纠纷。键夙以民心为向背，愿率湘中各部，贯彻正义主张，力促和平之实现，事机迫切，掬诚奉告。幸垂鉴察。伫候明教。何键谨叩。东。印。

〔行政院档案〕

48. 参谋处关于刘峙攻占黄州致中央党部等电

（1929年4月1日）

机急。南京中央党部、国民政府、各院、各部、何总参谋长钧鉴：据第一军刘总指挥峙东未电报告：我军自昨午起，进攻黄州，逆军死力抵抗，激战一昼夜，自今午确实占领黄州城。是役俘敌三千余名，官长投械输诚者百余名，缴获步枪三千余枝，大炮廿一门。夏逆威身受重伤，其部队归副司令李明瑞指挥。我军已向团风猛进，约明晨可占领团风。等语。谨电奉闻。总司令行营参谋处叩。东。印。

〔行政院档案〕

49. 国民党陆军第三师党部宣布讨伐桂系通电

（1929年4月1日）

国急。南京中央党部、国民政府均鉴：各院、部、会，各省党部、各特别党部、各省政府，国民革命军、各师、旅、团，全国各公法团，各报馆均鉴：桂系军阀，蓄逆潜谋，好乱成性，违抗中央，穷兵黩武，祸国殃民，破坏统一，背叛主义，甘为党国之公敌。并此不讨，正义何存。三师全体枕戈待命，愿与全国民众，共起而灭之。谨此电闻。不胜待命之至。中国国民党国民革命军陆军第三师①特别党部、第三师政治训练处同叩。董。印。

〔行政院档案〕

50. 蒋介石指挥各军攻取鄂湘各地给朱培德等密电

（1929年4月1日—3日）

（1）致朱培德等密电（4月1日）

有无线电。机急。限立刻拍发。南昌朱总指挥并转张司令官发奎、樟树鲁军长涤平、瑞昌方军长鼎英、武宁曹副军长万顺、修水第四师朱代师长晖日、南昌第七师王师长均勋鉴：（1380）密。据确报，逆军主力夏威部，已移至江北岸，其鄂境南岸，仅留叶琪与程汝怀残部，我江南岸部队，应即区分如下：（甲）第一路总指挥朱培德。（乙）第一路左翼军司令官朱培德兼、王钧为副司令；第七、第十二、第十八各师属之。（丙）第一路右翼军司令官张发奎，以方鼎英为副司令，第四、第十、第十一各师属之。张司令官未到以前，由方副司令官指挥之。（丁）任务：左翼军对湖南境内之逆军，取攻势防

① 第三师师长毛炳文（原为钱大钧）。

御，并相机进取长沙，而占领之。右翼军对湖北境内之逆军，取积极攻势，并限微日前占领咸宁、蒲圻，即时攻取武昌城为要。令到即复。总司令蒋中正。东午。参。印。

（2）致朱培德等密电（4月1日）

（有线无线两发）。机急。限即刻到。南昌朱总指挥并转张司令官、瑞昌方副司令官鼎英、武宁曹副军长万顺、修水朱代师长晖日均鉴：（1320）密。东午电谅达。兹规定第一路右翼军之作战目标及作战地境如下：（一）右翼军以攻截武长路北段，遮断武汉敌人退路之目的，拟向贺胜桥、咸宁、蒲圻诸要点急进。（二）第四师由修水经崇阳、向蒲圻攻击前进。第十一师由武宁经大平、通山大道，向咸宁攻击前进。第十师主力，由肇陈经龙港司、金牛镇、向贺胜桥攻击前进。其一部经大冶攻取鄂城，掩护军之右翼。（三）第四师攻占蒲圻后，应即协同第十一师协力攻击咸宁。（四）各师之作战地境，第十、第十一师之间，箬溪、肇陈、龙港司、大畈、贺胜桥、金口之线，线上属第十师。又第十一、第四师之间，罗坊圩、修水、崇阳、汀泗桥、嘉鱼之线、线上属第四师。（五）各师于本月江日，由阳新、肇陈、武宁、修水之线，开始运动，限微日达成其任务。（六）此电令未到以前，朱总指挥或张司令与方副司令已有命令规定时，则本电令作为无效，即照已发之命令施行可也。总司令蒋中正。（东戌）。参。印。

（3）致刘峙等密电（4月1日）

蕲春兰溪刘总指挥、罗田追送第二军朱军长绍良、并转第十三师夏师长斗寅勋鉴：（1380）密。我右翼骑兵团，务须速向黄安以北七里坪方向，严密搜索前进。并与武胜关方面第三路军，随时切取联络。蒋中正。东戌。参。印。

（4）致朱培德密电（4月1日）

（无线电）机急。南昌朱总指挥勋鉴：（1380）密。极机密。东电悉。第四师昨世日既到早桥铺、大段一带，离修水只六十七里，不必待四日集中，修水务请催其急进，并限其微日以前，协同第十军占领咸宁、蒲圻为要。中今晚到九江，明早赴黄州，拟明晚仍回湖口也。特复。蒋中正。(东)。参。印。

(5) 致刘峙密电(4月1日)

(无线电)黄州刘总指挥、第二军朱军长鉴：(1380)密。顷据确报，逆敌胡、夏、陶诸部，麇集黄陂、横店、祁家湾及阳逻北方武当口一带，其计划为诱我军沿江深入，彼即由黄陂、祁家湾出击、包围我右翼，压迫我军于江面。我第二路右翼应取梯形，配备以深厚之兵力进攻，勿坠逆敌诡计。又敌军散住民房，我须注意搜索，敌之袖章，单日用蓝白色，双日用红白色，旗为三角形，直剖为二，前红后白。蒋中正。东亥。印。

(6) 致朱培德张发奎等密电(4月1日)

南昌朱总指挥并转张司令官、瑞昌方军长鼎英、武宁曹副军长万顺、修水朱代师长晖日勋鉴：(1380)密。迭据确报，逆敌夏威、胡宗铎、陶钧、程汝怀诸部，麇集黄陂、孝感，意欲包围我第二路右翼，向江面压迫，其残留于武昌，岳州之间者，仅叶琪之一旅，及张义纯之一部，如此则蒲圻、咸宁、贺胜桥一带，空虚已甚，实为不失之良机，我右翼军应遵东午、东戌两电令，急进为要。蒋中正。东亥。印。分电何、陈、葛。

(7) 致刘峙等电令(4月1日)

兰溪刘总指挥、罗田朱军长暨各师长勋鉴：(1380)密。我军到达黄冈、团风、麻城之线后，应迅速整顿，渐向右翼移动，如整顿未完，移动未妥，先切勿轻进。近日急进行军，恐士兵过劳。大战之前，尤须使官兵略有休息，稍缓半日或一日无妨也。总期各部，齐头并进，并须从长配备，多留预备队。勿至最后决战，万勿轻用。又我军主力，应集结在新洲、柳子港以北，与宋埠之间地区，时时须防敌由黄陂以北地区，向我出击。并命各师旅团营官兵，万勿轻敌为要。中定明夜到黄冈巡视。特闻。蒋中正手令。东亥。

(8) 致刘峙密电(4月3日)

(无线电)刘总指挥峙并转朱军长绍良勋鉴:(1380)密。逆军夏威出击方向,一路向熊家湾、新店,一路由花石桥、熊店出击。敌我第二军对于长轩岭与塔家冈二路,须特别注意。第十三师主力似须对长轩岭、研子冈道路,而第八师应置于茶棚、塔家冈道路之上。其余各部队配置,当续详。蒋中正。江申。印。

〔国民政府战史编纂委员会档案〕

51. 冯玉祥谴责桂系遽逞兵戎并列举在北伐期间观望扣械诬陷离间等弊端通电

(1929年4月1日—8日)

(1) 4月1日电

万急。南京中央党部、国民政府钧鉴:各院、部、会,各省、各总司令、各级党部、各省政府勋鉴:各团体、各报馆钧鉴:慨自北伐完成,统一初定,疮痍未复,训政待施,全国喁喁,方谓浩劫之余,更生可庆。从此干戈永戢得告敉宁。乃武汉军阀,甘冒不韪,遽逞兵戎,凡属同袍,莫不引为遗憾。中央一再促其自新,孰知卒不悔悟。因于万不得已之时,明令讨伐。玉祥谨以至诚,静待后命,苟利党国,惟义是从。驰电奉闻。诸维鉴察。冯玉祥东。印。

(2) 4月8日电

提前。国。急。南京中央党部、国民政府蒋主席钧鉴:行政院谭院长、立法院胡院长、司法院王院长、考试院戴院长、监察院蔡院长、内政部赵部长、外交部王部长、财政部宋部长、交通部王部长、教育部蒋部长、工商部孔部长、农矿部易部长、铁道部孙部长、卫生部薛部长、军政部鹿代部长、训练总监部何总监、太原阎总司令、北平商主席、绥远徐主席、热河杨主席、镇江钮主席、杭州张主席、福州杨主席、安庆陈主席、南昌朱主席、长沙何主席、各省各级党部、各特别市市长、各总指挥勋鉴：各民众团体、各报馆均鉴：桂系军阀，破坏全局，中央明令讨伐，玉祥业于四月一日通电全国，并呈报蒋主席，以伸正义。本日复读唐总指挥歌日通电，光明磊落，义正词严，发奸摘伏，指陈确凿，凡属袍泽，敬佩同深。玉祥追怀往事，有不能已于言者。兹谨缕缕陈之；当十七年北伐之时，以彰德之役为最烈，玉祥适当其冲，而济宁方面，亦为孙逆传芳所返攻，势如潮涌，石军长友三等则驰驱于鲁、豫之交，鹿总司令钟麟等则合力抵御于大河之北。是时敌众我寡，左楮右柱，顾此失彼，形势之危，间不容发。桂系各军，名为北伐，实则停兵武汉，袖手以观，虽迭经遣使告急，急如星火，而口是心非，言与行背，迁延推托，终不肯发一兵遣一卒，直至战事已停，彼反遣兵北上。当时倘有不幸，彰德失守，则北伐大业，将废半途。此不得已而言者，一也。我军战机愈危，弹药将罄，不得已复向其请拨械弹，以助军势，孰意我已舌敝唇焦，彼则听之，藐藐藉故推辞，终不肯假一枪助一弹，我军弹药已尽，继以白刀血肉相薄，取尸遍野，苦力撑持，人世之惨烈，幸仗总理威灵，将士效死，始争得最后之胜利。设早得其助，当不至此。此不得已而言，此二也。迨北伐成功，全国统一，正党中同志，协力同心，共谋国是之日，乃彼桂系军阀，阴怀叵测，肆意挑拨，信口雌黄，颠倒黑白。与玉祥共事之忠实同志，或系中央派来，或任党务工作，或任文书职务；而欲诬为多系共党分子，散布流言，百方离间，必欲天下之人，皆不敢与玉祥共事，方遂其意。计之狼毒，出人意表。此不得已而言者，三也。更有甚而清共为名，屠杀异已，党中青年，苟不听其驱使，则皆诬为共党，无论有无真正共产嫌疑，亦不论产生轻重，悉遭残害，奚止百千。时玉祥有对共党嫌疑，轻微罪不致死，而处以三年或五年监禁者，则诬为容共，血口喷人，任意攻击。推其用意，不外加玉祥以罪名，藉遂其挑拨离间之技俩。四也。以上种种事实俱在，皆玉祥所身受其痛苦，以不能忍之事，不能忍之言，而隐忍未发，以至今日，诚以国事多难，不堪再有破裂。

今读唐总指挥通电，益知受其痛苦者，正不止玉祥一人，因将过去之事实，择其大端而陈之。于国人之前，是非曲直，自有公论。望海内先导，明以教之。幸甚。冯玉祥叩。庚。印。

〔行政院档案〕

52. 何键劝说胡夏叶三师长消弭纷争保全大局各情致蒋介石等电

（1929年4月2日）

国。限即到。九江南昌总司令蒋、南京行政院长谭钧鉴：南昌朱主席、樟树鲁师长勋鉴：枢密。顷致胡、夏、叶一电文曰：湘事发生，风云酝酿。弟以党国不宜再见分裂，湘省凋敝，尤惮用兵。迭电主张和平，静候适当解决。日来谣诼益繁，人心惶惑。适友人带示京报，得悉中央敬日发表三令，于维持威信，消弭纷争，并顾兼筹，实大局转机所在。弟意应即表示遵从，以免延长战祸。且环境情况，就弟观察，尤有不能不早决趋向者。德健雨公，久留平沪，军事失所领导，冯方亦未联络。粤陈通电，宣言保境。桂军入驻郴永，其意何在？重以饷粮艰难，军心不易维系，赣中军队，已压边境，是政治上、交际上、财政上、军备上，均已着着落后。处此境地，如必以战事为可恃，行见危险万状，军民俱困，而兄等所希望，统不可达也。中央敬电，以李旅长兼管煦兄所部，恍如弟代翠兄之劳。八兄如旷达贬损利权，则一切问题，迎刃而解。弟默察近情，舍此更无善策。兄等高瞻远瞩，谅在熟筹，务盼立即决定，通电实行，以维全局，实所至盼。弟东就湖南部队编遣特派员职，愿率全湘部队，力促和平之实现。除电德、健两公外，特亟电达。伫候裁复。弟何键叩。冬。等语。谨闻。职何键呈叩。冬。印。

〔行政院档案〕

53. 参谋处关于鄂省桂军暗向湖南移动暨何健就任第四军长职等情通报

（1929年4月2日）

通报（四月二日于九江河畔江顺轮中）

1. 刘峙由蕲春来世申电称：范志钦团，复于宥辰，开往宋埠集中。武汉逆军大本营，暗向湖南移动。

2. 邱炜由九江电告：据第六师参谋处，四月一日通报如下：(一)何健已电告就我第四军长职。(二)陈铭枢、陈济棠、陈策等，在港通电，反对粤省出兵。(三)本日，逆军有一旅向黄州增援，大部已退长沙。

3. 何总参谋长由南京来世电称：据武汉探报，敌方变更计划，夏师开江北，为最左翼之一路，向黄麻前进。陶师为江北之中路，循广、济、麻、梅前进。胡师为江北之右翼，沿江岸前进。程师由陶指挥，张师由胡指挥，闻不日开动。凡武昌之部队，均开赴江北武昌，交叶琪固守，待两广援兵江北，兵力计三十三团，特种兵不在其内。

4. 容耀四月一日报告：(一)桂派在武汉之军队，共十八旅。江右仅二旅，强全凭深沟高垒，以御我军。江左共十五旅，强既御我军，又防冯部。(二)桂派此次用诱敌法，使我军深入，再以七军夹攻，十八、十九两军，突出包围。(三)桂派此次计划退却方式，系取道鄂北、德安、云鲁、天门，经鄂西荆沙、宜昌，绕道贵州入广西。

5. 魏尔坚三月三十一日，由南浔铁路局来报告：据日武官谈话：(一)武汉当局，对鄂东方面，力求缩短战线，取守势。以全力攻江西，欲迅速取江西于手中，为其作战策略。故有广东方面、北上之广西之一部约十团，有即日侵入江西之说。(二)广西军之一部，旋又有入零陵说。何健因是举扰乱湖南治安之虞，曾通电拒其入境。

6．浔湖军警督察处四月一日报告：（一）顷据汉探报称：近日汉方预备军事，较前急进。惟湘军将领，尚在观望，并无部队开入鄂境。（二）汉方自感部队不敷分防要隘，已加调桂军入鄂，不日可到。（三）敌在黄州附近布防构筑坚固工事。（四）江左岸阳新、大冶，均无敌踪。

陆海空军总司令部参谋处

〔国民政府战史编纂委员会档案〕

54．参谋处转告蒋介石安置夏威部属罗林旅的命令

（1929年4月2日）

总座命令夏部归诚之罗林旅，及通报各路总指挥、各军长、师长，机急电如下：（一）夏威部队已投降来归之罗林旅，已集中于长轩岭东北方之河口地方，请即与之联络，并接济其伙食，一面通报其到黄州行营来领可也。前已委罗为第四独立旅，该旅即加入第二军，归朱军长指挥，令其努力讨逆为要。（二）第四独立旅罗林所部，即加入第二军，归朱总指挥指挥可也。

陆海空军总司令部参谋处

〔国民政府战史编纂委员会档案〕

55．参谋处关于攻汉各路军占领麻城黄州及鄂城等地致中央党部等电

（1929年4月2日）

机急。南京中央党部、国民政府、各院、各部、何参谋总长钧鉴：我江北各军，占领麻城、黄州后，乘势追击，敌狼狈溃窜，据刘总指挥及第二军朱军长冬巳冬辰各电报告，我右翼军已越过宋埠，

沿途截获敌人之遗弃军械辎重甚多，敌军周旅已倒戈向夏斗寅师乞降，左翼军今晨已占领团风，截获敌兵甚多，现向阳逻追击中。又据方师长策报告该师之一部已占海鄂城等语。谨电奉闻。总司令行营参谋处叩。冬。印。

〔行政院档案〕

56. 张学良等遣责桂系侵湘并警告如再怙恶不悛即共张挞伐通电

（1929年4月2日）

南京中央党部、政治会议、国民政府、国军编遣委员会钧鉴：各院、各部、各委员会、各省政府、省党部、各特别市政府、市党部，各编遣区办事处、各司令部、各法团、各报馆均鉴：溯自民国肇建以来，变乱纷乘，机无宁岁。比者全国统一，薄海胪欢，方冀树宪政之权，与纳斯民于轨物。不图风云谲诡，湘变又生，武汉政治分会，竟以滥用职权，酿成纷纠，言念及此，浩叹实深。顷读国民政府令，宽猛并济，义正词严，循诵再三，莫名钦佩。此次湘事初起，在武汉先后宣言，本已自知操切。在中央审慎处理，莫非趋重和平。披阅各方致武汉之文电，或正言申劝，或曲意融和，自应痛念前非，矢服从以补过。胡竟甘为戎首，纠党羽以逞兵。自此次明令颁发之后，倘再挟私逞愤，趋走极端，凡我袍泽，必当拥护中央，共伸天义。学良等非为城地之争，尤无门户之见，只以爱国衷肠，始终如一，不得不依从正义，奉以周旋，敬布腹心。诸希鉴察。东北边防军司令长官张学良、驻吉副司令官张作相、驻江副司令官万福麟率全体将士同叩。冬。印。

〔行政院档案〕

57. 卢汉转龙云讨伐桂系破坏统一致蒋介石等密电

（1929年4月2日）

南京中央党部、各监、执委员，国民政府蒋主席、行政院谭院长、立法院胡院长、司法院王院长、考试院戴院长、监察蔡院长、参谋本部何总参谋长、军政部鹿代部长、久江总司令部行营并请转朱、刘、韩各总指挥，蚌埠陈总指挥钧鉴：顷奉云南龙主席三月卅电文曰；国。急。上海富滇银行转卢师长永衡弟鉴：畅密。希译呈主席蒋钧鉴：桂逆抗命称兵，破坏统一，此而不讨，何以为国。云夙以服从中央，拥护钧座为职志。逆敌当前，义无返顾，现已整饬所部，拟先以三师兵力，出桂击敌，务必捣其巢穴，扫荡逆氛，请迅赐示方略。以便奉行。荷戈翘首，迫切待命。职龙云叩。卅，印。等语。除将原电寄呈总座外，谨录电奉闻。国民革命军三十八军第九十八师师长卢汉叩。冬。

〔行政院档案〕

58. 蒋介石转发截获李明瑞向夏威报告布防世电给德胜舰等电

（1929年4月3日）

无线电。德胜舰、楚有舰皆发。急。限即到。岐亭刘总指挥并转第二军朱军长、团风第六师方师长均鉴：（1380）密。现截获敌李明瑞世电如下：胡督办、夏司令官均鉴：宁密。东电奉悉。（一）职路第五纵队，以周旅梁团，布防于下石港至四路桥之线。以李旅梁团，布防于四路桥至花石桥之线。以封团控制于刘庄，庞团控制于梁家湾，西方家港。指挥部位置于罗湾附近之彭家楼子。（二）第六纵队程旅谢团，布防于花石桥至熊家湾，王团控置于王家冈、曹家湾一带，尹旅黄权团，由熊家湾至传湾，以黄遣震团、苏团控置于祁家湾车站附近。指挥部位置于祁家湾车站。（三）总预备队位置于茅屋店附近。（四）第五纵队，拟迳由熊店花石桥出击。第六纵队拟迳由新店、熊家湾出击。详细侦察情形道路矣。谋电奉复。职李明瑞、黎行恕叩。冬。等语。请即查照为要。中正。江。亥。

〔国民政府战史编纂委员会档案〕

59. 蒋介石布置鄂省西进路线给刘峙命令

（1929年4月3日）

命令（四月三日上午十一时三十分于黄冈县署）

一、据探报，夏威部约五旅，在祁家湾北，花石桥至孝感一带。胡宗铎师在花石桥、亘上、石港、马迹山一带。程汝怀师在马迹山至大咀一带。

陶钧师及胡虞昉旅，在北湖至阳逻一带。

二、兹示以后，应注意之点如下：

（1）将来攻击前进时，第八师应移向茶棚冈西进，骑兵旅应向长弘岭、高阳桥西北地区搜索。

（2）第一师须向罗家田、经长堰西进，以便攻击敌人出击部队之右侧背。

（3）第九师须相机偏移右翼前进。

（4）如敌出击时，敌方必占领高桥河、茶棚冈、罗家田之线。此时除第二军应向敌痛击，暨第一师预备策应外，其第一师仍须向黄陂方面积极进攻，以截断其归路为要。第九师尾随其后策应。右给刘总指挥

总司令　蒋中正

〔国民政府战史编纂委员会档案〕

60. 骑兵第二师长张砺生等列举桂系罪状请缨讨伐通电

（1929年4月3日）

南京中央党部、各委员、国民政府蒋主席、各院部、各部长、各委员、何总监、郑州冯总司令、开封阎总司令钧鉴：各省各师长、各旅长、各省党部、各省政府、各报馆转各机关、各团体均鉴：桂系新军阀李宗仁、白崇禧、李济深，自本党北伐以来，投机革命，阴谋反动，其处心积虑，徒知排除异己，扩张一系地盘，以维持其封建利益。前年西征，首先排除第八军，当广州暴动后，假名清共，又消灭第五军。其时第四军几濒于危厥。后盘踞武汉，又复驱逐叶开鑫，擅拘程军长，摧残党务，屠杀本党同志，把持财政，阻挠国家建设，与两广密结联名，反抗中央。逐走湖南鲁主席，称兵构衅，违抗五中决议及编遣议决案。嗾使胡宗铎、夏威、叶琪等袭取湖南，毁北伐已成之勋，为全国统一之梗。近更益肆狂悖，窃伺皖、赣，居心另逆，罪无可逭。我中央既明令讨伐，凡属行气之伦，莫不同深愤慨。砺生等分属党国军人，誓以护党救国为己任，谨率全体官兵，请缨效命。为党国锄奸，为人民除害，誓歼彼獠，义无反顾。枕戈待命。伏维明察。国民革命军骑兵第二师师长张砺生、副师长何竞武、参谋长章鸿春、政治训练处主任赵湛廉、旅长戈武城、张书田、团长张济川、景永成、张传富、乔净植、张达乡、张辅臣率全体官兵同叩。江。印。

〔行政院档案〕

61. 李明瑞杨腾辉宣布罢战并揭露桂系在鄂敛财兴师等罪恶通电

（1929年4月3日—9日）

（1）四月三日通电

南京中央党部、国民政府蒋主席、各院院长、各部部长、各省、市党部、各省、市政府，洛阳冯总司令、太原阎总司令、沈阳张司令官、上海杨总司令、各师长钧鉴：各旅长、各团长、各报馆均鉴：本军遵奉总理遗教，誓师北伐，转战数载，定乱扶危，幸告统一。当此军事结束，训政开始，百政待兴，当如何绥辑抚循，以餍民望。乃胡宗铎、陶钧等，自盘据鄂省以来，靡独毫无建设，近且违抗中央命令，擅自动兵，构成内战，破坏统一，置民众于不顾，推其所及，势必将总理遗留之基业，暨革命牺牲之代价，悉予断送，痛念前途，祸将曷极。本军为促成统一计、消灭内乱计，誓以至诚拥护中央，刻已率领所部，离开战线，听候命令，俾消祸患，而苏民困。特电奉闻。敬候明教。李明瑞、杨腾辉呈叩。江。印。

(2) 四月九日通电

南京中央党部、汉口蒋主席、南京谭行政院长、胡立法院长、王司法院长、戴考试院长、蔡监察院长、何训练总监、各部部长、河南冯总司令、太原阎总司令、上海杨总司令、洛阳张司令长官、北平李总指挥、天津商总指挥、信阳韩总指挥、汉口刘总指挥钧鉴：各省、市党部、各省团长、各报馆均鉴：窃国民革命第七军，为本师之前车，自参加革命以来，凡奠定两广，收复长江，继续北伐，几于无役不从，实国民革命军基本干队之一部，亦即党国中心之一员。乃自西征以还，领导非人所作所为，重袭军阀之故技，渐启天下之忧疑，上焉者思凭藉本军为制造私人阀阅之基础，下焉则假借本军为拥护个人地盘之工具。等中央如弁髦，视湖广为私产。破坏统一，包藏祸心，而为虎作伥。以胡逆宗铎、陶逆钧所负罪责为尤大。一年以来，胡、陶气焰薰天，以军治政，以政治党，身兼十数要职，爪牙遍布，脂膏剥尽。假建设之名，行囊括之实，腰缠各达数百万元，尤复威胁党部之遹，举枪击请愿之民众，私党务植异己，必排路人侧目，同志伤心。全国渴望裁兵，而胡、陶则新编数师。全国共庆统一，而胡、陶则蓄谋破坏。最近李宗仁、白崇禧、夏威、胡宗铎、陶钧等，竟假借武汉政治分会及第四集团军总部之名义，妄发乱命，擅自构兵，兴无名师造三湘之乱。明瑞等为暴力劫持附和，则良心不安，抗阻则独立未逮，有怀莫白，心实痛之。兹幸中央明申讨伐，主席奉命东征，逆首溃逃，天日重见。当双方汉皋会合之日，正吾人归命中央之时。明瑞等现受全军官兵之义，托郑重宣言，本军具有深长历史，久受三民主义之薰陶，应始终为党、为国以效力，不供一人一系之利用。自冬日起，集中京汉南段，严守纪律，拥护中央，静候主席之复命。倘有负隅抗令，不顾大局者，誓与国人共击之。特此宣布。诸希谅察。李明瑞、杨腾辉、周祖晃率所部同呈叩。佳。印。

〔行政院档案〕

62. 殷祖绳报告攻取武汉三镇计划致参谋处密电

(1929年4月4日)

机急。南京总司令部参谋处长葛钧鉴：(0756)密。我江北各军，已决定虞日开始前进，预定齐日与敌决战，佳日占领汉口，江南右翼军，预期鱼、虞到达蒲、咸、贺胜桥后，与江北岸军相呼应，即转攻武昌、汉阳。限蒸日达成其任务。总座准明日五日晨，由团风向岐亭、新洲巡视，贵及绳均随行。江顺已令上驶至黄冈，约明早到达。楚有暂泊团风。又敌左翼祁家湾、黄陂附近，出击计划，此间已探确，故我北路军重心，已移置右翼矣。谨闻。殷祖绳叩。（支酉）。印。

〔国民政府战史编纂委员会档案〕

63. 蒋介石布署由咸宁等地攻取武昌汉阳给朱培德等密电

(1929年4月4日)

南昌朱总指挥、修水张司令官、第四师朱代师长、武宁曹副军长万顺、瑞昌方军长鼎英均鉴：(1380)密。迭据确报，敌人大部均麇集黄陂、孝感一带，江南只有叶琪、张义纯部，共四旅，防守葛店、狮子山、南湖之线，战斗力甚弱。咸浦之间，似无守兵。兹令右翼军改换行进目标；第四师经通山趋咸宁。第十一师经通山以北地区，向贺胜桥。第十师经金牛镇，直捣纸坊。各师到目的地后，即右旋转攻武昌、汉阳，与我江北第二路军相呼应，限本月十日以前达成任务。鄂城第十师杨旅，拟令渡江，增加第二路方面，暂归刘总指挥之指挥。蒲圻方面情况，倘不甚明了，则第四师当派一部于咸宁，掩护侧背。至右翼军之右旋转及进攻武昌、汉阳之部署，均由张司令官命令规定，奉到本电令后，仰各电复。蒋中正。支晨。印。

〔国民政府战史编纂委员会档案〕

64．蒋介石拟乘桂军夏胡陶三师长交权撤退之际速派军截获致朱培德等密电

（1929年4月4日—5日）

（1）致朱培德密电（4月4日）

南昌朱总指挥勋鉴：(1380)密。顷接汉口孔庚支电，夏、胡、陶诸叛将已逃匿，军队交原属旅长统率撤退，以避冲突等语。查逆军撤退，方向未明，恐仍由武长路南窜，请兄迅饬第一路右翼军，兼程向武长路北段，原定目标前进，以期截获逆军，免除后患。各师进抵何处，请速电告，用有线电拍，黄州局追送为盼。蒋中正。支戌。印。

（2）致刘和鼎密电（4月5日）

机急。宜昌刘旅长和鼎鉴：叛逆夏威、胡宗铎、陶钧等公然叛党，抗命称兵，政府为除暴安良计，明令挞伐。现胡、陶等畏罪潜逃，义军已抵武汉。查该逆等系由蔡甸、汉川向西退却。除已派队跟

踪追击外，希速侦查敌踪，扼要堵截，免贻后患。蒋中正。〇微。

〔国民政府战史编纂委员会档案〕

65. 参谋处关于桂军退出武汉蒋介石乘舰到达三镇等情通报

（1929年4月4日—5日）

(1) 通报（四月四日于黄石港江顺轮中）

武汉民众代表报告：(一)逆敌于四月二日夜间，全部总退却，武汉现已无敌踪。(二)胡宗铎下野，所部交李石樵带领，向蔡店、汉川方面退却。(三)陶钧下野，所部交石毓灵带领，向襄河退却。(四)夏威下野，所部交李明瑞带领，业在孝感归我收编。(五)叶琪下野，所部交门、危各旅长带领，向西南方向退却。

(2) 通报（四月五日于汉口江顺轮中）

武汉各界代表男女十余人，由中央派赴汉口之代表率领，乘专轮于午前十时许，到达团风，敦请总座即日莅汉。

总座乘楚有舰，于午后一时卅分，起碇上驶。行营之江顺轮，晨六时自黄石港起碇，七时驶达巴河，八时到黄州。因总座已进驻团风，电令即移行营至此，在黄州停舶，半小时待命。午前十时抵团风，于午后二时，随主座所乘之楚有兵舰，驶向武汉，六时到达武、阳、夏三镇。民众代表争先待于刘家庙一带，乘快艇多只，前来相迎。音乐齐奏，礼炮连鸣，各舰艇船只，升挂国旗，飘扬招展，革命空气，顿形浓厚。各舰艇及欢迎民众代表，与各国领事外宾等船只，巡行江面，环绕楚有，武装精神澎涨，极盛一时。旋各团体代表，先后登楚有，晋谒主座，道及前来欢迎之意毕，各代表纷纷登岸。而江岸之民众，立微雨中不去，其精神不稍倦。后经主座派遣行营政训主任刘文岛，登岸答词，并说明此次讨逆，用兵不得已之苦衷，始逐渐散去。

总座派贺国光参谋长、刘文岛主任，先乘江岸舰，率第六师之一旅，直赴汉口，准备接收及布防，并设行营事宜。

陆海空军总司令部参谋处

〔国民政府战史编纂委员会档案〕

66．蒋介石为夏威等虽逃匿其部队仍存应按原计划进击致刘峙密电

（1929年4月5日）

刘总指挥勋鉴：(1380)密。昨接汉口孔庚支电，叛将胡、夏、陶等已逃匿，逆军各部，由旅长率领撤退，并速中克日赴汉主持等语。查逆军自由撤退，其战斗力并未消失，我军应照原计划，于本日攻击前进。务期消灭逆军，以除后患。目下贵路军攻击部署如何，立盼电复。蒋中正。歌辰。自团风发。

〔国民政府战史编纂委员会档案〕

67．蒋介石通报胡宗铎等只身逃匿请转告韩复榘部停止待命致鹿钟麟电

（1929年4月5日）

机。即到。南京军政部鹿代部长瑞伯兄，译转韩总指挥勋鉴：△密。我第二路军于支日进攻至阳逻、黄陂、祁家湾之线，逆军各部，即自行内溃，分向鄂西窜逃。叛将胡宗铎、夏威、陶钧、叶琪等，均已只身逃匿。中本日进驻武汉。贵路军应即在现地停止待命，并将现驻地点，具报为要。蒋中正。歌。印。

〔国民政府战史编纂委员会档案〕

68. 蒋介石命门炳岳旅追击桂军令

(1929年4月5日)

(1) 命令(4月5日)

(一) 顷据武汉民众代表报称：逆军胡、陶二部，三日由汉口、黄陂，退踞汉川、蔡甸一带，复有远窜襄樊模样。(二)独立第五、第六、第八各旅，着由门旅长炳岳指挥，编成追击队，由现地出发，向汉川、蔡甸分路跟踪追击。(三)追击队到达地点及追击进展情形，应随时报告。

总司令　蒋中正

(2) 训令(4月5日午后十时卅分)

前令该旅长率领第五、第六、第八各独立旅，追击胡宗铎、陶钧等部，应已遵照施行。惟该逆等，既有意背叛，势必远飏，自非短少时日，可能追及。而我第五、六、八各旅，改编伊始，亟待整理，应即在汉川附近，停止整顿待命。并希转饬危、胡两旅，知照为要。此令。右令门旅长炳岳。

总司令　蒋中正。印。

〔国民政府战史编纂委员会档案〕

69. 殷祖绳报告李明瑞等率部倒戈暨桂军分向鄂西撤逃等情致何应钦密电

(1929年4月5日)

国。限即到。南京总部参谋总长何、处长葛均鉴：(0756)密。江日，李明瑞撤兵至孝感，张贴打倒胡、夏、陶标语。胡、夏惊骇，下令退兵鄂西。现胡、夏、陶、叶均只身霄〔销〕循。所部由各旅长指挥；计李明瑞率夏威全部，在孝感反正。门炳岳、危宿钟等，率叶部在武昌反正。胡、陶两部，分逃汉川、蔡甸，续向鄂西循走。顷令门率叶部开赴武昌之西，一面派员安抚李明瑞部。总座歌申抵汉口，令第二路集结黄陂、孝感间。一路右翼军，正向武长路进展中。六师已到武汉，维持秩序。谨闻。职殷祖绳。歌西。印。

〔国民政府战史编纂委员会档案〕

70. 李芳报告组织武汉临时治安委员会并推孔庚为委员长迎蒋来汉致国民政府等电

（1929年4月5日）

南京国民政府、行政院院长谭、常德谭师长、长沙何主席钧鉴：武汉反抗中央，擅自称兵，湘鄂人民，悉遭荼毒。芳奉命来鄂，力除痛苦。幸赖中央德威，敌部不乏明大义者，拥护政府。连日敌军溃败，已向鄂西、鄂北退走。芳一面在汉联合民众团体，组织临时治安维持委员会，举孔庚同志为委员长，负责维持武汉秩序。一面同各界代表筹备欢迎中央部队事宜。并奉派于支晚十时，自汉赴浔，欢迎蒋总司令莅鄂主持一切。谨此奉闻。李芳叩。微。印。

〔行政院档案〕

71. 蒋介石等关于攻克武汉经过通电

（1929年4月5日）

（1）蒋介石电（4月5日）

国。限即到。南京中央党部、国民政府钧鉴：各院、各部、编遣委员会、各省市党部、各省市政府、各编遣区办事处、各编遣特派员，各师旅长钧鉴：我讨逆军自上月感日，陆海军协同西征，克复广济、武穴后，节节进取，迭克罗田、田家镇、黄州、麻城、团风、阳逻诸要地。本月支日，进至黄陂，迫近武汉。叛将胡宗铎、夏威、陶钧、叶琪等，势穷力蹙，只身潜逃。其旅长李明瑞等，深明大义，首先反正。而其余各部，鉴于逆不敌顺，大势已去，自行内溃，分窜鄂西等处。中正遂于本日酉刻，进抵武汉，遣置溃军，维持治安。总期于最短期间，终结军事，恢复秩序，以慰国民，喁喁在望。谨闻。蒋中正叩。歌。印。

〔行政院档案〕

(2) 总司令行营参谋处电(4月5日)

国急。南京中央党部、国民政府、各部、院钧鉴：上海熊敬之备司令、张市长勋鉴：我江左军刘总指挥所部，于冬日由五通口、新洲、五家河、低家冈、研子冈、黄陂之线，向逆敌胡宗铎、陶钧、夏威部包围前进。施以猛烈攻击，激战数昼夜，至江日，敌势不支，始向鄂西溃退，并纷纷向我军投降者，亦有数师之众。于支晚，我军进逼武汉，微晨完全占领。现正各敌追击中。是役逆敌死伤数千，俘获逆军枪炮器材无算。谨电奉闻。总司令行营参谋处叩。微。印。

(3) 海军署长陈绍宽电(4月5日)

照录海军陈署长由楚有旗舰来电

署并即刻分送国民政府、行政院、总司令部、参谋本部、军政部钧鉴：本早率全舰队克复武汉，除仍溯江追踪荡扫，并酌留军舰防卫武汉，以待我方队伍前来接防，特谨闻。陈绍宽叩。歌。辰。

军政部海军署抄

〔行政院档案〕

72. 蒋介石到汉口张贴安民布告

(1929年4月6日)

总司令安民布告

为布告事：照得本总司令自北伐完成以后，迭次宣言，吾国久苦兵役，民力已疲，欲求生存于帝国主义者环伺之下，宜秉此训政时期，遵照先总理建国方略，努力建设，以与民休息。凡属军国要图，自当用政治方法，和平解决，不宜再诉诸武力，以重陷民众于水火。此本总司令曾用以一切宣示。而夏、胡诸逆，擅动兵戎，逆迹照彰，匪伊朝夕。中央不忍地方糜烂，一再优容，而逆等野心不死，凶焰愈张，构衅湘西，陈兵鄂赣，飞挽及于桂粤，警耗传于皖宁。窥其用心，不至于摧灭党纲，危害国本不止。中央迫不得已，明令讨伐，国军所至，逆胆为摧。顷据报：夏、胡诸逆，闻风窜逃，所部逆众，亦已溃退湘、鄂边境，武汉名都，弗罹兵灾，克复之速，仅及旬日。此尤见大义之入人者深，民众之希望统一者切，而阳窃革命之名，阴行军事之实，在在不足以售其奸也。本总司令受国民负托之重，值大军云集之时，深恐各界，不明真相，妄听谣言，相惊伯有，不安生业。为此，明白布告，仰各界一体知悉，务必农耕于野，工力于肆，商营于市，士肄于学，不用自相惊扰，疏旷职业，须知政府以爱护民众，尊重统一为怀，诛祇渠魁，胁从罔治，凡有从遵工作，非出本心，翻然来归，概予收纳。所有溃散枪械，亦当据实报明，交由当地军警机关随时编好，毋得私自稳匿，致干查究。倘有奸人造作蜚语，希图扰乱，一经察觉，定予按法惩治不贷。其各凛遵，毋违此布。

总司令　蒋中正

中华民国十八年四月六日

〔国民政府战史编纂委员会档案〕

73. 参谋处关于蒋介石抵汉口在民众欢迎大会上演说词通报

（1929年4月6）

通报（四月六日于汉华商公会行营）

十日午前十时，奉总座谕：行营全部人员，移至华商公会设置。十一时，各级党部、各机关、各团体、各学校共三万余人，鹄立江海关前，及一码头江岸及岸下江滩一带，俱各执欢迎旗帜，并各推代表一人，至趸迎候，欢声电动。至十一时三十分，楚同舰鸣炮，同时在江岸欢迎之军乐队，亦大奏其乐。

总座偕同海军署长陈绍宽、总参军长贺耀祖、总参议钱大钧登陆，约于十二时抵行辕，午后一时，赴民乐园武汉民众欢迎大会，并致演词。略谓：

今天兄弟到汉口来，令汉口同志，格外欢迎，觉得非常惭愧，非常怨痛。因为，从前革命军到武汉后，满希望湖北人民，解除痛苦，能得着中国国民党党纲中所规定利益。但至今，湖北人民还未得着解放，得着自由。兄弟此次经过武穴、黄冈，以达武汉，地方情形，一天坏一天，人民痛苦，一天比一天深。这是兄弟非常痛心的。本来革命势力，所到之地，要实现三民主义，以期解除人民痛苦。去年六月，兄弟来汉口，看见党义，已不能实现，当时即抱歉万分。现在逆军已驱逐武汉之外，不久在湖北境内，可告肃清。各将士亦多能觉悟，翩然来归。此后湖北人民之痛苦，不难立即解除。但有一点，应该说明的，讨逆军到湖北，解除痛苦，驱逐逆军之后，一切权利交给湖北人，湖北人要自己起来自治，不要把已得的权利，再给别人抢去了。湖北人此后应下决头，自己做革命工作，因为假革命的是靠不住的，必须自己起来革命，才能保持胜利，发扬光大，这失而复得的权利，希望今后下此决心，使人民在青天白日旗帜之下，以到独立自由平等的地位。言尽于此。顺祝诸君康健。

〔国民政府战史编纂委员会档案〕

74．蒋介石谴责桂系破坏统一并列举历史上劣迹告将士文

（1929年4月6）

蒋主席告将士文：

中国民族，受帝国主义者之压迫与剥削，中国民众，受军阀之

蹂躏与摧残，以致民族生命，濒于危亡，民众生存，陷于绝境。本党目睹民族之沉沦，民众之憔悴，为恢复民族自由，为解除民众痛苦，特于民国十五年，命中正率领全军将士，誓师北伐，以求中国之统一。诚以中国不得统一，蹂躏民众之封建势力，既不能铲除，压迫民族之国际侵略，更无力抵抗。故统一中国，实恢复民族自由、民众利益之第一步工作。而妨障中国统一，即为阻挠民族自由、延长民众痛苦。军兴以来，上赖总理之灵，下赖将士之力，不二年，北伐完成，中国统一。在北伐进行之中，我将士之伤亡，不下十万。故中国目前之统一，实系十万将士牺牲血肉头颅所获得之结果。我未死之将士，应如何忠实的保障统一，方不致已死将士之赤血空洒，已死将士之头颅虚掷。北伐完成以后，中央为保障统一计，特由五中全会，一面决议限制政治分会之权力，限期取消，以保障政治的统一。一面决议召集编遣议会，由编遣委员会，整理全国军队，以保障军事的统一。盖国内军阀，虽告肃清，而帝国主义者之压迫，尚依旧如昔，民众利益，仍未增进。假使军事政治不统一于中央，则中央建设计划，无从实施；建设计划不能实施，中国国力莫由充实，国力不充，则中国无力取消不平等条约，而打破帝国主义者之束缚，以恢复民族之自由。民族自由不能恢复，则民众利益不能增进。所以中央于北伐完成之后，举全力以谋统一的保障，事实昭著，众所共和。凡忠实于主义，忠实于革命，忠实于民众者，应如何切实遵从中央，力谋统一之意思，竭诚拥护中央力谋统一之决议，而实行中央力谋统一之计划。乃桂系军阀，盘据两广、两湖之地盘，把持两广、两湖之财政，劫持两广、两湖之军队，以自私其割据行为，已非一日。中央曲予优容，冀其悔悟。乃近复违背五中全会之规定，破坏编遣会议之决议，以肆行割据地盘之野心。五中会议规定，政治分会，不得以分会名义任免该特定区域内之人员，而桂系军阀，竟敢以武汉政治分会名义，擅行任免湖南省政府主席及全部委员。编遣会议决议各部队应静候检阅，非得编委会命令，不得擅自调动。而桂系军阀，竟敢擅自调兵，进攻湘、赣。此种行动，既超越中央所赋与政治分会之权力，复违背中央编遣会议之决议，其为破坏统一，已昭然若揭。完成统一，为完成中国国民革命之第一步工作，破坏统一，即是破坏革命。破坏革命，无论假借任何口实，均为反革命行动。处此青天白日之下，桂系军阀竟敢出此破坏统一之反革命的行为。中央为实行总理遗训，为图民族独立，为谋民众生存，为冻饿沙场伤亡之将士，已不能再事姑息，养痈遗患。中正统率国军，有拥护中央之职责，特将桂系军阀反革命的行为，告我将士，一致声讨。桂系军阀反革命的性质和反革命的行为，初不自今日始。由性质言，桂系始终不改其为充满封建思想与地盘欲望之军阀性质。由行动言，桂系行为，始终均为阴谋，摧残革命势力，破坏革命阵营，以扩张私人权利的行动，在未参加革命以前，不仅徘徊观望，坐视成败，而且阴谋阻止，肆意摧残。在参加革命以后，无时无地不投机取巧，以他人之牺牲，作自己之功绩，无时无地不挑拨离间，以消灭革命的武力，而扩充自己之地盘。总其过去行为，其阴谋狡诈，恶毒险狠，实超出北洋军阀之上。中央为完成北伐，力求统一。对若辈反革命的行为，再四隐忍，迭予宽容，与以为善之机，而开其自新之路。奈若辈骄纵恣肆，习与性成，中央的宽容，不仅不能促其觉悟，而且乘中央的姑息，益张其气焰。在今日逆行愈著，叛迹益彰之时，我将士固不难认识其反革命的真面目，而不知桂系军阀，自参加革命以来，即以革命之名，谋反革命之实；兹举事实，为我将士言之；十四年杨、刘消灭，陈逆肃清之前，革命政府，仅以广东之一部为根据，南路东江，既为陈逆所盘踞，而杨、刘又在革命政府之下，跋扈嚣张。当时革命势力，危如累卵，假使桂系军阀，确系忠实于革命，就应于革命环境险恶之时，毅然参加，以发展革命势力，推进革命进行。然而彼辈则割据广西，阻挠革命，使险恶的革命环境，益加险恶。迨后东江肃清，杨、刘消灭，革命政府统一广东，革命势力日益发展。桂系军阀明知反革命，必为革命势力所消灭，故投机加入，在革命的掩护之下，一以维持已有之地盘，一以扩充将来之势力，是桂系军阀于参加革命之初，即怀自私自利之心，其不能忠于革命，自属当然之结果。北伐军自桂系以第七军参加作战北伐，逐步胜利。而第七军之声誉，亦渐次发扬。在不知内幕者观之，以为桂系善于作战，勇于牺牲，故博得民众之赞誉，而不知桂系之所谓战胜，无一不是投机取巧，以他人之功绩，作为已有。汀泗桥之役，为我反对吴佩孚作战之生死关头，忠于革命者，应如何努力牺牲，奋勇作战，乃当战事正烈之际，第七军反退却数十里，敌军因此乘机进击。嗣得第四军抵抗反攻，敌始退却。当即环境之险，若无第四军之奋勇抵抗，我军之在湖南省，势必全军覆没。迨敌军退却之后，第七军始整队前进，而巧言汀泗桥的占领，是第七军的功劳，此为桂系投机取巧之第一个事实的证明。德安之役，为我军对孙传芳作战之生死关头，德安不下，南浔线孙军不能驱逐。当时第七军担任攻击，德安战事开始，敌军势猛，其各将领均弃军潜逃，仅委团长李明瑞为总指挥，幸得第一、三两军在营行车站抵住，敌始退却，我军因而克复德安。敌军退后，第七军高级将领，始行回军，而又声称攻克德安，为第七军之功。总此为桂系投机取巧之第二个事实的证明。去年第二次北伐开始之时，桂系暗与孙传芳勾结，拟于大军出发之后，乘虚东下，袭取首都，以篡夺中央。嗣因我军节节胜利，敌人闻风披靡，遂又变更计划，扬言北伐，然而空口宣传，实际上未动一兵一卒于前线。及第一、二、三、三团军，驱逐敌军，北平崩溃之后，电由白崇禧移兵北进，未发一弹，未费一矢，而扩张势力于北方，乃复向外侈称，竟以北伐完成，桂系之功绩实大。此为桂系投机取巧之第三个事实的证明。总观上述事实，可知桂系军阀，无时无地，不攫取他人之功，入为已有，而扩张一系之势力。我革命将士之苦战恶斗，奋勇牺牲，实为求中国统一，以谋民族自由，和民众幸福。初非为争取功名，贪图禄利。是以中央虽明知桂系贪冒功绩，仍任其侈词，未加指摘，我将士亦多明知桂系军阀扬己抑人之用意。然而不屑与人为功，亦只付之一笑。知桂系军阀，常以其假冒的革命勋劳，掩护其反革命的行动，且欺骗民众以遂其凌驾中央之野心，是以特为我将士言之，以明事实的真相。根据此等事实，我将士当可明了桂系军阀历来的行为，均为反革命的行为。盖革命者应以大无畏的精神，不问成败，不问利钝，更应以大公无我之精神，但知牺牲，不图利得。而桂系军阀，除以险恶卑劣之手段，投机取巧之外，无他长；除以自私自利之心思，攘夺利益之外，无他望。此等违背革命原则之行动，充分证明桂系之反革命性。桂系军阀不惟投机取巧，以扩张一系之势力，而且处心积虑，必欲消灭革命武力而后已。□□南京，就其第一步言，则为消灭自粤出发之革命军队。北伐开始之时，国民革命军，合计新加入之第八军，共计八军。桂系军阀，深知革命武力不消灭，则其封建的野心不能发挥，部落的欲望不能满足，而要消灭革命武力，必自消灭第七军以外之其余七军始。年余以来，桂系之阴谋诡计，无一不在消灭我久共患难、为主义效力、为党国牺牲之革命军队，而其阴谋，已着着成功。去年春季，利用非法之特别委员会，大举西征，首先消灭第八军；广州共党暴动之后，又假清共之名，而欲消减第四、五两军，竟使广东革命军同室操戈，而桂系则坐收渔利，结果第五军全部消灭，第四军亦几陷于同样之运命。去年夏季，正中央进行北伐之时，又复假借口实，以武汉政治分会名义，擅行扣留第六军长程潜，而消灭第六军。此次在编遣会议之后，又复擅启兵端，而消灭第二军。历数北伐发动时之各军，除一、三两军以外，无一军不受其消灭或攻击。其对于一、三两军，亦早阴谋攻击，乘机待发。此次进兵江西，即为消灭第三军之先声，若辈常又对其部队扬言第一军不值一击，此为不赞成□□阴谋而离开□□之团长李毅钟二人所言，绝非虚语。第一军是否不值一击，只须回顾第一次东征以来，第一军之战绩，就可判断。惟桂系军阀之居心，则在毁伤第一军之声誉，以图消灭。上述事实，在在足以证明桂系军阀，不知所谓主义，不知所谓革命。民族独立，民族利益，在彼辈进行自私自利的计划时，均不值彼辈之一顾，彼辈之处心积虑，唯知消灭革命武力，扩张一系地盘，以维持封建利益。桂系军阀阴谋的第二步，则为挑拨各集团军间之恶感，俾中国所有革命武力，完全消灭，而后彼辈乃得为所欲为，北伐完成以后，桂系深恐国家统一，不能逞其割据称雄之野心，不能遂其窃持国政之欲望，于是挑拨各集团军之恶感，离间各集团军之团结，阴谋狡诈，无所不用其极。最近派湖北省政府秘书长萧萱来京，请求中央以清共之名，讨伐第二集团军，并要求中央命令第三集团军参加作战。一面又在河南造谣，声称第一、三两集团军，将夹攻第二集团军。两月以前，又在北方强逼总部行营主任杨杰下令免阎锡山同志平津卫戍总司令职，而改任白崇禧。凶狠狡诈，务必使我各集团军互相残杀而后快。我各集团军将士，秉总理遗训，以亲爱精诚之精神，同生死，共患难，其意志之统一团结之坚强，当然非桂系军阀之险恶手段所能破坏，然而其居心之可诛，用意之险毒，不仅违背革命的精神，而且蔑视人类相与的条件。

桂系军阀，除以挑拨离间之方法，破坏统一，消灭革命武力以外，复以纵横捭阖之手段，进行所谓西南联盟，提倡所谓西南主义。北伐完成以后，中国版图，均统一于国民政府之下，各省区均不过为中国的一个行政区域，既不容许所谓合纵，又不容所谓连横。合纵连横，足以延长群雄割据之形势，足以造成部落战争之局面。乃桂系军阀，竟敢于统一甫成之时，游说云、贵、四川，与两广结成联盟，以对抗中央，以致云、贵、四川安宁秩序之建设，屡受障碍，而云、贵、四川民众之痛苦，因而延长。云、贵、四川各将士，以服从中央为主旨，固不能为部落的邪说所动摇，而桂系军阀之叛逆行为，由此更可充分表现。

挑拨离间，纵横捭阖，均系桂系军阀破坏统一之手段，当全国民众，渴求统一，中央政府力谋统一之时，而桂系军阀，竟敢以割据的思想，破坏统一，此不仅违背中央，而且背叛民众。

又如十六年南京克复之后，桂系军阀，将其历来所掳掠之战利品与现金，甚至小如电话机，均满装饱载，运回广西，事实昭著，人所共见，喧传道路，贻讥世界。国民革命军中，竟有此种原始的劫掠行为，不独为国民革命之羞，实亦为中国民族之耻。无怪其割据地盘之内，把持财政，抗议中央，私违禁物，奖励搜括，金融为之空虚，工商因而凋敝，人民之疾首蹙额，吞声饮泣，盖其为我革命袍泽所不忍闻者。

桂系军阀反革命的行为，实属擢发难数，仅就上述事实，已属罪不容诛。综其罪恶，最大者厥有五项，第一、投机取巧，以扩张一系势力。第二、阴谋毒计，以消灭革命武力。第三、挑拨离间，以分裂革命袍泽。第四、贪残掠夺，以剥削民众利益。第五、违背中央，以破坏中国统一。桂系军阀犯此极恶大罪恶，中央本应及早讨伐；上以肃国家之纲纪，下以除民众之祸害。惟当北伐进行之时，敌人既未肃清，内部宜谋统一。故对于桂系军阀之罪行，隐忍迁就，曲予宽容。迨北伐完成以后，中央以民生已困，外侮方滋，苟可感格凶顽，不欲再见兵革。故迭以诚恳之心，促其翻然悔悟。桂系军阀，如稍知革命的意义，如稍有革命的诚心，应如何仰体中央所以隐忍包容之故，一改过去之罪，服从中央，共谋统一。乃不仅不知悔悟，而且日益飞扬，在中央编遣会议之后，在人民渴望和平之时，竟进兵湘赣，加害国军，甘为祸首，轻启战端，搅乱和平，破坏统一，此不啻以中央之宽大为可欺，而对中央挑战，此不啻与国家统一之秩序民众和平之心理为敌，而对整个国家与民众挑战。此而可忍，则国法何在？此而可忍，则党纪何存？此而可忍，则民众之和平幸福，将安所保障？中央受全党的委托，人民的属望，有保障统一之责，对于破坏统一之桂系军阀，实已忍无可忍，恕无可恕。桂系军阀，以一系之私利，违背全国民众之要求，以一系之势力，触犯全国民众之愤怒。中央以全国将士之努力，全国民众之后援，讨此叛逆，固不难一鼓而歼。而桂系军阀反逆民主统一的潮流，肆行封建割据的举动，更属自求死路，自取灭亡。我全国之士，应上膺中央命令，下顺民众要求，奋勇牺牲，杀贼致果，以歼灭此破坏统一，摧残民众之桂系军阀，而完成革命战争之最后一幕。

〔国民政府战史编纂委员会档案〕

75. 范石生孙良诚等声讨桂系破坏统一致中央党部等电

(1929年4月6日—11日)

(1) 范石生电(4月6日)

国。即到。南京中央党部、国民政府主席蒋、各院长钧鉴：南昌朱主席、广州陈主席、长沙何主席均鉴：慨自总座蒋公继承总理遗志，誓师北伐以还，频年奋斗，百折不挠，卒将分崩离析之吾国，收复于青天白日旗帜之下，完成北伐之大业，力谋建设之开始，举国喁喁，正殷殷望治。矧当疮痍未复，外交紧急之际。曷忍轻启战祸，重苦吾民。不图一二军阀，割据武汉，弁髦法令，竟敢大冒不韪，企图破坏统一。凡属同胞，靡不切齿。石生等效忠党国，蒿目时艰，只知服从中央，拥护党国。凡有破坏统一，背叛中央者，谨与全国人民共弃之。谨此电达，诸惟垂察。第五师长范石生率全师官兵呈叩。鱼。印。

(2) 孙良诚电(4月11日)

军。急。南京中央党部、国民政府钧鉴：各院、部、会，各省总司令、各级党、各省政府、各军、师部勋鉴：各公法团体、各报馆均鉴：窃自军事告终，训政开始，全国上下，共谋建设，方期干戈载戢，得庆祥和，而编遣未终，湘事又起。溯厥由来，实以武汉军阀，不惜民众罔知大体，肆行无忌，以达其权利之私。中央顾念地方，和平处理，其所以委曲求全者，具有苦衷在也。奈彼惛不知，益形狂悖，称兵犯顺，破坏统一，增民众之痛苦，为党国之公敌。若不大张挞伐，法纪何伸。我中央政府声罪致讨，师出有名，自当率我师旅，服从党义，枕戈待命，期尽天职。谨电奉闻。诸维亮鉴。孙良诚。真。印。

〔行政院档案〕

76. 蒋介石揭露李宗仁等罪状布告

（1929年4月7日）

为布告事：照得政府自出师北伐以来，将及三载，在此三载中，虽迭经军阀顽抗，共匪捣乱，与夫帝国主义者之横加阻扰。卒赖总理在天英灵，民众拥护，协助将士，忠勇用命，而能于重重包围袭击中，完成国民革命之初步工作，为我中华民族树立新基础，此固本党同志所稍引忻慰，而尤为全国民众所殷殷期望者也。讵料统一甫成，训政开始，即有好乱成性之李宗仁、李济深、白崇禧等，指使叶琪、夏威诸叛将，违反五中全会议决案，并未得国军编遣委员会命令，突然兴兵入湘，袭击友军。妄发狂论，倒行逆施。中央宽大为怀，湘变之初，原念该逆等，曾经参加革命，不无微劳足录，冀和平处理之中，予以觉悟自新之路，乃简大员，秉公查办。无如该逆等，野性难驯，迷不知悟；白逆崇禧，则胁所部，阴袭津、平，企图占领徐、海，危害首都。幸李品仙等深明大义，未遂逆谋。李逆宗仁，则阳言服从中央，阴图颠覆政府，前后密劝百粤将领，希图狡逞。而李济深则亲书手条，交其副官处长李泽霖，持赴粤中，尤多目无法纪背叛党国之词。近据朱总指挥培德、夏师长斗寅等报称：叶琪、夏威诸叛将，竟公然袭击驻扎赣皖诸军，中央难以优容，遂将李宗仁、李济深、白崇禧、叶琪、夏威诸逆，开除党籍，免职查办。一面为保障裁制之实施，巩固首都之安全起见，派由中正亲赴前方，督率讨逆各军，克期进讨。查李、白、叶、夏诸逆，平日飞扬拔扈，有目共见，迹其所为，如曲解主义，残害同志，藐视中央，弁髦法令，割据地方，把持财政诸端，本属罪在不赦。此次湘变发生，事先既不请示中央，事后又不服中央处理，背叛党国，破坏统一。不加挞伐，党纪何在。不扫诸逆，国威何存。惟是中正溯江西上，江干垒垒者，皆北伐将士之白骨。村落嘤嘤者，皆我先烈遗族之泣声。目睹各地情形，不禁渐惶欲涕。李、白、叶、夏诸逆，欲遂其封建欲望，固不惜兴戎，寡人妻而孤人子。中正自东随总理，以至今日，诚无时不仰体总理博爱之旨，凡我民众，须知李、白诸逆，反破坏和平统一之戎首。中央出师讨伐，原为保全党纪。总理有言，北伐之目的，不仅在覆灭曹、吴，而在覆灭曹、吴以后，永无同样继起之人。李、白、叶诸逆之罪恶，正不减于曹、吴。我民众想当以赞助北伐之热忱，以赞助政府讨逆耳。总之，政府原为不得已而用兵，讨伐李、白、叶、夏诸逆，正所以使该逆等铁蹄下之民众得到解放。该逆等属部将士，不乏贤明，如能办明顺逆，服从中央，中正即不咎既往，一视同仁，其有甘心附逆，赎武作乱者，中正为党国伸正义计，只有加以挞伐，我民众苦兵祸久矣。政府与民休养，早〔早〕具决心，俟李、白、叶、夏诸逆□〔讨〕平之后，当促进地方自治，共谋建设事业。我讨逆各军，亦应始终保持其革命历史之光荣，所过境地，勿犯秋毫，倘敢骚扰闾阎，自当绳以法纪，为此布告，仰众周知云云。

陆海空军总司令　蒋中正

中华民国十八年四月七日

〔国民政府战史编纂委员会档案〕

77. 参谋处公布蒋介石委任胡宗南负责武汉卫戍及各新编师旅长等命令

（1929年4月7日）

命令（四月七日于汉口华商公会行营）

（一）暂调一师二旅胡宗南，会同六师方策部，负武汉卫戍责任。（二）前卫戍司令部参谋长聂洸辞职，照准。委彭启彪为卫戍司令部参谋长。（三）委程汝怀为新编六师师长。（四）委李明瑞为十五师师长。（五）委李石樵为十六师师长。（六）委石毓灵为十七师师长。（七）委彭澜、张浵川为武汉卫戍一、二营营长。（八）委罗霖为第四独立旅长，危宿钟为第五独立旅长，门炳岳为第六独立旅长，刘和鼎为第七独立旅长，胡乐天为独立第八旅长。（九）委方觉慧接收中山、国民两报。（十）前四集团炮兵团，改为独立炮兵第四团，委前团长陆阴楫为团长，暂属第六师节制。前四集团铁甲车队北平号、云贵号、长城号，均着开至武汉，听候点编。

总司令　蒋中正

〔国民政府战史编纂委员会档案〕

78. 蒋介石令各军向潜江荆沙追击桂军致朱绍良等密电

（1929年4月7日）

（1）致朱绍良密电

限即到。黄陂探投朱军长绍良鉴：（1380）密。着该军长率领第八、第十三两部，立由现地直向潜江、荆沙方面追击胡、陶残部，即日前进，不得迟延。并仰其覆。再我李明瑞师，正遵令由孝感一带，开赴安陆，须传知所属，勿误会为要。蒋中正。（阳午）。参。印。

（2）致朱培德密电

机急。南昌、高安朱总指挥、新喻鲁师长勋鉴：（1380）密。第十八师着即开拔来汉，担任卫戍勤务。第五师驻赣各旅，调集沪宁，归还建制。王、金两师，可即饬回原防，从事剿匪。特电。蒋中正。（虞巳）。参。印。

（3）致刘峙密电

电。密码抄送。本埠济生路东安旅馆第二路刘总指挥 勋 鉴：

(1380)密。兹着第一师，以一旅开来武汉，其余黄陂第二师驻花园，第九师驻孝感，独立第一旅驻黄陂附近，均归该总指挥指挥。又已令朱军长绍良，即率第八、第十三两师，直向潜江、荆沙方面追击胡、陶残部。仰即分别转饬遵照，勿误为要。蒋中正。(阳)。参。印。

(4) 致朱绍良等命令(4月7日)

命令 (四月七日午后九时于汉口华商公会总司令行营)

一、据报，胡、陶残部，经仙桃、沔阳向沙市溃窜，并命一部由水道经汉川，向沙市分窜。

二、我军以迅速击灭此敌之目的，拟分路兼程追击。

三、追击部队之任务及部署如下：

1. 第二路军追击部队指挥官朱绍良，率第八、第十三两师，即日由平汉路，直向潜江、荆沙方面追击。

2. 第一路军追击部队指挥官张发奎，率第十、第四两师，第十师在金口，第四师在嘉鱼，均限九日，同时在各该地乘船上驶，向沙市追击。

3. 海军第二舰队，派浅水舰三艘，同时溯江上驶，协同追击。

四、除分别令知并饬兵站总监，先期准备。第一路军追击队船只，停泊各该师乘船地外，仰各切实遵照，毋得延误。并将追击情形，随时具报。

五、余在汉口行营。

右令

第二军军长朱绍良。

第十三师师长夏斗寅。

第一路军左翼军司令官张发奎。

第十军军长方鼎英。

第四师代师长朱晖日。

总司令　蒋中正

〔国民政府战史编纂委员会档案〕

79. 蒋介石为武汉已克命韩复榘原地停止电令

(1929年4月7日)

(1) 给冯玉祥密电(4月7日)

无线电。冯总司令焕章我兄勋鉴:(3444)密。歌电奉悉。我军于支日克服武汉。时第一路军到达武长路、咸宁、武昌之线。第二路军到达平汉路、孝感、汉口之线。歌日,弟到达汉口,令第一、第二两路军;各派一部,向荆沙追击。其主力各在原地停止待命。当时,并电瑞伯兄转电韩总指挥,命第三路军亦在原地停止待命,不稔达否。此次克复武汉经过,首因第十五师李明瑞师长,江日在孝感反正,故我讨逆军遂不血仞,而入武汉。目下被胡宗铎胁裹,窜向荆沙者,其主力不足一师,不日当可告肃清也。特复。弟蒋中正叩。阳。印。

(2) 给韩复榘命令(4月7日)

命令 (四月七日午后×时于汉口行营)

一、武汉于四日克服,李明瑞部首先反正,现驻花园、安陆一带,务勿误会。其余残敌,表明拥护中央,现在原地遣置中。我第二路各部,除以一部追击残逆外,其主力现在平汉路,集结待命。襄樊李纪才部,已表示服从中央,听候遣置。

二、该路军着即在原地停止,整顿待命。并将各部现在停止地点,详为具报。

三、余在汉口行营。

右令

第三路军总指挥韩复榘。

总司令 蒋中正

〔国民政府战史编纂委员会档案〕

80. 蒋介石发表告武汉民众书

(1929年4月8日)

自中正到武汉之日,承全市同志集会相迎,具述所愿,均经一一采纳,分别答复矣。惟武汉中外杂处,南北管枢,地居冲要,向受北洋派之压迫,继共产党之蹂躏,最近复为桂系新军阀所把持剥削,秕政百出,人民痛苦之深,自非言语所能形容;痛苦范围之广,更非仆所能悉数。本党秉承总理遗教,实行国民革命,积极所以谋人民之幸福,消极应先除人民之疾苦。曩以北伐初终,人心厌乱,中央力主戢兵,桂系迟稽讨伐,致久陷湖广人民于水深火热之中,良用疚心。兹值逆首溃逃之后,正与同胞更始之时。今后施政方针,当兴利革弊,除暴安良,休养生息,务使士农工商,各乐其业,各安其居。而民间所受之一般疾苦,特别疾苦,尤应知其实况,其原因力求如何解决之方法。政府当局,筹虑或有不及,调查恐亦难周。此邦人士,身感切肤,愿各陈其所见,各道所苦,无论团体个人,均可据实直言,具函投于陆海空军行营所特设之纳言箱中,每日自上午八时起至下午五时止,中正当详加批阅,虚衷研究,如确有可采,当分别详报国民政府或移交省市政府,切实施行。凡具函之人,须详书姓名、籍贯、职业及现住地址,以便随时传询。幸勿故唱难行高调,勿挟嫌诬告私人为盼。蒋中正。

〔国民政府战史编纂委员会档案〕

81. 蒋介石关于击败桂系后总结教训及今后责任通电

(1929年4月8日)

(衔略)讨逆军兴之初,中正曾再四申明,务于最短期内,扫除叛逆,结束军事,而与民以休息。赖总理在天之灵,主义感化之力,兵不血刃，而逆首窜逃，武汉恢复，足见叛党叛国之徒，决不能苟存于青天白日之下。惟此次虽幸于匕鬯不惊之中，收讨伐之效，而社会元气，实难免因军事动作而受消耗，我将士亦难免因军事动作而受消耗，我将士亦难免因转徙跋涉而成疲惫。且于国家统一之初，复生同室操戈之举，尤属悲痛已极，伤感莫名。在中正个人，事先既有失察之处，事发既无阻止之方。故武汉虽告恢复，逆首虽各逃亡，岂仅胜之不武，而且罪过于功，痛定思痛，实不得已于言者。总理在北上宣言中，曾郑重宣明北伐之目的，不仅推到曹吴，而务使曹吴既倒之后，永无继起之人，此次讨逆之目的，亦不仅在讨伐李、白，务使李、白铲除之后，永无继李、白而起之叛徒。如无根本消灭叛逆之计，则革命终难有成，而我中华民族亦永无解放独立之日。故全国国民，全党同志，宜求叛逆之所以发生之道，而讲消弥叛逆之方，叛党背国之徒之所以敢于叛逆能行叛逆者，实因其割据称雄，拥兵自重，而若辈之所以能为拥兵割据者，实由中央政府之不能巩固，中央威信之不能伸张。假使中央巩固，则中央即能实力整饬纲纪，以威信厉行法令，全国叛〔版〕图，均统一于中央政府之下，叛逆之徒，虽欲割据而不可得，虽欲拥兵而有所不能，故巩固中央，实为消弥叛逆唯一之道。然而中央之所以不易巩固，实由于国民之不能拥护，假使全国国民，能以中央之利害为利害，中央之存亡为存亡，以实力作中央之后盾，以舆论作中央之前驱，则中央威信，自能确立，中央基础，自能巩固。故国民拥护中央，又为巩固中央唯一之道。综上所述，可知叛逆之能否永久消弭，纯视中央之能否巩固。而中央之能否巩固，又纯视国民之能否拥护，故国民拥护中央，又为永久消弭叛逆之唯一方法。吾人不欲消弭叛逆则已，如欲消弭，舍国民绝对拥护中央外，实无他法。抑尤有进者，国民之拥护中央，非为中央而拥护中央，实为国民本身而拥护中央。盖直接拥护中央，间接即所以拥护国民。假令中央因无国民之拥护而不巩固，则地方割据，自易形成。地方割据形成，则破坏统一之叛逆行为，自易发生。国家统一因叛逆而破坏，则国内循环战争，宁有已时？甲扑乙兴，彼消此长，社会秩序，将无安宁之日。在继续不绝之内战中，受痛苦者为谁？供牺牲者为谁？吾全国国民，如欲不受内战之痛苦，不供内战之牺牲，惟有消灭割据现象，而防止叛逆行为，而欲消弭割据，又非巩固中央不为功。至巩固中央，除国民拥护中央以外无他法。故拥护中央，即所以拥护国民，此理至浅，此义至明。全国国民，当能体会，而加体谅。或谓民众拥护中央，则中央权力过大，难免酿成当局独裁，此尤昧于事实之言，而属杞人之忧。国民政府之当局，由党部产生。国民政府之政治，由党部监督。国民政府之措施，以会议方式而决定。个人既无把持之机会，尤无独裁之可能。且中央欲得国民拥护，更无违背民意而行独裁之理。故此后国民之唯一出路，即在拥护中央，使之日臻巩固，而完成其应负之使命。勿以视过去北京政府之目光，而视今日之国民政府。又勿以对从前北洋军阀之态度，而对今日之革命党员。此今日国民之观念，所应彻底自觉者也。至对于全党同志，尤有欲言者，本党主张以党治国，故必党先健全。政治始能健全。而回顾过去事迹，实有令人不能不痛心者，在理论上多忽略总理遗教，而擅发主张，非好奇立异，倡为农工小资产阶级之谬说，即固持成见，否认三民主义为社会主义，致党内理论纷歧。青年同志，罔知所从，在行动上，则派别丛生，小组林立，致党的纪律，扫地无遗。党的组织，分崩离析。以如此不健全之党，何能担负建设新中国之重任。故全党同志，今后宜深自警惕，迅速觉悟，严守纪律，服从中央，全党理论，应以总理遗教为依旧。全党行动，应以中央指导为准则，庶党可以健全，而政治亦能刷新。凡此种种，均与全国民众、全党同志所亟应注意者。故当逆军溃败，武汉奠定之时，于痛定思痛之余，为我同胞同志痛切陈之。鉴过去之覆辙，谋将来之生机，中正当与全国同胞全党同志共勉之。至中正个人，谬膺全党重托，主持中枢，德既不足以服人，智又不足以应变，未能消祸于未萌，致酿成此次之事变，扪心自问，惭愧殊深，若复觍然任职，实无以对同志，更何以对同胞，一俟武汉粗定，大局敉平，当即遄返首都，引咎自劾，静待处分。中正半生戎马，为党驰驱，今后甚愿得卸仔肩，出洋考察，以党员个人之资格，追随全党之后，以完成总理未尽之遗志，特此敬布，诸希公鉴。蒋○○叩。齐。

〔国民政府战史编纂委员会档案〕

82. 蒋介石为查明桂系溃军去向布置追击致各军电令

(1929年4月8日—11日)

(1) 参谋处给朱绍良等电(4月8日)

机急。南昌朱总指挥并转张司令官、贺胜桥探投第十军方军长、武宁第十一师曹师长、咸宁、汀泗桥、崇阳、探投第四师朱代师长勋鉴：(1380)密。顷总座令以胡、陶残敌，退向未明，水路追击作罢。改令第十师开武昌附近，第十一师开纸坊、贺胜桥一带，第四师开金口附近，归张司令官发奎指挥，统限佳日前到达各该新位置等因。除将命令特派专员赍送外，先此电达，即祈勋察。总司令行营参谋处叩。(庚丑)。印。

(2) 蒋介石给朱绍良密电(4月8日)

限即到。黄陂第二军朱军长鉴：(1380)密。戈骑兵团究停止何处，现该团改归刘总指挥指挥，仰即转饬克日开至花园附近，待命为要。蒋中正。(齐辰)。参。印。

(3) 蒋介石命令(4月8日)

(1) 命令 (四月八日午前四时于汉口华商公会总司令行营)

一、胡宗铎、夏威、陶钧诸逆，率领逆军大部，五日自蔡甸向西退走，六日早晨退尽；孝感以北，尚有残逆，零星潜伏各村落间。

二、讨逆军以肃清残逆之目的，拟派一部跟踪追击，主力控置于武汉南北地区，以备非常事变。

三、着朱军长绍良，率领第八、第十三两师、及独立第一旅，立刻出发，限本月九日到达汉川、株儒山之线，续向天门、仙桃镇追击。

四、着刘总指挥峙，率领第一军诸部队，集结于黄陂、横店、祈家湾附近地区。

五、骑兵戈团，改归刘总指挥指挥，位置于花园附近，向广水方向警戒之。

六、着张司令官发奎，率领第一路右翼军第四、第十、第十一各师，集结于武昌、金口、贺胜桥附近地区。

七、第十五师李师长明瑞所部，集结于安陆县附近。

八、独立第四旅罗霖所部，集结于黄安附近。

九、第六师担任武汉临时卫戍勤务。

十、集结待命中诸部队，有防卫武汉之责，对于外方，须严密警戒，无论任何部队，非得本总司令命令，概不许通过。

十一、余在汉口行营。

陆海空军总司令　蒋中正

训令　（四月八日上午四时于汉口华商公会总司令行营）

一、逆敌胡、陶部等残部，溃窜方向，尚未明确。鱼亥电令各该师，由水道追击，暂行作罢。

二、兹改令各该师，即日分向下记位置，集结待命。

第十师武昌附近。

第十一师纸坊、贺胜桥一带。

第四师金口附近。

以上均限佳日以前到达新位置，归张司令官发奎指挥，仰即遵照，迅速移防，并将情形，随时具报。

三、余在汉口行营。

总司令　蒋中正

〔国民政府战史编纂委员会档案〕

(4) 蒋介石给朱绍良等密电(4月10日)

(电有线无线分发)。限即到。汉川朱司令官绍良、咸宁第四师张司令官发奎、朱代师长晖日、武昌第十师长方鼎英、黄陂第一师刘总指挥峙、安陆第十五师李师长明瑞、第五十七师杨师长腾辉、黄安独立第四旅罗旅长霖、本埠抄送第六师方师长策、贺胜桥第十一师曹师长万顺、长沙何主席转谭师长道源,楚有兵舰第二舰队陈司令绍宽、总商会航空张司令静愚钧鉴:(1380)(5030)(3843)(2651)(6540)密。兹将四月十日作战命令,下达如次:

一、陶、胡、夏诸逆,率领残军,经天门、仙桃镇,向荆门、沙市地区溃窜。

我第三军之王、金两师,已各回原防,担任赣省绥靖任务。我第四军何健所部,其主力集结于长沙附近,其一部正向湘南之逆军追击中。

二、讨逆军以迅速肃清残逆之目的,拟即分路追堵,以一部控置于武汉。

三、派朱绍良为第一路追击队司令官,夏斗寅为副司令官,率领第八、第十三两师及独立第一旅(为)第一路追击队,即由目下追击到达之地点,经天门、仙桃镇向荆门、沙市方面,追击逆军。

四、派张发奎为第二路追击队司令官,方鼎英为副司令官,率领第四、第十两师为第二路追击队,依第十师、第四师之顺序,于明日(十一日)起,由武汉、嘉鱼乘船,沿江向上游追击逆军,其先头部队,限十三日到达荆洲、沙市。

五、第五师谭道源所部,应分向石首、公安、松滋附近,堵击逆军,勿使逃窜。

六、第一、第二、第九各师,集结于黄陂、横店、祁家湾附近,第十五师李师长明瑞所部，第五十七师杨师长腾辉所部，集结于安陆县附近，独立第四旅罗旅长霖所部，集结于黄安附近，骑兵戈团位置于花园附近，均归刘总指挥峙之指挥。

七、第八师担任武汉临时卫戍勤务，俟第十八师到达，即与交替。

八、第十一师集结于武昌附近待命。

九、海军应派浅水兵舰，向沙市袭击逆军。

十、航空大队，即由武汉航站，向荆沙地区飞翔，妨害逆军之行动。

十一、余在汉口行营。

蒋中正(灰戌)。参。印。

(5) 蒋介石给刘湘密电(4月11日)

机急。重庆刘军长甫澄兄勋鉴：(2533)密。鱼亥电庚始到，欣知已通电声讨，并派队迎击，无任快慰。惟第一师出动，务促其速进荆沙，勿得停顿宜昌。此间亦已派兵三师赴荆沙堵截矣。蒋中正。真。参。印。

(6) 蒋介石致朱绍良等密电(4月11日)

(有线无线两发)国。限即到。仙桃镇朱军长绍良勋鉴：(1380)密。灰、真两电均悉。请贵路速即向荆门前进，并限删日以前，占领荆门，务勿使残逆窜入襄樊，免其勾结他方也。第四、第十师，已乘船出发，约十四日可到荆沙。如残逆先据该处，则拟在监利上游拖茅埠登陆也。蒋中正。真戌。印。

(7) 蒋介石给门炳岳等命令(4月11日)

命令 (四月十一日午后一时于汉口华商公会总司令行营)

(一) 陶、胡、夏诸逆率领残军，经天门、仙桃镇，向荆门、沙市地区溃窜。

(二) 讨逆军以迅速肃清残逆之目的，拟即分路追堵，已派朱军长绍良为第二路追击队司令官，率所部经天门、仙桃镇，向荆沙逆敌追击。令其先头部队，已过天门、仙桃镇。派张司令发奎为第一路追击司令官，率所部现分由武汉、嘉鱼乘轮追击，限十三时到达荆洲、沙市。派谭道源师分在公安、石首、松滋等处堵截。

（三）着该旅长统率所部会同谭道源师堵截残敌，务须阻止该敌渡窜江南。

（四）除分令谭师长道源及何军长健知照外，仰即遵照。

（五）余在汉口华商公会行营。

右令

独立第六旅旅长门炳岳

总司令　蒋中正

（8）参谋处给何应钦等密电（4月11日）

机急。南京参谋总长何、处长葛钧鉴：(7231)密。谨将灰日下达命令，撮要报告如下：(一)逆军残部经天门、仙桃镇，向荆门、沙市溃窜。(二)第三军之王、金两师，已各回原防。第四军何健部其主力集结于长沙，附一部正向湘南逆军追击中。第三路军韩复榘部其主力停止于信阳、广水间，一部由石友三指挥，停止于樊城附近。(三)派朱绍良为第二路追队司令官、夏斗寅副司令官，率第八、第十三两师及陈独立旅为第一路追击队，由现地经天门、仙桃镇向荆沙追击。(四)派张发奎为第一路追击队司令官，方鼎英副之；率第四、第十两师，为第二路追击队，于真日起，由武汉、嘉鱼分乘船只沿江向上游追击。其先头部队，限元日到达荆沙。(五)第五师谭道源部分向石首、公安、松滋堵击。(六)第一、二、九各师，集结于黄陂、模店、祁家湾。第十五师李明瑞部第五十七师杨腾辉部，集结于安陆，独立第四旅罗霖部集结于黄安，骑兵戈团位置于花园，均归刘指挥指挥。(七)第六师任武汉临时卫戍，俟鲁师开到，即交替曹师，集结于武昌待命。(八)海军派浅水舰向沙市袭击。(九)航空队由武汉站向荆沙飞翔，妨敌行动。谨闻。总司令部行营参谋处叩。真丑。印。

〔国民政府战史编纂委员会档案〕

83. 蒋介石为调谭道源赴石首一带截堵桂军并许事成后委为武汉卫戍致何健密电

(1929年4月9日)

机急。长沙省政府何主席速转谭师长道源勋鉴:(5030)密。武汉已于支日克复,逆首遁逃,部队众奔溃。希即速率所部至石首、公安、松滋一带,截堵溃军,俟完竣即开来武汉,服卫戍任务。至切至要。蒋中正。佳。参。印。

〔国民政府战史编纂委员会档案〕

84. 总司令部行营发布关于桂系军队脱离李、白归顺的奖赏书

(1929年4月10日)

蒋总司令是时时爱护部下的,蒋总司令是只希望你们逃过来,一律收容你们的,蒋总司令是只追究叛逆官长,决不惩诫你们可怜的士兵,官兵如带兵归来的,每名赏洋五元,官兵如徒手来归的,是一律收容,如能杀了你叛逆官长来归的,必得重赏官级。杀了你连、排长来归的士兵,赏银一百元升一级,杀了你团营长来归的士兵赏银伍百元升二级。杀了你师旅长及总指挥来归的士兵,赏银伍千元升三级。全国军队,统统是蒋总司令的部下,蒋总司令就是我们军队的父兄。只要其部下能为党为国来革命,是统统可以包容宽恕的,决不来追究既往,胁从的更是不问了。蒋总司令是你们最高上长官。你们的官长李宗仁、白崇禧,为着自私自利,要把持湖北地盘,要做军阀,所以要背叛党国和革命军领袖,要做叛逆。你们

官兵是忠实党员，为什么要做李、白个人工具，跟他来做叛徒呢？蒋总司令是很爱护他们官兵，很想同你们见面说话。但是为你们上官李宗仁、白崇禧隔绝了，就是你们为上官欺卖了，望你们各官兵快快反抗李宗仁、白崇禧来归附蒋总司令。你们官兵同志们，应该要回问李宗仁、白崇禧，为什么要打倒蒋总司令？为什么反抗中央命令？为什么要侵掠湖南？为什么要把湖北来占据呢？大家起来，要打倒李宗仁、白崇禧，以及反抗中央的官长，从速来拥护我们的领袖蒋总司令，那么，就可以不打仗了，中国就可以太平统一了。桂系军阀是叛党叛国的，同志们不要为他们所利用，军阀个人争地盘无谓的牺牲。革命军的忠实军人，应服从三民主义。革命同志，绝对服从中国国民党中央执行委员会。革命军人，都应该服从蒋总司令。蒋总司令是革命军惟一领袖。革命军不是为争权夺利而战，同志们快些觉悟起来，共同消灭叛党祸国的桂系军阀。为争权夺利而反抗中央的桂系军阀，结果一定是失败的。反对蒋总司令，就是反对自己的首领。革命军人，应绝对拥护蒋总司令。蒋总司令是三民主义的忠实信徒，革命军没有蒋总司令的命令而自由行动的，就是叛党祸国的军阀军队。

海陆空军总司令部行营

中华民国十八年四月十日

〔国民政府战史编纂委员会档案〕

85. 蒋介石号召原隶第四集团军各将士脱离李宗仁白崇禧书

(1929年4月11日)

北伐军兴以来，我革命军全体将士，本亲爱精诚之精神，同生死、共患难，既无畛域之分，更无彼此之别。嗣后，虽划分为各集团军，亦为作战便宜计，精神团结，俨如家庭。初无彼疆此界之分。李宗仁、白崇禧等，阴谋叛逆外，把持第四集团军，以遂其私。第四集团军本为国家之公有军队，而李、白等劫持为一派一系所私有。第四集团军本为整个革命军队之一部，而李、白等挑拨离间，使四集团军自外如革命军队，而自成派系。第四集团军各将领，深受主义训练，深知服从中央。奈中间为李、白等所阻隔，服从之忱，不能达于中央。中央以第四集团各将士为革命袍泽，深加爱护，亦以李、白等从中阻隔，中央意旨，不能达于下层，致使患难相共，生死与同之第四集团军，日益离开中央而不自知，言念及此，殊堪痛心。湘变发生以来，李、白等逆行愈著，叛迹益彰，竟欲利用第四集团军以反抗中央，破坏统一。政府整饬国家纲纪，维护国家统一，不得已而用兵。军兴以来，第四集团下层将士，深明大义，不为一派一系之私利，而作无谓之牺牲，故祸首潜逃，讨逆军不血刃，而到达武汉。讨逆军到达武汉之日，即四集团军归还中央之时。中正于此，有不能不为第四集团军各将士告者：革命军人，应为主义努力，为党国效忠，服从命令，拥护中央，既不宜以一派一系自居，更不宜为一派一系所用，决不能苟存于青天白日之下。第四集团军各将士，在过去革命之历史，努力革命之完成。至此次事变，责有攸归，中央惟知严惩祸首，绝不牵连，各将士务须服从中央，严守纪律，静待后命也。蒋中正。

〔国民政府战史编纂委员会档案〕

86. 参谋处关于何健谒见蒋介石确定主持湘省及湘南湘西军情记事通报

（1929年4月12日）

通报 （四月十二日于汉口华商公会总部行营）

（1）何健前日由赣来汉谒见总座，其意系请总座令鲁师长涤平回湘，复任省府主席，但总座谓：鲁主席已辞职，而本人（何健）已经正式委任，当不辞其责，原令回湘就职。其后当请总座速行发表湘省府委员；其次则谓：本人既已就编遣特派员职，请颁发组织条例，以便回湘组织编遣特派员办事处。

(2) 何健四月十二日报告：

(一) 湘南方面：

1. 衡州刘副长建绪报称：张旅易团已于十日占领祁阳，桂军闻风逃窜。第五十五旅之一部，已到常宁，现向永州前进中。

2. 据罗参谋长藩瀛文午电称：张旅已向永州前进。据报郴永之桂军，胆甚虚。闻我军前进，有撤回桂省之样。

3. 运桂之敌弹，在衡州被我军截收，押弹部队，已解除武装。

4. 据王付旅长东原报告：永州尚有桂军两团，宜章亦有桂军两团。据许旅长克祥电告：黄旭初部已向永州方面移动，吕、王两部，已向连州移动。

综合各报告，职已严令湘南各部，向宜永猛进，乘势将湘境内桂军解决，早日肃清湘南，俾得连合粤军，共图进展。

(3) 湘西方面：

1. 据罗参谋长藩瀛文午电称：李云杰至今无电，常德实况，尚不明了。谭部是否遵令调出，亦未据报。

2. 据宁乡朱县长电报：谭师罗旅到益阳，部队撤换县长，统税局长勒提现款等等语。长益电话不通，已派员前往视察，并电谭师查明制止。

〔国民政府战史编纂委员会档案〕

87. 川军师长唐式遵进攻宜昌与刘和鼎作战等情与蒋介石往来电

(1929年4月12日—15日)

(1) 唐式遵给蒋介石电(4月12日)

机急。汉口蒋主席钧鉴：(1180)密。职等奉命扫荡东下，蒸日抵南沱，我军拂晓，仰攻北岸天柱山，激战半日，将敌击退。我军跟追远〔至〕敌第二防线三游洞；敌以大部反攻，职军乘胜猛击，复将该敌二道防线突破，敌势不支，退守下牢溪东岸。敌军伤亡甚众，职部亦伤亡官兵百余。我军进据下牢溪西岸，因待后方部队到齐，再为总攻，现与敌对峙中。惟该敌连日反攻甚炽，均被击退，该址为敌第三防线，溪深岸陡，进攻不易，我军复分队由半归渡河，沿江进击。拟占平善坝、下牢溪、隔江成倚角之势。下牢溪距宜昌仅十五里，炮声达于宜城，市民恐慌。惟刘逆和鼎，尚于桅子堤、对机窝、营盘岗、东山寺、巫稍尾积极布防，仍无去志。前传输诚，显系缓兵，亦悉钧座前锋，已占天门，并有三舰助战。现职兵既迫宜昌，拟恳钧座乘胜夹攻，以兵舰直驶宜昌，敌必然溃退，再断其去湘归路，则收拾鄂局旦暮间事，伏候密纳，立示方略，讨逆军第七路总指挥部行营参谋长第一师师长唐式遵同叩。元。

(2) 蒋介石复唐式遵密电(4月15日)

机急。重庆刘总指挥、第一师唐师长式遵均鉴：(2533)密。元电欣悉。兄等遵令讨逆，将士忠勇直前，深堪嘉慰。刻已令海军星夜来宜，协攻宜昌。并令追击部队张发奎、朱绍良各司令，由荆门、沙市猛进，期与贵师夹击残逆，一举而歼灭之。贵军务派有力部队，速至巴东，以防残逆超过宜昌，向西逃窜为要。特复。蒋中正。删酉。

〔国民政府战史编纂委员会档案〕

88. 蒋介石以惩前毖后三点告两湖同胞同志书

(1929年4月13日)

两湖同胞同志们：自军兴以来，中正行洋武汉，先后凡三次矣。第一次在民国十六年之初，适当北洋派崩溃，共产党肆虐之时。

第二次十七年七月，适平津初奠，奉命祭灵，绕道平汉路赴北平，正值桂系把持两湖，以暴易暴，叛迹渐著之时。连同今兹讨逆之役，计一年一度，与我两湖同志同胞相见。然每一度相见，即增一度之伤心，江河日下，疾苦益深。兹当痛定思痛之余，中正感想所及，有不能掬诚为我两湖同胞同志特进一言者。夫武汉为两湖最大之都会，亦即我国中部唯一之要枢。自军事、政治、经济各方面言之，其为重于天下，几无与比伦。故辛亥革命，武汉一呼，全国皆应，不百日而共和告成。今次国民革命，自重定两湖之后，长江黄河两流域，遂亦次第克复，影响之大，收效之速，彰彰在人耳目。然以其他地位重要之故，野心之徒，因亦从而生心，资以自私，北洋派资之以侵略西南，共产党据之以篡夺党柄。最近桂系新军阀，亦凭藉之以抗判中央。由此以观，两湖地位，果善用之，实大有造于党国，不善用之，则为患不可胜言。试检查民国成立以来之历史，两湖之功在国家，诚不可没。然资之为虐，以为革命前途之障碍者，其时期亦甚长，十余年来，循环内战，几皆以两湖为导火线，一往一复，甲兴乙仆，人民所受痛苦之深，亦以两湖为最甚，谁实为之？孰令致之？兹当叛徒溃败之余，应作惩前毖后之计，务使今后两湖之措施，专为党国造福，不为党国遗患。换言之，即今后两湖地位之运用，应使之日显其所长，而不复流于恶化与腐化，必如是而后一劳永逸，不致再隳，已成之前功。然欲达此目的，非有彻底弭乱之方法及根本改革之制度，不克生效，而其方法与制度，非得国民明白之了解，与热烈拥护，亦不克确立。今后两湖之同志同胞，为巩固党之基础，解除自身之痛苦计，不觉其责任与地位之重大，应与递嬗遗留力之情力及其特殊恶劣之环境，作殊死战，一德一心，在本党的领导之下，与中央共同一致，勿重入歧途，勿再失时机，尤应检查以往行动之错误，确定将来努力之途径，谨标三义，相期共勉，幸垂察焉。第一、思想上应坚信本党党义。本党所崇奉之三民主义，与总理所制定之建国大纲，诚为救国救民之唯一出路，变化愈多，真值愈明。凡全国国民，均起共信，匪特两湖为然，而两湖同胞中，信仰本党党义者，尤不在少数已也。第两湖之人，好走极端，凡保守思想与自由思想，多同时并行，而同属一种思想之中，左倾右倾，尤矛盾互见。故一义之兴，一说之立，标新领异，流行及于两湖者，必风糜一时。争为传说，且争为试验；往往甲说之流行未竟，乙说即继之而兴。乙说之试验方新，丙说又代行肆毒。是以十余年来，凡武力统一，联省自治，共产专政及分治合作，种种之说，均以两湖为集中推行之地，亦争以两湖为更番试验之场。每流行一说，即试验一说，每试验一次，即失败一次，亦变乱一次。流行试验无穷说，失败变乱无了期，于是两湖之人民生命财产，竟日在试验失败之牺牲中。卒至元气大伤，颠连无告，比真两湖特有之现象，而举国为之痛心者也。今应有尽有之谬论，已一一试验失败而去，则本党党义之合于需要，适于国情，无待深说而自明，吾人应以此为共同之正鹄；勿好奇、勿尚异、勿左倾、勿右倾、必谋思想之正确与纯一，以期主义之实现。此愿与两湖同胞同志共勉者一也。第二、政治上应促成国家之统一，以巩固革命之基础，国民革命之对象，曰帝国主义、曰军阀，所谓打倒军阀者，绝非打倒军阀之个人及其势力而满足，应彻底铲除生军阀之封建制度与地盘思想；明清之督抚制，固不许其复活，即民国之巡阅使、督军制，尤不容其变像幸存。生息于此种制度之中，则人人不觉自存封建之想，如此旧军阀未倒，新军阀既兴，反革命之军阀方除，假革命之军阀弥厉。故北伐完成以来，中央为确求国家真正之统一，巩固革命已成基础起见，一面由五中全会议决，限期取消各地方之政治分会，一面由编遣会议议决，限期取消各集团军之总司令部，一切军队之整顿调度，悉由编遣委员会整个管理之。盖欲恢国权之统一，及军权之统一，以为铲除封建地盘遗毒之初步工作。苟其不然，则乱源不塞，前功尽废。今次国民革命，亦等于多事而徒劳。不料桂系军阀，竟扬已死之灰，凭藉垂绝之政治分会及第四集团总部之名义，擅发命令，激起变端，召三湘之乱，动天下之兵，其为祸至今尚烈，益以知国权统一，军权统一，为国民绝对之需要，封建制度，地盘思想，真国民最大之死敌。吾人果忠于革命，忠于国家，自无与最大死敌迁就之余地。惟此种制度，此种思想，植基深固，历史攸久，已深入于人心。吾人欲摧陷而廓清之，以完统一之大业。非全国国民，多数觉悟，致努力不为功。故消灭军阀，力赞统一，真国民自救救国之唯一出路。哀此邦人，屡受其毒，创巨痛深，尤属责不容辞。此愿与两湖同胞同志共勉者二也。第三，地方行政上，应极力发挥自治之能力，国家行政上，应极力化除畛域之私见。十余年，两湖受军阀外力之压迫最苦，争夺最剧，说者谓两湖人民之排外性亦强，此或因迭受压迫之反感使然，即专就排外性而论，亦非恶德，第须确有分际，严守范围耳。一省以下之地方行政，与全国以内之国家行政，其性质截然不同，其系统亦判然各别。地方行政之良否，与地方关切最深，情形较熟，本敬恭桑梓之念，当然可由地方人士，多负其责。惟全国各地之国家行政，当由中央统顾兼筹，事务虽属地方执行，机关虽应各省编设，然各机关之组织及职员之行使，宜以习于其事，适当其才者任之，自不能以各该地方之人为限。尚有一省以内，本有之地方行政，及所属之国家行政，本省之人，尽欲把持而垄断之，流弊所及，必至一省所收之国税，只供省府，中央不能酌盈济虚。一省所驻之国军，专供省防，中央不能易地轮调。交通、司法自成风气，对外交涉，各有主张，破碎支离，何以立国。直接妨害国家之统一，间接形成地盘之割据。殷鉴深远，覆辙重寻，甚非爱国爱乡之同志所宜出也。兹者障碍已除。压迫已去，两湖应享之权利，由两湖人起而自保之，两湖之地方行政，中央当选贤与能，由两湖人自行管理，省以下县市区乡之自由行政，尤应从速举办。惟楚多材，勿好高骛远，勿见异思迁，果能各爱其乡，各居其职，实行本党之政纲，完全行政之单位，徐置宪政之根基，实饶有回旋余地，认明分际，严守范围，于国家行政上极力化除畛域之私见，于地方行政上，则充分发挥自治之能力，供建国大纲之精神，得实现于两湖，以为全国训政之模范。此愿与两湖同胞同志共勉者三也。以上三端，举其大要，皆惩前毖后之结论。良药苦口之忠言。尚齐金其微诚。互励共进。则中正之荣，宁有加诸。

〔国民政府战史编纂委员会档案〕

89．蒋介石调第六师回宁并委鲁涤平为武汉三镇卫戍司令命令

（1929年4月13日）

命令 （四月十三日午后×时于汉口总司令行营）

（一）着第六师自明日（十四日）起陆续调回南京，限二十日前全部到达南京。

（二）武汉三镇卫戍勤务，即交第十八师，分别接替担任。

（三）第六师输送船舶，着由兵站总监部即日整理完毕。

右令

第六师师长方策

兵站总监俞飞鹏

总司令 蒋中正

（又）命令

兹着第六师自明日（十四日）起，陆续开回南京，所有该武汉临时卫戍勤务，仰第十八师即日分别接替为要。

右令

第十八师师长兼武汉卫戍司令 鲁涤平

兼代武汉卫戍司令 刘峙

总司令 蒋中正

〔国民政府战史编纂委员会档案〕

90. 蒋介石关于会攻宜昌给张发奎等密电

（1929 年 4 月 14 日—15 日）

（1）致张发奎电（4 月 14 日）

电（有线无线两发）。嘉鱼张司令发奎，监利方副司令鼎英、仙桃镇朱司令绍良、天门夏副司令斗寅勋鉴：（1980）密。据本日飞机探报，逆军本日已由荆门、沙市，纷纷向宜昌方面溃退，惟钟祥县尚有多数船舶，少数军队麇集，状甚杂乱等语。望各路军速率所部，星夜急追。朱司令所部，务于删日占领荆门，即派第十三师及陈旅进驻当阳县。至第八师暂留荆门，候令进击。张司令所部第十师，到达监利时，应即单独向沙市急进，务于十七日以前占领沙市。切不可再待第四师集中后，同时前进也。第四师无论搭船步行，总期于十八日以前集中沙市，两军会合荆门、荆沙以后，张军即由沿江前进，朱军即由当阳道路前进，务望于二十三日以前，克复宜昌。遵照。勿延误为要。蒋中正手启。〇〇寒未。印。

注：外抄一分送本埠世界旅社四十四师卢师长亲启。

〔国民政府战史编纂委员会档案〕

（2）致张发奎等密电（4 月 15 日）

机急。嘉鱼第四师探投张司令官发奎、仙桃镇潜江探送朱司令官绍良均鉴：（1380）密。我川军第一师唐式遵部，已由巴东进至宜昌西北十余里平善坝、下牢溪之线，与刘逆和鼎相对峙，希速向宜昌进击，以收夹击之效。顷令陆军速驶宜昌上游，协同攻击，并电谭道源师，养日以前，赶至长阳、五峰附近，堵截敌人，均希密察为盼。蒋中正。删。戌。

（3）致何健等密电（4 月 15 日）

机急。即刻到。长沙何主席译转谭师长道源鉴：（5030）密。胡、陶诸逆，由荆沙向宜昌溃退。我第一、第二路追击队张发奎、朱绍良所部，本日由沙洋、潜江、监利经荆沙向宜昌追击中。我第七路第一师唐式遵部，已由巴东进至宜昌西北十余里平善坝、下牢溪附近，与刘逆和鼎相对峙，该师不必赴公安、石首，限本月养日以前，赶至长阳五峰，堵截敌人，并与施鹤之马部连络为要。盼复。蒋中正。删戌。

(4) 致缪培南密电(4月15日)

限即刻到。嘉鱼第四师缪师长鉴：(1380)密。删已悉。电悉现在武汉船只，极形缺乏，该师前进，应遵照寒未电令办理，不得延迟，致误机宜。第十师空船已令其迅速押回嘉鱼，接运该师辎重矣。特复。蒋中正。删亥。参。印。

〔国民政府战史编纂委员会档案〕

91. 蒋介石解除李燊免职处分并令率部攻广西归第十路指挥致龙云密电

(1929年4月15日)

(1)

机急。云南龙主席鉴：(1807)密。查李燊前经中央明令免职查办在案。现桂逆残部，负固广西，已另令派兵讨伐，李燊着带罪图功，免去查办处分，即率所部，编入讨逆军第十路，归龙总指挥指挥，仰即转令遵照。陆海空军总司令蒋中正。删参。印。

(2)

机急。云南龙主席鉴：(1807)密。极机密。寒申电谅达。贵路军番号，着改为讨逆军第十路，特电知照。蒋中正。删未。参。印。

〔国民政府战史编纂委员会档案〕

92. 航空司令张静愚关于派飞机侦察轰炸荆沙桂军情形给总部行营报告

（1929年4月14日）

报告（四月十四日）

职于本日七时四十分派飞机两架，侦察荆沙之敌，益相机轰炸，谨将所得情形，详报于后：

（一）飞机第一队，飞机师晏玉琮观察张守柏报告：

（1）潜江浮桥已撤，沿江有民船二百余只，敌人似已于昨日，全离潜江。（2）距荆沙不远之百水铺，有敌两团，其一团成方队，拟在训话。其一、成四纵队，躲避于路侧土埂上，当投炸弹三枚，一中第三纵队之前首，该纵队如鸟兽散。其二、掷于方队侧方，方队依然不动。（3）沙市江边人极拥挤，有外国兵舰一只，与白色货船一只，民船亦甚多。

（二）飞机第二队，飞机师叶志坚、观察师王贞、王振五报告：

（1）石牌镇钟祥间有民船百余只，向上水开进。（2）钟祥有敌人之大部队，我机到时，纷乱异常，当投四十磅炸弹一枚。（3）钟祥至荆门大道中，有少数散行部队，向荆门前进。（4）荆门东尚有敌部队约两团，当投四十磅炸弹一枚。（5）传单一万张，散放于钟祥、荆门一带。

〔国民政府战史编纂委员会档案〕

93. 蒋介石对桂系第二期作战计划

（1924年4月14日）

讨逆军第二期作战计划（四月十四日）

（一）纲领：

讨逆军以根本铲除桂逆之目的，由湘、鄂、滇三路进攻广西，肃清残逆，以巩固我西南革命根据地。

（二）集中：

第四路军限本月底集中桂边永州、道县、新宁一带，第八路军限本月底集中肇庆附近，第十路军限五月二十日以前，【集中】广南、剥隘一带。

（三）作战指导：

第四路军于五月一日由集中地出发，限同月十五日以前，占领桂林后，即向柳州前进。

第八路军于五月一日由集中地出发，限同月十五日以前，占领梧州后，即向浔州出发。

第十路军集中完毕后，由广南剥隘出发，限五月三十日前占领百色后，即向龙州、南宁前进。

（四）兵站：

各路军之兵站，均就近自行设置，但须受兵站总监之指导。

陆海空军总司令　蒋中正

〔国民政府战史编纂委员会档案〕

附：讨逆军各师逐日推进表如次

民国十八年四月十三日

部队＼区分		昨晚位置	本日行动	到达地点	备考
总司令行营		汉口华商街	未移动	仍驻汉口华商街	
追击部队	第一路司令部第四师	先头部队在嘉鱼附近，司令部及主力在神山市	向嘉鱼集结	完全达到嘉鱼	据周参谋振镛元电所称

（续表）

<table>
<tr><th colspan="2">区分
部队</th><th>昨晚位置</th><th>本日行动</th><th>到达地点</th><th>备　　考</th></tr>
<tr><td rowspan="5">追击部队</td><td>第十师</td><td>二十八旅在水道行进中，其余仍在武昌城外江岸上船</td><td>向监利推进</td><td>均在水道向监利行进中</td><td></td></tr>
<tr><td>第二路司令部第八师</td><td>仍在仙桃镇、多祥河、黄家新场、麻洋、谭桑林一带</td><td>向潜江推进</td><td>到达潜江一带</td><td>据朱军长元申午电所称</td></tr>
<tr><td>第十三师</td><td>观音湖市附近</td><td>向多宝湾沙洋推进</td><td>到达多宝湾沙洋一带</td><td>据夏师长元申电所称</td></tr>
<tr><td>独立第一旅</td><td>孝感附近</td><td>向荆门兼程推进</td><td>到达皂市龙泉镇一带</td><td>据朱军长元电并加以推测</td></tr>
<tr><td>海军四舰</td><td>江犀在新堤，江鲲在城陵矶，楚谦在岳州，咸宁在荆州门</td><td></td><td></td><td></td></tr>
<tr><td rowspan="2">截击部队</td><td>第五十师</td><td colspan="4">十日午后二时电令分向石首、公安、松滋附近堵击溃逆，迄今未得复电，是晚又电令会同门炳部在石首、公安、松滋一带防堵溃逆渡江南窜。</td></tr>
<tr><td>第一百六十六旅</td><td colspan="4">鱼亥电令由宜昌出动，向当阳一带截击溃逆，防堵西窜</td></tr>
<tr><td rowspan="2">集结待令部队</td><td>第一军军部第一师</td><td>主力黄坡一旅汉口</td><td>集结待令</td><td>主力仍驻黄坡，一旅仍驻汉口</td><td>刘军长在济生马路东安旅馆</td></tr>
<tr><td>第二师</td><td>横店</td><td>同右</td><td>仍驻横店</td><td></td></tr>
</table>

（续表）

部队（区分）		昨晚位置	本日行动	到达地点	备　　考
集结待令部队	第九师	二十五旅在孝感，师部及其他在祁家湾	同左	二十五旅仍在孝感，其余仍驻祁家湾	据蒋鼎文文电所称
	独立骑兵团	花园	同左	仍驻花园	
	第十一师	师部及炮工营到达武昌，其余在贺胜桥山坡纸坊一带	同左	师部及炮工营到达武昌，其余仍驻贺胜桥山坡纸坊一带	曹师长现住汉口太平洋四楼No2 19
	第十五师	安隆	同左	仍驻安隆	
	第五十七师	同左	同左	同左	
	独立第四旅	黄安	同左	仍驻黄安	
武汉卫戍部队	第六师	武汉三镇	准备调回南京	仍在武汉三镇待船	师部仍在汉口前四集团军总部
	第十八师	大部在武汉第六、第七团在九江	大部准备接替卫戍，第六、七团在九江待船	大部仍在武汉第六七团仍在九江	师司令部在汉口兰陵路
附记	第一路军在赣部队：王均师廿一旅驻赣北、修武一带，其余主力驻南昌。金汉鼎师分驻赣南、抚州、吉安一带，周刘两旅陆续向沪宁路线开拔。归还建制中，又徐源泉部已回蚌埠、宿县、符离集。 第三路军各师驻地，仍如九日所报，其先头部队，据廿九师长张允荣报称：已退回广水。				

（续表）

部队＼区分	昨晚位置	本日行动	到达地点	备　　考
附记	第四军何健所部主力、集结长沙一带，一部仍在湘南，分别追击逆军。 海军除四舰已向上游外，其他仍集结武汉一带。 空军飞机大队，令仍用武汉航站向荆沙地区飞行，妨害逆军之行动。			

〔国民政府战史编纂委员会档案〕

94. 蒋介石拟由三路进攻广西分别委任龙云何健为第十第四路军总指挥有关密电

（1929年4月14日）

（1）致龙云密电

机急。云南龙主席鉴：(1807)密。极机密。(一)武汉桂逆，已于本月上旬消灭。广西残逆，尚负隅自固，反抗中央。(二)讨逆军以根本铲除桂逆之目的，拟即由湘、粤、滇三路，进攻广西。(三)派龙云为讨逆军第十路总指挥，速选派所属部队十二团以上，编为第十路军。(四)第十路军限五月二十日以前集中广南、剥隘一带，集中完毕，即行出发。同月三十日以前，占领百色后，即向龙州、南宁前进。(五)该路兵站，应就近自行设置。(六)仰该总指挥克日就职，并将队号、编组、位置、计划具报。(七)余在汉口行营。陆海空军总司令蒋〇〇。寒申。参。印。

（2）致何健等密电

汉口大智旅社何主席、航空张司令静愚钧鉴：(1980)密。极机密。(一)武汉桂逆,已于本月上旬消灭。广西残逆倘负隅自固,反抗中央。(二)讨逆军已根本铲除桂逆之目的,拟即由湘、粤、滇三路,进攻广西。(三)派何健为讨逆军第四路总指挥,速选派所属部队二十团以上,及张司令静愚所属航空大队之一部,编为第四路军。(四)第四路军限四月底集中桂边永州、道县、新宁一带。五月一日,由集中地出发,限同月十五日以前,占领桂林后,即向柳州前进。(五)该路兵站,应就近自行设置。(六)仰该总指挥克日就职。并将队号、编组、位置、计划具报。(七)余在汉口行营。陆海空军总司令蒋○○。寒。印。

〔国民政府战史编纂委员会档案〕

95. 蒋介石于鲁涤平就任武汉卫戍司令宣誓仪式上训词

(1929年4月15日)

今天是武汉卫戍司令就职的一天,卫戍司令之重要,诸位都很明了,不必多解释。但对于武汉卫戍,有两点意见须说明的:(一)武汉为全国重镇,武汉治安是否安全及人民之明了主义与否?实为全国所注意。试观辛亥起义,即全国响应。又革命军自广州出发,抵武汉后,不数月而奠定东半壁。由此可知,武汉关系之重。盼望卫戍司令,将武汉的责任负起来,使成为一个新的武汉。(二)军官须以身作则,严守纪律,士兵则须严加训练。至军队中有少数不守纪律,或服装不整齐者,希望鲁司令就职之后,更加注意,不论何师何旅,须一律整理。而对于军人占驻民房,更须严加整顿,以养成很好的革命军人。

〔国民政府战史编纂委员会档案〕

96. 孔庚等关于桂军胡陶夏三师长接洽投降及余部受编事宜与贺国光往来电

（1929年4月15日—16日）

（1）孔庚等致贺国光电（4月15日）

汉口行营参谋长贺钧鉴：昨电谅蒙垂察。此间各将领，刻正召集会议，协商和平。惟据报，海军连日炮击沙市下游，潜江、沙洋各军，也分别攻击前进。本日飞机，复来沙抛掷炸弹。如此情形，殊与总座派庚等前来接洽，和平之旨相违。应请转陈总座，即令前方陆海空军，停止攻击，以便接洽。如何盼复。弟孔庚、何竞武叩。删未。印。

（2）孔庚等致贺国光电（4月15日）

汉口行营参谋长贺钧鉴：删未电奉悉。（1）胡、陶、夏三师长，已于本日电总座，表明心迹。（2）胡、陶、夏三师长，态度极为磊落，离开队伍，不成问题。弟等不负全责。（3）李、石、江、程各师之就职问题，因编制情况，略有斟酌，俟庚等回汉请示后，即可实行。（4）前进陆海空各军，仍请转呈总座，即令停止军事行动，以免误会。（5）庚等候复电后，即来汉面陈一切。弟孔庚、何竞武叩。删亥。印。

（3）贺国光给孔庚等复电（4月16日）

孔庚、何竞武兄钧鉴：删亥电敬悉。已转陈总座，深为嘉慰。（一）胡、陶、夏三兄，呈总座电，迄未收到。请转告速发，以明心迹为要。（二）所有部队，除程自带外，夏部可由尹承纲、李朝芳二人中，酌定一人带领。其余即由李石樵、石毓灵、江声三人分带。应如何区分，请两兄就近酌定。（三）区分决定后，即日将荆门、沙市、和平交出，由我前方部队分别接防。（四）新编各部队，克日开至下列各地，以便派员点验。（甲）程部建阳驿镇。（乙）李部半月山场。

(丙)石部鸦雀岭场。(丁)原夏部河溶镇。(戊)江部观音桥。(五)以上诸事,各能办妥,迳电总座,表示遵行后,即令陆海空各军及川军停止攻击。(六)奉谕诸事议定之后,请两兄陪同胡、陶、夏三兄来汉一谈。总座意甚诚恳,担保绝无危险。如何祈复。再无线电已办妥。弟贺国光叩。铣未。印。

〔国民政府战史编纂委员会档案〕

97. 陈济棠报告湘南已无桂军踪迹致蒋介石密电

(1929年4月18日)

国。急。南京中央政府主席蒋钧鉴：○密。顷据报称：(1)范石生部已于元寒两日回驻郴宜。(2)许克详部已派黄团进驻临武、蓝山。(3)湘军张其雄旅已进驻零陵。刘建绪旅，亦已达到衡阳。湘南已无桂军踪迹等语。谨电呈察核。职陈济棠叩。巧。印。

〔行政院档案〕

98. 蒋介石发布进攻广西作战的命令

(1929年4月19日—24日)

(1) 四月十九日命令

命令　四月十九日午后八时于汉口行营

一、桂逆武汉残部已经解决,广西残逆,尚负隅自固，反抗中央。

二、讨逆军以根本铲除桂逆之目的,拟即由湘、粤、滇三路,进攻广西。

三、派何键为讨逆军第四路总指挥，选派所属部队二十团以上。步兵及张司令静愚所属航空大队之一部，编为第四路军。限四月底集中桂边、永州、道县、新宁一带。五月一日,由集中地出发,限同月十五日以前，占领桂林后，即向柳州前进。

四、派陈济棠为讨逆军第八路总指挥，选派所部十八团以上步兵，及海军第四舰队全部，航空张司令惠长所部，编为第八路军。限四月底集中肇庆附近，五月一日由集中地出发，限同月十五日以前，占领梧州后，即向浔州前进。

五、派龙云为讨逆军第十路总指挥，选派所属部队十六团以上步兵，编为第十路军。限五月十五日以前，集中广南、剥隘一带集中完毕，即行出发，限同月三十一日以前，占领百色后，即向龙州南宁前进。

六、派朱绍良为讨逆军总预备队，总指挥率领第八师、第十五师、第五十七师，于四月底集中武汉附近，相机推进。

七、各该路兵站，应就近自行设置。

八、仰各该总指挥克日就职，并将队号编组位置计划，从速先行再报。

九、余在汉口行营。

右令

陆海空军总司令　蒋中正

附：战斗序列

(2) 四月二十四日命令

命令(四月二十四日午后十时于汉口行营)

四月十九日午后八时，所下三省攻桂之作战命令，兹改正如下：

一、第四路军五月五日在永州、道县、新宁一带集中完毕。六日出发，限同月二十日以前，占领桂林、平乐。

二、第八路军五月十日集中肇庆、英德附近，十一日出发，限同月二十日以前，占领梧州、贺县。

三、第十路军即日集中宜良附近，迅速出发，经过黔境独山入桂。限五月二十五日以前占领柳州。

战 斗 序 列

四月　　日

陆海空军总司令　蒋中正

参谋总长　何应钦

汉口行营代总参谋长　贺国光

讨逆军第一路 总指挥朱培德	讨逆军第二路 总指挥刘峙	讨逆军第三路 总指挥韩复榘	讨逆军第四路 总指挥何健	讨逆军第八路 总指挥陈济棠	讨逆军第十路 总指挥龙云	总预备队 总指挥朱绍良
			兵力共计 二十团以上	兵力共计 十八团以上	兵力共计 十二团以上	D8 D15 D57

航空司令张静愚

海军第四舰队余部

航空司令张惠长　参谋长卢佐

兵监总监俞飞鹏

四、余在汉口行营。

右令

第四路军总指挥何健。

第八路军总指挥陈济棠。

第十路军总指挥龙云。

总预备队总指挥朱绍良。

海军第四舰队司令陈策。

航空司令张静愚。

航空司令张惠长。

第十五师师长李明瑞。

第五十七师师长杨腾辉。

陆海空军总司令　蒋中正

〔国民政府战史编纂委员会档案〕

99. 胡宗铎与陶钧发表解职放洋求学通电

（1929年4月21日）

国急。限即刻到。中央党部、国民政府、各院长、各部长、汉口蒋主席钧鉴：太原阎总司令、郑州冯总司令、奉天张军事长、各总指挥、各军、师、旅长，各省政府、各党部、各报馆、监利武穴探送海军陈司令、方总指挥、张指挥、李旅长、荆门夏师长并转沙汤朱军长均鉴：此次事变，外间揣测纷纭，未遑置辩。宗铎等既念党国缔造之艰难，复念民生之凋敝。怀同室操戈，至痛懔内战不祥之忧，踌躇审慎，交战神明，午夜扪心，绕室不寐，一身万难，纷至沓来，利害相权，宁丛咎于藐躬，不争是非于无谓，用是毅然引退，即日交代放洋，读书增求新知，以补吾过，邦人君子，其共谅之。胡宗铎。陶钧。马亥。印。

〔行政院档案〕

100. 龙云宣布组织第十路军攻桂暨谭延闿复电

（1929年5月2日—25日）

（1）龙云通电（5月2日）

急。南京行营蒋总司令、南京中央党部、国民政府、各院、部、会，开封冯部长、太原阎主席、沈阳张委员、广州陈主席、南昌朱主席，金、王两师长，重庆刘总指挥并转各军长、各省、市政府，各省、市党部，各机关、各法团、各报馆均鉴：桂逆叛国，天人共愤，大军所至，拉朽摧枯，根本肃清，指日可待。惟其残部，现尚财隅，云奉命讨逆，剑及履及，义无返顾，徒以交通不便，动作稍迟，私衷愧歉，有如芒刺。兹已部署完毕，全体动员，遵照指定路线，星夜进发，三军踊跃，誓扫欃残枪。众志激昂，相应援鼓。望澄清而揽辔，共慷慨以挥戈。仰托总座之英灵，庶效棉力于尺寸。前方战况，容保续闻。立马陈词，散候明教。讨逆军第十路总指挥龙云叩。冬。印。

（2）龙云给蒋介石电（5月8日）

急。南京中央党部、国民政府蒋主席钧鉴：各院、部、会、各省、各省政府，各级党部，各路讨逆军、总指挥，各团体、各报馆均鉴：本军奉命讨逆，所属部队线，于江日遵照指定路线出发完毕，云现亲率警卫部队，于庚日由昆明启行，躬赴前方督师，进应期于追随总座，协同友军，直捣逆府，迅销残孽。谨电奉闻，伏维垂察。讨逆军第十路总指挥龙云叩。庚。印。

（3）谭延闿给龙云复电（5月15日）

云南龙总指挥鉴：冬电悉。挞伐用张，义声避邕，大勋克集，完成统一，实嘉赖之。延。咸。印。

（4）龙云给国民政府等电（5月20日）

南京国民政府、各院、部，各省政府、中央党部、各省、各级党部、各机关、各法团、各报馆鉴：溯自统一告成，兵民望治，训政开始，中外倾心。正宜努力建设，巩固党国。不幸发生武汉政治分会违法之举，幸中央用兵神速，迅扫逆氛。然余孽未净，亟待清扫。兹奉中央明令，率师静桂。以本军拥护中央，肃清反侧之初衷，大义所在，何敢后人。惟滇、桂均中华领域，兄弟阋墙，虽胜不武，对此弯弓，能不垂涕。若桂省执事，能于最短期间，顿悔前非，请罪中央，一至服从，则本军朝奉中央之令，夕止前进之师，固所甚愿。否则，大义所关，有进无退。先此奉闻，伫候明教。讨逆军第十路总指挥龙云叩。智。印。

(5) 谭延闿给龙云复电(5月25日)

云南龙总指挥勋鉴：庚电奉悉。雷霆奋击，挞伐用张，竟统一之全功，成革命之大业。敬慰劳苦。并祝殊勋。谭〇〇。有。印。

〔行政院档案〕

101. 第三十八军劝告黔省主席周西成对湘事之变勿持中立应明态度通电

(1929年5月10日)

中央党部、国民政府、各院长、各部长、各省政府、各级党部、各师、旅长，各报馆钧鉴：顷致贵州周主席一电文曰：湘事之变，违法抗命，破坏统一。际兹训政开始，而有此不幸之命，凡我军人，不能无憾于戎首也。顷阅报载，执事信使塞途，态度暗昧。夫地方与中央非对等可言，执事之处境，无中立余地，如不拥护中央，即是助长割据，何用其徘徊也。若更宣言服从，暗中助乱，磊落丈夫，义不出此。响者，执事一身，佩数省印，一国三公，人或曲谅。今时何时，而犹若是非侧重一己利害，是军阀故技矣。革命原性：不欺骗、不投机，执事一身而并有之。何以垂范，观风望色。昔人所耻，暮楚朝秦，壮夫不为，愿早决之。勿为亲厚所痛。国民革命军三十八军全体将士叩。灰。

〔行政院档案〕

102. 王大桢报告桂系军放弃攻粤占领全州与谭延闿等往来电

（1929年5月10日—17日）

（1）王大桢致谭延闿电（5月10日）

国急。南京行政院谭院长、农矿部易部长、参军处张局长、吴局长、上海张市长，法租界铄国富门路八号阴先生、北平唐总指挥、何军长、刘军长、李军长、汉口刘总指挥、朱总指挥、刘市长、武昌鲁司令、张师长、沙市方师长、荆门夏师长、南昌朱总指挥、长沙叶司令赐鉴：桢等佳抵永州，总括各情简报如下：(1)闻敌原有攻粤企图，因我军迅集桂边，改取守势。(2)桂林、灵州、兴安之线，有逆军约五团。(3)平乐、梧州之敌，全力未详。(4)我刘师罗旅，庚由黄沙河攻击前进，于本日正午、占全州，敌向桂庠方面退却。(5)我吴师同日占领灌睹。(6)我周师、范师正分途进击中。谨闻。王大桢、刘晴初敬叩。蒸戌。印。

（2）谭延闿给王大桢等复电（5月17日）

永州王总参议、刘参谋长鉴：○密。蒸戌电悉。陈师千里，迭克名城，皆赖公等尽筹。将士努力，功在党国，不胜欣贺。前方情况，仍希时示。延闿。篠。

〔行政院档案〕

103. 随军记者唐三报导各路纵队进击平乐会攻桂林等地致国民政府等电

（1929年5月14日—20日）

（1）5月14日电

国急。限即刻到。南京中央各委员、国府主席、总司令、各院长、各部长、卫戍司令、各路总指挥钧鉴：第四路总指挥何键，寒率部由衡移永，所部第二纵队司令刘建绪，已进占兴安。刻正同第一纵队周斓，会攻桂林，并连络吴尚、范石生各部，进击平乐。预计三叫日内，可以攻下。惟闻李逆宗仁尚称伪护党讨贼总司令名义，并伪称联冯拥汪种种，我十路军消息不通，莫明究竟。中央随军记者唐三。寒午。印。

(2) 5月16日电

国急。限即到。南京中央各委、国府主席、总司令、各院长、各部长、卫戍司令、各路总指挥、各军长、师长钧鉴：第四路第二纵队刘建绪，删午督部攻进桂林。柳逆退柳州。第三、第四纵队吴尚、范石生，亦先后督部进攻平乐。许克祥部已占富川，逼近贺县。第八路东西两江，连日大获胜利；击沉逆舰两艘，夺获逆舰两艘。梧州不日攻下。中央随军记者唐三叩。铣午。印。

(3) 5月21日电

国急。限即到。南京中央各委员会、国府主席、总司令、各院长、各部长、各总指挥钧鉴：四路总指挥何键，号晨由永州出发，向全州、桂林推进，所部范石生、许克祥进攻梧州，尚称顺利。八路攻西江，正在激战。职前日乘汉口号飞机，至桂林察看情形，市面安谧，因无停机场，不能降落，当即回衡。随军记者唐三叩。号。即。

〔行政院档案〕

104．何键报告占领桂林及攻柳浔遭桂军抵抗乞示方略致谭延闿电

(1929年5月17日—6月5日)

(1) 何键致谭延闿电(5月17日)

国急。南京行政院长谭、参谋总长何、汉口总部行营贺主任、北平唐总指挥赐鉴：汉口钱总参议、朱总指挥、刘总指挥、鲁司令、

方代主席、刘师长、安庆方师长、南昌朱主席、缪师长、北平何军长、李军长、刘师长、上海张市长勋鉴：键寒午离衡，本午到达永州，我军刘纵队于删午占领桂林，敌向柳城溃退。范纵队删午占领平乐。西江之敌向梧州溃退。键稍事部署，再赴前方，除电饬各纵队继续进击，俾讨桂任务，早日完成外，谨电奉闻。职何键呈叩。篠午。印。

(2) 谭延闿给何键复电(5月22日)

永州、全州、桂林何总指挥勋鉴：篠午电悉。义旗所指，迭克名城。具征统率之有方，益信主义之无敌。继续进取，扫荡逆氛，完成统一，伫盼捷音。行政院。养。印。

(3) 何键致谭延闿电(6月5日)

急。南京行政院谭钧鉴：奉诵铣电，弥甚惕万。现梧州已下，已令刘、范各部，并力合攻柳、浔。惟残敌昧于大义，尚谋顽强抵抗，敬恳时赐方略。俾得早清逆务，以纾粤西民困，至为感祷。敬请钧安。职何键谨叩。微。印。

〔行政院档案〕

105. 参谋处转陈济棠关于击溃桂军及黄旭初受重伤与行政院往来电

(1929年5月24日—25日)

(1) 参谋处转陈济棠电(5月24日)

机急。南京抄送中央党部、国民政府暨各院、部，太原阎总司令、潼关冯总司令、北平行营何军长、汉口行营何参谋总长钧鉴：并转各省党部、省政府、各总指挥、各师、旅长，各报馆均鉴：顷据广州陈总指挥济棠养戌捷电，顷李参谋长杨敬，由前方返省报告：(1)逆敌万余人，于马日被我军击破，除俘虏数千人及击毙溃散外，其渡江溃退者，不满三千人，已不成军。(2)大塘逆总指挥部职员，俘虏过半。黄逆旭初身受重伤，王逆应榆被我军俘虏。(3)第一旅夺获步枪千余枝，第二旅俘获步枪二千余枝，水机关枪二十三挺。迫击炮十二门，伙炮一门。第三旅约二千枝，第八旅约千枝。在战地散失，总在二三千以上。(4)我军现驻白泥、永平、大塘、芦苞一带，准备追击。(5)据蒋师长电报：蔡旅及第七旅，于哿未占领河源县城，残敌约二千，向忠信溃退。现仍继续追击中。等语。谨电奉闻。总司令部参谋处叩。敬酉。印。

(2) 行政院给陈济棠复电(5月25日)

广州陈总指挥鉴：删电悉。徐逆余部，于桂寇荡平以后，自知势穷力孤，不能盘踞东江，犹冀窜据闽赣边境，藉延残喘。经该总指挥会合邻省友军，四面包围，全部缴械，肃清粤境，永绝乱源，调度有方，良深嘉慰。现在粤省军事结束，建设方始，尚望协助该省政府，加意抚绥，妥筹善后，是为至要。行政院。有。印。

(3) 谭延闿给陈济棠复电(5月25日)

广州陈总指挥鉴：删电奉悉。廓清摧陷，殄灭无遗。靖寇绥疆，指挥若定，既钦伟绩，尤仰忠勤。载诵捷音。至深佩慰。延闿。有。

〔行政院档案〕

106. 蒋介石为邓世增与徐景唐勾结李宗仁等祸粤请予惩处致国民政府呈

(1929年5月25日)

呈为呈请事：窃据广州陈总指挥济棠梗未电称：此次桂逆自武汉失败后，仍敢为祸吾粤，固由李、白、黄诸逆怙恶不悛。拟以粤为根据，反抗中央，亦在粤军人邓世增、徐景唐等，甘作桂逆走狗，不惜引狼入室，致有此结果。且徐、邓等挟其连年在粤搜括之脂膏，用以运动海军，收买舆论，以致省城军政党机关，无不布满徐、邓爪牙党羽，四出煽惑，嚣张为幻。当大塘桂逆未击破以前，即革命根据地之广州，亦为此种妖氛所笼罩。此次虽仗总理在天之灵，中央之威，以及士兵之用命，将敌击破。然痛定思痛；徐、邓等之罪，实浮于桂逆。当此桂逆初败，人心未定，该逆等仍四处运动土匪，勾结共匪，扰乱秩序，应请中央令行全国军政机关，一体通缉归案究办。并转请中央党部开除该逆等党籍，一面与港政府严重交涉引渡，或驱逐出境，以除后患，而安党国，实为公便等情。据此，查所称邓世增、徐景唐甘心附逆，扰乱粤疆，实属罪无可逭，理合据情呈请钧府察核。俯赐转请中央党部将该逆邓世增、徐景唐二名，永远开除党籍，一面令行全国军政各机关，一体通缉归案究办，并令外交部向港政府严重交涉引渡，以除叛逆，而免后患。谨呈

国民政府

陆海空军总司令　蒋中正

中华民国十八年五月二十五日

〔国民政府档案〕

107. 文官处转发国民政府懋赏广东省陆海空军官兵令给行政院公函

（1929年5月29日）

国民政府文官处公函　字第四八二五号

迳启者。奉国民政府令开：此次桂逆倾巢犯粤，勾结少数海军及东江徐逆景唐部队，谋袭广州，以为反革命之根据。深赖第八路总指挥陈济棠、广东省政府主席陈铭枢、练习舰队司令陈训咏、第四舰队司令陈策、航空处长张惠长、各师旅团长、舰长等，临变镇静，调度有方，并赖各士卒，深明主义，忠勇善战，故能屡摧强敌，巩固粤疆。披览捷报，至深嘉慰。所有出力人员，着该总指挥分别呈报，同膺懋赏。其战阵伤亡诸将士，为党国捐躯，为革命奋斗忠烈之气，足以千秋，政府殊深痛惜，应着分别查明，呈报从优议恤。以

彰勋绩，而示来兹。此令。等因。除录令电知陈总指挥济棠、陈主席铭枢外，相应录令，函达查照。此致　行政院

文官长　古应芬

中华民国十八年五月廿九日

〔行政院档案〕

108. 何应钦请求惩处煽动粤省陆海军政官兵攻袭广州有关人员给国民政府呈

（1929年6月6日）

呈为呈请事：窃准广东省政府主席陈铭枢、第八路总指挥陈济棠电开：此次桂系余孽，敢于东犯，固由李、白、黄诸逆野心未死，怙恶不悛，实由徐逆景棠、邓逆世增等同恶相济，引狼入室。彼乃罔无顾忌，大举来侵。该逆等自职铭枢卧病香港，职济棠出席三全大会，即秘密透支粤库巨款，预备图谋不轨。迨铭枢、济棠宣布和平，拥护中央，遂即麇聚香港，设立机关，招集反动分子，分途运动，希图袭取广州，组织政府。以徐逆总军政、以邓逆长民政，兼领军政，其计划在先，占据广东为根据地，再进危害党国，实属罪大恶极，万难任其幸免。兹将叛逆重要分子列举如下：一、李务滋、云瀛桥、谭邃、陆满、饶汉杰、王道、洪世杨、韩舜民、曾泽民、余华沐、廖鸣欧诸逆，则在东江举兵叛变，约期会同桂逆进攻广州。冯祝万、李民欣、王经舫诸逆，则以巨款运动海军，而海军叛将舒宗鎏、李英杰、陈锡乾、袁柳溪等为金钱所迷，遂调集舰队，分泊于南石头、容奇两处叛变。响机三张国元，何春帆、张文、张谞文、李青、何次权、李芳、魏邦平、冯次琪、胡文灿、罗伟疆、叶毅夫、叶显、马炳洪、王荣佾、沈崧、翟瑞元诸逆，则分途运动军警、共匪、土匪，四处扰乱。黄秉勋、李家望、李勉成、高承元、黄炳坤、余日焜、何觉甫、何作霖、邱炳椽诸逆，则藉办理党务为名，运动农工，制造空气，四出煽惑，情

形为幻，而以徐、邓两逆发纵指示，总揽其成。以李民欣、冯祝万、马炳洪三逆，管理逆赀，四处分发运动。当大塘逆军未击破以前，即革命策源地的广东，况充满反动空气，情势危急，日甚一日。兹幸托总理在天之灵，中央之威信，以及将士之用命，已将东西北三路逆敌，先后荡平，转危为安。然痛定思痛，毖后惩前，不得不将反动分子肃清，免留后患，应请中央党部将上列诸逆开除党籍，以肃党纪，并请国民政府、蒋总司令通令全国军政机关，一体协缉，务获归案究办，一面与香港政府，严重交涉引渡，或驱逐出境，以清叛逆，而除后患，则党国幸甚。又准第八路总指挥陈济棠俭电开：所部第一师参谋长徐涟前，由冯逆祝万荐充，此次对于讨桂态度暧昧，职以其在第一师服务已年余，不无微劳，并委其兼讨逆军第八路总指挥部参谋处处长，本冀其感悟，前非效力党国，不意其当广州谣言炽盛，情势危急之际。忽于本月十九日携带第一师长陈济棠私章及公款私逃，近复在香港造作种种谣言，并分函各处，嚣张为幻，冀掩其非，似此冥顽不灵，非严行通缉，无以儆逃官，而肃军纪，应请钧座通令全国军政机关，一体协缉，务获归案究办，并请中央党部开除党籍，以示惩儆。实为公便各等因。准此。除电复外，理合并案呈请钧府，通令全国军政各机关，一体协缉，并令外交部向香港政府严重交涉，将该逆李务滋等引渡，或驱逐出境，以除后患。伏乞鉴核施行。并指令只遵。谨呈

国民政府主席蒋

中央编遣区主任委员　何应钦

中华民国十八年六月六日

〔国民政府档案〕

109. 李明瑞报告攻占桂平给蒋介石等电

(1929年6月23日)

国急。南京中央党部、国民政府、总司令蒋钧鉴：各院长、各

部长、各路总指挥、各省政府主席、各师长勋鉴：明瑞于皓日，由大湟江口出发，令杨师长率领一百六十九旅及三独立团，沿柳汝东岸大江南岸，协同海军向桂平城围攻。哿晨，亲自率领十五师及一百七十旅，由桂平上游去下湾官江附近，秘密渡过北寞，以一部向蒙圩，一部向桂平攻击前进。哿申与蒙圩都绿桥之敌接触，约一小时，敌势不支，退守桂平城外一带高地。马晚，以主力集结蒙圩附近，对柳州方面之敌警戒，以一部肃清城外之敌，即将桂平城围困。入夜，敌屡次猛冲，均被我军击退，剧战一昼夜。韦逆云淞即派代表前来投诚。明瑞为地方人民计，准其即日离境，其余部队，听候编遣。桂平城遂告克复。是役，除投诚部队外，缴获大炮一门，机关枪数挺，步枪数百枝，毙敌二百余人，俘虏数百人，我军伤营长一员，官兵伤亡数十名。现据报白逆崇禧，率柳州残部七团，来援桂平，闻桂平为我军克复，即在来宾一带逗留。现令新编吕焕炎部，由郁林进出贵县，敝部克日经石龙，向迁江来宾前进。谨电奉闻。讨逆军第八路副总指挥李明瑞呈叩。漾。印。

〔行政院档案〕

110. 王大桢报告进攻柳州被桂系军队及民团击败等情致蒋介石电

（1929年6月29日）

国急。南京主席蒋、行政院院长谭钧鉴：宋部长、孔部长、王部长、易部长、何参军长、俞总监、总部张副官长、徐州总指挥唐、北平何军长、刘军长、李军长、上海张市长、法界西国富门路八号蒋先生、汉口何总监、贺总参谋长、方师长、夏师长、刘市长、武昌鲁司令、张师长、广州陈总指挥、梧州浔州俞主席、李特派员、杨师长、南昌李总指挥、长沙叶司令赐鉴：职路军前因分兵东攻序、西攻柳，柳州地险民悍，清野匿粮。敌以兵力肉薄我阵，民团便衣队蜂起，扰我后方，防不胜防，乃退出山地整理。而敌复以主力猛冲我右翼，周、刘两师，损失甚巨，疲劳亦甚。吴、范两师，远在梧贺，调援不及。不得已，脱离敌火，集结整理，图为有效之反攻。现已遵令，各部于俭日起积极反攻，限期规取桂林、平乐，继续进攻。现吴、周两部前线，已抵兴安，刘师前线，已抵恭城，皆可如限规复。总指挥部拟即移全。谨电陈闻。讨逆第四路总指挥部总参议职王大桢呈。艳。印。

〔行政院档案〕

111. 国民党驻河内海防等支部报告黄绍雄白崇禧逃入越南情形给蒋介石等呈

(1929年7月8日—8月22日)

(1) 河内支部杨温泉呈(7月8日)

呈为呈报桂系黄、白等逆，自桂省战败后，由龙州逃至越南河内，勾留一天。翌日乘汽车往海防，现赁定居留政府侦探部后街居住，设立机关，办事随员有数十人，分驻各旅店。本月四日，黄逆绍雄随带随员数人，乘汽车赴谅山，勾留一天，翌日，乃抵龙州，以图死灰复燃。查黄逆等此次来越，带有法币千五百万元，存放海防东方汇理银行，订明随时提取，该逆等携有若大巨款，其平日剥削民脂，可谓达于极点也。所有桂系黄、白逆等逃入越南情形，理合备文呈报钧部鉴核。谨呈

中央执行委员会组织部

驻河内支部执行委员会

常务　杨温泉

中华民国十八年七月八日

(2) 海防支部郑肃山呈(8月22日)

呈为呈报黄、白二逆逃到海防近来之行踪事：现据敝部侨民

科报告，续查得黄逆绍雄、白逆崇禧于本月三日晚，前往顺泰号，拟向谭与仓借用汽车。惟谭与仓不与见，只以小婢答复云：汽车不能与借。迨后黄、白二逆，乃求该顺泰号之伙伴，代往南人汽车公司租用汽车一架，于四日早七时，由海防动程，直往南定，拟入聚合米号。惟是该聚合号之司理人，不肯照料，于是停车约有数分钟，即由南定直往清化，寓于生记号，适该生记号之司理人过埠，不在店中，后由该生记之弟招呼，遂寓宿于生记，二晚，闻黄、白二逆意欲往顺化游行，但闻得生记之弟说及近日顺化埠因安南革命事，颇极戒严，是以又中止，不敢前往。迨后在清化投宿于安歌妓馆，花天酒地，场场快乐。用去纸币约有壹仟伍佰元左右。窃此辈前者在我国充当军阀，剥我人民之财，前来此间，以为其快乐。如是之化耗，闻者岂可忍乎。该黄、白二逆，于本月八日始抵海防埠，黄逆绍雄即搭由法国邮船广东号返港，现下只有白逆崇禧仍逗留于海防法旅店。又据查得黄、白二逆，由南定往清化之时，黄、白及其部下李、赵等四人，均携枪以为护身，并以枪向司机人指挥其电车，直驶前往，不许停歇。然当地政府，能许他等携枪游行于各处，则当地政府有意容及此等反动之辈，安居落业于越境，该逆等仍以香港、海防等处为避身之地。为此，备文呈报鉴核，务请令饬外交部提出向英、法公使交涉，令各当地政府，严密取缔，驱逐出境，免逆等逗留各处，希图不轨是幸。为此呈报。谨呈

国民政府蒋主席鉴

常务委员兼组织科主任　郑肃山

总务科主任　李文彪

中华民国十八年八月二十二日

〔国民政府档案〕

112. 陈济棠报告李宗仁等勾接徐景唐侵粤及其被歼通电

（1929年7月15日）

国急。南京中央党部。国民政府蒋主席、各院、部长，各文官长钧鉴：太原阎总司令、沈阳张司令长官、汉口何总监、北平何总指挥、衡州何总指挥、云南昆明龙总指挥、贵阳李总指挥、漳州张总指挥、南宁俞主席、李副总指挥、各省省市党部、省市政府、各路总指挥、各师长勋鉴：党国不幸，发生内战，李、白诸逆，于武汉失败后，仍野心未死，逃回广西，联合黄逆绍雄，勾结徐逆景唐、舒逆宗鎏等，大举侵粤，企图占据广州，以为反革命根据。幸赖主义之力，白坭一役，将强敌摧破，奠定西北两江，逆计乃不得逞。但当时徐逆残部，尚盘据东江。黄逆残部，尚负隅桂省。济棠为彻底肃清叛逆，以维统一起见，一面令香旅全部，协助中央军李杨两部，会同第四路军，分途入桂。一面令蒋师蔡旅，专事东征。而徐逆残部，自知势穷力孤，东奔西窜，始而窜闽，继而折回蕉岭、兴宁。济棠臆断残敌之行动，势必窜入赣南，以延残喘。立令蔡旅长为追击部队，指挥官率全六团，衔尾追击。并电请总座，电令金、王两师，出筠门岭、重石墟，待机堵击。追中央军克复浔州，桂方底戡。又令香旅长率兵四团，由南雄直出信丰，会合蒋、金、王各部，四面包围，以期一鼓歼灭，用纾中央南顾之忧。及我蔡、香两部，到达信丰，该残敌约四千余人，至斯无路可逃，遂于灰日，在信丰向我军输诚。济棠为除恶务尽计，密令香旅长，将该残敌严密监视，带至南雄，于元日，将其完全缴械；计缴得长短枪二千五百枝，子弹六七十万发，大炮三门，炮弹约四百发，迫击炮数门，水机关枪数挺，所有官兵，完全俘获，从此粤省军事，可告结束。惟念此次战事，系属内争，虽胜不武。尚望全国同志，一心一力，拥护中央，奉行主义，使从令以后，不再有此种不详之事发生。则党国幸甚。国民革命军讨逆军第八路总指挥陈济棠叩。删。叩。

〔行政院档案〕

113. 外交部关于向英领事交涉李宗仁等离香港经过呈

(1929年8月13日)

呈为呈报事：据特派广东交涉员呈称：接英总领事函开：关于促逆军首领李宗仁及徐景堂离去香港一案。迭承询问，进行结果，兹有为贵交涉员告者，现该案办理情形，比前较佳，但因法律上阻碍，香港政府不能将二人引渡，或驱逐出境，此层港督曾面向贵省主席说明，贵省主席亦已谅解。然经香港政府劝告，结果李、徐二人知不能久留香港，致令香港政府为难，曾声明如能得护照，则愿意往欧洲及美国。本总领事闻贵省官厅，不肯发给正式护照，以为发给正式护照，则与中央政府通缉命令有冲突。即对于用假名及相似之相片发护照一层，亦未得贵省政府同意，现因护照问题，该二人不能早日离港，此案进行，因之完全停顿。本总领事，以为贵国中央及省政府既急欲李、徐二人，早日离港，则发给护照之困难，亦有解决办法，如贵省政府不能负发给护照之责，使二人早日离港，似不妨电呈中央政府，请准发给护照，并声明与通缉命令，不生影响，如能照此办理，则种种难题，便可解决，贵政府与香港政府双方俱有稗益，据本总领事之见，此为唯一办法，希望贵交涉员，对于前项提议，加以考虑，俾此案能早日直捷解决。盖香港政府甚愿在法律许可之范围内，有以副贵国中央政府及省政府之意旨也。等因前来。除呈报广东省政府外，理合呈请鉴核示遵等情。查该逆徐景堂等系奉令通缉人犯，现既潜匿香港，自应向香港政府，严重交涉，引渡法办，所请发给护照一节，自属未便照准。除指令该

交涉员遵照外，理合备文呈报，仰祈钧府俯赐鉴核，实为公便。谨呈

国民政府

外交部长　王正廷

中华民国十八年八月十三日

〔国民政府档案〕

114. 第四路总指挥何健关于讨桂战役经过战斗详报

(1929年8月)

总纲

溯自桂逆假命窃发，盘据武汉，擅专操纵，武断政权，举凡设施，超轶常规，既弄兵扰乱湘局，复陈师窥伺长江。我中央为整饬纪纲，保障统一，爰颁明令，申罪致讨，国师既西，武汉瓦解，乃复怙祸负固，思燃死灰，聚兵广西，企图再逞。

中央本除恶务尽之义，作澄本清源之谋。布令湘、粤、滇各军；陈总指挥济棠，率粤军出梧。贺为第八路。龙总指挥云，帅滇军出柳州，为第十路。职受命帅五师之众，出全桂，为第四路。四月十四日，奉令动员。五月五日，集中完毕。所部周师长斓帅五团，由武新向义宁，为第一纵队。刘师长建绪帅六团，由永东向全兴，为第二纵队。吴师长尚帅四团，由道宁向文村，为第三纵队。范师长石生帅六团，由江永向恭城，为第四纵队。罗副师长藩瀛，帅四团屯永祁，为总预备队。五月六日，各由集中地出发，仰托德威，所至克捷。五月十五日，先后占领桂林、平乐，继复分攻柳梧。六月三日，已会取梧州。十四日乃总攻柳州。初桂逆既失平桂，又失苍梧，遂阴使其一部输诚，以迟梧方进击之。友军暗集大兵于柳，而作困兽反噬之举动。职路军既分遣第三、四纵队攻梧，待第一、二

纵队总攻柳州之时，逆藉人地之宜，交通之便，兵已大集于柳矣。客主之形既殊，攻防之势，又异调援莫及，遂致失利。旋复反攻，渐次规复，忽奉六月二十八日班师之命，撤回桂边。所有讨逆战役经过情形，谨分别时期，顺次陈报。伏乞鉴核。

第一　集中时期

(一) 集中前

武汉自四月上旬克复后，桂逆大部业已消灭，胡、陶率残部，溃窜鄂西，亦次第肃清，惟广西残逆，欲尚负隅自固，以图最后挣扎，本路军于四月十四日奉总司令蒋寒代电，命令如下：

(一) 武汉桂逆，已于本月上旬消灭，广西残逆，尚负隅自固，反抗中央。(二)讨逆军根本铲除桂逆之目的，拟即由湘、粤、滇三省，进攻广西。(三)派何健为讨逆军第四路总指挥，速选派所属部队二十团以上，及张司令静愚所属航空大队之一部，编为第四路军。(四)第四路军限四月底集中桂边永州、道县、新宁一带。五月一日，由集中地出发，限同月十五日以前占领桂林后，即向柳州前进。(五)该路兵站，应就近自行设置。(六)仰该总指挥，克日就职，并将队号编组计划具报。(七)余在汉口行营。同月，又奉敬亥电令内开：本日湘、粤、滇三省代表会议后，改正对桂作战命令如下：(一)第四路军五月五日，在永州、道县、新宁一带，集中完毕。六日出发，限同月二十日以前，占领桂林、平乐。(二)第八路军五月十日集中肇庆、英德附近，十一日出发，限同月二十日以前，占领梧州、贺县。(三)第十路军即日集中宜良附近，迅速出发，经过黔境，独山入桂，限五月二十五日以前，占领柳州。仰即遵照办理。与各路确实连络为要。等因。奉此。当决定集中方案如下：

集中方案

一、集中计划：

(一) 本路军以主力沿祁阳、永州、全州，径向桂林，以一部由右翼经西延、六峒、义守，绕攻桂林之侧，并以一部由左翼经灌阳、栗木、恭城，直取平乐。基于以上之目的，限五月五日以前，集中于新宁、武冈、永州、东安、道县、宁远、永明、江华等处，其各部队集中地点如下：

1．新编第八师周师长斓所部四团，及陈司令汉章部之一团共五团，集中于新宁、武冈等处。

2．第十九师刘师长建绪所部两旅计六团，集中于永州、东安等处。

3．第五十二师吴师长尚所部两旅共四团，集中于道县、宁远等处。

4．第五师范师长石生所部计六团，集中于江华、永明等处。

5．新编第七师何师长健所部两旅计四团，集中于衡州、祁阳、永州等处。

（二）以上各部队，于集中时各自派队，自行掩护，集中整理待命。

二、敌情：

（一）桂逆兵力：

据报：黄沙河至桂林一带，约有敌步兵五团（伍廷扬部）。平乐方面，约有敌六团（计黄旭初三团、吕焕炎三团）。梧州贺县方面约有敌四团（龚杰、王应榆两部），百色方面，约有敌两团（朱为珍部）。

（二）由武汉退鄂西之敌，已于四月上旬完全消灭。胡、陶已通电下野。

三、友军情况：

（一）我第八路军（粤军），兵力约有二十团，附海军第四舰队、航空队等。拟于五月十日以前，集中肇庆及韶关以南之英德，限七日以前，占领梧州、贺县。

（二）我第十路军（滇军），兵力约三万。拟于四月三十日以前，在宜良集中完毕，五月一日，由集中地出发，经贵州、独山，限二十五日以前占领柳州，其兵力分配如下：

1. 守百色计五千人。

2. 经贵州、独山，进攻柳城，计二万人，预备队五千人。

3. 以川军刘湘之一部入贵州牵制。

（三）我全军总预备队第八师、第十五师、第五十七师，归朱总指挥绍良指挥，现位置于鄂西及武汉等处。

四、军队区分：

第一纵队：

司令官：新编第八师师长周斓。

新编第八师（计四团、附炮兵二门）。

第二警备司令部之一团。

无线电第一队第二分队。

第二纵队：

司令官：第十九师师长刘建绪。

第十九师（计六团附炮兵二门）。

无线电第一队第三分队。

第三纵队：

司令官：第五十二师师长吴尚。

第五十二师（计四团附炮兵二门）。

无线电第一队第四分队。

第四纵队：

司令官：第五师师长范石生。

第五师全部（计六团附炮兵）。

无线电第一队第五分队。

总预备队：

指挥官：新编第七师副师长罗藩瀛。

新编第七师（计四团附炮兵二门）。

无线电第一队第六分队。

五、集中及警戒地点：

（一）各纵队奉令后，各向所指定地区集中。

（二）四月艳日，电令新编第七师，着转饬驻东湘桥、冷水摊、永州一带之张旅所部及主旅魏团，掩护各纵队集中，分担各地警戒任务。

六、飞机队：

（一）四月二十九日，汉口张航空司令静愚，派飞机第二队全部，编入本路，由队长欧阳璋于三十日早三时，率莱因式汉口、宜昌两号飞机，由汉飞抵长沙。

七、集中输送：

湖南各地区交通不便，又值春干水浅，运输甚感困难，故各纵队之集中输送，除弹药辎重等，利用附近水道民船输送外，其余战列部队，均一律徒步行军。

八、通信连络：

各纵队间：主无线电，副有线电。

各部队间：主有线电，副军用电话传、令传、骑递、骑哨、递步哨。

前后方：主无线电，副有线电。

各友军间：主有线电，并派员连络。

除以上通信外，对于地方固有线电务，充分利用。前进时或无地方电线时，由各纵队之野战电线队，架设电话，以期确保连络。

（二）集中间

甲、敌情概要：

（一）据刘司令建绪自衡州四月艳电称：据职师罗旅长树甲第七师旅长其雄，由永州电称：据报，黄沙河全州之逆军伍廷扬部，自我军进驻东安后，即于有（二十五）日，向桂林撤退等语。

又据吴司令由道县微电节称：据报桂军主力四师在桂林、平乐，其一部约三团分驻全州、灌阳、龙虎关各处。

（二）余同集中前。

乙、开始运动：

（一）据刘师长建绪感电节称：该师罗旅、已到永州集中地，戴旅正由宝庆、衡阳分途前进中。

（二）据吴师长尚沁戌电节称：该师阎代旅长，已抵耒阳，王旅已抵新田，正向道县前进。

（三）据范师长石生沁电节称：已帅部由宜临向江华前进。

（四）据周师长斓沁电节称：该师长定艳日，由省出发，所部唐旅及第六团，正向新宁前进。

（五）据何师长健报告：该师张旅及王旅魏团，现在永州待命，其余团正向祁阳前进中。

（六）以上各师，均可如期集中完毕。健帅总指挥部人员，于四月艳日，乘车至株，由水道移驻衡州。

（三）集中后

甲、警戒配备：

各纵队警戒配备及其连络法规定如下：

（一）第一纵队向梅溪、西延方面警戒，第二纵队向黄沙河、全州方面警戒，第三纵队向文村、灌阳方面警戒，第四纵队向栗木、龙虎关方面警戒，总预备队警戒配备，自行规定。

（二）连络法：无论有无敌情，各纵队间每日以无线电通电一次，并向总指挥部通电一次，各部队间通信以军用电话连络，并互相派员连络。

乙、敌情概要：

（一）奉总司令蒋鱼已电，据确报：桂军均于一日出动，分两路由贺县、广宁分进，会攻四会，计时七、八日可占领。贺县部队为东路，由白崇禧指挥。广宁部队为西路，由黄绍雄指挥。

（二）据范师长、张副旅长浩微电云：据报，敌军伍廷扬驻桂林，吕焕炎部驻平乐，王应榆、黄旭初两部驻八步、贺县、梧州等处。似有以大溶江、半边渡、八步、贺县等处为第一线，以釜河沿岸为最后抵抗线，以重兵守桂林、平泉、梧州等处。

丙、友军情况：

（一）我第八路军（粤军）区分为四纵队，第一、二、三纵队，于五月四日集中三水、芦苞、清远之线。第四纵队集中罗定。

又桂军以全力分由贺县、梧州，向粤前进，先头已过粤境，陈总指挥已将集中三水、清远之部队，决心迎头痛击云云。

（二）我第十路军（滇军）近日无来电。

丁、运输：

湘南桂北各地区交通不便，运输极感困难，除利用附近水道于可能范围用民船输送外，余均系人力输送。黄沙河至全州、桂林、平乐间，汽车道路，虽已修通，而全桂车站，仅有少数汽车可为运输补助。但路面构筑不良，未敷沙子，如遇天雨，泥泞特甚，于输送上，亦极感不便。

第二　攻击准备时期

一、敌情概要：

（一）刘师长建绪，由永州庚未电称：1.据报桂军拟以主力撤至桂林附近，惟以军队混入各地团防内，俟我军深入，即连络扰乱我后方。2.据鱼日由桂林回永之谍报员报称：桂林及其附近之两江大墟共有敌兵五团，多为第十五路军部队。湘桂大道上兵甚少，敌似对平乐、梧州甚注意。

（二）据戴旅长斗垣鱼亥电节称：据湘盐贩最近回至桂林者报称：桂林有逆军三千余人，全州有逆军二三连，系用第四集团特务营旗帜，黄沙河无桂军等语。

（三）许旅长克祥庚午电节称：据探报，龙虎关之敌，扼要设有坚固防御，其右方八步、牛岩、香草坪一带，近日增兵甚厚。

（四）吴代表国梁，自广州青电报称：1.日昨粤海军开到西江，突然叛变，投诚桂军，陈伯公① 现拟用飞机掷弹炸之。2.驻东

① 陈济棠，字伯南。

江之徐景唐师，不受调遣，闻陈伯公已设法制裁。不足为害。3.粤桂两军，今明两日，即可接触。本晨有飞机到广巡掷炸弹，人民稍慌。陈伯公对桂布置周密，尚有把握。

二、推进情形：

（一）据周师长斓微虞两电节称：该师长帅唐、戴两团，于七日到塘田寺，陈团到狭口铺，向团到石狮子复兴桥附近。约八号左右，可到新宁，预定九日，先头部队，到达梅溪口附近及香花岭之线。

（二）据刘师长建绪鱼未电称：该部计六团，已于微日，在永州、东安之线，集中完毕。决虞日即经东湘桥、黄沙河，向全州前进。

（三）据范师长石生自永明阳午电称：所部十三、四两旅，先于歌日分抵永明、江华，余在行进中。据报：富川及龙虎关各处，有敌之警戒部队，拟明(庚)日决遵计划分进。

（四）据吴师长尚自道州阳电称：尚部决定八号占领文村后，主力即向灌阳前进，约十号占领灌阳，尔后以阳朔为目标前进，请二、四两纵队，届时连络，以便齐头动作。

三、友军情况：

（一）据广州陈总指挥电如下：

（1）虞电称：1.桂逆以全力犯粤，此间已集中兵力出击。拟于清远、四会之线歼灭之。预料九日可接触。2.桂林、平乐空虚，请提前攻击，并分一部向连阳方面压迫，以收夹击之效。3.粤海军已哗叛，弟帅一二两师，仍与敌决战等语。

（2）庚电称：1. 敌一部由梧州东下，昨虞晚抵禄步，大部似在怀集方面，有向四会移动之样。2.敝部各纵队，已于阳日在芦苞、清远、三水之线，集中完毕。拟即出击，并以一部由高州出罗定，袭击梧州。

（3）佳电称：1.敝部仍在三水、芦苞、清远之线，待机出击。总预备队在源潭。2.叛变海军，本日令空军炸击，已降服多艘，尚有中山、飞鹰两舰舶近沙面。各国领事，严重交涉，已由外舰监视，如再不服，即迫令离开，继续炸毁。3.东路叛军由水道运来之一团，本日在虎门、省河两处，分别缴械。陆路尚在变动。

(4) 灰电称：1.粤海军受桂逆运动，甘心背叛，阻扰出兵，昨午将飞鹰、中山、海虎等舰缴械。其余大小各舰，亦次第来归，叛舰已完全解决。2.徐景唐部曾友仁团，驶入省河与叛舰为伍，经将其全数缴械。3.东江叛军能力有限，不难解决。

第三　攻击前进时期

一、敌情概要：

(一) 五月十二日，吴代表国梁电称：黄绍雄帅部沿西江东下，李宗仁帅部沿小水江出英德，白崇禧帅部驻龙虎关策应。

(二) 据官长侦探报告：兴安至桂林，敌人约五团，正招集民团，在大溶江构筑工事，准备抵抗，李、白已离桂林等语。

二、攻击前进经过：

(一) 职路军因敌情变迁，将作战计划，略为变更如下：

五月八日，令覃先遣司令寿乔，帅部出连山、桂岭，直攻贺县，击敌侧背，俾与粤军连络，以收夹击之效。又佳日电令吴师长尚，帅所部，协同范师进攻平乐。同时并电令各师，向目的地进攻。其命令要旨如下：

(1) 敌以全力侵粤，桂林、平乐，似属空虚。(2)本路军拟以主力袭取平乐，以一部直攻桂林。(3)着吴师长帅所部经灌阳、栗木、西岭，协同范师进攻平乐，着范师长以主力会同吴师攻平乐，以覃团出连山、桂岭击敌侧背，务于本月号日以前，占领平乐。(4)着周、刘两师长，迅帅所部，由集中地出发，按照预定计划，会攻桂林，务于号日以前占领之。(5)总预备队，着依照计划，推进至全州待命，上五项。总指挥何健。佳酉。印。

(二) 各纵队奉令后，自五月虞日起，同时分进，先后与敌接触，经各纵队痛击，节节胜利，兹将进展情形录下：

（1）刘师长建绪自永州庚午电：1.职师计六团，已于虞日由东安、永州，分向黄沙河、全州、山枣攻击前进。拟先驱逐当面之敌后，即向兴安、桂林进展。2.职定青日由永州出发，沿东湘桥、黄沙河赴前方指挥。

（2）戴旅长斗垣自永州青辰电称：1.奉师部电令，罗旅青日向黄沙河推进，蒸日进占全州西北侧路线，职旅即绕出全州，进占山枣。2.职遵即督部，按期取道庙头及全州西北侧，向山枣前进。

（3）罗指挥官藩瀛由永州电话报告：我第二纵队罗树甲旅，已于灰午将全州之敌击破占领之。戴斗垣旅已进占庙头市，刘司令建绪已到黄沙河，职已令黄沙河推进，敌向兴安溃退，现正在追击中等语。

（4）周师长斓自新宁佳戌电节称：已令唐团继续向梅溪口前进，向团向香花岭方向前进，其余各团跟进；陈光中部，已到达城步。据报：梅溪口驻有少数团防兵等语。

（5）五月文日早，据罗指挥官藩瀛电报报告：我第二纵队罗、戴两旅先头部队，尤日占领山枣。敌兵两团，向兴安退却。刘纵队司令官到全州，已令所属跟踪追击，张旅已推进至黄沙河等语。

（三）奉总司令蒋自南京庚酉电计划两项：1.贵路应以一部对桂林之敌，以主力速转向平乐前进。务于五月十八日以前，到达平乐后，直趋梧州。2.速命范石生师出连县、阳岳，向广宁、四会前进。等因。职路军遵照原订计划，兼程猛进，恐误限期，奉到鱼巳电，当改以第一、二纵队取桂林，第三、四纵队取平乐，各纵队已遵照前进中。又奉令以范师改出连山、阳岳，因粤桂毗连地带，交通不便，改换方向，事实颇难，不如占领平乐后，令范师经贺县趋广宁，较为快便，且与钧旨相符。当已呈明在案，并遵即电各纵队遵照，务于五月十八日以前到达平乐。

（四）职路军进展已过全州、山枣、灌阳之线。职帅总部人员于五月十三日，由衡出发，进驻永州。十六日抵永州，现各纵队兼程猛进，虽连日与敌激战，已将其击退，十七日各纵队进展情形，照录如下：

（1）刘师长建绪，自大溶江删申电报告：戴旅于删午占领桂林，敌向柳州退走。

（2）戴旅长斗垣、周旅长希武，自桂林删午电报告：田周两团，寒日占领灵州，删日占领桂林。敌约三千余人，经良丰向永福方面溃退。桂林秩序甚好，惟大小溶江、甘棠渡船甚少，等语。

（3）吴师长尚自大溶江删电报告：该部到达兴安及大墟附近，向平乐前进。

（4）范师长石生自平乐删电报告：所部十三旅，元日占领平乐，许旅同日占领富川。

（5）张旅长其雄，自全州删电报告：该旅删日到达全州。

（6）何、范、周、刘、吴五师长，自桂林会衔铣日通电报告：于删日占领桂林、平乐等处，敌向柳州溃退，地方安谧等语。

第四　追击时期

一、敌情概要

（一）刘、吴两师长，自桂林铣电节称：桂林之敌约三千余人，已经永福向柳州退却。

（二）范师长石生，自平乐铣午电云：本晨覃司令报告，敌放弃柳浔，向下移动，声言防务留交黔军。如确，则敌见我迳下梧州，断彼归路，乃仓卒下移，黔军之说，盖可证也。

（三）张副旅长浩，自平乐寒电节称：浩帅部今晨进驻平乐，秩序如常，逆将白、黄各帅逆军一部，以全力犯粤，先头计时，可达四会附近，黄元日尚在淄州。

二、追击间行动

（一）职路军因敌军主力，重在梧州，现虽占领桂林、平乐，第一期作战任务，业已完全达到，拟迅速分途追击，俾肃清逆敌，早奠桂局。近日又未接粤方友军来电，梧州方面情况，尚不明了。各纵队自应先分一部，协同粤军夹击梧州，于五月十七日，与各师长以如下之命令。“衔略”。

（一）据报，在肇庆四会附近，被我粤军击破之敌，刻正向苍梧溃退中。桂林之敌，纷向柳州溃退中。（二）本路军拟以一部协同粤军夹击苍梧，俟得手后，再分途进攻。（三）着周、刘两师暂在桂林整理待命，周师向永宁，刘师向永福方面严密警戒，惟桂林至全州之连络线，着刘师负责保持。（四）着吴师暂在平乐整理待命，并向修仁方面严密警戒。（五）着范师在平乐者推进至昭平后，以一部向蒙山警戒，其余协同在贺县之许旅，相机向苍梧搜索前进，须与粤军设法连络。（六）总预备队，着以一部在永州，以主力在全州待命。（七）予暂在永州，拟即日进驻全州。上七项，按现时各纵队追击间，进展状况，为指挥便利起见，即帅所要人员，于号日动身，经全州至桂林，准漾日抵桂，并电各纵队司令，届时齐集桂林，会商军事，以资计划，而利戎机。又电各纵队司令，计划攻梧，命令如下：“衔略”。（一）顷据范师长电称：梧州约有敌人两团，现敌放弃柳浔，向下移动，声言柳浔防务，移交黔军等语。（二）我第八路军东江战事，节节胜利，惠州不日可下。对于西江，暂取守势。（三）本路军以断敌归路，歼灭敌人之目的，拟即占领梧州。（四）第三、四两纵队，应即由现地出发，进取梧州，至应取道路及进攻方法，着由吴范两司令，自行协商，随时电告。至范纵队许旅，务由贺县取捷径向梧州前进为要。（五）第二纵队应即进驻平乐待命，并以一部向修仁、蒙山方向，严密警戒。（六）第一纵队即在桂林，维持治安，以一部向永宁、永福方面，严密警戒。以一部维持全州至桂林之交通。（七）总预备队仍在全州、永州一带待命。（八）予准号日前赴桂林，总部仍驻永州。上八项。总指挥何健。皓酉。印。

五月二十四日，会议结果，为巩固我军占领地区及依据粤中确报，敌于马辰，在清远、源潭之线，被我第八路军击破，正在追击中。

又迭据范师长电称：梧州敌兵不多，遂决定与各纵队司令命令如下："衔略"。(一)据粤中确报，敌于马辰，在清远、源潭之线，被我第八路军攻破，虏获甚众，残敌向四会广宁溃窜。刻正在追击中。西江东下之黄逆，亦被我海军击破，正向梧州溃退等语。(二)本路军拟即以主力向梧州进攻，期与我第八路军收夹击之效。以一部分驻桂林、平乐，肃清附近残敌，向长安、中渡、修仁、马江等处，严密警戒。(三)着第四纵队范司令即帅所部，经贺县官潭，相机进攻梧州，并着派覃先遣司令寿乔，帅所部由荔浦经蒙山、濛江，抄袭梧州后方。(四)着第三纵队吴司令，帅所部暂位置于二塘、贺县之间，继第四纵队之后，向梧州前进。(五)着第二纵队刘司令，以主力进驻平乐，向修仁、马江方面，严密警戒。暂以小部，协助第一纵队，肃清永福、永宁等县残敌后，向长安、中渡方面警戒。于必要时，调赴平乐。(六)着第一纵队周司令，以一部肃清义宁、碗田墟等处后，向广南方面警戒，余在桂林整理待命。但桂林秩序及至灵川之连络线，为该纵队负责。(七)着总预备队派兵一营，进驻兴安，分一连驻大溶江，一排驻小溶江，担任维持后方连络，及守护浮桥等任务。另派兵一营驻灌阳，维持后方连络。余仍驻永州、全州一带。上七项。总指挥何健。漾戌。印。

五月二十八日，电令各纵队进攻，并限期占领梧州，其电令如下：

(一) 据报，在四会方面，被我第八路军击溃之敌，其主力似向广宁、怀集退却，梧州极形恐慌。(二)本路军拟即日向梧州进攻，期与粤军收夹击之效。(三)着第三纵队及许旅限于六月一日以前，在贺县附近集中完毕。二日开始，向梧州攻击前进。限同月六日以前占领之。并着派覃先遣司令，即日进出蒙山，向濛江前进，截断梧浔通路。但第三纵队应留兵一旅驻贺县，向怀集方向，严密警戒。(四)着第二纵队派兵一旅，限六月一日以前到达八步、贺县之线，向大宁桂岭警戒，余一旅驻平乐，向修仁方面，严密警戒。

(五)着第一纵队,以一部肃清永宁、永福之敌后,向古宜、长安、中渡方向警戒,余在桂林待命。(六)总预备队魏团,着留兵一连在永州警戒,余由罗指挥官亲帅,即日开驻全州,并以一营进驻兴安,保护后方连络。着张旅长帅所部,即日由现地出发,经兴安、桂林,限六月五日以前,集中平乐待命。上六项,注意溃退怀集之敌,如确为其主力,则以范师专攻梧州,吴、刘两师,协同进攻怀集,可按当时情况处置具报。总指挥何。俭酉。

(二)职路军预定以周、刘两师攻柳,以吴范两师攻梧,并肃清永福、永宁、怀集等处之残敌。兹将各部队进展情形录下:

(1)许旅长克祥,自八步篠电称:职铣酉到达八步,第一团铣未占领贺县,敌军临时编集之护矿队、民团,均向梧州方面退却等语。

(2)覃先遣司令寿乔,俭戌电称:据确报,逆军徐启明、黄勋两团,约二千余人,于俭申由修仁、荔浦前进,已与我驻荔浦警戒部队接触。敌此来有牵制我攻梧部队之意图等语。六月一日,电令周、刘两司令进取永福、修仁等处,并准备攻取柳州。其电令如下:"衔略"。(一)顷据报称:柳城以东鹿寨、寨沙、黄泥墟一带,确有残敌一部,约三千人,主力驻鹿寨。又永宁驻敌一部,不足两营,山口有敌便衣兵,意欲牵制我军攻梧等语。(二)本路军拟即肃清该敌,占领柳州。(三)着周司令斓所部,即日由桂林进取永福后,连络第二纵队,迅经黄泥墟、鹿寨,向柳州攻击前进。刘司令建绪所部,即日进占修仁后,连络第一纵队,迅经寨沙鹿寨,占领柳州。注意:(1)一、二两纵队,各留兵一部,仍驻桂林、平乐,担任警戒,及维持治安。(2)一纵队推进至永福后,对于永宁方向须布置警戒,第二纵队占领修仁后,对于蒙山方向,须布置警戒,且各纵队务于本月七日以前,占领柳州为要。上三项。总指挥何健。东戌。

六月三日,据前方电话报告:我第三、四两纵队及第十五师李师长明瑞所部,于江晨占领梧州,敌向藤县、汶水、浔州方面退却。

又据周、刘两纵队司令报称：均于本日进占修仁、永福、永宁等县，敌向柳州退却。

（三）梧州克复后，职路军右翼第一、二纵队，已占领修仁、永福、永宁等县。为完成任务计，仍命第一、二纵队向柳州进攻，以第三纵队肃清怀集方面之敌，并电令第四纵队，协同第十五师追击由梧溃退籐县之敌。特电范、吴两司令、许旅长，其命令如下："衔略"。

一、据刘司令江电称：梧州已为我第十五师占领，敌向籐县、汶水方向退却。又据确报，我第十路军已占领贵阳，黔军向柳州方向撤退等语。二、着范司令除留一团驻梧州警备外，即帅余部及许旅迅入梧州，协同第十五师向籐县退却之敌，跟踪追击。该纵队进出濛江之覃先遣司令，迅速前进截击，以期夹击，而殄灭之。三、吴司令所部，着调驻贺县、平乐之线填防。上三项。总指挥何键。江酉。印。

（四）六月四日，据我右翼周纵队司令斓电话报告：陈先遣司令光中，将永福之敌击破后，已跟踪追至过永福二十余里，毙敌甚多，我军仅伤亡六名。又据刘纵队司令电话报告：戴旅本日在距修仁卅里之三江墟，与敌张任民部接触约一小时，敌不支向四排墟、鹿寨退走，已令跟踪追击。职明日可到修仁。

五日，据覃先遣司令寿乔自平乐支申电：1. 我军于支辰克复修仁后，敌向运江溃退。2. 敌军赵伯琼等二营，来归职部。3. 职于明晨与戴旅，仍向敌追击前进。又据周纵队司令上午九时，由永福报告节称：据陈先遣司令报告：1. 六月四日报告：永福之敌，系杨济所部，约五、六百人，在九塘附近。职部贺云龙，支日上午五时，与该敌接触，约一小时敌不支，向柳州、大道、兰马、理定一带溃窜，夺获敌旗一面，于七时进驻永福。2. 五日，由大石桥报告：据报，在永福被我击溃之敌，其大部向中渡溃窜。杨逆济帅残部四十余人，由大石渡河，向石槐村逃匿（杨济系石槐村人）。黄冕鹿寨，尚有少数敌兵，现令各团正向黄冕追击中，本日可到理定。六日午后二时，据周纵队司令斓电话报告：1. 敌约三四百人，向中渡方向退却。2. 陈光中部先头部队。已到距黄冕十二里之处，本晚可到鹿寨宿营。如中途无阻滞，明日可到柳州附近，陈光中本人，现已到理定。3. 唐旅长哲明，帅陈宗泽团，已到中渡。黄冕之线，章亮基团，今晚可到黄冕会合。4. 周师部今晚进至理定。5. 沿途山路崎岖，颇形拥挤，且敌退时于途中布满竹钉，故前进甚感不便。6. 永福县长已逃，本日午后三时，前方转刘纵队司令电话报告：1. 所部一七两团，已到寨沙，敌向柳州退却。2. 伍廷飏已到柳州，白崇禧到贵县，黄绍雄到桂平，似有固守柳州之样。3. 刘师长在修仁，同时又接刘师长电话报告：1. 为与周师切取连络起见，已将主力仍经寨沙出鹿寨，以一部经江口墟，直趋柳州。2. 汽车道仅能到荔浦，其以西汽车道之桥梁，均被敌破坏无余，因此，行军速度颇感不便。同日，又据吴纵队司令尚由官潭歌电报告：1. 王旅明午可到梧。2. 许旅支日，在怀集前方遇敌，战二小时，许旅死伤数十人，刻在信都附近，请向怀集进剿。3. 怀集之敌，系沿三水折回者，号称两团，枪不满千，现无路可退等语。

七日据王旅长霈，由梧州鱼电：1. 鱼日到达梧州，师长帅阎旅尚在信都，因许旅与岑孟逆部及多数溃兵，在梁村附近遇战，阎旅或须协助许旅解决，该敌始可续进。2. 李杨两师完全到达梧州，范师亦到两团，黄白残敌退抵梧州者，不过五千人，已向柳州南宁方面逃窜，闻有入黔之说，余多为匪。又据白参议烜由平乐鱼电：1. 范师曹团微电云：梧敌冬日退尽，粤兵舰及李师三团，江辰抵梧，敌大部已退藤县，一部经由黎木根、沙头渡、抚河向濛山溃退。2. 范师教导团江晚抵梧。3. 范师长已令曾许两旅，协同李师向藤县追击，教团留梧。

八日，据刘司令建绪鱼亥电报告：1. 先头部队，本晚可达鹿寨，拟会合周师协取柳州。2. 伍廷飏已到柳，有死守模样。3. 覃先遣司令寿乔所部，先到桐木，将出象县。职拟派一部由四排墟出江口墟，抄袭柳州之背。又据周司令斓由理定来电话报告：1. 陈先遣司令光中七日午后四时占领雒容，前方距柳城约三、四十里。2. 柳州敌人约三四十之谱，闻黄逆绍雄在柳督帅，并有顽强抵抗之意。3. 刘师戴旅，七日午后到达鹿寨，刘师长本日到寨沙。

（五）总部各方情况如下：1. 王旅长霈由梧州虞电节称：顷谒俞主席及李、杨两师长，俞主席谓：黄、白有电请维持残余部队，俞、李复电，须黄、白离开部队，方有商酌地步，现黄、白虽有枪万余，其部下已起分化，旅团长有单独请收编者，势穷力蹙，不难彻底解决矣。又接李师长裕生由梧州齐辰电云：查敌之主力在浔州、郁林一带，约有二万余人，希图负隅。敝部拟即日内寻其主力一战，以期早日肃清，而便收拾全局等语。查柳州之敌，尚有四五千，由黄逆亲自督帅，实行顽强抵抗，而我右翼前方追击部队，进展甚速，先头部队，距柳州城仅三四十里，已达到攻击位置，拟下令总攻击，以期一鼓而克柳州，完成讨逆任务，特于六月九日，电第一、二纵队命令如下：

一、据报，柳州之敌，凭险固守，似有顽强抵抗之样。我第四纵队，协同李、杨两师，由梧西进，尾追藤县之敌，向浔州进攻中。二、本路军以迅速歼灭柳州残逆之目的，以主力经雒容、三门江，进攻柳州之东；以一部绕出右翼，经洛垢墟，上刘、攻其北。三、着第一纵队周司令，迅帅所部出鹿寨，经洛垢墟、上刘，向柳州之北城进攻，左与第二纵队取连络。四、着第二纵队刘司令，迅帅所部出鹿寨，经雒容、三门，向柳州之东城进攻，右与第一纵队连络，并以一部出江口，袭击柳州之背。五、以上各攻击部队，务猛勇奋进，努力杀贼，限于本月真日以前，占领柳州，注意切实连络，兵力集团使用，并注意纵长配备，严格取缔民团。上五项。总指挥何。佳申。

十日，据周司令斓，由中渡齐电报告节称：陈光中由雒容电话报称：敌将伍廷飏、覃连升、吕焕炎、黄冕、张任民、徐启明、苏来苏均在柳州，除原有敌兵及修仁退去之敌外，尚有由梧州退来之一部，昨午，由柳州城开往雨泉墟，敌人二千余人。又据中渡第六团左营长报告：平山端原有土匪数百人，永福罗营，亦有溃匪等语。职部主力拟经中渡、三板墟，向雨泉进攻，一部先击散平山端附近匪军及附逆团防兵后，经屯口向岩口进攻，得手后，以一部取柳城，主力经长塘墟，向柳州进攻。陈光中部，拟令移经思江、章水，向固村、雷塘进攻。关于固村至上刘之线，拟请刘纵队派队担任为荷。核准即可立时开始攻击，以期速下柳州城。职部第一旅，已令于明日经中渡以主力进至三板墟，一部至平山端等语。同日，又据周、刘两司令自鹿寨佳申电报告：(1) 职等佳日同到鹿寨。(2)查柳州敌军为伍廷飏、张任民、徐启明、吕兢秋、黄勋、黄管、苏来苏、李香圃等各部，共六七千人之谱。(3)柳州城防御工事，原系平时编成，颇坚固，北端尤然。(4)会商计划，决定以一部经洛垢墟、雨泉墟，攻城之北面，以一部由江口墟向柳城渡河，向城之南端进击。

十一日，据刘司令建绪，由鹿寨寒灰午电：(1)据确报，梧州方面，来增援柳州部队，青日，乘民船二十余艘，过象县北进，究系由运江登陆，绕我左翼，抑或直入柳，其企图尚不明了。(2)拟即调周团集中四排墟附近，向运江方面警戒，其余各部，遵照佳申电攻柳。

十三日，据周司令斓由中渡来真午、文酉两电：(一)真午电：(1) 职由鹿寨顷抵中渡。(2)职部第六团灰日已到雨泉墟，令归戴旅长指挥，陈司令光申所部，本晨由雨泉墟向柳城县前进，唐旅第一团暂在中渡，一部已到三板墟。(3)唐旅长报告：平山端附近，有匪军数百名，在永福被我陈司令击溃之敌军，罗营退据喇塔墟、及马塘附近；来信谓已与曾委员中柱接洽，正在收编。(4)逆军委任各属团防总司令覃鸣鹤，尚匿在中渡乡间，总指挥杨济，亦曾到此，集合团众演说，谋抗我军。(二)文酉电，据职部陈光中真戌自柳城报告：(1)职帅部于真日拂晓，由雨泉墟出发，午后四时占领柳城县。(2)据派赴柳州之便衣侦探报告：柳州敌军，在柳州北端，约八里许，编成工事，东西两端，直达河岸，工事计分四层，其内层为战壕，二层为八尺宽铁丝网，内装电灯、探照灯等，并由炮兵阵地可通电流。三层为五尺宽之竹钉，距三尺又有五尺宽竹钉，最外层则有地雷陷井等工事。由黄村至白沙，有五个炮兵阵地，并有重兵。西端之鹅山亦有炮台，太平墟有敌之总预备队，长塘墟、零塘，有敌之警戒部队。(3)据报：柳州近日又增兵二千余人，白逆崇禧，已由贵县到柳州指挥，沙浦、大浦附近，有敌兵约二千人潜伏，白逆昨已令该敌俟我与柳州之敌接触，即扰我军后方等语。

十四日，据范司令石生由梧州元电称：该部于元日进至藤县，又据周司令斓，由中渡元午电称：(1)职师陈团一部，本日进至雨泉墟。(2)职准明日帅陈团大部至雨泉，督促进攻。为抚绥中渡北方利塔墟之敌罗营，及防沙浦、太平墟藏匿敌军，扰我后方起见，特留唐旅长帅相当兵力，在中渡镇摄。又据覃先遣司令寿乔，由鹿寨真戌电报告：(1)连日逆军用船装载向柳增加。(2)职部已抵武宣附近，拟袭占之，断敌浔柳交通。同日，又据刘司令建绪，由鹿寨文未无线电报告：敌约六七千人，沿白沙、沙里、雍鸡腊、郏鹿塘、生水塘、秦拱凉、亭零塘之线，一面扼河，一面利用坚固工事，凡属小道，均被截断，加钉竹疤，交通阻塞。且伙食昂贵，每洋一元，买米八斤。

十五日，据刘司令建绪，由鹿寨寒巳电报告：布置攻柳各部队情形如下：(1)戴旅附周师之章团，由雨泉墟、洛垢墟，攻柳正面。(2)陈部由柳城渡河，攻柳右侧。(3)罗旅邓、段两团，一部在三门江进攻；一部由江口墟设法渡河，攻柳左侧。(4)陶团驻鹿寨为预备队。(5)周团在榴江四排墟，维持后方。又雨泉中渡，有唐旅镇摄，职拟删日起，赴雒容指挥，留彭参谋长在鹿寨镇摄等语。

(六)职路军自奉令进攻柳州后，乃命周刘两纵队，猛力向柳州攻击前进。旬日以来，虽经屡次激战，所幸将士团结，节节胜利，迄六月寒日，第一纵队已进占雨泉墟、柳城之线，第二纵队已进占洛垢墟、上刘、郭村、三门江、江口墟之线，正值围攻柳州城，旦夕可下之际，不料由梧攻浔之友军，进攻迟缓，以致白逆亲帅五团之众，突向柳州增援。一面利用其坚固工事凭险顽抗，一面分路抄袭。又嗾使各处民团，纷起扰乱，而我右翼兵力单薄，一时吃紧，以垂手可得之柳州，竟亏一篑之功矣。

第五　反攻时期

一　敌情概要

（一）桂林之敌为杨济、覃鸣鹤、徐启明、伍廷飏等部。平乐有敌一部，余系地方民团。

（二）李、阳两师于养日占领浔州。是日，接各方电告，浔方敌情胪列如下：

1. 俞主席作柏由梧州养电云：顷据吕焕炎自郁林来电称：奉广西省政府主席俞，任命焕炎为广西警备军副司令兼第一师师长，遵于本月二十日在郁林行营，敬谨宣誓就职等语。

2. 吴参事国梁由广州有电：1. 陈接李杨由浔来漾电称：韦逆云松派员投诚，吕焕炎亦在郁林就新职。2、白、黄知大势已去，已向安南逃去等语。

二　反攻前进经过

（一）职路军自攻柳失利，谋积极整理，力图反攻起见，不得已缩短战线，暂时撤移，并令周师固守梅溪附近，刘师固守文村，灌阳之线，吴师固守全州、黄沙河，范师固守贺县、八步、龙虎关之线，整理待命。于六月二十三日，奉总司令蒋马午电令节开：万一既撤湘边，则仍请星夜统帅所部，回师桂林，恢复失地。等因。奉此。比即飞电前方，各部队在原地停止，并规定下列进攻路，以期尅日恢复桂林、平乐。着周司令斓所部，即向西延六峒前进，以便绕义宁进攻桂林。吴司令尚所部，向兴安推进，直趋桂林。刘司令建绪所部之戴旅，继吴师之后，罗旅向恭城推进，直趋平乐范司令所部，由贺县经八步向平乐推进。于六月勘日，颁布作战命令，其要旨如下：

（一）据报：桂林之敌，正拟回柳，仅留覃鸣鹤、杨济、徐启明等部，枪约二千余支。平乐之敌，为地方民团，约千余人。（二）本路军为遵从中央命令，完成任务起见，拟即以主力先恢复平乐，以一部进攻桂林。（三）着刘司令范司令各帅所部，即日由现地出发，取捷径向平乐进攻，限七月二日占领之。并着刘司令负责，范司令协助之。（四）着吴司令帅所部，由现地出发，经兴安、大溶，限七月二日，达到甘棠渡附近。三日开始，向桂林进攻，限五日以前占领之。（五）着周司令帅所部（欠第六团），由现地出发，经梅溪西延，限七月二日到达六峒附近。四日，到达义宁。五日，协助吴师进占桂林。（六）着总预备队张旅继吴师之后跟进。（七）着周师之第六团，由永州出发，继张旅之后跟进，候吴师进攻桂林时，担任兴安至甘棠渡一带警戒勤务（兴安县为该团负责）。总预备队之魏团着继续第六团担任兴安至全州、黄沙河等处警戒事宜。维持后方连络线。（八）刘、范两师占领平乐后，以一部驻守平乐，一部向荔浦方向警戒，余向桂林前进，限五日以前，协助吴师占领桂林。（九）着吴司令尚兼任右翼前敌指挥官。（十）着本部经理处于全州开设军米堆集所，必要时分售各纵队。（十一）野战医院着于全州、永州开设分院。上十一项。注意：（1）各纵队前进时，对于地方民团及怀敌意之地痞，应严格制裁。否则，格杀勿论。（2）各部队务切实取得连络，互相援助，毋稍疏忽。尤严饬各级主官，切实督帅，如有放弃职务，以军法从事。（3）兵力宜力求集团使用。总指挥何键。勘午。

（二）职路军此次奉命反攻，已令各纵队分途猛力进击，士气为之一振。连日以来，进展甚速。于六月三十日上午八时，据前方电话报告：吴师长尚所部，于昨日进至兴安，其先头部队，进抵大溶江附近，与敌约一团之兵力接触，经该部痛击，敌不支，向桂林方面溃退，正在追击，今日已过大溶江。同时，又据刘师长建绪报称：该师进至恭城，前方与约五六百人之敌接触，当即迎头痛击，敌稍抵抗，即向平乐方面溃退，该师正在追击中，今日已过沙子等语。同日下午四时，又接前方电话报告：刘师先头部队已过沙子，计东日可恢复平乐。吴师已过大溶江二十里，距桂林约九十里，计冬日可规复桂林等语。又据吴师长卅电节称：桂林之敌，不足一击，当督帅所部，兼程前进等语。七月一日下午十时据前方电话报告，刘师长建绪所部，已于本日酉刻进占平乐，残敌向荔浦溃退。吴师长尚所部，已过灵川，向桂林前进中。惟全桂大道，沿途电线被敌割断，通信迟滞等语。是晚十二时，因奉到总司令俭电开：桂局已平，贵军不必再入桂也。等因。奉此。此令。刘师在平乐停止，并专令吴师及前方各部队，如已入桂，即在桂林停止。否则，均在原地，停止待命。

三　战斗结局

（一）职路军此次奉命讨逆，由湘而桂，转辗数月，溽暑兴师，兼程猛进，幸仰仗德威，并赖将士用命，第一期作战，已先期占领指定地点，尚称顺利。后虽经攻柳受挫，旋即力图反攻；刘师于七月东日，克复平乐，吴师先头部队，已达桂郊。比因李、杨各师，继续进攻。逆胆已寒，黄、白逃窜安南，其残余部队，已经俞主席作柏、李副总指挥明瑞次第收编，桂局从此奠定。此次战役，所有行军计划，及死伤虏获，武器弹药损耗等表并要图附列于后(略)。

（二）七月三十日，遵奉养亥电令，已饬各部队移驻湘省原防，分途剿匪清乡。

〔国民政府战史编纂委员会档案〕

115. 蒋介石关于与桂系李宗仁等在鄂湘桂各次作战经过的报告①

(1929年8月)

(一)李、白倡乱：初，第五次中央全体会议，为谋政治统一，有不准以政治分会名义，任免该特定区域内高级官吏之规定。国军编遣委员会为谋军事统一，有各部队，非得编遣命令，不得擅自调动之决议。乃李宗仁、白崇禧等，蓄意破坏，竟于第三次全国代表大会，将于首都举行时，擅假武汉政治分会名义，任免湖南省政府主席及其所属各委员之谬举，复令叶琪、夏威等袭取长沙，西略常德，并命陶钧为总指挥，统率程汝怀、胡宗铎、张义纯各部，分三路出黄州，进窥皖、赣，欲顺流东下，而犯首都。其时中正为巩固首都，防止反动计，一面调集皖、赣境内部队，候命进止。一面遵照中央政治会议第一七七次会议之决议，特派监察院院长蔡元培、国府委员李宗仁、编遣会总务部主任李济深、中央编遣区主任何应钦等四员，会同分别澈查，令湘、鄂部队，停止军事行动，并派何键暂行代理湖南省政府主席，所有一切纠纷，静候国府明令办理。意以为中央如此措置，宽大和平，当可戢其骄横跋扈之气矣。讵知中央愈加优容，若辈逆谋更著，陶钧东犯之兵，既未遵令停止，而李品仙等自唐山举发白崇禧，阴令该军撤退开滦，袭取平津，进攻徐海之计，又见告矣。其在两广之逆党，亦密受李宗仁、李济深之电令，卒以八万人交黄绍雄指挥，作分侵湘、赣之准备。是时第三次全国代表大会，业已开幕，佥认为李、白等，逆迹昭著，如再姑息，不独纪纲扫地，我总理及诸先烈艰难缔造之党国，亦将被其破坏，胡可再忍，于

① 录自1931年5月蒋介石代表国民政府做的军事报告，原题“国民政府军事报告”。

是全体决议，催请政府，取断然处置。爰于三月二十六日，明令免去李宗仁、李济琛、白崇禧等本兼各职，听候查办。所有附逆军队，如仍前侵犯，令仰前方各军，痛加讨伐，以遏乱萌。而彰法纪。此令布后，李品仙、刘春荣等，均自拔来归。各将领如阎锡山、陈调元、刘湘、龙云等，亦纷电力请讨伐。至是中央酷爱和平之术既穷，为维持威信，巩固国基，不得不以武力作肃清反动之计矣。

（二）收复武汉：中央颁布讨伐令后，即发表讨逆军三路总指挥，其兵力编成及指要领如次表：

陆海空军总司令蒋中正

行营参谋长何应钦

军队区分	第一路军总指挥朱培德	第二路军总指挥刘峙	第三路军总指挥韩复榘	总预备队	海军司令陈绍宽	空军司令张静愚
	总指挥(兼)第三军长	总指挥(兼)第一军长；第二军长朱绍良				
	第四师、第五师(欠一旅)第七师、第十一师第十二师第十八师	第一师、二师、九师、第八师、十三师、骑一团、陈耀汉旅	石友三、张维玺、张允荣、万选才、刘茂恩、马鸿逵各师	第十六师、四十八师	第一舰队	飞机第一、第二两队
指导要领	由瑞昌、修水向鄂南进展，对岳州咸宁一带之敌取守势，并以一部由萍、醴相机进击长沙，以五师(欠一旅)位置赣州附近，以掩护军之侧背。	以一、二两军由宿松、太湖、英山、霍山进占鄂境下游，团风，黄岗、蕲水等地带，对阳逻，孝感、黄陂一带之敌，施行攻击。	由信阳、南阳，向广水、襄樊各地进击			

三月下旬，令朱培德率第一路各师，由赣之瑞昌、修水进攻。刘峙率第二路各师及陈耀汉旅，由皖之宿松、英山进攻。韩复榘率第三路石友三、张维玺、张允荣、万选才、刘茂恩、马鸿逵各师，由豫之南阳、信阳进攻。二十一军军长刘湘率部由川进攻，以第六、第十、第四十八各师为总预备队，海军司令陈绍宽亲率第一舰队，溯江西上，协同一、二两路挺进。决先攻克武汉，以断逆军南北之联络。部署既定，中正于三月二十九日亲赴九江督师，分令各路军齐向上游鄂境进击。四月三日，我第二路军已占领江北黄陂、阳逻之线。第一路军已占领江南岭、葛店、通山、崇阳之线。第三路军前锋，已占领武胜关、广水附近。其时，刘湘部唐式遵师亦进占宜昌附近。第四军何键，会同海军占领岳州。胡宗铎、夏威等于是始知势迫，欲撤退武汉，谋与长、岳间逆部联络。会是日，李明瑞率夏威部在孝感反正。门炳岳、危宿钟率叶琪部在武昌反正。我海军司令陈绍宽随中正前进指挥，咸宁、德胜、楚观、江贞、楚同各舰，逼攻刘家庙，克之。四日，迫近武汉，夏、胡等知计不得逞，遂率其残部纷向荆沙方面逃窜。至五日酉刻，武汉完全收复。于是设立行营，复令第四、第八、第十三各师，担任追击。是役也，逆部之在武汉者，不下六师，八万之众，经国军一击而败，可见违反党纪，妄欲私图自便者，必无幸存之理也。

（三）肃清鄂西逆部，实施编遣：国军既下武汉，陶、胡、夏诸逆乃通电下野，将所部交程汝怀、李石樵、石毓灵、张义纯、尹承纲、李宜煊等率领，移驻鄂西，听候改编，并恳中央准予自新，给资出洋，俾图报称。中央均如所请，且令程、张仍在五十五师、五十六师师长原职，李石樵为第十六师师长，石毓灵为第十七师师长，尹承纲为新编第九师师长，李宜煊为第十师师长。继以张义纯辞职，改令刘和鼎升任，共计编为六师，甫告就绪。而程汝怀等犹复与李、白及冯玉祥等暗中勾结，阴怀异志。于是，复令宜都谭道源师，将李宜煊部完全缴械。朱绍良、张发奎各师，将程、石、尹三部围堵荆沙，而缴其械。李石樵部亦被黄州驻军缴械，而遣散之。其各部所余者，尚留编三旅，以万倚吾、彭进之、徐声钰分任旅长。计鄂西改编六师，除刘和鼎一师，遵令开抵芜湖外，至是遂完全解决。

（四）追剿余孽：武汉平定，鄂西已告肃清，李、白诸逆，知计已无可逞。于是，潜回桂林，诱令驻粤舰队叛变，进袭广州；并促使周西成陈兵黔西湘边，欲窃踞一隅，待时而动。中央为澈底肃清叛乱计，乃从新部署，任何键为第四路总指挥、陈济棠、李明瑞为第八路正副总指挥，龙云为第十路总指挥，张贞为第二纵队司令，各率所属部队，会同肃清盘踞广西之逆巢。何键奉命后进驻衡州，闻逆部以重兵进攻肇庆，为势甚猛，特派第四纵队范石生率队往援，会同第八路军夹击之，仍派一、二、三纵队、周斓、刘建绪、吴尚各师，分向桂林、平乐推进，以抚其背。五月十五日，刘师占领桂林，白崇禧逃贺县，李逆失踪。其时张贞部开至永定，协击潮、汕徐景唐逆部。广东东江方面，我蒋光鼐部蔡旅，十二日到新塘，十三日晨，得空军之协助，击溃石龙之逆部，进占茶山。西江方面，则有逆军黄旭初部，约四千人，十二日抵广利，十三晨，强制渡江，经我香翰屏师与海军之截击，俘获大半，余向广利溃退。东西两江遂告肃清。先是广东舰队副司令舒宗鎏受逆党诱惑，欲率在粤各舰谋变，幸陈济棠与陈策处置得当，卒免被其利用。盖当舒逆叛变昭著之时，即派飞机队，前往轰炸，制止其活动。毁舰一艘，余悉缴械另编。舒逆潜逃。于是，各舰复归顺中央，而一致讨逆矣。东江、西江之易于肃清，此其一因也。五月二十三日，龙云、李燊两部到达安顺黄果树附近。周逆西成迎战受创，堕水而毙。二十七日，遂占领贵阳。至是，李、白逆巢尽失，潜逃安南，残部亦溃不成军；吕焕炎、黄宗武各部，相继反正。所有由逆自拔来归者，悉责令吕焕炎、俞作柏分别编遣，一切善后，静候中央处置，军事行动，暂告中止。

〔国民政府战史编纂委员会档案〕

中華民國史檔案資料滙編

第三輯 文化

中國第二歷史檔案館編

鳳凰出版傳媒集團
鳳凰出版社

图书在版编目（CIP）数据

中华民国史档案资料汇编. 第3辑. 文化 / 中国第二历史档案馆编. -- 南京 : 凤凰出版社, 1991.6（2023.7重印）
ISBN 978-7-80519-300-7

Ⅰ. ①中… Ⅱ. ①中… Ⅲ. ①档案资料－汇编－中国－民国②文化史－档案资料－汇编－中国－民国 Ⅳ. ①K258.063

中国版本图书馆CIP数据核字(2010)第085852号

书　　名	中华民国史档案资料汇编 第三辑　文化(共一册)
编　　者	中国第二历史档案馆
责任编辑	陆钟琦　邱　禹
责任监制	程明娇
出版发行	凤凰出版社(原江苏古籍出版社) 发行部电话025-83223462
出版社地址	江苏省南京市中央路165号,邮编:210009
印　　刷	上海世纪嘉晋数字信息技术有限公司 上海市汇金路899号,邮编:201700
开　　本	850毫米×1168毫米　1/32
印　　张	24.75
字　　数	621千字
版　　次	1991年6月第1版
印　　次	2023年7月第6次印刷
标准书号	ISBN 978-7-80519-300-7
定　　价	320.00元 (本书凡印装错误可向承印厂调换,电话:021-69214197)

说　　明

《中华民国史档案资料汇编》(1912—1949年)是为适应中国近现代史的科学研究和教学工作的需要，就馆藏历史档案中具有一定史料价值的资料编辑而成。第一辑为《辛亥革命》(1911年)，第二辑为《南京临时政府》(1912年)，第三辑开始，按北洋政府和南京国民政府等不同政权时期分为若干辑，自1979年起陆续编辑出版。

本辑为《中华民国史档案资料汇编》第三辑，即北洋政府时期(1912—1927年)的档案史料，分政治、军事、外交、财政、经济、文化教育等若干分册，由唐彪、王涛主编。

本册为文化分册，所收史料以馆藏北洋政府时期的有关文化方面的档案资料为主，并兼收少量的《政府公报》资料，共229题，467件。其主要内容有尊孔读经、社会文化设施、文物古迹、新闻出版以及北洋政府对进步文化的查禁、文化学术团体及佛教文化等类。这些档案史料，基本反映了这一时期的文化设施和北洋政府的文化方针政策，是研究近现代中国文化史尤其是民国文化史的重要资料。

本分册由王少胜编辑，最后由主编定稿，并经部门负责人审阅。但限于编者水平，加之档案文件不全，编辑工作中存在的缺点或错误，敬请读者批评指正。

编　例

一、本分册所选资料，为保存原貌，一般原文照录。其间内容重复及与主题无关部分，则略加删节。资料出处，在资料后注明。

二、本分册所选资料，按类项并依形成时间先后顺序排列。凡属综合性或追述性的资料，按其内容，酌加调整。

三、本分册所选资料，一般以一件为一题，凡同属一事彼此间又有联系的成组资料，以一事为一题。

四、本分册所选资料，一般由编者另拟标题并另加标点。

五、本分册所选资料，在排印时一般用简体字，遇有可能引起文义歧异之处，则保留原有的繁体字。

六、本分册所选资料，遇有缺漏损坏或字迹不清者，以□号代之；错别字和衍文的校勘以及其他简单注释，均加在正文之内，以〔　〕号标明；较长的注释列在正文项下；增补的字，以【　】号标明；文中有删节者，以〔略〕标明；段内部分删节者，以……号标明。

北洋政府时期

文　化

目　　录

〔一〕尊孔读经

（一）规复祀孔

(二)倡导读经

(三)倡设国教与尊孔社团

〔二〕社会文化设施

(一)社会文化机构设置及其章则

(二)图书馆、阅书报处、讲演所的设立及有关令文

(三)小说、戏剧、影片的审核与奖禁

一、小说

(二)古物的盗毁与流失

一、清室与军阀盗毁古物

(三)博物馆(院、所)的设立

〔四〕新闻通讯

(一)有关报刊、通讯社的法规与令文

(二)报馆、杂志社、通讯社之创设

(三)禁阻列强在华非租界地开设报馆

〔五〕出版与查禁

(一)出版法规与令文

(二)编译出版机构

(三)出版品的查禁

一、查禁令文

〔六〕文化学术团体

(一)国家文化学术机构

(二)民间文化学术团体

〔七〕佛教文化

(一)保护寺庙章则与令文

(二)佛教团体

(三)佛教院校

〔一〕尊孔读经

（一）规复祀孔

1 大总统发布尊崇孔圣令
（1913年6月22日）

临时大总统令

立国之本在于政治，而政治新旧之递嬗，恒视学说为转移。我中国之尊孔子，始于汉武帝，摈黜百氏，表章六经，自是学说遂统于一尊。顾孔学博大，与世推移，以正君臣为小康，以天下为公为大同。其后历代人主，专取其小康学派，巩固君权，传疏诸家，变本加厉，而专制之威，能使举世学者不敢出其范围。近自国体改革，缔造共和，或谓孔子言制大一统，而辨等威，疑其说与今之平等自由不合，浅妄者流，至悍然倡为废祀之说，此不独无以识孔学之精微，即于平等自由之真相亦未有当也。孔子生贵族专制时代，悯大道之不行，哀斯民之昏垫，乃退而祖述尧舜，删修六经。春秋据乱之后，为升平太平之世，礼于小康之上，进以大同共和之义。此其导源，远如颜、曾、思、孟，近如顾、黄、王诸儒，多能发明宗旨，择精语详，大义微言，久而益著，酝酿郁积，遂有今日民主之局。天生孔子为万世师表，既结皇煌帝谛之终，亦开选贤与能之始，所谓反之人心而安，放之四海而准者。本大总统证以数千年之历史，中外学者之论说，盖灼然有以知日月之无伤，江河之不废也。惟民国以人民为主体，非任其自由信仰，不足以证心理之同。前经国务院通电各省，征集多数国民祀孔意见，现在尚未复齐。兹据尹昌衡电称：请令全国学校，仍行释奠之礼等语。所见极为正大，应俟各省一律议复到京，即查照民国体制，根据古义，将祀孔子典礼，折衷至当，详细规定，以表尊崇，而垂久远。值此诐邪充塞，法守荡然，以不服从为平等，以无忌惮为自由，民德如斯，国何以立。本大总统维持人道，夙夜兢兢，每遇古今治乱之源，政学会通之故，反复研求，务得真理，以为国家强弱，存亡所系。惟此礼义廉耻之防，欲遏横流，在循正轨。总期宗仰时圣，道不虚行，以正人心，以立民极，于以祈国命于无疆，巩共和于不敝。凡我国民，同有责焉。此令。

中华民国二年六月二十二日

国务总理　段祺瑞
内务总长　赵秉钧
教育总长

〔《政府公报》第406号〕

2　教育部关于定孔子诞辰为圣节致各省都督等电

（1913年9月17日）

各省都督、民政长暨各将军、都统鉴：共和国家，首重道德。孔子集群圣之大成，为生民所未有，其道德为世师表，其学说亦与世推移。故春秋大一统，讥世卿，未几而秦汉混一，开布衣卿相之局。礼运尚大同、公天下，讫今日而中华民国遂定民主共和之局。综其大要，务在拨乱世而反正之，尤在群斯民而尽其伦，故曰：志在春秋，行在孝经，遒者祀孔典礼，尚待规定，而旧历八月二十七日为孔子生日，应定是日为圣节，令各学校放假一日，并在该校行礼，以维世道，以正人心，以固邦基，而立民极。请即转饬所属，一体遵照。孔子生日，言人人殊。惟孔子七十世孙孔广牧《先圣生卒年月考》，折衷群言，演校各历，年从史记，月从谷梁，日从公羊。谷梁断为夏正八月二十七日，确无疑义。民国缔造，改行阳历，一切允宜遵从。惟孔子生日，既从夏正考定，自不得不溯从夏正，否则恒致牴牾，转近诬妄。嗣后各校应永依旧历八月二十七日行礼。逸周书周月解云：夏数得天，百王所同，亦越我周，改正易械，以垂三统。至于敬授民时，巡狩祭享，犹自夏焉。然则，新旧历互用，在成周已有先例，条教号令，从阳历者，所以遵时制；从夏正者，所以遵先师，道可并行，义非相悖。学校中或有误会，并希晓谕为幸。教育部。馥。印。

〔《政府公报》第499号〕

3 内务部关于众议员罗永绍等为祀孔典礼令未经国会议决违反约法信仰自由问题致国务院复函

（1913年9月29日）

启者：前准国务院函交大总统发下众议员陈燮枢、罗永绍等提出祀孔典礼之命令不交国会议决质问书二件，由院钞录原件，缄交本部核拟答复，移送院转咨前来。查祀孔典礼，为民国一重大问题，于政治进行，关系至切，须征集多数国民之意见，方可定祀典之从违。前次，国务院通令各省，早经声明，并无不合。至大总统所发之命令，亦称查照，民国体制，折衷至当，并无侵及约法上信仰自由之意义，尤不能认为违法。所有前项质问书，无答复之必要。相应函复贵院查照办理可也。此致

国务院

中华民国二年九月二十九日

众议院议员罗永绍、郑人康等质问书

关于祀孔典礼之命令，以为违背约法之信教自由由。

关于崇杞〔祀〕孔子一事，目前临时大总统令袭取康有为孔子改制考各陈说，颇滋疑惑。又云：前经国务院通电各省，征集意见，应俟各省电复到京，即查照民国礼制，根据古义，将祀孔典礼折衷至当，详细规定，以表尊崇，而垂永久。云云。查上年九月十三号，

教育部令以崇祀孔子问题，关系民国前途至巨，非俟将来正式国会议决后，不能草率从事，通行各省查照云云。夫信教自由，载在临时约法，断不能以总统命令稍加裁制。若云事关民国前途，不厌详征民意，则代表民意机关之国会，理应正式交议。今于两院开会期间，忽发命令，变更上年交院之通令，是名为征集各省官厅之意见，而实欲妄逞政府独断之威权也。蔑视约法、蔑视民意机关，莫此为甚。查临时约法第四十四条：国务员辅助临时大总统，负其责任。大总统此项命令自有负责任之人。为此，援照国会组织法第十四条第二项提出质问书，请政府明白答复。

众议院议员　罗永绍　郑人康
于洪起　王　杰
周之瀚　黄格鸥
童启曾　徐秀钧
吴寿田　卢元弼
张于涛　陈　策
张士才　谷钟秀
魏肇文　高　杞
吴景濂　易宗夔
詹润元　周　钰
张治祥　罗家衡

众议院议员陈燮枢、胡翔青等质问书

为祀孔典礼之命令，不交国会议决由。

本月二十二日，临时大总统令前经国务院通电各省，征集多数国民祀孔意见，现在尚未复齐，应俟各省一律议复到京，即查照国民体制，根据古意，将祀孔典礼折衷至当，详细规定，以表尊崇，而垂久远。等因。查孔子大同主义，实为共和学说之祖，宗仰时圣，率土同情，本员亦曾宣扬孔道，维持社会。惟孔经注疏，多与民主国体背驰，必须搜集古训，证以世界大义，重加笺释，方足焕发共和精神。若先儒故注，未经订正，依旧推行，而共和时代复讲专制学说，恐于国家行政阻碍丛生。近日各省孔教会设立如林，普通心理已视孔学为宗教。孔教应否作为国教，政教应否合一进行，民国万世之基，关系至大且重，乃不交由人民代表法定机关，正式讨议，通电各省，征集意见。各省议会与闻此事者，亦寥寥无几。是等手续，惟前清未设资政院时，寻常议案，字寄各省，督抚复奏报可交部规定施行，乃有如此办法。兹于民国代议政体，仍循各省议复手续，是法定机关，如同疣赘，人民代表可以蔑视，行政立法权限混淆，政府是否别有作用，本员百思不得其解。谨依约法第十九条、国会组织法十四条提出质问，应请政府于三日内答复。

众议院议员　褚辅成　司徒颖
张耀曾　徐傅霖
张　浩　俞　炜
杜士珍　戚嘉谋
陈燮枢　胡翔青
张传保

〔北洋政府内务部档案〕

4　大总统发布尊孔典礼令

（1913年11月26日）

大总统令

孔子之道，如日月经天，江河行地，树万世之师表，亘百代而常新。凡有血气，咸蒙复帱，圣学精美，莫与比伦。溯二千余年，历史相沿，率循孔道，奉为至圣。现值新邦肇造，允宜益致尊崇。衍圣公孔令贻，以本大总统就任，礼成来京致祝，并亲赍孔氏世谱、阙里圣庙碑碣拓文、前代冠服各物。瞻览之余，益深钦仰。本大总统受任以来，夙夜兢兢，以守道饬俗为念，孔学撷道德之精，立人伦之极，渊泉溥博，沾被无垠，高山景行，响往弥笃。所有衍圣公暨配祀贤哲后裔，膺受前代荣典，祀典均仍其旧。惟尊圣典礼綦重应由主管部详稽故事，博考成书，广征意见，分别厘定，呈候布行。此令。

中华民国二年十一月二十六日

国务总理　熊希龄

内务总长　朱启钤

〔《政府公报》第563号〕

5　大总统发布规复祭孔令

（1914年2月7日）

大总统祭孔令

据政治会议呈复：前奉咨询祭孔典礼一案，经开会全体议决：佥以为崇祭孔子，乃因袭历代之旧典，议以夏时春秋两丁为祭孔之日，仍从大祭，其礼节服制祭品，当与祭天一律。京师文庙应由大总统主祭，各地方文庙应由长官主祭.如有不得已之事故，得于临时遣员恭代。其他开学首日，孔子生日，仍听各从习惯，自由致祭，不必特为规定等语。孔子性道文章，本生民所未有，馨香俎豆，更历古而常新。民国肇兴，理宜率旧，应准如议施行。此令。

中华民国三年二月七日

国务总理　熊希龄

财政总长　孙宝琦

外交总长

内务总长　朱启钤

陆军总长　周自齐（兼）

交通总长　周自齐

海军总长　刘冠雄

司法总长　梁启超

教育总长　汪大燮

农商总长　张　謇

〔北洋政府内务部档案〕

6　政治会议议长李经羲为规复文庙祀孔呈并大总统批

（1914年2月11日）

为呈请事：据本会议议员任福黎提出规复文庙建议案一件，内称：伏读大总统特交说帖祀孔案，内有孔子赅百家之精，立人伦之极，有国有家有身者，率其道则治而存，违其道则乱且亡，断无废祀之理。此次议礼仪节，似应与祭天一律，方昭隆重等语。伏查列代尊崇圣道，凡直省各州府县均设立文庙，以祀孔子，并设立学官主持祭祀，赞佐教育，典礼备极优隆。逮后科举停废，学官一职即被裁撤，然尚改为奉祀官，专理祭祀。诚以学校虽有变更，道德不容沦丧。福黎前在湖南内务司任内，见各处文庙，军队杂居，学生寄宿，或改作新剧团演唱戏剧，或占为女学校，晒晾秽污，触目伤心，令人流涕，均一律饬令迁移。湖南如此，他省可知。近年以来，类此事情当复不少。今大总统尊崇至圣，特议上仪，维持世道人心，功用至伟，钦服莫名。拟请由本会议呈请大总统令饬各省民政长转饬各地方行政长官，将原有文庙，一律规复尊崇，不得任听损坏。并每县设奉祀官一员，管理庙务，敬司祀事。每月逢星期日，开明伦堂，集合人民宣讲人伦道德，使人人知所兴感，潜移默化，裨益世道人心，实非浅鲜，而于尊崇至圣精意，更觉周备无遗。再，此项奉祀官须在本县用古者宾兴之法，择本县之有学识道德堪为师表者，行乡饮酒礼举之，其年岁当在四十以上，由知事呈之内务、教育两司，两司核准后呈请民政长任用，即由民政长汇报内务、教育两部备案查核。至于奉祀官俸薪，或在原有学田项下开支，或由地方另行筹备，均听酌核办理。如是，则人民知国家以道德为重，心目有所观感，将见孝弟之心，油然而生，廉耻之道坠而复振，由都邑达于乡曲，自优秀渐及愚顽，实于维持礼教，挽回风化大有关系。盖今日人心之大患，皆先由社会而起，浸淫酝酿，而后国家受之；欲图补救，必先社会，未可以事蹈故常，而遂视为迂阔，伏请交议公决等语。到本会议。复经议员周易、厦仲、阿旺益喜、苏乃锴、周传性、朱为潮、江赞桑布、朱文劭、夏孙桐、许鼎霖等之连署赞成。查本会议规则第二条有议员建议之规定，兹该议员任福黎等遵奉提出规复文庙建议案，核与大总统尊重圣道之宗旨尚属相符，谨于一月二十九日议决祀孔咨询案后提出并案讨论，经议员大多数赞成。理合据情录案，呈请裁夺施行。谨呈。

批：据呈已悉。交内务部查核，分别令行各省民政长转饬各地方官遵办。此批。

中华民国三年二月十一日

国务总理　熊希龄

内务总长　朱启钤

〔《政府公报》第636号〕

7　大总统发布崇圣典例令

（1914年2月20日）

大总统令

兹制定崇圣典例公布之。此令。

中华民国三年二月二十日

国务总理　孙宝琦

内务总长　朱启钤

教令第二十二号

崇圣典例

第一章　世　　爵

第一条　衍圣公膺受前代荣典，均仍其旧。其公爵按旧制由宗子世袭，报经地方行政长官呈由内务部核请承袭。

第二条　衍圣公俸，依公爵旧制，俸额酌定为岁俸银币二千元。

第三条　衍圣公印由国务院饬印铸局用银质铸造颁给，文曰衍圣公印。其旧有三台银印，缴由内务部保存。

第二章　世　　职

第四条　圣贤后裔，旧有五经博士等世职，兹均改为奉祀官，世袭主祀。其旧设奉祀生裁撤之。奉祀官按旧额设置如左：

(一)至圣后裔·世袭奉祀官八员；

(二)先贤先儒后裔，世袭奉祀官二十员。

先贤东野氏、颜氏、曾氏、孟氏、闵氏、冉氏耕、冉氏雍、端木氏、仲氏、言氏、卜氏、颛孙氏、有氏、朱氏、周子敦颐、程子颢、程子颐、邵子雍、张子载、先儒韩子愈，后裔世袭奉祀官各一员。

前项至圣先贤先儒后裔世职，由衍圣公及各氏按照旧例，报由地方行政长官呈明内务部核准承袭。

第五条　前条世袭奉祀官俸依旧制，五经博士等官俸额酌定为每员岁俸银币一百元。

第三章　祭祀费

第六条　衍圣公每年祭祀公费岁额酌定银币一万二千元。

第七条　孔氏各项祀田，由各该管地方官清厘升科，概归国家征收。

第四章　庙　　官

第八条　圣庙执事官，按旧设品额，仍设四十员，酌分等额如左：

(一)三等二员

(二)四等四员

(三)五等六员

(四)六等一员

(五)七等七员

（六）八等十员

（七）九等十员

前项执事官，由衍圣公照旧制遴选圣裔，报由地方行政长官呈请内务部注册充任。

第九条　前条圣庙执事官俸依旧制，俸额折给每员岁俸银币三十元。

第十条　圣庙乐舞生、礼生，由衍圣公按旧额遴选曲阜俊秀子弟，随时肄习。

第十一条　各地方文庙设奉祀官一员，其规则另定之。

第五章　林　庙

第十二条　曲阜林庙于修缮工程必要时，由该管地方长官勘估，呈报内务部核准修缮。

第十三条　文庙修缮事宜，京师内由内务部办理，各地方依前条之规定。

第十四条　林庙旧设百户一员，改为林庙奉卫官，由曲阜县知事遴选，呈请该省民政长官委任。

第十五条　曲阜林庙二处，奉卫酌定各三十名，供洒扫工匠各役，由奉卫官管理，其规则另定之。

第十六条　前条奉卫官及奉卫之俸薪，酌定为每年银币四千元。其从前征收各户丁银，一律豁免。

第六章　府　官

第十七条　衍圣公旧有府属员役，仍依旧制，自行选充。其俸薪由衍圣公岁费内支给。但旧设之赍奏、随朝伴官、管勾屯官等名目均撤销。

第七章　附　则

第十八条　本例所列支给各款，由该管长官按年分别列入预算。

〔北洋政府内务部档案〕

8 大总统发布亲临祀孔典礼令

(1914年9月25日)

中国数千年来，立国根本在于道德。凡国家政治，家庭伦纪，社会风俗，无一非先圣学说，发皇流衍。是以国有治乱，运有隆污。惟此孔子之道，亘古常新，与天无极。经明于汉，祀定于唐，俎豆馨香，为万世师表。国纪民彝，赖以不坠。隋唐以后，科举取士，人习空言，不求实践，濡染酝酿，道德寝衰。近自国体变更，无识之徒，误解平等自由，逾越范围，荡然无守，纲常沦弃，人欲横流，几成为土匪禽兽之国。幸天心厌乱，大难削平，而黉舍鞠为荆榛，鼓钟委于草莽，使数千年崇拜孔子之心理，缺而弗修，其何以固道德之藩篱而维持不类。本大总统躬膺重任，早作夜思，以为政体虽取革新，而礼俗要当保守。环球各国，各有所以立国之精神，秉诸先民，蒸为特性。中国服循圣道，自齐家、治国、平天下，无不本于修身。语其小者，不过庸德之行，庸言之谨，皆日用伦常所莫能外，如布帛菽粟之不可离；语其大者，则可以位天地，育万物，为往圣继绝学，为万世开太平，苟有心知血气之伦，胥在范围曲成之内，故尊崇至圣，出于亿兆景仰之诚，绝非提倡宗教可比。前经政治会议议决，祀孔典礼业已公布施行。九月二十八日为旧历秋仲上丁，本大总统谨率百官，举行祀孔典礼。各地方孔庙由各该长官主祭，用以表示人民俾知国家以道德为重，群相兴感，潜移默化，治进大同。本大总统有厚望焉。此令。

中华民国三年九月二十五日

国务卿　徐世昌

〔《政府公报》第860号〕

9　国务院转礼制馆拟订祀孔乐章谱呈并大总统批令

（1915年3月11日）

为拟订大总统祀孔乐章仰祈钧鉴事：窃维祀孔典礼，早经颁布，上届举行丁祭，因新乐待订，沿用旧章，原系通融办法。随经饬由馆员将祀孔乐章敬谨拟订，并绘具乐舞图式，函送内务部，选派乐舞生先行演习，以期周妥，而昭慎重。现在上丁将届，此项乐章亟待演用，复经函询内务部，所演乐章是否妥协。准复称：此项乐章，业已演习成熟，并无窒碍等情。到馆。除乐舞图式已交由内务部届期按照图式妥为办理外，理合将乐章谱缮呈钧鉴，伏候大总统核示祗遵。谨呈

批令；准如所拟办理，即由该馆通行遵照。此批。民

中华国四年三月十一日

国务卿　徐世昌

〔北洋政府内务部档案〕

10　内务部拟订孔子庙奉祀官规则致大总统呈

（1916年12月9日）

呈为拟订孔子庙奉祀官规则，并请修复夏时朔祭，缮具清单，呈请鉴核事：查民国三年二月二十日公布崇圣典例第十一条内载：各地方文庙设奉祀官一员，其规则另定之。等语。当经通行各省在案。嗣由前政事堂礼制馆编订祀孔典礼，呈准通行。所有各地方文庙，除旧日府县同城之两文庙停祀其一外，余皆改称孔子庙，每岁春秋二丁，由各地方官举行祀典，各庙奉祀官自应一律设置，以符定例。查奉祀官俸给一项，分任不见其多，合计全国则为数綦巨。际此库款支绌，中央筹拨既属匪易，而地方能否担任此项的款，亦无确实把握。本部旋即电咨外省询明有无此项财力，各就地方情形切实调查，咨复本部，以便通盘筹画，并经呈明各在案。现据外省各地方先后声复前来，均以此项经费不易筹措，有请暂行缓

设或现难遍设者，有以县知事或学务人员暂行兼任者，情形各有不同，办理殊非一致。本部详加审议，以为孔庙奉祀官于财政拮据地方，不妨暂以县知事或学务人员兼任；其财力稍裕各地方，应即遴员委充，专司祀事。惟事经创举，条例宜详，特由本部拟订规则十七条。凡关于奉祀官任用之资格，遴选之程序，职掌之权限，经费之支给，及与祀典相关事务，均经分别规定，俾便遵守。至祀孔典礼，虽经订定，而按时展谒，旧习惟昭。本部复据江苏士绅庄赓良等呈称：旧日孔庙，除春秋致祭外，朔望则由有司展谒，嗣后请令地方有司，遵用夏时谒朔而不谒望等语。查该士绅所请，亦系为崇圣起见，自可照办。由各该地方行政长官，每遇夏时朔日，赴庙行三鞠躬礼。既伸瞻仰之忱，亦寓洒除之意，礼等饩羊，而于世道人心关系匪浅。如蒙允准，即由本部分别通行遵照。所有本部拟具孔庙奉祀官规则，暨呈请夏时朔日由地方官赴庙行礼各缘由，是否有当，理合缮具清单，呈请鉴核施行。谨呈

大总统

内务次长代理部务　谢远涵

中华民国五年十二月九日

孔子庙奉祀官规则

谨拟具各地方孔子庙奉祀官规则十七条，呈请鉴核。

计　开

第一条　本规则依据崇圣典例第十一条之规定，于各地方孔子庙奉祀事宜适用之。

第二条　凡省、道、县及特别区域各地方之行政公署所在地，均以旧有文庙改为孔子庙。

第三条　同一地方旧有二【处】以上文庙者，除择其一由官奉祀外，余由各地方官保存，听人民自由致祭。

第四条　特别区域及新设行政区域旧无文庙者，如新建孔子

庙，应报由内务总长呈明大总统。

第五条　孔子庙设奉祀官一员，由地方官遴员呈请各该行政长官委任之，并咨报内务总长，由部发给奉祀官执照。

第六条　凡具备左列资格，得委任为奉祀官：

一、本籍人；

二、年在四十岁以上；

三、品学优美，素为地方人民所矜式者。

第七条　各地方不能即设奉祀官时，得以县知事或该地方办理学务人员暂行兼任。

前项兼任之奉祀官，不适用第五、第六、第十四三条之规定。

第八条　奉祀官管理左列各事务：

一、关于孔子庙典守事项；

二、关于丁祭及其他祀典筹备事项；

三、受地方官委托兼管现行祀典各祠庙事项；

四、关于所管祠庙古物古迹保存事项。

第九条　凡举行典礼时，奉祀官得陪祭或分献；每遇夏时朔日，奉祀官随同地方长官恭诣孔子位前，行三鞠躬礼。

第十条　孔子庙之附属房屋，由奉祀官选择，作为办公及常川驻宿处所。

第十一条　奉祀官于兼管他项祠庙，得雇用夫役看守，其名册工资，应呈报地方官备案。

第十二条　奉祀官若不称职或因事辞职时，由地方官呈请各该行政长官核准，并令缴销原领执照。

第十三条　奉祀官出缺时，依第五、第六两条之规定行之。

第十四条　奉祀官之俸给，依崇圣典例世袭奉祀官之规定。

第十五条　奉祀官之公费，由地方官酌拟呈请各该行政长官核定之。

第十六条　前两条各经费，均由地方支出，应分别临时、经常报部查核。

第十七条　本规则自公布日施行。

〔北洋政府内务部档案〕

11　大总统发布崇祀先儒令

（1919年1月3日）

大总统令

孔子道赞化育，陶铸群伦，自汉以降，代致崇典。后之儒哲，被服古训，紬译道义，或尊德性，或阐知能，觉世牖民，廉顽立懦。两庑祀位，亦复代有增列，所以重儒修明正学也。方今世界，文化日益昌明，孔子之至德要道，著在六经，传译邻邦，交相倾仰。况我国人，涵濡德化，既深且久，欲开来以继往，宜尊闻而行知。至于升学入室之序，尤以躬行实践为归，不有表章，焉知道率，先儒颜元、李塨，清初名硕，生平著书立说，本原仁孝，归功实用，深得孔子垂教之旨。曩当制礼之初，曾有从祀之议，频步棼泯，因仍未举。兹据内务部以颜、李两儒，有功圣学，呈请从祀两庑，位汤斌、顾炎武之次。事关祀典，咨度佥同，应予照行，用昭茂矩，风徽所在，肸蠁攸隆，入德即在，彝常导世，先端教化，永资矜式，以示来兹。此令。

中华民国八年一月三日

国务总理　钱能训

内务总长

〔《政府公报》第1051号〕

（二）倡导读经

1 倪嗣冲呈请大总统提倡经学教育的有关文件

（1914年5—7月）

（1）倪嗣冲致大总统呈（1914年5月26日）

为呈请注重经学，以正人心，并通饬各省私塾读经，以备考送中学，饬议施行事：天地生才，古今一致，无盛衰多寡之殊也。学校兴，教法良，则人才盛、国治且强；学校废，则人才消乏，万事堕坏，灾害并至，虽有善者，无如之何，此古今之通论也。从未有上自朝廷，下至通都大邑、穷乡僻壤，青衿儒服，蓬兴蔚起，不数年间，而天下纷扰，纪纲荡然，国亦一蹶而不复振者，今竟有之，是学之一字，足以杀人误国，乱天下过于洪水猛兽矣。其故安在？前读孔教会呈请各学校读经，交议试行。奉大总统批示，此乃一定不易之理，万古不废之道，即交部饬行，无庸交议。当此泯棼胥渐之时，如夜行失道，万众惶惑，罔知所措。大总统睿烛照独，以片言先天下而觉定四海之命。嗣冲寻绎至再，诚至言也。前清于创深痛剧之余，毅然以兴学为务，举凡治兵、理财、通商、务农、地舆、六算、舟车、制造、语言、文字，事无巨细，悉仿新法，以求之学，然在东西各国行之善者，吾国独弊；各国施之效者，吾国无效，而且有损。兴学愈力，兆乱愈速。小则逾闲荡检，为风俗之忧；大则犯上作乱，为天下之患，无不自学堂发之。追原祸始，皆泛骛科学，荒废圣经，教法不善，有以启之也。征诸历史，凡国之能立于天地之间，存于竞争之会者，皆有一种真命脉绵延团结为一国之元气，举千万人皆陶冶范围于其中，而不自觉，积久则强固，稍漓则萎败，无古今中外一也。中国之命脉元气，即四书五经也。四千余年，先圣后贤，撰著会萃，凡身心性命之精，治乱存亡之道，皆言之靡遗，括之无外，存则治，亡则乱，捷于影响，犹人身之血气，灯烛之膏油，日月之照于天，江河之汇于海也。而其切要处，只孝弟、忠信、礼义、廉耻八字，为正人心，厚风俗之本。有子曰：其为人也孝弟，而好犯上者鲜矣，不好犯上而好作乱者，未之有也。孔子曰：言忠信，行笃敬，虽蛮貊之邦行矣。孟子谓：无恻隐、羞恶、辞让、是非之心，非人也。管子曰：礼义廉耻，国之四维，四维不张，国乃灭亡。今日何犯上作乱之多也，教之不知改，杀之不知畏，其敢于犯上作乱者，必自不孝不弟始也。不孝不弟，则其为人谋必不忠，与人交必不信，于是误入迷途，有以践言乱党为信，效死乱党为忠者，更有以男女自由为礼，倡乱蹈死为义者。遂至生民水火，沧海横流，人心尽死，天理几息，大乱从何而止。长此不改，今日之犯上作乱，因诛不胜诛，将来之犯上作乱，亦必潜滋暗长，相继而起，宜我大总统有隐痛在心，不忍言教育之命令也。夫医者治病，必按脉切理，求其病之所从入而诊治之，则应手立效。今学堂不重读经，乱之所生，即病之所入也。果能改良，以读经为本，以余力习有用之科学，即戡乱之上策，治病之良方也。孟子曰：经正则庶民兴、庶民兴，斯无邪慝矣。乃倡为谬说者独曰：诸经篇什太繁，强幼稚记诵，则伤脑力，非卫生所宜。又曰：群经义理太深、幼稚知识简单，难于领悟。于是充教习者，乐其无口授句读之烦，附而和之。初学者喜其无朝夕背诵之苦，习而安之。从此将五帝、三王、周公、孔子之圣经，汉儒马、郑、许、孔之疏传、宋儒周、程、朱、张之集，悉束之高阁，视同鸩毒，而独取名物琐屑，不教亦知，近于营业性质之教科书，上之学部，颁之学堂，视同金科玉律，帝典王谟，以混误童子宝贵之光阴，凿丧龆龄纯粹之天质，大本末端，而一切犯上作乱之邪说，因而乘间而灌输之。譬诸饮食之内，独远五谷；房闼之间，遍藏炸药，有不精神销减栋梁轰裂者乎！前清欲兴学堂，先废八股科举，诚以咸同以后之程墨，毫无精义，不足以识时务得俊才也。试问今日学堂中所读之教科书能高于八股乎？所成就之人才能胜于科举乎？科举未废，前清虽弱，尚不至大乱，即乱矣尚可以复治，非科举八股果足关治乱延国运也。八股文虽无用，其试之题，尚出自四书五经也。既作四书五经之文，则不能不读四书五经之书，其所揣摩标榜，尚知守孝弟、忠信、礼义、廉耻之大防，不敢倡言犯上作乱也。是四书五经之在天壤，稍得绪余，尚足以存人心，维世教，绵积弱之天下，况得其深邃者乎？三代以后，两汉取士，选举与试策并重，唐尚诗赋，宋尚策论，元兼词曲，惟明清两朝为纯粹八股时代，而各享二百余年之太平，突过唐宋、非八股能得人才，因不废经术，义理深者即人才也。然读经必自幼学始，物之生也必蒙。易云，蒙以养正，如水然，决渚东方则东流，决渚西方则西流，人无有不善，水无有不下，如树木然，拱把之桐梓，人苟欲生之，皆知所以养之。牛山之木尝美矣，斧斤伐之，牛羊又从而牧之，是以若彼濯濯舌。中国诸儒经说，浩如烟海，然五经正文，宋欧阳公云，论语一万一千七百五字，大学、中庸五千一百八十二字，孟子三万四千六百八十五字，周易二万四千一百七字，尚书二万五千七百字，诗经三万九千二百三十四字，礼记除学庸外，九万三千八百一十八字，春秋左传十九万六千八百四十字，共四十三万一千九百八十一字。准以中人之资，日读三百字，四年本可以遍读，以八岁入学计之，无怠无荒，即中人以下之资，年至十五，未有不成诵者。历代经生鸿儒，类享大年，旨酒腐肠，蛾眉伐性，古有明训，几见有穷经而致短命、作德而不润身者，则伤脑筋，防卫生之说不足信矣。且义理之功，与年俱进，愈老愈明。诵读之功，与年俱退，少时之所学，及其老也，恒苦遗忘。惟十岁至十五，嗜欲未盛，性灵初开，教之善则善，习于恶则恶。听自由平等之演说，印入脑筋，虽杀身破家，趋之若鹜。闻事亲敬长之正论，深入心理，亦必守死善道，甘之如饴。邪正不同，其笃信受持则一也。经文诘屈聱牙，微句奥旨，老者易解而难记，少者记易而解难。人所同也。凡百文字，均可以壮盛之年习之，惟经书必须童而习之，迟至三四十，虽聪颖之士，亦难强记，所谓过时后学，则勤苦而难成也。十五以前，字哦句讽，朝授而夕课之，茫然不知为何物也，未几而上于口，未几而识于心矣。积之又久，心口相应，先难后获，未几而晰其章句矣。未几而悟，其旨归矣。智者一日、二日，再思、三思，至于十、至于百而能之，愚者百倍其功，至于千而亦能之，同行一途，百步与五十步，稍分迟速，其至于道则一也。其同守孝悌、忠信、礼义、廉耻之教则一也。一旦豁然贯通，本经术发为文章，为贾、董经济宏通之文可也，为相如、子云词落瑰丽之文可也，为周程张朱义理湛深之文亦可也。即等而下之，轻倩之艳词，鄙俚之小说，亦必摹之即工，拟之即似，国家欲之何格，悬何式以求之，必能如其格式以应之，从古拨乱反正，建功立业之名世，未有不善为文者，无他，读经之效也。即有学无文，白首一经，穷居教授，尚可作乡党之善士，树后进之楷模，必不肯以犯上作乱，自由平等之说，鼓吹天下，无他，有孝悌、忠信、礼义、廉耻之说，先入而为之主足以束缚而范围之也，何虑读经者之终不领会乎。近年国帑空虚，民穷财尽，无论学堂无力扩充，即已设之初级小学，已多不能保存，斯文一脉，仅赖一、二旧学，为之丝联发系，若亡若存，久将泯焉就熄矣。国粹浙消，世乱靡已。嗣冲之愚，殷忧窃叹，不忍缄默，惟有吁请大总统特饬教育部改良教法，大学、中学、小学均严读经之令并通饬各行省地方，诗书世族，聪颖子弟，有志向学而小学堂不能并收并蓄者，自行延师专课四书五经，由各省教育长官定期考试，于四书外，能诵五经、三经、一二经，再试之经题，文理通顺者，分别优等、次等取定，准其作为小学毕业资格，送入中学肄业，以励私学，而补官学之所不及。与两汉通一经补博士弟子古制亦相符合。中国文教，广被士庶之家，藏书动逾数万卷，父兄之教子弟，师弟之重薪传，较之官长教百姓，教习课生徒，其功夫疏密相去何啻倍蓰。其所成就，恐非学堂所能及，而天下失业之寒士，亦可藉束脩膏火以谋生，似亦收拾人心之一助也。嗣冲私心早见及此，而不敢倡言，以学堂之利害效果未昭著也。今天下之乱剧，人心之变极矣，纵言之获戾 在所不辞。当今管学务者 类皆经师通儒，亦必思省，以拯时乱 而挽人心也。谨披沥直陈，伏乞大总统垂察，饬议施行，天下幸甚！谨呈

批：交教育部查核办理。此批。

中华民国三年五月二十六日

国务卿　徐世昌

(2)倪嗣冲致蔡儒楷函(1914年5月)

敬启者：前敝处呈请注重经学，以正人心一案。奉大总统批令：交教育部查核办理。谨将原呈另印成册，附呈台览。顷教育部呈明，拟节采经训，编入修身、国文教科书内，不另设经学一科，亦奉大总统批准照办。查前清张文襄奏定学堂章程。于中小学内本列有读经、讲经钟点。其所以昌明正学，维系人心者具有深意。嗣海内教育家以经书繁重，而学校内又科目增多，时间益促，遂皆趋重于科学，盛倡废经之议，迁流以至今日，沿讹袭谬，遂将经学钟点删除。莘莘学子，几不知四书六经为何物，孔孟程朱为何人。教化陵夷，道德沦替，数千年相传之国粹，几皆扫地以尽。而邪说暴行，相继踵出，干名犯义之辈，及犯上作乱之徒，且昌言而无忌，人心日即于陷溺，国本且因而动摇。为今之计，急宜昌明孔教，尊重经学，以正人心，而固国本。有见于此，是以不揣冒昧，削渎陈词。幸蒙总统鉴察，饬部核办，而部意仍不以读经为然，仅允采取经训，编入教科。夫作者谓圣，述者谓明，以孔子之圣，尚不敢以作者自居，而自附于述古之划。今以经训之渊深，茫无涯涘，穷汉宋诸儒，数十百辈之钻研，尚未克深究其蕴奥，而二、三部员，乃欲操制作之柄，取前圣之经籍，以供其抉择去取，是其圣直出于孔子之上也。若夫删节经文，割裂章句，上侮圣言，下误后学，昔儒有拟经补传者，论者尚诋为非圣，无法况可，取圣言而断截之，如采生折割者之所为耶。

又云：其有未足者，兼采他说以为辅。夫以孔子之说为未足，则所谓他说者果何说也。此尤轻侮正学，易堕歧趋。海内士夫稍有识者，一闻此言，莫不嗟痛。惟详绎教育部原呈之意，其所持以为最坚强之理由者，不外二端：一、虑启宋〔宗〕教之争端，一、虑耗学童之脑力，而【余】之愚则以为二者皆可无虑也。信教自由，载在约法，本各国之通例。吾国既未明标孔教为国教，以贻他邦之口实，而第于学校之内，诵习经文，讲求经学，斯有孔教之实，而不立孔教之名，断不惧外力之干涉。至于诸经章句，童而习之，深印脑筋，皓首不忘。昔儒治经之法，先求之于记诵，次求之于训诂，终乃求之于义理。读经之课，正幼稚时必须之阶级，蒙以养正，是曰圣功，即此义也。今诚能按日读经，虽以中人之资，不及成年，而诸经皆可成诵。若以学校之课程支配之则，寻常小学四年，高等小学三年、中学三年，历十年之久，不患不能遍读群经，但于学校内课目，每日增加读经讲经钟点一、二小时足矣。其私塾之能诵习群经，兼通各科学者，并准其按年试验，如各科及格即准升入中学或高等专门，以示鼓励。盖教育以普及为主义，小学为义务教育，本可施用强迫制度，而今日公家财力困乏已极，故于教育一事，只能力求实际，而决不能稍事铺张，以官力之不足，不如听民力之自为之。而第悬一格，以为之招，示以率循之准，教以授课之法，以力求其整齐划一，则不烦公家之财力，而人才自可奋兴。故改良私塾，讲授群经，尤为今日先务之急。现接北京孔教会来函，于部呈颇多反对。其言不为无见，嘱转商执事及各省都督巡按使，联名合电，请大总统查照前清学部原定章程，并采用前呈所陈，于小学、中学课程内，仍增入读经讲经钟点，列为专科；一面通饬各私熟〔塾〕一律读经，兼习〔塾〕各项科学，以备考送中学或高等专门之用。并宜明定限制，遇有学生毕业试验之时，由地方长官派员监视、如经文缺略不读，或背诵遗忘及于经义毫无发明者，即各种科学及格，亦不准毕业，仍勒令补习经文，数月覆试，及格方准给照，似此并行不废，庶于注重科学之中，仍寓尊崇圣经之意，于教育前途实无妨碍。将来经正民兴，邪慝不作，圣道日尊，卮言自息，于国家大局不无裨益。谨此详陈，即希察核。如尊处能表同情，即请先行电覆，以便联合各省，公同定稿。并将稿语电达尊处，核定见覆后再行联名上闻。事关人才作育之要图，及国家根本之至计，想尊处亦必力为赞助也。迅盼赐覆，不尽区区。敬请台安

倪嗣冲启

（3）孔教会致倪嗣冲函（1914年5月）

倪都督阁下：顷从报端读公呈总统注重经学，以正人心，瞥喜莫名，悲愤并集。民国改建，首停孔祀，废孔经，毁孔庙，同人鉴此，惧国将不保，种亦沦亡，发起孔教会，请定孔教为国教。海内士大夫热心毅力，异口同声，寖有成议，而二三不肖好乱之徒，勾结外教，恐以教祸，政府不察，遂予否决，自诬为无教，以媚外人。国务院之呈文有曰：学校非说教之地，学生非信教之人，毋庸设牌祭奠，其摧残孔教昭然若揭。内务部据其文，颁二百十四号训令，通行各省。自是以来，各地方官揣摩意旨，变本加厉，孔教几悬为厉禁。湘省则撤销各学圣牌，禁经焚经；山东行政公署令曲阜支会谓以教立名，显与部令不符，饬速将孔教会名义取销；聊城知事令孔教不能定为国教，应不许开孔教会；即墨因学校读经，逮捕教员至十余人；桂之岑溪、赣之雩都，并日拆毁圣庙，鄂之郧西知事，勒令孔教会将学宫会址迁出，改扎团练；苏之金坛知事，亦逼孔教会迁出学宫斋所；四川民政长谓孔教会煽惑小学读经，应即严禁；川东视学员洪百川所至学校，见有经书立即扯碎；川南视学员易光墉，禁人家以经教子弟，并不准书肆售经。凡此皆毁孔灭经之最悍者，非丧心病狂不至此然。显而易见，其毒易发，其事不可久，犹无大害也。若夫托崇经尊孔之名，行毁孔蔑经之实者，其居心尤险毒，取术尤巧诈。其事若行，则诬孔而人不知，亡经而人不觉，中国之精神命

脉，从此斩焉而绝，无复生之望，此真邃古未有之变，普天不共之仇，凡我尊孔者所不可不早为之所也。其事维何？即教育部呈大总统宣明教育宗旨之文，是原呈略谓学校毋庸读经，拟于中小学校修身国文课程中采取经训，其有不足者，兼采他说，以为之辅，则崇经尊孔两利俱存，庶以救经学设科之偏，复不蹈以孔为教之隘等语。果如所论，则孔子不得为圣人，六经不得为圣经。教育部之智识高出于孔子万万，教育部所编之教科书，高出于六经万万，然后可也。明明割裂圣经，而曰吾以救经学设科之偏，且曰是崇经也，是采生折割人者为爱人也；明明谓孔子之言为未足，而曰吾不蹈以孔为教之隘，且曰是尊孔也，是毁人者为敬人也。不意绾教育之大权者，其狂悖乃至于是，推其故不过藉此以悦庸众，固权利耳。为固一己之权利，而不惜断丧一国之元气，干犯举世之清议，亵侮至尊之先圣，贼害将复之人心，盖其恻隐、羞恶、辞让、是非之心亡已久矣。亡恻隐、羞恶、辞让、是非之心者非人也。以非人者而当教育之任，几何不胥天下之人而不如禽兽也。同人至愚极昧，遭兹大变，惟有竭力。惟自国教否决而后，小人道长，君子道消，一若尊圣读经，其事乃孔教会之私事，其言乃孔教会之私言者。今读大议，幸同张目，警喜之余，继以悲愤。警喜者孔教巨子尚大有人在，圣道赖以维持也；悲愤者大文已奉批交教育部核办，教育部固尔尔，恐归无效也。人心垂死，正论早歇，非得伟人数十辈大声疾呼，不足以振聋聩。拟请执事仗义，主动通电，或致函各省，力陈教育部毁孔蔑经之非，请其协同电告总统，依执事原议，注重经学，以正人心。并通饬各私塾读经，以备考送中学，庶几皎日明而爝火自息，正学昌而卮言自消。执事之功不在禹下，敝会亦当竭其绵力，从执事后鼓吹舆论，以尽职分之万一。其于扶世翼教，或不无小补耶。激切屏营，敬谨上达，祗候德音。敬颂

勋祺

孔教会拜启

（4）蔡儒楷致汤继武函①（1914年7月3日）

继武先生总长阁下：密启者：顷接倪巡按使通告，并孔教会公启，意在纠合各省巡按使公呈主峰，规复中小学读经一事。弟极不赞成斯举，已复电婉言劝诰，并示以否认之意。伏思倪公不解教育原理，任意武断，然其心出于至诚，尚可原谅。惟孔教会诸人毫无知识，肆口谩骂，若辈穷极无赖（若陈焕章等品性卑劣，都人士类能道之），思借题发挥，以扰乱政局。独不思贵部所主持，乃苦心经营，调和新旧，且蒙大总统批予卓见伟论，由部即本斯旨，详慎修订等语。是经大总统核定之办法，即不容他人反对，所以服从命令，保守尊严也。孔教会何人竟敢捏造谣言，诋毁政府，而置大总统之批示于不顾。揆之同盟会、国民党亦不过始基于反对总统，违抗命令，遂演成滔天之祸，以至不可收拾。彼等持其会为孔教，知政府不以乱党目之，故敢出此不法之言，充其量不至扰乱政局不止，中国教育坏于南皮之把持，通人类能道之。近日方止正轨，全国学界翕然从风，不谓又有孔教会之无理取闹，不知若辈，虽欲自比南皮，尚不配也。此事关系匪浅，诚恐育〔欲〕从者多，邪风又起，淆人观听。贵部为惩一儆百之计，宜先事预防，请大总统先下令严行申斥，嗣后或不至有此等无谓之举动也。东海相国，范孙先生皆旧学泰斗，公宜与之熟商，为防御挽救之策，国家存亡，在此一举。弟不忍作壁上观，故不避嫌怨，冒死陈之。兹将各函稿并楷复电抄送台阅，敬候卓裁。手此。敬请

台安。

蔡儒楷启上

七月三日

---

① 汤继武时任教育总长，蔡儒楷时任山东省巡按使。

（5）蔡儒楷致倪嗣冲电（1914年7月3日）

安庆。倪巡按使鉴：大札并附件敬悉。崇论宏议，钦佩曷已。楷默察国人趋向尊孔，大致皆同．所不同者只在主张学校读经与不读经，而其说又皆持之有故．言之成理。兹事体大，似非行政长官一部分人骤能加以断定。至教部呈请注重道德教育，拟于小学校修身及国文教科书内采取经训，务以孔子之言为指归，办法已奉大总统批：卓识伟论，由部即本斯旨，详慎修订。等因。而孔教会乃极口诋诽，毋乃太甚。我公维持圣教，毅力堪钦。至联名电请大总统于小学、中学课程内仍增入读经讲经，列为专科一节，尚望三思。忝许知己，故敢尽言。如事在果行，楷实欲与教育部反对，希谅之。江。印。

〔北洋政府教育部档案〕

2　王怀庆在万国道德会上倡导尊孔读经演说词稿

（1920年6月19日）①

阅贵报登载康、王诸先生演说，不惟将孔教真谛，阐发无遗，即各国宗教之源流，亦考核详确。鄙人不学无文，本不能于诸先生讲演之外，再赞一词。惟是自束发受书，即已服膺孔教。而比年以来，亲见过激学说，风起潮涌，其原动力之最大者，则以悍然废经废孔，为唯一之方法。盖因孔子之教，有秩序，有统系，有确定之范围，有可循之涂经，故必使其破坏无余，而后邪说诐辞，可以肆行无忌，实则流弊所极，非将庄严璀璨之中华，尽陷于洪水猛兽之世界不止。是以鄙人前曾具呈大总统，请饬部院，速定教育方针，以正人心，遏乱源，原有不得已之苦衷，非故与新学家相非难也。不过今之诋毁孔教者，简单言之，约有两种：一种谓维持全国之人心，非有特立之宗教不可。故无论基督之新旧教，婆罗门教，以及天主教，犹太教　各有一理想中崇拜之天神，故能令全国之人，十分信

① 原文无年代，据文件内容推断，当在1920年以后。

仰。而一切学说政令，皆由此出。其立教之精神所寄，即立国之精神所寄。今孔子但言人事，而不言天道，但言体质，而不言灵魂，故仅能称其为政治家，为哲学家，为教育家，而不能称其为宗教家。是以三千年来，虽历代有人发挥道统，阐扬儒教，但果令全国数万万人，群趋附于孔教旗帜之下，其势有所不能，因孔教并非宗教也。不知孔子之教，所以为日月经天，江河纬〔行〕地者，正因其不自立为宗教之故。孔子言忠言恕言仁义，不过使人能尽己，能推己及人，能博爱，能行而宜之而已。然大而政治伦常，小而日用酬酢，皆有厘然至当之规模，自然适合之礼节，此其所以为时中也。譬如交通轮轨，殊途同归，夏葛冬裘，因时利用，原不必强人同行一条道路，同著一季衣服也。且如各国因争教之故，往往惨杀流血，报复相寻。而中国数千年来，虽如周秦诸子之分门别户，以及宋之洛蜀，明之东林，亦或间有党争，然因争教而起纷扰者，则属罕见。此足见孔教范围之广，此足见孔教感人之深。若谓其不言天道，则天视天听、天秩天叙，言天者不一而足。且谓鬼神之为德，体物不遗，又谓魂升招天；亦何尝不言灵魂，不过因天道远，人道迩，故罕言天命，且敬鬼神而远之耳。此孔教中庸之处，即孔教精微之处，不能谓其非宗教，便不足维系人心也。一种谓孔子之道，缺而未备。孔子之言曰，各亲其亲，各子其子，大人世及以为礼，城郭沟池以为固，礼义以为纪，以设制度，以立田里。又曰：禹汤、文武、周公，由此其选。盖纯粹为家族制度，不知有社会主义。小康之学说，未足语于大同之盛也。抑知二千余年以后之思潮，不能概论二千余年以前之时局。且即以国情而论，哲理而论，则凡物之不齐，物之情也。或相倍蓰，或相千万，越人关弓，则谈笑而道；其兄关弓，则涕泣而道。同室有斗，则被发缨冠；乡邻有斗，虽闭户亦可。亲疏厚薄，存有等差。故曰：克明峻德，以亲九族。九族既睦，平章百姓。又曰：亲亲而仁民，仁民而爱物。又曰：人人亲其亲，长其长，而天下平。盖有家庭而复有社会，有社会而复有国家，自是万劫不磨之理。今以中国幅员之广，芸生之众，而欲行克鲁巴特金之学说，窃恐博施济众，尧舜犹病，削足就履，彼首便冠，未有能济者也。又说：孔子生当周季，尚处君主时代，自不能不取尊王之义。然其言曰：大道之行，有志未逮。又曰：天下为公，使老有所终，壮有所用，幼有所长，矜寡废疾有所养。又曰：老者安之，朋友信之，少者怀之。然则，大同之治，孔子何尝不心焉慕之。不过欲立立人，欲达达人，为仁有方，非好仁不学者可比。且非如后世之侈言兼爱，取悦庸众之耳目，而不顾日后之利害者，所可同日语耳。然则，谓孔子之道缺而不备者，奚足以知孔子也。兹考贵会命名，以万国道德为标帜，只见扶世翼教之苦心。顾方今之世，所谓旧道德者，既已澌灭殆尽；所谓新道德者，尚未有正当之诠解。在自诩为新道德者，以为旧者半属私德，而新者则以公德为标准。其范围视私德较广，其志愿视私德较宏，庸讵知私德云者，非自私自利之谓。盖自正心诚意以至修身，凡属于明明德者，皆私德也。自齐家以迨治国平天下，凡属于新民者，皆公德也，是本彻上彻下，彻始彻终，无所谓公私，亦无所谓新旧也。且即就其所谓新者，充类至义而言之，融化阶级则可，紊乱秩序则不可，徐图酌剂则可，强为裒益则不可。是则贵会所当引为职务，而兴当世之研究道德者，商榷匡救之也。虽然，时势潮流，非一朝一夕之故，狂澜砥柱，非一手一足之功，今之全国经济，应如何培养，人民生活应如何维持，资本劳力，应如何平均，过激传播，应如何遏止，是则筑堤塞流，不如疏河入海之为愈也。扬汤止沸，不如釜底抽薪之为愈也。天下兴亡，匹夫有责，鄙人亦愿宣力其间，略尽辅助之义，贵会当亦心焉许之乎。

王怀庆致王芝祥函稿

铁珊仁兄大人惠鉴：敬启者：我同人发起万国道德会，以挽救颓风，维持德育，关系人心，诚非浅鲜。兹由鄙人在保管处提捐洋

一千元，聊资补助。保管处向归警厅卫生处董处长管理，请即与董处长接洽可也。专此。颂行
台绥。

愚弟

王○○拜启

六月十九日

〔北洋政府步军统领衙门档案〕

3 郑士琦、熊炳琦为转请明令读经并崇祀孟母致大总统呈

(1924年3月29日)

呈为据情转请明令通国读经，并崇祀孟母；以端士习，而正阃范，恭呈仰祈钧鉴事：案据万国道德会摺称：窃以移风易俗，莫善于反经；体国安邦，必资于兴教。我孔子道协时中，治本平易，删定六经，垂宪万世。大之经论参赞之盛，小之服食起居之微，盖莫不备载于四书。其教六通四辟，无乎不之，其运小康大同，无乎不周。此不仅为我国人道模范，生民未有之至圣，实亦古今中外未有之至圣也。现值大总统履政伊始，振刷精神，力谋和平统一，首先颁布民国宪法，以发扬国光，巩固国圉，增进社会福利，拥护人道尊严为提纲，定为永久国宪。而第十二条载明中华民国人民有尊崇孔子及信仰宗教之自由。仰见制定宪法，酌古准今，熔中通外，根本于世界人民普通之心理，而尤以发扬国光、尊严人道，推崇孔子，宣传教化，为万世人民正轨。盖欲发扬国光，尊严人道，势必推崇孔子，宣传教化；而能推崇孔子，宣传教化，正以发扬国光，尊严人道也。二者相因，互为体用，可合而不可分。质言之，宪法以发扬国光，尊严人道为提纲，即不啻以推崇孔子，宣传教化为提纲也。诚深见于我孔子为世界人道之中心，我孔子之道原具有吸嘘八表，熔冶万化之势力，而道、佛、基、回各正大宗教，千万世不可磨灭之特长，尤多因时、因地、因人、因习之不同，与我孔子互相扶助，互相发明者也。

慨自改革以来，一般过激者流，目圣贤为迂腐，斥经书为鸩毒，因之创议革教革心，废经废祀，诬圣诬天，肆无忌惮。范〔藩〕篱既撤，人道斯绝，礼义无存，国本奚立？每一忆及吾国近十数年来经过之情状，未尝不为之惕然以惧也。尔来职斯教育者，亦恍然知其流毒矣。观其迭行通饬，一则曰吾国自改革以后，伦常之道不讲，性理之微并疏，嗣后亟宜注重伦常性理；再则曰当为醇正平易之书籍，毋作伤风败俗之学说，其所虑亦诚当矣。然而民心之嚣张，依然日炽，国家之颠厄，尤甚于前者则何也？诚以徒有其空言名论，而无根本上救治之术也。夫吾国立国之根本在道德，而道德之模范在孔子，此征诸吾国数千年来历史之沿革而皆然，固非一人之私言也。若舍孔子之道而不知遵，舍孔子之书而禁止师范、中小学校讲读，而犹欲国民之相安于道德也，何异南辕而北辙耶！今者制定宪法，一本人民公意，故以发扬国光，尊严人道为提纲，而第十二条特载中华民国人民有尊崇孔子及信仰宗教之自由，大书特书，毅然决然，一矫前日之流弊，盖已得国民心理之所同然，而握转乱为治，转危为安之大本矣。独是尊崇孔子，非徒春秋祭祀，具有礼拜仪文之虚名已也。盖必有尊崇之实际在焉。以吾国人道立极之至圣，为古今中外所钦崇，其书尚不得在学校内如算数、手工独得占一科目，此实千古未有之奇闻，而贻笑于东西诸大哲者也。兹幸宪法条内既特标有尊崇孔子之明文，而犹不速速撤消师范、中小学校讲经读经之禁例，是显与制定宪法自相矛盾也。孔子有云：名不正，则言不顺；言不顺，则事不成；事不成，则礼乐不兴；礼乐不兴，则刑罚不中；刑罚不中，则民无所措手足。将使民遵宪法耶，势必令通国学校皆准讲经读经，方与宪法相符，将使民遵部章耶，势必禁止师范、中小学校讲经读经，方与部章相符。遵宪法，即以违部章；遵部章、即以违宪法，二者不可得兼，小民何知奚从奚违？应请依据新颁宪法，速定国是，明令通国尊经，所有各各家庭，各各社会，皆须注重讲经读经，即教育部亦可变通学制，仍令各校添设至圣先师孔子神位，并迅予除去师范、中小学校讲经读经禁例，按学生学科、学级、年级程度高下，分配各经科目。其有各通儒大哲，注解经书，与现时政体国体及孔子大同之说相符合者，可由教育部采取审定，以备讲解。再者，风俗淳美，必资于礼教，而礼教渊源，又始乎男女，男女者人道之纲维，礼教之起点也。故诗首关雎为国风之始；易首乾坤，为万化之本。礼虽三千三百，广大精微，无所不备，而始于谨夫妇，中庸所由，谓君子之道，造端乎夫妇，而其极至于察乎天地也。礼为男女之大防，男女之防不立，则礼教无所定，欲立男女之大防，则必确定一模范，以为天下万世取则，夫然后有以树之鹄，而范围始明。范围明，然后礼教可得而定。吾中国数千年人道之模范，其尤彰明较著，足为天下万世师表者，男界则惟孔子，女界则帷孟母。孔子为至圣，二千四百年来已昭全国以尊崇，而孟母为开启亚圣之女圣人，导家庭教育之先声，二千年来曾未有人提倡极端尊崇，以为女界人道模范，而起巾帼人人景仰效法之诚，真古今第一莫大之憾事也。现中国女学林立，已较昔时为大进步，若不明定师范，以端趋向，将使无所取法，而志意不定，则别嫌明微好贞恶邪之念，必不能缜密严谨，其端关乎心术念虑之微，其极则有纲维溃败之忧。孟母为中国开启亚圣之女圣人，三迁教子，七篇传家，允足为万世女范。虽前乎孟母者有王季母太姜，文王母太任，武王母太姒，成王母邑姜，孔子母颜氏，文伯母敬姜，后乎孟母者有韦逞母宋文宣君，欧阳母郑氏、程子母侯氏，岳武穆母姚氏，李二曲母彭氏，然皆不若孟母之为开启亚圣之女圣人，尤彰彰在人耳目，为妇孺所皆知。况女子信仰宗教之心，尤优于男子，若不明标模范，以定一尊，其信仰将必多趋于迷信，流弊有不可胜言者。近阅国际公报载，吴巡阅使电请大总统以宪法速定国是，尤殷殷以提倡旧礼教，为拨乱救时根本。蒙大总统异常嘉纳，一意遵守宪法，提倡礼教，此亦足以握拨乱反治之大本矣。前于民国初年，政府曾特颁明令，尊崇关岳为武圣，为通国军人模范，意美法良，已足垂范万世。况女教所关尤为重要，必有贤母而后有贤子，有贤子而后有贤国民。古者男子八岁而就外傅，女子十岁而受姆教，是男女皆受平等教育，原无轻重之分，降及秦汉而下，此义渐废。中国轻女重男，皆沿革积俗使然，非古制也。且现今共和政体，男女并重，吾国人民四百兆，而女子居其半，可不急于上下数千年间，推崇一尤足为女界师表者立为模范，俾全国女界皆得有所师法，而为家庭教育之大本乎。拟请崇祀孟母，以为女界模范，转请大总统饬交内务部迅予核覆，以备明令宣定。凡通国人民家庭中，皆可设位崇祀，即女校中亦皆可设位崇祀，以昭诚敬。如是，则女界有所依归，而家庭教育之完美与旧礼教之昌明，有其本矣。等情。据此。查自中小学校废经以来，青年学子不复知有旧日之道德，舍田耘人，皮毛是袭，以致全国学风日以大坏。该会拟请明令宣布，通国学校讲读经传，并崇祀孟母，以端国本，而挽颓风，似属切要之图。理合据情陈明，伏乞大总统鉴核训示施行。谨呈

大总统

督理山东军务善后事宜　郑士琦

山　东　省　长　熊炳琦

中华民国十三年三月二十九日

〔北洋政府国务院档案〕

4　张宗昌等建议黄河以北学校读经以抵制南方实行党义教育的有关文件

（1927年6月—8月）

（1）张宗昌致潘复函（6月20日）

馨航仁兄总理大鉴：顷程伯葭清条陈整理教育及言论机关两事，办法正当。查南方党军所至之处，皆改各校为中山学校，教员非经训练三月中山主义者不准在校教授。于是，青年子弟全体化为国民党之三民主义者，人心大变，中国大乱将不可收拾。吾北方

教育.自攻孔废经,久已浸淫,中山主义内幕之黑暗为人所不知。兹特介绍伯葭诣前,将其中之阻力及学校加入读经之办法,详细面陈,如荷采纳,俾黄河以北各省各校从速改变宗旨,读吾孔子之书,讲礼义廉耻之四维主义,则未始非抵制三民主义之良法,而移易人心,安危定变,所关尤巨。又,党军所至之处,言论机关,绝对不许自由,非宣传三民主义者一律禁止发行。吾北方报纸甚多,今竟尚有为党军作机关者,官厅迄不注意,实为遗憾,似宜派内行人专责审查,令各该报馆切实宣传四维主义,每日必有短篇论说,违者禁止发行。刑乱国用重典,似不可再放任,未知卓见以为然否?京津等处,近有圣道会及四维日刊发行,用力多而成功少。为此,一转移间,则各校皆圣道会,而报纸皆四维日刊,不费公家一文,而收学校教育、社会教育之益,岂不甚善。伯葭明达干练,如蒙畀以事权,必可为国家得人庆也。统希垂察。祗颂

勋祺　　　　　　　　　　　　　　　　如小兄　张宗昌拜启

六月廿日

(2)国务院致内务部公函(7月26日)

国务院公函　第六十七号

径启者:准山东张督办函开:程淯条陈整理教育及言论机关两事,请将黄河以北各省学校改变宗旨,读孔子之书,讲四维主义,抵制三民主义,移易人心,并派人审查北方报纸,令各该报馆宣传四维主义,每日必有短篇论说,俾收学校教育、社会教育之益。办法正当,请予采纳。等因。查目下学风庞杂,舆论混淆,亟宜设法转移,纳诸正轨。该员所陈办法于世道人心均有裨益,似可酌加采择。除函教育部外,相应钞录原件,函请贵部查核办理。此致

内务部

中华民国十六年七月廿六日

（3）内务部致各省长/都统公函（1927年8月）

内务部公函

迳启者：案准国务院函，准山东张督办函开：程清条陈整理教育及言论机关两事，俾收学校教育、社会教育之益，办法正当，请予采纳。等因。除函教育部外，函请查核办理到部。查该条陈所陈各节，系为移易人心，安定时局起见，应请贵省长/都统转饬所属各警察官署，嗣后对于各报纸特别注意，严密审查。至所陈刊撰短篇论说，宣传四维主义一节，亦即由该管官厅酌量与各报馆妥为接洽，劝导办理。除分行外，相应抄录原件，函请查照，转饬遵照。此致

直　隶 山　东 奉　天 黑龙江 新　疆 吉　林	省长
察哈尔 热　河	都统

中华民国十六年八月　日

〔北洋政府内务部档案〕

5　教育部为订定崇经尊孔教育方针致大总统呈

（1914年6月）

为呈请事：窃维立国之道，必有其本，断非剽取他邦文明所能为功。举国数千年，积成一种风习，与其足以支配国民之心理者有最深之关系，道在探索源本，发扬而光大之，用以范围人心而示之鹄，此教育所有之事也。比年以来，吾国教育界所最滋物议者，靡不以道德堕落，少年徒逞意气，无以为之准绳。忧时之士，思而不

得其故，爰昌二说，以图补救。（一）中小学校课读全经，俾圣贤之微言大义，浸渍渐深，少成若性，此厚根底之说也。（二）以孔子为国教，一切均以宗教仪式行之，俾国民居于教徒之列，守孔子之言行，如守教诫，此崇信仰之说也。兹二说者，似皆持之有故，言之成理，要皆不免得其偏，而遗其全，欲融会而贯通之，道固别有在也。夫学校读经讲经，自前清迄今，聚讼奴奴。考其沿革，约分四期：其始也以孝经、四书、礼记为初等小学必读之经，以诗、书、易及仪礼为高等小学必读之经，继而知其卷帙繁多，理解高深，未见为教，遂改定章程，减少经本。前清宣统三年，中央教育会议以经学义旨渊微，非学龄儿童所能领会，决议悉取经训为修身之格言，小学校内不另设读经一科，民国仍之。诚以教授儿童，重在启发，记诵之学不足以为人师。古有明训，经书固宜课读，然一经之中，深浅互见，设非节取为教，强以难知，贻误学童，良非浅鲜。孔子为人伦师表，历代均致尊崇，顾必谓推孔子为教主，而道始尊。微论孔圣，未可附会宗教之说，以相比伦。而按之国情及泰西宗教之历史，均难移植，致失孔道之真，而启教争之渐。化龙洞观世变，默察民情，知非明定教育指针，昌明道德，不足以正人心，而扶国本。深维孔子之道，最切于伦常日用，为举国人所敬仰。其言行多散见于群经。历代本其词章、训诂、性理、制艺之说，以诠孔学。名为尊孔，而实则乖违。兹拟宣明教旨，于中小学校修身或国文课程中，采取经训，一以孔子之言为旨归，其有不足者，兼采与孔子同源之论，以为之辅；一面厘定教授要目，自初等小学以迄中学，其间教材之分配，篇目之编列，均按儿童程度循序引申。揆之教育原理，既获以善诱之法，树厥初基，按之全国人心，亦克衷于至圣之言，范其趋步，崇经尊孔两利俱存，庶以救经学设科之偏，复不蹈以孔为教之隘。国民精神，教育攸系，化龙以为此实目前切要之图。谨陈管见，是否有当，伏乞大总统鉴核饬遵。如蒙采纳，当谨本斯旨详细拟订，以便施行。再，从前坊间所编教科书，亦当由部明示宗旨，饬令修订，以

端趋向。合并声明。谨呈

大总统

中华民国三年六月　日

〔国史馆档案〕

6　参政院为导扬中华民国立国精神拟定教育办法致大总统咨

(1914年11月2日)

为建议事:闻之孔子有言,自古皆有死,民无信不立。管子曰:礼义廉耻,国之四维,四维不张,国乃灭亡。是知国于天地,其长存不倾,日跻强盛者,必以其民俗国性、世道人心为之要素,此所由来旧矣,且不独吾国之圣经贤传所言为然。乃至观诸外国,其中国亡种灭,或为异族所奴隶,亦以道德扫地,人心窳涣为之先,从未有好义首公,忠信相扶之民而不转弱为强,由衰而盛者。著诸历史,其故可深长思也。盖国之通患,存夫贫弱,顾有土有财,则贫者可徐转而为富,生聚教训,则弱者可振刷以为强。即令民智闭塞,学术空疏,无乘时竞进之能力,此其患若较前二者为甚矣。然得先知先觉之俦,为振兴其教育,专门、普通分程并进,则拙者可巧,蠢者可灵,其转移尚非无术也。独至国性丧亡,民习险诈,则虽有百千亿兆之众,亦长为相攻相感不相得之群,乃必鱼烂土崩而不可救耳。故近世之言群治者曰:无机之物则有原子,有机之体则有细胞,原子、细胞皆为么匿,么匿一一皆有相吸相拒之二力者含于其中,此天之所赋也。相吸力胜者,其么匿聚而成体,相拒力胜者,其么匿散而消亡。国者有机之体也,民者国之么匿也,道德者其相吸力之大用也。故必凝道德为国性,乃有以系国基于苞桑,即使时运危险,风雨飘摇,亦将自拔于艰难困苦之中,蔚为强国。今夫五洲民族,部处州居,号为国者以百计,其中强盛仅七八焉。吾人覥其国性,与其所以保邦制治之精神,虽相分殊,固皆可指。如德意志民族,起于垂亡,联为帝国,勇果坚鸷,凡学问、营业政策,皆以胜人必达为期，不及百年，遂执牛耳。英美之民，最长自治，贵信义，重责任，明于自由之权界，故能立宪为法治国楷模，日进富强，迄今未艾。法民革命，经历最危，内讧外仇，几于不振，独以爱国之殷，终能有立，忧深虑远，家有盖藏，故于世界金融有左右之能力。俄罗斯政教合一，其君称天而治，国主、教主一身兼之，为全属国民所信仰。斯拉夫民种，生齿繁盛，而感情棣通，与条顿民族几有代兴之势，故能雄视北徼，跨有三洲。若夫日本，肇兴不过三十余载，推翻幕府，建二千余年一姓不绝之皇室，为一切政令宗教之中枢，民之视听，入维新而有所统集，感于孤危，忠勤尚武，故能再战再胜，遂跻列强之数国者。其立国垂统，虽各有特别之精神，至其教民以先公后私，戒偷去懦，以殉国为无上光荣者则一而已矣。然则，我中华民国，处此五洲相见竞争剧烈之秋，必遵何道始足图存大可见矣。今夫建邦东亚，号一统者四千余年，聚数百兆民人，有二十余省诸藩之土地，绵绵延延至今未沫。吾国民祈天永命，尚冀有一日之富强者，夫非忠孝节义之风为之要素欤。稽我先民，坚苦卓绝，蹈义凛然之事，史不绝书。其遗芳流韵，感人之深，后世或形诸歌哭。西人笃于功利，或拟纪述之浮夸，则不知此，实为吾民之特性，而后此所恃以为立国精神者将亦在此。盖忠之为说，所包甚广，自人类之有交际，上下左右，皆所必施，而于事国之天职为尤重，不缘帝制之废，其心德遂以沦也。孝者隆于报本，得此而后，家庭蒙养乃有所施，国民道德发端于此，且为爱国之义，所由导源，人未有不重其亲而能爱其祖国者。节者主于不挠，主于有制，故民必有此而后不滥用自由，而后可与结合团体，耻诡随，尚廉耻，不傯不竦，而后有以奋发于艰难。至于义，则百行之宜，所以为人格标准，而国民程度之高下视之。但使义之所在，则性命财产皆其所轻，故蹈义之民，视死犹归，百折不回，前仆后继，而又澹定从容，审处熟思，绝非感情之用事。今者幸此四端，久为吾国先民所倡导，流传久远，而为普通夫妇所与知。吾国处今，以建立民彝为最亟，诚宜视忠孝节义四者为中华民族之特性，而以此为立国之精神，导扬渐渍，务使深入人心，常成习惯。文言曰：贞者事之杆也，必以此四者为杠杆，夫而后保邦制治之事，得所附以为施，以言其标，则理财而诘戎，以言其本，则立法而厉学。凡兹形式之事，得其君形者存，庶几百折不回，而有以达最后之祈响，准斯而行，实于民国大有裨益。谨依约法第三十一条及六十七条各规定，提出建议案，并拟办法六条，相应咨请大总统查照施行。此咨。

附办法六条

一　标举群经圣哲垂训，受取史书传记所纪忠孝节义之事，择译外国名人言行，足以感发兴起合群爱国观念者，编入师范生及小学堂课本中，以为讲诵传习之具。

一　历史忠孝节义事实，择其中正逼真者，制为通俗歌曲，或编成戏剧，制为图书，俾令人民演唱观览。

一　各地方之忠孝节义祠堂坊表，一律修理整齐，以为公众游观之所。每年由地方公议，定一、二日醵赀在祠举行祭典及开庙会。

一　人民男妇，不论贵贱贫富，已卒生存，其有奇节卓行，为地方机关所公认，代为呈请表彰者，查明属实，由大总统酌予荣典褒章。

一　治制有殊，而砥节首公之义，终古不废。比者政体肇更，主持治柄之地，业已化家为官。大总统者抽象国家之代表，非具体个人之专称，一经民意所属，即为全国致身之点，乃纯粹国民之天职，不系私昵之感情。是故言效忠于元首，即无异效忠于国家，至正大中，必不得以路易朕即国家之言相乱也。此义关于吾国之治乱之甚巨，亟宜广集中外古今学说，剖释精义，勒成专书，布在学校，传诸民间，以祛天下之惑。

一　旧有传记、说部，或今人新编西籍撰著，其有关于忠孝节义事实者，宜加编译刊布，以广流传。

〔《政府公报》第899号〕

7　教育部拟订提倡忠孝节义施行方法呈并大总统批令

（1914年12月—1915年1月）

（1）教育部致大总统呈（1914年12月31日）

呈为遵拟提倡忠孝节义施行方法仰祈核示事：本年十一月三日奉告令：准参政院代行立法院咨称：国于天地，必以其民俗、国性、世道、人心为之要素，不独吾国圣贤经传所言为然，乃至观诸各国，从未有好义首公，忠信相扶之民而不转弱为强，由衰而盛。故必凝道德为国性，乃有以系国基于苞桑。列强垂统，虽各有特别之精神，至其教民以先公后私，戒偷去懦，以殉国为无上光荣者则一。吾国民祈天永命，尚冀有一日之富强者，实以忠孝节义之风为之要素。忠之所包甚广，施于事国为尤重，不与帝制以俱沦；孝者隆于报本，为爱国之义所导源；节者主于不挠，主于有制，民必有此而后耻诡随，尚廉耻，有以奋发于艰难；义则百行之宜，所以为人格标准，义之所在，则性命财产，皆其所轻，而又澹定从容，绝非感情之用事。宜以忠孝节义四者为中华民族之特性，为立国之精神，庶几百折不回，而有以达最后之祈响。谨依约法提出议案，并拟办法六条等语。本大总统深维立国精神，莫不秉诸先民蔚为特性。自唐虞敷教，迄今四千余年，其间治乱乘除，胥以民德纯漓为比例。观夫六朝之可易而为唐，五季之可易而为宋，知天下无不可移之风气，即无不可挽之人心。况今环球大通，互相砥砺，将欲合群救国，惟有保存固有之国粹，以发挥天赋之本能。盖自科举末流，习为浮伪，而考据词章之士，又以义理之学为不足观。道德沦亡，小人道长，一、二桀黠之徒，利用国民弱点，遂倡为无秩序之平等，无界说之自由，谬种流传，人禽莫辨，举吾国数千年之教泽，扫地无余求。如前史所载，忠孝节义诸大端，几几乎如凤毛麟角之不可多得。本大总统身受国民付托，知非改良社会不足以巩固国基，大惧先民立国之精神，浸焉澌灭，深用慨然。该院原咨谓有土有财，则贫者可徐转而为富，生聚教训，则弱者可振刷而为强，独至国性丧亡，民习险诈，虽有百千亿兆之众，亦长为相攻相感不相得之群，乃必鱼烂土崩而不可救。痛哉斯言，愿吾国民将忠孝节义之嘉言懿行可泣可歌者，父韶其子，兄勉其弟，涵濡渐渍，以养成坚苦卓绝之美风，庶几懦立顽廉，自拔于艰难险阻之中，而以任恤睦姻为天职。著内务、教育两部，按照六条办法分别施行，并通咨各省，将此项建议案饬属晓谕人民，一面悬挂各校讲堂，刊登各课本简端，以资儆惕，务期家喻户晓，俾人人激发其天良。须知积人成家，积家成国。由其道而行之，即古所谓忠臣孝子，节义之士；反其道而行之，即古所谓乱臣贼子，狂悖之徒。邪正之分，皆由自取。聪听古先之彝训，痛革末俗之浇漓。孔子云：其所厚者薄，而其所薄者厚，未之有也。孟子云：人人亲其亲，长其长，而天下平。大同之休，实基于此。凡百君子，敬而听之。此令。等因。奉此。仰见大总统葆重国性，建立民彝之至意，钦服莫名。参政院建议案原文，业经本部通咨各省，督饬所属悬挂各校讲堂，并刊登各课本简端在案。至六条办法，其中一、二、五、六各条，皆系本部职掌，化龙以兹事体大，曾督率部员郑重讨论，四条之中，有正已举办者，亦有尚未举办，应将施行方法呈候钧核者。兹请缕晰言之：第一条，采取经史编入课本。查教科书采取经训，本部叠经通饬，近来审查书籍亦以此为权衡，现又拟定教科书编纂纲要及各科教授要目，以示施教，编书之准，而于忠孝节义合群爱国诸大端深为注重。惟此项纲要要目，未经公布以前，尚恐坊间编书之人，于此条办法或未周知，拟再通示全国。嗣后修身、国文、历史各书，尤宜加意于兹，以资诵习。第二条，编撰歌曲及制作图画，造端似微，而影响至远。且事属专门，文须博访。拟由本部广征撰著，择尤刊行。第三条，阐扬效忠之精义，勒成专书，以祛群惑，关系尤深，需要尤亟，拟由本部敦请鸿硕熔铸高文。第四条，旧有传记说部，或今人新编西籍传著，宜编译刊布，以广流传。此项办法，本部正事调查，现拟加意进行，陆续刊发。总期于忠孝之教，节义之端，传诸民间，布在学校，革流俗险诈之风，发华夏朴淳之美，以张国维，而饬人纪。所有遵拟提倡忠孝节义施行方法，是否有当，理合具呈。谨乞大总统钧鉴，训示施行。谨呈

大总统

中华民国三年十二月二十一日

（2）大总统批令(1915年1月6日)

大总统批令

教育部呈遵拟提倡忠孝节义施行方法，请训示由。

呈悉。所拟施行方法尚属妥协，拟订教科书关系尤重，应由该部从速编订，呈候核定颁行。惟初等小学应将孟子列入科目，高等小学应将论语列入科目，俾资诵习，用端趋响。至于编译西籍，并应择其阐明道德，有益身心者广为搜集，分别译行，余均照办。该部综司教育，责无旁贷，务当切实办理，勿托空言，用副本大总统兴学育才之意。此批。

中华民国四年一月六日

国务卿　徐世昌

〔北洋政府教育部档案〕

8　孔道会王锡蕃、薛正清设立讲经所致内务部呈

(1914年3月)

孔道会代表王锡蕃、薛正清等为设立讲经所，恳祈立案事：窃惟共和之基础，端赖道德，而圣贤之遗训，载在经籍。方今共和肇迹，开数千年未有之盛轨。然风俗浇漓，江河日下，海内深识时用隐忧。然则欲救时局，非明道德正人心以为功，而欲明道德正人心必自讲经义始矣。敝会同人前上书大总统请令各学校讲经读经，

已邀允准。然事关教育行政，议决推行，颇费手续，大部迟之又久未发表者，诚之慎之也。兹者敝会会员谭昌明等拟在本京东城灯市口北万善寺地方设立讲经所，恳请转呈立案前来。窃思该会员热心，深可嘉尚，而所拟简章尚属妥适可行。盖系学会性质，以为研究古学之一助，非于学校径设经科，致与现行部章抵牾也。伏祈核夺，准予立案，俾得进行，或于人心风俗不无小补云。

右呈

内务部

中华民国三年三月　　日

孔道会代表　王锡蕃印
　　　　　　薛正清印

孔道总会第一讲经所简章

第一条　本所定名曰孔道总会第一讲经所。

第二条　本所以讲明经义，提倡道德，扶持社会，巩固共和为宗旨。

第三条　本所系学会性质，非学校性质，专以讲经为事，别无学科。

第四条　本所所用各经原本，随意讲演，不定教授科目。

第五条　本所讲演时间注重星期日，其余暇日有来听讲者，当随时讲演，不限一定时间。

第六条　本所听讲员无固定人数，不追不拒，悉听自由。

第七条　本所派定常住讲演员一人，仍随时轮派会员前往讲演，以资提倡。

第八条　京师地面辽阔，倘有热心讲演，愿任义务者，得设第二以上之讲经所。

第九条　各省支分会有愿照办者，得设支分会讲经所，即适用本所章程。

第十条　本所置黑牌橙，略如学校形式，仍陈设图书报章，以供随时取阅。

〔北洋政府内务部档案〕

9　教育部为改订曲阜经学会章程呈并大总统批令

（1915年10月29日）

为核议曲阜经学会办法，改订章程，缮摺具陈，仰祈钧鉴事：承准政事堂钞交，据孔祥霖禀：设立曲阜经学会，并拟具章程，禀乞核定等由。奉大总统批：交部。等因。奉此。钞交到部。准此，案查教育纲要建设事项第七款内开：提倡各省各处设立经学会，以收罗年长宿学经生，并冀以养成中小学校经学教员及升入经学院之预备，由教育部通咨办理等语。查核奉交原拟章程与纲要，所载尚属相符，拟请准其筹办。惟事关阐扬经术，曲阜既经设立，各省闻风而起者谅不乏人，原拟章程不无漏略。兹经本部酌量改订，拟由曲阜先行设立，以资模范。窃维孔子为人伦道德之标准，其言行备载于九经，昔汉光武优礼名儒，尊崇义行，史称风俗之美无尚于东京；北宋以名节为高，以廉耻相尚，故范仲淹、欧阳修诸贤并进，而濂、洛、关、闽诸子，遂直接圣学之传。孔子以学之不讲为吾优，孟子亦言经正民兴，斯无邪慝。近今所知未裕，旧学寖衰，亟应仿鹅湖鹿洞之规，以昭盛世，休民以化，惟规模过大，则经济困难，故设为专修、听讲两部分，为有给、无给二种讲师，意在提倡学风，纳民轨物。仅将改订章程缮摺附呈。如蒙允准，拟即由部咨行山东巡按使转饬遵照，妥为筹办。至原拟附图书馆章程，除请发官书一节，应随时指明书名，酌量核发外，其余尚无不合。并拟准其附设，以宏教育。所有核议曲阜经学会办法，并改订章程各缘由，是否有当，理合连同清摺，具呈大总统鉴核，训示施行。谨呈

批令：准如所议办理，即由该部转行遵照。摺存。此批。

中华民国四年十月二十九日

国务卿　陆徵祥

改定曲阜经学会章程

第一条　本会以阐明孔子之微言大义，发挥国学，并研究诸经之理解及其教授方法为宗旨。

第二条　本会设专修部及听讲部：

（甲）　专修部会员常年驻会；

（乙）　听讲部会员以四季讲经大会之日到会。

第三条　本会设会长一员，由会员推选充任。

第四条　本会设专修部讲师三员，由会长延聘；听讲部讲师无定额，由会长届时定之。

经师宿儒愿为本会讲员者，由会长随时延订〔聘〕。

第五条　专修部讲师为有给职，月俸由本会议定，听讲部讲师为名誉职，但经会长认定得酌送川资旅费。

第六条　专修部会员应收学费，其数由会长定之；听讲部会员不收学费，但收会费。

第七条　本会所设于曲阜学宫内。

第八条　本会成立后，由会长将会员、会费册籍连同章程禀缴巡按使咨送教育部核明备案。

〔北洋政府教育部档案〕

10　福建巡按使许世英为设立经学会呈并大总统批令

（1916年4月2日）

奏为设立福建经学会，谨缮具章程清单，恭摺仰祈圣鉴事：窃维人群进化，学术固以适时为宜，而国粹相沿，经训亦属治世之要。盖当兹物质文明时代，科学发达，一日千里，非撷取欧美之菁华，急起而直追，实不足以竞生存。然按诸仁义道德之范围，则立国各有其本原，无分新旧，无间古今，无论中外，国性之所遗传，国学之所递嬗，皆宜研摩而保存之，且复宜发挥而光大之，使之继续不坠，进而与世界科学相应。伏读教育纲要丁项第七款之规定，提倡各省各处设立经学会，以收罗年长宿学经生，并冀以养成中小学校经学教员及升入经学院之预备，仰见我皇上于提倡教育之中仍寓维持经学之意，钦佩莫名。闽省为朱子旧游之地，有海滨邹鲁之称，虽新知日就启迪，而古风未尽澌泯，老师宿儒，所在多有，设经学会以收罗之，弦诵相闻，教学日益，必能上体皇上正学之意，下树后生作人之表。前由闽省绅士吴徵鳌、潘炳年、张同、陈宝璐、李应华、郑淑璋、吴曾祺、钟大椿、林炳章、黄允中、刘瀛、叶大琛、陈海梅、于君彦、郭兆昌、林怡游、胡琛、陈君耀、钟为桢、陈巨前、林扬光、陈景韶、廖毓英、林苍、高向瀛、梁孝、熊林、师尚、陈元凯、刘孝祐、龚铭义、龚鸿义、葛调鼎、沈觐清、刘鸿寿、吴益昌、刘崇伟禀请拨给款地，开办尊经堂，以维正学，而系人心。称里人陈孝箴兄弟，承其故父麟书遗命，以五千元承买前清提学使署为尊经堂之用，足徵闽绅具急公好义之心，有向学崇经之意。臣详加考核，事属可行，谨遵照教育纲要丁项第七款改尊经堂为经学会，并饬清理官产处，将提学使署拨归该会作为会所，而以陈绅捐助之五千元为开办费，其经常费由臣于内务行政费预算范围以内设法筹措，自本年一月起，每月拨给银圆一千元，以资补助。并由福建盐运使筹款补助之，即由该绅士等拟订章程，经臣详加核定，并聘任绅士吴徵鳌为正会长，吴曾祺为副会长，于本年一月一日开办，现正招考经生，预备开课。臣以为通经原以致用，而为学切戒扬泥，中国学术本有精锐之光，自仲尼没而微言绝，七十子丧而大义乖，琐碎于汉，肤藻于唐，空疏于宋，割裂于明，支离于清，借为干录之资，莫获实践之用，经学遂为世诟病。此次福建设立经学会，当一洗从前迂腐之习，温故知新，去肤存腋，造成通儒之才，保存国粹，并足为中小学校经学教员之用，以期仰副我皇上发扬经学，造就师资之至意。除分别咨陈主

管各部外，所有设立福建经学会缘由，理合缮具章程，恭摺具陈，伏乞皇帝陛下圣鉴，训示祇遵。谨奏

批令：准如所拟办理，交内务、财政、教育各部查照，章程并发。此令。

中华民国五年四月二日

国务卿　徐世昌

福建经学会章程

第一条　本会系遵照教育纲要丁项第七款设立，定名为福建经学会，以收罗年长宿学经生，并冀以养成中小学校经学教员及升入经学院之预备为宗旨。

第二条　本会以福建省城前提学使署为会所。

第三条　凡地方乡望素著之绅士，均得为本会会员。

第四条　本会设正会长一人，副会长一人，会计、庶务员各一人，书记四人，均由正会长派充。

第五条　正会长管理全会事务，对外事件以正会长之名义行之；副会长辅助正会长办理本会事务，遇正会长不在职时，代行正会长之职权，分掌教授事务；监学掌理经生事务，均受成于正副会长；干事禀承正副会长督同文牍、会计、庶务各员办理本会一切事务。

第六条　本会所授学科分别如左：

一　经学科：

群经大义，经学源流，群经训诂，群经考订。

一　教育学科：

心理学，论理学，教授法，以上为必修科。

一　史学科：

历代政治大要，历代典章制度，史论。

一　词章学科：

散行文，骈体文，诗歌，以上为随意科。

第七条　本会共招经生一班，定额以四十人为限，五年毕业，不收学费。凡具有举贡廪生增附资格，或中学以上毕业生与中学毕业有同等学力者，均得应入学试验。

第八条　每月终按照所授学科举行试验一次，分别等第，给予奖金。届毕业时举行毕业试验，及格者给予毕业证书。

第九条　本会经费由官厅补助，并得由会员募集之。

第十条　本章程如有未尽事宜，得随时详请巡按使核准修改。

第十一条　本章程自详奉巡按使核准之日施行。

〔《政府公报》第96号〕

（三） 倡设国教与尊孔社团

1 廖道传请尊孔教为国教上大总统等书

（1913年3月）

大总统、国会、国务院、各省长官、各议会、政法、军、学、报、农、商、工各界列先生阁下：为请提议尊孔教为国教事：盖闻国于天地，必有与立，天地之所立曰极，命之人曰性，率性之谓道，修道之谓教，故国有教，然后能立于天地之间。外国民族，强武如俄，坚毅如德，特立如英，活泼自由如法如美，虽学艺精微，功利发扬，而其民服从于宗教者唯谨，其效盖彰彰焉。洪维我中华立国，历载五千，道德之传，肇自伏羲，历神农、黄帝而始大。尧舜精之，禹汤、文武、周公明之，而孔子集其大成。其删述在五经，其言行在论语、孝经，而春秋、大学、中庸尤为心法治法之所昭示。夐哉！范百王、师万世已。孔子既崩，百子繁兴，瑕瑜互见，道真将晦，孟子辟之，董子述之。越汉中叶，天下皆尊孔子，而道统于一。然自是以后，虽经师大儒辈出，而佛老之学，杂骛其间，圣教有中衰之象。唐儒韩愈，抗言辟之，卫道之功，超董追孟，逮有宋濂洛关闽诸儒崛起，益表章微言大义以教人。近之切身心言行之际，远之穷天人性命之微，理学已昭，道脉斯寄，深粹宏博，以朱子为大宗，而陆王二家，亦相发明而不相悖。由宋而来七百年，俗敦礼法，士尚节义，盖浸淫于先圣诸贤之教泽者深，其明效大验有如此者。民国肇兴，开中国前古未有之局，虽应于世界之进化，而实本于吾国故有之道德，故革命之事，敏捷稳健，逾法越美。夫其始内夏外夷者，春秋之义也，而终以五族统一者，大同之旨也。摧君主民者，天下为公，民贵君轻之理也。烈夫志士，饮枪蹈刃，相踵不悔者，成仁取义之宗也，此其荦荦较著者。其余道德风俗，有较之欧美诸国为尤美者，要在修而明之，扩而充之焉耳。今志功利者，或以道德为迂谈；醉新学者，或以旧学为诟病，又或高语禅玄，或倾向外教，而以己国固有之孔教，辄以平庸无奇忽之。夫绍宣圣学，发扬国教，以延伏羲以来列圣魁贤之道德精神，而辨人禽之界，其关系全国民族，真乃至高无上之要义，较之保种权以御外侮，摧君主以博自由，其事尤难，其绩尤伟，而可以迂阔置之耶！旧学有必宜保存者，有宜改良通变者，而大地立心生民立命之大原要不可易。以欧美政治科学之精优，而守宗教极笃，吾国人其可轻拨本根耶！至夫信教自由，文明通律，各国宗教，具有旨极，勿用相非。即就释教二道论，清净空寂，优于出世，不适社会，且诸教大抵皆侈神奇，崇迷信，与吾孔教之重人道大异。夫道犹大路也，教者示人以遵从此路之正轨也。各教以无、以空、以迷信、以未来境、以离乎人境为道，而孔教以有、以实、以不迷信、以现在境、以不离乎人境为道，而超绝人境之理，所谓天地相似、天地与参者，亦由是而得焉。夫吾人已现在处于有且实之人境，则所从之大道，必随人、随时、随地可以共行者，且必由此道行，而即可以达吾人生存播衍之鹄的者斯道也。惟吾中国被服二千余年之孔教有然，而非他教之所可比也。或者曰：孔子尊君，与民国不合，不知古代非君主不能治民，君国不分，故忠君亦即忠国，经传所载，重民轻君之旨极多，特专制积习，以崇奉一人为忠，湮其本义耳。夫子赞易崇革命，以为顺天应人，其意可见矣。或曰：儒教缓弱，不适竞争。夫杀身成仁，舍生取义，此何等语哉！末流儒缓正当以古教矫之，且他教之出家寂修，衣食于人者，论者尚或以勇猛精进美之。儒教即有缓弱者，尚不坐食废事，况其本旨非缓弱乎。或曰：凡为宗教，必有迷信，故孔子为政治、教育、哲学家，而非教主，不知修道谓教，圣有明训，若以彼迷信者为教，而谓孔子非教，抑毋宁以我之不迷信为教，而谓彼非教乎！且政治、教育、哲学之型范后人，即教主矣。或曰：六经大谩，难以诵服。抑观各教经典，或空虚无著，或怪诞不经，彼教中人尚能举口，孰若我圣经身心家国，本末毕具，宁吾国人而可不是训是行欤？或曰：五族一家，佛面并峙，今若崇孔教为国教，得不背信教自由之约法乎？不知孔教经纬人事，与各宗教异趣，固可以包各教而无外，亦可以超各教而独行。令试执各宗教之徒而问之曰，若能离知觉心意身家国天下而独存在乎？必佥曰不能。则彼所以格致诚正修齐治平者，固亦不外孔道矣。亦何妨并存哉！夫以孔子之道，渊源于伏羲、神农、黄帝、尧舜、禹汤、文武、周公，而衍发于汉、唐、宋以来诸儒者，其根脉之悠久博大如此，其学术始于一心，极于天下，近切人事，高参天道，适宜于人类之世界，且有以尽人而合天如此，其学说为全国大多数人所诵法，支配吾国二千余年之政学界，而又有以孕育民国如此。而宫墙寥落，释奠简疏，六经不列于胶庠，四子且束之高阁，国为无教之国，民为无教之民，而转藉异邦之教以寄信仰，道传实耻之。道传愚昧，拟请大总统暨全国伟人先生，定孔教为中华民国国教，孔子为教主，祭则配天，永立国极。京师暨各直省府县文庙改称圣庙，文武国民，皆可敬礼，选学问勋望素著之退老或学校人员之有学望者，兼典圣庙，彝鼎图籍礼乐，岁时陈列，释奠仪节，采用古制。学校教授，酌存经学，大学本科，仍设经学专科，召集通儒，厘正经义，俾适教授，尤要在设圣教会以资风倡。京师圣庙为总会，省圣庙为省会，县圣庙为县会，各学校照旧奉圣人为分会，以讲明圣学。并由京师及省垣之圣教会选派儒士，往各国传教，以资普化。以旧衍圣公典曲阜圣庙，大总统待以上宾之礼，从祀诸贤，由大总统与国会及大学问家慎重厘定，进追而增减之，大约以立德、立功、立言，有俾全国或世界。其立功立言者，须操行不诡于正，方许厕列，其有大功德于国于民者，铸造铜像，建之圣庙，以志景仰。诚如是，行见士争濯磨，以圣为归。常则收化民成俗之功，变则励取义成仁之节，则吾国性道文章之微，贯瀛寰，际天地，抑岂难事哉。虽然以形式尊圣抑末也，必人人勉为圣贤，斯为贵，自洒扫应对，以至尽性知天，造诣浅深不一，而必有事焉。是在有魁儒硕学，志存开继者，广设学会，宏宣圣道，为之振木铎而镜群流焉。非吾国民任而谁任欤？道传姿性梼昧，志业樗谫，凡所陈述，均属庸言，诚望吾国人不以为不急之务，迂阔之论，速定大计，建立国教，中国幸甚！谨披沥上言，大雅宏达，幸取材焉。

民国二年三月　　日

广东梅县廖道传谨上

〔北洋政府内务部档案〕

2　黎元洪请颁定孔教为国教电

（1913年9月9日）

〔略〕案准杭州朱都督马电、山东靳都督、田民政长卅电同称：孔教会代表陈焕章、严复、梁启超、夏曾佑、王式通诸君子请愿国会，拟以孔教为国教，并请迳电两院赞成通过等语。窃维大乱之起，倡自邪说，继以暴行，故欲觉世牖民，其功必在立教。吾国自汉孝武崇尚孔道，表章六经，二千余年实已浸润渐渍于普通人民之心理。历代有国，莫不礼重，临雍祭先释菜，师道既立，善人日多，是以尼山木铎，泗水金声，蕴之为精言，敷之为美化。孔教之所以久而弥光者，盖折衷于群圣之大成，而归本于人道之常，则庸言庸行，尽人可能为子为弟，各安所止，率是道则褒嘉，荣于华衮；反其道则诛伐，严于铁钺。俾恒人之心，有所慑而不敢逞，故好乱之徒有所惮而不敢作。兹者国体维新，民族仍旧，廉耻之防未立，礼义之用未宣，人背常经，士越恒轨，心无定宰，则竞权攘利之弊滋，乡无善型，则犯上作乱之衅起。又其甚者，至欲废父子之伦，裂夫妇之制，群聚苟合，禽兽不如。万国亚州，无此谬种。波兰印度，无此戾俗，循是不救，人类将灭，流祸所及，烈于洪水猛兽。兴言及此，可为大惧。拟请两院速定国教，藉范人心。孔道一昌，邪说斯息。惟是历闰既更，丁朔亦改，常祭大祀，宜有准期，并应明订章程，厘定礼节，转请政府迅饬颁行，岂徒为崇拜至圣之虚文，仰以标范围人心之正鹄。事关治理，匪犹常典，管蠡所及，维众赞而公择焉。

〔国史馆档案〕

3 刘次源请尊孔教为国教电

（1913年9月21日）

北京国务院、参议院、众议院、各部长、各省都督、民政长、孔教会、省议会、各报馆均鉴：副总统青电极表同情。窃吾华以孔教为国教，自秦汉以来，已成事实。史迁所谓孔子布衣，传十余世，学者宗之，非奉为宗教之明征乎。又言六艺者，折衷于夫子，可谓至圣，非尊为国教之确证乎。国中官吏，每逢朔望，必谓〔至〕孔庙。春秋上丁及孔子诞节，上自元首，下至县官，皆必举行大祭，著之典礼之中，非所谓成文法乎。凡属中国，声教所暨之地，家家皆祀孔子，凡有读书识字者，无不诵孔子之经，非所谓习惯法乎。放之五千年历史，征之列代成文法，较之社会习惯法，莫不认定孔教为国教，即询之外国舆论，亦莫不承认中国为孔教国。此次编纂宪法，自应列入条文之中。共和国以道德为基础，人无道德之心，安能遵守法律。年来误会自由，防闲尽隳，禽兽塞途，廉耻道丧，此国不亡是无天理。值此大命将倾之际，求一起死回生之术，非扶翼孔教，培植人才，绝无余倖。副总统所陈，洞中膏肓，实深佩服。若欲合词陈请，敬乞挈附贱名。刘次源叩。个。印。

〔北洋政府内务部档案〕

4 孔教会东京支部请速定孔教为国教致大总统呈

（1913年9月18日）

大总统钧鉴：窃维立国之本在人心，人心之本在道德，道德之本在宗教，是则宗教者直接而为人心道德之本，间接而为国家巩固之基也。我国玄黄剖判，而后神圣，首出继天立极，厥后卿相师儒，信起朝野，或覃敷文教，或以身作则。洎乎东周，黑帝诞灵，尼山挺瑞而前，此圣君贤相，硕学鸿哲之遗教，乃集大成于我孔子，德配天地，道冠古今，牖觉群氓，维持世运，六艺重训，百代师承。汉儒笺经释诂，宋儒演象传心，虽各守渊源，实同担道德，诱掖学子，启迪愚民。凡在南郊之北，幽都之南，旸谷以西，昧谷以东者，靡不诵习圣言，讲道论德，历代相沿，成为习惯。是以沧桑屡易，图箓迭更，而我国民之道德观念，终不因而磨灭，则孔教之灌输人人之脑筋中者，至深且渥也。夫孔教既灌输人人脑筋中，则人心赖以不坏，国魂于焉！可谓孔教为国教也，亦无不可。民国肇造，颠覆满廷，诗书之业辍于干戈，六艺之囿鞠为茂草，重以末学，狂且罔，窥圣道之堂奥，辄肆无法之讥弹，谓忠君之说不存，则宣尼之教应灭。于是谬说庞兴，吠声相应，有议毁圣像者，有议废儒书者，有议孔教等于佛、耶、回，以符乎信教自由之新名词者，群言淆乱，圣教一厄于此，而不力为挽救，将必五德陵夷，四维崩绝，人心嚣竞，泯泯棼棼，而国不国矣。此非凶逞臆说也。盖孔教者一国精神之所寄，而立国之根本源泉也。孔教存则国存，孔教亡则国亡。征之意大利其建国也，古罗马之庄严伟烈，日印于国民心脑中，是以一举而大业成。征之日本，其始倡尊王攘夷，取大和魂之武风，聚国人而申警之，而今日遂卒食其报，此国教有而国有之明证也。英墟印度，俄裂波兰，皆先变乱其语言文字。而后其种族乃陵迟衰微焉。迄今遇灵水之滨、瓦尔省府之郭，婆罗门之贵种，斯扎窝尼之旧族，无复有文明片影，留曜族其间，此国教亡而国亡之证明也。孔教为我国之国教，考之二千余年之历史，证之各国伟人之品评，无有异议者。今欲救国危，宜先保孔教，欲保孔教，非定为国教不可。夫孔教为国教，即为古今中外所同认，又奚必明定为哉？盖临时约法载有信教自由一条，而未著明奉孔教为国教。窃恐黠猾者以为人民既可信教自由，则国家即可无须国教，竟欲断丧数千年之国本，以遂其离经叛道之私。今者正式宪法已将产生，信教自由之明文谅必仍旧。

有信教自由之明文，而无奉孔教为国教之明文，则世道人心将无所维系，而嚣然不靖之祸乱，正不知绵延之何极也。我大总统握治理国家之权，有维持风教之责，当此世衰道微、沧海横溢之际，苟听此芸芸众生之沉溺，而不悬固有之国教，使知所趋向，则将沦愤典于草莽，坐冠带于涂炭，侪于巫来，由是凌夷之列而后已。窃愿于正式宪法尚未颁布以前，饬令国务院咨请宪法起草员定孔教为国教，垂诸宪法，昭示来滋，以正人心，而定邦本。抑更有请者，生等远在海外，悯大教式微，人心陷溺，爰创设孔教会支会于东京，冀以昌明孔教，维系人心，无如学问谫陋，材力绵薄，即不能倾动一时，恐难支持久远，迫恳饬令教育部选择老师宿儒，学问道德兼擅其长者，克日来东，以维持会务。并恳饬令教育、内务两部，量予补助常年经费，庶办理得人，款项有济，俾圣道复明于东土，儒宗丕振于神州，民国前途有无穷之幸焉。事关紧要，诸希垂察，是否有当，仰候钧裁。

孔教会东京支会发起人 许棣常 李安国 林树燕
王应伟 谢乃续 吴荫棠
林国华 王 鎔 王文俊
郭传治 包 楚 段冠球
张鹏飞 全其眉 彭 宪
王 灿 孙乃湛 周鉴源
萧集明 刘荣谨呈

中华民国二年九月十八日

〔北洋政府内务部档案〕

5 康有为请尊孔教为国教致段祺瑞函

(1916年9月17日)

芝泉总理兄钧鉴：猥辱嘉命，派王君芝祥奉惠书来，招我以弓，翘翘车乘，书辞之推许过当，使者之敦劝弥殷，既仰侧席之诚，敢效逾垣之避，对使三复，感愧不任，即当秣马脂车，北首燕路。惟近窃睹当道措施，殊有令国人骇愕者。当大乱之甫定，正国是之纠纷，民生多艰，若堕水火，四海困穷，丧其乐生，外侮日惊，内难未一，静察风俗人心之漓变，尤觉礼义廉耻之皆亡。在野者咸引为殷忧，当国者宜若何补救，物耻何以能振，国耻何以能兴，人耻何以能明，兵耻何以能雪。夫务财、训农、通商、惠工、敬教、劝学、授才任能，卫文所以兴也。或大乱之后，宜与民休息，曹参清净不扰，汉初所以治也。其先后缓急之序，若何推施；其纲目条理之详，若何举措，此乃救国之实政，即为安民之宏规，自中外古今，无以易也。今南北尚睽离，新旧不相容，乃当涂者惟内讧是事，惟自扰是务，大则地方省制民选之纷纭，小则督军省长官名之改易，甚至外交长官，虚无久缺，边衅耽逐，置若妄闻，其他舛紊，难以遍举。宁流头颅之血，而不肯少去权利之心；宁忍中国之亡，而必力争党人之势。故两月来，不闻一经国之图，不见一救亡之策，隐忧方危疑，大祸在眉睫。乃议员建议之先声，在黜孔教；国务有司所先行，在禁拜圣，令天下骇怪笑骂，岂不异哉。夫今万国之人，莫不有教，惟生番野人无教。今中国不拜教主，岂非自认为无教之人乎？则甘认与生番野人等乎？夫制礼之意，有本有末，有内有外，有文有用，必本末内外文用备隆，而后为至敬。故内心至敬，外文〔人〕至服，或谓诚敬在心目中，不在肢体之屈伸者。然则对越上帝，亦可以箕踞坐卧行之耶？盖自欧亚美非之地，佛耶回婆之教，无不膜拜教主者。数十年来，无论何人何位，无有敢议废拜教主之礼，黜教主之祀者。盖教主者，全国人之魂，即为全国人之事，议院且无权，帝王且不敢，何有于内务部与国务院而敢专议擅行其拜否耶？惟法国大革命时不拜基督而拜一妓，致百日而杀百廿九万人之大祸，假令今欧美有人议不拜教主，必全国大哗而公诛之。然实无敢提议者，况于实行之哉，况于议废祀哉！夫内务部与国务院，岁月易人，而在位者人人殊意，若内务部与国务院而有专擅废拜之权也，则今日甲为内务部与国务院而禁拜教主，明日乙为内务部、国务院则复拜教主，则日月一改，尊教之礼不等于儿戏乎？即国会之议宪法，亦四年四易其议矣。若议员而有权议黜祭天、祭孔之祀也，则今日宪法削之，他日新宪法又增之，不几视大教为戏剧乎？在诸公读孔子之书，行孔子之伦，乃敢攻孔，不解何由？或恶孔教礼义廉耻之严，不便其纵欲营利之行，故必毅然破之，然后便耶；或出媚外好新耶，然万国视我其谓之何？今内无主权，是谓无政府；外人自由行动，谓为世界空土，是谓无国。犹太亡已二千年，而犹太之民犹特别存于万国之中，为其有教也。今我万里之土地，四万万之人民犹在也，而先自弃其教，是谓无教。夫政府之失权，国势之微弱，或自前人为之，犹曰无可如何。若弃教则今当涂者自造之，岂不奇哉！夫为上者，章志贞教，昭示好恶，旌别淑慝，树之风声。故汉高祖入鲁、陈太牢以祀孔子；宋太宗嗣国，下四拜而敬先师。今以教主孔子之神圣必黜绝而力攻之，是导其民于无教也。其行政议政若彼，所以化民成俗若此，是惟恐上有道揆，而下有法守，四维犹有一张，万方犹未同恶，贼民犹不尽兴，死丧尚太延日也。然凡此皆非公所为，亦非公之意，不过强徇僚采，为人受过。然公当轴执枢，天下后世谓攻孔降祀自明公始，以此失四海之人心，隳千古之名誉，甚为中国危之，为公耻之。仆虽无似，安能立于无政府、无国、无教之地乎？仆性迂愚不解，反复媚俗，虽三周大地，游遍四洲，经三十国，日读外国之书，而所依归在于孔子之学。以春秋折狱，以三百五篇作谏书，以易通阴阳，以中庸传心，以孝经却贼，以大学治鬼，以半部论语治天下，奉以周旋不敢失坠。今当涂者，既以攻孔为职志，则仆之迂学守旧自审难容，虽欲发愤前驱，惟有却曲裹足，然以今国势之危迫如此，国权之陨落若彼，既当飓风淫雨飘摇之会，同在漏舟破屋捷处之中，仆亦中国之一人也，栋折榱坏，将同压焉。昔既不忍谬尝舍身破家以殉之，今岂能一日恝然哉。况躬逢明公，斗枢干化，缁衣好贤，宵旰忧劳，旦明求治。仆虽文质无底，亦欲进尽忠言，冀竭涓尘，仰裨大政，岂有盘桓，自閟遐心。以明公自任天下之重，仆感深拳拳，相望无尽，望公提议照葡萄牙宪法旧章，不与民国相抵触者，皆照旧奉行，以孔子为大教，编入宪法，复祀孔子之拜跪，明令保守，府县学宫及祭田，皆置奉祀官，勿得荒废污莱，勿得以他职事假赁侵占，且令议院有司，永不提议，则海内兴起，知所响往，人修廉耻，家知礼节。仆距距三百，自当北首应命，怀抱万千，不能尽达，今遣郑浩、王觉任代表进京，代陈一切。二君学行皆高，器识深远，幸垂嘉纳，俾尽区区。昔者舜禹，悬鞀设铎，以召直言。惟明公好善勤勤，故仆亦献诚罊罊，敢布其愚，伏惟裁察。秋风多厉，引领增劳，为国节宣，书不尽意。

康有为谨启

九月十七日

〔北洋政府国务院档案〕

6 王人文、陈焕章等组织孔教会呈请备案的有关文件

（1912年12月—1914年4月）

（1）王人文等致大总统呈（1912年12月）

孔教会发起人王人文、姚丙然、沈守廉、姚文栋、张振勋、陈作霖、沈恩桂、麦孟华、陈焕章等谨呈。

大总统钧鉴：为本会昌明国教、草订开办简章，呈请立案事：窃惟人群进化，世界聿启，各国圣哲，开先伦类，爰资统摄，此欧美列邦所由重宗教也。大哉孔子，累前朝之崇祀，系通国之景行，博稽载籍，凡檃括传心之学，治世之经，绍往哲而迪来。兹者贤智受其裁愚，不肖亦顺，其则是故，垂之为圣，范衍之为教宗，亦固其宜。呜呼！由孔子而来，至于今二千四百有余载岁矣。世衰道微，人谋不臧，积贫积弱，厥亦有故。论者不察，乃咎孔教不适时用，以为法治足以富国，何必道德，武力足以强国，何必文化。寖至奸巧益作，法律终穷，殊杀相寻，祸乱遍伏，其必有追悔之一日，彼时悟拔本塞

源之谬，惩前毖后之思，盖亦晚矣。不宁惟是，志士虑远，哲人烛哉。曩者辛有适伊川，惧野祭之为戎，仲孙省鲁，难识秉礼之书，本得丧存亡之际，岂其微哉。尼山教义，民族精神，道有一遵，学无异说，爰议发起本会，理道有真诠，阐明之以维世变，谟猷有作用，利导之以极时难，洗陋儒之腐谈，振哲学之新绪，俾书经天日月，亘万古其昭明；行地江河，汇百川而流衍，正人心，翊世运，将于是乎在。不揣谫劣，猥贡愚诚，附议草章一则，并希鉴核，准予立案施行。谨呈
中华民国元年十二月　　日

孔教会开办简章

一、定名　本会定名为孔教会。

二、宗旨　本会以昌明孔教，救济社会为宗旨。

三、总会　本会暂设总会于上海，现赁海宁路一千七百九十八号北浙江路东首为事务所，将来或迁于首都。

四、支会分会　本会于国内各县皆设支会，各市乡皆设分会，于外洋各埠亦设支会、分会，其重要地点或合若干支会特设一支会联合部。

五、会员　凡诚心信奉孔教之人，无论何教、何种、何国，皆得填具愿书，由介绍人介绍入会。

六、会务　本会会务分讲习与推行两部。

甲、讲习部内分四类：

子　经学

丑　理学

寅　政学

卯　文学

乙、推行部内分四类：

子　敷教（讲道化民）

丑　养正（拜圣谈经）

寅　执礼(考礼正俗)

卯　济众(仁民爱物)

七、会规　本会讲习部以朱子白鹿洞学规为规则，推行部以蓝田吕氏乡约为规则。

八、会期　本会每年开全国大会一次，在大成节孔子圣诞前三日开会，明年当开第一次大会于阙里，嗣后每年大会地点皆于前一年择定。

本会每月朔望各开常会一次。

九、会费　凡入会者每人纳入会费一元。

凡会员每年纳常年费一元。

凡会员于常年费外，捐助款项及非会员而捐款赞助者，本会均极欢迎。其捐款至一百元以上者，照外国来 福美伯LiFEnEmBER之例，必为永久会员，免纳常年费。

十、职员　本会费用，以节俭为宗旨，职务以简要为宗旨，总会开始，先由发起人中推举干事五员，以执行会务。

十一、附则　以上是开办简章，详细章程随后续定。其各支分会之细则及应否减收会费之处，由各支分会自定。

(2) 康有为与袁世凯往来电(1914年4月)

(一)

北京。大总统鉴：得阳电，深感明察，何以报公。昔承大告，大教凌夷，横流在目，问俗觇国，动魄惊心，许以大力赞仆，明教以培国本。仆方居庐，愧一未奉行，深负明公敬教盛意。顷闻内务部禁孔教会，并撤各学圣牌，果行，则败五千年政俗，失四万万人心，自公为之，未能媚外人，先以鼓内怒。夫禁教事大，专制所不敢，何况共和议院所无权，何况曹部，且与公前电矛盾至极。国民惶惑，从违罔措。窃度必非公意，乞饬内务部勿发此令，已发收回。庶为公不失民心。窃用为报，望公翼教。仆病杜门，日咏德化。有为。十七。

（二）

香港。康长素先生：电悉。孔教会经部立案，断无禁理，各学圣牌，尤无撤理。大教凌替，只存几希，愧未昌明，何忍摧陷。传闻失实，殆非其真。已饬部查究，先此行念。袁世凯。号。印。

（三）

康长素先生：号电计达。兹据内务部复称：尊崇孔道，为人民心理所同，本部于邪诐横流之际，一以扶翼圣道为归。查孔道、孔教等会，凡经核准立案者随时令行地方官保护，从无禁止之说。至撤销各学圣牌，更无其事，自系伪传，用再电闻。袁世凯。敬。

〔北洋政府内务部档案〕

7　王锡蕃、刘宗国等创设孔道会呈请备案的有关文件

（1912—1914年）

（1）王锡蕃、刘宗国致大总统呈（1912年7月）

发起孔道会代表王锡蕃
刘宗国谨上大总统钧鉴：窃维国家缔造之初，政令不嫌其创，而德教则贵乎因创者所以剔旧弊，布新猷，因者所以系人心，定民志。不有其创，则精神不振，进步不速；不有其因，则民心无主，国本难固，此古来之善谋国者所以尊崇圣贤，倡明德教，不后于改制易度也。考诸历史，每值朝代更易之际，于胜国之旧政无不大事更张，手续不厌其烦，改革必取其新，而独于谒孔陵，修祀典，历代如出一辙。此虽专制时代，君主借以牢笼天下之术，而亦系属人心，以维国本之所不已者。今专制运终，共和局定，更易百度，理有固然。数月以来，改正朔，易服色，定官制，设礼节，创造经营，规模毕具，而独于推尊圣教，表示天下，尚未之及。因而乡里愚子，草茅儒生，互为猜疑，私相告语，咸谓民国制度，多仿外国，是以六经废而不用，孔子祀典无闻。甚者，或以为尼山之道，恐将坠地，此虽迂儒之过虑，而其愁然忧惧，要亦未始无因。锡蕃、宗国

等日夜思维,罔知此,乃我大总统暨秉政诸公,宏谋远虑,审慎周详之至意,诚以民国改造,此后局面,三权鼎立之制,为政策之当然。人材趋重专长,乃教育之专责。且今日之国家政权万难浑同,五族尤须平等,兼以奉教自由,载在约法,明明行政机关于一切教务不复左右于其间也。虽明知孔子人道之极规,为将来文明日进之坊表,孔子大同之学说,为后来世界统一之准的,然而由人民之信仰孔教者,起而振兴之倡明之则可,政府从而维持之保护之亦可,若示以偏重,恐转动众论之吹求也。锡蕃、宗国等准时势之当然,遵约法之明文,仰体大总统暨诸公之深意,因约集山东人士暨各省之旅居山东者,发起孔道会于山东,欲以次渐设总分会及分会于各省。甫经开会两次,到会者已有二百余人,正在组织章程,而直隶、安徽相继而起,索阅章程,洵足见人心尊仰之殷,歧望之切,倘得政府之承认,其成立固非难事,除旧日之拘牵,立传道之规则,将见民国成立,孔道愈明,四海同被文化,万国悉瞻盛典,使天下人心晓然于民国之尊崇孔子,在实迹,不在文艺,在道德,不在简编,想亦大总统乐为成全者也。所可虑者,新学输入以来,外界之讥刺既甚,策国之士遂不免有过激之论。为之说者,或曰孔子尊君权,折民权,甚不合于二十世纪之时势。窃谓孔子本时中之圣,其当日与列国诸侯分庭抗礼,合则留,不合则去,未见其甘为一姓之私臣也。即春秋一书,乃孔子所手订,口诛笔伐,虽以天王之尊,未肯少为之讳,未见其专尊君权也。其所以若孤诣者,思欲正人君,以正天下耳,其后终不可行。至孟子乃大倡民权,夫孟子非所谓愿学孔子者欤!以孔子为尊君而诮之,则是孔子在当日不为鲁梭,即当为孟德斯鸠矣。窃以为孔子之道,视二子固皆过之也。为平实之论者,则曰宗教皆有迷信,惟孔教无迷信,是故孔子乃政治、教育、哲学合为一家,而非宗教家,以宗教论孔子,反未足以尽孔子。岂知宗教之成立,然必创教之人,自命为宗教也。是乃当日此人敷布教化,适合乎此时一般人民之心理,因而宗仰之者众,此即宗教之所由产出也。宗仰之至,必举言语文字行事,莫不依此人之教为依据,此即宗教之确据也。如耶、如佛、如天主、如回及其他宗教,莫不皆然。而孔教之在中国二千年来,四百兆人,圣帝、明王、达人、哲士,虽所见未必尽同,而征之心理,考之语言,稽之简册,莫不以孔子为依归。至若迷信之有无,则视乎人民进化程度之高下而已。试就各国历史考之,亦率皆认孔教为中国之宗教。近观日本,有内山正如所著万国宗教志,于孔教大旨,发明甚悉,尊崇备至。不但此也,日本宗教旨趣不一,于佛、耶而外,又有尊孔会,近有某氏铸孔像三千,分布各会,日人尝言孔教之真精神,不行于支那,而行于日本。证之欧美西洋历史,凡有论宗教之著述,必列孔教于内。甚者,谓五千年后,孔教将遍行于全球,其推重可谓至矣。此稍读西书者固莫不知之。锡蕃、宗国等窃谓如不速将推尊孔教之意表示天下,恐众志因而动摇,非所以团结人心之计也,非敢故为激烈之论以耸钧听也,请援实事以证之。光绪乙未,德人占据胶澳,其时人民知识未开,于国权丧失不甚注意,独至德兵至即墨,入孔庙,偶伤子路像,而一时人心极为愤激,几生变故。越数载,大总统秉节山左,当亦熟闻此事。去岁津浦铁路斟酌路线,工师订明铁轨经过曲阜,各省闻而哗然,函电交驰,抗争甚力,终致铁轨改道,于此可以见人民尊仰孔子之心理矣。故孔道之兴衰,实关乎人心之向背。今将孔道会成立,关于民国前途之荦荦大者。胪举数端于后,以备鉴察。中国由专制一跃而为共和,上等社会之人多预知将来共和之幸福有过于专制万万者,而中下社会之人尚多以为骇怪,乡里无知之徒以为民国乱成,古昔之法制、人类之纲常皆可废除,因而桀骜犷悍之风,日甚一日,推原其故,由于人心无道德之标准。今孔道会成立,宣布圣道,使天下人心,其恶者亦皆知国体虽更而纲常未变,其贤者且将希望民国成立而思见德化之盛也,此关于民国之系属人心者一。既称五族共和,教育形式须求平等,而前清所定学堂章程,凡学堂必有谒孔之典,今去之则迹近蔑圣,不去则五族显有歧视，惟孔道会成立，尊孔之典归于会中，庶乎于五大民族之奉他教者，不至有窒碍之处，孔教亦可保存，而学堂中可以勿庸附设孔庙，此关于民国五族平等教育者二。数年以来，中央集权与地方分权之议相持已久，今官职虽未颁布，而大约高级官吏或归中央任命，致地方官吏或将因地取材，此时势之所趋，今亦略见端倪矣。自此以后，各省交通既少，情谊自疏，将见风气间隔，疆域皆划分于无形之中，且民国幅【员】辽廓，风俗与言语各殊，窃恐数十年后，此疆尔界，各省将显分畛域矣。今有孔道会，于平时联络其情谊，统一其风化，交互其知识，满汉既融，蒙回同化，可断言矣。此关于民国之化除畛域者三。欧美各国数百年来，上自学校，下至工场，莫不遵守来复日，以人事例之，此来复日固有益而无害也，将来吾中国恐难独异。然在欧美此一日为通国人等休息之日，亦即通国人民提倡道德之日，以有教堂之故也。吾中国改设学堂以来，尚无提倡道德之机关，因而一到休息日，往往演出各种浮华之习，游荡之风，故此一日在中国即为通国上下易损道德之一日。今立孔道会，就各府州县明伦堂之旧基，酌为修整，乡里重镇，亦并加推广，专设宣讲员，任宣讲之事，使学校士子、工场生徒，逢休息日亦可随处听讲，增进其道德，发明其良知，此关于民国之增进人民道德者四。堂堂中夏，立国最久，开化最早，有最美之教泽，不能宣播于外邦，使之景仰，亦属可耻之事。而交通以来，但有他教来吾中国，为之救疾苦，化愚顽，布德意，宣教泽，此华夏有志之士所弥惭也。且互市以来，西人之读中书者，必译吾国经书发回本国，以供研究，足见西人亦慕我国文化之盛。今孔道会成立，不第提倡在本国，亦可宣布于异方，使世界各国，皆钦中国之文化，慕中国之教泽，此关于民国维持世界者五。中国数千年圣帝明王制造之规模，修明之文物，虽垂于经典，而多难适用于现时之教育，有孔道会之保存，使人民尚得考核遗规，上稽古制，不启蔑视祖国之心，此关于国民之爱重祖国者六。锡蕃、宗国等前阅经纬报，见载有黎副总统尊孔之文，有言曰:我国人人心悦诚服,团结而不可分者惟先圣孔子。历代以来,凡有血气者,无不范围于孔子教化之中。又有曰:人心之趋向百端,而统一在尊孔子,不然则异说倡,而人心摇,所系非浅鲜也。并通饬各处将孔庙所有学田产业,一切仪器,详悉调查,妥为保存。其遵崇宣圣之意,至为诚切,盖亦深知民国初立,遵崇孔道为万不可少之举也。我大总统宏谋远虑,想早已见及于此。锡蕃、宗国等识惭蠡管力等壤流竭其愚诚,筹设斯会,援奉教自由之约法,建保护圣道之机关,有补助共和之实功,无干预政治之权限,伏乞大总统诸加训示,俯赐维持,俾斯会得以逐渐扩充,庶孔道日见昌明,其裨益于世道人心者良非细故。我大总统保护圣道之伟功,薄海当同殷称颂矣。孔道幸甚!民国幸甚!专肃。恭叩

钧绥

附呈宣言大纲共一册

锡蕃
宗国 谨上

中华民国元年七月　　日

孔道会宣言

环球以上,聚族而国,智分巧拙,礼别文野,必有信仰之宗教,乃为人类之同德。溯我炎黄开基神州宅宇,制器尚象,启民生之利用;画卦造书,开文化之秘符,因之尧明峻德,舜化无为,山川禹奠、山泽益烈,心传一德,商汤受命,帝赉良弼,武丁嗣立,延及古公,爱民西伯演易,武王秉丹书而致竞,元公制官礼以图治,类皆以神圣之资,秉君主之权,兼师行之尊,尽化导之责,所以立政,即所以设教,降及后世,神人已往,圣哲不作。周德既衰,纪纲败坏,生灵涂炭,道德坠落,上帝眷佑,锡予圣哲。尼山有灵,昌平降生,博学无名,道大莫容,半生奔走,历聘诸境,不君不臣,不帝不王,泗水寄迹,杏坛设教,诗书删定,礼乐永彰,尧舜之德,赖以祖述,文武之道

因而宪章，著作则师表万世，礼法则仪范百王，九州之内，四海之广，凡有血气，莫不尊仰，而乃西郊麟见两楹，梦奠泰山其颓。哲人云：逵一贯之道，再传而湮，时势日非，人心日乱。孟子明道，势重难返，六王已毕，秦火随焚，诗书化为灰烬，礼乐沦于荆榛。自汉而下，考道愈难，背诵口语，托名薪传，抱拾残遗，引为古典。唐代文艺、标榜道原，无如徒袭空名，而精华已失。赵宋御世，学术变移，倡言道德，阐扬性理，揆之孔道，庶乎近矣。惜乎！规模狭隘，议论拘墟，修己义重，济世功疏，小康尚缺，大同安翼，故自汉后，而言孔道，真义不无湮没。有明学者，稍发其绪，制萩为灾，帖括流毒，斯文命脉，亡于无形。倘使依然，学科不分之制，犹是政教浑同之局，六经以外无简编，史籍以外无学术，维道德真理，举世无存，而仁义虚名，人尚口传，继往开来，或可期尊。而今国体改制，时局变移，科学目举，政权鼎立，国命争在自强，学术弗嫌立异，不有道德之表帅，何以范围乎斯世。夫民气必求伸张，而人心不可浇薄，非赖道德之陶淑，仁义之培植，窃恐权利之私，中于人心，礼让之风，汩于天壤。争竞既启，干戈随之，土宇扰攘，生民草薙，言念及斯，岂为过虑。继今而欲造人生之幸福，解世界之纷争，惟有实行孔道，庶可收此伟功。孔道之正，天下为公，讲信修睦，选贤与能，本老安少怀之旨，立人道之极规，尽悲天悯人之职，期治化之大同，引世界于文明，厝万国于太平，皆归于孔道平权衡。或曰：基督之言灵魂，释迦之尚慈悲，开世觉路，祛人罪恶，为功甚速，成效最著，似可扫除故见；皈依彼法，岂知求诸元妙，理极精微，未若求诸平实，民志易定，孔道立会，意由于此。呜呼！孔子行皆庸行，言皆庸言，好恶同民，絜矩为先，共和之治，此为真诠。窥其高深，游夏难言：观其浅显，庸愚知果，大道所在，求而自得，创设斯会，安可卸责。所望博雅君子、政治伟人、道德硕望、教育专家、仁人志士，同心组织，竭力提倡，孔道日期，生民之庆，略就所见谨识。

孔道会大纲

第一条　名义　本会专主尊崇孔道，定名为孔道会。

第二条　宗旨　本会本圣道完美之义理，融各家发明之学说，以陶淑人民道德，促进社会文明，扶持世道进于大同为宗旨。

第三条　会所　本会会所分总会、总分会、分会三项，均设圣道院。

一、总会设于曲阜圣地。现因山东济南交通利便，临时暂假济南府学筹备，俟后在曲阜相度建设，圣道院成立后即移于曲阜。

二、总分会设于各省会或各重镇，省会即借原有圣庙旧基，各重镇设法推广。

三、分会设于各州县及市镇乡村，各州县即借圣庙旧基，市镇乡村设法推广。

第四条　范围　本会本大同主义，绝无种族、国籍、阶级、男女、教门、党派界限。

第五条　权限　本会专在昌明圣道，提倡道德，以促进国家升平，维持世界和平为天职，绝不干预行政权限以内事。

第六条　事业　本会应办事业列左：

甲　宣扬圣道

乙　改良风俗

丙　开通民智

丁　提倡公益

戊　创办善举

第七条　办法　各院由各处尊重孔道者就地发起公举临时院长，函告总会，俟总分会成立十处以上即行公举正式总会正副院长；由各总分会提倡组织分会，即十五处以上，或各分会自行联络组织到十五处以上，即可公举正式正副分会院长；各分会会员至五十人以上，即公举正式正副分会院长；举院长后即推定各院办事职员。

第八条　统系　总会有统属、维持、考察各总分会、各分会之责，各总分会有统系维持考察所属分会之责。

第九条　选举　选举各正副院长均用无记名投票法选举，得票多者为正，次多者为副。

第十条　职任　本会各院职员任期分总会、总分会、分会编制之。

甲　总会各职员编制：

正院长一人，由总分会公举请任，三年一任，连任一次为限，有执行本会关于宣道事宜之权，有监督进退本院一切职员之权，有派员考察各总分会、分会之权，有承认各总分会院长之权。

副院长一人，有襄助正院长执行一切事务之权，任期与正院长同。

庶务科　科长一人，科员若干人，任期与上同，掌本院内一切不属于他部他科事项。

文牍科：科长一人，掌一切函电、通告、答覆事项。

典簿科：科长一人，掌本会会员册籍。

刷印科：科长一人，掌关于刷印事件。

乙　总分会各职员编制：

正院长一人，由分会公举，三年一任，连任一次为限，有执行本院一切宣道事宜之权，有监督进退本院一切职员之权，有承认分会院长详报总会之权，有派员考察各分会之权。副院长一人，有襄助正院长执行一切事宜之责。

宣道士若干人，无定额，职责权限与总会宣道士同，惟限于本院与分会权限以内事。

编纂部：缓设，暂时有所编辑可附总会编纂部汇编。

译著部：缓设，暂时有所译著可由总会译著部发刊。

讲演部：设部长一人，部员若干人，与总会同。惟限于本院及所统属之各分会。

评议部：设部长一人，部员若干人，所掌事权与总会同。惟限于本院及所属各分会者。

图书科、庶务科、文牍科、典簿科各设科长一人，科员视事之繁简酌定，所掌与任期均与总会同。

丙　分会各职员编制：

正院长一人，由会员公举，三年一任，连任一次，有执行本会一切宣道事宜之权，有相度本会应办及进行事件函告总会或总分会之权；副会长一人，襄助正会长执行一切事宜之权。

宣道士若干人，有被院长委任化导人民之责。

讲演部：部长一人，部员若干。

评议部：部长一人，部员若干，由会员全体举定。

庶务科：设否，视本院事之多寡而定。

书记一人，掌本院会员册簿及出入度支事项。

宣道士无定额，或由院长委派，或由总分会推举。惟道德学术足服众会员之望者，有被院长委任维持考察各总分会之责，有被院长委任维持本院所有建设事业之责。

编纂部：部长一人，部员若干人，三年一任，连任二次为限，掌编辑各种关于发明圣道书籍。

译著部：部长一人，部员若干人，任期与上同。掌译各国家有关于增进人民道德、辅翼圣道诸学说，以备参考或将圣经译成外国文学，以备传播外国之用。

讲演部：部长一人，部员若干人，任期与上同。掌在本院或赴各总分会、分会、各院宣讲圣道之责。

评议部：部长一人，部员若干人，任期与上同。掌评议本会、本院或各院、各会员遇有争持，或与会外人互有交涉事件。

图书科：科长一人，科员若干人，任期一年，连任无限，掌古今典章、经籍、钟鼎、金石及古今礼乐科学仪器之属。

第十一条　名位　本会各院长、各院宣道士名称及图章，俟正式总会成立后详细审定，并具节略呈政府认可列入法典。

第十二条　礼制　本会各院长及宣道士服制、徽章以及与行政各机关晋接时礼节，俟总会正式成立后详细审定，开具节略，呈政府认可。

第十三条　黜陟　本会各院院长及各职员，在服务期内有为十人以上不承认者，提出理由，集会讨论。关于总会者由总分会集议，关于总分会者由分会集议，关于分会者由会员全体集议，到会会员有三分之二表赞同者即可令该院长或该职员退避，另举院长或职员。

第十四条　经费　本会经费分收入费、支出费两项：

甲　收入费两项：

一、原有费即各处圣庙底款；

二、捐款分入会捐、常捐、特别捐，会员入会捐一元；

常捐每年一次，随意捐助；

特别捐临时劝募，无定时，随时捐助。

乙　支出费三项：

一、会中常费；

二、传道支伙费；

三、公益慈善建设费。

第十五条　会期　本会会期分常会、总会、特别会。

甲　常会：本会各院每七日一律开会，延请各界人士随意入内听讲。

乙　总会：总会每年一次，按孔子诞日前日开会，各总分会院长或派员参加；各分会院长或职员、会员愿到会者亦同，惟须将到会人数一月前报告总会，以便招待。

丙　总分会：总分会每年两次，阳历三、九月初一举行，每会四日，各分会院长或派员到会，会员到会亦同，须开会前十五日函告总分会到会人数，以便招待。

丁　特别会：事关全会者，由总会招集；关于总分会者，由该总分会招集；关于分会者，由分会招集。

第十六条　崇典　凡本会各院及各会员逢孔子诞日均悬彩三日，休公一日；逢孟子诞日，悬彩一日，休公一日，为庆祝日。逢孔、孟卒日均休公一日，为纪念日。

第十七条　机关报　由本会全会组织专为发明圣道机关报一所，由总会分支部发行，分甲乙两种：

甲　月报以文理【言】组织之，每月一期。

乙　期报以白话组织之，每七日一期。

第十八条　改章　本会所有他项关于会中各项事宜章程，务遵大纲规定，如有出入时，由会员二十人以上提出理由，经全会会员到会者三分之二通过，方可改订。

第十九条　款项　本大纲所规定经费，由本会自由理处，其他行政机关不得借事侵占，如第十四条所规定收入款两项处分如左：

甲　各府州县圣庙底款数每年提出出产十分之二，一分归总会经费，一分归总分会经费，余作本分会经费。

乙　常年捐、入会捐，均以十分之四归总会经费，十分之三归总分会经费，十分之三归分会。

丙　特别捐由本捐款人指定入何会者，或作何事用者，或由各会因特别事劝募者，他会他事概不得任意通融。

第二十条　本大纲呈政府认可后，本会无论在何国何地，行政各机关均有保护维持之责。

发起人[1]　王锡蕃　刘宗国

李福銮　孙丹林

王如曾　周连锡

孙星衡　李合芳

赞成人　周自齐　严　复

---

[1] 发起人计一百五十人，仅列八名，余略。

胡玉搢　马龙标
王丕煦　王朝俊
龚椿炳　金葆桢
杜良田　黄　歆
徐镜心　孔繁淦
〔北洋政府内务部档案〕

(2)　孔道总会致内务部呈(1914年3月)

孔道总会发起人王锡蕃等为呈请准予立案事：缘民国元年，锡蕃等与同人发起孔道会于山东，业已呈明在案。但山东系支会，而总会尚在筹备时代。兹蒙海内诸君子赞同发起总会于北京，假西河沿门牌第二百零四号作会址。自发起以来，开会数次，再三研究，于今岁三月三号始将章程修改通过。所有前此大部指示圣地、圣道院各名称，合行厘正之处，亦悉遵照修改，务期臻于完善，庶可推行无弊。至本会宗旨，序言中已详述之，因不赘及。伏维大部查核，准与立案，实为公便。谨呈
内务部
中华民国三年三月　　日

孔道会发起人　周嵩年　万秉鉴　赵维熙
冯甘棠　王锡蕃　恽毓鼎
薛正清　宁述俞　冯国璋
顾　藩等谨呈

附粘孔道会序及总会章程一纸

孔道会序

宇宙有物焉，立于混沌之前，具乎直辟之后，非隐非费，无臭无声，然日月以之而明，江河以之而流，四时以之而行，百物以之而生。即硁硁地球，蚁附生息其间者，曰个人，曰社会，曰国家，亦莫

不顺之而生存，逆之而覆灭。噫！是何物耶，吾人不当亟亟讨论乎。昔人谓道之大原出于天，天不变道亦不变。然探本论之，亦天之大原出于道耳，道不变故天亦不变也。经曰：易不可见，乾坤或息，盖道者宇宙绝对之物，所谓天得一以清，地得一以宁者也。以是观之，天且弗违，而况人乎？是以苟违乎道，富如秦隋不能有也，强如拿破伦不能终也，即使发愤自强，励精图治，兴实业，奖工艺，宏教育，扩军备，如埃及之亿斯米尔，亦终于败国亡家，贻讥青史而已。可知道者万有之杠杆，譬之疾病，元气已竭，参术无从奏效也；譬之建筑，四维已折欂栌无所倚著也。然则世之君子，欲建筑国家而医众生之痌疾者，徒可从事于欂栌参术间耶。欲明万有之杠杆者，诚不可不求诸孔子之道。然孔道者，亦非孔子一人之所有物也。实即宇宙阗至当不易之道也。回溯五洲人类，同出一源，盖皆生育于帕米高原之侧，迨后洪水祸熄，遂降邱宅土，分处四方，西居欧洲，南迁印度，东处中国（古籍纪载甚多，以无关此篇要义，不暇赘及）。种族既同一源，故古代风俗服食器用率多近似，而亚欧二洲古学，尤多相同之处。盖先圣言学，不外察伦明物两端，而梭格氏之论伦理，安那诸贤之倡物质，实有异地同符者。但中国物质之学，周秦以后，寖至衰微，然伦理道德之说，则实有璀璨烂缦，汪洋衍溢，非西国之所可及者。今者诚能于中国伦理之说，发挥而光大之，更取欧洲物质之学，研精而沟合之，以复我国六府三事允治之盛轨，则孔道之全体其庶几乎。求孔子之道，必求诸孔子手筆〔笔〕之书，然后可窥其真相。盖三千之徒，各得一体，是以有子之所闻，或不同于曾子，而子夏之论交即异于子张也。（论语多曾子门人所记，故特详于道德之说）孔子手筆〔笔〕之书，存于今者易十翼而已。孔子曰：立天之道曰阴与阳，立地之道曰柔与刚，立人之道曰仁与义。窃谓此三言乃道字之正解也。盖人者天地之心，而圣人首出庶物，其视天地万物同为一体，故不仅仁民且将爱物，不仅平章协和且将裁成范围，故兼三才而治之位，天地育万物，固其大端，而观象于天，取材于地，修水火金木土谷，以利用厚生，亦其要也。故系辞第十章曰：夫易开物成务，冒天下之道，如斯而已。又特以备物致用，立成器以为天下利，属之圣人焉。观此可知孔子论道之大旨，而后儒空疏之弊，不攻自破矣。又系辞下第二章，历叙五帝之丰功伟绩，而要不外乎渔业、农业、商业、交通、建筑诸实事。则中国后儒之以空言谈道，反诋实业为小道不足言者，其谬尤可知矣。盖皆由其规模狭隘，祇只知仁义之为道，而忽于阴阳刚柔之说也。（子思曰：率性之谓道，即不及夫子之实确，而韩子原道遂专以仁义言之，其小固宜。）伤哉！中国近日之学术乎，妄分新旧，谬为是非，有以工商为不足称学者矣，有以物质之学为实学，而仁义皆老生腐谈可废止者矣。又有调停其间者，曰物质之学不可不讲，然中国国粹，仍当保存，其视孔道会之观念，不过曰此古物保存所耳。呜呼！曾谓古物保存所而可以发扬孔道救济今日之颓俗乎？道无新旧，因时制宜，能于古籍中取精用宏，推陈出新，施之而可以利国福民，乃真新也。若徒船贩西说，不审时地之宜，而强施之，则彼皆数百年已往之陈迹，果独新乎？易曰：形而上者谓之道，形而下者谓之器，可知道器本不相离。窃尝谓光线可以观直，重心可以观正，爱力可以观仁，阻力可以观义。程伯子有言：器亦道，道亦器，斯言可深味也。方今孔道之不明极矣，欲发挥而光大之，必循孔子仁义、阴阳、刚柔之训，身体而实验之，未有伦物明察而孔道不昌者，亦未有伦物明察而中国尚危弱者也。孔子之道，六通四辟，溥博时出，不可执一端而论也。夫既尚笃信，又贵缺疑；既尚柔嘉，又贵刚胜；既赞首出，又称无首；既曰妇人从人，又曰妻者齐也；既曰礼让为国，又曰其争也君子，比例而观，真理弥显矣。所以遁世无闷高节也，而又以辟世为非；明哲保身美德也，而仍以杀身成仁为义；出入以惧善行也，而仍以勇者不惧为美，若执一端以求之，则惑矣。狂者尚进取，而壮趾则凶矣，富家大吉而为富或不仁矣，行险侥幸固小人，而过涉灭顶亦可无咎也。若夫赞中行又称狂狷，诛乱臣又恶独夫，谓文王又美小谷，盖阎阎行行，兼容并蓄，而殷辂周冕，随时制宜者也。子思赞孔子之德曰：譬如四时之错行，日月之代明，至矣尽矣！此孔子之所以为大，而生民未有其盛者欤。孔子既美太伯，又赞汤武，故曰大道之行也，与三代之英，邱〔丘〕未之逮也，而有志焉。盖孔子当周之末，世衰道微，其视小康，犹远不逮，遑言大同。但圣人瞻言百里，明烛来兹，故特垂训，以俟后圣耳。如曰：民之所好好之，民之所恶恶之。又曰：使民兴，贤出使长之，使民兴，能入使治之。是虽未如亚里氏之标民主，子舆氏之倡民贵，然民主、民贵之精神，固有在也。董子有言：孔子作春秋、贬天子，退诸侯，讨大夫，以达王事而已。而后儒不识，乃曰孔子立万世君臣之大防而已是盖丧心诬圣，以济其利禄之私，乌足与言孔道耶。或曰：如子所言，孔子诚恶专制矣。然征之孔子历史，其尊君殆有加焉，今吾子虽强以孔子之说牵合共和，然恐终不免傅会之讥矣。窃应之曰：读书解义，首贵论世，孔子之时，果为君主专制乎，抑不然乎，即以鲁论，鲁国四分，而鲁君无民，射不能成三耦，而当时专制实力之所在，若鲁之三家，晋之荀范、卫之宁戚、齐之高国，莫不箢执朝政，攘君夺民，盖孔子时代，实一贵族专制之时代。故孔子对于时君，尚致虔敬，而对于世卿排摈掊击，不遗余力。曰是可忍孰不可忍，曰斗筲之人何足算也。凡深恶峻绝之辞，圣人平日所罕言者，莫不为贵族而发。甫相鲁国，而即堕三都，收甲兵，尤孔子排斥贵族专制之事实，夫专制之实力所存，即圣人排斥之方针所注。盖所恶于君主者，非恶君主也，恶其专制也，所恶于专制者，非恶专制也，恶其虐也。故专制之淫威在君主，则排君主，汤武是也；专制之淫威在贵族，则排贵族，孔子是也。若执一论之，只见自蔽而已，其何伤于日月乎。慨自秦汉以后，学术不明，孔子之道鲜能实体，而暴君假之以自尊，俗儒假之以媚世，不见弥子，罕有其人，而出疆载贽者比比皆是，见得思义不曾留意，而色温貌恭，则独能实行，乡愿也，而自以为中行，巧言令色也，而自以为温良恭俭让，士风颓靡，廉耻道衰，国家以之而不振，种族以之而式微，乃反欲归咎于孔子之学说，岂不颠耶。孔子叹不得中行而思狂狷，以狂者有为而狷者有守也。今人其不逮中行明甚，而独耻为狂狷，以儒行有特立独行刚毅自立等语，遂诬其不纯，而以为非孔子语，然则论语不知不愠杀身成仁等语，亦皆伪托乎。士风趋响，关乎国之荣辱，民之死生，可弗明办耶。孔子之道大而能博，然四科六艺，莫非民生日用彝伦所最必要之事，如布帛菽粟之不可须臾离，初未尝远人以为道也。夫孔子道德之纯备，教泽之溥博，诚具有大教主之实，然不必以宗教称也。今姑以道教二字论之，教对学言者也。然教必以道，学固可不学道乎。又教对政而言，然教必轨于道，而政遂可外于道乎。又教对不教而言，然教人道也，而或不教亦道也。孟子谓君子之不教子亦一端也.夫道六通四辟，无所不包，若必自命为教，则此曰我教界也，彼即曰我学界也，政界也，门户既立，畛域遂多.未见其可也。中国上古逸居无教，诚为无教之国矣。然自羲农以后，列圣相承，递推递明，民彝物则，巍然焕然，是否仍为无教之国。今者若能于先圣之道发挥而光大之，谁敢以无教之国来相诋诟。倘非然也，则虽教堂教徒，教争教战，事事与欧洲中古时代酷肖，亦无益耳。窃愿世之讲孔道者，不尚虚声，务求实用，本察伦明物之学，修正德利用厚生之业，异日中国治臻上理，民胥乐利，则孔道之昌明，其庶几焉！

孔道总会章程

第一条　本会定名为孔道总会。

第二条　本会以讲明圣学，敦励行谊，陶淑人民道德，促进社会文明为宗旨。

第三条　本会总会设于北京，并设事务所于曲阜，又得于各省设立支会，各县及各市村设立分会，其章程别规定之。

第四条　本会应尽职务如左：(甲)敦尚行谊；(乙)研究学术；(丙)开通民智；(丁)提倡公益。

所有关于以上四项应行事宜，随时议行，无庸赘列。

第五条　本会公推正会长一人，副会长二人，名誉会长无定额，评议长一人，评议二十人，讲演部长一人，讲演二十人，编纂部长一人，编纂十人，调查部长一人，调查二十人，交际部长一人，交际二十人，庶务科长一人，科员四人，文牍科长一人，科员四人，会计科长一人，科员四人。

所有各部各科办事细则，由各职员自规定之。

第六条　凡具公民资格者，不限种族、国籍、教门、党派，但诚心尊奉圣道均得为本会会员。但须得会员二人以上之介绍，经会长认可，方得给与徽章、证书，为本会会员。

第七条　凡为本会会员者，须遵守本会规约：(甲)不得有违背法律之行为；(乙)不得排斥他教，有碍和平；(丙)不得假本会名义干涉政事，及在外招摇假公济私；(丁)有犯以上所列各项者，得由会长宣告除名。

第八条　本会经费收入共分三项：(甲)会员入会金一元；(乙)会员常年捐一元(入会捐及常年捐如无力缴纳得会长许可者得免捐)；(丙)特别捐及临时募捐。

凡经费出入俱由会计登记帐簿，以备会期报告。

第九条　本会会期分大会、常会、特别会三种：(甲)大会于每年圣诞日举行；(乙)常会每月开会一次，以朔后星期日；(丙)特别会关于特别事项临时招集之。

第十条　本章如有未妥善之处，得会员多数同意，可随时修正之。

〔北洋政府内务部档案〕

8　饶智元、恽毓鼎等组织孔社呈请备案的有关文件

(1912年—1913年2月)

(1)　饶智元、恽毓鼎等致大总统呈(1912年)

大总统钧鉴：窃闻历代开国，必尊孔子。孔子之圣，生民未有，语大莫载，语小莫破。刘汉推专制之暴秦，约法三章，仅定关中民志，太牢一祀，实收天下人心。晋唐以降，开建宏规，尊崇盛事，史册流美，郭威闰位，亦知下拜，玺源夷裔，致敬孔林，足征大道之行，无时或息于人心也。我大总统英睿挺生，亿兆人民所付托，受任以来，庶政代理，尊孔大端，未遑议及，然颁布孝悌忠信礼义廉耻八德，盖已隐括孔教之精微而实行之矣。其所以不明示尊崇者，殆以孔子忠君之说，拟与民国政体有不适宜者乎。夫孔子时中之圣，急于救世，人心思周，五霸尊周，因时制宜，不得不尔。孟子善学孔子，故轻君重民，以餍人心。天之生斯民也作之君，以先知觉后知，岂其使一人肆于民上，以纵其淫，而弃天地之性，必不然矣。圣人代天行道，不凝滞于物而能与世推移，谟易之群，龙无首吉，非民主之肇端乎。诗刺幽厉，非独夫其君乎。春秋经褒贬周天子，然畀韦布以诛代权乎。周礼中揖，大夫上揖，士拜受负版，非平等乎。礼云：大道之行，天下为公。论语曰：夷狄有君，不如诸夏之无之，说者尤大彰明较著者也。且圣人以补道设教，春秋一经，知我罪我，假灾异，抑君权，苦心微旨，谁谓孔子仅言政治乎。孔子之道不晦于嬴氏之焚坑，实晦于伪儒之绵丛；不误于老佛之索隐，实误于腐儒之空谈，近人非孔，职是之由。然日本中兴，拾阳明之坠绪，武汉革命，皆船山所胚胎。西哲有言，中国无孔子是无教化，无教化早亡种矣。盖至诚之道，可以前制试诵，行同伦，车同轨，书同文，及天之所覆，地之所载，凡有血气，莫不尊亲，早逆知五大洲有大同之日。所谓尊亲者道德之谓也。无道德无以为人，更何以为国民。国初建，根基未固，风俗日即于浇漓，而一二才智之士，又扬波激流，几形破五千年道德藩篱，以自命为奇杰，毒痛四海而不自制。我大总统愁然忧之。智元等忝列国民，思效涓埃，爰集同志，组织孔社，以维持世道人心。开办匝月，海内人士、闻风契合，具征应求之速，拟设事务所于中央，推行各省，以巩固共和，民国丕丕基。谨述

梗概，附呈简章，敬恳垂鉴，宣布命令，提倡维持，以昭崇重。并恳饬部立案，用光民国，而正人心，不胜迫切待命之至。谨呈

孔社社员代表：饶智元 恽毓鼎 徐 琪 金葆桢 陈炳经 李廷玺 朱福铣 胡瑞中 宁述俞 钟鹏年 郭曾炘 顾 瑗 张亚梁 汪兆鸾 胡玉瑨 成治安 曹经源 张鉴衡 俞寿沧 孔祥榕 祁荫杰 陈鹿荃

中华民国元年 月 日

孔社章程

第一章 总 纲

第一条 本社以阐扬孔学，融汇百家，讲求实用，巩固国基为宗旨。

一、维持人道大经

二、改良社会风俗

三、提倡国家思想

四、增进政治知识

五、发明经训微言

六、编译学说公报

第二条 本社设本部于国都所在地，设支部于各省会，及蒙古、青海、西藏，设分部于各县。

第二章 社员之资格、义务、权利及出社

第三条 凡赞同本社宗旨，具有公民资格者，不分宗教、党籍，本社社员二人以上介绍，经本社社长或支部、分部长许可，发给徽章社券，即认为本社社员。

第四条 社员负有宣扬本社宗旨之责。

第五条 社员负有遵依本社章程之责。

第六条 社员对于本社进行方针有发抒意见之权。

第七条 社员对于本社进行手续有秉公商榷之权。

第八条　社员均享有投票选举职员之权。

第九条　社员均享有被选充职员之权。

第十条　社员个人之行为，不得用本社名义。

第十一条　社员欲脱社者，须提出理由书于社长或部长，得其同意，并缴还徽章社券。

第十二条　社员如有违背本社章程或损害本社名誉者，经调查员报由社长交评议会开会审决，公布除名。

第十三条　凡丧失公民资格者，立即消除社籍。

第十四条　一年以上未缴常年捐，并不声述理由者，暂停社员权利，三年以上即公布除名。

第三章　职员之权限、选任期及离职

第十五条　本社设社长一人，担任全社事务，副社长四人，辅之。

第十六条　本社名誉社长无定额。

第十七条　本社设协赞员三十人，襄助社长办理全社要务。

第十八条　本社设评议会评议长一人，评议员二十人，讨论全社要务。

第十九条　本社设编译科编译长一人，编译员十人，编纂经解论说。并选译泰西学说可与孔学相发明者，汇登学报。

第二十条　本社设讲学会会长一人，讲学员无定额。宣讲孔学之精美及先贤先儒之嘉言懿行。

第二十一条　本社设调查科主任一人，调查员无定额，调查关于本社之一切事宜。

第二十二条　本社设交际科主任一人，交际员无定额，掌理关于联络及招待事宜。

第二十三条　本社设书记科主任一人，书记员四人，掌理文牍及记录事宜。

第二十四条　本社设审计科主任一人，审计员四人，掌理款项出纳事宜。

第二十五条　本社设庶务科主任一人，庶务员四人，掌理不属于他科事项。

第二十六条　社长、副社长、协赞员及各科职员，均由全体社员投票公举，名誉社长得随时开会推举之。

第二十七条　本社会长、六科主任由各该会科职员自行公推。

第二十八条　职员均二年任满，得连举连任，如任期内因故缺席，得临时选任。

第二十九条　职员因事离职，须将经手事件交代清楚。

第三十条　职员对于第十、第十一、第十二、第十三、第十四等条应一律遵守。

第四章　会　　期

第三十一条　常年大会每年一次，由本部召集全体社员召开之，其日期于前两月登报通告。

第三十二条　孔子诞日开纪念大会一次，先期通告。

第三十三条　社员通常会每月一次，本部全体社员召开之。

第三十四条　职员通常会每星期一次，本部全体职员召开之。

第三十五条　职员特别会有重要事件，关于何项者归何项职员五分之二提出，社长临时召集开会。

第五章　经　　费

第三十六条　本社经费以左列各项充之：

一、入社捐每人一元，入社即缴，作为置备证券徽章之用；

二、常年捐每人二元，一、六月缴；

三、特别捐不限额数。

第三十七条　本社出纳款项，每届年终由审计员造具表册，送经评议会检查后登报公布。

第六章　附　　则

第三十八条　本章程经开会公决后即发生效力。如有应行增改之处，由本部职员三分之一或社员二十人以上及各支部提出，经常年大会出席社员三分之二议决得修正之。

孔社支部分部规条

第一条　各支部分部宗旨及社员资格照本社章程第一、第三条办理。

第二条　各支部系于本部，各分部系于支部。

第三条　凡支部定名为孔社某处支部，分部定名为孔社某处分部。

第四条　支部、分部各设社长一人，其一切职员均得由各该部自选，量事繁简为多寡，仍随时报告本部。

第五条　支部、分部对外不得与本社有不同之主张。

第六条　支部、分部对于本部有随时建议之权，本部认为适当者得开临时职员会议决实行。

第七条　支部、分部社员得被选为本部职员。

第八条　支部对于本部有调查报告之责，凡本部通告事件，应随时转达分部。

第九条　分部调查事件，应随时报告支部转报本部。

第十条　支部、分部详细规则得酌量地方情形自定之，但不得与本社章程及此规条抵触。

第十一条　支部应将会员册及其分部会员册随时钞送本部备查。

第十二条　支部、分部所收入社捐以十分之四缴归本部。

第十三条　支部、分部社员徽章证券由本部发给，以昭划一。

第十四条　支部应以常年捐十分之二补助本部经费。

第十五条　分部应以常年捐十分之一补助本部经费，十分之一补助支部经费。

第十六条　支部、分部出纳款项数目，每届二、七月应报告本部一次。

徐　琪　孔祥榕　张鉴衡
朱福铣　陈炳经　陈鹿荃
郭曾炘　宁述俞　钟鹏年
胡玉瑨　张亚梁　汪兆鸾
俞寿沧　曹经沅　顾　瑗
金葆桢　祁荫杰　成治安
胡瑞中　李廷玺

(2)　内务部批(1913年2月17日)

内务部批第一百六十二号

原具呈人孔社社员代表饶智元等

准国务院函:钞奉大总统发下该代表等呈,并孔社宣言及章程各件均悉。自国体变更以来,革新之士辄称孔子学说与民主政体相背驰,意欲摧陷无余,使随专制潮流同时消灭。笃古者引为深虑,纷纷设会保存,或著为文章,力加抗议。并有历引先代帝王抑尊崇〔孔〕道之实迹,请求政府仍旧提倡者。彼此争执,各主一端。半年以来,莫能解决。查废孔之议,大半为开国臣子所主张,彼其人固皆酷爱自由,力持平等,素抱民权、民生主义者也。而不知孔子学说实含孕之。夫孔子祖述尧舜,实以公天下为心,故论语一书,对于王政多歉词,美武善韶,微意已可想见。而尧曰终篇,归重于公,则说一语,尤堪取证。以云政治改革,虽公山佛肸之召,亦具有命驾欲试之心;以云言论自由,虽天子诸侯之尊,亦惩于匹夫褒贬之笔。其曰:齐之以礼者,以古义训礼为法解之,实则重法治也。曰:小大由之者,即礼法自由也。曰有教无类,曰博施,曰泛爱,曰爱人者,即博爱平等也。曰庶人不议,据尔雅训不为大,即今日代议制度之先声。曰均无贫,实隐括民生主义之精蕴。而春秋讥世卿修小君相见之礼,且夷而进于中国,则中国之尤无男女种族阶级之别。其他大意微言，不一而足，稍讲公羊学者皆能称道，即如该代表等呈称各节，亦已窥见一斑。至中庸为孔门传授心法，而同文同轨，实归极于位育中和春秋，非游夏所能赞词，而所见所闻，隐示例于一统，三世所为，促进世界大同者，尤与人群进化之例相吻合，而非今日国家社会之世运所能企及者也。但生逢贵族专制，其小康一派，不免有推重君权之处，然占全书部分十不二三，特后代帝王既各以己意附会而加之剿袭，传疏诸家，又各以小康眼光为之注笺，以致正谊潜亡，斯文中丧，孔子固不任其咎也。要其大同一派，独授颜曾，其精理名言，实为今日创建共和诸人之先导。夫于其学，既已身体而力行之，于其人自不应鄙夷而拒绝之。然必欲议废之者，其非有歉于孔子之为人与其学说也明矣。夫自暴秦焚书坑儒，致犯天下之怒，两汉以后，人主知人类难驯，非假公共心理所推崇者而推崇之，不足以范围众意，故每届代兴伊始，即无不特隆尊孔之仪。盖开国以后，政事既稍修明，而大乱之余，人心又皆思治，所以圜桥听政，天子抑尊史氏，既特加表扬，儒者即莫不称颂。夫固视孔子为羁轭，欲以牢笼天下，使跅驰之士不复有奔逸之虞也。然孔子学说，不为时囿，其大同之义，最不利于君权，乃思孟以还，已无授受，游夏传经，虽属小康一派，而楚人荀况，尚得为最老之师，其尊礼乐，法后王诸说，均为推重君权之奥旨。专制政体既以之存在而巩固，代兴之主即无不澜助而波推，盖其一面，故极虚文之特典，一面辄据学说之中坚，专摘其迁就君主之时谈，以为便宜专制之张本，使六经精义，不能出其范围。而一般中材之士，因以入其彀而不自觉，即间有高明颖达之彦，能发挥大同真理者，不指为名教罪人，即斥为不守臣节，彼党锢清流，东林复社，畴非真正孔子之徒，而言与时违，大都不免于屠戮。征之历代，莫不皆然。洎乎前清，尤为彰著。顺康之际，既迭兴文字之狱，复严禁黄王之书；乾嘉以还，庠序中必遵卧碑，说经者须宗御纂；光绪末叶，既大祀孔子，又酷治党人，何莫非为巩固一己势力之计，是历史之尊孔者非真崇奠之隆文，以扶翼圣道，不过操纵其学说，以实施专制耳。而积威之下，习非成是，学者亦遂以尊重君权，为孔子独创之要义，晏然安之。二千年来，无敢逾越。西人笑我国民具有奴隶性根者，实由此等政治专制，且谬附学说，以专制之所致也。故孔子之道，不以数经灾厄而不彰，实以历代尊崇而愈晦，抑知以政治权力尊孔子，反致桎梏孔学，以贻误我国民，固不若以自由学说待孔子，尚足以使国民思想得以自立而竞进耶。今日议废者，殆以是故.该呈乃谓欲破五千年道德藩篱，而宣言中又谓必至山川中终，华离解纽，未免故甚其词，而误会其意。夫一国主权，在君主时代，人人惟君主是赖，故无论何种学说，必凭藉威力，而后提创，乃易为功。民国之权，则在人民全体，自非任其自由阐发，不足以示天下之大公，若必直接由政府主持，匪惟蹈从前以君兼师之嫌，亦且并将来学术专制之渐，此共和国所宜预防者也。况历代君主，既可假孔子小康学派，以扩张其势力，而中华民国亦即可据孔子大同学派，以巩固我国基。政体已更，人心思奋，苟能乙意研求，孔子之道自不难彰明天下。半年以来，设立孔会者不下数起，大率以保存旧学，提倡国教为主，重其形式，适以遗其精神，要皆因废孔子之说而发生，亦竟思假政府之力为提创，于孔学无补，即使孔学于我民国无补，而于将来世界更无补，非尊孔之要旨也。该代表等深鉴于此，组织孔社，以阐扬孔学，融汇百家，讲求实用，巩固国基为宗旨，而精神则全注于编译学说，发行学报，设立学会三大端，尤得其要领，循是以往，必能继梨洲、船山、亭林诸人之绪，使曾颜独得之秘，至今日而大彰，本部实深嘉许。所订章程除第十九条圣教二字似欠斟酌，仍宜改用孔学外，余均妥协，应即照准。惟学说、学报、学会等项，均与教育相关，应一面呈由教育部查核，以清权限。至民国欲宗仰何种学说，现时尚未敢遽定，如果一般国民心理确尊孔学，将来或由政府采集理由，提交国会议决，或由各该会社自行请愿国会议决，著为会典，以示依归，方于民主国体不相悖谬。所请宣布命令，提创维持一节，似未便遽行照准。兹准前因，除由本部准予该社立案，并函覆国务院外，合行批示，仰即遵照。此批。

中华民国二年二月十七日

〔北洋政府内务部档案〕

9 杨士琦、谭人凤等组织昌明礼教社致内务部备案呈

（1912年4月29日）

中华民国昌明礼教社发起人杨士琦、谭人凤、吴简伦、毛蔚云、完志平、章祖壁为呈请事：窃维礼义廉耻，国之四维，四维不张，国乃灭亡，至哉言乎，诚吾国民今日之龟鉴也。吾国纲常名教，肇自轩辕，五宣圣诞生而礼乐大备。嬴秦一炬，斯文未丧者如一线之延。嗣后虽屡伏危机，幸司马迁、韩退之、朱晦庵、王阳明诸先辈竭力维持，故数千年神圣不可侵犯之礼教，至此日益昌明。自朱明失败，胡虏入主中原，而吾国衣冠文物，受专制之惨毒者二百余年。去岁，武汉一振，天下云从，时仅五旬，汉族遍树旷古今之奇局，标史册之光荣，缅想丰功，不能【不】崇拜我起义诸公及一般改革之士也。然而，国是初定之日，正人禽分界之时，美雨欧风，固贵群相栉沐，蛇神牛鬼，未免出乎范围。共和依法律而行，德育是文明之母，若假自由而不谈道德，藉平等以玩视服从，错认方针，桑中结约，妄生理想，叶上题诗，演革命于家庭，灭澌孝弟，诩改良社会，颠倒衣裳，炫异矜奇，弊端滋甚，寡廉鲜耻，程度何存，人道沦亡，犹是犬羊之族，丑声扬播，何殊禽兽之行。士琦等目击狂澜，心怀砥柱，以准古酌今之志，为防微杜渐之谋，爰集同志数人，发起昌明礼教社，以维持礼法，普及教育为宗旨。其进行手续，则先组织扶风日报，遍设宣讲所，作改良风【俗】之机关，次则设立各等学堂，编辑教科书，藉以养成纯粹之人格；再次，则创办各种实业，务使天下无无业之游民。士琦等不揣谫陋，除将发起原由宣布，同胞热心赞助外，为此具文呈请，并将暂订简章陈上，敬祈大总统鉴批，饬教育部立案，

以便克期开办，诚为公便。谨呈
内务部
中华民国元年四月二十九日

昌明礼教社临时简章

第一章　总　　纲

第一条　本社以维持礼法，改良风俗，普及教育，开通民智为宗旨，故定名曰昌明礼教社。

第二条　本社以民国同志中具有良好教育，扶持风化思想者合力组织之，准古酌今，必期完全人格之目的。

第三条　本社组织分政治、筹备、言论三团。

第二章　社　　纲

第四条　本社为达第二条目的，暂摺社纲如左（本社社纲俟总社成立开大会时发表，兹暂阙略）。

第三章　社　　员

第五条　凡愿入社者，不拘男女各界，必其人有纯正思想，符合本社宗旨者，当破除介绍陋习，均得为本社社员。

第六条　凡入社社员须纳徽章费一元，入社费量力资助。

第七条　社员应尽义务如左：

甲　本社一切进行手续，社员应协力维持赞助之；

乙　本社改良各事，社员应公同讨论之；

丙　举凡恶劣风俗，社员应随时合力纠正之；

丁　本社组织学堂，创办实业，以及报馆、编辑、宣讲等事，皆为本社急切进行，凡社员才力有能担任者，宜尽一份义务。

第八条　社员应享权利如左：

戊　社员有被选举为职员与选举职员之权利；

己　社员有调查本社出入帐款之权力，但必须有三分之二同意者；

庚　社员子弟入本社学堂或习实者，得享免缴学堂学费及习实费之利益；

辛　社员有无故被人欺侮者，本社分别轻重，当尽保护交涉之责任；

壬　社员有遇急难（如水火盗贼疾病死亡等事），本社查明情节，当尽扶持抚恤之责任。

第九条　本社社员行止有与本社宗旨相悖谬者，及损害本社名誉者，经调查确实，报告本社社长，交评议员评议后，轻则处罚，重则取消，一秉大公，决无情面。

第四章　职　　员

第十条　本社职员由社员互选任之，选任后各专厥职，以一年为任满期，期满续选。

第十一条　本社应设职员如左：

总社长一人　　副社长一人

政治团长一人　　文书员二人

交际员二人　　评议员二人

筹备团长二人　　调查员二人

收支员一人　　庶务员一人

言论团长一人　　编辑员无定额

招待员二人　　宣讲员无定额

第十二条　本社职员未经选举成立以前，暂由发起人公推临时干事数人，办理社务。总副社长暂时不设。

第十三条　本社总副社长俟选举任事后，得主裁本社一切事务，有指挥监督之权。

第十四条　本社各团员应受总副社长之指挥监督，分任社内一切事务。

第十五条　本社内重要事件及办事细则，以本社成立之日，经各团公同拟定，交总副社长裁决为实行期。

第五章　社　　费

第十六条　本社开办经费概由发起人担任。凡本社社员，每季应纳社费半文，作当年经费，再由总副社长通函大副总统、江宁留守、各省耆督，亦请酌量捐助，藉补不足。

第十七条　凡社员或非社员有热心慷慨特别捐助本社经费者，当分别数目多寡，赠给奖章，以示优异。

第十八条　本社出入帐目，收支员应立报销簿册，每月应报告总副社长一次，再由总副社长按月汇齐，分四季登报宣告，以昭大信。

第六章　进　　行

第十九条　本社进行手续，以组织扶风日报，编辑教科书籍，开办各等学堂，遍设宣讲所，俾国民养成纯粹之道德，俟经费充足时创办各种实业，务使天下无无业游民。

第七章　会　　期

第二十条　本社会期分三种：

一　经常会：每季开经常会一次，其会期由总副社长定之；

一　临时会：凡遇特别重大问题，经社员多数请求，由总副社长登报或传单召集；

一　职员会：每星期六下午一时全体职员开谈话会一次，筹商进行方法并增改等事。

第八章　附　　则

第二十一条　本社以奉准民国政府立案日为开办日，先设总社于上海，次设支社于各省埠。

第二十二条　本社简章有未尽善处，或由社员提议，或经中外硕学通儒指导，得随时删改之。

本社事务所暂设法界布庄街中华旅馆楼上。

〔北洋政府内务部档案〕

10　贺寿煦、殷炳继等组织孔道维持总会致内务部备案呈

（1912年10月）

孔道维持总会贺寿煦殷炳继等谨呈。为呈请事：窃维世道人心，为立国之根本，兴仁讲义，乃礼教之大纲。我国今已共和，谁不以民权平等为乐。虽然，不合群不行也，假使一般人民误认共和真相，岂不遗害良多。论语曰："泛爱众"，孟子曰"穷则独善其身，达则兼善天下。"由是观之，孔门实不专制，其所主持者孝弟之道而已寿煦炳继等正思之际，得阅内务部通告，载有大总统命令一道，系黄前留守所电陈者，言言刺骨，字字警心，捧读之余，手难释卷，则对于世道人心，大为补助，诚不禁为我国一庆也。寿煦炳继等末学庸夫，下愚俗子，既睹共和之盛世，又思孝弟之发明，诚有如命令所云：仁人之言，闻之感喟。于是爰集同志，组织孔道维持总会一所，以尊崇孔道，正人心，息邪说，导引入孝出弟为宗旨，绝不干预政治。并以首都为总会，各处皆可组织分会各等情。已于九月三十号上书大总统并会章均请交教育部立案。谨此呈报厅宪申部备案可也。谨呈内务部

中华民国元年十月　　日

孔道维持总会简章

第一章　纲　　领

第一条　以尊崇孔道，正人心，息邪说，导引入孝出弟为宗旨，定名曰孔道维持总会。

第二条　以爱众亲仁、巩固邦基为目的。

第三条　本会仅只维持道德，绝不干预政治。

第四条　本会以京都为总会，各地皆可设立分会。

第二章　会　　员

第五条　凡中华民国之男子，年满十六岁，具有孝弟思想者，

由本会会员一人介绍，皆可入会。

第六条　凡犯左列各项事故者，不得为本会会员：

甲　孝道有亏者；

乙　行止不端者；

丙　违犯国家法律者；

丁　已入别项宗教者。

第三章　职员及选任

第七条　本会选正会长一人，总持会务；副会长一人，协理会务。

第八条　本会设彝伦、序礼、忠信、笃敬四科，每科举干事员一人，掌理全科，事务员无定额。

第九条　彝伦科掌理交际，兼理调查。

第十条　序礼科掌理致祭，兼理文牍。

第十一条　忠信科掌理会计，兼理筹款。

第十二条　笃敬科掌理庶务，兼理收函。

第十三条　会长、副会长由全体公推，余皆由会长举任，均无期限。

第四章　会　　期

第十四条　凡左列各日期均为开会：

甲　大会每年二次，

乙　常会每月二次。

第五章　经　　费

第十五条　会员入会，不收会费，惟每人每月捐助铜元十枚。

第十六条　凡关于本会费用及先师孔子纪念日致祭之费，均由捐款支出，他项不得动用。

第六章　信　　约

第十七条　本会制图章一颗，方势，文曰孔道维持总会之章；

各科置章各一颗，长势，文曰某某科记，均篆文。

第十八条　会员各给证书一纸，徽章一具，出会缴销。

第十九条　本会不另设评议部，凡本会一切事项，均由全体评议表决。

第七章　戒　　条

第二十条　会员有干预政治、在外招摇者，即时出会。

第二十一条　大会日无故不到者出会。

第二十二条　常会日连次无故不到者认罚。

第二十三条　会员中有侮慢父母、缺敬兄长者，查出重罚。

第二十四条　办事不公者认罚。

第二十五条　破坏本会名誉者出会。

第二十六条　罚办时，有瞻徇情面者重罚。

第八章　附　　则

第二十七条　本会章程即日实行。

第二十八条　本会章程有不合处，大会日修正。

第二十九条　各地分会亦如此遵守。

第三十条　他人所立者与本会无干。

〔北洋政府内务部档案〕

11　沈维礼、沈士成等组织寰球尊孔总教会呈请备案的有关文件

（1913年9—10月）

（1）　沈维礼等致大总统呈（1913年9月）

为呈请立案事：窃念中国数千年来，奉为国教者孔子也。孔子道冠百王，功垂万世。其为教也，有如日月经天，江河行地，增之未见其高，抑之未形其损，犹之布帛菽粟，为人生日用之所必需，而不能须臾离者。其于周末教授之际，子思赞以祖述尧舜，宪章文武，上律天时，下袭水土。譬如天地之无不持载，无不覆帱，磅礴郁积，

亘古常新，此所以为圣之时者也。中庸又曰：修道之谓教，道也者，天下之公器，人人尽得而有之；教也者，天下之公学，人人尽得而习之。是鲁论木铎一语，天若使天下万世之人，尽得洙泗传经之奥，观圣经所载，自修身以至齐家，治国平天下，无不赅括其中。故读大学而知孔子之为大政治、大教育、大哲学三家之证据，确有所在。昔者赵韩王之经济守成，宜乎只此半部论语。今者由专制进立宪，由立宪进共和，国学之纯粹当媲美欧洲西儒。孟德斯鸠曰：专制之国尚威力，立宪之国尚名誉，共和之国尚道德。乃我国共和初建，仅有共和之形式，而无共和之精神，内治未修，外交多故，学风嚣张，军人横暴，政党争权，士农工商各失其业，盗贼土匪，无不横行。甚而至于阴历七月，演成二次革命。自赣省起事，延至苏省、皖省、鲁省、及南京上海等各处，无不尸横遍地，惨不堪言。其耗费人家生命财产，不知千千万万；耗费政府军需财政，亦不知千千万万，此皆由少年浮躁用事，不修国教之故。况若辈动称光复有功，诩诩然自鸣革命元勋，既无君臣之别，又无父子之呼，一国平权，一家平权，自由之极，颠倒错乱，酿成今日二次革命之怪剧。中国之危象尚堪设想乎？揆诸共和道德之初衷，大相悖谬，岂知礼国之成立，全在礼义廉耻，而礼义廉耻谓之四维，四维不张，国乃灭亡。睹此危境，同人等为之寒心。学者束发受书，忠恃孔教为依归。是以汉唐以降，下迄明清，国祚虽有转移，尊崇初无二致。自今九月三号，阅报知京师、广东及上海等处虽曾循列丁祭，而各省废祀之处仍不可胜计。值此危亡孔亟之秋，若再不提倡国教，修订祀典，建设总教堂于通商大埠之区，于星期日在堂宣讲圣经，以力挽颓风，为天下观，则深恐人心浮薄，习尚日非。二次之革命虽息，而死灰复燃，将来之巨祸，恐尤甚于斯。为虺勿摧，为蛇将若何？同人等有鉴于斯，由发起人垫捐，先购得上海宝山路华界三区计得民田二十一亩三厘，作为将来建造教堂用。现在办事处暂设在上海北浙江路华兴路二号大洋房，定名为环球尊孔总教会。即取孔子声名，洋溢乎，中国，施及蛮貊之意，使中外观瞻，以冀保存国教，促进全国之子弟学识为宗旨。业将章程一切详细条陈，呈报大总统钧鉴。并乞转咨内务教育两大部准予立案，并请转饬各都督出示转咨各省、各县，一体循例丁祭，保护教堂外，再于星期日由各教员率领学生至教堂宣讲圣经至论，而正人心，不胜迫切待命之至。谨呈

大总统

计拈摺一叩 序一图记式 简章二十五条〔均缺〕

寰球尊孔总教会发起人：沈维礼　沈士成　张耀轩　沈寿楠
王采臣　张伯俊　王雨山　李雅卿　王维新　金声振　张耀环
王吉臣　徐翔行　瑞兴祥　福顺德　马麟生　陈镇宣　梁立发
卢其伟　许其郎　吕法成　韩运元　刘捷发　徐可楠　李奇能
康德奎　姜　文　邱清池　李永昌　曾端郎　黄爱南　卢庚贵
邱银砥　乾元号　永和堂　郑锡光　许文双　陈元兴　寿　德
姚德恒　王梦贤　邢济惠　田明玉　颐　寿　曲江峰　王琴齐
吴芸生　焦兴魁　谢庆全　梁瑞廷　杨子容　王德模　王星垣
乐德庵　毕河清　王凤堂　宇培芝　刘王宾　张子吉　宗桐昌
徐存池　姚德和　黄克举　刘沛云　王振兴　张政轩　王鸿基
郑福顺　高连第　潘子余　王璀甫　叶伟星　苗维温　宋兰亭
韩国丰　高志梅　王桂林　益　寿　季安芝　曲寅卿　刘馥堂
孙发祥　董连堂　延　年　李莱芬　郑延纪　杨普臣　李树海
呢革公司金和号　邱进益　曾恭郎　罗天亮　温南星　广西银行
邱清泉　许明祥　朱麟瑞　潘惠溥　黎狱云　谭达泉　劳明心
何采廷　潘念孝　伍连忠　陈则山　程元亮　济丰典　贡　觉
姚蓉塘　王见兴　黄紫薇　张国龙　沙洲馆　刘碧峨　范连三
廖楚瑄　罗新登　黄四明　张东治　邱允端　杨竹秋　朱小石
徐　兴　梁可贞　仕　英　张权龙　李益三　张华龙　李　绰
邓益卿　陈峄山　汪天锡　陈茂仙　王灼卿　朱云谷　任瑞卿

翁振夫　程熙元　朱思范　宋叔刚　傅金馥　济生典　李长源
倪宝华　唐守明　丁筱帆　杨景圻　余庆当　郭星槎　极济堂
朱柳春　吴楫山　马庆云　葛静研　云龙花厂　裕通布厂　张相文
潘成记　翟矿如　陈华臣　史正润　三合成　朱　雍　马伦光
吴柳雪　崔　剑等壹百陆拾捌人公呈

中华民国二年九月　日

〔北洋政府内务部档案〕

(2)　内务部批(1913年10月)

内务部批第五百九十六号

原具呈人寰球尊孔总教会发起人沈维礼等

准国务院函交该发起人呈，并寰球尊孔总教会序言及简章、图记式各件均悉。该发起人以大成先师久为世界所同钦，现值民国肇造之始，正宜昌明孔教，振兴文化，因仿基督教章程，发起斯会。按之约法，自应照准。惟所订简章、间有不妥之处。如第十条会员担认〔任〕义务应有界限，第十五条有侵司法权限，第二十条只有提起诉讼之权，送官惩办，不合法理，第二十条非会章应有之件，第二十四条应列入出会一章内，第二十五条应云随时呈请内务部更正。苟非逐一修改，恐不免流弊滋生。至呈中所请循例丁祭一层，现时尚未解决，应暂行静候；所请星期日学堂讲圣经一节，应由教育部核办。兹准前因，除钞原呈函送教育部外，为此批示。仰将会章未妥各条，逐一修改后再行遵照公文程式，呈部核准可也。此批。会章发还。

中华民国二年十月　　日　　印

〔《政府公报》第518〕

(3)　教育部批(1913年10月20日)

教育部批第八八四号

原具呈人沈维礼等

准内务部函交沈维礼等呈报发起寰球尊孔总教会，请于星期日由各教员率领学生至教堂宣讲圣经一节，应由本部核办，并抄录原呈到部。查本部前颁教育宗旨，首先注重道德教育，于小学校及中学校首列修身一科，重在躬行实践，并注意于本国道德之特色，业经先后公布在案。孔子师表万世，立人伦之极则，方今笃学好古之士，讲求儒术，以力倡孔学为己任者蔚然兴起于各地。他日孔道益昌，可以预测。惟该会欲用外国宗教之仪式，令凡入学鼓箧之子，悉袭入堂礼拜之仪，则，即使确认孔子为宗教教主，而按照约法，人民信教应听自由，行政机关，无以命令指定使必从何教之例。所请转饬一节，未便准行。此批。

中华民国二年十月二十日

〔北洋政府内务部档案〕

12　张藩等在上海组织各省公民尊孔总部有关文件

（1920年1月）

（1）　江苏省长齐耀琳致内务部咨（1920年1月8日）

江苏省长公署咨第三十七号

江苏省长公署为咨复事：案准贵部咨开：据上海各省公民尊孔会总会长张藩、十七省支分部全体电称：安徽教育厅董嘉会、当涂县宁文祺擅敢价卖安庆、太平两文庙，迭接皖分部报告，群动公愤，请维持保存等情。到部。除擅卖文庙各节，现由本部咨行安徽省长查明办理外，查尊孔会设总部于上海，据称支分部已有十七省之多，该会究系何时成立，是否曾在贵公署呈准有案，相应咨请查明见复。等因。准此。查该尊孔会总部设于上海，本署未据呈报有案，该会究于何时成立，当经令行上海县知事查明具复去后。兹据该知事复称：遵经转令查复去后。兹据上海市经董陆文麓呈称：奉令遵即函致尊孔会查复。兹据函复：顷接十一月二十四日公函，以奉令调查敝会地点及成立时期。等因。到会。窃敝会于民国六年三月七日在上海开成立大会，所有各省军民长官电请定孔教为国教者，敝会均举为名誉会长，当时呈报各省，奉有多数复函在案。经办以来，各省响应，一切经费均由历任会长自行筹措，并不收取会费，更未在外捐募。当时事务所暂设法租界宝安里及英租界浙江路等处，均系临时租借，未曾觅得适宜地点．以致备案手续虽早经预备，迄未呈报。今已觅定西门外寿禅里房屋数间，作为敝会总部事务所，一切呈报手续，正拟修正呈报，适奉函询，用将会所地点、成立时期、来往呈报缘由，相应先行函复。所有章程谨各附呈，并抄附安徽督军。山东督军复函两件，统希鉴定，即予照转。至纫公谊。等情。并抄来函稿两件，章程十种，理合呈祈核转等情。据此，除指令外，理合据情连同抄函两件、章程十种、具文陈复，仰祈鉴核转咨施行等情。并抄函两件，章程十种到署。除指令外，相应检同原件，咨复贵部察核办理。此咨

内务总长

计咨送抄函两件、章程十种〔略〕

江苏省长　齐耀琳

中华民国九年一月八日

(2)　内务部致江苏省长咨(1920年1月27日)

为咨行事：准咨复查明上海尊孔会总部办理情形，并将该会章程抄函等件转送到部。查该会成立于民国六年，迄未呈报经部核准备案。兹因本部行查，始将会章多种呈转前来。此项会章，应即由部分别查核，在未经核准以前，该会总分各部，所发函电，不得再用此项名义，致淆观听，相应咨请查照行知地方官转饬遵照可也。

此咨

江苏省长

中华民国九年一月二十七日

(3) 各省公民尊孔会上海总部章程

一　组织　本会联合各省各县尊孔公民及国外尊孔侨民组织之。

一　宗旨　本会昌明孔道，设分部于各县，设支部于各国，推广会员，宣讲道德，使俗尚渐归于正，早达定国教之目的为宗旨。

一　界限　本会为尊孔机关，非政党性质，除尊孔外概不与闻。

一　入会　本会不分党派，凡真诚爱国崇仰孔道者，无论农工商学各界，经会员二人之介绍均可入会。

一　经费　本会经费由正、副会长筹集，对于会员不收入会费。

一　表记　本会制定五彩赛磁编号佩章发给各会员，以作会员表记，另有规条，印入证书。

一　证书　本会制定五彩地图纸编号证书发给各会员，以为入会证据，附有规条。

一　会所　本会设总部事务所于上海，由正、副会长主管之，会所地点由会长主持择定。

一　职员　本会设正、副会长各一人，评议部议长、副议长各一人，评议员若干人，悉由会员公举；另订评议章程，其各科办事职员，由会长委任，有随时撤换之权。

一　支部　本会于国外侨民驻在地设立尊孔会支部，另订支部章程。

一　分部　本会于各地设立尊孔会分部，另订分部章程。

一　分所　本会总部驻在地由总部委任代表，酌设分所；而各支分部驻在地亦得由支分部委任代表，酌设分所，另订分所章程。

一　编辑　本会俟各支分部成立过半数后，总部内即设编辑科：

(1)编辑各宣讲用书；

(2)编辑各小学修身用书；

(3)编辑各书，纯采用孔经，不参入他经。词贵简单，义贵显豁。编辑成书后即呈请内务、教育两部核准发行。

一　功勋　本会特制一种圣像大号佩章，赠送尊孔有功之人，作为纪念，亦编号数，亦用证书，概不收费。

一　会章　本会用木质四方式图记一方，支部式同，惟较总部略小；分部用长方式，分所同，惟较分部略小。

一　县代表　本会于距离总部较远各处，每县委任一组织尊孔会分部全权代表，由总部与以委任证书，并同时通知所属县署。

一　省代表　本会于每省酌举一、二人，由总部委任督催该省组织尊孔会分部全权代表，由总部与以委任证书，并同时禀知军民两署。

一　京代表　本会于必要时，公举全权代表一、二人驻京，或关于尊孔有所陈请等事，由总部与以委任书，同时呈报大部。

一　图记

(子)本会委任各县代表用木质长条图记(组织某省某县尊孔会分部全权代表)，俟分部成立即行取消。

(丑)　本会委任各省代表，用木质长条图记(督催某省各县组织尊孔会分部全权代表)，俟全省分部成立即行取消。

(寅)　本会委任驻京代表，用木质长条图记(尊孔会驻京总代表)俟公毕时取消。

一　附则

(甲)所有总部、支分部、分所各会员，应领证书佩章，均由总部给发，收回原资四角，另订规条。

(乙)本会章程呈准立案，倘无修改之必要，不得轻易删改。

（4） 各省公民尊孔会县分部简章

一 组织 本分部联合全县尊孔公民组织之。

一 宗旨 本分部商承总部酌设分所于各乡，昌明孔道，推广会员，宣讲道德，使俗尚渐归于正，早定国教之目的为宗旨。

一 界限 本分部为尊孔机关，非政党性质，除尊孔外概不与闻。

一 入会 本分部不分党派，凡真诚爱国、崇仰孔道者，无论农工商学各界，由会员二人之介绍，均可入会。

一 经费 本分部经费由正副会长筹集，对于会员不收入会费，未成立前由经办人设法担任之。

一 表记 本分部成立后，造职员履历册、会员名册、报县存案外，另造一分呈送总部注册，并请发给圣像佩章及入会证书。

一 会所 本分部设事务所于县城内，由正副会长主管之，其地点由主管者择定，未成立时由经办人主管。

一 职员 本分部设正、副会长各一人，评议员若干人，均由会员公举；未成立时由经办人主持会务，其各项办事职员，会长有随时委任撤换之权。

一 分所 本分部成立后，即实行推广主义，酌委代表于每乡，组织尊孔会分所，置所长一人，理事若干人，全县分所以二十为限，遵照总部编订规条。

一 宣讲 本分部俟各分所成立后，请总部颁发编定之孔经，由分部派员到各所按期宣讲。

一 功勋 本分部内人员尊孔有功者，呈报总部审查后核给有功章。

一 图章 本分部图章，由总部颁发式样，自行刊用。

一 附则 本分部章程由总部颁发，自行照刊，倘须修改之处，商请总部核改。

（5） 中华各省公民尊孔会华侨支部简章

一 组织 本支部□□□外国尊孔华侨组织之。

一 宗旨 本支部商承总部酌设分所于侨民驻在地，昌明孔道，拥护祖国，俾国教早定为宗旨。

一 界限 本支部为尊孔机关，非政党性质，除尊孔外概不与闻。

一 入会 本支部不分党派，凡真诚爱国，崇仰孔道者，无论农商工学各界，由会员二人之介绍，均可入会。

一 经费 本支部经费由正副会长筹集，对于会员不收入会费，未成立时由经办人设法担任之。

一 表记 本支部成立后将职员、会员名册造送祖国总部注册，并请发给圣像佩章及入会证书。

一 会所 本支部事务所由正副会长择定地方，未成立时由经办人主持。

一 职员 本支部设立正副会长各一人，理事若干人，评议员若干人，悉由会员公举。未成立时由经办人主持会务，其各项办事人员，会长有随时委任撤换之权。

一 宣讲 本支部俟各分所成立后，请总部颁发编定之孔经，派员到各分所按期宣讲，而每星期日在本事务所内宣讲一小时。

一 功勋 本支部内人员尊孔有功者，呈报总部审查后核给有功章。

一 分所 本支部成立后，即实行推广主义，凡华民侨聚之地，酌委代表组织尊孔分所，置所长一人，理事若干人。唯一支部以三十分所为限，并遵照总部编订规条。

一 图章 本支部图章由总部颁发，式样照刊。

一 附则 本支部章程由总部颁发自行照印，倘须修改之处商请总部核改。

支部图章式样〔略〕

〔北洋政府内务部档案〕

〔二〕 社会文化设施

（一） 社会文化机构设置及其章则

1 教育部关于设立通俗教育研究会呈并大总统批令

（1915年7月18日）

为拟设通俗教育研究会，缮具章程、预算，恳予拨款开办，仰祈钧鉴事：窃以国家之演进，胥恃人民智德之健全，而人民智德之健全，端赖教育之普及，而考求教育普及之方法，学校而外，尤藉有社会教育以补其所不逮。盖社会教育范围至广，效用至宏，举凡一国普通士庶之性情、道德、智能皆受熏育陶熔于此，而国家所以谋社会程度之增进，庶民智力之扩张，本固邦宁之上理者，亦即以此为之机括。故东西各国学校教育俱称隆盛，而对于此项教育尚复竭力进行。如日本文部省关于通俗教育一项，其设备费用每年达七万五千元以上，其余英德各国更臻发达。吾国学校教育既远不逮各国，而一般人民未尝学问，毫无训育者实居多数，其所需于通俗教育者自视他国为尤急。又，值此国基甫定，民习未纯之时，使非于此项教育积极提倡，不徒人民之德慧不开，社会将日趋于下，而蚩蚩者氓乏适宜之训化，尤惧无以定志气而正趋向，其于国家前途关系甚巨。故通俗教育实为现今刻不容缓之图。化龙自莅事以来，对于此项教育，经营筹画，知非设会研究，详考利弊，讲求方法，无以推行尽利。前经督率员司拟定通俗教育研究会章程十八条，注意改良小说、戏曲、讲演各项普通人民切近事项，现拟选集会员，定期开会，实力研究，亟谋一切调查，整理妥善办法，以挽颓俗，而正人心，似于社会教育前途大有裨益。综计该会开办费需一千元，经常月需千二百元，合将拟具会章及预算表，缮呈鉴核备案。如蒙俞允，并恳饬下财政部在特别教育经费项下如数拨给开办经常各费，俾策进行，实为公便。是否有当，理合具呈，谨乞大总统钧鉴。谨呈。

批令：准如所拟办理，所需开办经常各费，交财政部查照筹拨，表并章程存。此批。

中华民国四年七月十八日

国务卿　徐世昌

通俗教育研究会章程

第一章　总　　则

第一条　本会以研究通俗教育事项，改良社会，普及教育为宗旨。

第二条　本会由教育部设立，受教育总长之监督。

第二章　职　　务

第三条　本会研究事项分左之三股：

一　小说

二　戏曲

三　讲演

第四条　小说股所掌事项如左：

一　关于小说之调查事项；

二　关于小说之编辑改良事项；

三　关于小说之审核事项；

四　关于研究小说书籍之撰译事项。

第五条　戏曲股所掌事项如左：

一　关于新旧戏曲之调查及排演之改良事项；

二　关于市售词曲唱本之调查及搜集事项；

三　关于戏曲及评书等之审核事项；

四　关于研究戏曲书籍之撰译事项；

五　关于活动影片、幻灯影片、留声机片之审核事项。

第六条　讲演股所掌事项如左：

一　关于讲演材料之搜集及审核事项；

二　关于讲稿之选择及编辑事项；

三　关于讲演视察事项；

四　关于画报、白话报、俚俗图画之调查及审核事项；

五　其他不属于各股之事项。

第三章　会　　员

第七条　本会会员以左列二项人员组织之：

(甲)指派人员

一　教育部职员若干人，由教育部总长指派；

二　学务局职员三人，由学务局呈请教育总长指派；

三　京师警察厅职员三人，由教育部函商警察总监选派。

(乙)延聘人员

一　京师大学校教职员若干人；

二　京师教育会及各学术会会员若干人；

三　其他对于社会研究事项有专长者若干人。

第四章　职　　员

第八条　本会设会长、副会长各一人，综理本会事务。

第九条　本会设干事若干人，承会长之指挥，分任各股调查、编译、审核、视察事宜，及本会文牍、庶务、会计事宜。

第十条　本会各股设主任一人，承会长之指挥，办理各该股内事务，仍兼干事职务。

第十一条　会长、副会长及各股主任由教育总长指定；干事由会长于会员中推选，呈请教育总长核定。

第十二条　本会得雇用书记，掌文件之缮写、保存、收发等事项。

第五章 会 议

第十三条 本会会议分二种：

一 定期会议

二 临时会议

第十四条 定期会议每股每月至少一次，临时会议遇有特别事故时由会长召集之。

第六章 经费

第十五条 本会经费由教育部支给之。

第十六条 本会会员为名誉职。

第十七条 本会职员均不支薪，但延聘员担任编译者得给相当酬报。

第十八条 本章程如有未尽事宜，或应行增改之处，由本会随时修正，呈请教育总长核定。

〔北洋政府教育部档案〕

2 教育部拟定社会教育各项规程呈并大总统批令

（1915年10月23日）

为拟订社会教育各项规程缮单呈核仰祈钧鉴事：窃维国基甫定，民智待开，学校教育尚未普及，非实施社会教育无以谋启瀹而资兴感。是项教育，范围极广，设备不易，兼筹并进，揆之目前财政情形，实多未逮。然其中最切要者，如图书馆，为表彰文化，发扬国光，广求知识，振兴学艺所必须；通俗图书馆为灌输常识，启迪国民之关键；通俗教育讲演为广施劝教，指导社会之要务，均难视为缓图。故本部近年以来，对于以上各项事件，竭力规画，时加督促。现在京外各处逐渐推行，稍有端绪。惟各项规程迄未颁布，遵守无由，已设立者办法多歧，未设立者苦无准的，事前既未立同趋之鹄，事后自难收统一之功。窃恐流弊或进行有碍，殊无以副改良社会、普及教育之本旨。本部有鉴于此，特分别缓急，先拟订图书馆规程十一条，通俗图书馆规程十一条，通俗教育讲演所规程十六条，通俗教育讲演规程九条，缮具清单，呈候钧核。一俟核定，即由本部通行遵照办理，以期划一，而促进行。所有拟定社会教育各项规程缘由，理合缮单具呈。乞大总统钧鉴，训示施行。谨呈。批令：准如所拟办理，即由该部通行遵照。此批。

附件四件

中华民国四年十月二十三日

国务卿　徐世昌

(1)　图书馆规程

第一条　各省、各特别区域应设图书馆，储集各种图书，供公众之阅览。各县得视地方情形设置之。

第二条　公立、私立各学校、公共团体或私人，依本规程所规定，得设立图书馆。

第三条　各省、各特别区域及各县所设立之图书馆，称公立图书馆。公共团体及公私学校所设者，称某团体、某学校附设图书馆；私人所设者，称私立图书馆。

第四条　公立图书馆应于设置时开具左列事项，由主管长官咨报教育部：

一、名称；　二、位置；　三、经费；　四、书籍卷数；　五、建筑图式；　六、章程规则；七、开馆日期。

私立图书馆应照前列各款，禀请地方长官核明立案。附设之图书馆，由主管之团体、学校照前项具报于主管长官。

关于图书馆之废撤及第一项各款之变更时，应照本条之规定分别具报。

第五条　图书馆得设馆长一人，馆员若干人。

图书馆馆长及馆员，均于任用时开具履历及任职日期，具报于主管公署，并转报教育部。

第六条　公立图书馆馆长及其他馆员，关于任职、服务俸给等项，准各公署所属教育职员之规定。

第七条　图书馆馆员每届年终，应将办理情形报告于主管公署，列入地方学事年报。

附设之图书馆报告主管之团体、学校转报于主管公署。

第八条　公立图书馆之经费，应于会计年度开始之前，由主管公署列入预算，具报于教育部。

公立学校附设图书馆之经费，列入主管学校预算之内。

第九条　图书馆得酌收阅览费。

第十条　私人以赀财设立或捐助图书馆者，由地方长官依照捐资兴学褒奖条例，咨陈教育部核明给奖。

第十一条　本规程自公布日施行。

（2）　通俗图书馆规程

第一条　各省治、县治应设通俗图书馆，储集各种通俗用书，供公众之阅览。

各自治区得视地方情形设置之。

私人或公共团体、公私学校及工场，得设立通俗图书馆。

第二条　通俗图书馆之名称，适用图书馆第三条之规定。

各自治区设立之通俗图书馆，称为某自治区公立通俗图书馆。

第三条　通俗图书馆之设立及变更或废撤时，依图书馆第四条之规定，分别具报。

第四条　通俗图书馆得设主任一人，馆员若干人。通俗图书馆主任员应照图书馆第五条之规定，分别具报。

第五条　公立通俗图书馆主任员之任职、服务俸给等事项，准各公署委任椽属之规定。

第六条　公立通俗图书馆之经费预算，适用图书馆第八条之规定。

公立学校、工场附设通俗图书馆之经费，列入主管学校、工场预算之内。

第七条　通俗图书馆不征收阅览费。

第八条　通俗图书馆主任员应于每届年终，将办理情形依照图书馆第七条之规定，分别具报。

第九条　通俗图书馆得附设于公众体育场。

第十条　私人以赀财设立或捐助通俗图书馆者，由地方长官依照捐资兴学褒奖条例，咨陈教育部核明给奖。

第十一条　本规程自公布日施行。

（3）　通俗教育讲演所规程

第一条　通俗教育讲演所依本规程设置之。

第二条　通俗教育讲演所在各省会地方须设置四所以上，在县治及繁盛市镇须设置二所以上，在乡村各地方由地方长官酌量推行。

第三条　通俗教育讲演所私人或私法人均得设立，但须禀请地方长官核准，并报该地方最高级行政长官备案。

第四条　通俗教育讲演所无论公私设立，于成立一月后应由地方长官详请该管最高级行政长官咨陈教育部查核。

第五条　凡通俗教育讲演机关，应一律称为通俗教育讲演所，并标明公立或私立字样。

第六条　通俗教育讲演所设职员如左：

一、所长一人；

二、讲演员若干人；

三、办事员一人或二人。

第七条　所长综理全所事务、讲演员、办事员承所长之指挥，分任讲演及各项庶务。

第八条　所长除综理所务外，仍担任讲演，但系名誉职务者不在此限，办事员亦得兼任讲演。

第九条　所长及讲演员须在二十五岁以上，具有左列资格之一者：

一、讲演传习所或通俗教育研究所毕业者；

二、曾任讲演一年以上，著有成绩者；

三、曾任小学校以上之教员，或简易师范毕业者；

四、教育会劝学所各职员；

五、地方绅董，夙有学望者。

第十条　所长、讲演员由地方长官委充，详请该管最高行政长官汇报教育部备案。

第十一条　私立之讲演所，其所长、讲演员经地方长官核准后，仍须详请该管最高级行政长官汇报教育部备案。

第十二条　所长、讲演员薪金数由地方长官酌定之。

第十三条　所长、讲演员如有奉职不力者，得由地方长官撤换之。

第十四条　私立之讲演所，如有不遵通俗教育讲演规程办理者，得由地方长官停止或解散之。

第十五条　本规程之规定，巡回讲演所得适用之。

第十六条　本规程自公布日施行。

（4）　通俗教育讲演规则

第一条　通俗教育讲演，以启导国民，改良社会为宗旨。

第二条　通俗教育分普通、特别二种，不得涉及通俗教育以外之事项。

第三条　普通讲演要项如左：

一、鼓励爱国，二、增进道德，三、劝勉守法，四、灌输常识，五、启发美感，六、提倡实业，七、注重体育，八、劝导卫生。

第四条　特别讲演要项如下：

一、关于临时事变者，如国内国际之天灾事变等；

二、关于特别地点者，如工场、监狱、看守所、惠济所、感化院等。

第五条　讲演员有不遵前各条之规定而藉端讲演者，得由该管官厅禁止或处分之。

第六条　讲演稿本应由各讲员按照第三、第四条要项分别拟编，禀由该管长官详送最高级行政官厅选印成册，随时汇送教育部审核。

第七条　通俗讲演得酌量情形置左列各种辅助品：

一、理化试验之仪器标本；

二、幻灯及活动影片；

三、各种教育图书；

四、风琴、留声机、军乐等。

第八条　本规则之规定，巡回讲演得适用之。

第九条　本规则自公布日施行。

〔北洋政府教育部档案〕

3　通俗教育会概况

（1917年4月）

通俗教育研究会附设于教育部内，会长由教育部次长兼任，并设经理干事，交涉干事，庶务干事。各股干事均由会长推定，呈部核准，各股主任及会员均由部指派。其应由各机关选派者，则由各机关呈部认定。其名誉会员，则由部随时函约到会。历年编译书籍凡三十余种。此外，小说股审核之小说及评语，戏曲股编辑之各种新旧剧，讲演股审定之通俗教育讲演参考用书，均随时列表公布。议决事件计属小说股者十一件，属于戏曲股者八件，属于讲演股者十一件。六年附设石印室，凡会内一切出版物均可自行印刷。

各省通俗教育会，近年成立报部者颇多，兹参以调查，列表如左：

各省通俗教育会一览表

地别	处数	会员数	备考
京兆	一		
直隶	三	三九八	公立二处、私立一处
奉天	一六	三五六	公立三处、余皆私立
吉林	三	九〇	皆系私立
黑龙江	二	一五八	皆系私立
山东	二〇	一五七一	公立八处、余皆私立
河南	三〇	一九五六	公立四处、余皆私立
山西	八	一五五	公立三处、余皆私立
江苏	一二	一〇一二	皆系私立
安徽	二	三〇	皆系私立
江西	一八	九二三	皆系私立
福建	六	四三三	皆系私立
浙江	九	三七三	皆系私立
湖北	一九	一四四一	公立三处、余皆私立
湖南	四	二三〇	公立一处、私立三处
陕西	一二	二九九	公立三处、余皆私立
甘肃	九	一六六	公立一处、余皆私立
新疆	二	五八	皆系私立
四川	二四	一〇二二	公立四处、余皆私立

续表

地别	处数	会员数	备考
广东	四	五一〇	皆系私立
广西	二	五〇	皆系私立
云南	二四	一五一四	公立一〇处、余皆私立
贵州	二	二八三	皆系私立

〔北洋政府国务院档案〕

4 教育部通俗教育研究会主任、委员名单

(1915年8月3日)

教育部饬第二五九号

为饬知事:现在通俗教育研究会章程业经呈准公布,亟应遴派会员开会研究,以策进行。除会长综理本会事务应由本部次长兼任外,兹特依照会章第七条第一项,指定本部职员毕惠康、邓文瑗、刘文炳、陈任中、高步瀛、吴震春、王家驹、洪逵、周树人、徐协贞、黄中垲、沈彭年、冯承钧、张继煦、许丹、杨天骥、李廷英、许寿厚、王丕谟、胡家凤、吴文洁、孙百璋、常国宪、赵梦云、郭延谟、李基鸿、李实荣、宋迈、张绂为本会会员。为此通饬,仰即遵照。此饬。

教育总长　汤化龙

中华民国四年八月三日

〔北洋政府教育部档案〕

（二）图书馆、阅书报处、讲演所的设立及有关令文

1 京师及各省图书馆一览表

（1916年4月）

（1）京师图书馆及其分馆

①京师图书馆

地别	位置	书籍	阅览人数	成立年月	章程	经费
北京	本馆筹备处在安定门内，方家胡同迤东。	所藏图书分两部：一为善本书，凡旧刊旧钞之经史子集各部书籍暨敦煌石室之唐人写经，部拨之文津阁四库全书皆属之；一为阅览书，凡寻常刊本之经史子集各部书籍暨地图书帖之类皆属之。	自民国四年六月以来，尚在筹备期间，未经开馆售券。	民国元年开办。	开办时原定有阅览章程。至四年元月复设筹备处。始定暂行办事规则十四条，内分目录、庋藏、庶务三课。	民国五年度部定直辖各机关预算分表，京师图书馆年一万六千元，酌加数一万六千一百五十元。

②京师图书馆分馆

地别	位置	书籍	阅览人数	成立年月	章程	经费
北京	原在宣武门外永光寺街一号，嗣移宣武门外西茶食胡同东头香炉营四条西口。	除图书馆及部藏图书室拨付外，民国四年后添购译本书籍二百三十余种，释藏全部三百余册，新闻杂志六十余种。统计经史子集各部书籍六万九千五百七十余卷，译本书一千三百三十余册，释藏七千零六十八卷，书画图象等约二百余种。	民国三年开馆二百七十一日，阅览人数一千三百五十五人，平均每日五人强；民国四年开馆二百九十二日，阅览人数三千四百四十三人，平均每日十二人弱。	民国三年开办。	开办时定有暂行办事规则，阅览规则，四年后复加修正，添设新闻杂志阅览室，并定有新闻杂志阅览规则。	每月由图书馆筹备处拨付三百八十元。

(2) 各省图书馆一览表一九一六年教育部调查

地别	位置	书籍	阅览人数	成立年月	经费
直隶	初在河北大经路劝业会场以东，现迁商品陈列所西附近大楼	善本书五百余部，常本书三千余部，东文书籍一千七百余种，西文书籍四百五十余种，其他教科各种四百余种，统计二万卷有奇	全年计八千五百六十余人	清光绪三三年（一九〇七年）十一月	定额每月八十五元
又保定	公园内东首大楼	善本书五千余种，常本书二千九百余种，东文书二百余种，西文书十余种	全年计一千一百余人	清宣统元年（一九〇九年）十月	
奉天	前学务公所内	计一万二千一百零二部、五万五千零七十七册，内本国文书籍居十分之七，日本文书籍居十分之二，英文书籍居十分之一，其为各省所无者，则有本省各县乡土志之钞本，此外有图画一百四十三组		民国二年（一九一三年）八月	
又新民县	附设前劝学所内，就文昌宫旧地址改建	约三百种，内有善本三十五种	每月平均人数约九十人	清宣统间	
吉林	省垣东北初等小学两所余屋			清宣统元年（一九〇九年）五月	
黑龙江	省城城西江沿	计八百三十余部一万九千二百六十余册。中有善本书四十余种，外国书四十余种，外国图数十幅	每年最多时期约月六百人	清宣统元年（一九〇九年）八月	现拨归通志局

续表

地别	位置	书籍	阅览人数	成立年月	经费
山东	大明湖侧	八万二千九百一十六卷，无卷数者八十三种，其中善本书四十种，常本书一千三百九十种，新译书一百八十种，外国文书二十二种	每月平均约二千余人	清宣统元年（一九〇九年）十二月	
河南	初在前学务公所附近藩经厅旧署，现迁西大街路南二曾祠内	《古今图书集成》一万卷，经史子集四百余部，译著新书百余部，外国文书数种	每年计一千二百人	清宣统元年（一九〇九年）	每月三百元
江苏	南京城龙蟠里惜阴书院旧址	分经、史、子、集、丛书志五部		清光绪间	
又吴县	城内可园	四部略备，又上海制造局旧译各书		民国三年（一九一四年）九月	
又无锡	城内旧祖师殿侧	计四千三百余种，一万六千余册			
安徽	小南门文昌宫旧址	凡二千余种		民国元年（一九一二年）	
福建	城内东街省教育会内	善本一百四十二部，共四千九百一十三卷。常本一千零九部，共四万一千零二十七卷。又善本不全者九部，共一千五百二十四卷。常本不全者九十部，共六千三百三十五卷。新译书三百六十二部，共八百八十七本。又图八种，七十二幅，不全者二部，共七册	每年约一万二千人	清宣统三年（一九一一年）二月	

续表

地别	位置	书籍	阅览人数	成立年月	经费
浙江	西湖圣因寺文澜阁旁	藏文澜《四库全书》及各种书籍		清宣统二年（一九一〇年）七月	
湖北		经部五百零七种、三万二千五百三十四卷，史部七百一十三种、二万二千七百三十九卷，子部六百三十五种、二万一千三百四十三卷，集部六百二十一种、一万五千六百五十卷，科学书三百一十二种，外善本书五种	每月约九百人	民国元年（一九一二年）十月	
湖南	浏阳门黄花园，借定王台房屋	分经学、哲学、教育学、历史、舆地、算学、法律、政治、军事、理科、实业、医学、艺文、说部、美术、汇书、丛书十七部		清光绪三十一年（一九〇五年）	每月经费二百三十三元
陕西	北门内梁府街	一千二百五十余种、七万零八百余卷	每年约五百人	清宣统元年（一九〇九年）八月	
四川		四千五百六十余种、九万四千一百六十余卷，又丛书六十六部		民国三年（一九一四年）	
广东	前广雅书局旧址	善本书四百三十二部，常本书二千零三十六部，新译书五百九十七部，又从日本购置释藏全部	每月平均约三百人	民国元年（一九一二年）七月	

续表

地别	位置	书籍	阅览人数	成立年月	经费
广西	桂林王城内	善本书五百八十余种，常本书五千七百六十余种，新译书二百五十余种，外国书三百四十余种	每月约一千八百余人	清宣统二年（一九一〇年）	
云南	旧粮道街	善本书一千六十余部，常本书六千四百余部，新译书二万九千八百九十余部，外国书一百三十余部	每月约三千数百人	宣统元年（一九〇九年）十月	
贵州	公园内紫泉馆	旧书九百余部，译书八百三十余部，外国书一五十余部	每月约三百人	民国二年（一九一三年）四月	每月约五百元
热河		凡三百七十九部，图十一种		民国二年（一九一三年）	

注：上表以民国二年教育部视学报告及三年十月教育部咨查各省图书馆情形，经该省咨复为根据。其原缺者略之。又山西、甘肃、新疆、绥远、察哈尔五处均报称图书馆尚未成立。其江西一省，经教育部迭次咨查，迄未接该省咨报，故不列。

〔《政府公报》第446号〕

2 全国图书馆调查表

（1918年3月）

今之谈教育者，莫不曰广设学校。然竭全国之能力，谋国民教育之效果，恐于毕业学校数年后，学业既限于止境，甚或消灭无存。故不得不于学校教育外，急筹补偏救弊之法，此诚教育家极重大之问题也。学校外之教育机关甚多，其性质属于根本的，其效果属于永远的，莫如图书馆。欧美图书馆筹画之精密，设立之普遍，使全国人民之学问技能无一不受成于图书馆。故有市民大学之徽号焉。中国古代藏书，属于公家者，石渠金匮，视若鸿宝，人民无由窥其美富。在私家搜罗诸子百家，侈谈宏富，亦祗供一二学者研究高深之学理，而于普通人民无与也。盖吾国士夫多持曹仓邺架之谬见，尚未明瞭图书馆之性质，不在培养一二学者，而在教育千万国民，不在考求精深学理，而在普及国民教育。此中国图书馆不能发达之一远因也。迩年，图书事业渐有萌芽，各省亦多有设立者。惜国家无一种法令之规定，各馆皆人自为法，漫无标准，殊于图书事业前途诸多滞碍。不佞曾列图书馆调查表，函请各省馆长，依表填复。其宗旨一以调查各省之办法，列为总表，俾阅者取长弃短，以为改良之借鉴，一以全国图书馆逐年调查表互相比较，以觇将来之陈绩。且更欲藉调查表，与各省馆长为声气之应求，互相联络，遇有改良办法，随时函告，或择适中地点，公同开会，商筹统一之法。或商办图书教育研究所，培植图书人才，以备异日之应用。此图书调查表，关系重要，所以急欲举办也。现各省按表填复者，已收到三十三处。特照原表，先行排印，分寄各馆，先睹为快。其有未及答复者，容续补刊，阅者谅之。①

①此件选自馆藏《教育公报》第五年，原著者沈绍期。

省别	图书馆类别	藏书卷数	每季阅书人数	书籍能否借出	馆长姓名	图书目录如何编定	图书装订应否改良	图书证券是否取资	每年经费若干
北京	京师普通图书馆	汉文十二万七千 日文六百 西文四百	约六百人	由教育部介绍可以借出	夏曾佑	依四库全书体例，附新书目录	尚未研究及此	阅杂志报章收铜元一枚，普通书券二枚以上，学生减半，四库书券五枚，善本书券十枚，另有优待券免费	一万五千元
北京	高等师范学校图书馆	汉文七千二百三十六 日文三千〇九十四 西文二千九十〇二	约五千四百人	除各部教员研究室参考及教务主任指定学生用书外，概不借出	刘宝廉	仿日本东京帝国图书馆之制制，为目录函，依德维氏十分分类法调制书牌，储之函内，俾便检阅		不取资	本馆设于校内经费并未划分
北京	通俗图书馆	汉文书籍约二千一百余册 英文书籍二十三册	每季三千九百五十余人	书籍可以借出	教育科长刘骏兼任	分经学、历史、传记、地理、教育、政法、军事、实业、算术、经济、理科、宗教、医药、小说、杂志、文牍、讲演、词曲、新旧剧、图画、体育、报告、杂书等类	中国书籍仍以原装为适宜	阅书证券不取资	每年九百六十元

续表

省别	图书馆类别	藏书卷数	每季阅出人数	书籍能否借出	馆长姓名	图书目录如何编定	图书装订应否改良	图书证券是否取资	每年经费若干
天津	通俗图书馆	汉文一万二千九百七十四种 日文一千六百九十八种 西文四百五十七种	每月一千五百人	普通书籍可借	无专员，由省公署教育科主任兼充	汉文以经史子集四大纲再分条目，而日文又以科分编	中国书籍仍以原装似属适宜	每证券收铜元二枚	每年一千九百八十元，连通俗图书馆经费在内
天津	南开学校图书馆	中文二千本 英文二千五百本	一千四百人						
天津	北洋大学图书馆	汉文二万本 英文一万六千四百六十本	四百人	以师生为限	爱温斯	按美国国立图书馆编法	应改良	并不取费	每年除购书外一千八百元
山东	普通图书馆	汉文十万三千四百七十二卷 日文六百二十六册 西文四百三十二册	一千六百余人	本馆章程书籍向不外借，即本馆员司阅书亦须赴阅书室	庄陔兰、字心如，山东莒县人	分经、史、子、集、丛书、科学六部。每书分总目，又分细目	中国书籍仍用旧式装订	每人收游览卷资铜元三枚，阅书室不另取资，各学校均送有免费阅书券	四千五百一十二元
山东	济南齐鲁大学校图书馆	汉文八千 西文五千	三千人	除字典辞典外，一概出借	德位恩	初创，未定，而中文以经、史、子、集，西文以十进分类	本馆书籍大半改装	不取资	无定数

省别	图书馆类别	藏书卷数	每季阅出人数	书籍能否借出	馆长姓名	图书目录如何编定	图书装订应否改良	图书证券是否取资	每年经费若干
河南	普通图书馆	汉文一千七百六十二部 日、西文共十余种	约四百人	只能来馆阅看，不准借出	武玉润号德卿	分经、史、子、集、丛书、时务六门		每卷一张准阅书一种。取铜元一枚	共领三千六百元
江苏	高等师范学校图书馆	汉文七千八百本 日文一百本 西文一千三百本	四千人	除参考书外可以借出	笪耀先	现照四库分法，拟改杜威十类法		不取资	未定
江苏	扬州普通图书馆	中文一万一千六百九十三本	四百五十人						
江苏	无锡县县立普通图书馆	汉文三万七千零八十本 日文一千四百四十本 西文四百四十四本	一千零三十四人	设备未周，尚难出借	经董侯鸿鉴字保三主任刘书勋	储藏处分编字号，永远固定，检查目录，视各书之性质区别部类，另有书目印行	经费有限，尚未改良，常雇工匠驻馆修理	普通券每人铜元二枚，特别券每人四枚，妇女券每人二枚，儿童券一枚	民国六年经费一千四百八十八元，临时费七百六十三元
江苏	无锡天上市晋通图书馆	汉文一万二千六百三十六 日文三百三十八 西文三十八	五百九十四人	书籍不能借出	胡壹修	分经、史、子、集、丛书、文学、理学、法学、医学、教育、实业、丛书、日文	宜分甲乙丙丁戊五种。大小一律，以外无有异式，藏书方面乃能整齐美观	图书证券不取资	每年二百六十四元

续表

省别	图书馆类别	藏书卷数	每季阅书人数	书籍能否借出	馆长姓名	图书目录如何编定	图书装订应否改良	图书证券是否取资	每年经费若干
江苏	松江通俗图书馆	汉文约五万本 日文约一百本 西文约一百本	每年七千八百六十一人 每月平均二百六十五人	不借出	雷瑊号君彦	分新旧两部，旧籍依经、史、子、集、丛书编次，新籍依各学科编次		不取资	本年度一千五百元
江苏	上海圣约翰学校图书馆	汉文一千五百八十一 西文一万零一百八十三	七千四百七十七人	能借出	徐燮元	杜威十类法		不取资	二千元
江苏	金陵大学校图书馆	汉文二千零一十六 西文三千一百四十一	一万七千九百零六人	书能借出，每次不得过三册	克乃文、洪有丰	西文以美国杜威十类法，汉文仿四库全书目录法	应改良	不取资	附属学校内，并未规定常年经费
江苏	南通学校图书馆	汉文十三万卷 日文一百零八册 西文二百九十册	一百人左右	非馆员许可，不借得出	张謇（名誉馆长）元沙炳	分经、史、子、集、丛书五大部		每券铜元二枚	南通张謇以私资开办建筑费一万三千元，常年费二千元

续表

省别	图书馆类别	藏书卷数	每季阅书人数	书籍能否借出	馆长姓名	图书目录如何编定	图书装订应否改良	图书证券是否取资	每年经费若干
浙江	普通图书馆	汉文三万七千二百一十八 日文八百五十二 西文六百七十三	上年每季一千六百零三人本年九月份止，每季二千一百零六人	能借出但有保证金及其他种种条件	龚宝铨	原编目录照四库分类，新书即附其中。然新书杂类殊嫌不便，明年续编书目，拟旧书仍依库目，新书别为一编。浙江藏书楼、商务印书馆涵分楼皆如是。但新旧亦无截然有限，兹一事实无普法，非于四部内别增门类不能合新旧为一炉，此非精于目录亦未易别增门类也		不取分文	连附设印行所（即前浙江书局）经费，共一万零七百九十九元
安徽	省立普通图书馆	中文三万三千二百八十一本 日文二百七十六本 西文二百五十八本	九十人						
福建	公立图书馆	汉文二千五百五十种 共五十万零二百三十八卷 二万六千四百八十本	五千余人	不能借出	黄葆钺	分经、史、子、集编定	仍旧	不取资	二千一百元

续表

省别	图书馆类别	藏书卷数	每季阅书人数	书籍能否借出	馆长姓名	图书目录如何编定	图书装订应否改良	图书证券是否取资	每年经费若干
湖北	武昌文华大学公书林（即普通图书馆）	汉文一千零一十二种 共一万一千七百七十一本 西文六千七百零四本	七千二百三百八人	本校师生及前肄业生或有特别介绍，均可借出。现有五省公共机关分设巡回文库二十二处	总理韦华棣 协理沈祖荣	中西图书均用杜威书目十类法，现正赶办目录册及目录片	中书大半改作西式装订，以便陈列，且省检阅	每日纵人阅览，不用券，不取资	每年三千五百元购书及装订书费在内
湖北	普通图书馆	汉文十三万九千三百六十九册 日文五百一十一册 西文二百零三册	约计一千四百至一千五百人	能借，本馆立有专章	杨寿昌	分经、史、子、集、丛书五大纲	仍用原装为宜	每券取铜元一枚	一千四百六十四元
湖北	武昌高等师范学校图书馆	汉文一万九千六百八十 日文四千三百五十五 西文五百三十二	约一千六百人左右	除本馆及附属中小学职教员外，概不借出	由校长委员经理，尚无馆长之设	中国图书依四库目录及书目问答编定，新书依科学分类编定		不取费	无定额
湖北	武昌博文书院阅览室	汉文一千六百七十八 西文二千二百五十七	一千三百人	能借出	贾溥萌	西书目录片用杜威十类法，书架除刻号数与目录片同，中书分四十五类，以百家姓四十五家代之	应宜改良中国书籍装订之法如西文，然以布壳装订以免损坏书籍。若一部书有漏册，则两册订成一册	不取费	百元

续表

省别	图书馆类别	藏书卷数	每季阅书人数	书籍能否借出	馆长姓名	图书目录如何编定	图书装订应否改良	图书证券是否取资	每年经费若干
江西	九江南伟烈大学图书馆	汉文二千一百本 日文三百本 西文一千四百本	三千六百人	可借出	蔡天祜	照科分类		不取资	三百六十元
湖南	全省公立普通图书馆	现在编印书目，俟印出方能区别	每月阅书报共约一千五百——千六百人	不能借出	刘善渥	中书照四库四部编定。西书照科学门类编定	中国书除蝴蝶装外，以普通线装为最宜，万无可改之理	每券取铜元一枚	一万四千八百六十六元
湖南	长沙雅理大学校藏书室	汉文五百本 西文一千二百五十本	二百人	能借出		杜威十类分淅	中国书甚少	并无证券，亦不取资	每年一百五十八元
广东	通俗图书馆	中西文书籍三千余种	无定额	不能借出，惟行政机关须参考者，先期备文知照，以便检付	馆长一员馆员四员	按经、史、子、集、新书学各目编定，及分类行政、经济、教育、军政、格致、法政等	经、史、子、集各书装订。仍照旧式，他种新学书籍，一律改良装订		每年额定三百六十元
广东	岭南学校藏书楼	汉文三千余本 西文六千六百一十五本	平均每日不过十五人以上	能借出	巴罗赞		应改良	不取资并无证券	由一九一五年七月至一九一六年七月共费五百元港纸

续表

省别	图书馆类别	藏书卷数	每季阅书人数	书籍能否借出	馆长姓名	图书目录如何编定	图书装订应否改良	图书证券是否取资	每年经费若干
广西	普通图书馆	汉文三千本 日文一百三十本 西文一百四十本	九十余人	定章不能借出	杨贞粹	分初编、上编。初编以科学书当之，内分十八科。上编以历代经、史、子、集当之，内分四类。均依各书之性质分类	应改良	不取资	每年经费六百元，添置书籍二百元，特别开支临时酌定
陕西	普通图书馆	汉文九万四千四百三十本 日文二百六十八本 西文二百本	每月平均四百八十人	三部以上者准借出	高树基	依《四库全书》总目之例，分经、史子、集四部，计印六本		每张收铜元二枚，学生军人减半，又阅出满一月者，即给三个月优待券	一千二百元
吉林	普通图书馆	汉文一千一百零九种 日文四百零五种 西文十二种	三百三十余人	止限本城，不能远借	王文瑚	现系分类编定，拟仿《四库全书》编定，时方入手	•	现未取资	全年四千二百元
云南	普通图书馆（此外分设阅书报室一处即通俗办法）	汉文约十五万卷 日文约一千种 西文约二百余种	春夏秋三季每月约三千余人，冬季每月约二千人	凡省内各机关有须参考者，均可照本馆章程借出，私人一概不借出	馆长一员庶务一员	定每年汇编一次，以初编二编三编别之，现出初编	本馆旧书甚多，且大小参差，一时未便改订		照省立预算案每年九千六百元，现在每月实领三百六十元

据上表观之，全国图书馆之办法情形，瞭如指掌。不佞就原表详加研寻，有急待改良者，略参管见，与诸大雅一商榷之。

一、中国幅员辽阔，人民众多，每省图书馆，不过一二处，或一省并无一图书馆。国内图书馆少，国内阅书人必少，与国家文化之进步有无形之障碍。故欲增长国民之程度，则图书馆之教育，较学校之设置，其效力尤能普及。是在政府提倡于上，人民劝导于下，徐图异日之发达焉。

一、欧美国民，视图书馆为继续终身之教育机关，如日用之布帛菽粟，不可须臾离者。故平日好书人多，阅书人数，不可胜计。中国阅书人少，人民求学之心力薄弱，无容讳言。然各馆阅书证券取资，亦足阻碍来学之心。观表内凡取资之图书馆，阅书人数较少，可为明证。盖图书馆为公共求学之所，应持开放主义，不取分文，以资提倡。欧美图书馆，无一取资者，日本公共图书馆亦然。故阅书人纷至沓来，倍形踊跃。中国仿而行之，洵诱导人民阅书之良法。况取有限之资财，生极大之障碍，所得亦不偿所失也。

各省图书目录，多沿用四库四部之成规，又知四部目录，不能统中西图书，概括无遗，而于四部外，别增目录，以补不备，糅杂参差，无一完善目录，可公〔供〕应用。不佞仿美儒杜威十类法，编印目录一部，各省亦多有仿用此法者，事属倡始，未敢认为善本。然十类之法，以号数代书类，以字母代书名、著者名，使阅者对于普通书，或不多经见之书，皆易取阅。馆员欲取某书，即查某号，俯拾即是，不致耽延时间，多耗脑力，此十类法各国所由通行也。

一、图书装订，各省有仍用旧式者，有未经研究及此者。有间有知应改良者。盖图书装订，重在永远保存，便于检阅。中国书壳，纸张绵薄，不耐磨擦，出入频繁，最易破坏。书头虽可注书名卷数，层累堆集，碍难检查。不若西式装订，壳面坚厚，颠扑不破，便于保存。各书平行竖立，背面注明书名，著者名，标题，排列整齐，一望明瞭。且依类粘贴号数，依号取书，极形简捷，此中书装订所宜改良也。

一、图书馆书籍，不在搜罗美备，而在适切地方人民之需用。现各省馆内所藏之书，备参考者实占多数，今后添购书籍，选择必求其当，种类毋求其备，以能培养国民之常识为要旨。所有高古图籍，及大学参考之书，概从缺略，既可省购多少闲书，且留多数金钱，广设图书馆焉。

一、国家富强，其表面在政治，实际在学问。图书馆为造就各种学问之机关，为富强之基础，故各国不惜最多数之资财，从事于图书事业，始收今日普及之效果。中国图书经费支绌，图书馆不能发达，其弊在此。所望中国政府，深明图书馆与国家富强攸关，广筹经费，随在设立，或富商大贾，捐金兴办，或学校师生，实业协会，公同醵金，以充经营图书馆之费用，补助政府财力之不足，中国图书馆之发达，日月以冀矣。

〔《教育公报》第五年〕

3　各省通俗图书馆调查表

（1916年4月）

所属	几处	全年经费	藏书部数	每日平均阅览人数	备考
直隶	四	八百	九百	五十九	皆系公立
奉天	三十五	七千	七千五百	九百	皆系公立
吉林	三	六百	七百	九十	皆系公立
黑龙江	三	六百	六百五十	八十五	皆系公立
山东	二十三	九千四百	一万	一千五百	省立，一处规模宏大，每日阅书者千余人
河南	二十二	八千二百	九千	一千零五十	省立，一处每日阅书者约六百人
山西	九	二千二百五十	二千七百	三百	公立六处私立三处

所属	几处	全年经费	藏书部数	每日平均阅览人数	备考
江苏	五	一千五百	一千六百	一百八十	公立三处私立二处
安徽	四	一百	一千二百	一百二十	皆系公立
江西	五	一千二百五十	一千五百	一百二十五	皆系公立
福建	二十一	五百	二百	六十	皆系公立
浙江	二十一	四千二百	五千三百五十	六百	公立九处私立十二处
湖北	四十四	一万三千八百	一万八千	一千八百	省立一处规模宏大阅书者每日平均六百人
湖南	十四	二千八百	三千五百	三百八十	皆系公立
甘肃	二	五百	六百	五十	皆系公立
新疆	四	八百	一千二百	一百	皆系公立
四川	四	一千二百	一千六百	一百五十	公立三处私立一处
广东	六	一千五百	一千八百	二百	公立五外私立一处
广西	一	二百五十	三百	三十	公立
云南	六	一千二百	一千五百	一百八十	皆系公立
热河	一	二百	三百	二十五	公立

〔《政府公报》第446号〕

4 京师及各省公众阅书报所调查表

（1918年3月）

（甲）京师公众阅报所

京师各公众阅报所大半附设于宣讲所内，计由京师学务局设立者九处，表列如下：

名称	地址	报纸种数	阅报平均人数	职员	经费	开办年月
第八阅报处	附第一宣讲所内	文言八 白话报三种 教育一	每日平均五十六十人，星期日较多	宣讲所职员兼充，不另支薪	每月购报费三元	
第二阅报处	附第二宣讲所内	文言八 报种 白话三	每日平均七十八十人，星期日较多	公众阅书处司事兼管，不另支薪	同上	民国四年一月
第三阅报处	附第三宣讲所内	文言八 白话报三种 教育二	每日平均二十余人	同上	同上	民国四年一月
第四阅报处	附第四宣讲所内	文言九 白话报三种 教育一	每日平均四十五十人	同上	同上	民国二年三月
第五阅报处	附第五宣讲所内	同上	同上	同上	同上	民国二年七月
第六阅报处	附第七宣讲所内	文言十 白话报三种 教育四	每日平均四十人	同上	同上	民国元年七月

续表

名称	地址	报纸种数	阅报平均人数	职员	经费	开办年月
第十阅报处	附第八宣讲所内	文言 十三 报 种 白话 六	每日平均三百四十人	由学区司事兼充，不另支薪	同上	民国元年十一月
第七阅报处	附第九宣讲所内	文言 八 白话报 四种 教育 一	每日平均四百五十人	由公众阅书处司事兼管，不另支薪	同上	
第九阅报处	附第十宣讲所内	文言 八 报 种 白话 三	同上	由宣讲所司事兼充，不另支薪	同上	民国四年一月
第一阅报处	正阳门外珠市口迤南	文言 八 白话报 三种 教育 一	每日平均五十多人，星期日较多			民国二年八月
模范讲演所附设阅报处	正阳门外虎坊桥东	书二百余种 报三十余种	每日平均六十多人			民国五年四月
东郊公众阅书报处	朝阳门关厢路南					民国七年三月
南郊公众阅书报处	广安门外财神庙					民国七年三月
西郊公众阅书报处	京西海淀街路西					民国七年三月
北郊公众阅书报处	德胜门外关厢路西					民国七年三月

（乙）各省公众阅报所

所属	几处	报纸种数	每日平均阅览人数	备考
京兆	十	十二	四十	
直隶	一百二十四	十四	四十	私立十处，余系公众筹办
奉天	四十五	十	五十	私人设立者一处，余由公家补助及公益团体附设
吉林	十七	五	六十	公款补助，近来交涉日繁，故阅览人数较他省为多
黑龙江	五	四	五十	
山东	一百一十三	十四	六十	公款补助及公益团体附设者一百零一处，余十二处，系私人创办
河南	一百三十九	十二	三十	私立十一处，余由公家补助
山西	七十七	十	三十	私立十四处，余由各地方机关附设，亦有公家补助者
江苏	一百八十七	十八	五十	私人创办五十八处，余皆私立
安徽	三十	八	二十	公立四十五处，余由私人筹设①
江西	一百零六	十	二十	私立二处，公家补助及附设者一百零四处
福建	五十二	八	四十	多系各处附设，私立者只有五处
浙江	一百七十	十四	三十	私立四十七处，余皆附设或公家筹办
湖北	一百零三	十六	五十	省立二处，私立二十五处，余由公家筹办
湖南	三十九	十一	四十	
陕西	十五	九	三十	
甘肃	九十一	五	二十	私立四处，余皆附设
新疆	五	四	二十	
四川	一百五十六	十二	三十	多系公家筹设，私立者只一处
广东	一百四十九	十七	五十	私立七十处，余由公家或团体筹设

续表

所属	几处	报纸种数	每日平均阅览人数	备考
广西	五十四	五	二十	公家设立四十八处，余系私立
云南	九十九	八	三十	公立九十三处，余系私人筹设
贵州	十六	四	二十	阅览人数甚少，私立祇一处
热河	六	五	三十	

〔北洋政府国务院档案〕

① 安徽公共阅书报所计三十处，备考栏内为“私立四十五处”，与总数不符，原统计有误。

5 京师及各省通俗讲演所（团）调查表

（1916年）

（1） 京师通俗教育讲演所调查表

名称	地址	讲演时间	职员	经费	听众
第一宣讲所	前门大街珠市口迤南	每日下午四时至七时	经理 包 庸 讲员 展锦堂、胡绪奎 司事 王荫武	每月共六十二元	每日平均百五十人
第二宣讲所	东四牌楼北路西	每日下午一时至四时	经理 赵世安 讲员 白喜麟、杨海清 司事 学区司事兼充	每月共四十五元	每日平均百二十人
第三宣讲所	西直门内新街口路北	每日下午三时至六时	经理 桂 柏 讲员 关承琳、刘广顺 司事 学区司事兼充	每月共三十八元	每日平均四十人
第四宣讲所	东安门外丁字街路南	每日下午二时至五时	经理 于富和 讲员 顾金锈、承 新 司事 学区司事兼充	每月共四十一元	每日平均七、八十人
第五宣讲所	西单牌楼路西	每日下午四时至七时	经理 金庚绪 讲员 黄玉麟、书 鉴 司事 学区司事兼充	每月平均三十元	每日平均五、六十人

续表

名称	地址	讲演时间	职员	经费	听众
第六宣讲所	打磨厂铁柱宫斗道	每日下午四时至七时	经理 冯恩和 讲员 孙文附、丁伟东 司事 邢士第	每月共三十元	每日平均三十余人
第七宣讲所	五道庙路东	每日下午七时至十时	经理 包 庸 讲员 郭保中、谢 源 司事 学区司事兼充	每月四十元	每日平均七、八十人
第八宣讲所	崇文门外花儿市大街火神庙	每日下午三时至六时	经理 邢家麟 讲员 多 福、谢启勋 司事 学区司事兼充	每月四十元	每日平均十六余人
第九宣讲所	顺治门外果子巷路西	每日下午七时至十时	经理 张兆荫 讲员 苏连魁、王庆甲 司事 学区司事兼充	每月四十七元	每日平均百六十人
第十宣讲所	后门外大街路东	每日下午四时至七时	经理 赵世安 讲员 刘豫泰、李营昌	每月五十一元	每日平均百六十人
第十一宣讲所	西安门内大街路北	每日下午三时至六时			
巡行宣讲团	赶庙期在各庙宣讲	自下午一时至四时	讲员 何容鎏、关启元 韩 旭、顾荣显	每月共百二十元	
巡回宣讲团	逐日轮流在各宣讲所讲演	每日讲演一小时	讲员 傅 锐	讲员薪水每月二十元	

(2) 各省巡行宣讲团调查表

所属	几处	每星期讲演次数	每次平均总听讲人数	
直隶	九〇	三	八〇	
奉天	六	三	八〇	
吉林	三	二	六〇	
黑龙江	四	一	五〇	
山东	四五	三	八〇	
河南	二二	三	七〇	
山西	四九	三	七〇	
江苏	五九	三	八〇	
江西	一九	三	六〇	
福建	一七	二	五〇	
浙江	五三	三	六〇	
湖北	二〇二	三	八〇	
湖南	二四	二	六〇	
陕西	一六	二	六〇	
甘肃	二四	一	五〇	
四川	四四	三	八〇	
广东	一六	三	八〇	
广西	三六	二	六〇	
云南	八	二	五〇	
热河	一	二	五〇	

〔北洋政府国务院档案〕

6 各省巡行文库调查表

（1916年9月）

巡行文库为通俗教育之一种，其办法较之通俗图书馆稍繁，须由各县设通俗文库总部一所，采集人民必需而易晓之各种图书（图如最简单之世界图、本国图及本省、本县等图；书如各种有益小说及新闻杂志、自治法令等项。）输送城镇乡各支部，再由支部转送各村落阅览所，限定日期阅毕，由处送回总部收存。年来，各省设立者尚不甚多。据部视学报告及调查表调查所得，除奉天设立十七处，江苏设立四处，四川设立一处，甘肃设立四处，云南设立四处外，其余均未设立。今列表如下：

所属	几处	经费	图书数目	每星期由总部分送各处次数	每日平均阅览人数	备考
奉天	十七	一千七百一十	每所三百五十四种	一	七千四百	每处常年费一百元
江苏	四	四师	每所三百三十八种	二	四百	每处常年费一百元
四川	一	一百	四百种	一	一百二十	每处常年费一百元
甘肃	四	三百二十	每所三百余种	一	二百	每处常年费八十元
云南	四	三百二十	每所四百二十种	一	一百四十	每处常年费八十元

〔北洋政府国务院档案〕

7 京师图书馆的设立与管理等方面的有关文件

（1912年7月—1925年11月）

（1） 京师图书馆长江瀚为审定图书阅览章程致教育总长蔡元培呈

（1912年7月10日）

孑民总长先生钧鉴：即日伏承道履绥愉。兹拟就京师图书馆暂定阅览章程十八条，盖采日本东西京图书馆规则而稍斟酌之。

是否可用，录呈台核。一俟开办经费领到，阅书室修改完竣，即行定期开馆，登报广告也。专肃敬请公安

江瀚谨上

中华民国元年七月十日

京师图书馆暂定阅览章程

第一条　图书馆收藏书籍，分为两类：一为保存之类；一为观览之类。

第二条　凡秘笈孤本、宋元旧椠精钞之本，暨敦煌石室唐人写经，皆在应保存之类。保存图书，别藏一室，拟另备券据，以便学人展视。

第三条　凡中国官私通行图书、海外各国图书，皆为观览之类。观览图书，任人领取翻阅，惟不得污损剪裁及携出馆外。

第四条　本馆于中国图书搜集尚富，第海外各国图书殊形阙乏，亟应随时采买，渐期完备。

第五条　凡欲观览本馆图书者，除特别赠送优待券者，入馆门时，须购入览券。券分两种：甲，特别入览券；乙，普通入览券。

甲，每券得取阅图书五十册，铜币四枚。

乙，每券得取阅图书十册，铜币二枚。

第六条　购券后，至馆门内换取领书证，写明领取何种图书，交司书以便检付，后入阅书室观览。

第七条　每换书一次，由司书于证上注明阅毕，交司书加盖收清戳记，缴证于原领入览券之处，乃出馆门。

第八条　学校职员、教员、学生有编辑参考之急需，由各校长函请寄赠特别普通券，俱免取券资。但每校以五券为限，入门时，向购券处验明，换取领书证，与前条同，惟交证时，仍将原券领还。

第九条　捐赠本馆图书者，由本馆特别寄赠优待券。换证缴券，与前二条同。

第十条　本馆图书概不借出。惟通行图书，如各公署有必须取用者，应以本公署印文为证。

第十一条　入览人携带伞包等物及禽畜类者，交购券处，于出门时付还，不得带入馆内。

第十二条　入览人欲抄记者，得只带铅笔纸册等件，其余各种笔墨，恐有翻泼污染之时，致毁图书。且无论何种，俱不得在图书上圈点批注。

第十三条　图书为公共之物，入览人须格外爱惜。在阅书室尤以肃静整洁为最要。

第十四条　如将图书损坏，照原价赔偿。

第十五条　饮茶、吸烟、吐痰，有一定之所，阅书室内务当同守禁例。

第十六条　本馆无论士农工商军界及女学界，皆得入览，限定每星期及二、三、四、五、六等日。

第十七条　癫痴疮疥及醺醉者免入。

第十八条　开馆闭馆有一定时日，牌揭馆门。

(2) 教育部关于接办北京图书馆致社会教育司训令

(1913年10月29日)

教育部训令第七十九号

令社会教育司

查北京图书馆创自前清，曾经学部奏定地址，嗣因鼎革，未及开办。民国肇造，日不暇给。因京城图书馆系举国观听，姑就旧藏书处暂行开馆。今国家粗定，不能不谋所以进行，仰社会教育司转饬北京图书馆暂行停止阅书，并派本部佥事周树人、沈彭年、齐宗颐、主事胡朝梁、戴克让前往，会同该馆馆员王懋熔、齐曾劬、秦锡纯、雷谕、孙遁、王真醇、杨承煦迅将所有收藏图书，按照目录检查，装箱封锁。其存款帐册，亦应逐一清理，悉交周树人等接收报部。

该馆人员务宜交代清楚，以便迁移，听候改组。该部员等务宜设法进行，勿得疏忽贻误，是为至要。此令。

教育总长　汪大燮

中华民国二年十月二十九日

（3）教育总长范源濂请拨端门午门设立京师图书馆致大总统呈

（1917年1月12日）

为会呈请将端门、午门一带地方拨归教育部，以备设置京师图书馆事：案查京师图书馆为典册之渊薮，系中外之观瞻，筹备历年，只以地址难觅，尚未正式开馆。海内人士，企望良殷，亟宜早日观成，以振学风，而兴文化。兹查有端门、午门一带地方，位置适中，门楼高敞，于设立图书馆，收藏观览均极相宜。现在共和时代 此项宏伟建筑，废弃无用，殊为可惜。拟请将午门、端门两门楼及端门内左右旧朝房一并拨归教育部，略事修葺，以午门楼为京师图书馆，端门楼为历史博物馆，将来网罗五洲之文献，搜藏四部之菁英。首善之区，覃敷文德，四方观听，万国具瞻，实于教育前途大有裨益。惟午门楼内原保存旧刊经史书版甚夥，应挪存端门内旧日朝房，拟由内务部移交教育部清查造册。令京师图书馆保管，期免散佚。所有端门内左右旧朝房计一百余楹，除有储旧书版暨两馆应用办公地方外，嗣后遇有公用时，仍得由两部商酌匀拨，随时应用，但端门、午门一带，在天安门以内。现在既拟设置图书馆及历史博物馆，阅览人数必多，并拟将天安门及阙左右关两门一律开放。至车马仍不得入内，另由该馆自备人力车辆来往其间，庶于便利交通之中仍寓避绝尘嚣之意。事关两部，往复咨商，意见相同，理合会同呈请鉴核，令准施行。再，此呈系由教育部主稿，会同内务部办理，合并陈明。谨呈

大总统

教育总长　范源濂

中华民国六年一月十二日

〔北洋政府教育部档案〕

（4）内务部关于新出版图书送一部京师图书馆庋藏事致各省省长咨

（1917年3月31日）

为咨行事：准教育部咨开：全国出版图书，以一部存贮图书馆，迄未经各该管官署照送，咨请再行申明前案，通行京内外饬令遵照办理。等因。查本部前准政事堂交教育部片称：内务部立案之出版图书，请饬该部分送京师图书馆庋藏。奉批：令内务部查照办理。此令。等因。业经本部遵照通行京外。嗣后，凡有文书图画，依据出版法应行禀报者，可饬由禀报人于按照出版法第四条应行禀送两份外，另行添送一份，即由该管官署随时转送京师图书馆在案。兹准教育部咨开前因，自应再行申明前案，所有现在未经呈报暨嗣后出版之文书图画，务希转饬查照前咨，认真办理。除分行外，相应咨请查照。此咨

各省长

各都统

川边镇守使

阿尔泰办事长官

兼署内务总长　范源濂

中华民国六年三月三十一日

教育部片

再，查国立图书馆为一国图书渊府，网罗宜广，规制务宏，非并纳兼收，无以极坟典之大观，供士民之搜讨。今世欧美日本各国，图书馆所藏卷帙皆多，至以亿万计。京师图书馆现藏旧籍尚称富有，自应益求美备，广事搜罗，以验社会与时进化之几，而彰一国

文物声明之盛。惟是时贤新著，海内名篇，辄以鸠聚为难，不免珠遗之憾。查英法各国出版法中，均规定全国出版图书依据出版法报官署立案者，应以一部送赠国立图书馆庋藏。日本自明治八年设立帝国图书馆后，亦采用此制。法良意美，莫尚于兹。京师图书馆正在筹备进行，似可仿行此制。拟请饬下内务部，以后全国出版图书，依据出版法报部立案者，均令以一部送京师图书馆庋藏，以重典策，而光文治，似于教育政化裨益匪浅。是否有当，理合附片具陈，伏乞圣鉴。谨奏。

〔北洋政府内务部档案〕

(5) 教育部核准改订藏书流布暂行规定的指令

（1919年1月11日）

教育部指令第六四号

令京师图书馆

呈一件，送改订藏书流布暂行规则，请示遵由。

据呈：拟改订该馆藏书流布暂行规则十二条，均属妥协，应即照准。此令。

中华民国八年一月十一日

教育总长　傅增湘

附原呈

呈为改订本馆藏书流布暂行规则十二条缮摺恳请鉴核事：窃查本馆藏书流布暂行规则，曾由前馆长主任于去年三月间拟订十一条，呈请鉴核在案。嗣于是年五月奉到钧部指令，饬照签出改正。等因。未及遵办，该馆长主任等均因改任去职，遂致延搁至今。现在商务印书馆既经呈准许其印行本馆之书籍卷轴，该规则实有遵守之必要。惟事过一年，前后情形已多不同，故该规则自有应行修改之处。谨详加斟酌，增改为十二条。另摺缮呈。倘荷鉴

允试行，可否刊登政府公报及教育公报，以便公布周知，伏乞钧裁。训示遵行。谨呈

计送改订藏书流布暂行规则一份

第一条　本馆为流布藏书起见，拟将所藏善本书籍及文津阁四库全书、敦煌石室写经，均许人摄影及转钞之。

第二条　凡欲摄影或转钞本馆书籍卷轴者，须先声明是否印行，呈经教育部核准后再与本馆商订办理。

第三条　按照本馆阅览规则第十六条之规定，凡欲将本馆书籍卷轴摄影或转钞者，须缴左表之费额。但本馆为增征图书与订有特别契约者，得酌量优免之。

种类	数目	费额	
		摄影	转钞
宋元旧椠及其钞本	一册	四元	二元
明刊及其钞本	一册	二元	一元
清精写及名人校钞本	一册	一元	五角
文津阁四库全书	一册	一元	五角
敦煌石室写经	一卷	二元	一元

如欲于一册或一卷内节取摄影或转钞者，得临时与本馆商订办理。册卷有特殊情形者，亦依上款办理。

第四条　本馆收藏善本书籍卷轴，均系旧装古本，凡摄影及转钞者，应加意珍惜，不得拆订或影钞之。但有不得已时，经本馆特许拆订者，应收拆订诸费，其费额临时酌定。

第五条　凡摄影或转钞本馆书籍卷轴者如有毁失污损情事，应负赔偿之责，赔偿金额临时由本馆酌定。

第六条　凡欲摄影或转钞本馆书籍卷轴者，须先期指定其种

类数目，每一次不得逾左定之限制：

宋元旧椠及其钞本	一部至三部
明刊及其钞本	一部至五部
清精写及名人校钞本	一部至五部
文津阁四库全书	一部至十部
敦煌石室写经	一卷至十卷

第七条　凡摄影或转钞本馆书籍卷轴者，须按照订定之部数、卷数与本馆商订开始及竣事期限．在订定期限内他人不得同时再请钞摄。

第八条　凡摄影或转钞本馆书籍卷轴者，均须在馆内指定之地行之，并按照阅览规则由本馆酌给免费券，往来缴验，不得任意出入。

第九条　凡摄影或转钞本馆书籍卷轴者，均须听受监视员之指导纠察，倘有不服及认为违反各项规则时，得停止其钞影。

第十条　凡遵照本规则摄影或转钞本馆书籍卷轴者，无论何时印行，至少须赠送五部于本馆。

第十一条　本规则未尽事宜，由本馆随时修改，并呈报教育部备查。

第十二条　本规则自奉部核准日施行。

〔《政府公报》第1063号〕

8　教育总长章士钊关于教育部与中华教育文化基金董事会合组国立京师图书馆委员会呈并契约

（1925年10月）

为呈报组织国立京师图书馆委员会，并拟定委员，恭请简派仰祈鉴核事：窃查国立京师图书馆，原设安定门内方家胡同，地处偏僻，规模过陋，实不足以壮观瞻而重文化。现由本部与中华教育文化基金董事会商明合力办理，俾臻完善，并经妥订合办国立图书馆契约，期共遵守。契约第一条载明教育部与中华教育文化基金董事会合组国立京师图书馆委员会，第二条载明上项委员会设委员九人，由教育部指派三人，中华教育文化基金董事会推定三人，双方合推三人组织之，第一次委员应于提出后由教育部呈请任命，各等语。兹经本部与该董事会分别指派推定范源濂、周诒春、任鸿隽、陈任中、高步瀛、徐鸿宝、胡适、翁文灏、马君武等九人，均堪充任第一次之委员，应请明令派充，俾得依照预定计划，切实进行。理合钞缮契约一分，恭呈鉴核，伏乞训示施行。谨呈。

临时执政

教育总长　章士钊

中华民国十四年十月　　日

教育部
中华教育文化基金董事会合办国立京师图书馆契约

第一条　教育部与中华教育文化基金董事会合组国立京师图书馆委员会，主持一切进行事宜。

第二条　上项委员会设委员九人，由教育部指派三人，中华教育文化基金董事会推定三人。双方合推三人组织之，第一次之委员应于提出后由教育部呈请任命。顾问员无定额，由委员会推举对于图书馆事业有特殊贡献者任之。

第三条　上项委员会设委员长、副委员长、书记各一人，司库二人，执行委员四人，由委员投票互选任之；委员长为当然执行委员，但司库二人应于教育部指派委员及中华教育文化基金董事会推定委员中各推一人任之。

第四条　第一任之委员任期一年、二年、三年者各三人，三人中教育部占一人，中华教育文化基金董事会占一人，双方合推者占一人，于第一次开委员会时签定之，第一任委员任满后，委员任期均为三年。

第五条　委员会之职权如下：

一、规定本图书馆之计划预算；

二、向教育部及中华教育文化基金董事会提出关于馆长及副馆长之任免而征其同意；

三、聘请建筑工程师并订定建筑合同；

四、保管馆产；

五、筹画经费；

六、核定馆长推荐之职员；

七、审定馆章；

八、审核决算；

九、其他关于本图书馆之重要事项。

第六条　教育部与中华教育文化基金董事会会定馆址，并由教育部无偿拨为建筑图书馆之用。

第七条　现在教育部直辖国立图书馆所有图书及设备，由教育部完全移交委员会处理。凡属于中央政府之图书，得由教育部设法陆续划归委员会处理。

第八条　教育部及中华教育文化基金董事会合任本图书馆之每年经常费，确数由教育部及中华教育文化基金董事会另行协定，教育部担负本图书馆合任经常费二分之一，由教育部提出国务会议指定的款充之；中华教育文化基金董事会担任图书馆合任经常费二分之一，由资金利息充之。

第九条　中华教育文化基金董事会担任建筑设备费一百万元，分四年向委员会付清。

第十条　本约有效期限自双方签定之日起算，暂定为十年，届期满时再行商定。

中华教育文化基金董事会会长　颜惠庆

教　育　总　长　章士钊

中华民国十四年十月

〔北洋政府教育部档案〕

9 梁启超创设松坡图书馆有关文件

(1922年10月—1924年5月)

(1) 财政部拨官房给松坡图书馆公函(1922年10月16日)

财政部公函　财字第二八七九号

敬启者:准来文称:拟设松坡图书馆，蒙大总统准拨北海快雪堂一所,万不敷用。查西单牌楼石虎胡同第七号官房,现为财政金融学会,呈准借用,拟恳拨给松坡图书馆，崇奉松坡先生，栗主遗像,并广储中西图籍,任人观览,于以仰企先哲，嘉惠后来,籍崇拜英雄之心,寓鼓励人才之意,本部深表赞同。所有西单牌楼石虎胡同第七号财政金融学会借用官房一所，应即拨给松坡图书馆永远为业,以备收藏,而资建设。除由部填具部照另行送达外，相应先行函达查照。此致

梁任公先生

财政部启

中华民国十一年十月十六日

(2) 梁启超接收快雪堂等地设立松坡图书馆致大总统呈

(1923年3月17日)

呈为呈报接收快雪堂,设立松坡图书馆请饬所司备案事:窃启超等于十一年九月呈请拨北海官房设立图书馆一节，经准十月六日公府庶务司来函,蒙批拨给快雪堂。旋准十二年三月二日司函:案查北海快雪堂，前奉谕拨作贵处图书馆等因。业商由贵处于快雪堂两廊石刻加造护栏，以便分管。经司于上月十一日遵谕派员将快雪堂所属全部官房及其毗连之基地树木，逐一会同贵处委员踏勘拨交在案。惟拨交范围,非图不显。兹特给具详图,四周以毗连马路及小路之单直线为界，界内屋地树木均交贵处收管。除两廊石刻不在其内,并另绘同式底图存司备查外，相应检图一份,送

请贵处查收，即希按图收受，妥为保管。等因。奉此。窃闻丽泽讲习，会友以文，众庶讴思有功则记，故将军蔡锷，行高志洁，学粹勋崇，力能复楚，奋包胥之同仇，义不帝秦，逐鲁连以长往。启超缅怀芳躅，思永薪传，佥谓宜辟典籍之府，用惠士林，更置仰高之祠，藉禋明德。惟我大总统笃念旧勋，揄扬盛事，指华林逍遥之馆，作石渠天禄之藏，海尘不飞，馆坛斯在，长依胜地，与晴雪而比清，式应嘉名，共贞松而永固。启超等祗承殊贶，倍矢微诚，拟将该馆前二进作为陈列阅览馆之所，后一进为蔡公祠，奉祀故蔡将军及护国之役死事诸先烈。其快雪堂石刻，则护以雕栏，保其遗迹。行看缝掖，集鸿都而校字，山堂图象，过燕市以题歌。启超等无任感忭，谨述情由，请饬下主管署备案。谨呈

大总统

松坡图书馆创办主任　梁启超谨呈

中华民国十二年三月十七日

(3) 梁启超等致内务部、教育部呈(1924年5月28日)

为呈请备案事：窃启超等于民国十一年秋先后呈准大总统暨财政部拨予北海快雪堂全部及西单牌楼石虎胡同七号官房，专为松坡图书馆之用，即于是年十二月设立筹备处，议决简章规则，以快雪堂为第一馆，专藏本国文图书，于后楹改建蔡公祠；以石虎胡同官房为第二馆，专藏外国文图书。于十二年十一月四日开成立会于第一馆。现在第二馆图书目录业已编辑就绪，拟于六月一日先行开馆，供众阅览。所有松坡图书馆简章及第二馆阅览规则，理合各检一份，呈请鉴核备案。谨呈

内务
教育总长

松坡图书馆馆长　梁启超谨呈

中华民国十三年五月二十八日

松坡图书馆简章

第一条　本图书馆设立北京，以北海快雪堂为第一馆，西单石虎胡同七号房为第二馆，备置中外图书，公开阅览。

第二条　本馆设馆长一人，以创办主任充任，总理馆中各部事务。

第三条　本馆设干事三十二人，除以创办人充任外，嗣后如有续加干事，应由干事会多数公推。

第四条　凡捐助本馆资财、图书及对于本馆有特别尽力者，由干事会公推为维持员。

第五条　本馆干事及维持员皆为名誉职，不支薪津。

第六条　本馆分设图书、经理二部：

甲　图书部　设专任干事十人，专掌购制、募集图书及管理阅览各事宜，由干事内公推充任，各项规则干事会议订。

乙　经理部　分职如左：

一、基金管理，二、会计，三、文牍，四、庶务，五、交际。

以上五项，各设专任干事，由干事会议定名额，公推分任，各项处务规则由干事会议订。

第七条　本馆各部得酌雇员，名额、薪水由干事会议定。

第八条　本馆经费，除以原有捐款为基金外，应由维持员及干事随时招募。

第九条　本馆会计每年一月一日起至十二月底止为一年度，于每年度开始前二月内由干事会议定预算案，按照收支，每年度终了后一月内由干事会审定决算案，并报告于大会。

第十条　本馆每年由干事及维持员开大会一次，报告馆务及收支决算，并筹商进行扩充各事宜。

第十一条　本馆每月开干事会一次，遇有特别事故时，由馆长发议或由干事五人以上之同意，得开临时干事会。

第十二条　本馆房屋概不得出租借用。

第十三条　本简章由干事会多数议决实行，遇有修改时亦同。

创办主任　梁启超

创办人	周大烈	任可澄	徐佛苏	江　庸
	梁启勋	张　烈	叶景莘	黄　群
	林志钧	范诒焕	籍忠寅	袁思亮
	蒋方震	陈敬第	蓝公武	蒋希召
	徐陈冕	张东荪	张嘉森	李耀忠
	王敬芳	蹇念益	唐瑞铜	石陶钧
	雷　飙	唐　瓛	袁华选	梁锦汉
	罗惇曧	陈汉第	姚　华	

〔北洋政府内务部档案〕

（三）小说、戏剧、影片的审核与奖禁

一、小　　说

1　通俗教育研究会小说股进行办法议决案

（1916年2月23日）

谨按小说为本会研究之一部，关于小说股一切章程细则诸已具备。兹特就进行办法具一草案，敬请公决。

（一）小说种类

甲　小说

乙　小说报

丙　报章上附载之小说

（二）审核标准

已有专件。

（三）征取

甲　会内自行购备；

乙　借通俗图书馆所有者；

丙　函请各书坊已出版之小说，赠送本会一部；

丁　私人投赠。

（四）编译

甲　撰叙小说书报之关系及要旨，以为编译标准；

乙　本会对于现今社会上某种事项风俗，欲有所劝惩，商之书坊，本此方针照撰拟；

丙　本会认定某种体裁之小说最易歆动社会，商之书商照撰；

丁　不限定以上二项，只劝令于有益于世道人心范围内撰拟者。

(五)奖励

甲等褒状,乙等褒状,丙等褒状。

细则另订之。

(六) 禁止

甲 详部办理;

乙 函致商会协助办理。

(北洋政府教育部档案)

2 通俗教育研究会审核小说杂志条例、标准与奖励章程

(1916年12月)

(1) 审核小说杂志条例

(一)小说杂志之内容,分小说、诗文、杂著等类者,审核时以小说为主,分别等次,仍适用本会议决之审核小说标准。

(二)长篇小说之分登数期者,应合数期审核之。

(三)小说杂志中各种小说,有一种或数种以上,经本会审核后认为应行禁止,其余亦平庸无可取者,即禁止之。

(四)小说杂志中各种小说,有一种或一种以上,经本会审核后认为应行给奖者,必须其余亦纯洁无疵,方可照章给与奖励。

(五)小说杂志之奖励、禁止,得合本杂志之数期通核之。

(六)小说杂志之定为应奖励或禁止者,应以本会审核后再定之。但禁止出版之小说杂志不在此例。

(七)小说杂志有左列各项之一者,不认为应奖励:

甲 封面及插画秽亵者;

乙 标题之名目无关义理一者;

丙 编辑之宗旨谬误者。

(2) 审核小说标准

小说种类,就其实质分为左列十种:

一、关于教育者；
二、关于政事者；
三、关于哲学及宗教者；
四、关于历史地理者；
五、关于实质科学者；
六、关于社会情况者；
七、寓言及谐语；
八、战事记载；
九、志怪；
十、杂记。
本会审核小说，认为有合于左列各款之一者得予以奖励：
一、宗旨纯正，有益于国家社会者；
二、思想优美，有益于世道人心者；
三、灌输科学智识，有益于文化发达者；
四、文词优美，宗旨平正者。
本会审核小说，认为有左款之一者，应禁止之：
一、宗旨乖谬，妨碍公共秩序者；
二、词意淫邪，违反善良风俗者；
三、思想偏激，危害国家者。
各种小说之封面及绣像、杂画及杂志、日报等所载之小说，均准用上列标准分别审核。

(3) 奖励小说章程

第一条　凡新著、新译之小说，经本会依据审核标准认为上等者，分别给予左列之褒状：

甲种褒状，乙种褒状，丙种褒状。

第二条　自撰之小说，经本会审核认为有裨益于人心风俗者，得受领甲种褒状。

第三条　迻译外国人旧著或新撰之著名小说，经本会审核，认为可补助我国人之道德智识者，得受领乙种褒状。

前项小说，应由本会调取原书，核其所译之当否。

第四条　采辑古今中外之杂事琐闻汇为一书，有类札记，经本会审核认为有益于社会者，得受领丙种褒状。

第五条　褒状由著作人受领之。

第六条　凡受有褒状之书，得由本会登报表扬之。

第七条　本章程如有未尽事宜，得随时修改之。

〔北洋政府教育部档案〕

3　通俗教育研究会劝导改良与查禁不良小说办法

(1916年12月)

改良小说，专事查禁，仍恐非正本清源之法，拟一面行文劝导，令自行取缔，以理其本源。查禁之时，普遍知照各关卡认真搜检，以绝其来路。又，书贾贩卖多不问书之内容，查禁时亦应将已禁书目通知各商人，使之自行戒慎。今拟办法如左：

一、请部通知书业商会，并通咨各省巡按使分饬商会转知出版家，令此后自行取缔，不复印行有害社会之小说。

一、报馆附载之小说，每有妨害于风俗者，应请部咨行内务部并通咨各省巡按使转饬各馆令其注意。

一、请部将应禁之书籍目录按次咨行财政部及税务处，对于商人贩卖书籍，按照书目搜检核办。

一、请部将应禁之书籍目录，按次通知书业商会，并通咨各省巡按使，饬商会转知书铺，自行取缔，停止贩售。

〔北洋政府教育部档案〕

4　教育部就审核褒奖优秀小说书目致通俗教育研究会指令

(1916年11月25日)

教育部指令二二五号

令通俗教育研究会

呈一件，送审查小说八种报告，拟分别给予褒状由。

据呈送小说八种暨审核报告均悉。查馨儿就学记等八种小说，业经该会一再审核，各报告均属允协。应准分别给予甲、乙种褒状，原书发还，报告及清单存。此令。

中华民国五年十一月二十五日

附录　通俗教育研究会原呈

呈为呈请事：窃查本会前议决奖励小说章程，并拟定褒状图样暨发给褒状条例，均经先后呈奉钧部核准在案。兹经本会查得小说中有《馨儿就学记》一种，系有裨教育之著作，与本会所定奖励章程第二条相符。又《冶工轶事》等七种，译述名著，足以补助我国人之道德智识，与本会所定奖励章程第三条相符，应分别给予甲、乙种褒状，理合钞录本会审核报告，连同原书，呈请核准施行。谨呈

教育总长

褒状小说书目

馨儿就学记	火山报仇录
穑者传	冶工轶事
黑奴吁天录	爱国二童子传
孝女耐儿传	秘密使者

〔北洋政府教育部档案〕

5　京师警察厅为请转咨查禁不良小说致内务部呈

（1916年5月8日）

详为已经查禁不良各小说，抄送书目复请转咨事：案奉饬开：准教育部咨：据通俗教育会详称：查本会小说股对于禁止不良小说一事，前经议决应详请钧部咨行内务部转饬警厅办理。兹查坊间发行房中奇术一书，实属有意导淫，大伤风化，应援照前案办理。惟闻

是书业由警厅查禁，因思此类有害社会之书，其业经警厅查禁在案者，亟应由本会调查，以资参证。拟请咨行内务部转饬京师警察厅将已经查禁之书目抄送一份，发交本会备查，似于改良小说前途不无裨益。等因。相应咨请转饬警厅查照办理。等因。到部。查不良小说实于风俗甚有关系，亟应查禁，合亟饬知该厅遵照办理详复。等因。奉此。理合将本厅发见各书肆、书摊，售卖不良各种小说，节〔业〕经查禁者，抄录书目一份，详请转咨教育部查照。谨详
内务总长

京师警察厅总监　吴炳湘印

附呈抄录书目一份
中华民国五年五月八日

附呈计开查禁书目

和尚现形记	咕咚后角门
花柳繁华梦	学热客打茶园
迷魂阵	醒世奇观
拐女子	割韭菜
女骗术	欢场梦
风流分尸案	美人蛇毒记
风流太守	拐骗奇谈
名妓争风	滑头世界
风流现形记	乌龟变相
九种龟	红杏花
男女串骗奇谈	新美人说
女滑头	龟中贵
大政治家袁世凯	花柳梦
妻妾吃醋	尼姑现形记
姐儿南园拔大葱	九屋龟

新贪欢报

美人计

姑娘思女婿

大姑娘十八摸

小尼姑思凡

杏花天

姑娘洗澡

姐夫戏小姨

摘黄瓜

小大姐偷情

王禅老祖

拆西厢

无底洞

青春梦

怕老婆

笑谈新话

绣榻野史

肉蒲团

男女交合论

苏三起解

房中奇术

姐儿送郎哥

奇巧鸳鸯案

从良代五更

十杯酒

风流才子传

花柳奇情

风流观察

一见哈哈大笑

游戏奇观

金瓶梅

灯草和尚

双梅影

〔北洋政府内务部档案〕

6　通俗教育研究会关于编写提倡勤朴艰苦美德小说致作家函

(1916年11月)

敬启者：小说家言有关于通俗教育最为深切，本会自成立以来，所审核之小说已达七百余种，内呈准给奖者凡二十九种，其中以译本为较多，而陈述民生困苦、劝导国民勤俭励志者尚不多见。近时财力凋敝，生计艰难，几于全国皆然，而一观通都大邑，则俗尚奢靡，习惯豪华。学子惰游，百业颓败，盖生活程度日高，而国民自治之常识不能与之俱进，遂成此现象，而今之小说家复喜暴扬佻达之习，播散淫靡之词，青年阅之最易荡情失志。欲救新弊计，惟有从积极方面设想，提倡艰苦卓绝之风，或可挽回于万一。况我国民之勤俭耐劳本乎天性，若经小说家之表，必更足动阅者之观感。窃望编辑小说诸家，本此宗旨，以诚挚之意，述浅近之言，凡社会艰窘之状，人民困悴之情，以及学生、工人刻苦自励之美德，悉为据实抒写，以激励国民，挽回崇俭风气，其于通俗教育裨益当非浅鲜，用敢敬告，尚希采纳是幸！

〔北洋政府教育部档案〕

7　教育部为转饬查禁淫杀怪异画片致内务部咨

(1920年8月14日)

为咨行事：据通俗教育研究会呈称：窃本会近查都中各处市场及庙会之期，常有一种营业，将各种画片装置匣中供人阅览，俗名西湖景，又名西洋景，亦称大片。其中每夹带春画。近因官厅禁止，稍知敛迹，而未能尽绝，尤有一种专绘刑杀罪犯之事，于旧时各种凌迟枭首之刑摹绘尽致，令人不忍逼视，其标题为某某罪犯，虽似寓有警戒之意，然使人但见种种刑杀惨状，不惟不足示警，且将养成凶残心性，似较之淫秽画片，其害更甚。又有一种有类傀儡戏者，则专演神怪之事，或棺中出人，或妖鬼变幻，奇形怪状，不可究诘。窃维此种画片，一般社会尤喜观览，若使此等淫杀怪异之状，日接于目，其影响于国民心理道德殊非浅鲜。本会为慎防流弊起见，特提出股会议决，拟恳钧部咨行内务部转饬警厅通令各区于各处市场及庙会之期，随时查察，遇有此类画片，立即禁止搬演，似于改良风俗之道，不无裨益。是否有当，伏候鉴核施行。等情前来。查此项画片，流布甚广，若该会所述各种，其贻害社会诚非浅鲜，自当亟于查禁。相应据情咨行贵部，请烦查照，转饬京师警察厅通行各区一体随时查禁可也。此咨

内务部

中华民国九年八月十四日

〔《教育公报》第七年十期〕

8 通俗教育研究会为设立书业团体自行禁毁淫词小说有关文件

（1922年7月）

（1）通俗教育研究会致教育部呈（1922年7月）

呈为呈请事：窃查近日上海报载书业公所警告同业广告一则，略谓本所同人创立书业正心团，专行调查销毁一切足以危害人心风俗之淫词小说，先从最著名、最淫亵之书为第一步著手，业已消〔销〕毁淫书底版三十六付，淫书四万六千三百九十六本，此后更当积极进行等语。公所此举，由商业团自行取缔，殉〔洵〕属法良意美。京师为首善之区，风化所关，自应加意整饬，以为各省倡导。取缔淫书一事，官厅虽已随时申禁，究不若由商人设立条规，自行检制，尤得正本清源之计。拟请咨行内务部转饬警察厅召集书业商人劝令仿照上海办法设立团体，并劝同业于淫书一项不得代印代售，如有不听劝戒者，即呈请官厅处办，庶于整饬风俗，改良社会之道不无裨益。是否有当，伏请鉴核施行。谨呈

教育部

通俗教育研究会

中华民国十一年七月八日

（2）教育部指令（1922年7月8日）

教育部指令

令通俗教育研究会

据呈已悉。核阅该会所陈各节，对于禁止淫书一事，为杜绝来源之计，所见甚当。仰候咨行内务部查照办理可也。此令。

中华民国十一年七月八日

(3) 北京书业进德会章程

(一)本会定名为书业进德会,由书业同人组织之。

(一)本会会员不得印售淫词、淫画、淫秽小说以及流毒社会不正当之各种书籍。

(一)本会会员如闻有某处私造淫词、淫画、淫秽小说以及流毒社会不正当之各种书籍,当即时设法劝其止售,并请其将所余悉交本会。

(一)所有淫词、淫画、淫秽小说以及流毒社会不正当之各种书籍,本会会员不得代印,亦不得代订代售。

(一)凡书店、书摊或卖报人以及栈房、车站售书人,倘密售淫词、淫画、淫秽小说以及流毒社会不正当之各种书籍,须向其委婉劝告,并将积书以廉价购入,交本会存储,择日当众焚毁。

(一)凡在本会各商号,倘存有淫词、淫画、淫秽小说以及流毒社会不正当之各种书籍,临时未曾送交本会者,后被官厅查出,当听其处罚,本会决不庇护。

(一)凡本会会员以及会外人,倘搜得此项淫词、淫画、淫秽小说以及流毒社会不正当之各种书籍,交本会请为销毁者,本会当按原造本之五成,畀以奖励金。

(一)凡在本会各商号倘存有淫词、淫画、淫秽小说以及流毒社会不正当之各种书籍,请即尽数点交本会,由本会畀以议定相当之价值,该书物暂存会中,择期当众焚毁。

(一)本会开办费、经常费以及奖励金等费暂挪借书业商会存项内借用,俟本会收到捐款时再行偿还。

(一)本会所收入之淫书、淫画、淫秽小说至百册以上,随即销毁,销毁时当即约同会外人并请警厅派员监视,地点临时定之。

(一)本会会员含有慈善性质,所有会员均属善务、概不支薪。

(一)本会所有出入款项，每月一日总清一次，登报声明，并在本会大门口粘贴清单，以符公开。

(一)本会地址：前门外琉璃厂小沙土园路西门牌四号，文昌书业商会内。

(4) 北京书业进德会禁售书目

肉蒲团	隔帘花影录
牡丹奇缘	杏花天
隔墙红杏记	痴婆子
灯草和尚	新痴婆子
桃花庵	如意君
帘外桃花记	风流债
金瓶梅	果报录
新果报录	自由花
玉楼春	瑶华传
马屁世界	野草花
秘情小说	新鸳鸯谱
姨太太之秘密	武则天外史
房中奇术	家庭黑幕
素女经	绣榻野史

以上各书注意改换名目。

〔北洋政府教育部档案〕

9 通俗教育研究会关于不再编写黑幕一类小说致作家函

(1916年11月)

敬启者：小说家言能使粗知文字者无不乐于观览，于通俗教育最有关系。在小说之良者，提倡道德，辅助文艺，悉属有益于教育，即或援主文谲谏之义，成嬉笑怒骂之词，言者无罪，闻者足戒，有识之士，亦所不讥。若乃意旨不正，体例未纯，暴扬社会之劣点，诱导国民之恶性，流弊所至，殊难测想。夫吾国教育尚未普及，不乏程度幼稚之人．故良小说劝导社会之力常不敌不良小说诱惑社会之力，本会成立以来，对于不良小说迭经呈准教育部咨行内务部通行查禁。惟是不检之行为，与其赖官厅之禁令，终不如国民自知以道德为重之为逾〔愈〕。近时黑幕一类之小说，此行彼效，日盛月增。核其内容，无非造作暧昧之事实，揭橥欺诈之行为，名为托讽，实违本旨，况复辞多附会，有乖实写之义，语涉猥亵，不免诲淫之讥。此类之书，流布社会，将使儇薄者视诈骗为常事，谨愿者畏人类如恶魔，且使觇国之人谓吾国人民之程度其卑劣至于如此，益将鄙夷轻蔑，以为与文明种族不足比伦。作者诸君，孰非国民，孰无子弟，自返良心，何忍出此，本会为此滋惧，用敢敬告今之小说家，尊重作者之一己之名誉，保存吾国文学之价值，勿逞一时之兴会，勿贪微薄之赢利，将此日力多著有益之小说，庶于风俗人心不无裨益，敢布悃忱，诸希采纳是幸！

〔北洋政府教育部档案〕

二、戏　　剧

1　内外城巡警总厅拟订管理排演女戏规则致内务部呈

（1912年11月13日）

为核订管理排演女戏规则会呈事：前奉部令，男女分台演戏，另行改组女伶戏班，业经分饬遵行在案。现在各戏班迭有来厅呈报组织女戏，办理之初，若不严加取缔，深恐流弊滋生。兹由两厅会同拟订管理排演女戏规则十八条，呈候鉴核示遵。谨呈

内务部总长

附呈粘抄壹纸

内外城巡警总厅厅丞 王治馨 治格

中华民国元年十一月十三日

管理排演女戏规则

一　学戏女艺徒须自本人出具愿书，并由该父母及介绍人、保证人签名；若无父母者，由该亲族或抚养人签名，不得收买幼女及有诓骗强迫之事。

一　所收女艺徒均须品行端正，来历明白，其现充妓女者不得收容。

一　所收女艺徒以八岁以上十五岁以下为限，如出嫁后尚欲继续演习者，须有该夫主之同意。

一　所授戏曲，均以有益社会、无伤风化为宗旨。应先呈报总厅，核准后方得排演。

一　每日功课以六小时为限，排演戏曲之外，须以二小时教授文字及女工。

一　教演戏曲、均需用妇女为教师，倘因创办之始，无妇女可聘，必须用男教师时，须择年长老成者报厅候核。

一　所有执事，男子以年在五十岁以上为限，其服役人等一律雇用女仆。

一　男执事及男教师事毕后即应退出，不得在所内住宿。

一　非有执事，男子不得擅入所内。

一　教师、艺徒及执事人、仆役姓名、籍贯，每月详报总厅一次。

一　所有女艺徒均宜待以普通学生礼，不得有不正当之行为，及虐待詈骂殴打情事。

一　教演处所不得与学堂、公所及教堂接近，地点择定后须先报厅核定。

一　女艺徒学成后应将姓名、籍贯呈报总厅。

一　女艺徒学成后即由该父母或亲属抚养人领回。

一　各艺徒婚姻均由该父母或亲属抚养人主持，该所执事人不得干涉。

一　所内课程、学膳各费及各项管理规则，由该所自定，呈厅候核。

一　违犯以上规则，处以五十元以上五百元以下之罚金。

〔北洋政府内务部档案〕

2　内务部关于限制坤角登台演戏令函

（1912年11月）

（1）教育部致内务部咨（11月5日）

教育部咨

社会教育司案呈：据正乐育化总会禀称：有人招收无识女子学习演戏，恐将贻害社会，请一律禁止坤角演戏前来。查男女同台演戏，前经贵部饬令禁止。兹该会禀请女子演戏一律禁止，是否可行，特抄具原禀，咨行贵部查核办理。此咨

内务部

附抄原禀一件

中华民国元年十一月五日

附抄北京正乐育化会原禀

北京正乐育化总会为注重人道，以正风化事：窃前奉阳历八月初一日起，不准男女同台演唱之令，因有种种困难，业经陈明缘由，呈请展缓。阳历年底一律禁止，或男女分演，或组织女班，亦系权宜办法。复奉内务部通告内开：前令各戏园于八月初一日起改为男女分台开演。嗣据正乐育化会禀称：该梨园习惯，每约唱角，以预契约支付银两，一时禁止，于经手事件诸多困难，请展至本年底再为实

行，当即照会总会议复，尚属实情，并经申部请示在案。兹奉部批准，其延至阳历年底实行。务期遵守规则，依限办理，不准续请展限。等因。奉此。查各园添演坤角，本厅严行取缔，限定坤角与坤角配出，不得男女合配。除禁淫邪各戏不得演唱。即准演各戏内亦不得演出种种亵渎情状。兹准各该园延至年底止，再行男女分台开演，各该园务须遵照规则，依限办理，不准续请展限等语。兹因期限将届，敝会公同集议，幼女演戏不但于社会风俗无益，贻害个人终身无穷也。外国女子文豪，在舞台上演古说今，因其素有学识，方能唤起人群，我国凡欲学戏女子，俱是寒家，平日不识文字，一登舞台，只知悦人耳目，岂不贻害社会无穷。况且家庭教育又为社会教育之母，若论女子学戏，实为生计起见，此说尤谬何也？试看中华民国伟大人物，提倡民主主义者，如男女实业、男女工厂、男女学校等类，从未言及女子学戏，以谋永久生活。近闻有人招收无知无识女子作女科班学戏，诚恐此风一开，入此项营业者愈无底止，终不免演出种种猥亵情状。可惜最宝贵之妙龄女同胞，迫于家庭之压制，贪得目前微利，贻害终身，影响社会。敝会研究，总宜保全人道，维持风化，不能顾全少数人之私利，败坏多数人之公德，共同议决京师警厅令一律禁止坤角演戏。以上各缘由，恳祈大部批准，饬知各班各园实行，则感无极矣。谨禀

教育部

(2) 内务部致内外城巡警总厅令(11月9日)

内务部令　整字第三十六号

为令行事：礼俗司案呈：准教育部咨：据正乐育化总会禀称：有人招收无识女子学习演戏，请一律禁止坤角演戏，抄具原禀，咨请查核办理。等因。到部。查民人营业自由，载在约法，演戏为营业之一，东西各国，男优女优并重。前据社政进行会函请禁止女角演戏，当令行该厅转饬各戏园男女分台开演。嗣据该厅申请转据正

乐育化会呈请，经总议事会议决，展限阳历年底实行男女分台。当批准不得续请展限各在案。兹该会呈称，由阳历明年正月一号起谨遵厅令，一律禁止坤角演戏等情。该厅是否有此种命令，仰仍遵前次部令部批办理，再行饬知各班、各戏园一体遵照，并知照乐育化总会，男女分台开演，正所以维持风化也。此令

内外城巡警总厅

中华民国元年十一月初九日

〔北洋政府内务部档案〕

3　京师警察厅拟订管理戏班规则致内务部呈

（1913年10月21日）

为拟订管理戏班规则呈报事：查取缔戏园，本厅订有管理规则，业经呈部，并令行各戏园遵照在案。惟戏园虽经取缔，而戏班各有团体，往往私自组织，谬妄相沿，泥守旧习，仍以无益之戏演习求工，且教师对于各徒急求速效，每至任情戕贼，随意鞭笞。童年发育之时，每遭挫折，揆以扶植人权之意殊多不合。查习艺既认为营业之一种，其班内情形，本厅即应有随时调查、切实取缔之责。兹拟订管理戏班规则八条，除布告各戏班遵照外，理合另缮规则，呈报鉴核备案。谨呈

内务总长

京师警察厅总监　吴炳湘

中华民国二年十月二十一日

京师警察厅管理戏班规则

第一条　人民以演戏为业，欲组织男女戏班者均按照本规则办理。

第二条　组织戏班须开具班主姓名、年岁、籍贯、住址、班名，并取具三家妥实铺保，呈报于警察厅，俟批准后方准设立。

第三条　戏班人数、姓名、年龄、籍贯、住址，应造册呈报警厅

存案，如有移动应随时呈报。

第四条 凡新编之戏，须先开具情节曲词报告警察厅，得许可后方准排演。

第五条 排演各戏，须取有益于国家社会，不得排演淫邪迷信、有伤风化之剧。

第六条 戏班在戏园或堂会演戏时，无论久暂，均须呈报于警察厅。

第七条 集合学戏幼童成班者，依本规则第二、第三条办理，该班主对于学戏幼童须以爱护为主，如有虐待情事，经该童亲属呈诉或其他报告，查实时将该班解散，仍将其班主依律惩罚。

第八条 自本规则施行后，其已成立各班，均应遵照本规则一律补报。

〔北洋政府内务部档案〕

4 通俗教育研究会审查戏剧章程

（1916年12月）

第一条 凡私人或戏剧团体编演之戏剧，均须经本会审定后方准演唱。

第二条 凡编演之剧，有合于左列各项之一者，经本会审查合格后得褒奖之：

一、编演戏剧，其事实深合劝惩本旨，而唱白复明瞭雅驯者；

二、编译或排演外国剧本，有益于中国人心风俗者；

三、唱演优良脚本，确能发挥编者之旨趣者；

四、改革旧剧不良之点而有益于世道人心者。

第三条 凡编演之剧，经本会审查结果认为有左列各项之一者，应禁止之：

一、情节淫秽、有伤风化者；

二、凶暴悖乱，足以影响人心风俗者；

三、剧情荒谬，显悖人伦道德者；

四、倡论邪说，意图煽惑者。

第四条　凡编演之剧，经本会审查，认为有左列各项之一者，得由本会令其修改之：

一、剧中某过场或某语涉及淫邪，有伤风化者；

二、情节离奇，淆乱观听者；

三、形容过当，易起反感者；

四、意在劝惩而反近诱惑者；

五、词句鄙陋不通者；

六、种种动作，涉及危险者。

第五条　关于奖禁办法，由本会议定之。

第六条　关于审查戏剧之手续，准依本会戏曲股办事细则办理。

第七条　本章程自呈请教育部核准之日施行。

〔北洋政府教育部档案〕

5　教育部关于褒奖优秀戏目致通俗教育研究会指令

（1917年8月13日）

教育部指令第四九六号

令通俗教育研究会

呈一件，奖励戏剧钞录褒状原文，送部核准由。

据呈已悉。所陈各园排演木兰从军等剧，既据该会审核与奖励戏剧章程相合，所拟褒状原文亦尚妥协，应准给予褒状。此令。

教育总长　范源濂

中华民国六年八月十三日

附原呈

呈为呈请事：窃本会戏曲股戏剧奖励章程，前由会议决修正，嗣复议将第三条所附但书删去，均经呈奉钧部核准在案。兹查各剧园排演木兰从军、□□□□、一圆钱、因祸得福、恩怨缘等各剧，均确发挥本剧之旨趣，与本会戏剧奖励章程第二条第二项相符。经本会股员会议决照第三条之规定，给予金色彩花褒状，并照第四条之规定，于褒状内加具评语，以示鼓励。理合钞录褒状原文，呈送钧部，伏候核准施行。谨呈
教育总长

〔北洋政府教育部档案〕

6　教育部关于取缔不良戏剧、小说致京师警察厅公函

（1920年4月19日）

径启者：据通俗教育研究会呈称：窃维不良之戏剧小说，最为人心风俗之害，本会调查所及，迭经呈奉钧部核准咨禁在案。近查新世界、城南游艺园等剧场，时演《文章会》、《富贵图》、《梵王宫》等剧，均系曾经禁止者，未免故违禁令，而该处所设新剧社编演各剧，经本会调查，如《男女拆白党大交战》、《珍珠衫》等剧，或名目离奇，无当新剧之义，或情形秽亵，不脱旧剧之弊，均属有伤风化。又，查都会中向有一种小贩，怀挟小包，藏贮各种小说，随处兜售。前于民国五年，曾由本会呈准钧部咨行内务部转饬警厅取缔在案。兹经本会将此类之书购集多种，详加检阅，其名称词意均不免有涉及淫亵者，实足贻害社会。据该小贩等均称：其书任由打磨厂之锦章图书局购来。本会旋往该书局调查，惟因无检之权，其有无密藏淫书，私行出售等情，尚未能即时发见。拟恳函知京师警察厅对于各游戏场所演各戏及锦章图书局与该小贩等所售小说，均行随时检察，遇有违害之戏剧及书籍，立即从严查禁，似亦整饬风教之要图。是否有当，伏候鉴核施行。等情前来。查各游戏场演唱戏剧暨小贩兜售各种小说，关系社会教育均非浅鲜，若含有不良性质，大足为风俗之害。该会请随时取缔，所见颇当，相应据情函知贵厅，请烦转饬各区

署对于新世界、城南游艺园等剧场所演新旧各剧暨锦章图书局不良之戏剧、小说，即行禁止演唱及贩售，以维风教，而防流弊。至纫公谊。此致

京师警察厅总监

中华民国九年四月十九日

〔北洋政府京师警察厅档案〕

7 教育部为推行改良与奖励戏剧致各省长都统咨

（1920年9月1日）

为咨行事：案据通俗教育研究会呈：沥陈该会戏曲股办理情形，请将议决已经实行要件通行各省，以资推广。等因。并抄印改良戏剧议案及修正奖励戏剧章程各一件到部。查戏剧一项，于世道人心关系至巨。该会历年办理情形尚能实事求是。兹据呈请前来，自应准如所拟，以利推行。除指令外，相应钞录原呈及该会议案、章程二件，咨请贵省长、都统、镇守使查酌转饬所属地方各机关，审度情势，切实办理，以利推行，而期实效，至纫公谊。此咨

各省长

各都统

各镇守使

教育总长　范源濂

中华民国九年九月一日

附通俗教育研究会原呈

呈为沥陈本会戏曲股办理情形，请将议决要件通行各省，以利推行事：窃维本会戏曲股之设，分编译、调查、审核三项，分别办理。成立以来，由本会自编新旧脚本数十种，除发交京师各剧园排演外，并经山东社会教育经理处、天津社会教育办事处、绥远之塞北通俗教育社、黑龙江之绥化县通俗教育社等处函索多种在各该处

试演。其外国有关戏剧之著作，亦经本会译印数种，分送各处通俗教育机关，以资参考。调查一项，则先从搜集脚本入手，并经呈准咨行内务部转饬警厅令各剧园将逐日所演剧目先行抄送本会，此项戏单所积既多，因考证剧名之异同，排比所演次数之多寡，编为戏剧调查表，以备考查。至审核办法又分二种：一由会员往各剧园实地考察，一审查脚本。除由本会自行搜集外，如山东易俗社、陕西易俗社及其他私人所编各种脚本，均经送会审核。审核之后，分别其良否，择其尤〔优〕者呈部奖励，劣者即禁止。亦有剧园新编脚本，经会调查，实系有害社会，先行致函劝告，因而停止演唱者，此本会戏曲股历年办理之大概情形也。惟是戏曲一道，关系社会教育者至深且巨，而戏剧之种类既繁，各地之好尚亦异。本会对于改良戏剧办法虽企图进行，而避〔边〕远内地既病风气未开，繁盛租界又苦权力不及，效力所及尚不失囿于京师一隅。近时各处通俗教育机关对于此事 时向本会交换意见，商榷办法，自不可不有以促其自动之机。窃谓宜敦促各省体察本地情形，参照本会办法，分途进行。本会为推行通俗教育起见，谨抄印议决之改良戏剧议案及修正戏剧奖励章程各一件 拟恳钧部咨行各省，并通令各省教育厅转饬各地通俗教育机关详细参酌，切实办理，以利推行，而期实效。是否有当，伏候鉴核施行。谨呈

附抄改良戏剧议案及修正戏剧奖励章程各一件

通俗教育研究会改良戏剧议案

戏剧一道，至关风化，良者则教忠教孝，不良者则诲盗诲淫。吾国旧有戏剧，其编制之初，实具有劝善惩恶之苦心，足以移风易俗。然用意本自不正或后来演唱不善，致失本意，足以启诱恶性者亦复不少，浸淫濡染，影响人心风俗者亦深。故在今日，欲改良社会，非改良戏剧不为功；欲改良戏剧，亦不宜流于苛细。此议案之主张，在先去其太甚者而已。仅拟具办法如左：

一、全部禁止

甲　标准　凡戏剧之全部情词淫邪，有伤风化，不能施以匡正者，宜全部加以禁止，务绝根株，无使流毒于社会。

乙　办法　约分二种：

(1)调集各种剧目，由本股会员先就北京各剧园常演之戏剧，如皮黄、秦腔等，查明分别记出，以为审核之预备，其有剧目不能详悉者，则由本股委员临时调查之。

(2)各会员及调查员关于戏剧禁止之报告，须经本股会议决后随时开列戏目详部，咨行内务部转饬警察厅实行禁止之。

二、部分删改

甲　标准　凡戏剧中有一、二过场或一、二语涉及淫邪，有伤风化，及情节离奇，淆混观听者，宜酌予删除或更易之。

乙　办法　约分三种：

(1)搜集各种脚本，搜集方法分为三项：

1、向清宫南府借钞；

2、向正乐育化会及其他演唱机关征集；

3.由本股会员实地调查。

(2)本会所搜集之脚本，由本股主任指定若干员从事审核，酌加删改，但以不用深文，能合戏剧体裁者为主。

(3)删改完竣后，应由本会会员以私人资格联络戏剧中人，劝其遵从，如无实效，则由本会详部咨行内务部转饬警察厅，或直接函知警察厅谕令暂将该剧停止演唱。

通俗教育研究会修正戏剧奖励章程

第一条　凡私人或戏曲团体编演改良之戏剧，经本会审定合格者得给以褒状。

第二条　本会审定戏剧应给褒状之标准如左：

(一)编制戏剧，其事实深合劝惩本旨，而唱白复不涉于鄙俗艰深者；

（二）唱演本会审定脚本，确能发挥编者之旨趣者；

（三）改革旧剧不良之点而有益于世道人心者。

第三条　合于前条第一项之规定者给予金色褒状，合于第二项之规定者给予金色彩花褒状，合于第三项之规定者给予银色褒状，合于前条两款以上之规定者，得同时分别给奖。但数人编一剧或同演一戏时，不得各别受奖。

第四条　依本章程应奖励者，由本会加具评语，填入褒状。

第五条　褒状之发给，以本会名义行之。

第六条　凡已领褒状者，如对于曾受褒状之戏剧擅加改易，有伤风化者，得由本会撤销前给褒状。

第七条　本章程自呈请教育部核准之日施行。

〔北洋政府教育部档案〕

8　京师警察厅取缔新剧规则

（1922年4月）

第一条　凡以演白话新剧及组织男女戏班者，均须按照本规则办理。

第二条　凡组织戏班者，须开具班主姓名、年岁、籍贯、住址、职业、班名，并取具三家妥实铺保，呈报于警察厅，俟批准后方准设立。

第三条　戏班人数、姓名、年龄、籍贯、地址，应造册呈报于警察厅存案，如有移动，应随时呈报。

第四条　演剧角色在戏场或在外，不准有不正当之行为，应由班主负约束之责，并须出具切结。

第五条　演剧角色倘有不正当行为，班主应将该角色立即辞退，并交官厅办理；倘班主意存姑息，一经官厅查出或别经发觉，除将该角色照章罚办外，仍将该班解散。

第六条　排演各剧，须取于社会国家有益者，不准排演淫邪迷信，有伤风化之剧。

第七条　凡新编之剧，须先开具脚本，呈送警察厅审查，得许可后方准排演，并于排演时不得任意改词添句。

第八条　戏班在剧场、堂会演剧时，勿论久暂，均须呈报于警察厅。

第九条　凡本厅所订其他各项规则，与本规则不相抵触者，均适用之。

第十条　本规则不适用时得随时修正公布。

中华民国十一年四月　　日

〔北洋政府教育部档案〕

9　京师警察厅抄送禁演淫邪戏目单致通俗教育研究会公函

（1922年8月15日）

径启者：准函开：本会对于不良戏剧，前经择其尤甚者呈请咨禁。惟调查所及，尚恐未能详尽，敬恳将历年禁演各剧开单见示，以资参考。等因。准此。相应将本厅历来禁演之戏目，开单函复贵会查照可也。此致

教育部通俗教育研究会

京师警察厅总监

中华民国十一年八月十五日

计开禁演淫邪戏目单

海潮珠	花园赠珠
送盒子	日月图
珍珠衫	杀子报
双钉计	小上坟
遗翠花	狐狸缘

拾玉镯
瑞云庵
嫖　院
送灰面
庙中会
送银灯
阴阳河
小逛庙
纺棉花(头二本)
也是斋
卖胭脂
迷人馆
葡萄会
双沙河
富春楼
逆伦报
十二红
立宪镜
富贵图(又名《巧得双凤》)
后妻害夫
梵王宫
万花船
打樱桃(又名《文章会》或《寿山会》)
剖腹验花(又名《贞女血》或《刑律改良》)
卖身投靠(又名《送花楼会》)
青云下书(又名《玉柄扇》)
错中错(又名《错错错》或《七中八错》)

〔北洋政府教育部档案〕

三、电　　影

1　京师警察厅修订取缔电影园规则致内务部呈
(1921年5月26日)

呈为修订取缔电影园规则,报请鉴核备案事:窃查开设电影园营业者,近来日形发达,从前所订管理规章过于简略,管理上多有未周,亟宜详加厘订。兹本厅拟修订取缔电影园规则十六条,俾资遵守。除布告周知并通行各区署外,理合抄录修订取缔电影园规则,呈请宪部鉴核备案。谨呈
内务总长

附呈修订取缔电影园规则一份

京师警察厅总监　殷鸿寿印

中华民国十年五月二十六日

修订取缔电影园规则

第一条　凡开设电影园营业者，均按照本规则办理。

第二条　开设电影园营业者，应取具殷实铺保，遵照警察厅管理营业章程呈报营业，俟核准后方得开设。

第三条　电影园建筑工程，应遵照警察厅管理建筑章程绘具图式并工程计划书呈报警察厅转送市政公所查核，核准后始得施工。

第四条　开设电影园营业者，无论独资、合资，应将经理人及股东姓名、籍贯、职业、住址、股分多寡、夥计人数呈报于警察厅备核。

第五条　电影园内所有电机、电片，不得借用外国人所有之物，并不得开演淫邪迷信、有伤风化等影片。

第六条　电影园内不得携有危险物品。

第七条　电影园内视地方之宽窄，定座位之多寡，不得随意加座；其所售客票须注明价目，并将每日售出票价报告于本管警察署查核。

第八条　电影园内，除包厢外，均男女分座。

第九条　电影园应设置循环簿，每日将所演戏目分别填列簿内，呈报于警察厅查核。

第十条　电影园演戏时刻，春夏季白天下午七钟止，秋冬季白天下午六钟止，夜间一律以十二钟截止。

第十一条　电影园应缴公益捐，应按日送由本管警察署汇送巡捐局核收。

第十二条　电影园应缴巡警弹压费，以各该园售票之多寡为标准，每日售票二十元以下者收弹压费一元，二十元以上者收弹压费二元，五十元以上者收弹压费叁元，按日送本管警察署汇送警察厅接收（此项弹压费计日征收，遇停演日得免除之）。

第十三条　电影园内得由警察厅随时派员警稽查弹压。

第十四条　违犯本规则第二、第三条者，按照违警罚法第三十三条第一项、三十四条第二项处罚。

第十五条　违犯本规则第四至第十条者，各依其情节之轻重，按违令罚法第二条、罚则令第一条第四项酌予处罚。

第十六条　本规则自公布日施行。

〔北洋政府内务部档案〕

2　通俗教育研究会为禁止上演不良影剧呈并教育部批令

（1924年4月23日）

呈为呈请事：窃查电影一项，近来风行各埠，影响社会较戏剧为尤深，其中所映影片有裨世道人心者固多，而诲淫诲盗亦所难免。上年十月，本会注意及此，曾函警厅饬各影场，仿戏园之例，将所演戏目先期门〔呈〕送。近日调查，最近所演影片有为害最甚者二种：一为阎瑞生谋害莲英案，一为张欣生谋产案。二案虽系近年上海实事，然其人则流氓贼子，其事则残害杀伤，不知制造影片者何所取意，而必取此种材料，演诸广场，以淆惑心理简单之人民，智识粗具之学子。喜其新奇，争先快睹，使此等残忍惨酷之状日接于目中，于人心播为风俗，其贻害于社会教育实非浅鲜。本会为防止流弊起见，拟恳咨行内务部通令所属一律严禁。再，查此项影片系在上海租界制造，并请转咨江苏省长转饬驻沪交涉员请领事团查取此项影片，即行销毁，以禁邪恶，而维风教。是否有当，伏候鉴核施行。谨呈

教育部

通俗教育研究会

教育部指令

据呈称:请禁止有害风俗之影片等情已悉。仰候咨行内务部查照办理可也。此令。

中华民国十三年四月二十三日

〔北洋政府教育部档案〕

3 教育部关于审查影剧章程施行事致通俗教育研究会指令

(1926年2月18日)

教育部指令第二五三号

令通俗教育研究会

呈一件,拟定审核影剧章程十条,请核行由。

据呈称:拟定审核影剧章程,请核行等情。已悉。核阅所拟章程各条,均称妥协,应准照办。此令。

教育总长　易培基

中华民国十五年二月十八日

附录原呈

为呈请事:窃查影剧一事,于社会教育关系綦重,其良者固足转移风俗,裨益社会,而稍涉偏激,亦易滋流弊,不可不详加审核,分别奖禁。本会有鉴于此,拟定审核影剧章程十条,业经戏曲股开会议决。理合钞录原案,呈请钧部核准施行。谨呈

教育总长

附呈审查影剧章程一份

审查影剧章程

第一条　凡编演影剧,不论该剧片系在本国制造或外国输入者,均须经本会审定后方准映演。

第二条　凡编演影剧,有合于左列各款之一者,经本会审查合

格得褒奖之：

一、其事实情形深合劝惩本旨者；

二、有益于各种科学之研究者；

三、于教育上确有补益者；

四、扮演人于前列三项确能发挥编者之旨趣者。

关于影剧之褒奖办法由本会会议定之。

第三条　审查结果认为有左列各项之一者，应禁止之：

一、迹近煽惑，有妨治安者；

二、迹涉淫亵，有伤风化者；

三、凶暴悖乱，足以影响人心风俗者；

四、外国影片中之近于侮辱中国及中国影片中之有碍邦交者。

第四条　审查结果，认为有左列各项之一者，得令其剪截或修改之：

一、情节乖谬，不合事理者；

二、形容过当，易起反感者；

三、意在劝惩，而反近诱惑者；

四、大体尚佳，间有疵累者。

第五条　凡经本会审查之影剧，应于本会丛刊或教育公报中随时公布之。

第六条　关于审查影剧之手续，准依本会戏曲股办事细则办理。

第七条　本章程自呈请教育部核准之日施行。

〔北洋政府内务部档案〕

4　关于禁止放映苏联宣传影片的文件

（1928年3月）

（1）外交部致内务部公函（1928年3月13日）

外交部公函　十七年地字第五九号

径启者：顷据俄报登载苏联政府现制各种宣传影片，定于本年春间在中国等处演映等语。相应抄录译文，函送贵部查照。此致
内务部
中华民国十七年三月十三日

译哈尔滨三月三日《霞报》(旧派)载：苏联赤化将以影片为宣传具

据莫斯科正报登载：苏联当局自以其宣传之结果不甚圆满，现时筹画一种新办法，拟以其本国制造之电影片为宣传之具，将映演于东方各国。

凡各影片均以废除现有社会之组织为其表演之目的，或表演英国对于印度殖民地之政治，或表演国际联合会之情形。

此项影片，大约于本年春间即可发现于印度、中国、巴勒斯登、埃及、细利亚，并于其他各国。

此项影片交由各电影园映演，或不收租费，或仅收极廉之租金。

此外，尚拟组织露天电影场，期于穷乡僻壤之处，亦可从事宣传也。

(2) 内务部致各省长都统咨(1928年3月)

内务部为咨行事：准外交部函开：顷据俄报登载，苏联政府现制各种宣传影片，定于本年春间，在中国等处演映等语。抄录译文，函送查照。等因。到部。除分行外，相应刷印原送译件，咨请查照，转饬注意。此咨

直　隶
山　东
奉　天　省长
吉　林
黑龙江
新　疆
察哈尔
热　河　都统
绥　远
东省特别区行政长官

内务总长　沈瑞麟

中华民国十七年三月　日

〔北洋政府内务部档案〕

5　直隶督办兼省长褚玉璞为请转饬津海关严禁不良影片入口事致内务部咨

（1928年1月18日）

直隶省长公署为咨请事：查各电影园电影演片，类多诲盗诲淫，于社会风俗人心殊属大有妨害。即以津埠而论，近年以来，良善风俗日益颓堕，奸抢案件层见叠出，究其原因，未必非此种影片致为厉阶。本省长为维持社会风俗起见，相应咨请贵部咨行税务处转饬津海关监督遵照，将所有入口影片严行检查，凡近于诲淫诲盗者，一概禁止入口，以维风化，而正人心。至纫公谊。此咨

内务总长

直隶督办兼省长　褚玉璞

中华民国十七年一月十八日

〔北洋政府内务部档案〕

6　内务部与教育部会拟检查电影暂行规则暨中央检查电影委员会组织规则呈并国务院批

（1928年4月）

呈为会拟检查电影暂行规则暨中央检查电影委员会组织规则，恭呈仰祈鉴核事：窃查现在电影事业日趋发达，编演事实之良莠，关系于世道人心者至巨。世界各国于取缔检查办法莫不异常认真，而对于未成年之儿童，应否观看之限制，国际联合会且有提案请求注意，其为重要，自可概见。现在我国舶来影片既随处任意演映，而自制影片公司近来亦纷纷成立，所有编演各剧，是否足以奖善劝恶，不致引导奸邪，实属有益人心风俗，影响地方治安，自应亟速厘订妥善办法，切实检查，并为订定儿童准看与否之标准，不足以正人心而宁社会。兹经参照日本成法，酌加变通，由内务部、教育部会同拟订检查电影暂行规则暨中央检查电影委员会组织规则各一种，先行试办。至一切施行细则及所有审核标准即可交由该会从详讨论，分别拟订，呈部核定遵行。务使商人营业、观众视感均可一致趋于正轨，裨益社会自非浅鲜。所有该项规则，业经咨呈国务总理提交国务会议议决照办，拟恳明令照准、俾资遵守。理合附同检查电影暂行规则暨中央检查电影委员会组织规则各一种，呈请鉴核训示施行。谨呈

大元帅

附呈一折

内务总长

教育总长

中华民国十七年四月　日

检查电影暂行规则

第一条　本国自制电影片及外国电影片之来华演映者，均应

依据本规则送请内、教两部合组之中央检查电影委员会检阅，在未经检阅以前不得演映。其委员会组织规则另定之。

第二条　本国自制电影片，在制片以前并应将制片脚本先行送会审查。

第三条　电影片以特殊情形不及呈会者，得由内、教两部令行地方教育及警察机关合组分会，代行检查。

第四条　中央检查委员会对于受检之影片，认为与公安、风俗、道德、教育及邦交上并无妨碍者，应于影片上加盖准许戳记。但地方机关代行检阅，其准许戳记应加盖于说明书上。

前项所指公安、风俗、道德、教育及邦交上应行注意之标准，应由委员会议订，呈由内、教两部总长核准施行。

第五条　审查影片及脚本时，经中央委员会或代行机关认为有与前条所列各节发生妨障情事，得与以删改、剪截或发还重制。

业经检阅之影片，由中央委员会检阅者经过一年后，代行机关检阅者经过一个月后，经过原检阅机关认为有须修改之必要时，并得随时令其停止或限制之，在未经修正以前应取消其原盖戳记。

第六条　电影片及其脚本，经中央委员会之检阅及审查者，其有效期间为三年；电影片由地方分会代行检阅者，其〔有效〕期间为三月，且其效力不及原机关管辖区域以外。

第七条　电影片经中央委员会或地方分会检查合格者，应通知该管警察机关查照。

第八条　审查影片脚本及检阅影片应缴纳手续费，其费额及规则另定之。

第九条　业经检阅之影片，如拟变更名称时，应呈请委员会或代行机关许可。

第十条　制造电影公司、影剧场有违犯本规则之规定者，应停止其演映，并酌量处罚，其办法另定之。

第十一条　电影片经检查后认为于社会有良好之影响者，得由会中酌给奖励，其办法另定之。

第十二条　本规则自公布日施行。

中央检查电影委员会组织规则

第一条　内务、教育两部，为办理电影片脚本之审查及制成电影片之检阅各事宜，合组中央检查电影委员会。

第二条　本会会所由内务、教育两部会商定之。

第三条　本会置主任二人，委员十六人，由两部各遴半数会委之。

第四条　主任二员，共同主持本会一切事务，委员分任检查各事宜。

本会遇有会议时，主任二人轮流主席。

第五条　本会设常务委员若干人，就委员中遴选事务员、书记若干人，均由两部总长会派。

本会因事务上之必要得设技术员二人，办理关于检查技术事务，由两部总长会派。

第六条　本会经费由检查手续费支给，如有不敷，由内、教两部分担。

第七条　本会主任、委员、事务员一概不支兼薪。

第八条　本会审查规则及办事细则另定之。

第九条　本规则自公布日施行。

国务院公函　第一百八十六号

迳启者：准贵部会同教育部咨呈开：会拟检查电影暂行规则、中央检查电影委员会组织规则，请公决等因。现经国务会议议决照办，除分行外，相应函达查照办理。此致

内务部

中华民国十七年四月十一日

〔北洋政府内务部档案〕

〔三〕文物古迹与博物馆

(一)保护文物古迹的令文

1 大总统发布限制古物出口令

(1914年6月14日)

大总统申令

中国文化最古,艺术最精,凡国家之所留贻,社会之所珍护,非但供考古之研究,实关于国粹之保存。乃闻近来多有将中国古物采运出口者,似此纷纷售运,漫无查考,若不禁令重申,何以遗传永久。嗣后关于中国古物之售运,应如何区别种类,严密稽察,规定惩罚之处,着内务部会同税务处分别核议,呈候施行。并由税务处拟定限制古物出口章程,通饬各海关一体遵照。至保存古物,本系内务部职掌。其京外商民如有私售情事,尤应严重取缔。着由各地方长官实行禁止,以防散佚,而广流传。此令。

中华民国三年六月十四日

〔国史馆档案〕

2 禁止古物流出国外的有关文件

(1913年12月—1927年8月)

(1) 税务处致内务部公函(1913年12月27日)

税务处公函　二年税字第八〇四六号

径启者:前因中国古物每年出口运往外国者不知凡几,应酌定限制章程。曾于上年十二月间,函请贵部将从前保存古物章程检送本处。旋准函称:此项章程,本部现正提议,即古物保存暂行章程尚未公布，未便检出，俟前项章程拟定后再行一并函送。等因。在案。查洋商报运中国古物出口，海关以向无专章，不能禁止，兼之各国公使以输运各该国博物院陈设、并非售品，要求免税。本处以历届办有成案，无从核驳，遂致近来古物出口络绎不绝，动辄数十箱之多，不特不能禁阻，且不能征税，长期漫无限制，深恐一二年后，所有中国之金石书画，一切古董，悉为外国所吸收。若不从速设法取缔，殊非保存国粹之道，特再函达贵部查照，迅将前次限制出口章程拟定，转达外交部知照各国公使有案，并抄送本处，以便通饬遵办。此致

内务总长

中华民国二年十二月二十七日

(2) 税务处致内务部公函(1925年12月14日)

税务处公函　十四年字第六一一号

径启者：接准关税特别会议委员会函称：准京师总商会函：以据京师古玩商会声称：古玩一项，税则向无定章，近来税关对于新出土各物，无不加重估抽，以致阻塞营业，请酌予提议免税，以奖出口。等因。除分函财政部外，相应抄录原文函达查照，核议办法见复。等因。并钞录原文附送前来。查古物一项，国粹攸关，本处前以中国古董、古书、古画，每年由海关出口运往外国者不知凡几，函应酌定限制章程，以期保存国粹。曾于民元、民二、民三等年叠与贵部公牍往返商榷，并于民国三年六月十三日奉大总统申令：嗣后关于中国古物之售运，应如何区别种类，严密稽査，规定罚例之处，著内务部会同税务处分别核议，呈候施行。等因。嗣于民国五年十一月间，经贵部订有保存古物暂行办法，内有取缔私售外人等语。此项暂行办法，虽只初具大纲，尚未能将各项古物应如何区别种类，限制出口规则详细厘订，而古物之不应私售外人，已有明文。今该商会据京师古玩行商会请将新出土各古物，酌予免税，以奖出口一

节，殊与保存古物法规显相违背，自难照准。至此项古物，究应如何区别种类，限制出口之处，亟应由贵部明订办法，知照本处，以便行关而资遵守。除函复关税特别会议委员会外，相应转录京师总商会原函一件，函达贵部查照，酌核办理，并希见复可也。此致

内务总长

附抄件【略】

中华民国十四年十二月十四日

(3) 内务部致税务处复函(1925年12月)

径启者：准函开：准关税特别会议委员会函称：准京师总商会函：据京师古玩行商会声请，将新出土各物酌予提议免税，以奖出口一案，此项古玩究竟如何区别种类限制出口之处，亟应由贵部明订办法，知照本处，以便转行，而资遵守，函达酌核办理等因。到部。查古物一项，关系国家文化，无论何国，对于古物绝无奖励出口办法，是以关税则例，向来未有专章。暨民国三年，大总统申令：关于中国古物之售运，应严密稽查，规定罚例。等因。即系禁止出口之意，并非于古物之中，分别种类，酌定税则，许其出口。上年本部拟有古籍、古物、古迹保存法草案，经提交国务会议，因时局变更，未经议决公布。草案第二十八条内载：凡古籍、古物及古迹，无论何人，不得任意毁弃损坏，并不得贩运或携出国境等语。此项保存古物根本法未能订定实行，则一切详细办法无从拟议。总之，本部对于古物之保存，向系主张绝对禁止出口。于来函所称：该商会将出土古物酌予税免，以奖出口，殊与保存古物法规显相违背，自难照准。各节用意正复相同。至所称区别种类，限制出口之处，只能分别物品是否古物，绝对不能于古物之中，再行区别何者禁止出口，何者准其出口。现惟有遵照命令，一律严密稽查，禁止出口。所有详细办法，应仍俟古物保存法规议定公布后再行分别核定，以利推行，相应函复查照。此致

税务处

中华民国十四年十二月　日

(4) 大总统令税务处妥订禁止古物出口办法令

(1927年3月26日)

大总统令

古物流传,文献足征,不独金石图籍有关考证者应加爱护,即宫观林木,缔构维艰,翦伐宜戒。曾经该主管部署拟具保存办法,以防毁伤贩卖诸弊。但因事立制,未有通行定章,难保不积久生玩,所有京外各地方从前建筑、树木及一切古物迄今存在者,应如何防护保存,著该管部署汇集成案,重订专章,呈请通行遵照。并著税务处妥订禁止古物出口办法,饬令海关切实稽察,以副政府范古模今,力维国粹之至意。此令。

中华民国十六年三月二十六日

国务院摄行

国务总理　顾维钧

内务总长　胡惟德

财政总长　汤尔和

教育总长　任可澄

农商总长

(5) 内务部致税务处公函(1927年8月)

径启者:准函开:禁止古物出口一事,前经部处派员议决办法,分函贵部暨外交、财政、教育等部酌核见复在案。兹准贵部复称:关于禁止古物出口,本部五年十月订定通行之保存古物暂行办法,限制綦严。所谓古物,无论其为大批,为零星贩运,应一律禁止。来函所称:在根本法未经订定以前,由贵处定一暂行办法未为不可。惟本部意见须声明:凡为古物,即应扣留,不得专为禁止大批出口,其他珍重古物零星运输者即可无庸过问。等因。查禁止古物出口永远办法，既准外交等部来函，应由主管部从速订定，本处深表赞同，即请由贵部将保存古物根本办法及一切品类，早日详细核定公布，庶无论大批、零星办理，得有标准，俾禁止出口手续各关有所遵循。至于各部处前次派员会议所拟之现时暂行办法，核以贵部及外交部来文意义，似已不能成立。惟在根本办法及古物品类未经公布以前，究竟何者应视为古物，何者不应视为古物，在关员无可遵循之标准，如必一一扣留，呈候部署核办，恐商旅不胜烦扰，而在边远各关尤恐办理困难，应如何设法救济之处，亦请筹酌见复，俾臻周妥。等因。到部。查保存古物根本法自民国五年本部订定保存古物暂行办法通行各省区，以当此项暂行办法不过为救济目前，非有根本法议定公布，则一切保存手续诸多窒碍，曾经筹拟保存古物根本法规，迭因时局变迁，未能提出。嗣于十三年秋间，拟定保存法草案，由部提出，国务会议迄未议决公布实行。至古物品类一层，现在通行之暂行办法内亦已逐条赅括。然如来函所称各节，非特吾国开化最早，古物至为繁伙，势不能一一列举。即号称保存古物法规明备如意大利者，其规定保存办法亦未能逐物标举。盖订定法规限于情势，与其挂一漏万，不如浑括之为愈。此在职司保管者依法酌夺，凡非现时制造及一切普通应用之商品，即可视为古物。例如三代之彝器，秦之权，汉之瓦，两晋之砖，魏齐隋唐之墓志、造象，宋元明清之官窑、陶磁等，人人固皆知其宝贵，下至两汉、六朝殉葬之土偶、冥灶、牛羊驼马等物，以及宣德之炉器非甚古，洪宪之瓷，年亦至近，诸如此类，虽非珍奇，均不得与通商品视同一律。此中标准，临时研求不难，即物而酌定，而欲一一例诸条文，非惟以枚数，阖不胜其烦，亦决不能标举无遗，推行尽利。为此，函复贵处，切实声明：在根本法未经订定公布以前，仍应按照原议，由贵处参酌民国五年本部订定通行之保存古物暂行办法各条，厘定章程，通行各机关遵照办理，以资救济。其根本法应俟政局大定，当由本部依据十三年草案

详为厘定，再行提交阁议议决，公布施行。准函前因，相应检同保存古物暂行办法一份，函复查照为荷。此致

税务处

中华民国十六年八月　日

〔北洋政府内务部档案〕

3　内务部为妥善保护龙门古迹与河南省长公署往来文

（1914年3月—1916年10月）

（1）内务部致河南民政长训令（1914年2月26日）

内务部训令第　　号

令河南民政长

案准外交部函送美国马克密来函，并附字林西报论说等件到部。据此察核该报论说，均关于中国保存古物，意在禁止毁弃，立意甚善。夫中国开化，先于各邦，文艺美术，久为环球所称羡。近年以来，瀛海大通，舟车利便，东西人士，联袂偕来，游踪所至，辄复征求古物，搜及山岩。官厅既不知保守，商贾复籍以居奇，以致彝鼎图书，珠函翠墨，流传海外者不知凡几。爱国之士，引为深忧。兹阅该报所载，谓龙门穴中旧存雕像，有驻扎该处兵丁任意毁坏等语。查龙门现属河南省在洛阳县城外，其地佛龛林立，密若蜂房，为北魏时所造。文字古茂，雕镂精细，实为中国数千年流传瑰宝，自宜爱护珍惜，加意保存。若如该报所言，一经丁兵毁坏，官吏既漫不经心，士民复无从过问，长此不理，势必日朘月削，毁弃无存，坐令国粹消亡，外邦腾笑，微特贤士大夫之责，抑亦中华民国之羞也。本部综理内务，保存古物，是其兼司。除咨明河南都督外，合将来件抄发，令知该民政长即行商明都督严饬龙门所驻兵队，嗣后不得将龙门佛龛任意毁坏抛弃，并由该民政长派委专员，会同该县地方官至该山调查。现在所有佛像石刻究有若干，一一登记。责成该处附近庙僧管理，准其酌取游资，以资津贴。一面仍由该县知事，随时派人查

看，即使略需经费，亦当在所不计。至如何设法保守之处，并希转饬核议，详细呈复，毋任盼切。此令。

中华民国三年三月二十六日

(2) 内务部致河南省长咨(1916年10月2日)

为咨行事：前准外交部函送美国马克密来函并附字林西报论说，内载：龙门穴中，旧存雕像，有驻扎该处兵丁任意毁坏等语。当经本部于三年二月间令知河南民政长商明都督严饬龙门所驻兵队，嗣后不得将龙门佛龛任意毁坏抛弃，并由民政长派委专员会同洛阳县地方官至该山调查，现在所有佛像石刻，究有若干，一一登记。责成该处附近庙僧管理，准其酌取游资，以资津贴。一面仍由该县知事随时派员查看，即使略需经费，亦当在所不计。至如何妥订条规设法保存之处，并希转饬核议详细呈复。等因在案。现在事经两年，未准将此案如何办理情形咨复到部。究竟该处佛像石刻，向系若干，现存若干，有无毁坏抛弃情事及如何设法保存，并是否订有详细条规加意防护之处，应请分别查明，迅为见复可也。此咨

河南省长

中华民国五年十月二日

(3) 河南省长田文烈致内务部咨(1916年10月18日)

河南省长为咨复事：案准大部咨开：前准外交部函送美国马克密来函，并附字林西报论说，内载：龙门穴旧有佛像，有驻扎该处兵丁任意毁坏等语。当经本部于三年三月间令知河南民政长商明都督严饬龙门所驻兵队，嗣后不得将龙门佛龛任意毁坏抛弃，并由民政长派委专员，会同洛阳县地方官至该山调查，现在所存佛像石刻，究有若干，一一登记，责成该处附近庙僧管理，准其酌取游资，以资津贴。一面仍由该县知事，随时派人查看，即使略需经费，亦当在所不计。至如何妥定条规，设法保守之处，并希转饬核议，详细呈

复。等因在案。现在事经两年，未准将此案如何办理情形咨复到部。究竟该处佛像石刻，向系若干，现存若干，有无毁坏抛弃情事，及如何设法保存，并是否订有详细条规，加意防护之处，应请分别查明迅为见复。等因。准此。查此案前准大部咨，当经委员前往，会同洛阳县知事遵照办理。嗣据复称：遵即遍历各洞，详细调查，将大小石佛一一登记，责成该山庙僧暨该管地保妥为看护，不得稍有损失。遇游观者，每人酌取游资二十文，以资津贴。等语。并将所拟保守条规暨石佛数目，开折呈署。当以保守条规尚属周备，而石佛数目仍未详尽，复批饬详晰调查，另摺呈核。旋据该县造具龙门山等处造象数目表记呈送前来。即经批饬该县加意保存，并咨请军署转饬该处驻军，协同保护，以免散失各在案。兹准前因，相应照抄条规暨表记各一纸，咨请大部查照。此咨

内务部

计咨送条规表折各一件

河南省长　　田文烈

中华民国五年十月十八日

保守龙门山石佛规条

委　　员　　刘　稰
洛阳县知事　　王锡龄　谨将会订保守龙门山石佛规条呈请鉴核：

一　知会驻扎龙门军队，严禁外人毁坏或窃盗。

一　知会驻扎龙门军队带兵官长，严禁兵士毁坏或窃盗。

一　责成该管和尚加意保守，倘有人毁坏或窃盗，准予指名来县报告，以凭往缉究办，并准由该僧自己扭送来案。

一　责成该管地保随时稽查，倘有人毁坏或窃盗，准予指名来县报告，以凭往缉，并准该地保自己扭送来案。

一　布告严禁毁坏或窃盗。

一　知事随时密派侦探前往稽查。

一　有拿获毁坏或窃盗者，无论何色人等，均赏银二十两。

一　遇各界人等前往游览者，准该管和尚每人取游资二十文，以资津贴。

龙门山等处造象数目表

洛阳县知事谨将遵饬调查龙门山等处造象数目列表呈请钧鉴：

造象所在地		石佛之大者	石佛之大而破者	石佛之小者	石佛之小而破者	石佛之在门外者	其他	备考
龙门山	潜溪寺	七		一六〇			门外二区一九〇	俗讹久喜寺
	左宾阳洞	一〇				二	门外小佛三区五五二	
	正宾阳洞	一一				二		
	右宾阳洞	四五		五二五	三〇一			
	斋佛堂	三二	四二	二五〇	一九〇			
	景阳寺		六					
	敬爱寺	六三		一五三八	四五一	二		俗名敬山
	锣鼓洞	四						
	万佛洞	一九		一五二二八	一〇五			
	龙窝			三〇五	一二〇			
	大洞	二七		四一二	二二二			
	千佛洞	一一	八	一三七〇	一三〇			俗名双焰

续表

造象所在地		石佛之大者	石佛之大而破者	石佛之小者	石佛之小而破者	石佛之在门外者	其他	备考
伊水	老龙洞	二〇		一〇九一八	三三一			
	莲花洞	一一		一一九〇	三二四			
	龙门洞	六		五七〇	四二五			俗名四扭溪
	破塌	二〇		一三二〇	四八〇			
	位子塌	三	四					
	位子南塌	六		二〇九二	三〇七			
	奉仙寺	二五	二三	四八	五五			俗名九间房
	老君洞	三	一九	一〇四三五	一二五			
	王相塌	一		三一〇	一四〇			

续 表

造象所在地		石佛之大者	石佛之大而破者	石佛之小者	石佛之小而破者	石佛之在门外者	其他	备考
西岸	荥方塯	二〇		四一五	一三〇			
	火烧塯	八		五九〇	一一〇			
	路边破塯	三	一四	五五				
	石窟寺	一四	一九	一〇九	一五〇			
	大路崖		一〇					
	清明寺	二四		二三四〇	五六〇			
伊水岸	龙化寺		七	三〇〇				
	雷鼓寺	二三	二三	三七七二八	二五九三			
	乾元沟北崖	一七	二	五七				
	看经寺	五三	三	三六六				
	香山寺山路旁			五				
总计	三二	四七六	一八〇	八八六三三	七二五〇	六	七四二	

〔北洋政府内务部档案〕

4　内务部为切实保存前代文物古迹致各省民政长训令

（1916年3月11日）

内务部训令第　　号

各省民政长

案查国务院函开：准外交部印送译就亚洲文艺会书记马克密所拟保存中国古物办法原函及字林西报批评专件到院。报内报称：该会之热心民国，并谓中国古物以龙门地方为可贵，现已半就毁坏。其四川、陕西、云南、福建等省，亦多就凋残。非得政府禁令，不易保存等语。查前代石刻，于历史沿革，文化变迁均有关系。我国古器留遗甚多，公家向不知护惜，一任射利之徒，窃取私收，转相运售。无知者又或任意毁坏，该会报纸所论各节，确系实情。且中国古物，本国不能自保，而令外人设法保存，尤非国体所宜，应严申禁令，设法保存，免使彝器文献尽沦域外。等因。到部。查中国文化开辟最早，山川名胜，古迹具存，历代以来，祠墓碑志，画象题名，随在多有。考证古今，动关历史，不仅如该西报所称各处毁坏可惜，合亟令行该民政长查照，通饬各属于该管地方，所有前代古物均应严申禁令，设法保存。如有窃取私收，转相运售，及任意毁坏情事，一律从严究办可也。此令。

中华民国五年三月十一日

〔北洋政府内务部档案〕

5　内务部拟定保存古物暂行办法致各省长都统饬属遵行咨

（1916年10月）

为咨行事：案查前民政部曾拟保存古物推广办法，于前清季年通行各省。民国三年三月间，经本部通令各省民政长，并咨行各将军、都统、镇守使通饬各属，于该管地方所有前代古物，均应严申禁令，设法保存。如有窃取私收，转相售运及任意毁坏情事，一律从严究办。本年十月，复经本部制定古物调查表式并附说明书，通知各省饬属分别调查，依类填注，限期送部。等因。各在案。查中国古物至为繁夥，整理之方固以调查为入手办法，尤以保管为现时急务。诚以物品流传久而愈珍，国家无保护之专章，遂致易散而难集，商人借贩运以营利，因之积久而渐亡。又或无知愚民，任意毁坏，多财舶贾，到处搜求，长此不已，散失愈多。本部职有专司，急宜设法保管。兹酌定暂行保管办法五条，除通行各省外，合行令知该尹通饬所属，一面认真调查，一面切实保管，并将办理情形随时见复可也。此咨。

各省长

各都统

各镇守使

附保存古物暂行办法一件

中华民国五年十月　　日

保存古物暂行办法

一　历代帝王陵寝，先贤坟墓，在前清时曾由地方官出具保护无误册结，年终报部。然奉行不力，徒成具文，应由各属地方官于历代陵墓设法保护，或种植树株，围绕周廊；或建立标志，禁止樵刍。其有半就淹没，遗迹仅存者，又宜树之碑记，以备考查。

一　古代城廓关塞，壁垒岩洞，楼观祠宇，台榭亭塔，堤堰桥梁，湖池井泉之属，凡系名人遗迹，皆宜设法保存。其有关系地方名胜者，应由地方官或公共团体筹资修葺，以期垂诸久远；其于历代有关，足资考证者，亦宜树之碑记，勿使湮没不彰。

一　历代碑版造象，画壁摩崖，古迹流传至为繁赜，文艺所关尤可宝贵。凡属此类，应由地方官各就所在地，责成公正绅士或公共团体、寺庙住持，认真保存，不得任意榻摹、毁坏或私相售运；其为私家所藏及所发现者，即断碑残石，亦宜妥为保存，或由公家设法收买，要〔在〕勿使奸商串卖，运往海外。其各处著名之石刻碑碣，历时愈久，残毁愈多，不有拓本，无从考核，应责成地方官切实搜求。凡现存者，无论完全残缺，一律拓印二份，直接邮寄本部，以备考查，仍将所拓寄之种类、数目，分别呈报该管长官备案。

一　故国乔木，风景所关，例如秦槐汉柏，所在多有，应与碑碣造象同一办法，责成所在地加意防护，禁止翦伐。

一　金石竹木，陶磁锦绣，各种器物及旧刻书帖、名人书画，既为美术所留遗，且供历史之研究。海通以来，舶商购买，不惜重资，游历所及，辄事搜求，长此不图，恐中国珍奇将尽流于海外。拟由各省分别搜集，择其制作最精，著录最久，足资考证者，应筹设保存分所，或就公共场所附入陈列，严定保管规则，酌取参观资金，先就公家所有，萃集保管。其私人所藏，一时即不能收买，亦应设法取缔，以免私售外人。

以上各节，均系酌定暂行保管办法，以资维持，一俟通盘筹画，略有头绪，再行厘定章程，推广办理，至各该处对于各项古物必应按习惯上特别保存方法保存者，亦可照旧办理，但须分别转报本部备案，俾资查考。

〔北洋政府内务部档案〕

6　内务部为调查古物列表报部致各省长都统咨

（1916年10月）

为咨行事：粤维吉光片羽，足征古代之文明，断碣残碑，辄动后人之观感，对盘铭而起敬，抚石鼓以兴歌，胜迹名山，资历史之考证，衣冠文物睹制作之精英。凡古代品物之遗留，实一国文化之先导，固不仅摩挱石刻，发思古之幽情，想望铜标，切前贤之景仰已也。征之东西各国，保存古物，备亟经营，邦埤古城，埃及石塔，西腊佛堂之雕刻，东瀛神社之遗墟，莫不侈为美谈，争夸名迹。其通都大邑，每设博物院，搜求珍异；罗列瑰奇，千品灿陈，荟为国粹。而我国地大物博，开化最先，古代流传，何可胜纪。顾以历经浩劫，销沉已多。公家所保存，不及百分之一，私人所搜集，每集散亡。近数年来，为市侩私售舶商，以致流出海外者，迭据关吏报告为数尤夥，倘不亟谋保管，必至日渐销亡。本部保存古物，职有专司，凡物品之征求，保管之方法以及出售之限制，现正次第筹画，将以谋全国古物之保存，自当以分类调查为起点。且查有清季年，前民政部曾咨行各省调查古迹有案，中更事变，册报尚稀。兹特准酌国情，制定调查表及说明书，咨送查照，即希通饬所属认真调查，按表填注，限期送部，藉便考查。嗣后如有发见古物及关系名胜处所，并希随时报部，是为至盼。此咨

各省长

都　统

各长官并令行京兆尹

中华民国五年十月　　日

附录调查古物表式：

＿＿＿＿＿＿＿＿县古物调查表　　第＿＿类

名　　称	时　　代	地　　址	保　　管	备　　考

古物调查说明书

一　本表分为十二类如左：

建筑类：如古代城郭、关塞、堤堰、桥梁、湖渠、坛庙、园囿、寺观、楼台、亭塔及一切古建筑之属；

遗迹类：如古代陵墓、壁垒、池沼、岩洞、矶石、井泉及一切古名胜之属；

碑碣类：如碑碣、坊表、摩崖、造象及一切古石刻板片之类；

金石类：如钟鼎、泉刀、宝玉、印玺及一切古金石之类；

陶器类：如陶磁各器及砖瓦土模之属；

植物类：如秦松汉柏及一切古植物之属；

文献类：如古代书帖、图画及一切古文玩之属；

武装类：如刀、剑、戈、矛、鍪、铠及一切古代武装之属；

服饰类：如镜、奁、簪、珥、冠、裳、锦、绣及一切古装饰品之属；

雕刻类：如佛象雕物及一切镂刻之属；

礼器类：如古代礼器、乐器之属；

杂物类：如农工用具及一切不隶于各类之属。

一　右列各类古玩，先就属于国有及公有者，次第填列；其属于私有而理应保存者，应就调查所及，酌量列入于备考格内，注明属于何人所有；

一　名称栏内填注古物通称，如唐侯鼎、散氏盘等；

一　时代栏内填注古物时代，如秦汉等；

一　地点栏内填注古物所在地，如在坛庙或公署等；

一　保管栏内填注保存方法，如由公家收藏或委托保管等；

一　备考栏内填注其他应行声明事件；

一　依表造册或添列附表，其纸幅格式应归一律，如附以图说，不拘此例。

〔北洋政府内务部档案〕

7　内务部关于禁止中外人等在北邙山一带挖掘古物致河南省长咨

（1918年4月27日）

为咨行事：案查本部前定保存古物暂行办法第一条内载：历代帝王陵寝，先贤坟墓，应由各地方官设法保护；第三条内载：历代碑版、造象、画壁、摩崖，应由地方官妥为保存。各等语。原以吾国开化最先，文艺美术冠绝全球，古物流传何可胜纪。惟保存之无方，斯散佚而殆尽。近年以来，舶商贩运，到处搜求，甚至毁坏冢墓，探取珍奇，遂致玉鱼、金碗时出人间，汉瓦秦砖，转流海外，长此不已，存者几何。本部有鉴于此，是以厘定办法，通饬遵行，并详列表册，分省调查，以期抱残守缺，重前代之留贻，则古称先，增爱国之思想。上年一月，因报载有人在洛阳搜集古物，曾经咨行贵省长转饬该县知事严禁中外人士不得在该处出掘古物，私相售买。等因在案。乃近闻北邙山一带陵墓左近仍有潜行挖掘，搜索古代器物情事，若果属实，殊于保存古迹显有违碍，应由该县严切查禁，认真保存。再，该县龙门地方，元魏以来，造象碑记，密若蜂房，弥满山谷，为石刻之巨观，洵古今之名胜。前经本部咨行转饬该县拟订保守规条，并开具造象数目表，旋经咨送到部，当以送表册仅列石佛，未将石刻碑记填列具报，复经咨饬再行详细查明列表，并拓印送部，历时既久，未准据呈咨复，应由该县迅将龙门石刻碑记一并详查列表，并各拓印二份，呈送备查。仍照部定保存古物暂行办法及原订保守龙门山石佛规条，切实防护，以重古迹。相应咨请贵省长转饬该县遵照，分别办理可也。此咨

中华民国七年四月二十七日

内务总长　钱能训

〔《政府公报》第817号〕

8 内务部就不法商贩盗售四面刻佛古石致山东省长咨

(1918年7月26日)

为咨行事：据山东图书馆馆长庄陔兰呈称：奉省长公署训令内开：据益都县知事范家祜呈称：知事访闻，近有一般奸商收罗金石，专恃胶济车代运，乘隙出售，藉为利薮，经派警队密查，斯免兔脱。兹托青州车站悦来公司扣获古石一座，四面刻佛，委系古物中金石一系由他县运青装载，意在得价出脱，石非益都出土者。原运商人自知非法行为，不敢希冀珠还，知事因已扣留原物，亦未再予深究。惟此石既系来自他处，不得认为益都公有之物，当将此石由火车运交济南图书馆查收，在该馆附设金石保存所内妥为陈列，以昭慎重，而垂久远。等情。到本公署。除指令外，合行令仰该馆长即便查照保存古物暂行办法第三条，将送到古石妥为保存，并由该馆按照定章连同前藏汉石各拓四份，分呈内务部及本公署备案。等因。奉此。遵即饬匠各拓四份，除分呈省长公署外，理合呈送四面刻佛及汉石拓片缘由，具文送呈收存备案。等情。到部。查山东省古物金石一类最为繁赜，近来奸商贩运，到处搜求，自非随时严查，不足以禁私售，而儆效尤。兹据来呈所称，此项四面刻佛古石，系益都县知事查获，足征注意古物，认真办理，殊堪嘉尚。除将各种拓件备案外，相应咨行贵省长转饬该馆知照，并请通令各县关于毁坏盗卖古物，一律严切查禁，以资保存。此咨

山东省长

中华民国七年七月二十六日

〔《政府公报》第908号〕

9 内务部关于云岗、龙门造像大量外流事致山西、河南省长咨

(1926年9月)

为咨行事：据周肇祥呈称：此次赴日，于该国绅富家所见石造

佛头甚多，询系我国大同云岗、洛阳龙门之物，为古董商贩运前往。查大同云岗造象，洛阳龙门造象，其于历史上价值重大，宜宝贵维护，以存国粹。失今不图，想必残毁殆尽。应请咨行山西、河南军民长官，妥筹保护之方，明定管守之责，损害者从重治罪，贩卖者加以严惩，庶佛法文化，皆有极大裨益。等情。到部。查龙门佛象石刻，曾经本部于民国五年咨行贵省长严饬军民人等不得毁坏贩运，并派委专员，会同该地方长官查明现在所存佛象石刻，究有若干，一一登记，责成该处附近庙僧管理，一面仍由该县知事将保管办法详细呈复。嗣据该县知事王锡龄将龙门造象填列表册，并将守龙门石刻规条呈送到部，当以所送表册，仅列石佛，未将石刻碑记填列，复经咨行详细查明，列表并拓印送部，迄未见复。复于七年咨行转饬列表拓印，并照部定保存古物暂行办法及原定保存石佛规条，切实保护。等因。各在案。是本部对于龙门造象石刻，历经咨饬该地方官认真保管，严禁毁弃贩运，不惮再三。究竟现在有无损坏及贩卖情事，本部无从悬揣。兹据周肇祥呈称各节，除咨行山西省长并批示外，相应钞录原呈，咨行贵省长转饬查明，遵照历案，切实保护，并将现在情形，呈复咨部，以凭查核。此咨

山西省长

河南省长

附抄件

中华民国十五年九月　　日

周肇祥致内务总长呈

敬启者：窃肇祥此次赴日，于该国富家所见石造佛头甚多，询系我国大同云岗、洛阳龙门之物，为古董商贩运前往。有识之士，佥以为吾华政府对于此等蹂躏文化之举，应严加取缔。及游览奈良法隆寺，晤该寺住职法相宗长佐伯定胤，谈及云岗、龙门之事。该宗长云：上年，东亚佛教联合会开会，伊曾将保护两处佛象之议，向中国

代表提出，允为设法，迄未实行，深为可惜等语。查大同、云岗造象，创于后魏沙门昙曜，历教主百年之久而后告成。载在魏书释老志及高僧传。其规制实集中国、印度绘画雕刻之长。洛阳龙门造象，始于孝文迁洛，延及隋唐。石窟瑶龛，弥山遍谷。综而观之，云代开其始，伊阙阐其风，佛法之流传，艺术之造化，莫不粲然可考，其于历史上价值，可谓重且大矣。外人视之，犹知爱惜，我邦人宜如何宝贵维护，以存国粹，乃竟斧凿横施，掠取盗贩，奄同私物，失今不图，势必残毁殆尽，肇祥目睹日本崇重佛法，保护美术，几于全国一致。天平贞观之木象，我国隋唐间传去之法物，悉列国宝，政府不惜巨大支出，以谋防护之周密，至堪取则。应请钧部咨行山西、河南军民长官，妥筹保护之方，明定管守之责，损害者从重治罪，贩卖者加以严惩。庶妙相保其庄严，人天得以瞻仰，佛法文化，皆有极大裨益。为此陈请，敬乞鉴核施行。谨呈

内务总长

中国画学研究会会长
北京佛教会评议长　周肇祥

中华民国十五年八月二十一日

〔北洋政府内务部档案〕

(二)古物的盗毁与流失

一、清室与军阀盗毁古物

1 大总统令国务院查办热河行宫古物盗案有关文件

(1914年1月—1915年1月)

(1)国务院委派许世英为查办专员函(1914年1月20日)

国务院公函　　三年密字第三十九号

径启者:奉大总统令:据国务院总理熊希龄呈称:北京商店天聚昌等盗买热河避暑山庄前清古物一案,业经查明,先后将拿获店伙人等移交热河都统讯办,应请简派大员,前往热河认真查办,尽法严惩等语。事关前清皇室财产,自应彻底查究,应派许世英克日前往,秉公查办。此令。等因。相应抄录原文函知贵委员查照,克日前往,秉公查究可也。此致

政治会议委员许君世英

附抄件〔缺〕　　　　熊希龄

中华民国三年一月二十日

(2)许世英查办被盗古物情况致大总统呈(1914年4月2日)

为呈报事:本年一月二十日准国务院函开:奉大总统令:据国务总理熊希龄呈称:北京商店天聚昌等盗买热河避暑山庄前清古玩一案,业经先后查明,拿获店伙人等移交热河都统讯办,应请简派大员,前往热河认真查办,尽法严惩等语。事关前清皇室财产,自应彻底查究,应派许世英克日前往,秉公查办。此令。等因。相应钞示原文函知前来。世英遵即先调京师警察厅羁押人犯各供卷详加检阅,并呈准调用前司法次长汪守珍,前司法部参事张轸,前奉

天行政公署科长马振理，前奉天康平县知县陈嘉言四人随同赴热。于二月十一日由京师起行，取道古北口，十五日抵热，即函知都统姜桂题、承德县知事卢宗吕调阅卷宗，派汪守珍、张轸二员将拿获店伙、园庭兵目连日研究，叙具问答词，复传见园庭内总办科长、科员、苑丞、苑副询问，又从各方面调查避暑山庄保存古物向来之办法与现在之情形。于二月二十八日旋京，先后共历二月有余。仅将调查所得一一为大总统陈之。

一、在京羁押人犯之供词。检阅京师警察厅钞来供卷，据宋秀田(更名田云卿，即田霞臣)供称：伊于民国二年十月间至热，经素识之张振九介绍，张福田手内买得大小金银毯各一件。张省三供称：在京开设三合公古玩铺，生理，派得铺伙希玉谦赴热，邦同田霞臣买得玉磁、雕漆珐琅等物共数十件，嗣警厅查知，带同外国人前往该铺买毯，议明价洋二千五百元，张省三因外国人身穿军衣，恐系官府，遂将毯子交与娄厚甫转交华比银行丁济谦代存。丁福田即丁济谦供称：在京开设延清堂古玩铺生理，复在华比银行充当总。理，伊同娄厚甫代张省三转存毯子二件。韩少臣即韩玉福供称：在京开设隐秀斋字画铺生理，民国二年九、十月间，伊赴热，在于伟卿手内买毯子、玉器、绣货、珐琅等物共三十七件。靳如珍供称：伊系仿古斋铺徒，铺掌赵荣棠凑款交由于伟卿赴热买得行宫金线毯等件。高连珍供称：受雇庆昌木厂佣工，民国二年六月间，铺掌黄筱华与天聚昌绸缎庄共出资本，令于伟卿赴热买得金线毯一件。石书田供称：受雇天聚昌绸缎庄佣工，民国二年六月间，铺掌黄介亭与黄筱华共出资本交由于伟卿赴热买得行宫金线毯一件，后经售与警厅约来外国人丁姓，议明价洋二千四百五十元，现已起获。黄介亭亦已回籍。常汇川供称：在京开设惠记古玩铺，民国二年十一月间生理同铺伙宋辑五到热河买得行宫偷出之玉磁、雕漆、绣货等物，共七十余件。宁志明供称：在京开设永宝斋古玩铺营生，铺掌贾国兴于民国二年阴历十月初间赴热，倒得来远号开铺生理买得行宫宝物甚多。庆宽供称：伊于热河盗买物品事并无影响。各等语。该厅起获赃物共计二百二十余件之多。复加询问，除常汇川另有详供外，余均大约相同。此在京人犯供词之大概情形也。

一、在热羁押人犯之供词。据于伟卿供称：曾在北京仿古怡古斋，充当铺伙，民国二年六月，伊领得天聚昌绸缎庄黄杰亭资本到热，用洋二千余元，买得素识之杨佑之金线毯、椁围等物。质之杨佑之（即杨保荫）供亦相符。宋辑五供称：曾在北京瑞记古物铺营业，民国二年八月，伊与素识之常汇川合伙偕到热河买得在逃之胡庆年、刘鼎卿、何富、刘宜斋及不知名之李姓玉磁、雕漆、绣货等物七十余件。韩四即韩德富供称：伊代胡庆年卖给磁瓶等件，与宋辑五伊家起获物件，系在逃杨文绪所存。何富供称：向在狮子园充当兵丁，伊于民国二年十一月间，同张贵窃得大殿内楠木金刚经，卖给宋辑五，各得洋五元。傅锡九供称：向受雇北京瑞记洋行佣工，民国二年六月十五日到热，陆续代铺东托已革芳园居兵丁佟玉山买得雕漆、毯子、铜锣等件，质之佟玉山，所供大略相同。彭玉和供称：向在含青斋充当兵丁，民国二年十月十一月间，窃得含青斋小珊瑚珠、字画等物，卖给佟玉山，价洋三元，尚有藏毯等物三十余件并未售出。佟殿甲供称：向在芳园居充当兵丁，民国二年十月间，窃得芳园居雕漆瓶六件，卖给佟玉山得洋九元。傅锡盛供称：向在含青斋充当兵丁，曾得含青斋报废毯子一件，卖给彭玉如，得洋三角。佟玉山供称：民国二年阴历十月十八日，伊代胡庆年寄存铜佛五片〔尊〕。贾国兴供称：向在北京开设永宝斋古玩铺生理，有素识之庆小山谈及北京见有热河行宫宝物，令伊赴热看视，伊遂携带洋银，于民国二年九月二十六日抵热，开来远公司布店，买得袁瓦匠、钱四等雕漆、绣货等物九十余件。张成顺供称：伊代在逃之杨文绪隐寄赃物。张连顺供称：有素识之商玉文在伊家寄有雕漆等件。张振九供称：向在团练局当差，伊与田云卿、希玉谦相识，并不知田云卿等收买古玩情事。樊棣园供称：伊于民国二年九月间，在热不知姓名人挑上买得册页二本。各等语。其余张金喜、徐瑞、张玉岭、姚毓华、长佑关得顺、张喜、彭元裘、殿臣裘彩、王凤来、张鹤龄等，或因迹涉嫌疑，或因到案质证，均无甚关系。该处都统署、警察厅、县知事共起获赃物三百四十余件，此在热人犯供词之大概情形也。

一、假珠案询问之供词。前准内务部函称：据清理员杨承曾呈称：此次由热解京之紫檀六方龛所脱落真珠七颗，金嵌松石龛所脱落次珠四十三颗，承曾前于查验时均是真珠，兹经验收，均变为假，请传同经手人细加审判等语。讯据永佑寺苑副林保年供称：六方龛脱落真珠七颗，由傅应金递交清理处，其假珠一包，系由杨清理员交伊转交吴永山收存。库目张起、黄悦生，库兵陈廷玺等供称：二龛系由杨清理员点明封固后交陈廷玺送至东屋，由黄悦生收置，副千总吴永山供称：清理时由林保年交还假珠一包，当即收存。本年阴历正月间，代理陈设处总办郑万鳌索取假珠，伊令库兵葛殿成将原包取出，呈经郑万鳌验存。库目佟殿甲称：清理时杨清理员派伊写签包封两龛，并未经手。库兵傅明庆、石连兴、于振声、巴宝善等供称：解送宝器派伊等装箱，所有原包并未见有破损痕迹。苑丞黄文凤供称：两龛珠宝伊亲见，杨清理员点明无误。苑副傅德润、副千总李昆等呈称：假珠二款，实不知情。复据代理陈设总办郑万鳌呈称：去岁十一月十四日验收佛龛，脱落镶嵌宝石，曾经前林总办杨清理员公同过数验收当并包封粘签盖戳，有库目佟殿甲随同写签，由西屋清理处交库兵陈廷玺送至东屋内库，经该科长傅德润、科员李昆眼同库目黄悦生、张起等收箱。比时俱有该处代理苑副林保年与前管苑副傅应全督同副千总吴永山呈交正款外，持珠子一包，经杨清理员查验时，言系假物，面斥退还。后因珠子在京发现，部交都统查复，万鳌传同询吴永山派兵眼同将假珠一包持验无误。调阅前清宣统元年八月底册第四页第二三行，紫檀六方龛、金嵌松石亭式龛所注珠宝数目，均有添注涂改。询据苑丞杨恩同等均称：系前清都统廷杰清理时所改。复据杨恩同呈称：两龛经廷都统清查后，按照光绪三十一年印册更正，提归内库后，按现存珠宝正次数目详细查明，饬书写委员王常全、赵景增另誊清条二纸粘附。三十一年册内，前苑丞杨崇荫等即按此数另造清册备核。据赵景增称：廷都统因草单删改乱杂，饬令另缮清条附档。惟草条已失，无从察考，附列清单呈核等语。查阅清单与原册未改数目相符，不足为该册系廷都统所改之证，函请内务部转知清理员杨承曾由热询问，现尚未到，此假珠案各经手人供词之大概情形也。

一、园庭内执事人所递之供词。据苑丞杨恩同呈称：此次被窃，既未据各处该管苑副呈报，苑丞亦未有所闻。该管苑副及苑丞事前疏于防范，事后失于觉察，均有应得之咎。苑丞黄文凤亦以被窃各物，失于觉察，实难辞咎为词。再四询问园庭失物数目，据称：现在清理尚未完竣，实不得而知。代理陈设处总办郑万鳌呈称：熊前都统莅任后，移居宫内，派清理员杨承曾等指挥各苑丞等官清理各物，将各处物品分类运至前宫，所有点查装运，均系该员指挥督饬办理，及熊前都统临行时曾面告郑万鳌与杨苑丞恩。同云：际此万宝出现，若不将国宝玉器等件装箱带京，诚恐军人注目，乘此生事。嗣后，继任者系陈会办光远，熊都统以陈约束军队甚严，可保无虞，事遂中止，只将洋漆小书格二对、皇舆全图一百五十页、词谱一部带去，均有令提取在案。内中词谱未曾入册，显系杨清理员疏漏，提用竹笔四支，亦系杨承曾面奉熊都统谕经手，又高丽纸，竹帘及木床等件，亦由该苑丞奉都统署提用条发给，再杨清理员由林总办手借阅九宫、大成南北词宫谱计五套五十本。万鳌向索，以未阅毕，留函作凭。苑丞杨恩同呈称：民国二年七月十六日，奉熊前都统令，以毅军保卫热边，甚著战绩，向清舒山馆提取高宗书戒得堂条幅一轴，及月色江声所存高宗字福长安画扇一柄，寄赠通州姜军统。八月十八日又奉令现在陈设行政公署及都统木器二百零七件，除小格二对由本都统借用，余交员点收，列入交代，此园庭执事人所具呈词之大概情形也。

一、园庭宝物陈设及清理之办法。据园庭苑丞杨恩同呈称：查园庭避暑山庄建立十大处，分建七十余小处，地面辽阔，物品繁多，拨设官兵分布看守，原设正副总管二员，专管园庭内外事务，值年监督三员，三年期满更替。嗣因糜费不敷，奉旨改由园内大千总内拣选三人作为苑丞，兼辖园庭事务，又添设外庙苑丞一员，专管各庙事务，复改园内大千总十名作为苑副。光绪二十八年裁撤正副总管，园庭事务归热河都统兼管。原设苑副十一员，道光年间裁撤四员，留苑副七员，专管堂档房文案，苑副六员，专管各处弁兵及陈设，所有殿座封条锁钥，该处苑副、千总联衔，每遇开殿，公同启闭。查有情形随时呈报，苑丞、苑副等合同复勘，禀请长官究办，此历来设官分职之定章也。自光绪十四年、十八年奉旨运取陈设，委员随带磁玉，匠人拣选装箱，逐件约估，往往小件估价极昂，众兵寒苦，闻之未免动心。自此以后，屡被丢失，均经照例惩办在案。民国二年，熊都统到任，查得园内陈设分存散漫，令归并保存，派委清理员杨承曾、祝毓瑛、陈价藩会同苑丞等清理归各处，苑副督兵运送前宫点收，苑丞等拣派苑副、堂副、千总十员，书写兵二十名随同清理，嗣经杨清理员因人员不甚得力，另派专员经理，恩同因派委工程事即未经手，后经熊都统委派林海年为陈设处总办，凡关于陈设所之事件，俱不由园庭事务公所承转各等语。此园庭向来办法及熊前都统清理之大概情形也。

查避暑山庄陈设宝物，前清光绪十四年以前有无遗失，无档可稽。自十四年以后，起运一次即遗失一次，清理一次亦遗失一次。其故由于奸商盗买，为富不仁，因之穷苦园丁亦遂见利忘义，乘机窃取，盖几成为无可逃避之事实。观于历办之成案，可知此次清理保存是为实物之结束。遗失之数现虽由内务部派员清理，尚未蒇事，不得其详。但较从前失物为多，则已成铁证。观于此次获赃数可信，在盗买盗卖其罪固有攸归，然清理人员之办理不善，致令熊前都统保存之心变而开放之举，其咎亦属难辞。观于苑丞杨恩同、黄文凤等自责之供词可证。

复查此案，在热河承德县羁押者十七人，在京师警察厅羁押者九人，两方人犯互有关联，有在热河贩买，闻风潜逃，在北京逮捕者；有赃物在北京起获，罪犯在热河羁押者；有勾通买卖而在京、在京热两方供词有不一致者，牵连既多，似不能仍就原管辖各为判决。惟证据既为确凿，罪犯业已成立，此案应由京师警察厅送交司法衙门依法惩办。至两案应否归并，与管辖如何指定，均由京师司法衙门办理。除将证据供词文卷一并附呈，籍供查核外，理合呈报钧鉴，伏冀饬交内务部密交京师警察厅一并送交京师地方检察厅，以资佐证，并请批示遵行。再世英赴热时曾呈明向财政部领款，因彼时无款可发，由内务部交来三千元，除世英一人不支薪水外，所有随员津贴及膳宿费、车马费、各项杂费、酌赏护卫兵警等费共用银二千二百八十余元，所余七百余元，由世英连同清册单据一并送还内务部分别归款，并送审计处查核，合并声明。谨呈

大总统

许世英

中华民国三年四月二日

（3）许世英查办被盗古物情况再致大总统呈

敬再呈者：查熊前总理原呈内称：希龄所闻颇多，人言市虎，虚实均应彻查呈来，并有派员认真查办，此间执群疑众谤之口等语。细绎呈意，盖熊前总理一若受有诽谤之言，而不自知其何来，且无以自白者。世英既受大总统委任之命令，复读熊前总理请求之呈文，则对于疑谤之所由来，不得不寻其究竟。检阅京师警察总厅押犯常汇川即常惠川等供词，觅于兹事不无关系，如果所供属实，或者疑谤之言由兹而起，在熊前总理果于自信，或者于物腐虫生之后尚不自知。兹将各犯原供摘录于后：

据常汇川即常惠川供称：在隆福寺开设惠记古玩铺营业，民国二年阴历七月初间，伊在京福居饭馆与素识熊都统当差之刘鼎卿晤面。据刘鼎卿云：热河清皇室宝器，一半归民国，一半归皇室，现在归彼出卖，有数十箱寄到上海出售，现有三、四箱尚在热河。刘鼎卿复为伊介绍不记名之杨姓，口操南音，系熊都统之管帐人，又介绍江苏口音，三十余岁之狄姓，名号记忆不清，惟忆下系卿字，谓系熊都统之幕府。杨姓云：清皇室各物已寄到上海，卖过二、三十万，尚余无几，系分给大众之物，狄姓在万福居给伊看过海棠式小花瓶一对，景泰珐琅盘一个，共索价八百两，伊还价四百五十元，并未买妥。彼等又谓此项卖价为在热河开办石油矿之用。杨姓又言：家眷未来，尚有二、三十件，十月底冬月初，家眷到京，带来再看。伊与宋辑五于十一月初间一同赴热，经宋辑五，由刘鼎卿手内买得雕漆小柜等件，伊因听闻有古玩数箱，运到天津，遂赶即回归，旋因有事未能赴津收买。又据张省三供称：伊在隆福寺开设三合公古玩铺营业，铺伙宋秀田闻得熊都统在热出卖古玩。伊又接张振久来信云：热河宫内出来物品不少，系归官卖，好者运京，次者就地出售。是以于民国二年阴历八月间委任宋秀田携带银元赴热收买，京中本行人亦传说熊都统回京带来货物八十箱，卖银三十万两，常汇川等均往看过。又据丁福田即丁济谦供称：伊在琉璃厂延清堂古玩铺执事，闻常汇川言熊都统秘书杨姓卖有字画、磁器各等语。再三研诘，矢口不移，是否属实，应由法庭详细根究，以成信谳。理合附呈大总统钧鉴，伏冀密交内务部并入正品办理。谨以附呈。

许世英

中华民国三年四月二日

盗卖热河行宫古物案已获人犯名单

石书田	天聚昌铺伙
高建珍	庆昌木厂铺伙

张省三	三合公铺掌
常汇川	隆福寺乾升斋鞋铺内（惠记古玩铺铺掌）
韩少臣	隐秀斋铺掌
靳如珍	仿古斋铺伙
宁志明	永宁斋铺伙
丁济谦	延清堂铺掌
徐华林	延清堂铺伙

田霞臣（即宋秀田）以上十名均在本所羁押

庆小山（即庆宽，取保听传）以上一名取保候传

起获被盗古物清册

由天聚昌起出之物

一号毡子一块

由三合公古玩铺张省三手起出之物

一　黄表一个

二　碧玉插瓶一块　无框

三　白玉雕金花插瓶一块　硬木框

四　镶鱼骨黑漆龙花茶盘二块

五　红色雕漆百宝匣二个　均带座

六　红色雕漆茶筒座一个

七　红色雕漆腰圆式盒子一个

八　豆青色康熙磁瓶一支　暗花

九　红色雕漆花盆一对

十　黑漆金花带盖四角盒一个

十一　黑漆金花带盖碗五角一个

十二　黑漆金花圆式带盖盒三个

十三　紫漆带花碟十二个

十四　金木托小碗六个
十五　金木托大碗一个
十六　红色雕漆如意一对　龙花
十七　黑色带盖圆漆盒一个
十八　黑漆盘二个
十九　紫漆盘二个
二十　小漆盒盖二个
二十一　红色雕漆桃式样座一对
二十二　红色雕漆海棠式样座一对
二十三　红色雕漆长六角式样座一对
二十四　红色雕漆长方式样座一对
二十五　红色雕漆四方式样座一个
二十六　花漆圆盆一个
二十七　花漆圆碗一个
二十八　大金绒毡子一块(在娄厚甫处寄存)
二十九　稍小金绒毡子一块(由丁济谦手抄出)
以上共二十九号,计大小五十五件
由常汇川手起出之物
一　雕漆小柜子二个　附带竹叶荷叶
二　龙花样祥珐蓝铜片二十四块
三　豆青磁瓶一个　又名天蓝
四　朱砂小磁瓶一个　又名窑变
五　戈磁小瓶一个
六　珐蓝点翠小亭子一座
七　象牙骨头鸟一个
八　青豆插屏一座
九　景泰蓝小瓶一对
十　青玉人五个

十一　黄玉鸟一对
十二　玉佛手一对
十三　黄玉大小鹿一对
十四　象牙骨头人十二个(有双的)
十五　雕漆匣子一个
十六　五彩花毡子一床
十七　灯草绒边绣花心毡子一床
十八　獐绒毡子一床　又名藏绒
十九　蓝地平金桌面一块
二十　红锦桌面一块
二十一　黄坐褥垫靠二块
二十二　蓝地平金靠背一块
二十三　黄绒绣花条三块
二十四　布地绣花条一块
二十五　绣金龙黄缎条一块
二十六　蓝毡地绣花一条
二十七　绣花靠垫等五块
以上共二十七号计大小七十七件
一　玉露顶两个
二　磁水池一个
三　净水碗一个　以上三物系由张家口买来的
四　碧玺桃一个　此物系由黄古屯买的
以上之物据常汇川供称非热河行宫之物
第一次由隐秀斋韩少臣手起之物
一　毯子一块
二　青玉人一个带座
三　白玉人一个
四　景泰蓝挂瓶一个

以上计四号大小四件
第二次由隐秀斋韩少臣手起出之物
一　紫花织绒毡一块
二　黄缎平金桌围两个
三　黄缎绣花椅垫四块
四　黄缎绣团龙桌面两块
五　黄缎绣团龙靠背四块
六　黄缎绣团龙椅垫一块
七　黄锻冰纹花长桌垫一块
八　黄缎绣团龙长条三块
以上共八号计大小十八件
第三次由隐秀斋韩少臣手起出之物
一　黄缎绣花桌垫一块
二　黄缎绣花长条一块
三　黄地金绣花桌面一块
四　黄缎金花长条一块
五　黄地五彩花长桌面一块
六　红地平金绣花桌面一块
七　绣花黄缎长条六块
以上共七号计大小十二件
第四次由隐秀斋韩少臣手起出之物
一　黄缎夹绣片二块
二　刻丝红桌围一架
以上二号计共大小三件
由古玩商会转呈缴三友山居之物
一　金地绒毡一床
二　玉插瓶六块(内碎二块)
三　珐琅挂瓶一件

四　雕漆盒子八个
五　锦围桌一件
六　锦片一件
七　绒毡一块
八　漆方盘子一块
九　寿山石壶一个
十　旧玉笔筒一个
以上十号共计大小物品二十二件
由古玩商会转呈缴三合公存在娄厚甫处物件
一　青花蒜头瓶一件
二　珐琅圆盘一件
三　珐琅茶托一件
四　珐琅花盆二件
五　珐琅圆豆一件
六　珐琅圆圆座一件
七　白玉镶嵌刀把二个
八　红帽架顶一个
九　桌围三件
十　豆青磁洗一件
十一　彩磁青花碗七个
十二　绒片二件
十三　青花加紫小缸一个
十四　茶叶末小炉一件
十五　黄绒锦一条
十六　红绒锦一块
十七　均黝小瓶一件
十八　螺细圆盘四个
十九　青花加紫酒杯一对

以上十九号共计大小物品三十三件

(4)熊希龄关于案情出入殊异事致大总统呈(1915年1月15日)

大总统钧鉴：敬呈者：热河古物盗案屡蒙饬交内务部审判厅分别讯判，时经年余，虽迭次据所闻见，函请内务部朱总长查传质对，均未得复，亦惟有静候法庭判决。乃昨见报载：审判厅公布判断通告，对于盗买盗卖之人依法治罪，轻重出入，无容置喙。惟于常汇川所供当时私购赃物谓系因素识自称在熊都统当差之刘鼎卿向伊说，热河古物半归皇室，半归民国，令伊去买，始到热。由刘鼎卿及韩四、何富等手内买得古物一节，法庭并未知照希龄查询热河当差者有无刘鼎卿其人。希龄上年因许世英摭拾常汇川密陈钧座一摺，曾将希龄在热所带员役实无刘鼎卿及管帐杨姓、幕府狄姓等人，并将常供诬捏各节逐一指驳，函请朱总长切查。又据所闻：热河人刘鼎卿曾往来京津与常等勾结串卖古物，函嘱热河参谋长舒和钧密告承德县卢知事宗吕，将刘鼎卿解京备质，讵料卢知事以许世英曾有令勿诛求之函，并未将刘解京，内务部及法庭亦未查传及此，殊于此案办法颇欠完密。查热河案内各犯赴热购置赃物，观其原供年月，均在希龄七月卸任以后，希龄本不负监察之责，而平日御下极严，从无有此招摇撞骗之员司，倘各衙署查明希龄果有如常供当差刘、杨、狄等及此外之员役，有一人指染其中者均请钧座治希龄以治下不严之罪，此希龄所可自信者。此案既结，希龄何敢再三陈渎。惟渥受知遇之隆，拔之百僚之上，罔其丧失廉耻，负恩溺职，非徒有辱国体，抑且上累知人之明，清夜自省，何以为人。谨将前致朱总长两函及舒和钧、卢宗吕来函汇抄，呈请钧鉴，伏乞鉴核。

参政　熊希龄谨呈

一月十五日

〔北洋政府内务部档案〕

2 国务院秘书厅为“惠赠”友人提取古物陈列所古物清单

（1918年9月—1919年8月）

（一）

(271)① 珐琅炉瓶盒 三件 估价一百元（此款系热河第一次铜珐琅册内）

(993)乾隆款霁红直口掸瓶一件 估价十元

(955)乾隆款厂官釉纸捶瓶一件 估价五元

(1624)乾隆款厂官釉双带葫芦瓶一件 估价七元

(1842)乾隆款冬青釉三咀葫芦瓶一件 估价五元

(1717)乾隆款冬青釉代盖葫芦瓶一件 估价十元

(1681)乾隆款炉均釉双管杏叶瓶一件 估价二元

(2449)乾隆款霁青天球尊一件 估价三十元

(1699)白地青花双耳尊一件 估价三十元

以上系奉天册内

(18)古铜鼎一件 估价二百元

(205)古铜尊一件 估价五十元

以上系热河初次古铜册内

一九一八·九·十一

（二）

(2199)康熙瓷五彩龙凤中碗一件 估价一元

(2620)康熙瓷白地撇口彩花中碗一件 估价二十元

(274)康熙瓷白地五彩红龙瓶一件 估价五十元

(1602)雍正瓷白地红鱼大碗一件 估价三元

(2420)雍正瓷汝釉四方双管瓶二件 每件估价十元

(2736)雍正瓷冬青釉小胆瓶二件 每件估价五十元

---

①此为古物陈列所收藏古物的编号，原为本码字，现改写成阿拉伯数字，下同。

(2725)雍正瓷霁青玉壶一件　估价三十元
(2062)雍正瓷冬青釉三代五岳朝天瓶一件　估价五十元
(2718)雍正瓷冬青釉拱花天禄瓶一件估价　一百二十元
(1053)乾隆瓷汝釉观音大瓶二件　每件估价　十五元
(1627)乾隆瓷瓜瓣尊二件　每件估价二十元
(1856)乾隆瓷霁青兽耳方瓶二件　每件估价五元
(1837)乾隆瓷汝釉双耳瓶二件　每件估价三十元
(603)乾隆瓷哥釉八楞瓶二件　每件估价五元
(1626)乾隆瓷哥釉八卦瓶二件　每件估价十元
(1604)乾隆瓷哥窑双管杏叶瓶二件　每件估价五元
(1703)乾隆瓷霁青小口瓶二件　每件估价五元
(1624)乾隆瓷厂官釉双耳葫芦瓶一件　估价十元
(1659)乾隆瓷炉均釉花囊一件　估价三十元
(1839)乾隆瓷冬青釉腰圆瓶二件　每件估价五元
(1842)乾隆瓷冬青釉三咀葫芦瓶二件　每件估价五元
(1840)乾隆瓷汝釉匙箸瓶二件　每件估价五元
(1843)乾隆瓷冬青釉直口大肚瓶二件　每件估价五十元
(999)乾隆瓷汝釉观音小瓶二件　每件估价二十元
(998)乾隆瓷厂官釉纸捶小瓶二件　每件估价十元
(995)乾隆瓷炉均釉双耳小瓶二件　每件估价五元
(1819)乾隆瓷白地绿龙大盖罐一件　估价十元
(1784)乾隆瓷白地五彩小盖罐一件　估价十五元
(1681)乾隆瓷炉均釉双管杏叶瓶二件　每件估价二元
(2735)雍正瓷霁红瞻瓶一件　估价二十元
(2717)雍正瓷霁青玉壶春一件　估价十元
以上均系奉天册内
(205)无款五彩九江瓷塔一件　估价五十元
此件系热河三次佛供册内

以上共计五十件，共估价九百三十三元

一九一八·十一·十五

（三）

奉天[1]　(2764)康熙黄瓷绿龙大盘二件　每件估价一百元

奉天　(2735)雍正款霁红瞻瓶一件　估价三十元

奉天　(1843)乾隆款冬青釉直口大肚瓶一件　估价五十元

奉天　(1661)乾隆款蓝花白地六楞瓶二件　每件估价五元

奉天　(2604)乾隆款黄釉中碗一件　估价三元

奉天　(1871)乾隆款冬青釉中碗一件　估价一角

以上八种，共估价二百八十三元一角

一九一九·六·十八

（四）

奉天　(2764)康熙款黄瓷绿龙大盘二件　每件一百元

奉天　(1575)乾隆款黄地蓝花盘四件　每件五元

奉天　(1941)乾隆款白地五彩撇口平底中碗二件　每件二元

奉天　(2735)雍正款霁红瞻瓶二件　每件二十元

奉天　(2693)雍正款汝釉盖罐二件　每件三十元

以上十三件，共估价银二百四十四元

一九一九.八.十六

〔北洋政府内务部档案〕

3　湖北省教育会为制止清室出售古物致内务部代电

（1923年11月12日）

北京内务总长钧鉴：顷阅各报载有清室售卖古物一则，不胜骇异。窃我国与埃及、希腊、印度同为数千年前古国，其文明久为中西所称羡。清室之古物，尤为历代帝室递嬗相传之珍秘，并非一代一人所得私有。合全国五千年之文物，集于首都之清室，一涉疏忽，不

① 此类古物原藏奉天，后移入古物所收藏，下同。

徒散佚堪虞，即立国精神且将无从取征。清室以经费短绌，转售东邻，不啻将五千年立国精神捐弃一朝，言念及此，能勿痛心。我国文物，既经八国联军转徙于先，复遭一二奄寺盗毁于后，其他鸿爪雪泥，仍不珍惜，掷之东海，摘瓜抱蔓，隐忧实深。方今欧美各邦对于古物之保存，法有专条，诚知立国精神，舍此无所寄托。故东邻巨子，不惜牺牲巨赀，百方以谋之，我且昧然将应之。古人云：哀莫大于心死，正谓此也。敝会悯文献之失征，痛国粹之沦胥，不揣冒昧，吁恳大部设法妥为保存。并乞提交阁议，作为专案，妥筹善后办法，勿使数千年之文物失于一朝。国家幸甚！教育幸甚！湖北省教育会叩。文。印。

〔北洋政府内务部档案〕

4　故宫博物院与内务部关于防止清室内务府抵押于盐业银行之古乐金钟等变卖出口的往来函

（1924年4月—1927年11月）

（1）故宫博物院致内务部公函（1927年4月25日）

故宫博物院公函　十六年函字第二十二号

径启者：本年三月二十六日奉大总统令开：古物流传，文献足征，不独金石图籍有关考证者应加爱护，即宫观林木，缔构维艰，剪伐宜戒，曾经该主管部署拟具保存办法，以防毁伤贩卖诸弊。但因事立制，未有通行定章，难保不积久生玩。所有京外各地方，从前建筑、树植及一切古物，迄今存在者应如何防护保存，着该管官署汇集成案，重订专章，呈请通行遵照。并着税务处妥订禁止古物出口办法，饬令海关切实稽察，以副政府范古模今，力维国粹之至意。此令。等因。具见政府爱护古物，保存国粹之至意，钦仰莫名。查本院于接收保管故宫物品中，曾发见有清皇室内务府将宫中所存宝册、古乐金钟及各种金器，抵押于北京盐业银行之事。曾经致函该行，请将所押物品暂为保存，勿即变卖。俟与内务府商定办法后，再与该行接洽。函达去后，迄未见复。该项抵押品中有古乐金钟十六件，闻为旷代仅存之品，为研究古乐所必需。其余册宝等物，亦多有关文献，均属明令应行保存范围，自未便听其变卖处分。相应照录原订合同及抵押品全单，函请贵部查照，禁止变卖处分，并希转行税务处对于单开各件，一律禁止出口，以保国粹，至纫公谊。此致
内务部

附钞件一份，共计七纸

中华民国十六年四月二十五日

附抄清室内务府与北京盐业银行签订之古物抵押合同

立合同 清室内务府 / 北京盐务银行（以下简称 内务府 / 银行）今因内务府需要款项，向银行商订条件如左：

第一条　债额　以北京通用银圆捌拾万元为限，十足交款，不折不扣。

第二条　利息　每百元按月给息壹元

第三条　借期　以一年为期，如能于期内提前陆续筹还，利随本减，照数计算。

第四条　押品　以金器等件存储银行作为此借款抵押，另开清单备查。

第五条　此项债额，到期如不能偿还，得以押品变售作价，抵还本利。届变售时，由内务府会同银行办理。如变价有余，由银行将款缴还，设有不足，由内务府负责补偿足数，或另以他项物品交由银行会同变价备抵。

第六条　此项借款合同及押品清单，缮写二分，由内务府、银行各执一分为据。

中华民国十三年五月三十一日立

附抄抵押古物品清单

计　　开

昭圣皇太后之宝　重四百六十八两

仁宪恪顺皇太后之宝　重四百六十三两

慈和皇太后之宝　重四百七十四两

仁寿皇太后之宝　重四百七十两

恭慈皇太后之宝　重四百八十二两

恭慈皇太后之宝　重四百八十两

慈安皇太后之宝　重五百七两

慈禧皇太后之宝　重五百九两

皇后之宝　重五百五两

祺皇贵太妃之宝　重二百四十四两七钱

共重四千六百二两七钱

昭圣皇太后金册　十六页　重二百七十七两

皇后金册　十页　重一百七十两三钱

慈和皇太后金册　十页　重一百七十二两五钱

恭慈皇太后金册　十页　重一百八十二两

恭慈皇太后金册　十页　重一百八十二两

慈安皇太后金册　十页　重一百八十一两

慈禧皇太后金册　十页　重一百八十二两

懿贵妃金册　十页　重一百四十两

丽皇贵妃金册　十页　重一百四十五两五钱

彤嫔金册　四页　重五十九两

祥嫔金册　四页　重五十九两

祺皇贵太妃金册　十页　重一百十三两五钱

共重二千八十一两

金宝箱　四件　重六百七十七两

金印池　四件　重二百四十两

以上通共七千六百两七钱

金塔一座　重京平一千四百八十四两三钱　带小金钟二百零四个　内欠钟心一个

金塔一座　重京平一千四百七十两六钱

金镶嵌执壶一件　重京平九十九两四厘　大小珠六百三颗　宝石三十六块　小珠未点

金镶嵌执壶一件　重京平一百两五钱九分四厘　大小珠六百七十八颗　宝石三十九块　小珠未点

金盘一件　重京平五两三钱　上镶宝石十二块　随玉杯一件

金盘一件　重京平八两一钱六分二厘　随玉杯一件

金盘一件　重京平二十七两一钱三分六厘　珠八颗

金盘一件　重京平二十六两八钱一分八厘　珠八颗

金杯一件　重京平九两二钱二分二厘　珠二颗

金杯一件　重京平九两一钱一分六厘　珠二颗

无射　重九百二十四两

姑洗　重七百八十七两

林钟　重七百五十五两

南吕　重八百七十四两

蕤宾　重七百六十四两

大吕　重五百八十七两

夷则　重八百七十三两

黄钟　重六百十五两

仲吕　重七百四十一两

太簇　重六百八十一两

夹钟　重七百十四两

应钟　重八百八十八两

倍应钟　重五百三十两

倍无射　重六百十两

倍南吕　重五百三十六两

倍夷则　重五百六十两

以上十六件，共重一万一千四百三十九两

八成金镶嵌瓜式盒　原来重量十八两

又荷叶盒　原来重量十七两五钱

又籁瓜盒　原来重量十八两

又籁果盒　原来重量十八两

又葫芦盒　镶嵌不全　原来重量十九两

又葡萄盒　镶嵌不全　原来重量十六两五钱

又石榴盒　原来重量十八两

又桃式盒　原来重量十八两

又佛手盒　原来重量十八两

金镶松石菊花盘一件　六成金　连金座共重十二两

金镶松石双圆盒一件　六成金　共重五两二钱

金镶松石笔筒一件　六成金　重九两二钱　镶嵌不全

金镶松石墨床一件　六成金　重五两七钱

金镶松石水盛一件　六成金　连金盖座匙共重五两四钱

金镶松石墨床一件　六成金　重五两七钱

金镶松石小如意一柄　六成金　重六两

金镶松石瞻瓶一件　七成金　连座共重十二两

金镶松石香薰一件　七成金　重七两三钱

金镶玛瑙碗一件　六成金　随金镶玛瑙托金盖　共重十八两

金镶玛瑙碗一件　六成金　随金镶玛瑙托金盖共重十六两

金胎珐琅靶碗一件　六成金　连金托金盖共重七十八两

九成金各式盖罐九件　原来重量六十九两二钱　珠三十粒宝石五十九粒

九成金镶松石青金玻璃盒盖　原来重量二十二两五钱

九成金镶松石加间玻璃吉磬一件　原来重量十四两七钱　镶嵌不全

八成金果式盒九件　原来重量(珠二十一粒)　三十六两五钱

八成金镶嵌如意寿字盒一件　原来重量六十二两

八成金镶嵌如意寿字盒一件　原来重量六十二两五钱

八成金镶嵌红蓝宝石假石松石炉　原来重量四十三两五钱　镶嵌不全

八成金镶嵌红蓝宝石假石松石匙筋瓶　原来重量十八两五钱　镶嵌不全

八成金镶嵌蓝宝石假石松石盒　原来重量十四两　镶嵌不全

七成金镶松石圆光插瓶　镶嵌不全　原重量五十五两

七成金镶松石出脊瓶　原来重量十一两二钱　镶嵌不全

七成金镶松石镇纸　原来重量七两　镶嵌不全

七成金镶松石镇纸　镶嵌不全　原来重量七两

七成金镶松石挂屏　镶嵌不全　原来重量二十六两

七成金镶松石插牌　镶嵌不全　原来重量十二两

七成金镶松石盖罐两个　镶嵌不全　原来重量十八两

七成金镶松石六方瓶　镶嵌不全　原来重量七两五钱

四成金匙　原来重量一两二钱

四成金叉　原来重量六钱

未列成色金镶松石吉磬　镶嵌不全　原来重量九两五钱

未列成色金盖碗两件　原来重量三十四两

金镶玉靶羹匙二把

金镶玉筯二双

八成金累丝镶嵌石榴盒　原来重量十九两四钱

民国十三年五月　　日

(2)内务部致故宫博物院复函(1927年11月18日)

径复者：前准贵院函开：查本院于接收保管故宫物品中，发见有清室内务府将宫中所有宝册、古乐金钟及各金器抵押于北京盐业银行之事。该项抵押品有关文献，应行保存，未便听其变卖处分，抄录原订合同暨物品全单，请查照禁止变卖处分，并转行税务处一律禁止出口，以保国粹。等因。到部。当经抄录原单及合同函行税务处，转饬各关禁止出口。并令京师警察厅饬查该行对于此项抵押物品，有无变卖处分情事，详查具复去后。兹据该厅复称：查此项抵押品，遵经饬据该管外右一区署查称：调查该项抵押品，系在东交民巷汇昌大楼该行外库内存储等语。复经分行内左一区署于其存储该项物品处所，饬警注意．并指令仍由该区正式查询，务得真相，再行呈复去后。兹据先后复称：该行库房系在东交民巷有威洋行院内，并非汇昌大楼。询据该行管库行员声称：此项抵押品，并未存在库房内。复经前往该行，迭与行员接洽查询。据称：此项抵押品业于上年冬月间，由清室内务府委托阎账务督办，会同清室办事人员，出面接洽，业于本年四月照约备款赎回等语。据情呈复等情前来。相应函复贵会查照可也。此致

故宫博物院管理委员会

中华民国十六年十一月十八日

〔北洋政府内务部档案〕

5 马衡关于查获溥仪出宫时携出的存津部分文物经过致故宫博物院委员函

（1946年7月27日）①

国立故宫博物院公函　发文光字第六十八号

径启者：天津溥仪旧宅，现由美国驻华海军陆战队第一加强师

① 文物系1924年10月溥仪迁居宫外时携出的。

驻扎，该处存有溥仪留存之大保险柜两具，美军查悉其中溥仪出宫时携出文物之一部。但因系美军驻扎地，故未经任何机关查封。该师少校柯立夫，乃与教育部特派员办公处及教育部清理战时文物损失委员会商洽妥善保存办法，经清理战时上述两机关及平津区敌伪产业处理局天津分处、河北敌伪财产清查委员会各代表前往启柜，两柜内共存小铁匣十九个，小皮匣二个，其中多为清宫原有文物，美军为重视责任及策划文物安全起见，主张将柜存二十一匣悉数运平，交本院保管。经上述各机关同意，乃逐匣加封，于十八日正午由美军少校柯立夫会同清理战时文物损失委员会副代表王世襄、敌伪产业处理局天津分处代表李南宸等押送到平，并由该师驻平支队司令葛利上校代表该师径送本院保管。本院未便拒绝，且恐延缓时日，难免不别生枝节，遂于是日午后三时许在本院绛雪轩点收，在清理战时文物损失委员会代表沈兼士、唐兰、王世襄及处理局代表李南宸等见证之下，逐匣清点。本院及美军方面均分别详细记录，迄夜十二时点竣。计有文物一千零捌拾伍件（详见所附目录）其中以玉器为最多，书画仅有五件，有见于故宫已佚书画目，为溥仪未出宫前赏溥杰者；其他小件什物亦多有黄纸号笺，与今存院中者完全相同。点毕后，由本院逐匣加封，由葛利上校亲与各方代表送至本院延禧宫库房保存。所有接收溥仪昔自故宫携出文物经过情形，除呈报教育部并请核示外，相应缮造目录函达查照备案。此致

国立北平故宫博物院理事会

附本院接收溥仪文物目录一份

院长马衡

中华民国三十五年七月二十七日

溥仪存津保险柜中文物草目

匣　号	类别	品　　名	件数	附件	备注
第一匣	金	金餐具	六件		
	以上六件原盛带囊木匣一个				
第二匣	玉	各式玉件头	四十三件		
	以上肆〔拾〕叁件原盛铁匣一个				
第三匣	玉	各式玉件头	三十四件		
	以上叁〔拾〕肆件原盛铁匣一个				
第四匣	金	金餐具	七件		
	玉	旧玉	二件		
	朝珠	松石手串	一件		
	玉	各式玉件头	七件		
	珠宝	镶嵌珠翠零件	一包		
	翠	翠镯	一对		
	翠	翠翎管	一件		
	翠	翠烟嘴	二件		
	翠	翠□指	二件		
	翠	翠镯	一对		
	翠	翠手串	四件		
	表	手表	四件	分四纸盒	
	表	怀表	四件	分四小盒	
	以上叁拾柒件原盛铁匣一个				
第五匣	朝珠	翠朝珠	一件	配件缺	
	朝珠	碧玺手串	一件		
	朝珠	碧玺手串	一件		
	朝珠	白玉手串	一件		
	朝珠	碧玺手串	一件		
	朝珠	淡蓝晶手串	一件		

	朝珠	黄晶手串	一件	
	朝珠	伽南香手串	一件	
	朝珠	碧玺手串	一件	
	朝珠	碧玺手串	一件	
	朝珠	碧玺手串	一件	
	朝珠	淡蓝晶小手串	一件	
	朝珠	黄晶手串	一件	
	朝珠	白玉手串	一件	
	朝珠	菜玉橄榄手串	一件	
	朝珠	碧玺手串	一件	
	朝珠	黄晶手串	一件	
	朝珠	碧玺手串	一件	
	朝珠	碧手串	一件	
	朝珠	碧玺手串	一件	
	朝珠	碧玺手串	一件	
	以上贰拾壹件原盛铁匣一个			
第六匣	玉	各式玉件头	四五件	
	以上肆拾伍件原盛铁匣一个			
第七匣	玉	各式玉件头	三七件	
	以上叁拾柒件原盛铁匣一个			
第八匣	书画	宋高宗书马知之画后赤壁赋图	一卷	
	书画	赵孟頫书道德经	一卷	
	书画	赵孟頫秋郊饮马图	一卷	
	书画	钱选孤山图真迹	一卷	
	书画	邓文原章草真迹	一卷	
	文玩	书画小榻扇	一三把	小木盒一件
	文玩	御笔疏林远岫小轴	一件	

	文玩	御笔玉枕兰亭小卷	一件	
	文玩	笔御董其昌书唐诗小卷	一件	
	文玩	周鲲山水小卷	一件	
	文玩	御制珣琪字册页	一件	
	章	玉印	一六方珍罗芝检一册	
	烟壶	各式玉料烟壶	九件	缺角
	金	天丰小金锭	九件	
	金	金戒指	二件	
	镜	小铜镜	一件	
	章	小铜押	一件	
	杂	洋金表练	一件	嵌石一件
	文玩	象牙小葫芦	一件	
	文玩	文竹软玉小玉盒	一件	
	章	玛瑙章一方石章二方	三件	
	章	乾隆玉印　二方	御题木盒一件	盒内有三囊原缺一方今存之二
	文玩	镀金镶嵌番刀	二件	
	珠宝	珊瑚嵌珠饰物	四件	
	文玩	金漆小胡梳	二件	小函乙件
		以上捌拾柒件附五件原盛铁匣一个		
第九匣	笔	玉管笔	四支	
	笔	雕漆竹太管笔	三支	
	文玩	小漆琴	一件	
	文玩	御笔□□□	一件	
	玉	玉器	三件	

	以上拾贰件原盛铁匣一个		
第十匣	胡琴	珊瑚朝珠	
	以上玖件原盛铁匣一个		
第十一匣	珠宝	碧玺坠	一件
	翠	翠帽花	四个
	翠	翠珮	二件
	珠宝	宝石	二块
	翠	翠戒指	一八件
	珠宝	串珠珊瑚坠	一件
	翠	翠坠	一件
	珠宝	碧玺带扣	一件
	翠	翠圆坠	二件
	翠	小翠坠	一件
	珠宝	小碧玺坠	一串
	珠宝	各色碧玺饰件	一〇块
	翠	小翠环	二件
	珠宝	大小玛瑙环	二件
	珠宝	大小珠子	二颗
	翠	带碧玺翠坠	一件
	翠	同上	一件
	珠宝	白玛瑙子	四块
	翠	小翠环	一件
	翠	带碧玺翠坠	一件
	珠宝	碧玺坠	一件
	翠	带碧玺翠坠	一件
	翠	带珊瑚翠坠	一件
	翠	带碧玺翠坠	一件
	翠	翡翠荷藕坠	一件

翠	带穗翠翎管	一件
珠宝	珊瑚串残件	一件
珠宝	碧玺坠	一件
珠宝	小碧坠料	一块
	小碧玺	一块
翠	翠耳环	三对
珠宝	翠玺子	一件
珠宝	碧玺	一块
翠	串珠小翠坠	一件
珠宝	碧玺小饰件	五件
翠	小翠坠	二件
珠宝	碧玺子	六块
珠宝	小红宝石二块	
	小碧玺一块	三件
珠宝	珠宝串	一件
珠宝	浅绿晶石	一件
珠宝	巧做玛瑙坠	一件
珠宝	浅黄晶石	三块
翠	小翠环	一付
珠宝	蓝宝石小坠	二件
翠	翠烟嘴	一件
珠宝	浅黄晶石坠	一件
珠宝	碧玺饰件	一件
翠	雕花翠坠	一件
翠	串珠小翠坠	一件
翠	小翠坠	一件
翠	翠翎管	一件
翠	雕花翠坠	二件

	翠	翡翠小坠	二件	
	翠	雕花翠坠	一件	
	翠	翠葫芦小坠	二件	
	翠	翠饰件	二小块	
	翠	翠饰件	一件	
	珠宝	碧玺蝙蝠坠	一件	
	以上壹百拾玖件原盛铁匣一个			
第十二匣	珠宝	小珠	一包	
	杂	发辫	二条	
	杂	信件	一包	
	以上四件原盛无梁铁匣一个			
第十三匣	朝珠	珊瑚朝珠	七件	
	朝珠	珊瑚手串	一件	
	以上捌件原盛铁匣一个			
第十四匣	表	各式大小怀表	五〇件	
	以上伍拾件原盛铁匣一个			
第十五匣	珐琅	康熙铜珐琅小罐	一件	
		乾隆铜珐琅小勺	一件	
		康熙铜珐琅小炉	一件	
		景泰蓝水壶	一件	
	玉	心经小玉册	一份	□□□□木盒计四片
	烟壶	铜镀金烟壶四个玉烟壶一个	五件	□□□□
	珐琅	乾隆景泰蓝一瓶	一件	
		乾隆景泰蓝小盒	一件	
		铜珐琅小盒	一件	

	瓷	釉描金一小瓷□	一件	
	珠宝	嵌珠带扣	一件	
	珠宝	□□□□□□	一件	□□□□
		□□□□铜胎珐琅烟壶	二五件	□□□□
	以上拾壹件(附玖件)原盛铁匣		一个	
第十六匣	镜	古铜镜	一件	木匣
	表	装匣手表	五件	
	表	两用小表	一件	
	杂	烟嘴烟斗	七件	
		镀金表练	二件	
		带盒象架	一件	
		打火机	一件	
	珠宝	珊瑚珠一二个、小珠一个	一包	
	以上拾玖个(□□□)原盛铁匣一个			
第十七匣	玉	旧玉件头	五〇件	
	以上伍拾件原盛铁匣一个			
第十八匣	玉	旧玉件头	四六件	
	文玩	御制珐琅笥	一册	
	以上肆拾柒件原盛铁匣一个			
第十九匣	玉	玉件头	一五五件	
	以上壹百伍拾伍件原盛铁匣一个			
第二十匣	玉	旧玉件头	一〇一件	
	以上壹百零壹件			
第二十一匣	瓷	无款五彩小盖罐	一件	
		宣德款奇花小罐	一件	
	珐琅	康熙铜珐琅小圆盒	一件	
	瓷	乾隆款双璃小瓷水丞	一件	
	章	益字铜押	一件	

珠宝	碧玺批垒	一件	
瓷	宣德款青花灵芝小盖罐	一件	
瓷	无款青花印盒	一件	
珐琅	乾隆铜珐琅小碟	一件	
玉	御梦临帖玉册	一份	
珠宝	红色晶石	一件	
瓷	无款炉钧□小瓷碟	一件	
珠宝	镀金嵌珠葫芦式饰件	一件	
瓷	无款粉彩婴戏瓷盒	一件	
瓷	无款粉彩婴戏瓷盒	一件	
玉	玉璧	一件	
瓷	嘉庆御制诗小水丞	一件	
瓷	乾隆紫地粉彩带盖小水壶	一件	
瓷	嘉庆回青葫芦瓶	一件	
瓷	乾隆胭脂水彩山水小瓶	一件	
翠	翠搬指	一件	
瓷	乾隆粉彩开光人物葫芦瓶	一件	
瓷	雍正款白瓷盅	二件	
瓷	无款墨绿带盖小方水壶	一件	
瓷	珐琅彩小圆盒	一件	
文玩	于啸轩刻象牙山水片	二件	
珐琅	乾隆铜珐琅小胆瓶	一件	
文玩	雕牙诗牌	一份	计八屜
珠宝	变色珊瑚花	一件	（附座）
玉	玉璧	一件	填漆盒一
文玩	带盒小石方砚	一件	
文玩	带木套诗韵小册	一件	
文玩	带漆匣心经长方墨	一件	

文玩	小册页		二件
瓷	青花白地小瓷圆盒		一件
章	文彭刻石章	一件	□玉木盒择文一页
瓷	雍正青花八宝小把碗		一件
文玩	御笔小册	二件	二层雕漆盒一
玉	玉连环	一件	雕花柱木方盒御笔册□
玉	带铜座玉插屏	一件	
文玩	洋瓷小盒	一件	
珐琅	乾隆铜珐琅开光人物小罐		一件
珐琅	康熙铜珐琅菊瓣小圆盒		二件
翠	翠搬指	一件	
文玩	残雕花木座	二件	
瓷	乾隆胭脂水彩山水小瓶		一件
章	玉印	四五件	描金漆盒
玉	带铜胆旧玉琮	一件	
瓷	绿釉小胆瓶	一件	
珐琅	铜珐琅花鸟小长方盒		一件
珠宝	串米珠坠	一件	
瓷	成化斗彩小碟	二件	
瓷	乾隆珐琅彩小长方盒	一件	金釉瓷八宝八块
珐琅	乾隆铜珐琅荷叶碟		一件
瓷	青花白地小圆盒		二件
文玩	带玛瑙盒小长圆砚		一件

瓷	乾隆粉彩出戟带盖小尊	一件
瓷	乾隆粉彩出戟带盖小尊	一件
瓷	钧釉蓝色小碗	一件
珠宝	雕花玛瑙	一件
翠	大小翠烟嘴	三件
文玩	袖珍写本日知会说	一套
□□	御书盛京赋墨拓	一套
珐琅	乾隆铜□□珐琅□□芝九盒	一件
章	旧玉印	一件
文玩	雕牙镂空小盒	二件
文玩	唐岱小画轴	二件
翠	雕花翠葫芦饰件	一件
珐琅	铜珐琅小滚轴	一件
文玩	唐岱小画轴	一件
珠宝	镀金□饰件	一件
珐琅	镀金珐琅小圆盒	一件
珐琅	铜珐琅小方镇	一件
文玩	半两古钞	一串
瓷	雍正蓝料彩山水碗	一件
瓷	剥釉雍正蓝料彩山水碗	一件
瓷	剥釉乾隆珐琅彩缠技莲碗	一件
瓷	破碎珐琅彩碗	一件
玉	玉件头	二〇件
烟壶	烟壶	五件

以上壹百伍拾捌件(附廿四件)原盛皮匣乙个

统计以上：　玉器　五五〇件　附七件

瓷器	三五件	附八件“瓷”
珠宝饰物	七二件	附四件“珠宝”
翡翠	八三件	“翠”
朝珠手器	三九件	“朝珠”
金器	二四件	“金”
书画	五件	“画”
景泰蓝珐琅	一八件	附七件“珐琅”
洋表	六四件	“表”
烟壶	四四件	附一件“烟”
铜镜	二件	附一件“镜”
图章	七〇件	附五件“章”
旧笔	七件	“笔”
文玩什物	五八件	附五件“文玩”
杂项	一五件	附一件“杂”

总共十五类计壹零捌伍件　附叁玖件

〔国民政府行政院档案〕

6　陈业等关于高等军法会审孙殿英东陵盗宝案第一次开庭问答情形呈

(1928年1月26日)

谨将高等军法会审正式开庭搜集证据暨询问情形出具报告呈鉴：

一、专员等于本日午后，前往高等军法会审，先至卫戍司令部军法科，谒周军法官仲曾(名孝鲁)，并将涛贝勒爷由东陵带回之炸药轰毁碎砖一块面交周收，周谓此种颜色确系地雷炸毁。随令茶役引导专员等至审判长接待室等候，有文牍主任黄霞裳出为招待，就便问及青岛地方法院讯问张岐厚一案。黄言到此讯过一次，与青岛之供无甚出入；黄又言此案在押军人现尚有谭温江、戴明德二名，连同张岐厚计共三人，惟孙殿英一名已经本会审传过，尚未到案，如将来至必要时，亦不能不到也。

一、是日组织军法会审，审判长商震出席，其余审判官邱山宁、李竟容、周紊海、军法官周孝鲁、张柱均列席。惟审判官阮肇昌请假南下缺席。公案之下，东西设两桌，乃书记录供之位，次外有军法助理员四五人，奔走执事，庭内庭外，军队罗列，气象森严。午后三时开庭，由文陵主任黄霞裳邀专员等至法庭旁小房内坐候，随后黄霞裳持一四寸宽、五寸长白纸条，上书专员二人之名，引至法庭内，由周军法官孝鲁向审判长报称，此系清室委任之陈、徐二位代表云。

一、审判长问徐籍贯、住址及是否当清室差使。

答：山东临清县人，现住北池子沙滩，未当清室差使。

一、又问：你上陵去过吗？同去者有几人？

答：去过，同去者堂官、泽公、伒贝、子耆、宝陈五位，同辈中有专员暨联坤、志林、另有福隆、阿恩勋二人，专习缮写共五人。皆北京去。又，东陵职员共派五人，和钧、和琦、和琨、和琳、和珣。

一、又问：上陵去多少日？

答：七月初四日起程赴陵，廿五日回京，共计二十余天。

一、又问：陵内被害情形。

答：裕陵被害情形极重，盗系由琉璃影壁前穴地而下，宽约丈余，深至二丈余，上面之砖石，被掘后草草填塞，并未安好，取出乃见砖墙，被拆一大洞，横穿而入。长约数丈，宽仅容人。至头层石门外，见内有水，深四五尺，门已大开，用笸箩浮水上，乘之入内，至二层石门，因门未大启，未能入内。后将水撤净，始获入内，地宫内棺破碎颠倒，衣衾散乱，骨骸杂于泥水之中，共检得整身后妃玉体一位，整头骨四，碎头骨一，头骨虽无缺，而臂胫各骨缺者甚多，手足指骨几无一存，残酷之状，口不忍言。

一、又问：慈禧后陵被害情形，亦望详述。

答：定东陵被掘，亦在明楼下，穴地而下，深亦丈余，穴大约方八九尺，将砖墙凿一洞，横入地宫，内无水。慈禧之外棺已被劈毁，内棺敧置于石床之下，遍寻慈禧玉体不见，次日随各堂同入，始于西北隅破椁盖中觅得玉体偃伏，左臂反搭于背后，上身衣服已被剥去，周身发霉，遍生白毛，两目已陷，唇下有残破之痕，或是取口中珠宝所伤。

一、问：两陵内有无证物？

答：定东陵内，并无由外携入之物。

裕陵内检得军用铁镢一具，炸碎尚带有黄色炸药之残砖一块，当由周军法官令人取来，交商审判长阅看。据商云：铁镢确系工兵营军用品，炸药亦确系地雷之药。

一、问：此外尚有别项证物否？

答：有揭来之告示及照来之告示数张，曾经函送大会审在案。亦由周军法官呈审判长阅看。

一、问：两陵内殉葬之珠宝有无册档？

答：闻各陵原不厚葬，棺外向无宝物，故外廷无此项册档；棺内之物，则内廷有无册档，不得而知，即使有之，亦必在故宫内。

一、问：陈籍贯、住居、职务。

答：湖南湘乡县人，寓丞相胡同，充河北清室私产地亩处清理员。

一、问：你上过陵吗？

答：未上过陵，因清室前派往东陵收殓遗骸之陈毅、系（专员）胞兄，胞兄身体素弱，近患喉疾，不能前来，专员能代为表述，补〔辅〕助徐专员。

一、问：尚有别项证据否？

答：青岛法院讯问张岐厚，口供曾由友人处抄来，送呈大会审周军法官在案。审判长言青岛人犯解到，卷未解来，有此甚好，随由周军法官将青岛抄供递交审判长阅看。专员又言，据此供词，张岐厚尚系帮同从犯，至重要罪犯，另有数人。（因此次开审，仍系调查证据，未便明提）。

一、问：尚有话说否？

答：此次陵案，与寻常盗墓不同，以两陵七棺，遗骸损坏，旁人尚不忍闻，陵下子孙，其惨痛不堪言状，惟要求审判长严重惩办。审判长云：自然从重办。专员又要求以后保护各陵。审判长云：本是我们责任，当然负责。

一、问答毕，即由军法助理员将上次专员等与周军法官问答词，令专员等当庭亲书名押，书毕，审判长云，请两位回去休息，候信再来。

委任专员 陈业 徐埴 谨呈

戊辰年十二月十六日即阳历一月二十六日

〔北洋政府军事部档案〕

二、外国商人串购与盗运古物

1 巨鹿县丁知事勒买民间出土古瓷售予美国人有关文件

（1921年11月）

（1）巨鹿县绅民刘荫南等致内务部呈

为呈请保存古玩，准予派委查明勒买，以彰公道而清官箴事：窃巨鹿县地势凹下，宋大观二年，洪水为害，瓷器沉淀地内，情因去年久旱不雨，民事逍闲，全县人民肆意挖掘，所出古玩名器，约有万余件，其不完全者不计其数。故京津一带古玩铺住巨收买者常有十余家。不意丁知事贪心顿生，视小民柔懦可欺，贱价勒买。出有精美古玩，托言此器系公地所出，系小民不得自主，小价迫买，以资食费。甚至瓷器出有完全异常者，掘户暗卖于古玩铺，价值公道，迨事露，丁县长必然强行夺回，此等名器，宣让外人买去。第即鸦炉一器而陈之。此炉原系丁知事家丁岳升与本城水市街吕振同伙掘出，业已暗卖古玩铺同义恒，定价八百元，丁县长知而夺回，责指岳升而言曰：你系我家丁，岂能在巨境任意挖掘，给你一百五十元不少。抑岳升家丁，吕氏何人，小民迫于权势，无可如【何】者皆尽如是。约记丁知事勒买古玩不下贰千余件。绅等谨将所知精且美者，具表呈阅。伏思挖买派外，丁知事亦非巨籍，地皮之利，刮之犹可，古玩藏之地下，实巨鹿地也。若被丁知事收买殆尽，绅等实难隐受。近于八月间，丁知事亲往顺德府，将猊枕古玩卖于美国人，价洋八千元，是图一己之利，驱国萃〔粹〕于外人。为此，不得不来部报知，请求钧部派委莅巨鹿县按所造表件数保存古玩，实为国家之光，而清官箴。

谨呈

内务部公署公鉴

附呈表一纸

具呈人巨鹿县绅民代表　刘荫南

连署人　孟瑞五

张庆余

李天锡

铺保　北京天合泰记

中华民国十年十一月　日呈

附表　巨鹿县丁知事勒买民间古磁器件表

名称	件数	产地	买价	备考
雨过天晴鸦炉	一件	民地	大洋一百六十元	此炉系无价宝，非金钱问题。北京内务部陈列委员裘子元品评。
汉瓦猊枕	一件	公地	大洋一百六十元	此枕非凡品，绝世无二，并自生五彩显明，真数千年养成奇珍也，亦经裘君品评。
粉定黑花大瓶	一件	公地	大洋一百二十元	此瓶白地黑花，分明之至，亦是世上好宝贝。
五彩宋窑虎枕	二件	公地 民地	大洋三百二十元	此枕非一时所出，完全系曹子元所卖，不完全系张三所卖，勒买成对，真奇珍也。
雨过天晴大盘	二件	公地	大洋一百元	此盘口宽一尺二寸，完全之至，北京同义恒古玩出价一百六十元未得到手。
映青小碟	四件	民地	大洋一百元	此碟系野场村人掘出，约有七、八十件，止有四件完全好东西。
映青大碗	二件	公地	大洋五十元	此碗亦完全可爱。
雨过天晴小碗	四件	公地	大洋一百元	此碗虽小，精而又精，一件能卖百元，四件百元，便宜之至。
钧窑瓶	一件	民地	大洋四十元	此瓶掘出甚多完全者，亦有不甚完全。
柴窑大盘	一件	民地	大洋一百六十元	此盘止有一件，口径一尺二寸，完全且精，北京古玩铺出价二百，未得到手。

续表

名称	件数	产地	买价	备考
狮子香炉	一件	公地	大洋二十五元	此炉系小留庄人掘出，不完全，亦是异样物。
粉定刻花大盘	一件	民地	大洋二十二元	此种大盘，虽系完好，所掘甚多。
黑瓶红花	一件	公地	大洋二十五元	此瓶色黑，花不显明，高价不值，本城掘出。
白瓷刻花大盆	一件	民地	大洋八十元	此盆花样显，完全且精，口宽一尺六寸，好宝贝。
龙泉刻花大盘	二件	公地	大洋六十元	此盘花刻甚美，所出不少。
素龙泉大盘	二件	民地	大洋三十元	此盘口宽一尺，完全可观。
龙泉刻花大碗	十件	公民地	大洋三百元	此碗完全之至，花极精美，买成十件，不易得之宝。
粉定大瓶	二件	公民地	大洋一百二十元	此瓶非一时出，一在公地，一在民地，勒买成对，奇而又奇，非金钱问题。
雨过天晴大盘	二件	公地	大洋一百元	此盘口宽一尺，奇珍。
映青小碟	四件	民地	大洋九十八元	此碟所出甚多，完全者只有四件，勒买李成名的。

续表

名称	件数	产地	买价	备考
白瓷大盆	一件	公地	大洋六十元	此盆无花，白如雪，精美之至，非金钱问题。
花龙泉大盘	二件	民地	大洋三十元	此盘花精美，完全宝贝，北京古玩同义恒出价八十元，未得到手。
龙泉有角大碗	八件	公地	大洋二百元	此碗带八角，并成八件，系曹子永一时掘出，勒买到手，亦非金钱问题。
龙泉刻花大碗	二件	民地	大洋四十元	此盘带花，口宽一尺二寸，亦是好东西。
粉定素小碗	八件	公地	大洋六十元	此盘口宽四寸，色极精美，买成八件，亦奇珍也。
白地黑花大碗	一件	民地	大洋八十元	此瓶高有一尺二寸，黑白分明，出自民地，勒价买成。
粉定开片大瓶	一件	民地	大洋八十五元	此瓶藏自地下，自行开片成花，亦是奇宝，系警备勇挖出。
区别总数	合计件	公民地比较	价值总数	此二十七种古玩，共六十有八件，无一件虚载，尽是勒买是实。
二十有七种	六十有八件	公地较多	二千七百一十五元	

(2) 内务部致直隶省长公署咨(1921年11月)

内务部为咨行事:据巨鹿县绅民刘荫南等呈称:巨鹿县地势凹下,宋大观二年,洪水为害,瓷器沉淀地内。去年久旱,民事消闲,全县人民肆意挖掘,所出古玩名器,约有万余件。丁知事贪心顿生,贱价勒买,甚至掘户卖于古玩铺者,丁县长强行夺回。此等名器,全让外人买去。约计丁知事勒买古玩,不下二千余件。谨将所知精且美者,具表呈阅。近于八月间亲往顺德府,将猊枕古玩卖于美国人,价洋八千,图一己之利,驱国粹于外人,呈请派委莅巨鹿县按件保存,并列附表等情到部。查埋藏物之发现,依法应由地方官先行呈报查核,如系无主之物,即宜收归国有。又,本部厘定通行之保存古物暂行办法第五条内载:金石陶磁各种器物,由各省分别搜集,筹设保存分所,或就公共场所附入陈列,严定保管规则,先就公家所有,荟萃保管,其私人所藏,亦应设法取缔,以免私售外人等语。兹据来呈所称各情,巨鹿县发见无主各种磁器,该知事不先行呈报,竟以贱价勒买,收入私囊,已属不合;又复希图重利,私售外人,尤为荒谬。本部对于保存古物,不啻三令五申,该知事身为官吏,于新发见之无主古物,私行买卖,殊于法纪,应请贵省长切实彻底查究,如果属实,应即依法惩办。并将各器物收归国有,妥慎保存。其已售于外人者,限期勒令该知事如数追回,以重古物,而肃官箴。除批示外,相应抄录原呈及附表,咨行饬查,认真办理,并希将办理情形随时见复可也。此咨

直隶省长

内务总长　齐耀珊

中华民国十年十一月　　日

〔北洋政府内务部档案〕

2　法国人贝雅尔盗买山东惠民县李氏宗祠宋代雕漆围屏有关文电

（1912年4月）

（1）山东都督张为致民政部咨（4月1日）

咨请事：阳历三月二十八日即壬子年二月初七日，准北京法使署来电内开：敬启者：鄙人曾与武定府住家购有围屏两架，价值本地钱五千七百吊文。兹因派遣委员王怀玉、郭小臣两人前往取货，乃武定府首县不许将物携带出境，是何道理。查该物件曾经鄙人与该卖主议妥价值，如数清偿，该首县何得干涉。用特电请尊处札饬该员，速将鄙人所购围屏两架，立即放行。一俟该委员送到物，当由外务部正式致函道谢。等因。电复。正在饬查间，即据惠民县涂令绍光禀称：案查宣统元年八月二十六日，蒙前宪孙札饬：准民政部咨，奏明保存古迹推广办法一摺，令即遵章认真办理。查章程内保存事项五条，第四条称：古庙名人画壁并雕刻塑象精巧之件，务须加意保存等因。又，是年曾奉前宪袁札饬，以嘉祥县民郭西屏私将汉画石卖与外人，曾经学司访明备价赎回，并严传郭西屏到案，禀请惩罚，令各地方官以后一体遵办。等因。知县到任后，调阅卷宗，随时访查，并谕士绅一体留心保存在案。本月阳历三月初十日即壬子年正月二十二日，据候选教谕李锡珍等九人代表李氏阖族来案禀称：李文襄公之芳祖庙内，存有雕漆围屏两架，共计二十四扇，墨地五彩花，周围金寿字及博古图，高约八尺，宽约一尺六寸，两面雕刻，十分细致。一架正面系百龄寿图，背面百鸟朝凤；一架正面汉宫春晓，背面云林山水，相传是宋朝之物。文襄公令世世子孙竭力保存，毋使不肖子弟毁失，故存于古庙内，为李氏阖族之公物，历久珍藏，无敢毁伤。乃有族棍李衡文，素不安心，与李锡锐、李树铭勾结买古董之郭小臣及不识姓名数人，各持利刀，于阳历三月初九日夜，擅门入庙，将看守庙人寿长增捆缚，遂〔扭〕锁赴大厅，擅将围屏全行抢出，盗买盗卖，恳请拘讯究追等语。当经传讯李其毓等，同供系李衡文等私下盗卖，族人均不知情，迨其强抢，始行查知，恳请究追。质之李衡文，亦供认并未通知族人，即与郭小臣私订合同，恐族人不允，故领人抢出，以便价卖。再诘之郭小臣，则称在北京东四牌楼南本司胡同路北开设天和磁器店，买此围屏作价京钱四千文，系与李衡文订立合同，他人并未与闻各等语。知县查阅合同内列名五人，而李锡珍、李遴楣二人供明并不知其事，其为李衡文捏写无疑。郭小臣价买围屏，未经李氏阖族公认，与李衡文私订合同，形同盗买，李衡文并不通知族人，领人于夜间强抢，显系盗卖。况围屏雕刻精巧，为前代所遗留，将及千年，诚如保存古物章程所云，美术所关，较之字迹尤可珍宝，未便听其任意盗卖，当即令郭小臣将围屏交还李族，并令李衡文将已收价京钱三千六百千全数退还，而郭小臣将围屏藏匿，勒措不交。正在追交时，于阳历三月二十四日即壬子年二月初六日，据林润卿自北京送到贝勒贝雅尔信一封，名片后注明住法国使馆，信内称本参赞派郭小臣在本县买得漆围屏二份，立有合同，买妥后卖主别生枝节，并有控告等情。今派林润卿领取，务望格外保护。如所派之人有不法之处，即将郭小臣与卖主同保证人一并送交本员究查，并候玉音等语。查民政部保存古迹原奏，以我中国保存不力，致洋商购买，我自有之，不自宝之，已痛乎其言之矣。在保存古代美术而论，断不能卖于外人。况李衡文等数人，不能代表阖族，并不合卖主资格，合同系与郭小臣私订。现在阖族既不承认，已失其效力。即以买卖而论，亦断无任其盗买盗卖之理。且合同内贝雅尔并未与名，更未便干涉。现经知县将详情酌复一信，并声明已禀宪台核办。除饬郭小臣赶紧将围屏交出外，应请宪台电咨民政部、外务部查明法国使馆有无贝雅尔其人，谕令转饬郭小臣无得盗买此物，以便交还原主，保存古代美术，抑应如何办理之处，理合将李氏原禀、李衡文合同、并贝雅尔来信暨知县复信，开摺禀呈鉴核，迅赐电示祗遵等情到本都督。据此。查保存古迹事项，曾经贵部通咨各省有案。兹据电称前因，并惠民县原禀各节，核与保存古迹推广办法章内称，严禁洋商贩卖之条，不无违碍。究竟如何办理之处，除咨外务部外，相应咨请贵部，烦请查照核复施行。须至咨者。右咨
民政部

计粘抄清摺一扣

中华民国元年四月初一日即壬子年二月十四日

谨将李衡文勾结郭小臣将李族祖庙内物雕漆围屏盗卖案内公禀合同信函抄摺呈

计开

李姓公禀

治下候选从九李其毓、鸿胪寺序班李树青、候铨教谕李锡珍、候选从九李琦、附生李保林、附生李瑶林、附生李遴棡、监生李璇、监生李琇林代表阖族人等，谨禀老公台大人钧座：敬禀者，为持刀勾抢，禀恳拘究，以儆妄为事：缘职等祖庙文襄公大厅内，设有雕漆围屏两架，共二十四扇，两面雕刻，十分细致，相传系前宋之宝。文襄公曾令世世子孙竭力保存，毋使不肖之子毁失。突有族棍李衡文、李锡锐、李永钧、李树铭于今二十一日夜，各持利刀，勾结买古董之郭小臣及不识姓名数人，撞门入庙，当将看庙人寿长增捆绑屋内，一齐纽(扭)锁，齐赴大厅内，揎将木屏二十四扇全行抢出，恃众强卖，得价分肥。于早六句钟时，又将下余洋元一千五百三十九枚，钱票二百一十四千文，衡文等硬掷树清家内，哄然即去。前代美术，方保存之不暇，断不能听其少数人强卖。且事前并未通知，临时复持刀勾抢，实在欺灭不轨。现与族人公议，均不允卖。由职等代表阖族公禀，叩乞仁天，恩准差验拘讯究追，以儆妄为。上禀。

李衡文私立合同

立合同依绍堂李衡文、李锡珍、资敬堂李遴棡、彤锡堂李树荫，

春辉堂李锡锐等，将公中硬屏二十四扇，日久损坏，公议更换新屏。今凭中人贾廷祥说妥，言明价钱四千整，卖于郭小臣使用。两造情愿，如有反悔，罚银五百两，立合同为证。

贝雅尔来信

涂令先生雅览：日昨本署差人来京报告，本参赞所派郭小臣、王怀三等在贵地买得漆围屏二份，立有合同为证。古玩一事，系属本员素有嗜好，本员游历各省，因事变回京，未便游至贵处，令专人在贵处买得漆围屏二份。不意买后，卖主别生枝节，并有控告阻碍等形〔情〕。本员闻报，不胜诧异。今特派林润卿持信并各照来贵处领取此物，务望格外保护。若本员所派之人在贵处有不法处，祈先生分神速将郭小臣与卖主合同保证人等一并送交本员，以便查究。如所派之人无不法处，万望先生速为办清，人物竭力保护，送出境外，是为至盼。专此，即候涂令先生玉音。

复信

贝雅尔先生钧鉴：顷由林润卿送到手函，以前派郭小臣、王怀三等在敝处买得漆围屏二分，立有合同，现在卖主别生枝节，并控告阻碍，今特派林润卿领取此物，嘱即保护等因。查阳历三月十号，据李其毓、李树清、李锡珍、李琦、李保林、李瑶林、李遴楣、李璇、李琇林等阖族禀称：李文襄公祖庙大厅内，设有雕漆围屏二十四扇，系祖遗之物，为阖族所公有。突于三月九号夜，族棍李衡文、李锡锐、李树铭三人，各持利刀，勾结买古董之郭小臣及不识姓名数人，撞入庙内，将看庙人寿长增捆绑，擅将围屏抢出强卖，恳请拘讯究追等情。当即传案讯明，此项围屏，系属李氏之公物，世世保存，故在祖庙之内。李衡文素不安分，并未通知族众，与郭小臣私订合同，于夜间率众强抢盗卖。合同虽具五人之名，李锡珍、李遴楣，亦供并不知情。此种公共之物，李其毓等并阖族人等既不愿卖，自不能凭李衡文二、三人私立合同，强抢硬卖，故断令郭小臣赶紧将围屏交还李姓，并令李衡文将已收之京钱三千六百千如数退还，以免涉讼，两造均已允服。此案系李衡文盗卖公物，李氏族众不愿，以致阻留，李衡文等少数人既不得为卖主，亦非另生枝节。况境内古物，前奉敝国上宪饬令竭力保存，不准人民私卖，现已禀请山东抚宪查核。究竟如何办理，应俟奉到批示，再行遵办。兹特先将详细情形布告，即请大安。

（2）张为致法国驻华使署电（1912年4月10日）

北京。大法国使署鉴：来电敬悉。贵使署于武定府购围屏两架，究系何样古物，未能悬端。果无违碍，该县即不得阻止出境。恐有别故，已照电饬武定府县查明禀复核夺，如无妨碍，即饬该县放行，以副雅嘱。山东都督张。蒸。印。

〔北洋政府内务部档案〕

3　日本人松崎盗运清室内阁大库档案有关文件

（1927年10月）

（1）天津海关监督公署致内务部代电（10月20日）

北京内务部钧鉴：窃查前奉直隶省长令开：案准内务部电开：顷据报告：前清内阁大库所存文卷，前由教育部售与罗振玉，现由罗振玉售与日本人松崎，共肆拾余箱之多，日内运往大连等语。事关国家文献，亟应严加禁阻，用特电请查照，迅速通饬海陆关局严密检查扣留，至为公盼，并希电复。等因。准此，除电复并分令外，合行令仰该监督转饬海陆常关严密检查，扣留勿违。切切。此令。等因。当经函致陆海常关税务司严查扣留，并电请税务处签核各在案。兹准海关税务司魏阿兰咨称：查现据日本人松崎报运钟祥县志等共拾柒箱，装由竹岛丸轮船出口往大连，惟不知内务部电称前清内阁大库文卷，是否将此项书籍包括在内，一并禁止出口，未经详细叙明，相应咨会查照，迅予核议见复，以凭办理。再，如经禁运出口，倘将来设有错误，该日商要求赔偿损失等事，贵监督应负完全责任，合并申明。等因。准此。查前奉钧部电示前清大库文卷是否包括书籍在内，并应否一并扣留之处，理合电请钧部鉴核，迅予核示遵行。津海关监督祁彦孺。哿。印。

中华民国十六年十月二十日

(2) 内务部致天津海关监督电稿(10月22日)

天津津海关祁监督鉴：哿电悉。松崎装运钟祥县志等既有十七箱之多，当不止此一种，究系何项书籍，共若干部，是否隐藏内阁文卷在内，应饬详细检明，并应查明书籍种类数目，开具清单，详注何项纸版及印行年月，速复到部，以凭核办。内务部。养。印。

礼俗司拟

〔北洋政府内务部档案〕

4 北京日本居留民会盗运汉砖出口有关文件

(1926年7月)

(1) 税务处致内务部咨(7月6日)

税务处为咨行事：准外交部函开：准日本使馆来函，以驻京日本居留民会拟将汉砖四块，石膏模型一个，捐赠京都帝国大学建筑学教室，不日由天津装运。应请转行该管机关设法，俾得简便过关。等因。查前项物品，日本公使来文声明系捐赠帝国大学之用，可否饬关予以简便通过之处，应函达查照，核办见复。等因。前来。查古物保存，系属贵部职掌，此项汉砖为古物之一，应否即予装运出口之处，相应咨行贵部查照，酌核见复，以凭办理。此咨

内务总长

税务督办 蔡廷幹

中华民国十五年七月六日

(2) 内务部致税务处公函(7月21日)

径启者：准咨开：准外交部函开：日本公使馆来函，以驻京日本

居留民会拟将汉砖四块，石膏模型一个，捐赠京都帝国大学建筑学教室，不日由天津装运。应请转行该管机关设法，俾得简便过关等因。可否饬关予以简便过关之处，函达查核见复。等因。前来。查此项汉砖，似为古物之一，应否即予装运出口之处，咨行查照酌复。等因。到部。查本部厘订通行之保存古物暂行办法，对于古物出口，限制綦严。来咨所称：日本居留民会拟将汉砖四块装运出关，此项汉砖，当然为应行禁止出口之古物。所请转行该管机关简便过关各节，按照定章，实属未便照准。至石膏模型，如系现时仿造之品，尚可通融准其出关，相应函达查照可也。此致

税务处

内务总长　张国淦

中华民国十五年七月二十一日

〔北洋政府内务部档案〕

5　法商葛扬串购山西浑源县出土古铜器有关文件

（1928年3月）

（1）外交部致内务部咨（3月7日）

外交部咨　第九〇号

外交部为咨行事：准驻京法馆节略开：法商葛扬，前在山西浑源县与该县官绅订立合同，购买古铜器一宗，旋因该地绅商从中破坏，以致该项贸易未能成交。嗣由外交部及法馆接洽，遂经山西当局决定一种办法，兹将当日山西省长公署致驻京山西省长代表潘连文之函，照抄为证。惟当日所决定之办法，因中国内争及晋北交通断绝等意外事故，迄今未能实行。刻下该地平静，浑源县知事、司令既直接受北京政府节制，请转知该处司令，俾外交部法使馆双方接洽后所措置办法，按照合同实行等因。并抄送当时山西省长公署致潘代表函到部。查此案前于民国十四年间，迭准法使函称：该法商订立约据以后，绅商破坏，请求维持等因。先后经本部文电转准

山西督办核复在案。现在事隔两年有余，复准法馆略称前因，究竟所述各节是否实情，及可否准将该项古铜器照售之处，相应摘录全案来往文件，咨送查照核办，并希见复，以凭转达。此咨

内务部

附抄件

中华民国十七年三月七日

外交总长　罗文幹

法商葛扬订购古铜器全案抄件

收法玛使函

径启者：据本国Wannieck及Grosiean古玩商两人报，以去年十二月间，山西浑源县官绅曾与该商派在本地之代表订立约据(照钞附送)定价五万元，约卖该商在浑源县附近李峪村所觅出土古铜器三十五件。此约以本年四月底为限，过期无效。本年一月十三日，Wannieck及Grosiean二君令其在浑源县之代表，以所定之价五万元购获该古铜器之全数，并派其买办华人杨姓接收该器。当时，有华人古玩商闻知法商人有欲买此器之意，遂不顾是否已有成约，定要从中破坏，乃与签字该约之李书勋勾通。查李姓自谓系本省长官及前参议员，曾充阎督办家内教习，该华商向其提议给洋五万五千元，俾夺获法商已有成约之古铜器。李姓无耻，不顾自身与浑源诸官绅所签订之预约，竟将毫无价值而与约内所定器物不符之赝品卖给法商，而将所换之真器藏于某处，以便售与华商。本国商人之买办至浑源县时，竟令其在李姓面前谈话，李姓遂将使用诈术，以真器所抵换之无价值赝品呈出，谓如照约定价值付款五万元，则即卖与他人。买办指其为假，谓物已抵换而不受，并拟将报告其东家，当即奉呈浑源县官厅反对此举。该官厅即向该买办道歉，遂与该处绅董会议承认此项古铜器确已约卖于法商，并谓对李书勋无法办理。接准阎督办来电称：已饬浑源县知事查复，并先将古器妥为保管等

情。由是观之，阎督办认为此案理由正当，惟嗣因受有某方运动，遂又致电法使馆谓：此案前据浑源县人民援引保存古物条例，呈控到署。云云。上述运动，在贵总长自易于想知其由来。揣来电之意，系在不准古铜器出省。除抄送前后两电外，不能不将此两电之自相矛盾，向贵总长言及，且不意阎督办此次竟护庇使用诈术之李书勋，迨至浑源县官绅与法商所定约据将届期满，而始引援向未通知之保存古物条例。本公使不胜诧异。况山西古物日日出省，并无妨阻，而古物交易，又为山西省进款之重要来源，在贵总长亦自明悉。查此事关系重要，盖牵连中国大吏诡诈行为，致使法商受莫大之损失。应请贵总长严加注意，对其图谋骗诈暨破坏约据两种手段，加以惩治。Wannieck在欧美交游最广，拟于本月抄〔杪〕起程赴欧，非在月内解决不可，否则，恐其在欧美将中国官吏此次对外商施奸诡手段，宣布各方。况本使馆不能任前述行为不负处分也。浑源县官绅与法商签定之约，必应遵重，实关于中国在外之名誉，商业之信用，谅为贵总长所洞鉴。故请转饬山西督办循照办理，并希早日见复为盼。顺颂

日祉

附约据抄件一张

照抄来电二张〔略〕

冯　德

三月十二日

照抄浑源县售卖古铜器约据

径启者：查敝县上年春，在县属西区李峪村发现起获古铜器共计大小三十五件，当经公家保存。前承贵司铎介绍法国白先生备款购买，虽经蹉商，尚未成议。现经敝县各界公同议决，此项古物议定价额中国大洋五万元即可出售。现经议定，再无增减。窃维贵司铎前已介绍于先，即有优先权利。现闻白先生业已回国，此项古物是否意欲购买，即希贵司铎函招白君迅速前来，以凭照办。如白君到后，

即照议决之数出售，百无异议。倘有反复情事，敝同人等愿甘担负，以昭信用。特此，即请费司铎台鉴。

此函如逾明年四月以后，作为无效。

民国十三年十二月二十二日知事批。

浑源县知事	谢恩承
教育会会长	杨巨观
商会会长	贾景秀
农会会长	姚德均
公款局局长	耿臻荣
	劝学所
中学校校长	刘学圣
第一高小校长	王亲臣
第一女高小校长	冯秀卿
旅晋同乡会副会长	李书勋
	赵　瑄
旅省学生同学会会长	董凤章
	田应韶
	李廷诰
	穆　郇
	薛国仁
	杨荣翰
	李玉树
	张庶林
	崔秉忠
	程廷遇

民国十三年十二月二十二日

发山西阎督办代电

准法使函称：据法商Wannieck及Gnosiean等呈：上年十二月间与山西浑源县官绅订立约据，购买古铜器三十五件，价银五万元，及本年三月间接收铜器时，竟有华商勾通该县商绅李书勋将真铜器抵换，竟图诈骗，破坏约据。经函山西督理，准复称：前据浑源县人民援引保存古物条例呈控到署，已饬该县妥为保管云云。来电之意，系不准古铜器出省，请转行山西督办对于图谋诈骗破坏约据之乡绅等加以惩治。再Wannieck行将赴欧，此事非在月内解决不可，请转行遵照办理等因。查此事前经地方官绅与订约据，嗣又反悔，究竟有无诈骗情形，该项古铜器应否准该法商按照原订合同购买之处，希即迅为查核见复，以凭转复为荷。外交部。

附法使公函一件

收山西省长公署代电（1925年4月11日）

北京外交部鉴：代电暨统密东电均悉。查此案前据浑源县人民以该县官绅拍卖古铜器，援引保存古物办法呈控到署，当经饬县查复。嗣经法使函电谓：有该国人与浑源县官绅约买古铜器三十五件，现在该县官厅手中，生有弊病，请设法保管等因。除电复法使外，当经电饬该县妥为保管，并速查复去后。嗣据该县复称：该县李峪村发现起获古铜器等件，县绅提议估价出售，以为办学之资。于上年春季，有北京商人杨洁诚暨白某来县瞻览估价，迄未成议。至上年冬季杨洁诚、白某等来县，始标价五万元，县绅亦经同意。嗣该商杨洁诚一人来县，履行交易，忽谓：此器赝伪多，即时反悔，声明不买。县绅窥该商意图减价，故意挑剔，以致事有中变。因集合城乡绅士，照原标价集资共买，当即钱物两交。此职县对于古铜器件经过之实在情形也。等情。据此，查该商既系有意挑剔，声明不买，该县始行转售他人，乃该商呈报法使之文，竟谓生有弊病，殊与事实未符。今既准法使一再询问，除派员鉴定前项古铜器是否合于保存古物办法之规定外，如与该办法无抵触时，事关国际友谊，自当设法维持。惟该商与原当事人定约购买时，曾否将此项古铜器查看明白，有无特别标识，未据声明，显属疑问。而呈文又词出两歧，是以碍难主持。准电前因，相应电复，请烦转达法使查核见复，以便核办。阎锡山。虞。印。

十四年四月七日

发法玛使函

径启者：法人Wannieck及Grosiean 购买山西浑源县古铜器一事，接准三月十二日来函暨附件，当经本部据电山西阎督办。兹准复电称：据浑源县知事查复该县李峪村发现起获古铜器等件，县绅提议估价出售，以为办学之资。上年冬季，有北京商人杨洁诚暨白某等来县，标价五万元，县绅亦经同意。嗣该商杨洁诚一人到县，履行交易。忽谓：此器赝伪者多，即时反悔，声明不要。该绅以为该商意图减价，故意挑剔，致有中变。因集合城乡绅士，照原标价集资共买，当即钱物两交等情。是此事系因该商杨洁诚有意挑剔，声明不买，始行转售。现已派员前往鉴定该项古铜器是否合于保存古物办法之规定，如与该办法无所抵触，自当设法维持。惟该商与原当事人定约购买时，曾否将此项古铜器查看明白，有无特别标识，请转达法国公使查核见复等因。相应函请贵公使查照，向该法人等询明见复，以凭转行核办可也。顺颂

日祉

十四年四月十三日

收法玛使函

径启者：山西浑源县官绅约卖本国古玩商人Wannieck及Grosiean，因该县李峪村起获之古铜器三十五件，而不履行所约一事，曾准贵省长本月十三日来函，按该函据述浑源县知事回复山西阎督办各情，则是该县已确认实有约卖古铜器于法商之举。而贵总长已由其复文中洞悉真象。兹有上年约卖古铜器之约据附照象片一份，约内有该县知事及各绅士所盖印章，足证约卖古铜器于法

商之事，确有凭据。且本公使上月十二日致贵部函内所述各种违犯行为（如李书勋勾结与法商竞争之北京古玩商，将真正古铜器抵换为毫无价值之物品）浑源县回复阎督办文内竟默不言及。

贵总长亦可于该县复文内查知法商代理人杨洁诚因李书勋换真为伪之举动，遂向浑源县官绅呈递抗议，该官绅等认为理由正当，惟对于李书勋谓无法办理。由此以观，显属对杨君拒绝购买用诈术所抵换假物之举，表示赞成。故浑源县知事捏称法商代理人杨君故意挑剔，以图减价等语，实不能容许。该县以此声言。纯属托词，不过试以遮掩李书勋勾串华商同做违法交易之行为耳。此项定卖之物品，原系浑源官绅向法商约卖之真正古铜器，乃被李书勋骗取，换以毫无价值之伪器，以图卖与法商代理人杨洁诚。所有各情，业于上月十二日本公使致贵总长函内述说其详。且在实际上，李书勋等勒令杨洁诚以五万元承买此无价值之物器，故杨谓其为假，拒绝不受。当时浑源县知事及绅士均为赞成。李书勋更续行其诡诈，令其同谋之人假以五万元买此伪器。自此以来，由浑源县知事及各绅士之态度观之，足证因受李之运动，亦与之成为同类。总之，有两项诡计之交易，均属蔑视浑源官绅与法商约定之义务：(一)系使华商承买业向法商约卖之真正古铜器之交易，(二)系假古铜器之交易，意图欺诈法商，使考查之人莫辩器之真假。按贵总长转来浑源县回复阎督办之复文，即可证明该知事与李从同。盖其试使阎督办视此假器交易，当作上年十二月二十二日与法商代理人约定之真器交易也。该知事既与其他签约官绅（李书勋亦在内）将真正古铜器明确卖与法商，故其明悉，较他人为最。况贵总长来函所询有无特别标识，该知事亦较他人尤为能道其详。何则，因该真古铜器存于知事署中三年之久，城内人民得尽其观。虽然如此，本公使应将说明单及照象三片附送，以副贵总长欲得详情之意。Wannieck及Grosiean二君尚有其他照象，惟俱系单张，故未能送。但有此详识，即可分明系何项古铜器，应照约卖之全数交付与法商。浑源县官绅忽拟援据保存古物条例，以靳古铜器不令出省，此项条例阎督办却又向贵总长言之，并未通知于众，而该官绅始终亦未向法商宣示，故不能引援此例。纵约据所限之期将满，更不能援引之矣。且山西古物，日日出省，并无妨阻，而古物交易，又为山西省进款之重要来源，业经达知。兹将本公使三月十二日对于李书勋与其从谋之举动，声明保留各节，从新提起。Wannieck君本当三月杪即须赴欧，因此稽误行动，本使馆请其延期留华，始肯允许迟至本月二十六日早间为止。倘于此项日期以前，尚未解决此案，本公使无奈，只得向贵国官宪以破坏本国商人约据，要求赔偿。亦不能禁阻Wannieck在欧美宣布贵官宪绅商欺诈手段，谅贵总长必不容此类事致令中国在外国商业信用蒙受损害。本公使想必须遣派本使馆委员会同贵部所派委员就地调查，分清官宪绅商责任，以明真象。想贵总长为免却上述情事实现起见，自必迅饬设法将此案在Wannieck赴欧日期以前结束，立即转饬浑源县官绅在二十六日以前将法商定买之真正古铜器如数交付。并请电知阎督办迅速电复为要。顺颂日祉

内附六件〔略〕

冯　德

四月十八日

收山西省长代电

北京。外交部鉴：铣电计达。兹据印委复称：业经会同法商，按所有照片对比，一一相符。该县士绅提出理由书，并谓法商即愿购买，亦须另行议价，而法商则主张钱物两交。印委设法维持，双方意见终未接近。嗣又据电称：法商推言回京计议，暂难调解。各等情。到署。查此案情词各执，本应由司法衙门依法解决，原不属行政范围之内。前以迭准大部函电谆嘱，且事涉国际友谊，曾嘱委员极力维持。兹据前情，除将该士绅理由书另函抄送外，先此电达，并盼转知法使为荷。阎锡山。漾。印。

五月二十三日

附送理由书一份

具理由书公民李书勋等，现因省委查询古物不卖给法商之原委，兹将实在情形开列于后：

一、本县绅官前函天主堂费神甫，转函法商，购买古物，本系令其先行估价之意，双方并未订立成约。

二、法商所存照片，系民国十二年六月间，该商在图书馆私自逐件摄影，并未知照官绅，彼时亦无出售之意。

三、法商派杨某来公款局检看古物，逐件俱真，众目共睹。而该商意图贱买，诸多挑剔，并声明照定价五万元难成议。

四、本县官绅会商出售古物时，见与法商既无成议，因照原价五万元集资购去，当即款物两交。此时杨某在场，并无议说。

按以上理由，法商无论如何，亦不能以一方公函认为成约。既声明照定价五万元万难成议，又何能谓已成交。况案关民事，应依华洋诉讼办法，可以向法厅起诉，何得以无证据之捏词，屡请法使向我外交部及我省长之行政机关交涉，实为无理之至。事关侵权越理，公民等抵死不能承认。理合陈请委员转呈

省长鉴核

刘学圣　栗迺容

杨巨观　李佩缓

浑源县公民　李书勋　薛国仁

田应昌　杨荣翰

穆　郇　沈懋昭

收法玛使函

径启者：本国商人葛扬，现已由浑源回京，所有定买之真正古铜器，其照片与阎督办所派委员比时情形，并无不合。查阎督办前向本公使切实声明，比对情形后再行酌定办法，而延至迄今，尚未解决，不胜诧异。盖此事于贵国官宪及商人名誉有关，所以必须迅速解决，勿再迟延为要。该项古铜器物，现私存于田应昌家内，本年

三月十三日及四月十八日函内所述李书勋换真为假之举，田亦与之同谋。设若于本年一月间，浑源官绅将真正古铜器付给法商买办杨某，自无拒不允受之理。本公使亦无须向贵总长接洽此事。况据葛扬报告，阎督办所委委员，似有不乐办理此事之状态。盖以明知此中黑幕，殊与国人之信用攸关。又据该商报告，浑源县间接使人通知，如不多给价钱，则断难买得其物。此举不啻又将本公使所要求浑源官绅对于法商应负履行之义务图谋取消而已。且葛扬伙友Wannieck离华已及月余，约十日后可到巴黎，如不在此时期内将此事完满解决，则本公使即无法防止其将山西官宪及华商之不正行为在法国及他国传达于各界。查本国商人等由本年一月十五日以来，伫待浑源官绅履行义务，徒延时日，故不得已拟行要求赔偿。若再不为迅速解决，则另项要求，在所不免。山西阎督办前曾允饬所属将对于法商所负义务设法照行，即请贵总长达知该督办，嘱照前言办理，以免所拟取之前项办法实现。至李书勋及私存古器之田应昌均有诡诈行为，并请惩办，以儆效尤。应请贵总长转询阎督办于何时何处可俾此项交易成立，银物两交，以免纠纷。并请其来电示复为荷。顺颂

日祉

再者，内附葛扬所呈法文及汉译说明书各一份，即请查阅。可见该商等事实正当，理由充足。

冯　德

六月十二日

收法馆节略

北京古玩法商葛扬，前在山西购买古铜一事，于一九二五年三月起，曾经法国公使请外交总长转商山西省地方结束办理在案。查葛扬于一九二三年十二月间，曾在浑源县与该县知事及绅士订立合同购买古铜器一案。嗣因一九二五年三月十二日及四月十八日，法国使馆致外交部函内所述各种情形，遂致该项贸易未能成交。嗣

于一九二五年七月间，由外交部及法国使馆接洽，遂经山西当局决定一种办法。兹将当日山西省长公署致京山西省长代表潘连文之函照抄为据。惟当日所决定之办法，因中国内争及晋北交通断绝等等意外事故，迄未能实行。刻下该地现已几于平静，委任浑源县知事司令既直接受北京政府节制，法国公使请外交部罗总长转知该处司令，以俾外交部法国使馆双方接洽后所措置办法，按照合同实行，用昭平允，而符公理，为荷。

附钞山西省长致潘代表函一件

法公使馆启

一九二八年二月二十五日

山西省长致潘代表函

径启者：查浑源县官绅与法商议售古铜器一案，前准外交部、法公使函电谆嘱，因念事涉国际友谊，曾派委极力设法维持，并将比对相符情形电复外交部转达法使在案。嗣复据印委呈报：该项古铜器前因与法商买卖未能成议，当由县绅田景符等照原标价五万元集资购去，钱物两交。法商代表杨某，时亦在场亲见。现法商既仍欲购买，自应向田绅等设法通融，印委已将钧座顾念国际友谊，欲与维持成交之意，再三向田绅等开导，田绅等已允将前项古铜器原价让出等情。正拟将印委办理情形函达间，适又接到法公使六月十二日函，促予早日解决等因。惟此中曲折，煞费苦心，应请执事将此意达知法使，请其转知法商，携款前往浑源，仍与该知事接洽，请其照此次维持办法，向田绅以原物原价相易成交可也。但此次维持办法，实赖田绅等深明大义，能顾全本署与法使交谊，勉成此举。

山西省长公署

六月十九日

（2）内务部致雁门道尹训令(1928年3月)

内务部训令　　第　　号

令雁门道尹刘恩煦

准外交部咨开：准驻京法使馆节略开：法商葛扬，前在山西浑源县与该县官绅订立合同，购买古铜器一案，旋因该地绅商从中破坏，以致该项贸易未能成交。嗣由外交部及法使馆接洽，遂经山西当局决定一种办法。兹将当日山西省长公署致京山西省代表潘达文函抄为证。惟当时所决定之办法，因中国内争及晋北交通断绝等事故，迄今未能实行，刻下该地平静，浑源县知事司令既直接受北京政府节制，请转知该处司令，俾外交部法使馆双方接洽后所措置办法，按照合同实行等因。并抄送当时山西省长公署致潘代表函到部，该法商订立约据以后，绅商破坏，请求维持等因。先后经本部文电转准山西督办核复在案。现在事隔两年有余，复准法馆略称前因，究竟所述各节是否实行及可否准将该项古铜器照售之处，相应摘录全案来往文件，咨送查照核办，并希见复，以凭转达等因。到部。查此案浑源县官绅原函所允诺法商价买古铜器三十五件，究系何处出土，抑何人收藏，是何时代，有何款识，及各物品名、形式、花纹、重量、尺寸，应由该县知事详细查明，逐件分别开列，并将各物拍照，钞录全案一同送部。其阎督办后定维持方法，究竟办理情形如何，合亟抄录原送来往文件，仰即转饬该县一并查明具复。以凭核办。此令。

中华民国十七年三月　日

〔北洋政府内务部档案〕

(三)博物馆(院、所)的设立

1 内务部设立古物陈列所有关文件

(1912年10月—1927年9月)

(1) 内务部为筹设古物保存所致大总统呈(1912年10月1日)

查古物应归博物馆保存,以符名实。但博物馆尚未成立以先,所有古物,任其堆置,不免有散失之虞。拟请照司所拟,于京师设立古物保存所一处,另拟详章,派员经理。至各省设立分所之处,应从缓议。是否有当,伏候鉴核。

中华民国元年十月一日

(2) 内务部公布古物陈列所章程、保存古物协进会章程令

(1913年12月24日)

内务部令第七十二号

大地博殖,万品灿陈,物质区分,各以其类。考古之士,探求学理,于以察天演之递嬗,研制作之精奥,究人事之变迁。东西各邦,搜罗珍异,创立专院,一以耀生产之繁富,一以蕲美术之专攻,而尤重于笃守古器,永保弗失。其国人得所参观,资以发明,学术既兴,工业益进。我国地大物博,文化最先,经传图志之所载,山泽陵谷之所蕴,天府旧家之所宝,名流墨客之所藏,珍赍并陈,何可胜纪。顾以时代谢,历劫既多,或委弃于兵戈,或消沉于水火,剥蚀湮没,存者益鲜。而异邦人士,梯航远来,又复挟资以求,怀宝而去,或且兢兢焉考究东方古学,侈为大家,以我国历代创造之精,又多笃学好古之士,而顾不暇自保,而使人保之,亦可概〔慨〕也!近世学者虽亦为保持古物不逮,寖至废辍,此学者之忧而国家之责也。本部有鉴于兹,爰乃默察国民崇古之心理,搜集累世尊秘之宝藏,于都市之

中辟古物陈列所一区，以为博物院之先导。综吾国之古物与出品二者而次第集之，用备观览，或亦网罗散失，参稽物类之旨所不废欤！博物君子，如有闻风而兴起者，则尤本部所企望者也。兹为制定《古物陈列所章程》十七条、《保存古物协进会章程》二十五条，公布施行。此令。

中华民国二年十二月二十四日

古物陈列所章程

第一条　古物陈列所掌握关于古物保管事项，隶属于内务部。

第二条　古物陈列所设职员如左：

一　所长　　二　副所长

三　书记员　　四　司事

第三条　所长一人，综理所内事务。

第四条　副所长一人，辅助所长督率职员，协理所内事务。

第五条　书记员分掌文书、会计及庶务各事，由所长呈请充任。

第六条　司事分办庶务及缮写等事，其员额由所长拟呈核定雇用。

第七条　如有关于装璜整理之事，得由所长临时雇用匠作。

第八条　所内分设三课如左：

一　文书课　　二　陈设课　　三　庶务课

第九条　文书课职务如左：

一　关于登记事项；　　二　关于编辑事项；

三　关于调查事项；　　四　关于报告事项。

第十条　陈设课职务如左：

一　关于编列事项；　　二　关于保固事项；

三　关于修正事项。

第十一条　庶务课职务如左：

一　关于会计出纳事项；　　二　关于匠作物料事项；

三　关于本科纠察事项。

第十二条　各课办事细则另定之。

第十三条　关于审查各事，另行组织评议机关，协赞进行。

第十四条　本所如有应行调查搜辑之事，所长得向保存古物协进会征集意见。

第十五条　其他未尽事宜，应由所长查酌，随时呈请总长核夺办理。

第十六条　每届年终，应由所长将陈列物品造册及办理成绩报告于总长。

第十七条　本章程自公布日施行。

保存古物协进会章程

第一条　本会为筹办博物院之预备，暂时附属于古物陈列所，专事征求中国历史上应行保存之古物，以协赞陈列所之进行。

第二条　本会组织如左：

一　会长　　二　名誉会长

三　会员　　四　名誉会员

第三条　会长一人，由内务总长聘请，综理会务。

第四条　凡中外博古专家，夙具宏愿，对于本会有特别补助者，得由内务总长聘为名誉会长。

第五条　会员由会长介绍入会，分任会务，其会员员额及其资格，须经内务总长认可。特致聘任书。

第六条　名誉会员无定额，由会长及会员介绍，经内务总长认可入会，参与会务。其有以家藏古物，愿供国家博物院或陈列所永久保存，经本会审查认为有公世之价格者，得为名誉会员。

第七条　凡为本会会员，均为义务职，不支薪俸。

第八条　凡会员对于本会有所发明及实力赞助者，得由会长报明内务总长给与名誉褒章。

第九条　本会组织如左：

一　调查部

二　评议部

三　建设部

第十条　调查部掌关于征访搜辑事项。

第十一条　评议部掌关于审查鉴别事项。

第十二条　建设部掌关于建筑陈设计划事项。

第十三条　每部设主任一人，由会员公推，主理其事。

第十四条　本会会议分为全体会议及职员会议两种。

第十五条　全体会议由会长召集，凡属本会会员均得与会。

第十六条　职员会议，由部长召集开本部职员会。

第十七条　各部有应联合研究事项，由会长召集开全体职员会。

第十八条　本会应行开会事项如左：

一　内务总长交议事项；

二　古物陈列所交议事项；

三　本会会员提议事项；

四　会外各机关或个人建议事项。

第十九条　关于前条第三、第四两项之应否开会时，由会长酌定之。

第二十条　全体会议每季举行一次，会期由会长酌定，先期公布。

第二十一条　职员会无定期，由各部主任随时通告举行之。

第二十二条　本会对于第十八条第一、二两项讨论结果，应由会长分别报告于内务总长及古物陈列所。

第二十三条　关于第十八条第三、四两项讨论结果，应由会长报告于内务总长，并知照原提议、建议之机关及人员。

第二十四条　会议规则及办事细则另定之。

第二十五条　本章程自公布日施行。

（3）内务部古物陈列所鉴定委员会简章并委员名单

（1926年12月）

第一条　定名为古物陈列所鉴定委员会。

第二条　本会就本所保存各古物鉴定之。

第三条　本会设委员长一人，委员二十人以内，概不支薪。

第四条　委员长由本所所长兼任，委员由委员长聘请富有鉴定古物之学识经验者充之。

第五条　本会共分（甲）书画、（乙）陶瓷、（丙）金石、（丁）杂玩四组，每组由各委员自行认定，愿兼任二组者听之。

第六条　本所就鉴定各物粘贴印记，编订成册，由委员会及鉴定委员署名盖章，永久保存，以资查考。

第七条　本会得设事务员办理庶务缮录等事，即由本所现有职员兼充，不支薪水。

第八条　本会办事细则，由委员长协商委员另订之。

古物鉴定委员会委员聘函并名单（1926年12月）

内务部礼俗司第四科函

径启者：本部附属之古物陈列所储藏各种古物，均关国粹。现于该所设立古物鉴定委员会，以期分别鉴定，俾资保存。夙仰先生学识淹通，鉴别精审，兹特函聘为古物鉴定委员会委员。敬祈即日莅会，协助进行，无任钦迟。此致

罗振玉　萧　恁　徐鸿宝　福开森

徐宝琳　容　庚　陈承修　庆　宽

马　衡　陈时利　陈汉弟　邵长光

郭葆昌　宝　熙　陈　浏　颜世清
王国维　王　禔　袁励准
中华民国十五年十二月　　日

〔北洋政府内务部档案〕

（4）内务部为修订特许研究古物规则致古物陈列所指令
（1927年9月30日）

内务部指令

令古物陈列所所长周肇祥

呈一件，为改订特许研究古物规则请鉴核由。

具呈已悉。查所呈改订特许研究古物规则，系为奖励学术，阐扬文化起见，用意良善。惟限制稍宽，恐滋流弊。业经由部详加审核，重行修订。合亟钞录改订条文，令行遵照办理。此令。

中华民国十六年九月三十日

附抄：修订特许研究古物规则

第一条　凡请求特许研究古物者，须先将姓名、籍贯、职业、住址及请求之理由、研究之目的并其范围，开具请求书，呈内务部核准。

如系机关或团体人员，依上项之规定开具请求书，呈由各该主管部署或各法团转送内务部核准，但每次不得逾五人。

第二条　凡经特许来所研究古物者，以请求者之本人为限，不得有他人参加或顶替。

第三条　研究者于其指定范围内，如遇必要时，并得请求摹绘或摄影。但以经内务部核准，合行古物陈列所知照为限。其摄影之件，不得单独制版售卖。

前项之规定于书画不适用之。

第四条　内务部为研究古物之特许后，须由古物陈列所指定赴所研究日期，函知请求者遵照。

第五条　研究物品除现在陈列者外，亦得请求研究。但每人每次不得过两件，并须缴费一元。

第六条　研究古物，对于陈列所各项规则有遵守之义务。

第七条　研究者入门券及瞻览券，均须照章购买。如系官署或团体介绍者，得酌量改收半价。

第八条　本规则自内务部核定之日施行，如有未尽事宜得呈请修改之。

〔北洋政府内务部档案〕

2　教育部设立历史博物馆的有关文件

（1914年6月—1927年10月）

（1）教育总长请拨国子监筹设历史博物馆呈并大总统批

（1914年6月28日）

为历史博物馆现就国子监地方筹办，拟俟成立后再行开放，并令该馆兼管文庙情形，仰祈鉴核事：窃准内务部咨开：本部呈请开放京畿名胜场所，并酌订章程缮单请核示遵等情。五月二十二日奉批令：呈单并悉。所拟章程尚属妥洽，准予照办。除北海、景山、颐和园、玉泉山外，应由该部酌择一、二处先行开放。单存。此批。等因。奉此。查原呈所列文庙、国子监、隶属贵部主管，应候本部酌定开放时间，再行知照。并钞录原呈及章程，咨请查照等因。到部。查文庙及国子监两处，自民国元年经本部接管，当以国子监一处所有辟雍等建筑，在前清时迭经儒臣考订，宏此规模，关系于历史学术者甚巨，于历史博物馆性质甚为合宜，是以前经国务会议议定改国子监为历史博物馆，并由本部先就地设立筹办处在案。历史博物一项，能令愚者智开，嚣者气静，既为文明各国所重，尤为社会教育所资。本部现正设法进行，一俟筹办完毕，自应正式开放。至文庙为尊师重地，现令筹办处暂行敬谨兼管，将来应否开放，应俟历史博物馆

正式成立后再行酌量办理。所有呈明旧国子监业经改办历史博物馆并兼管文庙情形，谨乞大总统钧鉴，训示施行。谨呈

批令：准如所拟办理。此批。

中华民国三年六月二十八日

国务卿　徐世昌

(2) 教育部筹设历史博物馆简况(1915年8月)

教育部于民国元年七月，拟就国子监旧署筹设历史博物馆，以立博物之基础。其所以先筹备历史博物一部分者，则以中国立国在五六千年前，自启文明，不由他族。其与中国创国相先后而号自辟文化者，如埃及，如巴比伦，如印度，如希腊，皆经千百年而夷灭。惟中国虽屡经迁变，而土宇依然，文物增茂，其灿然之迹，名器之贵，尚多未坠，允宜及时加意征求，汇为大观，以彰固有之文明，而动四方之瞻听。国子监旧署，毗连孔庙，内有辟雍、彝伦堂等处建筑，皆于典制学问有关，又藏有鼎、石鼓及前朝典学所用器具等，亦均足为稽古之资，实于历史博物馆性质相近，故教育部即就其中设立历史博物馆，设历史博物馆筹备处。惟是历史博物品之搜集，欧式博物馆房舍之增建，陈列器具之制造，种种扩张计划则皆以绌于经费，未能大举兴办。现在馆中所藏物品，除原有国子监之法器等物业已清查整理陈列外，各处遇有古物发现亦随时设法采访。如前者洛阳北邙山发现明器多种，闻系晋唐旧物，当即由馆派员往购，计得大小人物器皿百余件，其他古器石刻等亦略有所采集。惟究以限于经费，仅敷保存之用。迨二年三月外交部准德国哈公使节略开：德国一九一四年来伯叙城举行万国书业雕刻及他种专艺赛会。同年九月，据该会旅京会员米博士和伯到部面称：拟假用历史博物馆内物品数件，转送到会陈列，嗣又函送拟假物品计十一种清单，并声明所假各物陈列时均拟罩以玻璃箱匣，以示珍护，且标明北京历史博物馆之物品，以彰中华珍品。当经复以拟假各件系贵重公物，须

由公使作一介绍书送部方可照办。十一月外交部公函开：准德国哈使来函，德国来伯叙城万国书业雕刻及特种专艺赛会旅京委员米博士和伯拟借历史博物馆物品转送该会陈列，请为代恳本大臣应如其请。且查悉该赛会办事处于转运各借物担负完全责任，并于闭会之时，速为□□免费送还。兹将来函录送，请查核办理各等语。当由教育部令行该馆照米博士单开各件计十一种.检送到部，面交米博士领讫，并附送一说明书，以便陈列时择要标明，使阅览者有所参考。现在此项物品尚未由该会办事处交还，拟俟战事稍平，再请该国公使转催从速寄还，以重公物。四年八月，京师图书馆组织成立，即令京师图书馆馆长就近兼管该处筹备事宜，以资便利，所有员司亦酌量减并，以节经费。此教育部筹备设立历史博物馆之情形也。

(3) 中华民国国立历史博物馆概略(1925年)

甲 沿革

民国成立，以北京首都尚未有博物馆之设立，乃议先筹设博物馆于北京。

民国元年七月，就国子监官舍设立历史博物馆筹备处。是时所有物品半系国学故物，嗣由洛阳购得墓俑明器多件，储藏略富。民国六年，以国子监馆址，地处偏僻，屋舍狭隘，由教育部提议将清故宫前部之端门、午门作为本馆及京师图书馆馆址。嗣因图书馆暂不迁入，本馆乃单独迁入。

民国七年，将端门、午门略加修葺，实行迁移。午门城楼及两翼亭楼作为陈列室，门下东西两朝房作为办公室，两廊朝房作为储藏室，端门楼上为储粗重物品。

民国八年，教育部将旧存料〔科〕举时代殿试策一万五千余件移存本馆，江苏董康先生捐赠唐代墓志十件，又有本馆征集得北魏元显儁龟形墓志一方，及六朝造象碑、隋唐墓志数件，摹拓流传。

民国九年，又有董康先生捐赠墓志九件。

民国十年，因旧存内阁大库所储诏令题奏档案等件，年久丛杂，乃聘请各部人员会同清理，分类编号。同年直隶属巨鹿发现宋代故城，乃由本馆派员赴该地发掘，获得宋代桌椅及瓷器杂件等共计二百余件；又由京师步军统领衙门移来旧存抬枪火炮等兵器多件；义大利环球飞航队来华送中国政府飞机一架，亦由政府移交本馆陈列。

十一年，教育部令将本馆所存尚未编号之红本档案，交由北京大学为编辑近代史之预备，书成再将原件归还。

十二年，由本部征集股采购三代古王兵器、汉唐古鉴、魏唐墓俑等约千余件，又访获明代西人利马窦氏所绘坤舆万国全图一份，分别陈列，同年国务院将旧存太平天国玉玺两件移送本馆保存。

十三年春，函聘毕士博、董宪忠等名誉顾问，先后赴直隶、河南、陕西、山西等省调查古迹古物，并在河南信阳发掘汉冢三座，得汉代陶瓷砖甓多件，并于冢旁掘获上古陶石诸器共计二百余件，运馆陈列。是年九月开始模制汉晋古尺、三代古车。冬季，清帝溥仪迁出故宫，与京师图书馆、北京大学研究所国学门函清室善后委员会，担任查封点查物品事项。

十四年农商部地质调查所转来安特生博士赠送上古石器及陶器计五百余件，辟室陈列。是年六月，京师警察厅移交旧太医院针灸铜象一件，中西医学人士来馆参考者甚多。

乙 组织

本馆直辖于教育部，设主任一员，馆员、书记、练习生若干员，主任□□〔主持〕馆中一切事务，其下共分五股：

一 文书股，二会计股，三庶务股，四征集股，五陈列股。各股事务由馆员分掌之。现有主任一员，馆员及兼馆员共十员，书记一员，练习生二员。

丙 馆舍

现有馆舍计端门一座，计九楹，为本馆正门；午门一座，计正楼九楹，左右室各三楹；东西两观方亭四座，两座各十二间。午门俗称五凤楼，明代廷杖大臣皆在此门下，清代献降受俘皆御此门。旧陈钟鼓各一，为视朝会集百官之用。本馆未移来前，此钟已移至端门，按置陈列。端门内东庑五间，旧为礼科公署，其东北为太庙右门，西为社稷坛左门，门三楹，东西向。又北，东西庑四十二间，均联檐通脊，东旧为吏科公署七间，户科九间；西旧为中书科直房六间，兵科、刑科公署各七间，又六科公所二间，余为各部院府寺监朝房，以上房间，今作本馆储藏室。又北东出者曰阙左门，西出者曰阙右门，为本馆旁门，又北东西庑各三间，旧为王公朝集之所，今作为本馆办公室，总计房室一百五十余间。考明史志〔地〕理志永乐四年闰七月，建北京宫殿，是本馆馆舍已为六百年之建筑，是亦历史博物矣。

丁　经费

本馆每月经常费国币一千元，由教育部支领，其修缮发掘购置等临时费，随时呈请教育部发给之。但自民国九年以来，政府经费支绌，不能按期支领，进行殊多困难。

戊　现存物品

本馆现存物品，总计二十一万五千一百七十七件，共分二十六类：

一　金类　有周康侯鼎、周牺尊、周纳言卣、周牺首罍、周纹壶、周召仲簠、周师望簋、周雷纹觚、周予爵、周素洗等十件，（此项铜器，原系清宫旧藏贵重物品，乾隆三十四年颁发国子监陈设大成殿，民国元年移归本馆）及周代戈威剑等古兵器，历代各式古鉴等，（此项古鉴，自汉至明，式样略备，并有极精之品）及车器泉币古印等件（内有西夏印二方，颇为罕见）。

二　石器　有安特生博士捐赠古代石刀石斧等件及安阳出土、信阳发掘上古石器等多件（安阳出土石刀形□□为石器中仅见之品）。

三　刻石　有北魏元显儁墓志(此志石作龟形,具首尾四足,中间凿为长方偃角形，刻志文于上，以盖复之,适与密合,制特精异.为自来墓志所创见)；魏元羽墓志,隋唐墓志,六朝造象碑(有北魏比丘僧智等造象碑及西魏巨始光造象碑,高约六尺,四面刻字,为造象碑中巨观)；唐宋晋经幢等件,及元明人法书刻石,清代翻刻宋拓本、周石鼓文等件。

四　甲骨刻辞　为商代占卜所用，上有最古文字，河南安阳初出土时所得精品。

五　玉类　有三代两汉圭璧、琮璜、珑琥、琀瑁等古玉（内有端陶斋旧藏古璧,质色绝异,其他诸品亦皆数经名家审定，识为古玉中之精品)及太平天国玉玺二颗(此二玺系洪秀全都金陵时所制，为青玉质,一方六寸六分,一方六寸三分,清同治三年,清兵破金陵夺获，进于内府,民国十二年由国务院移送本馆)，清乾隆时代,玉刻十三经序文表章经学之宝等件(此项器物民国三年德国来布其城万国文字印刷术展览会曾借去陈列)。

六　陶器　有安特生博士赠送之上古残鬲，信阳发掘之汉代陶器,登封发现汉人朱书麻巨万石及术粟陶仓(此项陶仓题字为汉人笔迹,为历来所仅见),安阳古刻陶片(安阳出土甲骨文字，世人甚所重视,实则其他物品可供研究者尚多)，本馆所收陶片即其一斑花文刻画并极精妙等件。

七　明器　有汉唐殉葬陶制车马、屋宇、井灶等件。

八　俑类　有汉魏唐宋各式墓俑多件。前两项物品本馆搜罗宏富,内有多种,形式特异,可考古代屋宇,衣冠制度，时有外国学者来馆,请求摄影,载入其所著考古书报,以扩世人眼界。

九　瓷类　有信阳发掘所得汉代洗壶，巨鹿发掘所得宋代壶碗盘枕。山西教育厅移送之宋龙泉碗,周豫才先生赠送之明青花瓷碗等件,信阳巨鹿发掘古物另有记略附后。

十　砖瓦　有秦汉瓦当,信阳出土所得汉永元十一年墓砖、五铢文墓砖等，曲阳开元寺唐代壁画等件。

十一　木器　有崔通约先生赠汉陶越王冢文木及巨鹿发掘所得宋代桌椅门扇屋梁等件，宋代桌椅，可考十世纪前后中国北部民族生活状况。

十二　兵器　有明清两代刀矛重炮抬枪弓弩等件，内有明崇祯十二年洪承畴监制铁炮一尊，计重六千斤，又清康熙二十八年南怀仁铸造神功将军铜炮一尊。

十三　衣冠　有明代李国祯所用甲胄及吴三桂兵士所用甲胄，清代铁盔锁子甲等件。

十四　地图　有明代利马窦所绘坤舆万国全图及清代南怀仁所绘世界地图（清初北京地图，陕西兴平县知事李居义先生赠）等件，（利马窦地图见本馆印行日本学者和田清著利马窦坤舆万国全图考译本）。

十五　画象　有利马窦、南怀仁、汤若望、徐光启等画象及五台山佛象等件。

十六　碑帖　有赵次珊先生所赠泰山摩崖拓本，郭玉堂先生赠龙门造象拓本，卫西琴博士赠天龙造象拓本，高阆仙先生赠定县出土西夏文，徐森玉先生赠汉魏残石经及魏唐墓志拓本，福开森博士赠陶斋斯禁拓印本，前清内务府赠周散氏盘拓本，沈京似先生赠淮安出土唐幢等拓本，杨鹤翔先生赠南和县隋碑拓本，无锡图书馆赠唐宋碑记等拓本，及本馆购藏唐昭陵石马拓本，淳化阁寺帖及其他著名石刻拓本多件。

十七　唐人写经　有京师图书馆移赠敦煌石室唐代写本佛经多件。

十八　宋代精椠　有宋刊本论语、孟子、三略、六韬、论衡、韦苏州集、柳柳州集等件，多北宋本。

十九　板片　有清宫旧藏殿板经史子集及合体文佛经等拓片十九万一千六百六十四件。

二十　明清诏令册命题奏　有明清两代各种诏令、敕命、瞻黄，及朝鲜、安南、暹罗、南掌、流球等国贺表，历代阁部督抚题奏、各种档案清册、实录史稿等六千二百零八片。暨张德孙先生赠直隶督署旧藏档案等件。

二十一　试卷　有清代博学鸿词科试卷，及清代九朝殿试策等一万五千二百六十四件。

二十二　武试用品　有清代武场考试所前强弓大刀二百斤、一百五十斤石等件。

二十三　前代御用品　有清乾隆时代，临痈讲学所用御座、围屏、书案、薰炉及各种文具多件。

二十四　现代国际纪念品　有意大利所赠环游世界之飞机及美国霍孟博士考古奖章等件。

二十五　模型　有国子监旧存大成七楹、九楹模型、并本馆自造周代乘车兵车及汉晋唐宋等尺模型多件。

二十六　影片　有靳云鹏师长所赠河南新郑出土三代铜器照片，美国转赠美洲阿拉斯加省出土中国陶器钱币照片，慕玄父先生赠齐梁隋诸帝画象照片，金拱北先生赠明永历太后等致罗马教皇书等照片，观象台赠元郭守敬天文仪器照片，暨本馆发掘古物时所摄照片等件。

其当时陈列供人参观物品约两千余件，其余物品尚在陆续添置中。

己　事业

本馆事业现在正在进行中者约分十类：

一　调查　中国地方辽阔，历史悠久，所有古物亟待采访。本馆特组织调查股往各地调查，已查过者计有京兆、直隶、山西、陕西、河南、塞北等省区。

二　发掘　地中蕴藏，时有出土，稍不留意，即致散失。本馆调查之时，遇有可以发掘之处，即行商准地方官绅从事发掘，先后在直隶巨鹿、河南信阳等处用科学方法发掘古物多种，均经运馆陈列，摄有照片，绘有地图，摹有拓本，并另辑专书。

三　考订　古物时代考订最难，本馆遇有新物到馆，必参研故籍，博访通人，然后定其品名及其时代。

四　保存　古物保存至为不易，本馆用咨博访，计策万全，缺者使完，危者使安．先后制作匣囊，成造桌架装璜物品，裱褙拓片，均煞费经营，俾传久远。

五　摹拓　金石考索，端赖集思。本馆所藏金石，均经选定名工精心摹拓，使世界学者咸得目睹真形，便于研讨。

六　模造　在昔中国，考古学家率多因依故书，罔知真象，清代阮光作车制图解，自云可闭门而造，嗣上虞罗振玉氏在京师大学堂时亦曾提议，均未果行，本馆聘有专工，先后造成汉晋唐宋各种尺式，及周代乘车兵车各件，其余宫室衣冠正待赓续。

七　摄影　分为二种：一为影片，二为电影，摄照古迹古物，现正著手筹办。

八　研究　即以本馆藏品作研究之资料，并以研究之所得，作搜罗物品之方针，以供世界学人之参考。

九　编辑　关于本馆事业之纪载，物品之考订，拟为专书或月报，以就正于世界学者，现在印行者已有数种。

十　讲演　本馆研究所得，举行公开讲演会，以供世人之指正。馆外学者有所发明时，亦得借本馆为讲演之所，俾众咸知，余如影片、书画、翻刻古书诸端，力所能及，次第筹备，至于分类、编号、保管、陈列诸端，均另有登记，事关琐屑，无待赘述。

庚　附启

本馆筹备以来，蒙国内外人士热心赞助，或则锡（赐）之珍品，或则惠以拓片，触目琳琅，缕陈难尽，凡诸捐赠，另有详记，不列于兹。惟是设备求周，诸待发展，国内外人士于下列诸端能随时指导报告，至所欣感！

一、国内外古物之发现或消灭；

二、国内外公私收藏古物之数目、种类及情形；

三、国内外考古学书籍杂志之目录及出版时地；

四、国内外学者关于考古之文章或未刊之遗著；

五、国内外博物馆设备之状况及可资借镜之处；

六、关于本馆一切应行改善事宜。

〔北洋政府教育部档案〕

（4）教育部历史博物馆规程（1927年10月15日）

教育部令 第一六八号

兹制定教育部历史博物馆规程公布之。此令。

教育部历史博物馆规程

第一条 教育部为搜集历代文物，增进社会教育，特设历史博物馆。

第二条 历史博物馆以呈准拨用之午门、端门及东西朝房为馆址。

第三条 历史博物馆之组织分部如下：

一 总务部 掌关于本馆之文牍、会计、庶务事项；

二 征集部 掌关于历史之物品分别调查、搜集、购置、陈列、保管事项；

三 编辑部 掌关于物品之说明、编目及本馆书报编译事项；

四 艺术部 掌关于物品之摹拓、绘画、摄影及制造模型、绘制图表事项；

第四条 历史博物馆设馆长一人，主持馆务，由教育总长聘任，或派部员兼任；设馆员若干人，由教育总长委任，分任馆务。

第五条 各部得各设主任一人，由馆长就馆员中选任，呈部备案。

第六条 历史博物馆设评议会、讲演会，其会员均为名誉职，由教育总长聘任。

第七条　历史博物馆缮写事项，得由馆长雇用书记。

第八条　历史博物馆各项办事细则，应由馆长酌定，呈部核准备案。

第九条　本规程自公布日施行。

中华民国十六年十月十五日

教育总长　刘　哲

〔《政府公报》第4125号〕

3　顾维钧等筹设中华博物院的有关文件

（1914年6月）

（1）内务部致大总统呈并批（6月28日）

为顾维钧等拟组织中华博物院，请转呈明令提倡，恭呈仰祈钧鉴事：据顾维钧等呈称：窃维郑侨〔樵〕博物，爰知台骀阏伯之神；尼父多闻，能教萍实商羊之典；九能兼备，方称丈夫之才；一物不知，即是儒者之耻。我中华民国，地大产富，取精用宏，论文化居五洲最先，言礼教以六经为本，天不爱道，地不爱宝，两仪既大泄精华，千里一圣，百里一贤，万类遂悉归陶铸。顾以古今代谢，风会迁流，欲期温故而知新，尚待发挥而光大。海通以隆，扈漏尤多，彝鼎图书，金石刻画，流转有失，居之叹息。私藏滋腐蚀之忧，宜防蚁穴之溃堤，先凿龙门而保障。维钧等集思广益，询谋佥同，谨拟组织中华博物院于京师，发国光而佐升平藉首善以隆观听，比物连类，若网在纲，窃流溯源，如鳞朝海，千门万户，陋汉家五柞之宫，八垓九埏，穷禹迹四荒之域。李崇贤五车熟读，窥管滋惄；张安世三箧能知，望洋生叹。庶几维持独立之历史，振起不敝之精神，爰于本年三月十四日开会成立，并公举高凌霨、颜惠庆、程克、张国淦、朱启钤、金绍城、福开森、安得乐思、严智怡、丁文江、徐协贞、翁文灏、孙壮、周诒春及维钧等十五人为董事，五月二日复经董事会公推维钧为董事长,行远自迩,经营各竭。夫寸心登高一呼,倡导必资乎大力。兹谨将办理情形并缮具组织大纲呈请钧部立案。伏读本年四月四日明令捐资建设国立图书馆于京师,仰见大总统提倡文化,嘉惠藝林。凡在含生负气之伦,咸深蹈德咏仁之慕。窃念博物院与图书馆事同一律,拟恳钧部迅予转呈大总统特颁明令,训示施行,俾昭郑重,而资观感。并附中华博物院组织大纲等情。到部。查博物院之设立,在东西各国,类皆由国家经营,故能规模宏廊,搜集美备。吾国地大物博,冠绝五洲,诚宜及时建设,以为保持文化,发扬国光之先导,只以限于财力,一时未能举办。兹据原呈,纠合同志,以私人团体拟组织中华博物院,意在并蓄兼收,藉供研究与考订名物,裨益良多。惟保存古物,本部职有专司,曾经由部遵照宪法,拟订保存法草案提交阁议,并援案呈请筹设国立博古院在案。此次顾维钧等所请组织之博物院,系为广搜各种物品,以资研究,与本部所设之博古院,专为保存有关文化之古籍古物暨古迹者性质既有不同,自可并行不悖。且俟将来国家设立博物院时,亦可补助进行,以期公私两不相方〔妨〕。合亟仰恳准予特颁明令,以资提倡之处,出自钧裁。所有顾维钧等组织中华博物院,请转呈明令提倡各缘由,理合附钞原订组织大纲,恭呈具陈伏乞鉴核训示施行。谨呈

批令:准如所拟办理。此批。

中华民国三年六月二十八日

国务卿　徐世昌

(2) 中华博物院组织缘起

敬启者:凡一民族存立于世界,必有其独立之历史,而能维持其独立历史,不为他族所同化或淘汰者,必有一种诚确精当、颠扑不破之精神灌注之,方能永持而〔不〕敝。此精神者大而礼俗政教,小而一器一物,莫不可见。俗言之则习惯,文言之则文化,是已世界

民族好尚虽各不同，而对其本族之文化，莫不爱护保守，日思有以发挥而光大之。所以，环顾东西各国之都市郡邑，咸有博物院之设，且时时有搜求他国古物，以备参考之举。我国拥有数千年独立、伟大、璀璨之历史，其表章此精神之博物院，即通都大邑遍设之，犹恐不足以发扬万一，遗国民羞，而一就事实观之，前清之闭关时代无论矣。近十余年来，于京师最初创议建设者有端方氏，拟尽出一己之所藏，再增益之，以供世人之考证，成有日矣。惜遭政变而没后，清皇室出其历代所存之故物，陈于武英、文华两殿，名为古物陈列所，虽聊胜于无，而纷若列市，器少说明，不适学术之研究，继有历史博物馆设于午门楼上组织是矣，而规模初具，尚待扩充。此外，天津有华北博物院，烟台有烟台博物院，上海有上海博物院，济南有广智馆，率皆外人来华传教师〔士〕所立。其中虽亦多吾国器物，而意似别有所属，非专为宣传吾国文化而设。吾国人自立者，江苏有一博物院，设于南通；济南有一博物院，设于旧莲池书院；天津有一天津博物院，设于车站东。兹数者虽皆吾国人努力所经营，徒以国人轻视文化之故，率为经济束缚，莫由发展，良可慨也。窃思京师首善之区，苟非大力者登高一呼，设一大规模之博物院，以倡导之，国人几忘文化之重要。已有者何能扩张，未有者何能兴起。前年春，有美人安德思君衔纽约博物院命三次来华，搜求物品，常对人云：中华苟愿互助，则美国博物院当本互助之精神，以互助之。闻之感愧交并，盖同人有意于此举久矣。随于上年十二月十八日邀集同志数十人，会于颜君惠庆宅，诸人一致赞成，议决组织一中华博物院于京师，即日开一筹备会，公推颜君惠庆、顾君维钧、林君长民、严君智怡、章君士钊、金君绍城、周君诒春、瞿君宣颖、福开森君为起草委员，草章业于本年二月二十日众决成立。素仰台端热心公益，望重名流，公意拟请加入发起人，务祈俯允襄助，俾底于成。爰将组织原因及经过情形，略陈左右，诸维鉴察。

中华博物院组织大纲

一　本院定名为中华博物院。

二　本院之业务，以搜求陈列并研究关于自然科学及工业的、美术的、历史的各种品物为范围。

三　本会设董事会以处理一切事务。第一次之董事会由本院发起人互选组织之，董事之数不得过二十五人。

董事会各董事，自第一次就职后分五组，其任期为三年。董事中有在任期中因故不能继续任职者，则由董事会推选候补人，提出于次届董事会选定之。

四　董事会于每年一月及九月内各开常会一次，其时间地点临时酌定之。此外，如有特别事项，得由董事长或董事五人以上提出召集特别会议。

五　董事会设董事长一人，副董事长二人，书记长、会计长各一人，皆由董事中推选，以投票法决定之，其任期均为一年。

六　董事会于每年须指派下列各委员会：

甲　执行委员会；

乙　稽核委员会；

丙　经济委员会；

丁　选举委员会。

以上各委员，皆由董事中选任，其任期均为一年。

七　董事会认为必要时，得随时指派其他各类之委员会。

八　董事会得聘任院长一人，副院长一人，承董事会之命，执行全院事务，其任期由董事会酌定之。

九　董事长除综理全院一切事务外，并为每届董事会开会时之主席，董事长因事缺席时由副董事长二人依次代理之，副董事长全缺席时由执行委员会推举一董事代理之。

十　书记长应列席本院之一切会议，其职务为摘录、会场记事、执掌印章、文牍等事。

十一　会计长执掌院中出纳事务，每届董事会议会计长应提出报告。

十二　董事长得任命书记干事、会计干事各若干人，襄理书记长、会计长之事务，其任期由董事会酌定之。

十三　执行委员会由董事九人组织之，董事长、书记长及会计长各一，其他六人依第六条之规定，每年由董事会指派之。该委员会执掌标本、图书及其他院中公产事项。

十四　稽核委员会由董事三人组织之。关于出纳帐目，由该委员会请著名会计师每半年至少稽核一次。

十五　经济委员会由董事五人组织之，其中一人为会计长，管理捐款、会费、基金及财产支配事项。

十六　选举委员会以董事三人组织之，凡入本院为会员者，须由该委员会提出于董事会。

十七　董事会议以董事九人为法定人数。但董事满五人时得改开谈话会，提出议案，俟下届开会时表决之。

十八　关于本大纲未尽事宜，由董事以附则规定之，并随时提出于董事会。

十九　凡具左列资格之一者，得为本院会员：

(一)本院发起人，

(二)赞成本院宗旨而经会员二人以上之介绍者。

二十　本院会员所纳会费及名称分为左列三种：

(一)普通会员，年纳国币十元；

(二)特别会员，年纳国币二十元；

(三)终身会员，一次纳国币二百元。

二十一　凡于科学研究具有特别之劳绩及名誉者，得由董事会或执行委员会推举为学术会员，免纳一切会费。

二十二　凡有左列资格之一者，得由董事会或执行委员会推举为名誉会员：

(一)捐助书籍标本事项，其价值由执行委员会评定在千元以上者；

(二)捐助现金或资产在二千元以上者，合于第一、第二之资格者，并得指定继承人。

二十三　本大纲之修正，以下列各手续行之：

(一)于前届董事例会预行宣示修正大纲之提议；

(二)于例会或专为修改大纲而召集之特别董事会时提出修正案；

(三)由大多数董事之表决。

〔北洋政府教育部档案〕

4　交通部筹设交通博物馆有关文件

（1913年7月—1920年12月）

(1) 交通部委任华南圭筹设交通博物馆令（1913年7月14日）

交通部委任令第九十九号

令署技正华南圭

本部依据官制，应行设立交通博物馆。兹先就铁路一门提前筹办，委任署技正华南圭为路政门主任，按照筹备大纲从速举办。此令。

交通总长　朱启钤

中华民国二年七月十四日

交通博物馆筹备大纲

(一)本部依据交通部官制第六条，设立交通博物馆。

(一)交通博物馆附属于总务厅，其内容分路政、电政、航政、邮政四门。

(一)交通博物馆自筹备之日起，期以一年成立，于未成立之前，各门分头筹备。

（一）交通博物馆应置馆长一人，以本部荐任官充之。但未成立之前，统由次长督促进行。

（一）交通博物馆在筹备时期，各门置主任一人；课长、课员、艺徒、看守生、工匠等视事务之繁简，酌量委用之。

前项人员或由部员兼任，或由各局调用，或临时雇用，均由主任拟定，呈请部长核准行之，但主任由部长委派。

（一）筹备时期所需经费，以规定于预算者为限，如实在不足，临时追加。

（一）各项陈列之事物，即向本部直辖各机关征取，不另给价。

（一）筹备方法及详细规则，由各部主任拟定，呈请部长核准施行，其房屋之布置，应由各门主任会商一致。

〔《政府公报》第437号〕

（2）交通博物馆创设宗旨

交通博物馆之设立，为官制所载，权衡四政之缓急，应以铁路为最重要，是以先从铁路一门入手，馆屋暂不建筑，借用交通传习所为筹备场所。预计开办费二万元。其筹设此项博物馆之重要目的如下：

（一）使国人鉴于事实，并比较铁路未兴时之交通状态，而悟铁路之重要；

（二）供全国人之观览，以增进铁路上之普通智识；

（三）供铁路学习界之实验，以增益其观摩；

（四）供铁路事业界之参观，以砥砺其熟练；

（五）比较各路器械材料之优劣，以资改良；

（六）搜罗各国新模范，以资摹效；

（七）表示各路制度习惯之异同，以为统一之预备；

（八）表示铁路用品之众多，以诱起本国之商业；

（九）表示本国能用之材料，以诱起本国之工业；

(十)表示交通之便捷，以诱起国民之旅行心；

(十一)表示各物品之名称，以助画一名词之速于通行。

〔《政府公报》第330号〕

(3) 交通部公布交通博物馆章程令并章程(1920年12月7日)

交通部令第六二二号

兹订定交通部交通博物馆章程公布之。此令。

中华民国九年十二月七日

署交通总长　叶恭绰

交通部交通博物馆章程

第一条　本馆隶属于交通部，主掌征集陈列关于交通事业之物品、模型、标本及记载，以供公众观览及研究。

第二条　本馆设左列三股：

一　总务股

二　陈列股

三　编查股

第三条　总务股职掌如左：

一　关于收发文件及纂辑案卷事项；

二　关于馆舍布置及整洁事项；

三　关于购置及保管馆有物品事项；

四　关于预算、决算、帐册及款项收支事项；

五　其他不属于各股事项。

第四条　陈列股职掌如左：

一　关于陈列物品之装置及陈列事项；

二　关于陈列物品之保存及修理事项；

三　关于编制标签说明及绘制图样事项；

四　关于纪录陈列物品簿册事项；

五　关于招待展览及解说事项。

第五条　编查股职掌如左：

一　关于编辑及调查国内外交通事物事项；

二　关于征集国内交通事业之物品、模型、标本及记载事项；

三　关于征求国外交通事业之物品、模型、标本及记载事项；

四　关于编制统计报告及经理印刷事项；

五　关于答复国内外交通事物之咨询事项。

第六条　本馆设职员如左：

馆长一人，由交通总长派任，承部长之命，总理本馆一切事务。

股长三人，股员十人至十五人，就交通部各机关职员遴选，呈请交通总长派充，承馆长之命分任办理各股事务。

第七条　本馆因缮写及打字得酌用雇员。

第八条　本馆应用机匠、木匠等，得由部辖各局所调用之。

第九条　本馆得延请交通部各机关技术人员为名誉赞助员。

第十条　本馆于必要时得派员赴各处实地调查交通事物，并得请由主管机关派员接洽办理。

第十一条　本馆调查国外交通事物，得函托交通部派赴国外留学实习员生就近代为办理。

第十二条　本馆每年须将陈列物品编辑目录，呈部备查。

第十三条　本馆办事细则及展览规程另定之。

第十四条　本章程自公布日施行。

〔《政府公报》第1732号〕

5　故宫博物院的设立与管理有关文件

（1924年11月—1927年10月）

（1）大总统发布清室宫禁充作博物馆令（1924年11月7日）

大总统令

修正清室优待条件业经公布施行，著国务院组织善后委员会会同清室近支人员协同清理公产私产，昭示大公。所有接收各公产，暂责成该委员会妥慎保管。俟全部结束，即将宫禁一律开放，备充国立图书馆、博物馆等项之用，藉彰文化，而垂永远。此令。
中华民国十三年十一月七日

（2）财政整理委员会就接收清室财产事致内务部礼俗司函

（1924年11月15日）

财政整理委员会公函　十三年财字第十三号

径启者：本会第三次会议关于接收清室财产案，议决由主管各司拟定筹备博物院章程暨接收官产整理办法，缮具议案，提出阁议，由部派员参加善后委员会，公同处理，以尽职责，而规久远。当经呈堂阅画。除分函职方司外，相应检同原案，函请查照办理。此致
礼俗司
中华民国十三年十一月十五日

附原案

接收清室财产案：清室取消帝号，出居宫外，所有遗产已由善后委员会分别处理。惟清室古物，与历史文化美术有极大关系，本部有保存古物之责，理应接收。且内务府所属之地亩、房产均系官产，亦应由本部管理，可由主管司拟定筹办博物馆章程暨接收官产办法，缮具议案，提出阁议议决。由部派员参加善后委员会，公同处理，以尽职责，而规久远。又，步军统领衙门业已改属，该门衙所属官产官房，应归本部接管，似宜呈由部长派员迅速接收，以免损失。

（3）清室善后委员会关于故宫博物院开院典礼的通电

（1925年10月10日）

北京。段执政钧鉴：各部院、各机关钧鉴：本会成立半载有余，竭蹶经营，规模粗具。现已遵照去年政府命令，将故宫博物院全院

部署就绪，内分古物、图书两馆，业于本日双十佳节举行开院典礼，观礼者数万人。除该院临时董事会、理事会各规程前已正式披露外，特电奉闻，诸希匡言，临电无任翘企之至。清室善后委员会叩。民国十四年双十节。

(4) 国务院拟具故宫博物院管理委员会条例致大元帅呈

(1927年9月21日)

为拟具故宫博物院管理委员会条例，恭呈仰祈钧鉴事：窃上年八月十四日国务会议议决故宫博物院暂行保管办法六条，同时由国务院函聘委员并遴派保管员在案。嗣因各委员未尽就职，所定办法迄未实施。查故宫博物事关文献，长此迁延，似非所以保存古物之道。兹根据从前暂行办法斟酌厘定，拟具故宫博物院管理委员会条例六条，呈请鉴核。如蒙采择，拟请明令训示，以策进行。谨呈
大元帅
中华民国十六年九月二十一日

故宫博物院管理委员会条例

第一条　因管理故宫博物院各事项，设故宫博物院管理委员会。

第二条　管理委员会置委员长一人，副委员长二人，委员十二人，由国务总理呈请大元帅聘任，掌管理本会事务。

第三条　管理委员会置干事二十四人，由委员长经委员会之同意选派，分掌本会事务。

前项各干事之职掌，由委员长定之。

第四条　管理委员会置办事员，由委员长委派，助理本会事务。

办事员之员额及其职务，由委员长定之。

第五条　故宫博物院管理规则由委员会定之，但应函达国务院备案。

第六条　本条例自呈准日施行。

(5) 故宫博物院管理委员会正副委员长及委员就职致内务部公函(1927年10月26日)

故宫博物院公函　十六年管字第二号

径启者:前奉大元帅聘任王士珍为故宫博物院管理委员会委员长,王式通、袁金铠为故宫博物院管理委员会副委员长,沈瑞麟、莫德惠、鲍贵卿、胡惟德、张学良、傅增湘、江庸、刘哲、赵椿年、陈兴亚、胡若愚、汤铁樵、顾维钧、范源廉为故宫博物院管理委员会委员。等因。士珍等业于本月二十一日就职,相应函达查照。此致

内务部

中华民国十六年十月二十六日

(6) 沈瑞麟、刘尚清拟订整理故宫办法致大元帅呈(1927年10月)

呈为遵令详查故宫完竣,仅将查视情形暨筹拟整理办法,恭摺会呈,仰祈钧鉴事:窃查国务总理潘复呈报故宫博物院历年检查保管各情形,拟请派大员前往详查一案,于八月二十三日奉令开:呈悉。著派沈瑞麟、刘尚清前往详查复核,并拟具妥善办法,呈候核夺。此令。等因。奉此。瑞麟、尚清等遵即公同酌定,于每星期一、三、五等日,率同两部随员各四员,前往详细查视。当于九月五日起开始查勘内西路,由重华而储秀、长春、永寿、咸福各宫,以及雨花阁、养心殿、南库等处;次则中路由御花园而乾清、坤宁两宫,交泰、懋勤各殿,以及上书房、敬事房等处;又次内东路由斋宫而毓庆、景仁、承乾、永和、景阳、钟粹各宫,以及北五所、如意馆、寿药房、古董房、并缎库、茶库各处;最后,外东路自奉先殿、文渊阁、三所等处,以及乾隆花园、乐寿、庆寿两堂,宁寿、景福两宫,并景山之寿皇、大高两殿各处,历时四旬,一一履勘,现已检查完竣。谨将详查情形暨筹拟整理办法为我大元帅缕晰陈之。

查前清故宫，地面宽阔，殿宇崇宏，所有陈列及存储各项物品，向系分散各处，漫无统纪。自清帝出宫，善后委员会成立以来，于十四年春间开始清理物品，分组点查。该会定章，每查一处，仅按物编列号码，记载品名、件数，而以不移故处为原则。迨十四年冬，改名故宫博物院，分设古物、图书两馆，筹设各项陈列室，略将各处珍贵物品选择陈列，而其未经提取陈列者，仍旧封存原处，迄未有分类集中计划。以致数年以来，各宫、各库物品之散漫如故，虽极偏僻处所，往往有极珍奇之器物，堆置尘土破簏之中。经瑞麟、尚清等查获发现者所在多有，且有一部分尚未点查编号者，因而觊觎盗窃之案，亦间有所闻。揆厥由来，良以物品繁多，既未预择坚固适宜之库房随时移置，尤未定有分别清理之计划挨次进行，是以时逾数载，费縻巨万，而于物品之保管庋藏，仍无整齐周密之设备，未免引为缺憾。至于宫殿屋宇之渗漏，瓦砾草茅之纵横，园林木石之颓圮，亦复因经费困难，未行修治。此详查故宫现在之情形也。

为今之计，亟应通盘筹画，次弟整理，约而计之，厥有五端：

保管之法，库藏为要。故宫物品，萃历代之菁英，为古物之渊，国粹文化关系至巨，自应采用欧美新式建筑方法修造坚固宏大库房数处，俾便分别部居，以类相从，庶几庋存守护，传之无穷。惟此项费用，非有百数十万元不易举办。现在财政竭蹶，骤难筹此巨款。兹为撙节经费计，拟就宫内原有库房，如南库及北五所，或其他屋宇，可为库房之用者酌加整理，所有门窗、墙垣、地基等改用洋灰铁板，但使严密燥洁，即已适用，一俟库款充裕，再行建筑宏敞储库，以资扩充，此库房之急应修造者一也。

既有库房，即须归类。检查宫内物品，以瓷器为最富，瓷器之中，如宋、元、明存于景阳宫者，向有楠木柜格编列号数，柜面刻明朝代、款式及物名、件数，井井有条。先朝存储甚为得法，其康熙、雍正、乾隆各朝，瓷器堆存于宁寿宫者，皆贮以木桶，不下数千号，均未启封。此外，各宫殿处所，随处皆有，其他若古铜、金玉、珐琅、雕漆各物类，皆散存各处所，拣选陈列者亦甚无多。书籍一宗，除文渊阁之四库全书照旧陈列外，若懋勤殿、若毓庆宫、若庆寿堂、若昭仁殿之天禄琳琅，皆存储较多，而其散在各处者不可枚举。书画一宗，则斋宫、钟粹宫所储最富，其分存他处者亦复美不胜收。诸如此类，非实行清理，分类庋藏，则于管理上诸多窒碍，即于保存上未免略疏。此物品之急应归类集中者二也。

故宫各项殿宇，积两朝之经营，竭宇内之财力，一切宏大状[壮]丽建筑，实为环球所艳称，允宜及时筹拨款项，以次修葺，庶几有举莫废，俾无颓坏之虞。盖各处宫殿屋宇，大都年久失修，若不赶紧修理，诚恐荒弃，日久用款愈多，或至无力举办。审情度势，诚不宜视为缓图，此殿宇之急应修葺者三也。

皇居壮丽，中外具瞻，自博物院开办以来，闲日售票，任人游览，应如何清洁整肃，以壮观瞻。兹查宫内各处，丛榛遍地，中外观者恒生慨叹，至若缎库、茶库、如意馆、寿药房、四执库、古董房等以及外东、外西两路各处，尤觉有荆棘满目之感。况现届冬令，风日燥烈，尤属危险堪虞，此荒芜之应急扫除者四也。

故宫古物，类多稀世瑰奇，商彝、周鼎之珍，宜在清庙明堂之列，斯庄严博雅，相得愈彰。现在故宫陈列各室，大都廊庑偏院，殊贻就简之讥，亟应仿照内务部古物陈列所办法，选择宏敞殿廷，罗列珍重品类，庶几萃中华之博物，成天府之巨观，此陈列之急应改图者五也。

综上五端，权衡重轻，则造库归类最为要图，而酌量缓急，则修葺扫除实为先务，至于陈列改良尤为不易之办法。现在管理委员会业经奉令将次成立，所有应行整理各事，自应责成该会兼顾统筹，依次举办。此瑞麟、尚清等详查之余深望于该会者也。抑更有请者，方今国库支绌筹款维艰，临时补苴，固应筹给的款，以资整顿。而为久远计，尤应有根本基金，方足以次第扩充，维持永久。查各国退还庚子赔款，原有补助教育、振兴文化之规定，将来管理委员会成立，似可商由各国庚款内分别酌拨款项，为整理故宫古物基金，俾得切实进行，宏规式廓，其于保存国粹，发扬文化两端，裨益诚非浅鲜。此则瑞麟、尚清等管见所及，亟应沥陈于钧座之前者也。

至保存古物古迹，本为内务部职掌所关，瑞麟知识能力所及，自当督饬主管员司随时襄助该委员会筹画进行，俾成中外之伟观，而副钧座之宏愿。此则硁硁之愚，尤不敢旷弃职守者也。所有详查故宫博物院情形暨筹拟各项办法，理合附录查视日程，呈候鉴核。如蒙俞允，即由内务部行知该委员会查核办理，以仰副钧座昌明文物之至意。是否有当，伏乞钧鉴施行。

谨呈

大元帅

中华民国十六年十月　　日

〔北洋政府内务部档案〕

6　各省博物馆一览统计表

（1917年10月）

地别	处数	备考
直隶	二	现名博物院
山东	一	附设图书馆内
山西	一	由省城青年会设立
江苏	公立一	附设于通俗教育馆内
	私立一	私立者在南通县
湖北	一	所藏多教育品类书籍，附设于图书馆内
广东	一	附设图书馆内
云南	一	附设图书馆内

〔北洋政府国务院档案〕

〔四〕新闻通讯

（一）有关报刊、通讯社的法规与令文

1　大总统公布修正报纸条例申令

（1915年7月10日）

大总统申令

兹制定修正报纸条例公布之。此令。

中华民国四年七月十日

国务卿　徐世昌

报 纸 条 例

第一条　用机械或印版及其他化学材料印刷之文字、图画，以一定名称继续发行者均为报纸。

第二条　报纸分左列六种：

一　日刊

二　不定期刊

三　周刊

四　旬刊

五　月刊

六　年刊

第三条　发行报纸，应由发行人开具左列各款，禀请该管警察官署认可：

一　名称

二　体例

三　发行时期

四　发行人、编辑人、印刷人之姓名、年龄、籍贯、履历、住址

五　发行所、印刷所之名称、地址

警察官署认可后给予执照，并将发行人原禀及认可理由详报本管长官汇报内务部备案。

第四条　本国人民年满三十岁以上，无左列情事之一者，得充报纸发行人、编辑人、印刷人：

一　国内无住所或居所者；

二　精神病者；

三　褫夺公权尚未复权者；

四　海陆军军人；

五　行政司法官吏；

六　学校学生。

第五条　编辑人、印刷人不得以一人兼充。

第六条　发行人应于警察官署认可后，报纸发行二十日前，依左列各款规定分别缴纳保押费：

一　日刊者三百五十元；

二　不定期刊者三百元；

三　周刊者二百五十元；

四　旬刊者二百元；

五　月刊者一百五十元；

六　年刊者一百元。

在京师及其他都会商埠地方发行者加倍缴纳保押费。

专载学术、艺事、统计、官文书、物价报告之报纸，得免缴保押费。

保押费于禁止发行或自行停版后还付之。

第七条　第三条所列各款，于禀请警察官署认可后有变更时，应于十日内另行禀请认可。

第八条　每号报纸应载明发行人、编辑人、印刷人之姓名、住址。

第九条　每号报纸应于发行日递送该管警察官署存查。

第十条　左列各款，报纸不得登载：

一　淆乱政体者；

二　妨害治安者；

三　败坏风俗者；

四　外交、军事之秘密；

五　各项政务经该管官署禁止登载者；

六　预审未经公判之案件及诉讼之禁止旁听者；

七　国会及其他官署会议按照法令禁止旁听者；

八　煽动、曲庇、赞赏、救护犯罪人、刑事被告人，或陷害刑事被告人者；

九　攻讦他人阴私损害其名誉者。

第十一条　在外国发行之报纸，有登载第十条第一款至第三款之事件者，不得在国内发卖或散布。

第十二条　报纸登载错误，经本人或关系人开具姓名、住址、事由，请求更正或将更正辨明书请求登载者，应于次回或第三回发行之报纸照登。

登载更正或更正辨明书，其字形大小、次序先后须与错误原文相同。

更正辨明书逾原文二倍者，得计所逾字数，照该报告按定例收费。

更正辨明书有违背法令者不得登载。

第十三条　登载错误事项，由他报钞袭而来者，虽无本人或关系人之请求，若经原报更正或登载更正辨明书后，应于次回或第三回发行之报纸分别登载，但不得收费。

第十四条　论说译著系一种报纸之所创，有注明不许转载者，他报不得钞袭。

第十五条　不照第三条、第七条之规定禀请认可发行报纸者，科发行人二百元以下二十元以上之罚金，至禀报之日止，停止其发行。

禀报不实者，科发行人二百元以下二十元以上之罚金，至禀报更正之日止停止其发行。

第十六条　不具第四条第一项之资格，或有第四条第一项各款情事之一，充发行人、编辑人、印刷人者，科发行人以一百元以下十元以上之罚金，其编辑人、印刷人诈称者同。

第十七条　不照第六条规定缴纳保押费发行报纸者，科发行人以一百元以下十元以上之罚金，至缴足保押费之日止停止其发行。

第十八条　第六条第三项所指各报，其登载事件有出于范围外者，科编辑人以五十元以下五元以上之罚金。

第十九条　违第八条、第九条之规定者，科发行人以五十元以下五元以上之罚金。

第二十条　发行人于禀请认可领取执照后逾二个月不发行报纸，或发行后中止逾二个月而不声明理由者，取销其认可并注销执照。

第二十一条　登载第十条第一款之事件者，禁止其发行，没收其报纸及营业器具，处发行人、编辑人、印刷人以四等或五等有期徒刑，但印刷人实不知情者免其处罚。

警察官署因维持治安之必要，对于前项之报纸得停止其发行。

第二十二条　登载第十条第二款至第八款之事件者停止其发行，科发行人、编辑人以五等有期徒刑。

前项停止发行，日刊者停止十日以上一月以下，不定期刊、周刊、旬刊、月刊者停止二次以上十次以下，年刊者停止一次。

警察官署因维持治安之必要，对于第一项之报纸得先命其停止发行。

第二十三条　登载第十条第九款之事件，经被害人告诉者，科编辑人以二百元以下二十元以上之罚金。

前项之登载，若编辑人系受人嘱托者，科嘱托人以编辑人同等之罚金。

前项之嘱托有贿赂情事者，按照贿赂之数，各科十倍以下之罚金，并没收其贿赂。

前项贿赂十倍之数不满二百元者，仍各科二百元以下之罚金。

第二十四条　违第十一条之规定，发卖或散布外国报纸者，科发卖人或散布人以二百元以下二十元以上之罚金，并没收其报纸。

第二十五条　违第十二条第一项、第二项或第十三条之规定，经被告人告诉者，科编辑人以五十元以下五元以上之罚金。

第二十六条　违第十四条之规定，钞袭他报之论说译著，经被害人告诉者，科编辑人以五十元以下五元以上之罚金。

第二十七条　报纸内撰登论说、记事、填注名号及译著或转载者，其责任与编辑人同。

第二十八条　本条例施行前所发行之报纸，应按照本条例第三条之规定，禀请该管警察官署认可，并按照第六条之规定补缴保押费。

第二十九条　本条例施行前所发行之报纸，其发行人有本条例第四条情事之一者，由该管警察官署禁止其发行。

编辑人、印刷人有本条例第四条情事之一者，由发行人另行聘雇，禀请该管警察官署认可。

违反前项规定者至另行聘雇禀请认可之日止，由该管警察官署停止其发行。

第三十条　违犯本条例者，依违令罚法第三条之规定，第二十一条第一项、第二十二条第一项之处罚，由法院审判，其他各条之处罚由该管警察官署即决并执行之。

罚金处分自该管警察官署即决之日起逾十日不缴纳者，将保押费抵充，不足者仍行补缴。

保押费已被抵充罚金者，该发行人应于接到该管官署命令后十日以内补缴或补足保押费，违者至补缴或补足之日止，该管警察官署得以命令停止发行。

第三十一条　应受本条例各条之处罚者，不适用刑律自首减轻、再犯加重、数罪俱发之规定。

第三十二条　关于本条例之公诉期限，以六个月为断。

第三十三条　本条例所定属于警察官署权限之事项，其未设警察官署地方以县知事处理之。

第三十四条　本条例自公布日施行。

〔北洋政府内务部档案〕

2　北京日报等报馆为明定报纸条例辞意范围致国务总理呈

（1914年5月7日）

具呈人北京日报等呈：为新定报纸条例，辞意间有宽泛，恳予详加解【释】，明定范围，以资遵守事：恭读大总统第四十三号教令公布《报纸条例》三十四条，大旨不外维持治安，命意仍多保护言论，凡在同业自应遵行。但细绎条文内容，间有意辞宽泛，窒碍难行者数端，谨为我大总统缕细陈之。如第十条第四项规定：外交、军事之秘密及其他政务，经该管官署禁止登载者报纸不许登载。夫外交、军事之秘密禁止报纸登载，固各国所同。但未闻有于军事、外交秘密工作以外，禁止登载普通政务之例。盖惟军事、外交秘密关系国家安危，故有禁止登载之必要，若普通政务，实无禁止登载之理由。今新条例第十条第四项于军事、外交秘密以下并加以其他政务数字，则是无关军事、外交秘密之一切普通政务，无不可以官厅之命令禁止登载。推其势之所至，官厅即有违法溺职事件，亦无不可以命令禁止报纸之登载矣。其结果必致使舆论无议论行政之余地，而政治尚何有挽回补救之可期。此条文意宽泛，将来流弊无穷者一也。

又如第十条第六项规定：国会及其他官署会议按照法令禁止旁听者报纸不得登载。夫国会公开为原则，一经禁止旁听，则所议者大都关于军事、外交之秘密事件，固有报纸禁止登载之理由。至若其他官署会议，普通政务本无不公开之例，又何从有旁听不旁听之分。但使无关军事、外交之秘密，则报纸探访其所议事件，作为时事新闻，纪之报端，而与国人以相见者，固报纸唯一之职务也。试翻各国报纸每日记载，无日不有其本国之阁议纪事及官厅会议纪事，不见有何流弊，亦不见有何禁止之例，盖各国固亦有取行政宜守秘密之方针者矣。但其所谓秘密者只以之责官吏，从未肯以之责报馆者也。今第六项之规定，乃不问政务之有关军事、外交秘密与否，但未容旁听者即不许登载，是则以后之报纸纪录政界新闻，必须公报发表之件方可登载也，则试问全国报纸尚有何种事件可以作为新闻者乎。今日法制机关不乏明达之士，试查世界各国，无论如何束缚言论之国，有一如此不合情理之报律者乎？此条文辞意宽泛，使人无所适从者又其一也。

又如第十条第八项规定：攻讦个人阴私，损害其名誉者报纸不许登载。此为保障私人权利起见，固应设此规定。但个人阴私有影响公益者，则各国报律均许酌量登载，以维公安。今于此项不设，事关公益不在此限之规定，则以后无论其人阴私行为影响公益与否，报纸概不登载，而奸人败类均可肆行无忌矣。此条文宽泛，影响公益者又其一也。

以上各端，若官厅拘文牵义，执行不善，则全国报纸直无出版之余地。方今领事裁判【权】尚未收回，租界各报势难受同一之取绨，而外人在内地发行之报纸日见其增，议论尤多无检束，当旧报律施行之际已不肯就我范围，今见新条例拘束尤苛，则更将有所藉口，若不将新条例稍为变通，去其太甚，则将来效力所及，必只加于谨守绳墨之数家报馆，使之意味索然，阅者日鲜，而销畅之全让之于彼等各报也。谅我总理，保重主权，维持舆论之初意决不如是，应恳总理俯察下情，将上陈各端明发教令。详加解释，明定范围，应使报律施行无碍，则非独同业之幸矣。

抑更有请者，新条例第三十条有已发行之报纸须补缴保押费之规定。此条利弊姑不具论，但同业等叨沐国家昔者之宽和，报律不收保押之费，故得开办至今。现当散乱以后，元气凋残，市面未复之际，急须缴此巨款，力实有所未逮，若必须限期执行，照法覆置，则不啻以新条例施行之力而禁绝我全体同业之生存也。知我体恤商情爱民若命之总理必不出此。伏恳饬该管官厅将补缴保押费一节暂缓执行，一俟市面略有起色，再行饬令照缴。庶法令既无违背，而商困亦得稍舒，不胜迫切恳求之至。除呈大总统暨内务部外。谨呈

国务总理

中华民国三年五月七日

〔北洋政府国务院档案〕

3　陆军部拟定军事秘密应守范围条款呈并大总统批令

（1914年6月20日）

陆军总长段祺瑞谨呈：为解释报纸条例，拟定军事秘密范围，呈请批令施行事：案查报纸条例第十条禁止登载各款第四款内开：外交军事之秘密，其他政务经该管官署禁止登载者等语。而于何项军事应守秘密，未经指定范围，窃恐报馆编辑人等无所遵守，设或误会登载，于军事殊多妨碍。兹经斟酌事宜，旁参各国办法，略将军事应守秘密事项指定范围，俾各报馆有所遵守，庶不致藉口于范围

不明，妄为登载，似于军国前途不无裨益。是否有当，伏乞批示遵行。谨呈

大总统

附清摺一扣

报纸应守军事秘密范围条款

报纸条例第十条所称军事之秘密，报纸不得登载者，其范围如左：

一、战时军队编制、驻扎地及出发之时期；

二、战时后方勤务之计划；

三、整旅计划及准备；

四、要塞地域内之兵备及关于防御之造物；

五、关于国防及作战之计划；

六、关于战斗进行之状况；

七、战时军械、军需运输及存储地点；

八、关于军事之外交事件尚在交涉中者；

九、关于军队中异常之变动；

十、关于裁并及调遣军队之计划；

十一、关于军械之购置及制造，于军事上有重要关系者；

十二、军官、军佐关于军事上之任免或调遣，未经宣布者；

十三、其他军事经该管官署禁止登载者。

大总统批令

陆军部呈解释报纸条例，拟定军事秘密范围，请示施行由。准如所拟办理，交内务部转饬遵照。摺存。此批。

中华民国三年六月二十日

国务卿　徐世昌

〔北洋政府内务部档案〕

4　内务部为转饬报界遵守军事秘密范围条款致各省巡按使都统咨

（1914年7月31日）

内务部为咨行事：据京师警察厅详称：报界同志会禀请解释陆军部所定军事秘密范围内第六、第九、第十二各项等情，钞录原禀，请转咨办理等因。前来。查军事秘密范围之解释，系由陆军部拟定，呈奉大总统批准饬遵之件。当经咨复陆军部核办去后。嗣准核定咨复到部。业经批饬京师警察厅转示该同志会遵照在案。惟查军事秘密范围之解释，前经印刷通行在案。兹发生疑问，由陆军部复经核定，自应再行通咨，以便转饬一律知悉。相应印刷报界同志会原禀及本部批文，咨行查照可也。此咨。

各省巡按使

热河
察哈尔　都统
绥远

中华民国三年七月三十一日

内务总长　朱启钤

报界同志会各报馆谨禀

禀为请转详内务部分咨解释报纸条例事：窃报馆等于六月廿七日奉贵厅转到陆军部所订军事秘密范围十三项，仰见政府慎重军事，维持报业之苦心，莫铭钦佩。惟关于第六、第九、第十二三项，尚有待解释之处，若不明定范围，不特各报馆不便遵守，恐贵厅执行亦多窒碍。查第六项载关于战斗进行之状况一节，考各国先例，如日俄之战，意土之战，在本国非特无禁止之明文，且多藉报纸之鼓吹，以激扬民气，报纸之辅助军事于此可见。惟报馆等所认为战斗者，必至两方面均有交战团体之资格，若剿办土匪，镇抚内乱，乃军队职分所应为，报馆即有辅助揄扬之义务，如去年湖口事起，军人之劳固不可没，而舆论之功尤未可泯，此应请解释者一也。查第九项载关于军队中异常之变动一节，敝馆等以为军队中之变动在国家法律及上级官命令范围之内，自应遵守秘密，倘有逾闭荡检，于法令外有不规则之行动者，报界为维持公安起见，势不能缄默不言，况事起仓猝，谣诼朋兴，如报界相戒不言，恐人心益滋惶惑，此应请解释者二也。查十二项军官军佐关于军事上之任免或调遣未经宣布者一节，报馆等所认为军事秘密范围者，以大总统宣布戒严及开战为限，若军队之旅行操练及军官军佐因行政上之便宜而有调遣及任免之行动，既不在军事范围，即不在秘密范围。最近如以巡按使兼将军者，如以军官兼理行政者，或调来京，或除新职，自属政治上之常例，而一概禁止登载，则报馆将无日不在违反法律逾越范围之中，此应解释者三也。抑报馆等更有请者，我国现在外报林立，外国通电机关所在皆有，报馆等认为应守秘密者，恐偶一不慎，危害及于国家，若外报外电均已揭出，报馆等为拥护国权起见，应有纠正辨别之责，万无世界共见共闻之事件，而我国报纸尚认为应守秘密者。盖违反报纸条例必具三种条件，军事为一条件，秘密为一条件，范围为一条件，必三者具备方能构成犯罪行为。至于禁止登载一节，报馆等所吁恳者即关于时间之规定是也。都门报纸，次日之报当前一日下午六时，即已排稿付印，此后凡禁止登载之件，应请于前一日下午六时以前饬知到馆，若时间过迟，损害及于营业，恐次日不能出报，转滋社会，人心以疑窦。自此次报纸条例施行以后，报馆等事事直接贵厅，凡禁止登载事件，无论系何项机关，自应统由贵厅执行，凡他项机关来函或电话禁止登载时，报馆等为遵重大总统命令起见，认为除贵厅饬知外，无遵守服从之义务。仰恳贵厅维持报业，体念下情，转详内务部分别咨商政事堂、法制局、陆军

部解释，批示施行，实为公便。谨禀

京师警察厅

报界同志会各报馆谨禀

内 务 部 批

据详称：报界同志会禀请解释陆军部所定军事秘密范围内关于第六、第九、第十二各项等情，钞录原禀，请转咨办理等因前来。查军事秘密范围之解释，系由陆军部拟定呈奉大总统批准饬遵之件，当经钞录原禀，咨行陆军部查核，见覆去后，兹准复称：查第六项战斗进行状况一节，无论是为交战团体，非交战团体，事后揄扬，固可激发民气。若事前任意宣播，徒是扰乱人心，其影响所及，适以妨害治安，虽各国于此事件无禁止登载明律，而法俄希腊等国，均有随时禁登条例，况按之我国现状与报馆程度，尤不能不预为限制耶。国家立法，各省所宜，他国事实，万难为我国人营业之报馆藉为口实也。报馆据访稿而登载，而访员来稿又大半得诸传闻，是否确实，该报馆能否自信，如军队中异常变动，报馆得以任意登载，此种风说，巷市喧传，人心惶惑，其影响于治安者何堪设想。况藉口于维持公安，而暗施其鬼蜮伎俩，又为不肖报馆之惯技，是第九项关于军队异常之变动，自应严禁登载。至第十二项指明为军官军佐之任免调遣，未经宣布者，盖政府以行政之便宜于军官军佐有任免调遣之事，又因事机所关，未便遽行宣布，是在军事上应认为秘密，否则政府既定有任免调遣之事，又何惜而不即明白宣布，而必待报纸之先事传播耶。查报纸条例第十条不得登载各款，内第四项有凡政务经该管官署禁止登载之明文，是本部既认为秘密，即应禁止登载，明令公布之件，本部亦须守职遵行，决不敢视同弁髦，任意出入也。外报外电于我国真相未明，记载容有失实，报馆纠正辩论自不在禁止之列，然纠正其虚实，辩明其邪正则可，若仅转载原文，藉供新闻资料，试问与推波助澜何异，或更于论断之中含有挑拨国际感情之事，则更堪深恶痛绝矣。故仍应禁止，以杜流弊。总之，各报馆对于所有致疑之各项，果欲登载，应先具稿，送本部核订，本部专员接待，推诚指导，以期无误，否则法立必行，无论事实之虚实善恶，但犯条例所载，即当严以相绳，此后决无稍恕，应请查照转饬等因到部。又该会原禀吁恳禁止登载规定时间及必须由警厅执行，对于其他机关无遵守服从之义务各节，本部查报纸条例第十条第四款所谓该管官署自系指主管事务之官署而言，警厅受各官署指挥，执行事件本属常例。但各官署有时因公务之必要，当然亦有直接禁止之权，不必皆由警厅转行，以省周折。其知照禁止时间，除最关紧急重要事件仍应随时禁止外，其余时间应统以各该报纸前一日下午未经印刷以前为限。至知照禁止方法，应如该厅所拟以公文行之，遇有紧要事件，虽以电话知照，仍须补具公文，其私函不生效力。除通行外，合亟汇行批饬该厅转饬该会遵照。此缴。

〔北洋政府内务部档案〕

5　报界同志会各报馆关于禁载军事秘密条款范围束缚言论致大总统禀

（1914年8月）

禀为陆军部束缚言论，辱蔑报界，碍难遵守，吁恳代呈大总统维持舆论事：窃报馆等前奉到京师警察厅转行陆军部所订军事秘密范围条例，报馆等以所定范围尚多疑义，当经递禀京师警察厅恳为转陈陆军部速赐解释。于上月三十一日奉到京师警察厅转行陆军部复文，既无一字之批准，且多谩骂之词，众情哀愤，含怨莫伸，谨在我总统前呼吁之。报馆等以为陆军部所订之军事秘密范围条例，为国家一种法令，莫敢不遵。但内中疑义，若不详明解释，非特报馆等遵守为艰，即警察厅之执行亦颇困难，吁恳解释之下忱，正为遵守之便利。即如第六项关于战斗进行之状况一节，报馆等认为必两方面均有交战团体之资格，方在战斗进行范围之内，若镇抚内乱，有征无战，并无交战资格，何云进行状况。征之各国具有成例。今陆军部之第二次解释则曰：无论其为交战团体，非交战团体，均在禁止之例。似属武断之解释。又称：各国于此项事件无禁止登载明律，可知报馆等所解释非无根之言。惟陆军部又称：法俄希腊均有随时禁登条例，报馆等以为在戒严时代禁止登录应有特别情形，岂但法俄等国，各邦莫不皆然。且戒严时之法令，向不适用于平时，则平时之处分，自不能以戒严时期为标准。陆军部所颁条例，既有其他禁登之规定，今又云无论交战团体与非交战团体，不准登载，是无论何事何时皆在禁止登载之例，显与各国随时禁登之意相反。报馆等将日陷于荆棘之中，此欲呼吁者一也。第九项载军队中异常之变动一节。报馆等以为军队中异常变动，在国家法律及上级官命令范围之内，自应遵守秘密，倘有逾闲荡检，于法令外有不规则之行动，报界为维持公安起见，势不能缄默不言。报纸条例中既有随时禁登之规定，倘有异常变动，陆军部可随时禁止，报馆等自不敢宣泄。今以最宽泛之范围，为永久之宣示，报馆等日在触犯陆军部法令之中。至十二项军官、军佐之任免调遣，未经宣布者一节，报馆等认为军事秘密范围，以大总统宣告戒严及开战为限。若官佐之平时升转，皆政治上之常例，既无关于秘密，似无禁止登载之必要。今陆军部之解释则谓政府既定有任免之事，又何惜而不即明白宣布而必待报纸先事传播云云。殊不知报纸之天职，重在消息灵通，若必明白宣布后再行登载，则类于官报、公报之体例，是与我大总统维持报业之深心及各国创设舆论机关之精义大为径庭。且北京一隅，外人所经营之日报已有数家，消息既灵，销路日畅，相形见绌，已可寒心，若对于报馆等多一分束缚，即对于外报增一分势力。此欲呼吁者二也。按报纸条例关于转载新闻问题，只有原报更正后亦随时更正之规定，并无科罪之明文。今陆军部对于转载新闻竟有仍应禁止之文，非特报馆等不易遵守，且显与报纸条例抵触。且外报所载之件，已为全球所共知，可分为善意恶意二种，如向例，凡外报颂扬大总统功德之新闻，报馆等译载以告国民，自属国家之荣誉，文明各国莫不皆然。今陆军部概指为推波助澜，殊堪骇异。此欲呼吁者三也。陆军部对于要求解释之条文，既无一字之批准，且谓无论事实之虚实善恶，但犯条例所载，即当严以相绳，此后决无稍恕等语。报馆等读之，惶恐悚惧，假使报界中诚有如陆军部所言，藉维持公安，暗施鬼蜮伎俩者，其罪恶自应不赦；若报界中尚有维持公安，并不暗施鬼蜮伎俩者，其善意似亦可矜。今陆军部则以无论善恶虚实，均严以相绳。是虚者恶者既在惩办之中，实者善者亦有犯科之罪。陆军部之为此言摧残报界尚不足惜，违反国家赏罚之常经，乃大可痛。此欲呼吁者四也。凡此四者皆报馆等对于陆军部之解释碍难遵守之下忱，众情悲痛，含冤莫伸，势不能不呼吁于我大总统之前也。抑报馆等更有请者，报界至今日困苦已极矣。当去年乱党充斥北京一隅，邪说猖獗，诐词披靡，如颠如狂，不可一世。国民党既有新闻团之设，其用意在联合报界，攻击政府。报馆等虽乏学识闳通之士，均系宗旨纯正之人，于是而有报界同志会之设，意在抵制乱党，拥护中央，在会各报与乱党机关报先为笔墨口舌之争，继受拆毁责辱之苦，一息尚存，主张不懈。幸逢我大总统削平乱党，众丑息声，报界既有澄清之日，舆论将见一致之功，不谓陆军部对于报馆等所要求之解释，既无允准之条，且对报馆等加之以不肖之名，视之为鬼蜮伎俩，肆口谩骂，逾行政之范围，损官厅之威信。报馆等近年以来，主持言论，战战兢兢，虽不敢谓有功于国家，然尚无罪于社会，若不肖行为鬼蜮伎俩，则不敢承，区区苦心，当为我大总统所洞鉴，绝非陆军部一片之词所能污蔑。方今外报势力浸浸日进，倡言无讳，莫能抑止。报馆等不敢登载者外报则可登载，报馆等不敢议论者外报则可议论，社会上几视外报可以代表舆论，报馆等已有岌岌自危，傀焉不可终日之势。今遭陆军部摧残束缚，达于极端，报馆等在雷霆万钧之下，有自相消灭之机。报馆等消灭原不足惜，窃恐贻政府以摧残舆论之名，此待死之余生为哀鸣之哭诉，不能不吁恳我大总统速赐维持者。今陆军总长段祺瑞公忠体国，严正不阿，素为报界所倾服，绝不至有束缚言论摧残报界之举。必系部员中有一二把持弄权者，与报界积有宿怨，故擅作威福，意在报复，此报馆等尤为痛心者。哀愤之余，敢渎钧听，惟我大总统矜全而怜恤之，则报馆等感戴鸿施，有逾再生之德矣，临禀恐惶，不胜待命屏营之至。再报馆等禀请解释报纸条例，陆军部既无一字采择，而近日大自由报、醒华报竟相继被宪兵勒令停版，拘捕编辑发行人，以致报馆等人人自危。伏求大总统迅赐批令。俾有遵循。至执行报纸条例事项，并饬下京师警察厅专管，以免纷歧。又大自由报现在停版中，故此禀未列名，合并陈明。谨禀

内务总长

附呈照录禀京师警察厅文一件京师警察厅示文一件〔略〕

报界同志会各报馆　民宪日报　爱国白话报
国华报　群强报
亚细亚报　醒华报
国民公报　日知报
北京日报
中国报　国是日报
京津时报　民报
民视报　大国民报
国权报　民强报
天民报　京话日报
黄钟日报　白话捷报谨禀

本会寓前门外佘家胡同门牌三十一号

中华民国三年八月　　日

〔北洋政府内务部档案〕

6 内务部关于废止报纸条例致各省长督军等咨

（1916年7月21日）

内务总长为咨行事：七月十六日奉大总统电令：报纸条例应即废止。此令。奉此。除饬知京师警察厅、京兆尹暨函达步军统领衙门外，相应咨请查照转饬可也。此咨

各省省长

各省督军

各都统

阿尔泰办事长官

塔尔巴哈台参赞

内务总长　孙洪伊

中华民国五年七月二十一日

废止报纸条例议案

查报纸条例，于民国三年四月二日以教令公布，七月十日以教令修正，为现行条例。惟查言论自由，载在约法，报纸为书面言论之一。现在刷新政治，正宜宣达民意，扶持舆论，似不宜缚束其自由，且报纸如有违犯法律情事，自有普通法可以救济，此项特别专例，似无存在之必要，此就法理上审核该项条例，似可废止一也。再，报纸条例颁布以来，其效力仅能及于内地我国报纸，而于外国在我国内地开设之报馆，以及我国在租界开设之报馆，均未能加以取缔，厚彼薄此，宁为事理之平，同罪异罚，实启轻侮之渐，甚至逼之过当，且有悬挂他人国旗，以为抵制者。此就施行上立论，该项条例似可废止者又一也。为此提出议案。应候议决施行。

〔北洋政府内务部档案〕

7 京师警察厅拟订管理通讯社营业章程致内务部呈

（1921年6月30日）

呈为近来新闻界言论庞杂，拟酌订管理通信社营业章程，以资取缔，谨陈管见，请鉴核令遵事：窃查报纸所以代表舆论，输送新闻，对于国家社会负责綦重。民国改元，沿用前清旧制，曾经颁布报纸条例，旋于五年七月奉明令废止。在政府废止此项报纸条例之本意，原以政体既改共和，则凡含有专制意味之各种法律自应及时废除，用符约法，允许人民言论自由之初旨。惟中国新闻事业尚在幼稚时期，办理此项事业者往往学识不敷应用，言论之间有时不免轶出轨道以外，官厅既无特别法律得依据，以为随时取缔督促改良之资，效果之所形，反使新闻界顿呈一种纷扰之象。而一二好事之徒，因不得志于政治运动，乃改计投入报界，以为护身之符，宗旨惟在金钱，作用不外权势，以煽惑为目的，以敲诈为本能，或假借党会名义，肆其攻讦之词，或利用政潮问题，行其挑拨之计。言论庞杂，气象纠纷，不但对于报纸本身已忘其天职之所在，并使人民因感想所及，存一种鄙夷报纸之心，其于政治社会方面影响甚大。近年以来，又发现一种通信社。承办者多系学识浅陋、无正当职业之人。且该社所投之稿，不用机器印刷，较开设报馆者尤为事轻而易举。利之所在，人争趋之，故迩来呈请开办者有如潮水之方增。又，其开办之初，不必多筹资本，仅纠合二三人伏处斗室中，响壁虚造，捕风捉影之谈，用油印分售各报馆照登，惑人听闻，毁人名誉。报馆不考查其事实，从而登之。迨至真相证明，饬其更正，而所登之稿，已流布于全国。斯实为新闻界之蠹，而间接影响于政治社会方面者尤为大而且多，若不量加取缔，其流弊诚不知其胡底。本厅窃维政府废止报纸条例，为尊重言论自由，纯取放任主义，自系共和国家久远根本之图，而官厅因新闻界气象庞杂，为促进改良起见，酌予相当取缔，亦属行政方面一时权宜之计。况通信社所投之稿，仅限于输送新闻，与报纸体例亦微有不同，且其性质，究系关于营业者为多，加以取缔，似与废止报纸条例之明令尚不致过形抵触。又，近日报纸正为希图便利，多照录通信社所投不实不尽之稿，以充篇幅，致新闻事业骤陷于纷扰庞杂而失其信用。如取缔得当，先将各该通信社纳入轨范之中，则不必直接取缔报纸，而已代为报纸内部分廓清其纷扰之能力。釜底抽薪，于报纸亦未始非计。查本厅对于通信社之呈报，向系取具五等捐以上之铺保二家。兹拟酌加取缔办法数条：(一)限制通信社经理人资格，须有正当职业，学识优良，在专门学校得有毕业证书者方许其充任，并于呈报时先呈验证书。(二)酌定通信社开办之资本，须筹有千元以上方许其开办，并于呈报时先请验资。(三)通信社所投之稿，除关于军事、外交应守秘密之事件不得率行输送外，其有特别新闻，得自何方，译自何报，均须载明缘起，并每日呈送警厅一份，以备查考。(四)特制一种通信社营业执照，由警厅核准开办后发给，并酌收照费。以上四条，仅就本厅思虑之所及，暂为条例，果能适用与否，本厅亦不敢成见自封。窃查自报纸条例废止以来，官厅对于报界轶出轨道之言论，以无特别法律为取缔之依据，办事上诸感困难，时势迁流，日甚一日。兹之条列实有鉴于中国新闻事业之幼稚，与近来报纸言论之纠纷，政治社会方面均不免受其影响。为促进报界改良，酌订取缔通信社章程，一方面因为便于行政界之应付，一方面正以保障言论之自由，双方均属有益。如蒙俯允，再当由本厅详拟章程，呈送宪部审核颁布。所有本厅拟订管理通信社营业章程，藉资取缔各缘由，是否有当，理合具文，呈请鉴核令示，以便遵行。谨呈

内务总长

京师警察厅总监　殷鸿寿

中华民国十年六月三十日

〔北洋政府内务部档案〕

8　内务部修正东省特别区暂行取缔报纸规则致吉林省长咨

（1921年7月）

内务部为咨复事：准咨开：据东省特别区警察总管理处呈称：参照报纸条例，拟定暂行取缔报纸规则，请鉴核等情。咨请核复。等因。并抄件到部。业经本部将该项规则酌加修正。除分行外交部并令行该处遵照办理外，相应咨复查照。此咨

吉林省长

附抄暂行取缔报纸规则一件

内务总长

中华民国十年七月　　日

东省特别区警察总管理处暂行取缔报纸规则

第一条　此项规则，无论中外人民，凡在东省特别区域界内开设报馆印发报纸者，均应一律遵守。

第二条　开设报馆，须由创办人开具左列各款，呈请本处核准，方能出版：

（一）　报纸之名

（二）　报馆地址

（三）　发行时期

（四）　主笔人、发行人、编辑人、印刷人之姓名、年龄、籍贯、履历、住址

第三条　有左列情事之一者，不准充报纸主笔及发行、编辑、印刷人：

（一）　界内无居住权者；

（二）　有精神病者；

（三） 褫夺公权向〔尚〕未开复者；

（四） 现役海陆军人；

（五） 现充行政司法官吏；

第四条 左列各款不得登载：

（一） 淆乱政体之论说；

（二） 妨害国交及地方治安之论说；

（三） 伤风败俗之论说；

（四） 外交、军事应守秘密事项；

（五） 攻诬及损害他人名誉事项。

第五条 如有登载失实，本人或关系人开具姓名、住址、事由，请求更正或将更正辩明书请求登载者，应于次日或第三日发行之报纸内照登。

第六条 凡登载更正辩明书，其字形大小、次序先后与失实原文相同，不许参加私见，代为涂改，如更正辩明书有违背法令情事，不准登载。

第七条 登载错误事项，若他报抄袭而来者，虽无本人或关系人之请求，倘经原报更正者，应一律更正。

第八条 凡有论说译著，虽系他报所创，若已注明不许传〔转〕载者，自应不得抄登。

第九条 如违犯本规则所列各项，即将该报主笔及编辑人按照情节轻重，分别处罚。惟违犯第四条所列各款者，得停止其出版。

第十条 本规则自公布之日施行。

〔北洋政府内务部档案〕

9 京师警察厅拟定减少京师报馆办法致内务部呈

（1921年8月6日）

敬呈者：窃总监前奉总长面谕：以近来报馆，日见增加，程度复杂，不能共趋于轨道，应用严格的取缔办法，减少其家数，俾言论界得免于纷扰之流弊。等因。查报纸条例既经废止，官厅对于报界拘束之能力较往日为缩小，取缔办法事实上颇感困难。本厅自奉宪谕后，再四筹维，当以今日报纸所登新闻，多系取材于各通信社之投稿，譬之于水，通信社其源，而报纸乃其流也。先清其源，则其流或不致泛滥无所极，拟先从取缔通信社入手。经将近年报界纷扰之实情，并略抒管见，呈奉指令开：查所拟取缔通信社办法，系为扶导舆论起见，用意甚善。惟查通信社之性质，亦出版之一种，取缔之法，有出版法可资依据，如原案所拟事前之防备，则出版法第四条之规定綦详，事后之救济，则出版法第十一条之列举甚周，而第十五条、第十六条之制裁，轻者罚金，重者徒刑，凡所以制限出版者至纤至悉，无另订取缔通信社章程之必要。等因。奉此。仰见宪部审虑周详之至意。惟是报馆日增，程度复杂，诚如宪谕所言，为整齐划一计，则减少二字，在今日自为扼要之图。顾此项办法，亦可分为二种：一为积极的减少办法，一为消极的减少办法。所谓积极办法，则拟请由政府组织一种特别报纸，或日刊，或月刊，延聘中外名人主持其事，以正大之言论，为全国之南针，务在转移人民之视听，使对于政府报纸坚其信仰之心。此外，一切力量不足、程度不及之各报馆，失其对峙之能力，不能进与抗衡，自然日即于淘汰，此为积极减少之办法。顾兹事体大，诚非本厅所敢冒昧进言。而所谓消极办法，则鉴于已往之状况，预为未来之防维，对于将来之报纸，于其呈报时另订一种取缔办法，稍稍约束之，俾有所顾虑，不致良楛杂陈，则不良之报馆家数，庶可有减无增，此不得已而用消极之减少办法也。查本厅对于通信社之呈报，向有取具五等以上捐铺保二家之办法，此在本厅本未订有此项章程，不过于其最初呈报时量为取缔，行之已久，遂成习惯，兹拟参酌用之。对于报馆认为一种特别营业，凡组织报纸之人，应取具二等以上捐之铺保二家，方准其营业；报馆之资本与办报人之职业，由保人出具切结，担负责任。其业经核准备案之各报纸，概免其补具铺保，以省手续而免纷烦。如此办法，已有之报馆因得免于补具铺保之手续，或能有所感悟，而务为从事改良之进行，则良好之报纸可以永久存在。至将来之报馆因有取具铺保之拘束，不敢率尔组织，争为投机之尝试，则不良之报纸亦可免多数发生，减少报馆之目的或望能达。此项办法，本厅怀欲陈之者有日，兹承明谕及此，谨贡此以备采择。如宪意许为适用，即请由部令示照准，以便布告施行。窃以中国报界气象之纷扰在今日已无可讳言，必如何而后能改良，要由该报界之自能觉悟，官厅所施诰诫取缔各方法，不过藉以促其觉悟之一种动机耳。夫就根本解决而言，即使报纸条例犹未废止，而以中国今日政治之能力，对于本国所有之报纸，有特别法律，当然可以径行取缔，而对于他国人在本国发行之报纸，有时发生障碍，行政处分或竟不能实行，法律上失其平等之效力，则报纸方面仍不能收整齐画一之观，而就补偏救弊言之，政治上对待报纸之方法，仅恃取缔一端，范围已为狭小。至取缔而止，希望其减少，复由积极的减少办法，退一步而用消极的减少办法，在官厅为降格相求，而在事实上亦仍只能谋补苴于万一，此本厅承奉宪谕，减少报馆家数之言。审酌情形，姑献此一得之愚，而弥觉有慨于中者也。所有酌拟取具报馆铺保各缘由，是否有当，谨缮具手摺，呈请钧座鉴核，令示遵行。谨呈总长钧鉴

京师警察厅总监　殷鸿寿谨呈

中华民国十年八月六日

〔北洋政府内务部档案〕

10　京师警察厅公布管理新闻营业规则令

（1925年4月1日）

京师警察厅令第一号

兹制定管理新闻营业规则公布之。此令。

京师警察厅总监　朱　深

中华民国十四年四月一日

管理新闻营业规则

第一条　凡在京师地面经营新闻营业者，须遵照本规则办理。

第二条　新闻分左例三种：

一、报纸：凡日刊、周刊、旬刊、月刊、不定期刊等，内容专登载新闻者属之；

二、杂志：无论定期刊、不定期刊，内容系研究学术性质者属之；

三、通讯社。

第三条　发行报纸杂志，须由经理人依照左列各款呈报于警察厅：

一、名称；

二、体例；

三、发行时期；

四、经理人、编辑人、发行人、印刷人之姓名、籍贯、履历、住址；

五、发行所之地址；

六、印刷所之名称及地址；

七、资本数目。

第四条　办理通信社，须由经理人依左列各款呈报：

一、名称；

二、经理人、编辑人、发行人、印刷人之姓名、籍贯、履历、住址；

三、社址地点；

四、资本数目。

第五条　学校学生不得充报纸、通信社经理人、编辑人、发行人、印刷人。

第六条　发行报纸、杂志或办理通信社者，均须于呈报时取具五等捐以上铺保两家，以资负责。

第七条　报纸杂志之发行所、通信社之社址房屋，均须商得房主允可，出具同意切结，存厅备案。

第八条　发行报纸杂志或办理通信社，于呈报后须俟官厅查明核准，发给执照方得开始营业；在未经核准领照以前，不得擅自出版或刊发稿件。

前项执照，应按资本总额千分之五缴纳照费。

第九条　凡核准之报纸、杂志、通讯社登载新闻言论，须遵照出版法第十一条办理。

第十条　凡核准之报纸、杂志、通讯社，内容如有变更，或迁移发行所暨社址时，仍须依照规则第三、五、六、七等条另文呈报。

第十一条　在国外或京外发行之报纸、杂志、通讯社，如在京设立分发行所或分社时，应遵照本规则办理。

第十二条　本规则自公布之日施行。

〔北洋政府内务部档案〕

11　湖北省长公署为核定取缔白话报小报及通讯社规则致内务部咨

（1925年5月）

湖北省长公署为咨请事：案据湖北全省警务处处长崔振魁呈：据汉口警察厅呈称：窃维言论自由，固属约法所许，然而有逾正轨，亦法律所不容。汉口各大报馆，前经厅长召集会议，嘱其慎重，尚各一致遵循。其余未经立案之白话报小报及通讯社等，自由出版，言词荒谬，顾忌毫无。甚至假馆社之名义，作不规则之行为，自非设法取缔，不足以维风化而杜妄言。兹厅长督饬科员，参照治安警察法暨出版法，酌拟取缔规则，理合缮具清摺，呈赍钧处，俯赐鉴核，转请示遵，实为公便等情。计呈赍请摺一扣。据此，查该厅所拟取缔白话报及通讯社规则，原声明按治安警察法及出版法规定之，其第四条所列各款，除第四款系因时制宜添加外，余均与出版法第十一条各款相同。此外，间有因事便利起见，增订各条，虽核与治安警察法及出版法稍有异同，想为时事起见，应否照准，职处未敢擅专，理合照缮清摺，具文呈请鉴核示遵等情，附清摺一扣。据此。除指令外，相应检同原摺，咨请贵部查核立案，并希具复，以便转饬遵行是荷。此咨。

内务总长

附送清摺一扣

兼署湖北省长　萧耀南

中华民国十四年五月

谨将酌拟取缔白话报小报及通信社规则，另附说明，缮呈鉴核，计开

第一条　本规则按治安警察法及出版法所规定，凡属白话报暨各种小报与通信社，应均受此取缔。

说明：拟将本条所规定三字，改为"参订之"三字。

第二条　本镇白话报小报及通信社向未准予立案。兹因实行取缔起见，应由各主办人开具姓名、年龄、籍贯、出身暨馆社名义与设立地点，送由该管警察署所汇报本厅备查。

说明：依出版法第三条大义〔意〕。

第三条　凡白话报小报及通信社逐日各将报纸、讯纸一份，径

送本厅检阅，不得间断。

说明：依出版法第四条大义〔意〕。

第四条　白话报小报及通讯社有左列情事之一者禁止登载：

一　淆乱政体者；

二　妨害治安者；

三　败坏风俗者；

四　鼓吹风潮，扰乱地方者；

五　揭者〔载〕军事、外交及其他官署机密之文书图画者；

六　煽动曲庇罪人、刑事被告人、或陷害刑事被告人者；

七　轻罪重罪之预审案件未经公判者；

八　诉讼或议会事件之禁止旁听者；

九　攻讦他人阴私损害名誉者。

说明：依出版法第十一条全文，惟增加之第四款，本赅括于第二款范围以内，不过汉上时常发生各种风潮，该白话报小报及通讯社之印刷物每多鼓吹论调，不得不另提一款，明白揭示，俾资检束。

第五条　号外于地方安宁秩序有关，不得任意滥发，卖报人喧叫事实尤应自行制止。

说明：汉口白话报小报系雇用儿童或成人沿途喊卖报纸，动将关于政局或民间暧昧情事大声疾呼，希为射利，实于人心风俗妨害非浅，曾经召集各报馆会议禁止此种恶习，均甚赞成而无异词，因本治安警察法第二十一条大意规定之。

第六条　白话报小报及通讯社不得藉此名义，私行不规则之行为。

说明：查汉口白话报小报及通讯社，多藉馆社名义，卖烟聚赌，或代人径向各署说情，曾经查惩有案，故于两项法规以外参加此条，以杜流弊。

第七条　违反第二条者处五十元以下五元以上之罚金并令停

版。

第八条　违反第四条第一、二、三、四等款者,除一面没收其报纸,一面封禁外,并处该主办人以五等有期徒刑或拘役。

第九条　违反第四条第五、六、七、八等款,除一面没收其报纸、讯纸,一面封禁外,并处该主办人以一百五十元以下十五元以上之罚金。

第十条　违反第四条第九款者,经被害人告诉时依刑律处断。

说明:以上第七条至第十条,均依出版法罚则定之。

第十一条　违反第五条者处二十日以下之拘留,并科二十元以下之罚金。

说明:依治安警察法第三十七条对于违反二十一条之处分定之。

第十二条　违反第六条者按所犯之事实程度罚办。

第十三条　本规则呈奉宪令自公布日实行。

〔北洋政府内务部档案〕

（二）报馆、杂志社、通讯社之创设

① 北京地区报刊注册统计表

1　（1912年5月—1928年5月）

名称	体例	发行时间	经理人	编辑人	发行人	印刷人	发行所	印刷所	立案时间
新华日报	文话日报			吴敏（兼）	吴敏	崔云	山西街	西门印字馆	元年五月二十一日
中央新闻	文言日报			郑冬心	史介民	华兴	五道庙	北官园益森公司	元年五月
亚细亚日报	文话日报	元年三月五日		丁伟公	薛便民	冯唐	李铁拐斜街	同益印刷局	元年三月二十七日
商务报				刘静锡	左炎	龙海学	前门外草厂十条	北官园益森公司	元年四月二十三日
共和实进浅说报	白话日报			张仲玉	张国安	王翰卿	香炉营五条	香炉营五条	元年四月二十一日
民意报	文话日报		张烜	张烜（兼）			西草厂胡同		元年四月二十九日
群强报	白话日报			兆维新（兼）	兆维新	任自由	铁老鹳庙	骡马市大街	元年五月二十六日
新中华报	文话日报			谢辰	刘定国	徐世达	魏染胡同	魏染胡同	元年五月二十日
民国报				孙炳文	张瑞阶	吴竹清	顺治门大街	顺治门大街	元年五月二十三日
女学日报	小报，每日发行			方道南	李尊	陈子才	镇江胡同十一号	镇江胡同十一号	元年三月二十九日
中华日报	白话日报			王瑞联	王瑞联	冯贯堂	南柳巷永兴寺南隔壁	爱国报馆代印	元年四月五日

续表

名称	体例	发行时间	经理人	编辑人	发行人	印刷人	发行所	印刷所	立案时间
北京日日新闻	文话日报			金会章(兼)	金会章	叶其茂	米市胡同	京华印刷局	元年四月十八日立案
新纪元报①		元年六月十五日		金会章(兼)	金会章	叶其茂	米市胡同	京华印刷局	元年六月二十三日立案
白话共和画报	图画日报			石万锺(兼)	石万锺	王　宽	琉璃厂观音阁	同　前	元年四月二十三日
燕京时报	白话日报			帅公充	刘美修	叶　影	处坊桥白依庵	京华印报处	元年四月十一日
通　报	文话日报		朱通孺	朱启明	刘星海	叶志芳	铁老鹳庙	八百琉璃井	元年三月三十一日
太平日报	文话日报		冯杏村	李仲池	冯杏村	郝宽臣	保安寺街	协通印刷局	元年三月二十二日
新民白话报②			冯杏村	李仲池	冯杏村	郝宽臣	保安寺街	协通印刷局	元年七月五日
扶群日报	白话日报		刘衍星	刘衍星(兼)	刘衍星	魏存德	琉璃厂西门	同　前	元年五月二十四日
民铎报	白话日报			陈少谅	谢芹甫	陈四明	西草厂胡同	顺天时报馆代印	元年五月十一日
北方白话报	(小　报)			杨大洪(兼)	杨大洪	杜松茂	鲜鱼巷	北京日报馆代印	元年四月十九日
富国报	白话日报			张哨西	孟大同	寺岛荣之助	西河沿余家胡同	顺天时报馆代印	元年五月十二日
北京共和日报	文言日报(附出白话日报)			彭佛公	王仲章	赵霭亭	南柳巷	顺天时报馆代印	元年五月十一日

①该报为北京日日新闻更名。
②该报为太平日报更名。

续表

名称	体例	发行时间	经理人	编辑人	发行人	印刷人	发行所	印刷所	立案时间
北京商报	白话日报			欧清顺	欧清顺	冯云和	骡马市大街	同益印书局	元年四月八日
共和报	文话日报			赵士斌	刘旭东	牟相沿	米市胡同	丰源印书局	元年三月十四日
实业启民报	白话日报			冯寄蜉	冯寄蜉（兼）	丁　海	琉璃厂宣元阁	永光寺西街	元年三月二十四日【因经费不足于同年五月五日停刊】
光华报	文话大报每日两大张			赵炳涛（兼）	赵炳涛	杜松茂	前门外琉璃厂	崇文门内钓饵胡同	宣统三年十月二十三日立案【元年一月十六日停版】
京张吁报	白话日报			张思可（兼）	张思可	邓子谋	大沙土园	本馆内	元年三月二十四日
日新白话报	白话日报			彭瑞庭	彭叔毓	郝宽臣	琉璃厂东北园	护通印字馆	元年三月二十八日
牖民白话报	白话日报			王觉生	许广建	谭竹君	宣武门外闻喜会馆	同　前	元年三月三十一日
国华报	文言日报	元年五月一日		张克纲（兼）	张克纲	叶志芳	八角琉璃井	京华印报处	元年四月十九日
守真日报	文话日报		汪兆铭	龙潜夫	萧天任	张　灵	西草厂胡同	顺天时报馆代印	元年四月十八日
民命报①			公孙长子	龙潜夫	萧天任	张　灵	西草厂胡同	顺天时报馆代印	元年九月十三日
中央新闻报	日　报			张我华（兼）	张我华	张　愚	宣武门内	宣武门内暇哩胡同	元年十一月十一日
乃　报	文话日报			申镛岳	杨达三张斗南	吉　顺	西珠市口	益森公司	元年四月十九日
军事日报	浅近文义日出两张	元年四月一日	军事统一会创办	军事统一会同人担任	同前	同前	同前		元年三月
法政日报	文言日报			习艮思	曾弼臣	吕律臣	铁老鹳庙	魏染胡同法轮印字局	二年二月十九日

①该报为守真日报更名。

续表

名称	体例	发行时间	经理人	编辑人	发行人	印刷人	发行所	印刷所	立案时间
北京国民新报	日报		许游仙	许学源	郭震南	韩国玺	南柳巷	同声印字局	二年七月二九日【三年二月五日自行停版】
燕京新报	白话日报			陈 庸	柳 源	郭晓山	南柳巷永兴寺	明新印字馆	二年九月十三日
白话新闻	白话			帅根坤	屈起龙	叶志芳	宣武门大街	京华印报处	二年三月二十二日
益智画报	白话		关绍先	关绍先（兼）	关绍先	张亚强	南柳巷永兴寺	本馆印刷	二年三月二十二日
北京画报	白话		包魁章	刘晓卿	包彩章	张有国	南柳巷永兴寺	本馆	二年三月二十二日
京张白话晓报	白话	二年三月二十二日	洪炉民	石光普	洪炉民	张立堂	魏染胡同	明新印字局	二年三月二十二日
劝捐白话报			宿星三	关庆铭	张凤翔		正阳门外西河沿中间		二年一月
大陆军国报	杂志			李著强	李韫珩	苏其民	香炉营头条西路南	国光新闻报社代印	二年三月
黄钟日报	每日三大张		王印川	王化三	王印川（兼）	郑 □	西单草场	本社印刷所	二年一月二十四日【三月七日准批五年五月八日停刊】
新华报	日出两大张		李载赛	李竹亭	金文元	刘少峰	南柳巷永兴寺	国权报印刷所	二年三月十五日
新丛报	白话			董均替	董均宜	刘登林	顺治门永光寺	魁华印字馆	二年四月十九日
国报	文话日报（附画报）			黎 石（兼）	黎 石	叶 盛	北柳巷36号	京华印报处	二年三月
北京民主报	文话日报			何重勇	李子静	裴振邦	丞相胡同	本社	二年三月十九日
震旦月报	杂志			赵管侯	黄维国	京华印刷局	顺治门大街	京华印刷局	二年四月十九日

续表

名称	体例	发行时间	经理人	编辑人	发行人	印刷人	发行所	印刷所	立案时间
北京民任报	白话			董均替	董均宜	刘登林	顺治门外永光寺	中央新闻社代印	二年四月十九日
民报	普通政闻			贺锡珍	黄秋舫	张涵初	五道庙	天新印书局	二年十月十四日
北京民强报	日出一大张			裘新	王河屏	符我	潘家河沿	潘家河沿	二年二月十九日
英文北京星期公报	白话			董显光	杨茂芝	黄河清	附设于英文北京日报内	镇江胡同	二年九月
英文京报	日报			黄上进（兼）	黄上进	黄善甫	船板胡同	船板胡同	二年九月十九日
实录报	文话			龚固	谢琨	刘子麟	魏染胡同	国声印字馆	二年八月
新少年画报	杂志			胡竹溪	杨润生	吴锡祉	南柳巷永兴寺庙内	新华印字馆	二年八月
京汉铁路局局报				牛光斗	京汉铁路局	吴敏	北京京汉铁路局	华盛印书局	二年八月
哀报	浅近文话			牟少农	袁效鸣	同益印刷局	銮庆胡同24号	同益印书局	二年八月 【陈太阿呈报三年一月八日停刊】
自强浅说报				王慈航	王德	李成	虎坊桥	同声印字局	二年八月
富报	白话			李经	周立本	李林	南柳巷	国权报印刷所	二年八月
蒙藏回白话官报	用四种文字刊行			蒙藏事务局	蒙藏事务局	蒙藏事务局	蒙藏事务局	蒙藏事务局	二年一月二十七日
法政学报	文言月刊		王郁骏	蒯晋德	朱颐年	刘璧	西长安街兴隆大院	进化印书局	二年十月
共和报	白话			王景文	白稷臣	王梁	南柳巷永兴寺内	都门印刷局	二年十月五日

续表

名称	体例	发行时间	经理人	编辑人	发行人	印刷人	发行所	印刷所	立案时间
大陆日报	文话			杨慧定	胡杰	童成	梁家园西夹道	明新印刷局	二年四月
金台风趣报	日报			麦镜屿	管志材	郭山	魏染胡同	明新印字局	二年四月
日日新闻	日报			黄楚斧（兼）	黄楚斧	王桂生	永光寺中街	本馆	二年四月
白话中国公报	白话			李茂亭	周吉甫	田远斋	南柳巷永兴寺内	中国公报附设印刷馆	二年四月
新社会日报	文言			帅公充	刘美修	黄少浦	延寿寺街30号	明新印字局	二年四月
宪法新闻	（星期杂志）			王登	武绍成	郭筱山	香炉营五条8号	明新印字局	二年四月十九日
社会鉴报	文言白话兼用日刊			彭艺园	彭哀白	冯云和	粉房琉璃街	五道庙街	二年十月二十一日
白话国华报	白话			崔亮	戴正一	郝宽臣	南柳巷永兴寺内	协通印字馆	二年十二月二十七日
小报	白话			夏金声	萧宏济	萧宏济（兼）	宣武门外大街北头	陆军编译局代印	二年三月八日
中国商会联合会会报	册报			胡瑞霖	吕玉成	赵国栋	珠市口	文益印刷局	二年九月
党鉴报	文言旬报			郭树声	刘永□	江清泰	羊肉胡同奉新北馆	民主报印刷部	二年九月【三年一月自行停刊】
国是报	文言			许无咎	方蟠公	张涵初	南柳巷永兴寺内	天兴印字局	二年九月【十年一月十四日自行停刊】
铁路协会会报	月出一册			阙铎	应铭藩	黄河清	西长安街铁路协会	北京日报馆代印	三年八月十七日
国民日报	白话			江仙艇	刘雁如	冯云和	前青厂	同益印书局	三年二月十六日

续表

名称	体例	发行时间	经理人	编辑人	发行人	印刷人	发行所	印刷所	立案时间
戏剧新闻	文言日刊	三年七月二十一日		吴心夔 常踔	王荫堂 赵子青	冯云和 冯少青	南柳巷永兴寺	同益印书局 富华印刷局	三年七月十六日 【五年二月二十五日呈报加添付张】
都市教育报	学术月刊			北京教育会内	□德needs	熊海寰	西四牌楼	中华书局	四年四月
兴中日报	文话日报			曾曙曦 吴灵冰	袁璞 章不弃	杨树森 叶子芳	椿树下头条	华同印刷局	四年十一月二十九日
东华评论	日文旬刊			廖小韩	孙明允	孙明允（兼）	禄米仓路南	天津中东印刷局	四年十二月
灿星画报	星期画报	五年七月二十日	胡竹西	梁孤星	裕源印刷公司	南柳巷永兴寺内	裕源印刷公司	同前	五年八月
宪法公言	杂志			田解	韩通亨	文益印书局	所址在象坊桥	文益印书局	五年十月
京师教育界	学术	五年八月六日		岑履信（兼）	岑履信	曾纪熙	西河沿西头路南	共和印刷局	五年七月
鸿闻拔萃	月刊			程道一	关少阶	叶志芳	森宝书屋	华盛印刷局	五年十一月
霜钟杂志	文言（旬刊）		尹继禄	尹仲林	尹继禄	王世钊	象坊桥观音寺	文益印刷局	五年十二月
政治学报	学术（季刊）		周诒春	严鹤龄		李福生	东堂子胡同	天津印字馆	五年四月
北洋大学校季刊	学术季刊			北洋大学校季刊社	北洋大学校季刊社	商务印书馆		商务印书馆	五年三月二十八日
平安杂志	季刊		唐文芳	史培志	唐文芳（兼）	京报印书馆代印	顺治门内	京报印书馆代印	五年十月
忠言报	文言	九月二十日		黄进恩	张少周	黄直言	西草厂东首95号	华新印字馆	五年九月
京话日报	白话			吴梓箴（兼）	吴梓箴	冯谱清	麻线胡同	同益印刷局	五年五月呈报续办

续表

名称	体例	发行时间	经理人	编辑人	发行人	印刷人	发行所	印刷所	立案时间
国民公报	文言	七月一日		吴智敏	陈以文	冯云和	顺治门大街180号	同益印刷局	五年六月二十八日呈报续办
上海时报分馆	发扬公论	光绪三十一年	杨振彝	包天笑	杨振彝	张寿龄	西门有正书局	上海时报馆内	五年十月
大信报	文言	五年十月二十五日		齐颤膺	梁建勋	张化南	东城弓弦胡同	武学社印刷局	五年十月
民主报	文言		张大容	王文	刘昆			博文印刷局	五年十月呈报续办
北京实业报	日刊			张博	刘俄	张博（兼）	北京西河沿	宣元堂	五年九月
危言日刊	文言	五年九月五日		濮一乘 吴鸣凤	王景春	乌泽森	大宏庙	华国印刷局	五年九月
新中国日报	文言	五年九月二十日		余秋田	田非非	苏章钰	顺治门大街	长兴印刷局	五年九月
铁道时报	文言期刊		李警呼	张大义 居养元	张维权 李价屏	王子元	椿树上三条五号	文益印书局	五年九月三十日
商业白话报	日刊	五年十月一日		周殖生	薛湖隐	冯谱青	大安南营路十号	同益印书局	五年九月
新中国报	文言	五年九月十八日		宋辽鹤	王华堂	叶子芳	南柳巷本馆	华盛印书局	五年九月
大中报	文言			陈启运（兼）	陈启运	吴光	宣武门外香炉营五条8号	宣元阁	五年十月
社会星报	文言周刊			包士杰	李和	王济沧	内务部雍宅	北京京报馆印刷	五年九月十六日
公论日报			吴天铎	薛觉民					五年十二月 【备案后有无出版发行不详】
民国新报	文言			吕如菊	杨华馨	刘富春	李老阁胡同13号	北京中华新报社印刷所	五年十月

续表

名称	体例	发行时间	经理人	编辑人	发行人	印刷人	发行所	印刷所	立案时间
国风日报	文言	五年七月二十六日		宋寰公（兼）	宋寰公	李春亭	麻线胡同八号	富华印刷所	五年七月
尊闻日刊	文言			王穆	黄秀铭	梁秀峰	香炉营头条	同昌印刷局	五年十一月
太阳周刊	文言	五年十一月十五日		齐协民	周子安	曾纪熙	教场三条	共和印刷局	五年十一月
京华日报	文言			廖秋士	刘德钊	常仙芝	孙公园一号	同昌印刷局	五年十一月十八日
法言报	文言	五年十一月二十八日		陈重民	徐言	刘星衢	协资庙	博文印刷局	五年十一月
北京民权报	文言	六年一月三日		徐公侠	王震	张石鳌	五道庙南口	北京民权报印刷所	五年十一月二十日
中央日报	日刊	五年十一月二十五日		陈德公	张德良	杨树森	烂漫胡同	华国印书局	五年十一月二十七日
卮言日出报	文言	五年十二月十五日	李汉枚	冯亦鸶	李汉枚 陶石丞	孙万垣 张一民	大栅栏兴隆街23号	博文印刷局 广益印书局	【更换发行人五年十二月二十日】六年四月十六日
中原日报	文言	五年十二月二十六日	汪谦	积小苏	杨希叔	李春亭	李铁拐街	富华印刷所	五年十二月二十五日
新民报	文言日刊			余世民	徐块	王子元	潘家河沿	文益印书局	五年七月十六日
公民日报	文言日刊			刘天放	徐勇	博文印刷局	米市胡同	博文印刷局	五年七月
民德日报	文言	五年七月十五日		徐极	张根仁	赓荣	暂在编辑处发行	文益印书局代印	五年七月
瀛寰日报	文言日刊	五年八月十四日		王和公	黄秀铭	梁秀峰	香炉营头条五号	同昌印刷局	五年八月
晨钟报	文言日刊			李迂	刘坚	张魁元	丞相胡同	晨钟报印刷部	五年八月十一日

名称	体例	发行时间	经理人	编辑人	发行人	印刷人	发行所	印刷所	立案时间
民主日报	文言	五年八月十五日		郭村	颜饕公	黄贞干	绒线胡同	华新印刷局	五年八月
新震旦日报	日刊	五年八月一日		祝讫	钱文（？）	同昌印刷局	南柳巷永兴寺	同昌印刷局	五年八月十一日
中华新报	日刊			邵纪绳	谢萃农	刘富春	绒线胡同	同前	五年八月十日
民生报	文言	五月八月一日	姜澧兰	齐为 姜澧兰(兼)	王智轩 李天畏	冯普湝	大外廊营	同益书局	五年七月 【五年十二月呈报改组】
真共和报	文言日刊			赵默	周襄	梁秀峰	本馆	同昌印刷局	五年七月三十日
新神州报	文言日刊			林古愚	王承煦	童昶	潘家河沿	同昌印刷局	五年七月三十日
大陆新闻报	文言	五年八月二十日		罗咏之	张守正	张輔卿	芝麻街一号	法轮印字局	五年八月十五日
富强新报	文言日刊			廉隅	郑重	冯少青	富华印刷局内	富华印刷局	五年九月
民言报	文言	五年九月一日		何重勇	孙铭	徐全镛	北极庵	撷华书局	五年八月
赓言日报	文言	五年八月二十六日		葛炳华	彭义宸	冯少青	麻线胡同本馆	富华印刷所	五年八月
大声报	文话			吴姬人	王竹书	吴子洲	大安澜营	华法书庄琉璃厂	五年八月二十六日
大舆日报	文言			陈公景	谢予宣	陶子寿	延寿寺街羊肉胡同	国权报印刷所	五年八月二十六日
每日新报	文言日刊	五年八月二十一日		黄佩	梁治文	梁秀峰	琉璃厂中间路南	同昌印刷局	五年八月二十七日
都报	文言日刊			王启瑞（兼）	王启瑞	冯云和	南柳巷21号	同益印刷局五道庙	五年八月二十五日

续表

名称	休例	发行时间	经理人	编辑人	发行人	印刷人	发行所	印刷所	立案时间
公言报	文言	五年九月一日		王德如	黄希文	叶志先	魏染胡同	华盛印刷局	五年八月【六年五月汪觉迟接办】
北京直隶商报	文言日刊	五年八月二十日		周伟	冉鸿钧	曾和笙	琉璃厂玉皇庙		五年八月二十日立案【同年十一月十二日停刊】
游戏新报	日刊		任崇高	谢潜圃 汪忠纯	刘宗光	冯少青 陈小鹏	南柳巷永兴寺	富华印刷所 晨钟报印刷所	五年八月二十日 六年四月十九日
民苏日报	文言			赵北山	王希深	曾劲青	东南园	共和印刷局	五年八月
觉报	文言日刊	五年十月十日		郭海楼	邓舜琴	柴雨亭	上斜街本社	同前	五年十月
二十世纪新闻	文言日刊	五年十月十五日	胡迂公 亦愚	李猿公	蔡育民	叶志芳 刘子贞	四川会馆	华盛印书局	五年七月十七日
中西画报	白话	六年二月一日(半月刊)	章永福	章永福(兼)	程镜宇		东四牌楼47号	豫文石印局	六年一月
群众	文言	二月十五日	瞿铭斋	孙宝鸿	王静轩	杨树声	香炉营三条	国华印书局	六年二月
白话爱国报			马太璞						六年二月二日呈报
亚东新闻	文言		李安陆	欧阳奇岚	刘绍传	刘镇华	方壶帝十号	华言印刷局	六年六月二十五日
璇宁日报		五年十月十五日	鲁佛心	鲁王鼎	翟化清	方淑岩	八宝甸	华言印刷所	六年四月
华言日报	文言	五年十一月一日	刘德钊	廖秋士	刘德钊(兼)	冯云和	南柳巷永兴寺	同益印书局	六年四月十七日呈报迁移社址
醒华报			龚桶文	简孟平	鲁橘形				六年四月二十五日
戏剧新闻	文言		春觉生	汪侠公	春觉生(兼)	冯少青	南柳巷	富华印刷所	六年四月二十六日

续表

名称	体例	发行时间	经理人	编辑人	发行人	印刷人	发行所	印刷所	立案时间
通俗周报	白话	六年四月八日	李蕴初	李辛白	刘肇强	石燕谋	安福胡同七十三号	同昌印刷局	六年二月
丁已杂志	杂志	六年二月二十二日	李仲公	李仲公	林绍猷	李春亭	香炉营头条	富华印刷局	六年二月
同德杂志	月刊	六年四月一日	胡康益	陈由人	谢楚翘	徐熙	西河沿排子胡同	亚东印刷局	六年四月
全国商业联合会会报	月刊			王邦屏	吕玉成	王世钊	本会报社	文益印书局	六年
电界杂志	杂志	六年九月一日	邓子安	邓子安（兼）	邓子安（兼）	黄河清	邓子安电气事务所	北京日报代理	六年八月二十五日
启商报	日刊		刘棋宸	刘竹轩	赵海清	高存泽	东茶食胡同十一号	琉璃厂宣元阁	六年八月
共和新报	文言日刊	六年一月二十七日	白宗龙	王潜夫	沈子青	冯谱卿	本报发行所	同益印书局	六年一月二十六日
实事白话报	白话	六年二月二十日	赵笠农 戴徵	赵笠农（兼） 戴徵（兼）	齐尧封 刘慎	曹瑞庭 张仲光	琉璃厂宣元阁	琉璃厂宣元阁	六年一月
仁报	文言	六年一月一日	李统球	林卜琳	李统球（兼）	杨益华	珠巢街五号	珠巢街五号本馆	五年十二月三十日
启明日报	日出两大张	六年六月一日	陈潜士	王达	姚仲山	陈小篷	后孙公园一号	益民印刷所	六年六月七日
道德学志	杂志	六年一月	杨三生	陈景南	雷寿荣	刘少峰	西单牌楼头条	道德学社	六年一月
神州星期报	杂志	六年一月八日	李大庸	释育懿	李大庸	冯贵堂	西茶食胡同	富华印字报	六年一月
东亚杂志	文言季刊		余锺秀	余锺秀	余锺衡	彭稷臣	潘家河沿20号	共和印刷局	六年六月
醒觉画报	画报	批准后即出版	刘丽川	刘丽川	白稷臣	白稷臣	南柳巷永兴寺庙内	同前	六年六月

名　称	体　例	发行时间	经理人	编辑人	发行人	印刷人	发　行　所	印刷所	立　案　时　间
金融日刊	浅近文言日刊		周毓如	赵德三	方　城	梁秀峰	西草厂胡同	同昌印刷局	六年二月八日
甲寅日刊	文　言	六年一月二十八日	陆浙生 陆瘦郎	陆浙生 黄石公	戴正一	杨树森	万源夹道	华国印刷局	六年一月
新兴中报	日　刊	六年三月二十八日	王　复	易觉生	吴梓生	北京印刷局	北柳巷本馆发行	北京印刷局	六年五月十七日
菊侪画报	白话日刊		李菊侪	李菊侪（兼）	李锦章	张廷琛	南柳巷永兴寺	本报印刷所	六年七月六日
指津日报	文言白话	六年五月一日	陆大生	李起元	任景山	曹瑞亭	琉璃厂东北园	宜　元　阁	六年四月三十日
华英时务报	文　言	六年五月二十日	张仲良	庄壮坚	张　铨	周性斋	崇文门内东观寺	同　前	六年五月二十一日
京兆日报	白话日刊	六年二月二日	曹复初	吴　寄	吴鉴斋	冯贯堂	南柳巷永兴寺	富华印刷所	六年二月二十四日
民治日报	日　刊	六年二月二十日	黄虞石	卢佛眼	卢佛眼（兼）	冯谱卿	大宏庙	同益印书局	六年二月
戏剧新报	文言日刊	六年二月十六日	梁同川	黄　佩	梁治文	梁秀峰	万源夹道	同昌印刷局	六年二月二十二日
六更公报	白话小报日刊		李六根	赵中鹄	程道一	李　义	南柳巷永兴寺	晨钟报印刷室代印	六年四月二十五日
燕　报	文　言	六年四月十四日	洪晋畴	黎昌黎	傅准波	邱汉亭	李铁拐斜街	撷华印刷局	六年四月十六日
中国公报	日　刊	七年三月一日	宋大鹏	宋大鹏（兼）	曹东贤	石同昌	永光寺中街五号	同昌印刷局	七年二月
新世界报	白　话	七年二月十四日	谢振威	谢振威（兼）	谢振威（兼）	冯谱卿	五道庙街同益印书局	同益印书局	七年二月十四日
张维日报	浅近文言日刊		赵翼南	樊拙盦	袁自强	杨树森	椿树下头条五号	华国印书局	七月四月十一日

续表

名称	体例	发行时间	经理人	编辑人	发行人	印刷人	发行所	印刷所	立案时间
微言杂志	文言(半月刊)		陈志群	陈志群(兼)	陈志群(兼)	俞蔚林	兵马司中街三号	亚东制版印刷局	七年四月
法政学报	月刊	七年三月	卢复	吴统续	冉镇	文益印书局	国立法政学校	文益印书局	七年四月
乐群杂志	月刊	七年一月三十日	苏艺林	韩甫清	傅锐卿	马俊英	北京大石桥	财政部印刷局	七年三月
都门日报	白话	七年三月二十一日	陈柚时	崔剑魄	蔡笑山		魏染胡同47号	京师警厅习艺所	七年三月十七日
京兆新报	白话	六年九月	朱万丰	王素	董稚新	王光普	南柳巷永兴寺内	公字印字馆	七年六月十六日
新京报[1]		六年一月	谢予宜	陶寥天	白稷臣	杨汉卿	西河沿五斗斋	华言印刷局	七年六月八日
平民日报	文言日刊		陈量	武同文	彭翼城	李春亭	南柳巷永兴寺	富华印刷所	七年一月
北京新闻报	文言	七年一月二十二日	娄鸿声	何仲	梁晓锋	萧子丰	南柳巷永兴寺	撷华印书局	七年一月
新北京报	白话	七年二月一日	李衡	李衡(兼)	张润田	何仲书	大土园五号	明明印刷所	七年一月
华报	文言白话兼用	七年七月一日	沈念祖	董扶辰	葛天民	杨树声	小安澜营二条五号	华国印书局	七年七月
图解白话日报	白话日刊		任振亚	贾维恒	潘福庆	高德胜	南柳巷十七号	中华印刷社	七年七月
日新画报	白话绘图	日刊	文实权	文实权(兼)	文实权(兼)	高德胜	南柳巷永兴寺	中华石印局	七年七月
惟一日报	日出一张半	七年七月五日	吴达	陈乔如	程清山		在本社内	北京印刷局	七年七月
北洋报	白话	七年七月	腾祖国	叶华生	陈志成	杨启元	宣武门外椿树上三条	华言印字局	七年七月

① 该报为大舆日报更名。

续表

名称	体例	发行时间	经理人	编辑人	发行人	印刷人	发行所	印刷所	立案时间
亚陆日报	文言	七年四月二十八日	曾昭星	张守钧	柳亚卿	杨汉清	亚陆日报社西砖胡同	华言印字局	七年五月
商业晚报	每日两张	七年六月一日	杨训登	苏章钰	姜玉奎	金瑞生	苏州胡同148号	长兴印务局	七年五月三十日
中央时报	文言日刊	七年二月十五日	张学涛	吴鸿德	张鹏九	张兴周	南官园本馆	北京印刷局	七年二月
正义日报	日刊日出两大张	八年一月十二日	倪维城	胡亮公	赵恩甲	杨书棋	西草厂胡同88号	撷华印书局	八年一月十七日
民声报	每日发行正副各一张	八年六月一日	周棨	寿印匀	陈因湖	王子元	东夹道二号	文益印书局	八年五月
燕风报	日刊	八年六月	王东元	赵超	于灌华	于灌华（兼）	草厂七条11号	华国印刷局	八年六月
京沪日报	日刊	八年六月	曹学志	曹学志（兼）	曹学志（兼）	吕佩侯	铁老鹳庙二十一号	华言印字馆	八年六月九日
中国大学周刊			曾国香	赵国藩	李钟儒		中国大学周刊发行部	都门印书局	八年七月
通俗周刊	白话		傅锐	傅锐（兼）	傅锐（兼）	张仲光	南柳巷50号	一真印字商行	八年一月
华侨杂志	文言季刊	八年六月十五日	萨君陆	廖明韶	洪德沛	星记印刷局	旅京华侨事务所	星记印刷局	八年五月
新中国杂志	月刊	八年五月一日	叶恒	胡豫生	叶恒（兼）	财政部印刷局	上海时报分馆内	财政部印刷局	八年五月
通俗医士月刊	月刊		徐桥	洪式闾	徐桥（兼）	京师第一监狱	医学专门学校艾西学会	京师一监	八年十月
平民周报	白话	八年十月	李实	罗汉	王柱卿	凌安	华德教育会内	新闻印刷局	八年十月
宪报旬刊	文言旬刊	五月	朱理	黄元裳	龚仁泽	顾炎	彰仪门大街宪报社	法轮印刷局	八年五月

名称	体例	发行时间	经理人	编辑人	发行人	印刷人	发行所	印刷所	立案时间
民和报	文言	五月	陈宗甲	林咏梅	陈宗甲（兼）	张化南	铁老鹳庙民和报发行所	北京印刷局	八年五月
国民杂志	月刊		易克嶷	黄健中	锺　魏	陶　勋	北池子53号国民杂志社	益世报馆代印	八年四月
北京平报	日刊	八年九月十日	魏迪群	杨洒千	杨友松	杨树森	丞相胡同53号	华国印书局	八年九月八日
都报	文言	八年十月一日	顾天民	胡康彝	陈秀虔	张仲光	米炭胡同下洼子四号	一真印字行	八年九月
时言报	日刊	三月十五日	庄庶管	周天石	任际虞	刘明德	潘家河沿	明明印刷局	八年三月
中央报	白话小报	九月二十九日	张一夔	卜萱庭	李辅庭	徐秀锋	南柳巷永兴寺	北京印刷局	八年九月三十日
大陆日报	日刊	八月十日	金玉山	金玉山（兼）	张桐孙	林翰卿	大外郎营28号	撷华印书局	八年十月二十日
从新报	白话	十月	金辅宸	张兹田	金辅宸（兼）	景启春	南柳巷永兴寺内	华言印刷局	八年十月五日
北京报	文言		梁赞庭	曹学志	梁赞庭（兼）	吕佩侯	南柳巷	华言印刷局	八年一月
兴华实业月报		八年十二月							
少年中国月刊		八年七月一日	王光祈	王光祈（兼）	曾慕韩	安秀全	宋人府	同文印刷局	八年七月
京潮报	日刊	八年六月	龚嘘云	龚嘘云（兼）	曾有桂	文益印书局	宣武门外校场头条十号	文益印书局	八年六月
大同日报	日刊	八年六月十日	江峻云	郑建生	相子明	文益印书局	安福胡同34号	文益印书局	八年六月
多闻日报	日刊	六月	解明德	解明德（兼）	解明德（兼）	冯谱卿	南柳巷永兴寺	同益印书局	八年六月二十六日

续表

名称	体例	发行时间	经理人	编辑人	发行人	印刷人	发行所	印刷所	立案时间
民意日报	文话（日出两张）	八月一日	林烈敷	王默轩	张锦峰	华国印书局	绒线胡同69号	京华印刷局	八年七月二十八日
铎声报	日刊	七月五日	陈文在	林扬子	张寄痴	李春亭	西河沿182号	梁家园富华印刷所	八年七月
东方日报	日刊	八年七月	杨以俭	黄文伟	张仲通	任昆山	东拴马桩12号	华言印字馆	八年七月
民治日报	文言	八年二月二十日	陈种痕	丁觉公	甘象初	梁士俊	前门外粉州营7号	同昌印刷局	八年二月
小公报	白话日刊		程道一	张冠卿	陶幼臣	张仲光	南柳巷50号	西草场一真字馆	八年二月
正言报	日刊	五月十五日	赵连琪	康毅	赵铁鸣	李春亭	李铁拐胡同74号	富华印刷所	八年五月十二日
宪报	文言每日发行		朱理	黄元裳	龚仁泽	顾炎	彰仪门大街	法轮印刷局	八年五月
蒙边日报	日发两张	八年五月一月	滕祖国	滕祖国（兼）	刘宝臣	张仲光	宣武门外椿树上三条一号	一真印字行	八年五月
中国大学学报	（学术刊物）		臧启芳	王在密	中国大学学报社	共和印刷局	中国大学内	共和印刷局	八年七月
航空月报	月刊								九年三月二十六日
北京晚报	文言白话兼用	七月一日	丁哨梅	陈伯朓	晏汉荣	邱汉庭	教场三条十八号	撷华印刷局	九年六月
西北日报		六月二日	王轮	凌鹤	王轮（兼）	刘毓秀	西北日报社万源夹道6号	都门印刷局	九年六月
京畿报	文言日刊	六月十日	郑颂熙	陈梅影	陈梅影（兼）	李春亭	兵马司后街17号	富华印刷局	九年六月
新民国报	日刊	每晨八时	陈甲三	俞次平	赵寻颠	梁秀峰	海北寺街本馆	同昌印刷局	九年八月二十六日

续表

名称	体例	发行时间	经理人	编辑人	发行人	印刷人	发行所	印刷所	立案时间
赈灾日报		十月二日	王桥安	秦友荃	杨耀翔	王子元	六部口庚社	文益印刷局	九年十月二十三日
电气工业杂志	月刊		邓子安	马江	邓子安（兼）	俞少璋	安福胡同96号	法轮印刷局	九年八月
国报	日出两大张	九年十月十日	张庸疑	何重勇	叶剑星	张复元	南柳巷52号	国报印刷所	九年十月
大义报	日出两张		宋国秀	宋庭瑞	杨树声	刘星五	南柳巷永兴寺25号	华国印书局	九年五月
北京晚报	日刊	十年一月四日	刘梦朴	郭济民	李善生	王有书	北新华街东夹道一号	顺天时报馆代印	九年十二月二十日
平民周报（北京平民）	（半月刊）	八年十月二十一日	李实 费君						八年十月【九年三月二十六日更名北京平民】
北京银行周刊			冯耿光	沈一阳	北京银行公会	徐熙午	前门户部街	亚东制版印刷局	九年六月
人道月刊			萧元恩	郑振铎	萧元恩	石庆和	青年会服务社	和济印刷局	九年六月·
教育新声	月刊	九年六月	白毓森	□琦琛	赵润龄	王子元	小菊胡同十九号	文益印刷局	九年六月
文化杂志	月刊	九年十一月一日	罗琢璋	刘来荣	季云飞	任连生	虎坊桥湖广会馆	同文印刷局	九年十月
清真周刊		十年一月一日	马魁麟	马宏道	马魁麟（兼）	丁国琛	牛街109号	富华印刷所	九年十一月
春声画报	周刊	九年三月	陈庆余	陈庆余（兼）	陈庆余（兼）	润宝印刷局	宝钞胡同八十七号	润宝印刷局	九年四月
忧乐杂志	旬刊	批准后发刊	薛曙星	尹炎武	潘玉振	财政部印刷局	扬州会馆	财政部印刷局	九年十二月
经艺旬报		十年一月上旬	申捷青	申捷青（兼）	陈隆堂	张福	东四五巷		九年十二月

续表

名称	体例	发行时间	经理人	编辑人	发行人	印刷人	发行所	印刷所	立案时间
唯是学报	月刊		林□	黄建中	曾繁昌	曾纪熙	唯是学报社①	和济印刷局	九年十二月
中国工商新民报	每月二期	十月十五日	余瑞清	丁愚庵	刘世钟		暂附本社	中华印刷公司	九年十二月三十一日
新华日报	按日发行正副各一张	九年五月十五日	潘树声	寿玺	刘友裕	王子元	宣武门外校场二条五号	文益印刷局	九年五月二十一日
大声报	文言日刊	九年五月十五日	晏品全	丁潜龙	晏松轩	冯谱卿	宣外十间房十一号	同益印书局	九年五月
博爱报	白话	九年六月一日	博严锋	白者清	温常志	张光鉴	内右二区石灯庵六号	华言印字局	九年五月［同年七月十三日经费不足停刊］
燕京画报	白话图画	九年五月一日	孟亚农	窦亦厂	龚育生	白泽臣	宣外棉花九条天仙庵	一真印刷局	九年五月
群报	文言	九年二月	马太璞	方潜	金玉甫	张仲光	南柳巷永兴寺	一真印字行	九年四月三日
北京晚报	文言白话兼用	九年四月五日	方毋我	方毋我（兼）	方毋我（兼）	钱壮秋	西单报子街31号	顺天时报社代印	九年四月
北洋时报	文言	九年四月十五日	杨时泽	易真	孙玉锋	朱达斋	南柳巷永兴寺	新闻印刷所	九年四月十七日
中国民报	文言	九年七月一日	柴若愚	刘养晦	薛作舟	晁冕斋	南柳巷永兴寺	华言印刷局	九年七月三日
言中日报		九年十一月一日	李鉴	欧阳南云	闵辑来	富华印刷所	西河沿五斗斋五号	富华印刷所	九年十一月七日
公言日报		九年十一月一日	吴然如	薛耐庵	周少泉	华言印刷局西砖胡同	胭脂胡同六号	华言印刷局	九年十一月二日
中报	文言	九年十二月一日	陈元春	陈元春（兼）	陈元春（兼）	徐味香	顺城街33号	中报印刷所	九年十二月七日
群报		十二月一日	陆瘦郎	陆瘦郎（兼）	陆瘦郎（兼）	王千臣	永兴寺内	同兴印字馆	九年十二月三日

①该报为甲寅日报更名。

续表

名称	体例	发行时间	经理人	编辑人	发行人	印刷人	发行所	印刷所	立案时间
北京舆论报	文白兼用	九月二十日	吴省庵	王希白	韦长亮	王子陵	宣外香炉营四条39号	文益印刷局	十年九月
燕京报	日刊	九月十五月	吴德连	赵廷俊	吴德连	黄紫卿	李广桥口袋胡同六号	北京日报代印	十年九月
世界新闻	日刊		恩裕	恩裕（兼）	陶右丞	邱汉庭	永光寺中街门牌3号	撷华印刷局	十年九月
京津新报		七月十日	胡昌运	叶纫芳	郭建勋	张俊民	米市胡同44号	永明印书局	十年七月
图说画报		十年七月十五日	刘清泰	吴犀忱	张寿章	孙德山	南柳巷永兴寺内	图说画报印刷所	十年七月
北京通俗日报	白话	十年九月一日	田蓝田	田蓝田（兼）	王立吾	刘明德	宣外丞相胡同51号	明明印刷局	十年八月
日日画报	白话		王选卿	沈恩铭	王选卿（兼）	沈恩铭（兼）	莱广胡同五十号	沈记印刷局	十年八月
中和杂志		八月一日	王欲平	王欲平（兼）	冷潮	王世钊	东草厂七条胡同26号	文益印书局	十年八月
电影杂志			陈淑田	陈淑田（兼）	张兰生	张兰生（兼）	东华门大街	华明印书局	十年十二月
小说周报	文言	十一年一月四日	于建侯	吴逸尘	施志铭	梁秀峰	西河沿128号	同昌印书局	十年十二月
电影周刊			冯启	冯启（兼）	张兰亭	张兰亭（兼）	东华门大街	华明印书局	十年十月
自治周刊		十年五月一日	童一心	童一心（兼）	童一心（兼）	叶敷志	棉花上六条一号	知新社印刷所	十年五月
电业商报	日出一大张	立案后即出版	邓子安	傅立吾	邓子安（兼）	沈永常	邓子安电业商行	和济印刷局	十年十二月
大总一日报	文言白话兼用	十年十月十日	李忏吾	詹睡仙	金锟	王光谱	香炉营头条21号	同益印刷局	十年十二月

名称	体例	发行时间	经理人	编辑人	发行人	印刷人	发行所	印刷所	立案时间
北京华同日报	文言	十年十月一日	樊导诚	樊哭心	叶光昌	温道同	宣内手帕胡同八号	明星印刷局	十年十月
东南日报		十月一日	钱思渊	孙鼎元	杨仲华	王子元	椿树下头条十一号	文益印刷局	十年十月
神州文艺日刊	文言	十月一日	戴宝山	戴宝山（兼）	戴宝山（兼）	张主本	铃铛胡同7号	万顺德石印局	十年十月
维新画报		十年十月	武止戈	孙秉衡	张玉山	张宝成	西草厂东椅子圈四号	瑞华石印局	十年十月
北京快报	（英汉文日刊）	十年十月	宋采亮	孙瑞芹	鲍纯博	焦梧楼	官帽司胡同十五号	中央印刷所	十年十月
北京大公报	文言	十月	王天佑	陈纬年	何盛才	白则晨	吕祖阁西夹道7号	一真印字行	十年十月
新闻日报		十月十日	蔡卓悟	詹辱生	关伯润	顾孝如	小神庙17号	明明印刷局	十年十月
航声杂志	文言（月刊）	十一年一月一日	于云生	李昭观	何冠宇	易显漠	王府井三条十三号	共和印刷公司	十年十二月
文艺杂志	（半月刊）	十年八月一日	杨啃侯	杨啃侯（兼）	靳荣	黄河清	铁老鹳庙八号	北京日报代印	十年八月
经世报	（月刊文言）		陈大章	陈焕章	徐心田	王世钊	甘石桥	文益印书局	十年十二月
新太平洋日报		十年八月五日	梁秋水	梁秋水（兼）	周行	焦恩年	煤渣胡同2号	中央印刷所	十年八月
太平洋日刊	文言白话兼用	八月	朱谨	朱谨（兼）	沈启文	温道周	旧廉子胡同三十九号	明星印刷局	十年八月
成报		五月一日	余蕙田	李猿公	何厥青	王世钊	永光寺西街湖北会馆	文益印书局	十年五月
道心报		四月十一日	张曜远	张曜远（兼）	李新春	白则晨	校场小六条58号	一真中外印字馆	十年三月

续表

名　称	体　例	发行时间	经理人	编辑人	发行人	印刷人	发　行　所	印　刷　所	立　案　时　间
民铎刊	文　言		李玉声	黄　逸	谭荫庭	王世钊	南柳巷永兴寺庙内	文益印刷局	十年三月
大白话报		十年三月二十四日	程　愚	阎　琳	赵　端	王子元	校场三条六号	文益印刷局	十年三月
富教日报	白　话	本年十月	曾伯子	刘仲仁	曾子正	张文涛	南横街19号	永明印刷局	十年六月
民　报	文　言		许公遂	韩和民	吴俊山	范用舒	后孙公园二号	明星印书局	十年五月六日
大中华自治公报		三月十八日	李慎修	达华严	余　怀	景其纯	南柳巷永兴寺	华言印刷局	十年三月
北京画报		六月十五日	桑积宸	吴犀忱	高文荣	高得胜	南柳巷17号	中华石印局	十年六月
声　报	文　言	批准后出版	张汇泉	吴景彼	刘小亭	刘小峰	前门内中街5号	前京印刷局	十年六月
正俗公报	日出两张		溶　和	高国健	罗治安	高　厚	西长安街82号	群众印书局	十年十一月
燕京日报	文　言	十一月	孔亚庚	叶祥麟	余卓然	王干臣	西半壁街20号	同益印书局	十年十一月　【十一年一月汪清持接任经理】
京津商工日报	日出一大张		张志新	吴挺崖	李大来	高书官	北新华街六号	群益印书局	十年十一月
振华日报		十年十月十日	刘阳生	邵光典	刘阳生（兼）	魏晓庭	北极巷17号	国报印刷所	十年十一月
大亚洲报	文言白话兼用	八月一日	潘祝一	周民一	周复元	王干臣	北池子33号	同益印书局	十年七月
游戏日报	白话兼文言	八　月	李瀛洲	李瀛洲（兼）	李伯方	王翔梧	南柳巷50号	北京印刷局	十年八月
新声报	文　言	八　月	廖直翁	叶使公	樊君则	王子元	西顺城街33号	文益印书局	十年八月

续表

名称	体例	发行时间	经理人	编辑人	发行人	印刷人	发行所	印刷所	立案时间
新晚报	白话文言兼用		万必太	王前	展源	赵甫	棉花下七条3号	北京印刷局	十年八月
北京午报			吴卫公	吴卫公（兼）	吴昆	黄河清	高公巷五号	北京日报馆代印	十年八月
北京夕报			陈显卿	陈显卿（兼）	李发	黄河清	李广桥胡同五号	北京日报社承印	十年八月
平报	文言日刊	八月十日	李少平	李少平（兼）	刘国华	齐家平	广惠寺东夹道七号	中华印刷局	十年八月
共和民报		十年一月二十一日	俞明叔	俞明叔（兼）	张子安	张化南	宣武门外北柳巷	北京印刷局	十年一月十六日
北京中华新报		十年一月一日	王成化	王成化（兼）	张贯一	王子元	棉花八条胡同7号	文益印书局	十年一月
民国日报	文言	十年五月一日	林去非	陈二一	吴镜	王世钊	宣武门外柳花上六条16号	文益印刷局	十年五月
铁路周报		十年三月	段锦成	汪孙恪	郑羽中	易简齐	西单牌楼马市九号	共和印刷局	十年三月
评论报		十年七月	陈纪扬	陈纪扬（兼）	陈纪扬（兼）	曾和笙	大蒋家胡同44号	华新印刷局	十年六月
文学旬刊			路绍先	张屺瞻	路绍先（兼）	张文涛	崇外上堂子胡同十九号	永明印刷局	十年九月
游艺旬刊		九月十九日	苏干溪	苏干溪（兼）	苏干溪（兼）		西单二条胡同一号	华茂斋刻字铺	十年九月
学林杂志	月刊		陈宣	湖汉庵	雷可庵	中华印刷局	西城千章胡同	中华印刷局	十年九月
黄报		九月十日	卢林初	胡荫藩	刘范溪	高书官	宣外大街56号	群益印书局	十年九月
平民公报	文言	十年十月十日	杨卓吾	杨卓如（兼）	杨卓如（兼）	张君明	烂曼胡同	北京印刷所	十年十月

续表

名称	体例	发行时间	经理人	编辑人	发行人	印刷人	发行所	印刷所	立案时间
大西北日报	文言白话兼用	十年十二月一日	宋宝华	文子龙	戴兰生	丁佐臣	宣武门外西南园23号	武学社印刷局	十年十一月
现代评论	周刊		刘光一	陶豆	刘光一（兼）	茹丹廷	碾儿胡同十八号	志诚印书馆	十年四月
佛学月刊			现明	文实权	文实权（兼）	一真印字行	西四牌楼广济寺	一真印字行	十年四月四日
冷热杂志		十年一月一日	谢汇垣	何兰溪	徐俊	金少璋	草厂二条	法轮印刷局	十年一月
新闻汇刊		八月十日	刘哲民	赵德华	刘哲民	华言印字馆	大兴里东口路南39号	华言印字馆	十年八月五日
华京日报		八月一日	欧丽波	欧丽波（兼）	范全	黄河清	钩饵胡同十八号	北京日报代印	十年八月
北京公报	文言	一月二十五日	杨兢珊	左修平	王隐尘	王干臣	北极巷十七号	同益印刷局	十年一月三十一日
民本日报	文言		李哨风	胥性荃	刘晴轩	徐秀风	宣内油房胡同33号	北京印刷局	十年一月
外交日报	文言	三月十五日	何侃	梁家义	何侃（兼）	汪子元	宣外校场二条二号	文益印书局	十年三月十九日
公论周刊	白话	十年五月十日	欧阳贯	王隐尘	王隐尘（兼）	丁作臣	南柳巷50号	武学社印刷局	十年五月
侨务旬刊		十年四月一日	刘英	屈孤鸿	张寰超	张辅卿	李铁拐斜街	法轮印字局	十年三月
醒华漫录	月出三期	十年二月十八日	高鹤龄	岳清安	张振声	张志刚	西城宫门中廊下南口	润宝印刷所	
仁民报	文言	十一年一月一日	饶观云	夏勤	王香	梁秀峰	后青厂三号	同昌印刷局	十一年一月
醒钟日报	文言	十年十二月	黄公诉	杨天兢	黄公诉（兼）	王泽声	骡马市大街	亲学印刷所	十一年一月

名称	体例	发行时间	经理人	编辑人	发行人	印刷人	发行所	印刷所	立案时间
顺直日报		十一月十五日	朱赞民	陈朝举	刘春元	王干臣	棉花下二条七号	同益印刷局	十一年十一月
觉世报	文话小报	十一月十九日	释觉先	杜万青	法启	张化南	宣内象坊桥32号观音寺	北京印刷局	十一年十一月
尊闻日报		十一月	宋德万	毛伯宗	毛伯宗（兼）	王干臣	保安寺街2号	同益印书局	十一年十一月
北京自强报	白话	十一月四日	余霈言	严华舫	张华道	高厚	海北寺街十号	群益印书局	十一年十一月
儿童白话报	白话	十月一日	罗挚公	黎毋我	罗润珊	王子元	太平桥三号	文益印刷局	十一年十一月
京都晚报	文言	十一年十一月一日	廖天椿	伍审一	伍审一（兼）	梁秀峰	西四中毛家湾20号	同昌印刷局	十一年十月
自治日刊		七月	谭鸿贻	连鼎汉	谭鸿贻（兼）	王子元	方壶斋十号	文益印刷局	十一年十月
治报	文言日出一张	立案后出刊	章弃材	王硕甫	李幼亭	王荫庭	南柳巷永兴寺内	同吕印书局	十一年十月
白话治报	日出一小张	立案后出刊	李幼亭	章弃材	张绅	王荫庭	南柳巷永兴寺	同吕印刷局	十一年六月【十二年六月更吴雨僧为经理】
警官高等学校周刊		十一年十月十七日	李世璋	李世璋（兼）	李世璋（兼）	北京大学印刷科	本校	北京大学印刷科	十一年十月
北京大陆报	日出两大张	八月一日	张展世	陆平	张巽	邱汉庭	正阳门大外廊营	撷华印书局	十一年八月
医事杂志		十一年十月	臧曾鉴	陈万里	尤济华	俞尊周	舍饭寺达智营27号	法轮印刷局	十一年十月
文艺周刊		十一年一月一日	刘子久	王仲明	刘子久王仲明	奎荫亭	米粮库十号	墨林斋石印局	十一年一月二日
今日杂志	（月刊）	十一年一月十五日	胡南湖	石溪	熊亦民	晏才扬	慈慧殿五号	新知书社印刷所	十一年一月

续表

名称	体例	发行时间	经理人	编辑人	发行人	印刷人	发行所	印刷所	立案时间
四存月刊			李见荃	步其诰	四存学会内	丁佐臣		武学社印刷所	
平民日报		九月十五日	杜凤台	杜凤台（兼）	范叔安	阎　五	外右三区头条60号	北京日报代印	十年九月
民报夕刊	（小　报）	九月一日	陈丽泉	郑寿铭	金勤生	萧炳堃	后孙公园二号	明星印书局	十年九月八日
进　报	文言白话兼用	十年九月	沈　忱	沈　忱（兼）	聂筑斋	景冕齐	辇儿胡同26号	华言印字局	十年九月
正俗白话报		十年九月	溶　和	严树芬	罗治安	高　厚	锦什坊街大水车胡同22号	群益印书局	十年九月
民智报	文　言	九月十八日	宋晓我	周镛英	毕畏三	吕培厚	翠花街24号	华言印字局	十年九月
燕市报		十一年十月一日	王肃生	许彤伯	崔玉山	白昆甫	东单二条胡同八号	北京日报代印	十一年十月
北京时报	白　话	十一年一月五日	郑宝印	郑宝印（兼）	白竹田	温通周	海北寺街20号	明星印刷局	十年十二月
北京明报			樊存夏	李崇仁	关泽生	马正之	永兴寺庙内	同益印刷局	十一年十二月十七日
黎明报		十一年十二月十五日	赵叔敬	胡荫春	杨云石	王予元	宣外延旺庙街38号	文益印刷局	十一年十二月七日
二十世纪新闻		十二年十二月十六日	张蜀从	汤伯雄	范文运	梁德甫	西交民巷74号	同昌印刷局	十一年十二月十八日
东方时报	华文洋文日刊三大张	十二月一日	史悠溥	李治平	马万言	万斯年	长安街13号	东方印刷局	十一年十二月廿四日
改进周刊	文言白话兼用	十一年一月一日	刘绍陵	刘绍陵（兼）	刘绍陵（兼）	成舍我	钟鼓寺八号	新知书店弓弦胡同六号	十年十二月
平民大学周刊			方兢舟	吴光勋	于桂林	张荫九		大成印刷局	十一年十二月

名称	体例	发行时间	经理人	编辑人	发行人	印刷人	发行所	印刷所	立案时间
国风日报		十一年十月	胡逸民 裴子清	景定成	李少白	李统球 梁秀峰	魏染胡同二十九号	同昌印刷局印刷	十一年十月
商业日报	日出一小张		李幼亭	章弃材	聂筑斋	张化南	南柳巷永兴寺	北京印刷局	十二年三月
北京大陆晚报		十二年三月一日	张展也	姜澧兰	张翼年	邱汉庭	正阳门外大外廊营	撷华印书局	十二年三月
春明月刊			邱晒公	邱晒公（兼）	杜于博	和济印书局	香炉营四条二十号	和济印书局	十二年九月
真理周刊		十二年四月一号	宝广林	吴震春	赵希孟	史俊人		东方印刷局	十二年四月
直声	（周刊）	十二年四月	许凌云	方 华	许凌云（兼）	高君风	顺城街74号	燕京印刷局	十二年四月
讨论旬刊			吴 瓯	吴 瓯（兼）	邓 诚	刘明德	钱唐胡同三号	明明德印刷局	十二年五月
路政	月刊		任鹦笑	陆宗志	任鹦笑（兼）	刘德明		明明德印刷局	十二年五月
平民周刊		十二年一月十四日	黄颖民	黄颖民（兼）	黄颖民（兼）	李德临	象房桥观音寺	大诚印刷所	十二年一月
京兆新民周刊	周刊		周式濂	杜锡庚	傅 毅	张纪五	京兆新民周刊社	北京印刷局	十二年十二月
春常在旬刊	文言	十二年十二月廿一日	宋绎如	金文沛	宋绎如（兼）	杨瑞亭	褡连坑四十八号	端林阁石印局	十二年十二月
民社日报	文言	十二年十二月	程醒民	陈泽公	王兢公	张化南	宣外海北寺街27号	北京印刷局	十二年十二月
茶余录	白话	十二年五月十三日	李海粟	张 玫	曾省三	梁秀峰	方壶斋十号	同昌印刷局	十二年五月
醒钟报	文言	五月五日	黄颖公	黄颖公（兼）	骆惠林	梁秀峰	宣武门内糖房胡同六号	同昌印书局	十二年五月

名　称	体　例	发行时间	经理人	编辑人	发行人	印刷人	发　行　所	印　刷　所	立　案　时　间
五点钟晚报	文　言	五月十三日	郑知非	郑知非（兼）	邓翕耕	高君风	永华街十三号	燕京印刷局	十二年五月
民　声	日刊两张		周者安	周者安（兼）	冯叔子	萧贤年	新廉子胡同72号	撷华印书局	十二年五月
清议报	文　言	四月七日	倪隐庵 张瑞增	余调生 倪隐庵	诸花农	文益印刷局	煤市街甘井胡同十五号	文益印刷局	十二年四月
电气周报	文　言	十二年四月二十三日	鲁毅叔	李有光	余良甫	张化南	李阁老胡同八号	北京印刷局	十二年四月
民生周报	白话文言兼用	十二年三月	杨可大	舒启源	杨　俊	黄　锐	宫门口头条28号	怀英照像制版印刷所	十二年三月
全皖社旬刊	文　言		万佛生	李振彬	毛西平	李星符	后孙公园二号	大诚印刷局	十二年五月
法律周刊	文　言		高　朔	张志让	高子祥	胡士华	彰仪门大街京师工艺厂内	北京和济印刷局	十二年四月
会贤文刊			杨玉堂	吴薪之	吴硕卿	沈厚奎	东安门外大院胡同24号	沈记石印局	十二年四月
商业日报	文　言		尹厚田	张醉丐	李大喜	徐亚杰	方壶斋	光明印刷局	十二年
一　报	文　言		惠慕侠	陈质公	左斗南	王光谱	前门外后孙公园一号	同益印书馆	十二年二月
戏剧新闻		三月九日	春觉生	春觉生（兼）	李兰亭	任昆山	铁老鹳庙四号	北京报馆代印	十二年三月
中国民报		三月十五日	吴藜生	陈陡岑	刘长福	王子元	北柳巷十九号	文益印书局	十二年三月
十字日日新闻	文　言	三月十七日	孔慧航	万灵易	黄文溥	张俊民	手帕胡同	永明印刷局	十二年三月
北京大早报	文　言		马半痴	徐悔盦	夏铁汉	梁秀峰	王府仓月牙胡同五号	同昌印刷局	十三年二月

续表

名称	体例	发行时间	经理人	编辑人	发行人	印刷人	发行所	印刷所	立案时间
复报	文言	十三年二月	林复	林复（兼）	林志君	邱鸿发	东华门南沿河	撷华印书局	十三年二月
大北日报（晨刊）	文言		凌羲照	张榕生	孙荣斋	管翼贤	西河沿146号	潮报印刷所	十三年一月
中外日报		十三年一月十五	林松庵	苏小戆	汪明煜	江会华	石驸马大街十六号		十三年一月
英文世界晚报		十二年十月十日	林人庠	何凤哨	何凤哨（兼）	长兴林记印刷局	苏州胡同内	长兴林记印刷局	十二年十月
飞报	文言		季耘非	同济艰	韩鹰如	王干臣	宣外大街148号	同益印书局	十二年十月
北京爱国早报	文言	十月十四日	荀志仁	冯有三	邵清凯	王干臣	南柳巷永兴寺	同益印书局	十二年十月
亚·报		十二年七月	林质生	崔玉峰	高海	晏松轩	宣武门外烂缦胡同70号	新共和印刷局	十二年七月
自由晚报	文言	十二年七月十五日	陈子猷	李亚先	王仪轩	范毓恩	西珠市口潞安会馆	恩光印刷局	十二年七月
太平日报	文言		郑诚元	彭清庵		同益印刷所	本社	同益印刷所	十二年九月
平民日报	文言	九月五日	胡定远	辛镛卢	梁松荣	王海洲	西草厂88号	国民新闻印刷部	十二年九月
正报晚刊	文言	批准后五日发行	龙恩	张政	曹督三	梁秀峰	潘家河沿28号	正报晚刊社	十二年九月
都门晚报	文言		方璺龛	廖瓠落（兼）	廖瓠落	高君风	端王府夹道南口9号	燕京印刷局	十二年九月
直报	文言	十二年四月六日	成抱一	林平	罗恒	刘迪元	永光寺中街六号	共和印刷局	十二年四月
群言报	白话日刊	十二年一月	杨玉堂	杨玉堂（兼）	杨玉堂（兼）	王干臣	烂漫胡同24号	同益印书局	十二年一月

续表

名称	体例	发行时间	经理人	编辑人	发行人	印刷人	发行所	印刷所	立案时间
互助杂志	月刊		袁尊先	胡一尘	康天木	梁秀峰	背阴胡同九号	同昌印刷局	十二年一月十日
京兆时报	文言日出一大张	十二年一月十日	恒诗峰	恒诗峰（兼）	张叔简	王干臣	舍饭寺18号	同益印书局	十二年一月九日
顺直日报	文言		朱赞民 高奉璋	陈朝举	刘春元	王干臣	琉璃街30号	同益印书局	十二年一月
华报	文言		陆军 卓博公	李定一 章弃材	汪永春 金宝军	邱汉亭	化石桥51号	撷华印刷局	十二年一月二十二日【十三年十二月更换经理人等】
民治报			张元瑛	宁德一	宁德一（兼）	平民习艺所印刷科	华兴旅馆	内务部习艺印刷科	十二年一月
三畏文刊	游戏杂志		王绍南	王莲荪	王梦荪	王来益	汪家胡同二号		十二年一月十九日
宪报	日刊	一月七日	陈家进	金镇生	刘益之	邱汉庭	宣内油房胡同24号	撷华印刷局	十二年一月
理铎报	文言白话兼用	十二年一月二十五日	李善	谢养吾	赵星如	王干臣	西城祖家街十号	同益印书局	十二年一月二十五日
建设新报	文言	五月二十一日	张根仁	张根仁（兼）	张锡侯	王世钊	宣外草厂九十三号	文益印书局	十二年五月
宪友	专载宪法言论	五月二十九日	姚敬之	王仲刘 黄自芳	王仲刘（兼）	高宜年	中华饭店	烂漫胡同72号	十二年六月
佛化社青年月刊		八月三十日	张宗载	宁达蕴	陈叔俊	梁秀峰	观音寺本会	同昌印刷局	十二年八月
宣报	文言白话兼用	六月十五日	谈钧陆	杨讼愚	解翼	王子元	察院胡同40号	文益印书局	十二年六月
中国晚报	文言	六月十日	晏锄非	黄若零	于振远	曾植平	宣外教场三条19号	新共和印刷局	十二年六月

续表

名称	体例	发行时间	经理人	编辑人	发行人	印刷人	发行所	印刷所	立案时间
法律评论		七月初旬	许藻镕	李祖虞	李润生	李少甫	銮舆夹道22号	华北印刷局	十二年六月
鸣报	文言	十二年六月二十日	李铸涛	吴炳枞	李铸涛（兼）	刘明德	报子胡同22号	明明印刷局	十二年六月
东方夜报	文言	六月六日	王秉璋	杨天兢	张世安	姚济民	甘石桥170号	燕京印书局	十二年六月
道路晚报			夏铁汉	夏铁汉（兼）	郃润章	张华明	甘石桥114号	华明印刷局	十二年六月十六日
昌言报		十三年三月一日	徐味冰	张立群	方痴侠	管翼贤	东四七条72号		十二年十二月
东方晚报		十二年十月	吴汶庵	李德纶	贾品之	邵馥棠	教场五条	昭明印刷局	十二年十二月
和平日报	文言	十一年十五日	章弘济	尹仲桐	张幼甫	梁秀峰	察院胡同41号	同昌印刷局	十二年十二月
大中国报	文言		郑廼成	宋陶斋	郑廼成（兼）	郑世炜	海北寺街20号	同益印刷局	十二年十月
英文北京导报			刘景舜	柯乐文	邢可达	焦玉楼	煤渣胡同		十三年十二月
北京穆声周报	文言	十三年十二月	韦诚光	毛伯长	韦诚光（兼）	徐雅杰	西单北大街清真寺内	光明印刷局	十三年十二月
和平日报		十三年十二月一日	汪万宣	陈右东	张亦仙	杨子柔	西长安街和平日报社	道德学社印刷	十三年十二月
和平报			金宝年	管卓奋	金宝年（兼）	金宝年（兼）	新华街洋楼	撷华印刷局	十三年十二月
建国周报	文言	十四年一月十日	郭牖民	李东帆	郭子和	侯淑臣	保安寺21号	同益印刷局	十三年十二月
统一晚报		十三年十月十日	魏寿同	吴文景	王世炎	茹平轩	南柳巷永兴寺	北京日报馆印刷所代印	十三年十月

续表

名称	体例	发行时间	经理人	编辑人	发行人	印刷人	发行所	印刷所	立案时间
西北半月刊		十三年二月	邓萃英	马鹤天	章蒙去	汪太冲	下斜街一号	公记印刷局	十三年二月
世界晚报	文言		陈策	丁铭礼	陈策（兼）	田梓安	西单太仆寺街34号	潮报印刷所	十三年四月
民生日刊	文言		李菅舟	李菅舟（兼）	张玉文	梁秀峰	五道庙八号	同昌印刷局	十三年四月
燕报	白话	十三年八月	高悟公	张伯平	时子恒	钮铁民	西单察院胡同	国务院印铸局	十三年八月
美术画报	文言白话兼用		黄培增	郛仲华	郛仲华（兼）	高德胜	宫门口中廊下39号	中华石印局	十三年三月
社会周刊	文言		余天休	陈兆畴	余鸣冈	张俊民	丞相胡同二十三号	永明印书局	十三年三月
大晚报 ①		十二年六月	尹奉初	王解生	夏叔龙	张兰亭			十三年五月廿五日
文化报	文言	十三年十一月一日	徐祖亚	张文青	王之璋	江瑞甫	西河沿141号	永华印刷局	十三年十一月
佛教警钟报	研究佛学		释乐山	刘厚之	心明	江瑞甫	西安门外崇圣寺	永华印刷局	十三年六月
维新刊	杂志（半月刊）		申鸿升	石梦周	李亭山	高君风	松竹胡同三号	燕京印刷局	十三年六月
常识周报	文言白话兼用		韩敬琦	韩敬琦（兼）	韩敬琦（兼）	王干臣	扁担胡同一号	同益印字馆	十三年九月
新民储蓄月刊			林文椿	林文椿（兼）	林梦鸿	吴少泉		昌记印刷所	十三年八月
图画世界	杂志（月刊）	十三年七月	冯武越	经理人（兼）	马克有	何星桥	中华美术商行王府中大街96号	东城印刷局	十三年八月

① 该报为道路晚报更名。

续表

名称	体例	发行时间	经理人	编辑人	发行人	印刷人	发行所	印刷所	立案时间
影剧周刊	文言		包括	郭僧楷	包括（兼）	郝始臣	大安澜营十三号	京津印书局	十三年七月
醒愁文刊	文苑（旬刊）		潘毓相	危善定	危善定（兼）	李华甫	石驸马大街京沟沿四十八号	华茂印刷局	十三年七月
平民新报	日报	四月二十日	廖瓠尊	赵星盦	曾超	王福生	石驸马大街22号	感化学校印刷工场	十三年四月
北京午后报	文言	四月二十一日	秦绍如	周志坚	赵茂生	王永志	安定门内分司胡同二十九号	京兆公立第一工厂	十三年四月
春明新报	文言	四月七日	武尽臣	王陋隐	徐彬卿	王子元	裘永街34号	文益印书局	十三年四月
今晚报	文言		陈坤	林一士	黄远驹	王干臣	骡马市大街麻线胡同十二号	同益印刷局	十三年五月
中华日报	文言	十三年五月六日	米迪刚	尹仲材	尹仲材（兼）	刘吉占	顺城街56号	新共和印刷局	十三年五月
太平洋日报		二月二十五日	惠仁	黄湘波	何少如	盛禧庭	太平洋日报发行所	印铸局营业所	十三年三月
新华晚报	文言	五月二十九日	姚敬之	王仲刘	王仲刘（兼）	高宜	新华街27号	永华印刷局	十三年三月
世界晚报	文言		成平	成平（兼）	成平（兼）	晏松轩	石驸马大街甲字九十号	本社自印	十四年一月成平接办
世界日报	文言		成平	成平	成平	晏松轩	石驸马大街甲字九十号	本社自印	十四年一月
游艺场日报	文言		魏晋贤	魏晋贤（兼）	魏幼卿	王道之	游艺场日报	文益印书局	十三年三月
民德日报		三月上旬	张陶公	薪志尹	王恩甲	田梓安	西斜街15号	潮报印刷所	十三年二月
京津解颐录			马天骥	张波公	李凤岚	张侠飞	椿树下头条七号	同昌印刷局	十三年三月

续表

名称	体例	发行时间	经理人	编辑人	发行人	印刷人	发行所	印刷所	立案时间
新中华报			郭　潜	张晓曾	范之荣	王干臣	贾家胡同35号	同益印书局	十二年七月
北京新闻报		十三年九月一日	胡玉斋	胡迁公	胡建侯	刘德廷	虎坊桥甲48号	北京新闻社印刷部	十三年八月十七日
维纳丝日报	文言白话兼用	八月一日	张观海	朱惠芳	侯建威	韦耀光	前门外西河沿门牌191号	光明印刷局	十三年八月
谭风录	文言	九月六日	明镜吾	明镜吾（兼）	明镜吾（兼）	同昌印刷局	东四牌楼北隆福寺	同昌印刷局	十三年八月二十六日
道德公言	文言	九月六日	刘玉权	明金鉴	明金鉴（兼）	梁秀峰	同上	同上	十三年八月
新京晚报	文言白话兼用	七月	郑落尘	叶问天	吴陶然	王干臣	前门内大中府胡同19号	同益印刷局	十三年七月
经济报	文言	九月	陈璧刚	吴慕陶	陈士元	朱朝益	同上	新中华报社印刷部	十三年九月
经济日刊	文言白话兼用	六月二十日	陈璧刚	吴慕陶	陈士元	朱朝益	同上	文益印书局	十三年七月
少年日报	文言白话兼用		张铭慈	张铭慈（兼）	胡长庆	王子辉		光明印刷局	十三年七月
宪政日报	文言	六月二十日	伍永交	黄　健	吴佩侯	萧子明	头发胡同六号	撷华印书局	十三年七月
甲子报	文言		吴青山	李日新	吴荃林	何一雁	国会街47号	海侨印刷局	十三年六月
捷报	日刊	四月十五日	徐汉生	徐味冰	褚善甫	夏燕山	西茶食胡同30号	同新印刷局	十三年五月
中央晚报	文言	十三年九月	陈白旸	黄元生	陈白旸（兼）	夏燕山	安福胡同79号	同新印刷局	十三年十月
北洋日报	文言		张组亚	张文青	魏逸群	梁秀峰	西河沿141号北洋日报社	同昌印刷局	十三年十月

续表

名称	体例	发行时间	经理人	编辑人	发行人	印刷人	发行所	印刷所	立案时间
新春秋报并副刊	文言		章献猷	孙治棫	郑鄂	王子元	西河沿145号	文益印刷局	十三年五月
周际晚报	文言	十月二十八日	李鉴	孙宜	白玉山	刘金榜	本社	五一印刷局	不详
春明晚报		六月二十九日	彭一舟	黄霖之	张席如	卢木生	春明晚报发行部西草厂	北京印刷局	不详
旅京山东地方治安讨论会周刊		十三年六月二十五日	纪伴琴	邱特亭	邱纪明	黎明甫	地安门外方砖厂四号	京兆第一工厂	十三年七月
财政经济丛刊	杂志（半月刊）		樊寿显	叶籁松	吴渔舫	胡元桂	永光寺西街七号	和济印刷局	十三年五月
边事季刊		五月十五日	李晋生	曹森	郭学曾	京津印刷局	大佛寺筹边会内	京津印刷局	十三年五月
京兆晨报	文言		王庭兰	申伯纯	孙乐之	邱汉庭	臧家桥23号	撷华印刷局	十三年五月
三余旬刊	文言		郑万珍	关锐瀛	郑万忭	李华甫	西四牌楼翠花街副八号	华茂斋西门大街75号	十三年五月
广告日报		十三年十月十日	夏柏民	程侣华	张文敏	张文敏（兼）	大栅栏甲16号		十三年十月
京兆晚报	文言		王庭兰	申伯纯	孙乐之	邱汉庭	臧家桥23号	撷华印刷局	十三年五月
国际日报	文言	五月一日	邓浩民	王贸生	邓秀林	梁秀峰	西城宫门口官园一号	同昌印刷局	十三年五月
中国统一报	文言	八月十日	王家齐	李铁侠	马兢生	何子猷	宣外金井胡同六号	神工印刷局	十三年九月
北京时事报	文言	十三年九月十五日	向固尘	王印函	向固尘（兼）	王干臣	琉璃厂街73号	同益印书局	十三年九月

续表

名称	体例	发行时间	经理人	编辑人	发行人	印刷人	发行所	印刷所	立案时间
中国妇女日日新闻	日刊	九月	万源章	汪淑静	叶绍清	梁秀峰	扁担胡同三号	同昌印刷局	十三年九月
午后新闻	文言	九月一日	李兰波	申申如	李翼庭	同新印刷局		同新印刷局	十三年九月
宇宙声报	文白兼用		刘弃逸	刘白经	贾颐庵	王子元	东单观音寺甲87号	文益印书局	十三年九月
燕报	白话	十三年八月	高悟公	张伯平	时子恒	钮铁民	西单察院胡同四号	国务院印铸局	十三年八月
京都新报	文言白话兼用		何赛祺	陈铁公	涂吟厂	涂吟厂（兼）	宣外大街一九四号	同益印刷局	十三年八月
时事评论	半月刊	十四年六月十五日	王世鼐	凌楫民	王世鼐	齐家本	西城二龙坑	中华印刷局	十四年六月
北洋日报	文言白话兼用		康洪章	康洪章（兼）	□德茂	江瑞甫	西城胡同二号	永华印刷局	十四年十二月三十一日
京国夕报		十四年六月五日	陈天鸣	刘圣纲	林轩公	杨幼陶	銮舆卫夹道17号	明明印刷局	十四年六月十日
法学新报			赵欣伯	赵欣伯（兼）			校场四条24号		十四年元月二十八日
广报（广告日报改名）	三日刊	一月十五日	夏柏民	程侣华	张文敏		大栅栏甲16号	永华印刷局	十四年一月
平民新报	白话	十四年二月一日	晏阳初	辛秉钧	方荣澄	江瑞甫	石驸马大街南沟沿22号	永华印刷局	十四年八月五日
世界日报			门觉夫	门觉夫（兼）	门觉夫（兼）		石驸马大街92号	本报自办印刷	十四年五月七日
北京时报	日出一大张	十一月二十日	林济文	曹思敏	陈树深	毛文启	南柳巷永兴寺内	永华印刷局内	十四年
劳工日刊	劳工教育	十四年九月	谢徵学	谌小琴	罗炳耀	王佐仁	国会街五号	永华印刷局	十四年十一月二十四日

续表

名称	体例	发行时间	经理人	编辑人	发行人	印刷人	发行所	印刷所	立案时间
畿辅日报	文言	十四年一月	秦秋泉	鄂雄武	张月亭	李福增	地安门外北单鼓巷58号	京兆第一工厂	十四年一月十四日
大亚细亚日报		九月十日	李绍唐	梁济康	汪道余	徐兆熊	外右二区铁门73号本馆	光明印刷局	十四年七月九日
商标法学期刊	季刊		何星桥	熊才	熊才（兼）	何星桥（兼）	铃铛胡同六号	东城印字馆	十四年七月
人权杂志	月刊	本年八月	胡石青	陈筑山	喻正白	齐家本	四砖塔胡同56号	中华印刷局	十四年九月七日
新教育评论	周刊	十四年十二月一日	陶行知	赵廼传	叶兆林	姚伯常	北京西四中华教育改进社	和济印刷局	十四年十二月七日
亚星周刊	文艺新闻	十四年十二月二十日	薛亚人	赵梦恐	周青云	高君凤	香炉营头条	燕京印刷局	十四年十二月二十四日
黔人之声旬刊			吴德远	林嘉骏	孙时亘	姚济民	后门街厂桥四号	燕京印刷局	十四年十二月三日
甲寅周刊			彭铎公	锺介民	王纯吾	郝始臣	甲寅周刊	京津印刷局	十四年七月二十日
国民新报	日报		段志林	邓子航	刘世宗	高君凤	延寿寺街30号	燕京印刷局	十四年七月二十日
新北京晚报		六月十八日	章弃材	刘慰祖	周绍泉	张化南	本社方壶斋三号	北京印刷局	十四年六月十二日
爱国白话报			马半痴	杨仲华	孙铁公	王干臣	茶儿胡同14号	同益印刷局	十四年六月十一日
京兆日报	文言白话兼用	十四年三月二十一日	恒叔达	恒叔达（兼）	恒叔达（兼）	梁秀峰	石驸马大街96号	同昌印刷局	十四年三月
新新日报	日出一大张一小张	三月十六日	黄德明	沈瘦夫	林赓余	韦耀先	宣武门大街199号	光明印刷局	十四年三月十六日

续表

名称	体例	发行时间	经理人	编辑人	发行人	印刷人	发行所	印刷所	立案时间
北京群言报	白话		李爱霞	李爱霞（兼）	高德胜	高文荣	中华印刷局	中华印刷局	十四年三月二十八日
明星晚报	文言白话兼用		宋公复	徐子行	赵天一	朱有台	明星晚报发行处	中华报印刷部	十四年十月三日
三民报	文言			吴令生	金玉山	夏燕山	西草厂27号	同新印刷所	十四年一月
大东报	文言白话兼用	十四年一月二十日	陈筱樵	黄东黎	范树言	张之轩	宣外西草厂	北京求知学社印刷部	十四年一月三日
国际协报	日出一大张	一月二十七日	蔡辰北	谭镜如	张交山	胡宜公	达智桥松筠庵庙内	北京印刷局	十四年一月
警钟日报	晚刊	十四年十二月	张珀洁	张寒彬	高登	真真印刷局	宣外大街韩城会馆	真真印刷局	十四年十二月十三日
北京大公报	日出一大张	十二月一日	王天佑	王天佑（兼）	王天佑（兼）	韦耀先	外右二区西草厂三十号	光明印刷局	十四年十二月二十日
复言报	日刊一大张	五月二十二日	康勋谌	于式文	康勋谌（兼）	梁秀锋	琉璃厂街85号	同昌印刷局	十四年五月二十四日
民报	每日刊行		陈蔚仁	陈仲三	刘少勤	张国信	象鼻子前坑六号	民国印刷局	十四年五月二十五日
国民晚报	文言	六月十九日	黄雪甫	罗少青	盛建雄	江会华	前内石碑胡同26号	永华印刷局	十四年六月二十七日
交通日报	文言		陈协全	虞凤超	朱华斌	曾赞衡	宣外达智桥八号	永和印刷所	十四年六月二十九日
心声晚报	文言	十四年五月十日	高予真	高赖云	张公谦	王益三	西城丰盛胡同	慈济印刷局	十四年五月
大同晚报	每晚出一张		龚德柏	龚德柏（兼）	龚德柏（兼）	龚德柏（兼）	头发胡同27号	同新印刷局	十四年六月二十日
光华日报	日刊	十四年七月一日	石翼宪	王联恒	瞿又铄	梁秀锋	崇文门外河泊厂9号	同昌印刷局	十四年六月二十三日

续表

名称	体例	发行时间	经理人	编辑人	发行人	印刷人	发行所	印刷所	立案时间
新时报	促进社会道德		蒋剑萍	江一青	江鉴平	王廷桢	琉璃厂西门150号	同益印刷局	十四年六月二十日
德邮晚报			王明善	邹硕英	何惠		德邮晚报宣外棉花五条	昭明印刷所	十四年六月十八日
工报	日刊		张知兢	谌小岑	杨德甫	商小权	宣外北半截胡同九号	永华印刷局	十四年六月七日
文报	日刊一小张		狄秋山	秦净因	李诚斋	丁子和	宣外旧签子胡同79号		十四年六月二日
中外报章类纂社	剪裁各报内容	十五年一月一日	秦墨哂	费四轩			广安门大街21号		十四年十二月
大亚细亚日报	日出一张	九月十日	李绍唐	梁济康	汪道余	徐兆熊	外右二区铁门73号	光明印刷局	十四年九月九日
赣民月刊	杂志（月刊）		方其道	方其道（兼）	曾亮东	管毅忱	赣民月报	新新印刷局	十四年九月二十九日
宪报	日出一张半	九月三十日	林超然	罗秋心	唐坚		南妞妞房二号	永华印刷局	十四年十月六日
新春秋日报	日出三大张		孔仁宇	胡一臧	陈辅之	夏燕山	新春秋日报社	同新印刷局	十四年十月三十日
京师市报	日刊每日一张		韩寄宣	韩寄宣（兼）	吴惠卿	戴兰生	本社棉花下三条一号	实事白话报馆代印	十四年十月九日
黄舆日报	日刊	十四年十二月	张泊洁	李去私	高坚	真真印刷局	本社	真真印刷局	十四年十二月十三日
畿辅日报	日出一大张		李效虞	李石泉	张云阶	胡益功	本社	北京印刷局	十四年十二月二十三日
醒世日报			张镜佛	王陋隐	封新权		南柳巷永兴寺	永明印刷局	十五年一月二十八日
晨光报			高峥荣	金盲公	郎鸿一	内务部游民习艺所	本社内	内务部游民习艺所	十五年三月五日

续表

名称	体例	发行时间	经理人	编辑人	发行人	印刷人	发行所	印刷所	立案时间
中国报	文言	十五年四月一日	吴晓峰	吴晓峰（兼）	吴晓峰（兼）	夏燕山	西南园23号	同新印刷局	十五年四月五日
民主晚报	日出一小张		成济安	成济安（兼）	任厚康	任厚康（兼）	寿逾百胡同二号	民主晚报印刷所	十五年三月七日
民生日报		四月二十四日	郑莪卿	曾洪文	王竹三	程国瑞	西草厂24号	燕京印刷局	十五年二月二十一日
大公晚报		十五年四月一日	魏隽赢	舒之鎏	舒成	真真印刷所	宣外烂漫胡同	真真印刷所	十五年三月二十九日
中华自治日报	文言白话兼用		卓曷□	陈鸿粱	王翔梧	夏燕山	在本馆	同新印刷所	十五年三月二十六日
北京早报	文言	三月十四日	王锡纶	倪天儒	吴书伸	夏燕山	南柳巷永兴寺	同新印刷局	十五年三月二十五日
经济新闻日报			贺一谔	吴一新	陈永年	杨廷瑞	中一区东安门43号		十五年三月三十日
明报		十二月十六日	孙伯琦	张朝彌	杨桂森	江会华	本社	永华印刷局	十五年一月三十一日
中华旬刊		五月六日	朱迪刚	颜兰亭	胡武卿	朱锐甫	中华旬刊发行部	新中华印刷馆	十五年五月十二日
新共和报		五月十五日	裘由辛	陈元春	孙荣斋	梁秀锋	西河沿145号	同昌印刷局	十五年五月十六日
新闻晚报	文言		陈劭南	金震东	朱谦甫	朱谦甫（兼）	西四牌楼后车胡同3号		十五年一月一日
磊报	以提倡文学艺术为宗旨	十月四日	黄松风	冯竹仙	黄松风（兼）	撷华印刷局	棉花下七条四号	撷华印刷局	十六年十月五日
实业日报	文言白话兼用	八月初	董赞庭	嵩公毅	赵瑞亭	游民习艺所	本馆	游民习艺所	十六年九月十三日

续表

名称	体例	发行时间	经理人	编辑人	发行人	印刷人	发行所	印刷所	立案时间
宣南晚报	新闻	九月十四日	吴恬公	李狼公	晏子明	晏松轩	宣外真真印刷所	真真印刷所	十六年九月十七日
远东日报	一小张日刊		陈尔纯	陈尔纯（兼）	陈尔纯（兼）	周德仁	锦什坊街大喜胡同22号	中外新闻社印刷所	十六年八月六日
日新早报	文言	十六年八月一日	廖炳星	王焜裕	何忠轩	江会华	南柳巷永兴寺	永华印刷局	不详
矿冶会志	学术季刊		中国矿冶学会编纂会	孙昌克	曹诚克	京华印刷局	中国矿冶学会	京华印刷局	十六年十月十四日
新闻白话报			任大忠	徐剑胆		江会华			十六年七月十二日
人声月刊	宣传宗教		周扶耕	周扶耕（兼）	周扶耕（兼）	包炳勋	鼓楼西长老会五十号	东亚印书局	十六年十二月廿七日
艺林旬刊	古今书画	十七年一月一日	林梦陶	吴快亭	林梦陶（兼）	京华印书局	东方绘画协会内	京华印刷局	十六年十二月一日
坦途		十六年十一月	朱希公	陈天民	朱希公（兼）	茹思枫	北京齐内万历桥三号	志成印书馆	十六年十二月七日
湖社半月刊	画报	十六年十一月	佘开藩	胡衡	佘开藩（兼）	胡世华	钱粮胡同十五号	京城印刷局	十六年十二月九日
息灾专刊	弘扬佛法	十七年二月	万钧	郑继铨	胡瑞澄	京师第一监狱	中央刻经院	京师第一监狱	十七年五月十四日
商学月报		十六年八月十日	张炽兴	李文德	李文德（兼）	王干臣	内务部街燕京公寓	中国印刷局	十六年九月二十八日
南金杂志	月刊	十六年七月十五日	傅芸子	姚君素	傅芸子（兼）	志诚印书馆	前门司法街六号	志诚印书局	十六年七月九日
北京小报	专载通俗小说	十七年三月一日	王念勋	王念勋（兼）	吕静波	刘政	宣外车子营10号本社	撷华印书局	十七年三月一日

续表

名称	体例	发行时间	经理人	编辑人	发行人	印刷人	发行所	印刷所	立案时间
北京晚报（附刊霞光画报）			刘梦朴	谭淡公	顾叔诒	刘德顺	北京晚报社	北京晚报社自印	十七年五月十一日
明星报	白话	二月一日	马瑜忱	刘剑卿	马瑜忱（兼）	马轶伦	取灯胡同六号	撷华印书局	十七年一月十八日
北京正阳报		一月二十五日	张绍良	张绍良（兼）	彭荣森	晏松轩	北京正阳报	真真印刷所	十七年一月四日
新新日报	文言白话兼用		朱秋云	徐不温	李桐义	江会华	达子营28号	永华印刷局	十七年一月六日
东方晚报	文言	二月十五日	向孝愚	向孝愚（兼）	陈春农	邱振预	煤市街小椿树胡同17号	陆军印刷所	十七年三月四日
市民旬刊	白话	十七年一月	汤茂如	汤茂如（兼）	中华平民教育促进会	胡元桂	石驸马大街22号	京城印刷局	十七年三月三日
文化半月刊			邵松如	戴骅文	邵松如（兼）	方凤翔	西河沿183号文化学社	北京书局	十七年三月四日
北京教育会会刊			北京教育会	王嗣均	北京教育会		北长街26号北京教育会内		十七年五月一日
冀垦半月刊			张肇基	张肇基（兼）	张肇基（兼）	王干臣	宣外铁门七十一号	中国印刷局	十七年五月二十三日

〔北洋政府内务部档案〕

2 湖北省城报刊注册统计表

（1912年3月—1925年12月）

名称	宗旨	体例	发行时期	经理人	编辑人	发行人	印刷人	发行所	印刷所	立案时间
湖北公报	公布法令		元年六月十六日	袁祖光	汪 溉		陈仁钦	大朝街印刷局	大朝街印刷局	
湖北教育公报	推进本省教育实施		元年十二月	吴强东	吴强东（兼）		陈仁钦	附设署内	傅集文印书馆	
大汉报	巩固共和	日报	辛亥年八月二十三日	胡石巷	丁愚庵		杨明松	贡院新街十四号	大成印书公司	
文史杂志	阐明国学	月报	元年十二月八日	彭延夔	鲁济恒			恤孤局二十号	傅集文印书馆	元年十二月
国民新报	维持国计民生	日报	元年四月二十日	李 震	李 复		杨 庚	汉口笃安里三道衔十号		元年三月
军事白话教育报	牖启军事知识	日报	元年六月二十二日	李 震	师恩孚		杨 庚	同 上		元年五月
湖北通俗教育报	推进社会教育	月报		吴强东	吴强东（兼）			附设署内	傅集文印书馆	
湖北通俗教育报	开通民智纠正人心	日刊	二年十一月	袁祖光（兼）	闵 毅 鄢祖润		陈仁钦	附设署内	武昌印刷公司	二年十月十四日
中西报	开通民气提倡商业	日报（附晚报）	二年六月十五日	王凤文	杨文庵 王痴吾		王万久 李连胜	花楼街维新印刷局内	维新印书局	二年六月
汉江新闻报	拥护中央赞助政府		三年五月二十日	张瀛远	凤竹荪		郭矩斋	汉口小董家巷	万成文印书馆	三年四月

名称	宗旨	体例	发行时期	经理人	编辑人	发行人	印刷人	发行所	印刷所	立案时间
白话报				李根（呈请创办）						四年五月二十日[有无刊行不详]
新国民日报	拥护共和改良社会	日报	五年七月二十四日	龚国煌周孟阳	吴月柯		李维新	武昌四川会馆内		五年八月
崇德公报	拥护共和（教会办）	日报	五年十月一日	刘泥清	秦纵仙萧楚女	廖辅仁	陈秋海徐自新	武昌花园山天主堂	博文印字馆	五年九月
天声报	鼓吹国家主义	日报	五年八月十日	胡石庵	朱伯厘		杨明松	汉口槐荫里30号		五年八月
汉口大中华日报	拥护共和提倡实业	日报	五年七月二十二日	杨砺志	吴晴堂		陈秋海	汉口永安里40号	本馆印刷馆	五年八月
民报	维持秩序提倡道德	日报	五年八月二十日	王元龍	刘梅岑		俞子明	法界伟英里29号	博文印字馆	五年八月立案
光华杂志	双月刊				陈时	陈宣垲	傅维廉	武昌粮道街中华大学	傅集文印字馆	五年
中庸报		日出三张		陈文均	江庸夫			汉口厚德里十三号		八年九月三十日
长江报				李植芳	唐林张季鸿	汤竹樵		汉口生成里116号		八年九月三十日
汉口大陆报	拥护中央提倡商业	日报	八年四月三十日	萧平阁	张云渊	张云渊（兼）	俞子云	汉口小董家巷	博文印书馆	八年四月十一日
正义报	主持正义指导国民	日报	八年九月十五日	万荫群	濮巨南		徐怀川	汉口正街周家巷		
华兴实业月报			八年十二月	马一良	陈了凡	朱世醒		汉口新华泉街	黄鼎文印字馆	八年十二月
武汉商报		日报			黄汝骞	黄汝骞（兼）	吴彬甫	汉口慎源里26号	文艺协记印书馆	九年三月十一日

续表

名称	宗旨	体例	发行时期	经理人	编辑人	发行人	印刷人	发行所	印刷所	立案时间
汉江白话报（汉江日报）	提倡实业	日报	九年六月九日	邓博文	叶冷生 朱佩埃		李维新	汉口小董家巷	国民印刷公司	九年五月二十四日【九年七月改名】
兴华实业报	提倡实业	月刊	九年七月十二日	马一良	陈了凡		黄鼎文	汉口新华景街	鼎文印刷店代印	九年六月二十四日
崇实报	提倡实业 开通民智	日报	十年一月一日	沈静盦	刘辅世	沈静盦（兼）	王庆臣	汉口永广里读书堂街		九年十二月
民生报	提倡实业	月刊	拟九年九月一日	丁镇澜 褚容川	黄兆兰	柴正铭	黄鼎文	读书堂街中和里十号	黄鼎文印刷馆	九年七月十四日
中国工商新民报	指导改良工商业	月刊	九年十月十五日	余瑞卿	丁愚庵		刘世钟	熊家巷泰米栈	中华印务公司	九年十月
国语新报	提倡注音 统一国语	半周刊	十年四月五日	李广智	李秀琪 李世栋	沈暇	李安之	汉口屏润里五号	国民印刷公司	九年十月
武汉新闻	启迪民智 发展实业		十年二月二十二日	毕炎尹	马韵銮			三道街十三号	永盛印书局	十年二月十九日
天铎报	不偏不依 促进社会	日报	十年十一月十一日	周钰斌	哈东方		祝润香	汉口后城马路新街口		十年十一月四日
江声日报	提倡文化 有益社会	日刊	十年十一月二十五	欧阳蠢	杨云台		郭宜怀	汉口后花楼左巷内		十年十一月八日
捷报	启迪民智 改良社会	日报	拟十一年一月出版	阚辛知	项杰生		倪兰谷	汉口慎源里二十五号	武汉印书馆	筹备，尚未备案
晨钟白话报	主张公理 改良风俗	日报	十一年七月二十四日	萧英一	袁正道		李维新	汉口后马路人道医院	国民印刷公司	十一年七月
民德报	提倡道德 挽回人心	日报	十一年八月二十一日	鄢云岑	秦迷阳		倪兰谷	生成里一百五十号	武汉印书馆	十一年八月
真报	提倡实业 开通民智	日报	十一年十月十日	郭祖贲	孙扫缘		李维新	笃安里内	国民印刷公司	十一年十月

续表

名称	宗旨	体例	发行时期	经理人	编辑人	发行人	印刷人	发行所	印刷所	立案时间
大公日报	主张公理鼓吹教育	文言	十一年十一月一日	袁正道	沈次刚		阎八士	武昌菊湾西街第一号		十一年十月二十八日
快报	提倡实业启迪民智	文言	十一年十月	姚元鼎	吴琪			芝麻岭一号	湖北官纸印刷局	十一年九月十五日
镜报		日出三张		吕振球	李载民 潘天一			汉口歆生路通业里19号		十一年十月
天声报	启迪民智提倡道德	日报	十二年九月二十日	胡子春	张汉翘		李维新	汉口荣安里五号	国民印刷公司	十二年九月
敬言日报	鼓吹法治促进统一	日报	十二年九月二十八日	赵丹一	邓伯华		祝润湘	汉口日界同德里二十号		十二年十月
黄报	提倡实业振兴商务	日报	十二年四月三十日	陈卓	胡克之		李作民	后城马路五常北里一号	国民印刷公司代印	十二年四月二十六日
三楚日报	提倡工商业	日报	十二年五月一日	李康成	易雪泥		周巨廷	通业里十七号		十二年四月
大江新报	启迪民智改良社会	文言	十二年四月一日	李子青	卢复蕲			龙神庙二十六号	官纸印书局代印	十二年三月
新晚报	提倡实业鼓吹民治	文言	十二年六月一日	曹佩龙	孙鄂痴		周福	芝麻岭街一百一十九号	博文印书馆代印	十二年五月
癸亥日报	启迪民智发扬民治	日报	十二年九月一日	徐步青	雪为章			山陕里十二号	贫民印刷厂	十二年八月
汉口白话报	提倡实业补助教育	日报	十二年九月二十六日	夏容宇	易士桢		李维新	瑞庆里八号	国民印刷公司代印	十二年九月
新国民报	提倡新文化扶植新道德	日报	十二年十月十日	胡让斋	锺钟山		倪兰谷	南洋里十二号	武汉印书馆	十二年十月初

续表

名称	宗旨	体例	发行时期	经理人	编辑人	发行人	印刷人	发行所	印刷所	立案时间
人权日报	阐明法制维护人权	文言	十二年十一月　日	严山谦	樊景祷			抚院街三十号	官纸印刷局	十二年十一月
民报	谋社会改良	日报	十三年三月一日	张明珩	徐公仆		张浚	通业里二十号	中亚印书馆	十三年一月
中报	提倡教育促进实业	日报	十三年二月十七日	胡良卓	哈东方		王毅吾	聚兴里四十五号	湘鄂印书馆	十三年二月
白话平报	灌输知识促进进步	日报	十三年五月一日	胡良卓	哈东方		王毅吾	聚兴里四十五号	湘鄂印书馆	十三年四月
湖广新闻报	促进和平改良社会	日报	十三年九月二十四日	徐荆璞	傅文峰		王毅吾	笃安里三十四号	湘鄂印书馆	十三年五月
警报	启发民智指导舆论	日报	十三年十二月八日	郑运武	董元豪		李维新	同善里		十三年十二月
汉口大晚报	促进实业辅助教育	晚报	十四年四月四日	欧阳蟾	梁述光		胡痴民	裕昌里十号	华鄂印书馆	十四年五月
群治报	指导社会发扬民治	日报	十四年十月	郭谓公	郭华国		张光耀	聚兴里五十三号	湘鄂印书馆	十四年八月
楚风日报	启发民智振兴实业	日报	十四年八月	李庆恒	许谦		李少庵	后花园街	湘鄂印书馆	十四年十二月

〔北洋政府内务部档案〕

3 福建省城报刊注册统计表

（1913年2月—1921年8月）

名称	主任姓名	发行所地址	设立年月	变更年月
闽报	前岛真（日人）	闽侯县泛船浦	光绪年间	民五年主任为赤石定藏
求是报	王文耀	闽侯南台大庙前	民二年二月	三年三月封禁
去毒钟报	陈奋侯	闽侯南台后洲双虹书院	民三年三月	三年六月停版，六年九月复版，发行人刘鸿祺
民生日报	曹汝相	闽侯天皇岭	民三年八月	
福建省教育行政月刊	省教育科编辑处	福建印刷所	民五年一月	
政治研究社杂志	徐宗犀	福建印刷所	民五年七月	
福建盐政公报	盐政署编辑处	闽侯光禄坊	民五年七月	
健报	郑作枢	闽侯三牧坊	民五年七月	
求是日报	金开诚	闽侯龙潭公益社	民五年八月	
伸报	黄乃裳	闽侯文兴里	民五年八月	
民声日报	陈杰	闽侯利福印刷公司	民五年九月	

续表

名　称	主任姓名	发行所地址	设立年月	变更年月
新　报	陈民钟	福建印刷所	五年九月	
商业杂志	高　琛	闽侯文兴里	民五年一月	
商　报	陈　燊	闽侯下殿	五年九月	
平民日报	赵　琦	闽侯大斗彩巷	五年十月	
海滨日报	林季云	闽侯东门大街	五年七月	
通俗周报	苏　碧	闽侯秀冶里	五年十一月	
华同日报	李祖觉	闽侯大斗彩巷	五年十一月	
新民日报	陈文寰	闽侯田礅	五年十一月	
财政经济周报	高登鲈	闽侯南后街	六年二月	
福洲日报	林　英	闽侯南后街	六年二月	
一阳日报	蒋哲庄	闽侯鼓楼前	六年二月	
公论周报	邱醒旦	闽侯外九彩园	六年二月	
心声报	吴　文	闽侯府直街	民六年四月	六年六月停刊
直言周报	唐慕石	闽侯安泰桥	民六年四月	

续表

名　　称	主任姓名	发行所地址	设立年月	变　更　年　月
正 言 报	林懿军	文兴里	民六年四月	
公民周报	陈建权	闽侯公教印书馆	民六年五月	
群心日报	王湘坪	闽侯澳尾港	民六年五月	
正　　报	林　平	闽侯东牙巷	民六年八月	七年一月停刊，七年十二月续刊
华南日报	陈百岂	闽侯安泰桥	民六年八月	发行后不久即停刊
政治日报	陈风楼	闽侯安泰桥	民六年九月	
福建新闻报	吴　健	文儒坊	民六年十月	发行不久即停刊
榕　　报	周云霖	上杭街	民六年十一月	
平　　报	陈元正	五显巷	民六年十一月	发行后不久即停刊
迪　　报	陈　英	登俊里	民六年十一月	
国魂日报	刘天铸	闽侯酒库街	民六年十二月	
自强日报	刘学慎	宫巷	民六年十一月	
舞台日报	翁吉云	文兴里	民七年一月	
民意日报	朱免我	福新街	民七年一月	

续表

名称	主任姓名	发行所地址	设立年月	变更年月
商务日报	周凯	利福印刷公司	民七年一月	
福建实报	郑森斌	澳尾巷	民七年二月	
正言日报	李旭人	杨桥巷	民七年三月	
福州商船公会月刊	福州商船公会	中洲	民七年三月	
福建日报	黄文有		民七年五月	
福建中报	曾瓛	向水井	民八年二月	
平报	陈元正	鳌峰场	民八年四月	
福建时报	吴健	总管前	民八年四月	
微言日报	刘冠英	北院后	民八年四月	
新闽报	王弼	文儒坊	民八年五月	
榕腔白话报	邱德贵	文藻山	民八年七月	
商业周报	郑觉士	铸鼎街	民八年七月	
纲言□报	陈伯萱	文藻山	民八年七月	
礼拜六日报	黄鹄廷	东街泰山巷	民八年七月	

名　称	主任姓名	发行所地址	设立年月	变更年月
爱国日报	邓傥士	白水井	民八年七月	
救国日报	陈　毅	通贤里	民八年二月	
公民日报	陈寿权	南台祖庙	民八年二月	
天南日报	张　蘧	道山铺	民八年二月	
全闽学生联合会日刊	谢脱尘	文兴里	民八年二月	
海疆日报	林世楷	柏衙前	民八年八月	
警醒日报	黄锡康	高节里	民八年一月	
谏亶日报	张天辉		民八年二月	
时事闻见录	张觉民	苍霞洲	民八年三月	
日日新闻报	张慰民	高节里	民八年三月	
醒醒日报	魏　杰	文儒坊	民八年四月	
三民日报	聂　彤	衣锦坊	民八年十一月	
舆论报	陈承谟	程甫头	民八年十二月	
公道报	弼履仁	官巷	民九年二月	

续表

名称	主任姓名	发行所地址	设立年月	变更年月
科学通俗谈(杂志)	顾权	正一行宫	民九年二月	
通俗卫生月刊	顾耆	正一行宫	民九年二月	
教育行政月刊	王振先	教育厅	民九年二月	
闽铎日报	聂思灏	府学里	民九年九月	
福州时报	津田七郎	仓前山	民九年十月	
建民报	陈其菁	旧米仓	民九年十月	
醒世日报	戴美打	第一桥	民九年五月	
八闽新报	王介愚	新美里	民九年一月	
省立第一师范学校周刊	林元乔	孙老营	民九年八月	
超然报	梁超伦	旗讯口	民十年一月	
闽商日报	郑冠郿	土地庙	民十年二月	
建华新报	张鸣涛	柏林坊	民十年八月	

〔北洋政府内务部档案〕

4 京师警察厅抄报张珍等组织北京通信社致内务部备案呈

（1913年4月2日）

为呈请指令事：据张珍等呈称：组织北京通信社，开具简章，请予立案等情。当经知会张珍等来厅面询。据称：本社以统一言论机关，采访新闻，报告报界为宗旨，业经与本京及外埠各报馆接商妥协等语。查该社性质系属通信机关，于言论界不无裨益，所请立案之处是否可行，理合抄录简章，呈请指令遵行。谨呈

内务总长

京师警察厅总监　王治馨

中华民国二年四月二日

北京通信社简章

第一条　本社以化除党见，统一舆论，采访确实新闻，报告全国报馆为宗旨。

第二条　本社通信于各报馆，每日报告一次新闻，以六条以上十条以下为率，如有特别事件不在此限。

第三条　本社新闻酬金分为三项：

一　普通新闻每月八元；

二　特别新闻每月十五元；

三　代办电报新闻每月三十元。

以上三项，均以接到定函之日起，按月发寄，酬金先付。

第四条　各外埠报馆欲托本社代发新闻电报，电费须先行交付即可代办，或领电报局半费执照寄来，由收报人付费亦可。

第五条　凡与本社通信之外埠报馆，均担任代派各报义务，特别雇有专人分送。

第六条　本社通信，一经认定，即可按日寄稿。如认定之后有欲解除者，须先期函达。

第七条　凡本京认定通信各报馆，除每日专人送稿外，如有临时发生事件，即用电话通告。

第八条　本社特聘海内通儒名人组织，消息极为灵通。其一切稿件，本社社长及编辑人均负完全责任。

〔北洋政府内务部档案〕

5　沈宣宾创设中华电报新闻社呈与内务部批

（1916年11月）

（1）沈宣宾致内务总长呈

为创设中华电报新闻社请求备案事：窃武力为强国之基，而振起国民精神尤为要素，报纸为振民之铎，而发展新闻事业实为原动，所以抱侵略主义也国家岌岌焉，无不以组织新闻电社为急务。彼英之路透电社，德之大德和电社，日本之东方通信社，政府不惜巨资以补助其成者良有以也。环顾我国报纸，虽日臻发达，而幅员辽阔，消息欠灵，反藉外人所得也。消息为言论之资料，凡因新闻常有讹会，而列强之趋势不能见微知著，思患预防焉。公民外观大势，内察国情，发展新闻事业，诚为我国今日当务之急。爰备资十万圆，创设中华电报新闻社，总社设于北京五道庙南口路西二十三号，设支社于国内各省各埠，以及东京、纽约、伦敦、巴黎、柏林、彼得格、旧金山、星加坡等处，索隐探微，侦彼政策，兴国强民，胥在乎是。谨乞大部迅予核准备案，实为公便。谨呈

内务部总长

具呈人：公民　沈宣宾

中华民国五年十一月

（2）内务部批（1916年11月）

内务部批第　号

原具呈人沈宣宾呈一件，为创设中华电报新闻社，请核准备案

由。

呈悉。查交通部修正新闻电报章程第二条内开：凡新闻报馆、期刊报馆或新闻经理处之访员欲发寄新闻电报，须填具愿书并开列左列各项禀请交通部或请由就近之电报局转详交通部核办等语。兹据该公民呈请创设中华电报通讯社等情。事关电政，自应遵照交通部新闻电报章程先行呈请交通部查核办理，俟核准后再呈请于所在地之警察官署转呈本部备案。合行批示，仰即遵照。此批。

内务次长代理部务　谢远函

中华民国五年十一月　日

〔北洋政府内务部档案〕

6　外交部关于拟托巴黎巴尔干通讯社为欧洲大陆中国通讯机关的公函

（1918年7月6日）

外交部公函　七年计字第二二五号

径启者：本部为增进国家在外名誉及信用起见，拟托巴黎巴尔干通信社为欧洲大陆之中国通信机关，业经缮具说帖，并拟具通信简章及试行办法，提交国务会议议决照办在案。按照通信简章，应由各部指定一员或一种机关搜集宣布之材料，可以提起中国在外名誉及信用者，每星期一次集交本部，有紧急者随时送交，以便酌行电告或函告驻法使馆，发交该通信社宣布。相应将本部说帖及所拟通信试行办法、通讯简章印刷全份函送贵部，即希查照办理。并将指定办理此事之员开列姓名，函复本部，以便随时接洽可也。

此致

内务部

中华民国七年七月六日

外交部说帖

国家在外名誉及信用，必须使之增进，至外人尊重悦服地位方可。中国前此于外国对我舆论多不注意，诚为失计。此时，即世界称为最强盛之国，尚不免利用鼓吹政策。本年春间，英国且特设一部，专司其事，ministrg of propaganda，内分敌国与中立国两司，以为挽救或维持在外之舆论。我国今后参战议和，与他国接触，此事似应早日进行，以收后效。此次巴黎时报记者著卜来京，曾代在巴黎之巴尔干通信社商议，同时为中国之通信机关，业经已蒙允许。兹与该记者约定试行办法数端，谨行呈览。至该社月给津贴五千佛郎，拟请即交财政部，自七月起，按月先期如数拨交外交部备用。实为公便。

欧洲大陆通信简章

一、政府为保持在外名誉及信用起见，将本国实在新闻，由巴黎某家通信社宣布于欧洲大陆各报纸。

二、各部指定一员或一机关，搜集宣布之材料，可以提起中国在外名誉及信用者，每星期一次，集交外交部，或有紧急者随时送交亦可。

三、此项材料以实在简明为上，以便移译西文。

四、外交部将以上材料酌行陆续电告或函告驻法使馆转交通信社宣布之。

通信试行办法

一、原有巴尔干之通信社，暂用原名试行宣布中国新闻，日后当更名为巴尔干及远东之通信社。

二、该社所宣布关于中国新闻，由中国驻法使馆发给，该社应将所发传单按日送与驻法使馆。

此外，该社应将转载该社所宣布中国新闻之报纸剪下，陆续交与使馆，并寄北京外交部。

三、该社每月受津贴五千佛郎。

四、此项津贴，无论何时，无论有无原因，中国得不给赔偿而永远或暂时停止之。

〔北洋政府内务部档案〕

7　张鸣鸾、田文超等创设自由通讯社宣言启
（1921年12月2日）

径启者：窃维各国政治之革新，社会之改良，学术文化之进步，鲜不赖新闻为之运用，其理由甚明，其效甚著。我国政变十载，祸乱相寻，百业凋敝，闾里为墟，虽云天祸中华，降此浩劫，而新闻不发达，社会失所响导，未始非至大原因。乃者锋烟遍地，统一无期，华府会议举行在即，太平洋诸问题适以中国为焦点，此诚危急存亡之秋也。传曰：内外之逼，难与处矣。国之不有，家于何有，同人志切救时，勉试铅刀，爰于惜薪司图样山一号组织自由通信社，拟正式发稿后再筹备自由报社陆续出版。藉以主持舆论，拯救国家，非敢云晨钟暮鼓，转移劫运，不过竭尽棉薄于国家社会间，具微末希望而已。希望维何？曰：启发民智，汇通文化，促成中国统一，振导世界和平。惟组织伊始，诸多不备，海内外硕学鸿儒，幸有以教之！

发起人：张鸣鸾　田文超　张　仲
杨大宗　冯兴根　姚文瑜
赞成人：李见荃　李士坊　张缙璜
张克复　胡俊采　魏　鼎
李兆麟　马光庭　秦树声
胡丙照　马吉樟　杨铭丹
朱宝仁　欧阳振笏　步其诰
蔡应昌　陈铭鉴　张贻巨
尹之鑫　张　导　张　鵦

李鸿钧　文　群　刘奇瑶
范莲英　文　乐　孙天祜

〔北洋政府内务部档案〕

8.北京部分通讯社名称、地址及负责人姓名表

（1919年8月26日）

名称	姓名	地址
孟特万国通信社	乐杜舟	铜井大院
北京联合通信社	日本人　中野江汉	东长安街
东方通信支社	波多博	前府△△
东方通信社支社	日本人　飞石久太郎	东裱背△△
新民通信社	章仲子	东城南小街井儿△△
中央政闻通信社	晏屏如　丁玉轩 罗秋心　冯若飞	草厂五条
中东通信社	日本人　中江丑吉	东单新闻路
华侨通信社	白苹洲　王宰基	安福△△
新闻编译社	邵振青	前门石猴△△
神州通信社	陈定远	北柳巷后康△△
亚细亚通信社	日本人　小川平吉	新闻路
共同通信社	同上	同上
中华通信社	胡政之　任毓岑	椿树下头条
中央通信社	罗　翥	万源夹道
北京通信社	罗秋心	万源夹道
大同通信社	林质生	香炉营四条
国民通信社	刘辅民	玉皇庙
醒民通信社	赵醒民	象来街

〔北洋政府内务部档案〕

（三） 禁阻列强在华非租界地开设报馆

1 禁阻法国人范来克等在北京开设新闻报馆的有关文件

（1912年4月—1914年5月）

（1） 内城巡警总厅致内务部申

内城巡警总厅为申请事：据左二区禀称：甘雨胡同菩目院由〔东〕交民巷法国兵营移来法国报馆，发行法文报纸，名为北京新闻等情。当经饬区详查，并令转饬该报馆来厅呈报。嗣据禀称：该馆发起人系法国人范来克，主笔人磨来司心，每日在该馆印刷发行，饬令照章呈报，并不允从等语。查报律第二条所载，发行、编辑、印刷等人均以本国人为断，已显与报律不合，而揆以外人内地不能营业约章及外人租房规则亦均有违碍，屡经交涉，始终不肯就我范围，应请由部咨行外交部查商办法，以维报律。理合将法人违律开设报馆缘由，申请鉴核，须至申者。右申

内务部

中华民国元年四月十四日（即壬子年二月二十七日）

（2） 京师警察厅致内务部呈（1914年5月24日）

京师警察厅呈四八号

为北京新闻白话报并不遵令缴纳保押费，请示办理呈请事：查本厅遵议报馆缴纳保押费分期办法，业奉令饬照准在案。当经通令各报馆分饬各区署执行去后。兹据内左二区署呈称：据甘雨胡同北京新闻白话报馆主法国人雷伯克声称：本馆发行法文白话报，于中国文字不甚通晓，请译成汉文，送由本国使馆转交，方可收受厅令等语。呈报前来。查该报开设年月系在元年三月间，与外交部限制洋商在内地营业原案虽无抵触，惟既未据报厅有案，且以外

国人担任编辑等项，核与报律第四条尤属不符。该报情形，与日商所设顺天时报事同一律，应如何办理之处，理合呈请鉴核，指令遵行。谨呈

内务总长

京师警察厅总监　吴炳湘

中华民国三年五月二十四日

(3) 内务部致京师警察厅批(1914年5月28日)

内务部批

据详已悉。查旧报律及报纸条例，发行、编辑等人均以本国人民为限，是以外国人不能在中国境内开设报馆可知。检阅旧卷，该报发行之始，曾据该厅原文并援引报律，于民国元年四月函请外交部查禁有案，迄今尚未见复。现在该报发行已逾二载，其应否缴纳保押费一节，本部详查中法条约，并无关于报纸事项之规定，无可援据办理。惟本部前对于顺天时报一案，曾依据日本政府取缔英人报社成例拟具意见，在领事裁判权未经收回前，除外国人用外国文字在中国发行报纸外，凡外国人用中国文字在中国发行报纸者，应适用中国报纸条例，业经两次函达外交部办理在案。此案法国人既用法国文字发行报纸，自与顺天时报之用中国文字发行者情形不同，应即暂不照报纸条例取缔，俟将来定有特别办法，再行饬知办理。此批。

中华民国三年五月二十八日

〔北洋政府内务部档案〕

2　禁阻日本人桑名贞治郎在烟台开设芝罘日报馆有关文件

(1915年9—10月)

(1) 内务部致外交部咨(9月14日)

内务部为咨行事：准交通部咨开：日本人在烟台办理华文报，

函请该处邮局挂号，山东胶东道尹以该报未在道署立案，函局勿庸挂号。嗣经日本领事函请邮局照刷印物类邮寄，亦经该邮局据章声驳。办理尚无不合。惟查外国人在中国内地办理华文报，邮局应否准其挂号邮寄，向无明文，所有此次日本人在中国内地办理华文报及将来有类于此等事项，应如何解决之处，咨行查照，核定办法见复。等因。前来。本部查民国三年七月福建巡按使曾以外人在内地开设报馆，电询取缔办法。准贵部咨称：报馆亦系营业，外人在非租界内开设原为条约所不许，内地如有外报，自应先令认守报律，再行允准，知照邮便挂号，其未经设有外报馆之地，似应一概不准开设，以示限制等因。经本部赞同电复福建巡按使在案。此次日人桑名贞治郎在烟台办理华文报，核与福建成案事同一律，取缔办法亦应一致。惟事关外交，相应钞录交通部原咨，咨行贵部查照见复，以便转咨可也。此咨

外交部

附抄件〔略〕

内务总长　朱启钤

中华民国四年九月十四日

(2) 外交总长陆征祥致内务总长咨(1915年9月21日)

外交部咨出字第三五五号

外交部为咨行事：接准来咨，以日人桑名贞治郎在烟台开设华文报，核与福建成案事同一律，取缔办法亦应一致。惟事关外交，相应咨行查照等情。并附抄件前来。查本年七月间，准烟台交涉员电，日人桑学海在烟台开设华文报馆，应否阻止，请示祇遵到部。即经根据三年七月致福建巡按使取缔外人在内地开设报馆办法电复在案。兹准前因，相应将往来电文抄录，咨请贵部查照转复可也。此咨

内务总长

附抄件

外交总长　陆征祥

中华民国四年九月二十一日

附抄外交部与烟台交涉员往来电

①　照录烟台交涉员来电(1915年7月7日)

外交部总、次长钧鉴:华密。查烟台芝罘日报系日人桑学海经理,承领华人资本开办。在前清何道任内曾经立案,本年四月二十四日该报馆被华东收回资本,另立芝罘商报,该报因之停板〔版〕,现桑学海又欲自筹资本,用芝罘日报名义重行出版。查报纸条例第四条必须本国人方能充发行、编辑及印刷等人,应否阻止之处,敬祈核示祗遵。吴永叩。阳。

②　照录致烟台交涉员电(1915年7月9日)

阳电悉。查报馆亦系营业,外人在非租界内开设,原为条约所不许。上年,重庆日人拟开设报社,经部电令,据约拒绝在案。烟台并无租界,桑学海如在居留地外自行创设报馆,自应禁阻。希查照办理可也。外。

③　照录烟台交涉员来电(1915年7月20日)

外交部钧鉴:华密。青电祗悉。查烟台开埠最早,并无外商居留地之规定,华洋各商,向系杂居。芝罘日报系光绪三十二年以日人名义在前关道署立案开设,嗣又准予邮寄及代送印刷等各有案。今年四月,该日人与华东分伙,援引成案,拟继续出版,似与重庆创设者不同,应如何对待之处,请示祗遵。吴永叩。皓。

④　照录致烟台交涉员电(1915年7月21日)

皓电悉。桑学海前办芝罘日报,虽以日人名义在道署立案,彼时报律并未颁布,且系华东资本,现既分伙自设,实与创办无异。如必不能阻,通融照准,应先令承认实行遵守报律,始得继续开办,以免援例。外。

(3) 外交总长陆征祥致内务总长咨(1915年10月20日)

外交部咨出字第三九九号

外交部为咨行事:日人拟在烟台开设华文日报事,业于九月二十一日将本部与烟台交涉员往来电文抄送查照在案。旋于三十日准该交涉员将此案继续交涉文件函送前来。兹复准电称:现又准日领函催转知邮局挂号,此案究应由部与日使解决,抑由本署继续办理等语。查芝罘日报从前既曾以日人桑学海名义准其在道署立案,此次脱离华东重行出版,似与创设有别,且烟台虽无租界,究系约开商埠,华洋杂处,与完全内地又复不同,若竟不准设立,恐难就我范围。除由部电饬该交涉员仍行就地遵照本部七月马电继续交涉外,相应先将该交涉员继续送到与日领交涉文件,抄咨贵部查照可也。此咨

内务总长

附抄件

外交总长　陆征祥

中华民国四年十月二十日

附抄烟台交涉员致外交部函

① 照录烟台交涉员吴永函

敬肃者:查烟台芝罘日报系日本人平石五郎于前清光绪卅三年七月在烟台开设,曾由日本领事具函在前清东海关道署内立案。宣统元年正月,又具禀道署请饬邮政局准予挂号。宣统三年八月,平石五郎因事辞出,将该报转给日本人桑名贞治郎经理,亦曾由日领函知道署备在案。迨到本年四月间,该报馆因内部有龃龉情形,于四月廿三日停刊,七月初间,闻该日人桑名又欲自行继续开办,仍用芝罘日报名义出版。伏查报纸条例第四条必须本国人方能充发行、编辑及印刷等人,及第二十条报纸发行中止,逾两个月不声

明理由者取消认可。该报馆既系日人开设，且停版已逾数月之久，按之报律仍未便遽为承认，该报发行当即一面设法拒阻，一面将各种情形于七月阳、皓两电先后电请钧部示遵。旋奉电饬，谓如不能阻，通融照准，应先令承认实行遵守报律，始得继续开办。等因。奉电后派员前往劝令遵守本国报律，先行立案。该日人含混未允，竟于八月十三日出报售卖。当即由本兼交涉员函致日领，请饬其暂行停止，并告以应遵守报律各节。旋准日领函复，谓该日人开设报馆，已在日领署呈请批准，不能适用中国报律，烟台为通商口岸，并非内地，报馆亦为营业之一端，外人在通商口岸营业，久为条约所允许，且该报馆曾于前清在道署立案，更非创设者比等语。先是因迭次磋商未能解决，当已函致烟台中国邮政局声明芝罘日报并未立案，应请毋庸准其挂号认为新闻纸类。嗣后，该日人因在邮寄报，不能挂号，诸多窒碍，不得已仍请日领来函，请由本署照会邮局挂号，词意虽较前函和逊，然仍执意不肯立案。查邮政章程第四十四、四十五两条关于新闻纸类挂号之规定，以按照本国报律所认可为断。再查民国三年三月间，有奉前民政长指令：烟台已经开设报馆，概予免缴保证金一案。本兼交涉员函复日领，即援据邮章，谓该报馆既欲享受中国挂号权利，则自不能不按照本国报律，惟立案保证金一项，以中日邦交敦睦，格外体恤，侨商可以准其免缴。旋准函复，仍执前议，不肯允诺，诚恐该领向驻京日使处砌词蒙蔽，致生枝节。除将最后与日领来往公函各一件抄陈鉴核外，理合将此案所有交涉情形先行具禀钧部鉴核，将来能否就范解决，再行详报。

② 照录交涉员吴永致日本驻烟台领事函

径启者：前准贵领事来函，以芝罘日报为新闻纸类，应在邮局挂号，嘱为通知邮局等因。并附送邮局所要条件及记载一纸到本公署。准此，查本国邮政章程第四十四、四十五等条关于新闻纸类挂号之规定，以按照本国报律所认可为断。芝罘日报未在警厅注册，得有地方官认可执照，而遽欲在本国邮局挂号，是为违反本国邮章，本国邮局当然不能认为合法而为之挂号。本兼交涉员于友邦人民在本埠从事合法职业无不按约保护，极力赞助，于一般交涉事件，一本和平，以敦我两国唇齿辅车之睦谊。然必破坏本国之法令，乃谓足以尽供与友邦人民便利之义务，揆之两国修好条约之精神，当不若是，本署前函于该报应缴保证金一层，已万分通融，免其缴纳，所以优待友邦人民，此至矣尽矣。今该报求享在本国邮局挂号之利益而复不守本国邮章，贵领事不察，反以抵制日货强于比附。查贵领事迭次照请取缔抵制日货，屡经本兼交涉员查无确据，并随时出示严禁在案，而来函犹以此事为奖励中日两国商民之阻隔，殊觉不谅之甚也。总之，此事限于本国定章，来函所属通知邮局一节，实属碍难照办，仍望查照前函所拟办法转致该商照表填送来署，以凭办理。此致。

③　照录日本领事致吴永复函

径复者：为芝罘日报事：接准来函，并注册表式一纸，嘱即转发该报馆填注。至保证金一款，勉予通融免缴，但须由该报馆取具妥保。等因。准此。查芝罘日报遵奉本国法发刊，为本国新闻事业，不受贵国报律之制裁，与本国工商业在通商口岸营业不受贵国法律之束缚相同，其利益拥护及取缔，为本领事之专责。贵交涉员基于修好条约之精神，一对于本埠日商一切合法之职业等从事有供与便宜之义务，事理昭然。兹准来函嘱饬芝罘日报主遵守贵国现行报纸条例，禀请注册，缴纳保证金等情，殊属不合，夫本案本领事前曾以书说明本国人开设之报馆，不受贵国报律之制裁在案。又本领事及草书记官亦在贵署孙科长面前业经辩明。今贵交涉员固持贵国报律，以贵国法强敝国人遵守之，未识根据何项条约，本领事殊甚不解。曩者，日货之抵制，本领事屡次照会，并再三面请严重取缔，现时抵制之风潮尚未终了，贵交涉员之为友邦尽力，事实无效。本领事不无遗憾。兹芝罘日报发刊，按约当然不受贵国报律之制裁，如贵交涉员欲强置之于贵国警察监督之下者，不啻帮助抵制日货而奖励中日两国商民之阻隔，诚堪痛心，本领事深望贵交涉员切实自觉中日商民有唇齿辅车之关系，于一般交涉案件以不违反条约为范围，而以妥协交让之精神为主导，圆满解决，切望不已。本案贵兼交涉员之照会，全然不可能之事，碍难照办。本领事所要请者，芝罘日报为新闻纸类，应在邮局挂号，贵交涉员将此认为必要之措置，通知邮局，本领事即甚满意。兹附送桑名贞治郎送来邮局所要之条件及记载一纸，贵兼交涉员于以上之旨趣，既已洞悉无遗，谅必速为措置，切盼顾全友邦交谊，实行办理，勿再延宕，实纫公谊。此致。附送邮局所要条件及记载一纸

松本干之亮　八月十三日

芝罘日报记载一纸

一　名称　芝罘日报

二　编辑人　桑名贞治郎

三　发行所　烟台商会大街

四　体例　日刊六页，礼拜一停刊

右之通行

桑名贞治郎

(4) 外交总长致内务总长咨(1915年11月17日)

外交部咨出字第四四六号

外交部为咨行事：接准咨称：外报在中国出版应否先令遵照报律，领有准照，方准在邮局挂号，请核定见复等情。前来。查报馆亦为营业之一，嗣后外人在内地各处自应绝对不准开设，其已经开设之报馆，业由邮局准予挂号者，按之不溯既往之例，似难强令服从报律。惟所有虽经开设，尚未在邮局挂号之报纸，自应先令认守报律，再行准其邮便挂号，以示限制。至外报之在商埠租界发行

者，其情形虽与内地迥殊，似亦应一律办理，以资取缔。不过，日本等国在各处商埠租界多有自设邮局情事，中国方面若不予挂号，彼仍可由本国邮局传递，则限制效力亦颇微弱耳。前准十月二十二日来咨，业经本部抄录饬行烟台交涉员向日领交涉，能否就范，尚未据复。兹准前因，除俟该交涉员详复到部，再行奉达外，相应先行咨复贵部查照可也。此咨

内务总长

外交总长　陆征祥

中华民国四年十一月十七日

(5) 内务总长致外交总长咨(1916年8月11日)

内务部为咨复事：准咨达报纸条例现经废止，芝罘日报援请挂号应否照准，请查核见复。等因。查报纸条例虽经废止，而开设报馆亦为营业之一种，对于地方官署负有禀报义务。前准交通部咨询现在报纸挂号办法，本部曾经以须有地方官执照方能准其挂号等语，咨复在案。该芝罘日报既拟向邮局挂号，似应照此办理，相应咨复查照。此咨

外交总长

内务总长

中华民国五年八月十一日

〔北洋政府内务部档案〕

3　内务部应驻华日使要求查封北京英文京报有关文件

(1917年11月)

(1) 外交部致内务部公函(11月20日)

外交部紧要公函　六年乌字第九一五号

径启者：本日日本公使来部，以本日北京英文京报英文社论竟大书特书此次段内阁留任系由于日本干涉所致。此等毫无根据之

造谣，微特影响于两国国交者甚大，且不啻诬蔑日本政府，激起国人反对，本公使断难漠视。设中国政府对于该报不能严行惩办，则本公使自当报告政府，设法对待。措词极为决绝。虽经本部多方解释，日使坚称，如无适当办法，以后一切国际问题，日本政府断不能本亲善之意帮助等语。查该报无端造谣，意在攻击政府，牵涉邦交，置国家威信利害于不顾，对内对外均当从严彻究，应请交法厅依法起诉，从严惩治。除日使问答另行补送外，相应函达，即希查照转饬办理可也。此致

内务总长

中华民国六年十一月二十日

(2) 外交部致内务部公函(11月21日)

外交部公函　六年乌字第九一六号

径启者：北京英文京报，妄载段内阁留任系由日本干涉，日使请严加惩办一事。业经本部于二十日函达查照在案。相应将日使来部问答补行抄送查照备案可也。此致

内务总长

附抄件

中华民国六年十一月二十一日

次长会晤日本林公使问答(11月20日)

施秘书、船津参赞在座。

林使云：本日英文京报有论说一篇，肆意造谣，诋毁日本，虽未明言日本，而云有日本人造谣。又云：有某使馆干涉内政等语。显系指日本公使而言。查贵国政局，如有变动，与日本颇有密切之关系，故本公使曾亲晤段总理及冯大总统，不过询问情况而已，所云干涉二字，不知何所指而云然。近来中国已对德奥宣战，是中日两国虽非同盟，而亦为一致攻敌之与国，乃该报竟造此挑拨感情之论

调，是于两国邦交大有妨碍。贵国现已有检查电报、检查邮便之办法，岂对于报纸竟无取缔之方，故本公使今特正式请求并愿示知贵国政府，如何严重取缔之法，以便报告本国政府。如贵国政府竟不能取缔，则本国政府自另有办法，即向以好意对待贵国政府之事，尚须斟酌。

次长云：所为难者，现在中国并无报律，故报纸往往有过分之言论，此不独对于友邦为然，即对于本国政府亦常妄加攻击。总之，此次京报之论说，既于两国邦交有关，自应行知内务部迅速办理。彼云：有某使馆干涉，即询其有无证据，如无证据，即是造谣，虽无报律，亦可以普通法律处分之。

林使云：最不解者该报所云：中日军械同盟一语，本公使并不知之，所知〔指〕者即购买军械一事。购买军械系由贵国政府商请者，本国政府尚以中国南北正有冲突，或恐以之为攻击南方之用，颇有疑虑，嗣经证实并无此意，始允卖给，而该报乃造此军械同盟之谣。又，指中国政府中人为国贼，是疑日本有帮助国贼之意，于国际礼仪甚有不合。总之，此种报纸如贵国政府犹放任之，而不从严取缔，则本国政府以好意与贵国政府商议之事，如赔款延期、关税加增等事，不能不有所变更。

次长云：京报所登，不过一家报纸之言，既非国家代表，又非政府代表，彼有不合，我可饬地方官从严取缔，何至因此事牵及我两国之邦交。

林使云：如有取缔之法，请于明日内办理见复。

次长云：尚须行知内务部办理，恐明日尚难奉复。如在前清时代，尚可以命令即行封闭，今则共和国家，言论自由，在在均依法律，方可执行。近又并无报律，故不得不加以斟酌。

林使云：现已对于德奥宣战，所有函电均须检查，自非平时可比。当然可以特别之办法办理。

次长云：虽已与德奥宣战，而北京并未颁布戒严令，故亦碍难以非常之办法办理。当日有某报纸及义大利公使，本部曾与内务部往返磋商，亦以北京未发布戒严令，甚觉不易办理。总之，该报之用意，系攻击段内阁，并非攻击日本，不过藉日本问题攻击内阁耳。惟既有此不当之言论，自应设法取缔，请贵公使不必介意。

林使云：诚有藉题攻击之意。

船津云：此为两面文章，既可藉日本问题攻击内阁，亦可藉攻击内阁攻击日本。

林使云：因此，故不能轻易放过，须确实有取缔之法。

次长云：必为设法取缔，惟因现无报律，故报纸任意诋毁，任意谩骂，亦无人过问，彼等遂更放言无忌矣。

船津云：京报主笔究系何国籍，但在我认为中国之报纸。

次长云：闻主笔系英国籍，但曾在中国官厅注册，仍可设法取缔。该报此次之登载，于现在内阁诚有不利，于日本尚无何等影响。

船津云：甚有影响，因凤凰山铁路问题于两国实业上有莫大之关系也。

林使云：请从速设法取缔见示。

次长云：容行知内务部办理，彼既为攻击内阁之言论，政府亦无所爱，于彼自无袒护之必要，请贵公使放心。

（3）内务部致司法部公函（11月24日）

内务部公函　六年警字第一六三号

径启者：本月二十日准外交部函开：本日日本公使来部，以本日北京英文京报英文社论竟大书特书此次段内阁留任系由于日本干涉所致。此等毫无根据之造谣，微特影响于两国国交者甚大，且不啻诬蔑日本政府，激起国人反对，本公使断难漠视。设中国政府对于该报不能严行惩办，则本公使自当报告政府，设法对待。措词极为决绝。虽经本部多方解释，日使坚称：如无适当办法，此后一切国际问题，日本政府断不能本亲善之意帮助等语。查该报无端造谣，意在攻击政府，牵涉邦交，置国家威信利害于不顾，对内对外，均当从严彻究，应请交法厅依法起诉，从严惩治。除日使问答应行补送外，相应函达，即希查照转饬办理等因。

当经本部函达京畿警备总司令部，并训令京师警察厅遵照办理去后。兹据该厅复称：查该英文京报，无端造谣，攻击政府，牵涉邦交，并经京畿警备总司令部认为妨碍时机，应即停止该报营业，以杜莠言，由厅谕知该报馆遵照办理。并令饬内左一区警察署署长执行去后。兹据该署长复称：遵于当日前往该报馆，面晤该报经理人李才，告知现奉厅令，以该报议论，妨碍时机，应停止营业，当由该经理人遵照办理，并签字备案，呈复鉴核等情。除函复京畿警备总司令部外，理合将办理停止英文京报营业情形，呈复鉴核前来。除函复外交部外，相应函达贵部查照可也。此致

司法总长

中华民国六年十一月二十四日

〔北洋政府内务部档案〕

4　京师警察厅查封日人牛丸友佐在京开设卫生报馆呈与内务部批

（1915年3月）

（1）京师警察厅总监致内务总长详（3月7日）

详为日本人牛丸友佐在京开设报馆，应如何办理，请示遵行事：窃据日本人牛丸友佐禀称：现创一种报纸，名曰北京卫生新报，分別中、日文，月出一册，以东单牌楼扶桑馆为发行所，化石桥顺天时报印字局为印刷所，请予备案等情到厅。查报纸条例第四条规定，本国人民年满三十岁以上，无左列情事之一者，得充报纸发行人、编辑人、印刷人等语。又，元年九月，内务部转外交部函：凡民国元年九月以前，外商已开店铺，仍准照旧营业，惟须与华商等一

律遵守警章，同受保护。此外，无论如何，不得再行开设，如有违约私开，即行查封，以符条约等因。该日人所请，是否即行禁止，抑应如何办理之处，理合详请鉴核，批示祗遵。谨详

内务总长

京师警察厅总监　吴炳湘印

中华民国四年三月七日

(2) 内务部批(3月12日)

据详：日本人牛丸友佐开办卫生新报，应如何办理，请示祗遵等情。查开设报馆，为营业之一，该日人在内地开设报馆，揆以外国人在内地不能营业约章以及元年九月外交部前案均有违碍，且核与报纸条例第四条规定亦属抵触，应即按约查禁。业经本部咨行外交部查照禁止矣。仰即知照。此批。

中华民国四年三月十二日

〔北洋政府内务部档案〕

5　关于查禁北京英文晚报有关文件

(1917年4—7月)

(1) 京师警察厅关于李佳白接办北京英文晚报致内务总长呈(1917年4月18日)

呈为美国人李佳白接办北京英文晚报，钞录条款具报鉴核备案事：据美国人李佳白呈报：北京英文晚报编辑人杜宇卿因病辞退，拟请接办该报务，开具条款，请予备案等情。查以外国人名义，在国内开设报馆，本属无此先例。惟该美国人所请系就原有之北京英文晚报继续出版，似与添开营业情形不同，且现在报纸条例业经废止，并无限制明文，饬查该美国人接办该报，亦尚无搀入他国人股本情事。除批示暂准备案并换给执照外，理合抄录原报条款，呈报宪部鉴核备案。谨呈

内务总长

附呈条款一纸

京师警察厅总监　吴炳湘

中华民国六年四月十八日

附抄条款

名称：北京英文晚报

体例：要电、论说、普通来电稿、新闻电文译稿、广告。

发行时期：六年三月三十一日。

经理人姓名、年龄、籍贯、履历、住址：

李佳白，年六十岁，美国人，旅华三十余年，创办尚贤堂、华品陈列所及尚贤堂纪事，住本报社。

编辑主任人姓名、年龄、籍贯、履历、住址：同上。

发行人姓名、年龄、籍贯、履历、住址：

安筱波，年二十三岁，天津人，住本报社。

印刷人姓名、年龄、籍贯、履历、住址：

赵国圃，年三十四岁，天津人，住本报社。

发行所之名称、地址：东城八宝胡同内三元巷二十六号，本报社内。

印刷所之名称、地址：本报社内。

立案年月：民国六年四月。

(2) 曹汝霖请通融处理致内务部函（9月29日）

敬启者：顷英馆汉文参赞巴尔敦来部面称：据北京英文晚报主笔来馆面称：顷有华警往伊在苏州胡同所设之事务所施行干涉，请设法阻止等语。巴参赞又称：在京城地方已有法文报馆二处，日本报馆一处，英文京报亦创设未久，何以对于北京英文晚报独施干涉，本参赞查该报主笔新近由香港来京，为人安分守已，贵部如欲本馆具文声明，亦可照办等语。究竟巴参赞所称，对于法文、日本、英文各报若何办理，英文晚报有无通融准办之方法，其所称由使馆具文声明，是否可行，请即示知，以便答复。此颂日祉。

曹汝霖

九月二十九日

（3）内务部致外交部公函（10月4日）

内务部公函　六年警字第一九七号

径启者：据京师警察厅呈称：九月二十九日准京畿警备总司令函开：北京英文晚报，近日议论妨害战事，扰乱听闻。查北京为警备地域，本司令部视为该报所载确与时机有害者，自应即行封闭，以免淆惑，用特函请密速办理。等因。到厅。当经谕知该报馆遵照办理，并令饬内左一区警察署署长执行去后。兹据该署复称：遵于当日亲往该报馆面晤该经理人李佳白，告知现奉厅令，以该报议论，妨害时机，应停止营业。据称：当即遵照办理，并据缴出原领执照一纸，复经令其签字备案，理合呈复鉴核等情。除由厅函复京畿警备总司令部，并将该报执照注销外，所有停止北京英文晚报营业情形，理合呈报鉴核等情前来。相应函达贵部查照。此致

外交部

中华民国六年十月四日

（4）内务部致曹汝霖复函稿

查原函所称：对于法文、日本、英文各报若何办理一节，检阅案卷，法文、英文各报，前因与报纸条例不合，先后函咨外交部查禁。日本报因用中国文字发行，应受中国报纸条例之支配，亦拟具意见，函达外交部，迄今均未见复。应如何办理，自应仍由外交部查照本部前咨办理。原函又称：英文晚报有无通融准办之方法，及可否由使馆具文声明一节。查前准外交部函开：凡民国元年九月以

前，外商已开店铺，仍准照旧营业，惟须与华商一律遵守警章，同受保护，此外无论如何不得再行开设店铺，如有违约私开者，即行查封，以符条约。又，民国三年七月，准外交部咨开：报馆亦系营业，外人在非租界内开设，原为条约所不许，内地如有外报自应先令认守报律，再行允准知照邮便挂号，其未经设有外报馆之地，似应一概不准开设，以示限制各等因。由前之说，则英文晚报绝对无通融准办之方法；由后之说，但能认守报纸条例，或用中国人出名禀报，亦可通融准办，不必由使馆具文声明。若仅由使馆具文声明，即予准办，将来流弊甚多，不可不预防也。拟据此意见，函复外交次长。

〔北洋政府内务部档案〕

6　湖南省长张敬尧禁阻日人香月梅外在长沙创设华瀛党报的文电

(1919年8月)

(1) 湖南省长张敬尧致内务总长咨(8月8日)

湖南省长公署为咨行事：前据代理长沙关监督兼特派交涉员王丙坤暨省会警察厅厅长佟国安先后呈报，有日本人香月梅外及古川与八郎在长沙创办华瀛党报。该报馆址设城外古川洋行，总发行处设日本人俱乐部，分发行处设长治路，已约请华人谭笃恭为理事长，周瀚为总经理，谭畊渔为总编辑，定期五月二日出版。据该日人报由日本领事八木元八函请保护，并由该署援引中日续约第五款，声明未便禁阻，请示可否照约，函请日领取缔暨饬警查照等情。本兼省长查外人在非租界内开设报馆，向应禁阻，曾由外交部三年七、八两月交涉节要编载闽吉二省成案可凭。其对于闽省已有之外报，则以先令认守报律，再允知照邮便挂号为前提。长沙并无领事专管租界，惟系约开通商口岸，且报纸亦一种营业，诚恐未能绝对禁阻，而因口岸性质不同之故，亦不得不于认守法令一节，严格主张。当经电陈外交部，以该报如难禁阻，应否援照自办工巡之义，令其遵照出版法，仍声明将来如颁有取缔法令时，应与华报一律遵守之处，请赐核复；一面饬由政务厅函知邮务管理局，将该报暂缓挂号，以为交涉地步。旋准外交部电知，已转请大部查核径复。并准大部铣电开：日人开设报馆，如难禁阻，可照所拟办法办理。等因。比即指令特派交涉员暨省会警察厅遵办，并以省会现在戒严，应令该报与现有各报同一服从官厅之检查。又因本省邮务长莫罗士函询政务厅，略谓邮章第四十四条第二段规定，华文出版物在中国发行具有新闻纸之性质者，倘未向邮局挂号，即不准代为邮递。该报暂缓挂号，是否亦应照章不予邮递，请速示复。并称前项邮章规定之新闻纸，多系由华人主办，至于由外人主办之华文新闻纸，邮章亦无明白规定，并请指示等语。亦经同时饬由政务厅函复该局声明，该报应照出版法办理，在未准挂号以前，自应暂不邮递。该报外销路绝，极感不便，而对于华官命令仍未服从，日领函复交涉署，则谓日人在口岸发刊报纸，业经条约规定，且以京鲁沪汉均有日本报纸为先例，否认我方所提办法。当据特派交涉员朱孝威会同佟厅长呈由本兼省长二次指令，援据闽吉二案声明，长沙系自办工巡口岸情形不同，饬令剀切驳复，仍照部省协商办法办理。最后据复以日领对于服从检查一层，实已明白表示，可否就此议结，即为解除邮递拘束等情。复经本兼省长核明日领复函，仅允饬该报呈送华官检查，仍认作临时办法，并未确认遵守中国法令，且视发行报纸为条约上之一种权利，实属强辞夺理，三次指令该特派员再与日领交涉，务须极力坚持，并责令警厅谕告该报馆切实遵办，仍声明该报如久抗不遵，则华官为保持自办工巡主权起见，将执行必要之手段等语。日领对于我方此次严重抗议，仍无确实答复，该报亦至今继续出版，似难望其觉悟，就我范围，甚至于送官检查一端，亦复时作时辍，其根本争点，则在彼方认办报为约许之权利，我方执条约无准办之明文，而交涉署初呈亦谓外人办报条约上负有特种责任，则似与日领同一见解。虽经本兼省长于此点迭加驳论，但宗旨未能贯彻，法令莫克施行，若任令长此发行，虽能杜其外销，究恐酿成恶例，现饬交涉署再行催取日领确答，如其坚不受商，势非强制执行不可。该报馆址及总发行处虽在日人宅内，而分发行所并非日侨住所，拟即严予查封，并拟布告人民不准购阅该报，仍禁华人受雇为该报办事人及供该报印刷散布诸役，一面责成警察厅严查，如再有华人散布该报，即将报纸扣留，倘敢不遵，即依治安警察法第三十七条严行处罚，倘有华人仍为该报雇役及有人购阅该报，亦即按照行政执行法扣留管束，或处以相当之过怠金，此种适当处分，均系官厅对于人民应有之职权，绝对不虞日人之干涉，届时仍当责由交涉署再函日领，始终抗议，请饬该报停办，并请将日人宅内此案之关系华人交出惩究。惟似此办理，预料日使必生反对，或将以妨害日人办报及雇用华人之权利为辞，殊不知外人在非租界内办报，原为条约所不许。中日续约第五款第三项实系专对于本款第二项保护版权之规定，而为消极的制裁，断不得执为允许外人办报之藉口；而中日条约第七款所允日人雇用华人之规定，亦专对于办理合例事务而言，报纸既为特许事业，长沙又系特别口岸，我国本有自办巡捕之权。况前于民国三年将巡捕局改为商埠警察署之时，又经前特派交涉员汪诒书函由前日本领事大河平隆，则函复承认有案。该报既未遵照出版法报由警察核准，即非合例事务，华官禁止华人受催〔雇〕实与条约毫无抵触，将来移京交涉，必须仰赖大部会商外交部一致坚持，庶期内外同符目的可达。本兼省长为申明条约，力保主权起见，是否有当，相应钞案咨行大部，请烦查核迅赐见复施行。除咨外交部外。此咨

内务总长

附抄件

湖南省长　张敬尧

中华民国八年八月八日

抄前代理长岳两关监督兼特派湖南交涉员王丙坤呈本公署文　五月三日

为呈请事：案据日本人香月梅外、古川与八郎函陈梅外来湘创立华瀛党报，其馆址设城外商埠古川洋行，总发行处设日本人俱乐部，分发行处设长治路，业经约请华人谭笃恭为理事长，周瀚君为总经理，谭畊渔为总编辑，定期五月二日出版。除呈请敝国驻湘领事官备案外，用特通告台端，务希切实保护为荷。等情。据此，职署因查外人办报条约上负有特种责任，当即电知该日人谓须报由领事正式来函，再行核办去后。兹准代理日本领事八木元八函开：案据本国人香月梅外、古川与八郎呈报：该商等在湘省创设华瀛党报，于五月二日发行等情。本馆对于该报记事，自应施以相当之取缔，合特函知，希即查照为荷。等因。准此。丙坤查中日续约第五款载：凡日本臣民或中国人民为书籍报纸等件之主笔或业主或发售之人，如各该件有碍中国治安者，应各按律例惩办等语。今该日人香月梅外等创办华瀛党报，其馆址既设在城外古川洋行，自未便加以禁阻，可否声明前约，函请日领注意取缔，一面并恳钧署令行省会警察知照之处，伏候察核施行，指令示遵。

抄省会警察厅厅长佟国安呈本公署文　五月七日

呈为日人香月梅外等在省组办华瀛党报，应否照准，仰祈核示祗遵事：现据日人大阪每日新闻通信员香月梅外及古川与八【郎】函称：梅外来湘创立华瀛党报，其馆址设城外商埠古川洋行，总发行处设日本人俱乐部，分发行处设长治街，业经约请华人谭笃恭君为理事长，周瀚君为总经理，谭畊渔为总编辑，定期五月二号出版。除呈请敝国驻湘领事官备案外，用特通告台端，务希切实保护等语。伏查日人在中国领土组织报馆，是否为条约所许，自不可不特为审慎，即饬商埠警察署派员转商该日人暂缓出版，并与交涉署商确对待办法。当据交涉署科长邓畯明声述：中东条约有准许日人在中国内地发行报纸之规定，势未便加以禁阻。本署当据情呈报省宪核夺。至省垣地面现在戒严，该报能否服从检查，尚须另行交涉等情。查该日人香月梅外等在省组织华瀛觉报，既由交涉署根据条约呈请核示有案，自应候示祗遵。惟省垣地面戒严，如准该报出版，应请饬下交涉署与日领交涉，转告该日人遵受检查，以防流弊，而重主权。理合备文，呈请鉴核令遵。

抄本公署指令特派交涉员、省会警察厅文　五月二十一日

呈悉。查外人在租界外设立报馆，向应禁阻。湘省并无领事专管租界，自与沪汉各埠之由领事专界专管者情形不同。至该交涉署所引中日续约第五款第三项，系专对于本款第二项保护版权之规定，而为消极的制裁。原约并无准在华界设立报馆明文，即不得视为华官必有保护外报之义务。该警察厅饬令该报暂缓出版，自属正办。惟长沙系约开口岸，报纸亦一种营业，湘省外人办报，事属创始，不得不格外慎重。当经本兼省长拟具办法，电请外交部核示。嗣准电知，已由部咨请内务部查核径复。兹准内务部铣电开：日人开设报馆，如难禁阻，可照所拟办法办理。等因。除令知省会警察厅、交涉署查照外，合将往复各电抄发该署、厅，仰即遵照，会同省会警察厅、交涉署将日本人香月梅外等所办华瀛觉报设法查禁，如难阻止，即援自办工巡之义，令其遵守出版法，并与现有各报同一服从官厅之检查，仍声明将来如颁有取缔法令时应与华报一律遵守，则官厅对于该报亦当与现有各报一律待遇，随时保护，以重言论。再查本国邮章关于外人主办之华文新闻纸挂号寄递，本无明白规定，该报又未经华官许可，已据邮务管理局函陈将该报暂缓挂号，并由政务厅函复该局，应照章暂不邮递在案。兹特一并抄给阅看，该报如能遵照上列办法，则可准照华报挂号以为条件，届时当饬政务厅续函邮局解除约束，俾利交通，仍将办理情形会复察夺。此令。

抄省会警察厅厅长佟国安摺呈本公署文　六月二十日

敬呈者：顷奉钧谕，华瀛觉报一案，已与日领交涉妥帖，认受中国官厅检查，著自本日起派员实行检查等因。奉此。正在派员前往该报馆催促送稿间，适接交涉署朱特派员电称：华瀛觉报已经交涉妥帖，认守官厅检查法令。惟知会日领公文甫经发行，一时未能转达该报馆知照，势须迟缓一日，方可执行检查等语。厅长窃查华瀛觉报既经交涉承认中国官厅检查，除催促该报馆将报稿即日送厅派员检查外，理合报告钧座鉴核。

抄长沙关监督兼特派湖南交涉员朱孝威
湖南省会警察厅厅长呈本公署文　七月二日

为呈报事：卷查取缔华瀛觉报一案，前奉钧署交字第六零七四号指令，当经孝威提出三项条件，函商日领照办：(一)该报须遵守出版法，(二)须与现有各报同一服从官厅检查，(三)将来政府对于报纸颁有取缔法令时，并应一同遵守。该报馆主如能承认上述三端，即可准予出版发行，与华报受同等之保护。等因。去后。兹准日领复函内称：关于华瀛觉报一事，接准台函，以须遵守贵国出版法与贵国其他各报一律受官厅检查，将来政府对于报纸颁有取缔法令时，应一同遵守。能依照上开各条件方可与华报受同一之保护。等因。准此。查日人在通商口岸经营报纸事业，如受贵国法律取缔，是日人放弃条约上之权利，本属碍难承认。惟是本案办报日人关系之主旨，原为关于中日两国问题，恐地方人民有所误解，欲藉此言论机关之说明，俾增两国之亲善，至批评贵国地方政治，议论市井琐事，本非该报本旨。兹为顾长沙事局起见，将本馆所担任取缔之事，临时托付贵国官署，自亦无妨，应即饬知该报馆径行呈由贵国相当官署，请照本省各项报纸检查方法一律检查。但此为一时通融办法，不得作为成例。至该报依照贵国邮政税率发送报纸，邮局拒绝不为发送，此项理由，闻基于省长谕令，应请查照，转呈省长速令邮局将对于华瀛党报之故障予以撤回为盼。等因。准此。孝威、国安同译日领复函，对于服从检查一层，实已明白表示，可否就此议结，即为解除邮递拘束，抑应如何更为交涉之处，理合会文呈报钧署，俯赐察核示遵。

抄本公署指令特派交涉员、省会警察厅文　七月九日

呈悉。查长沙系自办工巡口岸，与别口情形不同，报纸系特许事业，尤为普通商业有间，日人创办华瀛党报，自应认守中国现在及将来之关系法令。前由本兼省长电商外交、内务两部，准复赞同。业经迭令该交涉署严重交涉在案。兹据称：日领仅允饬该报呈送华官检查，仍认作临时办法，对于认守法令一节，并未就我范围。且视发行报纸为条约上之一种权利，实属强辞夺理。按中日通商续约第五款第三项查禁违碍书报之规定，系专对于本款第二项保护版权办法而为消极的制裁，前已于五二二六号指令解释明晰。今试考当时吕大臣等订约原摺，更可知此项系从美约比拟而来，而同时议订美约摺内则已郑重声明：中美人民所著书籍报纸等件，有碍中国治安者应各按律例惩办，为杜渐防微之计等语。其同时议订进口税则善后章程第二款规定免税物品，又于旧约列举各物外，增订印字书籍，水陆各图，新闻纸各种，足见当时订约之意原系专指中外人民所著书报，由外国输入中国者而言，盖不独该约并无准在中国发行明文，当然可作此解。即观于善后章程，将书报列入进口免税品内，亦可为由外输入之明征，原摺所谓杜渐防微，尤可为消极制裁之铁板注脚。殆因当时革命书报，往往来自外洋，清廷禁之甚严，故特于商约明为规定，其决非准许外人在中国非租界地内办报，自可不待烦言。在该交涉署职责所关，允当慎研约章，与日领切实驳论，务必达到认守法令目的，尤绝对不能认其临时搪塞之辞。该报既经本兼省长迭令邮务管理局停止挂号，正可执为交

涉之条件，非经彼方确实承认，断难遽予解除。应仍责成该交涉署再向日领交涉，根据部省协商办法，极力坚持，万勿稍为迁就。并责成省会警察厅谕告该报馆切实遵办，如果久抗不遵，则华官为保持自办工巡主权起见，将执行必要之手段，毋任违延，是所切望。除指令省会警察厅、交涉署外，仰即遵照办理具报。此令。

附抄日领开送日本人名义在华地发刊华文报纸表

新闻纸名	发　行　人	发 行 地	
顺天时报	渡边哲信	北京	
盛京时报	中岛真雄	奉天	
芝罘日报	桑名真次郎	芝罘	
济南日报	中西正树	济南	
湖广新报	世川洁	汉口	
青岛新报	鬼头玉汝	青岛	
闽报	赤石定藏	福州	
亚州日报	井市三郎	均在上海	
时报	宗方小太郎		
申报	冈田有民		
时事新报			（以上共计十一种）

（2）张敬尧致外交部、内务部电（1919年8月15日）

外交、内务部鉴：正密。华灜报事，八日咨部达。现日领仍不允照，成方请求办理，且断取中日续约第十款六段草义，谓长沙口岸与已开各口无异，否认成方所持自办工巡口岸与别口情形不同之说，且直将该款后段遵守工巡章程一节根本推翻，意在视长沙与各口专管租界相同，而认日人办报特许权为领事所有，图免华官干涉之风闻。前有华报欲挂洋旗，曾经英美各领以长沙并无租界，未允容庇。今独发见日本报纸，考其内容，确系华人所办，日人仅尸其名，迭与确商，仍不就范，似此割裂条约，无理强争，势难再忍。查该领现函交涉员，亦确认报纸与普通商案有别，长沙既依自办巡捕，显与各口租界不同。按照三年七、八两月交涉节要所载闽吉成案，其特许权当然属诸华官，拟照前咨办法实行，请速会商 电示至盼。敬尧。咸。

(3) 张敬尧致外交部、内务部电(1919年9月5日)

外交、内务两部鉴：统密。华瀛党报事，迭次咨电奉商，久未得复，谅已径向日使交涉。敬尧前与日领面商，彼允饬该报于九月一日停版。惟查该报现仍系藉改组内部暂停出版为辞，究竟部中如何交涉及日使如何答复，请速电示，俾便酌筹应付，至为盼幼。张敬尧。歌。

〔北洋政府内务部档案〕

7 驻华日使干涉益世报言论与美国人“收买”该报有关文件

(1919年5月—1920年6月)

(1) 外交部致内务部公函(1919年5月10日)

外交部公函 八年坐字第七六九号

径启者：准日本小幡公使来部面称：本月四日益世报载有国民自决会出现一节，其中言论有与日本断交之语，日本议员亦集合人民一千五百余人，开会演说，情形亦甚激烈。若任益世报如此登载，恐其结果，于双方均有不利等语。相应将日使来部问答，抄送贵部查核办理可也。此致

内务总长

附抄件

中华民国八年五月十日

代理部务次长会晤日本小幡公使问答(5月7日)

施参事履本、西田参赞在座。

益世报事。

小幡云:本月四日益世报载有国民自决会出现之一段,其中言论有与日本断交之情形,日本贵族院众议员之有志者等亦集合人民一千五百名之多,开会演说情形亦甚激烈。若任益世报如此登载,恐其结果于双方均有不利。

次长云:国民自决会事实上不能成立,因自五月四日事件发生以后,所有一切集会,政府均行禁阻,不准开会。至益世报论调之不稳,不独对于日本为然,对于中国政府尚常有逾越范围之言论,政府现正筹处置之法。惟一、二日内,民气颇盛,稍缓必有办法。

小幡云:民气激昂,固所深知。本公使亦接有匿名信件,谓将来杀汝或烧汝之房等语。惟益世报有与日本断绝工商业并友谊的关系之语,本公使不能默过。

次长云:此并非一般人民之意,不过一、二人之私见而已。

(2) 京师警察厅总监吴炳湘致内务总长呈(1919年5月20日)

呈为奉令核办益世报登载国民自决会论调,谨将本厅办理经过各情形具复鉴核事:本月十五日奉训令开:准外交部函开:准日本小幡公使来部面称:本月四日益世报载有国民自决会出现一节,其中言论有与日本断交之语,日本议员亦集合人民一千五百余人开会演说,情形亦甚激烈,若任益世报如此登载,恐其结果于双方均有不利等语。并将问答抄送一份,希查核办理。等因。到部。查报纸为舆论机关,妨害国交之语。岂容随意登载,若如该报所载,国民自决会论调不独于地方治安大有关系,且恐于国际间发生误会，交涉转形棘手。为此，抄送日使问答暨本月四日益世报，令仰该厅酌核办理，并将办理情形呈复。等因。奉此。查本厅前经检查本月四日北京益世报载有国民自决会出现一则，内称同人等组织国民自决会，宣誓与日本断绝工商业并各友谊的关系，克日在北京开成立大会，宣布会章，会址定于骡马市大街湖广会馆等语。当以该报所载有关地方治安，经令行外右二区查明情形具复。嗣据该区复称：遵赴骡马市大街湖广会馆查询，据该馆值年胡翔云、张则川等声称：并无有人假本馆设立国民自决会情事，该报所载显系传闻失实，当向该报馆嘱其登报更正等语。请鉴核等情到厅。复经令饬该区仍注意严查在案。查骡马市大街湖广会馆既无有人在彼设立国民自决会情事，是该益世报所载国民自决会论调，恐即系该报理想之词。至该益世报总馆原设在天津，分设于北京，本厅于七年五月据杜竹轩呈报，益世报改组，经理、编辑、发行各职务由美国人何耳担任等情。本厅并未批准备案。兹奉前因，理合将本厅调查国民自决会及办理北京益世报经过各情形，呈复宪部鉴核。
谨呈
内务总长

京师警察厅总监　吴炳湘

中华民国八年五月二十日

（3）京师警察厅总监吴炳湘致内务总长呈（1919年6月2日）

呈为办理停止益世报营业，谨将办理情形具报鉴核备案事：五月二十三日，准京畿警备总司令部函开：本日益世报登载鲁军人痛外交失败之通电一则，近日本京各处并未见有此项通电，该报所载，显系煽惑军队，鼓荡风潮。查戒严法第十四条载：戒严地域内司令官有执行左列各款事件之权，因其执行所生之损害，不得请求赔偿。同条第一项载：停止集会结社或新闻杂志图画告白等之认为与时机有妨害者各等语。本司令部认为该报所载与时机有妨害者，自应即行封闭，并将该报负责人查传送究，以杜煽惑而示惩儆，相应函请密速办理。等因。当经布告该报馆遵照，并令行该管区署执行封闭，停止出版。并查传该报馆之经理暨编辑主任人解厅究办去后。嗣据外右二区呈复：遵经饬令益世报即日停止营业，并将该报编辑主任人解请讯究前来。本厅讯据该报编辑主任人潘智远即潘云超供称：由通县原籍甫归，尚不知此项通电何从得来，请予检查等语。经派员前往该报馆检出新闻报一段，所载电文与该通电大致相同，复经电询山东张督军究竟有无此项通电。旋准张督军电称：五师并无胡龙舒其人，此事毫无影响等因。正核办间，适准司法部咨开：妨害秩序刑律具有专章，其中情节较重者如第二百二十一条、第二百二十三条第三款、第二百二十四条，法文本极周详，有犯讵容倖免。除令总检察厅通饬所属各厅严厉检举并分行外，请转令所属一体共助办理。等因。复检查该益世报五月七日有提倡同盟罢市，蛊惑商民之登载，五月十三日有假托军界一份子之言，五月十六日有劝告军警等，肆意煽惑，妨害治安之登载，均为触犯刑章，除已将该报编辑主任人潘智远即潘云超送交京师地方检察厅依法办理外。理合先将办理停止益世报营业情形，呈报宪部鉴核备案。谨呈

内务总长

京师警察厅总监　吴炳湘

中华民国八年六月二日

（4）直隶交涉员公署致京师警察厅公函（1919年6月20日）

外交部特派直隶交涉公署公函

径复者：案准五月二十九日贵厅辰字第四二四号公函，以益世报为美商行店碍难承认一案，当函复美领查照，并报明省长各在案。兹复美领函开：准函关于北京、天津益世报呈请注册为美商之行店一事，当经转知益世报公司之组织人去后。兹据该公司书记

爱温斯禀称：奉译六月七日黄特派员之函敬悉。查益世报已售与一美国公司，名曰：益世报公司。曾于本年三月间函达北京警察厅，以该报有美国人之利益在内。今北京警察厅函中所云一切，殊为失当。至美国人所承办之报章，在京营业之权利与北京顺天时报所得之权利相同。查顺天时报声明有日本人权利在内，系在外交部发出通传以后，至北京外交部通传不得添开营业一节，始终未尝实行。现北京电话号簿及北京斜堤中国方面之街市，又可知外人在北京营业为中国官厅所知，且经默许。此次封闭北京益世报馆所生之纠葛，事出北京于此项问题之函件，已呈送驻京使馆等情。前来。相应函请查照，希为转达直隶省长及有关之中国官厅为荷。等因。前来。除分别禀报外交部、省长核办外，相应函复贵厅，请烦查照核办为荷。此致

京师警察厅

中华民国八年六月二十日

（5）京师警察厅总监吴炳湘致内务部呈（1919年7月30日）

呈为益世报继续出版，抄录条款，具报鉴核备案事：据益世报经理杜竹轩呈称：本报自停止出版以来，甚为赔累，拟继续出版营业，完全系华人所办，并无外国人在内任事，开具条款，请予核示等情。查北京益世报于五月二十三日登载鲁军人痛外交失败之通电一则，经京畿警备总司令部认为所载不实，妨害时机，依据戒严法函由本厅执行封闭，停止出版，并将该报编辑主任人潘智远传厅讯究。复查该报于五月七日、十三日、十六日先后有提倡同盟罢市，劝告军警等之登载，均为触犯刑章，当将该潘智远即潘云超送交法庭，依法办理，业将本厅办理情形呈报宪部在案。据呈前情，并据声称：此次继续出版，宗旨言论力趋正轨，所有编辑事项由该具呈人担任负责等语。拟准继续出版。除批示该具呈人嗣后该报言论记载务求纯正核实，并函达京畿警备总司令部查照外，理合抄录条

款，呈报宪部鉴核备案。谨呈
内务总长
　　计抄条款一纸

京师警察厅总监　吴炳湘印

中华民国八年七月三十日

附抄益世报注册登记表

名称：益世报
体例：日刊
发行时期：八月一日继续出版
经理人姓名：年龄、籍贯、履历、住址：
杜竹轩，年三十六岁，山东恩县人。
编辑主任人姓名、年龄、籍贯、履历、住址：经理人兼
发行人姓名、年龄、籍贯、履历、住址：
张建业，二十九岁，山东惠民县人
印刷人：叶志方，三十五岁，浙江宁波人
发行所：益世报馆、宣武门外南新华街
印刷所：同上
立案年月：八年七月

(6) 外交部致内务部公函（1919年9月11日）

外交部公函　八年坐字第一四四七号

径启者：准美馆函称：美国公司现将天津及北京发行之益世报全部收买，已于八月五日在本署注册。查美国商家在北京发刊报纸，系援照中国核准之京津时报、顺天时报及华文日报例案办理。请转行该管机关等语。相应将美馆来函抄送贵部，查核办理见复，以便转复美馆可也。此致
内务总长

附抄件

中华民国八年九月十一日　印

收美使署函(八年九月八日)

径启者:益世报已按本国尼法达省之法律组成一家美国公司，所有章程已在官署立案有日。曾于本年四月间收买在天津刊行之中国益世报.将该报之名号及印报刷印等项器具全部购买。嗣后该公司又收买在北京刊行之中国益世报，将该报之名号及印报刷印等项器具全部购买，于八月五日将契据等件在本署注册。查美国商家在北京发刊报纸，系照中国已有核准之例案办理。因有京津时报、顺天时报均系日本报纸,华文日报系法国报纸.此俱核准有案。相应函请贵代总长查照，即将该公司收买中国益世报各情形转知该管机关为荷。此颂日祉。

(7) 天津警察厅关于天津益世报办理情况的复函

(1919年9月30日)

敬复者:案承台函内开:径启者:准外交部函开:美馆函称：美国公司现将天津及北京发行之益世报全部收买等语，函请核办见复前来。查天津益世报本部无案可查,该报实在情形如何,曾否在厅呈请立案,贵厅对于该报从前及现在有无批示或交涉之案,即希详细检抄送部，至纫公谊。等因。承准此。查天津益世报系于民国四年十月间出版,是时修正报纸条例尚未废止,曾由敝厅令据该报馆依据条例呈请立案，并转详前巡按使咨奉内务部核准。嗣于六年七月间,准北京美国使署丁瑞门来函:以天津益世报为中美人合办营业，请保护。当即呈奉省长指令各在案。敝厅对于该报馆现时并无何项批示，惟查本年五月二十四日敝厅曾准美国驻津领事韩思敏函开:以北京、天津益世报馆呈请注册为美国商之行店，应受美国保护等语。当由张前厅长据情转呈省长，咨请部示，并函致交涉公署查核。嗣奉省长训令第三千二百七十二号内开：据交涉员禀称：准驻津美总领事函开：兹有北京、天津益世报馆呈请注册为美国商之行店，是以应受美国保护，相应函达贵特派员，请烦查照等因。当经转函京师、天津两警察厅查明见复去后。兹准天津警察厅函称：此案前准美总领事函同前因，当据情呈请省长鉴核，并函复在案。除俟奉到指令再行函达外，函复查照。又准京师警察厅函开：查本厅于民国五年一月间，据魏子轩呈报在京组织益世报，由厅核准发给执照。嗣于六年七月，据该报馆呈报改组经理、编辑、发行各职务，由美国人何耳担任等情。当以报纸虽与普通营业不同，究含有营业性质。查外交部通传民国元年九月以后，外国人不得在北京添开营业。又本厅对于各项营业限定不准私搀洋股，该报改组更换美国人何耳接充办理，核与向章不合，当经批驳有案。是本厅对于北京益世报始终认为中国人承办，当然不能认为外商行店。况中国人在中国发行报纸亦无向外国公使注册之例，现在该报因于五月二十三日经京畿警备总司令部认为妨害时机，依据戒严法第十四条第一项之规定，函由本厅执行封闭，停止出版。准函前因，北京既经外交部通传不得添开营业有案，该报馆注册为美国商之行店一节，碍难承认，函希查照。各等因。前来。除据情转函美领外，理合禀报钧署鉴核施行等情。据此，除指令禀悉。查美领以益世报馆为美国商之行店，已据天津警察厅转呈到署，并经本署咨请内务部核办示复在案。兹据前情，仰即知照，仍候行警厅查照。此令。印发外，合行令仰该厅查照。此命。等因。旋又奉省长训令第三千六百七十九号内开：案据交涉员禀称：准京师警察厅函复，益世报馆为美商行店碍难承认一事，当经函复美领查照，并禀奉钧署指令在案。兹复准美领函开：准函关于北京天津益世报呈请注册为美国商之行店一事，当经转知该益世报公司之组织人去后。兹据该公司书记爱温斯禀称：奉译六月七日黄特派员之函敬悉。查益世报已售与一美国公司，名曰益世报公司，曾于本年三月间函达北京警察厅，以该报有美国人之利益在内，令〔今〕北京警察厅函中所云一切，殊为失当。至美国人所承办之报章，在京营业之权利与北京顺天时报所得之权利相同。查顺天时报声明有日本人权利在内，系在外交部发出通传以后，至北京经外交部通传不得添开营业一节始终未尝实行，观北京电话号簿及北京斜堤中国方面之街市，又可知外人在京营业为中国官厅所知，且经默许。此次封闭北京益世报馆所生之纠葛，事出北京关于此项问题之函件已呈送驻京使馆等情前来。相应函请查照，希为转达直隶省长及有关之中国官厅为荷。等因。前来。除禀报外交部核示并函京师警察厅外，理合禀请钧署鉴核施行，实为公便等情。据此，除指令禀悉，既据分呈仰候外交部示复办理，并候行天津警厅知照，此令印发外，合行令仰该厅知照。此令。等因。各奉此。均经转行该管警察署知照。承准前因，相应具函奉复。敬请公安

天津警察厅启

中华民国八年九月三十日

(8) 内务部致外交部公函(1919年10月25日)

内务部公函　八年警字第一三八号

径复者：美国公司收买北京天津益世报事，接准八年坐字第一五九四号函复各节。查北京益世报，于八年七月在京师警察厅呈报继续出版，经理及编辑主任人为杜竹轩、发行人为张建业，并声明完全系华人所办。天津益世报于民国四年十月在天津警察厅呈请立案，编辑人为杜竹轩，发行人为刘守荣，并遵章缴有保押费，是警察厅对于京津益世报应始终认为中国人承办，将来如有逾越范围之言论，仍依照中国官厅取缔各报馆办法，一致办理。至美馆来函，声明日期一节，据来函所称，北京益世报系八月收买，亦与美领致直隶交涉员之函显有不符。如八年五月二十七日，直隶交涉员致京师警察厅函，内引有驻津美总领事函称：北京天津益世报，呈

请注册为美国商之行店之语；又八年六月二十日，直隶交涉员致京师警察厅函，内复有准美领函据益世报公司禀称：益世报已售与一美国公司，曾于本年三月间函达北京警察厅之语。是北京益世报果如美馆来函所云，八月收买，何以美领函中有益世报公司，于本年三月函达北京警厅之语。总之，报纸为营业之一种，外人在非租界内开设，为条约所不许，京津益世报在警察厅呈报立案，既均为华人，自应认为华报，且北京益世报核其继续出版日期，实在美领声明收买之后，是美国公司收买一事，按之事实及条约限制，均属不符，断难承认，相应函复贵部查照办理。此致

外交部

中华民国八年十月廿五日

（9）外交部致内务总长公函（1919年11月27日）

外交部公函　八年坐字第一八七九号

径复者：美国公司收买北京、天津益世报事，前准十月二十五日函开各节，即经本部据复美馆。兹准复称：查此事系先于四月间美公司曾向中国益世报经理商议收买北京、天津两处益世报，后因北京益世报被中国官员查封，本署即饬知该公司不应收买，嗣于六、七月间，该报中国经理已蒙允准，再行刊行。该公司遂又继续议商，即于八月五日办理成就，本署有案可稽。至内务部所称，报纸为营业之一种，外人在非租界内开设，为条约所不许一节。兹再声明：如有他国人在北京或他处地方实在办理此事，内务部并不拦阻，本署公使即不能承认该部有权阻止美国人民办此相同之事，请转复等语前来。相应将美馆来函钞送贵部查照可也。此致

内务总长

附抄件

中华民国八年十一月二十七日

收美国使署函

径启者:接准贵代总长十一月一日函称:收买天津、北京益世报一事,准内务部函称:美使馆声明北京益世报系八月收买一节,查八年五月廿七日,直隶交涉员致京师警察厅函内,引有驻津美国总领事函称:北京天津益世报,呈请注册为美商行店等因。查收买北京益世报,磋商一切,系在北京办理,且时常报明本署,是以一闻内务部所言各节,极为诧异。其收买事实如下:四月间有某美商按照本国律例,组成公司一家,名曰益世报公司,旋经该公司向中国益世报经理商议收买北京天津两处益世报事宜。天津益世报不日即行购妥,正当议事之时,北京益世报即被中国官员查封,因收买之事尚未办理妥协,是以本署亦未辩驳,一任中国官员有权随意处置该报,并饬知该公司不应收买及刊行已经华官查封之报,故将收买该报之事搁置不议。嗣于六七月间,该报中国经理已蒙允再刊行,该公司遂又继续议商,于八月五日办理成就,此时已经收买之天津益世报业已刊行,本署均已有案可稽。接准贵部十一月一日来函,立即饬令驻天津本国总领事查复,旋于十一月十三日,接准呈复内称:五月间,有益世报公司之律师艾文思,报明本总领事云:该公司业经收买北京天津益世报,请求注册为美商行店等语。自接该总领事呈复后,当传益世报经理柏乐询问,据称:艾文思系属该公司之律师,所有组织该公司收买二报各项字据,均系该律师经手缮写,惟其常驻天津,对于北京收买之事,并未详细闻知,只缮单据而已,未俟事之成功与否,即于收买天津益世报之时,并云北京益世报一并收买。议购将妥之际,不料华官将该报查封,经本署饬令停议,伊等即遵谕而行。艾律师因知北京之事,系有本署管理,伊报明该总领事时,并未注意,故未将所办之事告知该经理柏尔,艾文思之报告系属错误,因其不知北京之详细情形故也。至内务部所称:总之,报纸为营业之一种,外人在非租界内开设,为条约所不许一节,兹再声明,如有他国之人在北京或他处地方实在办理此事，内务部并不拦阻，本署公使即不能承认该部有权阻止美国人民办此相同之事，相应函请贵代总长查照转行该管官员知照为荷。此颂日祉。

丁家立启

十一月二十日

（10）内务部致外交部公函（1919年12月8日）

内务部公函

径复者：美国公司收买益世报事，本部前因与条约限制不符，碍难承认，业经函复在案。兹复准十一月二十七日函开各节，并抄件到部。本部查美馆原函声明报告错误一节，系属不成问题，缘报纸为营业之一种，外人在非租界内开设，本为条约所不许，条约之效力，自足以支配一般，有反此限制者，当然不发生效力，固无论报告有无错误也。原函又称，如有他国人在北京或他处地方实在办理此事，内务部并不拦阻等语。查外交部通知外商不得在内地开设营业，系在民国元年九月间发布，北京地方，除顺天时报系开设于元年以前，该公司不得援以为例外，其余如日人之卫生新报，英人之英文京报，法人之北京新闻报，以及广东地方英人之中西合璧星期报，湖南地方日人之华瀛觉报，当事实发生，本部无不援据条约，先后咨请外交部严重交涉，或禁止出版，有案可稽。原函所称内务部并不拦阻，殊属不符事实。至谓不能承认内务部有权阻止美国人民办此相同之事一语，尤为不合。查民国为完全自主国家，内务部主管内政，为行使国权一部分之最高行政机关，立于完全监督地位，职权所在，不容放弃。本部经过事实，对于日人之卫生新报等案，既经行使职权，咨请外交部查禁在前，则对于他国人民办理相同之事，办法自应一致。此次美国人民收买益世报，核与卫生新报等案系属相同之事，本部查照成案，当然行使职权，有阻止收买之完全权力，美国人民自不得藉口而欲脱离国际条约之限制。

综观以上情形，是美国人民收买益世报一事，本部碍难承认，仍应依约禁阻，免开先例，相应函复贵部，查酌办理。此致

外交部

中华民国八年十二月八日

（11）外交部致内务部公函（1919年12月22日）

外交部公函　八年坐字第二〇四四号

径复者：美国公司收买益世报事，接准十二月八日函开各节，备悉一是。查近年外人屡有在北京及非租界内开设报馆情事，虽迭经禁阻，每难收效。此次美国公司收买益世报，由美馆知照前来，若不驳复，恐涉默认之嫌。来函请予禁阻，本部亦表赞同。惟原文所引各案，有未经交涉之件，似可无庸叙入。现拟就贵部文开各节，略加删减，答复美馆，相应将拟驳美馆函稿一纸，函请查照，如荷同意，希即见复，以凭转复可也。此致

内务总长

附件一件

中华民国八年十二月二十二日

外交部致美驻华使署函稿

径复者：美国公司收买益世报事，准十一月二十日来函，当即接转内务部。兹准复称：此事本部前因与条约限制不符，碍难承认，业经函复在案。兹复准十一月二十七日函开各节，并抄件到部。本部查美馆原函声明报告错误一节，系属不成问题。缘报纸为营业之一种，外人在非租界内开设，本为条约所不许，条约之效力，自足以支配一般，凡有反对此限制者，当然不发生效力，固无论报告有无错误也。原函又称：如有他国人在北京或他处地方实在办理此事，内务部并不阻拦等语。查外商不得在北京地面添设营业，系在民国元年九月间发布，顺天时报系开设于元年以前，该公

司不得援以为例。又日本人拟在湖南地方经营华瀛党报，曾经本部转行地方官禁阻有案，可稽原函。又称：不能承认内务部有权阻止美国人民办此相同之事一语，尤为不合。查民国为完全自主国家，内务部主管内政，为行使国权一部分之最高行政机关，立于完全监督地位，职权所在，不容放弃。本部对于日本人之华瀛党报，既经行使职权，咨行地方官查禁在前，则对于他国人民办理相同之事，办法自应一致。此次美国人收买益世报，核与华瀛党报系属相同之事。本部查照成案，当然行使职权，有阻止收买完全之权力。美国人民自不得藉口而欲脱离国际条约之限制。综观以上之情形，是美国人民收买益世报一事，本部碍难承认，仍请依约禁阻，免开先例等语。查美国公司收买益世报，内务部既以碍难承认函开各节，请转复前来。相应函复贵公使查照可也。顺颂日祉。

（12）外交部致内务部公函（1920年6月12日）

外交部公函　九年爱字第一二四一号

径启者：美国公司收买益世报事，前准一月七日来函，当经本部据复美馆。兹复准该馆函称：此事前准一月十二日函，以外商不得在北京地面添设营业，系民国元年九月间发布，顺天时报系开设于元年以前，该公司不得援以为例一节，按一千八百五十八年中美条约第三十款美国人民对于他国人民享有之利益，堪以完全均沾，则益世报正当经营之营业，自当一律享受条约之利益。昨据该报管理柏尔呈报：是日有中国巡警，并未通知本国官员，遽行侵入该报办事室，擅自搜查稿件，此系侵犯条约之利益，本署不能容忍。请饬知京师警察厅不得再为干涉，应按照条约办理等语。相应将来函抄送查照核办可也。

此致

内务总长

附抄件

中华民国九年六月十二日

收美使署函

径启者：本年一月十二日接准来函，关于本国公司收买北京益世报一事。至函内称：美馆原函所开：如有他国人在北京或他处地方实在办理此事，内务部并不阻拦等语。查外商不得在北京地面添设营业，系民国元年九月间发布，顺天时报开设于元年以前，该公司不得援以为例一节。贵代总长深知于一千八百五十八年中美两国所订条约第三十款，按照此款美国人民对于他国之人民享有之一切利益，堪以完全均沾。他国人民在北京现正刊行之新闻报纸，系属何时组织，及民国元年九月所称禁止开设报馆，此两事对于本国政府并无关系。贵国政府定行明瞭，因本国政府其注重专在目下外国人办理之报纸，仍在北京刊行之一端。若此利益非中国政府欲推诿条约允行之义务，即不能不给予本国人一律享受。本署主张益世报正当所得及正当经营之营业，万不能将此项主张略事更改。据代表本国公司管理该报之柏尔昨日呈报本署，是日有中国巡警二名，前往该报馆办事室擅自搜查稿件，当被携去稿底二件。此房系本国人租赁，以为经理营业之用，中国巡警并未通知本国官员，遽行侵入，此系侵犯条约应得之利益，本署不能容忍。该报所登之新闻，由本国管理之人担负责任，如有违背法律章程之事，应在天津本国总领事署控告，即可对于其所言错误之事加以审查，亦可秉公判决。故请贵代总长查明，立即饬知京师警察厅总监不得再为干涉本国人之营业。如有须控告该报馆之处，应按约章办理可也。此颂日祉。

（13）京师警察厅致内务部警政司公函（1920年6月30日）

京师警察厅公函　九年巳字第三八九号

径复者：准函开：准外交部函美国公司收买益世报事，前准一月七日来函，当经本部据复美馆。兹复准该馆函称：此事前准一月十二日函以外商不得在北京地面添设营业，系民国元年九月间发布，顺天时报系开设于元年以前，该公司不得援以为例一节，按一千八百五十八年中美条约第三十款，美国人民对于他国人民享有之利益。堪以完全均沾，则益世报正当经营之营业，自当一律享受条约之利益，昨据该报管理柏尔呈报，是日有中国巡警，并未通知本国官员，遽行侵入该报办事室，擅自搜查稿件，此系侵犯条约之利益，本署不能容忍，请饬知京师警察厅不得再为干涉，应按条约办理等语。抄送原函到部，相应抄录原件，函请查明见复。等因。附抄件到厅。查该报于本年六月一日、四日，先后登载安福部招兵筹饷，段祺瑞计划援湘两则，系属有意造谣，当经本厅饬传该报负责人来厅询问此项新闻来历。据称：回馆调查，当派警随往，取回原稿二件，当时并无入办事室擅自搜查情事，原函所称与事实不符。至美馆来函所称收买北京益世报一节，查民国五年一月，据魏子轩呈报在京组织益世报，由厅核准发行。嗣于六年七月据杜竹轩呈报：益世报改组，由美国人何耳担任该报经理、编辑、发行各职务。当以报纸虽与普通营业不同，究含有营业性质，本厅准外交部通传民国元年九月以后外国人不得在北京添开营业。又本厅对于各项营业限定不准私搀洋股，该报更换美国人何耳接办，核与向章不合，经厅批驳在案。八年五月该报因登载失实，经前京畿警备总司令部依据戒严法函由本厅执行封闭，停止出版。旋准直隶交涉公署先后函开：准驻津美总领事来函，北京天津益世报呈请注册为美国商之行店，应受美国保护等因。迭经本厅据理驳复。是年七月，据杜竹轩呈请准予继续营业。并据声称：该报完全系华人所办，并无外国人在内办事等情。复经核准继续出版，先后均经报部在案，是该益世报始终为中国人所办之报纸，中国官厅管理中国人所办之报，本与外商无涉，美使馆即无干预之理由。美国公司收买之说，既与定章不合，尤属不成问题。至于顺天时报系开设于元年以前，固不得援以为例。且即以顺天时报而论，历来本厅对于该报所载，或有失当之处，仍随时加以相当之干涉。该益世报更不得于此有所藉口也。除嗣后该报如有违反法律之言论，本厅仍当依法干涉取缔外，相应函复贵司，即希查照转复为荷。此致

内务部警政司

中华民国九年六月三十日

〔北洋政府内务部档案〕

8　福建巡按使关于查办闽报反对袁世凯帝制言论的文电

（1916年1—2月）

（1）福建巡按使许世英致统率办事处密电（1月16日）

北京。统率办事处、外交部、内务部钧鉴：赓密。旅闽日人所开之闽报，平素言论甚属平正，自变更国体以后，为之一变，滇事发生觉〔更〕为加厉。探闻该报曾受彼政府津贴，其言论以领事为指示，领事以政府为趋向。该报时出号外，捕风捉影，分饬警厅干涉销毁，并特派员向日领质问有更正者，其不即更正者则由警厅授意民生、去毒钟两报亦出号外，针对该报号外辨正，并由市政会密告启人发通启，宣言闽报有意造谣，毫无价值，相戒不购。乃该报不计报赀，送人阅看，警厅随即收销。现将各省关于滇事可以公布之电汇副一册，分寄全省，以便该报无所施其伎俩。消极、积极二者并进，足以抵御。至地面人心，均极安靖，特此奉闻。世英。谏。印。

（洪宪元年一月十七日收电）

（2）福建巡按使公署致闽省各警察厅长饬（1月17日）

巡按使公署密饬　第　号

为饬知事：查闽报前因种种记载失实，当由日领告诫在案。近据报告，闽报号外妄造谣言，肆意鼓惑，殊碍地方治安，并挑拨邦交恶感，本使对于各方每日均有确实通电，并无此等事实，足见该报

任情摇惑，居心殊不可问。为此，饬仰该警察厅长、道尹、知事转饬所属各警区严行查禁，商学各界对于此等无价值之报纸一律停阅，以维国权，而保治安。切切。此饬。

右通饬　四道尹、厦门、省会、水上警察厅长、闽侯县知事准此

巡按使

洪宪元年一月十七日

（3）福建巡按使致内务总长咨（2月12日）

福建巡按使公署为咨陈事：查旅闽日人在福州省城泛船浦地方开设报馆有年，平素言论尚属平正。自滇事发生而后，该报登载，时多失实，探闻该报系受日政府津贴，听领事指导，意在挑拨煽惑，其一月八日、十五、十八等日所发号外，倡言某省独立，某省联合，并于电栏内载派使者来朝，欲让与日本大权利，要求承认帝制等语。种种谣言，荒谬不可言状，于地方治安，邦交睦谊殊多妨害。迭经照会日领事饬该报更正，慎重登载。该报一面更正，一面仍复造谣。本巡按使现以积极消极两法抵制之，一面仍由交涉员与日领事慎重交涉，一面饬省警厅密为禁止，并随时销毁；复由市政会会董以商人个人名义，密印小启，偏示商民，一律订阅，又于省城民生、去毒钟两报，同时发布正确之号外，针对辩正，是该报已处于自然消灭之地位，当亦无所施其伎俩。现在商务照常，地方均极安谧，相应抄录取缔闽报之往来文件及该报所发号外，咨陈大部查核备案。为此咨陈

内务总长

附抄件

福建巡按使　许世英

洪宪元年二月十二日

福建巡按使公署致特派交涉员饬(1916年1月17日)

福建巡按使公署饬　第二八三号

为饬知事：查闽报前因种种记载不实，当由日领事告诫在案。本日据省会警察厅报告，并附闽报一月八日号外一纸，妄造谣言，肆意鼓惑，有碍地方治安，挑拨邦交恶感，本使对于各方每日均有确实通电，并无此等事实，足见该报任情摇惑，居心殊不可问。为此，饬仰该特派员亟向日领事严重交涉，并请其将该报禁止发行号外，该报在中国领土，本使自有干涉之权，除饬警察厅严查禁止外，合行检该号外二纸，饬仰该特派员即行遵照办理。切切，此饬。

附号外两纸

右饬特派交涉员　准此

洪宪元年一月十七日

闽报号外

大正五年一月八日

阴历乙卯年二月四日

第二千三百二十号

四川、北京间之电报，自三号起已不通。

四川军队之一部，因连络云南独立军后，该省之风云因而极行险恶。

以上八日下午二点重庆来电。

潜伏湖南省内各地之革命党员，现大行蜂起。

云南风云日急，同时湖南省之军队亦行摇动，胁迫湖南将军汤芗铭氏，要求宣布该省独立，形势极为猛烈。

汤将军现为部下军队之意所动，形势陷于危迫。

以上八日下午二点长沙来电。

贵州巡按使刘显世已被暗杀。

前陆军总长段祺瑞氏扮装苦力模样，自北京潜逃上海。

以上八日下午二点半上海来电。

发行所南台泛船浦。

闽报号外

大正五年一月十五日

阴历乙卯十二月十一日

第二千三百二十六号

甘肃省于八日经既发表独立宣言。

云南革命党结束，益渐巩固。

贵州确实发表独立宣言。

以上十五日下午二点上海来电。

革命党以香港为根据地，拟杀倒广东将军龙济光，而后计划占领广东。

岑春煊、林虎自潜入澳门以来，广东之形势渐变险恶。

以上十五日下午二点香港来电。

甘肃、山西状态不稳，满洲亦经革命党潜入，危险充满全国，北京政府刻下战战汹汹。

以上十五日北京来电。

广东振武上将军龙济光，于十二日施行广东市街戒严令，市街各处特设临时炮垒。

在广东革命党员，于日昨用炸弹暴发广东电灯公司。

福建省会警察厅长吴文炳致巡按使密详(1915年12月17日)

密详为闽报对于国体问题，率多任意妄登，业经函请外交特派员严重交涉，谨具文请乞察核事：窃查本月十四、十五、十六、十七等日，闽报对于国体各电文及论说，率多任意妄登，诚恐阅者无知误会，不免有鼓〔蛊〕惑人心，扰乱治安之虞。当经厅长将该报妄登之处，逐一标明，先后函请外交特派员向日本领事严重交涉，迅饬该报馆更正。并饬嗣后关于国体事宜，审慎登载，以安人心，而维秩序。除函外交特派员外，理合密详钧使察核。谨密详

巡按使

福建省会警察厅厅长　吴文炳

中华民国四年十二月十七日

外交部特派福建交涉员王寿昌致巡按使详(1916年1月21日)

详为详报事：案照福州闽报登载不实，业经本署函请日本领事转饬更正，及照会请其严饬该报馆慎重登载各情形先后详报，并函达知照在案。兹准日本领事照复以关于取缔闽报记事，于本月十八日接准字字第四号照会阅悉。查本案屡经贵特派员商请本领事，迭经转谕该报，若有揭载失实之记事，应即指摘其事登载更正文。又若有措词欠当之处，亦应注意，将来慎重登载，在该报主笔亦仰体其意，随时登载更正文，其论说亦为慎重执笔，谅已邀洞鉴。惟查该报每日接到电报之中，涉于贵国目下时事问题者，上海等处刊行贵国报纸亦多登载，而此项上海报纸在本埠购读者，颇有其人。乃独取缔闽报，似不得谓之公允，即其效力无几也。贵国官宪对贵国报纸与外国人发刊之新闻纸，办法自无偏颇，然以本领事所闻，数日以来，省会警察厅警察官饬令闽报代售店禁止贩卖闽报，违者严罚等情。贵国官宪既有一面切要本领事取缔该报，于彼面复出于如此办法，本领事未能了解贵官宪意旨所在，兹特声明，为此照复，即烦查照为荷。等因。前来。除再由本署照复并函知警察厅知照外，合将照复稿录摺具文，详报巡按使察鉴。谨详

巡按使许

外交部特派福建交涉员　王寿昌

附清摺一扣

洪宪元年一月二十一日

附清摺

谨将照复日本领事文稿照录清摺详送钧鉴。

为照复事：接准照复以关于取缔闽报记事一节，屡承商请，迭经转谕该报，若有揭载失实，应即更正；又若有措词欠当，将来亦应慎重执笔。惟该报每日接到电报，涉于中国时事问题，上海等处报纸亦多登载，乃独取缔闽报，似非公允。数日以来，闻省会警察官饬令闽报代售店禁止贩卖，违者严罚，既一面切要本领事取缔该报，于彼面复出如此办法，未能了解，请查照等因前来。查闽报登载失实，屡经贵领事转谕摘录更正，并饬以此后慎重执笔，本特派员无任感荷。惟该报馆一面登载本署更正之函件，而不实之电报以及无稽之词仍复源源不绝，本特派员深恐有碍治安，挑拨恶感，故又于本月十九日照会贵领事设法取缔在案。其上海等处报纸，若有登载不实以及造谣鼓蛊惑之事，各该管地方官亦自必分别从严取缔，断无偏重之处。至警察厅近日因维持治安起见，传知各派报处将登载不实之各种号外，停止分送，并无禁止售卖闽报情事。贵领事素笃邦交，仍希望查照前文，切实设法取缔该报馆，使不至再有发现前项之谰言，以靖人心而维秩序，实纫睦谊。准照前因，合就照复，为此照复贵领事查照办理为荷，须至照会者。

洪宪元年一月二十一日

〔北洋政府内务部档案〕

〔五〕出版与查禁

（一）出版法规与令文

1　内务部关于著作物暂照前清著作权律核办的通告

（1912年9月21日）

为通告事：查著作物注册给照，关系人民私权。本部查前清著作权律，尚无与民国国体抵触之条，自应暂行援照办理，为此刊登公报。凡有著作者，拟呈请注册及曾经呈报未据缴费领照者，应即遵照著作权律，分别呈候核办可也。

中华民国元年九月二十一日

附《著作权律》〔略〕

〔《政府公报》第149号〕

2　大总统公布出版法申令

（1914年12月4日）

大总统申令

参政院议决出版法，兹公布之。此令。

中华民国三年十二月四日

国务卿　陆征祥

出版法

第一条　用机械或印版及其他化学材料印刷之文书图画出售或散布者，均为出版。

第二条　出版之关系人如左：

一、著作人，

二、发行人，

三、印刷人。

著作人以著作者及有著作权者为限，发行人以贩卖文书图画为营业者为限，但著作人及著作权承继人得兼充之，印刷人以代表印刷所者为限。

第三条　出版之文书图画，应将左列各款记载之：

一、著作人之姓名、籍贯；

二、发行人之姓名、住址及发行之年月日；

三、印刷人之姓名、住址及印刷之年月日，其印刷所有名称者并其名称。

第四条　出版之文书图画，应于发行或散布前禀报该警察官署，并将出版物以一份送该官署，以一份经由该官署送内务部备案。

官署或国家他种机关及地方自治团体机关之出版，应送内务部备案，但其出版关于职权内之记载或报告者，不在此限。

第五条　前条之禀报，应由发行人及著作人联名行之，但非卖品得由著作人或发行人一人行之。其不受著作权保护之文书图画，得由发行人申明理由行之。

第六条　以学校、公司、局所、寺院、会所之名义出版者，应用该学校等名称禀报。

第七条　以无主之著作发行者，应预将原由登载官报，俟一年内无人承认，方许禀报。

第八条　编号逐次发行或分数次发行之出版物，应于每次发行时禀报。

第九条　已经备案之出版【物】，于出版时如有修改、增减或添加注释、插入图画者，应依第四条之规定，再行禀报备案。

第十条　凡信柬、报告、会章、校规、族谱、公启、讲义、契卷、凭照、号单、广告、照片等类之出版，不适用第三条、第四条之规定，但遇有违反第十一条、第十二条之规定时，仍依本法处理之。

其仿刻照印古书籍金石载在四库书目或经教育部审定者，适用前项之规定。

第十一条　文书图画有左列各款情事之一者，不得出版。

一、淆乱政体者；

二、妨害治安者；

三、败坏风俗者；

四、煽动曲庇犯罪人、刑事被告人或陷害刑事被告人者；

五、轻罪重罪之预审案件，未经公判者；

六、诉讼或会议事件之禁止旁听者；

七、揭载军事、外交及其他官署机密之文书图画者，但得经该官署许可时不在此限；

八、攻讦他人阴私、损害其名誉者。

第十二条　在国外发行之文书图画违犯前条各款者，不得在国内出售或散布。

第十三条　依第十一条禁止出版之文书图画，及依第二条禁止出售或散布之文书图画，有出版或出售散布者，该管警察官署认为必要时得没收其印本及其印版。

第十四条　违反第三条、第四条、第八条、第九条之规定者，处发行人五十元以下五元以上之罚金。

第十五条　违反第十一条第一款、第二款者，除没收其印本或印版外，处著作人、印刷人以五年有期徒刑或拘役。

第十六条　违反第十一条第三款至第七款者，除没收其印本或印版外，处著作人、发行人以一百五十元以下十五元以上之罚金。

第十七条　违反第十一条第八款，经被害人告诉时，依刑律处断。

第十八条　违反第十二条者，依第十五条、第十六条、第十七条处罚。

第十九条　依第十三条、第十五条、第十六条应没收之印本或印版，依其体裁可为分别时，得分割其一部分没收之。

第二十条　应受本法之处罚者，不适用刑律累犯罪、俱发罪暨自首之规定。

第二十一条　关于本法之公诉期间，自发行之日起，以一年为限。

第二十二条　本法所定属于警察官署权限之事项，其未设警察官署地方，以县知事处理之。

第二十三条　本法自公布日施行。

〔北洋政府零散军事档案〕

3　教育部禁止出版伤风败俗小说杂志的通告

（1915年1月22日）

为通告事：查国势崇替，恒由治化之隆污，而治化之隆污，实系文教之升降，所谓文教者，乃文章制作之事也。大凡一国之文章制作，其大雅深醇卓尔可久者，国必强而理大而昌；其靡苶衰退流荡妄返者，国必亦随之而殆。

世界诸文明国，当其文章极盛之时，多即国势最隆之世。如罗马之奥格斯图时代，英国之衣利沙伯时代。其尤著者，今日之德意志国，亦以文章学艺大兴而后国力骤增，政治修举，称雄于天下。日本近时亦汲汲于文治，材知之士，莫不研精造作，文籍日繁，学术大备，因得与列强齐驱并驾。由是而知，文教之与政理，其关系深切有如此也。

吾国学衰文敝非一日矣！浮伪之辞既多，鸿博之制寝寡，以至人愚俗坏，国势日倾。幸际除旧之时，聿启维新之运，宜以力挽颓风，宏开文雅，进斯民于仁智，致大业于隆平矣。不图一、二年间，浮靡纤仄之风乃日甚一日，出版书籍除一、二纯粹科学书籍及学校用之教本外，其流行于社会者，非纤佻浮薄、庞杂零散之小品丛话，即猥鄙乖离、有伤风俗之小说杂志。其稍近雅正、流弊不多者，百中难得一、二，而名目吊诡、图画荒谬之书已充斥市肆。夫名题所以冠领全书，自应以典核为尚，岂可故为诡异，滥用俗谬，以眩惑闻听。至封面之画，则大抵作为男女挑招私昵，袒露诸态尤为乖剌。甚至其书本无甚谬，而亦题一诡异名目，加一淫猥封面，诚不知是何用心。故今日社会青年，欲于父师训教而外，求一醇正平易、可以随意浏览、开发神智之书，几于必不可得。偶一购阅新出之短书小说，多为有损无益。其上焉者，尚不过杂萃古今、闺帏猥肖之谈，记写市井经轻薄离奇之事，然已足使读者志气委靡，思想浊乱；其下焉者，则更加甚，累帙所纪，无非劫杀淫乱之恶，男女帷薄之私，猥媟之辞，淫肆之状几于满纸。且多显背人道之常，公为放佚之论。读其书者至不复知人间有羞耻事。

吾国国民教育，尚未十分发达，社会之中不乏根性不良、训教尚浅之人，使常濡染于此等之书，其不至于习焉不察，敢于为恶者几希，甚者或且违法干纪，陷于刑戮。是知此等书籍流布社会，其弊小之，使士习日漓，知能消乏；大之致人心增肆，奸宄繁兴，实为荡乱之明媒，治教之巨厉。而况今日列国交通，冠盖相望于境，观风觇俗，其人多矣。使见文风如此衰靡，社会如此敝恶，又将何以息无教之讥，销轻侵之念，弭陵侮之端。由是而观，此类书籍之为害，不独深中于社会而已，国际间亦将蒙莫大之影响也。此类的小说，每托名于模拟社会状况，仿效欧西小说，殊不知欧西小说中固有专纪社会黑暗之状者，所谓自然派、写实派之小说，淑勒穆普生等□□□制作，然皆以提振为心，训诫为用，旨趣既宏，取材尤慎，言亦俚而必不乖雅，事虽诡而终存其理，为道不同，取效亦异，岂可同日而语哉。

夫著作、出版二者均为社会中甚高之事业，必期所作皆有益于人，斯为不负所业。方今世界，学术日益昌明，外国著作出版之事均极发达，政治、科学、文艺、美术诸类之书，浩瀚无纪，其专门绝诣，旦夕难通，卷帙繁重者固多，而为寻常士庶而作，阐解普通学艺，灌输必需知识，如小本百科全书，家庭大学丛书等亦不可胜数。按之吾国社会现状，介绍此等之书尤为急务，若能甄择纂译，刊印流传，必有津逮之功，而为社会所许。即不能从事译述，钻研故纪，考订旧文，识大识小均可成篇，又何必妄费精神，虚耗资力，为有损无益之举，迷误后生，隳坠民俗，使文风因而愈降，治化益以难兴，为有识所刺讥，受邻邦之指摘乎。至书中插画附图，均为观感所资，亦宜力求纯洁。外国艺术中意象深邈，形容典则之作极多，自可抚摸写印，即求之中国古代之图绘，亦多雅正醇洁，可以摸写，何为专取猥劣不经之绘，以自秽其书而毒读者之情，想此皆本部所为此类著作人、出版人不解者也。倘能激励真诚，共图利济，凡所营作，一以裨益社会为归，博综学术艺文，广播要书雅籍，使士林有研讨之资，群庶蒙开悟之泽，则一国之人智慧大增，德能美备，民俗复归于朴，治化日进融明，社会国家受惠之大可胜言哉。

夫一国之文明治敉，本非执政数人之力所能为效，必赖举国一心，戮力共作，乃克有济。而诸司存业之中，其心力所至，影响于文治最深且巨者，又莫尚于著作人与出版人矣。任重致远，期于此在，故不得不援责善之谊，而进箴规之辟，而望深体斯衷，力行其是；以启文盛之治，而大维新之功，是所厚望也。特此通告。

中华民国四年一月二十二日

〔《政府公报》民国四年一月二十九日〕

4 大总统公布著作权法申令

(1915年11月 7 日)

大总统申令

参政院议决著作权法，兹公布之。此令。

中华民国四年十一月七日

国务卿　陆征祥

著作权法

第一章　总　　纲

第一条　左列著作物，依本法注册专有重制之利益者，为著作权：

一、文书、讲义、演述；

二、乐谱、戏曲；

三、图画、帖本；

四、照片、雕刻、模型；

五、其他关于学艺美术之著作物。

第二条　著作权之注册，由内务部行之。关于注册之程序及规费，以教令定之。

第三条　著作权得转让于他人。

第二章　　著作人之权利

第四条　著作权归著作人终身有之，著作人死之后，并得由其承继人继续享有三十年。

第五条　数人共同之著作，其著作权归各著作人共同终身有之，各著作人死之后，并得由各承继人继续享有三十年。

第六条　著作人死之后，承继人将其遗著发行者，其著作权亦得享有三十年。

第七条　以官署、学校、公司、局所、寺院、会所之名义发行之著作，其著作权亦得享有三十年。

第八条　不著姓名或以别号发行之著作，其著作权得享有三十年；但于期间未满以前改正真实姓名时，适用第四条之规定。

第九条　照片之著作权，得专有十年；但附属于他著作物者不在此限。

第十条　从外国著作适法以国文翻译成书者，翻译人得依第四条之规定享有著作权。但不得禁止他人就原文另译国文，其译文无同者不在此限。

第十一条　著作权之年限，自注册之日起算。

第十二条　第四条承继人之著作权，自著作人死亡后之翌年起算；第五条各承继人之著作权，自各著作人中最后死亡者死亡翌年起算。

第十三条　编号逐次发行之著作或分数次发行之著作，均应于首次注册时预行声明，嗣后每次发行仍应禀报。

第十四条　编号逐次发行之著作，其著作权之年限，自每号禀报之日起算；分数次发行之著作，其著作权之年限，自最后部分禀报之日起算；但该著作虽未完成，其应行继续之部分已逾三年尚未发行者，以业已禀报之部分视为最后之部分。

前项之规定，若于第一次注册时预行声明继续发行之期限者，得不适用之。

第十五条　著作人死亡后，若无承继人，其著作权即行消灭。

第十六条　著作权之转移及承继，均须注册。

第十七条　在专有著作权年限内，将原著作重制时，修改章句或插入图画者，应附具样本，禀报于原注册之官署。

第十八条　数人合成之著作，其中如有一人不愿发行者，其著作之体裁如可分割，应将该著作之一部分提开，听其自主。如不能分割时，应由各发行人酬以相当之利益，其著作归各发行人公有；但其人不愿列名于该著作者，应听其便。

第十九条　适法搜集多数之著作编成一种著作者，编辑人于其编成之著作，得依第四条之规定专有著作权；但出于剽窃割裂者，不在此限。

第二十条　出于聘人所成之著作或照片，其著作权归出资者有之。

第二十一条　讲义演述，虽经他人笔述或由官署、学校印刷，其著作权仍归讲演者有之；但依契约之所定或经讲演者之允许时，不在此限。

第二十二条　就他人之著作阐发新理，或以与原著作物不同之技术制成美术品者，均得视为著作人，享有著作权。

第二十三条　左列著作物不得享有著作权：

一、法令约章及文书案牍；

二、各种善会宣讲之劝戒文；

三、各种报纸记载，关于政治及时事之论说新闻；

四、公开之演说。

第二十四条　依出版法之规定不得出版之著作物，不得享有著作权。

第三章　著作权之侵害

第二十五条　著作权经注册后，遇有他人翻印仿制及其他各种假冒方法致损害其权利时，得提起诉讼。

第二十六条　著作权之转让及抵押，非经注册不得与第三者对抗。

第二十七条　接受或承继著作权者，不得就原著作加以割裂及变匿姓名或更换名目发行；但得原著作人之同意或受有遗嘱时不在此限。

第二十八条　著作权年限已满之著作，视为公共之物；但不问何人不得加以割裂改窜及变匿姓名或变更名目发行。

第二十九条　假托他人姓名发行自己之著作物者，以假冒论。

第三十条　不得以他人未发行之著作物为债权之抵押，但经本人允许者不在此限。

第三十一条　左列各款之著作物，不以假冒论：

一、节选众人著作成书，以供普通之教科书及参考之用者；

二、节录、引摘他人著作，以供自己著作之考证注释者；

三、仿他人图画以为雕刻模型，或仿他人雕刻模型，以为图画者。

前项第一款、第二款之著作，须注明原著作之出处。

第三十二条　著作权之侵害，经著作人提起诉讼时，除依本法处罚外，被害人所受之损失，应由侵害者赔偿。

第三十三条　数人合成之著作，其著作权受侵害时，不必俟余人之同意，得进行提起诉讼，并请求赔偿一己所受之损失。

第三十四条　因著作权之侵害，提起民事或刑事诉讼，得由原告请求法院将涉于假冒之著作物，暂行停止其发行。

前项之诉讼，若由法院审明并非假冒，其判决确定后，被告因停止发行时所受之损失，应由原告人赔偿。

第三十五条　著作权之侵害，若由法院判决其并非有心假冒，得免处罚，但须将被告所已得之利益偿还原告。

第四章　罚则

第三十六条　翻印仿制及以其他方法假冒他人之著作者，处五百元以下五十元以上之罚金，其知情代为出售者亦同。

第三十七条　违反第二十七条、第三十条之规定者，处四百元以下四十元以上之罚金。

第三十八条　违反第二十条、第三十一条第二项之规定者，处三百元以下三十元以上之罚金。

第三十九条　注册时禀报不实，或不依第十七条之规定禀报者，除将著作权取消外，处二百元以下二十元以上之罚金。

第四十条　未经注册之著作，于其末幅假填注册年月日者，处一百元以下十元以上之罚金。

第四十一条　依本章处罚之著作物没收之。

第四十二条　第三十六条、第三十七条之违犯经被害者告诉乃论，但因违反第二十七条之规定，原著作人已死之时不在此限。

第四十三条　关于本法之公诉期间，自注册之日起以二年为限。

第五章　附　　则

第四十四条　本法自公布日施行。

第四十五条　本法施行前已注册之著作物，自本法施行之日起，得受本法之保护。

5　内务部公布释藏经典印刷规则令

（1920年10月2日）

内务部令第一百十二号

本部制定释藏经典印刷规则，业经呈奉大总统核准，兹公布之。此令。

中华民国九年十月二日

署内务总长　张志潭

释藏经典印刷规则

第一条　印刷释藏经典，每年定为两届，其期间以三月至四月及九月至十月为限。

第二条　颁领释藏经典，由受领者自觅商人承印，但同一届内不得分用印刷商人二处以上。前项印刷商人，如领受者不在京时，得委托柏林寺住持代觅之。

第三条　印刷商人承印释藏经典，须遵守左列各规定：

一、不得将经版运出寺外工作，二、不得损坏版片，三、不得偷印私卖，四、不得多印篇张，五、不得字迹模糊，六、经版印毕上架，不得次序凌乱。

第四条　承印商人觅妥后，应由柏林寺住持加具切结担保该商确能遵守前条各款之规定，呈报内务部核准。如所觅商人未能遵守规则，经部查出有可疑时，得由部径行指定妥实商人办理。内务部为前项核准后，即传柏林寺住持，遵照每届印刷规定期间，择期开工。

第五条　每届印刷，柏林寺住持须将启库及竣工日期分别呈报内务部。

第六条　每届印刷，由内务部派员督同柏林寺住持监视一切，自开库之日起，至竣工之日止。

第七条　佛教徒众或其他个人，因讽诵起见，于每届印刷时得选择经典，取具柏林寺住持切结呈请内务部核准附印，但每人至多不得过十种，每种至多不得过十份。

第八条　承印商人于印刷时，有损坏版片及多印篇张或字迹模糊者，均应负赔偿之责。

第九条　领受经典者及承印商人，如未经呈准之前，私自偷印或贩卖营利及受他人嘱托附带私印者，除将工料充公外，并予柏林寺住持以相当之处罚。

第十条　印刷经典期内，禁止闲杂人等随意入寺，但遇有团体或个人来寺参观，经部员许可者不在此限。

第十一条　柏林寺住持，于印刷开工及工毕出寺时，因举行佛事或经忏及请经者，应备香供礼物，均依照向来习惯办理。

第十二条　本规则自公布日施行。

〔《政府公报》第1670号〕

6　内务部晓谕人民切实遵照出版法呈报著作物致各省长都统咨

（1917年10月3日）

内务部为通行事：查著作、出版二法，一基于权利之证明，一属于警察之作用。惟权利之证明本属于私法，故注册之请求与否，可听人民之自由；警察之作用必本于法规，而呈报为责任所归，应依明文所规定。乃自各本法公布以来，其以著作物请求注册者尚不乏人，而出版之文书图画，依法呈报者寥寥无几。推原其故，实由于人民误会立法之本意，或以为著作权之注册即视为出版物之呈报，或以为出版物之呈报亦属于约法上之自由，不知著作、出版二者不特法律之性质全然不同，即登录之机关亦复互异。且关于书类之出版在本人固负有呈报之义务，即警察机关亦负有检查之责任也。兹本部为解释法律实力奉行起见，应请饬由警察机关布告人民，所有在出版法公布以后，已经出版之文书图画，未经在警察机关备案者，应即一律各赴该管警察机关依法补行呈报。嗣后出版之文书图画，除著作权请求注册与否仍听人民自由外，均须依照出版法呈报核办，倘应行呈报而不呈报，即应受违反之处罚。法令具在，慎勿视为具文，是为至要。相应咨请查照转饬依法办理可也。此咨

督军
各省
省长
各都统
川边镇守使
阿尔泰办事长官

内务总长　汤化龙

中华民国六年十月三日

〔北洋政府内务部档案〕

7　内务部关于我国不加入国际版权公约意见书致财政部公函

（1914年1月21日）

内务部公函三年警字第五十三号

径复者：案准函称：前清为增加关税事，曾与英、美、日、荷四国订立商约。除应先行裁撤厘金始能加税外，约内所载尚有划一币制、商标注册、度量权衡制度以及矿章、版权等件均属平列。现本

部定财政计划，拟先改良各种租税，以课岁入之增加。惟内国各种租税均因海关税则太轻，影响所及，以致亦无改良之方法，现值修改税则十年限满之期，本部前曾函请外交部通告各国，提议修订税则在案。将来免厘加税一事，亦拟提议进行。约内所列版权一事，事关贵部主管，应请迅速筹备。等因。前来。查版权职掌隶属本部，既经订列约章，比届改约时机，自应体察情形，务为适当之主张，籍收改约之良果。兹本部对于国际出版权之关系，已拟有意见书为提议之预备。是否可行，应即函送查核。此致

财政部

附件一份

中华民国三年一月二十一日

国际版权意见书

自印刷术行版权议起，东西各国相继设定规条，特加保护。我国亦本此旨，订有著作权律，业奉施行。但此为国内法之一种。至外国人能否与本国人一律享此私权，当以国际惯例及条约为根据。查前清光绪壬寅中美、中日两续约，曾有认许外国人得有制限的著作权之订定，是日美两国人民当然享此权利，然此仍限于订约之国，而非他国人所得援例要求也。惟查前清为增加关税事，曾与英、美、日、葡四国订立商约，除应先行裁撤厘金始能加税外，约内所载，尚有划一币制、商标注册、度量权衡制度以及矿章、版权等件均属平列，将来提议修订税则，对于著作物之保护，恐须有一致之要约。版权职掌隶属本部，自应先时筹议，庶他日开议免厘加税时外人亦无所藉口。特著作权律于国际上之关系，各国所取主义不一。我国此时应取何种主义，自当以本国人有无实利为前提，不当袭同盟之美名，贻将来之隐害。兹先将各国所取主义分述于下，以资比较。

(一)内国人保护主义。定国内法以保护内国人，而外国人之

著作物均不在保护之例。

(二)条约上交互主义。欧州各国于十八世纪中叶，多以条约为相互之担保。

(三)万国同盟主义。初由美、法、英、德学者创议设立万国学艺美术协会，嗣各国会议于瑞士，遂组成著作权保护万国同盟。

以我国文学美术，除固有之国粹外，多恃取资外籍，而非外籍所取资。为取第一主义，将无论东西各国之文艺制作编译模仿属我自由，籍以增进文化，收回利权，诚计之得也。然以中美商约及英、美、日、葡商约之关系，不能不受此束缚，则内国人保护主义势难援用，或以为既有条约之关系，将来修正条约必有一致之规定，不如加入万国同盟，以自跻于文明各国之列。讵知一入同盟，不特不能翻印各国书籍，即翻译必须俟其行世十年以后。我国此时科学幼稚，亟赖译籍之补助，且学问新理日出不穷，俟以十年，学说已奋。考美国当时亦因新造之帮，所出著作物不及欧州之多，亦未加入万国同盟。日本维新以后，学术日见发达，然亦迟至明治三十二年始订同盟之约。则我国此时不容贸然加入，已无疑义。是惟取条约交互主义，然国际间所订条约必以交换利权为原则，今我国既鲜著作物流布外国，希图版权之保护是仅有义务而无权利，故今难以种种牵制，不能不开条约上为交互之规定，仍须为严格的限制。查中日续约第五款第二项：日本臣民特为中国人备用起见，以中国语文著作书藉以及地图、海图执有印书之权，亦允由中国国家定一章程，一律保护，以免利益受亏。中国国家允设立注册局所，凡我国商牌并印书之权，请由中国国家保护者，须遵照将来中国所定之保护商牌及印书之权各章程在该局注册。日本国国家亦允保护中国人民按照日本条例注册之商牌及印书之权，以免在日本冒用之弊。凡日本臣民或中国人民为书籍、报纸等件之主笔或业主或发售之人，如各该件有碍中国治安者，不得以此款邀免，应各按律例惩办。中美续约第十一款：无论何国，若以所给本国人民版权之利益一律施诸美国人民者，美国政府亦允将美国版权律例之利益给与该国之人民。中国政府今欲中国人民在美国境内得获版权之利益是以允许，凡专备为中国人民所用之书籍、地图、印件、镌件者，或译成华文之书籍，系经美国人民所著作或为美国人民之物业者，由中国政府援照所允保护商标之办法及章程，极力保护十年，以注册之日为始，俾其在中国境内有印售此等书籍、地图、镌件或译本之专利。除以上指明各书籍地图等件不准照样翻印外，其余均不得享此版权之利益。又，彼此言明，不论美国人所著何项书籍、地图、可听华人任便进行翻译华【文】，允美国人民或中国人民为书籍报纸等件之主笔或业主，或发售之人，如各该件有碍中国治安者，不得以此款邀免，应各按律惩办。细译右定各款，在日美两国人民之著作物得受我国保护者，在美以专备中国人民所用之书籍或译成华文之书籍等为限，在日以特为中国人备用起见，以中国语文著作书籍等为限。则非专为中国人备用之著作物与日本人所著作之东文书籍等当然不在保护之列，所谓享有制限的著作权也。此后修正条约，能本此旨限制的规定，似于我国人民权利无甚损失。惟中美续约所定保护之方法，系援照保护商标办法，以十年为享有保护权利之期，与现形著作权显有出入，或因当时著作权律尚未公布，无所依据，故定此权宜办法是有待于明白规定，以便援照者也。谨陈意见，伏希察夺。

〔北洋政府内务部档案〕

8　关于拒绝法国驻华公使商请我国加入国际版权公约的文件

（1920年11—12月）

（1）外交部致内务部咨（1920年11月11日）

外交部咨第四九〇号

外交部为咨行事：准法使面称：本国政府以中法两国智力上关

系日益发达，深盼中国政府正式加入瑞士京城国际保护文学美术著作权公约。又准照会称：中国政府公布著作权法律已引起本国政府特别注意，倘中国赞同勃尔纳条约，必能增加其在世界上本应享有之道德上信用。且此赞同，尤能使两国交谊益加固密。兹将此项问题特请查核，希将中国政府对于此项提议作何待遇之处示知。各等因。查民国二年，美使曾到部商请订约，保护版权，拟援美日条约办理。经本部以异日再行商议答复。民国三年，英美书商在沪设万国出版协会，拟将所有售出之书，均向我国注册，享有著作权，不许他人翻印仿制，经上海书业商会禀请驳拒。又经贵部来咨并抄送意见书，主张不加入万国同盟，咨行核办各在案。此次法使又奉政府训令，拟邀请我国加入保护文字美术著作权公约，究应如何办理，除分咨教育、农商两部征集意见外，相应抄录本部与法使问答一件，法使照会一件，咨请贵部查照核复为盼。此咨

内务总长

附抄件

外交总长　颜惠庆

中华民国九年十一月十一日

总长会晤法柏使问答　十一月三日下午三时　刘锡昌在座

加入瑞士国国际保护文学美术著作权公约事。柏使云：关于保护文学美术著作权问题，本国政府以中法两国智力上关系日益发达，深盼贵政府正式加入瑞士京城国际保护文学美术著作权公约。兹特备就照会一件，送请贵总长查阅。总长接阅后答云：中法两国智力上关系日见扩充，若中国人研究贵国文学所需书籍须在法国购卖，于扩充两国智力上关系必多障碍。柏使云：前班乐卫君来京，其同行有马尔敦氏，曾受法国大发行家之委托来华与贵国发行家协商办法。马尔敦氏告知本使曾于贵国大发行家二人商议此事，颇表赞同，因京畿事起，遂即中止。总长云：贵公使所云大发

行家二人不知何系人。柏使云：其姓名却记不甚清，似系梁启超氏等辈。总之，此二人与文学上甚有关系。总长云：日本亦并未加入瑞士国际保护著作权公约。柏使云：拟清贵总长对于此项问题加以研究，系下星期三再来面谈，俾得复告知政府。

照录法柏使来照会　九年十一月五日

为照会事：查中华民国政府对于学术之著作权，为建设法律上保护制度之勉力一事，本国政府业向本公使迭次表明其注意。夫中法文学之沟通，既属蒸蒸日上，且中国出版者对于法国之著作，或翻译文词，或仿效意义，于其地位日加重视。职此之故，势必致负有保护法国著作家权利之业务，协会顾虑及于中国所定之违法重作学术及美术著作之限制，关于此曾至一九一五年十二月十三日所公布之中国等著作权法律，已引起本国政府之特别注意，盖其顾及法国著作家令其得能享有中国此等正式规定之权也。中华民国如此幸有之创举，似足证明其诚实，欲愿关于保护学术及美术现世公法所规定之处置，以合乎现时各大国之意旨，是以本国政府已视此等创举必须于论理上引导中国政府正式赞同一八八六年九月九日保护学术及美术著作之 BERNE 国际条约，以为继续进行之手续。该约于一九〇八年十月十三日在柏林修正，并于一九一四年三月二十日在BERNE签押附件补全约文。倘中国政府赞同BERNE 条约，必能增加其在世界上本应享有之道德上信用。且此赞同，尤能使其影响于现在贵我两国自然结合智识上之交谊益加固密，若是则各方面兹后即能获有最正当之实际保证也。兹将此项问题特请贵总长查核，尚希将贵国政府对于本国政府此项提议作何待遇之处示知，以便转达本国政府，实为至荷。须至照会者。

（2）上海书业商会高凤池等致内务部呈（1920年11月）

呈为西人请入版权同盟，恳祈拒驳事：窃查去年三月间上海总商会接美商会函称：华商所办印刷所，翻印美国课本销售，侵夺版权，违犯法律，已呈明美国驻京公使与北京政府磋商办法等因。当由敝会具呈教育部、外交部、农商部恳请据约驳复，分别奉到农商部八年六月九日第七〇五号批示：以此事现尚未准美使来部提及，俟美使提议再行核办。等因。各在案。兹据沪报载：上海英商会等有再提前议之说，传闻法国驻京公使又向外交部提议，伏以当今文化日进，而吾国尚在幼稚时代，全持欧美书籍，以为灌输研究之资。而原版西书价值綦昂，购求不易，求学之士，不免望洋兴叹，故敝业中多将原版西书翻印，廉价发售，于灌输文化实为便利。且查光绪二十九年中美商约第十一款：凡专备中国人民所用之书籍、地图、印件、镌件者，或译成华文书籍系经美国人所有，或为美国之物业者，中国由政府极力保护，俾在中国印售此种书籍之专利。除以上所指各书籍不准翻印外，其余不得享此版权之利益。云云。又，查欧美各国加入万国版权同盟，皆几经讨论，经历多年始行加入。如美国加入同盟，相持至五十余年，始得通过，而条文之中犹多限制。如非在美国出版及外国人在美国出版，非与其在本国出版之日相同者，皆不能在美国受版权之保护。云云。吾国既未加入版权同盟，而所翻印各书并非专备中国人民之用者，自不在条约不准翻印之列。今该洋商又拟再提前议，蒙请版权，如果实有其事，不独违背条约，且与吾国教育及实业前途均有障碍。况一经加入同盟之后，不但不能翻印，并且不得自由译印，其于学术发达，文化进步，阻碍尤大。敝会为未雨绸缪起见，理合具呈，仰祈大部，如遇该洋商有要求驻使提议及此者，务请俯赐据约严驳，实为公便。除呈教育、外交、农商部外，谨呈

内务部总长

高风池（原籍江苏上海县人，年五十七岁

五月十八日生，现住湖南路）

俞　复（原籍江苏无锡人，年五十岁

正月初四生，现住静安寺路）

狄葆贤（原籍江苏溧阳人，年四十九岁

十二月二十五日生，现住山东路）

中华民国九年十一月

（3）内务部致外交部咨复（1920年11月）

内务部为咨复事：准咨开：法使拟请我国加入保护文字美术著作权公约，究竟如何办理，请核复等因。并抄件到部。查民国二年财政部以版权载在商约，函请本部迅速筹备，以为免厘加税之预备。当经本部对于国际版权之关系并拟具意见书，主张不加入万国同盟，函复财政部。民国三年英美书商在沪设万国出版协会，拟将所有售出之书均向我国注册，享有著作权，不许他人翻印仿制。上海书业商会以此事实行有碍我国教育及工商业，呈请本部竭力驳拒。本部以该商会所呈各节与本部意见相同，抄录原呈，连同本部意见书咨送贵部核办，并抄呈另送财政部。当经贵部咨复，以英美书商在上海设万国出版协会尚未准各该国公使正式提议碍难遽向驳拒。又准财政部咨复，对于本部提出之意见极表同意，并将该商会原呈留存，以为异日免厘加税提出版权问题时之参考。各在案。此次法使奉政府训令，拟邀请我国加入保护文字美术著作权公约，本部向以我国情形尚多取资外国之文艺美术，不宜加入万国同盟，以自束缚，此时情形尚未变更，自应抱从前之主张，仍不加入。本部意见如此，相应咨复贵部查照婉达可也。此咨

外交总长

署内务总长　张志潭

中华民国九年十一月　日

（4）教育部致内务部咨（1920年12月23日）

教育部咨第一七三七号

教育部为咨行事：准贵部第五零八二号咨开：准外交部咨称：法使奉政府训令，拟邀请我国加入保护文字美术著作权公约，本部向以我国情形尚多取资外国之文艺美术，不宜加入万国同盟，以自束缚，此时情形尚未变更，自应抱从前之主张，仍不加入。本部意见如此，相应咨请贵部查照。等因。准此。查本部亦迭准外交、农商两部来咨，′当以各国加入保护著作权公约必其国家文化相等方有利益，若照我国现在情形，贸然加入，诚如颜总长面答法使所云：中国人研究法国文字所需书籍在法国购买，于扩充两国智力上关系必多障碍。本部深表赞同，应请查照历届成案办理。等语。咨复外交部及农商部各在案。准咨前因，相应咨请贵部查照可也。

此咨

内务总长

署教育总长　范源濂

中华民国九年十二月二十三日

(5) 内务部致上海书业商会批(1920年12月)

内务部批第　号

原具呈人上海书业商会会长俞复呈一件，为西人请入版权同盟，恳祈拒驳由。

据呈已悉。前准外交、农商两部咨称：准法使面称：拟请我国加入保护文字美术著作权公约，究竟如何办理，请查照核复前来。本部向以我国情形尚多取资外国之文艺美术，不宜加入万国同盟，以自束缚。此时情形尚未变更，自应抱从前之主张，仍不加入。业将此项意见咨复外交、农商两部，并咨行教育部查照各在案。合行批示。仰即知照。此批

中华民国九年十二月　日

〔北洋政府内务部档案〕

9 上海书业商会会董俞复等为驳拒外国书商要求享有我国著作权呈

（1914年7月27日）

禀为外国书商要求在吾国享有著作权，阻碍教育及工商业，恳请驳拒事：窃敝会于上年五月间，因闻美国卫署使有称：奉政府训令，美日已订有出版条约，拟与中国订相等之约之说，除呈请外交部驳拒外，并蒙七月二日教育部批示：据呈已悉。查中美续订商约第十一款曾允许美国人享有版权，此在前清订约时轻于允许，业已无可更改。至美国要求吾国加入版权同盟一节，如果实有其事，诚如来呈所云，于吾国现今教育及工商事业大有影响，仰候函询外交部查核可也。又奉七月三日工商部批示：据呈美国要求加入版权同盟，请咨移驳拒等情。已抄录原呈函请外交部查核办理矣。等因。奉此。仰见政府注重教育工商事业之至意，无任钦佩。伏查版权同盟，本为保护著作人权利，并国际间人民互享利益之计而设，故必视乎本国之文化及其著作物之流布于国外者与各国相等方以加入同盟为有利，否则加入版权同盟，嗣后各国图书，我国人即一概不得翻印，而吾国人著作，外国人绝无翻印之必要，徒为片面之利益，自窒文明之进步，殊为失计。日前西报登载英美两国书商联为一气，在上海设万国出版协会，拟将所有出售之书，均向我国注册，享有著作权，不许他人翻印仿制。查中美商约十一款所许美国人享有版权，乃指外国人专为中国人所用而著作之图书而言。然已窒碍甚多，诚有如教育部前批所谓轻于允许者。今若泛及其他著作，不特出于前约所允范围以外，且必各国援例，将使凡属外国人著作无一册可以翻印，与加入版权同盟无异。况既许其享有著作权，则其著作物必需俟其行世十年以后方得自由译印，则十年内除少数人能读其原著作外，学者更无从得新智识输入之益，此就妨碍教育，丧失权利言也。又查外国货物近来入口日多，利权外溢深可寒心，幸而工业渐进，印刷改良始能翻印外国图书，方谓此后可以藉此稍能抵制外货，杜塞漏卮。若使外国人得将其为该国自著之书设肆中国境内，即享有著作权并加保护，是无异自行遏绝生机，此又妨碍于工商业者也。故以吾国今日情形，许外国人无论所著何书享有著作权，与本国人著作同视，实有百害而无一利；若令得达目的，则损权病民贻害甚巨。又查日本明治三十二年始加入万国版权同盟，三十九年始与美国结保护著作权条约，以日本学术进行与欧美各国国际间处处立于对等地位，且以改正条约之故，不得已而加入，然条文中但禁翻印，而不禁翻译，尤证其力保利权，不甘全行放弃。今吾国收回领事裁判权尚无把握，似不宜先以此曲徇其要求。又查美国至今并未加入瑞士万国版权同盟，亦因其国著作之多不及欧州各国之故，可见此项著作权之许与外国人与否，全出各国之自由，其理甚明。惟望大部查照约章，如该西商果有呈请注册，按照著作权律受保护之处，竭力驳拒。敝会为关系大局及保全人民权利起见，合亟据实具禀，恳祈核示施行。吾国教育、工商界幸甚！谨禀

内务部总长

具禀人上海书业商会会董　俞复　（江苏无锡县人，现年四十九岁，现住上海甘肃路文明书局）

陆费逵　（浙江桐乡县人，现年二十九岁，现住上海东百老汇路中华书局）

狄葆贤　（江苏溧阳县人，现年四

十三岁，现住上
海山东路有正书
局）

中华民国三年七月二十七日

10 上海书业商会会董俞复等请转咨外交部驳拒洋商蒙骗版权呈

（1919年5月）

照录上海书业商会会董俞复等呈

呈为洋商蒙请版权，恳祈转咨外交部据约驳拒事：窃据中华书局、商务印书馆报称：本月二十二日接上海总商会函开：准美国商会函开：华商所办印刷所，有翻印美国课本销售于上海及中国各埠者，侵夺版权，违犯法律，事实昭然，无可掩饰。兹由美国课本领袖印刷局将华商印刷所翻印之书编成表式，特照录一份送请台察。其翻印之多，殊足骇异，而以性质高尚之印刷局竟有此种行为，更为可讶。今此事已呈明美国驻京公使与北京政府磋商办法，望警告各印刷局，倘再不停止翻印，其违犯法律遭受困难必有甚于今日者，请将此意通告各印刷所并祈见复。等因。相应抄录表式函请察照。其所开各种课本于版权有侵夺关系，务祈见复，以便转答等情。并附送美国商会所交翻印洋文书表一纸到会。当即召集全体会员开会评议。查阅所开翻印各书，确系美国出版书籍，尤以教科书为多。但查前清光绪二十九年中美续议通商行船条约第十一款：无论何国，若以所给本国人民版权之利益一律施诸美国人民者，美国政府应亦允将美国版权律例之利益给与该国之人民。中国政府今欲中国人民在美国境内得获版权之利益，是以允许凡专备为中国人民所用之书籍地图印件镌件者，或译成华文之书籍，系经美国人民所著作或为美国人民之物业者，由中国政府援照所允保护商标之办法及章程，极力保护十年，以注册之日为始，俾在中国境内有印售此等书籍地图镌件或译本之专利。除以上指明各书籍地图等件不准照样翻印外，其余均不得享此版权之利益等语。该美国商会表列各书，均非专备中国人民之用，按照条约，美国不能在中国得有版权，华商翻印出售何得指为违犯法律。敝会复查前清宣统三年二月美国经恩公司在上海会审公厅控告商务印书馆翻印该公司书籍，经敝会呈请外务部、学部、农工商部据约保护，并奉农工商部批示。据呈称：商务印书馆翻印美国经恩公司出版之欧洲通史，美总领事误认版权，函请江海关道禁勿再售，吁恳本部设法维持等语。查此案关系国际版权，既经呈明外务部仰即静候办理可也。同时由商务印书馆抄送上海道照录是年七月十七日外务部函开：本月初六日美卫署使到署，面称上海商务印书馆将美国人所著之书翻印一万余部，在中国售卖，著书人暨原印各书局不能分利，颇觉吃亏，似应设法保全权利。当经答以按照条约，凡为中国特著之书方能禁止翻印，其非为中国特著者，约章并无禁止翻印之条。该馆所翻印之书，是否特为中国著作。伊云：各书虽非为中国著作，然均系中国可用之书，若任听华商翻印，致伤作者权利，未免稍欠公允，可否请贵部饬令沪道转饬该书馆与原各书局订一妥善办法，俾彼此可得翻印之益，答以此系商业，本部碍难电饬沪道设法办理，贵国著书人等若自以为理直，尽可赴公堂诉讼。伊云：前因史记一书、曾与该书馆涉讼，未能得直，最好由贵部转饬沪道饬令印书馆斟酌一公允办法。答：以贵大臣既谆谆来说，可令本部丞参作一私函，将贵大臣之意告知沪道，惟不能作为公事各等语。查此案本部于本年三月间接准英使来照会称：请沪美领不以会审公堂所判断为然，已将案详请驻京美使核办等因。当经本部驳复在案，兹美署使面请各节，本部示已据约辩驳。惟该使既以彼此妥订办法为言，应由尊处转属原告及原印各书局并商务印书馆自行妥商，以期和平了结，相应抄录英使往返照会，函请查照办理，并附抄外务部。是年五月二十一日，复英国驻京公使照会内开：宣统三年五月十二日接准照称：近有英商伊文思书馆赴会审衙门控告上海商务印书馆窃印美国之有名史书一册，与原版丝毫不爽，售价较原书之半，会审委员竟谓并非光绪二十九年美国商约第十一款所载专备为中国人民所用之书籍，不肯判断，该书馆不但窃印美国书籍，至将英国书籍一律窃印减价售卖，请转饬沪道详查，出示禁止等因。查光绪二十九年中美商约第十一款载：凡专备为中国人民所用之书籍、地图、印件、镌件等，或译成华文之书籍，系经美国人所著作，或为美国之物业者，由中国政府极力保护，俾有在中国境内印售此种书籍等之专利。除以上所指各书籍不准翻印外，其余均不得享此版权之利益。云云。上海商务印书馆所印之美国史书，并各种教科书，其原书本非专备中国人民之用，即不在条约不准翻印之列。该馆此举确为普及教育起见，诚如来照所谓善举者，意非专在攘利。且中国未入版权同盟，商家翻印书籍，既非有违条约，自属无凭禁止，相应照复贵大臣查照。等因。敝会又查民国二年六月因美国驻京公使要求我国加入美国版权同盟，经敝会以阻碍教育及工商事业，恳请驳拒，且呈大部暨教育部、外交部。是年七月二日奉教育部批：据呈已悉。查中美续订商约第十一款曾允许美国人享有版权，此在前清订约轻于允许，业已无可更改。至美国要求吾国加入版权同盟一节，如果实有其事，诚如来呈所云，于吾国现今教育及工商事业大有影响，仰候函询外交部查核可也。同月三日又奉大部批：据呈美国要求加入版权同盟，请咨移驳拒等情。已抄录原呈，函请外交部查核办理矣。等因。综观前后各案，是美国非专备中国人民所用出版之书籍，不能得有版权之保护，暨中国人民翻印外国不能得有中国版权之书籍，并无违犯法律，不应禁止。且外国出版书籍设于中国得有版权，于现今教育及工商事业均有阻碍，久在大部洞鉴之中。今美商复以侵夺版权，蒙禀该国驻京公使，该公使难免不为所动，遽向外交部交涉，为此具呈，恳祈大部俯赐主持，据情咨外交部据约驳拒。学界幸甚！商业幸甚！谨呈

农商总长

中华民国八年五月　日

〔北洋政府内务部档案〕

11　上海书业商会会董俞复等为驳拒洋商将普通书籍蒙混注册致内务部呈

（1924年10月7日）

呈为洋商将普通姓名书名作为书籍商标，蒙混注册，希图剥夺我国译印外国书籍之权利，恳祈转咨农商部依据条约驳斥事：窃敝会于本年上月间以美商米林公司将普通姓名书名之韦勃斯脱等字向江海关挂号，并请求江苏交涉公署出示保护。敝会恐该美商再向商标局蒙混注册，曾呈请农商部预防禁止在案。正在祗候批示之际，近日复闻该美商已将韦勃斯脱 Webster's、韦勃斯脱大学 WebsterWebster's New Internatlonal College、韦勃斯脱新万国 Webster's New Internatlonal等字样蒙请商标局注册专用。敝会同业闻讯之下不胜骇惧。伏查中美续议通商行船条约第十一款规定：凡专备为中国人民所用之书籍、地图、印件、镌件，系经美国人民所著作或为美国人民之物业者，由中国政府援照所允保护商标之办法及章程收费注册，给照公布，予以十年期限之保护。除上所指明各种书籍地图等件不准照样翻印外，其余均不得享此版权之利益等语。详译条约词意，凡非专备为中国人民所用之书籍等，翻印且在许可，翻译更可无论，惟翻印固须将原书名及著作人之姓名标出，俾购者得知来历，即编译亦不能将原书之书名及著作人之姓名避而不用，否则何能使读者增其信仰。今美商米林公司出版之各种韦勃斯脱字典，并非专备中国人民所用之书籍，自不能享受该条约版权之利益。乃该美商竟以该书著作人之姓名及书名作为商标，请求专用，其意无非欲于注册之后，依据商标专用权，阳禁他人使用同一之书名，阴即以阻人之翻印翻译，设有敝业某家依据中美商约翻印该韦勃斯脱大学字典，而书中所有Webster's之字一律须改成为华文，此于条约上翻印二字之权利即已失去一部份；再使有某家翻译是书，定名为韦勃斯忒大学字典或威伯司脱大学字典，而同时即曰此书译自美国韦勃斯忒大学字典或译自美国威伯司脱大学字典，此亦复不成文理。由是以观，该美商此次所呈各种商标，倘一经注册，彼即可根据商标专用权，直接上禁止原书名及原著作人姓名之使用，间接上即禁止翻印本及翻译本之发行，是中美续议通商行船条约第十一款内关于我国应得权利之一部份势必无形消减。且查商标法第一条第二项商标须用特别显著之文字图形记号，或其联合式为之。此次该美商向江海关挂号，请求江苏交涉署出示保护者凡有四种：一为韦勃斯脱一字，二为韦勃斯脱大学二字，三为韦勃斯脱新万国三字，四为花圈一个，内有类似nm组合而成之记号，外加一大圆圈。度其呈请商标局注册者亦必相同。兹特印成一纸，附呈鉴察。除第四种外，其他三种均用普通文字写成，并无特别显著之形式意味，揆之商标法第一条第二项之规定，当然在驳斥之列。况外国书籍急待翻印翻译以为输入文化及增进知识之用，与寻常商品不同，故于条约上特别注重。按条约为两国所订，效力至巨。即使洋商曲解我国内法律，妄思附会，亦不能对我国条约上既得之利益有所侵害。按照中美商约，该美商此项商标确与第十一款意义抵触。查版权一项，向归大部管理，凡有关人民权利之事，素荷维持。除呈明国务院暨农商、教育、外交各部外，用敢缕晰上陈，恳祈大部转咨农商部饬令商标局依据条约立予驳斥，不胜急切待命之至。再，查核美商在其本国亦尝认Webster's Dictionary之名为专用商标，蒙请该国法庭禁止他家翻印，屡经该国法庭判决败诉，搜得成案五件。谨将美国原书所载西文并配译汉文，另纸印刷，附呈察核，籍供参酌。谨呈
内务部总长

具呈人上海书业商会会董　狄葆贤（江苏溧阳人五十二

岁住上海静安寺路）

俞　复（江苏无锡人五十九岁住上海静安寺路）

鲍咸昌（浙江鄞县人六十岁住上海宝山路）

附呈米林公司蒙请注册为商标之摹样一纸、美国法庭判决例一份〔略〕

中华民国十三年十月七日

〔北洋政府内务部档案〕

12 我国加入国际交换出版品公约的文件与资料

（1925年9—12月）

（1）临时执政发布出版品交换局官制令（9月1日）

临时执政令

兹制定出版品国际交换局官制公布之。此令。

中华民国十四年九月一日

外交总长　沈瑞麟

内务总长　龚心湛

财政总长　李思浩

陆军总长　吴光新

海军总长　林建章

司法总长　杨庶堪

教育总长　章士钊

农商总长

交通总长　叶恭绰

出版品国际交换局官制

第一条　出版品国际交换局直隶于教育部，掌国际交换出版品一切事务。

第二条　国际交换出版品一切事务，应依国际交换公牍、科学与文艺出版品协约、国际迅速交换官报与议院记录文牍之协约行之。

第三条　出版品国际交换局置左列各职员：

局长一人　简任

佥事一人　荐任

主事四人　委任

第四条　局长综理本局事务，监督所属职员。

第五条　佥事主事承局长之命，分理本局事务。

第六条　本局因缮写文件及襄理杂务，得酌用雇员。

第七条　本局办事细则，由教育总长以部令定之。

第八条　本官制自公布日施行。

（2）临时执政委任张溪若局长令（9月11日）

临时执政令

任命张溪若为出版品国际交换局局长。此令。

中华民国十四年九月十一日

（3）外交部请公布国际交换出版品公约呈（12月12日）

为呈请加入国际交换出版品公约两种，并予公布，仰祈钧鉴事：窃查民国十年国际联合会行政院曾依据智育互助委员会之请，通告凡未签字一八八六年比美等国在比京签订之国际交换公牍、科学、文艺出版品公约及国际快捷交换官报议院记录及文牍公约各国，商令加入。当经教育部提出国务会议议决，由该部筹备加入。嗣比国政府以原邀请国资格，从国际联合会之请，由该国驻京公使来函催询，经教育部核复，可予完全加入。复由部提交国务会议议决，交教育部在案。现复准教育部函称：该约第一条所规定之出版品国际交换局业已奉令组织成立，请通知联合会。等因。查该两约之主旨，不外沟通文化，互审国情，立意至为美善。既经教育部核复，可予完全加入，该约规定之出版品国际交换局复经组织成立，自应正式加入，以资进行。理合将该两约汉洋文本缮呈钧览，如蒙允准，恭候令下，即由部电达驻比全权公使王景岐通知比国政府正式加入，一面通知国际联合会查照，并请准予公布，以完法律手续。所有拟请加入国际交换出版品公约两种，并予公布缘由，理合呈请执政鉴核训示施行。谨呈

临时执政

中华民国十四年十二月十二日

国际交换公牍、科学、文艺出版品公约（一八八三年三月十五日订于比京）

美利坚合众国总统、比利时国王、巴西国皇帝、日斯巴尼亚摄政女王、义大利国王、葡萄牙兼亚加夫斯国王、塞尔维亚国王、瑞士联邦行政部，现据一八八三年四月十日至十四日比京会议所采决之议案，拟设立一国际上交换各国公牍并科学暨文艺出版品之制度。兹特各派全权代表如左：

美利坚国驻比京美国公使杜利

比利时国外交大臣加拉南亲王农工大臣毛乌诺

巴西国驻比全权公使维勒内夫

日斯巴尼亚国驻比代办达夫拉

义大利国驻比全权公使麦斐

葡萄牙兼亚加夫斯国全权公使森汤纳

塞尔维亚国驻比全权公使麦利诺斐捷

瑞士联邦国行政部特别全权代表利斐尔

各代表将全权任命状互相较阅后认为妥协，兹订定条款如下：

第一条　缔约国应各在其国内设立一交换局，以便行使职务。

第二条　缔约国所赞同交换之出版品如下：

(一)公牍：为立法或行政而由各国自行印行者；

(二)著作：由各国政府命令发行或由政府出资者。

第三条　各国所设立之交换局，应将各出版品编印目录，以便缔约国选择备用。该目录应每年修补完竣，并依期送致各缔约国之交换局。

第四条　各出版品究须若干本方可敷互相求供之用，由各交换局彼此自行酌定。

第五条　所有交换事宜，应由各局直接办理。至各项出版品内容辑要以及一切行政文书、请求书暨回执等，应采用一律之格式。

第六条　关于往外运输，各缔约国对于运往地点之包装、运输应付费用，惟由海道输运时，其运费特订办法，规定每国分担之数。

第七条　各交换局以官立资格为缔约国对于学界及文艺与科学社团等之媒介，从事接收转送各国出版品。惟似此办理须知各交换局之职务仅限于将各种互换出版品自由转送。但关于此项转送不能有何主动行为。

第八条　此项条款，仅适用于本约订立之后所发行之公牍及出版品。

第九条　未参与本约之各国得请愿加入。

此项加入，应用外交上手续，通知比京政府，并由比政府转知其他各签约国。

第十条　本约应从速批准，并将批准书在比京互换。自批准文书交换之日起订以十年为期，倘有一国政府不于六个月之前宣告废约，该协约过此期限仍继续有效。各缔约国代表特此签字盖印，以昭信守。

一千八百八十六年三月十五日订于比京共计八本

代表签押 加拉南 麦 斐
毛乌诺 森汤纳
维勒内夫
麦利诺斐捷
达夫拉 利斐尔
杜利

国际快捷交换官报与议院记录及文牍公约

（1886年3月15日订于比京）

美利坚合众国总统、比利时国王、巴西国皇帝、日斯巴尼亚国摄政女王、义大利国王、葡萄牙兼亚加夫斯国王、赛尔维亚国王，兹因决意各缔约国快捷交换官报与议院记录及文牍起见，特各派全权代表如左：

美利坚合众国驻比美国公使杜利

比利时国外交大臣加拉南亲王、农商大臣毛乌诺

巴西国驻比全权公使维勒内夫

日斯巴尼亚国驻比代办达夫拉

义大利国驻比全权公使麦斐

葡萄牙兼亚加夫斯国全权公使森汤纳

塞尔维亚国驻比全权公使麦利诺斐捷

各代表将全权任命状互相较阅后认为妥协，兹订定条款如左：

第一条 除同日所订关于国际交换公牍、科学、文艺出版品之协约中第二条所发生之义务应单独履行外，现各缔约政府担任将其本国所公布之官报暨议院记录并文书等，一出版时迅即各检一份寄交各缔约国国会。

第二条　未参预本约之各国得请愿加入。

此项加入应用外交上手续，通知比京政府，由比政府转知其他各签约国。

第三条　本约应从速批准，并将批准书在比京互换。自批准书交换之日起，以十年为期，倘有一国政府不于六个月之前宣告废约，该协约过此期限仍继续有效。

各缔约国代表特此签字盖印，以昭信守。

一千八百八十六年三月十五日订于比京共计七本

代表签押　杜利　达夫拉

加拉南　麦　斐

毛乌诺　森汤纳

维勒内夫

麦利诺斐捷

一八八九年一月十四日业在比京交换批准书

(4)临时执政府致外交部指令

临时执政府指令　第一千八百九十四号

令外交总长沈瑞麟

呈请加入国际交换出版品公约两种，并予公布由。

呈悉。应准加入，并予公布。此令。

中华民国十四年十二月十二日

外交总长　沈瑞麟

〔北洋政府内务部档案〕

13　我国加入国际禁止淫刊公约的文件与资料

（1923年8月—1925年10月）

（1）大总统委派陈箓参加禁止淫刊公约会议代表的指令

（1923年8月21日）

大总统指令第一千六百八十六号

令署外交总长顾维钧

呈请简派全权代表参与禁止淫刊公约会议由。

呈悉。派陈箓兼任参与禁止淫刊公约会议全权代表。此令。

国务院摄行　黄郛

中华民国十二年八月二十一日

国务院总理陆军总长

外交总长　顾维钧

内务总长　高凌霨

财政总长　张　弧

司法总长　程　克

交通总长　吴毓麟

农商总长　李根源

教育总长　彭允彝

(2) 陈箓关于国际禁止淫刊公约会议情况致外交部咨陈

(1923年12月30日)

为咨报事：案准参预国际联合会全权代表办事处函开：准大部八月二十二日电开：参与禁止淫刊公会全权代表，业经呈奉指令派驻法陈公使兼任等因、又奉大部电派王曾恩为帮代表。等因。查该会于八月三十一日在瑞士日来佛联合会秘书厅开会，与会之国三十有五，所有各国代表衔名均载藏事文件之中。本代表是日偕同王帮代表前往列席。会期内又准大部九月十日电开：禁止淫刊巴黎公约草案，业经阁议通过照签，希查照等语。查公约草约即系此次公会所议改订之件，而一九一〇年五月四日之协定文件，则为各国互助查禁淫刊之手续。此次新约订结之后，仍为有效。日本政府近亦通知加入。我国情形相同，自可仿照办理。当即备函通知公会主席，谓中国阁议已决定加入一九一〇年巴黎禁止淫刊协定文件。云云。函中只言决定加入，未言照签，以留伸缩余步。嗣该会于九月十二日闭会。除分股会议不计外，共开会八次，议定公约及蒇事文件各一件，英法两文一律作准。又备原本双份，分储联合会及法政府之档库。是日本代表遵照部电意旨，与英法等二十二国代表同时签字。此外，各国亦有在联合会第四届大会期内陆续补签者，其余尚未签字或未派代表之国，可在下年三月三十一日之前，补行签字或申请加入。至各批准文据其关于巴黎一九一〇年各文件者，应送政府存储。其关于本届公会所订之公约者，应送联合会秘书厅存储，一俟批准者，有二国即生效力□事之。日本代表演述我国礼教之周，略谓中国四千年来，素以廉耻一端为人类最高道德，不但淫亵之事痛为惩儆，而淫乱之萌亦予严防。礼记载云：内言不出，外言不入。又曰：男女不同席，故虽兄弟姐妹之间，亦不同器而食。若遇诲淫之著刊，则毁其版，焚其书，治以作乱犯上之罪。法网森严，未尝或漏，盖既以礼教防之于未然，复以刑法施之于已然。所以杜渐防微，而维持风化之意至深且尽。洎呼近世古风渐衰昔之道德法律不复有遵守之可能。通商以后益甚 则以时俗习尚所趋，虽数千年之流风遗俗莫之能察。夫如是则国际间自须协筹善策，共订公约，以挽颓风，而谋社会幸福，此本国政府所以来与斯会，而令本代表躬逢其盛。本代表见公会内惩淫之志不谋而同，而国际间之法律纷争，亦赖各国代表以和衷共济为怀，得有美好之解决，殊足庆幸。昨日议定之公约，备今日签字者凡所应惩之罪业予详细规定，国际共惩之旨，虽有保留，亦已成为事实，可垂永久。虽本公会未克议出统一法规，而较之一九一〇年巴黎公会之事业其进步已不可以道里计。昔也与会之国寥寥可数，仅有欧洲局部公会之性质，今也到会之国三十有余，足以代表全球。又，巴黎公会议定之公牍三件，迄未见效，而今则可信新约之效力，必能美善而切实。然则吾人对于本届公会所获之成绩，引以自庆，夫何不可以公会议事手续之尽善尽美，约文中一字未尝疏忽，各国代表之各抒宏论，皆为此次成功之原因。而主席法国代表之和蔼勤敏，力求精美，亦为坛坫中所不多见。设或今之执政，咸能以彼之心为心，以彼之志为志，则社会上诲淫之祸毒，可信其不久必将消灭。末言本代表已奉训令将公约及蒇事文件照签。云云。众皆鼓掌，亦赞美亚洲文化不置。以上各节，除已随时择要电达外。兹将关于加入一九一〇年巴黎协定文件，致公会主席函钞一件，暨新签公约及蒇事文件，译汉附注，连同洋文原钞英法文各二件，统共七件，咨请查照。此咨陈

外交总长顾

附七件〔缺〕

陈箓

中华民国十二年十二月三十日

〔北洋政府内务部档案〕

（3）外交部请公布禁止淫刊公约呈（1925年10月7日）

为禁止淫刊公约，业经签字，拟请批准并予公布，仰祈钧鉴事：窃查国际联合会根据第三届大会通过之杜绝诲淫出版物贸易议决案，由法国政府于上年第四届大会开会时同时召集一禁止淫刊国际会议，议订新约，以竟全功。曾经本部呈准简派驻法公使陈箓兼任代表前往参与，计与会者三十五国，议定公约十六条，蒇事文件一件。嗣以该代表电询应否从众签字，复经提出国务会议议决照签，当即转知遵照在案。旋准陈代表将会议及签字情形咨报到部，并准国际联合会代表办事处将该会秘书厅所送该约正式钞本转送前来。查此项公约，意在维持风化，关系极巨。我国素以礼教为重，似可即予批准，以期早日实行，所有该约应用批准文件，现已由部敬谨拟就。兹特分缮华洋文字各二份，连同禁止淫刊公约及蒇事文件华洋文本，恭呈钧览，请予批准，盖用国玺发交本部，由瑞麟副署后寄交国际联合会代表唐在复转送国际联合会存案。并请于批准时颁发明令，将该约交印铸局同日公布，以完手续。再查从前

我国缔结条约,例应先提交立法机关,取得同意。惟现在正式立法机关尚未成立,而该约亟待批准,未便稽延。拟请先行批准,俟正式立法机关成立时再行提请追认。所有拟请批准禁止淫刊公约,并予公布各缘由,理合呈请鉴核,训示施行。谨呈
临时执政
中华民国十四年十月七日

附抄禁止淫刊公约

自一九二三年九月十二日至一九二四年三月三十一日在日来弗签字

阿尔卑尼亚、德意志、奥地利亚、比利时、巴西、不列颠帝国(连南非洲联邦、纽丝纶、印度及爱尔兰自由邦在内)布加利、中华民国、哥伦比亚、哥斯大力加、古巴、丹麦、日斯巴尼亚、芬兰、法兰西、希腊、海地、洪多拉斯、匈牙利、义大利、日本、拉特维亚、利苏尼亚、卢森堡、马那谷、巴拿马、和兰、波斯、波兰(连唐齐在内)、葡萄牙、罗马尼亚、萨尔槐独、塞尔维亚、克鲁特、斯拉文尼、暹罗瑞士、赤哈、土耳其、乌拉圭,因均愿使禁止淫刊之举,切实见效,并曾允法兰西民国政府之柬请参预一九二三年八月三十一日在日来弗召集之会议,由联合会庇护考量一九一〇年拟定之公约草案与各国陈述之意见,又拟具签订正式公约。为此简派全权代表如左:

阿尔卑尼亚大总统代表、国际联合会代表团秘书处股长勃利宜蒂;

德意志大总统代表、大使馆参赞驻日来弗代办德国领馆事务亚虚孟;

奥大利亚大总统代表、常驻公使国际联合会代表福间格尔;

比利时君主代表、参与禁止淫刊会议特派代表杜勒爱尔脱;

巴西大总统代表、参与国际联合会第四届代表团首席代表梅洛弗郎谷;

大不列颠与爱尔兰暨海外属地联合国君主印度皇帝代表、检查处长参与禁止淫刊会议代表卜特庆，参与淫刊会议专门顾问海烈斯；

又南非洲代表、国际联合会行政院英代表巴摩；

又纽丝纶代表、纽丝纶派驻联合国高等特派员阿兰；

又印度代表巴达宜；

又爱尔兰自由邦代表、自由邦驻国际联合会代表马克辖脱；

布加利君主代表、外交总长参与国际联合会第四届大会第一代表伽尔福夫；

中华民国大总统代表、驻法全权公使参与禁止淫刊会议代表陈箓；

哥伦比亚大总统代表、驻瑞士全权公使参与禁止淫刊会议代表禹吕底亚；

哥斯大力加大总统代表、驻法全权公使参与禁止淫刊会议代表白腊大；

古巴大总统代表、参议员参与国际联合会第四届大会古巴代表团首席代表参与禁止淫刊会议代表德理因缔；

丹麦君主代表、驻瑞士全权公使国际联合会代表参与禁止淫刊会议代表奥尔藤蒲尔；

日斯巴尼亚君主代表、驻瑞士全权公使参与禁止淫刊会议代表巴勒西郁司；

芬兰大总统代表、驻巴黎使馆秘书笃依伏勒；

法兰西大总统代表、众议员禁止淫刊会议主席段乡，内务部记名司长参与禁止淫刊会议帮代表海纳根；

希腊君主代表、前外交总长参与禁止淫刊会议代表保理底司，前司法部刑事司长参与禁止淫刊会议帮代表格司韬吉斯；

海地大总统代表、驻法全权公使参与禁止淫刊会议代表卜那米；

洪都拉斯大总统代表、驻巴黎代办国际联合会第四届大会代表瞿底雷士；

匈牙利代表、国际联合会匈牙利代表团秘书处主任参与禁止淫刊会议代表柏勒依雅依；

义大利君主代表、参与禁止淫刊代表格槐淑宜；

日本皇帝代表、办理国际联合会事宜驻巴黎日本办事处副处长松田；

拉特维亚大总统代表、外交部国际联合会事务处长参与禁止淫刊会议代表徽特芒斯；

利苏尼亚大总统代表、外交部司长参与禁止淫刊会议代表淑宜纳斯；

卢森堡大公国代表、驻日来弗领事参与禁止淫刊会议代表范梅勒；

马那谷代表、驻日来弗副领事参与禁止淫刊会议代表爱兰不里槐；

巴拿马代表、驻巴黎代表参与国际联合会第四届大会代表阿麦陶；

和兰女王代表、和兰禁止贩卖白奴委员会委员长参与禁止淫刊会议代表格拉夫；

波斯代表、国际联合会代表参与禁止淫刊会议代表阿发；

波兰代表、工务总稽查参与禁止淫刊会议代表叔格尔；

又唐齐自由城代表、驻瑞士全权公使莫士雷斯基；

葡萄牙大总统代表、全权公使参与禁止淫刊会议代表物斯康赛洛司；

罗马尼亚君主代表、驻瑞士全权公使贡乃纳；

萨尔槐独大总统代表、驻法国义国全权公使参与国际联合会第四届大会代表葛尔洛；

塞尔维亚克鲁特斯拉文尼君主代表、驻瑞士全权公使参与禁止淫刊会议代表郁槐诺维齐；

暹罗君主代表、参与禁止淫刊会议代表达姆龙；

瑞士联邦代表、国会议员参与禁止淫刊会议代表培根；

赤哈大总统代表、驻瑞士全权公使参与禁止淫刊会议代表福里特；

土耳其大总统代表、驻瑞士代办吕施地；

乌拉圭大总统代表、驻日斯巴尼亚全权公使参与禁止淫刊会议代表满提纳。

各全权代表将所奉全权凭证校阅合例，并将蕆事文件及一九一〇年五月四日协定业已阅悉。议定各条如左：

第一条　缔约国议定取种种办法，以便访缉追查并惩办无论何人有犯下列所载行为之一者，因此决定凡犯下列行为者，应加以惩罚：

一　制造或收存诲淫之著述、图画、雕刻画、自然画、印刷品、肖像、广告、标志照相片、电影片或他种诲淫物品，用为贸易，或散布或当众陈列者。

二　以前款所载之目的，输入、转运及输出或托人输入、转运及输出该项诲淫之著述、图画、雕刻画、自然画、印刷品、肖像、广告、标志照相片、电影片，或他种诲淫物品者，或以各种方法使各该物件流行者。

三　将该物件私行贸易，以任何方法实行营业，肆行散布，当众陈列，或以出赁为生涯者。

四　为使各该物件便于流行或贸易起见，广告于众，或以任何方法使众知悉有某人经营上载应受惩罚行为之一者，又或广告于众，或设法使众知悉应以何法及应由何人介绍可直接或间接觅取该项诲淫之著述、图画、雕刻画、自然画、印刷品、肖像、广告、标志照相片、电影片或他种诲淫物品者。

第二条　凡犯第一条所载情罪之人，得由所在地缔约国法庭审理，若其所犯之罪或构成犯罪原素之一在该地成立，又该项人民纵构成犯罪之原素在外国成立，但本人如在本国境内，俟其法令允许时亦得由本国法庭审理。

至于(一罪不受二罚)之法旨，应由各缔约国照本国法规施行之。

第三条　关于本约所载罪案，在各国法庭间委请状 Commion nogatoire传递之手续，照下法行之：

一　或由司法机关直接行送。

二　或由驻在被请国之请求国外交人员或领事人员传递之。此项人员应将委请状直接送交主管司法机关或驻在国指定之机关，此项人民并直接接收由该机关送达执行委请状之文件。如照上载两项办法办理时，应同时将委请状之钞件送交被请国之高等机关。

三　或以外交手续行之。

各缔约国应将各本国所用前述委请状传递之程式备文分别通知各缔约国。本条第一、第二两项传递手续所生之困难，以外交手续解决之。除另有成约外，凡委请状之文字，应用被请国文字或用二关系国约定文字，或附以该二种文字之一之译文，由请求国外交领事人员或由被请国之法认翻译员签证无误。委请状之执行，不得征收何种税项或用费。在本条内关于禁止淫刊之质证制度，不得解释为缔约国间允认采取违反各该国法律办理。

第四条　缔约国之法规，现尚不足使本约发生实效者，允即取用相当办法或即提出于本国立法机关。

第五条　缔约国之法规，现尚不充足者，议定对于屋宇凡有理由确信其制造或收存诲淫之著述、图画、雕刻画、自然画、印刷品、肖像、广告、标志照相片、电影片或其他诲淫物品，以本约第一条所载各项为目的或违该条之禁令者，应定搜查办法，并定查出后之没收销毁办法。

第六条　缔约国议定如遇在缔约国中一国境内有犯第一条所载情罪之事实，而有理由确信各该违禁物件系在他缔约国境内制造或由他缔约国运入者，则应由一九一〇年五月四日协定内指定之机关立将各事实通知该他国机关，同时并给予各种完全消息，俾便取相当办法。

第七条　本约法英两文一体作准，以本日为订立之期。凡参与会议各国及联合会会员国暨由联合会行政院将本约送请签字之国，在一九二四年三月三十一日以前均可签字。

第八条　本约应经缔约国批准，其批准文件应送交联合会秘书长存案，由秘书长通知签订本约之联合会会员国及其他签字之国。

联合会秘书长应将关于本约各文件签证之誊本，立即通知法兰西民国政府。依照联合会盟约第十八条之规定，联合会秘书长应将本约实行之日登记之。

第九条　一九二四年三月三十一日之后，凡到会而未签字之国，暨联合会会员国，以及行政院将本约钞送之国，均得加入本约。

加入国应备文通知联合会秘书长存储备案，由联合会秘书长立即将此存储之事通知签订本约之联合会会员国及其他签字之国。

第十条　批准本约及加入本约，即视为同时加入一九一〇年五月四日之协定，该协定即与本约在批准国或加入国境内一并发生效力，无须另行通知。如有一国愿遵一九一〇年五月四日协定之办法，单独加入该协定者，与前款所载并不冲突。

第十一条　自联合会秘书长收到两国批准文件之第三十日起，本约发生效力。

第十二条　本约之废止，可备文向联合会秘书长声明之。此项声明废止，自秘书长收到公文一年后发生效力。其效力只及于声明废止联合会会员国或非会员国。

国际联合会秘书长，应将收到之一切声明废止文件通知签订本约与加入本约之联合会会员国及非会员国。

声明废止本约，如不于声明文中特为载明，实际上并不能同时连带废止一九一〇年五月四日之协定。

第十三条　凡联合会会员签字之国及其他签字之国或加入之国，可声明此项签字或加入对于该国之保卫地、殖民地、海外领地或受其统治或管理之地，并不连带有效，而随后得以该保卫地、殖民地、海外领地或受其统治或管理之地名义，分别声明加入。

声明废止之举亦得单独适用于保卫地、殖民地、海外领地，或受其统治或管理之地。又第十二条所定之条款亦为适用。

第十四条　联合会秘书长应备专册，登载签约国、批准国、加入国或声明废止国之名单，该单得由联合会会员国或其他签字之国或加入之国随时查阅，并应随时刊布。

第十五条　缔约国间因解释或实施本约所生之争执，如不能直接商决，应交国际永久法庭判决之，如发生争执之各国或其中一国，并未照签或未承认国际永久法庭规约，则此争执之案或交国际永久法庭或提交公断，由两造自择之。

第十六条　如有签字国或加入国五国提议修改本约，则联合会行政院应召集修正公约会议。总之，行政院于每届五年时应考量有无召集会议之需要。

为此，全权代表将本约签字以昭信守。

一千九百二十三年九月十二日订于日来弗。缮具正本双份，分储于国际联合会及法兰西民国政府。

〔下略〕

〔《政府公报》第3425号〕

（二）编译出版机构

1 李步青创设共和编译社呈并批

（1912年8月）

(1)李步青致教育部呈

具呈共和编译社代表、前办理安襄郧荆善后事宜、襄阳卫戍司令李步青，为呈请立案事：窃闻世界文明，各国每年书籍出版之数，恒与其国进化之度为正比例。盖言论自由，学术日新，甲治一学，乙引而伸之，而其说愈明；此著一书，彼纠而正之，而其义弥精，理论之所濡染，政教因而转移，文化之盛有由来已。吾国海通以来，社会日有变迁，西潮东渐，收效译书弗可没也。然取我十年来刊印书籍，曾不敌列国一岁出书之数，相形见绌，进化遂滞。推究其故，全国印书之区，仅上海一、二书馆规模较大，蹄涔勺水，不能灌溉全国一也；著书之士，大半寒酸，付印无资，因而退阻二也；凡著一书必需参考，而坊间译本，定价过昂，学者无力购取，以供参考三也；著书贵合群力，一人响壁，成书弥艰四也。今民国成立，政体大更，从前言政言教之书，具成刍狗，顺时势之所趋，本共和之精神，搜辑译著，将有刻不容缓者矣。步青等期文化之发达，通学界之津筏，宏发大愿，匄集厚资，组织共和编译社，建馆武汉，九省通衢，与上海各书馆桴鼓相应，负文化转输之责，则易普及于内地。凡有纂辑一得之长，皆为代印流行，则寓提倡著述之意。定价从廉，破除市侩射利之习，使学者购书较易，而岁出之书弥多，延集通才，附设学舍，有讲习讨论之益，无响壁虚造之患，是则本社组织之微意也。至本社下手之初，胥注重于教育一方面，诚以破坏之业可燥发于崇朝，而建设之功必渐渍于岁月。目前之建设可以法律维持秩序，完全之建设，必以教育增益程度，故本社对于有关教育之教科书、参考书及通俗书，愿先从事焉。凡一书之出，固将远瞩世界趋势，近察社会情状，体念国民心理，推究历史习惯，斟酌完善，振励俗尚，以期上副大部启发民智之意，下慰国民喁喁向学之心。所有共和编译社成立缘由，除具呈教育部外，理合呈请大部批准立案，将来刊印各书随时呈请教育部检定，并呈大部备查。伏希批示，以重版权，而振学业，实为公便。实至呈者。

附呈章程一纸，并教育部批示。

中华民国元年八月　日

共和编译社开办简章

第一章　名　　称

第一条　本社出版之书，以适用于共和国民为主，故定名曰共和编译社。

第二章　地　　址

第二条　本社设于汉口，各处分设发行所，现暂假法租界长清里十三号为事。

第三章　宗　　旨

第三条　灌输共和之精神，增进国民之学识，尤注重小学及社会教育。

第四章　办　　法

第四条　本社分编译、印刷、发行三部。但印刷部未成立时，暂由中外著名印刷所代印。

第五条　编译部以编纂小学、师范专门各教科书及通俗书为主，兼译各国之法政、经济、教育、实业、军学各书。其有本国秘本尚未通行，或近人名著待梓行世者，亦得广为搜辑，选辑付印。

第六条　除由本社选聘专员编译外，并购私家稿本或照本社购稿定章，(另有专章)分别给价，或由本社代印，以售出之额平均分利，均听私家自便。

第七条　私家售稿与本社所刊纲要选材定例不合者不取。

第八条　本社出版各书，凡关于教科之用，订价格外从廉，与专事营业者不同。

第五章　经　　费

第九条　本社开办，定资本十万元，除由社员担任五万元外，另招股份五万元（招股另订专章）。

第六章　职员及任务

第十条　本社应置职员如左：

总理一员，规划本社全体事宜，监督各部职务。

庶务一员，受总理之指挥，料理一切杂事。

会计一员，专司银钱出入登记帐目。

名誉社长，凡以实力赞助本社，而学行为众所推服者充之。

名誉社员，凡以实力赞助本社者，均得为本社名誉社员。

（甲）编译部

经理一员，主管编译部一切事务。

总纂、协纂各一员，规定编译纲要，鉴核付印各书。

编译若干员，分门担任编译事宜、由总纂分配之。

审订若干员，以本部总协纂及编译员公同组织之，讨论编译体例，评订付印各书。

司书若干人，誊真修定稿本。

（乙）印刷部

经理一员，主管印刷部一切事务。

校对若干员，专核付印文稿。

司事一人，支配工人印刷，并考察勤惰，以素娴印刷者任之。

（丙）发行部

经理一员，筹划各处发行分配一切事宜。

司事若干，专司发行事宜。

第十一条　各部进退职员，均由本部经理商同办理。惟编译部经理与总纂分辖职务，其进退编译员时，须由总纂会同经理协商办理。

第十二条　本社规定职员，如各部事务扩充，得随时酌量增设。

第七章　会　　议

第十三条　每月由经理召集任事职员会议一次，商确〔榷〕改良进行事宜，每年由总理召集有议决权之股东报告出入帐目，提议扩充进行事宜。

（附则）本章程不适用时，由发起人提议修改。

（2）教育部批（1912年8月）

教育部批：

据呈及简章阅悉。该社以译印书籍为灌输文化之资，注重小学及社会教育，为增进国民学识之本。所拟办法十三条，觇书画分明，尚能实力从事，日起有功于教育界，所裨非浅，自应准其立案。至所请保护版权一节，应俟该社书籍出版后，分别呈由本部及内务部审定，再行呈请工商部、内务部办理可也。此批。

（3）内务部致共和编译社李步青批（8月10日）

内务部批：

据李步青呈称：组织共和编译社请予立案，并抄呈简章及教育部核准原批前来，编译图书，为促进文化之先导，足征热心启牖，深堪嘉许。所订简章亦甚妥善，应即照准立案。至保护版权一节，俟该社书籍出版时，再行遵照著作权律，呈请核办可也。此批

共和编译社代表李步青

中华民国元年八月初十日

〔北洋政府内务部档案〕

2 农商部关于商务印书馆完全华商自办致各省巡按使/都统咨

（1915年7月31日）

为咨行事：据上海商务印书馆有限公司经理印有模禀称：敝公司创设于前清光绪二十三年，当时因吾国于印刷术及编辑上之经验皆幼稚，故议定兼收外国人股本，以资利用。至民国元年，因营业日见发达，国人愿附股者众，遂设法与外国诸股东磋商，议定全数收回。至二年一月始，自此敝公司遂为完全华商股分之公司，并无丝毫外股在内。当时即开临时股东会报告收回情形，一面禀报大部，并蒙批示嘉许，是敝公司毫无外股，为商学各界所共见共闻。乃近闻有人在外散布谣言，谓敝公司仍有外股在内，意图破坏营业。窃维敝公司有无外股，有股东名簿及当时收回时帐目可查，岂能伪托。该造谣人或因嫉妒而起，本无辩驳之价值。惟恐商学各界倘或误信其言，于营业前途不无关系。大部素以保商为怀，拟恳通咨各省巡按使/各都统声明敝公司为完全华商自办，已经禀报有案，确实可据，饬属明白晓谕，毋信谣言，以安商业，而遏奸谋等情。查该公司现在确系完全华股，曾经本部注册有案。据禀前情，相应咨行各省巡按使/都统查照办理。此咨

各省巡按使

各都统

农商总长　周自齐

中华民国四年七月三十一日

〔北洋政府国务院档案〕

3 高梦旦等关于领印四库全书的有关文电

（1924年4月）

（1）高梦旦等致内务府呈

商务印书馆代表人高梦旦、孙壮呈为领印四库全书，恳请准予全数运沪，以便印刷事：窃以四库全书，聚典籍之精华，为文化之宝藏，东西各国引领相望，咸欲传抄副本，藉资沾溉，徒以卷帙太繁，不易集事。敝公司经营印刷业三十年，规模粗具，颇拟勉竭棉薄，影印是书，藉以宣传文化，发扬国光。查文渊阁所存为七书中之第一部，写录最先，素称精审，可否发下影印，以广流传。惟是卷帙浩繁，工程巨大，机器、人工材料等等需用至多，必须由总公司通力合作，方可观成，不得已恳请准将原书运沪，以便印刷，而利推行。谨拟领印办法十三条，是否有当，伏候批示祗遵。谨呈

内务府

具呈人　高梦旦章

孙　壮章

（现寓琉璃厂商务印书馆）

中华民国十三年四月　日

附呈拟领印四库全书办法

第一条　印刷一切费用由印刷人筹备。

第二条　全书印成以五年为期，遇有不得已事故时得延长三年，并须随时呈报。

第三条　售价视工料时值，由印刷人酌量拟定随时呈报。

第四条　第一次印刷四百部，售完足敷成本，如售出之数不满四百部，所有亏耗由印刷人担任；售满四百部以后所售出之数应照售值十分之一作为版税，由印刷人随时呈缴。例如售出五百部，应缴一百部之版税，余照此类推。

第五条　不论售出多少，印刷人应呈缴样书十部。

第六条　为便利印刷迅速出书起见，特许将书运往上海摄影。

第七条　领书时印刷人应将函数册数详细检点，如有缺漏损坏，应即立时声明。

第八条　运书时所有包装运送，应用特别方法，勿任损失。

第九条　书到上海后，应储存特别坚固仓库，以防水火。并须立保火险，将保险单呈内务府存储，尤不得任人随意观览。

第十条　摄影时，应特别注意，勿任污损。

第十一条　全书如有损坏遗失，完全负赔补责任。

第十二条　由上海运还时，应参照第七、八条办理。

第十三条　全书分经史子集四部，每一部分影印讫，即先将一部分书缴回，五年期间分四次运京，俟均点收无误，印刷人方得卸去责任。

(2) 张元济致国务院孙慕文电(1924年4月14日)

北京。国务院孙慕文、颜骏翁、王淑翁、张乾翁、顾少翁公鉴：顷闻公府秘书厅禁运四库全书出京至沪，至为惶悚。敝公司呈请清室领印是书，无非鉴于古籍易散，窃欲广为流通，廉价发行，宣扬文化，曾经呈明贵院，并蒙教育、交通两部批准在案。并无托词，敬乞代为剖明。除再正式具呈，恳予维持外，先此电陈，伏维鉴察。张元济。寒。

十三年四月十四日上海来电

(3) 大总统秘书厅致国务院公函(1924年4月8日)

大总统府秘书厅公函　第九六五号

径启者：奉大总统谕：四库全书搜采中国典籍至为宏富，集历代著述之大成，洵为无上宝籍。近来列邦文学家亦极为推重，前此徐大总统特颁明令，由国家刊印，业经议有规模，刻下正宜萃合公私物力，赶为办理，庶有华夏之菁英，资中外之沾溉。且原书七部，现计存者尚不及半，尤宜珍护，俾免散佚。乃风闻文渊阁一部四库全书竟由沪上商家托词刷印，商明清室内务府人等有即日装运出京之说，殊堪诧异。查全书卷帙繁重，刷印一切需费既多，延时必久，倘致散失不全，则中国宝籍即损少一部，关系文化实匪浅鲜，应由该院行文该内务府阻止，一面分别函交通部，饬警察厅查禁装运此项书籍出京，仍即筹议刊印办法，迅速具复，以利进行。所以广文籍之流传，宏人才之作育，动列邦人士之观感者皆在于此，实有厚望焉。专此特达，仍望将禁阻此项书籍出京事宜，即希见复。此致

国务院

大总统府　秘书厅启

中华民国十三年四月八日

〔北洋政府国务院档案〕

4 中华书局注册登记表

（1914年8月25日）

商　号	中华书局股分有限公司
营　业	出版印刷与有关系之贸易
责　任	有　限
资　本	上海通用银元一百万元
创办人或出资人	陆费达、陈　寅　均住上海百老汇路 戴克敦住上海老靶子路 沈知方住上海观盛路 沈继方住上海美根路
总代号所在地	总公司设上海虹口东百老汇路 分局设北京、天津、保定、长春、太原、南昌、开封、汉口、武昌、长沙、广州、杭州、温州、南京、福州、成都、重庆、陕西、云南。
设立年月日	民国二年四月二十日
注册年月日	民国三年七月二十一日
注册号数	公字第五十六号

〔《政府公报》1914年8月29日〕

5 丁崇杰等创设实业编译局呈并内务部批

(1919年)

(1) 丁崇杰等致内务部呈

具呈人丁崇杰萧会极为创设实业专业编译局，恳求准予立案事：窃以民生凋敝，国库空虚，皆由实业不兴之所致，而学校、工场无专书考证，士大夫及资本家莫由感发兴起，实百工不振之根由。今者书馆林立，译著之书汗流充栋，独专科典籍则付阙如。苟长此以往，人民缺乏专门知识，即实业永无发展之一日。当今万国和平，军火战争告终，工商战争激烈之时，吾国而尤端拱垂裳，文胜于质，几何能久。崇杰会极见及于此，本其平日一得之愚，纠合专家，筹集资本，翻译东西洋各科专书及有关实业之文字，于教场三条十八号设立局所，名曰崇极实业专书编译局。凡有妨碍治安及无益民生者均在厉禁。用特具简章，恳请准予备案，并请对于译著各书禁止他人翻印，以重版权。谨呈

内务总长钧鉴

中华民国八年　月　日

崇极实业专书编译局简章

一名称　本局定名曰崇极实业专书编译局。

二宗旨　以编译印行东西洋各种农工矿应用专书及关于上项之杂志论说，指导唤醒全国之实业为宗旨。

三经费　由创办人筹备资金一千元，以四百元作开办费，六百元作局内开支及购买图书印刷物品，发行书籍之用。

四地点　本局设立于宣武门外教场三条门牌十八号。

五组织　本局分庶务、译述、编辑、绘图、缮校、发行六

部。

六职员　本局置经理两人，编辑四人，绘图一人，庶务一人，缮校一人，发行一人。

七版权　本局所出各书，既经呈请政府立案，其版权自应归本局专利，非得经理许可，外人不得重印翻版。

（2）内务部吕日东签批

查该具呈人为振兴实业起见，创设实业专书编译局，编译各种实业书籍，用意殊堪嘉尚。惟呈请立案一节，查著作权法并无此种规定，至请对于译著各书禁止他人翻印，应俟书成送部注册后再行核办。拟据此批示。

〔北洋政府内务部档案〕

6　临时执政府设立国立编译馆的有关文件

（1925年9月—1926年3月）

（1）临时执政公布《国立编译馆条例》令（1925年9月1日）

临时执政令

兹制定国立编译馆条例公布之。此令。

外交总长　沈瑞麟
财政总长　李思浩
内务总长　龚心甚
陆军总长　吴光新
海军总长　林建章
教育总长　章士钊
司法总长　杨庶堪
交通总长　叶恭绰
农商总长

中华民国十四年九月一日

国立编译馆条例

第一条　临时执政为修文兴学起见，设立国立编译馆，掌编纂翻译各项图书事项。

第二条　国立编译馆置总裁一人，由临时执政特派，管理本馆事务．监督所属职员。

第三条　国立编译馆置编译无定额，由总裁聘任，并于编译中以二人分任编纂或翻译事务之总纂。

编译为名誉职，但得依约定著述之量数酌取酬费。

各官署办理编译事务之职员，得于必要情形由总裁调聘或调委为本馆编译，仍留原资原薪，但得酌给津贴费。

第四条　国立编译馆置事务员长一人，事务员四人以内，均由总裁委充。

临时事务员仍留原资原薪，但得酌给津贴费。

第五条　依前二条规定，调充本馆编译或临时事务员者，仍得因情形令回原职。

第六条　本馆编译之图书，由总裁核定后得径行出版，并得委托代办。

因出版所获之利益，应酌提百分之七十以内奖给编译之本人。

第七条　本馆办事细则由总裁以馆令定之。

第八条　本件自公布日施行。

（2）　临时执政特委章士钊为国立编译馆总裁令（9月11日）

临时执政令

特派章士钊兼国立编译馆总裁。此令。

中华民国十四年九月十一日

教育总长　章士钊

(3) 国立编译馆邀集学者名彦组织董事会致国务院公函

(1926年3月15日)①

径启者:查编译事业关系重大,现已延聘通才从事组织。其中所订办法略有数端:一遴选专门人才编译高深学术之著作,并移译各国名著,以备专门以上学校教材及参考之用,而使国人为高深学术之研究;一收买中外学者重要著作,由本馆编译员审订,分次印行;一编订中学校及师范学校教科书,为改良学校之用。凡此各事,均关系国家文化盛衰,人才消长,至为巨重。惟不多集名彦,则易流入偏枯;不妥订章程,则恐难期久远。拟援国立师范大学之例,立董事会,聘蔡孑民、李石曾、蒋梦麟、徐季龙、范静生、张溥泉、王亮畴、顾孟余、石衡青、马裕藻、邹海实诸君为国立编译馆董事,随时监督本馆一切进行。蔡、李诸君,德高望重,学有专长,相导指挥,必臻完备。理合备案,至为公便。此致

(4) 国立编译馆董事会章程

第一条 本董事会协议全馆重要事务,以董事十一人组织之。

第二条 本董事会第一任由本馆 馆长就本国鸿儒硕彦中聘请之,以后由本会推选,每年改选三分之一。

第三条 本董事会每年开常会两次,于夏冬两季举行。开会日期由董事长定之。

第四条 本董事会之职权如下:

(一)推举本馆馆长,函请教育部聘请;推第一任馆长由国务院函聘,三年一任,得连任;

(二)协议全馆重要事项;

---

① 此系公报发表时间。

（三）保管本馆基金；

（四）监察编订译胥事项。

第五条　本董事会设董事长一人，由董事互选之。

第六条　本董事会开会由董事长召集之，遇有特别事项，得由董事五人以上或馆长商请董事长召集之。

第七条　本董事会议决案以过半数之出席及出席员三分之二之同意行之。

第八条　本章程自公布日施行。

（《政府公报》1926年3月15日）

（三）出版品的查禁

一、查禁令文

1 内务部告诫各报馆禁刊“宋案”与“借款”新闻的布告

（1913年6月17日）

内务部布告第六号

查有闻必录，固新闻业之责任，然亦审度其事之影响如何，若只图新闻之发达，而不顾国家之损害，则所贵于新闻者何在？况军事、外交最宜机密，今日边境多事，外患日深，既为国民，孰不当有国家之观念存乎其心。矧报纸为舆论机关，最易动人观听。值兹国步维艰之际，方当全国一心，维持鼓吹，以期造成强固之国家，促进政治之进步。乃内外报纸，对于宋案、借款多所误会，不问是非，肆意诋諆痛加诬蔑，且于外交、陆海军事件尽情登载，漏泄无遗，甚至加大总统以种种不名誉、不道德之称谓。谣诼所传，秩序为之不靖，流言所及，人心为之动摇，险象环生，法律扫地，若不依法限制，实足扰乱大局，妨害治安。查报律第十条妨害治安之语，报纸不得登载；第十一条损害他人名誉之语，报纸不得登载；第十二条外交、陆海军事及其他政务，经该管官署禁止登载者，报纸不得登载；第十三条诉讼或会议事件，按照法令禁止旁听者，报纸不得登载。又，暂行新刑律第一百三十三条漏泄内治、外交应守秘密之政务者，第一百三十四条知为军事上秘密之事项图书物件而刺探收集者，第一百三十五条知悉收领军事上秘密之事项图书物件而漏泄或公表者，第二百二十一条以文书图画演说或他法，公然煽惑他人犯罪者，第三百五十九条散布流言或以诈术损害他人或其业务之信用者，第三百六十条指摘事实公然侮辱人者，又约法第六条第四项人民有言论、著作刊行之自由，第十五条人民之权利有认为增进公益、维持治安或非常必要时，得依法律限制之。以上各端条例昭列，岂容玩视，用特剀切布告。各该报馆须知监督政府自有法定之机关，言论自由应以法律为范围，宋案应候法庭裁判，借款亦有国会主持，心短流长，徒逞胸意。至于外蒙事件，一关于国际交涉，一关于领土安危，政府对此事之筹备，于国体、于邦交、于军事有种种之关系，其中之维持调护有应严守秘密，不能尽情宣布者。各该报馆亦当共体此意，同守秘密，此并非防民之口也。天下之事，匹夫有责，各新闻记者类多明时势，识大局之人，对于国家安危、政治利弊，尽可切实说明，陈述意见，听候采择，惟不得一毫成见参乎其间。倘视告诫为具文，置法律于不顾，漫无抉择，任意登载，或倡言无忌，淆惑观听，则是有意煽惑人心，妨害秩序，法律具在，断难宽容。本部为谋国家之生存与保社会之公安起见，议论在所当重，法权尤应保持。不惮谆谆，幸共勉之。特此布告。

内务总长　言敦源代

中华民国二年六月七日

〔《政府公报》1913年6月20日〕

2　内务部组织特种机构检阅报纸致国务总理公函

（1913年7月27日）

内务部公函　二年警字第三六〇号

径复者：接准函开：奉大总统发下黄远庸条陈一件，密交转饬察核办理。等因。到部。查本部阅报，早已派有专员，即警察厅亦有专员司阅报纸。兹准函送黄远庸条陈，除训令警察厅酌核办理外，相应复查转呈可也。此致

国务总理

中华民国二年七月二十七日

黄远庸条陈

叛党仍袭故智，专用虚声伪报，摇惑听闻。各地方之不附逆徒者无形依附，最为危险。今日最要关键在沟通消息，壮大声势。谨呈办法如左：

一、报纸论调，今日关系最重，而反对党报纸尤足供我参考。今日号称独立地方之报纸所记人物事实，均足为侦缉材料。某意宜令警察厅组织特种机关，专司二事：(一)检阅反对报纸，专从法律干涉；(二)搜集反对报纸所记人事，择要编辑为侦探材料。

二、今日宜特组织一新闻通信机关，整齐一切论调及记事，此中有种种作用在内。

〔北洋政府内务部档案〕

3 内务部为报纸不得刊发对日激烈言论致各省警察厅、民政长训令

(1913年7月28日)

内务部　训令第五七八号

京师警察厅
令各省警察厅
各省民政长

民国建设以来，各友邦热诚赞助，各国政府以及各国国民均属上下一心，以保持东亚和平为宗旨，当亦我国民所咸知。而新闻记者发抒正当言论，尤必洞悉世界大势，注意于国际间相互之感情，固无待政府之长虑而却顾也。此次湖口暴徒倡乱，政府依法用兵，所有救民救国之苦心，友邦早已共谅。日本与我为同洲、同文、同种之国，休戚相关，更为密切，对于我国内乱绝无丝毫冀幸于其间，实政府所敢深信。乃查京外报界，间有以道路传闻之词，竟谓东南乱事与日本人有如何关系，并谓商界现已决意为抵制日本之计等语。在各该新闻记者以激于一时爱国之热心，出言罔知所释，政府亦深

信其无他。惟此等言论，并无事实可指，即于邦交有碍，万一国际感情竟为捕风捉影之谈所误，究于两国国民何利，念之宁不兢兢。为此，命仰京外警察厅、民政长转饬该管警察官厅，迅行布告政界、商界，须知中日国交素睦，嗣后不得再发为前项激烈言论，以免政府交邻别生障碍。此令。

中华民国二年七月二十八日

〔北洋政府内务部档案〕

4 内务部关于取缔登载"无稽之言"的报刊致京师警察厅训令

（1913年7月22日）

内务部训令　第　号

令京师警察厅总监

查报纸言论，应以法律为范围，不得逾越范围，昌言无忌。前经本部申明约法、报律、刑律各项条文，布告登载二年六月二十日公报在案。近因浔乱事起，谣诼因之繁兴。查报纸采【录】新闻，宜如何主持公论，维护大局。数日以来，查阅各报所载专电、访稿、记载，正确者实居多数，而间不免有无稽之言。现在时事方艰，民生重困，休养生息，犹虑弗遑。尚使虚造不实之言论，扰害公共之安宁，当亦顾大局，维人道者所不忍为。本部为整齐言论，维持地方起见，舆论固当尊重，法权尤应保持。为此，训令该厅转饬各报馆，除关于外交、陆海军事件及其他政务，曾经该管官署禁止登载不得登载外，其余各项专电访稿，仍须以国家为重，一律慎重登载。倘有不顾大局，不问是非，漫无检查，任意登载，或捏造事实，耸人听闻，则是有意妨害秩序，有碍治安，法律具在，断难宽容。该厅有地面之责，应即随时认真查察，遵照法律，从严取缔。切切。此令。

中华民国二年七月二十二日

〔北洋政府内务部档案〕

5 内务部诰诫各报馆对日勿发过激言论致京师警察厅饬

(1915年3月14日)

内务部饬 第 号

为密饬事：准政事堂机要局交，有人报告：顷得可靠消息，谓本京各华文报，措词激昂，日本军界大为奋〔愤〕怒，思有以报复云云。宜即命警察厅传谕各报馆，两国交涉进行之时，静候消息，勿再出言无状，以免惹起两国之恶感等情。呈奉大总统批。奉批：交内务部饬厅办等因。交部。查前因国内各报纸对于中日交涉发为言论有过于激烈之处，诚恐展转传录，不免互有辩难，转生反响，业经饬厅切实注意在案。兹得报告情形，合再饬知该厅迅即通知各报馆，值此中日交涉之际，登载事件，务须格外慎重，免兹误会，庶政府交邻不至别生障碍。切切。此饬。

右密饬京师警察厅总监 吴炳湘准此

内务总长

附件：剪报：警告国人书、政界之新写真、大总统沉痛之告诫〔均略〕

中华民国四年三月十四日

译：顾问莫理循密函 （三月十二日）

蔡中将大鉴：敬密启者：顷得可靠消息，谓本京各华文报，措词激昂，日本军界大为奋〔愤〕怒，思有以报复。云云。理循愚见所及，宜即命警察厅传谕各报馆，两国交涉进行之时，静候消息，勿再出言无状，以免惹起两国之恶感也。专此。敬请
勋安

莫理循谨上
唐春澍谨译

奉批：交内务部饬厅办。

6 内务部为知照各报馆禁止刊载议论国体文电致京师警察厅饬

（1915年9月11日）

内务部饬　第　号

为饬知事：准国务卿函开：奉大总统谕：凡政界、军界文电，关于议论国体事件，应由内务部通告各报馆一概不准登载。等因。相应函达照查。等因。到部。合亟饬知该厅，仰即迅速示知各报馆一律遵照办理。此饬。

右饬京师警察厅总监　吴炳湘准此

内务总长

中华民国四年九月十一日

〔北洋政府内务部档案〕

7 内务部应法使函照禁止报纸刊载揭露租界制度文电致京师警察厅饬

（1915年12月7日）

为饬知事：准外交部咨开：准法国公使来函，以迩来中国报纸甚为攻击外国租界制度，北京使馆界亦有华报迭次刊载云：中国所聘某洋武员管下之军队，不久即代各使馆卫队任差。又，各交战国尽将远东军队调回，以致使馆卫队大为减少云云。此等论说，不但毫无效果，反于中国一面及中法交谊均有至大妨碍等语。相应将原函抄送贵部查照，即希转饬警察厅严饬各报馆注意，嗣后勿得以无稽之言，率意登载，并见复等因。并抄件到部。除将法使函内所云报纸登载事项均经政府检查，担承责任等语，于咨复外交部交内务部声明辩正外，合函抄录原件，饬知该厅转示各报馆，嗣后关于外交事项，毋得率意登载，仰即遵照。此饬。

右饬京师警察厅总监　吴炳湘准此

内务总长

中华民国四年十二月七日

照录法康使函(四年十一月十六日)

径启者:迩来中国报纸甚为攻击外国租界制度,仿佛故意煽动舆论,起而反对实行条约,在本公使阅之,殊为诧异之至。按照中国政府所布实行取缔报纸之律,凡报纸刊载无论何项论说,非经政府预先检查允准后不能登载。因此,中国政府对于报纸所刊前论说,不免担承责任无疑矣。报纸如此煽惑舆论,轻视约章,事甚重大,诚恐在法国其影响不得佳果,而于中国生出诸多窒碍,此层本公使不得不请贵总长特别注意也。至于北京使馆界,亦有华报迭次刊载云:现有中国所聘某洋武员管下之军队,不久即代各使馆卫队任差,如外国人看及登载此等消息,岂不默想保卫使馆。巡警竟有列队持械进入使馆之权,岂不将一千九百零一年公约从此作废乎。报纸又载:自从欧战开始,各交战国不得已尽将远东军队调回,以致使馆军队大为减少,似此情形,是否于使馆界之治安有碍,仍是疑问。云云。本公使对此议论自当有所声明:法国政府现在直隶省内屯驻之军,并未稍减,其数自与去年春间无异。本公使饬令将此军队多数屯于天津附近,实因体贴特别情形也。而中国政府所检之报纸竟敢如此声张,必须保卫使馆界,岂非有因本公使想如贵政府所据消息与使馆界或恐现有危险之虞,何妨前项消息通息本公使知悉。盖本国政府决定维持实行一千九百零一年条约所载各项权利。若因现时情形,必须加增本馆卫队,则本公使即可由津调来一队驻京,若无何项危险,则中国政府不如禁止报纸刊登前项无稽论说。因此,此等论说,不但毫无他项效果,更使在法之本国人民忧虑,现居北京之外人有遇险之虞,或中国政府有意轻视一千九百零一年公约所载之义务也。此项效果,无论如何,反于中国一面及中法交谊均有至大妨害。肃此。顺颂日祉。

〔北洋政府内务部档案〕

8　内务部发布压制各地报纸刊载反对袁世凯称帝言论的通令

（1916年）

内务部令第一号

为通令事：照得言论庞集，本足以淆乱是非，颠倒黑白，而托于法理解释错误者，尤足以摇惑人心，变更事实，若不急为辩正，诚恐谬种相传，误以承误，必至人民观听为所动摇，地方治安因之扰乱。本部综司内政，以保卫人民维持地方为重。近见各报所载各处文电，言论间有偏执，或谓自帝制成立之日，大总统之名义已当消灭，或谓自国民大会议决采用君宪政体之日，民国业已中断等语。摭拾一偏之言，曲为周内之论，鉴于事实，既不相符，征诸法理，尤未允洽，恐滋误会。查此次帝制问题，最初著论者由于客卿，继续研究者由于学人，当筹安会之发起也，亦以鉴于墨西哥五总统争立，兵革之祸，延十余载不息。我国人士，触目惊心，不得不以国体问题作学理之讨论，乃各省区公民闻而纷纷请愿，各文武长官亦通电全国一致赞成，维时大总统以所居地位，应有维持国体之责，曾一再宣言并发明令，认变更国体为不合事宜，而国民代表大会竟一致表决采用君宪政体。同时，又推戴大总统为皇帝。就法理论，并非废止共和而后拥戴皇帝，乃预备另造帝国，而为预推现居大总统地位之人为皇帝也。帝国既未成立，皇帝又未即位，是民国之继续如故，大总统之地位如故，毫无疑义，固可断言。民国四年十二月十一日大总统申令，有仍以原有之名义及现行之各职权，维持全国之现状等语。夫曰原有名义非大总统名义而何？曰现行职权非大总统职权而何？曰维持全国现状非维持民国现状而何？况大总统始终未以皇帝名义颁布命令，即一切文电亦始终未见有帝国字样，可为帝国未经成立之确据。帝国既未成立，民国即未中断，大总统即未脱离民国大总统之地位。不仅此也，当全国人民一再吁请登极之时，而大总统迄不之应，内则编纂帝国宪法之事继缓举行，外则通告列邦声明帝政从缓，即设处筹备，正所以不允实行，聊塞众望。若谓帝国虽未告成，民国即已中断，则无异谓国民大会议决采用君宪政体之日，中国已无政府矣。不知自是日以迄今，兹中华民国与缔约各国正式交涉如故，大总统与各友邦元首正式交际如故，若不承认此期间内有民国，有大总统，则此期间内之一切对外国际行为，讵容彼等以少数人之议论而引起列邦重大交涉邪。且人并未视我为无政府之国，而我先自蔑抑，亦不思之甚者矣。况变更国体之议，国民请愿于前，各省文武长官要求于后，文电具在，均可复按，在请求者既以筑固国基为词，且始终依法律为解决，自不能以寻常法律相绳，若必绳以法律，则请求之国民及各机关之长官，讵不当共负责任耶。此理易明，无可辩饰，当此群言庞杂，是非淆乱之时，凡我国民，亟宜协力同心，共维大局，万勿轻听浮言，误受煽惑，致令国家陷于阽危，生民同遇涂炭，噬脐胎悔，后患无穷。本部为保卫人民，维持地方起见，不得不详征事实，剀切劝告，尚其万众一心，主持正论，保国即所以保家，爱身必先以爱国，本部有厚望焉。此令。

〔北洋政府内务部档案〕

9　内务部警政司拟订之《防范新思潮传播办法》条陈稿

(1920年)①

窃为政之道，首重民生，而厚生之方，不外民治。值此欧战告终，物力缺乏，世界潮流，日趋险恶，俄之过激党徒，几遍全球者，虽因穷迫所致，要亦由于政治未尽改良所激而成。我国毗连俄疆，关系尤切。矧数年以来，内讧未息，交乱相寻，国家之元气大伤，人

① 原件未标明时间，从文件内容推断，当在一九二〇年前后。

民之生计日蹙，危机四伏，至为可忧，若不先事预防，诚恐一旦受其播及，则危害于国家社会，何堪设想。本部早见及此，曾召集警察特别会议，关于新思潮影响之防范方法，公同审议，大要不出乎治本及治标两种办法，谨约略陈之。

治本方法：

一　刷新政治：缘政治为指导人生行为，满足人生意志欲望之一种准则，而施行方针，当因时因地或因特种关系以为变迁，若昧世界大势，稍拂舆情，鲜有不受新思潮之影响者。欧洲劳动界，近被牵动，日益骚然，此其明证。我国劳动界势力虽未发达，而一般无业游民随处皆有。此种过激思想，最易侵入，拟请刷新政治，对于民生问题，亟须特别注重，并速筹经济调剂办法，以免口实，而遏乱源。

二　登用才俊：自来人才之消长，关乎国家之兴衰，改革以还，各省学校林立，而各项专门毕业学生，亦不乏明达之士，倘置诸闲散，殊为可惜。拟请广筹用途，俾各安其身，各展所长，不至为外界所激动，而妄生希冀。

三　改良教育：教育一端，关系极重，苟人类无相当之知识，误入迷途者，不知凡几。拟请嗣后注重实业教育，由各省广设实业学校或手工传习所，授以相当知识及职业，使之自谋生计。此外尤应注重感化教育，提倡通俗讲演，若辈纵有不良思想，日久可渐归消灭。

四　崇尚俭德：奢侈之风，至今日已达极点。一饮食便悦肥甘，一衣服竟尚绮丽，似此纵情挥霍，不独于经济方面大受影响，且于贫民方面，亦易起不平之感。拟请由京内士夫倡设俭德会，力矫骄奢风俗，俾资观感。

五　提倡储蓄：就现在社会经济方面观察，各省金融，势将枯竭，加之生齿日繁，而一般生产能力又极薄弱，倘不急图补救，终必陷于危境，贻害国家。拟请由各省官吏，切实提倡储蓄，筹设平民储蓄银行，以裕财源。

六　奖励实业：实业之发达与否，与民生原有至大关系，迩来各省金融奇窘，民不聊生，或因无力而不能独自经营，或因资本短少而不能互相争竞，以致市面萧条，鲜有起色，似应趁此时机，实施救济行政，拟请于各省区推广工厂，收容失业工人之外，并在省会或商埠地方，添设因利局一所，以官利贷与小贩营业者，使之自谋生活，不取重息，限期缴还，如此则民困渐苏，而祸乱庶可消弭于无形矣。

七　垦荒开边：现在各省官荒，尚未开垦者当不在少数，而边远之区，人烟稀少，垦务尤为重要。拟请责成各省行政长官，饬属切实查明填报，并令将境内无业游民，暨回国华工，以及遣散军人，分别给资，前往开垦，或给资移往关外，藉以实边。

八　安置华工：查从前应募出洋华工，类多无恒业之人，知识极其简单，一旦出洋谋生，难免不染外国工党恶习。今欧战已终，此种工人将继续回国，即应妥筹安置之法，以免流离失所，致滋事端。拟请饬令各省地方官速办贫民习艺所，或于各矿厂内，收容此等工人，留作矿工，务使谋生有路，自可相安无事。

治标方法：

一　整顿乡团：查各县保卫团条例，早经颁布通行各省，责成各该县知事遵照举办在案。特恐日久废弛，拟即再行通饬各县切实整顿，以安闾阎。

二　厉行清查户口：缉盗防奸，原以清查户口为第一要着，拟即再行通饬各县遵照前颁县治户口编为规则，厉行清查，填表呈报。

三　注意在校学生行动：各省在校学生，俱系青年，最易受人勾煽，藉端责难，拟请由教育当局，剀切诰诫，校外行动，亦应特别注意。

四　注意回国华工：回国华工，应行注意之点有三：

（一）回国时，应由各海关严行检查；（二）回国后，应由各原籍地方官妥为安置；（三）回国后，一切行动，须随时留意。

五 注意工场及工党：各省工党，尚未萌芽，似不足虑。惟查各工场之内，良莠不齐，恐滋事故，应由该管警员与该场管理者，随时接洽，切实注意。

六 注意偏激报纸：各种报纸，均应检阅，如发现有偏激论调，应由该管警员依法停止或封闭之。

七 注意集会演讲：凡关集会事件，现行法令规定，至为严密，如遇言词过激，认为有扰害治安者，应由该管警员依法取缔。

八 注意印刷物品：凡印刷物品，认为有扰乱安宁秩序或妨害善良风俗之虞者，应由该管警员加意检查，依法没收，以免传播。

以上所拟治本、治标两种办法，就国内现状而观，似应标本兼施，藉收平治之效。是否有当，即希

钧裁

〔北洋政府内务部档案〕

10 内务部设立著作及出版物研究委员会有关文件

（1921年1月）

（1）内务部致国务院函（1921年1月14日）

查近来思潮之传播，几有日盛一日之势，而印刷物实为其媒介。本部为维持治安，预防隐患起见，拟就部中组织一研究委员会，对于著作及出版物认为有研究之必要者，随时搜集研究，以期洞见症结，因事补救，不致蹈凭空过当之弊。兹将拟定章程开请公阅。会中随时购买书报暨添用调查译述及夙有研究人员并各项杂费，每月约需二千元，并请核准作正开支，由财政部按月拨发备用。是否可行，仍候公决。

中华民国十年一月十四日

著作及出版物研究委员会章程

第一条　本部为研究著作及出版物起见，特组织著作及出版物研究委员会。

第二条　本会设委员长一人，委员无定额，由部长分别派充。

第三条　警政司对于著作物及出版物认为有研究之必要者，得随时搜集交会研究。

本会委员长及委员亦得随时搜集之。

第四条　研究之结果应由委员开具意见书，经委员长之连署报告于部长。

委员长不同意时，得商改或加具意见。

第五条　本会委员分任研究，由委员长随时指导之。

第六条　关于特别重要之件，得由委员长召集全体委员共同商议。

第七条　本会各员须常川到会。

第八条　本会缮写、记录及保管各项事物，由警政司指派办事员及录事兼任之。

第九条　本章程如有未尽事宜，得随时呈明修改。

第十条　本章程即日施行。

(2) 国务院致内务部公函(1月16日)

国务院公函第一百四十六号

径启者：准贵部提出为组织著作及出版物研究委员会，拟定章程，并请拨经费每月二千元议案一件，经本日国务会议议决照办。除分函财政部知照外，相应函达贵部查照办理可也。

此致

内务部

中华民国十年一月十六日

〔北洋政府内务部档案〕

11 京师警察厅与京畿卫戍司令部关于开展邮电及印刷品检查工作的往来文件

(1921年1月—1922年5月)

(1) 京师警察厅致京畿卫戍司令部公函(1月28日)

京师警察厅公函　十年子字第四二〇号

径启者：案查本厅前防止过激主义之印刷品传播起见，组织检查事务所，遴派专员办理其事，业经检同订定章程及办事细则，函达贵司令部查照，并呈报内务部各在案。兹奉内务部指令开：呈悉。查该厅呈拟检查邮电及印刷品办法，系为防止过激主义传播起见，事甚切要。惟查核所拟章程及办事细则，尚有应行修改之处。兹经本部分别详加修正，合亟抄录该修正章程及办事细则各一份，令行该厅遵照办理，并仰严守秘密为要。等因。奉此。除通行所属一体遵照办理外，相应检同此次修正章程及办事细则各一份，函达查照。此致

京畿卫戍总司令部

计章程一份

中华民国十年一月二十八日

京师警察厅特务委员组织章程

第一条　本厅为维持治安之必要，于厅内指定特务委员，对于认为应行注意之件，以极端秘密慎重之方法，分别侦查之。

前条特务委员得指定一员充任委员长。

前项规定外，为事务之便利，得指定主任委员。

第二条　为缮写文件，办理庶务，得酌用雇员。

第三条　特务委员不另支薪，但得酌给津贴及饭费。

前项之规定，对于雇员亦同。

第四条　特务委员得由委员长呈明总监，派赴指定处所，承办外勤特务。

第五条　特务委员办事细则另定之。

第六条　本章程自呈准日施行。

(2)　王怀庆致〇〇函稿①

〔前缺〕至检查俄文邮件，所见甚是，自当知会军警长官，妥商办法，严行取缔，以杜阴谋。吾侪以身许国，职务所关，责无旁贷。为国为民，苟有补于万一，竭顶踵其奚辞。惟此中困难情形可为知者告，固难与外人言也。京师亢旱，昨得雨二寸。顽躯亦颇健强，可纾绮注。

此复即颂

公绥

王〇〇鞠躬

(3) 检查员陈克俊致京畿卫戍司令部电话记录(1922年5月)

办事员陈克俊由电报总局来电云：遵于五月二十一日下午赴警厅与检查处主任张汉接洽，详述检查来往电报归警察厅办理，本署派员辅助各缘由。接洽结果，所有北京发往各处及各处拍致北京来往电报，均由该厅派人一并检查，分别扣留照发盖戳，遇有密码电报，亦由该厅函致收电者，携密码本核译领取。惟有转电（例如由上海拍北京再转奉天，或由奉天拍北京再转山东等类）日有数千件，该厅派员检查不过来，若令电报生一一翻译，该电报生实亦忙不过来，若由该厅加派人翻译，因电报局此项转电码不与普通电本电码相同，(此项转电电码须由曲缕拐湾字码译成普通电码，再

① 原函稿不全，此件系函的后半部分。

由普通电码译成英文，甚费手续）故乏此项人才，翻译亦不能检查。查办事员未与警厅接洽以前，其转电皆由交通部派在该局人员翻译。今既有此种情形，其转电一项可否仍由交通部人员检译，由办事员等监视，分别扣留照发之处，谨请鉴阅示遵。

中华民国十一年五月　日

〔北洋政府京畿卫戍司令部档案〕

二、查禁书刊

1　内务部查禁中外报刊目录清单

（1913年11月—1916年3月）

谨将由民国二年十一月起至五年三月止，查禁中外各种报纸杂志印刷物等件，开具事由，呈候鉴核。

旧金山中华民国公报

以上一种，系因妨害治安，经国务院交办，本部于二年十一月二十六日通过查禁。

再，此件并未咨交通部停邮。

广东救华报

以上一种，系因国民党所办，经国务院交办，本部于二年十一月令广东民政长依法严办。

再，此件并未咨交通部停邮。

仰光觉民日报

以上一种，系因妨害治安，经本部于二年十二月三十一日通行查禁。

再，此件并未咨交通部停邮。

四川醒群报

以上一种，系因宗旨不纯，经本部于二年十二月令四川民政长依法办理，旋据呈覆禁止发行。

再，此件并未咨交通部停邮。

共和三字经

以上一种，系因崇拜洪杨，经教育部函请查禁，本部于民国二年十二月通行查禁。

再，此件并未咨交通部停邮。

共和三字经

以上一种，系因诋毁前清，经广西民政长呈请查禁，本部于三年二月二十日通行查禁。

再，此件并未咨交通部停邮。

广东竞业日报

以上一种，系因诋毁政府，经政事堂交办，本部于三年五月十八日查办。

再，此件并未通行，亦未咨交通部停止邮递。

日本民国月报

以上一种，系妨害治安，经外交部咨行查禁，本部于三年六月三十日通行查禁，并咨交通部停邮。

旧金山少年晨报

旧金山民国杂志

以上两种，系因专攻政府，经政事堂交部，本部于三年六月二十七日通行查禁。

再，此件系交通部自行停邮，咨本部有案。

美国民国公报

以上一种，系因诬诋政府，奉袁总统交部查禁，本部于三年十一月通行查禁。

再，此件系交通部自行停邮，咨本部有案。

新爱国歌

民国春秋

男女合读

新四书

民国还魂记

万应急救方

以上六种，系因诬诋政府，经统率办事处先后函请查禁，本部于三年十二月十一日通电查禁，并咨交通部停邮。

留日学生全体泣告全国同胞书

以上一种，系因妨害国交，经政事堂交办，本部以事关邮务，咨交通部查照办理。

救国须知

大势去矣

誓不两立

以上三种，系因语多煽惑，经山西巡按使咨请查禁，本部于四年六月三日通行查禁。

再，此件并未咨交通部停邮。

上海爱国晚报

上海五七报

上海救亡报

上海公论报

救亡急进会宣言

救亡根本谈

纪念碑小说

中国白话报

以上八种，系因登载中日交涉事件，由夏内使拟稿交部，本部于四年六月八日通电查禁，并咨交通部停邮。

日本寄来中日交涉真相

以上一种，系因诬谤政府，经政事堂交部查禁，本部于四年五月二十二日通行查禁。

再，此件并未咨交通部停邮。

海外中华国民必读

以上一种，系因主张革命，经统率办事处函请查禁，本部于四年八月十四日通行查禁，并咨交通部停邮。

上海甲寅杂志

上海正谊杂志

以上二种，系因妨害治安，经统率办事处函请查禁，本部于四年九月二十二日通行查禁。

再，此件系交通部自行停邮。

上海爱国报

以上一种，系因妨害治安，经湖南巡按使咨请查禁，本部于四年十二月通行查禁，并咨交通部停邮。

共和立宪同志会布告

以上一种，系因反对帝制，经山西巡按使电请查禁，本部于四年十一月一日通电查禁，并咨交通部停邮

军人必读

以上一种，系因词意悖逆，经统率办事处函请查禁，本部于四年十二月二十九日通行查禁，并咨交通部停邮。

海外维持国体联合会会启

古伯荃维持民国意见书

以上两种，系因语言煽惑，经统率办事处函请查禁。本部于四年十二月三十一日通行查禁，并咨交通部停邮。

日本寄来彭克荷撰王莽罪状并讨莽檄

留日各校学生联合筹备会警告国内外同胞书

以上二种，系因反对帝制，经统率办事处及山西巡按使先后请禁。本部于五年一月十日通电查禁，并未咨交通部停邮。

云南国是报

以上一种，系因措词悖谬，经京师警察厅详请查禁。本部于五年二月二日通咨查禁，并咨交通部停邮。

联合报访事拍发电报

以上一种，系因淆惑观听，经政事堂交办。本部以事关电政，于五年二月二日咨交通部核办。

法国邮局由云南寄来印刷电报六件

以上一种，系因反对帝制，朱总长交办。于五年二月十五日通行查禁，并未咨交通部停邮。

香港现象日报

以上一种，系因妨害治安，经广西巡按使电请查禁，本部于五年二月二十一日通行查禁，并未咨交通部停邮。

湘鄂各界同人泣告全国父老兄弟书

澳门华民维持国体联合会宣言书会章公启

以上二种，系因反对国体，经统率办事处函请查禁，本部于五年二月十六日查禁，并咨交通部停邮。

江西留学生哀告江西父老书

以上一种，系因煽惑，经统率办事处直接停邮外，函请查禁，本部于五年二月二十一日通电查禁。

上海周刊中华革新报

以上一种，系因鼓吹革命，经统率办事处直接停邮外，函请查禁，本部于五年二月二十九日通行查禁。

大连湾泰东日报

以上一种，系因妨害治安，经江西军巡电请查禁，本部于五年三月十日通咨查禁，并于同日咨交通部停邮。

日本寄滇女子唐家伟敬告全国女同胞印刷物

以上一种，系因悖谬，经统率办事处函请查禁，本部于五年三月十五日通行查禁。

再，此件系由统率办事处函交通部停邮。

天津公民日报

以上一种，因反对帝制，经统率办事处函请查禁。因帝制业经取消，奉总长令，勿庸通行。

民意征实

以上一种，因假造文电，经统率办事处函请查禁。彼时因帝制业经取消，奉总长令，勿庸再行。

云南共和滇报

贵州铎报

孙洪伊刷寄代表进步党敬告各友邦及誓告

以上三种，均因言失实，经统率办事处函请查禁，本部于五年四月八日通行查禁。

再，以上三种，均由统率办事处咨交通部停邮。

□氏久已预备卷逃传单

长江流域中交两银行危急之现状传单

中华民国进步党孙洪伊等敬告各友邦书

孙洪伊等誓除国贼之布告

以上四种，均系陆军部函请取缔，除第三项业经本部另案查禁外，其余各种本部未予照办。

河北同志会刷寄函件

以上一种，系因不顾大局，经统率办事处函请查禁，本部于五年四月二十四日通行查禁。

再，此件系统率办事处咨交通部停邮。

〔北洋政府内务部档案〕

2 内务部查禁上海时事新报有关文电
（1915年10月—1916年1月）

（1）内务部致各警察厅电稿（10月21日）

淞沪、南京、苏州、杭州、宁波、武昌、汉口、长沙、广州、南宁、成都、重庆、安庆、芜湖、南昌、九江、天津、保定、奉天、吉林、安东、营口、长春、黑龙江、开封、西安、太原、兰州、迪化、贵阳、云南、福州、厦门、济南、烟台、热河、察哈尔、绥远警察厅：内密。上海时事新报任意造谣，意图扰乱，实属妨害治安，业经本部通电严禁，并由交通部禁止邮递，撤销访电执照。该厅有维持地方安宁之责，应即特派专员，切实侦察，随时检查，不准时事新报再行发卖散布。内地如有发现此项报纸，除没收外，仍科发卖散布人以应得之罪。自此次严禁之后，倘该厅办理不力，以致所属地方仍有此报流播，应由厅长负责。除电知各省长官严饬办理外，特再电达，仰即遵照。内务部。箇。印。

十月二十一日下午三时发

（2）内务部致外文部复函（11月15日）

径覆者：准函达上海时事新报停止邮递，德馆夏参赞以该报有德国押款关系，叠次来部声明，近已悔悟，改变论调，请予宽免制裁等语。相应将该参赞叠次来部问答，钞送贵部查核办理等因。并钞件到部。查上海时事新报任意造谣，登载武汉暴动，长沙兵变，种种淆乱人心之词，本部以该报记载，核与报纸条例显属违反，业经通行查禁，并停止邮递在案。现在该报如有悔悟真意，该管地方官厅查核转部核办，准函前因，相应函覆查照可也。此致
外交部

内务总长　龚心谌
十四年十月十五日

抄德使馆夏参赞晤外交部悠明主事问答（十一月六日上午）

上海时事新报事。

夏曰：上海时事新报被中国邮局停止邮递以来，已受极大影响，现据驻德总领事来电谓：曾与周道尹面谈，周道允请示中央，倘该道有电来京，务请贵部维持商艰。至前此，该报对于政府，偶有不当之言，现已悔悟，嗣后情愿顺从政府。

悠明曰：取缔报馆系属内务部主管。

夏曰：该报与本国感情甚厚，且有德国押款关系，故敢冒昧出而调停。再，现在日本政府以上海等处有不靖风闻，为干预之口实。该报既愿顺从政府，非但能取消外人口实，于政府方面又能拥护，岂非一举而两得乎，仍请贵政府维持。

悠明曰：容陈明部长。

抄德使馆夏参赞晤王司长问答（十二月二十八日）

时事新报受交通上之制裁事。

夏参赞云：上海时事新报，近来言论颇多与政府主张反对之谈，闻贵政府已饬道尹停止该报之邮寄，以示警戒。本馆顷接上海领事处谓：该报有德国资本在内，上项办法实行，德人将受间接损失。现该报自愿改变其论调，一以顺从政府主张为宗旨，此后再不敢有悖谬之言论。可否请将此意陈明部长，俾政府早日停止此项制裁，该报可以照常营业。

王司长答：此事贵参赞所言，当有未尽之处，时事新报受上项之制裁，实因造作谣言，登载浙鄂兵变之故，若不设法惩戒，影响甚大，自难由本部取消此项办法。且上海报馆大都亏耗，贵国现有资本在内，何不趁此提出脱离关系，较为直捷了当。

夏参赞云：本国资本，恐非股票，本参赞虽不知其详，想系机器款目前尚未还清，或系该报馆将一切生财抵押于德国银行，是以有财政上之轇轕。总之，贵国政府意在警戒该报，现该报已向本国领事声明改变态度，务请将此意设法转达政府，庶邀宽免。

王司长答：此事非北京所能遥制。该报如果改变论调，地方官自有主张，仍请转达贵国领事，饬令该报直接向地方官呈请为要。

夏参赞云：贵司长所云甚是，但闻新道尹现在对于报馆颇持严厉主义，不日申报亦将受同等之制裁，是不能不将以上情形设法转达贵政府知悉，以便早日停止此项办法。

王司长答：贵参赞所云，仅能代陈部长作为一种参考，至停止此项办法与否，本部碍难干涉。

(3) 内务部致交通部公函(1915年12月21日)

查近日上海时事新报每有登载谣言之事，如十月八日载武汉暴动之风说，十月十日载北兵南下之谣传，长沙兵变之风说，十月十一日载湖南土匪之猖獗，各则均系任意造谣，有心煽惑，实属妨害治安。至十月五日上海各报所登载之密电伪稿，查亦由时事新报以印刷品分送各家，尤为有意构造，冀扰大局。似此逾越法律范围，其影响所及，实于地方安宁关系甚大。按报纸条例，对于妨害治安之言论，规定甚严。该报持在上海租界以内，竟敢任意造谣，自应严重取缔，以维秩序，业经本部通电各省将军、巡按使，热河、察哈尔、绥远各都统，上海镇守使、沪海道尹严饬该管官厅将该报切实查禁，不准其发卖或散布。如果地方发现此项报纸，除没收外，仍科发卖散布人以应得之罪。其有维持治安责任之地方官吏及军警机关，并应特派专员严密侦查，有犯必惩，以维秩序，仍将饬办情形见复。复通电各省省会商埠、各警察厅并分饬京师警察厅、京兆尹一体实力严禁，均声明经此次严禁后，倘办理不力，以致所属地方仍有此报流播，应由各该厅长等负责。且以禁止手续尤以邮局停止邮递及电局取销访员新闻发电执照为要义。当即密函交通部通饬各处邮局一律禁止邮递，并查明该报馆各处访员，如已领有新闻电报执照并即一体撤销，以杜传播而保治安。取缔上海时事新报办理情形，由贵部主管，希即通饬各处邮局一律禁止邮递，并请查明该报馆各处访员，如已领有新闻电报执照，并即一体撤销，以杜传播，而保治安。相应密达贵部查明速办，实为公盼。

此致

交通部

中华民国四年十二月二十一日

（4）内务部致统率办事处函（1916年1月13日）

内务部函

径复者：准二日函开：上海时事新报任情煽惑，扰乱公安，希严禁传播阅看。又，准七日函开：上海华字各报，仍擅用民国五年字样，请电沪道传知各报馆，如仍用五年字样，即行停止邮递，并于各地禁阅。又，上海时事新报曾禁寄禁销，近来火车交通各路均有售卖此报者，并请严为申禁惩办。又，准同日函开：松沪护军使等电称：上海华字各报，除亚细亚报外，均书民国五年，本拟令更正，因奉巡阅使转外交部电：改元事无庸知照领事，各报馆均在租界，审慎未办等语。除奏明外，相应函达查照，酌核办理。各等因。先后到部。查本年改洪宪元年，业经恭奉明令。乃上海华字各报仍有沿用民国五年字样者，殊属非是。业经本部电知江苏将军巡按使、上海护军使，沪海道尹知照各报馆，如再沿用，不奉中央政令，即按报纸条例严行取缔，停止邮寄译发在案。至时事新报于禁寄禁销之后，仍有暗流传播内地情事，殊堪诧异，亦经本部通电各省暨警厅饬属一体加意查禁矣。准函前因，相应函复查照。

此致

统率办事处总务厅

洪宪元年一月十三日

（5）内务部致统率办事处公函（1916年1月18日）

径启者：准函开：杨护军使等阳电一件，所称上海各报仍刊民国五年字样，已函请周道尹设法办理等语。转奏奉谕：抄交内务部办理等因。抄录原件，函达查照前来。查本年改用洪宪元年，业经恭奉明令，乃查上海各报仍有沿用民国五年者，前已电知南京将军巡按使暨上海杨护军、周道尹，并函覆贵厅在案。兹据上海周

道尹晋镳文电内称：佳电敬悉。遵即剀切传知上海日报公会，自昨日起，遵已不沿用民国五年字样，相应函达查照。此致
统率办事处总务厅
洪宪元年一月十八日

〔北洋政府内务部档案〕

3　内务部查禁上海中华新报有关文电

（1915年11月）

（1）内务部致上海镇守使电（11月2日）

上海镇守使、沪海道尹鉴：堂密。上海中华新报出版以来，对于国体问题任意造谣，肆口诬诋，十月二十八日专电栏内，于外交方面更多擅造之词，意图激动愚民，扰乱大局。该报持在上海租界以内，并不遵守报纸条例，亦未在邮局挂号，所出报纸专肆煽惑，其为乱党所办之机关报，概可想见，若不严重取缔，则莠言惑众，必致妨害治安。查该报发行业已多日，该管警察官署有保卫地方、维持秩序之责，自应严加干涉，以遏乱萌，应请转饬即日查禁，不准在内地发卖散布，一面由交涉署即与法领事设法交涉查禁为要。除电将军巡按使外，特此电达，仍将办理情形见复。内务部。萧。印。

（2）内务部致京师警察厅饬（11月5日）

内务部饬　第　号

为饬知事：查上海中华新报出版以来，对于国体问题任意造谣，肆以诬诋，十月二十八日专电栏内，于外交方面更多擅造之词，意图激动愚民，扰乱大局。该报持在上海租界以内，并不遵照报纸条例，亦未在邮局挂号，所出报纸专肆煽惑，其为乱党所办之机关报概可想见，若不严重取缔，则莠言惑众，必致妨害治安，此项报纸自应切实查禁，不准在内地发卖散布，以遏乱萌。除密电江苏巡按使暨上海镇守使外，合亟饬知该厅遵照办理。此饬。

右饬 京师警察厅总监 吴炳湘
京 兆 尹 王 达 准此

内务总长

中华民国四年十一月五日

（3）上海交涉署周晋镳致内务部公函（11月8日）

敬肃者：上海中华新报，造谣煽惑，严重取缔，交涉查禁一事，本月三日奉钧部电饬，经晋镳遵即向法领交涉封禁，并先电复钧部在案。查该报正在组织尚未出版之际，即经杨前任探悉该报宗旨在煽惑，预向法领声明不令出版。当时，法领谓报纸尚未发行，无从悉其宗旨，未便遽行禁止，如果发行之后，确有煽惑之记载，当为设法取缔等语。旋据该报馆以法商名义禀请转函邮局准予挂号前来。经即批斥不准，一面禁止该报在内地发售，并随时检查该报言论，持示法领交涉。十月二十八日该报专电栏所载，奉电后即告法领，以此项登载与内政、外交均有关系，任意捏造，殊属悖谬。该领允即传讯该报主笔，饬令更正。晋镳复以该报意图煽惑，有妨治安，务必即予封禁。该领以此次警诫之后，如不悛改，当再封禁为言。兹将该报更正原文，录呈察照。耑肃。祗颂勋祺。

周晋镳谨肃 印

抄十一月七日中华新报更正原文

中华民国四年十一月八日

抄十一月七日中华新报更正原文

昨奉法兰西付领事德知照：转据上海道尹称，本报上月二十八日北京专电，帝制承认交换条件之骇闻一条失实，务令更正等语，合行更正。

〔北洋政府内务部档案〕

4　内务部查禁民信日报有关文件

（1916年2--3月）

（1）交通部致内务部咨（1916年2月26日）

交通部为咨行事：准政事堂机要局交前清地方审判厅推事陆费熽奏请查禁民信日报，并饬邮局不准接收投递一摺。奉上批堂交部等因。附粘件一摺。奉此。查前项日报于去年十二月三十日准统率办事处函达转饬上海邮务管理局勿为挂号收递。当即饬邮政总局遵照办理，并详复遵办各在案。准交前因，除抄录原奏，再饬该总局转电上海邮务管理局并通饬各省邮局切实查禁，不准接收投递，及其他类于此种印刷等品，均应一律禁止递送，勿稍疏漏外，相应抄奏咨行贵部查照，一体查禁可也。

此咨

内务总长

附抄件

交通总长　梁敦彦

洪宪元年二月二十六日

附件：陆费熽奏

宪政协进会干事请京师地方审判厅推事臣陆费熽谨奏：为逆报布谣，深害国体，鉴请恳谕令查禁，以定人心，而正帝位，恭摺具陈，仰祈圣鉴事：窃国体决定，由全国人民代表投票，一致赞成君宪，此为真正民意之铁证。乃披阅上海民信日报，罔顾舆论，任意造谣，竟以逆党为倡义，以朝廷为袁政府，且敢大书御讳不避，实属罪大恶极，其种种荒谬之词，希图煽惑，决系乱党机关报纸，毫无疑义，若不从严查禁，深恐愚民无知，易于被蛊，虽天命有归，谅不至受其影响，而造言附乱，毁谤英明，亦属罪在不赦。臣本不敢越分进言，特以大局攸关，不得不据实于圣主之前，而一贡其愚忱焉。夫上海报馆，每以洋人为护符。该报所载猖狂极点，必以叛徒资本，挂洋商牌面，然既在中国地方出报，应遵中国报律。拟请密令该省巡按使，先将其报馆查封，止其出版发行，将主笔按律治罪，以儆其余。如以领事裁判权，结果须待交涉，亦谕知交通部饬各邮局不准接收投递，及其他类于此种印刷品，均应一律严禁，以息谣言，而定人心。并祈俯顺舆情，速正帝位，盖天公有主，民意即有专向矣。所有吁恳查禁民信日报缘由，除选裁该报馆悖词，一并附摺粘呈处理，合具摺陈明。伏乞皇上圣鉴。谨奏。
洪宪元年二月二十四日

（2）内务部致各省巡按使咨（3月4日）

内务部为咨行事：准政事堂抄交京师地方审判厅推事陆费熽请谕令查禁逆报，以定人心，而正帝位等因。将抄件交部前来。原摺内称上海民信日报罔顾舆论，任意造谣，决系乱党机关报纸，毫无疑义等语。查报纸造谣，迭经本部通行严禁，并咨由交通部停止邮递在案。上海民信日报事同一律，亟应一体通行禁止，勿任流播，致惑人心。为此，咨请查照转饬所属一体认真查禁，以遏乱萌可也。此咨

各省巡按使（除云贵外）
各都统
阿尔泰办事长官
塔尔巴哈台参赞

内务总长　朱啟钤

洪宪元年三月四日

〔北洋政府内务部档案〕

5　外交部应日使要求查处北京唯一日报有关文件

（1919年10—11月）

（1）外交部致内务部公函（10月3日）

外交部公函　八年坐字一五五六号

径启者:准日本公使照会内称:本年九月二十一、二两日,北京唯一日报载有日本之危机社论一则,托名君左,由东京寄稿,内多恶骂本国天皇之语,殊属不敬。本使对于此事,实难默视。该报既登此项社论,即应负责,当受贵国刑律第一百二十条之处罚。再,该论稿如果系由东京寄发者,并请将该寄稿人君左姓名、住址讯明,一并照复。等因。前来。查此次惟一日报社论栏内,对于友邦元首多有不敬之言论,实属有背国际礼仪,似应施以相当之处罚。再,此事究竟有无寄稿之人,并须一并澈查,相应将日使来照抄送查明,即希转饬警察厅查明实情,依法办理。并希转知他报不得轻率登载此种论说,以重国际礼仪为要。此致

内务总长

附抄件

中华民国八年十月三日

照录日本公使来照

为照会事:本年九月二十一日,在北京发行之惟一日报,载有以"日本之危机"为题之论文,托名君左,由东京寄稿,该新闻社特载以为社论者,其末段对于我皇室,多有不敬之语本。使深为遗憾,且难默视。其论日本精神上之危机,第二项中有"皇帝狗屁不值钱了"之语,显系恶骂贵国友好国之皇帝。又"日本的天皇,除少数愚民和几位舐御屁股的学者信服外,有识之士尚且不把他放在眼上,大家都希望的是共和、是民主,其中军人尤甚"等语。其第三项中有"日本向来是君主国,宪法上写有天皇神圣不可侵犯"一条。一般愚民,不懂得国家组织的原理,把天皇当菩萨看待,骂他们的祖宗,他们有时还不理会,若有人糟蹋天皇,可就要和你拼命,真所谓冲冠一怒为天皇了。这却不能怪,因为日本的天皇是二千年以来的遗品,不容易一旦打破,但是有识之士都渐渐轻视天皇起来了。我最佩服的一位法学博士是我的先生,他是日本最著名的宪法学

者，他就说“天皇为神圣不可侵犯”的，不对，因为如果是神，或者不可侵犯，但天皇明明白白是人，决无不可侵犯之理。他这种说法，无形中已传播不少的人了。其实日本天皇不过虚有其名等语，实属荒唐无稽之谈，搅乱我国体与国民心理，对于我天皇殊属不敬，该当贵国刑律第一百二十条所谓对于外国君主或大总统不敬之言论行为一条。该惟一日报既将该论文载为社论，当然负其责任，相应照请查明，科以相当之处罚。再，该社论稿若果由东京寄发者，并请将该寄稿者君左之姓名、住所查讯，该社一并照复可也。须至照会者。

(2) 内务部致外交部公函(11月12日)

内务部公函　第二五二号

径启者：北京唯一日报登载日本危机社论一案，前经本部令行京师警察厅依法办理，并将该厅办理情形函复在案。兹据该厅复称：准京师地方检察厅函开：此案业经同级审判厅判决陈树勋处罚金肆百元。除由本厅依法执行外，抄录该案判决书送请查明。等因。理合抄录判决书，呈请鉴核前来。相应抄录原件，函达贵部查明。此致

外交部

附抄件

中华民国八年十一月十二日

京师地方审判厅刑事第一庭　第九一七号

被告人陈树勋，年三十三岁，顺义县人，住香炉营头条，惟一日报社编辑主任。

右被告人因妨害国交案经同级检察厅检察官提起公诉。

本厅审理判决如左：

主文

陈树勋对外国君主不敬之所为，处罚金四百元。

事实

缘陈树勋向在惟一日报社充当编辑主任，兼发行人。本年九月二十二日，该报登载日本之危机社论一则，对于日本天皇语多亵慢，如谓“皇帝是狗屁不值钱了”“日本的天皇除少数愚民和几位舐御屁股的学者信服以外，有识之士尚且不把他放在眼上”，“日本的天皇不过虚有其名，如唱木脑壳戏的，一切动作都有一个真人在幕里主持”各等语。诋毁日皇，实属不敬。当经日本公使照会外交部转咨京师警察厅送由同级检察厅起诉到厅。讯据陈树勋供认，伊在惟一日报社充当编辑主任兼发行，上月二十二日该报所登日本之危机社论一则，经伊阅核发交印刷不讳，应即认为确定事实。

理由

本案被告陈树勋，对外国君主有不敬之行为，系犯暂行刑律第一百二十条之罪，虽据该被告抗辩理由以该论原稿系由日本 东京寄来的，对于日皇未有什么损害关系等语。查该被告系该报之编辑主任兼发行人，且原稿经伊阅后发交印刷，自应负完全之罪责。至本罪之成立，祗有不敬之行为已足构成，并不问其实际上有无损害关系，此种抗辩殊无理由，应依第一百二十条所定处刑范围内处以罚金四百元，特为判决如主文。

本案经同级检察厅检察官高熙、吴奉璋先后莅庭执行检察官之职务。

中华民国八年十月二十五日

京师地方审判厅刑事第一庭

审判长推事　李受益印

推　　事　孙葆瑨印

推　　事　黄炳道印

书 记 官　周召裳印

右判决副本证明与原本无异。

中华民国八年十月二十八日

书记官　周召裳印

〔北洋政府内务部档案〕

6　国务院查禁俄国印刷品流布中国的有关文件

（1919年9—11月）

（1）国务院致内务部公函（9月16日）

国务院公函　第一千七百二十三号

迳启者：准督办边防事务处函：据日本武官东乙彦抄送该国田中少将在巴黎来电一道。查所述过激党列宁一派，注目中国，欲使投入旋涡，曾以支那语之印刷物配布中国及中亚细亚等情。附抄原件，请通行查禁等因。查所报各节，俄国过激党既有以印刷物流布中国，意图煽惑情事，亟应加意侦防，严密查禁，以戢乱萌，相应抄录原件，函请贵部转行警察厅查照办理可也。此致

内务部

中华民国八年九月十六日

照抄巴黎田中少将报告书要旨

过激派之列宁一派，以蔑视人道正义而逞其虐待暴行，为文明及自由之公敌，而为文明国民之所敌视。彼今尚能维持其命脉者，虽原因于列强厌倦长期之战役，无余力加彼以铁拳，而彼之奸险手段及恶辣之传布政策，亦大为有力。此固世间所周知之事实。彼堕其术中以起大患者不少，即如德意志其尤甚者也。西欧诸国有鉴于此，乃大加警戒，过激派不易达其目的也，乃注目于中东及极东，就中尤著眼中国，欲使投入旋涡，其画策进行，不难审而知也。左之事实，亦其一例：

据莫斯科发来之无线电，列宁政府以支那语之印刷物配布于

中国及中亚细亚，其要旨曰：俄国劳农政府破弃俄国帝政时代与日本及中国所缔结之秘密条约，且废弃拳匪事件之赔偿俄国在中国之所有特权。劳农政府欲与支那人民唯一之同盟者。因情谊之关系，支那人民即与过激派政府公开之国际关系，已送此劝告于我前进军之代表者矣。

我军欲从沃木斯克、捷克及日本其他联合诸国解于西伯利亚，故正前进中。

(2) 内务部致京师警察厅训令(9月17日)

内务部训令　第四二一号

令京师警察厅总监吴炳湘

准国务院函称：准督办边防事务处函：据日本武官东乙彦抄送该国田中少将在巴黎来电一道。查所述过激党列宁一派注目中国，欲使投入旋涡，曾以支那语之印刷物配布于中国及中亚细亚等情。附抄原件，请通行查禁。等因。查所报各节俄国过激党既有以印刷物流布中国，意图煽惑情事，亟应加意侦防，严密查禁，以戢乱萌。抄录原件函达，转行查照办理到部。合亟令行遵照。此令。

中华民国八年九月十七日

(3) 内务部致各省督军、省长电(9月19日)

各省督军、省长，热河、绥远、察哈尔都统，淞沪、宁夏护军使，川边镇守使鉴：统密，国务院准督办边防处函：据巴黎报告，过激党列宁一派现注目中国，欲使投入旋涡，曾以中文印刷物配布中国及中亚细亚，大意谓俄劳农政府破弃与中国之约，且废弃赔偿及特权，欲与中国代表者商议，云云。查所报各节，是该党意图煽惑，亟应加意侦防，严密查禁。特通电希迅饬遵办。盼覆。内务部。皓。印。

(4) 国务院致大总统呈(11月21日)

近日外报迭称：过激派谋全世界革命，于英国运动失败，意德两国皆取压制手段，美亦捕获三百余人。地势悬隔之国，南〔尚〕派人勾煽，况我与俄犬牙相错，过激派内华人甚众，尤属可虑。虽我国劳动界势力尚未发达，一时遽难滋事。然贫民无业日多，军人饷需屡欠，而贪吏、奸商咨〔恣〕情侵剥，富者愈富，穷者愈穷，社会阶级日更悬绝，怨愤之气积不能平，奸人勾煽，足以酿乱，治标之法，似宜责成京内外军民长官对于过激派严加查防。回国华工有何生计，尤须注意。报纸杂志其论调有近于鼓吹过激主义者，即予设法取缔，庶可防患未然。仍须一面讲求正本清原之法，使人民正当知识日充，生计日裕，社会阶级日趋于平，方为长治久安之道。是否有当，谨此陈候钧裁。奉批：交院、处、部酌核。

〔北洋政府内务部档案〕

7 卢永祥查禁浙江新潮等书刊有关文电

(1919年11月)

(1) 卢永祥致国务院电(11月25日)

北京大总统、国务院钧鉴：内务部、教育部钧鉴：统密。近来杭州发现一种周刊报纸，初名双十，改名浙江新潮，通讯处为第一师范黄宗正，大致主张改造社会，家庭革命，以劳动为神圣，以忠孝为罪恶，其贻害秩序，败坏风俗，明目张胆，毫无忌惮。稍有知识者，莫不发指眦裂，已令饬警务处禁止印刷邮寄，并饬教育厅查明通讯处之人与该学校有无关系，呈复核办。以后如续有类此书报，凡违背出版者均当随时严重取缔。惟查谬论流传，本非始于浙江省，以全国推仰之北京大学，尚有新潮杂志专肆鼓簧。此外如新社会、解放与改造、少年中国等书，以及上海时事新报，无不以改造新社会、推翻旧道德为标志，掇拾外人过激言论，迎合少年浮动心理，将使一旦信从，终身迷罔。好事者又借其鬼蜮行为，觇彼鸡虫得失，于是风发泉涌，惟恐后时，蚁聚蜂屯，如失本性。岂知一发难收，万劫不复，直至荡检逾闲之后，同罗洪水猛兽之灾，天下从此沦胥，无人可以幸免。兴言及此，可为寒心。浙省完善之区，未罗兵革之祸，黠者思乱，愚者盲从，当此邪说横行，不啻众泣就下，防范之法，尤应加严。钧座维持礼教，扶植纲常，海内喁喁，群思振定，若辈韦〔违〕心背谬，自外生成，敢为叛道之莠言，即是人类之公敌。此等书报，有在内地发行及在租界外转售者，究竟如何办理之处，伏乞训示遵行。迫切陈词，敬希垂鉴。永祥、耀珊叩。有。印。

（2）国务院致各省督军、省长电（12月1日）

各省督军、省长、都统、护军使鉴：统密。据浙江卢督军、齐省长有电称：近来杭州发现一种周刊，初名双十，改名浙江新潮，大致主张社会改造，以劳动为神圣，以忠孝为罪恶，贻害秩序，败坏风俗，明目张胆，毫无顾忌，已令饬警务处禁止印刷邮寄。并称：以后续有类此书报，凡违背出版法者，均予随时严重取缔。等情。此种书报，宗旨背谬，足为人心世道之忧，浙江即有发端，各省尚无流行，应即随时严密查禁。如果与出版法相违，立予禁止印刷邮寄，毋俾滋蔓，以遏乱萌，是为至要。院。东。印。

（3）浙江省议员黄尚傅等致大总统电（12月7日）

北京大总统、国务院、教育部公鉴：浙江省教育会长兼第一师范校长经之〔亨〕颐提倡非孝废孔，公姓共产主义，于校内发行浙江新潮、校友会十日刊等报，贻害青年，灭伦伤化，虽经警厅禁令停刊，省长饬教育厅查办，仍然秘密发行，希图煽惑，应请迅赐严令办法，与民共弃，以杜邪说，而正人心。浙江省议会议员黄尚傅等六十五人同叩。阳。印。

〔北洋政府内务部档案〕

8 国务院函送查禁宣传过激主义书目的有关文件

（1920年2—7月）

(1) 国务院致内务部公函（2月2日）

国务院公函　第二百五十六号

径启者：据报俄国列宁政府对于中国内部社会革命党颇为活动，兹查得过激派传播物及来华人名，呈请鉴核等情。查单开：过激主义印刷物传播我国已达八十三种之多，至来华党人，德籍者六人，俄籍者五人。相应分别清录，送请贵部查照，转饬查禁严防可也。此致

内务部

中华民国九年二月二日

总理钧鉴：敬肃者：窃前曾将日人煽惑回族及我为我一书之内幕，详陈座右。迩来边事外交益复险恶，牵一发而动全身。彼远在欧俄之列宁政府，其与中国内部社会革命党之活动，实不啻铜山东崩而洛钟西应。窃以为南北纷争，不过政治问题，一旦过激化酝酿成熟，其结局之悲惨，为有史以来所梦想不到者。不揣梼昧，复将身历其境，所得该党传播物印刷两纸，以陆军部调查员吴真名义，呈送张、罗两次长鉴核，藉供参考。伏维钧座领袖中枢，斡旋大局，救民救国，薄海同钦，设能利用国民外交，使俄国执政者降心接洽，预为将来国际上之承认，而得另缔中俄平等条约，不特从此开东亚外交史上新纪元，即国内社会革命亦为之融洽过半。除另以西北利亚过激派与朝鲜独立党之运动，其有良好影响于中日外交各情形，嘱柳梦庄于晋谒钧座时便中代陈外，兹再将该党传播物及来华党人名姓呈览，即希鉴核。专肃。敬颂钧祺。

附传播印刷物及名单各一件

社会革命党在中国之传播物目录单

一、革命思想在革命中
一、反对军备狂
一、法律与强权
一、集产党亦将革命乎
一、无政府党之元素
一、社会主义讨论集
一、蒲鲁东巴枯宁合传
一、鲁意布郎浮理亚合传
一、四万万人
一、不入支那人清梦之五月一日
一、将来之教育
一、社会主义与工团主义
一、新世纪
一、无政府主义讨论集
一、撒布提治
一、社会革命机关一览
一、五月一日之产物
一、汝也在狱中
一、劳动与掠夺
一、专制之金字塔
一、无政府主义
一、战争与资本主义
一、民生丛刻一集
一、工人宝鉴
一、教育革命
一、奈希理
一、世界风云

一、世界工会
一、平民之钟
一、社会主义讲演集
一、社会世界
一、中国社会党之源流考
一、改造论
一、悲哉吾劳动小民之不幸
一、俄国革命之两要人
一、万恶之产业
一、俄国过激派施行之政略
一、人类与无政府的学理
一、亚东劳动同盟之动机
一、理想与少年
一、俄社会党系及其机关报
一、进化与革命
一、革命祖母希利细夫
一、拉沙利当
一、日耳曼之野蛮军国主义
一、国家与革命
一、国家主义与无政府
一、社会科学
一、无政府个人主义
一、平换释疑
一、社会主义与共产主义
一、经济学之矛盾
一、未来之大革命
一、将死之社会与无政府
一、自治之科学观

一、公共痛苦
一、将来之社会
一、自然神教之疠疫
一、危难中之社会主义
一、革命党之忏悔
一、何为产业
一、托罗斯基自述
一、革命党之评论
一、托尔斯泰之劳动生活
一、人类幸福
一、社会杂志
一、社会交换原理之研究
一、列宁之解剖
一、托尔斯泰之劳动主义
一、列宁事略
一、工人俱乐部之娱乐品
一、来萨雷小传
一、十九世纪欧美劳动党之主张
一、面包略取
一、政治正谊及其在民德与幸福上之影响
一、马克思资本论
一、国际社会党之组织
一、克鲁抛特金之无政府共产学说
一、中国无政府共产党之小史
一、联合主义、社会主义与反对神学主义
一、进化、人权、良心各杂志

1、FRIEDRICH SAPHRA

2、W. BEUSCHEL
3、HUGO GERI SCH
4、DRO RICHARD LEDERMANN
5、DRO W. PERUGER
6、KURT HENKE
以上为德国人
7、N. VRAZOVA SKIJ
8、FINO N. SUTIRINA
9、KSAVERIO TRZCINSKI
10、SIMON MAKTLCJAN
11、DRO VLADMIR LEBEDEV
以上为俄国人

(2) 内务部致各省督军、省长咨(2月7日)

内务部为咨行事:准国务院函称:据报:俄国列宁政府于中国内部社会革命党颇为活动,兹查得过激派传播物及来华人名,呈请鉴核等情。查单开:过激主义印刷物传播于我国者已达八十三种之多;至来华党人,德籍者六人,俄籍者五人,分别清录,送请查明,转予查禁严防。等因。到部。除分行外,相应抄录原件,咨请查明,随时认真办理为要。此咨

各省督军
各省省长
热河、察哈尔、绥远都统
淞沪、宁夏护军使
川边镇守使

附抄件〔略〕

中华民国九年二月七日　　内务总长　田文烈

（3）交涉员许沅致内务部呈（7月30日）

呈为呈请事：准驻沪美总领事函称：查本年三月二十六日贵部致驻沪领袖领事函，内附有某种印刷品目录清单一纸，其内容系关于中国境内传播之过激党主义，未悉尊处可否将此项书件检送敝署，相应函询。倘能觅获，所有费用若干，本总领事自当欣然担负，拨还贵署，并希每种各检三份，饬送敝署；若不能取得三份，则每种各送一份来署，无不感激之至。等由。卷查此事，前准沪海道尹咨称：奉江苏督军省长令开：准内务部咨：准国务院函：据俄国列宁政府对于中国内部社会革命党颇为活动，查得过激派传播印刷物，并来华之德、俄人姓名，开送清单，请为转行查禁。等由。当经杨交涉员分别函致领团查禁在案。兹准美领函索此项书籍，沪地无从设法觅取，理合据情转陈钧部，如曾觅获此类书籍，拟恳酌寄数册，以便转给。是否有当，仰祈鉴核示遵，实为公便。谨呈

内务部

外交部特派交涉员　许沅

中华民国九年七月三十日

〔北洋政府内务部档案〕

9 驻华英使函请查禁漳州过激主义出版物有关文件

（1920年4—5月）

（1）外交部致内务部公函（4月14日）

外交部公函　九年爱字第八九二号

径启者：准英馆函称：本馆现由各方面接得报告，福建漳州府现有印行鼓吹过激主义之书报多种，希留意等语。相应抄录来函，函达贵部，希即查照核办为荷。此致

内务总长　　附抄件

中华民国九年四月十四日

照译英馆哈参赞致刁秘书函(4月12日)

径启者:本馆现由各方面接到左列之报告,蓝代使饬录送执事查阅:

现有鼓吹过激主义之小书多种,由福建漳州府印行,陈炯明司令实从中协助一切。闻陈炯明司令现已在闽省境内,统有军队三万人。据其同党声称:该司令对于过激主义竭力赞助,现印有该司令乔装劳动与劳佣共同操作之照片秘密散布。该司令又编辑一种丛报,名曰《民声》,每半周刊发一册,专载过激主义论说,引起一般青年之华人、韩人均信,该司令将来必在中国树立红军旗帜,以号召宇内。现闻该司令已与海参崴过激派互通声气矣。云云。以上消息,尚希留意为盼。此致

(2) 内务部致福建省长密咨(4月22日)

内务部为密咨事:准外交部函称:准英馆函称:本馆现由各方面接得报告,福建漳州府现有印行鼓吹过激主义之书报多种,希留意等语。抄录来函,希查照核办等因。并抄件到部。相应照抄英馆原函,咨请贵省长转饬所属,遇有前项书报,务即依法切实取缔,以免传播为要。此咨

福建省长

附抄件〔略〕

内务总长

中华民国九年四月二十二日

(3) 外交部致内务部公函(5月3日)

外交部公函　九年爱字第九八三号

径密启者:关于鼓吹过激主义书报一事,前准英馆来函,业于本月十四日函达在案。兹复准英馆函称:陈炯明在漳州刊发之日报,内有广告一段,凡抱过激主义欲入党者,开列姓名,邮寄上海邮

局第一百零五号陆式楷查收，以便注册等语。查此既送准英馆来函，言之确凿，相应再将来函抄送贵部查明，即希会商交通部严密检查，以遏乱萌。此致

内务总长

附抄件

中华民国九年五月三日

收英馆哈参赞致刁秘书函（4月29日）

径启者：关于陈炯明鼓吹过激主义一事，经于本月十二日函达执事矣。本馆现由可靠之机关得有消息，谓陈炯明在漳州刊发之日报，内有广告一段，劝勉凡抱过激主义而欲入党者，均须开列姓名，邮寄上海中国邮政局第一百零五号信箱陆式楷查收，以便注册云云。希查照为荷。此致

哈尔定①谨启

一九二〇年四月二十八日

（4）国务院致内务部公函（5月14日）

国务院公函　第一千零四十七号

径启者：前准外交部函：准英使馆函称，福建漳州印行过激主义书报，有陈炯明从中协助，希转行检查等因。当经函达贵部暨交通部严行查禁在案。兹复准外交部将英馆送到该项印刷品转送到院。除分行外，相应抄录原件函送查明，饬属随时防禁，并将办理情形见复可也。此致

内务部

中华民国九年五月十四日

---

① 哈尔定（M.H. L. Harding），为英国驻华公使二等参赞衔汉务副参赞。

(5) 内务部致各省长/都统咨(5月15日)

内务部为密咨事：承准国务院函开：准外交部函：迭准英使馆函称：现有鼓吹过激主义小书及日报各种，由福建漳州印行，陈炯明从中协助一切，希转行检查等因。查所称刊发书籍日报，意在散布谬论，以图煽乱。事关地方治安，亟当严密查禁，应由内务、交通两部分饬所属切实检查，以弭乱源。除原文业准分致不另抄送并分行外，函请查照办理，并通饬遵照。等因。到部。查此案迭准外交部函知前来，业经密咨交通部暨福建省长饬属严密检查在案。兹准国务院函开前因，除函复国务院并分行外，相应咨请查明，转饬所属，遇有前项书报，务必严密查禁，以免传播为要。此咨
各省省长(除福建)
各都统
淞沪护军使

内务总长　田文烈

中华民国九年五月十五日

〔北洋政府内务部档案〕

10　直隶省长公署查禁觉社新刊有关文件

(1920年5—6月)

(1) 直隶省长致内务部咨(5月25日)

直隶省长公署为咨行事：案据天津警察厅呈称：据邮政检查员等于邮局检得觉社新刊一种，查其内容系主张改革社会，反对政府。除呈报督帅鉴核外，理合检同原报，具摺呈请鉴核等情。据此，除令准扣留外，相应检同原报咨送贵部，请烦查核办理。此咨
内务总长

计咨送觉社新刊一册

直隶省长　曹锐

中华民国九年五月二十五日

（2）京师警察厅致内务部警政司公函（6月15日）

京师警察厅公函　九年巳字第二〇三号

径启者：先后函开：准直隶省长咨送觉社新刊一册，请核办到部。查该新刊系在祖家街北京师范学校发行，是否呈由官厅核准，未准贵厅报部，检送原书请酌核办理，仍将该新刊送还归档等因。查该新刊系北京师范学校发行，并未据来厅呈报有案。查核内容，系主张改革社会，妇女解放，铲除阶级等。其磨面的工人一诗，尤近煽惑劳工，于地方治安不无影响。除通令各该区队一体从严查禁，以资防犯外，相应函复贵司查照，并将该新刊一册，随函送还，即希查收归档为荷。此致

内务部警政司

附觉社新刊一册〔略〕

中华民国九年六月十五日

附觉社新刊诗：磨面的工人

我见你

穿破烂的衣裳，吸着不洁的空气！

为养那不劳而食的寄生虫，没昼没夜的，拼命做活计！

可能养你的父母，妻子，姊妹，兄弟？

你做出来的面，本是雪白的，为什么反吃那粗劣的棒子面？

你曾想到：吃你"磨的面"的人，不知你的饭粗，衣烂，工作不得闲！

就是知道、看见，也不过像"过眼云烟"！

白辰　1920年6月1日

〔北洋政府内务部档案〕

11　安徽省长公署为查禁劳动界等书刊致内务部咨

(1921年5月10日)

安徽省长公署为咨请事：案据安徽省会警察厅长程炎勋呈称：为呈报事：现查皖省发现过激党真相、社会改造原理、社会主义史、到自由之路、劳动总同盟之研究、劳动界、新安徽等书，察其内容，不外煽惑劳动，主张过激，一经传播，贻害无穷。理合检同原书，呈请转咨内务部通电各省，一体严密查禁，以免传播，实为公便等情。并书籍七本到署。据此。查阅内容，均系煽惑劳动，主张过激，自应严查，以免传播。除指令及将书籍存案，并令行三道尹、高检厅、凤芜两关监督饬属严查外，相应录同书名，备文咨请大部查照，通电各省，一体查禁此项书籍，以保治安。此咨

内务部

计开查禁各书名

社会改造原理　　社会主义史

到自由之路　　劳动总同盟之研究

劳动界　　新安徽

过激党真相

安徽省长　聂宪藩

中华民国十年五月七日

〔北洋政府内务部档案〕

12　吉林省长公署查禁韩文共产党印刷品有关文件

(1921年7月)

(1) 吉林省长公署致交通部咨(7月1日)

吉林省长公署为咨行事：案据延吉道道尹陶彬呈称：窃据本署韩文邮件检查员查有由上海邮寄韩文印刷品五种，各百余份，包封面上并无寄者姓名，当经饬员译阅，均系鼓吹共产主义，如系传播，

害不可言，业已尽数扣留，分别存毁。惟此种印刷品，上海没经过邮局，不一检查，即为寄递。虽或不识韩文，究嫌非是。应请钧署转咨交通总长，分令上海暨东三省邮局，嗣后遇有韩文印刷品，概不寄递，并祈训令各县知事。咨行奉天、黑龙江省长严予查禁，以弥〔弭〕乱阶，理合检同韩文共产党印刷品五种，共四十本，呈请省长鉴核，指令施行等情。据此，查鼓吹过激主义，前经严令查防在案。兹据呈送查获韩文共产党印刷物品，实属有害治安，应请大部分行上海、东三省邮务管理局，转令各局关于该项邮件概不寄递，以杜布煽。除分别咨令一体查禁外，相应咨请大部查核施行，并见复为荷。此咨

交通总长

兼署吉林省长　孙烈臣

中华民国十年七月一日

(2) 交通部致内务部咨(7月7日)

交通部咨　第九三〇号

交通部为咨明事：准吉林孙兼省长咨称：查有由上海寄来韩文共产党印刷物品五种，系鼓吹过激主义，实属有害治安，请分行上海、东三省邮务管理局禁止寄递。等因。除令邮政总局转令遵照办理外，相应照录原咨，咨明贵部查照。此咨

内务总长

附抄件〔原缺〕

交通总长　张志潭

中华民国十年七月七日

〔北洋政府内务部档案〕

13 京畿卫戍总司令部查禁先驱半月刊等有关文件

（1922年2—3月）

（1）京畿卫戍总司令部致京师警察厅函（2月17日）

径启者：案查前因探闻北京大学校刊发一种报纸，系鼓吹社会共产主义，曾经函请教育部严行取缔。嗣准覆称：已由该部自行查禁在案。乃近日查得北京大学校刊发《先驱半月刊》，内容多系鼓吹社会主义，该月刊甫经出版，若不赶速从严取缔，厉行严禁，深恐滋蔓难图，为害地方。除咨呈国务院转行教育部从严查禁，以免传播，倘该部未便自行取缔，再由贵厅前往该校严行取缔，不准刊发，以保治安外，相应函达，即希查照为荷。此致

京师警察厅

中华民国十一年二月十七日

（2）王怀庆致高凌霨函稿（2月17日）

泽畲仁兄大人阁下：数日未聆大教，殊深驰仰。

径启者：顷接报称：二月十五日晚八时北京社会主义青年团借北大第二院北大楼开会，到会者有北大学生刘仁静等三十余人，公推罗章龙主席，报告本报所出之先驱半月刊，每期三千张，不敷分配，拟五期增至五千张等情。详阅此项半月刊，内容纯系煽惑劳工，鼓吹社会共产主义，若不从速严行取缔，任其传播，惟恐蔓延日深，妨害国家，扰乱地方。除另文咨呈国务院并咨请贵部主持转行教育部自行取缔，并警察厅查照外，用特函达，即希亮察。倘该部未能自行取缔时，敝部惟有暂同警厅前往该校，进行干涉，从严查禁，不准传播，以遏乱萌，而保治安。

高公以为然否？专此密陈。敬惟勋祺。

愚弟　王〇〇鞠躬

十一年二月十七日

（3）国务院致京畿卫戍总司令部公函（3月10日）

国务院公函　第五百三十八号

径启者：前准贵总司令咨呈：查北京大学校内刊发《先驱半月刊》，内容多系鼓吹社会主义，希行教育部从速查禁。等因。当经函达教育部去复〔后〕。兹准函覆：该校各种印刷物并无先驱之名，且该刊编辑者系属匿名，亦不知何人所办，即使学校学生有课外言论，其言责亦由作者自负，与学校无涉。等因。函请查照前来。相应抄录原函，函复查照可也。此致

京畿卫戍总司令

中华民国十一年三月十日

(4) 京师警察厅致京畿卫戍总司令部公函(3月15日)

京师警察厅公函　十一年寅字第一八一号

迳启者：案准函开：承准国务院函开：前准贵总司令咨呈：查北京大学校内刊发《先驱半月刊》，内容多系鼓吹社会主义，希行教育部从速查禁。等因。当经函达教育部去后。兹准函覆：该校各种印刷物并无先驱之名，且该刊编辑者系属匿名，亦不知何人所办，即使各校学生有课外言论，其言责亦由作者自负，与学校无涉。等因。函请查照前来，相应抄录原函，函复查照。等因。准此。查此项先驱月刊，若系其发行各处，于地方治安关系甚巨。现在该部既称无从查究；自由地方官厅设法严禁，相应抄录原件函达贵厅，即希饬属设法侦查明确，严密抄办，以遏乱萌，务望妥慎办理为要。等因。查此案迭准贵司令部来函，并奉到内务部令文。当经令据该区查称：连日密查界内北京大学，并无刊发此种报纸情事，复在北京大学各院及各寄宿舍公寓等处密为侦查，亦未见有先驱报发见。询据该校文牍科主任周同煌声称：本校已于三月三日奉到教育部公文，严禁各生私行编辑先驱半月刊，业由本校公布在案。云云。近日复行设法侦询，该北京大学校实无编辑及发行该报情事。等情。具复到厅。业经具情呈复内务部在案。准函前因，除

仍饬该管区随时注意，严密侦查，勿稍疏忽外，相应据情先行函复贵司令部查照。此致

京畿卫戍总司令部

中华民国十一年三月十五日

〔北洋政府内务部档案〕

14　京师警察厅查禁中共北方执行委员会印刷品有关文件

（1922年10月）

（1）京师警察厅致内务部呈（10月9日）

径启者：据本厅邮件检查员呈称：现在邮局查有中国共产党北方执行委员会发往奉天盛京时报社等印刷品四份，核其内容，系该党于双十节日告知国人一种主张，请鉴核等情。查核印刷品中，所言纯系宣传过激主义，蛊惑劳动〔工〕，希图破坏大局。除将该件由厅扣留，并饬属严密侦查该委员会设立地点，以便严行取缔外，理合检同原件，呈请钧鉴。谨呈

内务总长

附印刷品四张

京师警察厅总监　薛之珩谨呈

中华民国十一年十月九日

双十节中国共产党敬告国人

同胞们！你们忘记了吗？在十一年前的今日，我们的革命先烈，振臂一呼，不数月而使清帝退位，民国告成。同胞们！我们的革命先烈，抛了若许的头颅，流了若许热血，所获得的是些什么？不过是“中华民国”四个字的招牌，和一帮土匪不如的军阀罢了。当时的标语——自由、平等——在那里？当时的主义——民族、民生——在那里？唉！伤心呵！

有许多人，因为革命后政状的纷扰，就归罪于革命的不当。守旧党遂大放厥辞，有许多反革命论调和事实出现。同胞们！我

们不要受了他们的诱惑，我们要知道，革命后政状的纷扰，完全是因为我们革命老前辈希望成功太切了，轻易和旧的支配阶级妥协的缘故。妥协后，清帝固然是退位了，旧的支配阶级——北洋派——可是长足的掠夺。盘据了中国的政治舞台，把革命政党——就是国民党——完全驱逐，不使得到丝毫的政权。同胞们！你们看一看，立在我们头上的，那一个不是满清时代的官僚、旧军人？同胞们！十一年来政状的纷扰，不是革命之罪，是延长的、扩大的旧势力之罪。现在害中国的就是支配的阶级——军阀。我们现在惟有完全铲除旧势力，打倒军阀，继续我们先烈所未竟的革命事业！

同胞们！军阀固然是我们的仇敌，但是每一个军阀的背后，都有一个外国资本家来指使。我们想想中国自通商以来，何时不受外国资本家帝国主义的侵凌，他们以机器的势力扫荡中国的手工业，把中国当作销货场，天天的吸吮我们同胞的血液；同时，他们更以大炮猛弹的威力来压服中国人的反抗，获得了政治上的优越，把我们四万万同胞的中国任他们宰割，造成了若干势力范围。他们以政治经济互相为用，盘缠了中国的要津，把持中国的经济命脉。最近，他们又感觉通商品获利的较细，由商品的输入趋于资本的输入。他们以高的利息，重的抵押，来借债于中国。同时，他们为借债得利息优越起见，各各又都培养他们运用的中国卖国贼，供给他们指使的军阀的饷械，以延长扩大中国的内乱。同胞们！军阀固然可恶，但是没有外国资本家借给他们饷械，还不能作恶至于此极，军阀所给我们的苦痛是表面的，外国资本家吸尽了我们的膏血，赚尽了我们的财富，才是我们致死命的敌人呢！同胞们！我们要驱逐侵凌吸吮我们的外国资本家呵！

同胞们！我们处在这两重压迫之下已经到了不能忍受的程度了。我们的同胞被他们害的奔走流连，不得安枕。我们同胞被他们害的男的到了拉车，女的到了卖淫。同胞们！我们难道要一气不出的被他们压迫到了死吗？死也有个代价呀！同胞们！打倒军阀！打倒外国资本家的帝国主义！

打倒军阀只有一个方法：就是来到中国共产党的旗帜之下，来实行暴力革命。中国共产党是革命的政党，是个解放被压迫运动的政党。打倒国际帝国主义要与全世界被压迫的民族，全世界的无产阶级联合起来作全世界的社会革命，也就是非站到红色的国际共产党的旗帜之下不可。同胞们！惟有枪才能对付枪，惟有暴力才能打倒暴力。同胞们！我们不要再用乞怜的手段了，乞怜是无用的。同胞们！快快运用我们伟大的革命呵！

有人怕革命伤元气。同胞们！我们除去了联合民众，以暴力来解军阀的武装和驱逐外国资本家外，尚有什么方法可以把中国改善？同胞们，军阀不打倒，国际帝国主义不打倒，一切改革都是无望的！同志们！不要怕革命，惟有革命是救中国的方法！

同胞们！我们革命的效力是伟大的。由无用的个人所联成的群众的力量是最伟大的。同胞们！不要忘了我们伟大的群众革命的力量呵！

中国共产党在革命纪念的今天，诚恳向我们同胞高呼：

革命！革命！

打倒军阀！

打倒国际帝国主义

中国被压迫的群众联合起来呀！

全世界被压迫的民族联合起来呀！

全世界无产阶级联合起来呀！

中国共产党万岁！国际共产党万岁！

一九二二年十月十日　中国共产党北京地方执行委员会发布

双十节日中国共产党敬告劳动者

劳动界的兄弟们！伙伴们！

第一次的"国庆日"今天又来到我们的眼前了，这一个可怜的庆祝节常混在军阀、财阀、洋资本家的横暴的高潮中掠我们眼前经过，他过去一次，我们小百姓的痛苦更加一层陷落。我们的蝼蚁般的生命，牛马般的苦役，一年不如一年的飘泊下去，实在感觉不到今天是一个庆祝的日子，是一个我们可供欢笑的日子。

因此，我们以为对于这第十一次的双十日是要另有一番新的觉悟和新的希望。我们不能追随无意识的人们扮演庆祝的把戏，我们不能做梦似的代政府粉饰太平，我们而今要庄重的向伙伴 们申告中国共产党的意见。

劳动界的兄弟们！伙伴们！你们历年所受社会的虐待，个个均有亲切的体验，是不必这里详细去描写的了。你们每日十小时以上的工作，饥寒交迫的生活，有的渡过了半身，有的正在开始，无论过去或现在，总是不由自主向凶多吉少的前路奔赴，你 们也想到掠夺你们的人，压迫你们的人——掌管你们的命运的仇人到底是谁么？你们也知道怎样设法去和这你的仇人反对么？

中国共产党现在明白正告你们：把持你们生活命运的人第一是军阀，第二是外国的资本帝国主义，第三是国内的资产阶级。这些便是我们劳动界的真正敌人！我们现在将他们的行为简单报告大众。

国内所有的巡阅督军师旅长等便是军阀的大队伍，这一流贼男女年来加害我们的罪恶真是堆积如山了，他们拥巨万家私，私蓄成千成万的爪牙，无缘无故，引起几次大战，闹得死亡遍地，全国骚乱。现彼此割据，造成一种四分五裂的局势。霸占铁路、盗卖国产，苛征税捐，杀人放火都是他们的惯技。

次之，外国的资本的帝国主义说来更可痛恨。我们知道军阀的横行都有外国资本主义政府在后面帮助，年来国内的内乱都与外国政府有连带关系。比如日本帮助张作霖，最近英美勾结吴佩孚便是显明的例证。国内军阀抵押借款，购办枪械，都仗外人的接济。他们利用我〔国〕的内乱，一方面可以从军阀手中获得许多利权，他方面使我国民苦于刀兵，工商实业永远不能发展，永远畅销他们的洋货。所以现在各码头、各都市，甚至荒村小镇尽是洋货充斥，国内现洋潮水般的流到外洋去了，我们的国脉一天胜似一天的消沉下去。

最后说到国内的资产阶级便是那些官僚、绅士、地主、工厂主、钱商等，他们一方面献媚军阀，借军阀的武力欺负我们，同时更用许多巧妙的方法榨取我们的血汗。有的开设工厂，迫我们昼夜替他工作，给以少许的工钱；有的驱使我们耕种，到了秋天抢去我们收获的大半；有的假借政权营谋利益，不劳动而享丰富的生活；有的张设店铺，盘剥重利，吮吸我们的血液。此外，更造成许多习俗信仰给我们精神上一种枷锁，要使劳动者世世做他们的牛马奴隶！

伙伴们！这是怎样的残酷无情的敌人呵！思想起来，令人生出无限的恐怖，所以我们现在的要求：只有怎样去营救自己？怎样去毁灭他们？至于追随大众，庆祝升平，实在是件可耻的事？

中国共产党现在又明白正告你们：你们现今的任务便是结合无产者的群众猛攻你的敌人。你们应一致努力：

打倒军阀和做军阀帐房的政府！

打倒中国“太上政府”的外国资本主义的政府！

铲除国内资产阶级的势力！

中国共产党他是为无产阶级利益奋斗的政党，他指导并且参加无产阶级的争斗。唤起全国劳动界团结在共产主义旗帜之下是他的最大任务，所以他于今日群众游行的时候诚恳地向你们吐露他的意见。

全世界的无产者联合起来呵！

一九二二年十月十日

中国共产党北京地方执行委员会发布

对于双十节的一个提议宣告他为中国“反帝国主义日”

今天是双十节啦，国人又要庆祝他啦。

“民国”成立十一年，称“国”而国不独立，且频年兵连祸接，称“民”而民不当权，且日被摧残。宰制全国经济命运的是国际帝国主义，勾结一起操纵政府生命的是他们和封建军阀，而扶植军阀势力的又是这些海盗们的军械和金钱。要打破这重重的压迫，中国人民急要起来和国际帝国主义战呵！

现在中国的地位还可庆吗？国人呵！现在还是需要我们将辛亥革命的呼声放高起来，将他的工作扩大的继续起来呵！决定了罢，我们要将双十做成功中国与帝国主义宣战的日子呀！

我们要做反抗帝国主义的运动，在每年双十要更努力做这样运动。劳苦群众要在这日做革命示威，要将这日做成团结的日子，和在五月一日团结他们一样。

国人要在双十这日高呼：

(一)打倒国际帝国主义的压迫！

(二)打倒封建军阀的宰制和割据！

(三)为了一个劳苦人民的中华共和国战呀！

在今年的双十节我们更要呼：

(一)抵制代表国际帝国主义侵略中国的新银行团，与俄德结经济同盟呀！

(二)推倒北京新卖国党的当权！

(三)解放封〔建军阀〕制度的武装呀！

(四)承认苏维埃俄罗斯，承认蒙古独立呀！

(五)劳苦群众要获得集会、结社、出版、言论及罢工一切自由权呀！

(六)争无限制的普通选举制呀！

国人呵！我们要在这日集合大的游行，放出这些呼声呀！但这些除了我们的力与血是空呼不到的，我们先要武装起我们来！

十月十日要是我们团结来扑灭使我们痛苦的最重要原因——国际帝国主义压迫的日子呀！

中俄会议与被掠夺民族——中国——的命运

现在世界民族的关系划成了很单简的掠夺关系：一方面是掠夺的民族，一方面是被掠夺的民族。远东 几十年的被侵略史便是这个关系变化的幻象，空前的大战也不过是掠夺近东的必然趋势。东方被掠夺的民族宣告灭亡的不论外，中国的地位数十年实在是处于掠夺阶级铁蹄之下，宛转呻吟，自己也不知道将来怎样毙命，这是很显然的事。

大战以后形势猛变，这个关系的解释又扩大了他的范围。俄德奥自凡尔塞分赃会会议一变而为新的被掠夺者了，就中俄罗斯因主张解放全人类，主张推翻世界的资本主义，更引起各国之嫉视，于是全世界资本主义国家的代表英法日美等便连结一气，不断的向俄罗斯猛烈攻击，俄人本为人类牺牲的精神，主义的信仰，大无畏的勇迈，与全世界掠夺阶级搏战，血战累年，竟创立成功一个无被掠夺阶级的大本营——俄罗斯社会主义联邦苏 维 埃 共 和国——他们的实力，使掠夺阶级敢怒而不敢言！这又是很显然的事。

据此观察，今次的中俄会议，实是东方被掠夺民族解放历程中的很堪注意的事实了。

“中俄会议”这个名词大战停后到今日才实现，这是非常不幸的事！中俄几万里接壤国界，有千万往来的侨民，居然许久没有正式外交关系，劳农俄国历次请求订约，声言放弃从前“沙”时代帝国主义的利益和政策，归还中国许多的旧物，而政府历任当局，不予接受。两国屡次交涉，中国方面又屡起迁延，一味敷衍，无丝毫诚意，这均是以往的事。在当局固然另有隐情，不可告人，然国民不加监察，也是昏瞶已极，不能辞咎。我们希望此次中俄会议，国人再不要持以前漠视沈默的态度。

我们知道为自己救亡计，是只有逃出被掠夺的地位，同时又知道这个任务是要联合相同一地位的国家才易实现。中俄会议于此是很有意义的。但是我们从被掠夺的地位逃出，掠夺阶级便要自然倒塌，他们是决不能漠视的，他们事先要竭力防止的。他们防止的策略就是压迫政府，破坏会议，使他流产，基本上打消被掠夺阶级的联合势力。

中国政府现在事实上已成国际资本帝国主义“英美法日”的写字房，政府的外交官尽是强邻援引的属吏。因此中俄会议的前途，如无厚的群众势力的敦促，断然是很暗淡的。暗淡的结果，被压迫的民族将永远涣散，永远孤单，永远任掠夺者的纵横蹂躏而不能自拔！

我们知道日本近来有建设大缓冲国的阴谋，他的用意便是隔绝中俄两民族，便利他的两方面侵略政策。中俄会议如果成功，便足以给他的阴谋一大打击，他必然要反对的。法国本是资本帝国主义最横蛮无理的，他处心积虑在铲除苏俄的势力，实行他的无限制掠夺政策，所以做出许多国际上无耻的事(如公然援助俄国反革命党等)。现在他虽然目的未达，他尽有势力操纵中国的政府。其余如英如美，都是同一利害，将来明争暗斗，对于中俄会议也要一致阻扰破坏。大家试想经济权完全归外人把持的现政府，厚结强邻，保全禄位的外交系官吏，又怎样会抵抗这些强横干涉呢？不去抵抗他们的干涉，中俄会议的名词，便不能继续存在，他的内容将依各国的意而转变，换一句话说，中国对此已无“独立外交”可言了。

现在我正告全国国民，我们对于此次会议所要求的只是外交独立，不愿意中俄会议有局外国人干涉，禁止外交官作国际资本家的走狗！我们根据这个意思才能建立名副其实的中俄会议。

至于中俄会议谈判的要旨，应根据上文所说掠夺关系的意义，中国与世界被掠夺阶级的领袖苏维埃俄罗斯订立协作关系。大连会议、长春会议，他们(日俄)屡次破坏这是不足怪的。因为日俄两国本是阶级对抗的国家，阶级利益不能调协是应该破裂的。柔卢会议、海方会议屡约不成，反足以证明苏俄反抗掠夺阶级的勇气，这也是必然的现象。至于中俄既属同居被掠夺的地位，早一日结合解放人类的事业便早一日成功，我们决不能设想他有迁延破裂的朕兆，我们所要求的只是下列的简单几项：

一、不受资本帝国主义者的指使与干涉，以保持"外交独立"的精神。

二、正式承认苏维埃俄罗斯。

三、订立两国通商条约。

（2）内务部致京师警察厅指令

内务部指令

令京师警察厅总监薛之珩

呈一件：为中国共产党在京宣传过激主义，鼓动劳工，已扣留印刷品，饬属侦查由。

呈暨附件均悉。查该印刷物，宣传过激，煽惑劳工，于地方治安不无影响。既据饬属严密侦查，办理甚属妥协。仰仍随时特别注意，严密取缔，以维公安。此令。

中华民国十一年十月　日

〔北洋政府内务部档案〕

15　内务部查禁工人周刊有关文件

（1923年5月—1924年6月）

（1）直隶警务处致内务部呈(5月30日)

敬呈者：窃于五月二十八日据唐山警察局呈称：敬禀者：顷由邮件检查员检出工人周刊一百一十余份，系由北京寄来，交此间铁路制造厂及火车房各工人者，内容纯为鼓吹工潮，实带过激色彩。唐山为工人众多之区，一经传播，贻害不堪设想。来件附带通启，注有通信地址，拟请钧处密函北京军警机关查明严禁，以杜乱萌。除仍督饬随时查检外，谨将工人周刊三纸，通启一纸呈送鉴察，伏乞钧裁等情。据此，查此项工人周刊，居然鼓吹劳农革命，而又在北京大学发刊，四处宣传，关于地方治安大有妨害。除呈 报 省长外，理合检同原件，呈请总长鉴核示遵。谨呈

内务总长

附呈工人周刊一纸〔缺〕

直隶全省警务处长　杨以德谨呈

中华民国十二年五月三十日

(2) 京师警察厅致内务部呈(6月26日)

呈为检得工人周刊等非法印刷品，谨将办理情形具报鉴核事：窃前据邮件检查员报称：检得工人周刊等非法印刷品，内容系鼓吹工人革命，颇含过激主义，与治安大局均有妨碍等情。同时并准直隶省长咨送工人周刊，请饬查禁。等因。当经通令各区队一体严行查禁，并侦查该周刊印刷处所暨通信人员具复核办去后。兹据先后复称：遵往劝业场三层楼华盛书局、广济堂青云阁内佩文斋、东安市场华鑫书社及南池子新知识书社等处调查。分别询据声称：各该铺所售之工人周刊、响导周刊、孤军杂志、京汉工人流血记等印刷品，均系北京大学刘伯青处送来代售，提成为酬等语。复查该工人周刊通讯处原载明景山东街平民教育讲演团内通讯员吴宣等字样。经查该团内有北京大学生朱务善主持事务，另有曹姓听差一人，此外尚无寄居之人。调查北大校内注册课亦无吴宣名字，当询曹听差，据称：所寄吴宣函件，均送东高房七号交王大鹏代收云云。复查该王大鹏，系现时投考北大学校者，原籍山东莒县，来京不久，寓中并无友人同居。该生昼间常不在寓。且偏〔遍〕查北大吴姓学生，仅有化学系三年级学生，名吴宣纲，系广东吴川县人，是否即系吴宣，无从证明各等情。具复前来。除再令行该区

队对于该工人周刊等非法印刷品一体严行查禁，并注意该刘伯青、吴宣纲、朱务善、王大鹏等行动暨来往函件，仍查明该周刊印刷处所具复核办外，理合将检得工人周刊等非法印刷品暨调查情形，呈请鉴核。谨呈

内务总长

京师警察厅总监　薛之珩

中华民国十二年六月二十六日

(3) 国务院致内务部公函(6月27日)

国务院公函　第一千七百八十六号

径启者：准交通部函开：据京奉路局长函称：据警察处检呈工人周刊前来。查此项周刊，文字荒谬，纯系宣传过激主义，为鼓吹风潮之导线，恳迅设法查明，禁止出版，并严禁发行递寄等情。除已行知邮政总局禁止递寄外，即希转致内务、教育两部办理。等因。到院。除函教育部外，相应抄录原文，函达贵部查明办理，并希见复。此致

内务部

中华民国十二年六月二十七日

(4) 内务部致各省长、都统咨(1923年6月)

内务部为密咨事：准直隶省长咨称：案据警务处呈送查获工人周刊及抄函，请核示并声明分报贵部等情。据此。查此项印件，实含过激主义，关系地方治安颇大，除指令转饬各警察机关严密查禁并分咨外，相应将周刊抄函照刷一纸，一并咨请分行各省一体禁止。等因。附周刊一份到部。并准交通部函同前因，除分行外，相应咨请查照，转饬严加禁止，以遏乱萌。是为至要。此咨

各省长

各都统

淞沪护军使
中华民国十二年六月　日

（5）教育部致国务院公函（1924年2月2日）

教育部公函　第四十九号

径启者：案查上年七月准第一千七百八十六号函开：准交通部函开：据京奉路局局长函称：据警察处检呈工人周刊前来。查此项周刊，文字荒谬，恳迅设法查明，禁止出版，并严禁递寄等情。除行知邮政总局禁止递寄外，即希转致内务、教育两部办理。等因。到院。相应抄录原文，函达查照办理，并希见复。等因。到部。当以原文内称：仍由北京大学所发寄等语。除行查该 大学去后。兹据复称：该周刊并非本校出版之物，恳请转致等 情。前来。相 应函复，即希查照。此致

国务院
中华民国十三年二月二日

〔北洋政府内务部档案〕

16　新疆杨增新查禁克塔尔书刊有关文件

（192(年9—11月）

（1）杨增新致国务院咨（9月15日）

新疆省长兼督军公署咨送事：案据伊黎调查员函称：六月十六日业勒坎堤俄商会会长热凡普至伊，据称：有华商哈斯木，俄国寄来社会党书报，当即由哈斯木手内将此项书报送至伊宁交涉局查核等情。到署。增新以俄国新党现正倡行极端社会主义，伊犁毗连俄境，难保该党不散布邪说书报，希图煽惑，当饬伊犁道尹许国桢查明前情，并将该书检送来署核阅去后。兹据该 道尹将前项书报检送前来，详加核阅。书系 用汉文编著，纯属鼓吹共产主义之

语。此种不良印刷品，若令流传边境，实为边民之害。除饬伊犁道县严行查禁外，相应检回原书，备文送钧院查核施行。此咨呈
国务院

计咨送俄党克塔布书一本〔缺〕

省长　杨增新

中华民国九年九月十五日

（2）署内务总长张志潭致广东督军咨（11月11日）

内务部为咨行事：准国务院函开：准新疆省长咨送俄新党克塔布书一件，系鼓吹社会主义之印刷品，请查照分行查禁。等因。到部。相应抄录原件咨请查照，转饬严行查禁为要。此咨。
广东督军

附抄件　〔缺〕

署内务总长　张志潭

中华民国九年十一月十一日

〔北洋政府内务部档案〕

17　京畿卫戍总司令部查禁陈独秀讲演录等有关文件

（1924年5月）

（1）　京畿卫戍总司令部致京师警察厅公函（5月26日）

径启者：顷准贵厅送到陈独秀讲演录一册。查此种书籍，纯系宣传共产主义，煽惑人心，扰害秩序，若不从严查禁，殊不足以维社会治安，应请贵厅迅饬各区队一体严行查禁，遇有此种书籍，一律收缴到厅焚化。如查禁不力，复被他人查出者，请即从严定其功过，以遏乱萌。相应函达，即希查照办理为荷。此致
京师警察厅

京畿卫戍总司令部启

（十三年）五月二十六日

(2) 直隶全省警务处长致大总统呈(5月31日)

敬密呈者：案具唐山警察厅呈称：据邮件检查员呈送查出上海党人寄此间唐山大学刘受雨两信一件。信内所述，系商量在唐山组织机关，向农工宣传过激主义等事。信内署名之中夏、代英二人，为陈独秀等一派，屡见于陈等之机关报，如响导、前锋、中国青年、工人周刊等登载署名稿件，信中之刘受雨，遍查该校户籍，并无此名，是否学生别名，仰〔抑〕属托名，均未可知。至函中所叙阮果，确系南厂工匠，即京奉路唐山制造厂，一为阮章，一为梁鹏云，均系著名工人首领。除一面仍由局长督饬严行防范外，谨将原函附呈，伏乞鉴核等情。当即呈报王省长并上海何护军使，一面饬令唐山警察局上紧侦查间，兹又据唐山警察局于邮件内继续检出上海约翰大学寄唐山大学刘受雨信二封，内系工会通告三纸。又有陈独秀讲演录同样五本，系由上海书店寄唐山大学田玉珍者。又劳动旬刊四份，劳工周刊一份，均系寄唐山派报人者。该局长以刘受雨、田玉珍等尚未查有其人，先将各原件呈送到处。查各件均系宣传过激，地方秩序关系甚重，除再呈报王省长转咨交通部并何护军使，一面严饬唐山警察局认真严密侦探，如果查有其人，证据确凿，务当迅予破获，以安地方外，理合照录各件，并检《陈独秀讲演录》原本各一份，呈送钧处鉴核，俯赐转呈

大总统睿鉴

直隶全省警务处兼天津警察厅长　杨以德谨呈

中华民国十三年五月三十一日

计呈送

照录上海复旦大学致刘受雨之信一纸〔缺〕

照录劳动旬刊四纸〔缺〕

照录劳工周刊一纸〔缺〕

陈独秀讲演录原件一本〔缺〕

〔六〕文化学术团体

（一） 国家文化学术机构

1 中央学会章则

（1912年11月—1913年3月）

（1）中央学会法(1912年11月29日)

法律第八号

第一条　中央学会直隶于教育总长，以研究学术，增进文化为目的。

第二条　中央学会会员无定额，由具左列资格之一者互选之：

一、在内国、外国大学或高等专门学校三年以上毕业者。

二、有专门著述，经中央学会评定者。

前项互选，以得满五十票以上者为当选。

互选细则以教育部令定之。

第三条　外国人对于民国学术之发达有特别功绩者，得由中央学会推为名誉会员。

第四条　中央学会会员任期三年，任满改选，但得连举连任。

第五条　中央学会依学术之种类分为若干部，会员各依其专攻学科分属之。

分部方法，以中央学会会章定之。

第六条　中央学会设会长一人，副会长一人，由中央学会会员互选之。

第七条　中央学会各部各设部长一人，由各部会员互选之。

第八条　会长总理会务，会长有事故时副会长代理之。

第九条　部长辅助会长，分理部务。

第十条　中央学会随时开会讨论关于学术及文化各事项。

第十一条　中央学会得募集关于学术之论文及材料。

第十二条　中央学会经教育总长之认可，得与外国各学术团体联合研究。

第十三条　中央学会关于学术及文化事项，得陈述意见于教育总长。

第十四条　中央学会每年应将会内事项作成报告书，呈报教育总长并宣布之。

第十五条　中央学会会员得随时就其专攻之学科提出论文，经中央学会认可宣布之。

第十六条　中央学会会长、副会长及各部长得酌给公费。

第十七条　中央学会会章由中央学会定之。

第十八条　本法自公布日施行。

中华民国元年十一月二十九日

(2) 中央学会互选细则(1913年3月17日)

教育部部令第十四号

第一条　中央学会会员之互选，由中央及各省举行之。

第二条　互选日期由教育总长规定于一个月以前布告之。

第三条　在内国、外国大学或高等专门学校三年以上毕业者，应于互选日期布告后二十日以内，呈验毕业证书。

具有前项资格居住北京者，可将毕业证书送教育部审查；居住各省者，送该省教育司审查，合格者得列入中央或各省互选人名册。

第四条　凡有高深著述经中央学会评定者，由中央学会会长于互选日期布告后十日以内汇送教育部列入互选人名册。

前项规定在第一届互选时不适用之。

第五条　互选用记名投票法。

第六条　投票纸在京由教育部发给，在各省由教育司发给。

第七条　中央及各省均于互选之次日开票，并须通知该地之投票者二人以上莅场监察。

第八条　左列各款之投票均作为无效：

1.选举人姓名不在互选人名册内者；

2.不用发给之投票纸者；

3.不依式填写者；

4.污损投票纸者；

5.字迹不明者。

第九条　各省选出之人，无论票数多寡，应由教育司于互选之次日将姓名及得票之数电告教育总长，并将投票纸呈送教育部。

第十条　凡得票满五十票以上者为当选。前项票额得汇集于中央及各省投票之数计算之。

第十一条　凡当选者由教育总长给与当选证书。

第十二条　各省互选办事规则，由教育司定之。

第十三条　本细则自公布日施行。

中华民国二年三月十七日

(3) 教育部公布中央学会第一届互选日期布告

(1913年3月19日)

教育部布告　第十四号

查中央学会互选细则第二条互选日期由教育总长规定，于一月以前布告之。兹定于四月二十日为中央及各省举行中央学会第一届互选日期。特此布告。

教育总长　刘冠雄

中华民国二年三月十九日

〔北洋政府教育部档案〕

2　教育部学术评定委员会的章则与令文

（1914年8月）

（1）大总统关于成立学术评定委员会批令（8月10日）

大总统批令

学术评定委员会委员长汤化龙呈报本会成立日期由。

据呈已悉。此批。

中华民国三年八月十日

（2）学术评定委员会分科评定规程（8月12日）

学术评定委员会字第一号

第一条　本会评定学术分左之七科：

一、文科，二、法科，三、理科，四、工科，五、农科，六、商科，七、医科。

第二条　论文或著述之提出，应以对于各该科有系统之研究，且有心得者为限。

日记、讲义录、课本等不在论文或著述之列。

第三条　论文或著述收受后，由事务员分别科目汇送委员长分配，各该科委员或襄校员评定之。

第四条　委员或襄校员评定论文或著述，由委员长斟酌繁简指定时期，但每种评定最长之时期不得逾一个月。

第五条　委员或襄校员评定论文或著述时应详细审核，加具切实批语，送交委员长审定。

第六条　本会评定成绩，其及格者每年五月、十一月分科发布之。

发布方法除由本会揭示外，并登政府公报。

第七条　本会评定及格之论文或著述，由委员长择尤〔优〕汇刊。

第八条　本会评定及格之名额及奖金总数，由委员长造册汇报基金监。

第九条　受领学资人于受领学资期内提出之论文及各种记录，其评定程序适用本规程之规定。

第十条　本规程自公布日施行。

学术评定委员会委员长　汤化龙

中华民国三年八月十二日

(3) 学术评定委员会受验毕业证书细则(8月12日)

学术评定委员会字第二号

第一条　本会受验毕业证书依教令第九十四号第八条之规定，以本国或外国高等专门以上学校之毕业者为限，但本国高等学校以师范学校为限，专门以上学校以教育部大学令及专门学校令所指定之学校为限。

第二条　本会受验毕业证书由事务员承办。

第三条　毕业证书有左列情事之一者，事务员得拒绝受验：

一、毕业学校不合第一条所指之资格者；

二、证书纸张破损不完全或字迹模糊不可辨识者；

三、有其他可疑之点者。

第四条　凡合于第一条所定资格之毕业生，经教育部注册立案者，准其具文声明免验毕业证书。

第五条　凡呈验毕业证书虽合于第一条所指定之资格，若不经教育部注册存案者，在京须有荐任官五人之保证书；如在外省或外国，须有该地方行政长官或驻该国公使之证书方予受验。

在外省或外国之毕业生呈验证书，得由邮寄到会。

第六条　凡呈验毕业证书者，须附呈履历书一纸，本人六寸相片一张。如有各该地方行政长官或公使证明书者亦一并呈出。

前项履历书应开载之事项如左：

一、姓名、年岁、籍贯；

二、毕业学校及学科；

三、肄业年限及毕业年月；

四、现攻何科；

五、现在职业及住址。

第七条　凡呈出毕业证书者，须同时提出论文或著述。

第八条　事务员收受毕业证书后，即呈送委员长验明核定。

第九条　委员长核验毕业证书，如不合格，即交由事务员发还本人，其合格证书须俟评定委员决定后再行发还。

第十条　毕业证书如有遗失，若有在京荐任官五人以上之保证，得免其呈验。但寄居外国者不在此限，

第十一条　本细则如有未尽事宜，得由事务员随时呈请委员长改订。

学术评定委员会委员长　汤化龙

中华民国三年八月十二日

(4) 学术评定委员会特奖规程(8月14日)

学术评定委员会字第三号

第一条　本会依奖学基金条例第九条之规定，分特奖为二种：

甲、特别加奖，

乙、特派外国留学。

第二条　特别加奖之金数，以学资之半数为限。

第三条　特派留学于学资四百元以外，每年加以相当之津贴，其年限不得逾四年。

第四条　特奖无定额，于不越奖学金经费限度以内由委员长酌定之。

第五条　特别加奖或特派留学，经本会决定时，应即将名册报告奖学基金监。

第六条　本规程自公布日施行。

学术评定委员会委员长　汤化龙

中华民国三年八月十四日

〔《政府公报》1914年8月12日〕

3　教育部公布学术审定会条例及施行细则令

（1918年3—4月）

教育部令第三十三号

兹依据修正参议院议员选举法施行细则第十四条及第十七条订定学术审定会条例，特公布之。此令。

教育总长　傅增湘

中华民国七年三月二十九日

学术审定会条例

第一条　本会处理修正参议院议员选举法第二十条第一款及第四十四条第一款所规定之学术上著述及发明之审定事务。

第二条　本会设会员若干人，分掌审定事宜，由教育总长延聘或派充之。

第三条　本会设会长一人，综理会务，由教育总长于会员中指定之。

第四条　本会审定之范围如左：

一　关于哲学及文学上之著述；

一　关于科学上之著述及发明；

一　关于艺术上之著述及发明。

第五条　凡属于前条所列之学术上著述及发明事项，均得按照本条例呈送本会审定。但关于发明事项，如经各主管部审定立案者不在此例。

第六条　属于左列各项之一者，不得认为学术上之著述事项：

一　翻译外国人之著作者；

一　编辑各家之著作者；

一　由三人以上纂辑成书者；

一　抄袭他人之著作者；

一　初等教育、中等教育及其程度相当之教科书、教授书、讲义及学生用参考书类；

一　通俗教育用书及讲演集；

一　纪录表册及报告说明书类。

第七条　属于左列各项之一者，不得认为学术上之发明事项：

一　无正确之学术的根据及说明者；

一　在学术之原理或应用上无独特之价值者；

一　发明之程序不明或发明事项未完成者；

一　偶然发见之事项；

一　为他人所已经发明者。

第八条　凡著作及发明事项呈送本会审定时，并须详细载明本人之姓名、年龄、籍贯、住址、履历及关于该著述或发明之经过情形。

第九条　凡著作及发明事项呈请本会审定者，应于选举投票前六十五日送到会，逾期无效。

第十条　本会开会时间由教育总长定之，限期满时即行闭会。

第十一条　本会审定之结果，应于期限内提出报告于教育总长。

第十二条　本会会员对于原著作者或发明者之质问疑难，不负答复之义务。

第十三条　本会会员得由教育总长酌给酬金或津贴。

第十四条　本会得酌设事务员及缮写员。

第十五条　本会会所附设于教育部。

第十六条　本条例施行细则由审定会定之，但须经教育总长认可。

第十七条　本条例自公布日施行。

〔北洋政府教育部档案〕

（2）学术审定会条例施行细则（4月13日）

第一条　本会依据学术审定会条例及本细则，处理学术上著述及发明之审定事务。

第二条　本会设常驻会员四人，由会长指定常川驻会办事。

第三条　本会关于文书、庶务、会计各事务，应由事务主任禀承会长督率各事务员分股处理之。

第四条　凡关于选举事务及条例上之解释，应由本会随时送请教育部核办。

第五条　本会集会日期由会长酌定，于会期二日前通知各会员。

第六条　本会应于中央选举会互选日期四十五日以前闭会。

第七条　凡送会审定之著述事项，除参照条例第六条所规定外，尚须注意下列各项：

一、未经出版之著述，须誊写清晰，校对无讹后送会。

一、著述应以本国文字为主，但关于必须用外国文字之专门学术者，不在此限。

第八条　著述及发明事项如有属于学术审定条例第六条第七条各款及　□□□□□□□　事项不合者本会得退还之。

第九条　著述及发明事项呈送到会时，应由常驻会员秉承会长指定限期，分别送请各会员审定。

第十条　凡经本会审定合格者，应由本会汇报教育总长公布之。

第十一条　审定合格之著作物及发明品，应存留本会，以备查核。但本人声叙理由必须取回者，得酌量以其一部或全部送还之。

第十二条　会员审定完毕后，应按照表式填注评语，于限期内送会。

第十三条　会员关于审定上应用参考图书及其他物件必须备置者，得由常驻会员通知事务所置存备用。

第十四条　本会应行记录事项如左：

一　关于会员及会议事项；

二　关于会务之经过事项；

三　关于审定物件之种类及呈送人姓名、履历等事项；

四　关于审定之结果及评语等事项；

五　关于来往文书及布告、通知各事项；

六　关于庶务及会计上各事项。

第十五条　本会于闭会时应报告会务经过情形及审定结果于教育总长，并将本会应行存查之册籍物品等件一并移存教育部保管。

第十六条　本细则自公布日施行。

附评定表式〔略〕

中华民国七年四月十三日

〔《政府公报》第801号〕

4　北洋政府设立国史馆的有关文件

（1912年10月—1919年8月）

（1）国史馆官制（10月29日）

第一条　国史馆掌纂辑民国史、历代通史，并储藏关于史之一切材料。

第二条　国史馆置职员如左：

馆长　特任

秘书　荐任

纂修　荐任

协修　荐任

主事　委任

第三条　馆长一人，掌全馆事务，直隶于大总统。

第四条　秘书一人，承馆长之命，掌理文书事务。

第五条　纂修四人，协修八人，分任编辑事宜。

第六条　主事二人，承馆长之命，掌会计及庶务。

第七条　国史馆荐任官，由馆长呈请大总统任命，委任官由馆长专行之。

第八条　国史馆为缮写文件及其他庶务，得酌用雇员。

第九条　本官制自公布日施行。

中华民国元年十月二十九日

(2)国务总理关于暂行停办国史馆致大总统呈

(1917年4月18日)①

为拟请将国史馆暂行停办，以节经费，仰祈钧鉴事：窃查国史馆官制，民国元年经临时参议院议决，奉前大总统明令公布在案。是史馆之设，意在搜集国闻，成一代之典籍。故创制之始，极为郑重。乃设馆数载，成绩未彰，近更主持无人，形同虚设。值此财力支绌之时，与其长此因循，徒縻经费，曷若即行停止，徐图更张。兹经国务会议议决暂行停办。停办以后，拟由教育部派员接收，另筹妥善办法，务使国史、国帑两有裨益。是否有当，理合呈请核示遵行。

---

① 此系公报登载时间。

谨呈

〔《政府公报》第459号〕

(3) 教育部关于国史馆附于北京大学文科办理事致大总统呈(1917年6月28日)

为遵令接收国史馆，拟并入大学文科，酌订办法仰祈鉴核事：本年四月十九日奉指令：国史馆着暂行停办，由教育部查照接收。此令。等因。奉此。查此案前经国务会议议决停办，由部接收，另筹妥善办法在案。兹奉前因，经酌派部员查明该馆文牍卷宗，一切分别点收。其该馆银印一颗，小官印二颗，应暂封存本部。所有积欠馆员俸薪，亦经会商财政部查案照章拨发到部，分别核实转发，以资结束。现经酌订办法，拟将编纂国史事项暂行并入北京大学，本年暑假即就文科大学开办中国史学门，附设国史编纂处，由大学校长兼任处长，分别酌聘纂辑员，先修通史长编，略分表志传记等类，并搜集民国历史材料，详编目录，分类储藏，继续纂辑。业经酌定每年预算各费计四万元，自本年七月份起，每月额支经费三千元，余四千元为临时经费，备充添购图书之用。已编入六年预算，较之上年度该馆预算约减少五分之三有奇。兹据〔拟〕定北京大学附设国史编纂处简章十五条，是否有当，理合缮单具呈，谨乞鉴核施行。谨呈

附呈简章一摺

中华民国六年六月二十八日

北京大学附设国史编纂处简章

第一条　本处隶属于北京大学文科中国史学门。

第二条　本处分纂辑及征集二股。

第三条　纂辑股兼纂辑民国史、历代通史。

第四条　征集股掌征集关于史之一切材料。

第五条　本处设处长一人，纂辑股及征集股设主任各一人，纂辑员若干人，事务员若干人，书记若干人。

第六条　处长总理本处事务，以北京大学校长兼任之。

第七条　纂辑股主任协助处长，规定纂辑条例及鉴定史稿，以文科学长兼任之。

第八条　纂辑员若干人，分任纂辑，以中国史学门教员兼任之。

史学门教员人数不足时，得由处长延聘他校教员或校外专门学者分任之，为特别纂辑员。

第九条　征集股主任商承处长规定征集条例，并督率事务员处理之。

第十条　事务员若干人承处长及征集股主任之命，分任征集事务。

第十一条　书记若干人，分任纂辑、征集两股缮写事务。

第十二条　处长及纂辑股主任不支俸给。

第十三条　本校教员兼任本处纂辑员者，其俸给之总额，不得超过本校专任教员俸给之最高限。

第十四条　非本校教员任本校纂辑员者，其俸给多寡以所任之繁简为比例，亦不得超过本校专任教员俸给之最高限。

第十五条　征集股主任之俸给，视本校图书馆主任，其事务员及书记之俸给，视本校事务员及书记之俸给。

(4) 江瀚为国史馆改隶国务院致大总统呈(1918年3月)

大总统钧鉴：比自明令停战，息事宁人，海隅苍生，同声称庆，虽南北论尚自纷纭，要在睿明，持以定力，一秉公理，成见胥融，群流自殷倾向之忱，与国亦戢干涉之计，斯盖中华兴衰之所系，当已为明公熟虑而深筹，不敢摭拾陈言，烦渎清听。今有关系甚重而为众论所忽者，请敬为我大总统陈之。窃为史官肇自黄帝，历代莫不设之。共和政体，国体虽殊，文物典章讵容放失。且国史馆官制民国元年十月由参议院议决，早经颁布，非不隆重。嗣因王前馆长闿运开缺，论者籍词成绩未彰，遂议解散，乃制国史编辑处，隶于教育部之北京大学，瀚窃以为过矣。考汉太史公位在丞相上，天下献书，先上太史，副上丞相。唐贞观初，移史馆于门下省，宰相监修，开元时复移中书省，宋制监修国史，亦以宰相为之。故元年官制，以馆长为特任隶于大总统，其重视国史，远符汉唐。上年废馆设处，并未提交国会，仅由国务会议贸然通过遽行，降国史于教科，委纂修于校员，得无近于非法乎。昔夷王下堂而见诸侯，周室因以不振，其诗不能复雅，遂降为风。诗亦国史之所掌也，彼谦为美德，不能中礼，国弱尚且随之。况以当代典章等，诸儒生呫嗶影响所及，其于我国家义将奚若耶？然自史馆废后，而宣付国史立传之事，仍屡见于政府公报，是我国内外人心固未尝承认此非法之停也。我 大总统当此几务焦劳，尚未整理及此，倘一蒙垂念，必有蹙然难安者矣。若以得人非易，筹款维艰，一时难以规复，则不妨依前政事堂礼制馆之列，暂以国务总理兼充馆长，但分别聘任总编纂及编纂数员，取足办公而矣。无事铺张，因陋就简，或亦实事求是之一道。伏望迅赐明断，正名是先，庶国不置史免同讥于蜀志，而曰若稽古将媲美于虞书矣。瀚呼衡世变，自顾非才，少不干荣，老宁苟进，祗以夙承眄睐，用敢献其所怀，敬颂崇祺，临楮惶悚。

奉批：交院核阅

中华民国七年三月　日

（5）教育部致北京大学训令（1919年8月27日）

教育部训令　第三百五十九号

令北京大学

案准国务院公函内开：国史馆官制系于民国元年经参议院议决公布，原定独立机关。嗣于六年四月段前总理任内，以史馆虚糜经费，由国务会议议决呈准暂行停办，由教育部派员接收。呈请将编史事项暂行归并北京大学，就文科大学中国史学门附设国史编纂处，由大学校长兼任处长酌聘纂辑员，每年预算四万元，于民国年六月呈准施行在案。查国史有关制作，仅由学校附设机关不足以昭郑重。兹奉谕改归国务院办理，自应遵照筹办。现拟仍用国史编纂处之名，改属于国务院，酌设处长、总编纂主任、编纂暨事务员等职。现支经费每年四万元，即照原额支发，不另增加，以资撙节。业经国务会议议决照办，相应函部查照办理等因。到部。合亟令行该校，仰即饬知该处，预为结束，以备移交可也。此令
中华民国八年八月二十七日

〔《政府公报》1918年3月3日〕

5 北洋政府设置清史馆的有关文件

（1914年3—10月）

（1）大总统发布设置清史馆令（3月9日）

大总统令

据国务院呈称：拟设清史馆，经国务会议议决，请鉴核施行等语。查往代述作，咸着史篇，盖将以识兴革之所由，资法鉴于来叶，意至善也。维大清开国以来，文物典章，粲然具备，远则开疆拓土，有关历史之光荣；近则革故鼎新，尤系贞元之绝续。追共和宣布，让德昭重。我中华民国特颁优待条文，允章崇德报功之典。特是记载尚阙，观感无资，及兹文献未湮，征求宜亟，应即准如所请，设置清史馆，延聘通儒，分任编纂，踵二十四史沿袭之旧例，成二百余年传信之专书，用以昭示来兹，导扬盛美，本大总统有厚望焉。此令。中华民国三年三月九日

国务总理
外交总长　孙宝琦

内务总长
交通总长 朱启钤
财政总长
陆军总长 周自齐
海军总长 刘冠雄
司法总长 章宗祥
教育总长 蔡儒楷
农商总长 张　謇

〔《政府公报》第660号〕

（2）赵尔巽关于设立名誉职员呈并大总统批（8月1日）

为陈明清史馆拟设名誉职员，仰祈钧鉴事：窃维修史为一代大事，自当与一代人才共之。顾经费有常，而人才无尽，既不能胥天下贤明之士，尽隆适馆之颁，亦不能因经费支绌之由，致召遗之诮。查本馆按照额定月支之款，以极薄之薪俸支配之，连同办事人员所用，势难过多，而实在膺总、分纂之任者尤嫌其少。以浩如烟海之事业，仅寥若晨星之数人充之，怅望前途，不禁却步。因思近顷以来，各省之所保荐，大总统之所发交，此尔巽知交之所汲引，其人类皆一代名流，声闻远播，自有名山之业，决非谋食者流，若以无可报酬，遽为阁置，非所以广搜罗而昭慎重也。自来非常奇士，廉介性成，语及束修，反激成其蹈勖，以义务或适如其素心，再四思维，特创新例，拟就本馆额定有给职员以外，另设名誉职员，不拘额数，分为名誉总纂、名誉纂修、名誉协修三种，由本馆以礼延聘，不支薪津，遇有应咨商及就正事件，或修函以请，或遣使而前。其有原任某种纂辑者，由本馆检集案卷文书，赍送前往，应需考证书籍，由馆预备，但凭一介之往来，无异同堂而共事，庶几网罗普编，奇才不至向隅，磨濯争先，成书或可计日。所请设名誉职员缘由，理合具呈，伏乞大总统钧鉴。谨呈批令：准如所拟办理。此批。

中华民国三年八月一日

国务卿　徐世昌

〔《政府公报》第807号〕

(3) 清史馆开馆呈并大总统批(1914年8月31日)

为呈报清史馆开馆日期事：窃查清史馆筹办处成立已将两月，全馆组织及年度预算迭经呈奉大总统鉴核在案。所有拟聘之总纂、纂修、协修各员，并各项名誉职员，自经呈请鉴定后，当将聘书分别致送。现计陆续应聘到馆者人数已逾大半，自应将清史馆正式成立，以便延接到馆，随时征集意见，商榷体裁。查历代修史之法，各有不同，或先为长编巨帙，以供取材，或预分类目，专门再行裒集，织锦虽资乎众杼，而理丝端赖乎一纲。且大清一朝，兵刑、食货、外交、交通等事，均视前代大有变更，不能尽沿前史之例，凡兹办法俱待讲求，拟一面先请到馆人员斟酌古今，草定修史例略，以待群贤毕集，即行开会讨论，决定进行；一面将应需考证书籍，广为延访搜罗，以供应用。兹定于九月一日为开馆之期，清史馆筹办处即于是日撤销，所有开馆日期，理合呈报大总统钧鉴。谨呈

批令：据呈已悉。此批。

国务卿　徐世昌

中华民国三年八月三十一日

〔《政府公报》第837号〕

6　教育部设置中央观象台的有关文件

(1912年11月—1917年4月)

(1) 中央观象台官制(1912年11月29日)

法律第七号

第一条　中央观象台直隶于教育总长，掌观测天文，纂修历

书，并鉴定观象用器械。

第二条　中央观象台置左列各科：

天文科　历数科　气象科　磁力科

第三条　中央观象台置左列各职员：

台长　荐任

技正　荐任

技士　委任

主事　委任

第四条　台长一人，以技正充之，承教育总长之命，总理全台事务，监督所属职员。

第五条　技正四人，承台长之命，分掌主管事务。

第六条　技士二十人，承长官之命，办理各科事务。

第七条　主事五人，承长官之命，分掌庶务。

第八条　中央观象台为缮写文件及其他庶务，得酌用雇员。

第九条　本制自公布日施行。

中华民国元年十一月二十九日

(2) 教育部中央观象台一览(1914年3月)①

一　筹办

元年六月七日，教育部令，委任高鲁、常福元筹办观象台事宜。翌日，即就旧学部图书局地址，设立观象台筹办处。筹办时期经过事项略举如左：

拟订官制、天文台设计、请款购置书籍仪器，造具开办费及经常费预算书，接收钦天监及算学馆暨旧观象台，清理钦天监案卷及款项暨书版，编制元二年历书、赴香港及日本调查天文气象事项。

二　官制

① 该件形成的时间似在1914年下半年，文中叙述的是1914年3月以前的事。

元年十一月二十九日，临时大总统公布参议院议决中央观象台官制，所置各科：曰天文，曰历数，曰气象，曰磁力；所置各职员为台长一人，技正四人，技士二十人，主事五人。

三　各科处职掌

天文科掌关于观测事项，关于推算事项，关于报告事项，检定天文仪器，编制观象年鉴。

历数科掌关于授时事项，关于推步事项，编制历书，会编观象年鉴。

气象科掌关于测候事项，关于报告事项，检定气象仪器。

磁力科掌关于考测磁力事项，关于考测地震事项。

事务处掌文书、会计、庶务各事项，凡不属于各科之事务皆属之。

四　职员

二年一月十六日，教育总长荐任高鲁为台长，常福元为历数科技正；二年一月十七日，教育总长委任郑国贤、李楚珩、李勃、郭世钧、阎兆祥为技士，周良熙、廖汉藩为主事；郑国贤未就职，廖汉藩于二年十月褫职；三年三月十三日，教育总长委任黄世晖为主事，王世镠为技士。

元年六月至三年五月，本台陆续聘任叶青为天文科筹备员，蒋丙然为气象科筹备员，王昌基为历数科藏文翻译，龚鸿楷、白杨曾、汪若霖为蒙文翻译，崔德浩、郭永熙为历数科推步，杨寿龄为绘图、林慎图、汪勃、王振先、陈铭谦为校对，雇用谷德龄、张凤梧、蒋伟、陈子廷为录事。

五　迁移办公处

二年六月，就旧观象台原有房屋略加修缮，迁入办公，改题曰中央观象台，拟定办事规则三十八条、呈奉教育部核定公布施行。又，订定参观规则八条，并翻译英、法文，公布施行。

六　各科历办事项

天文科　筹备员叶青

翻译天文浅说(前聘员郑国贤译已脱稿未付印)，编纂三年观象年鉴(已脱稿未付印)、四年观象年鉴(正在编纂中)。

历数科　科长常福元

编制元年历书、二年历书(并翻译蒙藏文)，三年历书（并翻译蒙藏文)，编纂四年历书(已造具样本呈部审定)，编纂三年观象年鉴(已脱稿未付印)，四年观象年鉴(正在编辑中)。

气象科　筹备员蒋丙然

翻译实用气象学(已脱稿未付印)，编制北京周年十二月气象表，每月气象报告表册，每日气象报告四季风向图表。

七　各科拟办事项

天文科　建筑测星楼，购置仪器，改定仪象考成。

历数科　规划全国标准时，改定历象考成。

气象科　设立各地测候所、添购仪器(现已向法国购置若干种为器甚少，仍应续购)。

磁力科购置仪器。

八　经费

预算：元年十一月呈教育部本台开办费概算书，第一款观象台开办费列银三十三万元，第二款测候传习所开办费列银三万三千五百元，两款共列银三十六万三千五百元。

二年一月至六月，本台支付概算册经常门列银五万五千七百四十四元，临时门列银十万元，共列银十五万五千七百四十四元。

二年七月至三年六月，本台支付预算册经常门列银九万七千四百五十元，临时门列银八万五千元，共列银十八万二千四百五十元。

三年七月至四年六月，本台支付预算册经常门列银十一万六千八百八十六元，临时门列银八万五千元，共列银二十万零一千八百八十六元。案：本台开办费递次核减，由三十六万元减至八万五千元，仍以财政困难未能支领。

决算：元年十一、十二月支银四千四百七十五元四角六分九厘。

案：本台经费元年十一月以前系由教育部会计科代办，故未列入。

二年一月至十二月支银四万零五百零四元二角四分九厘。

三年一月至三月支银八千一百四十六元三角四分八厘。

九　附件

三年历书通行本一册、北京单行本一册、藏文一册、蒙文一册〔缺〕。

〔北洋政府教育部档案〕

(3) 中央观象台事项概述(1917年4月)

〔前略〕 中央观象台置天文、历数、气象、磁力四科，掌观测天文、气象、纂修历书、岁书，并由部饬令鉴定观象用器械。

一　审查编纂历书　前钦天监办理之时，宪书事项概归中央观象台之历数科主办。民国以来，每年历书分汉、蒙、回、藏四种文字，均系由该台编纂刊印。维该台编纂成书时，其中字句有无讹误，编辑是否合宜，推算是否精确，预先将样本详送部内审查。审查后始将原书发还，作为定本。该台即照式刊印，呈部颁发。

二　饬编观象岁书　观象岁书为推步测地航海各家测算之根据。饬中央观象台每年编印成书，呈进大总统阅览，并分各机关应用。

三　督饬筹备时辰统一　民国三年，准外交部咨准法使照请加入万国时辰统一会，由教育部呈奉大总统批令加入等因。当即督饬中央观象台筹备与会各事宜。该台译有万国时辰统一会公约，世界标准时图说，统一时辰万国讨论会纪要等书，尚有关于该会各要件正在译印中。

四　考核观测报告　天气之阴晴、冷暖、风雨、晦明，于人事均极有关系。中央观象台每日每小时观测各种现象一次，依观测所得，定天气预报，分送各机关并登载中外各报。每日接收各测候电报，按其度数，制成气象图，并每日每月每年分造表册，由教育部按照切实考核，以昭慎重。

五　饬编观象丛报　天文气象之学，可以破除人群一切迷信，最有益于社会。且学子研求象数，参究天人，亦是为理想高尚之助，饬令中央观象台每月刊印观象丛报，由部通行各校，以资考求。

〔《政府公报》1917年4月1日〕

7　叶恭绰呈请设立国家通儒院等文化学术机构的有关文件

（1920年3月）

（1）　总统府顾问叶恭绰致大总统条陈（抄件）

为谨陈管见，仰祈钧鉴事：窃维吾华立国垂数千年，古代文明不在人后，自近百年间，晰种突兴，一日千里，吾犹自封故步，彼此相形，遂瞠乎后矣。骄慢自是，足召侮亡；苟且偷安，亦复无济，是宜淬厉精神，毅然奋发，尽力为新文化之运动，以求适合于世界之趋势。谨举数事，为大总统陈之。

一、通儒院宜亟设立也。查各国类有最高学府，慎选全国通儒，研求最高深之学术发表于世，以当继往开来之任。其资格皆极严重，位望皆极清高，学术皆极渊邃，于以导扬文化，启迪新知，关系殊非浅鲜。前此国人，曾有考文苑之建议，教育部有学术评定会之设立，意均略同。但窃意宜定其名为通儒院，其办法则略仿法之阿伽代未，厥额不得过一百名，廪给宜轻，资格宜严，名位宜尊，慎择通材，主持其事，以为旧文化之结束，新文化之始基，庶足一新耳目。

一、储藏图书馆宜亟经营也。文明各国，皆有国立图书馆，往时吾国西清东阁之制，即同其旨。大抵规模宏阔，搜罗富有，管理精详，且分别部居，考古通今，各从其类。其完善殆为吾国所未梦见。吾国号称文化最古，而历代储藏图籍迄无妥当之法，致损失等于焚坑。比岁以来士不悦学，各地大抵不知文化为何物，消沉散毁，尤有文武道尽之虞。宇内藏书，非荡为烟尘，即贩随海舶，其保存遗失者亦不绝如缕，并无持久之策。再阅数载，恐收拾益难，是宜由公家经营一国立图书馆，搜求宇内希有珍本，筑最新式之室藏焉，庶天下图籍有所归，而文化精神有所寄。其备普通阅览之图书馆，需要尤亟，可当另筹。

一、四库全书宜速为影印流通也。有清类书之巨，莫巨于图书集成；丛书之巨，莫巨于四库全书。图书集成原有刊本，光绪间曾石印一次、又用铅字排印一次，故海内流布尚多。四库全书只传写本，分置七阁及翰林院。洪杨之役，文宗、文汇毁其二；英法联军之役，文源毁其一、庚子拳乱，翰林院又毁其一，于是所存者惟文渊、文溯、文津、文澜本已多散逸。文津、文溯两本，年前辇载来京，及今不图，恐此区区亦复难保。近日法国学院有商借全书之议，此书卷帙比图书集成不过十倍，从事影印非不可能。文津本仇校未精，间有讹谬，是宜速将文渊阁本由政府提倡，集资影印，以广其传，不独国内都会可各储一部，即东西诸国孰不欢迎。发扬国光，莫此为盛。恭绰于此可以略有计画，须费虽巨尚不十分困难。

一、各省公私藏书宜设法保存也。清初康熙二十五年始诏求遗书，内府所藏，至乾隆纂修四库时而大备。又前清各省书院等多有藏书，改革以还，弦诵久辍，窃取盗卖，复瓿当薪，均所难免，是宜通令保护。又，清初藏书之家，江浙最盛，数传而后、散佚渐多，海禁未通，辗转迁移尚在本土，今昔异势，东西海舶满载而去，高文典册，日即沦亡。是宜设法维持，苟有故家不能守其事业者，由中央政府或地方政府、自治团体等公为购买，用存国宝。

一、各省官局书板及印刷器物宜及时保管也。康熙乾隆两朝，官纂书籍极多，皆由武英殿刊板传布。道光而后，各省官书局出书亦多，迭经扰乱，散失堪虞。又，各省通志及府、县志板存于各省旧府县学或旧府县署者，均有关地方文献，为比较切实有用之书，是宜通令及时检点，妥慎保存，或择要印行，补其阙坏。又，释藏板片七万九千余块，今尚存京师柏林寺道藏板片，亦存彰仪门外白云观，亦宜派员整理保管，毋使失坠。

一、旧内阁大库藏物及旧军机处档案宜速为清理保存也。清初，承明旧制，机务出纳悉由内阁，军事则付议政大臣。雍正间，西北两路用兵，始设军机处，自是机务及用兵，皆归军机大臣承旨，本章仍归内阁，内阁大库所存章奏文移，悉当代掌故，所在且多。历代遗存书籍典章，军机处延寄谕旨，则事关机密，尤非外间所得闻，秘典遗文，往往而有，今情迁事过，无所忌讳，此等秘藏，应为表露，以资考证。现内阁大库旧物已归教育部保存，旧军机处档案尚在国务院中，日久疏虞，恐归散坏，是宜简派妥员，排比钩稽，以存一代文物典章之实。

一、往代散失典籍宜广为搜集也。隋牛弘靖开献书之路，有秦以来，经籍五厄；明胡应麟经籍会通，又增唐以来五厄。吾国典籍，每随丧乱而散佚，历代皆然。宋末见存书籍，见于陈晁二家书目者，至明政统六年，文渊阁书目已多不载，即文渊阁书目，所载宋元巨帙，如宋九朝纪事本末，元经世大典等，皆极关考证，明末亦不可得见其籍。永乐大典，存者虽经乾隆时之采录，然拳匪之乱，翰林院被毁，永乐大典及四库存目诸书均遭燔荡，救出者不过数千册而已。乾隆时各省采进书籍之存于武英殿者，亦因光绪初，罗火与聚，珍板同毁此亦书籍一大厄也。然江户之市，时有古逸之书。巴黎各都，每见敦煌之录，是宜按往代书目所有而今已不传者，设法悬购。并宜令驻外各使调查吾国散逸典籍之存于各国者，分别借出录副或照象刊行，务使固有之物得复见于吾土，庶足助长国人爱国之忱。

一、保存古物法规宜速拟草提交国会也。民国五年，内务部虽有保存古物暂行办法及古物调查表通咨各省。然有劝无诫，纯任自然。守土者视为具文，盗卖者依然如故。长此不已，无待金人入汴，而古物已东；不必德军破京，而仪器西去矣。是宜仿各国办法，制为法案，提交国会，议决公布。庶君子有怀形之惧，估客无私运之虞。一面再赶设博物院一、二处，搜集保存，尚可存十一于千百。以上各端，皆不过就私虑所及，胪举大纲。至详细办法，头绪纷繁，倘蒙采择施行，再当细书上达。抑恭绰更有陈者，吾国文化虽古，然以向不表扬之故，致世界迄今不审吾之真相，徒以粗略之游记，隔膜之报章，挟私之言论，引为确据。遂致吾国在外人心目中，永侪野蛮之列，耻辱罔已，害莫大焉。今日之策，一面应极力用各种方法，在世界上传播我国固有文明之真缔，一面应策励国民，努力于近世文明之改进，弗令世人，因藐视子孙，而兼轻祖父，以全我文明先进之价值，浸假再进，图东西文明之融化，为世界别开新纪元。此不得谓非我之大责任，倘承垂鉴及此积极进行，实世界文化之福，非只我国受其赐而已。至办理上列各事，有并不需费者，有需费无多者，有需费较巨者。一、二两项自可立见施行，其第三项比较为难，然苟上下同心，似亦非绝无办法。再前此国人希望各国交还庚子赔款，其预定用途尚无定准，窃意应将上列图书馆、博物院、及常年搜存图书古物费一并列入用途之内。事关文化，度国内外无不赞成，尚盼政府纪注及之，以为进行基础。轻率上渎，敬冀裁察施行。谨呈

本府顾问　叶恭绰谨呈

(2) 教育总长傅岳棻致大总统呈(1920年3月)

呈为遵核振兴文化条议，分别拟具办法，缮摺覆陈，仰祈鉴核事：前准国务院公函奉发下顾问叶恭绰呈条举振兴文化八事，各院部分别核办等因。奉此。查该顾问所陈八事、均于吾国文化至有关系，且多属本部职掌范围。吾国文化开明最久，东西各国极为注重，法、美大学均有设中国文化讲座之议，而人士之探求研讨者尤难以偻指数。返观国内，或则鄙业以为断，或则贩运以牟利，罔之

爱惜，废隧堪虞。该顾问浏览宏极，盱衡所得，厥见尤关，既匪拘墟之议，又无浮慕之谈，自应切实筹议，以冀实施。当今就其条议，召集员司悉心讨论，逐条拟订办法。惟原呈通儒院名称，稍有未合，似应改为民国学术院，藉符名实，亦经拟具条例草案二十二条，一并缮具清摺备文覆陈。际兹伧攘之际，亟宜有偃伯销萌之术、藉收潜移默化之功。所拟办法倘蒙采择施行，实于导扬国光，振兴文化不无裨益。是否有当，理合呈请鉴核示祇遵。谨呈　　大总统

教育次长代理部务　傅岳棻

办　　法①

一　保存各省公私藏书。

查近年以来，各地公私藏书，渐致散佚，至为可惜。本部于民国五年，曾通咨各省区转饬所属图书馆，设法收集保存本地艺文刊本，今拟定通行各省区并通饬各教育厅详细调查各项公私藏书，造具书目报部，以便随时设法保藏。其为私家所有而未知注意保存者，亦拟参酌他国保存文籍办法，或由该省图书馆收购，或由官厅登记，劝令保存，藉重文化。

一　保管各省书局及佛道藏书版。查前清时，于直隶、江苏、浙江、江西、湖南、湖北、广东、四川等省，均设有官书局、刊印各种书籍。近年以来，地方多故，其书籍及版片均不无散失。现拟通咨设有官书局省分，将所存书籍版片、机器，开列数目送部，并饬属妥慎保存。

一　速提保存古物法规。

查保存古物，各国亦有专法。关于登记管理诸端，规定均极严密，防护既周，散失自少。吾国于民国五年间曾由内务部通行古物调查表及保存古物暂行办法，惟事属暂行，成效难著。各国此项法规有由国家订定者，如英、德等国是，有由各地方自行订定者，如德

① 叶恭绰条陈八项，教育部拟定的《办法》中仅列三项．原件如此。

意志诸联邦是。虽制定各殊、而要点则不外下列数端：一为古物登记也。法国法规中关于此项之规定，为凡古物之不动品（如古建筑类），由历史或艺术上之观察与一国有关系者，由教育部为之登记；其虽为国有，而属于他机关管辖者，其长官应承许其登记；其属于省区或宗教团体及公共机关者，亦应承许其登记；属于私人者，则应先得其同意登记后不得损毁。其全部或一部，非经教育总长许可，不得施工修理改作。其动品之属于国家、省区、宗教团体及公共机关者，亦为登记，属于私人者则未明为规定。意大利法规中其登记分为不动品、动品二部，每部又分私有公有二项。私有者或经原主请求，或径由官厅为之登记。其由官厅登记者，限于价值甚巨之品；其输出别国，有损于本国艺术之遗留及历史之纪念者，官厅登记后立即通知原主，遇有愿行出售时，国家有优先权。二为发掘之管理也。法国法规中规定遇有因发掘或兴工及偶遇事故，在地上发见古物，有关考古学历史或艺术者，其如属于国有或公有，区行政长官应即加防护，立报省行政长官转报教育部决定处置方法。其在私有地上发见者，区行政长官应立报省行政长官，教育总长据省陈报，咨询古物委员会之意见后得依法收用其地之一部或全部。意大利法规中规定，凡欲执行发掘者，应先报明教育总长加以监察，如因同时有多处发掘，不能遍加监察，或其发掘未能适用正当科学之方法者，得令其暂缓兴工，惟不得过三年或中止工作。外国团体或个人经政府允许，并遵守随时规定之条例，得执行发掘。但所得物品必转赠国内一公共储藏之所，发掘所得应以其四分之一或同等价之物品归于政府，经理发掘者遇有古物或艺术品发见，应立即陈报政府，其偶尔发见者亦然。在未经政府勘验前，应加意防护，不得擅行移置。政府应立即前往勘验，如发见有古艺术品等，政府得采用各项防护方法，以免损毁。因公众或科学之利益，政府得在非国有之地上执行发掘，但地主因此项发掘所受之损失，应与以相当之报酬。其因发掘所得者之四分之一或相当价值之物品，应归于地主，余归政府。三为古物之强制收买也。古物之属于国有者，其防护自易为力。虽私家所藏，则不独时有辗转易主，终至散失之虞，即长为一家所有，而不知防护之方，其损毁亦易，故列国法规中关于此点皆极端注重，然亦迄无善法以处置之。法国则规定古物之应保存者，得适用民产收用法规，且曾实行收用数次。英国则规定不得适用民产收用法规，但得互商价购。四为保管专员之派定也。列国大抵皆由国家派定保管古物专员，或组织保管古物委员会，或委托私人团体。若如古物保存会之类，执行此项职务。又设有古物视察员，掌随时视察核定修治工程及防护方法，亦应详为筹及。五为订定限制古物出口之法规也。此项法规，在欧洲诸国中，英法为购入之国，故无此项法令。意大利则颁行专法，规定甚严。我国文化开明最久，古国〔物〕较意大利尤多，加以商民嗜利而不知宝贵，自非参酌列国成规，厘订专法，交由国会议决，永久施行，严密取缔，终恐难于收效。元二年间，准外交部税务处函商订定限制古物出口章程事宜。又准税务处函称，此项章程应由内务部酌定。前经本处函准该部复称：现在提议尚未公布，未便检寄，俟拟定后再行函达本部。又，曾于二年十二月间，函致内务部询问此项章程已否订定各在案。比年以来，古物之流转散失、日渐增多，亟应规定保存法规、以便有所依据，得以随时严行制止，实属当务之急。否则，因循日久，防止无方，古物销沉，良堪痛惜。以上所陈办法，应请饬下内务部从速订定法规，呈候施行。

(3) 内务总长田文烈致大总统呈(1920年3月)

呈为遵核振兴文化条议，关于本部职掌各项，分别筹拟办法，恭呈仰祈钧鉴事：准国务院函开：奉大总统发下顾问叶恭绰呈条举振兴文化八事。奉指令：交国务院暨内务、教育两部分别查核办理。等因。到部。查原呈内保存官局书版、释道藏经板及速提保存古物法规各条，系属本部职掌，自应分别筹划次第进行。窃以保存古物为内政之要端，东西各国莫不注重于此。况吾国为数千年古国，开化最先、古物流传曷可胜纪，特国家无保护之专章，遂致易散而难集；商人借贩运以牟利，因之积久而渐亡。加以愚民毁坏，舶贾搜求，古物销沈日甚一日，若不藉图保存，势必散失贻尽。本部前鉴于此、缘于五年十月厘定调查古物表式及保存古物暂行办法，通行各省区转饬调查保管。复经由部按照各省志乘及各家著述，依次编列古物调查表，分行京兆、直隶、河南、山东、山西各省饬县按表调查，并将拓印金石送部。旋据各省送到拓件及调查表册络绎不绝。近年以来，关于保存古物一事，经本部一再提倡，京外各官署渐加注意，从此切实举办，不难日起有功。此次该顾问所呈各节，实与本部厉行保存之意大致相同。谨就原呈分别筹拟办法，缕晰陈之：一、保存各省官局书版、印刷器物及释道藏板片一节。查本部厘定之保存古物暂行办法，所有历代碑版及旧刻书帖曾经通行保存在案。兹拟按照原呈分行各省区将旧刻书籍版片及印刷器物一律切实搜求，妥为保管。并将现存书籍版片数目咨部备查。其释道两藏经卷版片，经部派员分别查明。据白云观住持陈明霦声称：道藏经版向存西安门大光明殿，前清光绪庚子毁于兵灾。该寺所存仅有明正统、万历两朝颁赐正续道藏经卷共计五百十二函、五千四百八十五卷，至今五百余年，完全无缺。本部以此项经卷既系该庙私有，且经管理得法，已令行京兆尹饬县传谕该庙，嗣后仍应随时妥慎保管以重经典。至柏林寺所存释藏经版，原系清代所刊节，经本部查明接管、取具该寺住持澄海保管切结在案。此次复经详查所存版片，除乾隆时先后奉旨抽出七百九十八块外，现在实存七万八千二百三十八块，并无残缺。惟庋置版片木架损坏过多，无处收藏，以致委置于地，潮湿堪虞，且次序凌乱，不便检查。现已招商将损坏木架估价修复.拟即派员督同向来承印此项经卷商店，按照字号，依次清理，所需费用由本部经费内竭力设法匀拨，一面饬司妥订保管方法暨分给请领经卷各项规则，另案呈明办理。一、速拟保存古物法规提交国会暨赶设博物院一节。查保存古物法规本部曾经拟有草案及博古院古物审议会章程，并咨呈国务院开列博古院经费，由国务会议议决提交国会列入新五年度预算。旋因时局纠纷，款项支绌，未克贯行。现拟将保存古物法规草案详细核拟，再行呈明，提交国会。并拟在天坛斋宫设立博古院筹备处，由部派员分别筹办，一切费用先拟极力撙节，约需开办费五六百元，常年费两千余元。此项经费拟即列入预算，裨资进行。惟博古院规模宏大，用款繁多，现在财政竭蹶，只宜因陋就简，先立基础.一俟国帑稍裕，再行次第扩充。至原呈所称各国交还庚子赔款，应将博物院及搜存古物费一并列入用途等语。拟俟赔款实行交还时，由部提议援照美国退还赔款发交古物陈列所前例，多拨巨款，分给博古院，及搜存古物经费，以资补助，而图发展。所有遵核振兴文化条议，关于本部职掌各项，分别拟具办法，是否有当，理合呈请鉴核，训示遵行。谨呈

大总统

内务总长　田文烈

中华民国九年三月　日

（4）外交部签注

对于通儒院拟改称民国学术院

查通儒院法文作Xecademie院，与泛言学术者有别，盖此院之设，意在尊重硕学通儒，若改为学术院，则无论何种科学艺术，凡有博士头衔者均可入院。且学术无帝国、民国之分，以此标明，似未切合，不如仍用通儒院名义为妥。儒字赅学问品行而言，有文无行究不足冠冕人伦，仅言学术，则义稍隘矣。

对于印行四库全书

四库全书，卷帙浩繁，此举非克期可成，公家亦无此财力，不如将四库中外间已有刊本者剔出，专印人间希见之书，亦不必特设机

关，即令商务印书馆或中华书局等承印，公家酌定格式，许以每书印成由公家购买若干部，令其足敷成本之半，余听自由发售，则事集而费不巨。

对于保存古物法规

中国保存古物之外，有更应注意者一事。凡墓志、碑版出土后，原碑固须保存，并应于原碑出土后，于其地别树一碑，曰：某代某官某人之墓。则文内所记往代地名，可以证实，且可动人景仰之思。此外，金石文字可以类推。

(5) 财政部签注

窃查教育部遵议振兴文化条议分别拟具办法一案。关于筹款各节，据称：一设立民国学术院，暂定会员十至十五人，以后每年添举至百名为止。惟奖励金须由国库指定，按年存储，以待给发。一经营图书馆，经费由国家先为提拨，再由京处各官署分别捐助，暂定为二十万元。一影印四库全书，非由政府提倡，凑集巨款，未易举行。请由内、财两部共同酌定筹款及印行方法。各等语。覆查所拟办法于导扬国光，振兴文化实多裨益，本部极表赞同。惟目前国家财政支绌异常，所有经营图书馆经费及影印四库全书用款，只可由公家量予拨款提倡，如需大宗款项，财力实有未逮，仍应由各方面设法捐助，以资进行。至所需奖励金究竟年支若干，并未规定，应俟将数目规定后，再由本部酌量财政情形，分别办理。

〔北洋政府内务部档案〕

(二)民间文化学术团体

1　内务部关于中国工业会纯系工业学会致外交部公函

（1912年12月）

内务部公函　元年警字第　号

径启者：据中国工业会呈称：现闻美国巴拿马赛会，欲调查中国学会地址，由美国公使照会外交部特行调查，业经贵部开单函送。本会成立较后，按之性质，确系纯粹工业学会，可否将本会地址补行函送外交部，以昭一律等情。到部。相应抄录该会地址，函送贵部查照核办。此致

外交总长

中华民国元年十二月二日

中国工业会章程

名　　义

第一条　本会定名为中国工业会

宗　　旨

第二条　本会以研究工学、提倡工业、发展国民经济为宗旨。

职　　务

第三条　本会职务如左：

一　调查工业原料；

二　调查工业状况；

三　研究各种工业学术；

四　研究本国工业兴衰原因；

五　研究世界工业大势；

六　研究劳动资本之关系；

七　编辑发行各种工业书报；

八　编定各种工业名词；

九　参定各种标准试验法；

十　建议兴革各种工业之利弊；

十一　备营业者各种顾问；

十二　为营业者介绍各种技师。

组　织

第四条　本会设本部于北京，设支部于全国各处。

第五条　本会设名誉会长一人，公推有学识经验者任之。

第六条　本会设正会长一人，总理本会一切事务，副会长一人，协理本会一切事务，正会长有事故时得代理其职权。

第七条　本会设评议、干事二部。

评议部筹议稽核本会建设诸事。

干事部掌管本会文书、会计、业务、招待诸事，设干事员八人。

会员之出会入会

第八条　凡合左列四项资格之一，由会员二人以上介绍者，得为本会会员：

一　学工学者；

二　经营工业者；

三　富有工业经验者；

四　提倡及赞助工业者。

第九条　会员如有不得已事故欲退会者，应将理由报告本会。

第十条　会员有不守规则及声名恶劣，累及本会名誉者，应提议由会员公决除名。

会员之权利义务

第十一条　会员有选举被选举之权。

第十二条　会员有议事表决否决之权。

第十三条　会员有提议事件之权。

第十四条　会员有服从本会章程之义务。

第十五条　会员有担任本会职务之义务。

第十六条　会员有创设支部之义务。

职员之选任及期限

第十七条　正副会长、评议员、干事员由全体大会投案公举。

第十八条　职员任期均以一年为限，连举得连任。

第十九条　职员如有缺额，以选举时须多数者充补。

会　　期

第二十条　本会会期共分三种：

一　大会每年两次，春秋季举行；

二　评议会每月一次，第二星期举行；

三　特别会无定期，遇有大事临时由评议会决议召集。

经　　费

第二十一条　本会经费共分三种如左：

一　会费：入会费每人一元，经常费每年每人二元；

二　特别捐：由会员有志者担任；

三　基金：由会员公议设法筹集。

附　　则

第二十二条　本会章程自发布之日即生效力。有施行不便之处，经会员十人以上提议，得由大会共同议决修改。

第二十三条　本会北京本部暂设北京西四牌楼祖家街北京高等学校内。

第二十四条　各地创设支部，其章程另定之。

〔北洋政府内务部档案〕

2　詹天佑等组织中华工程师学会有关文件

(1912年12月—1919年2月)

(1) 交通部批(1912年12月25日)

交通部批

原具呈人中华工程师会。

据呈及简章均悉。国力富强,必由实业,实业发达,端赖工程,洵属探原之论。近年国内及出洋肄习实业学生人数日众,从事航务者尚少,从事路务者为多,其中承不乏明敏湛深之才,特以散漫无归,又或师承自守,致于习惯情事上未加体验,暂难适合,无议者遂厚诬所学之皆非,而不复一审厥故之安在?长此因循坐误,有人才不能策励,有地利不能振兴,菲已慕人,事机何补。该会长等所见及此,拟即于交通工程各项,研究学术,发展事业,精心组合,划一进行。现将广东工程师会、上海工学会、路工同人共济会联并为一,名曰中华工程师会。宗旨既定,条贯同归,成就人才,发扬国力,斯为张本,确切可行。本部职司交通,共深欣望,所拟会章亦具妥协,应即照准立案可也。此批。

中华民国元年十二月二十五日

中华工程师学会章程

第一章　会名、会地、宗旨、办法

第一条　会名　本会定名为中华工程师学会。

第二条　会地　本会总会暂设于北京。

第三条　宗旨　本会宗旨有:

一　考求工程营造之划一,审采正则制度;

二　发达工程事业,俾得利用厚生,增进社会之幸福;

三　研究工程学术,力求自辟新途,免致囿于成法。

第四条　办法　本会办法分为五则:

一、出版以灌输学术，分论说、条陈、著作、编译、报告、批评诸门；

二　集会以互通情意，交换智识；

三　试验以资实际研究，期有发明；

四　调查中外工程情形，增广见闻，比较得失；

五　设工学图书馆，储藏学报、图画模型、标本，以备研究参考。

第二章　会员名称及其资格

第五条　本会会员分为正会员、会员、附会员、名誉会员、会友五种。

第六条　正会员　凡土木建筑、机械、电机、矿冶、兵工、造船等科工师，品行端正，年满三十岁，已有九年本科实地经验，其中有三年以上担负工师责任者，经本会理事部通过后得为正会员；其曾由本会所承认之高等工程学校正科毕业者，其在学年数应作实地经验二年或三年，由本会理事部酌定之；其充高等以上工程学校工科正副教员者，其正教员教授年数与担负责任之实地经验同，副教员教授年数与普通实地经验同。

第七条　会员　如第六条所载各科工师品行端正，年满二十五岁，已有本科实地经验五年，其中有一年以上担负工师之责任者，经本会理事部通过后得为会员，其曾由本会所承认之高等以上工程学校正科毕业者或曾充高等以上工程学校工科正副教员者，比照第六条酌定之。

第八条　附会员　凡品行端正，年满二十岁，曾由本会所承认之工程学校正科毕业者，或由中学以上之学校出身而有三年以上之工程实习者，经本会理事部通过后得为附会员。

第九条　名誉会员　凡有德望尊崇、学识宏富、赞助本会进行者，得由本会理事部议决，函请为名誉会员或名誉会长。

第十条　会友　凡非工师而其科学事业足以协助本会者，经本会理事部通过后得为会友。

第十一条　正会员与会员有选举权与被选举权。

第三章　入会、升级

第十二条　凡有志入会者，须由本会领取请愿书，按格照填。并请正会员三人签名介绍，交由本会理事部审决。

第十三条　志愿书由理事部各员审决后，再由职员会照最多数之等级通过，如否决者不满五票即许其入会，否则须隔一年后方得再行请愿。

第十四条　凡会员学术年龄均及迁升资格，皆得请愿升级，惟须照填升级请愿书并请正会员或会员五人证明签字，交由本会理事部审决。如否决者不满五票即许迁升。否则须隔一年后再行请愿升级。

第四章　会　　费

第十五条　凡入会时正会员须交入会费三十元，会员二十元，附会员十元。

第十六条　常年会费正会员每年二十四元，会员每年十六元，附会员每年八元，分二期（六月底以前为一期，十二月底以前为一期）缴纳。

第十七条　凡会员由乙级迁升甲级，应补足甲级入会费，自迁升以后，其常年会费应照其所升之级缴纳。

第五章　出　　会

第十八条　凡本会各级会员及会友有自愿出会者，得具函通知本会。如不缴会费，逾六个月者，即行停止会内一切应享权利，逾一年即行注销。其有特别事故时，得由本人声明延长期限。

第十九条　凡本会各级会员及会友行为损及本会名誉者，经正会员或会员五人以上署名报告，由理事部查实后即行宣布除名。

第六章　集　　会

第二十条　集会分年会、常会、职员会、临时会四种。

第二十一条　年会每年九月举行。

第二十二条　须经年会议决之事项如左：

一　关于大宗款项之出入事项；

二　关于选举职员事项；

三　关于管理款项讨论事项；

四　关于一年度预算决算事项；

五　关于会章增修事项；

六　其他特别紧要事项。

第二十三条　常会由理事部提议举行，讨论工学，并请名家讲演。

第七章　职　　员

第二十四条　职员会每月举行一次，其付议事项如左：

一　报告一月内会务情形及提议事项；

二　报告一月内收支帐目事项；

三　聘雇各员之进退事项；

四　关于研究会务进行事项。

第二十五条　凡遇紧要事项，须开临时会议者，经理事部认可后由会长临时召集之。

第二十六条　凡议决事项以多数为表决，如同数时由主席决定之。

第二十七条　本会设正会长一人，副会长二人，理事员二十人，组织一理事部，其理事部长即以会长充之；总干事一人，会计员一人，为本会执行职员。合以上诸职员成一职员会，各职员具于年会时选举之。

第二十八条　正会长主持全会进行事宜，凡当会期莅会主席。

第二十九条　副会长辅助正会长，筹画会务，凡当会期如正会长不能到会主席时，得代理之。

第三十条　理事员代表会员全体，筹画进行方针，预谋发展计划，审查预算决算，议决各项会务及审决各会员入会升级等事项。惟理事员不在总会所在地方时，得委托代表莅会。

第三十一条　总干事秉承会长执行理事部所议决之一切会务、每年须造具会务总报告，于年会时提出之。

第三十二条　会计员掌管本会款项帐目，于本会余款及每月收入，应以本会名义，存放本会指定之银行生息，每年须造具详细报告于年会时提出之。

第三十三条　职员任期均各一年，得连任．惟理事员每年须改选二分之一，凡曾任会长者，均在职员之列，仍得参与会务。

第三十四条　凡各职员非经理事部议决不得辞职。

第八章　附　　则

第三十五条　此项章程如有不适用之处，由会员二十人以上署名于年会时提议修改之。

第三十六条　分会章程另定之。

中华民国四年五月修正

中华工程师学会职员录

名誉会长　张謇（季直）

前任会长　詹天佑（眷诚）

正会长　沈琪（穆涵）

副会长　陈西林（荫东）

　　　　邝孙谋（星池）

理事员　胡仁源（次珊）　　孙多钰（章甫）

　　　　濮登青（卓云）　　陈　榥（乐书）

　　　　徐文泂（士远）　　冯祖培（梅臣）

洪　熔(铸生)	蔡国藻
赵世瑄(幼梅)	俞人凤(翔梧)
邝荣光(镜河)	颜德庆(季余)
吴　健(任之)	张鸿诰(洛农)
李大受(筱梅)	柴俊畴(策候)
卫兴武(燕平)	唐在贤(仲希)
胡栋朝(振延)	周良钦(稚堂)

总干事　华南圭(通斋)

会计员　王景骞(兆熙)

(2) 农林部批(1912年12月28日)

农林部批　第四十三号

原具呈人广东工程师会会长詹天佑等。

据呈　合并广东工程师会、上海工学会、路工同人共济会三会,组织中华工程师会，统一工程,研求工学,集思以广益,策群力以进行。将来农业前途赖于水利工程者正非浅鲜，所请立案自应照准。呈及简章均存。此批。

中华民国元年十二月二十八日

(3) 农商总长、交通总长致大总统会呈(1919年2月)

为核拟提倡中华工程师学会办法，会同具呈陈明，仰祈钧鉴事:承准国务院函开:公府交：奉大总统发下中华工程师学会会长詹天佑请予提倡,俾正式会所克期兴工,并指令该会为实业咨询机关呈一件，函请贵部会核办理等因。查该会业经农商部批准立案。兹以筹建会所需费尚巨,呈请政府为注重工程学术起见,自应核拟补助办法,以促其成。尚经会同商酌,拟由农商、交通两部各捐中交京钞一千元,以示提倡。如蒙大总统特予捐廉惠助,当更足以资观成。至请指令该会为实业咨询机关一节,尚无不合。嗣后,农商、交通两部暨所属各机关关于工程上有所设施,应准由所司随时函询该会发抒意见，用备参考。所有会商捐助中华工程师学会款项并随时函询意见缘由，除批饬该会遵照外，理合会同呈请大总统鉴核。再，此呈系交通部主稿，会同农商部办理，合并声明。谨

呈

大总统

农商总长　田文烈

交通总长　曹汝霖

中华民国八年二月　日

〔北洋政府内务部档案〕

3　朱启钤等发起组织中国经济学会有关文件（1913年3月）

①　中国经济学会发起人名单

朱启钤	沈式荀	吴乃琛	林志烜
陈振先	虞熙正	李士熙	胡文藻
许世英	项　骧	冯阅模	钱应清
段棋瑞	孙多森	李盛衔	刘颂虞
陆征祥	王璟芳	吴用威	陈　威
贾士毅	曲卓新	赵秉钧	赵椿年
李景铭	陆世芬	周学熙	冒广生
陆　定	谢　霖	姚东彦	杨汝梅
刘冠雄	杨寿枬	潘　敬	邵　羲
范源濂	李士伟	陈　经	袁永廉
刘揆一	赵从蕃	钱承志	唐瑞铜
熊希龄	陶德琨	张汝翘	刘鸿寿

②　中国经济学会章程（草案）

第一章　总　　则

第一条　本会定名为经济学会。

第二条　本会以研究学理、调查事实、发表经济政策为宗旨。

第二章　会　　员

第三条　本会会员之资格如左：

（一）　曾受经济专门教育者；

（二）　于经济上有学识及经验者。

第四条　凡有前条资格之一者，由本会会员二人以上介绍，经评事会之许可得填具愿书，入会给予会证。

第五条　本会会员有担任会务暨谋本会发达之义务。

第六条　本会会员对于本会有选举、被选举及议决可否之权。

第七条　本会会员如欲出会，须提出理由书，经评事会许可始得出会，并须将会证交还本会。

第八条　本会会员有犯会章，败坏本会名誉者，经评事会议决宣布除名，并收还其会证。

第三章　名誉赞成员

第九条　凡热心赞助本会，有裨益于会务者，得推为名誉赞成员，赠以会证。

第四章　组　　织

第十条　本会置职员如左：

（一）　理事　人；

（二）　干事长、副干事长各一人；

（三）　干事　人；

（四）　评事长，副评事长　人；

（五）　评事　人；

（六）　专任研究员　人；

（七）　专任调查员　人。

第十一条　本会分设各部如左：

（一）　干事部　掌本会文牍、交际、编纂、会计及其他一切庶务。

（二） 评事部　掌审议本会预算决算及本章程列举应由评事部议决各事务。

（三）调查部　掌本会调查事务。

（四）研究部　掌本会研究事务。

第十二条　理事指导本会进行上一切重大事务。

第十三条　干事长综理本会一切事务负其责任，副干事长襄助之，如干事长有事故不能处理会务时代行其职务。

第十四条　评事长综理评事部一切事务，在评事会为议长，副评事长襄助之，遇评事长有故不能处理部务或出席评事会时，代行其职务。

第十五条　干事部以干事组织之，分科治事。

第十六条　评事部以评事组织之，以合议制行其职务。

第十七条　调查部以责任调查员组织之，得以合议制行其职务，其干事、评事及会员均得襄助其事。

第十八条　研究部以专任研究员组织之，得以合议制行其职务，干事、评事及会员均得襄助其事。

第十九条　理事、干事、评事、专任调查员及专任研究员，均由大会选任之。其干事长、副干事长、评事长、副评事长由各该部互选任之。

第二十条　干事、评事会员之兼任调查研究者，均由各自认定。

第二十一条　调查研究部各设主任员一人，由各该部专任员互推。

第二十二条　理事、干事及专任调查研究各员额，得因会务繁剧，由职员会议决增加之。

第二十三条　本会如有特别事务发生时，得由职员会议决增设专部或临时专部处理之。

第二十四条　本会得延聘人员专办会务，其人数及薪资由评事会决定之。

第二十五条　本会职员以二年为一任，自第三年起每年改选半数，但得被举连任。

第五章　集　　会

第二十六条　本会会员全体大会每年一月及七月开会各一次，议决本会重大进行事件，并执行选举，其会期由干事会决定之。

第二十七条　遇有特别重要事件，经职员五人以上、会员二十人以上之要求，得由职员会定期召集临时大会。

第二十八条　本会职员会以左列各职员组织之：

（一）　理事

（二）　干事长、副干事长

（三）　评事长、副评事长

（四）　干事

（五）　评事

（六）　专任调查员

（七）　专任研究员

第二十九条　职员会应议事项如左：

（一）　本章程列举应由职员会议决各事项；

（二）　关于全会之事项；

（三）　应提出于大会各事项。

第三十条　职员会每月开常会一次，遇有重要问题得开临时会，其会期由干事长决定之。职员会开会时由会员就理事中公推一人为主席。

第三十一条　本会评事会每月开常会一次，遇有特别重要事件，经评事五人以上或干事长之要求，得由评事长召集开临时会。

第三十二条　本会研究会、调查会得随时召开，由该部主任员召集，或由专任员二人以上，或由干事评事五人以上、会员十人以上要求召集之，以该部主任员为其议长，主任因事缺席时，由专任员中公推一人为主席。

第三十三条　本会各种会议均以多数表决可否，同数时取决于议长。

第六章　会　　款

第三十四条　本会经费由各会员量力担任。

第三十五条　本会筹办各种会务，得向会员暨各界募特别捐。

第三十六条　本会每年一月由干事部将上年会款出纳编制决算报告，交评事会查核布告。

第三十七条　本会支出各款，应由干事部先编预算，提交评事会通过后方能动支，预算之支出亦然。

第三十八条　本章程自大会通过日实行。

中华民国二年三月　日

〔北洋政府陆军部档案〕

4　俞同奎等组织中国化学会呈与农林部批

（1913年4月）

（1）俞同奎、康有恒致内务总长呈（4月　日）

为中国化学会成立后申请备案事：窃同奎等于前清宣统三年联合同志始创化学会，民国改元，诸同志稍稍集会，重新组织，定名为北京化学会，仍暂借工业实验所为会所，前后迭呈工商部批准在案。方今全国注重实业，而研究化学专门之士，彼此隔越，声气鲜通，师旷鼓瑟而盲鸟骇奔，伯牙操琴而途人绝足。矧以化验精微之术，原子理蕴之深，独学专攻，滋苦离索。迩来肄业于内地及游学欧美、日本各大学专门科毕业者日益增多，徒以散处各地，无从联络。民国元年十一月，本会同人开会集商，佥谓在各省组织分会，俾得一致进行，以图化学工业之发达。爰将本会更名中国化学会，改定章程，办理会务。二年四月照章改选，举同奎为会长，有恒为副会长，选举干事六人，评议员七人，拟定编订名词，发行杂志为入手之办法。为敢呈请大部，迅将中国化学会准予备案，俾得逐渐推广，实为公便。谨呈

内务总长

中国化学会会长　俞同奎

副会长　康有恒

中华民国二年四月　　日

中国化学会章程

第一条　名称

本会定名为中国化学会。

第二条　宗旨

本会以研究化学原理，提倡化学事业为宗旨。

第三条　会务

甲　刊行杂志，编纂书籍。

乙　编订名词。

丙　调查中外化学原料及其制品。

丁　演说讨论。

戊　联络中外各学会。

己　答复会外人员关于化学事业及化学原理之询问。

庚　筹款创办化学研究上必要之设备，例如实验室、图书室等。

第四条　会员

凡入会者，须经会员二人之介绍。

甲　会员资格如左：

（一）凡本国及外国分科大学或高等专门学校化学科及高等师范学校理化科毕业者；

（二）凡本国及外国分科大学或高等专门学校与化学有关系之

各科毕业者；

（三）研究化学确有心得者。

乙　特别会员资格如左：

（一）在本国及外国分科大学或高等专门学校化学科及高等师范学校理化科肄业者；

（二）在本国及外国分科大学或高等专门学校与化学有关系之各科肄业者；

（三）关于化学事业确有经验者。

丙　名誉会长以化学界之中外名人推充。

丁　名誉会员以中外之化学家及与化学有关系之各科学家推充。

戊　赞成员以热心扶助本会事业者推充。

第五条　职员

会长一人，副会长一人，干事六人，评议员、编辑员、化验员皆无定额。

第六条　职权

会长总理会务，副会长佐理会长管理会务，会长有事故时，得由副会长代行其职。

干事员管理文牍、庶务、会计、招待事宜，内分文牍二人，庶务二人，会计及招待各一人，由干事员自相推任。

编辑员经理刊行杂志及编纂书籍，并总纂会员所订之名词。

化验员经理会内化验事宜。

第七条　选举

会长、副会长、干事皆由开大会时公举，任期一年，连举者连任。评议员每会员十人得举一人，编辑员、化验员悉由评议会推举，经干事会认可。

第八条　会费

会员每年纳费二元，特别会员每年纳费一元，均于每年第一次常会时交纳，如中途入会者即于入会时补缴该年会费。

第九条　会员责任

甲　本会会员有负担会费之责。

乙　本会会员有负担第三条所列会务之责，惟特别会员不在此例。

第十条　会员权利

甲　会员有选举及被选举权，特别会员亦一律有选举权。

乙　会员有提议请愿于评议会之权。

丙　会员及特别会员有稽查财政权。

丁　会员及特别会员有享受免费杂志之利益。

戊　会员及特别会员有享受第三条庚项所设各机关特别之利益。

第十一条　支会

无论中国、欧美、日本及南洋群岛，集有合格会员及合格特别会员十人以上者，均得设立支会，惟须遵守本章程第二、第三、第四、第八、第九、第十各条，以归划一。各支会名称具于中国化学会五字下添某地支会字样。

第十二条　会期

本会每三月开常会一次，以第一星期日举行，每年三月开大会一次，每三年开本部支部联合会一次，会地会期临时议定。职员会不定次数，每开会之先均由书记员先期报告。

第十三条　会所

本会本部事务所设在北京彰仪门大街路北。

第十四条　附则

此项章程如有未尽事宜，得由评议员会三分之二员数提议修改，大会时认可施行。

中国化学会会员录〔略〕

（2）农林部致中国化学会批（4月30日）

农林部批第一百六十五号

原具呈人中国化学会会长俞同奎。

呈及会章均悉。该会以研究原理，提倡事业为宗旨，洵于化学前途大有裨益，应即照准备案。此批。

中华民国二年四月三十日

〔北洋政府内务部档案〕

5 延平等组织北京世界语会呈与内务部批

（1914年9—10月）

（1）北京世界语会代理事务员延平致内务总长呈（9月27日）

北京世界语会为陈请批准立案事：窃以居今日而言，求学不可不具世界之知识，即间接关系不能不通西文，顾欧西各国文法过繁，治之非易，惟世界语最为简明。考该语为波兰博士匝门哈甫所创造，先集诸国通用之语为语根，凡英、法、俄、德诸国语原无不递采，合一炉而冶之，而尤以拉丁为最多，于此等语根之前后，附以一定之部首语尾，一以为文法上之区别，一以为字义上之变象，故肄习此语最易娴熟。是以欧美各国用此种语以刊书报者不可胜数，普通书籍以及科学专书即今译出者已达之千余种。西班牙且以此语编纂百科全书。使吾人皆肄习此语，即无论治何学术，均可藉此语以广见闻，其裨益学术，殊非浅鲜。现欧州热心斯语者已立寰球世界语总会于瑞士，而立分会于各国。如中国上海等处亦皆设有分会。查北京为人文荟萃之区，即世界语会之设尚在阙如，爰纠合同志设立此会，以资联络，而谋进行。惟事关集会，除陈请教育部外，理合缮具简章，恳请批准立案。为此陈请

内务总长

北京世界语会代理事员　延平

中华民国三年九月二十一日

会址：崇文门内大街路东青年会内

北京世界语会简章

一　定名　本会为北京世界语同志所组织，故定名曰北京世界语会。

二　宗旨　本会以传播世界语为宗旨，不涉政治、宗教，不分种族。

三　入会　凡品行端正者，经本会会员介绍均得入会为会员。

四　证书　会员入会后本会给以证书。

五　纳费　会费每年一圆，常费每星期一角。如系寰球世界语会会员，愿加入本会者，本会不再收本年会费。

六　集会　每年开大会一次，事务员报告本年会中一切事宜及会计出入事项，每星期日午后三钟开常会一次，讨论会中一切进行事宜。

七　传习　每星期一、三、五等日晚七时半至八时半为传习时间。

八　赞助　凡未入本会而愿资助本会经费者，经开会通过后当认为本会名誉会员。

九　职员　本会设事务员一员、副事务员一员、帮事务员一员及理事数员。

十　责任　事务员有左列之责任：

（一）　总理会中一切事务；

（二）　收入会费捐款及会中会计支出事项；

（三）　购办会中一切器具书籍等物；

（四）　纪录议案报告事件。

副事务员有辅助事务员之责任，帮事务员及理事担任分区传播之责。

十一　会所　本会事务所暂设北京崇文门内大街路东船板胡同口外青年会内。

十二　事务　本会代理寰球世界语总会事务，凡本会会员加入该会者不另收费。

十三　附则　本简章如有不适用处，会员得于大会时开会修正之。

(2)内务部批(10月12日)

据延平禀称：设立北京世界语会，缮具简章，祈批准立案等情。查该会事关集会，研究学术，当经咨行教育部查核去后。兹准复称：该会于上月禀同前由，已经批准在案等语。所请本部备案之处，应即照准。此批。

中华民国三年十月十二日

〔北洋政府内务部档案〕

6　汤化龙等组织中国实业研究会呈与内务部批

(1914年3月)

(1) 京师警察厅总监吴炳湘致内务总长呈(3月24日)

京师警察厅呈第五十八号

为汤化龙等呈请组织中国实业研究会，可否准予备案，请示遵行呈报事：据汤化龙等呈报，组织中国实业研究会，开具章程请予转呈备案。等情。当经批饬将会章妥为修改，再行呈核去后。兹据遵改会章，续呈前来，详核内容，尚属妥协。除饬知听候办理外，所请立案之处，应否照准，理合钞录原章，呈请鉴核，指令遵行。谨呈

内务总长

京师警察厅总监　吴炳湘

中华民国三年三月二十四日

中国实业研究会简章

第一章 总　　则

第一条　本会定名为中国实业研究会。

第二条　本会以根据学理，调查事实，扶助实业，发达、保全国家利权为宗旨。

第三条　本会为励行宗旨起见，凡关于实业事项得随时研究，建议政府，警告国民。

第二章 会　　员

第四条　凡中国国民年龄在二十五岁以上，有确实职业，而具专门政治经济之学识或经验者，得为本会会员。

第五条　入会会员，有本会会员二人介绍，经评议会通过后，须具本会定式愿书。

第六条　会员有筹集本会经费及谋本会发展之义务。

第七条　会员有选举本会正副会长及被选举为正副会长兼推充干事、评议两部职员权，及提议议决各权。

第八条　会员如愿出会时，提出理由书，经评议会之认可。

第九条　会员有以私害公、亏损名誉者，由评议会决议令其出会。

第十条　凡热心赞助本会者，得由评议会议决推为名誉赞成员。

第三章 职　　员

第十一条　本会设正会长一人，综理会务；副会长一人，协同正会长主理会务。并设干事部、评议部、专任会务。

第十二条　干事、评议两部各设主任一人，副主任二人，干事若干人，评事员若干人。两部主任、副主任不得兼任。

第十三条　干事、评议两部职务，各以专章定之。

第十四条　本会正副会长由全体会员公举，干事、评议两部职员由正副会长推定。

第四章　会　　务

第十五条　本会开会之种类如左：

(一)常会　每星期开会一次，研究实业事项及讨论会务进行；

(二)临时会　遇有重要事件不及开常会时开之；

(三)干事会　议决及报告文牍、交际、编纂等事；

(四)评议会　决议及报告入会、出会人员及会规、决算等事。

第十六条　遇有应行调查事件，得举临时调查员。

第五章　经　　费

第十七条　本会经费由各会员量力担任。

第十八条　本会为谋进行，得向会员及热心赞助本会者募特别捐。

第十九条　每月出入经费须报告于评议会。

第六章　附则

第二十条　本会简章经常会过半数之议决得修改之。

(2) 内务部致京师警察厅批(1914年3月28月)

内务部批第　号

令京师警察厅

据呈汤化龙等呈请组织中国实业研究会，开具章程请予备案。当经批饬将会章修改续呈前来，详核尚属妥协，应否照准立案，呈请鉴核，指令遵行。等因。到部。查该会专以研究实业，力谋发达为事，其宗旨尚属正大，所呈简章亦属妥协，应即照准立案。合即令行该厅转饬遵照，并由厅随时查核，以防流弊。此令。

中华民国三年三月二十八日

〔北洋政府内务部档案〕

7　赵增樛等组织政学研究会有关文件

(1913年10月)

(1) 赵增樛等致内务部呈

为发起政学研究会呈请立案事：窃维国本在学，立国惟政，二者相济，国乃日强，此政学之所以必须研究也。方今世界进化，政学日新，国步初更，喁喁待治，必能应乎时势之所求，乃足救乎时势之所急。天下兴亡，匹夫有责。吾人既抱澄清郅治之思，即当先求坐言起行之具，尝慨吾国积弱之由，人才皆困于占毕帖括，其弊也学非所用，而用非所学。满清季年，广设学堂，其弊也新学未成，而旧学已废。今欲维系人心，挽回风俗，非改良政治不可，改良政治非从学术入手，万不能得良好之结果。中土为文明古国，二帝三王，群圣人之治，载在书策。孔子学张之世，以大同为极则，故为大哲学家、大政治家。孟子民贵君轻，实深得共和精理，纵前囿于专制，未能发挥，今则此义已昭然若揭，日月而行矣。墨子兼爱，其化大行于欧美，可知世界大势胥赖学说为转移。有豪杰起，放之则弥于天下，藏之则待诸后世。三权鼎立，由于法意一书，人权天赋，倡于民约一论。措诸世为政，存其说为学，未有不学无术而政治能善者也。值此国体改易，帖危阢陧，若涉大水，其无津涯，蒿目时艰，倍深忧惧。夫以中国地大物博，欲其改弦更张，遽臻上理，洗心革面，颟若画一，其道岂易言哉！未尝通筹全局，深究本源利弊之所在，即令身秉钧，恐张皇无措，殆有甚焉。国人有鉴于此，发起斯会，研究政学要旨，上法先王之治化，下端社会之人心，外探列邦之良规，内审国情之趋势，举凡兴革之大端国际之交涉，财政之整理，郡国之利痛，与夫法律也，军事也，教育也，民生也，边圉也，无在非国家之要政，即无在非学术之材料。惟期抱此宗旨，求讲学之进步，作政治之方针，集群贤之讨论，备国家之采择。至于臧否人物，刺讥时政，非惟不敏，且不暇焉。尤有要者，各党林立，岂乏通才，特以招徕稍滥，不免贤否杂糅，品类不齐，识者病之。本会力矫斯弊，志愿虽极其广大，取缔不惮于严苛，诚以一群之结契，必始基巩固，乃能持诸永久，与其貌合神离，如幻如泡，何若气求声应，无愧一德一心，志切嘤鸣，深冀明侪之匡助，事关学会，尤无势力之可言。所有入会资格，另有专章详订。谨将本会发起原因暨约章，呈请钧部鉴核，伏乞准予立案，敬候批示祗遵。

谨呈

内务部

发起人 廖学潮 钱宝钧

徐 忠 赵增厚

徐敬武 萧顺极

赵增櫄 高文祚

陈治镐 陈兆鸾谨呈

中华民国二年十月 日

政学研究会约章

第一章 总 纲

第一条 本会定名曰政学研究会。

第二条 本会先设本部于国都，分设支部于各地。

第三条 本会会纲

一 精研治平学术；

二 普及社会教育；

三 促进国家文化；

四 注重地方自治。

第二章 会 员

第四条 本会资格以富有经验学术淹通者为合格。

第五条 凡愿入会者，由本会二人以上之介绍，填写履历；经调查员调查确实，再填入会证书，方得为本会会员。

第六条 本会会员不得以本会名义为个人行为。

第七条　本会会员当尊重道德，力守本会约章。

第八条　本会会员有违背本会约章，损坏本会名誉者，得由职员提出，经大会议决宣布除名。

第三章　职　　员

第九条　本会置理事长一人，综理本会全体事务；理事四人，赞助理事长协理会务。

第十条　本会置调查员若干人。

第十一条　本会设政务部讨论各种政学，置政务长一人，政务常驻员若干人，政务员无定额，其细则另定之。

第十二条　本会设会务部，执行会中事务，置会长一人，会务常驻员若干人。分科治事，按各科事务繁简置事务员。

甲　总务科掌管机要及不属于他科事项；

乙　文事科掌管一切文件会证会册；

丙　交际科掌管联络招待及一切交涉事项；

丁　会计科掌管款项出入，经理庶务。

第四章　选　　任

第十三条　理事长及理事，由大会投票选举，任期二年。

第十四条　政务、会务各部长由大会选充之，任期二年。

第十五条　政务、会务常驻员及政务事务员由各部长推举，商承理事长认可，任期二年；各科员由部长指任，各部均得聘用事务员。

第十六条　本会职员均得连举连任。

第五章　会　　期

第十七条　本会大会每年一次，先期一月召集，以本部职员、会员及各支分部代表组成之，各地远近酌量先期召集。

第十八条　本会有要紧重大事件发生，由理事长、理事召集全体职员议决，得开临时会。

第十九条　政务、会务两部长于各部有重要事务时，得开部内职员会。

第六章　经　　费

第二十条　会员入会时纳会金一元，常年金二元，特别捐自由应募。

第二十一条　本会收支款项，由会计员编制预算，经理事长理事审查后于大会时报告。

第七章　事　　业

第二十二条　设政学养成所，以储备人才。

第二十三条　设图书室，以供参考。

第二十四条　办日报或杂志，发抒政见（待开办时，另定章程）。

第八章　附　　则

第二十五条　凡在他党除名者，有嗜好者，剥夺公权者，刑事案未审判者，皆不得入本会。

第二十六条　本约章自　日施行。

第二十七条　本约章如有未尽事宜或不适时用，经职员十人以上之提议，须修改之处再行呈核。

(2)内务部批文稿（1913年10月14日）

内务部批　第　号

原具呈人政学研究会赵增檩等呈及会章均悉。查该会系为研究学术起见，所请备案之处，应即照准。此批。

中华民国二年十月十四日

〔北洋政府内务部档案〕

8　京师警察厅抄报朱颐年等组织法政研究会致内务部备案呈

（1913年4月22日）

为呈报事：据朱颐年等呈报：设立法政研究会，开具简章请予

备案。等情。查该会以研究法政，主张切实学说为宗旨，尚无不合。除由厅批准外，理合抄具简章，呈报鉴核备案。谨呈
内务总长

京师警察厅总监　王治馨

中华民国二年四月二十二日

法政研究会简章

第一章　总　纲

第一条　本会定名为法政研究会。

第二条　本会以联合同志，研究法政，主张切实学说为宗旨。

第三条　本会会务如左：

一　讨论法政问题，随时发表言论，辅导国会、政府、法院之不逮；

一　凡新出政法书籍，随时选择购译，以供同人参证；

一　凡国会议决政府执行各大端，随时调查，每月录一大事纪，以资考核；

一　刊行杂志；

一　特别出版。

第二章　会　员

第四条　凡同志之人得会员二人以上之介绍，经理事认可后即认为本会会员。

第五条　会员须填明愿书，遵守本会旨及一切规则。

第六条　会员得被举为本会职员。

第七条　会员得分门担任著述，请本会代为刊行，但须与本会宗旨相同。

第八条　会员有版权所得三分之二赢利。

第九条　会员有享阅本会书籍杂志之权利，但不得越办事规则所定范围以外。

第十条　会员如有改变宗旨，违背规约，或以个人行为妨害本会名誉者，由会员三人以上提出，经本会调查确实，开会议决后宣告除名。

第三章　机　　关

第十一条　本会暂设事务所于北京法校附近地方，俟经费扩充再行推广。

第四章　职　　员

第十二条　本会职员如左：

理事三人，总理本会一切会务，直接负完全责任；

会计科主任干事一人.副主任干事一人，掌理经济上计划暨收入支出各报告事宜；

交际科主任干事一人，副主任干事一人，掌理维持会务暨一切联络事宜；

文牍科主任干事一人，副主任干事一人，掌理一切文书暨记录各事件；

调查科主任干事一人，副主任干事一人，掌理关于政法大端及会员一切调查事件；

庶务科主任干事一人，副主任干事一人，掌不属于他科之一切事项。

第十三条　各科干事无定额，其办事程序另以细则定之。

第五章　职员之选举及任期

第十四条　理事由大会用记名连记投票法选举，任期一年。如有缺额，以次多数当选人补充之。主任、副主任、干事由理事推定提请会员多数同意，任期二年，干事由主任商承理事推定之。

第六章　会　　期

第十五条　会期分三种如左：

通常会　每月两次，临时定期；

特别会　经十人以上之提议，得开特别会议；

大会　每年一次，先一周通知会员。

第七章　会　　议

第十六条　以到会会员过半数表决可否，同数时由主席酌定之。

第八章　经　　费

第十七条　经费以左列各项充之：

特别捐　由发起人担任捐募，会员亦得自由认捐，无力者听；

入会金　每人四角，于入会时缴纳；

常年捐　每人一元，于年终缴纳；

所得捐　版权所得，以三分之一捐助本会；

名誉赞成员自由捐　各界有助捐者，得推为名誉会长。

第九章　规　　约

第十八条　不得藉本会名义干涉会外之事，不得侵蚀本会公款。

第十章　附　　则

第十九条　本章如有应行增改者，由职员十人以上提议于特别会或大会修改之。

第二十条　本简章自议决日施行。

法政研究会职员名单

理事：朱颐年，隰苓，直隶，法律科，法校寄宿馆。

理事：赵连棣，荫棠，直隶，法律科毕业，法校寄宿馆。

理事：袁光璧，作之，四川，政治经济科，法校寄宿馆。

会计主任：雷震寰，仲伊，四川，法律科毕业，法校寄宿馆。

会计副主任：马鸿逵，容周，浙江，法律科毕业，台州馆。

交际主任：王郁骏，仲开，河南，政治经济科，法校。

交际副主任：杨畅时，两楼，四川，政治经济科，法校。

文牍主任:姚鸣楷,寿亭,直隶,法律科,法校寄宿馆。
文牍副主任:赵世昌,静亭,直隶,法律科,法校寄宿馆。
调查主会:杨定国,晋唐,四川,法律科,法校寄宿馆。
调查副主任:杨春溥,泽南,直隶,法律科,法校寄宿馆。
庶务主任:胡家鑫,白沙,安徽,政治经济科,法校。
庶务副主任:徐天真,崇之,安徽,法律科,法校寄宿馆。

〔北洋政府内务部档案〕

9 梁启超创设经济研究社呈与内务部批

(1913年12月)

(1) 梁启超致内务总长呈

为呈请立案事:窃惟财政经济为国家社会生命所关,而在今日中国尤为至急。惟以全国幅员辽阔,各地情形不同,而时当破坏后,即由各处行政机关,详悉讨究,真相仍多隔膜,非有辅助国家之团体,集合学识优长、经验充足之士,相与共同研究,分任调查,详察痛苦之由来,熟商利益之所在,必难妥筹善策,以期见诸实行。启超等有见于此,爰邀集同志组织经济研究社。关于今日经济财政各大问题,一一提出,先事调查,详加讨论,务得切实办法,上以供政府之采择,下以待社会之公评。业经拟具简章,于十二月十日开会成立,设事务所于二条胡同。理合呈请大部准予立案。为此呈请,伏乞察核施行,实为公便。谨呈

内务总长

经济研究社社长 梁启超

中华民国二年十二月　日

经济研究社简章

第一条　本社以研究经济财政各问题,裨益中国时局为宗旨。
第二条　凡入本社者,须有社员三名介绍,并由本社认可。

第三条　本社设讨论部、编辑部二部。公推讨论部长一人，编辑部长一人。

第四条　本社公推社长一人，总理全社事务；干事二人，分掌文牍、会计及庶务。

第五条　本社应行研究事件，先由讨论部拟定议题，开会讨论。

第六条　凡研究结果，本社公同取决者，作为本社意见发表；其未经公决者，作为社员各人意见发表。

第七条　本社发行月刊一种，除发表本社意见外，并登载社员各人纂述并各种材料，由编辑部办理。

第八条　社员入社先捐入社金十元以上，每月社费三元以上。

第九条　如有赞助本社宗旨，特别捐助经费者，本社酌推为名誉赞成员。

(2) 内务部批文稿

内务部批　第　号

原具呈人经济研究社社长梁启超来牍具悉。民国缔造，坐困财政，发展国家经济，自是当今要图。该社同志为研究经济财政之现状，组织社团，纂述月刊，愿宏斯举，乐观厥成。附钞简章，应准立案。此批。

中华民国二年十二月二十七日

〔北洋政府内务部档案〕

10 教育部核准注册之文化学术团体一览表

（1915年6月）

名称	代表	宗旨	立案年月
中华民国工业促进会	刘文贞	辅助内地工业之发达，输入外国工业之学识；调查矿路、机械、电工、工业制造、公地工程等。	元年五月
中华民国药学会	王焕文	研究药学并谋药学之进步，刊行杂志，以为智识交换、学术普及。	元年三月
中华民国法政研究会	周珍	研究各项法律政治，刊行杂志或编讲义录，增进国民体政知识。	元年六月
中国矿业会	张轶欧	研究矿学，讨论矿政，提倡矿业。会务有六：(1)图矿山事业之发达及一切改良之法；(2)发表矿政意见，以达政府；(3)调查国内外状况与各种矿业重要事项，刊刻报告；(4)设立矿质化验所；(5)发行矿业杂志，并编译矿业及关于矿之各项专门书籍；(6)代矿业界介绍技师及矿山设计。	二年一月
警法学会	于元芳	研究关于警务法政各学。	二年二月
农学会	陶昌善	研究农林、蚕丝、畜牧、水产，会务有四：(1)调查农林、蚕丝、畜牧、水产；(2)倡导农业殖民；(3)编纂书籍；(4)刊行杂志。	二年一月
电气学会	龙建章	力图电学进步，发展电气事业，会务有四：(1)学术部推进电气学术之研究及试验；(2)工业部筹划经费及建议各种电气工业要政；(3)编辑部编译书报、刊行杂志、订定名词；(4)	二年四月

续表

名称	代表	宗旨	立案年月
		调查国内外电气事业状况，国内电气材料生产及应行设施之各种电气事业。	
林学会	张联魁	研究关于森林各种学术要务，主要有三：(1)编纂关于森林各种书籍；(2)调查关于森林一切事项；(3)刊行林学会报。	二年三月
筹边学会	姚憾	研究筹边应用之学识，造就筹边人才。	二年五月
中国化学会	俞同奎	研究化学原理，提倡化学事业。会务有三：(1)刊行杂志，编纂书籍；(2)编订名词；(3)调查中外化学原料及其制品。	二年五月
教育学术研究会	陈映璜	讨论教育原理，教授法，管理法，并参考中外学说之异同。	二年十月
中国速记学会	陆震昀	发挥速记之应用。	二年十月
中国工业会		研究工学，提倡工业，发达国民经济。会务有八：(1)调查工业原料；(2)调查工业状况；(3)研究各种工业学术；(4)研究本国兴衰原因；(5)研究世界工业大势；(6)编辑发行各种工业书报；(7)编订各种工业名词；(8)建议兴革利弊。	二年十一月
中华工程师会	詹天佑	(1)统一工程营造，规定正则制度；(2)发达工程事业，俾得利用厚生；(3)日新工程学术，力求自辟新途。	二年十二月
教育研究会	丁鸿宾	研究实学，改良教育。研究事项分家庭教育、国民普及教育、政法教育、高尚美术教育、社会教育等。	二年十二月

续表

名称	代表	案旨	立案年月
中央商学会	向瑞琨	研究商学，启发商智，讨论商政，促进全国商业之发达。会务分发表商事、商政之意见，调查商政商事之状况，及提倡商业教育，灌输商业学术等项。	二年十二月
湖南育群学会	章通骏	研究学术，保育人群。筹办事项：(1)推广教育；(2)促进医学；(3)提倡雅化；(4)讲求制造。	三年五月
北京世界语学会	延年	研究并推进传播世界语。	三年九月
体育研究会	许龙厚	研究中外体育武术，提倡尚武精神，养成建全国民，并拟编成教科书，以供学校中体育教授之用。	三年五月
中华民国医药学会	汤尔和	研究日新之医药学术，力求进步，联合海内外同志交换智识意见，调查我国医学、药学教育之现状，建议卫生行政法案。	四年九月
中华医学会	颜福庆	联络中西医界，推广医学于全国，并增进卫生及防病之常识。	四年六月

〔北洋政府教育部档案〕

11 京师警察厅抄报程德梓等组织五族语文同进会致内务部备案呈

(1917年2月12日)

呈为程德梓组织五族语文同进会具报备案事：窃据程德梓呈称：组织五族语文同进会，开具简章请予立案等情。前来。查该会以交换语文知识，辅助国语统一为宗旨，系一种关于公共事务之结社，核与治安警察条例尚属相符。除批准备案外，理合钞录原呈简章，呈报鉴核备案。谨呈

内务总长

京师警察厅总监　吴炳湘

中华民国六年二月十二日

附抄程德梓原呈

呈为组织五族语文同进会，请予备案事：窃因共和底定，五族交欢，第因文言隔阂，不免时生误会。为今之计，欲求补救，是在交换语文知识，灌输地理历史关系，感情不融洽而融洽矣。是以前经发起京音国语传习所，俾补助国语统一，尽国民天职。除经呈报教育部，已奉五年十一月十六日第一四五一号批、学务局十七号批外，并呈报京师警察厅于上年十二月二十五日奉七三五号批，已蒙批准立案矣。惟细译教育部批内开：如语法之标准，方言之调查等，在在均需研究之。苟诚非率尔可从事者，是以一方进行，一方联络，凡有边地各省语文经验、汉文京语深奥者，均可列席研究，俾与在所师生交换知识，鼓吹汉语文普及边疆边地，语文流通内地，京音官话推行各省，各省文字废却土音，庶五族交际利便，畛域自然破除。为此，谨将组织五族语文同进会，而期研究学问，交换知识各缘由，除分呈外，理合附具简章，呈请大部察核备案，批示祗遵。谨呈

内务总长

具呈人　程德梓

职　业　京音国语传习所设立人

住　址　灯市东口外迤北路西

中华民国六年一月五日

五族语文同进会简章

谨将发起五族语文同进会组织简章，缮呈钧鉴：

计陈

一　名称　五族语文同进会。

一　宗旨　联络经验人才，交换语文知识，鼓吹文学昌盛，辅助国语统一。

一　会员　曾旅边地有经验学识文字者，粗知一二省方言者，汉文精深者，暨在所之注音字母等师生皆得为会员。

一　范围　凡非本处学生会员，不论有何职务，在本会内除语文学外，不许涉及他项言论。

一　职员　设董事、干事两部，各举二长、四干事，余均会员。

一　经费　不事铺张，力求节俭，一切费用由发起人担任。

一　讨论　每礼拜均有在课余时研究之。

一　地址　灯市东口外迤北路西京音国语传习所内。

〔北洋政府内务部档案〕

12　京师警察厅抄报张德明等组织清真学社致内务部备案呈

(1917年4月28日)

呈为张德明组织清真学社，缮具规约，报请鉴核备案事：窃据张德明等呈报，组织清真学社，遵章缮具规约，请予备案到厅。查该具呈人组织清真学社，以阐明教理，研究学术为宗旨，系属一种关于公共事务之结社。饬查所报各节，核与治安警察法结社集会各条尚无不合。除由厅批示该具呈人照准备案外，理合钞录原报规约，呈请宪部鉴核备案。谨呈

内务总长

京师警察厅总监　吴炳湘

中华民国六年四月二十八日

清真学社规约

一、本社为清真教人所组织，专在研究学术，阐明教理，故定名曰清真学社。

二、本社只设总部一处，不分设支部。

三、本社有下列职务：

甲、对于教务之利弊有文字提醒之责，但不得攻击个人私德；

乙、对于非同教人关于本教教理教务之误解及诋侮，有以文字驳正分辩之责，但不涉及挑衅辞意；

丙、对于同教人及非同教人宗教上之疑问，有解释之责；

丁、对于教理教法之争持，有引据经典以调解之责。

四、本社精神专在研究，拟定每周集议一次，遇必要时得开临时会，其会议规则另定之。

五、本社得以研究所得公布于宗教界，其公布方法另定之。

六、本社公布文件用全社名义。

七、社员无入社费，但于进行之事项，有负担经费之义务。

八、本社公布文件一切费用，采分配法，由社员平均担之。

九、凡清真教人，年届成丁，具有研究之愿力者，均得入为本社社员。

十、本社置左之职员：

甲、社长一人，代表本社综理一切；

乙、干事四人，辅助社长分担事务。

〔北洋政府内务部档案〕

13 京师警察厅抄报李大钊等组织中国经济财政学会致内务部备案呈

(1917年4月21日)

呈为李大钊组织中国经济财政学会，抄录简章，具报鉴核备案事：据李大钊呈报：组织中国经济财政学会，附呈简章请予备案等情。查该具呈人组织中国经济财政学会，以研究经济学理及调查事实，期适用于中国为宗旨。系属一种关于公共事务之结社。核阅所拟简章与治安警察法结社集会各条尚无不合。除批准备案外，理合钞录原报简章，呈报宪部鉴核备案。谨呈

内务总长

京师警察厅总监　吴炳湘

中华民国六年四月二十一日

中国经济财政学会简章

第一条　本会定名为中国经济财政学会。

第二条　本会以研究经济学理及调查事实，以期适用于中国为宗旨。

第三条　本会以左列二种会员组成之：

甲　责任会员　以能委身研究，图达本会之目的者充之；

乙　名誉会员　凡不能为甲种会员而对于本会能负调查责任或以财力及其他方法赞助者充之。

第四条　凡为本会责任会员者，须先由本会会员介绍后，本会责任会员全体之承认；认为本会名誉会员者，须由本会责任会员五人以上之介绍。

第五条　本会会所设于北京。

第六条　本会设会务干事一人，经理本会一切会务；会计干事一人，经理本会收支；图书干事一人，管理本会图书。此外，遇必要时，临时议决添设职员，皆由责任会员选举，以一年为任期，仍得连任。

第七条　本会研究调查方法，由会务干事招集全体责任会员会议决定之。但会员在异地不能莅位者，得以通讯表决。

第八条　凡会员依本会决定方法所行研究调查之结果，须编成报告书交会务干事，以备参考。

第九条　本会研究及调查方法经议决者，责任会员须切实履行，不得诿卸。但有不得已事故，经公认者不在此限。

第十条　本会会务干事，每三阅月须编制会务报告书，印刷分布于会员。

第十一条　本会可随时将研究调查之结果编辑印行，以供国人参考。

第十二条　本会购买图书，以备会员参考。

第十三条　本会责任会员须纳例捐如左，例捐之外能任特别捐者任意。

甲　入会费　二元。

乙　常捐　每月五角。

丙　所得捐　各按所得额百分之三。

第十四条　本会图书会等细则另定之。

第十五条　本简章经责任会员三分之二以上议决得修改之。

〔北洋政府内务部档案〕

14　京师警察厅抄报白克勤组织词曲研究社致内务部备案呈

（1917年12月19日）

呈为白克勤组织词曲研究社，钞录简章暨条款具报备案事　据白克勤呈报：组织词曲研究社，缮具简章暨条款请予备案。并据声称：业经呈奉教育部核准等情。查白克勤组织词曲研究社，以改正旧曲，排演新曲，辅助社会教育为宗旨，系一种关于公共事务之结社，核阅所拟简章，于治安警察法结社集会各条尚无不合。既据声称：业经呈奉教育部核准，应即准予备案。除批示外，理合抄录原报简章暨条款，呈报鉴核备案。谨呈

内务总长

中华民国六年十二月十九日

京师警察厅总监　吴炳湘

词曲研究社简章

一　本社以改正旧曲，排演新曲，辅助社会教育为宗旨。

一　本社承通俗教育研究会之赞助，受该会之指示监督。

一　本社暂假东铁匠胡同劝学办公处为会场。

一　本社设社长一人，经理社中事务；干事四人，经理社中文牍、庶务及排演各事宜。

一　本社为发达起见，无论子弟及营业者均可入社，但入社时必须社员一人之介绍。

一　本社每星期过排一次，凡有担任职务之社员必须到社。至演唱时须全体出席，如遇不得已事故，请假时应预先通知。

一　本社社员在演唱淫曲，或借本社名义近于招摇行为者，应行除名。

一　本简章如有未尽事宜，可随时酌改。

词曲研究社职员名单

恒　泉	金印启
辅　恩	金正启
金振兴	耆　生
孔广河	文　荫

〔北洋政府内务部档案〕

15　京师警察厅抄报仇鳌、李大钊等组织神州学会支部致内务部备案呈

（1917年4月12日）

呈为仇鳌组织神州学会支部，钞录简章、名单，具报鉴核备案事：据仇鳌呈报组织神州学会，附呈简章，请予备案等情。查该会

组织之缘起，系由日本留学界中人于民国四年在日本东京组织神州学会，即于东京设置本部。兹因该会会员归国多集都门，故拟在京设立支部，其宗旨在互相讨论学问，研究学术上之进行，系属一种关于公共事务之结社，核阅所拟简章，与治安警察条例结社集会各条尚无不合。除批准备案外，理合钞录该会简章暨职员名单，呈报宪部鉴核备案。谨呈

内务总长

京师警察厅总监　吴炳湘

中华民国六年四月十二日

神州学会支部职员名单

计开

干事长　仇鳌

庶务干事　张润之

评议部长　李大钊

文牍科兼会计科干事　南国钟

神州学会讲演会规则

一、讲演员次序以抽签定之。

二、讲演员轮流出席周而复始。

三、每次出席讲演以六人为限。

四、讲演时间每人以三十分钟为度。

五、讲演须先一周间函报干事部。

六、演后一周间须将讲稿缮交文事科。

七、凡值演请假者，归次轮出演。

八、每二人出演后休息十分钟。

九、如延请会外名士讲演时，会员出席时间得随时酌改。

神州学会东京本部简章

第一章 总　纲

第一条　本会定名为神州学会。

第二条　本会以研究学术、敦崇气节、唤起国民自觉、图谋国家富强为宗旨。

第三条　本会暂设于日本东京。

第二章 会　务

第四条　本会会务分为常务、学务二种。

第五条　学务大别为三如左：

分科研究，举行讲演，编撰书报。

第六条　本会应分科目如左：

军事科、教育科、政治科、经济科、法律科、文科、理科、农科、工科、商科、医科。

第七条　本会会员各就所学，分隶各科或兼隶数科，科员在二人以上者得设科会，讨论该科学术上之问题。如有关联二科或数科者，得由该科开联合会议，或通知有关联之科派员出席。科会规则另定。

第八条　各科应推定一人为主任，代表该科并主持科会事务。但一科中仅有一人者，即以其人代表该科。

第九条　凡关于学术上实用问题或国家重要问题，会员五人以上得提议开评议会讨论。如认为有召集全体会员之必要时，应开临时大会。

第十条　各科会研究之成绩及讲演会重要之文稿，应交由文事科保管，随时印刷分送各会员。

第十一条　关于第五条三项，应设立编辑部，编辑部规则另定。

第十二条　每月开讲演会一次，以例会之期日行之，讲演规则另定。

第十三条　关于常务别设干事部，分科办理。

第三章　会　　员

第十四条　凡具左列诸款，经会员五人介绍，评议部认可者，始得为本会会员：宗旨相同、精神相契者，研究专门学术者，能遵守本会会章者。

第十五条　会员如有违反会章及玷辱本会名誉者，经大会公决即行除名。

第十六条　会员不得任意退会，如有特别事由时，应具缄声明，由评议部决之。

第四章　职　　员

第十七条　本会设评议部议决会务，设干事部执行常务。

第十八条　评议部评议员额定二十一人，由大会选举。

第十九条　评议部设评议长、副评议长各一人，由评议员互选，规则另定。

第二十条　干事部置干事长一人，分庶务、会计、文事三科，每科置主任干事一人，干事一人，由全体会员选举。办事规则另定。

第二十一条　本会职员均以六个月为任期，但得连选连任。

第二十二条　职员缺额，应行补选。但以补足前任职员之任期为限。

第五章　会　　费

第二十三条　本会会员应担负会费如左：

入会费一元，入会时缴纳；

常年费每月二角，于每次例会纳之；

临时费金额由评议部议决。

自由捐款无定额。

第二十四条　凡会款满二十元以上，须存贮银行。

第二十五条　本会会计出纳数目，应由会计干事造具清册，于改选时报告。

第六章　会　　期

第二十六条　本会集会分三种如左：

例会　每月一次，以第一星期六日下午一时开之，讲演会亦同日举行。

选举会　以干事满任期，举行补缺选举，以例会行之。

临时会　有必要时由职员提议或会员十人以上连名请求，经评议部议决均得举行。

第二十七条　开会召集，由干事部以本会名义行之。

第七章　附　　则

第二十八条　本章程经全体会员通过后施行。

第二十九条　本章程如有会员十人以上提议修改时，应开大会议决。

神州学会北京支部简章

第一条　本支部定名曰神州学会北京支部。

第二条　本支部设二部如左：

评议部

干事部

第三条　评议部评议员员额以本支部会员总数为准，总数在三十人以下时以六名为定额，每增加会员十人，得增设评议员一名。

第四条　评议部设评议长一人，由评议员互选。

第五条　评议部议事规则，由评议部自定之。

第六条　干事部设干事长一人，庶务员、会计员、文事员各一人，但许兼任。

第七条　评议部评议员、干事部干事长、庶务员、会计员、文事员，均由全体大会选举。

第八条　本支部会员应担负之会费如左：

一、入会费一元，入会时缴纳；

二、常年会费每月一元，于每次常会缴纳；

三、临时费金额由评议部议决。

第九条　本支部全体大会会期分三种如左：

一、常会　每月一次，于每月第一星期日举行；

二、特别会　于职员提议或会员五人以上认为必要时，评议部议决举行；

三、讲演会　由评议部推定会员讲演，即于每月常会期行之。如本支部延请会外名人讲演时，另订日期。

第十条　每届开会，由干事长以本会名义通告之。

第十一条　凡未经本简章特别规定者，均按照本部章程办理。

第十二条　本简章如经会员十人以上认为必须修改时，提由全体大会议决修改之。

第十三条　本简章自全体大会通过日施行。

神州学会评议部规则

一、本部一切会议事项，评议长整理之。

二、本部于每月第二星期晚七时开例会一次，有必要时得照章临时召集之。

三、本部议事出席者逾全员之半数即行开议，得出席人数三分之二可决即行通过。

但出席人数不足全员之半数时，得行假决议，并将假决事项通告全体。评议员定期开会，倘出席人数仍不足全员之半数时，即认该假决议为有效。

四、本部议决事项应于二日内由评议长函知干事长。

五、介绍入会，先由介绍人具介绍书交由本部审查通过；一经通过，即由评议长具函并介绍书缴执行部存记。

六、本部执行会章第十四条时，应严守一定之惯例。

七、本部备有图章、册簿，由评议长收存之，所发函件应钤本部图章，否则无效。

八、本部开会应由评议长先期通告文事科，请其函知各员，故无常置书记。但开会时主席得由部员中指定临时书记一人。

九、本部会议事项涉及他部或各科时，得函邀他部部长或各科主任与议。

十、本部各员如不具函请假，连续三次缺席者，应函询理由。如无回答，即认为辞职，照章补选。

十一、本规则得于不背会章之范围内随时修正之。

〔北洋政府内务部档案〕

16　王光祈等组织少年中国学会有关资料

（1919年7月15日）

（1）王光祈呈请立案登记表

王光祈等在北京组织少年中国学会呈请立案登记表

名　　称	少年中国学会
规　　约	另　　呈
事务所	宗人府东巷蓬庐
设立之年月日	八年七月十五日
主任人姓名、履历、住址	王光祈中国大学毕业住宗人府东巷蓬庐
职员	正干事　王光祈 副干事　曾慕韩 评议员　周　无 陈　淯 雷宝华 赵世炯 李　璜
会员总数	十　二　员

（2）少年中国学会简章

第一章　总　　纲

第一条　本学会定名曰少年中国学会。

第二条　本学会以研究真实学术为宗旨。

第三章　会　　员

第三条　凡中国人已得有专门学识技能者，经本学会会员五人介绍，得为本学会会员。

第四条　会员入学会时，须纳入会金壹元。

第三章　会　　务

第五条　本学会每月发行月刊，发表研究之心得，贡献于世。

第六条　本学会随时刊布丛书，以补助教育之用。

第七条　本学会随时敦请专门学者讲演，以益学识。

第四章　职　　员

第八条　本学会设干事二人，评议员五人，由大会选举之。

第九条　评议员监督会务进行，干事督理本会一切事务。

第五章　会　　费

第十条　本学会会费以左列两款充之：

一、会员常年捐贰元。

二、会员特别捐助。

第六章　附　　则

第十一条　本简章经大会三分之二议决得修改之。

〔北洋政府内务部档案〕

17　中华全国报界联合会的有关资料

（1920年6月3日）

（1）中华全国报界联合会三次会议概略①

---

①　节选自邱醒旦民国十年五月九日致内务部呈。

(前略)中华全国报界联合会,系民国八年在上海成立。民国九年在广州开第二届大会,有北京报界联合会代表唐宝锷、庄仲皋在会上提议,请各省代表来京开会。民国十年二月,全国报界联合会第二届大会通信处函请北京报界联合会筹备召开第三届大会。各省报界代表四十余人,北京代表二十余家出席,在江西会馆举行。

(2)中华民国全国报界联合会章程(九年六月三日议决修正)

第一条　本会定名为中华民国全国报界联合会。

第二条　本会以国内之日报社、杂志社、通信社及中国人在外国所办之日报社、杂志社、通信社组织之。但通信社须有固定之发行、编辑所及负责之编辑发行人,其派出各省访员须有十人以上者方得加入。凡外国人在国内所办之日报社、杂志社、通信社有赞成本会宗旨者,得推为名誉会员。

第三条　本会之宗旨及目的如左:

一　为谋世界及国家社会之平和的进步,得征集全国言论界多数之共同意见,以定舆论趋向。

二　保持言论自由,联合同人情谊,企图事业利便,以谋新闻事业之进步。

第四条　第二条第一项所定之各社皆得加入本会,派代表一人列席会议,但名誉员不在此例。

各社代表赴会时须有该社委派确实证据方得列席。

第五条　列席会议之各代表,无论其代表一社或二社以上,每人只有一表决权。

第六条　各社代表有损害本会名誉者,经大会议决得要求该社撤换其代表。

被撤之人不得再代表他社列席会议。

第七条　本会每年春季开常年大会一次,开会地点于上届常会决定之。但同一地点不得继续开两次以上。

第八条　由三省省会或通商口岸二十社以上之发起，得召集临时大会，会议之日期及地点由发起者定之。

第九条　常年大会及临时大会须赴会各代表三分一以上列席始得开会，须列席代表过半数之同意始得表决。

第十条　凡议案之提出，须列入议事日程，先期通知各代表。

第十一条　常年大会及临时大会期间，至多不得逾三星期。但经列席代表三分之二决议得延长之。

第十二条　各社代表提出议案，须有代表五人以上之连署。

第十三条　凡已加入本会之各社，均须缴纳入会费与常费。

(甲)入会费每社十元，于报名加入之日征收之。

(乙)常费每社每年缴纳十元，一次征收之。

第十四条　各社有欠缴上年会费者，得停止其代表出席会议。

第十五条　除本会议决执行之募捐案外，如有热心捐助本会经费者，得以无条件收纳之。由捐款者径寄大会所指定之银行，更须通告于全国报社，登报鸣谢，仍应报告于次期大会要求追认。其有特种要求或嘱托者，应绝对拒绝之。

第十六条　本会设立通讯处于每年大会所在地，其职务如左：

一　通信及文件之保存；

二　常年大会及临时大会议决事件交付执行者执行之，但关于重要议决事件，推举临时委员执行之；

三　大会会场应由通讯处与大会所在地筹备之；

四　庶务；

五　会计。

第十七条　通信处职员列左：

一　书记长一人

二　书记二人

三　庶务二人

四　会计二人

第十八条　职员由常年大会选举之，其任期以下届常年大会选举职员之日为止。

第十九条　职员有损害本会名誉，由常年大会或临时大会议决免职者即举员接替之。

第二十条　本会章程经大会议决得修改之。

(3) 中华全国报界联合会会员一览

(第一届入会会员)(上海)民国日报　中华新报　申报　新申报　时报　时事新报　神州日报　英文沪报　新闻报　上海沪报　救国日报　正报　南市新浦东报　新指南报　中外新报　国语日报　大公报　学生会日刊　民心周刊　戊午编译社　联合通信社　国民通信社　中孚通信社　中外通信社　(北京)北京日报　京津新报(即民福报)　北京新报　新京报　民业日报　定一日报　惟一日报　益世报　大中华日报　中央时报　新兴中报　(南京)新中华报　大江南报　大中华报　社报　南方日报　立言报　新政闻日报　(广东)新民国报　七十二行商报　粤报　中华新报　天声报　天民报　安雅报　平民报　香港大光报　香港晨报　香港华字报　汕头大风报　大岭南日报　(广西)西江日报　(汉口)中西日报　汉口日报　新闻报　国民新报　(天津)华洋公论报　大公报　益世报　(山东)大东日报　齐美报　烟台胶东新报　(云南)义声报　滇声报　国是日报　中华新报　救国日报　实业日报　(福建)华同日报　福建日报　漳州闽南新报　(安徽)皖江日报　工商日报　(江西)江西民报　大江日报　民铎日报　(江苏)扬州民声报　无锡锡报　武进报　苏州市乡公报　正大周报　(浙江)全浙公报　浙江民报　之江日报　桐乡桐溪公报　(湖南)武冈

民权报　郴州民国日报　(海外各埠报馆)小吕宋民号报　新金山雪梨民国报　旧金山少年中国报　槟榔屿光华报　域多利亚埠新民国报　檀香山自由新报　仰光觉民日报　暹罗中华新报

(第二届入会会员)(广东)震旦报　商权报　神州商报　南方新报　民言报　振东报　实业报　香港循环报　阳江江声报　富强通信社　四邑公报　广州通信社　周循社　台城舆论报　劳动周刊　共和报　大公报　国是报　中原报　天趣报　觉魂报　雪耻周刊　香港共和报　香山仁言报　北江通信社　群言杂志　阳江民声报　羊城报　总商会报　华国报　人声报　平民画报　阳江两阳公论报　民刊周报　工界旬刊　崇德周刊　崇文周刊　粤潮周刊　维德星期报　大同报　新报　人权报　南越报　自由报　天游报　联合通信社广州分社　阳江日报　高州日报　四邑平报　兴华星期报　汕头公言报　(广西)梧州救国晨报　南宁岭□报　南宁通俗报　(北京)时言报　(湖南)民言报　新湖南报　(福建)自强报　莆田新报　(江西)江声日报　(外国)金山世界日报　暹罗侠报　三藩市少年中国晨报

(第三届入会会员)(北京)都报　商业日报　民生月刊　国强报　中央日报　中一通信社　铎声报　中报　持平报　辛酉通信社　北方通信社　进化通信社　中和通信社　蒙边日报　经世报　益民报　(天津)天津日日新闻　民强报　汉文京津泰晤士报　(广东)粤商公报　振东新报　工人早报　小说新闻报　南方通信社　时事通信社　新岭南报　(四川)四川日刊　四川川报　重庆民苏日报　(山东)大东日报　(江西)新民日报　实报　(福建)中报　建民日报　超然报　舆论日报　(南京)长

江日报　　（苏州）正大日报　　（长春）北满日报　　（张家口）大西北日报　　（甘肃）通俗日报　　河声报

按：此系照第三届大会之日入会者计，以后有陆续入会者当再补刊。

〔北洋政府内务部档案〕

18　内务部抄送刘蓬瀛组织辛酉学社致教育部公函

（1921年12月）

内务部公函

径启者：据京师警察厅呈报刘蓬瀛组织辛酉学社，钞录简章条款请备案。等情。到部。查该社之组织，既据该厅查核相符，除由部备案外，相应抄录原件，函达查照。此致

教育部

中华民国十年十二月　　日

辛酉学社职员名单

刘蓬瀛　　张云涛

黄　瑞　　马熙杰

穆贵泉　　傅冠雄

王梅村　　荣鹤皋

王宝雄　　霍毓琦

王自庄　　巩金栋

崔酿泉

张慰祖

辛酉学社简章

第一章　总　　纲

第一条　本社定名为辛酉学社。

第二条　本社以阐明学术，宣导文化为宗旨。

第三条　本社暂以大兴县胡同门牌二十七号为事务所。

第二章　社　　员

第四条　凡本国或外国专门以上学校毕业者，经本社社员二人以上之介绍，皆得为本社社员。

第五条　社员入社须填写愿书，由本社给与社证。

第六条　有左列行为之一者，经评议部议决，即予宣告出社。

一、损坏本社名誉。

二、假本社名义图个人私利。

三、加入其他与本社宗旨不合之团体。

第七条　社员提出理由书于评议部，得自由出社。

第八条　社员出社须缴还社证。

第三章　组　　织

第九条　本社设总务、评议、编译、研究四部。

一、总务部　分文书、会计、庶务、交际四股，置委员长一人，总理本部事宜，委员八人，分掌各股事宜。

二、评议部　置评议长一人，评议员八人，评议本社待议事宜。

三、编译部　置委员长一人，委员四人，掌本社编译出版事宜。

四、研究部　置委员长一人，委员四人，掌本社研究调查事宜。

第十条　各部委员及评议员由大会选举之，各委员长由各该部委员互选之，评议长由评议员互选之。

第四章　选　　举

第十一条　本社职员每年改选一次，于常会举行之。

第十二条　本社职员之选举，用无记名连记投票法。

第五章　集　　会

第十三条　本社集会分左列各种，由总务部定期召集。

一、常会　每年一次，于三月举行之；

二、特别会　遇有特别事件发生，由总务部会商评议部召集之；

三、例会　每月一次。

第十四条　开会主席临时推定。

第六章　经　　费

第十五条　本社经费之收入如左：

一、常年费　每年二元，由各社员于开常会时缴纳之；

二、特别费　有特别用款时，经评议部议决随时征集之；

三、自由捐助。

第七章　附　　则

第十六条　本简章经社员十人以上之提议，全体社员三分之二通过得修改之。

第十七条　本简章自呈准立案日有效。

〔北洋政府内务部档案〕

19　顾光宾、朱彭寿等组织中国电学会致内务部备案呈

（1921年2月19日）

呈为设立中国电学会，缮具章程陈请核准事：窃维科学进步，制作日新，欧战而后，电学之发明愈新，电气之功用愈大。惟中国电学尚在幼稚，没有学会何资进步。彭寿等为增进电学，发展电业起见，集合中外人士组织学会，名曰中国电学会。以学术为宗旨，绝无政治关系。拟先设会于北京，逐渐推广。理合缮具章程呈请钧部批准，并请饬下京师警察厅备案，实为德便。谨呈

内务总长次长

发起人　开　雷　　顾光宾

朱彭寿　　锺　锷

袁锺铨　　师鼎新　谨呈

通信处暂设琉璃厂北京高师附属中学校袁叔衡处

中华民国十年二月十九日

中国电学会职员简介

朱彭寿　年二十八岁，江苏省上海县人，美国联合大学电气科毕业，得硕士学位，现充天津电话局工程师。

锺　锷　年三十岁，广东省番禺县人，美国韦斯康辛大学电气科毕业，得硕士学位，现署交通部技正兼任邮电学校教务长。

顾光宾　年三十三岁，江苏省南通县人，美国联合大学电气科毕业，得硕士学位，现充北京无线电报局工程师兼交通部监理科办事。

袁锺铨　年三十四岁，江苏省江宁县人，美国苛尔格大学电气科毕业，得学士学位，现充北京无线电报局工程师。

开　雷　年三十六岁，美国伊利诺省芝加哥县人，美国芝加哥大学毕业，得电气工程师学位，现充中国电气公司工程师。

师鼎新　年三十七岁，美国纽约省纽约县人，美国屋勃令大学电气科毕业，得学士学位，现充中国电气公司工程师。

中国电学会简章

第一章　总　　则

第一条　本会定名为中国电学会，呈准中华民国政府立案。

第二条　本会以增进电学，发展电业及联络电界同人之感情为宗旨，不涉政治关系。

第二章　本会事业

第三条　本会为贯彻第二条之宗旨，应办事业约略如左：

甲　编译书报。

乙　定期讲演。

丙　调查电业现状及提倡改革方案。

丁　发表促进电业之意见。

第三章　会　　员

第四条　本会会员以中外大学毕业，得有学位者为限。如对于本会有发明或心得者，由本会会员介绍，并经三分之二以上会员推举，亦得被选为本会会员。

第五条　本会会员不以中华民国国籍为限，凡他国人之现居中国或曾居中国，具有第四条之资格者，皆得请求入会。

第六条　本会会员如有犯罪行为及经宣告破产者，当由职员会议决除名。

第四章　职　　员

第七条　本会设会长一人，主持本会事务，副会长二人，辅助会长主持本会事务。并设常务干事部、专务干事部，承会长之命，分掌本会事务。

第八条　常务干事部设干事长一人，掌握本部事务，并分下列各股：

甲　总务股；　乙　经济股；　丙　编辑股；　丁　会员股；戊　讲演股；　巳　律例股；　庚　育才股。

第九条　专务干事部设干事长一人，掌理本部事务，并分下列各股：

子　电力股；　丑　电灯股；　寅　电报股；　卯　电话股；辰　电化股。

第十条　每股设股长一人，干事若干人（干事数目得以事务之繁简酌量增减）。

第十一条　本会会长、副会长、干事长及各股股长，由全体会员投票选举之。

第五章　会　　董

第十二条　凡以实力辅助本会事业之进行者，得由本会公推为会董。

第十三条　本会会董除选举外，与本会会员享同等之权利。

第六章　会　　费

第十四条　本会会员入会时，应纳入会费伍元，常年费每年十二元，于一、七两月分缴。

第七章 会 报

第十五条 本会每月发行会报一册，为本会言论机关。

第十六条 本会月报事务由总撰理经理之，主持本报撰述、编辑、印刷、发行等事。

第八章 开 会

第十七条 本会每年开会员全体大会一次，每月开职员会议一次，至部务会议及股务会议得因事临时召集之。

第九章 附 则

第十八条 本会得由大会议决设分会于各省，以期推广。

第十九条 本会办事细则另定之。

第二十条 本简章如有未尽事宜，由职员会议提出，由大会议决修正之。

〔北洋政府内务部档案〕

20 蔡彬懿等组织中美工程师协会致内务部备案呈

（1921年2月）

呈为组设中美工程师协会，请准立案事：窃查留学欧美诸生，历有年所，对于工程科学多属专门。现政府注重实业，尤重工学，如土木、水利、矿冶、铁路、建筑诸端，或为要地交通之枢纽，或为发达工商之本源，举行益广，需材愈多，故协会之设实为当今之急务。孙谋等爰集同志，组设协会于中央，复设支部于各省，名曰中美工程师协会。按期刊发会报，以增进工程学识，维持专门人材为宗旨。现有会员一百五十余人。斯会之设，集各项人材于一堂，研究磋磨，辅学课所不及，储实地之所需，效法欧美，不预他事。谨将组设中美工程师协会简章十六条照译华文，除具文呈报交通部备案外，理合将简章华英文各一份呈送钧部鉴核，伏乞准予立案，实为公便。谨呈

内务总长

计呈送中美工程师协会简章华英文各一份〔英文简章略〕

中美工程师协会会长　邝孙谋

中华民国十年二月　　日

中美工程师协会简章

谨将中美工程师协会简章译呈钧鉴：

第一章　名义　地点　宗旨

第一条　定名　本会定名为中美工程师协会。

第二条　地址　本会择定地方建筑总会，现时暂设于头发胡同株钦铁路工程局内。

第三条　宗旨　本会以增进工程学识，维持专门人材，使同人有互助之精神，中美有实行之亲善为宗旨。

第二章　会　　员

第四条　会员等类及权利　本会会员分正会员、副会员及名誉会员三种，正会员、副会员得有选举权，正会员得有被选权；正会员被选为名誉会员后，仍得享受正会员之权利。

第五条　资格　正会员须曾在美国大学或专门学校肄习工程科，至少得有五年经验者为及格。其方在大学毕业者，只准作二年之经验。

凡习工程者，均得为副会员。

凡有卓越学识之专家，或关于工程事业从事有年、得有实在经验或保证者，得当选为名誉会员。但位额不得逾过十人。

第三章　入会　出会

第六条　成会　本会得有正会员二十五人赞同即宣告成立。

第七条　退会　本会征求正会员、副会员、名誉会员及会员退会之法，另拟细则定之。

第四章　职　　员

第八条　职务　本会设正会长一人，副会长一人，秘书一人，会计一人；副会长于必要时得增设之。

职员递补及办事时间，其章程另订之。

本会职员应先行组织干事部，以经理一切会务。

第五章　职　　责

第九条　责任　本会职员之责任，大致与普通协会无异，另有细则定之。

第六章　选　　举

第十条　选举　本会章程第四章第八条所载各职员，应于首次大会时从多数选举之，他日改选增选，另以细则定之。

第七章　会　　费

第十一条　进款　本会会费由正会员、副会员按年缴纳，其年捐数目及缴纳日期另以细则定之。

第十二条　支款　本会用款由会计开明帐单交秘书签押后转呈会长签发。

第八章　支　　会

第十三条　支会　本会支会之设立，其进行方法另以细则定之。

第九章　会　　议

第十四条　会议　本会每年应举行大会两次；惟同一地点，不得有两个连续之会议。

第十章　细则及附则

第十五条　本会须于未成立以前，草拟细则详细规定会务。

第十六条　本会章程如有不合之处，得于大会时提出，俟下次会议投票，经会中三分二以上之会员同意得修改之，于三十日内由秘书通告全体会员。

中美工程师协会职员名单(11月13日)

主　任　蔡彬懿　(民十年改为颜德庆)

会　长　邝孙谋

副会长　沙利文(美籍)

　　　　杨豹灵

秘　书　蔡彬懿兼(民十年改为法克司)

会　计　施肇祥

民国十年增补下列职员

　　麦路司

　　杨茂林

　　梅乐义

　　格利司

〔北洋政府内务部档案〕

21　内务部抄送卓定谋等组织会计学会致教育部公函

(1921年5月)

内务部公函　警字第一六一号

径启者:据京师警察厅呈报卓定谋等组织会计学会,抄录简章条款呈请鉴核备案。等情。到部。查该会系以研究会计学术为宗旨,既据该厅饬区查复相符,批准立案。除由本部备案外,相应抄录原件,函达查照。此致

教育部

中华民国十年五月　　日

会计学会职员名单

会　　长　卓定谋

主任干事　余企渊

会务干事　余肇池、沈一阳、郑荫祺、汪登云

庶务干事　蔡文治

会计学会简章

第一条　定名　本会定名为会计学会。

第二条　宗旨　本会以研究会计学术为宗旨。

第三条　组织　本会以集合研究会计之同志组织之。

第四条　地址　本会暂设东城王驸马胡同四号门牌内。

第五条　会员　凡曾经国内外大学、专门学校、实业学校、簿记学校毕业或各银行公司人员研究会计极有心得者，经会员二人以上之绍介，由会长指定审查员三人审查合格，复经全体会员半数以上之同意，方得为本会会员。

会员如有行止不检或违背本会规则者，本会会长得令其出会。

第六条　会费　凡本会会员每年纳会费一元，于九月缴纳。

第七条　会员权利与义务　本会会员对于会计研究事项得建议一切，且可享受参考会计研究之成绩及阅看本会书报之权利，本会会员对于本会提出会计之问题，皆负有发表各人研究心得之义务。

第八条　职员　本会设会长一人，主任干事一人，会务干事四人，庶务干事一人。会长由会员公推，主任干事由会员公选，但须得会长之同意，其他干事由会员公选。

第九条　职权　会长总理会务，主任干事执行本会一切事项，会务干事办理本会编辑及其他一切进行事项，庶务干事办理本会文牍及收支事项。

第十条　任期　凡公选之职员，以一年为任期，期满改选，连选者得连任。

第十一条　会期　每年开大会一次，于九月举行；每月开常会一次，于每月第一星期日下午二点举行之；临时会由会长召集之。

第十二条　附则　本简章如有更改之处，得于大会时修订之，本会一切细则另行规定。

〔北洋政府内务部档案〕

22 内务部关于曾鲲化等组织中华统计学会立案事致京师警察厅总监训令

（1921年9月）

内务部训令

令京师警察厅总监殷鸿寿

为令行事：据曾鲲化等呈报，组织中华统计学会，请予立案等情。到部。查治安警察法之规定，凡关于集会结社事项，均应报由该管警察官署核办，合亟抄录原件，令行该厅查核办理可也。此令。

中华民国十年九月　　日

中华统计学会职员名单

正会长	曾鲲化
副会长	田　潜
副会长	顾　澄
总务部长	陈应龙
文　牍	潘　洞
庶　务	查厚本
会　计	刘德沛
编辑部长	周继尧
编　辑	陈彦彬
	顾剑青
	邓戟门
	何肇乾
调查部长	杨汝梅
理　事	〔略〕

中华统计学会简章

第一章　总　　纲

第一条　本会定名为中华统计学会。

第二条　本会以研究统计学术，发展统计事业为宗旨。

第三条　本会设总会于中央，名曰中华统计学会；本部设分会于各省区，名曰中华统计学会某某分会。

前项分会已成立者有皖、豫、湘、陕、鄂、浙、苏七省，均经呈由各省长核准。俟他省成立时，仍依法分别呈报。

前项分部章程另定之。

第二章　办　　法

第四条　本会创办统计杂志，俾灌输统计学识，鼓吹适宜政策，以促国家富强。

第五条　本会编辑各级统计教科书，俾方能教育普及全国。

第六条　本会发行统计专著及参考书，俾硕学名儒藉资讨论。第四、五、六条所述之杂志、教科书及各项著述，应于刊印时先行分别呈报教育部暨警察厅核夺。

第七条　本会调查中外国家社会各项情形，以统计方法比较其得失。

第三章　会　　员

第八条　凡有左列资格之一者，得为本会会员。

一　在国内外统计学校毕业者；一　在各官厅或银行公司等从事统计者；一　有统计著作者。

第九条　凡有左列资格之一者，得为本会名誉会员。

一　协助本会事业者；一　捐款在百元以上者；一　代销本会出版物汇计至二百元以上者。

第十条　前条名誉会员经理事会议决后，由会长特给证书，并永赠出版物以作纪念。

第四章　组　　织

第十一条　本会设会长一人，副会长二人。

第十二条　本会设左之四部分理事务：

一、总务部设部长一人，庶务、文牍、会计各一人。

二、理事部每省区各选一人，推一人为理事长。

三、编辑部设部长一人，编辑员若干人。

四、调查部设部长一人，其调查员以无专职之会员悉充之。

前四项详章另定之。

第十三条　本会置名誉会长若干员，名誉理事若干员，由会长提出大会后议决另聘之。

第五章　责　　任

第十四条　会长综理对外一切事务，副会长辅助进行。凡当会期如会长不能到会主席时，得由副会长年长者代之。

第十五条　总务部长承会长之命，掌管庶务、文牍、会计及不属于各部事务。

第十六条　理事部代表全体会员，筹画进行方针，预谋发展计画，审查预算、决算及议决各项重要会务。

第十七条　编辑部长承会长之命，掌管书报编印发行事务。

第十八条　调查部长承会长之命，掌管调查各省区政治、经济、交通、实业、风俗及其他各项现象，俾充编辑材料。

第六章　权利及义务

第十九条　本会会员权利如左：

一、选举及被选举权；

二、提议及决议权；

三、赠送本会杂志；

四、凡各界欲延聘统计专家者，得要求本会推荐之；

五、凡遇统计上疑难问题发生，得要求本会解释之。

第二十条　本会会员义务如左：

一、恪守会章；

二、维持会务；

三、担任经费；

四、服从议决事件；

五、报告调查材料；

六、推销本会出版物。

第七章　会　　费

第二十一条　本会会员费分入会捐、常年捐、特别捐三种。

第二十二条　本会开办费以入会捐充之，有职务者三元，无职务者一元。

第二十三条　本会岁费以常年捐充之，有职务者每年六元，无职务者每年二元，分作阳历正月及七月两期缴纳，愿作一次缴纳者听。

第二十四条　本会出版费以特别捐及前二条之余款充之。

第二十五条　凡会员所选统计专书，如愿以版权捐入本会者，仍按通例扣算，作为特别捐。

第二十六条　凡特别捐在千元以上者，得由本会推为名誉会长；五百元以上者，则推为名誉理事。

第八章　选举及任期

第二十七条　会长、副会长于开会时由会员用记名投票法选举之。

第二十八条　各部长及庶务、文牍、会计等员于开大会时由会员用记名连记投票法选举之。

第二十九条　理事由各省区于开大会时用记名投票法分选之。

第三十条　凡选举以票数最多者、次多者当选，如票数同时以年龄决之。

第三十一条　职员任期均各二年，得连任，惟理事须于每年开大会时改选二分之一。

第九章　集　　会

第三十二条　本会开会分常会、评议会、职员会、论事会四种。

第三十三条　常会于每年阳历正月举行，由总务部先期通告全体会员，评议会由理事部自行召集，职员会每二月举行一次，论事会遇有特别事故发生或有会员二十人以上之请求，由会长召集之。

前项集会之时期、地点，应先行依法呈报警察厅核准。

第十章　入会及出会

第三十四条　凡欲入会者，须由会员二人介绍，依附纸所载填具志愿书及介绍书，请求本会给予会章，以资信守。

第三十五条　凡本会会员如有违背会章或妨害会誉者，经理事会议决，得分别惩戒，重则除名。

第三十六条　凡会员逾年不缴会费者，停止会内一切应享权利，逾二年不缴者即行注销其会员资格，有特别事故时得由本人声明延期。

第十一章　附　　则

第三十七条　本章程自开会议决日起发生效力。

第三十八条　本章程如有不适用之处，有会员二十人以上之署名提议，得于开常会时修改之。

〔北洋政府内务部档案〕

23　陈体诚、茅以升等组织中国工程学会有关资料

（1922年）

(1)中国工程学会职员录

总会

董事部

陈体诚　　茅以升　　薛次升　　周琦　　侯德榜　　任鸿隽

张贻志　　凌鸿勋　　薛桂输

执行部

会　　长　吴承洛(北京)

书计〔记〕　李铿(上海)

会　　计　胡光穮(天津)

美洲分会

董事部

裘维裕(部长)　　程经远　　程志颐

执行部

会　　长　李熙谋

书　　记　潘承圻　　　　　　会　　计　鲍国宝

上海支部

部　　长　刘锡祺

副部长　　周　仁

书　　记　周　琦

会　　计　裘　钧

北京支部

理事员　盛绍章　　吴承洛

　　　　薛绍清(书记)

(2) 中国工程学会总章

第一章　定　　名

1.本会定名为中国工程学会。

第二章　宗　　旨

2.本会以联络各项工程人材，协助提倡中国工程事业及研究工程学之应用为宗旨。

第三章　会　　员

3.本会会员定为会员、仲会员及名誉会员三种。

4.凡属工程师、工科大学毕业生皆可为本会会员。

5.凡在工科大学第三年级以上者皆可为本会仲会员。

6.凡在工程界上有异常成绩或对于本会有特别赞助者，皆可为本会名誉会员。

7.凡具有四、五两条资格者，经本会会员二人以上之介绍，并董事部之表决，得为本会会员或仲会员。

凡仲会员已及迁升资格者，得请愿升级。但须经董事部通过半数之表决，得为本会名誉会员。

8.本会会员、仲会员或名誉会员之行为，经本会会员过半数认为有坏本会名誉或有碍本会进行时，本会得请其出会。

第四章　会员之权利及义务

9.本会会员、仲会员，有遵守会章及纳费之义务。

10.本会会员有提议表决选举及被选举、收领本会发刊书报及其他种应享之权利。

11.本会仲会员除无表决选举及被选举之权利外，得享会员各种之权利。

12.本会名誉会员所享之权利与仲会员同。

13.凡本会会员、仲会员于第三十二条所规定之限期中不纳各项会费时，本会得停止其应享诸权利。

第五章　组织及职员

14.本会之组织分为执行部及董事部，执行部设会长、副会长、书记、会计及各法定委员股之股长；董事部设董事九人。其部长、书记及审计员由董事举之。

15.本会各法定委员股之成立由董事部决定之。

第六章　职员之职务

16.本会会长为本会开会时之主席及执行部之部长，有监理本会一切进行之权。

17.本会董事有决定本会政策与各项进行事宜之权，凡会计处之大宗用款，须由会长提交董事部认可方得支付（参见二十二条）。

18.本会董事部得随时开会，商议各项事件，除非第二十条所规定外，董事部皆得表决之。

19.凡关于本会重要财政问题或其他重大事件，须经本会常年大会或通函投票之过半数公决之。但凡须会员通函投票时，除由董事部提议外，其提议须有十人以上之会员联署方为有效。

20.本会副会长襄助会长办理一切事务，遇会长缺席时摄行会长职务。

21.本会书记掌收发本会文牍、保存各项公文，每次开会时记录会中讨论事件，并编定本会会员姓名录。

22.本会会计掌收集各项会费，支付各项费用，收存本会所有之产物；遇有每一项费用在五十元以上者，须先经董事部核准方得支付；每年须将财政情形至少报告一次。

23.本会审计员每三月稽核会计账项一次，报告于董事部。

24.各法定委员股之职务，在该股成立时由董事部定之。

第七章　法定委员股

25.各法定委员股股员，该股股长推荐，由董事部委任之。

26.各委员股有自定本股进行规则之权。但此项规则不得与本会会章相冲突。

第八章　财　　政

27.本会董事部监督本会一切财政，凡遇财政支绌时得作种种筹备。

28.本会之年度，每年定为十月一日起至次年九月三十日止。

29.本会会员应纳入会费国币五元（美金三元），年纳常年会费国币三元（美金二元）。

30.本会仲会员年纳本年会费国币二元（美金一元半），入会费于迁升会员时交纳。

31.会员之入会费自入会之日起算，限于三个月内交清；会员及仲会员之常年费，自十月一日起算，限于三个月内交清。

32.本会名誉会员，除自愿捐外，毋庸纳费。

第九章　开　　会

33.本会每年开常年大会一次，其时期与会所由会长指定，但须得董事部之同意。

34.常年大会之法定人数，定为全数会员十分之一。

35.本会大会应办之事为选举本会名誉会员之报告及表决本会所有重要事件。执行部各职员与各委员股股长，每届常年大会时应协同筹备关于工程学业上与交际上之种种开会事项。

第十章　职员之任期及选举

36.本会董事任期定为三年，每年改举三分之一，可以连任。

37.其余各职员任期定为一年，每年改选一次，亦可连任。

38.本会各职员俱由会员通函选举，其选举事项，每年由董事部于六月一日以前委派选举委员股执行之，选举结果由选举委员股于九月一日以前公布之。

39.选举委员股拟定候选职员若干人，发出选举票与会员，请其决选一人或自选他人。

40.选举结果得票数过半者当选，若遇无过半数时，则以票数最多之前三人复选之。

41.新举职员每年于十月一日就职。

第十一章　附　　则

42.本会章经全体会员三分之二表决后即为有效。

43.本会章经会员十五人以上之提议，并投票人数三分之二以上之通过，得修改之。

44.凡本会会员在同一区域内有二十人以上者，经董事部之认可得立一分会。

45.分会章程由分会自定之，但不得与总章冲突。

〔北洋政府内务部档案〕

24　京师警察厅抄报李毅士组织阿博洛学会致内务部备案呈

（1923年11月13日）

呈为李毅士组织阿博洛学会具报备案事：窃据李毅士呈称：组织阿博洛学会，以集合同志研究美术为宗旨，开具简章条款，请予备案等情。饬查所报各节尚属相符。除批准备案外，理合抄录简章暨条款，呈请宪部鉴核备案。谨呈

内务总长

京师警察厅总监　薛之珩

中华民国十二年一月十三日

阿博洛学会简章

第一条　本会以集合同志，研究西洋美术为宗旨。

第二条　本会事业不出左列各项：

一　研究制作美术作品。

二　开展览会，发表会员之制作。

三　普及西洋美术之常识及技艺。

四　刊行关于西洋美术之图书杂志。

五　其他关于西洋美术之研究有所贡献之事业。

第三条　本会以发起人为会员，但有研究西洋美术者，得以会员二人以上之介绍入会。

第四条　本会会员得享共同研究之一切设备。

第五条　本会会员每年纳费十二元，分两期缴纳。

第六条　本会设干事一人，由会员选举，掌理本会一切事务，干事任期一年，但得连任。

第七条　本简章得以会员三人以上之提议，由大会共同修改。

阿博洛学会注册登记表

名称	阿博洛学会
规约	另呈
事务所	西四牌楼砖塔胡同口袋底四号
设立之年月日	民国十二年十月二十日
主任人姓名住址履历	李毅士　美国格兰斯哥美术学校毕业，曾充北京大学、北京高等师范学校、北京美术专门学校等校教员，现充北京女子高等师范学校、北京师范大学教员，住西四牌楼砖塔胡同口袋底四号。
职员姓名	李毅士　王毓修　吴新吾　陈启民　王子云　郭云之　王悦之　王之英　钱稻孙　钱铸九
会员总数	

〔北洋政府内务部档案〕

25　内务部抄送陈瀛等组织财政学社致教育部、财政部知照函

（1923年4月）

内务部公函

径启者：据京师警察厅呈：据陈瀛等呈报，组织财政学社，填具条款规约，请予备案等情。当经饬区查复，所报各节尚属相符，理合抄录条款规约，呈请鉴核备案。等情前来。查该学社系为研究学术起见，所订规约尚属可行。除准予备案外，相应抄附原件，函达查照。此致

财政部

教育部

中华民国十二年四月　日

财政学社规约

第一章　总　　纲

第一条　本社定名为财政学社。

第二条　本社以研究学术、联络感情为宗旨。

第三条　本社设事务所于北京。

第二章　社　　员

第四条　本社以曾经中华民国留学生甄拔及文官高等考试暨普通考试及格分发财政部者为社员。

第五条　凡赞成本社宗旨及具有财政学识者，得由本社评议部会议议决推为名誉社员。

第三章　职员之组织及其职责

第六条　本社事务所设干事、评事二部，依本社规约之规定，处理本社事务。

第七条　干事部设干事十五人，评议部设评议二十人，如有缺额时，由被选候补人依次递补。

第八条　干事分左列五股，执行大会及评议部会议决议之事项。但遇有紧急事项不及召集评议会时，得由干事部过半数议决执行之，事后仍须报告评议部追认。

一、文书股　掌管本社文牍及一应记录事项；

二、编辑股　掌管本社应行调查及编辑事项；

三、交际股　掌本社一应接洽事项；

四、会计股　掌本社帐款收支事项；

五、庶务股　掌本社一应庶务事项。

第九条　每股设主任干事一人，其各股干事之额数，酌量事务繁简定之。

第十条　评议部评议一切事务。

第四章　任　　期

第十一条　干事评议之任期，以二年为限，但连选得连任之。

第十二条　干事评议之选举，于上届任满前一月，由本社干事部通知社员改选。

第十三条　干事部、评议部各职员，由本社社员用连记名投票选举之，其主任干事由干事互选之。

第五章　会　　议

第十四条　本社会议分左列三种：

一、本社每半年开会一次，议决本社所应进行事项，并报告一切事宜；

二、临时大会经干事部、评议部职员之决议，或由本社三分之一以上列名提议，均得召集之；

三、干事部、评议部每月开常会一次。

第十五条　开会日期由干事部定之，大会应于一星期前通知；干事部、评议部会议应于三日前通知，但临时事关紧急者不在此限。

第十六条　每届会议，均推一人为临时主席。

第十七条　本社会议，大会须有社员全体过半数以上列席，干事部及评议部之会议，须有干事及评议过半数以上列席方得开议。其所议事项，以列席者过半数之同意表决之，其可否同数时，表决于主席。

第六章　权利与义务

第十八条　本社社员皆有选举各部职员及被选为各部职员之权。

第十九条　本社社员对于本社公共事项得于开会二日前提出意见书，请求复议。

第二十条　本社社员有遵守本社规约，负担应尽责任及保全本社名誉之义务，并不得假本社全体名义为个人行动。

第七章　经　　费

第二十一条　本社经费分左列二项：

一、经常费　每年由社员各负担国币四元，以春秋两季缴纳；

二、临时费　得随时募集时捐充之。

第二十二条　本社收支款项，由事务部每年造具账目表册，经评议部复核后提出大会承认公布之。

第八章　附　　则

第二十三条　本社职员皆为名誉职，但雇用事务员得酌给薪资。

第二十四条　本社规约经大会议决施行，遇有施行窒碍之处，得由社员过半数提议，交大会议决修正之。

财政学社职员名单

庶务主任：陈　瀛

会计主任：罗　常

交际主任：蒋式模

编辑主任：胡荣稚

文书主任：郑　泼

职　　员：李善谦　阮毓麒　黄时灿

汪子畏　万　辟　张汝澄

陈爱良　厉　平　龚铸黄

陈应祥　徐祖燕　周　龙

陈遵楷　雷　迅　李承俊

王　曜　易立淦　朱维朗

赵文锐　高　朗　杨　琦

陈邦启　李维藩

〔北洋政府内务部档案〕

26　曾文英等组织华南文学研究社致内务部备案呈

（1923年6月）

为呈请立案事：窃以为文学之消长，关系人才之盛衰。吾国开化最早，文学亦最著，道统相传，绵绵延延以迄于今，不可谓非盛也。迩来文明日进，无论为何科学，务皆极意研求，而于文学一道尚鲜专意及之，使后进之士有志于斯者莫可问津，良非憾事。夫欧西国号文明，而文学尤极注重。吾国当此绝续之交，尤不可无扶持之毅力而不有启迪，孰学愚蒙，没有先导，孰示来滋。曾文英、黄桂华、黄孙逵、黄祖泽、吴东来等用是组织一社，名曰华南文学研究社，聘海内之名人为后学之津梁。吾国学子或其文字未造精深而欲更求进步者，或其学校课余而欲加功文学者，乃仿欧西函授例而为之设函授部；其或本地人士欲专意研求文学者，则为之设讲习科。此外，更设文学报、图书馆等。藉大学作阶梯，培斯人以道德，非特保全国粹，且以培养人才，务期吾国之文学于不泯。吾国文化于以日进，则区区之心或亦尽职于吾之一分子乎。学社已于上年八月成立，惟是事关结社，理合谨具章程及职员表，呈请钧部存案。此呈

内务部总长

华南文学研究社社长　曾文英

中华民国十二年六月　日

华南文学研究社职员一览表

曾文英　恨吾　晋江水仙　三十三岁　上海世界语专门学校毕业历充青阳清蒙雁塔各学校教职员　社长　不支薪俸

黄桂华　孙哲　南安真济　五十岁　清蒙雁塔各学校校长　总事务所所长　不支薪俸

黄祖泽　贻斋　晋江厚诚　二十四岁　永宁清蒙学校教员　文牍主任　不支薪俸

黄孙逵　继曾　晋江妙华　三十九岁　龎东清蒙学校教员文牍主任　不支薪俸

吴东来　璧秋　晋江笋江　二十岁　菲律宾敦唠学校英文科毕业　文际主任　不支薪俸

黄尊节　庭　樨　南安美林　四十八岁　开元学校教员　会计主任　不支薪俸

黄　潜　悔轩　晋江妙华　三十七岁　文学丛报馆撰述员图书主任　不支薪俸

黄　卷　潜修　晋江溪后　二十六岁　文学丛报馆撰述员财政主任　不支薪俸

曾经海　济川　晋江文山　三十一岁　文学丛报馆撰述员庶务主任　不支薪俸

吴　关　紫函　晋江浮桥　二十二岁　文学丛报馆撰述员社报主任　不支薪俸

中华民国十二年六月　日填报

华南文学研究社章程

第一章　宗旨　名称

第一条　本社以研究文学，保存国粹，造就人才，促进文化为宗旨。

第二条　本社命名曰华南文学研究社。

第二章　组　织

第三条　本社由创办人及社员、赞成员组织之。

第四条　本社社员分左之二种：

（甲）社员　凡赞成本社宗旨，以精神上或物质上赞助者，本社给予社员证，认为社员；

（乙）赞成员　凡赞成本社宗旨或慨捐经费者，本社推举之。

第五条　公推学行优良者一人为主干，以资顾问。

第六条　公推名誉素孚者一人，为名誉社长。

第七条　本社机关分二部：

（甲）议事部　公举社长一人，以总揽社务，议员四人，以决社中临时发生事件。社长由创办人互选，任期定为一年，社长不得连任。

（乙）执行部　分总事务所，分事务所二部。

第三章　事　　业

第八条　本社宗旨专以研究文学，与平常聚会结社大异，既不召集会议，复禁止招摇标榜，所有各种事宜，皆藉书函以通消息。

第九条　本社委选专员，下列必要之事，次第举办。

（甲）文学专门学校，由总事务所选定若干人组织之。

（乙）函授部由总事务所选一人主任之。

（丙）讲习科由总事务所派专员教授之。

（丁）社报及书籍　由总事务所遴选主任人总司编辑，其材料由社员、职员、教员及分事务所分担之。惟各种出版物均纯粹为商量学问、研究文学之用，不谈政治，不涉党派。

（戊）图书馆及阅览所　搜集各地投赠之书籍及与本社社报交换之杂志陈列定所，以供同志之浏览。

（己）代理员　另订专章。

（庚）文会　凡函授部或讲习科毕业者均得入会，另订简约。

第十条　本社对于国内各文学团体实行联络，以谋声气之相通，并设营业部代售各地图书物品。

第十一条　关于本社之成绩事业，按期刊登各报公布。

第四章　经　　济

第十二条　收入项下共分三种：

（甲）社费　各种社员均免入社费。常年费列下：普通社员年付社费五元，分事务所每社员十人以上年付二十五元。

（乙）学费　按照校章及讲习科函授部章程收取。

（丙）赢余　本社发行书报或代售物品之售资利益。

第十三条　总事务所收支由会计员结算，刊登各报，其责任完全由创办人负担。

第十四条　分事务所收支，每半年报告一次。

第五章　总事务所

第十五条　总事务所有总理社务、促文学进行之责。

第十六条　总事务所按照本章程第九条切实筹办，并不限定该条内所举各项。

第十七条　总事务所有所长一人，职员若干人。

第十八条　所长及各职员均由创办人公举，任期定为一年。惟所长不得连任。

第十九条　总事务所对于分事务所之责任：

（一）代聘教员。（二）代办请托各件。（三）答问析疑。（四）寄赠书报。

第六章　分事务所

第二十条　每一都邑有社员十人以上，得于其地设立分事务所。

第二十一条　分事务所定名为华南文学研究社某处事务所。

第二十二条　分事务所酌量本地情形筹办进行事宜，其办事细则自定之。惟须经议事部认可。

第二十三条　分事务所职员，由该处社员公推，其人数视社员之多寡、事务之繁简而酌定之。

第二十四条　有扩充本社事业之责（惟不另设函授部俾免分歧），对于总事务所须按月将社务报告。

第七章　社　　员

第二十五条　社员入社时（除创办人及创办时入社者外，不再招集。惟函授部、讲习科及文学专门学校之毕业生得随时加入），须将本人姓名、职业及通信处开示，连社费一并交总事务所，随时填给收条及本年社员证。

第二十六条　凡社员均有辅助本社推广文学之义务。

第二十七条　社员有违背本社宗旨，丧失名誉或不续纳社费者，由议事部公决除名。

第二十八条　社员退社时已纳之社费概不给还。

第二十九条　社员应得之权利如左：

（甲）普通社员每年可得本社社刊一份；

（乙）登广告于社报，减半收费，关于文学事业者免费；

（丙）得质疑、问疑于事务所，如为函询，当按期在社刊答复，紧要事件立即答复。惟须付来回邮费；

（丁）购本社出版之印刷品，均以半价缴纳。

第三十条　本章程容有未善，得随时修改，在社刊公布之。

本社总事务所在福建泉州城西街开元寺内。

〔北洋政府内务部档案〕

27　内务部抄送蒋梦麟等组织中日学术协会致教育部查照函

（1924年4月）

内务部公函

径启者：据京师警察厅呈报：蒋梦麟等组织中日学术协会，呈请备案等情。到部。查该会以发展东方文化，并促进中日两国间之亲睦为宗旨。既据该厅饬查相符，除由部备案，并分行教育、外交部外，相应抄录原件，函请查照。此致

教育总长

外交总长

中华民国十三年四月　日

中日学术协会简章

一　本会定名为中日学术协会。

二　本会由中日两国人组织之。

三　本会赞助襄理关于中日两国研究学术之一切事业，以发

展东方文化，并促进中日两国间之亲睦为目的。

四　本会事业如左：

甲　中日两国学术机关之联络。

乙　中日两国学术研究者之介绍及辅助。

丙　东方学术研究材料之保存运用及其搜集之补助。

五　本会会员以赞成本会宗旨，确能助成本会事业，经全体会员认可通过者为合格。

六　本会置委员六人（中日各三），事务员二人（中日各一），委员由全体会员推选，任期一年，但其中二人（中日各一）须连任一次，事务员受委员之指示，整理会务。

七　本会每月开常会一次，遇必要时得临时开会。

中日学术协会职员名单

蒋梦麟　　李煜瀛

张凤举　　坂西利八郎

上屋祯二　渡边哲信

〔北洋政府内务部档案〕

28　余培丞等设立中国武术研究联合会致教育部备案呈

（1924年8月23日）

呈为设立中国武术研究联合会，以资联合专家而便发扬国技，恳请准予立案事：窃同人等慨念吾国武术，虽有专家肄习，向系不欲轻于授人，以致国粹每多失传，殊为可惜。而执事为业者又系为个人生活计，图一己之利，对于习者之如何获益，亦未遑顾及。其能具有保存国粹，补益教育，为人民造健康幸福之最大旨趣者，未尝多觏焉。不知习练武术原为锻炼身体，增进健康，乃人人宜知宜学者也。吾国自改建学校制度，德智体三育并重。故体操亦列为必修科。不过，向所授者虽由柔软体操入手递进，而器械似嫌近乎兵式，于全身之发育不无偏重之弊，且其目的与普通人民一生体质修养亦未之致意焉，是又不能利用吾国武术者矣。合观以上两弊，一则由于武术专家不知将我国固有之体育方法贡献于教育家，以改良体育方法之教授；一则在施行教育者，对于体育方法之采择，纯系图取形式上的新颖，乃弃旧以从新，于国粹中固有武术，盖未能有以保持之，提倡之，此皆为我国武术不能进展之原因也。现在教育事业逐渐改进，对于体育方法亦深悉兵式体操为不适应普通之用，已有改习武术者，惜未能积极扩充，而为教师者既未能蠲除门户之见，免却互相排斥之风。其专家之肄习者又未能揭其秘传，公之于世。若不设法改善，则吾国粹之皇皇武术，必将消灭于无形矣。同人等不忍坐观，爰本公德之心，为共同之企图，发起斯会，拟定会章，定名为中国武术研究联合会，集国内武术专家，互相研究，去短补长，俾各门技术精萃，得以同冶一炉，进而为公共之事业。其于教育方面，改良体育教授方法，将必有以贡献于世，而以为补益国家教育，增进人民健康，不徒具保存国粹空名已也。除已呈报京师警察厅批准立案外，理合检具会章一份，呈请钧部鉴核，准予立案，伏候批示祗遵。再，本会会所暂设西直门南小街，门牌三十七号，合并声明。谨呈

教育部

中华民国十三年八月二十三日

中国武术研究联合会简章

第一章 总 则

第一条 本会以联合武术专家，崇尚道德，研究体育，发扬国技为宗旨。

第二条 本会定名为中国武术研究联合会。

第三条 本会设总会于北京，各省会城镇商埠得斟酌情形设立分会，但会员不及十人者得设通讯处。

第二章　会　　员

第四条　凡赞成本会宗旨，经本会会员一人之介绍者，得为本会会员。

第五条　会员须纳入会费一元，于入会时缴纳；每年纳常会费二元，于大会时缴纳；其大会后入会者，于入会时一并缴纳，其愿另助经费者听之。

第六条　会员有选举、被选举及表决权。

第三章　组　　织

第七条　本会设会长一人，副会长二人。

第八条　本会设评议委员会、教学委员会及会计委员会，各设委员六人。

第九条　本会遇必要时得设临时委员会。

第十条　本会设下列各部：

甲　文牍部　　乙　交际部　　丙　会计部　　丁　庶务部

上列各部，得斟酌情形分设若干股，各部设主任干事一人，副主任干事若干人，（依分股之多寡而定，办理各该股事务）及干事若干人，但遇必要时得酌聘雇员。

第十一条　本会会长、副会长、各委员会委员，均由全体会员投票互选，其互选规则另定之。

第十二条　本会各部主任干事、副主任干事均由会长就会员中选任之。

第十三条　本会各委员及职员，均以一年为一任期，但得连举连任。

第十四条　本会选举均在大会时举行之。

第十五条　本会委员、职员均系名誉职，但负特别劳务者，由评议委员会议决得酌给津贴，其愿尽义务者极表欢迎。

第四章　职　　务

第十六条　会长总理全会事务，对外代表本会全体。

第十七条　副会长协助会长处理会务。会长有事故时，得由评议委员会就副会长二人中推举一人代行其职务，至任满为止。

第十八条　评议委员会为本会筹议机关，其规则另定之。

第十九条　教学委员会为本会同人互相研究及教授生徒机关，其规则另定之。

第二十条　会计委员会为本会审计机关，其规则另定之。

第二十一条　各部为本会执行机关，其办事规则另定之。

第五章　会　　期

第二十二条　本会会期如下：

甲　大会每年一次，于四月内由会长定期召集全体会员举行之。

乙　临时大会无定期，经会员二十人以上之要求，由会长临时召集之。

丙　职员会以会长、副会长、各部主任干事、副主任干事组织之，每月一次。但遇有特别事故发生时，由会长随时召集之。

丁　各委员会以各该委员会委员组织之，会期另定，由各该委员会自行召集之。

第二十三条　本会会议议事细则另定之。

第六章　经　　费

第二十四条　本会经费以会员常年会费、入会费及捐助款项为经费，经费不足时经会计委员会提议，大会议决，得筹募特别捐款。

第二十五条　每年度之预算及决算，由会计委员会定之，其临时支出者须提交会计委员会追加承认。

第七章　会　　规

第二十六条　会员除名分下列三种：

甲　自行出会者。

乙　连续两次不纳常年会费者。

丙　有损本会之名誉，经会员五人以上之确实证明，由评议委员会议决者。

第八章　附　　则

第二十七条　本会章程经会员二十人以上之提议，于大会或临时大会公决修正之。

第二十八条　本会章程经全体会员议决后施行之。

中国武术研究联合会职员名单

余培丞	范振华	路宝华	李青融	恒　泰
王少田	庄临之	徐世杰	杨九征	刘振林

〔北洋政府内务部档案〕

29　京师警察厅抄报张书元等创办建设学会致内务部备案呈

（1924年8月15日）

呈为张书元创办建设学会具报备案事：窃据张书元呈称：鸠〔纠〕合同志创办建设学会，以研究学术，讨论政治为宗旨。会址设于南池子表章库一号，缮具简章条款，请予备案等情。饬查所报各节尚属相符。除由厅批准予备案并行知该管区署外，理合抄录简章条款，呈报宪部鉴核备案。谨呈

内务总长

京师警察厅总监　薛之珩

中华民国十三年八月十五日

建设学会规约

第一条　本会以研究建设事业为宗旨。

第二条　凡经本会会员三人以上之介绍并经本会会员多数之赞同者，得加入本会为会员。

第三条　本会每月应开恳谈会一次。

恳谈会开会时应公推到会会员年长者司会。

第四条　本会设研究部，凡会员均得自由加入，其规约另定之。

第五条　本会设事务部，由会中公推会员数人分担文书、会计、庶务、交际各事宜。

第六条　本会因必要情形得特设讲演会，讲演细则另定之。

第七条　本会因必要情形得特设编查部，编查部细则另定之。

第八条　凡会员入会，每人应纳入会费三元，月捐一元。

建设学会职员名单

张书元	吴兆桓	戴国璋
左少莹	黄景琪	张　武
尹炎武	黄尊立	向乃祺
刘文炳	朱清华	陈　屯
漆运钧	刘济康	瞿国尹

〔北洋政府内务部档案〕

30　张相文等创设中国地学会有关文件

(1924年9—12月)

(1) 张相文、傅增湘等致内务总长呈

呈为订定会约，请予备案，俾垂永远，而利进行事：窃职等于十五年前在天津创设中国地学会，按月刊行杂志，颇为学界所欢迎。民国初元，移于北京，始由教育、农商按月补助，会务逐渐发达。自成立至今，出版杂志约一百五十余册，存储中外图书凡三万余卷。去年复于什刹后海，购置地段屋宇，为本会永远不拔之基。惟近岁以来，财政困难，补助之费不能以时发给，编印之资无从取偿。十二年夏间，暂将杂志停版。职等以为我国同人历十余年艰难缔造，未便一旦坐听消沉，虽喘息之生机仅存，亦当为一发千钧之行，爰

集议办法，一面仍向政府请求设法继续补助，一面恢复杂志出版，改为每年四季各出一期。并订定本会公约，勒石会所，为本会永远遵守之根据，不论何时何人因何事故，不得稍有变更。相文顷以年老体衰，愿求息肩，谨依本会公约第一条之规定，将会长任务递授于陈垣全权接办，经于本年六月一、二、三日登报宣布，使共周知。谨按本会既受政府承应拨款补助，所有本会成立经过情形及订定本会公约全文，理合呈请大部察核，准予备案，俾垂永远而利进行。除分呈教育、农商两部外，谨附具本会公约于后，随呈备案。此呈
内务总长　程

附呈一件

中国地学会职员　傅增湘
张相文
袁希涛
陈　垣
陶懋立
黄攻素
翟富文公具

中华民国十三年九月　　日

附呈本会公约

一、会长择贤递授，不用选举制；

一、会长不支薪俸；

一、会长有全权处理会务；

一、会中所有房地书物等不得典卖或抵押；

一、会所内不得住眷；

一、此约分呈内务、教育、农商部备案，永远遵守。

十三年甲子秋　傅增湘
张相文

袁希涛
陶懋立
陈　垣
黄攻素
翟富文　公订

(2) 内务部致教育部、农商部公函

内务部公函

径启者：据张相文等呈称：于十五年前在天津创设中国地学会，刊行杂志。民国初元，移于北京，由教育、农商两部按月补助，近岁财政困难，补助之费不能以时发给。十二年夏间，遂将杂志停版。现复集议，仍向政府请求继续补助，恢复杂志出版各等语。并拟订公约，请察核备案到部。查该会曾于民国七年呈由京师警察厅报部声称：本会经常费概归本会职员担任，并刊行杂志。兹据呈称：该会前曾由贵部补助及现在仍向政府请求继续补助各节是否属实。除分行外，相应抄录原件，函请查核，详细见复，以凭核办为荷。此致

教育部

农商部

中华民国十三年九月　　日

(3) 内务部批(1924年12月)

内务部批：

原具呈人张相文等呈一件，为地学会订定公约请予备案，并拟向教育、农商两部请求继续补助由。

呈及附件均悉。查该会曾于民国七年呈由京师警察厅报部在案。此次据呈前来，当经分行教育、农商两部去后。兹准教育部复称：该会现仍由本部按月给予补助费一百元。准农商部复称：该会

前曾由部按月补助费一百元，惟现因经费支绌，碍难再继续支给各等语。到部。合亟批示该具呈人知照。此批。

中华民国十三年十二月　　日

〔北洋政府内务部档案〕

31　内务部抄送佟守仁等组织中国语言教授协会致教育部知照函

（1925年6月）

内务部公函

径启者：据京师警察厅呈报佟守仁等组织中国语言教授协会，请鉴核备案等情。到部。查该会之组织既经该厅饬查相符。除由部备案外，相应抄录原件，函请查照。此致

教育部

中华民国十四年六月　　日

中国语言教授协会简章

第一　定名　中国语言教授协会。

第二　宗旨　以联合同志研究教授方法，而便外人精学华语为宗旨。惟不干涉政治。

第三　职员　设会长一人，书记一人，会计一人。

第四　会员资格　年在二十岁以上五十岁以下，品行端谨，文理通顺，口齿清晰，身无宿病，有妥实保证者为合格。

第五　会员类别

甲　普通会员：以文理通顺、语音纯正者为合格。

乙　文理会员：以能讲解经书古文、拟作尺牍文件者为合格。

丙　洋文会员：以能翻译、会话、作文为合格。

丁　特别会员：系有馆教员，愿入本会研究学理者为合格。

第六　考试　挂号时缮具愿书，出题考试，以定去留。

第七　会期　每星期三、六下午开会讲演。

第八　会费　普通、文理、洋文会员入会时收挂号费一元，平时研究不收学费，一俟荐举有馆，可随意捐输补助本会经常公费；其特别会员入会时收挂号费一元，月收公费五角，如经本会荐举有馆，则与普通会员同。

第九　经费　本会经费如房租、用人、纸张、印刷、电话、灯油煤火等一切开销，并无的款，亦不在外募捐，惟恃会员挂号费及有馆后稍事捐助，以资维持。其财政出入概取公开，如不敷用，由会长垫办。如有余裕，则存储商号作为本会基金，以备不足及扩充本会务之用。

第十　附则　本简章自奉批准立案日施行，如有未尽事宜，由会长招集全体会员讨论修改之。

中国语言教授协会职员名单

会长　佟守仁

书记　祁子延

会计　张雨农

〔北洋政府内务部档案〕

32　京师警察厅抄报焦桂林等组织世界新闻研究会致内务部备案呈

(1926年4月9日)

京师警察厅为咨陈事：据焦桂林呈称：兹为研究新闻学术起见，拟组织世界新闻研究会，缮具简章条款，请予备案等情。饬查尚属相符。除批准备案外，相应钞同简章条款，咨陈大部查核备案。

为此咨陈

内务总长

兼署京师警察厅总监　鹿锺麟

中华民国十五年四月九日

世界新闻研究会简章

第一章 宗　旨

一条　本会以研究新闻，阐扬国粹，发挥民气，改良社会为宗旨。

第二章 会　名

二条　本会定名世界新闻研究会。

第三章 会　址

三条　本会会址设北京丙寅通信社，将来各省以及各县设分会时再另定之。

第四章 会　员

四条　凡热心新闻事业或研究学术，经本会会员一人以上之介绍,均得为本会会员。

五条　本会会员有左列之权利：

1.有选举及被选举为本会职员之权；

2.有稽查本会出入款项之权；

3.有弹劾本会职员之权。

六条　本会会员有左列之义务：

1.须遵照会章,缴纳会费或常年会费；

2.保全本会名誉；

3.遵守本会一切会规；

4.介绍会员,旷〔扩〕充会务。

第五章 组　织

七条　本会以左列各部组织之：

1.研究部　凡本部研究一切新闻事宜，须交评议部议决后再交总务部执存。

2.评议部　本部专评议研究部交来之一切研究事项，议决后再交总务部执存。

3.总务部　执行评议部所议决之事项。

4.本部分文牍、会计、交际、庶务、编辑、出版六股。

八条　每部各设部长一人，由大会选出之。

九条　各部细则另行定之。

第六章　职　　员

十条　本会设正会长一人，丙寅通信社社长兼任；副会长二人，由大会选出之。正会长总理本会一切事宜，如因事故不能执行职务时，得由副会长代拆代行。

十一条　本会名誉会长无定额，除敦请长于新闻事业者【为】本会名誉会长外，其有硕学鸿儒德望素著者得由本会公函聘请之。

十二条　凡对本会有特别捐助者，均得延请为本会特别会员。

十三条　本会研究部，凡本会会员均为研究部部员，由部员公推部长一人，记录二人，共进本部事宜。

十四条　本部每周研究之次数另行定之。

十五条　本会评议部设左列各职员：

1.评议部长一人，主管本部一切事宜；

2.评议员六人。

十六条　本会总务部设左列各股，并各设职员如左：

1.文牍股　股长一人，股员二人；

2.会计股　由丙寅通信社会计人员代理；

3.交际股　股长一人，股员二人；

4.庶务股　由丙寅通信社庶务人员兼理；

5.编辑股　由丙寅通信社编辑部人员兼理；

6.出版股　由丙寅通信社出版部人员兼理。

十七条　本会职员用无记名联记式投票法选出之，以得票最多者为当选，如有相同时以抽签定之。

十八条　本会会员因事离开本会时，关于本会会务进行或改组得用书面陈述之。

十九条 本会职员任期以一年为限，但成绩卓著经大会再选时得连任之。

第十章 会 金

二十条 本会会金分左列三项：

1.入会金 每人一元，入会时缴纳之，入会后充作常年会金；

2.常年会金 每人二员〔元〕，分两季缴纳，于每季开始二星期内纳之；

3.特别捐 本会如因进行事务经费不足时，得由会员特别捐助或募集之。

二十一条 本会经费之收支，于每次开大会时核算之，由会计股列表报告，总务部付印公布，以昭核实。

二十二条 如发表本会经费收支案时，会员有不在京者，应由本会将收支报告表用邮寄去。

第八章 会 期

二十三条 本会期分左列三种：

1.大会 每年二次，于春秋二季举行之；

2.临时会 遇有特别事故，经会员十人以上或职员过半数之提议，得由会长招集之；

3.职员会 总务部各股职务须用加以讨论时，得由部长商同会长招集之。

第九章 罚 则

二十四条 本会会员如有违反第六条各款之规定，经评议部议决后，由会长劝诫之，如仍不改时，得取消其资格。

二十五条 本会职员如有不尽忠实之义务而溺职者，经会员十人以上之提议，由评议部议决，得由会长劝诫或免除其职务。

第十章 附 则

二十六条 本会之不定期杂志，每年以发行四次为限，发行时须先行呈报该管官厅核准。

二十七条　本简章如有修改之必要时，经会员十人以上之提议，大会多数之表决得修改之。

二十八条　本简章自本会成立之日起发生效力。

世界新闻研究会职员名单

会　　长　　焦桂林
研究部长　　管翼贤
评议部长　　刘建父
总务部长　　焦　泉
编辑股长　　冯增辅
文牍股长　　田学纯
庶务股长　　张树声
会计股长　　应普生
交际股长　　王星衡
出版股长　　王金镜

〔北洋政府内务部档案〕

33　京师警察厅抄报皮作琼等组织新中国农学会致内务部备案呈

(1926年3月26日)

京师警察厅为咨陈事：据皮作琼呈称：作琼等鉴于吾国国计民生每况愈下，决非提倡生产不可，特联络国内外同志，组织新中国农学会，以改进中国农业为宗旨。现拟在京设立驻京临时办事处，并推定会员黄人俊为事务员，常川驻会，缮具简章条款暨会职员名单请予立案等情。当经饬区查复：该会总会地点设在法国里昂，所报各节尚属相符等情。具复前来。除批准备案并令知该管区署外，相应抄录简章条款暨会职员名单，咨陈大部查核备案。为此咨陈

内务总长

兼署京师警察厅总监　鹿锺麟

中华民国十五年三月二十六日

新中国农学会简章

（一）名称　本会定名为新中国农学会。

（二）宗旨　本会以联络农业同志，研究介绍新农业学术及改进中国农业为宗旨。

（三）会员　本会会员分为次之两种：

甲、凡研究农学，赞成本会宗旨，志愿切实履行本会一切规约，而由会员二人之介绍或自由函请，而经本会常会之认可者得为本会实行会员。

乙、凡各界人士赞成本会宗旨，对本会加以物质或精神上之补助，而经本会常会之认可者得为本会名誉会员。

（四）义务　本会会员应履行左列之义务：

甲　关于经费上之担负，凡本会会员有交纳下列各费之义务：

（1）入会费国币一元，于入会时交纳之；（注一）

（2）常年费国币两元，于每年五月一日以前交纳之；

（3）临时捐无定额。

乙　关于文字与宣传上之担负，凡本会实行会员，均有宣传本会宗旨之责任。又，每年对于本会刊物至少必须有关于农学文字一篇以上之贡献。

（五）组织　本会暂设次之两部：

甲　事务部

（1）总书记处设总副书记各一人，综理本会一切会务；

（2）总会计处设总副会计各一人，专理本会收支及购买书报等事；

（3）总编辑处设总副编辑各一人，负征集专门部各组文稿及编辑与出版之责任。

上列各职员每年开常年大会时用联记名投票法选举之，以得票最多者为当选。

又，上列三处均各设候补当选一人，以得总书记、总会计、总编辑票数次多者为候补当选，遇上三处职员出缺时，依次补充之。

乙　专门部

农学组	农业化学组
农业工艺组	农业地质组
农业气象学组	农业工程及机械组
农业经济组	农昆虫及寄生物组
蚕学组	畜产及兽医组
殖禽组	养蜂组
水产动物组	森林学组
园艺学组	应用植物组
植物病理组	

以上所列各组均各设干事一人，负提倡介绍本组学术及审查本组一切文字之责任，由各组同志于每年开常年大会时自行选举之，以得票最多者为当选，次多者为候补当选；各组干事视其事务之繁简得分股研究，各股设主任一人，其职务依各本组细则之订定，各组细则由各组同志自行另订。（注二）

（六）会址　本会会址暂随总书记为转移。

（七）会务　本会会务如左：

提倡农业教育；

推广农事试验场；

刊行农学杂志；

编译农学丛书及审查农学名词；

调查国内外农业教育、农事组织、农民生活状况及农业经济情形等；

组织农业宣讲团；

提倡农业合作社；

设法普及农业银行及农业保险；

答复国内各农业机关之咨询；

设立邮传图书社。

会期　本会会期分为次之三种：

甲、常年大会　本会每年暑假中应举行常年大会一次，通过预算与决算案，议定一年以内进行计划，解决会内一切重要问题与各组研究报告等。……会期地点由总书记处临时指定之（但须在一月前通知各会员）。会员因故不能出席者，得托其他会员代表或通讯发表意见及选举（名誉会员不在此限）。

乙、常会　本会每年春假与年假应各举行常会一次，开会手续与常年大会同。但常会不能更改大会议决案。

丙、临时大会　遇有临时重大事故发生，经总书记处商得事务部同意，或由会员五人负责联署之提议，经事务部职员认可时，得由总书记处召集临时大会，但召集书中均应说明召集之理由。

（九）出会　凡本会会员有愿与本会中途脱离关系者，须函告总书记处，同时对于本会所享有之一切权利，亦随之取消。

（十）戒约

甲　凡本会事务部职员有不尽职务或其行为与本会名誉有妨碍者，得由会员三人以上之提议请求，专门部各组干事组织临时惩戒会惩戒之。

乙　凡专门部各组干事及各会员，有不尽职务，或其行为与本会名誉有妨碍者，于每次常会时，得由会员五人之提议惩戒之。

本会惩戒方法如下：

（1）解职，　　　　（2）除名。

（十一）本简章经会员五人以上之提议，常年大会三分之二以上通过得修改之。

原注：

一、为便利计算简单手续起见，对于旅欧同志所应交出上列各费，大会议决暂以法币十一万计算。

二、会员愿兼入数组者听。

新中国农学会事务部职员表

总书记	刘　厚
副总书记	黄定森
候补总书记	蔡无忌
总会计	张　玺
副总会计	汪呈因
候补总会计	韩　奇
总编辑	张天翼
副总编辑	林　鎔
候补总编辑	盛　成
国内全权代表	皮作琼
垦殖委员会委员长	韩　琦
委员	韩少奇
	龚贤明
新农业实习学校筹备主任	蔡无忌
筹备员	黄人俊
	冯子刚
事务员	黄人俊

〔北洋政府内务部档案〕

34　京师警察厅抄报张轶欧等组织中国矿冶工程学会致内务部备案呈

（1927年4月14日）

呈为张轶欧等组织中国矿冶工程学会，抄录简章条款具报备案事：窃据张轶欧等呈报，组织中国矿冶工程学会，以联络同志，研究学术，发展中国矿冶事业为宗旨，缮具简章条款请备案等情。饬查所报各节尚属相符。除由厅批准备案并行知照外，理合抄录简章条款，呈报鉴核备案。谨呈

内务总长

京师警察厅总监　陈兴亚

中华民国十六年四月十四日

中国矿冶工程学会章程

第一章　定名及宗旨

第一条　本会定名为中国矿冶工程学会，以联络同志，研究学术，发展中国矿冶事业为宗旨。

第二章　会　员

第二条　本会会员分会员及名誉会【员】两种：

一　会员　凡具下列资格之一，由会员二人以上之介绍，经理事会通过者得为本会会员。

甲　国内外大学采矿、冶金、地质专科或矿业专门学校毕业者；

乙　曾受中等教育并有五年以上之采矿或冶金经验者；

丙　经营矿冶事业，赞同本会宗旨者。

二　名誉会员　凡对于采矿冶金上著有特殊成绩，经理事会提出年会通过者，得推为名誉会员。

第三章　赞助员

第三条　凡对于本会会务热心赞助者，得由理事会提出年会推为本会赞助员。

第四章　会员权利与义务

第四条　本会会员及名誉会员之权利如下：

一　选举及被选举权；

二　参与本会年会权；

三　享受本会发行之书报；

四　借阅本会图书权。

第五条　本会会员之义务如下：

一　遵守本会会章，并按时缴纳会费；

二　担任调查研究讲演，投稿本会刊物，及其他维持本会一切进行之义务。

第六条　名誉会员得免纳会费。

第七条　会员不纳会费至一年以上者，即停止其各种权利，但于缴足所欠会费时得恢复其权利。

第八条　本会会员有损坏本会名誉之行为时，得由理事会议决宣布除名。

第五章　经　　费

第九条　入会费：会员入会时应纳入会费国币伍元。

第十条　常年会费：会员每年应纳会费国币伍元，其一次缴纳会费百元者为永久会员。

第十一条　特别捐：本会有特别需要时，得由理事会议决募集之。

第六章　会　　务

第十二条　本会会务如下：

一　研究矿冶各种问题；

二　辅助全国矿冶事业之改进；

三　编订矿冶名词；

四　设立矿冶图书馆；

五　设立矿冶研究所；

六　发行会志及关于矿冶各种书报；

七　受公私机关之委托研究及解决关于矿冶事业上一切问

题。

以上设立图书馆、研究所及发行会志、各种书报，应随时呈报该管地方官厅核准。

第七章　组　　织

第十三条　本会设理事会，由理事十一人组织之。

第十四条　理事任期各二年，每单数年改选五人，双数年改选六人，由司选委员提出由会员投【票】选决。

第十五条　理事会设会长一人，副会长二人，干事一人，会计一人，由理事中互选任之。理事会会长、副会长即为本会会长、副会长。

第八章　职　　务

第十六条　理事会之职务如下：

一　议决本会各种进行事务，并得组织各种委员会执行之；

二　司理会中财政出纳，并编造每年预算决算；

三　报告每年会务进行状况于年会；

四　推举候选名誉会员及候选赞助员于年会；

五　选决入会会员。

第十七条　会长代表本会，总理一切会务。

第十八条　副会长襄助会长，处理一切会务；会长不能执行职务时，由副会长代理之。

第十九条　干事之职务如下：

一　承会长之命，执行理事会议决事项；

二　管理理事会及年会开会一切手续，并记录会议事件；

三　管理会员入会一切手续；

四　保管编发本会一切报告表册及各种文件。

第二十条　会计之职务如下：

一　经理本会银钱出纳、收集会费及各种捐款；

二　保管本会各种财产契约。

第二十一条　理事会至少每两月开会一次，开会日期地点由会长酌定之。

第二十二条　理事会办事细则由理事会依据会章另定之。

第九章　年　　会

第二十三条　年会每年举行一次，其时期地点由理事会决定通告各会员。

第二十四条　年会分学术会及事务会两部。

第二十五条　学术会讨论关于矿冶各重要问题。

第二十六条　事务会会务如下：

一　修改会章；

二　议决理事会交议事件；

三　推举查帐委员二人，稽核本会各项帐务报告年会。

第二十七条　年会议决事件，以到会会员过半数通过为有效。

第二十八条　本会年会如因事故不能举行时，一切会务得由理事会函告各会员表决之。

第二十九条　如有必要时，经理事会议决得由会长召集临时会议。

第十章　选　　举

第三十条　司选委员之职务如下：

一　决定候选理事之名单，于年会四个月以前通告各会员。候选理事人数应倍于决选人数。

二　承受会员依照条规提出之候选理事。

三　于年会三个月以前，将最后决定之候选理事姓名、履历及选举票分寄各会员，通信投票选举。

四　报告当选理事于年会。

第三十一条　会员有十人以上之连署者，得提出候选理事一人，并须于年会三个月以前寄交司选委员方为有效。

第三十二条　每会员得投一选举票，依改选人数选举之。

第三十三条　新旧职员之交替于每年年会后一月内行之。

第十一章　分　　会

第三十四条　凡同一地方有会员十人以上者，得组织本会分会，其章程由分会自订之。但须送理事会通过方得成立，并应随时呈报该管地方官厅核准。

第三十五条　分会职员选定后，应通告理事会。

第三十六条　理事会得酌量情形，议决准分会扣留会员会费十分之一至十分之五，以办理分会各种事务。

第三十七条　分会所办事务以便利本地会员聚会研究为宗旨，其关于全会事务仍应辅助理事会办之。

第十二章　附　　则

第三十八条　本会章之修改，得由理事会或会员提议，经会员通信投票表决之。

(2) 中国矿冶工程学会职员名单

正会长：张轶欧

副会长：翁文灏、李晋

干事：严庄（现曹诚克代）

会计：李保龄

〔北洋政府内务部档案〕

〔七〕 佛教文化

(一)保护寺庙章则与令文

1 关于保护佛教僧众及寺庙财产的令文

(1912年11月—1914年1月)

(1) 熊希龄为保护佛教僧众及在军中布道致大总统禀

(1912年11月)

大总统钧鉴:敬禀者:窃维共和成立,各省秩序未尽恢复,争夺相乘,毫无人道。其故由于旧日社会腐败,道德堕落,教育未普,风俗日颓。今欲匡其不及,惟须由宗教着手,乃足以济教育之穷。前因军队布道一事,曾经面陈钧座。兹有湘人八指头陀天童寺僧敬安,道行高洁,热心救世,以国人风气浇漓,思欲振兴佛教,又因各省攘夺寺产,日本僧人乘隙而入,虑及为渊驱鱼,求政府按照约法信教自由,力加保护,俾得改良佛教,敦进民德,以固共和基础。将来仿照日本办法,军中亦设布教僧徒,稍弭残杀抢掠之心,实于世道有裨。龄因该僧宗旨相合,用敢代恳钧座饬交内务部及各省都督加以保护,勿任摧残,不胜待命之至。

希龄禀

中华民国元年十一月　　日

(2) 国务院关于保护寺庙财产致内务部公函(1914年1月7日)

国务院公函　三年内字第八号

径启者:据中华佛教总会呈称:保护庙产一节,前蒙院部先后通咨各在案。近据各省支分部报称,攘夺庙产,蹂躏僧徒之事,仍复时有所闻，地方官并不实力保护，恳再予通行饬属遵照等语。查此案前据建立佛教会人李翊灼等呈请保护前来。曾经分行贵部暨各省都督查照在案。兹复据呈前情，如果属实，自应严行申禁，相应抄录原呈，函知贵部查照，通令饬遵可也。此致

内务总长

附抄件

熊希龄

中华民国三年一月七日

中华佛教总会致国务院呈

中华佛教总会章嘉呼图克图等为呈请事：窃维国家人民分子组合而成之者也。人民所以称分子者，无论为宗教，为非宗教，公有一定之主义目的相聚合而成种种之团体，团体之固结，而后人民之义务乃能发生。然于精神上之要求，则固未有已也。国家之于地方自治团体也，公认之保护之，于行政范围则利用之，以为国家机关。其于宗教亦然，得此利用以为维持秩序，巩固国群之具，夫亦国家所当公认保护者也。本会蒿目时艰，慨佛教之凌夷，感蒙藏之多事，特先邀聚全国僧众组成中华佛教总会，设立支分各部。曾蒙贵院咨行各省解释约法人民平等及佛教财产为佛教得有之原理，统由各该管官长切实保护在案。续又修订章程，呈请大总统鉴准发交贵院刷印，分行部、省查照保护各在案。唯是保护之先声，已风行海内，而内务部保护之咨文亦诰诫备至。并规定凡祠庙所在，不论产业之公私，不计祀典之存废，不问庑宇之新旧，均应一律妥为保存。盖当时臆造新学者，虽孔庙亦在觊觎之列，而于释、道两道〔教〕为尤甚。近据各省支分部报告，如奉天、吉林、黑龙江、直隶、山东、山西、四川、陕西、新疆等省，两湖、两广、河南、福建、云南、贵州、安徽、江苏、浙江等省，均纷纷攘夺庙产，假以团体名义，毁象逐僧者有之，苛派捐项者有之，勒令还俗者有之，甚至各乡董率领

团勇强行威逼，稍有违抗，即行禀报该管官厅严行拘捕，各僧道界〔累〕讼经年，迄未得直。强半假托议会议决，并回护于抽提庙产者，盖肆行无忌，仍愿继续勒捐，否则认为违法犯罪。凡有财产，均一律充公。去年湖南、奉天、安徽、吉林、河南、江苏、浙江各省僧徒，以此毙命者，均征诸事实。而各省僧徒流离失所相丐于道者，亦实繁有徒。虚祸逆流，迭演成不可收拾之势，而暴烈分子犹靦然对怨。矧其两年，军兴之后，寻祸相仇，各庙一经军队驻扎，即可援例改为他项公所。一隅倡乱，全国骚然，讵影响所及，几邻于边省。喇嘛各庙亦有不能自保者。近如云南丽江、永宁、中甸、阿敦子、巴堂、西庄各分部报称，曾经土住汉人攘夺之庙产，虽迭由行政公署允与发还，而地方之抗罢依然如故，屡次呈请，仅发还数处，其未发还者均置若罔闻。黑暗潮流.纷然并起，虽周武紫皇时代，未有若是之甚也。迭经支分部恳请转呈维持等情。前来。查中国习惯，寺庙财产凡属于国家发帑建设，或个人与团体集资建造者，公缘信仰佛教起见，延僧管理，先已固定其财产不得作为他用。衡之民法，取与权本无稍差异。究其主从之分，仍以佛教为主，僧徒为从，其所有权已属于佛教之公团，故于处分权亦有连带之关系。前内务部咨江苏文内亦有施舍捐助，纯粹为宗教所有等语。至理名言，实兹根据贵院前咨，互为解说，况蒙藏喇嘛各庙，多半由于国家与团体公同创建，前代利用宗教，已养成第二之天性，而专利跋扈之辈，率公因缘为奸，推翻旧制，毁庙毁像，勒捐夺产，并驱逐还俗，侵及喇嘛，种种违背人道之事，殆摘不胜屈。章嘉呼图克图于本年五月呈请大总统愿担任佛教总会会长，联合外蒙、西藏，箴厥迷罔，盖深知摧残佛教，蒙藏已援为口实，非于各蒙旗组立支分部，不足以维系人心，保全大局。今虽具有端倪，而争地产风潮则有加无已，阻力横生，波旬靡既，甚非所以维持秩序，巩固国群者也。本会奉部令有代表佛教所有权主体之资格，并有调查庙产之义务，行将实力进行，遵照法人财团兴办各项公益，以补行政之不逮，合并声明。为此，备文呈请鉴准咨行各省行政公署，罢除各项苛令，转饬所属一体查照保护。并发还喇嘛原产，以遏乱萌，而免侵夺，是为公便。此呈。

〔北洋政府档务部档案〕

2　内务部公布寺院管理暂行规则令

（1913年6月）

内务部部令第十九号

兹制定寺院管理暂行规则公布之。此令。

中华民国二年六月　　日

寺院管理暂行规则

第一条　本规则所称寺院，以供奉神像，见于各宗教之经典者为限。

寺院神像设置多数时，以正殿主位之神像为断。

第二条　寺院财产管理由其住持主之。

第三条　住持之继任，各暂依其习惯行之。

第四条　寺院住持及其他关系人不得将寺院财产变卖、抵押或赠与于人。但因特别事故，得呈请该省行政长官经其许可者不在此限。

行政长官为前项许可后，须呈报内务总长。

第五条　不论何人不得强取寺院财产。

依法应归国有者，须由该省行政长官呈报内务总长，并呈请财政总长交国库接收管理。

前项应归国有之财产，因办理地方公益事业时，得由该省行政长官呈请内务总长、财政总长许可拨用。

第六条　一家或一姓独力建立之寺院，其管理及财产处分权依其习惯行之。

第七条　本令自公布日施行。

〔北洋政府内务部档案〕

3　内务部为调查寺院及其财产致各省长/都统咨

（1913年10月）

内务部为咨行事：按照管理寺院为内务行政之一端，民国以来，曾经由部订定表式通行各省调查，以为实行管理之根据。惟各省查复到部者，除黑龙江等数省外，甚属寥寥。以致各地方寺院之创建及其住守教徒附属财产之一切关系，多无确切册籍可考，遇有事项发生，概难知其底蕴，实于管理前途多所障碍。查各省寺院林立，情状纷歧，财产问题尤为复杂，其由十方劝募或教徒自置者固属甚多，而为国家建设，地方公立与私人所建者亦复不少，原因不同，性质各异。值此整饬庶政之际，亟应继续前案，切实调查。兹由部重行订定各省寺院财产调查表二种，相应各印式样，附以说明，咨行贵省长、都统令知各地方一体遵照，分别调查填列，汇齐送部，以资考核，而便管理。此咨

各省长

热河

绥远　都统

察哈尔

甘边宁海镇守使

川边镇守使

塔尔巴哈台参赞

　　附表式二件

中华民国二年十月　　日

省　　区　　县寺院调查表

年　　月教字第一号

事项 寺院名称	所在地	创建			供像	住守者	常住人数	现状	附设事业	备考
		时代	事主	原因						

填载例

一　本表系为调查寺院而设，应由各省区长官转发所属，按式切实填报，由该长官每届年终汇总送部。

一　本表所称寺院，除旧列祀典之坛庙祠宇应归官有者另行列表调查外，所有各地方寺院庵观宫殿庙堂禅林洞刹等项一律赅括在内。

一　所在地指该寺院之坐落地址，距离城池里数.方向及区乡村镇市名称。

一　创设分三项：时代指朝代年号，事主指开始创建之人或团体之名称。原因指创建之宗旨及其事由。以上各项；如有碑志或志乘可考者，应一并填明。

一　供像不论雕塑、画刻、或系牌位，指正殿主龛所供神像之名称而言，其偏殿偏龛有重要者得附之记载。

一　住守者指现时主管人之名氏，并注明其为僧尼、道士、女冠及方丈、住持、阿衡等项名目。

一　常住人数指平日或现时应居该处之人数。

一　现状指现存或改并及将废或已废而基址碑记可证明者而

言,如已拨为公用亦注明其事项。

一 附设事业指该寺院自出资财所设之学校、病院、及其他公益慈善各项事业。

一 他项重要事件,表内所未列者,均于备考栏内简单说明。

省　　区　　县寺院财产调查表

年　　月教字第二号

<table>
<tr><th rowspan="3">财产 / 寺院</th><th rowspan="3">房屋</th><th rowspan="3">地亩</th><th colspan="4">取得</th><th colspan="3">收益</th><th colspan="2">用途</th><th rowspan="3">管理者</th><th rowspan="3">备考</th></tr>
<tr><th colspan="2">原有者</th><th colspan="2">续有者</th><th rowspan="2">房租</th><th rowspan="2">地租</th><th rowspan="2">其他</th><th rowspan="2">房屋</th><th rowspan="2">收益</th></tr>
<tr><th>来历</th><th>证绩</th><th>来历</th><th>证绩</th></tr>
<tr><td></td><td></td><td></td><td></td><td></td><td></td><td></td><td></td><td></td><td></td><td></td><td></td><td></td><td></td><td></td></tr>
<tr><td></td><td></td><td></td><td></td><td></td><td></td><td></td><td></td><td></td><td></td><td></td><td></td><td></td><td></td><td></td></tr>
<tr><td></td><td></td><td></td><td></td><td></td><td></td><td></td><td></td><td></td><td></td><td></td><td></td><td></td><td></td><td></td></tr>
</table>

填载例

一 本表填报程序与前表同。

一 本表所称寺院以前表所列者为限。

一 房屋指所有建筑物而言,并计其间数及基址丈尺,其与本寺不同存在一处者,并注明其所在地。

一 地亩指所有田地、园圃、山林、地皮、矿产、湖租等类,并计其亩数或幅员与其所在地。

一 取得分两项。来历指资财之所由出者而言,如固有者系何时敕建,何人募建,何人捐建,私建等是,续有者由何处捐出,或何人出资购置,何人募置等是;证迹指碑志志乘及文书契约案牍而言。

一 收益分三项。房租一项计其每月共数,地租一项分计各种收入之每年总数,其他一项指他项经常收入而言,须注明原因、种类及其每年总数。各项均以银元计算。

一 用途分两项。房屋除供僧众居住或租出外，收益除供香火及僧众食用外，向来或现在有供给他项用途者均分别列入。

一 管理者指保管各项证据及帐籍之人，并记其人与该寺院之关系。

一 关于财产各项重要事项表内未列入者均于备考栏内简略说明。

〔北洋政府内务部档案〕

4 内务部请明令保护佛教庙产致大总统呈

(1915年8月7日)

呈为各省寺庙财产争讼纠纷，恳请明令保护，以维宗教而资遵守，仰祈钧鉴事：窃查中国宗教，古惟释道二氏，人民之尊奉信仰，历数千年，绵延弗替。是以名山胜地，绀宇琳宫，或树道标，以广流传，或削崖壁而镌像偈。迹其建筑之闳，施舍之盛，运会虽有迁移，而财团则继承世守。盖宗风遐畅，善信景从，有由来矣。自前清之季，以兴办学堂，准各省提拨庙产，一时令甲所布，海内靡然，而无识之徒，阳借兴学之名，阴行侵夺之实，日久寖寻，相循未改。民国肇建，信教与财产之自由载在约法，惟改革之初，各省因驻兵、兴学及地方公益事宜，挹注于寺庙财产者所在多有。豪绅莠民，往往藉端侵占，轇轕丛生，故控诉之案层见叠出，头绪纷纭，相持不决，其中关系于僧侣庙产者尤多。本部有鉴于此，爰有寺院管理暂行规则之规定，其主义〔旨〕一方为不得强取寺院财产之制限，一方为寺院财产变卖抵押赠与之制限，于二年六月二十日公布在案。是年九月本部复于复山东民政长电内声明：庙产兴学，出自旧时法令，该规则公布以前之事件，无溯及效力等语。当时为治标起见，于惩前毖后之中实寓委曲维持之意。两年以来，遇有此项诉争事件即随时咨行各省秉公查核办理。惟是争议习成，因缘复杂，有出于教会之意见纷歧者，有出于教俗之是非各执者，有经司法行政官厅决定而缠抗不休或延未执行者。查寺庙财产，或由于教徒之募集，或由于人民之助施，其所有权当然属诸寺庙，似此诉讼纠纷情形，不但缁素惆扰，往复相寻，徒兹争兢。且该教徒等为情势所迫，跛涉公庭，有伤清净，而理解明通、品行端正之教徒，或以离欲净心，自甘缄默，转受抑勒于豪强。本部管理宗教行政，职有专司，不得不为拔本塞源之计，务期情理与事实均得其平。拟恳特颁明令，通饬各省地方官吏，对于寺庙财产，责成该管地方官切实保护。嗣后，地方绅民再有藉兴学及公益事宜，意图侵占情事，该地方官应严加禁阻，如或抗违，即按照刑律治罪。所有从前关于寺庙构讼案件，系属于司法行政各官厅者，应即分别迅速秉公清结，毋任延宕，以维宗教而资保护。其在清季及军兴之际，提用庙产，于本部寺院管理暂行规则公布以前，事实业经解决，并未悬案未结者，在当时之提拨，虽出自权宜，而法令之施行，固未容溯及既往。此项财产权利，移转已久，使用又为地方事业所需，在当时让与之教徒，其热心公益之诚，抑未可没，拟由各省行政长官转饬查明详细册报，由本部核其提拨产额，将该寺庙或其教徒分别呈请褒扬并准于其原捐地方勒石表章，藉餍群情，而昭平允。除另拟管理寺庙条例专呈核定外，所有呈请明令保护寺庙财产办法缘由是否有当，伏乞大总统钧鉴，训示施行。谨呈。

中华民国四年八月七日

〔北洋政府内政部档案〕

5 内务部请饬属保护寺院财产致各省巡按使 都统咨

（1915年8月20日）

内务部为通行事：八月十日奉大总统申令：据内务部呈称：各省寺庙财产争讼纠纷，请明令保护，以维宗教而资信守等语。民国肇建，于法律范围以内均有信教与财产之自由。惟改革之初，土豪莠民往往藉端侵占，控诉之案纷纭不决，关系于僧侣庙产者尤多。嗣经该部规定寺院管理暂行规则，藉示限制，而诉讼旧案往往缠抗不休。此等庙产或由于教徒之募集，或由于人民之布施，其所有权未经让与以前，当然属诸寺庙，应由该部通饬地方官吏对于寺庙财产责成该管官切实保护。除僧侣热心公益，自愿捐输，仍准禀明立案外，均应严禁侵占，违者依法治罪。关于庙产构讼事件，秉公清结，毋任宕延。其在该部寺庙管理规则公布以前，事实业经解决，权利早已转移，自当不溯既往。截清旧案，仍查明当时让与之教徒，由该部量予褒扬，并准于原捐地方勒石表彰，以昭平允。总之，保护民间财产为地方官应有之职权，国家一视同仁，断不容营私罔利之徒横加蹂躏。特此通令知之。此令。等因。奉此。除分行外，相应照录申令，咨行贵巡按使、都统查照，转饬所属各该地方官一体遵照可也。此咨。

各省巡按使

各都统

各长官

各参赞

内务总长　朱启钤

中华民国四年八月二十日

〔北洋政府内务部档案〕

6　大总统公布修正管理寺庙条例令

（1921年5月20日）

大总统令

兹修正管理寺庙条例公布之。此令。

中华民国十年五月二十日

国务总理　靳云鹏

内务总长　齐耀珊

修正管理寺庙条例

第一章　总　　纲

第一条　本条例所称寺庙以左列各款为限：

一　十方选贤丛林寺院；

二　传法丛林寺院；

三　剃度丛林寺院；

四　十方传贤寺院庵观；

五　传法派寺院庵观；

六　剃度派寺院庵观；

七　习惯上现由僧道住守之神庙(例如未经归并或改设之从前习惯上奉祀各庙是)；

八　其他关于宗教各寺庙。

其私家独立建设不愿以寺庙论者不适用本条例。

第二条　凡寺庙财产及僧道，除本条例有特别规定外，与普通人民受同等之保护。

前项所称财产，指寺庙所有不动产及其他重要法物而言，所称僧道，指僧尼、道士、女冠而言。

第三条　凡著名丛林及有关名胜或形胜之寺庙，由该管地方官特别保护。

前项特别保护方法，由内务部参酌地方情形定之。

第四条　寺庙不得废止或解散之。

第五条　凡寺庙在历史上有昌明宗教陈迹或其徒众恪守清规为人民所宗仰者，得由该管地方官开列事实，详请该管长官咨由内务部呈请大总统分别颁给左列各物表扬之：

一　经典

二　法物

三　匾额

第六条　各寺庙得自立学校，其课程于经典外，须酌授普通教育。

寺庙创办学校时，须呈请地方官立案，其从前已设立之学校亦同。

第七条　寺庙须向地方官署呈请注册，其应行注册事项及关于注册之程序，由内务部另以规则定之。

第二章　寺庙之财产

第八条　凡寺庙财产，应按照现行税则一体纳税。

第九条　凡寺庙现有财产及将取得财产时，须向该管地方官呈请注册。

第十条　寺庙财产由住持管理之。

寺庙住持之传继从其习惯，但非中华民国人民不得继承之。

前项住持之传继，须向该管地方官呈请注册。

第十一条　寺庙不得抵押或处分之。

第十二条　寺庙财产不得藉端侵占，并不得没收或提充罚款。

第十三条　寺庙所属古物，合于左列各款之一者，依照现行保存古物法令办理：

一　经典；

二　建筑、雕刻，绘画及其他属于美术者；

三　历代名人遗迹；

四　为历史上之纪念者；

五　与名胜古迹有关系者。

前项物品之保存，由住持负其责任。

第十四条　凡寺庙久经荒废无僧道住守者，由该管地方官查明保护，另选住持。

第三章　寺庙之僧道

第十五条　关于僧道之一切教规从其习惯，但以不背公共秩序及善良风俗者为限。

为整顿或改良前项事宜，得由丛林僧道举行教务会议。

第十六条　凡僧道开会讲演或由他人延请讲演时，其讲演宗旨以不越左列各款范围者为限：

一　阐扬教义；

二　化导社会；

三　启发爱国思想。

第十七条　凡僧道有戒行高洁、精通教义者，准照第五条规定办理。

第十八条　凡寺庙僧道受度时，应由其度师出具受度证明书，载具法名、年貌、籍贯及受度年月交付该僧道，并由度师呈报该管地方官备案。

其在本条例施行以前受度者，由该僧道请求度师或相识寺庙之住持或僧道二人以上为其出具证明书，并由该度师或住持或为证明之僧道呈报地方官备案。

第四章　罚　则

第十九条　各寺庙僧道或住持不守教规，情节较重，该管地方官得申诫或撤退之，但关于民刑事件仍由司法官署依法处断。

第二十条　凡寺庙住持违背管理之义务者，由该管地方官申诫或撤换之。

寺庙因而受损害者并任赔偿之责。

第二十一条　违背第十一条规定抵押或处分寺庙财产时，由该管地方官署收回原有财产或追取原价，给还该寺庙。并准照第十九条规定办理。

因而得利者并科所得总额二倍以下之罚金，若二倍之数未满三百圆者，并科三百圆以下之罚金。

第二十二条　依前三条规定撤退住持时，按照第十条第二项之规定，另立住持。

第二十三条　违背第十二条规定，侵占寺庙财产时依刑律侵占罪处断。

第五章　附　　则

第二十四条　本条例自公布日施行，其以前令公布之管理寺庙条例废止之。

〔北洋政府内务部档案〕

7　内务部制定著名寺庙特别保护通则致国务院法制局公函

（1921年11月）

径启者：按照修正管理寺庙条例第三条载：凡著名丛林及有关名胜或形胜之寺庙，由地方官特别保护之，又同条第二项载前项特别保护方法由内务部参酌地方情形定之。各等语。查此项著名寺庙关系古迹名胜綦为重要。前清旧制，凡在京师附近者，类由内务府僧录司直辖，而礼部每岁复有查庙之成例。关于住持之接替，并由内务府详加考核，奏请钦派，其在各省亦由地方官选择僧道送部礼付各教职为之约束。然法久弊生，迨至末流，各项著名寺庙犹不免时有毁坏。民国改建，对于各种寺庙，虽经颁有管理条例，藉资防范，而节目疏阔，于各项著名寺庙之保护，效力至为薄弱。频年以来，或毁于兵燹，或夺于豪强，或败于恶劣僧道，若不遵照条例，将此项特别保护方法从速酌定，恐旧时名迹古刹，日渐于消亡，殊失条例之本意。兹由司详稽旧制，参以现在情形，制定著名寺庙特别保护通则草案十四条，相应抄送贵局查照核复为荷。

此致

国务院法制局

　　附手摺一扣

中华民国十年十一月　　日

著名寺庙特别保护通则

第一条　修正管理寺庙条例第二条所称著名丛林及有关名胜或形胜之寺庙，除适用修正管理寺庙条例外，依照本通则特别保护之。

第二条　应受特别保护之寺庙分为左列各种：

一　曾由国家发帑修建或颁有物品者；

二　在历史或宗教上有应保存之古迹者；

三　为地方名胜或形胜所关者；

四　有附属寺庙或财产在万元以上者；

五　常住徒众在五十人以上者；

六　在旧日有官管之习惯者；

七　其他有特别保护之必要者。

第三条　应受特别保护之寺庙，由地方官依照前条各款随时查明，呈报该管转送内务部核定之。

第四条　应受特别保护之寺庙，经内务部核定后，其现任住持须送具详细履历，呈由该管长官转送内务部备案，并由部发给执照。

各住持领取执照时，须缴纳照费六元，其领取新照者亦同。

第五条　特别保护之寺庙，其住持有替换时，须由送座人将所选承继者之详细履历，并附相片，加具切结，连同原住持执照，呈送地方官转送内务部核准，换发新照。

第六条　特别保护寺庙之住持，除合于传继习惯外，须具备左列各种资格：

一　年满二十五岁；

二　品度安详；

三　戒律谨严；

四　通晓经典。

第七条　特别保护寺庙之现任住持经内务部发给执照后，须将本寺庙及其附属寺庙之历史沿革、宗教派别著录成册，并将其院宇界址绘具详细图表，加以说明，呈送地方官转送内务部备案。其修有志书者，应将志书一并呈送。

第八条　特别保护寺庙之住持，须遵守左列各规定：

一　本寺庙及附属寺庙之财产，须分别认真管理；

二　对于本寺庙及其附属寺庙之徒众，须负约束管理之责任；

三　本寺庙及其附属各处所有古物、古迹及建筑物，须认真保管，不得听其损坏倾塌。

第九条　特别保护寺庙之住持，每届年终须将左列各事项分别造具详细清册，呈报地方官署查核备案。其旧归内务府僧录司及礼部直辖者，并须呈报内务部。

一　本寺庙及其附属寺庙常住徒众之职务、姓名、年岁、履历；

二　本寺庙及其所属寺庙之各项财产及一年中之收入支出；

三　本寺庙及其附属各处所存之古物古迹及一切建筑物；

四　一年中所办各项重要事务。

第十条　关于前三条所列事项，如有特别情事时，该住持应随时呈报该管地方官署查核办理，其重大者并须呈报内务部。

第十一条　地方官署对于特别保护之寺庙，有受侵扰或损害之虞时，应随时认真查办之，其重大者并须呈报内务部。

第十二条　特别保护之寺庙，每年须由地方官署查视一次；其旧归内务府僧录司及礼部直辖者，每年须由内务部派员分查之。

前项查庙日期，随时酌定之。

第十三条　各地方特别保护寺庙有其他应行规定事宜，未经本通则规定者，由该地方官依照本通则详细酌定，呈请内务部核准。

第十四条　本通则自公布日施行。

〔北洋政府内务部档案〕

（二）佛教团体

1　敬安、清海等组织中华佛教总会的有关文件

（1912年11月）

（1）敬安、清海等致大总统呈（11月2日）

中华佛教总会为呈请事：窃本会于今春在沪组织成立，由各省僧界代表公议会章，举定职员，呈请南京临时政府前总统孙、副总统黎暨内务、教育部立案，均荷奖许。迨南北统一，改建政府于北京，复将本会开办缘由电呈大总统鉴核在案。现计各省支分部率皆开会，次第组织，刊发图记，照章办理。前奉国务院通咨各省都督，按照约法，保护佛教财产，僧界正深庆幸。兹据湖南宝庆、安徽桐城、奉天义州等处报告，民间毁像逐僧，占夺寺产，信教转失自由，深为危惧。查日人之崇尚佛教也，国日以强。观于联络蒙藏，谓俄非佛教之邦。中华虽奉佛教，不能自广其势力范围。惟彼日本，内护外护，不遗余力，近数十年得大转法轮于欧美。前清末叶，浙江三十五寺僧亦曾航海归依，嗣经自请办学，严与交涉，其事乃寝。今共和缔造，百政一新，无分种族、阶级、宗教，皆应有平等之观念。本会同人目击时艰，特恐民教相争，无识僧徒铤而走险，外人渔利，有失国权。爰于上月开通常会，召集全体共同讨论，修改会章，具文呈核，环恳准予通令全国人民，以政教并进，各自为谋，勿生相侵之弊害，永保完全之和平。俾中华民国佛教徒苦心修持，不预政治，以视文明。各国政教之分甚严，国家尽力保护，不稍吝惜，传为美风。我大总统诚不多让也。全体僧众，祷祀以求，不胜待命之至。谨呈

中华民国元年十一月初二日

中华佛教总会正会长	敬安
副会长	道兴
副会长	清海
陕西支部长国清寺	了全
安徽皖庐分部长地藏寺	法尘
吉林支部长淞江寺	素润
湖北支部代表归元寺	达清
四川支部长文殊院	德风
湖南支部代表南岳	月宾
江西支部长光孝寺	大春
广东支部代表六榕寺	铁禅
浙江支部长接待寺	圆英
山东济宁分部长普德庵	德馨
江苏支部长留云寺 天宁寺	应乾 文希
山西闻喜分部长清凉寺	竣峰
福建支部长涌泉寺	本忠
广西支部代表开元寺	元通
河南支部长相国寺	性空
南洋支部长极乐寺	善庆
川东支部长罗汉寺	海清
云南支部代表节竹寺 莲华寺	尘空 纯诚
北京机关部主任龙泉寺 法源寺	道兴 道阶
贵州支部代表高峰山	了尘
	等谨呈

（2）中华佛教总会章程

第一章 总 则

第一条　名义

本会系中华民国全体僧界共同组织，定名曰中华佛教总会。

第二条　宗旨

本会统一佛教，阐扬法化，以促进人群道德完全，国民幸福为宗旨。

第三条　机关

本会总机关设本部于上海静安寺，分机关设支部于各直省，设分部于各州县。本部有统辖维持支分部之责。

第二章　纲　　要

第四条　昌明佛学

本会设立教务科，先设佛教研究社，佛学宣讲所，研究宣讲大小乘性相各宗，培植佛教人才，扩充知识，以为布教之基础。

第五条　普及教育

本会设立学务科，招考聪颖僧徒，遵照新定部章，设速成师范学堂，僧民小学，以期普及教育，并设法政讲习所，造就僧界任事人才。俟经费充裕，仿照日本立佛教中学堂及大学堂，以臻完全教育。

第六条　中外布教

本会延请深明佛法，精通新旧学者为宣教师，赴各社会及军队、监狱、医院等地布教宏法，并推行各国，远畅宗风。

第七条　组织报馆

报馆为言论机关，文明枢纽，宜先办宗教月报，藉鼓吹实力，发明佛理，以救人心，维持道德。

第八条　整顿教规

（甲）　本会章程，凡入会各寺庵，俱有实力奉行之责，本会有随时稽查及监督之权。

（乙）　各寺庵须照本会章程，报告就地分部，编号入册，汇交支部，发给门牌。由支部呈明本会，以便稽查（门牌须照本会颁式编号）。

（丙） 凡已受戒之僧，虽有戒牒，亦须报告入册，另给入会证书，如或证书遗失，得由介绍人同至原机关陈明补给。

（丁） 法门混滥，收徒不察所致。此后各寺庵收徒必先报告，各就地分部查察出身清白，真心出家，始准给发度牒。如无度牒，不得受戒者不得混迹佛门（度牒均由本会转发支分部）。

（戊） 各寺庵财产，无论十方捐助及自行手置，均为佛教公产，只应保守，不得私自变卖。如出于特别事故欲变卖者，须报告就地分部调查，转呈支部及本会认可，方能推割。

（己） 各寺庵住持更替，无论十方子孙，均须报告就地分部，查明认可方得接充，不得私相授受，及串通地方干涉等情。如住持有不合行为，确有证据，各分部商定，支部有另举更换之权，事关重大者须呈明本会认可。

（庚） 入册各会员，本会虽负有保护之责，然遇有现行犯，应受法律惩办，无可辩护者，本会概不袒庇。惟只罪其人，不及寺产。

第九条 提倡公益

（甲） 建设病僧院、孤儿院、贫民工艺厂、施诊局等慈善事业，逐渐筹款布置，另订规章。

（乙） 凡关于社会上之种种公益，均酌量本部之财力，逐渐扩充，以尽义务。

第十条 振兴实业

（甲） 本会倡办实业，厚利民生，凡各寺庵所有山林田地，应呈明本会会同支分部组织农林公司，开辟种植，扩充权利。

（乙） 本会分别僧徒之资格，组织实业团，设立讲习所及试验场，以期发达僧界之利益。

第十一条 保守权利

（甲） 本会有整顿佛教进行一切事宜及保全佛教公团财产上处分之权。

（乙） 本会会员在法律范围内之行为，得受法律平等保护。

（丙） 凡会中各寺庵所有财产，无论擅越施助，寺僧苦积，外界有欲藉端攘夺，本会得据法律，实力保护，以固教权。

第十二条 支分部之组织

（甲） 各省支分部得按照本会章程参酌就地情形变通办理，惟须呈由本会核正认可，始克有效。

（乙） 各省支分部各职员对于本会所定章程，有同心协力一致进行之义务。

（丙） 各省支分部有维持本会经济及将支分部一切情形随时报告之义务。

第三章 资 格

第十三条 会员资格

（甲） 佛教四众弟子，行为端正，皆得注册入会。

（乙） 会员不分僧俗界限，但信仰佛教，志愿入会，由本会会员介绍，具志愿书皆得入会。

（丙） 有赞成本会宗旨及尽义务，经本会多数会员认可者得推为名誉赞成员。

第四章 责 任

第十四条 会员责任

（甲） 会员对于本会发布实行之条件，随时随地均有遵守之责任。

（乙） 会员有担任筹集本会经济及组织支分部，逐渐扩充之责任。

（丙） 会员有发明本会宗旨，实力鼓吹及介绍同志入会之责任。

（丁） 会员若遇社会有与本会关碍事件发生，及会员中有不守会规、致坏本会名誉者，有随时报告之责任。

第五章 权 利

第十五条 会员之权利

（甲） 会员既入会注册，领给证书，得受本会保护之权利。

（乙） 会员入会得佩本会徽章，有选举被选举之权利。

（丙） 会员若因会务被人侵害，得由全体会员力行保护及体恤之权利。

（丁） 本会名誉赞成员有尽义务过二次者，对于本会全体事宜有参议之权利。

第六章 职 员

第十六条 职员资格权限：

（甲） 会长一人，以德望兼优、行解相应为合格，由全体大会公举，有总理会务、主裁各分支部并招集开会闭会、提议执行议决之权，可代表各支分部全体。唯对于重大事件，须交参议科议决或二次否决，不得再提议执行。

（乙） 副会长二人，以品端学粹为合格，亦由大会公举，有赞助会长协理会务之责。如会长有特别事故不在会时，得临时代理，有会长全权。

（丙） 各省支分部长，由就地僧众公举正会长一人，副会长二人，主裁一切事宜。其各项职员责任及任期，大致照总会章程组织。凡遇公文往来，分部对于总会用牒文，对于分部用照会。

（丁） 参议科 （一）参议长一人，以戒行精严、谙达时事、公正不阿为合格。有监察本会进行事务，应兴革者交参议科议决，经会长认可，发交执行之权；（二）参议员亦以品行端方，精通内外学为合格。本会公举四人，每省支部公举二人，派定月份赴总会协办应行事宜。凡关于本会提议事件，经参议员四人以上之同意，得请会长开参议会，议员到会过半数方可开议，以多数赞成，会长认可为实行。

（戊） 总务科 （一）总务长一人，以明达干练为合格，亦由全体公举，凡关于全体事务不属于各科者皆属之。有指挥监察庶务之权；（二）文牍员一人，以富于文学者充之，专司各项来往文件起草事宜，交书记缮发，由会长、科长公同委任；（三）书记员二人，以长于书写者充之，专司本会来往公牍、函札事宜，委任同前；（四）庶务员二人，以谙练事务者充之，佐助总务长执行一切会务，委任同前；（五）招待员二人，以善于交际言论者充之，专司接待来宾及各支分部到会人员之责，委任同前；（六）调查员，本会就各直省参议员中举为兼任该省调查员，调查该省寺庵财产盈绌、僧尼品行高下及社会对于本会关碍事件，均列表填注，随时报告支分部及本会，期互相劝勉。

（己） 理财科 （一）理财长一人，以誉隆德重、公正无私为合格，亦由全体公举，总理本会财政，并有监督理财科各员之权；（二）会计员一人，专司本会收支款项，细载帐目，按月列入总簿，并列表报告，由会长、科长公同委任；（三）登记员一人，凡关于本会财政及调查事宜，汇造清册为一览表、预算决算表等，编定报告，委任同前。

第十七条 职员期限

（甲）正副会长任期以三年为限，期满连举得续任，但不得过二次。期未满欲退者听。期内不孚众望，有参议员三分以上之同意，亦得开会另举。

（乙） 各职员均以一年为任期，期满连举亦得续任，但不得过四次。期未满欲退者听。期内不孚众望，得由多数议员呈明会长另举委任。

第十八条 职员规则

各职员务要相勉相爱，所负责任不得侵越放弃。如有特别事故告假，不得过一星期，过期应自请手续人，免旷会务。

第七章 经 费

第十九条 经费分入会、通常、特别三种。

（甲） 入会费，普通一元，住持倍之；

（乙） 通常费由各分部调查各寺庵，编号入册，按产业丰啬，分别认捐，补助公益。每年定二、八两月分缴就地分部，将所收之款，议定提成，送交本会。提成送交该省支部为当年费，倘有意延宕，叠催不缴，破坏全体，阻碍公益，应由支分部呈明本会公议，另举该住持，期永行保全大局。

（丙） 特别费，如本会发生特别事件，得开临时大会捐助，由临时参议会议决。

第八章 会 期

第二十条 会期分例会、临时会二种。

（甲） 例会每年十一月开大会一次，提议一切会务，并选举职员及报告常年经费。择定会期，务于前一月登报申明。各支分部会期须在总会之前预议，举定代表亲临总会，参议一切事宜。

（乙） 临时会 凡有关于重要事件，经参议员五人以上之同意，得请会长开临时会。

第九章 奖 励

第二十一条 凡职员、会员有能编译书籍、扩充会务或提倡慈善公益、担任义务教育者，得由本会予以特别奖励券，以示奖励。

第十章 惩 戒

第二十二条 凡会员有不守本分，不遵会章，纠众反对本会者，当由总稽查员审查过之大小，分别惩戒，以儆效尤。

第十一章 附 则

第二十三条 本章程有未尽事宜，由会员二十人以上之提议，会长之认可，得开参议会议决修改。

（4）中华佛教总会各省发起寺僧名单

谨将中华佛教总会各省发起僧人八十名缮呈鉴核，须至呈者。

计开

江苏焦山定慧寺	镜融	金山江天寺	梅村
超岸寺	圆觉	竹林寺	法舟
宝华山	发圆	扫叶楼	惺悟
普德寺	鉴明	古林寺	辅仁
香林寺	寿松	天宁寺	显瑞
重宁寺	显山	万寿寺	印真
光孝寺	谷鸣	定慧寺	根源
戒幢寺	三根	利济寺	兴山
天宁寺	冶开	清凉寺	清海
崇法寺	炬峰	磬山寺	宗鉴
海会寺	妙参	留云寺	应乾
静安寺	正生	法起寺	悟真
海宁寺	本干		
浙 江 云 林 寺	圆珠	昭庆寺	慧馨
静慈寺	鸿定	理安寺	镫裕
祗园寺	忍寿	香积寺	慧明
云栖寺	源智	昭明寺	松华
禅源寺	能和	宏法寺	敬安
育王寺	济生	七塔寺	岐昌
接待寺	圆瑛	方广寺	智圆
普陀山	广学	法雨寺	开然
长生寺	开如	锡麟堂	了余
戒珠寺	谛闲	雪窦寺	果如
福 建 鼓 山 寺	振光	光孝寺	本忠
雪峰寺	古月		
广 东 觉 华 寺	纪修	罗浮山	妙参
湖 南 祝 圣 寺	庄严	岐山寺	田静
罗 汉 寺	天寿	西禅寺	好心

湖北波罗寺	德智	承恩寺	定悦
归心寺	心净		
安徽九华山	法喜	大士阁	法幢
迎江寺	竹庵		
江西佛佑寺	寂海		
山东普润寺	筱山		
四川峨嵋山	贤兆	五龙寺	福海
雷音寺	一如		
河南丹霞寺	静观	云台寺	德浩
相国寺	性空		
云南鸡足山	妙源	法兴寺	智生
祝圣寺	德清		
陕西卧龙寺	体安	大香山	心海
破山寺	妙慧		
山西五台山	智慧	硃泉寺	净觉
直隶观音寺	觉先	龙泉寺	道兴
法源寺	道阶	妙光阁	听云

中华民国元年十一月　　日

〔北洋政府内务部档案〕

2　胡瑞霖等组织佛化新青年会致内务部备案呈

（1923年1月）

呈为立案事：瑞霖等以世风浇漓，人情偷伪，学说离宗，正法沦没，举国青年，苍黄莫辨，妄解自由平等之义，共倡社会共产之名，如饮狂泉，如中蛊毒，致演成烦恼浊世，医治鲜方，行见神州有陆沉之忧，人事无安宁之日。吾人同罗斯祸，深抱杞忧，不思有以解脱之法，使转其迷而启其悟，则火坑苦海伊胡底耶。因此，特约集同志组织佛化新青年会，前曾在汉口成立总办事处，出版佛化新青年月刊一种，具文于督省两署立案，均经批准在案。今全体会员佥以汉口为商场，非佛化发展之地，议决迁京，作大规模之进行．仍相继出版佛化青年月刊，逐一筹办简章规定各事。现全体已由汉迁京，租得宣内国会街观音寺为会所，以期育青年至真至善之人格，显诸佛大慈大悲之精神，将我东亚文明普被世界，揭开宇宙之灵明，豁破娑婆之梦幻，洗去愚人毒人之学说，实行救世利人之功能。俾大地青年同成正觉，无边国土，普闻法音，永久和平，于斯是赖。特此具文，呈请立案，并恳加意保护，是为公便。此呈
内务总长

胡瑞霖印
熊希龄
汤芗铭
夏寿康
梅光羲
刘仁航

中华民国十二年一月　　日

佛化新青年会简章

（一）定名　本会以联合世界实行佛化运动之青年分子组织之，定名曰佛化新青年会。

（二）宗旨　本会研究佛学真理，用以普化人类，使真自由平等慈悲完全实现为宗旨。

（三）会所　本会暂设总会机关部于北京宣内国会街观音寺。俟会所建筑后再行迁移，迁移时必正式通告。

（四）会员　本会会员分责任会员，随喜会员两种。

（A）责任会员　凡乐守居士五戒：(1)不杀生，(2)不偷盗，(3)不邪淫，(4)不妄语，(5)不饮酒。实践八大使命，六波罗密：(1)布施，(2)持戒，(3)忍辱，(4)精进，(5)禅定，(6)智慧。克担负本会一

切会务者，无论何界均得由本会会员一人以上之介绍，或自具愿书入会为责任会员。但入会前均须缴本人四寸像片（半身、全身均可，无照像地方亦可免此手续）一张，填明姓名、别号、年龄、籍贯、履历、暂时通信处（若有迁移须随时通知更改）及远久通信处方为有效。

（附注） 责任会员须守五戒、修学六波罗密、勉行八大使命者，盖此为佛家生命，亦世界最高之道德，不如此不足以完全人格而负救度之责任也。

（B）随喜会员 凡赞成本会宗旨，实力扶助本会行各种佛化者，得由本会会员一人以上之介绍，或自具愿函均可入会，如能照责任会员入会手续尤为至善。

（附注） 以上规定两种会员，除责任会员有选举权被选举权外，概本文佛慈悲喜舍之宗旨，一律平等，无人我众生寿者之别。

（五）职员 本会职员分护法部、服务部二部，每部分若干股。

（A）护法部分四股：（1）阅藏股，（2）扶助股，（3）专修股（如专修一宗者是），（4）纠察股；

（B）服务部分八股：（1）文书股，（2）交际股，（3）庶务股，（4）出版股，（5）俱乐股（此股种种善巧，方便陈设，种种乐趣，种种运动，非会员不得享其利益），（6）教育股，（7）宣传股，（8）调查股。

护法部设护法委员长二人，各股设护法委员若干人；服务部设委员长二人，一正一副，各股设委员三人，宣传委员无定额（此种委员，除总会内三人外，非责任会员亦可选任之）。

（附注） 本会纯以平民的精神作佛化的运动，不设会长理事等名词，只设护法服务部者，即以护法部作研究监督机关，以服务部作负责执行机关，二者直接间接，均能为社会尽力利益一切也。

（六）选举 护法委员长由护法委员选出，服务委员长由服务委员选出，护法委员与服务委员均由责任会员大会投票选出，宣传委员除总会内三人外，皆由服务部委员长负责选任之，任期以一年为限，连选得连任之。

(七)聘请　凡世界深于佛家哲学之出家或在家人，本会得礼请为导师或讲师，暨名誉护法委员长或名誉护法委员。但护法部名誉委员长每年须捐助金至少四百元，多至一千元，以促会务发展，而名誉护法委员每年亦须有百元或二十元以上之助捐。

(八)经费　本会会员以年龄汇别之为三种，捐助会费，亦自各别：

(A)成人会员(二十岁以上者属此)每年捐助会费二元；

(B)学生会员(以现肄业各种中学大学者属此)，每年捐助会费一元；

(C)童子会员(二十岁以下者属此)每年捐助会费五角。

(附注)　本会会员经本会调查委员调查确实，实无费捐助，而能尽力为佛化运动，有陈迹可征者，亦得经本会许可认为免费会员。

本会经费，除会员捐助外，于各股各种事业发展上经费有不敷用时，得由护法部委员长设法筹集，或向外募捐补助之，但遇特别事业，亦可特别募捐。

本会对于大布施家之特别捐助，其鼓励表彰之法，另章规定之。

(九)事业　本会为运动改造五浊恶世，末劫人心起见，得施行左列各种事业：

(A)本会为佛化普及，得设慈幼院、小、中、专科、大学、研究院各级佛化学校，以期造就各种应用人材。

(B)本会为宣传佛化，灌输智慧，发扬精神文明，改造五浊恶世，得办各种佛化周刊、旬刊、月刊、日刊及丛书小册发行。

(C)本会得设佛化工厂、新村、医院、居士共住林、医院临时诊病所、残废院、救灾所等，与夫其他应办各事以救度一切。

(D)本会为谋智慧圆满，学理渊博，得设图书馆，通俗讲演所、阅报室，以收集佛家经典暨世界可供参考之一切著述。

(E)本会得随时讲演经论，或特别演说，露天演说。

(F)本会得于各省各地组织同样团体，合力实行佛化运动、服务社会工作。

(G)本会得于相当时期组织特别讲演团宣传队，向各地传布佛化。

(H)本会凡遇一切慈善救灾事业，均得临时筹办之。

(十)规约　本会规约分列数项：

(A)会员须实修六度八大使命，坚持严格的禁欲主义，具和平的精神，作慈爱的生活，静的文明（此项责任会员须全恪守之）。

(B)会员须互相礼敬，互相扶助，互相戒勉。

(C)会员须担任分销会内出版一切书报，鼓励会务进行，实力宣传佛化，服务社会。

(D)会员对于会内会外凡关于金钱事件，一切收条证据，非经服务部委员长签字，给发证据，不得自由行使，破坏本会名誉。

(E)会员不得借本会会所开政党会与教派会，干涉政治，树立门户与一切不合法行为。

(F)会员有违反上项规约者，经委员会通过，即请其缴还证书，自由出会。

(十一)会期　本会每年文佛生日开大会一次，解决一切应兴应革事件及选举事项，遇有重要事件发生时，得由服务部召集开会，职员会临时召集之。

(十二)附则　本会简章有不当处，得开大会提出讨论修正之。

(A)本会各股细则另定之。

(B)本会会员无一切界限，无论男女均得照章加入之。

佛化新青年会职员名单

胡瑞霖	杨蝶父	杜万空
唐大圆	李时谙	周浩云
释定宽	甯达蕴	邹趾痕
袁立斋	张宗载	余培仁
张化声	谢铸成	

〔北洋政府内务部档案〕

3 王芝祥等组织世界宗教大同会致内务部立案呈

（1923年1--3月）

为设世界宗教大同会，以实行道德，转移人心，呈请立案事：窃六教本原，同出于天，义理博大精深，皆天地人，根本并无此是彼非，此非彼是之处。不过，六教至圣，生于闭关时代，年代地域不同，风俗习惯各异，故定立教规，致有差别。后世学人，因之各分畛域，互相攻击，形同水火。甚至酿成宗教战争。即吾国 昔 年之教案，亦可见一斑。直至今日世界，学潮愈趋而愈烈，不知天理流行，万殊终归一本。六教教主，纯奉天命立言，非故为详略也。如儒教详于人道之理，回教发明天道之妙，佛教特阐性之本能，道教精研命之作用，犹太教详记创世之始，基督教预言世界之终。在六教分之，则各擅专长，合之则同一道德。今日世界开通，物质文明达于极点，奢侈成风，民气日下，灾害祸乱，年甚一年，虽海内外名贤硕彦，建立各种善堂，宣传各教道德，以辅佐政治，挽救人心。然各衷一是，不免有君子之争。故救世苦心，惜未达圆满目的。兹夹江唐焕章先生研究六教有年，发明六教合一学说。同人 等 为挽救人心计，和平世界计，见其传道，以明德修身，尽性致命，专提倡宗教，讲求实证实用之道德，俾合人心日趋大同，以谋世界和平幸福。不涉及政事军事，并一切世俗权利之争议。与六圣人宗教皆有大同之价值。考孔子绝意必固我之训，如来无我众生，寿者之旨，老子无始无终，慕罕默德之天人一理，耶稣之博爱，摩西之同归，是六而一者。故本礼运大同，组织一会，名为世界宗教大同会。先行筹备，容为成立，以破宗教界限，全一人心道德为宗旨。讲身心性命之学，非理想空文之谈，化竞争为亲爱，变暴戾为和平。对于道德总期实行，对于学问不尚空谈，不但与世无争，且于世道人心不无裨益。查集会结社，载在约法，宗教信仰，更属自由。而振聩发聋，端赖登高一呼，自然群山响应。同人等为期宗教大同，实行道德，转移人心各缘由，除分呈外，理合缮具会章，呈请钧部、厅查核立案，批示祗遵。谨呈

内务部

教育部

京师警察厅

附呈会章一扣

具呈人　邓孝然印

汪大燮押

王芝祥印

王人文印

刘莹泽十

中华民国十二年一月　　日

世界宗教大同会章程

第一章　总　　则

第一条　本会以发扬基督、犹太、儒、释、老、回六大教真理，以期宗教大同为宗旨，故定名为世界宗教大同会。

第二条　凡本会立论著作，皆以阐发六教一贯之理，联合宗教感情，提倡道德实际为范围，概不涉及政事、军事及其他世俗之得

失。

第三条　本会设总会于北京，暂假东城报房胡同法华寺西北院为本会事务所。各省分城镇商埠，得斟酌情形设立分会。

第四条　本会成立时，刊刻木质图记一颗，名曰世界宗教大同会之图记，以昭信守。

第二章　会　　员

第五条　本会会员，无国籍、宗教、种族、富贵、贫贱、阶级之分，凡信心坚确，志愿向道，经本会会员一人之绍介入道者，得为本会会员。

第三章　组　　织

第六条　本会设会长一人，副会长二人，凡一切对外事件，均以会长名义行之；副会长襄助会长，主持会务，会长因事缺职时，副会长得代行其职权。

第七条　本会设参事，无定额。

第八条　本会设左列各部：

甲　总务部；

乙　文牍部；

丙　会计部；

丁　编辑部；

戊　交际部；

己　庶务部。

本条右列各部，设主任干事一人，干事二人；各部视事务之繁简，得酌设助理员。

第九条　本会会长由大会以有记名投票法选举之，以得票占过半数者为当选，倘选出人数超过定额时，再以当选者付众复选；副会长以记名连载法得票占多数者为当选。

第十条　本会参事由大会公推之。

第十一条　本会各部主任干事、干事均由会长选任之。

第十二条　本会设评议会，以评议员七人组织之，评议会设评议长一人，评议员由大会照选举副会长之法选之，评议长、评议副长由评议员互选之。

第四章　会　　师

第十三条　本会依据宗旨，关系宗教人心道德至为重要，应尊崇于六教经典及世界哲学，向有根底，研究有素者之人一人为本会会师，以昭郑重。

第五章　会　　期

第十四条　本会会期分左列四种：

甲　大会；

乙　临时会；

丙　职员会；

丁　评议会。

第十五条　大会每年一次，以旧历正月十五日以前举行；临时会经职员十人以上或会员二十人以上要求，得随时召集；职员会经会长认为必要时召集之；评议会遇有会议事件，由评议长召集，主席仍由评议长或评议副长主持之。

第十六条　大会职员会均以会长为主席，会长因事缺席时由副会长代行其职。

第十七条　凡本会会议均采公开主义，其会议程序另以施行细则规定之。

第六章　经　　费

第十八条　本会经费由同人自由担任，分左列三种：

甲　常年捐；

乙　特别捐；

丙　临时捐。

第十九条　常年捐本会会员年纳二元，于春秋二季缴纳；特别捐、临时捐皆无定额。

第二十条　凡会员捐款，须自行量力，听其自然，毫不勉强。

第二十一条　本会理事机关，对于重要事件而又不能开大会时，得提交评议会议决之。

本会理事机关系指会长及其他办事部门而言。

第二十二条　本会一切出纳款项，每月应造具四柱清册，或逐款列表，由会长名义提交评议会审查，以昭核实。

第二十三条　无问〔论〕何时，评议会对于理事机关有惑疑时。得质问之。

第二十四条　评议会有弹劾理事机关之权。

第二十五条　弹劾案成立时，被弹劾之员须辞其职，另由大会改选或更委之。

第二十六条　本会每年预算决算，须经评议会审查后由大会认可，方为有效。

第二十七条　本会一切施行程序，另以施行细则规定之。

第二十八条　本章程之修改，非会员二十人以上之要求，大会出席三分之二表决，不得修正之。

第二十九条　本章程经大会通过时即生效力。

(2) 教育部批稿(3月2日)

教育部批　第一四二号

原具呈人王芝祥等呈一件，拟设世界宗教大同会，请立案由。

呈暨会章均悉。应准备案。此批。

中华民国十二年三月二日

教育总长　彭零零

(3) 内务部批稿(3月23日)

内务部批　第二一四号

原具呈人王芝祥等呈一件，为设立世界宗教大同会，抄部厅两批，请备案由。

据呈已悉。查此案业据京师警察厅呈报到部，所请备案一节，应即照准。此批。

内务总长　高

中华民国十二年三月二十三日

〔北洋政府内务部档案〕

4　京师警察厅抄报廖容等组织龙华佛学会致内务部备案呈

（1924年6月24日）

呈为廖容等组织龙华佛学会，抄录简章条款具报鉴核备案事：窃据廖容等呈称：拟组织龙华佛学会，开具简章条款，请予备案等情。饬区查复，尚属相符。除批准备案并行知该管区署外，理合抄录原报简章条款，呈请宪部鉴核备案。谨呈

内务部

京师警察厅总监　薛之珩

中华民国十三年六月二十四日

龙华佛学会简章

第一章　名　　称

第一节　本会定名为龙华佛学会。

（附注）　龙华为佛门最高之讲堂，犹孔门之杏坛也。

第二章　宗　　旨

第二节　本会研究佛学真理，实行慈善事业，以普化人类，博济众生，使咸登龙华胜会，得参我佛真谛为宗旨。

第三章　地　　点

第三节　本会暂设立总会于北京护国寺北东观音寺门牌一号，将次第设分会于各省各区。惟须先行呈报该管地方官厅核

准。

第四章　会　　员

第四节　凡赞成本会宗旨者，有本会员一人以上之介绍，或出具志愿书，均得为本会会员。但入会须缴本人四寸相片，半身、全身均可，如无照相地方，亦可免此手费。

第五节　本会会员捐助会费，约分入会金、经常费、特别捐三项：

（一）　会金：凡入会者领证书时须缴入会金二元。如贫寒无力缴纳，诚意入会，愿尽辅助本会事业者，调查属实，得予酌减，或认为免费会员；

（二）　经常费：每年分四季召集，每次到会场者缴会费一元；

（三）　特别捐：如遇有特别事项，或要发展各慈善事业，而经常费不敷用时，得由本会会员特别捐助，或向外募捐补助之。但乐捐多寡，均任人自由，不得强迫。

（附注）本会对大布施家之特别捐助，其鼓励表彰之法。另章规定之。

第五章　职　　员

第六节　本会设理事六人，以一人为理事长，一人为副理事长，分教育、文书、庶务、交际、慈善、宣传、调查七股，每股各设正副干事一人，皆受成于正副理事长，办理本股事务。

第七节　理事由大会共同推举，正副理事长由理事互推，各股正副干事由理事长于会员中指定之。

第八节　本会设名誉理事无定额，由理事公同推举之。

第九节　理事任期三年，但得连任。

第六章　事　　务

第十节　本会创设伊始，先行注重办理者约有四端：

（一）　提倡道德，先办宣讲所及通俗报二项；

（二）　振兴教育，先办模范小学校及佛学研究会二项；

（三） 发展实业，先办林垦矿务及贫民工厂各项；

（四） 励行慈善，先在各地捐办仓谷、医院及修道路、造桥梁等各项。

右列各项事务，应于举办时先行呈报各该管官厅核准。

第七章 规 约

第十一节 会员对于会内外凡关于金钱事件，一切收条证据，非经理事长签字，给发证据，不得破坏本会名誉。

第十二节 会员有违反本会规约者或损害本会之名誉行为者，经理事员会议通过即请其缴还证书，自由出会。

第八章 附 则

第十三节 本会简章，如有应行修改处，得随时开会议决修改之。

第十四节 本会各股细则另定之。

龙华佛学会职员名单

廖 容	高 科	刘西海	廖 甫	陈凤鸣
李泮芹	潘永茂	颜承修	潘盛斋	陈子中
陈凤岐	梁甫荣	张贺廷	张庆升	陈起发
迟冠英	赵海殿	刘焕林	胡树芬	罗宏儒

〔北洋政府内务部档案〕

5 释太虚等组织世界佛教联合会致两湖巡阅使呈

（1924年8月）

呈为组织世界佛教联合会，缮具简章，恭恳察核咨转备案事：窃维觉海圆融周啭，祇窥其廛际，慧镜寂照。苟墨罕测其丝玄，光被十方，包涵无外，位超三界，生灭何权。大哉释迦正教，如日中天，敻乎尚矣。无得名□，自汤化成夙，物质竞巧，鼓欲海之浪，谬解自由，专暴民之制及言平等，背觉合□，认贼作子，扰穣宙合，荼毒含灵，畴挽颓风，莫知底止。今虽玄风远扇，法运初隆，乃欧美先民，素崇宗教，科哲伟士，未逾佛陀，或拟经说荒，渺大而无微，或拟佛理，空寂顽而无当，或拟人乱神灭，无有因果，或拟多生，累劫难证，菩提积此。诸拟莫拊正信，虚画疮痏只致诋诃，此世界佛教联合会之所由兴起也。况发扬至教，东洋已树先声，渴慕真乘西土，若望时雨，借清京之净域，巨底曾肇起大林。合中外于一堂，江汉当遍栽祇树，披写素襟，辩析玄旨，说而不说，共喻三藏之奇，空即不空，互显中道之理，斯诚觉皇神会之殊因，抑亦旷代救时之妙剂矣。兹者暑期将届，法令临开，理合恭缮简章，虔请睿照，凡此析疑辨难之衡，实仗道护法之力，欢腾八部，泽浃九围，国土无边，众生无尽，区区本愿，伏乞核准立案。并咨内务、外交两部转行各国公使备案。世界幸甚！佛教幸甚！谨呈

两湖巡阅使萧

计呈世界佛教联合会简章一份

具呈人　释太虚　释道阶　释佛源　释密林

李绍芬　庄蕴宽　梁启超　张绍曾

李经羲　汤乡铭　李开侁　胡瑞霖

蒋维乔　彭晓山　王明福　孙嘉荣

中华民国十三年八月　日

世界佛教联合会简章

第一条　本会以联合世界各国研究佛学之人士，讲演佛教，传布全球为宗旨。

第二条　本会会所设于汉口佛教会。

第三条　本会每年开暑期讲演会若干日，由本会预约各国研究佛学之人士，莅会轮流讲演。

第四条　暑期讲演会设于庐山牯岭西谷之大林寺，缘比年华洋人士憩暑牯岭者甚多，藉此易于联合世界各国研究佛学人士。

第五条　本会发起人及由发起介绍加入而志愿赞助本会之进行者，皆为本会会员。

第六条　本会会员内有担任常年经费者，得为会董，由会董互选会董长一人，任期二年，以提议决议本会一切应办事宜，另由本会函推名誉会董，无定额。

第七条　本会讲演事宜，由会董公请主讲一人，以总持之，讲演员由主讲商推，无定额。

第八条　本会设坐办一人，由会董会员中公推之，文书、会计、招待、庶务各一人，由坐办商同会董长选任之，期一年，连任无限。

第九条　本会会员皆有募集经费及传布佛教之责任。

第十条　本会章如有未尽事宜，得于开会董会时提议修改之。

照抄批复

来牍及简章披悉。近日学说伪胜，群俗浇漓，将欲渐致大同，跻世界于康乐和亲之域，非崇扬佛化，其道末由诸大德，蒿目沧胥，热心救济，拟设世界佛教联合会，集东西人士，讲习一堂，起众生同体之大悲，究真如一心之妙旨，融物质精神于不二。㮚上根下，器而同修。对于世道人心，裨益甚巨。除如拟备卷外，候即转咨内务、外交两部立案分行，用垂久远，而期周悉。惟会所虽居夏口，讲演时在庐山，仍应牍报当地官厅，藉资维护。澄圆、觉海合十方界为一道场，清净涅盘，凡有情者，皆当成佛。值法筵之待启，燃慧炬以长新，世界庄严所预卜焉。特复。简章存。

〔北洋政府内务部档案〕

6 内务部警政司关于田树海等组织蒙汉佛教联合总会致礼俗司查照函

（1925年4月15日）

内务部警政司公函　十四年治字第五号

径启者：准京师警察厅咨陈：田树海等组织蒙汉佛教联合总会，抄录简章条款，请予查核备案。等因。到部。业经呈堂阅画，准予备案。相应照钞原件，函达查照。此致

礼俗司

中华民国十四年四月十五日

蒙汉佛教联合总会简章

第一条　名称及会址

本会定名曰蒙汉佛教联合总会，会址设于北京。

第二条　宗旨

本会专以阐扬佛表，匡正人心，联合同胞，共止于善，举办公益，济世利民为宗旨。

第三条　组织

甲　本会共分八股如左：

一　总务股，二　文牍股，三　庶务股，四　会计股，五调查股，六　宣讲股，七　劝导股，八　推行股。

乙　本会由会员共同选举会长一人，董事若干人，各股主事及干事若干人。

丙　本会职员系纯粹义务，概不支薪。

丁　本会每年开大会一次，每月开常会一次，以讨论会务而利进行。

戊　本会会长、董事及各职员，如无违背会章之处，得继续任务，否则于大会时提出改选之。

己　本会成立后，得向各省、各盟扩充分会，分会简章临时仿本会酌定之。

前项设立分会时，应呈报该管地方官署备案。

第四条　任务

甲　会长总理一切事务，董事赞助之。

乙　各股职员任务如左：

总务股　关于综理全会事宜以及不属于各股者。

文牍股　关于往来函件、收发档卷以及临时编纂各事项属之。

庶务股　关于购置物品、保存公物等事属之。

会计股　关于收存款项，办理预算决算等项属之。

调查股　关于会员之进步，会务之改良事宜属之。

宣讲股　关于宣扬佛化之真谛，贯注善德，救拔愚迷事宜属之。

劝导股　关于开导同胞、善域同登，俾邪正攸分，联翩入会诸事属之。

推行股　关于筹设分会及蒙汉学校工厂等事宜属之。

第五条　职员选举

甲　凡蒙汉同胞，经已入会会员介绍，皆得入会为本会员。

乙　本会选举职员，用记名投票法，以得票多者为当选，不拘于蒙汉参半。

丙　开选举会时，以本会全体会员三分之二以上为法定额数，不足不得轻开，以昭审〔慎〕重，而防流弊。

丁　选举地点于本会之中。

第六条　经费及用途

甲　本会会费，纯系赞助性质，会员概无会费。惟领徽章、会证，得交相当之代价。

乙　本会收支，至月底由会计股结算公布，以昭公开，而免侵蚀。

丙　本会经费，除供一切用度外，得由推行股量力推行分会，或筹设蒙汉平民学校、平民工厂以及一切公益事业，于常会时讨论进行之。

第七条　惩奖规则

甲　有左列成绩之一者，得由本会与以相当之褒奖，以示鼓励。

一　介绍会员在百人以上者；

二　于本会有特殊劳绩者；

三　德业日修，深符本会宗旨者。

乙　有左列事实之一者，得由本会儆告或追缴其徽章、会证，屏诸会外，以昭警戒。

一　入会无嘉言懿行可考者；

二　违犯本会会则者；

三　有防碍本会进行者。

第八条　附则

甲　本会简章自备案成立之后施行之。

乙　本简章如有未尽事宜随时修改之。

蒙汉佛教联合总会职员名单

李梦瑞	关景铨	王汉扬	季振华	郝庆三
刘成亨	徐昭琳	徐家圣	孟宪扬	叶思荣
杨绳鲁	张炳真	梁化民	王始华	王葆光
张俊升	雷鸣岐	王宝珠	王鼓穌	罗宏儒

〔北洋政府内务部档案〕

7 全朗组织北京佛教联合会、白普仁组织中华佛教联合会的有关文件

（1925年6—7月）

（1）京师警察厅总监致内务部呈（6月24日）

京师警察厅为咨陈事：据全朗等呈称：拟组织北京佛教联合会。又据白普仁等呈称：拟设立中华佛教联合会筹备处，分别开具简章条款，请予备案等情。饬区查复，均属相符。除分别批准备案外，相应抄录简章条款，咨陈大部查核备案。为此咨陈

内务总长

京师警察厅总监　朱琛印

中华民国十四年六月二十四日

中华佛教联合会简章

一　定名　中华佛教联合会。

二　宗旨　本会以联合中华全国佛教徒，发扬佛教济世利人为宗旨。

三　组织　本会组织分三部，其细则另订之。

（一）　联合部：

（甲）　佛教徒联合部；

（乙）　佛教文化事业联合部；

（丙）　佛教利济事业联合部；

（丁）　佛教宣传事业联合部。

（二）　评议部。

（三）　总务部。

四　会员

（一）沙门；

（二）喇嘛；

（三）居士。

五　职员　本会设会长三人，总理会务，由各省联合会代表公选之。

本会名誉会长无定额，由本联合会公推之。

本会评议由本联合会公推之。

本会干事由会长推选若干人分任事务，任期一年。

六　会议　本会会议凡三类，其召集法另订之。

（一）　大会每年一次，召集各省联合会代表组织之；

（二）　临时会遇必要时得由会长临时召集之；

（三）　常会每月开职员会一次。

七　会费　本会会费由各省联合会分别担任，如有其他团体或个人自愿特别捐助者听。

八　会址　暂设北京西四牌楼广济寺内。

九　本会在各省联合会未成立以前，先设立筹备处，筹备进行事务。

十　附则　简章未尽事宜，得于每年大会时提出修订之。

北京佛教联合会简章

一　定名　北京佛教联合会。

二　宗旨　联合北京全区缁素佛教徒，发扬佛教济世利人为宗旨。

三　组织　由左列三种组织之：

（一）　佛教各团体之联合；

（二）　佛教各寺院之联合；

（三）　佛教各个人之联合。

四　会员　（甲）沙门会员，（乙）喇嘛会员，（丙）居士会员。

五　职员　沙门、喇嘛、居士各举理事二人，共同处理会务；评议无定额，分任事务；公选干事若干人，分任各职员。任期每二年改选一次。

六　会务　关于佛教全体者为限，其单独事务应由各团体、各寺院、各个人自行处理，概不干涉。

关于全体事务如左：

（甲）　佛教全体教育事务；

（乙）　佛教全体慈善事务；

（丙）　佛教全体讲演事务；

（丁）　佛教全体教规事务。

七　会议

（一）　大会　每年大会一次，拟定四月初七日下午举行。

（二）　临时会议　会务有开会之必要，临时召集之。

（三）　常年会　每月开职员会议一次，于每月二十四日行之。

八　会址　暂设在广济寺内。

九　会费　分经常会费、特别会费两种。经常会费每年四元（无力担任者听），入会时一次交纳。嗣后每年开大会时交纳。特别会费无定额。

十　附则　本简章以呈官厅立案批准之日施行，其各项细则另定之。

北京佛教联合会职员名单

筹备主任	释全朗	释现明			
	白普仁	多角掘巴			
	庄蕴宽	胡瑞霖			
职　员	王　丰	空　野	刘维棠	周明泰	徐国治
	洪　震	周秉清	梵　目	纯　山	徐鸿宝
	彭　宪	范　毓	王士燮	吴　云	萧襄沛

中华佛教联合会职员名单

筹备主任 白普仁 释普泉 马振宪

职 员 徐国治 刘维棠 屠寿泉 彭 宪

〔北洋政府内务部档案〕

(2) 内务部批(1925年7月)

径复者:准咨。据全朗等呈称:拟组织北京佛教联合会。又据白普仁等呈称:拟设立中华佛教联合会筹备处，分别开具简章条款,请予备案等情。饬区查复均属相符。除分别批准备案外，相应抄录简章条款,咨陈查核备案。等因。到部。查咨抄简章条款，尚属妥协可行。除准予分别备案外,相应函复贵厅查照。此致

京师警察厅

中华民国十四年七月 日

〔北洋政府内务部档案〕

8 京师警察厅关于徐鸿宝等组织三时学会致内务部备案呈

(1927年1月27日)

为呈报事:据徐鸿宝等呈称:拟组织三时学会，暂设筹备处于西单新皮库胡同十八号，缮具条款请予备案等情。饬查尚属相符。除批准备案并令知该管区署外，理合缮具简章条款呈报宪部鉴核备案。谨呈

内务总长

京师警察厅总监 陈兴亚

中华民国十六年一月二十七日

北京三时学会简章

第一条 本会定名为三时学会。

第二条 本会以研究宏扬佛说第三时教理(如深密华严等经、

瑜伽唯识等论皆是)为宗旨。

第三条 本会会员分为三种：

甲 修行会员，以发愿受戒，修习瑜伽，长时无间，殷求精进者为限；

乙 研究会员，以能听闻了义言教如理思择者为限；

丙 助伴会员，以能圆满成就本会下列会务之一者为限。

第四条 凡有志为本会会员者，不限缁素，须有本会会员二人以上之介绍，并经审查之手续。

第五条 会员有维持本会进行，遵守本会会章之义务。

第六条 本会会员不限于听讲者。又，听 讲 者 不必定须入会。

第七条 本会会务约分如次：

甲 弘扬瑜伽，流布教义；

乙 供养修行，引守研究；

丙 搜求遗疏，购置经论；

丁 选择地址，建筑会场、图书馆及修行精舍。

第八条 本会设理事七人，议决及处理本会一切事务。

第九条 理事由会员于会员中选出。

第十条 理事中公推首席理事一人。

第十一条 具有左列资格之一者，本会得推为名誉理事。

甲 精于本宗教理，能赞助指导本会进行者；

乙 热心赞助维持本会进行者。

第十二条 本会主讲不限人数，由理事延请，主持讲演教理，编辑讲义。

第十三条 主讲如非同时充任理事者，于理事会议时，受理事同等之待遇。

第十四条 左列各职员由理事就会员中推任之：

甲 会计员二人，掌理出纳事项；

乙　文牍员四人，掌理名册、校仇、讲义、撰阅文牍。关于缮写事件，文牍员不能兼顾时，得酌用雇员。

丙　庶务员四人，掌理购置设备，经理出版，招待接洽，及本会应办事务之不属于前两项者。

第十五条　本会经费由发起人担任，会员得随意乐助，并不募捐。

第十六条　会外乐助者，须经理事会认可方得收受。

第十七条　本会筹备处暂设北京新皮库胡同十八号，会址确定再行迁移。

第十八条　本会章自议决日施行，如有应行更改之处，得由大会议决修改之。

三时学会职员名单

徐鸿宝　申　宪　韩蕴卿　刘　靖　韩德清

朱芾煌　韩哲武　李成志

〔北洋政府内务部档案〕

（三） 佛 教 院 校

1 释显珠创办中华佛教华严大学有关文件

（1915年8月—1916年11月）

（1）浙江巡按使屈映光致内务总长咨（8月21日）

浙江巡按使公署为咨陈事：据中华佛教华严大学校校长释显珠禀称：窃僧于民国三年冬间，会同中华佛教总会暨江浙诸山长老筹议进行之策，佥曰宜从教育，舍是莫由。于是根据中华佛教总会呈请大总统规定章程之第二章第五条建立华严大学于杭州望江门外海潮寺，联合梵林之俊，选集兰若之秀，即于上年十二月初八日来校肄业，用稽大乘密藏，讲说方广华严，详订约规，以自利利他为行，博采程范，以修观习教为宗。总期造就布教人材，养成僧众模范，将来散之四方，专宣布我佛最盛功德，使世界同享和平之福，人心共趋善良之途。理合抄附学校简章，禀请鉴核转咨等情。据此，查该校系根据佛教总会章程办理，察阅简章，尚属可行。拟合备文，连同简章，咨请大部察核施行。为此咨陈

内务部总长

浙江巡按使　屈映光

中华民国四年八月二十一日

中华佛教华严大学简章

一　宗旨　本校以昌明佛教、研究华严经义，兼授大乘经论，养成布教人材，挽回世运为宗旨。

二　名称　本校根据中华佛教总会规定章程第二章第五条建立，定名曰中华佛教华严大学。

三　经费　本校经费，由江浙两省诸山发起，于各省丛林筹集。

四　地址　本校设于杭州望江门外海潮寺内。

五　课程　分三年讲习(另有详表)。

甲　华严　讲读唐译华严经及普贤行愿品。

乙　经论　讲读方等诸经及华严诸著述,大乘起信论、中论、十二门论、百论。

丙　教义　讲读贤首大师华严教义章，并五教仪开蒙。

丁　戒律　讲诵菩萨戒四分戒本。

戊　禅观　讲习禅法及华严宗诸观法。

己　儒典　春秋四书大义。

庚　国文　讲读古文、文典、作文、习字。

辛　历史　佛教历史及本国史、外国史。

壬　地理　佛教地理及本国地理、外国地理。

六　学膳经籍费

甲　学费　由本校资给。

乙　膳宿费　同。

丙　经籍费　出家者由本校资给,居士自备。

七　入学资格　具左列三种资格概许入学：

甲　出家人住过禅堂、曾学教典、品行端正、绝无嗜好,在家人具有居士资格,佛学有根底者;

乙　文理通达,能阅经疏者;

丙　年二十岁至三十岁。

八　入学介绍　分二种

甲　各处丛林住持为本校所认识者。

乙　政商学界诸君为本校所认识者。

凡有志来学者，具前三项之资格，由以上二种人具介绍书来校,经本校考验及格,方准入学。若正额已足，收入预班，酌取缮费。

九　额数　分二种

甲　住堂

子　正班　六十名。

丑　预班　不定数。

乙　附学

凡志切研究佛学，势难住堂者，仍许走听，作为附学，不定额数。

十　年期　分二种

甲　修业年期　本校定三年为一修业年期。

乙　学期　每半年为一学期。

十一　休假　分三种

甲　例假　释伽牟尼佛诞生日、成道日、涅盘日、国庆日、共和纪念日，以上放假一日，每星期放假半日。

乙　特假　学生中如有父母师长病亡，或因特别事故者，得临时请假。

丙　病假　凡学生有病得请假医治，如假期过久，毕业时须另行补习。

十二　考试　分四种

甲　常考　每星期行之；

乙　月考　每月终行之；

丙　期考　每半年终行之；

丁　大考　三年修业期满行之。

十三　奖罚　本校立有各种规则，凡属学生一体遵行。如行检纯正、修业精勤者，由监学纪录分数，至月考、期考之日，总结分数多寡，以验进退，优者酌予奖励，有过者扣除示罚。

十四　毕业　佛学无有止境，本无毕业而言。本校今依世法，定三年为毕业期，届时考试合格者，由本校发给文凭，派往诸方，讲经布道，不及格者，留堂补习。

十五　附章　右简章十四条自开校之日为始，按章实行，倘有应修改处，仍于临时再定。

(2) 内务部致浙江巡按使咨(9月6日)

内务部咨字第百三一号

为咨复事：准贵使咨陈，据中华佛教华严大学校长释显珠禀称：民国三年冬间，会同中华佛教总会暨江浙诸山长老筹议建立华严大学校于杭州望西门外海潮寺，十二月初八日开校肄业，博采程范，详订约规，造就布教人材，养成僧众模范，禀请转咨等情。查该校简章，尚属可行，咨请察核等因前来。查该僧显珠创立华严大学，为研究佛学，昌明教宗起见，用意至善，自可照准。至该校所习学科，应由贵省咨由教育部核复，相应咨复贵使查照可也。此咨

浙江巡按使

内务总长

中华民国四年九月六日

(3) 安徽省长倪嗣冲致内务部咨

安徽省长公署为咨行事：案据中华佛教华严大学校长释显珠呈称：窃本校自民国三年冬建设于浙省望江门外海潮寺，民国四年三月呈请前浙江巡按使屈咨请教育、内务两部。蒙批：准予自由设立在案。开办以来，计有正班生六十名，附班生四十名，所有简章均呈部有案。开办既已两年，教育亦渐臻发达。惟僧校性质素以清净为主，奈海潮寺地近城市，过于喧嚣，今拟迁移安徽青阳县大九华山东崖寺为校址，已与该寺住持心坚接洽商妥。伏恳省长咨报教育、内务两部，并恳饬知青阳县出示，妥为保护等情。据此。查该校设立是否经前浙江巡按使咨请大部核准在案，本署无案可稽，未便悬揣。除咨询教育部外，相应咨请大部察核见复，至纫公

谊。此咨
内务部

安徽省长　倪嗣冲

中华民国五年十一月　　日

〔北洋政府内务部档案〕

2　欧阳渐等创设支那内学院有关文件

（1922年7—8月）

（1）欧阳渐致内务部呈（7月24日）

呈为编缮简章、细则、图表、粘具印章，呈请备案，恳予维持，并乞分咨各省知照事：窃以教育为立国根基，而佛学又教育肝髓，其慈悲平等足以息竞化偷，其洁白贞操足以廉顽立懦，其高超思想足以产特殊人才，其穷极性理足以通物质困碍，其因果警惕足以范一般愚庸，其方便行持足以破遁世执障。利益无边，汉唐有证。然不创设学校，计业课程，则若存若亡，效力不显，更非中、大、预、特各科，次第并办，即不能成系统而资普及，乃千载绝响，全国无一，岂非可痛。前清光绪间石埭杨仁山居士与沈曾植、陈三立等本此宗旨，已于金陵刻经处内办立佛教学校，名曰祇桓精舍，以无的款，悼惜解散。渐继其后，不忍遂尔寂然，现仍与办学旧侣沈、陈等暨与新侣熊希龄、章炳麟、庄蕴宽、蔡元培等继起，而充扩之中学、大学、预科、特科，次第拟办，名曰支那内学院。凡是国内，不限籍贯，已于八年一月设筹备处于南京双塘巷，就地函请江苏教育厅备案，籍资保护。以历年筹款艰窘，未便率尔开办。近因求学者众，皆不远数千里而来，而旧学程度与资望俱一时佼佼，又未便抑机久閟，现于学科先设研究部，事科先设编刻处。办理经年，学科、事科均有微效，复欲续拓特科生，以广造就。然对外种种，动需公牍，非刻立印章不足以资信守，所有敝院成立启用图章继续拟办事项各缘由，相应分别缮具简章、细则、图表并粘印章式样。除另呈教育部备案维持外，理合呈请钧部备案维持，并恳转咨各直省一体知照，实为公便。再，大小院章各一颗，即于本年七月十八日启用，合并声明。谨呈

内务部

支那内学院院长　欧阳渐

中华民国十一年七月二十四日

支那内学院简章

第一章　总　纲

第一条　本内学院以阐扬佛教，养成弘法利世之才，非养成出家自利之士为宗旨。

第二条　本内学院由同志之士组织之，呈报教育部备案。

第三条　本院院址设于南京城内（现正集款建筑，其筹备处暂设双堂巷十三号，移设大中桥半边街）。

第四条　本内学院分学事二科。

第五条　学科设中学、大学、研究三部。大学部内设法相、法性、真言三大学。又，各设预科、共同补习科及特科。

第六条　事科先设行持、编刻、阅经、讲演四项，其译经、传教诸端，一俟机缘纯熟，即行添设。细则另见。

第二章　修业年限

第七条　中学部修业年限四年，大学部补习科及特科俱一年，预科二年，本科三年，研究部不定。

第八条　本院中学、大学各部毕业生与省立、国立中学、大学毕业者资格同等。

第三章　学科课程

第九条　中学部所授之学科及课程如次表：

学科	学		年	
	第一学年	第二学年	第三学年	第四学年
修身	戒学大意	戒学大意	戒学大意	定学大意
内典	佛学大意		各宗要义	各宗要义
		读经	佛教史	佛教史
国文	讲读	讲读、作文	讲读、作文	讲读、作文
英文	发音读本	读本文法	读本文法、作文	文学史、文学
数学	算术代数	几何三角		
历史	中国	外国		
地理	中国	外国		
博物	生理、动物	植物、矿物		
理化			物理	化学
音乐	高尚歌曲	高尚歌曲		
图画	自在画	机械画		
手工		雕塑		
体操	普通	普通、国技	普通、国技	普通、国技

各科时数临时配定，惟修身、内典、国文、英文四科必占全时数三分之二，其余各科占三分之一。

音乐、图画、手工三科，均为随意科。

第三、四学年别设课外研究，其科目随时定之。

第十条　大学部共同补习科所授之学科及其课程如次表：

学科	学期		
	第一学期	第二学期	第三学期
修身	律学	律学定学	定学
内典		各宗要义	各宗要义
	佛教大意	佛教史	佛教史
国文	文学	文学	文学
英文	文学	文学	文学
体操	普通国技	普通国技	普通国技

第十一条　大学部特科所授之学科及其课程临时酌设。

第十二条　大学部各预科所授之学科及其课程如次列表:

(一)　法相大学预科(慈恩宗、贤首宗、俱舍宗)

学科		学年	
		第宗学年	第二学年
戒律		缨络	缨络
本宗	宗要	法相要义	经论提纲
	著述	各宗要义	同上
	历史	各宗源流	各宗源流
因明		因明学	因明学
小乘		各部要义	各部要义
世典		印度外道	中国哲学
梵文		发音读本	西洋哲学
国文		文学	讲读、文学

（二） 法性大学预科（三论宗、禅宗、天台宗、成实宗）

学科		学年	
		第一学年	第二学年
戒律		缨络	缨络
本源	要源	真言要义	经论提纲
	著述	各宗要义	各宗要义
	历史	各宗源流	各宗源流
因明		因明学	
小乘		各部要义	
世典		印度外道	中国哲学、外国哲学
梵文		发音读本	讲读
国文		文学	文学

（三） 真言大学预科（秘密宗、净土宗）

学科		学年	
		第一学年	第二学年
戒律		缨络	缨络
本宗	宗要	真言要义	事相提纲
	著述	各宗要义	各宗要义
	历史	各宗源流	各宗源流
	悉昙		悉昙要义
世典		印度外道	中国哲学、西洋哲学

续表

学科	学年	
	第一学年	第二学年
梵文	发音读本	讲读
国文	文学	文学
图像		图像研究

各预科第二学年别定课外研究时间，研究余宗要义。

第十三条　大学部各本科所授之学科及其课程如次列各表：

（一）　法相大学本科（慈恩宗、贤首宗、俱舍宗）

学科	学年		
	第一学年	第二学年	第三学年
戒律	梵纲菩萨戒	瑜伽菩萨戒	五部五论
本经	深密密严	华严	楞伽余经
本论	大论八支论	大论八支论	原典研究
著述	慈恩义	贤首清凉义	各宗著述
因明	应用因明学		
观法			唯识观、法界观
小乘	有部 婆沙	有部 俱舍正理	
	经部		
世典	印度外道 吠陀六派		
	宗教学		
	耶回诸教		

续表

学科	学年		
	第一学年	第二学年	第三学年
梵文	讲读·拼法读本	文学	文学
藏文		讲读	讲读
传教		传教法	传教实习

（二） 法性大学本科(三论宗、禅宗、天台宗、成实宗)

学科	学年		
	第一学年	第二学年	第三学年
戒律	梵纲菩萨戒	瑜伽菩萨戒	五部五论
本经	大般若经	思益	维摩法华涅槃
本论	门论百论	中论	智论
著述	吉藏义	智者荆溪义	五宗心法
观行			止观法、参究法
小乘	毗昙杂心	成实	
世典	印度外道六派		
	宗教学		
	耶回诸教		
梵文	讲读	文学	文学
藏文	拼法读本	讲读	讲读
传教		传教法	传教实习

（三） 真言大学本科（秘密宗、净土宗）

学科	学年		
	第一学年	第二学年	第三学年
戒律	三摩耶戒		
教典	大日经金刚顶经 苏悉地经	净土经论	各宗著述
仪轨	两界	两界	传授演习
观行	净土观念	净土观念	净土观念
图像		各种研究	制作
世典	印度外道瑜伽印度教		
	宗教学		
	耶回诸教		
梵文	讲读	文学	文学
藏文	拼法读本	讲读	讲读
传教		传教法	传教实习

第十四条　研究部专究之学科无定限。

第四章　学期及假期

第十五条　每一学年分三学期，以阳历九月一日为学年之始。

第十六条　寒假、春假、暑假时日之长短，随时定之。凡星期日、佛诞日、佛成道日、佛涅槃日（均遵阴历）、国庆日、本内学院成立纪念日，均各放假一日。

第五章　入学及退学

第十七条　每学年开始为入学期。

第十八条　在院外高等小学毕业（或有同等学力），经本内学院入学试验合格者入中学部。

第十九条　在院外中学校毕业(或有同等学力)，经本内学院入学试验合格者入大学部补习科。

第二十条　在院外于内典向有研究，堪授深义，经本内学院入学试验合格者入大学特科。

第二十一条　在本内学院中学部预科及大学部补习科毕业者，得入大学部预科。

第二十二条　在本内学院大学部预科毕业者入大学部本科。

第二十三条　在本内学院大学本科毕业，愿继续研究者，经院长之认可，入研究部。

第二十四条　凡院外有志学者，愿在本内学院大学部本科择一种或数种学科修习者，经院长认为有相当程度，得为听讲生。

第二十五条　各部入学者俱须连同保证人填写志愿书及保证书，但保证人以本内学院认为适当者为限。

第二十六条　各部学生遇有不得已事故，须中途退学者，须连同保证人具理由书，经院长之许可。

第六章　礼　　拜

第二十七条　每星期日，全院职员及学生应集礼堂行礼拜仪，其仪式另见。

第七章　试验及毕业

第二十八条　试验分学年试验及毕业试验，俱以得满六十分为合格。

第二十九条　在各部修业既竣，经毕业试验及格者，由本院给予毕业证书，呈报教育部备案。其在大学部听讲者，修业既竣，亦得经试验给予修业证书。

第三十条　在大学部本科毕业，成绩卓异者，经院长之认可，得派往印度、西藏游学或在院内各项事科服务。

第八章　赏　罚

第三十一条　学生修业精进，或经学年试验成绩优秀者，院长得授与奖状或免减其学费。

第三十二条　学生修学不力或性行不良者，院长得酌加以训诫、禁假、停学、退学等惩罚。

第九章　经费及纳费

第三十三条　本院常年经费暂假定基本金三十万元，由同志分头劝募，并要求政府酌予补助。

第三十四条　中学部学生每年应纳学费八元，膳宿费三十五元，大学部听讲生每年学费四元，膳宿者纳费同中学部。缴费时期于第一、第二学期开学时预缴，既缴之费，无论遇何事故概不发还。

第三十五条　大学部学生免学费，本科学生并酌给津贴，唯毕业后有终身服务法事之责。

第十章　附　　则

第三十六条　本简章有未尽善之处，得随时修改之。

支那内学院职员一览表

职　　务	姓　　名	年　　岁	籍　　贯	到院年月
院　　长	欧阳渐	五二	江西宜黄	七年七月
院　　董	周扬烈	五五	江西宜黄	八年六月
教务主任	吕　澂	二八	江苏丹阳	八年六月
编校主任	邱　檗	三九	江西宜黄	八年六月
校　　勘	聂耦耕	二八	云南东川	九年七月
校　　勘	许誉鸾	二二	云南石屏	九年七月
书　　记	王书龄	三二	云南云龙	九年七月
书　　记	刘赣甫	二二	湖南长沙	十年十一月
会计庶务	许学荣	二二	江西宜黄	十一年六月

支那内学院发起人名单

（以签名先后为序）

沈曾植	夏继泉	金蓉镜	欧阳柱	狄葆贤
濮一乘	易焕鼎	陈三立	蒋维乔	张伯良
梅光远	符鼎升	陈　义	李世田	熊希龄
张尔田	王恺宪	曾　璞	欧阳沂	郭在璜
雷　兴	章炳麟	吴　璆	丁傅绅	邱　珍
马永孚	洪　铸	张炳桢	庄蕴宽	梅光羲
吴　永	许　丹	黄家瑜	黄家玮	黄师定
蔡元培	蒯寿枢	徐文慰	陈士髦	毕惠康
张祖永	黄慈祥	蔡儒楷	龚积炳	徐鸿宝
饶汉祥	饶汉秘	张　烈	汪长禄	夏寿康
孔　庚	张名振	邵从恩	汪立元	沈昭武
程时奎	叶恭绰	程明超	范熙壬	王　彭
陈方恪	方　表	王　浩	夏同龢	吴嘉穀
陈　度	徐嘉铨	王九龄	梁漱溟	文　群
吴　钫	吴　奇	刘鹤庆	季图龙	陈相忠
包学渊	唐继尧	岑春煊	张耀曾	李根源
卢　铸	饶正音	余鹤松	欧阳溥存	谢远涵
李翊灼	邱　璧	江　杜	欧阳渐	周扬烈等

（2）内务部批（1922年8月）

内务部批　第　　号

原具呈人支那内学院呈报简章、图表、印章，请予备案由。附件一宗。

呈暨附件均悉。核阅详情，系属建设专院，研求佛学，院既宏，造就益畅，宗风立意堪嘉，组织亦臻完善。既据呈称，经函江苏教育厅保护，并分呈教育部维持各等语。本部自应准予备案，并责成该院长等，嗣后于每年年终及每科毕业年时，特将该院成绩汇报来部，以凭稽考，合行批示知悉。此批。

中华民国十一年八月　　日

3　汤芗铭等创办佛学院有关文件

（1922年6月）

（1）湖北省长刘承恩致内务总长咨（6月7日）

湖北省长公署为咨请事：案据汤芗铭、夏寿康、李开先、何锡藩、邓振几、黄永熙、胡瑞霖、冯嗣鸿、周英杰、杨开甲、熊云程、邓筱园、万声扬、周尚均、宗彝、孙惠卿、萧永寿、王明福、饶凤璜、王湘生、胡龙骧、屈佩兰、刘国标、陈时、萧觉天、江采金、赵子中、王道芸、郭肇明、黄崇勋、王邦铨、孙国安、赵均腾、皮鹤龄、陈裕时等为创办学院，宏扬佛化，呈请准予转咨立案事：窃维牟尼度世说法四十九年，阿难传经结集一十二部，随时随事，契理契机。称人天师，为世间解诠。法界真宗，坚绝始终，而横超内外，阐教乘妙旨，大包天地而细入尘毛，是以释迦掩室于摩竭，净名杜口于毗耶，空生无说以显道，天帝泯听而雨花，要皆理为神御，玄之又玄，智证真如，得其无得，一心直指，实包孔老诸子之全，万法唯识，又尽哲理科学之妙。赫胥黎以天演名家，尚知谈理以来，未有如佛；斯宾塞为进化论主，亦称东方圣者，真能化人即微圣谛。单论人乘，守戒行施。已非共产互助之所喻。除恶修善，又岂刊齐政道之所能，自利实以利他，出世原为入世，在彼一孔之儒，辄以寂灭无为称佛教，岂知五乘之法，实为慈悲救世为本衷。是故日本以尊信佛教而勃兴，印度以转崇外道而沦灭，则其关系于学术之偏全，国运之隆替者为何如乎？溯自周昭王祥徵光相，知圣人示化于西方，汉明帝梦入金身，遣使者求经于天竺，肇厥汉晋，下及隋唐，佛化之兴，亘古无比。自宋儒窃释家性理以归儒，托孔家论理以拒佛，致佛儒交敝，正法寖微；降至清季，渐被欧风招提，动为侵夺僧伽，不齿齐民，近更人欲横流，祸机四伏。唯物之论愈昌，逐物之心益炽，五阴纠结，五欲纷乘，竭生产常率不足供贪侈之需求，讲生计问题更足为斗瞋之导线，强者暴者恃力劫财，懦者倡言均产，物质文明其结果，不过酿成欧战，社会主义纵成功，亦将等于昙花。总之，我执未除，遑言救世，尘迷不破，安睹乐邦。欧人士痛枪林弹雨之余，觉舍本逐末之妄，因探哲理，上溯释宗，纽约大开庄严之会，研究佛乘。英美亦遣宏硕之儒，翻译内典，矧我震旦，承西土唯一之大乘化，称世界第二之佛教国，岂忍见天地之晦沉，而不为迷津指导哉。惟是甚深至教，非井窥测蠡所知，大演圆音，岂涉躐浅尝能任。芗铭等共矢真诚，醵筹经费在武昌通湘门内黄河湾第十六号创设佛学院一所。池林鸟树，虽不及祇园之精；教授轨仪，期不失灵山之旧。暂设修学科，以通佛教各宗之邮，兼设讲习科，以辟专入一门之路。并拟随时添设各专宗大学及研究部，以资深造，总期成就有人宣传可托，庶慈悲喜舍，挽沉迷不返之人心，开示悟人，见本来皆具之佛性，则关系所在，岂仅家国蒙和平之休，亦令宇宙启清宁之纪。所有创设学院，宏扬佛化各缘由，理合连同院章，呈请钧座鉴核，准即转咨教育、内务两部立案，俾学风丕振，进民德于无疆，圣教宏扬，享国权之保护等情。到署。除分咨教育部外，相应据情咨请大部，请烦查核备案。并希见复，以便饬遵。此咨

内务总长

计咨送佛学院章程一分

湖北省长　刘承恩

中华民国十一年六月七日

佛学院章程

第一条　本院定名佛学院，设立武昌城内。

第二条　本院招集有志学佛之人，授以佛学，俾行解相应，能宏法利世为宗旨。

第三条　本院由创办人等组合，公聘院长一人，公推院护二人，协同主持之。

第四条　本院组合员有担任每年经费四百元之义务（或自捐或代募）。

第五条　凡愿负前条之义务者，得加入本组合。但须由组合员三人以上之介绍，组合会议之认可。

第六条　本院教职员由院长、院护商同请任之。

第七条　本院先办修学、随意二科，三年后拟改设各专宗大学及研究部。

第八条　本院学制之设定如左：

一、本院修学科之学人暂定六十名。

二、入修学科者须备具下列资格：(一)年龄在十六岁以下者；(二)身体健全，品性端正者；(三)曾受比刍戒、沙弥戒、五戒或三皈者；(四)文理清通者；(五)发心求法、济世誓愿不退者。

第九条　三年卒业，每一年分两学期，其课程按期分配如左：

第一期	大佛顶首楞严经	间日一时
	小乘佛学概略	间日二时
	佛教之宗派源流	间日一时
	因明入正理论疏	间日二时
	作文或读文或读经论	每日一时
	行持	每日一时
	藏文、英文、日文、梵文及其他学科随设。	
第二期	百论中论十二门论	间日二时
	心经金刚经文殊般若经	间日二时
	印度佛教史	间日一时
	印度外道概略	间日一时
	作文及行持与藏文等	间日一时
第三期	成唯识论摄大乘论天亲释	间日二时

	解深密经楞伽经弥勒上生经	间日二时
	中华佛教史	间日一时
	西洋论理学及心理学概略	间日一时
	作文及行持与藏文等	间日一时
第四期	教观纲宗十二门指要钞大乘止观	间日二时
	维摩经法华经	间日二时
	各国佛教史	间日一时
	西洋心理学及生物学概略	间日一时
	作文与行持及藏文等	间日一时
第五期	华严一乘教义章五蕴观妄尽还源观三圣圆融观法界观	间日二时
	华严十地品及论	间日二时
	中华老孔诸子及晋宋玄学宋明理学	间日一时
	西洋哲学概略	间日一时
	作文与行持及英文等	间日一时
第六期	七佛与三十三祖□及信心铭六祖坛经永嘉集	间二日二时
	梵纲经及瑜伽菩萨戒学处	间二日二时
	弥陀经十六观经往生论	间日一时
	十住心论	间日二时
	宗教学及社会学概略	间日一时
	作文与行持及英文等	间日一时

第十条　本院修学科之学人，概不收膳学各费。但须有本院所知之丛林长老或佛学会信士为保证。

第十一条　本院修学科之学人，若犯过除名及无故半途退学者，须由保证人认还受学期内学膳各费。

第十二条　本院修学科之学人，遇有行解超卓，成绩优良，足为同学模范者，得由职教员会议酌予特别优待。

第十三条　入本院随意科之学人，不限年龄资格，以半年为修业期，或专习修学科一学期之佛学，或有二十人以上之同意专习一门者，得按期增设之。但每半年须预缴膳宿费三十元，学费十五元，不入院膳宿者听。

第十四条　本院修学科之学人，必须在院中寄宿，随意科之学人在院寄宿者，须同遵本院学人之规则。

第十五条　本院发行院外讲义，按期授以本院专纯之佛学，以便各地有志佛学而不能来院者，每学期须缴洋十元。

第十六条　每朔望日共诵梵纲戒本。

第十七条　每月初七、十四、二十二、三十为常假日。

第十八条　每年二月八日、二月十五日、四月八日、十一月十七日、十二月八日为纪念日，停学一日。

第十九条　每年六月初十日起放暑假四十日，十二月二十起放寒假一月。

第二十条　常假日及寒暑假日，教职员及学人得随意分组布教队向各地实习布教。

第二十一条　本院各项细则另章定之。

(2)内务部致湖北省长咨复(1922年6月)

为咨复事：准咨开：案据汤芗铭等为创设学院，宏扬佛化，呈请准予转咨立案等情。除分咨教育部外，相应据情咨请查核备案见复。等因。到部。详阅来呈，陈义真纯，所附院章，并臻妥善。该绅等共夹信心，导扬释教，广开经舍，启悟群伦。际兹人心陷溺，正学销沉，倘能黾勉进行，力求深远，牖民觉世，足辅政化之所未固。本部职司所在，极表赞同。兹准前因，相应咨复贵省长查照，准予备案。此咨

湖北省长

中华民国十一年六月

〔北洋政府内务部档案〕

4 广济寺住持释现明创设北京弘慈佛学院致内务部备案呈

（1924年2月15日）

具呈人弘慈广济寺住持释现明，呈为遵奉批示修改章程，恳请鉴核，准予立案事：窃现明拟就本寺建设宏慈佛学院，并订章程呈请立案一案。奉批：查修正管理寺庙条例第六条内载：各寺庙得设立学校，其课程于经典外，须酌授普通教育等话。核阅弘慈佛学院章程第八条所载，各期课程除作文外，其余皆属经典范围，并无普通教育，殊与条例不合，仰即遵照修改，再行呈请核办。等因。奉此。遵将弘慈佛学院章程第八条第二项所载前项所列佛祖历代通载，由学人逐日参阅，作为笔记一语删除，改为各学期于上列课程外，并授历史、地理、算术、修身、习字各科，庶足以成就全材，而与管理条例亦相符合。所有遵批修改章程缘由，理合具文呈请鉴核，准予立案，实为德便。谨呈

内务部

具呈人　释现明印

年龄：四十四岁

职业：弘慈广济寺住持。

住址：北京西四牌楼弘慈广济寺。

中华民国十三年二月十五日

弘慈佛学院章程

第一条　本院设于北京弘慈广济寺，以讲授大乘经典，兼教汉文，造就人材，弘扬佛法为宗旨。

第二条　本院设院主一人，主持全院事务；都讲一人，讲授经典；辅讲一人，辅助之教员二人，教授汉文。

第三条　本院设监学一人，其职权如左：

一　商承院主办理学务一切事宜；

二　每日早晚亲自点名；

三　授课时间监查学人缺席或迟到与否，填入出席簿内；

四　监察学人平日功过，分别记入功过簿内；

五　试验时间亲自监场；

六　每次试验后汇计分数、列入成绩表册；

七　管理学人寝兴食息及其他事项。

第四条　本院庶务、会计各项事宜，由本寺职司兼理之。

第五条　本院学额定为三十名，凡欲入本院修学者，须备左列各项资格：

一　曾受比丘戒者；

二　年龄在十五岁以上三十岁以下者；

三　文理清通者；

四　发心求法，誓愿不退者。

第六条　具有前条各项资格，由本寺认识诸方住持或居士介绍，经本院试验及格得入院修学。但须将戒牒呈存本院，俟毕业时缴还。

第七条　凡入院者须填具志愿书，并请诸方住持或居士为之保证。

第八条　本院修学期间定为三年，每年分两学期，其课程如左：

第一学期：三经合解，毘尼日用切要，沙弥律仪要略，梵纲经，教观纲宗释义纪，佛祖历代通载，释民书启，作文。

第二学期：阿弥陀经要解，维摩经，大乘起信论，十不二门指要钞，小止观六妙门，佛祖历代通载，缁门警训，广弘明集，作文。

第三学期：圆觉经，楞严经，法界无差别论疏，五教仪开蒙，佛祖历代通载，三藏记，作文。

第四学期：楞严经，楞伽经，相宗八要直解，佛祖历代通载，潭津文集，作文。

第五学期：解深密经，金刚般若经，心经，成唯识论，佛祖历代通载，佛教中学课本，作文。

第六学期：妙法莲华经，中论，百论，十二门论，永嘉禅宗集注，佛祖历代通载，佛教中学课本，作文。

各学期于上列课程外，并授历史、地理、算术、修身、习字各科。

第九条　本院逢阴历每月初八日、十四日、二十三日、三十日（月小二十九日）照例休假，诸佛圣诞四节及纪念日亦同。其寒暑假期临时酌定宣布。

第十条　本院试验分三种：

一、月终试验每月行之；

二、学期试验每学期行之；

三、毕业试验三年期满行之。

第十一条　试验分数以满六十分为及格，分四等：

甲等　九十分至百分；

乙等　八十分至八十九分；

丙等　七十分至七十九分；

丁等　六十分至六十九分。

第十二条　本院学人修业三年期满，按照分数等级授与毕业证书，并介绍至各处宣扬佛法，不及格者留院补习。

第十三条　本院学人须遵守百丈丛林清规及本院规约，违者分别记过或令其退学。本院规约另定之。

第十四条　本院不收学膳书籍等费，所有一切开支全由本寺负担，各学人衣单杂用，依月终试验分等奖给。

第十五条　本院学人非有特别事故不得中途退学。如无故自请退学，每学期应缴偿学膳书籍等费银五十元，概归 保人完全负责。其因犯规而令其退学者亦同。

第十六条　除学人外，有志来院听讲者，经本院院主认可，得随喜旁听。但须自备书籍，并遵守讲堂规约。

第十七条　本章程自开院之日实行。

民国十三年夏历癸亥十二月弘慈佛学院院主现明谨订

弘慈佛学院规约〔略〕

〔北洋政府内务部档案〕